Köbler
Juristisches Wörterbuch

Juristisches Wörterbuch

Für Studium und Ausbildung

von

Dr. Gerhard Köbler

o. Professor

16., neubearbeitete Auflage

Verlag Franz Vahlen München 2016

www.vahlen.de

ISBN 978 3 8006 51429

© 2016 Verlag Franz Vahlen GmbH
Wilhelmstraße 9, 80801 München
Satz, Druck und Bindung: Druckerei C. H. Beck Nördlingen
(Adresse wie Verlag)

Umschlaggestaltung: Martina Busch Grafikdesign, Homburg Kirrberg

Gedruckt auf säurefreiem, alterungsbeständigem Papier
(hergestellt aus chlorfrei gebleichtem Zellstoff)

Vorwort

Das Wesen des Menschen ist seit seiner Entstehung vor vielleicht einhunderttausend Jahren seine verhältnismäßig bedeutsame Vernunft. Sie zeigt sich vor allem in der oder in den vielleicht vor 50 000 Jahren entstandenen Sprache(n). Sie ist umso vielfältiger, je dichter das Menschsein auf der gesamten Erde verläuft.

Juristen als durch Arbeitsdifferenzierung seit dem Hochmittelalter entstandene Fachleute des Rechts haben wie andere Fachleute auch eine von der allgemeinen Sprache teilweise verschiedene besondere Sprache. Diese Fachsprache ist ihr wichtigstes Werkzeug. Seine Beherrschung scheidet den Fachmann vom Laien.

Deswegen ist die Vermittlung des Fachwissen bergenden Fachwortschatzes wesentliches Ziel der Laien zu Rechtskennern wandelnden juristischen Ausbildung. Weil Recht jedermann nützt, muss der Zugang jedem erleichtert werden. Da Recht sich laufend ändert, ist lebenslanges Lernen erforderlich.

Dazu will das vorliegende Buch beitragen, indem es den Kernrechtswortschatz Deutschlands fortwährend als einfache und möglichst überschaubare Einheit zusammenfasst. Deren gleichmäßige transparente Struktur ermöglicht die sofortige Aufnahme. Sie steht seit vielen Jahren jedermann offen.

Ausgangspunkt ist das einzelne Rechtswort. Seinen festen Platz im Buch erhält es durch dessen schlichte strikte Ordnung der Stichwörter nach den etwa 25 Buchstaben des vielleicht im Vorderen Orient vor 3000 bis 4000 Jahren durch geniale Abstraktion zahlreicher individueller Einzellaute entstandenen Alphabets von A bis Z. Mit der jeweiligen Gesetzeslage vor allem der deutschen Gegenwart verknüpft wird es grundsätzlich durch die wichtigste(n) gesetzliche(n) Fundstelle(n).

Jedes in benutzerorientierter Auswahl aufgenommene Rechtswort wird zu seinem Verständnis als erstes auf seinen wesentlichen Inhalt befragt (z. B. Was ist Recht? Was ist Gericht? Was ist Gerechtigkeit?). Für die Antwort auf diese Frage wird durchgehend die logische und deswegen trotz der Unvollkommenheit menschlichen Denkens und geschichtlich gewordener Sprachen dem menschlichen Verständnis auf allen Gebieten seit langem hilfreiche, eine – in Wahrheit nicht vollkommen bestehende, mathematisch-geometrische – Gliederung der Sprache in ein lückenloses System von Oberbegriffen (Gattungen) und Unterbegriffen (Arten) voraussetzende Methode genutzt, etwas (gedanklich als [angeblich] unbekannt angesehenes) Besonderes (Art z. B. Quadrat) erstens durch etwas (gedanklich als bekannt angesehenes) Allgemeines (Gattung z. B. Rechteck) und zweitens etwas (ebenfalls gedanklich als bekannt angesehenes) Kennzeichnendes ([Unterscheidungsmerkmal] der gedanklich als unbekannt angesehenen Art (z. B. mit gleich langen Seiten) innerhalb des Allgemeinen (der als bekannt angesehenen Gattung z. B. Rechteck) verständlich zu machen (z. B. sind [als – angeblich – gedanklich unbekannt angesehene] Quadrate innerhalb der [gedanklich als bekannt angesehenen] Rechtecke die Rechtecke mit [dem gedanklich als bekannt angesehenen, kennzeichnenden Unterscheidungsmerkmal der] gleich langen Seiten, d. h. Quadrat ist das Rechteck mit gleich langen Seiten bzw. Rechteck mit gleich langen Seiten = Quadrat). Deshalb wird etwa im Recht zur Beantwortung der (rechtlichen) Frage „was ist ein Abkömmling?" zwischen dem als unbekannt angesehenen Zu definierenden (Abkömmling) und dem aus zwei als bekannt behandelten Teilen bestehenden Definierenden (Gattung, Sondermerkmal bzw. Sondermerkmale der Art innerhalb der Gattung) eine umkehrbare Gleichung (a = g* [Definition], g* = a [notwendige Umkehrbarkeit bzw. Umkehrung der Gleichung zwischen Zu definierendem und Definition]) hergestellt.

Innerhalb dieser (logisch notwendigerweise, aber nur bei überzeugendem Vorgehen auch wirklich überzeugend umkehrbaren) Gleichung bzw. Definition (z. B. Abkömmling = Verwandter absteigender Linie bzw. Verwandter absteigender Linie = Abkömmling) kann das Zu definierende (z. B. Abkömmling) logischerweise nicht auch innerhalb des zweiteiligen Definierenden (z. B. Verwandter absteigender Linie) verwendet werden, darf also nicht zugleich links und rechts des grundlegend wichtigen Gleichheitszeichens stehen (z. B. Abkömmling = Abkömmling), weil andernfalls (trotz der an sich bestehenden Gleichheit zwischen etwa Abkömmling und Abkömmling) kein (notwendiger oder gesuchter) Erkenntniszuwachs eintreten kann. Das zweiteilige, aus allgemeinerer Gattung und besonderem Kennzeichen (oder Unterscheidungsmerkmal der Art innerhalb der Gattung) bestehende Definierende (z. B. Verwandter absteigender Linie) ist wegen der bei ihm vorausgesetzten Bekanntheit (der Gattung z. B. Verwandter einerseits und des besonderen Merkmals der Art innerhalb der Gattung z. B. absteigender Linie andererseits) logischerweise verständlicher als das auf Grund seiner (angenommenen bzw. verhältnismäßigen) Unbekanntheit (der Art) Zu definierende (z. B. Abkömmling). Die gesamte Definition ist damit grundsätzlich (im [begrifflichen] Idealfall) ein einziger (kurzer und klarer), wesensmäßig durch das unabdingbare Gleichheitszeichen (zwischen einem zu bestimmenden Wort auf der einen Seite und [mindestens] zwei bestimmenden Wörtern auf der anderen Seite) bestimmter (, in anderen Fällen aber auch wegen der Unvollkommenheit der menschlichen Sprachen notwendigerweise auch ein durch zusätzliche Wörter erweiterter) Satz (z. B. *Abkömmling* = Verwandter absteigender Linie, *Auslieferung* = zwangsweise Verbringung eines Menschen ins Ausland auf Ersuchen eines ausländischen Staates zwecks Strafverfolgung oder Strafvollstreckung, *Gaststätte* = Unternehmen zur gewerbsmäßigen Bewirtung oder Beherbergung von Menschen, *Pflichtteil* = unentziehbare Mindestbeteiligung naher enterbter Angehöriger am Nachlass eines Erblassers, *Urkunde* = allgemein oder für Eingeweihte verständliche, den Aussteller erkennen lassende und zum Beweis einer rechtlich erheblichen Tatsache geeignete und bestimmte verkörperte Gedankenerklärung).

Wer weiß, was das Rechtswort bedeutet, (was also in der Rechtssprache z. B. der Abkömmling, die Auslieferung, die Gaststätte, der Pflichtteil oder die Urkunde „ist",) versteht den betreffenden Rechtssatz bzw. bei umfassendem Wissen alle Rechtssätze (ganz oder zumindest besser). Ihm ist klar, dass z. B. der (in § 1924 I BGB festgelegte) Rechtssatz „Der Abkömmling ist Erbe (erster Ordnung)" besagt, dass der Verwandte absteigender Linie Erbe (erster Ordnung) ist. Er kennt die in Rechtswörtern beschriebenen Voraussetzungen des Rechts (Tatbestand) wie die in Rechtswörtern beschriebenen Folgen des Rechts (Rechtsfolge) und damit im logischen Sinne die im Recht insgesamt wie im einzelnen, im Gesetz oder Gewohnheitsrecht enthaltenen Rechtssatz bestimmten logischen Urteile oder Obersätze (z. B. Abkömmling [d. h. Verwandter absteigender Linie] = Erbe erster Ordnung) (genauer und besser).

Er hat es damit bei der die wichtigste Aufgabe des Juristen bildenden Zuordnung des besonderen wirklichen Lebens zu allgemeinen rechtlichen Regeln (Rechtsanwendung) leicht(er). Gilt nämlich auf der Grundlage der allgemeinen Grundstruktur aller Rechtssätze (Tatbestand T = Rechtsfolge R) in einer bestimmten Rechtsordnung (kraft Gesetzes oder Gewohnheitsrechts) der einzelne Rechtssatz Abkömmling (A) ist (=) Erbe (E) (erster Ordnung), hat der Rechtsanwender bereits einen für ihn klaren Obersatz (erstes logisches, von der Rechtsordnung durch Setzung [Gesetz] oder anderweitige Bildung [Gewohnheitsrecht] vorgegebenes Urteil). Von hier aus kann er im Wege der Subsumtion die Findung eines – für ein andere (Mitmenschen) gedanklich überzeugendes Ergebnis notwendigen – zweiten logischen Urteils bzw. eines Untersatzes versuchen.

Er muss dafür durch sorgfältig vergleichende, letztlich von ihm durch (wertende) Entscheidung abzuschließende Betrachtung nur prüfen, ob der einzelne Sachverhalt (S) eine besondere Einzelerscheinung des allgemeinen Tatbestands (T) des Rechtssatzes (T = R) ist (bzw. von ihm als dem zur Entscheidung berufenen Menschen die anderen Mitmenschen überzeugend als eine besondere Einzelerscheinung des allgemeinen Tatbestandes eingeordnet werden kann). Er muss also beispielsweise untersuchen, ob ein einzelner Mensch (z. B. Hans) ein (Abkömmling des Erblassers und das bedeutet ein) Verwandter des Erblassers (z. B. Erwin) ist und innerhalb der Gattung Verwandte (des Erblassers) das besondere Merkmal (Unterscheidungsmerkmal, Kennzeichen, Bedingung) der absteigenden Linie erfüllt. Kann er dies nach einleuchtendem Vergleich (zwischen dem allgemeinen Abkömmling als allgemeinem Verwandten absteigender Linie und dem einzelnen Hans als einzelnem Verwandten absteigender Linie des Erblassers Erwin) bejahen, hat er auch einen positiven Untersatz (zweites logisches Urteil z. B. Hans = Abkömmling) (, andernfalls einen negativen Untersatz z. B. Hans ist nicht Abkömmling).

Mit diesen beiden (einerseits von der Rechtsordnung allgemein, andererseits von dem Rechtsanwender im Einzelfall besonders geschaffenen oder ermittelten) Gleichungen steht logischerweise das Gesamtergebnis der Rechtsanwendung fest. Ist nämlich (im Recht kraft Gesetzes bzw. in der Logik kraft Obersatzes oder Ausgangsurteils) der Abkömmling Erbe (A = E) und ist (auf Grund Subsumtion) (der einzelne) Hans Abkömmling (H = A), so ergibt sich (wie in der Mathematik auch im Recht) logisch unausweichlich als Schluss, dass (, wenn Abkömmling = Erbe [A = E] und Hans = Abkömmling [H = A] ist, dann) Hans (nach Ausscheidung des zwischen Obersatz und Untersatz vermittelnden Begriffes Abkömmling) Erbe ist (H = E). Aus der Geltung der Sätze Tatbestand (T) = Rechtsfolge (R) (Obersatz) und Sachverhalt (S) = Tatbestand (T) (bzw. im gegenteiligen Fall Sachverhalt ist ungleich Tatbestand) (Untersatz) folgt im Syllogismus als (logisches) drittes Urteil oder Schlusssatz (infolge Ausscheidung des in Obersatz und Untersatz gleichermaßen enthaltenen Elements oder Mittelbegriffs Tatbestand [T]) notwendigerweise die Gleichheit von Sachverhalt (Unterbegriff) und Rechtsfolge (Oberbegriff) (Sachverhalt [S] = Rechtsfolge [R]) (bzw. dann, wenn Hans nicht Abkömmling ist, die Ungleichheit von Sachverhalt und Rechtsfolge).

Der wegen dieser methodischen Zusammenhänge für den zum logischen Vorgehen verpflichteten Rechtsanwender grundlegend wichtige Definition (je)des Stichworts bzw. Kernrechtsworts (z. B. Abkömmling = Verwandter absteigender Linie) als dem Eingangssatz folgt im einzelnen Wörterbuchartikel grundsätzlich als zweite Stufe zwecks weiterer Orientierung im Gesamtzusammenhang des Rechtsganzen regelmäßig die sachliche Vernetzung des Stichworts (z. B. Erbrecht) mit seiner übergeordneten Sacheinheit (Gattung z. B. Privatrecht), von der es nur eine besondere Art bildet, und zu seinen eigenen untergeordneten Sacheinheiten (Arten bzw. Unterarten z. B. gesetzliches Erbrecht, gewillkürtes Erbrecht), für die es die allgemeine Gattung darstellt. Darüber hinaus wird in der Folge in weiteren Sätzen auch sonst alles sachlich Wissenswerte angerissen, so dass durch den dem Stichwort folgenden Sachtext das Rechtswörterbuch von selbst auch Sachwörterbuch wird. Lebensnahe Beispiele (z. B. für Anstalt, Falschbeurkundung, Kausalität, Tatbestandsirrtum oder Verbalinjurie) erleichtern dabei das Verständnis ebenso wie die häufige Aufnahme des dem besonderen Rechtswort als Ausgangspunkt vielfach vorausliegenden allgemeinen Wortes der Grundsprache (z. B. aktiv, Finanz, Karte, Stück, Zustand).

Dem (definierten) Stichwort und dem (vernetzenden) Sachtext folgt als dritte erweiternde Informationsschicht der beliebige eigene Vertiefung erlaubende Hinweis auf Literatur bzw. Schrifttum. Dafür sind bei zahlreichen Artikeln die wichtigsten aktuellen Titel in kürzestmöglicher Fassung aufgeführt. Dadurch ist das mehr als 5000 Literaturtitel bietende Wörterbuch zugleich eine preiswerte, nirgends anderswo in gleicher Einfachheit und benutzerfreundlich ausgewählter Vollständigkeit greifbare, handliche Bibliographie der neuesten juristischen Grundliteratur, die ihrerseits durch die im jeweiligen genannten Werk enthaltenen eigenen Bibliographien den weiteren Ausgriff auf die gesamte von ihr selbst verarbeitete bereits vorliegende Rechtsliteratur eröffnet.

Damit hat, wer den vollen, dreistufigen Inhalt des Wörterbuches aufnimmt und verwertet, die im Wissen enthaltene Macht. Wer die dahinter stehende Denkstruktur erfasst, erlangt sicheres eigenes Können. Wer dieses Wissen und dieses Können vereint, wird überall selbstsicher das Leben meistern können.

Die neue Auflage bringt das aktuelles Sachwissen, methodische Denkschulung und weiterführende Ausblicke zu selbstverständlicher, kostengünstiger Einheit verbindende Buch in Stichwörtern, Sachtexten und Literaturhinweisen wieder auf den neuesten Stand von Gesetzgebung, Rechtsprechung und Wissenschaft.

Durch die dabei vorgenommenen Verdichtungen und Erweiterungen wird der Inhalt des Werkes zugleich verkürzt und vermehrt. Gleichwohl bleibt es ein systematisch strukturiertes Kompaktnachschlagewerk aus einer Hand, das für jedermann ohne große Mühe die gesamte Welt des deutschen Rechts eröffnet. Vom Englischen, Französischen, Italienischen, Spanischen, Portugiesischen, Rumänischen, Russischen, Polnischen, Tschechischen, Bulgarischen, Griechischen, Finnischen, Ungarischen, Türkischen und Chinesischen her bzw. für das Englische, Französische, Italienische, Spanische, Portugiesische, Rumänische, Russische, Polnische, Tschechische, Bulgarische, Griechische, Finnische, Ungarische, Türkische und Chinesische wird der Rechtsstandort Deutschland innovierend und globalisierend erschlossen durch meine im Zentrum integrativer europäischer Legistik erarbeiteten Taschenbücher internationaler Lexikographie Rechtsenglisch (8. A. 2011, Vahlen), Rechtsfranzösisch (5. A. 2013, Vahlen), Rechtsitalienisch (2. A. 2004, Vahlen), Rechtsspanisch (3. A. 2012, Vahlen), Rechtsportugiesisch (2006, Vahlen), Rechtsrumänisch (2006, Vahlen), Rechtsrussisch (2. A. 2008, Vahlen), Rechtspolnisch (2001, Vahlen), Rechtstschechisch (2003, Vahlen), Rechtsbulgarisch (2006), Rechtsgriechisch (2. A. 2011), Rechtsfinnisch (2004), Rechtsungarisch (2004), Rechtstürkisch (2. A. 2011, Vahlen) und Rechtschinesisch (2002, Vahlen), von der Sprachgeschichte her durch mein Etymologisches Rechtswörterbuch (1995, UTB 1888) und von der Sachgeschichte her durch mein nach gleichen didaktischen Gesichtspunkten geschaffenes Zielwörterbuch europäischer Rechtsgeschichte 6. A. 2014 (http://www.koeblergerhard.de/Zielwoerterbuch5.htm monatsaktuelle Fassung) und meine Deutsche Rechtsgeschichte (6. A. 2005, Vahlen).

Für trotz vieler Bemühungen vorhandene Ungenauigkeiten, Schwächen und Lücken bitte ich den einsichtigen Leser mit dem Hinweis auf nobody is perfect um freundliche Nachsicht. Er möge bedenken, dass die Gesamtheit des Rechts vollständig und fehlerfrei zu erfassen dem Einzelnen angesichts der tiefgreifenden, sich täglich wandelnden Verrechtlichung allen menschlichen Lebens kaum noch wirklich möglich ist. Er kann sich deshalb um die Allgemeinheit dadurch verdient machen, dass er mich unmittelbar auf Verbesserungsmöglichkeiten hinweist.

Für grundlegende Unterstützung der ersten Anfänge sehr zu danken habe ich Andrea Höhne und Bernhard Cromm, für andere Hilfen zahlreichen anderen Helfern. Möge die gemeinsame Anstrengung das Recht tatsächlich fördern und das Unrecht wirklich mindern. Vielleicht bessert sich dadurch zumindest im Grundsatz die Welt.

Zu erreichen bin ich am leichtesten über gerhard.koebler@uibk.ac.at oder gerhard.koebler@chello.at. Viele meiner Arbeiten lassen sich ohne Schranken überall und jederzeit im Internet einsehen unter http://www.gerhardkoebler.de. Dort biete ich seit dem 1. Januar 2000 unter jusnews täglich neue juristische Kompaktnachrichten über die jüngste Vergangenheit in jeweils einem Satz (mit auch über mein Programm wikiling durchsuchbarem Nachrichtenarchiv), unter juslinks interessante elektronische Verbindungen in alle Welt, unter wer ist wer und unter wer war wer zahlreiche Biographien lebender und verstorbener Juristen, unter Bibliographie internationalen europäischen Rechts (bier) viele Hinweise auf europarechtliche Literatur und unter fernkernlernkurs erste Ansätze einfacher systematischer Verortung.

Ich lade mit dem kleinen Juristischen Wörterbuch und seinen internationalen und intertemporalen Geschwistern jedermann ein, mit mir leicht und froh in aller Welt nach Wahrheit, Freiheit und Gerechtigkeit zu streben. Ich freue mich über jeden, der mir durch Nutzung oder Förderung zur Seite stehen will. Ich danke allen herzlich im Voraus.

In veritate libertas! Ceterum censeo corruptionem esse delendam! Faustus felixque veridicus!

Gießen, Ulm, Tübingen, im Oktober 2015   Gerhard Köbler

Abkürzungsverzeichnis

* Vgl. *Kirchner, H./Butz, C.*, Abkürzungsverzeichnis der Rechtssprache, 7. A. 2012, 8. A. 2015; *Kirchner, H.*, Abkürzungen für Juristen, 2. A. 1993; Sokoll, A., Handbuch der Abkürzungen, Bd. 1 ff. 1992 ff.; World dictionary of legal abbreviations (Lbl.), hg. v. *Kavass, I. u. a.*, Bd. 1 f. 1991; Handbuch der Abkürzungen, 2001 Umlaute (ä, ö, ü) sind unter den nicht umgelauteten Selbstlauten (a, o, u) eingeordnet. Es gilt im Grundsatz die neue deutsche Rechtschreibung.

AbfG	s. KrW/AbfG bzw. KrWG
AbgG	Abgeordnetengesetz
ABl	Amtsblatt
AbzG	Abzahlungsgesetz
AcP	Archiv für civilistische Praxis
Adj	Adjektiv
AEG	Allgemeines Eisenbahngesetz
AEUV	Vertrag über die Arbeitsweise der Europäischen Union
AFG	Arbeitsförderungsgesetz s. SGB III
AG	Amtsgericht, Ausführungsgesetz
AGB-Gesetz	Gesetz zur Regelung des Rechts der Allgemeinen Geschäftsbedingungen
AGG	Allgemeines Gleichbehandlungsgesetz
AktG	Aktiengesetz
ALR	Allgemeines Landrecht für die Preußischen Staaten
AMG	Arzneimittelgesetz
AnfG	Anfechtungsgesetz
AO	Abgabenordnung
ArbGG	Arbeitsgerichtsgesetz
ArbZG	Arbeitszeitgesetz
ArchBürgR	Archiv für bürgerliches Recht
AsylVfG	Asylverfahrensgesetz
AtG	Atomgesetz
AufenthG	Aufenthaltsgesetz
AuslG	2005 ersetzt durch Aufenthaltsgesetz
AVG	Angestelltenversicherungsgesetz Außerkrafttreten durch Art. 83 Nr. 1 des Gesetzes vom 18.12.1989
AVO	Ausführungsverordnung
BAFöG	Bundesausbildungsförderungsgesetz
BAG	Bundesarbeitsgericht
BannmeilenG	Bannmeilengesetz s. Gesetz über befriedete Bezirke für Verfassungsorgane des Bundes
BAnz	Bundesanzeiger
BÄO	Bundesärzteordnung
BauGB	Baugesetzbuch
BauNVO	Verordnung über die bauliche Nutzung der Grundstücke
BayAGGVG	Bayerisches Gesetz zur Ausführung des Gerichtsverfassungsgesetzes
BayVBl	Bayerische Verwaltungsblätter
BayVerf	Verfassung des Freistaats Bayern
BayVfGHG	Bayerisches Gesetz über den Verfassungsgerichtshof
BB	Betriebsberater
BBahnG	Bundesbahngesetz
BBankG	Gesetz über die deutsche Bundesbank
BBauG	Bundesbaugesetz zum 1.7.1987 in das Baugesetzbuch überführt, s. BauGB
BBergG	Bundesberggesetz
BBesG	Bundesbesoldungsgesetz
BBG	Bundesbeamtengesetz
BBiG	Berufsbildungsgesetz
BBodSchG	Bundesbodenschutzgesetz
BDG	Bundesdisziplinargesetz
BDSG	Bundesdatenschutzgesetz
BeamtStG	Beamtenstatusgesetz
BeamtVG	Beamtenversorgungsgesetz

BEEG	Bundeselterngeld- und Elternzeitgesetz
BENeuglG	Bundeseisenbahnneugliederungsgesetz
ber	berichtigt
BerHG	Beratungshilfegesetz
BErzGG	Bundeserziehungsgeldgesetz, Außerkrafttreten Art. 3 II Gesetz vom 5.12.2006
BetrVG	Betriebsverfassungsgesetz
BeurkG	Beurkundungsgesetz
BFH	Bundesfinanzhof
BFStrG	Bundesfernstraßengesetz
BGB	Bürgerliches Gesetzbuch
BGBl	Bundesgesetzblatt
BGH	Bundesgerichtshof
BGSG	Bundesgrenzschutzgesetz s. Bundespolizeigesetz
BHO	Bundeshaushaltsordnung
BJagdG	Bundesjagdgesetz
BImSchG	Bundesimmisionsschutzgesetz
BKAG	Bundeskriminalamtgesetz
BKGG	Bundeskindergeldgesetz
BLG	Bundesleistungsgesetz
BLV	Bundeslaufbahnverordnung
BMietG	Bundesmietengesetz
BMinG	Bundesministergesetz
BNatSchG	Bundesnaturschutzgesetz
BNotO	Bundesnotarordnung
BORA	Berufsordnung für Rechtsanwälte
BörsenG	Börsengesetz
BPersVG	Bundespersonalvertretungsgesetz
BpO	Betriebsprüfungsordnung
BPolBG	Bundespolizeibeamtengesetz
BPolG	Bundespolizeigesetz
BRAGO	Bundesgebührenordnung für Rechtsanwälte s. Rechtsanwaltsvergütungsgesetz
BRAO	Bundesrechtsanwaltsordnung
BRHG	Bundesrechnungshofgesetz
BRRG	Beamtenrechtsrahmengesetz außer Kraft getreten zum 31. März 2009
BSG	Bundessozialgericht
BSHG	Bundessozialhilfegesetz s. Sozialgesetzbuch XII
BSpkG	Gesetz über die Bausparkassen
BStatG	Bundesstatistikgesetz
BTG	Betreuungsgesetz Außerkrafttreten 25.4.2006 durch Art. 11, 210 des Gesetzes vom 19.4.2006
BtMG	Betäubungsmittelgesetz
BundeswaldG	Bundeswaldgesetz
BUrlG	Bundesurlaubsgesetz
BVerfG	Bundesverfassungsgericht
BVerfGG	Gesetz über das Bundesverfassungsgericht
BVerfSchG	Bundesverfassungsschutzgesetz
BVFG	Bundesvertriebenengesetz
BVG	Bundesversorgungsgesetz
BWO	Bundeswahlordnung
BWG	Bundeswahlgesetz
BZRG	Bundeszentralregistergesetz
ChemG	Chemikaliengesetz
DAG	Deutsche Angestelltengewerkschaft
DepotG	Depotgesetz
DÖV	Die öffentliche Verwaltung
DRiG	Deutsches Richtergesetz
DRiZ	Deutsche Richterzeitung
DVBl	Deutsche Verwaltungsblätter
DVO	Durchführungsverordnung
EA	Vertrag über die Europäische Atomgemeinschaft
EBO	Eisenbahn-Bau- und Betriebsordnung
EFZG	Entgeltfortzahlungsgesetz

EG	Einführungsgesetz, Europäische Gemeinschaft, Vertrag über die Europäische Gemeinschaft
EGAktG	Einführungsgesetz zum Aktiengesetz
EGBGB	Einführungsgesetz zum Bürgerlichen Gesetzbuch
EGGVG	Einführungsgesetz zum Gerichtsverfassungsgesetz
EGHGB	Einführungsgesetz zum Handelsgesetzbuch
EGStGB	Einführungsgesetz zum Strafgesetzbuch
EGStPO	Einführungsgesetz zur Strafprozessordnung
EGV	Vertrag über die Gründung der Europäischen Gemeinschaft
EGZPO	Einführungsgesetz zur Zivilprozessordnung
EhrRiEG	Gesetz über die Berufsausübung der ehrenamtlichen Richter
EinzelhG	Gesetz über die Berufsausübung im Einzelhandel
EMRK	Europäische Menschenrechtskonvention s. MRK
engl.	englisch
EnWG	Energiewirtschaftsgesetz
ErbbauVO	Verordnung über das Erbbaurecht mit Wirkung vom 30.11.2007 umbenannt in Erbbaurechtsgesetz (Gesetz über das Erbbaurecht
ErbStG	Erbschaftsteuer- und Schenkungsteuergesetz
EStG	Einkommensteuergesetz
EU	Europäische Union, Vertrag über die Europäische Union
EuGH	Europäischer Gerichtshof, Gerichtshof der Europäischen Union
EuGVÜ	Europäisches Gerichtstands- und Vollstreckungsübereinkommen
EUV	Vertrag zur Gründung der Europäischen Union, Vertrag über die Europäische Union
EuWG	Europawahlgesetz
EVO	Eisenbahn-Verkehrsordnung
EWGV	Vertrag zur Gründung der Europäischen Wirtschaftsgemeinschaft s. EGV
FAG	Gesetz über die Fernmeldeanlagen außer Kraft getreten, s. Telekommunikationsgesetz
FamFG	Gesetz über das Verfahren in Familiensachen und in den Angelegenheiten der freiwilligen Gerichtsbarkeit
FamRZ	Ehe und Familie im privaten und öffentlichen Recht. Zeitschrift für das gesamte Familienrecht
FernAbsG	Gesetz über Fernabsatzverträge Außerkrafttreten durch Art. 6 Nr. 7 des Gesetzes vom 26.11.2001
FGG	Gesetz über die Angelegenheiten der freiwilligen Gerichtsbarkeit zum 1.9.2009 außer Kraft getreten, s. Gesetz über das Verfahren in Familiensachen und in den Angelegenheiten der freiwilligen Gerichtsbarkeit FamFG
FGO	Finanzgerichtsordnung
FlHG	Fleischhygienegesetz
FlurbG	Flurbereinigungsgesetz
franz	französisch
FreihEntzG	Gesetz über das gerichtliche Verfahren bei Freiheitsentziehungen
FStrG	s. BFStrG
FVG	Finanzverwaltungsgesetz
GA	Goldtammers Archiv
GaststättenG	Gaststättengesetz
GBO	Grundbuchordnung
GBV	Grundbuchverfügung
GebrMG	Gebrauchsmustergesetz (BGBl 1986, 1455 NF)
GenG	Gesetz betreffend die Erwerbs- und Wirtschaftsgenossenschaften
GenTG	Gentechnikgesetz
GeschmMG	Geschmacksmustergesetz ersetzt durch Designgesetz
GeschOBT	Geschäftsordnung des Bundestags s. GOBT
GewO	Gewerbeordnung
GewStDV	Gewerbesteuerdurchführungsverordnung
GewStG	Gewerbesteuergesetz
GFlHG	Geflügelfleischhygienegesetz
GG	Grundgesetz
GKG	Gerichtskostengesetz
GleichberG	Gleichberechtigungsgesetz
GmbHG	Gesetz betreffend die Gesellschaften mit beschränkter Haftung
GO	Geschäftsordnung
GOBT	Geschäftsordnung des Deutschen Bundestags s. GeschOBT

griech.	griechisch
GRMG	Geschäftsraummietengesetz
GrStG	Grundsteuergesetz
GrdstVG	Grundstückverkehrsgesetz
GSG	Gerätesicherheitsgesetz
GPSG	Geräte- und Produktsicherheitsgesetz) s. ProdSG
GüKG	Güterkraftverkehrsgesetz
GVG	Gerichtsverfassungsgesetz
GvKostG	Gesetz über Kosten der Gerichtsvollzieher
GWB	Gesetz gegen Wettbewerbsbeschränkungen
HandwO	Handwerksordnung
HausratsV	Hausratsverordnung außer Kraft getreten mit dem 31.8.2009 zum 1.9.2009
HaustürWG	Gesetz über den Widerruf von Haustürgeschäften, außer Kraft getreten
HArbG	Heimarbeitsgesetz
HGB	Handelsgesetzbuch
HGrG	Gesetz über die Grundsätze des Haushaltsrechts des Bundes und der Länder
HinterlO	Hinterlegungsordnung Schönfelder 121, außer Kraft getreten zum 1.12.2010 (Art. 80 II des Gesetzes vom 23.11.2007)
HPflG	Haftpflichtgesetz Schönfelder 33
HRG	Hochschulrahmengesetz
HSOG	Hessisches Gesetz über die öffentliche Sicherheit und Ordnung
IHKG	Gesetz zur vorläufigen Regelung des Rechts der Industrie- und Handelskammern
InsO	Insolvenzordnung
ital.	italienisch
JBeitrO	Justizbeitreibungsordnung
JGG	Jugendgerichtsgesetz
JR	Juristische Rundschau
Jura	Jura. Juristische Ausbildung
JurA	Juristische Analysen
JuS	Juristische Schulung
JuSchG	Jugendschutzgesetz
JVKostO	Verordnung über Kosten im Bereich der Justizverwaltung
JWG	Gesetz für Jugendwohlfahrt
JZ	Juristenzeitung
KAGG	Gesetz über Kapitalanlagegesellschaften
KDVNK	Kriegsdienstverweigerungsneuordnungsgesetz
KJHG	Kinder- und Jugendhilfegesetz s. SGB VIII
KO	Konkursordnung s. InsO
KostO	Kostenordnung
KR	Kontrollrat
KRG	Kontrollratsgesetz
KraftStG	Kraftfahrzeugsteuergesetz
KrW/AbfG	Kreislaufwirtschafts- und Abfallgesetz ersetzt durch KrWG
KrWG	Kreislaufwirtschaftsgesetz
KS	Vertrag über die Europäische Gemeinschaft für Kohle und Stahl
KSchG	Kündigungsschutzgesetz
KStG	Körperschaftsteuergesetz
KunstUrhG	Gesetz betreffend das Urheberrecht an Werken der bildenden Künste
KVO	Kraftverkehrsordnung für den Güterfernverkehr mit Kraftfahrzeugen (Beförderungsbedingungen)
KWG	Gesetz über das Kreditwesen
LadschlG	Gesetz über den Ladenschluss ersetzt durch Landesgesetze
LAG	Lastenausgleichsgesetz
lat.	lateinisch
LG	Landgericht
LGVÜ	Luganer Gerichtsstands- und Vollstreckungsübereinkommen
LmFmGBG	Lebensmittel- und Futtermittelgesetzbuch
LohnFG	Lohnfortzahlungsgesetz s. EFZG
LPachtVG	Landpachtverkehrsgesetz
LPG	Landpachtgesetz
LuftVG	Luftverkehrsgesetz

MarkenG	Markengesetz
MDR	Monatsschrift für Deutsches Recht
MHG	Gesetz zur Regelung der Miethöhe s. seit 2007 die §§ 535 ff. BGB
MitbestG	Mitbestimmungsgesetz
MRK	Europäische Konvention der Menschenrechte
MRRG	Melderechtsrahmengesetz
MuSchutzG	Mutterschutzgesetz
NB	Neubekanntmachung
NEhelG	Gesetz über die rechtliche Stellung nichtehelicher Kinder
NF	Neufassung
NJW	Neue Juristische Wochenschrift
OLG	Oberlandesgericht
OVG	Oberverwaltungsgericht
OWiG	Gesetz über Ordnungswidrigkeiten
PachtkredG	Pachtkreditgesetz
ParlStG	Gesetz über die Rechtsverhältnisse der Parlamentarischen Staatssekretäre
PartGG	Partnerschaftsgesellschaftsgesetz
ParteiG	Parteiengesetz
PassG	Gesetz über das Passwesen
PatG	Patentgesetz
PAuswG	Gesetz über Personalausweise und den elektronischen Identitätsnachweis
PBefG	Personenbeförderungsgesetz
PflegeVG	Pflegeversicherungsgesetz
PflSchG	Pflanzenschutzgesetz
PflVG	Pflichtversicherungsgesetz
PostG	Gesetz über das Postwesen
PostVerfG	Postverfassungsgesetz
PostUmwG	Postumwandlungsgesetz
PostVerwG	Postverwaltungsgesetz
PrABG	Allgemeines Berggesetz für die preußischen Staaten
ProdHaftG	Produkthaftungsgesetz
ProdSG	Produktsicherheitsgesetz (früher Geräte- und Produktsicherheitsgesetz)
PrPVG	Preußisches Polizeiverwaltungsgesetz
PStG	Personenstandsgesetz
RAFachBezG	Gesetz über Fachanwaltsbezeichnungen
RaumOrdG	s. ROG
RBerG	Rechtsberatungsgesetz ersetzt
RelKErzG	Gesetz über die religiöse Kindererziehung
RGBl	Reichsgesetzblatt
RHeimstG	Reichsheimstättengesetz außer Kraft gesetzt durch Gesetz zur Aufhebung des Reichsheimstättengesetzes
RHGG	Reichshaftpflichtgesetz, jetzt Haftpflichtgesetz
ROG	Raumordnungsgesetz
RPfleger	Der Deutsche Rechtspfleger
RPflG	Rechtspflegergesetz
RSprEinhG	Gesetz zur Wahrung der Einheitlichkeit der Rechtsprechung der obersten Gerichtshöfe des Bunds
RVG	Gesetz über die Vergütung der Rechtsanwältinnen und Rechtsanwälte
RVO	Reichsversicherungsordnung (RGBl 1924, 779 NF) seit 1975 schrittweise durch Sozialgesetzbuch außer Kraft gesetzt
ScheckG	Scheckgesetz
SchiffsRG	Gesetz über Rechte an eingetragenen Schiffen und Schiffsbauwerken
SchuVVO	Schuldnerverzeichnisverordnung
SchutzBerG	Schutzbereichsgesetz
SchwbG	Schwerbehindertengesetz s. SGB IX
SeeArbG	Seearbeitsgesetz
SeemG	Seemannsgesetz s. SeeArbG
SG	Soldatengesetz
SGB	Sozialgesetzbuch (I Allgemeiner Teil, II Grundsicherung für Arbeitsuchende, III Arbeitsförderung, IV Sozialversicherung – Gemeinsame Vorschriften], V Krankenversicherung, VI Rentenversicherung, VII Unfallversicherung, 1254, VIII Kin-

der- und Jugendhilfe, IX Rehabilitation und Teilhabe behinderter Menschen, X
Verwaltungsverfahren, XI Soziale Pflegeversicherung, XII Sozialhilfe

SGG	Sozialgerichtsgesetz
SHG	Gesetz über die Haftpflicht der Eisenbahnen und Straßenbahnen für Sachschaden
span.	spanisch
SprengG	Sprengstoffgesetz
StAG	Staatsangehörigkeitsgesetz
StAnpG	Steueranpassungsgesetz am 1.1.1977 außer Kraft getreten, inhaltlich in die Abgabenordnung übernommen
StBauFG	Städtebauförderungsgesetz zum 1.7.1987 in das Baugesetzbuch überführt
StBerG	Steuerberatungsgesetz
StGB	Strafgesetzbuch
StPO	Strafprozessordnung
StrEG	Gesetz über die Entschädigung für Strafverfolgungsmaßnahmen
StVG	Straßenverkehrsgesetz
StVO	Straßenverkehrsordnung
StVollzG	Gesetz über den Vollzug der Freiheitsstrafe
StVZO	Straßenverkehrszulassungsordnung
SVG	Soldatenversorgungsgesetz
TierSchG	Tierschutzgesetz
TierSG	Tierseuchengesetz
TKG	Telekommunikationsgesetz
TVG	Tarifvertragsgesetz
ÜG	Überweisungsgesetz
UIG	Umweltinformationsgesetz
UmweltHG	Umwelthaftungsgesetz
UmwG	Umwandlungsgesetz
UnedMetG	Gesetz über den Verkehr mit unedlen Metallen
UrhG	Urheberrechtsgesetz
UStG	Umsatzsteuergesetz
UVPG	Gesetz über die Umweltverträglichkeitsprüfung
UWG	Gesetz gegen den unlauteren Wettbewerb
UZwG	Gesetz über den unmittelbaren Zwang
VAG	Versicherungsaufsichtsgesetz
VAHRG	Versorgungsausgleichshärtenregelungsgesetz
VbF	Verordnung über brennbare Flüssigkeiten
VerbrKrG	Verbraucherkreditgesetz
VereinsG	Vereinsgesetz
VerglO	Vergleichsordnung außer Kraft getreten durch Insolvenzordnung vom 1.1.1999
VerlG	Gesetz über das Verlagsrecht
VersammlG	Versammlungsgesetz
VerschG	Verschollenheitsgesetz
VfSchutzG	s. BVerfSchG
VGH	Verwaltungsgerichtshof
VO	Verordnung
VStG	Vermögensteuergesetz ab 1997 Vermögensteuer nicht mehr erhoben
VVG	Gesetz über den Versicherungsvertrag
VwGO	Verwaltungsgerichtsordnung
VwKostG	Verwaltungskostengesetz
VwVfG	Verwaltungsverfahrensgesetz
VwVG	Verwaltungsvollstreckungsgesetz
VwZG	Verwaltungszustellungsgesetz
WaffG	Waffengesetz
WährG	Währungsgesetz
WaStrG	Gesetz über die vermögensrechtlichen Verhältnisse der Bundeswasserstraßen
WEG	Wohnungseigentumsgesetz
WertV	Verordnung über Grundsätze für die Ermittlung der Verkehrswerte von Grundstücken
WG	Wechselgesetz
WHG	Wasserhaushaltsgesetz
WiStG	Wirtschaftsstrafgesetz
WoBauG	Wohnungsbaugesetz II

WoBindG	Wohnungsbindungsgesetz
WoGG	Wohngeldgesetz
WoVermittG	Wohnungsvermittlungsgesetz
WPflG	Wehrpflichtgesetz seit Juli 2011 Wehrpflicht ausgesetzt
WRV	Weimarer Reichsverfassung
WStG	Wehrstrafgesetz
WZG	Warenzeichengesetz am 1.1.1995 außer Kraft getreten durch Art. 48 Nr. 1 des Gesetzes vom 25.10.1994
ZDG	Zivildienstgesetz
ZeuP	Zeitschrift für europäisches Privatrecht
ZHR	Zeitschrift für das gesamte Handels- und Wirtschaftsrecht
ZPO	Zivilprozessordnung
ZRG	Zeitschrift für Rechtsgeschichte
ZSchG	Gesetz über den Zivilschutz, s. ZSG
ZSEG	Gesetz über die Entschädigung von Zeugen und Sachverständigen
ZSG	Zivilschutzgesetz
ZStW	Zeitschrift für die gesamte Strafrechtswissenschaft
ZVG	Gesetz über die Zwangsversteigerung und die Zwangsverwaltung
ZZP	Zeitschrift für Zivilprozess

A

A.A. (lat. [M.] Aulus Agerius) ist die abstrakte Abkürzung für den Kläger im römischen Formularprozess.

Lit.: *Söllner, A.,* Römische Rechtsgeschichte, 5. A. 1996

Abänderungsklage (§ 323 ZPO) ist die auf Abänderung einer Verurteilung zu künftig fällig werdenden wiederkehrenden Leistungen (z. B. → Unterhalt) gerichtete, bei einer wesentlichen Veränderung der maßgeblichen Verhältnisse (z. B. Lebenshaltungskosten) zulässige Klage. Sie ist eine dem Gläubiger und dem Schuldner mögliche → Gestaltungsklage. Das auf sie erfolgende Urteil beseitigt die Wirkungen der inneren → Rechtskraft des früheren → Urteils für die Zeit nach ihrer Erhebung. Für den Unterhalt Minderjähriger sind nach den §§ 249 ff. FamFG vereinfachte Verfahren statthaft.

Lit.: *Braun, J.,* Grundfragen der Abänderungsklage, 1994; *Graba, H.,* Die Abänderung von Unterhaltstiteln, 4. A. 2011

Abandon (§ 27 GmbHG, § 501 HGB) ist die Preisgabe des → Gesellschaftsanteils (oder Schiffsparts) zwecks Haftungsbefreiung. Dazu ist bei einzelnen Gesellschaften der Gesellschafter unter bestimmten Voraussetzungen berechtigt, um künftige, in ihrer Höhe nicht übersehbare Beiträge (→ Nachschüsse) vermeiden zu können. Den A. gibt es auch im Versicherungsrecht (§ 141 VVG).

Abberufung (F.) Entzug einer Stellung oder eines Amtes

Abbruch der Schwangerschaft → Schwangerschaft

abdingbar (Adj.) vertraglich abänderbar → dispositives Recht, Gegensatz zwingend

Lit.: *Kähler, L.,* Begriff und Rechtfertigung abdingbaren Rechts, 2012

Aberratio (F.) **ictus** ([lat.] Abirrung des Stoßes) ist der Eintritt des Handlungserfolgs an einem anderen als dem nach dem Täterplan angegriffenen Objekt (T schießt gewollt auf A und trifft wegen eines Querschlägers oder auch Dazwischentretens gegen seinen Willen B). Die a. i. ist eine Frage der Zurechnung eines Erfolgs im Rahmen eines → Irrtums im Bereich der → Kausalität. Das Verhalten wird als (erfolglos gebliebener) → Versuch der geplanten Tat (z. B. Mordversuch an A) und eventuell fahrlässige Verwirklichung des eingetretenen Erfolgs (z. B. fahrlässige Körperverletzung des B) behandelt und dementsprechend bestraft (str.). Sie ist zu unterscheiden vom → error in obiecto.

Lit.: *Koriath, H.,* Einige Gedanken zur aberratio ictus, JuS 1997, 901; *Grotendiek, S.,* Strafbarkeit des Täters, 2000

Abfall (§ 3 I KrwG) ist die bewegliche Sache, deren sich der Besitzer entledigt, entledigen will oder entledigen muss (z. B. Kaugummi, Altreifen, Bauschutt). Die Behandlung von A. erfolgt seit (1986 nach dem Abfallgesetz bzw. seit) 1996 nach dem Kreislaufwirtschafts- und Abfallgesetz, an dessen Stelle 2012 das Kreislaufwirtschaftsgesetz getreten ist. Danach ist A. in erster Linie zu vermeiden und in zweiter Linie stofflich zu verwerten oder zur Gewinnung von Energie zu nutzen. Zu unterscheiden sind Abfälle zur Verwertung und Abfälle zur Beseitigung. Vorrang hat die Verwertung vor der Beseitigung. Kennzeichnungspflicht, Rücknahmepflicht und Pfandpflicht von Verpackungen können durch Verordnung festgelegt werden. Der unerlaubte Umgang mit gefährlichen Abfällen (§ 326 StGB) wird mit Freiheitsstrafe bis zu 5 Jahren oder mit Geldstrafe bestraft. Die Behandlung besonderer Abfälle ist in Sondergesetzen geregelt (z. B. Tierkörperbeseitigung, Atomabfall, Kampfmittel). Die Eigenschaft als A. endet mit der Verwertung.

Lit.: Abfallrecht, 16. A. 2012; *Kunig, P.,* Kreislaufwirtschaftsgesetz, 3. A. 2012

Abfallentsorgung (§ 3 KrwG) ist die Verwertung und Beseitigung von Abfall einschließlich ihrer Vorbereitung.

Lit.: *Kunig, P.,* Kreislaufwirtschaftsgesetz, 3. A. 2012

Abfindung ist die für die Aufgabe (Verzicht) eines Rechtes evtl. auch einer Aussicht – meist in Geld – gewährte einmalige Gegenleistung (z. B. bei Unterhaltsverzicht, Erbverzicht, Rentenverzicht, Ruhegehaltsverzicht oder bei Ausscheiden aus einem Dienstverhältnis oder einer Gesellschaft). Der Anspruch auf A. ist in seinen Voraussetzungen und in seinem Umfang verschiedentlich besonders gesetzlich geregelt. Im Übrigen unterliegt er der → Vertragsfreiheit. Für die A. eines Aktionärs ist dabei grundsätzlich nicht ein einzelner Stichtag, sondern der Durchschnittskurs der letzten drei Monate maßgebend. Ein Arbeitgeber kann einem Arbeitnehmer eine A. anbieten, falls der Arbeitnehmer sich nicht gegen eine betriebsbedingte Kündigung mit Kündigungsschutzklage wehrt.

Lit.: *Bengelsdorf, P.,* Aufhebungsvertrag und Abfindungsvereinbarungen, 5. A. 2011

Abfindungsguthaben ist das die → Abfindung betreffende Guthaben des Abzufindenden beim Abfinden. Im Gesellschaftsrecht (§ 738 BGB) ist A. der Wert des Gesellschaftsanteils eines ausscheidenden Gesellschafters im Zeitpunkt des Ausscheidens (bzw. der Klageerhebung). Der Anspruch des ausscheidenden Gesellschafters gegen die verbleibenden Gesellschafter auf das A. gleicht den Verlust der gesamthänderischen Berechtigung am → Gesellschaftsvermögen aus, die den verbleibenden Gesellschaftern anwächst.

Lit.: *Schuhmann, H.*, Abfindung von Gesellschaftern, 1996

Abgabe ist die kraft öffentlichen Rechts in Geld zu entrichtende öffentliche Last vor allem zur Finanzierung der staatlichen Tätigkeit. Sie ist entweder → Steuer, Zoll, → Gebühr, → Beitrag oder nichtfiskalische A. bzw. Sonderabgabe. Die *nichtfiskalische* A. ist eine Geldleistung, die allein der Wirtschaftslenkung oder sonstigen nichtfiskalischen Zwecken dient (z. B. Investitionsabgabe, Lastenausgleichsabgabe). Außerdem ist bei einer Willenserklärung die A. die Kundgabe bzw. die Veröffentlichung gegenüber der Außenwelt.

Lit.: *Kirchhof, F.*, Grundriss des Steuer- und Abgabenrechts, 2. A. 2001; *Siegel, T.*, Einführung in das Kommunalabgabenrecht, JuS 2008, 1071

Abgabenordnung (AO) ist das das Recht der → Abgaben allgemein ordnende Gesetz (des Reiches bzw. Bundes). Die A. regelt in ihren neun Teilen vor allem das Steuerschuldrecht, das Steuerverfahrensrecht und das Steuerstrafrecht. Sie ist Grundlage des gesamten Steuerrechts und befasst sich nicht mit dem einzelnen Steuer und ihrer Höhe.

Lit.: AO/FGO Steuerverfahrensrecht, 37. A. 2013; *Klein, F.*, Abgabenordnung, 12. A. 2014; *Jakob, W.*, Abgabenordnung, 5. A. 2010; Abgabenordnung, hg. v. *Koenig, U.*, 3. A. 2014; Abgabenordnung und Finanzgerichtsordnung, hg. v. *Kühn, R./Wedelstädt, A. v.*, 20. A. 2011; AO-Handbuch 2012, 2012; *Siesenop, S.*, Grundzüge der Abgabenordnung, JuS 2015, 411

Abgabenüberhebung → Gebührenüberhebung
abgeleiteter Eigentumserwerb → Eigentumserwerb, abgeleiteter

Abgeltungssteuer ist die die Einkommensteuer abgeltende Steuer, die ab 1.1.2009 in Höhe von 25 Prozent für Einkünfte aus Kapitalvermögen und Kursgewinne erhoben und von den Banken als → Quellensteuer abgeführt wird.

Abgeordnetenbestechung (§ 108e StGB) ist das Unternehmen des Kaufes oder Verkaufs einer Stimme für eine Wahl oder Abstimmung in einer Volksvertretung.

Lit.: *Schaller, H.*, Strafrechtliche Probleme der Abgeordnetenbestechung, 2002

Abgeordneter (Art. 38 GG) ist das Mitglied eines Parlaments (→ Bundestag, → Landtag, nicht Kreistag, nicht Stadtrat, nicht Gemeinderat). Der Abgeordnete wird von dessen Vertreter auf Zeit gewählt (nicht abberufbar) und ist nur seinem Gewissen unterworfen. Ihm kommen → Indemnität und → Immunität zu. Er erhält eine Aufwandsentschädigung (→ Diäten). Für den Abgeordneten des Bundestags gilt das Abgeordnetengesetz, für Abgeordnete der Landtage jeweiliges Landesrecht. www. abgeordnetenwatch.de

Lit.: *Braun, W./Jantsch, M./Klante, E.*, Abgeordnetengesetz, 2002

Abgeschlossen ist durch erkennbare Merkmale zu einer eigenen Einheit gemacht. Ein Raum ist a. (§ 123 StGB), wenn er baulich abgegrenzt ist. Das

widerrechtliche Eindringen in einen abgeschlossenen, zum öffentlichen Dienst oder Verkehr bestimmten Raum ist ein Fall von → Hausfriedensbruch.

Abhandenkommen (§ 935 I BGB) ist das Verlieren des unmittelbaren → Besitzes einer Sache ohne Willen des Besitzers (z. B. durch Verlieren einer Sache, durch Diebstahl, durch Zwang oder durch Zueignung seitens des → Besitzdieners). An abhanden gekommenen Sachen ist gutgläubiger, abgeleiteter → Erwerb vom Nichtberechtigten ausgeschlossen. Dies gilt nicht für → Geld, → Inhaberpapiere und im Wege öffentlicher Versteigerung veräußerte Sachen (§ 935 II BGB).

Lit.: *Hübner, H.*, Der Rechtsverlust im Mobiliarsachenrecht, 1955; *Haertlein, L.*, Der abhandengekommene Inhaberscheck, 1999

Abhilfe (§ 72 VwGO, § 572 ZPO) ist die Abänderung einer → Entscheidung durch die entscheidende → Behörde bzw. das entscheidende Gericht auf Grund eines Antrags (z. B. Beschwerde, Erinnerung, Widerspruch, Einspruch) bei Begründetheit. Sie ist eine nur in bestimmten Fällen zulässige neue Sachentscheidung. Sie macht eine Überprüfung durch die dafür zuständige nächsthöhere Behörde überflüssig.

Abhören ist das heimliche Überwachen der sprachlichen Äußerungen eines Menschen (z. B. bei Telefongesprächen). Das A. ist grundsätzlich verboten und vielfach strafbar. Das A. zu Zwecken der Strafverfolgung ist in engen Grenzen zulässig (vgl. § 100a StPO, nicht bei Steuerstraftaten, deswegen dort auch keine Verwertung der durch A. erlangten Erkenntnisse).

Lit.: *Zimmermann, G.*, Staatliches Abhören, 2001

Abkommen ist die Vereinbarung vor allem im Völkerrecht, im Verfassungsrecht und im Verwaltungsrecht. → Vertrag

Abkömmling ist der → Verwandte eines Menschen in absteigender Linie (z. B. Kind, Enkel, Urenkelin). Er hat grundsätzlich ein gesetzliches → Erbrecht, einen Anspruch auf → Unterhalt und besondere Rechte im Steuerrecht.

Lit.: *Bausch, H.*, Der Begriff des Abkömmlings in Gesetz und rechtsgeschäftlicher Praxis, FamRZ 1980, 413

Abkürzung ist die kurze Fassung der an sich längeren Gegebenheit.

Lit.: *Kirchner, H./Pannier, D.*, Abkürzungsverzeichnis der Rechtssprache, 7. A. 2012

Ablass ist im katholischen → Kirchenrecht die auch vor Gott verbindliche Befreiung von zeitlichen Sündenstrafen. Der A. setzt Beichte, Kommunion und Gebet voraus. Im Mittelalter konnte der A. auch durch Geldzahlung für kirchliche Zwecke erlangt werden.

Lit.: *Düren, P.*, Der Ablass in Lehre und Praxis, 2. A. 2000

Ablehnung ist die Zurückweisung eines Verhaltens oder eines Menschen. Im Verfahrensrecht ist A. die Zurückweisung einer bestimmten Gerichtsperson hinsichtlich ihrer Mitwirkung in einem Verfahren

(z. B. → Richter §§ 42 ff. ZPO, §§ 24 ff. StPO, § 54 VwGO, → Sachverständige, → Schiedsrichter, → Schöffen, → Dolmetscher, → Urkundsbeamter, nicht Staatsanwalt, für Amtspersonen im Verwaltungsverfahren vgl. § 21 VwVfG). Die(se) A. erfordert entweder gesetzliche Ausschlussgründe oder die begründete Besorgnis der → Befangenheit sowie einen Ablehnungsantrag (Ablehnungsgesuch, Selbstablehnung möglich), über den das (restliche) Gericht entscheidet. Daneben sind A. eines Antrags, einer Leistung, einer Vormundschaft, eines Verwaltungsakts u. a. möglich.

Lit.: *Bleutge, P.,* Ablehnung wegen Besorgnis der Befangenheit, 2. A. 1999; *Schneider, E.,* Befangenheitsablehnung im Zivilprozess, 2. A. 2001

Ablieferung ist die Leistung eines Gegenstands durch eine Person an eine Person, insbesondere die von Übereignungswillen begleitete Verschaffung des unmittelbaren Besitzes des Ersteigerers durch den Gerichtsvollzieher (§ 817 ZPO). Sie erfolgt nach dem Zuschlag und nur gegen Barzahlung. Sie verschafft kraft hoheitlicher Gewalt → Eigentum.

Ablösung ist die Beseitigung der Gebundenheit.

Ablösungsgesetzgebung ist die Gesetzgebung des 19. Jh.s zur Ablösung feudaler Rechte (Bodenbefreiung).

Lit.: *Köbler, G.,* Zielwörterbuch integrativer europäischer Rechtsgeschichte, 6. A. 2014 (Internet)

Ablösungsrecht (§ 268 I 1 BGB) ist das Recht eines Dritten, an Stelle des Schuldners den Gläubiger zu befriedigen. Es steht dem Dritten zu, wenn der Gläubiger die → Zwangsvollstreckung in einen dem Schuldner gehörigen Gegenstand betreibt und dadurch ein Recht des Dritten gefährdet. Seine Ausübung führt zum Übergang der Forderung des bisherigen Gläubigers mit allen Nebenrechten gegen den Schuldner auf den Dritten (gesetzlicher Forderungsübergang), kann aber nicht zum Nachteil des Gläubigers geltend gemacht werden.

Abmahnung ist die Aufforderung zur Änderung eines unerwünschten Verhaltens. Die A. findet sich im Arbeitsrecht, Mietrecht und Wettbewerbsrecht. Vielfach ist Rechtmäßigkeitsvoraussetzung einer → Kündigung eine vorherige A. (anders bei wichtigem Grund).

Lit.: *Bahr, M.,* Missbrauch der wettbewerbsrechtlichen Abmahnung im Bereich des Internet, 2003; *Hanau, P.,* Abmahnung und Kündigung, 3. A. 2005

Abmahnverein ist der auf den Zweck → Abmahnung (unlauteren → Wettbewerbs) gerichtete → Verein.

Abnahme ist einerseits die Verringerung einer Menge und andererseits die Entgegennahme der Leistung durch den Gläubiger eines Kaufvertrags oder Werkvertrags. Beim → Kauf ist die A. der Leistung nur → Nebenpflicht (§ 433 II BGB), beim → Werkvertrag → Gegenseitigkeitspflicht (§ 640 I BGB). Hier erfordert sie im Allgemeinen körperliche Entgegennahme und grundsätzliche Billigung.

Folgen der rechtsgeschäftlichen A. sind grundsätzlich Gefahrübergang, Beweislastumkehr, Vergütungsfälligkeit und Mängelverjährungsbeginn.

Lit.: *Sonntag, G.,* Die Abnahme im Bauvertrag, NJW 2009, 3084; *Kupczyk, B.,* Begriff, Voraussetzungen und Rechtsfolgen der Abnahme, NJW 2012, 3353

Abnahmeverzug → Gläubigerverzug

Abolition (F.) „Vergehenmachung", Niederschlagung eines Strafverfahrens (durch Gesetz), → Amnestie

Abordnung ist einerseits die Gruppe entsandter Menschen und andererseits die (§ 27 BBG, § 14 BeamtStG) bei Bestehen eines dienstlichen Bedürfnisses zulässige vorübergehende Zuweisung eines → Beamten an eine andere Dienststelle unter Beibehaltung der dienstrechtlichen Zuordnung zur früheren Dienststelle. Sie bedarf dann, wenn sie A. zu einem anderen Dienstherrn ist, der Zustimmung des Beamten. Sie ist von der → Versetzung zu trennen. Sie ist → Verwaltungsakt (str.). Für Richter vgl. § 37 DRiG.

Lit.: *Paehlke-Gärtner, C.,* Versetzung, Umsetzung, Abordnung, 1988; *Boeger, W.,* Der Leihbeamte, 1998

abortus (lat. [M.]) Fehlgeburt

Absatz ist einerseits der Teil eines Paragraphen, andererseits der Vertrieb einer Leistung (z. B. Ware).

Abschiebung (§ 58 AufenthG) ist die Entfernung eines → Ausländers aus dem Staatsgebiet unter Anwendung unmittelbaren Zwanges (Zwangsmittel). Sie ist Vollzug der → Ausweisung. Voraussetzungen und Verfahren dieses Verwaltungsverfahrens sind im Aufenthaltsgesetz näher geregelt. Ein ausreisepflichtiger Ausländer ist abzuschieben, wenn die Ausreisepflicht vollziehbar ist und wenn ihre freiwillige Erfüllung nicht gesichert ist oder eine Überwachung der Ausreise erforderlich erscheint. Auf Grund des Asylrechts darf die A. nur erfolgen bei Verurteilungen nach Erwachsenenstrafrecht, bei Fehlen der Gefahr unmenschlicher Behandlung im Rückkehrstaat und bei Rückfallgefahr. Solange die A. aus rechtlichen oder tatsächlichen Gründen unmöglich ist, ist eine Duldung notwendig. Diese ist nicht dadurch ausgeschlossen, dass die Identität des Betroffenen nicht klärbar ist.

Lit.: *Schuback, M.,* Die Ausweisung nach dem Ausländergesetz, 2003; *Beichel-Benedetti, S. u. a.,* Die Abschiebungshaft, NJW 2004, 3015; *Huber, B.,* Aufenthaltsgesetz, 2010

Abschluss ist allgemein die Beendigung eines Verhaltens oder die Begrenzung eines Gegenstands. A. eines Vertrags ist das Bewirken einer Bindung der Vertragsparteien durch → Willenserklärung an einen vereinbarten Vertragsinhalt. A. im Handelsrecht ist der Jahresabschluss bzw. die Jahresabschlussrechnung.

Lit.: *Schildbach, T.,* Der Konzernabschluss, 7. A. 2008; *Rinker, M.,* Vertragsschluss, 2003

Abschlussfreiheit ist die Freiheit einer Person, selbst darüber zu entscheiden, ob, wo, wann, wie und mit wem sie welche vertragliche Bindung eingehen will. Sie ist ein Teil der → Vertragsfreiheit. Sie ist ausgeschlossen für öffentliche Versorgungsträger (z. B. § 6 EnergiewirtschaftsG, vgl. § 5 II PflVersG, § 26 II GWB) und Inhaber von Monopolstellungen (→ Abschlusszwang).

Abschlussprüfung ist einerseits die letzte mehrerer Prüfungen und andererseits (§ 316 HGB) die Prüfung des Jahresabschlusses einer nicht kleinen Kapitalgesellschaft (im Sinne des § 267 HGB) durch einen Abschlussprüfer.
Lit.: *Niemann, W.*, Jahresabschlussprüfung, 4. A. 2011

Abschlussverfügung ist die den Abschluss der → Ermittlungen bildende → Verfügung der → Staatsanwaltschaft.
Lit.: *Brunner, R.*, Abschlussverfügung der Staatsanwaltschaft, 11. A. 2009

Abschlussvertreter ist der zum Abschluss eines Rechtsgeschäfts bevollmächtigte → Vertreter.

Abschlussvollmacht ist die zum → Abschluss eines → Vertrags ermächtigende → Vollmacht.

Abschlusszwang (Kontrahierungszwang) ist der Zwang, mit einem anderen die von diesem gewünschte vertragliche Bindung einzugehen. Der A. steht im Gegensatz zur → Abschlussfreiheit. Der A. ist nur auf Grund eines Gesetzes oder des Rechtsstaatsprinzips zulässig (z. B. Monopolstellung für wichtiges Gut).
Lit.: *Vykydal, S.*, Der kartellrechtliche Kontrahierungszwang, 1996

Abschöpfung ist die Maßnahme des → Staates, durch die der Preis einer eingeführten Ware auf einen gesetzlich festgeschriebenen Stand gebracht wird (z. B. bei landwirtschaftlichen Erzeugnissen in der → Europäischen Union durch die Bundesfinanzbehörden zwecks Angleichung des niedrigeren Weltmarktpreises an den höheren Binnenmarktpreis). Gesichert wird die in Deutschland wie Zoll behandelte A. durch Handelslizenzen und die hierfür zu stellenden Sicherheitsleistungen. Möglich ist auch die A. von Mehrwerten aus Sanierung oder von Gewinnen aus Straftaten.
Lit.: *Groß, A.*, Vereinfachung der §§ 111 b ff. StPO, 2006

Abschreckung ist die Einwirkung auf einen bisherigen Zustand oder Verlauf durch ein Gegenmittel zwecks Beeinflussung des Zustands oder Verlaufs. Im Strafrecht ist A. ein die Verhütung von Straftaten anstrebender → Strafzweck (relative → Straftheorie), wobei die Strafdrohung bzw. die Strafe den möglichen Täter vor Straftaten zurückschrecken lassen soll. Die Zulässigkeit dieses Strafzwecks ist umstritten.
Lit.: *Curti, H*, Abschreckung durch Strafe, 1999

Abschreibung ist die Herabsetzung des Buchwerts eines Vermögensgegenstands in der → Bilanz entsprechend dessen (durchschnittlichem) Wertverlust (im Laufe der Zeit). Die planmäßige A. wird so

bemessen, dass die Güter am Ende ihrer voraussichtlichen Gebrauchsdauer ganz abgeschrieben sind d. h. in der Bilanz nicht mehr als Wert (auf der Aktivseite) erscheinen. Sie erfolgt meist *linear* (z. B. 5 Jahre lang jährlich gleichbleibend 20 Prozent) oder *degressiv* (von Jahr zu Jahr fallende Prozentsätze) und entweder auf der Aktivseite oder auf der Passivseite (Wertberichtigung) der Bilanz. Das Steuerrecht verwendet A. vor allem für die Absetzung für Abnutzung (Teilung der Anschaffungskosten und Herstellungskosten durch die Zahl der Jahre der betriebsgewöhnlichen Nutzungsdauer). Im Sachenrecht bedeutet daneben A. eines Grundstücksteils die Verselbständigung eines Grundstückteils auf einem neuen Grundbuchblatt.
Lit.: *Oestreicher, A.*, Steuerliche Abschreibung, 2002; *Kalbfell, U.*, Ertragswertbasierte Abschreibungen, 2003

Abschreibungsgesellschaft (Verlustzuweisungsgesellschaft) ist die auf Verlusterzielung durch → Abschreibung gerichtete → Gesellschaft (Verlustzuweisungsgesellschaft). Sie ist regelmäßig GmbH & Co KG. Steuerlich werden Verlustzuweisungen von ohne Gewinnerzielungsabsicht tätigen Abschreibungsgesellschaften nicht anerkannt.
Lit.: *Armansperg, W. Graf v.*, Die Abschreibungsgesellschaft, 1983; *Wust, A.*, Die Verlustzuweisungsgesellschaft, 2004

Absetzung (§ 7 EStG) ist im Steuerrecht die Verteilung der Kosten eines Gutes auf seine durchschnittliche Nutzungsdauer. Die betriebsgewöhnliche Nutzungsdauer wird durch die Absetzung für Abnutzung-Liste des Bundesfinanzministers festgelegt. Geringwertige Wirtschaftsgüter im Wert von (ohne Vorsteuerbetrag) weniger als 410 Euro können im Jahr der Anschaffung oder Herstellung von den Einkünften voll abgesetzt werden. In Betracht kommt im Übrigen lineare oder degressive A. (→ Abschreibung) in Höhe der abstrakten Zeitschnittkosten. Unterschieden wird bei der A. zwischen beweglichen Gütern und Gebäuden.
Lit.: *Stöcker, E.*, Dammbruch bei der steuerlichen Absetzbarkeit, NJW 2004, 249

Absicht ist die gerade auf den Erfolg als Ziel gerichtete → Wille des Täters (z. B. § 242 StGB → Zueignungsabsicht [in der A., die Sache sich oder einem Dritten rechtswidrig zuzueignen]). Die A. ist die gesteigerte Form des unbedingten → Vorsatzes. Im Gegensatz zu diesem muss der Täter den Erfolg nicht nur notwendigerweise wollen, sondern gerade als sein besonderes Ziel anstreben. Die A. ist als subjektives → Tatbestandsmerkmal i. e. S. Bestandteil bestimmter Tatbestände. Der beabsichtigte → Erfolg (z. B. Zueignung) braucht nicht bei allen Tatbeständen auch wirklich erreicht zu werden (sog. überschießende → Innentendenz).
Lit.: *Oehler, D.*, Neue strafrechtliche Probleme des Absichtsbegriffs, NJW 1966, 1633; *Galli, G.*, Die Bedeutung der Absicht bei Wettbewerbsverstößen, 1991

Absichtsprovokation ist die absichtliche Herbeiführung der Situation (Provokation) der → Notwehr durch den Angegriffenen, um unter dem Deckmantel der Notwehr den Angreifer zu verletzen. Sie führt

zur Einschränkung der Notwehrrechte. Sie kann eine Straftat darstellen.
Lit.: *Roxin, C.*, Die provozierte Notwehrlage, ZStW 87 (1975), 541; *Kiefner, M.*, Die Provokation, 1991

absolut (Adj.) abgelöst, unbeschränkt, unbedingt

absolute Fahruntüchtigkeit → Fahruntüchtigkeit, absolute

absolute Mehrheit → Mehrheit, absolute

absolute Straftheorie → Straftheorie, absolute

absoluter Revisionsgrund → Revisionsgrund, absoluter

absolutes Fixgeschäft → Fixgeschäft, absolutes

absolutes Recht → Recht, absolutes

Absolutio (F.) **ab actione** ([lat.] Entbindung von dem Kläganspruch) ist im gemeinen Recht die Abweisung einer Klage aus materiellen Gründen.

Absolutio (F.) **ab instantia** ([lat.] Entbindung von dem Verfahren) ist im gemeinen Recht die Abweisung einer Klage aus formellen Gründen.

Absolutismus ist die Regierungsform, bei welcher der Inhaber der Herrschaftsgewalt (z.B. Monarch oder andere Gewalthaber [z.B. Oligarchen]) den Untertanen gegenüber unbeschränkte (absolute) Macht hat. Der *aufgeklärte* A. ist der durch den Herrscher infolge vernünftiger Einsicht freiwillig beschränkte A. (2. H. des 18. Jh.s, z.B. Friedrich der Große, Joseph II.). Der *historische* A. des 17. und 18. Jh.s verschwindet seit der französischen Revolution von 1789, bietet aber den Grund für die Gewaltenteilung.
Lit.: *Maier, G.*, Der Absolutismus, 4.A. 2007; *Freist, D.*, Absolutismus, 2007

Absonderung (§§ 49ff. InsO) ist in der Insolvenz die vorrangige Verwendung eines Gegenstands der → Insolvenzmasse zur gesonderten Befriedigung eines Gläubigers. Sie setzt ein besonderes dingliches Recht dieses Gläubigers voraus. Nach § 50 InsO sind Gläubiger, die an einem Gegenstand der → Insolvenzmasse ein rechtsgeschäftliches → Pfandrecht, ein durch Pfändung erlangtes Pfandrecht oder ein gesetzliches Pfandrecht haben, zur abgesonderten Befriedigung aus dem Pfandgegenstand berechtigt (für das unbewegliche Gegenstände vgl. § 49 InsO). Ihnen stehen Sicherungseigentümer, Sicherungsgläubiger, zurückbehaltungsberechtigte Gläubiger sowie Bund, Länder, Gemeinden und Gemeindeverbände, soweit ihnen zollpflichtige und steuerpflichtige Sachen nach gesetzlichen Vorschriften als Sicherheit für öffentliche Abgaben dienen, gleich (§ 51 InsO). Beachte § 166 InsO. Der zur Befriedigung des absonderungsberechtigten Gläubigers nicht erforderliche Teil des Verwertungserlöses dient der Befriedigung aller Insolvenzgläubiger.
Lit.: *Spickerhoff, K.*, Aus- und Absonderung in der Insolvenz, 2005

Absorption (F.) Aufsaugung

Absorptionsprinzip (§ 52 II StGB) ist der Grundsatz zur Bestimmung der → Strafe bei → Tateinheit, bei dem die Strafe nach dem Gesetz bestimmt wird, das die schwerste Strafe androht. Danach scheiden die absorbierten Gesetze als Grundlage der Bestrafung aus. Die Strafe darf aber nicht milder sein, als die anderen Gesetze, deren Strafandrohung nach dem A. absorbiert wird, es zulassen.

Absorptionstheorie → Vertrag, gemischter

Absprache ist allgemein die sprachliche Verbindung zwischen zwei Menschen, insbesondere die Vereinbarung zwischen Beteiligten. A. zwischen Beteiligten des Strafverfahrens (z.B. Staatsanwalt, Gericht, Angeklagtem) ist zulässig. Sie muss aber offengelegt werden.
Lit.: *Moldenhauer, G.*, Eine Verfahrensordnung für Absprachen, 2004; *Widmaier, G.*, Die Urteilsabsprache im Strafprozess, NJW 2005, 1985

Abstammung (§§ 1591 ff. BGB) ist die (natürliche) Herkunft des → Kindes von bestimmten Eltern d.h. von einer bestimmten Mutter und einem bestimmten Vater. Die A. ist ein familienrechtliches Rechtsverhältnis. Das Kind hat ein Recht darauf, seine A. zu erfahren. (Für alle vor dem 1.7.1998 geborenen Kinder gelten die bis dahin geltenden Vorschriften fort, Art. 224 § 1 EGBGB.) Zur Klärung der Abstammung können nach § 1598a BGB der Vater jeweils von Mutter und Kind, die Mutter jeweils von Vater und Kind und das Kind jeweils von beiden Eltern verlangen, dass diese in eine genetische Abstammungsuntersuchung einwilligen und die Entnahme einer für die Untersuchung geeigneten genetischen Probe dulden, sofern dies für das Kind nicht unzumutbar ist.
Lit.: *Donhauser, T.*, Das Recht des Kindes auf Kenntnis seiner genetischen Abstammung, 1996

Abstand ist die Entfernung zwischen Gegebenheiten und auch das dafür geleistete Entgelt. Im Straßenverkehr (§ 4 StVO) muss der Fahrzeugführer die Geschwindigkeit so einrichten, dass er grundsätzlich hinter einem vorausfahrenden Fahrzeug rechtzeitig anhalten kann, wenn es plötzlich gebremst wird. Im Baurecht ist bei offener Bauweise von den Außenflächen von Gebäuden der im Einzelnen von Bauordnungen und Bebauungsplänen festgelegte A. einzuhalten.
Lit.: *Filzek, B.*, Abstandsverhalten auf Autobahnen, 2003

Abstimmung ist die Willensbildung einer Personenmehrheit durch Abgabe der Stimmen der Beteiligten. Die A. kann mündlich oder schriftlich sein, offen oder geheim, namentlich oder nicht namentlich. Das jeweils anzuwendende Verfahren ist im Einzelnen beispielsweise in der Verfassung, in Gesetzen (z.B. §§ 192 ff. GVG), Geschäftsordnungen (z.B. Geschäftsordnung des Bundestags) oder Satzungen geregelt. Es entscheidet grundsätzlich die jeweilige erforderliche → Mehrheit (z.B. qualifizierte Mehrheit, absolute Mehrheit, relative Mehrheit). Unter bestimmten Voraussetzungen kann namentliche A. verlangt werden. Stimmengleichheit bedeutet grundsätzlich Ablehnung eines Antrags. → Quorum

Lit.: *Meyer, H.,* Abstimmungskonflikt im Bundesstaat, 2003

abstrakte Normenkontrolle → Normenkontrolle, abstrakte

abstraktes Gefährdungsdelikt → Gefährdungsdelikt, abstraktes

Abstraktion (F.) Abziehung (des Allgemeinen von besonderen Merkmalen einzelner Erscheinungen), gedankliche Verallgemeinerung

Abstraktionsprinzip ist das Prinzip, dass privatrechtliches Verpflichtungsgeschäft und privatrechtliches Erfüllungsgeschäft (nicht nur von einander logisch getrennt sind und praktisch auch getrennt werden können, sondern dass sie auch) in ihrem Bestand voneinander unabhängig sind. Das Erfüllungsgeschäft (z. B. Übereignung, Abtretung) ist trotz eines Mangels (z. B. Formmangel) des → Verpflichtungsgeschäfts (z. B. Sachkauf, Forderungskauf) (grundsätzlich) wirksam. Die Rückabwicklung des gültigen Erfüllungsgeschäfts trotz unwirksamen Verpflichtungsgeschäfts hat evtl. über die ungerechtfertigte → Bereicherung zu erfolgen. Das A. ist eine Eigentümlichkeit des modernen deutschen Privatrechts im Gegensatz zum älteren deutschen Privatrecht wie zum ausländischen Privatrecht.

Lit.: *Stadler, A.,* Gestaltungsfreiheit und Verkehrsschutz durch Abstraktion, 1996; *Lorenz, S.,* Abstrakte und kausale Rechtsgeschäfte, JuS 2009, 489; *Lieder, J.,* Trennung und Abstraktion im Recht der Stellvertretung, JuS 2014, 393

Abt (aus aramäisch abba [M.] Vater) ist der Leiter eines geistlichen Ordensinstituts, insbesondere der Leiter einer rechtlich selbständigen Niederlassung (z. B. eines Klosters).

Abtreibung ist im Strafrecht die ältere Bezeichnung für den → Schwangerschaftsabbruch (§ 218 StGB).

Lit.: *Beckmann, R.,* Abtreibung in der Diskussion, 3. A. 1998

Abtretung (Zession, § 398 BGB) ist die – grundsätzlich zulässige – Übertragung einer → Forderung von einem (bisherigen) → Gläubiger (Zedenten, Abtretenden, Altgläubiger) auf einen anderen (Gläubiger) (Zessionar, Abtretungsempfänger, Neugläubiger). Die A. ist ein Fall der Parteiänderung im Schuldrecht. Sie ist ein abstraktes → Verfügungsgeschäft (Erfüllungsgeschäft) und von dem meist zugrundeliegenden → Verpflichtungsgeschäft (z. B. Forderungskauf) streng zu trennen. Sie erfolgt durch (grundsätzlich formlosen) → Vertrag zwischen Altgläubiger und Neugläubiger (ohne Beteiligung des Schuldners), doch kann der Neugläubiger vom Altgläubiger die Ausstellung einer öffentlich beglaubigten Urkunde über die A. verlangen (§ 403 BGB). Die A. ist *stille* A., wenn der Altgläubiger nach außen hin zunächst noch Gläubiger bleibt, zur Ein-

ziehung ermächtigt sein soll und die Benachrichtigung des Schuldners ausgeschlossen wird. Besondere Fälle sind → Vorausabtretung, → Blankozession, → Globalzession, → Inkassozession und Sicherungszession (→ Sicherungsabtretung). Mit der A. tritt hinsichtlich der Forderung – nicht des gesamten Schuldverhältnisses – und gewisser Nebenrechte der neue Gläubiger an die Stelle des bisherigen Gläubigers (§§ 398 S. 2, 401 BGB). Der Schuldner wird durch besondere Schuldnerschutzvorschriften (§§ 404 ff. BGB) geschützt. Nach § 354a HGB können Geldforderungen aus beiderseitigen Handelsgeschäften sowie Forderungen gegen juristische Personen des öffentlichen Rechts ungeachtet eines rechtsgeschäftlichen Abtretungsverbots wirksam abgetreten werden, wenn auch der Schuldner mit befreiender Wirkung an den bisherigen Gläubiger leisten kann. Das Recht der Abtretung gilt nach § 412 BGB entsprechend auch für den gesetzlichen Forderungsübergang und nach § 413 BGB für die Übertragung anderer Rechte.

Lit.: Die Forderungsabtretung, hg. v. *Hadding, W.,* 1999; *Haertlein, L.,* Die Rechtsstellung des Schuldners einer abgetretenen Forderung, JuS 2007, 1073; *Lorenz, S.,* Abtretung, JuS 2009, 891; *Huber, M.,* Die Abtretung der eingeklagten Forderung, JuS 2010, 582

Abtretungsverbot (§ 399 BGB) ist die rechtsgeschäftliche Vereinbarung oder gesetzliche Bestimmung der Nichtabtretbarkeit einer → Forderung.

Lit.: *Wagner, E.,* Vertragliche Abtretungsverbote, 1994

Abwasser ist das durch Schadstoffe verunreinigte Wasser (Schmutzwasser und Niederschlagswasser). Das Einleiten von A. in ein → Gewässer ist grundsätzlich erlaubnispflichtig und abgabenpflichtig. Bauliche Anlagen dürfen nur errichtet werden, wenn die einwandfreie Beseitigung des dort anfallenden Abwassers gesichert ist.

Lit.: *Nisipeanu, P.,* Abwasserrecht, 1991; *Köhler, H./ Meyer,* Abwasserabgabengesetz, 2. A. 2005; *Kotulla, M.,* Abwasserabgabengesetz, 2005

Abwehr von Gefahren → Gefahr

abweichendes Verhalten → Verhalten, abweichendes

Abweichung ist die Entfernung von einer anerkannten Voraussetzung.

Abweichungsrecht ist das in Art. 72 III GG den Bundesländern Deutschlands gewährte Recht der abweichenden Landesgesetzgebung.

Lit.: *Schulze Harling, C.,* Das materielle Abweichungsrecht der Länder, 2011

ab Werk (Leistung) vom Sitz des Lieferanten aus (→ Holschuld)

Abwerbung ist die Werbung um den Partner des Wettbewerbers. Sie kann unlauterer Wettbewerb sein. Unzulässig ist beispielsweise das auf A. gerichtete (längere) Telefongespräch mit einem Arbeitnehmer unter Verwendung der Telefonvermittlung des Wettbewerbers.

Lit.: *Frick, M.,* Abwerbung, 2000; *Schmeding, M.,* Wettbewerbsrechtliche Grenzen der Abwerbung von Arbeitskräften, 2006

Abwertung ist die Herabsetzung eines Wertes, insbesondere des Außenwerts einer Währung im Verhältnis zum Wert des Goldes oder anderer Währungen durch Änderung des Wechselkurses.

Abwesender ist die sich zu einem bestimmten Zeitpunkt an einem bestimmten anderen Ort aufhaltende Person. Im Privatrecht wird eine empfangsbedürftige → Willenserklärung gegenüber einem Abwesenden (nicht bereits mit der Abgabe der Erklärung, sondern) erst mit ihrem → Zugang (bei dem Adressaten) wirksam (§ 130 I 1 BGB). Einem volljährigen Abwesenden, dessen Aufenthalt unbekannt ist oder der an der Rückkehr und der Besorgung seiner Vermögensangelegenheiten verhindert ist, kann ein Pfleger bestellt werden (§ 1911 BGB). Außerdem sind Urteil oder Verfahren gegen einen Abwesenden möglich (§§ 330 ff. ZPO, → Versäumnisurteil).

Abwesenheitspflegschaft → Abwesender, → Pflegschaft

Abwesenheitsverfahren (§§ 276 ff. StPO) ist im Strafprozessrecht das ausnahmsweise zulässige besondere Verfahren gegen einen Menschen, dessen Aufenthalt unbekannt ist oder der sich im Ausland aufhält und dessen Gestellung vor das zuständige Gericht unausführbar oder unangemessen erscheint. Es dient nur der Beweissicherung. Eine → Hauptverhandlung kann nicht stattfinden (§ 285 I StPO).
Lit.: *Oppe, W.* Das Abwesenheitsverfahren in der Strafprozessreform, ZRP 1972, 56; *Paul, C.,* Das Abwesenheitsverfahren als rechtsstaatliches Verfahren, 2007

Abwicklung → Liquidation

Abzahlung ist die Zahlung einer Schuld in Teilbeträgen.

Abzahlungskauf (§§ 1 ff. AbzG) war (bis 1.1.1991) der → Kauf beweglicher Sachen, bei dem der Kaufpreis in – mindestens zwei – Teilzahlungen (Raten) entrichtet werden sollte. → Verbraucherkreditgesetz

Acht ist im mittelalterlichen deutschen Recht die als Unrechtsfolge mögliche allgemeine Verfolgung, bei welcher der Geächtete (z. B. Martin Luther) von jedermann straflos getötet werden konnte.
Lit.: *Eichmann, E.,* Acht und Bann im Reichsrecht des Mittelalters, 1909; *Landes, D.,* Das Achtverfahren vor dem Reichshofrat, 1964 (Diss.)

Acht Tage sind im Handelsrecht (§ 359 II HGB) acht Tage, umgangssprachlich je nach Auslegung meist eine Woche (sieben Tage).

Acquis communautaire war bis zum Inkrafttreten des Vertrags von Lissabon (2009) der gemeinschaftliche rechtliche Stand, der von den Mitgliedstaaten der Europäischen Union zu wahren und von als Mitgliedstaaten neu aufzunehmenden Staaten zu übernehmen ist (primäres Gemeinschaftsrecht, se-

kundäres Gemeinschaftsrecht, Rechtsprechung des Europäischen Gerichtshofs).
Lit.: *Oskierski, J.,* Schadensersatz im europäischen Recht, 2010

Actio (lat. [F.] Klaganspruch) ist im römischen → Recht die Klagemöglichkeit. Die a. bezeichnet das Mittel, das dem Träger eines subjektiven → Rechts zur Verwirklichung und Durchsetzung dieses Rechtes zur Verfügung steht. Ohne Bestehen einer a. kann ein Recht nicht durchgesetzt werden. Die a. hat sowohl materiell-privatrechtliche wie auch formell-zivilprozessrechtliche Züge. Sie kann mit einem Unrechtsvorwurf verbunden gegen eine Person gerichtet sein *(a. in personam)* oder sachverfolgend auf eine Sache *(a. in rem).* Ihre bekanntesten Einzelfälle sind: *a. de dolo* (Klaganspruch wegen Arglist) für arglistige Schädigung (vgl. § 826 BGB), *a. de in rem verso* (Klaganspruch auf das in eine Sache Gewandte) für Rückerstattungsansprüche gegenüber einem Gewalthaber bei Geschäften Gewaltunterworfener, *a. iniuriarum* (Klaganspruch wegen Unrecht) für jede Art der Persönlichkeitsverletzung (vgl. § 823 BGB), *a. legis Aquiliae* (Klaganspruch aus dem aquilischen Gesetz) für Schäden an Sachen (und Sklaven) (vgl. § 823 I BGB), *a. negatoria* (verneinender Klaganspruch) für die Abwehr von → Störungen durch den Eigentümer (vgl. § 1004 BGB), *a. pro socio* (Klaganspruch für den Gesellschafter) für den Ausgleich unter Gesellschaftern (nach Beendigung der Gesellschaft), *a. Publiciana* (publizianischer Klaganspruch) für die Herausgabe des Besitzes gegenüber einem schlechter zum Besitz Berechtigten (vgl. § 1007 BGB), *a. quanti minoris* (Klaganspruch um wieviel geringer) für die → Minderung des Kaufpreises bei Sachmängeln (vgl. § 441 BGB) sowie *a. redhibitoria* (bis 2002 bestehender Wandlungsklaganspruch) für die → Wandlung bzw. Rückgängigmachung des Kaufes bei Sachmängeln (vgl. § 462 a. F. BGB).
Lit.: *Söllner, A.,* Römische Rechtsgeschichte, 5. A. 1996; *Köbler, G.,* Zielwörterbuch integrativer europäischer Rechtsgeschichte, 6. A. 2014 (Internet)

actio (F.) **illicita in causa** ([lat.] unerlaubtes Handeln in der Verursachung) → Notwehrprovokation
Lit.: *Kühl, K.,* Strafrecht Allgemeiner Teil, 6. A. 2008

Actio (F.) **libera in causa** ([lat.] freies Handeln in der Verursachung) ist das Verhalten des Täters in willensfreiem Zustand, das die spätere Begehung einer bestimmten Straftat in einem Zustand auslöst, in dem er nicht mehr verantwortlich handeln kann (z. B. Täter betrinkt sich, um in diesem Zustand die Tat leichter begehen zu können [Vorsatz] oder obwohl er damit rechnen hätte müssen [Fahrlässigkeit], dass er in diesem Zustand eine bestimmte Straftat begehen werde). Der Täter hat die begangene Tat vorausgesehen oder hätte sie voraussehen müssen. Er ist daher aus der begangenen Straftat (z. B. vorsätzliche Körperverletzung, fahrlässige Tötung) strafbar (anders Strafbarkeit wegen Herbeiführung der Schuldunfähigkeit bei Vollrausch § 323a StGB). Die a.l.i.c. ist auf Tätigkeitsdelikte im Straßenverkehr (z. B. Fahren ohne Führerschein, Straßenverkehrsgefährdung) im Gegensatz zu (an schuldhaftes Vorverhalten anknüpfbaren) Erfolgsdelikten im Straßenverkehr (z. B. fahrlässige Tötung) nicht anwendbar (BGH, NJW 1997, 138), weil Trinken an sich nicht strafbar ist (aber Bestrafung wegen Vollrauschs möglich).

Lit.: *Stühler, H.*, Die actio libera in causa, 1999; *Schweinberger, D.*, Actio libera in caus, JuS 2005, 507; *Rönnau, T.*, Actio libera in causa, JuS 2010, 300

Actio (F.) **pro socio** ([lat.] Handeln für den Gesellschafter) ist die Geltendmachung eines Anspruchs der → Gesellschaft (sog. Sozialanspruch) gegen einen anderen Gesellschafter aus dem Gesellschaftsverhältnis durch einen einzelnen oder mehrere einzelne Gesellschafter (z. B. Anspruch auf Beitragsleistung). Der Gesellschafter kann aber nicht Leistung an sich, sondern nur an die Gesamtheit der Gesellschafter verlangen. Die moderne a. p. s. ist von der a. p. s. des römischen Rechts zu unterscheiden.

Lit.: *Behr, N.*, Die actio pro socio in der Aktiengesellschaft, 2010; *Mock, S.*, Die Gesellschafterklage (actio pro socio), JuS 2015, 590

Actus (M.) **contrarius** ([lat.] Gegenhandlung) ist die Rechtshandlung, die das Gegenteil einer anderen Rechtshandlung bewirkt (z. B. Erlassvertrag einer Schuld im Verhältnis zu ihrer meist ebenfalls durch Vertrag erfolgenden Begründung, Vertragsaufhebung im Verhältnis zum Vertragsschluss).

Adäquanz (F.) Angemessenheit

Adäquanztheorie ist die auf → Adäquanz abstellende Theorie zur Bestimmung der rechtlich beachtlichen → Kausalität eines Verhaltens für einen Erfolg. Adäquat (kausal) ist ein (kausales) Ereignis, das allgemein – und damit nicht nur unter ganz eigenartigen ungewöhnlichen Verhältnissen – geeignet ist, den entsprechenden Erfolg herbeizuführen (z. B. mangelhafte Isolierung einer Gasleitung – Vergiftung eines Menschen, Anbringen eines färbenden Sicherungsetiketts [Colortags] an einem zu verkaufenden Kleidungsstück – Farbflecken auf anderen Gegenständen des Käufers). Die Schadensersatzansprüche auf gewöhnliche Kausalverläufe eingrenzende und damit ungewöhnliche Kausalverläufe aus dem Schadensersatz ausschließende A. gilt vor allem im Privatrecht (→ unerlaubte Handlung). Sie steht im Gegensatz zur → Äquivalenztheorie.

Lit.: *Siedler, J.*, Haftungsbegrenzung nach der Adäquanztheorie, 1987; *Ackermann, T.*, Adäquanz und Vorhersehbarkeitsregel, 2002

Adel ist der in der mittelalterlichen und neuzeitlichen deutschen und europäischen Gesellschaft führende → Stand. Er ist teils Geburtsadel und teils Dienstadel, teils Uradel und teils Briefadel und scheidet sich in hohen und niederen A. Die Vorrechte des Adels sind durch Art. 109 III WRV aufgehoben, doch sind vor dem 14.8.1919 erworbene Adelsprädikate Teile des Namens (Familiennamens), so dass ihr Weglassen Namensänderung ist. Für Ausländer ist das Recht ihres Heimatstaats entscheidend, doch ist Rückgewinnung eines verlorenen ausländischen Adelstitels durch Namensänderung möglich (§ 3a Namensänderungsgesetz). Unbefug-

tes Führen eines Adelstitels ist ordnungswidrig (§ 111 OWiG).

Lit.: *Dumoulin, K.*, Die Adelsbezeichnung, 1997; *Köbler, G.*, Zielwörterbuch integrativer europäischer Rechtsgeschichte, 6. A. 2014 (Internet)

Adhäsion (F.) Aneinanderhaften

Adhäsionsverfahren (§§ 403 ff. StPO) ist das durch die Strafprozessordnung ermöglichte, tatsächlich selten durchgeführte Verfahren, (im Rahmen der sachlichen Zuständigkeit) einen aus der Straftat erwachsenen vermögensrechtlichen Anspruch statt im → Zivilprozess anhangsweise im wegen der Straftat (ohnehin) anhängigen → Strafprozess geltend zu machen. Im Fall der strafrechtlichen Verurteilung kann im Strafurteil dem zivilprozessualen Anspruch stattgegeben werden. Der Strafrichter kann diese Entscheidung aber aus bestimmten Gründen ablehnen (§ 405 StPO), wogegen es kein Rechtsmittel gibt.

Lit.: Handbuch des Adhäsionsverfahrens, hg. v. *Weiner, B. u. a.*, 2008; *Haller, K.*, Das „kränkelnde Adhäsionsverfahren, NJW 2011, 970; *Stoffers, K. u. a.*, Beteiligtenrechte im strafprozessualen Adhäsionsverfahren, NJW 2013, 830

Ädil ist der das Gebäudewesen überwachende Amtsträger (Tempelvorsteher, Marktaufseher) des römischen Rechtes, auf dessen Tätigkeit u. a. Kaufvertragsrückgewährklaganspruch und Minderungsklaganspruch zurückgehen (→ actio).

Lit.: *Köbler, G.*, Deutsche Rechtsgeschichte, 6. A. 2005

Administration (F.) Verwaltung

Administrativenteignung → Enteignung (durch Verwaltungsakt)

Adoption (F.) → Annahme als Kind

Lit.: *Oberloskamp, H.*, Wir werden Adoptiv- oder Pflegeeltern, 5. A. 2006; Adoption, hg. v. *Paulitz, H.*, 2. A. 2006; *Weitzel, W.*, Das Haager Adoptionsübereinkommen vom 29.5.1993, NJW 2008, 186; *Rieck, J./Zingraf, J.*, Die Adoption Erwachsener, 2010

Adressat einer Äußerung (z. B. einer → Norm) ist die Person, an die sie sich (als Empfänger) wendet. Im Verwaltungsrecht ist A. (Inhaltsadressat im Gegensatz zum bloßen Bekanntgabeadressaten) einer → Regelung die Person, deren Verhalten durch die angeordnete Rechtsfolge beeinflusst werden soll. Im Privatrecht ist A. einer → Willenserklärung die Person, an die sie gerichtet ist.

Lit.: *Schaller, W.*, Die EU-Mitgliedstaaten als Verpflichtungsadressaten der Gemeinschaftsgrundrechte, 2003

Adresse ist die Gesamtheit der Angaben, über die eine Person (brieflich bzw. persönlich) erreichbar ist (meist [außer dem Namen] Land, Ort, Straße, Hausnummer). Im Verfahrensrecht hat der Rechtsanwalt durch geeignete Maßnahmen zu sichern, dass seine Mitarbeiter die für ein Gericht bestimmten Sendungen mit der vollständigen A. versehen. Im Verbraucherkreditrecht genügt es, wenn der Unternehmer ein Postfach benennt, an das ein Widerruf gesendet werden kann.

Advokat ist eine ältere, in der Schweiz und in romanischen Ländern noch gültige Bezeichnung für → Rechtsanwalt.

Affekt ist die heftige, meist mit Veränderungen der Körpervorgänge verbundene Gemütsbewegung (z. B. Wut). Der A. kann vor allem im Strafrecht in besonderen Fällen → Schuldunfähigkeit begründen (§ 20 StGB, str.). Im Übrigen kann er strafmildernd berücksichtigt werden.
Lit.: Affektdelikte, hg. v. *Saß, H.*, 1993

Affektion (F.) Gunst

Affektionsinteresse → Liebhaberinteresse

Affidavit ([lat.] er hat geschworen) ist (die durch Einsatz der Treue verstärkte Bekräftigung und) im internationalen Wertpapierrecht ein besonderes Mittel der Glaubhaftmachung.

affirmativ (Adj.) bestätigend, positiv

Afrika ist der südlich Europas gelegene Kontinent. A. ist auf zahlreiche, aus den im Laufe der Neuzeit eingerichteten Kolonien vor allem Frankreichs, Englands, Portugals, Belgiens und Deutschlands erwachsene Staaten aufgeteilt. Die Rechte dieser Staaten sind vielfach vom Recht der früheren Kolonialstaaten geprägt.
Lit.: *Hazdra, P.*, Afrikanisches Gewohnheitsrecht, 1999; *Maluwa, T.*, International law in post-colonial Africa, 1999; Kleines Afrika-Lexikon, hg. v. *Hofmeier, R. u. a.*, 2004; *Mullins, C. u. a.*, Blood, Power and Bedlam, 2008

Agende (F.) „Zu tuendes", Gottesdienstregelung

Agent (M.) **provocateur** ([franz.] Scheinanstifter) ist ein Mensch, der – meist zum Zweck der Überführung – einen anderen Menschen zu einer Straftat veranlassen (provozieren) will, deren Erfolg aber nicht eintreten soll. Dem a. p. fehlt der → Vorsatz des Anstifters, weil er es nur zum → Versuch kommen lassen will. Er bleibt deshalb straffrei (str.). Führt der andere die Tat aus, so ist nach der Rechtsprechung des Europäischen Gerichtshofs für Menschenrechte die Verurteilung ein Verstoß gegen den Grundsatz des fairen Verfahrens. Zum Ausgleich hierfür ist nach einer Entscheidung des Bundesgerichtshofs eine Strafe im untersten Bereich des gesetzlichen Strafrahmens auszusprechen.
Lit.: *Küper, W.*, Der agent provocateur im Strafrecht, GA 1974, 321; *Deiters, M.*, Straflosigkeit des agent provocateur?, JuS 2006, 302; *Rönnau, T.*, Grundwissen – Strafrecht – Agent provocateur, JuS 2015, 19

Agentur für Arbeit (Arbeitsamt) ist die (zum 1.1.2004 das frühere Arbeitsamt ersetzende) örtliche Dienststelle der Bundesagentur für Arbeit (früher Bundesanstalt für Arbeit) (Körperschaft des öffentlichen Rechtes mit Regionaldirektionen und Agenturen).

Agenturvertrag ist der Vertrag eines Eigentümers mit einem Händler über den Verkauf einer Ware (z. B. Kraftfahrzeug) des Eigentümers im Namen und auf Rechnung des Eigentümers durch den Händler. Der Händler ist nicht Verkäufer, muss aber wie ein Verkäufer bei Mängeln einstehen.
Lit.: *Hofmann, C.*, Agenturverträge im Gebrauchtwagenhandel, JuS 2005, 8

aggressiv (Adj.) angreifend

aggressiver Notstand → Notstand, aggressiver

Agnat ist der von demselben Familienvater über Männer abstammende Familienangehörige (z. B. eheliches Kind, eheliches Kind des Sohnes, eheliches Kind des Sohnessohnes usw.), dem im römischen und germanisch-frühmittelalterlichen Recht wohl besondere Vorrechte zukommen (Gegensatz Kognat).

Agrarrecht → Landwirtschaftsrecht
Lit.: *Turner, G.*, Agrarrecht, 3. A. 2006; *Grimm, C.*, Agrarrecht, 3. A. 2010; *Busse, C.*, EG-Agrarrecht nach der Osterweiterung, 2006; Münchener Anwaltshandbuch Agrarrecht, hg. v. *Dombert, M. u. a.*, 2011

Agrément (N.) ist im Völkerrecht die Zustimmung des Empfangsstaats zur Ernennung des Leiters einer diplomatischen Vertretung eines Entsendestaats.

Aids (ne. [N.] acquired immune deficiency syndrome, erworbenes Immundefektsyndrom) ist die 1980 entdeckte, vermutlich durch Verzehr von Affenfleisch auf den Menschen übergewechselte, durch Viren übertragbare Störung der zellulären Immunabwehr. Aids ist seitens des Kranken nicht meldepflichtig. Wer als Aids-Kranker einen anderen unwissenden Menschen ansteckt, kann strafbar sein.
Lit.: *Böckmann, A.*, Die rechtliche Problematik von HIV und Aids, 2001, *Erhard, A.*, AIDS in Afrika, 2012

Akademie ist die nicht besonders geschützte Bezeichnung für eine Bildungseinrichtung (z. B. 1459 Academia Platonica in Florenz). A. *der Wissenschaft* ist die – meist staatlich betreute und unterstützte – Vereinigung von Gelehrten zur Pflege und Förderung der Wissenschaft z. B. in Göttingen, München, Berlin, Leipzig, Heidelberg, Mainz und Düsseldorf sowie Beziehungen. Die Zahl der Mitglieder ist durch Satzung festgelegt, wobei die Ergänzung durch Zuwahl erfolgt.
Lit.: *Köbler, G.*, Zielwörterbuch integrativer europäischer Rechtsgeschichte, 6. A. 2014 (Internet)

akademisch (Adj.) gelehrt

akademischer Grad → Grad

Akklamation (F.) Zustimmung durch Zuruf (z. B. auch Beifall) ohne Stimmenauszählung

Akkord (M.) Übereinstimmung

Akkordlohn ist der nach dem erzielten Arbeitsergebnis bemessene → Lohn, der einen besonderen Anreiz zu hoher Arbeitsleistung bieten will. Er kann auf einen einzelnen Menschen oder eine Gruppe bezogen werden (Einzelakkord, Gruppenakkord).

Meist wird neben dem A. ein → Zeitlohn als Mindestlohn vereinbart.

Akkreditierung ist im → Völkerrecht die mit Entgegennahme des → Beglaubigungsschreibens durch die zuständige Stelle des Empfangsstaats (z. B. nach Art. 59 I 3 GG des Bundespräsidenten Deutschlands) vollzogene Anerkennung eines Menschen als → Gesandter.

Akkreditiv ([N.] Beglaubigung) ist im Handelsrecht der → Vertrag, durch den sich der Käufer einer Ware verpflichtet, eine bestimmte Bank zu veranlassen, die Kaufpreissumme an den Verkäufer bereits nach Prüfung und Aushändigung der Dokumente zu zahlen. Meist ist das A. eine → Anweisung. Nach Bestätigung durch die Bank wirkt das A. als → Schuldversprechen.
Lit.: *Häberle, S.*, Handbuch der Akkreditive, 2000; *Nielsen, J.*, Richtlinien für Dokumentenakkreditive, 3. A. 2008

Akkusation (F.) Anklage

Akkusationsprozess (Anklageprozess) ist der durch die Anklage (lat. accusatio) des Verletzten gegen den Verletzenden eingeleitete (Straf-)Prozess. Er wird seit dem Mittelalter durch den von Amts wegen betriebenen → Inquisitionsprozess abgelöst. Sein Überrest ist die → Privatklage (§§ 374 ff. StPO).
Lit.: *Erdag, A.*, Der rechtliche Einfluss des privaten Verletzten, 2001

Akte ([lat.] acta [N. Pl.] Geschehenes) ist die Gesamtheit der bezüglich einer Angelegenheit angefallenen Schriftstücke, vor allem einer Behörde. Spätestens am 1. Januar 2022 werden alle Gerichtsverfahren (mit Ausnahme der Verfahren vor Strafgerichten) weitgehend elektronisch geführt.
Lit.: *Pape, G.*, Grundregeln der systematische Bearbeitung zivilrechtlicher Akten, JuS 1993, 758; *Dresenkamp, K.*, JA-Zivilakte, 1999; *Hähnchen, S.*, Elektronische Akten bei Gericht, NJW 2005, 2257

Akteneinsicht ist die Einsicht in die (von der Behörde angelegten) Akten. Hierzu gehört auch die Erteilung von Ausfertigungen, Anzeigen und Abschriften sowie Ausdrucken (z. B. bei elektronischer Aktenführung). Das Recht auf A. ist eine Ausprägung des Grundsatzes auf rechtliches → Gehör (Art. 103 GG). Nach den Verfahrensgesetzen steht es den Beteiligten in unterschiedlicher Weise zu (§ 299 ZPO, § 147 StPO [nur für Verteidiger, nicht für Beschuldigte], § 100 VwGO, § 13 FamFG, § 29 VwVfG). Ein Kernbereich interner Vorgänge einer Regierung ist auch einem Parlamentsausschuss verschlossen. Der Beschuldigte eines Steuerverfahrens hat kein Recht auf A. gegenüber dem Finanzamt. Einen Anspruch auf Einsicht in Akten eines Arztes oder Krankenhauses hat auch der behandelte Kranke.
Lit.: *Spaetgens, M.*, Das strafprozessuale Akteneinsichtsrecht, 2000; *Cho, S.*, Die Akteneinsicht für den Verletzten, Diss. jur. Univ. Berlin (HU) 2001; *Zuck, R.*, Das rechtliche Interesse auf Akteneinsicht im Zivilprozess, ZPO 2010, 2913; *Troidl, T.*, Akteneinsicht im Verwaltungsrecht, 2013

Aktenlage ist der allein aus den Akten hervorgehende Sachstand einer Angelegenheit. → Entscheidung nach A.

Aktenvermerk ist der meist für spätere Beweiszwecke oder als Gedächtnisstütze zu den Akten gebrachte schriftliche Vermerk über einen Vorgang oder sonstigen Sachverhalt.
Lit.: *Gross, D.*, Praktische Hinweise zur Abfassung interner Aktenvermerke, JuS 1994, 594

Aktenversendung ist im spätmittelalterlichen und neuzeitlichen deutschen Recht (bis 1879) die (rechtsstaatlichen Grundsätzen widersprechende) Versendung von Gerichtsakten an rechtliche Autoritäten (z. B. Juristenfakultäten) zur Beurteilung.
Lit.: *Lorenz, S.*, Aktenversendung und Hexenprozess, Diss. jur. 1982; *Astfalck, M.*, Die Spruchtätigkeit und Aktenversendung, 2007

Aktenvortrag ist der Vortrag des Inhalts einer → Akte mit anschließendem Verfahrensvorschlag (im Rahmen einer juristischen Staatsprüfung oder einer praktischen Tätigkeit).
Lit.: *Pagenkopf, M./Pagenkopf, O.*, Der Aktenvortrag im Assessorexamen, 3. A. 2006; *Hartz, N. v./Streiter, F.*, Mündliche Prüfung und Aktenvortrag im Assessorexamen, JuS 2001, 790

Aktenzeichen ist das zum Zweck der Unterscheidung und Auffindung einer → Akte zugeteilte Kennzeichen. Es besteht meist aus einer abkürzenden Verbindung von Buchstaben und Zahlen (z. B. C-224/2011 Europäischer Gerichtshof, 1 BvR 101/2014 Bundesverfassungsgericht, Verfassungsbeschwerde). (Eine Übersicht über in der Gegenwart gängige gerichtliche Aktenzeichen findet sich z. B. bei *Schönfelder*, Deutsche Gesetze, Anhang I.)

Aktie ist der (ziffernmäßige) Teil des → Grundkapitals einer → Aktiengesellschaft (Gesellschaftsanteil), die Summe der durch Übernahme eines Teiles des Grundkapitals erworbenen Rechte und Pflichten des Aktionärs (→ Mitgliedschaft) und zugleich die Urkunde, welche die durch Übernahme eines Teiles des Grundkapitals erworbene Mitgliedschaft verbrieft (→ Wertpapier). Die A. kann Namensaktie oder Inhaberaktie (§ 10 AktG), Vorzugsaktie (Aktie mit Vorrecht) oder Stammaktie (Aktie ohne Vorrecht) (§ 11 AktG) sowie Nennbetragsaktie bzw. (Nennwertaktie) oder (nennwertlose) Stückaktie (→ Quotenaktie) (§ 8 AktG) sein. Mindestnennbetrag der Nennbetragsaktie ist ein Euro (§ 8 II 1 AktG). Höhere Aktiennennbeträge müssen auf volle Euro lauten (§ 8 II 4 AktG). Die A. ist unteilbar. Sie darf nicht unter ihrem Wert, aber u. U. ohne Stimmrecht ausgegeben werden (§ 12 I 2 AktG).
Lit.: *Hüffer, U.*, Aktiengesetz, 10. A. 2012; *Leithaus, R.*, Die Regelungen des Erwerbs eigener Aktien, 2000; *Isaakidis, A.*, Die wertpapierfreie Aktie, 2007

Aktienanleihe ist die → Inhaberschuldverschreibung mit dem Recht des Anleiheausgebers, die Anleihe entweder zum Nennwert in Geld oder in Form einer bestimmten Anzahl von Aktien einer bestimmten Aktiengesellschaft zurückzuzahlen.
Lit.: *Götte, R.*, Aktienanleihen, 2001

Aktienbuch (§ 67 AktG) ist das von der Namensaktien ausgebenden Aktiengesellschaft zu führende Buch, in das der Inhaber der Aktie nach Namen, Wohnort und Beruf einzutragen ist.
Lit.: *Hüffer, U.*, Aktiengesetz, 10. A. 2012

Aktiengesellschaft ist die → Gesellschaft mit eigener Rechtspersönlichkeit (→ Verein, → juristische Person), die ein in → Aktien zerlegtes → Grundkapital hat und für deren Verbindlichkeiten den Gläubigern nur das → Gesellschaftsvermögen (, nicht auch das davon getrennte Vermögen der Aktionäre) haftet (§ 1 AktG). Ihr Recht ist im → Aktiengesetz geregelt. Die A. gilt stets als → Handelsgesellschaft (§ 3 AktG). Sie ist → Kapitalgesellschaft. An der Festlegung des Gesellschaftsvertrags (Satzung) müssen sich (seit 1994 nur noch) mindestens eine oder mehrere Personen beteiligen, welche die Aktien gegen Einlagen übernehmen (§ 2 AktG). Der Mindestnennbetrag des Grundkapitals ist 50 000 Euro (§ 7 AktG). Die Firma der A. muss die Bezeichnung A. oder eine allgemein verständliche Abkürzung dieser Bezeichnung enthalten (§ 4 AktG). Die → Satzung muss bestimmte Mindesterfordernisse erfüllen (§ 23 AktG). Mit Feststellung der Satzung und Aufbringung des Grundkapitals durch Verpflichtung zur Zahlung der Einlagen auf die Aktien ist die A. errichtet (Gründungsvereinigung, Voraktiengesellschaft, § 29 AktG). Die A. entsteht mit der Eintragung in das → Handelsregister (§ 41 I 1 AktG), die grundsätzlich bestehende Gründungsmängel heilt. Organe der Aktiengesellschaft sind → Vorstand, → Aufsichtsrat und → Hauptversammlung (§§ 76 ff. AktG). Die A. endet vor allem durch Beschluss der Hauptversammlung, Eröffnung des Insolvenzverfahrens (→ Insolvenz), Ablehnung der Eröffnung des Insolvenzverfahrens mangels Masse oder → Fusion, doch besteht die A. bis zur Beendigung der Abwicklung fort. (Zwischen 1990 und 2000 stieg die Zahl der Aktiengesellschaften in Deutschland von rund 2000 auf rund 10 000).
Lit.: *Beck's*ches Handbuch der AG, 2. A. 2009; Die börsennotierte Aktiengesellschaft, hg. v. *Deilmann, B./ Lorenz, M.*, 2005; Die Aktiengesellschaft, hg. v. *Manz, G. u. a.*, 6. A. 2010

Aktiengesetz ist das das Recht der Aktiengesellschaft erstmals außerhalb des Handelsgesetzbuchs regelnde Einzelgesetz (1937).
Lit.: Aktiengesetz, GmbH-Gesetz, 42. A. 2010; Münchener Kommentar Aktiengesetz, hg. v. *Kropff, B./Semler, J.*, Bd. 1 f. 3. A. 2008; *Hüffer, U.*, Aktiengesetz, 11. A. 2014; Aktiengesetz, hg. v. *Spindler, G./Stilz, E.*, 3. A. 2015; Beck's*ches Handbuch der AG, 2. A. 2009; Aktiengesetz, hg. v. *Hölters, W.*, 2. A. 2014; Aktiengesetz, hg. v. *Grigoleit, H.*, 2013

Aktienrecht ist das Recht der → Aktie. → Aktiengesellschaft, → Aktiengesetz
Lit.: *Henn, G.*, Handbuch des Aktienrechts, 8. A. 2009; Münchener Anwaltshandbuch Aktienrecht, hg. v. *Schüppen, M. u. a.*, 2. A. 2010; *Rößler, G.*, Squeeze out, 2007; Aktienrecht und Kapitalmarktrecht, hg. v. *Heidel, T.*, 4. A. 2014; Aktienrecht im Wandel, hg. v. *Bayer, W. u. a.*, 2007; *Langenbucher, K.*, Aktien- und Kapitalmarktrecht, 2008; *Gärtner, O./Rose, M./Reul, A.*, Anfechtungs- und Nichtigkeitsgründe im Aktienrecht, 2014

Aktionär ist der Gesellschafter einer → Aktiengesellschaft. Er hat Pflichten (z. B. Einlagepflicht) und Rechte (z. B. Dividende, Stimmrecht). Er haftet für Schulden der Aktiengesellschaft nicht persönlich, sondern nur mittelbar über seine (dem Vermögen der Aktiengesellschaft zugehörige) Beteiligung an der Aktiengesellschaft.
Lit.: *Zschenderlein, D.*, Die Gleichbehandlung der Aktionäre bei der Auskunftserteilung, 2007

Aktionärsklage (F.) ist die Klage des Aktionärs (z. B. Klage wegen eines Mangels eines Beschlusses der Hauptversammlung).
Lit.: *Bayer, W.*, Aktionärsklagen, NJW 2000, 2609

Aktionensystem ist das System des römischen Rechtes für die Ordnung der Verwirklichungsmöglichkeiten subjektiver Rechte, das für die Durchsetzung eines Rechts eine besondere → actio (Klaganspruch) erfordert (z. B. actio legis Aquiliae).
Lit.: *Söllner, A.*, Römische Rechtsgeschichte, 5. A. 1996

aktiv (Adj.) tätig, handelnd

Aktiva (N. Pl.) sind die Vermögensteile eines Unternehmens, die auf der (links geführten) Aktivseite der → Bilanz ausgewiesen werden (→ Anlagevermögen z. B. Grundstücke, → Umlaufvermögen z. B. Erzeugnisse). → Passiva

Aktivlegitimation ist im Prozessrecht die → Klagebefugnis (aktive Sachbefugnis z. B. des Verkäufers beim Kaufpreisanspruch). Fehlt die A. (z. B. ist der Kläger nicht der Verkäufer), so ist die Klage unbegründet. Die A. ist zu unterscheiden von der → Prozessführungsbefugnis sowie der → Passivlegitimation.
Lit.: *Tsantinis, S.*, Aktivlegitimationen und Prozessführungsbefugnisse, 1995; *Won-ye, S.*, Die Aktivlegitimation der Verbraucher, 2011

Aktivvertretung ist die auf der Seite des Erklärenden stattfindende Vertretung im Gegensatz zur Passivvertretung auf der Seite des Erklärungsempfängers.

aktuell (Adj.) zeitgemäß, gegenwärtig

aktuelles Unrechtsbewusstsein → Unrechtsbewusstsein, aktuelles

Akzept (Annahme) ist im Wechselrecht die Annahmeerklärung des Bezogenen (Angewiesenen) (meist auf der Vorderseite des Wechsels links quer durch Anbringung der Unterschrift). Das A. ist eine formbedürftige → Willenserklärung. Es bewirkt die Verpflichtung des Annehmenden, den → Wechsel bei Verfall (Fälligkeit) zu bezahlen (Art. 28 I WG).

akzessorisch (Adj.) hinzutretend, zusätzlich, nebensächlich

Akzessorietät ist die Abhängigkeit eines rechtlichen Umstands von einem anderen rechtlichen Umstand. Im Schuldrecht besteht A. beispielsweise zwischen Hauptschuld und → Bürgschaftsschuld (die Bürgschaftsschuld kann nicht ohne Hauptschuld bestehen), im Sachenrecht zwischen Schuld und → Pfandrecht (das Pfandrecht entsteht nicht ohne Schuld und erlischt mit der Schuld). Im Strafrecht spricht man von A. zwischen Tat und → Teilnahme, da es eine Teilnahme ohne Haupttat nicht gibt. *Limitiert* (eingeschränkt) ist die strafrechtliche A. insofern, als die Strafbarkeit eines Teilnehmers (außer sog. natürlichem Vorsatz) nur Rechtswidrigkeit der Haupttat, nicht auch Schuld des Haupttäters erfordert.

Lit.: *Eusterhus, D.*, Die Akzessorietät im Bürgschaftsrecht, 2002; *Poppe, A.*, Die Akzessorietät der Teilnahme, 2011

akzidentiell (Adj.) zufällig, zusätzlich, nebensächlich

Akzise (F.) Abgabe

Albanien ist der zwischen Adria, Montenegro, Serbien, Mazedonien und Griechenland liegende südosteuropäische Staat.

Lit.: *Lamaj, A.*, Die rechtliche Absicherung, 1997; *Kohl, C. v.*, Albanien, 2. A. 2003; *Arapi, L.*, Wie Albanien albanisch wurde, 2005

aleatorisch (Adj.) würflerisch, vom Zufall abhängig

alias (lat. [Adv.]) anders

Alibi (lat. [Adv.] anderswo) ist der Nachweis, dass der Beschuldigte sich zur Tatzeit an einem anderen Ort als dem Tatort aufgehalten hat und deshalb nicht der Täter sein kann.

Alimentation (F.) Ernährung, Unterhalt

Alimentationstheorie ist die Ansicht über den Grund des → Dienstbezugs, die seinen Zweck in der Alimentation des Beamten sieht statt im Entgelt für eine Leistung.

Alimente ([N. Pl.] Nahrungsmittel) sind im älteren Sprachgebrauch die Unterhaltszahlungen insbesondere des Vaters für das (uneheliche) Kind.

Aliud (lat. [N.] anderes) ist der nicht der vereinbarten → Gattung angehörende Gegenstand. Nach § 434 III BGB steht es einem Sachmangel gleich, wenn der Verkäufer eine andere Sache liefert. Das (genehmigungsfähige) a. kann vom Gläubiger als → Erfüllung angenommen werden.

Lit.: *Lorenz, S.*, Aliud, peius und indebitum im neuen Kaufrecht, JuS 2003, 36

Alkohol (M.) Antimon, Kohlenwasserstoffderivat

Lit.: *Hentschel, P./Krumm, C.*, Fahrerlaubnis und Alkohol, 5. A. 2010

Alkoholdelikt → Blutalkohol (für Kraftfahrzeugführer bis zur Vollendung des 21. Lebensjahrs und für Fahrerlaubnisinhaber zur Probe Alkoholverbot)

allgemein (Adj.) üblich, selbstverständlich, nicht durch einzelne besondere Umstände gekennzeichnet

allgemeine Geschäftsbedingungen → Geschäftsbedingung, allgemeine

allgemeine Gütergemeinschaft → Gütergemeinschaft

allgemeine Handlungsfreiheit → Handlungsfreiheit, allgemeine

allgemeine Lebenserfahrung → Lebenserfahrung, allgemeine

allgemeine Staatslehre → Staatslehre, allgemeine

allgemeine Wahl → Wahl

allgemeiner Rechtsgrundsatz → Rechtsgrundsatz, allgemeiner

allgemeiner Studentenausschuss → Studentenausschuss, allgemeiner

allgemeiner Teil → Teil, allgemeiner

Allgemeines bürgerliches Gesetzbuch (ABGB) ist das seit 1.1.1812 in Österreich geltende, naturrechtliche, in Personenrecht, Sachenrecht und gemeinschaftliche Bestimmungen gegliederte, anfangs 1502 Paragraphen umfassende, (2011) etwa zu 40 Prozent noch im anfänglichen Wortlaut geltende Gesetzbuch des Privatrechts (→ Kodifikation).

Lit.: *Rummel, P.*, Kommentar zum ABGB, Bd. 1 f. 3. A. 2001 f.; http://www.koeblergerhard.de/Fontes/ABGB-1811.htm (alle Fassungen ab 1811); Allgemeines Bürgerliches Gesetzbuch, hg. v. *Koziol, H. u. a.*, 2. A. 2007

Allgemeines Deutsches Handelsgesetzbuch (ADHGB) ist das (mangels [zentral]staatlicher Gesetzgebungszuständigkeit nur) in gemeinsamen Verhandlungen inhaltlich abgesprochene, ab 1861 durch Einzelgesetze der etwa 35 Bundesstaaten des Deutschen Bundes (einschließlich Österreichs) in Kraft gesetzte Handelsgesetzbuch, das 1871 im Deutschen Reich (ohne Österreich) als Reichsgesetz übernommen und zum 1.1.1900 durch das (1938 auf Österreich erstreckte) Handelsgesetzbuch vom 10.5.1897 ersetzt wurde.

Lit.: *Köbler, G.*, Deutsche Rechtsgeschichte, 6. A. 2005; http://www.koeblergerhard.de/Fontes/AllgemeinesDeutschesHandelsgesetzbuch1861.htm

allgemeines Gesetz → Gesetz, allgemeines

allgemeines Gewaltverhältnis → Gewaltverhältnis, allgemeines

Allgemeines Landrecht (ALR) ist das 1794 in Preußen in Kraft gesetzte und u. a. bis zum Bürgerlichen Gesetzbuch (1900) geltende, naturrechtliche Gesetzbuch des aufgeklärten Preußen (ca. 19000 Paragraphen), das insbesondere in seiner Bestimmung der → Aufopferung (§§ 74, 75 Einl. ALR) und der Aufgaben der → Polizei (II, 17 § 10 ALR) auch über seine Geltungsdauer hinaus fortgewirkt hat.

Lit.: Allgemeines Landrecht, hg. v. *Hattenhauer, H./Bernert, G.*, 3. A. 1996; http://www.koeblergerhard.de/

Fontes/ALR1fuerdiepreussischenStaaten1794teil1.htm;
http://www.koeblergerhard.de/Fontes/ALR2fuerdie-
preussischenStaaten1794Teil2.htm

Allgemeinverbindlichkeit ist die Verbindlichkeit
einer Bestimmung für alle. Im Arbeitsrecht ist die
auf Antrag einer Tarifvertragspartei unter bestimmten Voraussetzungen mögliche Erklärung der A.
durch den Bundesarbeitsminister und den Tarifaus-
schuss der Tarifvertragsparteien die Anordnung,
durch welche die normativen Bestimmungen eines
→ Tarifvertrags über die Mitglieder der Tarifvertragsparteien hinaus auf weitere Personen erstreckt
werden (§ 5 IV TVG). Sie wird als → Rechtsverordnung oder als → Verwaltungsakt angesehen.
Lit.: *Waltermann, R.,* Arbeitsrecht, 17. A. 2014; *Lesch, H.,*
Die Allgemeinverbindlichkeitserklärung von Tarifverträgen, 2003

Allgemeinverfügung (§ 35 S. 2 VwVfG) ist der
→ Verwaltungsakt, der sich an einen nach allgemeinen Merkmalen bestimmten oder bestimmbaren
Personenkreis richtet oder die öffentlich-rechtliche
Eigenschaft einer Sache oder ihre Benutzung durch
die Allgemeinheit betrifft (z. B. Sperrung einer bestimmten Straße wegen Bauarbeiten, Verkehrszeichen). Im Gegensatz zur → Rechtsnorm betrifft die
A. einen besonderen Sachverhalt. Im Gegensatz zu
anderen Verwaltungsakten ist sie auch durch allgemeine Umstände gekennzeichnet.
Lit.: *Wandschneider, S.,* Die Allgemeinverfügung, 2009

Allgemeinwohl ist das Interesse (Wohl) des Ganzen
der menschlichen Gesellschaft (öffentliches → Interesse). Zu Gunsten des Allgemeinwohls können
Eingriffe in die Rechte des Einzelnen vorgenommen
werden. Die von der Verwaltung dabei zu ergreifen-
den Maßnahmen hängen vom Einzelfall ab.
Lit.: *Schuppert, G.,* Gemeinwohl, 2002; *Anheier, H.,*
Zwischen Eigennutz und Gemeinwohl, 2004

Allmende ([mhd.] almende) ist im mittelalterlichen
und neuzeitlichen deutschen Recht die einem Verband oder einer sonstigen Personenmehrheit ([ahd.]
ala, allen) zur gemeinsamen Nutzung gemeinschaftlich ([ahd.] gimeinida) zustehende, meist in Randbe-
reichen gelegene, unter liberalistischem Einfluss seit
dem 19. Jh. vielfach privatisierte Wirtschaftsfläche
(z. B. Weide, Wald, Alm).
Lit.: *Köbler, G.,* Zielwörterbuch integrativer europäischer Rechtsgeschichte, 6. A. 2014 (Internet)

alliiert (Adj.) verbündet

Allod ist im mittelalterlichen deutschen Recht das
keinen zusätzlichen Beschränkungen unterliegende
Familiengut (Volleigentum etwa im Gegensatz zum
Lehen).

Allodifikation ist im (mittelalterlichen und) neuzeitlichen deutschen Recht die Umwandlung von bestimmten Beschränkungen unterliegendem Gut
(z. B. Lehen) in keiner zusätzlichen Beschränkung
unterliegendes Familiengut, später auch Individualeigentum.
Lit.: *Köbler, G.,* Deutsche Rechtsgeschichte, 6. A. 2005

Allonge (F.) Anhang (z. B. an Wechsel)

Allzuständigkeit der → Gemeinde (Art. 28 II GG)
ist das Recht, alle Angelegenheiten der örtlichen
Gemeinschaft im Rahmen der Gesetze in eigener
Verantwortung zu regeln. Die A. begründet eine
gesetzliche Vermutung zugunsten der → Zuständig-
keit der Gemeinde. Eine Verletzung des Rechtes der
A. durch Gesetz kann von der Gemeinde mit der
→ Verfassungsbeschwerde   angegriffen   werden
(Art. 93 I Nr. 4b GG).
Lit.: *Kühn, W.,* Das Prinzip der Allzuständigkeit der
Gemeinden, 1970

alma mater (lat. [F.]) Nährmutter, Universität

Altenteil → Altenteilsrecht

Altenteilsrecht (vgl. § 96 EGBGB) ist der Inbegriff
von Nutzungen und Leistungen aus oder auf einem
→ Grundstück zum Zweck der Versorgung des
Berechtigten (Altenteilers), der vor allem in der
Landwirtschaft Bedeutung hat (entweder → Reallast
oder persönliche, grundbuchlich abgesicherte → For-
derung.)
Lit.: *Schäfer, A.,* Übernahme und Altenteil, 1994 (Diss.)

Alter (N.) → Lebensalter

alter ego (lat. [M.] anderes ich) → Prokura

alternativ (Adj.) wechselnd, andere

alternative Kausalität → Kausalität, alternative

alternativer Vorsatz → Vorsatz, alternativer

Alternativobligation → Wahlschuld

Altersgrenze ist allgemein die durch ein bestimmtes
Alter festgelegte Begrenzung (z. B. im Verwaltungs-
recht das Lebensalter, bei dessen Erreichung ein
→ Beamter auf Lebenszeit in den Ruhestand tritt,
vgl. §§ 4, 25 BeamtStG, vollendetes 67. Lebens-
jahr). → Ruhestand, Lebensalter
Lit.: Altersgrenzen und Alterssicherung, hg. v. *Richardi,
R.,* 2003

Altershilfe für Landwirte (seit 1.1.1995 Alterssicherung der Landwirte)
Lit.: *Rombach, W.,* Alterssicherung der Landwirte, 1995

Alterspräsident ist der einem Gremium wegen des
höchsten Lebensalters aller Mitglieder vorsitzende
Mensch, der vielfach die konstituierende Sitzung
leitet.
Lit.: *Klopp, H.,* Das Amt des Alterspräsidenten, 2000

Altersrente ist die bei Erreichung der gesetzlichen
→ Altersgrenzen (Vollendung des 67. Lebensjahres,
evtl. des 60., 62., 63., früher 65.) – auf Antrag – zu
gewährende Versicherungsleistung (→ Rente) der
→ Rentenversicherung (§ 35 SGB VI).
Lit.: Altersgrenzen und Alterssicherung, hg. v. *Richardi, R.,* 2003

Altersteilzeit ist die im Alter auf einen Teil der Arbeitszeit beschränkte Arbeit (seit 1.8.1996, für den öffentlichen Dienst seit 1.8.1998). Ein infolge A. bei einem unterhaltspflichtigen Ehegatten vermindertes Einkommen stellt zumindest bei beengten wirtschaftlichen Verhältnissen keinen rechtlich anerkennenswerten Grund für eine Kürzung des Ehegattenunterhaltsanspruchs dar.

Lit.: *Nimscholz, B.*, Altersteilzeit, 7. A. 2011

Altersversorgung ist allgemein die (nicht aus eigenem Vermögen bestrittene) Versorgung im Alter (→ Altersrente). *Betriebliche A.* ist die zusätzliche, durch den Arbeitgeber über die Preise und damit die Verbraucher freiwillig finanzierte A. eines Arbeitnehmers (Betriebsrentengesetz).

Lit.: *Rolfs, C.*, Altersversorgung, 2011; *Höfer, R.*, Gesetz zur Verbesserung der betrieblichen Altersversorgung, Bd. 1 15. A. 2014

Ältestenrat (§ 6 GeschOBT) ist das eine bestimmte Zahl von erfahrenen Mitgliedern vereinende Organ der Geschäftsführung des → Parlaments. Es besteht aus dem Bundestagspräsidenten, seinen Stellvertretern und weiteren Mitgliedern, ohne dass das Lebensalter tatsächlich entscheidend ist. Es unterstützt den Präsidenten bei der Geschäftsführung (z. B. Festlegung des Arbeitsplans).

Lit.: *Kabel, R.*, Ältestenrat, 5. A. 1990

ambulant (Adj.) wandernd, nicht ortsgebunden

Amendment (engl. [N.]) Verbesserung, Zusatz

Amerika → Vereinigte Staaten von Amerika

Amnestie (F. [griech.] Vergessen) ist der durch →Gesetz ausgesprochene Gnadenerweis für eine unbestimmte Zahl rechtskräftig verhängter, aber noch nicht vollstreckter Strafen. Die A. ist meistens näher eingeschränkt durch Stichtage, bestimmte Straftaten und Strafhöhen. Sie ist vielfach mit einer Niederschlagung (Abolition) entsprechender noch anhängiger Verfahren verbunden.

Lit.: *Süß, F.*, Studien zur Amnestiegesetzgebung, 2001; *Joecks, W./Randt, K.*, Steueramnestie 2004/2005, 2004

Amortisation („Ertötung") ist die langzeitliche → Tilgung einer → Schuld, in bestimmten Einzelfällen die sonstige Beseitigung eines Rechtes. Im Gesellschaftsrecht ist A. die Einziehung einer → Aktie oder eines → Geschäftsanteils an einer Gesellschaft mit beschränkter Haftung, im Wertpapierrecht die → Kraftloserklärung eines abhanden gekommenen oder vernichteten Wertpapiers in → Aufgebotsverfahren. Daneben heißt A. auch der Erwerb von Grundstücken durch die Kirche, weil diese grundsätzlich eine Wiederveräußerung verbietet, die Grundstücke also in sog. tote Hand geraten.

Amsterdamer Vertrag ist der nach dem Tagungsort benannte, dem Maastrichter Vertrag folgende, am 1.5.1999 in Kraft getretene Abänderungsvertrag der Europäischen Gemeinschaft (Europäischen Wirtschaftsgemeinschaft, Europäischen Union). Er nummeriert die bisherigen Vertragswerke neu, stärkt die Rechte des Europäischen Parlaments, ermöglicht eine begrenzte Erweiterung des Mehrheitsprinzips im Europäischen Ministerrat, vergemeinschaftet Teile der Innenpolitik und Rechtspolitik und baut die außenpolitische und sicherheitspolitische Zusammenarbeit aus. Fortgeführt wird die Entwicklung durch die Beschlüsse von Nizza (Dezember 2000).

Lit.: Rechtsfragen in der Anwendung des Amsterdamer Vertrages, hg. v. *Hummer, W.*, 2001; Vertrag über die Europäische Union, hg. v. *Khan, D.*, 5. A. 2001

Amt ist im Verwaltungsrecht die kleinste Organisationseinheit. Das A. ist organisationsrechtlich die konkrete Amtsstelle eines Menschen, zu der eine Aufgabe und eine Zuständigkeit gehören. Beamtenrechtlich bedeutet es eine abstrakte Dienststellung, die sich aus dem Haushaltsplan und dem Besoldungsgesetz ergibt. Außerdem kann es eine → Behörde bezeichnen. *Öffentliches* A. ist ein A., dessen Träger Organ der Staatsgewalt ist.

amtlich (Adj.) ein Amt betreffend, besonders glaubwürdig

amtliches Wertzeichen → Wertzeichen, amtliches

Amtmann ist im mittelalterlichen und neuzeitlichen deutschen Recht der Leiter der Verwaltung eines Amtsbezirks eines Landesherrn, im modernen Verwaltungsrecht ein → Beamter des gehobenen Dienstes.

Lit.: *Agena, K.*, Der Amtmann, Diss. jur. Göttingen 1973

Amtsanmaßung (§ 132 StGB) ist die unbefugte Befassung mit der Ausübung eines öffentlichen → Amtes (z. B. Auftreten als Hauptmann von Köpenick) oder die unbefugte Vornahme einer Handlung, die nur kraft eines öffentlichen Amts vorgenommen werden darf (z. B. Beschlagnahme). Die A. wird mit Freiheitsstrafe bis zu 2 Jahren oder mit Geldstrafe bestraft.

Lit.: *Düring, B.*, Amtsanmaßung, 1990

Amtsanwalt (§ 142 GVG) ist der → Beamte der → Staatsanwaltschaft bei einem → Amtsgericht, der nicht zum Richteramt befähigt zu sein braucht (z. B. Beamter des gehobenen Dienstes, Rechtsreferendar, 1999 in Deutschland 877 Amtsanwälte).

Lit.: *Franz, T.*, Der Amtsanwalt, JuS 1998, 670

Amtsarzt (vgl. § 42 I BBG) ist im Verwaltungsrecht der beamtete Arzt der staatlichen Gesundheitsverwaltung, der nach verschiedenen Rechtsvorschriften für die amtliche Begutachtung des Gesundheitszustands eines Menschen zuständig ist.

Lit.: *Scharphuis, I.*, Die mündliche Amtsarztprüfung, 2000

Amtsbetrieb (Offizialbetrieb) ist der Verfahrensgrundsatz, nach dem die Einleitung und Fortführung eines → Prozesses von Amts wegen erfolgen. A. herrscht beispielsweise im Strafprozess. Den Gegensatz zum A. bildet der → Parteibetrieb mit dem → Verfügungsgrundsatz.

Amtsblatt ist das zur öffentlichen Bekanntmachung amtlicher Mitteilungen bestimmte Veröffentlichungsmittel eines Hoheitsträgers (z. B. Ministerium, Gemeinde, Landkreis), in dem vielfach auch nichtamtliche Teile einschließlich von Anzeigen möglich sind.
Lit.: z. B. Amtsblatt der Europäischen Union (seit 1.2.2003 täglich in den Amtssprachen der Europäischen Union und in Gälisch)

Amtsdelikt ist das → Delikt, dessen Täter ein Amtsträger ist (§§ 331 ff. StGB, Straftaten im Amt). Ein *echtes* A. kann nur von einem → Amtsträger verwirklicht werden (z. B. → Rechtsbeugung § 339 StGB, Sonderdelikt), doch kann ein Nichtamtsträger Anstifter oder Gehilfe sein. Das *unechte* A. ist eine Straftat, – die zwar von jedermann begangen werden kann, – bei der (aber) die Begehung durch einen Amtsträger mit erhöhter Strafe bedroht ist (z. B. Körperverletzung im Amt § 340 StGB, beachte § 28 II StGB).
Lit.: *Rohlff, A.,* Die Täter der Amtsdelikte, 1995

Amtsermittlungsgrundsatz   → Untersuchungsgrundsatz
Lit.: *Müller, H.,* Der Amtsermittlungsgrundsatz in der öffentlich-rechtlichen Gerichtsbarkeit, JuS 2014, 324

Amtsfähigkeit (§ 45 StGB) ist die Fähigkeit, ein öffentliches Amt zu bekleiden und ein Recht aus öffentlichen Wahlen zu erlangen. Sie steht grundsätzlich jedermann zu. Sie geht als → Nebenfolge einer Verurteilung zu einer Freiheitsstrafe von mindestens einem Jahr für bis zu 5 Jahren verloren und kann in weiteren Fällen aberkannt werden.
Lit.: *Schwarz, O.,* Die strafgerichtliche Aberkennung der Amtsfähigkeit und des Wahlrechts, 1991

Amtsgericht (§§ 12, 22 ff. GVG) ist das unterste Gericht der ordentlichen → Gerichtsbarkeit. Ihm stehen → Einzelrichter vor (§ 22 GVG). Einen Teil seiner Entscheidungen trifft es durch Rechtspfleger und Urkundsbeamte. Es ist zuständig für unbedeutendere Zivilsachen und Strafsachen (§§ 23 ff. GVG, z. B. bürgerlichrechtliche Streitigkeiten mit einem → Streitwert bis 5000 Euro). Bei dem A. sind u. a. eingerichtet → Familiengericht, → Grundbuchamt, → Insolvenzgericht, → Nachlassgericht, → Registergericht, → Versteigerungsgericht, → Vollstreckungsgericht. Ihm übergeordnet ist das → Landgericht. In Strafsachen ist das A. zuständig, nicht das Landgericht oder das Oberlandesgericht zuständig ist, nicht im Einzelfall eine höhere Strafe als vier Jahre Freiheitsstrafe oder die Unterbringung des Beschuldigten in einem psychiatrischen Krankenhaus oder in der Sicherungsverwahrung zu erwarten ist oder nicht die Staatsanwaltschaft Anklage beim Landgericht erhebt (§ 24 GVG).
Lit.: 150 Jahre Amtsgerichte, 2002

Amtshaftung ist die Haftung für eine Schädigung in Zusammenhang mit der Ausübung eines → Amtes (→ Amtspflichtverletzung). → Staatshaftung
Lit.: *Ossenbühl, F.,* Staatshaftungsrecht, 5. A. 1998; *Tremml, B./Karger, M./Luber, M.,* Der Amtshaftungs-

prozess, 4. A. 2013; *Schlick, W.,* Die Rechtsprechung des BGH zur Amtshaftung, NJW 2014, 2915

Amtshilfe (§ 4 VwVfG) ist die ergänzende Hilfe, die eine → Behörde einer anderen Behörde auf Ersuchen leistet. Sie ist insbesondere dann zulässig, wenn eine Behörde aus rechtlichen oder sachlichen Gründen die Amtshandlung nicht selbst vornehmen kann. Alle Behörden des Bundes und der Länder sind zur gegenseitigen A. verpflichtet (Art. 35 I GG). A. liegt nicht vor, wenn die ersuchte Behörde zur entsprechenden Handlung ohnehin verpflichtet ist. A. gibt es im Ansatz auch in der Europäischen Union (Finanzbehörden, Arbeitnehmerentsendung).
Lit.: *Schlink, B.,* Die Amtshilfe, 1982; *Brock, R.,* Der zwischenstaatliche Auskunftsverkehr, 1999; *Wettner, F.,* Die Amtshilfe im europäischen Verwaltungsrecht, 2005

Amtspflegschaft ist die vom Jugendamt im Rahmen einer Ergänzungspflegschaft ausnahmsweise bei besonderem Bedarf übernommene Pflegschaft.

Amtspflicht ist die aus einem Amt heraus bestehende Pflicht.

Amtspflichtverletzung (§ 839 BGB) ist die vorsätzliche oder fahrlässige Verletzung einer einem → Beamten einem Dritten gegenüber obliegenden Amtspflicht (z. B. → Aufsichtspflicht des Lehrers über Schulkinder). Sie ist eine unerlaubte → Handlung. Nach § 839 I 1 BGB hat der beamtenrechtliche Beamte grundsätzlich den aus dieser unerlaubten Handlung einem Dritten entstehenden Schaden zu ersetzen. Nach Art. 34 GG tritt aber bei hoheitlichem Handeln des Beamten der → Staat – teilweise subsidiär, vgl. § 839 I 2 BGB, der aber im Straßenverkehr nicht mehr anwendbar ist – an die Stelle sowohl des beamtenrechtlichen wie auch jedes sonstigen haftungsrechtlichen Beamten (z. B. bei Schäden aus unsorgfältiger Verwahrung einer mit Billigung des Dienstherrn nach Dienstschluss nach Hause mitgenommenen und dort unsorgfältig verwahrten Dienstwaffe eines Polizisten, bei Anklageerhebung eines Staatsanwalts ohne greifbare positive Hinweise auf eine mögliche Täterschaft, bei Vollzugslockerung eines Gewalttäters ohne sorgfältige Untersuchung). Bei nichthoheitlichem Handeln haftet der Staat nur nach den §§ 31, 89, 278, 831 BGB. Besonderheiten gelten für → Richter (§ 839 II BGB, → Richterprivileg). → Staatshaftung
Lit.: *Ossenbühl, F.,* Staatshaftungsrecht, 5. A. 1998

Amtsrecht ist im römischen Recht das von den Amtsträgern (z. B. Prätor, Ädil) geschaffene Recht ([lat.] ius [N.] honorarium, ius [N.] praetorium).
Lit.: *Söllner, A.,* Römische Rechtsgeschichte, 5. A. 1996

Amtsträger (§ 11 I Nr. 2 StGB) ist, wer nach deutschem Recht → Beamter oder → Richter ist, in einem sonstigen öffentlich-rechtlichen Amtsverhältnis steht (z. B. Minister, Notar) oder sonst dazu bestellt ist, bei einer Behörde oder sonstigen Stelle oder in deren Auftrag Aufgaben der öffentlichen → Verwaltung wahrzunehmen (z. B. ein freiberuflicher Bauingenieur, der auf Grund eines Rahmenvertrags sämtliche Bauangelegenheiten eines städti-

schen Krankenhauses zu betreuen hat). A. ist insbesondere in verschiedenen Straftatbeständen Tatbestandsmerkmal. Gleichgestellt sind seit 1999 für Bestechung auch Amtsträger und Richter der Europäischen Union oder eines anderen Mitgliedstaats der Europäischen Union.
Lit.: *Heinrich, B.,* Der Amtsträgerbegriff, 2001; *Grün, U. v. d.,* Garantenstellung und Anzeigepflichten von Amtsträgern, 2003; *Rönnau, T. u.a.,* Grundwissen – Strafrecht Amtsträger, JuS 2015, 505

Amtsvergehen → Amtsdelikt

Amtsverschwiegenheit ist die Pflicht des → Amtsträgers, über die ihm bei seiner amtlichen Tätigkeit bekannt gewordenen Angelegenheiten → Verschwiegenheit zu bewahren (§ 61 BBG, § 37 BeamtStG). Der Beamte darf ohne Genehmigung des Dienstvorgesetzten über solche Angelegenheiten weder aussagen noch Erklärungen abgeben. Andernfalls verletzt er eine Dienstpflicht.
Lit.: *Bast, M.,* Die Schweigepflicht, 2003

Amtsvormundschaft ist die → Vormundschaft des → Jugendamts über einen Menschen. Sie tritt nur noch ausnahmsweise ein, wenn ein Kind nicht verheirateter Eltern eines Vormunds bedarf oder eine als Einzelvormund geeignete Person nicht vorhanden ist (§§ 1791c, 1791b BGB). Die A. ist befreite Vormundschaft.
Lit.: *Große-Boymann, T.,* Die Haftung des Amtsvormunds, 1994

Amtswalter ist der Inhaber eines → Amtes. Er steht in einem beamtenrechtlichen oder arbeitsrechtlichen Verhältnis zu seinem Dienstherrn und in einem organisationsrechtlichen Verhältnis zu einem Verwaltungsträger.

Analogie (Übereinstimmung) ist die zielgerichtete Übertragung der → Rechtsfolge eines geregelten (ersten) → Tatbestands auf einen mit diesem wertungsmäßig gleichen (übereinstimmenden), aber ungeregelten (zweiten) Tatbestand (außerhalb der Gesetzgebung) (z.B. Anwendung der Vorschriften über den Tatbestand Eigentum auf den Tatbestand Anwartschaft durch Wissenschaft oder Rechtsprechung). Die A. beginnt jenseits der → Auslegung (des einzelnen Rechtssatzes) und steht in Gegensatz zur → Reduktion (Einschränkung des Rechtssatzes durch Wissenschaft oder Rechtsprechung). Sie setzt eine rechtliche Regelung eines (ersten) Tatbestands (z.B. des Eigentums), eine → Lücke der Rechtsordnung (Nichtregelung oder nicht erzeugende Regelung eines zweiten Tatbestands z.B. der Anwartschaft) und eine so weit reichende Ähnlichkeit (→ Gleichheit) zweier Tatbestände (bzw. eines zweiten ungeregelten Tatbestandes mit einem geregelten Tatbestand z.B. Anwartschaft im Verhältnis zum Eigentum) voraus, dass es ungerecht wäre, die Rechtsfolge des einen Tatbestands (z.B. Eigentum) nicht auf den anderen Tatbestand (z.B. Anwartschaft) anzuwenden. Sie wird im Hinblick auf die analog angewendete(n) Bestimmung(en) in → Gesetzesanalogie (A. zu einer einzigen Bestimmung) und → Rechtsanalogie (A. zu mehreren Bestim-

mungen) unterteilt. Im Strafrecht ist A. zu Lasten eines Menschen unzulässig (vgl. § 1 StGB).
Lit.: *Köbler, G.,* Wie werde ich Jurist?, 5. A. 2007; *Sigloch, G.,* Die Analogie als rechtstheoretischer Grundbegriff, 1982

Analogieschluss ist der Schluss von der wertungsmäßigen Gleichheit mindestens zweier (unterschiedlicher) Tatbestände auf die gerechtigkeitshalber notwendige Gleichheit der Rechtsfolgen dieser Tatbestände.
Lit.: *Zippelius, R.,* Methodenlehre, 11. A. 2012

Analogieverbot (vgl. z.B. § 1 StGB) ist das Verbot für alle im Strafverfahren beteiligten staatlichen Stellen, → Analogie eines Strafgesetzes zu Ungunsten des Handelnden vorzunehmen.
Lit.: *Yi, S.,* Wortlautgrenze, 1992

Anarchie (F.) Herrschaftslosigkeit
Lit.: *Meusel, E.,* Der Anarchismus, 1999

Anathema (griech. [N.] Gottgeweihtes, durch Verfluchung erfolgende Auslieferung an Gottes Zorn) ist (untechnisch) der kirchliche → Bann.

Anatozismus (Aufhäufung) ist das Nehmen von → Zinseszins. Nach § 248 I BGB ist eine im Voraus getroffene Vereinbarung, dass fällige → Zinsen wieder Zinsen tragen sollen, grundsätzlich nichtig. Dies gilt nicht für Sparkassen, Kreditanstalten und Inhaber von Bankgeschäften (§ 248 II BGB).

Anderkonto ist das Bankkonto, das eine Person im eigenen Namen und mit eigener → Verfügungsbefugnis für eine andere Person unterhält. Das A. ist ein Fall von → Treuhand. Es setzt grundsätzlich ein berechtigtes Interesse voraus, wobei Rechtsanwälte und Notare für einlaufende Mandantengelder kraft → Standesrechts ein A. führen müssen.
Lit.: *Kawohl, V.,* Notaranderkonto, 1995; *Schulte-Körne, G.,* Zweiseitige Treuhandbindungen, 2000

Änderung des rechtlichen Gesichtspunkts → Veränderung des rechtlichen Gesichtspunkts

Änderungskündigung ist insbesondere im Arbeitsrecht die → Kündigung unter der Bedingung, dass der Vertragspartner sich nicht mit veränderten Vertragsbestimmungen einverstanden erklärt. Stimmt der Gekündigte dem veränderten Vertragsinhalt zu, so wird das Vertragsverhältnis mit geändertem Inhalt fortgesetzt. Stimmt er nicht zu, endet es.
Lit.: *Berkowsky, W.,* Die Änderungskündigung, 2004; *Lederer, C.,* Rechtliche und praktische Bedeutung der Änderungskündigung, 2011

Androhung ist die Inaussichtstellung eines bestimmten, für den betroffenen Empfänger nachteiligen Verhaltens. Die *vorherige* A. ist in vielen Fällen Voraussetzung für die Rechtmäßigkeit des späteren tatsächlichen Verhaltens (z.B. § 1234 BGB, Androhung des Pfandverkaufs, Abmahnung). Die A. bestimmter → Straftaten in bestimmter Weise ist im Strafrecht eine eigene Straftat der Störung des öffentlichen Friedens (§ 126 StGB).

Aneignung (§ 958 I BGB) ist im Sachenrecht der Erwerb des → Eigentums an einer herrenlosen (eigentümerlosen) beweglichen → Sache durch – rechtmäßige – Besitznahme als → Eigenbesitzer. Bei eigentümerlosen Grundstücken erlangt der ausschließlich aneignungsberechtigte → Fiskus des betreffenden Bundesstaats das Eigentum statt durch (A. bzw.) Besitznahme durch → Eintragung als → Eigentümer in das → Grundbuch (§ 928 II 2 BGB). Die A. ist → Realakt (str.). Die Besitznahme ist nicht rechtmäßig, wenn sie gegen ein Gesetz (z. B. Bundesnaturschutzgesetz) oder ein Aneignungsrecht eines anderen (z. B. des Jagdberechtigten) verstößt.

Anerbe ist im bäuerlichen → Erbrecht der Erbe, der allein unter Abfindung der übrigen an sich (als gesetzliche Erben) Berechtigten den landwirtschaftlichen Betrieb erbt. Diese besondere – landesrechtliche – Gestaltung des Erbrechts (→ Höferecht, Höfeordnung) weicht vom allgemeinen Erbrecht ab. Sie soll das bäuerliche Gut vor Zersplitterung bzw. Überschuldung bewahren.
Lit.: *Kroeschell, K.*, Deutsches Agrarrecht, 1983

Anerkenntnis ist im Privatrecht – bezüglich des Neubeginns der → Verjährung (§ 212 BGB) – das rein tatsächliche Verhalten des Schuldners gegenüber dem Gläubiger, aus dem sich das Bewusstsein des Bestehens des Anspruchs unzweideutig ergibt (z. B. Abschlagszahlung, Zinszahlung, Sicherheitsleistung). Im Zivilverfahrensrecht ist es die Erklärung des Beklagten an das Gericht (reine → Prozesshandlung, str.), dass der vom Kläger geltend gemachte prozessuale → Anspruch besteht (vgl. § 307 ZPO), woraufhin auf Antrag des Klägers ein → Anerkenntnisurteil ergeht. → Schuldanerkenntnis
Lit.: *Fischer, F.*, Anerkenntnisse im materiellen Recht und im Prozessrecht, JuS 1999, 998

Anerkenntnisurteil (§ 307 ZPO) ist das → Urteil, das nach Bejahung der Zulässigkeit der Klage auf Antrag des Klägers ohne Sachprüfung auf Grund des → Anerkenntnisses des Beklagten ergeht.
Lit.: *Wolf, M.*, Das Anerkenntnis im Prozessrecht, 1969; *Mezger, G.*, Das Verzichtsurteil und das Anerkenntnisurteil im Verwaltungsprozess, 1996; *Elzer, O. u. a.*, Das zu begründende Anerkenntnisurteil, JuS 2006, 319

Anerkennung ist allgemein die Erklärung des Einverständnisses mit einem Zustand oder Verhalten und im Völkerrecht die deklaratorische Erklärung eines → Staates, dass er einen anderen als Völkerrechtssubjekt anerkennen und behandeln will. Sie ist vielfach rein politisch bestimmt. Früher wurden A. de facto und A. de jure unterschieden. → Vaterschaftsanerkennung

Anfang der Ausführung ist im Strafrecht der Zeitpunkt, an dem aus einer in der Regel straflosen → Vorbereitungshandlung mindestens der → Versuch einer → Straftat wird. Der A. d. A. liegt vor, wenn der Täter nach seiner Vorstellung von der Tat unmittelbar zur Verwirklichung des Tatbestandes ansetzt (§ 22 StGB, z. B. Abtasten von Kleidungsstücken nach geeigneten Objekten seitens des Ta-

schendiebs, Verbringen von Gift in Lebensmittelpackungen zwecks Erpressung). Wann dies der Fall ist, entscheidet im Strafverfahren das Gericht.
Lit.: *Meyer, D.*, Abgrenzung der Vorbereitung vom Versuch einer Straftat, JuS 1977, 19

anfänglich (Adj.) schon am Anfang vorhanden

anfängliche Unmöglichkeit → Unmöglichkeit, anfängliche

Anfechtbarkeit ist die rückwirkende Beseitigbarkeit der Rechtsfolgen eines Verhaltens wie z. B. der Rechtsfolgen eines in bestimmter Weise (z. B. wegen Irrtums) mangelhaften Rechtsgeschäfts durch → Willenserklärung (→ Anfechtung) des Anfechtungsberechtigten gegenüber dem Anfechtungsgegner (§§ 142 ff. BGB).
Lit.: *Mack, B.*, Anfechtbarkeit von Hauptversammlungsbeschlüssen, 1993; *Grigoleit, H.*, Abstraktion und Willensmängel, AcP 199 (1999)

Anfechtung ist die nachträgliche Beseitigung bestimmter Rechtsfolgen eines Verhaltens auf Grund der Erklärung oder des sonstigen Vorgehens eines Betroffenen. Insbesondere kann im Privatrecht eine → Willenserklärung wegen – gewisser Fälle des – einseitigen → Irrtums, falscher Übermittlung, arglistiger → Täuschung oder widerrechtlicher → Drohung angefochten werden (§§ 119, 120, 123 BGB). Diese A. erfolgt durch – fristgerechte – formlose Anfechtungserklärung (einseitiges Rechtsgeschäft) gegenüber dem Anfechtungsgegner (§ 143 I BGB). Sie bewirkt, dass das anfechtbare Rechtsgeschäft grundsätzlich als von Anfang an (ex tunc) nichtig anzusehen ist (, anders z. B. bei fehlerhaftem Gesellschaftsvertrag und anderen Rückabwicklungsschwierigkeiten bereitenden Schuldverhältnissen). Ausgeschlossen ist die A. nach Ablauf von zehn Jahren seit Abgabe der Willenserklärung (§§ 121 II, 124 III BGB). Abweichend geregelt sind die A. *der letztwilligen Verfügung* (§§ 2078 ff. BGB, Berücksichtigung eines → Motivirrtums), die A. → *der Annahme oder* → *Ausschlagung der Erbschaft* (§ 1954 BGB), die A. *der Handlungen eines in seiner Zahlungsfähigkeit gefährdeten Schuldners* (→ Gläubigeranfechtung), die A. *der* → *Vaterschaft* (§ 1593 ff. BGB, Notwendigkeit einer Klage), die A. *von Beschlüssen*, von vor der Eröffnung des Insolvenzverfahrens vorgenommenen, die Insolvenzgläubiger benachteiligenden Handlungen (→ Insolvenzanfechtung) sowie die A. *gerichtlicher Entscheidungen* (zunächst neutrale A. statt sofortiger Entscheidung für Berufung oder Revision im Strafprozess) und *von* → *Verwaltungsakten* (→ Anfechtungsklage).
Lit.: *Zeuner, M.*, Die Anfechtung in der Insolvenz, 1999; *Stürner, M.*, Die Anfechtung von Zivilurteilen, 2002; *Mankowski, P.*, Beseitigungsrechte, 2003; *Müller, M.*, Beschränkung der Anfechtung auf das Gewollte, JuS 2005, 18; *Büchler, K.*, Die Anfechtungsgründe des § 123 BGB, JuS 2009, 976

Anfechtungsgesetz ist das seit 1.1.1999 geltende Gesetz, nach dem gläubigerbenachteiligende Rechtshandlungen eines Schuldners außerhalb des

Insolvenzverfahrens (→ Insolvenzanfechtung) angefochten werden können. → Gläubigeranfechtung

Lit.: *Huber, M.,* Anfechtungsgesetz, 10. A. 2006; Anfechtungsgesetz, hg. v. *Kirchhof, H.,* 2012

Anfechtungsklage (§ 42 I VwGO) ist die auf Aufhebung eines → Verwaltungsakts gerichtete Klage. Die A. ist eine → Gestaltungsklage. Sie setzt grundsätzlich die erfolglose Durchführung eines vorgerichtlichen Widerspruchsverfahrens voraus. Sie ist nur zulässig, wenn der Kläger geltend macht, durch den Verwaltungsakt in seinen Rechten beeinträchtigt zu sein. Sie hat grundsätzlich aufschiebende Wirkung. Begründet ist sie, soweit der Verwaltungsakt rechtswidrig und der Kläger dadurch tatsächlich in seinen Rechten verletzt ist (§ 113 I 1 VwGO). Dann wird der Verwaltungsakt im Urteil aufgehoben.

Lit.: *Pöcker, M.,* Die Rechtsfolgen der Einlegung von Widerspruch und Anfechtungsklage, 2001; *Holler, L.,* Das Verhältnis der Anfechtungsklage und Spruchverfahren, 2006

Anfrage ist im Verfassungsrecht die der Kontrolle der → Regierung durch das → Parlament dienende Bitte um Auskunft. Sie kann mündlich oder schriftlich, als *große* A. oder als *kleine* A. erfolgen. Sie ist im Einzelnen in der jeweiligen → Geschäftsordnung geregelt.

Angebot der Leistung (§ 293 BGB) ist der Beginn der Bewirkung der → Leistung, der grundsätzlich im tatsächlichen Beginn der – je nach der Art der Schuld – unterschiedlichen Leistungshandlung bestehen muss (§ 294 BGB, tatsächliches A.), ausnahmsweise aber auch in einer einfachen Erklärung, leisten zu wollen (wörtliches A.), bestehen kann (§ 295 BGB). Darüber hinaus wird A. auch im Sinne von → Antrag gebraucht. → Antrag.

Lit.: *Schmidt, K.,* Die Zusendung unbestellter Waren, 2006

Angehöriger (§ 11 I Nr. 1 StGB) ist der Verwandte und Verschwägerte gerader Linie, der Ehegatte, der Lebenspartner, der Verlobte, das Geschwister, der Ehegatte des Geschwisters, das Geschwister des Ehegatten, und zwar auch dann, wenn die Ehe oder die Lebenspartnerschaft, welche die Beziehung begründet hat, nicht mehr besteht, oder wenn die Verwandtschaft oder Schwägerschaft erloschen ist, sowie der Pflegeelter(nteil) oder das Pflegekind. Angehörige werden insbesondere im Strafrecht und Strafprozessrecht vielfach besonders behandelt (z. B. § 258 VI StGB Strafvereitelung, § 52 StPO Zeugnisverweigerungsrecht bestimmter A.). Vgl. auch § 15 AO für das Steuerrecht. Im Privatrecht ist A. ein Ehegatte, Verwandter oder Verschwägerter.

Angeklagter (§ 157 StPO) ist im Strafprozess der → Beschuldigte oder → Angeschuldigte, gegen den (vom Gericht) die Eröffnung des → Hauptverfahrens beschlossen ist. Der Angeklagte darf schweigen. Er darf sich weigern, einen Zeugen von seiner Schweigepflicht zu entbinden.

Lit.: *Dalquen, T.,* Die Strafzumessung bei Angeklagten mit geringer Lebenserwartung, 2003

Angelegenheit ist der etwas betreffende Umstand. *Auswärtige* A. ist die Beziehung des eigenen → Staates zu anderen Staaten. Nach Art. 73 Nr. 1 GG fallen die auswärtigen Angelegenheiten in die ausschließliche → Zuständigkeit des Bundesgesetzgebers.

Angeschuldigter (§ 157 StPO) ist im Strafprozess der → Beschuldigte, gegen den die öffentliche → Klage erhoben ist.

Angestelltenbestechung ist nach § 299 II StGB strafbare Bestechung eines Angestellten.

Angestelltenversicherung ist der die → Angestellten und die ihnen Gleichgestellten betreffende Zweig der → Sozialversicherung. Die A. ist seit 2004 Teil der Deutschen Rentenversicherung (SGB VI).

Lit.: *Glootz, T.,* Geschichte der Angestelltenversicherung, 1999

Angestellter ist der vorwiegend geistige Arbeit leistende → Arbeitnehmer. Er ist *kaufmännischer* A. (§§ 59 ff. HGB), wenn er bei einem → Kaufmann zur Leistung kaufmännischer Dienste angestellt ist (z. B. Verkäufer) und A. *des öffentlichen* → *Diensts,* wenn er bei einer juristischen Person des öffentlichen Diensts beschäftigt ist (1999 rund 3 Millionen). *Leitender* A. ist der nach seiner Stellung und Dienstvertrag erhebliche eigenverantwortliche Aufgaben wahrnimmt, z. B. Prokura hat, zur selbständigen Einstellung und Entlassung von Arbeitnehmern befugt ist oder ein bestimmtes Mindesteinkommen bezieht. Für ihn gelten teilweise besondere Regeln (z. B. → Mitbestimmung).

Lit.: *Waltermann, R.,* Arbeitsrecht, 17. A. 2014; *Schulz, G.,* Die Angestellten seit dem 19. Jahrhundert, 2000; *Grüll, F.,* Der Anstellungsvertrag, 14. A. 1996

Angriff (§ 227 II BGB, § 32 II StGB) ist die von einem Menschen drohende Verletzung rechtlich geschützter Interessen. Der A. ist grundsätzlich rechtswidrig. Gegen einen A. kann → Notwehr zulässig sein.

Lit.: *Schröder, C.,* Angriff, Scheinangriff und die Erforderlichkeit der Abwehr, JuS 2000, 235

Angriffskrieg (Art. 26 I GG, § 80 StGB) ist der im Angriff auf einen anderen (Staat) bestehende Krieg. Der A. ist eine völkerrechtswidrige und deshalb durch die Satzung der Vereinten Nationen verbotene bewaffnete Aggression. Seine Vorbereitung ist strafbar.

Lit.: *Schmitt, C.,* Das internationale Verbrechen des Angriffskrieges, 1994

Angriffsnotstand ist im Privatrecht die Einwirkung auf eine fremde, selbst nicht gefährdende → Sache, die zur Abwendung einer gegenwärtigen Gefahr notwendig ist Der Eigentümer ist nicht berechtigt, die Einwirkung des anderen auf die Sache zu verbieten, wenn der drohende Schaden für das gefährdete Rechtsgut gegenüber dem aus der Einwirkung auf die fremde, selbst nicht gefährdende Sache deren Eigentümer tatsächlich entstehenden Schaden unverhältnismäßig groß ist (§ 904 BGB, z. B. Aufbrechen einer fremden Berghütte, um nicht zu erfrieren, Töten fremder Tiere, um nicht zu verhungern), so dass die an sich durch die Rechtsverletzung als rechtswidrig indizierte Einwirkung (ausnahmsweise) gerechtfertigt ist. Der Handelnde ist aber (auch bei gerechtfertigter Schädigung) dem Geschädigten (gerechterweise) zum → Schadensersatz verpflichtet (§ 904 S. 2 BGB). → Notstand

Anhängigkeit ist das Schweben einer Streitsache in einem prozessualen → Verfahren. Die A. beginnt, sobald ein Gericht befasst wird, und dauert an, solange ein Gericht noch tätig werden kann. Ihre gesteigerte Form ist die → Rechtshängigkeit, die aber später eintreten und früher enden kann als die A.

Anhörung ist die Gewährung der Möglichkeit zur Äußerung der eigenen Vorstellungen über das tatsächliche Geschehen und bzw. oder die rechtliche Beurteilung in einer bestimmten Angelegenheit. Das Recht auf A. in einem Verfahren ist eine Ausprägung des Grundsatzes des rechtlichen → Gehörs (Art. 103 I GG). Seit 1.1.2005 enthalten alle deutschen Verfahrensordnungen eine (eher skeptisch beurteilte) fachgerichtliche Abhilfemöglichkeit für Verletzung des Anspruchs auf rechtliches Gehör (Anhörungsrüge als Rechtsbehelf eigener Art §§ 321a, 544 ZPO, §§ 33a, 356a StPO, §§ 44, 34, 159 f. FamFG, § 78a ArbGG, § 152a VwGO, § 133a FGO, § 178a SGG).

Lit.: *Leitzke, K.,* Die Anhörung beteiligter Kreise, 1999; *Huber, M.,* Anhörungsrüge, JuS 2005, 109; *Guckelberger, A.,* Anhörungsfehler bei Verwaltungsakten, JuS 2011, 577; *Huber, M.,* Grundwissen – Zivilprozessrecht – Anhörungsrüge (§ 321a ZPO), JuS 2014, 402

animus (M.) **auctoris** (lat.) Täterwille, → Täterschaftstheorie, subjektive

animus (M.) **socii** (lat.) Teilnehmerwille, → Täterschaftstheorie, subjektive

Anklage ist im Strafprozessrecht die vor → Gericht gegen einen bestimmten Menschen wegen einer bestimmten → Straftat erhobene Anschuldigung. Die (öffentliche) A. erfolgt auf Grund des → Anklagemonopols (§§ 151 f. StPO) in der → Anklageschrift der Staatsanwaltschaft. Sie schließt das → Ermittlungsverfahren der Staatsanwaltschaft ab und leitet zum → Hauptverfahren vor dem Gericht über (§§ 199 ff. StPO). Die A. wird grundsätzlich von der → Staatsanwaltschaft erhoben. Sie setzt hinreichenden → Tatverdacht voraus. Neben ihr steht der Antrag auf Erlass eines → Strafbefehls (§§ 407, 408a StPO)

Lit.: *Solbach, G./Klein, H.,* Anklageschrift, 13. A. 2007

Anklageerzwingung   → Klageerzwingungsverfahren

Anklagemonopol (§§ 151 f. StPO) ist das ausschließliche Recht zur Erhebung der → Anklage im Strafverfahren. Es steht der → Staatsanwaltschaft zu und ist im Wesentlichen nur durch das Recht zur → Privatklage (§ 374 StPO) beschränkt. Die Staatsanwaltschaft ist bei genügendem Anlass grundsätz-

lich zur Anklageerhebung verpflichtet (§ 152 II StPO, → Legalitätsprinzip).

Anklagesatz (§ 200 I 1 StPO) ist der Teil der → Anklageschrift, der den → Angeschuldigten, die ihm zur Last gelegte Tat, Zeit und Ort ihrer Begehung, die gesetzlichen Merkmale der → Straftat und die anzuwendenden Strafvorschriften bezeichnet.

Lit.: *Solbach, G./Klein,H.,* Anklageschrift, 13. A. 2007

Anklageschrift (§§ 199 ff. StPO) ist die zur Anklageerhebung grundsätzlich erforderliche schriftliche → Anklage. Sie enthält den Antrag, das Hauptverfahren zu eröffnen, den → Anklagesatz (§ 200 I 1 StPO), die → Beweismittel, das → Gericht, vor dem die → Hauptverhandlung stattfinden soll, und die Angabe des → Verteidigers (§ 200 I 2 StPO) sowie – nicht notwendig bei bestimmten Strafsachen – die Darstellung des wesentlichen Ergebnisses der Ermittlungen (§ 200 II StPO). Durch Einreichung der A. bei dem zuständigen Gericht nach Abschluss des → Ermittlungsverfahrens wird die öffentliche → Klage (→ Anklage) erhoben (§ 170 I StPO).

Lit.: *Solbach, G./Klein,* Anklageschrift, 13. A. 2007; *Wolters, G./Gubitz, M.,* Die Anklageschrift in der strafrechtlichen Assessorklausur, JuS 1999, 792

Anlage ist die besondere Einrichtung oder Vorrichtung eines Menschen oder einer Sache. Nach § 4 BImSchG bedarf die Errichtung und der Betrieb von Anlagen, die auf Grund ihrer Beschaffenheit oder ihres Betriebes in besonderem Maß geeignet sind, schädliche Umwelteinwirkungen hervorzurufen oder in anderer Weise die Allgemeinheit oder die Nachbarschaft zu gefährden, erheblich zu benachteiligen oder erheblich zu belästigen (z. B. Kernkraftwerk), der → Genehmigung.

Lit.: *Aertker, P.,* Europäisches Zulassungsrecht für Industrieanlagen, 2000; *Thiel, R.,* Die Haftung der Anlageberater und Versicherungsvermittler, 2005; Rechtshandbuch Anlagenbau, hg. v. *Bock/Zons,* 2015

Anlagevermögen (§ 247 II HGB) ist das → Vermögen, das dauernd dem Geschäftsbetrieb zu dienen bestimmt ist. Das A. zerfällt in Sachanlagevermögen (z. B. → Grundstück), Immaterialanlagevermögen (z. B. → Patent) und Finanzanlagevermögen (z. B. Beteiligung). Es ist zu trennen vom → Umlaufvermögen.

Lit.: *Kappes, A.,* Immaterielles Anlagevermögen, 2001

Anleger ist die anderen Vermögen zur wirtschaftlichen Nutzung überlassende Person.

Lit.: *Bultmann/Hoepner/Lischke,* Anlegerschutzrecht, 2009

Anleihe ist die Aufnahme eines Darlehens gegen Inhaberschuldverschreibung z. B. durch Bund, Land, Gemeinde, Hypothekenbank, Kapitalgesellschaft usw.

Lit.: *Hartwig-Jacob, M.,* Die Vertragsbeziehungen und die Rechte der Anleger bei internationalen Anleiheemissionen, 2001; *Spremann, K.,* Zinsen, Anleihen, Kredite, 4. A. 2007

Anlieger (z. B. § 26 WHG) ist der → Eigentümer oder → Besitzer eines an einer öffentlichen Straße oder einem öffentlichen Gewässer gelegenen (bzw. anliegenden) → Grundstücks. Der A. hat ein Recht auf freien Zugang sowie eventuell auf gesteigerte Nutzung (Anliegergebrauch, gesteigerter → Gemeingebrauch). Darüber hinaus ist bei einer für den Fahrzeugverkehr gesperrten Straße auch der Zugang Dritter zum A. erlaubt. Die für eine bestimmte Straße bestehende Eigenschaft eines Verkehrsteilnehmers als A. vermittelt ihm nicht auch die Stellung als A. für andere Straßen, die von ihm durchfahren werden können oder müssen, um über weitere Straßen seine Anliegerstraße zu erreichen.

Lit.: *Sauthoff, M.*, Öffentliche Straßen, 2. A. 2010

Annahme (§§ 146 ff. BGB) ist die vorbehaltlose Bejahung eines → Antrags auf Abschluss eines → Vertrags. Die A. ist eine einseitige, grundsätzlich empfangsbedürftige → Willenserklärung (automatisierte e-mail-Antworten oder bloße Entgegennahme einer per Fax übermittelten Architektenleistung und bloßes Behalten einer unbestellt zugesandten Ware [vgl. § 241a BGB] genügen dafür grundsätzlich nicht, wohl aber Behalten einer zuvor verlangten Angebotsurkunde oder Zugang eines lediglich vorteilhaften Angebots und Fehlen einer durch eine nach außen erkennbare Willensäußerung des Begünstigten zum Ausdruck kommenden Ablehnung). Erforderlich ist mindestens ein als Willensbetätigung zu wertendes, nach außen hervortretendes Verhalten des Angebotempfängers, das vom Standpunkt eines unbeteiligten objektiven Dritten auf Grund aller äußeren Indizien auf einen wirklichen Annahmewillen schließen lässt. Der einem Anwesenden gemachte Antrag kann nur sofort angenommen werden (§ 147 I 1 BGB). Der einem Abwesenden gemachte Antrag kann nur bis zu dem Zeitpunkt angenommen werden (Annahmefrist), in dem der Antragende den Eingang der Antwort unter regelmäßigen Umständen (Postlaufzeiten, Überlegungsfrist, aus dem Antrag zu entnehmender Wille des Antragenden) erwarten darf (§ 147 II BGB), wobei die Annahmefrist durch allgemeine → Geschäftsbedingungen (etwa auf 4 Wochen) verlängert werden kann und unter besonderen Umständen auch noch nach 6 Monaten eine A. möglich sein soll. Durch fristgerechte A. kommt der Vertrag zustande (vgl. § 151 S. 1 BGB), ohne fristgerechte A. dagegen nicht, so dass eine verspätete Annahme nur ein neues Angebot sein kann. Weiter kennt das Schuldrecht auch die A. der Leistung als Erfüllung der Schuld (§ 363 BGB) bzw. die A. *erfüllungshalber* und die A. an *Erfüllungs Statt* (§ 364 BGB). Die A. der Leistung ist dann gegeben, wenn dem Verhalten des Empfängers der Wille zu entnehmen ist, die Leistung als im Wesentlichen einwandfreie Erfüllung gelten zu lassen. Im Wertpapierrecht begründet die A. *einer Anweisung* die Verpflichtung des Angewiesenen zur Leistung (§ 784 BGB, vgl. § 28 WG). Im Erbrecht ist die A. *der Erbschaft* die formlose empfangsbedürftige → Willenserklärung, Erbe sein zu wollen. Sie schließt die → Ausschlagung der Erbschaft aus (§ 1943 BGB). Sie gilt nach widerspruchslosem Ablauf der Ausschlagungsfrist als abgegeben.

Lit.: *Finkenauer, T.*, Zur Bestimmung der gesetzlichen Annahmefrist, JuS 2000, 118

Annahme als Kind ist die Annahme eines Menschen durch einen anderen Menschen oder durch ein Ehepaar als Kind (§§ 1741 ff. BGB). Zur Annahme eines Kindes ist die Einwilligung des Kindes und der Eltern erforderlich. Die A. a. K. erfolgt auf Antrag des bzw. der Annehmenden durch Entscheidung → des Vormundschaftsgerichts. Voraussetzung ist, dass die Annahme dem Wohl des Kindes dient und zu erwarten ist, dass zwischen dem Annehmenden und dem Kind ein Eltern-Kind-Verhältnis entsteht (, was bei Annahme eines Enkels durch Großeltern nur ausnahmsweise zu erwarten ist). Durch die A. erlangt der Angenommene die rechtliche Stellung eines Kindes des Annehmenden (§ 1754 ff. BGB, z. B. → Unterhalt, → Erbrecht, → Name usw., Mutterschaftsrechte für eine Beamtin entstehen dadurch aber nicht). Das Annahmeverhältnis ist nicht mehr aufhebbar. Für die A. eines Volljährigen (§§ 1767 ff. BGB) gelten die Vorschriften über die Annahme Minderjähriger sinngemäß, doch wird kein Rechtsverhältnis zu den Verwandten des Annehmenden hergestellt (§ 1770 BGB). 1996 erfolgten in der Bundesrepublik Deutschland 7420 Annahmen als Kind.

Lit.: *Blank, T.*, Familienrecht II, 2000

Annahme an Kindes Statt → Annahme als Kind

Annahmeverzug → Gläubigerverzug

Annexion ist im Völkerrecht die einseitige Erklärung eines → Staates, dass er von nun ab bestimmte fremde Gebiete als eigene betrachte (z. B. versuchte Annexion Kuwaits durch Irak). Ein Recht zur A. besteht nicht. Die Anerkennung einer A. durch den Betroffenen und Dritte ist aber nicht ausgeschlossen.

Annexkompetenz ist die Ausdehnung einer ausdrücklich zugeteilten → Zuständigkeit (Kompetenz) in die mit diesem Gebiet in notwendigem Zusammenhang stehenden Annexe. Die A. ist ein Fall ungeschriebener Zuständigkeit kraft Sachzusammenhangs. Sie ist im Rechtsstaat selten.

anonym (Adj.) namenlos, ohne Angabe des Handelnden

Anordnung ist die einseitige Bestimmung eines anderen zu einem Verhalten. Im Verfahrensrecht ist die *einstweilige* A. eine vorläufige Entscheidung des → Gerichts. Sie soll verhindern, dass vor Rechtskraft einer Entscheidung ein endgültiger Zustand herbeigeführt wird (z. B. § 707, 719, 732 II, 766 I 2 ZPO, § 307 II StPO). Die e. A. *im Verwaltungsprozessrecht* entspricht einer einstweiligen → Verfügung (§ 123 VwGO). Durch sie kann das Verwaltungsgericht schon vor Klageerhebung die Aufrechterhaltung eines bestehenden Zustands festsetzen oder einen vorläufigen Zustand regeln. Die A. ergeht in einem abgekürzten Verfahren, das als selbständiges Verfahren neben das Hauptsacheverfahren tritt. Sie darf die endgültige Entscheidung nicht vorwegnehmen.

Lit.: *Kim, S.*, Vorläufiger Rechtsschutz durch die einstweilige Anordnung des Bundesverfassungsgerichts, 1997; *Grigoleit, K.*, Die Anordnung der sofortigen

Vollziehbarkeit, 1997; *Oldenburg, F.*, Die Rolle einstweiliger Unterbringungsanordnungen, 2002

Anordnung der aufschiebenden Wirkung → Suspensiveffekt

Anrechnungszeit ist der Zeitraum, für den eine versicherungspflichtige Beschäftigung aus bestimmtem Anlass unterbrochen wird (z. B. Ausbildung, Krankheit, Schwangerschaft, Arbeitslosigkeit), der aber unter gewissen Voraussetzungen bei der Berechnung der → Rente als Anrechnungszeit angerechnet werden kann.

Anregung ist der Anstoß zu einem Verhalten. Die A. ist formlos möglich. Im Gegensatz zur → Anzeige und zum → Antrag zieht die A. (gegenüber einem Hoheitsträger) nicht notwendigerweise Rechtsfolgen nach sich.

Anschein ist der bei anderen bestehende Eindruck einer Gegebenheit.

Anscheinsbeweis (prima-facie-Beweis) ist der → Beweis einer bestimmten Ursache, eines bestimmten Ablaufs oder eines bestimmten Erfolgs aus einer feststehenden Tatsache mit Hilfe der allgemeinen Lebenserfahrung (z. B. Fahren eines Autos gegen einen Baum deutet auf Fahrlässigkeit des Fahrers, Abheben von Bargeld mittels einer abhanden gekommenen Kreditkarte deutet auf unsorgfältigen Umgang des Kreditkarteninhabers mit seiner Geheimzahl). Die beweisbelastete Partei muss nur die feststehende Tatsache (z. B. Fahren des Autos an den Baum, Durchbrechen eines zum Begehen durch Gerüstbenutzer bestimmten Brettes) darlegen (Beweiserleiterung), die Gegenpartei kann zur Beseitigung dieser Beweiserleiterung und zur Wiederherstellung der allgemeinen Beweislage Tatsachen beweisen, aus denen sich die ernstliche Möglichkeit eines anderen Zusammenhangs ergibt. Die Rechtsgrundsätze zum A. dürfen nur dann herangezogen werden, wenn ein für die zu beweisende Tatsache nach der Lebenserfahrung typischer Geschehensablauf besteht.
Lit.: *Stück, V.*, Der Anscheinsbeweis, JuS 1996, 153; *Oberheim, R.*, Beweiserleichterungen im Zivilprozess, JuS 1996, 636; *Müller, C.*, Anscheinsbeweis im Strafprozess, 1998; *Anzinger, H.*, Anscheinsbeweis und tatsächliche Vermutung im Ertragsteuerrecht, 2006; *Metz, J.*, Der Anscheinsbeweis im Straßenverkehrsrecht, NJW 2008, 2806

Anscheinsgefahr ist die nur dem Anschein nach, nicht dagegen auch in Wirklichkeit vorliegende → Gefahr. Die A. rechtfertigt grundsätzlich ein Tätigwerden der Polizei wie eine wirkliche Gefahr. Die Rechtfertigung endet aber, sobald erkennbar wird, dass in Wirklichkeit keine Gefahr vorliegt.
Lit.: *Schwabe, J.*, Ins Horn gezwickt, JZ 2004, 393

Anscheinsvollmacht ist die auf Schein gegründete → Vertretungsmacht, die dann vorliegt, wenn der Vertretene das Handeln seines angeblichen Vertreters zwar nicht kennt, es aber bei pflichtgemäßer Sorgfalt hätte erkennen und verhindern können und der Geschäftsgegner nach Treu und Glauben an-

nehmen durfte, der Vertretene dulde und billige das Handeln seines Anscheinsvertreters. Die A. ist keine rechtsgeschäftlich erteilte Vertretungsmacht. Sie steht aber in der Wirkung einer → Vollmacht gleich (str.).
Lit.: *Bienert, O.*, Anscheinsvollmacht und Duldungsvollmacht, 1975; *Wenzel, W.*, Die Anscheinsvollmacht, 1995

Anschluss ist die mindestens von einem Handelnden gewollte Herstellung einer Verbindung eines Umstands mit einem anderen (z. B. Anschluss Österreichs an das deutsche Reich 1938).
Lit.: *Roesler, J.*, Der Anschluss von Staaten in der modernen Geschichte, 2000

Anschlussberufung (§§ 524 ff. ZPO) ist die im Anschluss an die → Berufung der einen Prozesspartei (Berufungskläger) durch Einreichung der Berufungsanschlussschrift erfolgende Berufung des Berufungsbeklagten. Sie ist zulässig bis zum Ablauf eines Monats nach der Zustellung der Berufungsbegründungsschrift. Sie verliert ihre Wirkung, wenn die Berufung zurückgenommen, verworfen oder durch Beschluss zurückgewiesen wird.
Lit.: *Doms, T.*, Die Anschlussberufung, NJW 2004, 189

Anschlusspfändung (§ 826 ZPO) ist die im Anschluss an eine bereits vollzogene → Pfändung einer Sache erfolgende weitere Pfändung derselben Sache für eine andere Forderung gegen denselben Schuldner. Die A. kann in vereinfachter Form vollzogen werden. Sie verschafft ein → Pfändungspfandrecht mit nachgehendem → Rang.
Lit.: *Binder, M.*, Die Anschlusspfändung, 1974

Anschlussrevision (§ 554 ZPO) ist die im Anschluss an die Revision der einen Prozesspartei (Revisionskläger) durch Einreichung der Revisionsanschlussschrift erfolgende Revision des Revisionsbeklagten. → Anschlussberufung

Anschlusszwang ist der Zwang zum Anschluss der in der Gemeinde gelegenen → Grundstücke an eine gemeindliche Einrichtung (z. B. Wasserversorgung, Kanalisation, Müllabfuhr, aber kein Zwang zur Biotonne bei Selbstkompostierung). Er kann von der → Gemeinde auf Grund der Gemeindeordnung durch → Satzung verwirklicht werden. Der A. setzt ein dringendes öffentliches Bedürfnis (unbestimmter Rechtsbegriff) voraus, das dem Interesse des Einzelnen vorgeht. Er verpflichtet den Grundstückseigentümer, Vorrichtungen zur Möglichkeit der Abnahme der gemeindlichen Leistung zu treffen. Der A. stellt keine Enteignung des bisherigen Selbstversorgers dar, der im Übrigen unter gewissen Voraussetzungen auch vom A. ausgenommen werden kann. Er ist regelmäßig mit einem → Benutzungszwang verbunden.
Lit.: *Börner, B.*, Einführung eines Anschluss- und Benutzungszwanges, 1978

Ansetzen zur Tatbestandsverwirklichung (§ 22 StGB) ist das Verhalten, das nach dem Gesamtplan des Täters so eng mit der tatbestandlichen Ausführungshandlung verknüpft ist, dass es bei ungestörtem Fortgang ohne längere Unterbrechung im Geschehensablauf unmittelbar zur Verwirklichung des gesetzlichen Tatbestands führen soll (z. B. Beschmieren der Fenster mit Seife, damit das brechende Glas beim Einbruch nicht klirrt, Einreichung bewusst unwahren Parteivorbringens bei Gericht zwecks Prozessbetrugs). Das A. ist die objektive Voraussetzung eines → Versuchs. Es ist abzugrenzen von der straflosen → Vorbereitungshandlung.

Lit.: *Pantazopoulos, A.,* Das unmittelbare Ansetzen, Diss. jur. München 1998

Anspruch (§ 194 I BGB) ist das → Recht, von einem anderen ein → Tun oder → Unterlassen zu verlangen (z. B. Anspruch auf Übereignung der Kaufsache, Anspruch auf Abtretung einer Forderung). Der A. ist ein subjektives Recht. Er kann auf einem absoluten Recht beruhen (z. b. dinglicher Herausgabeanspruch § 985 BGB) oder auf einem Schuldverhältnis (z. B. Kaufpreisanspruch § 433 II BGB). Durch bloßes einseitiges Verhalten (z. B. Lieferung unbestellter Sachen, Erbringung unbestellter Leistungen) entsteht er dagegen regelmäßig noch nicht (§ 241a BGB). Der A. ist durch → Klage zwangsweise durchsetzbar und unterliegt der → Verjährung. *Possessorischer* A. ist der aus dem → Besitz, *petitorischer* A. der aus dem → Eigentum folgende Anspruch. *Negatorischer* A. (§ 1004 BGB) ist der dem Eigentümer gegen → Störungen und künftige Beeinträchtigungen zustehende A., *quasinegatorischer* A. der in → Analogie hierzu bei Störungen anderer absolut geschützter Rechtsgüter und Rechte (z. B. Anwartschaft) gewährte A.

Lit.: *Rimmelspacher, B.,* Materiellrechtlicher Anspruch, 1970; *Wendehorst, C.,* Anspruch und Ausgleich, 1999; *Richter, H.,* Strafbarkeit bei vorzeitiger Durchsetzung eines Anspruches, 2003; *Schilder, H.,* Der Anspruch aus § 642 BGB, 2006

Anspruchsgrundlage ist der Rechtssatz, der einem → Tatbestand als Rechtsfolge einen → Anspruch zuweist (z. B. bei Eigentum des einen, Besitz des anderen und Fehlen eines Besitzrechts des Besitzers Anspruch des Eigentümers gegen den Besitzer auf Herausgabe nach § 985 BGB).

Lit.: *Medicus, D.,* Grundwissen zum bürgerlichen Recht, 9. A. 2011; *Schellhammer, K.,* Familienrecht nach Anspruchsgrundlagen, 4. A. 2006

Anspruchskonkurrenz ist das Zusammentreffen mehrerer → Ansprüche auf Grund eines → Sachverhalts (z. B. A zerstört eine Sache des B, so dass er nach den § 823 I, II BGB, § 303 StGB und § 826 BGB und, falls er etwa Entleiher ist, aus Pflichtverletzung des Leihvertrags schadensersatzpflichtig sein kann). Grundsätzlich stehen dabei mehrere Ansprüche unabhängig nebeneinander. Manchmal wirkt sich ein rechtliches Einzelmerkmal eines Anspruchs auch auf den anderen aus (z. B. Verjährungsfrist). In anderen Fällen verdrängt ein Anspruch den anderen (z. B. vor allem die Ansprüche aus den §§ 987 ff. BGB andere Ansprüche aus den §§ 812 ff. BGB, §§ 823 ff. BGB, Gesetzeskonkurrenz, im Einzelnen str.).

Lit.: *Minas, M.,* Die Anspruchsgrundlagen des BGB, 1993; *Trautmann, B.,* Die Konkurrenz von Haftpflicht- und Versicherungsanspruch, 2002

Anstalt ist die von einem Träger öffentlicher → Verwaltung zur Erfüllung einer besonderen Verwaltungsaufgabe errichtete verwaltungsorganisatorisch oder rechtlich verselbständigte Verwaltungseinheit von persönlichen und sachlichen Mitteln. Die *rechtsfähige öffentliche* A. (z. B. Rundfunkanstalt) wird durch → Gesetz, auf Grund eines Gesetzes durch öffentlich-rechtliche → Vereinbarung oder → Verwaltungsakt errichtet, die *nichtrechtsfähige* A. (z. B. Stadtwerke, Schule, Krankenhaus, Vollzugsanstalt) durch bloßen Organisationsakt. Die (rechtsfähige) A. ist der Gegenbegriff zur mitgliedschaftlich organisierten → Körperschaft des öffentlichen Rechts und wie diese eine juristische → Person. Das Verhältnis der A. zu den Benutzern wird durch die Anstaltsordnung geregelt, die öffentlich-rechtlich oder privatrechtlich gestaltet sein kann. In Anstalten können Seuchenverdächtige, Süchtige, Geisteskranke usw. untergebracht werden (vgl. dazu das Gesetz über das gerichtliche Verfahren bei → Freiheitsentziehungen).

Lit.: *Bolsenkötter, H./Dau, H./Zuschlag, E.,* Gemeindliche Eigenbetriebe und Anstalten, 5. A. 2004

Anstellung ist die Begründung eines Beschäftigungsverhältnisses.

Anstellungsbetrug ist der durch Täuschung im Zuge einer Anstellung mögliche Unterfall des → Betrugs (§ 263 StGB). Für die Frage der Vermögensschädigung sind die Werte der vom Dienstberechtigten übernommenen Vergütungspflicht und der vom Verpflichteten zugesagten Dienste maßgebend. Bleibt der vertragliche Anspruch auf die Leistung des Täuschenden (z. B. eines ungenügend qualifizierten Universitätsassistenten, einer leistungsunfähigen Vertragsbediensteten) in seinem Wert hinter dem Wert der Verpflichtung zur Gegenleistung des Getäuschten (z. B. Universität) zurück, liegt eine Vermögensschädigung vor. Bei einer Beamtenstellung ist trotz ausreichender Leistung und tadelloser Führung ein Vermögensschaden zu bejahen, wenn der Täter die laufbahnrechtlich erforderliche Vorbildung nicht hat oder sich persönlich als der Stellung unwürdig erweist (z. B. ein Universitätsassistent durch privatwirtschaftliche Erwerbstätigkeit als Verleger im öffentlich-rechtlichen Krankgeschriebenenzustand).

Lit.: *Prootzen, P.,* Der Vermögensschaden beim sog. Anstellungsbetrug, 2000

Anstellungstheorie ist die Theorie zu Art. 34 GG, § 839 BGB, die aus → Amtspflichtverletzung die Körperschaft haften lässt, die den haftungsrechtlichen → Beamten (Amtswalter) angestellt hat. → Funktionstheorie

Lit.: *Ossenbühl, F.,* Staatshaftung, 5. A. 1998

Anstifter (§ 26 StGB) ist der vorsätzlich einen anderen zu dessen vorsätzlich begangener rechtswidriger – nicht notwendig schuldhafter – → Tat (→ Versuch genügt, Fahrlässigkeit genügt nicht) bestimmende Mensch (z. B. Anstiftung zum Versicherungsmissbrauch). Der A. wird im Strafrecht, wenn der Täter die Tat mindestens versucht, gleich einem → Täter bestraft, ist aber nicht für einen

Exzess des Täters verantwortlich. Die Abgrenzung zwischen A. und Täter kann schwierig sein. Im Privatrecht (Schuldrecht) steht der A. einem → Mittäter gleich (§ 830 II BGB).

Anstiftung ist die Tat des → Anstifters. Die A. ist ein Fall der → Teilnahme an einer → Straftat (→ Anstifter). Die nur *versuchte* A. (§ 30 StGB) wird nach den Vorschriften über den → Versuch des Verbrechens bestraft. Für den Versuch, zu einem Verbrechen anzustiften, reicht bedingter Vorsatz aus. Es genügt, dass der Anstifter billigend in Kauf nimmt, dass der Aufgeforderte seiner Aufforderung Folge leistet.
Lit.: *Noltenius, B.*, Kriterien der Abgrenzung von Anstiftung und mittelbarer Täterschaft, 2003; *Koch, A.*, Grundfälle zur Anstiftung, JuS 2010, 203

Anteil ist die Teilberechtigung an einem Gegenstand.
Lit.: *Hüffer, U. u. a.*, Anteilseigentum, Unternehmenswert und Börsenkurs, 2005

Anteilschein ist die Urkunde über einen → Anteil (z. B. Investmentzertifikat, Interimsschein, im weiteren Sinn auch die Aktie).

Anteilseigner (§ 2 MitbestG) ist der → Gesellschafter einer der in § 1 I Nr. 1 MitbestG genannten Gesellschaften (Aktionär, Genosse, GmbH-Gesellschafter).

Antichrese (griech. [F.] Gegengebrauch) Nutzungspfandrecht (§ 1213 BGB)

Antinomie ist der Widerspruch zweier Rechtssätze. Die A. verletzt die Einheit der Rechtsordnung. Sie muss durch → Auslegung aufgelöst werden (z. B. in das Verhältnis von Grundsatz und Ausnahme, Grundrecht und Einschränkung).
Lit.: *Zippelius, R.*, Methodenlehre, 11. A. 2012

Antrag (oder Angebot) ist im Privatrecht (§§ 145 ff. BGB) die empfangsbedürftige → Willenserklärung, durch die eine Person einer anderen einen → Vertrag in der Weise anträgt (oder anbietet), dass dessen Zustandekommen nur von der Zustimmung (→ Annahme) des anderen Teils abhängt. Der Antragende ist im deutschen Recht bei einem A. *unter Abwesenden* während der Annahmefrist grundsätzlich an seinen A. gebunden. Ein A. unter Anwesenden kann nur sofort angenommen werden. Zu trennen ist der (verbindliche) A. von der bloßen, unverbindlichen (lat.) → invitatio (F.) ad offerendum (Aufforderung zum Antrag wie z. B. einem Inserat, einem Katalog oder einer Auslage). Im öffentlichen Recht ist A. die von einem möglichen Berechtigten an die → Verwaltung bzw. das Gericht gerichtete Aufforderung zu einem bestimmten Verhalten (z. B. A. auf Erteilung einer Baugenehmigung, Befangenheitsantrag, Strafantrag). Der A. ist von der bloßen, jedermann offenen → Anregung zu unterscheiden, bei der kein Recht auf eine Entscheidung besteht.
Lit.: *Anders, M./Gehle, B.*, Antrag und Entscheidung im Zivilprozess, 3. A. 2000

Antragsdelikt ist das → Delikt, das auf → Antrag eines Verletzten verfolgt wird. Das A. ist vom → Offizialprinzip (Verfolgung von Amts wegen, → Amtsbetrieb) ausgenommen. Es ist *absolutes* A., wenn es immer nur auf Antrag verfolgt wird (§ 123 II StGB Hausfriedensbruch, § 303 StGB Sachbeschädigung, § 303c StGB, ausgenommen ein besonderes öffentliches Interesse), *relatives* A., wenn es nur unter bestimmten Voraussetzungen nur auf Antrag verfolgt wird (z. B. § 247 StGB Hausdiebstahl und Familiendiebstahl).
Lit.: *Winnen, W.*, Eingeschränkte Antragsdelikte, 2001

Antragsgegner ist die Person, gegen die sich ein Antrag richtet.

Antragsteller ist die Person, von der ein Antrag ausgeht.

Anwachsung ist die bei Wegfall eines Mitberechtigten an einer (gesamthänderischen) Gesamtheit eintretende Erhöhung von Anteilen der verbleibenden (anderen) Berechtigten im Wege der → Gesamtnachfolge. Die A. erfolgt beim Ausscheiden eines Gesellschafters (§ 738 I 1 BGB) einer dadurch nicht aufgelösten → Gesellschaft, bei dem der Ausscheidende einen schuldrechtlichen Anspruch auf das erhält, was er bei einer in diesem Zeitpunkt vorgenommenen Auseinandersetzung erhalten würde. Im → Erbrecht tritt A. nur ein, wenn mehrere Erben in der Weise eingesetzt sind, dass sie die gesetzliche Erbfolge ausschließen und einer der Erben vor oder nach dem Eintritt des Erbfalls wegfällt (§ 2094 I 1 BGB, vgl. § 2158 BGB). Sie kommt also nicht zur Anwendung bei der vom Eintrittsrecht der Erben eines wegfallenden Erben beherrschten gesetzlichen Erbfolge. Bei der fortgesetzten → Gütergemeinschaft erfolgt A. nur unter besonderen Voraussetzungen (§ 1490 S. 3 BGB).

Anwalt → Rechtsanwalt

Anwaltsgebühr ist die dem Rechtsanwalt für seine Leistung zu entrichtende Gegenleistung. → Rechtsanwaltsvergütung (1.7.2004)

Anwaltsgehilfe → Rechtsanwaltsgehilfe

Anwaltsklausur ist die aus der Sicht des Rechtsanwalts klausurmäßig zu bearbeitende Prüfungsaufgabe der zweiten juristischen Staatsprüfung.
Lit.: *Mürbe, G./Geiger, H./Wenz, H.*, Die Anwaltsklausur in der Assessorprüfung, 6. A. 2011; *Kaiser, H.*, Die Anwaltsklausur Zivilrecht, 6. A. 2015

Anwaltsnotar (§ 3 II BNotO) ist der → Rechtsanwalt, der – was in einigen Ländern Deutschlands (Berlin, Bremen, Hessen, Niedersachsen, Schleswig-Holstein sowie einige Teile Nordrhein-Westfalens [OLG Hamm, LG Duisburg, AG Emmerich]) möglich ist – zugleich das Amt eines → Notars ausübt. Voraussetzung ist ab 1.5.2011 das Bestehen einer notariellen Fachprüfung. Der Gegensatz zum A. ist der → Nurnotar.
Lit.: *Mihm, K.*, Berufsrechtliche Kollisionsprobleme beim Anwaltsnotar, 2000

Anwaltsprozess ist der → Prozess, in dem sich die Parteien durch einen vor einem bzw. vor dem Gericht zugelassenen → Rechtsanwalt vertreten lassen müssen. Dies ist im Zivilprozess vor dem → Landgericht und dem Familiengericht ein zugelassener Rechtsanwalt und bei allen Gerichten des höheren → Rechtszugs ein bei einem (OLG) bzw. dem (BGH) entsprechenden Gericht zugelassener Rechtsanwalt (§ 78 I ZPO, für → Familiengerichte § 78 II ZPO, vgl. auch § 67 I VwGO, § 166 SGG). A. ist weiter allgemein jede → Revision. Der Gegensatz zum A. ist der → Parteiprozess. → Pflichtverteidiger

Anwaltszwang (§ 78 I ZPO) ist die durch → Gesetz vorgeschriebene Notwendigkeit, sich vor Gericht durch einen → Rechtsanwalt vertreten zu lassen. → Anwaltsprozess

Lit.: *Fabienke, P.,* Grundprinzipien des Anwaltszwangs, 1997

Anwartschaft im weiteren Sinn ist die einer bestimmten Person zustehende, rein tatsächliche Aussicht auf ein später zu erwartendes Amt oder Recht (z. B. eine Erbschaft). Diese A. ist selbst noch kein Recht. Im *engeren Sinn* ist A. nur die schon zu einem Recht verdichtete, dem Berechtigten grundsätzlich nicht mehr durch einseitige Handlung des Geschäftsgegners entziehbare Aussicht (das werdende → Recht, das dem Vollrecht wesensgleiche Minus). Hierher gehören aus dem Erbrecht die Stellung als Nacherbe (§§ 2100 ff. BGB) und aus dem Sachenrecht der stufenweise erfolgende Erwerb dinglicher Rechte, insbesondere der Erwerb des → Eigentums unter Eigentumsvorbehalt. Hier erlangt der Käufer mit der – aufschiebend durch die Zahlung des Kaufpreises bedingten – → Übereignung noch nicht das Eigentum an der Sache, sondern nur eine A. Sie ist nach denselben Vorschriften wie das Eigentum bzw. die Sache selbst übertragbar, vererblich, (wie ein Recht) verpfändbar und der Zwangsvollstreckung unterworfen. Ihr Inhaber verfügt über sie als Berechtigter. Beim Eintritt der → Bedingung (z. B. Kaufpreiszahlung) entsteht das → Eigentum daher nicht erst in der Person des Anwartschaftsberechtigten (→ Durchgangserwerb), sondern sofort in der Person eines Anwartschaftserwerbers (→ Direkterwerb). Die A. gibt ein → Recht zum → Besitz und bei Verletzung einen Anspruch auf → Schadensersatz wegen Verletzung eines sonstigen Rechts (§ 823 I BGB). Sie erlischt mit Eintritt der → Bedingung (Entstehung des Vollrechts) oder deren endgültiger Unmöglichkeit (Eintritt der früheren Rechtslage). Die A. gibt es auch bei dem Versorgungsausgleich (§ 1587a BGB) und im öffentlichen Recht (z. B. Rentenanwartschaft).

Lit.: *Minthe, E.,* Die Übertragung des Anwartschaftsrechts, 1998; *Habersack, M.,* Das Anwartschaftsrecht des Auflassungsempfängers, JuS 2000, 1145; *Tetenberg, S.,* Die Anwartschaft des Auflassungsempfängers, 2006; *Harke, J.,* Anwartschaftsrecht als Pfandrecht, JuS 2006, 385; *Armgardt, M.,* Das Anwartschaftsrecht, JuS 2010, 486

Anweisung (§ 783 BGB) ist die schriftliche Aufforderung eines Teiles (Anweisender, Aussteller beim → Wechsel) an einen anderen Teil (Angewiesener, Bezogener beim Wechsel), Geld, Wertpapiere oder andere Sachen an einen Dritten (Anweisungsempfänger, Nehmer oder Remittent beim Wechsel) zu leisten. Händigt der Anweisende dem Dritten die A. aus, so ist dieser ermächtigt, die Leistung bei dem Angewiesenen im eigenen Namen zu erheben, und ist der Angewiesene ermächtigt, für Rechnung des Anweisenden an den Anweisungsempfänger zu leisten. Nimmt der Angewiesene die A. an, so ist er auf Grund dieser Annahme dem Anweisungsempfänger gegenüber zur Leistung verpflichtet (§ 784 I BGB). Der Angewiesene ist nur gegen Aushändigung der A. zur Leistung verpflichtet (§ 785 BGB). Die A. ist ein → Rektapapier. Sie ist (eine rechtstatsächlich wenig bedeutsame) Grundform wichtiger → Wertpapiere (z. B. Scheck, gezogener Wechsel). Die *kaufmännische* A. ist eine Sonderform der A. (§ 363 HGB, kann Orderpapier sein). In einem weiteren Sinn ist A. auch die → Weisung.

Lit.: *Hugger, H.,* Strafrechtliche Anweisungen der Europäischen Gemeinschaft, 2000; *Solomon, D.,* Der Bereicherungsausgleich in Anweisungsfällen, 2004

Anzahlung ist beim Verbraucherkreditgeschäft der erste fällige Teilbetrag des in Teilzahlungsbeträge aufgeteilten Kaufpreises.

Lit.: *Köbler, G.,* Schuldrecht, 2. A. 1995

Anzeige ist die Mitteilung eines rechtlich erheblichen Vorgangs oder Zustands (z. B. § 409 BGB A. der Abtretung der Forderung). Im Strafverfahrensrecht ist A. (einer Straftat) die Mitteilung des Verdachts einer strafbaren → Handlung. Sie kann bei der → Staatsanwaltschaft, den → Behörden und → Beamten des Polizeidienstes und den → Amtsgerichten mündlich oder schriftlich angebracht werden (§ 158 I StPO). Sobald die Staatsanwaltschaft eine A. von dem Verdacht einer → Straftat Kenntnis erhält, hat sie den Sachverhalt zu erforschen. Eine A. an eine Behörde ist auch im Verwaltungsrecht vielfach vorgeschrieben.

Lit.: *Jobst-Wagner, G.,* Anzeige und Anzeigeverfahren in der Verwaltungsrechtsordnung, 1996; *Hanak, G.,* Phänomen Strafanzeige, 2004; *Paulus, J.,* Die Mängel-Anzeige, 2004

Anzeigepflicht ist die Pflicht zur Erstattung einer → Anzeige an eine → Behörde. Solche Anzeigepflichten bestehen insbesondere im Gewerberecht (§ 14 GewO Aufnahme eines stehenden Gewerbes), im Baurecht, im Steuerrecht (z. B. § 137 AO) und im Arbeitsverwaltungsrecht (§ 17 KSchG). Im Strafverfahrensrecht gibt es grundsätzlich keine A., doch ist die Nichtanzeige bestimmter schwerer geplanter → Straftaten bei glaubhafter Kenntnis dieser Straftaten eine Straftat (§ 138 StGB, echtes → Unterlassungsdelikt).

Lit.: *Kühl, K.,* Strafrecht, 6. A. 2008; *Westendorf, R.,* Die Pflicht zur Verhinderung geplanter Straftaten durch Anzeige, 1999

Apanage (F.) Unterhaltszuwendung an die nichtregierenden Mitglieder eines Fürstenhauses

Lit.: *Schulze, H.,* Das Recht der Erstgeburt, 1851

apostolisch (Adj.) einen Apostel betreffend, päpstlich

Apotheker ist der auf Grund staatlicher Bestellung zum Vertrieb von Arzneimitteln zugelassene Unternehmer. Für ihn gilt die Bundesapothekerordnung.

Lit.: *Zerres, S.,* Apothekenrecht kompakt, 2002; Apothekenbetriebsordnung hg. v. *Cyran, W./Rotta, C.,* 4. A. 2005; Apothekengesetz, hg. v. *Rixen, S./Krämer, C.,* 2014; Apothekengesetz, hg. v. *Kieser, T./Wesser, S./ Saalfrank, V.,* 2015 (Lbl.)

Appellation ist im spätmittelalterlichen und neuzeitlichen Recht die Anrufung eines höheren Gerichts zwecks Überprüfung einer Entscheidung.

Lit.: *Weitzel, J.,* Der Kampf um die Appellation ans Reichskammergericht, 1976

Approbation (Billigung) ist die gesetzlich geregelte Zulassung (Bestallung) als Arzt oder Apotheker. Sie bedeutet die Zuerkennung der Berechtigung der → Berufsausübung. Ihre Voraussetzungen, zu denen in Deutschland seit 1999 die durch anderweitige Aufstiegsfortbildung ersetzbare allgemeine Hochschulreife nicht mehr zwingend zählt, sind in besonderen Ordnungen niedergelegt.

Lit.: *Güntert, A.,* Approbationsordnung für Ärzte, 2001; *Gaudich, C.,* Approbationsordnung für Apotheker, 2002

Äquivalenz (F.) Gleichwertigkeit

Äquivalenzprinzip ist der Rechtsgrundsatz, dass zwischen dem Wert einer einzelnen Leistung der → Verwaltung und der für diese geforderten → Gebühr ein ausgewogenes Verhältnis bestehen muss. Die Verwaltung (z. B. Regulierungsbehörde für Post und Telekommunikation) darf also im Einzelfall keine höhere Gebühr verlangen, als ihre Leistung wert ist. Daneben gilt für das gesamte Gebührenaufkommen das → Kostendeckungsprinzip

Lit.: *Schmehl, A.,* Das Äquivalenzprinzip, 2004

Äquivalenztheorie ist die auf die Gleichwertigkeit der Bedingungen abstellende Theorie zur Bestimmung der (rechtlich beachtlichen) → Kausalität eines → Verhaltens für einen → Erfolg. Kausal ist danach eine → Handlung, wenn sie nicht hinweggedacht werden kann, ohne dass der Erfolg entfiele ([lat.] condicio sine qua non), eine → Unterlassung, wenn die unterlassene Handlung nicht hinzugedacht werden könnte, ohne dass der (negative) Erfolg mit an Sicherheit grenzender Wahrscheinlichkeit entfallen würde. Für die A. sind alle Bedingungen des Erfolgs gleichwertig (äquivalent). Sie ermöglicht die Zurechnung eines Erfolgs zu sehr vielen Handlungen, so dass sie zur Erreichung überzeugender Ergebnisse durch weitere einschränkende Tatbestandsmerkmale ergänzt werden muss (→ Adäquanztheorie).

Lit.: *Rothenfußer, C.,* Kausalität und Nachteil, 2003

Arabien ist die Sammelbezeichnung für die (islamisches Recht anwendenden) Staaten der zwischen Asien und Afrika gelegenen, zu Westasien gezählten Halbinsel.

Lit.: *Leichter, E.,* Wörterbuch der arabischen Wirtschafts- und Rechtssprache, 1991; *Krüger, H.,* Arabische Staaten. Übersicht über die wichtigsten Gesetzesbestimmungen, 7. A. 1999; *Vogel, F.,* Islamic law and legal system, 2000; (Gesellschaft für arabisches und islamisches Recht, Sachsenring 81, D 50677 Köln); *Ebert, H.,* Das Erbrecht arabischer Länder, 2004

Arbeit ist im weiteren Sinn die auf Schaffung von Werten gerichtete körperliche oder geistige Tätigkeit des Menschen, im engeren Sinn der unselbständige, fremdbestimmte, weisungsgebundene → Dienst. Die A. kann vorwiegend *geistig* (→ Angestellter) oder hauptsächlich *körperlich* (→ Arbeiter) sein. Streitig ist das sog. Recht auf A., weil sich nicht festlegen lässt, wer Verpflichteter dieses Rechts sein soll.

Lit.: *Boemke, B.,* Arbeitsformen der Zukunft, 1999; *Wedde, P.,* Telearbeit, 2002; *Ory, S./Schmittmann, J.,* Freie Mitarbeiter in den Medien, 2002

Arbeiter ist der → Arbeitnehmer, der nicht → Angestellter ist. Der A. ist ein Dienstverpflichteter im Sinne der §§ 611 ff. BGB. Der A. kann insbesondere *gewerblicher* A. sein (z. B. Bauarbeiter, Fabrikarbeiter) oder A. *des öffentlichen → Diensts,* Bergmann, Seemann, *landwirtschaftlicher und forstwirtschaftlicher* A. oder Hausgehilfe.

Lit.: *Waltermann, R.,* Arbeitsrecht, 17. A. 2014

Arbeitgeber ist die Person, die mindestens einen anderen Menschen in einem Arbeitsverhältnis als → Arbeitnehmer beschäftigt. Der A. ist ein Dienstberechtigter (§§ 611 ff. BGB). Er hat im Arbeitsverhältnis ein → Direktionsrecht (Weisungsrecht).

Arbeitgeberanteil ist der vom Arbeitgeber zu erbringende Anteil an den Sozialversicherungsbeiträgen (z. B. → Krankenversicherung, → Rentenversicherung, Arbeitslosenversicherung). Er erhöht die Arbeitskosten. Im internationalen Wettbewerb der Volkswirtschaften besteht deshalb ein wirtschaftspolitisches Interesse an seiner Senkung.

Arbeitgeberverband ist der in der Regel als (rechtsfähiger) → Verein gestaltete Zusammenschluss mehrerer → Arbeitgeber. Er ist tariffähig und vor den Arbeitsgerichten parteifähig. Spitzenverband ist die Bundesvereinigung der deutschen Arbeitgeberverbände.

Lit.: *Park, J.,* Verfassungs-, zivil- und arbeitsrechtliche Stellung der Arbeitgeberverbände, 1997; *Rhodius, W.,* Die OT-Mitgliedschaft im Arbeitgeberverband, 2011

Arbeitnehmer ist im Arbeitsrecht der in einem → Arbeitsverhältnis unselbständige, fremdbestimmte, weisungsgebundene → Arbeit leistende Mensch (nicht z. B. Richter, Beamter, Soldat, Vorstandsmitglied, Geschäftsführer, geschäftsführender Gesellschafter, Strafgefangener, Sozialhilfeempfänger) bzw. wer auf Grund eines privatrechtlichen Vertrags im Dienst eines anderen zur Leistung weisungsgebundener, fremdbestimmter Arbeit in persönlicher Abhängigkeit verpflichtet ist. Der A. ist entweder → Angestellter oder → Arbeiter oder zur → Berufsausbildung Beschäftigter. *Gewerblicher* A. ist der A., der in einem der → Gewerbeordnung unterfallenden Gewerbebetrieb als Geselle, Gehilfe, Lehrling (Auszubildender), Fabrikarbeiter, Techniker oder in ähnlicher Stellung beschäftigt ist. → Arbeitnehmerhaftung

Lit.: *Schaub, G.*, Rechte und Pflichten als Arbeitnehmer, 9. A. 2007; *Schlewing, A.*, Ausländische Arbeitnehmer, 1998

arbeitnehmerähnliche Person → Person, arbeitnehmerähnliche

Arbeitnehmerentsendegesetz (Arbeitnehmer-Entsendegesetz) ist das die Einbeziehung ausländischer Arbeitnehmer in das Tarifrecht regelnde Bundesgesetz, das von deutschen Arbeitgebern zwingend einzuhaltende Arbeitsbedingungen auf ausländische Arbeitgeber und ihre in Deutschland beschäftigten Arbeitnehmer erstreckt, für deren Arbeitsverhältnisse andernfalls ausländisches Recht gelten würde. 2007 wurde das A. auf die (rund 850 000) Gebäudereiniger in Deutschland erstreckt.
Lit.: *Koberski, W./Asshoff, G./Hold, D.*, Arbeitnehmer-Entsendegesetz, 3. A. 2011; *Thüsing, G.*, Arbeitnehmer-Entsendegesetz, 2010

Arbeitnehmererfindung (Gesetz über Arbeitnehmererfindungen vom 25.7.1957) ist die von einem Arbeitnehmer während der Dauer eines Dienstverhältnisses vorgenommene → Erfindung. Unterschieden werden Diensterfindung und freie Erfindung (u. a. Erfindung von Hochschullehrern). Eine Diensterfindung kann vom Arbeitgeber gegen Vergütung in Anspruch genommen werden.
Lit.: *Bartenbach, K./Volz, F.*, Arbeitnehmererfindergesetz, 4. A. 2002; *Ulrici, B.*, Vermögensrechtliche Grundfragen des Arbeitnehmerurheberrechts, 2008; Gesetz über Arbeitnehmererfindungen, hg. v. *Boemke, B./Kursawe, S.*, 2015

Arbeitnehmerfreibetrag ist der dem Arbeitnehmer als solchem für die → Lohnsteuer und → Einkommensteuer zustehende → Freibetrag.

Arbeitnehmerfreizügigkeit ist die Freizügigkeit der Arbeitnehmer in der Europäischen Union (Art. 41 ff. AEUV).

Arbeitnehmerhaftung ist die Haftung des → Arbeitnehmers für Schädigungen des Arbeitgebers oder Dritter. Nach allgemeinem Schuldrecht hat der Arbeitnehmer für jede schuldhafte unerlaubte → Handlung einzustehen. Aus sozialen Gründen ist diese Haftung aber, weil durch das Arbeitsverhältnis die Schadensgefahr vom Arbeitgeber auf den Arbeitnehmer verlagert wird, unmittelbar oder über eine Freistellung mittelbar – durch einen Freistellungsanspruch gegenüber dem Arbeitgeber – einzuschränken, wenn eine Arbeit durch den Betrieb veranlasst ist und auf Grund eines Arbeitsverhältnisses geleistet wird. Die Gefährlichkeit der Tätigkeit ist bei der Abwägung über den Umfang der Beschränkung zu beachten.
Lit.: *Köbler, G.*, Mittlere Fahrlässigkeit, AcP 1969, 404; *Otto, H.*, Die Haftung des Arbeitnehmers, 3. A. 1998; *Walker, W.*, Die eingeschränkte Haftung des Arbeitnehmers, JuS 2002, 736

Arbeitnehmerüberlassung ist die Überlassung eines Arbeitnehmers an einen (zweiten) Arbeitgeber durch einen (ursprünglichen) Arbeitgeber.

Lit.: *Schüren, P./Hamann, W.*, Arbeitnehmerüberlassungsgesetz, 4. A. 2010; Arbeitnehmerüberlassungsgesetz, *Thüsing, G.*, 3. A. 2012

Arbeitsamt ist die ältere Bezeichnung für die mit der Arbeitsberatung und der → Arbeitsvermittlung befasste unterste organisatorische Einheit (→ Agentur für Arbeit) der → Bundesagentur für Arbeit (§§ 29 ff. SGB III).
Lit.: *Isele, M.*, Kursbuch Arbeitsamt, 1997

Arbeitsbereitschaft ist die Bereitschaft zur Arbeitsaufnahme. Sie liegt vor, wenn der → Arbeitnehmer sich an der zur Arbeitsleistung bestimmten Stelle aufhält, um im Bedarfsfall auf Weisung hin die vertraglich vereinbarte Tätigkeit aufzunehmen. Sie ist grundsätzliche Voraussetzung für den Gläubigerverzug des Arbeitgebers.
Lit.: *Waltermann, R.*, Arbeitsrecht, 17. A. 2014

Arbeitsdirektor ist das bei bestimmten → Kapitalgesellschaften zu bestellende Mitglied des Vorstands, das die Interessen der → Arbeitnehmer zu wahren und in die Entscheidungen der Geschäftsführung einzubringen hat (§ 33 MitbestG). In der Montanindustrie kann der Aufsichtsrat den A. nicht gegen die Stimmen der Mehrheit der Arbeitnehmervertreter bestellen.
Lit.: *Weck, J.*, Der Arbeitsdirektor, Diss. jur. Münster 1994

Arbeitseinkommen (§ 850 II ZPO) ist das → Einkommen aus → Arbeit einschließlich der Hinterbliebenenbezüge und Ruhegehaltsgelder. Das in Geld zahlbare A. ist nur nach Maßgabe des → Pfändungsschutzes pfändbar. Im Sozialrecht ist A. der Gewinn aus selbständiger Tätigkeit (§ 15 IV SGB).
Lit.: *Helwich, G.*, Pfändung des Arbeitseinkommens, 1999

Arbeitsförderung ist die Gesamtheit der Maßnahmen, die darauf ausgerichtet sind, den Ausgleich am Arbeitsmarkt zu unterstützen (z. B. einen hohen Beschäftigungsstand zu erzielen und aufrechtzuerhalten sowie die Beschäftigungsstruktur zu verbessern und damit das Wachstum zu fördern). Das Recht der A. ist seit 1.1.1998 in das Sozialgesetzbuch III eingeordnet. Die Durchführung von Maßnahmen ist Aufgabe der Arbeitsverwaltung.
Lit.: SGB III Arbeitsförderung, 13. A. 2009; *Gagel, A.*, SGB III – Arbeitsförderung (Lbl.), 34. A. 2009; SGB III Sozialgesetzbuch Arbeitsförderung, hg. v. *Brand, J.*, 6. A. 2012; Sozialgesetzbuch III Arbeitsförderung, hg. v. *Mutschler, B. u. a.*, 3. A. 2008; *Roos, E.*, Die Entwicklung des Arbeitsförderungsrechts, NJW 2009, 8

Arbeitsgericht ist das für Arbeitssachen (§§ 2 ff. ArbGG) im ersten → Rechtszug zuständige → Gericht. Es ist mit einem Vorsitzenden und je einem ehrenamtlichen Richter aus Kreisen der → Arbeitnehmer und der → Arbeitgeber besetzt (§ 16 II 1 ArbGG). Das A. entscheidet im Urteilsverfahren oder Beschlussverfahren. → Arbeitsprozess
Lit.: *Germelmann, C./Matthes, H./Prütting, H.*, Arbeitsgerichtsgesetz, 8. A. 2013; *Hauck, F./Helml, E.*, Arbeitsgerichtsgesetz, 4. A. 2011; *Fischer, R. u. a.*, Das arbeitsgerichtliche Beschlussverfahren, JuS 2005, 988;

Grunsky/Waas/Benecke/Greiner, Arbeitsgerichtsgesetz, 8. A. 2014

Arbeitskampf ist die absichtliche Ausübung wirtschaftlichen Druckes durch gemeinsame Maßnahmen der Arbeitgeber oder Arbeitnehmer zur Erreichung eines bestimmten arbeitsrechtlichen Zieles. A. ist grundsätzlich rechtmäßig. Arbeitskampfmittel sind → Aussperrung und → Streik sowie → Boykott. Der → Staat hat im A. die Pflicht zur Neutralität (im Einzelnen str.). Unzulässig ist der A. im Beamtenrecht.
Lit.: *Kissel, O.*, Arbeitskampfrecht, 2002; *Otto, H.*, Arbeitskampf und Schlichtungsrecht, 2006

Arbeitslohn (§ 611 BGB) ist die Vergütung des Arbeitnehmers durch den Arbeitgeber auf Grund des Arbeitsverhältnisses (einschließlich Prämien, Zulagen, Zuschlägen, Gratifikationen, vermögenswirksamen Leistungen, Ruhegehalt usw.). Der A. ist grundsätzlich → Geldlohn und nur ausnahmsweise → Naturallohn. Er kann → Zeitlohn (Stundenlohn, Tagelohn, Wochenlohn, Monatslohn) oder → Akkordlohn sein. Vor Abzug von Steuer und Sozialabgaben ist er Bruttolohn, danach Nettolohn. Der A. ist nur beschränkt abtretbar und pfändbar. Er ist nach der Leistung der Dienste zu entrichten (§ 614 BGB Ohne Arbeit kein Lohn). Nach dem → Arbeitnehmerentsendegesetz sind grundsätzlich Entgeltregelungen und Urlaubsregelungen in für allgemeinverbindlich erklärten Tarifverträgen des Bauhauptgewerbes für in Deutschland eingesetzte ausländische Arbeitnehmer zwingend einzuhalten.
Lit.: Arbeitsentgelt, Arbeitslohn von A–Z, red. v. *Allary, S.*, 2004

Arbeitslos ist die Eigenschaft, die der Arbeitnehmer hat, der vorübergehend nicht in einem Beschäftigungsverhältnis steht (oder nur eine geringfügige Beschäftigung bis zu 15 Wochenstunden ausübt) und eine versicherungspflichtige Beschäftigung sucht. Der Arbeitslose kann einen Anspruch aus der → Arbeitslosenversicherung haben.
Lit.: *Bubeck, T.*, Guter Rat bei Arbeitslosigkeit, 12. A. 2012

Arbeitslosengeld ist die auf Antrag aus der → Arbeitslosenversicherung gewährte Geldleistung an einen Arbeitslosen, der sich bei der → Agentur für Arbeit (Arbeitsamt) → arbeitslos gemeldet, die Anwartschaftszeit erfüllt und das für die Regelaltersrente erforderliche Lebensjahr noch nicht erreicht hat (§ 137 SGB III). Die Höhe des Arbeitslosengelds bestimmt sich nach einem Prozentsatz des um die gesetzlichen Abzüge verminderten, im Bemessungszeitraum verdienten Arbeitsentgelts. Die Bezugsdauer für A. beträgt 12 bzw. unter Umständen 24 Monate. Die Dauer des Anspruchs auf A. mindert sich u. a. durch Sperrzeiten wegen Arbeitsaufgabe oder Arbeitsablehnung. A. ist auch für einen jährlich dreiwöchigen Urlaub zu leisten. Arbeitslosengeld II ist in Zusammenfassung von Arbeitslosenhilfe und Sozialhilfe der Grundsicherungsleistung für erwerbsfähige Hilfsbedürftige auf der Grundlage des anerkannten Existenzminimums ergänzend zum Erwerbseinkommen oder Arbeitslo-

sengeld oder ersetzend nach Bezugsende des Arbeitslosengelds (nach 12 bzw. 24 Monaten Bezugsdauer des Arbeitslosengelds).
Lit.: *Bubeck, T.*, Guter Rat bei Arbeitslosigkeit, 12. A. 2012; *Steck/Kossens*, Arbeitslosengeld II, 2. A. 2008

Arbeitslosenhilfe ab 1.1.2005 → Arbeitslosengeld

Arbeitslosenversicherung ist die (1927 begründete) Zwangsversicherung (§§ 1 ff. SGB III) für → Arbeitnehmer gegen die wirtschaftlichen Folgen der Arbeitslosigkeit. Versicherungsleistungen im Versicherungsfall der Arbeitslosigkeit sind → Arbeitslosengeld (bzw. Arbeitslosengeld II). Träger der A. ist die Bundesagentur für Arbeit.

Arbeitsmittel ist das für die Durchführung der → Arbeit benötigte Mittel (z.B. Arbeitskleidung, Werkzeug, Literatur). Es wird vielfach vom Arbeitgeber gestellt. Das (nicht vom Arbeitgeber gestellte) für Einkünfte erforderliche A. kann als Betriebsausgabe oder Werbungskosten von dem erzielten Einkommen abgezogen werden.

Arbeitsmündigkeit (§ 113 I 1 BGB) ist die unbeschränkte Geschäftsfähigkeit eines Minderjährigen zur Eingehung oder Aufhebung eines Dienstverhältnisses oder Arbeitsverhältnisses auf Grund Ermächtigung des gesetzlichen Vertreters.
Lit.: *Gefaeller, W.*, Entstehung und Bedeutungswandel der Arbeitsmündigkeit, 1968

Arbeitsprozess oder Arbeitsgerichtsprozess ist der vor den → Arbeitsgerichten in arbeitsrechtlichen Streitigkeiten gemäß dem Arbeitsgerichtsgesetz geführte Prozess (1998 in Deutschland 625 000 Urteilsverfahren und 10 000 Beschlussverfahren).
Lit.: *Ennemann, P./Griese, K.*, Taktik des Arbeitsgerichtsprozesses, 2000; Prozesse in Arbeitssachen, hg. v. *Lansnicker, F.*, 2. A. 2011

Arbeitsrecht ist das Recht der → Arbeitsverhältnisse bzw. die Gesamtheit der die → Arbeit (einschließlich der Arbeitsstätte) betreffenden Rechtssätze. Ursprünglich im Unterfall des allgemeinen Dienstvertragsrechts hat es sich zu einem teilweise verselbständigten Rechtsgebiet entwickelt. Es ist in beachtlichem Umfang ungesetztes Recht (Richterrecht). Das A. ist teilweise → Privatrecht, teilweise öffentliches → Recht. Es gliedert sich in Individualarbeitsrecht, Kollektivarbeitsrecht und Arbeitsschutzrecht. Seine Quellen sind unmittelbar geltendes Recht der Europäischen Gemeinschaften bzw. der Europäischen Union, zwingende Gesetzesbestimmungen, zwingende Tarifvertragsbestimmungen, zwingende Betriebsvereinbarungsbestimmungen, Einzelarbeitsvertrag, abdingbare Betriebsvereinbarungsbestimmungen, abdingbare Tarifvertragsbestimmungen und abdingbare Gesetzesbestimmungen. Besonderheiten gelten für den → Tendenzbetrieb. Für Streitigkeiten im A. ist die Arbeitsgerichtsbarkeit zuständig.
Lit.: ArbG, 87. A. 2015; Arbeitsschutzgesetze, 56. A. 2015; *Waltermann, R.*, Arbeitsrecht, 17. A. 2014; Arbeitsrecht (Lbl.), hg. v. *Nipperdey, H.*, 112. A. 2015; *Müller, B./Preis*, Arbeitsrecht im öffentlichen Dienst,

7. A. 2009; *Dütz, W./Thüsing, G.*, Arbeitsrecht, 18. A. 2013; *Schaub, G. u. a.* Arbeitsrechts-Handbuch, 16. A. 2015; Arbeitsrechtslexikon (Lbl.), hg. v. *Spiegelhalter, H.*, Bd. 1 85. A. 2014; Erfurter Kommentar zum Arbeitsrecht, hg. v. *Müller-Glöge, R./Preis, U./Schmidt, I.*, 15. A. 2015; *Weth, S./Kerwer, C.*, Der Einfluss des europäischen Rechts auf das nationale Arbeitsrecht, JuS 2000, 425; *Richardi, R.*, Arbeitsrecht in der Kirche, 7. A. 2015; *Brox, H./Rüthers, B./Henssler, M.*, Arbeitsrecht, 18. A. 2011; *Schaub, G. u. a.*, Arbeitsrechtliches Formular- und Verfahrenshandbuch, 11. A. 2015; *Junker, A.*, Grundkurs Arbeitsrecht, 14. A. 2015; *Rolfs, C.*, Studienkommentar Arbeitsrecht, 3. A. 2010; Arbeitsrecht (Formulare) Vertragsgestaltung Prozessführung, hg. v. *Hümmerich, K. u. a.*, 8. A. 2013; *Zundel, F.*, Die Entwicklung des Arbeitsrechts im Jahre 2014, NJW 2015, 134 ff.; *Fuchs, M./Marhold, F.*, Europäisches Arbeitsrecht, 2. A. 2010; *Thüsing, G.*, Europäisches Arbeitsrecht, 2. A. 2011; Münchener Anwalts-Handbuch Arbeitsrecht, hg. v. *Moll, W.*, 3. A. 2012; Münchener Prozessformularbuch Arbeitsrecht, hg. v. *Zirnbauer, U.*, 4. A. 2012; *Maschmann/Sieg/Göpfert*, Vertragsgestaltung im Arbeitsrecht, 2012; *Kortstock, U.*, Nipperdey Lexikon Arbeitsrecht, 2012; *Deinert, O.*, Internationales Arbeitsrecht, 2013; Arbeitsrecht, hg. v. *Däubler, W. u. a.*, 3. A. 2013; Beck'sches Formularbuch Arbeitsrecht, hg. v. *Klemm u. a.*, 3. A. 2014; *Zöllner, W./Loritz, K./Hergenröder, C.*, Arbeitsrecht, 7. A. 2015

Arbeitssache (§§ 2 ff. ArbGG) ist im Arbeitsprozessrecht die arbeitsrechtliche Angelegenheit.

Arbeitsschutz ist im → Arbeitsrecht der dem → Arbeitnehmer durch Gesetz gewährte Schutz vor aus der → Arbeit erwachsenden Gefahren. Der A. betrifft persönlich alle Arbeitnehmer oder einzelne Gruppen der Arbeitnehmer (Frauen, → Jugendliche, → Schwerbehinderte, [Heimarbeiter,] Auszubildende), und sachlich die → Arbeitszeit, die vertraglichen Arbeitsbedingungen und die Gefahren bei Ausführung der Arbeit (Gefahrenschutz, Betriebsschutz). Die Vorschriften des Arbeitsschutzes sind zwingendes öffentliches Recht und außerdem → Schutzgesetz im Sinne der unerlaubten → Handlungen. Am 23.6.1996 wurde ein europäische Vorgaben umsetzendes deutsches Arbeitsschutzgesetz verabschiedet. → Jugendarbeitsschutz

Lit.: Arbeitsschutzgesetze (Lbl.), 56. A. 2015; *Kollmer, N./Klindt, T.*, Arbeitsschutzgesetz, 2. A. 2011

Arbeitssicherheitsgesetz ist das die Arbeitssicherheit betreffende Gesetz.

Lit.: (Nipperdey II) Arbeitssicherheit Textsammlung (Lbl.), hg. v. *Kollmer, N.*, 57. A. 2015; *Aufhauser, R.*, Arbeitssicherheitsgesetz, 4. A. 2010

Arbeitsstättenverordnung

Lit.: *Kollmer, N.*, Arbeitsstättenverordnung, 3. A. 2009

Arbeitsunfähigkeit ist die Unfähigkeit, eine → Arbeit auszuführen. Der Arbeitnehmer muss dem Arbeitgeber die A. mitteilen. Nach § 616 BGB wird durch vorübergehende A. der Anspruch auf Arbeitslohn nicht berührt.

Lit.: *Gruber, T.*, Der Begriff der krankheitsbedingten Arbeitsunfähigkeit, 1998

Arbeitsunfall ist der Unfall, den ein Versicherter bei Ausübung der → Arbeit als einer von der → Unfall-

versicherung erfassten Tätigkeit sowie auf dem Weg zu und von dieser Arbeit (einschließlich beispielsweise eines Betriebsausflugs) erleidet (, nicht dagegen beim Auftanken an einer unmittelbar am Heimweg gelegenen Tankstelle, nicht innerhalb einer Betriebstoilette). Der A. ist Versicherungsfall der gesetzlichen Unfallversicherung (§§ 8 ff. SGB VII). A. ist auch der Unfall eines Arbeitslosen auf dem Weg zur oder von der Agentur für Arbeit (Arbeitsamt), eines Schülers in der Schule oder eines Studenten in der Universität.

Lit.: *Holtmann, U.*, Arbeitsunfall und Haftungsrisiken, 1998; *Mehrtens, G.*, Arbeitsunfall und Berufskrankheit, 8. A. 2010

Arbeitsverhältnis ist das durch den → Arbeitsvertrag begründete → Schuldverhältnis zwischen Arbeitgeber und Arbeitnehmer. Das A. entsteht durch → Arbeitsvertrag (Vertragstheorie), evtl. auch durch tatsächliche Aufnahme der Arbeit (Eingliederungstheorie, str.), wobei in → Betrieben mit in der Regel mehr als 20 wahlberechtigten → Arbeitnehmern der → Arbeitgeber vor jeder Einstellung die Zustimmung des → Betriebsrats einzuholen hat. Es ist ein auf den Austausch von Arbeitsleistung und Arbeitslohn gerichtetes Dauerschuldverhältnis. In ihm gelten die Regeln für → Schuldverhältnisse nur in abgeänderter Form (z.B. Haftung für Schäden, → Betriebsrisiko, → Sphärentheorie). Der Arbeitgeber darf einen Arbeitnehmer bei einer Vereinbarung oder einer Maßnahme nicht wegen seines Geschlechts benachteiligen (§ 611a BGB). Er darf einen Arbeitnehmer auch nicht benachteiligen, weil dieser in zulässiger Weise seine Rechte ausübt (§ 612a BGB). Das A. endet vor allem durch → Kündigung, Vereinbarung oder Zeitablauf, nicht dagegen durch Betriebsübergang (§ 613a BGB). Die Beendigung durch Kündigung oder Auflösungsvertrag sowie die Befristung bedürfen zu ihrer Wirksamkeit der Schriftform (§ 623 BGB, elektronische Form unzulässig). Das A. ist *mittelbar*, wenn ein Arbeitnehmer in einem A. zu einem anderen (Mittelsmann) steht, der seinerseits Arbeitnehmer des sog. Hauptarbeitgebers ist, und der Arbeitnehmer die Dienste mit Wissen des Hauptarbeitgebers für diesen leistet.

Lit.: *Waltermann, R.*, Arbeitsrecht, 17. A. 2014; *Eser, G.*, Das Arbeitsverhältnis in multinationalen Unternehmen, 2. A. 2003; *Waltermann, R.*, Besonderheiten der Haftung im Arbeitsverhältnis, JuS 2009, 193

Arbeitsvermittlung ist die Vermittlung geeigneter Arbeitsstellen zwischen Arbeitsuchenden bzw. Ausbildungsuchenden und Arbeitgebern. Für die grundsätzlich unentgeltliche A. ist die Arbeitsverwaltung zuständig (§§ 35 ff. SGB III). Durch die Verordnung über Arbeitsvermittlung durch private Arbeitsvermittler vom 11.3.1994 ist die private, seitens Arbeitgeber vergütungspflichtige Arbeitsvermittlung neu geordnet.

Lit.: *Butterweck, C.*, Die Liberalisierung der Arbeitsvermittlung, Diss. jur. Münster 1998

Arbeitsvertrag ist der – an sich grundsätzlich formlos – zwischen → Arbeitgeber und → Arbeitnehmer über die entgeltliche Leistung von → Arbeit ge-

schlossene → Vertrag. Er ist ein Unterfall des
→ Dienstvertrags (§§ 611 ff. BGB). Daneben gilt für
ihn teilweise besonderes Recht. Insbesondere wir-
ken sich auf seinen Inhalt → Tarifvertrag und
→ Betriebsvereinbarung aus. Er begründet für den
Arbeitgeber die Pflicht zur Zahlung von → Arbeitslohn, die → Fürsorgepflicht, die → Gleichbehand-
lungspflicht sowie andere Nebenpflichten, für den
Arbeitnehmer die Pflicht zur Dienstleistung und zur
Treue. Nach § 623 BGB bedarf die Befristung der
Schriftform. Nach § 2 des sog. Nachweisgesetzes
vom 28.7.1995 hat der Arbeitgeber spätestens einen
Monat nach dem vereinbarten Beginn des Arbeitsverhältnisses die wesentlichen Vertragsbedingungen
schriftlich niederzulegen, die Niederschrift zu unterzeichnen und dem Arbeitnehmer auszuhändigen,
was aber durch Hinweis auf einen Tarifvertrag oder
eine Betriebsvereinbarung ersetzt werden kann.
Lit.: *Waltermann, R.,* Arbeitsrecht, 17. A. 2014; *Dörner, H.,* Der befristete Arbeitsvertrag, 2. A. 2011; *Hümmerich, K./Reufels, M.,* Gestaltung von Arbeitsverträgen, 2. A. 2010; Der Arbeitsvertrag, hg. v. *Preis, U.,*
4. A. 2011; *Lunk, S. u. a.,* Der Arbeitsvertrag, NJW
2015, 2474

Arbeitsverwaltung ist der die Arbeitsverhältnisse
betreffende Teil der öffentlichen → Verwaltung. Die
A. ist ein Teil der → Leistungsverwaltung. Wichtigster Träger der A. ist die Bundesagentur für Arbeit mit Untergliederungen (Regionaldirektionen
und Agenturen für Arbeit bzw. besonderen Dienst-
stellen).
Lit.: *Diekjobst, B.,* Modernisierungskonzepte in der
Arbeitsverwaltung, 2003

**Arbeitsweise der Europäischen Union regelnder
Vertrag** (AEUV, Vertrag über die Arbeitsweise der
Europäischen Union) ist der durch den Vertrag von
Lissabon (13.12.2007) neu gefasste, die Arbeitswei-
se, die grundsätzliche Zuständigkeit (Art. 2) und
zahlreiche allgemeine Bereiche der Europäischen
Union regelnde Vertrag mit 325 Artikeln.
Lit.: EUV/AEUV, hg. v. *Streinz, R.,* 2. A. 2012; *Cal-
liess, C.,* EUV, AEUV, 4. A. 2011

Arbeitszeit (§ 2 I ArbZG) ist die Zeit vom Beginn
bis zum Ende der → Arbeit (am einzelnen Arbeitsplatz, Arbeitsbereitschaft genügt) ohne die Ruhe-
pausen (bzw. die Zeit, während welcher der Arbeitnehmer seine Arbeitskraft dem Arbeitgeber – gegen
Entgelt – zur Verfügung stellen muss). Die regelmäßige gesetzliche tägliche A. (an Werktagen) beträgt
8 Stunden, kann aber mit Zustimmung der Arbeit-
nehmervertretung auch für einen längeren Zeitraum
auf bis zu zehn Stunden erhöht werden. (In Deutschland arbeiteten 1995 nur noch 19 Prozent der
35,9 Millionen Erwerbstätigen 35–40 Stunden wöchentlich an 5 Wochentagen.) Für geleistete Mehrarbeit besteht ein Anspruch auf Mehrarbeitsvergü-
tung. *Gleitende* A. ist eine – ohne gesetzliche
Grundlage vereinbarte – bewegliche Regelung der
Einzelarbeitszeit, bei welcher der Arbeitnehmer
abgesehen von Kernzeiten Anfang, Dauer und Ende
der täglichen Arbeit selbst bestimmt und nur die
Gesamtarbeitszeit unverändert ist. Besondere Regeln hinsichtlich der A. gelten für Jugendliche.

Lit.: *Waltermann, R.,* Arbeitsrecht, 17. A. 2014; *Block-
Schlesier,* Arbeitszeit im Wandel, 2003; *Linnenkohl/
Rauschenberg/Gressierer/Schütz,* Arbeitszeitflexibilisie-
rung, 4. A. 2001; *Hanau, P./Veit, A./Hoff, A.,* Das neue
Recht der Arbeitszeitkonten, 2. A. 2015

Arbeitszeitgesetz ist das (innerhalb des Arbeitszeit-
rechtsgesetzes) die Arbeitzeitordnung (1938) bzw.
die Gewerbeordnung (1869) ablösende, die → Arbeitszeit regelnde Gesetz (1994).
Lit.: *Neumann, D./Biebl, J.,* Arbeitszeitgesetz, 16. A.
2012; *Baeck, U./Deutsch, M.,* Arbeitszeitgesetz, 3. A.
2014

Arbeitszeugnis ist das die Bewertung der geleiste-
ten → Arbeit betreffende → Zeugnis.
Lit.: *Schleßmann, K.,* Das Arbeitszeugnis, 20. A. 2012;
Schulz, G., Alles über Arbeitszeugnisse, 8. A. 2009;
Löw, S., Aktuelle Rechtsfragen zum Arbeitszeugnis,
NJW 2005, 3605

Arbeitszimmer ist das der Durchführung von
→ Arbeit dienende Zimmer. Die Aufwendungen für
ein A. in einem Wohnhaus können nur dann vollständig als Werbungskosten oder Betriebsausgaben
von der Bemessungsgrundlage für die Einkommensteuer abgezogen werden, wenn das A. den
Mittelpunkt der gesamten betrieblichen oder beruflichen Tätigkeit des Steuerzahlers bildet. Beträgt die
betriebliche oder berufliche Nutzung jedenfalls
mehr als 50 Prozent der gesamten Tätigkeit, ist ein
Abzug bis 1250 Euro jährlich möglich (2000).
Lit.: *Sprenger, A.,* Das Arbeitszimmer, 2000

Arbitrage ist die Ausnutzung von Preisunterschie-
den (Kursunterschieden) an verschiedenen Märkten
(Börsen) durch Kauf von Waren an Plätzen mit
niedrigem Preis und Verkauf an Plätzen mit hohem
Preis.
Lit.: *Vogelbusch, F.,* Steuerarbitrage, 2003

Architekt ist der wissenschaftlich gebildete Fachmann für die Planung und Überwachung der Ausführung baulicher Anlagen.
Lit.: *Seul, J.,* Das Recht des Architekten, 2002

Architektenrecht ist die Gesamtheit der die Berufstätigkeit von Architekten betreffenden Rechtssätze.
Lit.: *Löffelmann, P./Fleischmann, G.,* Architektenrecht,
6. A. 2012; *Kesselring, R. u. a.,* Die Entwicklung des
Architekten- und Ingenieurrechts, NJW 2014, 2083;
Lauer/Wurm, Haftung des Architekten und Bauunternehmers, 6. A. 2012

Archiv ist der bestimmungsgemäße Aufbewah-
rungsort von Schriftgut.
Lit.: *Nadler, A.,* Die Archivierung, Diss. jur. Bonn 1995;
Strauch, D., Das Archivalieneigentum, 1998

arglistig (Adj.) bewusst böswillig
Lit.: *Derleder, P.,* Sachmängel- und Arglisthaftung nach
neuem Schuldrecht, NJW 2004, 969

arglistige Täuschung → Täuschung, arglistige

Arglos ist der nichts Arges erwartende Zustand
eines Menschen. Im Strafrecht ist a., wer sich im

Zeitpunkt einer Tat keines Angriffs oder keiner Feindseligkeit versieht bzw. versehen kann, also erwartet, es werde ihm von Seiten des Täters nichts Arges zustoßen. Die Ausnützung der Arglosigkeit ist ein Teil des Tatbestandsmerkmals → heimtückisch des → Mords (§ 211 II StGB).

Argumentum (N.) a maiori ad minus ([lat.] Schluss von Größerem auf das Kleinere) ist der Schluss von einer umfassenderen Regelung auf einen weniger Voraussetzungen erfordernden Fall (z. B. von der Enteignung auf den enteignungsgleichen Eingriff).
Lit.: *Zippelius, R.*, Methodenlehre, 11. A. 2012; *Meier, P. u. a.*, Wie man Argumente gewinnt, JuS 2015, 490

Argumentum (N.) e contrario ([lat.] Schluss aus dem Gegenteil) ist der Umkehrschluss von der Regelung eines geregelten Falles auf die umgekehrte → Rechtsfolge für einen nicht geregelten Fall.
Lit.: *Zippelius, R.*, Methodenlehre, 11. A. 2012; *Meier, P. u. a.*, Wie man Argumente gewinnt, JuS 2015, 490

Armenrecht war bis 1980 die einstweilige Befreiung einer unbemittelten Partei von den → Kosten des → Prozesses. → Beratungshilfe, Prozesskostenhilfe

Arrest ist im Verfahrensrecht das Eilverfahren des → Zivilprozesses, das zur Sicherung der → Zwangsvollstreckung wegen einer Geldforderung oder wegen eines Anspruchs, der in eine Geldforderung übergehen kann, möglich ist (§ 916 I ZPO, Arrestantrag, Arrestgrund, Arresturteil oder Arrestbeschluss). Der *dingliche* A. gegen Vermögensstücke des Schuldners (→ Zwangsvollstreckung) findet statt, wenn zu besorgen ist, dass ohne dessen Verhängung die Vollstreckung des Urteils vereitelt oder wesentlich erschwert werden würde (§ 917 I ZPO). Der persönliche A. gegen die Person des Schuldners (z. B. Haft) findet nur statt, wenn er erforderlich ist, um die gefährdete Zwangsvollstreckung in das → Vermögen des Schuldners zu sichern (§ 918 ZPO). Auf Grund des Arrests sind binnen eines Monats möglich Pfändung, Eintragung einer Arresthypothek oder Beschränkung der persönlichen Freiheit des Schuldners. → Dauerarrest, → Kurzarrest und → Freizeitarrest sind → Zuchtmittel des Jugendrechts (Jugendarrest).
Lit.: *Walker, W.*, Arrest und einstweilige Verfügung, 2. A. 1999; *Kannowski, B.*, Arrest und einstweilige Verfügung, JuS 2001, 482; *Tempel, O.*, Arrest, einstweilige Verfügung, Zwangsvollstreckung, Kostenwesen, Rechtsmittel und Prozessvergleich, 6. A. 2007; *Mertins, W.*, Der dingliche Arrest, JuS 2008, 692

arrha (lat. [F.] arra, arrabo) → Draufgabe

Art ist eine durch mindestens ein gemeinsames Merkmal verbundene Mehrheit von Gegebenheiten, so dass sie zwischen Einzelgegebenheit und Gattung steht. Die A. ist eine durch ein gemeinsames unterscheidendes Merkmal gekennzeichnete Untereinheit der Gattung. Gegenüber der Einzelgegebenheit ist sie durch mindestens eine Gemeinsamkeit von Einzelmerkmalen abstrahiert.

Artenschutz ist der Schutz der vorhandenen Arten von Tieren und Pflanzen, dessen Verletzung Straftat oder Ordnungswidrigkeit sein kann (§§ 39 ff. Bundesnaturschutzgesetz, Bundesartenschutzverordnung).
Lit.: *Menzel, P.*, Artenschutz und biologische Vielfalt, 2006

Artikelprozess ist der den Prozessstoff in Artikel (Streitpunkte) gliedernde frühneuzeitliche → Prozess.
Lit.: *Köbler, G.*, Zielwörterbuch europäischer Rechtsgeschichte, 5. A. 2005

Arzneimittel (§ 2 AMG) ist vor allem der Stoff oder die Zubereitung, die durch Anwendung im menschlichen oder tierischen Körper Krankheiten, Schäden oder Beschwerden heilen, lindern oder verhüten soll, sowie der Stoff, der diagnostischen Zwecken oder dem Ersatz körpereigener Wirkstoffe dienen oder den seelischen Zustand beeinflussen soll (, nicht Lebensmittel, Futtermittel, Körperpflegemittel, Tabakerzeugnisse, Kosmetikartikel). Für ein A. ist grundsätzlich eine Zulassung erforderlich. Die Herstellung bedarf grundsätzlich der Genehmigung und der Verkauf hat grundsätzlich durch Apotheker zu erfolgen. Bestimmte A. dürfen wegen der Kosten nicht zu Lasten der gesetzlichen Krankenversicherung verordnet werden (so genannte Negativliste).
Lit.: *Deutsch, E.*, Medizinrecht, 6. A. 2008; *Wagner, A.*, Europäisches Zulassungssystem für Arzneimittel, 2000; *Laufs, A.*, Arzneimittelprüfung, NJW 2001, 3381; *Pestalozza, C.*, Risiken und Nebenwirkungen, NJW 2004, 3374

Arzneimittelgesetz ist das die rechtlichen Verhältnisse von → Arzneimitteln betreffende Gesetz vom 1.1.1978.
Lit.: *Rehmann, W.*, Arzneimittelgesetz, 4. A. 2014; Arzneimittelgesetz, hg. v. *Kügel/Müller/Hofmann*, 2012

Arzt (§ 2 Bundesärzteordnung) ist der Mensch, der nach einem Studium der Medizin die erforderlichen Prüfungen bestanden hat und approbiert ist. Der A. übt einen freien Beruf aus, für dessen Leistungen er Gebühren verlangen darf. Er darf Einzelheiten seiner Behandlungsweisen nicht im Internet veröffentlichen. (2002 gab es in Deutschland rund 300 000 tätige Ärzte). → Kassenarzt
Lit.: *Rehborn, M.*, Arzt – Patient – Krankenhaus, 3. A. 2000

Arztrecht ist die Gesamtheit der die Tätigkeit eines Arztes betreffenden Rechtssätze. Die → Rechtsquellen des Arztrechts sind allgemeines Recht und Spezialgesetze. Die wichtigsten Probleme des Arztrechts betreffen den → Vertrag zwischen Arzt und Patient, die Aufklärungspflicht und die → Sorgfaltspflicht. Schäden aus fehlerhaftem Verhalten muss der Arzt ersetzen. Streitig ist, ob ein Arzt oder mehrere Ärzte für eine Praxis eine juristische Person bilden können. → Kassenarzt
Lit.: *Laufs, A/Katzenmeier/Lipp*, Arztrecht, 7. A. 20015; Handbuch des Arztrechts, hg. v. *Laufs, A. u. a.*, 4. A. 2010; *Geiß, K./Greiner, H.*, Arzthaftpflichtrecht, 7. A. 2014; *Spickhoff, A.*, Die Entwicklung des Arztrechts, NJW 2015, 1728; *Schallen, R.*, Zulassungsverordnung

für Vertragsärzte, 4. A. 2004; Arzthaftungsrecht, hg. v. *Ehlers/Broglie*, 5. A. 2013; *Frister/Lindemann/Peters*, Arztstrafrecht, 2011; *Bazan/Dann/Errestink*, Rechtshandbuch für Ärzte und Zahnärzte, 2013; *Gehrlein, M.*, Grundwissen Arzthaftungsrecht, 2. A. 2015

Asperation (F.) Verschärfung

Asperationsprinzip (§ 53 I StGB) ist das bei → Tatmehrheit grundsätzlich geltende Prinzip der Bildung einer → Gesamtstrafe. Bei dem A. geht man von der verwirkten schwersten Einzelstrafe aus. Diese wird erhöht bzw. verschärft (§ 54 StGB). Lit.: *Fröhlich, J.*, Das Asperationsprinzip, Diss. jur. Hannover 1996

Assessor (M.) Beisitzer, → Gerichtsassessor

Assessorexamen (N.) zweite juristische Staatsprüfung
Lit.: *Anders, M./Gehle, B.*, Das Assessorexamen im Zivilrecht, 11. A. 2013, *Pietzner, R./Ronellenfitsch, M.*, Das Assessorexamen im öffentlichen Recht, 12. A. 2010; *Wolters, G./Gubitz, M.*, Strafrecht im Assessorexamen, 7. A. 2012; *Kintz, R.*, Öffentliches Recht im Assessorexamen, 8. A. 2012

Assoziation (F.) Vereinigung (z. B. Genossenschaft)

Asyl (Freistatt) ist der Zufluchtsort für (politisch) Verfolgte. Politisch Verfolgte genießen nach Art. 16a I GG (grundsätzlich) in der Bundesrepublik Deutschland Asylrecht, wobei die Verfolgung außer von einem Staat auch von nichtstaatlichen Gruppierungen ausgehen kann. Über einen Antrag auf Zuerkennung des Asylrechts entscheidet die zuständige Behörde. Der Inhalt des Asylrechts ist die Nichtauslieferung. 1993 wurde das Recht auf A. wegen der großen Zahl der mutmaßlichen Scheinasylanten gesetzlich eingeschränkt. Das Bundesministerium des Inneren kann Fluggesellschaften untersagen, Ausländer ohne gültigen Sichtvermerk (Visum) in das Bundesgebiet zu befördern. Auf das Asylrecht (Deutschlands) kann sich nicht berufen, wer aus einem Mitgliedstaat der Europäischen Gemeinschaft oder aus einem sog. sicheren Drittstaat (Norwegen, Schweiz) einreist. In der Europäischen Union gab es 1999 etwa 350 000 Asylbewerber, davon 90 000 in Deutschland.
Lit.: *Marx, R./Strate, G.*, Kommentar zum Asylverfahrensgesetz, 7. A. 2009; *Klepper, I.*, Diplomatisches Asyl, 2009

Asylant ist der → Asyl begehrende Mensch.

Asylrecht ist das Recht auf → Asyl.
Lit.: *Huber, B./Göbel-Zimmermann*, Ausländer- und Asylrecht, 2. A. 2008; *Hailbronner, K.*, Asyl- und Ausländerrecht, 2. A. 2008; *Meßmann, A. u. a.*, Grundfälle zu Art. 16, 161 GG, JuS 2009, 810

Aszendent ([M.] Aufsteigender) ist der Vorfahre (→ Verwandte) eines Menschen in gerader Linie (z. B. Vater, Großmutter). Sein Gegensatz ist der → Deszendent.

Atom (N.) Unteilbares

Atomgesetz ist das Gesetz über die friedliche Verwendung der Kernenergie und den Schutz gegen ihre Gefahren vom 23.12.1959. Es will fördern, schützen und ausgleichen. Es unterwirft den Umgang mit Kernbrennstoffen vielfachen Genehmigungspflichten. In Deutschland soll die wirtschaftliche Nutzung der Atomkernspaltung als Energiequelle so rasch wie möglich enden.
Lit.: Atomgesetz mit einer Einführung, hg. v. *Ziegler, E.*, 31. A. 2011; *Kühne, G./Brodowski, C.*, Das neue Atomrecht, NJW 2002, 1458; *Schärf, W.*, Europäisches Nuklearrecht, 2008

Attaché ist der → Beamte des auswärtigen → Diensts der Eingangsstufe bzw. der einer Auslandsvertretung für besondere Sachaufgaben zugewiesene Beamte (z. B. Kulturattaché, Militärattaché).

Audiatur et altera pars ([lat.] es werde auch der andere Teil gehört) ist ein Verfahrensgrundsatz, der vor einer Entscheidung die Anhörung der Gegenseite bestimmt (rechtliches Gehör, Seneca 4 v. Chr.– 65 n. Chr., Augustin 354–430 n. Chr.).

Aufbrauchsfrist ist die gesetzlich nicht geregelte → Frist, in welcher der Verletzer eines gewerblichen Schutzrechts oder eines Urheberrechts bereits erstellte Bestände (z. B. Bücher) noch aufbrauchen darf.
Lit.: *Berlit, W.*, Aufbrauchsfrist, 1997

Aufenthalt ist das tatsächliche Sein eines Menschen in Raum und Zeit. Der Ort des *ständigen* Aufenthalts bildet den → Wohnsitz. Daneben kann auch der Ort des *gewöhnlichen* Aufenthalts oder des Aufenthalts überhaupt Voraussetzung einer Rechtsfolge, insbesondere der verfahrensrechtlichen → Zuständigkeit sein (z. B. § 16 ZPO, § 8 II StPO). Die bloße Anmeldung begründet keinen A., die Unterbringung eines Kindes in einem Internat ändert nicht den A.
Lit.: *Holl, V.*, Funktion und Bestimmung des gewöhnlichen Aufenthalts, 2001; Aufenthaltsgesetz, hg. v. *Huber, B.*, 2010

Aufenthaltserlaubnis (§§ 7 ff. AufenthaltsG) ist die → Erlaubnis (Genehmigung), die → Ausländer zur Einreise und zum → Aufenthalt in der Bundesrepublik Deutschland benötigen. Ihre Erteilung ist ein → Verwaltungsakt. Die A. darf erteilt werden, wenn die Anwesenheit des Ausländers die Belange der Bundesrepublik nicht beeinträchtigt. Arten der A. sind befristete A. und unbefristete A. bzw. Niederlassungserlaubnis. Der Ausländer, der keine A. hat, ist zur Ausreise verpflichtet, wird aber vielfach geduldet. Unter Umständen erfolgt eine → Abschiebung nach einer → Ausweisung. Überwachend wird ein Bundesamt für Migration tätig (früher Bundesamt für die Anerkennung ausländischer Flüchtlinge). Bürger aus anderen Mitgliedstaaten der Europäischen Union müssen sich nur noch bei der Meldebehörde ihres Wohnorts anmelden.
Lit.: *Renner, G.*, Ausländerrecht, 10. A. 2013

Aufenthaltsort → Aufenthalt

Auffordern → Aufforderung

Aufforderung ist die von einem anderen ein bestimmtes Verhalten verlangende Äußerung. Im Strafrecht (§ 111 I StGB) ist das *öffentliche* Auffordern zu einer rechtswidrigen Tat eine der → Anstiftung gleichgesetzte → Straftat. Im Privatrecht ist die Aufforderung zu einem Antrag ([lat.] invitatio [F.] ad offerendum, z. B. Schaufensterauslage) noch keine → Willenserklärung bzw. noch kein Antrag.

Lit.: *Weidner, M.,* Die öffentliche Aufforderung, Diss. jur. Göttingen 1997

Aufgabe ist die zur Lösung anstehende Angelegenheit. *Öffentliche A.* ist die der öffentlichen → Verwaltung obliegende Wahrnehmung von Angelegenheiten des Gemeinwesens und seiner einzelnen Mitglieder. In einem weiteren Sinn ist A. auch die Beendigung eines Verhaltens.

Lit.: *Stoll, P.,* Sicherheit als Aufgabe von Staat und Gesellschaft, 2003

Aufgebot ist im Verfahrensrecht die öffentliche (gerichtliche) Aufforderung an unbekannte Beteiligte, vor einer beabsichtigten Änderung der Rechtslage Tatsachen anzugeben oder → Rechte geltend zu machen. Im Erbrecht (§ 1970 BGB) können die Nachlassgläubiger durch A. zur Anmeldung ihrer Forderungen aufgefordert werden. Meldet sich auf ein A. hin ein Berechtigter nicht, erleidet er einen Rechtsverlust.

Aufgebotsverfahren ist das in den besonderen, gesetzlich vorgesehenen Fällen (Ausschließung des Eigentümers eines Grundstücks, Aufgebot von Hypothekengläubigern, Vormerkungsberechtigten usw., Aufgebot von Nachlassgläubigern, Ausschließung von Gesamtgläubigern, Aufgebot zwecks Kraftloserklärung einer Urkunde usw.) anzuwendende besondere Verfahren der Durchführung eines → Aufgebots. Auf Antrag (eines Antragstellers) erlässt das zuständige → Amtsgericht (§ 23 Nr. 2h GVG) das zeitlich befristete Aufgebot. In öffentlicher Sitzung fällt dann das Gericht, sofern sich kein Berechtigter meldet, auf Antrag ein Ausschlussurteil (§§ 433 ff. FamFG). Dieses trifft eine gegenüber allen wirkende Feststellung in Bezug auf bestimmte Rechte (z. B. Ausschließung eines dinglich Berechtigten, Kraftloserklärung einer Urkunde).

Lit.: *Daude, E.,* Das Aufgebotsverfahren, 5. A. 1930; *Hallermann, H.,* Die Löschung, 1992

Aufgeld (Agio) ist der Betrag, um den der Kurswert eines → Wertpapiers dessen Nennwert übersteigt. → Disagio

Aufhebung ist im Verwaltungsrecht die gänzliche oder teilweise Beseitigung eines → Verwaltungsakts durch die Verwaltung. Sie ist entweder → Rücknahme oder → Widerruf. Im Privatrecht ist die A. eines → Vertrags die grundsätzlich zulässige Beseitigung des Vertrags durch einen gegenläufigen Aufhebungsvertrag (→ actus contrarius). Die A. der → Ehe (§§ 1313 ff. BGB) ist allerdings nur auf Antrag, nur aus bestimmten Gründen und nur durch → Urteil möglich.

Lit.: *Bauer, J. u. a.,* Arbeitsrechtliche Aufhebungsverträge, 9. A. 2014; *Lingemann, S. u. a.,* Der Aufhebungs-

vertrag, NJW 2010, 3496 ff.; *Lingemann, S. u. a.,* Musterformulierung für einen Aufhebungsvertrag, NJW 2012, 985

Aufklärung ist die Klarheit vermehrende Tätigkeit oder Entwicklung. In der Geistesgeschichte ist A. die im Europa des 18. Jh.s herrschend werdende Geistesbewegung, die davon ausging, dass die Vernunft das eigentliche Wesen des Menschen ausmache und daher den allgemeingültigen Wertmaßstab für alle menschlichen Verhältnisse in sich enthalte. Sie wirkte sich in starkem Maße auch auf das Recht aus (Kodifikationen, Verfassung mit Volkssouveränität, Gewaltenteilung und Grundrechten, Abschaffung der Folter).

Lit.: *Wolff, H.,* Die Weltanschauung der deutschen Aufklärung in geschichtlicher Entwicklung, 1950; *Köbler, G.,* Zielwörterbuch integrativer europäischer Rechtsgeschichte, 6. A. 2014 (Internet)

Aufklärungspflicht ist die auf → Aufklärung bestimmter Umstände gerichtete Rechtspflicht einer Person. Eine A. hat vor allem der → Richter im → Prozess (§ 139 ZPO [materielle Prozessleitung], § 86 III VwGO, § 76 II FGO, § 106 I SGG), insbesondere in dem vom → Offizialprinzip beherrschten → Strafprozess (§ 244 II StPO), in dem das Gericht alles tun muss, was zur Aufklärung des Sachverhalts (Erforschung der Wahrheit) erforderlich ist. Meist beschränkt sich die A. allerdings darauf, die Verfahrensbeteiligten über die Folgen eines bestimmten Verhaltens aufzuklären. In ähnlicher Weise haben auch Verwaltungsbehörden eine allgemeine A. Im Privatrecht kann für eine Partei eines Schuldverhältnisses eine A. bestehen. Besondere Bedeutung hat dabei die A. des Arztes. Der Arzt ist hinsichtlich der → Körperverletzung, die er mit einer Operation notwendigerweise begeht (str.), durch eine → Einwilligung des Patienten nur dann gerechtfertigt, wenn diese nach einer angemessenen Aufklärung über den Befund und die etwaigen typischen Gefahren und Folgen des Eingriffs gegeben wird oder der Patient auf Aufklärung verzichtet. Die Verletzung der A. durch den Arzt kann zu einer Ersatzpflicht für einen → Schaden führen.

Lit.: *Spickhoff, A.,* Richterliche Aufklärungspflicht, 1999; *Rehm, G.,* Aufklärungspflichten im Vertragsrecht, 2003; *Gröschler, P.,* Die Pflicht des Verkäufers zur Aufklärung über Mängel, NJW 2005, 1601; *Böh, W.,* Die Aufklärungspflicht einer Bank, 2007; *Hofmann, A.,* Aufklärung und Anlageberatung, 2007

Aufklärungsquote ist in der Kriminologie der Anteil der aufgeklärten Straftaten an der Zahl der gesamten bekannt gewordenen → Delikte. Die A. ist deswegen eine relative Größe, weil die Zahl der bekannt gewordenen Delikte in unbekanntem Ausmaß von der Zahl der wirklichen Straftaten abweicht (Dunkelziffer, Dunkelfeld). Sie hängt im Übrigen in erheblichem Maß von der jeweiligen Straftat und dem betreffenden Bundesland ab (z. B. bei Mord höher als bei Diebstahl, in Bayern höher als in Hessen). Zwischen 1955 und 1974 sank die (amtlich ermittelte) Gesamtaufklärungsquote in der Bundesrepublik Deutschland von 72 Prozent auf 45 Prozent (Nordrhein-Westfalen 1996 49 Prozent).

Auflage ist allgemein die Erweiterung nach oben hin, insbesondere die – meist als Nebenfolge – ausgesprochene Bestimmung eines besonderen Verhaltens. Im Verwaltungsrecht ist A. ein – isoliert aufhebbarer – → Verwaltungsakt, der einem anderen, begünstigenden Verwaltungsakt hinzugefügt ist, dem Begünstigten ein Tun, Dulden oder Unterlassen vorschreibt und in seinem rechtlichen Bestand von ihm abhängen soll (z. B. Baugenehmigung unter A.). Im → Erbrecht (§ 1940 BGB) ist A. die testamentarische Verpflichtung des Erben oder Vermächtnisnehmers zu einer Leistung durch den Erblasser, ohne dass einem anderen ein Recht auf die Leistung zugewandt wird. Im Schuldrecht kann eine → Schenkung unter einer a. gemacht werden (§ 525 BGB). Im Strafrecht können dem Täter Auflagen erteilt werden (z. B. § 15 JGG, § 56b StGB, →Bewährungsauflage).
Lit.: *Kremerskothen, H.,* Arbeitsweisungen und Arbeitsauflagen, 2001

Auflassung ist die (in Deutschland) zur Übertragung des → Eigentums an einem → Grundstück erforderliche → Einigung (§ 873 BGB) des Veräußerers und des Erwerbers über den Eigentumsübergang. Die A. ist ein vom Grundgeschäft (z. B. Kauf) dogmatisch zu trennender abstrakter sachenrechtlicher → Vertrag. Sie muss bei gleichzeitiger Anwesenheit beider Teile vor einer zuständigen Stelle erklärt werden (§ 925 BGB).
Lit.: *Pajunk, F.,* Die Beurkundung als materielles Formerfordernis der Auflassung, 2002

Auflassungsvormerkung ist die auf Sicherung des (meist aus einem Kaufvertrag erwachsenden) Anspruchs auf Übertragung des → Eigentums an einem → Grundstück (Auflassung) gerichtete → Vormerkung (vgl. § 883 BGB).
Lit.: *Stamm, J.,* Die Auflassungsvormerkung, 2003

auflösende Bedingung → Bedingung, auflösende

Auflösung → Liquidation

Aufopferung ist der Verlust eines individuellen Rechts zugunsten der Allgemeinheit oder eines begünstigten Dritten.
Lit.: *Steinberg, R./Lubberger, A.,* Aufopferung – Enteignung und Staatshaftung, 1991; *Schmidt, W.,* Die Aufopferung vermögenswerter Rechte, NJW 1999, 2847; *Brüning, C.,* Die Aufopferung, JuS 2003, 2

Aufopferungsanspruch ist im Verwaltungsrecht der ursprünglich auf § 75 Einl. ALR beruhende Ausgleichsanspruch bei einem solchen (rechtmäßigen) hoheitlichen → Eingriff in ein nichtvermögenswertes → Recht (z. B. Leib, Leben, Gesundheit, Freiheit), der dem Betroffenen ein → Sonderopfer auferlegt. Dieser – auf den Ausgleich der Vermögensschäden – gerichtete Anspruch ist nach § 40 II VwGO im → Zivilprozess geltend zu machen. Er umfasst nicht Einbußen bei Beeinträchtigung noch nicht gesicherter Chancen und Verdienstmöglichkeiten. (Für rechtswidrige Eingriffe kommt nach einer differenzierenden Ansicht nur ein aufopferungsgleicher Anspruch in Betracht.) Im Privatrecht ist der A.

der Ausgleich für den → Eigentümer, dem mit Rücksicht auf das überwiegende Interesse eines anderen oder der Allgemeinheit die Geltendmachung seines an sich gegebenen Abwehrrechts (§ 1004 BGB) versagt ist (analog §§ 904 S. 2, 906 II 2 BGB, § 75 Einl. ALR). → Staatshaftung
Lit.: *Schmitt-Kammler, A.,* Der Aufopferungsgedanke, JuS 1995, 473; *Roth, H.,* Der bürgerlichrechtliche Aufopferungsanspruch, 2001; *Ringshandl, A.,* Der bürgerlich-rechtliche Aufopferungsanspruch, 2009; *Rachlitz, R. u. a.,* Der bürgerlich-rechtliche Aufopferungsanspruch, JuS 2011, 970

Aufopferungstheorie → Zumutbarkeitstheorie

Aufrechnung (Kompensation) ist die wechselseitige → Tilgung zweier sich gegenüberstehender gleichartiger → Forderungen (z. B. Geldforderungen) durch Verrechnung auf Grund einseitiger Erklärung (§ 387 BGB, einseitiges Rechtsgeschäft). Die A. ist ein Sonderfall der auch (vertraglich möglichen) Verrechnung und der Leistung von Erfüllungsersatz. Sie erfordert → Fälligkeit, → Gegenseitigkeit und → Gleichartigkeit der → Forderungen (Aufrechnungslage) sowie eine Aufrechnungserklärung (Willenserklärung). Außerdem darf sie nicht besonders ausgeschlossen sein (§§ 390 ff. BGB). Sie bewirkt, dass die Forderungen, soweit sie sich decken, als in dem Zeitpunkt erloschen gelten, in dem sie zur A. geeignet einander gegenübergetreten sind (§ 389 BGB, Rückwirkung, zwischenzeitlich eingetretene Wirkungen entfallen nachträglich). Die im Prozess erklärte A. ist (einseitiges) → Rechtsgeschäft und → Prozesshandlung. Sie kann als → Eventualaufrechnung erklärt werden (*hilfsweise* A. für den Fall, dass die sonstigen Einwendungen gegenüber der Klage nicht durchdringen).
Lit.: *Janert, I.,* Die Aufrechnung im internationalen Vertragsrecht, 2002; *Höhn, W.,* Die Aufrechnung in der Insolvenz, JuS 2003, 751; *Schröcker, S.,* Prozessaufrechnung, NJW 2004, 2203; *Leichsenring, H.,* Die Rücknahme der Prozessaufrechnung, NJW 2013, 2155

Aufruf der Sache (§ 220 I ZPO) ist der formelle Beginn eines → Termins im → Verfahren.

aufschiebend (Adj.) auf einen späteren Zeitpunkt verschiebend

aufschiebende Bedingung → Bedingung, aufschiebende

aufschiebende Wirkung → Wirkung, aufschiebende

Aufsicht ist die Überwachung eines Verhaltens. Im öffentlichen Recht werden → Dienstaufsicht (allgemeine Behördenaufsicht, vor allem Personalaufsicht), → Fachaufsicht (Überprüfung der Zweckmäßigkeit und Rechtmäßigkeit einer Entscheidung) und → Rechtsaufsicht (Überprüfung der Rechtmäßigkeit einer Entscheidung) unterschieden. Im Privatrecht haben etwa → Eltern die A. über Kinder oder der → Aufsichtsrat einer Aktiengesellschaft die A. über das Handeln des Vorstands.
Lit.: *Bieg, H.,* Bankenaufsicht, 2003

Aufsichtspflicht ist die Pflicht einer Person oder Behörde, über eine andere Person oder Behörde oder ein Tier Aufsicht auszuüben. Eine Verletzung der A. kann eine unerlaubte → Handlung sein. Insbesondere kann die Verletzung der A. eines kraft Gesetzes oder auf Grund Vertrags zur Führung der Aufsicht über einen Menschen verpflichteten Menschen (z. B. Eltern, Vormund, § 832 BGB, die elterliche A. ist z. b. verletzt, wenn ein zum Zündeln neigendes 10jähriges Kind mehrere Stunden unbeaufsichtigt im Freien spielen darf) zu einer Schadensersatzverpflichtung führen. (Vgl. weiter die §§ 833, 834 BGB.) Auch einen Beamten (z. B. Lehrer) kann eine entsprechende A. als Amtspflicht treffen.

Lit.: *Schoof, T.*, Die Aufsichtspflicht der Eltern, 1999; *Mayer, G.*, Aufsichtspflicht, 5. A. 2011; *Brand, O.*, Die Haftung des Aufsichtspflichtigen nach § 832 BGB, JuS 2012, 673

Aufsichtsrat ist bei bestimmten Gesellschaften (§§ 95 ff., 111, 287 AktG, § 52 GmbHG, § 38 GenG) das zur Überwachung und evtl. auch zur Bestellung des die laufenden Geschäfte führenden Organs vorgeschriebene oder mögliche Organ. Der A. setzt sich je nach Art der Gesellschaft verschieden zusammen (z. B. mindestens 3, höchstens 21 Menschen). Meist gehören ihm Vertreter der → Anteilseigner und der → Arbeitnehmer an. Der A. ist grundsätzlich verpflichtet, einen durch Pflichtverletzung des Vorstands verursachten Schaden der Gesellschaft gegenüber dem Schädiger geltend zu machen. Die Zahl der Aufsichtsratsstellungen ist grundsätzlich auf zehn beschränkt, wobei ein Vorsitz doppelt zählt.

Lit.: Arbeitshandbuch für Aufsichtsratsmitglieder, hg. v. *Semler, J./Schenck, K. v.*, 4. A. 2013; *Widmann, B.*, Der Aufsichtsrat der mitbestimmten Einpersonen-Gesellschaft, 2004; *Wiedemann, A./Kögel, R.*, Beirat und Aufsichtsrat in Familienunternehmen, 2008; *Scheffler, E.*, Der Aufsichtsrat, 2012; Der Aufsichtsrat, hg. v. *Schenck, K. v.*, 2015

Auftrag (Mandat) (§§ 662 ff. BGB) ist (das → Angebot zu einem unvollkommen zweiseitig verpflichtenden → Vertrag, durch den sich der eine Teil [Beauftragter, Auftragnehmer] verpflichtet, für den anderen Teil [Auftraggeber] unentgeltlich ein Geschäft [z. B. Überweisung, sowie auch) der formlos zustande kommende unvollkommen zweiseitig verpflichtende Vertrag zwischen Auftraggeber und Beauftragtem. Der A. als Vertrag ist vom → Dienstvertrag und vom → Werkvertrag durch die Unentgeltlichkeit, vom → Gefälligkeitsverhältnis durch den → Rechtsbindungswillen zu unterscheiden. Er ist streng von der möglicherweise mit ihm verbundenen, das Außenverhältnis zwischen Beauftragtem und Drittem betreffenden → Vollmacht zu trennen (Abstraktheit der Vollmacht). Er verpflichtet den Beauftragten zur Geschäftsbesorgung (§ 662 BGB), zur Benachrichtigung, Auskunft und Rechenschaft (§§ 665 S. 2, 666 BGB) und zur Herausgabe des zur Ausführung Erhaltenen und aus der Geschäftsbesorgung Erlangten (§ 667 BGB). Der Auftraggeber hat evtl. → Aufwendungen zu erstatten (§ 670 BGB, str. ob auch Schäden zu ersetzen). Der A. kann außer durch Zweckerreichung, Vereinba-

rung oder Tod des Beauftragten durch jederzeitigen → Widerruf durch den Auftraggeber und jederzeitige → Kündigung durch den Beauftragten enden (§ 671 BGB). Daneben gibt es den A. auch im öffentlichen Recht.

Lit.: *Köbler, G.*, Schuldrecht, 2. A. 1995; *Leinemann, R.*, Die Vergabe öffentlicher Aufträge, 3. A. 2004; *Crass, N.*, Der öffentliche Auftraggeber, 2004; *Lorenz, S.*, Grundwissen – Zivilrecht Auftrag und Geschäftsbesorgung, JuS 2012, 6

Auftragsangelegenheit ist die Angelegenheit, die eine juristische → Person des öffentlichen Rechts (z. B. → Staat) einer anderen, ihr gegenüber verselbständigten juristischen Person des öffentlichen Rechts (z. B. → Gemeinde) durch Auftrag zur Ausführung überträgt (mittelbare → Staatsverwaltung). Gegensatz zur A. ist die eigene → Angelegenheit (bzw. Angelegenheit der → Selbstverwaltung). Die Auftragsangelegenheiten bilden den übertragenen Wirkungskreis, die eigenen Angelegenheiten den eigenen → Wirkungskreis. Bei den Auftragsangelegenheiten besteht → Fachaufsicht des Staates, bei den eigenen Angelegenheiten nur → Rechtsaufsicht.

Lit.: *Vietmeier, H.*, Die staatlichen Aufgaben der Kommunen und ihrer Organe, 1992

Auftragsbestätigung ist im Handelsverkehr die Bestätigung eines Auftrags (Vertragsantrags). Weicht sie inhaltlich von diesem ab, so stellt sie ein neues → Angebot dar. Sie ist zu trennen vom → Bestätigungsschreiben.

Auftragsverwaltung ist im Verwaltungsrecht die → Verwaltung der → Auftragsangelegenheiten. Sie gliedert sich in die → Weisungsverwaltung und die → A. im engeren Sinn. Die A. im engeren Sinn betrifft alle Angelegenheiten, in denen die weisungsberechtigte Behörde keiner gesetzlichen Beschränkung des Umfangs ihrer Anordnung unterliegt, so dass diese vom Träger unselbständig wahrgenommen werden (z. B. Verwaltung der Bundesstraßen oder der Bundessteuern).

Lit.: *Pauly, W.*, Anfechtbarkeit und Verbindlichkeit von Weisungen in der Bundesauftragsverwaltung, 1989

Aufwand → Aufwendung

Aufwandsentschädigung (§ 3 Nr. 12 EStG) ist die Vergütung für einen mit der Berufsausübung verbundenen Aufwand, wobei die aus einer öffentlichen Kasse geleistete A. in der Regel lohnsteuerfrei und einkommensteuerfrei ist.

Aufwendung (§§ 256, 257 BGB u. o.) ist die freiwillige Einbuße von Vermögenswerten im Interesse eines anderen (z. B. Vorstrecken eines Geldbetrags für einen Auftraggeber). Den Gegensatz bildet der → Schaden. Wann eine A. vorliegt, muss nach Sinn und Zweck der für ein jeweiliges Rechtsverhältnis geltenden Normen beurteilt werden. Ein Sonderfall der A. ist die → Verwendung (z. B. §§ 994 ff. BGB). Im Steuerrecht ist A. die Ausgabe.

Lit.: *Birk, R.*, Vergütung und Aufwendungsersatz des Testamentsvollstreckers, 2003; *Gsell, B.*, Aufwendungsersatz nach § 284 BGB, NJW 2006, 125

Aufwendungserstattung (Aufwendungsersatz) ist die Erstattung der Vermögenswerte, die eine Person im Interesse eines anderen freiwillig eingebüßt hat. Die A. ist durch einzelne Rechtssätze in vielen Fällen besonders angeordnet (z.B. §§ 304, 670, 683 BGB). Daneben bestimmt § 257 BGB, dass der Aufwendungserstattungsberechtigte Befreiung von einer evtl. eingegangenen Verpflichtung verlangen kann. Nach § 256 S. 1 BGB ist sein Erstattungsanspruch von der Zeit der Aufwendung an zu verzinsen. Nach § 284 BGB kann der Gläubiger bei einer Pflichtverletzung des Schuldners anstelle des → Schadensersatzes statt der Leistung auch Ersatz seiner im Vertrauen auf den Erhalt der Leistung gemachten, billigerweise machbaren und nutzlos gewordenen Aufwendungen verlangen.
Lit.: *Lorenz, S.,* Grundwissen – Zivilrecht Aufwendungsersatz (§ 284 BGB), JuS 2008, 673

Aufwertung ist die Erhöhung des Wechselkurses einer → Währung im Verhältnis zum Goldwert oder anderen Währungen. Durch sie wird die Einfuhr verbilligt und die Ausfuhr verteuert. Ihr steht die → Abwertung gegenüber.
Lit.: *Hahn, H.,* Währungsrecht, 1990

Aufzeichnung ist die schriftliche Festlegung von Gedankeninhalten oder Geschehensabläufen. *Technische* A. (§ 268 StGB) ist die Darstellung von Daten, Messwerten oder Rechenwerten, Zuständen oder Geschehensabläufen, die durch technisches Gerät ganz oder zum Teil selbsttätig bewirkt wird, den Gegenstand der A. allgemein oder für Eingeweihte erkennen lässt und zum Beweis einer rechtlich erheblichen Tatsache bestimmt ist (z.B. Kilometerstand, str.). Ihre Fälschung oder ihre Unterdrückung ist strafbar.

Augenschein (Autopsie) (§§ 371 f. ZPO, § 86 StPO, § 96 I VwGO u.a.) ist die unmittelbare sinnliche Wahrnehmung eines Umstands. Der A. ist ein → Beweismittel, durch das ein → Gericht Beweis erheben kann. Er kann im Sehen, Hören, Riechen, Schmecken oder Fühlen bestehen.

Auktion → Versteigerung
Lit.: *Schneider, A.,* Auktionsrecht, 1999

Ausbildender ist der die → Ausbildung nach dem Berufsausbildungsvertrag (evtl. durch Ausbilder bzw. Ausbildungsgehilfen) verantwortlich Durchführende.
Lit.: *Waltermann, R.,* Arbeitsrecht, 17. A. 2014

Ausbildung ist die Vermittlung von Kenntnissen und Fähigkeiten an einen Menschen. Sie erfolgt außer durch seine soziale Umwelt vor allem durch die staatlichen Einrichtungen der Schulen und Hochschulen. Nach Art. 12 I 1 GG haben alle Deutschen das Recht, die Ausbildungsstätte (Schule, Hochschule, öffentlicher Dienst [für Referendare]) frei zu wählen. Der Zugang kann nur im Rahmen der Stufentheorie beschränkt werden. Die *juristische* A. erfolgt (zunehmend unterschiedlich [Schwerpunktbereiche]) an den Universitäten und im öffent-lichen → Dienst (zweistufige A., vgl. §§ 5 ff. DRiG, BGBl. 2003, 2592 ff., → Richteramtsbefähigung). Die Rechtsanwaltschaft ist zwecks Zugangssteuerung an einer Änderung interessiert. Das Bologna-Modell ist bisher nicht übernommen.
Lit.: *Köbler, G.,* Wie werde ich Jurist?, 5. A. 2007; *Greßmann, M.,* Die Reform der Juristenausbildung, 2002; Die neue Juristenausbildung, hg. v. *Münch,* 2004

Ausbildungsförderung ist die staatliche Förderung der Ausbildung durch institutionelle Maßnahmen und vor allem die Förderung der Ausbildung bestimmter einzelner Menschen, denen die für eine ihrer Neigung, Eignung und Leistung entsprechende Ausbildung erforderlichen Mittel anderweitig nicht zur Verfügung stehen, durch Gewährung von Mitteln. Die A. ist ein Teil der → Leistungsverwaltung. Sie ist geregelt vor allem im Bundesausbildungsförderungsgesetz. Dieses gewährt bei bestimmten Voraussetzungen nach bestimmten Sätzen auf eine Höchstdauer steuerfreie Zuschüsse und Darlehen zum Besuch von Schulen und Hochschulen (2010 Förderungshöchstsatz auswärts wohnender Studierender 670 Euro). Einen Anspruch kann dabei auch eine allein erziehende Mutter über 30 Jahren haben. Abgewickelt wird die A. in Bundesauftragsverwaltung (§ 39 BAföG) über Ämter für A. Die Kosten tragen Bund (65 Prozent) und Länder (35 Prozent) (§ 56 BAföG).
Lit.: *Ramsauer, U./Stallbaum, M./Sternal, S.,* Mein Recht auf BAföG, 4. A. 2003

Ausbleiben (z.B. § 230 StPO) ist das Nichterscheinen eines an sich erwarteten Menschen oder Umstands. Im Strafprozessrecht findet bei A. des → Angeklagten eine → Hauptverhandlung – abgesehen von weniger bedeutenden Fällen – grundsätzlich nicht statt. Ist das A. nicht genügend entschuldigt, so ist die Vorführung anzuordnen oder ein → Haftbefehl zu erlassen (§§ 230, 232 StPO). Bleibt im Falle einer notwendigen → Verteidigung der → Verteidiger aus, so ist sogleich ein anderer Verteidiger zu bestellen (§ 145 StPO). Für das Zivilverfahren → Versäumnisverfahren.

Ausbürgerung ist die gegen einen Menschen oder eine Bevölkerungsgruppe *(kollektive A.)* angeordnete Entziehung der → Staatsangehörigkeit. Sie ist in der Bundesrepublik gem. Art. 16 I S. 1 GG grundsätzlich nicht zulässig. Den Gegensatz zu ihr bildet die Einbürgerung.
Lit.: *Bleckmann, A.,* Völker- und verfassungsrechtliche Probleme des Erwerbs und des Verlusts der deutschen Staatsangehörigkeit, 1992

Ausdrücklichkeitsgebot (Art. 19 I 2 GG) ist das Gebot an ein nachkonstitutionelles, ein Grundrecht auf Grund eines → Gesetzesvorbehalts einschränkendes → Gesetz, das eingeschränkte Grundrecht unter Angabe des Artikels zu nennen.

Auseinandersetzung ist im Vermögensrecht das Verfahren der gänzlichen oder teilweisen Auflösung des → Vermögens einer Personenmehrheit. Die A. erfolgt gemäß den §§ 752 ff. BGB grundsätzlich durch Teilung in Natur oder Verkauf und Teilung des

Erlöses. Dabei kann bei einer Gesamtschuld verlangt werden, dass die Schuld aus dem gemeinschaftlichen Gegenstand berichtigt wird. Für die A. einer → Erbengemeinschaft, einer → Gütergemeinschaft und einer → Gesellschaft gelten besondere Regeln (§§ 2042 ff. BGB, 1474 ff. BGB, 731 ff. BGB).
Lit.: *Schulz, W./Hauß, J.,* Vermögensauseinandersetzung bei Trennung und Scheidung, 6. A. 2015

Ausfallzeit war in der Sozialversicherung die Zeit, die trotz Unterbrechung einer versicherungspflichtigen Beschäftigung aus bestimmtem Anlass (z. B. Ausbildung, Krankheit, Schwangerschaft, Arbeitslosigkeit) unter gewissen Voraussetzungen bei der Berechnung der → Rente als Anrechnungszeit angerechnet werden konnte (Anrechnungszeit).

Ausfertigung ist die urkundliche Festlegung einer Gedankenerklärung. Die A. *eines Gesetzes* ist ein Teil des → Gesetzgebungsverfahrens, der in der Unterzeichnung des vom → Parlament beschlossenen Gesetzestexts durch den → Bundespräsidenten (vgl. Art. 82 I GG) bzw. den Ministerpräsidenten (und allenfalls Gegenzeichnungsberechtigten), die jedenfalls ein Prüfungsrecht hinsichtlich des ordnungsgemäßen Zustandekommens des Gesetzes haben (str. ob auch hinsichtlich des Inhalts), besteht. A. *einer Urkunde* ist in Weiterführung des Sprachgebrauchs im amtliche Abschrift eines amtlichen Schriftstücks (z. B. Urteils, notarieller Urkunde), die im Verkehr die Urschrift ersetzen soll (vgl. §§ 47 ff. BeurkG). Sie muss als A. überschrieben sein und als Ausfertigungsvermerk die Übereinstimmung mit der Urschrift ausdrücklich enthalten. Sie wird grundsätzlich von der Stelle erteilt, welche die Urkunde verwahrt. Die beglaubigte Abschrift einer Urkunde ist keine A. *Vollstreckbare* A. (§§ 724 ff. ZPO) ist die mit vollstreckbar A. überschriebene und mit der → Vollstreckungsklausel versehene A. eines → Urteils. Sie bezeugt Bestehen und Vollstreckungsreife des → Vollstreckungstitels und ist Voraussetzung der → Zwangsvollstreckung (str.).
Lit.: *Wild, G.,* Die Ausfertigung, 1969; *Schnapp, F.,* Ist der Bundespräsident verpflichtet, verfassungsmäßige Gesetze auszufertigen?, JuS 1995, 286

Ausforschungsbeweisantrag ist der (unzulässige) Versuch, durch die Beweisermittlung an Hand eines ungenau bezeichneten oder vermutungsweise benannten Beweisthemas die Grundlage für eine Behauptung einer Partei zu gewinnen.
Lit.: *Müller, M.,* Der Ausforschungsbeweis, 1991; *Chudoba, G.,* Der ausforschende Beweisantrag, 1993 (Diss.)

Ausfuhr (F.) Export
Lit.: *Hohmann, H./John, K.,* Ausfuhrrecht, 2002

Ausführung eines Gesetzes ist dessen Verwirklichung durch die vollziehende Gewalt. Die A. von Bundesgesetzen erfolgt grundsätzlich durch die Länder als eigene → Angelegenheit, in bestimmten Fällen durch die Länder im Auftrag des Bundes (Bundesstraßen, Bundeswasserstraßen, Luftverkehr, Lastenausgleich, Bundesauftragsverwaltung) und in

bestimmten anderen Fällen durch den Bund selbst (auswärtiger Dienst, Bundeswehr, Bundesfinanz, Bundesverfassungsschutz, Bundeskriminalwesen). Die A. von Landesgesetzen geschieht durch das Land.
Lit.: *Maurer, H.,* Die Ausführung der Bundesgesetze durch die Länder, JuS 2010, 945

Ausführungsgesetz (AG) ist das → Gesetz, das besondere Einzelheiten der Ausführung eines anderen Gesetzes regelt (z. B. Bayerisches Ausführungsgesetz zum Gerichtsverfassungsgesetz).

Ausführungsverordnung ist die → Rechtsverordnung, die besondere Einzelheiten der Ausführung eines → Gesetzes regelt.

Ausfüllungsbefugnis ist die Befugnis oder Ermächtigung zur Ausfüllung eines → Blanketts.

Ausgabe ist allgemein die Weggabe eines Gegenstands, insbesondere der Abfluss eines Vermögenswerts (z. B. Geld). Die A. bildet einen Gegensatz zur → Einnahme. Im Verfassungsrecht sind alle Einnahmen und Ausgaben des Staates in den → Haushalt einzustellen (vgl. Art. 110 I GG). Weiter tragen der Bund und die Länder gesondert die Ausgaben, die sich aus der Wahrnehmung ihrer Aufgaben ergeben. Unterschieden werden dabei *ordentliche* Ausgaben und *außerordentliche* Ausgaben. Im Steuerrecht sind die *abzugsfähigen* Ausgaben (z. B. Betriebsausgaben, Werbungskosten, Sonderausgaben, außergewöhnliche Belastungen, nicht Lebensführungsaufwendungen, Geldstrafen, Geldspenden, Einkommensteuer, Umsatzsteuer) zwecks Ermittlung der zu versteuernden Beträge von den Einnahmen abzuziehen (vgl. z. B. § 10 EStG).

ausgeübter Gewerbebetrieb → Gewerbebetrieb

Ausgleichsabgabe ist die dem Ausgleich einer ungleichen Belastung innerhalb einer Gruppe von Personen dienende Abgabe, die von einem Teil ihrer Angehörigen erhoben wird (z. B. Lastenausgleichsabgabe).
Lit.: *Horn, H.,* Beschäftigungspflicht und Ausgleichsabgabe, 1989

Ausgleichsanspruch ist der Anspruch auf Beseitigung eines Unterschieds, insbesondere der Anspruch auf Beseitigung einer ungerechtfertigten Vermögensverschiebung. Ein A. besteht etwa für einen in Anspruch genommenen → Gesamtschuldner (§ 426 I BGB), den schlechter gestellten Ehegatten bei beendeter → Zugewinngemeinschaft (§ 1378 BGB) oder die geringer ausgestatteten gesetzlichen → Erben (§ 2050 BGB). Daneben kann der → Handelsvertreter nach Beendigung seines Handelsvertreterverhältnisses einen besonderen A. (§ 89b I HGB) gegen den Unternehmer haben. Allgemein ist eine ungerechtfertigte → Bereicherung nach den §§ 812 ff. BGB auszugleichen.
Lit.: *Schenke, W.,* Der Rechtsweg für die Geltendmachung von Ausgleichsansprüchen, NJW 1995, 3145; *Küstner, W. u. a.,* Der Ausgleichsanspruch des Handelsvertreters, 8. A. 2008

Ausgleichsaufgabe ist die öffentliche Angelegenheit, die sich aus den Bedürfnissen einzelner untergeordneter Verwaltungsträger dadurch ergibt, dass deren Kraft zur Erfüllung der ihnen obliegenden Aufgaben nicht ausreicht. Sie wird von der zusammengesetzten → Selbstverwaltungskörperschaft (z. B. → Gemeindeverband) zu Lasten aller und zu Gunsten nur der leistungsschwachen Mitglieder wahrgenommen.

Ausgleichsmandat ist das durch Ausgleich eines Überhangmandats einer Partei für eine andere Partei entstehende Mandat (Abgeordnetensitz).

Auskultator (M.) Zuhörer

Auskunft ist die Mitteilung von Tatsachen durch einen Menschen. In bestimmten Fällen besteht ein Recht auf A. oder eine Pflicht zur A. Grundsätzlich muss eine A. wahr sein.

Lit.: *Hagenmeyer, M.,* Die Haftung für Rat und Auskunft, Diss. jur. Hamburg 1995; *Habersack/Holznagel/Lübbing,* Behördliche Auskunftsrechte und besondere Missbrauchsaufsicht im Postrecht, 2002; *Sarres, E.,* Erbrechtliche Auskunftsansprüche, 2. A. 2011; *Köhler, H.,* Auskunftsanspruch der Presse gegenüber Unternehmen der öffentlichen Hand, NJW 2005, 2337

Auskunftsklage ist die auf → Auskunft gerichtete → Klage.

Lit.: *Gürtler, F.,* Der praktische Fall – Zivilrechtsklausur: Die Auskunftsklagen, JuS 1994, 691

Auskunftspflicht ist die Verpflichtung zur Erteilung einer → Auskunft. Im Verwaltungsrecht erteilt eine → Behörde (§ 25 VwVfG), soweit erforderlich, Auskunft über die den Beteiligten im Verwaltungsverfahren zustehenden Rechte und die sie betreffenden Pflichten. Davon abgesehen besteht keine allgemeine A. der Behörden gegenüber Dritten (vgl. aber etwa § 28 BZRG, 15 SGB I), wohl aber vielfach eine A. des Einzelnen gegenüber einer Behörde (z. B. dem Finanzamt, vgl. §§ 93 ff. AO, VO über Auskunftspflicht) oder einem → Gericht (vgl. § 55 StPO). Die A. muss (als Beschränkung der allgemeinen Handlungsfreiheit) durch → Gesetz festgelegt sein. Im innerbehördlichen Verkehr ergibt sich eine A. aus der Pflicht zur → Amtshilfe. Auch im Privatrecht bestehen zahlreiche einzelne Auskunftspflichten (z. B. des Beauftragten § 666 BGB, des Erbschaftsbesitzers § 2027 I BGB). Zu ihnen tritt eine allgemeine A. aus → Treu und Glauben bei jedem Rechtsverhältnis dann, wenn der Berechtigte entschuldbarerweise über den Umfang seiner Berechtigung im Unklaren ist und der Verpflichtete darüber ohne Weiteres Auskunft erteilen kann. Für alle Auskunftspflichten bestimmt § 260 BGB, dass der über den Bestand eines → Inbegriffs von Gegenständen zu Auskunft Verpflichtete dem Berechtigten ein Verzeichnis des Bestands vorzulegen hat. Im Einzelnen ist beispielsweise eine Frau nicht verpflichtet, in einem Einstellungsgespräch auf ihre → Schwangerschaft hinzuweisen, gehört bei der Suche nach Urheberrechtsverletzungen zu der in § 809 BGB festgelegten Vorlagepflicht auch die Einsichtnahme in einen Rechner und ist der Aus-

kunftsanspruch des nichtehelichen Kindes gegen die Mutter auf Nennung des Namens des leiblichen Vaters nach § 888 I ZPO zu vollstrecken.

Lit.: *Lorenz, S.,* Auskunftsansprüche im bürgerlichen Recht, JuS 1995, 569; *Grage, K.,* Das Auskunftsrecht des Aktionärs, 1999; *Bienert-Nießl, R.,* Materiellrechtliche Auskunftspflichten im Zivilprozess, 2003 (Österreich)

Auskunftsverweigerungsrecht ist die trotz einer grundsätzlichen → Auskunftspflicht ausnahmsweise bestehende Berechtigung, eine mögliche Auskunft nicht zu erteilen. Ein A. besteht im Strafprozess für jeden → Zeugen hinsichtlich solcher bestimmter Fragen, deren Beantwortung ihn selbst oder einen → Angehörigen in die Gefahr bringen würde, wegen einer → Straftat oder einer → Ordnungswidrigkeit verfolgt zu werden (§ 55 StPO). Weitere Auskunftsverweigerungsrechte gewähren vor allem Steuergesetze (z. B. § 101 AO) und Verfahrensgesetze (z. B. § 384 ZPO). → Zeugnisverweigerungsrecht

Lit.: *Derksen, R.,* Das Auskunftsverweigerungsrecht, JuS 1999, 1103

Auslage ist u. a. die geldwerte Aufwendung vor allem eines → Gerichts, insbesondere für → Ausfertigungen und Schreibkosten, Zeugen, Sachverständige u. a. m. → Gerichtskosten

Lit.: *Hartmann, P.,* Kostengesetze, 45. A. 2015

Ausland ist das nicht zum eigenen Staatsgebiet gehörige Gebiet einschließlich der nicht unter Staatshoheit stehenden Gebiete und des offenen Meeres.

Lit.: *Geimer, R.,* Anerkennung ausländischer Entscheidungen in Deutschland, 1995; *Bar, C. v.,* Ausländisches Privat- und Privatverfahrensrecht in deutscher Sprache, 9. A. 2013; *Schütze, R.,* Rechtsverfolgung im Ausland, 4. A. 2009; *Rogoz, R.,* Ausländisches Recht im deutschen und englischen Zivilprozess, 2008

Ausländer ist in Deutschland der Mensch, der (nur) eine andere → Staatsangehörigkeit als die deutsche hat (bzw. nicht Deutscher i. S. v. Art. 116 I GG ist, § 2 I AufenthG). Für A. in Deutschland (1992 ca. 6 Millionen, 1998 ca. 7 Millionen, danach zahlreiche Einbürgerungen, 2014 8,2 Millionen) gilt im öffentlichen Recht seit 2005 das Aufenthaltsgesetz, das für nichtprivilegierte Ausländer (beachte § 1 II AufenthG für EU-Angehörige) für Einreise und Aufenthalt grundsätzlich eine → Aufenthaltserlaubnis verlangt, ohne dass (grundsätzlich) ein Anspruch auf Einreise und Aufenthalt besteht. Ein A. ist zur Ausreise verpflichtet, wenn er eine Aufenthaltserlaubnis benötigt und nicht hat. Ein A. kann ausgewiesen werden, wenn sein Aufenthalt die öffentliche Sicherheit und Ordnung oder sonstige erhebliche Interessen der Bundesrepublik beeinträchtigt. Ein A. ist abzuschieben, wenn die Ausreisepflicht vollziehbar ist und ihre freiwillige Erfüllung nicht gesichert oder aus Gründen der öffentlichen Sicherheit und Ordnung eine Überwachung erforderlich ist. Im Sozialrecht erstreckt sich die Sozialversicherung auch auf den in Deutschland beschäftigten A. und erfasst die Sozialhilfe mit Einschränkungen auch den A. mit Aufenthalt in Deutschland. Im Privatrecht ist der A. dem Inländer grundsätzlich gleichgestellt. Einen Anspruch darauf, dass an ihn gerichtete amtliche Schreiben in seiner Muttersprache abgefasst werden, hat er nicht. Seit 1989 bestehen zu seiner Vertretung gemeindliche Ausländerbeiräte. *Heimatloser* A. (Gesetz vom 25.4.1951) ist der fremde Staatsangehörige oder Staatenlose, der nachweist, dass er der Obhut einer besonderen Organisation der Vereinten Nationen untersteht, nicht Deutscher im Sinne des Art. 116 GG ist und am 30.6.1950 seinen Aufenthalt im Geltungsbereich des Grundgesetzes oder in West-Berlin hatte. Er ist (ebenso wie der Angehörige der Mitgliedstaaten der Europäischen Union und der Angehörige einer diplomatischen Vertretung) gegenüber sonstigen Ausländern privilegiert.

Lit.: AuslR, 24. A. 2010; *Renner, G.,* Ausländerrecht, 10. A. 2013; Verwaltungsvorschriften zum Staatsangehörigkeits- und Ausländerrecht mit einer Einführung v. *Renner, G.,* 2001; Ausländerrecht, hg. v. *Hofmann, R./ Hoffmann, H.,* 2. A. 2008; *Huber, B./Göbel-Zimmermann, R.,* Ausländer- und Asylrecht, 2. A. 2008; *Hailbronner, K.,* Asyl- und Ausländerrecht, 2. A. 2008

Auslandsdelikt ist die im → Ausland begangene Straftat eines Menschen. Ein A. eines Deutschen ist nach § 3 StGB nur in bestimmten Fällen nach deutschem Strafrecht strafbar. Dagegen unterfällt die Straftat eines Ausländers in Deutschland grundsätzlich deutschem Recht.

Auslegung ist die Ermittlung und Klarlegung des Bedeutungsgehalts eines Rechtsbegriffs oder eines sonstigen Umstands (z.B. Erklärung, Verhalten). Die A. ist ein unentbehrliches Element der → Rechtsmethodologie und steht in Gegensatz zu → Analogie bzw. → Reduktion. Die A. von Rechtssätzen kann im Ergebnis erweiternd (extensiv) oder einschränkend (restriktiv) wirken. Herkömmlicherweise unterscheidet man grammatische A., historische A., systematische A. und teleologische A. Die *grammatische* A. geht vom allgemeinen Sprachgebrauch der Normalsprache oder der Fachsprache aus. Die *historische* (bzw. genetische) A. berücksichtigt die Entstehungsgeschichte des Rechtssatzes. Die *systematische* A. beachtet besonders die Stellung des einzelnen Begriffs im Rahmen des Gesetzes oder der gesamten Rechtsordnung. Die *teleologische* A. bezieht Ziel und Zweck einer Regelung ein. Die A. wird als *verfassungskonform* angesehen, wenn sie die Festsetzungen der → Verfassung berücksichtigt. Die A. wird als *authentisch* (authentische Interpretation) bezeichnet, wenn sie vom Verfasser (Gesetzgeber, Verordnungsgeber) selbst vorgenommen wird. Neben der A. von Rechtssätzen steht die A. des → Sachverhalts, insbesondere die A. der → Willenserklärung. Dabei ist nicht am buchstäblichen Sinn eines Ausdrucks zu haften, sondern der wirkliche → Wille zu erforschen (§ 133 BGB). Verschiedentlich enthalten Gesetze selbst Ausführungen, wie bestimmte Willenserklärungen im Zweifel zu verstehen sind (Auslegungsregeln z.B. § 2066 BGB). Andernfalls ist von dem allgemein üblichen, bei empfangsbedürftigen Willenserklärungen von dem vom Empfänger aus gesehen üblichen Sprachgebrauch auszugehen. → Verträge sind so auszulegen, wie → Treu und Glauben mit Rücksicht

auf die → Verkehrssitte es erfordern (§ 157 BGB). Bei mehreren an sich möglichen Auslegungen ist der A. der Vorzug zu geben, bei der einer Vertragsbestimmung eine tatsächliche Bedeutung zukommt. Bei der ergänzenden Vertragsauslegung wird der Inhalt eines → Vertrags um eine nicht ausdrücklich vereinbarte Bestimmung ergänzt, die im Wege der A. vom Gericht aus dem Gesamtinhalt des Vertrags gewonnen wird. Dies darf nicht zu einem Ergebnis führen, das dem erkennbaren Willen der Vertragsteile widerspricht.

Lit.: *Larenz, K.,* Die Methode der Auslegung, 1930, Neudruck 1966; *Bartholomeyczik, H.,* Die Kunst der Gesetzesauslegung, 4. A. 1967; *Rüthers, B.,* Die unbegrenzte Auslegung, 6. A. 2005; *Droste/Lehnen,* Die authentische Interpretation, 1990; *Metallinos, A.,* Die europarechtskonforme Auslegung, 1994; *Wank, R.,* Die Auslegung von Gesetzen, 5. A. 2011; *Lüdemann, J.,* Die verfassungskonforme Auslegung, JuS 2004, 27; *Schroeder, W.,* Die Auslegung des EU-Rechts, JuS 2004, 180; *Höpfner, C.,* Die systemkonforme Auslegung, 2008; *Cziupka, J.,* Die ergänzende Vertragsauslegung, JuS 2009, 103; *Biehl, B.,* Grundsätze der Vertragsauslegung, JuS 2010, 195; *Herresthal, C.,* Die richtlinienkonforme und die verfassungskonforme Auslegung, JuS 2014, 289; *Hecker, B.,* Die richtlinienkonforme und die verfassungskonforme Auslegung im Strafrecht, JuS 2014, 385

Auslieferung ist die zwangsweise Verbringung eines Menschen in das → Ausland auf Ersuchen eines ausländischen → Staates zwecks Strafverfolgung oder Strafvollstreckung. Die A. ist ein Fall internationaler → Rechtshilfe. Sie ist grundsätzlich ausgeschlossen bei politischen → Straftaten. Kein Deutscher darf an das Ausland ausgeliefert werden (Art. 16 II GG). Durch Gesetz kann aber eine abweichende Regelung für Auslieferungen an einen Mitgliedstaat der Europäischen Union oder an einen internationalen Gerichtshof getroffen werden, soweit rechtsstaatliche Grundsätze gewahrt sind (Art. 16 II 2 GG). Für den europäischen Bereich ist die wichtigste Grundlage der A. das Europäische Auslieferungsabkommen des Jahres 1957. Daneben ist das Gesetz über internationale Rechtshilfe in Strafsachen besonders bedeutsam. → Auslieferungsverbot

Lit.: *Loos, B.,* Das Auslieferungsrecht der Bundesrepublik Deutschland, 1994; *Weigend, T.,* Grundsätze und Probleme des deutschen Auslieferungsrechts, JuS 2000, 105; *Gleß, S.,* Auslieferungsrecht der Schengen-Vertragsstaaten, 2002

Auslieferungsverbot ist im Verfassungsrecht (Art. 16 II 1 GG) das Verbot, einen → Deutschen an das → Ausland auszuliefern, von dem seit 2000 die Auslieferung an einen Mitgliedstaat der Europäischen Union oder an einen internationalen Gerichtshof ausgenommen ist.

Auslobung (§ 657 BGB) ist die durch öffentliche Bekanntmachung erfolgende einseitige Aussetzung (Versprechen) einer Belohnung für die Vornahme einer Handlung (z.B. Wiederbeschaffung einer abhanden gekommenen Sache, Aufklärung einer Straftat). Die A. ist einer der wenigen besonderen Fälle eines einseitigen → Rechtsgeschäfts, so dass die A. den Auslobenden verpflichtet, ohne dass sie von einem anderen angenommen wird. Mit der Vornahme der entsprechenden Handlung erwirkt der Handelnde einen Anspruch auf die Belohnung. Besondere Arten der A. sind das Preisausschreiben (§ 661 BGB) und die Gewinnzusage (§ 661a BGB).

Lit.: *Dreiocker, K.,* Zur Dogmengeschichte der Auslobung, 1969

Auslosung ist die unter Verwendung eines Loses erfolgende Auswahl zwischen mehreren Möglichkeiten (z. B. Auslosung ehrenamtlicher Richter).

Ausnahme ist die – unter bestimmten Voraussetzungen mögliche – Abweichung von einer allgemeinen Regelung (vgl. § 31 I BauGB). Ihre Erteilung ist im Verwaltungsrecht ein begünstigender → Verwaltungsakt (→ Bewilligung). Allgemein gibt es keine Regel ohne A., doch stellt sich stets die schwierige Frage, wann eine A. von der Regel gerecht ist.

Ausnahmegericht (Art. 101 I GG) ist das außerordentliche, für einen bestimmten Fall oder für mehrere bestimmte Fälle eingesetzte → Gericht. Es widerspricht rechtsstaatlichen Grundsätzen und ist unzulässig. Dagegen sind besondere → Gerichte zulässig.

Ausnahmezustand → Notstand

Aussage ist im Verfahrensrecht jede sprachliche Mitteilung. Die A. kann im Verhältnis zur Wirklichkeit wahr oder falsch sein. Die (vorsätzliche) *falsche uneidliche A.* als → Zeuge oder → Sachverständiger – vor → Gericht oder vor einer anderen zur eidlichen Vernehmung zuständigen Stelle – (§ 153 StGB) und der → Meineid (§ 154 StGB) sowie weitere Aussagedelikte sind strafbar.

Lit.: *Arntzen, F.,* Psychologie der Zeugenaussage, 4. A. 2007; *Hettinger, M. u. a.,* Die Aussagedelikte (§§ 153–162 StGB), JuS 2015, 577

Aussageerpressung (§ 343 StGB) ist der Straftatbestand, bei dem ein → Amtsträger im Rahmen eines → Strafverfahrens, eines Bußgeldverfahrens, eines Disziplinarverfahrens, eines Ehrengerichtsverfahrens oder eines Berufsgerichtsverfahrens einen anderen körperlich misshandelt, gegen ihn sonst → Gewalt anwendet, ihm Gewalt androht oder ihn seelisch quält, um ihn zu → nötigen, etwas auszusagen oder zu erklären oder dies zu unterlassen. Die A. wird mit Freiheitsstrafe bestraft. Der Versuch ist strafbar.

Lit.: *Hofmann, K.,* Bemerkungen zur Aussageerpressung, NJW 1953, 972

Aussagegenehmigung (§ 54 StPO) ist die einem → Beamten von seinem → Vorgesetzten zu erteilende Genehmigung zur Aussage. Ohne sie darf der Beamte grundsätzlich nicht aussagen. Die Verweigerung der A. ist ein evtl. durch den Dritten anfechtbarer → Verwaltungsakt.

Lit.: *Ziegler, U.,* Die Aussagegenehmigung im Beamtenrecht, 1989

Aussagenotstand (§ 157 StGB) ist die auf anerkannter → Interessenkollision beruhende Zwangslage bei uneidlichen oder eidlichen Aussagen. Sie ist ein Strafmilderungsgrund. In bestimmten Fällen kann ganz von → Strafe abgesehen werden.

Lit.: *Frankenberger, A.,* Aussagenotstand, Diss. jur. Frankfurt am Main 2000

Aussagepflicht ist die öffentlich-rechtliche Pflicht eines → Zeugen zur Aussage. Grundsätzlich trifft jeden Zeugen eine A., doch bestehen → Zeugnisverweigerungsrechte. Im → Strafprozess ist der → Beschuldigte nicht zu einer Aussage verpflichtet (§ 136 StPO).

Aussageverweigerungsrecht ist das Recht, trotz einer grundsätzlich bestehenden → Aussagepflicht ausnahmsweise die Aussage zu verweigern (vgl. § 446 ZPO). → Zeugnisverweigerungsrecht

Lit.: *Weiß, M.,* Der Schutz des Rechts auf Aussageverweigerung durch die EMRK, NJW 1999, 2236

Ausschlagung ist im → Erbrecht (§§ 1942 ff. BGB) die dem → Nachlassgericht gegenüber abzugebende, formgebundene und fristgebundene → Willenserklärung des vorläufigen Erben, die → Erbschaft nicht anzunehmen. Wird die Erbschaft ausgeschlagen, so gilt der Anfall an den Ausschlagenden als nicht erfolgt. Die A. kann sich nicht auf einen Teil der Erbschaft bzw. des Erbteils beschränken.

Lit.: *Dieterlen, A.,* Die vertragliche Verpflichtung zur Ausschlagung, 1998; *Kiunke, M.,* Die Begrenzbarkeit der Ausschlagung, 2006

ausschließlich (Adj.) ausschließend

ausschließliche Gesetzgebung → Gesetzgebung, ausschließliche

Ausschließung (§ 41 ZPO, §§ 22, 138a StPO, § 54 II VwGO, § 20 VwVfG) ist im Verfahrensrecht die auf Gesetz beruhende Verhinderung der Mitwirkung eines Menschen (z. B. Richter) an einem → Verfahren bei Vorliegen gewisser Umstände. Im Gesellschaftsrecht ist bei Vorliegen bestimmter Gründe A. eines Gesellschafters während des Bestehens einer → Gesellschaft möglich (§ 737 BGB, § 140 HGB). A. eines Erben erfolgt durch → Enterbung. → Wahlrecht

Lit.: *Grunewald, B.,* Der Ausschluss von Mitgliedern aus Verein und Gesellschaft, 1987

Ausschlussfrist ist die → Frist für die Vornahme einer Handlung mit der Folge, dass bei Nichtvornahme innerhalb der Frist ein Rechtsnachteil nach Ablauf der Frist von selbst eintritt (z. B. Rechtsverlust).

Lit.: *Moufang, O.,* Das Verhältnis von Ausschlussfristen zur Verjährung, 1996

Ausschlussurteil ist das mögliche Berechtigte an einem Gegenstand ausschließende Urteil des Aufgebotsverfahrens.

Ausschreibung ist die öffentliche Kundmachung der Vergabe einer Leistung unter Aufforderung zur Angabe eines Angebots.

Lit.: *Trautner, W.;* Praktiken der Ausschreibung, 2000; *Snethlage, W.,* Privatisierung durch Ausschreibungsverfahren, 2001; *Borrmann, M.,* Ausschreibungen im Schienenpersonennahverkehr, 2003

Ausschuss ist der aus einer größeren Personenmehrheit zwecks Entscheidungsvereinfachung gewählte kleinere Kreis von Menschen. Im Verfassungsrecht gibt es zahlreiche Ausschüsse des → Parlaments. Ihre Besetzung bzw. ihr Verfahren ist vor allem in den → Geschäftsordnungen geregelt. Die Ausschüsse beraten grundsätzlich die Behandlung einer Angelegenheit im Plenum vor, können aber auch Entscheidungsbefugnis haben. Eine besondere Stellung hat der → Untersuchungsausschuss (Art. 44 GG u. a.). Als A. werden im Übrigen gelegentlich auch Kollegialorgane bezeichnet.
Lit.: Das Ausschusswesen der Europäischen Union, hg. v. *Joerges, C. u. a.,* 2000

Außenbereich ist im Baurecht die Gesamtheit der → Grundstücke, die außerhalb des räumlichen Geltungsbereichs eines qualifizierten → Bebauungsplans und außerhalb der im Zusammenhang bebauten Ortsteile liegen. Ein Bauvorhaben im A. ist nur unter besonderen Voraussetzungen zulässig (§ 35 BauGB). Insbesondere dürfen öffentliche Belange nicht entgegenstehen und muss die ausreichende Erschließung gesichert sein. Sind diese Voraussetzungen gegeben, (kann nach dem Gesetzeswortlaut bzw.) muss nach der Rechtsprechung das Vorhaben genehmigt werden. → Innenbereich
Lit.: *Koppitz, H.,* Bauvorhaben im Außenbereich, 1999; *Bartlsperger, R.,* Raumplanung zum Außenbereich, 2003; *Lemmel, H.,* Außenbereichsvorhaben, 2005

Außenprüfung (§ 193 AO) ist die außerhalb (von Dienstgebäuden) vorgenommene Prüfung oder Überprüfung der steuerlichen Verhältnisse eines Steuerpflichtigen im Rahmen der Ermittlung einer → Steuer.
Lit.: *Wenzig, H.,* Außenprüfung, Betriebsprüfung, 9. A. 2004

Außensteuerrecht ist das ausländische Verhältnisse betreffende → Steuerrecht.
Lit.: Handbuch des Außensteuerrechts 2008, bearb. v. *Wassermeyer, F.,* 2008

Außenverhältnis ist das über die unmittelbar Beteiligten hinausreichende Verhältnis (z. B. Stellvertreter – Dritter). Es erfasst mindestens einen Dritten. Sein Gegensatz ist das Innenverhältnis (z. B. Auftrag [Innenverhältnis]/Stellvertretung [Außenverhältnis]).

Außenvollmacht → Vollmacht
Lit.: *Hofmann, K.,* Vollmachten, 8. A. 2002

Außenwirtschaft ist der Geschäftsverkehr mit anderen Ländern, insbesondere der Geschäftsverkehr der Mitgliedstaaten der → Europäischen Union mit Drittländern (Art. 206 f. AEUV).

Außenwirtschaftsrecht ist das den Wirtschaftsverkehr mit nichtdeutschen Wirtschaftsgebieten sowie

den Verkehr mit Auslandswerten und Gold regelnde deutsche, mittlerweile weitgehend vom europäischen Gemeinschaftsrecht (AEUV, gemeinschaftliche Handelspolitik) überlagerte Recht. Für das außenwirtschaftliche Verfahren gilt das deutsche Außenwirtschaftsgesetz. Es legt Zuständigkeiten und Verfahrensregeln fest.
Lit.: Außenwirtschaftsrecht, hg. v. *Hucko, E.,* 10. A. 2010; *Krenzler, H./Herrmann, C.,* EU-Außenwirtschafts- und Zollrecht, 2012 (Lbl.)

außergerichtlich (Adj.) ohne Mitwirkung eines Gerichtes erfolgend

außerordentlich (Adj.) besondere, zusätzlich

außerordentliche Kündigung → Kündigung, außerordentliche

Aussetzung (§ 221 StGB) ist im Strafrecht das in eine hilflose Lage Versetzen oder das trotz Beistandspflicht in einer hilflosen Lage im Stich Lassen eines Menschen, der dadurch der Gefahr des Todes oder einer schweren Gesundheitsschädigung ausgesetzt wird. Das Aussetzen eines Tieres kann eine Straftat oder eine Ordnungswidrigkeit sein, → Tierschutz. Im Verfahrensrecht ist A. *eines* → *Verfahrens* dessen Stillstand auf Grund gerichtlicher Anordnung (z. B. §§ 148, 149 ZPO, 145 StPO, 94 VwGO). A. *der* → *Hauptverhandlung* eines → Strafprozesses die → Vertagung mit der Folge, dass die Hauptverhandlung neu eröffnet werden muss (§ 228 I StPO). Daneben ist im Verfahrensrecht auch eine A. *der Vollstreckung* (→ Strafvollstreckung, → Zwangsvollstreckung) möglich.
Lit.: *Lucks, H.,* Der Aussetzungstatbestand, 2003; *Kähler, L.,* Verfahrensaussetzung bei zu erwartender Leitentscheidung?, NJW 2004, 1132; *Ladiges, M.,* Die Aussetzung nach § 221 StGB, JuS 2012, 687

Aussonderung (§ 47 InsO) ist in der Insolvenz die Herausnahme eines dem → Gemeinschuldner bzw. → Insolvenzmasse auf Grund eines dinglichen oder persönlichen Rechts (z. B. Eigentum) zwecks Rückgabe an den Berechtigten. Die A., die der Berechtigte als Anspruch gegen den Insolvenzverwalter geltend machen muss, verhindert die Verwertung eines schuldnerfremden Gegenstands in der Insolvenz. Sie steht dem bloßen Sicherungseigentümer nicht zu. Nach § 47 InsO ist, wer auf Grund eines dinglichen oder persönlichen Rechts geltend machen kann, dass ein Gegenstand nicht zur → Insolvenzmasse gehört, nicht → Insolvenzgläubiger. Sein Anspruch auf A. bestimmt sich nach den Gesetzen, die außerhalb des Insolvenzverfahrens gelten. Ist ein Gegenstand, dessen A. hätte verlangt werden können, vor der Eröffnung des Insolvenzverfahrens vom Schuldner oder nach der Eröffnung vom → Insolvenzverwalter unberechtigt veräußert worden, so kann der Aussonderungsberechtigte die → Abtretung des Rechts auf die Gegenleistung verlangen, soweit diese noch aussteht, bzw. die Gegenleistung aus der Insolvenzmasse fordern, soweit sie in der Masse unterscheidbar vorhanden ist.

Lit.: Aus- und Absonderungsrechte in der Insolvenz, hg. v. *Andersen*, 1999; *Niesert, B.*, Aus- und Absonderungsrechte in der Insolvenz, 1999

Aussperrung ist die von Arbeitgeberseite unter Verweigerung der Lohnzahlung planmäßig vorgenommene Nichtzulassung einer Gruppe von → Arbeitnehmern zur Dienstleistung, um damit bestimmte Ziele zu erreichen, ohne das Arbeitsverhältnis zu beenden. Die A. ist ein grundsätzlich rechtmäßiges Mittel des → Arbeitskampfs (str.). Sie muss dem Grundsatz der → Verhältnismäßigkeit genügen.
Lit.: *Waltermann, R.*, Arbeitsrecht, 17. A. 2014; *Schuh, C.*, Streik und Aussperrung, 2004

Ausspielvertrag → Lotterievertrag

Ausstand → Streik

Ausstattung (§ 1624 I BGB) ist die über den gewöhnlichen → Unterhalt hinausgehende, mit Rücksicht auf die Verheiratung oder die Erlangung einer selbständigen Lebensstellung erfolgende Zuwendung des Vaters oder der Mutter an ein Kind. Die A. wird wie eine → Schenkung behandelt, soweit sie das den Umständen entsprechende Maß übersteigt. Auf A. besteht kein Anspruch.

Aussteller (§§ 783, 793 BGB, Art. 1 WG) ist bei einer → Anweisung, einer Schuldverschreibung oder einem → Wechsel die Person, die einen Dritten zur Zahlung anweist oder Zahlung verspricht.

Aussteuer ist die – vor dem Gleichberechtigungsgesetz für Töchter gesetzlich bestimmte – Zuwendung der zur angemessenen Einrichtung eines Haushalts gehörenden Gegenstände, auf die kein Anspruch mehr besteht.

Austauschpfändung (§§ 811a, 811b ZPO) ist in der → Zwangsvollstreckung die → Pfändung gewisser unpfändbarer Sachen des Schuldners unter gleichzeitiger Hingabe eines dem geschützten Verwendungszweck genügenden Ersatzstücks oder eines zur eventuellen Beschaffung eines solchen Ersatzstücks erforderlichen Geldbetrags seitens des Gläubigers (z. B. Austausch eines Komfortgeräts gegen ein Gebrauchsgerät).

Austauschtheorie ist im Schuldrecht die auf den Austausch abstellende Theorie des → Schadensersatzes bei zu vertretender Unmöglichkeit im gegenseitigen Vertrag. Nach ihr kann der Gläubiger seine Gegenleistung erbringen, während an die Stelle der unmöglich gewordenen Leistung des Schuldners eine Schadensersatzleistung in voller Höhe in Geld tritt. Diese Lösung entspricht den Interessen des Gläubigers dann besser als die sog. Differenztheorie, wenn er von sich aus Wert auf Erbringung seiner Leistung legt.

Austritt ist das freiwillige Aufgeben einer Zugehörigkeit. → Verein
Lit.: *Schindler, H.*, Das Austrittsrecht in Kapitalgesellschaften, 1999

Ausübungsermächtigung ist die → Ermächtigung, ein Recht auszuüben (vgl. § 129 III AktG).

Ausverkauf → Sonderveranstaltung

Auswanderung ist das Verlassen eines → Staatsgebiets auf Dauer. Die A. ist als Teil grundsätzlicher Freiheit des Menschen zulässig. Ihr Gegensatz ist die Einwanderung.
Lit.: *Ostertun/Reimer*, Wegzugsbesteuerung Wegzugsberatung, 2007

auswärtig (Adj.) ausländisch

auswärtige Angelegenheit → Angelegenheit, auswärtige

auswärtiger Dienst → Dienst, auswärtiger

Ausweis ist die amtliche, die Identität eines Menschen beglaubigende → Urkunde. Es besteht grundsätzlich Ausweispflicht. Der A. ist durch Strafbestimmungen geschützt. → Personalausweis

Ausweismissbrauch (§ 281 StGB) ist das Gebrauchen eines fremden → Ausweises (Ausweispapiers) oder das Überlassen des eigenen Ausweises zur → Täuschung im Rechtsverkehr. Der A. wird mit Freiheitsstrafe oder Geldstrafe bestraft. Der Versuch ist strafbar.

Ausweisung ist das Verbot des → Aufenthalts innerhalb des → Staatsgebiets (Entzug des Aufenthaltsrechts). Ein → Deutscher kann (in Deutschland) nicht ausgewiesen werden (Art. 11 GG). Die A. eines → Ausländers ist an bestimmte Voraussetzungen gebunden (§§ 53 ff. AufenthG). Sie ist feststellender, belastender → Verwaltungsakt und wird notfalls durch → Abschiebung vollzogen.
Lit.: *Schuback, M.*, Die Ausweisung, 2003

Auszubildender → Berufsbildungsgesetz

Authenticae (lat. [F. Pl.]) sind Auszüge aus einer um 1100 in Bologna auftauchenden Sammlung von Novellen Kaiser Justinians im Codex (Justinians) bzw. zwei Konstitutionen Friedrichs I. und elf Konstitutionen Friedrichs II. im → Codex.
Lit.: *Köbler, G.*, Deutsche Rechtsgeschichte, 6. A. 2005

authentisch (Adj.) echt

authentische Interpretation → Auslegung, authentische

Autobahn (§ 1 II, III BFStrG) ist die als solche besonders gekennzeichnete, nur für den Schnellverkehr mit → Kraftfahrzeugen bestimmte, frei von höhengleichen Kreuzungen angelegte Bundesfernstraße, für die bestimmte Sonderregeln gelten.

Automat (Selbstbeweger) ist die mechanische Einrichtung, die nach Aufheben einer Hemmung einen Vorgang selbsttätig ausführt.
Lit.: *Boetzke, C.*, Rechtsprobleme von Geldautomatengebühren und Wertpapierprovisionen, 2001

Automatenmissbrauch (§ 265a StGB) ist das Erschleichen der Leistung eines → Automaten (, eines öffentlichen Zwecken dienenden Telekommunikationsnetzes, der Beförderung durch ein Verkehrsmittel oder des Zutritts zu einer Veranstaltung oder einer Einrichtung) in der Absicht, das Entgelt nicht zu entrichten. Der A. ist mit Freiheitsstrafe oder Geldstrafe bedroht. Der Versuch ist strafbar.

Lit.: *Schmidt, J.*, Missbrauch von Geldspielautomaten, 1997; *Hinrichs, U.*, Die verfassungsrechtlichen Grenzen der Auslegung des Tatbestandsmerkmals Erschleichen, NJW 2001, 932

Autonomie (Selbstgesetzgebung) ist das (vom Staat gewährte) Recht einer oder mehrerer Personen (z. B. Minderheiten, → Gemeinde, → Universität, → Kirche), bestimmte eigene → Angelegenheiten oder Rechtsverhältnisse selbst zu regeln (vgl. Art. 28 II 1 GG), insbesondere eigene → Rechtsnormen zu erlassen. Diese heißen (im innerstaatlichen Bereich) → Satzung. Die A. bedarf einer rechtlichen Grundlage.

Autopsie (F.) → Augenschein

Autor (M.) Urheber

Aval (N.) Wechselbürgschaft (Art. 31, 32 WG)

Axiom (N.) ist der weder beweisbare noch beweisbedürftige grundlegende, aus sich heraus richtige Satz der Logik (z. B. A ist mit B identisch, wenn zwischen A und B ein Unterschied erkennbar ist. Zwei einander widersprechende Aussagen können nicht zugleich zutreffen. Für eine beliebige Aussage muss die Aussage selbst oder ihr Gegenteil gelten. Jedes Sein oder Erkennen kann in angemessener Weise auf ein anderes zurückgeführt werden.).

Lit.: *Zippelius, R.*, Methodenlehre, 11. A. 2012

B

Baccalaureus (lat. [M.] Stabträger?) ist seit dem 13. Jh. der unterste akademische → Grad (vgl. angloamerikanisch bachelor [z. B. of law]), der am Beginn des 3. Jt.s nach angloamerikanischem Vorbild im Rahmen des vereinheitlichenden Bolognamodells bzw. Bolognaprozesses mit einer Studiendauer von grundsätzlich drei Jahren wiederbelebt wird.

Lit.: *Schwarz-Hahn, S.,* Bachelor und Master in Deutschland, 2004

Baden ist seit 1951/1952 ein Teil des Bundeslandes → Baden-Württemberg.

Lit.: *Köbler, G.,* Historisches Lexikon der deutschen Länder, 7. A. 2007

Baden-Württemberg ist das aus der Vereinigung der (1945 geschaffenen) Länder Baden, Württemberg-Baden und Württemberg-Hohenzollern hervorgegangene → Bundesland. Seine Landesverfassung stammt vom 11.11.1953. Es gliedert sich in vier Regierungsbezirke.

Lit.: *Köbler, G.,* Historisches Lexikon der deutschen Länder, 7. A. 2007; *Dürig, G.,* Gesetze des Landes Baden-Württemberg (Lbl.), 119. A. 2013; Staats- und Verwaltungsrecht Baden-Württemberg, hg. v. *Kirchhof, P./ Schmidt-Aßmann, E.,* 33. A. 2011

BAG → Bundesarbeitsgericht

Bagatelldelikt ist die → Straftat von geringer Bedeutung. Für das B. gilt das → Opportunitätsprinzip. Bei → Vergehen kann die → Staatsanwaltschaft – grundsätzlich mit Zustimmung des für die Eröffnung des Hauptverfahrens zuständigen Gerichts – von der Verfolgung absehen, wenn die → Schuld des Täters als gering anzusehen wäre und kein öffentliches → Interesse an der Verfolgung besteht. Ist die → Klage bereits erhoben, so kann das → Gericht in jeder Lage das Verfahren unter ähnlichen Voraussetzungen mit Zustimmung der Staatsanwaltschaft und des → Angeschuldigten einstellen (§ 153 StPO). Zulässig ist auch die vorläufige Einstellung.

Lit.: *Beckmann, W.,* Das Bagatelldelikt (Schweiz), 1982

Bagatellsache ist die Angelegenheit von geringer Bedeutung. Verschiedentlich wird sie rechtlich abweichend behandelt. In der Rechtsgeschichte gilt für sie die Rechtsregel (lat.) minima non curat praetor (Kleinigkeiten besorgt der Gerichtsmagistrat nicht). In der Gegenwart bestimmt § 495a ZPO, dass das Amtsgericht sein Verfahren nach billigem Ermessen bestimmen kann, wenn der Streitwert 600 Euro nicht übersteigt. Auf Antrag muss mündlich verhandelt werden und die Entscheidung kann nicht mit der → Berufung angegriffen werden (§ 511 II ZPO), wohl aber evtl. mit einer → Verfassungsbeschwerde.

Lit.: *Kunze, A.,* Das amtsgerichtliche Bagatellverfahren, NJW 1997, 2154; *Hoven, E.,* Bagatelldelikte, JuS 2014, 975

Bahn → Bundeseisenbahnvermögen

Bahnpolizei war eine Sonderpolizei der öffentlichen → Eisenbahnen (Bahnhöfe, Gleise, Züge), die durch Gesetz vom 21.1.1992 in den → Bundesgrenzschutz (Juli 2005 Bundespolizei) eingegliedert wurde. → Polizei

Bande (z. B. § 244 I Nr. 2 StGB) ist die auf ausdrücklicher oder stillschweigender Vereinbarung beruhende, auf eine gewisse Dauer angelegte Verbindung mindestens dreier Menschen zur Begehung mehrerer selbständiger, im Einzelnen noch ungewisser Taten. Mitglied einer B. kann dabei auch sein, wer nur eine Gehilfentätigkeit ausführen soll. Wer als Mitglied einer B., die sich zur fortgesetzten Begehung von → Raub oder → Diebstahl verbunden hat, unter Mitwirkung eines anderen Mitglieds der B. stiehlt, wird mit Freiheitsstrafe von sechs Monaten bis zu 10 Jahren bestraft. Es genügt für die Ausführung einer einzelnen Tat, dass ein Bandenmitglied als Täter und ein anderes Bandenmitglied in irgendeiner Weise (z. B. Teilnehmer) zusammenwirken. Die unmittelbare Tathandlung selbst kann dabei durch einen bandenfremden Täter ausgeführt sein. Täter eines Bandendelikts (z. B. Bandendiebstahl, Bandenhehlerei, Bandenschmuggel) kann auch ein am Tatort nicht anwesendes Mitglied sein.

Lit.: *Sya, A.,* Der Bandenbegriff im Wandel, NJW 2001, 343; *Rönnau, T.,* Grundwissen – Strafrecht – Bandendelikte, JuS 2013, 595

Bank (Kreditinstitut, § 1 KWG) ist das → Unternehmen, dessen Inhaber mindestens eine Art von Bankgeschäften (Einlagengeschäft, Kreditgeschäft, Diskontgeschäft, Finanzkommissionsgeschäft, Depotgeschäft, Investmentgeschäft, Garantiegeschäft, Emissionsgeschäft, Geldkostengeschäft, Netzgeldgeschäft) in einem Umfang betreibt, der einen in kaufmännischer Weise eingerichteten Geschäftsbetrieb erfordert. Die B. ist meist Kreditbank, Depositenbank, Hypothekenbank (Realkreditinstitut) oder Sparkasse. Alle Banken unterstehen der Bankenaufsicht (vgl. KWG). Für das Betreiben eines Bankgeschäfts ist eine Erlaubnis erforderlich. Beachte zur Verwendung der Bezeichnungen Bank und Sparkasse die §§ 39, 40 KWG.

Lit.: *Gabler* Bank-Lexikon, hg. v. *Krumnow, J. u. a.,* 13. A. 2002; *Nuissl, D.,* Bankgeschäftsrecht, 1997; *Waschbusch, G.,* Bankenaufsicht, 2000; *Bunte, H.,* AGB-Banken, 4. A. 2015; *Auerbach, D.,* Banken- und Wertpapieraufsicht, 2015; Münchener Kommentar Handelsgesetzbuch Bankvertragsrecht, 3. A. 2015

Bankakzept ist die → Annahme eines → Wechsels (Art. 28 I WG) durch eine → Bank. Durch die Verpflichtung zur Annahme (Geschäftsbesorgungsvertrag [bei Akzeptierung des Wechsels für Rechnung des Kunden und Hingabe zum Diskont] oder Darlehen [bei Aufwendung eigener Mittel der Akzeptbank]) wird einem → Aussteller, welcher der Bank gegenüber zur rechtzeitigen Sorge für Deckung verpflichtet ist, Akzeptkredit verschafft. Das B. kann der Kunde mittels Diskontierung zur Beschaffung von Bargeld oder unmittelbar zur Tilgung von Schulden verwenden.

Lit.: *Kniehl, H.*, Das prima Bankakzept, 1965

Bankbürgschaft ist die (im Fall des § 108 I ZPO notwendigerweise schriftliche, unwiderrufliche, unbedingte und unbefristete,) von einer Bank als Bürgen gegebene (, selbstschuldnerische) Bürgschaft.

Lit.: *Rieder, J.*, Die Bankbürgschaft, 7. A. 2010

Bankeinlage ist die von einem Kreditinstitut als → Darlehen oder in ähnlicher Weise von einer Vielzahl von Geldgebern auf Grund typisierter Verträge (u. a. bargeldloser Zahlungsverkehr) entgegengenommene Geldeinlage. Die B. ist entweder Sichteinlage, Termineinlage oder Spareinlage. Die Annahme von Geld als B. ist ein Bankgeschäft.

Lit.: *Brueesch, A.*, Einlegerschutz bei Bankeinlagen, 1982

Bankgeheimnis ist das durch die Art. 2, 12 GG geschützte, von einer Bank gewahrte und zu wahrende Geheimnis der ihr bekannten geldlichen Verhältnisse eines Kunden. Aus → Treu und Glauben (Bankvertrag) (vgl. auch § 383 ZPO) hat die Bank die Verpflichtung, grundsätzlich gegenüber jedermann alle einen Kunden betreffenden, ihr aus der Verbindung mit diesem bekannt gewordenen Tatsachen geheim zu halten (z. B. Stand und Bewegung der Konten, Bilanz). Von der Finanzverwaltung wird das B. rechtstatsächlich grundsätzlich anerkannt, doch kann sich die Bank gegenüber der → Staatsanwaltschaft oder gegenüber dem → Ermittlungsrichter nicht auf das B. berufen.

Lit.: Bankgeheimnis und Bankauskunft in der Praxis, bearb. v. *Geurts, M. u. a.*, 6. A. 2000; *Huhmann, M.*, Die verfassungsrechtliche Dimension des Bankgeheimnisses, 2002; *Rögner, H.*, Bankgeheimnis, NJW 2004, 3230

Bankgeschäft → Bank

Bankkonto ist der Teil der Buchführung einer Bank, welcher der wertmäßigen Erfassung der Geschäftsvorfälle zwischen Bank und Kontoinhaber dient. Ein aktives Konto stellt eine Forderung des Bankkunden gegen die Bank dar, ein passives Konto eine Forderung der Bank gegen den Kontoinhaber. Grundlage des Bankkontos ist regelmäßig ein Bankvertrag.

Lit.: *Look, F. van/Hüffer, U.*, Rechtsfragen zum Bankkonto, 4. A. 2000

Banknote ist das von der zuständigen Bank ausgegebene, auf einen bestimmten, runden Betrag von Währungseinheiten lautende Papiergeld (Europäische Zentralbank für Euro). Die B. ist unbeschränktes gesetzliches → Zahlungsmittel. Eine Einlösungspflicht in Währungsmetallgeld besteht nicht (mehr).

Bankomat ist der Bankgeschäfte ausführende Automat. Seine Vorgänge sind grundsätzlich vom Bankvertrag umfasst. Der Missbrauch eines Bankomaten ist in der Regel als → Betrug strafbar.

Lit.: *Russenschuck, V.*, Die Auszahlung von Bargeld an Automaten, 2002

Bankrecht ist die Gesamtheit der die → Bank und ihre Geschäfte betreffenden Rechtssätze.

Lit.: Bankrecht, 38. A. 2011; Bank- und Kapitalmarktrecht, hg. v. *Wirig, A.*, 4. A. 2011; *Claussen, C.*, Bank- und Börsenrecht, 5. A. 2014; Bankrechts-Handbuch, hg. v. *Schimansky, H. u. a.*, 4. A. Bd. 1 ff. 2011; *Rotter, K./Placzek, T.*, Beck'sches Mandatshandbuch Bankrecht, 2009; Bank- und Kapitalmarktrecht, hg. v. *Fandrich, A. u. a.*, 2012; *Einsele, D.*, Bank- und Kapitalmarktrecht, 3. A. 2014; Bankrechts-Kommentar, hg. v. Langenbucher, K. u. a., 2013; *Stackmann, N.*, Aktuelle Rechtsprechung zum Bankrecht, NJW 2015, 2387

Bankrott (banca [F.] rotta [italienisch] zerbrochene Bank) ist das Unvermögen eines Schuldners, seine Gläubiger zu befriedigen. Wer bei → Überschuldung oder bei drohender oder eingetretener → Zahlungsunfähigkeit bestimmte verschleiernde Handlungen vornimmt, ist im Strafrecht wegen B. zu bestrafen (§§ 283 f. StGB). Verfahrensmäßig angemessene Folge der Zahlungsunfähigkeit ist das → Insolvenzverfahren.

Lit.: *Schlüchter, E.*, Der Grenzbereich zwischen Bankrottdelikten und unternehmerischen Fehlentscheidungen, 1977; Staatsbankrott als Rechtsfrage, hg. v. *Lewinski, K. v.*, 2011

Bann ist im mittelalterlichen deutschen Recht die Möglichkeit eines Amtsträgers, → Gebote und → Verbote unter Androhung gewichtiger Rechtsfolgen im Falle der Nichtbeachtung auszusprechen, im → Kirchenrecht der Ausschluss aus der Kirche.

Lit.: *Köbler, G.*, Zielwörterbuch integrativer europäischer Rechtsgeschichte, 6. A. 2014 (Internet)

Bargebot (§ 49 ZVG) ist der vom Ersteher im Verteilungstermin einer → Zwangsversteigerung bar oder vorher durch Überweisung oder Einzahlung zu entrichtende Betrag, der aus dem zur Deckung der Kosten und weiterer benannter Ansprüche bestimmten Teil des geringsten → Gebots und dem das geringste Gebot übersteigenden Betrag des → Meistgebots zusammengesetzt ist.

Bargeld ist das Münzgeld und das Papiergeld.

Lit.: *Blaschczok, A./Schmidt, K.*, Geldrecht, 1998

Barkauf (Handkauf) ist der → Kauf, bei dem Abschluss des → Kaufvertrags (Verpflichtungsgeschäft) und → Erfüllung des Kaufvertrags (Erfüllungsgeschäfte durch Übereignung der Kaufsache bzw. Übertragung des sonstigen Kaufgegenstands und Übereignung des Kaufpreisgelds) äußerlich ununterscheidbar zusammenfallen(, aber juristisch doch getrennt bleiben).

Barscheck ist der → Scheck, der vom Bezogenen bar zu bezahlen ist, im Gegensatz zum durch Gutschrift auf ein Bankkonto einzulösenden → Verrechnungsscheck.

Barzahlung ist die → Zahlung durch → Übereignung von Geldstücken (Bargeld) nach den §§ 929 ff. BGB (1994 79 Prozent der Zahlungsvorgänge in Deutschland, 2001 69 Prozent).

Lit.: *Köbler, G.,* Schuldrecht, 2. A. 1995

Basiszinssatz (§ 247 BGB, ursprünglich 3,62 Prozent, 1.1.2015 –0,83 Prozent, halbjährliche Abänderung, Anknüpfung an den Zinssatz der jüngsten Hauptrefinanzierungsoperation der Europäischen Zentralbank vor dem ersten Kalendertag des für die Anpassung maßgeblichen Halbjahrs) → Diskontsatz

Lit.: *Coen, C.,* Der negative Basiszinssatz nach § 247 BGB, NJW 2012, 3329

BAT → Bundesangestelltentarifvertrag (bis 1.10.2005), → Tarifvertrag für den öffentlichen Dienst

Lit.: *Kuner, M.,* Arbeitsrecht und BAT, 2004

Batterie (F.) ist die Zusammenschaltung mehrerer gleichartiger technischer Geräte oder elektrochemischer Elemente vor allem zur Stromversorgung.

Batterieverordnung ist die seit 1.10.1998 geltende Verordnung, die Verbraucher verpflichtet, verbrauchte Batterien bei Händlern oder Sammelstellen abzugeben und Hersteller und Händler verpflichtet, verbrauchte Batterien unentgeltlich anzunehmen.

Lit.: *Fricke, L.,* Die Batterieverordnung, 2000

Bau ist die künstlich geschaffene Behausung oder die sonstige, meist einer Unterbringung dienende Anlage.

Lit.: *Heiermann, W./Franke, H./Knipp, B.,* Baubegleitende Rechtsberatung, 2002; *Dankert, E./Engelhardt, W.,* Bautechnische Fachbegriffe von A–Z, 2. A. 2004

Bauabnahme → Bauaufsicht

Bauabzugsteuer (§§ 48 ff. EStG) ist die vom Auftraggeber (juristische Person des öffentlichen Rechts, Unternehmer) einer Bauleistung in Deutschland ab 1. Januar 2002 einzubehaltende und an das Finanzamt abzuführende Steuer in Höhe von 15 Prozent der an Bauunternehmen zu zahlenden Beträge. Eine Ausnahme gilt nur, wenn das Bauunternehmen vom Finanzamt eine Freistellungsbescheinigung erhalten hat oder ein Bagatellfall vorliegt. Außerdem ist der Vermieter von nicht mehr als zwei Wohnungen privilegiert.

Lit.: *Beck, H./Girra, H.,* Bauabzugsteuer, NJW 2002, 1079; *Hild, D.,* Die Bauabzugsteuer, 2004

Bauaufsicht ist die amtliche Überwachung der Errichtung, Änderung oder Beseitigung baulicher Anlagen gemäß dem → Bauplanungsrecht und dem → Bauordnungsrecht. Erst nach Erteilung eines Schlussabnahmescheins (Bauabnahme im öffentlich-rechtlichen Sinn) darf ein genehmigungspflichtiges Bauwerk in Betrieb genommen werden.

Lit.: *Jäde, H.,* Bauaufsichtliche Maßnahmen, 3. A. 2009

Bauer ist im älteren deutschen Recht die unterste, breiteste, Landwirtschaft treibende, seit dem Hochmittelalter als solcher infolge Aussonderung der

Bürger und Ritter erkennbare Berufsstand der Bevölkerung.

Lit.: *Köbler, G.,* Deutsche Rechtsgeschichte, 6. A. 2005

Bauernbefreiung ist in der Rechtsgeschichte die Befreiung der → Bauern aus der grundherrlichen Abhängigkeit nach der französischen Revolution von 1789 (z. B. Stein-Hardenbergsche Reformen in Preußen 1807/1810).

Lit.: *Köbler, G.,* Zielwörterbuch integrativer europäischer Rechtsgeschichte, 6. A. 2014 (Internet)

Bauernkrieg ist in der Rechtsgeschichte der zu Beginn der Neuzeit (vor allem 1525) von den Bauern gegen die Grundherren (weitgehend erfolglos) geführte Krieg.

Lit.: *Franz, G.,* Der deutsche Bauernkrieg, 12. A. 1984

Baufreiheit ist die Freiheit, ein → Grundstück zu bebauen (str.). Sie ergibt sich als Grundsatz aus Art. 14 GG. Tatsächlich ist sie durch öffentlichrechtliche und privatrechtliche (nachbarrechtliche) Vorschriften sehr eingeschränkt.

Lit.: *Broy-Bülow, C.,* Baufreiheit und baurechtlicher Bestandsschutz, 1982

Baugenehmigung ist im Verwaltungsrecht die Feststellung der zuständigen → Behörde (Landkreis, kreisfreie Stadt), dass einem – genehmigungsbedürftigen – Bauvorhaben aus dem zur Zeit ihrer Erteilung geltenden Recht keine Hindernisse entgegenstehen. Die B. ist ein auf → Antrag (Bauantrag) ergehender und damit mitwirkungsbedürftiger feststellender → Verwaltungsakt, der die formelle baurechtliche Voraussetzung eines Bauvorhabens darstellt, so dass die Errichtung eines genehmigungspflichtigen Bauwerks ohne die erforderliche Genehmigung dieses formell rechtswidrig macht. Die B. ist eine → Erlaubnis gegenüber einem → Verbot mit Erlaubnisvorbehalt. Sie muss erteilt werden, wenn das Bauvorhaben in jeder Hinsicht den materiellen baurechtlichen Bestimmungen entspricht. Im Geltungsbereich eines → Bebauungsplans ist ein Vorhaben bauplanungsrechtlich zulässig, wenn es dem Plan nicht widerspricht. Bauordnungsrechtlich ist die Übereinstimmung mit den jeweiligen Bauordnungsvorschriften erforderlich. Mit der Bauausführung darf nach Unanfechtbarkeit oder Anordnung der sofortigen Vollziehbarkeit begonnen werden. Widerspruch und Anfechtungsklage gegen die B. haben grundsätzlich keine aufschiebende Wirkung. Ist ein Bauvorhaben ohne B. verwirklicht worden und entspricht es nicht den materiellen baurechtlichen Bestimmungen, so muss mit einer Abbruchverfügung gerechnet werden. Ist es materiell baurechtlich unbedenklich, so kann es formell baurechtlich auch nachträglich genehmigt werden.

Lit.: *Hauth, M.,* Vom Bauleitplan zur Baugenehmigung, 10. A. 2011; *Frenz, W.,* Der Baugenehmigungsanspruch, JuS 2009, 902; *Anders, D.,* Der Umfang der Rechtmäßigkeitsprüfung im Baugenehmigungsverfahren, JuS 2015, 604

Baugesetzbuch ist das das ältere Bundesbaugesetz für den Bereich des Baurechts und das Städtebauförderungsgesetz zum 1.7.1987 ablösende Bundesgesetz vom 8.12.1986. Es enthält allgemeines Städtebaurecht (Bauleitplanung, Sicherung der Bauleitplanung, Regelung der baulichen und sonstigen Nutzung, Entschädigung, Bodenordnung, Enteignung, Erschließung und Maßnahmen für den Naturschutz) und besonderes Städtebaurecht sowie sonstige Vorschriften (z.B. Wertermittlung, Zuständigkeit, Verwaltungsverfahren). Zum 1.1.1998 trat es unter gewissen Abänderungen auch für Brandenburg, Mecklenburg-Vorpommern, Sachsen, Sachsen-Anhalt und Thüringen in Kraft.

Lit.: Baugesetzbuch, 26. A. 2013; Baugesetzbuch, hg. v. *Söfker, W.,* 47. A. 2015; *Ernst, W./Zinkahn, W./Bielenberg, W./Krautzberger, M.,* Baugesetzbuch (Lbl.), 100. A. 2011; *Battis, U./Krautzberger, M./Löhr, R.,* Baugesetzbuch, 12. A. 2014; Baugesetzbuch, hg. v. *Ferner/Kröninger/Aschke,* 3. A. 2013; Baugesetzbuch, hg. v. *Schrödter, W.,* 8. A. 2013; *Jarass, H./Kment, M.,* Baugesetzbuch, 2013; Baugesetzbuch, hg. v. *Spannowski/Uechtritz,* 2. A. 2014

Baugestaltungsrecht → Bauordnungsrecht

Baukostenzuschuss ist die zu den Baukosten beitragende Zahlung des → Mieters an den → Vermieter im Hinblick auf das Mietrecht in einem zu errichtenden oder zu ändernden Gebäude. Ein B. für Wohnungen, der nicht zurückbezahlt werden soll (*verlorener* B.), ist unzulässig. Der B. wird meist durch Mietaufrechnung in Teilbeträgen getilgt.

Bauland ist das mit baulichen Anlagen bebaubare Grundstück im Gegensatz zum Freiland.

Lit.: *Kyrein, R.,* Baulandentwicklung, 2000; *Reinhardt, W.,* Nachhaltigkeit der dörflichen Baulandentwicklung, 2005

Baulandsache (§§ 217 ff. BauGB) ist die Angelegenheit auf den Gebieten des Enteignungsrechts, des Umlegungsrechts und Grenzregelungsrechts sowie des dazugehörigen Entschädigungsrechts. Für Baulandsachen werden bei den → Landgerichten besondere → Kammern (mit zwei Berufsrichtern des Landgerichts und einem Berufsrichter des Verwaltungsgerichts), bei den → Oberlandesgerichten besondere → Senate gebildet. Sie entscheiden über die Anfechtung der Baulandsachen betreffenden → Verwaltungsakte.

Lit.: *Dieterich, D.,* Baulandumlegung, 5. A. 2006

Baulast ist das sich nicht bereits aus öffentlich-rechtlichen Vorschriften ergebende, also freiwillig gegenüber der Bauaufsichtsbehörde übernommene, ein Grundstück betreffende Tun, Dulden oder Unterlassen eines Eigentümers (z.B. Eigentümer B erklärt sich bereit, dem Bauherrn A die Zufahrt zu ermöglichen, damit die Baugenehmigungsbehörde die Baugenehmigung trotz des grundstücksbezogenen Genehmigungshindernisses der fehlenden Zufahrt erteilen kann). Daneben ist B. die Verpflichtung zur Tragung der Instandhaltungskosten eines Gebäudes (z.B. Kirchenbaulast) oder einer Straße (Straßenbaulast).

Lit.: *Lindner, D.,* Baulasten an kirchlichen Gebäuden, 1995; *Wenzel, G.,* Baulasten in der Praxis, 2002; *Meendermann, D.,* Die öffentlich-rechtliche Baulast, 2003

Baulastenverzeichnis ist das auf Landesrecht beruhende Verzeichnis der (öffentlich-rechtlichen) → Baulasten.

Bauleistungsversicherung

Lit.: *Rehm, R./Frömel, D.,* ABN/ABU-Kommentar zur Bauleistungsversicherung, 3. A. 2009

Bauleitplan ist der die bauliche und sonstige Nutzung der Grundstücke vorbereitende Plan. Er ist ein Mittel zur Erfüllung der Aufgaben der → Bauleitplanung und entweder → Flächennutzungsplan (vorbereitender B.) oder → Bebauungsplan (verbindlicher B.) (§ 1 BauGB). Der Bebauungsplan wird von der → Gemeinde als → Satzung erstellt und ist von der höheren Verwaltungsbehörde zu genehmigen (§§ 8 ff. BauGB).

Lit.: *Hauth, M.,* Vom Bauleitplan zur Baugenehmigung, 10. A. 2011

Bauleitplanung ist die zur Ordnung der städtebaulichen Entwicklung in Stadt und Land geschaffene durch den → Bauleitplan (Flächennutzungsplan, Bebauungsplan) erfolgende Planung.

Lit.: *Hangarter, E.,* Bauleitplanung, 5. A. 2006; *Spannowsky, W.,* Lärmschutz in der Bauleitplanung, 2003

Baulinie ist die im → Bebauungsplan als Rechtsetzung festgelegte Linie, durch welche die bebaubare Fläche eines Grundstücks gekennzeichnet wird (§ 9 BauGB).

Baumangel → Bauprozess, Werkvertrag

Lit.: *Ganten/Kindereit,* Typische Baumängel, 2. A. 2014; Ansprüche bei Mängeln und Fehlern am Bau, 2011

Baunutzungsverordnung ist die → Verordnung zur generellen Regelung der Art und des Maßes der baulichen Nutzung (z.B. Kleinsiedlungsgebiet, Wohngebiet, Dorfgebiet, Mischgebiet, Kerngebiet, Gewerbegebiet, Industriegebiet, Sondergebiet) sowie der Bauweise und der überbaubaren Grundstücksfläche. Die konkrete Festlegungen durch den → Flächennutzungsplan und den → Bebauungsplan erfolgen.

Lit.: *Fickert, H./Fieseler, H.,* Baunutzungsverordnung, 12. A. 2014; Baunutzungsverordnung, hg. v. *Bönker, C. u.a.,* 2013; *König/Roeser/Stock,* Baunutzungsverordnung, 3. A. 2014

Bauordnung ist materiell die rechtliche Ordnung der Bauvoraussetzung, Baugestaltung und des Bauverfahrens für bauliche Anlagen und formell das diese Ordnung betreffende (landesrechtliche) → Gesetz.

Lit.: Bayerische Bauordnung (Lbl.), hg. v. *Simon, A./Busse, J.,* 105. A. 2011; *Jäde, H.,* Musterbauordnung MBO 2002, 2003

Bauordnungsrecht ist das Recht der Gefahrenabwehr im Bauwesen. Es umfasst auch das Baugestaltungsrecht, das die ästhetische Ausgestaltung baulicher Anlagen nach dem Maßstab des ästhetischen Empfindens des Durchschnittsmenschen regelt. Das B. geht von der → Baufreiheit aus, schreibt aber für die praktisch wichtigsten Fälle eine → Baugenehmigung vor.

Lit.: *Volpert, R.*, Bauplanungs- und Bauordnungsrecht, 2003; Handbuch Bauordnungsrecht, hg. v. *Reichel, G./ Schulte, B.*, 2004; *Lindner, J.*, Formelle und materielle Illegalität bei bauordnungsrechtlichen Eingriffen, JuS 2014, 118

Bauplanungsrecht ist das Recht der Planung baulicher Anlagen im Allgemeinen. → Bauleitplanung

Lit.: *Volpert, R.*, Bauplanungs- und Bauordnungsrecht, 2003

Baupolizei ist die frühere Tätigkeit der → Polizei im Bauwesen, die im Zuge der Entpolizeilichung der Verwaltung durch die Tätigkeit von → Ordnungsbehörden ersetzt wurde.

Lit.: *Köbler, G.*, Deutsche Rechtsgeschichte, 6. A. 2005

Bauprozess ist der Zivilprozess in Bausachen.

Lit.: *Werner, U./Pastor, W.*, Der Bauprozess, 13. A. 2011; *Schoofs, O.*, Bauvertrag und Bauprozess, 2007

Baurecht ist objektiv die Gesamtheit der sich auf die Zulässigkeit und die Grenzen, die Ordnung und die Förderung der Errichtung und wesentlichen Veränderung von baulichen Anlagen sowie auf deren bestimmungsgemäße Nutzung beziehenden Rechtssätze. Das B. ist ein Teil des besonderen → Verwaltungsrechts. Es umfasst vor allem die → Bauleitplanung, die → Bauordnung und die → Bodenordnung. Es ist teils → Bundesrecht (Baugesetzbuch), teils → Landesrecht (Landesbauordnung). B. im subjektiven Sinn ist das einzelne Recht eines Bauwerbers, eine bauliche Anlage zu errichten, für das → Baufreiheit und → Bauaufsicht gelten. Im Privatrecht gehört das den Bau von Gebäuden betreffende Recht zum Schuldrecht (Werkvertrag). → Bauprozess

Lit.: *Locher, H.*, Das private Baurecht, 8. A. 2012; Bayerische Bauordnung (Lbl.), hg. v. *Simon, A./Busse, J.*, 100. A. 2010; *Hoppe, W./Bönker, C./Grotefels, S.*, Öffentliches Baurecht, 4. A. 2010; Münchener Prozessformularbuch Privates Bau- und Architektenrecht, hg. v. *Koeble, W.*, 4. A. 2013; Handbuch des öffentlichen Baurechts (Lbl.), hg. v. *Hoppenberg, M./Witt, S. de*, 40. A. 2015; *Pause, H.*, Bauträgerkauf und Baumodelle, 5. A. 2011; *Kleine-Möller, N./Merl, H.*, Handbuch des privaten Baurechts, 5. A. 2014; *Stüer, B.*, Handbuch des Bau- und Fachplanungsrechts, 4. A. 2009; *Roquette/ Otto*, Vertragsbuch Privates Baurecht, 2. A. 2011; *Finkelnburg/Ortloff*, Öffentliches Baurecht Band 2 – Bauordnungsrecht, Nachbarschutz, Rechtsschutz, 6. A. 2010; *Stollmann, F.*, Öffentliches Baurecht, 8. A. 2012; *Erbguth, W.*, Öffentliches Baurecht, 5. A. 2009; *Voßkuhle, A.*, Das baurechtliche Rücksichtnahmegebot, JuS 2010, 497; *Oberhauser, I.*, Praxisleitfaden Privates Baurecht, 2010; *Wittler, J./Kupczyk, B.*, Entwicklung des privaten Baurechts, NJW 2015, 1922; Privates Baurecht, hg. v. *Messerschmidt/Voit*, 2. A. 2012; *Wietersheim, M. v./Korbion, C.*, Privates Baurecht, 2. A. 2012; *Ziekow, J.*, Handbuch des Fachplanungsrechts, 2. A. 2014; *Kniffka, R./Koeble, W.*, Kompendium des Baurechts, 4. A. 2014

Bausache ist die einen Bau betreffende Sache oder Angelegenheit.

Lit.: Prozesse in Bausachen, hg. v. *Motzke, G. u. a.*, 2. A. 2013

Bauschein ist die die → Baugenehmigung verkörpernde → Urkunde, die vom Baubeginn an zur Einsicht an der Baustelle bereitliegen muss.

Bausparkasse (§ 1 BauSparkG) ist die das Bauspargeschäft betreibende Sparkasse (rechtstatsächlich in der Bundesrepublik etwa 25). Bei ihr bringt eine Vielzahl von Personen auf Grund von Bausparverträgen durch Sparleistung Geld auf, von welchem dem einzelnen Sparer nach Erfüllung bestimmter Mindestvoraussetzungen (meist Ansparen von rund 40 Prozent der Bausparvertragssumme) in bestimmter zeitlicher Reihenfolge zinsgünstige → Darlehen (meist 60 Prozent der Bausparvertragssumme) zum → Wohnungsbau wieder zur Verfügung gestellt werden. Die B. ist oft als → Aktiengesellschaft organisiert, kann aber auch in öffentlich-rechtlicher Rechtsform betrieben werden.

Lit.: *Schäfer, O./Cirpka, E./Zehnder, A.*, Bausparkassengesetz, 5. A. 1999; *Nickolaus, F.*, Bauspargeschäfte, 2000

Bausparvertrag → Bausparkasse

Baustelle ist die örtliche Stelle, an der eine bauliche Anlage errichtet oder verändert wird.

Baustellenverordnung ist die auf dem Arbeitsschutzgesetz beruhende Rechtsverordnung betreffend die Arbeitssicherheit auf (größeren) Baustellen.

Lit.: *Wietersheim, M. v./Noebel, T.*, Baustellenverordnung, 2001; *Schach, R.*, Untersuchung zur Umsetzung der Baustellenverordnung, 2006

Bauträger ist die ein Bauvorhaben im eigenen Namen für eigene oder fremde Rechnung durchführende Person.

Lit.: *Marcks, P.*, Makler- und Bauträgerverordnung, 8. A. 2009; *Basty, G.*, Der Bauträgervertrag, 7. A. 2011; *Heuer, R. u. a.*, Die Entwicklung des Bauträgerrechts, NJW 2015. 2086

Bauüberwachung → Bauaufsicht

Bauvertragsrecht ist die Gesamtheit der für Verträge über Bauwerke geltenden Rechtssätze.

Lit.: *Kniffka, R.*, Bauvertragsrecht, 2012

Bauvoranfrage ist die eine → Baugenehmigung eines Bauvorhabens vorbereitende Anfrage (eines Bauwerbers) an die für die → Bauaufsicht zuständige Behörde.

Bauwerk (§ 648 BGB) ist die unbewegliche, durch Verwendung von Material und Arbeit in Verbindung mit einem → Grundstück hergestellte Sache.

Bauwich ist der zum Schutz des → Nachbarn von der (landesrechtlichen) → Bauordnung vorgeschriebene Abstand zwischen Bauwerk und Grundstücksgrenze.

Bayerisches Oberstes Landesgericht (vgl. §§ 8 ff. EGGVG, Art. 18 ff. BayAGGVG) war das bis zum 30.6.2006 (aus Kostengründen?) zu Gunsten der drei Oberlandesgerichte Bayerns aufgelöste oberste Landesgericht Bayerns.

Lit.: Das Bayerische Oberste Landgericht. Geschichte und Gegenwart, 1993

Bayern ist das im Südosten gelegene → Bundesland Deutschlands. Seine → Verfassung stammt vom 2.12.1946. Es ist (nach der 1946 in der Besatzungszone Frankreichs erfolgten Abtrennung der Pfalz) in sieben Regierungsbezirke geteilt.

Lit.: *Köbler, G.*, Historisches Lexikon der deutschen Länder, 7. A. 2007; *Ziegler, G./Tremel, K.*, Verwaltungsgesetze des Freistaates Bayern (Lbl.), 103. A. 2010; Bayerische Bauordnung, hg. v. *Simon, A./Busse, J.*, 100. A. 2010; *Busse, J.*, Gemeindeordnung, 11. A. 2007; Staats- und Verwaltungsrecht Bayern, hg. v. *Bauer, H./Schmidt, R.*, 18. A. 2011; *Becker u.a.*, Öffentliches Recht in Bayern, 5. A. 2011; *Schmidbauer, W./ Steiner, U.*, Bayerisches Polizeiaufgabengesetz und Polizeiorganisationsgesetz, 3. A. 2011

Beamtenhaftung (§ 839 BGB) ist die Haftung eines (beamtenrechtlichen) → Beamten für die Schädigung eines Dritten durch schuldhafte Verletzung einer diesem gegenüber obliegenden → Amtspflicht. Sie ist im hoheitlichen Bereich (für alle haftungsrechtlichen Beamten) vom → Staat übernommen, so dass der Beamte dem Dritten hier überhaupt nicht haftet (Art. 34 GG). Voraussetzungen der B. sind der Beamte, die Verletzung einer einem Dritten gegenüber bestehenden Amtspflicht in Ausübung des Amtes, Rechtswidrigkeit, Verschulden, kausaler und adäquater Schaden sowie das Fehlen eines Ausschlussgrunds (Subsidiarität, Nichtabwendung). Seinem Dienstherrn haftet der (beamtenrechtliche) Beamte für den aus einer vorsätzlichen oder grob fahrlässigen Pflichtverletzung entstandenen Schaden (§ 48 BeamtStG, § 78 BBG). → Amtshaftung, → Staatshaftung

Beamtenrecht ist das die Rechtsverhältnisse der → Beamten regelnde Recht. Es ist ein Teil des besonderen → Verwaltungsrechts. Es ist teils → Bundesrecht (GG, Beamtenstatusgesetz, Bundesbesoldungsgesetz, Beamtenversorgungsgesetz, BBG für Bundesbeamte), teils → Landesrecht. Seinen Kernbestand bilden die hergebrachten → Grundsätze des Berufsbeamtentums (Art. 33 V GG).

Lit.: Beamtenrecht, 26. A. 2011; *Schnellenbach, H.*, Beamtenrecht in der Praxis, 8. A. 2013; *Leppek, S.*, Beamtenrecht, 11. A. 2011; *Baßlsperger, M./Labenski, S.*, Beamtenrecht, 2011; *Reich, A.*, Beamtenversorungsgesetz, 2013

Beamtenrechtsrahmengesetz war das vom → Bund in Ausübung seiner → Rahmenkompetenz geschaffene, das Landesrecht vereinheitlichende Rahmengesetz für das Beamtenwesen (1.7.1957). Es befasst sich etwa mit Ernennung, Laufbahn, Abordnung, Versetzung usw. Seine Vorschriften galten teilweise unmittelbar (z.B. Rechtsweg für Klagen des Beamten). 2008/2009 wurde es durch das Gesetz zur Regelung des Statusrechts der Beamtinnen und Beamten in den Ländern (Beamtenstatusgesetz vom 17.6.2008) ersetzt.

Beamtenstatusgesetz ist das ab 1. April 2009 geltende, das Beamtenrechtsrahmengesetz ersetzende und neue bundeseinheitliche Strukturen für die beamtenrechtlichen Angelegenheiten von Landesbeamten und Kommunalbeamten schaffende Bundesgesetz.

Lit.: *Reich, A.*, Beamtenstatusgesetz, 2. A. 2012

Beamtenverhältnis ist das zwischen dem Dienstherrn (Bund, Länder, Gemeinden, Gemeindeverbände, sonstige Körperschaften, Anstalten und Stiftungen des öffentlichen Rechts mit Dienstherrnfähigkeit) und dem → Beamten bestehende öffentliche → Dienst- und Treueverhältnis. Es kann nur unter besonderen Voraussetzungen begründet werden (§ 3 BeamtStG, § 7 BBG, u.a. in der Regel Deutscher im Sinn des Art. 116 GG, Gewähr für das Eintreten für die freiheitlich-demokratische Grundordnung, Antrag, Vorbildung und Ausbildung). Es beginnt auf Grund → Ernennung. Es verpflichtet den Beamten zu → Diensten und → Treue, den Dienstherrn zur Leistung von Dienstbezügen und → Fürsorge. Es endet durch Tod, Eintritt oder Versetzung in den → Ruhestand, → Entlassung, Verlust der Beamtenrechte und Entfernung aus dem Dienst (§§ 21 ff. BeamtStG).

Lit.: *Plückhahn, D.*, Beendigung des Verwaltungsverhältnisses, 1999

Beamter (vgl. §§ 1 ff. BeamtStG, BBG) (*beamtenrechtlicher* Beamter) ist, wer unter Aushändigung einer – die Worte unter Berufung in das Beamtenverhältnis enthaltenden – → Urkunde bei einer juristischen → Person des öffentlichen → Rechts in das → Beamtenverhältnis als ein öffentlich-rechtliches Dienst- und Treueverhältnis berufen worden ist. Der Beamte kann auf Probe, auf Widerruf, auf Zeit oder auf Lebenszeit berufen werden. Er erhält → Dienstbezüge und Fürsorge. Er muss Dienste und Treue leisten. Für ihn gilt das Beamtenrecht. Schleicht er sich ohne Qualifikation in das Beamtenverhältnis ein, liegt Anstellungsbetrug vor. Übt ein dienstunfähig erkrankter B. eine Nebentätigkeit aus, schadet dies dem Ansehen der öffentlichen Verwaltung. Eröffnet oder betreibt er während des mehrjährigen Krankgeschriebenenzustands ohne Nebentätigkeitsgenehmigung einen eigenen Gewerbebetrieb (z.B. Beamter I. den Verlag B.), so kann von der Entfernung aus dem Dienst oder die Aberkennung des Ruhegehalts geboten sein. Im Strafrecht ist der Beamte → Amtsträger (§ 11 I Nr. 2 StGB). *Politischer* B. ist der Beamte, der ein Amt bekleidet, bei dessen Ausübung er in fortdauernder Übereinstimmung mit den grundsätzlichen Ansichten und Zielen der → Regierung stehen muss (z.B. Staatssekretär, Ministerialdirektor, Regierungssprecher, Generalbundesanwalt, Bundespressechef u.a.) und daher (wegen Fehlens dieser Voraussetzung) jederzeit in den einstweiligen → Ruhestand versetzt werden kann. B. im *haftungsrechtlichen Sinn* (haftungsrechtlicher B., § 839 BGB, Art. 34 GG) ist jeder, dem im hoheitlichen Bereich ein öffentliches → Amt bzw. eine öffentliche Aufgabe anvertraut ist, mag er auch dienstrechtlich → Angestellter oder → Arbeiter sein (z.B. private Krankenanstalt, behandelnder Arzt). → Amtspflichtverletzung, Staatshaftung

Lit.: *Meysen, T.*, Der haftungsrechtliche Beamtenbegriff am Ziel?, JuS 1998, 404; *Defren, R.*, Der haftungsrechtliche Beamte, 2002

Bearbeitung → Verarbeitung

beauftragt (Adj.) mit einer Aufgabe betraut
Lit.: *Heitmann, S.,* Für jedes Problem ein Beauftragter?,
NJW 1996, 904

beauftragter Richter → Richter

Bebauungsplan ist der regelmäßig aus dem → Flächennutzungsplan zu entwickelnde verbindliche
→ Bauleitplan. Er enthält – für jeweils verhältnismäßig kleine Gemeindeteile – die rechtsverbindli-
chen Festsetzungen (Bauland, Art und Weise der
Bebauung) für die städtebauliche Ordnung. Er wird
von der → Gemeinde als → Satzung beschlossen
(§§ 8 ff. BauGB). Er ist eine → Rechtsnorm, so dass
er der verwaltungsgerichtlichen → Normenkontrolle
unterliegt. Er kann von einem Eigentümer eines
einzelnen Grundstücks grundsätzlich nicht verhindert werden. Er ist *qualifizierter* B. – im Gegensatz
zum *einfachen* B. –, wenn er mindestens den in § 30
BauGB beschriebenen Inhalt hat. Die Prüfung eines
Vorhabens richtet sich dann ausschließlich danach,
ob es den Feststellungen des Plans – nicht auch, ob
es den §§ 34, 35 BauGB – entspricht.
Lit.: *Stüer, B.,* Der Bebauungsplan, 4. A. 2009; *Voßkuhle, A. u. a.,* Grundwissen – Öffentliches Recht – Der
Bebauungsplan, JuS 2014, 1074

Bediensteter ist der in einem → Dienstverhältnis
stehende Mensch.

bedingt (Adj.) von einer Bedingung abhängig, eingeschränkt

bedingte Schuldfähigkeit → Schuldfähigkeit, bedingte

bedingter Vorsatz → Vorsatz, bedingter

Bedingung (§ 158 BGB) (lat. [F.] condicio) ist das
zukünftige, ungewisse Ereignis, von dem die Partei-
en eines (nicht bedingungsfeindlichen) → Rechtsgeschäfts dessen Wirkungen abhängig machen (Kauf
unter der B. der Erlangung einer Erbschaft, nicht
z. B. bei Eintreten der Volljährigkeit, Bezugnahme
auf ein vergangenes Ereignis). Bei der *aufschiebenden* (suspensiven) B. tritt die von der B. abhängig
gemachte Wirkung mit dem Eintritt der B. ein (vorher nur Anwartschaft), bei der *auflösenden* (resolu-
tiven) B. endet mit dem Eintritt der B. die zunächst
uneingeschränkt vorhandene Wirkung des Rechtsgeschäfts (§ 158 BGB). Eine einer bedingt aufschiebenden Verfügung folgende Verfügung ist mit Bedingungseintritt insoweit unwirksam, als sie die von
der Bedingung abhängige Wirkung vereiteln oder
beeinträchtigen würde, doch wird der gute Glaube
des Erwerbers geschützt (§ 161 BGB). Wird der
Eintritt einer B. von der durch ihn benachteiligten
Partei treuwidrig verhindert, gilt die B. als eingetreten, wird er durch die begünstigte Partei treuwidrig
herbeigeführt, gilt er als nicht eingetreten (§ 162
BGB). Im Verwaltungsrecht kann eine B. Nebenbestimmung eines → Verwaltungsakts sein. *Objektive* B. der *Strafbarkeit* ist eine außerhalb des Unrechtstatbestands – und damit des → Vorsatzes – als

Tatbestandsannex stehende materielle Voraussetzung
der Strafbarkeit (z. B. Zahlungseinstellung in § 283
VI StGB, Begehen einer mit Strafe bedrohten
rechtswidrigen Handlung bei § 323a StGB).
Lit.: *Kühl, K.,* Strafrecht Allgemeiner Teil, 6. A. 2008;
Martens, S., Grundfälle zu Bedingung und Befristung,
JuS 2010, 481; *Rönnau, T.,* Grundwissen – Strafrecht
Objektive Bedingungen der Strafbarkeit, JuS 2011, 697

Bedingungsfeindlichkeit ist die Unvereinbarkeit
mit einer Bedingung. Bei B. eines Rechtsgeschäfts
oder sonstigen Handelns ist die Hinzufügung einer
Bedingung unzulässig. Sie führt zur Unwirksamkeit
des Verhaltens. Bedingungsfeindlich sind z. B. die
→ Auflassung eines Grundstücks (§ 925 II BGB),
die → Aufrechnung (§ 388 S. 2 BGB), viele familienrechtliche und erbrechtliche Rechtsgeschäfte
sowie die → Gestaltungsrechte (z. B. → Anfechtung, → Kündigung, Rücktritt) und grundsätzlich
die Prozesshandlungen, doch ist die B. an sich die
Ausnahme.

Bedingungstheorie → Äquivalenztheorie

Bedrohung (§ 241 I StGB) ist die an einen Menschen gerichtete (ernstliche) Ankündigung, gegen
ihn oder eine ihm nahestehende Person ein → Verbrechen zu begehen. Die B. ist ein Gefährdungsdelikt. Sie wird mit Freiheitsstrafe bis zu einem Jahr
oder mit Geldstrafe bestraft. Vgl. auch § 241 II
StGB.

Bedürfnis ist allgemein der Mangel sowie der darauf gegründete Wunsch der Abhilfe. *Öffentliches* B.
ist ein das öffentliche → Interesse beeinträchtigen-
der Mangel und die Notwendigkeit, diesem im
Interesse der → Allgemeinheit abzuhelfen. Das
öffentliche B. wird bei der → Bedürfnisprüfung
berücksichtigt.

Bedürfnisprüfung ist die Prüfung eines → Antrags
auf Zulassung zu einem → Beruf (z. B. Notar) oder
→ Gewerbe daraufhin, ob ein öffentliches → Bedürfnis danach besteht. Die B. stellt eine objektive Beschränkung des → Grundrechts der
→ Berufsfreiheit dar. Sie ist nach der → Stufentheorie nur zulässig, wenn sie zum Schutz eines überragend wichtigen Gemeinschaftsgutes erforderlich
ist (z. B. bei Personenbeförderung, nicht bei Apo-
theken).
Lit.: *Jähnke, B.,* Bedürfnisprüfung und Berufsfreiheit,
1971

Beeidigung → Vereidigung

Beeinträchtigung ist die Gefährdung oder Schädigung eines → Rechtsguts oder → Rechts. Sie begründet regelmäßig → Beseitigungsansprüche und
bei schuldhafter Schädigung auch → Schadensersatzansprüche.

beendet (Adj.) zu einem Ende gebracht

beendeter Versuch → Versuch, beendeter
Lit.: *Kühl, K.,* Die Beendigung des vorsätzlichen Bege-
hungsdelikts, 1974

Beerdigungskosten (§ 1968 BGB) sind die Kosten der standesgemäßen Bestattung (z. B. Beerdigung) des → Erblassers. → Nachlassverbindlichkeit (des Erben)
Lit.: *Loos, C.*, Die Sozialhilfe, der Tod und das Recht, 2004

Befähigung ist die subjektive Möglichkeit der Übernahme und erfolgreichen Ausführung einer Aufgabe (z. B. B. zum höheren Verwaltungsdienst). → Richteramtsbefähigung

Befähigungsnachweis ist der Nachweis einer bestimmten → Befähigung. Er wird grundsätzlich durch ein Zeugnis über eine ordnungsgemäß vorgeschriebene Ausbildung geführt. *Großer B.* ist in diesem Zusammenhang das Bestehen einer Meisterprüfung, das zum selbständigen Betrieb eines handwerklichen → Unternehmens berechtigt (§§ 1, 7 HandwO). Der B. ist eine subjektive Zulassungsbeschränkung der Berufsfreiheit i. S. v. Art. 12 GG, die aber zulässig ist, weil die Leistungsfähigkeit des Handwerks ein wichtiges Allgemeingut darstellt. Nach einer zusammenfassenden Richtlinie der Europäischen Union vom Mai 1999 muss ein in einem Mitgliedstaat erworbener B. auch in den anderen Mitgliedstaaten in einem dafür bereitzustellenden Verfahren anerkannt werden. Selbständig machen können sich Menschen, die in einem Mitgliedstaat sechs, evtl. drei Jahre selbständig oder in leitender Stellung tätig sind.
Lit.: *Klemmer, P.*, Der große Befähigungsnachweis, 1999

Befangenheit ist die Einschränkung der objektiven Einstellung aus subjektiven Gründen. Die begründete Besorgnis der B. berechtigt zur → Ablehnung einzelner Verfahrensbeteiligter (z. B. des Richters, der mit der Rechtsanwältin eines Verfahrensbeteiligten verheiratet ist). Über einen Antrag auf Ablehnung wegen B. entscheidet das Gericht, dem der Abgelehnte angehört, ohne diesen, hilfsweise das im Rechtszug nächst höhere Gericht.
Lit.: *Bleutge, P.*, Ablehnung wegen Besorgnis der Befangenheit, 2. A. 1999; *Zwiehoff, G.*, Der Befangenheitsantrag, 2003; *Meinert, V.*, Befangenheit im Rechtsstreit, 2015

Befehl (vgl. § 2 Nr. 2 WStG) ist die Hoheitsgewalt verwirklichende Anweisung zu einem Verhalten durch einen → Vorgesetzten an einen Untergebenen. Der B. ist grundsätzlich zu befolgen, sofern er vom zuständigen Vorgesetzten zu dienstlichem Zweck ergeht und nicht erkennbar rechtswidrig ist. Seine Nichtbefolgung ist eine Dienstpflichtverletzung.
Lit.: *Leister, K.*, Abgrenzung des Befehls vom Verwaltungsakt im Beamten- und Wehrrecht, 1970

Beförderung ist die örtliche Veränderung (nach vorne). B. eines → Beamten ist die Verleihung eines anderen → Amtes mit höherem Endgrundgehalt und (meist) anderer Amtsbezeichnung an einen Beamten. Auf sie besteht kein Anspruch. Bei der B. sind aber objektive Maßstäbe anzuwenden. In Betracht kann auch eine Selbstbindung der Verwaltung kommen.

Lit.: *Spieß, W.*, Dienstliche Beurteilung und Beförderung, 2. A. 1999

Beförderungsvertrag ist der auf → Beförderung von Menschen oder Sachen gerichtete → Werkvertrag.
Lit.: *Ruhwedel, E.*, Der Luftbeförderungsvertrag, 3. A. 1998

Befreien (§ 120 StGB) ist das Aufheben der amtlichen Gewalt über einen → Gefangenen.

Befreiung (Dispens) ist allgemein die Beseitigung einer Verpflichtung oder Beschränkung. B. ist im Verwaltungsrecht die Außerkraftsetzung von Voraussetzungen oder Plänen im Einzelfall. Sie ist ein selbständiger → Verwaltungsakt. Die B. ist nur unter bestimmten Voraussetzungen zulässig. Sie ist von der → Erlaubnis (auf Grund Erlaubnisvorbehalts) zu trennen. Im Familienrecht ist eine B. von → Eheverboten möglich (z. B. § 1308 II BGB).

Befreiungsanspruch → Freistellungsanspruch
Lit.: *Görner, G.*, Der Befreiungsanspruch, JuS 2009, 7

Befreiungsvorbehalt ist im Verwaltungsrecht die gesetzlich vorgesehene Möglichkeit, von einem repressiven → Verbot des objektiven Rechts im Einzelfall eine Ausnahme zu machen und durch eine Befreiung das repressive Verbot im Einzelfall aufzuheben.

Befriedet ist allgemein der mit Friede versehene Zustand. Befriedeter Bezirk ist ein gesetzlich genau beschriebenes Gebiet um die Sitze des Bundestags, Bundesrats und Bundesverfassungsgerichts in Berlin und Karlsruhe, in dem öffentliche Versammlungen unter freiem Himmel und Aufzüge besonders zuzulassen sind. Im Strafrecht ist ein Besitztum befriedet (§ 123 StGB), das gegen unbefugtes Eindringen eingehegt ist.

Befriedigung ist die → Erfüllung eines → Anspruchs insbesondere im Wege der → Zwangsvollstreckung.

Befristung ist die Nebenbestimmung eines → Rechtsgeschäfts, die dessen Wirkungen in ihrem Beginn oder ihrem Ende von einem gewissen zukünftigen Ereignis abhängig macht (§ 163 BGB, Zeitbestimmung). Bei Zweifeln über ihren Inhalt sind allgemeine Auslegungsregeln anzuwenden. Im Verwaltungsrecht kann eine B. einen → Verwaltungsakt betreffen und ist dann nur zusammen mit diesem angreifbar.
Lit.: *Biebl, J.*, Das neue Kündigungs- und Befristungsrecht, 2004; *Martens, S.*, Grundfälle zu Bedingung und Befristung, JuS 2010, 481

Befugnis → Recht

Begabtenförderung → Ausbildungsförderung

Begebungsvertrag ist im Wertpapierrecht der Vertrag über die Begebung des Wertpapiers vom Aussteller an den Empfänger.

Lit.: *Hupfer, K.*, Der wertpapierrechtliche Begebungsvertrag, 1978; *Wittig, J.*, Das abstrakte Verpflichtungsgeschäft, 1996

Begehungsdelikt ist das ein Tun voraussetzende → Delikt (z.B. Diebstahl) im Gegensatz zum → Unterlassungsdelikt.
Lit.: *Herzberg, R.*, Das vollendete vorsätzliche Begehungsdelikt, JuS 1996, 377; *Fuhrmann, H.*, Das Begehen der Straftat gemäß § 25 Abs. 1 StGB, 2004

Beglaubigung (§ 129 BGB) einer Erklärung ist das Zeugnis über die → Echtheit der Unterschrift bzw. des Handzeichens des Erklärenden (einer schriftlichen Erklärung) und über den Zeitpunkt der B. (→ §§ 40 ff., 63, 65 BeurkG). Beglaubigt werden können auch Computerausdrucke von Behörden. *Öffentliche* B. ist die durch notarielle Beurkundung ersetzbare B. durch einen → Notar, bei der seit 2013 eine Gebühr von mindestens 10 Euro anfällt.
Lit.: *Huhn, D./Schuckmann, H. v.*, Beurkundungsgesetz und Dienstordnung für Notare, 5. A. 2008

Beglaubigungsschreiben ist im Völkerrecht das Schreiben des Entsendestaats an den Empfangsstaat, das den → Gesandten als solchen ausweist.

Begleitname → Familienname

Begleittat ist die Tat, die neben einer anderen Tat (Haupttat) begangen wird. Sie ist *mitbestrafte* B., wenn ihr Unrechtsgehalt nach Sinn und Zweck des Strafgesetzes der Haupttat von diesem miterfasst wird (z.B. § 248b StGB erfasst auch den gleichzeitigen Kraftstoffdiebstahl). Die mitbestrafte B. kann nicht besonders bestraft werden.

Begnadigung ist der teilweise oder völlige Erlass der → Strafe eines einzelnen Täters nach Eintritt der → Rechtskraft des Strafurteils. Die B. hebt die Rechtsfolgen des → Urteils auf. Sie ist ein → Gnadenakt, so dass kein Rechtsanspruch auf sie besteht (str.). Das Recht zur B. steht dem Bundespräsidenten (Art. 60 II GG) bzw. dem → Ministerpräsidenten eines Bundeslandes zu, der es delegieren kann. Es gilt die Anordnung des Bundespräsidenten über die Ausübung des Begnadigungsrechts des Bundes.
Lit.: *Dimoulis, D.*, Die Begnadigung, 1996

Begriffsjurisprudenz ist die Richtung der Rechtswissenschaft, die davon ausgeht, dass die Rechtsordnung grundsätzlich aus einem lückenlos geschlossenen System von Begriffen bestehe (hierarchische Begriffspyramide), aus dem allein durch logisches Vorgehen (Ableiten, Deduktion) eine Lösung jeden (neuen) Einzelfalls ermittelt werden könne. Diese im 19. Jh. besonders von Puchta vertretenen Grundsätze haben sich als fragwürdig erwiesen. Die B. wurde insbesondere angegriffen von der freien → Rechtsschule und der → Interessenjurisprudenz.
Lit.: *Köbler, G.*, Zielwörterbuch integrativer europäischer Rechtsgeschichte, 6. A. 2014 (Internet); *Haferkamp, H.*, Georg Friedrich Puchta und die „Begriffsjurisprudenz", 2004

Begründetheit ist die Bewertung des Inhalts eines → Antrags als durch überzeugende Gründe gerechtfertigt. Eine → Klage ist im Verfahrensrecht begründet, wenn die vom Kläger behaupteten und bewiesenen oder vom Beklagten nicht bestrittenen Tatsachen den Tatbestand des vom Kläger in Anspruch genommenen Rechtssatzes erfüllen, ohne dass für den Beklagten ein Gegenrecht besteht. Ein Gegensatz zur B. ist die → Zulässigkeit.
Lit.: *Sauer, H.*, Die Reihenfolge der Prüfung, 1974; *Schmidt, R.*, Verwaltungsprozessrecht, 14. A. 2011

Begründung (§ 34 StPO, § 122 II VwGO u. a.) ist die – zwecks Nachprüfbarkeit regelmäßig erforderliche, schriftliche – Darlegung der wesentlichen rechtlichen wie tatsächlichen → Gründe einer → Entscheidung oder eines → Antrags. Im Verwaltungsrecht ist die → Behörde, die einen → Verwaltungsakt erlässt, grundsätzlich zur B. verpflichtet (§ 39 VwVfG). Das Fehlen der B. ist ein Verfahrensfehler, der aber nachträglich geheilt werden kann. Bei einem Rechtsmittelgericht genügt als B. der Verweis auf die B. der angefochtenen Entscheidung. Die mit ordentlichen Rechtsbehelfen nicht mehr anfechtbaren letztinstanzlichen Gerichtsentscheidungen sollen von Verfassungs wegen keiner B. bedürfen. Der Europäische Gerichtshof für Menschenrechte entnimmt dem allgemeinen Grundsatz der geordneten Rechtspflege, dass gerichtliche Entscheidungen (in jedem Fall) angemessen begründet werden müssen.
Lit.: *Christensen, R./Kudlich, H.*, Theorie richterlichen Begründens, 2001; *Kischel, U.*, Die Begründung, 2003; *Kischel, U.*, Folgen von Begründungsfehlern, 2004

begünstigend (Adj.) einen Vorteil gewährend

begünstigender Verwaltungsakt → Verwaltungsakt, begünstigender

Begünstigung (§ 257 StGB) ist die Hilfeleistung an einen anderen (Straffreiheit der Selbstbegünstigung), der eine rechtswidrige – nicht notwendig schuldhafte – Tat begangen hat, in der Absicht, ihm die Vorteile der Tat zu sichern (frühere sachliche B.). Die B. unterscheidet sich von der → Teilnahme dadurch, dass sie eine vollendete Tat voraussetzt. Täter und Teilnehmer der Vortat können einen Unbeteiligten zur B. anstiften. → Strafvereitelung (früher persönliche B.)
Lit.: *Seel, S.*, Begünstigung und Strafvereitelung, 1999; *Jahn, M. u. a.*, Begünstigung, JuS 2009, 309

Behandlungsvertrag ist der Dienstvertrag zwischen einem Arzt und einem Patienten (§§ 630 a–630h BGB).
Lit.: *Katzenmeier, C.*, Der Behandlungsvertrag, NJW 2013, 817

Behauptungslast → Beweislast

Beherrschungsvertrag (§ 291 AktG) ist der Vertrag, durch den eine → Aktiengesellschaft (bzw. Kommanditgesellschaft auf Aktien) die Leitung ihrer Gesellschaft einem anderen → Unternehmen unterstellt. Der B. ist ein Unternehmensvertrag. Er ist nur im → Konzern möglich.

Lit.: *Fabian, S.,* Inhalt und Auswirkungen des Beherrschungsvertrages, 1997; *Grüner, M.,* Die Beendigung von Gewinnabführungs- und Beherrschungsverträgen, 2003; *Gattineau, V.,* Der Beherrschungsvertrag in der Verschmelzung von Aktiengesellschaften, 2005

Behindertentestament ist das vom Erblasser zugunsten eines → Behinderten errichtete Testament, das durch eine bestimmte zulässige Gestaltung (z. B. Einsetzung zum nicht befreiten Vorerben mit einer seine Pflichtteilsquote übersteigenden Erbquote und Anweisung an einen Dauertestamentsvollstrecker zur Gewährung von Leistungen aus den Erträgnissen des Erbteils) verhindert, dass erbrechtliche Ansprüche des Behinderten gemäß § 93 SGB XII auf den Sozialhilfeträger übergeleitet werden.

Lit.: *Settergren, P.,* Das Behindertentestament, 1999; *Joussen, J.,* Das Testament zu Gunsten behinderter Kinder, NJW 2003, 1851; *Meyer-Dulheuer, T.,* Gestaltungsformen des Behindertentestamentes, 2009; *Dreher, M. u. a.,* Das Behindertentestament und § 138 BGB, NJW 2011, 1761

Behinderter (§ 2 I SGB IX) ist der Mensch, dessen körperliche Funktion, geistige Fähigkeit oder seelische Gesundheit mit hoher Wahrscheinlichkeit länger als sechs Monate von dem für das Lebensalter typischen Zustand abweicht und daher seine Teilhabe am Leben in der Gemeinschaft beeinträchtigt ist bzw. der wegen einer Beeinträchtigung seines körperlichen, geistigen oder seelischen Zustands Hilfe braucht, um diesen Zustand zu beseitigen, zu bessern, seine Verschlimmerung zu verhüten oder seine Folgen zu mildern und um ihm einen angemessenen Platz in der Gesellschaft, insbesondere im Arbeitsleben zu sichern. Für unterschiedliche Gruppen von Behinderten kennt das Sozialrecht eine Vielzahl von Leistungen und das Einkommensteuerrecht einen Behindertenpauschbetrag. Nach Art. 3 III 2 GG darf niemand wegen seiner Behinderung benachteiligt werden.

Lit.: SGB IX, 3. A. 2003; *Quambusch, E.,* Das Recht der Geistigbehinderten, 4. A. 2001; *Deutsch, E.,* Das behindert geborene Kind als Anspruchsberechtigter? NJW 2003, 26; Praxiskommentar zum Behindertenrecht (SGB IX), hg. v. *Kossens, M. u. a.,* 2002; *Kossens, M. u. a.,* Grundzüge des neuen Behindertenrechts, 2003

Behinderungswettbewerb → Leistungswettbewerb

Behörde ist die organisatorisch – nicht jedoch auch rechtlich – selbständige Stelle, die Aufgaben öffentlicher Verwaltung wahrnimmt (§ 1 IV VwVfG, z. B. auch der beliehene Unternehmer, die Privatschule, nicht die juristische Person selbst, nicht das Gericht, nicht die bloße Abteilung einer B.). Die B. ist ein Organ einer → Körperschaft des öffentlichen Rechts, nicht jedoch diese selbst. Sie kann nur ausnahmsweise als solche verklagt werden. *Öffentliche* B. ist im Zivilprozessrecht (§ 415 ZPO) eine Einrichtung, die auf dem am Ort der Ausstellung einer → Urkunde geltenden öffentlichen → Recht beruht und nach ihrer Organisation von einzelnen → Beamten unabhängig ist. Im Strafrecht (§ 11 I Nr. 7 StGB) ist B. auch ein → Gericht.

Lit.: *Püttner, G.,* Verwaltungslehre, 4. A. 2007

Beibringungsgrundsatz → Verhandlungsgrundsatz

Beigeladener (§ 65 VwGO) ist die am → Prozess an sich nicht beteiligte, aber vom → Gericht während des Verfahrens wegen der Berührung ihrer rechtlichen Interessen durch die Entscheidung zusätzlich geladene Person. Der Beigeladene wird Beteiligter. Er kann innerhalb der → Anträge eines Beteiligten selbständig Angriffsmittel und Verteidigungsmittel geltend machen und alle Verfahrenshandlungen wirksam vornehmen, als *notwendiger* B. auch Sachanträge stellen (§ 66 VwGO). → Beiladung

Lit.: *Joeres, U.,* Die Rechtsstellung des notwendig Beigeladenen, 1982

Beigeordneter ist in einigen Bundesländern Deutschlands der vom zuständigen Organ einer kommunalen Körperschaft auf Zeit gewählte führende → Beamte.

Lit.: *Meisch, B.,* Das Amt des Beigeordneten, 1990

Beihilfe ist allgemein die Unterstützung eines anderen. Im Strafrecht ist B. ein Fall der → Teilnahme (→ Gehilfe) an einer Straftat (z. B. B. zum Betrug durch Ausweisung überhöhter Werte in einem Sachverständigengutachten). Im Verwaltungsrecht ist B. die unterstützende Nebenleistung in Geld (z. B. bei Krankheit). Sie gewährt der öffentlich-rechtliche Dienstherr auf Grund seiner → Fürsorgepflicht seinen Bediensteten. Daneben kann auch eine → Subvention als B. bezeichnet werden, wobei nach europäischem Recht die wettbewerbsverfälschende, den innergemeinschaftlichen Handel beeinträchtigende B. unzulässig ist.

Lit.: *Nitze, G.,* Taschenlexikon des neuen Beihilferechts, 21. A. 2012; *Murmann, U.,* Zum Tatbestand der Beihilfe, JuS 1999, 548; *Lübbig/Martin-Ehlers,* Beihilfenrecht der EU, 2. A. 2009; *Seher, G.,* Grundfälle zur Beihilfe, JuS 2009, 793; *Bartosch, A.,* EU-Beihilfenrecht, 2009; *Heidenhain, M.,* European State Aid Law, 2010

Beiladung (§ 65 VwGO) ist die Einbeziehung von am → Verfahren an sich nicht beteiligten Personen während des Verfahrens durch das → Gericht. Die B. ergeht als unanfechtbarer → Beschluss. Sie setzt voraus, dass rechtliche Interessen der → Beigeladenen durch die Entscheidung berührt werden. Sie vermittelt dem Beigeladenen die Stellung als Verfahrensbeteiligter. Sie ist *notwendige* B., wenn an dem streitigen Rechtsverhältnis Dritte derart beteiligt sind, dass die Entscheidung auch ihnen gegenüber nur einheitlich ergehen kann.

Lit.: *Nottbusch, C.,* Die Beiladung, 1995; *Liu, C.,* Die Beiladung, 2002

Beischlaf (§§ 173 ff. StGB) ist das der Art nach zur Zeugung geeignete, sei es auch nur unvollständige Eindringen des männlichen Gliedes in das weibliche Geschlechtsorgan (Scheidenvorhof). Der B. ist ein Fall sexueller Handlung. Er ist Tatbestandsmerkmal des Beischlafs zwischen Verwandten, der sexuellen Nötigung und des sexuellen Missbrauchs widerstandsunfähiger Personen. → Beiwohnung

Beisichführen (§ 244 I Nr. 1a StGB) ist das bewusst gebrauchsbereite Beisichhaben. Eine Waffe führt nicht bei sich, wer während eines Diebstahls ein feststehendes Messer in seinem verschlossenen Rucksack hat. Er kann daher nicht wegen Diebstahls mit Waffen bestraft werden.

Beisitzer ist das vom Vorsitzenden verschiedene Mitglied eines → Kollegialgerichts.

Beistand ist die einer anderen Person Unterstützung gewährende Person. Im Familienrecht (§ 1712 BGB) wird das → Jugendamt auf schriftlichen Antrag eines Elternteils, dem die elterliche → Sorge für bestimmte Angelegenheiten (z. B. Feststellung der Vaterschaft, Geltendmachung von Unterhaltsansprüchen) eines Kindes allein zusteht, B. Der B. handelt in seinem Aufgabenbereich als gesetzlicher Vertreter. Im Rechtsstreit hat der B. Vorrang vor dem Sorgeberechtigten. Im Verfahrensrecht kann vielfach ein B. für eine → Partei, den → Angeklagten oder einen Beteiligten bestellt werden (§ 90 ZPO, § 149 StPO, § 67 VwGO, § 69 JGG).
Lit.: Vormundschaft, Pflegschaft und Beistandschaft für Minderjährige, hg. v. *Oberloskamp, H.,* 3. A. 2010

Beitrag ist im Verwaltungsrecht die Geldleistung (→ Abgabe) zur Deckung oder Verringerung der Kosten einer öffentlichen Einrichtung, die von dem gefordert wird, dem die Einrichtung objektiv besondere Vorteile gewährt, ohne dass er subjektiv davon Gebrauch machen muss (z. B. Anliegerbeitrag oder Erschließungsbeitrag für Grundstückseigentümer, B. für ein sog. Semesterticket der Studentenschaft zur Finanzierung einer kostengünstigen Beförderung von Studierenden durch Stadtwerke). Im Sozialverwaltungsrecht ist B. die Leistung des Sozialversicherten oder sonstigen Verpflichteten an die → Sozialversicherung. Seine Höhe wird in erster Linie durch die Leistungsfähigkeit des Verpflichteten bestimmt. Im Privatrecht ist B. die Leistung, zu der sich die → Gesellschafter einer → Gesellschaft verpflichtet haben (§ 705 BGB).
Lit.: *Wilhelms, F.,* Öffentliche Beitragslasten beim Grundstückskauf, NJW 2003, 1420; *Schmalor, M.,* Der Gesamtsozialversicherungsbeitrag, 8. A. 2003

Beitragsbemessungsgrenze ist im Sozialversicherungsrecht der Bruttohöchstbeitrag, bis zu dem eine Vergütung einer Person (z. B. Lohn) zur Beitragsleistung herangezogen wird. Sie wird in der Rentenversicherung jährlich durch den Bundesminister für Arbeit bekannt gemacht. Dabei wird sie an die (nominal) wachsenden Einkommen und die Versicherungsbedürfnisse angepasst (§ 159 SGB VI).
Lit.: *Hof, B.,* Rentenreformkonzepte, 1999

Beitreibung ist die zwangsmäßige Herbeischaffung einer Geldleistung. Sie erfolgt im Zivilverfahrensrecht durch → Zwangsvollstreckung, im Verwaltungsverfahrensrecht durch → Verwaltungszwang. Sie ist hier allgemein durch die §§ 1 ff. VwVG und durch Länderverwaltungsvollstreckungsgesetze sowie für einzelne Verwaltungszweige durch besondere Beitreibungsvorschriften geregelt (z. B. §§ 249 ff. AO, JBeitrO). Die Verwaltungsbehörde vollstreckt

grundsätzlich (ohne vorhergehendes gerichtliches Verfahren) auf Grund einer von ihr erlassenen Vollstreckungsanordnung selbst.
Lit.: *Dirk, J.,* Die Beitreibung der Vollstreckungskosten, 1988; *Bigge, G.,* Die Beitreibung von Rückständen bei den Krankenkassen, 12. A. 2004; *Leible/Freitag,* Förderungsbeitreibung in der EU, 2008

Beitritt ist der Erwerb der → Mitgliedschaft eines → Vereins oder einer → Gesellschaft oder einer anderen Rechtsstellung oder Pflichtenstellung neben anderen Personen (z. B. → Schuldbeitritt, → Nebenklage, → Nebenintervention). → Austritt, → Eintritt
Lit.: *Bertram, R.,* Die Anwendung des Einwendungsdurchgriffs, 2004

Beiwohnung ist der Geschlechtsverkehr durch Vereinigung der Geschlechtsteile. Die B. ist Voraussetzung der → Vaterschaftsvermutung (§ 1600 d II BGB). Sie kann Tatbestandsmerkmal eines → Schadensersatzanspruchs sein (§ 847 BGB). → Beischlaf

Bekanntmachung ist die bewusste allgemeine Kundgabe bestimmter Tatsachen. Die B. von → Gesetzen, → Verordnungen und → Urteilen erfolgt durch → Verkündung. Die B. von Anordnungen und Mitteilungen nachgeordneter Behörden geschieht durch Veröffentlichung in Zeitungen oder in Aushängen.
Lit.: *Korte, N.,* Rechtsschutz gegen normauslösende Bekanntgaben, 2004

Bekenntnis ist die Kundgabe der inneren Zuordnung zu einem Umstand, insbesondere zu einer Religion oder Weltanschauung.

Bekenntnisfreiheit ist die Freiheit, religiöse und andere weltanschauliche Ansichten als für sich und andere maßgebend anzusehen. Sie geht weiter als die → Glaubensfreiheit, da sie die Bekennung (Kundgabe) der Überzeugung einschließt. Art. 4 I GG untersagt ihre Behinderung (vgl. auch Art. 3 II, 33 III GG).
Lit.: *Staps, R.,* Bekenntnisfreiheit, 1990

Bekenntnisschule (Konfessionsschule) ist formell die Zusammenfassung von Schülern einer bestimmten → Religion zum Unterricht durch Lehrer derselben Religion, materiell die Gestaltung des gesamten Unterrichts im Geiste einer bestimmten Religion. Nach Art. 4, 7, 140 GG ist die B. gegenüber der gesinnungsneutralen (christlichen) → Gemeinschaftsschule die Ausnahme. Die B. bedarf der verwaltungsrechtlichen Zulassung.
Lit.: *Wünch, H.,* Autorität in der christlichen Schule, 3. A. 2003

Beklagter (vgl. § 271 II ZPO) ist die Person, gegen die sich eine → Klage richtet. Der Beklagte ist im → Prozess → Partei. Ihm steht der Kläger gegenüber.
Lit.: *Buchner, B.,* Kläger- und Beklagtenschutz, 1998

Belang ist das besondere → Interesse. Die Belange anderer können im Einzelfall zu berücksichtigen sein. Nach § 35 BauGB ist ein Bauvorhaben im Außenbereich nur zulässig, wenn *öffentliche* Belange (Belange der Allgemeinheit) nicht entgegenstehen. → Baurecht

Belastung ist das Auferlegen eines Nachteils oder einer Beschränkung und der dadurch geschaffene Zustand. Im Sachenrecht ist B. die Beschränkung des → Eigentums (an einem Grundstück) mit einem beschränkten dinglichen → Recht (z. B. Hypothek). Im Steuerrecht ist *außergewöhnliche* B. (§§ 33 ff. EStG) die überdurchschnittliche zwangsläufige Aufwendung für die Lebensführung, die unter bestimmten Umständen unter Abzug der zumutbaren B. bei der → Einkommensteuer vom Gesamtbetrag der Einkünfte abgezogen werden kann (z. B. Krankheitskosten).

Belästigung (§ 118 OWiG) ist das andere belastende Verhalten. B. der Allgemeinheit ist das grob ungehörige Verhalten gegenüber der Allgemeinheit. Sie ist Ordnungswidrigkeit(, gegebenenfalls auch Straftat).
Lit.: *Kummer, K.,* Sexuelle Belästigung, 2002

Beleg ist der Nachweis für einen (wirtschaftlichen) Vorgang.

Belegarzt ist der in einem Krankenhaus von Fall zu Fall Betten für seine Patienten benötigende, frei praktizierende Arzt, der mit dem Krankenhausträger einen entsprechenden auf Dauer angelegten Belegarztvertrag schließt. → Arztrecht
Lit.: *Münzel, H.,* Chefarzt- und Belegarztvertrag, 3. A. 2008

Belegenheitsgrundsatz ist der eine Rechtsfolge (z. B. Zuständigkeit) an die örtliche Lage einer Sache, insbesondere eines Grundstücks, knüpfende Grundsatz.
Lit.: *Pammel, F.,* Der Begriff der Belegenheit, 1966

beleglos (Adj.) ohne → Beleg

Belehrung ist die Weitergabe von Wissen durch einen Wissensträger an einen anderen Menschen.

Belehrungspflicht ist die Pflicht einer Behörde, eine Privatperson zu belehren (z. B. Belehrung über Zeugnisverweigerungsrecht § 52 III StPO). Eine B. besteht besonders hinsichtlich der gegen eine Entscheidung zulässigen → Rechtsmittel und → Rechtsbehelfe (vgl. § 58 VwGO). Ihr Ziel ist die Verhinderung eines aus bloßer Unkenntnis erwachsenden Rechtsnachteils.
Lit.: *Geyer, G.,* Funktionen und Grenzen der Pflicht zur Belehrung des Beschuldigten, 1998; *Carl, C.,* Die Pflicht zur Rechtsmittelbelehrung, 2002; *Schurig, T.,* Belehrung und Beratung des Beschuldigten, 2003

Beleidigung (§§ 185 ff. StGB) ist die nach außen dringende Kundgabe der Missachtung oder Nichtachtung eines andern. Die B. kann sich gegen einzelne Personen (z. B. auch juristische Personen), Personengemeinschaften, Behörden, sonstige Stellen der öffentlichen Verwaltung (§ 194 III StGB)

oder gegen allgemeine, bestimmbare Personenmehrheiten (Kollektivbeleidigung z. B. die deutschen Juden, die deutschen Polizisten) richten. Die B. ist vor allem möglich als einfache B. (z. B. Formalbeleidigung, tätliche B.), üble → Nachrede oder → Verleumdung. Sie kann auch über das Mittel einer Videokamera erfolgen (z. B. durch Ausstrecken des Mittelfingers vor laufender Kamera). Die B. ist (ausnahmsweise) nicht rechtswidrig, wenn der Täter in Wahrnehmung berechtigter Interessen handelt (§ 193 StGB). Sie ist ein → Antragsdelikt. Sie wird mit Geldstrafe oder Freiheitsstrafe bestraft. Die Bezeichnung eines Erklärenden (E.) als Lügner oder Dieb ist dann keine B., wenn die behauptete Tatsache wahr ist (d. h. z. B. E. wirklich ein erwiesener Lügner und Betrüger ist) und die Umstände der Äußerung eine bewusste Missachtung nicht erkennen lassen.
Lit.: *Ignor, A.,* Der Straftatbestand der Beleidigung, 1995; *Grosse, P.,* Die beleidigungsfreie Sphäre, Diss. jur. Tübingen 1997; *Jansen, B.,* Die Rechtsfolgenseite des § 190 Satz 2 StGB, 2003, *Guthier, T.,* Beleidigungsdelikte, 2003; *Heimbach, R.,* Die Abgrenzung der Beleidigung, 2004

Belgien ist der zwischen Frankreich, Luxemburg, Deutschland und den Niederlanden liegende, nordwesteuropäische Staat. B. entstand 1830 durch Abspaltung (französischsprachiger und flämischsprachiger Gebiete) von den Niederlanden. Durch den Vertrag von Versailles wurden 1919 B. deutschsprachige Gebiete Preußens zugeteilt. B. ist Bundesstaat und Monarchie. Sein Recht ist stark von Frankreich beeinflusst. B. ist Gründungsmitglied der Europäischen Gemeinschaft bzw. der Europäischen Union. Im Zuge der Föderalisierung Belgiens ist die Deutschsprachige Gemeinschaft Belgiens zu einem eigenen Bundesland geworden.
Lit.: *Köbler, G.,* Historisches Lexikon der deutschen Länder, 7. A. 2007; *Beck, V.,* Belgien, 6. A. 2004; Introduction to Belgian Law, hg. v. *Bocken, H. u. a.,* 2000; *Hecking, C.,* Das politische System Belgiens, 2003; Rechtsgrundlagen der deutschsprachigen Gemeinschaft (Belgiens), 4. A. 2010; *Hermanns, O.,* Die Kooperation der deutschsprachigen Gemeinschaft Belgiens mit Deutschland, 2011

Beliehener (beliehener Unternehmer) ist die Person des Privatrechts, die vom Staat durch Gesetz oder auf Grund eines Gesetzes im Wege eines öffentlich-rechtlichen Treueverhältnisses das Recht erlangt hat, bestimmte einzelne hoheitliche Aufgaben im eigenen Namen wahrzunehmen (z. B. Müllabfuhr). Ist ihr die Aufgabe in den Handlungsformen des öffentlichen Rechts übertragen, ist sie Behörde im Sinne von § 1 IV VwVfG (z. B. TÜV). Für den Beliehenen gilt eingeschränkt Verwaltungsrecht.
Lit.: *Krautzberger, M.,* Die Erfüllung öffentlicher Aufgaben durch Private, 1971; *Frenz, W.,* Die Staatshaftung in den Beleihungstatbeständen, 1992; *Stadler, G.,* Die Beleihung in der neueren Bundesgesetzgebung, 2002

Bemessungsgrundlage ist die Grundlage für die Bemessung einer Leistung. Im Steuerrecht ist die B. der Ausgangspunkt für die Berechnung der Steuer. Eine ähnliche Bedeutung hat für die Beiträge in der → Sozialversicherung die → Beitragsbemessungsgrenze.

Lit.: *Lang, J.,* Die Bemessungsgrundlage der Einkommensteuer, 1988; *Boss, A.,* Untersuchungen zur Bemessungsgrundlage, 1997

Beneficium (lat. [N.] Wohltat) ist im mittelalterlichen deutschen Recht das vom (adligen) Lehnsherrn (z.B. König) an den (adligen) Lehnsmann (z.B. Herzog) gegebene → Lehen (von Leihe, meist Land, später auch jedes Recht), im römischen und gemeinen Recht eine Rechtswohltat (z.B. Haftungsbeschränkung für den Erben durch Inventarerrichtung).
Lit.: *Köbler, G.,* Deutsche Rechtsgeschichte, 6. A. 2005

Benehmen ist im Verwaltungsrecht die zwischen Anhörung und Beratung liegende Mitwirkung eines Verwaltungsorgans an einer Maßnahme eines anderen Verwaltungsorgans. Das Unterlassen eines vorgeschriebenen Benehmens ist ein Verfahrensfehler. Eine Außenwirkung kommt dem B. nicht zu.

Benelux-Staaten → Belgien, → Niederlande (Niederlande), → Luxemburg

Benutzung ist der auf Nutzen abzielende Gebrauch eines Gegenstands (z.B. Grundstücks, Werks).
Lit.: *Danwitz, T. v.,* Die Benutzung kommunaler öffentlicher Einrichtungen, JuS 1995, 1

Benutzungsgebühr ist die → Gebühr für die Inanspruchnahme einer nutzbaren öffentlichen → Einrichtung (z.B. Hallenbad, Autobahn).
Lit.: *Hennecke, R.,* Wegeausgabenorientierte Straßennutzungsgebühren, 2003

Benutzungsordnung ist die abstrakte → Regelung des → Benutzungsverhältnisses. Sie ist entweder → Gesetz, → Satzung, (→ Rechts-)Verordnung oder → Sonderverordnung (str.). Das Benutzungsverhältnis kann auch privatrechtlich geordnet sein.
Lit.: *Rossoll, E.,* Die Benutzungsordnung einer öffentlichen Bibliothek, 1993; *Bartels, I.,* Die rechtliche Ordnung der Benutzung öffentlicher Einrichtungen, 2000; *Hoffmann, C.,* Grundrechte und straßenrechtliche Benutzungsordnung, 2005

Benutzungsverhältnis ist das Verhältnis zwischen einem umfassend Berechtigten eines Gegenstands und einem Benutzer. Im Verwaltungsrecht ist das B. vor allem das Verhältnis zwischen einer → Anstalt des öffentlichen Rechts und dem Benutzer der von ihr verwalteten → Sachen (z.B. Bibliothek, Spielplatz). Dieses B. kann öffentlich-rechtlich (Indizien hierfür sind → Verwaltungsakt, → Zulassung, → Gebühr) oder oft auch privatrechtlich (→ Vertrag, → Vergütung) ausgestaltet sein.
Lit.: *Boehmer, H.,* Das öffentlich-rechtliche Benutzungsverhältnis der öffentlichen Bibliotheken, 1966; *Fischedick, H.,* Die Wahl der Benutzungsform kommunaler Einrichtungen, 1986

Benutzungszwang ist der öffentlich-rechtliche Zwang zur Benutzung einer öffentlich-rechtlichen → Einrichtung (z.B. Wasserversorgung). Er ist (auf Grund → Gesetzes) zulässig, sobald ein dringendes öffentliches → Bedürfnis besteht. Er ist meist mit einem → Anschlusszwang verbunden.

Lit.: *Wietkamp, H.,* Probleme des Anschluss- und Benutzungszwangs, 1962; *Wagener, M.,* Anschluß- und Benutzungszwang für Fernwärme, 1989; *Schoene, V.,* Der Benutzungszwang im Markengesetz, 2003

Beratung ist die Bildung und Vermittlung einer Meinung. Im Verfahrensrecht (§§ 192 ff. GVG) ist die B. ein Teil der Bildung der → Entscheidung (eines → Kollegialgerichts). Sie ist geheim und wird vom → Vorsitzenden geleitet, der die Fragen stellt und die Stimmen sammelt.
Lit.: *Arendts, M.,* Die Haftung für fehlerhafte Anlageberatung, 1998; *Vogelsang u. a.,* Handbuch Finanz- und Vermögensgestaltungsberatung, 2000

Beratungshilfe (§§ 1 ff. Beratungshilfegesetz) ist die Hilfe für die Wahrnehmung von → Rechten außerhalb eines gerichtlichen → Verfahrens durch → Rechtsanwälte. Sie ist an bestimmte Voraussetzungen gebunden und vor dem örtlich zuständigen → Amtsgericht zu beantragen. Ein Rechtsanwalt ist nicht verpflichtet, einen Antrag auf B. zu stellen. Der Rechtsanwalt erhält grundsätzlich eine Vergütung aus der Staatskasse. In Deutschland wurde 1999 in 415 000 Fällen B. gewährt.
Lit.: *Schoreit, A./Dehn, J.,* Beratungshilfe, Prozesskostenhilfe, 10. A. 2010; *Fölsch, P.,* Beratungshilfe, NJW 2010, 350; *Büttner, H. u. a.,* Prozess- und Verfahrenskostenhilfe Beratungshilfe, 6. A. 2012; *Zuck, R.,* Praktische Hinweise zur Beratungshilfe, NJW 2012, 2170

Bereicherung ist allgemein die Vermehrung um einen Wert. *Ungerechtfertigte* B. (§§ 812 ff. BGB) ist das einseitig verpflichtende gesetzliche Schuldverhältnis, auf Grund dessen der eine Teil (Bereicherungsgläubiger, Entreicherter) gegen den anderen Teil (Bereicherungsschuldner, Bereicherter) einen Anspruch auf → Herausgabe einer noch vorhandenen (§ 818 III BGB) ungerechtfertigten Vermögensverschiebung hat (z.B. Banküberweisung auf ein falsches Konto, Verbrauch einer fremden Sache, Übereignung auf Grund eines nichtigen Verpflichtungsgeschäfts). Unterschieden werden dabei der Bereicherungsanspruch ([die] → Kondiktion) auf Grund einer Leistung (→ Leistungskondiktion) und der Bereicherungsanspruch auf Grund anderer Tatbestände (→ Nichtleistungskondiktion wie z.B. Eingriffskondiktion). Tatbestandsmerkmale sind herkömmlicherweise das etwas Erlangen durch Leistung oder in sonstiger Weise auf Kosten des anderen sowie das grundsätzlich vom Kläger zu beweisende Fehlen eines rechtfertigenden Grunds (§§ 812 ff. BGB). Rechtsfolge ist die Herausgabe (§§ 818 ff. BGB) des (noch vorhandenen) Erlangten oder hilfsweise seines objektiven Werts, wogegen der (im Zeitpunkt des Wegfalls gutgläubige, unverklagte) Beklagte den Wegfall der B. geltend machen kann.
Lit.: *Wieling, H.,* Bereicherungsrecht, 4. A. 2007; *Loewenheim, U.,* Bereicherungsrecht, 3. A. 2007

Bereicherungsabsicht (§ 242 StGB) ist die Absicht des → Diebes, sich oder einem Dritten die Sache rechtswidrig zuzueignen. Dafür genügt es, dass der Täter den Berechtigten dauernd ausschließen und die Sache mindestens vorübergehend seiner Verfügungsgewalt unterwerfen will. Dagegen reicht es nicht aus, dass der Täter die Sache nur preisgeben will.

Lit.: *Kösch, A.*, Der Status des Merkmals „rechtswidrig" in Zueignungsabsicht und Bereicherungsabsicht, 1999

Bereicherungsanspruch ist der Anspruch auf Herausgabe einer (noch vorhandenen) ungerechtfertigten → Bereicherung.

Bereitschaftspolizei ist der für besondere Aufgaben, wie Ausbildung des Nachwuchses für den polizeilichen Einzeldienst und Unterstützung des ständigen polizeilichen Vollzugsdiensts bestimmte Teil der → Polizei (in einzelnen Bundesländern).

Lit.: 50 Jahre Bereitschaftspolizei, 2001

Bergbau ist die Gewinnung von Mineralien oder Bodenschätzen aus der Erdkruste. Für den B. gilt das → Bergrecht. Auf Grund der konkurrierenden Gesetzgebungszuständigkeit des Bundes wurde 1980 in Deutschland das Bundesberggesetz geschaffen.

Lit.: *Heller, W.*, Bundesberggesetz, 14. A. 2011

Bergelohn (§§ 740 ff. HGB) ist der bei der Bergung eines in Seenot und zugleich aus der Verfügungsgewalt der Schiffsbesatzung geratenen Schiffes vom Eigentümer dem Bergenden geschuldete Vergütung. Die Höhe des Bergelohns bestimmt sich nach einer Vereinbarung oder billigem Ermessen. Der B. darf den Wert der geborgenen oder geretteten Gegenstände nicht übersteigen.

Lit.: *Herber, R.*, Seehandelsrecht, 1999

Bergrecht (§§ 1 ff. BBergG) ist das Recht des Bergbaus (Gewinnung von Mineralien oder Bodenschätzen, auch im Festlandsockel und Küstenmeer). Es ist Bundesrecht. Im B. besteht staatliche Berghoheit und grundsätzliche Bergbaufreiheit (im Gegensatz zum alleinigen Aneignungsrecht des Staats). Grundeigene Bodenschätze gehören dem Grundeigentümer. Nicht grundeigen sind jedoch praktisch alle wertvollen Bodenschätze. Sie sind grundsätzlich bergfrei und damit ein Bergrecht unterstellt. Für ihr Aufsuchen und ihren Erwerb ist allein die bei der zuständigen Bergbaubehörde (Bergamt, darüber Oberbergamt und Landeswirtschaftsministerium) zu beantragende Bergbauberechtigung wesentlich. Auf ihre Verleihung besteht bei Erfüllung der Voraussetzungen ein Rechtsanspruch. Das Aufsuchen bedarf einer Erlaubnis. Die Gewinnung setzt eine Bewilligung oder Bergwerkseigentum voraus. Auf Antrag des Unternehmers kann gegen Entschädigung eine Grundabtretung durchgeführt werden, durch die das → Eigentum und andere Rechte des Grundstückseigentümers entzogen, übertragen, geändert, belastet oder sonst beschränkt werden können.

Lit.: *Heller, W.*, Bundesberggesetz, 14. A. 2011; *Kremer, E./Neuhaus, P.*, Bergrecht, 2001; Bergrecht in der Entwicklung, hg. v. *Degenhart, C.*, 2003

Bergregal ist im mittelalterlichen und neuzeitlichen deutschen Recht die ausschließliche Berechtigung des Königs, später der Landesherren an den Bodenschätzen. → Regal

Lit.: *Philipp, W.*, Bergregal und Staatsvorbehalt, 1962

Bergwerkseigentum → Bergrecht

Berichterstatter (§ 197 GVG) ist im Verfahrensrecht das Mitglied eines Kollegialgerichts, das die Entscheidung durch einen gutachtlichen Bericht vorbereitet und sie nach der Abstimmung schriftlich abfasst. Bei einer Stimmabgabe stimmt der B. zuerst ab. Bei Bedarf erstattet er Bericht. B. außerhalb der Rechtsprechung ist der Journalist.

Berichtigung ist die nachträgliche Richtigstellung einer falschen Angabe. Im Verfahrensrecht kann die gerichtliche → Entscheidung, sofern sie offenbar unrichtig ist (z. B. Schreibfehler), ohne Weiteres von Amts wegen oder auf Antrag durch (festzuhalten-den) → Beschluss berichtigt werden (§§ 319 ZPO, 118 VwGO). Andere Unrichtigkeiten des Urteilstatbestands (z. B. Widersprüche, Unklarheiten) können in den meisten Verfahrensarten auf Antrag und nach Verhandlung berichtigt werden. Ein Fehler in einem Verhandlungsprotokoll kann entweder von jeder der beiden beteiligten Urkundspersonen (offenbare Unrichtigkeit) oder, solange dies zulässig ist, nur von beiden gemeinsam (sonstige Unrichtigkeit) berichtigt werden. Im Steuerrecht ist u. U. die B. des Steuerbescheids möglich (§ 129 AO). Im Strafrecht gibt es die B. einer falschen → Aussage (§§ 158, 153 StGB). Im Sachenrecht hat bei → Unrichtigkeit des → Grundbuchs (Widerspruch zwischen im Grundbuch als richtig ausgewiesener, tatsächlich aber nicht richtiger Buchlage und wahrer Rechtslage) der wahre Berechtigte einen Anspruch auf B., d. h. auf Zustimmung (Bewilligung) des Scheinberechtigten zur B. des Grundbuchs (§ 894 BGB, Grundbuchberichtigungsanspruch, beachte die §§ 894, 895 ZPO sowie Ansprüche aus § 812 BGB). Diesem Grundbuchberichtigungsanspruch kann ein Zurückbehaltungsrecht wegen eines Schadensersatzanspruchs wegen Nichterfüllung eines Grundstückskaufvertrags entgegengesetzt werden (vgl. BGH NJW 2000, 278).

Lit.: *Köbler, G.*, Der Grundbuchberichtigungsanspruch, JuS 1982, 181; *Linderhaus, H.*, Die Zwangsvollstreckung in den sachenrechtlichen Anspruch auf Berichtigung, Diss. jur. Konstanz 1999; *Proske, S.*, Die Urteilsberichtigung, 2002; *Rößler, G.*, Der Antrag auf Tatbestandsberichtigung, NJW 2004, 266

Berlin ist das von Brandenburg umgebene → Land der Bundesrepublik (für Westberlin bis 3.10.1990 str.). Seit 3.10.1990 bilden die 23 westlichen und östlichen Bezirke Berlins das Land B., in dem seit dem 23.11.1995 eine neue Verfassung gilt. Die Stadt B. ist nach dem → Einigungsvertrag vom 31.8.1990 und einem Beschluss des Bundestags vom 20.6.1991 Hauptstadt der Bundesrepublik Deutschland.

Lit.: *Köbler, G.*, Historisches Lexikon der deutschen Länder, 7. A. 2007; Die Bundesrepublik Deutschland Berlin Staatshandbuch, 2008; *Driehaus H./Kärgel, H.*, Verfassungs- und Verwaltungsgesetze Berlins (Lbl.), 38. A. 2008; *Berg, G.*, Allgemeines Polizei- und Ordnungsrecht für Berlin, 10. A. 2009; Verfassung von Berlin, hg. v. *Pfennig, G. u. a.*, 2000

Berliner Testament (§ 2269 I BGB) ist das (früher in Berlin besonders übliche) gemeinschaftliche

→ Testament, in dem sich Ehegatten gegenseitig als Erben einsetzen und (str.) bestimmen, dass nach dem Tod des Überlebenden der beiderseitige Nachlass – als einheitlicher Nachlass des zuletzt versterbenden Ehegatten – an einen Dritten (→ Schlusserben, meist die – beim Tod des erstversterbenden Ehegatten bereits pflichtteilsberechtigten – Kinder) fallen soll. → Ehegattentestament

Lit.: *Radke, C.*, Die Darstellung des Berliner Testaments, 1999; *Schmitt, M.*, Die steuerlichen Folgen des Berliner Testaments, 2002; *Horn, C.*, Zehn Optimierungsmöglichkeiten für das Berliner Testament, NJW 2013, 2166

Bern ist die Hauptstadt der Schweiz.

Berner Übereinkunft ist die völkerrechtliche Übereinkunft zum Schutz von Werken der → Literatur und Kunst (1886, mehrfach geändert), welche die Angehörigen anderer Vertragsstaaten in jedem Vertragsstaat mit den Angehörigen des jeweiligen Vertragsstaats gleichstellt.

Lit.: *Masoy, C.*, Kommentar zur Berner Übereinkunft zum Schutz von Werken der Literatur und Kunst, 1981; *Franz, E.*, Der Werkbegriff der Berner Übereinkunft, 1993

Beruf (Art. 12 GG) ist die auf Dauer angelegte, die Arbeitskraft und Arbeitszeit überwiegend in Anspruch nehmende Betätigung, die im Allgemeinen mit dem Ziel betrieben wird, daraus den Lebensunterhalt zu gewinnen, und die zugleich einen Beitrag zur gesellschaftlichen Gesamtleistung erbringt bzw. die auf Dauer berechnete, der Gewinnung des Lebensunterhalts dienende Beschäftigung. Nach Art. 12 GG haben alle → Deutschen das Recht, den (erlaubten) B. frei zu wählen, ohne dass damit gewährleistet wird, dass jeder in jedem gewünschten B. auch eine Möglichkeit zum Tätigwerden erhält. Berufswahl und Berufsausübung können eingeschränkt werden. *Freier* B. ist der unternehmerisch ausgeübte, nicht als → Gewerbe angesehene B. (Arzt, Architekt, Künstler, Rechtsanwalt, Steuerberater, Wirtschaftsprüfer, Umweltberater). Den freiberuflich Tätigen steht ein besonderer Freibetrag zu. Möglich ist die Gesellschaftsform der → Partnerschaft.

Lit.: *Lenz, T./Imping, A./Schlösser, R.*, Kooperationsformen freie Berufe (Lbl.), 2000; *Boos, A.*, Die freien Berufe, 2003; *Kleine-Cosack, M.*, Verschärfte Voraussetzungen beim Widerruf, NJW 2004, 2473; *Meyer, H.*, Steuern für Freiberufler von A–Z, 5. A. 2008

Berufsausübung → Berufsfreiheit, Berufsverbot

Berufsbeamter ist der → Beamte, der seine amtliche Tätigkeit als → Beruf ausübt. Er steht zum → Staat in einem besonderen → Dienst- und Treueverhältnis, das als Institution (str.) durch Art. 33 V GG verfassungsrechtlich geschützt ist. Den Gegensatz zum B. bildet der → Ehrenbeamte.

Berufsberatung (§ 29 SGB III) ist die Beratung in den einen → Beruf betreffenden Angelegenheiten (Berufswahl, Berufsausübung, Berufswechsel). Die B. wird durch die Bundesagentur für Arbeit durchgeführt. Hinzukommt die zulässige private B.

Lit.: *Hutter, J.*, Kompetenzfeststellung, 2004

Berufsbildung ist die organisierte Vermittlung der zur Ausübung eines Berufs erforderlichen Kenntnisse und Fertigkeiten durch Betriebe der Wirtschaft, Schulen und sonstige Berufsbildungseinrichtungen. Die B. ist rechtlich im besonderen Berufsbildungsgesetz (14.8.1969/20.3.2005, BGBl 2005, 931) geregelt. Für die B. im Rahmen des Handwerks gilt die Handwerksordnung.

Lit.: *Hurlebaus, H.*, Rechtsratgeber Berufsbildung, 22. A. 2009; *Leinemann, V./Taubert, T.*, Berufsbildungsgesetz, 2. A. 2008; *Benecke, M./Hergenröder, C.*, Berufsbildungsgesetz, 2009

Berufsfreiheit (Art. 12 GG) ist die allen Deutschen zustehende Freiheit der Berufswahl und Berufsausübung. Während die Berufswahl (durch subjektive Zulassungsvoraussetzungen oder objektive Zulassungsvoraussetzungen) nur eingeschränkt werden darf, wenn und soweit es der Schutz besonders wichtiger → Gemeinschaftsgüter zwingend gebietet (d. h. soweit subjektive Zulassungsvoraussetzungen in einem angemessenen Verhältnis zum angestrebten Berufsziel stehen bzw. soweit objektive Zulassungsvoraussetzungen zum Schutz überragender Gemeinschaftsgüter unumgänglich notwendig sind), darf die Berufsausübung insoweit gesetzlich geregelt werden wie vernünftige Gründe des → Gemeinwohls es zweckmäßig erscheinen lassen und nicht unverhältnismäßige und willkürliche Beschränkungen eingeführt werden (→ Stufentheorie des Bundesverfassungsgerichts, z. B. erfordert die Volksgesundheit nicht unumgänglich die berührungslose Messung des Augeninnendrucks durch den Augenarzt statt durch den Optiker und erfordern gemeinnützige Zwecke nicht unumgänglich den Ausschluss privater Unternehmer vom Spielbankbetrieb).

Lit.: *Kimms, F.*, Das Grundrecht der Berufsfreiheit in der Fallbearbeitung, JuS 2001, 664; *Glos, A.*, Die deutsche Berufsfreiheit und die europäischen Grundfreiheiten, 2003; *Mann, T. u. a.*, Berufsfreiheit, JuS 2013, 385

Berufsgenossenschaft ist der Zwangsverband der versicherungspflichtigen Unternehmer zur Finanzierung der gesetzlichen → Unfallversicherung. Die B. ist → Körperschaft des öffentlichen Rechts mit Selbstverwaltungsrecht (in Deutschland 2000 u. a. 35 gewerbliche und 20 landwirtschaftliche Berufsgenossenschaften). Die Berufsgenossenschaften sind teils nach Wirtschaftszweigen, teils örtlich gegliedert. Sie treten statt des sonst im Einzelfall bei Arbeitsunfällen (aus dem Gedanken der → Gefährdungshaftung) haftenden einzelnen → Arbeitgebers – zur Vermeidung von Prozessen und zur Sicherung der Ersatzleistung – generell für Schäden aus Arbeitsunfällen ein. Organe der B. sind Vertreterversammlung, Vorstand und Geschäftsführer.

Lit.: *Gerken, L.*, Berufsgenossenschaft und Wettbewerb, 2003

Berufsgericht (Ehrengericht) ist das Disziplinargericht eines Berufsstands (z. B. der Rechtsanwälte) zur Verfolgung einer Pflichtverletzung oder eines sonstigen, dem Ansehen des Berufsstands abträglichen Verhaltens. Es ist teilweise bei den ordentlichen Gerichten eingerichtet (Landgericht, Oberlandesgericht, Bundesgerichtshof). Es ist nicht an feststehende Tatbestände gebunden und kann Verweis, Geldbuße oder Berufsverbot verhängen.

Berufsrichter ist der auf Grund der Richteramtsbefähigung in das besondere Richterverhältnis berufene → Richter. Er kann Richter auf Lebenszeit, auf Zeit, auf Probe sowie kraft Auftrags sein (§ 8 DRiG). Den Gegensatz bildet der ehrenamtliche Richter (→ Laienrichter).
Lit.: *Teubner, E.,* Die Bestellung zum Berufsrichter, 1984

Berufsschule ist die Bildungsanstalt, in der ein Schüler nach erfüllter Volksschulpflicht unter Berücksichtigung seiner Berufsausbildung unterrichtet und erzogen wird. Die B. ist grundsätzlich öffentliche → Schule. Die regelmäßig bis zum 18. Lebensjahr zu besuchende B. ist herkömmlich Teilzeitschule an ein oder zwei Tagen pro Woche.
Lit.: *Clement, U.,* Berufliche Bildung zwischen Erkenntnis und Erfahrung, 2003

Berufsunfähigkeit (§ 240 II SGB VI) ist die qualifizierte → Erwerbsunfähigkeit. Sie liegt vor, wenn die Erwerbsfähigkeit eines Versicherten der → Sozialversicherung infolge Krankheit oder anderer Behinderung auf weniger als die Hälfte der eines gesunden Versicherten mit ähnlicher Ausbildung und gleichwertigen Kenntnissen herabgesunken ist. B. ist Voraussetzung einer Erwerbsminderungsrente.
Lit.: *Castro, W.,* Beurteilung und Begutachtung der Berufsunfähigkeit, 2003; *Böse, M.,* Berufsunfähigkeit, 2007

Berufsunfähigkeitsversicherung ist die die Berufsunfähigkeit (verminderte Erwerbsunfähigkeit) betreffende Versicherung.
Lit.: *Neuhaus, K.,* Berufs- und Erwerbsunfähigkeitsversicherungen, 2003; *Neuhaus, K.,* Berufsunfähigkeitsversicherung, 3. A. 2014; *Benkel/Hirschberg,* Lebens- und Berufsunfähigkeitsversicherung, 2. A. 2011

Berufsverband ist der auf Grund Berufszugehörigkeit gebildete Verband der → Arbeitgeber und → Arbeitnehmer (Arbeitgeberverband, Gewerkschaft).
Lit.: *Finzel, D.,* Anwaltliche Berufsorganisationen, 2003

Berufsverbot (§ 61 Nr. 6 StGB) ist die zeitweilige oder dauernde Untersagung der Ausübung eines bestimmten → Berufs. Ein B. kann bei gewichtigen Verletzungen der Berufspflichten in gewissen Berufen von Berufsgerichten ausgesprochen werden (z. B. Rechtsanwälte). Daneben ist B. im allgemeinen Strafrecht eine → Maßregel der Besserung und Sicherung (§ 70 StGB). Die Aufstellung rechtmäßiger Zulassungsvoraussetzungen zu einem Beruf ist kein B.
Lit.: *Dammann, K.,* Berufsverbote und Menschenrechte in der Bundesrepublik, 1987; *Lehmann, T.,* Der Verstoß gegen das Berufsverbot (145c StGB), 2007

Berufswahl ist die Wahl eines Berufs. → Berufsfreiheit

Berufung (§ 511 ZPO, § 312 StPO, § 124 VwGO, § 64 I ArbGG, § 143 SGG u. a.) ist das grundsätzlich

gegen → Urteile des ersten Rechtszugs gegebene → Rechtsmittel. Die B. ist unter bestimmten Voraussetzungen zulässig (→ Statthaftigkeit, Form, Frist, → Beschwer [600 Euro], Zulassung im Urteil des ersten Rechtszugs, im Zivilprozess Begründung). Sie eröffnet die Nachprüfung des Urteils durch das nächsthöhere Gericht (Berufungsgericht z. B. Landgericht für Entscheidungen des Amtsgerichts, Oberlandesgericht für Entscheidungen des Landgerichts usw.) in tatsächlicher Hinsicht (Tatsachenfeststellung) und rechtlicher Hinsicht (Rechtsanwendung). Die unzulässige B. wird verworfen. Die nicht begründete B. wird zurückgewiesen. Die materiell begründete B. bewirkt die → Aufhebung des Urteils und eine neue → Entscheidung oder eine Zurückverweisung. Rechtsmittel gegen das Berufungsurteil ist die → Revision. B. heißt auch das Einstellungsverfahren als Universitätsprofessor.
Lit.: *Kramer, W.,* Die Berufung in Zivilsachen, 8. A. 2015; *Gaier, R.,* Das neue Berufungsverfahren, NJW 2004, 2041; *Lechner, H.,* Die Rechtsprechung des BGH zum neuen Berufungsrecht, NJW 2004, 3593; *Doukoff, N.,* Zivilrechtliche Berufung, 5. A. 2013; *Stackmann, N.,* Fehlervermeidung im Berufungsverfahren, NJW 2008, 3665; *Geis, M. u. a.,* Die Berufung im Verwaltungsprozess, JuS 2013, 517

Besatzungsgebiet ist das von einer → Besatzungsmacht besetzte → Gebiet.

Besatzungsgewalt ist die der → Gebietshoheit (Souveränität) ähnliche Zwangsgewalt einer das Gebiet eines anderen → Staates ganz oder teilweise beherrschenden Besatzungsmacht während der Dauer der Besatzung. Sie ist nicht identisch mit der → Staatsgewalt der Besatzungsmacht in deren eigenem Staat. Sie verdrängt die Staatsgewalt des besetzten Staates (in gewissem Umfang) und nimmt insoweit die bisher dem besetzten Staat zustehenden Rechte wahr.

Besatzungsmacht ist der die → Besatzungsgewalt ausübende Staat.

Besatzungsrecht ist (objektiv) das von einer → Besatzungsmacht auf Grund der → Besatzungsgewalt für das → Besatzungsgebiet geschaffene Recht (z. B. Gesetze des Obersten Befehlshabers der Alliierten Streitkräfte, der Militärregierungen [ab 14.7.1945], des Kontrollrats [ab 30.8.1945] usw.) (unmittelbares B.) bzw. das auf Veranlassung oder Anweisung der Besatzungsmacht von Stellen der besetzten Macht geschaffene Recht (mittelbares B.). Mit der abschließenden Regelung in Bezug auf Deutschland wurde B. in Deutschland 1990 gegenstandslos. Die zwischen 1945 und 1949 in der sowjetischen B. durchgeführten Enteignungen haben Bestand.
Lit.: Das geltende Besatzungsrecht, hg. v. *Schröder, F.,* 1990; *Bötsch, C.,* Die Nachbefolgung des westalliierten Besatzungsrechts, 2000

Besatzungsstatut ist das einzelne Gesetz der (westlichen) → Besatzungsmächte, das der Bundesrepublik Deutschland grundsätzlich die gesetzgebende, vollziehende und rechtsprechende Gewalt übertragen und die verbleibenden Rechte der Besatzungsmächte festgelegt hat. Es endete mit dem Deutschlandvertrag vom 26.5.1952, der am 5.5.1955 in Kraft trat.

Beschädigung ist die ohne den Willen des Berechtigten meist durch Verhalten eines anderen eintretende Wertverringerung eines Gegenstands oder Guts. → Schadensersatz, Sachbeschädigung

Beschaffung ist die Besorgung eines Gegenstands.

Beschaffungsschuld ist die → Schuld, bei welcher der Schuldner verspricht, – mit seinen Geldmitteln – dem Gläubiger bestimmte Gegenstände zu beschaffen.
Lit.: *Köbler, G.,* Schuldrecht, 2. A. 1995

Beschaffungsverwaltung ist der die Voraussetzungen der Tätigkeit der Verwaltung beschaffende Teil der Verwaltung (z.B. Bundesbehörde kauft Kraftfahrzeug).

Beschäftigung ist die Befassung mit einer Angelegenheit oder einem Gegenstand. Im Arbeitsrecht ist sie Inhalt des Arbeitsverhältnisses. Die rechtswidrige B. (z.B. Schwarzarbeit) kann Straftat oder Ordnungswidrigkeit sein.
Lit.: *Marschall, D.,* Bekämpfung illegaler Beschäftigung, 3. A. 2003; *Horstmeier, G.,* Prekäre Beschäftigungsverhältnisse, 2009

Beschäftigungspflicht ist die Pflicht des → Arbeitgebers, den → Arbeitnehmer die geschuldete Dienstleistung tatsächlich erbringen zu lassen. Während des Arbeitsverhältnisses besteht sie grundsätzlich, so dass eine Umsetzung in ein Scheinunternehmen (z.B. der Deutschen Telekom) rechtswidrig sein kann. Sie entfällt auf Grund überwiegender Interessen des Arbeitgebers (z.B. Fehlen von Absatzmöglichkeiten eines Erzeugnisses).
Lit.: *Waltermann, R.,* Arbeitsrecht, 17. A. 2014; *Buchner, H.,* Beschäftigungspflicht, 1989

Bescheid ist die am Ende eines Verwaltungsverfahrens oder Verwaltungsverfahrensabschnitts stehende → Entscheidung (z.B. Steuerbescheid, Baubescheid). Der B. enthält vielfach einen oder mehrere → Verwaltungsakte, manchmal aber auch nur eine bloße Mitteilung oder Auskunft. Eine besondere Art des Bescheids ist der → Zweitbescheid.
Lit.: *Linhart, H.,* Der Bescheid, 3. A. 2007; *Schmidt, K.,* Bescheide richtig abfassen, 2009

Bescheidung ist die Herstellung eines Bescheids.

Bescheidungsurteil (§ 113 V 2 VwGO) ist das → Urteil, in dem das → Verwaltungsgericht auf Grund einer → Verpflichtungsklage, weil die Sache für eine Bescheidung z.B. wegen eines Ermessensspielraums noch nicht spruchreif ist, gegenüber der Behörde die Verpflichtung ausspricht, den Kläger unter Beachtung der Rechtsauffassung des Gerichts zu bescheiden.
Lit.: *Hödl-Adick, M.,* Die Bescheidungsklage, 2001

Beschimpfen (§ 90a StGB) ist die nach Form oder Inhalt besonders verletzende Kundgebung der Missachtung eines andern.

Beschlagnahme ist die durch → Verwaltungsakt angeordnete zwangsweise Sicherstellung von Gegenständen zur Sicherung öffentlicher oder privater Belange. Sie hat eine → Verstrickung d.h. die Begründung einer staatlichen Herrschaftsgewalt über die Sache zur Folge, deren (rechtswidriger) Bruch mit Strafe bedroht ist. Nach Wegfall des Beschlagnahmezwecks sind beschlagnahmte Gegenstände an den letzten Besitzer bzw. an den Verletzten zurückzugeben. Die B. erfolgt im Zivilverfahrensrecht (§ 803 ff. ZPO) durch → Pfändung von Sachen und Rechten, → Wegnahme von Sachen, Anordnung der → Zwangsversteigerung und → Zwangsverwaltung sowie durch Eröffnung des Insolvenzverfahrens. Im Strafprozessrecht (§§ 94 ff. StPO) dient die vom Richter, evtl. von der Staatsanwaltschaft anzuordnende B. der Sicherung von → Beweismitteln oder dem Vollzug des → Verfalls oder der → Einziehung. Im Verwaltungsrecht hat die B. vor allem als präventive polizeiliche Maßnahme zum Schutz gefährdeter öffentlicher Interessen Bedeutung (z.B. Sicherstellen gefährlicher Gegenstände besonders bei Gefahr im Verzug).
Lit.: *Park, T.,* Handbuch Durchsuchung und Beschlagnahme, 2. A. 2009; *Reitzig, K.,* Die polizeirechtliche Beschlagnahme, 2004; *Huber, M.,* Grundwissen – Strafprozessrecht: Sicherstellung und Beschlagnahme, JuS 2014, 215

beschleunigt (Adj.) schneller durchgeführt

beschleunigtes Verfahren → Verfahren, beschleunigtes

Beschluss ist die abschließende, festlegende Willensbildung bzw. Willensäußerung. Im Verfahrensrecht ist B. die gerichtliche → Entscheidung in weniger bedeutsamen Angelegenheiten. Der B. erfordert geringere Förmlichkeiten als das → Urteil. Er ist vielfach durch → Beschwerde angreifbar, bei Streitwerten von mehr als 20 000 Euro wohl auch über die Nichtzulassungsbeschwerde. Im Privatrecht ist B. die Bildung eines einheitlichen → Willens einer Personenmehrheit auf Grund von Erklärungen der Mitglieder (z.B. Gesellschafterbeschluss). Jedenfalls im Einverständnis aller mitwirkungsberechtigten Mitglieder eines Beschlüsse fassenden Gremiums kann ein B. grundsätzlich auch im Umlaufverfahren getätigt werden. Die Geltendmachung der Unwirksamkeit eines Beschlusses durch Feststellungsklage unterfällt keiner Ausschlussfrist, kann jedoch verwirkt werden.
Lit.: *Schmitt, A.,* Das Beschlussmängelrecht, 1997; *Fraga Novelle, A.,* Die Wirkungen der Beschlüsse, 2000; *Elzer, O.,* Der Beschluss im Zivilprozess, JuS 2004, 36

Beschlussfähigkeit ist die Fähigkeit einer Personenmehrheit, bei Anwesenheit einer bestimmten Anzahl ihrer → Mitglieder die ihr zustehenden Entscheidungszuständigkeiten wahrzunehmen und einen → Beschluss zu fassen. Die B. setzt in der Regel voraus, dass mehr als die Hälfte der Mitglieder des Organs im Beschlussfassungsraum anwesend sind (vgl. § 45 I GeschOBT). Fehlt die B., so kann ein wirksamer Beschluss nicht gefasst werden.

Beschlussverfahren ist das → Verfahren, in dem – teilweise ohne mündliche Verhandlung – durch → Beschluss entschieden wird (z. B. §§ 80 ff. ArbGG).
Lit.: *Ascheid, R.*, Urteils- und Beschlussverfahren im Arbeitsrecht, 2. A. 1998

beschränkt (Adj.) durch Schranken eingeengt

beschränkte Haftung → Haftung, beschränkte

beschränkte persönliche Dienstbarkeit → Dienstbarkeit, beschränkte persönliche

beschränktes dingliches Recht → Recht

Beschuldigter (§ 157 StPO) ist der Verdächtige, gegen den das → Strafverfahren (z. B. Ermittlungsverfahren) betrieben wird. → Angeschuldigter, Angeklagter
Lit.: *Grosjean, S.*, Der Beginn der Beschuldigteneigenschaft, 1999

Beschwer ist die bedrückende Belastung. Im Verfahrensrecht ist B. der für den Beschwerten ungünstige Inhalt einer → Entscheidung. Die B. ist grundsätzlich Voraussetzung eines Rechtsmittel (anders z. B. § 296 II StPO, wonach die Staatsanwaltschaft auch zu Gunsten eines Beschuldigten ein Rechtsmittel einlegen kann). Sie ist *formelle* B., wenn die tatsächliche Entscheidung negativ von der beantragten Entscheidung abweicht, *materielle* B., wenn die Entscheidung einen irgendwie nachteiligen Inhalt für den Betreffenden hat.
Lit.: *Kohlmeier, A.*, Beschwer als Beschwerdevoraussetzung, 1997; *Jauernig, O.*, Der BGH und die Beschwer, NJW 2003, 465; *Althammer, C.*, Beschwer und Beschwerdegegenstand, NJW 2003, 1079

Beschwerde (§§ 567 ff. ZPO, §§ 304 ff. StPO, §§ 58 ff. FamFG, §§ 146 ff. VwGO) ist der gegen Beschlüsse, Verfügungen und andere Verhaltensweisen gerichtlich oder außergerichtlich mögliche → Rechtsbehelf (z. B. Nichtzulassungsbeschwerde). Die *gerichtliche* B. – vor allem gegen → Beschlüsse und → Verfügungen – erfordert grundsätzlich eine → Beschwer, ist bei dem Gericht einzulegen, dessen Verhalten betroffen ist, und wird, wenn nicht das betroffene Gericht abhilft, vom nächsthöheren Gericht unter weitgehender Anwendung der gewöhnlichen Verfahrensvorschriften entschieden (z. B. Verwerfung als unzulässig, Zurückweisung als unbegründet, Aufhebung der angefochtenen Entscheidung, Zurückverweisung). Gegen diese Entscheidung kann eine *weitere* B. zulässig sein. Eine *außerordentliche weitere* B. wegen greifbarer Gesetzwidrigkeit kommt dann in Betracht, wenn die Beschwerdeentscheidung greifbar gesetzwidrig ist. Besondere Regeln gelten für die *sofortige* B. (§ 567 ZPO, § 311 StPO, § 63 FamFG), die an eine Frist (§ 569 ZPO zwei Wochen ab Zustellung) gebunden ist und der das betroffene Gericht grundsätzlich

selbst nicht abhelfen kann. Im Zivilprozess findet die sofortige B. statt gegen die im ersten Rechtszug ergangenen Entscheidungen der Amtsgerichte und Landgerichte, wenn dies im Gesetz ausdrücklich bestimmt ist oder es sich um solche, eine mündliche Verhandlung nicht erfordernde Entscheidungen handelt, durch die ein das Verfahren betreffendes Gesuch zurückgewiesen worden ist, wobei der Wert des Beschwerdegegenstands fünfzig Euro, bei Prozesskostentragungspflichtentscheidungen 100 Euro übersteigen muss. Ein besonders wichtiger Fall der B. ist die → Verfassungsbeschwerde. Außergerichtlich ist etwa im Beamtenrecht die B. eines Beamten (§ 171 I BBG) gegen den Vorgesetzten oder die B. über einen Beamten (→ Dienstaufsichtsbeschwerde) möglich.
Lit.: *Weidemann, J.* Die Stellung der Beschwerde, 1999; *Kutsch, U.*, Das Institut der außerordentlichen Beschwerde, 2004; *Boeckh, W.*, Beschwerde und Rechtsbeschwerde im Zivilverfahren, 2007

Beseitigung ist die völlige Entfernung eines Umstands.

Beseitigungsanspruch ist der Anspruch auf völlige Entfernung einer Beeinträchtigung. Seine wichtigste Erscheinungsform ist der privatrechtliche B. des → Eigentümers gegenüber einem → Störer (§ 1004 I 1 BGB, z. B. vom Nachbargrundstück kommender Lärm, Abstellen eines fremden Kraftfahrzeugs auf einem eigenen Grundstück). Auf Grund der allgemeinen Handlungsfreiheit besteht auch im öffentlichen Recht ein B. zur Abwehr rechtswidriger Eingriffe durch hoheitliches Handeln, dessen Sonderfall der → Folgenbeseitigungsanspruch ist (str.).
Lit.: *Lepeska, G.*, Der negatorische Beseitigungsanspruch, 2000; *Mankowski, P.*, Beseitigungsrechte, 2003

Besitz (§§ 854 ff. BGB) ist die tatsächliche → Gewalt (Sachherrschaft) einer Person über eine → Sache (*unmittelbarer* B., z. B. Mieter an Mietsache, Bundesrepublik Deutschland an Abfällen auf Schifffahrtsanlagen an Bundeswasserstraßen, Dieb an gestohlener Sache, nicht Besitzdiener an Sache im B. des Besitzherrn, nicht Organ einer juristischen Person an Sache im B. der juristischen Person, nicht Waldeigentümer an Abfällen von Wanderern). Der B. ist kein Rechtsverhältnis, sondern ein tatsächliches Verhältnis, das vom → Eigentum streng zu trennen ist (nicht jeder Eigentümer [z. B. Bestohlener] einer Sache ist auch ihr Besitzer, nicht jeder Besitzer [z. B. Dieb] einer Sache ist auch Eigentümer), jedoch in verschiedener Hinsicht wie ein → Recht (§§ 858 ff., 1007, 812, 823 I BGB [sonstiges Recht], Eigentumsvermutung, Recht zum B.) geschützt wird (→ Besitzschutz). Er bezieht sich grundsätzlich auf eine Sache und nur ausnahmsweise auf ein Recht (→ Rechtsbesitz §§ 1029, 1090 BGB). Er ist vielfach Voraussetzung bei der Entstehung und Übertragung dinglicher → Rechte (z. B. §§ 929, 1205 ff. BGB). Er wird erworben durch die Erlangung der tatsächlichen Gewalt für eine nicht ganz unerhebliche Zeit mit Besitzwillen oder durch rechtsgeschäftliche Einigung und Möglichkeit der Gewaltausübung (§ 854 BGB) oder durch Erbfall (§ 857 BGB, zeichenmäßig kürzester Paragraph des

BGB). Er wird beendet durch Beendigung der tatsächlichen Herrschaftsgewalt (u.a. Tod). *Mittelbarer B.* ist der B. einer Person, welche die tatsächliche Sachherrschaft durch einen Besitzmittler (§ 868 BGB) ausübt, der die Sache auf Grund eines konkreten, zeitlich begrenzten Rechtsverhältnisses (Besitzmittelungsverhältnis, → Besitzkonstitut wie z.B. Nießbrauch, Miete) unmittelbar besitzt und damit unmittelbaren B. hat, wobei auch mehrstufiger mittelbarer B. möglich ist (z.B. Vermieter, Mieter, Untermieter). Begründet wird der mittelbare B. durch Schaffung eines Besitzmittelungsverhältnisses, übertragen durch Abtretung des Herausgabeanspruchs aus diesem Besitzmittelungsverhältnis und beendet durch Beendigung des Besitzmittelungsverhältnisses (z.B. Aufgabe des unmittelbaren Besitzes des mittelbaren Besitzers, Begründung von Eigenbesitz des unmittelbaren Besitzers). *Eigenbesitz* ist der B. einer Person, die eine Sache als ihr gehörend besitzt (§ 872 BGB z.B. Eigentümer, Dieb), *Fremdbesitz* der B. einer Person, die eine Sache als einer anderen Person gehörend besitzt (z.B. Mieter, Verwahrer). *Alleinbesitz* ist der alleinige B., *Mitbesitz* (§ 866 BGB z.B. Ehegatten) der gemeinschaftliche B. Im Strafrecht ist ein tatsächliches Herrschaftsverhältnis, das nicht B. im Sinne des Privatrechts zu sein braucht (→ Gewahrsam des Besitzdieners, nicht aber des Erben).

Lit.: *Klinkhammer, F.,* Der Besitz als Gegenstand des Bereicherungsanspruchs, 1997; *Eckstein, K.,* Besitz als Straftat, 2001; *Hartung, F.,* Besitz und Sachherrschaft, 2001; *Lepsius, O.,* Besitz und Sachherrschaft im öffentlichen Recht, 2002; *Sosnitza, O.,* Besitz und Besitzschutz, 2003

Besitzdiener (§ 855 BGB) ist, wer die tatsächliche Gewalt über eine → Sache für einen anderen (den Besitzer) in dessen Haushalt oder Erwerbsgeschäft oder in einem ähnlichen Verhältnis ausübt, vermöge dessen er den sich auf die Sache beziehenden Weisungen des anderen Folge zu leisten hat (z.B. Arbeiter, Fahrer, rechtstatsächlich häufig). Erforderlich ist ein nach außen erkennbares soziales Abhängigkeitsverhältnis. Der Besitzdiener ist nicht Besitzer, sondern – solange er für den anderen besitzen will – nur Inhaber. Er selbst kann keine Besitzschutzansprüche erheben.

Lit.: *Enders, P.,* Der Besitzdiener, 1991 (Diss.)

Besitzeinweisung ist die staatliche Einweisung einer Person in den → Besitz einer → Sache. Sie ist etwa im Baurecht schon vor Rechtskraft eines Enteignungsbeschlusses möglich, wenn sie aus Gründen des Allgemeinwohls dringend geboten ist (§ 116 BauGB). Sie ist → Verwaltungsakt.

Besitzer ist die Person, die eine Sache in → Besitz hat.

Besitzkehr → Besitzschutz

Besitzkonstitut (Besitzmittelungsverhältnis) ist im Sachenrecht das Verhältnis zwischen mittelbarem und (weiterem mittelbarem, § 871 BGB oder) unmittelbarem Besitzer, vermöge dessen dieser unmittelbare Besitzer jenem mittelbaren Besitzer gegenüber auf Zeit zum → Besitz berechtigt oder

verpflichtet ist (§ 868 BGB, z.B. Nießbrauch, Eigentumsvorbehalt, Sicherungsübereignung, Miete). Erforderlich ist ein konkretes, zeitlich begrenztes → Rechtsverhältnis. *Antezipiertes* (vorweggenommenes) B. ist dabei das B., das bereits vereinbart wird, ehe einer der beiden Beteiligten Besitz an der Sache hat, und wirksam werden soll, sobald der eine Beteiligte unmittelbaren Besitz erlangt. Der mittelbare Besitzer hat Anspruch auf → Besitzschutz (§ 869 BGB). Der mittelbare Besitz kann durch → Abtretung des → Herausgabeanspruchs der Sache übertragen werden (§ 870 BGB). Die Vereinbarung eines Besitzkonstituts ist Übergabesurrogat bei der → Übereignung beweglicher Sachen (§ 930 BGB, z.B. bei Sicherungsübereignung).

Lit.: *Wacke, A.,* Das Besitzkonstitut, 1974; *Wieling, H.,* Voraussetzungen, Übertragung und Schutz des mittelbaren Besitzes, AcP 184, 439

Besitzmittelungsverhältnis → Besitzkonstitut

Besitznahme ist die Gewinnung des → Besitzes an einer → Sache durch Herstellung der tatsächlichen Sachherrschaft.

Besitzrecht ist objektiv die Gesamtheit der den → Besitz betreffenden Rechtssätze und subjektiv das einzelne → Recht, eine → Sache zu besitzen. Das subjektive B. gibt dem → Besitzer insbesondere eine → Einwendung (str.) gegenüber dem → Anspruch des → Eigentümers auf → Herausgabe der Sache (§ 986 BGB). Es kann sich gründen auf ein absolutes → Recht (z.B. Pfand) oder auf ein relatives Recht (z.B. Anspruch aus Miete oder Kauf), nicht dagegen auf ein Zurückbehaltungsrecht nach den §§ 273, 1000 BGB.

Besitzschutz (§§ 858ff. BGB) ist der dem zunächst rein tatsächlichen Herrschaftsverhältnis (→ Besitz) in der Rechtsordnung – unabhängig vom → Eigentum – zugeordnete Schutz gegen unrechtmäßige Entziehung und Störung. Wer dem unmittelbaren Besitzer den Besitz entzieht oder stört, handelt grundsätzlich widerrechtlich (verbotene → Eigenmacht, § 858 I BGB). Der Besitzer als solcher darf sich dagegen mit Gewalt wehren (Besitzwehr, § 859 I BGB), eine bewegliche Sache einem verfolgten Täter wieder abnehmen (Besitzkehr, § 859 II BGB) oder gegen den Störer binnen Jahresfrist klagen (§§ 861, 862 BGB possessorische Ansprüche, gegen die Einwendungen aus dem Recht zum Besitz nicht vorgebracht werden können, § 863 BGB). Daneben hat der frühere Besitzer gegen den gegenwärtigen Besitzer unter bestimmten Voraussetzungen auch einen → Herausgabeanspruch nach § 1007 BGB. Schließlich besteht außerdem drittens der allgemeine Herausgabeanspruch nach § 985 BGB. Sofern der Besitzer durch Entziehung oder Störung des Besitzes einen Schaden erleidet, kann er einen Schadensersatzanspruch haben (§ 823 I BGB, evtl. auch §§ 823 II, 826 BGB).

Lit.: *Beermann, C.,* Besitzschutz bei beschränkten dinglichen Rechten, 2000; *Sosnitza, O.,* Besitz und Besitzschutz, 2003; *Müller, T.,* Besitzschutz in Europa, 2010; *Lorenz, S.,* Grundwissen – Zivilrecht – Besitzschutz, JuS 2013, 776

Besitzstand ist der jeweilige augenblickliche rechtliche Zustand, insbesondere im Verhältnis zu Sachen. Im Verwaltungsrecht ist B. die – gegenüber dem subjektiven Recht schwächere – durch eine behördliche Erlaubnis gewährte öffentlich-rechtliche Berechtigung, ein → Interesse bis zur Entziehung oder Einschränkung durch die Verwaltungsbehörde zu verfolgen (z. B. B. auf Grund einer Baugenehmigung). Das Recht des Besitzstands ist nicht allgemein geregelt. Der Inhalt und die Stärke des Besitzstands hängen von den jeweiligen allgemeinen Voraussetzungen des Besitzstands ab (z. B. bei Genehmigung schwächer als bei Verleihung). Im Sachenrecht ist der B. Anhaltspunkt für die Entscheidung über eine Grenzscheidungsklage (§ 920 I 1 BGB).

Lit.: *Jankowski, K.*, Bestandsschutz für Industrieanlagen, 1999; *Bülow, E. v.*, Bestandsschutz und Beschäftigungskrise, 2003

Besitzsteuer ist die vom → Vermögen (Grundsteuer), → Einkommen oder → Ertrag ausgehende Steuer. Sie steht neben der → Verkehrsteuer, der → Verbrauchsteuer und dem Zoll.

Besitztum → Grundstück

Besitzwehr → Besitzschutz

Besoldung ist die Gesamtheit der regelmäßigen → Dienstbezüge des → Beamten und → Soldaten. Sie ist vor allem im Bundesbesoldungsgesetz gesetzlich geregelt. Sie umfasst Grundgehalt, Zulagen, Zuschläge und Sonderzuwendungen.

Lit.: *Hebeler/Kersten/Lindner*, Handbuch Besoldungsrecht, 2015

Besoldungsdienstalter ist das für die → Besoldung maßgebliche → Dienstalter. → Besoldungsordnung

Lit.: *Rahner, H.*, Das Besoldungsdienstalter, 9. A. 1955

Besoldungsordnung ist die die → Besoldung bzw. die → Dienstbezüge der → Beamten regelnde Ordnung. Die B. A ist in 16 Besoldungsgruppen gestaffelt (A 2–5 einfacher, A 5–9 mittlerer, A 9–13 gehobener, A 13–16 höherer Dienst), die jeweils von einem Anfangsgrundgehalt in zweijährigem Turnus (Dienstaltersstufen) zum Endgrundgehalt aufsteigen. Die B. für Spitzenbeamte (B) ist in 11 Gruppen mit jeweils festen Gehältern unterteilt. Besondere Besoldungsordnungen bestehen für Hochschullehrer (C, seit 2002 mit Übergangsvorschriften W1 Juniorprofessor, W2, W3), Richter und Staatsanwälte (R).

Lit.: Besoldungsrecht, hg. v. *Kempf, E.*, 16. A. 2008

besondere (Adj.) nicht allgemein, durch Sondermerkmale gekennzeichnet

besonderer Teil → Teil, besonderer

besonderes Gewaltverhältnis → Gewaltverhältnis

Besorgung ist die Ausführung oder Vornahme einer Angelegenheit. → Geschäftsbesorgung

Besserung ist die Veränderung zum Guten. Im Strafrecht ist die → Maßregel der Besserung und Sicherung eine mögliche Rechtsfolge einer → Straftat (§§ 61 ff. StGB). Solche Maßregeln sind die Unterbringung in einem psychiatrischen Krankenhaus, in einer Entziehungsanstalt oder in der Sicherungsverwahrung, die Führungsaufsicht, die Entziehung der Fahrerlaubnis und das Berufsverbot.

Lit.: *Schaumburg, C.*, Maßregelvollzug, 2003; *Volckart, B./Grünebaum, R.*, Maßregelvollzug, 7. A. 2009

Bestallung ist das Gewähren einer besonderen Stellung. Im Verwaltungsrecht ist die B. die öffentlich-rechtliche → Zulassung (Erlaubnis) als Arzt, Apotheker (→ Approbation), Notar usw. (§ 2 BÄO, § 12 BNotO). Im Familienrecht ist die B. die Beweisurkunde über die Bestellung zum → Vormund oder → Pfleger (§§ 1791, 1915 BGB).

Bestandskraft ist die Unanfechtbarkeit und Verbindlichkeit. B. von Verwaltungsakten → Verwaltungsakt

Lit.: *Steinweg, C.*, Zur Bedeutung der Bestandskraft, NJW 2003, 3037

Bestandsschutz ist die Sicherung der Fortdauer eines Zustands (Besitzstands). Im → Bauordnungsrecht ist B. die Gewährleistung des Bestehenbleibens eines Bauwerks, das zwar dem geltenden → Baurecht widerspricht, aber im Einklang mit ehemals verbindlichen, materiellen Baurechtsnormen errichtet oder im Wesentlichen fertig gestellt worden ist. Voraussetzung ist, dass der Bestand zumindest zu irgendeinem Zeitpunkt genehmigungsfähig gewesen ist. Der B. umfasst das → Recht zur Vornahme von Erhaltungsmaßnahmen und Verbesserungsmaßnahmen, nicht aber von Neubaumaßnahmen.

Lit.: *Kutschera*, Bestandsschutz im öffentlichen Recht, 1990; *Manow, V.*, Bestandsschutz im Baurecht, 1993 (Diss.); *Müller-Steinwachs, J.*, Bestandsschutz bei Gewerbebetrieben, 2007

Bestandteil einer → Sache (§§ 93 ff. BGB) ist grundsätzlich der körperliche Gegenstand, der entweder von Natur aus mit dieser Sache eine Einheit bildet oder durch Verbindung mit ihr seine vor der Verbindung bestehende Selbständigkeit dergestalt verloren hat, dass er fortan, solange die Verbindung dauert, mit der Sache als ein Ganzes, als eine einheitliche Sache erscheint (z. B. Frucht am Baum, Schublade im Schrank). Nicht genügend ist die nur zu einem vorübergehenden Zweck erfolgende Verbindung mit Grund und Boden oder Gebäuden (§ 95 BGB, → Scheinbestandteil, z. B. Baubude). Der B. wird regelmäßig wie die Hauptsache behandelt. *Wesentliche* Bestandteile (§ 93 BGB) einer → Sache sind solche Bestandteile einer → Sache, die voneinander nicht getrennt werden können, ohne dass – nicht die Gesamtsache, sondern nur – der eine oder andere (Bestandteil) zerstört oder in seinem Wesen verändert wird (z. B. Gebäude auf Grundstück, Heizungsanlage in Wohnhaus). *Wesentliche* Bestandteile können nicht Gegenstand besonderer Rechte sein, sondern nehmen an der Rechtslage der Sache um-

fassend teil (grundlegend anders aber → Wohnungseigentum).
Lit.: *Stieper, M.,* Die Scheinbestandteile, 2002

Bestätigung (§ 141 I BGB) ist die → Willenserklärung, durch die jemand sein eigenes, bisher
fehlerhaftes (nichtiges) → Rechtsgeschäft – sofern
dies möglich ist – als gültig anerkennt. Dabei genügt
zur B. eines formgerecht abgeschlossenen, z. B.
wegen Genehmigungsverweigerung endgültig unwirksamen Rechtsgeschäfts der Hinweis der Bestä-
tigungsurkunde auf die Urkunde des unwirksamen
Geschäfts. Noch keine B. liegt mangels Bestäti-
gungswillens z. B. vor, wenn der Käufer in Kenntnis
der Anfechtbarkeit vom Verkäufer Gewährleistung
verlangt.
Lit.: *Müller, M.,* Die Bestätigung nichtiger Rechtsgeschäfte nach § 141 BGB, 1989

Bestätigungsschreiben ist das eine frühere Erklärung bestätigende Schreiben bzw. Schriftstück.
Kaufmännisches B. ist das Schreiben eines → Kaufmanns – ausnahmsweise auch einer anderen (ge-
schäftlich erfahrenen) Person – auf Grund von Vor-
verhandlungen über einen Vertragsschluss, in dem
der Verfasser den Vertragsinhalt erstmals schriftlich
niederlegt und dem Partner zugänglich macht. Erhebt der Gegner – bei einer nicht unannehmbaren
Abweichung – nicht unverzüglich Widerspruch, so
gilt grundsätzlich der Inhalt des Bestätigungsschrei-
bens als Vertragsinhalt, obwohl er nicht – ausdrücklich – vereinbart wurde. Das B. ist zu trennen von
der → Auftragsbestätigung.
Lit.: *Fuchs, T.,* Kaufmännische Bestätigungsschreiben,
1998; *Lettl, T.,* Das kaufmännische Bestätigungsschreiben, JuS 2008, 849

Bestattung ist die möglichst gefahrlose Entsorgung
der menschlichen Leiche. Sie hat als Erdbestattung
oder Feuerbestattung zu erfolgen. Die B. der Leiche
eines Unbekannten oder eines möglicherweise nicht
an einer natürlichen Ursache verstorbenen Menschen ist nur mit schriftlicher Genehmigung der
Staatsanwaltschaft zulässig.

Bestattungsvertrag ist der werkvertragsähnliche
Vertrag zwischen einem Bestattungsunternehmer
und einem oder mehreren Auftraggebern (meist
Hinterbliebenen eines verstorbenen Menschen).
Lit.: *Widmann, H.,* Der Bestattungsvertrag, 5. A. 2009

Bestechlichkeit (§ 332 StGB) ist das Fordern, Sichversprechenlassen oder Annehmen eines Vorteils
durch einen → Amtsträger oder einen für den öffentlichen Dienst besonders → Verpflichteten als
Gegenleistung dafür, dass er eine Diensthandlung
vornimmt oder unterlässt und dadurch seine Dienstpflichten verletzt (passive → Bestechung). Wer als
Angestellter oder Beauftragter eines geschäftlichen
Betriebs im geschäftlichen Verkehr einen Vorteil für
sich oder einen Dritten als Gegenleistung dafür
fordert, dass er einen anderen bei dem Bezug von
Waren oder gewerblichen Leistungen im Wettbewerb in unlauterer Weise bevorzugt, wird mit Freiheitsstrafe bis zu drei Jahren oder mit Geldstrafe

bestraft (§ 299 I StGB, grundsätzlich Antragsdelikt).
→ Vorteilsannahme (§ 331 StGB)
Lit.: *Jaques, H.,* Die Bestechungstatbestände, 1996

Bestechung (§ 334 StGB) ist das Anbieten, Versprechen oder Gewähren eines Vorteils an einen
→ Amtsträger, einen für den öffentlichen Dienst
besonders → Verpflichteten oder einen Soldaten der
Bundeswehr als Gegenleistung dafür, dass er eine
Diensthandlung vornimmt oder unterlässt und dadurch seine Dienstpflichten verletzt (aktive B.). Die
B. wird mit Freiheitsstrafe von drei Monaten bis zu
fünf Jahren bestraft. Wer im geschäftlichen Verkehr
zu Zwecken des Wettbewerbs einem Angestellten
oder Beauftragten eines geschäftlichen Betriebs
einen Vorteil für diesen oder einem Dritten als Gegenleistung anbietet, verspricht oder gewährt,
dass er ihn oder einen anderen bei dem Bezug von
Waren oder gewerblichen Leistungen in unlauterer
Weise bevorzugt, wird mit Freiheitsstrafe bis zu drei
Jahren oder Geldstrafe bestraft (§ 299 II StGB,
grundsätzlich Antragsdelikt). → Vorteilsgewährung
(§ 333 StGB), → Abgeordnetenbestechung, → Korruption, → Schmiergeld
Lit.: *Jaques, H.,* Die Bestechungstatbestände, 1996;
Kuhlen, L., Die Bestechungsdelikte der §§ 331–334
StGB, JuS 2011, 673

Besteuerung ist die Bestimmung und Geltendmachung einer → Steuer. Sie bedarf im → Rechtsstaat
als Eingriff in die Freiheitsrechte des Einzelnen
eines → Gesetzes als Grundlage. Durchgeführt wird
sie im Besteuerungsverfahren.

Besteuerungsverfahren (§§ 134 ff. AO) ist das
Verfahren der Bestimmung und Geltendmachung
der → Steuer. Vielfach muss der Steuerpflichtige
eine Steuererklärung abgeben, doch muss im Zweifel die Steuerbehörde auch ermitteln. Festgesetzt
wird die Steuer durch den → Steuerbescheid.
Lit.: *Rose, G.,* Grundzüge des Besteuerungsverfahrens,
1981; *Hahner, A.,* Beweisverwertungsverbote im Besteuerungsverfahren, 2004

Bestimmtheit ist die eindeutige Klarheit oder zwei-
felsfreie Verständlichkeit eines Umstands.
Lit.: *Brehm, W./Kleinheisterkamp, T.,* Die Bestimmtheit
des Pfändungsbeschlusses, JuS 1998, 781

Bestimmtheitserfordernis ist die aus dem Grundsatz der Rechtssicherheit folgende Anforderung an
→ Rechtssätze, – bei Anwendung der Methoden der
Rechtswissenschaft – klar erkennen zu lassen, was
sie vorschreiben. Andernfalls sind sie nichtig. Insbesondere müssen → Strafgesetze aus Gründen der
Rechtssicherheit Tatbestände und Rechtsfolgen
hinreichend bestimmt umschreiben (Bestimmtheitsgrundsatz). Ein Pfändungsbeschluss muss, um dem
Bestimmtheitsgrundsatz zu genügen, die zu pfän-
dende Forderung so bezeichnen, dass sie im Schuld-
nervermögen individualisierbar ist. → Bestimmtheitsgebot
Lit.: *Gillot, C.,* Bestimmtheitsgrundsatz und Kernbe-
reichslehre, 2003

Bestimmtheitsgebot ist das Gebot, den Inhalt eines
→ Verwaltungshandelns (z. B. eines → Verwal-

tungsakts) hinreichend klar zum Ausdruck zu bringen. Wenn die Verwaltung schon kraft Hoheitsrechts in die Freiheit des Einzelnen eingreifen darf, muss sie klar erkennen lassen, inwieweit sie die Freiheit einschränken will. Andernfalls ist das Verwaltungshandeln fehlerhaft.

Lit.: *Hammer-Strnad, E.,* Das Bestimmtheitsgebot, 1999; *Middelschulte, C.,* Unbestimmte Rechtsbegriffe und das Bestimmtheitsgebot, 2007

Bestimmtheitsgrundsatz
→ Bestimmtheitserfordernis

Betagung ist die gänzlich oder teilweise auf einen späteren Zeitpunkt verschobene Zulässigkeit der Geltendmachung eines bereits entstandenen Rechts (z. B. bei Stundung).

Betäubungsmittel ist das die künstliche Betäubung des Menschen (oder eines anderen Lebewesens) verursachende Mittel. Seine Verwendung ist wegen der damit verbundenen Gefahren vielfach rechtswidrig und deswegen mit Strafe bedroht. Eine Konvention der Vereinten Nationen gegen illegalen Drogenhandel von 1988 verpflichtet die Unterzeichnerstaaten, Besitz und Kauf von Rauschgift zum persönlichen Gebrauch unter Strafe zu stellen. → Betäubungsmittelgesetz

Lit.: *Schmidt, D.,* Die Entwicklung des Betäubungsmittelstrafrechts bis Mitte 2014, NJW 2014, 2995; Deutsches Betäubungsmittelrecht (Lbl.), bearb. v. *Lander, C. u. a.,* 8. A. 2004; *Hügel/Junge/Lander/Winkler, K.,* Deutsches Betäubungsmittelrecht, 2009; *Patzak, J./Bohnen, W.,* Betäubungsmittelrecht, 3. A. 2015

Betäubungsmittelgesetz ist das den Verkehr mit Betäubungsmitteln ordnende Gesetz vom 1.1.1982, das vor allem Herstellung und Handel aufgezählter Betäubungsmittel erlaubnispflichtig macht. Einer Erlaubnis bedarf z. B. nicht, wer Betäubungsmittel auf Grund ärztlicher Verschreibung erwirbt (§ 4 I Nr. 3a BtMG). Der Verstoß gegen das B. kann Straftat oder Ordnungswidrigkeit sein (§§ 29 ff. BtMG). Der Besitz geringer Mengen (z. B. 6 Gramm) eines Betäubungsmittels kann straffrei sein. Der Gebrauch geringer Mengen zwecks Heilung und Linderung von Leiden ist im Einzelfall zulässig.

Lit.: *Körner, H/Patzak, J./Volkmer, M.,* Betäubungsmittelgesetz, 7. A. 2012; *Weber, K.,* Betäubungsmittelgesetz, 4. A. 2013; *Malek, K.,* Betäubungsmittelstrafrecht, 4. A. 2014

Beteiligter ist die Person, die an einer Angelegenheit Teil hat. Im Verfahrensrecht ist *(formell)* B., wer am Verfahren teilnimmt oder zum Verfahren zugezogen wird (z. B. §§ 7 f., 121 ff. FamFG) bzw. *(materiell* B.), wessen Rechtsstellung durch das Verfahren unmittelbar betroffen wird. Im Verwaltungsverfahrensrecht ist B. der Antragsteller, der Antragsgegner, der an den die Behörde den Verwaltungsakt richten will oder gerichtet hat, der, mit dem die Behörde einen öffentlich-rechtlichen Vertrag schließen will oder geschlossen hat und der, den die Behörde hinzugezogen hat (§ 13 VwVfG), im Verwaltungsprozessrecht ist B. nur der → Kläger, der → Beklagte, der → Beigeladene und der Vertreter des öffentlichen → Interesses (§ 63 VwGO). Im besonderen

Verwaltungsverfahren können die Beteiligten besonders bestimmt sein (z. B. § 78 AO).

Lit.: *Kroschel, S.,* Beteiligten- und Verfahrensfähigkeit in der freiwilligen Gerichtsbarkeit, 1998; *Alpert, F.,* Zur Beteiligung am Verwaltungsverfahren, 1999; *Schroeder, F.,* Eine irreführende Legaldefinition – der Beteiligte (§ 28 II StGB), JuS 2002, 139

Beteiligung ist die Teilnahme an einer Angelegenheit, insbesondere an einer → Straftat (als Täter, Mittäter, Anstifter oder Gehilfe), an einer unerlaubten Handlung, an einem → Verfahren (→ Beteiligter) sowie an einem Unternehmen oder einer → Gesellschaft (→ Mitglied) oder auch an → Vermögen.

Lit.: Mitarbeiterbeteiligungen und Stock-Option-Pläne, hg. v. *Harrer,* 2. A. 2004; *Bayer, W. u. a.,* Kapitalbeteiligungen, NJW 2003, 2567; *Wagner, K.,* Mitarbeiterbeteiligung, NJW 2003, 3081; *Hinderer, P.,* Versuch der Beteiligung § 30 StGB, JuS 2011, 1072

Beteiligungsdarlehen (partiarisches Darlehen) ist das → Darlehen, bei dem das Entgelt in einem Gewinnanteil (z. B. ein Drittel) besteht.

Betrachtungsweise ist die Art und Weise der Betrachtung eines Gegenstands. Im Steuerrecht war die 1977 aufgegebene *wirtschaftliche* B. eine Art der Betrachtung von Tatbeständen, die weniger von der äußeren rechtlichen Gestaltung und mehr vom inneren wirtschaftlichen Zweck ausging (z. B. bei Sicherungsübereignung). Sie wird in der Gegenwart als Fall der → Auslegung behandelt.

Lit.: *Zippelius, R.,* Methodenlehre, 11. A. 2012; *Boldt, T.,* Bedeutung und Funktion der wirtschaftlichen Betrachtungsweise, 1998

Betreuer ist im Familienrecht (Betreuungsrecht) grundsätzlich der Mensch, der geeignet ist, in dem gerichtlich bestimmten Aufgabenkreis die Angelegenheiten des Betreuten rechtlich zu besorgen und ihn in dem hierfür erforderlichen Umfang persönlich zu betreuen. Der B. kann aber auch ein anerkannter Betreuungsverein sein (§ 1900 I BGB), doch sollen ein Verein als solcher oder eine Behörde als solche nur ausnahmsweise als B. bestellt werden. Der B. vertritt in seinem Aufgabenkreis den Betreuten gerichtlich und außergerichtlich (§ 1902 BGB). Zu bestimmten Willenserklärungen oder Handlungen (z. B. zeitweises Versperren der Wohnungstüre) bedarf der B. der Einwilligung oder Genehmigung des Vormundschaftsgerichts. Bei Vorliegen eines wichtigen Grunds hat das Vormundschaftsgericht den B. zu entlassen (§ 1908b BGB). → Betreuung

Lit.: *Deinert, H/Lütgens, K.,* Die Vergütung des Betreuers, 6. A. 2012; *Sachsen-Gessaphe, K. v.,* Der Betreuer als gesetzlicher Vertreter, 1999

Betreuung (§§ 1896 ff. BGB) ist seit 1.1.1992 die staatliche Fürsorge für die Person und das Vermögen eines volljährigen Menschen, soweit er infolge einer psychischen Krankheit oder einer körperlichen, geistigen oder seelischen Behinderung seine persönlichen oder vermögensrechtlichen Angelegenheiten ganz oder teilweise nicht selbst besorgen kann, durch einen vom zuständigen → Vormundschaftsgericht auf seinen Antrag oder von Amts wegen bestellten → Betreuer. Ein Betreuer darf nur für Aufgabenkreise bestellt werden, in denen eine B. erforderlich ist (z. B. persönliche Angelegenheiten, Aufenthalt, Unterbringung, Vermögensangelegenheiten). Die Bestellung eines Betreuers hat grundsätzlich keine Auswirkung auf die → Geschäftsfähigkeit des Betreuten, so dass Betreuer und Betreuter grundsätzlich nebeneinander tätig werden können. Es kann aber angeordnet werden, dass der Betreute zu einer Willenserklärung, die den Aufgabenkreis des Betreuers betrifft, der → Einwilligung des Betreuers bedarf (§ 1903 BGB). In Deutschland standen 2000 rund 750 000 Menschen unter B.

Lit.: Betreuungsrecht, hg. v. *Budde, L.,* 10. A. 2011; *Zimmermann, W.,* Ratgeber Betreuungsrecht, 9. A. 2010; *Dodegge, G.,* Die Entwicklung des Betreuungsrechts, NJW 2013, 2639; *Jürgens, A./Lesting, W./Marschner, R./Winterstein, P.,* Betreuungsrecht kompakt, 7. A. 2011; *Bernau, F. u. a.* Die Übernahme einer Betreuung, NJW 2008, 3756; Praxiswissen Betreuungsrecht, 2010; *Jürgens, A.,* Betreuungsrecht, 5. A. 2014; *Firsching/Dodegge,* Familienrecht 2. Halbband Betreuungssachen, 8. A. 2014

Betreuungsbehörde (§ 1900 IV BGB) ist die neben Menschen und Betreuungsvereinen für einzelne Betreuungen zuständige und bei Bedarf von dem Gericht zu bestellende Behörde.

Betreuungsgericht ist die für Betreuungssachen und Unterbringungssachen zuständige Abteilung des Amtsgerichts (§ 23c GVG). Das von dem B. anzuwendende Verfahren ist in den §§ 271 ff. FamFG geregelt. Gegen die Entscheidung des Betreuungsgerichts ist die Beschwerde gegeben (§§ 303 f. FamFG).

Betrieb ist die organisatorische Einheit, innerhalb derer ein → Unternehmer allein oder in Gemeinschaft mit seinen Mitarbeitern durch materielle und immaterielle Mittel bestimmte arbeitstechnische Zwecke unmittelbar fortgesetzt verfolgt. Der B. unterscheidet sich vom → Unternehmen durch die Unmittelbarkeit der Zweckverfolgung. Er ist Anknüpfungspunkt für verschiedene Rechtsfolgen im Arbeitsrecht, Betriebsverfassungsrecht und Steuerrecht. Ein B. kann aus mehreren Teilen bestehen. Mehrere Betriebe können ein Unternehmen bilden.

Lit.: *Waltermann, R.,* Arbeitsrecht, 17. A. 2014; *Commandeur, G./Kleinebrink, W.,* Betriebs- und Firmenübernahme, 2. A. 2002; *Dehmer, H.,* Betriebsaufspaltung, 2. A. 2015; *Alter, M.,* Rechtsprobleme betrieblicher Videoüberwachung, NJW 2015, 2375

Betriebsausgabe (§ 4 IV EStG) ist die durch den → Betrieb veranlasste Aufwendung in Geld oder Geldeswert (z. B. Kauf einer Maschine). Sie ist grundsätzlich bei der Gewinnermittlung zu berücksichtigen. Ausgenommen sind bestimmte unangemessene Aufwendungen, die ganz oder teilweise nicht gewinnmindernd angesetzt werden dürfen.

Lit.: Die Abgrenzung der Betriebs- oder Berufssphäre von der Privatsphäre im Einkommensteuerrecht, hg. v. *Söhn, H.,* 1980

Betriebseinnahme ist die durch den Betrieb veranlasste Einnahme in Geld oder Geldeswert (z. B. Ertrag eines Verkaufs).

Betriebsgefahr (Sachgefahr) ist die mit dem Betrieb einer (gefährlichen) → Anlage (→ Sache z. B. Kraftfahrzeug) erfahrungsgemäß verbundene (erhöhte) Wahrscheinlichkeit des Eintritts eines → Schadens. Sie ist im Rahmen des § 254 BGB als schadensersatzanspruchsmindernder Umstand zu berücksichtigen. Sie ist außerdem vielfach Grundlage eines gesetzlichen → Gefährdungshaftung.

Lit.: *Böhmer, E.,* Abstrakte Betriebsgefahr, MDR 1962, 87

Betriebskrankenkasse (§ 29 SGB IV) ist die für Angehörige eines Betriebs eingerichtete Krankenkasse. Sie ist Körperschaft des öffentlichen Rechts. Sie setzt mindestens 1000 versicherungspflichtig Beschäftigte voraus und bedarf u. a. der Genehmigung der zuständigen Aufsichtsbehörde. Vor allem seit 1996 haben sich Betriebskrankenkassen vielfach durch Satzungsänderung für alle Versicherungspflichtigen und Versicherungsberechtigten geöffnet, so dass die Zahl der Betriebskrankenkassen (von 7718 im Jahre 1908) bis 2012 auf 111 gesunken ist.

Lit.: *Kasper, J.,* Die Betriebskrankenkasse, 1994; *Frühbuß, J.,* Der Aufbau des gesetzlichen Krankenkassensystems, 1997; *Cassel, D.,* Betriebskrankenkassen als Baustein einer partnerschaftlichen Unternehmenskultur, 1999

Betriebsprüfung (§§ 1 ff. BpO) ist die von Behörden, insbesondere von den Finanzbehörden vorgenommene allgemeine → Außenprüfung eines Betriebs.

Lit.: *Blumers, W./Frick, J./Müller, L.,* Betriebsprüfungshandbuch (Lbl.), 12. A. 2009; *Vogelsang, N./Stahl, R.,* BP-Handbuch, 2008

Betriebsrat (§§ 1, 2 BetrVG) ist das Organ der → Arbeitnehmer in einem mindestens 5 wahlberechtigte, davon 3 wählbare Arbeitnehmer beschäftigenden → Betrieb, das in bestimmten Angelegenheiten des Betriebs mitwirkt und mitbestimmt. Der B., dessen Mitgliederzahl von der Größe des Betriebs abhängt, wird von den → Arbeitnehmern auf Zeit (meist vier Jahre) gewählt. Er hat mit dem Arbeitgeber vertrauensvoll zusammenzuarbeiten. Seine Aufgaben sind im Einzelnen in den §§ 80 ff. BetrVG geregelt. Sie betreffen z. B. → Mitbestimmung in sozialen Angelegenheiten (z. B. → Arbeitszeit, Urlaubsplan, Kantineneinrichtung) und in personellen Angelegenheiten (z. B. Einstellung, Verlangen einer ärztlichen Bescheinigung bei eintägiger Arbeitsunfähigkeit, → Kündigung). Bei Meinungsverschiedenheiten zwischen B. und Arbeitgeber entscheidet eine paritätisch zusammengesetzte Einigungsstelle. Auf Grund eines der Richtlinie 94/1995 EG entsprechenden Gesetzes vom 28.10.1996 werden europäische Betriebsräte (oder Verfahren zur Unterrichtung und Anhörung der Arbeitnehmer) vereinbart oder kraft Gesetzes errichtet. (In Deutschland gehören [2000] rund 230 000 Arbeitnehmer – davon zwei Drittel Gewerkschaftsmitglieder – Betriebsräten an, die pro Mitarbeiter rund 600 Euro jährlich kosten.)

Lit.: *Schaub, G./Kreft, B.,* Der Betriebsrat, 8. A. 2006; *Blanke, T.,* Europäisches Betriebsrätegesetz, 1999; *Schoof, C.,* Betriebsratspraxis von A–Z (Lbl.), 12. A. 2011

Betriebsrente ist die auf Grund der Tätigkeit in einem Betrieb erwachsende Rente.

Lit.: *Bittner, C.*, Europäisches und internationales Betriebsrentenrecht, 2000; *Höfer, R.*, Das neue Betriebsrentenrecht, 2003; *Böhm, V.*, Die betriebliche Altersversorgung, 2004; *Langenbrinck, B.*, Betriebsrenten der Beschäftigten des öffentlichen Dienstes, 3. A. 2006

Betriebsrentengesetz ist das die aus der Tätigkeit in einem → Betrieb erwachsende → Rente betreffende Gesetz. Die Anwartschaft auf eine Betriebsrente kann bei einem Tarifvertragsgeltungsgebietswechsel verloren gehen. → Altersversorgung

Lit.: *Förster, W. u. a.*, Betriebsrentengesetz, 14. A. 2014; *Blomeyer/Rolfs, C./Otto, K.*, Betriebsrentengesetz, 6. A. 2015

Betriebsrisiko ist die aus dem Betreiben einer Angelegenheit erwachsende Wahrscheinlichkeit des Eintritts eines Schadens. Im Arbeitsrecht ist B. speziell das Risiko, dass der Betrieb ohne → Verschulden des → Arbeitgebers oder der → Arbeitnehmer zum Erliegen kommt (z. B. wegen Ausbleibens von Zulieferungen oder Energie). Dieses – jedenfalls nicht aus der Sphäre der Arbeitnehmer (wie z. B. ein Teilstreik) kommende – Risiko hat der Arbeitgeber zu tragen, so dass in der Regel entgegen § 326 BGB der Vergütungsanspruch des Arbeitnehmer trotz Nichterbringung der Arbeitsleistung nicht entfällt.

Lit.: *Tholl, F.*, Gesteigertes Betriebsrisiko, Diss. jur. München 1999; *Tamm, M.*, Die Entwicklung der Betriebsrisikolehre, 2001

Betriebsschutz → Arbeitsschutz

Betriebsübergang ist der rechtsgeschäftliche Übergang eines → Betriebs oder Betriebsteils von einer Person auf eine andere. Nach § 613a BGB tritt der neue Inhaber in die Rechte und Pflichten bestehender → Arbeitsverhältnisse (als Gesamtschuldner) ein. Kein B. erfolgt bei der Bestellung eines neuen Notars trotz Übernahme der Räume und der Bediensteten eines bisherigen Notars.

Lit.: *Waltermann, R.*, Arbeitsrecht, 17. A. 2014; *Gerig, N.*, Kündigung wegen Betriebsübergangs, 2003; *Willemsen, H.*, Aktuelles zum Betriebsübergang, NJW 2007, 2065

Betriebsvereinbarung (§ 77 BetrVG) ist die formbedürftige Vereinbarung (→ Vertrag, str., a. M. Satzung) zwischen → Arbeitgeber und → Betriebsrat über Angelegenheiten, die zum Aufgabenbereich des Betriebsrats gehören. Die B. hat teilweise rechtssetzende (normative) Wirkung (z. B. Bestimmungen über Abschluss, Inhalt und Beendigung des Arbeitsverhältnisses). Sie geht dem → Gesetz und dem → Tarifvertrag nach, dem Einzelarbeitsvertrag als dessen Mindestinhalt grundsätzlich vor, kann aber einen Arbeitsvertrag nicht zum Nachteil eines Arbeitnehmers abändern. Sie ist nicht erzwingbar. Gegen eine einem Tarifvertrag widersprechende B. gewährt das Bundesarbeitsgericht der Gewerkschaft einen Anspruch auf Unterlassung.

Lit.: *Waltermann, R.*, Arbeitsrecht, 17. A. 2014; *Oberthür, N./Seitz, S.*, Betriebsvereinbarungen, 2014; *Pul-*

te/P./Bigos, B., Betriebsvereinbarungen in der Praxis, 4. A. 2014

Betriebsverfassung ist die Gesamtheit der die Rechte des → Arbeitgebers, der → Arbeitnehmer und ihrer Organe (Betriebsversammlung, Betriebsrat, Betriebsausschuss [bei neun und mehr Mitgliedern des Betriebsrats], Vorsitzender) im Betrieb in Bezug auf das Betriebsgeschehen ordnenden Rechtssätze. Sie gründet sich auf → Gesetz, → Tarifvertrag und → Betriebsvereinbarung und ist Teil des kollektiven Arbeitsrechts. Ziel der B. ist der Schutz der Rechte der → Arbeitnehmer sowie ihre Teilhabe am Betriebsgeschehen.

Lit.: *Waltermann, R.*, Arbeitsrecht, 17. A. 2014; *Hoyningen-Huene, G. v.*, Betriebsverfassungsrecht, 6. A. 2007; *Gamillscheg, F.*, Kollektives Arbeitsrecht, Bd. 2 Betriebsverfassung, 2008

Betriebsverfassungsgesetz (BetrVG) ist das die → Betriebsverfassung des Arbeitsrechts regelnde Gesetz, das – abgesehen von den Betrieben des öffentlichen Dienstes – auf die meisten Betriebe Anwendung findet.

Lit.: Betriebsverfassungsgesetz, mit einer Einf. v. *Thüsing, G.*, 36. A. 2007; *Richardi, R.*, Betriebsverfassungsgesetz, 14. A. 2014; *Fitting, K. u. a.*, Betriebsverfassungsgesetz, 27. A. 2014; *Wlotzke, O./Preis, U./Kreft, B.*, Betriebsverfassungsgesetz, 4. A. 2009; Betriebsverfassungsgesetz, hg. v. *Düwell, F.*, 4. A. 2014

Betriebsverhältnis → Gewaltverhältnis

Betriebsversammlung → Betriebsverfassung

Betriebswirtschaft ist die Gesamtheit der einen Betrieb oder einen Unternehmer betreffenden Wirtschaftsvorgänge. → Volkswirtschaft

Lit.: *Wöhe, G./Döring, U.*, Einführung in die allgemeine Betriebswirtschaftslehre, 25. A. 2013; *Schultz, V.*, Basiswissen Betriebswirtschaft, 5. A. 2014; *Schneck, O.*, Lexikon der Betriebswirtschaft, 9. A. 2015

Betroffener ist die von einem Ereignis berührte Person. Behauptet ein B., durch eine Handlung der Verwaltung in seinen Rechten verletzt zu sein, kann er im Verwaltungsprozess klagen. Der Betroffene ist grundsätzlich → Beteiligter.

Lit.: *Kohl, C.*, Die Rechtsstellung des Betroffenen, 2001

Betrug (§ 263 StGB) ist die durch → Täuschung verursachte Vermögensschädigung eines anderen in rechtswidriger Vermögensvorteilsverschaffungsabsicht. Erforderlich sind eine – auf Tatsachen (z. B. Mangel der Zahlungsabsicht) bezogene – Täuschungshandlung (Vorspiegeln, Entstellen, Unterdrücken), ein daraus folgender → Irrtum, eine daraus folgende → Vermögensverfügung (Unterlassen genügt), eine daraus folgende Vermögensschädigung (nicht notwendig des → Vermögens des Getäuschten, Gefährdung des Vermögens genügt) und eine (rechtswidrige) Vorteilsverschaffungsabsicht für sich oder einen Dritten (z. B. Assistent täuscht durch erschlichene Atteste Krankheit vor und arbeitet im Krankenstand privatwirtschaftlich als Verleger, Bewerber verschweigt im Einstellungsverfahren Tätigkeit bei dem Ministerium für Staatssicherheit der früheren Deutschen Demokratischen Republik). Der B. wird mit Freiheitsstrafe bis zu fünf Jahren oder mit Geldstrafe bestraft. Der Versuch ist strafbar. Besondere Fälle des Betrugs sind → Anstellungsbetrug, → Eingehungsbetrug, → Prozessbetrug oder → Sicherungsbetrug, verselbständigte Sonderfälle Computerbetrug (§ 263a StGB), → Subventionsbetrug (§ 264 StGB), Kapitalanlagebetrug (§ 264a StGB), → Kreditbetrug (§ 265b StGB), → Versicherungsmissbrauch (§ 265 StGB), → Automatenmissbrauch, → Leistungserschleichung (§ 265a StGB) u. a. m. Kein B. durch Unterlassen ist das bloße Ausnutzen einer Fehlbuchung.

Lit.: *Tiedemann, K.,* Wirtschaftsbetrug, 1999; *Berger, S.,* Der Schutz öffentlichen Vermögens durch § 263 StGB, 2000; *Wittig, P.,* Das tatbestandsmäßige Verhalten des Betrugs, 2004; *Kindhäuser, U. u. a.,* Der Tatbestand des Betrugs, JuS 2006, 193; *Jäger, C.,* Die drei Unmittelbarkeitsprinzipien beim Betrug, JuS 2010, 761

Beugemittel ist das staatliche Mittel zur Erzwingung bestimmter → Handlungen, → Duldungen oder → Unterlassungen seitens einer Person. B. sind insbesondere im Verfahrensrecht zulässig (z. B. zur Erzwingung einer Zeugenaussage, § 390 ZPO, § 70 II StPO, oder einer unvertretbaren Handlung oder einer Unterlassung, §§ 888, 890 ZPO). B. sind → Zwangsgeld (Ordnungsgeld) und ersatzweise → Zwangshaft (Ordnungshaft).

Lit.: *Pabel, K.,* Verhängung von Beugehaft durch einen Untersuchungsausschuss, NJW 2000, 788

Beugestrafe → Beugemittel

Beurkundung ist die körperliche Festlegung eines Vorgangs durch schriftliche Zeichen in einer Urkunde. Sie ist *notarielle* B. (§ 128 BGB), wenn sie von einem → Notar (rechtswirksam auf deutschem Staatsgebiet) beurkundet wird, wobei für einen Vertrag grundsätzlich getrennte B. von Antrag und Annahme genügen. Die notarielle B. ist in mehreren einzelnen Bestimmungen besonders vorgeschrieben. Für das Verfahren gilt das Beurkundungsgesetz. Fehlt die für ein Rechtsgeschäft vorausgesetzte B., ist grundsätzlich das → Rechtsgeschäft wegen → Formmangels nichtig (§ 125 BGB).

Lit.: *Winkler, K.,* Beurkundungsgesetz, 17. A. 2013; *Huhn, D./Schuckmann, H. v.,* Beurkundungsgesetz und Dienstordnung für Notare, 5. A. 2008; *Lerch, K.,* Beurkundungsgesetz, 4. A. 2011

Beurteilung ist die auf einen Maßstab bezogene urteilsmäßige Bewertung. Beamte sind regelmäßig und aus besonderem Anlass einer dienstlichen B. zu unterziehen (§ 21 BBG). Sie soll sich auf Veranlagung, Charakter, Bildungsstand, Arbeitsleistung, soziales Verhalten und Belastbarkeit beziehen und mit einem Gesamturteil (meist notenähnlich) schließen.

Lit.: *Schnellenbach, H.,* Die dienstliche Beurteilung der Beamten und der Richter (Lbl.), 3. A. 2002; *Bieler, F.,* Die dienstliche Beurteilung, 4. A. 2002; *Gräble, M.,* Die dienstliche Beurteilung von Lehrpersonen, 2006

Beurteilungsspielraum ist der vom Gesetzgeber durch die Verwendung wertender unbestimmter → Rechtsbegriffe – im Gegensatz zu sonstigen un-

bestimmten Rechtsbegriffen – in einem Tatbestand der Verwaltung eingeräumte Entscheidungsspielraum (z. B. Prüfungsentscheidung, beamtenrechtliche Eignungsbeurteilung oder Leistungsbeurteilung, Prognose, Risikobewertung, wertende Entscheidung durch ein Gremium von Sachverständigen oder Interessenvertretern). Beim B. beschränkt sich die Prüfung durch die Verwaltungsgerichte darauf, ob die Beurteilung durch die Verwaltung offensichtlich fehlerhaft ist oder in einem fehlerhaften Verfahren vor sich gegangen ist. Der B. ist zu trennen vom → Ermessen und von der Anwendung eines sonstigen unbestimmten Rechtsbegriffs.

Lit.: *Pieroth, B./Kemm, S.,* Beurteilungsspielraum und verwaltungsgerichtliche Kontrolldichte, JuS 1995, 780; *Pache, E.,* Tatbestandliche Abwägung und Beurteilungsspielraum, 2001; *Schmieder, S.,* Risikoentscheidungen im Gentechnikrecht, 2004; *Kment, M. u. a.,* Beurteilungsspielraum und Ermessen, JuS 2015, 193

Bevollmächtigung ist die Erteilung einer → Vertretungsmacht (Vollmacht) durch → Rechtsgeschäft. Sie erfolgt durch einseitige, empfangsbedürftige Willenserklärung (einseitiges Rechtsgeschäft) gegenüber dem zu Bevollmächtigenden (Innenvollmacht) oder dem Dritten (Außenvollmacht), dem gegenüber die Vertretung stattfinden soll (§ 167 I BGB) und kann in gegenläufiger Weise durch einseitiges Rechtsgeschäft aufgehoben werden. Sie ist streng zu trennen von dem ihr regelmäßig zugrundeliegenden → Auftrag oder sonstigen Innenverhältnis.

Lit.: *Hofmann, K.,* Vollmachten, 8. A. 2002

Bewährung ist das Bestehen gegenüber Anforderungen. Im Strafrecht ist bei → Freiheitsstrafen von nicht mehr als einem Jahr (evtl. zwei Jahren) die → Strafaussetzung zur B. möglich (§ 56 StGB). Sie erfordert B. während einer Zeit von 2 bis 5 Jahren (§ 56a StGB). Daneben ist auch die Aussetzung des Strafrests zur B. bei lebenslanger Freiheitsstrafe möglich (§ 57a StGB). (In Bayern wurden 2000 fast 70 Prozent der Freiheitsstrafen und Jugendstrafen zur Bewährung ausgesetzt, wobei in wiederum rund 70 Prozent der Fälle die B. erfolgreich war.)

Lit.: *Kunert, K.,* Kurze Freiheitsstrafe und Strafaussetzung zur Bewährung, MDR 1969, 705; *Trapp, E.,* Rechtswirklichkeit von Auflagen und Weisungen bei Strafaussetzung zur Bewährung, 2003

Bewährungsauflage (§ 56b StGB) ist die von einem Gericht bei → Strafaussetzung zur Bewährung erteilte Auflage, die der Genugtuung für das begangene Unrecht dient. Sie kann u. a. in der Wiedergutmachung des Schadens, der Zahlung eines Geldbetrags an eine gemeinnützige Einrichtung oder die Staatskasse oder der Erbringung einer sonstigen gemeinnützigen Leistung bestehen (z. B. Hilfsdienst). Wird sie nicht erfüllt, ist der Strafrest zu vollstrecken.

Lit.: *Berndt, S.,* Bewährungsauflage und Freiheitsstrafe, 1994

Bewährungshelfer (§ 56d StGB, § 24 JGG) ist bei der → Strafaussetzung zur Bewährung ein Mensch, der dem Verurteilten helfend und betreuend zur Seite steht. Der B. wird vom → Gericht bestellt und ist diesem berichtspflichtig. Er wird hauptamtlich (oder ehrenamtlich) tätig, hat aber kein Weisungsrecht gegenüber dem Verurteilten.

Lit.: *Kipp, A.,* Bewährungshelfer im Justizsystem, 1995

Beweggrund ist die ein Verhalten auslösende Ursache. Der B. eines Menschen kann bei der rechtlichen Bewertung seines Verhaltens bedeutsam sein. *Niedriger* B. (§ 211 II StGB, unbestimmter Rechtsbegriff) ist bei Mord ein B. des Täters, der (wie Mordlust, Befriedigung des Geschlechtstriebs und Habgier) nach allgemeiner sittlicher Wertung auf tiefster bzw. niedrigster Stufe steht und deshalb besonders verwerflich, ja verächtlich ist (z. B. um einen Vollzeitarbeitsplatz eines anderen zu erhalten, nicht Blutrache eines Ostanatoliers, vgl. BGH NJW 1995, 602).

Lit.: *Heine, G.,* Tötung aus niedrigen Beweggründen, 1988; *Gerkan, O. v.,* Niedrige Beweggründe, Diss. jur. Heidelberg 1998

beweglich (Adj.) fortbewegbar

bewegliche Sache → Sache, bewegliche

Beweis ist die mindestens einen anderen Menschen überzeugende Darlegung der Richtigkeit oder Unrichtigkeit einer Vorstellung. Im Verfahrensrecht ist B. das Verfahren, (vor allem bei Streitigkeit eines Vorbringens einer Partei) durch → Gericht die Überzeugung von der Wahrheit oder Unwahrheit einer Behauptung (Tatsache, Erfahrungssatz, ausländischer Rechtssatz, Gewohnheitsrechtssatz, Satzungsrechtssatz) zu verschaffen. Der B. ist entweder *unmittelbarer* B. oder *mittelbarer* B. (Indizienbeweis). Er erfolgt entweder auf Grund Beweisangebots (Beweisantritt z. B. im Zivilprozess) oder auf Grund Beweisantrags. Erleichterter B. ist der → Anscheinsbeweis. Der → *Strengbeweis* erstrebt die Herbeiführung der vollen Überzeugung des Gerichts in einem bestimmten Verfahren mit bestimmten Beweismitteln. Beim → *Freibeweis* stehen Erhebung, Verfahren und Beweismittel im Ermessen des Gerichts. Im Zivilprozessrecht bedürfen nur die streitigen Tatsachen eines Beweises, der auch nur entsprechend dem Beweisantritt erfolgt. In Verfahren, in denen der → Untersuchungsgrundsatz gilt, ist die Wahrheit vom Gericht zu erforschen und dementsprechend Beweis zu erheben. → Beweisrecht

Lit.: *Schneider, E.,* Beweis und Beweiswürdigung, 5. A. 1994; *Sturmberg, G.,* Der Beweis im Zivilprozess, 1999; *Meike, R.,* Plausibilitätskontrolle und Beweis, NJW 2000, 2230; *Berger, C.,* Beweisführung mit elektronischen Dokumenten, NJW 2005, 1016; Beweis im Schiedsverfahren, hg. v. *Eberl, W.,* 2015

Beweisantrag ist im → Strafverfahren das Begehren (des Angeklagten, Verteidigers, Staatsanwalts oder sonstigen Verfahrensbeteiligten), über eine bestimmte Tatsache durch ein bestimmtes → Beweismittel → Beweis zu erheben. Einem B. (des Beschuldigten) ist im → Ermittlungsverfahren stattzugeben, wenn der Beweis von Bedeutung ist

(§ 163a II StPO). In der → Hauptverhandlung darf der zulässige B. nur aus bestimmten Gründen und grundsätzlich nur in einem begründeten Beschluss abgelehnt werden (§ 244 StPO). Der B. ist im Übrigen auch in den andern, vom → Untersuchungsgrundsatz beherrschten Verfahren vorgesehen (z. B. § 86 VwGO).

Lit.: *Hamm, R./Hassemer, W./Pauly, J.,* Beweisantragsrecht, 2000; *Beulke, W.,* Der Beweisantrag, JuS 2006, 597

Beweisantritt (Beweisangebot) (§ 282 ZPO) ist im Zivilprozessrecht die Einführung eines → Beweismittels für eine bestimmte Behauptung.

Lit.: *Puhle,* Der unerledigte Beweisantritt, JuS 1990, 296

Beweisaufnahme ist die Erhebung des → Beweises. Sie erfolgt durch das → Gericht (§§ 355 ff. ZPO, §§ 244 ff. StPO), doch kann an seine Stelle ein beauftragter oder ein ersuchter → Richter treten. Sie ist parteiöffentlich und auf entscheidungserhebliche Tatsachen beschränkt. Ist das Ergebnis einer erstinstanzlichen B. nicht verwertbar, muss das entscheidende Berufungsgericht sämtliche entscheidungserhebliche Beweise erheben.

Lit.: *Geimer, E.,* Internationale Beweisaufnahme, 1997; *Balzer, C.,* Beweisaufnahme und Beweiswürdigung, 2001

Beweiserhebung → Beweisaufnahme

Beweiserhebungsverbot ist das Verbot, über ein bestimmtes Beweisthema oder durch ein bestimmtes Beweismittel Beweis zu erheben (z. B. §§ 52 ff. StPO).

Lit.: *Störmer,* Beweiserhebung, JuS 1994, 238

Beweiserleichterung ist die Erleichterung bezüglich der Anforderungen an einen Beweis. Sie ist insbesondere im Zivilprozess zulässig. Verschiedentlich genügt hier der → Anscheinsbeweis.

Lit.: *Oberheim, R.,* Beweiserleichterungen im Zivilprozess, JuS 1996, 636

Beweisinterlokut ist im älteren Prozessrecht eine Zwischenentscheidung über Beweislast, Beweisthema und Beweisfrist.

Lit.: *Köbler, G.,* Deutsche Rechtsgeschichte, 6. A. 2005

Beweislast ist die Belastung mit dem → Beweis, die zur Folge hat, dass die Nichtbeweisbarkeit eines Umstands zu Lasten des Beweislastträgers geht. Die B. trägt grundsätzlich jede → Partei für die tatsächlichen Voraussetzungen der ihr günstigen Rechtsnorm (z. B. für Erfüllung Schuldner, für Vertragsänderung die dadurch Begünstigte, für Fehlschlagen einer Nachbesserung des Verkäufers der Käufer), sofern die B. nicht durch Gesetz (oder Rechtsprechung z. B. Beweislastumkehr) besonders anders festgelegt ist (z. B. führt ein grober, zur Herbeiführung eines Gesundheitsschadens der entsprechenden Art grundsätzlich geeigneter Behandlungsfehler eines Arztes grundsätzlich zu einer Beweislastumkehr für den ursächlichen Zusammenhang zwischen Behandlungsfehler und Gesundheitsschaden). Misslingt der Beweis seitens der beweisbelasteten Partei, so wird der behauptete Umstand als nicht vorhanden behandelt, so dass die beweisbelastete Partei im eventuellen Prozess insoweit unterliegt.

Lit.: *Prütting, H.*, Gegenwartsprobleme der Beweislast, 1993; *Baumgärtel, G.*, Beweislastpraxis im Privatrecht, 1996; *Heinrich, C.*, Die Beweislast bei Rechtsgeschäften, 1996; *Baumhof, A.*, Die Beweislast im Verfahren vor dem Europäischen Gerichtshof, 1996; *Bock, J.*, Begriff, Inhalt und Zulässigkeit der Beweislastumkehr im materiellen Strafrecht, 2001; *Lange, F.*, Die Beweislast im Anwalthaftungsprozess, 2002; *Laumen, H.*, Die Beweiserleichterung bis zur Beweislastumkehr, NJW 2002, 3739; *Schmidt, E.*, Die Beweislast in Zivilsachen, JuS 2003, 1007

Beweismittel ist das Mittel, durch das ein → Beweis geführt werden kann. Dies sind im Zivilprozessrecht → Augenschein, → Zeuge, → Sachverständiger, → Urkunde und → Parteivernehmung (§§ 371 ff. ZPO, vgl. § 244 StPO, § 86 VwGO u. a.). Im Strafprozessrecht sind B. Augenschein, Zeuge, Sachverständiger und Urkunde, nicht dagegen die Vernehmung des → Angeklagten.

Lit.: *Schneider, E.*, Beweis und Beweiswürdigung, 5. A. 1994; *Eisenberg, U.*, Persönliche Beweismittel in der StPO, 1993; *Becker, A.*, Elektronische Dokumente als Beweismittel, 2004; *Latotzky, R.*, Der Bedeutungswandel der Beweismittel, 2006

Beweisrecht ist die Gesamtheit der den → Beweis betreffenden Rechtssätze.

Lit.: *Coester-Waltjen, D.*, Internationales Beweisrecht, 1983; *Eisenberg, U.*, Beweisrecht der StPO, 9. A. 2015

Beweisregel ist die bestimmte Regel über das Verfahren und die Würdigung eines → Beweises. Sie schränkt das freie Beweisverfahren und die freie → Beweiswürdigung ein. *Gesetzliche* B. ist die durch das Gesetz gegebene B. (z. B. § 165 ZPO Beweis der Verhandlungsförmlichkeiten allein durch das Protokoll, § 371 III ZPO Vereitelung der zumutbaren Einnahme des Augenscheins).

Beweissicherung (§§ 94, 102, 285 StPO, § 98 VwGO) ist die vor der eigentlichen → Beweisaufnahme zur Sicherung eines → Beweises erfolgende vorsorgliche Beweiserhebung. Für den Zivilprozess ist mit Wirkung vom 1.4.1991 das selbständige → Beweisverfahren (§§ 485 ff. ZPO) an die Stelle des bisherigen Beweissicherungsverfahrens getreten.

Lit.: *Dörschner, L.* Beweissicherung im Ausland, 2000; *Sturmberg, G.*, Die Beweissicherung, 2003; *Bär, W.*, Handbuch zur EDV-Beweissicherung im Strafverfahren, 2007

Beweisthema ist der Gegenstand des → Beweises (Tatsachen, Erfahrungssätze, ausländisches Recht, → Satzungsrecht oder → Gewohnheitsrecht).

Lit.: *Kühl, J.*, Prozessgegenstand und Beweisthema, 1987

Beweisverbot ist das zu Gunsten des Angeklagten die Erhebung und Verwertung von Beweisen einschränkende Verbot.

Beweisverfahren ist das Verfahren zur Durchführung eines → Beweises. Das in den §§ 485 ff. ZPO (vgl. § 98 VwGO, § 118 SGG) geregelte *selbständige* B. ist ein gerichtliches Verfahren, bei dem für eine bestimmte Art des Beweises (vor allem durch Augenschein und Zeugenvernehmung) der Grundsatz der Unmittelbarkeit der → Beweisaufnahme eingeschränkt wird. Dabei wird zwischen einvernehmlichem Beweissicherungsverfahren und streitschlichtendem B. unterschieden. Zulässig ist das selbständige B., wenn der Gegner zustimmt oder zu besorgen ist, dass das Beweismittel verloren geht oder seine Benutzung erschwert wird. Beruft sich eine Partei im Prozess auf Tatsachen, über die selbständig Beweis erhoben worden ist, so steht die selbständige Beweiserhebung einer Beweisaufnahme vor dem Prozessgericht gleich.

Lit.: *Ulrich, J.*, Selbständiges Beweisverfahren mit Sachverständigen, 2. A. 2008; *Seibel, M.*, Selbständiges Beweisverfahren, 2013

Beweisverwertung ist die Verwertung des Beweises für die Entscheidung eines Rechtsstreits. Sie ist in der Form der Beweiswürdigung das Ziel der Beweisführung oder Beweisermittlung. Ihr kann im Einzelfall ein Beweisverwertungsverbot entgegenstehen.

Beweisverwertungsverbot ist das → Verbot, → Beweise und Beweisergebnisse für Entscheidungsfindung zu verwerten, die unter Verstoß gegen Gesetzesvorschriften gewonnen worden sind (z. B. § 136a III 2 StPO, § 393 II AO) oder die nur zur → Verfolgung bestimmter → Straftaten berechtigen.

Lit.: *Götting, S.*, Beweisverwertungsverbote, 2001; *Meyer-Mews, H.*, Beweisverwertungsverbote im Strafverfahren, JuS 2004, 39

Beweiswürdigung ist die Bildung der Überzeugung des → Gerichts von der Wahrheit oder Unwahrheit einer Tatsache auf Grund der → Beweisaufnahme. Es gilt der Grundsatz der *freien* B. (§ 286 ZPO, § 261 StPO, § 108 VwGO), doch darf beispielsweise dann, wenn das Erstgericht eine Feststellung auf die Aussagen mehrerer Zeugen stützt, das Berufungsgericht eine hiervon abweichende Feststellung nicht mit der Vernehmung nur eines einzigen der Zeugen begründen. Der Beweis ist geführt, wenn ein so hoher Grad an Wahrscheinlichkeit erreicht ist, dass vernünftigerweise keine Zweifel mehr bestehen (str.). Die Würdigung eines nicht einfachen Sachverhalts erfordert dabei grundsätzlich auch besondere Sachkunde des Würdigenden. Im Strafprozessrecht ist im Zweifel zugunsten ([lat.] in dubio pro) des Angeklagten zu entscheiden. Im Zivilprozess kommt es auf die → Beweislast an.

Lit.: *Schneider, E.*, Beweis und Beweiswürdigung, 5. A. 1994; *Balzer, C.*, Beweisaufnahme und Beweiswürdigung, 2001; *Hohlweck, M.*, Die Beweiswürdigung, JuS 2002, 1105; *Deppenkemper, G.*, Beweiswürdigung als Mittel prozessualer Wahrheitserkenntnis, 2004

Bewertung ist die Ermittlung des Werts eines Gegenstands oder einer Leistung. Im Steuerrecht bestehen mehr oder weniger feste Regeln für die B. (§ 6 I EStG, Bewertungsgesetz), wobei von den An-

schaffungskosten oder Herstellungskosten auszugehen ist, von denen die Absetzung für Abnutzung
abzuziehen ist. Im Handelsrecht ist bei der B. der im
Jahresabschluss ausgewiesenen Vermögensgegenstände der Wert im Zeitpunkt der Aufstellung des
→ Inventars oder der → Bilanz zu Grund zu legen
(§§ 252 ff., 279 ff. HGB).

Lit.: *Rössler, R./Troll, M.*, Bewertungsgesetz (Lbl.),
21. A. 2015; *Horschitz, H.*, Bewertungsrecht, Grundsteuer, Erbschaft- und Schenkungsteuer, 17. A. 2010;
Horschitz, H., Bewertungsrecht, 13. A. 2011; *Kreutziger, S./Lindberg, K./Schaffner, M.*, Bewertungsgesetz,
3. A. 2013; Handbuch Erbschaftsteuer und Bewertung,
2013

Bewilligung (z. B. §§ 8 f. WHG) ist im Verwaltungsrecht die Begründung eines subjektiv-öffentlichen
Rechts auf Sondergebrauch (→ Sondernutzung)
einer öffentlichen → Sache. Sie erstreckt sich meist
nur auf eine bestimmte Art der Nutzung und ist
vielfach von besonderen Voraussetzungen abhängig.
Im Sachenrecht (§ 19 GBO) ist B. *einer Eintragung*
in das → Grundbuch die Erklärung des durch die
Eintragung formell Betroffenen (z. B. Veräußerer),
mit der Eintragung einverstanden zu sein. Sie ist
Voraussetzung für eine Eintragung. Die B. ist durch
öffentliche oder öffentlich beglaubigte Urkunden
nachzuweisen (§ 29 GBO). Demgegenüber bedarf
der Nachweis der Berechtigung zur Stellung eines
Antrags nicht dieser Form. → Ausnahme, Erlaubnis

bewusst (Adj.) wissentlich

bewusste Fahrlässigkeit → Fahrlässigkeit, bewusste

Bewusstlosigkeit ist das Fehlen des Bewusstseins.
Die B. schließt im Schuldrecht (§ 827 BGB) wie im
Strafrecht eine (zurechenbare) → Handlung aus.
Eine in der B. abgegebene → Willenserklärung ist
nichtig (§ 105 BGB).

Bewusstsein ist die klare geistige Verfassung oder
auch das Wissen.

Bewusstseinsstörung ist die Störung des Bewusstseins (Bewusstseinstrübung und Bewusstseinsbeein-
trächtigung), bei welcher der Einfluss des normalen
→ Bewusstseins des Handelnden in erheblichem
Maß ausgeschaltet ist. *Tiefgreifende* B. (§ 20 StGB)
ist die B., die das Persönlichkeitsgefüge in schwerwiegender Weise beeinträchtigt. Sie kann im Strafrecht → Schuldunfähigkeit oder verminderte
→ Schuldfähigkeit begründen.

Beziehung ist die Verbindung zu einer Person oder
Sache. *Diplomatische* Beziehung ist die durch diplomatische Vertreter vermittelte Beziehung zwischen
Völkerrechtssubjekten. Die Aufnahme der diplomatischen Beziehungen kann ein Ausdruck für Anerkennung eines → Staates sein.

Bezirk ist der örtliche Zuständigkeitsbereich (z. B.
Regierungsbezirk), dem eine kommunale → Gebietskörperschaft entsprechen kann.

Lit.: *Deutelmoser, A.*, Die Rechtsstellung der Bezirke in
den Stadtstaaten, 2000

Bezirksgericht war bis 1994 in den Gebieten der
ehemaligen Deutschen Demokratischen Republik
das Gericht eines Bezirks, das teilweise Eingangsgericht (z. B. Finanzgerichtsbarkeit, z. T. Strafgerichtsbarkeit), teilweise Rechtsmittelgericht war. In Österreich ist B. das Eingangsgericht für einfachere
Rechtsstreitigkeiten in der ordentlichen Gerichtsbarkeit.

Bezirksnotar ist (bis 1.1.2018) das besondere, für
Beurkundungen zuständige Organ der Rechtspflege
in den ehemals zu Württemberg gehörenden Teilen
→ Baden-Württemberg, das trotz Verbeamtung und
Fehlens eines Rechtsstudiums u. a. Aufgaben eines
→ Notars wahrnimmt, doch nicht der Bundesnotar-
ordnung unterstellt ist. Ein neuer B. kann nicht mehr
bestellt werden.

Bezogener ist die Person, die aus einem → Wechsel
oder → Scheck zahlen soll (Art. 1 WG, Art. 1
ScheckG). Der Bezogene ist an der Ausstellung des
Wertpapiers nicht beteiligt und deswegen durch sie
nicht verpflichtet. Verpflichtet wird der Bezogene
erst durch die → Annahme des Wechsels (Art. 28 I
WG, wohingegen ein Scheck nicht angenommen
werden kann).

Bezugnahme ist der abkürzende Hinweis auf einen
anderen Vorgang.

Lit.: *Fischer*, Bezugnahmen in Tatbeständen und
Schriftsätzen, JuS 1995, 535

Bezugsrecht (§ 186 I 1 AktG) ist das gesetzliche
Recht jedes → Aktionärs auf Zuteilung eines entsprechenden Anteils neuer → Aktien. Es besteht nur
bei Neuausgabe von Aktien, auf die jedoch § 186
AktG keinen Anspruch gibt. Das B. kann ausgeschlossen sein.

Lit.: *Bagel, F.*, Der Ausschluss des Bezugsrechts in
Europa, 1999; *Schumann, A.*, Bezugsrecht, 2001; *Tettinger, P.*, Materielle Anforderungen an den Bezugsrechtsausschluss, 2003

BFH → Bundesfinanzhof

BGH → Bundesgerichtshof

Bibliographie ist das Verzeichnis von Büchern und
anderen Druckwerken.

Lit.: Deutsche Bibliographie (Frankfurt); *Totok/Weit-
zel/Weimann*, Handbuch der bibliographischen Nach-
schlagewerke, 6. A. 1984; Internationale Bibliographie
der Zeitschriftenliteratur aus allen Gebieten des Wissens (IBZ), hg. v. *Zeller, O.*; Jahresverzeichnis der deutschen Hochschulschriften, bearb. v.d. Deutschen Bücherei, Leipzig; Karlsruher juristische Bibliographie
(KJB); *Hoffmann, G.*, Bibliographie der deutschen
Rechtsbibliographien, 1994

Bibliothek ist der sachgemäße Aufbewahrungsort
für Bücher.

Lit.: *Lansky, R.*, Handbuch der juristischen Bibliotheken, 1993

Bibliotheksrecht ist die Gesamtheit der Bibliotheken betreffenden Rechtssätze.

Lit.: *Kirchner, H.,* Grundriss des Bibliotheks- und Do-
kumentationsrechts, 2. A. 1993; *Rösner, H.,* Entscheidungssammlung zum Bibliotheksrecht, 2003

Bienenrecht ist die Gesamtheit der Bienen betref-
fenden besonderen Rechtssätze (§§ 961 ff. BGB).
Lit.: *Schwendner, J.,* Handbuch Bienenrecht, 1989;
Schulz, R., Die historische Entwicklung, 1990

Bierlieferungsvertrag ist der auf die Lieferung von
Bier durch eine Brauerei an einen Gastwirt gerichte-
te Vertrag (→ Dauerschuldverhältnis). Er wird meist
mit der Überlassung von Inventar verknüpft. Eine
Dauer bis zu 15 Jahren wird trotz ihrer Bindungs-
wirkung als unbedenklich angesehen (noch kein
Knebelungsvertrag).
Lit.: *Wahl, F.,* Der Bierlieferungsvertrag, 1993

Bigamie → Doppelehe

Bilanz (§§ 242 ff. HGB, §§ 152 ff. AktG, §§ 4, 5
EStG) ist die zusammengefasste Gegenüberstellung
der aktiven und passiven Werte einer Person, aus
der sich das Verhältnis des → Vermögens und der
→ Schulden (Reinvermögen) ergibt. *Handelsbilanz*
ist eine den Vorschriften des Handelsrechts
(§ 238 ff. HGB), *Steuerbilanz* eine den Vorschriften
des Steuerrechts entsprechende, der Ermittlung der
Bemessungsgrundlagen der Steuer dienende B.
(Ertragsteuerbilanz). Die *Eröffnungsbilanz* wird bei
Beginn des Handelsgewerbes, die *Jahresbilanz* am
Schluss des Geschäftsjahrs errichtet. Gesellschaften
müssen den Jahresabschluss mit Lagebericht im
Bundesanzeiger Deutschlands veröffentlichen.
Lit.: Beck'scher Bilanzkommentar, begr. v. *Budde,* 9. A.
2014; *Wöhe, G/Mock, S.,* Die Handels- und Steuerbi-
lanz, 6. A. 2010; *Kanitz, G. Graf v.,* Bilanzkunde für
Juristen, 3. A. 2014; *Budde u. a.,* Sonderbilanzen, 4. A.
2008

Bilanzrecht ist die Gesamtheit der das Ob und Wie
der Aufstellung einer → Bilanz betreffenden
Rechtssätze. Wesentliche Grundsätze des Bilanz-
rechts sind Klarheit, Vollständigkeit, Wahrheit und
Kontinuität der Bilanz sowie Vorsicht bei ihrer Errichtung. Das B. ist in den §§ 238 ff. HGB ausführ-
lich geregelt. Davon gilt das allgemeine B. für alle
Kaufleute. Die §§ 264 ff. HGB finden nur auf Kapitalgesellschaften (außer GmbH, str.) Anwendung.
Lit.: Beck'scher Bilanzkommentar, hg. v. *Budde, W.
u. a.,* 8. A. 2012; *Asche, M.,* Europäisches Bilanzrecht
und nationales Gesellschaftsrecht, 2007; *Moxter, A.,*
Bilanzrechtsprechung, 6. A. 2007; *Hopt, K./Merkt, H.,*
Bilanzrecht, 2010; *Wiedmann, H./Böcking, H./Gros, M.,*
Bilanzrecht, 3. A. 2014

Bild (Bildnis) ist die auf Dauer angelegte sichtbare
Wiedergabe eines Umstands. Für das herkömmliche
B. gilt die Kunstfreiheit. Jeder Mensch hat ein
grundsätzlich uneingeschränktes Recht (Persönlichkeitsrecht) am eigenen B., das bis zu 10 Jahren nach
seinem Tod von den Angehörigen wahrgenommen
wird.
Lit.: *Temuulen, B.,* Das Recht am eigenen Bild, 2006

Bildung ist die Formung des Menschen durch Auseinandersetzung mit den Gedanken vorbildlicher
anderer Menschen.

Lit.: *Anweiler, O.,* Bildungssysteme in Europa, 4. A.
1996; *Luthe, E.,* Bildungsrecht, 2003

Bildungsverwaltungsrecht
→ Kulturverwaltungsrecht
Lit.: *Böck, M.,* Deutsches Bildungsverwaltungsrecht
und Europa, 1996

Bill of Rights ist das in England 1689 ergangene
Gesetz, das den Bürgern bestimmte Rechte und
Freiheiten gegenüber dem König gewährt. → Vir-
ginia Bill of Rights (12.6.1776)
Lit.: *Köbler, G.,* Zielwörterbuch integrativer europäi-
scher Rechtsgeschichte, 6. A. 2014 (Internet)

billig (Adj.) gerecht
Lit.: *Arzt, G.,* Die Ansicht aller billig und gerecht Denkenden, 1962

Billigkeit (lat. [F.] aequitas) ist die allgemein ein-
sichtige natürliche Gerechtigkeit. Die B. kann u. U.
zur Milderung der Härten des geltenden Rechts
berücksichtigt werden. Dogmatisch erfolgt dies – im
Privatrecht – durch Heranziehung des Grundsatzes
von → Treu und Glauben (§ 242 BGB) sowie im
Schadensersatzrecht auf Grund von § 829 BGB. Im
Steuerrecht können auf Grund der B. unter Umständen → Steuern erlassen, erstattet oder angerechnet
werden (§ 227 AO).
Lit.: *Hoyningen-Huene, G. Frhr. v.,* Die Billigkeit im
Arbeitsrecht, 1978; *Pernice, I.,* Billigkeit und Härteklauseln, 1991

Billigkeitshaftung (Billigkeitsersatzpflicht) (§ 829
BGB) ist im Schuldrecht die aus Gründen der
→ Billigkeit festgelegte → Haftung einer wegen
fehlender → Schuldfähigkeit nicht verantwortlichen
Person für eine von ihr verursachten → Schaden.
Dieser ist insoweit zu ersetzen, als die Billigkeit
nach den Umständen, insbesondere nach den (wirtschaftlichen) Verhältnissen der Beteiligten, eine
Schadloshaltung erfordert und dem Betroffenen
nicht die Mittel entzogen werden, deren er zum
angemessenen → Unterhalte sowie zur Erfüllung
seiner gesetzlichen → Unterhaltspflicht bedarf. Sie
ergänzt die Verschuldenshaftung um Haftung ohne
Verschulden.
Lit.: *Flachsbarth, T.,* Die Billigkeitshaftung, 2007

Bindung ist die Einschränkung der Freiheit durch
eine Verpflichtung.

Bindungswirkung ist die Bindung einer → Behörde oder eines → Gerichts an den Inhalt einer
→ Entscheidung einer anderen Behörde oder eines
Gerichts oder an einen sonstigen Umstand. Sie findet sich vielfach. Insbesondere wirken Entscheidungen des → Bundesverfassungsgerichts nach § 31
BVerfGG allgemein bindend. Das → Revisionsgericht ist grundsätzlich an die tatsächlichen Feststellungen der Vorinstanz, das Untergericht an die
rechtliche Beurteilung durch das Obergericht bzw.
Revisionsgericht gebunden. Die eigene frühere
Entscheidung in derselben oder einer anderen Streitsache bindet ein Gericht grundsätzlich nicht (str.,
beachte § 318 ZPO für die in dem Zivilprozess

ergangenen Zwischenurteile und Endurteile). Dagegen ist das Gericht regelmäßig an die → Anträge der → Parteien gebunden (§ 308 ZPO). Behörden müssen von dem Bestand und dem Inhalt eines bestehenden → Verwaltungsakts ausgehen. Rechtsgestaltende und feststellende Verwaltungsakte binden grundsätzlich auch die Verwaltungsgerichte. Behörden können sich außerdem durch gleichmäßige Entscheidungen eine → Selbstbindung auferlegen.
Lit.: *Lee, B.*, Voraussetzungen der Bindungswirkung, 1999; *Lüke, G.*, Die Bindungswirkung im Zivilprozess, JuS 2000, 1042; *Volzmann, A.*, Die Bindungswirkung von Strafurteilen im Zivilprozess, 2006

Binnenmarkt ist der Markt innerhalb der Grenzen eines einheitlichen Wirtschaftsgebiets (z. B. Europäische Gemeinschaft bzw. Europäische Union) im Gegensatz zum Außenhandelsmarkt.

Binnenschifffahrt ist die Schifffahrt auf Binnenwasserstraßen, für die das Binnenschifffahrtsgesetz vom 8.1.1969 gilt.
Lit.: *Goette, W.*, Binnenschifffahrtsrecht, 1995; Binnenschifffahrtsstraßenordnung, hg. v. *Schmitt, H.*, 2000; *Riedel, E.*, Binnenschifffahrtspolizeirecht, 2003; *Ramming, K.*, Hamburger Handbuch zum Binnenschifffahrtsfrachtrecht, 2009

Bischof (Aufseher) ist im → Kirchenrecht der oberste Geistliche eines größeren kirchlichen Bezirks (Diözese, Landeskirche). Der B. der katholischen Kirche wird vom Papst meist auf Grund einer Wahl durch das Domkapitel ernannt, wobei der Papst u. U. politische Bedenken des jeweiligen Staates zu berücksichtigen hat. Der B. hat im kirchlichen Bereich gesetzgebende und rechtsprechende Gewalt.
Lit.: *Bier, G.*, Die Rechtsstellung des Diözesanbischofs, 2001

BJM → Bundesjustizministerium

BKA → Bundeskriminalamt

Blankett ist die mindestens in einem Punkt (z. B. Leistungszeit, Kaufpreis) unvollständige, vom Aussteller aber unterschriebene → Urkunde, die von dem durch die Begebung als ermächtigt anzusehenden Inhaber abredegemäß vervollständigt werden darf und dadurch wirksam wird.
Lit.: *Wolf, M./Neuner, J.*, Allgemeiner Teil des Bürgerlichen Rechts, 10. A. 2012; *Fischer, G.*, Die Blanketterklärung, 1979

Blankettgesetz ist das mindestens in einem Punkt unvollständige, noch ausfüllungsbedürftige Gesetz (z. B. § 315a I Nr. 2 StGB).
Lit.: *Enderle, B.*, Blankettstrafgesetze, 2000

Blankettmissbrauch ist die abredewidrige Ausfüllung eines Blanketts, bei welcher der Ermächtigende die damit entstehende Erklärung nicht anfechten kann, sondern für den von ihm mitverursachten Rechtsschein einstehen muss.

Blankettvorschrift (→ Blankettgesetz, Blankettverordnung) ist die → Vorschrift, die zwar eine → Rechtsfolge festlegt, die Bestimmung der Vor-

aussetzungen aber anderen Rechtsquellen überlässt (z. B. Ausführungsvorschriften). Sie ist zulässig. Sie muss aber mindestens eine Ermächtigungsvorschrift für die Ausfüllung enthalten.

blanko (Adv.) weiß, unausgefüllt

Blankogeschäft ist das gegenüber einer noch nicht endgültig bestimmten Person vorgenommene oder mit einem noch nicht endgültig bestimmten Inhalt vereinbarte Geschäft, bei dem der Geschäftsgegner regelmäßig die → Ermächtigung erhält, die noch offenen Teile des Geschäfts – innerhalb eines ausdrücklich oder sinngemäß vereinbarten Rahmens – zu bestimmen. Bleibt er nicht im Rahmen der Ermächtigung, so handelt er treuwidrig und kann schadensersatzpflichtig werden. Dritte brauchen die Beschränkung regelmäßig nicht gegen sich gelten zu lassen.
Lit.: *Wimmer-Leonhardt, S.*, Rechtsfragen der Blankourkunde, JuS 1999 L 81

Blankoindossament ist das → Indossament, das die Person des Indossatars (Erwerbers) offen lässt.

Blankounterschrift ist die (grundsätzlich zulässige) Unterschrift unter eine inhaltlich noch nicht endgültig festgelegte Erklärung. Eine B. unter einen Antrag auf Abschluss eines Lebensversicherungsvertrags ist unwirksam. Eine nur mündlich erteilte Ermächtigung zur Ausfüllung einer Blankobürgschaft hat die Nichtigkeit der Bürgschaftserklärung wegen Formmangels zur Folge.

Blankovollmacht ist die inhaltlich nicht bestimmt festgelegte → Vollmacht.
Lit.: *Hofmann, K.*, Vollmachten, 8. A. 2002

Blankowechsel ist der – etwa hinsichtlich der Wechselsumme – noch nicht vollständig ausgefüllte → Wechsel.
Lit.: *Friedrich, M.*, Der unvollständige Wechsel, 1981

Blankozession ist die → Abtretung – mit Abtretungsurkunde –, bei der die Person des neuen → Gläubigers noch nicht endgültig bestimmt ist. Der Empfänger ist ermächtigt, sich selbst oder einen beliebigen Dritten als Neugläubiger – durch Ausfüllung des Blanketts – zu bestimmen. Die B. ist zulässig.
Lit.: *Schmitz, R.*, Die Blankozession, 1973

Blasphemie (F.) Gotteslästerung

Bleiberecht ist das Recht, an einem Ort zu bleiben. Ein → Ausländer kann ein B. in Deutschland haben. Verzögert er nach Ablehnung eines Asylantrags seine Ausreise missbräuchlich, hat er kein B. in Deutschland mehr.
Lit.: *Renner, G.*, Ausländerrecht, 10. A. 2013

Blockade ist die Absperrung eines Gebiets gegenüber anderen Gebieten. Sie ist (unter Staaten) nur zulässig, sofern sie dem → Völkerrecht nicht widerspricht. Blockadebrecher können festgenommen werden.

Lit.: *Berghaus, M.*, Rechtsprobleme der Betriebsbesetzung und der Betriebsblockade, 1989

Blockwahl ist die → Wahl, bei welcher der Wähler in einem einheitlichen Wahlvorgang ebenso viele Kandidaten wählen muss wie Stellen durch die Wahl zu besetzen sind.
Lit.: *Schmidt, R.*, Das Blockwahlsystem in der SPD, 1970

Blutalkohol ist der Alkohol im Blut eines Menschen bzw. der Alkoholgehalt des Blutes eines Menschen. Das Führen eines Kraftfahrzeugs im → Straßenverkehr mit einem Blutalkoholgehalt von 0,5 Promille (Gefahrengrenzwert) oder mehr ist rechtswidrig (§ 24a StVG) und mit Fahrverbot sowie Geldbuße bedroht. Das Führen von Fahrzeugen nach Genuss alkoholischer Getränke kann strafbar sein. Radfahrer werden ab einem Blutalkoholgehalt von 1,6 Promille als fahruntauglich angesehen. → Fahruntüchtigkeit
Lit.: *Riemenschneider, S.*, Fahrunsicherheit oder Blutalkoholgehalt, 2000

Blutprobe ist die geringe Menge Blut sowie die Entnahme von geringen Mengen Blutes zur Untersuchung des Blutes. Sie ist besonders bedeutsam im Strafverfahrensrecht, in dem sie der Ermittlung des Gehalts an → Blutalkohol eines Menschen dient, von dem aus auf die Fahrtüchtigkeit geschlossen wird. Sie ist nach den §§ 81a, 81c StPO grundsätzlich auch zwangsweise zulässig, muss aber durch einen Arzt durchgeführt werden. Im Zivilprozessrecht ist die B. zulässig, soweit dies zur Feststellung der Abstammung einer Person erforderlich ist (§ 372a ZPO).
Lit.: *Humbert, H.*, Injektionen und Blutentnahmen, 2002; *Kraft, A.*, Die Blutentnahme nach § 81a StPO, JuS 2011, 591

Blutrache ist im älteren Recht die (erlaubte) eigenmächtige Vergeltung einer Verletzung durch eine neue Verletzung (Selbsthilfe), die schon früh durch das sich erweiternde Gewaltmonopol des entstehenden Staats zurückgedrängt wird (1495 ewiger Landfriede). → Fehde
Lit.: *Köbler, G.*, Zielwörterbuch integrativer europäischer Rechtsgeschichte, 6. A. 2014 (Internet)

Blutschande (Inzest) (§ 173 StGB) ist der → Beischlaf zwischen nahen leiblichen → Verwandten (leibliche Abkömmlinge, leibliche Verwandte aufsteigender Linie, leibliche Geschwister). Die Tat wird mit Freiheitsstrafe bis zu drei Jahren oder mit Geldstrafe bestraft. Abkömmlinge und Geschwister werden nicht nach § 173 StGB bestraft, wenn sie zur Zeit der Tat noch nicht 18 Jahre alt waren.

Boden ist die obere Schicht der Erdkruste. § 2 BBodSchG zählt die flüssigen Bestandteile (Bodenlösung) und die gasförmigen Bestandteile (Bodenluft) ohne Grundwasser und Gewässerbette zum B. hinzu. Der B. wird rechtlich durch das Bodenschutzgesetz geschützt.

Bodenaltertum ist der vorgeschichtlich oder geschichtlich bedeutsame Gegenstand auf oder in einem → Grundstück. Nach Landesgesetzen (Art. 109 EGBGB) besteht für das Graben nach Bodenaltertümern eine Erlaubnispflicht und für Funde von Bodenaltertümern eine Anzeigepflicht. Privatrechtlich ist das B. → Schatz (§ 984 BGB).

Bodenbefreiung ist die Lösung der → Grundstücke der → Bauern aus den grundherrschaftlichen Abhängigkeitsverhältnissen zu Beginn des 19. Jahrhunderts.
Lit.: *Köbler, G.*, Deutsche Rechtsgeschichte, 6. A. 2005

Bodenkredit ist das → Darlehen (Kredit), das durch ein Grundstück oder mehrere Grundstücke abgesichert ist (vgl. §§ 1113 ff. BGB, Realkredit). Der B. wird von besonderen privatrechtlich oder öffentlich-rechtlich organisierten Bodenkreditinstituten gewährt, welche die erforderlichen Darlehensmittel durch die Ausgabe von → Pfandrechten beschaffen. Die wichtigsten Sicherungsmittel sind → Grundschuld und → Hypothek.
Lit.: *Bonhage, B.*, Schweizerische Bodenkreditanstalt, 2001

Bodenordnung ist die rechtliche Ordnung der Nutzung von → Grundstücken im Sinne der in den → Bauleitplänen aufgestellten städtebaulichen Ziele.
Lit.: *Fröhler, L.*, Bodenordnung und Planungsrecht, 1990; *Nebgen, A.*, Bodenordnung im ländlichen Raum, 2003

Bodenrecht ist die Gesamtheit der → Grundstücke betreffenden Rechtssätze des privaten Rechts und öffentlichen Rechts.
Lit.: *Ernst, W.*, Das öffentliche Bau- und Bodenrecht, Raumplanungsrecht, 2. A. 1981

Bodenreform ist die Änderung des Inhalts oder der Verteilung des Rechtes an → Grundstücken.
Lit.: *Köbler, G.*, Deutsche Rechtsgeschichte, 6. A. 2005; *Dornheim, A.*, Bodenreform 1945–1952, 2001

Bodenschatz (§§ 3ff. BBergG) ist der im Boden enthaltene mineralische Rohstoff (außer Wasser) und das im Boden enthaltene Gas. Die Bodenschätze stehen teils im Eigentum des Grundstückseigentümers. Grundsätzlich gilt das → Bergrecht für sie.
Lit.: *Schulte, H.*, Raumplanung und Genehmigung bei der Bodenschätzegewinnung, 1996; Handbuch Recht der Bodenschätzegewinnung, hg. v. *Müller, W. u. a.*, 2000

Bodenschutz ist der Schutz des Bodens gegen schädliche Umwelteinflüsse. Ziel des → Bundesbodenschutzgesetzes (vom 17.3.1998) ist es insbesondere, schädliche Bodenveränderungen abzuwehren und Vorsorge gegen nachteilige Einwirkungen auf den Boden zu treffen. Erhöht sich der Verkehrswert eines Grundstücks durch eine Maßnahme eines Hoheitsträgers, so hat der Eigentümer einen Wertausgleich an den Kostenträger zu leisten.
Lit.: *Brückmann, B.*, Bodenschutz in der Europäischen Union, 1994; *Feldwisch, N.*, Gebietsbezogner Bodenschutz, 2003

Bodenverkehrsgenehmigung ist die Genehmigung bestimmter Rechtshandlungen, welche die planmäßige Bebauung eines → Grundstücks erschweren oder vereiteln oder auf eine planwidrige Bebauung abzielen.

Lit.: *Simon, A./Borries, R. v.*, Die Genehmigungsfiktion im Bodenverkehrsrecht, NJW 1968, 1759; *Vorwerk, M.*, Die Bodenverkehrsgenehmigung, 1972

Bona fides (F.) ([lat.] gute Treue) ist im römischen Recht ursprünglich die Verpflichtungsgrundlage bestimmter Verbindlichkeiten, dann ein Maßstab für das Schuldverhältnis überhaupt (bona fide, in guter Treue) und schließlich Grundlage des guten → Glaubens.

Lit.: *Söllner, A.*, Römische Rechtsgeschichte, 5. A. 1996

Bonitarisch ist im römischen Recht die (sachenrechtliche oder erbrechtliche) Stellung, die nur durch die Anerkennung seitens des → Prätors geschützt ist und in Gegensatz zu zivil oder quiritisch (d. h. nach dem [lat.] ius civile sich ergebend[er Rechtsstellung]) steht (z. B. bei Eigentum oder Erbrecht).

Lit.: *Kaser, M.*, Römisches Privatrecht, 20. A. 2014

Bonität (F.) Güte

Bonus (M.) Gutschrift

Bordell ist das auf Gewinnerzielung gerichtete Unternehmen, dessen Inhaber mehrere von ihm abhängige Menschen (meist Frauen) zur → Prostitution bereithält. Das Unterhalten oder Leiten eines Bordells oder bordellartigen Betriebs ist als Förderung der Prostitution strafbar (§ 180a StGB). Die Prostitution wird mehr und mehr als zulässiges und damit steuerpflichtiges Gewerbe anerkannt.

Lit.: *Domentat, T.*, Lass dich verwöhnen, 2003; *Paulus, M.*, Frauenhandel und Zwangsprostitution, 2003

Börse (zu griech. byrsa Haut) ist der regelmäßig an bestimmtem Ort zu bestimmter Zeit stattfindende besondere Markt für vertretbare Sachen (→ Waren und → Wertpapiere). Auf der B. werden Angebot und Nachfrage zusammengeführt und durch bestimmte Festsetzung von Preisen seitens des Börsenvorstands in größtmöglichem Umfang ausgeglichen. Börsengeschäfte sind Kassageschäfte (Erfüllung alsbald) oder Börsentermingeschäfte (Erfüllung zu späterem Termin). Das Recht der B. ist im Börsengesetz geregelt. Die Errichtung einer B. bedarf staatlicher Genehmigung (§ 1 BörsG).

Lit.: *Claussen, C.*, Bank- und Börsenrecht, 5. A. 2014; *Schanz, K.*, Börseneinführung, 5. A. 2014; *Lepczyk, D.*, Schwerpunktbereich – Einführung in das Börsenrecht, JuS 2007, 985

Börsengesetz ist das das Recht der Börsengeschäfte regelnde Gesetz.

Lit.: *Schwark, E.*, Kapitalmarktrechtskommentar, 4. A. 2010

böser Glaube → Bösgläubigkeit

Bösgläubigkeit ([lat.] mala fides [F.]) ist regelmäßig das Wissen oder grobfahrlässige Nichtwissen um

einen rechtlich bedeutsamen Umstand. Nach § 932 II BGB schließt B. hinsichtlich des fehlenden Eigentums des Veräußerers den (gutgläubigen) → Erwerb des → Eigentums an einer beweglichen → Sache von einem Nichtberechtigten aus. Ähnliches gilt für andere Fälle des gutgläubigen Erwerbs. Beim Erwerb eines Grundstücksrechts schadet grundsätzlich nur positive Kenntnis des Fehlens der Berechtigung (§ 892 BGB).

Lit.: *Westermann, H.*, Die Grundlagen des Gutglaubensschutzes, JuS 1963, 1

Bote ist der Mensch, der für einen anderen ohne eigene Willensbildung eine Erklärung empfängt (Empfangsbote) oder abgibt (Erklärungsbote). Der B. (ersetzt nur einen Brief und) kann geschäftsunfähig sein. Er ist deshalb streng vom → Vertreter (→ Stellvertreter) zu unterscheiden und bei Auftreten als Vertreter grundsätzlich als Vertreter ohne Vertretungsmacht zu behandeln. Der → Irrtum (Übermittlungsirrtum) des Erklärungsboten kann nach den §§ 120, 119 BGB ein Anfechtungsrecht seines Geschäftsherrn begründen.

Lit.: *Barcaba, D.*, Der Empfangsbote, 2002; *Hanloser, S.*, Stellvertretung und Botenschaft, 2004

Botschafter → Gesandter

Boykott ist die Ächtung von → Arbeitgebern oder → Arbeitnehmern durch die jeweils andere Seite, die alle Rechtsbeziehungen zu dem Geächteten ablehnt und ihm damit die Möglichkeit der Teilnahme am Arbeitsleben nimmt. Auch das Wettbewerbsrecht kennt den B. Der B. kann u. U. rechtswidrig sein und → Schadensersatzansprüche (§§ 823 I, 826 BGB, § 3 UWG) oder ausnahmsweise auch Strafbarkeit begründen (§§ 16 ff. UWG).

Lit.: *Bergerhoff, M.*, Nötigung durch Boykott, 1998; *Beisenwenger, R.*, Der nichtwettbewerbliche Boykott, 1998

Brandenburg ist seit 3.10.1990 das zwischen Mecklenburg-Vorpommern, Sachsen-Anhalt, Sachsen und Polen gelegene, Berlin umschließende Land der Bundesrepublik Deutschland. Seine Verfassung stammt vom 20.8.1992. Sein Verwaltungsaufbau ist zweistufig.

Lit.: *Köbler, G.*, Historisches Lexikon der deutschen Länder, 7. A. 2007; Landesrecht Brandenburg, hg. v. *Brünneck, A. v.*, 18. A. 2014; Staatshandbuch, 2012

Brandstiftung (§ 306 StGB) ist das Inbrandsetzen oder durch Brandlegung ganze oder teilweise Zerstören besonders genannter Gegenstände, die fremdes → Eigentum sind. Qualifizierte Fälle der B. sind schwere B. (§ 306a StGB, beachte § 306a II StGB, der auch nichtfremde Sachen erfasst) und besonders schwere B. (§ 306b StGB). Strafbar sind auch fahrlässige B. (§ 306d StGB) und Herbeiführen einer Brandgefahr (§ 306f StGB). Möglich ist tätige Reue des Täters (§ 306e StGB).

Lit.: *Liesching, P.*, Die Brandstiftungsdelikte, 2002

Brauch ist das tatsächlich innerhalb einer Personenmehrheit geübte Verhalten (z. B. Austausch von Eheringen unter Eheleuten, Silvesterfeuerwerk, Leichenschmaus). Der B. unterscheidet sich vom

→ Recht dadurch, dass er keine rechtliche, sondern nur eine sonstige gesellschaftliche Sollensnorm enthält. Aus dem B. kann Recht werden (→ Gewohnheitsrecht), Recht kann den B. beeinflussen. Der B. kann zur rechtlichen Bewertung eines Verhaltens herangezogen werden. Ein Sonderfall des Brauches ist der → Handelsbrauch (§ 346 HGB).

Braut ist im frühmittelalterlichen deutschen Recht die neuvermählte junge Frau, später die Verlobte.
Lit.: *Köbler, G.,* Zielwörterbuch integrativer europäischer Rechtsgeschichte, 6. A. 2014 (Internet)

Bremen ist das von Niedersachsen eingeschlossene, B. und Bremerhaven umfassende → Bundesland (Freie Hansestadt B.). Seine Landesverfassung stammt vom 21.10.1947. Seine Organe sind → Bürgerschaft und → Senat.
Lit.: *Köbler, G.,* Historisches Lexikon der deutschen Länder, 7. A. 2007; *Neumann,* Die Verfassung der Freien Hansestadt Bremen, 1996; Sammlung des bremischen Rechts, hg. v. *Schefold, D.,* 11. A. 2005

Brevi manu traditio (F.) ([lat.] Übergabe kurzer Hand) (§ 929 S. 2 BGB) ist der Name einer besonderen Art der → Übereignung beweglicher → Sachen, die voraussetzt, dass der Erwerber bereits im → Besitz der Sache ist, so dass die Einigung über den Eigentumsübergang zur Übereignung genügt und eine (tatsächliche) Übergabe der Sache als nicht mehr erforderlich ausscheidet. → longa manu traditio

Brief ist die kurze schriftliche Mitteilung (eines Menschen an einen andern) bzw. in der Rechtsgeschichte vielfach die Urkunde. Die Beförderung von Briefen bis 200 Gramm Gewicht und bis zum fünffachen Porto eines Standardbriefs ist nach dem Postgesetz (befristet) nur der Deutschen Post AG erlaubt, doch sind für qualitativ höherwertige Dienste (z.B. tagelgeiche Zustellung) auch andere Unternehmer zugelassen. Der Absender eines Briefes darf darauf vertrauen, dass die für den Normalfall der Beförderung festgelegten Postlaufzeiten eingehalten werden.
Lit.: *Hadamek, R.,* Art. 10 GG und die Privatisierung der Deutschen Bundespost, 2002

Briefgeheimnis (Art. 10 GG) ist im Verfassungsrecht die die Tatsache und den Inhalt von → Briefen schützende Geheimhaltungspflicht der Staatsorgane und Beförderungspersonen. Das B. ist unverletzlich. Im Strafrecht ist die Verletzung des Briefgeheimnisses strafbar (§ 202 StGB, Freiheitsstrafe bis zu 2 Jahren oder Geldstrafe). → Korrespondenzgeheimnis
Lit.: *Riegel, R.,* Gesetz zur Beschränkung des Brief-, Post-, und Fernmeldegeheimnisses, 1997; *Groß, T.,* Brief-, Post- und Fernmeldegeheimnis, 2000

Briefgrundschuld ist die durch Erteilung eines Grundschuldbriefs verkehrsfähig gestaltete → Grundschuld.
Lit.: *Hempen, K.,* Die Briefgrundschuld, 1938

Briefhypothek ist die durch Erteilung eines → Hypothekenbriefs verkehrsfähig gestaltete → Hypo-

thek. Sie entsteht nach § 1116 I BGB bei der Bestellung einer Hypothek, wenn die Erteilung eines Hypothekenbriefs nicht besonders ausgeschlossen wird. Die B. wird (auf der Grundlage eines Verpflichtungsgeschäfts) grundsätzlich durch schriftliche Forderungsabtretung (gemäß §§ 398 ff. BGB) und Übergabe des Hypothekenbriefs übertragen (§ 1154 I BGB).

Briefmarke ist das als Quittung für vorausgezahlte Postbeförderungsgebühr verkaufte aufklebbare Wertzeichen. Die B. ist Inhaberpapier (Josef Kohler, § 807 BGB), wobei streitig ist, ob sie amtliches → Wertzeichen (§ 148 StGB) ist. Rechtstatsächlich wurden am 21.9.1847 die ersten (blauen) Briefmarken der britischen Kronkolonie Mauritius ausgegeben, deren beide Exemplare für 1 Penny und 2 Pence 1993 für etwa 5 Millionen Euro versteigert wurden.
Lit.: *Weipert, S.,* Die Rechtsnatur der Briefmarke, Diss. jur. Kiel 1996; *Bohnert, J.,* Briefmarkenfälschung, NJW 1998, 2879

Briefrecht ist das durch Erteilung eines Briefes (Urkunde) verkehrsfähig gestaltete → Grundpfandrecht (Briefhypothek, Briefgrundschuld).

Briefwahl ist die nach den Wahlgesetzen – bei nicht überprüftem Vorliegen bestimmter Gründe auf Antrag mögliche – Stimmabgabe in der Form der Zusendung des ausgefüllten Stimmzettels seitens des Wählers an die Wahlbehörde durch die Post zwecks Einschränkung der steigenden Zahl der Nichtwähler. Sie ist seit 2007 auch in Österreich im Inland möglich.
Lit.: *Dujmovits, W.,* Briefwahl, 2001 (Österreich)

Bringschuld ist die → Schuld, bei der (ausnahmsweise) der → Handlungsort des Schuldners und (auch → Erfolgsort) der Ort des Wohnsitzes des Gläubigers ist (z.B. Heizöllieferung). Gegensatz hierzu ist sowohl die → Schickschuld (z.B. Geldschuld) wie auch die (regelmäßige) → Holschuld. Bedeutung hat die Unterscheidung für den → Leistungsinhalt, die → Konkretisierung und damit die Rechtsfolgen beim Untergang von Gegenständen.
Lit.: *Köbler, G.,* Schuldrecht, 2. A. 1995; *Bernhard, J.,* Holschuld, Bringschuld, JuS 2011, 9

Bruchteilsgemeinschaft → Gemeinschaft
Lit.: *Dietz, G.,* Offene Fragen der Bruchteilsgemeinschaft, 2002

brutto (Adv.) roh

Brutto für netto ist die Preisklausel, die bestimmt, dass der Kaufpreis nach dem Bruttogewicht der → Ware einschließlich der Verpackung berechnet wird.

BSG → Bundessozialgericht

Buchersitzung → Ersitzung (des Grundstückseigentums durch den im Grundbuch zu Unrecht Eingetragenen)
Lit.: *Bauer, K.,* Ersitzung und Bereicherung, 1988

Buchführung ist die systematische, lückenlose Aufzeichnung von Vermögensgegenständen und Geschäftsvorgängen auf Grund von Belegen. Sie ermöglicht den Überblick und die Überwachung. Nach § 238 HGB ist zur B. der → Kaufmann verpflichtet. Seine B. hat den Grundsätzen ordnungsmäßiger B. zu folgen. Das Steuerrecht erweitert die Buchführungspflicht (§§ 140 ff. AO, § 22 UStG u. a.).

Lit.: *Wuttke, R./Weidner, W.*, Buchführungstechnik und Bilanzsteuerrecht, 16. A. 2012; *Wolf, N.*, Grundlagen der Buchführung für Juristen, JuS 2012, 486

Buchgeld ist das rechtlich in einer – in vereinfachter Form verfügbaren – Forderung gegen ein Geldinstitut bestehende → Geld (z. B. Verwendung von Bankguthaben zur bargeldlosen Zahlung).

Lit.: *Münch, C.*, Das Giralgeld, 1990

Buchhypothek (§ 1116 II BGB) ist die → Hypothek, bei der die Erteilung eines → Hypothekenbriefs ausgeschlossen ist.

Buchversitzung → Versitzung (des Grundstücksrechts infolge rechtswidriger Löschung oder Nichteintragung eines Rechtes im Grundbuch)

Buchwert ist der Wert, mit dem ein Vermögensgegenstand in Büchern und → Bilanzen eingetragen ist. Er ergibt sich vor allem aus den Anschaffungskosten und Herstellungskosten abzüglich der → Abschreibung (Absetzung für Abnutzung). In Betracht kommt auch der gemeine Wert.

Lit.: *Richter, B.*, Die Abfindung ausscheidender Gesellschafter, 2002

Budget (N.) → Haushaltsplan, → Haushalt

Budgetrecht ist objektiv die Gesamtheit der das → Budget betreffenden Rechtssätze und subjektiv das Recht, den → Haushaltsplan des → Staates in → Einnahmen und → Ausgaben verbindlich festzustellen. Das subjektive B. steht dem Parlament zu. Dieses übt es durch formelles Gesetz (Haushaltsgesetz) aus.

Lit.: *Birk, D.*, Das Budgetrecht des Parlaments, 2002

Bulgarien ist der zwischen Schwarzem Meer, Rumänien, Serbien, Mazedonien, Griechenland und der Türkei gelegene südosteuropäische Staat, der seit 2007 Mitglied der Europäischen Union ist.

Lit.: *Schily, D.*, Bulgarien, 2003; *Köbler, G.*, Rechtsbulgarisch, 2007

Bulle (lat. bulla [F.] Siegelkapsel, Siegel, Urkunde mit Siegel) ist (im Kirchenrecht) das (in feierlicher Form ergehende,) besonders wichtige (gesiegelte) päpstliche (u. a. *Goldene* B. ein wichtiges Gesetz des Heiligen römischen Reiches, das z. B. die Unteilbarkeit der Kurfürstentümer festsetzt, 1356).

Lit.: *Köbler, G.*, Deutsche Rechtsgeschichte, 6. A. 2005

Bulletin (N.) Bericht, Verlautbarung

Bund ist die künstliche Verbindung oder der künstliche Zusammenschluss mehrerer ursprünglich selbständiger Einheiten. Das Völkerrecht kennt den Zusammenschluss von Staaten zu einem → Staatenbund. Nach dem Verfassungsrecht eines → Bundesstaats ist B. der Oberstaat im Gegensatz zu den ihn bildenden Ländern (Gliedstaaten). Der B. hat zahlreiche eigene Organe, Aufgaben und Befugnisse. Abgekürzt wird auch der Oberstaat der Bundesrepublik → Deutschland als B. benannt.

Lit.: *Zippelius, R.*, Allgemeine Staatslehre, 16. A. 2010

Bundesagentur ist eine neuere, Modernisierung verheißende Bezeichnung für das einzelne frühere Bundesamt bzw. die frühere einzelne Bundesanstalt (z. B. 1. Januar 2004 Bundesagentur für Arbeit als Körperschaft des öffentlichen Rechts).

Bundesamt ist die als Amt bezeichnete → Bundesoberbehörde der unmittelbaren Bundesverwaltung für ein bestimmtes Sachgebiet (z. B. B. für Verfassungsschutz, Bundeskriminalamt, Bundeskartellamt, B. für Bauwesen, Bundesoberseeamt, B. für Finanzen, B. für Güterverkehr, B. für Kartographie, B. für Agrarbiologie, B. für Energiewirtschaft, B. für Migration und Flüchtlinge, Kraftfahrtbundesamt, Bundesausgleichsamt, Statistisches B. usw.). Das zum 1. Januar 2007 mit etwa 500 Beschäftigten eingerichtete B. für Justiz in Bonn ist zuständig für die Aufgaben des Bundes auf dem Gebiet des Registerwesens, des internationalen Rechtsverkehrs, der Verfolgung und Ahndung von Ordnungswidrigkeiten, des Verkündungswesens und Bekanntmachungswesens, die allgemeine Justizverwaltung, die Rechtshilfe in Zivilsachen und Strafsachen und die Vollstreckungshilfe. In ihm arbeitet die Mehrzahl der Beamten, die das Bundesjustizministerium bei seinem Wechsel nach Berlin in Bonn zurückgelassen hat.

Bundesangestelltentarifvertrag (BAT) war die tarifrechtliche Regelung des Arbeitsrechts für → Angestellte des öffentlichen → Dienstes (in Deutschland 1999 rund 3 000 000 Angestellte des öffentlichen Dienstes) (zum 1.10.2005 durch den → Tarifvertrag für den öffentlichen Dienst ersetzt).

Bundesanstalt ist entweder die als Anstalt bezeichnete → Bundesoberbehörde der unmittelbaren Bundesverwaltung für ein bestimmtes Sachgebiet (z. B. Bundesarchiv, Bundeswehrhochschule) (*unselbständige* B.) oder die als Anstalt bezeichnete selbständige (bundesunmittelbare) juristische → Person (→ Anstalt oder → Körperschaft) des öffentlichen Rechtes als Einrichtung der mittelbaren Bundesverwaltung (Bundesagentur für Arbeit als Anstalt, Bundesbank, Physikalisch-Technische B., B. für Materialprüfung, B. für Landwirtschaft und Ernährung, B. für Post und Telekommunikation).

Bundesanwaltschaft (§ 142 GVG) ist die → Staatsanwaltschaft bei dem → Bundesgerichtshof sowie der Vertreter des öffentlichen Interesses bei dem → Bundesverwaltungsgericht (2011 rund 250 Beschäftigte).

Bundesanzeiger ist das amtliche Verkündungsblatt des → Bundes für → Satzungen, → Verträge, → Verwaltungsvorschriften und andere Bekanntmachungen.

Lit.: Bundesanzeiger Gesamtverzeichnis (Elektronische Ressource) 1996

Bundesarbeitsgericht (BAG) (§§ 40 ff. ArbGG) in Erfurt ist das oberste → Gericht des → Bundes in Streitigkeiten auf dem Gebiet des → Arbeitsrechts. Die Senate sind mit drei Berufsrichtern und zwei ehrenamtlichen Richtern besetzt.

Lit.: *Hueck, A./Nipperdey, C./Dietz, R.*, Rechtsprechung des Bundesarbeitsgerichts, 1993 ff.; *Weinmiller, G.*, Das Bundesarbeitsgericht in Erfurt, 2002; 50 Jahre Bundesarbeitsgericht, hg. v. *Oetker, H. u. a.*, 2004

Bundesaufsicht ist die Aufsicht des → Bundes über die → Länder (Art. 84 GG).

Lit.: *Tschentscher, T.*, Bundesaufsicht in der Bundesauftragsverwaltung, 1992

Bundesaufsichtsamt ist die selbständige nachgeordnete → Bundesbehörde mit der Aufgabe der Beaufsichtigung eines bestimmten Sachgebiets (z. B. Bundesanstalt für Finanzdienstleistungsaufsicht).

Bundesauftragsverwaltung (Art. 85 GG) ist die Ausführung der Bundesgesetze durch die Bundesländer im Auftrag des Bundes. → Auftragsangelegenheit

Lit.: *Loschelder, F.*, Die Durchsetzbarkeit von Weisungen in der Bundesauftragsverwaltung, 1998

Bundesausbildungsförderungsgesetz
→ Ausbildungsförderung

Lit.: Bundesausbildungsförderungsgesetz, hg. v. *Ramsauer, U.*, 31. A. 2013; *Ramsauer, U./Stallbaum, M./Sternal*, Mein Recht auf BAFöG, 4. A. 2003; *Ramsauer, U/Stallbaum, M.*, Bundesausbildungsförderungsgesetz, 5. A. 2014

Bundesautobahn → Autobahn

Bundesbahn (DB) war bis zum (Gesetz vom 20.12.1993 bzw. bis zum) 31.12.1993 die Gesamtheit der (stark defizitär wirtschaftenden) bundeseigenen → Eisenbahnen, die vom Bund als nicht voll rechtsfähiges → Sondervermögen mit eigener Wirtschafts- und Rechnungsführung verwaltet wurde (§ 1 BundesbahnG). Zum 1.1.1994 wurde der hoheitliche Bereich vom unternehmerischen Bereich getrennt. Für das vereinigte nicht rechtsfähige Sondervermögen der B. und der Reichsbahn (der ehemaligen Deutschen Demokratischen Republik) nehmen das → Bundeseisenbahnvermögen (z. B. für Personal und Liegenschaften) und das Eisenbahnbundesamt (u. a. Planung von Bauvorhaben) hoheitliche Tätigkeiten wahr. Die Betriebsaufgaben führt die privatwirtschaftlich organisierte, gleichfalls eher defizitär arbeitende Deutsche Bahn AG aus. Nach Art. 87e GG wird die Eisenbahnverkehrsverwaltung für Eisenbahnen des Bundes in bundeseigener Verwaltung geführt, doch können Aufgaben der Eisenbahnverkehrsverwaltung den Ländern als eigene Angelegenheiten übertragen werden. Die Eisenbahnen des Bundes in privatwirtschaftlicher Form führenden Wirtschaftsunternehmen stehen im Eigentum des Bundes, soweit die Tätigkeit des Wirtschaftsunternehmens den Bau, die Unterhaltung und das Betreiben von Schienenwegen umfasst. Der Bund gewährleistet, dass dem Wohl der Allgemeinheit beim Ausbau und Erhalt des Schienennetzes sowie bei den Verkehrsangeboten Rechnung getragen wird (Art. 87e GG). → Bundeseisenbahnvermögen

Bundesbank (in Frankfurt am Main) ist die für den Bankbereich zuständige bundesunmittelbare juristische → Person des öffentlichen Rechts (§ 2 BundesbankG). Sie unterhält (9) Hauptverwaltungen in . den (16) Bundesländern. Organ ist der Vorstand. Mit Beginn der Europäischen Währungsunion ist die B. als Zentralbank der Bundesrepublik Deutschland Bestandteil des Systems Europäischer Zentralbanken. Sie ist an Leitlinien und Weisungen der die Geldpolitik in der Europäischen Währungsunion bestimmenden Europäischen Zentralbank gebunden. Sie darf die deutsche Wirtschaftspolitik nur insoweit unterstützen, wie es mit ihren Aufgaben im Rahmen des europäischen Zentralbankensystems vereinbar ist.

Lit.: *Marsh, D.*, Die Bundesbank, 1992; *Shkoutov, S.*, Die rechtliche Unabhängigkeit der Deutschen Bundesbank, 2003 (Diss. Saarbrücken)

Bundesbeamtengesetz s. Bundesbeamter

Bundesbeamter (§ 2 I BBG) ist der → Beamte des → Bundes (*unmittelbarer* B.) oder einer bundesunmittelbaren → Körperschaft, → Anstalt oder → Stiftung (*mittelbarer* B.). → Beamtenrecht

Lit.: Bundesbeamtengesetze (Lbl.), 48. A. 2009; *Battis, U.*, Bundesbeamtengesetz, 4. A. 2009

Bundesbeauftragter ist der zur Ausführung einer Aufgabe des Bundes besonders bestellte Mensch (z. B. B. für den → Datenschutz).

Lit.: *Flanderka, F.*, Der Bundesbeauftragte für den Datenschutz, 1988

Bundesbehörde ist die → Behörde des Gesamtstaats Deutschlands im Gegensatz zu den Landesbehörden. Sie ist entweder *oberste* B. (z. B. Ministerium), → Bundesoberbehörde (z. B. Bundesanstalt, Bundesamt [z. B. für Wehrverwaltung, für Wehrtechnik und Beschaffung]) oder bundeseigene Mittelbehörde (z. B. Wehrbereichsverwaltung) oder Unterbehörde (z. B. im auswärtigen Dienst, in der Wehrverwaltung [z. B. Kreiswehrersatzamt, Standortverwaltung] oder in der Finanzverwaltung).

Bundesberggesetz ist das das → Bergrecht regelnde Bundesgesetz vom 13.8.1980.

Lit.: *Heller, W.*; Bundesberggesetz, 13. A. 2009

Bundesbesoldungsgesetz

Lit.: *Reich, Andreas/Preißler, Ulrike*, Bundesbesoldungsgesetz, 2014

Bundesbodenschutzgesetz ist das den → Bodenschutz betreffende Bundesgesetz.

Lit.: *Bickel, C.*, Bundesbodenschutzgesetz, 4. A. 2004; *Versteyl/Sondermann*, Bundesbodenschutzgesetz, 2. A. 2005

Bundesdatenschutzgesetz ist das den → Datenschutz regelnde Bundesgesetz vom 20.12.1990 (Neufassung 14.1.2003).
Lit.: *Simitis, S. u.a.*, Kommentar zum Bundesdatenschutzgesetz, 8. A. 2014; *Gola, P./Schomerus, R.*, Bundesdatenschutzgesetz, 12. A. 2015

Bundesdisziplinargesetz ist das das Disziplinarrecht des Bundes neu regelnde, am 9.7.2001 verkündete Gesetz Deutschlands. Es richtet das Disziplinarverfahren nicht mehr an der Strafprozessordnung, sondern an der Verwaltungsgerichtsordnung aus. Es löste das Bundesdisziplinargericht und die Behörde des Bundesdisziplinaranwalts zum 31.12.2003 auf und übertrug die gerichtlichen Verfahren auf die Verwaltungsgerichte der Länder.
Lit.: *Bauschke, H.*, Bundesdisziplinargesetz, 2003; *Schütz, E.*, Disziplinarrecht des Bundes und der Länder, 2007; *Urban, R./Wittkowski, B.*, Bundesdisziplinargesetz, 2011; *Schmiemann*, Disziplinarrecht des Bundes und der Länder dargestellt am Bundesdisziplinargesetz, 8. A. 2015?

bundeseigen (dem Bund gehörig, dem Bund unterstehend)

Bundeseisenbahnvermögen (Art. 87e GG) ist das nicht rechtsfähige → Sondervermögen des → Bundes mit Sitz in Bonn, das durch Gesetz vom 27.12.1993 zum 31.12.1993/1.1.1994 aus dem nicht dem Namen Deutsche Bundesbahn verwalteten Bundeseisenbahnvermögen und aus dem Sondervermögen Deutsche Reichsbahn (der ehemaligen Deutschen Demokratischen Republik) gebildet wurde und die öffentlich-rechtlichen Aufgaben der Bahn wahrnimmt. Es kann unter seinem Namen handeln, klagen und verklagt werden. Es ist in einen unternehmerischen Bereich (Erbringen von Eisenbahnverkehrsleistungen, Betreiben der Eisenbahninfrastruktur) und einen Verwaltungsbereich gegliedert. Die Deutsche Bahn Aktiengesellschaft ist als Aktiengesellschaft Formkaufmann. Die Beamten, Angestellten und Arbeiter des Bundeseisenbahnvermögens stehen im Dienst des Bundes. Die Beamten sind unmittelbare Bundesbeamte. Das Bundesministerium für Verkehr ist oberster Dienstvorgesetzter und Vorgesetzter des Präsidenten des Bundeseisenbahnvermögens.
Lit.: *Menger, E.*, Die Rechtsgrundlagen für die Strukturreformen der Deutschen Bahn, 1997; *Julitz, L.*, Bestandsaufnahme Deutsche Bahn, 1998; Moderner Staat – moderne Verwaltung, 2001

Bundesfernstraße (§ 1 FStrG) ist die öffentliche → Straße des weiträumigen Verkehrs (Fernverkehrs) mit Straßenkörper, Luftraum, Zubehör, Mautanlagen, Nebenanlagen und Nebenbetrieben. Sie ist entweder Bundesautobahn oder Bundesstraße. Ihr Recht ist geregelt im Bundesfernstraßengesetz.
Lit.: Bundesfernstraßengesetz, hg.v. *Müller, H./Schulz, G.*, 2008

Bundesfinanzhof (BFH) (in München) ist das oberste → Finanzgericht des → Bundes. Seine Senate sind mit fünf Berufsrichtern besetzt (§ 10 FGO). Die Revision zum B. erfordert eine Zulassung (§ 115 FGO).
Lit.: *Offerhaus, K.*, Der Bundesfinanzhof, 7. A. 2009

Bundesflagge ist die Flagge der → Bundesrepublik Deutschland. Sie ist ein Staatssymbol der → Bundesrepublik. Die B. ist schwarz-rot-gold (im Verhältnis der Länge zur Höhe von fünf zu drei) (Art. 22 GG).

Bundesfreiwilligendienst ist der 2011 nach Aussetzung der Wehrpflicht und des zivilen Ersatzdiensts eingeführte, durch das Bundesamt für Familie und zivilgesellschaftliche Aufgaben als Nachfolgebehörde des Bundesamts für den Zivildienst verwaltete freiwillige gemeinnützige Dienst (mit kostenloser Unterkunft, Verpflegung, Kleidung und Taschengeld 2012 im Monat 336 Euro, steuerfrei), für den das besondere Bundesfreiwilligendienstgesetz vom 28. April 2011 (BGBl. I, S. 687) gilt.
Lit.: *Hübner/Mansfeld*, Bundesfreiwilligendienstgesetz, 2014

Bundesgebiet ist das Gebiet der → Bundesrepublik. Es setzt sich aus den Gebieten der → Bundesländer zusammen, wobei → Gebietshoheit von Bund und Ländern nebeneinander bestehen. Für eine eventuelle Neugliederung gilt Art. 29 GG.
Lit.: *Hirsch, A.*, Neugliederung des Bundesgebiets, 2002

Bundesgebührenordnung für Rechtsanwälte → Rechtsanwaltsvergütungsgesetz

Bundesgericht ist das → Gericht des → Bundes. Nach Art. 95 GG hat der Bund neben dem → Bundesverfassungsgericht als oberste Gerichtshöfe den → Bundesgerichtshof, das → Bundesverwaltungsgericht, den → Bundesfinanzhof, das → Bundesarbeitsgericht und das → Bundessozialgericht eingerichtet (daneben Bundespatentgericht). Ein geplantes oberstes B. wurde (wohl wegen der Selbständigkeitsinteressen der einzelnen Bundesgerichte) nicht verwirklicht, sondern durch den gemeinsamen Senat der obersten Gerichtshöfe ersetzt.

Bundesgerichtshof (BGH) (§§ 123 ff. GVG) (in Karlsruhe [fünfter Strafsenat seit 1997 in Leipzig, vorher Berlin]) ist der oberste Gerichtshof für das Gebiet der ordentlichen → Gerichtsbarkeit. Es ist mit einem Präsidenten, vorsitzenden Richtern und Richtern am Bundesgerichtshof besetzt und in Senate (zwölf Zivilsenate, fünf Strafsenate) aufgeteilt, die in der Besetzung von fünf bzw. drei Richtern entscheiden (§ 139 GVG). Er ist zuständig für → Revisionen, → Sprungrevisionen und → Rechtsbeschwerden sowie Sprungrechtsbeschwerden (§§ 133 ff. GVG). Seine großen → Senate und sein vereinigter großer → Senat dienen der Wahrung der Einheitlichkeit der Rechtsprechung.
Lit.: Die Praxis des Bundesgerichtshofes im deutschen Rechtsleben, hg.v. *Canaris, C. u.a.* Bd. 1 ff. 2000; Beck'sche BGH CD; *Godau-Schüttke, K.*, Der Bundesgerichtshof, 2005

Bundesgesetz ist das von den Gesetzgebungs-organen des → Bundes beschlossene → Gesetz (Art. 70 ff. GG, in der 13. Legislaturperiode des Bundestags Deutschlands 1994–1998 wurden 565 Bundesgesetze verabschiedet, in der 14. Legislatur-periode 1998–2002 543). → Gesetzgebung

Bundesgesetzblatt ist das in einer Auflage von rund 14 000 Stücken erscheinende amtliche Verkün-dungsblatt für → Gesetze und → Rechtsverord-nungen des → Bundes (Art. 82 I GG). Es ist in drei Teile gegliedert. Teil I enthält die Bundesgesetze und Bundesverordnungen.
Lit.: Bundesgesetzblatt Gesamtregister 1949–2000, hg. v. *Tischler, S.,* 3. A. 2001

Bundesgesetzgebung ist im Verfassungsrecht die → Gesetzgebung des → Bundes (Art. 70 GG) im Gegensatz zu der Gesetzgebung der Länder. Die Gegenstände der *ausschließlichen,* die Gesetzge-bung der Länder ausschließenden *Gesetzgebung* des → Bundes (Art. 71 GG), sind in Art. 73 GG aufge-zählt, die der *konkurrierenden Gesetzgebung,* in deren Bereich die Länder die Befugnis zur Gesetz-gebung haben, solange und soweit der Bund von seinem Gesetzgebungsrecht keinen Gebrauch macht (Art. 72 GG), in Art. 74, 74a GG. Daneben konnte der Bund nach Art. 75 GG (als Sonderfall der kon-kurrierenden Gesetzgebung bis 2006) auf bestimm-ten Gebieten Rahmenvorschriften erlassen (→ Rah-mengesetzgebung z. B. Beamtenrechtsrahmengesetz, Hochschulrahmengesetz).
Lit.: *Rottmann, F.,* Elemente zur Konkretisierung von Kompetenznormen, DVBl 1974, 407

Bundesgrenzschutz (Art. 87 I 2 GG) ist die in bun-deseigener Verwaltung geführte polizeiähnliche → Bundesbehörde zum polizeilichen Schutz (der Grenzen) des Bundesgebiets (mit rund 20 000 Be-amten). Das Recht des Bundesgrenzschutzes ist im Bundesgrenzschutzgesetz geregelt. Zulässig ist die Übertragung von Aufgaben der Bahnpolizei und der Flughafensicherung auf den B., doch darf der B. nicht zu einer allgemeinen, mit den Landespolizeien konkurrierenden Bundespolizei ausgebaut werden. Im Juli 2005 wurde der B. in → Bundespolizei umbenannt.
Lit.: *Heesen, D./Hönle, J.,* Bundesgrenzschutzgesetz, 4. A. 2002

Bundeshaushalt ist die Gegenüberstellung der Einnahmen und Ausgaben des → Bundes. Der Bun-deshaushaltsplan wird vor Beginn eines Rechnungs-jahrs vom → Bundestag im Haushaltsgesetz festge-stellt (Art. 110 GG). Der Bundesminister der Finanzen hat über den B. zur Entlastung der Bun-desregierung Rechnung zu legen.
Lit.: *Piduch, E.,* Bundeshaushaltsrecht (Lbl.), 2. A. 1995 ff.; *Burmeister, K.,* Schattenhaushalte des Bundes, 1997

Bundesimmissionsschutzgesetz ist das → Immis-sionen betreffende Bundesgesetz.
Lit.: BImSchG, 14. A. 2015; *Jarass, H.,* Bundesimmis-sionsschutzgesetz, 11. A. 2015; Bundesimmissions-schutzgesetz (Lbl.), hg. v. *Kotulla, M.,* 2014

Bundesjustizamt ist die 2007 geschaffene, für die Erteilung von Führungszeugnissen und Dienstleis-tungen im internationalen Bereich zuständige Bun-desoberbehörde in Bonn (Bundeszentralregister mit täglich rund 40 000 Auskünften).

Bundesjustizministerium (BJM) ist die oberste → Bundesbehörde der Justiz, zu dessen Geschäfts-bereich die Bundesgerichte gehören. Das B. wirkt durch Ausarbeitung von Gesetzesvorschlägen we-sentlich bei der → Gesetzgebung des → Bundes mit. Ihm steht die Dienstaufsicht über die ordentli-chen → Bundesgerichte zu.
Lit.: *Eller, P.,* Der Umzug, 2002

Bundeskabinett → Bundesregierung

Bundeskanzler ist der politische, die Richtlinien der Politik bestimmende Leiter der → Bundes-regierung (Art. 62, 65 GG). Er wird, nachdem er in der Regel als Führer der stärksten Partei in politi-schen Vorgesprächen eine parlamentarische Mehr-heit gesichert hat, auf Vorschlag des → Bundes-präsidenten vom → Bundestag ohne Aussprache gewählt (Art. 63 GG). Auf seinen Vorschlag wer-den die → Bundesminister ernannt und entlassen (Art. 64 GG).
Lit.: Die Bundeskanzler und ihre Ämter, hg. v. d. Stif-tung Haus der Geschichte der Bundesrepublik Deutsch-land *u. a.,* 2006

Bundeskanzleramt ist das dem → Bundeskanzler für seine Geschäfte unmittelbar zugeordnete Amt. Das B. ist oberste Bundesbehörde (mit [2000] etwa 500 Mitarbeitern, u. a. Leiter des Bundeskanzler-amts, Staatsminister, Kanzlerbüro). Das B. bereitet die Entscheidungen des Bundeskanzlers vor, ver-folgt ihre Durchführung, koordiniert die Arbeit der Bundesministerien und bereitet die Sitzungen der Bundesregierung vor.
Lit.: *Brauneck, J.,* Die rechtliche Stellung des Bundes-kanzleramtes, 1994; *Busse, V.,* Bundeskanzleramt und Bundesregierung, 5. A. 2010

Bundeskartellamt (seit 1.10.1999 in Bonn, §§ 48 ff. GWB) ist die selbständige → Bundesoberbehörde für die Anwendung des → Kartellrechts, die in Be-schlussabteilungen mit einem Vorsitzenden und zwei Beisitzern entscheidet.
Lit.: *Ortwein, E.,* Das Bundeskartellamt, 2004; 50 Jahre Bundeskartellamt, 2007

Bundeskleingartengesetz ist das das Recht der Kleingärten regelnde Bundesgesetz.
Lit.: *Mainczyk, L.,* Bundeskleingartengesetz, 11. A. 2015; *Bork, G.,* Bundeskleingartengesetz, 7. A. 2008; Bundeskleingartengesetz, hg. v. *Mainczyk, L.,* 7. A. 2015

Bundesknappschaft → Knappschaft, zum 1.10. 2005 zur Deutschen Rentenversicherung Knapp-schaft-Bahn-See fusioniert

Bundeskriminalamt (BKA) (Art. 87 I 2 GG) (in Wiesbaden) ist die → Bundesoberbehörde für die Verbrechensbekämpfung (ca. 3300 Bedienstete), für die im Übrigen die Landespolizeiverwaltungen zuständig sind. Das B. wird bei bestimmten schweren → Straftaten von selbst, sonst auf Anordnung oder Ersuchen tätig. Es vermittelt die Verbindung zu ausländischen Polizeibehörden.

Lit.: *Ahlf, E. u. a.*, Bundeskriminalamtsgesetz, 2000; *Dietl, W.*, Die BKA-Story, 2000

Bundesland ist das einzelne → Land der Bundesrepublik.

Lit.: Handbuch der deutschen Bundesländer, hg. v. *Esche, F./Hartmann, J.*, 3. A. 1997

Bundesminister ist – neben dem Bundeskanzler – das Mitglied der → Bundesregierung (Art. 62 GG). Der B. wird auf Vorschlag des → Bundeskanzlers vom → Bundespräsidenten ernannt und entlassen (Art. 64 I GG) und leitet innerhalb der vom Bundeskanzler bestimmten Richtlinien der Politik seinen Geschäftsbereich selbständig und unter eigener Verantwortung (Art. 65 GG). Zahl und Geschäftsbereich der B. sind nicht in der Verfassung festgelegt.

Lit.: *Klein, F.*, Die staatsrechtliche Stellung des Bundesministers der Finanzen, DVBl. 1962, 573

Bundesnachrichtendienst ist die dem → Bundeskanzler unmittelbar unterstellte Bundesoberbehörde für den Auslandsnachrichtendienst.

Lit.: *Gröpl, C.*, Die Nachrichtendienste, 1993 (Diss.); *Ulfkotte, U.*, Verschlusssache BND, 3. A. 1998; *Müller, P.*, Gegen Freund und Feind, 2002; *Nehm, K.*, Das nachrichtendienstliche Trennungsgebot, NJW 2004, 3289

Bundesnaturschutzgesetz ist das den → Naturschutz regelnde Bundesgesetz.

Lit.: *Marzik, U.*, Bundesnaturschutzgesetz, 2004; *Müggenborg, H. u. a.*, Neues Wasser- und Naturschutzrecht, NJW 2010, 961; Bundesnaturschutzgesetz, hg. v. *Lütkes, S./Ewer, W.*, 2011

Bundesnetzagentur ist die selbständige Bundesbehörde im Geschäftsbereich des Bundesministeriums für Wirtschaft und Technologie mit Sitz in Bonn und Zuständigkeit für die Regulierung von Elektrizität, Gas und Telekommunikation.

Bundesnotarkammer ist der Zusammenschluss der Notarkammern als Körperschaft des öffentlichen Rechts (mit Sitz in Köln). → Notar

Lit.: 25 Jahre Bundesnotarkammer, 1986

Bundesnotarordnung ist das die Rechte und Pflichten des → Notars festlegende Gesetz.

Lit.: *Schippel, H./Bracker, U.*, Bundesnotarordnung, 9. A. 2011; *Eylmann, H./Vaasen, H.*, Bundesnotarordnung und Beurkundungsgesetz, 3. A. 2011

Bundesoberbehörde ist im Verwaltungsrecht die einer obersten Bundesbehörde (Bundesministerium) nachgeordnete → Behörde der unmittelbaren Bundesverwaltung, deren Zuständigkeit das gesamte Bundesgebiet umfasst (z. B. Bundesamt für Verfassungsschutz, Bundesanstalt für Finanzdienstleistungen, Bundesanstalt für Flugsicherung, Statistisches Bundesamt, Bundesamt für Finanzen, Bundesamt

für den Zivildienst, Bundesamt für Migration und Flüchtlinge, Bundesamt für Sicherheit in der Informationstechnik, Bundesamt für Güterverkehr, Bundesnetzagentur, Bundessortenamt, Bundesprüfstelle für jugendgefährdende Medien, Deutscher Wetterdienst, Luftfahrtbundesamt, Kraftfahrtbundesamt, Bundeskartellamt, Bundesamt für Naturschutz, Bundesamt für Strahlenschutz, Bundesamt für Verbraucherschutz und Lebensmittelsicherheit, Bundesverwaltungsamt, Bundesamt für zivilen Bevölkerungsschutz, Umweltbundesamt, Bundesamt für Wirtschaft und Ausfuhrkontrolle).

Bundesoberhandelsgericht ist das als Folge der Schaffung des Allgemeinen Deutschen Handelsgesetzbuchs vom Norddeutschen Bund in Handelssachen eingerichtete Gericht (1869). → Reichsoberhandelsgericht

Lit.: *Köbler, G.*, Deutsche Rechtsgeschichte, 6. A. 2005

Bundespatentgericht ist das unabhängige und selbständige → Bundesgericht in Patentsachen mit Sitz in München (§ 65 PatG), bei dem außer Richtern mit → Richteramtsbefähigung (etwa 55) auch sog. technische Mitglieder (etwa 65) → Berufsrichter sein können (insgesamt etwa 120 Richterstellen). Es ist zuständig für die Entscheidung über Beschwerden gegen Beschlüsse der Prüfungsstellen oder Patentabteilungen des Patentamts sowie über Klagen auf Erklärung der Nichtigkeit oder Zurücknahme von Patenten und auf Erteilung von Zwangslizenzen (rund 3000 Eingänge jährlich). Rechtsmittelgericht ist der Bundesgerichtshof.

Lit.: 40 Jahre Bundespatentgericht, 2001

Bundespflegesatzverordnung ist die Bundesverordnung über Sätze des Pflegewesens.

Lit.: *Tuschen, K.*, Bundespflegesatzverordnung, 5. A. 2001

Bundespolizei ist seit Juli 2005 die Bezeichnung des Bundesgrenzschutzes.

Lit.: *Schulz, M.*, Waffenrecht für Polizei und Bundespolizei, 2. A. 2006

Bundespost (BP) (Art. 87 f. GG) war die Gesamtheit der Einrichtungen im Post- und Fernmeldewesen, die vom → Bund als nicht rechtsfähiges → Sondervermögen mit eigener Haushalts- und Rechnungsführung verwaltet wurde (§§ 1 ff. PostVerfG). Durch das Poststrukturgesetz und das darin enthaltene Postverfassungsgesetz vom 8.6.1989 wurde die (in Teilbereichen stark defizitäre) B. in die drei Teilbereiche Postdienst, Postbank und Telekom untergliedert (mit entsprechenden Teilsondervermögen) und zum 1.1.1995 in Aktiengesellschaften umgewandelt (Deutsche Telekom AG, Deutsche Post AG, Deutsche Postbank AG). Organe der einzelnen Teilunternehmen sind jeweils Vorstand und Aufsichtsrat. Durch das Postneuordnungsgesetz vom 14.9.1994 wurde eine rechtsfähige Bundesanstalt des öffentlichen Rechts für Post und Telekommunikation → Deutsche Bundespost mit Sitz in Bonn errichtet, welche die Rechte und Pflichten in Bezug auf die aus den Teilsondervermögen der Deutschen Bundespost hervorgehenden Aktiengesellschaften wahrnimmt. Die Bundesanstalt wird durch einen Vorstand geleitet. Sie ist Trägerin der sozialrechtlichen und dienstrechtlichen Personalbefugnisse.

Lit.: *Gramlich, L.*, Von der Postreform zur Postneuordnung, NJW 1994, 2785; *Hooren, T. van*, Die Deutsche Bundespost Postbank, 1995; *Albach, H.*, Privatisierung von öffentlichen Unternehmen, 2002

Bundespräsident ist der Präsident (bzw. das → Staatsoberhaupt) der Bundesrepublik Deutschland, der den → Bund völkerrechtlich vertritt (Art. 59 GG). Der B. wird von der → Bundesversammlung ohne Aussprache auf fünf Jahre gewählt (Art. 54 GG), wobei einmalige Wiederwahl zulässig ist. Seine wichtigste politische Aufgabe ist die Wahrung der Einheit des Staates, weshalb seine verfassungsrechtlichen Befugnisse im Verhältnis zum → Reichspräsidenten der Weimarer Reichsverfassung (vor allem Art. 48 WRV) gering sind.

Lit.: *Steiner, F.*, Die Prüfungskompetenz des Bundespräsidenten, 1974; *Scholz, G.*, Die Bundespräsidenten, 4. A. 2003

Bundespräsidialamt ist das Amt (oberste Bundesbehörde), das den → Bundespräsidenten bei der Ausführung seiner Aufgaben unterstützt.

Lit.: *Spath, F.*, Das Bundespräsidialamt, 5. A. 1993

Bundesrat ist das Organ des → Bundes, durch das die → Länder bei der → Gesetzgebung und → Verwaltung des Bundes mitwirken (Art. 50 GG). Der B. besteht aus (ab 3.10.1990 69) Mitgliedern der Regierungen der Länder, wobei die Zahl der Stimmen eines Landes je nach seiner Größe zwischen mindestens 3 (Bremen, Hamburg, Mecklenburg-Vorpommern, Saarland) und höchstens 6 (Baden-Württemberg, Bayern, Niedersachsen, Nordrhein-Westfalen) schwankt (Art. 51 GG, Länder mit mehr als 2 Millionen Einwohnern haben 4 [Berlin, Brandenburg, Rheinland-Pfalz, Sachsen, Sachsen-Anhalt, Schleswig-Holstein, Thüringen], Länder mit mehr als 6 Millionen Einwohnern 5 [Hessen] und Länder mit mehr als sieben Millionen Einwohnern 6 Stimmen) und die Stimmen eines Landes nur einheitlich abgegeben werden können (Verfassungsbruch des Bundesratspräsidenten bei der Abstimmung über das Zuwanderungsgesetz 2001). Der B. ist keine echte zweite → Kammer. Bei → Zustimmungsgesetzen ist seine Zustimmung erforderlich. Bei → Einspruchsgesetzen kann er Einspruch erheben, der aber vom → Bundestag zurückgewiesen werden kann. Sitz des Bundesrats ist (nach einem Beschluss vom 27.9.1996) Berlin.

Lit.: *Ziller, G./Oschatz, G.*, Der Bundesrat, 10. A. 1998; *Merten, D.*, Der Bundesrat in Deutschland und Österreich, 2002; *Meyer, H.*, Abstimmungskonflikt im Bundesrat, 2003; *Leunig, S.*, Föderale Verhandlungen, 2003; 60 Jahre Bundesrat, 2011

Bundesrechnungshof (Art. 114 GG) (in Frankfurt am Main) ist der Rechnungshof (oberste Rechnungsprüfungsbehörde) des → Bundes, der die Rechnung sowie die Wirtschaftlichkeit und Ordnungsmäßigkeit der Haushaltsführung und Wirtschaftsführung des Bundes prüft.

Lit.: *Meissner, C.*, Der Bundesrechnungshof als soziale Organisation, 1995

Bundesrecht ist das von den Rechtssetzungsorganen des → Bundes erlassene Recht und das als Bundesrecht fortgeltende → Reichsrecht sowie das als Bundesrecht fortgeltende Recht der Deutschen Demokratischen Republik. Nach Art. 31 GG bricht B. → Landesrecht (z. B. Bundesrechtsverordnung eine Landesverfassung). Europarecht geht ihm grundsätzlich vor. (Für 1999 wurde das geltende B. auf 2100 Stammgesetze und 3100 Stammrechtsverordnungen mit nahezu 90 000 Rechtssätzen [Paragraphen, Artikeln] berechnet, die auf mehr als 4500 Seiten abgedruckt werden können.)

Lit.: Das Deutsche Bundesrecht (Lbl.), 2007; Das deutsche Bundesrecht (CD-ROM), 2007

Bundesrechtsanwaltsgebührenordnung (BRAGO) war das die Gebührenordnung für → Rechtsanwälte festlegende Bundesgesetz, das zum 1.7.2004 durch ein Rechtsanwaltsvergütungsgesetz abgelöst ist.

Lit.: *Riedel, F./Sußbauer, H.*, Rechtsanwaltsvergütungsgesetz, 10. A. 2015

Bundesrechtsanwaltsordnung ist die vom Bund für das Recht der Rechtsanwälte erlassene Ordnung. → Rechtsanwalt

Lit.: *Feuerich, W./Weyland, D.*, Bundesrechtsanwaltsordnung, 9. A. 2015; *Kleine-Cosack, M.*, Bundesrechtsanwaltsordnung, 7. A. 2015; *Henssler, M./Prütting, H.*, Bundesrechtsanwaltsordnung, 4. A. 2014

Bundesregierung ist das an der Spitze der Bundesverwaltung stehende Exekutivkollegialorgan des → Bundes (Art. 83 ff. GG). Die B. besteht aus dem vom Bundestag gewählten → Bundeskanzler und den – von diesem vorgeschlagenen und vom Bundespräsidenten ernannten – → Bundesministern (Art. 62 GG). Sie hat ein Gesetzesinitiativrecht sowie eine Befugnis zum Erlass von → Rechtsverordnungen auf Grund gesetzlicher Ermächtigung. Der Bundeskanzler bestimmt die Richtlinien der Politik und jeder Bundesminister leitet im Rahmen dieser Richtlinien seinen Geschäftsbereich selbständig. Bei Meinungsverschiedenheiten zwischen Bundesministern entscheidet die B.

Lit.: *Busse, V.*, Bundeskanzleramt und Bundesregierung, 5. A. 2010

Bundesrepublik ist der am 24.5.1949 aus den ehemaligen → Besatzungszonen der westlichen Alliierten (Vereinigte Staaten von Amerika, Großbritannien, Frankreich) errichtete → Bundesstaat, dem zum 3.10.1990 die Deutsche Demokratische Republik beigetreten ist. Die B. ist Rechtsnachfolger des Deutschen Reiches (str.). Sie ist ein demokratischer und sozialer → Bundesstaat (Art. 20 GG). Sie besteht aus (11 bzw. seit 3.10.1990) 16 → Bundesländern. Ihre → Verfassung ist das am 23.5.1949 verkündete und am 24.5.1949 in Kraft getretene → Grundgesetz.

Lit.: *Köbler, G.*, Deutsche Rechtsgeschichte, 6. A. 2005; *Model, O./Creifelds, C.*, Staatsbürger-Taschenbuch, 33. A. 2012; Staatshandbuch Bund 2012, 2012

Bundesrichter (Art. 95 f. GG) ist der → Richter an einem → Bundesgericht (z. B. an dem Bundesgerichtshof von 1950–2015 572). Für die Wahl zum B. gilt das Richterwahlgesetz. Es schließt parteipolitische Einflussnahme nicht aus.

Lit.: *Steiner, F.,* Die Prüfungskompetenz des Bundespräsidenten, 1974

Bundesseuchengesetz war das Seuchen betreffende, im Jahr 2000 durch das → Infektionsschutzgesetz abgelöste Bundesgesetz.

Lit.: *Schumacher, W./Meyn, E.,* Bundesseuchengesetz, 4. A. 1992 (mit Nachtrag 1998)

Bundessozialgericht (BSG) (§§ 38 ff. SGG) (in Kassel) ist der oberste → Gerichtshof des → Bundes in der Sozialgerichtsbarkeit.

Lit.: Bundessozialgericht und Sozialgerichtsbarkeit, 1999

Bundessozialhilfegesetz ist das die → Sozialhilfe betreffende Bundesgesetz, das 2005 im Sozialgesetzbuch Bücher II, XII aufgegangen ist.

Lit.: BSHG, 14. A. 2003; *Oestreicher, E.,* SGB XII/ SGB II (Lbl.), 73. A. 2014; *Armborst, C.,* Bundessozialhilfegesetz, 6. A. 2003

Bundesstaat ist der Zusammenschluss von → Staaten, durch den ein neuer Staat (Oberstaat, Gesamtstaat) entsteht, auf den ein Teil der → Souveränität der Glieder übergeht (z. B. Deutschland, Schweiz, Österreich, Vereinigte Staaten von Amerika, Russland). Er steht im Gegensatz zum bloßen, der eigenen Souveränität entbehrenden → Staatenbund (z. B. Deutscher Bund, Europäische Union?). Der B. Bundesrepublik Deutschland (Art. 20 I GG) wird nach der überwiegenden Meinung als zweigliedriger B. (Bund – Länder) angesehen, nach anderer Meinung als dreigliedriger (Bundesrepublik – Bund – Länder).

Lit.: *Sarcevic, E.,* Das Bundesstaatsprinzip, 2000; *Papier, H.,* Aktuelle Fragen der bundesstaatlichen Ordnung, NJW 2007, 2145; *Voßkuhle, A. u. a.,* Das Bundesstaatsprinzip, JuS 2010, 873

Bundesstaatlichkeit ist der Grundsatz der Ordnung → eines Staates als → Bundesstaat.

Bundesstraße (§ 1 I FStrG) ist die von den Ländern im Auftrag des Bundes verwaltete Straße des Bundes. Sie ist eine → Bundesfernstraße. Der Bund ist mangels einer gesetzlichen Grundlage nicht berechtigt, ein Land anzuweisen, eine Bundesstraße zu einer Landesstraße herabzustufen.

Lit.: *Kodal, K./Krämer, H.,* Straßenrecht, 7. A. 2010; *Wiesinger, M.,* Straßenrecht, 2003

Bundestag (Art. 38 ff. GG) ist die Volksvertretung der → Bundesrepublik Deutschland. Der B. ist das bedeutsamste Staatsorgan Deutschlands. Seine Mitglieder sind die auf vier Jahre vom Volk nach einem verhältniswahlrechtlich-mehrheitswahlrechtlich gemischten Wahlrecht (in 299 Wahlkreisen) gewählten (grundsätzlich 598, aber Überhangmandate) → Abgeordneten (Art. 38 I GG). Der B. erlässt zusammen mit dem → Bundesrat die → Bundesge-

setze (Art. 76, 77 GG). Er wählt den → Bundeskanzler und überwacht durch Anfragen und Untersuchungsausschüsse die Tätigkeit der → Bundesregierung. Er stellt den → Haushaltsplan fest und nimmt die Rechnungslegung entgegen. Er verfährt nach der von ihm selbst gegebenen → Geschäftsordnung.

Lit.: *Linn, S./Sobolewski, F.,* So arbeitet der Deutsche Bundestag, 2015; Kürschners Volkshandbuch Deutscher Bundestag 18. Wahlperiode, hg. v. *Holzapfel, K.,* 4. A. 2015

Bundestreue ist der aus dem Wesen des → Bundesstaats entwickelte Grundsatz (Art. 20 I GG), nach dem → Bund und → Länder verpflichtet sind, auf einander Rücksicht zu nehmen und sich gegenseitig zu unterstützen. Diese Rechtspflicht ist bei allen Maßnahmen der Gesetzgebung, Verwaltung und Rechtsprechung zu beachten. Sie verbietet aber nicht die Ausübung der zugeteilten Befugnisse.

Lit.: *Bauer, H.,* Bundestreue, 1992

Bundesumweltamt → Umweltbundesamt

Bundesurlaubsgesetz ist das den → Urlaub von Arbeitnehmern betreffende Bundesgesetz.

Lit.: *Neumann, D./Fenski, M.,* Bundesurlaubsgesetz, 11. A. 2015

Bundesverfassung ist in Deutschland die → Verfassung der → Bundesrepublik Deutschland. → Grundgesetz.

Bundesverfassungsgericht (BVerfG) (in Karlsruhe) ist das höchste Organ des → Bundes auf dem Gebiet der → Gerichtsbarkeit. Es hat insbesondere das Recht, Gesetze auf ihre Übereinstimmung mit der → Verfassung zu überprüfen (Art. 93 GG) und sie im Falle einer Verletzung der Verfassung für nichtig zu erklären. Seine Zuständigkeit ergibt sich aus Art. 93 GG und aus dem Bundesverfassungsgerichtsgesetz (u. a. Verwirkung von Grundrechten, Verfassungswidrigkeit von Parteien, Anklage des Bundespräsidenten und der Bundesrichter, Organstreitigkeiten, Vereinbarkeit von Landesrecht mit Bundesrecht, → Verfassungsbeschwerde). Seine (16) Mitglieder werden je zur Hälfte vom → Bundestag (durch einen Wahlausschuss) und vom → Bundesrat mit Zweidrittelmehrheit auf zwölf Jahre (bis zur Altersgrenze des 68. Lebensjahrs) ohne Möglichkeit der Wiederwahl gewählt (Art. 94 GG, § 4 BVerfGG) (und durch [2011] 65 wissenschaftliche Mitarbeiter unterstützt). Es entscheidet in zwei Senaten (Grundrechtssenat, Staatsrechtssenat) und in bei diesen gebildeten Kammern zu je drei Bundesverfassungsrichtern. Die Entscheidung bindet die Organe des Bundes und der Länder sowie alle Gerichte und Behörden und hat in bestimmten Fällen → Gesetzeskraft (§ 31 BVerfGG). Eine gerichtliche, vom Bundesverfassungsgericht als verfassungswidrig aufgehobene Entscheidung kann nicht in einer erneuten fachgerichtlichen Entscheidung für rechtmäßig erklärt werden.

Lit.: *Schlaich, K./Korioth, S.,* Das Bundesverfassungsgericht, 10. A. 2015; *Maunz, T./Schmidt-Bleibtreu, B./ Klein, F./Bethge, H.,* Bundesverfassungsgerichtsgesetz

(Lbl.), 43. A. 2014; Festschrift 50 Jahre Bundesverfassungsgericht, hg. v. *Badura, P./Dreier, H.,* 2001; Entscheidungen des Bundesverfassungsgerichts, CD-ROM; *Lechner, H./Zuck, R.,* Bundesverfassungsgerichtsgesetz, 6. A. 2011, 7. A. 2015?; *Kreutzberger, S.,* Die gesetzlich nicht geregelten Entscheidungsvarianten des Bundesverfassungsgerichts, 2007; Linien der Rechtsprechung des Bundesverfassungsgerichts, hg. v. *Rensen, H. u. a.,* 2009; *Lamprecht, R.,* Ich gehe bis nach Karlsruhe, 2011; *Aust, P./Meinel, F.,* Entscheidungsmöglichkeiten des BVerfG, JuS 2014, 113

Bundesverkehrszentralregister bzw. Verkehrszentralregister (§§ 28 ff. StVG) ist das vom Kraftfahrtbundesamt zur Speicherung von (bestimmten) Daten geführte Register über Verkehrsverstöße von Kraftfahrern und entsprechende Verwaltungsentscheidungen und Gerichtsentscheidungen. Es dient → Gerichten und → Verwaltungsbehörden als Auskunftsstelle. Jedermann kann über die ihn betreffenden Eintragungen Auskunft verlangen, wobei die Eintragungen nach Ablauf bestimmter Fristen getilgt werden. S. Fahreignungsregister.

Bundesversammlung ist die – nur – den → Bundespräsidenten wählende Versammlung in Deutschland (Art. 54 I GG). Die B. besteht aus den Mitgliedern des → Bundestags und einer gleichen Anzahl von Mitgliedern, die von den Volksvertretungen der Länder nach den Grundsätzen der → Verhältniswahl gewählt werden (Art. 54 III GG).
Lit.: Die Bundesversammlung, hg. v. Deutschen Bundestag, 1999; *Burkiczak, C.,* Die Bundesversammlung, JuS 2004, 278

Bundesversicherungsamt (BVA, § 94 SGB IV) in Berlin ist die → Bundesoberbehörde zur Beaufsichtigung der bundesunmittelbaren Sozialversicherungsträger.

Bundesversicherungsanstalt für Angestellte (BfA, Art. 87 II GG) (in Berlin) war die Trägerin der → Rentenversicherung für → Angestellte. Zum 1.10.2005 wurde sie durch Gesetz in die deutsche Rentenversicherung unter dem Namen Deutsche Rentenversicherung Bund überführt.
Lit.: *Glotz, T.,* Geschichte der Angestelltenversicherung, 1999

Bundesversicherungsaufsichtsamt ist das Bundesaufsichtsamt für das Versicherungswesen.
Lit.: *Zischka, S.,* Bundesversicherungsaufsichtsamt, 1997

Bundesverwaltung (Art. 87 GG) ist die → Verwaltung des → Bundes im Gegensatz zur Landesverwaltung. Sie ist entweder *unmittelbare* B. durch → Bundesbehörden (oberste Bundesbehörden [z.B. Ministerien] und → Bundesoberbehörden [z.B. Bundeskriminalamt]) oder nichtrechtsfähige bundesunmittelbare → Körperschaften und → Anstalten des öffentlichen Rechts (z.B. Physikalisch-Technische Bundesanstalt) oder *mittelbare* B. durch rechtsfähige juristische Personen des öffentlichen Rechts (z.B. Bundesagentur für Arbeit, Bundesbank). Ein eigener Verwaltungsunterbau mit Mittelbehörden und Unterbehörden besteht in der B. selten (z.B. → Bundeswehr). → Auftragsverwaltung

(Ausführung von Bundesgesetzen durch die Landesverwaltung im Auftrag des Bundes)
Lit.: *Dittmann, A.,* Die Bundesverwaltung, 1983; *Bauer, L.,* Prozessorientierte Kostenrechnung in Bundesverwaltungen, 2003

Bundesverwaltungsamt ist die selbständige Bundesoberbehörde für verschiedene Bundesaufgaben (z.B. Ausländerwesen, Bundesausbildungsförderung, Staatsangehörigkeit).

Bundesverwaltungsgericht (BVerwG) (in Leipzig in dem früheren Reichsgerichtsgebäude) ist das höchste → Gericht des Bundes in der → Verwaltungsgerichtsbarkeit (§ 2 VwGO). Es ist in Senate gegliedert. Es entscheidet vor allem über die → Revision in Verwaltungsstreitsachen, verschiedentlich aber auch erstinstanzlich (§ 50 VwGO).
Lit.: *Schwarz, K.,* Das Bundesverwaltungsgericht, 2000; Festgabe 50 Jahre Bundesverwaltungsgericht, hg. v. *Schmidt-Aßmann, E.,* 2003

Bundeswahlgesetz ist das die → Wahl zum Bundestag betreffende Bundesgesetz.
Lit.: *Schreiber, W.,* Handbuch des Wahlrechts zum deutschen Bundestag, 7. A. 2002

Bundeswaldgesetz ist das Gesetz zur Erhaltung des Walds und der Förderung der Forstwirtschaft vom 2.5.1975.
Lit.: *Klose, F./Orf, S.,* Forstrecht, 2. A. 1998

Bundeswasserstraßengesetz ist das die Wasserstraßen des Bundes betreffende Bundesgesetz.
Lit.: *Friesecke, A.,* Bundeswasserstraßengesetz, 6. A. 2009

Bundeswehr ist die Gesamtheit der Einrichtungen der militärischen Landesverteidigung. Die B. untersteht dem → Bundesminister der Verteidigung. Sie gliedert sich in die Streitkräfte (Heer, Luftwaffe, Marine) und die → Bundeswehrverwaltung (Art. 87a, 87b GG) und steht seit 2001 auch Frauen zum Dienst mit der Waffe offen, doch ist seit 2011 die Wehrpflicht ausgesetzt.
Lit.: *Fehn, K.,* Bundeswehr und innere Sicherheit, 2003

Bundeswehrverwaltung (Art. 87b GG) ist die bundeseigene → Verwaltung mit eigenem Verwaltungsunterbau zur Erfüllung der Aufgaben des Personalwesens und der unmittelbaren Deckung des Sachbedarfs der Streitkräfte.
Lit.: *Reinfried, H.,* Die Bundeswehrverwaltung, 4. A. 1983; *Voigt, R.,* Streitkräfte und Wehrverwaltung, 2003

Bundeswertpapierverwaltung (§§ 1 ff. Bundeswertpapierverwaltungsgesetz) (bis 31.12.2001 Bundesschuldenverwaltung) ist die zur Verwaltung der Schulden und sonstigen Verbindlichkeiten des Bundes und seiner Sondervermögen grundsätzlich zuständige Behörde. Sie ist eine Bundesoberbehörde im Geschäftsbereich des Bundesministeriums der Finanzen mit Sitz in Bad Homburg vor der Höhe. Zu ihren Aufgaben zählen auch die Beurkundung der Kredite, die Tilgung fälliger Kredite, die Führung des Bundesschuldbuchs und die Erhebung relevanter Daten.

Bundeszentralregister (§§ 1 ff. BZRG) ist das von dem → Bundesamt für Justiz in Bonn geführte Register der strafgerichtlichen → Verurteilungen, gewisser Entscheidungen von Verwaltungsbehörden, der Vermerke über → Schuldunfähigkeit und anderer Entscheidungen. Auf Antrag wird jedem über 14 Jahre alten Menschen ein Zeugnis über den ihn betreffenden Inhalt des Registers erteilt (§ 30 BZRG). Ebenso erhalten Behörden im Rahmen der §§ 41 ff. BZRG Auskunft über Eintragungen. → zentrales staatsanwaltschaftliches Verfahrensregister
Lit.: *Tolzmann, G.*, Bundeszentralregistergesetz, 5. A. 2014

Bundeszwang ist die Möglichkeit der → Bundesregierung, ein → Land (ann, wenn es die ihm nach dem → Grundgesetz oder einem anderen Bundesgesetz obliegenden Bundespflichten nicht erfüllt, zwangsweise – mit Zustimmung des → Bundesrats – zur Erfüllung seiner Pflichten anzuhalten (Art. 37 I GG). Mögliche Maßnahmen sind Beanstandungen, Entsendung von Beauftragten, Erteilung von → Weisungen und Antrag auf Feststellung der Rechtsverletzung, nicht dagegen Einsatz der → Bundeswehr oder Auflösung eines → Landes. In der Verfassungswirklichkeit war der B. in der Bundesrepublik Deutschland bisher ohne große Bedeutung.
Lit.: *Pötschke, H.*, Bundesaufsicht und Bundeszwang, 1967

Bürge ist die sich durch → Vertrag mit dem → Gläubiger eines Dritten (Hauptschuldner) diesem Gläubiger gegenüber dazu verpflichtende Person, für die Erfüllung der Verbindlichkeit des Dritten einzustehen (§ 765 BGB). → Bürgschaft
Lit.: *Köbler, G.*, Schuldrecht, 2. A. 1995; *Schwarz, S.*, Bürgenschutz, 2001 (Diss.)

Bürger ist (in Rom der Römer [lat. civis Romanus]) und seit dem Hochmittelalter der Bewohner einer – mit besonderem Stadtrecht versehenen – → Stadt im Gegensatz zum Adligen und → Bauern. In der Gegenwart wird als B. vielfach der Staatsangehörige oder der Gemeindeangehörige bezeichnet bzw. der aktiv Wahlberechtigte bei Staatswahlen und Kommunalwahlen.
Lit.: *Köbler, G.*, Deutsche Rechtsgeschichte, 6. A. 2005

Bürgerinitiative ist der meist rechtlich nicht verselbständigte Zusammenschluss von → Bürgern (evtl. nichtrechtsfähiger Verein, Gesellschaft des bürgerlichen Rechts) zur Erreichung eines bestimmten allgemeinen Zwecks (z. B. Verhinderung eines Bauvorhabens).
Lit.: *Dustmann, U.*, Die Regelung von Bürgerbegehren, 2000; *Gebhardt, C.*, Direkte Demokratie im parlamentarischen System, 2000 (Diss.)

bürgerlicher Tod → Tod, bürgerlicher

Bürgerliches Gesetzbuch (BGB) ist das die wesentlichen Materien des → Privatrechts (bürgerlichen → Rechts) regelnde deutsche Gesetzbuch vom 18.8.1896, das zum 1.1.1900 in Kraft getreten ist. Es löste das partikulare Recht (Landesrecht der Reichsländer) und das gemeine Recht (römische Recht) ab. Es enthält – ursprünglich – 2385 Paragraphen und gliedert sich in die 5 Bücher Allgemeiner → Teil (§§ 1 ff. BGB), → Schuldrecht (§§ 241 ff. BGB), → Sachenrecht (§§ 854 ff. BGB), → Familienrecht (§§ 1297 ff. BGB) und → Erbrecht (§§ 1922 ff. BGB). Es gilt als technisch hochstehendes, vom Liberalismus geprägtes Gesetz. Seit seinem Erlass ist es sowohl vielfach ausdrücklich zugunsten sozial Schwacher geändert wie auch in zahlreichen Beziehungen von Wissenschaft und Rechtsprechung an geänderte Verhältnisse angepasst worden. Im Übrigen sind ihm zeitweise weitere Einzelgesetze zur Seite gestellt worden, die zum 1.1.2002 in den Gesamttext eingeordnet wurden (z. B. Gesetz über allgemeine Geschäftsbedingungen, Haustürgeschäftswiderrufsgesetz, Verbraucherkreditgesetz).
Lit.: http://www.koeblergerhard.de/Fontes/BGBalleFassungen.htm; *Köbler, G.*, Deutsche Rechtsgeschichte, 6. A. 2005; Bürgerliches Gesetzbuch, hg. v. *Köhler, H.*, 74. A., 2014; *Staudinger, J. v.*, Bürgerliches Gesetzbuch (2011) 92 Bände mit mehr als 55000 Seiten, online; Bürgerliches Gesetzbuch, hg. v. *Jauernig, O.*, 15. A. 2014; *Palandt, O.*, Bürgerliches Gesetzbuch, 74. A. 2015; *Mugdan, B.*, Die gesamten Materialien zum bürgerlichen Gesetzbuch für das Deutsche Reich, Bd. 1 ff. 1899 f.; Neudruck 1979; Die Beratung des Bürgerlichen Gesetzbuches in systematischer Zusammenstellung der unveröffentlichten Quellen, hg. v. *Jakobs, H./Schubert, W.*, Bd. 1 ff., 1978 ff.; *Kropholler, J.*, Studienkommentar BGB, 14. A. 2013; *Musielak, H.*, Grundkurs BGB, 13. A. 2013; *Schulze, R./Dörner, H./Ebert, I./Hoeren, T./Kemper, R. u. a.*, BGB, 8. A. 2014; Kommentar zum Bürgerlichen Gesetzbuch, hg. v. *Bamberger, H./Roth, H.*, 3. A. 2012; Anwaltkommentar BGB, hg. v. *Dauner-Lieb, B./Heidel/Ring*, Bd. 1 ff. 2. A. 2008 ff.; Münchener Kommentar Bürgerliches Gesetzbuch, 7. A. 2015 ff.; *Prütting/Wegen/Weinreich*, BGB Kommentar, 10. A. 2015; *Musielak, H.*, Examenskurs BGB, 3. A. 2014; *Diringer, A.*, Grundwortschatz BGB, 2012

bürgerliches Recht → Recht, bürgerliches
Lit.: *Köbler, G.*, Deutsches Privatrecht der Gegenwart, 1991; *Kaiser, G.*, Bürgerliches Recht, 12. A. 2009; *Medicus, D./Petersen, J.*, Grundwissen zum bürgerlichen Recht, 10. A. 2014; *Grunewald, B.*, Bürgerliches Recht, 9. A. 2014; *Medicus, D./Petersen, J.*, Bürgerliches Recht, 25. A. 2015

Bürgermeister ist das leitende Organ einer → Gemeinde (ursprünglich der Leiter der Gemeindeverwaltung). Seine Rechtsstellung hängt von der Art der → Gemeindeverfassung (→ Bürgermeisterverfassung, → Magistratsverfassung) ab.

Bürgermeisterverfassung ist die besondere Form der – dualistischen oder monistischen – → Gemeindeverfassung, bei der ein → Bürgermeister an der Spitze der Vertretungskörperschaft → der Gemeinde steht und die Verwaltungsgeschäfte führt (z. B. Rheinland-Pfalz, Saarland). Sie geht auf das zu Beginn des 19. Jh.s in den Rheinlanden eingeführte französische Mairiesystem zurück. Ihr Gegensatz ist die → Magistratsverfassung (unechte Magistratsverfassung mit Gemeindevertretung und Magistrat als Gemeindevorstand in Hessen). Die duale Rat-B. mit einer Spitze findet sich in der Gegenwart in Baden-Württemberg, Bayern, Nordrhein-Westfalen, Rheinland-Pfalz, Saarland, Niedersachsen, Sachsen, Sachsen-Anhalt, Thüringen, Brandenburg, Mecklenburg-Vorpommern und Schleswig-Holstein.

Lit.: *Knemeyer, F.,* Die duale Rat-Bürgermeister-Verfassung, JuS 1998, 193

Bürgerrecht ist das → Grundrecht, das allen → Deutschen (Staatsbürgern) durch das → Grundgesetz gewährt wird (vgl. Art. 8, 9, 11, 12 I GG). → Menschenrecht

Lit.: *Reich, N.,* Bürgerrechte in der Europäischen Union, 1999; *Siehr, A.,* Die Deutschenrechte des Grundgesetzes, 2001

Bürgerschaft ist die Gesamtheit der Bürger, in einzelnen Bundesländern das → Parlament als deren Vertretung (Bremen, Hamburg).

Bürgerversammlung ist die Versammlung der → Bürger einer Gemeinde zur Erörterung gemeindlicher Angelegenheiten.

Lit.: *Spies, U.,* Bürgerversammlung, 1999

Bürgschaft (§§ 765 ff. BGB) ist der einseitig verpflichtende → Vertrag, in dem sich der eine Teil (→ Bürge, Bürgschaftsschuldner) gegenüber dem anderen Teil (Gläubiger eines Dritten, Bürgschaftsgläubiger) verpflichtet, für die Verbindlichkeit des Dritten (Hauptschuldner) gegenüber dem Gläubiger einzustehen. Die Verpflichtungserklärung des Bürgen bedarf grundsätzlich der → Schriftform (§ 766 BGB, anders § 350 HGB für Kaufleute) (und der Erteilung). Die Bürgschaftsschuld ist vom Bestand der Hauptschuld abhängig (§ 767 S. 1 BGB, → Akzessorietät). Der Bürge kann an sich in der Regel die Leistung verweigern, solange der Gläubiger nicht fruchtlos die → Zwangsvollstreckung gegen den Schuldner (→ Vorausklage) versucht hat. Die B. ist *selbstschuldnerisch,* wenn dem Bürgen auf Grund besonderer Vereinbarung die an sich grundsätzlich gesetzlich gewährte Einrede der Vorausklage nicht zusteht (§ 771 BGB, praktisch häufig). Sonderfälle der B. sind → Mitbürgschaft, → Nachbürgschaft und → Rückbürgschaft. Bei der B. auf erstes Anfordern muss der Bürge nach dem Inhalt der Bürgschaftsvereinbarung auf die bloße Behauptung des Bürgschaftsfalls hin leisten, sofern nicht das Nichtbestehen der Hauptforderung des Bürgschaftsgläubigers offensichtlich ist. Eine vom Bürgschaftsgläubiger erreichte B. eines nahen Familienangehörigen (z.B. Kind, Geschwister, Ehegatte) oder eines Lebenspartners kann wegen Verstoßes gegen die guten → Sitten nichtig sein. Dies ist insbesondere dann der Fall, wenn ein auffälliges Missverhältnis zwischen dem Umfang der Haftung und der wirtschaftlichen Leistungsfähigkeit des als Bürgen Verpflichteten besteht und der Verpflichtungsumfang sich auch nicht mit dem Schutz des Gläubigers vor Vermögensverlagerungen zwischen Schuldner und Bürgen oder z.B. mit einer zu erwartenden Erb-

schaft begründen lässt oder wenn der nahe stehende Bürge zwar ein begrenztes Eigeninteresse an der gesicherten Verpflichtung des Dritten hat, aber mit der B. so sehr überfordert ist, dass er nicht einmal die Zinsen der Verpflichtung aufbringen kann. Außerdem kann ein Bürgschaftsgläubiger nach Treu und Glauben gehindert sein, nach Wegfall bestimmter Umstände seinen Bürgschaftsanspruch ganz oder teilweise geltend zu machen. Eine formbedürftige B. kann nicht in der Weise erteilt werden, dass der Bürge eine Blankounterschrift leistet und einen anderen mündlich ermächtigt, die Urkunde zu ergänzen. Die B. kann Haustürgeschäft sein.

Lit.: *Seifert, A.,* Zur Zulässigkeit von Arbeitnehmerbürgschaften, NJW 2004, 1707; *Karst, T.,* Die Bürgschaft auf erstes Anfordern, NJW 2004, 2059; *Wagner, S.,* Die Sittenwidrigkeit von Angehörigenbürgschaften, NJW 2005, 2956; *Schmolke, K.,* Grundfälle zum Bürgschaftsrecht, JuS 2009, 585

Büro
Lit.: *Hartung/Scharmer,* Bürogemeinschaft für Rechtsanwälte, 2010

Bürokratie ist die durch hauptberufliches, fachlich ausgebildetes Personal, durch Trennung von Amt und Person, durch Regelgebundenheit und durch Schriftlichkeit aller wesentlichen Amtsvorgänge gekennzeichnete Verwaltungsgestaltung.

Lit.: *Fuhrmann, W.,* Wachsende Bürokratie bei sinkenden Leistungen, 2004

Buße (Besserung) ist wohl schon im germanischen Recht ein Ausgleich für einen Unrechtserfolg durch eine Leistung des Schädigers an den Verletzten. Sie hat in ihren Ausläufern bis in die Gegenwart (1974) fortgewirkt. Das moderne Recht kennt als B. Geldleistungen eines Täters an eine gemeinnützige Einrichtung oder an die Staatskasse unter (vorläufiger) Absehung von der Anklageerhebung oder unter (vorläufiger) Einstellung des Verfahrens (§ 56b StGB, § 153a I StPO). Daneben sieht es bei → Ordnungswidrigkeiten die Möglichkeit eines → Bußgelds vor. Im → Kirchenrecht ist B. eine religiöse Leistung zur Sühnung einer Schuld.

Lit.: *Köbler, G.,* Zielwörterbuch integrativer europäischer Rechtsgeschichte, 6. A. 2014 (Internet)

Bußgeld ist das bei einer → Ordnungswidrigkeit als Buße zu leistende Geld (→ Geldbuße, §§ 17 ff. OWiG). Die Höhe des Bußgelds kann zwischen 5 und (grundsätzlich) 1000 Euro betragen. Sie wird von der → Verwaltungsbehörde (Ordnungsbehörde) festgelegt, wobei für Ordnungswidrigkeiten im Straßenverkehr ein → Bußgeldkatalog gilt.

Lit.: *Neidhart, H.,* Bußgeld im Ausland, 2000; *Jeger, T. van,* Geldbuße gegen juristische Personen, 2002; Bußgeldleitlinien des Bundeskartellamts, NJW 2006, 3544

Bußgeldbescheid (§ 65 OWiG) ist der von der → Verwaltungsbehörde im → Bußgeldverfahren erlassene rechtsgestaltende → Verwaltungsakt. Sein Inhalt ist in § 66 OWiG genau festgelegt. Gegen ihn ist binnen zwei Wochen nach Zustellung Einspruch möglich, über den das → Amtsgericht, in dessen

Bezirk die Verwaltungsbehörde ihren Sitz hat, entscheidet (§§ 67 ff. OWiG).

Lit.: *Klinkhammer, M.,* Der fehlerhafte Bußgeldbescheid im gerichtlichen Verfahren gemäß §§ 71 ff. OWiG, 1988 (Diss.); *Ott, W.,* Der Übergang vom Bußgeld- ins Strafverfahren, 1994

Bußgeldkatalog ist die systematische Aufstellung über die Höhe der bei verschiedenen Ordnungswidrigkeiten zu leistenden → Bußgelder (in einem Katalog z. B. vom 4.7.1989, mit Änderungen z. B. vom 4.2.2000).

Lit.: *Thubauville, W.,* Bußgeldkatalog, 7. A. 2006; Bußgeldkatalog, hg. v. *Burmann, M. u. a.,* 2. A. 2004; *Neidhart, H./Nissen, M.,* Bußgeldkataloge in Europa, 2013; *Bode, H.,* Bußgeldkatalog, 8. A. 2014; *Bauer/ Heugel,* Bußgeldkatalog mit Punktesystem, 10. A. 2015

Bußgeldverfahren (§§ 35 ff. OWiG, vgl. auch §§ 81 ff. GWB) ist das Verfahren der Verfolgung und Ahndung von → Ordnungswidrigkeiten. Zuständig ist grundsätzlich die → Verwaltungsbehörde, evtl. die → Staatsanwaltschaft oder ein → Richter (vor allem bei Zusammenhang mit Straftaten). Für das B. gilt neben dem Ordnungswidrigkeitengesetz sinngemäß die Strafprozessordnung. Auf Grund der Ermittlungen wird ein → Bußgeldbescheid erlassen, gegen den → Einspruch zulässig ist. Über ihn wird durch → Urteil oder → Beschluss des Amtsgerichts entschieden, gegen die u. U. (Geldbuße von mehr als 250 Euro) Rechtsbeschwerde zulässig ist, über die das Oberlandesgericht entscheidet.

Lit.: *Wieser, R.,* Handbuch des Bußgeldverfahrens, 7. A. 2015; *Fromm, I.,* Massentermine im Bußgeldverfahren, NJW 2012, 1131

BVerfG → Bundesverfassungsgericht

BVerwG → Bundesverwaltungsgericht

C

Canon (lat. [M.] Regel) ist im → Kirchenrecht eine Untergliederung einer Rechtsquelle, die etwa dem Artikel oder Paragraphen entspricht.

Carolina (F.) → Constitutio (F.) Criminalis Carolina

case-law (engl. [N.]) konkretes Fallrecht (z. B. Englands oder der Vereinigten Staaten von Amerika im Gegensatz zum abstrakten Gesetzesrecht z. B. Deutschlands, Frankreichs oder Italiens)

Casum sentit dominus ([lat.] den [Unglücks-]Fall spürt der Herr) ist der schon im römischen Recht vorhandene Grundsatz des → Schadensrechts, wonach der → Eigentümer einer Sache grundsätzlich ihren Verlust selbst zu tragen hat und den Schaden nur (ausnahmsweise) bei Vorliegen von Schadensüberwälzungsnormen von einem anderen ersetzt verlangen kann.
Lit.: *Liebs, D.,* Lateinische Rechtsregeln, 7. A. 2007; *Köbler, G.,* Schuldrecht, 2. A. 1995

Catering ist die Lieferung fertiger Speisen.
Lit.: *Peters, T.,* Der Cateringvertrag, 1998

causa (lat. [F.]) Ursache, Grund (z. B. für eine Leistung, nämlich etwa Kauf für eine Übereignung)

cautio (lat. [F.]) Sicherheitsleistung

CCBE (M.) (Council of the Bars and Law Societies of the European Union, Rat der Europäischen Anwaltschaft) ist die Interessenvertretung der Anwälte der Mitgliedstaaten der Europäischen Union, Norwegens, Islands und Liechtensteins vor der Europäischen Kommission, dem Europäischen Parlament und anderen europäischen Einrichtungen. Organe sind ein ehrenamtlich tätiges Präsidium und ein Generalsekretariat in Brüssel. Deutschland verfügt über 18 Stimmen.

cessio (lat. [F.]) Zession, Schreiten, → Abtretung

cf. ([lat.] confer) vergleiche

Chance (F.) Möglichkeit, Hoffnung

charta (lat. [F.]) Urkunde, z. B. → Magna Charta

Charta der Grundrechte der Europäischen Union ist die in Nizza im Dezember 2000 verkündete, zahlreiche Grundrechte in sechs Gruppen (z. B. Menschenwürde, Freiheit, Gleichheit, Solidarität, Bürgerrechte) enthaltende Charta der Europäischen Union, die durch den Vertrag von Lissabon (2009) geltendes Recht wurde, das auf gleicher rechtlicher Ebene wie der EU-Vertrag und der Vertrag über die Arbeitsweise der Europäischen Union für die Organe, Einrichtungen und sonstigen Stellen der Europäischen Union wie die Unionsrecht durchführenden Mitgliedstaaten verbindlich ist.
Lit.: Charta der Grundrechte der Europäischen Union, hg. v. *Meyer, J.,* 4. A. 2014; Europäische Grundrechte-Charta, hg. v. *Tettinger, P. u. a.,* 2006; *Jarass, H.,* Charta der Grundrechte, 2. A. 2013; *Huber, P.,* Auslegung und Anwendung der Charta der Grundrechte, NJW 2011, 2385

Charta der Vereinten Nationen (26.6.1945/ 24.10.1945) ist das die völkervertragsrechtlichen Grundlagen der → Vereinten Nationen enthaltende Dokument.
Lit.: Charta der Vereinten Nationen, hg. v. *Simma, B. u. a.,* 1991 (englisch 1995)

Chartervertrag ist der Vertrag, bei dem ein Schiff (vgl. § 557 HGB) oder Flugzeug (gechartert bzw.) gemietet wird (Frachtvertrag, Mietvertrag, evtl. auch Werkvertrag).
Lit.: *Gansfort, G.,* Der Chartervertrag, 1996; *Schmied, R.,* Rechtsprechung zum Charterflug, 1997

Chemikalie (F.) ist der in der Chemie bedeutsame, eine definierte Zusammensetzung aufweisende Stoff.

Chemikaliengesetz (§ 1 ChemG) ist das den Schutz der Menschen und der Umwelt vor schädlichen Einwirkungen vieler gefährlicher Stoffe (nicht z. B. Arzneimittel, Abfall, Abwasser) und Zubereitungen bezweckende Gesetz.
Lit.: *Rehbinder, E.,* Chemikaliengesetz, 1985; *Deichmöller, S.,* Legaldefinitionen im Chemikaliengesetz, 2002; *Stirba, U.,* Chemikaliengesetz, 2004

Chemiewaffenübereinkommen ist das am 29.4.1997 in Kraft getretene, auch die Tätigkeit der Wirtschaft internationalen Kontrollmaßnahmen unterwerfende Rüstungskontrollübereinkommen über Chemiewaffen.
Lit.: *Höhl, K.,* Die multilaterale Rüstungskontrolle, 2003

China ist der vor allem vom Pazifischen Ozean, Russland und Indien begrenzte südostasiatische Staat, der 2001 in die Welthandelsorganisation aufgenommen wurde. Sein Recht ist im 20. Jahrhundert von Europa und Amerika beeinflusst. Es steht in einem Spannungsverhältnis zur älteren rechtsfreien Tradition.
Lit.: *Senger, H. v.,* Einführung in das chinesische Recht, 1994; *Martinek, M./Weizuo, C.,* Jura in China, JuS 2000, 512; *Köbler, G.,* Rechtschinesisch, 2002; *Baumann, X.,* Das neue chinesische Sachenrecht, 2006; Chinesisches Zivil- und Wirtschaftsrecht aus deutscher Sicht, hg. v. *Bu, Y.,* 2008; *Bu, Y.,* Einführung in das Recht Chinas, 2009; *Bu, Y.,* Chinese Business Law, 2010; Recht und Rechtswirklichkeit in Deutschland und China, hg. v. *Bu, Y.,* 2011; Erbrecht in der VR China, hg. v. *Eberl-Borges, C. u. a.,* 2015

Chipkarte ist die mit elektronisch verwalteten Angaben bzw. Werteinheiten ausgestattete Karte.
Lit.: *Iwansky, P.*, Datenschutzrechtliche Probleme von Chipkarten, 1999

Christlicher Gewerkschaftsbund ist der tariffähige, (in Deutschland) tatsächlich wenig bedeutsame Zusammenschluss christlicher Gewerkschaften.
Lit.: *Waltermann, R.*, Arbeitsrecht, 17. A. 2014

CIEC (F.) Commission (F.) Internationale de l'Etat Civile

Cif ([engl.] cost, insurance, freight) ist die Klausel des internationalen Handelsverkehrs, die dem Verkäufer Verladungskosten, Versicherung und Fracht zum Bestimmungshafen einschließlich der Abladung zuteilt.
Lit.: *Sassoon, D.*, C. i. f. and f. o. b. contracts, 1984

CISG (F.) Convention on contracts for the international sale of goods der Vereinten Nationen (11.4.1980) Einheitliches UN-Kaufrecht, → Kauf
Lit.: *Huber, P. u. a.*, The CISG, 2. A. 2013

Clausula (F.) **rebus sic stantibus** ([lat.] Klausel bei unveränderter Sachlage) ist die Klausel, die eine Rechtsfolge davon abhängig macht, dass sich die wesentlichen Verhältnisse nicht ändern. Nach dem älteren gemeinen Recht sollte sie bei jedem → Vertrag auch ohne Einzelabrede gelten. Heute wird eine Veränderung der wesentlichen Verhältnisse im Institut der Störung der → Geschäftsgrundlage erfasst (§ 313 BGB).
Lit.: *Gieg, G.*, Clausula rebus sic stantibus und Geschäftsgrundlage, 1994; *Wolf, M./Neuner, J.*, Allgemeiner Teil des Bürgerlichen Rechts, 10. A. 2012

Clearing (engl. [N.]) ist im internationalen Zahlungsverkehr die Verrechnung von → Schulden und → Forderungen über eine besondere Verrechnungsstelle zur Vermeidung überflüssiger Leistungsvorgänge.
Lit.: *Güntzer, M.*, Clearingprobleme, 1998

Clementinae (lat. [F. Pl.]) → corpus iuris canonici

CMR (N.) Übereinkommen über den Beförderungsvertrag im internationalen Straßengüterverkehr
Lit.: *Herber, P./Piper, H.*, CMR, 1996

CNUE (F.) Europäischer Verband der Notare

Code (M.) **civil** ([franz.] Bürgerliches Gesetzbuch) ist die französische, viele Länder beeinflussende Kodifikation des bürgerlichen Rechts mit ursprünglich 2281 Artikeln unter Napoleon (1804).
Lit.: *Köbler, G.*, Zielwörterbuch integrativer europäischer Rechtsgeschichte, 6. A. 2014 (Internet)

Code (M.) **de commerce** ([franz.] Handelsgesetzbuch) ist die französische Kodifikation des Handelsrechts unter Napoleon (1807).

Code (M.) **pénal** ([franz.] Strafgesetzbuch) ist die französische Kodifikation des Strafrechts unter Napoleon (1810).

codex (lat. [M.]) Stamm, Tafel, Buch, Gesetzbuch

Codex (M.) **Euricianus** (lat.) von der Wissenschaft auf König Eurich zurückgeführtes Gesetzbuch der Westgoten um 475 n. Chr.

Codex (M.) **Hammurapi** (lat.) Gesetzbuch oder Rechtsbuch des (Königs) Hammurapi in Mesopotamien um 1700 v. Chr. mit etwa 8000 Wörtern in Prolog, 282 Rechtssätzen (Staatsrecht, Liegenschaftsrecht, Schuldrecht, Eherecht, Strafrecht, Mietrecht, Viehzuchtrecht, Sklavenrecht) und Epilog
Lit.: Der Codex Hammurabi in deutscher Übersetzung, hg. v. *Winckler, H.*, 2010

Codex (M.) **iuris canonici** ([lat.] Gesetzbuch des kanonischen Rechts) ist die zu Pfingsten 1918 in Kraft getretene moderne Kodifikation des Rechtes der katholischen Kirche. Der C. i. c. ist in 5 Bücher und 2414 Paragraphen gegliedert. Er löst das ältere → corpus iuris canonici ab. Er wurde am 25.1.1983 in überarbeiteter Fassung neu veröffentlicht und am 27.11.1983 in Kraft gesetzt. Dieser neue C. gliedert sich in 7 Bücher (Allgemeiner Teil, Volk Gottes, Verkündigungsdienst, Heiligungsdienst, Kirchenvermögen, Strafrecht, Prozessrecht). Das durch Verträge (Konkordate) geschaffene Recht bleibt unberührt. Weltliches Recht wird nach can. 22 nur unter bestimmten Voraussetzungen als gültig anerkannt.
Lit.: Codex iuris canonici, Lat.-dt. Ausgabe, 6. A. 2009

Codex (M.) (**Iustinianus**) ([lat.] [justinianisches] Gesetzbuch) ist die von dem oströmischen Kaiser Justinian (529–533) nach dem Vorbild des → Codex Theodosianus veranlasste, in 12 Bücher gegliederte Sammlung (Kompilation) römischer Kaisergesetze. → corpus iuris civilis.
Lit.: http://www.koeblergerhard.de/Fontes.htm; Corpus iuris civilis, hg. v. *Krüger, P./Mommsen, T./ Schoell, R. u. a.*, Bd. 2, 13. A. 1963, deutsche Übersetzung von *Otto/Schilling/Sintenis*, Bd. 1–7, 1839 ff. (sowie *Behrends, O. u. a.*, Bd. 1 ff. 1990 ff.); *Köbler, G.*, Zielwörterbuch integrativer europäischer Rechtsgeschichte, 6. A. 2014 (Internet)

Codex (M.) **Theodosianus** (lat.) Gesetzbuch des oströmischen Kaisers Theodosius II. (438 n. Chr.)
Lit.: *Mommsen, T./Meyer, P.*, Theodosiani libri XVI, Bd. 1 1905, Neudruck 1954; *Pharr, C.*, The Theodosian Code, 1952

Cognitio (F.) **extra ordinem** ([lat.] Erkenntnis außerhalb der Ordnung) ist im römischen Recht die sich seit der Zeitenwende entwickelnde besondere Verfahrensart, in der im Gegensatz zu den älteren Legisaktionenverfahren und Formularverfahren ein öffentlicher Amtsträger untersucht und entscheidet.
Lit.: *Köbler, G.*, Zielwörterbuch integrativer europäischer Rechtsgeschichte, 6. A. 2014 (Internet)

comes (lat. [M.]) Graf

comitia (lat. [N. Pl.]) (verschieden gegliederte) Volksversammlung der Römer

commenda (lat. [F.]) Anvertrauung (Vorform der Kommanditgesellschaft)

commodatum (lat. [N.]) Leihe

commodum (lat. [N.]) Bequemlichkeit, Vorteil. *Stellvertretendes* c. (§ 285 BGB) ist der Ersatz oder Ersatzanspruch, den der → Schuldner infolge eines Umstands, auf Grund dessen er die Leistung nach § 275 BGB nicht zu erbringen braucht, (als Ausgleich) für den (ursprünglich) geschuldeten Gegenstand erlangt (z. B. Versicherungsanspruch für das gestohlene Auto, das der Schuldner hätte übereignen müssen). Der Gläubiger kann das stellvertretende c. verlangen. Dementsprechend vermindert sich allerdings sein eventueller → Schadensersatzanspruch (§ 285 II BGB) bzw. bleibt er im gegenseitigen Vertrag zur Gegenleistung verpflichtet (§ 326 III 1 BGB).
Lit.: *Köbler, G.,* Schuldrecht, 2. A. 1995; *Bollenberger, R.,* Das stellvertretende commodum, 1999; *Lehmann, M. u. a.,* Das stellvertretende commodum, JuS 2005, 502

Common law ([engl.] gemeines Recht) ist in England das durch die Rechtsprechung der (drei) königlichen Gerichte an Hand von Einzelfällen entwickelte (strenge) Recht im Gegensatz zu dem vom Kanzler und seinem Gericht entwickelten Recht (equity, Billigkeit) sowie zum selteneren gesetzlichen Recht (statute law).
Lit.: *Plucknett, T.,* Concise history of the Common law, 5. A. 1966; *Köbler, G.,* Rechtsenglisch, 8. A. 2011; *Häcker, B.,* Das englische Common Law, JuS 2014, 872

communio (lat. [F.]) Gemeinschaft

communis opinio (lat. [F.]) allgemeine Meinung

compensatio (F.) **lucri cum damno** (lat.) Aufrechnung oder Ausgleich des Gewinns mit dem Schaden, → Vorteilsausgleichung

Compliance (N.) Befolgung, rechtlich ordnungsgemäße Organisation
Lit.: *Umnuß, K.,* Corporate Compliance Checklisten, 2. A. 2012; *Moosmayer, K.,* Compliance, 2. A. 2012; *Fissenewert, P.,* Compliance für den Mittelstand, 2013; *Hauschka, C.,* Formularbuch Compliance, 2013

Computer (Rechner) ist das in der zweiten Hälfte des 20. Jh.s entwickelte System von elektrischen Schaltungen zur Behandlung umfangreicher Aufgaben der → Datenverarbeitung.
Lit.: Computerrechts-Handbuch (Lbl.), hg. v. *Kilian, W./ Heussen, B.,* 32. A. 2013; *Taeger, J.,* Die Entwicklung des Computerrechts, NJW 2010, 25; *Schmidl, M.,* IT-Recht von A–Z, 2. A. 2014; IT-Recht, hg. v. *Leupold/ Glossner,* 3. A. 2013; *Eisele, J.,* Computer- und Medienstrafrecht, 2013

Computerbetrug (§ 263a StGB) ist die Beschädigung des Vermögens eines anderen in rechtswidriger Vermögensvorteilsverschaffungsabsicht für sich oder einen Dritten durch Beeinflussung des Ergebnisses eines Datenverarbeitungsvorgangs. Dies kann geschehen durch unrichtige Gestaltung des Programms, durch Verwendung unrichtiger oder unvoll-

ständiger Daten, durch unbefugte Verwendung von Daten oder durch sonstige unbefugte Einwirkung auf den Ablauf (z. B. Benutzung eines rechtswidrig erlangten Programms eines Geldspielautomaten). Der C. ist mit Freiheitsstrafe bis zu fünf Jahren oder mit Geldstrafe bedroht.
Lit.: *Münker, D.,* Der Computerbetrug, 2000; *Zahn, G.,* Die Betrugsähnlichkeit des Computerbetrugs, 2000

Computersabotage (§ 303b StGB) ist das Stören einer für einen anderen wesentlich bedeutsamen Datenverarbeitung durch → Datenveränderung oder Zerstören, Beschädigen, Unbrauchbarmachen, Beseitigen oder Verändern einer Datenverarbeitungsanlage oder eines Datenträgers.
Lit.: *Guder, W.,* Computersabotage, 2000

Computervertrag ist der mit Hilfe des Computers geschlossene Vertrag.
Lit.: *Koch, F.,* Computervertragsrecht, 7. A. 2009

condicio (lat. [F.]) Bedingung

condicio (F.) **sine qua non** (lat.) Bedingung, ohne die (ein Erfolg) nicht (eingetreten wäre, → Äquivalenztheorie

condictio (lat. [F.] Ansage) ist im römischen Recht die besondere Verfahrensart des Legisaktionenverfahrens bzw. Formularverfahrens, in der u. a. auch eine nichtgeschuldete Leistung ([lat.] indebitum) zurückverlangt werden kann. Später wird c. (Kondiktion) der Ausdruck für eine Gruppe von mit dem Herausgabeanspruch auf das indebitum (Nichtgeschuldete) verwandten Ansprüchen, deren modernes, im römischen Recht (noch) fehlendes Kennzeichen die Beschränkung der Herausgabepflicht auf die noch vorhandene Bereicherung ist. Von daher wird c., Kondiktion, verstanden als Anspruch aus ungerechtfertigter → Bereicherung. c. *causa data, causa non secuta* (Kondiktion des gegebenen, aber nicht nachgefolgten Grundes) ist heute der → Bereicherungsanspruch wegen Nichteintritts des mit der Leistung bezweckten Erfolgs (§ 812 I 2 BGB). c. *indebiti* (Kondiktion des Nichtgeschuldeten) ist heute der → Bereicherungsanspruch wegen Leistung trotz Fehlens einer Schuld (§ 812 I 1 BGB). c. *ob causam finitam* (Kondiktion wegen des beendeten Grunds) ist heute der → Bereicherungsanspruch wegen späteren Wegfalls des Rechtsgrunds (§ 812 I 2 BGB). c. *ob turpem vel iniustam causam* (Kondiktion wegen schändlichen oder ungerechten Grunds) ist heute der → Bereicherungsanspruch wegen Verstoßes gegen ein gesetzliches Verbot oder die guten Sitten (§ 817 BGB). c. *sine causa* (Kondiktion ohne Grund) ist heute der allgemeine Bereicherungsanspruch wegen Fehlens eines gültigen Rechtsgrunds (§ 812 I 1 BGB).
Lit.: *Wieling, H.,* Bereicherungsrecht, 4. A. 2006; *Köbler, G.,* Zielwörterbuch integrativer europäischer Rechtsgeschichte, 6. A. 2014 (Internet)

conditio → condicio

consortium (lat. [N.]) Erbengemeinschaft des römischen Rechts

constitutio (lat. [F.]) Festsetzung, Gesetz

Constitutio (F.) **Criminalis Carolina** (CCC, Peinliche Gerichtsordnung Karls V.) von 1532 ist das Gesetz des Heiligen römischen Reichs, welches das Strafrecht der Neuzeit bestimmt und erst im 19. Jh. abgelöst wird.
Lit.: *Köbler, G.*, Deutsche Rechtsgeschichte, 6. A. 2005; Die Peinliche Gerichtsordnung Kaiser Karls V., hg. v. *Schroeder, F.*, 2000

contra legem (lat.) gegen das Gesetz (vor allem eine Entscheidung gegen den Wortlaut des Gesetzes)
Lit.: *Neuner, J.*, Die Rechtsfindung contra legem, 2. A. 2005

contractus (lat. [M.]) Vertrag

Controlling (engl. [N.]) Kontrolle
Lit.: *Baum, H.*, Strategisches Controlling, 5. A. 2013

Contumacia (lat. [F.] Kontumaz) ist im älteren Prozessrecht der Ungehorsam einer Partei gegen eine richterliche Prozessanordnung z. B. Ladung.
Lit.: *Köbler, G.*, Zielwörterbuch integrativer europäischer Rechtsgeschichte, 6. A. 2014 (Internet)

conubium (lat. [N.]) römische Eherechtsfähigkeit

Copyright (engl. [N.] Vervielfältigungsrecht) ist im angloamerikanischen Recht das 28 Jahre und bei Verlängerung weitere 28 Jahre wirkende → Urheberrecht an Literaturwerken. Es wird durch Registrierung in einem besonderen Copyright-Register erreicht. Mitglieder des Welturheberrechtsabkommens erlangen den Schutz durch den Copyright-Vermerk in jedem Buch.
Lit.: *Föhr, A.*, Der Copyright-Vermerk, 1990; *Fishman, S.*, The copyright handbook, 11. A. 2011

COREPER (M.) Comité des Représentants Permanents des Etats Membres, ständiger Botschafterausschuss der Europäischen Union

corporate governance (N.) (engl.) Unternehmensleitung (als Bündel freiwillig beachteter Verhaltensregeln)
Lit.: *Ringleb, H./Kremer, T./Lutter, M./Werder, A. v.*, Deutscher Corporate Governance Kodex, 5. A. 2014; Handbuch Corporate Governance von Banken, hg. v. *Hopt, K. u. a.*, 2011; Deutscher Corporate Governance Kodex, hg. v. *Wilsing, H.*, 2012

corpus (lat. [N.]) Körper, Gegenstand, Gesamtheit

corpus (N.) **catholicorum** (lat.) Gesamtheit der katholischen → Reichsstände (1648–1806)

corpus (N.) **delicti** (lat.) Gegenstand des Delikts

corpus (N.) **evangelicorum** (lat.) Gesamtheit der evangelischen → Reichsstände (1653–1806)

Corpus (N.) **iuris canonici** ([lat.] Korpus des kanonischen Rechts) ist die zwischen etwa 1140 und 1500 allmählich entstandene Sammlung des kirchli-

chen Rechts. Das c. i. c. setzt sich zusammen aus dem Dekret Gratians (Bologna um 1140), Liber extra (1234), Liber sextus (1298), den Clementinae (1317 ff.) und Extravaganten. Es regelt auch weltliche Verhältnisse. Der (spätere) Name datiert von 1580. → Codex iuris canonici
Lit.: *Köbler, G.*, Zielwörterbuch integrativer europäischer Rechtsgeschichte, 6. A. 2014 (Internet)

Corpus (N.) **iuris civilis** ([lat.] Korpus des weltlichen Rechts) ist die seit 1583 so bezeichnete Kompilation des römischen Rechts durch den oströmischen Kaiser Justinian (528–534). Sie besteht aus den → Digesten (oder → Pandekten), aus dem → Codex Justinianus, aus den → Institutionen und aus den Novellen Justinians. Durch sie ist im Wesentlichen das römische Recht an die Nachwelt weitergegeben worden, so dass sie die Rechtsentwicklung der gesamten Welt nachhaltig beeinflusst hat.
Lit.: Corpus Iuris Civilis, hg. v. *Krüger, P./Mommsen, T./Schoell, R. u. a.*, Bd. 1, Institutiones und Digesta, 16. A. 1954, Bd. 2 Codex, 13. A. 1963, Bd. 3 Novellae, 7. A. 1959, Deutsche Übersetzung von *Otto/Schilling/Sintenis*, Bd. 1–7, 1831–39 sowie von *Behrends, O. u. a.*, Bd. 1 ff. 1990 ff.; *Köbler, G.*, Zielwörterbuch integrativer europäischer Rechtsgeschichte, 6. A. 2014 (Internet)

Court of Arbitration for Sport (CAS) in Lausanne ist das weltweit höchste Gericht für Sportstreitigkeiten (nahezu jeder Art). Was dabei der Organisation des Sportes als Spiel dient, ist Sportangelegenheit, alles darüber Hinausreichende kann Rechtsangelegenheit sein. Sportrecht kann in diesem Sinn nur einen rechtlichen Rahmen für den Sportbetrieb bilden.

creditor (lat. [M.]) Gläubiger

crimen (lat. [N.]) Verbrechen, Straftat

crimen (N.) **laesae maiestatis** (lat.) Hochverrat

Cuius regio – eius religio ([lat.], wessen Gebiet – dessen Religion) ist die nach dem Schmalkaldischen Religionskrieg 1555 im Augsburger Religionsfrieden ausgehandelte Formel zur Festlegung der Religionszugehörigkeit. Danach bestimmt der (weltliche) Landesherr die Religion in seinem Land. Andersgläubige dürfen auswandern ([lat.] beneficium [N.] emigrationis).
Lit.: *Köbler, G.*, Zielwörterbuch integrativer europäischer Rechtsgeschichte, 6. A. 2014 (Internet)

culpa (lat. [F.]) Schuld, Sorgfalt

culpa (F.) **in abstracto** (lat.) Außerachtlassung der im Verkehr abstrakt erforderlichen Sorgfalt

culpa (F.) **in concreto** (lat.) Außerachtlassung der im bestimmten Fall – der eigenen Angelegenheiten – konkret erforderlichen Sorgfalt

Culpa (F.) **in contrahendo** ([lat.] Verschulden beim Vertragsschluss) ist das außerhalb des Bürgerlichen Gesetzbuchs entwickelte Institut, bei dem im Fall schuldhafter Verletzung vorvertraglicher → Pflichten der Verletzer dem Verletzten den entstandenen → Schaden zu ersetzen hat (z. B. im Warenhaus fällt eine – unachtsam aufgestellte – Teppichrolle um und verletzt einen vielleicht Kaufwilligen, im Anlagenrecht wird, womit der Betreffende rechnen musste, mit unrichtigen Testaten eines Wirtschaftsprüfers geworben und Geld im Vertrauen auf die Richtigkeit der Testate angelegt, str. für nicht in Anspruch genommene Tischreservierung in einem Restaurant). Seit 2002 entsteht ein Schuldverhältnis (§ 311 II BGB) mit Pflichten nach § 241 II BGB auch durch die Aufnahme von Vertragsverhandlungen, die Anbahnung eines Vertrags, bei welcher der eine Teil im Hinblick auf eine etwaige rechtsgeschäftliche Beziehung dem anderen Teil die Möglichkeit der Einwirkung auf seine Rechte, Rechtsgüter und Interessen gewährt oder ihm diese anvertraut, oder durch ähnliche geschäftliche Kontakte. Für dieses (der Einfachheit halber wohl am besten weiter als c. i. c. zu bezeichnende) Schuldverhältnis gilt das allgemeine Schuldrecht.

Lit.: *Köbler, G.*, Schuldrecht, 2. A. 1995; *Dötsch, W.*, Rechtsweg bei Ansprüchen aus öffentlich-rechtlicher culpa in contrahendo, NJW 2003, 1430; *Lorenz, S.*, Grundwissen – Zivilrecht Culpa in contrahendo (§ 311 II, III BGB), JuS 2015, 398

culpa (F.) **in custodiendo** (lat.) Verschulden bei der Überwachung – eines Gehilfen –, → Verrichtungsgehilfe

culpa (F.) **in eligendo** (lat.) Verschulden bei der Auswahl – eines Gehilfen –, → Verrichtungsgehilfe

culpa (F.) **lata** (lat.) weite Schuld, grobe → Fahrlässigkeit

culpa (F.) **levis** (lat.) leichte Schuld, einfache → Fahrlässigkeit

culpa (F.) **levissima** (lat.) leichteste Schuld

cum laude ([lat.] mit Lob) ist die drittbeste Note der Doktorprüfung.

cum tempore (lat.) mit Zeit (d. h. in dem universitären Lehrbetrieb 15 Minuten nach der angegebenen vollen Stundenzeit) → sine tempore

D

DACH Europäische Anwaltsvereinigung e. V. ist der Verein deutschsprachiger und korrespondierender Rechtsanwälte zur Wahrung gemeinsamer Interessen (http://www.dach-ra.de).

DAG → Deutsche Angestelltengewerkschaft

Daktyloskopie (F.) Fingerschau, → Fingerabdruck

Lit.: *Oppermann, K.,* Der daktyloskopische Identitätsnachweis, 2000

Da mihi factum, dabo tibi ius ([lat.] gib mir den Sachverhalt, ich werde dir das Recht geben) ist die allgemeine, aus dem römischen Recht stammende Verfahrensregel, wonach die → Parteien dem → Richter nur das Sachgeschehen, nicht auch das anzuwendende Recht vorzutragen haben (, vgl. § 293 ZPO).

Lit.: *Liebs, D.,* Lateinische Rechtsregeln, 7. A. 2007

Damnationslegat (N.) Vermächtnis mit schuldrechtlicher Wirkung, Gegensatz zu → Vindikationslegat

damnum (lat. [N.]) Gabe, Schaden

damnum (N.) **emergens** (lat.) erwachsender Schaden, → Schaden

Dänemark ist der im Norden an Deutschland angrenzende skandinavische Staat, der seit 1.1.1973 der Europäischen Gemeinschaft bzw. Europäischen Union angehört.

Lit.: *Gubba, W.,* Dansk-tysk juridisk ordbog, 4. A. 2005; *Dübeck, I.,* Introduktion til Dansk Ret, 1994; *Dübeck, I.,* Einführung in das dänische Recht, 1996; *Eyben, W. v.,* Juridisk ordbog, 13. A. 2008

Darlehen (→ Sachdarlehen, § 607 BGB) war bis 2002 der – entweder einseitig verpflichtende Vertrag (unentgeltliches D.) oder gegenseitige – → Vertrag (entgeltliches D.), in dem sich der eine Teil (Darlehensgeber) verpflichtet, dem anderen Teil (Darlehensnehmer) eine vereinbarte vertretbare Sache (z.B. Wertpapier, Flasche, Palette, Geld) zu überlassen. Nach § 488 BGB betrifft seit 2002 das D. nur noch Geld, so dass aus D. der Darlehensgeber (von Geld) nur noch verpflichtet ist, dem Darlehensnehmer einen Geldbetrag in der vereinbarten Höhe zur Verfügung zu stellen, und der Darlehensnehmer (nur noch) verpflichtet ist, einen geschuldeten Zins zu zahlen und bei Fälligkeit das zur Verfügung gestellte D. zurückzuerstatten (Konsensualvertrag). Die vereinbarten Zinsen sind grundsätzlich nach dem Ablauf je eines Jahres oder bei vorheriger Rückerstattung zu entrichten. Ist für die Rückerstattung eine Zeit nicht bestimmt, so hängt die Fälligkeit von einer Kündigung ab, für welche die Kündigungsfrist drei Monate beträgt. Bei einem zinslosen D. kann der Darlehensnehmer auch ohne Kündigung zurück-

erstatten. Das ordentliche Kündigungsrecht des Darlehensnehmers bestimmt sich nach § 489 BGB, das außerordentliche Kündigungsrecht des Darlehensgebers bei wesentlicher Verschlechterung der Vermögensverhältnisse des Darlehensnehmers nach § 490 BGB. Besondere Einzelgestaltungen führen zu zahlreichen verschiedenen Einzelformen des Darlehens (Hypothekendarlehen, Bauspardarlehen u. a.). Für das Verbraucherdarlehen gelten die §§ 491 ff. BGB. Eine andere Schuld kann durch Vereinbarung in ein D. umgewandelt werden (Vereinbarungsdarlehen). Im Gegensatz zum D. (bzw. Sachdarlehen), bei dem der Darlehensnehmer (bzw. Sachdarlehensnehmer) statt anderer Sachen auch die dargeliehenen Sachen zurückgeben (übereignen) darf, ist bei der → Leihe in jedem Fall die geliehene Sache selbst zurückzugeben.

Lit.: *Rösler, P./Wimmer, K./Lang, V.,* Vorzeitige Beendigung von Darlehensverträgen, 2003; *Schmidt, B.,* Absicherung von Darlehen, 2004; *Nassall, W.,* Kapitalersatz bei der GmbH, NJW 2010, 2305; *Josten, R.,* Kreditvertragsrecht, 2012

Daseinsvorsorge ist die Vorsorge für das Dasein des Menschen. Die D. ist eine Aufgabe, die ursprünglich allein dem Einzelnen und den ihn umschließenden Gruppen (z.B. Familie, Horde) zufiel, seit der Aufklärung aber (mangels Leistungsfähigkeit des Einzelnen und infolge Verdichtung der Gesellschaft) mehr und mehr vom → Staat mitübernommen wird. Die dadurch entstehende Art der Verwaltung ist die zur älteren → Eingriffsverwaltung hinzutretende → Leistungsverwaltung.

Lit.: *Pielow, J.,* Öffentliche Daseinsvorsorge, JuS 2006, 692; *Ringwald, R.,* Daseinsvorsorge als Rechtsbegriff, 2008

Datei ist die gleichartig aufgebaute Sammlung von → Daten, die nach bestimmten Merkmalen (mindestens 2 Merkmale notwendig, str.) geordnet und ausgewertet werden kann. Die D. entsteht bei der Datenverarbeitung. Sie steht unter → Datenschutz.

Lit.: *Becker, A.,* Elektronische Dokumente als Beweismittel, 2004

Daten ([zu lat.] datum, gegeben) sind allgemein Angaben, Einzeltatsachen oder Gegebenheiten bzw. zum Zweck der Verarbeitung zusammengefasste Zeichen, die auf Grund bekannter oder unterstellter Abmachungen Sachverhalte oder Vorgänge betreffen. Sie bilden das Material der Datenverarbeitung. Personenbezogene D. sind Einzelangaben über persönliche oder sachliche Verhältnisse (z.B. Herkunft, Überzeugung) einer bestimmten oder bestimmbaren natürlichen Person (§ 3 I BDSG).

Lit.: *Meier, K./Wehlau, A.,* Die zivilrechtliche Haftung für Datenlöschung, NJW 1998, 1585

Datenabgleich (§ 98c StPO) ist der maschinelle Vergleich personenbezogener → Daten aus einem

Strafverfahren mit anderen zur Strafverfolgung, Strafvollstreckung oder Gefahrenabwehr gespeicherten Dateien. D. ist eine Art der → Rasterfahndung im weiteren Sinn. Der D. stellt einen Eingriff in Persönlichkeitsrechte dar und bedarf deshalb gesetzlicher Ermächtigung.

Lit.: *Wittig, P.,* Schleppnetzfahndung, Rasterfahndung und Datenabgleich, JuS 1997, 961

Datenbank (§ 87a UrhG) ist die Form der Datenspeicherung, bei der die Daten nach Gruppengesichtspunkten gespeichert sind, die je nach Programm beliebig miteinander verknüpft und abgerufen werden können (z. B. Telefonbuch) bzw. die Sammlung von Werken, Daten oder anderen unabhängigen Elementen, die systematisch oder methodisch angeordnet oder einzeln mit Hilfe elektronischer Mittel oder auf andere Weise zugänglich sind und deren Beschaffung, Überprüfung oder Darstellung eine nach Art oder Umfang wesentliche Investition erfordert bzw. eine Sammlung, die Werke, Daten oder andere Elemente umfasst, die sich voneinander trennen lassen, ohne dass der Wert ihres Inhalts dadurch beeinträchtigt wird, und die eine Methode oder ein System beliebiger Art enthält, mit der bzw. dem sich jedes der Elemente der Sammlung wieder auffinden lässt. Der Hersteller einer D. hat ein Leistungsschutzrecht. Erlaubt ist aber beispielsweise die Übernahme einiger Tausend Anschriften aus einer größeren D. zwecks Erstellung von Werbebriefen.

Lit.: *Leistner, M.,* Der Rechtsschutz von Datenbanken, 2000; *Kröger, D.,* Rechtsdatenbanken, 2001; *Lockemann, P.,* Architektur von Datenbanksystemen, 2004

Datenschutz (§§ 1 ff. BDSG) ist der Schutz der Daten einer Person vor Missbrauch. Zur Sicherung des Datenschutzes besteht eine Geheimhaltungspflicht des Datenerfassers sowie ein Auskunftsanspruch und gegebenenfalls ein Berichtigungsanspruch, Sperrungsanspruch oder Löschungsanspruch des Betroffenen. Unbefugte Verwertung von Daten kann strafbar sein (vgl. auch § 203 StGB) und (einen Anspruch auf Auskunft, Berichtigung oder Löschung oder) einen Schadensersatzanspruch begründen (§ 7 BDSG). Für den D. sind besondere → Datenschutzbeauftragte bestellt. Geordnet ist der D. hauptsächlich im Bundesdatenschutzgesetz.

Lit.: Datenschutzrecht, 6. A. 2014; *Gola, P./Klug, C.,* Grundzüge des Datenschutzrechts, 2003; *Gola, P.,* Handbuch zum Arbeitnehmerdatenschutz, 6. A. 2013; *Gola, P. u. a.,* Die Entwicklung des Datenschutzrechts, NJW 2015, 674; *Durner, W.,* Zur Einführung Datenschutzrecht, JuS 2006, 213; *Masing, J.,* Herausforderungen des Datenschutzes, NJW 2012, 2305; Datenschutz in der Bankpraxis, hg. v. *Vahldiek, W.,* 2012; Datenschutzrecht in Bund und Ländern, hg. v. *Wolff, H./Brink, S.,* 2013; *Forgó/Helfrich/Schneider,* Betrieblicher Datenschutz, 2014; *Bussche v. d./Voigt,* Konzerndatenschutz, 2014; Formularhandbuch Datenschutzrecht, hg. v. *Koreng/Lachenmann,* 2015

Datenschutzbeauftragter (§ 4f BDSG) ist der mit dem → Datenschutz beauftragte Mensch.

Lit.: *Haaz, H.,* Tätigkeitsfeld Datenschutzbeauftragter, 2. A. 2003

Datenveränderung (§ 303a StGB) ist das rechtswidrige Löschen, Unterdrücken, Unbrauchbarmachen oder Verändern von → Daten. Es wird mit Freiheitsstrafe bis zu zwei Jahren oder mit Geldstrafe bestraft. Der Versuch ist strafbar.

Lit.: *Splitt, A.,* Der Rechtswidrigkeitsbegriff im Rahmen des § 303a StGB, 1999

Datenverarbeitung ist allgemein jedes Befassen mit → Daten. Nach § 3 IV BDSG ist D. die Speicherung, Veränderung, Übermittlung, Sperrung oder Löschung personenbezogener → Daten in → Dateien in manueller oder automatischer Form. Für die D. ist der Datenschutz zu beachten.

Lit.: *Koch, M.,* Datenerhebung und Datenverarbeitung in den Polizeigesetzen, 1999; *Redeker, H.,* IT-Recht, 5. A. 2012; *Schmitt, M.,* IT-Recht, 2008

Dauerarrest (§ 16 IV JGG) ist im Jugendstrafrecht der → Arrest von mindestens einer Woche und höchstens vier Wochen Dauer. Er ist → Jugendarrest und damit Zuchtmittel des Jugendstrafverfahrens. Er hat nicht die Rechtswirkung einer → Strafe.

Lit.: *Schwegler, K.,* Dauerarrest, 1999

Dauerdelikt ist die → Straftat, bei der (auch) die Aufrechterhaltung des widerrechtlichen Zustands Tatbestandsmerkmal ist (z. B. Hausfriedensbruch, Freiheitsberaubung). Das D. ist zu trennen vom → Zustandsdelikt (z. B. Bigamie). Es ist ein Fall rechtlicher → Handlungseinheit (str.). Das D. wird mit der Begründung des rechtswidrigen Zustands vollendet, aber erst mit dessen Wiederaufhebung beendet, weshalb → Beihilfe während der ganzen Dauer (z. B. der Freiheitsberaubung) möglich ist und → Verjährung auch erst nach ihrer Beendigung beginnt.

Lit.: *Schmitz, R.,* Unrecht und Zeit, 2001

Dauerschuldverhältnis ist das → Schuldverhältnis, bei dem die geschuldete Leistung in ihrem Umfang von der Zeitdauer abhängt (z. B. Miete, Darlehen, Dienstvertrag, Sukzessivlieferungsvertrag, nicht dagegen Kreditkauf auf Raten). Seit 2002 kann jeder Vertragsteil das D. nach § 314 BGB innerhalb angemessener Frist ab Kenntniserlangung aus wichtigem Grund ohne Einhaltung einer Kündigungsfrist kündigen, wobei ein wichtiger Grund vorliegt, wenn dem kündigenden Teil unter Berücksichtigung aller Umstände des Einzelfalls und unter Abwägung der beiderseitigen Interessen die Fortsetzung des Vertragsverhältnisses bis zur vereinbarten Beendigung oder bis zum Ablauf einer Kündigungsfrist nicht zugemutet werden kann. Bei Vertragspflichtverletzungen ist erfolglose Abhilfefristsetzung oder erfolglose Abmahnung nötig. Durch die Kündigung wird ein Schadensersatzanspruch nicht ausgeschlossen.

Lit.: *Köbler, G.,* Schuldrecht, 2. A. 1995; *Flohr, E.,* Dauerschuldverhältnisse nach der Schuldrechtsreform, 2003; *Kitz, V.,* Die Dauerschuld im Kauf, 2004

DAV (M.) Deutscher Anwaltverein

DDR → Deutsche Demokratische Republik

de facto   94

de facto (lat.) nach der tatsächlichen Sachlage, tatsächlich, sachlich

de iure (lat.) nach der Rechtslage, rechtmäßigerweise

De lege ferenda ([lat.] nach erst noch zu erlassendem Gesetz) ist eine Bezeichnung dafür, dass eine bestimmte Gesetzeslage oder Rechtslage bestehen sollte, aber noch nicht besteht.

De lege lata ([lat.] nach erlassenem Gesetz) ist eine Bezeichnung für die geltende Gesetzeslage.

Debet (N.) Soll, Schuld

Debitor (M.) Schuldner

debitum (lat. [N.]) Schuld, Verpflichtung

Deckung ist die Schließung einer offenen Gegebenheit durch eine Gegebenheit.
Lit.: *Fiala/Keppel/Körner*, Deckungslücken in der Vermögensschadenhaftpflichtversicherung, 2010

Deckungsverhältnis (Grundverhältnis) ist beim (berechtigenden) → Vertrag zugunsten Dritter (§§ 328 ff. BGB) das Verhältnis zwischen Versprechensempfänger (Gläubiger) und Versprechenden (Schuldner). Aus ihm erhält der Schuldner die Deckung (den Gegenwert) für seine Leistung an den Dritten. Das D. gibt zugleich den Grund der Leistung des Schuldners an. Es steht im Gegensatz zum → Zuwendungsverhältnis oder Valutaverhältnis, das zwischen Drittem und Versprechensempfänger besteht. Das D. kann etwa ein Kaufvertrag, Werkvertrag oder Versicherungsvertrag sein. Von einem D. geht man auch bei der → Anweisung oder einem Dreiecksverhältnis der ungerechtfertigten → Bereicherung aus.
Lit.: *Köbler, G.*, Schuldrecht, 2. A. 1995

Déclaration (F.) **des droits de l'homme et du citoyen** ([franz.] Erklärung der Menschenrechte und Bürgerrechte) ist die im Zuge der französischen Revolution (am 26. August 1789) durch die Nationalversammlung erfolgte Verkündung verfassungsmäßiger → Grundrechte.
Lit.: *Jellinek, G.*, Die Erklärung der Menschen- und Bürgerrechte, 4. A. 1927; http://www.koeblergerhard.de/Fontes/ErklMenschenuBuergerrechte1789nhd.htm

decretum (N.) **Gratiani** (lat.) Dekret Gratians, → corpus iuris canonici

Défense (F.) **sociale** ([franz.] soziale Verteidigung) ist die Gesellschaftslehre, welche die Gesellschaft vor dem Straftäter dadurch schützen will, dass sie ihm verstärkt zur → Resozialisierung verhilft.

defensiv (Adj.) verteidigend, abwehrend, verhütend

defensiver Notstand (Verteidigungsnotstand) → Notstand, defensiver

dei gratia (lat.) von Gottes Gnaden

Deich ist der das Land vor Wasser schützende Damm.

Deichrecht ist das besondere Recht des Deichwesens. Das D. kennt Deichverbände als öffentlich-rechtliche, aus betroffenen Grundstücksbesitzern gebildete → Selbstverwaltungskörperschaften, die für den Schutz der überschwemmungsgefährdeten Grundstücke zuständig sind. Ihre Organe sind Ausschuss und Vorstand. Das D. ist vor allem im Wasserverbandgesetz und der 1. Wasserverbandverordnung geregelt.
Lit.: *Gierke, J. v.*, Die Geschichte des deutschen Deichrechts, 1901 ff.

Dekan ([lat.] decanus [M.] Vorgesetzter von zehn [Leuten]) ist das geschäftsführende Organ einer Fakultät oder eines → Fachbereichs einer → Universität (Hochschule) (Fachbereichssprecher). Der D. wird von den Mitgliedern der Fakultät bzw. Fachbereichsvertretung (meist auf 1 Jahr) aus den Professoren gewählt und entspricht deshalb regelmäßig in seinem Wesen dem durchschnittlichen Wesen seiner Wähler. Er muss die Rechte aller Angehörigen wahren, kann aber wie jeder Machthaber auch mit einzelnen korrupten Wählergruppen korruptiv Ressourcenmissbrauch und détournement de pouvoir zum Schaden des Gemeinwohls betreiben. Im → Kirchenrecht ist D. der Leiter eines Dekanats oder eines Kirchenkreises.
Lit.: *Köbler, G.*, Wie werde ich Jurist?, 5. A. 2007

Dekanat ist das → Amt und die Gesamtheit der zugehörigen Räume und im Kirchenrecht das Amt und das zugehörige örtliche Gebiet des → Dekans.

deklaratorisch (Adj.) klarstellend (im Gegensatz zu herstellend)

Dekonzentration (Aufteilung) ist im Verwaltungsrecht die Verteilung von → Zuständigkeiten auf mehrere → Verwaltungsbehörden unter Aufrechterhaltung der Weisungsabhängigkeit. Sie ist sowohl *vertikal* (örtlich, z.B. Oberbehörde, Mittelbehörde und Unterbehörde) wie auch *horizontal* (sachlich, z.B. gleichstufige, nach Sachbereichen gegliederte Behörden) möglich. Die D. steht im Gegensatz zu → Konzentration und ist von der → Dezentralisation zu trennen.

Dekret (N.) Entscheidung, Erlass

Delegation (Übertragung, Abordnung, Ausschuss) ist die – nur ausnahmsweise – auf Grund gesetzlicher Ermächtigung zulässige Übertragung einer → Zuständigkeit eines Verwaltungsträgers oder einer → Behörde auf einen anderen Verwaltungsträger oder eine andere Behörde zu eigener Wahrnehmung. Gegensatz der D. ist das → Mandat. Als D. wird darüber hinaus auch eine Personengruppe bezeichnet, die kraft D. bestimmte Aufgaben wahrnimmt.

delictum (lat. [N.]) Delikt

Delikt ([N.] Gefehltes, Vergehen) ist im Strafrecht die mit öffentlicher → Strafe bedrohte → Handlung

(z. B. Mord) und im Privatrecht die unerlaubte → Handlung (§§ 823 ff. BGB, z. B. fahrlässige Sachbeschädigung bei Verkehrsunfall). Gliedern lassen sich im Strafrecht die Delikte vor allem in → Handlungsdelikte und → Unterlassungsdelikte, in → Erfolgsdelikte und → Tätigkeitsdelikte sowie in → Verletzungsdelikte und → Gefährdungsdelikte. *Eigenhändiges* D. ist das D., dessen Tatbestand die unmittelbar eigenhändige Vornahme der Tatbestandshandlung voraussetzt (z. B. Aussagedelikte §§ 153 ff. StGB, Beischlaf zwischen Verwandten § 173 StGB), wodurch jeder andere Mensch als Täter, Mittäter oder mittelbarer Täter ausgeschlossen wird. *Erfolgsqualifiziertes* D. ist das D., das gegenüber dem Grunddelikt durch einen zusätzlichen, nach § 18 StGB mindestens fahrlässig herbeigeführten Erfolg qualifiziert ist (z. B. Tod des Verletzten bei Körperverletzung, § 227 StGB). → Deliktsrecht

Lit.: *Bloy, R.,* Die Tatbestandsform des erfolgsqualifizierten Delikts, JuS 1995, L 17; *Fuhrmann, H.,* Das Begehen der Straftat, 2004

Deliktsbesitzer ist im Sachenrecht der → Besitzer, der sich den Besitz durch eine → Straftat oder durch verbotene → Eigenmacht verschafft hat (§ 992 BGB). → Eigentümer – nichtberechtigter Besitzer – Verhältnis

Deliktsfähigkeit ist die Fähigkeit, verantwortlich ein → Delikt zu begehen. Sie setzt → Schuldfähigkeit (Verantwortlichkeit, Strafmündigkeit, Zurechnungsfähigkeit) voraus. Im Privatrecht ist der Mensch bis zur Vollendung des 7. Lebensjahrs nicht (§ 828 I BGB) und bis zur Vollendung des 18. Lebensjahrs nur nach dem Maß seiner Einsichtsfähigkeit (§ 828 III BGB) verantwortlich, im Strafrecht ist er mit der Vollendung des 14. Lebensjahrs strafmündig. Kinder sind im Straßen- und Schienenverkehr erst ab der Vollendung des 10. Lebensjahrs deliktsfähig (§ 828 II BGB).

Lit.: *Schäfer, S.,* Die Deliktsfähigkeit juristischer Personen, 2001

Deliktsrecht ist die Gesamtheit der → Delikte betreffenden Rechtssätze (des Privatrechts).

Lit.: *Kötz, H./Wagner, G.,* Deliktsrecht, 12. A. 2013; *Fuchs,* M., Deliktsrecht, 7. A. 2009; *Deutsch, E./ Ahrens, H.,* Deliktsrecht, 6. A. 2014; *Kadner Graziano, T.,* Europäisches internationales Deliktsrecht, 2003; *Zimmermann, R.,* Grundstrukturen des europäischen Deliktsrechts, 2003

Delkredere (N.) ist die vertragliche Garantie (Garantievertrag) für Leistung auf eine → Forderung (z. B. durch Handelsvertreter oder Kommissionär für Leistung des Schuldners an den Gläubiger).

Delkredereprovision ist im Handelsrecht die → Provision, die → Handelsvertreter (§ 86b HGB) und → Kommissionär (§ 394 HGB) dann erhalten, wenn sie sich verpflichten, für die Erfüllung der Verbindlichkeit eines Dritten gegenüber dem Unternehmer bzw. Kommissionär selbst einzustehen.

Demarche (F.) (diplomatischer) Schritt, Handlung

Dementi (N.) Abstreiten

Demission (F.) Niederlegung (eines Amtes)

Demokratie (Volksherrschaft) ist die Staatsform, in der das Volk Träger der Herrschaftsgewalt ist bzw. die Staatsgewalt vom Volk ausgeht. (→ Volkssouveränität) Die D. steht im Gegensatz zu allen Staatsformen, in denen Träger der Herrschaftsgewalt nicht das Volk ist (z. B. Diktatur). Sie ist *unmittelbare (plebiszitäre)* D., wenn das Volk seine Herrschaftsgewalt selbst durch Abstimmungen ausübt (z. B. Volksentscheid, Volksbegehren, so in wenigen kleinen Kantonen der Schweiz). Sie ist *mittelbare (repräsentative)* D., wenn das Volk seine Herrschaft mittels eines durch → Wahl bestimmten → Parlaments (Volksvertretung) verwirklicht. Kennzeichen der D. sind rechtliche → Gleichheit aller Volksglieder und freie Willensbildung durch Mehrheitsentscheidung. Die D. kann → Republik, → Aristokratie oder sogar → Monarchie sein sowie → Rechtsstaat und → Sozialstaat. Die Praxis der abendländischen D. ist gekennzeichnet durch eine → Verfassung, durch → Gewaltenteilung, bei der das Parlament die Gesetze beschließt und an der Bildung der von seinem Vertrauen abhängigen Regierung (*parlamentarische* D.) beteiligt ist, und durch regelmäßige → Wahlen mit Beteiligung von → Parteien und mit der Möglichkeit eines Regierungswechsels. Nach Art. 20 GG ist die → Bundesrepublik eine D. und nach Art. 28 I GG muss die verfassungsmäßige Ordnung in den → Ländern den demokratischen Grundsätzen im Sinne des Grundgesetzes entsprechen.

Lit.: *Beyme, K. v.,* Die parlamentarische Demokratie, 3. A. 1999

Demokratieprinzip (demokratisches Prinzip) ist der Grundsatz, dass das Volk selbst durch eine von Parteien – und der öffentlichen Meinung – getragene Volksvertretung unter solchen Bedingungen herrscht, die eine Ablösung der → Regierung durch eine → Opposition möglich machen.

Lit.: *Wegge, G.,* Zur normativen Bedeutung des Demokratieprinzips, 1996; *Pieroth, B.,* Das Demokratieprinzip des Grundgesetzes, JuS 2010, 473

Demonstration ist die öffentliche Darlegung oder Kundgebung einer Meinung. Sie erfolgt zumeist unter einem Aufmarsch von Anhängern. Für sie besteht innerhalb gesetzlicher Grenzen Freiheit.

Lit.: *Dietel, A./Gintzel, K./Kniesel, M.,* Demonstrations- und Versammlungsfreiheit, 14. A. 2005; *Hoffmann-Riem, W.,* Demonstrationsfreiheit auch für Rechtsextremisten?, NJW 2004, 2777

DENIC (Deutsches Network Information Center) ist die Vergabestelle für Internet-Domain-Namen mit der Kennung .de. Die D. ist eine eingetragene Genossenschaft. Sie muss eine bestehende Registrierung nur aufheben, wenn offenkundig ist, dass einem anderen Interessenten ein besseres Recht zusteht.

Denkmal ist das (überlieferte) Zeugnis eines Vorgangs oder einer Erscheinung. Schutz (Eingriffsverwaltung) und Pflege (Leistungsverwaltung) von Denkmälern der Kunst und der Geschichte werden durch Landesgesetze geregelt. Kraft Bundesrechts müssen Belange des Denkmalschutzes an vielen Stellen berücksichtigt werden.

Lit.: Handbuch Denkmalschutz und Denkmalpflege, hg. v. *Martin, D./Krautzberger, M.,* 3. A. 2010; Entscheidungen zum Denkmalrecht (Lbl.), hg. v. *Ebert, W. u. a.,* 2006 ff.

denuntiatio (F.) **evangelica** (lat.) brüderliche Anzeige (zwecks Besserung im Kirchenrecht)

Denunziation (F.) Anzeige, falsche Verdächtigung

Lit.: Denunziation im 20. Jahrhundert, hg. v. *Marßolek, I.,* 2001

Departement (N.) Abteilung

Deportation (F.) Wegführung, Verbannung

Depositen (Pl., → depositum) sind hinterlegte Sachen, insbesondere verzinsliche Geldeinlagen bei Banken.

depositum (lat. [N.]) Verwahrung

depositum (N.) **irregulare** (lat.) unregelmäßige Verwahrung

Depot (N.) Verwahrung, Verwahrungsort

Lit.: *Scherer, P.,* DepotG, 2011

Depotgeschäft ist die Aufbewahrung von bestimmten → Wertpapieren bei einem (entgeltliche) Verwahrungsgeschäfte tätigenden → Kaufmann, insbesondere bei einer Bank. Für das D. gilt das besondere Depotgesetz vom 4. 2. 1937. Dieses unterscheidet zwischen geschlossenem D. und offenem D. und beim offenen D. zwischen Sonderverwahrung (z. B. Streifbanddepot) und – eine Eigentumsänderung (Miteigentum) bewirkender – Sammelverwahrung.

Lit.: *Dirksen, G.,* Rechtsfragen beim Depot, 12. A. 1995

Deputation (F.) Abordnung, Ausschuss

Deregulierung ist die Abschaffung von Regeln oder anderen Freiheitsbeschränkungen (z. B. Verwaltungsvereinfachung).

Lit.: *Nolte, N.,* Deregulierung von Monopolen, 2004

Dereliktion (Zurücklassung) ist im Sachenrecht die Aufgabe des Eigentums (Herrschaftsrechts) an einer Sache. Sie ist ein einseitiges → Rechtsgeschäft. Durch die D. wird die Sache herrenlos, so dass an ihr durch → Aneignung originär Eigentum eines neuen Eigentümers begründet werden kann. Das → Eigentum an einem → Grundstück kann dadurch aufgegeben werden, dass der Eigentümer den Verzicht auf das Eigentum dem → Grundbuchamt gegenüber erklärt und der Verzicht auf das Eigentum in das → Grundbuch eingetragen wird (§ 928 I BGB). Das Eigentum an einer beweglichen Sache kann dadurch aufgegeben werden, dass der (Eigentümer und) Besitzer den → Besitz in der Absicht,

auf das Eigentum zu verzichten, aufgibt, indem er die Sache (z. B. als Müll) derelinquiert (zurücklässt) (§ 959 BGB).

Derivat (N.) Abgeleitetes, von Krediten, Aktien, Anleihen oder Aktienindizes abgeleitetes Finanzinstrument (z. B. Swap, Option, Future). Nach § 2 II Wertpapierhandelsgesetz ist D. das als Festgeschäft oder Optionsgeschäft ausgestaltete Termingeschäft, dessen Preis sich unmittelbar oder mittelbar vom Preis oder Maß eines Basiswerts ableitet.

Lit.: *Peppmeier, A.,* Einführung in Kreditderivate, 2006; Finanzderivate, hg. v. *Zerey, J.,* 3. A. 2013

derivativ (Adj.) abgeleitet

Lit.: *Alsheimer, C.,* Die Rechtsnatur derivativer Finanzinstrumente, 2000

derivativer Eigentumserwerb → Eigentumserwerb, derivativer

Derogation (Wegziehung, Beschränkung) ist die Aufhebung eines Rechtssatzes durch einen anderen. Sie erfolgt nach den Grundsätzen, dass der spätere (mindestens ranggleiche) Rechtssatz den früheren und der besondere Rechtssatz den allgemeinen Rechtssatz beschränkt. Die D. kann ausdrücklich erklärt sein oder sich nur aus dem sachlichen Widerspruch ergeben.

Design ist die zweidimensionale oder dreidimensionale Erscheinungsform eines Erzeugnisses oder Erzeugnisteils, die sich insbesondere aus den Merkmalen der Linien, Konturen, Farben, der Gestalt, Oberflächenstruktur oder der Werkstoffe des Erzeugnisses selbst oder seiner Verzierung ergibt. Für sie gilt das Designgesetz.

Designgesetz ist das zum 1.1.2014 das Geschmacksmustergesetz ablösende Gesetz Deutschlands, in dem Design die zweidimensionale oder dreidimensionale Erscheinungsform eines Erzeugnisses oder Erzeugnisteils ist, die sich insbesondere aus den Merkmalen der Linien, Konturen, Farben, der Gestalt, Oberflächenstruktur oder der Werkstoffe des Erzeugnisses selbst oder seiner Verzierung ergibt.

Lit.: *Schicker, S. u. a.,* Grundzüge des Designgesetzes, NJW 2014, 726; *Eichmann/Falckenstein/Kühne,* Designgesetz, 5. A. 2015

Designation (Bezeichnung, Bestimmung) ist im mittelalterlichen und neuzeitlichen Recht die vorläufige, vielfach informelle Bestimmung zu einem Amt (z. B. designierter Nachfolger zwischen Wahl und Amtseinführung).

deskriptiv (Adj.) beschreibend (z. B. drei, erste, blond) (im Gegensatz zu bewertend)

deskriptives Tatbestandsmerkmal → Tatbestandsmerkmal, deskriptives

Destinatär ([M.] Festgestellter) ist bei einer → Stiftung der Bezugsberechtigte oder Genussberechtigte, dessen Rechtsstellung von der Gestaltung der durch

das Stiftungsgeschäft bestimmten Verfassung der Stiftung abhängt (§ 85 BGB).
Lit.: *Blydt-Hansen, K.,* Die Rechtsstellung der Destinatäre, 1998

Deszendent ist der → Abkömmling oder Nachfahre eines Menschen (z. B. Sohn, Enkelin) im Gegensatz zum → Aszendenten oder Vorfahren.

Deszendenz (F.) ist die Gesamtheit der Abkömmlinge eines Menschen.

detachiert (Adj.) abgetrennt

detachierte Kammer → Kammer

Detektiv (M.) Aufdecker
Lit.: *Peilert, A.,* Das Recht des Auskunftei- und Detekteigewerbes, 1996

detentio (lat. [F.]) Innehabung

Deutsch (völkisch) ist die Bezeichnung, die einen Bezug zu der besonderen, vor allem durch die eigene Sprache gekennzeichneten Volksgruppe der Deutschen im Gegensatz zu anderen Völkern ausdrückt. → Deutscher

Deutsche Bahn Aktiengesellschaft (§ 1 Deutsche Bahn Gründungsgesetz) ist die im Rahmen des → Bundeseisenbahnvermögens gebildete → Aktiengesellschaft für den Betrieb der Bundeseisenbahnen mit der vier rechnerisch getrennten Abteilungen Personenverkehr, Güterverkehr, Traktion und Schienenwege.
Lit.: *Bank, G.,* Die Deutsche Bahn aktuell, 2003

Deutsche Bank ist die führende Aktiengesellschaft des Bankwesens in Deutschland.
Lit.: *Gall, L. u. a.,* Die Deutsche Bank 1870–1995, 1995

Deutsche Bundesakte ist das auf dem Wiener Kongress vereinbarte verfassungsmäßige Vertragswerk des → Deutschen Bundes (1815–1866).
Lit.: Quellensammlung zur Geschichte der Deutschen Reichsverfassung, bearb. v. *Zeumer, K.,* 2. A. 1913, 540; http://www.koeblergerhard.de/Fontes/DeutscheBundesakte1815.htm

Deutsche Bundespost ist die das Postwesen betreffende rechtsfähige Anstalt des öffentlichen Rechts mit Sitz in Bonn. Sie wird von einem Vorstand geleitet und von einem Verwaltungsrat überwacht. Sie ist Trägerin des Aktienvermögens dreier privatisierter Postaktiengesellschaften und der sozialrechtlichen und dienstrechtlichen Personalbefugnisse.
Lit.: *Gramlich, L.,* Von der Postreform zur Postneuordnung, NJW 1994, 2785

Deutsche Bundespost Postbank ist die für den Bankbereich der Post gebildete → Aktiengesellschaft. → Bundespost, Deutsche Bundespost

Deutsche Bundespost Postdienst ist die für den Postbetrieb gebildete → Aktiengesellschaft. → Bundespost, Deutsche Bundespost

Deutsche Bundespost Telekom ist die für den Fernmeldebereich der Bundespost gebildete → Aktiengesellschaft. → Bundespost, Deutsche Bundespost

Deutsche Demokratische Republik (DDR) war der 1949 im Gebiet der sowjetischen → Besatzungszone errichtete Teilnachfolgestaat des → Deutschen Reichs. Seine → Verfassung stammte vom 30.5.1949 bzw. 6.4.1968 (geänderte Fassung vom 7.10.1974). Die DDR war eine (totalitäre) sozialistische → Volksdemokratie ohne → Gewaltenteilung und → Föderalismus sowie mit einer Einheitspartei und zentraler Planwirtschaft. Ihre wichtigsten formellen Organe waren der kollegiale Staatsrat, der Ministerrat und die Volkskammer. Eine rechtsförmige Erledigung von Streitigkeiten (z. B. Zivilprozessen) wurde zugelassen, soweit sie keine politische Bedeutung hatten. Mit Wirkung vom 3.10.1990 trat die DDR nach wirtschaftlichen und politischen Schwierigkeiten der Bundesrepublik Deutschland bei. Ihr bisheriges Recht wurde nach Maßgabe des Einigungsvertrags durch das Recht der Bundesrepublik Deutschland ersetzt.
Lit.: *Köbler, G./Pohl, H.,* Deutsch-deutsches Rechtswörterbuch, 1991; Rechtshandbuch Vermögen und Investitionen in der ehemaligen DDR (Lbl.), hg. v. *Clemm, H. u. a.,* 53. A. 2009; *Köbler, G.,* Zielwörterbuch integrativer europäischer Rechtsgeschichte, 6. A. 2014 (Internet); *Weber, H.,* Die DDR 1945–1990, 5. A. 2012

Deutsche Post → Bundespost, Deutsche Bundespost
Lit.: *Danwitz, T. v.,* Verfassungsfragen der gesetzlichen Exklusivlizenz der Deutschen Post AG, 2002

Deutsche Telekom → Deutsche Bundespost Telekom

Deutsche Welle ist die Rundfunkprogramme und Fernsehprogramme in deutscher Sprache ins Ausland ausstrahlende öffentlich-rechtliche Bundesanstalt mit Sitz in Köln.
Lit.: *Dörr, D./Schiedermair, S.,* Die Deutsche Welle, 2003

Deutschenspiegel ist das kurz vor 1275 in Augsburg entstandene, nur in einer Handschrift in Innsbruck überlieferte → Rechtsbuch, das den → Sachsenspiegel in das Oberdeutsche überträgt und damit wohl die Grundlage des → Schwabenspiegels schafft.
Lit.: http://www.koeblergerhard.de/Fontes/Deutschenspiegel-Eckhardt-Huebner.pdf

Deutscher im Sinne des Grundgesetzes (Art. 116 GG) ist, wer die deutsche → Staatsangehörigkeit hat oder als Flüchtling oder Vertriebener deutscher Volkszugehörigkeit oder als dessen Ehegatte oder → Abkömmling in dem Gebiet des Deutschen Reiches nach dem Stand vom 31.12.1937 Aufnahme gefunden hat. Deutsche haben die gleichen staatsbürgerlichen Rechte und Pflichten und den gleichen Zugang zu allen öffentlichen Ämtern (Art. 33 GG). Bestimmte → Grundrechte (Bürgerrechte) stehen nur ihnen zu.
Lit.: *Siehr, A.,* Die Deutschenrechte des Grundgesetzes, 2001

Deutscher Bund (1815–1866) ist der völkerrechtliche Zusammenschluss (völkerrechtliche Verein) von (39) seit 6.8.1806 souveränen deutschen Einzelstaaten (31 Prozent der Einwohner bundeszugehörige Österreicher, 26 Prozent bundeszugehörige Preußen) auf der Grundlage der Deutschen Bundesakte (1815) und der Wiener Schlussakte (1820). Der Deutsche Bund endete nach einem Streit zwischen Österreich und Preußen um die Verwaltung des 1864 Dänemark abgewonnenen Schleswig-Holstein mit erfolglosen Bundesexekutionen (Österreichs) gegen Preußen 1866. Danach schied Österreich aus der staatsrechtlichen Verbindung mit den übrigen deutschen Staaten aus. Lit.: *Huber, E.*, Deutsche Verfassungsgeschichte seit 1789, Bd. 1 ff. 1967 ff., z. T. 2. A.; *Willoweit, D.*, Deutsche Verfassungsgeschichte, 7. A. 2013

Deutscher Gewerkschaftsbund (DGB) ist der Spitzenverband der (12) deutschen Industriegewerkschaften (mit 1999 insgesamt 8 Millionen Mitgliedern). Er ist ein nichtrechtsfähiger → Verein. Seine Organe sind Bundeskongress, Bundesvorstand und Bundesausschuss. Lit.: *Waltermann, R.*, Arbeitsrecht, 17. A. 2014; *Helmes, P.*, DGB – SPD – PDS, 2003

Deutscher Juristentag e. V. ist (seit 1860/1949) der Verein (mit Sitz in Bonn) mit dem Zweck, auf wissenschaftlicher Grundlage die Notwendigkeit von Änderungen und Ergänzungen der deutschen Rechtsordnung zu untersuchen. Mitglied kann werden, wer eine juristische Staatsprüfung in Deutschland bestanden oder einen juristischen akademischen Grad in Deutschland erworben hat. An der Spitze steht eine ständige Deputation. Lit.: *Dilcher, G.*, Der Deutsche Juristentag, 2. A. 1997; Festschrift 150 Jahre Deutscher Juristentag, hg. v. *Busse, F.*, 2010; Recht mitgestalten 150 Jahre deutscher Juristentag 1860 bis 2010, 2010

Deutsches Patent- und Markenamt → Patentamt

deutsches Recht → Recht, deutsches

Deutsches Reich ist die Bezeichnung für verschiedene verfassungsrechtliche Organisationsformen der Deutschen. Das erste im 10. Jahrhundert allmählich aus dem fränkischen Reich entstandene deutsche Reich (zeitweise Heiliges Römisches Reich) war eine zwischen Erbrecht und Wahlrecht schwankende → Monarchie, in der die einzelnen Partikulargewalten (z. B. Österreich, Preußen) ständig größere Bedeutung gewannen, so dass es sich schließlich unter dem politischen Druck Napoleons (am 6.8.1806) in eine Vielzahl damit souveräner Einzelstaaten auflöste. Das zweite Deutsche Reich (1871–1933) war ein aus 25 Staaten (des 1815 als loser Staatenbund gegründeten und 1866 aufgelösten Deutschen Bundes ohne Österreich, Liechtenstein und Luxemburg) gebildeter → Bundesstaat unter Führung Preußens und dem Bundesrat (Vertreter der Mitgliedstaaten), dem Präsidium (König von Preußen als Kaiser) sowie dem Reichstag (Parlament) als Organen. 1918/1919 wurde es unter Fortführung seines Namens und seiner Identität (Weimarer) Republik. Das „drit-

te" Deutsche Reich (1933–1945) war die Diktatur Adolf Hitlers, welche die gesamte bestehende Verfassung (→ Weimarer Reichsverfassung ohne formale Abschaffung) teils rechtlich, teils tatsächlich durch die totalitäre Herrschaft der Nationalsozialistischen Deutschen Arbeiterpartei und ihres Führers ersetzte. Seitdem ist der Begriff D. R. aus politischen Rücksichtnahmen aufgegeben. Gebietlich verkleinerte Nachfolgestaaten waren die → Bundesrepublik Deutschland und die Deutsche Demokratische Republik, die zum 3.10.1990 der Bundesrepublik Deutschland beitrat, seitdem nur noch die Bundesrepublik. Lit.: *Köbler, G.*, Deutsche Rechtsgeschichte, 6. A. 2005; *Huber, E.*, Verfassungsrecht des Großdeutschen Reiches, 2. A. 1939; *Willoweit, D.*, Deutsche Verfassungsgeschichte, 7. A. 2013

Deutschland ist die untechnische Bezeichnung für das Staatsgebiet des → Deutschen Reiches (in den Grenzen des Jahres 1937 vor dem Anschluss Österreichs vom 13.3.1938, der Einverleibung des Sudetenlands vom 29.9.1938, der Einverleibung des Protektorats Böhmen und Mähren vom 16.3.1939, der Einverleibung des Memelgebiets vom 22.3.1939 und der Einverleibung der Stadt Danzig vom 1.9.1939) sowie für die → Bundesrepublik Deutschland. Lit.: *Köbler, G.*, Historisches Lexikon der deutschen Länder, 7. A. 2007; Deutschlands Grenzen in der Geschichte, hg. v. *Demandt, A.*, 3. A. 1993; Die Bundesrepublik Deutschland. Staatshandbuch, 2013

Deutschlandvertrag ist der Vertrag zwischen Frankreich, Großbritannien, den Vereinigten Staaten von Amerika und der Bundesrepublik Deutschland vom 26.5.1952 (überholt durch die abschließende Regelung in Bezug auf Deutschland vom 12.9.1990).

Devise ist der Anspruch auf Zahlung in fremder → Währung gegen → Gläubiger an einem ausländischen Platz (z. B. Guthaben bei ausländischer Bank, i. w. S. auch auf fremde Währung lautender, im Ausland zahlbarer Wechsel oder Scheck). Lit.: *Ebke, W.*, Internationales Devisenrecht, 1991; *Schulz, G.*, Entwicklung und Perspektiven des österreichischen Devisenrechts, 1997

Devolution (Abwälzung, Eintritt) ist der Übergang eines Rechtes von einer Person auf eine andere durch Abwälzung bzw. Eintritt.

Devolutionsrecht ist im Verwaltungsrecht das Recht der vorgesetzten → Behörde, in den Zuständigkeitsbereich der ihr nachgeordneten Behörde fallende Angelegenheiten an sich zu ziehen und selbst zu entscheiden. Dieses Recht bedarf, falls die Zuständigkeiten gesetzlich geregelt sind, gesetzlicher Zulassung (z. B. § 145 GVG Staatsanwaltschaft). Sachlich ist seine Ausübung angebracht, wenn eine einheitliche Regelung oder eine sofortige Tätigkeit nötig ist oder Weisungen nicht befolgt werden. Lit.: *Ebers, G.*, Devolutionsrecht, 1906

Devolutiveffekt (Abwälzwirkung) ist die Wirkung, dass ein Rechtsstreit oder sonstiges Verfahren von einer Amtsstelle auf eine andere (höhere) Amtsstelle abgewälzt wird (z. B. → Rechtsmittel, → Berufung, → Revision, → Beschwerde).

Lit.: *Kelling, J.,* Der Devolutiveffekt im Verwaltungsverfahren, 1976

Dezentralisation (Aufgliederung) ist die Übertragung der Aufgaben des → Staates auf Selbstverwaltungsträger (z. B. Gemeinde). Die D. ist von der → Dekonzentration zu trennen und steht im Gegensatz zur → Zentralisation. Sie führt zu mittelbarer → Staatsverwaltung.

Lit.: *Schäfer, P.,* Zentralisation und Dezentralisation, 1982; Dezentralisierung und regionale Neugliederung in Mitteleuropa, hg. v. *Rosar, S.,* 2003

Dezernat (N.) Abteilung

DGB → Deutscher Gewerkschaftsbund

D'Hondtsches Höchstzahlverfahren ist im Wahlrecht das von dem Belgier d'Hondt entwickelte Verfahren zur Berechnung der Sitzverteilung in einem → Parlament, das – mindestens teilweise – nach dem → Verhältniswahlrecht gewählt wird. Danach werden die Summen der auf die Parteien abgegebenen Stimmen (z. B. A 400 000, B 300 000, C 200 000) jeweils durch die Zahlen 1, 2, 3, 4 usw. geteilt (also z. B. A 400 000, B 300 000, C 200 000, A 200 000, B 150 000, C 100 000, A 133 333, B 100 000, C 66 666 usw.) und die Parteien (, die nach durchgeführter Teilung die höchsten Zahlen erreicht haben,) erhalten in der Reihenfolge der Höchstzahlen die der Zahl ihrer Höchstzahlen entsprechende Zahl von Sitzen (also bei 6 Sitzen erhält A 3 Sitze, B 2 Sitze, C 1 Sitz). Das d'Hondtsche Höchstzahlverfahren galt für die Bundestagswahlen bis 1985. → Hare-Niemeyersches Sitzzuteilungsverfahren, Sainte-Laguë-Schepersches Sitzzuteilungsverfahren

Lit.: *Genssler, G.,* Das d'Hondtsche und andere Sitzverteilungsverfahren, 1984

Diakon (Diener) ist im katholischen → Kirchenrecht ursprünglich eine Vorbereitungsstufe auf dem Weg zur Priesterschaft, jetzt auch ein niederer kirchlicher Amtsträger, der predigen, taufen und die Kommunion erteilen kann, im evangelischen Kirchenrecht ein Gehilfe des Pfarrers oder sonstiger kirchlicher Angestellter (Erzieher, Hausvater, Krankenpfleger).

Dialektik ist allgemein die Kunst der Gesprächsführung und in einem engeren Sinn die eine Ausgangsposition in Frage stellende und in der Synthese der Ausgangsposition und der Gegenposition eine Erkenntnis höherer Art zu gewinnen suchende philosophische Methode.

Lit.: *Lay, R.,* Dialektik für Manager, 2003

Diäten (Art. 48 III GG) sind Geldleistungen des → Staates an die → Abgeordneten des → Parlaments. Sie sind eine angemessene, die Unabhängigkeit sichernde Entschädigung und sollen insbesondere die Aufwendungen und Unkosten ausgleichen. Sie sind Einkommen und daher steuerpflichtig.

Lit.: *Urban, N.,* Die Diätenfrage, 2003

Dichotomie (des Strafrechts) (§ 12 StGB) ist die Zweiteilung der → Straftaten in → Vergehen und → Verbrechen. → Trichotomie

Dieb ist der Täter des → Diebstahls.

Diebstahl (§ 242 StGB) ist die → Wegnahme einer → fremden → beweglichen → Sache (→ Gewahrsamsbruch) in der Absicht, sich oder einem Dritten dieselbe rechtswidrig zuzueignen (→ Zueignungsabsicht). Der D. wird mit Freiheitsstrafe bis zu fünf Jahren oder mit Geldstrafe bestraft. Der Versuch ist strafbar. Ein *besonders schwerer* Fall des Diebstahls liegt in der Regel (Regelbeispiele) in den in → § 243 StGB (Strafzumessungsregel, str.) genannten Fällen vor (z. B. Einbruch, Einsteigen, Verwendung von Nachschlüsseln, D. aus einer Kirche, D. einer Handfeuerwaffe usw.). Der besonders schwere D. wird mit Freiheitsstrafe von drei Monaten bis zu zehn Jahren bestraft. *Räuberischer* D. (§ 252 StGB) ist der, bei dem der auf frischer Tat betroffene Täter gegen einen Menschen → Gewalt verübt oder → Drohungen mit gegenwärtiger Gefahr für Leib oder Leben anwendet, um sich im Besitz des gestohlenen Gutes zu halten. D. und Unterschlagung gegenüber einem Angehörigen, Vormund, Betreuer oder jemandem, der mit dem Täter in häuslicher Gemeinschaft lebt, sowie grundsätzlich auch D. und Unterschlagung gering-wertiger Sachen sind → Antragsdelikt (§§ 247, 248a StGB).

Lit.: *Jäger, C.,* Diebstahl nach dem 6. Strafrechtsänderungsgesetz, JuS 2000, 651; *Meister, S.,* Die Zueignungsabsicht beim Diebstahl, 2003; *Schramm, E.,* Grundfälle zum Diebstahl, JuS 2008, 678

Dienst ist die Tätigkeit eines Menschen für einen anderen. *Auswärtiger* D. ist die Diensttätigkeit im Bereich der auswärtigen Angelegenheiten, *öffentlicher* D. die Diensttätigkeit für juristische → Personen des öffentlichen → Rechtes, die vor allem in den Beamtengesetzen und in Tarifverträgen näher geregelt ist. Im Schuldrecht wird zwischen dem *selbständigen* D. und dem *unselbständigen* D. (→ Arbeit) unterschieden, wobei es auf die persönliche und wirtschaftliche Abhängigkeit (Weisungsgebundenheit, Eingliederung in einen Betrieb) bzw. Unabhängigkeit ankommt.

Lit.: *Minz, H./Conze, P.,* Recht des öffentlichen Dienstes, 7. A. 1998; *Grau, U./Schmidt-Bremme, G.,* Gesetz über den Auswärtigen Dienst, 2. A. 2004

Dienstaufsicht ist im Verwaltungsrecht die → Aufsicht der vorgesetzten → Behörden und der Dienstvorgesetzten über die nachgeordneten Behörden und Amtswalter. Sie ist notwendiger Bestandteil eines hierarchisch-bürokratischen Verwaltungsaufbaus. Sie ermöglicht die Beobachtung, Anleitung und Beanstandung einer Tätigkeit (z. B. wegen Nichtbeachtung einer gesetzlichen Vorschrift), die Anweisung zu einer Tätigkeit sowie die ersatzweise Vornahme. Wegen einer schuldhaften Pflichtverletzung ist ein Disziplinarverfahren möglich. Der Amtsträger kann gegenüber dienstaufsichtlichen Maßnahmen des Vorgesetzten grundsätzlich nur → Gegenvorstellung und → Beschwerde beim Dienstvorgesetzten (→ Dienstaufsichtsbeschwerde) erheben, nicht dagegen → Anfechtungsklage.

Lit.: *Jung Lundberg-Höwe, B.*, Der verwaltungsgerichtliche Rechtsschutz, 1992

Dienstaufsichtsbeschwerde ist die formlose, fristfreie, außergerichtliche → Beschwerde (Aufsichtsbeschwerde) über das persönliche Verhalten eines Amtsträgers bei der übergeordneten, die → Dienstaufsicht ausübenden → Behörde, um diese zu einer Prüfung und Abhilfe zu veranlassen. Die D. kann von jedermann erhoben werden, ist unabhängig von einem formellen → Rechtsbehelf und verspricht angesichts des Zusammenhalts der Verwaltung selten Erfolg. Nach Art. 17 GG ist die angesprochene Behörde grundsätzlich zur Entgegennahme, Befassung und Beantwortung, nicht aber zur Begründung und zur Abhilfe verpflichtet.

Lit.: *Becker-Kavan, I.*, Die Dienstaufsichtsbeschwerde, Der öffentliche Dienst 53 (2000), 273

Dienstbarkeit (Servitut) ist das beschränkte dingliche → Recht an einer → Sache (§§ 1018 ff. BGB), das den → Eigentümer der Sache zugunsten des Berechtigten in einzelnen Beziehungen in der Benutzung der Sache oder in der Ausübung seiner Rechte beschränkt. D. ist die → Grunddienstbarkeit (an Grundstücken zugunsten des jeweiligen Eigentümers, z. B. Wegerecht), der → Nießbrauch (an Sachen, Rechten oder einem Vermögen) und die *beschränkte persönliche* D. (an einem Grundstück, § 1090 BGB, nicht übertragbar). Die D. steht als (beschränktes) dingliches Recht im Gegensatz zu schuldrechtlichen Rechten wie etwa der → Pacht.

Lit.: *Trube, C.*, Sicherungsdienstbarkeit, 2001; *Ahrens, C.*, Dingliche Nutzungsrechte, 2. A. 2007

Dienstbezug ist der einem → Beamten auf Grund des ihm verliehenen → Amtes im dienstrechtlichen Sinne (Dienstgrad) zustehende regelmäßige Geldbezug. Die im Bundesbesoldungsgesetz näher geregelten Dienstbezüge bestehen aus → Grundgehalt (je nach Besoldungsgruppe und Dienstaltersstufe), Leistungsbezügen für Professoren usw., Familienzuschlag, Zulagen, Vergütungen und Auslandsdienstbezügen (§ 1 II BBesG). Sie sind nicht Entgelt für geleistete Dienste, sondern sollen dem Beamten (einschließlich seiner Familie) einen angemessenen, amtsgemäßen Unterhalt sichern (→ Alimentationstheorie).

Diensteid (§ 38 BeamtStG) ist der von einem → Beamten bei Dienstantritt zu leistende → Eid. Dem entspricht für den Richter der Eid nach § 38 DRiG. In bestimmten Fällen genügt statt des Diensteids ein → Gelöbnis.

Lit.: *Saam, G.*, Der Eid des Beamten, Diss. jur. Münster 1974

Diensterfindung → Arbeitnehmererfindung

Dienstflucht → Fahnenflucht

Dienstgeheimnis (§ 353b StGB) ist die Pflicht zur Geheimhaltung dienstlicher Angelegenheiten der Beamten. Die Verletzung des Dienstgeheimnisses

(z. B. durch Mitteilung eines Polizeibeamten an einen Bekannten, dass in einem Datensystem über den Bekannten keine Eintragung vorliegt, zw.) wird mit Freiheitsstrafe bis zu 5 Jahren oder mit Geldstrafe bestraft. Der Versuch ist strafbar.

Lit.: *Banaszak, B.*, Der Schutz von geheimen Informationen, 2004

Dienstherr eines → Beamten ist die juristische → Person des öffentlichen Rechts (mit Personalhoheit), der gegenüber seine Rechte und Pflichten aus dem öffentlich-rechtlichen Dienst- und Treueverhältnis bestehen. Dies sind Bund, Länder, Gemeinden, Gemeindeverbände und sonstige Körperschaften, Anstalten und Stiftungen des öffentlichen Rechts, welche die Dienstherrnfähigkeit haben oder durch Gesetz, Rechtsverordnung oder Satzung erhalten. Vom Dienstherrn ist der → Dienstvorgesetzte zu unterscheiden, der den Dienstherrn vielfach vertritt.

Lit.: *Lecheler, H.*, Die Personalgewalt öffentlicher Dienstherren, 1977

Dienstleistung ist die Leistung von Dienst.

Lit.: *McDonald, K.*, Der Begriff der Dienstleistung, 2001; *Bruhn, M.*, Dienstleistungsinnovationen, 2004; Personaldienstleistungen, hg. v. *Reufels, M. u. a.*, 2012

Dienstleistungsfreiheit ist die Freiheit eines Dienstleistenden (z. B. Versicherer, Bauunternehmer, Freiberufler), seine Tätigkeit vorübergehend in dem Staat (der Europäischen Union) auszuüben, in dem die Leistung erbracht wird. Die D. ist eine der Freiheiten der Europäischen Union (Art. 56 ff. AEUV). Ihre Verletzung ist Verletzung europäischen Rechts.

Lit.: *Rolshoven, M.*, Beschränkungen des freien Dienstleistungsverkehrs, 2002; Europäische Dienstleistungsrichtlinie, hg. v. *Schlachter, M. u. a.*, 2008; *Calliess, C./Korte, S.*, Dienstleistungsrecht in der EU, 2011

Dienstleistungsmarke → Marke

Dienstmann ist im mittelalterlichen deutschen Recht der durch Dienst bei einem adligen Herrn selbst allmählich in den → Adel aufsteigende Unfreie.

Dienstrecht ist das den → Dienst betreffende Recht, im öffentlichen Recht also das Recht der → Beamten, der → Angestellten und → Arbeiter im öffentlichen Dienst und im Privatrecht das Dienstvertragsrecht und das → Arbeitsrecht.

Lit.: *Wichmann, M.*, Öffentliches Dienstrecht, 6. A. 2007

Dienstsiegel ist im Verwaltungsrecht das von einer → Behörde auf amtlichen Urkunden zum Nachweis der Echtheit neben der Unterschrift verwendete Siegel.

Dienstvereinbarung (§ 75 BPersVG) ist die öffentlich-rechtliche Vereinbarung (Vertrag, str.) zwischen einer Dienststelle und der Personalvertretung über eine bestimmte soziale Angelegenheit.

Lit.: *Waltermann, R.*, Arbeitsrecht, 17. A. 2014; *Wältermann, F.*, Dienstvereinbarungen von A–Z, 4. A. 2005

Dienstvergehen eines → Beamten (§ 77 BBG) ist die schuldhafte Verletzung einer Dienstpflicht sowie jedes außerdienstliche Verhalten, das in besonderem Maß geeignet ist, Achtung und Vertrauen in einer für sein Amt und das Ansehen des Beamtentums bedeutsamen Weise zu beeinträchtigen (z. B. unehrenhaftes Schuldenmachen, Leugnen der Angriffe Deutschlands auf Polen, Inzweifelziehen der Judenverfolgung).
Lit.: *Els, S.*, Die disziplinarrechtliche Ahndung von Dienstvergehen, 1992

Dienstverhältnis ist das → Dienste betreffende → Rechtsverhältnis. Im → Privatrecht ist das D. ein → Schuldverhältnis (→ Dienstvertrag, Arbeitsvertrag), wobei sich ein als freies D. begründetes Anstellungsverhältnis eines Vorstandsmitglieds bei Verlust der Organstellung nicht ohne Weiteres in ein Arbeitsverhältnis umwandelt. Im → Verwaltungsrecht ist ein → Beamtenverhältnis ein besonderes *Dienst- und Treueverhältnis*, für das besondere Regeln gelten.
Lit.: *Anders, F.*, Das Recht der freien Dienste, 2001; *Waltermann, R.*, Arbeitsrecht, 17. A. 2014

Dienstverschaffungsvertrag ist der → Vertrag, durch den sich jemand verpflichtet, einem anderen die → Dienste eines Dritten zu verschaffen.

Dienstvertrag (§§ 611 ff. BGB) ist der gegenseitige → Vertrag, in dem sich der eine Teil (Dienstverpflichteter, Dienstnehmer) zur Leistung von vereinbarten Diensten irgendeiner Art, der andere Teil (Dienstberechtigter, Dienstherr) zur Entrichtung der vereinbarten Vergütung verpflichtet. Besonderer, weitgehend außerhalb des Bürgerlichen Gesetzbuchs geregelter Unterfall des Dienstvertrags ist der → Arbeitsvertrag. Im Gegensatz zum → Werkvertrag kommt es bei dem D. auf einen Erfolg nicht an. Der D. ist Konsensualvertrag. Er endet vor allem durch → Kündigung.
Lit.: *Waltermann. R.*, Arbeitsrecht, 17. A. 2014; *Tillmanns, K.*, Strukturfragen des Dienstvertrages, 2007

Dienstvorgesetzter → Vorgesetzter

dies (lat. [M.]) Tag, Termin

Dies (M.) **interpellat pro homine** (der Termin mahnt an Stelle des Menschen) (§ 286 II Nr. 1 BGB) ist die Regel, dass der → Verzug (Schuldnerverzug) außer durch → Mahnung auch dadurch eintritt, dass für die Leistung eine Zeit nach dem Kalender bestimmt ist und der Schuldner nicht zu der bestimmten Zeit leistet.
Lit.: *Liebs, D.*, Lateinische Rechtsregeln, 7. A. 2007

Differenz (F.) Unterschied

Differenzgeschäft (§ 764 BGB, am 21. Juni 2002 zu Gunsten des Börsengesetzes aufgehoben) war der → Vertrag über die Lieferung von Waren oder Wertpapieren, der nur in der Absicht geschlossen wird, dass der Unterschied zwischen dem vereinbarten Preis und dem Börsenpreis und Marktpreis der Lie-

ferungszeit von dem verlierenden Teil an den gewinnenden Teil gezahlt werden soll.
Lit.: *Allmendinger, S.*, Börsentermin- und Differenzgeschäfte, 1998

Differenzierung (F.) Unterscheidung

Differenzierungsklausel ist die als unzulässig angesehene Klausel von → Tarifverträgen, die den Arbeitgeber verpflichtet, den tarifgebundenen → Arbeitnehmern höhere Leistungen zu gewähren als den nicht tarifgebundenen bzw. tarifvertragliche Leistungen überhaupt nur an organisierte Arbeitnehmer zu erbringen.
Lit.: *Leventis, G.*, Tarifliche Differenzierungsklauseln, 1974

Differenztheorie ist die von der Verrechnung ausgehende Theorie des → Schadensersatzes bei vom Schuldner zu vertretender → Verletzung einer Gegenseitigkeitspflicht. Nach ihr entfällt die Verpflichtung des Gläubigers zur Gegenleistung und kann der Gläubiger die Differenz zwischen dem Wert der unmöglich gewordenen Leistung und seiner Gegenleistung verlangen. Dies entspricht seinen Interessen dann, wenn er seine Leistung nicht erbringen möchte.
Lit.: *Köbler, G.*, Schuldrecht, 2. A. 1995; *Kaiser, D.*, Rückkehr zur strengen Differenzmethode, NJW 2001, 2525; *Manthe, U.*, Der Schatten, FS Musielak, H., 2004, 357

Digesten (Durchgearbeitetes) (oder → Pandekten) ist ein unter dem oströmischen Kaiser Justinian 530/533 verfertigtes, juristische Literatur (9142 Auszüge aus mehr als 200 Schriften 39 klassischrömischer Juristen) exzerpierend kompilierendes Gesetzbuch. Die durch eine einzige vollständige (Florentiner) Handschrift dem Mittelalter erhaltenen D. sind ein Teil der durch die Rezeption von grundlegender Bedeutung für das deutsche und europäische Recht gewordenen, (seit 1583 so genannten) → corpus (lat.) iuris civilis. Sie sind in 50 – meist Privatrecht enthaltende – Bücher mit mehreren Titeln, Fragmenten (leges) und Paragraphen gegliedert (z. B. 24, 3, 1, 2 = Buch 24, Titel 3, Fragment 1, Paragraph 2).
Lit.: http://www.koeblergerhard.de/Fontes/.htm; *Söllner, A.*, Römische Rechtsgeschichte, 5. A. 1996; *Dolezalek, G.*, Verzeichnis der Handschriften zum römischen Recht bis 1600, 1972; *Meincke, P.*, Die Florentina, JuS 1990, 513; *Köbler, G.*, Zielwörterbuch integrativer europäischer Rechtsgeschichte, 6. A. 2014 (Internet)

Diktatur ist die Staatsform, in der die Herrschaftsgewalt ausschließlich und uneingeschränkt einem Einzelnen oder einer Gruppe zusteht. Sie bildet den Gegensatz zur → Demokratie. Sie neigt zum Machtmissbrauch (Tyrannei), weshalb Machtwechsel vorteilhaft ist.
Lit.: *Zippelius, R.*, Allgemeine Staatslehre, 16. A. 2010

dilatorisch (Adj.) aufschiebend

dilatorische Einrede → Einrede, dilatorische

Diligentia (lat. [F.] Sorgfalt) ist im nachklassischen römischen Recht die (rechtmäßige) Anforderung an den Schuldner bei der Erfüllung seiner Verpflichtungen.

Diligentia (F.) **quam in suis** ([lat.] Sorgfalt wie in eigenen Angelegenheiten) ist das Maß von → Sorgfalt, wie es der Gesetzgeber in einigen Sonderfällen für den Schuldner eingeschränkt hat (z. B. §§ 690, 708, 1359 BGB). Dadurch wird der Schuldner besser gestellt als bei der regelmäßigen Verschuldenshaftung. Er wird allerdings von der Haftung wegen grober → Fahrlässigkeit nicht befreit, mag er auch seine eigenen Angelegenheiten grob fahrlässig besorgen.
Lit.: *Knolle, E.*, Das Haftungsprivileg der eigenüblichen Sorgfalt, 1999

Ding (Zeit, Versammlung) ist im germanischen und mittelalterlichen deutschen Recht die → Volksversammlung (bzw. Gerichtsversammlung), auf der auch über Streitigkeiten entschieden wird. Die Bedeutung Sache hat sich erst später entwickelt. Das D. kann *geboten* (besonders festgesetzt) oder *ungeboten* (*echt*, zur rechtmäßigen Zeit stattfindend) sein.

dinglich (Adj.) einen körperlichen Gegenstand betreffend

dingliches Recht → Recht, dingliches

Diözese ist im katholischen → Kirchenrecht (in antiker Tradition) das einem Bischof unterstehende Territorium. Es ist ein Teil der Kirchenprovinz. Es gliedert sich in Dekanate und Pfarreien.

Diplom (Zweifaltiges, Urkunde) ist die → Urkunde, durch die ein akademischer → Grad bezeugt wird, sowie dieser Grad selbst (z. B. Diplomingenieur).

Diplomat ist der höhere → Beamte des auswärtigen → Dienstes.

Diplomatik (F.) Urkundenlehre

diplomatisch (Adj.) Urkunden betreffend, geschickt

diplomatische Beziehung → Beziehung, diplomatische

Diplomjurist ist der (nur) durch ein Diplom, (nicht auch durch das Bestehen der Staatsprüfung) ausgewiesene Jurist.

Diplom-Rechtspfleger ist der seit 1983 den Absolventen der Rechtspflegerprüfung verliehene akademische Grad. → Rechtspfleger

Diplom-Wirtschaftsjurist (FH) ist der an einer Fachhochschule ausgebildete, wirtschaftsrechtlich ausgerichtete → Jurist, dem das Bestehen der ersten juristischen Staatsprüfung als Qualifikation fehlt.
Lit.: *Abel, R.*, Der Diplom-Wirtschaftsjurist (FH), NJW 1998, 3619

direkt (Adj.) unmittelbar

direkte Stellvertretung → Stellvertretung, direkte

direkte Steuer → Steuer, direkte

direkter Verbotsirrtum → Verbotsirrtum, direkter

direkter Vorsatz → Vorsatz, direkter

Direkterwerb ist der Erwerb eines Rechtes ohne vorherigen Erwerb einer nur vermittelnden Person (z. B. des Veräußerers einer Anwartschaft). → Durchgangserwerb.

Direktionsrecht (Weisungsrecht) ist das Recht des → Arbeitgebers zur Leitung der → Arbeit durch Erteilung von → Weisungen an die Arbeitnehmer im Rahmen von → Gesetz, (guten Sitten,) Vertrag und → Betriebsvereinbarung.
Lit.: *Waltermann, R.*, Arbeitsrecht, 17. A. 2014; *Mentzel, T.*, Die Änderung von Arbeitsbedingungen, 2003

Direktmandat (§ 5 BWG) ist die (nach dem Mehrheitswahlrecht) durch die (im Verhältnis aller jeweiligen Bewerber) meisten Erststimmen (z. B. A 10 000 Stimmen, B 9000, C 8000 usw.) in einem Wahlkreis erlangte Stellung als → Abgeordneter.

Direktversicherung (§ 4b EStG) ist die durch den Arbeitgeber als Versicherungsnehmer auf das Leben des Arbeitnehmers (Versicherten) mit einem Versicherer abgeschlossene private → Lebensversicherung. Sie ist ein Vertrag zugunsten Dritter. Die Prämie ist eine steuerrechtlich sofort abzugsfähige Betriebsausgabe.
Lit.: *Buttler, A.*, Einführung in die betriebliche Altersversorgung, 7. A. 2015

DIRO (F.) Deutsche und internationale Rechtsanwaltsorganisation

Disagio ([N.] Abschlagsgeld) ist der Betrag, um den ein tatsächlich ausgegebenes → Darlehen oder eine sonstige tatsächliche Auszahlung geringer ist als – abgesehen von den Zinsen – der Nennbetrag, den der Schuldner zurückzahlen muss.
Lit.: *Rodin, A.*, Disagio, Diskont und Damnum im Einkommensteuerrecht, 1988

Diskont ist der bei der Begründung einer zu einem späteren Zeitpunkt fälligen → Forderung vorweg vom Nominalbetrag abgezogene Zinsbetrag. Insbesondere wird ein → Wechsel diskontiert, indem er von einer Bank schon vor → Fälligkeit zu einem um den D. erniedrigten Betrag gekauft wird. Die Bank kann ihrerseits den Wechsel entsprechend weiter an die Bundesbank verkaufen (Rediskontierung). → Basiszinssatz
Lit.: *Rodin, A.*, Disagio, Diskont und Damnum im Einkommensteuerrecht, 1988

Diskriminierung (F.) (Abscheidung, Schlechtermachung, Schlechterstellung) ist die unterschiedliche Behandlung von Personen in gleicher Lage ohne sachliche und vernünftige Rechtfertigung (z. B.

Abhängigmachung einer Straßenbauauftragsertei-
lung von einer Tariftreueerklärung).

Lit.: *Schiek, D.,* Differenzierte Gerechtigkeit, 2000;
Thüsing, G., Arbeitsrechtlicher Diskriminierungsschutz,
2007; *Lehner, R.,* Diskriminierungen im allgemeinen
Privatrecht als Grundrechtsproblem, JuS 2013, 410;
Payandeh, M., Rechtlicher Schutz vor rassistischer
Diskriminierung, JuS 2015, 695

Diskurs (M.) Erörterung

Lit.: *Volkmann, U.,* Einführung in die Diskurstheorie
des Rechts, JuS 1997, 976

Dispens (M.) → Befreiung

Lit.: *Mußgnug, R.,* Der Dispens, 1964; *Becker, C.,* Der
Steuererlass, 2003

Displaced Person (DP) → Ausländer

Dispositionsmaxime (→ Verfügungsgrundsatz,
→ Parteibetrieb, → Parteiherrschaft) ist der Grundsatz, dass die Parteien eines Rechtsstreits die Herrschaftsgewalt über das → Verfahren haben. Danach
können die Parteien über den → Streitgegenstand
sowie den Gang und den Inhalt des Verfahrens verfügen (z. B. durch Klage, Rechtsmittel, Rücknahme,
Vergleich, Anerkenntnis, Verzicht, Versäumnis). Die
D., die im Gegensatz zur → Offizialmaxime steht,
gilt im → Zivilprozess.

Lit.: *Damrau, J.,* Die Entwicklung einzelner Prozess-
maximen, 1975

dispositiv (Adj.) (durch Beteiligte gegenüber dem
allgemeinen Recht) abänderbar

dispositives Recht → Recht, dispositives

Lit.: *Tassikas, A.,* Dispositives Recht und Rechtswahl-
freiheit, 2004

Disputation (Streitgespräch) ist im Rahmen einer
→ Promotion die nach einzelnen Promotionsordnungen nötige öffentliche Verteidigung der Thesen
der Doktorarbeit durch den Doktoranden.

Lit.: *Köbler, G.,* Wie werde ich Jurist?, 5. A. 2007

Dissens ([M.] §§ 154f. BGB) ist der Einigungsmangel beim Vertragsschluss (, der nicht vorliegt bei
bloßer falscher gemeinschaftlicher Bezeichnung,
falsa demonstratio). Solange die Parteien sich nicht
über alle Punkte eines → Vertrags geeinigt haben,
über die eine Vereinbarung getroffen werden soll
(*offener* D.), ist im Zweifel der Vertrag nicht geschlossen (§ 154 I BGB). Die letzte Willenserklärung einer Partei ist dann nur ein neuer → Antrag
(§ 150 II BGB), der für die Entstehung eines Vertrags noch angenommen werden muss. Glauben die
Parteien entgegen der Wirklichkeit sich geeinigt zu
haben (*versteckter* D.), so hängt die Rechtsfolge von
der Bedeutung des betroffenen Sachpunkts ab. Ist er
unwesentlich, so kommt ein Vertrag zustande und
wird durch sachgemäße Ergänzung vervollständigt.
Ist der unerkannt nicht geregelte Sachpunkt wesentlich (z. B. Höhe des Kaufpreises, Nennung eines
Mitarbeiters eines Buchs als Mitverfasser, Überar-
beitung eines Manuskripts durch unbekannte Dritte),
so kommt ein Vertrag nicht zustande (§ 155 BGB).
Beruht der versteckte D. auf → Verschulden einer

Partei, so hat diese der anderen den → Vertrauensschaden zu ersetzen.

Lit.: *Lee, B.,* Voraussetzungen der Bindungswirkung
vertraglicher Einigung, 1999

Dissertation (Erörterung) ist im Rahmen des Promotionsverfahrens die schriftliche wissenschaftliche
Arbeit (Doktorarbeit). Sie soll zeigen, dass der Verfasser zu einer neue Erkenntnisse bewirkenden selbständigen Stellungnahme in einer wissenschaftlichen Einzelfrage befähigt ist. Sie erfordert (in der
Rechtswissenschaft bei disziplinierter Tätigkeit) im
Durchschnitt (wohl mindestens) den Arbeitsaufwand
eines Arbeitsjahrs.

Lit.: *Köbler, G.,* Wie werde ich Jurist?, 5. A. 2007;
Möllers, T., Die Veröffentlichung der Dissertation,
JuS 2002, 515

Distinktion (F.) Unterscheidung

Disziplin (F.) Schule, Erziehung, Zwang

Disziplinargericht (§§ 45 ff. BDG) ist (ab
31.12.2003) das Verwaltungsgericht.

Lit.: *Bauschke, H.,* Bundesdisziplinargesetz, 2003

Disziplinarmaßnahme ist die als Rechtsfolge von
→ Dienstvergehen zulässige Maßnahme. Disziplinarmaßnahmen sind nach § 5 Bundesdisziplinargesetz (BDG) der → Verweis, die → Geldbuße (bis
zur Höhe der → Dienstbezüge eines Monats), die
Kürzung der Dienstbezüge (bis höchstens zu einem
Fünftel und höchstens 3 Jahren), die Zurückstufung
(→ Versetzung in ein Amt derselben Laufbahn mit
geringerem Endgrundgehalt), die Entfernung aus
dem Beamtenverhältnis (Entfernung aus dem
Dienst), die Kürzung des Ruhegehalts und die Aberkennung des Ruhegehalts.

Lit.: *Bauschke, H.,* Bundesdisziplinargesetz, 2003

Disziplinarrecht ist das Recht der Maßnahmen
gegen → Dienstvergehen. Es ist Teil des Verwaltungsrechts, nicht des Strafrechts, weshalb Disziplinarmaßnahmen nicht dem Grundsatz → ne bis in
idem unterfallen. Das *materielle* D. legt → Dienstvergehen und → Disziplinarmaßnahmen fest, das
formelle D. das Disziplinarverfahren durch den
→ Dienstvorgesetzten bzw. das Verwaltungsgericht
(Kammer für Disziplinarsachen), Oberverwaltungsgericht (Senat für Disziplinarsachen) und Bundesverwaltungsgericht.

Lit.: *Moll, E.,* Das neue Disziplinarrecht, 2002;
Schmiemann, Disziplinarrecht des Bundes und der
Länder dargestellt am Bundesdisziplinargesetz, 2015

Diversion (Umleitung) ist die neueren kriminalpoli-
tischen Tendenzen entsprechende Bestrebung, offi-
zielle und damit strenge, vielfach stigmatisierende
Reaktionen (Strafen) auf abweichendes Verhalten
durch schwächere Reaktionen zu ersetzen (z. B.
Gespräche, Weisungen).

Lit.: *Löhr-Müller, K.,* Diversion durch den Jugendrichter, 2001

Dividende ([F.] Zuverteilendes) (§§ 58 ff. AktG) ist
der in Prozenten ausgedrückte Anteil des → Ak-

tionärs am jährlichen Bilanzgewinn der → Aktiengesellschaft. Die absolute Höhe der D. bestimmt sich nach dem Verhältnis der Aktiennennbeträge. Der mit dem Beschluss der Hauptversammlung über die Gewinnverwendung entstehende Anspruch auf Auszahlung der D. wird im Gewinnanteilsschein (Talon, Erneuerungsschein) verkörpert. Die steuerrechtliche Bevorzugung von Einkünften aus Dividenden einer Gesellschaft mit Sitz in einem bestimmten Mitgliedstaat der Europäischen Union verletzt europäisches Recht.

Lit.: *Leinekugel, M.,* Die Sachdividende, 2001

DNA-Analyse (Untersuchung der Desoxyribonukleinsäure bzw. des [engl.] desoxyribonuclein acid aus dem menschlichen Zellkern) ist in der Kriminologie die Verwertung des Genmusters eines Lebewesens. Die DNA-Struktur (genetischer Fingerabdruck) kann mit Hilfe der Molekularbiologie durch spezielle Gensonden als individuelles, unter 100 Milliarden Mitteleuropäern nur einmal zu erwartendes, bei eineiigen Zwillingen aber identisches, schwarz-weißes Streifenmuster sichtbar gemacht werden (1984 erkannt, erstmals in Großbritannien 1988 bei der Spurensicherung eines Vergewaltigungstäters angewandt, vergleichbar ist der Umfang des genetischen Codes eines Menschen mit einem etwa eine Million Seiten umfassenden Buch, in dem jeder größere Satz nur einmal erscheint). (Technisch werden Zellen aufgelöst, Eiweiße und Fette vom Zellkern getrennt, wird die isolierte Desoxyribonukleinsäure vervielfältigt, werden nicht codierende Abschnitte auf dem Molekülstrang der Säure betrachtet, für ein Merkmalsystem mit fünf Wertepaare erstellt und in ihrer unterschiedlichen Länge sichtbar gemacht, wobei praktisch eine einzige Körperzelle als Untersuchungsgrundlage genügen würde.) Nach dem DNA-Identitätsfeststellungsgesetz (7.9.1998) sind Entnahme von Körperzellen und Speicherung der Identifizierungsmuster nur bei Straftaten von erheblicher Bedeutung (Verbrechen, Vergehen gegen die sexuelle Selbstbestimmung, gefährliche Körperverletzung, Diebstahl im besonders schweren Fall, Erpressung, nicht z. B. bei Anstiftung zu gefährlicher Körperverletzung) zulässig. Im Übrigen gelten für die körperliche Untersuchung eines Beschuldigten und die molekulargenetische Untersuchung des Materials die §§ 81a, 81e StPO.

Lit.: *Brodersen, K./Anslinger, K./Rolf, B.,* DNA-Analyse und Strafverfahren, 2003

Doctor (Dr.) (Lehrer) ist der – im Mittelalter über baccalaureus und magister stehende – bedeutendste akademische → Grad. Er wird auf Grund eines Promotionsverfahrens von einer promotionsberechtigten Hochschule erteilt. Er wird nach Fächern unterschieden (z. B. [lat.] doctor iuris [utriusque] Doktor der beiden, d. h. weltlichen und geistlichen Rechte). Er darf grundsätzlich erst nach (dem Druck der → Dissertation und) der Aushändigung der Promotionsurkunde geführt (vgl. § 132a StGB), aber in der Anrede an den Betroffen von Dritten bereits vorher verwendet werden. Der Grad des D. kann auch ehrenhalber verliehen werden (Dr. h. c., Ehrendoktor).

Lit.: *Köbler, G.,* Wie werde ich Jurist?, 5. A. 2007; *Kulik, J.,* Der Entziehungsgrund Unwürdigkeit, 1996; *Knigge-Illner, H.,* Der Weg zum Doktortitel, 2002

Doktorand ist der mit dem Ziel des Erwerbs des akademischen Grads eines → doctor eine wissenschaftliche Arbeit erstellende Mensch.

Doktorgrad → doctor

Doktorprüfung → Disputation, Promotionsverfahren, Rigorosum

Doktrin (F.) Lehre, programmatische Festlegung

Dokument (N.) Beweis, Urkunde
Lit.: *Roßnagel, A. u. a.,* Die rechtliche Bedeutung gescannter Dokumente, NJW 2006, 2145

Dokumentenakkreditiv (N.) → Akkreditiv
Lit.: *Schütze, R.,* Das Dokumentenakkreditiv im internationalen Handelsverkehr, 6. A. 2008

Dolmetscher (§§ 185 ff. GVG) (Übersetzer) ist die Hilfsperson bei einer Verhandlung unter Beteiligung von Menschen, die der deutschen Sprache nicht mächtig sind oder taub oder stumm sind. Der D. wird teilweise wie ein → Sachverständiger behandelt. Seine Beziehung in Strafsachen ist für die Beteiligten kostenfrei.
Lit.: *Jessnitzer, K.,* Dolmetscher, 1982; *Kautz, U.,* Handbuch des Übersetzens, 2. A. 2002

Dolo petit (bzw. facit bzw. agit), qui petit, quod statim redditurus est ([lat.] mit Arglist begehrt (bzw. handelt), wer begehrt, was er umgehend zurückgewähren muss) ist eine römische Rechtsregel, deren Anwendungsbereich in der Gegenwart vom Grundsatz von → Treu und Glauben (§ 242 BGB) erfasst wird.

dolos (Adj.) arglistig, vorsätzlich

dolus (lat. [M.]) → Arglist, → Vorsatz

dolus (M.) **directus** (lat.) direkter Vorsatz

dolus (M.) **eventualis** (lat.) eventualer Vorsatz

dolus (M.) **generalis** (lat.) allgemeiner Vorsatz

dolus (M.) **indirectus** (lat.) indirekter Vorsatz

dolus (M.) **malus** (lat.) Arglist

dolus (M.) **subsequens** (lat.) nachträglicher Vorsatz

Domain ist der die numerische Adresse im Internet für Menschen (leichter) handhabbar machende (meist in Buchstaben ausgedrückte) Name einer Person oder Einrichtung (z. B. koeblergerhard.de). Für die Vergabe einer d. mit der Endung .de ist die Vergabestelle → Denic e. G. in Frankfurt am Main zuständig. Bei einem Streit um eine D. gelten namensrechtliche und markenrechtliche Grundsätze, so dass an sich der Prioritätsgrundsatz entscheidet,

aber doch z. B. ein Einzelner mit dem Namen Shell die D. shell.de dem überragend bedeutenden Unternehmen Shell überlassen muss, so dass dieses vom unbefugten Benutzer Unterlassung verlangen kann (anders bisher bgh für einen anderen Nutzer als den Bundesgerichtshof). Die D. ist grundsätzlich frei bildbar (mindestens drei Zeichen vor der Kennung). Zulässig ist auch die nicht irreführende Verwendung von Gattungsbegriffen und Branchenbezeichnungen (z. B. Mitwohnzentrale).
Lit.: *Kulejewski, D.,* Der Anspruch auf Domainübertragung, 2003; *Beier, D.,* Recht der Domainnamen, 2004

Domäne (F.) Herrschaft, Herrschaftsgut

Dominat (N.) Herrschaft, absolutes Kaisertum

dominium (lat. [N.]) Eigentum

dominium (N.) **directum** (lat.) Obereigentum

dominium (N.) **utile** (lat.) Untereigentum

Domkapitel ist im katholischen → Kirchenrecht das rechtsfähige Kollegium von Klerikern einer Diözese, das bei der Regierung der Diözese mitwirkt und vielfach an der Wahl des → Bischofs beteiligt ist.

donatio (lat. [F.]) Gabe, Schenkung

Doping ist die unerlaubte Einnahme leistungsstärkender Mittel insbesondere im Sport.
Lit.: *Karakaya, I.,* Doping, 2004

Doppelbesteuerung ist die mehrfache Inanspruchnahme desselben Gegenstands durch → Steuern. Die internationale D. wird vielfach durch internationale Verträge geregelt (für Deutschland waren 1996 65 Abkommen in Kraft). Die nationale D. ist teilweise gezielt angestrebt (z. B. früher Einkommensteuer und Vermögensteuer).
Lit.: *Debatin, H./Wassermeyer, F.,* Doppelbesteuerung (Lbl.), 118. A. 2012; *Vogel, K./Lehner, M.,* Doppelsteuerungsabkommen, 6. A. 2015

Doppelehe (§ 172 StGB) ist im Familienrecht die → Ehe, die jemand schließt, obwohl er verheiratet ist oder die jemand mit einem Verheirateten schließt. Sie ist strafbar (Freiheitsstrafe bis zu drei Jahren oder Geldstrafe). Im Privatrecht besteht das Eheverbot der D. (§ 1306 BGB), das einen Eheaufhebungsgrund darstellt (§§ 1314 I, 1306 BGB).

Doppelname ist im Namensrecht der aus zwei Namen bestehende → Name. Er ist unechter D., wenn der Ehegatte, dessen Name nach dem bis 1993 geltenden Namensrecht nicht → Ehename wurde, seinen Namen dem Ehenamen voranstellt. Bei der Unterzeichnung genügt für Träger eines Doppelnamens die Unterzeichnung mit einem Namen.

Doppelversicherung ist die zweifache Versicherung einer Gefahr.
Lit.: *Kohleick, D.,* Die Doppelversicherung, 1999

Dos (lat. [F.] Mitgift) ist im römischen und im mittelalterlichen deutschen Recht die familienrechtliche Zuwendung anlässlich eines Eheschlusses. Im römischen Recht erhält sie der Mann, im deutschen Recht erlangen sie wohl ursprünglich die Verwandten der Frau.
Lit.: *Köbler, G.,* Zielwörterbuch integrativer europäischer Rechtsgeschichte, 6. A. 2014 (Internet)

Dotation (F.) Zuwendung, Ausstattung

do ut des (lat.) ich gebe, damit du gibst

Doyen (aus lat. [M.] decanus, → Dekan) ist der Sprecher der in einem Staat versammelten ausländischen → Diplomaten (teils der Vertreter des Vatikans, teils der zeitlich am längsten anwesende ranghöchste Diplomat)

Dozent (Lehrender) ist allgemein der Lehrer an einer Hochschule. I. e. S. ist D. der habilitierte Universitätslehrer, der noch nicht auf eine Professur berufen worden ist. Er wird mit der Habilitation Privatdozent und mit der Erlangung einer besoldeten Amtsstelle eines Dozenten Universitätsdozent oder Diätendozent. → Hochschuldozent

Dr. → Doctor

Draft Common Frame of Reference (DCFR, Gemeinsamer Referenzrahmen) ist der gemeinsame Ausgangspunkt für die Rechtsvergleichung und die Weiterentwicklung des (europäischen) Zivilrechts (nichtlegislative Kodifikation des europäischen Vermögensrechts), der vielleicht eines Tages auch teilweise oder vollständig in geltendes Recht umgesetzt wird.
Lit.: Principles, Definitions and Model Rules of European Private Law. Draft Common Frame of Reference Full Edition/Outline Edition, 2009 (www.cfr-publications.eu); *Jansen, N. u. a.,* Was ist und wozu der DCFR, NJW 2009, 3401

Draufgabe (lat. [F.] arrha) ist die Leistung bei Eingehung eines → Vertrags, die nach § 336 I BGB als Zeichen des Abschlusses des Vertrags gilt und im Zweifel auf die geschuldete Leistung anzurechnen oder bei Erfüllung zurückzugeben ist.

Dreiecksverhältnis (Verhältnis zwischen drei jeweils eigene Rechtsstellungen einnehmenden Personen) → Vertrag zugunsten Dritter, ungerechtfertigte Bereicherung

Drei-Elemente-Lehre ist in der allgemeinen → Staatslehre die Ansicht, dass der → Staat durch → Staatsgebiet, → Staatsvolk und → Staatsgewalt gekennzeichnet ist.
Lit.: *Kettler, D.,* Die Drei-Elemente-Lehre, Diss. jur. Münster 1997

Dreiklassenwahlrecht ist das (z. B. in Preußen von 1849 bis 1918 geltende,) die Wähler nach der Steuerleistung in (drei) Klassen einteilende → Wahlrecht. Obwohl jede Klasse verschieden viele Wähler umfasste, wählte sie etwa gleich viele Wahlmänner. Dadurch wurden die begüterten Schichten (entsprechend ihrer wirtschaftlichen Leistung) im Verhältnis zu ihrem zahlenmäßigen Anteil an der Bevölkerung bevorzugt.

Lit.: *Kühne, T.,* Dreiklassenwahlrecht, 1994

Dreißigster (§ 1969 BGB) ist im Erbrecht die als gesetzliches → Vermächtnis grundsätzlich bestehende Verpflichtung der → Erben, den Familienangehörigen des Erblassers, die zur Zeit des Todes des Erblassers zu dessen Hausstand gehörten und von ihm Unterhalt bezogen, während der ersten 30 Tage nach dem Erbfall → Unterhalt zu gewähren und die Benutzung der Wohnung und der Haushaltsgegenstände zu gestatten.

Dreiteilung der Gewalten → Gewaltenteilung

dringend (Adj.) gewichtig, erheblich, bedrängend

Drittland ist das außerhalb der Beziehung zweier oder mehrerer Staaten zueinander stehende weitere Land. Es wird grundsätzlich als Ausland behandelt. In ein sog. sicheres D. darf eine Abschiebung eines aus einem Erstland in ein Zweitland gekommenen Menschen innerhalb der Europäischen Union stattfinden.

Lit.: *Draf, O.,* Die Regelung der Übermittlung personenbezogener Daten, 1999

Drittorganschaft ist im Gesellschaftsrecht die Ausübung der Befugnisse eines Organs der → Gesellschaft durch einen dazu bestellten Dritten (z. B. Manager als Geschäftsführer), der nicht Gesellschafter ist. Die D. ist Fremdorganschaft und steht im Gegensatz zur → Selbstorganschaft, die bei Personengesellschaften die Regel ist. Die D. ist bei → Kapitalgesellschaften üblich.

Lit.: *Oldenburg, W.,* Fremdgeschäftsführung, 1973

Drittschadensliquidation ist die unter der Voraussetzung einer Schadensverlagerung für bestimmte Fälle (z. B. mittelbare Stellvertretung, Inobhutnahme von Sachen Dritter) anerkannte Möglichkeit, dass ein nichtgeschädigter Anspruchsberechtigter den → Schaden eines nichtanspruchsberechtigten Geschädigten liquidiert (z. B. bei Versendungskauf). Die D. bedeutet eine Abweichung von den allgemeinen Regeln des Schuldrechts zur Erzielung angemessener Ergebnisse. Erforderlich sind ein hypothetisch Anspruchsberechtigter, der aber nicht geschädigt ist, ein Geschädigter, dem keine Anspruchsgrundlage zur Verfügung steht, sowie die Sachwidrigkeit des Freiwerdens des Schädigers bei (förmlichem) Auseinanderfallen des Geschädigten und des Schadensersatzinhaberrs. → Schadensersatz

Lit.: *Büdenbender, U.,* Drittschadensliquidation, NJW 2000, 986; *Weiss, A.,* Die Drittschadensliquidation, JuS 2015, 8

Drittschuldner ist der → Schuldner eines Schuldners, auf den der Gläubiger des Schuldners dadurch zugreift, dass er in den Anspruch des Schuldners gegen dessen Schuldner – den D. – vollstreckt (z. B. Lohnpfändung, Forderungspfändung).

Lit.: *Jurgeleit, A.,* Die Haftung des Drittschuldners, 1999

Drittschutz ist der Schutz dritter, nicht unmittelbar beteiligter oder betroffener Personen.

Lit.: *König, S.,* Drittschutz, 1993 (Diss.); *Zugehör, H.,* Berufliche Dritthaftung, NJW 2000, 1601

Drittwiderspruchsklage (Interventionsklage, § 771 ZPO) ist die → Klage des angeblichen oder wirklichen Inhabers eines die Veräußerung hindernden Rechts an einem Gegenstand (z. B. Eigentum, Inhaberschaft einer Forderung, Pfandrecht, gewisse schuldrechtliche Herausgabeansprüche, Treuhandverhältnisse) gegen die → Zwangsvollstreckung in diesen Gegenstand. Sie ist eine → Gestaltungsklage, die gegen den Gläubiger oder den Gläubiger und Schuldner (§ 771 II ZPO) erhoben wird. Sie will erreichen, dass die Zwangsvollstreckung in den Gegenstand für unzulässig erklärt wird.

Lit.: *Wittschier, J.,* Die Drittwiderspruchsklage, JuS 1998, 926

Drittwirkung der → Grundrechte ist im Verfassungsrecht die (streitige) Frage der unmittelbaren Wirkung der Grundrechte außerhalb des Verhältnisses Staat – Einzelner. Das Grundgesetz ordnet sie nur in Art. 9 III 2 GG an. Mittelbar wirken die Grundrechte auf das übrige Recht über die → Generalklauseln ein (z. B. § 242 BGB).

Lit.: *Jaensch, M.,* Die unmittelbare Drittwirkung der Grundfreiheiten, 1997; *Augsburg, I. u. a.,* Die Drittwirkung der Grundrechte, JuS 2008, 406

Drittzueignung (§ 242 StGB) ist die Zueignung der weggenommenen Sache durch den Täter eines Diebstahls an einen Dritten.

Lit.: *Noak, T.,* Drittzueignung, 1999

Dr. jur. utr. → Doctor

Droge (F.) → Betäubungsmittel, Suchtgift

Lit.: *Berr, W./Sachs, H.,* Drogen im Straßenverkehr, 2003; *Krumm, C.,* Bußgeldverfahren nach Drogenfahrt, NJW 2011, 1259

drohend (Adj.) unmittelbar bevorstehend, gegenwärtig

Drohung ist das Inaussichtstellen eines Übels, auf dessen Eintritt der Drohende sich wirklich oder vorgeblich Einfluss beimisst. Die D. ist im Strafrecht ein Tatbestandsmerkmal verschiedener Tatbestände (z. B. § 240 StGB Nötigung, § 253 StGB Erpressung). Im Privatrecht kann eine durch D. hervorgerufene → Willenserklärung durch → Anfechtung von dem Erklärenden rückwirkend vernichtet werden (§ 123 I BGB).

Lit.: *Liegl, C.,* Die Drohung mit einem an sich rechtmäßigen Verhalten, 2001

droit (franz.) Recht (von lat. directum [N.] Gerichtetes)

Drucksache ist allgemein die in Druck veröffentlichte Ausführung bzw. das zu einer bestimmten Angelegenheit der Gesetzgebung gedruckte und im → Parlament verteilte Schriftstück. Es gibt vielfach nachträglich Aufschluss über die Entstehungsgeschichte eines → Gesetzes. D. ist daneben auch eine durch Druck vervielfältigte Postsendung. → Druckschrift

Druckschrift ist das maschinell im Druck vervielfältigte Schriftstück (Verbreitung bestimmter Druckschriften nach Landespressegesetzen evtl. strafbar).

Druckwerk → Druckschrift

Dualismus ist allgemein die Lehre, die zwei voneinander unabhängige, meist gegensätzliche Prinzipien annimmt. Im Völkerrecht ist D. die grundsätzliche Trennung von Völkerrecht und innerstaatlichem Recht. Gegensatz hierzu ist der → Monismus.

Duell (N.) Zweikampf

Dulden → Duldung

Duldung ist die unwidersprochene Hinnahme und damit stillschweigende Anerkennung eines Geschehens.
Lit.: *Gutmann, R.,* Die ausländerrechtliche Duldung, NJW 2010, 666

Duldungsvollmacht ist die → Vollmacht, die sich darauf gründet, dass eine Person (Vertretener) es wissentlich geschehen lässt (weiß und duldet), dass ein anderer für sie wie ein → Vertreter auftritt und der Geschäftsgegner dieses Dulden nach Treu und Glauben dahin verstehen darf, dass der als Vertreter Handelnde bevollmächtigt ist. Die D. entsteht kraft Gesetzes, nicht durch → Rechtsgeschäft. Sie ist → Scheinvollmacht (str.), begründet aber Wirkungen wie eine → Vollmacht.
Lit.: *Bader, P.,* Duldungs- und Anscheinsvollmacht, 1979; *Hofmann, K.,* Vollmachten, 8. A. 2002

Dumping (N.) Ausfuhr unter den Gestehungskosten zwecks Vernichtung ausländischer Konkurrenz
Lit.: *Bandtel, K.,* Dumping in der Seeschifffahrt, 1999

Dunkelfeld ist der nicht amtlich bekannte Teil der begangenen → Straftaten. Die nach dem wahren Ausmaß der Straftaten suchende Dunkelfeldforschung vermutet bei den verschiedenen Straftaten verschieden große Dunkelfelder (z. B. sehr groß bei Ladendiebstahl sowie bei anderen wegen der Geringfügigkeit des Schadens oft nicht zur Anzeige gebrachten Taten). Kriminalpolitische Überlegungen müssen stets das D. mitberücksichtigen.
Lit.: *Raithel, J.,* Kriminalität und Gewalt im Jugendalter, 2003

Duplik ist im neuzeitlichen (gelehrten) Prozessrecht die Gegenerklärung des Beklagten auf die → Replik des Klägers, die ihrerseits auf eine Erklärung des Beklagten eingeht.
Lit.: *Köbler, G.,* Zielwörterbuch integrativer europäischer Rechtsgeschichte, 6. A. 2014 (Internet)

Durchführungsverordnung (DVO) ist im Verwaltungsrecht die → Rechtsverordnung, die besondere Einzelheiten der Durchführung eines → Gesetzes regelt (z. B. DVO zum BBG). Sie ist im Gegensatz

zur → Durchführungsvorschrift (Durchführungsverwaltungsvorschrift) an die Allgemeinheit, nicht nur an die Verwaltung gerichtet. Sie bedarf als Rechtsverordnung gesetzlicher → Ermächtigung.

Durchgangserwerb ist der → Erwerb eines dinglichen → Rechts durch eine gegenüber dem endgültigen Erwerber nur vermittelnde Person (z. B. Anwartschaftsveräußerer) im Gegensatz zum Direkterwerb.

Durchgriffshaftung ist der nur ausnahmsweise nach → Treu und Glauben (§ 242 BGB) zulässige haftungsmäßige Durchgriff eines → Gläubigers auf die hinter einer juristischen → Person stehenden oder ihr angehörenden (natürlichen) Personen bzw. Menschen (Existenzvernichtungshaftung als Innenhaftung auf der Grundlage des § 826 BGB).
Lit.: *Ehricke, U.,* Zur Begründbarkeit der Durchgriffshaftung, AcP 199 (1999), 258; *Altmeppen, H.,* Abschied vom Durchgriff im Kapitalgesellschaftsrecht, NJW 2007, 2657

durchlaufend (Adj.) im Namen und für Rechnung eines anderen einlaufend und umgehend auslaufend und deswegen steuerrechtlich nicht besonders zu erfassen seiend

Durchsuchung ist allgemein die Durchforschung eines Bereichs auf ein bestimmtes Ziel hin. Im Verfassungsrecht (Art. 13 II GG) ist D. einer → Wohnung jede Beschränkung der Unverletzlichkeit der Wohnung, die gleichzeitig ein Einbruch in die Privatsphäre des Betroffenen ist (z. B. Betreten einer Wohnung durch ein Vollstreckungsorgan, um dort dem Inhaber ein Kind wegzunehmen). Die D. darf nur durch den Richter, bei Gefahr im Verzug unter zeitnaher, richterlich überprüfbarer Dokumentation in den Ermittlungsakten auch durch die in den Gesetzen vorgesehenen anderen Organe (z. B. Staatsanwaltschaft, Polizei) angeordnet und nur in der dort vorgeschriebenen Form durchgeführt werden. Der Richter darf eine D. nur anordnen, wenn dies verhältnismäßig ist. Eine Beschwerde gegen eine Durchsuchungsanordnung ist nicht deswegen unzulässig, weil die Durchsuchungsanordnung vollzogen ist. Für das Strafverfahrensrecht sind die Voraussetzungen der D. von Wohnung, Räumen, Personen und ihnen gehörenden Sachen vor allem in den §§ 102 ff. StPO festgelegt (bei Verdächtigen genügen Anhaltspunkte für eine Beweismittelauffindung). Aufgefundene Gegenstände können beschlagnahmt werden. Im Zivilverfahrensrecht ist die D. der Wohnung des Schuldners durch den → Gerichtsvollzieher zum Zweck der → Zwangsvollstreckung zulässig (§ 758 ZPO).
Lit.: *Schroeder, F.,* Die Durchsuchung im Strafprozess, JuS 2004, 858; *Park, T.,* Durchsuchung und Beschlagnahme, 2. A. 2009; *Huber, M.,* Grundwissen – Strafprozessrecht – Durchsuchung, JuS 2013, 408

Dürftigkeit des → Nachlasses (§ 1990 BGB) ist das Nichtausreichen des Nachlasses zur Deckung der Kosten der amtlichen → Nachlassverwaltung. Die D. kann im Erbrecht vom Erben einem Gläubiger gegenüber in Form der Dürftigkeitseinrede geltend gemacht werden. Sie befreit den Erben von der → Haftung mit seinem außerhalb des Nachlasses vorhandenen → Vermögen, doch muss der Erbe den → Nachlass zum Zweck der Befriedigung des Gläubigers herausgeben.

Dürftigkeitseinrede → Dürftigkeit

dux (lat. [M.]) Herzog

DVO → Durchführungsverordnung

dynamisch (Adj.) kräftig, veränderlich

dynamische Rente → Rente, dynamische

E

E-commerce ist der elektronische(, das geltende Recht z. B. der Willenserklärungen oder Rechtsgeschäfte nicht grundsätzlich abändernde) Handel. Bedient sich ein Unternehmer zum Zweck des Abschlusses eines Vertrags über die Lieferung von Waren oder über die Erbringung von Dienstleistungen eines Teledienstes oder eines Mediendiensts (Vertrag im elektronischen Geschäftsverkehr), hat er grundsätzlich dem Kunden angemessene, wirksame und zugängliche technische Mittel zur Verfügung zu stellen, mit deren Hilfe der Kunde Eingabefehler vor Abgabe einer Bestellung erkennen und berichtigen kann, bestimmte Informationen rechtzeitig vor Abgabe der Bestellung klar und verständlich mitzuteilen, den Zugang der Bestellung unverzüglich auf elektronischem Weg zu bestätigen und die Möglichkeit zu verschaffen, die Vertragsbestimmungen abzurufen und in wiedergabefähiger Form zu speichern. Für Verbraucher gelten zusätzlich die Bestimmungen über den → Fernabsatzvertrag. Internationalrechtlich scheint sich der Herkunftslandsgrundsatz (gegenüber dem Tatortgrundsatz) durchzusetzen.
Lit.: *Beck'sches Formularbuch e-commerce*, hg. v. *Weitnauer, W.*, 2003; *Pfeiffer, T.*, Welches Recht gilt für elektronische Geschäfte, JuS 2004, 282; *Gerlach, M.*, Der freie Verkehr von Waren und Dienstleistungen im e-commerce, 2006

E-mail ist die elektronische Mitteilung oder Post. Die durch E. versandte Willenserklärung ist grundsätzlich wie jede andere Willenserklärung zu behandeln. Allerdings wird ein E. nicht als Urkunde, sondern nur als Augenscheinsgegenstand eingestuft, kann aber als solcher ebenfalls Beweis erbringen. Die unaufgeforderte Zusendung unerwünschter E-mail-Werbung ist wegen Verstoßes gegen die §§ 1004, 823 BGB rechtswidrig.
Lit.: *Koch, R.*, Haftung für die Weiterverbreitung von Viren durch E-Mails, NJW 2004, 801; *Degen, T.*, Mahnen und Klagen per e-mail, NJW 2008, 1473

Ebenbürtigkeit ist im mittelalterlichen deutschen Recht die von der Gleichheit des Geburtsstands (Adel, Freie, Unfreie usw.) abhängige rechtliche Gleichheit (z. B. wird E. des Ehepartners – im Testament in Deutschland noch 1998 als zulässig beurteilt –, des Vormunds, des Zeugen oder des Richters gefordert).
Lit.: *Köbler, G.*, Deutsche Rechtsgeschichte, 6. A. 2005; *Minnigerode, H. v.*, Ebenburt und Echtheit, 1912; *Gutmann, T.*, Der Erbe und seine Freiheit, NJW 2004, 2347

Ecclesia non sitit sanguinem ([lat.] die Kirche dürstet nicht nach Blut) ist im hochmittelalterlichen Recht ein Geistliche von der Strafgerichtsbarkeit ausschließender Grundsatz.

Ecclesia vivit lege Romana ([lat.] die Kirche lebt nach römischem Recht) ist ein wesentlicher Grundsatz des frühmittelalterlichen Kirchenrechts, der die Kirche zu einem entscheidenden Träger der → Rezeption des römischen Rechts werden lässt.
Lit.: *Feine, H.*, Kirchliche Rechtsgeschichte, 5. A. 1972

echt (Adj.) wahrhaft, rechtmäßig

echte Urkunde → Urkunde

echtes Ding → Ding

echtes Unterlassungsdelikt → Unterlassungsdelikt, echtes

Ecklohn ist der tariflich festgesetzte → Arbeitslohn (Stundenlohn) einer bestimmten Tarifgruppe (Facharbeiter) (100 Prozent), von dem aus die Tariflöhne der anderen Tarifgruppen durch prozentuale Abschläge und Zuschläge berechnet werden.
Lit.: *Waltermann, R.*, Arbeitsrecht, 17. A. 2014

ECTS (N.) ist das European Credit Transfer System (europäischen Prüfungsübertragungssystem), als dessen noch nicht erreichtes Ziel jeder Studierende in Lehrveranstaltungen und Prüfungen 30 Punkte pro Semester bzw. 60 Punkte pro Studienjahr erarbeiten soll.
Lit.: *Gas, T./Taubert, F.*, ECTS, JuS 2000, Heft 4, XVII

edictum (lat. [N.]) Edikt, Bekanntmachung

Edictum (N.) **perpetuum** (lat.) (bzw. edictum tralatitium [lat.] beständiges Edikt) ist im römischen Recht der Grundbestand an (etwa 500) Rechtsregeln, der allmählich von jedem neuen → Prätor ohne Weiteres als zu seinem Amtsprogramm gehörig angesehen wurde.
Lit.: *Lenel, O.*, Das edictum perpetuum, 3. A. 1927, Neudruck 1956; http://www.koeblergerhard.de/Fontes/EdictumPerpetuumPraetorisUrbani_Lenel.htm

Edikt (N.) Bekanntmachung, Erlass

Ediktalzitation ist im gelehrten Prozessrecht die öffentliche Ladung des Beklagten vor das Gericht, die vor allem bei unbekanntem Aufenthalt des Beklagten zulässig ist (z. B. 2001 Holger Pfahls).
Lit.: *Köbler, G.*, Zielwörterbuch integrativer europäischer Rechtsgeschichte, 6. A. 2014 (Internet)

Edition (F.) Ausgabe, Herausgabe

Editionspflicht (§ 809 BGB) ist die Verpflichtung des → Besitzers einer → Sache, die Sache einem anderen zur Besichtigung vorzulegen oder die Besichtigung einem anderen zu gestatten. Sie besteht kraft Gesetzes, wenn eine Person gegen den Besitzer einer Sache in Ansehung der Sache einen Anspruch hat oder sich Gewissheit verschaffen will, ob ihr ein solcher Anspruch zusteht, und die Besichtigung der Sache aus diesem Grund für sie von Interesse ist. Die E. ist für → Urkunden noch erweitert (§ 810 BGB).

Lit.: *Dierschke, A.,* Die Vorlegung von Sachen zur Besichtigung, 1901

EDV (F.) elektronische Datenverarbeitung

Lit.: *Schneider, J.,* Handbuch des EDV-Rechts, 4. A. 2009; *Holznagel, B.,* Recht der IT-Sicherheit, 2003

Effekten sind im Bankrecht bestimmte börsengängige und damit vertretbare → Wertpapiere (z. B. Aktien, Inhaberschuldverschreibungen, Pfandbriefe, nicht dagegen die individuell ausgestellten Wechsel, Schecks und Hypothekenbriefe), deren Handel eine besondere Art des Bankgeschäfts ist.

Effektivklausel ist die (unwirksame, str.) Tarifvertragsklausel, die den vor dem Abschluss des → Tarifvertrags tatsächlich gezahlten, über dem bisherigen Tarif liegenden effektiven → Arbeitslohn auch im Verhältnis zu dem neuen Tarifvertrag sichern will.

Lit.: *Hansen, H.,* Betriebsvereinbarungsbezogene Besitzstands- und Effektivklauseln, 1984

Effet utile ist im Völkerrecht das Gebot der Auslegung eines Rechtssatzes in Richtung auf seine beste und einfachste praktische Wirksamkeit. Wenn in der Europäischen Union nationales Recht unterschiedlich ausgelegt werden kann, ist die Auslegung vorzuziehen, bei der das vorrangige Unionsrecht sich am besten durchsetzt. Dieser Grundsatz ist seit dem Wiener Übereinkommen über das Recht der Verträge allgemein anerkannt.

Lit.: *Tomasic, L.,* Die Relativität teleologischer Argumente im Unionsrecht, 2013

Effizienz (F.) Wirksamkeit

Lit.: Effizienz als Herausforderung an das Verwaltungsrecht, hg. v. *Hoffmann-Riem, N. u. a.,* 1998; *Eidenmüller, H.,* Effizienz als Rechtsprinzip, 3. A. 2005

EFTA ([F.] European Free Trade Association, Europäische Freihandelszone) ist die am 4.1.1960 gegründete Wirtschaftszone siebener europäischer Staaten (Dänemark, Norwegen, Österreich, Portugal, Schweden, Schweiz, Großbritannien, Finnland 1961/1986, Island 1970, Liechtenstein 1991), deren praktische Bedeutung wegen des Eintritts vieler Mitglieder (Dänemark, Großbritannien, Portugal, Österreich, Schweden, Finnland) in die Europäische Gemeinschaft (Europäische Union) bzw. den Europäischen Wirtschaftsraum eher gering blieb (1995 Norwegen, Island, Schweiz, Liechtenstein). Leitungsgremium ist ein Rat. Seit 1.1.1994 gibt es einen besonderen Gerichtshof der E., der seit 1.9.1996 in Luxemburg ansässig ist und sich an der Rechtsprechung des Europäischen Gerichtshofs orientiert.

Egalität (F.) Gleichheit

Egalitätsprinzip (N.) Gleichheitsgrundsatz

egalité (franz. [F.]) Gleichheit

Ehe ist die mit Eheschließungswillen eingegangene, staatlich anerkannte Lebensgemeinschaft zwischen Mann und Frau (mit der weltweiten politischen Tendenz zur Einbeziehung gleichgeschlechtlich ausgerichteter Menschen). Sie ist als Institution durch Art. 6 I GG geschützt. Ihre Entstehung (→ Eheschließung), Wirkungen und Beendigung (→ Eheaufhebung, → Ehescheidung) sind gesetzlich geregelt (§§ 1303 ff. BGB). Die Ehe begründet eine eheliche → Lebensgemeinschaft (§ 1353 BGB), die angestrebte, aber nicht mehr notwendige Führung eines (gemeinsamen) → Ehenamens (§ 1355 BGB), eine → Vertretungsmacht bei Geschäften zur angemessenen Deckung des Lebensbedarfs (frühere Schlüsselgewalt) (§ 1357 BGB) und eine Verpflichtung zum Familienunterhalt (Unterhaltspflicht § 1360 BGB). In dem vom weltlichen Eherecht grundsätzlich unabhängigen katholischen → Kirchenrecht ist die E. ein → Sakrament. Im Jahre 2011 betrug in Deutschland die durchschnittliche Ehedauer 14,6 Jahre. → Güterrecht

Lit.: *Papier, H.,* Ehe und Familie in der neueren Rechtsprechung des BVerfG, NJW 2002, 2129; *Grziwotz, H.,* Rechtsfragen zu Ehe und Lebenspartnerschaft, 4. A. 2010

Eheaufhebung ist (seit 1938) die aus bestimmten, vor der Eheschließung liegenden Gründen (§ 1314 BGB) zulässige Auflösung einer → Ehe für die Zukunft (§§ 1313 ff. BGB). Die Ehe ist bis zur Aufhebung gültig und kann nur durch gerichtliches Urteil auf Antrag (Aufhebungsklage) beseitigt werden (§ 1313 BGB). Die Folgen entsprechen in bestimmten Fällen denen der → Ehescheidung (§ 1318 BGB).

Lit.: *Knaak, K.,* Die Eheaufhebungsregelung, 2000

Ehebruch ist der (in Deutschland bis 1969 strafbare,) zumindest bedingt vorsätzliche Vollzug des → Beischlafs eines Ehegatten mit einem dritten Menschen anderen Geschlechts.

Ehefähigkeit ist die Fähigkeit eines Menschen, eine → Ehe zu schließen. Die E. ist stets ausgeschlossen bei → Geschäftsunfähigkeit (§ 1304 BGB). Der beschränkt Geschäftsfähige bedarf zur Eingehung der Ehe grundsätzlich der – u. U. ersetzbaren – Einwilligung des gesetzlichen → Vertreters oder eines sonstigen Inhabers der Personensorge (§ 1303 IV BGB). Die Ehe soll nicht vor Eintritt der → Volljährigkeit eingegangen werden, doch kann das → Familiengericht auf Antrag von dieser Vorschrift befreien, wenn der Antragsteller das 16. Lebensjahr vollendet hat und sein künftiger Ehegatte volljährig ist (§ 1303 BGB). 1997 ratifizierte der Bundestag den Beitritt Deutschlands zu dem Übereinkommen über die Ausstellung von Ehefähigkeitszeugnissen.

Lit.: *Schmalzl, K.,* Scheidungstrauma und kanonische Ehefähigkeit, 2000

Ehefrau → Ehegatte

Ehegatte (Ehefrau, Ehemann) ist der mit einem Menschen des anderen Geschlechts wirksam eine

→ Ehe geschlossen habende Mensch. Für ihn gilt das besondere → Eherecht. Hinzu kommen weitere einzelne Rechte (z. B. Zeugnisverweigerungsrecht, Zusammenveranlagungsmöglichkeit im Einkommensteuerrecht).

Lit.: *Vonscheidt, C.,* Eigentumserwerb durch Ehegatten, 1997; *Nörenberg, H.,* Ehegatten-Arbeitsverträge, 8. A. 2000; *Olzen, D.,* Letztwillige Verfügungen unter Ehegatten, JuS 2005, 673

Ehegattenbürgschaft → Bürgschaft

Ehegattenerbrecht ist das gesetzliche → Erbrecht des überlebenden Ehegatten, der mit dem Erblasser bis zu dessen Tod in gültiger Ehe gelebt hat (Getrenntleben oder zerrüttete Ehe schaden grundsätzlich nicht). Es beträgt neben Verwandten (Teilungsprinzip) der ersten Ordnung ein Viertel, neben Verwandten der zweiten Ordnung mindestens die Hälfte, neben entfernteren Verwandten als Großeltern das Ganze der Erbschaft (§ 1931 BGB), wobei der gleichzeitig mögliche, in der Form der Erhöhung des gesetzlichen → Erbteils um ein Viertel erfolgende Ausgleich des → Zugewinns im Todesfalle (§ 1371 BGB) unberührt bleibt. Außerdem kann das gesetzliche Erbrecht des Ehegatten durch Verfügung von Todes wegen abgeändert werden.

Lit.: *Wegmann, B.,* Ehegattentestament und Erbvertrag, 4. A. 2010; *Kellermann, M.,* Die Auswirkungen einer Scheidung auf das Ehegattenerbrecht, JuS 2004, 1071

Ehegattenunterhalt ist der zwischen → Ehegatten zu leistende → Unterhalt.

Lit.: *Soyka, J.,* Die Berechnung des Ehegattenunterhalts, 3. A. 2012; *Brudermüller, G.,* Geschieden und doch gebunden?, 2008; *Hoppenz, R.,* Die Dreiteilung des Unterhalts, NJW 2012, 819

Ehegesetz war das das Recht der → Ehe betreffende Gesetz (1938 anlässlich des Anschlusses Österreichs für das Deutsche Reich einschließlich Österreichs geschaffen, 1946 gereinigt, in Deutschland bis 1998 abschnittsweise wieder zugunsten des Bürgerlichen Gesetzbuchs aufgehoben).

Lit.: Ehegesetz, hg. v. *Aichhorn, U. u. a.,* 2007 (Österreich)

Ehegüterrecht → Güterrecht der → Ehe

Lit.: *Jerschke, H.,* Mein und dein in der Ehe, 9. A. 2000; *Herr, T.,* Nebengüterrecht, 2013

Ehehindernis ist im → Kirchenrecht ein der Eheschließung entgegenstehender Umstand. → Eheverbot, → Eheaufhebung

Ehelich ist eine Qualifikation eines Menschen oder eines Verhältnisses, die auf eine → Ehe abstellt. Ehelich war bis 1979 ein → Kind, das nach der Eheschließung geboren worden ist, wenn die Frau es vor oder während der → Ehe empfangen und der Mann innerhalb der → Empfängniszeit der Frau beigewohnt hat, wobei durch erfolgreiche → Anfechtung diese Qualifikation beseitigt, durch → Legitimation (Ehelicherklärung) besonders erlangt werden konnte. Jedes andere Kind war → nichtehelich.

eheliche Lebensgemeinschaft → Lebensgemeinschaft, eheliche, Lebensgemeinschaft, nichteheliche

Ehelichkeit → ehelich

Lit.: *Müller, L.,* Die Ehelichkeitsanfechtung, 1998

Ehemann → Ehegatte

ehemündig → Ehemündigkeit

Ehemündigkeit (§ 1303 BGB) ist die altersbedingte Berechtigung, eine → Ehe einzugehen. Sie setzt grundsätzlich → Volljährigkeit, ausnahmsweise mindestens Vollendung des 16. Lebensjahrs voraus. Die ohne E. geschlossene Ehe kann aufgehoben werden.

Ehename (§ 1355 BGB) ist der gemeinsame → Familienname der Ehegatten. Nach § 1355 I BGB vom 16.12.1993 sollen die Ehegatten einen Ehenamen bestimmen. Unterlassen sie dies trotz entsprechender Befragung durch den Standesbeamten vor der Eheschließung, so führen sie ihren zur Zeit der Eheschließung geführten (verschiedenen) Namen auch nach der Eheschließung (weiter, in Deutschland 2000 in etwa 10 Prozent der Eheschließungen). Zum Ehenamen können die Ehegatten den Geburtsnamen oder den zur Zeit der Erklärung über die Bestimmung des Ehenamens geführten Namen der Frau oder des Mannes bestimmen (§ 1355 II BGB). Sie können die Erklärung, einen gemeinsamen Ehenamen führen zu wollen, nach der Eheschließung in öffentlich beglaubigter Form nachholen. Ein Ehegatte, dessen Name dabei nicht E. wird, kann durch Erklärung in öffentlich beglaubigter Form gegenüber dem Standesbeamten dem E. seinen (einteiligen) Geburtsnamen oder einen Teil seines (mehrteiligen) Geburtsnamens oder seines zur Zeit der Erklärung über die Bestimmung des Ehenamens geführten Namens voranstellen oder anfügen (und bei Bedarf in öffentlich beglaubigter Form diese Erklärung auch einmal widerrufen, jedoch nicht neu erklären). Der verwitwete oder geschiedene Ehegatte behält grundsätzlich den Ehenamen, kann ihn aber aufgeben und seit 2005 auch an einen neuen Ehegatten weitergeben.

Lit.: *Dethloff, N./Walther, S.,* Abschied vom Zwang zum gemeinsamen Ehenamen, NJW 1991, 1575

Ehenichtigkeit war die (1998 zu Gunsten der Eheaufhebung abgeschaffte) Vernichtbarkeit der → Ehe aus bestimmten Gründen (§§ 16ff. EheG, → Formmangel, → Geschäftsunfähigkeit, Doppelehe, Verwandtschaftsehe). → Eheaufhebung

Eheprozess ist die ältere Bezeichnung für das Zivilverfahren in Ehesachen(§ 121 FamFG). Der E. ist eine besondere Art des → Zivilprozesses für Klagen auf Ehescheidung, auf Eheaufhebung oder auf Feststellung des Bestehens oder Nichtbestehens einer Ehe. Zuständig ist ausschließlich das → Familiengericht, wobei der Verhandlungsgrundsatz zugunsten des → Untersuchungsgrundsatzes eingeschränkt ist und Angriffsmittel und Verteidigungsmittel in weiterem Umfang als nach den allgemeinen Vorschriften zuzulassen sind.

Lit.: *Bergerfurth, B./Rogner, J.,* Der Ehescheidungspro-zess, 15. A. 2006; *Gießler, H./Soyka, J,* Vorläufiger Rechtsschutz in Familiensachen, 6. A. 2015

Eherecht ist die Gesamtheit der die → Ehe betref-fenden Rechtssätze. Das E. ist ein Teil des → Fami-lienrechts. Es ist im Bürgerlichen Gesetzbuch (§§ 1297 ff.) geregelt. Es umfasst hauptsächlich die Ehefähigkeit, die Eheverbote, die Eheschließung, die Eheaufhebung, die Wirkungen der Ehe im All-gemeinen, das Ehegüterrecht und die Ehescheidung (mit Unterhalt und Versorgungsausgleich). Die Ver-pflichtungen nach dem kirchlichen Recht werden durch das weltliche E. nicht berührt (§ 1588 BGB). Lit.: Internationales Ehe- und Kindschaftsrecht mit Staatsangehörigkeitsrecht, hg. v. *Bergmann, A./Ferid, M./Henrich, D.,* 6. A. 1983 ff.; *Münch, E. v./Backhaus,* Ehe- und Familienrecht, 16. A. 2010; Eherecht in Euro-pa, hg. v. *Süß, R.,* 2. A. 2012

Eheregister ist das Personenstandsregister für die Beurkundung der Eheschließung durch den Stan-desbeamten, in das der Standesbeamte die persönli-chen Verhältnisse der Ehegatten, den gewählten Namen der Familie und Tag und Ort der Eheschlie-ßung einzutragen hat (§ 15 PStG).

Ehescheidung (§§ 1564 ff. BGB) ist die Auflösung der → Ehe durch richterliches → Urteil aus Grün-den, die nach der Eheschließung eingetreten sind. Die E., die im Verfahren in Ehesachen durchgeführt werden muss, kann auf Antrag eines → Ehegatten oder beider Ehegatten erfolgen. Eine Ehe kann ge-schieden werden, wenn sie gescheitert ist (Aufgabe des → Verschuldensprinzips zugunsten des → Zer-rüttungsprinzips), d. h. die → Lebensgemeinschaft der Ehegatten nicht mehr besteht und nicht erwartet werden kann, dass die Ehegatten sie wiederherstel-len. Das Scheitern der Ehe wird unwiderlegbar ver-mutet, wenn die Ehegatten seit einem Jahr → ge-trennt leben und beide Ehegatten die E. beantragen bzw. der Antragsgegner der E. zustimmt oder wenn die Ehegatten seit drei Jahren getrennt leben (beachte aber die Härteklauseln der §§ 1565 II, 1568 BGB). Mit Rechtskraft des Ehescheidungsurteils ist die Ehe in personenrechtlicher und vermögensrechtlicher Hinsicht aufgelöst (z. B. ist der Güterstand beendet und kann jeder bisherige Ehegatte neu heiraten). Die E. hat einen → Unterhaltsanspruch eines Ehegatten gegen den anderen zur Folge, wenn ein Ehegatte nach der E. nicht selbst für seinen Unterhalt sor-gen kann (§§ 1569 ff. BGB). Während der Ehezeit begründete oder aufrechterhaltene → Anwartschaf-ten oder Aussichten auf eine → Versorgung wegen Alters, → Berufsunfähigkeit oder → Erwerbsun-fähigkeit sind bei Fehlen einer anderweitigen Verein-barung auszugleichen (→ Versorgungsausgleich, Rentensplitting §§ 1587 ff. BGB). Die elterliche → Sorge für ein gemeinschaftliches Kind wird auf Antrag einem Elternteil – grundsätzlich auf gemein-samen Vorschlag der Eltern – durch das → Fami-liengericht zugesprochen (§ 1671 BGB). Der ge-schiedene Ehegatte behält grundsätzlich den → Ehe-namen (§ 1355 V 1 BGB). Das katholische und anglikanische → Kirchenrecht lassen die E. im Grundsatz nicht zu (Ehescheidungen in Deutschland 192 438 und in England und Wales 147 000 [1998].)

Lit.: *Schwab, D./Görtz-Leible, M.,* Meine Rechte bei Trennung und Scheidung, 8. A. 2014; *Grziwotz, H.,* Trennung und Scheidung, 8. A. 2014; *Göppinger, H./ Börger, U.,* Vereinbarungen anlässlich der Eheschei-dung, 10. A. 2013; *Gerhards, A.,* Die Beschleunigung des Ehescheidungsverfahrens, NJW 2010, 1697; *Krenz-ler, M.,* Scheidungsrecht für Anfänger, 3. A. 2012; *Hausmann, R.,* Internationales und europäisches Ehe-scheidungsrecht, 2013

Eheschließung (§§ 1310 ff. BGB) ist die Vereinba-rung der Eingehung der → Ehe. Die Ehe wird da-durch geschlossen, dass die Eheschließenden vor dem Standesbeamten persönlich und bei gleichzeiti-ger Anwesenheit – ohne Bedingung oder Zeitbe-stimmung – erklären, die Ehe miteinander eingehen zu wollen. Von der weltlichen E. ist die kirchen-rechtliche, nach kirchlichem Recht erforderliche E. zu trennen, die bis 2008 der weltlichen E. grundsätz-lich nicht vorangehen durfte (§ 67 PStG, Ordnungs-widrigkeit des Trauenden).

Lit.: *Wagenitz, T./Bornhofen, H.,* Handbuch des Ehe-schließungsrechts, 1998

Ehestörung ist die Störung der ehelichen → Le-bensgemeinschaft, insbesondere ihres räumlich-gegenständlichen Bereiches, als eines absoluten Rechts durch einen Dritten (z. B. Eindringen der Geliebten des Mannes in die Ehewohnung). Gegen sie besteht ein Störungsabwehranspruch. Inwieweit → Schadensersatzansprüche erwachsen, ist umstrit-ten.

Lit.: *Maier, S.,* Die Abwehr von Ehestörungen, 1996

Eheverbot (§§ 1306 ff. BGB) ist die Vorschrift, die bei Vorliegen bestimmter Umstände die → Ehe-schließung verbietet. Soweit es *trennendes* E. ist, begründet es → Eheaufhebbarkeit (z. B. Verwandt-schaft, Doppelehe, eingetragene Lebenspartner-schaft). Vom E. der Annahme als Kind kann das Familiengericht auf Antrag Befreiung erteilen (§ 1308 BGB). Dem E. entspricht im → Kirchen-recht das → Ehehindernis.

Ehevermittler → Ehevermittlung

Ehevermittlung (Heiratsvermittlung) ist der auf den Nachweis oder die Vermittlung eines Ehepartners gerichtete → Vertrag (Dienstvertrag mit Sonderre-geln) zwischen einem Ehevermittler und einem anderen Menschen. Durch das Versprechen des Lohnes wird keine → Verbindlichkeit begründet (§ 656 I 1 BGB), doch kann das auf Grund des Ver-sprechens Geleistete nicht deswegen zurückgefor-dert werden (§ 656 I 2 BGB), weshalb Ehevermittler Vorauszahlungen anstreben. Dies gilt für Partner-schaftsvermittlungsverträge entsprechend.

Lit.: *Börstinghaus, U.,* Das Recht der Partnerschafts-vermittlung, 1995

Ehevertrag (§ 1408 BGB) ist der → Vertrag, durch den Ehegatten ihre güterrechtlichen Verhältnisse und auch den Ausschluss des Versorgungsausgleichs regeln können (nicht z. B. Kindererziehung, Unter-halt). Der E. kann vor oder nach der → Ehe-schließung bei gleichzeitiger – nicht notwendig persönlicher – Anwesenheit vor einem → Notar geschlossen werden. Dritten gegenüber hat der E. grundsätzlich nur im Fall der Eintragung im → Güterrechtsregister Wirkung.

Lit.: *Brambring, G.*, Ehevertrag, 7. A. 2012; *Langenfeld, G./Milzer*, Handbuch der Eheverträge und Scheidungsvereinbarungen, 7. A. 2015; *Bergschneider, L.*, Richterliche Inhaltskontrolle von Eheverträgen und Scheidungsvereinbarungen, 2008; *Langenfeld, G.*, Wandlungen des Ehevertrags, NJW 2011, 966; *Klein, M.*, Eheverträge, 4. A. 2012

Ehre ist der innere und äußere Wert eines Menschen, seine Würde und Geltung innerhalb der menschlichen Gesellschaft. Die Verletzung der Ehre ist strafbar (§§ 185 ff. StGB) und begründet in der Form der Verletzung eines → Schutzgesetzes bzw. der Verletzung des allgemeinen → Persönlichkeitsrechts auch einen → Schadensersatzanspruch aus unerlaubter → Handlung. Gegenüber einer → Störung der E. besteht ein Störungsabwehranspruch (Beseitigungsanspruch, Unterlassungsanspruch).

Lit.: *Siebrecht, I.*, Der Schutz der Ehre im Zivilrecht, JuS 2001, 337; *Knebel, S.*, Die Ehrenschutzvorschriften, 2004

Ehrenamt ist das unentgeltlich wahrgenommene hoheitliche → Amt. → Ehrenbeamter

Lit.: *Roth, R.*, Das Ehrenamt, 1997

Ehrenbeamter (§ 5 BeamtStG) ist ein Mensch, der ein hoheitliches → Amt ohne → Dienstbezüge und → Versorgungsansprüche (neben einem ausgeübten Beruf) wahrnimmt. Der E. ist → Beamter. Ihm wird eine Ernennungsurkunde ausgehändigt und für ihn gelten mit den erforderlichen Abweichungen die Beamtengesetze. E. finden sich vor allem im → Kommunalrecht (z. B. Bürgermeister, Beigeordnete). Daneben können andere amtliche Tätigkeiten ehrenamtlich ausgeübt werden, ohne dass der Betreffende E. ist (z. B. Schöffe).

Lit.: *Stober, R.*, Der Ehrenbeamte, 1981

Ehrendoktor → Doctor

Ehrengericht ist das (staatliche) → Gericht über Standesangelegenheiten bestimmter → Berufe (z. B. → Rechtsanwalt §§ 116 ff. BRAO, Arzt). → Berufsgericht

Ehrenrecht ist das mit besonderer persönlicher Wertschätzung verbundene → Recht (z. B. Wahlrecht). § 45 StGB lässt eine eingeschränkte Aberkennung bzw. einen Verlust von Rechten (→ Amtsfähigkeit, Wählbarkeit, Stimmrecht) als Folge einer Freiheitsstrafe von mindestens einem Jahr zu.

Eid ist die Anrufung einer Macht als Zeugen für die Wahrheit einer Aussage. Der im Verfahrensrecht vielfach verlangte E. (z. B. § 59 StPO, u. a. → Zeugeneid, → Sachverständigeneid, → Parteieid, → Offenbarungseid) ist mit den Worten *ich schwöre es, so wahr mir Gott helfe* oder *ich schwöre es* (oder notfalls *ja*) zu leisten. Wer vor → Gericht oder vor einer anderen zur Abnahme von Eiden zuständigen Stelle (vorsätzlich) falsch schwört, wird bestraft (§ 154 StGB; → Meineid). → Versicherung an Eides Statt

Lit.: *Haller, K.*, Der Eid im Strafverfahren, 1998

Eideshelfer (Eidhelfer) ist nach neuzeitlicher Wissenschaftssprache im frühmittelalterlichen deutschen Recht ein Mensch, der schwört, dass ein Eid eines Eidesleistenden rein – und nicht mein – sei, der also zur Glaubhaftigkeit eines Menschen, nicht zu der von diesem erklärten Aussage Stellung nimmt und deswegen nicht → Zeuge ist.

eidesmündig → Eidesmündigkeit

Eidesmündigkeit (§ 393 ZPO, § 60 Nr. 1 StPO) ist die altersbedingte und geistesbedingte Berechtigung, einen → Eid zu leisten (Vollendung des 16. Lebensjahrs, genügende Vorstellung von der Bedeutung des Eids).

eidesstattlich (Adj.) an der Stelle eines Eids stehend

eidesstattliche Versicherung → Versicherung

Eigenbedarf ist der Nutzungsbedarf des Eigentümers (oder unter Umständen auch eines nahestehenden Schwagers) an einer Sache, der u. U. Voraussetzung einer Kündigung der Miete einer Wohnung ist.

Lit.: *Burow, P.*, Die Eigenbedarfskündigung, 1997; *Fleindl, H.*, Eigenbedarfsstreit, NJW 2015, 2315

Eigenbesitz → Eigenbesitzer

Eigenbesitzer (§ 872 BGB) ist der eine → Sache als ihm gehörig besitzende → Besitzer (→ Besitz) wie z. B. der Dieb. Der E. wird vor allem beim Erwerb von Sachenrechten besonders behandelt (§§ 900, 927, 937 ff., 958 BGB). Ihm steht der Fremdbesitzer (z. B. Mieter) gegenüber.

Lit.: *Ernst, W.*, Eigenbesitz und Mobiliarerwerb, 1992

Eigenbetrieb ist das wirtschaftliche, grundsätzlich auf Gewinnerzielung angelegte → Unternehmen einer → Gemeinde (z. B. Stadtwerke) ohne eigene Rechtspersönlichkeit. Der E. ist ein nichtrechtsfähiges, organisatorisch verselbständigtes → Sondervermögen (eigene Buchführung, eigener Wirtschaftsplan). Er kann zu seinen Benutzern in öffentlichrechtlich oder privatrechtlich geregelte Beziehungen treten. Bestimmungen über den E. enthalten → Gemeindeordnungen und die Eigenbetriebsverordnung bzw. Eigenbetriebsgesetze. Der E. ist zu unterscheiden von der → Eigengesellschaft, vom nichtwirtschaftlichen Unternehmen der Gemeinde und vom → Regiebetrieb.

Lit.: *Bolsenkötter, H./Dau, H./Zuschlag, E.*, Gemeindliche Eigenbetriebe und Anstalten, 5. A. 2004

eigener Wirkungskreis → Wirkungskreis, eigener

Eigengeschäftsführung (§ 687 BGB) ist im Schuldrecht die Besorgung eines objektiv fremden → Geschäfts als eigenes Geschäft. Sie ist *unerlaubte* E., wenn der Handelnde weiß, dass er dazu nicht berechtigt ist (§ 687 II BGB), und *irrtümliche* E., wenn der Handelnde das Geschäft in der Meinung besorgt, dass es sein eigenes ist (§ 687 I BGB). Im ersten Fall finden die Regeln über die → Geschäftsführung ohne Auftrag teilweise Anwendung, im zweiten dagegen keine Anwendung.

Lit.: *Köbler, G.*, Schuldrecht, 2. A. 1995

Eigengesellschaft ist das wirtschaftliche Unternehmen einer → Gemeinde, das in der Rechtsform einer privatrechtlichen rechtsfähigen → Gesellschaft betrieben wird (z. B. Salzgitter AG).
Lit.: *Parmentier, M.*, Gläubigerschutz in öffentlichen Unternehmen, 2000

eigenhändig (Adj.) mit eigener Hand → Delikt, Testament

Eigenheim (§ 20 I 1. WobauG) ist das im → Eigentum eines oder mehrerer Menschen stehende → Grundstück mit einem Wohngebäude, das nicht mehr als zwei → Wohnungen enthält, von denen eine zum Bewohnen durch den Eigentümer oder seine Angehörigen bestimmt ist. Ab 1.1.2006 wird keine Eigenheimzulage mehr gewährt.
Lit.: *Wacker, R.*, Eigenheimzulagengesetz, 3. A. 2001

Eigenjagdbezirk (§ 7 I BJagdG) ist im Jagdrecht die zusammenhängende Grundfläche mit einer landwirtschaftlich, forstwirtschaftlich oder fischereiwirtschaftlich nutzbaren Fläche von mindestens 75 Hektar, die sich im → Eigentum ein und derselben Person oder einer Personengemeinschaft befindet. Der E. ist ein besonderer → Jagdbezirk, der im Gegensatz zum gemeinschaftlichen Jagdbezirk steht. In einem E. ist der Eigentümer jagdausübungsberechtigt.

Eigenkapital ist das dem Inhaber des Unternehmens gehörende → Kapital einschließlich der Rücklagen. Das E. steht im Gegensatz zum → Fremdkapital.
Lit.: *Beck, S.*, Kritik des Eigenkapitalersatzrechts, 2006

Eigenkirche ist nach herrschender Ansicht im frühmittelalterlichen Kirchenrecht die einem (vielfach weltlichen) Grundherrn gehörige Kirche.

Eigenmacht (§ 858 BGB) ist im Sachenrecht die Entziehung oder Störung des → Besitzes des unmittelbaren Besitzers. Sie ist, sofern das Gesetz sie nicht gestattet, widerrechtlich (*verbotene* E.) und löst Ansprüche aus → Besitzschutz aus. Der durch verbotene E. erlangte Besitz ist fehlerhaft (§ 858 II 1 BGB).

Eigenschaft eines Gegenstands bzw. einer Person ist allgemein die ihm bzw. ihr anhaftende Besonderheit oder das ihm bzw. ihr anhaftende Merkmal. E. einer → Sache ist jedes Verhältnis, das wegen seiner Art und Dauer nach der Verkehrsanschauung Einfluss auf Wertschätzung oder Brauchbarkeit der Sache auszuüben pflegt (nicht der Preis der Sache selbst). Nach § 119 BGB kann, wer bei der Abgabe einer → Willenserklärung über eine verkehrswesentliche E. im → Irrtum war, die Erklärung anfechten. Nach § 434 III BGB gehören zur üblichen Beschaffenheit einer Sache auch Eigenschaften, die der Käufer nach den öffentlichen Äußerungen (z. B. Werbung, Kennzeichnung) des Verkäufers, des Herstellers oder seines Gehilfen erwarten kann.

Eigentum ist im Verfassungsrecht (Art. 14 GG) jede vermögenswerte privatrechtliche Rechtsposition (also auch Rechte [Forderungen]) sowie jede öffentlich-rechtliche Rechtsposition, die überwiegend das Äquivalent eigener Leistung d. h. des Einsatzes eigener → Arbeit oder eigenen → Kapitals ist (u. a. auch das Besitzrecht des Mieters an einer Mietwohnung oder der Auskunftsanspruch des Aktionärs gegen den Vorstand der Aktiengesellschaft in der Hauptversammlung oder ein durch Frequenznutzungsbedingungen einschränkbares Mobilfunkfrequenznutzungsrecht). E. ist seit der Verfassungsgebung durch die → Verfassung garantiert, allerdings nur innerhalb bestimmter Schranken (z. B. baurechtliche Gesetze, die ihrerseits zumutbar sein müssen und z. B. bei Denkmalsschutz nicht die Nutzung gänzlich ausschließen dürfen). Der obrigkeitliche Entzug von E. ist nur zum Wohl der → Allgemeinheit, auf Grund eines → Gesetzes und gegen → Entschädigung zulässig (→ Enteignung). Im Sachenrecht ist E. das → Recht, mit einer → Sache – grundsätzlich nach Belieben zu verfahren (z. B. benutzen, verbrauchen, belasten, veräußern, Schranken ergeben sich aus § 903 BGB, der Verfassung, sonstigem öffentlichem Recht [z. B. Pflicht zur Duldung der Pflanzung eines Baums an einer öffentlichen Straße], Treu und Glauben, Nachbarrecht und den beschränkten dinglichen Rechten) und andere von jeder Einwirkung auszuschließen (§ 903 BGB). Das E. ist gegen Störungen geschützt (§ 1004 BGB Beseitigungsanspruch, Unterlassungsanspruch, vgl. §§ 242 ff. StGB). Seine Verletzung (z. B. Beschädigung eines Kraftfahrzeugs, Verbindung einwandfreier Teile eines Herstellers mit mangelhaften Teilen eines Zulieferers zu einer neuen Sache) begründet Schadensersatzansprüche nach den §§ 823 ff. BGB (nicht z. B. Staubablagerung infolge Abbrucharbeiten auf Nachbargrundstück). Der Eigentümer kann auf Grund des Eigentums grundsätzlich die betreffende Sache herausverlangen (§§ 985 ff. BGB), wobei auch nach einer Verjährung des Anspruchs auf Herausgabe andere Ansprüche aus dem Eigentum bestehen bleiben (können). E. in diesem Sinn steht dem → Besitz und den beschränkten dinglichen → Rechten (z. B. Pfand) gegenüber. Erwerb, Schutz und Verlust des Eigentums sind in den §§ 873 ff. BGB (getrennt nach unbeweglichen Sachen und beweglichen Sachen) geregelt. Arten des Eigentums sind neben dem *Alleineigentum* das → *Gesamthandseigentum* und das → *Miteigentum* (Bruchteileigentum) sowie das → *Sicherungseigentum*. Losgelöst vom körpergebundenen Sachenrechtsbegriff des Bürgerlichen Gesetzbuchs wird auch von geistigem E. gesprochen.
Lit.: *Armbrüster, C.*, Eigentumsschutz, NJW 2003, 3087; *Lehmann, J.*, Sachherrschaft und Sozialbindung? 2004; *Jochum, H. u. a.*, Grundfälle zu Art. 14 GG, JuS 2005, 220; *Berg, W.*, Entwicklung und Grundstrukturen der Eigentumsgarantie, JuS 2005, 961; *Mylich, F.*, Die Eigentumsverletzung, JuS 2014, 298ff.

Eigentümergrundschuld (§ 1196 BGB) ist die dem → Eigentümer an seinem eigenen → Grundstück zustehende → Grundschuld. Die E. entsteht entweder ursprünglich – durch einseitige Erklärung im Grundbuch und Eintragung gegenüber dem Grundbuchamt – oder abgeleitet (durch Umwandlung einer → Eigentümerhypothek, der keine gesicherte

Forderung mehr zugrunde liegt sowie durch Zahlung auf die Grundschuld, § 1177 BGB). Aus ihr kann der Inhaber nicht die → Zwangsvollstreckung in sein eigenes Grundstück betreiben.

Lit.: *Rein, A.,* Die Verwertbarkeit der Eigentümergrundschuld, 1994

Eigentümerhypothek (§ 1163 BGB) ist im Sachenrecht die dem → Eigentümer an seinem → Grundstück zustehende → Hypothek. Die E. entsteht vor allem, wenn der Eigentümer des Grundstücks an den Hypothekengläubiger zahlt (§§ 1143 I, 1153 I, 1177 BGB bzw. § 1163 I 2 BGB, nachträgliche E.). Leistet der Schuldner, so entsteht für den Eigentümer regelmäßig eine → Eigentümergrundschuld (§§ 1163 I 2, 1177 I BGB), da der Eigentümer die Hypothek dann ohne Forderung erwirbt und eine Hypothek ohne Forderung nicht bestehen kann. Die E. ist *vorläufige* E., so lange die zu sichernde Forderung mangels Valutierung (noch) nicht entstanden ist oder der Hypothekenbrief einer → Briefhypothek dem Gläubiger noch nicht übergeben ist (Fall ursprünglicher E.). Sie wandelt sich auch hier in eine Eigentümergrundschuld um (§§ 1163 I, 1177 BGB).

Eigentümer – nichtberechtigter Besitzer – Verhältnis (§§ 987 ff. BGB) ist das gesetzliche → Schuldverhältnis (str.) zwischen dem → Eigentümer einer Sache und einem → Besitzer, dem kein Besitzrecht zusteht (sog. → Vindikationslage). Der Eigentümer kann vom Besitzer Ersatz von → Nutzungen (§§ 987 ff. BGB) und → Schäden (§§ 989 ff. BGB), der Besitzer vom Eigentümer Erstattung von → Verwendungen (§§ 994 ff. BGB) verlangen. Dabei wird im Einzelnen unterschieden zwischen dem gutgläubigen Besitzer und dem bösgläubigen Besitzer, dem verklagten Besitzer (nach Rechtshängigkeit) und dem unverklagten Besitzer (vor Rechtshängigkeit), dem unentgeltlichen Besitzer und dem entgeltlichen Besitzer sowie dem deliktischen Besitzer und dem nichtdeliktischen Besitzer. Die §§ 987 ff. BGB verdrängen in weitem Umfang andere Ansprüche (z. B. aus den §§ 812 ff., 823 ff. BGB, → Fremdbesitzerexzess).

Lit.: *Lorenz, S.,* Grundwissen – Zivilrecht: Das Eigentümer-Besitzer-Verhältnis, JuS 2013, 495

Eigentumsaufgabe (§§ 959, 928 BGB) ist der – rechtsgeschäftliche – → Verzicht auf das → Eigentum (→ Dereliktion). Die E. erfolgt bei beweglichen Sachen durch Besitzaufgabe mit Eigentumsverzichtswillen bzw. bei unbeweglichen Sachen durch Verzichtserklärung gegenüber dem Grundbuchamt und Eintragung der Verzichtserklärung in das Grundbuch. Mit der E. ist die Sache grundsätzlich herrenlos (eigentümerlos) und steht zu neuem ursprünglichem Eigentumserwerb zur Verfügung.

Eigentumsbindung ist die Beschränkung der Herrschaftsmacht des → Eigentümers. Nach § 903 BGB wird das Belieben des Eigentümers durch das Gesetz und die Rechte Dritter beschränkt. Darüber hinaus unterliegt das Eigentum nach Art. 14 GG der → Sozialbindung.

Lit.: *Rozek, J.,* Die Unterscheidung von Eigentumsbindung und Enteignung, 1998

Eigentumserwerb (§§ 873 ff. BGB) ist der Erwerb des → Eigentums an einer Sache. Der E. kann *ursprünglich* bzw. *originär* (in der Gegenwart selten) oder *abgeleitet* bzw. *derivativ* (in der Gegenwart häufig) sein. Er erfolgt bei Grundstücken – ursprünglich durch Eintragung in das Grundbuch (§ 928 II BGB) oder – abgeleitet grundsätzlich durch → Einigung (→ Auflassung) über die Rechtsänderung und → Eintragung der Rechtsänderung in das → Grundbuch (§ 873 BGB). Bei beweglichen Sachen vollzieht sich der abgeleitete E. durch → Einigung und → Übergabe (§ 929 S. 1 BGB) oder → Übergabesurrogat (§§ 929 S. 2 ff. BGB, Vereinbarung eines → Besitzmittelungsverhältnisses, → Abtretung eines → Herausgabeanspruchs), der ursprüngliche E. vor allem durch → Ersitzung (§§ 937 ff. BGB), → Verbindung, → Vermischung, → Verarbeitung (§§ 946 ff. BGB) und → Aneignung (§§ 958 ff. BGB). Daneben erfolgt E. durch → Gesamtnachfolge (z. B. Erbfolge) oder Hoheitsakt (z. B. → Enteignung des bisherigen Eigentümers zugunsten des neuen Eigentümers).

Lit.: *Weber, R.,* Der rechtsgeschäftliche Erwerb des Eigentums, JuS 1998, 577

Eigentumsherausgabeanspruch (§ 985 BGB, [lat.] rei vindicatio [F.]) ist der Anspruch des → Eigentümers gegen den → Besitzer auf → Herausgabe der Sache (z. B. Rückgabe der Mietwohnung nach der Mietzeit), der allerdings nur durchdringt, wenn der Besitzer kein Besitzrecht (z. B. Anwartschaftsrecht, Miete, Zurückbehaltungsrecht) hat (§ 986 BGB).

Lit.: *Oppermann, R.,* Die Kollision der Vindikation mit schuldrechtlichen Besitzübertragungsansprüchen, 2003

Eigentumsstörung (§ 1004 BGB) ist die (rechtswidrige) → Beeinträchtigung des Eigentums in anderer Weise als durch Entziehung oder Vorenthaltung des → Besitzes (z. B. starker Lärm). Bei E. kann der Eigentümer grundsätzlich → Beseitigung oder → Unterlassung verlangen. Ist die E. auch unerlaubte → Handlung, kommt ein → Schadensersatzanspruch in Betracht (§§ 823 I, 823 II BGB i. V. m. § 303 StGB, 826 BGB).

Lit.: *Lennartz, A.,* Störungsbeseitigung und Schadensersatz, 1998

Eigentumsübertragung   → Eigentumserwerb, → Eigentumsverlust

Eigentumsverlust → Eigentumserwerb, → Eigentumsaufgabe

Eigentumsvermutung ist die gesetzliche → Vermutung des → Eigentums (z. B. bei Besitz einer beweglichen Sache § 1006 BGB, bei Besitz einer Sache eines oder beider Ehegatten § 1362 BGB).

Eigentumsvorbehalt (§ 449 BGB) ist der einer → Einigung über den Eigentumsübergang beigefügte Vorbehalt des → Eigentümers einer beweglichen → Sache (nicht Grundstück, vgl. § 925 II BGB) im Rahmen eines → Rechtsgeschäfts, das Eigentum nicht sofort, sondern erst bei Eintritt einer (weiteren) Bedingung (z. B. Kaufpreiszahlung) auf den Erwerber übergehen zu lassen. Wird im schuldrechtlichen Rechtsgeschäft (z. B. Kauf) vereinbart, dass der Eigentümer nur unter E. übereignen soll, so ist er nur zur bedingten → Übereignung verpflichtet. Fehlt eine solche Vereinbarung, erklärt der Eigentümer aber gleichwohl spätestens bei der Übereignung (Einigung) einen E., so handelt er zwar schuldrechtlich vertragswidrig (vertragswidriger E.), doch kann der Erwerber bei Annahme des entsprechenden Angebots nur bedingtes Eigentum erlangen. Der E. dient vor allem der Sicherung der Kaufpreisforderung des Verkäufers oder anderer Forderungen (Kontokorrentvorbehalt, Konzernvorbehalt, erweiterter E.). Bei verwickelteren Geschäften geschieht diese in drei Sonderformen. Davon liegt der *nachgeschaltete* E. vor, wenn der Käufer, ohne den E. offen zu legen, die Sache seinerseits unter (eigenem) E. weiterverkauft. Beim *weitergeleiteten* E. verpflichtet sich der Käufer dem Verkäufer gegenüber, die unter E. gekaufte Sache in der Weise weiter zu übereignen, dass der Verkäufer Vorbehaltseigentümer bleibt. Der *verlängerte* E. ist gegeben, wenn Verkäufer und Käufer vereinbaren, dass an Stelle der betroffenen Sache bzw. des Eigentumsvorbehalts, wenn dieser (z. B. durch Weiterveräußerung, Verbindung, Verarbeitung) erlischt, die neue Sache oder die daraus entstehende Forderung treten soll.

Lit.: *Serick, R.,* Eigentumsvorbehalt und Sicherungsübertragung, Bd. 1 ff. 1963 ff.; *Serick, R.,* Eigentumsvorbehalt und Sicherungsübertragung. Neue Rechtsentwicklungen, 2. A. 1993; *Habersack, M./Schürnbrand, J.,* Der Eigentumsvorbehalt nach der Schuldrechtsreform, JuS 2002, 833; *Lorenz, S.,* Der Eigentumsvorbehalt, JuS 2011, 199

Eigentumswohnung → Wohnungseigentum

Lit.: *Seuß, H.,* Die Eigentumswohnung, 12. A. 2008; Die Eigentumswohnung, hg. v. *Deckert, W.,* 2001

Einbenennung (§ 1618 BGB, § 31a PStG) → Namenserteilung

Lit.: *Birkhahn, A.,* Das Kindesnamensänderungsrecht, 2003

Einbrechen (§ 243 I Nr. 1 StGB) ist das gewaltsame, aber nicht notwendigerweise substanzverletzende Öffnen einer den Zutritt verwehrenden Umschließung von außen. Das E. ist eine der möglichen Voraussetzungen eines besonders schweren Falls des → Diebstahls. Es ist zugleich → Hausfriedensbruch.

Einbringen von → Sachen (§§ 562, 701 BGB) ist der rein tatsächliche Vorgang des gewollten Hineinschaffens beweglicher Sachen in die Mieträume bzw. Beherbergungsräume. An den eingebrachten Sachen des Mieters entsteht ein gesetzliches → Pfandrecht des → Vermieters für seine → Forderungen aus dem Mietverhältnis. Ebenso hat ein Gastwirt, der gewerbsmäßig Fremde zur Beherbergung aufnimmt, an den eingebrachten Sachen des Gastes für seine Forderungen für Wohnung und andere dem Gast zur Befriedigung seiner Bedürfnisse gewährte Leistungen ein Pfandrecht (§ 704 BGB), muss aber auch den an ihnen entstandenen Schaden ersetzen (§ 701 BGB).

Lit.: *Köbler, G.,* Schuldrecht, 2. A. 1995

Einbürgerung (§§ 3 Nr. 5, 8 ff., 40b f. StAG) ist der staatliche Hoheitsakt, durch den einem → Ausländer auf Antrag die inländische → Staatsangehörigkeit verliehen wird. Die E. ist ein an sich im Ermessen der Behörde stehender → Verwaltungsakt. Sie setzt Niederlassung im Inland, unbeschränkte → Geschäftsfähigkeit, Unbescholtenheit sowie Sicherstellung des Lebensunterhalts voraus. Seit 2000 hat der seit acht Jahren seinen gewöhnlichen Aufenthalt im Inland habende Ausländer bei Vorliegen der Voraussetzungen grundsätzlich einen Anspruch auf E., sofern er ausreichende Kenntnisse der deutschen Sprache hat, wozu er einen deutschsprachigen Text des täglichen Lebens (z. B. Zeitungsartikel) lesen, verstehen und mündlich wiedergeben können muss, und nicht Bestrebungen unterstützt, die sich gegen die freiheitlich demokratische Grundordnung richten. Nach sechs Jahren ist eine E. möglich, wenn der Einbürgerungswillige eine völkerrechtliche Stellung hat, welche die E. empfiehlt (z. B. Asylberechtigter).

Lit.: *Dornis, C.,* Einbürgerung in Deutschland, 2001

Eindringen (§ 176a II Nr. 1 StGB) ist sowohl das E. in den Körper des Opfers wie auch das E. in den Körper des Täters.

Einfuhr (F.) Import

Einführungsgesetz (EG) ist das der Einführung eines (umfassenderen) Gesetzes dienende → Gesetz (z. B. EGBGB), das vor allem Übergangsvorschriften enthält.

Eingabe (F.) Bitte, Anregung, Antrag

Eingehungsbetrug ist der → Betrug, bei dem die Täuschung zur Eingehung einer schuldrechtlichen Bindung führt und der Schaden im Missverhältnis von Leistung und Gegenleistung gerade in Bezug auf den Getäuschten besteht (z. B. A verkauft B einen Gegenstand, der entgegen seiner Angabe aus einem geringerwertigen Material besteht und daher seinen Preis nicht wert ist).

Lit.: *Klein, K.,* Das Verhältnis von Eingehungs- und Erfüllungsbetrug, 2003

eingerichteter Gewerbebetrieb → Gewerbebetrieb

eingeschränkte Schuldtheorie → Schuldtheorie, eingeschränkte

eingetragen (Adj.) in ein Verzeichnis aufgenommen

eingetragene Genossenschaft → Genossenschaft, eingetragene

eingetragener Verein → Verein, eingetragener

Eingriff ist das auf einen anderen in dessen ursprünglichen Zuständigkeitsbereich einwirkende Verhalten einer Person. Im Verwaltungsrecht ist E. eine Beschränkung der Rechte und Freiheiten des Bürgers durch den Staat bzw. die Verwaltung (→ Eingriffsverwaltung z. B. Steuer, Platzverweis, Durchsuchung, Verlangen einer Unterschriftsliste aller Teilnehmer einer Lehrveranstaltung eines Lehrveranstaltungsleiters durch einen anderen Lehrveranstaltungsleiter in Form einer dienstlichen Weisung). Jeder E. des Staates in die Freiheit des Einzelnen bedarf einer gesetzlichen Grundlage. *Enteignungsgleicher* E. ist im Verwaltungsrecht ein rechtswidriger hoheitlicher Eingriff, der, wäre er rechtmäßig, → Enteignung wäre (z. B. rechtswidrige Versagung einer Grundstückteilungsgenehmigung). Er ist also eine → Beeinträchtigung geschützter Rechtspositionen, die alle Voraussetzungen einer Enteignung erfüllt, außer dass sie nicht rechtmäßig ist. Da schon bei der (rechtmäßigen) Enteignung eine Entschädigung zu leisten ist, ist bei dem rechtswidrigen enteignungsgleichen Eingriff erst recht (analog Art. 14 III GG) eine → Entschädigung zu entrichten. → Staatshaftung

Lit.: *Benfer, J./Bialon, J.,* Rechtseingriffe von Polizei und Staatsanwaltschaft, 4. A. 2010; *Gelzer/Busse/Fischer,* Entschädigungsanspruch aus Enteignung und enteignungsgleichem Eingriff, 3. A. 2010

Eingriffskondiktion ist der auf einem Eingriff des Bereicherungsschuldners in das Vermögen des Bereicherungsgläubigers beruhende → Bereicherungsanspruch (z. B. Verbrauch fremder Sachen). → Nichtleistungskondiktion

Lit.: *Ellger, R.,* Bereicherung durch Eingriff, 2002

Eingriffsverwaltung ist die → Verwaltung, die zur Erhaltung der öffentlichen → Sicherheit und Ordnung in die Rechte und Freiheiten des Bürgers eingreift (z. B. Abriss eines baufälligen Hauses). Ihr Gegensatz ist die → Leistungsverwaltung. Der Eingriff der E. bedarf einer gesetzlichen Grundlage.

Lit.: *Kay, W./Böcking, R.,* Allgemeines Verwaltungs- und Eingriffsrecht im Polizeidienst, 9. A. 2010

Einheitliche Europäische Akte → Europäische Akte

Einheitliches Kaufrecht ist das grundsätzlich auf Kaufverträge über bewegliche Sachen zwischen Parteien mit Niederlassungen in verschiedenen Vertragsstaaten des Haager Kaufrechtsübereinkommens (vom 1.7.1964) anwendbare, jedoch praktisch weitgehend erfolglos gebliebene Recht. → Einheitliches UN-Kaufrecht

Einheitliches UN-Kaufrecht ist das durch das Wiener CISG-Übereinkommen geschaffene Kaufrecht. Ihm hat der Bundestag durch Gesetz vom 5.7.1989 zugestimmt. Am 1.1.1991 trat es in Kraft.

Lit.: *Schlechtriem, P./Schwenzer, I.,* Kommentar zum einheitlichen UN-Kaufrecht – CISG –, 6. A. 2013

Einheitlichkeitswille → Nichtigkeit

Einheitsfreiheitsstrafe (§ 38 StGB) ist die an die Stelle der früheren verschiedenen Freiheitsstrafen (Zuchthaus, Gefängnis, Einschließung, Haft) getretene → Freiheitsstrafe.

Einheitsstrafe (§ 31 JGG) ist die einheitliche → Strafe für mehrere Straftaten → Jugendlicher. Sie steht im Gegensatz zu der sonst im Strafrecht bei

→ Tatmehrheit auf Grund von Einzelstrafen gebildeten → Gesamtstrafe. Bei der E. dürfen die gesetzlichen Höchstgrenzen der Strafe nicht überschritten werden.

Lit.: *Schnarr, K.,* Einführung der Einheitsstrafe, 2001; *Eisenberg, U.,* Jugendgerichtsgesetz, 17. A. 2014

Einheitstäter ist im Recht der → Ordnungswidrigkeiten jeder, der einen ursächlichen Beitrag zur Tatbestandsverwirklichung geliefert hat. Demgegenüber unterscheidet das Strafrecht bei Vorsatzdelikten zwischen → Täter und → Teilnehmer. Andererseits macht auch im Schuldrecht § 830 BGB jeden, der einen → Schaden durch eine unerlaubte → Handlung mitverursacht hat, für den Schaden verantwortlich.

Lit.: *Schuhmann, H.,* Zum Einheitstätersystem des § 14 OWiG, 1979; *Trunk, S.,* Einheitstäterbegriff, 1987; *Hamdorf, K.,* Beteiligungsmodelle, 2002

Einheitswert (§ 180 AO) ist der für mehrere → Steuern außerhalb der jeweiligen Veranlagungsverfahren festgelegte Wert eines Gegenstands (z. B. landwirtschaftlicher und forstwirtschaftlicher Betrieb, Grundstück, gewerblicher Betrieb). Die Feststellung erfolgt in regelmäßigen Zeitabständen. Der E. entspricht nicht dem Verkehrswert. → Bewertung

Lit.: *Rössler, R./Troll, M.,* Bewertungsgesetz (Lbl.), 16. A. 2012

Einigung (§§ 873, 929 BGB) ist im Sachenrecht der für den → Eigentumserwerb und den Erwerb beschränkter dinglicher Rechte erforderliche → Vertrag zwischen dem Erwerber und dem Veräußerer über den Übergang des Rechtes (Eigentum) bzw. die Begründung des Rechts (beschränktes dingliches Recht). Die E. ist grundsätzlich formfrei (anders § 925 BGB, → Auflassung), ist (für Grundstücksrechte) dem → Grundbuchamt gegenüber aber durch öffentliche oder öffentlich beglaubigte → Urkunde nachzuweisen (§ 29 GBO). Die E. ist frei widerruflich, solange nicht eine der Voraussetzungen des § 873 II BGB vorliegt (z. B. notarielle Beurkundung, Einreichung beim Grundbuchamt). Sie ist grundsätzlich abstrakt d. h. von einem ihr regelmäßig zugrundeliegenden Grundverhältnis (Verpflichtungsgeschäft z. B. Kauf) unabhängig. Keine E. erfolgt zwischen einer Bank und dem eine gefundene Scheckkarte und eine beiliegende persönliche Identifikationszahl (PIN) verwendenden Abheber von Geld, weil die Bank nur an den wirklichen ausgewiesenen Kontoinhaber übereignen will. In einem weiteren Sinn ist E. auch die Übereinstimmung allgemein (z. B. §§ 154, 155 BGB) bzw. die Übereinkunft.

Einigungsmangel ist die mangelnde Übereinstimmung zweier auf den Abschluss eines → Vertrags gerichteter Willenserklärungen. → Dissens

Einigungsstelle → Betriebsrat

Lit.: *Ehrich/Fröhlich,* Die Einigungsstelle, 2. A. 2010

Einigungsvertrag ist der am 31.8.1990 zwischen der Bundesrepublik Deutschland und der Deutschen Demokratischen Republik abgeschlossene Vertrag über die Herstellung der Einheit Deutschlands. Danach wurden die Länder Brandenburg, Mecklenburg-Vorpommern, Sachsen, Sachsen-Anhalt und Thüringen am 3.10.1990 Länder der Bundesrepublik Deutschland und Berlin Hauptstadt Deutschlands und trat mit dem Beitritt das Recht der Bundesrepublik Deutschland nach Maßgabe des Einigungsvertrags und seiner Anlagen im Gebiet dieser Länder in Kraft. Die Anlage I enthält besondere Bestimmungen zur Überleitung von Bundesrecht, gegliedert nach den Geschäftsbereichen der einzelnen Bundesministerien.

Lit.: Einigungsvertrag und Wahlvertrag mit Vertragsgesetzen, hg. v. *Stern, K. u. a.*, 1990; *Wagner, H.*, Der Einigungsvertrag nach dem Beitritt, 1994

Einkammersystem ist die Staatsform, in der das parlamentarische Gesetzgebungsorgan nur aus einer → Kammer besteht. → Zweikammersystem

Lit.: *Zippelius, R.*, Allgemeine Staatslehre, 16. A. 2010

Einkaufskommission ist die zum Zweck eines Einkaufs vereinbarte → Kommission. Bei der E. wird regelmäßig der → Kommissionär → Eigentümer der Kaufsache, die er an den Kommittenten weiter überträgt (→ Durchgangserwerb). Dies kann aber entweder durch → Abtretung des Übereignungsanspruchs und eigene Geltendmachung oder durch → Bevollmächtigung zum Eigentumserwerb für den Kommittenten vermieden werden.

Einkommen ist allgemein das einer Person aus ihrer Teilnahme am Wirtschaftsverkehr in einem bestimmten Zeitraum zufließende → Vermögen. Im Steuerrecht (§ 2 EStG) ist E. der Gesamtbetrag der → Einkünfte nach (seit 1.1.2004 [Sockelbetrag 1 Million Euro] eingeschränktem) Ausgleich mit → Verlusten und Abzug der → Sonderausgaben. Ausgenommen sind die für die Pflege eines Angehörigen erlangten Beträge. Das E. ist Steuerobjekt. Im Sozialhilferecht ist E. alles, was jemand in der Bedarfszeit wertmäßig dazu erhält (z. B. auch eine Steuererstattung).

Einkommensteuer ist die vom → Einkommen natürlicher Personen als Steuerobjekt zu entrichtende → Steuer. Sie ist → Personensteuer bzw. → Besitzsteuer und → Verkehrsteuer. Sie ist in Deutschland zwischen → Bund und → Ländern aufgeteilt. Die Bemessungsgrundlage der E. bildet das zu versteuernde Einkommen. Die Besteuerung erfolgt nach einer Nullzone (steuerfreies Einkommen) progressiv ([1.1.2005] 15–42 Prozent) bis zu einem Spitzensteuersatz. Erhoben wird die E. z. T. durch die Arbeitgeber (→ Lohnsteuer).

Lit.: Einkommensteuerrecht, 29. A. 2015; *Blümich, W.*, Einkommensteuergesetz (Lbl.), 117. A. 2013; *Schmidt, L.*, Einkommensteuergesetz, 34. A. 2015; *Jakob, W.*, Einkommensteuer, 4. A. 2008; *Hille, A.*, Grundzüge des Einkommensteuerrechts, JuS 2012, 512

Einkunft ist das einer Person aus ihrer Teilnahme am Wirtschaftsprozess in einem bestimmten Zeitraum zufließende → Vermögen. Im Steuerrecht unterliegen die Einkünfte aus Land- und Forstwirtschaft, Gewerbebetrieb, selbständiger Arbeit, nicht-

selbständiger Arbeit, Kapitalvermögen, Vermietung und Verpachtung sowie bestimmte sonstige Einkünfte (insgesamt 7 Einkunftsarten) der → Einkommensteuer (§§ 2, 13 ff. EStG). E. ist dabei in den ersten drei Einkunftsarten der → Gewinn (bzw. Verlust), in den übrigen der Überschuss der Einnahmen über die Werbungskosten (bzw. der Überschuss der Werbungskosten über die Einnahmen). Zwischen den Ergebnissen der einzelnen Einkunftsarten erfolgt – gesetzlich eingeschränkt – eine Verrechnung (Verlustausgleich). Nach der Rechtsprechung des Bundesverfassungsgerichts muss dabei der Gesetzgeber die Gleichheit bei der Durchsetzung eines Steuergesetzes in der Steuererhebung sichern.

Lit.: *Nickel, J.*, Abgrenzung und Konkurrenz von Einkünftetatbeständen, 1998; *Falkner, M.*, Die Einkunfterzielungsabsicht, 2009; *Goetze, A.*, Die Ersetzung der sieben Einkunftsarten des EStG durch eine einzige, 2010

Einladung zum Antrag bzw. Einladung zum Angebot (lat. invitatio [F.] ad offerendum) ist die Aufforderung, einen auf den Abschluss eines → Vertrags gerichteten → Antrag abzugeben (z. B. Katalog, Inserat, Prospekt, Plakat, Schaufensterauslage, Einstellung in die Internetseite eines Internetauktionshauses). Sie ist (noch) keine → Willenserklärung, will aber eine solche herbeiführen. Zum Unterschied von einer Willenserklärung fehlt dem ihr zugehörigen Verhalten der rechtsgeschäftliche Bindungswille (Verpflichtungswille) gegenüber der unbestimmten Vielzahl etwa der Katalogempfänger oder möglichen Schaufensterauslagenbetrachter.

Einlage (z. B. § 705 BGB) ist der Beitrag eines Gesellschafters zur Förderung des Zweckes der → Gesellschaft. Die E. kann in Geld, Sachen (Sacheinlage), Rechten oder sonstigen Leistungen bestehen und wird Bestandteil des → Gesellschaftsvermögens. Bei den → Personengesellschaften bestimmt die E. grundsätzlich den → Gesellschaftsanteil, bei den → Kapitalgesellschaften den Anteil am → Grundkapital. Nach dem Ausscheiden eines Kommanditisten kann die Forderung auf E. nur noch ein Rechnungsposten der Berechnung des Abfindungsguthabens sein. Im Steuerrecht ist E. der vom Steuerpflichtigen dem Betrieb zugeführte Vermögensgegenstand.

Lit.: *Hiort, M.*, Einlagen obligatorischer Nutzungsrechte, 2004; *Wagner, M.*, Die Einlagensicherung bei Banken, 2004

Einlassung ist die → Verhandlung (Zugestehen, Bestreiten, Vorbringen von Einreden) des → Beklagten (bzw. Angeklagten) im Verfahren. Die E. ist eine Prozesshandlung. Sie ist gegeben, so bald nicht mehr nur Prozessfragen, sondern auch Sachfragen behandelt werden (vgl. §§ 269 VI, 328 I Nr. 2 ZPO). Sie bewirkt, dass die Unzuständigkeit des Gerichts nicht mehr geltend gemacht werden und der Kläger die Klage nicht mehr ohne Zustimmung des Beklagten zurücknehmen kann. Bleibt die E. aus, kann im Zivilprozess eine Tatsache als zugestanden angesehen werden (§ 138 III ZPO) oder ein → Versäumnisurteil ergehen (§ 331 I ZPO).

Lit.: *Zerbe, P.*, Die Einlassung, 1998

Einlassungsfrist (z. B. § 274 III ZPO) ist die zwischen der → Zustellung der → Klage und dem → Termin zur → Verhandlung zu Gunsten des Beklagten notwendige → Frist.

Einmanngesellschaft ist die – nur bei → Kapitalgesellschaften (§ 2 AktG, § 1 GmbHG) mögliche – nur aus einem Gesellschafter bestehende → Gesellschaft (in Frankreich seit 1999).
Lit.: *Ochs, V.,* Die Einpersonengesellschaft in Europa, 1997; *Pfister, W.,* Einmann-Personengesellschaft, 1999

Einrede ist im Zivilprozessrecht jedes gegen den Klaganspruch gerichtete Vorbringen, das nicht im bloßen Leugnen besteht (ja, aber). Die E. kann prozessrechtlicher oder materiellrechtlicher Natur sein sowie rechtsverneinend (→ Einwendung) oder rechtshemmend (materiellrechtliche E.). Im materiellen Recht ist E. (nur) ein → Recht (Gestaltungsrecht), das die Verwirklichung eines bestehenden Anspruchs beschränkt (Leistungsverweigerungsrecht) und besonders geltend gemacht werden muss. Die E. kann zerstörend (*peremptorisch,* z. B. Verjährung § 214 BGB, Aufrechnung) oder aufschiebend (*dilatorisch,* z. B. Stundung, Vorausklage, E. des nichterfüllten Vertrags §§ 320 f. BGB, Zurückbehaltungsrecht §§ 273, 1000 BGB) sein. Sie kann u. U. durch eine Gegeneinrede entkräftet werden. Sie steht im Gegensatz zur → Einwendung. E. *des nichterfüllten → Vertrags* ist das Recht, im gegenseitigen → Vertrag grundsätzlich die eigene Leistung bis zur Bewirkung der Gegenleistung zu verweigern. E. *der Vorausklage* ist das Recht des → Bürgen, die Leistung zu verweigern, bis der Gläubiger fruchtlos die → Zwangsvollstreckung gegen den → Schuldner versucht hat.
Lit.: *Roth, H.,* Die Einrede des bürgerlichen Rechts, 1988; *Knemeyer, L.,* Die Behandlung von Einredetatsachen in der Relation, JuS 1995, 594; *Ulrici, B.,* Einwendungen und Einreden, JuS 2011, 104

Einrichtung ist im Privatrecht (§ 258 BGB) die → Sache, die einer anderen Sache körperlich hinzugefügt ist und deren wirtschaftlichen Zwecken dient. Im öffentlichen Recht ist E. der Gegenstand, der benutzbar ist (z. B. Anlage, Unternehmung). Er ist *öffentliche,* wenn er der Erfüllung einer öffentlichen Aufgabe dient und der Öffentlichkeit zur Verfügung gestellt ist (vor allem in der → Leistungsverwaltung).
Lit.: *Mager, U.,* Einrichtungsgarantien, 2003

Einschreiben ist die Postsendung, deren Übermittelung die → Post gegen besondere → Gebühr mit besonderer Gewähr übernimmt (seit 1.9.1997 Übergabeeinschreiben, nicht genügend das sog. Einwurfeinschreiben, bei dem der bloße Einwurf in den Briefkasten für den Zugang genügt). Eine durch E. abgesandte empfangsbedürftige Willenserklärung wird grundsätzlich nicht wirksam, wenn die beim Postamt niedergelegte Sendung vom Adressaten trotz schriftlicher Mitteilung über die Niederlegung nicht abgeholt wird. Erforderlich ist vielmehr grundsätzlich ein weiterer Versuch der Verbringung in den Machtbereich des Empfängers.

Lit.: *Dübbers, R.,* Das neue Einwurf-Einschreiben, NJW 1997, 2503; *Putz, A.,* Beweisfragen bei Einschreibesendungen, NJW 2007, 2450

einseitig (Adj.) eine Seite betreffend

einseitiges Rechtsgeschäft → Rechtsgeschäft, einseitiges

Einsicht ist das Sehen und Verstehen eines Umstands durch einen Menschen.

Einsichtsfähigkeit (§ 20 StGB, § 828 II BGB) ist die Fähigkeit zur Einsicht des → Unrechts der Tat. Sie ist ein Teil der → Schuldfähigkeit. Sie bildet im → Strafrecht zusammen mit der → Steuerungsfähigkeit den psychischen Bereich, in sich die biologische Komponente der Schuldunfähigkeit auswirken muss, um die Schuldfähigkeit zu beseitigen oder zu vermindern. Sie ist eine individuelle Eigenschaft des einzelnen Menschen. Bezüglich der → Einwilligung eines Berechtigten in die Verletzung seiner Rechtsgüter bedarf es der natürlichen Fähigkeit der Einsicht in die Bedeutung des geschützten Interesses und die Tragweite der Tat.

Einsperren (§ 239 StGB) ist im Strafrecht das Verhindern am Verlassen eines Raumes durch äußere Vorrichtungen. E. ist eine Form der → Freiheitsberaubung. Das E. endet mit der Aufhebung des Verschlusses.

Einspruch ist eine in Worte gefasste Verwahrung gegen ein bestimmtes Geschehen. Im öffentlichen Recht findet sich ein E. an sehr verschiedenen Stellen. So kann nach Art. 77 III GG der → Bundesrat bei → Einspruchsgesetzen nach Abschluss des → Vermittlungsverfahren binnen 2 Wochen E. gegen ein vom → Bundestag beschlossenes → Gesetz einlegen. Im Zivilverfahrensrecht ist der E. gegen → Versäumnisurteile (§§ 338 ff. ZPO), der den Prozess in die Lage vor dem Eintritt der Säumnis zurückversetzen kann, oder der E. gegen → Vollstreckungsbescheide (§ 700 III ZPO) zulässig. Im Strafverfahren hat der E. gegen den → Strafbefehl (§ 409 StPO) die Durchführung einer Hauptverhandlung zur Folge (§ 410 StPO). Im Verwaltungsverfahrensrecht ist an die Stelle des Einspruchs grundsätzlich der → Widerspruch getreten, doch kennt das Besteuerungsverfahren den E. gegen → Bescheide der Finanzbehörden (§§ 348, 367 AO). Im Ordnungswidrigkeitsverfahren (§ 67 ff. OWiG) führt der E. gegen einen → Bußgeldbescheid zu einem gerichtlichen Verfahren.
Lit.: *Jesse, L.,* Einspruch und Klage im Steuerrecht, 3. A. 2009

Einspruchsgesetz ist im Verfassungsrecht das → Gesetz, gegen das der → Bundesrat auf Grund der Festlegungen der Verfassung nur → Einspruch einlegen kann (Art. 77 GG). Der Einspruch kann vom Bundestag mit der gleichen Mehrheit, mit der ihn der Bundesrat beschlossen hat, zurückgewiesen werden. Der Gegensatz zum E. ist das → Zustimmungsgesetz.

Einstellung ist die endgültige oder vorläufige Beendigung eines → Verfahrens. Im Zivilverfahrensrecht kann der Schuldner die *einstweilige* E. der → Zwangsvollstreckung beantragen (§§ 707, 719, 769 ZPO). Im Strafverfahren kann im → Ermittlungsverfahren die → Staatsanwaltschaft, falls die Ermittlungen (aus prozessualen, materiellrechtlichen oder tatsächlichen Gründen) keinen genügenden Anlass zur Erhebung der öffentlichen → Klage bieten, die E. vornehmen (§ 170 II StPO). Ist die Klage erhoben, so kann die → Staatsanwaltschaft mit Zustimmung des → Angeschuldigten und des → Gerichts (§ 153 II StPO) oder das Gericht mit Zustimmung des Angeschuldigten und der Staatsanwaltschaft die E. bewirken (vgl. a. § 154 II StPO). Stellt sich das Fehlen einer Prozessvoraussetzung oder ein Prozesshindernis im gerichtlichen Verfahren heraus, so ist, wenn der Mangel behebbar ist (z. B. Nachholung eines Strafantrags), die *vorläufige* E. notwendig (§ 205 StPO), andernfalls die endgültige E. Sie erfolgt außerhalb der Hauptverhandlung durch Beschluss, in der Hauptverhandlung durch Urteil (§§ 206a, 260 III StPO). Im Recht der (privatrechtlichen und öffentlich-rechtlichen) Dienstverhältnisse ist E. die Begründung des Dienstverhältnisses (vgl. § 3 BLV).

Lit.: *Nädler, S.*, Der Wiedereinstellungsanspruch, 2004

einstweilig (Adj.) vorläufig

einstweilige Anordnung → Anordnung, einstweilige

einstweiliger Ruhestand → Ruhestand, einstweiliger

einstweilige Verfügung → Verfügung, einstweilige

Eintragung ist die schriftliche Festlegung einer rechtserheblichen und eintragungsfähigen Tatsache in ein öffentliches Verzeichnis (z. B. Grundbuch). Sie ist durch zahlreiche gesetzliche Vorschriften geboten (z. B. §§ 873 ff. BGB, § 29 HGB u. a.). Im Sachenrecht ist die E. der Rechtsänderung in das → Grundbuch Voraussetzung des Eintritts der angestrebten Rechtsänderung (§§ 873 ff. BGB).

Lit.: *Gustavus, E.*, Handelsregisteranmeldungen, 8. A. 2013

Eintragungsbewilligung → Bewilligung

Eintragungsfähigkeit ist die Eigenschaft eines Umstands, in ein öffentliches Verzeichnis unter Eintritt der damit verbundenen Rechtsfolgen aufgenommen werden zu können. In das → Grundbuch eingetragen werden können nur Grundstücksrechte, → Vormerkungen, → Widersprüche, relative → Verfügungsbeschränkungen sowie einige weitere Tatsachen. Die Eintragung einer nicht eintragungsfähigen Tatsache ist bedeutungslos.

Eintritt ist das freiwillige Einrücken in eine Stellung.

Eintrittsrecht ist das Recht zum Eintritt. Im Erbrecht ist E. (§ 1924 III BGB) das Recht der → Abkömmlinge (z. B. Enkel) eines vor dem → Erblasser verstorbenen Abkömmlings (z. B. Sohn), an dessen Stelle Erbe zu sein. Im Verwaltungsrecht kann die vorgesetzte Behörde ein E. (→ Devolutionsrecht) gegenüber einer untergeordneten Behörde haben, das ihr die eigene Ausführung der an sich der anderen Behörde zustehenden Aufgabe gestattet.

Einvernahme ist die Befragung eines Menschen (z. B. Verdächtigen) durch ein staatliches Organ (z. B. in einem Ermittlungsverfahren).

Einverständnis ist die tatbestandsausschließende → Einwilligung, die dann möglich ist, wenn die Tathandlung ihren Unwert gerade daraus herleitet, dass sie nach der gesetzlichen Verhaltensbeschreibung gegen oder ohne den Willen des Verletzten erfolgt (z. B. scheidet Wegnahme i. S. v. § 242 StGB bei freiwilliger Gewahrsamsaufgabe aus).

Lit.: *Rönnau, T.*, Grundwissen – Strafrecht Einwilligung und Einverständnis, JuS 2006, 18

Einwendung ist im Verfahrensrecht jede Abwehr des prozessualen → Anspruchs des → Klägers (z. B. Bestreiten). Im materiellen Recht ist E. ein Umstand, der das Recht des Gegners beseitigt, wobei der Umstand entweder die Entstehung des Rechtes verhindern (*rechtshindernde* E., z. B. Geschäftsunfähigkeit, Gesetzesverstoß) oder das Recht nachträglich entfallen lassen kann (*rechtsvernichtende* E., z. B. Erfüllung, Unmöglichkeit). Die E. ist im Gegensatz zur → Einrede von Amts wegen ohne besondere Geltendmachung zu berücksichtigen.

Lit.: *Gross, H.*, Einwendungen des Drittschuldners, 1997; *Ulrici, B.*, Einwendungen und Einreden, JuS 2011, 104

Einwilligung (§ 183 BGB) ist die vor Abschluss eines Rechtsgeschäfts erteilte → Zustimmung des Berechtigten, die das von einem anderen geschlossene Rechtsgeschäft wirksam macht. Darüber hinaus ist die (vorherige,) zulässige (u. a. den guten Sitten entsprechende) und dem Täter bekannte (str.) E. (z. B. 228 StGB) ein → Rechtfertigungsgrund (eine nach Verabreichung einer Beruhigungsspritze auf dem Weg zum Operationssaal unterzeichnete Erklärung ist z. B. keine wirksame E.). *Mutmaßliche* E. als Unterstellung einer E. auf Grund einer Rechtslage, bei der angenommen werden kann, dass der Betroffene, wenn er gefragt werden könnte, einwilligen würde (z. B. Operation eines Bewusstlosen), ist ebenfalls Rechtfertigungsgrund.

Lit.: *Amelung, K./Eymann, F.*, Die Einwilligung des Verletzten im Strafrecht, JuS 2001, 937; *Ohly, A.*, Volenti non fit iniuria, 2002; *Duttge, J.*, Der BGH vor rechtsphilosophischen Abwegen, NJW 2005, 260; *Rönnau, T.*, Grundwissen – Strafrecht Einwilligung und Einverständnis, JuS 2006, 18; *Fateh-Moghadam, B.*, Die Einwilligung in die Lebendorganspende, 2008; *Ernst, S.*, Die Einwilligung in Werbeanrufe, NJW 2013, 2637

Einwohner ist der in einem → Staat oder einer → Gemeinde wohnende Mensch. Als E. ist er berechtigt, die vorhandenen Einrichtungen zu benutzen. Er ist zugleich verpflichtet, die Lasten zu tragen.

Lit.: *Zippelius, R.*, Allgemeine Staatslehre, 16. A. 2010

Einzelakt ist das einzelne Verhalten.

Einzelaktstheorie ist die auf die besondere Belastung durch einzelnes Verhalten abstellende Theorie der → Enteignung. Danach liegt eine Enteignung dann vor, wenn eine Eigentumsentziehung oder Eigentumsbelastung Einzelne oder Gruppen ungleich trifft und zu einem besonderen Opfer (→ Sonderopfer) für die → Allgemeinheit zwingt. Der E. steht die → Zumutbarkeitstheorie gegenüber.

Einzelhandel ist der Teil des Handels, der die Ware dem Verbraucher unmittelbar zuführt. Das Betreiben des Einzelhandels bedurfte bis zu den Entscheidungen BVerfG 19, 330, BVerfG 34, 71 der → Erlaubnis (§ 3 EinzelhandelsG). Den Gegensatz zum E. bildet der Großhandel.
Lit.: *Huber, I.,* Die Prüfung der Kaufleute im Einzelhandel, 14. A. 2007

Einzelkaufmann ist der → Kaufmann, der sein → Handelsgewerbe ohne (offenen) Gesellschafter betreibt.
Lit.: *Knoth, A.,* Die Einzelunternehmung, 2003

Einzelrechtsnachfolge (Singularsukzession) ist die Nachfolge in ein einzelnes Recht im Gegensatz zur → Gesamtrechtsnachfolge.

Einzelrichter ist der → Richter, der seine Amtstätigkeit allein ausübt. E. sind insbesondere im ersten → Rechtszug der ordentlichen → Gerichtsbarkeit tätig. Seit 1993 sieht § 348 ZPO zur Vereinfachung des Verfahrens den E. auch am Landgericht als Regel vor, wobei seit 2002 die Zivilkammer grundsätzlich durch eines ihrer Mitglieder als E. (originärer E.) entscheidet, sofern nicht ein besonderer Ausnahmetatbestand gegeben ist (§ 348 ZPO), und die Zivilkammer die Sache durch Beschluss einem ihrer Mitglieder als E. (obligatorischer E.) zur Entscheidung überträgt, wenn die Sache keine besonderen Schwierigkeiten aufweist, keine grundsätzliche Bedeutung hat und nicht bereits im Haupttermin vor der Zivilkammer zur Hauptsache verhandelt worden ist (§ 348a ZPO) (2006 bei Landgerichten 73 Prozent der Fälle vor dem originären E.).
Lit.: *Feskorn, C.,* Die Zuständigkeit des Einzelrichters gemäß § 568 ZPO, NJW 2003, 856; *Daubach, H.,* Kammer oder Einzelrichter?, 2003

Einzelvollmacht → Vollmacht

Einziehung ist allgemein die Entziehung eines Gegenstands aus einem bisherigen Bereich. Im Verwaltungsrecht ist die E. die Entwidmung der öffentlichen → Straße, die dadurch ihre Rechtsstellung als öffentliche Straße verliert. Sie darf dann erfolgen, wenn die Straße ihre Verkehrsbedeutung verloren hat oder überwiegende Gründe des öffentlichen Wohls eine E. erfordern. Im Strafverfahren ist E. die Wegnahme von Sachen oder Werten, die zu einer → Straftat gebraucht (z.B. Mordwaffe) oder durch sie hervorgebracht worden sind (z.B. gefälschte Urkunde). Sie geschieht als → Strafe oder Sicherungsmaßnahme durch → Urteil (§§ 74 ff. StGB). Sie ist nur unter bestimmten Voraussetzungen zulässig. Sie erfolgt im Hauptverfahren oder ausnahms-

weise in einem selbständigen Verfahren (§§ 74 ff. StGB, §§ 430 ff. StPO).
Lit.: *Jöhnke, A.,* Der Einziehungsgegenstand im Einziehungsrecht, 1992 (Diss.)

Einziehungsermächtigung ist die → Ermächtigung einer Person durch eine andere, deren Recht im eigenen Namen geltend zu machen, insbesondere deren → Forderung einzuziehen. Dabei verbleibt die Stellung als → Gläubiger dem bisherigen Gläubiger (anders bei → Abtretung), doch wird (zulässigerweise) einem an sich Nichtberechtigten eine Befugnis zu einzelnen bestimmten Handlungen (z.B. Einziehung) im eigenen Namen für Rechnung des Berechtigten übertragen (im Rechtsstreit Prozessstandschaft). Die E. ist gesetzlich nicht geregelt, aber zulässig.
Lit.: *Roth, G./Fitz, H.,* Stille Zession, Inkassozession, Einziehungsermächtigung, JuS 1985, 188

Einziehungsverfahren (§§ 430 ff. StPO, §§ 22 ff. OWiG) ist das der Einziehung dienende Strafverfahren oder Verwaltungsverfahren. Es ist regelmäßig gegen eine bestimmte Person gerichtet (subjektives E.). Ausnahmsweise ist es nur auf einen Gegenstand bezogen (objektives E.).

Eisenbahn ist das auf Schienen laufende, dem öffentlichen oder ihm ähnlichen Verkehr dienende Transportmittel. Der → Unternehmer einer E. haftet nach den §§ 1 ff. HPflG für betriebsbedingte Schäden aus → Gefährdungshaftung. Die Eisenbahnverkehrsverwaltung für Eisenbahnen des Bundes wird in bundeseigener Verwaltung geführt. Eisenbahnen des Bundes werden als Wirtschaftsunternehmen in privatrechtlicher Form betrieben. → Bundeseisenbahnvermögen, → Deutsche Bahn Aktiengesellschaft
Lit.: *Thoma, A. u.a.,* Kommentar zur Eisenbahn-Bau- und Betriebsordnung, 5. A. 2006; Eisenbahnrecht (Lbl.), hg. v. *Kunz, W.,* 2004; Beck'scher AEG Kommentar (Allgemeines Eisenbahngesetz), hg. v. *Hermes, G. u.a.,* 2006

elektronisch (Adj.) auf Elektronen bezogen, Elektronen betreffend
Lit.: Wissenschaft online – Elektronisches Publizieren, hg. v. *Tröger, B.,* 2000; *Viefhues, W.,* Das Gesetz über die Verwendung elektronischer Kommunikationsformen in der Justiz, NJW 2005, 1009; *Giesberts, L./Hilf, J.,* Elektro- und Elektronikgerätegesetz, 2. A. 2009; *Roßnagel, A. u.a.,* Elektronische Dokumente als Beweismittel, NJW 2006, 806

Elektronische Datenverarbeitung (EDV) ist die mit Hilfe der Eigenschaften des elektrischen Stromes automatisierte → Datenverarbeitung.
Lit.: *Redeker, H.,* IT-Recht, 5. A. 2012

elterlich (Adj.) Eltern betreffend

elterliche Gewalt → Gewalt, elterliche

elterliche Sorge → Sorge, elterliche

Eltern sind Vater und Mutter eines → Kindes (§§ 1591 f. BGB). Ihnen steht grundsätzlich die elterliche Sorge über das → Kind gemeinsam zu. Im

Zweifel bekommt die Mutter das Kind und der Vater zahlt und nicht umgekehrt. (Seit Ende 1999 sind im angloamerikanischen Recht zwei homosexuelle Männer als Elternteil 1 und Elternteil 2 eines Kindes einer Leihmutter anerkannt.)

Elterngeld ist die auf Grund des Elterngeldgesetzes (BEEG) ab 1.1.2007 (statt Erziehungsgeld) für höchstens 14 Monate (höchstens 12 Monate für einen Elter) nach der Geburt eines Kindes gewährte Einkommensersatzleistung des Staates. Anspruch auf E. hat, wer ein Kind nach seiner Geburt selbst betreut und erzieht und in dieser Zeit keine volle Erwerbstätigkeit ausübt. Die Höhe des Elterngelds ist (von 300 Euro an bis 1800 Euro) progressiv gestaffelt.
Lit.: *Brosius-Gersdorf, F.*, Das Elterngeld, NJW 2007, 177

Elternzeit (§ 15 BEEG) ist die Eltern als Arbeitnehmern unter Zahlung von Elterngeld durch den Staat zur Erziehung eines Kindes gewährte arbeitsfreie Zeit von höchstens drei Jahren, die von jedem Elternteil allein oder von beiden Elternteilen gemeinsam genommen werden kann. → Elterngeld
Lit.: *Ebener, J.*, Mutterschutz – Elterngeld – Elternzeit, 8. A. 2011; *Fuchsloch, C. u. a.*, Leitfaden Elterngeld, 2007

Emanzipation ist die Befreiung aus einem Zustand der Beschränkung oder Abhängigkeit (z. B. römisches Hauskind, Sklaven, Frauen).
Lit.: *Kaser, M.*, Römisches Privatrecht, 20. A. 2014

emanzipieren (aus der Hand nehmen, befreien) → Emanzipation

Embargo ist ursprünglich die Zurückhaltung fremder Handelsschiffe in eigenen Gewässern, danach das Verbot der Ausfuhr bestimmter Waren in bestimmte Länder. → Außenwirtschaftsrecht
Lit.: *Neumann, N.*, Internationale Handelsembargos, 2001

Embryo ist der in der Keimesentwicklung befindliche Organismus (beim Menschen die befruchtete entwicklungsfähige Eizelle vom Zeitpunkt der Kernverschmelzung an sowie jede einem E. entnommene teilungsfähige und entwicklungsfähige totipotente Zelle bis zum Ende des zweiten Monats der Schwangerschaft). Geschützt wird der E. durch das Embryonenschutzgesetz vom 13.12.1990. Danach darf eine Eizelle nur (von einem Arzt) befruchtet werden, wenn damit bei der Frau, von der die Zelle stammt, eine Schwangerschaft ausgelöst werden soll. Eine Geschlechtswahl bei der künstlichen Befruchtung ist grundsätzlich ausgeschlossen. → nasciturus
Lit.: *Günther, H./Taupitz, J./Kaiser, P.*, Embryonenschutzgesetz, 2008

Emeritierung ist die Entbindung der (zeitlich noch vor den neuen Landeshochschulgesetzen – § 76 HRG) verbeamteten Hochschullehrer ([ordentlichen] Professoren) von ihren amtlichen Verpflichtungen (Entpflichtung) unter zeitlich nicht beschränkter Belassung der Amtsbezeichnung, der → Dienstbezüge (und des Rechtes, Lehrveranstaltungen und zugehörige Prüfungen abzuhalten) (ohne Entrechtung) (alle bisherigen Rechte – keine bisherigen Pflichten) im Gegensatz zur bloßen Pensionierung der nach dem jeweiligen Stichtag verbeamteten Hochschullehrer.
Lit.: *Köbler, G.*, Wie werde ich Jurist?, 5. A. 2007

Emission (Aussendung) ist die Ausgabe und Unterbringung neuer Anleihen oder → Aktien auf dem Kapitalmarkt. Sie erfolgt zumeist mit Hilfe von Banken. Daneben ist E. auch die von etwas ausgehende Beeinträchtigung etwas anderen. → Immission
Lit.: *Michaelis, L./Holtwisch, C.*, Die deutsche Umsetzung der europäischen Emissionshandelsrichtlinie, NJW 2004, 2127

emittieren → Emission

Empfänger ist die zum Empfang (z. B. einer Willenserklärung) bestimmte oder auch die den Empfang ausführende Person.
Lit.: *Eckhardt, P.*, Die Rechtsstellung des Empfängers im Frachtrecht, 1999

Empfängerhorizont ist die objektive Verständnismöglichkeit des Empfängers einer empfangsbedürftigen Willenserklärung. Der E. ist bei der → Auslegung zu berücksichtigen. Im Bereicherungsrecht wird die Leistungsbeziehung nach dem E. festgelegt.
Lit.: *Schnauder, F.*, Wider das Dogma vom Empfängerhorizont, NJW 1999, 2841; *Stöhr, A.*, Der objektive Empfängerhorizont, JuS 2010, 291

Empfängnis ist die Aufnahme der männlichen Samenzelle durch die weibliche Eizelle des Menschen, mit der neues Leben beginnt.

Empfängniszeit (§ 1600d III BGB) ist die Zeit, die für die Erzeugung eines Kindes nach den Erfahrungen ärztlicher Wissenschaft in Betracht kommt. Als E. gilt grundsätzlich die Zeit vom 181. bis zum 300. Tag vor der Geburt. Steht fest, dass das Kind außerhalb dieses Zeitraums empfangen wurde, so gilt der abweichende Zeitraum als E. Im Verfahren auf gerichtliche Feststellung der → Vaterschaft wird als Vater vermutet, wer der Mutter während der E. beigewohnt hat, sofern nicht schwerwiegende Zweifel an der Vaterschaft bestehen (→ exceptio plurium).
Lit.: *Bürge, A.*, Rechtsvereinheitlichung im Laufe der Jahrhunderte, JuS 2003, 425

Empfangsbedürftigkeit ist die Eigenschaft bestimmter → Willenserklärungen, nur bei Empfang durch den Adressaten wirksam zu werden (§ 130 BGB, z. B. Kündigung, Angebot, Annahme).

Empfangsbote → Bote
Lit.: *Barcaba, D.*, Der Empfangsbote, 2002

Empfangszuständigkeit ist die Zuständigkeit für die das Erlöschen der Schuld bewirkende Entgegennahme der Leistung (z. B. bei Minderjährigen).
Lit.: *Müller-Laube, H.*, Die Empfangszuständigkeit, 1978

Empfehlung (§ 675 II BGB) ist der Vorschlag eines Verhaltens. Die E. ist keine Willenserklärung. Sie verpflichtet als solche nicht den Empfehlenden zum Ersatz des aus ihrer Befolgung entstehenden Schadens.

emptio (F.) **venditio** ([lat.] Kauf – Verkauf) ist im römischen Recht die Bezeichnung für den → Kaufvertrag, der ursprünglich Handkauf war und sich erst allmählich zu einem schuldrechtlichen Geschäft entwickelte.
Lit.: *Kaser, M.,* Römisches Privatrecht, 20. A. 2014

Endurteil (§ 300 ZPO) ist im Zivilprozessrecht das → Urteil, das die Endentscheidung über einen Rechtsstreit enthält. Es steht im Gegensatz zum → Zwischenurteil und zum → Vorbehaltsurteil. Es kann entweder → Schlussurteil (Vollendurteil) oder → Teilurteil (§ 301 ZPO) sein.

Energie (F.) im Sinne des Gesetzes zur Neuregelung des Energiewirtschaftsrechts sind Elektrizität und Gas, soweit sie zur leitungsgebundenen Energieversorgung verwendet werden.
Lit.: *Altrock/Oschmann/Theobald,* Erneuerbare-Energien-Gesetz, 4. A. 2013; Handbuch Energiehandel, hg. v. *Schwintowski, H.,* 2006; *Oschmann, V.,* Neues Recht für erneuerbare Energien, NJW 2009, 263; *Müller/ Oschmann/Wustlich,* Erneuerbare-Energien-Wärmegesetz, 2010; *Möhlenkamp, K./Milewski, K.,* Energiesteuergesetz Stromsteuergesetz, 2012; Windenergieanlagen, hg. v. *Maslaton, M.,* 2015

Energieentziehung (§ 248c StGB) ist die Entziehung fremder elektrischer Energie mittels eines Leiters, der zur ordnungsmäßigen Entnahme nicht bestimmt ist, in der Absicht, die elektrische Energie sich oder einem Dritten rechtswidrig zuzueignen oder einem anderen rechtswidrig Schaden zuzufügen.

Energierecht ist die Gesamtheit der die (aus Kohle, Öl, Gas, Wasser, Sonne, Atomspaltung usw. gewonnene) Energie betreffenden Rechtssätze. Das E. ist teilweise Bestandteil des Sachenrechts. Monopole bei der Versorgung mit Strom und Gas sind in Deutschland seit 1998 beseitigt.
Lit.: Energierecht, hg. v. *Nill-Theobald, C. u. a.,* 12. A. 2015; Energierecht (Lbl.), hg. v. *Danner, W./Theobald,* 70. A. 2011; *Grunwald, J.,* Das Energierecht der europäischen Gemeinschaften, 2003; *Scholtka, B./Baumbach, A.,* Die Entwicklung des Energierechts, NJW 2015, 911; *Theobald/Theobald,* Grundzüge des Energiewirtschaftsrechts, 3. A. 2013; Recht der Energiewirtschaft, hg. v. *Schneider/Theobald,* 4. A. 2013; Energiewirtschaftsgesetz, hg. v. *Britz, G./Hellermann, J./ Hermes, G.,* 3. A. 2015; *Ohms, M.,* Recht der erneuerbaren Energien, 2014

Energieversorgungsunternehmen ist das → Unternehmen, das andere mit Energie (Strom, Gas usw.) versorgt oder ein Netz für die allgemeine Versorgung betreibt. Der Inhaber unterliegt nach dem Energiewirtschaftsgesetz einer besonderen Aufsicht. Er ist dem → Abschlusszwang unterworfen. Für Schäden haftet er aus → Gefährdungshaftung (§ 2 HPflG).
Lit.: *Oberender, P.,* Wettbewerb in der Versorgungswirtschaft, 2004

England → Großbritannien

Enklave ist – aus der Sicht des betreffenden Staats – der Gebietsteil eines fremden → Staates, der von diesem räumlich getrennt und vom Gebiet des eigenen Staats vollständig umschlossen ist. → Exklave
Lit.: *Zippelius, R.,* Allgemeine Staatslehre, 16. A. 2010

Enquête (F.) Untersuchung

Enquêtekommission (§ 56 GeschOBT) ist die jeweils auf Antrag vom Bundestag gebildete parlamentarische Untersuchungskommission, die eine gewichtigere Sachentscheidung vorbereitet.
Lit.: *Altenhof, R.,* Die Enquete-Kommission, 2002

Enquêterecht (Art. 44 GG) ist das der Überwachung der ausführenden Gewalt dienende Recht eines Parlaments, → Untersuchungsausschüsse einzusetzen.

Enteignung ist die – im Gegensatz zum enteignungsgleichen → Eingriff (rechtmäßige) – Entziehung oder Belastung des → Eigentums durch staatlichen Hoheitsakt zur Befriedigung öffentlicher Belange. Gemäß Art. 14 III GG darf eine E. nur durch (formelles) Gesetz (*Legalenteignung* z. B. BauGB) oder auf Grund eines Gesetzes durch die Verwaltung (*Administrativenteignung*) und zum Wohl der → Allgemeinheit erfolgen. Nach Art. 14 III 2 GG muss das die E. ermöglichende Gesetz Art und Ausmaß der → Entschädigung regeln (→ Junktimklausel). Wann nicht nur eine Eigentumsbindung, sondern bereits eine E. vorliegt, ist nicht jede Belastung für eine E. genügt, im Einzelfall an Hand der → Einzelakttheorie (Sonderopfertheorie) oder → Zumutbarkeitstheorie zu entscheiden. Bei Streitigkeiten über die Höhe der Entschädigung steht der Rechtsweg zu den ordentlichen → Gerichten offen (Art. 14 III 4 GG). Wird der enteignete Gegenstand zur Befriedigung öffentlicher Belange nicht mehr benötigt, ist er dem früheren Eigentümer zurückzuübereignen. Im klassischen Sinn ist E. die entschädigungspflichtige Übertragung von Grundeigentum durch gesetzlich zugelassenen Verwaltungsakt (Administrativenteignung) wegen eines im öffentlichen Interesse liegenden Unternehmens. Keine E. ist der hoheitliche Eingriff in nichtvermögenswerte Rechte. → Aufopferung
Lit.: *Aust, M./Jacobs, R./Pasternak, D.,* Die Enteignungsentschädigung, 6. A. 2007, 7. A. 2014; *Gelzer/ Busse/Fischer,* Entschädigungsanspruch aus Enteignung und enteignungsgleichem Eingriff, 3. A. 2010

enteignungsgleich (Adj.) in der Wirkung einer Enteignung gleichstehend

enteignungsgleicher Eingriff → Eingriff, enteignungsgleicher

Entente (F.) Einverständnis, Bündnis

Enterbung (§ 1938 BGB) ist im Erbrecht der Ausschluss eines Verwandten oder des Ehegatten von der gesetzlichen → Erbfolge durch → Verfügung von Todes wegen (z. B. wegen Heirat zulässig). Die

E. ist ein einseitiges → Rechtsgeschäft, das ausdrücklich oder auch konkludent z. B. durch → Erbeinsetzung einer anderen Person vorgenommen werden kann. Sie kann die Entstehung von → Pflichtteilsrechten zur Folge haben (§ 2303 BGB).
Lit.: *Gubser, M.,* Strafenterbung 2001

Entfaltung, freie → Handlungsfreiheit

Entfernung ist allgemein die räumliche Trennung. E. *aus dem Dienst* ist eine Disziplinarmaßnahme gegen → Beamte, die nur unter bestimmten Voraussetzungen zulässig ist und das Beamtenverhältnis gegen den Willen des Beamten unter Verlust der Versorgungsrechte beendet. E. *aus dem Sitzungszimmer* ist das die E. eines Menschen aus dem Verhandlungsraum betreffende → Ordnungsmittel.
Lit.: *Leppek, S.,* Beamtenrecht, 11. A. 2011

entgangen (Adj.) nicht erlangt

entgangener Gewinn → Schaden

Entgelt ist die meist in → Geld zu entrichtende Gegenleistung für eine Leistung.
Lit.: Entgeltklauseln in der Kreditwirtschaft und e-commerce von Kreditinstituten, 2002

Entgeltfortzahlungsgesetz ist das an die Stelle des älteren Lohnfortzahlungsgesetzes getretene, die Fortzahlung von Entgelt im Falle von Krankheit usw. (d. h. trotz Fehlens einer Arbeitsleistung) regelnde Gesetz (1.6.1994). Danach müssen alle Arbeitnehmer dem Arbeitgeber eine Arbeitsunfähigkeit unverzüglich anzeigen. Dauert die Arbeitsunfähigkeit länger als 3 Kalendertage, muss ein ärztliches Attest vorgelegt werden. Der Arbeitgeber kann schon am ersten Tag der Abwesenheit des Arbeitnehmers eine ärztliche Arbeitsunfähigkeitsbescheinigung verlangen.
Lit.: *Schmitt, J.,* Entgeltfortzahlungsgesetz, 7. A. 2012; *Marburger, H.,* Entgeltfortzahlung im Krankheitsfall, 10. A. 2012

entgeltlich (Adj.) gegen eine Gegenleistung erhältlich

Entgeltlichkeit ist die Abhängigkeit von einer geldwerten Gegenleistung. → Unentgeltlichkeit

Enthaftung ist das Freiwerden von einer Haftung oder von einer Haft.
Lit.: *Altmeppen, H.,* Die Enthaftung des ausscheidenden Personengesellschafters, NJW 2000, 2529

Entlassung ist allgemein die Freigabe aus einem Verhältnis. Im öffentlichen Recht ist die E. möglich bezüglich der → Staatsangehörigkeit (§§ 17 ff. StAG), des → Beamtenverhältnisses (§§ 22 ff. BeamtStG, bei Vorliegen bestimmter Gründe oder auf schriftlichen Antrag) oder des → Strafvollzugs (hier auch bedingt möglich). Im Arbeitsrecht ist die E. der durch die → Kündigung des → Arbeitgebers herbeigeführte Fall der Beendigung des → Arbeitsverhältnisses.

Lit.: *Waltermann, R.,* Arbeitsrecht, 17. A. 2014; *Schulze, M.,* Die bedingte Haftentlassung, 2003; *Lembke, M.,* Massenentlassungen, NJW 2007, 721

Entlastung ist allgemein die Entfernung einer Last bzw. im Verbandsrecht die Billigung der Geschäftsführung geschäftsführender Organe durch Aufsichtsorgane.
Lit.: *Schmeling, C.,* Die Entlastung, 2004

Entlastungsbeweis (z. B. § 831 I 2 BGB) ist der Nachweis des Nichtvorliegens eines haftungsbegründenden Tatbestandsmerkmals durch die beweisbelastete Partei.

Entmündigung war bis 31.12.1991 die Entziehung oder Beschränkung der dem Entmündigten dem Alter nach an sich zustehenden → Geschäftsfähigkeit. → Betreuung

Entnazifizierung ist (bzw. war nach 1945) die Reinigung vom Gedankengut des → Nationalsozialismus.
Lit.: *Köbler, G.,* Deutsche Rechtsgeschichte, 6. A. 2005; *Meyer, K.,* Die Entnazifizierung von Frauen, 2004

Entschädigung ist vielfach der angemessene Ausgleich für einen erlittenen → Schaden (→ Schadensersatz). Insbesondere ist der → Staat bei → Enteignung, enteignungsgleichem → Eingriff, (→ Amtspflichtverletzung) und der Verhaftung oder Verurteilung Unschuldiger im Strafverfahren zu E. verpflichtet. Bei der E. wird der entstandene Schaden nicht unbedingt voll ausgeglichen.
Lit.: *Schlick, W.,* Die Rechtsprechung des BGH zur öffentlich-rechtlichen Entschädigung –, NJW 2011, 3142

Entscheidung ist die gerichtliche Entschließung in einer bestimmten Frage (→ Urteil, → Beschluss oder → Verfügung). Sie ist in einem vorgeschriebenen Verfahren zu treffen (§§ 192 ff. GVG). Sie wirkt grundsätzlich nur unter den Verfahrensbeteiligten.
Lit.: *Anders, M./Gehle, B.,* Antrag und Entscheidung im Zivilprozess, 3. A. 2000; Jura-Kartei auf CD-ROM, hg. v. *Coester-Waltjen, D. u. a.,* 2000 (4102 Entscheidungen zwischen 1979 und 2000)

Entscheidung der Europäischen Gemeinschaft bzw. Europäischen Union ist die individualbezogene Handlung der Europäischen Gemeinschaft bzw. Europäischen Union gegenüber einem Mitgliedstaat oder einem Unternehmen oder einem Einzelnen vor allem im Wettbewerbsrecht und im Beihilfenaufsichtsrecht.
Lit.: *Bockey, A.,* Die Entscheidung der Europäischen Gemeinschaft, 1998

Entscheidung nach Lage der Akten (§§ 251a, 331a ZPO) ist die E. allein auf Grund der schriftlich dem Gericht vorliegenden Tatsachen und Anträge (Aktenlage). Sie ist im → Zivilprozessrecht zulässig, wenn in einem erlittenen → Termin zur mündlichen → Verhandlung beide Parteien nicht erscheinen oder nicht verhandeln oder eine allein erschienene Partei nicht verhandelt. Ein daraufhin zulässigerweise ergehendes Urteil ist ein → Endurteil.

Entscheidungsgrund ist der für den Inhalt der Entscheidung maßgebliche Grund. Im Verfahrensrecht dienen die Entscheidungsgründe (§ 313 I Nr. 6 ZPO) der Begründung der gerichtlichen Entscheidung gegenüber den → Parteien. Sie sind notwendiger Bestandteil des → Urteils und des anfechtbaren → Beschlusses. Sie haben nur die die Entscheidung tragenden Gründe (in bündiger Kürze) aufzuzeigen. Ihr Fehlen ist ein Verfahrensmangel, sofern sie nicht von Gesetzes wegen entbehrlich sind (§ 313a ZPO, z. B. bei Unzulässigkeit eines Rechtsmittels und Verzicht der Parteien oder Aufnahme ihres wesentlichen Inhalts in das Protokoll).

Lit.: *Huber*, Grundfragen der Entscheidungsgründe, JuS 1987, 213; *Schneider, E./Hövel, M. van den*, Richterliche Arbeitstechnik, 5. A. 2013

Entscheidungssammlung ist die geordnete Zusammenstellung der Entscheidungen einer Behörde, insbesondere der Urteile eines Gerichts (z. B. BGHZ).

Lit.: *Köbler, G.*, Wie werde ich Jurist?, 5. A. 2007

Entschließung ist sowohl die Bildung einer empfehlenden oder auch anweisenden Erklärung wie auch diese selbst (z. B. Regierungsentschließung, Ministerialentschließung, auch Resolution).

Entschluss → Tatentschluss

entschuldigend (Adj.) die Schuld erklärend und aufhebend

entschuldigender Notstand → Notstand, entschuldigender

Entschuldigungsgrund ist im Strafrecht der Grund, der eine derart starke Herabsetzung des Unrechtsgehalts und Schuldgehalts einer → Tat bewirkt, dass ein Schuldvorwurf nicht erhoben werden kann (z. B. entschuldigender Notstand, entschuldigende Pflichtenkollision). Ein → Irrtum über das abstrakte Bestehen oder die Grenzen eines Entschuldigungsgrunds ist bedeutungslos. Der unvermeidbare Irrtum über das konkrete Vorliegen eines anerkannten Entschuldigungsgrunds entschuldigt den Täter. Der entsprechende vermeidbare Irrtum lässt nach einer Ansicht nur eine Bestrafung wegen → Fahrlässigkeit, nach anderer Ansicht nur eine → Strafmilderung entsprechend § 35 II StGB zu.

Lit.: *Klimsch, M.*, Die dogmatische Behandlung des Irrtums über Entschuldigungsgründe, 1993

Entwicklung ist die vielfach nach mehr oder weniger vorgegebenem Muster eintretende Veränderung im Zeitablauf.

Entwicklungskriminalität ist in der Kriminologie die für die in der Entwicklung vom → Kind zum Erwachsenen befindlichen Menschen typische Kriminalität. Ihr wird durch das → Jugendstrafrecht begegnet. Dieses nimmt auf Entwicklungsfragen besondere Rücksicht. → Jugendkriminalität

Entwidmung ist die Beseitigung einer → Widmung eines Gegenstands für einen Zweck (z. B. einer Bahnanlage).

Lit.: *Schmitz-Valckenberg, A.*, Entwidmung, 2002

Entziehung ist die Entfernung durch einen anderen. E. *des* → *Besitzes* (§ 858 BGB) ist die vollständige und andauernde Beseitigung der Sachherrschaft des Besitzers. Sie ist ein Tatbestandsmerkmal der verbotenen → Eigenmacht. Im Strafrecht ist die E. Minderjähriger gegenüber Eltern, Elternteilen, Vormündern oder Pflegern strafbar (§ 235 StGB, Freiheitsstrafe bis zu 5 Jahren oder Geldstrafe). Sie liegt auch vor, wenn der allein sorgeberechtigte Elternteil dem nur umgangsberechtigten Elternteil das Kind entzieht.

Entziehungsanstalt ist die ärztlich geleitete, auf das Ziel der Befreiung von dem Hang, alkoholische Getränke oder andere berauschende Mittel (z. B. Haschisch) im Übermaß zu sich zu nehmen, gerichtete Einrichtung. Die Unterbringung in einer E. ist eine → Maßregel der Besserung und Sicherung (§ 61 Nr. 2 StGB). Sie setzt den Hang zum Rauschmittelmissbrauch, eine damit zusammenhängende rechtswidrige → Tat und die → Gefahr weiterer erheblicher rechtswidriger Taten voraus.

Lit.: *Metrikat, I.*, Die Unterbringung in einer Entziehungsanstalt, 2002

Enumeration ist die Art einer Angabe von → Tatbestandsmerkmalen, welche die einzelnen erfassten Fälle besonders benennt (z. B. Art. 73 GG). Sie hat einschränkende Tendenz. Sie steht im Gegensatz zur → Generalklausel.

enumerativ (Adj.) aufzählend → Enumeration

enumerieren (aufzählen) → Enumeration

Enzyklika ([F.] Rundschreiben) ist im katholischen → Kirchenrecht ein päpstliches Rundschreiben (an die Bischöfe oder die Allgemeinheit) bezüglich einer allgemeinen Frage der kirchlichen Lehre, das nach seinen Eingangsworten benannt wird (z. B. E. humanae vitae).

Enzyklopädie (F.) universale Bildung, Gesamtheit des Wissens, Darstellung der Wissensinhalte

eo ipso (lat.) von selbst

Erbanfall ist der vorläufige Erwerb der → Erbschaft, der nur noch durch → Ausschlagung rückwirkend beseitigt werden kann. Der E. an den Erben erfolgt kraft Gesetzes mit dem Tode des Erblassers (§ 1942 I BGB). Einer Willenserklärung des Erben bedarf der E. nicht.

Erbbaurecht (§ 1 ErbbauVO, seit 30.11.2007 umbenannt in ErbbaurechtsG) ist das veräußerliche und vererbliche → Recht, auf oder unter fremdem Grund und Boden ein Bauwerk zu haben (z. B. Haus). Das E. ist in der besonderen Erbbaurechtsverordnung von 1919, seit 2007 ErbbaurechtsG, geregelt. Es entsteht durch → Einigung und → Eintragung in das → Grundbuch, wobei ein besonderes Grundbuchblatt (Erbbaugrundbuch) angelegt wird. Für die Bestellung eines Erbbaurechts wird meist ein → Erbbauzins als Gegenleistung vereinbart. Das E. wird grundsätzlich wie ein → Grundstück behandelt. Das

Bauwerk ist wesentlicher → Bestandteil des Erbbaurechts. Mit dem Erlöschen des Erbbaurechts geht das Bauwerk in das → Eigentum des Grundstückseigentümers über. Das E. ist wegen seiner rechtlichen Schranken rechtstatsächlich nicht sehr verbreitet.
Lit.: *Oefele, H. Frhr. v./Winkler, K.*, Handbuch des Erbbaurechts, 5. A. 2012

Erbbauzins ist das in wiederkehrenden Leistungen zu entrichtende Entgelt für die Bestellung eines → Erbbaurechts (§ 9 ErbbaurechtsG).
Lit.: *Linde, T.*, Erbbaurecht und Erbbauzins, 3. A. 2001

erbbiologisch (Adj.) die Biologie des Erbguts betreffend

Erbbiologisches Gutachten ist das auf einer vergleichenden Untersuchung erbbedingter Körpermerkmale beruhende → Gutachten, das gegenüber der eindeutige Ergebnisse ermöglichenden DNA-Analyse bedeutungslos geworden ist.

Erbe (M.) ist der Gesamtnachfolger des → Erblassers (§ 1922 I BGB, → Erbrecht). Der E. erlangt mit dem → Erbfall die → Erbschaft und haftet für die → Nachlassverbindlichkeiten (§ 1967 I BGB). Der E. kann kraft → Gesetzes E. werden (gesetzlicher E.) oder durch letztwillige → Verfügung (gewillkürter E.). E. kann auch eine im Zeitpunkt des Erbfalls bestehende juristische → Person sein. Vom Erben zu trennen ist der → Vermächtnisnehmer. Wer gewerbsmäßig unbekannte Erben sucht, erlangt dadurch keinen Anspruch aus Geschäftsführung ohne Auftrag oder aus ungerechtfertigter Bereicherung gegen den Erben.

Erbe (N.) → Erbschaft

Erbeinsetzung ist die gewillkürte Zuwendung (Rechtsgeschäft) der → Gesamtnachfolge in das ganze → Vermögen des → Erblassers oder einen Teil davon. Sie kann durch → Testament (§ 1937 BGB, dann einseitiges Rechtsgeschäft) oder → Erbvertrag (§ 2278 II BGB) erfolgen. Ihr Gegensatz ist die → Enterbung.

Erbengemeinschaft (§§ 2032 ff. BGB) ist die bei mehreren Erben kraft Gesetzes entstehende Gemeinschaft (am Nachlass). Die E. ist eine (nicht rechtsfähige) → Gesamthandsgemeinschaft(, so dass z. B. ein von einem Vertreter der E. abgeschlossener Mietvertrag nur mit den einzelnen Miterben zu Stande kommen kann). Die neueren Grundsätze über die Gesellschaft des bürgerlichen Rechts sind nach der Rechtsprechung des Bundesgerichtshofs auf sie nicht übertragbar. Der → Nachlass wird gemeinschaftliches, grundsätzlich gesamthänderisch gebundenes → Vermögen der Erben (§ 2032 I BGB). Jeder → Miterbe kann (aber entgegen dem Gesamthandsprinzip) über seinen Anteil am Nachlass verfügen (§ 2033 I BGB), wobei den übrigen Miterben ein → Vorkaufsrecht zusteht. Die Auflösung der E., die jeder Miterbe grundsätzlich jederzeit verlangen kann, erfolgt durch → Auseinandersetzung.

Lit.: *Ann, C.*, Die Erbengemeinschaft, 2001; *Sarres, E.*, Die Erbengemeinschaft, 2. A. 2006; *Jäkel, H.*, Die Rechtsfähigkeit der Erbengemeinschaft und ihre Beteiligungsfähigkeit an Personengesellschaften, 2007

Erbenhaftung (§ 1967 BGB) ist die Haftung des oder der Erben für eine → Nachlassverbindlichkeit. Grundsätzlich haftet der Erbe unbeschränkt, d. h. außer mit dem Nachlass auch mit seinem sonstigen unabhängig vom Erbfall vorhandenen Vermögen. Die E. kann aber vom Erben auf den Nachlass beschränkt werden (§ 1975 BGB). → Nachlassverwaltung, Nachlassinsolvenzverfahren, → Inventar
Lit.: *Joachim, N.*, Die Haftung des Erben, 2002

Erbenlaub ist im mittelalterlichen deutschen Recht die Einwilligung (Erlaubnis) des oder der (zur Zeit der Verfügung) nächsten Erben zu bestimmten Verfügungen des (künftigen) Erblassers.
Lit.: *Köbler, G.*, Deutsche Rechtsgeschichte, 6. A. 2005

Erbenlosung ist im mittelalterlichen deutschen Recht das Recht des Erben, ein vom Erblasser ohne → Erbenlaub verkauftes Grundstück gegen Kaufpreiserstattung auszulösen (Näherrecht).
Lit.: *Köbler, G.*, Zielwörterbuch integrativer europäischer Rechtsgeschichte, 6. A. 2014 (Internet)

Erbenwartrecht → Erbenlaub

Erbfall ist der Tod des → Erblassers (§ 1922 I BGB). Mit dem E. geht das → Vermögen eines Erblassers als Ganzes auf einen oder mehrere Erben über (→ Gesamtrechtsnachfolge, Universalsukzession). Der Erbe kann aber die Erbschaft ausschlagen.
Lit.: Der internationale Erbfall, hg. v. *Flick, H./Piltz, D.*, 2. A. 2008; *Landsittel, R.*, Gestaltungsmöglichkeiten von Erbfällen und Schenkungen, 2. A. 2001; *Lange, K./Werkmüller, M.*, Der Erbfall in der Bankpraxis, 2002

Erbfolge ist die Nachfolge des → Erben in die Vermögensrechte des → Erblassers (→ Erbrecht). Die E. ist → Gesamtrechtsnachfolge. Sie geschieht im Bürgerlichen Gesetzbuch als gesetzliche E. grundsätzlich nach dem → Parentelensystem (mit 5 Ordnungen). Danach sind (jeweils außer dem Ehegatten) gesetzliche Erben erster Ordnung die – zu gleichen Teilen erbenden – → Abkömmlinge des Erblassers (§ 1924 I BGB), Erben zweiter Ordnung die Eltern des Erblassers und deren Abkömmlinge (§ 1925 I BGB), Erben dritter Ordnung die Großeltern des Erblassers und deren Abkömmlinge (§ 1926 I BGB), Erben der vierten Ordnung die Urgroßeltern des Erblassers und deren Abkömmlinge (§ 1928 I BGB) usw. Fehlen Verwandte und Ehegatte, so erbt der → Fiskus als gesetzlicher Erbe (§ 1936 BGB). Die gewillkürte E. ist insofern an keine festen Regeln gebunden. Soweit ein Erblasser die Anordnung gewillkürter E. durch Willenserklärung unterlässt, tritt gesetzliche E. ein.
Lit.: *Hoyenberg, P. v.*, Vorweggenommene Erbfolge, 2010

Erblasser ist im Erbrecht der Mensch mit seinem Tod. Sein → Vermögen geht mit dem Erbfall auf die

→ Erben über. Eine juristische Person wird demgegenüber aufgelöst und abgewickelt (z. B. §§ 45 ff. BGB).

Erbleihe ist im mittelalterlichen deutschen Recht die erbliche (entgeltliche) Überlassung (Leihe) von Grundstücken.

Lit.: *Dannhorn, W.,* Römische Emphytheuse und deutsche Erbleihe, 2003

Erbpacht ist im mittelalterlichen und neuzeitlichen Recht die erbliche Pacht (veräußerliches dingliches Nutzungsrecht) von Grundstücken. → Erbbaurecht (vgl. noch Art. 63 EGBGB).

Lit.: *Köbler, G.,* Zielwörterbuch integrativer europäischer Rechtsgeschichte, 6. A. 2014 (Internet)

Erbrecht ist objektiv die Gesamtheit der das → Vermögen eines Verstorbenen betreffenden Rechtssätze (§§ 1922 ff. BGB). Subjektiv ist E. die beim Tod des → Erblassers für eine oder mehrere andere Personen entstehende Berechtigung am → Nachlass. Das E. ist durch Art. 14 I GG als Institution gewährleistet. Gesetzliches E. ist das sich allein aus dem Gesetz ergebende E., gewillkürtes E. das auch auf einer Willenserklärung in Testament oder Erbvertrag beruhende E. Nach der ab 17.8.2015 geltenden Europäischen Erbrechtsverordnung entscheidet für Staatsangehörige eines Mitgliedstaats der Europäischen Union (ausgenommen Dänemark, Großbritannien und Irland) der gewöhnliche Aufenthaltsort zum Zeitpunkt des Todes (etwa auch außerhalb der Europäischen Union) darüber, welches Landesrecht für die Erbfolge maßgeblich ist, sofern nicht durch letztwillige Verfügung die Geltung eines anderen Landesrechts bestimmt ist.

Lit.: *Brox, H. u. a.,* Erbrecht, 26. A. 2014; *Leipold, D.,* Erbrecht, 20. A. 2014; *Ferid, M./Firsching, K./Dörner, H./Hausmann, R.,* Internationales Erbrecht (Lbl.), 86. A. 2012; *Winkler, K.,* Erbrecht von A–Z, 13. A. 2013; Münchener Prozessformularbuch Erbrecht, hg. v. *Klinger, B.,* 3. A. 2013; Münchener Anwalts-Handbuch Erbrecht, hg. v. *Scherer, S.,* 4. A. 2014; *Siebert, H.,* Die Entwicklung des Erbrechts , NJW 2015, 1068; *Burandt, W./Rojahn, D.,* Erbrecht, 2. A. 2014; Beck'sches Formularbuch Erbrecht, hg. v. *Brambring, G. u. a.,* 3. A. 2014; *Jülicher, H. u. a.,* Erbrecht, 2014

Erbschaft ist das → Vermögen (Rechte und Pflichten) des → Erblassers (§ 1922 I BGB), das bei dessen Tod kraft Gesetzes als Ganzes auf eine oder mehrere andere Personen übergeht. Darüber hinaus zählen zur E. auch Rechtsverhältnisse nichtvermögensrechtlichen Inhalts, nicht jedoch höchstpersönliche Rechtsbeziehungen des Erblassers (z. B. beschränkt persönliche Dienstbarkeit § 1090 II BGB, Renten, Ansprüche aus Lebensversicherung, bis 1990 auch der Anspruch auf Schmerzensgeld § 847 BGB).

Erbschaftsanspruch (§ 2018 BGB) ist der → Anspruch des → Erben gegen den → Erbschaftsbesitzer auf Herausgabe des Erlangten als Ganzes (samt → Surrogaten und → Nutzungen), der neben den → Herausgabeansprüchen auf die einzelnen Gegenstände steht. Der gutgläubige, unverklagte Erbschaftsbesitzer haftet, soweit er zur Herausgabe

außerstande ist, nach den Vorschriften über die Herausgabe einer ungerechtfertigten → Bereicherung (§ 2021 BGB), der verklagte bösgläubige Erbschaftsbesitzer oder der deliktische Erbschaftsbesitzer nach den Regeln über das → Eigentümer – nichtberechtigter Besitzer – Verhältnis (§§ 2023 ff. BGB).

Lit.: *Maurer, R.,* Das Rechtsverhältnis zwischen Erbe und Erbschaftsbesitzer, 1999; *Richter, K.,* Das Verhältnis des Erbschaftsanspruches zum Eigentumsherausgabeanspruch, JuS 2008, 97; *Prütting, J.,* Examensprobleme des Erbschaftsanspruchs, JuS 2015, 205

Erbschaftsbesitzer (§ 2018 BGB) ist die auf Grund eines ihr in Wirklichkeit nicht zustehenden → Erbrechts etwas aus der → Erbschaft erlangt habende Person. → Erbschaftsanspruch

Erbschafterwerber (§ 2030 BGB) ist die die → Erbschaft durch → Vertrag von einem → Erbschaftsbesitzer erwerbende, im Verhältnis zu dem Erben einem Erbschaftsbesitzer gleichstehende Person.

Lit.: *Maurer, R.,* Das Rechtsverhältnis zwischen Erbe und Erbschaftsbesitzer, 1999

Erbschaftskauf ist der (schuldrechtliche) → Kaufvertrag (→ Kauf) mit dem → Erben über die ihm angefallene → Erbschaft (auch Erbteil, auch Nacherbenanwartschaft). Der E. bedarf der notariellen → Beurkundung (§ 2371 BGB). Für den E. gilt mit gewissen Modifikationen das Kaufrecht. Erfüllt werden kann der Verkauf der gesamten Erbschaft nur durch Einzelübertragung aller zugehörigen Gegenstände (§ 2374 BGB, anders beim → Erbteil § 2033 BGB).

Lit.: *Giebel, M.,* Der Erbschaftskauf, 2011

Erbschaftsteuer ist die → Steuer auf den Vermögensübergang durch Tod. Sie ist geregelt im Erbschaft- und Schenkungsteuergesetz (ErbStG). Sie wird nach drei Steuerklassen erhoben (Ehegatte, Kinder, Stiefkinder, Enkel und deren Abkömmlinge, Eltern und Voreltern bei Erwerben von Todes wegen; Geschwister, Stiefeltern, Schwiegereltern, geschiedener Ehegatte; sonstige Erwerber). Danach bestimmen sich die → Freibeträge (5000 bis 300 000 Euro) und die Steuersätze (7–30 Prozent, 12–40 Prozent, 17–50 Prozent). In Österreich ist die E. wegen Verfassungswidrigkeit abgeschafft.

Lit.: ErbSt, Einführung v. *Halaczinsky, R.,* 22. A. 2015; *Troll, M./Gebel, D./Jülicher, M.,* Erbschaftsteuer- und Schenkungsteuergesetz (Lbl.), 47. A. 2014; *Meincke, J.,* Erbschaftsteuer- und Schenkungsteuergesetz, 16. A. 2012; *Hübner, H.,* Erbschaftsteuerreform 2008, 2009; Handbuch Erbschaftsteuer und Bewertung, 2013; *Moench, D./Hübner, H.,* Erbschaftsteuerrecht, 3. A. 2012

Erbschein (§ 2353 BGB) ist das amtliche, vom → Nachlassgericht auf Antrag auszustellende Zeugnis darüber, wer → Erben über sein oder wer zu einem Teil der Erbschaft berufen ist, über die Größe des → Erbteils. Der E. begründet eine → Vermutung für das Bestehen des angegebenen Erbrechts (§ 2365 BGB). Ein Dritter kann von dem, der in einem Erbschein als Erbe bezeichnet ist, durch → Rechtsgeschäft einen Erbschaftsgegenstand → gutgläubig erwerben (§ 2366 BGB).

Lit.: *Gregor, K.,* Erbscheinsverfahren, 4. A. 2008; *Zimmermann, W.,* Erbschein, 2004; *Zimmermann, W.,* Das Erbscheinsverfahren im FamFG, JuS 2009, 817

Erbteil ist der Anteil eines → Miterben (§§ 1922 II, 2032ff. BGB) am → Nachlass. Er ist eine Gesamthandsberechtigung. Auf ihn finden grundsätzlich die Vorschriften über die → Erbschaft Anwendung.

Erbuntertänigkeit ist im neuzeitlichen deutschen Recht ein feudales Abhängigkeitsverhältnis des Bauern vom Gutsherrn.

Erbunwürdigkeit (Vermächtnisunwürdigkeit, Pflichtteilsunwürdigkeit) ist die Unwürdigkeit, → Erbe, (→ Vermächtnisnehmer oder → Pflichtteilsberechtigter) zu sein (§§ 2339, 2345 BGB). Die Gründe für die E. sind im Gesetz im Einzelnen festgelegt (z. B. vorsätzliche und widerrechtliche Tötung des Erblassers, Bestimmung zur Errichtung oder Aufhebung einer Verfügung von Todes wegen durch arglistige Täuschung oder Drohung). Ist ein Erbe (auf Anfechtungsklage eines Nachberechtigten) für unwürdig erklärt, so gilt der Anfall der Erbschaft an ihn als nicht erfolgt (§ 2344 BGB).

Erbvertrag ist der → Vertrag zwischen mindestens zwei Personen, in dem mindestens einer der Vertragsschließenden (→ Erblasser) vertragsmäßige → Verfügungen von Todes wegen trifft (§ 2278 BGB). Er ist eine Verfügung von Todes wegen. Er kann grundsätzlich nur zur Niederschrift eines → Notars geschlossen werden (§ 2276 BGB). Er beschränkt die → Verfügung durch → Rechtsgeschäft unter Lebenden regelmäßig nicht (§ 2286 BGB). Er ist in allen Mitgliedstaaten der Europäischen Union anerkannt mit Ausnahme Großbritanniens, Irlands und Dänemarks.

Lit.: *Schumann, G.,* Erbvertragsrecht, 2002; *Reimann, W.,* Testament und Erbvertrag, 6. A. 2015

Erbverzicht ist der → Vertrag zwischen dem → Erblasser und einem → Verwandten, Ehegatten, gewillkürten → Erben oder → Vermächtnisnehmer, durch den dieser auf sein → Erbrecht bzw. die Zuwendung an ihn verzichtet (§§ 2346, 2352 BGB). Der Vertrag bedarf der notariellen → Beurkundung. Der E. ist ein abstraktes, unmittelbar den Verlust des Erbrechts bewirkendes Rechtsgeschäft. Der Verzicht auf das gesetzliche → Erbrecht ergreift grundsätzlich ohne Weiteres den → Pflichtteil, doch kann auch ein E. unter Vorbehalt des Pflichtteilsrechts oder ein Verzicht auf das Pflichtteilsrecht allein (Pflichtteilsverzicht) erklärt werden. Nach dem Tod der Verzichtenden kann die E. nicht mehr aufgehoben werden.

Lit.: *Kramm, M,* Entstehung und Beseitigung, 2004

Ereignis ist das wirkende Geschehnis.

Erfahrung → Lebenserfahrung

Erfinder → Erfindung

Erfindung ist die (erste oder) neue Lösung einer Aufgabe. Im Immaterialgüterrecht ist E. die neue, (eine gewisse geistige Höhe erreichende,) anwendbare, niederlegungsfähige und ausführbare Lösung eines technischen Problems durch einen Menschen (Erfinder). Sie kann Schutz als → Patent oder → Gebrauchsmuster erlangen (vgl. z. B. Patentgesetz). → Arbeitnehmererfindung.

Lit.: *Bartenbach, K./Volz, F.,* Arbeitnehmererfindungen, 5. A. 2010

Erfolg ist das (bezweckte) Ergebnis eines Verhaltens oder eines sonstigen Ereignisses.

Lit.: *Puppe, I.,* Die Erfolgszurechnung im Strafrecht, 2000

Erfolgsabwendungspflicht (Garantenpflicht) (§ 13 StGB) ist die Verpflichtung, ein bestimmtes Ergebnis nicht eintreten zu lassen. Im Strafrecht ist, wer es unterlässt, einen → Erfolg abzuwenden, der zum Tatbestand eines Strafgesetzes gehört, strafbar, wenn er rechtlich dafür einzustehen hat, dass der Erfolg nicht eintritt, und wenn das → Unterlassen der Verwirklichung des gesetzlichen Tatbestands durch ein Tun entspricht. Eine E. ergibt sich aus einer → Garantenstellung.

Lit.: *Gunia, S.,* Strafrechtliche Garantenstellungen, 2001

Erfolgsdelikt ist das → Delikt, dessen Tatbestand außer einem → Verhalten einen gedanklich abgrenzbaren → Erfolg in der Außenwelt voraussetzt (z. B. Totschlag erfordert Tötungshandlung und Todeserfolg, Straßenverkehrsgefährdung erfordert auch Gefährdungserfolg). Der Gegensatz zum Erfolgsdelikt ist das → Tätigkeitsdelikt. Die Erfolgsdelikte zerfallen in → Verletzungsdelikte und (konkrete) → Gefährdungsdelikte.

Lit.: *Freund, G.,* Erfolgsdelikt und Unterlassen, 1992; *Mikus, R.,* Die Verhaltensnorm des fahrlässigen Erfolgsdelikts, 2002

Erfolgshaftung ist die → Haftung, die beim Vorliegen eines → Erfolgs eintritt, ohne dass es auf die Vorwerfbarkeit eines Verhaltens (Verschulden) ankommt. Sie steht im Gegensatz zur → Verschuldenshaftung. Ein Fall der E. ist die → Gefährdungshaftung.

Erfolgshonorar ist die vom Eintritt des erwünschten Ereignisses abhängig gemachte Vergütung. Die Vereinbarung eines prozessualen Erfolgshonorars durch einen → Rechtsanwalt ist standesrechtlich nicht mehr grundsätzlich unzulässig, wird aber (bis 2009) rechtstatsächlich selten verwendet. Zulässig ist die Prozessfinanzierung gegen Erfolgsbeteiligung durch Dritte.

Lit.: *Jaskolla, J.,* Prozessfinanzierung gegen Erfolgsbeteiligung, 2004; *Teubel, J./Schons, H.* Erfolgshonorar für Anwälte, 2008

Erfolgsort ist der Ort, an dem der → Leistungserfolg eintreten soll, im Gegensatz zum → Handlungsort (Ort der Leistungshandlung). Der E. bestimmt sich nach § 269 BGB. E. und Handlungsort fallen bei der → Schickschuld auseinander.

erfolgsqualifiziert (Adj.) durch einen Erfolg besonders qualifiziert

erfolgsqualifiziertes Delikt → Delikt, erfolgsqualifiziertes

Lit.: *Köhler, C.*, Beteiligung und Unterlassen beim erfolgsqualifizierten Delikt, 2000

Erfolgsunrecht ist das im Rahmen der Prüfung der → Rechtswidrigkeit durch einen von der Rechtsordnung missbilligten Erfolg indizierte Unrecht (z. B. eine Tötung eines Menschen [Erfolg] ist grundsätzlich rechtswidrig, d. h. der Erfolg als solcher deutet auf das Vorliegen der Rechtswidrigkeit). Das E. steht im Gegensatz zum → Handlungsunrecht. Die Lehre vom E. prüft die Verletzung eines Gebots zu sorgfältigem Verhalten statt bei der Rechtswidrigkeit bei der Schuld (Fahrlässigkeit).

Lit.: *Olivet, P.*, Erfolgsunrechtslehre und Handlungsunrechtslehre, 1989

erforderlich (Adj.) notwendig → Erforderlichkeit

Erforderlichkeit ist die Notwendigkeit eines Umstands für eine bestimmte Folge (z. B. Notwehr ist die Verteidigung, die erforderlich ist, um einen gegenwärtigen rechtswidrigen Angriff abzuwehren, § 227 II BGB). Fehlt die Notwendigkeit, so tritt die von der E. abhängige Rechtsfolge nicht ein (z. B. war die Handlung zur Abwehr nicht erforderlich, so liegt keine Notwehr vor).

Lit.: *Böhm, K.*, Die ex-ante-Betrachtung beim Merkmal der Erforderlichkeit, Diss. jur. Münster 1996

erfüllbar → Erfüllbarkeit

Erfüllbarkeit ist der Zeitpunkt, von dem ab der → Schuldner leisten darf. Nach § 271 II BGB ist im Zweifel anzunehmen, dass der Schuldner auch vor der für die Leistung bestimmten Zeit die Leistung bewirken kann. Demnach liegt die Erfüllbarkeit häufig zeitlich vor der → Fälligkeit.

Erfüllung ist das Bewirken der geschuldeten → Leistung (z. B. Übereignung der Kaufsache, bare Zahlung des Kaufpreises, Gutschrift auf Bankkonto infolge einer Überweisung) durch den → Schuldner an den → Gläubiger bzw. die dadurch eintretende Schuldtilgung (§ 362 I BGB), die das → Schuldverhältnis erlöschen lässt. Die Leistung eines anderen Gegenstands ([lat.] aliud) als des geschuldeten Gegenstands ist ebensowenig E. wie die Leistung an eine andere Person als den Gläubiger (vgl. § 362 II BGB). Die E. erfolgt als reale Leistungsbewirkung, erfordert also nicht in jedem Fall ein rechtsgeschäftliches Handeln (z. B. Reparatur einer Maschine) oder eine besondere vertragliche Vereinbarung der Parteien über das Erlöschen der Forderung. → Leistung an Erfüllungs Statt und → Leistung erfüllungshalber sind grundsätzlich nicht E., sondern zunächst nur Erfüllungsversuche (vgl. aber § 364 I BGB).

Lit.: *Gernhuber, J.*, Die Erfüllung und ihre Surrogate, 2. A. 1994; *Muscheler, K./Bloch, W.*, Erfüllung und Erfüllungssurrogate, JuS 2000, 729; *Lorenz, S.*, Erfüllung, JuS 2009, 109; *Beckhaus, G.*, Die Rechtsnatur der Erfüllung, 2012

Erfüllungsbetrug (§ 263 StGB) ist im Strafrecht der → Betrug, bei dem ein Vertragsteil im Rahmen einer Erfüllung eine Leistung erhält, die in Bezug auf Menge oder Güte hinter der Vereinbarung zurückbleibt (z. B. Lieferung eines älteren Automodells als vereinbart).

Lit.: *Klein, K.*, Das Verhältnis von Eingehungs- und Erfüllungsbetrug, 2003

Erfüllungsgehilfe (§ 278 BGB) ist eine Person, die mit Wissen und Wollen des → Schuldners tatsächlich in dessen Pflichtenkreis tätig wird (z. B. Verkäuferin des Kaufhausunternehmens, Fahrer des Transportunternehmers, Krankenhausarzt für Krankenhausträger, über die Zurückbehaltung von Miete beratender Mieterschutzverein für Mieter, nicht das pathologische Institut der histologischen Untersuchung im Verhältnis zum behandelnden Arzt). Der Schuldner (muss sich das in Erfüllung der Verbindlichkeit vorgenommene Verhalten des Erfüllungsgehilfen zurechnen lassen und) hat das → Verschulden eines Erfüllungsgehilfen (ohne eigenes Verschulden) in gleichem Umfang zu vertreten wie eigenes Verschulden. Nicht verwechselt werden darf mit dem Erfüllungsgehilfen der (im Bereich er unerlaubter Handlungen bedeutsame) → Verrichtungsgehilfe (§ 831 BGB), obgleich ein E. vielfach zugleich Verrichtungsgehilfe ist.

Lit.: *Delmere, J.*, Der Erfüllungsgehilfe in § 278 BGB, 1989 (Diss.); *Lorenz, S.*, Grundwissen – Zivilrecht Haftung für den Erfüllungsgehilfen, JuS 2007, 983

Erfüllungsinteresse ist das Interesse an der → Erfüllung eines → Rechtsgeschäfts im Gegensatz zum bloßen Vertrauensinteresse. Hat der Schuldner das E. zu ersetzen, so hat er den Gläubiger so zu stellen, wie dieser stehen würde, wenn der Schuldner ordnungsgemäß erfüllt hätte. Er hat also den Schaden zu ersetzen, der dem Gläubiger durch die Nichterfüllung entsteht. → Vertrauensinteresse

Lit.: *Köbler, G.*, Schuldrecht, 2. A. 1995

Erfüllungsort (Handlungsort, Leistungsort) ist der Ort, an dem der Schuldner die → Leistungshandlung vorzunehmen hat. Den Gegensatz bildet der → Erfolgsort. E. und Erfolgsort fallen bei der → Schickschuld auseinander. Europarechtlich muss im Vorlageverfahren letztlich der Europäische Gerichtshof den E. bestimmen. Dafür lässt er das Recht maßgeblich sein, das nach den Kollisionsnormen des mit dem Rechtsstreit befassten Gerichts für die streitige Verpflichtung maßgeblich ist.

Lit.: *Schack, H.*, Der Erfüllungsort, 1985; *Hackenberg, U.*, Der Erfüllungsort von Leistungspflichten, 2000

Erfüllungsübernahme ist die auf Rechtsgeschäft gegründete Verpflichtung einer Person gegenüber einem → Schuldner, dessen → Gläubiger zu befriedigen, ohne dass der Gläubiger gegen den Dritten einen Anspruch erlangt (vgl. § 329 BGB). Im Gegensatz zur → Schuldübernahme hat der Gläubiger also bei der E. seine → Forderung gegen den Dritten. Nur der Schuldner selbst kann Erfüllung vom Übernehmer verlangen.

Lit.: *Pieper, H.*, Vertragsübernahme und Vertragsbeitritt, 1963

Ergänzung ist die Vervollständigung etwas Unvollständigen.

Ergänzungspflegschaft (§ 1909 BGB) ist die neben einer elterlichen → Sorge oder einer → Vormundschaft für Angelegenheiten, an deren Besorgung die Eltern oder der Vormund verhindert sind, bestellte → Pflegschaft.

Ergänzungsurteil (z. B. § 321 ZPO) ist das ein vorausgegangenes Urteil in einem versehentlich offen gelassenen Punkt auf Antrag und nach mündlicher Verhandlung ergänzende → Urteil.
Lit.: *Böttcher, V.,* Berichtigung und Ergänzung von Urteilen, 1995

ergo (lat.) also, folglich

erheblich (Adj.) gewichtig, bedeutsam

Erinnerung (z. B. § 766 ZPO) ist der → Rechtsbehelf gegen untergeordnete Entscheidungen und Maßnahmen von Justizbehörden, vor allem eines → Rechtspflegers, → Urkundsbeamten oder → Gerichtsvollziehers (z. B. E. gegen Kostenfestsetzungsbeschluss). Der E. kann der Handelnde vielfach abhelfen. Im Übrigen entscheidet über sie das zuständige → Gericht.
Lit.: *Kunz, B.,* Erinnerung und Beschwerde, 1980

Erkenntnis ist allgemein die vom Bewusstsein der Wahrheit begleitete Einsicht in einen Sachverhalt sowie das Ergebnis dieses Vorgangs. Im Verfahrensrecht ist das E. eine ältere Bezeichnung für → Urteil.

Erkenntnisverfahren ist der Teil des Verfahrens, in dem über die Streitsache meist durch Urteil entschieden wird. Dem E. kann ein → Vorverfahren vorausgehen (z. B. → Ermittlungsverfahren). Grundsätzlich schließt sich ihm ein → Vollstreckungsverfahren (z. B. → Zwangsvollstreckung) an.

Erklärung ist allgemein die gewollte Klarstellung eines Umstands. Sie kann u. a. die Äußerung des objektiv zunächst unbekannten subjektiven → Willens sein. Als Willenserklärung ist sie ein grundlegender Baustein vor allem des Privatrechts.
Lit.: *Waclawik, E.,* Die Bedeutung des rechtsgeschäftlichen Willens und seiner Erklärung, 2001

Erklärungsbewusstsein ist das Bewusstsein, durch ein Verhalten eine Erklärung abzugeben. Es wird als subjektive Voraussetzung einer Willenserklärung behandelt. Als Beispiel für das Fehlen des Erklärungsbewusstseins wird der Trierer Weinversteigerungsfall angesehen, bei dem ein Ortsunkundiger bei einer Weinversteigerung die Hand hebt, um einen Freund zu grüßen, und (in Trier bei einer Weinversteigerung) das Heben der Hand allgemein als Erklärung des Einverständnisses mit einem Angebot angesehen wird.
Lit.: *Leenen, D.,* Ist das richtig so?, JuS 2008, 579

Erklärungsirrtum (§ 119 I 2. Alt. BGB) ist der → Irrtum über die Erklärungshandlung. Bei ihm will der Erklärende eine Erklärung dieses Inhalts überhaupt nicht abgeben (z. B. Verschreiben, Versprechen). Der E. bewirkt die Anfechtbarkeit der betroffenen Willenserklärung.

Erklärungstheorie ist die auf die äußere Erklärung des Willens abstellende Theorie. → Willenserklärung

Erklärungswille ist der Wille, eine rechtserhebliche Erklärung abzugeben. → Willenserklärung, Erklärungsbewusstsein

Erlass ist im Verwaltungsrecht die für den internen Dienstbetrieb → der Verwaltung bestimmte allgemeine Anweisung (der übergeordneten Behörde) (Verwaltungsvorschrift z. B. Ministerialerlass). Im Schuldrecht ist E. der Vertrag (→ Aufhebungsvertrag) zwischen Gläubiger und Schuldner, in dem der Gläubiger auf die Forderung verzichtet. Hier ist der E. ein abstraktes → Verfügungsgeschäft (§ 397 I BGB), dem meist eine Schenkung als Grundgeschäft zu Grunde liegt, bei deren Wegfall § 812 BGB zu beachten ist.
Lit.: *Becker, C.,* Der Steuererlass, 2003; *Gerber, C.,* Stundung und Erlass von Steuern, 5. A. 2006

Erlaubnis ist im Verwaltungsrecht die Erklärung einer → Behörde, dass sie ein bestimmtes Verhalten zulässt (z. B. Bauerlaubnis, Baugenehmigung). Sie ist ein gestaltender begünstigender → Verwaltungsakt, der die Voraussetzung für die Rechtmäßigkeit des zu erlaubenden Verhaltens (z. B. den Bau) bildet. Bei der *gebundenen* E. muss diese bei Vorliegen bestimmter gesetzlicher Voraussetzungen erteilt (oder im Übrigen versagt) werden. Bei der *freien* E. besteht nur ein Anspruch auf ermessensfehlerfreie Entscheidung. Die E. i. w. S. umfasst die → Bewilligung (Verleihung, Konzession), die ein volles subjektives öffentliches Recht gewährt, und die E. i. e. S., die nur einen öffentlich-rechtlichen Besitzstand unbeschadet privater Rechte Dritter begründet. Im Strafrecht ist als E. der Rechtfertigungsgrund zu verstehen, der ein an sich verbotenes Tun ausnahmsweise erlaubt.
Lit.: *Pietzcker, J.,* Der Anspruch auf ermessensfehlerfreie Entscheidung, JuS 1982, 106; *Vogler, B.,* Der Genehmigungsanspruch, 2000

Erlaubnisirrtum ist im Strafrecht der → Irrtum des Täters über die rechtlichen Grenzen eines anerkannten → Rechtfertigungsgrunds (z. B. Intensität der erlaubten Abwehr bei → Notwehr) oder der Glaube an das Eingreifen eines Rechtfertigungsgrunds, den die Rechtsordnung nicht anerkennt (z. B. irrtümlicher Glaube an ein → Züchtigungsrecht). Er ist ein Irrtum über die Rechtmäßigkeit des Verhaltens. Auf den E. finden (als indirekten Verbotsirrtum) die Regeln über den → Verbotsirrtum Anwendung.

Erlaubnistatbestandsirrtum ist der → Irrtum über die tatbestandlichen Voraussetzungen eines anerkannten → Rechtfertigungsgrunds. Der Täter hält die Umstände für gegeben, die, falls sie tatsächlich vorlägen, die Tat rechtfertigen würden (z. B. Täter hält sich irrtümlich für angegriffen). Nach § 16 I

StGB analog (str.) entfällt der → Vorsatz. Die Strafbarkeit wegen → fahrlässiger Begehung bleibt unberührt. Umgekehrter E. ist das Handeln in Unkenntnis einer objektiv gegebenen Rechtfertigungslage (Strafbarkeit als Versuch, str.).

Lit.: *Herzberg, R./Scheinfeld, J.,* Der Erlaubnistatbestandsirrtum, JuS 2002, 649; *Heuchemer, M.,* Die Behandlung des Erlaubnistatbestandsirrtums, JuS 2012, 795

Erlaubnisvorbehalt ist im Verwaltungsrecht der einem präventiven → Verbot (z. B. Verbot des Bauens) beigefügte → Vorbehalt der regelmäßig bei Vorliegen der gesetzlichen Voraussetzungen zu erteilenden → Erlaubnis (z. B. Verbot des Bauens ausgenommen mit Bauerlaubnis).

Erledigung ist das Gegenstandsloswerden eines → Antrags oder Begehrens durch ein nach Verfahrensbeginn liegendes Ereignis (z. B. die eingeklagte Geldsumme wird bezahlt). Erklären beide Parteien die Hauptsache für erledigt (→ Klageänderung), so entscheidet das → Gericht nur noch durch → Beschluss über die → Kosten (vgl. § 91a ZPO). Erklärt nur der Kläger die Hauptsache für erledigt und ist sie tatsächlich erledigt, so ergeht ein → Endurteil.

Lit.: *Deckenbrock, C./Dötsch, W.,* Die Erledigung in der Hauptsache im Verwaltungsprozess, JuS 2004, 489; *Knöringer, D.,* Die Erledigung der Hauptsache im Zivilprozess, JuS 2010, 569; *Exner, T.,* Die Erledigungserklärung im Verwaltungsprozess, JuS 2012, 607

Erlöschen ist die vollständige Beendigung eines Rechtsverhältnisses (z. B. Schuldverhältnis) oder einer Rechtsmacht (z. B. Vertretungsmacht).

Lit.: *Gernhuber, J.,* Die Erfüllung und ihre Surrogate, 2. A. 1994

Ermächtigung (vgl. § 185 BGB) ist der im Bürgerlichen Gesetzbuch nicht besonders geregelte Vorgang der Übertragung der Befugnis, über ein fremdes Recht im eigenen Namen zu verfügen oder das Recht auszuüben, sowie das Ergebnis dieses Vorgangs (z. B. → Einziehungsermächtigung). Die E. ist ein Unterfall der → Einwilligung. Sie ist zu unterscheiden von der → Stellvertretung und von der → Abtretung. Im Verfahrensrecht ist eine E. bei eigenem schutzwürdigen Interesse des zu Ermächtigenden zulässig (→ Prozessstandschaft).

Lit.: *Doris, P.,* Die rechtsgeschäftliche Ermächtigung, 1974

Ermächtigungsgesetz ist das → Gesetz, das (ein Verfassungsorgan) zu einem bislang nicht zulässigen Verhalten ermächtigt. Es findet sich an verschiedenen Stellen. Rechtsgeschichtlich besonders bedeutsam ist Deutschlands Gesetz zur Behebung der Not von Volk und Reich (23.3.1933), das nach älteren Vorbildern die Gesetzgebungszuständigkeit des Reichstags entgegen dem Grundsatz der Gewaltenteilung auf die Reichsregierung übertrug und diese dadurch zur Gesetzgebung ermächtigte.

Lit.: *Köbler, G.,* Deutsche Rechtsgeschichte, 6. A. 2005; Das Ermächtigungsgesetz, eingel. v. *Laufs, A.,* 2003

Ermächtigungsgrundlage ist die verfassungsmäßige Grundlage der Ermächtigung zu einem bestimm-

ten Verhalten. Gemäß Art. 80 I GG bedarf der Erlass einer → Rechtsverordnung einer E. in der Form eines formellen → Gesetzes, das Inhalt, Zweck und Ausmaß der erteilten Ermächtigung bestimmen muss. Die E. ist in der Verordnung anzugeben.

Lit.: *Cronau, G.,* Die Geldwäschegesetzgebung als Ermächtigungsgrundlage für den Informationsaustausch, 2007

Ermahnung ist der eindringliche Hinweis auf ein angemessenes Verhalten.

Lit.: *Pfohl, R.,* Jugendrichterliche Ermahnungen, 1973

Ermessen (§ 40 VwVfG) ist der auf Zweckmäßigkeit im einzelnen Fall abstellende Maßstab auf der Rechtsfolgenseite für das → Verwaltungshandeln. Hat eine → Behörde E., so ist ihr Handeln nicht (schon) durch die Rechtsvorschriften, welche die Grundlage dafür bilden, eindeutig bestimmt, sondern es besteht ein gewisser Spielraum (z. B. Einbürgerung, Gestaltung von Beschränkungen für Fernsehaufnahmen in einem Gericht). Die Behörde ist auf die Lösung verwiesen, die angesichts der besonderen konkreten Umstände des Falles dem Zweck der Handlungsermächtigung am besten gerecht wird. Sie hat ihr E. entsprechend dem Zweck der Ermächtigung auszuüben und die gesetzlichen Grenzen des Ermessens einzuhalten. Ob eine Vorschrift der Behörde E. einräumt, ist durch Auslegung zu ermitteln, wobei die Wörter *kann, darf* auf *freies* E. und *soll* auf *gebundenes* E. deuten. E. ist ausgeschlossen, wenn die Behörde bei Vorliegen der im gesetzlichen Tatbestand bezeichneten Voraussetzungen einen Verwaltungsakt erlassen muss oder nicht erlassen darf (gebundener Verwaltungsakt z. B. bei unbestimmten Rechtsbegriffen wie z. B. öffentliches Interesse, öffentliches Wohl, Zuverlässigkeit). → Ermessensfehler machen den → Verwaltungsakt fehlerhaft und damit angreifbar. Im Privatrecht (§§ 315 ff. BGB) ist die Bestimmung der → Leistung durch einen Dritten in der Regel nach billigem E. zu treffen.

Lit.: *Brinktrine, R.,* Verwaltungsermessen, 1998; *Messerschmidt, K.,* Gesetzgebungsermessen, 2000; *Stickelbrock, B.,* Inhalt und Grenzen richterlichen Ermessens im Zivilprozess, 2002; *Rode, L.,* § 40 VwVfG und die deutsche Ermessenslehre, 2003

Ermessensfehler ist der Fehler in der Ausübung des → Ermessens. E. können → Ermessensüberschreitung, Ermessensunterschreitung bzw. vollständiger → Ermessensmangel und → Ermessensmissbrauch sein. Der E. macht den Verwaltungsakt fehlerhaft und damit anfechtbar.

Lit.: *Bleckmann, A.,* Ermessensfehlerlehre, 1997

Ermessensfehlgebrauch → Ermessensmissbrauch

Ermessensmangel ist das Fehlen der Prüfung und Abwägung aller Möglichkeiten der Entscheidung und aller in Betracht kommenden Gesichtspunkte durch die → Behörde bei Anwendung einer Ermessensnorm. → Ermessensunterschreitung

Ermessensmissbrauch ist der Gebrauch des → Ermessens in einer dem Zweck der Ermächtigung nicht entsprechenden Art und Weise (z. B. Berücksichtigung sachfremder Erwägungen, Verletzung des Gleichheitsgrundsatzes).

Ermessensnichtgebrauch → Ermessensunterschreitung

Ermessensreduzierung (Ermessensreduktion) ist die Einschränkung des Ermessensspielraums durch die besonderen Umstände des bestimmten Falls, die so weit gehen kann, dass aus rechtlichen Gründen nur eine einzige Entscheidung in Betracht kommt (Ermessensreduzierung auf null).
Lit.: *Laub, K.,* Die Ermessensreduzierung, 2000

Ermessensüberschreitung ist die Überschreitung der gesetzlichen Grenzen des → Ermessens (z. B. Anordnen einer vom Gesetz nicht zugelassenen Rechtsfolge).

Ermessensunterschreitung ist die Unterschreitung der gesetzlichen Grenzen des → Ermessens, die bis zum völligen → Ermessensmangel gehen kann.

Ermittlung ist die durch Nachforschen und Untersuchen zu bewirkende Feststellung eines Sachverhalts.
Lit.: *Quentin, A.,* Der verdeckte Ermittler, JuS 1999, 134; *Lindemann, T.,* Ermittlungsrechte, 2003

Ermittlungsperson der Staatsanwaltschaft ist (seit 2004) der Angehörige einer durch → Rechtsverordnung oder → Gesetz (z. B. § 404 AO, § 12 V BPolG) besonders bestimmten Gruppe von → Beamten oder → Angestellten. Die E. darf in besonderen Fällen besondere Ermittlungshandlungen vornehmen (§§ 81a II, 81c V, 98, 100b III StPO u. a.). Im Übrigen hat sie den Anordnungen der Staatsanwaltschaft Folge zu leisten.

Ermittlungsrichter (§§ 162 ff. StPO) ist der im → Ermittlungsverfahren der Staatsanwaltschaft tätige → Richter, der die dem Richter vorbehaltenen Amtshandlungen im → Ermittlungsverfahren durchführt (z. B. Erlass eines Haftbefehls, eidliche Vernehmung eines Zeugen).
Lit.: *Wiesneth, C.,* Handbuch für das ermittlungsrichterliche Verfahren, 2006

Ermittlungsverfahren (§ 160 StPO) ist im Rahmen des Strafverfahrens das vorbereitende Verfahren (Vorverfahren). Es dient dazu, Belastungsgründe und Entlastungsgründe in Bezug auf die einer → Straftat Verdächtigen zum Zweck der Entschließung darüber zu sammeln, ob die öffentliche → Klage zu erheben ist. Zuständig für das E. ist die → Staatsanwaltschaft, die von der → Polizei (§ 163 StPO) (Kriminalpolizei) unterstützt wird. Eingeleitet wird das E. durch amtliche Wahrnehmung, → Anzeige (Strafanzeige) oder → Antrag auf Strafverfolgung. Es endet mit der (jederzeit widerruflichen) → Einstellung des Verfahrens (§ 170 II 1 StPO) oder der Erhebung der öffentlichen → Anklage durch Einreichung einer → Anklageschrift bei dem zuständigen → Gericht (§ 170 I StPO). Daneben gibt es auch im Recht der → Ordnungswidrigkeiten

ein E. (§§ 35 ff. OWiG). Im Jahre 2009 wurden in Deutschland 4,1 Millionen E. erledigt (14 Prozent durch Anklage, 13 Prozent durch Strafbefehlsantrag).
Lit.: *Weihrauch M.,* Verteidigung im Ermittlungsverfahren, 8. A. 2015; *Burhoff, D.,* Handbuch für das strafrechtliche Ermittlungsverfahren, 6. A. 2013

Ernennung (§ 8 BeamtStG) eines → Beamten ist die Festlegung der Rechtsstellung eines Beamten nach Art und Inhalt. Dazu gehören die Einstellung als Beamter, die erste Verleihung eines Amtes, die Verleihung eines anderen Amtes und die Umwandlung des Beamtenverhältnisses. Die E. ist ein mitwirkungsbedürftiger → Verwaltungsakt. Sie erfolgt durch Aushändigung einer → Urkunde. Sie kann nichtig sein oder zurückgenommen werden.
Lit.: *Leppek, S.,* Beamtenrecht, 11. A. 2011

Eröffnungsbeschluss (§ 203 StPO) ist der Beschluss des → Gerichts über die Eröffnung des → Hauptverfahrens auf Grund der Erhebung der öffentlichen → Anklage. Das Gericht beschließt die Eröffnung, wenn nach den Ergebnissen des vorbereitenden Verfahrens der Angeschuldigte einer Straftat hinreichend verdächtig erscheint. Der E. kann vom → Angeschuldigten nicht angefochten werden.
Lit.: *Michler, G.,* Der Eröffnungsbeschluss im Strafverfahren, 1989 (Diss.)

Eröffnungsbilanz → Bilanz

Eröffnungsverfahren (Zwischenverfahren) ist das Verfahren zwischen dem → Ermittlungsverfahren und dem → Hauptverfahren. Es beginnt mit dem Antrag der Staatsanwaltschaft, das Hauptverfahren zu eröffnen und endet mit dem Erlass des → Eröffnungsbeschlusses (§ 203 StPO) oder seiner (nicht mehr anfechtbaren) Ablehnung durch das Gericht. In ihm wird über die Eröffnung des Hauptverfahrens beschlossen. Die Ablehnung des Eröffnungsbeschlusses kann von der → Staatsanwaltschaft mit sofortiger → Beschwerde angefochten werden. Ist die Eröffnung des Hauptverfahrens durch einen nicht mehr anfechtbaren Beschluss abgelehnt, so kann die Anklage nur auf Grund neuer Tatsachen oder Beweismittel wieder aufgenommen werden (§ 211 StPO). Im → Insolvenzverfahren ist E. das Verfahren der Eröffnung des Insolvenzverfahrens (§§ 11 ff. InsO).
Lit.: *Foertsch, U.,* Die Berücksichtigung von Beweisverboten, 2002

erpresserisch (Adj.) erpressend

erpresserischer Menschenraub → Menschenraub, erpresserischer

Erpressung (§ 253 StGB) ist die Beschädigung des → Vermögens eines anderen durch → Nötigung dieses oder eines anderen Menschen in der Absicht, sich oder einen Dritten zu Unrecht zu bereichern. Die E. wird mit Freiheitsstrafe bis zu fünf Jahren bestraft. Der Versuch ist strafbar. *Räuberische* E. (§ 255 StGB) ist die E., bei der die Nötigung durch → Gewalt gegen eine Person oder unter Anwendung von Drohungen mit gegenwärtiger Gefahr für Leib oder Leben begangen wird (z. B. Drohung, Waren zu vergiften oder Züge entgleisen zu lassen). Der Täter ist gleich einem Räuber zu bestrafen. Vom → Raub unterscheidet sich die E. dadurch, dass der Täter nicht wegnimmt, sondern sich geben lässt, vom → Betrug durch die Anwendung von Zwang statt Täuschung.

Lit.: *Schneider, G.,* Versicherungsschutz gegen Erpressungen, 2003

Error (lat. [M.] Irrtum) ist die lateinische Bezeichnung für den → Irrtum. E. *in negotio* (Irrtum über die Geschäftsart) ist ein Fall des → Inhaltsirrtums. E. *in obiecto* (Irrtum über das Objekt) ist im Privatrecht ein Fall des → Inhaltsirrtums. Im Strafrecht ist e. in obiecto ein → Irrtum über das Tatobjekt (z. B. T will auf A schießen, verwechselt ihn aber mit B). Dieser Irrtum ist unbeachtlich (str.), wenn die verwechselten Objekte gleichwertig sind (z. B. Menschen). Bei ungleichwertigen Objekten (z. B. Mensch und Tier) kommt Bestrafung wegen eines → Versuchs hinsichtlich des angestrebten Objekts und eines → Fahrlässigkeitsdelikts hinsichtlich des tatsächlich betroffenen Objekts in Betracht. E. *in persona* (Irrtum über die Person) ist im Privatrecht ein Fall des → Inhaltsirrtums, im Strafrecht ein Fall des → Irrtums über das Tatobjekt (error in obiecto).

Lit.: *Grotendiek, S.,* Strafbarkeit des Täters, 2000

Errungenschaftsgemeinschaft ist im (älteren) Familienrecht eine Form der Gütergemeinschaft, in der das von den Eheleuten in der Ehe errungene Gut gemeinschaftliches Vermögen wird, die vorehelichen Vermögen dagegen getrenntes Vermögen des jeweiligen Berechtigten bleiben.

Lit.: *Köbler, G.,* Zielwörterbuch integrativer europäischer Rechtsgeschichte, 6. A. 2014 (Internet)

Ersatz ist die Person bzw. der Gegenstand oder die Maßnahme, die an die Stelle einer nicht mehr vorhandenen oder geeigneten Person bzw. Sache oder Maßnahme tritt.

Lit.: *Köbler, G.,* Schuldrecht, 2. A. 1995

Ersatzdienst ist allgemein ein an Stelle eines an sich geschuldeten Dienstes geleisteter Dienst. *Ziviler* E. ist der von Kriegsdienstverweigerern zu leistende E. Geregelt war der zivile E. bis 2011 im besonderen Zivildienstgesetz. Seit 1.7.2011 gilt das Bundesfreiwilligendienstgesetz, das einen vergüteten freiwilligen Dienst vorsieht (2011 bis zu 330 Euro monatlich).

Ersatzerbe (§ 2096 BGB) ist der → Erbe, der vom Erblasser für den Fall eingesetzt ist, dass der Erbe vor oder nach dem Eintritt des → Erbfalls wegfällt (z. B. durch Tod, Erbunwürdigkeit). Dabei kann der Erblasser mehrere Ersatzerben nacheinander einsetzen. Der E. wird mit dem → Erbfall (bedingter) Erbe.

Lit.: *Kletecka,* A., Ersatz- und Nacherbschaft, 1999 (Österreich)

Ersatzfreiheitsstrafe (§ 43 StGB) ist die → Freiheitsstrafe, die kraft Gesetzes an die Stelle einer rechtskräftig verhängten, aber tatsächlich unein-

bringlichen → Geldstrafe tritt, (wobei einem → Tagessatz [der Geldstrafe] ein Tag Freiheitsstrafe entspricht).

Lit.: *Kollmar, R.,* Schuldangemessene Vermögensstrafe und adäquate Ersatzfreiheitsstrafe, 1998

Ersatzgeschäft → Umdeutung

Ersatzkasse (§§ 168 ff. SGB V) ist die die → Krankenversicherung betreibende → Körperschaft des öffentlichen Rechts, deren freiwillige Mitgliedschaft von der Mitgliedschaft in einer Pflichtkrankenkasse befreit. Es gibt Ersatzkassen für → Arbeiter und für → Angestellte (z. B. Barmer Ersatzkasse, Deutsche Angestelltenkrankenkasse). Die E. unterliegt staatlicher Aufsicht durch das Bundesversicherungsamt. Neue Ersatzkassen werden nicht mehr zugelassen.

Lit.: *Wigge, P.,* Die Stellung der Ersatzkassen, 1992

Ersatzvermächtnis (§ 2190 BGB) ist das für den Fall, dass der zunächst Bedachte das → Vermächtnis nicht erwirbt, bestellte Vermächtnis.

Ersatzvornahme (§ 10 VwVG, § 887 ZPO) ist die ersatzweise Vornahme einer (vertretbaren) Handlung, die an sich ein Dritter schuldet, durch (die → Verwaltung oder) einen (von ihr damit betrauten) anderen. Sie ist ein → Zwangsmittel im Rahmen der Verwaltungsvollstreckung bzw. der Vollstreckung, das der Vollstreckung der Verpflichtung zu einer vertretbaren → Handlung dient. Ihre Kosten trägt der Pflichtige.

Lit.: *Giehl, M.,* Ersatzvornahme im Zivilrecht, Diss. jur. Göttingen, 1995; *Ackermann, C.,* Die klassische Ersatzvornahme, 2000 (Schweiz)

Ersatzzeit ist bei der → Rentenversicherung die beitragsfreie, jedoch auf Wartezeiten und bei der Rentenberechnung anrechenbare Zeit (z. B. Wehrdienst) vor dem 1.1.1992.

Ersatzzustellung (z. B. §§ 181 ff. ZPO) ist die auf andere Weise als durch Übergabe an den Zustellungsempfänger bewirkte → Zustellung (z. B. Übergabe an Dienstboten, Zurücklassung am Ort, nicht Übergabe an einen nicht in der Wohnung des Adressaten lebenden Familienangehörigen).

Ersatzzwangshaft (§ 16 VwVG, § 888 ZPO) ist die Haft, die das → Gericht anordnen kann, wenn das verhängte → Zwangsgeld uneinbringlich ist und bei Androhung des Zwangsgelds auf die Möglichkeit der E. hingewiesen worden ist.

Lit.: *Cirullies, M.,* Zwangsmittel und Haftbefehl – Die Anordnung von Ersatzzwangshaft, NJW 2013, 203

Erscheinen ist allgemein das öffentliche Sichtbarwerden. Im Verfahrensrecht ist persönliches E. die Anwesenheit eines Verfahrensbeteiligten in Person. Persönliches E. kann etwa im Zivilprozessrecht vom → Gericht hinsichtlich der → Parteien angeordnet werden (§§ 141, 273 II Nr. 3 ZPO). Es soll angeordnet werden, wenn dies zur Aufklärung des Sachverhalts geboten erscheint.

Lit.: *Kahlert, H.,* Anordnung des persönlichen Erscheinens im Zivil- und Arbeitsgerichtsprozess, NJW 2003, 3390

Erschleichen einer Leistung (§ 265a StGB) ist das Entgegennehmen einer Leistung auf Grund eines den Anschein der Ordnungsmäßigkeit vermittelnden Verhaltens. Dafür genügt beispielsweise das Nichtlösen oder Nichtentwerten eines Fahrausweises sowie ein unauffälliges und unbefangenes Auftreten. Nicht erforderlich sind heimliches Vorgehen, List, Täuschung oder Umgehung von Sicherung oder Kontrolle. Das E. von Leistungen wird mit Freiheitsstrafe bis zu einem Jahr oder Geldstrafe bestraft. Der Versuch ist strafbar.

Erschließung ist die Gesamtheit der Maßnahmen, die erforderlich sind, → Grundstücke, die für die bauliche oder gewerbliche Nutzung bestimmt sind, dafür geeignet zu machen (z.B. Straße, Strom, Wasser, Kanal). Nach § 30 BauGB ist die Sicherung der E. Voraussetzung für die Bebauung. Die E. ist nach den §§ 123 ff. BauGB Aufgabe der → Gemeinde, doch können zur Deckung des damit verbundenen Aufwands → Beiträge von den betroffenen → Eigentümern verlangt werden.
Lit.: *Driehaus, H.,* Erschließungs- und Ausbaubeiträge, 9. A. 2012; *Grziwotz, H.,* Baulanderschließung, 2. A. 2015?

Erschöpfung ist die vollständige oder weitgehende Ausnutzung einer Möglichkeit. Gemäß § 17 II UrhG kann der Urheber, wenn mit seiner Zustimmung Werke oder deren Vervielfältigungsstücke in Verkehr gebracht sind, nicht mehr bestimmen, welchen Weg die Werke nehmen. Vielmehr kann der rechtmäßige Erwerber entscheiden, wem er das Werk weitergibt (z.B. dürfen bei genehmigtem Vertrieb von Schallplatten in einem Mitgliedstaat des europäischen Wirtschaftsraums Schallplatten auch nach Deutschland eingeführt werden).
Lit.: *Döbler, M.,* Die Einführung des WTO-weiten Erschöpfungsgrundsatzes, 2002; *Koppe, C.,* Die urheberrechtliche Erschöpfung, 2004

Ersetzung ist die Bewirkung einer Ersatzleistung.

Ersetzungsbefugnis ([lat.] facultas [F.] alternativa) ist die Befugnis des → Schuldners oder → Gläubigers, statt der an sich geschuldeten bestimmten Leistung eine andere bestimmte Leistung zu erbringen oder zu verlangen (z.B. statt Naturalherstellung Geldersatz § 251 II BGB). Sie ist ein Gestaltungsrecht. Mit ihrer Ausübung erlischt die an sich vereinbarte oder gesetzlich entstandene Verpflichtung.

Ersitzung (§§ 937 ff. BGB) ist der Erwerb des → Eigentums durch Zeitablauf. Die E. ist ein Rechtsgrund für den Eigentumserwerb des Erwerbers und den Eigentumsverlust des bisherigen Eigentümers. Sie erfordert bei beweglichen → Sachen zehnjährigen gutgläubigen → Eigenbesitz. Bei → Grundstücken erwirbt das Eigentum wer, ohne Eigentümer zu sein, als → Eigentümer im → Grundbuch eingetragen ist (Bucheigentümer), wenn die Eintragung 30 Jahre bestanden hat und er während dieser Zeit das Grundstück in → Eigenbesitz gehabt hat (§ 900 BGB, → Buchersitzung).
Lit.: *Finkenauer, T.,* Eigentum und Zeitablauf, 2000

Erstattung ist der Ausgleich einer Vermögensverschiebung.

Erstattungsanspruch ist der Anspruch auf Ausgleich einer Vermögensverschiebung. *Öffentlicher* E. ist der Rückgewähranspruch (vgl. § 49a VwVfG, § 113 SGB IX) wegen rechtsgrundlos erfolgter vermögenswerter Leistungen (z.B. Zahlung auf Grund eines fehlerhaften, wirksam beseitigten Verwaltungsakts). Er beruht – wie der Anspruch aus den §§ 812 ff. BGB – auf der allgemeinen Erwägung, dass eine mit der Rechtslage nicht übereinstimmende Vermögenslage auszugleichen ist. Er kann sich sowohl gegen einen Einzelnen wie auch gegen ein Rechtssubjekt des öffentlichen Rechts richten.
Lit.: *Weber, H.,* Der öffentlich-rechtliche Erstattungsanspruch, JuS 1986, 29; *Franckenstein, G. v.,* Parallelen und Unterschiede, 1998

Ersuchen ist das von Behörde zu Behörde gerichtete Verlangen um → Rechtshilfe oder → Amtshilfe.

ersuchter Richter → Richter

Ertrag ist das Ergebnis, die Einnahme oder der Wert einer in einer bestimmten Zeit erbrachten Leistung.

Ertragshoheit ist das Recht auf das Steueraufkommen. Die E. steht für einzelne → Steuern → Bund, → Länder und → Gemeinden gemeinsam zu, die sich den Ertrag nachträglich teilen (z.B. Art. 106 V, VI 4 GG, Verbundsystem), für andere Steuern entweder dem Bund, dem Land oder der Gemeinde.
Lit.: *Friedrich, K.,* Der Begriff der Ertragshoheit im Finanzverfassungsrecht, DÖV 1976, 761

Ertragsteuer ist die – wie die Einkommensteuer – an die Einkünfte anknüpfende → Steuer (→ Gewerbesteuer, → Grundsteuer). Die E. i.e.S. geht von objektiven Einkommensquellen aus, während die Einkommensteuer die persönlichen Verhältnisse des Steuerpflichtigen berücksichtigt.
Lit.: *Rose, G.,* Ertragsteuern, 20. A. 2013

Erwerb ist die Erlangung einer rechtlich relevanten Stellung (z.B. → Eigentum). Der E. erfolgt entweder ursprünglich (erstmalig, originär) oder (von einem anderen) abgeleitet (derivativ). Er kann in Kenntnis der wahren Rechtslage oder gutgläubig (in Unkenntnis der wahren Rechtslage) geschehen. Der *gutgläubige* E. ist besonders bedeutsam im Sachenrecht. Hier kann etwa das → Eigentum an beweglichen Sachen vom Nichtberechtigten durch → Einigung, → Übergabe und guten → Glauben des Erwerbers an das (nicht bestehende) Eigentum des Veräußerers erworben werden (§ 932 BGB). Dies gilt nicht, wenn die Sache – ausgenommen → Geld, → Inhaberpapiere und im Wege öffentlicher → Versteigerung veräußerte Sachen – → abhanden gekommen war (§ 935 BGB). Bei gebrauchten Kraftfahrzeugen schließt die Nichtvorlegung des Kraftfahrzeugbriefs den gutgläubigen Erwerb aus. Für Grundstücke kommen die §§ 891 ff. BGB zur Anwendung.

Lit.: *Sonntag, B.*, Gutgläubiger Erwerb von Lagergütern, 2003; *Thomale, C.*, Der gutgläubige Forderungserwerb im BGB, JuS 2010, 857; *Kindler, P.*, Redlicher Erwerb, JuS 2013, 393 ff.

Erwerbsunfähigkeit (§ 44 II SGB VI) war bis 31.12.2000 die durch Krankheit oder Behinderung auf nicht absehbare Zeit bedingte Unfähigkeit, den geordneten Lebensunterhalt durch Arbeit zu verdienen (, die eine Voraussetzung für die Erwerbsminderungsrente ist bzw. für eine nach Vertrauensschutzgesichtspunkten weiterzuzahlende Erwerbsunfähigkeitsrente war).
Lit.: *Roth, H.*, Berufs- und Erwerbsunfähigkeit, 2000

Erwerbsverbot ist das Verbot, einen Gegenstand zu erwerben (z. B. § 938 I ZPO). Es ist zulässig. Es wird dem relativen Veräußerungsverbot gleichgestellt.
Lit.: *Foerste, U.*, Grenzen 1986

Erzbischof ist im katholischen → Kirchenrecht der Leiter einer Kirchenprovinz (Erzbistum).

Erziehung (vgl. § 1626 II BGB) ist die Sorge für die sittliche, geistige und körperliche Entwicklung des → Kindes, der Inbegriff aller pädagogischen Maßnahmen, durch die das Kind zur vollentwickelten Person werden soll. Die E. ist Gegenstand der elterlichen Sorge. Nach § 1631 II BGB hat das Kind ein Recht auf gewaltfreie E.

Erziehungshilfe ist allgemein die Unterstützung bei der Erziehung. Seit 1.1.1991 ist die Hilfe zur Erziehung durch die §§ 27 ff. SGB VIII geregelt. Sie wird geleistet als Beratung oder Unterstützung von Kindern, Jugendlichen, Eltern und anderen Erziehungsberechtigten in schwierigen Familienlagen.
Lit.: *Stickdorn, J.*, Der Umbau der Erziehungshilfen, 2003; Erziehungshilfe konkret, 2004

Erziehungsmaßregel ist die der → Erziehung eines gefährdeten → Jugendlichen dienende, vom Familienrichter oder vom Jugendrichter anwendbare Maßnahme (§§ 9 ff. JGG). Erziehungsmaßregeln sind im Jugendstrafrecht die Erteilung von → Weisungen und die Anordnung, Hilfe zur Erziehung in Anspruch zu nehmen. Den Erziehungsmaßregeln stehen → Zuchtmittel und → Jugendstrafe gegenüber.

Erziehungsurlaub → Elternzeit

Erzwingungshaft ist im Verwaltungsrecht die in Haft bestehende Maßnahme zur → Vollstreckung eines Anspruchs auf eine → Geldbuße (§ 96 OWiG). → Ersatzzwangshaft, Ordnungshaft

Estland ist der von Lettland, Russland und der Ostsee begrenzte, am 20.8.1991 von der → Sowjetunion verselbständigte Staat.
Lit.: Deutsch-estnische Rechtsfragen, hg. v. *Redecker, N. v.*, 2003; Deutsch-estnische Rechtsvergleichung und Europa, hg. v. *Oksaar, S. u. a.*, 2004

ethisch → Ethik

Ethik ist die Lehre von den Regeln menschlichen Verhaltens und ihrer Rechtfertigung.
Lit.: Die ethischen Grundlagen des Privatrechts, hg. v. *Bydlinski, F./Mayer-Maly, T.*, 1994; *Pfordten, D. v. d.*, Rechtsethik, 2001

etwas → Bereicherung

EU → Europäische Union

Eur-Lex ist die Datenbank der → Europäischen Union für die Verträge der Gemeinschaft, das → Amtsblatt, das geltende Recht in konsolidierter Fassung und die Rechtsprechung des → Europäischen Gerichtshofs.
Lit.: *Weber, R.*, Eur-Lex, NJW 1998, 2805

Euro ist der 1995 festgelegte Name für die ab 1.1.2002 ausschließlich geltende Währungseinheit der der Europäischen Währungsunion (Eurozone) angehörenden Mitgliedstaaten der → Europäischen Union (Belgien, Deutschland, Estland, Finnland, Frankreich, Griechenland, Irland, Italien, Luxemburg, Malta, Niederlande, Österreich, Portugal, Slowakei, Slowenien, Spanien, Zypern, 8 weitere Verpflichtungen, Ausstiegsoption für Dänemark und Vereinigtes Königreich). Der E. wird in Cent geteilt. Der Schutz des E. ist wichtig für das Vertrauen der Bevölkerung in die Währungseinheit, so dass die Mitgliedstaaten der Europäischen Union für eine strafrechtliche Absicherung sorgen müssen.
Lit.: *Schorkopf, F.*, Die Einführung des Euro, NJW 2001, 3734

Euroholding → Holding

Eurojust ist die von der Europäischen Union durch Beschluss des Rates vom 28.2.2002 geschaffene Einrichtung zur Verstärkung der Bekämpfung der schweren Kriminalität mit eigener Rechtspersönlichkeit und Sitz in Den Haag (deutsches Eurojust-Gesetz vom 18.5.2004).
Lit.: *Schomburg, W.*, Internationale Rechtshilfe in Strafsachen, NJW 2002, 1629; *Schomburg, W.*, Internationale vertragliche Rechtshilfe in Strafsachen, NJW 2005, 3262

Eurokorps ist die von der → Europäischen Union gestellte Eingreiftruppe.
Lit.: *Wassenberg, B.*, Das Eurokorps, 1999

Europa ist die als selbständiger Kontinent angesehene westliche Halbinsel Asiens zwischen Atlantik, Eismeer, Mittelmeer und Ural (ca. 10 Mill. qkm). Seit dem zweiten Weltkrieg streben viele in E. bestehende Einzelstaaten eine einheitliche Rechts-, Wirtschafts- und Sozialunion an. In der Europäischen Union sind bereits erhebliche Teile des Rechts europäisch vereinheitlicht. → Europäische Union, → Europarat
Lit.: *Köbler, G.*, Zielwörterbuch integrativer europäischer Rechtsgeschichte, 6. A. 2014 (Internet); Europas universale rechtsordnungspolitische Aufgabe im Recht des dritten Jahrtausends, hg. v. *Köbler, G. u. a.*, 2000; Zahlen, hg. v. Statistischen Amt der Europäischen Gemeinschaft, 2000; *Streinz/Ohler/Herrmann*, Die neue

Verfassung für Europa, 2005; *Hesse, J.,* Vom Werden Europas, 2007; *Schrötter, H.,* Kleines Europa-Lexikon, 2010

Europäische Akte (Einheitliche Europäische Akte) ist die von den Mitgliedstaaten der → Europäischen Gemeinschaften am 17.2.1986/27.2.1986 unterzeichnete Vereinbarung über die politische Zusammenarbeit, welche die Römischen Verträge über die Europäischen Gemeinschaften (1957) mit dem Ziel eines gemeinsamen Binnenmarkts abänderte.

Europäische Aktiengesellschaft (Societas Europaea) ist die durch Verordnung der Europäischen Gemeinschaft (von 2001) ermöglichte Aktiengesellschaft des europäischen Rechtes. Sie ist eine Handelsgesellschaft mit eigener Rechtspersönlichkeit (Körperschaft, juristische Person), für die nur das Gesellschaftsvermögen haftet und die über ein in Aktien zerlegtes Grundkapital (mindestens 120 000 Euro) verfügt. Ihre Organe sind Hauptversammlung der Aktionäre und Leitungsorgan bzw. zusätzlich Aufsichtsorgan (6 Jahre). Die Regeln über die Arbeitnehmerbeteiligung sind in einer Richtlinie festgelegt.
Lit.: Europäische Aktiengesellschaft, hg. v. *Graf Kanitz u. a.,* 2. A. 2010; Europäische Aktiengesellschaft SE, hg. v. *Manz, G. u. a.,* 2. A. 2010

Europäische Atomgemeinschaft ist die durch Vertrag vom 25. März 1957 gemeinsam mit der Europäischen Wirtschaftsgemeinschaft geschaffene europäische Gemeinschaft der Atomindustrie. Sie ist nicht mit der Europäischen Union fusioniert und behält auch nach dem Inkrafttreten des Vertrags über die Europäische Union und des Vertrags über die Arbeitsweise der Europäischen Union (2009) ihre Rechtspersönlichkeit. → Europäische Gemeinschaften

Europäische Gemeinschaft ist die durch den Vertrag über die Europäische Union vom 7.7.1992 aus den → Europäischen Gemeinschaften entstandene, zum 1.11.1993 zur → Europäischen Union weiterentwickelte und durch den Vertrag von Lissabon 2009 in die Europäische Union übergeführte europäische Staatengemeinschaft.

Europäische Gemeinschaft für Kohle und Stahl (18.4.1951, nach Auslaufen des Vertrags am 23.7.2002 dem Vertrag über die Gründung der Europäischen Gemeinschaft unterstellt, Organe mit den entsprechenden Organen der früheren Europäischen Wirtschaftsgemeinschaft und der Europäischen Atomgemeinschaft verschmolzen, ab dem 22.7.2002 wurde der Inhalt des Vertrags über die E. G. f. K. u. S. im Wesentlichen in die allgemeinen Vorschriften des Vertrags über die Europäische Gemeinschaft übernommen, die Europäische Gemeinschaft ihrerseits ging danach in der Europäischen Union auf) → Europäische Gemeinschaften

Europäische Gemeinschaften sind die Vorläufer der Europäischen Union.

Europäische Kommisssion bzw. Kommission (Art. 17 EUV, Art. 244 AEUV) ist ein supranationales Organ der Europäischen Union zur Wahrnehmung ausführender Aufgaben mit dem alleinigen Initiativrecht im Rechtsetzungsverfahren und Klagerecht hinsichtlich der Einhaltung des Europarechts durch die Mitgliedstaaten der Europäischen Union vor dem Gerichtshof der Europäischen Union). Die E. K. wird vom Präsidenten der Europäischen Kommission geleitet und hat ihren Sitz in Brüssel. Sie wird jeweils nach der Wahl zum Europäischen Parlament (bzw. nach 5 Jahren) unter Mitwirkung der Mitgliedstaaten, des Europäischen Rates und des Europäischen Parlaments neu besetzt und hat (derzeit doch wieder) je ein Mitglied für jeden Mitgliedstaat.

Europäische Konvention zum Schutz der → Menschenrechte und Grundfreiheiten ist der vom → Europarat ausgearbeitete, 1952 von der Bundesrepublik als Gesetz angenommene völkerrechtliche → Vertrag vom 4.11.1950, der allen der Herrschaft der angeschlossenen Staaten unterstehenden Ländern die grundlegenden menschlichen Freiheiten sichern will (z. B. Meinungsfreiheit, rechtliches Gehör, Recht auf Privatsphäre) (, die inhaltlich meist weniger weit reichen als die Grundrechte des Grundgesetzes Deutschlands). Die E. K. ist von der Allgemeinen Erklärung der Menschenrechte zu unterscheiden, die 1948 von den Vereinten Nationen verkündet wurde. Verletzt ist die E. K. beispielsweise im Recht auf Privatsphäre, wenn ein homosexueller Soldat aus dem Militärdienst ausgeschlossen wird. Nicht als Verletzung wird es bisher angesehen, wenn ein Konventionsstaat eine Bitte um eine vorläufige Maßnahme (z. B. Aussetzung der Vollstreckung einer Todesstrafe) missachtet.
Lit.: *Meyer-Ladewig, J.,* EMRK – Europäische Menschenrechtskonvention, 3. A. 2011; *Grabenwarter, C./ Pabel, K.,* Europäische Menschenrechtskonvention, 6. A. 2015; *Karpenstein, U./Mayer, F.,* EMRK – Konvention zum Schutz der Menschenrechte und Grundfreiheiten, 2. A. 2015; *Peters, A./Altwicker, T.,* Europäische Menschenrechtskonvention, 2. A. 2012; *Braasch, P.,* Einführung in die Europäische Menschenrechtskonvention, JuS 2013, 603; Handlexikon der Europäischen Union, hg. v. *Bergmann, J.,* 5. A. 2015

Europäische Menschenrechtskommission → Europäischer Gerichtshof für Menschenrechte

Europäische Menschenrechtskonvention → Europäische Konvention zum Schutze der Menschenrechte

Europäische Sozialcharta (18.10.1962) ist die soziale Angelegenheiten betreffende Ergänzung der → Europäischen Konvention zum Schutz der Menschenrechte.
Lit.: *Neubeck, X.,* Die europäische Sozialcharta, 2002

Europäische Union (1.11.1993) ist die aus der → Europäischen Gemeinschaft (bzw. aus den Europäischen Gemeinschaften) entwickelte politische Union der Europäischen Gemeinschaft. Sie ist juristische Person, die mit (der Europäischen Kommission, dem Europäischen Parlament, dem Europäischen Gerichtshof, dem Ministerrat der Europäischen Union und dem Rat der Europäischen Union) über Organe verfügt (str.). 2004 hatte(n) Deutschland 82,5 Millionen Einwohner (17 Prozent), Frankreich 59,9 (12,4 Prozent), Großbritannien 59,5 (12,3 Prozent), Italien 57,5 (11,9 Prozent), Spanien 41 (8,5 Prozent), Polen 38,2 (7,9 Prozent), (Rumänien 21,7 [4,5 Prozent]), Niederlande 16,3 (3,4 Prozent), Griechenland 11,0 (2,3 Prozent), Portugal 10,5 (2,2 Prozent), Belgien 10,4 (2,1 Prozent), Tschechische Republik 10,2 (2,1 Prozent), Ungarn 10,1 (2,1 Prozent), Schweden 9,0 (1,9 Prozent), Österreich 8,1 (1,7 Prozent), (Bulgarien 7,8 [1,6 Prozent]), Dänemark 5,5 (1,1 Prozent), Slowakei 5,4 (1,1 Prozent), Finnland 5,2 (1,1 Prozent), Irland 4,0 (0,8 Prozent), Litauen 3,5 (0,7 Prozent), Lettland 2,3 (0,5 Prozent), Slowenien 2,0 (0,4 Prozent), Estland 1,4 (0,3 Prozent), Zypern 0,7 (0,2 Prozent), Luxemburg 0,5 (0,1 Prozent) und Malta 0,4 Millionen (0,1 Prozent) Einwohner von insgesamt 484,4 Millionen und damit nach dem vom 1. November an geltenden Vertrag von Nizza 29 Stimmen (8,4 Prozent), 29 (8,4 Prozent), 29 (8,4 Prozent), 29 (8,4 Prozent), 27 (7,8 Prozent), 27 (7,8 Prozent), (14 [4,1 Prozent]), 13 (3,8 Prozent), 12 (3,5 Prozent), 12 (3,5 Prozent), 12 (3,5 Prozent), 12 (3,5 Prozent), 12 (3,5 Prozent), 10 (2,9 Prozent), 10 (2,9 Prozent), (10 [2,9 Prozent]), 7 (2,0 Prozent), 7 (2,0 Prozent), 7 (2,0 Prozent), 7 (2,0 Prozent), 7 (2,0 Prozent), 4 (1,2 Prozent), 4 (2,2 Prozent), 4 (1,2 Prozent), 4 (1,2 Prozent), 4 (1,2 Prozent) und 3 (0,9 Prozent) von 345 Stimmen im Ministerrat. Am 17./18. Juni 2004 wurde der Vertrag über eine Verfassung für Europa verabschiedet und am 29.10.2004 unterzeichnet. Wegen des Widerstands bei Volksabstimmungen in Frankreich und in den Niederlanden befand er sich lange in der Schwebe, bis er zum 1.12.2009 durch den Vertrag von Lissabon abgelöst wurde, der etwa die Sitzverteilung im Europäischen Parlament verschob. Die Europäische Nachbarschaftspolitik strebt den Aufbau von Stabilität, Sicherheit und Wohlstand in der Ukraine, Weißrussland, Moldau, Armenien, Aserbeidschan, Georgien, Marokko, Algerien, Tunesien, Libyen, Ägypten, Israel, Palästina (Autonomiegebiete), Jordanien, Libanon und Syrien an. Seit dem Vertrag von Lissabon (1.12.2009) ist die Europäische Union eine eigene juristische Person.

Lit.: Das Recht der Europäischen Union (Lbl.), hg. v. *Grabitz, E./Hilf, M./Nettesheim, M.,* 51. A. 2014; EU-Kommentar, hg. v. *Schwarze, J.,* 3. A. 2012; *Geiger, R./Khan/Kotzur,* Vertrag über die Europäische Union und Vertrag über die Arbeitsweise der Europäischen Union, 5. A. 2010; *Hailbronner, K./Wilms, H.,* Recht der Europäischen Union (Lbl.), 2009; Handbuch des Rechtsschutzes in der Europäischen Union, hg. v. *Rengeling/Middeke/Gellermann,* 3. A. 2014; *Streinz, R.,* EUV/AEUV 2. A. 2012; *Pachinger, M.,* Der Vertrag von Lissabon, hg. v. *Streinz, R. u. a.,* 2. A. 2008; *Ruffert, M.,* Die Grundverkehrsfreiheiten im Recht der Europäischen Union, JuS 2009, 97; *Callies, C.,* Die neue Europäische Union, 2010; *Streinz,* EUV/AEUV, 2. A. 2012; EUV/AEUV, hg. v. *Callies, C./Ruffert, M.,* 4. A. 2011; Europäisches Unionsrecht, hg. v. *Vedder, C./Heintschell von Heinegg, W.,* 2011; *Kment, M.,* Das Eigenverwaltungsrecht der Europäischen Union, JuS 2011, 211; *Montag, F. u. a.,* Die Entwicklung des Unionsrechts, NJW 2014, 3492; *Karpenstein, U.,* Praxis des EU-Rechts, 2. A. 2013; European Union Treaties, hg. v. *Geiger/Khan/Kotzur,* 2014

Europäische Universität ist die im Vertrag über die → Europäische Atomgemeinschaft geplante Universität für Kernforschung, an deren Stelle durch Übereinkommen vom 19.4.1972 das Europäische Hochschulinstitut mit Sitz in Florenz gegründet wurde.

Europäische Wirtschaftliche Interessenvereinigung ist die nach dem Vorbild Frankreichs vom Recht der Europäischen Union zur Verfügung gestellte Unternehmensform, die Unternehmen und freiberuflich tätigen Personen in den Mitgliedstaaten eine grenzüberschreitende Zusammenarbeit ermöglicht oder erleichtert, ohne dass die Mitglieder dieser Interessenvereinigung der Rechtsordnung eines bestimmten Mitgliedstaats unterworfen werden (1997 rund 800 EWIV, 2000 rund 1000 EWIV vorhanden). Sie ähnelt einer offenen Handelsgesellschaft, hat aber wie eine Gesellschaft mit beschränkter Haftung besonders bestellte Geschäftsführer. Die E. W. I. V. geht auf eine Verordnung (EWG) des Rates vom 25.7.1985 zurück, die unmittelbar in den Mitgliedstaaten geltendes Recht ist. Sie ist durch das EWIV-Ausführungsgesetz vom 14.4.1988 zum 1.1.1989 für die Bundesrepublik Deutschland einzelstaatlich ergänzt. Die Firma der Europäischen Wirtschaftlichen Interessenvereinigung muss mindestens die Worte Europäische wirtschaftliche Interessenvereinigung oder die Abkürzung EWIV enthalten.

Lit.: *Lenz, G.,* Die europäische wirtschaftliche Interessenvereinigung, 1997; *Köhl, D.,* Einfluss der Europäischen wirtschaftlichen Interessenvereinigung auf das Prinzip der Selbstorganschaft, 2001

Europäische Wirtschaftsgemeinschaft (25.3.1957) (Deutschland, Frankreich, Italien, Belgien, Niederlande, Luxemburg, 1973 Dänemark, Großbritannien, Irland, 1981 Portugal, Spanien, Griechenland, 1995 Österreich, Schweden, Finnland) → Europäische Gemeinschaften

Europäische Zentralbank (EZB) ist die zur Sicherung der Europäischen Währungsunion in der Europäischen Union eingerichtete Zentralbank (Art. 13 EUV, 282 ff. AEUV). Ihre vorrangige Aufgabe ist die Gewährleistung der Preisstabilität. Ihre Organe sind Rat und Direktorium.

Lit.: *Junius, K.,* Handbuch Europäische Zentralbank, 2002; *Gaitanides, C.,* Das Recht der europäischen Zentralbank, 2005; *Kramer, U. u. a.,* Die Europäische Zentralbank, JuS 2015, 673

Europäischer Betriebsrat ist der auf Grund des Europäischen Betriebsrätegesetzes vom 28.10.1996 vereinbarte oder eingerichtete → Betriebsrat, der seit 2000 auch mehr als 30 Mitglieder haben kann.

Europäischer Gerichtshof (EuGH) bzw. (seit 2009 der) Gerichtshof (der Europäischen Union) in Luxemburg ist der gemeinsame Gerichtshof, der die einheitliche Anwendung, Auslegung und Fortbildung des → Europäischen Gemeinschaftsrechts sichern soll. Er hat (derzeit) 28 Richter und 8 bzw. 9 Generalanwälte. Für ihn gilt eine besondere Verfahrensordnung. Die wichtigsten Verfahrensarten sind Vertragsverletzungsverfahren, Nichtigkeitsklage, Untätigkeitsklage, Amtshaftungsklage und Vorabentscheidungsverfahren. 1999 wurden 543 Verfahren anhängig (davon 47 Prozent Vorabentscheidungsverfahren, 30 Prozent Vertragsverletzungsverfahren, 13 Prozent Rechtsmittelverfahren und 10 Prozent Nichtigkeitsverfahren, bis 2006 rund 14 000 Entscheidungen, davon ein Drittel Vorabentscheidungsverfahren, 2009 543 Rechtssachen abgeschlossen). Nach der Rechtsprechung des Europäischen Gerichtshofs haften z. B. die Mitgliedstaaten für Verstöße des Gesetzgebers, der Verwaltung oder der Gerichtsbarkeit gegen europäisches Recht. Seit dem Vertrag von Lissabon (1.12.2009) heißt der Europäische Gerichtshof Gerichtshof (der Europäischen Union).

Lit.: *Kremer, C.,* Staatshaftung für Verstöße gegen Gemeinschaftsrecht durch letztinstanzliche Gerichte, NJW 2004, 480 (C-224/2001); *Seyr, S.,* Der verfahrensrechtliche Ablauf vor dem EuGH, JuS 2005, 315; *Thiele, A.,* Europäisches Prozessrecht, 2007; *Wägenbaur, B.,* EuGHVerfO, 2008; *Baltes, K.,* Die demokratische Legitimation und die Unabhängigkeit des EuGH und des EuG, 2011

Europäischer Gerichtshof für Menschenrechte (EGMR) ist der auf der Grundlage der → Europäischen Konvention zum Schutz der Menschenrechte geschaffene Gerichtshof in Straßburg. Jede natürliche Person oder juristische Person, die sich durch eine (nicht unerhebliche) Verletzung der in der Europäischen Menschenrechtskonvention oder den Protokollen dazu anerkannten Rechte durch einen der vertragsschließenden Staaten beschwert fühlt, kann sich an den Europäischen Gerichtshof für Menschenrechte wenden, wenn der jeweilige nationale Rechtsweg erschöpft ist (vgl. Merkblatt NJW 1999, 1166). Der Gerichtshof besteht aus je einem Richter der (1999 40, 2008 47) Vertragsstaaten. Jeder Richter gehört vor insgesamt vier Sektionen an. Der Gerichtshof entscheidet grundsätzlich durch Kammern mit je 7 Richtern. Die Kammer, die im Einzelfall entscheiden soll, setzt sich zusammen aus dem Präsidenten, dem nationalen Richter und fünf weiteren, vom Präsidenten bestimmten Richtern. Die Kammern bilden Ausschüsse zu drei Richtern, die Individualbeschwerden einstimmig für unzulässig erklären können. 1999 liefen rund 20 000 Beschwerden ein und wurden 117 Urteile verkündet, 2007 25802 Beschwerden unzulässig, 1735 Verfahren mit Urteil [in Englisch oder Französisch] beendet, davon 17 durch die große Kammer, 2008 rund 80 000 Beschwerden anhängig, davon 2500 gegen Deutschland, in der Mitte des Jahres 2012 rund 150000 Beschwerden anhängig, mehr als 90 Prozent der Beschwerden meist wegen offensichtlicher Unbegründetheit als unzulässig zurückgewiesen, 2011 152000 Verfahren verteilt auf 47 Richter). Das Urteil hat nur feststellende Wirkung. Die tatsächliche Umsetzung beruht (letztlich auf der Freiwilligkeit seitens des verurteilten Staates bzw. auf der völkerrechtlichen Verpflichtung der Vertragsstaaten der Europäischen Menschenrechtskonvention, das endgültige Urteil des Gerichtshofs zu befolgen. Es besteht die Möglichkeit, Verweisung an die große, mit 17 Richtern entscheidende Kammer des Gerichtshofs zu beantragen. Für die Überwachung ist der Ministerrat zuständig.

Lit.: *Meyer-Ladewig, J./Petzold, H.,* Der neue ständige Europäische Gerichtshof für Menschenrechte, NJW 1999, 1165; *Kieschke, O.,* Die Praxis des Europäischen Gerichtshofs für Menschenrechte, 2003; *Meyer-Ladewig, J. u. a.,* Die Bindung deutscher Gerichte an Urteile des EGMR, NJW 2005, 15; *Haß, S.,* Die Urteile des Europäischen Gerichtshofs für Menschenrechte, 2006; *Meyer-Ladewig, J.,* 50 Jahre Europäischer Gerichtshof für Menschenrecht, NJW 2009, 3749

Europäischer Rat war die aus dem Rat jeder der drei Europäischen Gemeinschaften hervorgehende, 1972 beschlossene Vorstufe des → Ministerrats der Europäischen Union bzw. → des Rates der Europäischen Union. In der Gegenwart ist der Europäische Rat (Art. 15 I EUV) das (je nach der einzelstaatlichen Verfassung) aus den Staatschefs (Frankreich, Litauen, Rumänien, Zypern) und den Regierungschefs (Belgien, Bulgarien, Dänemark, Deutschland, Estland, Finnland, Griechenland, Großbritannien, Irland, Italien, Kroatien, Lettland, Luxemburg, Malta, Niederlande, Österreich, Polen, Portugal, Schweden, Slowakei, Slowenien, Spanien, Tschechien, Ungarn) der Mitgliedstaaten der Europäischen Union, dem Präsidenten der Europäischen Kommission und dem (von dem Europäischen Rat auf 2,5 Jahre gewählten) Präsidenten des Europäischen Rates gebildete Organ der Europäischen Union. Der Europäische Rat bestimmt die politischen Zielsetzungen der Europäischen Union. Er kann zusammen mit dem Europäischen Parlament und den Mitgliedstaaten die europäischen Verträge der Europäischen Union ändern. Er nominiert den Präsidenten der Europäischen Kommission. Er ernennt die Mitglieder des Direktoriums der Europäischen Zentralbank. Er fasst Beschlüsse etwa im Bereich der gemeinsamen Außenpolitik und Sicherheitspolitik. Erforderlich kann Einstimmigkeit, qualifizierte oder einfache Mehrheit sein, wobei die Präsidenten der Europäischen Kommission und des Europäischen Rates nicht stimmberechtigt sind. Für die Berechnung der Mehrheiten gilt Art. 235 I AEUV entsprechend. Gesetzgeberisch wird der Europäische Rat grundsätzlich nicht tätig. Rechtstatsächlich ist er das mächtigste Organ der Europäischen Union, obwohl er protokollarisch hinter dem Europäischen Parlament zurücksteht.

Europäischer Rechnungshof ist der 1975 geschaffene und 1995 angepasste Rechnungshof der Europäischen Gemeinschaft(en) mit Sitz in Luxemburg und 28 Mitgliedern, der die Rechnungsprüfung wahrnimmt (Art. 285 ff. AEUV).

Lit.: *Friedmann, B.,* Der Europäische Rechnungshof, 1994

Europäischer Wirtschaftsraum (EWR) ist der in Verhandlungen (2.5.1992) zwischen der → Europäischen Gemeinschaft und den → EFTA-Staaten (ausgenommen die Schweiz) angestrebte einheitliche Wirtschaftsraum, der am 1.1.1994 mit Österreich, Schweden, Finnland (bis 31.12.1994), Liechtenstein (1.5.1995), Norwegen und Island einerseits sowie den (12 bzw. 15 bzw. 25 bzw. 27 bzw. 28) Mitgliedstaaten der Europäischen Union andererseits in Kraft trat. → Europäische Union

Lit.: *Streit, A.*, Das Abkommen über den Europäischen Wirtschaftsraum, NJW 1994, 555; *Müller-Graff, P.*, EEA-EU-relations, 1999

Europäisches Gemeinschaftsrecht ist das besondere, zwischen Völkerrecht und staatlichem Recht angesiedelte Recht der → Europäischen Gemeinschaften. Dieses setzt sich zusammen aus dem zur Bildung der Europäischen Gemeinschaften geschaffenen Vertragsrecht (*primäres* E.G., Gründungsverträge, einschließlich spätere Änderungen der Gründungsverträge z. B. durch die Einheitliche Europäische Akte, Verträge von Maastricht, Amsterdam, Nizza und Lissabon, Beitrittserklärungen der später beigetretenen Mitgliedstaaten, Gewohnheitsrecht der Europäischen Gemeinschaft, allgemeine Rechtsgrundsätze der Gemeinschaft – z. B. Grundrechte, Rechtsstaatsprinzip, Sozialstaatsprinzip, Demokratieprinzip) und dem von den Organen der Europäischen Gemeinschaften erlassenen Recht (*sekundäres* E.G., bis zum Ende des Jahrs 1998 rund 1450 Richtlinien, daneben Verordnungen, Entscheidungen, Empfehlungen und Stellungnahmen). Das Europäische Gemeinschaftsrecht gilt zum Teil unmittelbar in den einzelnen Mitgliedstaaten und hat dann Vorrang vor dem Recht des einzelnen Staates. Nicht E.G. ist das nationale, auf Grund gemeinsamen Beschlusses der Mitgliedstaaten geschaffene Recht. Seit dem Aufgehen der Europäischen Gemeinschaft in der Europäischen Union ist das besondere Europäische Gemeinschaftsrecht im einheitlichen Recht der Europäischen Union aufgegangen

Lit.: *Hakenberg, W.*, Europarecht, 7. A. 2015; *Montag, F./Bonin, A. v.*, Die Entwicklung des europäischen Gemeinschaftsrechts bis Mitte 2009, NJW 2009, 3620

Europäisches Gericht erster Instanz → Gericht erster Instanz

Europäisches Gerichtsstands- und Vollstreckungsübereinkommen (EuGVÜ) ist das Übereinkommen europäischer Staaten über Gerichtsstand und Vollstreckung im Zivilprozess vom 27.9.1966 (völkerrechtlicher Vertrag). Ihm steht das Luganer Parallelübereinkommen vom 16.9.1988 zwischen den Staaten der Europäischen Gemeinschaft und den Staaten der Europäischen Freihandelszone ([Finnland,] Island, Norwegen, [Österreich,] Schweiz [und Schweden]) zur Seite (LGVÜ). Durch beide Übereinkommen sind wichtige Teile des Zivilprozessrechts in Europa weitgehend vereinheitlicht. Seit 1. März 2002 gilt (ohne besondere sachliche Änderungen als Gemeinschaftsrecht verbindlich und unmittelbar in den Mitgliedstaaten der Europäischen Union) stattdessen die unmittelbar geltende, im Wesentlichen inhaltsgleiche EU-Verordnung 44/2001 über die gerichtliche Zuständigkeit und die Anerkennung und Vollstreckung in Zivil- und Handelssachen (EuGVVO) (ausgenommen Dänemark, EuGVÜ gilt noch).

Lit.: *Piltz, B.*, Vom EuGVÜ zur Brüssel-I-Verordnung, NJW 2002, 789; *Kropholler, J.*, Europäisches Zivilprozessrecht, 9. A. 2011, 10. A. 2015

Europäisches Parlament (Versammlung) ist das aus Vertretern der Völker der in der Europäischen Gemeinschaft (bzw. Europäischen Union) zusam-

mengeschlossenen Staaten bestehende gemeinsame parlamentarische Hauptorgan der → Europäischen Gemeinschaften bzw. Union mit (1994) 518 bzw. (1995) 626 bzw. (2007) 785 bzw. (2009) 736 bzw. (2013) 766, (ab 2014 einschließlich des Präsidenten) 751 Abgeordneten. Es ist auch Organ der → Europäischen Union. Der Bevölkerungszahl der Bundesrepublik Deutschland entspräche eine Sitzzahl von 137 Abgeordneten. Tatsächlich hat Deutschland 96 Sitze inne (Frankreich74 , Großbritannien 73, Italien 73, Spanien 54, Polen 51, Rumänien 32, Niederlande 26, Belgien 21, Griechenland 21, Portugal 21, Tschechien 21, Ungarn 21, Schweden 20, Österreich 18, Bulgarien 17, Dänemark 13, Finnland, 13 Slowakei 13, Irland 11, Litauen 11, Kroatien 11, Lettland 8, Slowenien 8, Luxemburg 6, Zypern 6, Estland 6, Malta 6). Die Befugnisse des Europäischen Parlaments sind, obwohl bei der Festsetzung des Haushalts und auf anderen wichtigen Gebieten der Gesetzgebung seine Mitwirkung inzwischen erforderlich ist, noch gering. Immerhin kann das Europäische Parlament mit der Mehrheit von zwei Dritteln seiner Abgeordneten die Europäische Kommission zum Rücktritt zwingen.

Lit.: *Maurer, A.*, Das Europäische Parlament, 2003

Europäisches Recht ist das in → Europa geltende bzw. das von Europa ausgehende → Recht. → Europäisches Gemeinschaftsrecht, Europarecht

Lit.: *Rabe, H.*, 50 Jahre NJW: Die Europäisierung der Rechtsordnung, NJW 1997, 2631; *Weber, R.*, Eur-Lex, NJW 1998, 2805; Europas universale rechtsordnungspolitische Aufgabe im Recht des dritten Jahrtausends, hg. v. *Köbler, G. u. a.*, 2000

Europäisches Währungssystem (EWS) ist das 1979 in der Europäischen Wirtschaftsgemeinschaft beschlossene Währungssystem.

Lit.: *Collignon, S.*, Das Europäische Währungssystem, 1996

Europarat ist der am 5.5.1949 in London von 10 Staaten errichtete völkerrechtliche Zusammenschluss europäischer Länder von Grönland bis Sibirien (1990 24 Mitgliedstaaten, 1995 34, 1996 40, 1999 41, 2001 43, 2002 44, 2003 45, 2004 46, 2007 47 u. a. Belgien, Dänemark, Frankreich, Irland, Italien, Luxemburg, Niederlande, Norwegen, Schweden, Großbritannien, Bundesrepublik Deutschland [1950], Griechenland [1949 bzw. 1974], Island [1959], Malta [1965], Österreich [1956], Finnland [1989], San Marino [1988], Spanien [1977], Portugal [1976], Schweiz [1963], Türkei [1949], Zypern [1961], Liechtenstein [1978], Ungarn [1990], Estland [1993], Litauen, Slowenien, Tschechoslowakei [21.2.1991, später Tschechei, Slowakei], Polen [26.11.1991], Bulgarien [1992], Rumänien [4.10.1993], Andorra [1994], 1995 Lettland, 1996 Albanien, Moldawien, Ukraine, Mazedonien, Russland, Kroatien, 1999 Georgien, 2001 Armenien, Aserbeidschan, 2002 Bosnien-Herzegowina, 2003 Serbien[-Montenegro], 2004 Monaco, 2007 Montenegro, noch nicht Mitglied nur Weißrussland) mit dem Ziel, eine engere allgemeine und wirtschaftliche Verbindung der Mitgliedstaaten herzustellen. Der E. hat seinen Sitz in Straßburg. Seine Organe sind das Ministerkomitee (der Außenminister, die unter wechselndem Vorsitz jährlich zu zwei Sitzungen zusammenkommen), die Parlamentarische Versammlung (von [1999 286] Vertretern der Parlamente der Mitgliedstaaten, die dreimal jährlich zusammentreten) und das Ständige Sekretariat. Der E. wirkt über Konferenzen, Empfehlungen und (bis 1997 165, bis 1999 173) Konventionen. Er hat die → Europäische Konvention zum Schutze der Menschenrechte und Grundfreiheiten geschaffen und den Europäischen Gerichtshof für Menschenrechte gegründet. Seine Beschlüsse haben empfehlende Wirkung. Der Kongress der Gemeinden und Regionen Europas (gegliedert in je eine Kammer der Gemeinden und der Regionen) vertritt etwa 200 000 kommunale und regionale Gebietskörperschaften.

Lit.: *Oppermann, T.,* Europarat, 1991; Fünfzig Jahre Europarat, hg. v. *Holtz, U.,* 2000; Council of Europe, hg. v. *Streinz, R.,* 2000; *Wittinger, M.,* Der Europarat, 2005

Europarecht ist das gesamte, europäische Organisationen betreffende Recht. Hierzu wird insbesondere das Recht der Nordatlantischen Verteidigungsorganisation (NATO), (der Westeuropäischen Union, WEU), der Organisation für wirtschaftliche Zusammenarbeit und Entwicklung (OECD), des → Europarats, der Europäischen Freihandelsassoziation (EFTA) und das → Europäische Gemeinschaftsrecht (Unionsrecht) – in einem engeren Sinn allerdings nur dieses – gezählt. Dem europäischen Unionsrecht kommt im Verhältnis zum Recht der Mitgliedstaaten (einschließlich des Verfassungsrechts) (innerhalb der praktisch nicht bedeutsamen verfassungsrechtlichen Ermächtigung) Anwendungsvorrang zu.

Lit.: EuR Europarecht, 26. A. 2015; Europarecht, hg. v. *Bieber, R.,* 23. A. 2015; *Streinz, R.,* Europarecht, 9. A. 2012; *Herdegen, M.,* Europarecht, 17. A. 2015; *Koenig, C./Haratsch, A./Pechstein, M.,* Europarecht, 9. A. 2014; *Hakenberg, W.,* Europarecht, 7. A. 2015; *Schroeder, W.,* Grundkurs Europarecht, 3. A. 2013; *Hummer, W. u. a.,* Europarecht in Fällen, 5. A. 2011

Europarechtswidrigkeit ist der Widerspruch zum Europarecht. E. bewirkt auch Verfassungswidrigkeit. Der Europäische Gerichtshof als gesetzlicher Richter nach Art. 101 I 1 GG wird entzogen, wenn das nationale Gericht (z. B. Bundesarbeitsgericht Deutschland) eine eigene Lösung entwickelt, die nicht auf die bestehende Rechtsprechung des Europäischen Gerichtshofs zurückgeführt werden kann und auch nicht einer eindeutigen Rechtslage entspricht.

Euroscheck → Eurocheque

Europawahl ist die Wahl zum → Europäischen Parlament.
Lit.: Europawahlgesetz, 7. A. 2009

Europol ist die europäische Polizeibehörde zur Bekämpfung schwerwiegender Fälle von grenzüberschreitender organisierter Kriminalität in den Mitgliedstaaten der Europäischen Union durch Informationsaustausch mit Sitz in Den Haag, die am 1.10.1998 in 4 Abteilungen mit 160 Mitarbeitern ihre Tätigkeit aufnahm.

Lit.: *Günther, M.,* Europol, 2006; *Srock, G.,* Rechtliche Rahmenbedingungen für die Weiterentwicklung von Europol, 2006

Eurovision ist das seit 1954 bestehende Programmaustauschsystem der Europäischen Rundfunkunion.

Euthanasie ist die Hilfe beim Sterben eines anderen Menschen. Die E. ist grundsätzlich als → Tötungsdelikt strafbar (beachte § 216 StGB), sobald sie das Leben durch Beschleunigung des Sterbens abkürzt (str.). In den Niederlanden ist sie straflos.
Lit.: *Wernstedt, T.,* Sterbehilfe in Europa, 2004

EUV (M.) Vertrag zur Gründung der Europäischen Union bzw. Vertrag über die Europäische Union
Lit.: EUV/AEUV, hg. v. *Streinz, R.,* 2. A. 2012; *Calliess, C.,* EUV, AEUV, 5. A. 2013

Evaluation (F.) Auswertung (z. B. der Lehre durch Studierende der Universitäten, vielfach subjektiv)

evaluieren → Evaluation

Event (M.) Ereignis Veranstaltung
Lit.: *Funke, E./Müller, G.,* Handbuch zum Eventrecht, 2000

eventual (Adj.) möglich, eine bestimmte Entwicklung betreffend

Eventualaufrechnung ist die im Rechtsstreit für den Fall erklärte → Aufrechnung, dass andere Verteidigungsmittel gegenüber einem Anspruch nicht durchgreifen. Sie ist trotz § 388 S. 2 BGB wirksam, da sie die Aufrechnung nicht von einer echten → Bedingung, sondern nur von einer Rechtsbedingung (Bestehen der Hauptforderung) oder einer Scheinbedingung (Nichtdurchgreifen der anderen Verteidigungsmittel) abhängig macht. Im Eventualfall wirkt sie wie jede andere Aufrechnung.

Eventualmaxime ist der Verfahrensgrundsatz, wonach eine → Partei eines → Prozesses zur Vermeidung des Ausschlusses ihres Vorbringens (→ Präklusion) ihren gesamten Vortrag einschließlich aller Eventualitäten bis zu einem bestimmten Zeitpunkt in den → Zivilprozess einzubringen hat. Ansätze einer E. finden sich in den §§ 282 III, 296 III ZPO.
Lit.: *Schulte, J.,* Die Entwicklung der Eventualmaxime, 1980

Eventualvorsatz ([lat.] dolus [M.] eventualis) → Vorsatz

evident (Adj.) offensichtlich

Evidenztheorie ist die Theorie, nach der ein → Verwaltungsakt nichtig ist, wenn ihm offenkundig ein schwerer Fehler anhaftet. Nach § 44 VwVfG ist ein Verwaltungsakt nichtig, soweit er an einem besonders schwerwiegenden Fehler leidet und dies bei verständiger Würdigung aller in Betracht kommenden Umstände offenkundig (evident) ist. Evident ist die Nichtigkeit, wenn sie dem Verwaltungsakt gewissermaßen auf die Stirn geschrieben ist.
Lit.: *Krugmann, M.,* Evidenzfunktionen, 1996

Eviktion (F.) Entwerung, Besitzaufgabe

Evokation (F.) Herausrufung

Evokationsrecht (Herausrufungsrecht) ist im mittelalterlichen und neuzeitlichen deutschen Recht das (später durch gegenläufige Nichtevokationsprivilegien geschwächte) Recht des Königs, jeden Rechtsstreit vor sein Hofgericht zu ziehen. Im geltenden Recht bestehen verschiedentlich Befugnisse einer an sich nicht generell zuständigen → Behörde, ein → Verfahren an sich zu ziehen (z. B. § 74a II GVG, § 386 IV AO). Das E. ist aber die Ausnahme gegenüber der Zuständigkeit.
Lit.: *Köbler, G.,* Deutsche Rechtsgeschichte, 6. A. 2005

ex ante (lat.) aus damaliger Sicht, von vornherein

ex lege (lat.) kraft Gesetzes

ex nunc (lat.) von nun an (z. B. vom Zeitpunkt des Zugangs einer Willenserklärung an)

ex officio (lat.) von Amts wegen

ex post (lat.) im nachhinein

ex tunc (lat.) von damals an (z. B. vom Zeitpunkt des ursprünglichen Wirksamwerdens einer Willenserklärung an)

Examen (Prüfung) ist im Rahmen der – zweistufigen – juristischen Ausbildung vor allem die erste juristische Prüfung (früher erste juristische Staatsprüfung, Staatsausbildungsdiensteingangsprüfung) und die zweite juristische Staatsprüfung (Staatsausbildungsdienstabschlussprüfung), durch die nach § 5 DRiG die Befähigung zum Richteramt erworben wird. Der ersten juristischen Prüfung muss ein Studium der Rechtswissenschaft von grundsätzlich mindestens dreieinhalb Jahren an einer Universität vorangehen, zwischen der ersten juristischen Prüfung und der zweiten juristischen Staatsprüfung muss ein Vorbereitungsdienst von zwei Jahren liegen. Jede der beiden Prüfungen gliedert sich in Klausuren (schriftliche Aufsichtsarbeiten) und eine mündliche Prüfung. Einzelheiten sind den jeweiligen Justizausbildungsgesetzen und Justizausbildungsordnungen zu entnehmen. Als durch Punkte weiter aufgeteilte Noten sind regelmäßig vorgesehen sehr gut, gut, vollbefriedigend, befriedigend (eine durchschnittliche Leistung), ausreichend, mangelhaft (und unzulänglich).
Lit.: *Köbler, G.,* Wie werde ich Jurist?, 5. A. 2007

Exceptio (lat. [F.] Einrede) ist im römischen Recht zunächst im Prozess die für den Beklagten günstige Ausnahme von den Bedingungen, unter denen er zu verurteilen war, woraus sich die privatrechtliche → Einrede entwickelte.
Lit.: *Köbler, G.,* Zielwörterbuch integrativer europäischer Rechtsgeschichte, 6. A. 2014 (Internet)

exceptio (F.) **doli** (lat.) Einrede der Arglist (vgl. § 242 BGB)

exceptio (F.) **plurium** (lat.) Einrede des Mehrverkehrs

Exegese ([F.] Auslegung) ist die Erklärung eines Textes. Sie wird in der Gegenwart hauptsächlich auf historische Texte (z. B. Bibel, → Digesten, → Sachsenspiegel) bezogen. Die E. eines Textes kann Aufgabe einer rechtsgeschichtlichen → Übung oder Teil einer → Promotion sein. Allgemein ist E. jede (juristische oder andere) Texterklärung. Sie findet dementsprechend (z. B. in Kommentaren) sehr viel häufiger statt als das Wort E. noch verwendet wird.
Lit.: *Schlosser, H./Sturm, F./Weber, H.,* Die rechtsgeschichtliche Exegese, 2. A. 1993; *Waßmer, M./Wittemann, F.,* Die verfassungsgeschichtliche Exegese, 1999

Exekution (F.) Ausführung, Vollstreckung, Hinrichtung

Exekutive ist die vollziehende → Gewalt. Im System der → Gewaltenteilung erfasst sie jegliche Ausübung staatlicher Gewalt, die nicht → Gesetzgebung oder → Rechtsprechung ist. Vielfach bezeichnet aber E. die rein ausführenden nachgeordneten Verwaltungsbehörden und nicht zugleich auch die politische Tätigkeit der → Regierung.
Lit.: *Zippelius, R.,* Allgemeine Staatslehre, 16. A. 2010

exemt (Adj.) ausgenommen, befreit

Exequatur ([lat.] er übe aus) ist im Völkerrecht die Zustimmung des Empfangsstaats zur Entsendung des → Konsuls eines anderen → Staates in sein Staatsgebiet.

exhibitionistisch (Adj.) zeigend, offenbarend

exhibitionistische Handlung → Handlung, exhibitionistische

Exhumierung (§ 87 III StPO) ist die Ausgrabung einer schon beerdigten Leiche, die im → Strafverfahren im Rahmen einer Untersuchung zur Besichtigung oder Öffnung statthaft ist.

Exil (N.) Verbannung

Exklave (F.) ist – aus der Sicht des betreffenden Staates – im Völkerrecht das eigene Gebiet eines → Staates, das von diesem räumlich getrennt und vom Gebiet eines fremden Staates vollständig umschlossen ist (z. B. Büsingen E. Deutschlands in der Schweiz, Kleines Walsertal E. Österreichs in Deutschland). → Enklave

Exkommunikation ist im katholischen → Kirchenrecht der strafweise Ausschluss eines Mitglieds aus der Gemeinschaft der Gläubigen – nicht jedoch aus der formellen Kirchenmitgliedschaft –. Die E. ist grundsätzlich nur vorübergehender Natur. Nach seiner Besserung hat der Betroffene einen Anspruch auf Lossprechung (vgl. 1077 Gang König Heinrichs IV. nach Canossa).
Lit.: *Gerosa, L.,* Exkommunikation, 1995

Exkulpation (§ 831 BGB) ist die Entlastung, durch die sich der Geschäftsherr von der Schadensersatzverpflichtung für Handeln eines → Verrichtungsgehilfen befreien kann. Die Schadensersatzpflicht tritt nicht ein, wenn der Geschäftsherr nachweisen kann, dass er bei der Auswahl der bestellten Person ([lat.] → culpa in eligendo) und, sofern er Vorrichtungen oder Gerätschaften zu beschaffen oder die Ausführung der Verrichtung zu leiten hat, bei der Beschaffung oder der Leitung ([lat.] → culpa in custodiendo) die im Verkehr erforderliche → Sorgfalt beobachtet hat oder dass der Schaden auch bei Anwendung dieser Sorgfalt entstanden sein würde. Unabhängig von der E. des Geschäftsherrn kann der Verrichtungsgehilfe selbst aus unerlaubter → Handlung haften müssen.
Lit.: *Eubel, P.,* Die Haftung des Geschäftsherrn für den Gehilfen nach deutschem und japanischem Recht, 1981

exkulpieren → Exkulpation

Exmatrikulation (F.) Ausschreibung, formelle Beendigung der Studien an einer Universität im Gegensatz zur → Immatrikulation (Einschreibung)
Lit.: *Gehrke, L.,* Die Exmatrikulation, 1996

Experte (M.) Fachmann, Sachverständiger

Expertensystem ist in der → Informatik die Verwendung der elektronischen Datenverarbeitung als Ergänzung oder Ersatz des Sachverständigen. In der → Rechtsinformatik geht es in diesem Zusammenhang um das juristische E. Den Menschen kann das juristische E. bisher nicht ersetzen, doch schreitet die Entwicklung intelligenter Systeme erkennbar zügig voran.
Lit.: *Jandach, T.,* Juristische Expertensysteme, 1993

Explosion ist die durch einen chemischen oder physikalischen Vorgang verursachte, Zerstörungen bewirkende plötzliche Volumenvergrößerung einer Sache. Das Herbeiführen einer E. durch Freisetzen von Kernenergie oder anders, besonders durch Sprengstoff, ist strafbar, wenn dadurch Leib oder Leben eines anderen Menschen oder fremde Sachen von bedeutendem Wert gefährdet werden (§§ 307 f.

StGB). Streitig ist, ob hierzu auch ähnliche Erscheinungen (Implosionen) und Kleinexplosionen gehören.

Export (M.) Ausfuhr
Lit.: *Hoffmann, S. u. a.,* Exportverträge, 1999

expressis verbis (lat.) ausdrücklich

extensiv (Adj.) ausdehnend

Exterritorialität ([lat.] extra territorium, außerhalb des Landes) ist im Völkerrecht die begrenzte Befreiung von Menschen (→ Diplomaten) und Sachen (Gesandtschaftsgebäude) eines fremden → Staates von der Hoheitsgewalt des Aufenthaltsstaats. Der Umfang der E. hängt von Vereinbarungen und vom Völkergewohnheitsrecht ab. Allgemein sind die Diplomaten grundsätzlich von der → Gerichtsbarkeit des Aufenthaltsstaats befreit.

extraordinaria cognitio (lat. [F.]) außerordentliche Erkenntnis, → cognitio extra ordinem

Extravaganten → corpus iuris canonici

extrem → Extremist

Extremist ist der Vertreter einer (extremen oder) radikalen, die anerkannten gesellschaftlichen Verhaltensregeln missachtenden und verletzenden Weltanschauung.
Lit.: *Jahn, J.,* Strafrechtliche Mittel gegen Rechtsextremismus, 1998; *Zwiener, U.,* Extremismus, 2003

Exzess ist die Ausschreitung oder die Überschreitung bestimmter Grenzen. So liegt z. B. ein Notwehrexzess vor, wenn der Angegriffene Maßnahmen ergreift, die über die durch → Notwehr gerechtfertigten Abwehrhandlungen hinausgehen (→ Notwehrüberschreitung). Der → Anstifter und der → Gehilfe sind im Strafrecht nicht für einen E. des → Täters verantwortlich.
Lit.: *Altenhain, K.,* Die Strafbarkeit des Teilnehmers, 1994

F

Fabrik ist das Gebäude oder der Raum, in dem industriemäßig aus Rohstoffen Erzeugnisse (z.B. Zahnpasta, Zigaretten, Kraftwagen) hergestellt werden. Nach § 3 HPflG haftet, wer eine F. betreibt, für den → Schaden, den ein Bevollmächtigter, ein Repräsentant oder eine zur Leitung oder Beaufsichtigung des Betriebs angenommene Person durch ein Verschulden in Ausführung der Dienstverrichtungen an Leben oder Leib eines Menschen herbeigeführt hat. Für die Arbeit in der F. gilt grundsätzlich das Arbeitsrecht.

Lit.: *Schenk, M.,* Fabrikplanung und Fabrikbetrieb, 2004

Fabrikationsfehler ist der bei der Herstellung des einzelnen Stücks einer Ware entstehende Fehler (sog. Ausreißer z.B. Verunreinigung einer bestimmtem Lieferung von Impfstoffen durch Bakterien). Soweit er unvermeidbar war, trifft den Produzenten keine Ersatzpflicht für den daraus entstehenden → Schaden. → Produkthaftung, → Produzentenhaftung

Lit.: *Diederichsen, U.,* Die Entwicklung der Produzentenhaftung, VersR 1984, 797

Fachanwalt (§ 43c BRAO) ist der für ein besonderes Fach der Rechtswissenschaft besonders qualifizierte → Rechtsanwalt (1994 4307, 1998 1080, davon 3315 für Arbeitsrecht, 2997 für Familienrecht, 2792 für Steuerrecht, 2004 knapp 15 Prozent aller Rechtsanwälte, 2007 27953 davon 7047 für Arbeitsrecht, 2009 35919). Die Verwendung des Begriffs F. für ein besonderes Fach ist nach Beschlüssen der Satzungsversammlung der deutschen Rechtsanwaltschaft zulässig für (1997 vier, später 22 Rechtsgebiete) Agrarrecht (2009), Arbeitsrecht, Bank- und Kapitalmarktrecht, Bau- und Architektenrecht, Erbrecht, Familienrecht, gewerblicher Rechtsschutz, Handels- und Gesellschaftsrecht, Informationstechnologierecht, Insolvenzrecht, internationales Wirtschaftsrecht (2013), Medizinrecht, Miet- und Wohnungseigentumsrecht, Sozialrecht, Steuerrecht, Strafrecht, Transport- und Speditionsrecht, Urheber- und Medienrecht, Vergaberecht (2015), Verkehrsrecht, Versicherungsrecht, Verwaltungsrecht. Das Recht zur Führung der Bezeichnung für höchstens zwei Fachgebiete wird auf Grund des Nachweises der Qualifikation durch die zuständige Rechtsanwaltskammer verliehen. Die nachzuweisenden Kenntnisse sind im Rechtsanwaltsfachanwaltsbezeichnungsgesetz vom 27.2.1992 bzw. in der satzungsförmigen Fachanwaltsordnung vom 11.3.1997 festgelegt. Fachanwaltsuchdienst 0 80 03 22 42 69, www.0800Fachanwalt.de

Lit.: *Offermann-Burckart, S.,* Fachanwalt werden und bleiben, 2003; *Dahlmanns, K.,* Die Einführung neuer Fachanwaltsbezeichnungen, 2007

Fachaufsicht ist die → Aufsicht bestimmter Personen oder → Behörden (z.B. Staat) über andere Personen oder Behörden (z.B. Gemeinde), welche die Kontrolle der Rechtmäßigkeit und der Zweckmäßigkeit des Handelns der beaufsichtigten Behörde erfasst. Die Aufsichtsbehörde hat ein → Weisungsrecht. Die F. steht im Gegensatz zur → Rechtsaufsicht und findet im Verhältnis zwischen Staat und Gemeinde im sog. übertragenen Wirkungskreis statt (nicht dagegen bei Selbstverwaltungsaufgaben [und Pflichtaufgaben zur Erfüllung nach Weisung]).

Lit.: *Scholz, B.,* Der Rechtsschutz der Gemeinden, 2002

Fachbereich ist der (seit 1998 nicht mehr zwingend vorgeschriebene) Teilbereich einer → Universität (Hochschule), der nach Landeshochschulgesetzen an die Stelle der älteren Fakultät getreten ist. Der F. erfüllt für sein Sachgebiet die Aufgaben der → Hochschule (Forschung, Lehre, Verleihung akademischer → Grade [Promotion, Habilitation], Selbstergänzung durch Berufung). Organe des Fachbereichs sind Fachbereichsrat und Fachbereichssprecher (Dekan).

Fachhochschule ist die → Hochschule, die neben der Universität eine gehobene Fachbildung vermitteln soll, die zu selbständiger Tätigkeit im Beruf befähigt. Sie ist regelmäßig → Körperschaft des öffentlichen Rechts. Sie verleiht den akademischen → Grad des Diplomierten (z.B. Diplom-Betriebswirt [FH]), der einen Berufseinstieg zu angemessenen Bedingungen gewährleistet.

Lit.: *Schomerus, T.,* Stand und Perspektiven des Wirtschaftsrechtsstudiums an Fachhochschulen, JuS 1999, 930; *Schomerus, T.,* Berufseinstieg von Diplom-Wirtschaftsjuristen (FH), JuS 2001, 1244

Fachschaft ist die Organisation der Studenten eines → Fachbereichs. Zu den Aufgaben der F. gehört die Wahrnehmung der wahren Interessen der Fachstudenten, nicht die Wahrnehmung der persönlichen Interessen der Fachschaftsorganmitglieder. Organe der F. sind Fachschaftsversammlung, Fachschaftsrat und Fachschaftssprecher.

Lit.: *Köbler, G.,* Wie werde ich Jurist?, 5. A. 2007; *Müller, U.,* Die rechtliche Stellung der Fachschaften, 1997

Factoring ist der gemischte Vertrag (Sonderfall der → Inkassozession), bei dem der Factor in der Regel eine → Forderung zu voller eigener Gefahr der Leistung des Schuldners gegen um einen Abschlag verkürztes Entgelt übertragen erhält.

Lit.: *Schwarz, W.,* Factoring, 4. A. 2002; *Philipp, C.,* Factoringvertrag, 2006

facultas (lat. [F.]) Befugnis, Befähigung

facultas (F.) **alternativa** (lat.) → Ersetzungsbefugnis

Fahndung ist vor allem die Verfolgung eines einer → Straftat Verdächtigen durch den → Staat zwecks Entdeckung und Ergreifung. Zuständig für die F. ist im Wesentlichen die Polizei (→ Kriminalpolizei) als Hilfsorgan der → Staatsanwaltschaft (beachte daneben z.B. auch die Steuerfahndung). Bei der F. wird vielfach die Bevölkerung durch ein → Fahndungsschreiben um Mithilfe gebeten.

Lit.: *Klever, S.,* Die Rasterfahndung, 2003

Fahndungsschreiben (§§ 131, 457 StPO) ist die öffentliche Aufforderung eines Staatsanwalts oder Richters zur Ergreifung und Einlieferung eines flüchtigen oder verborgenen Straftäters. → Fahndung, → Haftbefehl, → Steckbrief

Fahnenflucht (§ 16 WStG) ist das eigenmächtige Verlassen der Truppe oder der Dienststelle oder das eigenmächtige Fernbleiben von der Truppe oder der Dienststelle durch einen Bundeswehrangehörigen, um sich der Verpflichtung zum → Wehrdienst dauernd oder für die Zeit eines bewaffneten Einsatzes zu entziehen oder die Beendigung des Wehrdienstverhältnisses zu erreichen. Die F. ist strafbar. Vergleichbar mit der F. ist bei Ersatzdienstpflichtigen die Dienstflucht (§ 53 ZDG).

Lit.: *Seidler, F.,* Fahnenflucht, 1993; *Kraft, T.,* Fahnenflucht und Kriegsneurose, 1994

Fahreignung ist die Eignung zum Führen eines Fahrzeugs. Ab 1. Mai 2014 ist statt des früheren Verkehrszentralregisters bzw. → Bundesverkehrszentralregister in Flensburg → ein Fahreignungsregister (FAER) eingerichtet. Für dieses werden einfache Ordnungswidrigkeiten ohne Regelfahrverbot, grobe Ordnungswidrigkeiten mit Regelfahrverbot und Straftaten ohne Entziehung der Fahrerlaubnis (sowie Straftaten mit Entziehung der Fahrerlaubnis) unterschieden, die mit einem Punkt, zwei Punkten oder drei Punkten belegt werden. Je nach der Schwere des Verstoßes verjährt ein Punkt nach 2,5, 5 oder 10 Jahren, wobei bis zu einem Stand bis zu höchstens 5 Punkte ein Punkt innerhalb von fünf Jahren durch Teilnahme an einem freiwilligen Fahreignungsseminar abgebaut werden kann und Auskunft über den Punktestand nur noch auf Antrag erteilt wird.

Fahrerflucht → Verkehrsunfallflucht

Fahrerlaubnis (§ 2 StVG, §§ 1 ff. Fahrerlaubnisverordnung) ist die → Erlaubnis der → Verwaltungsbehörde (Fahrerlaubnisbehörde), die zum Führen von Kraftfahrzeugen auf öffentlichen → Straßen grundsätzlich erforderlich ist. Sie kann, wenn der Inhaber sich durch bestimmtes Verhalten als ungeeignet zum Führen eines Kraftfahrzeugs erweist, durch die zuständige → Verwaltungsbehörde (§ 3 StVG) oder das → Gericht (§ 69 StGB, beachte § 111a StPO) auf Zeit oder auf Dauer entzogen werden. Nach Ablauf entsprechender Zeit ist eine neue Erteilung der F. möglich. Die auf der Grundlage einer ausländischen F. erfolgte Ausstellung eines ausländischen → Führerscheins (Umtausch) bewirkt nicht das Erlöschen der deutschen F. Menschen mit der F. eines Mitgliedstaats der Europäischen Union

dürfen in Deutschland im Rahmen dieser F. Fahrzeuge auch dann führen, wenn seit Begründung ihres ständigen Aufenthalts im Inland mehr als 12 Monate vergangen sind.

Lit.: *Hentschel, P.,* Trunkenheit, Fahrerlaubnisentziehung und Fahrverbot, 10. A. 2006; *Bouska, W.,* Fahrerlaubnisrecht, 3. A. 2004; *Kintz, R.,* Aus der Praxis – Die ungerechtfertigte Fahrerlaubnisentziehung, JuS 2005, 806; *Gübner, R. u. a.,* Verteidigungsstrategien bei drohender Fahrerlaubnisentziehung, NJW 2007, 2801

Fahrhabe → Fahrnis

fahrlässig (Adj.) nachlässig, sorgfaltswidrig → Fahrlässigkeit

Fahrlässigkeit ist im Privatrecht (§ 276 II BGB) die Außerachtlassung der im Verkehr – im Verkehrskreis des Handelnden – erforderlichen → Sorgfalt. Im Strafrecht bedeutet F. den Vorwurf, dass der Täter eine objektive → Sorgfaltspflicht nicht erkannt oder die daraus folgenden Sorgfaltsanforderungen nicht erfüllt hat, obwohl er dazu nach seinen persönlichen Fähigkeiten und dem Maß seines individuellen Könnens imstande gewesen wäre. *Bewusst* ist die F., wenn der Täter mit der Möglichkeit der Verwirklichung eines Erfolgs rechnet, aber (im Privatrecht) fahrlässig bzw. (im Strafrecht) pflichtwidrig und vorwerfbar darauf vertraut, dass er ihn nicht verwirklichen werde (es wird schon nichts passieren). *Unbewusste* F. liegt vor, wenn der Täter die Möglichkeit der Verwirklichung eines Erfolgs (im Privatrecht) fahrlässig bzw. (im Strafrecht) pflichtwidrig und vorwerfbar nicht erkennt. *Grobe* F. ist im Privatrecht die Außerachtlassung der im Verkehr erforderlichen Sorgfalt in außergewöhnlichem Maß, d. h. wenn der Handelnde das nicht beachtet, was im gegebenen Fall jedermann einleuchten musste (z. B. handelt grob fahrlässig, wer bei hoher Geschwindigkeit einem Kleintier ausweicht und dabei von der Straße abkommt, wer als Frachtführer diebstahlsgefährdetes Gut durch bestimmte Gebiete Italiens mit einem einzigen Fahrer führt, wer bei Rot über eine Ampel fährt, wer seinen Schlüssel in einer vollbesetzten Gaststätte auf dem Tisch liegen lässt oder wer nicht ständig sein Gepäck beobachtet). Nicht grob fahrlässig ist z. B. das Parken eines verschlossenen, alarmgesicherten Kraftfahrzeugs in einer beleuchteten Hauptstraße in Mailand, das Belassen des Kraftfahrzeugscheins im Handschuhfach des Fahrzeugs oder das Nichtversperren einer in ein Schloss gefallenen Haustüre. Die F. gehört im Privatrecht zur → Schuld. Sie steht dem → Vorsatz gegenüber.

Lit.: *Deutsch, E.,* Fahrlässigkeit und erforderliche Sorgfalt, 2. A. 1995; *Sauer, D.,* Die Fahrlässigkeitsdogmatik, 2003; *Jacob, M.,* Die Beurteilung des Rechtsbegriffs der groben Fahrlässigkeit, 2007

Fahrlässigkeitsdelikt ist das → Delikt, bei dem (im Gegensatz zum Vorsatzdelikt) fahrlässiges → Verhalten mit Strafe bedroht ist (z. B. fahrlässige Körperverletzung). Es lässt sich gliedern in Tatbestandsmäßigkeit (Eintritt und Verursachung des tatbestandlichen Erfolgs, objektive Sorgfaltspflichtverletzung bei objektiver Vorhersehbarkeit des tatbestandlichen Erfolgs, objektive Zurechnung des

Erfolgs [Schutzzweckzusammenhang, Pflichtwidrigkeitszusammenhang]), Rechtswidrigkeit, Schuld (Schuldfähigkeit, persönliche Vorwerfbarkeit der rechtswidrigen Handlung [subjektive Sorgfaltspflichtverletzung bei subjektiver Vorhersehbarkeit des Erfolgs, Möglichkeit der Unrechtseinsicht = potenzielles Unrechtsbewusstsein, Fehlen von Entschuldigungsgründen einschließlich der Unzumutbarkeit rechtmäßigen Verhaltens]), persönliche Strafausschließungsgründe, persönliche Strafaufhebungsgründe sowie Strafantrag.

Lit.: *Mikus, R.,* Die Verhaltensnorm des fahrlässigen Erfolgsdelikts, 2002; *Kaspar, J.,* Grundprobleme der Fahrlässigkeitsdelikte, JuS 2012, 16

Fahrlehrer ist der das Führen eines Kraftfahrzeugs mit dem Ziel der Erlangung der → Fahrerlaubnis unterrichtende Lehrer.

Lit.: *Dauer, P.,* Fahrlehrerrecht, 2010

Fahrnis ist im mittelalterlichen und neuzeitlichen deutschen Recht die bewegliche Sache im Gegensatz zu der unbeweglichen Sache (Liegenschaft).

Lit.: *Köbler, G.,* Zielwörterbuch integrativer europäischer Rechtsgeschichte, 6. A. 2014 (Internet)

Fahrnisgemeinschaft ist im (älteren) Familienrecht die Form der → Gütergemeinschaft, in der das bewegliche Vermögen der Ehegatten gemeinschaftliches Vermögen ist (z. T. auch voreheliche Fahrnis und eheliche Errungenschaften).

Lit.: *Hübner, R.,* Deutsches Privatrecht, 5. A. 1930

Fahrtenbuch ist der schriftliche Nachweis über jede einzelne Fahrt mit einem Kraftfahrzeug und den jeweiligen Fahrzeugführer. Die Eintragung muss der Kraftfahrzeughalter oder sein Beauftragter unverzüglich nach Beendigung der Fahrt vornehmen. Die Führung eines Fahrtenbuchs kann einem Kraftfahrzeughalter auferlegt werden, wenn nach einer Zuwiderhandlung gegen Verkehrsvorschriften die Feststellung des Fahrzeugführers nicht möglich ist (§ 31a StVZO). Im gewerblichen Güterkraftverkehr haben die Unternehmer stets ein F. zu führen. Das F. dient auch dem Nachweis der Aufwendungen im Steuerrecht.

Lit.: *Assmann, E.,* Kraftfahrzeug und Steuern, 2. A. 1996

Fahruntüchtigkeit ist das – insbesondere auf Alkoholgenuss beruhende – Fehlen der Tauglichkeit eines Menschen, ein Fahrzeug im → Straßenverkehr ordnungsgemäß zu führen. Das Fahren trotz F. kann als → Ordnungswidrigkeit verfolgt werden (§ 24a StVG). Nach den §§ 315c, 316 StGB ist strafbar, wer im Verkehr ein Fahrzeug führt, obwohl er infolge des Genusses alkoholischer Getränke oder anderer berauschender Mittel nicht in der Lage ist, das Fahrzeug sicher zu führen. F. liegt dabei vor, wenn der Führer eines Kraftfahrzeugs einen → Blutalkoholgehalt von mindestens 1,1 Promille (1,0 Promille Grundwert, 0,1 Promille Sicherheitszuschlag) aufweist (*absolute* F.) oder wenn der Betreffende zwar einen Blutalkoholgehalt von weniger als 1,1 Promille aufweist, aber unsicher fährt (z. B. Schlangenlinien, mit erheblich überhöhter Ge-

schwindigkeit, *relative* F.). Das Führen eines Kraftfahrzeugs im → Straßenverkehr mit einem Blutalkoholgehalt von 0,5 Promille (Gefahrengrenzwert) oder mehr ist ordnungswidrig (§ 24a StVG). Die absolute Fahruntauglichkeit für Radfahrer liegt bei einem Blutalkoholgehalt von 1,6 Promille vor. Der Nachweis von Drogenwirkstoffen im Blut eines Fahrzeugführers erweist allein noch nicht F. (str.).

Lit.: *Hentschel, P.,* Trunkenheit, Fahrerlaubnisentziehung, Fahrverbot, 10. A. 2006

Fahrverbot (§ 25 StVG, § 44 StGB) ist das Verbot, im öffentlichen → Straßenverkehr auf die Dauer von 1 bis 3 Monaten ein → Kraftfahrzeug zu führen. Das F. ist → Nebenstrafe bei einer → Straftat, die der Täter bei oder im Zusammenhang mit dem Führen eines Kraftfahrzeugs oder unter Verletzung der Pflichten eines Kraftfahrzeugführers begangen hat (z. B. §§ 315c, 316 StGB, seit 2001 auch bei Fahrten mit einem höheren Blutalkoholgehalt als 0,5 Promille). Außerdem ist es Nebenfolge bestimmter → Ordnungswidrigkeiten. Über eine Rechtsbeschwerde, die ein F. mitbetrifft, darf nicht der Einzelrichter allein entscheiden. Von der Verhängung eines Fahrverbots kann ausnahmsweise abzusehen sein, wenn ein Arzt eine Geschwindigkeitsbegrenzung überschreitet, um einem Kranken möglichst rasch zu helfen.

Lit.: *Hentschel, P.,* Trunkenheit, Fahrerlaubnisentziehung, Fahrverbot, 10. A. 2006; *Krumm, C.,* Das Fahrverbot in Bußgeldsachen, 2. A. 2010

Fahrzeug ist allgemein das zum Fahren (auf dem Lande, zur See oder in der Luft) bestimmte Fortbewegungsmittel. → Kraftfahrzeug

Fahrzeugbrief → Kraftfahrzeugbrief

Fahrzeughalter → Kraftfahrzeughalter

Fahrzeugschein → Kraftfahrzeugschein

Fairnessgrundsatz ist der Grundsatz des redlichen Umgangs mit (einem) anderen Menschen. Der F. gebietet im Verfahrensrecht, die Eingriffsrechte des Staates in die Freiheitsrechte des Einzelnen im Zweifel zu mildern und die Abwehrrechte des Einzelnen gegenüber den Eingriffen des Staats im Zweifel zu stärken. Zu den Grundlagen eines fairen Verfahrens gehört jedenfalls das Recht, durch einen Rechtsanwalt verteidigt zu werden und dieses Recht nicht bereits als Folge einfachen Nichterscheinens zu verlieren. Ein Verfassungsgericht verletzt den in Art. 6 I EMRK enthaltenen Grundsatz des fairen Verfahrens vor Gericht dann, wenn es mehr als sieben Jahre lang nicht entscheidet.

Lit.: *Rzepka, D.,* Zur Fairness im deutschen Strafverfahren, 1999; *Fleck, W.,* Die Redlichkeitspflichten der Parteien im Zivilprozess, 2004

Faksimile ([lat.] fac simile mach' ähnlich) ist die künstliche Wiedergabe einer Vorlage. Das F. einer → Unterschrift ist nur Nachbildung der Unterschrift und deswegen grundsätzlich keine Unterschrift im Sinne von § 126 BGB. Es genügt jedoch für die Unterzeichnung einer → Inhaberschuldverschreibung (§ 793 II 2 BGB).

faktisch (Adj.) tatsächlich

faktische Gesellschaft → Gesellschaft, faktische

faktischer Vertrag → Vertrag, faktischer

Faktura (F.) Rechnung

Fakultät ist die ältere Bezeichnung der Abteilungen der Universität, die sich ursprünglich (nur) in artistische (philosophische), theologische, juristische und medizinische F. gliederte. Die F. war der Träger der universitären Aufgaben ihres Sachgebiets. Organe der (engeren) F. waren regelmäßig die Gesamtheit der ordentlichen → Professoren und (als ihr Geschäftsführer) der → Dekan. Die F. sind seit etwa 1970 vielfach durch die → Fachbereiche ersetzt, im Übrigen entsprechen sie (bei formaler Beibehaltung der Benennung) diesen inhaltlich.

Lit.: *Köbler, G.*, Deutsche Rechtsgeschichte, 6. A. 2005

Fakultätentag ist die gemeinsame Tagung von Vertretern der Fakultäten desselben Faches (z. B. Rechtswissenschaft) verschiedener Universitäten.

Lit.: *Knemeyer, F. u. a.*, 75 Jahre Deutscher Fakultätentag, 1995

fakultativ (Adj.) möglich, freigestellt, Gegensatz zu → obligatorisch

Fall ist ursprünglich die Bewegung von oben nach unten vor allem auf Grund der Erdanziehungskraft, später die dem entsprechende einzelne konkrete rechtlich relevante Geschehenseinheit (z. B. ein bestimmter Verkehrsunfall).

Lit.: *Köbler, G.*, Die Anfängerübung, 7. A. 1995; *Kohler-Gehrig, E.*, Technik der Fallbearbeitung, 2000

Fallgerechtigkeit ist die auf die konkreten Umstände des einzelnen Falles abgestellte → Gerechtigkeit. Sie steht in einem steten Spannungsverhältnis zu dem der abstrakten → Norm immanenten Ziel der generellen Gleichbehandlung aller gleichgelagerten Fälle. Sie ist schwer zu allgemeiner Zufriedenheit zu erreichen.

fällig → Fälligkeit

Fälligkeit ist der Zeitpunkt, von dem ab der → Gläubiger die → Leistung vom → Schuldner verlangen darf. Nach § 271 I BGB ergibt sich die F. aus der besonderen Parteibestimmung oder den Umständen. Andernfalls kann der Gläubiger sofort fordern und der Schuldner sofort leisten. Leistet der Schuldner bei F. nicht, so kann er in → Verzug geraten.

Lit.: *Nastelski, K.*, Die Zeit als Bestandteil des Leistungsinhalts, JuS 1962, 289

Fälligkeitsklausel ist die Klausel, dass die gesamte → Schuld fällig wird, wenn der Schuldner einzelne fällige Teile oder Nebenschulden (Raten, Zinsen) nicht ordnungsgemäß erfüllt (vgl. § 498 BGB für Teilzahlungsverbraucherdarlehen).

Lit.: *Köbler, G.*, Schuldrecht, 2. A. 1995; *Niemöller, C.*, Die Beschleunigung fälliger Zahlungen, 2000

Fallrecht (case-law) ist das Recht, das auf den richterlichen Entscheidungen einzelner Fälle beruht, sich an diesen bei jeder neuen Entscheidung orientiert (Präjudizienrecht) und nur durch diese fortgebildet wird. Das F. steht im Gegensatz zum → Gesetzesrecht. F. sind das angloamerikanische Recht und das klassische römische Recht.

Lit.: *Metz, F.*, Case-based reasoning, 1997

Falsa demonstratio (F.) **non nocet** ([lat.] die unrichtige Bezeichnung schadet nicht) ist die Beschreibung für die Voraussetzungen und Folgen eines besonderen gemeinschaftlichen → Irrtums, bei dem die Parteien dasselbe wollen, es aber gemeinsam falsch benennen (z. B. Parteien meinen bei einem Grundstücksverkauf die Parzelle 115, benennen sie aber fälschlich als Parzelle 119). Die f. d. begründet kein Anfechtungsrecht wegen Irrtums. Sie ist kein → Dissens. Sie ist unschädlich, weil das tatsächlich Gewollte erkennbar oder unzweideutig feststellbar ist.

Lit.: *Semmelmayer, J.*, Falsa demonstratio non nocet, JuS 1996, L 9

Falschaussage ist die (vorsätzliche) falsche → Aussage eines → Zeugen oder → Sachverständigen vor Gericht. Sie kann *uneidliche* oder *eidliche* F. sein. Sie ist strafbar (§§ 153 ff. StGB) (falsche uneidliche Aussage seit 1943).

Lit.: *Müller, H.*, Falsche Zeugenaussage und Beteiligungslehre, 2000

Falschbeurkundung ist allgemein die im Widerspruch zur Wahrheit stehende → Beurkundung. *Mittelbare* F. (§ 271 StGB) ist die Bewirkung der öffentlichen Beurkundung unwahrer Tatsachen mit Hilfe eines → Beamten, der die Unwahrheit der beurkundeten Tatsachen nicht kennt. Die hergestellte → Urkunde ist formell echt, inhaltlich aber unwahr (z. B. falscher Zeitpunkt für nächste Hauptuntersuchung eines Kraftfahrzeugs im Kraftfahrzeugschein). Keine F. im Amt ist es z. B., wenn der Notar eine Beurkundung außerhalb seines Amtsbezirks vornimmt und dabei wahrheitswidrig angibt, dies sei am Ort seines Amtssitzes geschehen, oder wenn der Notar eine unrichtige Angabe über den Zeitpunkt des Vollzugs oder der Anerkennung einer Unterschrift vermerkt.

Falscheid (§ 161 StGB) ist die tatsächlich falsche eidliche → Aussage, die der Schwörende für wahr hält. Der F. ist strafbar, wenn der Handelnde fahrlässig falsch schwört (z. B. wenn der Täter die Unwahrheit seiner Angaben nicht kennt, obwohl er sie kennen könnte und müsste). Die Verleitung zum F. (falschen Eid) ist ebenfalls strafbar (§ 160 StGB).

Fälscher ist der Täter der → Fälschung. → Protokoll

Falschgeld (§§ 146 ff. StGB) ist das falsche Geld d. h. nachgemachte oder verfälschte → Münzen und → Banknoten. Herstellung und Verbreitung von F. sind strafbar. Darüber hinaus sind → Kreditinstitute besonders verpflichtet, F. anzuhalten.

Lit.: *Walz, K.*, Falschgeld, 1999

Falschlieferung ist die → Leistung eines anderen Gegenstands ([lat.] aliud) als des geschuldeten Gegenstands. Sie ist grundsätzlich keine Leistung, sondern nur ein Leistungsversuch. Es gelten die Regeln über die → Nichterfüllung, nicht dagegen die Regeln über die Sachmängelhaftung (anders teilweise im Handelsrecht).
Lit.: *Reinicke, D./Tiedtke, K.,* Kaufrecht, 8. A. 2009; *Musielak, H.,* Die Falschlieferung, NJW 2003, 89

Falschmünzer ist der Hersteller von → Falschgeld.

Fälschung ist die zu betrügerischem Zweck vorgenommene Veränderung oder Nachbildung eines Gegenstands (z. B. eines Protokolls einer Fakultätssitzung). Im Strafrecht sind vor allem die → *Geldfälschung,* die → *Wertzeichenfälschung,* die → *Urkundenfälschung,* die → *Personenstandsfälschung* und die F. *technischer* → *Aufzeichnungen* (nicht z. B. die Verwendung einer Gegenblitzanlage gegen eine Geschwindigkeitskontrolle, die nur die technische Begrenztheit des Geschwindigkeitsmessgeräts aufzeigt, str.) strafbar (§§ 146, 148, 169, 267, 268 StGB). Die *landesverräterische* F. ist als Fall der Gefährdung der äußeren Sicherheit mit Strafe bedroht (§ 100a StGB).

falsus procurator (M.) ([lat.] falscher Vertreter) ist der → Vertreter ohne → Vertretungsmacht.

FamFG Gesetz über das Verfahren in Familiensachen und in den Angelegenheiten der freiwilligen Gerichtsbarkeit
Lit.: *Bahrenfuss, D.,* FamFG, 2. A. 2013; Münchener Kommentar FamFG, 2. A. 2013; *Bumiller, U./Harders, D./ Schwamb, W.,* FamFG, 11. A. 2015

Familie ist der Kreis der durch → Ehe, → Verwandtschaft und → Schwägerschaft verbundenen Menschen, insbesondere die Ehegatten und ihre → Kinder. Für die F. gilt das → Familienrecht. Nach Art. 6 I GG steht die F. unter dem besonderen Schutz der staatlichen Ordnung (institutionelle Garantie) und nach der Europäischen Menschenrechtskonvention besteht ein Anspruch auf Achtung des Familienlebens, bei dessen Verletzung durch eine Behörde oder ein Gericht der betreffende Staat dem Betroffenen Entschädigung leisten muss.
Lit.: *Schumann, E.,* Die nichteheliche Familie, 1998; *Hill, P.,* Familiensoziologie, 4. A. 2006; *Thorn, Petra,* Familiengründung mit Samenspende, 2008 (Beratungsnetzwerk Kinderwunsch Deutschland e. V.)

Familienbuch (§ 12 PStG) war bis 31.12.2008 das vom → Standesbeamten geführte Buch, das den jeweiligen → Personenstand der Familienangehörigen ersichtlich machen soll. An seine Stelle sind elektronische Personenstandsregister getreten. Das F. ist bis 31.12.2013 dem Standesbeamten, der den Heiratseintrag über die Ehe führt (Standesamt der Eheschließung), zu übersenden.

Familienfideikommiss (Art. 59 ff. EGBGB) ist die hergebrachte, durch die Weimarer Reichsverfassung und ein nachfolgendes besonderes Gesetz aufgelöste, auf rechtsgeschäftlicher Stiftung beruhende Bindung eines (adligen) Familienguts im Mannesstamm.
Lit.: *Eckert, J.,* Der Kampf um die Familienfideikommisse, 1992

Familiengericht ist die (seit 1977) beim → Amtsgericht eingerichtete Abteilung, deren Richter über → Familiensachen und Kindschaftssachen, insbesondere die Scheidung einer → Ehe und ihre Folgewirkungen entscheiden. Vor ihm besteht vielfach Anwaltszwang. Über Rechtsmittel befindet ein für Familiensachen zuständiger Senat des Oberlandesgerichts (gegebenenfalls Rechtsbeschwerde zum Bundesgerichtshof).
Lit.: *Peschel-Gutzeit, L.,* 25 Jahre Familiengerichte in Deutschland, NJW 2002, 2737; Familiengerichtskostengesetz, hg. v. *Schneider, N. u. a.,* 2. A. 2013; *Musielak/Borth,* Familiengerichtliches Verfahren, 5. A. 2015

Familiengesellschaft ist die im Wesentlichen aus Mitgliedern einer → Familie als Gesellschaftern zusammengesetzte → Gesellschaft.
Lit.: *Moos, A. v.,* Familienunternehmen erfolgreich führen, 2003

Familienname (§ 1355 BGB) ist der → Name, den die Ehegatten gemeinsam führen sollen (→ Ehename). Bestimmen die Ehegatten keinen F. (Ehenamen), so führen sie ihren zur Zeit der Eheschließung geführten Namen auch nach der Eheschließung. Ein Ehegatte, dessen Geburtsname nicht Ehename wird, kann seinen (einteiligen) Geburtsnamen oder den zur Zeit der Erklärung über die Bestimmung des Ehenamens geführten Namen als Begleitnamen voranstellen oder anfügen.
Lit.: *Wagenitz, T./Bornhofen, H.,* Familiennamensrechtsgesetz, 1994; *Diederichsen, U.,* Die Neuordnung des Familiennamensrechts, NJW 1994, 1089

Familienrecht ist die Gesamtheit der die Rechtsverhältnisse der durch → Ehe, → Verwandtschaft und → Schwägerschaft verbundenen Menschen regelnden Rechtssätze. Das F. ist im Bürgerlichen Gesetzbuch als viertes der fünf Bücher gefasst (§§ 1297 ff. BGB). Es zerfällt in das Eherecht, Verwandtschaftsrecht und Vormundschaftsrecht.
Lit.: FamR mit einer Einführung v. *Coester-Waltjen, D.,* 16. A. 2014; *Schwab, D.,* Familienrecht, 22. A. 2014; Praxishandbuch Familienrecht (Lbl.), hg. v. *Scholz, H. u. a.,* 28. A. 2014; Beck'sches Formularbuch Familienrecht, hg. v. *Bergschneider, L.,* 4. A. 2013; *Weber, A.,* Die Entwicklung des Familienrechts, NJW 2014, 3072; *Brudermüller,* Die Entwicklung des Familienrechts seit Herbst 2014 – Güterrecht und Versorgungsausgleich, NJW 2015, 1283; Ausländisches Familienrecht (Lbl.), hg. v. *Rieck, J.,* 12. A. 2015; *Dethloff, N.,* Familienrecht, 31. A. 2015; Münchener Anwaltshandbuch Familienrecht, hg. v. *Schnitzler, K.,* 4. A. 2014; *Johannsen/Henrich,* Familienrecht, 6. A. 2015; Stichwortkommentar Familienrecht, hg. v. *Grandel, M. u. a.,* 2012; Familienrecht in der Notar- und Gestaltungspraxis, hg. v. *Münch, C.,* 2013; Münchener Prozessformularbuch Familienrecht, hg. v. *Gottwald, P.,* 4. A. 2013; *Andrae, M.,* Internationales Familienrecht, 3. A. 2013; Formularbuch des Fachanwalts Familienrecht, hg. v. *Jüdt, E. u. a.,* 4. A. 2015

Familiensache (§ 111 FamFG) ist die vom Gesetz als solche bezeichnete Streitigkeit in familiären Angelegenheiten (z. B. Scheidung einer Ehe, Kindschaft, Unterhalt, Lebenspartnerschaft). Für Familiensachen ist das → Familiengericht zuständig. Die → Berufung und die → Beschwerde gehen zum → Oberlandesgericht (§ 119 GVG).

Lit.: *Hoppenz, R.,* Familiensachen, 9. A. 2009; *Firsching/Schmid,* Familienrecht 1. Hbbd. Familiensachen, 8. A. 2015

Familienunternehmen ist das im Wesentlichen von den Angehörigen einer Familie geführte → Unternehmen.

Lit.: Sudhoff, Familienunternehmen, 2. A. 2005; *Wiedemann, A./Kögel, R.,* Beirat und Aufsichtsrat im Familienunternehmen, 2008

Familienverfahrensrecht ist das Recht des Verfahrens in Familiensachen. Es ist im Gesetz über das Verfahren in Familiensachen und in Angelegenheiten der freiwilligen Gerichtsbarkeit zum 1.9.2009 geregelt.

Lit.: *Bumiller, U./Harders, D.,* FamFG Freiwillige Gerichtsbarkeit, 11. A. 2015; Familienverfahren Freiwillige Gerichtsbarkeit, hg. v. *Keidel, T.,* 18. A. 2014; Münchener Kommentar FamFG, 2. A. 2013

Fangprämie ist ein Geldbetrag (Prämie) für den Fang eines Tieres oder die Ermittlung eines Straftäters.

Lit.: *Diersch, T.,* Die Fangprämie beim Ladendiebstahl, 2000

Faschismus ([ital.] fascio [M.] Rutenbündel) ist die politische Bewegung mit nationalistischer, totalitärer Zielsetzung Italiens, die ihren historischen Ausgang von Benito Mussolini (1919) genommen hat.

Lit.: *Köbler, G.,* Zielwörterbuch integrativer europäischer Rechtsgeschichte, 6. A. 2014 (Internet)

Faustpfand ist das → Pfandrecht an beweglichen → Sachen, bei dem der unmittelbare → Besitz an den Pfandgläubiger übertragen wird. Das Pfandrecht des Bürgerlichen Gesetzbuchs ist als F. gestaltet (§ 1205 BGB). Seine rechtstatsächliche Bedeutung ist gering, weil der Schuldner möglichst im Besitz der verpfändeten Sache bleiben will.

Faustrecht ist die Bezeichnung eines Zustands, in dem sich jeder sein Recht mit eigener Faust (→ Selbsthilfe) zu erkämpfen versucht. Das F. steht im Gegensatz zur staatlichen Gestaltung des Rechtswesens. Es ist daher in der Gegenwart bis auf geringe Reste (z. B. §§ 227 ff., 859 BGB, § 32 StGB) beseitigt.

Lit.: *Köbler, G.,* Deutsche Rechtsgeschichte, 6. A. 2005

Fax → Telefax

Fehde ist im mittelalterlichen deutschen Recht der Zustand der rechtmäßigen Feindschaft zwischen dem Verletzten und dem Verletzer. Die F. ist zulässige → Selbsthilfe. Sie endet vielfach mit der Urfehde (Versöhnung).

Lit.: *Köbler, G.,* Zielwörterbuch integrativer europäischer Rechtsgeschichte, 6. A. 2014 (Internet); *Reinle, C.,* Bauernfehden, 2004

Fehlen der Vollendung → Vollendung

Fehler (Mangel) ist die dem → Käufer (§§ 434 ff. BGB Sachmangel, Rechtsmangel) bzw. Mieter usw. ungünstige, nicht unwesentliche Abweichung des tatsächlichen Zustands einer → Sache von der von beiden Parteien vereinbarten oder vorausgesetzten oder allgemein üblichen Beschaffenheit in Bezug auf irgendein tatsächliches oder rechtliches Verhältnis, das nach der Verkehrsanschauung auf die Wertschätzung der Sache Einfluss hat (z. B. falscher Kilometerstand eines Gebrauchtwagens, erheblich höherer Kraftstoffverbrauch eines Neuwagens, geringere Wohnfläche als vereinbart, Hochwassergefährdung einer Mietwohnung, früherer Gebrauch eines Grundstücks als Abfalllagerplatz). Für einen F. im Zeitpunkt des Gefahrübergangs haftet der Verkäufer. → Fehlerhaftigkeit

Fehlerhaftigkeit ist die ungünstige Abweichung eines Geschehens oder Zustands von einer ordnungsmäßigen Beschaffenheit. Im Verwaltungsrecht ist eine F. des → Verwaltungshandelns und damit des → Verwaltungsakts gegeben, wenn die betreffende Maßnahme der Verwaltung materiellem Recht oder formellem Recht widerspricht. Die F. kann sich gründen auf Inhaltsfehler (z. B. materielle Rechtswidrigkeit), Zuständigkeitsfehler (z. B. unzuständige Behörde), Formfehler (z. B. Nichtausstellung einer vorgeschriebenen Urkunde) und Verfahrensfehler (z. B. Fehlen des rechtlichen Gehörs). Bei evidenter, schwerwiegender F. tritt → Nichtigkeit, sonst → Anfechtbarkeit ein (§§ 44 ff. VwVfG). Teilweise F. führt zu gesamter F. nur, wenn der fehlerhafte Teil so wesentlich ist, dass die Behörde ohne ihn nicht gehandelt haben würde. Im Verfahrensrecht sind Fehler (fehlerhafte Entscheidungen) mit den jeweils zulässigen → Rechtsbehelfen zu beseitigen. F. des → Besitzes (§ 858 II 1 BGB) ist im Sachenrecht gegeben, wenn der Besitz durch verbotene → Eigenmacht erlangt ist. Diese F. geht grundsätzlich auf den Besitznachfolger über. Sie begründet einen Besitzherausgabeanspruch (§ 861 BGB). Für fehlerhafte → Willenserklärungen gelten die §§ 116 ff. BGB.

Lit.: *Hufen, F.,* Fehler im Verwaltungsverfahren, 5. A. 2013; *Schnapp, F./Cordewener, A.,* Welche Rechtsfolgen hat die Fehlerhaftigkeit eines Verwaltungsakts?, JuS 1999, 39

Fehlgeburt ist die noch nicht lebensfähige, tot geborene Leibesfrucht. Zur Abgrenzung von der → Totgeburt wird teilweise auf eine Höchstgröße von 35 cm bzw. auf ein Gewicht unter 500 Gramm (1994) abgestellt. Eine F. erfüllt nicht die Voraussetzungen einer Entbindung und ist keine → Leiche.

Lit.: *Beutel, M.,* Der frühe Verlust eines Kindes, 2002

Feiertag ist der kraft Gesetzes arbeitsfreie Arbeitstag (z. B. Tag der deutschen Einheit 3.10.). Maßgeblich sind hierfür im Wesentlichen Landesgesetze. Einen beschränkten staatlichen Schutz genießen einzelne kirchliche, staatlich geschützte Feiertage.

Lit.: *Westphal, K.,* Die Garantie der Sonn- und Feiertage, 2004 (elektronisch)

Feldjäger ist der Angehörige der Militärpolizei der Bundeswehr.

Lit.: *Heinen, J.,* Rechtsgrundlagen Feldjägerdienst, 10. A. 2013

Felonie (F.) Treubruch

Feme ([F.] Strafe?) ist im spätmittelalterlichen deutschen Recht eine auf die Verbesserung der Rechtspflege (Strafrechtspflege) abzielende Bewegung innerhalb der → Gerichtsbarkeit, die von den westfälischen Grafengerichten ausging, wegen der (möglichen) Missbräuche nach einem Höhepunkt im 15. Jahrhundert aber rasch an Bedeutung verlor. → Femegericht

Lit.: *Köbler, G.,* Zielwörterbuch integrativer europäischer Rechtsgeschichte, 6. A. 2014 (Internet); *Fricke, E.,* Die westfälische Veme, 2002

Femegericht (Femgericht) ist im spätmittelalterlichen deutschen Recht das mit einem Freigrafen und 7 Freischöffen, die in die Regeln (Geheimnisse) der → Feme eingeweiht waren, besetzte → Gericht der Feme. Die Freischöffen hatten auch die Pflicht, ihnen bekannt gewordene Straftaten zu rügen und bei der Zustellung von Ladungen mitzuwirken. Blieb der Geladene aus, wurde er verfemt und konnte ohne Weiteres hingerichtet werden.

Ferien (Feiertage, Ruhetage) des → Gerichts (Gerichtsferien § 199 GVG) war bis 1.1.1997 im Verfahrensrecht die Zeit zwischen dem 15. Juli und dem 15. September jeden Jahres. Nach Abschaffung der F. besteht nach § 227 III ZPO im Zivilprozess in bestimmten, nicht besonders eilbedürftigen Fällen für den Zeitraum vom 1.7. bis 31.8. des Jahres ein Anspruch auf Verlegung des Termins.

Feriensachen → Ferien

Fernabsatz ist der Absatz von Waren und die Erbringung von Dienstleistungen über → Fernkommunikationsmittel. → Fernabsatzgesetz, → Fernabsatzvertrag

Lit.: *Reuter, M.,* Der Fernabsatz, 2003; *Aigner, D./Hofmann, D.,* Fernabsatzrecht im Internet, 2004

Fernabsatzvertrag (§ 312c BGB) ist der Vertrag über die Lieferung von Waren oder über die Erbringung von Dienstleistungen zwischen einem Unternehmer und einem Verbraucher unter ausschließlicher Verwendung von → Fernkommunikationsmitteln, bei dem der Vertragsschluss im Rahmen eines für den Fernabsatz organisierten Vertriebs- und Dienstleistungssystems erfolgt.. Bei dem F. hat der Unternehmer den Verbraucher rechtzeitig klar und verständlich zu unterrichten (§ 312d BGB). Der Verbraucher hat ein Widerrufsrecht nach § 355 BGB. Von den Vorschriften der §§ 312 ff. BGB darf nicht zum Nachteil des Verbrauchers abgewichen werden.

Lit.: *Bülow, P./Artz, M.,* Fernabsatzverträge und Strukturen eines Verbraucherprivatrechts im BGB, NJW 2000, 2049; *Felke, K. u. a.,* Umsetzung der Fernabsatz-Richtlinie für Finanzdienstleistungen, NJW 2005, 710

Fernkommunikationsmittel (§ 312b II BGB) ist das zur Anbahnung oder zum Abschluss eines Vertrags zwischen einem Verbraucher und einem Unternehmer ohne gleichzeitige körperliche Anwesenheit der Vertragspartner einsetzbare Kommunikationsmittel (z. B. Brief, Katalog, Telefon, Telekopie, e-mail, Rundfunk, Teledienst, Mediendienst, Internet). → Fernabsatzvertrag

Fernmeldegeheimnis ist die die Tatsache und den Inhalt von Ferngesprächen, Fernschreiben und Telegrammen schützende Geheimhaltungspflicht. → Korrespondenzgeheimnis

Lit.: *Groß, T.,* Brief-, Post- und Fernmeldegeheimnis, 2000

Fernmelderecht ist die Gesamtheit der das Fernmeldewesen betreffenden Rechtssätze. → Telekommunikation, → Telekommunikationsgesetz

Lit.: *Wissmann, M.,* Telekommunikationsrecht, 2003; *Holznagel, B.,* Telekommunikationsrecht, 2. A. 2006

Fernmeldewesen ist die zusammenfassende Bezeichnung für die Verhältnisse der Fernsprechanlagen, Fernschreibanlagen und Funkanlagen, an deren Stelle seit etwa 1995 vor allem Telekommunikation getreten ist.

Fernsehen ist die Aufnahme, Übertragung und Wiedergabe sichtbarer Zustände oder Vorgänge mit Hilfe des elektrischen Stroms oder elektromagnetischer Wellen.

Lit.: *Olenhusen, A. v.,* Film und Fernsehen, 2001

Fernsehrecht ist die Gesamtheit der → Fernsehen betreffenden Rechtssätze.

Lit.: Handbuch des Film-, Fernseh- und Videorechts, hg. v. *Hartlieb, H. v./Schwarz, M.,* 5. A. 2011

Fernunterricht ist der örtlich von einer Unterrichtsanstalt getrennte Unterricht. Für ihn gilt das Fernunterrichtsschutzgesetz. Das Studium u. a. der Rechtswissenschaft ist möglich an der Fernuniversität Hagen (insgesamt 55 000 Studierende, 6 Fachbereiche, 25 Studiengänge, 80 Prozent Berufstätige, 40 Prozent Graduierte, 70 Studienzentren, 50 Prozent Studienabbrecher, viele Weiterbildungslehrgänge z. B. Recht für Patentanwälte, japanisches Zivilrecht, http://www.fernuni-hagen.de).

Lit.: *Faber, K./Schade, R.,* Fernunterrichtsschutzgesetz, 1980

Fessel ist das zur Einschränkung der Bewegungsmöglichkeiten eines Menschen oder Tieres verwendete Band oder sonstige Hilfsmittel. Seit 1983 gibt es in den Vereinigten Staaten von Amerika, ausgehend von New Mexico (1977) und Florida, die elektronische, kostensparende F., die Kanada, Israel, Australien, Schweden, Niederlande, Großbritannien und die Schweiz übernahmen. 1997 beschlossen die deutschen Justizminister auf vier Jahre befristete Versuche in Hamburg und Berlin zur Erprobung der elektronischen F. In Hessen begann am 2.5.2000 ein Modellversuch mit 36 Fußfesseln bei auf Bewährung verurteilten Straftätern. Die bisherige Verwendung ist trotz einer Kostensenkung von 80 Prozent gegenüber der Haft begrenzt.

Lit.: *Bernsmann, H.,* Elektronisch überwachter Hausarrest, 2000

Festhalten ist das Verhindern der Ortsveränderung. Nach § 177 GVG kann der Vorsitzende einer Gerichtsverhandlung zur Unterbindung einer Störung das F. eines Menschen bis zu 24 Stunden anordnen. Ähnliches gilt nach § 164 StPO für sonstige Amtshandlungen im Strafverfahren. Das F. verletzt die Europäische Menschenrechtskonvention, wenn eine eindeutig durch das einzelstaatliche Gesetz vorgeschriebene Frist überschritten wird.

Festnahme ist die Entziehung der Fortbewegungsfreiheit, die nur in den gesetzlich besonders zugelassenen Fällen rechtmäßig ist. Sofern kein → Haftbefehl oder Unterbringungsbefehl vorliegt, kann die F. nur vorläufig sein (*vorläufige* F.). Danach ist der Festgenommene gemäß § 128 StPO spätestens am Tage nach seiner F. dem → Richter vorzuführen, der entweder die Inhaftierung oder die Freilassung anordnen muss. Befugt zur vorläufigen F. ist nach § 127 I StPO jedermann, der einen Straftäter auf frischer Tat betrifft oder verfolgt, wenn der Täter nicht sofort feststellbar ist oder → Fluchtgefahr besteht. Dabei darf jedermann den Flüchtenden von hinten anspringen, dadurch zu Boden werfen, dort festhalten und dann in Notwehr würgen, wenn ihn die Gegenwehr dazu berechtigt. → Staatsanwaltschaft und → Polizeibeamte sind darüber hinaus nach § 127 II StPO auch dann zur vorläufigen F. berechtigt, wenn die Voraussetzungen eines Haftbefehls vorliegen. Nach § 127b StPO sind Staatsanwaltschaft und Beamte des Polizeidienysts zur vorläufigen F. eines auf frischer Tat Betroffenen oder Verfolgten auch dann befugt, wenn eine unverzügliche Entscheidung im beschleunigten Verfahren wahrscheinlich ist und auf Grund bestimmter Tatsachen zu befürchten ist, dass der Betreffende, würde er nicht festgenommen, der Hauptverhandlung fernbleiben wird. Weitere Rechte zur vorläufigen F. enthalten die §§ 177, 183 S. 2 GVG, § 164 StPO oder § 229 BGB. Der Festgenommene ist, sofern er nicht wieder in Freiheit gesetzt wird, unverzüglich, spätestens am Tage nach der F. dem Richter bei dem Amtsgericht, in dessen Bezirk er festgenommen wurde, zur Einvernahme vorzuführen. Der Richter kann die Freilassung anordnen oder (auf Antrag der Staatsanwaltschaft) einen Haftbefehl oder Unterbringungsbefehl erlassen (§ 128 StPO).

Lit.: *Dittmer, A.,* Die vorläufige Festnahme, 2003; *Sickor, J.,* Das Festnahmerecht nach § 127 I 1 StPO im System der Rechtfertigungsgründe, JuS 2012, 1074

Festpreis ist der durch Gesetz, Hoheitsakt oder Rechtsgeschäft in seiner Höhe festgelegte Preis.

Lit.: *Lange, J.,* Methodische Grundlagen, 2002

Feststellungsinteresse → Feststellungsklage

Feststellungsklage ist die auf Feststellung des Bestehens oder Nichtbestehens eines → Rechtsverhältnisses, auf Anerkennung einer → Urkunde oder Feststellung ihrer Unechtheit (§ 256 ZPO) bzw. der

→ Nichtigkeit eines → Verwaltungsakts (§ 43 VwGO) gerichtete → Klage. Sie erfordert ein rechtliches bzw. berechtigtes Interesse des Klägers an alsbaldiger Feststellung (Feststellungsinteresse). Im Zweifel ist sie gegenüber anderen Klagen subsidiär. Das auf die F. hin ergehende Feststellungsurteil ist grundsätzlich nicht vollstreckungsfähig.

Lit.: *Chern, C.,* Die Feststellungsklage im Zivilprozess, Diss. jur. Köln 1997; *Selb, W.,* Die verwaltungsgerichtliche Feststellungsklage, 1998; *Geis, E. u. a.,* Grundfälle zur verwaltungsprozessualen Feststellungsklage, JuS 2012, 599; *Thole, C.,* Aktuelle Entwicklungen bei der negativen Feststellungsklage, NJW 2013, 1192

Feststellungsurteil ist das die Feststellung des Bestehens oder Nichtbestehens eines Rechtsverhältnisses, die Anerkennung einer Urkunde oder die Feststellung ihrer Unechtheit bzw. die Nichtigkeit eines Verwaltungsakts aussprechende → Urteil.

Feudalismus ist die soziale, wirtschaftliche und politische Ordnung, in der eine (adlige) Oberschicht vom Herrscher mit Rechten an → Gebieten und anderen Gegenständen als Ausgleich für Kriegsdienste und andere Dienste ausgestattet wird (→ Lehnsrecht) und außerdem Grundstücke an abhängige Bauern zur Bewirtschaftung vergibt (→ Grundherrschaft). Der F. steht im Gegensatz sowohl zum → Absolutismus wie auch zur → Volkssouveränität. Der F. wurde seit 1789 beseitigt.

Lit.: *Köbler, G.,* Zielwörterbuch integrativer europäischer Rechtsgeschichte, 6. A. 2014 (Internet); *Fryde, N.,* Die Gegenwart des Feudalismus, 2002

feudum (lat. [N.]) → Lehen

Feuerschau ist die regelmäßige Überprüfung aller Gebäude auf ihre Feuersicherheit.

Feuerversicherung (§§ 142ff. VVG Gebäudefeuerversicherung) ist die → Versicherung, die Schäden abdecken soll, die aus Brand, Blitzschlag oder Explosion entstehen oder damit unmittelbar zusammenhängen.

Lit.: *Boldt, H.,* Die Feuerversicherung, 7. A. 1995; *Josten, B.,* Die Feuerindustrieversicherung, 1999; *Bruck, E./ Möller, H.,* Kommentar zum Versicherungsvertragsgesetz, 8. A. Bd. 3 2002

Feuerwehr ist die zur Bekämpfung gefährlicher Feuer durch den Menschen gebildete Einrichtung. Sie ist teils freiwillige F., teils Berufsfeuerwehr. Ihr Recht ist landesrechtlich geregelt.

Lit.: *Hasl, A.,* Die Einordnung der Feuerwehren, Diss. jur. München 1996; *Schober, W.,* Kostenersatz nach Feuerwehreinsätzen in Bayern, 2. A. 2008; *Hamilton, W.,* Handbuch für den Feuerwehrmann, 20. A. 2004

Fideikommiss (Treueanvertrauung) ist im römischen Recht die erbrechtliche Verfügung, durch die ein Erblasser die Erfüllung einer Angelegenheit der Treue eines anderen anvertraut. Im deutschen Recht wird als F. (M.) seit dem Mittelalter das in einer Familie gebundene Gut, das jeweils der Verwaltung eines Familienmitglieds anvertraut ist, bezeichnet (→ Familienfideikommiss). Seit der Aufklärung wird seine Aufhebung angestrebt.

Lit.: *Kaser, M.,* Römisches Privatrecht, 20. A. 2014; *Eckert, J.,* Der Kampf um die Familienfideikommisse, 1992, *Köbler, G.,* Deutsche Rechtsgeschichte, 6. A. 2005

Fides (lat. [F.] Treue) ist im römischen Recht die anfangs moralische, dann auch rechtliche Verpflichtung, zu seinem Wort zu stehen.
Lit.: *Söllner, A.,* Römische Rechtsgeschichte, 5. A. 1996

fiducia (lat. [F.]) Treue, → Treuhand

fiduziarisch (Adj.) treuhänderisch

Fiktion (Erdichtung) ist der Rechtssatz, der eine in Wahrheit nicht bestehende Tatsache als bestehend behandelt (z. B. § 894 ZPO Ist der Schuldner zur Abgabe einer → Willenserklärung verurteilt, so gilt die Erklärung als abgegeben, sobald das → Urteil → Rechtskraft erlangt hat, § 1923 II BGB). Die F. kann im Gegensatz zu einer gesetzlichen → Vermutung nicht durch Gegenbeweis entkräftet werden.
Lit.: *Jochmann, M.,* Die Fiktion im öffentlichen Recht, 1998; *Liu, C.,* Fiktionen und Vermutungen im Recht der allgemeinen Geschäftsbedingungen, 2002

Fiktionstheorie ist die Theorie zur juristischen → Person, die davon ausgeht, dass für die Zuordnung herrenloser Rechte die juristische Person durch → Fiktion geschaffen werden müsse.
Lit.: *Köbler, G.,* Deutsche Rechtsgeschichte, 6. A. 2005

Filiale (F.) Zweigniederlassung

Filmrecht ist die Gesamtheit der Filme betreffenden Rechtssätze.
Lit.: *Klages, C.,* Grundzüge des Filmrechts, 2004; *Have, H. v.,* Filmförderungsgesetz, 2005

final (Adj.) den Zweck oder die Absicht umfassend, zweckgerichtet

finale Handlungslehre → Handlungslehre, finale

Finanz, Finanzen, ist die Bezeichnung für die bestehende Vermögenslage, insbesondere des → Staates.
Lit.: *Rehm., H.,* Kommunale Finanzwirtschaft, 2003; *Franke, G.,* Finanzwirtschaft des Unternehmens, 6. A. 2009

Finanzamt ist die unterste → Behörde der (Landes-) → Finanzverwaltung (§ 2 FVG). Das F. ist zuständig für Personen und Gegenstände, die in seinem Bezirk ihren → Wohnsitz oder ihre Lage haben. Über dem F. steht die Oberfinanzdirektion.
Lit.: *Weyand, R.,* Was weiß das Finanzamt vom Steuerzahler?, 8. A. 2000

Finanzausgleich (vgl. Art. 107 GG) ist der angemessene Ausgleich der ungleichen Steuererträge und der unterschiedlichen Finanzkraft zwischen → Bund, → Ländern und → Gemeinden. Er ist *horizontaler* F., wenn er zwischen Körperschaften gleicher Ebene (z. B. Ländern, Gemeinden) erfolgt, *vertikaler* F., wenn er zwischen Körperschaften

verschiedener Ebenen (Bund-Länder) vollzogen wird.
Lit.: *Scherf, W.,* Der Länderfinanzausgleich, 2000; *Kämmerer, J.,* Maßstäbe für den Bundesfinanzausgleich?, JuS 2003, 214

Finanzderivat ist das von herkömmlichen Finanzbeziehungen wie Krediten, Aktien, Anleihen oder abstrakten Formen wie Aktienindizes abgeleitete (derivierte), der Steuerung von Preisänderungsgefahren dienende Finanzinstrument (Derivat z. B. Option, Future, Swap, Zertifikat).
Lit.: *Kern, M.,* Kreditderivate, 2003; Finanzderivate, hg. v. *Zerey, J.,* 3. A. 2012

Finanzdienstleistung (§ 1 Ia KWG) ist die Vermittlung von Geschäften über die Anschaffung und Veräußerung von Finanzinstrumenten, die Anlageberatung, der Betrieb eines multilateralen Handelssytems und Ähnliches. Die gewerbsmäßige Erbringung von Finanzdienstleistungen bedarf der staatlichen Erlaubnis. Sie untersteht der Aufsicht der Bundesanstalt für Finanzdienstleistungsaufsicht.

Finanzgericht ist das Gericht erster Instanz der → Finanzgerichtsbarkeit. Es ist ein (oberes) Landesgericht. Seine Senate sind mit 3 Berufsrichtern und 2 ehrenamtlichen Richtern besetzt. Durch § 33 FGO ist den Finanzgerichten eine Vielzahl von Rechtsstreitigkeiten im Bereich des Agrarverwaltungsrechts zugewiesen.
Lit.: AO/FGO Steuerverfahrensrecht, 39. A. 2015; *Gräber, F.,* Finanzgerichtsordnung, 7. A. 2010, 8. A. 2015; *Ax, R./Große, T./Melchior, J.,* Abgabenordnung und Finanzgerichtsordnung, 19. A. 2007, Abgabenordnung und Finanzgerichtsordnung, hg. v. *Kühn, R.,* 21. A. 2015

Finanzgerichtsbarkeit ist die die öffentlichen → Finanzen, insbesondere die → Steuern betreffende → Gerichtsbarkeit. Sie ist ein verselbständigter Sonderfall der Verwaltungsgerichtsbarkeit. Sie ist in der Finanzgerichtsordnung (Gerichte, Verfahren, Kosten und Vollstreckung, Übergangs- und Schlussbestimmungen) besonders geregelt. Ihre Organe sind → Finanzgericht und → Bundesfinanzhof. Eine Klage vor dem Finanzgericht durch den Bürger ist unzulässig, wenn die betreffende Steuer von einem Unternehmen unmittelbar abgeführt wird.
Lit.: *Sauer, O.,* Wie führe ich einen Finanzgerichtsprozess, 5. A. 2001; *Gerharz, J.,* Der Einzelrichter in der Finanzgerichtsbarkeit, 1999

finanzierter Abzahlungskauf → Verbraucherkredit

Finanzierung ist die Beschaffung von (geldlichen oder finanziellen) Mitteln für bestimmte Zwecke. Sie kann Eigenfinanzierung oder Fremdfinanzierung sein. Als Fremdfinanzierung verwendet sie hauptsächlich das Gelddarlehen bzw. Darlehen (§§ 488 ff. BGB).
Lit.: *Schneck, O.,* Finanzierung, 2. A. 2004

Finanzierungsleasing → Leasing
Lit.: *Wolf, J.,* Die Rechtsnatur des Finanzierungsleasings, JuS 2002, 335; *Beckmann, H.,* Finanzierungsleasing, 3. A. 2006; *Löhnig, M. u. a.,* Grundfälle zum Fi-

nanzierungsleasing, JuS 2009, 491; *Omlor, S.,* Finanzierungsleasing unter der neuen Verbraucherkreditricht-
linie, NJW 2010, 2694

Finanzinstrument ist das im Bereich von Finanzen
verwendete Instrument (z. B. Rechnungslegung,
Besteuerung, Aufsichtsrecht, Wertpapier, Devise).
Lit.: *Haisch/Helios,* Rechtshandbuch Finanzinstrumente, 2011

Finanzmarkt ist der Markt für den Handel mit
Vermögenswerten, insbesondere Wertpapieren.
Lit.: *Reuschle, F.,* Viertes Finanzmarktförderungsge-
setz, 2002; *Jaletzke/Veranneman,* Finanzmarktstabilisie-
rungsgesetz, 2009

Finanzmonopol (Art. 105, 106 GG) ist die ausschließliche Berechtigung des → Staates, aus dem
Vertrieb eines Gegenstands Einkünfte zu erzielen
(z. B. Branntweinmonopol).

Finanzplanung ist die Planung der künftigen Entwicklung und Gestaltung der → Finanzen.
Lit.: *Wieland, J.,* Bausteine zu einer strategischen Finanzplanung, 1991

Finanzrecht ist die Gesamtheit der die öffentlichen
→ Finanzen betreffenden Rechtssätze. Dazu zählen
besonders das Finanzverfassungsrecht, das
→ Steuerrecht, das Haushaltsrecht und das sonstige
Finanzverwaltungsrecht. Das F. bildet die rechtliche
Grundlage von Finanzwirtschaft, Finanzpolitik und
Finanzplanung.
Lit.: *Strickrodt, G.,* Finanzrecht, 1975; *Bernhardt, H.,*
Kommunales Finanz- und Abgabenrecht, 12. A. 2010

Finanzverfassung (Art. 104a ff. GG) ist die Gesamtheit der die Ordnung des Geldwesens und den
Ablauf der Finanzvorgänge in der Haushaltswirtschaft, Vermögenswirtschaft und Schuldenwirtschaft
der → Körperschaften des öffentlichen Rechts betreffenden Rechtssätze.
Lit.: *Schwarz, K. u. a.,* Schwerpunktbereich – Einführung in das Finanz- und Haushaltsverfassungsrecht,
JuS 2007, 119; *Kloepfer, M.,* Finanzverfassungsrecht,
2014

Finanzvermögen ist das → Vermögen öffentlich-
rechtlicher → Körperschaften, das den Zwecken der
Verwaltung nur mittelbar durch seinen Wert oder
seine Erträge (z. B. Grundstück, Pachtzins) dient.
Das F. steht neben dem → Verwaltungsvermögen.
Es unterliegt aber grundsätzlich den Regeln des
→ Privatrechts.

Finanzverwaltung (Art. 108 GG, Finanzverwal-
tungsgesetz) ist die Verwaltung der öffentlichen
→ Einnahmen durch die öffentlich-rechtlichen
→ Körperschaften. Dabei werden → Zölle, → Fi-
nanzmonopole, die bundesgesetzlich geregelten
→ Verbrauchsteuern und die Abgaben im Rahmen
der Europäischen Gemeinschaften bzw. Europäischen Union durch Bundesfinanzbehörden, die übrigen Steuern durch Landesfinanzbehörden verwaltet,
soweit diese die Verwaltung nicht den → Gemeinden übertragen haben. Die F. gliedert sich in Finanzministerium, → Oberfinanzdirektionen, (die so-

wohl Bundesbehörden wie auch Landesbehörden
sind,) und → Finanzämter.
Lit.: *Richter, H.,* Die bundesstaatliche Finanzverfassung, JuS 1996, 119; *Bilsdorfer, P.,* Die Informations-
quellen, 8. A. 2009

Finanzwissenschaft ist die Wissenschaft von der
Vermögenslage (des Staates).
Lit.: *Wigger, B.,* Grundzüge der Finanzwissenschaft,
2004; *Scherf, W.,* Öffentliche Finanzen, 2009

Findelkind ist das von unbekannten Eltern ausge-
setzte neugeborene Kind. Die zuständige Verwaltungsbehörde setzt den vermutlichen Tag und Ort
der Geburt fest und bestimmt den Vornamen und
Familiennamen des Findelkinds. Im Zweifel erfolgt
danach eine Annahme an Kindes Statt.

Finder (§ 965 BGB) ist der eine verlorene → Sache
entdeckende und an sich nehmende Mensch.

Finderlohn (§ 971 BGB) ist der Lohn, den der
→ Finder beim Fund von dem Empfangsberechtigten verlangen kann. Er beträgt von dem Wert der
Sache bis zu 500 Euro 5 Prozent, vom Mehrwert
3 Prozent, bei Tieren 3 Prozent. Der Finder kann,
wenn sich der Eigentümer nicht ermitteln lässt, nach
§§ 973 ff. BGB Eigentum erwerben.

Fingerabdruck ist der Abdruck der Fingerspitzen
der menschlichen Hand. Der F. ist seit 1892 (in
Deutschland 1903 Fingerabdruckblätter) eines der
wichtigsten Hilfsmittel der Personenfeststellung,
dessen Bedeutung darauf beruht, dass die Tastlinien
(Papillaren) der Fingerspitzen (selbst bei eineiigen
Zwillingen) individuell ausgebildet sind (und seit
etwa 1990 auch mit automatisierten Fingerabdruck-
identifizierungssystemen wie z. B. Afis erkannt werden können). Ergänzt wird der F. durch den Handin-
nenseitenabdruck. → Genetischer Fingerabdruck,
DNA-Analyse
Lit.: *Maltoni, D.,* Handbook of fingerprint recognition,
2003

Finnland ist der an Schweden, Norwegen und Russland angrenzende, nordeuropäische Staat, der seit
1.1.1995 Mitglied der Europäischen Union ist. Das
Finnische eine nichtindogermanische Sprache.
Das Recht Finnlands ist durch die lange Beherrschung Finnlands durch Schweden geprägt.
Lit.: *Reiterer, A.,* Finnland, 2004; *Köbler, G.,* Rechtsfinnisch, 2004

Firma (§ 17 HGB) ist (nur) der → Name des
→ Kaufmanns, unter dem er im Handel seine Geschäfte betreibt und die → Unterschrift abgibt (,
nicht dagegen auch das → Unternehmen). Für die
Gestaltung einer F. gelten Regeln (§§ 18 ff. HGB
u. a., Personenfirma, Sachfirma). Insbesondere muss
die Firma zur Kennzeichnung des Kaufmanns geeignet sein und Unterscheidungskraft haben und
damit grundsätzlich wahr, klar, unterscheidungs-
kräftig und frei von täuschenden Angaben (z. B.
GbRmbH) sein. Jedem Kaufmann steht es frei, eine
Personalfirma, eine Sachfirma oder auch eine Fanta-
siefirma zu wählen. Die F. entsteht (originär) durch

einfache Annahme (des Namens). Sie kann zusammen mit dem Geschäft übertragen werden. Sie soll nach dem Ausscheiden eines Gesellschafters regelmäßig fortgeführt werden. Sie endet mit der Beendigung des kaufmännischen → Handelsgewerbes. Bei Einzelkaufleuten muss sie seit 1998 die Bezeichnung eingetragener Kaufmann, eingetragene Kauffrau oder eine allgemein verständliche Abkürzung dieser Bezeichnung (z. B. e. K., e. Kfm., e. Kfr.) enthalten (§ 19 HGB). Kapitalgesellschaften dürfen eine Sachfirma annehmen. Zulässig sind dabei Phantasiebezeichnungen. Unter seiner F. kann der Kaufmann klagen und verklagt werden. In der Umgangssprache ist F. gleichbedeutend mit Unternehmen.

Lit.: *Scheibe, R.,* Der Grundsatz der Firmenwahrheit, JuS 1997, 414; *Bokelmann, G.,* Das Recht der Firmen- und Geschäftsbezeichnungen, 5. A. 1999

firmieren (V.) als Namen führen, Geschäfte treiben

Fischerei ist die Hegung und Aneignung von Fischen. → Fischereirecht

Fischereirecht ist das Recht, (in einem Binnengewässer) Fische, Krebse und andere nutzbare Wassertiere (z. B. Frösche), die nicht Gegenstand des → Jagdrechts sind, zu hegen und sich anzueignen. Es ist ein absolutes Recht. Es steht grundsätzlich dem Eigentümer des Gewässers zu, doch kann der Inhaber des Fischereirechts das Fischereiausübungsrecht an einen Fischereiausübungsberechtigten verpachten.

Lit.: *Jens, G.,* Fischereirecht in Rheinland-Pfalz, 4. A. 2011; *Karremann, R./Laiblin, W.,* Fischereirecht in Baden-Württemberg, 4. A. 2014

Fischwilderei (§ 293 StGB) ist das Fischen unter Verletzung fremden Fischereirechts oder Fischereiausübungsrechts und das Zueignen, Beschädigen oder Zerstören einer Sache, die dem Fischereirecht unterliegt.

Fiskal ist im neuzeitlichen Verwaltungsrecht der Interessenvertreter des → Fiskus.

Lit.: *Köbler, G.,* Deutsche Rechtsgeschichte, 6. A. 2005

Fiskus (lat. fiscus [M.] Geldkorb) ist der Träger öffentlicher → Verwaltung, soweit er in privatrechtlichen Formen tätig wird (z. B. Land kauft ein Grundstück, Land betreibt Brauerei, Land bewirtschaftet Domäne). F. ist also der → Staat als juristische Person (des öffentlichen Rechts) im nichthoheitlichen Bereich (Privatrechtssubjekt). Der F. kann klagen und verklagt werden und genießt im Privatrecht einige Vorrechte (z. B. §§ 928 II, 1936 BGB), unterliegt aber auch Einschränkungen.

Lit.: *Maletzky, M.,* Das Erbrecht des Fiskus, 2001

fix (Adj.) fest, schnell

Fixgeschäft ist das → Rechtsgeschäft, bei dem die → Leistung genau zu einer festbestimmten Zeit oder innerhalb einer festbestimmten Frist zu bewirken ist und das Geschäft nach der Vereinbarung oder den sonstigen Umständen mit Einhaltung der Zeitbestimmung stehen oder fallen soll (vgl. § 323 II Nr. 2 BGB). § 376 HGB (Fixhandelskauf) gewährt einen → Schadensersatzanspruch wegen → Nichterfüllung. Im Gegensatz zu dem damit geregelten *relativen* (echten) F. hat beim *absoluten* (unechten) F. die → Leistungszeit die Bedeutung, dass Leistung zu jeder anderen Zeit überhaupt unmöglich ist (z. B. Lieferung von Weihnachtsbäumen im Januar).

Fläche ist das zweidimensional durch Länge und Breite bestimmte Gebilde.

Flächennutzungsplan (§ 5 BauGB) ist der den → Bebauungsplan vorbereitende → Bauleitplan des Bauplanungsrechts, der die beabsichtigte Art der Bodennutzung einer Gemeinde (z. B. Baugebiet, Verkehrsfläche) in Grundzügen darstellt. Er ist weder → Rechtsnorm noch → Verwaltungsakt, sondern eine hoheitliche Maßnahme eigener Art, welche die beteiligten öffentlich-rechtlichen Planungsträger bindet. Seine Aufstellung leitet die Gemeinde durch einen bekannt zu gebenden Beschluss ein. Wirksam wird der F. nach der Bekanntgabe seiner Genehmigung durch die höhere Verwaltungsbehörde (§ 6 BauGB).

Lit.: *Koppitz, H./Schwarting, G./Finkeldei, J.,* Der Flächennutzungsplan, 3. A. 2005; *Rinsdorf, A.,* Der Flächennutzungsplan, 2004

Flächenstaat ist der nicht nur aus einer Stadt (→ Stadtstaat), sondern aus einem größeren Staatsgebiet bestehende → Staat (z. B. Baden-Württemberg, Bayern, Hessen, Niedersachsen, Nordrhein-Westfalen, Sachsen, Thüringen).

flexibel (Adj.) beugbar, beweglich, veränderbar, anpassungsfähig

Flucht ist die rasche, meist durch die Furcht vor einer Gefahr veranlasste Ortsveränderung.

Fluchtgefahr (§ 112 II StPO) ist die Wahrscheinlichkeit, dass der → Beschuldigte sich eher dem Strafverfahren entziehen als sich ihm stellen werde. Indizien hierfür sind auffälliger Wohnungswechsel und Arbeitsplatzwechsel, Verwendung falscher Papiere, frühere Flucht, Besitz größerer Mengen von Bargeld. Die F. ist ein → Haftgrund → Untersuchungshaft.

Flüchtling ist allgemein der aus seiner jeweiligen Umgebung geflohene Mensch. Ihm stehen regelmäßig nur eingeschränkte Rechte zu. Besonders wichtig ist das → Asylrecht.

Lit.: *Göbel-Zimmermann, R.,* Asyl- und Flüchtlingsrecht, 1999; *Marx, R.,* Handbuch zur Flüchtlingsanerkennung (Lbl.), 2007

Fluchtlinie → Baulinie

Flugzeug → Luftrecht

Flurbereinigung ist die Zusammenlegung und Umgestaltung landwirtschaftlich genutzter → Grundstücke in einem öffentlich-rechtlichen Verfahren zum Zweck ertragreicherer Bewirtschaftung (vgl. § 1 FlurbG).

Lit.: *Wingerter, K./Mayr, C.,* Flurbereinigungsgesetz, 9. A. 2013

Flurstück ist die vermessungstechnische Bezeichnung eines → Grundstücks (bzw. Grundstücksteils).

Fob ([engl.] free on board, frei an Bord) ist die Klausel des internationalen Handelsverkehrs, nach welcher der Verkäufer die → Ware kostenfrei an Bord eines Schiffs (→ Erfüllungsort) bringt.

Lit.: *Sassoon, D.,* C. I. F. and F. O. B. contracts, 4. A. 1995

Föderalismus (lat. foedus [N.] Bund) ist die Lehre von der Gestaltung des → Staates, die neben der Einheit des Ganzen die Vielheit seiner Glieder (Einzelstaaten, Länder) kennt. Dem F. steht der → Zentralismus (oder Unitarismus) gegenüber. Föderalistische Gestaltungsmöglichkeit ist vor allem der → Bundesstaat.

Lit.: *Selmer, P.,* Die Föderalismusreform, JuS 2006, 1052; *Starck, C.,* Föderalismusreform, 2007

Folge ist ein auf einem anderen Umstand ursächlich beruhender oder im Verhältnis zu ihm zeitlich späterer Umstand. → Rechtsfolge

Folgenbeseitigungsanspruch ist der (seit 1951 anerkannte) Anspruch des Einzelnen gegen eine öffentlich-rechtliche → Körperschaft, vor allem die tatsächlichen Folgen eines wegen des Eingriffs in ein subjektives Recht ihm nachteiligen rechtswidrigen hoheitlichen Handelns zu beseitigen und den früheren Zustand wiederherzustellen. Bei rechtswidrigen → Verwaltungsakten ist entweder zuvor oder – wie in der Praxis üblich – zumindest gleichzeitig (§ 113 I 2 VwGO) der Verwaltungsakt aufzuheben. Gerichtet ist der Anspruch auf → Beseitigung einer → Störung, nicht auf Ersatz. Allerdings erscheint nach Maßgabe des in § 251 II 1 BGB enthaltenen Rechtsgedankens ein Folgenentschädigungsanspruch nicht ausgeschlossen. Der F. kann verjähren.

Lit.: *Voßkuhle, A.,* Grundwissen – Öffentliches Recht – Der Folgenbeseitigungsanspruch, JuS 2012, 1079

Folgerecht ist das neben dem Urheberpersönlichkeitsrecht und dem Verwertungsrecht bestehende Recht des → Urhebers eines → Werkes der bildenden Kunst, bei einer Weiterveräußerung des Originals des Werkes durch einen Kunsthändler oder Versteigerer als Erwerber, Veräußerer oder Vermittler vom Veräußerer 5 Prozent des Veräußerungserlöses zu verlangen. Nach europäischem Recht soll das F. (in Höhe von 4 Prozent des Preises, höchstens 12 500 Euro) bis zu 70 Jahre nach dem Tod des Urhebers währen.

Lit.: *Schneider-Brodtmann, J.,* Das Folgerecht, 1996; *Ehrler, L.,* Das Folgerecht, 2001

Folgeschaden ist der aus einer Verletzung erst nachfolgende → Schaden am gesamten Vermögen. Er steht im Gegensatz zum → Verletzungsschaden. Er braucht bei § 823 I BGB nicht durch die → Handlung → kausal und → adäquat herbeigeführt worden zu sein. → Mangelfolgeschaden

Lit.: *Maier-Sieg, E.,* Der Folgeschaden, 2000; *Kütemeyer, J.,* Haftungsrechtliche Zurechnung, 2003

Folter ist die Zufügung oder Ausnutzung vermeidbarer nicht ganz unerheblicher körperlicher oder seelischer Schmerzen oder Leiden, die unfreiwillige Unterwerfung unter medizinische oder wissenschaftliche Versuche sowie eine Drohung mit derartigen Schmerzen, Leiden oder Maßnahmen, die von einem Staat oder einem entsprechenden Machtorgan selbst bzw. mit dessen Billigung oder Duldung eingesetzt wird, um den Gefolterten oder einen Dritten zu einer Aussage oder zu einem Geständnis zu zwingen oder einen Dritten einzuschüchtern. Sie ist rechtswidrig (vgl. § 136a StPO z. B. Verbot von Misshandlung, Ermüdung, körperlichem Eingriff, Verabreichung von Mitteln, Quälerei, Täuschung und Hypnose, Art. 104 I 2 GG). Sie verdient Bestrafung.

Lit.: *Morgan, R.,* Bekämpfung der Folter in Europa, 2003

Fonds (M.) ist die Gesamtheit für bestimmte Zwecke gehaltener, vielfach unter besonderer Verwaltung stehender Geldmittel oder sonstiger Vermögenswerte.

Lit.: *Lüdicke, J./Arndt, J.,* Geschlossene Fonds, 6. A. 2013; *Klöckner, W.,* Fonds erfolgreich verkaufen, 2003

Forderung (§ 398 BGB) ist das Recht des → Gläubigers gegen den → Schuldner auf die → Leistung. Die F. ist meist ein einzelnes Recht im Rahmen eines → Schuldverhältnisses in weiterem Sinn. Sie entsteht durch → Rechtsgeschäft oder → Gesetz und erlischt durch → Erfüllung oder sonstige Beendigungsgründe.

Lit.: *Köbler, G.,* Schuldrecht, 2. A. 1995

Forderungspfändung ist die → Pfändung einer → Forderung.

Lit.: *Stöber, K.,* Forderungspfändung, 16. A. 2013

Forderungsübergang ist der Übergang der Inhaberschaft einer → Forderung von einem bisherigen → Gläubiger auf einen neuen Gläubiger. Er kann kraft Gesetzes (→ Legalzession), durch einen einzelnen Hoheitsakt (z. B. § 835 ZPO) oder durch → Abtretung (Verfügungsgeschäft, § 398 BGB) vor sich gehen. Er ist vom Willen des Schuldners grundsätzlich unabhängig.

Forderungsverletzung ist die Verletzung einer Forderung bzw. eines → Anspruchs. *Positive* F. (sonstige Pflichtverletzung) war bis 2002 eine eigene Leistungsstörung des Schuldverhältnisses. Seitdem ist sie in der allgemeinen Pflichtverletzung aufgegangen (§§ 280, 324, 325 BGB).

Lit.: *Köbler, G.,* Schuldrecht, 2. A. 1995; *Pohlmann, A.,* Die Haftung wegen Verletzung von Aufklärungspflichten, 2002

Förderungsverwaltung ist der auf Förderung ausgerichtete Unterfall der → Leistungsverwaltung, bei dem bewusst geldwerte Leistungen von der Verwaltung ohne Gegenleistung erbracht werden (z. B. individuelle Ausbildungsförderung, Förderung der Geldkapitalbildung durch Sparprämien).

Lit.: *Wenger, K.,* Förderungsverwaltung, 1973

forensisch (Adj.) gerichtlich (zu [lat.] forum [N.] Gericht)

Form ist die sinnlich wahrnehmbare Gestalt eines Gegenstands oder einer Vorstellung. Im Verfahrensrecht bedarf etwa das → Urteil einer bestimmten F. (z. B. § 313 ZPO). Im Privatrecht besteht zwar weitgehend → Formfreiheit, doch wird für einzelne → Willenserklärungen durch → Gesetz oder → Vereinbarung auch eine F. vorgeschrieben, was der Beweissicherung, der Kontrolle oder der Warnung vor überstürztem Handeln dienen soll. Die wichtigsten Formen sind die → Schriftform (§ 126 I BGB, z. B. bei Bürgschaft, Auflösungsvertrag des Arbeitsverhältnisses), die elektronische Form (§ 126a BGB), bei welcher der Aussteller der Erklärung dieser seinen Namen hinzufügen und das elektronische Dokument mit einer qualifizierten elektronischen Signatur nach dem Signaturgesetz versehen muss, die Textform (§ 126b BGB), die öffentliche → Beglaubigung (§ 129 I BGB, z. B. bei Eintragungsbewilligung) und die notarielle → Beurkundung (§ 128 BGB, z. B. bei Grundstückskauf) sowie der ihr gleichstehende gerichtliche Vergleich (§ 127a BGB). Ein Rechtsgeschäft, das der vorgeschriebenen F. ermangelt, ist grundsätzlich nichtig (§ 125 BGB, anders z. B. § 518 II BGB). Im Verwaltungsrecht gilt für Fehler hinsichtlich der F. eines → Verwaltungsakts § 46 VwVfG (keine Folgen, wenn offensichtlich ist, dass die Verletzung der Form die Entscheidung in der Sache nicht beeinflusst hat).

Lit.: *Heiss, H.,* Formmängel, 1999; *Hähnchen, S.,* Das Gesetz zur Anpassung der Formvorschriften des Privatrechts, NJW 2001, 2831; *Armbrüster, C.,* Treuwidrigkeit der Berufung auf Formmängel, NJW 2007, 3317

formal (Adj.) die Form betreffend, äußerlich

Formalbeleidigung → Beleidigung

Formel ist die förmlich festgelegte, häufig wiederkehrende Aussage (z. B. Eidesformel), in der Rechtsgeschichte auch das Muster für Urkunden in typischen Geschäften.

Lit.: *Köbler, G.,* Deutsche Rechtsgeschichte, 6. A. 2005

formell (Adj.) förmlich, die Form betreffend

formelle Rechtskraft → Rechtskraft, formelle

formelle Verfassung → Verfassung, formelle

formelles Recht → Recht, formelles

Formfreiheit ist die Freiheit einer rechtlich relevanten Handlung von einer besonderen → Form. Sie ist im Privatrecht die Regel. Nur ausnahmsweise bedürfen → Rechtsgeschäfte einer besonderen Form.

Formkaufmann (§ 6 II HGB) ist der → Kaufmann kraft Rechtsform. Darunter ist ein → Verein, dem das Gesetz ohne Rücksicht auf den Gegenstand des → Unternehmens die Eigenschaft eines Kaufmanns beilegt (z. B. Gesellschaft mit beschränkter Haftung), oder eine Handelsgesellschaft zu verstehen (str.). Für den F. gelten die Vorschriften über die → Firma, die → Handelsbücher und die → Prokura auch, wenn das Unternehmen nach Art oder Umfang (ausnahmsweise) einen in kaufmännischer Weise eingerichteten Geschäftsbetrieb nicht erfordert.

Formular ist das auf die allgemeinen Merkmale einer Rechtshandlung beschränkte Erklärungsmuster, das durch die Einfügung von Einzelfallmerkmalen konkretisiert werden kann.

Lit.: *Kroiß, L./Neurauter, I.,* Formularsammlung für Rechtspflege und Verwaltung, 24. A. 2014; Beck'sches Formularbuch Bürgerliches, Handels- und Wirtschaftsrecht, hg. v. *Hoffmann-Becking, M./Rawert, P.,* 11. A. 2013; Beck'sches Prozessformularbuch, hg. v. *Hoffmann-Becking, M. u. a.,* 12. A. 2013; *Kersten/Bühling,* Formularbuch und Praxis der freiwilligen Gerichtsbarkeit, 24. A. 2014; *Wurm/Wagner/Zartmann,* Das Rechts-Formular-Buch, 16. A. 2011; Beck'sches Formularbuch für die Anwaltskanzlei, hg. v. *Heinz, G. u. a.,* 2014

Formularverfahren ist im römischen Recht das durch die Verwendung zahlreicher, aus der → actio des Klägers und einer eventuellen → exceptio des Beklagten gebildeter Verfahrensformeln (Prozessprogramme) gekennzeichnete Verfahren, das dem älteren → Legisaktionenverfahren zeitlich nachfolgt und seinerseits durch das neuere → Kognitionsverfahren abgelöst wird.

Lit.: *Söllner, A.,* Römische Rechtsgeschichte, 5. A. 1996

Formwechsel (§§ 190ff. UmwG) ist der Wechsel der Rechtsform eines Rechtsträgers. → Umwandlungsgesetz.

Forschung ist die Bemühung um neue nachvollziehbare Erkenntnis.

Lit.: *Winzer, W.,* Forschungs- und Entwicklungsverträge, 2. A. 2011

Forschungsfreiheit ist die grundgesetzlich gewährleistete Freiheit zu wissenschaftlicher Forschung.

Lit.: Forschungsfreiheit, 1996

fortgesetzt (Adj.) von längerer, nicht durch ein Ereignis unterbrochener Dauer, weiter geführt

fortgesetzte Gütergemeinschaft → Gütergemeinschaft, fortgesetzte

fortgesetzte Handlung → Handlung, fortgesetzte

Fortsetzungsfeststellungsklage (§ 113 I 4 VwGO) ist die → Feststellungsklage, die einen nach der Klageerhebung, aber vor dem → Urteil erledigten → Verwaltungsakt betrifft. Hat der Kläger ein berechtigtes Interesse daran, so spricht das Gericht auf Antrag durch Urteil aus, dass der Verwaltungsakt rechtswidrig gewesen ist. Bei Verwaltungsakten, die sich vor der Klageerhebung erledigt haben, gilt § 113 I 4 VwGO analog. Es ist weder die erfolglose Durchführung eines Vorverfahrens noch die Wahrung einer Klagefrist erforderlich.

Lit.: *Goepfert, A.*, Die Fortsetzungsfeststellungsklage, 1998; *Rozek, J.*, Neues zur Fortsetzungsfeststellungsklage, JuS 2000, 1162

Fortsetzungszusammenhang → Handlung, fortgesetzte

forum (lat. [N.]) Markt, Gericht, Gerichtsstand

forum (N.) **delicti commissi** (lat.) Gerichtsstand des begangenen Delikts

forum (N.) **rei sitae** (lat.) Gerichtsstand der belegenen Sache bzw. des Grundstücks

Foto (N.) Lichtbild

Fotokopieren ist das fototechnische Vervielfältigen eines Schriftstücks. Es ist für einzelne urheberrechtliche Beiträge zum privaten Gebrauch erlaubt. Es kann ein → Urheberrecht verletzen (z.B. bei gewerbsmäßiger Tätigkeit eines Recherchediensts).

Fotokopierabgabe ist die Gebühr, die Großbetreiber von Fotokopiergeräten seit der Änderung des § 54 II 1 UrhRG (24.6.1985) an die Verwertungsgesellschaft Wort zu entrichten haben. Daneben muss der Hersteller für jedes Fotokopiergerät eine einmalige Abgabe (angemessene Vergütung) bezahlen. Die F. soll den Urhebern zugute kommen.

Fotorecht ist die Gesamtheit der Fotos betreffenden Rechtssätze.

Lit.: *Wanckel, E.*, Foto- und Bildrecht, 4. A. 2012

Fracht (F.) Lohn für Beförderung, auch befördertes Gut

Frachtbrief (§ 408 HGB) ist die (in drei Originalausfertigungen ausgestellte) → Urkunde, die der Absender von Gütern auf Verlangen des → Frachtführers über das Frachtgeschäft ausstellt. Der F. ist nach seiner Übergabe Beweisurkunde über den Abschluss und Inhalt des Frachtvertrags, nicht dagegen → Wertpapier. Der Empfänger des Frachtguts hat die noch geschuldete Fracht bis zu dem Betrag zu zahlen, der aus dem F. hervorgeht (§ 421 II HGB).

Lit.: *Pelz, D.*, Frachtbrief, 1989; *Schinzing, P.*, Der Seefrachtbrief, 1991

Frachtführer (§ 407 HGB) ist der Unternehmer, der es gewerbsmäßig übernimmt, die Beförderung von Gütern zu Lande oder auf Flüssen oder sonstigen Binnengewässern auszuüben. Der Frachtführer hat über seine Stellung als Werkunternehmer hinaus besondere Rechte und Pflichten (§§ 407 ff. HGB). Er ist Kaufmann (beachte § 407 II HGB).

Lit.: *Trost, J.*, Die Haftung des Frachtführers, 1999

Frachtgut ist die von einem → Frachtführer beförderte bewegliche → Sache.

Frachtrecht (§§ 407 ff. HGB, §§ 631 ff. BGB) ist die Gesamtheit der die → Fracht bzw. den Frachtvertrag betreffenden Rechtssätze.

Lit.: *Helm, J.*, Frachtrecht, 4. A. 1994; *Helm, J.*, Frachtrecht II CMR, 2. A. 2002; *Oetker, H.*, Versendungskauf, Frachtrecht und Drittschadensliquidation, JuS 2001, 833

Frachtvertrag (§§ 407 ff. HGB) ist der auf entgeltliche Güterbeförderung gerichtete Vertrag. Er ist ein Fall des → Werkvertrags. Da bei ihm typischerweise Absender, Frachtführer und Empfänger beteiligt sind, ist er regelmäßig ein → Vertrag (des Absenders und Frachtführers) zugunsten Dritter (des Empfängers).

Lit.: *Mast, S.*, Der multimodale Frachtvertrag, 2002

Frage, soziale ist in der Rechtsgeschichte das Problem der vom Liberalismus verursachten Verelendung der Arbeiter im 19. Jh., zu dessen Bekämpfung die Betroffenen Selbsthilfeorganisationen bildeten und der Staat Deutsches Reich zwecks Gewinnung der Arbeiter als Wähler seit 1881 die Sozialgesetzgebung schuf.

Lit.: *Köbler, G.*, Deutsche Rechtsgeschichte, 6. A. 2005

Fragestunde (§ 105 GeschOBT) ist die besondere Zeit der Bundestagssitzung, in der jeder → Abgeordnete berechtigt ist, kurze Anfragen zur mündlichen oder schriftlichen Beantwortung an die → Bundesregierung zu stellen und die Bundesregierung, wenn sie antwortet, zur Wahrheit verpflichtet ist.

Lit.: *Geck, H.*, Die Fragestunde, 1986

Fraktion ist die rechtsfähige Vereinigung der Mitglieder einer – oder mehrerer nicht miteinander konkurrierender – → Partei(en) im → Parlament (§ 10 I GeschOBT, im Landtag ein bürgerlichrechtlicher, nichtrechtsfähiger, aber parteifähiger und grundrechtsfähiger Verein). Die F. hat besondere Rechte im Rahmen des parlamentarischen Geschäftsbetriebs. Seit 11.3.1994 ist das Recht der mindestens 5 Prozent der Mitglieder des Bundestags voraussetzenden Bundestagsfraktionen Deutschlands im Abgeordnetengesetz (§§ 45 ff.) geregelt.

Lit.: *Hölscheidt, S.*, Das Recht der Parlamentsfraktionen, 2001

Fraktionszwang ist der Zwang zum Anschluss des einzelnen → Abgeordneten an die von seiner → Fraktion beschlossene Haltung. Er ist trotz § 38 I GG nicht unzulässig. Rechtstatsächlich findet er statt.

franchise (franz. [F.]) Privileg, Ausnahmeregelung, Freisein

Lit.: *Haager, B.*, Die Entwicklung des Franchiserechts seit dem Jahre 2002, NJW 2005, 3394

Franchisevertrag ist der gemischte, pachtähnliche Vertrag, bei dem der Franchisenehmer im eigenen Namen und für eigene Rechnung gegen Entgelt Namen, Marken, Schutzrechte, technische Ausstattung usw. des Franchisegebers beim Vertrieb von Waren oder Dienstleistungen gewerblich nutzen darf

(z. B. McDonald's, Coca Cola). Inhalt des Franchisevertrags ist die Gebrauchsüberlassung eines Geschäftssystems. Sie ist grundsätzlich entgeltlich.

Lit.: *Liesegang, H.,* Der Franchise-Vertrag, 7. A. 2011; *Flohr, E.,* Franchise-Vertrag, 4. A. 2010

Franchising → Franchisevertrag

Lit.: Praxishandbuch Franchising, hg. v. *Metzlaff, K.,* 2003; *Siegmund, A.,* Franchising für Rechtsanwälte, NJW 2004, 1635

Franke (Freier) ist in der Rechtsgeschichte der Angehörige einer aus den Germanen erwachsenen Völkerschaft, deren Reich (5.–10. Jh.) im Osten die Grundlage des Heiligen Römischen Reiches (911–1806) bzw. im Westen Frankreichs bildete. Die Könige der Franken entstammten den Dynastien der Merowinger und (ab 751) Karolinger. Unter ihnen verschmolzen Germanentum und römisch-christliche Antike zum Frühmittelalter.

Lit.: *Köbler, G.,* Zielwörterbuch integrativer europäischer Rechtsgeschichte, 6. A. 2014 (Internet)

Frankfurter Reichsverfassung (Paulskirchenverfassung) ist die innerhalb des → Deutschen Bundes von der Frankfurter Nationalversammlung verabschiedete Reichsverfassung. Sie besteht aus einem Katalog der → Grundrechte des deutschen Volkes (27.12.1848) und einem organisatorischen Teil (27.3.1849) mit → Bundesstaat, Erbkaiser, Staatenhaus und Volkshaus. Die F. R. kam infolge Scheiterns der Revolution von 1848 nicht zur praktischen Anwendung.

Lit.: http://www.koeblergerhard.de/Fontes/VerfdtReich 1849.doc; *Willoweit, D.,* Deutsche Verfassungsgeschichte, 7. A. 2013; *Best, H./Weege, W.,* Biographisches Handbuch der Abgeordneten, 1996; *Kühne, J.,* Die Reichsverfassung der Paulskirche, 2. A. 1998

Frankreich ist der aus dem westlichen Teil des Reiches der → Franken entstandene, durch die Revolution von 1789 schrittweise zur Republik gewordene Einheitsstaat. Seine Rechtsordnung beruht im Wesentlichen auf der Gesetzgebung Napoleons (→ Code civil u. a.). Seine Verfassungsgeschichte ist bewegt.

Lit.: *Hübner, U./Constantinesco, V.,* Einführung in das französische Recht, 5. A. 2013; *Doucet, M./Fleck, K.,* Französisch-deutsch, 7. A. 2014; *Doucet, M./Fleck, K.,* Deutsch-französisch, 7. A. 2012; *Köbler, G.,* Rechtsfranzösisch, 5. A. 2013; *Sonnenberger, H./Classen, C.,* Einführung in das französische Recht, 4. A. 2012; *Schömmer, K.,* Internationales Erbrecht Frankreich, 2005; *Schlichting, A. de/Volmerange, X.,* Einführung in die französische Rechtssprache, 3. A. 2011

Frau (Herrin) ist der erwachsene weibliche Mensch. Anders als in vergangenen Zeiten ist auf Grund der Gleichberechtigung der Geschlechter die Frau dem Mann rechtlich grundsätzlich gleichgestellt. Nur vereinzelt bestehen Sonderregelungen (z. B. → Mutterschutz, → Vergewaltigung, → Rente).

Lit.: Frauengleichstellungsgesetz, hg. v. *Schiek, D. u. a.,* 1996; Frauen in Deutschland, 2004

Frauenhandel → Menschenhandel

Frauenraub ist im altrömischen und germanischen Recht die (vielleicht zum Zweck der Eheschließung begangene) gewaltsame Entführung einer → Frau. → Entführung, Menschenraub

Lit.: *Köbler, G.,* Zielwörterbuch integrativer europäischer Rechtsgeschichte, 6. A. 2014 (Internet)

Freibetrag ist der besondere steuerfreie Betrag, der zur Ermittlung des → steuerpflichtigen Betrags vom Gesamtbetrag abgezogen werden kann (z. B. Weihnachtsfreibetrag bei Einkommensteuer). Er verringert die Steuerpflicht. Dem der Einkommensteuer unterworfenen Steuerpflichtigen muss nach Erfüllung seiner Einkommensteuerschuld als Grundfreibetrag mindestens so viel verbleiben, wie er zur Bestreitung seines notwendigen Lebensunterhalts benötigt (z. B. 1. Januar 2013 8130 Euro im Jahr).

Freibeweis ist der → Beweis, bei dem Erhebung, Verfahren und Beweismittel im → Ermessen des Gerichts stehen. Er ist zulässig z. B. zur Feststellung von ausländischem Recht und von Erfahrungssätzen. Er steht im Gegensatz zum → Strengbeweis.

Lit.: *Voigtel, S.,* Zum Freibeweis, 1998

Freibleibend ([lat.] sine obligo, ohne Verpflichtung) ist die Bestimmung eines Vertragsantrags, durch die der Erklärende die → Bindung an seinen → Antrag ausschließt. Seine Erklärung ist daher nur eine → Einladung zum Angebot. Eine Annahme ist nicht möglich, so dass nur die Antwort der Gegenseite Antrag werden kann.

frei (Adj.) ungebunden

freier Beruf → Beruf, freier

Freier → Gemeinfreier

freie Rechtsschule → Rechtsschule

freie richterliche Überzeugung → Überzeugung

Freiexemplar (Freistück) ist das Exemplar eines Druckwerks, das der Verfasser – oder auch ein Sortimenter bei Abnahme einer größeren Menge – unberechnet erhält. → Verlag

Lit.: *Schricker, G.,* Verlagsrecht, 3. A. 2001

Freigelassener → Freilassung

freihändiger Verkauf → Verkauf, freihändiger

Frei Haus ist die Klausel, nach welcher der → Verkäufer auf seine Kosten die Kaufsache beim Käufer (bzw. dessen Haus) anzuliefern hat.

Freiheit ist allgemein die Möglichkeit der uneingeschränkten Entfaltung. Ihre geistige Voraussetzung ist die (vom Lügner unredlicherweise verlassene) Wahrheit ([lat.] in veritate libertas). Die F. ist im Verfassungsrecht in der Form der allgemeinen → Handlungsfreiheit und verschiedener einzelner Freiheiten grundgesetzlich abgesichert (Art. 2 ff. GG). Nach Art. 104 GG kann die F. *der Person* nur auf Grund eines förmlichen Gesetzes und nur unter

Beachtung der darin vorgeschriebenen Formen beschränkt werden (Freiheitsentziehungsgesetz, §§ 63 ff. StGB). Über die Zulässigkeit und Fortdauer einer Freiheitsentziehung hat nur der → Richter zu entscheiden. Im Strafrecht (§ 239 StGB) meint F. nur die potentielle persönliche Bewegungsfreiheit, im Schuldrecht (§ 823 I BGB) die körperliche Bewegungsfreiheit sowie die F. von einer Nötigung zu einer Handlung durch Drohung, Zwang oder Täuschung. Im römischen, germanischen, mittelalterlichen und teilweise auch neuzeitlichen Recht ist F. ein besonderer sozialer Status, der im Gegensatz zur Unfreiheit steht. In der Europäischen Union sind Warenverkehrsfreiheit, Personenverkehrsfreiheit, Kapitalverkehrsfreiheit und Dienstleistungsverkehrsfreiheit gesicherte Grundfreiheiten.

Lit.: *Arnauld, A. v.*, Die Freiheitsrechte, 1999; *Ladeur, K.*, Negative Freiheitsrechte, 2000; *Marschner, R./ Volckart, B.*, Freiheitsentziehung und Unterbringung, 5. A. 2010

freiheitliche demokratische Grundordnung → Grundordnung, freiheitliche demokratische

Freiheitsberaubung (§ 239 StGB) ist das widerrechtliche Einsperren oder anderweitige Berauben des Gebrauchs der persönlichen → Freiheit eines Menschen (z. B. Wegnahme der Kleidung Badender). Geschützt wird dabei nur die potentielle persönliche Bewegungsfreiheit. Die F. ist ein → Dauerdelikt.

Lit.: *Orth, T.*, Rechtsgut und Tatopfer, 1988

Freiheitsentziehung → Freiheit

Freiheitsstrafe ist die im Entzug der körperlichen Bewegungsfreiheit bestehende → Strafe (z. B. auch Jugendstrafe). Die F. kann lebenslange oder zeitige (zwischen 1 Monat und 15 Jahren) F. sein. Sie wird in einer Strafvollzugsanstalt vollstreckt. Sie hat als → Einheitsstrafe (Einheitsfreiheitsstrafe) die früher verschiedenen Formen der F. (Zuchthaus, Gefängnis, Einschließung, Haft) ersetzt. Auch die lebenslange F. ist verfassungsgemäß. Bei ihr kann nach 15 Jahren der Strafrest zur → Bewährung ausgesetzt werden (§ 57a StGB). (1997 betrug die Zahl der Häftlinge in deutschen Justizvollzugsanstalten 68000, d. h. weniger als 1 Promille der Einwohner.) Die Arbeit während der F. ist angemessen anzuerkennen. → Jugendstrafe

Lit.: *Weber, H.*, Die Abschaffung der lebenslangen Freiheitsstrafe, 1999; *Straub, G.*, Die lebenslange Freiheitsstrafe, 2011

Freikirche ist im Kirchenrecht die nicht mit dem Recht einer Körperschaft des öffentlichen Rechtes ausgestattete → Religionsgesellschaft, die Rechtsfähigkeit als rechtsfähiger → Verein erwirbt.

Freilassung ist im römischen und mittelalterlichen Recht die Entlassung eines Unfreien aus der Unfreiheit. In der Gegenwart bezeichnet F. die Beseitigung eines rechtmäßigen oder rechtswidrigen Entzugs der → Freiheit (z. B. nach Beendigung des Vollzugs einer Freiheitsstrafe).

Lit.: *Köbler, G.*, Deutsche Rechtsgeschichte, 6. A. 2005

Freirechtsschule ist die gegen die → Begriffsjurisprudenz gerichtete Schule (ab 1907 (Eugen) Ehrlich, Fuchs, Kantorowicz) der Rechtswissenschaft (→ Rechtsschule), die davon ausgeht, dass die konkrete richterliche Fallentscheidung nicht auf logischer → Subsumtion, sondern auf dem Rechtsgefühl beruhe. Der → Richter dürfe und müsse vom → Gesetz abweichen, sobald dessen Anwendung zu ungerechten Ergebnissen führe. Ihr rechtstatsächlicher Erfolg war gering.

Lit.: *Köbler, G.*, Deutsche Rechtsgeschichte, 6. A. 2005

Freisprechung → Freispruch

Freispruch (Freisprechung) (§ 267 V StPO) ist die gerichtliche Feststellung, dass der → Angeklagte (z. B. mangels Beweises) einer Tat nicht überführt ist. Der F. ist eine durch → Urteil getroffene Bestätigung der → Unschuldsvermutung. Der F. steht im Gegensatz zur Verurteilung. Die → Kosten des Verfahrens sowie die notwendigen Auslagen des Angeschuldigten fallen grundsätzlich der Staatskasse zur Last (§ 467 I StPO).

Lit.: *Kühl, K.*, Unschuldsvermutung, Freispruch und Einstellung, 1983

Freistaat (M.) Republik

Freistellung ist die Befreiung von einem allgemeinen Rechtssatz oder von einer besonderen Verpflichtung.

Lit.: *Köppen, M.*, Gruppenfreistellungsverordnungen, 2000; *Roniger, R.*, Das neue Vertriebskartellrecht, 2000

Freistellungsanspruch ist der Anspruch eines → Schuldners gegenüber einem Dritten, von seiner Verpflichtung gegenüber seinem Gläubiger befreit zu werden (z. B. der Arbeitnehmer, der [bei einer → Arbeit] einen Dritten schädigt, gegenüber dem Arbeitgeber).

Lit.: *Görmer, G.*, Die Durchsetzung von Befreiungsansprüchen, 1992

Freiteil ist im spätantiken und frühmittelalterlichen Recht der von der christlichen Kirche geforderte Anteil des Hausvaters an seinem Vermögen (Nachlass). Aus dieser Forderung hat sich vielleicht die Verfügungsfreiheit des Hausvaters über einen Teil des Familienvermögens entwickelt. Im Hochmittelalter kommt unterstützend die Aufnahme des im römischen Recht entwickelten Testamentes hinzu.

Lit.: *Bruck, E.*, Kirchenväter und soziales Erbrecht, 1956

freiwillig (Adj.) aus freiem Willen
Lit.: *Gutmann, T.*, Freiwilligkeit als Rechtsbegriff, 2001

freiwillige Gerichtsbarkeit → Gerichtsbarkeit, freiwillige

freiwillige Versicherung → Versicherung, Sozialversicherung

Freizeichnung ist die auf Grund der → Vertragsfreiheit grundsätzlich ohne Weiteres gegebene Möglichkeit des vertraglichen Ausschlusses bzw. der vertraglichen Einschränkung der → Haftung. Nach § 276 III BGB kann die Haftung wegen → Vorsatzes dem Schuldner nicht im Voraus erlassen werden. Die Haftung für Vorsatz eines gesetzlichen Vertreters oder Erfüllungsgehilfen kann im Voraus erlassen werden.

Lit.: *Schmidt-Salzer, J.,* Produkthaftung, Bd. 2 Freizeichnungsklauseln, 2. A. 1985

Freizeitarrest (§ 16 II JGG) ist die mildeste Form des → Zuchtmittels → Jugendarrest, die mindestens 1 und höchstens 2 wöchentliche Freizeiten (Wochenende, meist von Samstag 15 Uhr bis Montag 6 Uhr) umfasst.

Lit.: *Bruns, B.,* Jugendliche im Freizeitarrest, 1984

Freizügigkeit ist das Recht der freien Ortsveränderung. Nach Art. 11 GG genießen alle → Deutschen F. im ganzen Bundesgebiet. Diese Freiheit kann unter bestimmten Voraussetzungen durch → Gesetz oder auf Grund Gesetzes eingeschränkt werden (beschränkter → Gesetzesvorbehalt, z.B. zur Seuchenbekämpfung). Innerhalb der Europäischen Gemeinschaft gewährt Art. 45 AEUV die F. der Arbeitnehmer. Die Mitgliedstaaten der Europäischen Union dürfen Staatsangehörige anderer Staaten der Europäischen Union nicht allgemein aus dem öffentlichen Dienst (z.B. Schulwesen, Forschung) ausschließen.

Lit.: *Schulz, G.,* Freizügigkeit für Unionsbürger, 1997; *Braun, S.,* Freizügigkeit und Platzverweis, 2000; *Böhm, V.,* Die betriebliche Altersversorgung, 2004; *Dienelt, K.,* Freizügigkeit nach der EU-Osterweiterung, 2004; *Frenzel, E.,* Grundfälle zu Art. 11 GG, JuS 2011, 595

Fremdbesitz ist der → Besitz einer Person, die eine Sache als einer anderen Person gehörend besitzt (z.B. Mieter). Der F. steht im Gegensatz zum → Eigenbesitz. Entscheidend ist der erkennbare → Wille des Besitzers.

Lit.: *Ernst, W.,* Eigenbesitz und Mobiliarerwerb, 1992

Fremdbesitzer → Fremdbesitz

Fremdbesitzerexzess ist die Überschreitung des – tatsächlichen oder vermeintlichen – Besitzrechts durch den Fremdbesitzer. Der nichtberechtigte Fremdbesitzer haftet trotz der an sich abschließenden Regelung des → Eigentümer – nichtberechtigter Besitzer – Verhältnisses (§§ 987 ff. BGB) nach § 823 I BGB, weil er sonst besser stünde als der berechtigte Fremdbesitzer (z.B. Mieter), der bei schuldhafter rechtswidriger Eigentumsverletzung ohne Weiteres → Schadensersatz leisten muss. Die Haftung für F. ist also eine Ausnahme von dem Ausschluss der §§ 823 ff. BGB durch die §§ 987 ff. BGB.

Fremdenrecht ist die Gesamtheit der die Stellung der → Fremden (→ Ausländer) betreffenden Rechtssätze. Es ist insbesondere im Ausländergesetz enthalten. Globalisierung und Menschenrechtsanerkennung legen tendenziell Gleichstellung nahe.

Lit.: *Renner, G. u.a.,* Ausländerrecht, 10. A. 2013; *Dollinger, F.,* Ausländerrecht, 3. A. 2006

Fremder ist der nicht die → Staatsangehörigkeit des betreffenden Landes habende Mensch. Für den Fremden gilt, abgesehen vom besonderen Fremdenrecht, grundsätzlich das allgemeine staatliche Recht. In älteren Zeiten war der Fremde vielfach rechtlos. → Asyl

Lit.: *Köbler, G.,* Zielwörterbuch integrativer europäischer Rechtsgeschichte, 6. A. 2014 (Internet)

Fremdkapital ist das (dem Unternehmer) von einem Dritten zur Verfügung gestellte → Kapital (→ Darlehen und sonstige Verbindlichkeiten).

Lit.: *Bauer, M.,* Fremdkapitalbeschaffung, 2004

Friede ist im Völkerrecht der Zustand ungestörter Ordnung, in dem sich niemand gewaltsamer Mittel bedient, um seine besonderen Interessen durchzusetzen. Im Völkerrecht bildet den Gegensatz zum Frieden der → Krieg, der durch Abschluss eines Friedensvertrags formell beendet wird. Im Frieden gelten die friedensrechtlichen Regeln des → Völkerrechts (z.B. diplomatische Beziehungen, Auslieferung).

Lit.: *Rinke, B.,* Frieden und Sicherheit, 2004

Friedenspflicht ist die (schuldrechtliche) Verpflichtung der Parteien eines → Tarifvertrags, während der Vertragsdauer Maßnahmen des → Arbeitskampfs zu unterlassen, vor einem Arbeitskampf über dessen Vermeidung zu beraten sowie auf ihre Mitglieder mit dem Ziel der Unterlassung von Arbeitskampfmaßnahmen einzuwirken. Die Verletzung der F. kann einen → Schadensersatzanspruch begründen.

Lit.: *Waltermann, R.,* Arbeitsrecht, 17. A. 2014

Friedensvertrag ist im Völkerrecht der den Kriegszustand zwischen mehreren → Staaten beendende völkerrechtliche → Vertrag.

Lit.: *Wegner, B.,* Wie Kriege enden, 2002

Friedhof ist der Ort, an dem die Toten bestattet werden. Er kann gemeindlicher oder kirchlicher F. sein. Seine Benutzung wird in öffentlich-rechtlichen Friedhofsordnungen geregelt.

Lit.: *Gaedke, J.,* Handbuch des Friedhofs- und Bestattungsrechts, 10. A. 2009

Friedlosigkeit ist im älteren Recht vielleicht der Zustand des Ausgestoßenseins aus der Rechtsgemeinschaft (outlaw wie z.B. Robin Hood), in dem der Friedlose möglicherweise folgenlos getötet werden kann.

Lit.: *Breisch, A.,* Frid och fredlöshet, 1994

Frist ist der bestimmte oder bestimmbare Zeitraum für ein Verhalten. Er kann durch → Gesetz, Hoheitsakt oder → Parteivereinbarung festgelegt sein. Allgemeine Regeln über die Berechnung von Fristen enthalten die §§ 187 ff. BGB (sog. Zivilkomputation). Fällt der letzte Tag der für eine Willenserklärung oder eine Leistung gesetzten F. auf einen (an dem Leistungsort staatlich anerkannten allgemeinen) Feiertag, Sonntag oder Sonnabend, so tritt an die Stelle dieses Tages der nächste Werktag (§ 193 BGB). Fristen sind meist Ausschlussfristen oder

Verjährungsfristen. Die F. zur Leistung einer Zahlung wird durch Absendung eines einen Scheck enthaltenden Briefes gewahrt. Bei Fristwahrung durch Telefax muss die Versendung so rechtzeitig begonnen werden, dass unter gewöhnlichen Umständen mit dem Abschluss innerhalb der F. gerechnet werden kann.
Lit.: *Buschbell-Kaniewski, P.,* Fristentabelle für die Anwaltspraxis, 9. A. 2014; *Löhning, M.,* Fristen und Termine im Zivilrecht, 2003; *Schroeter, U.,* Die Fristenberechnung im bürgerlichen Recht, JuS 2007, 1; *Gruschwitz, S.,* Kleine Fristenkunde ZPO, JuS 2012, 1090

fristlos (Adj.) ohne Frist

Fristsetzung ist die Festlegung einer → Frist zur Vornahme einer bestimmten → Handlung oder → Unterlassung. Der ergebnislose Ablauf einer einem anderen gesetzten Frist ist oft Voraussetzung für bestimmte → Rechtsfolgen (z. B. vertragliche Schadensersatzansprüche, vgl. §§ 281, 323 I BGB). Im → Zivilprozess kann das Gericht den Parteien für ihr Vorbringen Fristen setzen (§§ 273 II Nr. 1, 275 I S. 1, III, IV, 276 I S. 2, III, 520 II ZPO). Bei Nichteinhaltung dieser Fristen droht die → Präklusion (Ausschluss) des nach Fristablauf erklärten Vorbringens.

Fron (zu ahd. fro Herr) herrschaftlich, Herren …, Herrendienst

Fronbote ist im mittelalterlichen deutschen Recht die Hilfsperson des Richters.
Lit.: *Köbler, G.,* Deutsche Rechtsgeschichte, 6. A. 2005; *Peters, W.,* Bezeichnungen, 1991

Frondienst ist im älteren deutschen Recht bis zur Bauernbefreiung des 19. Jh.s der einem Grundherrn zu erbringende Dienst (z. B. Pflügen).
Lit.: *Siebeck, O.,* Der Frondienst, 1904

Fronhof (M.) Herrenhof

Fronung ist im mittelalterlichen deutschen Recht die öffentliche Beschlagnahme von Gegenständen (Grundstücken) im Zuge der Zwangsvollstreckung.

Frucht ist die aus einem Gegenstand bestimmungsgemäß hervorgehende Nutzung (§ 99 BGB). F. *einer* → *Sache* (z. B. eines Grundstücks) ist das Erzeugnis der Sache (z. B. Apfel) und die sonstige ihrer Bestimmung gemäß aus ihr gewonnene Ausbeute (z. B. Kies), F. *eines* → *Rechtes* (z. B. Aktie) ist der seiner Bestimmung gemäß aus ihm gewonnene Ertrag (z. B. Dividende). Über diese *unmittelbaren (natürlichen)* Früchte hinaus sind *mittelbare (rechtsgeschäftliche)* Früchte auch die Erträge, die eine Sache oder ein Recht vermöge eines Rechtsverhältnisses gewährt (z. B. Mietzins, Darlehenszins). Das für eine F. im Einzelnen geltende Recht ist an verschiedenen Stellen geregelt (z. B. §§ 953 ff. BGB). Die F. ist ein Unterfall der → Nutzung.

Frühgeburt ist die Geburt eines Menschen vor dem Ende der 37. bzw. 38. Schwangerschaftswoche (s.

§ 6 I MuSchG) bzw. (das bei der Geburt weniger als 2500 Gramm wiegende Kind).
Lit.: *Jotzo, M.,* Trauma Frühgeburt?, 2004

Führer ist der bestimmende Leiter einer Gruppe. Nach dem Tode des Reichspräsidenten Hindenburg 1934 legte sich *Adolf Hitler* an dem 2.8.1934 den Titel F. und Reichskanzler zu. Außerdem organisierte er Deutschland nach dem Führerprinzip.
Lit.: *Willoweit, D.,* Deutsche Verfassungsgeschichte, 7. A. 2013

Führerschein (§ 2 StVG) ist die amtliche Bescheinigung über die → Fahrerlaubnis. → Fahrerlaubnis
Lit.: *Bode, H.,* Fahrerlaubnis, 5. A. 2006; Meine Führerscheinprüfung, 33. A. 2015

Führerstaat ist der nach dem Führerprinzip (→ Führer) organisierte Staat.

Führungsaufsicht (§§ 61 Nr. 4, 68 ff. StGB) ist die → Maßregel der Besserung und Sicherung, bei der das Verhalten des Verurteilten (grundsätzlich für 2 bis 5 Jahre) der Überwachung durch eine Aufsichtsstelle unterstellt wird. Die F. dient sowohl der → Resozialisierung des Verurteilten wie auch der Sicherung der Allgemeinheit. Sie wird entweder vom → Gericht angeordnet oder tritt kraft → Gesetzes ein.
Lit.: *Dertinger, C.,* Führungsaufsicht, 1990; *Baur, A., u.a.,* Die Führungsaufsicht, JuS 2010, 404

Führungszeugnis (§§ 30 ff. BZRG) ist das Zeugnis über den einen bestimmten Menschen betreffenden Inhalt des Zentralregisters. Es wird auf Antrag des Betroffenen bzw. seines gesetzlichen Vertreters, der bei der Meldebehörde einzureichen ist, ausgestellt. Im F. erscheinen grundsätzlich alle noch nicht getilgten Strafvermerke (strafgerichtliche Verurteilungen, Anordnungen einer Maßregel der Besserung und Sicherung usw.), bestimmte Entscheidungen von Verwaltungsbehörden und Gerichten, Vermerke über Schuldunfähigkeit und besondere gerichtliche Feststellungen.
Lit.: *Burchardi, K.,* Strafregister und polizeiliches Führungszeugnis, 3. A. 1960

Fund (§§ 965 ff. BGB) ist das Entdecken und Ansichnehmen (Besitzerwerb) einer verlorenen (besitzlosen, nicht dagegen eigentümerlosen) beweglichen → Sache eines anderen. Der F. ist ein → Realakt. Er begründet ein gesetzliches Schuldverhältnis zwischen → Finder und Empfangsberechtigtem (meist dem Eigentümer). Den Finder trifft eine Anzeigepflicht, Verwahrungspflicht und Ablieferungspflicht, den Empfangsberechtigten eine Aufwendungserstattungspflicht und Finderlohnzahlungspflicht. U. U. erwirbt der Finder → Eigentum (§ 973 BGB, beachte § 977 BGB). Besonderheiten gelten für den Fund in öffentlichen Behörden oder Verkehrsanstalten (§ 978 BGB).
Lit.: *Lins, K.,* Das Fundrecht des BGB, 1994 (Diss.)

Fünfprozentklausel ist die Bestimmung von Wahlgesetzen, nach der zwecks Schaffung arbeitsfähiger Volksvertretungen (bzw. Begünstigung größerer

Parteien) nur solche → Parteien Abgeordnetensitze im → Parlament erhalten, die mindestens 5 Prozent der abgegebenen gültigen Stimmen (im gesamten Wahlgebiet ausnahmsweise evtl. auch in einem Teilgebiet) erhalten haben (nicht z. B. Partei des demokratischen Sozialismus). Die F. begünstigt größere Parteien und deren Besitzstände. Sie ist (jedenfalls für Kommunalwahlen) deswegen rechtswidrig.

Lit.: *Becht, E.,* Die 5 Prozent-Klausel im Wahlrecht, 1990

fungibel (Adj.) vertretbar

funktionell (Adj.) von der Funktion her

funktionelles Synallagma → Synallagma, funktionelles

Funktionsnachfolge (Aufgabennachfolge) ist der tatsächliche Übergang von Aufgaben eines Verwaltungsträgers auf einen anderen ohne Rechtsnachfolge (z. B. Fortführung der Funktionen des Deutschen Reiches durch die nach seinem Zusammenbruch entstandenen Länder). Die F. hat einen Übergang auch der Verpflichtungen zur Folge.

Funktionstheorie ist die Theorie zu Art. 34 GG, § 839 BGB, die aus → Amtspflichtverletzung die → Körperschaft haften lässt, deren Funktionen (Aufgaben) der Amtsträger bei Begehung der Pflichtverletzung wahrgenommen hat. Sie kommt nur dann in Betracht, wenn der Handelnde mehrere Dienstherren hat. → Anstellungstheorie

fur (lat. [M.]) Dieb, → furtum

Fur (M.) **semper in mora** ([lat.] der Dieb ist immer in Verzug) ist die rechtssprichwörtliche Beschreibung der Bestimmung, dass, wer zur Rückgabe einer → Sache verpflichtet ist, die er einem anderen durch eine unerlaubte → Handlung entzogen hat, grundsätzlich auch ohne → Verschulden für Untergang, Unmöglichkeit der Herausgabe und Verschlechterung verantwortlich ist (§ 848 BGB).

furiosus (lat. [M.]) Geisteskranker (z. B. der sich als Nachtwächter gerierende Universitätsprofessor, der unter Verfolgungswahn leidende Kranke, der Jurisprudenz und Medizin verwechselnde Gelehrte)

Fürsorgeerziehung → Erziehungshilfe

Fürsorgepflicht ist die Pflicht zur besonderen Berücksichtigung der Interessen einer anderen Person. Sie hat Bedeutung vor allem im Recht der Dienstleistungen. Im Dienstvertragsrecht (→ Arbeitsrecht) trifft sie den Dienstberechtigten (→ Arbeitgeber) (vgl. §§ 617, 618 BGB, sonst § 242 BGB), im → Beamtenrecht den Dienstherrn (§ 45 BeamtStG).

Auf ihr beruhen zahlreiche, von Wissenschaft und Rechtsprechung entwickelte Einzelpflichten (z. B. zur Verwahrung von Sachen des Dienstverpflichteten, zur Gewährung von Rechtsschutz). Die Verletzung bestimmter Fürsorgepflichten ist nach § 225 StGB strafbar. Im → Prozess kann das Gericht auf Grund von → Treu und Glauben eine F. haben (z. B. durch Hinweise und Fragen dahin zu wirken, dass sachdienliche Anträge gestellt werden).

Lit.: *Müller-Petzer, S.,* Fürsorgepflichten des Arbeitgebers, 2003

Fürsprecher ist im hochmittelalterlichen und spätmittelalterlichen deutschen Recht der Vertreter einer Person vor Gericht im Wort, nicht in der Sache (wie z. B. der Anwalt oder Rechtsanwalt).

Lit.: *Köbler, G.,* Zielwörterbuch integrativer europäischer Rechtsgeschichte, 6. A. 2014 (Internet)

Fürst (Vorderster) ist im mittelalterlichen und neuzeitlichen deutschen Recht ein Adeliger, dessen Stellung ursprünglich durch die unmittelbare Belehnung durch den König gekennzeichnet war. Unterschieden werden *geistliche* Fürsten und *weltliche* Fürsten sowie Kurfürsten und sonstige (Reichs-)Fürsten. Mit der Monarchie ist der F. (1806/)1918 verschwunden.

Furtum (lat. [N.] Wegtragung) ist der wichtigste, Sachen betreffende Tatbestand des römischen Deliktsrechts (Diebstahl, Unterschlagung, Begünstigung, Hehlerei). → fur

Lit.: *Söllner, A.,* Römische Rechtsgeschichte, 5. A. 1996; *Kaser, M.,* Römisches Privatrecht, 20. A. 2014

furtum (N.) **usus** (lat.) → Gebrauchsanmaßung (vgl. § 248b StGB)

Fusion (F.) Verschmelzung

Fusionskontrolle ist im Kartellrecht die vorbeugende Kontrolle von Unternehmenszusammenschlüssen durch Kartellbehörden der Europäischen Union (Europäische Kommission) und der Mitgliedstaaten (Bundeskartellamt) zwecks Verhinderung dauerhafter Verschlechterung der Struktur des Marktes. Eine vom Bundeskartellamt untersagte Fusion kann der Bundesminister für Wirtschaft unter Umständen erlauben (Ministererlaubnis).

Lit.: *Korth, S.,* Verfahrensrechte in der europäischen Fusionskontrolle, 2003

Futtermittel ist der zur (oralen) Tierernährung bestimmte Stoff sowie ein zugehöriger Zusatzstoff und eine Vormischung. Für F. gilt das Lebensmittel und Futtermittelgesetzbuch vom 1. September 2005.

Lit.: *Lengerken, J. v.,* Qualität und Qualitätskontrolle bei Futtermitteln, 2004

G

Garage ist der zur Unterstellung von → Kraftfahrzeugen bestimmte Raum mit mindestens einem Dach und zwei Seitenwänden.

Lit.: *Klinski, S.*, Die novellierten Stellplatzbestimmungen, 2001

Garagenersatzvertrag ist der öffentlich-rechtliche (, in seiner Zulässigkeit fragliche) → Vertrag, durch den sich ein Bauherr gegenüber einer Gemeinde verpflichtet, statt der an sich vorgeschriebenen Schaffung von → Garagen oder Einstellplätzen für Kraftfahrzeuge auf seinem Grundstück andere Leistungen (z.B. Geldleistung) zu erbringen.

Lit.: *Reuss, C.*, Stellplatzverpflichtung – Stellplatzablöse?, 2000

Garant (M.) Gewährleistender, Inhaber einer Garantenstellung

Garantenpflicht ist die Pflicht (zu einer Handlung und damit) zur Abwendung eines → Erfolgs. Sie ergibt sich aus einer → Garantenstellung. Erfüllt sie der Verpflichtete nicht, so kann er durch die Unterlassung eine Bedingung für einen Erfolg (z.B. Tod eines Menschen) setzen. Er verwirklicht dann ein unechtes → Unterlassungsdelikt. Der → Irrtum über die Garantenpflicht ist → Gebotsirrtum.

Garantenstellung ist die Stellung, kraft deren jemand rechtlich dafür einstehen muss, dass ein bestimmter → Erfolg nicht eintritt (vgl. § 13 StGB). Sie kann beruhen auf → Gesetz (z.B. § 1353 BGB), freiwilliger tatsächlicher Übernahme (auf Grund eines → Vertrags, z.B. Kinderschwester), auf enger Familiengemeinschaft, Lebensgemeinschaft oder Gefahrengemeinschaft (z.B. Verlöbnis) oder auf vorausgegangenem gefahrbegründendem und rechtswidrigem (str.) Verhalten (Ingerenz, z.B. Verursacher eines Verkehrsunfalls) oder allgemeiner auf besonderen Schutzpflichten für bestimmte Rechtsgüter oder auf der Verantwortlichkeit für bestimmte Gefahrenquellen.

Lit.: *Grün, U. v. d.*, Garantenstellung, 2003

Garantie ist die einem anderen gegenüber abgegebene Beteuerung der Richtigkeit einer Erklärung. Übernimmt der Verkäufer oder ein Dritter eine G. für die Beschaffenheit der Sache oder dafür, dass die Sache für eine bestimmte Dauer eine bestimmte Beschaffenheit behält (Haltbarkeitsgarantie), so stehen dem Käufer im Garantiefall unbeschadet der gesetzlichen Ansprüche die Rechte aus der G. zu den in der Garantieerklärung und der einschlägigen Werbung angegebenen Bedingungen gegenüber dem zu, der die G. eingeräumt hat, wobei bei einer Haltbarkeitsgarantie vermutet wird, dass ein während ihrer Geltungsdauer auftretender Sachmangel die Rechte aus der G. begründet (§ 443 BGB). *Institutionelle G.* ist die durch das → Grundgesetz gewähr-

te Absicherung des Bestands bestimmter Einrichtungen. Die so geschützte → Institution kann dem → öffentlichen Recht (z.B. Presse und Rundfunk, Art. 5 I 2 GG) oder dem → Privatrecht angehören (z.B. Ehe und Familie oder Eigentum und Erbrecht, Art. 6 I, 14 I GG). Demgegenüber versteht ein Teil des Schrifttums unter *institutioneller G.* nur den Schutz öffentlich-rechtlicher Einrichtungen und kennzeichnet den Schutz einer privatrechtlichen Institution mit dem Begriff der *Institutsgarantie.* → Garantievertrag

Lit.: *Horn, N.*, Bürgschaften und Garantien, 8. A. 2001; *Hammen, H.*, Zum Verhältnis der Garantie zu den Mängelrechten aus § 437 BGB, NJW 2003, 2588

Garantiegeschäft → Bank

Garantiefrist ist die → Frist, die je nach Sinn und Zweck der Vereinbarung entweder die → Verjährung, sofern dies zulässig ist, auf die Dauer der G. abkürzen oder ihren Beginn um die Dauer der G. hinausschieben soll.

Garantievertrag ist der gesetzlich nicht geregelte selbständige → Vertrag, durch den jemand einem anderen verspricht, für das Eintreten oder Nichteintreten eines → Erfolgs einzustehen, insbesondere die Gefahr, die dem anderen aus irgendeiner Unternehmung erwächst, also einen künftigen, noch nicht entstandenen → Schaden, zu übernehmen. Er ist von der → Schuldmitübernahme wie von der → Bürgschaft zu trennen.

Lit.: *Horn, N.*, Bürgschaften und Garantien, 8. A. 2001; *Kratz, N.*, Rechtsdogmatik des Garantievertrages, 1989 (Diss.); *Dortschy, J.*, Die Bankgarantie, 2006

Garten → Kleingarten

Lit.: *Kaub, R.*, Gartenrecht, 11. A. 2008

Gas → Energie, Energieversorgungsunternehmen

Gaststätte ist das Unternehmen zur gewerbsmäßigen Bewirtung oder Beherbergung von Menschen. Der Betrieb einer G. ist ein (stehendes) → Gewerbe (§ 1 GaststättenG, Schankwirtschaft, Speisewirtschaft, Beherbergungsbetrieb). Seine Ausübung bedarf einer an besondere landesrechtliche Voraussetzungen (z.B. Zuverlässigkeit, § 4 GaststättenG) geknüpften → Erlaubnis (§ 2 GaststättenG).

Lit.: *Pauly, R.*, Das Gaststättengesetz, 14. A. 2003; *Schönleiter, U.*, Gaststättengesetz, 2012

Gastwirt ist der Inhaber einer Gaststätte, der gewerbsmäßig Gäste bewirtet. Er bedarf im Verwaltungsrecht zum Betrieb des Gaststättengewerbes einer → Erlaubnis (§ 2 GaststättenG). Im Schuldrecht hat der G., der gewerbsmäßig Fremde zur Beherbergung aufnimmt, grundsätzlich den → Schaden zu ersetzen, der durch Verlust, Zerstörung oder

Beschädigung von Sachen entsteht, die ein Gast eingebracht hat (§ 701 BGB, → Erfolgshaftung, ausgenommen Fahrzeuge, in Fahrzeugen belassene Sachen, Tiere, höchstens 3500 Euro, bei Geld, Wertpapieren und Kostbarkeiten höchstens 800 Euro). Er hat ein gesetzliches → Pfandrecht für seine aus der Aufnahme erwachsenden → Forderungen an den eingebrachten → Sachen (§ 704 BGB). Im Interesse des Jugendschutzes ist er verpflichtet, mindestens ein alkoholfreies Getränk nicht teurer als das billigste alkoholische Getränk (auch hochgerechnet auf einen Liter) zu verabreichen (§ 6 GaststättenG).

Lit.: *Herzog, M.,* Die Haftung des Gastwirts, 1999; *Endres, P.,* Was der Gastwirt wissen sollte, 11. A. 2004

GATS (engl., General Agreement on Trade in Services) Allgemeines Übereinkommen über den Handel mit Dienstleistungen (1994), → WTO (1994)

Lit.: *Fuchs, P.,* Das allgemeine Abkommen über den Handel mit Dienstleistungen, 2003

GATT (engl., General Agreement on Tariffs and Trade) Allgemeines Zoll- und Handelsabkommen (1947), → WTO

Lit.: *Hummer, W./Weiss, F.,* Vom GATT '47 zur WTO '94, 1997; *Hilpold, P.,* Die EU im GATT/WTO-System, 1999

Gattung (lat. [N.] genus) ist die Gesamtheit von Gegenständen, die sich durch besondere, gemeinsame Merkmale von anderen Gesamtheiten von Gegenständen wesentlich unterscheidet. Wann eine G. (z.B. Äpfel, Cox Orange-Äpfel, Orangen, Clementinen, Haifischfleisch) vorliegt, lässt sich nur nach der Verkehrsanschauung (und dem Parteiwillen) bestimmen. Die Abgrenzung kann im Einzelfall schwierig sein.

Gattungskauf ist der einen nur nach gattungsmäßigen Merkmalen bestimmten Gegenstand betreffende Kauf (z.B. ein Volkswagen Passat Baujahr 2012 blau mit serienmäßiger Ausstattung). Der G. ist eine → Gattungsschuld (§ 243 BGB). Bei ihm gelten gegenüber dem gesetzlichen Regelfall der Stückschuld bzw. des → Stückkaufs Besonderheiten (z.B. Konzentration).

Gattungsschuld ist die → Schuld eines nicht nach individuellen sondern nur nach gattungsmäßigen Merkmalen bestimmten Gegenstands (z.B. 1 Zentner Kartoffeln). Die G. steht im Gegensatz zur → Stückschuld. Ein Unterfall ist die *beschränkte* G. (Vorratsschuld). Ob eine G. vorliegt, bestimmt sich nach dem → Parteiwillen, hilfsweise nach der Verkehrsanschauung. Bei der G. hat der Schuldner eine Sache mittlerer Art und Güte aus der Gattung (bzw. aus dem Vorrat) zu leisten (§ 243 I BGB). Aus der G. wird eine Stückschuld durch → Konzentration (→ Konkretisierung, § 243 II BGB).

Lit.: *Medicus, D.,* Die konkretisierte Gattungsschuld, JuS 1966, 297; *Lemppenau, J.,* Gattungsschuld und Beschaffungsschuld, 1972; *Hammen, H.,* Die Gattungshandlungsschuld, 1995

Gattungsvermächtnis (§ 2155 BGB) ist das einen nur der Gattung nach bestimmten Gegenstand betreffende → Vermächtnis.

Gebäude ist das von Menschen errichtete Bauwerk. Im Strafrecht (§ 243 I Nr. 1 StGB) ist G. ein durch Wände und Dach begrenztes, mit dem Erdboden fest – wenn auch nur durch eigene Schwere – verbundenes Bauwerk, das den Eintritt von Menschen gestattet und Unbefugte abhalten soll. Im Verwaltungsrecht bedarf der Bau der meisten G. einer → Erlaubnis (Bauerlaubnis, → Baugenehmigung). Im Privatrecht sind G. grundsätzlich wesentliche Bestandteile des Grundstücks, auf dem sie errichtet werden. Nach § 836 BGB ist der Besitzer eines Grundstücks u.U. verpflichtet, den → Schaden zu ersetzen, der durch den Einsturz eines Gebäudes oder eines anderen mit einem Grundstück verbundenen Werkes (z.B. Gerüst) oder durch Ablösung von Teilen des Gebäudes oder des Werkes an Personen oder Sachen entsteht.

Lit.: *Dietz, H.,* Wohngebäudeversicherung, 1999; *Petershagen, J.,* Die Gebäudehaftung, 2000

Gebiet ist die größere örtlich abgegrenzte Fläche. Das G. unterliegt in der Regel einer → Gebietshoheit. Im Verwaltungsrecht gibt es neben den Gebieten der Gemeinden vereinzelt auch gemeindefreies G., in dem der → Eigentümer die Aufgabe einer Gemeinde erfüllt.

Lit.: Gebietsreform in ländlichen Räumen, hg. v. *Schneider, H. u.a.,* 1994

Gebietshoheit ist die Befugnis zur Entfaltung hoheitlicher Macht in einem bestimmten Gebiet. Sie steht dem → Staat und den sonstigen → Gebietskörperschaften zu. Die G. mehrerer Hoheitsträger wird durch bestimmte Organisationsnormen aufeinander abgestimmt (Bund, Länder, Gemeinden, vgl. Art. 28 II GG).

Lit.: *Peters, A.,* Das Gebietsreferendum im Völkerrecht, 1995; *Daum, B.,* Grenzverletzungen und Völkerrecht, 1999

Gebietskörperschaft ist die → Körperschaft, deren Mitglieder alle Bewohner eines bestimmten → Gebietes sind (z.B. Gemeinde, Gemeindeverband, Staat). Die G. steht im Gegensatz zur Personalkörperschaft (z.B. Rechtsanwaltskammer) und zur → Realkörperschaft (z.B. Jagdgenossenschaft), bei denen die Mitgliedschaft von einer persönlichen Voraussetzung (z.B. Beruf, Willen) oder einer sachlichen Voraussetzung (z.B. Eigentum, Sitz) abhängt. Bei der *mittelbaren* G. sind nur juristische Personen des öffentlichen Rechts Mitglieder.

Lit.: *Laaser, C.,* Verkehrsspezifische Ausgaben und Einnahmen der Gebietskörperschaften, 2001

Gebot ist die hoheitliche Anordnung eines bestimmten → Verhaltens. Den Gegensatz zum G. bildet das → Verbot. In der Regel ist das G. mit einer Rechtsfolge für den Fall der Unterlassung des gebotenen Verhaltens zu versehen. Im Zivilverfahrensrecht ist G. außerdem ein im Rahmen der → Zwangsvollstreckung abgegebener Antrag zu einem öffentlichrechtlichen Vertrag (z.B. Meistgebot) (str.).

Lit.: *Stadlhofer-Wissinger, A.,* Das Gebot in der Zwangsversteigerung, 1993

geboten (Adj.) durch Gebot bewirkt, durch Gebot bestimmt

gebotenes Ding → Ding, gebotenes

Gebotsirrtum ist der → Irrtum über die → Garantenpflicht bzw. das Gebotensein eines Verhaltens. Der Unterlassende kennt zwar alle Umstände, die seine Garantenstellung begründen, glaubt aber, die rechtlich geforderte Handlung unterlassen zu dürfen. Der G. wird wie ein → Verbotsirrtum behandelt.

Gebrauchsanmaßung ([lat.] furtum [N.] usus, § 248b StGB) ist die Ingebrauchnahme eines → Kraftfahrzeugs oder Fahrrads gegen den Willen des Berechtigten. Sie ist im Gegensatz zur sonstigen vorübergehenden Benutzung fremder → Sachen (z.B. eines Stuhles) auf Antrag des Berechtigten strafbar. Strafbar ist auch der unbefugte Gebrauch eines → Pfandgegenstands durch einen öffentlichen Pfandleiher (§ 290 StGB).
Lit.: *Franke, D.,* Zur unberechtigten Ingebrauchnahme eines Fahrzeugs, NJW 1974, 1803; *Kruse, M.,* Die scheinbare Rechtsverletzung, 1986

Gebrauchsmuster (§ 1 GebrMG) ist die Gestaltung einer Arbeitsgerätschaft oder eines Gebrauchsgegenstands oder eines Teiles davon, die dem Arbeitszweck oder Gebrauchszweck durch eine neue Gestaltung, Anordnung oder Vorrichtung dienen soll. Das G. genießt einen besonderen Schutz, der hinsichtlich der erfinderischen Höhe inzwischen durch die Rechtsprechung dem Patent gleichgestellt ist. Bei rechtswidriger Verletzung können Unterlassungsansprüche und Schadensersatzansprüche entstehen.
Lit.: *Bühring, M.,* Gebrauchsmustergesetz, 8. A. 2011; *Mes, P.,* Patentgesetz, Gebrauchsmustergesetz, 3. A. 2011, 4. A. 2015; *Benkard, G.,* Patentgesetz, Gebrauchsmustergesetz, 10. A. 2006, 11. A. 2015

Gebrauchsvorteil (§ 100 BGB) ist der natürliche Vorteil, den der Gebrauch einer → Sache oder eines Rechtes gewährt bzw. dessen Wert (z.B. erzielbarer Mietzins, durch Verwendung erlangten Geldes zur Schuldentilgung ersparte Darlehenszinsen bei § 818 BGB). Der G. ist ein Fall der → Nutzung.
Lit.: *Würthwein, S.,* Schadensersatz für Verlust der Nutzungsmöglichkeit, 2001

Gebrechlichkeitspflegschaft   → Betreuung
(§§ 1896ff. BGB)

Gebühr ist die Geldleistung, die als Gegenleistung für eine besondere, vom Einzelnen veranlasste Inanspruchnahme der → Verwaltung verlangt wird. Sie ist eine öffentlich-rechtliche → Abgabe. Sie kann entweder eine Benutzungsgebühr (z.B. für Hallenbad, Straßenbahn, Museum) oder eine Verwaltungsgebühr (z.B. für Beurkundung) sein. Es gilt das → Äquivalenzprinzip für die einzelne G. und das → Kostendeckungsprinzip für das gesamte Gebührenaufkommen. Daneben ist G. auch die Vergütung

des Rechtsanwalts (Verfahrensgebühr, Terminsgebühr, Einigungsgebühr)
Lit.: *Lappe, F./Hellstab, H.,* Gebührentabellen für Rechtsanwälte, 24. A. 2013; *Höver, A./Oberlack, H.,* Gebührentabellen, 36. A. 2013; *Mayer, H./Kroiß, L./Teubel, J.,* Das neue Gebührenrecht, 2004; *Schneider, N.,* Gebührentabellen, 4. A. 2014; *Birk, D.,* Gebühren für die Erteilung von verbindlichen Auskünften der Finanzverwaltung, NJW 2007, 1325; *Schneider, N.,* Gebühren in Familiensachen, 2010

gebührenpflichtig (Adj.) zu einer → Gebühr verpflichtend

Gebührenüberhebung (§ 352 StGB) ist die vorsätzliche unberechtigte Erhebung von → Gebühren oder anderen Vergütungen durch einen → Amtsträger, → Rechtsanwalt oder sonstigen → Rechtsbeistand, der Gebühren oder andere Vergütungen für amtliche Verrichtungen zu seinem Vorteil zu erheben hat. Nach § 353 StGB ist auch die vorsätzlich unberechtigte Erhebung von Steuern, Gebühren oder anderen Abgaben für eine öffentliche Kasse durch einen Amtsträger, der das Erhobene ganz oder teilweise nicht zur Kasse bringt, strafbar.

gebundene Verwaltung → Verwaltung, gebundene

Geburt ist der Vorgang, durch den die Leibesfrucht des Menschen – oder eines höheren Tieres – aus dem mütterlichen Körper an die Außenwelt gelangt. Die G. setzt ein mit dem Anfang der im weiteren Verlauf zur Ausstoßung der Frucht führenden Wehen (schmerzhaften Muskelbewegungen im mütterlichen Unterleib). Im Privatrecht beginnt mit der Vollendung der Geburt die → Rechtsfähigkeit des Menschen (§ 1 BGB, in Deutschland 1999 767000 Geburten bei mehr als 80 Millionen Einwohnern). Im Strafrecht ist bereits die → Tötung eines Kindes in der G. strafbar.
Lit.: *Selb, W.,* Schädigung des Menschen vor der Geburt, AcP 166, 76; *Appelt, M.,* Geburten, 2003

Geburtenregister (§ 21 PStG) ist das über die → Geburten geführte → Personenstandsregister, das vom 1. Januar 2009 bis zum 31. Dezember 2013 das bisherige Geburtenbuch ablöst.

Geburtsname (§ 1355 II, VI BGB) ist der → Name, der in die Geburtsurkunde eines Ehegatten zum Zeitpunkt der Erklärung über einen Ehenamen gegenüber dem Standesbeamten einzutragen ist. Ihn bekommt man bei der → Geburt von seinen Eltern bzw. bei → Namenserteilung (§ 1618 BGB) oder → Annahme als Kind. Das Kind erhält den Ehenamen seiner Eltern als Geburtsnamen (§ 1616 BGB). Führen die Eltern keinen Ehenamen und steht ihnen die Sorge gemeinsam zu, so bestimmen sie durch (u.U. öffentlich zu beglaubigende) Erklärung gegenüber dem Standesbeamten den Namen, den der Vater oder die Mutter zur Zeit der Erklärung führt, zum Geburtsnamen des Kindes (und der weiteren Kinder) (§ 1617 BGB). Treffen die Eltern binnen eines Monats nach der Geburt des Kindes keine Bestimmung, so überträgt das Vormundschaftsgericht das Bestimmungsrecht einem Elternteil. Führen die Eltern keinen Ehenamen und steht die elterliche Sorge nur einem Elternteil zu, so erhält das Kind den Namen, den dieser Elternteil im Zeitpunkt der Geburt des Kindes führt (§ 1617a BGB), doch kann der allein sorgeberechtigte Elternteil dem Kind mit Einwilligung des anderen Elternteils und nach Vollendung des fünften Lebensjahrs auch des Kindes durch Erklärung gegenüber dem Standesbeamten den Namen des anderen Elternteils erteilen. → Familienname

Geburtsurkunde ist die die → Geburt eines Menschen beweisende öffentliche Urkunde.

Gedinge (N.) Vertrag, Übereinkunft

Gefahr ist die Sicherheit oder (nach h.L. hinreichende) Wahrscheinlichkeit des Eintritts eines → Schadens oder sonstigen Nachteils. Im Schuldrecht betrifft die → Leistungsgefahr die Frage, ob der Schuldner beim Untergang des Leistungsgegenstands von seiner Verpflichtung frei wird oder die Leistung noch erbringen muss, die → Gegenleistungsgefahr (Preisgefahr, Vergütungsgefahr) die Frage, ob der Gläubiger der untergegangenen Leistung von der Gegenleistung frei wird oder sie noch bewirken muss (beachte grundsätzlich § 326 BGB). In bestimmten Fällen legt das Gesetz besondere Zeitpunkte des Gefahrübergangs fest (z.B. §§ 446, 447 BGB). Im Verwaltungsrecht ist G. eine Sachlage, die bei ungehindertem Ablauf erkennbar zu einem Schaden führen würde (z.B. Abstellen eines straßenverkehrsordnungswidrigen Kraftfahrzeugs auf einem Parkplatz). Es ist die Aufgabe der → Polizei, eine G. *für die öffentliche → Sicherheit und Ordnung* abzuwenden (z.B. wird die Warnung unbefugter Dritter vor verdeckten Geschwindigkeitskontrollen als eine G. für die öffentliche Sicherheit eingestuft). G. *im Verzug* (z.B. § 98 StPO) ist die Möglichkeit, dass beim Unterlassen sofortigen Handelns ein Schaden eintritt, weshalb in solchen Fällen vielfach eine normalerweise nicht gegebene → Zuständigkeit (Eilzuständigkeit) zum Handeln besteht. *Gemeine G.* ist im Strafrecht die tatsächliche G. für bestimmte Rechtsgüter einer unbestimmten Zahl von Personen.

Lit.: *Drews, B./Wacke, G./Vogel, K.,* Gefahrenabwehr, 9. A. 1986; *Tschaler, T.,* Das Moment der Schadenszurechnung, 2000; *Krüger, E.,* Der Gefahrbegriff im Polizei- und Ordnungsrecht, JuS 2013, 985

Gefährdung ist das Verhalten oder der Zustand, die eine → Gefahr in sich bergen. Eine G. ist in vielen Fällen von der Rechtsordnung zugelassen, weil andernfalls die allgemeine → Handlungsfreiheit zu sehr beschränkt würde (z.B. Essen, Trinken, Laufen, Radfahren, Autofahren, Fliegen, Tierhalten, Stromherstellen, Munitionherstellen). In anderen Fällen ist schon eine G. strafbar → (Gefährdungsdelikt) oder begründet bei Verursachung eines Schadens eine Ersatzpflicht (→ Gefährdungshaftung).

Lit.: *Will, M.,* Quellen erhöhter Gefahr, 1980

Gefährdungsdelikt ist das Delikt (→ Erfolgsdelikt), zu dessen Verwirklichung die Herbeiführung einer Gefahrenlage für das im Tatbestand vorausgesetzte Schutzobjekt ausreicht. Beim *konkreten* G. ist

der wirkliche Eintritt der → Gefahr im konkreten Einzelfall erforderlich (z.B. § 315c StGB), beim *abstrakten* G. wird die bestimmte Verhaltensweise als für das Schutzobjekt schon generell gefährlich angesehen (z.B. § 316 StGB). Der Gegensatz des Gefährdungsdelikts ist das → Verletzungsdelikt.

Lit.: *Zieschang, F.,* Die Gefährdungsdelikte, 1998; *Schmid, J.,* Untersuchung zur Dogmatik und zum Abstraktionsgrad abstrakter Gefährdungsdelikte, 1999; *Wolters, W.,* Deliktstypen des Präventionsstrafrechts, 2000; *Kiss, A.,* Das abstrakte Gefährdungsdelikt, 2006

Gefährdungshaftung ist das einseitig verpflichtende gesetzliche → Schuldverhältnis, in dessen Rahmen Ersatz zu leisten ist, wenn durch eine abstrakt gefährliche Betätigung oder Anlage, die als solche nicht verboten, sondern rechtmäßig ist, ein Schaden entsteht. Der regelmäßige Gegensatz ist die → Verschuldenshaftung. Die wichtigsten Fälle der bisher nur in Einzelgesetzen geregelten G. sind die → Kraftfahrzeughalterhaftung (§ 7 I StVG), die Eisenbahnunternehmerhaftung (§ 1 HPflG), die Luftfahrzeughaftung (§ 33 I 1 LuftVG) und die → Tierhalterhaftung (§ 833 S. 1 BGB). Vgl. weiter die § 2 HPflG, § 25 AtG, § 22 WHG, § 29 BJagdG, § 1 I 1 ProduktHaftG, §§ 1, 2 UmweltHG. Die Haftung ist meist auf Höchstbeträge beschränkt.

Lit.: *Blaschczok, A.,* Gefährdungshaftung und Risikozuweisung, 1993; *Hehl, S.,* Das Verhältnis von Verschuldens- und Gefährdungshaftung, 1999; *Dietz, F.,* Technische Risiken und Gefährdungshaftung, 2006

Gefahrenabwehr ist die → Tätigkeit der → Polizei bzw. der Ordnungsbehörde zur Aufrechterhaltung der → öffentlichen Sicherheit und Ordnung durch die Bekämpfung von Sachlagen, die bei ungehindertem Ablauf zu Beeinträchtigungen der öffentlichen Sicherheit und Ordnung führen würden. → Gefahr

Lit.: *Wielsch, T.,* Die europäische Gefahrenabwehr, 1998; *Karnop, S.,* Recht der Gefahrenabwehr, 1998; *Perrey, E.,* Gefahrenabwehr und Internet, 2003; *Finger, T.,* Die offenen Szenen der Städte, 2006

gefährlich (Adj.) eine Gefahr umfassend

gefährliche Körperverletzung → Körperverletzung, gefährliche

Gefahrstoffverordnung ist die Verordnung über bestimmte gefährliche Stoffe.

Lit.: *Hörath, H.,* Gefährliche Stoffe und Zubereitungen, 7. A. 2007

Gefahrtragung ist im Schuldrecht die Belastung mit der Gefahr des Untergangs des Leistungsgegenstands. Normalerweise trägt im gegenseitigen → Vertrag der → Schuldner die → Leistungsgefahr (regelmäßig bis zur → Konkretisierung) und in der Regel mit der Konkretisierung geht die Gefahr dann auf den Gläubiger über. Ausnahmsweise kann auch die → Gegenleistungsgefahr auf den Gläubiger übergehen (z.B. § 379 II BGB).

Lit.: *Völker, G.,* Vorvertragliche Pflichten und Gefahrtragung beim Unternehmenskauf, 2003; *Ewert, A.,* Die Gefahrtragung beim Kaufvertrag, 2007

Gefälligkeit ist das freiwillige hilfreiche Verhalten außerhalb einer Rechtspflicht.

Lit.: *Willoweit, D.,* Schuldverhältnis und Gefälligkeit, JuS 1984, 909; *Richter, B.,* Die Kulanz als unselbständige Gefälligkeit, 1984; *Maier, D.,* Gefälligkeit und Haftung, JuS 2001, 746; *Paulus, D.,* Die Abgrenzung zwischen Rechtsgeschäft und Gefälligkeit, JuS 2015, 496

Gefälligkeitsverhältnis ist das Verhältnis, auf Grund dessen eine Person an eine andere (unentgeltlich) eine Leistung erbringt, ohne dass sie rechtlich zu der Leistung verpflichtet sein will. Ob ein → Rechtsbindungswille – und damit ein → Schuldverhältnis und kein G. – vorliegt, beurteilt sich danach, ob der Leistungsempfänger aus dem Handeln des Leistenden unter den gegebenen Umständen nach Treu und Glauben mit Rücksicht auf die Verkehrssitte auf Grund der Art der Leistung, ihres Grundes und Zweckes, ihrer rechtlichen und wirtschaftlichen Bedeutung, der Interessenlage der Parteien und sonstiger begleitender Umstände auf einen solchen → Willen schließen durfte.

Lit.: *Pallmann, H.,* Rechtsfolgen aus Gefälligkeitsverhältnissen, 1971

Gefangenenbefreiung (§ 120 StGB) ist das Befreien eines → Gefangenen sowie das Verleiten zum Entweichen und das Fördern des Entweichens. Die G. wird mit Freiheitsstrafe bis zu drei Jahren oder mit Geldstrafe bestraft. Der Versuch ist strafbar.

Gefangenenmeuterei (§ 121 StGB) ist der Tatbestand, bei dem sich mehrere → Gefangene zusammenrotten und mit vereinten Kräften entweder Aufsichtspersonen nötigen oder tätlich angreifen oder gewaltsam ausbrechen oder irgendeinem Gefangenen gewaltsam zum Ausbruch verhelfen. Die G. wird mit Freiheitsstrafe von drei Monaten bis zu fünf Jahren bestraft. Der Versuch ist strafbar.

Lit.: *Schomaker, J.,* Der Tatbestand der Gefangenenmeuterei, 1967

Gefangener (§ 120 StGB) ist der Mensch, dem in Ausübung von Polizeigewalt oder Strafgewalt die → Freiheit in gesetzlicher Form und im öffentlichen Interesse entzogen ist, so dass er sich in der Gewalt einer zuständigen → Behörde befindet.

Gefängnis war bis zum 2. Strafrechtsreformgesetz vom 4.7.1969 eine Art der → Freiheitsstrafe und das zugehörige Gebäude.

Lit.: *Köbler, G.,* Deutsche Rechtsgeschichte, 6. A. 2005

Gefolgschaft ist im germanischen Recht möglicherweise eine Gruppe von um einen Adligen gescharten jungen Kriegern (str.).

Lit.: *Diesner, J.,* Westgotische und langobardische Gefolgschaften, 1978

Gegenbeweis ist der zur Entkräftung eines Beweises (Hauptbeweises) oder einer Vermutung von der Gegenseite vorgebrachte Beweis. Er ist geführt, sobald die Überzeugung des Gerichts vom Beweis oder der Vermutung erschüttert ist. Eine öffentliche Urkunde begründet vollen Beweis des beurkundeten Vorgangs (§ 415 ZPO).

Gegendarstellung ist die im Verhältnis zu der Veröffentlichung einer Tatsache andere Darstellung. Die Darstellung braucht nicht falsch und die G. braucht nicht objektiv richtig zu sein. Nach den Pressegesetzen der Länder sind verantwortlicher Redakteur und Verleger eines periodisch erscheinenden Druckwerks (ähnlich Rundfunk und Fernsehen) verpflichtet, eine G. einer Person zum Abdruck zu bringen, die durch eine in dem Druckwerk aufgestellte Tatsachenbehauptung betroffen ist. Die G. darf nur Tatsachenbehauptungen enthalten. Es kann u.U. auch ihre Anbringung auf einer Titelseite verlangt werden. In der Rechtswirklichkeit kann die G. in der Regel den von (kollusiven) Rufmördern mittels der Macht der Presse bewirkten Rufschaden nicht ausgleichen. Die Bestimmungen über das Recht der G. sind → Schutzgesetze i. S. v. § 823 II BGB.

Lit.: *Krause, E.,* Das Gegendarstellungsrecht, 2003; *Seitz/Schmidt,* Der Gegendarstellungsanspruch in den Medien, 4. A. 2010

Gegenforderung ist bei der → Aufrechnung die Forderung des (aufrechnenden) Schuldners (§ 387 BGB) und allgemein die einer Forderung gegenüberstehende → Forderung.

Gegenschluss (lat. argumentum [N.] e contrario) → Umkehrschluss

gegenseitig (Adj.) einen anderen oder etwas anderes als Gegenseite umfassend

gegenseitiger Vertrag → Vertrag, gegenseitiger

gegenseitiges Testament → Testament, gegenseitiges

Gegenseitigkeit ist das wechselseitige Gegenüberstehen zweier Personen oder Momente. Im → Völkerrecht ist G. die Ausrichtung des eigenen Verhaltens eines Staates auf das Verhalten eines anderen Staates in einer bestimmten Angelegenheit. G. *der Forderungen* (§ 387 BGB) liegt vor, wenn der → Schuldner der einen → Forderung → Gläubiger der anderen Forderung ist und umgekehrt. Im Versicherungsrecht ist der Versicherungsverein auf G. eine Versicherungsform.

Lit.: *Doser, T.,* Gegenseitigkeit und Anerkennung, 1999

Gegenstand ist allgemein alles, woran eine Berechtigung entstehen kann. Zum Teil wird unter G. nur verstanden, was Bestandteil des → Vermögens sein kann (z.B. Geschäftsgeheimnis, Unternehmen) oder auch nur → Sachen, Energien und unselbständige Vermögensrechte, nicht dagegen Persönlichkeitsrechte, Familienrechte und unselbständige Gestaltungsrechte. Nach § 90 BGB sind jedenfalls → Sachen nur ein (körperlicher) Unterfall der Gegenstände.

Gegenstandswert ist der in Geld bemessene Wert der vom → Rechtsanwalt behandelten Angelegenheit. Der G. bestimmt die Vergütungshöhe. Für ihn ist der Streitwert wesentlich.

Lit.: *Madert, W.,* Der Gegenstandswert, 5. A. 2008

Gegenüberstellung (§ 58 II StPO) ist die Vorführung des → Beschuldigten (allein, Einzelgegenüberstellung oder neben anderen Menschen, Wahlgegenüberstellung) vor dem → Zeugen. Sie soll Aufschluss darüber geben, ob der Zeuge den Beschuldigten als Tatbeteiligten identifizieren kann. Sie dient der Erkennung eines Tatverdächtigen.

Lit.: *Odenthal, H.,* Die Gegenüberstellung im Strafverfahren, 3. A. 1999; *Schenk, A.,* Gegenüberstellung, 2002

Gegenvormund (§ 1792 BGB) ist der zur Kontrolle eines → Vormunds bestellte Vormund. Er soll bestellt werden, wenn mit der Vormundschaft die Verwaltung erheblichen Vermögens verbunden ist. Ist das Jugendamt Vormund, kann kein G. bestellt werden.

Gegenvorstellung (Remonstration) ist der formlose, fristlose und oft auch fruchtlose → Rechtsbehelf, mit dem sich eine betroffene Person an die → Behörde wendet, die eine Entscheidung oder sonstige Maßnahme getroffen hat, um die Änderung oder Aufhebung der Entscheidung oder Maßnahme zu erreichen. Sie begründet keinen Anspruch auf Behandlung und Bescheidung. Wendet sich der Betroffene an die nächst höhere Behörde, liegt eine → Dienstaufsichtsbeschwerde vor.

Lit.: *Bauer, M.,* Die Gegenvorstellung im Zivilprozess, 1990

Gegenwärtig ist ein die zeitlich-räumliche Anwesenheit betreffendes Merkmal. Ein → Angriff (§ 32 StGB, § 227 BGB) ist g. vom Augenblick seines unmittelbaren Bevorstehens bis zu seinem vollständigen Abschluss (z. B. ist der Angriff noch g., wenn der mit der Beute flüchtende Dieb verfolgt wird). Gegenüber dem gegenwärtigen Angriff ist die Abwehrhandlung rechtmäßig.

Lit.: *Kühl, K.,* Die Beendigung des vorsätzlichen Begehungsdeliktes, 1974

Gegenzeichnung (Kontrasignatur) ist die Unterschrift eines zweiten Menschen nach der Unterschrift eines zu einer Handlung in erster Linie zuständigen Menschen. Die G. dient der Kontrolle. Im Verfassungsrecht bedürfen Anordnungen und Verfügungen des → Bundespräsidenten zu ihrer Gültigkeit der G. durch den → Bundeskanzler oder den zuständigen → Bundesminister (Art. 58 GG).

Lit.: *Biehl, H.,* Die Gegenzeichnung, 1971; *Weber, C.,* Das Gegenzeichnungsrecht, 1997

Gehalt (N.) ist im Recht der Dienstleistungen das Entgelt für die Tätigkeit der → Beamten und → Angestellten. Es ist Gegenleistung. Ihm entspricht im Arbeitsverhältnis der → Lohn der → Arbeiter.

Lit.: *Zander, E.,* Handbuch der Gehaltsfestsetzung, 5. A. 1990; *Hanau, P./Arteaga, M.,* Gehaltsumwandlung zur betrieblichen Altersversorgung, 1999

geheim (Adj.) nicht öffentlich

geheime Wahl → Wahl, geheime

geheimer Rat → Rat, geheimer

geheimer Vorbehalt → Vorbehalt, geheimer

Gehilfe (§ 27 StGB) ist der Mensch, der vorsätzlich einem anderen zu dessen vorsätzlich begangener rechtswidriger → Tat Hilfe leistet. Im Gegensatz zum → Mittäter beschränkt sich der G. auf psychische oder physische Unterstützung. Es genügt, dass der G. dem Täter ein Tatmittel willentlich in die Hand gibt (z. B. Überlassung eines Kraftfahrzeugs oder eines Messers) und damit bewusst die Möglichkeit schafft, dass durch den Einsatz des Tatmittels eine Straftat begangen wird. Die → Strafe für den Gehilfen richtet sich nach der Strafdrohung für den Täter. Im Schuldrecht steht der G. einem Mittäter gleich (§ 830 II BGB, → *Erfüllungsgehilfe,* → *Verrichtungsgehilfe, Handlungsgehilfe*).

Lit.: *Scheffler, U.,* Zur Konkretisierung des Gehilfenvorsatzes, JuS 1997, 598; *Fundel, S.,* Die Haftung für Gehilfenfehlverhalten, 1999

Gehör ist allgemein das Hören oder Zuhören eines Lebewesens. *Rechtliches* G. ist die aus dem Rechtsstaatsgedanken erwachsende Verpflichtung einer → Behörde, einer beteiligten Person Gelegenheit zur Stellungnahme zu geben. Nach Art. 103 I GG hat vor → Gericht jedermann Anspruch auf rechtliches G. (vgl. § 321a ZPO, § 46 II ArbGG, § 173 VwGO, § 202 SGG, § 155 FGO Gehörsrüge gegen alle mit Rechtsmitteln oder Rechtsbehelfen nicht mehr angreifbaren Entscheidungen bei Verletzungen des rechtlichen Gehörs).

Lit.: *Waldner, W.,* Der Anspruch auf rechtliches Gehör, 2. A. 2000; *Polep, T. u. a.,* Die Gehörsrüge (§ 321a ZPO), 2004; *Zuck, R.,* Rechtliches Gehör, NJW 2005, 1226; *Otto, M.,* Grundfälle zu den Justizgrundrechten Art. 103 I GG, JuS 2012, 412

Gehörsrüge → Gehör

Gehorsamspflicht ist die Pflicht einer Person, die – verbindlichen – Anweisungen einer anderen Person zu befolgen. Besondere Gehorsamspflichten bestehen im → Wehrrecht, im → Beamtenrecht, im → Arbeitsrecht und im → Familienrecht. Allgemein ist der Hoheitsgewalt Gehorsam zu leisten und besteht nur ausnahmsweise ein Widerstandsrecht.

Lit.: *Waltermann, R.,* Arbeitsrecht, 17. A. 2014; *Korte, M.,* Das Handeln auf Befehl, 2004

Gehweg ist der von der Fahrbahn deutlich abgegrenzte und äußerlich erkennbar für den Fußgängerverkehr bestimmte Teil einer → Straße.

Geisel ist im römischen, germanischen und mittelalterlichen Recht der in Gewahrsam genommene Mensch, der mit Freiheit oder Leben für die Erfüllung bestimmter Pflichten haftet. In der Gegenwart ist G. der zur Erreichung meist strafbarer Ziele gegen seinen Willen von einem Nichthoheitsträger in Gewahrsam genommene Mensch. → Geiselnahme

Lit.: *Lutteroth, A.,* Die Geisel im Rechtsleben, 1922; *Köbler, G.,* Zielwörterbuch integrativer europäischer Rechtsgeschichte, 6. A. 2014 (Internet); *Göres, U.,* Kostentragung für Geiselbefreiung, NJW 2004, 1909

Geiselnahme (§ 239b StGB) ist das Entführen oder Sichbemächtigen eines anderen zu dem Zweck, einen Dritten durch die Drohung mit dem Tode oder einer schweren Körperverletzung (§ 226 StGB) des Opfers zu einer Handlung, Duldung oder Unterlassung zu nötigen. G. ist eine Straftat. G. ist auch im → Völkerrecht verboten (str.).

Lit.: *Brambach, M.,* Probleme der Tatbestände des erpresserischen Menschenraubs und der Geiselnahme, 2000; *Nikolaus, S.,* Zu den Tatbeständen des erpresserischen Menschenraubs und der Geiselnahme, 2003

Geisteskrankheit ist die Störung der Geistestätigkeit eines Menschen, die so hochgradig ist, dass die Fähigkeit vernünftiger Willensbildung die eines Kindes unter 7 Jahren entspricht (z.B. Erklärender E verwechselt 0 und 1, 1 und 2, Vater und Mutter, Jurisprudenz und Medizin, ich und du, mein und sein). Wer infolge von G. seine Angelegenheiten nicht zu besorgen vermag, konnte bis 31.12.1991 → entmündigt werden (§ 6 BGB) und war dann → geschäftsunfähig (§ 104 Nr. 3 BGB). Seit 1.1.1992 ist eine → Betreuung möglich, die grundsätzlich keine Geschäftsunfähigkeit bewirkt. Im Strafrecht kann G. → Schuldunfähigkeit begründen (§ 20 StGB). Im Verwaltungsrecht kann G. die Freiheitsentziehung in der Form der Anstaltsunterbringung zur Folge haben.

Geistesschwäche ist eine Störung der Geistestätigkeit eines Menschen, die so hochgradig ist, dass die Fähigkeit vernünftiger Willensbildung nur der eines Kindes über 7 Jahren entspricht. Wer infolge von G. seine Angelegenheiten nicht zu besorgen vermag, konnte bis 31.12.1991 → entmündigt werden (§ 6 BGB) und war → geschäftsunfähig (§ 104 Nr. 2 BGB), sofern seine freie Willensbestimmung ausgeschlossen war. Im Strafrecht kann G. → Schuldunfähigkeit begründen (§ 20 StGB).

Geistiges Eigentum ist die uneingeschränkte Herrschaft über ein unkörperliches Gut (→ Immaterialgut). Die Lehre vom geistigen Eigentum wurde vom → Naturrecht begründet und fand Eingang in ein englisches Gesetz von 1709, 1710, Statute of Anne, in französische Gesetze von 1791 und 1793 (propriété littéraire et artistique) und das preußische Gesetz zum Schutz des Eigentums an Werken der Wissenschaft und Kunst von 1837. Sie besagt, dass das Werk als verselbständigter Teil des menschlichen Geistes seinem Urheber als g.E. gehört. Demgegenüber ist nach dem Bürgerlichen Gesetzbuch von 1900 Eigentum nur an einem körperlichen Gegenstand möglich. → Urheberrecht

Lit.: *Köbler, G.,* Deutsche Rechtsgeschichte, 6. A. 2005, Geistiges Eigentum. Vorschriftensammlung, hg. v. *Mächtel, F. u. a.,* 3. A. 2011; *Goldhammer, M.,* Geistiges Eigentum und Eigentumstheorie, 2012

geistlich (Adj.) die Kirche betreffend

Geistlicher ist der Inhaber eines höheren kirchlichen Amtes der anerkannten öffentlich-rechtlichen Religionsgemeinschaften (z.B. Priester, Pfarrer). Der Geistliche hat besondere → Aussageverweigerungsrechte (z.B. § 53 I, II StPO). Er ist nicht verpflichtet, geplante schwere → Straftaten, die ihm in seiner Eigenschaft als Seelsorger mitgeteilt werden, anzuzeigen (§ 139 II StGB) und bestimmte → Äm-

ter zu übernehmen (Schöffe, Vormund §§ 34 GVG, 1784, 1888 BGB).

geistlicher Vorbehalt → Vorbehalt, geistlicher

Geld (vgl. § 146 StGB, § 244 I BGB) ist das von einem → Staat oder einer durch ihn ermächtigten Stelle als Wertträger beglaubigte, zum Umlauf im öffentlichen Verkehr bestimmte → Zahlungsmittel. Im engeren Sinn ist G. nur das Zahlungsmittel, das kraft staatlicher Anordnung als solches angenommen werden muss. Es besteht in der Gegenwart aus → Münzen *(Metallgeld)* und → Banknoten *(Papiergeld),* die als Sachen behandelt werden (z.B. Übereignung nach den §§ 929 ff. BGB). Vom Stofflichen gelöst sind das → *Buchgeld* und das *Netzgeld*.

Lit.: *Blaschczok, A./Schmidt, K.,* Geldrecht, 1998; *Borchert, M.,* Geld und Kredit, 8. A. 2003; *Heermann, P.,* Geld und Geldgeschäfte, 2003; *Woda, K.,* Elektronisches Geld, 2003; *Martens, S.,* Grundfälle zu Geld und Geldschulden, JuS 2014, 105

Geldbuße (§§ 17 f. OWiG) ist die für eine → Ordnungswidrigkeit (oder sonstige Pflichtverletzung) festgesetzte Rechtsfolge. Sie beträgt grundsätzlich zwischen mindestens 5 und grundsätzlich höchstens 1000 Euro. Sie wird von der → Verwaltungsbehörde (Ordnungsbehörde) festgelegt.

Lit.: *Fehl, E.,* Monetäre Sanktionen, 2002; *Jeger, T. van,* Geldbuße gegen juristische Personen, 2002

Geldersatz ist die statt in einer anderen Art und Weise ersatzweise in → Geld zu erbringende → Leistung. Im Schuldrecht kann beim Schadensersatz statt der → Naturalherstellung unter bestimmten Voraussetzungen (z.B. Verletzung einer Person, Beschädigung einer Sache, ergebnisloser Fristablauf, Unmöglichkeit der Naturalherstellung, Ungenügendheit der Naturalherstellung, Unverhältnismäßigkeit der Naturalherstellungskosten) der dazu erforderliche Betrag oder eine Entschädigung in Geld verlangt werden (§§ 249 S. 2, 250, 251 BGB).

Lit.: *Scheuing, M.,* Der Geldersatz für immaterielle Schäden, 2002

Geldfälschung (§ 146 StGB) ist das Nachmachen oder Verfälschen inländischen oder ausländischen → Geldes in der Absicht, dass es als echt in Verkehr gebracht oder dass ein solches Inverkehrbringen ermöglicht werde, das Verschaffen falschen Geldes in dieser Absicht und das Inverkehrbringen falschen Geldes als echt, nachdem es der Betreffende entsprechend nachgemacht, verfälscht oder sich verschafft hat. G. wird grundsätzlich mit Freiheitsstrafe nicht unter einem Jahr bestraft.

Lit.: *Kim Seon, B.,* Gelddelikte im Strafrecht, 1991

Geldforderung ist die in → Geld zu erfüllende → Forderung (z.B. Kaufpreisforderung).

Lit.: *Köbler, G.,* Schuldrecht, 2. A. 1995; *Jung, D.,* Erfüllung der Geldschuld, 2002

Geldkarte ist die Karte, deren Inhaber in Höhe eines auf ihr elektronisch gespeicherten Wertes gegenüber dem jeweiligen System angeschlossenen Händlern unter Verwendung der Karte bargeldlos bezahlen kann (seit Ende 1996).

Lit.: *Tegebauer, I.*, Die Geldkarte, 2002; *Kempny, S.*, Überblick zu den Geldkartendelikten, JuS 2007, 1084

Geldrente (z.B. § 1612 BGB bei Unterhalt) ist die in → Geld zu leistende → Rente.

Geldsanktionsgesetz ist das das Gesetz über die internationale Rechtshilfe in Strafsachen im neunten Teil erweiternde, die Vollstreckung ausländischer Geldbußen in Deutschland ermöglichende Gesetz des Jahres 2010.
Lit.: *Krumm, C. u.a.*, Das neue Geldsanktionsgesetz, 2010

Geldschuld ist die in → Geld zu erfüllende → Schuld. Die G. ist keine Sachschuld – anders bei der Verpflichtung zur Leistung konkreter Geldstücke – sondern grundsätzlich eine → Wertschuld in weiterem Sinn, die mit Münzen oder Banknoten (fast) beliebiger Stückelung erfüllt werden kann. Sie kann Geldbetragsschuld (z.B. Darlehen) oder Geldwertschuld (Wertschuld i.e.S. z.B. Schadensersatzschuld) sein. Geldschulden sind → Schickschulden mit besonderer Gefahrtragungsregelung (§ 270 I BGB). U.U. kann eine G. durch Wertsicherungsklausel gesichert werden. → Geldwertsicherungsklausel
Lit.: *Schmidt, K.*, Geld und Geldschuld im Privatrecht, JuS 1984, 737; *Jung, D.*, Erfüllung der Geldschuld, 2002

Geldstrafe (§§ 40 ff. StGB) ist die durch Zahlung von → Geld zu bewirkende → Strafe. Sie wird in mindestens 5 und grundsätzlich höchstens 360 Tagessätzen zwischen 1 und 30 000 Euro festgesetzt. Gemäß § 43a StGB ist die Höhe der G. durch das Vermögen des Täters begrenzt (Vermögensstrafe). An die Stelle einer uneinbringlichen G. tritt → Freiheitsstrafe (§ 43 StGB, Ersatzfreiheitsstrafe).
Lit.: *Selle, D. v.*, Gerechte Geldstrafe, 1997; *Fehl, E.*, Monetäre Sanktionen im deutschen Rechtssystem, 2002

Geldwäsche (§ 261 StGB) ist das Verbergen, Verschleiern der Herkunft, Vereiteln oder Gefährden der Ermittlung der Herkunft, des Auffindens, des Verfalls, der Einziehung oder der Sicherstellung eines aus einem Verbrechen eines anderen oder aus bestimmten Vergehen eines anderen herrührenden Gegenstands. Die G. ist (in Deutschland seit 1993) strafbar. Die Strafe ist Freiheitsstrafe von drei Monaten bis zu fünf Jahren. Nicht als G. beurteilt wird die Annahme eines Honorars aus Drogengeschäften durch einen Verteidiger (zw.). In der Rechtswirklichkeit erweisen sich 98 Prozent der Verdachtsanzeigen als unberechtigt und erfolgen Verurteilungen kaum, obwohl gewaltige Ströme illegalen Geldes Umlaufvermögen wie Anlagevermögen berühren.
Lit.: *Busch, D.*, Das neue Geldwäscherecht, 2003; *Balzer, C.*, Die berufstypische Strafbarkeit des Verteidigers, 2004; *Herzog, F./Mülhausen, D.*, Geldwäschebekämpfung und Gewinnabschöpfung, 2006

Geldwäschegesetz ist das die Strafbarkeit der → Geldwäsche (von Gewinnen aus schweren Straftaten) regelnde Gesetz vom 25.10.1993.
Lit.: *Herzog, F.*, Geldwäschegesetz, 2. A. 2014

Geldwertsicherungsklausel ist die Klausel, die den Wert einer Geldschuld durch Bindung an eine den Geldwertverlust mittelbar ausgleichende Bezugsgröße zu sichern versucht.
Lit.: *Nies, L.*, Geldwertsicherungsklauseln, 4. A. 1991; *Steiner, U.*, Wertsicherungsklauseln, 2003

Gelegenheit ist die günstige Handlungsmöglichkeit.

Gelegenheitsgesellschaft (Konsortium) ist die → Gesellschaft (des bürgerlichen Rechts), die nur vorübergehend zur Erreichung eines einzelnen Zwecks vereinbart wird (z.B. Konsortium von Banken zur Emission einer Anleihe).
Lit.: *Bick, O.*, Die Gelegenheitsgesellschaft, 2. A. 1968

Gelegenheitstäter ist der → Täter, der seine Straftat nur auf Grund einer besonderen Gelegenheit begeht. Er steht im Gegensatz zum → Hangtäter (Gewohnheitstäter), der aus Veranlagung oder erworbenem Hang tätig wird. Der G. bedroht die Allgemeinheit nur in geringerem Maße und braucht in der Regel nicht resozialisiert zu werden.

Geleit ist im mittelalterlichen und neuzeitlichen Recht die vor Gefahren sichernde Führung eines Reisenden durch Bewaffnete gegen Entgelt. *Sicheres* G. (§ 295 StPO) ist im Strafprozessrecht die Zusicherung der Befreiung von der → Untersuchungshaft durch das Gericht gegenüber einem abwesenden Beschuldigten wegen einer bestimmten Tat. Es erlischt, wenn ein auf → Freiheitsstrafe lautendes → Urteil ergeht oder wenn der Beschuldigte zur Flucht trifft oder wenn er Bedingungen, unter denen ihm das sichere Geleit erteilt worden ist, nicht erfüllt.
Lit.: *Köbler, G.*, Zielwörterbuch integrativer europäischer Rechtsgeschichte, 6. A. 2014 (Internet)

Gelöbnis ist das ausdrückliche Versprechen.
Lit.: *Wetzel, A.*, Eid und Gelöbnis, 2001

GEMA (Gesellschaft für musikalische Aufführungs- und mechanische Vervielfältigungsrechte) ist der wirtschaftliche, durch staatliche Verleihung rechtsfähige → Verein zur Wahrung der Rechte der → Urheber von Musikwerken. Aufgabe der G. ist es vor allem, im Interesse ihrer Mitglieder (Komponisten, Textdichter und Musikverleger), die mit ihr einen Berechtigungsvertrag geschlossen haben, die Einhaltung der Urheberrechtsvorschriften und Wiedergabevorschriften zu überwachen und die anfallenden Gebühren für die Mitglieder einzuziehen. Mittelbar werden durch die Erfüllung der Aufgabe auch eigene wirtschaftliche Interessen der Gesellschaft (und ihrer Organe sowie Bediensteten) befriedigt. Die G. hat zwar nicht rechtlich, aber tatsächlich eine Monopolstellung.
Lit.: *Scholz, L.*, GEMA, 2003; *Steden, R.*, Das Monopol der GEMA, 2003; Recht und Praxis der GEMA, hg.v. *Kreile, R. u.a.*, 2. A. 2008

Gemeinde ist im öffentlichen Recht die einfache, unmittelbare kommunale → Gebietskörperschaft mit – vom Staat abgeleiteter – → Gebietshoheit zur → Selbstverwaltung (Art. 28 II GG, Satzungsge-

walt, Personalhoheit, Finanzhoheit) universal überlassener örtlicher Aufgaben (Grundsatz der → Allzuständigkeit, eigener → Wirkungskreis) und zur
Fremdverwaltung zugewiesener Aufgaben (übertragener → Wirkungskreis). Ihre Größe soll danach
bemessen sein, dass sowohl eine örtliche Verbun-
denheit der Einwohner wie auch eine angemessene
Leistungsfähigkeit gewährleistet ist. Wegen des
letzten, auch zur Besoldungserhöhung der Funktionsträger führenden Grundes wurde zu Beginn des
letzten Drittels des 20. Jh.s durch Gemeindereform-
gesetze die Zahl der Gemeinden auf etwa ein Drittel
verringert. Die G. kann entweder kreisfrei oder
kreisangehörig sein. Die *kreisangehörige* G. untersteht meist der Kommunalaufsicht der unteren staatlichen → Verwaltungsbehörde (Landrat). Die *kreis-*
freie G. erfüllt außer ihren Aufgaben als G. auch die
Aufgaben der unteren staatlichen Verwaltungsbehörde (Landrat) und untersteht der → Aufsicht der
höheren Verwaltungsbehörde.
Lit.: *Gern, A.,* Gemeindeverzeichnis, 6. A. 2007; Ge-
meindeverzeichnis-Informationssystem (Statistisches
Bundesamt) 2009 ff.

Gemeindebeamter ist der im Dienst einer → Gemeinde stehende → Beamte. Er ist mittelbarer
Staatsbeamter.

Gemeindebetrieb ist das wirtschaftliche → Unternehmen einer → Gemeinde. Der G. kann → Eigenbetrieb, → Anstalt oder juristische → Person des
Privatrechts sein (z. B. Versorgungsbetrieb, Verkehrsbetrieb, Sparkasse).
Lit.: *Arndt, M.,* Das Kommunalunternehmen, 2003

gemeindefreies Gebiet → Gebiet, gemeindefreies

Gemeindeordnung ist das (staatliche) die → Gemeinden betreffende → Gesetz. Es ist in der Gegenwart Landesgesetz. Im Dritten Reich galt die
einheitliche Deutsche G. vom 30.1.1935.
Lit.: *Schmidt-Jortzig, E.,* Kommunalrecht, 1982;
Schmidt-Eichstaedt, G./Stade, I./Borchmann, M., Die
Gemeindeordnungen und Kreisordnungen in der Bundesrepublik Deutschland (Lbl.); *Thiele, R.,* Niedersächsische Gemeindeordnung, 8. A. 2007

Gemeinderat ist die gewählte Gemeindevertretung
der → Gemeindeverfassung.
Lit.: *Sixt, W./Notheis, K. u. a.,* Der Gemeinderat in Baden-Württemberg, 2014 (pdf); *Karst, M.,* Der rechtswidrige Gemeinderatsbeschluss, 1994 (Diss.)

Gemeinderecht ist die Gesamtheit der die → Gemeinden betreffenden Rechtssätze. Das G. ist außer
in Art. 28 GG und Artikeln der Landesverfassungen
vor allem in den Gemeindegesetzen (→ Gemeindeordnungen) der Länder (landesrechtlich verschieden) geregelt. Dazu kommt das von der Gemeinde kraft ihrer Satzungsgewalt geschaffene Recht
(→ Satzung).
Lit.: *Klüber, H.,* Das Gemeinderecht in den Ländern der
Bundesrepublik Deutschland, 1972; *Gern, A.,* Deutsches Kommunalrecht, 3. A. 2003

Gemeindesteuer (Art. 105 ff. GG, insbesondere Art.
106 VI) ist die durch → Gemeinden erhobene

→ Steuer. Dazu zählen vor allem → Grundsteuer
und → Gewerbesteuer sowie eine Reihe weniger
ertragreicher Steuern. Den Gegensatz bilden Landessteuer und Bundessteuer.
Lit.: *Schwarting, G.,* Kommunale Steuern, 1999

Gemeindeverband ist die zusammengesetzte, unmittelbare oder mittelbare → Gebietskörperschaft
zur Erfüllung insgesamt überlassener übergemeind-
licher und bzw. oder ergänzender Aufgaben sowie
allgemein den einzeln zugewiesener → Ausgleichsaufgaben (z. B. Landkreis, evtl. Bezirk, Landschaftsverband, in einigen Ländern Ämter, Samtgemeinden). Die Bildung der Gemeindeverbände soll verhindern, dass die Erledigung bestimmter Aufgaben
an der Leistungsschwäche der einzelnen Gemeinden
scheitert. Der G. hat → Selbstverwaltungsrecht
(Art. 28 II GG).
Lit.: *Bovenschulte, A.,* Gemeindeverbände, 2000

Gemeindeverfassung ist die Gesamtheit der die
innere Organisation der → Gemeinde betreffenden
Rechtssätze. Die G. muss nach Art. 28 I GG eine
Vertretung des Volkes, die aus allgemeinen, unmittelbaren, freien, gleichen und geheimen → Wahlen
hervorgegangen ist (Gemeinderat), oder eine Ge-
meindeversammlung enthalten. Im Übrigen kann sie
durch die Landesgesetzgebung verschieden organisiert sein. Bei der *monistischen* G. ist der Rat be-
schließend und vollziehend das einzige Organ der
Gemeinde, so dass die einzelnen Funktionsträger
(z. B. Bürgermeister, Magistrat) nicht Organ sind,
sondern nur im Auftrag des Rates handeln (z. B.
Baden-Württemberg) und jede Verwaltungsmaß-
nahme es unmittelbar vom Rat vollzogen gilt. Die
dualistische G. enthält neben der gewählten Vertretungskörperschaft (Gemeindevertretung, Rat) einen
für die Führung der laufenden Geschäfte zuständigen Amtsträger (Verwaltungsausschuss, Magistrat,
Bürgermeister, Gemeindedirektor) (z. B. Bayern).
Trialistisch ist eine G., wenn die Erstzuständigkeiten
bei drei Organen liegen (Gemeindevertretung, Gemeindevorstand [Magistrat], Gemeindevorsteher)
(so z. B. Hessen). Die G. kann → Bürgermeisterverfassung oder → Magistratsverfassung sein.
Lit.: *Waibel, G.,* Gemeindeverfassungsrecht Baden-
Württemberg, 5. A. 2007; *Ipsen, J.,* Kommunalverfassung, 2002

gemeine Gefahr → Gefahr

Gemeineigentum (Art. 15 GG) ist das → Eigentum
der Gemeinschaft (Gesellschaft) im Gegensatz zum
Individualeigentum einer einzelnen Person. Nach
Art. 15 GG können Grund und Boden, Naturschätze
und Produktionsmittel durch ein → Gesetz, das Art
und Ausmaß der → Entschädigung regelt, in G.
überführt werden (Sozialisierung), doch ist die Bestimmung in der Rechtswirklichkeit bedeutungslos
geblieben. Im älteren deutschen Recht steht die
→ Allmende (z. B. Alm) in G. (einer Realgemeinde).

gemeines Recht → Recht, gemeines

gemeinfrei (Adj.) allgemein frei
Lit.: *Peukert, A.,* Die Gemeinfreiheit, 2012

Gemeinfreier ist in der deutschen Rechtsgeschichte der einfache Freie, der nach klassischer Ansicht in germanischer und fränkischer Zeit die breite Masse des Volkes gebildet hat.

Lit.: *Köbler, G.,* Deutsche Rechtsgeschichte, 6. A. 2005

Gemeingebrauch ist das jedermann zustehende subjektiv-öffentliche Recht, eine der Öffentlichkeit zur Verfügung stehende (gewidmete) → Sache im Rahmen der bestimmungsgemäßen Nutzung (Widmung) ohne besondere Zulassung – und unentgeltlich – zu gebrauchen (z. B. Fahren auf einer Straße, vgl. § 7 BFStrG, Verteilen von Schriften in einer Fußgängerzone, Aufstellen eines Anhängers mit Werbehinweisen im öffentlichen Straßenraum, Anbringen von Kreuzen für Verkehrsunfallopfer am Straßenrand, Parken auf öffentlichem Parkplatz, Baden in öffentlichen Gewässern). Ein *gesteigerter* G. kommt dem Anlieger (→ Anliegergebrauch) zu (str.). Ein darüber hinausgehender Gebrauch ist → Sondernutzung (z. B. Freihalten eines Abstellplatzes auf einem öffentlichen Parkplatz durch einen Dritten, Rollhockeyspielen auf einer öffentlichen Straße, Flohmarkt auf öffentlichem Platz, Love Parade, Inlineskating [zweifelhaft]).

Lit.: *Neumann, H.,* Sport auf öffentlichen Straßen, 2002; *Fehling, M.,* Gemeingebrauch und Sondernutzung, JuS 2003, 246

gemeingefährlich → Gemeingefährlichkeit

gemeingefährliche Mittel → Mittel, gemeingefährliche

gemeingefährliche Vergiftung → Vergiftung, gemeingefährliche

Gemeingefährlichkeit ist die Gefährlichkeit eines Verhaltens für eine unbestimmte Vielzahl von Menschen oder Sachen.

Lit.: *Bauhofer, S.,* Gemeingefährliche Straftäter, 2000

Gemeinkosten sind → Kosten, die einem Erzeugnis oder einer Leistung nicht unmittelbar zugeordnet werden können und deshalb im Wege einer Umrechnung aufgeteilt werden (z. B. allgemeine Verwaltungskosten).

Lit.: *Sauter, R.,* Marktorientierte Steuerung der Gemeinkosten, 2002

Gemeinnützigkeit ist die (im Gegensatz zum Eigennutz stehende) Nützlichkeit eines Verhaltens für die Allgemeinheit. Im Steuerrecht werden gemeinnützige Zwecke u. a. dadurch gefördert, dass ihr Träger von einer → Steuer befreit wird und Spender eine steuerlich verwendbare Quittung erhalten können. Gemäß § 52 I 1 AO sind dabei gemeinnützig solche Zwecke, durch deren Erfüllung ausschließlich und unmittelbar die Allgemeinheit auf materiellem, geistigem oder sittlichem Gebiet selbstlos gefördert wird. Die steuerbegünstigende Wirkung der G. ist in steuerlichen Einzelgesetzen angeordnet. Die G. kann dadurch verloren werden, dass der Träger unangemessen hohe Aufwendungen für Verwaltung oder Werbung tätigt. Dem Betreiben eines Gewerbes steht eine gemeinnützige Zielsetzung nicht entgegen.

Lit.: *Buchna, J.,* Gemeinnützigkeit im Steuerrecht, 11. A. 2014; *Schauhoff, S.,* Handbuch der Gemeinnützigkeit, 3. A. 2010; *Wallenhorst/Halaczinsky,* Die Besteuerung gemeinnütziger Vereine, Stiftungen und der juristischen Personen des öffentlichen Rechts, 6. A. 2009

Gemeinsame Agrarpolitik (GAP) ist die die Agrarproduktion in der Europäischen Union betreffende, mehr oder weniger planwirtschaftlich gestaltete gemeinsame Agrarpolitik in der Europäischen Union (Art. 38 ff. AEUV).

Gemeinsame Außenpolitik und Sicherheitspolitik (GASP) (Art. 2 IV AEUV, Art. 23 ff. EUV) ist die von einem hohen Vertreter der Union für Außen- und Sicherheitspolitik geleitete, neben der mitgliedstaatlichen Außenpolitik und Sicherheitspolitik stehende gemeinsame Außenpolitik und Sicherheitspolitik der → Europäischen Union. Nach Art. 2 IV AEUV ist ein Teil der gemeinsamen Außenpolitik und Sicherheitspolitik die gemeinsame Sicherheitspolitik und Verteidigungspolitik.

Gemeinsamer Bundesausschuss ist ein in Deutschland 2003 geschaffenes Selbstverwaltungsgremium von Ärzten und Krankenkassen.

gemeinsamer Senat → Senat, gemeinsamer

Gemeinschaft ist die Mehrheit von Personen, die durch eine Gemeinsamkeit verbunden sind (u. a. Staatsvolk). Im Schuldrecht (§ 741 BGB) ist G. jede gemeinschaftliche Inhaberschaft eines einzelnen → Rechtes durch mehrere, für die keine besonderen gesetzlichen Regeln eingreifen. Sie ist *Bruchteilsgemeinschaft,* wobei im Zweifel den Teilhabern gleiche ideelle Anteile zustehen (§ 742 BGB). Die Verwaltung des Rechtes geschieht gemeinschaftlich. Jeder Teilhaber kann über seinen Anteil verfügen (§ 747 BGB). Die Aufhebung der G. erfolgt durch Teilung oder Verkauf (§§ 749 ff. BGB). Besondere Vorschriften gelten für die Bruchteilsgemeinschaft an Eigentum (→ Miteigentum). Im Gegensatz zur allgemeinen G. steht die besondere → *Gesamthandsgemeinschaft* (Gesamthand).

Lit.: *Paulus, A.,* Die internationale Gemeinschaft im Völkerrecht, 2001

gemeinschaftliches Testament → Testament, gemeinschaftliches

Gemeinschaftsaufgabe (Art. 91a GG) ist die Aufgabe der → Länder, bei deren Erfüllung der → Bund, weil sie für die Gesamtheit bedeutsam ist und die Mitwirkung des Bundes zur Verbesserung der Lebensverhältnisse erforderlich ist, mitwirkt. Gemeinschaftsaufgaben sind der Ausbau und Neubau von → Hochschulen (bis 31.8.2006), die Verbesserung der regionalen Wirtschaftsstruktur sowie die Verbesserung der Agrarstruktur und des Küstenschutzes. Durch Bundesgesetze sind die Gemeinschaftsaufgaben näher bestimmt. Danach trägt der Bund grundsätzlich die Hälfte der für Gemeinschaftsaufgaben erforderlichen Ausgaben in jedem Land. Im weiteren Sinne sind Gemeinschaftsaufgaben auch andere Aufgaben, zu deren Erfüllung Bund und Länder zusammenarbeiten (z. B. Art. 87 S. 2 GG).

Lit.: *Gschwandtner, T.,* Gemeinschaftsaufgabe im Wandel, 2002

Gemeinschaftsgeschmacksmuster ist das durch die Verordnung der Europäischen Gemeinschaft über das G. geregelte → Geschmacksmuster. Das G. ohne Eintragung bietet drei Jahre Nachahmungsschutz ab Offenbarung. Bei dem eingetragenen G. hat der Inhaber ein ausschließliches Benutzungsrecht von 5 (evtl. 25) Jahren.

Lit.: *Maier, P.,* Leitfaden Gemeinschaftsgeschmacksmuster, 2003

Gemeinschaftsmarke ist die bei dem Harmonisierungsamt für den Binnenmarkt der Europäischen Union in Alicante eintragbare, für alle Mitgliedstaaten geschützte → Marke.

Lit.: Gemeinschaftsmarke und Recht der EU-Mitgliedstaaten, hg. v. *Schricker, G. u. a.,* 2006; *Pohlmann, A.,* Verfahrensrecht der Gemeinschaftsmarke, 2012

Gemeinschaftsrecht ist die Gesamtheit der eine → Gemeinschaft betreffenden Rechtssätze. → Gemeinschaft, Europäisches Gemeinschaftsrecht

Lit.: *Hakenberg, W.,* Grundzüge des Europäischen Gemeinschaftsrechts, 3. A. 2003; *Hakenberg, W.,* Europarecht, 7. A. 2015

Gemeinschaftsschule ist die → Schule, an der Lehrer verschiedener Bekenntnisse Schüler verschiedener Bekenntnisse nach allgemeinen abendländischen Grundsätzen erziehen. Die G. steht im Gegensatz zur → Bekenntnisschule. Die G. ist in Deutschland die Regelschule.

Lit.: *Fischer, E.,* Bekenntnis- oder Gemeinschaftsschule?, 1966

Gemeinschaftswert ist im Verfassungsrecht der allgemein für die Gemeinschaft bestehende Wert. Er ist *absoluter* G., wenn er unabhängig von einer bestimmten politischen Ausrichtung ist (z. B. Volksgesundheit). Er kann Freiheitseinschränkungen rechtfertigen.

Gemeinschuldner → Schuldner

Gemeinwohl → Allgemeinwohl

gemischt (Adj.) aus verschiedenen Teilen zusammengesetzt

gemischte Schenkung → Schenkung, gemischte

gemischter Vertrag → Vertrag, gemischter

Gen (N.) (molekular definierte) Erbanlage, → Genrecht

genehmigt (Adj.) mit einer → Genehmigung versehen

genehmigtes Kapital → Kapital, genehmigtes

Genehmigung ist die Erklärung des Einverständnisses mit einem Verhalten. Im Verwaltungsrecht ist G. vielfach gleichbedeutend mit (vorheriger) → Erlaubnis (z. B. Baugenehmigung), vielfach aber auch die notwendige nachträgliche Billigung durch eine Aufsichtsbehörde (Satzungsgenehmigung). Im Privatrecht (§ 184 I BGB) ist G. die zur Wirksamkeit erforderliche nachträgliche → Zustimmung zu einem → Rechtsgeschäft. Sie wirkt grundsätzlich auf den Zeitpunkt der Vornahme des Rechtsgeschäfts zurück (ex tunc). Eine Verfügung, die ein → Nichtberechtigter über einen Gegenstand trifft, wird wirksam, wenn eine G. durch den Berechtigten erfolgt (§ 185 II 1 BGB).

Lit.: *Schröder, A.,* Die personelle Reichweite öffentlichrechtlicher Genehmigungen, 2000; *Weickum, S.,* Genehmigungsbedürftige Verträge, 2002

General Aggreement (N.) **on Trade in Services** (GATS) Allgemeines Übereinkommen über den Handel mit Dienstleistungen

Lit.: *Fuchs, P.,* Das allgemeine Abkommen über den Handel mit Dienstleistungen, 2003

Generalanwalt → Europäischer Gerichtshof

Generalbundesanwalt (§ 142 GVG) ist der oberste Beamte der → Staatsanwaltschaft bei dem → Bundesgerichtshof. Er ist das Strafverfolgungsorgan des Bundes (Behörde) und hat rund 600 Mitarbeiter. Er darf auch wegen versuchten Mordes oder gefährlicher Körperverletzung ermitteln, wenn durch diese Taten die innere Sicherheit Deutschlands beeinträchtigt wird.

Generaleinwilligung → Generalkonsens

generalis (lat.) allgemein, → lex generalis

Generalklausel ist der Rechtssatz, der nur einen allgemeinen Grundsatz aufstellt und die konkrete Bestimmung im Einzelfall den → Gerichten überlässt (z. B. §§ 242, 138 BGB). Die G. steht im Gegensatz zur → Enumeration. Sie verringert die → Rechtssicherheit, gewährt andererseits aber in weitem Umfang die Möglichkeit der Rechtsfortbildung, was allerdings u. U. auch von Nachteil sein kann. *Polizeiliche* G. ist der Satz, dass die Polizeibehörden im Rahmen der geltenden Gesetze nach pflichtgemäßem → Ermessen notwendigen Maßnahmen zu treffen haben, um von der Allgemeinheit oder dem Einzelnen → Gefahren abzuwehren, durch welche die öffentliche → Sicherheit oder Ordnung bedroht wird (vgl. den früheren § 14 I PrPVG von 1931). Sie bildet eine umfassende Generalermächtigung für das Eingreifen der → Polizeibehörden und Ordnungsbehörden.

Lit.: *Hedemann, J.,* Die Flucht in die Generalklauseln, 1933; *Ohly, A.,* Richterrecht und Generalklausel im Recht des unlauteren Wettbewerbs, 1997; *Bähr, G.,* Das Generalklausel- und Aufsichtssystem des VAG, 2000; *Wißmann, H.,* Generalklauseln, 2008

Generalkonsens (Generaleinwilligung) ist die umfassende → Einwilligung in (bzw. Zustimmung zu) eine(r) ganze(n) Reihe von zunächst nicht individualisierten Geschäften (z. B. eines Minderjährigen).

Generalprävention ist die allgemeine Abschreckung möglicher Täter, die durch eine Strafdrohung, die durch Verurteilung und Vollzug in ihrer Ernstlichkeit bekräftigt wird, von der Begehung einer → Straftat zurückgehalten werden sollen. Die Theorie der G. ist eine relative → Straftheorie. Die G. steht im Gegensatz zur → Spezialprävention.
Lit.: *Neuß, F.,* Der Strafzweck der Generalprävention, 2001

Generalsekretär ist vielfach ein Geschäftsführer einer Vereinigung (z. B. Vereinte Nationen, Partei, Wirtschaftsverband).

Generalstreik ist die besondere Form des → Streiks, bei der alle Arbeitnehmer eines Gebiets unabhängig von der Art ihrer Tätigkeit die Arbeit niederlegen.
Lit.: *Waltermann, R.,* Arbeitsrecht, 17. A. 2014

Generalversammlung ist die allgemeine Versammlung aller Mitglieder einer Personengemeinschaft (z. B. G. der Vereinten Nationen). Im Gesellschaftsrecht (§ 43 GenG) ist G. das Hauptorgan der → Genossenschaft, das aus den Mitgliedern unmittelbar oder aus gewählten Vertretern bestehen kann. Diese G. entspricht der → Hauptversammlung der → Aktiengesellschaft. Sie beschließt über den Jahresabschluss, die Verteilung von Gewinn und Verlust und die Entlastung anderer Organe.

Generalvollmacht ist die umfassende, keinen Beschränkungen unterliegende → Vollmacht im Gegensatz zur → Spezialvollmacht.
Lit.: *Leiner, R.,* Die Generalvollmacht, Diss. jur. Bielefeld 1998

genetisch (Adj.) die Entstehung betreffend, die Gene betreffend

genetischer Fingerabdruck → DNA-Analyse
Lit.: *Wüsteney, M.,* Rechtliche Zulässigkeit sogenannter DNA-Massentests, 2003

genetisches Synallagma → Synallagma, genetisches

Genfer Konventionen sind verschiedene, seit dem 22.8.1864 (in Genf) abgeschlossene völkerrechtliche Verträge zur Humanisierung des → Kriegsrechts. Davon sind die vier Genfer Rotkreuz-Abkommen vom 12.8.1949 die bislang umfassendste Regelung des humanitären Kriegsrechts. Derzeit sind 194 Staaten den 1949 überarbeiteten Abkommen beigetreten.
Lit.: *Kimminich, O.,* Schutz der Menschen in bewaffneten Konflikten, 1979

Genom (N.) ist die Gesamtheit der Gene eines Chromosomensatzes eines Lebewesens.
Lit.: *Hofmann, C.,* Rechtsfragen der Genomanalyse, 1999; *Primrose, S.,* Principles of genome analysis, 2003

Genosse (Mitbenützender) ist das Mitglied einer → Genossenschaft oder sonstigen → Gemeinschaft.

Genossenschaft (§ 1 GenG) ist die → Gesellschaft mit nicht geschlossener Mitgliederzahl (mindestens 3), welche (vor allem) die Förderung des Erwerbs oder der Wirtschaft ihrer Mitglieder mittels gemeinschaftlichen Geschäftsbetriebs bezweckt (z. B. Konsumverein, Raiffeisengenossenschaft, Wohnungsbaugenossenschaft, daneben kann Zweck z. B. auch die Erhaltung eines Denkmals sein). Die (*eingetragene*) G. ist juristische → Person und → Kaufmann (Formkaufmann), aber nur uneigentliche, gleichgestellte → Handelsgesellschaft (§ 17 GenG). Sie wird gegründet durch → Vertrag (Statut, Satzung) und entsteht durch → Eintragung in das vom Registergericht geführte Genossenschaftsregister (§§ 3, 13 GenG). Ihre Organe sind → Generalversammlung, Vorstand und Aufsichtsrat. Die Genossen haften für ihrerseits ihren Gläubigern unbeschränkt haftenden G. je nach Vereinbarung entweder unbeschränkt oder auf eine bestimmte Haftungssumme beschränkt. Wird die G. aufgelöst, so erfolgt grundsätzlich → Liquidation. Rechtsgeschichtlich leitet sich die neuzeitliche G. von älteren Vereinigungen zur gemeinsamen Wahrnehmung bestimmter Aufgaben her (z. B. → Markgenossenschaft).
Lit.: *Lang, J./Weidmüller, L.,* Genossenschaftsgesetz, 37. A. 2011, 38. A. 2015; Beck'sches Handbuch der Genossenschaft, 2009; *Glenk, H.,* Genossenschaftsrecht, 2. A. 2013

Genozid (N.) Völkermord
Lit.: Schabes, W., Genozid im Völkerrecht, 2003; *Hübner, J.,* Das Verbrechen des Völkermordes, 2004; *Tams/Berster/Schiffbauer,* Convention on the Prevention ans Punishment of the Crime of Genocide, 2014

Genrecht ist die Gesamtheit der das Erbgut von Lebewesen betreffenden Rechtssätze. Das G. befasst sich insbesondere mit den von der modernen Wissenschaft eröffneten Möglichkeiten der künstlichen Veränderung der Gene. Hiergegen gerichtete Beschränkungen sind am Verfassungsgrundsatz der Menschenwürde ausgerichtet. Gesetzlich geregelt sind einzelne Fragen durch das Gesetz zur Regelung von Fragen der Gentechnik vom 20.6.1990. Gentechnisch veränderte neuartige Lebensmittel (novel food) müssen besonders gekennzeichnet sein. In Großbritannien kann eine Lebensversicherung vom Ergebnis eines Gentests abhängig gemacht werden. In Deutschland bietet eine Versicherung freiwillige Gentests an. Der Anbau gentechnisch veränderter Pflanzen ist (seit 2004) unter strengen Auflagen möglich.
Lit.: *Hofmann, A.,* Die Anwendung des Gentechnikgesetzes auf den Menschen, 2003; *Kauch, P.,* Gentechnikrecht, 2009; *Genenger, A.,* Das neue Gendiagnostikgesetz, NJW 2010, 113; Gendiagnostikgesetz, hg. v. *Kern, B.,* 2012

Gentechnik → Genrecht
Lit.: *Sinn, F. u. a.,* Schwerpunktbereich Einführung in das Gentechnikrecht, JuS 2011, 797

genus (lat. [N.]) Geschlecht, Gattung

Genuskauf → Gattungskauf

Genusschuld → Gattungsschuld

Genussrecht ist das im → Genussschein verkörperte Recht auf einen besonderen Vermögensvorteil.
Lit.: *Zempel, I.,* Genussrechte, 2001

Genussschein (§ 221 III AktG) ist das → Wertpapier (meist Inhaberschuldverschreibung), das unabhängig von einer Mitgliedschaft einen Anspruch auf einen besonderen Vermögensvorteil (Genussrecht) einräumt (z. B. Anteil an Reingewinn oder Liquidationserlös als Belohnung für Angestellte oder Entgelt für Überlassung von Patenten).
Lit.: *Schott, K.,* Genussscheine, 1995; *Prosser, A.,* Anlegerschutz bei Genussscheinen, 2001

Gerade ist im mittelalterlichen deutschen Recht der Familienhausrat, der im Wege einer Sondererbfolge an die nächste weibliche Verwandte fällt.
Lit.: *Köbler, G.,* Deutsche Rechtsgeschichte, 6. A. 2005

gerade Linie → Linie, gerade

Geräte- und Produktsicherheitsgesetz ist das vorrangig dem Schutz der Verbraucher dienende, die Sicherheit von (Geräten und) → Produkten betreffende, zum 1.5.2004 in Kraft getretene Gesetz, das durch das Produktsicherheitsgesetz vom 8.11.2011 abgelöst wurde.
Lit.: *Jeiter, W./Klindt, T.,* Gerätesicherheitsgesetz, 3. A. 2003; *Klindt, T.,* Das neue Geräte- und Produktsicherheitsgesetz, NJW 2004,465; Produktsicherheitsgesetz, hg. v. *Klindt, T.,* 2. A. 2015

gerecht (Adj.) → Gerechtigkeit anstrebend

gerechter Krieg → Krieg, gerechter

Gerechtigkeit ist das zeitlos gültige Maß richtigen Verhaltens. Es soll im jeweils geltenden positiven Recht verwirklicht werden. Dies gelingt aber stets nur verhältnismäßig und damit unvollkommen. Nach dem antik-griechischen Philosophen Aristoteles wird zwischen *ausgleichender* G. ([lat.] iustitia [F.] commutativa) und *austeilender* G. ([lat.] iustitia [F.] distributiva) unterschieden. Die ausgleichende G. gilt vor allem im Verhältnis der Einzelnen zueinander und fordert mengenmäßige Gleichheit (z. B. Ersatz des vollen Schadens). Die austeilende G. betrifft vor allem das Verhältnis des Einzelnen zum Ganzen und fordert nur eine den unterschiedlichen Verhältnissen angepasste Gleichheit (Zuteilung an jeden nach seinen Fähigkeiten oder Leistungen).
Lit.: *Höffe, O.,* Gerechtigkeit, 5. A. 2015; *Rüthers, B.,* Das Ungerechte an der Gerechtigkeit, 3. A. 2009; *Sen, A.,* Die Idee der Gerechtigkeit, 2010

Gericht (Art. 92 GG, § 1 GVG) ist das Organ, das → Rechtsprechung (richterliche Gewalt) auszuüben hat. Das G. ist grundsätzlich staatlich, ausnahmsweise privat (→ Schiedsgericht). Es ist mit mindestens einem → Richter besetzt, ist aber oft → Kollegialgericht, obgleich aus Kostengründen auch am Kollegialgericht vielfach der Einzelrichter tätig

wird. Innerhalb der Gerichte wird nach den Zweigen der → Gerichtsbarkeit (z. B. ordentliches Gericht, Verwaltungsgericht) und nach dem Aufbau der Gerichtszweige (z. B. → Amtsgericht, → Landgericht) unterschieden. Grundsätzlich entscheidet das G. den Rechtsstreit durch ein Urteil, das Rechtskraft erlangen kann. *Besondere* Gerichte (§ 14 GVG) sind die für bestimmte Angelegenheiten der Schifffahrt besonders zugelassenen Gerichte.
Lit.: *Kissel, O./Mayer, H.,* Gerichtsverfassungsgesetz, 8. A. 2015; Das Orts- und Gerichtsverzeichnis, 16. A. 2011http://www.deutschejustiz.de

Gericht (der Europäischen Union) in Luxemburg ist das zunächst auf Art. 225 EGV gegründete, am 31.10.1989 konstituierte Gericht der → Europäischen Gemeinschaften, das der Entlastung des Europäischen Gerichtshofs dienen soll. Es ist mit (derzeit) 28 Richtern besetzt. Es ist zuständig für Wettbewerbsstreitigkeiten, bestimmte Verfahren nach dem Europäische Gesellschaft für Kohle und Stahl-Vertrag sowie damit in Zusammenhang stehende Schadensersatzklagen. 1999 wurden bei ihm 384 Verfahren rechtshängig (bis 2006 rund 4000 Entscheidungen). Seine Zuständigkeit soll erweitert werden.
Lit.: *Brandt, K.,* Der Europäische Gerichtshof (EuGH) und das Europäische Gericht erster Instanz (EuG), JuS 1994, 300; *Kirschner, H./Klüpfel, K.,* Das Gericht erster Instanz der Europäischen Gemeinschaften, 2. A. 1998

Gericht erster Instanz der Europäischen Gemeinschaften s. seit 2009 Gericht (der Europäischen Union)
Lit.: *Kirschner, H./Klüpfel, K.,* Das Gericht erster Instanz der Europäischen Gemeinschaften, 2. A. 1998

Gericht für den öffentlichen Dienst der Europäischen Union in Luxemburg ist das seit 1.10.2006 mit sieben Richtern besetzte erste Fachgericht der Europäischen Union für Rechtsstreitigkeiten zwischen Bediensteten der Europäischen Union und europäischen Einrichtungen. Es soll das Gericht (erster Instanz der europäischen Gemeinschaften bzw. der Europäischen Union) entlasten. Über Einsprüche gegen seine Entscheidungen entscheidet das Gericht (erster Instanz der europäischen Gemeinschaften bzw. der Europäischen Union).

Gerichtsassessor ist die ältere Bezeichnung für den im Bereich der Rechtspflege tätigen → Beamten des höheren Dienstes auf Probe (§ 12 DRiG). Sie ist durch die Bezeichnung des Eingangsamts (Richter, Staatsanwalt) mit dem Zusatz zur Anstellung ersetzt. Spätestens fünf Jahre nach der Ernennung ist der Richter auf Probe zum Richter auf Lebenszeit oder zum Staatsanwalt zu ernennen.

Gerichtsbarkeit ist im weiteren Sinn die auf Verwirklichung der bestehenden Rechtsordnung gerichtete Tätigkeit des → Staates (Justizhoheit des Bundes und der Länder). Sie zerfällt in die Justizverwaltung und in die G. im engeren Sinn. Diese ist die Tätigkeit der → Gerichte bei der Rechtsanwendung im Einzelfall, die richterliche oder rechtsprechende Gewalt. Die G. ist Teil des gesamten Staatstätigkeit. Sie zerfällt einerseits in die streitige und in die freiwillige G., anderseits in die ordentliche und die sonstige G. Die *streitige* G. ist nach den Gerichtszweigen gegliedert in Verfassungsgerichtsbarkeit, ordentliche G., Verwaltungsgerichtsbarkeit, Arbeitsgerichtsbarkeit, Finanzgerichtsbarkeit, Sozialgerichtsbarkeit, Patentgerichtsbarkeit, Ehrengerichtsbarkeit und Wehrdienstgerichtsbarkeit. *Ordentliche* G. ist die nach dem Gerichtsverfassungsgesetz (§§ 12, 13 GVG) bestehende G. in Zivilsachen und Strafsachen. *Freiwillige* G. ist die staatliche Organisation und das staatliche Verfahren (im Rahmen der ordentlichen Gerichtsbarkeit) zur Hilfe in privatrechtlichen Angelegenheiten, bei denen es sich meist nicht um die zwangsweise Durchführung eines privatrechtlichen Anspruchs handelt. Für die freiwillige G. galt früher das Gesetz über die Angelegenheiten der freiwilligen Gerichtsbarkeit (FGG), danach das Gesetz über das Verfahren in Familiensachen und in Angelegenheiten der freiwilligen Gerichtsbarkeit (FamFG) vom 17.12.2008. Es kennt → Beteiligte, → Beschlüsse und → Beschwerden. Sein Verfahren ist durch → Untersuchungsgrundsatz und Entbehrlichkeit der → Öffentlichkeit und → Mündlichkeit gekennzeichnet. Zur freiwilligen G. gehören sachlich vor allem Vormundschaftssachen, (einzelne) Familiensachen, Betreuungssachen, Unterbringungssachen, Nachlasssachen, Grundbuchsachen und Registersachen. Eingangsgericht ist grundsätzlich das → Amtsgericht. S. Familienverfahrensrecht

Lit.: FG, 19. A. 2014; FamFG Familienverfahren Freiwillige Gerichtsbarkeit, hg. v. *Keidel, T.,* 18. A. 2014; *Knöringer, D.,* Freiwillige Gerichtsbarkeit, 5. A. 2010; Handbuch des gesamten Rechts der freiwilligen Gerichtsbarkeit, hg. v. *Jurgeleit, A.,* 2009; *Zimmermann, W.,* Das neue FamFG, 2009; GNotKG, hg. v. *Bormann, J. u. a.,* 2014

Gerichtsferien → Ferien

Gerichtsgebrauch ist der von einem oder mehreren → Gerichten eingehaltene Gebrauch (Übung). Der G. kann sich auf die Bildung von → Gewohnheitsrecht auswirken. Eine allgemeine Bindung an eine konkrete Entscheidung eines Gerichts besteht allerdings grundsätzlich nicht.

Gerichtshilfe ist die Unterstützung (einer Behörde oder eines Gerichts) durch ein → Gericht. Nach § 160 III StPO kann die → Staatsanwaltschaft G. in Anspruch nehmen. Die G. entspricht der → Amtshilfe unter Behörden (§ 4 VwVfG).

Lit.: *Renschler-Delcker, U.,* Die Gerichtshilfe, 1983; *Koch, V.,* Erwachsenengerichtshilfe, 1999

Gerichtshof ist die Bezeichnung für ein mit mehreren → Richtern besetztes (höheres) → Gericht (z. B. → Bundesgerichtshof, → Verwaltungsgerichtshof). → Europäischer Gerichtshof, → Internationaler Gerichtshof).

Gerichtshof (der Europäischen Union) (in Luxemburg) ist (seit 1.12.2009, Art. 19 EUV) das gesamte Gerichtssystem der (→ Europäischen Gemeinschaften bzw.) Europäischen Union, das die einheitliche Anwendung, Auslegung und Fortbildung des → Eu-

ropäischen Gemeinschaftsrechts sichern soll (Art. 258 ff. AEUV). Innerhalb des Gerichtshofs der Europäischen Union ist der (Europäische Gerichtshof oder einfacher der) Gerichtshof das oberste Gericht, dem (seit 1989 das europäische Gericht erster Instanz, seit 2009) das Gericht (der Europäischen Union) vorgeschaltet ist und unterhalb dessen eigenständige Fachgerichte geschaffen sind (Gericht für den öffentlichen Dienst) bzw. geschaffen werden können. Er hat (derzeit) 28 Richter und 9 Generalanwälte. Für ihn gilt eine besondere Verfahrensordnung. Die wichtigsten Verfahrensarten sind Vertragsverletzungsverfahren, Nichtigkeitsklage, Untätigkeitsklage, Amtshaftungsklage und Vorabentscheidungsverfahren. Der (Europäische) Gerichtshof ist auch Organ der Europäischen Union (str.). 1999 wurden 543 Verfahren anhängig (davon 47 Prozent Vorabentscheidungsverfahren, 30 Prozent Vertragsverletzungsverfahren, 13 Prozent Rechtsmittelverfahren und 10 Prozent Nichtigkeitsverfahren, bis 2006 rund 14 000 Entscheidungen, davon ein Drittel Vorabenscheidungsverfahren). Nach der Rechtsprechung des (Europäischen) Gerichtshofs haften z. B. die Mitgliedstaaten für Verstöße des Gesetzgebers, der Verwaltung oder der Gerichtsbarkeit gegen europäisches Recht.

Lit.: *Kremer, C.,* Staatshaftung für Verstöße gegen Gemeinschaftsrecht durch letztinstanzliche Gerichte, NJW 2004, 480 (C-224/2001); *Seyr, S.,* Der verfahrensrechtliche Ablauf vor dem EuGH, JuS 2005, 315; *Thiele, A.,* Europäisches Prozessrecht, 2007; *Wägenbaur, B.,* EuGHVerfO, 2008; *Baltes, K.,* Die demokratische Legitimation und die Unabhängigkeit des EuGH und des EuG 2011

Gerichtskasse ist die bei einem → Gericht eingerichtete Zahlstelle (für → Gerichtskosten). Sie ist Amtskasse bei der Justizverwaltung bei den Amtsgerichten. Sie ist zugleich Vollstreckungsbehörde nach der Justizbeitreibungsordnung.

Lit.: *Korintenberg, W.,* Kostenordnung, 18. A. 2010 (Gerichts- und Notarkostengesetz, 19. A. 2015)

Gerichtskosten (§ 1 GKG, § 1 GNotKG) sind die → Abgaben an den → Staat für die Inanspruchnahme der → Gerichte. Die G. setzen sich zusammen aus → Gebühren und Auslagen. Dabei sind die Gebühren die Gegenleistung für die Inanspruchnahme des Gerichts, Auslagen auch die Kosten der Dienstleistungen von Hilfspersonen. Geregelt sind die G. für die streitige Gerichtsbarkeit im Gerichtskostengesetz, für die Angelegenheiten der freiwilligen Gerichtsbarkeit und der Notare (§ 140 KostO) in der Kostenordnung. Sie bestimmen sich vor allem nach dem → Streitwert oder Geschäftswert. Sie werden in der Kostenrechnung festgelegt. Zum 1. Juli 2013 wurde die frühere Kostenordnung durch das Gerichts- und Notarkostengesetz ersetzt.

Lit.: GNotKG, 2013; *Meyer, D.,* Gerichtskostengesetz, 13. A. 2012; *Binz, K./Dörndorfer, J./Petzold, R./Zimmermann, W.,* Gerichtskostengesetz, Justizvergütungs- und -entschädigungsgesetz, 3. A. 2014; *Korintenberg,* Gerichts- und Notarkostengesetz, 19. A. 2014; *Waldner, W.,* GNotKG für Anfänger, 8. A. 2014; *Kroiß, L.,* Die Entwicklung des Gerichts- und Notarkostenrechts im Jahr 2014, NJW 2015, 454; Gesetz über die Kosten der freiwilligen Gerichtsbarkeit für Gerichte und Notare, hg. v. *Bormann, J. u. a.,* 2014

Gerichtskostenvorschuss ist der verschiedentlich vor Ingangsetzung eines Gerichtsverfahrens erforderliche Vorschuss auf die → Gerichtskosten (§§ 10, 65 GKG).

Lit.: *Meyer, D.,* Gerichtskostengesetz, 13. A. 2012; *Korintenberg,* GNotKG Gerichts- und Notarkostengesetz, 19. A. 2014

Gerichtsreferendar → Referendar

Gerichtsschreiber war bis etwa 1923/1927 die Bezeichnung für die wichtigste Hilfsperson des Richters, an die seit 1909/1921 zunehmend richterliche Aufgaben übertragen worden waren. → Rechtspfleger, Urkundsbeamter

Lit.: *Dumke, D.,* Vom Gerichtsschreiber zum Rechtspfleger, 1992 (Diss.); *Köbler, G.,* Zielwörterbuch integrativer europäischer Rechtsgeschichte, 6. A. 2014 (Internet)

Gerichtssprache (§ 184 GVG) ist die vom → Gericht verwendete Sprache, in der das Verfahren durchgeführt wird. Vor deutschen Gerichten ist die G. deutsch. Allerdings ist, wenn unter Beteiligung von des Deutschen nicht mächtigen Personen verhandelt wird, ein Dolmetscher zuzuziehen (§ 185 I 1 GVG).

Lit.: *Lüke, G.,* Die Sprache in Gerichtsurteilen, NJW 1995, 1067

Gerichtsstand (lat. [N.] forum) ist grundsätzlich die örtliche – teilweise auch die sachliche – → Zuständigkeit eines → Gerichts. Sie ist für den Zivilprozess insbesondere in den §§ 12 ff. ZPO geregelt. Der *allgemeine* G. eines Menschen wird grundsätzlich durch den → Wohnsitz bestimmt (§ 13 ZPO). Ihm aber aber jeder durch Gesetz als *ausschließlicher* G. angeordnete G. vor (z. B. § 29a ZPO in Miet- und Pachtsachen). Dieser kann auch nicht durch eine Gerichtsstandsvereinbarung (Prorogation) ausgeschlossen werden (§ 40 II ZPO). Für eine Klage können mehrere Gerichtsstände bestehen. Der G. des Vermögens (§ 23 ZPO) gilt europarechtlich nicht mehr.

Lit.: *Brandes, F.,* Der gemeinsame Gerichtsstand, 1998; *Dollinger, C.,* Gerichtsstände im Verbraucherkreditgeschäft, 1999; *Balthasar, S.,* Der besondere Gerichtsstand am Erfüllungsort, JuS 2004, 571

Gerichtstag (§ 500 ZPO a. F.) ist der Tag, an dem Sitzungen des Gerichts stattfinden. In bürgerlichen Rechtsstreitigkeiten konnten bis 1976 die Parteien beim → Amtsgericht an einem G. auch ohne Einreichung einer Klage und ohne Ladung zur Verhandlung erscheinen.

Gerichtsverfahren ist das vor und von Gerichten durchgeführte → Verfahren, das im Einzelnen in den Prozessgesetzen geregelt ist.

Lit.: *Link, P./Dorp, T. van,* Rechtsschutz bei überlangen Gerichtsverfahren, 2012

Gerichtsverfassung (§§ 1 ff. GVG) ist die organisatorische Gestaltung der → Rechtspflege. Sie betrifft vor allem den Aufbau und die Zuständigkeit der → Gerichte und anderer Rechtspflegeorgane, die hauptsächlich in der → Verfassung, im Gerichtsver-

fassungsgesetz und in anderen Gerichtsordnungen festgelegt sind. Das Recht der G. ist Teil des öffentlichen Rechts.

Lit.: *Schilken, E.,* Gerichtsverfassungsrecht, 4. A. 2007

Gerichtsverfassungsgesetz ist das die → Gerichtsverfassung betreffende Gesetz von 1877/1879.

Lit.: *Kissel, O./Mayer, H.,* Gerichtsverfassungsgesetz, 8. A. 2015; *Pfeiffer, G.,* Strafprozessordnung, Gerichtsverfassungsgesetz, 5. A. 2003

Gerichtsverwaltung (bei der ordentlichen Gerichtsbarkeit Justizverwaltung) ist der die → Gerichte betreffende Teil der → Verwaltung (z. B. Beschaffung von Grundstücken, Arbeitsmitteln und Personal für Gerichte). Sachlich ist die G. Verwaltung, wird aber aus praktischen Überlegungen der rechtsprechenden Gewalt zugeordnet. → Verwaltungsakte der G. der ordentlichen Gerichte können nach den §§ 23 ff. EGGVG angefochten werden.

Lit.: *Kissel, O./Mayer, H.,* Gerichtsverfassungsgesetz, 8. A. 2015

Gerichtsvollzieher (§ 154 GVG) ist der mit den → Zustellungen, → Ladungen und → Vollstreckungen zu betrauende → Beamte (in Deutschland 1996 rund 4000 G.). Der G. ist regelmäßig ein selbständiger Beamter des mittleren Dienstes mit eigenem Bezirk, der neben festen → Dienstbezügen → Gebühren und Kosten nach dem Gerichtsvollzieherkostengesetz erhält. Seine Rechtsstellung ist in besonderen landesrechtlichen Gerichtsvollzieherordnungen geregelt. Sein Hauptaufgabengebiet ist die → Zwangsvollstreckung. Hier wird der G. auf Grund eines sog. Auftrags (d. h. eines ein öffentlich-rechtliches Verhältnis begründenden Vollstreckungsantrags) einer Partei tätig. Einen Verwahrungsvertrag z. B. zur Unterbringung nicht der Zwangsvollstreckung unterliegender Sachen schließt der G. nicht in eigenem Namen, sondern in Vertretung des Staats (Fiskus). Seit 1998 ist der G. auch für die Entgegennahme des Vermögensverzeichnisses und die Annahme der Offenbarungsversicherung (2013 Vermögensauskunft des Schuldners) zuständig.

Lit.: *Schröder-Kay, J./Gerlach, K./Winter, G.,* Das Kostenwesen der Gerichtsvollzieher, 13. A. 2014

geringfügig (Adj.) von geringer Bedeutung oder von geringem Umfang

geringstes Gebot → Gebot, geringstes

Germane ist der Angehörige einer (vermutlich zuerst) in Norddeutschland und (dann in) Südskandinavien am Ende der jüngeren Steinzeit (2. Jt. v. Chr.?) feststellbaren Gruppe indogermanischer Völkerstämme. Ihr nicht überzeugend erklärbarer Name erscheint erstmals kurz vor der Zeitwende. Aus mehreren germanischen Völkerschaften (Franken, Alemannen, Bayern, Sachsen, Thüringer, Friesen u. a.) entwickeln sich im Laufe des Frühmittelalters die Deutschen.

Lit.: *Köbler, G.,* Deutsche Rechtsgeschichte, 6. A. 2005

Gerüft ist im mittelalterlichen Recht die durch Geschrei erfolgende Verlautbarung eines – rechtswidrigen – Geschehens (z. B. bei Vergewaltigung).

gesamt (Adj.) gemeinschaftlich, vollständig

Gesamtakt ist das aus parallel gerichteten → Willenserklärungen mehrerer Personen bestehende → Rechtsgeschäft (z. B. Beschluss der Mitglieder eines Vereins).
Lit.: *Köck, F.,* Der Gesamtakt in der deutschen Integrationslehre, 1978

Gesamtgläubiger (§ 428 BGB) ist einer von mehreren → Gläubigern, die eine → Leistung in der Weise zu fordern berechtigt sind, dass jeder die ganze Leistung fordern kann, der → Schuldner aber die Leistung nur einmal zu bewirken verpflichtet ist. Da der Schuldner nach seinem Belieben an jeden der Gläubiger leisten kann, vermeiden Gläubiger nach Möglichkeit eine Gesamtgläubigerschaft.
Lit.: *Selb, W.,* Mehrheiten von Gläubigern und Schuldnern, 1984

Gesamtgläubigerschaft → Gesamtgläubiger

Gesamtgut (§ 1416 BGB) ist bei dem Güterstand der → Gütergemeinschaft das aus dem vorehelichen und ehelichen Vermögen des Mannes und dem vorehelichen und ehelichen Vermögen der Frau gebildete gemeinschaftliche → Vermögen der Ehegatten. Von ihm ausgenommen sind nur das → Sondergut (§ 1417 BGB) und das → Vorbehaltsgut (§ 1418 BGB). Das G. ist gesamthänderisch gebunden (§ 1419 BGB) und kann von jedem der Ehegatten allein oder von beiden gemeinsam verwaltet werden.
Lit.: *Sontheimer, J.,* Güterstand und Steuerrecht, NJW 2001, 1315

Gesamthand ist eine Mehrheit von Personen, denen ein → Sondervermögen in besonderer Art und Weise (gesamthänderisch) zusteht. Die Beteiligten haben weder einen realen (wirklichen) noch einen ideellen (gedachten) Anteil am einzelnen Vermögensgegenstand des Sondervermögens, sondern nur eine Beteiligung und einen → Auseinandersetzungsanspruch hinsichtlich des gesamten Sondervermögens. Die G. steht zwischen natürlicher Person und juristischer Person. Eine G. ist nur möglich als → Gesellschaft (§§ 705 ff. BGB, §§ 105 ff. HGB), als → Gütergemeinschaft (§§ 1415 ff. BGB) und als → Erbengemeinschaft (§§ 2032 ff. BGB). Bei der G. kann der Gesamthänder über einen Anteil an einem einzelnen Gegenstand, meist auch über einen Anteil am Gesamthandsvermögen (anders bei der Erbengemeinschaft) nicht verfügen. Im Zweifel muss er, wenn er seine Ziele zumindest mittelbar doch erreichen will, die Auseinandersetzung betreiben.
Lit.: *Schünemann, W.,* Grundprobleme der Gesamthandsgesellschaft, 1975; *Ulmer, P.,* Die Gesamthandsgesellschaft, AcP 198 (1998), 113

Gesamthandsgemeinschaft → Gesamthand

Gesamthochschule ist die gestufte Studiengänge mit verschiedenen Abschlüssen anbietende → Hochschule. Sie kann integrierte oder kooperative G.

sein. Sie soll die Bildungschancen des Einzelnen erhöhen, scheint das Ziel, eine insgesamt erfolgreichere Möglichkeit zu sein, aber zu verfehlen.
Lit.: *Reich, A.,* Hochschulrahmengesetz, 10. A. 2007

Gesamthypothek (§ 1132 BGB) ist die für eine → Forderung an mehreren → Grundstücken bestellte oder durch Teilung eines hypothekarisch belasteten Grundstücks entstehende → Hypothek. Bei ihr haftet jedes Grundstück für die gesamte Forderung. Wird der Gläubiger aus einem der Grundstücke befriedigt, werden alle Grundstücke von der Belastung frei (§ 1181 II BGB).
Lit.: *Becher, W.,* Die Bewegungsvorgänge bei der Gesamthypothek, 1976

Gesamtprokura (§ 48 II HGB) ist die an mehrere Personen gemeinschaftlich erteilte → Prokura. Sie bedeutet eine Beschränkung der Prokura, weil Gesamtprokuristen nur gemeinschaftlich handeln können. Sie ist zur → Eintragung in das → Handelsregister anzumelden (§ 53 I HGB).
Lit.: *Preuß, N.,* Vollmachten im Unternehmen, 5. A. 2008

Gesamtrechtsnachfolge (Universalsukzession) ist die Nachfolge in einen Inbegriff von Vermögensgegenständen ohne einzelne Übertragungsakte. Sind im → Vermögen → Grundstücke enthalten, muss folglich nur eine Grundbuchberichtigung vorgenommen werden. Der wichtigste Fall der G. ist die → Erbfolge, bei der mit dem Tod des Erblassers sein Vermögen als Ganzes auf den oder die Erben übergeht (§ 1922 BGB). Den Gegensatz zu G. bildet die normale → Sonderrechtsnachfolge (Einzelrechtsnachfolge, Singularsukzession). Bei ihr sind Einzelübertragungsgeschäfte erforderlich.
Lit.: *Muscheler, K.,* Universalsukzession und Vonselbsterwerb, 2002

Gesamtschuld (§ 421 BGB) ist die → Schuld, die mehrere Schuldner in der Weise schulden, dass jeder die ganze Leistung zu bewirken verpflichtet, der Gläubiger aber die Leistung insgesamt nur einmal zu fordern berechtigt ist. Bei ihr kann der Gläubiger die Leistung nach seinem Belieben von jedem Schuldner ganz verlangen, weshalb Gläubiger die G. anstreben. Durch die Leistung des einen Schuldners erlischt die Schuld aller Schuldner (§ 422 BGB). Im Innenverhältnis besteht bei G. eine gesetzliche Ausgleichspflicht (§ 426 BGB) unter den Gesamtschuldnern. Die G. entsteht durch → Gesetz oder → Rechtsgeschäft. Die Regeln über die G. gelten nicht bei der sog. *unechten* G. (scheinbaren G., z. B. Brandstifter und Feuerversicherung), zu deren Abgrenzung von der G. aber noch kein allgemein anerkanntes gemeinsames Merkmal aller (echten) Gesamtschulden gefunden worden ist (z. B. Zweckgemeinschaft, wechselseitige Tilgungswirkung, Gleichstufigkeit der Verbindlichkeiten).
Lit.: *Schwedhelm, U.,* Das Gesamtschuldverhältnis, 2003; *Stamm, J.,* Die Gesamtschuld auf dem Vormarsch, NJW 2003, 2940; *Stamm, J.,* Die Bewältigung der „gestörten Gesamtschuld", NJW 2004, 811

Gesamtschuldner → Gesamtschuld

Gesamtsteuerung ist die umfassende Einflussnahme auf einen Sachverhalt zu dessen Regelung.

Gesamtstrafe (§§ 53 ff. StGB) ist die bei → Tatmehrheit zu verhängende → Strafe. Die G. ist zu bilden, wenn mehrere Straftaten gleichzeitig abgeurteilt werden oder wenn ein rechtskräftig Verurteilter, bevor die gegen ihn erkannte Strafe vollstreckt, verjährt oder erlassen ist, wegen einer anderen Straftat verurteilt wird, die er vor der früheren → Verurteilung begangen hat. Bei ihr wird die höchste verwirkte Strafe erhöht, ohne dass die Summe der → Einzelstrafen erreicht werden darf (Asperationsprinzip).
Lit.: *Klappstein, V.,* Die Gesamtstrafenbildung, JuS 2010, 785

Gesamtvertretung ist die gemeinschaftliche → Stellvertretung einer Person durch mehrere Vertreter (z. B. beide Eltern als gesetzliche Vertreter des Kindes). Sie erfordert grundsätzlich gemeinschaftliches Handeln der mehreren Vertreter, doch kann jeder den anderen von ihnen bevollmächtigen oder sein Handeln genehmigen. Zur Empfangnahme einer → Willenserklärung ist jeder allein ermächtigt.
Lit.: *Kunstreich, T.,* Gesamtvertretung, 1992 (Diss.)

Gesamtvorsatz ist der → Vorsatz, der sämtliche Teile einer Handlungsreihe als Teilstücke eines einheitlichen Geschehens so umfasst, dass die einzelnen Teilakte als unselbständige Bestandteile einer Tat erscheinen. Der G. ist Tatbestandsmerkmal der fortgesetzten → Handlung.

Gesandter im weiteren Sinne ist der diplomatische Vertreter eines → Staates bei einem anderen Staat oder einer internationalen Organisation. Im engeren Sinn ist G. ein Angehöriger der zweiten der seit dem 19. Jh. unterschiedenen vier – jetzt drei – Rangklassen der diplomatischen Vertreter, die sich in → Botschafter und apostolische Nuntien, Gesandte i. e. S. und apostolische Internuntien (Ministerresidenten) sowie Geschäftsträger gliedern. Die Botschafter und Gesandte i. e. S. werden bei dem anderen Staatsoberhaupt beglaubigt. Die Bestimmung der Rangklasse seines diplomatischen Vertreters steht dem Entsendestaat zu. Der Gesandte hat diplomatischen Schutz.

Geschäft ist allgemein die einen bestimmten Zweck verfolgende Tätigkeit und zwar sowohl die einzelne, evtl. an gewisse Voraussetzungen geknüpfte Handlung (vgl. Rechtsgeschäft) wie auch der Inbegriff der Tätigkeit samt den damit verbundenen Substraten (vgl. Handelsgeschäft, Unternehmen). G. *mit dem* (oder *für den*), *den es angeht,* ist das → Rechtsgeschäft mit einer zwar nicht selbst handelnden, aber wirtschaftlich eigentlich betroffenen Person. Es ist ein Fall der → Stellvertretung, bei der das Vertretungsverhältnis nicht offenbart wird. Es ist zulässig bei schuldrechtlichen Bargeschäften des täglichen Lebens und bei Übereignung beweglicher Sachen, bei denen es dem Veräußerer meist gleichgültig ist, wer erwirbt. Mit Hilfe dieses Geschäfts treten die Rechtsfolgen nicht beim handelnden

→ Vertreter, sondern unmittelbar beim unbekannten → Vertretenen ein.
Lit.: *Köbler, G.,* Schuldrecht, 2. A. 1995

geschäftsähnliche Handlung → Handlung, geschäftsähnliche

Geschäftsanteil (§ 14 GmbHG, § 7 GenG) ist – bei einigen – → Gesellschaften – der Anteil eines Gesellschafters am → Gesellschaftsvermögen. Bei der Gesellschaft mit beschränkter Haftung bestimmt er sich nach der → Stammeinlage und ist veräußerlich und vererblich. Bei der → Genossenschaft stellt er den Betrag dar, bis zu dem sich die einzelnen Genossen mit Einlagen beteiligen können.
Lit.: *Schäfer,* Der stimmrechtslose Geschäftsanteil, 1997

Geschäftsbedingung, allgemeine (§ 305 BGB) ist die für eine Vielzahl (mindestens drei) von → Verträgen vorformulierte Vertragsbedingung, die eine Vertragspartei (Verwender, meist Unternehmer) der anderen Vertragspartei bei Abschluss eines Vertrags stellt (und die nicht zwischen den Vertragsparteien im Einzelnen ausgehandelt ist) (vgl. zum Anwendungsbereich im Einzelnen auch § 310 BGB). Die allgemeinen Geschäftsbedingungen werden nur dann Bestandteil eines Vertrags, wenn der Verwender bei Vertragsschluss ausdrücklich oder bei Vorliegen besonderer Umstände durch deutlich sichtbaren Aushang am Ort des Vertragsschlusses auf sie hinweist und der anderen Partei die Möglichkeit der Kenntnisnahme in zumutbarer Weise verschafft und die andere Vertragspartei mit ihrer Geltung einverstanden ist (§ 305 II BGB). Eine G., die so ungewöhnlich ist, dass der Vertragspartner des Verwenders mit ihr nicht zu rechnen brauchte, wird nicht Vertragsbestandteil (§ 305c I BGB). Zweifel bei der Auslegung einer allgemeinen G. gehen zu Lasten des Verwenders (§ 305c II BGB). Ist eine allgemeine G. nicht Vertragsbestandteil geworden oder unwirksam, bleibt der Vertrag im Übrigen grundsätzlich wirksam und richtet sich insoweit nach den gesetzlichen Vorschriften (§ 306 BGB). Eine allgemeine G. ist nach § 307 BGB unwirksam (Inhaltskontrolle), wenn sie den Vertragspartner des Verwenders unangemessen benachteiligt (z. B. mit wesentlichen Gedanken der abgeänderten gesetzlichen Regelungen unvereinbar ist oder die Erreichung des Vertragszwecks gefährdet). Bestimmte (missbilligte) Klauseln sind allgemein mit Wertungsmöglichkeit oder ohne Wertungsmöglichkeit unwirksam (§§ 308 f. BGB). Unwirksam sind z. B. eine Zehnjahreslaufzeitklausel für Unfallversicherungsverträge, weil sie es dem Verbraucher verwehrt, die Versicherung an unvorhergesehene Umstände anzupassen, oder die Klauseln im Versandhandel mit neuen Waren gegenüber Nichtkaufleuten *bei Lieferung gegen Nachnahme übernimmt der Käufer die Nachnahmekosten* oder *offensichtliche Mängel sind binnen einer Woche vorzubringen* oder die Klausel, dass der Kunde sein Einverständnis mit telefonischer Werbung erklärt, oder die Klausel, dass entwickelte Filme nur gegen Vorlage eines bestimmten Ausweises zurückgegeben werden, oder die Klausel, dass aus technischen und betrieblichen

Gründen zeitweilige Beschränkungen und Unterbrechungen des Zugangs zum Bankrechner ohne jede Haftungsfolge möglich sein sollen. Noch nicht allgemeine Geschäftsbedingungen sind Standardformulierungen eines Notars, die dieser in eine Vielzahl individueller Verträge aufgenommen hat. Die individuelle Vertragsabrede hat den Vorrang vor der allgemeinen G. (§ 305b BGB).

Lit.: *Ulmer, P./Brandner, H./Hensen, H. u. a.,* AGB-Recht, 11. A. 2010; *Niebling, J.,* Allgemeine Geschäftsbedingungen, 9. A. 2011; Vertragsrecht und AGB-Klauselwerke (Lbl.), hg. v. *Westphalen, F. Graf v.,* 36. A. 2015; *Stoffels, M.,* AGB-Recht, 3. A. 2015; *Däubler/Bonin/Deinert,* AGB-Kontrolle im Arbeitsrecht, 4. A. 2014; *Wolf/Lindacher/Pfeiffer,* AGB-Recht Kommentar, 6. A. 2013; *Schmidt, H.,* Einbeziehung von AGB im Verbraucherverkehr, NJW 2011, 1633; *Löhnig, M. u. a.,* Grundfälle zum Recht der Allgemeinen Geschäftsbedingungen, JuS 2012, 393; *Westphalen, F. Graf v.,* ABG-Recht im Jahre 2014, NJW 2015, 2223

Geschäftsbericht (§ 160 AktG) war früher der inhaltlich gesetzlich vorgeschriebene periodische Bericht über den Geschäftsverlauf und die Lage der → Gesellschaft (jetzt Lagebericht, Anhang).

Lit.: *Heisters, V.,* Geschäftsberichte richtig gestalten, 2004

Geschäftsbesorgung (z. B. §§ 662, 675 BGB) ist die Ausführung einer Tätigkeit für einen anderen. Die Tätigkeit kann rechtsgeschäftlicher Natur (z. B. Vertragsschluss) oder rein tatsächlicher Natur (z. B. Mauerbau) sein. Sie kann im Rahmen eines entgeltlichen Rechtsgeschäfts (z. B. Werkvertrag, Dienstvertrag) oder eines unentgeltlichen → Rechtsgeschäfts (z. B. Auftrag) oder ohne bereits vorliegendes → Rechtsverhältnis (Geschäftsführung ohne Auftrag) ausgeführt werden. Im Rahmen des → Geschäftsbesorgungsvertrags wird der Begriff der G. in einem engeren Sinn verstanden

Lit.: *Isele, H.,* Geschäftsbesorgung, 1935; *Pataki, T.,* Der Geschäftsbesorgungsgedanke, 1998; *Lorenz, S.,* Grundwissen – Zivilrecht Auftrag und Geschäftsbesorgung, JuS 2012, 6

Geschäftsbesorgungsvertrag (§ 675 BGB) ist ein → Dienstvertrag oder → Werkvertrag, der eine → Geschäftsbesorgung im engeren Sinne zum Gegenstand hat. Die Geschäftsbesorgung erfordert eine Verpflichtung zu einer selbständigen Tätigkeit wirtschaftlicher Art in fremdem Interesse gegen Entgelt (z. B. Bankvertrag, Vermögensverwaltung, Rechtsanwalt). Für einen G. gilt – auch bei Entgeltlichkeit – weitgehend das Recht des → Auftrags. Ein eine Rechtsbesorgung betreffender G. kommt ihm im Zweifel nur mit den Rechtsanwälten, nicht auch mit den Steuerberatern und Wirtschaftsprüfern einer aus Rechtsanwälten, Steuerberatern und Wirtschaftsprüfern zusammengesetzten Sozietät zustande.

Geschäftsbetrieb (§ 1 II HGB) ist die äußerliche Organisation eines → Kaufmanns, mit deren Hilfe er seine Geschäfte betreibt.

Lit.: *Herbert, U.,* Der wirtschaftliche Geschäftsbetrieb des gemeinnützigen Vereins, 1988

Geschäftsfähigkeit ist die Fähigkeit, mit rechtlicher Wirkung durch eigene Handlung → Rechtsgeschäfte

vorzunehmen. Die G. ist ein Unterfall der → Handlungsfähigkeit. Sie steht grundsätzlich jedem volljährigen Menschen unbeschränkt zu. Sie wird durch → Geschäftsunfähigkeit ausgeschlossen (§ 104 BGB). *Beschränkte* G. ist die nach Maßgabe der §§ 107–113 BGB eingeschränkte G. Bei ihr bedarf der Handelnde zu einer → Willenserklärung, durch die er nicht lediglich einen rechtlichen (nicht: wirtschaftlichen) Vorteil erlangt (z. B. Kaufvertrag, anders Einigung über Eigentumserwerb), der → Einwilligung (vorherigen Zustimmung) seines gesetzlichen → Vertreters. Ein ohne Einwilligung geschlossener → Vertrag, der nicht mit dazu überlassenen Mitteln erfüllt worden ist, ist bis zur Genehmigung (nachträglichen Zustimmung) durch den gesetzlichen Vertreter (schwebend und nach Verweigerung der Genehmigung endgültig) unwirksam, ein ohne Einwilligung vorgenommenes einseitiges → Rechtsgeschäft ist überhaupt unwirksam. Beschränkte G. kommt → Minderjährigen, die das 7. Lebensjahr vollendet haben, zu. Die Regeln über die beschränkte G. sind zwingende Schutzvorschriften. Teilweise G. ist die in §§ 112, 113 BGB geregelte G. (Handelsmündigkeit, Arbeitsmündigkeit). Die juristische Person handelt notwendig durch ihre gesetzlichen Organe.

Lit.: *Müller, G.,* Betreuung und Geschäftsfähigkeit, 1998; *Czeguhn, I.,* Geschäftsfähigkeit, 2003; *Lorenz, S.,* Rechts- und Geschäftsfähigkeit, JuS 2010, 11

Geschäftsführer ist allgemein der tatsächliche Leiter oder Führer eines Unternehmens oder Verbands. Im Gesellschaftsrecht ist G. ein Organ der → Gesellschaft mit beschränkter Haftung und im Schuldrecht der Handelnde bei der → Geschäftsführung ohne Auftrag. G. einer Gesellschaft mit beschränkter Haftung kann nur sein, wer jederzeit in das zugehörige territoriale Rechtsgebiet einreisen darf.

Lit.: *Hoffmann, D./Liebs, R.,* Der GmbH-Geschäftsführer, 3. A. 2009; *Jehle, T.,* Check Book für GmbH-Geschäftsführer, 6. A. 2009

Geschäftsführung ist die Führung eines oder mehrerer Geschäfte insbesondere für einen oder mehrere andere. → Geschäftsführer, → Geschäftsführung ohne Auftrag

Lit.: *Metz, E.,* Ordnungsmäßigkeit der Geschäftsführung, 7. A. 1999

Geschäftsführung ohne Auftrag (§§ 677 ff. BGB) ist das gesetzliche, unvollkommen zweiseitige → Schuldverhältnis, das dadurch entsteht, dass eine Person (Geschäftsführer – ohne Auftrag –) ein Geschäft für einen anderen (Geschäftsherrn) besorgt, obwohl zwischen ihnen noch kein → Rechtsverhältnis (z. B. Vertrag, Amtsstellung) besteht. Der Geschäftsführer hat das Geschäft so zu führen, wie das → Interesse des Geschäftsherrn mit Rücksicht auf dessen wirklichen oder mutmaßlichen → Willen es erfordert, hat die Übernahme anzuzeigen und hat (§§ 681 S. 2, 667 BGB) das Erlangte herauszugeben. Der Geschäftsherr hat ihm unter besonderen weiteren Voraussetzungen die Aufwendungen zu erstatten (§§ 683 S. 1, 670 BGB). Die G. ist *unberechtigt*, wenn die Besorgung des Geschäfts in Widerspruch mit dem wirklichen oder mutmaßlichen Willen, ohne die Voraussetzungen des § 679 BGB oder ohne die Genehmigung durch den Geschäftsherrn erfolgt. Dann kann der Geschäftsführer Herausgabe des Erlangten (§ 684 S. 1 BGB) und der Geschäftsherr Schadensersatz (§ 678 BGB) verlangen. Keine G. ist die *unerlaubte* Eigengeschäftsführung oder die *irrtümliche* → Eigengeschäftsführung (§ 687 BGB).

Lit.: *Alpmann, J.,* Auftrag, GOA, Bereicherungsrecht, 14. A. 2007; *Hey, F.,* Die Geschäftsführung ohne Auftrag, JuS 2009, 400; *Bergmann, A.,* Die Geschäftsführung ohne Auftrag als Subordinationsverhältnis, 2010

Geschäftsgebühr ist die Gebühr des Rechtsanwalts für die außergerichtliche Vertretung.

Lit.: *Otto, K.,* Die neue Geschäftsgebühr, NJW 2004, 1420; *Schons, H.,* Die ersten Entscheidungen zur Geschäftsgebühr, NJW 2005, 1024; *Sonderkamp, J.,* Die Geschäftsgebühr nach dem RVG in Verkehrsunfallsachen, NJW 2006, 1477

Geschäftsgeheimnis ist das dem Inhaber eines Unternehmens und seinen Arbeitnehmern bekannte besondere geschäftliche Wissen. Der Verrat eines Geschäftsgeheimnisses ist strafbar (§ 17 UWG, Freiheitsstrafe bis zu drei Jahren oder Geldstrafe). Die Verletzung des Geschäftsgeheimnisses kann Schadensersatzansprüche begründen.

Lit.: *Hausberg, D.,* Der Schutz von Betriebs- und Geschäftsgeheimnissen, 2004

Geschäftsgrundlage ist die Gesamtheit der Vorstellungen und Erwartungen von dem Vorhandensein oder dem künftigen Eintritt bestimmter Umstände, von denen sich die Parteien bei dem Abschluss eines → Rechtsgeschäfts haben leiten lassen (*subjektive* G.) bzw. die Gesamtheit der sonstigen objektiven Verhältnisse (*objektive* G.). Haben sich die Umstände, die zur Grundlage des Vertrags geworden sind, nach Vertragsschluss schwerwiegend verändert und hätten die Parteien den Vertrag nicht oder mit anderem Inhalt geschlossen, wenn sie diese Veränderung vorausgesehen hätten, oder stellen sich wesentliche, zur Grundlage des Vertrags gewordene Vorstellungen als falsch heraus, so kann Anpassung des Vertrags verlangt werden, soweit einem Teil unter Berücksichtigung aller Umstände des Einzelfalls, insbesondere der vertraglichen oder gesetzlichen Risikoverteilung, das Festhalten am unveränderten Vertrag nicht zugemutet werden kann, oder kann, wenn Anpassung des Vertrags nicht möglich oder nicht zumutbar ist, der benachteiligte Teil vom Vertrag zurücktreten und bei Dauerschuldverhältnissen kündigen (§ 313 BGB).

Lit.: *Feldhahn, P.,* Die Störung der Geschäftsgrundlage, NJW 2005, 3381; *Riesenhuber, K. u. a.,* Der Tatbestand der Geschäftsgrundlagenstörung in § 313 BGB, JuS 2006, 208

Geschäftsguthaben ist der sich in seiner Obergrenze aus dem → Geschäftsanteil ergebende Geldbetrag, mit dem ein → Genosse an einer Genossenschaft tatsächlich beteiligt ist.

Lit.: *Glenk, H.,* Die eingetragene Genossenschaft, 1996

Geschäftsherr ist die ein Geschäft verantwortlich durchführende Person.

Lit.: *Walter, S.,* Die Pflichten des Geschäftsherrn im Strafrecht, 2000

Geschäftsherrnpflichtverletzung (§ 831 BGB, Haftung für → Verrichtungsgehilfen) ist das gesetzliche → Schuldverhältnis, auf Grund dessen der Geschäftsherr den von seinem Verrichtungsgehilfen verursachten → Schaden eines Dritten zu ersetzen hat. Die G. ist eine unerlaubte → Handlung. Sie setzt voraus, dass jemand als Geschäftsherr einen Verrichtungsgehilfen bestellt hat, dass dieser durch rechtswidrige (nicht [notwendig] schuldhafte) Handlung einen Dritten geschädigt hat, dass dies in Ausführung der Verrichtung geschehen ist und dass der Geschäftsherr nicht die Vermutung entkräften kann, bei der Auswahl der bestellten Person und bei der eventuellen Beschaffung von Vorrichtungen oder Gerätschaften oder Leitung der Ausführung der Verrichtung eine Pflicht schuldhaft verletzt zu haben. Sie begründet also eine Schadensersatzverpflichtung bzw. eine Haftung des Geschäftsherrn aus vermutetem → Verschulden, die nur durch → Exkulpation (Entlastung) ausgeschlossen werden kann.

Lit.: *Kupisch, B.,* Die Haftung für Verrichtungsgehilfen (§ 831 BGB), JuS 1984, 250

Geschäftsjahr (§ 242 HGB) ist der Zeitabschnitt, für den der Unternehmer die → Bilanz (Jahresbilanz) aufstellt. Es fällt mit dem Kalenderjahr nicht notwendig zusammen. Es darf 12 Monate nicht überschreiten (§ 240 II HGB), wohl aber unterschreiten.

Geschäftsmäßigkeit (z. B. § 30 I BDSG) ist die gegebenenfalls strafbegründende Qualifikation einer Handlung, die voraussetzt, dass der Täter bei der Tat die Absicht hat, die Wiederholung gleichartiger Taten zu einem dauernden oder mindestens wiederkehrenden Bestandteil seiner Beschäftigung zu machen.

Geschäftsordnung ist die Gesamtheit der Regeln, nach denen bestimmte Personenmehrheiten bei der Durchführung ihrer → Geschäfte verfahren. Sie wird meist von den Betroffenen selbst aufgestellt. Bedeutsam ist insbesondere im Verfassungsrecht die G. des → Parlaments (GeschOBT für den Bundestag). Im Verwaltungsrecht kann eine G. als → Verwaltungsvorschrift für nachgeordnete Behörden erlassen werden (str.).

Lit.: *Roll, H.,* Geschäftsordnung des Deutschen Bundestages, 2001; *Meier, H.,* Zur Geschäftsordnung, 3. A. 2011

Geschäftsraum ist der geschäftlichen Zwecken dienende Raum (z. B. Büro, Werkstatt, Laden).

Geschäftsraummiete ist die → Miete von geschäftlichen Zwecken dienenden Räumen. → Gewerberaummietrecht

Lit.: *Bub, W./Treier, G.,* Handbuch der Geschäfts- und Wohnraummiete, 4. A. 2014; Geschäftsraummiete, hg. v. *Lindner-Figura/Oprée/Stellmann,* 3. A. 2012; Geschäftsraummiete – Die AGB-Ampel, hg. v. *Lindner-Figura/Stellmann*, 2015

Geschäftsstelle ist allgemein der Ort, der einer Organisation für den Verkehr mit ihren Mitgliedern oder Dritten dient. Im Verfahrensrecht (§ 153 GVG) ist eine G. zur Erledigung der nicht von → Richtern oder → Rechtspflegern wahrgenommenen Aufgaben bei jedem → Gericht und jeder → Staatsanwaltschaft einzurichten und mit der erforderlichen Zahl von → Urkundsbeamten zu besetzen (früher Gerichtsschreiberei). Die wichtigsten Tätigkeitsbereiche sind Verwaltung des Schriftguts und Mitwirkung bei → Ladungen und → Zustellungen.
Lit.: *Kissel, O./Mayer, H.,* Gerichtsverfassungsgesetz, 8. A. 2015

Geschäftsträger ist der Angehörige der untersten Rangklasse der diplomatischen Vertreter (→ Gesandten).

Geschäftsunfähigkeit (§ 104 BGB) ist die Unfähigkeit, mit rechtlicher Wirkung durch eigene Handlung → Rechtsgeschäfte vorzunehmen. Geschäftsunfähig ist, wer nicht das siebente Lebensjahr vollendet hat und wer sich in einem seiner Natur nach nicht nur vorübergehenden, die freie Willensbestimmung ausschließenden Zustand krankhafter Störung der Geistestätigkeit befindet (bis 31.12.1991 auch wer wegen → Geisteskrankheit entmündigt war). Die → Willenserklärung eines Geschäftsunfähigen ist → nichtig (§ 105 BGB, zwingende Schutzvorschrift), doch können nach § 105a BGB volljährige Geschäftsunfähige Geschäfte des täglichen Lebens in Ansehung von Leistung und Gegenleistung grundsätzlich wirksam vornehmen.
Lit.: *Knieper, J.,* Geschäfte von Geschäftsunfähigen, 1999; *Czeguhn, I.,* Geschäftsfähigkeit, 2003

Geschäftsverteilung ist die Verteilung der Dienstaufgaben innerhalb einer → Behörde auf die verschiedenen Ämter und die verschiedenen Amtswalter. Im Bereich der Gerichtsverwaltung sichert die G. das Recht auf den gesetzlichen → Richter (vgl. Art. 101 I GG). Sie erfolgt teils hierarchisch, teils kollegial (vgl. § 21g GVG).
Lit.: *Kissel, O./Mayer, H.,* Gerichtsverfassungsgesetz, 8. A. 2015; *Marquardt, M.,* Die Rechtsnatur präsidialer Geschäftsverteilungspläne, 1998

Geschäftswert ist Wert eines Geschäfts bzw. der die Bestandteile eines Unternehmens übersteigende Gesamtwert des → Unternehmens.

Geschäftswille ist der Wille, mit einer Erklärung eine bestimmte Rechtsfolge herbeizuführen. Er fehlt dem, der mit einer Erklärung keinen rechtlichen Erfolg herbeiführen will. Als Beispiele dafür werden angesehen, dass der Handelnde über den Text seiner Erklärung irrt (z.B. Schreibfehler) oder seinen Worten eine andere als die rechtlich maßgebliche Bedeutung beimisst. → Willenserklärung, Rechtsfolgewille
Lit.: *Leenen, D.,* Ist das richtig so?, JuS 2008, 579

Geschmacksmuster (§ 1 GeschmMG) war das ästhetisch wirkende, gewerbliche Muster (flächig, z.T. Tapetenmuster) oder Modell (räumlich, z.B. Geschirr), das, wenn es neues und eigentümliches Erzeugnis ist, durch Gesetz zugunsten des → Urhebers besonders geschützt ist. Der Urheber hat das ausschließliche Recht der freien Nachbildung und Verbreitung. Der Schutz umfasst bis zu 3 (evtl. 15) Jahre vom Tag der Anmeldung zur Eintragung in das Musterregister an. Zum 6.3.2002 ist die europäische Verordnung über das → Gemeinschaftsgeschmacksmuster in Kraft getreten. Seit 1. Januar 2014 heißt das G. eingetragenes Design, das Geschmacksmustergesetz Designgesetz.
Lit.: *Eichmann, H./Falckenstein, R.,* Geschmacksmustergesetz, 4. A. 2010

Geschworener ist im mittelalterlichen und neuzeitlichen Recht, wer unter Ablegung eines Schwures ein besonderes Amt (der Rechtspflege) übernommen hat (z.B. ehrenamtlicher Richter am Schwurgericht). → Schöffe

Geselle (Saalgenosse) ist der → Handwerker, der die nach einer Lehrzeit abzulegende Gesellenprüfung bestanden hat.
Lit.: *Waltermann, R.,* Arbeitsrecht, 17. A. 2014

Gesellschaft ist im Privatrecht die Vereinigung mehrerer Personen und bei Kapitalgesellschaften mindestens einer Person (→ Einmanngesellschaft) durch → Rechtsgeschäft zur Erreichung eines gemeinsamen → Zweckes. Sie kann → rechtsfähig sein (→ Verein, z.B. Aktiengesellschaft, Gesellschaft mit beschränkter Haftung) oder nichtrechtsfähig (Innengesellschaft des bürgerlichen Rechts). Bei ihr kann die persönliche Beteiligung (→ Personengesellschaft) oder der kapitalmäßige Anteil (→ Kapitalgesellschaft) im Vordergrund stehen. Geregelt ist die G. im Bürgerlichen Gesetzbuch, im Handelsgesetzbuch und in Sondergesetzen. Die wichtigsten Gesellschaften sind die G. des bürgerlichen Rechts (einschließlich der → stillen Gesellschaft), die offene → Handelsgesellschaft, die → Kommanditgesellschaft, die G. mit beschränkter Haftung, die → Aktiengesellschaft, die Kommanditgesellschaft auf Aktien, die → Genossenschaft, die → Reederei, und der → Versicherungsverein auf Gegenseitigkeit. *Fehlerhafte* G. ist die G., die fehlerhaft entstanden, geändert oder aufgelöst worden ist. Für sie gelten die allgemeinen Vorschriften über die Folgen von Vertragsmängeln grundsätzlich nur für die Zukunft (ex nunc, anders aber bei Mängeln der Willenserklärungen einer nicht unbeschränkt geschäftsfähigen Person). Die bloß *faktische* G., bei der ein Gesellschaftsvertrag nicht abgeschlossen worden ist, ist keine G. (2006 gab es rund 30000 in Deutschland nach dem Recht der englischen Limited gegründete Gesellschaften).
Lit.: *Klunzinger, E.,* Grundzüge des Gesellschaftsrechts, 16. A. 2012; *Just, C.,* Die englische Limited in der Praxis, 4. A. 2012; *Schwarz, G.,* SE-VO, 2005; *Hulle, K. van,* Handbuch zur europäischen Gesellschaft, 2007; *Oechsler, J.,* Die Geschichte der Lehre von der fehlerhaften Gesellschaft, NJW 2008, 2471; *Kliebisch, R.,* Die Lehre von der fehlerhaften Gesellschaft, JuS 2010, 959

Gesellschaft des bürgerlichen Rechts (§ 705 BGB) ist die im Bürgerlichen Gesetzbuch geregelte Grundform der Gesellschaft (Personengesellschaft) (str.). Die G. d. b. R. entsteht durch formlos mögliches → Rechtsgeschäft (Gesellschaftsvertrag) zwischen mindestens zwei Personen, die sich zur Erreichung eines bestimmten Zweckes zusammenschließen. Sie ist als → Gesamthand mit unbeschränkter → Haftung organisiert, so dass durch die Aufnahme der Wendung mit beschränkter Haftung in den Namen der G. d. b. R. oder durch Beschränkung der Haftung in allgemeinen Geschäftsbedingungen eine Haftungsbeschränkung auf das Gesellschaftsvermögen nicht erreicht werden kann, vielmehr eine besondere Haftungsbeschränkungsvereinbarung im Einzelfall erforderlich bleibt. Nach einer Entscheidung des Bundesgerichtshofs vom 29.1.2001 hat eine (Außen-) G. d. b. R. Rechtsfähigkeit, soweit sie durch Teilnahme am Rechtsverkehr eigene Rechte und Pflichten begründet und kann eine G. d. b. R. unter ihrem Namen klagen und verklagt werden, so dass eine Klage gegen einen Gesellschafter nur noch erforderlich ist, wenn auch in dessen Privatvermögen vollstreckt werden soll. Bei jeder Klage einer G. d. b. R. bleibt aber (2009) anzuraten, zusätzlich den gesamten aktuellen Gesellschafterbestand in der Klageschrift aufzuführen und spätere Änderungen umgehend zu berücksichtigen. Nach einer Entscheidung des Bundesverfassungsgerichts Deutschlands vom 2.10.2002 ist eine G. d. b. R. für Art. 14, 101 I 2 und 103 I GG grundrechtsfähig. → Geschäftsführung und → Vertretung stehen im Zweifel allen Gesellschaftern gemeinsam zu. Die G. d. b. R. endet u. a. durch Vereinbarung oder durch Übertragung aller Mitgliedschaftsrechte auf einen einzigen Erwerber, während sie bei Ausscheiden eines Gesellschafters im Regelfall fortgeführt wird. Der → Auflösung folgt eine Abwicklung. Ihr Name kann fortgeführt werden. Die G. d. b. R. kann reine Innengesellschaft sein (z. B. → stille Gesellschaft). Sie kann im Grundbuch eingetragen werden (vgl. § 47 II GBO auch Gesellschafter einzutragen, § 82 S. 3 GBO Gesellschafterwechsel, § 899a BGB Vermutung der Gesellschaftereigenschaft, vermutlich ohne große praktische Bedeutung) und unter ihrer im Rechtsverkehr verwendeten Sammelbezeichnung einen Scheck oder Wechsel ausstellen. Sie kann Gesellschafter einer Gesellschaft des bürgerlichen Rechts, einer Handelsgesellschaft oder einer Genossenschaft sein. Die Gesellschafter haften für Schulden der Gesellschaft entsprechend § 128 HGB. Die G. d. b. R. kann als solche Bauherrin sein. Für eine Marke sind bei einer Gesellschaft bürgerlichen Rechts auch der Name und die Anschrift mindestens eines vertretungsberechtigten Gesellschafters anzugeben.

Lit.: *Langenfeld, G.,* Die Gesellschaft des bürgerlichen Rechts, 7. A. 2009; *Tzschaschel, H.,* Die Gesellschaft bürgerlichen Rechts, 11. A. 2009; *Ulmer, P. u. a.,* Gesellschaft bürgerlichen Rechts und Partnerschaftsgesellschaft, 6. A. 2013; *Ruhkamp, M./Gerlach, J.,* Die Gesellschaft bürgerlichen Rechts, 6. A. 2010; *Altmeppen, H.,* Rechtsentwicklung der GbR trotz § 899a BGB nicht aufzuhalten, NJW 2011, 1905

Gesellschaft mit beschränkter Haftung (GmbH) ist die im Gesetz über die Gesellschaft mit beschränkter Haftung geregelte rechtsfähige Gesellschaft (Kapitalgesellschaft, 1997 500000 in Deutschland, 2001 nahezu eine Million) mit beschränkter Haftung (der Gesellschafter, aber unbeschränkter Haftung der Gesellschaft selbst für Schulden der Gesellschaft mit ihrem gesamten Vermögen). Die G. m. b. H. (GmbH) erfordert grundsätzlich mindestens einen Gesellschafter (→ Einmanngesellschaft), ein → Stammkapital von mindestens 25000 Euro (§ 5 GmbHG) und entsteht mit der → Eintragung im → Handelsregister. Die nach dem Recht eines Mitgliedstaats der Europäischen Union wirksam gegründete G. m. b. H. ist in allen Mitgliedstaaten ohne Weiteres anzuerkennen, auch wenn sich die Beziehung zum Gründungsstaat im Gründungsvorgang, der womöglich im Gründungsstaat besonders einfach ist, erschöpft. Die G. m. b. H. gilt stets als → Handelsgesellschaft (§ 13 III GmbHG, Formkaufmann). Ihre Organe sind → Geschäftsführer (, Aufsichtsrat) und Gesellschafterversammlung. Die Firma der G. m. b. H. muss die Bezeichnung Gesellschaft mit beschränkter Haftung oder eine allgemein verständliche Abkürzung dieser Bezeichnung enthalten (§ 4 GmbHG). Hält ein Gesellschafter-Geschäftsführer einer G. m. b. H. in maßgeblichem Umfang Anteile an mehreren Gesellschaften mit beschränkter Haftung, so droht ihm die unbeschränkte persönliche Haftung für alle Verbindlichkeiten. Gesellschafter, Geschäftsführer, Prokurist und Handlungsbevollmächtigter einer Anwaltsgesellschaft mit beschränkter Haftung (in Deutschland 1999 rund 40, 2003 159) darf nur ein Rechtsanwalt, Patentanwalt, Steuerberater, Steuerbevollmächtigter, Wirtschaftsprüfer oder vereidigter Buchprüfer sein. Gesichert werden muss, dass Rechtsanwälte die Mehrheit der Gesellschafter und Geschäftsführer stellen. Die Mindesthaftpflichtversicherungssumme dieser Gesellschaft muss 2500000 Euro betragen. Zugelassen wird die Anwalts-GmbH von der örtlich zuständigen Rechtsanwaltskammer. Im Streit um die Parteifähigkeit oder Prozessfähigkeit einer G. m. b. H. gilt die G. m. b. H. bis zur Klärung der Frage als parteifähig und prozessfähig. Die G. m. b. H. wird hauptsächlich durch Zeitablauf, Beschluss der Gesellschafter, gerichtliches Urteil oder Eröffnung eines Insolvenzverfahrens aufgelöst (§ 60 GmbHG). Bei bloßer Vermögenslosigkeit ist sie nicht zwangsläufig zu löschen. 2008 wurde im Wettbewerb mit ausländischen Geschellschaften die vereinfachte Unternehmergesellschaft zugelassen, die auch vereinfacht gegründet werden kann.

Lit.: *Roth, G./Altmeppen, H.,* GmbH-Gesetz, 7. A. 2012; *Baumbach, A./Hueck, G.,* GmbH-Gesetz, 20. A. 2013; *Waldner, W./Wölfel, E.,* So gründe und führe ich eine GmbH, 9. A. 2009; Münchener Anwaltshandbuch GmbH-Recht, hg. v. *Römermann, V.,* 3. A. 2014; *Binz, M./Sorg, M.,* Die GmbH & Co. KG, 11. A. 2010; GmbHG Großkommentar, hg. v. *Ulmer, P./Habersack, M./Winter, M.,* Bd. 1 ff. 2005 ff., 2. A. 2014 ff.; *Müller, K.,* The GmbH, 2. A. 2009; *Wicke, H.,* Gesetz betreffend die Gesellschaften mit beschränkter Haftung, 2. A. 2011; *Goette, W.,* Einführung in das neue GmbH-Recht, 2008; Beck'sches Formularbuch GmbH-Recht, hg. v. *Lorz, R. u. a.,* 2008; Beck'sches Handbuch der GmbH, 5. A. 2014; Münchener Kommentar GmbH-Gesetz, hg. v. *Fleischer, H./Goette, W.,* Bd. 1 ff. 2009 ff.;

Rowedder/Schmidt-Leithoff, C., GmbHG, 5. A. 2013; *Ek, R.,* Die Haftung des GmbH-Geschäftsführers, 2011; GmbH & Co. KG, hg. v. *Reichert, J.,* 7. A. 2014; *Reichert, J./Schumacher, F.,* Der GmbH-Vertrag, 4. A. 2014

Gesellschaft, stille → stille Gesellschaft

Gesellschafter ist der → Teilhaber (Mitglied) einer → Gesellschaft, der auf Grund des Gesellschaftsvertrags Rechte (Verwaltungsrechte, Vermögensrechte) und Pflichten (Beitragspflicht, Treupflicht) gegenüber der Gesellschaft hat. Ein G. kann Organ der Gesellschaft sein. Ein G. kann auch Arbeitnehmer der Gesellschaft sein.

Lit.: *Kottwitz, H. v.,* Konfliktaustragung in der Zwei-Personen-GmbH, 2003; *Lutz, R.,* Der Gesellschafterstreit, 4. A. 2015

Gesellschafterbeschluss ist der → Beschluss der Gesellschafter einer → Gesellschaft. Nach § 709 I BGB ist bei der Gesellschaft des bürgerlichen Rechts für jedes Geschäft grundsätzlich die Zustimmung aller → Gesellschafter erforderlich. Die Befugnis zur Geltendmachung der Unwirksamkeit eines Gesellschafterbeschlusses kann verwirkt werden.

Lit.: *Schmitt, A.,* Das Beschlussmangelrecht der Personengesellschaften, 1997; *Schuld, J.,* Organschaftliche Beschlusszurechnung, 2003

Gesellschaftsanteil ist der Anteil eines Gesellschafters an einer → Gesellschaft.

Lit.: *Peters, F.,* Treuhand und Unterbeteiligung an Gesellschaftsanteilen, 2003

Gesellschaftsrecht ist das Recht der → Gesellschaft(en des Privatrechts). Das G. ist ein Teil des bürgerlichen Rechtes und des → Handelsrechts und zerfällt in das Recht der einzelnen Gesellschaften. Deren Recht ist teilweise im Bürgerlichen Gesetzbuch und im Handelsgesetzbuch, teilweise aber auch in besonderen Gesetzen geregelt (z. B. Aktiengesetz, Gesetz betreffend die Gesellschaften mit beschränkter Haftung, Genossenschaftsgesetz).

Lit.: *Klunzinger, E.,* Grundzüge des Gesellschaftsrechts, 16. A. 2012; *Grunewald, B.,* Gesellschaftsrecht, 8. A. 2011; *Hüffer, U./Koch, J.,* Gesellschaftsrecht, 9. A. 2015; *Windbichler, C.,* Gesellschaftsrecht, 23. A. 2013; *Habersack, M./Verse, D., Europäisches Gesellschaftsrecht,* 4. A. 2011; *Hirte, H.,* Die Entwicklung des Unternehmens- und Gesellschaftsrechts, NJW 2015, 1219; *Schäfer, C.,* Gesellschaftsrecht, 4. A. 2015; *Henssler/Strohn,* Gesellschaftsrecht, 2. A. 2014; Münchener Vertragshandbuch Bd. 1 Gesellschaftsrecht, 7. A. 2011; *Wegen/Spahlinger/Barth,* Gesellschafts-recht des Auslands in Einzeldarstellungen, 2013; Münchener Handbuch des Gesellschaftsrechts Bd. 7 Gesellschaftsrechtliche Streitigkeiten, hg. v. *Born u. a.,* 5. A. 2015

Gesellschaftsschuld ist die → Schuld einer → Gesellschaft. Zu ihrer Erfüllung steht das → Gesellschaftsvermögen zur Verfügung. Daneben haften bei den nicht rechtsfähigen Gesellschaften auch die Gesellschafter mit ihrem Vermögen (§§ 427, 431 BGB, §§ 128, 161 II HGB).

Gesellschaftsvermögen (z. B. § 718 BGB) ist das → Vermögen der → Gesellschaft. Das G. entsteht durch Leistung der Gesellschafterbeiträge und Erwerb von Gegenständen durch die → Geschäftsführung für die Gesellschaft. Bei der Gesellschaft des bürgerlichen Rechts, der offenen Handelsgesellschaft und der Kommanditgesellschaft ist das G. vom Vermögen der Gesellschafter getrenntes, gesamthänderisch gebundenes → Sondervermögen. Es wird bei der Abwicklung oder → Liquidation durch Auseinandersetzung aufgeteilt. Zur → Zwangsvollstreckung in das G. einer Gesellschaft des bürgerlichen Rechts ist seit einer Entscheidung des Bundesgerichtshofs vom 29.1.2001 ein → Vollstreckungstitel gegen alle Gesellschafter nicht mehr erforderlich (entgegen § 736 ZPO), weil die Gesellschaft unter ihrem Namen klagen und verklagt werden kann.

Lit.: *Müller-Christmann, B. u. a.,* Durchblick, JuS 1998, 1080

Gesellschaftsvertrag (z. B. § 705 BGB) ist der zum Zweck der Gründung einer → Gesellschaft unter den Gesellschaftern abgeschlossene → Vertrag. Er ist ein schuldrechtlicher, grundsätzlich auch gegenseitiger (str.) Vertrag. Er bedarf als solcher keiner besonderen → Form (anders bei Einbringung von Grundstücken und bei Gesellschaft mit beschränkter Haftung und Aktiengesellschaft). Mängel des Vertrags sind vielfach nur für die Zukunft zu beachten (fehlerhafte → Gesellschaft).

Lit.: *Hey, F.,* Freie Gestaltung in Gesellschaftsverträgen, 2004; *Sommer, M.,* Die Gesellschaftsverträge der GmbH & Co. KG, 4. A. 2011

Gesetz ist im materiellen Sinn jede abstrakte und generelle (auf hoheitlicher Anordnung bzw. Setzung beruhende) → Regelung (z. B. die meisten [formell] Gesetze, die Rechtsverordnungen, die Satzungen) und im formellen Sinn jeder vom → Parlament (Bundestag, Landtag) im besonderen → Gesetzgebungsverfahren verabschiedete Beschluss (z. B. auch Haushaltsgesetz). Das G. ist in der Gegenwart die wichtigste Rechtsgeltungsquelle. Es kann entweder → Bundesgesetz oder → Landesgesetz sein sowie (im deutschen Bundesrecht) → Einspruchsgesetz (ungefähr 50 Prozent der Bundesgesetze) oder → Zustimmungsgesetz. Möglich ist ein *Blankettgesetz* (d. h. ein noch ausfüllungsbedürftiges Gesetz). *Allgemeine* Gesetze im Sinne des Art. 5 II GG sind Gesetze, die sich nicht gegen die → Meinungsfreiheit als solche richten, sondern den Kreis des erlaubten Verhaltens unabhängig von der Meinungsbildung abstecken und dabei nur nebenbei auch die Meinungsfreiheit berühren.

Lit.: *Starck, C.,* Der Gesetzesbegriff des Grundgesetzes, 1970; Das missglückte Gesetz, hg. v. *Diederichsen, U.,* 1997; *Lücke, J.,* Die allgemeinen Gesetze, 1998

Gesetz gegen Wettbewerbsbeschränkungen → Kartellgesetz, → Wettbewerbsbeschränkung

Lit.: *Bechtold, R.,* GWB. Kartellgesetz, 7. A. 2013

Gesetz über das Verfahren in Familiensachen und in den Angelegenheiten der freiwilligen Gerichtsbarkeit (FamFG) vom 17.12.2008 ist das zum

1.9.2009 in Kraft getretene, für Neufälle das Gesetz über die Angelegenheiten der freiwilligen Gerichtsbarkeit und die Bücher 6 und 9 der Zivilprozessordnung ersetzende Gesetz (z. B. Kindschaftssachen, Unterhaltssachen, Betreuungssachen, Nachlasssachen, Registersachen, Freiheitsentziehungssachen, Aufgebotssachen u. a., ohne Klage, Prozess, Partei, Urteil).

Lit.: *Hartmann, P.,* Neues Familienverfahren und ZPO, NJW 2009, 321; *Rakete-Dombek, I.,* Das FamFG, NJW 2009, 2769

Gesetzblatt (vgl. Art. 82 GG) ist das amtliche Druckwerk, in dem (seit dem Ende des 18. Jh.s) → Gesetze (und → Rechtsverordnungen) zu verkünden sind (z. B. Bundesgesetzblatt).

Gesetzbuch ist das wegen seines Umfangs als Buch eingeordnete bzw. benannte Gesetz (z. B. Bürgerliches Gesetzbuch, Allgemeines Bürgerliches Gesetzbuch, Handelsgesetzbuch, Strafgesetzbuch, Sozialgesetzbuch, Baugesetzbuch, Zivilgesetzbuch). → code, → codex

Gesetzesanalogie ist die an eine einzelne Bestimmung eines Gesetzes geknüpfte → Analogie (z. B. Anwendung des § 31 BGB auf den nichtrechtsfähigen Verein, Verbindlichkeit der staatlich genehmigten Wette analog § 763 BGB). Sie ist ein Fall der Analogie. Innerhalb der Analogie steht die G. neben der → Rechtsanalogie.

Lit.: *Zippelius, R.,* Juristische Methodenlehre, 11. A. 2012

Gesetzeseinheit (Gesetzeskonkurrenz) ist im Strafrecht der Fall der unechten → Konkurrenz. Zwar sind dem Gesetzeswortlaut nach mehrere Straftatbestände erfüllt, doch verdrängt das in erster Linie anzuwendende → Gesetz die übrigen Gesetze bzw. Tatbestände (z. B. räuberischer Diebstahl verdrängt Diebstahl, dagegen verdrängt versuchter Raub mit Todesfolge nicht vollendete Körperverletzung mit Todesfolge). Im Einzelnen kann dabei → Spezialität, → Subsidiarität oder → Konsumtion vorliegen.

Lit.: *Hochmayr, G.,* Subsidiarität und Konsumtion, 1997 (Österreich); *Seher, G.,* Zur strafrechtlichen Konkurrenzlehre, JuS 2004, 392

gesetzesfreie Verwaltung → Verwaltung, gesetzesfreie

Gesetzesinitiative ist die Initiative von Gesetzen durch Einbringung von Gesetzesvorlagen (im → Parlament). Nach Art. 76 I GG haben die → Bundesregierung, die Mitglieder des → Bundestags und der → Bundesrat das Recht zur G. für → Bundesgesetze. Am häufigsten geht in der Rechtswirklichkeit die G. von der Bundesregierung aus.

Lit.: *Schürmann, M.,* Grundlagen und Prinzipien des legislatorischen Einleitungsverfahrens, 1987

Gesetzeskonkurrenz → Gesetzeseinheit

Gesetzeskraft (Art. 82 GG) ist die Verbindlichkeit einer Regel als (materielles) → Gesetz. Ein Gesetz

erlangt G. an dem von den Gesetzgebungsorganen festgesetzten Tag. Fehlt eine besondere Bestimmung, so tritt jedes Gesetz (und jede Rechtsverordnung) mit dem nach Ablauf des Tags in Kraft, an dem das betreffende → Bundesgesetzblatt ausgegeben worden ist.

Gesetzespositivismus ist das Festhalten am (Wortlaut des) Gesetz(es) als einziger Richtschnur. Der G. leugnet übergesetzliche, dem Gesetzgeber vorgegebene Werte. Ihm garantiert das formell ordnungsmäßig zustande gekommene Gesetz als solches die → Gerechtigkeit.

Gesetzesrecht ist das durch → Gesetz geschaffene Recht. Es steht im Gegensatz zum → Gewohnheitsrecht und zum → Fallrecht (Richterrecht). Es ist in Deutschland der wichtigste Teil des Rechtes.

Lit.: *Geyer, P.,* Das Verhältnis von Gesetzes- und Gewohnheitsrecht, 1999

Gesetzessammlung ist die Sammlung von → Gesetzen. Sie kann privat oder amtlich betrieben sein. Sie zielt auf die Vermittlung einwandfreier Übersicht über die geltenden Gesetze, ist selbst aber kein Gesetz.

Lit.: *Köbler, G.,* Deutsche Rechtsgeschichte, 6. A. 2005

Gesetzesumgehung ist das Anstreben eines vom → Gesetz missbilligten oder verbotenen Erfolgs durch ein vom Gesetz nicht ausdrücklich verbotenes, dem Zweck des Verbotsgesetzes zuwiderlaufendes Verhalten. Ein Rechtsgeschäft, das gegen ein gesetzliches Verbot verstößt, ist grundsätzlich nichtig (§ 134 BGB, wenn sich nicht aus dem Gesetz ein anderes ergibt). Die Abgrenzung des noch erlaubten Verhaltens von der rechtswidrigen G. ist schwierig und zweifelhaft. → Umgehungsgeschäft

Lit.: *Teichmann, A.,* Die Gesetzesumgehung, 1961; *Heeder, O.,* Fraus legis, 1998

Gesetzesvorbehalt (Art. 19 GG) ist der den einzelnen Grundrechten beigegebene – oder auch u. U. sonst anzunehmende (str.) – Vorbehalt, unter welchen Voraussetzungen das → Grundrecht durch → Gesetz eingeschränkt werden darf. Ein *beschränkter* G. ist der G., bei dem nur aus den bei den Grundrechten aufgeführten Gründen eine Grundrechtsbeschränkung zulässig ist. Der G. ist zu unterscheiden vom → Vorbehalt des Gesetzes.

Lit.: *Sachs, M.,* Die Gesetzesvorbehalte der Grundrechte, JuS 1995, 693; *Holoubek, M.,* Die Struktur der grundrechtlichen Gesetzesvorbehalte, 1997; *Misera-Lang, K.,* Dogmatische Grundlagen der Einschränkbarkeit vorbehaltloser Freiheitsgrundrechte, 1999

Gesetzesvorlage ist die den Beratungen des Gesetzgebungsorgans zugrunde zu legende schriftliche Fassung eines Gesetzgebungsvorhabens. → Gesetzesinitiative

gesetzgebende Gewalt → Gewalt, gesetzgebende, Gewaltenteilung

Gesetzgebung ist das Verfahren der Schaffung von (formellen) → Gesetzen. Zur Vermeidung von Streitigkeiten und Überschneidungen ist im Bundesstaat eine Regelung der → Zuständigkeit zur G. erforderlich. Nach Art. 70 ff. GG ist der Bund für bestimmte Materien ausschließlich für die G. zuständig, für andere konkurrierend mit den Ländern sowie für wieder andere überhaupt nicht (ausschließliche Landeszuständigkeit). Für bestimmte Angelegenheiten hatte der Bund bis 2006 das Recht, → Rahmenvorschriften oder Grundsätze zu erlassen (Art. 75, 109 III GG). Widerspricht das → Landesrecht dem → Bundesrecht, so wird es von diesem gebrochen (Art. 31 GG). → Gesetzgebungsverfahren, → Gesetzesinitiative

Lit.: Handbuch der Rechtsförmlichkeiten, hg. v. Bundesministerium der Justiz, 2. A. 1999; *Schneider, H.,* Gesetzgebung, 3. A. 2002; *Karpen, U.,* Gesetzgebungslehre, 2006

Gesetzgebungsnotstand → Gesetzgebungsverfahren

Gesetzgebungsverfahren (z. B. Art. 76 ff. GG) ist das Verfahren der Schaffung von formellen → Gesetzen. Zu Beginn des Gesetzgebungsverfahrens steht die auf Grund eines Rechtes zur → Gesetzesinitiative (1) beim → Bundestag eingebrachte Gesetzesvorlage, die in bestimmten Fällen zunächst dem → Bundesrat oder über die Bundesregierung dem → Bundestag zuzuleiten ist. Der Bundestag beschließt (2) – grundsätzlich mit einfacher Mehrheit – das Gesetz in drei Lesungen und leitet es dem Bundesrat zu. Bei Meinungsverschiedenheiten zwischen Bundestag und Bundesrat kann ein → Vermittlungsverfahren in Gang gesetzt werden. → Einspruchsgesetze können gegen den Einspruch des Bundesrats, → Zustimmungsgesetze nur mit Zustimmung des Bundesrats zustande kommen (3). Das zustande gekommene Gesetz wird vom Bundespräsidenten nach Gegenzeichnung ausgefertigt (4) und im → Bundesgesetzblatt verkündet (5). Ein erleichternd abgewandeltes G. gilt für den Fall des Gesetzgebungsnotstands (Art. 81 GG).

Lit.: *Leunig, S.,* Föderale Verhandlungen, 2003; *Frenzel, E.,* Das Gesetzgebungsverfahren, JuS 2010, 27

Gesetzgebungszuständigkeit ist die → Zuständigkeit zum Erlass von (formellen) → Gesetzen. Die G. beruht grundsätzlich auf der → Verfassung (z. B. Art. 70 ff. GG). Daneben wird sie für (wenige) bestimmte Fälle auch auf die → Natur der Sache (z. B. Bestimmung des Sitzes der Bundesregierung durch den Bund) oder auf den → Sachzusammenhang gegründet.

gesetzlich (Adj.) auf Gesetz beruhend, dem Gesetz entsprechend

gesetzliche Erbfolge → Erbfolge, gesetzliche

gesetzlicher Güterstand → Güterstand, gesetzlicher

gesetzlicher Richter → Richter, gesetzlicher

gesetzlicher Vertreter → Vertreter, gesetzlicher

gesetzliches Erbrecht → Erbrecht, gesetzliches

gesetzliches Pfandrecht → Pfandrecht, gesetzliches

gesetzliches Schuldverhältnis → Schuldverhältnis, gesetzliches

gesetzliches Zahlungsmittel → Zahlungsmittel, gesetzliches

Gesetzlichkeitsprinzip ist der Grundsatz, dass jemand für eine → Tat nur bestraft werden kann, wenn die → Strafbarkeit gesetzlich bestimmt war, ehe die Tat begangen wurde (Art. 103 II GG, § 1 StGB, [lat.] nullum crimen, nulla poena sine lege, vgl. dazu auch die Nürnberger Kriegsverbrecherprozesse).

Lit.: Das Gesetzlichkeitsprinzip im Strafrecht, hg. v. *Hilgendorf, E. u. a.,* 2013

Gesetzmäßigkeit der Verwaltung ist der Grundsatz, dass die → Verwaltung keine Maßnahmen treffen darf, die gesetzwidrig sind. Einzelausprägungen dieses Prinzips sind die Grundsätze des → Vorrangs des Gesetzes und des → Vorbehalts des Gesetzes.

Gesetzwidrigkeit ist der Widerspruch eines Verhaltens oder Zustands zur → Rechtsordnung. Insbesondere kann ein → Rechtsgeschäft gesetzwidrig sein (§ 134 BGB). Dann ist es beim Verstoß gegen ein Verbot im Zweifel → nichtig.

Lit.: *Degner, P.,* Gesetzesverstoß als sittenwidrige Wettbewerbshandlung, 1996

Gesinde (N.) (Reisegefährten, Gefolgsleute) ist im neuzeitlichen deutschen Recht die Gesamtheit der in einem Hauswesen beschäftigten und der Personalgewalt (ahd. → munt) des Hausvaters unterstehenden Dienstboten.

Lit.: *Kähler, W.,* Gesindewesen und Gesinderecht in Deutschland, 1896; Gesinde im 18. Jahrhundert, hg. v. *Frühsorge, G.,* 1995

Gestaltung ist die vom Gestaltenden gewollte, erstmalige Schaffung oder nachträgliche Veränderung einer Gegebenheit.

Gestaltungsakt ist die → Handlung (Akt), durch die unmittelbar eine Rechtslage gestaltet wird. Dies kann z. B. im Privatrecht durch Ausübung eines → Gestaltungsrechts (z. B. Kündigung) geschehen. Im Verfahrensrecht kann das Gericht einen G. vornehmen.

Lit.: *Wolf, M./Neuner, J.,* Allgemeiner Teil des Bürgerlichen Rechts, 10. A. 2012

Gestaltungsklage ist die → Klage, mit welcher der Kläger vom Gericht die Vornahme einer rechtlichen Gestaltung begehrt. Der G. liegt kein Anspruch zugrunde (str.). Die auf Grund einer G. folgende Gestaltung wirkt (ohne Vollstreckung) für und gegen alle (z. B. Ehescheidung, Aufhebung eines angefochtenen Verwaltungsakts).

Lit.: *Köhler, H.,* Der Streitgegenstand bei Gestaltungsklagen, 1995; *Özen, K.,* Die prozessuale Gestaltungsklage analog § 767 ZPO, JuS 2010, 124

Gestaltungsrecht ist das (einseitige) → Recht auf unmittelbare Rechtsänderung. Es ist ein subjektives Recht. Das G. kann ein *selbständiges* G. (z. B. → Aneignungsrecht) oder ein *unselbständiges*, aus einem bereits bestehenden Rechtsverhältnis erwachsendes G. (z. B. → Anfechtung einer Willenserklärung, → Kündigung, → Rücktritt) sein. Es kann sich auf Erwerb, Änderung oder Aufhebung einer Rechtsstellung richten. In der Regel wird es durch (tatsächliche Handlung [z. B. Aneignung] oder) formlose → Erklärung (z. B. Kündigung) geltend gemacht. Die als einseitiges empfangsbedürftiges Rechtsgeschäft durchzuführende Ausübung ist grundsätzlich unwiderruflich.

Lit.: *Gottgetreu, S.,* Gestaltungsrechte als Vollstreckungsgegenstände, 2001; *Kali, A.,* Die begründungsunabhängige Gestaltungserklärung, 2003

Gestaltungsurteil ist das auf eine zulässige und begründete → Gestaltungsklage hin ergehende Urteil. Das G. führt mit seiner → Rechtskraft unmittelbar zu einer Veränderung des Rechtszustands, so dass eine → Vollstreckung nicht nötig und möglich ist. Es setzt voraus, dass ein materielles oder prozessuales → Recht auf die Gestaltung besteht und dass der Berechtigte diese Änderung nicht einseitig herbeiführen kann (vgl. die §§ 315 III, 319 I 2, 2342 BGB, §§ 117, 127, 131 I Nr. 4 HGB, §§ 323, 767, 771 ZPO).

Lit.: *Schlosser, P.,* Gestaltungsklagen und Gestaltungsurteile, 1966

Geständnis (§§ 288 ff. ZPO) ist das Zugestehen der Wahrheit einer (von einem anderen behaupteten) Tatsache durch einen Verfahrensbeteiligten. Im Strafverfahrensrecht, in dem die Erzwingung eines Geständnisses ausdrücklich verboten ist (§ 136a StPO), unterliegt das G. der freien → Beweiswürdigung (§ 261 SrPO). Im Zivilverfahrensrecht bedarf die in einem gerichtlichen G. zugestandene Tatsache keines → Beweises mehr.

Lit.: *Beneke, B.,* Das falsche Geständnis, 1990; *König, S.,* Das Geständnis im postmodernen konsensualen Strafprozess, NJW 2012, 1915

Gestattung ist bei der → Sondernutzung die neben der behördlichen → Erlaubnis (z. B. des Straßenbaulastträgers) vielfach noch erforderliche Einverständniserklärung des Eigentümers der benutzten Sache (z. B. des Straßeneigentümers). Daneben kann G. auch ein behördlicher Akt sein.

Gesundheit ist der ungestörte Ablauf der inneren Lebensvorgänge. Im Verwaltungsrecht ist G. der Zustand, der dem Einzelnen die Ausübung der körperlichen und geistigen Funktionen ermöglicht. Verletzung der G. ist im Schuldrecht (§ 823 I BGB) die Störung der inneren Lebensvorgänge.

Lit.: SGB V Öffentliches Gesundheitswesen, 17. A. 2012; Gesundheitsrecht, 6. A. 2009; *Kingreen, T.,* Die Entwicklung des Gesundheitsrechts 2013/2014, NJW 2014, 3345; Handbuch Compliance im Gesundheitswesen, hg. v. *Dieners, P.,* 3. A. 2010; Gesundheitsmanagement und Krankheit im Arbeitsverhältnis, hg. v. *Stein, J. vom u. a.,* 2015

Gesundheitsamt ist die bei der unteren → Verwaltungsbehörde eingerichtete (staatliche) → Behörde des Gesundheitswesens. Das G. wird von → einem Amtsarzt geleitet. Seine Aufgaben sind u. a. Schulgesundheitspflege, Mütterberatung, Überwachung von Geschlechtskrankheiten, wobei die Durchführung vorgeschlagener Maßnahmen Aufgabe der zuständigen Stellen ist.

Lit.: *Hellmeier, W.,* Aufgabenwahrnehmung durch die Gesundheitsämter, 1990; *Steffen, E.,* Gesundheitsämter im Wandel, 2002

Gesundheitsfond ist (seit 2009) der durch das Bundesversicherungsamt verwaltete Fond zur Finanzierung der gesetzlichen Krankenversicherung. Er erhält die zur Krankenversicherung von den Versicherten geleisteten Beiträge und Bundesmittel (§ 271 SGB V). Er gewährt den Krankenkassen als Zuwendungen zur Deckung ihrer Ausgaben eine Grundpauschale, Zuschläge und Abschläge zwecks Risikostrukturausgleich sowie Zuweisungen für sonstige Ausgaben.

Lit.: *Henke, K.,* Der Gesundheitsfond, 2007

Gesundheitskarte ist die seit 2011 von der gesetzlichen Krankenversicherung ausgegebene elektronische Karte mit der Möglichkeit der Speicherung der Gesundheitsdaten (§§ 291a ff. SGB V).

Lit.: *Bales, S. u. a.,* Die elektronische Gesundheitskarte, NJW 2012, 2475

Gesundheitsschädigung (§ 223 StGB, bis 1998 Gesundheitsbeschädigung) ist das Herbeiführen oder Steigern einer körperlichen oder seelischen Krankheit. Die G. ist ein Fall der mit Freiheitsstrafe bis zu fünf Jahren oder mit Geldstrafe bedrohten Körperverletzung. Der Versuch ist strafbar.

Lit.: *Windhorst, T.,* Der Rechtsbegriff der schweren Gesundheitsschädigung, 2001

Gesundheitsverletzung → Gesundheit

Getrenntleben (§ 1567 BGB) ist der Zustand zwischen Ehegatten, bei dem zwischen ihnen keine häusliche Gemeinschaft besteht (Nichtbestehen einer häuslichen Gemeinschaft) und (mindestens) ein Ehegatte sie erkennbar nicht herstellen will, weil er die eheliche → Lebensgemeinschaft, zu der die Ehegatten einander nach § 1353 BGB verpflichtet sind, ablehnt (Trennungsabsicht). Das G. über drei Jahre, evtl. auch nur über ein Jahr begründet eine unwiderlegbare → Vermutung dafür, dass die Ehe gescheitert ist (Zerrüttungsvermutung). Nach fünfjährigem G. kann die Ehe in jedem Fall geschieden werden. Das G. hat außerdem Auswirkungen auf den → Unterhalt, die Hausratsverteilung und die Eigentumsvermutungen (§§ 1361 ff. BGB).

Lit.: *Erbarth, A.,* Der Anspruch des die Ehewohnung verlassenden Ehegatten auf Entrichtung einer Benutzungsvergütung für die Zeit des Getrenntlebens, NJW 2000, 1379; *Grziwotz, H.,* Trennung und Scheidung, 8. A. 2014

Gewährleistung (§§ 434 ff., 633 ff. BGB) ist die gesetzliche Verpflichtung des → Schuldners, für die Mangelfreiheit einer Sache oder eines Werkes einzustehen. Der → Verkäufer einer Sache hat dem Käufer die Sache frei von Sachmängeln und Rechtsmängeln zu verschaffen (§ 433 I 2 BGB). Die Sache ist frei von Sachmängeln, wenn sie bei Gefahrübergang die vereinbarte Beschaffenheit hat. Soweit die Beschaffenheit nicht vereinbart ist, ist die Sache frei von Sachmängeln, wenn sie sich für die nach dem Vertrag vorausgesetzte Verwendung eignet, sonst, wenn sie sich für die gewöhnliche Verwendung eignet und eine Beschaffenheit aufweist, die bei Sachen der gleichen Art üblich ist und die der Käufer nach der Art der Sache erwarten kann. Zu der Beschaffenheit gehören auch Eigenschaften, die der Käufer nach den öffentlichen Äußerungen des Verkäufers, des Herstellers oder seines Gehilfen insbesondere in der Werbung oder bei der Kennzeichnung über bestimmte Eigenschaften der Sache erwarten kann, es sei denn, dass der Verkäufer die Äußerung nicht kannte und auch nicht kennen musste, dass sie im Zeitpunkt des Vertragsschlusses in gleichwertiger Weise berichtigt war oder dass sie die Kaufentscheidung nicht beeinflussen konnte (§ 434 BGB). Die Sache ist frei von Rechtsmängeln, wenn Dritte in Bezug auf die Sache keine oder nur die im Kaufvertrag übernommenen Rechte gegen den Käufer geltend machen können und im Grundbuch kein Recht eingetragen ist, das nicht besteht (§ 435 BGB). Ist die Sache mangelhaft, kann der Käufer (1) grundsätzlich nach § 439 BGB Nacherfüllung verlangen, (2) nach den §§ 440, 323 und 326 V BGB von dem Vertrag zurücktreten oder nach § 441 BGB den Kaufpreis mindern und (3) nach den §§ 440, 280, 281, 283 und 311a BGB Schadensersatz oder nach § 284a BGB Ersatz vergeblicher Aufwendungen verlangen (§ 437 BGB). Die Mängelansprüche verjähren in 30 Jahren bei in dinglichen Rechten oder sonstigen im Grundbuch eingetragenen Rechten bestehenden Mängeln, in fünf Jahren bei Bauwerken und im Übrigen in zwei Jahren (§ 438 BGB). Bei einem Werkvertrag hat der Unternehmer dem Besteller das Werk frei von Rechtsmängeln und Sachmängeln zu verschaffen (§ 633 I BGB). Das Werk ist frei von Sachmängeln, wenn es die vereinbarte Beschaffenheit hat. Soweit die Beschaffenheit nicht vereinbart ist, ist das Werk frei von Sachmängeln, wenn es sich für die nach dem Vertrag vorausgesetzte, sonst für die gewöhnliche Verwendung eignet und eine Beschaffenheit aufweist, die bei Werken der gleichen Art üblich ist und die der Besteller nach der Art des Werks erwarten kann. Einem Sachmangel steht es gleich, wenn der Unternehmer ein anderes als das bestellte Werk oder das Werk in zu geringer Menge herstellt. Das Werk ist frei von Rechtsmängeln, wenn Dritte in Bezug auf das Werk keine oder nur die im Vertrag übernommenen Rechte gegen den Besteller geltend machen können (§ 633 II BGB). Bei Mängeln kann der Besteller nach § 635 BGB Nacherfüllung verlangen, nach § 637 BGB den Mangel selbst beseitigen und Ersatz der erforderlichen Aufwendungen verlangen, nach den §§ 636, 323 und 326 V BGB von dem Vertrag zurücktreten oder nach § 638 BGB die Vergütung mindern und nach den §§ 636, 280, 281, 283 und 311a BGB Schadensersatz oder nach § 284 BGB Ersatz vergeblicher Aufwendungen verlangen (§ 634 BGB). Die Mängelansprüche verjähren in zwei Jahren bei Herstellung, Wartung oder Veränderung einer Sache, in fünf Jahren bei einem Bauwerk und

im Übrigen in der regelmäßigen Verjährungsfrist (§ 634a BGB).

Lit.: *Siegburg, P.,* Handbuch der Gewährleistung beim Bauvertrag, 4. A. 2000; *Franzius, C.,* Gewährleistung im Recht, 2008

Gewahrsam (§ 242 StGB) ist ein tatsächliches, von einem Herrschaftswillen getragenes Herrschaftsverhältnis. Objektiv setzt G. voraus, dass nach den Anschauungen des täglichen Lebens der Verwirklichung des Willens zur unmittelbaren Einwirkung auf die Sache keine Hindernisse entgegenstehen. Subjektiv ist der Wille erforderlich, sich die Möglichkeit ungehinderter Einwirkung auf die Sache zu erhalten. G. hat danach z.B. der Autofahrer über das geparkte Auto (→ Gewahrsamsbruch, → Diebstahl). Im Verfahrensrecht (§ 808 ZPO) ist G. die rein tatsächliche Herrschaft über die Sache. Im Polizeirecht ist G. das Herrschaftsverhältnis der Polizei über einen Menschen oder eine Sache.

Lit.: *Oldemeier, H.,* Rechtsgrundlagen des Verbringungsgewahrsams, Diss. jur. Bielefeld 1999; *Rönnau, T.,* Gewahrsam, JuS 2009, 1088

Gewahrsamsbruch (§ 242 StGB) ist die Aufhebung des → Gewahrsams ohne Willen des Gewahrsamsinhabers. Es genügt, dass der Gewahrsamsinhaber die Sache unabhängig von seinem Einverständnis oder seiner Mitwirkung dem Zugriff des Täters preisgegeben glaubt (z.B. Vortäuschen einer Beschlagnahme, Vorbeigehen an der Ladenkasse des Selbstbedienungsgeschäfts mit versteckter Ware, Einschieben eines mit einem Klebestreifen versehenen Geldscheins in einen Geldwechselautomaten und Herausziehen des Geldscheins mittels des Klebestreifens nach Erhalt des Wechselgelds). Der Bruch fremden Gewahrsams (auch des bloßen Mitgewahrsams eines anderen) ist ein Tatbestandsmerkmal der → Wegnahme und damit des → Diebstahls.

Gewährschaft ist im mittelalterlichen Recht die Verpflichtung des Veräußerers einer Sache für den Fall, dass ein Dritter von dem Erwerber die Sache herausverlangt, an Stelle des Erwerbers dem Verlangen des Dritten entgegenzutreten oder den Kaufpreis zu erstatten und weitere Nachteile (Buße) auf sich zu nehmen.

Lit.: *Köbler, G.,* Zielwörterbuch integrativer europäischer Rechtsgeschichte, 6. A. 2014 (Internet)

Gewalt ist allgemein der Einsatz von Kraft zur Erreichung eines Zieles sowie die Möglichkeit hierzu. Im Verfassungsrecht wird zwischen gesetzgebender G., vollziehender G. und rechtsprechender G. unterschieden (→ Gewaltenteilung). *Verfassunggebende* G. ist die Macht, eine Verfassung zu schaffen. Im Strafrecht (§ 240 StGB) ist G. die zur Überwindung eines wirklichen oder vermuteten Widerstands eingesetzte körperliche Kraft. Dabei genügt es nach umstrittener Ansicht, wenn der Täter auf den Körper des anderen ohne dessen Willen mit einem betäubenden Mittel einwirkt. Nicht genügend ist, dass sich ein Mensch dort aufhält, wo ein einzelner anderer Mensch durchgehen möchte. Die G. kann ihrer Art nach eine Willensentscheidung oder Willensverwirklichung des anderen gänzlich ausschließen ([lat.] vis [F.] absoluta, *absolute* G., z. B. Fesselung) oder nur beeinträchtigen ([lat.] vis [F.] compulsiva, *zwingende* G., z. B. Zerstörung von Sachen des Betroffenen). Höhere G. ist ein (von außen kommendes) außergewöhnliches Ereignis, das unter den gegebenen Umständen auch durch äußerste oder größte, nach Lage der Sache vom Betroffenen zu erwartende und zumutbare Sorgfalt nicht verhindert oder abgewendet werden kann. Es muss ihn daher in bestimmten Fällen gerechterweise von negativen Folgen (z. B. Versäumung einer Klagefrist) entlasten. *Elterliche* G. war bis 1980 die Gewalt der Eltern über ein → Kind. Nach § 1631 II BGB hat das Kind ein Recht auf Erziehung ohne G. → Sorge, elterliche

Lit.: *Löhning, M./Sachs, R.,* Zivilrechtlicher Gewaltschutz, 2002; *Heitmeyer, W.,* Gewalt, 2004; *Swoboda, S.,* Grundwissen Strafrecht Der Gewaltbegriff, JuS 2008, 862

Gewaltenteilung ist seit der frühen Neuzeit (John Locke 1689, Montesquieu 1748) die in Ablehnung des Absolutismus erfolgende, den Rechtsstaat vorbereitende Aufteilung der staatlichen Hoheitsgewalt in mehrere, sich gegenseitig kontrollierende und beschränkende Gewalten, die von verschiedenen und deshalb einander grundsätzlich kontrollierenden Menschen ausgeübt werden. Die G. ist im → Grundgesetz angestrebt (Art. 1 III, 20 II GG), wenn auch nicht vollständig durchgeführt (z. B. Rechtssetzung durch Rechtsverordnung der vollziehenden Gewalt, Haushaltsfestlegung durch Gesetz der gesetzgebenden Gewalt). Herkömmlich wird dabei zwischen gesetzgebender (legislativer), vollziehender (exekutiver, ausübender) und rechtsprechender (judikativer, richterlicher) Gewalt unterschieden.

Lit.: Gewaltenteilung heute, hg. v. *Isensee, J.,* 2000; *Voßkuhle, A. u. a.,* Grundwissen – Öffentliches Recht Der Grundsatz der Gewaltenteilung, JuS 2012, 314

Gewalttätigkeit (§ 125 StGB) ist der Einsatz physischer Kraft durch aggressives Tun von einiger Erheblichkeit, mit dem unmittelbar auf Menschen oder Sachen, u. U. auch mittelbar auf Menschen eingewirkt wird. Die Beteiligung an Gewalttätigkeiten gegen Menschen oder Sachen kann → Landfriedensbruch sein.

Lit.: *Eilsberger, R.,* Die Kölner Straßenblockade – BGH, NJW 1969, 1770 ff., in: JuS 1970, 164

Gewaltverhältnis ist das auf → Gewalt gegründete Verhältnis zwischen zwei Beteiligten wie z. B. zwischen → Staat und Einzelnem. Dabei ist das *allgemeine* G. das zwischen dem Staat und jedem seiner Angehörigen bestehende, aus dem Wesen des Staates entspringende Verhältnis. Das (als Rechtsfigur zwischen 1870 und 1918 entstandene,) als solches mehr und mehr umstrittene *besondere* G. (→ Sonderrechtsverhältnis, besonderes Pflichtenverhältnis) ist das für bestimmte Gruppen von Einzelnen – teils kraft freiwilligen Eintritts, teils kraft gesetzlicher Anordnung – bestehende, ihnen besondere Pflichten auferlegende Verhältnis des Staats zu ihnen (z. B. Strafgefangene, Schüler, Studenten, Beamte). In ihm wird zwischen Grundverhältnis und Betriebsver-

hältnis unterschieden. Zum Grundverhältnis gehören die Maßnahmen, die das besondere G. begründen, ändern und aufheben und wegen ihrer Gewichtigkeit → Verwaltungsakte sind, die einer gesetzlichen Grundlage bedürfen. Dagegen zählen zum Betriebsverhältnis solche Maßnahmen, die nur der Verwirklichung des Zweckes dienen, zu dem das jeweilige besondere G. begründet wurde (Einzelweisungen). Im Privatrecht bestand zwischen Eltern und → Kindern ein G. (elterliche Gewalt bzw. jetzt elterliche → Sorge).

Lit.: *Loschelder, W.,* Vom besonderen Gewaltverhältnis zur Sonderverbindung, 1982; *Luthe, E.,* Das besondere Gewaltverhältnis, 1989

Gewässer ist die (nicht ganz unbedeutende) Ansammlung von Wasser. Das G. kann Binnengewässer, Küstengewässer oder hohes Meer sein, das Binnengewässer oberirdisches G. oder Grundwasser, das oberirdische G. (nach landesgesetzlicher Regelung) je nach seiner Größe und Bedeutung ein G. der ersten Ordnung (Bundeswasserstraßen und besonders aufgeführte Flüsse und Seen), der zweiten Ordnung (alle sonstigen bedeutenderen G.) oder dritter Ordnung (unbedeutendere G.). Das → Eigentum an den Gewässern der ersten Ordnung steht dem Bund (Art. 89 GG) oder den Ländern, das Eigentum an den übrigen Gewässern meist den jeweiligen Eigentümern der Ufergrundstücke zu. Die Benutzung der G. bedarf, soweit sie nicht → Gemeingebrauch (z. B. Kahnfahren, Schwimmen, Schöpfen mit Handgefäßen) ist, einer behördlichen → Erlaubnis oder einer Bewilligung (z. B. Entnahme von Wasser, Einleitung von Stoffen, Einleitung von → Abwasser).

Lit.: *Kotulla, M.,* Rechtliche Instrumente des Grundwasserschutzes, 1999; *Seidel, W.,* Gewässerschutz durch europäisches Gemeinschaftsrecht, 2000

Gewerbe (§ 1 GewO, vgl. auch § 1 GewStDV) ist die erlaubte, auf Dauer und Gewinnerzielung (str.) gerichtete selbständige Tätigkeit (kein G. soll deshalb z. B. der Betrieb eines gemeindlichen Schlachthofs sein, bei dem durch Satzung die Gewinnerzielung ausgeschlossen ist). Ausgenommen sind herkömmlicherweise allerdings Urproduktion (Bergbau, Landwirtschaft, Jagd), freie → Berufe (Arzt, Rechtsanwalt, Architekt) und die Wahrnehmung öffentlicher Aufgaben (Notar) sowie die schlichte Verwaltung eigenen Vermögens. Für alle G. gilt die allgemeine → Gewerbeordnung, für besondere G. das besondere Gesetz (z. B. Handwerksordnung, Gaststättengesetz, Personenbeförderungsgesetz), für → Handelsgewerbe auch das → Handelsgesetzbuch. Das G. kann *stehendes* G. (§§ 14 ff. GewO) oder *Reisegewerbe* (ambulantes Gewerbe) sein (§§ 55 ff. GewO). Wer den selbständigen Betrieb eines stehenden Gewerbes oder den Betrieb einer Zweigniederlassung oder einer unselbständigen Zweigstelle anfängt, muss dies der zuständigen Behörde gleichzeitig anzeigen. Bei Vorliegen der gesetzlichen Voraussetzungen (Unzuverlässigkeit) kann die zuständige Behörde die Ausübung des Gewerbes untersagen (§ 35 GewO).

Lit.: *Steisslinger, J.,* Der Gewerbebegriff im Handels- und Steuerrecht, 1989

Gewerbeaufsicht (§ 139b GewO) ist die staatliche → Aufsicht über die → Gewerbe. Hierzu gehört im weiteren Sinn das Recht der → Zulassung zu einem Gewerbe bzw. der Untersagung eines Gewerbes, im engeren Sinn vor allem die Überwachung der Einhaltung des → Arbeitsschutzrechts. Ausgeübt wird die G. hauptsächlich durch die Gewerbeaufsichtsämter.

Lit.: *Buck-Heilig, L.,* Die Gewerbeaufsicht, 1989

Gewerbebetrieb ist im Verwaltungsrecht die Ausübung eines → Gewerbes und die dazu erforderliche organisatorische Einheit. Im Schuldrecht (§ 823 I BGB) ist das Recht am *eingerichteten und ausgeübten* G. ein sonstiges → Recht, dessen Verletzung zu einem → Schadensersatzanspruch führen kann (str.). Erforderlich ist allerdings ein unmittelbarer, betriebsbezogener → Eingriff (z.B. Blockade des Gewerbebetriebs, Aufforderung zum Boykott, herabsetzendes Werturteil, unberechtigte Behauptung eines Patents).

Lit.: *Kellenberger, C.,* Der verfassungsrechtliche Schutz des eingerichteten und ausgeübten Gewerbebetriebs, 1999; *Sack, R.,* Das Recht am Gewerbebetrieb, 2007

Gewerbefreiheit (§ 1 GewO, Art. 12 GG) ist die (seit 1869 gewährleistete) Freiheit der gewerblichen Betätigung. Danach ist der → Betrieb eines → Gewerbes grundsätzlich jedermann gestattet und darf der Beginn und die Fortsetzung des Gewerbebetriebs nur den gesetzlich festgelegten Beschränkungen (z.B. Gewerbeerlaubnis, Konzession) unterworfen werden. Die Ausübung eines Gewerbes darf weitergehend geregelt werden. Rechtstatsächlich bedarf die Ausübung eines Gewerbes vielfach der verwaltungsrechtlichen Zulassung.

Lit.: *Lohage, G.,* Zünfte und Gewerbefreiheit, 2003

Gewerbeordnung (GewO) ist das am 21.6.1869 (im Norddeutschen Bund) zur grundsätzlichen Regelung des Rechtes der → Gewerbe geschaffene → Gesetz. Die G. enthält (neben einigen allgemeinen Bestimmungen) besondere Vorschriften vor allem für das stehende Gewerbe, das Reisegewerbe, den Marktverkehr und die gewerblichen Arbeiter. Die Verletzung gewerblicher Vorschriften wird meist als → Ordnungswidrigkeit, ausnahmsweise auch als → Straftat behandelt.

Lit.: *Landmann, R./Rohmer, G. v.,* Gewerbeordnung (Lbl.) 56. A. 2010; *Tettinger, P./Wank, R.,* Gewerbeordnung, 8. A. 2011; Gewerbeordnung, hg. v. *Pielow, J.,* 39. A. 2015

Gewerberaum ist der zur Ausübung eines Gewerbes genützte oder geplante Raum.

Gewerberaummietrecht ist das Recht der Miete von Gewerberaum. → Geschäftsraummiete

Lit.: *Fritz, J.,* Gewerberaummietrecht, 5. A. 2009; *Fritz, J.,* Die Entwicklung des Gewerberaummietrechts, NJW 2015, 1064; *Tank/Baumgarten/Kutz,* Gewerberaummietrecht, 2011; *Ghassemi-Tabar/Leo,* AGB im Gewerberaummietrecht, 2011; *Schultz, M.,* Gewerberaummiete, 4. A. 2015; Gewerberaummiete, hg. v. *Ghassemi-Tabar, N. u. a.,* 3. A. 2015

Gewerberecht ist die Gesamtheit der → Gewerbe betreffenden Rechtssätze.

Lit.: *Robinski, S.,* Gewerberecht, 2. A. 2002; Handbuch des Sicherheitsgewerberechts, hg. v. *Stober, R. u. a.,* 2004

Gewerbesteuer ist die von den → Gewerbebetrieben erhobene → Steuer. Sie ist → Ertragsteuer (→ Realsteuer) und → Gemeindesteuer. Steuerobjekt sind grundsätzlich die Gewerbeerträge (Gewinne aus Gewerbebetrieb), die aber in den einzelnen Gemeinden unterschiedlich hoch besteuert werden.

Lit.: Gewerbesteuerrecht, 27. A. 2015; *Glanegger, P./Güroff, G.,* Gewerbesteuergesetz, 8. A. 2014; *Blümich, W.,* Einkommensteuergesetz (Lbl.), 128. A. 2015; Handbuch zur Gewerbesteuerveranlagung 2013, 2014; *Frotscher, G.,* Körperschaftsteuer, Gewerbesteuer, 2. A. 2008

Gewerbetreibender ist, wer ein → Gewerbe ausübt.

Lit.: *Robinski, S.,* Gewerberecht, 2. A. 2002

Gewerbezentralregister (§ 149 GewO) ist das bei dem → Bundeszentralregister (Bundesamt für Justiz in Bonn) eingerichtete Register für Gewerbe.

Lit.: *Huttner, G.,* Bundeszentralregister und Gewerbezentralregister, 2. A. 2010

gewerblich (Adj.) ein Gewerbe betreffend

gewerblicher Rechtsschutz → Rechtsschutz, gewerblicher

gewerbsmäßig → Gewerbsmäßigkeit

Gewerbsmäßigkeit (z.B. § 180a I StGB Prostitutionsförderung, § 292 II StGB Jagdwilderei) ist die Qualifikation einer → Handlung, die vorliegt, wenn es einem Täter darauf ankommt, sich aus wiederholter Begehung einer Tat eine fortlaufende Haupteinnahmequelle oder auch nur Nebeneinnahmequelle von einigem Umfang zu schaffen. Die G. kann ein strafbegründendes oder strafschärfendes Tatbestandsmerkmal einer → Straftat sein.

Lit.: *Schnell, B.,* Der gewerbsmäßige Betrug, 1990 (Schweiz)

Gewere ist im mittelalterlichen deutschen Recht ein (sachenrechtlicher Vorgang, Einkleidung mit einer Sache oder einem Recht, lat. investitura, und das hieraus erwachsende) Verhältnis eines Menschen zu einer → Sache (oder auch einem Recht), kraft dessen ihr Träger rechtswidrige Eingriffe abwehren (Defensivfunktion), die Sache nach Wegnahme zurückfordern (Offensivfunktion) und die (Rechte an der) Sache übertragen darf (Translativfunktion). Formelhaft wird die G. in der Gegenwart als Kleid d.h. äußere Erscheinungsform (z.B. Innehaben, Nutzen) des (als solchen nicht sichtbaren, aber übertragen unter dem Kleid verborgenen bzw. mit Hilfe des Kleides sichtbar gemachten) Rechtes (z.B. Eigentum) an der Sache beschrieben. Sie kann *leibliche* (körperliche) G. oder *ideelle* (unkörperliche) G. sein. Die Rechtsfigur könnte als Folge komplizierterer Rechtsverhältnisse an Sachen am Übergang von der Antike zum Mittelalter von der Kirche entwickelt worden sein. In der Neuzeit tritt an die Stelle des Begriffs G. der von lat. (F.) possessio abgeleitete Begriff → Besitz (leibliche G. unmittelbarer Besitz, ideelle G. mittelbarer Besitz).

Lit.: *Köbler, G.,* Deutsche Rechtsgeschichte, 6. A. 2005

Gewerkschaft ist allgemein ein Zusammenschluss von tätigen Menschen (Gewerken) zu einem bestimmten Zweck. Im Gesellschaftsrecht war die *bergrechtliche* G. die nichtrechtsfähige (gesamthänderische) Mehrheit (G. alten Rechtes) oder rechtsfähige Mehrheit (G. neueren Rechtes) von Eigentümern eines Bergwerks. Durch § 163 BBergG ist die G. zum 1.1.1986 grundsätzlich aufgelöst worden. Im Arbeitsrecht ist die G. ein auf Grund der sog. sozialen → Frage im 19. Jh. entstandener freiwilliger – durch Art. 9 III geschützter – Zusammenschluss von → Arbeitnehmern zur Sicherung und Verbesserung der wirtschaftlichen und sozialen Lage ihrer Mitglieder insbesondere gegenüber → Arbeitgebern. Die G. ist ein nichtrechtsfähiger → Verein, dem aber → Tariffähigkeit und → Parteifähigkeit (vgl. § 10 I ArbGG) zukommen. Organisiert sind die Gewerkschaften in der Regel nach Industrieverbänden (z.B. Bau, Steine, Erden; Metall, Dienstleistungen), wobei die Einzelgewerkschaften im Deutschen Gewerkschaftsbund (2003 rund 7,4 Millionen Mitglieder) (und im wenig bedeutenden Christlichen Gewerkschaftsbund) zusammengeschlossen sind. Ihre Organe sind regelmäßig Hauptversammlung und Vorstand.

Lit.: *Däubler, W.,* Gewerkschaftsrechte im Betrieb, 11. A. 2010; *Schneider, M.,* Kleine Geschichte der Gewerkschaften, 2. A. 2000; *Botterweck, J.,* Gewerkschaftspluralismus im Betrieb, 2007

Gewillkürt ist eine Qualifikation eines Geschehens, die voraussetzt, dass es durch → Willen (Parteiwillen) bewirkt worden ist (z.B. gewillkürte → Erbfolge, gewillkürte Form, gewillkürte Stellvertretung). Den Gegensatz bildet die kraft Gesetzes eintretende Bewirkung (z.B. gesetzliche Erbfolge, gesetzliche Form, gesetzliche Vertretung).

gewillkürte Erbfolge → Erbfolge, gewillkürte

Gewinn ist allgemein der Ertrag einer Gütererzeugung abzüglich der aufgewandten Kosten. Gegensatz des Gewinns ist der → Verlust. Im Handelsrecht und Steuerrecht ist G. grundsätzlich die durch Vergleich der Jahresbilanz mit der vorangehenden Jahresbilanz festzustellende Vermehrung des → Vermögens bzw. bei der Überschussrechnung der Überschuss der Betriebseinnahmen über die Betriebsausgaben.

Lit.: *Bombita, R./Köstler, B.,* Gewinnermittlung, 1998; *Halfpap, F.,* Der entgangene Gewinn, 1999; *Lange, J.,* Verdeckte Gewinnausschüttungen, 2003

Gewinnabschöpfung ist die Abschöpfung eines Gewinns eines Handelnden zu Gunsten der Allgemeinheit. Sie ist in vielen verkehrsrechtlichen Bußgeldverfahren möglich. Geregelt ist die G. dabei in § 17 IV OWiG.

Lit.: *Krumm, C.,* Gewinnabschöpfung durch Geldbuße, NJW 2011, 196

Gewinnanteil (z.B. § 121 HGB) ist der Anteil des einzelnen Gesellschafters am → Gewinn der → Gesellschaft (z.B. Dividende). In der Regel kann der Gesellschafter jährliche Auszahlung seines Gewinns verlangen. Der ausgezahlte G. ist Einkunft.

Lit.: *Arnold, M.,* Der Gewinnauszahlungsanspruch, 2001

Gewinnaufspürung ist die Aufspürung (rechtswidriger) Gewinne. Zu diesem Zweck sind zahlreiche Pflichten der am Zahlungsverkehr und bestimmten Geschäften Beteiligten festgelegt. Beispielsweise müssen Kreditinstitute Einzahler von Bargeld ab 15 000 Euro identifizieren, damit → Geldwäsche besser bekämpft werden kann.

Gewinnermittlung → Gewinn

Gewinnzusage (§ 661a BGB) ist die Zusage eines Gewinns. Ein Unternehmer, der Gewinnzusagen oder vergleichbare Mitteilungen an Verbraucher sendet und durch die Gestaltung dieser Zusendungen den Eindruck erweckt, dass der Verbraucher einen Preis gewonnen hat, hat dem Verbraucher (trotz eines möglichen geheimen Vorbehalts kraft gesetzlicher Bestimmung) diesen Preis zu leisten. Ein Vertragsschluss ist nicht erforderlich, die Ermittlung des (meist über e-mail) Zusagenden vielfach kaum möglich.

Lit.: *Wied, G.,* Gewinnversprechen von Versandfirmen, 2003; *Schröder, R./Thiessen, J.,* Gewinnzusagen, NJW 2004, 719; *Leible, S.,* Luxemburg locuta, NJW 2005, 796; *Kühl, M.,* Die Gewinnzusage nach § 661a BGB, 2007

Gewissen ist die Gesamtheit der Überzeugungen des Einzelnen vom sittlich gesollten Verhalten. Nach Art. 4 III GG darf niemand gegen sein G. zum Kriegsdienst mit der → Waffe gezwungen werden.

Lit.: *Filmer, F.,* Das Gewissen als Argument im Recht, 2000

Gewissensfreiheit (Art. 4 I GG) ist die Freiheit der Gewissensbildung wie der Gewissensbetätigung. Die Berufung auf das → Gewissen befreit unter Umständen von einem äußeren Zwang zu einem bestimmten Handeln (z.B. Kriegsdienst mit Waffen) oder Unterlassen. Die Freiheit des Gewissens ist nach Art. 4 I GG unverletzlich.

Lit.: *Höcker, R.,* Das Grundrecht der Gewissensfreiheit, 2000; *Naujok, J.,* Steuerpflicht und Gewissensfreiheit, 2003

gewohnheitsmäßig → Gewohnheitsmäßigkeit

Gewohnheitsmäßigkeit (z.B. Wilderei § 292 II StGB) ist die Qualifikation einer Handlung, die vorliegt, wenn der Täter aus einem durch Übung ausgebildeten, selbständig fortwirkenden Hang (in mindestens zwei Fällen) tätig wird, dessen Befriedigung ihm bewusst oder unbewusst ohne innere Auseinandersetzung gleichsam von der Hand geht. Die G. kann ein strafbegründendes oder straferhöhendes Tatbestandsmerkmal einer → Straftat sein.

Gewohnheitsrecht ist das durch langdauernde Übung in der Überzeugung, damit recht zu handeln, von den Beteiligten geschaffene → Recht. Es steht als ungesetztes Recht dem → Gesetz (gesetzten Recht) gegenüber. Durch Art. 2 EGBGB (jede Rechtsnorm) ist es ausdrücklich anerkannt. Es kann geschrieben oder ungeschrieben sein und ist rechtstatsächlich in älteren Zeiten verbreitet, im Rechtsstaat selten.

Lit.: *Neuhaus, K.,* Gewohnheitsrecht, JuS 1996, L 41; *Ostertun, D.,* Gewohnheitsrecht in der Europäischen Union, 1996; Menschenrechtsschutz durch Gewohnheitsrecht, hg. v. *Klein, E.,* 2003

Gift ist der chemische Stoff, der zu Gesundheitsschäden führen kann (z. B. Arsen, auch Alkohol oder Kochsalz in großen Mengen). In geringen Mengen kann G. Heilmittel sein. Die Beibringung von G. ist als gefährliche Körperverletzung strafbar (§ 224 I Nr. 1 StGB).

Lit.: *Marquardt, H.,* Lehrbuch der Toxikologie, 3. A. 2013; *Lüllmann, H.,* Pharmakologie und Toxikologie, 17. A. 2010

Gilde ist im mittelalterlichen deutschen Recht eine Berufsvereinigung (z. B. Kaufmannsgilde).

Lit.: *Köbler, G.,* Deutsche Rechtsgeschichte, 6. A. 2005

Giralgeld (N.) Buchgeld

Lit.: *Münch, C.,* Das Giralgeld, 1990

Giro (it. [M.]) Umlauf

Girovertrag (§§ 675c ff. BGB) ist der → Vertrag eines Betreibers eines → Kreditinstituts mit einem Kunden, der die bargeldlose Abwicklung von Ansprüchen oder Schulden des Kunden zum Gegenstand hat. Er ist → Geschäftsbesorgungsvertrag. Er verpflichtet den Unternehmer, für den Kunden ein Konto einzurichten, eingehende Zahlungen auf dem Konto gutzuschreiben und abgeschlossene Überweisungsverträge zu Lasten dieses Kontos abzuwickeln. Die Überweisungen erfolgen über die verschiedenen Gironetze der einzelnen Unternehmer. Für die Frage, wer Inhaber eines Girokontos ist, kommt der Bezeichnung bei der Kontoeröffnung regelmäßig besonderes Gewicht zu. Fortführende Miterben erlangen eine eigene persönliche Rechtsbeziehung zum jeweiligen Kreditinstitut.

Lit.: *Klamt, A./Koch, C.,* Das neue Überweisungsgesetz, NJW 1999, 2776; *Brügmann, S.,* Das Recht auf ein Girokonto, 1999; *Geschwandtner, M. u. a.,* Girokonto für jedermann, NJW 2007, 1253

Glaube (Art. 4 I GG) ist im Verfassungsrecht die Gesamtheit der Überzeugungen des Einzelnen von der Stellung des Menschen in der Welt und seiner Beziehung zu höheren Mächten und tieferen Seinsschichten. Im Privatrecht ist der *öffentliche* G. der Schutz, den der genießt, der sich auf die Richtigkeit bestimmter öffentlicher → Urkunden verlässt (z. B. → Grundbuch §§ 892, 893 BGB, → Erbschein § 2366 BGB). Der auf die öffentliche Urkunde vertrauende Erwerber erwirbt (kraft gesetzlicher Bestimmung) ein Recht auch dann, wenn die öffentliche Urkunde in Widerspruch zur wahren Rechtslage steht. Der wahre Berechtigte erleidet kraft Gesetzes einen entsprechenden Rechtsverlust. Erforderlich ist allerdings *guter* G. des Erwerbers. Dies bedeutet

hier, dass der Erwerber nicht (positiv) wissen darf, dass z. B. das Grundbuch unrichtig ist. Beim Erwerb des → Eigentums an beweglichen → Sachen vom → Nichtberechtigten (§ 932 BGB) ist der Erwerber nicht in gutem G., wenn ihm bekannt oder infolge grober → Fahrlässigkeit unbekannt ist, dass die Sache nicht dem Veräußerer gehört. Bei der → Ersitzung (§ 937 II BGB) fehlt der gute G., wenn der Besitzer im Zeitpunkt des Besitzerwerbs weiß oder infolge grober Fahrlässigkeit nicht weiß, dass er nicht Eigentümer wird.

Lit.: *Zimmermann, R.,* Good faith in European contract law, 2000; *Heim, K.,* Glaube und Denken, 2003

Glaubensfreiheit (§ 4 I GG) ist die Freiheit, einen eigenen → Glauben zu bilden, zu äußern und dafür zu werben. Gemäß Art. 4 I GG ist die Freiheit des Glaubens unverletzlich. Dem → Staat ist es verboten, die Bildung und den Bestand des Glaubens des Einzelnen zu beeinflussen.

Lit.: *Grulich, R.,* Religions- und Glaubensfreiheit als Menschenrechte, 1980; *Jakobs, C.,* Kreuze in der Schule, 2000

Glaubhaftmachung (§ 294 ZPO) ist die Begründung zumindest der überwiegenden Wahrscheinlichkeit eines bestimmten Geschehensablaufs. Die G. ist eine abgeschwächte Form der Beweisführung. Sie ist nur in den gesetzlich bestimmten Fällen zulässig (z. B. § 44 II ZPO). Sie geschieht außer durch die (sofort erhebbaren) → Beweismittel durch → Versicherung an Eides statt seitens der → Partei oder eines Dritten. Eine → Beweisaufnahme ist nur statthaft, wenn sie sofort erfolgen kann (§ 294 II ZPO).

Lit.: *Scherer, I.,* Das Beweismaß bei der Glaubhaftmachung, 1996

Gläubiger (§ 241 BGB) ist die Person, die aus einem → Schuldverhältnis berechtigt ist, von dem → Schuldner eine Leistung zu fordern. Der Begriff wird über das materielle Recht hinaus auch im Verfahrensrecht verwandt (z. B. §§ 710 ff. ZPO). Der G. einer Forderung kann zugleich Schuldner einer Gegenforderung sein (z. B. Käufer und Verkäufer im Kaufvertrag oder allgemein beide Beteiligte des gegenseitigen Vertrags). Der G. braucht nicht Vertragspartei des der Forderung zugrundeliegenden Schuldverhältnisses zu sein (→ Abtretung, berechtigender → Vertrag zugunsten Dritter).

Lit.: *Rütten, W.,* Mehrheit von Gläubigern, 1989; *Frommhold, I.,* Die Gläubigerkonkurrenz, 2004

Gläubigeranfechtung (§ 1 AnfG) ist die → Anfechtung einer seine Gläubiger benachteiligenden Rechtshandlung eines → Schuldners außerhalb des Insolvenzverfahrens durch den Gläubiger zum Zweck seiner Befriedigung. Die G. ist im besonderen, mit Wirkung vom 1.1.1999 seinen Vorläufer aufhebenden Anfechtungsgesetz geregelt. Zur Anfechtung ist jeder Gläubiger berechtigt, der einen vollstreckbaren Schuldtitel erlangt hat und dessen Forderung fällig ist, wenn die Zwangsvollstreckung in das Vermögen des Schuldners nicht zu einer vollständigen Befriedigung des Gläubigers geführt hat oder wenn anzunehmen ist, dass sie nicht dazu führen würde. Anfechtbar ist eine Rechtshandlung, die der Schuldner in den letzten zehn Jahren vor der Anfechtung mit dem Vorsatz, seine Gläubiger zu benachteiligen, vorgenommen hat, wenn der andere Teil den Vorsatz des Schuldners kannte. Anfechtbar ist weiter ein vom Schuldner mit einer nahestehenden Person geschlossener entgeltlicher, die Gläubiger unmittelbar benachteiligender Vertrag. Anfechtbar ist schließlich eine unentgeltliche Leistung des Schuldners in den letzten vier Jahren vor der Anfechtung. Was durch die anfechtbare Rechtshandlung aus dem Vermögen des Schuldners veräußert, weggegeben oder aufgegeben ist, muss dem Gläubiger, soweit es zu dessen Befriedigung erforderlich ist, zur Verfügung gestellt werden. Die Anfechtbarkeit kann durch Einrede, der Anfechtungsanspruch im Wege der Klage geltend gemacht werden.

Lit.: *Allgayer, P.*, Rechtsfolgen und Wirkungen der Gläubigeranfechtung, 2000; *Fahlbusch, W.*, Insolvenzrecht und Anfechtungsrecht, 9. A. 2013

Gläubigerversammlung (§ 74 InsO) ist die Versammlung der → Gläubiger eines Schuldners (im Insolvenzverfahren). Sie wirkt bei besonders wichtigen Fragen des → Insolvenzverfahrens mit (z.B. Wahl oder Überwachung eines Insolvenzverwalters, Schließung oder Fortführung des Geschäfts). Im Übrigen wird der Insolvenzverwalter selbständig tätig.

Gläubigerverzug (§ 293 BGB) oder Annahmeverzug ist die Verzögerung der → Erfüllung durch Fehlen eines zum Eintritt der Erfüllung notwendigen Verhaltens des Gläubigers, insbesondere der Annahme der → Leistung. G. ist ein Fall der → Leistungsstörung. Der G. erfordert eine Leistungspflicht des Schuldners, die → Erfüllbarkeit der → Schuld, die Möglichkeit der Leistung, das Angebot der Leistung oder dessen Entbehrlichkeit (§ 296 BGB) und die Nichtannahme bzw. Nichtmitwirkung seitens des Gläubigers. Seine Rechtsfolgen (§§ 300 ff. BGB) können Einschränkung des → Vertretenmüssens, → Gefahrübergang, Wegfall einer Zinspflicht, Einschränkung einer Nutzungsherausgabepflicht, Hinterlegungsrecht, Besitzaufgaberecht und Aufwendungserstattungsrecht sein.

Lit.: *Lammich, K.*, Gläubiger- und Schuldnerverzug, 2003

Glaubwürdigkeit → Zeuge

Lit.: *Gödert, H.*, Forensische Glaubhaftigkeitsbeurteilung, 2002

gleichartig (Adj.) von gleicher Art

gleichartige Tateinheit → Tateinheit, gleichartige

Gleichartigkeit ist die Zugehörigkeit zweier Handlungen oder Gegenstände zur gleichen Art (z.B. Geldforderung und Geldforderung). Im Schuldrecht ist die G. der geschuldeten Leistungen Voraussetzung der → Aufrechnung (§ 387 BGB). In dem Art. 105 II GG besteht ein Gleichartigkeitsverbot.

Lit.: *Holst, B.*, Das Gleichartigkeitsverbot, 1990

Gleichbehandlung ist die gleiche, nicht diskriminierend Behandlung von Menschen, die seit 2006 in Deutschland durch ein vier Richtlinien der europäischen Gemeinschaften umsetzendes, vor allem Arbeitsverhältnisse betreffendes allgemeines Gleichbehandlungsgesetz gesichert ist.

Lit.: *Bauer/Krieger*, AGG – Allgemeines Gleichbehandlungsgesetz, 4. A. 2015; Allgemeines Gleichbehandlungsgesetz, hg. v. *Däubler, W. u. a.*, 3. A. 2013

Gleichbehandlungsgrundsatz (Art. 3 GG) ist der aus der → Verfassung (alle Menschen sind vor dem Gesetz gleich) folgende Grundsatz, dass alle Personen rechtlich gleich zu behandeln sind. Er hat über das Verfassungsrecht hinaus aber nur in einigen Bereichen konkrete Bedeutung. Insbesondere sind im Verwaltungsrecht alle → Behörden verpflichtet, verschiedene Personen bei gleichen Voraussetzungen gleich zu behandeln (z.B. Unterrichtung mehrerer Zeitungsunternehmer durch eine Verwaltungsbehörde). Andernfalls ist das → Verwaltungshandeln fehlerhaft. Im Gesellschaftsrecht hat die → Gesellschaft ihre Gesellschafter (z.B. Stimmrecht), im Arbeitsrecht der → Arbeitgeber seine Arbeitnehmer (z.B. Gratifikation) grundsätzlich gleich zu behandeln (str.). Die Verletzung der Verpflichtung begründet regelmäßig einen Gleichstellungsanspruch der Benachteiligten.

Lit.: *Mahlberg, L.*, Der wettbewerbsrechtliche Gleichbehandlungsanspruch, 2003

Gleichberechtigung (Art. 3 II GG) ist der Grundsatz der gleichen Rechte für Männer und Frauen. Gemäß Art. 3 III GG darf niemand wegen seines Geschlechts benachteiligt oder bevorzugt werden. Allerdings können nach der Rechtsprechung des Bundesverfassungsgerichts objektive biologische und funktionale Unterschiede eine verschiedene Behandlung von Männern und Frauen rechtfertigen. Die G. ist ein Unterfall des allgemeinen → Gleichheitsgrundsatzes (str.). Nach Art. 3 II 2 GG fördert der Staat die tatsächliche Durchsetzung der Gleichberechtigung von Frauen und Männern. Nach einer Entscheidung des Europäischen Gerichtshofs vom 17.10.1995 dürfen Frauen bei gleicher Qualifikation nicht grundsätzlich gegenüber Männern bevorzugt werden.

Lit.: *Leicht-Scholten, C.*, Das Recht auf Gleichberechtigung, 2000; *Graue, B.*, Der deutsche und europäische öffentliche Dienst, 2004

gleiche Wahl → Wahl, gleiche

Gleichheitsgrundsatz (Art. 3 I GG) ist der Grundsatz, dass alle Menschen vor dem → Gesetz gleich sind. Gemäß Art. 3 III GG darf niemand wegen (seines Geschlechts,) seiner Abstammung, seiner Rasse, seiner Heimat und Herkunft, seines Glaubens oder seiner religiösen oder politischen Anschauung benachteiligt oder bevorzugt werden. Dadurch wird der Gesetzgeber verpflichtet, in → Gesetzen wesentlich Gleiches gleich zu regeln. Jede Anwendung von Gesetzen muss dem Rechnung tragen (unterschiedliche Auslegung eines Gesetzes ist aber zulässig). Aus dem G. leitet sich auch das Verbot der willkürlich verschiedenen Ordnung oder Behandlung ab. Der G. ist vor allem dann verletzt, wenn eine Gruppe von Normadressaten im Vergleich zu anderen

Normadressaten anders behandelt wird, obwohl zwischen beiden Gruppen keine Unterschiede von solcher Art und solchem Gewicht bestehen, dass sie die ungleiche Behandlung rechtfertigen können (z. B. ungleiche Behandlung von Soldaten und Soldatinnen hinsichtlich der Haartracht, ungleiche Behandlung von Durchschnittszeitstudierenden und Langzeitstudierenden hinsichtlich der Gebühren).

Lit.: *Wolfrum, R.,* Gleichheit und Nichtdiskriminierung, 2003; *Boysen, S.,* Gleichheit im Bundesstaat, 2004; *Schwarz, K.,* Grundfälle zu Art. 3 GG, JuS 2009, 417; *Lampert, S.,* Die wahlrechtlichen Gleichheitssätze, JuS 2011, 884

global (Adj.) (den Globus) umfassend

Globalzession ist die → Abtretung einer allgemein bestimmten Vielzahl von → Forderungen. Sie ist grundsätzlich zulässig. Sie kann aber im Einzelfall gegen die guten → Sitten verstoßen.

Lit.: *Köbler, G.,* Schuldrecht, 2. A. 1995; *Yazhari, F.,* Verlängerter Eigentumsvorbehalt und Globalzession, 2002

Glossator ist der Verfasser einer → Glosse (Worterklärung) (insbesondere der mittelalterliche oberitalienische Rechtswissenschaftler, der seit etwa 1100 [bis ungefähr 1230] vor allem die römischen und kanonischen Rechtsquellen mit Glossen versieht [z. B. Irnerius, Bulgarus, Hugo, Jacobus, Martinus]).

Lit.: *Lange, H.,* Römisches Recht im Mittelalter, 1997

Glosse (griech. [F.] Zunge) ist ursprünglich das ungewöhnliche, erklärungsbedürftige Wort, später die Erklärung eines solchen Wortes sowie die Gesamtheit der einzelnen Glossen (Erklärungen) zu einem bestimmten Text (z. B. zum später sog. → corpus iuris civilis oder zum → Sachsenspiegel).

Glücksspiel (§§ 284 f. StGB) ist das (entgeltliche) Spiel, bei dem im Wesentlichen nicht die Fähigkeiten des Spielers, sondern der Zufall über Gewinn und Verlust entscheidet (z. B. Roulette, Toto, Lotto). Wer ohne behördliche Erlaubnis (§ 33d GewO) *öffentlich* ein G. veranstaltet oder hält oder die Einrichtungen hierzu bereitstellt, oder wer sich an einem öffentlichen G. beteiligt, wird mit Freiheitsstrafe bis zu zwei Jahren oder mit Geldstrafe bestraft. Das (Einnahmen ermöglichende) staatliche Monopol soll der Einschränkung der mit dem G. verbundenen Gefahren dienen.

Lit.: *Bardt, H.,* Staat und Glücksspiel in Deutschland, 2004; *Dietlein/Hecker/Ruttig,* Glücksspielrecht, 2. A. 2013; *Zankl, W.,* Online-Glücksspiel in Europa, 2011; *Streinz/Liesching/Hambach,* Glücks- und Gewinnspielrecht in den Medien, 2013

GmbH → Gesellschaft mit beschränkter Haftung

Gnade ist die großzügige, nicht zu erwartende Nachsicht, Milde oder Gunst. Sie wirkt sich im Recht vor allem in der Minderung einer → Strafe aus außerrechtlichen Gründen aus. Rechtsgeschichtlich wird sie entweder auf eine göttliche Einwirkung, die Willensfreiheit des Verletzten oder die Macht eines Herrschers zurückgeführt.

Lit.: *Birkhoff, H./Lemke, M.,* Gnadenrecht 2012

Gnadenakt ist der nicht auf → Recht, sondern auf → Gnade (Wohlwollen und Ermessen) beruhende Akt (Gnade geht vor Recht, z. B. → Begnadigung eines einzelnen Strafgefangenen oder allgemeine → Abolition, → Amnestie), auf den kein Rechtsanspruch besteht. Der G. ist grundsätzlich gerichtlich nicht überprüfbar. Er ist im Rechtsstaat vor allem wegen des Gleichheitsgrundsatzes nicht unproblematisch, weshalb eine Ansicht im Vordringen ist, die eine gerichtliche Überprüfung zulässt.

Lit.: *Seitter, O.,* Die Rechtsnatur des Gnadenakts, 1962; *Schätzler, J.,* Handbuch des Gnadenrechts, 2. A. 1992

Gnadenerweis → Gnadenakt, → Begnadigung

Goldene Bulle (1356) ist (im deutschen Reich) das Gesetz bzw. Privileg, das vor allem die Rechte der Kurfürsten regelt (u. a. Unteilbarkeit der Kurfürstentümer). Es ist in Bestätigung der Rechtswirklichkeit von Kaiser Karl IV. den sieben → Kurfürsten erteilt. Das nicht begünstigte Herzogtum → Österreich gewinnt vergleichbare Vorrechte durch Fälschung einer Urkunde (sog. privilegium maius 1358/1359).

Lit.: *Köbler, G.,* Zielwörterbuch integrativer europäischer Rechtsgeschichte, 6. A. 2014 (Internet); *Laufs, A.,* Das Reichsgrundgesetz, NJW 2006, 3189

Good will (engl. [N.] guter Wille) ist die Gesamtheit der tatsächlichen Beziehungen und Verhältnisse eines → Kaufmanns zu Lieferanten und Kunden. Der g. w. ist ein wesentlicher Teil des → Unternehmens, der den inneren Geschäftswert (Firmenwert) ausmacht. Zahlenmäßig schlägt er sich nur bei einer Veräußerung oder Abfindung nieder.

Gott ist (vor allem nach christlicher Ansicht) das über dem Menschen stehende, von ihm verehrte Wesen mit übermenschlichen Kräften. In vielen Religionen sind derartige Wesen in Einzahl oder Mehrzahl anerkannt. Die christliche Religion geht von einem einzigen, aber dreieinigen Gott (Vater, Sohn und heiliger Geist) aus, der die Welt erschaffen hat und im jüngsten Gericht über die menschlichen Taten mit der Möglichkeit der Gewährung ewigen Lebens urteilt.

Gottes Gnaden, von (lat. dei gratia [F.]) ist im älteren deutschen Recht eine dem Herrschertitel beigefügte, die Unabhängigkeit von anderer irdischer Gewalt anzeigende Formel.

Lit.: *Flor, G.,* Gottesgnadentum und Herrschergnade, 1991; *Willoweit, D.,* Deutsche Verfassungsgeschichte, 7. A. 2013

Gottesfriede ist im hochmittelalterlichen Recht das (seit dem 10. Jh. in Südfrankreich, z. B. Charroux 989) von der Kirche ausgehende Friedensgebot, dessen Verletzung mit kirchlichen Sanktionen verfolgt wurde. → Landfriede

Lit.: *Achter, V.,* Über den Ursprung der Gottesfrieden, 1955; *Gergen, T.,* Pratique juridique de la paix, 2004

Gotteslästerung ist die seit 1969 straflose besonders verletzende öffentliche Kundgabe der Missachtung des christlichen Gottes.

Lit.: *Reinsdorf, C.,* Zensur im Namen des Herrn, 1997

Gottesstaat (M.) der von Gott geprägte Staat

Gottesurteil (Ordal) ist im mittelalterlichen, wohl insofern von der christlichen Kirche (str.) beeinflussten Recht die behauptete Entscheidung über die Schuld oder Unschuld eines Beschuldigten durch ein auf (einen einzigen d. h. den christlichen) Gott zurückgeführtes äußeres Zeichen (z. B. Tragen eines glühenden Eisens, Bahrprobe, Eintauchen in Wasser, str. ob auch Los, Zweikampf).
Lit.: *Köbler, G.,* Deutsche Rechtsgeschichte, 6. A. 2005; Kost, P., Gottesurteile im Mittelalter, 2003

Grad (Schritt) ist das Maß zur Bestimmung der Nähe der → Verwandtschaft, das auf die Zahl der vermittelnden Geburten abstellt. *Akademischer* G. ist die auf Grund wissenschaftlicher Qualifikation von einer staatlichen → Hochschule kraft staatlicher → Ermächtigung verliehene, dem Namen hinzufügbare, aber ab 1.1.2009 nicht mehr in Personenstandsregister einzutragende öffentliche Würde (z. B. Doktorgrad, Diplomgrad). Der akademische G. kann auch ehrenhalber verliehen werden (z. B. Ehrendoktor, Verleihung kann kollusiv sein z. B. an einen Geldwäscher oder Paten).
Lit.: *Köbler, G.,* Wie werde ich Jurist?, 5. A. 2007; *Zimmerling, W.,* Akademische Grade und Titel, 2. A. 1995

Gradualsystem ist das von den → Graden der → Verwandtschaft ausgehende System zur Bestimmung der gesetzlichen → Erben, das nach den §§ 1928 II, 1929 II BGB von der vierten Ordnung (→ Parentel) der Erbfolge an zur Anwendung kommt.

Graduierter ist der einen akademischen → Grad erlangt oder eine Staatsprüfung erfolgreich abgeschlossen habende Mensch.
Lit.: *Köbler, G.,* Wie werde ich Jurist?, 5. A. 2007

Graf ist im mittelalterlichen deutschen Recht der ursprünglich königliche, örtliche Amtsträger und Richter, später ein Angehöriger des höheren → Adels.
Lit.: *Borgolte, M.,* Die Grafen Alemanniens, 1986; *Köbler, G.,* Deutsche Rechtsgeschichte, 6. A. 2005

Gratifikation ist die Vergütung, die aus besonderem Anlass zusätzlich zu dem → Arbeitslohn gewährt wird (z. B. Weihnachtsgratifikation). Sie ist keine → Schenkung. Sie darf den Arbeitnehmer nicht übermäßig an den Betrieb binden.
Lit.: *Weinrich, B.,* Gratifikationen, Anwesenheits- und Treueprämien, Tantiemen, 4. A. 1998

grausam → Grausamkeit

Grausamkeit (§ 211 II StGB) ist das (für Mord mögliche) Qualifikationsmerkmal einer → Tötung, das voraussetzt, dass dem Opfer besonders starke Schmerzen oder Qualen körperlicher oder seelischer Art aus gefühlloser, unbarmherziger Gesinnung zugefügt werden.
Lit.: *Witt, O.,* Das Mordmerkmal grausam, 1996

gravamen (lat. [N.]) Beschwer

Grenze ist die Trennungslinie zwischen zwei Bereichen. Im Völkerrecht ist G. die Trennungslinie zwischen zwei → Staaten. Im Sachenrecht ist G. die durch amtliche Markierung festgelegte Trennungslinie zwischen zwei → Grundstücken. Bei einer Grenzverwirrung entscheidet u. U. der → Besitzstand (§ 920 BGB). Grenzanlagen unterliegen im Zweifel der gemeinschaftlichen Benutzung und Unterhaltung (§ 922 BGB). Dabei ist z. B. eine Hecke insgesamt Grenzeinrichtung, wenn auch nur einige Stämme der Bepflanzung dort, wo sie aus dem Boden herausragen, von der Grenzlinie betroffen sind.
Lit.: *Ruhwinkel, S.,* Die Rechtsverhältnisse beim Grenzüberbau, 2004

Griechenland ist der von Albanien, Mazedonien, Bulgarien, der Türkei und dem Mittelmeer begrenzte südosteuropäische, seit 1.1.1981 der Europäischen Gemeinschaft (Europäischen Union) angehörende Staat (131990 qkm, 10,5 Mill. Einwohner). 1995 beschloss G., dessen Recht vor allem von Frankreich und Deutschland beeinflusst ist, als letzter Mitgliedstaat der Europäischen Union (bis 2009) ein → Grundbuch einzurichten. Durch mangelnde Haushaltsdisziplin gefährdete G. den Euro.
Lit.: *Papagiannis, I.,* Griechisches Wirtschafts- und Unternehmensrecht, 1998; Griechenland in Europa, hg. v. *Gornig, G.,* 2000; *Köbler, G.,* Rechtsgriechisch, 2. A. 2011; *Schömmer, H./Kosmidis, A.,* Internationales Erbrecht Griechenland, 2007; *Tigré, P.,* Handbuch der deutschen juristischen Fachsprache, 2. A. 2008; *Schwarz, D./Takou, E.,* Wörterbuch Recht Griechisch-deutsch, Deutsch-griechisch, 2012

grob (Adj.) auffällig, bedeutsam

grobe Fahrlässigkeit → Fahrlässigkeit, grobe

grober Unfug → Unfug, grober

grober Unverstand → Unverstand, grober

Groß (§ 306b StGB) ist im Ausmaß erheblich oder überdurchschnittlich. 14 Menschen können strafrechtlich eine große Zahl von Menschen sein.

Großbritannien ist das auf dem Boden der ursprünglich von Kelten besiedelten römischen Kolonie Britannia erwachsene, von Angelsachsen (5. Jh.) wie französisierten Normannen (1066) geprägte nordwesteuropäische Königreich. Es hat trotz oder gerade wegen seiner freiheitsrechtlich geprägten Geschichte (z. B. 1215 → Magna charta libertatum) keine formelle Verfassung. In → England und Nordirland gelten common law und equity (Billigkeitsrecht), in Schottland ein stark römischrechtlich beeinflusstes Gewohnheitsrecht. Einzelne Rechtsgebiete sind gesetzlich geregelt (statute law). Seit 1.1.1973 gehört G. den → Europäischen Gemeinschaften bzw. der → Europäischen Union an.
Lit.: *Blumenwitz, D.,* Einführung in das angloamerikanische Recht, 7. A. 2003; *Dietl, C.,* Wörterbuch für Recht, Wirtschaft und Politik, Deutsch-Englisch, 5. A. 2005, Englisch-Deutsch, 6. A. 1999; *Romain, A./Ba-*

der, H./Byrd, B., Wörterbuch der Rechts- und Wirtschaftssprache, Englisch-Deutsch, 5. A. 2000, Deutsch-Englisch, 4. A. 2002; *Bernstorff, C. Graf v.,* Einführung in das englische Recht, 4. A. 2011; *Byrd, B.,* Einführung in die anglo-amerikanische Rechtssprache, 2. A. 2001, Bd. 2 2. A. 2010; *Köbler, G.,* Rechtsenglisch, 8. A. 2011; *Dietl, C./Lorenz, E.,* CD-Wörterbuch für Recht, Wirtschaft und Politik, 2002; *Henrich, D./Huber, P.,* Einführung in das englische Privatrecht, 3. A. 2003; *Buchhold, D.,* Die Vollstreckung deutscher Titel in Großbritannien, NJW 2007, 2734; Beck'sches Formularbuch Zivil-, Wirtschafts- und Unternehmensrecht Deutsch-Englisch, hg. v. *Walz, R.,* 3. A. 2014; *Cownie, F. u. a.,* English legal system in context, 5. A. 2010; Englisches Gesellschaftsrecht, hg. v. *Just, C.,* 2008; *Linhart, K.,* Englische Rechtssprache, 3. A. 2014; *Bugg, S.,* Contracts in English, 2010

großer Senat → Senat, großer

Großhandel ist der Handel von Zwischenhändlern mit Wiederverkäufern sowie die Lieferung von Fertigwaren oder Maschinen an Produzenten.
Lit.: *Tietz, W.,* Kundenbindung im Großhandel, 2002

Grundabtretung → Bergrecht

Grundbuch (§§ 873 ff. BGB, §§ 1 ff. GBO) ist das vom → Grundbuchamt geführte, alle die Rechtsverhältnisse an → Grundstücken betreffenden → Beurkundungen aufnehmende öffentliche → Register. Das G. enthält für jedes Grundstück grundsätzlich eine besondere Stelle (Grundbuchblatt, Realfoliensystem), doch können auch mehrere Grundstücke eines Eigentümers auf einem gemeinschaftlichen Grundbuchblatt (Personalfolium) geführt werden. Das Grundbuchblatt gliedert sich in das beschreibende Bestandsverzeichnis und drei Abteilungen (Eigentumsverhältnisse, dingliche Belastungen, Grundpfandrechte). Das G. kann von jedem, der ein berechtigtes → Interesse hat, eingesehen werden (z. B. auch von recherchierenden Journalisten). Eine Rechtsänderung an einem Grundstück setzt zu ihrer Wirksamkeit regelmäßig die → Eintragung voraus (§§ 873 ff. BGB, Buchungszwang). Das G. genießt öffentlichen → Glauben, so dass sein Inhalt trotz Unrichtigkeit bei Glauben an die Richtigkeit als richtig gilt (§ 892 BGB). Bei dem maschinell geführten (elektronischen) G. ist der in den dafür bestimmten Datenspeicher und auf Dauer unverändert in lesbarer Form wiedergabefähig eingegebene Inhalt des Grundbuchblatts das G.
Lit.: *Schöner, H./Stöber, K.,* Grundbuchrecht, 15. A. 2012; *Jäckel, H.,* Rechtsbehelfe in Grundbuchsachen, JuS 2006, 410; *Böttcher, R.,* Die Entwicklung des Grundbuch- und Grundstücksrechts, NJW 2015, 840

Grundbuchamt (§ 1 GBO) ist das für die Führung des → Grundbuchs zuständige Amt. Das G. ist in der Regel eine Abteilung des → Amtsgerichts (anders z. T. noch Bezirksnotare in Baden-Württemberg) im Rahmen der freiwilligen → Gerichtsbarkeit. Die meisten Aufgaben werden von → Rechtspflegern ausgeführt.
Lit.: *Hutter, A.,* Die richterliche Anweisung an das Grundbuchamt, 1992

Grundbuchberichtigung → Berichtigung

Grundbuchordnung ist das das formelle Grundstücksrecht regelnde → Gesetz. Die G. fordert für eine → Eintragung grundsätzlich die Eintragungsfähigkeit, einen an sich formlosen Eintragungsantrag (§ 13 GBO) des Betroffenen oder Begünstigten, die Eintragungsbewilligung des § 19 GBO, beachte § 20 GBO) und die Voreintragung des Betroffenen (§ 39 GBO, beachte § 40 GBO). Bei mehreren Anträgen gilt das → Prioritätsprinzip (§ 17 GBO).
Lit.: *Demharter, J.,* Grundbuchordnung, 29. A. 2014; *Bauer, H./Oefele, H. Frhr. v.,* Grundbuchordnung, 3. A. 2013; *Stöber, K./Murvilius, T.,* GBO-Verfahren und Grundstückssachenrecht, 3. A. 2012

Grundbuchverfügung ist die verfahrensrechtliche Vorschriften in Ergänzung der → Grundbuchordnung enthaltende Verordnung vom 8.8.1935 (Neufassung vom 24.1.1995).
Lit.: *Kuntze, J.,* Grundbuchrecht, 6. A. 2006

Grunddienstbarkeit (§§ 1018 ff. BGB) ist die → Dienstbarkeit, bei der ein → Grundstück zugunsten des jeweiligen Eigentümers eines anderen Grundstücks in der Weise belastet wird, dass dieser das Grundstück in einzelnen Beziehungen benutzen darf oder dass auf dem Grundstück gewisse Handlungen nicht vorgenommen werden dürfen oder dass die Ausübung eines Rechts ausgeschlossen ist, das sich aus dem → Eigentum an dem belasteten Grundstück dem anderen Grundstück gegenüber ergibt (z. B. Gehrecht, Leitungsrecht, Bebauungsverbot).
Lit.: *Ahrens, C.,* Dingliche Nutzungsrechte, 2004

Gründe → Urteilsgrund, → Entscheidungsgrund

Grundeigentum (§ 903 BGB) ist das → Eigentum an einem → Grundstück. Es erfasst auch den Luftraum über ihm und den Erdraum unter ihm – soweit die normale Herrschaftsgewalt reicht –. Es unterliegt zahlreichen gesetzlichen Beschränkungen (z. B. Baurecht).
Lit.: *Mengel, A.,* Naturschutz, Landnutzung und Grundeigentum, 2004

Gründer → Gründungsvertrag

Grunderwerbsteuer ist die beim Erwerb (Kauf) eines → Grundstücks zu entrichtende → Steuer. Sie beträgt (seit 1.1.1997) in der Regel 3,5 Prozent, doch können die Länder sie seit 2006 unterschiedlich festsetzen. Unter bestimmten Umständen können die Kosten eines Bauplans einen grunderwerbsteuerpflichtigen Sachverhalt bilden.
Lit.: *Gottwald, S.,* Grunderwerbsteuer, 5. A. 2015

Grunderwerbsteuergesetz ist das die Besteuerung des Erwerbs von → Grundstücken regelnde Gesetz (BGBl. 1997, 419).
Lit.: *Boruttau, E.,* Grunderwerbsteuergesetz, 17. A. 2011; *Pahlke, A.,* 5. A. 2014; *Hofmann, R./Hofmann, G.,* Grunderwerbsteuergesetz, 10. A. 2014

Grundgehalt ist der grundlegende Teil der → Dienstbezüge eines → Beamten. Das G. berücksichtigt die

Leistung und die Verantwortung des → Amts. Seine Höhe ist durch die → Besoldungsordnung festgesetzt.

Lit.: *Leppek, S.,* Beamtenrecht, 11. A. 2011

Grundgesetz (GG) für die Bundesrepublik Deutschland (23.5.1949 http://www.koeblergerhard. de/Fontes/Grundgesetz1949.doc) ist die → Verfassung Deutschlands. Das G. wurde vom → Parlamentarischen Rat auf der Grundlage des Entwurfs eines Sachverständigenausschusses (Herrenchiemseer Entwurf) am 8.5.1949 beschlossen, von den alliierten Besatzungsmächten genehmigt und mit Ausnahme Bayerns von allen (11) seinerzeitigen Bundesländern angenommen. Es zerfällt in eine Präambel, einen Grundrechtsteil und einen organisatorischen Teil (Verhältnis zwischen Bund und Ländern, Bundestag, Bundesrat, Bundespräsident, Bundesregierung, Bundesgesetzgebung, Bundesgesetzausführung, Bundesverwaltung, Rechtsprechung, Finanzverwaltung). Es kann nur durch ein → Gesetz geändert werden, das den Wortlaut des Grundgesetzes ausdrücklich ändert oder ergänzt. Eine solche Änderung bedarf der Zustimmung von zwei Dritteln der Mitglieder des → Bundestags und zwei Dritteln der Stimmen des → Bundesrats. Eine Änderung, durch welche die Gliederung des Bundes in Länder, die grundsätzliche Mitwirkung der Länder bei der Gesetzgebung oder die in den Artikeln 1 und 20 niedergelegten Grundsätze berührt werden, ist unzulässig (Art. 79 GG). Tragende Grundsätze sind Bundesstaatlichkeit, Volkssouveränität, Rechtsstaatlichkeit und Sozialstaatlichkeit.

Lit.: *Maunz, T./Dürig, G.,* Grundgesetz (Lbl.), 74. A. 2015; Grundgesetz, 62. A. 2014; *Leibholz, G./Rinck, H./Hesselberger, G., Jarass, H./Pieroth, B.,* Grundgesetz, 13. A. 2014; *Mangoldt, H. v./Klein, F./Starck, C.,* Das Bonner Grundgesetz, 6. A. Bd. 1 ff. 2010 f.; *Münch, V./ Kunig, P.,* Grundgesetzkommentar, Bd. 1 ff. z. T. 6. A. 2012; Grundgesetz, hg. v. *Sachs, M.,* 7. A. 2014; *Schmidt-Bleibtreu, B./Hofmann/Hopfan,* Kommentar zum Grundgesetz, 12. A. 2011; *Sodan, H.,* Grundgesetz, 2. A. 2011; *Epping/Hillgruber,* Grundgesetz, 2009, 2. A. 2013; Grundgesetz-Kommentar, hg. v. *Dreier, H. u. a.,* Band 1 ff. 3. A. 2013

Grundherrschaft ist im mittelalterlichen und neuzeitlichen deutschen Recht (bis zur Agrarreform bzw. Bauernbefreiung im frühen 19. Jh.) der vielleicht nach römischem Vorbild einem (weltlichen oder geistlichen) Grundherrn (z. B. König, Erzbischof, Herzog, Abt) gehörende Güterkomplex, den dieser – von einem Haupthof (Fronhof, Salhof) aus – mit Hilfe abhängiger Bauern (Grundholden, Hintersassen) bewirtschaftet, mit den darauf befindlichen Menschen.

Lit.: *Ossenbrink, J.,* Gutsbetrieb und Grundherrschaft, 2003

Grundkapital (§ 6 AktG) ist das von den → Aktionären der → Aktiengesellschaft mindestens aufzubringende Kapital. Das G. muss auf einen Nennbetrag in Euro lauten. Sein Mindestnennbetrag ist 50 000 Euro (§ 7 AktG). Es zerfällt in → Aktien (Nennbetragsaktien oder Stückaktien), wobei sich der Anteil am Grundkapital bei Nennbetragsaktien nach dem Verhältnis ihres Nennbetrags zum Grund-

kapital, bei Stückaktien nach der Zahl der Aktien bestimmt (§ 8 IV AktG). Eine Veränderung des Grundkapitals bedarf einer Satzungsänderung. Das G. ist → Eigenkapital und in der → Bilanz unter die → Passiva aufzunehmen. Es ist nicht identisch mit dem vom Geschäftsverlauf abhängigen → Gesellschaftsvermögen.

Lit.: *Bordt, K.,* Das Grund- und Stammkapital der Kapitalgesellschaften, 2. A. 1999; Das Kapital der Aktiengesellschaft in Europa, hg. v. *Lutter, M.,* 2006

Grundlohn ist im Arbeitsrecht der auf den Kalendertag umgerechnete Arbeitslohn, der im Sozialverwaltungsrecht vielfach Bemessungsgrundlage für Beiträge und Leistungen ist.

Lit.: *Waltermann, R.,* Arbeitsrecht, 17. A. 2014

Grundordnung ist die grundlegende Ordnung. *Freiheitliche demokratische G.* (Artt. 18, 91 GG) ist der Inbegriff der unveränderbaren Bestandteile der freiheitlichen Ordnung. Sein Bestand ist für die Bundesrepublik Deutschland vor allem aus den Art. 79 III, Art. 1 und Art. 20 GG zu entnehmen (str.) und betrifft das → Rechtsstaatsprinzip, das → Demokratieprinzip, das → Sozialstaatsprinzip und die → Bundesstaatlichkeit.

Grundpfandrecht ist im Sachenrecht das Sicherungsrecht (Pfandrecht) an → Grundstücken. Es ist ein beschränktes dingliches → Recht. Es ist entweder → Hypothek, → Grundschuld oder → Rentenschuld.

Lit.: *Gerhardt, W.,* Grundpfandrechte im Insolvenzverfahren, 11. A. 2005; *Scherber, N.,* Europäische Grundpfandrechte, 2004

Grundpflicht ist die grundlegende Pflicht.

Lit.: *Schmidt, T.,* Grundpflichten, 1999

Grundrecht (Artt. 1 ff., 142 GG) ist das dem Einzelnen und in eingeschränktem Umfang auch der Vereinigung (z. B. der juristischen Person) zustehende, verfassungsmäßig verbürgte grundlegende Recht (Artt. 1–19, 20 I, IV, 101 ff. GG). Das G. gewährt in erster Linie Schutz gegenüber staatlichem → Eingriff (Freiheitsrechte). Daneben strahlen die Grundrechte als Wertordnung auf das gesamte Recht aus (→ Drittwirkung) (str.). Gegen die Verletzung eines Grundrechts durch die öffentliche → Gewalt kann jeder Betroffene die → Verfassungsbeschwerde erheben (Art. 93 I Nr. 4a GG). Vom G. als verfahrensrechtlich durchsetzbarem subjektivem Recht zu trennen ist die bloße, den Staat verpflichtende Norm des objektiven Verfassungsrechts (z. B. Recht auf Genuss der Naturschönheiten und Erholung in der freien Natur in Sachsen).

Lit.: *Pieroth, B./Schlink, B.,* Grundrechte, 30. A. 2014; *Kielmansegg, S. Graf v.,* Grundfälle zu den allgemeinen Grundrechtslehren, JuS 2009, 19ff.; *Kirchhof, F.,* Grundrechtsschutz, NJW 2011, 3681; *Brodowski, D.,* Grundfälle zu den Justizgrundrechten, JuS 2011, 980; EMRK/GG Konkordanzkommentar zum europäischen und deutschen Grundrechtsschutz, hg. v. *Dörr, O. u. a.,* 2. A. 2013

Grundrechtsfähigkeit ist die Fähigkeit, Träger von → Grundrechten zu sein. Sie besteht beim Menschen grundsätzlich von der → Geburt an. Sie steht nicht dem Staatsorgan Staatsanwaltschaft als Strafverfolgungsorgan zu.

Lit.: *Barden, S.,* Grundrechtsfähigkeit gemischtwirtschaftlicher Unternehmen, 2002

Grundrechtsmündigkeit ist die Fähigkeit des Menschen, → Grundrechte selbständig geltend zu machen.

Grundrechtsschranke ist die durch → Gesetzesvorbehalt oder durch das → Grundgesetz selbst (*Verfassungsvorbehalt*, z. B. Art. 9 II GG) vorgenommene Begrenzung von → Grundrechten. *Immanente G.* ist die nicht durch Gesetzesvorbehalt oder Verfassungsvorbehalt ausdrücklich angeordnete, sondern dem Grundrecht selbst ungeschrieben innewohnende und durch → Auslegung zu ermittelnde G. Die Notwendigkeit immanenter Grundrechtsschranken ergibt sich daraus, dass die Grundrechtsausübung des einen dort enden muss, wo die Grundrechtsausübung des anderen dies erfordert (Art. 1 GG).

Lit.: *Sachs, M.,* Grundrechtsbegrenzungen außerhalb von Gesetzesvorbehalten, JuS 1995, 984; *Kube, H.,* Einzelfragen zur Rechtmäßigkeitsprüfung von Grundrechtsschranken, JuS 2003, 461

Grundrente ist zum einen in der Wirtschaftswissenschaft der Ertrag, den der Grund (Grundstücke) ohne Arbeitsaufwand und ohne Kapitalaufwand des Eigentümers abwirft. Zum anderen ist G. im Sozialverwaltungsrecht ein Teil der → Rente, der unabhängig vom Einkommen des Bezugsberechtigten gewährt wird.

Lit.: *Jährling-Rahnefeld, B.,* Verfassungsmäßigkeit der Grundrente, 2002

Grundsatz ist der allgemeine, grundlegende Satz. Dieser wird aber vielfach durch einzelne Ausnahmen durchbrochen. Durch → Zustimmungsgesetz (Art. 109 III GG) können für Bund und Länder gemeinsam geltende Grundsätze für das Haushaltsrecht, eine konjunkturgerechte Haushaltswirtschaft und eine mehrjährige Finanzplanung festgelegt werden. Im Verwaltungsrecht (Art. 33 V GG) sind die *hergebrachten Grundsätze des Berufsbeamtentums* die das Beamtentum tragenden, seit längerem anerkannten Grundregeln (z. B. die Ausgestaltung des → Beamtenverhältnisses als öffentlich-rechtliches Dienst- und Treueverhältnis, die Gewährung angemessener Bezüge – nicht die Gewährung von → Beihilfe –, der G. parteipolitischer Neutralität im Amt, das Koalitionsrecht, der Schutz gegen willkürliche Beendigung des Beamtenverhältnisses und die Möglichkeit gerichtlichen Rechtsschutzes).

Lit.: *Leppek, S.,* Beamtenrecht, 11. A. 2011; *Hain, K.,* Die Grundsätze des Grundgesetzes, 1999

Grundschuld (§ 1191 BGB) ist die Belastung eines → Grundstücks in der Weise, dass an den, zu dessen Gunsten die Belastung erfolgt, eine bestimmte Geldsumme aus dem Grundstück zu zahlen ist. Die G. ist ein beschränktes dingliches → Recht

(→ Grundpfandrecht). Sie entsteht durch Einigung und Eintragung in das Grundbuch (§ 873 I BGB). Im Gegensatz zur → Hypothek ist sie nicht vom Bestand einer → Forderung abhängig (nicht akzessorisch) – und wird deswegen in der Rechtswirklichkeit – in der Form der zur Sicherung einer Forderung geschaffenen Sicherungsgrundschuld – der Hypothek vielfach vorgezogen, ist aber in der Rechtswirklichkeit zunehmend mit der Gefahr der Abtretung an einen Sicherungsabreden nicht beachtenden Gläubiger behaftet. Die G. kann als → Briefgrundschuld oder → Buchgrundschuld und für den Eigentümer (§ 1196 BGB, → Eigentümergrundschuld) oder für den jeweiligen Inhaber des Grundschuldbriefs (§ 1195 Inhabergrundschuld) bestellt werden.

Lit.: *Goertz, A./Roloff, S.,* Die Anwendung des Hypothekenrechts auf die Grundschuld, JuS 2000, 762; *Gaberdiel, H.,* Kreditsicherung durch Grundschulden, 9. A. 2011

Grundsicherung für Arbeitsuchende ist die aus Arbeitslosenhilfe und Sozialhilfe für Erwerbsfähige in Deutschland 2005 gebildete staatliche, aus Steuergeldern gezahlte Geldleistung für rund 3 Millionen Empfänger.

Lit.: *Eicher/Spellbrink,* SGB II, 3. A. 2013; *Harich, B.,* Handbuch der Grundsicherung für Arbeitsuchende, 2014

Grundsteuer ist die von → Grundstücken und grundstücksgleichen Rechten zu entrichtende → Steuer. Sie ist → Realsteuer (→ Ertragsteuer) und → Gemeindesteuer. Sie wird auf Grund des → Einheitswerts erhoben, wobei zwischen landwirtschaftlichen und forstwirtschaftlichen Grundstücken, baureifen Grundstücken und bebauten Grundstücken unterschieden wird.

Lit.: *Troll, M./Eisele, D.,* Grundsteuergesetz, 11. A. 2014; *Stöckel, R.,* Grundsteuerrecht, 2. A. 2012

Grundstück ist der räumlich abgegrenzte Teil der Erdoberfläche, der im Bestandsverzeichnis eines Grundbuchblatts unter einer besonderen Nummer gebucht ist. Das G. ist eine unbewegliche → Sache. Für Grundstücke gelten im Sachenrecht teilweise besondere Regeln (z. B. → Übereignung durch → Auflassung und → Eintragung in das Grundbuch, §§ 873 ff. BGB). Vom G. ist zu unterscheiden die vermessungstechnische Flurstücknummer (Katasterparzelle). Ein G. kann verändert werden durch Vereinigung, Abschreibung oder Zuschreibung (§§ 5 ff. GBO).

Lit.: *Bub, W./Schmid, M.,* Grundstücke, 8. A. 2007

Grundstückskauf ist der → Kauf eines → Grundstücks. Nach § 311b BGB bedarf ein → Vertrag, durch den sich der eine Teil verpflichtet, das Eigentum an einem Grundstück zu übertragen oder zu erwerben, der notariellen → Beurkundung. Ein ohne Beobachtung dieser Form geschlossener Vertrag ist grundsätzlich nichtig (§ 125 BGB), wird aber seinem ganzen Inhalt nach gültig, wenn die Auflassung und die Eintragung in das Grundbuch erfolgen (§ 311b S. 2 BGB). Nicht formbedürftig ist dagegen beispielsweise der Auftrag zum treuhänderischen Erwerb von Miteigentumsanteilen an einem Grundstück.

Lit.: *Krüger, W.,* Der Grundstückskauf, 10. A. 2012; *Dubischar, R.,* Der fehlgeschlagene Grundstückskauf, JuS 2002, 131

Grundstücksrecht ist die Gesamtheit der → Grundstücke betreffenden → Rechtssätze. Rechte an einem einzelnen Grundstück sind neben dem → Eigentum (und dem → Erbbaurecht) bestimmte beschränkte dingliche → Rechte (z. B. → Grundpfandrecht, Grunddienstbarkeit, Nießbrauch, Vorkaufsrecht, Reallast), die entweder einer Person (Personalrecht) oder dem jeweiligen Eigentümer eines Grundstücks (Realrecht) zustehen. Die Übertragung des Eigentums an einem Grundstück, die Belastung eines Grundstücks mit einem Recht sowie die Übertragung oder Belastung eines Rechts bedürfen der Einigung und Eintragung in das → Grundbuch (§ 873 BGB). Die Aufhebung eines Rechtes an einem Grundstück setzt grundsätzlich die Aufgabeerklärung und die → Löschung des Rechtes im Grundbuch voraus (§ 875 BGB). Für Änderungen des Inhalts eines Rechtes an einem Grundstück gelten die §§ 873, 875 BGB entsprechend (§ 877 BGB).

Lit.: *Weirich, H./Ivo, M.* , Grundstücksrecht, 4. A. 2015

Grundstücksverkehr ist der → Erwerb bzw. die → Veräußerung von → Grundstücken. Er unterliegt teilweise öffentlich-rechtlichen Genehmigungspflichten (Grundstücksverkehrsgesetz für landwirtschaftliche und forstwirtschaftliche Grundstücke). Er unterfällt der Grunderwerbsteuerpflicht.

Lit.: *Bub, W./Schmid, M.* Grundstücke, 8. A. 2007

Gründung einer Gesellschaft (z. B. §§ 23 ff. AktG) ist die Bildung der → Gesellschaft durch Abschluss des → Gesellschaftsvertrags (Einheitsgründung § 29 AktG, keine Stufengründung mehr). Sie ist meist eine von mehreren Voraussetzungen für die Entstehung der Gesellschaft. Mit der G. entsteht mindestens eine Vorform der angestrebten Gesellschaft (Vorgesellschaft), die mit dieser grundsätzlich identisch ist.

Lit.: *Kießling, E.,* Vorgründungs- und Vorgesellschaften, 1999; *Koch, J.,* Die Nachgründung, 2002; *Ruhwinkel, C.,* Gründung einer europäischen Aktiengesellschaft, 2004

Gründungsfreiheit → Vereinigungsfreiheit

Gründungsgesellschaft → Gründung

Gründungsvertrag ist der zum Zweck der Bildung einer → Gesellschaft unter den künftigen Mitgliedern (Gründern) abgeschlossene Vertrag (Gesellschaftsvertrag, → Satzung, Statut). Der Vertrag wird vielfach als → Gesamtakt angesehen. Sein Mindestinhalt ist von der Art der zu bildenden Gesellschaft abhängig (z. B. §§ 57 f. BGB, § 23 AktG).

Grundurteil (z. B. § 304 ZPO, § 111 VwGO) ist das → Urteil, in dem über den Grund des klägerischen → Anspruchs vorab entschieden wird. Es ist ein → Zwischenurteil, wird aber hinsichtlich der

Rechtsmittel wie ein → Endurteil behandelt. Es setzt voraus, dass ein Anspruch nach Grund und Betrag streitig ist und das Gericht den Anspruch dem Grunde nach als begründet ansieht.

Lit.: *Arnold, H.,* Das Grundurteil, 1996; *Schröer,* Urteilsformel bei Teil-, Schluss- und Grundurteil, JA 1997, 318

Grundwehrdienst ist der Teil des → Wehrdiensts eines Wehrpflichtigen, welcher der grundlegenden militärischen Ausbildung dient. Seit 1. Juli 2011 ist in Deutschland die Pflicht zur Ableistung des Grundwehrdiensts ausgesetzt.

Gruppe ist die Mehrzahl von Menschen, die durch einen Umstand zu einer Einheit zusammengefasst ist. Sie ist *Primärgruppe*, wenn sie durch enge, persönliche Bekanntschaft verbunden ist (z. B. Familie), im Übrigen sekundäre G. (z. B. Übungsteilnehmer, Besucher eines Fußballspiels). Innerhalb der G. besteht Gruppendynamik (z. B. Bildung von Rangverhältnissen, Minoritäten, Rollen).

Lit.: *Köbler, G.,* Wie werde ich Jurist?, 5. A. 2007

Gruppenfreistellung ist die Freistellung einer Gruppe Beteiligter von einer allgemeinen Bestimmung wie etwa dem Kartellverbot.

Lit.: *Liebscher/Flohr/Petsche,* Handbuch der EU-Gruppenfreistellungsverordnungen, 2. A. 2012

Gruppenklage ist die von einer Gruppe Berechtigter erhobene Klage (im amerikanischen Recht, class action).

Lit.: *Eichholz, S.,* Die US-amerikanische class action, 2002; *Liegsalz, A.,* Die US-amerikanische class action, 2012

Gruppenwahl ist die Form der → Wahl, bei der die Wahlberechtigten vorweg in Gruppen aufgeteilt werden und innerhalb dieser nach dem Grundsatz der Verhältniswahl wählen. Das Prinzip der G. gilt für die Wahl des → Personalrats.

günstig (Adj.) vorteilhaft

Günstigkeitsprinzip (§ 4 III TVG) ist der Grundsatz, dass von mehreren auf ein Arbeitsverhältnis anwendbaren Bestimmungen jeweils die für den → Arbeitnehmer günstigste gilt.

Lit.: *Hein, J. v.,* Das Günstigkeitsprinzip, 1999; *Pahl, S.,* Funktionen der Günstigkeit, 2004; *Höfling, W. u. a.,* Das Günstigkeitsprinzip, NJW 2005, 469

Gutachten ist die Beurteilung einer Angelegenheit durch einen Fachmann. Im Verfahrensrecht wird ein G. eines Mitglieds eines Gerichts vielfach als Entscheidungsvorschlag verwandt. Deshalb besteht die juristische Ausbildung vor allem in der Erstellung von G. zu (vereinfachten) Rechtsfällen. Diese G. sind nach der Gutachtenmethode zu verfassen, die mit den Voraussetzungen beginnt und auf ein Ergebnis hinführt. Sie ist gekennzeichnet durch die Wörter *also, folglich* und steht im Gegensatz zur Urteilsmethode, die ein vorangestelltes Ergebnis nachträglich begründet *(denn, weil)*. In einer Ausbildungsarbeit ist meist dann, wenn die Zulässigkeit einer Klage im

G. verneint wird, die Begründetheit der Klage in einem Hilfsgutachten zu prüfen. Daneben dienen im Verfahrensrecht die G. von → Sachverständigen den Gerichten als Entscheidungshilfen bei der Beurteilung von Tatsachen (z.B. Fahruntauglichkeit, Vaterschaft), vermitteln also nur fehlende Sachkunde. Die Würdigung des Gutachtens steht allein dem → Gericht zu (vgl. § 286 ZPO).

Lit.: *Sattelmacher, P./Sirp, W./Schuschke, W.,* Bericht, Gutachten und Urteil, 35. A. 2013; *Zimmermann, W.,* Klage, Gutachten und Urteil, 20. A. 2011

Güterabwägung ist der Vergleich (des Wertes) zweier Güter. Die G. ist vielfach dann erforderlich, wenn von zwei → Rechtsgütern nur eines auf Kosten des anderen gerettet werden bzw. sich entfalten kann. Dann darf nur das minderwertige Gut zu Gunsten des höherwertigen verletzt bzw. eingeschränkt werden (vgl. §§ 228, 904 BGB).

Lit.: *Sass, M.,* Güterabwägung in der Medizin, 1991

Gütergemeinschaft (§ 1416 BGB) ist der vertragliche → Güterstand, bei dem grundsätzlich das gesamte → Vermögen der Ehegatten, das sie bei Eingehung der → Ehe haben oder später erwerben, kraft Gesetzes gemeinschaftliches → Vermögen (Gesamtgut) wird. Ausgenommen bleiben nur Sondergut und Vorbehaltsgut. Das Gesamtgut der G. ist gesamthänderisch gebunden und wird regelmäßig gemeinschaftlich verwaltet, kann aber auch von jedem der Ehegatten einzeln verwaltet werden. Stirbt einer der Ehegatten, so endet grundsätzlich die G. Es kann aber auf Grund vorherigen → Ehevertrags der überlebende Ehegatte die G. mit den gemeinschaftlichen Abkömmlingen fortsetzen (*fortgesetzte* G., §§ 1483 ff. BGB). Die G. wird rechtstatsächlich kaum noch vereinbart.

Lit.: *Rohr, M.,* Die fortgesetzte Gütergemeinschaft, Diss. jur. Münster 1999; *Wittich, T.* Die Gütergemeinschaft, 2000; *Möller, G.,* Die Gütergemeinschaft im Wandel der Gesellschaft, 2010

guter Glaube → Glaube, guter

Güterkraftverkehr ist die geschäftsmäßige oder entgeltliche Beförderung von Gütern mit Kraftfahrzeugen mit einem höheren zulässigen Gesamtgewicht als 3,5 Tonnen (in Deutschland 1997 rund 50 000 Unternehmen). Für den G. gilt das Güterkraftverkehrsgesetz. Nach ihm ist der gewerbliche G. erlaubnispflichtig, ausgenommen der Werksverkehr (Beförderung eigener Güter). Auf Grund der sog. Kabotagefreiheit kann ab 1.7.1998 jeder Transportunternehmer mit sog. Gemeinschaftslizenz in beliebigem Umfang Transportaufträge in anderen Ländern der Europäischen Union ausführen.

Lit.: *Koller, I.,* Transportrecht, 8. A. 2013

Güterrecht, *eheliches* (§§ 1363 ff. BGB) ist die Gesamtheit der die Vermögensverhältnisse der Ehegatten betreffenden Rechtssätze. *Gesetzliches* Güterrecht ist nach dem Bürgerlichen Gesetzbuch der Güterstand der → Zugewinngemeinschaft (Gütertrennung mit Zugewinnausgleich bei Ehebeendigung). Die Zugewinngemeinschaft kann aber durch

→ Ehevertrag abbedungen werden (§ 1408 BGB). → Gütergemeinschaft, Gütertrennung

Lit.: *Börger, U.,* Eheliches Güterrecht, 1989

Güterrechtsregister (§§ 1558 ff. BGB) ist das öffentliche → Register für die das vertragliche eheliche → Güterrecht betreffenden Eintragungen. Es wird beim → Amtsgericht (des gewöhnlichen Aufenthaltsorts eines Ehegatten) im Rahmen der freiwilligen → Gerichtsbarkeit geführt und genießt negative → Publizität. Die Einsicht ist jedem gestattet.

Güterstand ist der das → Güterrecht der Eheleute betreffende Stand (Zustand) der Vermögensverhältnisse. Der G. kann *gesetzlicher* G. (→ Zugewinngemeinschaft) oder *gewillkürter* (vertraglicher) G. (Wahlgüterstand, → Gütergemeinschaft, → Gütertrennung) sein. Er kann auch über die Beendigung der Ehe hinauswirken (fortgesetzte Gütergemeinschaft). Vor dem 1.7.1958 (Gleichberechtigungsgesetz) geschlossene → Eheverträge, die auf ältere Güterstände Bezug nehmen, gelten fort. Der bloße Ausschluss des gesetzlichen Güterstands ohne Vereinbarung eines vertraglichen Güterstands bewirkt den Eintritt der → Gütertrennung (§ 1414 BGB).

Lit.: *Kanzleiter, R.,* Vereinbarungen unter Ehegatten, 7. A. 2006

Gütertrennung (§ 1414 BGB) ist der Zustand, der hinsichtlich der Vermögensverhältnisse der Ehegatten eintritt, wenn die Ehegatten den gesetzlichen → Güterstand (→ Zugewinngemeinschaft) ausschließen oder aufheben und nicht in einem → Ehevertrag etwas anderes vereinbaren. Dann werden sie ehegüterrechtlich so behandelt, als wären sie nicht verheiratet. Jedem von ihnen stehen die ihm gehörigen und die von ihm erworbenen Gegenstände ausschließlich zu.

Lit.: *Jordan, T.,* Der Ausgleich von Leistungen unter Ehegatten, 2002

gute Sitten → Sitten, gute, → Sittenwidrigkeit

Gütestelle ist die im Zivilprozess für den vor bestimmten → Klagen (nicht z.B. Mahnverfahren) erforderlichen Einigungsversuch vorgesehene Stelle. Ihre Einrichtung ist dem Landesgesetzgeber überlassen (derzeit – 2011 – in Berlin, Bremen, und Thüringen nicht geplant). Dadurch ist bereits am Ende des Jahrs 2001 in Deutschland unnötige Rechtsunsicherheit eingetreten.

Lit.: *Zietsch, U./Roschmann, K.,* Die Regelungen des vorprozessualen Güteverfahrens, NJW 2001, Heft 51, Beilage 3*; *Serwe, A.,* Gütestellen- und Schlichtungsgesetz Nordrhein-Westfalen, 2002; *Greger, R.,* Die von der Landesjustizstelle anerkannten Gütestellen, NJW 2011, 1478

Güteverfahren oder gütliche Beilegung des Rechtsstreits (§ 278 I ZPO) ist das Verfahren, das eine einverständliche Lösung eines Streites anstrebt. Im Zivilverfahrensrecht geht der mündlichen Verhandlung eine Güteverhandlung voraus, sofern nicht bereits ein Einigungsversuch vor einer außergerichtlichen Gütestelle stattgefunden hat oder die Güteverhandlung erkennbar aussichtslos erscheint. Im Arbeitsverfahrensrecht (§ 54 ArbGG) beginnt die mündliche → Verhandlung mit einer Verhandlung vor dem → Vorsitzenden zum Zweck der gütlichen Einigung der Parteien (Güteverhandlung). Das G. endet vielfach mit einem → Vergleich.

Lit.: *Morasch*, Schieds- und Schlichtungsstellen in der Bundesrepublik, 1984; *Feix, K.*, Die Verankerung einvernehmlicher Streitbeilegung, 2004

Güteverhandlung (§ 278 II 1 ZPO) ist die im Rahmen des → Güteverfahrens stattfindende mündliche Verhandlung vor dem Vorsitzenden des Gerichts bzw. Arbeitsgerichts (§ 54 ArbGG). Nach § 278 II 2 ZPO hat nach Anordnung des persönlichen Erscheinens der Parteien das Gericht in der G. den Sach- und Streitstand mit den Parteien unter freier Würdigung aller Umstände zu erörtern und, soweit erforderlich, Fragen zu stellen. Erscheinen beide Parteien nicht, ist das Ruhen des Verfahrens anzuordnen. Erscheint eine Partei nicht oder ist die G. erfolglos, soll sich die mündliche Verhandlung unmittelbar anschließen (§ 279 I 1 ZPO).

Lit.: *Huber, M.*, Grundwissen – Zivilprozessrecht – Güteverhandlung (§ 278 ZPO), Jus 2015, 210

Gutglaubensschutz → Erwerb, gutgläubiger

gutgläubiger Erwerb → Erwerb, gutgläubiger

Gutschein ist die einfache Urkunde über ein Recht. Sie kann → Inhaberzeichen oder → Schuldschein sein. Des Öfteren wird statt Geld ein G. ausgegeben.

Lit.: *Senff, H.*, Die Gutscheine, 2003

Gutsherrschaft ist im frühneuzeitlichen Recht Ostmitteleuropas das geschlossene, in Eigenwirtschaft durch Tagelöhner bewirtschaftete Großgrundeigentum, wobei der Eigentümer meist auch die unteren hoheitlichen Funktionen (Gerichtsbarkeit, Polizei) ausübt.

Lit.: *Köbler, G.*, Zielwörterbuch integrativer europäischer Rechtsgeschichte, 6. A. 2014 (Internet); *Maur, E.*, Gutsherrschaft, 2001

H

Haager Kaufrechtsübereinkommen vom 1.7.1964 ist das völkerrechtliche Übereinkommen über den Abschluss und die Ausgestaltung eines internationalen → Kaufs beweglicher Sachen, das durch das Wiener UNCITRAL-Übereinkommen über internationale Warenkaufverträge vom 11.4.1980 (in Kraft seit 1.1.1988) fortgeführt ist.

Lit.: *Reimers-Zocher, B.,* Beweislastfragen im Haager und Wiener Kaufrecht, 1995

Haager Landkriegsordnung (HLKO) ist das auf den Haager Friedenskonferenzen von 1899/1907 geschlossene Abkommen über die Gesetze und Gebräuche des Landkriegs. Die HLKO regelt vor allem die erlaubten Kriegshandlungen, die Behandlung von → Kriegsgefangenen und die Rechte der → Besatzungsmächte. Sie gilt in der Gegenwart als Bestandteil des allgemeinen → Völkerrechts.

Lit.: *Schircks, R.,* Die Martens'sche Klausel, 2001

Habeas-Corpus-Act (du mögest einen Körper haben-Akte) ist das englische Gesetz von 1679, das es verbietet, dass ein englischer Untertan ohne gerichtliche Untersuchung in → Haft gehalten wird.

Lit.: *Köbler, G,* Zielwörterbuch integrativer europäischer Rechtsgeschichte, 6. A. 2014 (Internet)

Habgier (§ 211 II StGB) ist das Qualifikationsmerkmal eines Verhaltens, das ein übertriebenes Streben nach wirtschaftlichen Vorteilen voraussetzt. Es genügt, dass der Täter von dem Verlangen getrieben ist, um jeden Preis und ohne jede Rücksicht irgendeinen dem Opfer zustehenden Vermögensgegenstand zu erwerben. Wer aus H. einen Menschen tötet, ist → Mörder.

Habilitation ist theoretisch der Nachweis einer erhöhten wissenschaftlichen Befähigung an einer → Universität. Die H. setzt das – gute bis sehr gute – → Promotion voraus. Sie erfolgt durch den → Fachbereich (Fakultät) meist auf Grund einer Habilitationsschrift und eines wissenschaftlichen Kolloquiums (sowie einer Probevorlesung). Die H. begründet in den meisten Bundesländern die Befugnis zur Abhaltung von Lehrveranstaltungen → (venia legendi), gewährt allerdings keinen Anspruch auf ein → Amt oder eine → Besoldung. Meist ist sie tatsächliche Voraussetzung für die Berufung in ein Amt (→ Professur, Lehrstuhl, Dozentur) an einer Universität. (1997 wurden in Deutschland 1740 Habilitationen abgeschlossen.) Aus politischen Gründen soll ab 2002 die H. in Deutschland durch Einrichtung von → Juniorprofessoren entbehrlich werden. Praktisch kann gelegentlich die H. (z.B. bei einem 65jährigen Assistenten) zumindest versuchsweise auch ersessen werden.

Lit.: *Köbler, G.,* Wie werde ich Jurist?, 5. A. 2007; *Berning, E.,* Das Habilitationswesen an den Universitäten in Bayern, 2001

Haft ist die amtliche Entziehung der Bewegungsfreiheit vor allem zum Zweck der Untersuchung (oder Bestrafung, → Freiheitsstrafe) und der Erzwingung einer → Handlung. In dem Strafverfahrensrecht (§ 112 StPO) kann der Beschuldigte bei Vorliegen dringenden → Tatverdachts sowie eines → Haftgrunds in → Untersuchungshaft genommen werden. Ein auf frischer Tat festgenommener Täter kann bis zu eine Woche in H. genommen werden, wenn in dieser Zeit in einem beschleunigten Verfahren auf Grund des einfachen Sachverhalts oder der klaren Beweislage die → Hauptverhandlung zu erwarten ist (§§ 127b II, 417 ff. StPO). In dem Zivilverfahrensrecht kann der persönliche → Arrest (Sicherheitsarrest) durch die H. erfolgen (§ 933 ZPO). Gegen → Zeugen kann zur Erzwingung des → Zeugnisses die H. angeordnet werden (§ 390 II ZPO, § 70 II StPO). (In Deutschland kostete die Haft eines Häftlings um das Jahr 2010 rund 85 Euro täglich.) → Zwangshaft

Lit.: *Heischel, O.,* § 455 StPO – Die Haftverschonung aus Gesundheitsgründen, 1998; *Fülber, T.,* Die Hauptverhandlungshaft, 2000; *Langner, S.,* Untersuchungshaftanordnung, 2003

Haftbefehl (z.B. § 114 StPO) ist die schriftliche → Anordnung eines zuständigen → Richters, einen Menschen in → Haft zu nehmen. Der H. hat grundsätzlich einen bestimmten Mindestinhalt. Er ist dem Betroffenen bei der → Verhaftung bekannt zu geben. Von der Verhaftung ist ein → Angehöriger oder eine Vertrauensperson zu unterrichten. Im Haftprüfungsverfahren ist zu prüfen, ob der H. aufzuheben oder sein Vollzug auszusetzen ist. Der H. ist aufzuheben, wenn seine Voraussetzungen nicht mehr vorliegen. Vom H. ist die → Festnahme zu unterscheiden.

Lit.: *Volk, E.,* Haftbefehle, 1995; *Böhm, K.,* Das neue europäische Haftbefehlsgesetz, NJW 2006, 2592

Haftgrund ist der Grund, weshalb ein Mensch in → Haft genommen werden kann. In dem Strafverfahrensrecht (§§ 112 ff. StPO) sind die Haftgründe genau bestimmt. Ein H. besteht danach vor allem, wenn auf Grund bestimmter Tatsachen festgestellt wird, dass der → Beschuldigte flüchtig ist oder sich verborgen hält (Flucht), bei Würdigung der Umstände des Einzelfalls die → Gefahr besteht, dass der Beschuldigte sich dem Strafverfahren entziehen werde (Fluchtgefahr) oder das → Verhalten des Beschuldigten den dringenden Verdacht begründet, er werde → Beweismittel vernichten, verändern, beiseite schaffen, unterdrücken oder fälschen oder auf Mitbeschuldigte, → Zeugen oder → Sachverständige in unlauterer Weise einwirken oder andere zu solchem Verhalten veranlassen, und wenn deshalb die Gefahr droht, dass die Ermittlung der Wahrheit erschwert werde (Verdunklungsgefahr) oder wenn bei bestimmten Straftaten die Gefahr der Fortsetzung oder Wiederholung besteht (Wiederholungsgefahr). Bei einzelnen besonders schweren Straftaten genügt als H. der dringende → Tatverdacht.

Lit.: *Schloth, S.,* Die Haftgründe der Wiederholungsgefahr und der Schwere der Tat, 1999; *Langner, S.,* Untersuchungshaftanordnung, 2003

Häftling ist der in → Haft befindliche Mensch.

Haftpflicht ist die Verpflichtung zum → Ersatz eines → Schadens. Die H. kann sich auf eine rechtswidrige schuldhafte → Handlung gründen oder auf eine rechtswidrige, schuldlose Schädigung durch eine gefährliche → Anlage oder einen gefährlichen → Gegenstand. Gegen Inanspruchnahme aus einer H. ist der Abschluss einer Versicherung möglich.

Lit.: *Budewig, K./Gehrlein, M.,* Das Haftpflichtrecht nach der Reform, 2003

Haftpflichtgesetz ist das am 7.6.1871 als → Reichshaftpflichtgesetz geschaffene und seit dem 4.1.1978 umbenannte Gesetz über die Haftpflicht (→ Gefährdungshaftung) von Bahnbetriebsunternehmern, Energieanlageinhabern und sonstigen bestimmten Betriebsunternehmern.

Lit.: *Filthaut, W.,* Haftpflichtgesetz, 9. A. 2015

Haftpflichtprozess ist der eine → Haftpflicht betreffende → Zivilprozess.

Lit.: *Geigel, R.,* Der Haftpflichtprozess, hg. v. *Haag, K.,* 27. A. 2015

Haftpflichtversicherung (§§ 100 ff. VVG) ist die → Versicherung gegen Inanspruchnahme aus einer → Haftpflicht (z. B. Kraftfahrzeughaftpflichtversicherung). Die H. ist eine → Schadensversicherung, bei welcher der Versicherer verpflichtet ist, den Versicherungsnehmer von Ansprüchen freizustellen, die von einem Dritten auf Grund der Verantwortlichkeit des Versicherungsnehmers für eine während der Versicherungszeit eintretende Tatsache geltend gemacht werden, und unbegründete Ansprüche abzuwehren bzw. dem Versicherungsnehmer die Leistung zu ersetzen, die dieser auf Grund seiner Verantwortlichkeit für eine während der Versicherungszeit eintretende Tatsache an einen Dritten zu bewirken hat. Vielfach leistet der Versicherer dem Dritten unmittelbar. Einen Direktanspruch gegen den Versicherer des Schädigers hat der Geschädigte in der Kraftfahrzeugpflichthaftpflichtversicherung und bei Insolvenz oder unbekanntem Aufenthalt des Schädigers (§ 115 I VVG).

Lit.: *Heimbücher, B.,* Einführung in die Haftpflichtversicherung, 5. A. 2003; *Dengler, M.,* Die Haftpflichtversicherung, 3. A. 2004; *Büsken, R.,* Allgemeine Haftpflichtversicherung, 5. A. 2003; *Späte/Schimikowski, P.,* Haftpflichtversicherung, 2. A. 2015

Haftprüfung (§ 117 StPO) ist die gerichtliche Prüfung, ob der → Haftbefehl aufzuheben oder sein Vollzug auszusetzen ist. Der → Beschuldigte kann die H. jederzeit beantragen. Stattdessen kann er auch → Beschwerde erheben (§ 304 StPO).

Lit.: *Solbach,* Probleme der Haftbeschwerdeentscheidung und des Haftprüfungsantrags, JA 1991, 85 ff.

Haftstrafe war bis zum 4.8.1953 die durch Haft vollzogene besondere Form der → Freiheitsstrafe.

Lit.: *Köbler, G.,* Deutsche Rechtsgeschichte, 6. A. 2005

Haftunfähigkeit ist die körperlich bedingte Unfähigkeit eines Menschen, in → Haft genommen und bzw. oder gehalten zu werden. Sie führt entweder zur Aufhebung der Haft oder zur Überwachung in einer Krankenanstalt oder sonstigen geeigneten → Anstalt.

Haftung ist in erster Linie das Unterworfensein des → Schuldners als Person mit dem → Vermögen – nicht der Person selbst – unter den Vollstreckungszugriff des → Gläubigers. Gegensatz hierzu ist die → Schuld als das Leistensollen des Schuldners, das seinem Inhalt nach auf eine bestimmte Leistungshandlung gerichtet ist. Dabei gilt zwar der Grundsatz wer schuldet, der haftet (grundsätzlich mit seinem gesamten Vermögen), doch gibt es ausnahmsweise auch Schuld ohne Haftung (z. B. bei dauernder Einrede) und Haftung ohne Schuld (z. B. bei → Pfandrechten). *Beschränkte* H. ist die entweder auf einzelne Gegenstände, eine bestimmte Höchstsumme oder einen bestimmten Teil einer Schuld beschränkte H., wobei zu beachten ist, dass die sog. → Gesellschaft mit beschränkter Haftung (GmbH) ebenso wie grundsätzlich jeder Schuldner unbeschränkt, also mit ihrem ganzen Vermögen, haftet. Nach § 1629a BGB ist die Haftung eines Minderjährigen auf den Bestand des bei Eintritt der Volljährigkeit vorhandenen Vermögens beschränkt. Im Übrigen wird Haftung auch im Sinn von Schuld gebraucht (z. B. § 840 I BGB) oder bedeutet, dass bei Vorliegen gewisser Tatbestände die Haftung → Schadensersatz eintritt (z. B. → Verschuldenshaftung, → Gefährdungshaftung, → Billigkeitshaftung, → Aufopferungshaftung).

Lit.: *Stoll, H.,* Haftungsfolgen im bürgerlichen Recht, 1993; *Wertenbruch, J.,* Die Haftung von Gesellschaften, 2000; *Sandmann, B.,* Die Haftung von Arbeitnehmern, Geschäftsführern und leitenden Angestellten, 2001; *Bergmann, K.,* Die Arzthaftung, 4. A. 2014

haftungsausfüllende Kausalität → Kausalität, haftungsausfüllende

Haftungsausschluss ist der gesetzliche oder rechtsgeschäftliche Ausschluss einer → Haftung. Er ist grundsätzlich zulässig. Der rechtsgeschäftliche H. kann aber durch Gesetz besonders ausgeschlossen (z. B. § 276 III BGB) oder wegen Sittenwidrigkeit unwirksam sein.

Lit.: *Wienhaus, U.,* Haftungsfreizeichnungsklauseln, 2003; *Waltermann, R.,* Haftungsfreistellung bei Personenschäden, NJW 2004, 901

haftungsbegründende Kausalität → Kausalität, haftungsbegründende

Haftungsbeschränkung ist die Beschränkung der → Haftung. Die H. kann auf Gesetz oder Rechtsgeschäft beruhen. Die Haftung wegen (eigenen) Vorsatzes kann dem Schuldner im Voraus nicht erlassen werden (§ 276 III BGB). Nach § 1629a BGB ist die Haftung eines Minderjährigen auf den Bestand des bei Eintritt der Volljährigkeit vorhandenen Vermögens beschränkt.

Lit.: Haftungsbeschränkungen/Karlsruher Forum 1999, 1999; *Meyer, J.*, Haftungsbeschränkung im Recht der Handelsgesellschaften, 2000; *Bruns, A.*, Haftungsbeschränkung und Mindesthaftung, 2003; *Zimmermann, C.*, Haftungsbeschränkung statt Versicherung, NJW 2005, 177

Haftungsrecht ist das die → Haftung betreffende Recht. → Schadensersatz

Lit.: *Deutsch, E.*, Allgemeines Haftungsrecht, 2. A. 1996; *Greger, R.*, Haftungsrecht des Straßenverkehrs, 5. A. 2014; *Rotermund, C.*, Haftungsrecht in der kommunalen Praxis, 4. A. 2008; *Wurmnest, W.*, Grundzüge eines europäischen Haftungsrechts, 2003

Halbwaise ist das Kind, dessen Vater oder Mutter verstorben ist, dessen anderer Elternteil also noch lebt.

Halsgerichtsordnung ist im spätmittelalterlichen und frühneuzeitlichen deutschen Recht eine Bezeichnung für ein Strafgesetz und Strafverfahrensgesetz (z. B. die Peinliche Gerichtsordnung Karls V. von 1532, [lat.] Constitutio [F.] Criminalis Carolina).

Lit.: *Köbler, G.*, Zielwörterbuch integrativer europäischer Rechtsgeschichte, 6. A. 2014 (Internet); Die Peinliche Gerichtsordnung Kaiser Karls V., hg. v. *Schroeder, F.*, 2000

Halten ist im Straßenverkehrsrecht jede gewollte, nicht verkehrsbedingte Unterbrechung der Fahrt. Nach § 12 I StVO ist an zahlreichen Stellen H. unzulässig. Die Verletzung des Halteverbots ist Ordnungswidrigkeit. → Parken

Halter → Kraftfahrzeughalter, Tierhalter

Hamburg ist das an der unteren Elbe gelegene, überwiegend von Niedersachsen und Schleswig-Holstein eingeschlossene → Bundesland (Freie und Hansestadt Hamburg). Seine Landesverfassung stammt vom 6.6.1952. Seine Organe sind → Bürgerschaft und → Senat.

Lit.: Hamburgische Gesetze (Lbl.), hg. v. *Ramsauer, U.*, 18. A. 2009

Hammelsprung (§ 51 GO-BTag) ist das Verfahren zur Ermittlung eines Abstimmungsergebnisses, bei dem die → Abgeordneten den Sitzungssaal durch eine von drei mit ja, nein, oder Enthaltung gekennzeichneten Türen betreten und dabei gezählt werden.

Hand ist der zum Greifen geeignete Körperteil eines Primaten. *Öffentliche* H. ist die Bezeichnung für die Gesamtheit der juristischen → Personen des öffentlichen → Rechts in ihrer Eigenschaft als Teilnehmer am allgemeinen Wirtschaftsverkehr.

Lit.: *Seer, R.*, Steuerrechtliche Gemeinnützigkeit der öffentlichen Hand, 2002

Hand wahre Hand ist im hochmittelalterlichen deutschen Recht die in Alter und Herkunft streitige Wendung, die zum Ausdruck bringen soll, dass der Eigentümer, der einem anderen eine bewegliche Sache anvertraut, diese nur von diesem, nicht dagegen von einem Dritten, an den die Sache vom unmittelbaren Empfänger aus gelangt ist, zurückverlangen kann.

Lit.: *Köbler, G.*, Deutsche Rechtsgeschichte, 6. A. 2005; *Anners, E.*, Hand wahre Hand, 1952

Handel ist im engeren Sinn der Ankauf und Verkauf von → Waren, im weiteren Sinn die Gesamtheit der Tätigkeiten, die den Umlauf der Güter vom Hersteller zum Verbraucher vermitteln. Das Recht des Handels ist in der → Gewerbeordnung, dem → Handelsgesetzbuch und verschiedenen Einzelgesetzen geregelt. In der Wirtschaft wird vor allem zwischen → Großhandel und → Einzelhandel unterschieden.

Handeln ist das willensgetragene menschliche Verhalten zur Gestaltung der Wirklichkeit (→ Handlung, Verhalten). *Konkludentes (schlüssiges)* H. ist das Verhalten, das eine Zielsetzung nicht unmittelbar durch eine ausdrückliche → Erklärung, sondern nur mittelbar erkennen lässt (z. B. Tanken und Bezahlen an einer Selbstbedienungstankstelle als auf den Abschluss eines Kaufvertrags [und auf Einigung über den Eigentumsübergang] gerichtetes → wortloses H.). Wann konkludentes H. – und damit nicht bloßes → Schweigen – vorliegt, muss durch (oft schwierige) → Auslegung ermittelt werden. H. *auf eigene Gefahr* ist das bewusste Sichselbstgefährden (z. B. Mitfahren mit einem Fahrer ohne Führerschein). Wird der Handelnde bei dem Geschehen verletzt, so ist sein Verhalten nach § 254 BGB zu berücksichtigen. Dadurch kann sich die Pflicht des anderen zur Leistung von → Schadensersatz verringern. H. *im eigenen Namen* ist das Auftreten einer Person für sich selbst, H. *im fremden Namen* das Auftreten für einen anderen. Die unmittelbare → Stellvertretung erfordert die Abgabe einer Willenserklärung im Namen des Vertretenen. *Schlichthoheitliches* H. ist das H. eines Trägers hoheitlicher Gewalt zu öffentlich-rechtlichem Zweck in öffentlich-rechtlicher Form unter Verzicht auf Verwaltungszwang (z. B. Daseinsvorsorge).

Lit.: *Larenz, K./Neuner, J.*, Allgemeiner Teil des Bürgerlichen Rechts, 10. A. 2012; *Choi, S.*, Handeln auf eigene Gefahr, Diss. jur. Würzburg 1996

Handelsbilanz → Bilanz

Lit.: *Wöhe, G.*, Die Handels- und Steuerbilanz, 6. A. 2010; HGB-Bilanzrecht, hg. v. *Ulmer, P.*, 2002; *Oestreicher, A.*, Handels- und Steuerbilanzen, 6. A. 2003

Handelsbrauch (§ 346 HGB) ist die Gesamtheit der unter → Kaufleuten im Handelsverkehr geltenden Gewohnheiten (nicht → Gewohnheitsrecht) und Gebräuche bzw. die → Verkehrssitte des Handels. Der H. entsteht durch tatsächliche Übung während eines gewissen Zeitraums auf Grund der Zustimmung der Beteiligten. Er gilt ohne besondere Bezugnahme im Einzelvertrag und geht nachgiebigem → Recht vor (teilweise str.). Der H. dient der Ausfüllung von Lücken in Einzelvereinbarungen. Er wird vom Gericht auf Grund von → Gutachten der → Industrie- und Handelskammern ermittelt.

Lit.: *Lißner, S.*, Handelsbräuche, 1999; Merkblatt für die Feststellung von Handelsbräuchen, 2000

Handelsbuch (§§ 238 ff. HGB) ist das vom → Kaufmann geführte Buch, in dem dieser seine → Handelsgeschäfte und die Lage seines → Vermögens nach den Grundsätzen ordnungsmäßiger → Buchführung ersichtlich zu machen verpflichtet ist. Bei der Führung der Handelsbücher hat sich der Kaufmann einer lebenden Sprache zu bedienen. Die Handelsbücher sollen gebunden und Blatt für Blatt oder Seite für Seite mit fortlaufenden Zahlen versehen sein und sind 10 Jahre aufzubewahren.

Lit.: *Schmidt-Busemann, W.,* Entstehung und Bedeutung der Vorschriften über Handelsbücher, Diss. rer. pol. Göttingen 1977; *Leffson, U.,* Die Grundsätze ordnungsgemäßer Buchführung, 7. A. 1987

Handelsgericht → Bundesoberhandelsgericht

Handelsgeschäft (§ 343 I HGB) ist das → Geschäft (Tätigkeit) eines → Kaufmanns, das zum Betrieb seines → Handelsgewerbes gehört. Dabei gelten (§ 344 I HGB) die von einem Kaufmann vorgenommenen → Rechtsgeschäfte im Zweifel als zum Betrieb seines Handelsgewerbes gehörig. *Einseitige* Handelsgeschäfte sind Rechtsgeschäfte, die nur für einen der beiden Teile Handelsgeschäfte sind (§ 345 HGB), *beiderseitige* Handelsgeschäfte Rechtsgeschäfte, die für beide Teile Handelsgeschäfte sind. Für Handelsgeschäfte gelten teilweise besondere, vom bürgerlichen Recht abweichende Regeln (§§ 343 ff. HGB). Darüber hinaus hat H. auch die Bedeutung → Betrieb bzw. → Unternehmen (§§ 22 ff. HGB) eines Kaufmanns.

Lit.: Handbuch der Handelsgeschäfte, hg. v. *Pfeiffer, T.,* 1999; *Theißen, M.,* Die Schuldenhaftung nach § 25 HGB, 2000; *Gildeggen, R. u. a.,* Internationale Handelsgeschäfte, 2012

Handelsgesellschaft ist die → Gesellschaft, die notwendig oder doch in der Regel ein → Handelsgewerbe betreibt. Dazu gehören vor allem die offene Handelsgesellschaft, die → Kommanditgesellschaft, die → Aktiengesellschaft, die → Kommanditgesellschaft auf Aktien und die → Gesellschaft mit beschränkter Haftung sowie uneigentlich auch die → Genossenschaft und der große → Versicherungsverein auf Gegenseitigkeit, nicht dagegen die stille → Gesellschaft. Die H. kann grundsätzlich rechtsfähig oder nichtrechtsfähig sein. Die *offene* H. (OHG) (§§ 105 ff. HGB) ist die → Gesellschaft, deren Zweck auf den Betrieb eines → Handelsgewerbes unter – irgendeiner – gemeinschaftlichen → Firma gerichtet ist und bei der sämtliche Gesellschafter den Gläubigern unbeschränkt haften. Die offene Handelsgesellschaft ist keine juristische Person, kann aber in der Gesamtheit ihrer Gesellschafter (wie eine juristische Person) unter ihrer → Firma → Rechte erwerben und → Verbindlichkeiten eingehen, (als offene Handelsgesellschaft) klagen und verklagt werden. Sie ist → Gesamthand. Die Zwangsvollstreckung in das Gesellschaftsvermögen erfordert einen gegen die offene Handelsgesellschaft gerichteten Vollstreckungstitel. Nach § 105 II HGB kann auch eine Gesellschaft, deren Gewerbebetrieb nicht schon nach § 1 II HGB ein Handelsgewerbe ist oder die nur eigenes Vermögen verwaltet, als offene Handelsgesellschaft (bzw. nach den §§ 105 II, 161 II

HGB als Kommanditgesellschaft) in das Handelsregister eingetragen werden.

Lit.: *Wünsche, K.,* Ansprüche gegen die OHG, 2009

Handelsgesetzbuch (HGB, 1897/1900) ist das das Recht des → Handels regelnde → Gesetzbuch. Es gliedert sich in 5 Bücher (Handelsstand, → Handelsgesellschaften und stille → Gesellschaft, Handelsbücher, → Handelsgeschäfte und Seehandel). Es ist insbesondere durch die Regelung des Aktienrechts im besonderen → Aktiengesetz sowie durch die ausführliche Regelung des Rechts der Handelsbücher verändert worden. Ihm geht zeitlich das im Deutschen Bund vereinbarte → Allgemeine Deutsche Handelsgesetzbuch (ADHGB, 1861 ff.) voraus.

Lit.: *Baumbach, A./Hopt, K.,* Handelsgesetzbuch, 36. A. 2014; HGB, hg. v. *Fleischer, H.,* 72. A. 2013; *Koller, I./ Roth, H./Morck, W.,* Handelsgesetzbuch, 8. A. 2014; Münchener Kommentar zum Handelsgesetzbuch, hg. v. *Schmidt, K. u. a.,* Bd. 1 ff. 3. A. 2010 ff.; *Staub, H.,* HGB Großkommentar, 5. A. Band 1 ff. 2008 ff.; Handelsgesetzbuch, hg. v. *Oetker, H.,* 4. A. 2015; Gemeinschaftskommentar zum Handelsgesetzbuch, hg. v. *Ensthaler, J.,* 8. A. 2015

Handelsgewerbe (§ 1 II HGB) ist jeder Gewerbebetrieb, es sei denn, dass das Unternehmen nach Art und Umfang einen in kaufmännischer Weise eingerichteten Geschäftsbetrieb nicht erfordert. Ein gewerbliches Unternehmen, dessen Gewerbebetrieb nicht schon nach § 1 II HGB H. ist, gilt als H., wenn die Firma des Unternehmens in das → Handelsregister eingetragen ist. Der Unternehmer ist berechtigt, aber nicht verpflichtet, die Eintragung nach den für die Eintragung kaufmännischer Firmen geltenden Vorschriften herbeizuführen (Kannkaufmann, § 2 HGB). Auf den Betrieb der Landwirtschaft und Forstwirtschaft findet § 1 HGB keine Anwendung (§ 3 I HGB). Für ein landwirtschaftliches Unternehmen oder ein forstwirtschaftliches Unternehmen, das nach Art und Umfang einen in kaufmännischer Weise eingerichteten Geschäftsbetrieb erfordert, gilt § 2 HGB mit der Maßgabe, dass nach der Eintragung in das Handelsregister eine Löschung der Firma nur nach den allgemeinen Vorschriften über die Löschung kaufmännischer Firmen stattfindet.

Lit.: *Lieb, M.,* Probleme des neuen Kaufmannsbegriffs, NJW 1999, 35

Handelskammer ist die Körperschaft des öffentlichen Rechtes zur Wahrung und Förderung der Interessen der ein Handelsgewerbe betreibenden Mitglieder. → Industrie- und Handelskammer

Lit.: *Frentzel, G./Jäkel, E./Junge, W.,* Industrie- und Handelskammergesetz, 7. A. 2009

Handelskauf (§§ 373 ff. HGB) ist der → Kauf, der ein → Handelsgeschäft ist. Für ihn gelten einige, vom Kaufrecht des bürgerlichen Rechts abweichende Vorschriften (insbesondere → Untersuchungspflicht und Rügepflicht §§ 377, 378 HGB). Im Übrigen unterfällt er dem allgemeinen Kaufrecht.

Lit.: *Emmerich, V.,* Der Handelskauf, JuS 1997, 98; *Stadler, H.,* Allgemeine Geschäftsbedingungen im internationalen Handel, 2003

Handelsklasse ist die Güteklasse für Handelswaren. Für Handelsklassen gilt das Handelsklassengesetz vom 23.11.1972. Danach sind Handelsklassen (durch Rechtsverordnung) nach bestimmten Merkmalen (Qualität, Herkunft usw.) festzulegen.

Lit.: Leitfaden für die Anwendung der EG-Vermarktungsnormen und deutschen Handelsklassen für frisches Obst, 7. A. 2001

Handelsmakler (§ 93 I HGB) ist die gewerbsmäßig für andere, ohne von ihnen vertraglich ständig damit betraut zu sein, den Abschluss von → Kaufverträgen über Gegenstände des Handelsverkehrs gegen → Provision vermittelnde Person (nicht Grundstücksmakler, weil Grundstücke keine Waren sind). Der H. vertritt vielfach beide Vertragsparteien. Für die Vermittlung erhält er im Zweifel den Maklerlohn von jeder Partei zur Hälfte (§ 99 HGB).

Lit.: *Hoyningen-Huene, G. v.,* Die kaufmännischen Hilfspersonen, 1996

Handelsmündigkeit (§ 112 BGB) ist die unbeschränkte → Geschäftsfähigkeit eines Minderjährigen für alle Rechtsgeschäfte, die der Geschäftsbetrieb eines Erwerbsgeschäfts mit sich bringt. Sie ergibt sich daraus, dass der gesetzliche Vertreter mit Genehmigung des Vormundschaftsgerichts den Minderjährigen zum Betrieb des Erwerbsgeschäfts ermächtigt. Sie geht mit der Volljährigkeit in der allgemeinen Geschäftsfähigkeit auf.

Handelsrecht ist das Sonderprivatrecht der → Kaufleute (§§ 1 ff. HGB, Art. 2 EGHGB), das vor allem im → Handelsgesetzbuch geregelt ist. Teilweise wird es als Gesamtheit der Rechtssätze angesehen, die das → Unternehmen in seiner eigenartigen Stellung und Bedeutung im Verkehrsleben regeln sollen (Unternehmensrecht). Grundlegender Bezugspunkt ist jedoch der → Kaufmann (§§ 1 ff. HGB). In einem weiteren Sinn umfasst es das H. i. e. S., das → Gesellschaftsrecht, das → Wertpapierrecht, das Bankrecht und Börsenrecht, das → Versicherungsrecht und das Recht des gewerblichen → Rechtsschutzes (bzw. bestimmter Immaterialgüter). Das Seehandelsrecht wurde durch das Gesetz zur Reform des Seehandelsrechts vom 20. April 2013 vielfach geändert.

Lit.: Vertrags- und Formularbuch zum Handels-, Gesellschafts- und Bankrecht, hg. v. *Hopt, K.,* 4. A. 2013; *Kindler, P.,* Grundkurs Handels- und Gesellschaftsrecht, 6. A. 2012; *Schmidt, K.,* Handelsrecht, 6. A. 2014; *Lettl, T.,* Handelsrecht, 3. A. 2015

Handelsregister ist das öffentliche Verzeichnis gewisser Tatsachen, die für den Handelsverkehr bedeutsam sind. Es wird im Rahmen der freiwilligen → Gerichtsbarkeit von den → Gerichten (Amtsgerichten) elektronisch geführt (§ 8 HGB), doch können seit 1998 die Landesregierungen bzw. Landesjustizverwaltungen probeweise den Industriekammern bzw. Handelskammern die Führung des Handelsregisters übertragen (Art. 28 des Handelsrechtsreformgesetzes vom 22.6.1998). Es kann von jedem zu Informationszwecken eingesehen werden (§ 9 I HGB). In die Abteilung A werden vor allem eingetragen die Einzelkaufleute, offenen → Handelsgesellschaften und → Kommanditgesellschaften, in Abteilung B hauptsächlich die → Aktiengesellschaften und → Gesellschaften mit beschränkter Haftung. Ist eine einzutragende Tatsache unrichtig bekannt gemacht, so kann sich ein Dritter dem Eintragspflichtigen gegenüber auf die bekannt gemachte Tatsache berufen, es sei denn, dass er die Unrichtigkeit kannte (§ 15 III HGB). Im Übrigen kann eine einzutragende, aber nicht eingetragene Tatsache einem Dritten nur entgegengesetzt werden, wenn dieser sie kannte (negative → Publizität, § 15 I HGB), während eine eingetragene und bekannt gemachte Tatsache grundsätzlich jedem Dritten entgegengehalten werden kann (positive → Publizität, § 15 II HGB).

Lit.: *Gustavus, E.,* Handelsregisteranmeldungen, 8. A. 2013; *Schmidt-Kessel, M./Leutner, G./Müther, P.* Handelsregisterrecht, 2010

Handelsregisterverfügung ist die Einzelheiten der Einrichtung und Führung des → Handelsregisters regelnde Verordnung vom 12.8.1937.

Lit.: *Krafka, A.,* Registerrecht, 9. A. 2013

Handelsrichter (§§ 93 ff. GVG) ist der ehrenamtliche → Richter in → Handelssachen. Voraussetzung ist insbesondere die Eintragung in das → Handelsregister als → Kaufmann, als → Vorstand einer → Aktiengesellschaft, als → Geschäftsführer einer → Gesellschaft mit beschränkter Haftung oder eine Tätigkeit als Vorstand einer juristischen → Person des öffentlichen Rechts. Die Kammern für Handelssachen sind mit einem Vorsitzenden und zwei Handelsrichtern besetzt.

Lit.: *Lindloh, K.,* Der Handelsrichter und sein Amt, 6. A. 2012

Handelssache (§ 95 GVG) ist im Verfahrensrecht die bürgerliche Rechtsstreitigkeit, in der durch → Klage ein in § 95 GVG besonders benannter → Anspruch geltend gemacht wird (z. B. gegen einen Kaufmann aus beiderseitigen Handelsgeschäften). Für Handelssachen ist am → Landgericht die mit Handelsrichtern besetzte → Kammer für Handelssachen zuständig.

Lit.: *Kissel, O./Mayer, H.,* Gerichtsverfassungsgesetz, 8. A. 2015; *Sharma, D.,* Zustellungen im europäischen Binnenmarkt, 2003

Handelsvertrag ist der den Handel zwischen mindestens zwei → Staaten oder sonstigen Völkerrechtssubjekten betreffende → Vertrag.

Lit.: *Scherrer, C.,* Global rules for trade, 2001

Handelsvertreter (§ 84 HGB) ist, wer als selbständiger Gewerbetreibender ständig damit betraut ist, für einen anderen → Unternehmer → Geschäfte zu vermitteln *(→ Vermittlungsvertreter)* oder in dessen Namen abzuschließen *(→ Abschlussvertreter).* Der H. ist grundsätzlich → Kaufmann und vom → Angestellten (→ Handlungsgehilfen) zu trennen. Er wird auf Grund eines → Geschäftsbesorgungsvertrags (Geschäftsbesorgungsdienstvertrags) tätig. Er erhält für seine (erfolgreiche) Tätigkeit → Provision (§§ 87 ff. HGB) und Ersatz seiner → Aufwendungen. Nach Beendigung des Vertragsverhältnisses hat er u. U. einen → Ausgleichsanspruch (§ 89b HGB). Infolge einer EG-Richtlinie wurde das Recht der H. vereinheitlicht (23.10.1989).

Lit.: *Eberstein, H.,* Der Handelsvertretervertrag, 9. A. 2008; *Hopt, K.,* Handelsvertreterrecht, 4. A. 2009; *Stötter,* Das Recht der Handelsvertreter, 6. A. 2007

Handgeschäft ist im Privatrecht das Geschäft, bei dem → Verpflichtungsgeschäft (z. B. Kauf) und → Erfüllungsgeschäft (z. B. Übereignung) äußerlich ununterscheidbar zusammenfallen. Rechtlich sind Verpflichtungsgeschäft und Erfüllungsgeschäft auch bei dem H. streng zu trennen. Das H. findet sich vor allem bei den Kleingeschäften (z. B. Barkäufen) des täglichen Lebens (z. B. Handkauf in einem Lebensmittelladen, Handschenkung bei Geburtstagen).

handhaft (Adj.) den Täter bei der Ausführung ergreifen lassend

handhafte Tat → Tat, handhafte

Handkauf ist der sofort (tatsächlich zeitgleich mit dem Abschluss des Verpflichtungsgeschäfts) vollzogene Barkauf (→ Handgeschäft), bei dem → Verpflichtungsgeschäft und → Erfüllungsgeschäft unterscheidbar zusammenfallen (z. B. in einem Lebensmittelladen).

Handlung ist das menschliche → Verhalten, das als vom → Willen beherrschbar gedacht ist und daher objektiv zugerechnet werden kann. Im → Strafrecht versteht die Lehre vom sozialen Handlungsbegriff unter H. jedes sozial-erhebliche Verhalten im Sinne einer Antwort des Menschen auf eine erkannte oder wenigstens erkennbare Situationsanforderung durch Verwirklichung einer nach seiner Freiheit zu Gebote stehenden Reaktionsmöglichkeit. Demgegenüber stellt die finale Handlungslehre auf die (finale) Steuerung des kausalen Geschehens in Richtung auf eine vorgestellte Umweltveränderung ab. Für die kausale Handlungslehre ist H. das auf menschliches Wollen zurückführbare Bewirken einer Veränderung in der Außenwelt. Die H. kann entweder in einem → Tun oder in einem → Unterlassen bestehen. In Gegensatz zu ihr steht vor allem der bloße Reflex. Mit *öffentlicher Strafe bedrohte* H. (stafbare H., strafbedrohte H.) ist die H., die Voraussetzung für die Verhängung einer Strafe ist. *Fortgesetzte* H. ist die von der Rechtsprechung angenommene Erscheinungsform der rechtlichen → Handlungseinheit (§ 52 StGB, Tateinheit), bei der sich die Einzelakte einer Handlungsreihe gegen dasselbe → Rechtsgut richten, in der Begehungsweise gleichartig sind und von einem Gesamtvorsatz (str.), der die konkrete Tat in ihren wesentlichen Grundzügen nach Zeit, Ort und Art der Begehung sowie der Person des Verletzten erfassen muss, getragen werden. Voraussetzung für die Verbindung mehrerer Verhaltensweisen, die jede für sich einen Straftatbestand erfüllen, zu einer fortgesetzten H. ist dabei, dass dies zur sachgerechten Erfassung des verwirklichten Unrechts und der Schuld unumgänglich ist. Die Rechtsprechung schränkt seit 1994 die Anwendung der fortgesetzten Handlung erheblich ein. *Sexuelle* H. (§ 184c StGB) ist die H., die entweder schon nach ihrem äußeren Erscheinungsbild für das allgemeine Verständnis als geschlechtsbezogen erscheint oder die, obschon äußerlich nicht erkennbar geschlechtsbezogen, durch die Absicht motiviert ist, eigene oder fremde Geschlechtslust zu erregen oder zu befriedigen. Die sexuelle H. muss im Hinblick auf das jeweils geschützte Rechtsgut von einiger Erheblichkeit sein. Die sexuelle H. *vor einem anderem* muss vor einem anderen vorgenommen werden, der den Vorgang wahrnimmt. *Exhibitionistische* H. (§ 183 StGB) ist die sexuelle H., deren Schwerpunkt darin liegt, dass ein Mensch einem anderen seinen entblößten Geschlechtsteil vorweist, um sich sexuell zu erregen oder zu befriedigen. *Rechtsgeschäftsähnliche oder geschäftsähnliche* H. ist im Privatrecht die Vorstellungsäußerung oder Willensäußerung, die nur auf einen tatsächlichen und damit nicht auf einen rechtlichen → Erfolg gerichtet ist, einen rechtlichen Erfolg aber nach sich zieht (z. B. → Mahnung, Anzeige, Benachrichtigung, Mitteilung, Aufforderung, Androhung, Weigerung). Sie ist keine → Willenserklärung, wird aber weitgehend analog zu ihr behandelt. *Unerlaubte* H. (§§ 823 ff. BGB) ist das einseitig verpflichtende gesetzliche → Schuldverhältnis, bei dem grundsätzlich bei Vorliegen von H., → Rechtswidrigkeit, → Schuld und → Schaden ein → Schadensersatzanspruch entsteht. Die wichtigsten einzelnen Tatbestände der unerlaubten H. sind in den §§ 823 I (Verletzung des Lebens, Körpers, der Gesundheit, der Freiheit, des Eigentums oder eines sonstigen Rechts eines anderen), 823 II (Verletzung eines den Schutz eines anderen bezweckenden Gesetzes), 826 (sittenwidrige vorsätzliche Schädigung), 831 (→ Geschäftsherrnpflichtverletzung) und 839 BGB (→ Amtspflichtverletzung) festgelegt. *Vertretbare* H. ist die H., bei der es für den Gläubiger gleichgültig ist, ob sie statt des Schuldners ein Dritter vornimmt.

Lit.: *Larenz, K./Wolf, M./Neuner, J.,* Allgemeiner Teil des Bürgerlichen Rechts, 10. A. 2012; *Jakobs, G.,* Der strafrechtliche Handlungsbegriff, 1992; *Deutsch, E.,* Unerlaubte Handlungen, Schadensersatz und Schmerzensgeld, 3. A. 1995; *Miller, G.,* Neuere Entwicklungen zur fortgesetzten Handlung, Diss. jur. Tübingen 1997; *Ulrici, B.,* Geschäftsähnliche Handlungen, NJW 2003, 2053

Handlungsbevollmächtigter (§ 54 HGB) ist, wer ohne Erteilung der → Prokura zum Betrieb eines → Handelsgewerbes oder zur Vornahme einer bestimmten zu einem Handelsgewerbe gehörenden Art von Geschäften oder zur Vornahme einzelner zu einem Handelsgewerbe gehöriger Geschäfte ermächtigt ist (→ Handlungsvollmacht).

Lit.: *Honsell, T.,* Die Besonderheiten der handelsrechtlichen Stellvertretung, JA 1984, 178; *Hoyningen-Huene, G. v.,* Die kaufmännischen Hilfspersonen, 1996

Handlungseinheit (§ 52 StGB Tateinheit) ist zunächst die → Handlung, bei der sich ein Handlungsentschluss in einer Willensbetätigung verwirklicht. Darüber hinaus liegt rechtlich auch dann eine H. vor, wenn der gesetzliche Tatbestand mehrere natürliche Willensbetätigungen zu einer rechtlich-sozialen Bewertungseinheit verbindet (z. B. Dauerdelikt, Raub). Mehrere gleichartige Tätigkeitsakte bilden dann eine H., wenn sie auf einem einheitlichen Willensentschluss beruhen und den gleichen → Straftatbestand in unmittelbarer Aufeinanderfolge wiederholt verwirklichen (z.B. mehrere Verkehrsstraftaten im Rahmen einer Verfolgung). Bei H. liegt nur eine einzige → Handlung im Sinn von § 52 I StGB vor. Das führt hinsichtlich der Konkurrenz zur Bejahung der → Tateinheit.

Lit.: *Miller, G.,* Neuere Entwicklungen zur fortgesetzten Handlung, 1997

Handlungsfähigkeit ist die Fähigkeit, durch eigenes → Handeln Rechtswirkungen (Rechte, Pflichten) herbeizuführen. Die H. ist von der → Rechtsfähigkeit zu trennen. Sie hat auf einzelnen Rechtsgebieten unterschiedliche Voraussetzungen und ist dementsprechend aufzugliedern (z.B. → Geschäftsfähigkeit,   → Ehefähigkeit,   → Testierfähigkeit, → Deliktsfähigkeit). Bei Fehlen der H. muss ein → Vertreter oder → Organ statt der handlungsunfähigen Person handeln oder die Handlung muss unterbleiben.

Handlungsfreiheit ist die → Freiheit des menschlichen → Handelns. *Allgemeine* H. (Art. 2 I GG) ist das → Recht des Einzelnen auf freie Entfaltung seiner → Persönlichkeit. Schranken bilden die Rechte anderer, die verfassungsmäßige → Ordnung und das → Sittengesetz. Zum unantastbaren → Wesensgehalt der H. gehören Intimsphäre, Eigenständigkeit und Selbstverantwortlichkeit der Person.

Lit.: *Kukk, A.,* Verfassungsgeschichtliche Aspekte zum Grundrecht der allgemeinen Handlungsfreiheit, 2000; *Kahl, W.,* Grundfälle zu Art. 2 I GG, JuS 2008, 499

Handlungsgehilfe (§§ 59 ff. HGB) ist der → Arbeitnehmer, der in einem → Handelsgewerbe zur Leistung kaufmännischer Dienste angestellt ist (z.B. Verkäufer, Buchhalter). Für den Handlungsgehilfen gelten als arbeitsrechtliche Sonderregeln die §§ 59 ff. HGB neben den §§ 611 ff. BGB. Insbesondere besteht während des Dienstverhältnisses ein gesetzliches und danach u.U. ein (vertragliches) → Wettbewerbsverbot (§§ 60, 74 HGB).

Lit.: *Wagner, S.,* Die Besonderheiten beim Arbeitsverhältnis des Handlungsgehilfen, 1993; *Hoyningen-Huene, G. v.,* Die kaufmännischen Hilfspersonen, 1996

Handlungshaftung ist die polizeiliche Verantwortlichkeit einer Person für eine eine → Störung verursachende → Handlung. Sie steht im Gegensatz zur → Zustandshaftung. Bei der H. richten sich die zur Abwehr erforderlichen Maßnahmen der → Polizei gegen die handelnde Person.

Lit.: *Vogt, U.,* Handlungshaftung im Umweltrecht, 1996

Handlungslehre ist im Strafrecht die Lehre vom Wesen einer → Handlung. Nach naturalistischkausaler H. ist Handlung ein gewillkürtes Körperverhalten, eine auf menschliches Wollen zurückführbare Bewirkung einer Veränderung in der Außenwelt. Nach der sozialen H. ist Handlung das vom menschlichen Willen beherrschte oder beherrschbare sozialerhebliche Verhalten. Die finale H. versteht unter Handlung das bewusst auf ein Ziel ausgerichtete Wirken.

Lit.: *Welzel, H.,* Das neue Bild des Strafrechtssystems, 4. A. 1961; *Gössel, K.,* Wertungsprobleme des Begriffs der finalen Handlung, 1966

Handlungsobjekt ist das einzelne Objekt (u.a. → Gegenstand), an dem die Tathandlung vollzogen wird (z.B. ein Mensch als Opfer, eine Sache).

Handlungsort ist der Ort, an dem der Schuldner die zur → Erfüllung nötige → Handlung vornehmen muss. Er ist zu unterscheiden vom → Erfolgsort. Er bestimmt sich nach § 269 BGB.

Handlungspflicht ist die Pflicht (→ Verpflichtung), eine bestimmte → Handlung vorzunehmen. Sie ist eine Verhaltenspflicht und steht im Gegensatz zur Unterlassungspflicht. Sie kann auf → Gesetz (bzw. sonstigem Recht), hoheitlicher Einzelanordnung oder → Rechtsgeschäft beruhen.

Handlungsunrecht ist die → Rechtswidrigkeit, die aus einem Verstoß gegen ein Verhaltensgebot abgeleitet wird. Dieser Verstoß gegen eine Verhaltenspflicht muss als solcher besonders festgestellt werden. Das H. steht im Gegensatz zum → Erfolgsunrecht. Die Lehre vom H. prüft die Verletzung eines Gebots zu sorgfältigem Verhalten im Bereich der Rechtswidrigkeit. Zum Verschulden gehört dann Fahrlässigkeit nur insofern, als damit gesagt sein soll, dass das schadenstiftende Verhalten dem Schädiger auch persönlich vorgeworfen werden kann. Dementsprechend kommt es nach ihr auf ein Verschulden grundsätzlich nicht mehr an.

Lit.: *Olivet, P.,* Erfolgsunrechtslehre und Handlungsunrechtslehre aus der Sicht des öffentlichen Rechts, 1989; *Duttge, G.,* Zur Bestimmtheit des Handlungsunwerts von Fahrlässigkeitsdelikten, 2001

Handlungsvollmacht (§ 54 HGB) ist die → Vollmacht, die – ohne Prokura zu sein – zum Betrieb eines → Handelsgewerbes (Generalhandlungsvollmacht) oder zur Vornahme einer bestimmten zu einem Handelsgewerbe gehörigen Art von → Geschäften (Arthandlungsvollmacht) oder zur Vornahme einzelner zu einem Handelsgewerbe gehöriger Geschäfte ermächtigt (Spezialhandlungsvollmacht). Bestimmte bedeutendere Geschäfte (z.B. Veräußerung von → Grundstücken) werden von ihr nur auf Grund besonderer Erklärung umfasst. Sonstige Beschränkungen braucht ein Dritter nur gegen sich gelten zu lassen, wenn er sie kannte oder kennen musste.

Lit.: *Müller, K.,* Prokura und Handlungsvollmacht, JuS 1997, 1000

Handlungswille ist der Wille, ein äußeres Verhalten durchzuführen. Der H. fehlt bei einem unbewussten, nicht willensgesteuerten Verhalten, das dennoch als Ausdruck des Willens erscheint, es solle ein Rechtsgeschäft geschaffen werden. Das kommt rechtstatsächlich selten vor (z.B. wenn einem willenlosen Betrunkenen im Schlaf die Hand zur Unterschrift unter einen Vertrag geführt wird). → Willenserklärung

Lit.: *Leenen, D.,* Ist das richtig so?, JuS 2008, 579

Handschenkung (§ 518 II BGB) ist die → Schenkung, bei der Abschluss und Vollzug (Verpflichtungsgeschäft und Erfüllungsgeschäft) äußerlich ununterscheidbar zusammenfallen. Rechtlich sind sie dennoch streng zu unterscheiden. Der Mangel der notariellen Beurkundung des Schenkungsversprechens der H. wird durch die gleichzeitige Bewirkung der Leistung geheilt (§ 518 II BGB). → Handgeschäft

Lit.: *Fischer, M.,* Die Unentgeltlichkeit im Zivilrecht, 2002

Handschrift ist die mit der Hand geschriebene, menschliche → Schrift im Gegensatz zu der mit einer Maschine geschriebenen oder gedruckten Schrift. Die H. jedes Menschen weist besondere Merkmale auf, weshalb sich auch anonym arbeitende, Druckschrift verwendende Schmierer von jedermann oder zumindest von Schriftsachverständigen eindeutig erkennen lassen. Seit der Erfindung des Buchdrucks mit beweglichen Lettern, der Schreibmaschine und des elektronisch gesteuerten, jedermann verfügbaren Druckers wird die H. vom Druck bzw. der Druckschrift zurückgedrängt.

Lit.: *Seibt, A.,* Forensische Schriftgutachten, 1999

Hand- und Spanndienst → Frondienst

Handwerk ist *materiell* die selbständige Erwerbstätigkeit auf dem Gebiet der Bearbeitung und Verarbeitung von Stoffen, gerichtet auf die Befriedigung individualisierter Bedürfnisse durch Arbeiten und Leistungen, die ein Ergebnis der umfassenden Ausbildung und des Einsatzes der persönlichen Kräfte und Mittel des gewerblichen Unternehmers sind. *Formell* ist H. die Summe der in der → Handwerksrolle verzeichneten, eine der in der Anlage A zur → Handwerksordnung genannten Tätigkeiten ausführenden → Betriebe (§ 1 II HandwO, nicht z. B. Trockenbau, Akustikbau). Die Eintragung eines Inhabers eines Betriebs setzt grundsätzlich das Bestehen der → Meisterprüfung voraus (§ 7 HandwO, großer → Befähigungsnachweis, Ausnahmen seit 1.1.1994 erweitert), doch wird das → Grundrecht der → Berufsfreiheit verletzt, wenn jede handwerkliche Tätigkeit (z. B. einfache Reparatur eines elektrischen Geräts) von dem Bestehen der betreffenden Meisterprüfung abhängig gemacht wird. Sachlich gekennzeichnet ist H. im Gegensatz zu sonstigem → Gewerbe durch persönlich-fachliche Mitarbeit des Inhabers, Beschäftigung ausgebildeter Fachkräfte, Einzelfertigung, Auftragsfertigung, örtlich beschränkten Kundenkreis, verhältnismäßig weniger Maschinen). Der Inhaber eines Handwerksbetriebs ist meist → Kaufmann (§§ 1 f. HGB).

Lit.: *Musielak, H./Detterbeck, S.,* Das Recht des Handwerks, 3. A. 1995; *Ziekow, J.,* Zur Einführung – Handwerksrecht, JuS 1992, 728

Handwerker ist der in einem → Handwerk tätige Mensch.

Handwerksinnung → Innung

Lit.: *Detterbeck, S.,* Die Handwerksinnungen, 2003

Handwerkskammer (§ 90 HandwO) ist die → Körperschaft des öffentlichen → Rechtes, deren Mitglieder die selbständigen → Handwerker und Inhaber handwerksähnlicher Betriebe sowie die → Gesellen und Lehrlinge (Auszubildende) dieser Gewerbetreibenden in einem bestimmten Bezirk sind. Sie ist eine → Selbstverwaltungskörperschaft, deren wichtigste Aufgaben die Wahrung und Förderung der Interessen des → Handwerks sind. Ihre Organe sind Vollversammlung, Vorstand und Ausschüsse. Die Pflichtmitgliedschaft in der H. verletzt nicht die verfassungsmäßigen Freiheitsrechte des Einzelnen.

Lit.: *Musielak, H./Detterbeck, S.,* Das Recht des Handwerks, 3. A. 1995; *Kelber, M.,* Grenzen des Aufgabenbereichs einer Körperschaft des öffentlichen Rechts, 1998

Handwerkskarte → Handwerksrolle

Handwerksordnung (HandwO bzw. HwO) ist das das → Recht des → Handwerks ordnende → Gesetz. Es geht der → Gewerbeordnung als Spezialgesetz vor. Es regelt die Ausübung eines Handwerks, die → Berufsbildung, die → Meisterprüfung und die Organisation des Handwerks. Die Anlage A enthält ein Verzeichnis von (ursprünglich 125, 1998 94 Handwerke, 57 handwerksähnliche Gewerbe, 2003 41 Handwerke mit Meisterzwang) → Gewerben, die als Handwerk betrieben werden können.

Lit.: *Honig, G.,* Handwerksordnung, 4. A. 2008; *Detterbeck, S.,* Handwerksordnung, 4. A. 2008 bzw. online 2. A. 2013

Handwerksrolle (§ 6 HandwO bzw. HwO) ist das von den → Handwerkskammern geführte öffentliche → Verzeichnis, in das die selbständigen → Handwerker des Bezirks mit dem von ihnen betriebenen → Handwerk einzutragen sind. Die Einsicht in die H. ist jedermann gestattet. Die Eintragung ist Voraussetzung für den selbständigen Betrieb eines Handwerks. Über die Eintragung hat die Handwerkskammer eine Bescheinigung auszustellen (Handwerkskarte, § 10 II HandwO).

Lit.: *Musielak, H./Detterbeck, S.,* Das Recht des Handwerks, 3. A. 1995

Hardware ist die aus dem Angloamerikanischen stammende Bezeichnung für Geräte der elektronischen Datenverarbeitung (z. B. Computer, Drucker, Bildschirm, Scanner, Tastatur, Maus).

Hare-Niemeyersches Sitzverteilungsverfahren ist das Verfahren der Verteilung der Sitze (Mandate) eines → Parlaments oder eines sonstigen Gremiums, bei dem die Zahl der zu vergebenden Sitze mit den auf eine Liste abgegebenen Stimmen vervielfacht und dann durch die Gesamtzahl aller für die Sitzverteilung maßgeblichen Stimmen geteilt wird. Falls hinter dem Komma der sich dabei ergebenden Sitzzahl eine Bruchstelle verbleibt, werden die restlichen Sitze in der Reihenfolge der Höhe der Bruchteile vergeben. (Sind z. B. von 110000 gültigen Stimmen 60000 auf A, 30000 auf B, 10000 auf C und die restlichen auf Gruppierungen entfallen, die unter die → Fünfprozentklausel fallen, und sind

50 Sitze zu vergeben, so erhalten A 50x 60000 : 100000 = 30, B 50 x 30000 : 100000 = 15 und C 50 × 10000 : 100000 = 5 Sitze.) Hierbei können kleinere Parteien, die an der Sitzverteilung teilnehmen, günstiger abschneiden als nach dem → d'Hondtschen Höchstzahlverfahren. → Sainte-Laguë-Scheperssches Sitzzuteilungsverfahren

Häresie ist im katholischen → Kirchenrecht die dem kirchlichen Dogma widersprechende Irrlehre (Ketzerei).
Lit.: *Pieper, I.,* Häresien, 2003

Hauptantrag ist der in erster Linie gestellte → Antrag einer Antragshäufung. Er ist H. im Verhältnis zu eventuell gestellten → Hilfsanträgen. Erst nach seiner Erledigung können Hilfsanträge bedeutsam werden.
Lit.: *Schröer,* Haupt- und Hilfsvorbringen, JA 1990, Übungsblätter für Referendare 231

Hauptforderung ist bei der → Aufrechnung die → Forderung (des Gläubigers), gegen die der → Schuldner aufrechnet (§ 387 BGB). Sie steht im Gegensatz zur → Gegenforderung (des aufrechnenden Schuldners). Daneben kann H. auch die Grundforderung im Gegensatz zu Nebenforderungen sein.

Hauptintervention (§ 64 ZPO) ist die → Klage eines Dritten, der die → Sache oder das → Recht, worüber zwischen anderen Personen ein → Rechtsstreit anhängig geworden ist, ganz oder teilweise für sich in Anspruch nimmt (z. B. wahrer Eigentümer in einem Streit zweier Nichteigentümer). Die H. richtet sich gegen beide Parteien. Sie ist eine selbständige Klage, die einen neuen selbständigen → Prozess begründet (Interventionsprozess). Der Hauptprozess kann auf Antrag einer Partei bis zur rechtskräftigen Entscheidung über die H. → ausgesetzt werden. Den Gegensatz zur H. bildet die → Nebenintervention.

Hauptpflicht ist die im Verhältnis zu anderen Pflichten (→ Nebenpflichten) besonders wichtige Pflicht (z.B. Übereignungspflicht im Verhältnis zur Verpackungspflicht beim Kauf).
Lit.: *Conville, A. de,* Schuldrechtliche Haupt- und Nebenpflichten, 1986

Hauptsache ist im Prozessrecht die von der streiteinleitenden Partei vor allem begehrte → Rechtsfolge (z. B. → Streitgegenstand). Haben die Parteien den Rechtsstreit in der H. für erledigt erklärt, so entscheidet das Gericht (nur noch) über die → Kosten (§ 91a ZPO). Im materiellen Recht steht die H. vor allem im Gegensatz zu → Bestandteilen und → Zubehör.
Lit.: *Shen, K.,* Die Erledigung der Hauptsache, 2000

Hauptsacheklage ist die Bezeichnung der → Klage im Verhältnis zum Antrag auf vorläufigen Rechtsschutz durch → Arrest oder einstweilige → Verfügung. Bei ihr geht es um die Verwirklichung, nicht nur um die vorläufige Sicherung des → Anspruchs.

Hauptsatzung ist die → Satzung einer Gemeinde, in der die Grundzüge der kommunalen → Selbstverwaltung festgelegt sind. Die Hauptsatzung bestimmt u. a. die → Form für öffentliche → Bekanntmachungen. Die Errichtung einer H. wird durch die → Gemeindeordnungen vorgeschrieben.
Lit.: *Rump, O.,* Die Hauptsatzung der Gemeinde, 1980

Hauptstrafe (§§ 38 ff. StGB) ist die → Strafe, die als solche allein verhängt werden kann (→ Freiheitsstrafe, → Geldstrafe). → Nebenstrafe.

Haupttermin ist im → Zivilprozess der zur → Erledigung des → Rechtsstreits dienende, umfassend vorbereitete → Termin (§ 272 I ZPO). Seine Vorbereitung kann durch einen frühen ersten Termin oder durch schriftliches Vorverfahren erfolgen (§ 272 II ZPO). Die Güteverhandlung und die mündliche Verhandlung sollen so früh wie möglich stattfinden (§ 272 III ZPO).

Hauptverfahren (§§ 199 ff. StPO) ist der Teil des → Strafverfahrens, in dem vor dem → Gericht über die → Anklage verhandelt wird. Sein Kernstück bildet die → Hauptverhandlung. Das H. endet mit der → Rechtskraft des → Urteils.
Lit.: *Schroeder, F./Verrel, T.,* Strafprozessrecht, 6. A. 2014

Hauptverhandlung (§§ 226 ff. StPO) ist die → Verhandlung, in der das → Gericht über → Schuld und → Strafe eines → Angeklagten entscheidet. Sie erfolgt in ununterbrochener Gegenwart der zur Urteilsfindung berufenen Menschen, der → Staatsanwaltschaft sowie eines → Urkundsbeamten der Geschäftsstelle und in der Regel auch des → Angeklagten. Die H. steht unter der Leitung des → Vorsitzenden. Sie darf bis zu 21 (evtl. 30) Tagen → unterbrochen werden (§ 229 StPO). Die H. beginnt (§ 243 StPO) mit dem → Aufruf der Sache. Es folgen die Feststellung der Anwesenheit des Angeklagten, seines → Verteidigers und der → Beweismittel, die → Vernehmung des Angeklagten über seine persönlichen Verhältnisse, die Verlesung des → Anklagesatzes, die eventuelle Äußerung des Angeklagten zur Sache, die → Beweisaufnahme, die → Schlussvorträge (→ Plädoyers) des Staatsanwalts und des Angeklagten (letztes Wort) sowie die → Beratung und → Verkündung des → Urteils (§ 260 StPO, → Freisprechung, → Verurteilung, Anordnung einer → Maßregel, → Einstellung). Nach den §§ 417 ff. StPO kann die Staatsanwaltschaft den Antrag auf Entscheidung im beschleunigten Verfahren stellen, wenn die Sache auf Grund des einfachen Sachverhalts oder der klaren Beweislage zur sofortigen Verhandlung geeignet ist.
Lit.: *Burhoff, D.,* Handbuch für die strafrechtliche Hauptverhandlung, 8. A. 2015; *Schellenberg, F.,* Die Hauptverhandlung, 2. A. 2000; *Greiser, P./Artkämper, H.,* Die gestörte Hauptverhandlung, 3. A. 2001

Hauptverhandlungshaft ist die zum Zweck der sofortigen Durchführung einer Hauptverhandlung zulässige Haft.
Lit.: *Fülber, T.,* Die Hauptverhandlungshaft, 2000

Hauptversammlung (§§ 118 ff. AktG) ist die Versammlung der → Aktionäre einer → Aktiengesellschaft (oder → Kommanditgesellschaft auf Aktien). Sie ist ein Organ der Aktiengesellschaft. Die H. findet als *ordentliche* H. jährlich innerhalb der ersten acht Monate des Geschäftsjahrs statt, die *außerordentliche* H. in besonderen Fällen. Die H. beschließt vor allem über die Bestellung (eines Teiles) der Mitglieder des → Aufsichtsrats, die Verwendung des Bilanzgewinns, die Entlastung der Mitglieder des → Vorstands und des Aufsichtsrats, Satzungsänderungen sowie die → Auflösung der Gesellschaft. Der → Beschluss der H. kann in einzelnen Fällen → nichtig oder → anfechtbar sein (§§ 241 ff. AktG).

Lit.: *Ek, R.,* Praxisleitfaden für die Hauptversammlung, 2. A. 2010; Arbeitshandbuch für die Hauptversammlung, hg. v. *Semler, J. u. a.,* 3. A. 2011; *Weber, R./Kersjes, J.,* Hauptversammlungsbeschlüsse vor Gericht, 2010

Hauptversammlungsbeschluss ist der → Beschluss der → Hauptversammlung.

Lit.: *Baums, T.,* Die Anfechtung von Hauptversammlungsbeschlüssen, 2000

Hausarbeit ist die zu Hause durchgeführte Arbeit. In der juristischen Ausbildung ist H. die nicht unter Aufsicht verfasste Bearbeitung einer Aufgabe. Sie setzt (wie z. B. die Dissertation) die wissenschaftliche Verarbeitung von Literatur voraus (Literaturverzeichnis, Anmerkungen unter Einschluss der Nachweise aller bewusst aus der Literatur übernommener fremder Gedanken), doch ist ihre persönliche Erstellung kaum überprüfbar, weswegen sie seit 2002 in der Staatsprüfung aufgegeben wird.

Lit.: *Köbler, G.,* Wie werde ich Jurist?, 5. A. 2007; *Poppe,* Häufige Fehler in der praktischen häuslichen Arbeit, JA 1992, Übungsblätter für Referendare 60

Hausfriede ist das Recht, innerhalb der eigenen → Wohnung und des umfriedeten Lebensbereiches ungestört zu sein.

Hausfriedensbruch (§ 123 StGB) ist das widerrechtliche Eindringen in die → Wohnung, die Geschäftsräume oder das befriedete Besitztum eines anderen oder in abgeschlossene, zum öffentlichen Dienst oder Verkehr bestimmte Räume, das unbefugte Verweilen darin sowie das Ausbleiben des Entfernens auf eine Aufforderung des Berechtigten hin. H. wird mit Freiheitsstrafe bis zu einem Jahr oder mit Geldstrafe bestraft. H. ist auf → Antrag strafbar. *Schwerer* H. (§ 124 StGB) liegt vor, wenn sich eine Menschenmenge öffentlich zusammenrottet und in der Absicht, Gewalttätigkeiten gegen Menschen oder Sachen mit vereinten Kräften zu begehen, in die Wohnung, die Geschäftsräume, das befriedete Besitztum eines anderen oder in abgeschlossene, zum öffentlichen Dienst bestimmte Räume widerrechtlich eindringt.

Lit.: *Olizeg, R.,* Hausrecht und Hausfriedensbruch (§ 123 StGB) in Gerichtsgebäuden, 2001; *Rampf, C.,* Hausfriedensbruch, 2006

Hausgehilfe ist der im Haushalt hauswirtschaftliche Dienste leistende der → Arbeitnehmer (z. B. Wirtschafterin, Köchin, Butler).

Lit.: *Waltermann, R.,* Arbeitsrecht, 16. A. 2012

Hausgemeinschaft ist die Gemeinschaft der im Haushalt lebenden Menschen, die im → Dienstvertragsrecht besondere Ansprüche der in der H. lebenden Menschen (§§ 617, 618 Verpflegung, ärztliche Behandlung, § 1969 BGB), aber auch besondere Verpflichtungen (z. B. § 2028 Auskunftspflicht gegenüber dem Erben) begründet.

Hausgesetz (Hausvertrag) ist im älteren deutschen Recht die Gesamtheit der Rechtssätze, die adlige Familien kraft Autonomie für sich gesetzt haben (z. B. Ausschluss der Töchter von der Erbfolge).

Haushalt ist die der Erfüllung der (öffentlichen) Aufgaben dienende Gesamtheit der → Einkünfte und → Ausgaben (eines Hauses bzw.) einer (juristischen) → Person (des öffentlichen Rechtes). Der *ordentliche* H. einer juristischen Person des öffentlichen Rechtes erfasst die ordentlichen Einkünfte bzw. Ausgaben, der *außerordentliche* H. die außerordentlichen Einnahmen (vor allem aus der Aufnahme von Darlehen) bzw. Ausgaben. Im Privatrecht ist H. die häusliche Wohngemeinschaft und Verbrauchsgemeinschaft.

Lit.: *Wiesner, H.,* Das staatliche Haushalts-, Kassen- und Rechnungswesen, 9. A. 2012; *Blümich, H.,* Der Haushalt der Europäischen Union, 1999; *Henneke/Strobl/Diemert,* Recht der kommunalen Haushaltswirtschaft, 2008

Haushaltsgesetz (Art. 110 III, IV GG) ist das den → Haushalt feststellende formelle → Gesetz (z. B. Bundeshaushaltsgesetz). Es ist mangels inhaltlicher Regelung materiell kein Gesetz. Es bindet hinsichtlich der Verwendung der Mittel die → Verwaltung, ohne dass es Ansprüche Dritter begründet.

Haushaltsgrundsatz ist der für eine geordnete Führung eines → Haushalts allgemein anerkannte grundlegende Rechtssatz. Die Haushaltsgrundsätze sind teilweise in Art. 110 GG, teilweise in besonderen Gesetzen niedergelegt (Haushaltsgrundsätzegesetz, Bundeshaushaltsordnung). Die wichtigsten Haushaltsgrundsätze sind die Vollständigkeit der Veranschlagung aller → Einnahmen und → Ausgaben, die Beschränkung auf einen → Haushaltsplan für jedes Jahr, die Gesamtdeckung (alle Einnahmen dienen als Deckung für alle Ausgaben), die Vorherigkeit, die Haushaltsklarheit und Haushaltswahrheit sowie der formale Ausgleich der Einnahmen und Ausgaben.

Lit.: *Heller, R.,* Haushaltsgrundsätze, 2. A. 2010

Haushaltsplan (Art. 110 GG) ist die vor Beginn einer Rechnungsperiode aufgestellte Übersicht über die der Erfüllung der öffentlichen Aufgaben dienenden voraussichtlichen → Einkünfte und → Ausgaben. Der H. ist in Einnahmen und Ausgaben auszugleichen. Er wird in der Haushaltsvorlage von der → Verwaltung (Regierung) dem beschließenden Organ (→ Parlament) vorgelegt und durch dessen Billigung für die staatlichen Organe verbindlich (→ Haushaltsgesetz, bei Gemeinden → Satzung).

Lit.: *Schwarting, G.,* Den kommunalen Haushaltsplan richtig lesen und verstehen, 4. A. 2010

Haushaltsrecht (Art. 110 ff. GG) ist die Gesamtheit der den → Haushalt betreffenden Rechtssätze. Der Haushalt von → Bund, → Ländern und sonstigen juristischen → Personen des öffentlichen Rechts ist getrennt aufzustellen. Der Haushalt wird von der Regierung (→ Verwaltung) geplant und vom → Parlament durch formelles → Gesetz festgestellt. Seine ordnungsgemäße Ausführung wird nachträglich vom → Rechnungshof überprüft (Art. 114 GG). Seit 1998 sind Kostenrechnung, Leistungsrechnung und Budgetierung möglich.

Lit.: Haushaltsrecht, hg. v. *Schuy, J.,* 27. A. 2015; *Coenen, A.,* Die Strafbarkeit von Verstößen, Diss. jur. Köln 2000; *Reus, A./Mühlhausen, P.,* Haushaltsrecht in Bund und Ländern, 2014

Haushaltsvorlage → Haushaltsplan

Lit.: *Piduch, E.,* Bundeshaushaltsrecht (Lbl.), 2. A. 2007

Hausmeier ([lat.] maior [M.] domus, Größerer des Hauses) ist im Frühmittelalter der (karolingische) Inhaber des leitenden königlichen Hofamts (der Merowinger, bis 751).

Lit.: *Köbler, G.,* Deutsche Rechtsgeschichte, 6. A. 2005; *Semmler, J.,* Der Dynastiewechsel von 751, 2003

Hausordnung ist die vom Berechtigten durch Entscheidung oder in Übereinkunft mit Betroffen festgelegte Gesamtheit von Regeln für die Benutzung eines Hauses und seiner Bestandteile.

Lit.: *Schmid, M.,* Die Hausordnung in Miete und Wohnungseigentum, NJW 2013, 2145

Hausrat ist die Gesamtheit der Gegenstände, die tatsächlich der Bewirtschaftung eines → Haushalts dienen (z.B. Wohnungseinrichtung, Geschirr, Wäsche, Bücher, Haustiere, Gartenmöbel, Personenkraftwagen, u.U. auch Motoryacht). Im Gegensatz hierzu stehen die zum persönlichen Gebrauch bestimmten Gegenstände (z.B. Kleider, Schmuck).

Lit.: *Kobusch, C.,* Der Hausrat, 1995

Hausratteilung ist die Aufteilung des → Hausrats bei einer → Ehescheidung auf die Ehegatten. Sie erfolgt grundsätzlich durch → Vereinbarung der Eheleute. Können diese sich nicht einigen, so regelt auf → Antrag der → Richter (Familiengericht) die Rechtsverhältnisse (an der Wohnung und) am Hausrat nach den (Vorschriften der Hausratsverordnung vom 21.10.1944, die zum 1.9.2009 in die) §§ 1568a BGB (Ehewohnung), bzw. 1568b BGB (Haushaltsgegenstände) (überführt wurden), wobei die widerlegliche Vermutung gilt, dass die während der Ehe angeschafften Haushaltsgegenstände gemeinsames Eigentum beider Ehegatten sind.

Lit.: *Schöpf, S.,* Die Hausratsteilung, 1991 (Diss.)

Hausratsverordnung → Hausratteilung

Hausratversicherung ist die → Versicherung von → Hausrat gegen Beschädigung bzw. Zerstörung.

Lit.: *Hugel, C.,* Die Hausratsversicherung, 4. A. 2004

Hausrecht ist das Recht, über die Benutzung eines Raumes bzw. eines Hauses zu bestimmen. Es kann jedem Dritten gegenüber geltend gemacht werden (z.B. vom Mieter gegenüber dem Vermieter oder einem Nachbarn [str.]). Seine Verletzung ist → Hausfriedensbruch.

Lit.: *Engeln, W.,* Das Hausrecht und die Berechtigung zu seiner Ausübung, 1989; *Christoph, A.,* Das Hausrecht in der Verwaltung, 1996; *Olizeg, R.,* Hausrecht und Hausfriedensbruch, 2001

Haussuchung → Durchsuchung

Haustürgeschäft (§ 312 BGB) ist das zwischen einem Unternehmer und einem Verbraucher durch Vertrag abgeschlossene Rechtsgeschäft, das eine entgeltliche Leistung zum Gegenstand hat und zu dessen Abschluss der Verbraucher durch mündliche Verhandlungen an seinem Arbeitsplatz oder im Bereich einer Privatwohnung oder anlässlich einer vom Unternehmer oder von einem Dritten zumindest auch im Interesse des Unternehmers durchgeführten Freizeitveranstaltung oder im Anschluss an ein überraschendes Ansprechen in Verkehrsmitteln oder im Bereich öffentlich zugänglicher Verkehrsflächen bestimmt worden ist (z.B. Kauf, Bürgschaft [, aber nicht die der Absicherung einer im Rahmen einer Erwerbstätigkeit oder nicht eines Haustürgeschäfts eingegangenen Verpflichtung dienende Bürgschaft]), bei dem der Kunde typischerweise unvorbereitet getroffen wird (str. für Wohnungsmietverträge). Dem Verbraucher steht ein Widerrufsrecht gemäß § 355 BGB zu (evtl. ein Rückgaberecht nach § 356 BGB) (ausgenommen die in § 312 III BGB genannten Rechtsgeschäfte und Gegebenheiten). Die erforderliche Belehrung über das Widerrufsrecht oder das Rückgaberecht muss auf die Rechtsfolgen des § 357 I, III BGB hinweisen.

Lit.: *Werner, O.,* Haustürgeschäft, 2001

Hausverbot ist das Verbot eines Trägers eines → Hausrechts gegenüber einem Dritten, sich in dem betreffenden Raum (bzw. Haus) aufzuhalten. Bezüglich öffentlicher Gebäude kann ein H. privatrechtlich (z.B. bei Sparkasse) oder öffentlich-rechtlich sein. Öffentlich-rechtlich und damit belastender → Verwaltungsakt ist es dann, wenn es den Zugang zu einer Verwaltungsstelle mit dem Ziel der Verfolgung eigener verwaltungsrechtlicher Angelegenheiten betrifft.

Lit.: *Hecker, W.,* Bahnhöfe, 2002

Haverei ist die Einbuße an Schiff oder Ladung während einer Seereise (z.B. auch als Folge einer Havarie). Dabei umfasst die *kleine* H. (§ 621 HGB) nur die durch die Schifffahrt entstehenden Kosten (z.B. Hafengebühr), die *große* H. (§ 700 HGB) alle Schäden, die der Schiffer dem Schiff und der Ladung zur Rettung aus einer gemeinsamen Gefahr zufügt (z.B. Seewurf, Aufgrundsetzen). Bei der großen H. werden die Schäden auf Schiff, Fracht und Ladung aufgeteilt. *Besondere* H. sind alle sonstigen Schäden und Kosten (§ 701 HGB).

Lit.: *Bemm, G.,* Rechtsprobleme der großen Haverei, 1997

Hebesatz (§ 16 GewStG, § 25 GrStG) ist ein Prozentsatz, mit dem der → Steuermessbetrag der → Gewerbesteuer und → Grundsteuer (der Gemeinden) zur Berechnung der Steuerschuld zu vervielfältigen ist.

Lit.: *Heckt, W.,* Zur Begrenzung des Realsteuer-Hebesatzrechts der Gemeinden, 1981

Heer ist der zu Land kämpfende Teil der Streitkräfte.

Heerbann ist im mittelalterlichen deutschen Recht das königliche Aufgebot der Heerfolge.

Lit.: *Jung, E.,* Heerbann und Gerichtsbann, 1926; *Köbler, G.,* Deutsche Rechtsgeschichte, 6. A. 2005

Heergewäte oder Hergewäte (Heerbekleidung) ist im mittelalterlichen deutschen Recht die Ausrüstung als Krieger, die aus wirtschaftlichen Überlegungen in einer Sondererbfolge ungeteilt an den nächsten männlichen Verwandten vererbt wird.

Lit.: *Bungenstock, W.,* Heergewäte und Gerade, 1966 (Diss.)

Hedgefonds ist der durch spekulative Anlagestrategie, große Chancen und hohe Risiken gekennzeichnete, Derivate und Leerverkäufe nutzende Investmentfonds (zu ne. hedge, V., absichern).

Hegemonie (griech. [F.]) Vorherrschaft

Hehler (§ 259 StGB) ist, wer (vorsätzlich) eine → Sache, die ein anderer gestohlen oder sonst durch eine gegen fremdes Vermögen gerichtete rechtswidrige (nicht notwendigerweise schuldhafte) Tat erlangt hat, ankauft oder sonst sich oder einem Dritten verschafft, absetzt oder absetzen hilft, um sich oder einen Dritten zu bereichern (→ Hehlerei). H. kann nicht sein, wer an der Vortat mitgewirkt hat. Allerdings können → Teilnehmer der Vortat H. hinsichtlich der durch andere Teilnehmer erlangten Sachen sein.

Hehlerei (§ 259 StGB) ist im Strafrecht die Tat des → Hehlers. Die H. ist ein → Vermögensdelikt, das mit Freiheitsstrafe bis zu fünf Jahren oder mit Geldstrafe bestraft wird. § 259 StGB wendet sich (Perpetuierungstheorie) gegen die Aufrechterhaltung (Perpetuierung) der durch die Tat geschaffenen rechtswidrigen Vermögenslage durch einverständliches Zusammenwirken mit dem Täter. *Gewerbsmäßige* H., Bandenhehlerei und gewerbsmäßige Bandenhehlerei sind qualifizierte Begehungsformen. Wer gewerbsmäßig mit Edelmetallen und Edelsteinen Handel treibt und einen derartigen Gegenstand, von dem er fahrlässig nicht erkannt hat, dass ihn ein anderer durch eine gegen ein fremdes Vermögen gerichtete rechtswidrige Tat (z. B. Diebstahl) erlangt hat, ankauft oder sich oder einem Dritten verschafft, ihn absetzt oder absetzen hilft, um sich oder einen Dritten zu bereichern, wird mit Freiheitsstrafe bis zu

einem Jahr oder mit Geldstrafe bestraft (§ 148b GewO).

Lit.: *Seelmann, K.,* Grundfälle zur Hehlerei (§ 259 StGB), JuS 1988, 39; *Bessel, S.,* Hehlerei durch deliktische Sachverschaffung, 1995

Heilige Allianz ist die am 26.9.1815 zwischen dem Zaren von Russland, dem Kaiser von Österreich und dem König von Preußen vereinbarte Absichtserklärung, die christlichen Grundsätze zur Grundlage der Politik zu machen.

Lit.: *Köbler, G.,* Deutsche Rechtsgeschichte, 6. A. 2005

Heiliger Stuhl (Apostolischer Stuhl) ist die Bezeichnung des Papstes als Völkerrechtssubjekt.

Lit.: *Köck, H.,* Die völkerrechtliche Stellung des Heiligen Stuhls, 1975; *Rossi, F.,* Der Vatikan, 2004

Heiliges Römisches Reich ist die amtliche, stückweise entstandene Bezeichnung des ersten deutschen Reiches (911–1806) (1034 Romanum Imperium, 1157 Sacrum Imperium, 1254 Sacrum Romanum Imperium, 15. Jh. H. R. R.).

Lit.: *Willoweit, D.,* Deutsche Verfassungsgeschichte, 7. A. 2013

Heilkunde ist die Lehre von der Feststellung, Heilung oder Linderung von Krankheiten, Leiden oder Körperschäden von Menschen (nicht z. B. Prüfung der Sehschärfe durch Optiker). Ihre Ausübung bedarf der → Approbation oder der → Erlaubnis (bei Heilpraktikern). → Arztrecht

Heilmittelwerbegesetz ist das Gesetz über die Werbung auf dem Gebiet der Heilmittel.

Lit.: *Bülow, P.,* Heilmittelwerbegesetz, 4. A. 2012; *Riegger, H.,* Heilmittelwerberecht, 2009

Heil- und Pflegeanstalt ist das Krankenhaus für die Behandlung seelisch Kranker. Die zwangsweise → Unterbringung in einer H. bedarf wegen des dafür erforderlichen Eingriffs in die Freiheit des Betroffenen der richterlichen Anordnung oder Bestätigung (vgl. Art. 104 GG).

Heilung ist allgemein das Gesundmachen oder Gesundwerden (Konvaleszenz). Im Privatrecht ist die H. eines → Mangels eines → Rechtsgeschäfts die Beseitigung seiner Folgen. So wird z. B. der Mangel der notariellen → Beurkundung eines Grundstückskaufs durch die → Auflassung und → Eintragung in das → Grundbuch geheilt (§ 311b I 2 BGB). Im Verwaltungsrecht können → Fehler eines → Verwaltungsakts geheilt werden (§ 45 VwVfG, z. B. durch nachträgliche Antragstellung oder nachträgliche Begründung).

Lit.: *Casper, M.,* Die Heilung nichtiger Beschlüsse, 1998

Heimarbeit ist die gewerbliche → Arbeit, die der Beschäftigte in seiner eigenen Wohnung oder Betriebsstätte gegen Entgelt im Auftrag von Gewerbetreibenden oder Zwischenmeistern leistet, wobei er die Verwertung seiner Arbeitsergebnisse und damit den kaufmännischen Gewinn und das Risiko seinen Auftraggebern überlässt (neuere Bezeichnung anscheinend Telearbeit). Die H. ist durch das Heimarbeitszeitgesetz besonders geschützt.

Lit.: *Schmidt, K./Koberski, W./Tiedemann, B. u. a.,* Heimarbeitsgesetz, 4. A. 1998; *Tate, J.,* Heimarbeit in der Europäischen Union, 1995

Heimarbeiter (§ 2 I HArbG) ist, wer → Heimarbeit leistet. Der H. ist wegen fehlender persönlicher Abhängigkeit nicht → Arbeitnehmer, aber arbeitnehmerähnliche Person. Für ihn gilt das Heimarbeitsgesetz.

Lit.: *Stadler, H.,* Der Schutz des Heimarbeitnehmers, 1982

Heimat ist der geographische Bereich, aus dem jemand stammt und in dem er zu Hause ist. Die allgemeine Erklärung der Menschenrechte der Vereinten Nationen schützt das Recht jedes Menschen – zum Verlassen seines Staats und – zur Rückkehr in ihn.

heimatloser Ausländer → Ausländer

Heimatvertriebener (§ 2 BVFG) ist der aus seiner (ostdeutschen) → Heimat vertriebene → Deutsche bzw. dessen → Angehöriger. Ihm gewährte das Bundesvertriebenengesetz gewisse Hilfen und Erleichterungen.

Heimfallsrecht ist das Recht auf Rückfall eines Gegenstands an einen ursprünglich Berechtigten. Im Sachenrecht hat der → Grundstückseigentümer, der ein → Erbbaurecht bestellt, bei Eintritt bestimmter Voraussetzungen einen Anspruch auf Übertragung des Erbbaurechts. Im älteren deutschen Recht hatte der Lehnsherr (ausgenommen der deutsche König) ein H. am erledigten Lehen.

Lit.: *Fischer, A.,* Die Sicherung des Erbbauzinses, 2002; *Köbler, G.,* Zielwörterbuch integrativer europäischer Rechtsgeschichte. 6. A. 2014 (Internet)

Heimgesetz ist das die Heime betreffende Angelegenheiten regelnde Gesetz. Es befasst sich u. a. mit Fragen des Mietrechts, Baurechts und Sozialrechts.

Lit.: *Kunz, E./Butz, M./Wiedemann, E.,* Heimgesetz, 10. A. 2004; *Crößmann, G. u. a.,* Heimgesetz, 5. A. 2002

Heimtücke → heimtückisch

Lit.: *Dörner, B.,* „Heimtücke", 1998; *Zaczyk, R.,* Das Mordmerkmal der Heimtücke, JuS 2004, 750

Heimtückisch (§ 211 II StGB) ist die Qualifikation eines Verhaltens, bei der der Täter die tatsächlich vorhandene Arglosigkeit und Wehrlosigkeit seines Opfers bewusst ausnützt (z. B. Herabwerfen von Steinen von einer Autobahnbrücke auf nahende Fahrzeuge). Das Opfer ist arglos, wenn es sich im Zeitpunkt der Tat keines Angriffs oder keiner Feindseligkeit versieht bzw. versehen kann, also erwartet, es werde ihm von Seiten des Täters nichts Arges zustoßen, und auf Grund der Arglosigkeit wehrlos, wenn es keine Möglichkeit zur Abwehr des Angriffs hat bzw. infolge seiner Arglosigkeit in seiner natürlichen Abwehrbereitschaft und Abwehrfähigkeit stark eingeschränkt ist. H. ist ein Tatbestandsmerkmal des → Mordes.

Lit.: *Hassemer, W.,* Die Mordmerkmale, insbesondere heimtückisch und niedrige Beweggründe, JuS 1971, 626; *Veh, H.,* Mordtatbestand und verfassungskonforme Rechtsanwendung, 1986; *Schlechtriem, B.,* Das Mordmerkmal der Heimtücke, 1986

Heirat → Eheschließung

Heiratsbuch → Personenstandsbuch

Heiratserlaubnis ist die → Einwilligung einer dritten Person in eine → Eheschließung. Im älteren deutschen Recht war verschiedentlich eine H. erforderlich (z. B. bei Beamten, Unfreien). Nach § 1303 BGB bedürfen beschränkt → Geschäftsfähige zur Eingehung der Ehe grundsätzlich der Befreiung seitens des Familiengerichts. Widerspricht der gesetzliche Vertreter oder sonstige Inhaber der Personensorge, so darf das Familiengericht die Befreiung von der Voraussetzung der Volljährigkeit nur erteilen, wenn der Widerspruch nicht auf triftigen Gründen beruht.

Heiratsurkunde ist die öffentliche → Urkunde, welche die Eheschließung zweier Menschen verschiedenen Geschlechts beweist.

Heiratsvermittlung → Ehevermittlung

Heizkostenverordnung ist die die Grundsätze der Abrechnung von Heizkosten betreffende → Verordnung.

Lit.: *Lammel, S.,* Heizkostenverordnung, 4. A. 2015

Hemmung (§§ 203 ff. BGB) ist allgemein die Behinderung eines Geschehens oder Ablaufs. Bei der H. der → Verjährung (z. B. durch schwebende Verhandlungen der Beteiligten, Erhebung der Klage auf Leistung oder auf Feststellung, Zustellung des Mahnbescheids usw.) wird der Zeitraum, während dessen die V. gehemmt ist, in die Verjährungsfrist nicht eingerechnet (§ 209 BGB). Nach Fortfall der H. läuft die Frist weiter.

Lit.: *Mork, K.,* Die Verjährungshemmung des § 204 BGB, 1992

Heranwachsender (§ 1 II JGG) ist, wer zur Zeit der Tat achtzehn, aber noch nicht einundzwanzig Jahre alt ist. Auf einen Heranwachsenden ist → Jugendstrafrecht anzuwenden, wenn die Gesamtwürdigung der Persönlichkeit des Täters ergibt, dass er zur Zeit der Tat einem → Jugendlichen gleichstand oder es sich bei der Tat um eine Jugendverfehlung handelt (§ 105 JGG). Im Übrigen gilt auch das allgemeine → Strafrecht für einen Heranwachsenden nur abgemildert (§ 106 JGG).

Lit.: *Eisenberg, U.,* Jugendgerichtsgesetz, 17. A. 2014

Herausgabe ist allgemein die Hingabe eines Gegenstands – oder auch eines Menschen, z. B. Kind – an einen anderen. Im Sachenrecht ist die H. (z. B. § 985 BGB) die Übertragung des unmittelbaren → Besitzes an den H. Verlangenden bzw. an den Berechtigten. Sie ist Inhalt des Herausgabeanspruchs.

Lit.: *Knoll, M.,* Die Herausgabevollstreckung, 1999

Herausgabeanspruch ist der Anspruch auf die → Herausgabe eines Gegenstands – oder eines Menschen –. Der H. kann sich auf → Vertrag (z. B. § 667 BGB) oder → Gesetz (z. B. §§ 812, 823i. V. m. den §§ 249, 985 BGB) gründen. Er kann den Besitz einer Sache oder einen sonstigen Gegenstand (z. B. § 812 BGB etwas, z. B. Gebrauchsvorteil) betreffen. Der wichtigste H. ist der des → Eigentümers gegen den nichtberechtigten → Besitzer (§ 985 BGB). Allgemeine Grundsätze über (alle) Herausgabeansprüche fehlen.

Lit.: *Spaun, S.,* Der Herausgabeanspruch bei Diebstahl, 2003

Herausgeber ist, wer eine Druckschrift veröffentlicht, ohne (alleiniger) → Urheber zu sein. Nach § 10 II 1 UrhG wird er in bestimmten Fällen wie der Urheber behandelt.

Lit.: *Sellier, A.,* Die Rechte der Herausgeber, Mitarbeiter und Verleger bei Sammelwerken, 1964 (Diss.); *Körner, J.,* Der Herausgeber, 2002

hereditas (lat., [F.]) Erbschaft, Erbe (N.)

heres (lat., [M.]) Erbe (M.)

hergebrachter Grundsatz → Grundsatz, hergebrachter

Hergewäte → Heergewäte

Herkommen ist die hergebrachte → Sitte oder → Gewohnheit. Das H. ist keine Rechtsquelle. Es kann aber im Rahmen der → Verkehrssitte bei → Auslegung von → Verträgen Beachtung finden.

Hermeneutik ist die Lehre von der → Auslegung, also zunächst das wissenschaftliche Verfahren der Erklärung eines Schriftwerks, dann aber auch die philosophische Methode des Verstehens des menschlichen Seins.

Lit.: *Zippelius, R.,* Methodenlehre, 11. A. 2012; *Wernet, A.,* Hermeneutik, 2004

Herrenchiemseer Verfassungskonvent ist der von der Konferenz der Ministerpräsidenten der Länder (des Deutschen Reiches) 1948 bestellte Ausschuss von Sachverständigen zur Vorbereitung eines → Grundgesetzes für die → Bundesrepublik Deutschland.

Lit.: 50 Jahre Herrenchiemseer Verfassungskonvent, hg. v. Bundesrat, 1999 *Köbler, G.,* Zielwörterbuch integrativer europäischer Rechtsgeschichte, 6. A. 2014 (Internet)

Herrenlos (§ 958 BGB) ist die im Fehlen von → Eigentum bestehende Eigenschaft einer → Sache (z. B. derelinquierte Sache). Wer eine herrenlose bewegliche Sache – ohne Verletzung eines gesetzlichen Verbots oder eines Aneignungsrechts einer anderen Person – in → Eigenbesitz nimmt, erwirbt das → Eigentum. H. ist zu unterscheiden von besitzlos (→ Fund). Bei der → Zwangsvollstreckung in ein herrenloses Grundstück ist von dem Vollstreckungsgericht ein → Vertreter zu bestellen (§ 787 ZPO).

Herrschaft ist die Macht oder Gewalt eines Herrn über einen Menschen oder einen Gegenstand. In der Rechtssoziologie (*M. Weber*) werden als Idealtypen der H. nach deren Legitimation die *charismatische* (heilsbetonte) H., die *traditionelle* (herkommensbestimmte) H. und die *rationale* (vernunftbezogene) H. unterschieden.

Lit.: Herrschaft und Charisma, hg. v. *Nippel, W.,* 2000; *Kaak, H.,* Herrschaft, 2003

Herrschaftsrecht ist das → Recht, das eine → Herrschaft über – einen Menschen oder – einen Gegenstand begründet (absolutes → Recht). Das H. ist ein subjektives Recht und steht im Gegensatz zum relativen → Recht und zum → Gestaltungsrecht.

Herrschaftsvertrag ist der → Vertrag, durch den die → Herrschaft einer Person über andere begründet wird (Unterwerfungsvertrag, Gesellschaftsvertrag).

Lit.: *Voigt, A.,* Der Herrschaftsvertrag, 1965; *Zippelius, R.,* Allgemeine Staatslehre, 16. A. 2010

herrschend (Adj.) überwiegend, vorherrschend

herrschende Lehre → Lehre, herrschende

herrschende Meinung → Meinung, herrschende

Herstellungsklage ist die → Klage auf Herstellung der ehelichen → Lebensgemeinschaft (§ 1353 BGB). Sie ist im Verfahren in → Ehesachen geltend zu machen. Das → Urteil kann nicht vollstreckt werden.

Herzog ist im mittelalterlichen deutschen Recht der Heeresführer oder Stammesführer eines Volkes (z. B. Bayern, Sachsen, Alemannen, Franken, Friesen, Thüringer), seit dem 12. Jh. der → Fürst eines größeren Gebiets (z. B. auch Österreich, Westfalen, Braunschweig).

Lit.: *Köbler, G.,* Deutsche Rechtsgeschichte, 6. A. 2005

Herzogtum ist das Herrschaftsgebiet eines → Herzogs (zunächst Stammesherzogtum, später Amtsherzogtum).

Lit.: *Köbler, G.,* Historisches Lexikon der deutschen Länder, 7. A. 2007

Hessen ist das (als Groß-Hessen) 1945 aus Teilen des Volksstaats Hessen (Großherzogtum Hessen-Darmstadt) und Preußens (Provinz Hessen-Nassau) entstandene, von Rheinland-Pfalz, Nordrhein-Westfalen, Niedersachsen, Thüringen, Bayern und Baden-Württemberg begrenzte Land (des Deutschen Reiches und spätere → Bundesland) der Bundesrepublik Deutschland. Seine → Verfassung stammt vom 1.12.1946. Seine Organe sind → Landtag und → Landesregierung.

Lit.: *Köbler, G.,* Historisches Lexikon der deutschen Länder, 7. A. 2007; Landesrecht Hessen, hg. v. *Zezschwitz, F. v.,* 21. A. 2011; *Fuhr, E./Pfeil, E.,* Hessische Verfassungs- und Verwaltungsgesetze (Lbl.), 78. A. 2005

Heuer (§§ 37 ff. SeeArbG) ist der → Arbeitslohn eines Besatzungsmitglieds eines Seeschiffs.

Heuervertrag (§§ 28 ff. SeeArbG) ist der zwischen einem Besatzungsmitglied eines Seeschiffs und dem Reeder unter Mitwirkung des Seemannsamts geschlossene → Arbeitsvertrag.
Lit.: *Eßlinger, F.,* Die Anknüpfung des Heuervertrages, 1991; *Hugendubel, M.,* Die Bestimmung des Arbeitsstatuts, 1998

Hexe ist nach dem Volksglauben eine zauberkundige Frau mit magisch-schädigenden Kräften (seit etwa 1430 bis zur Aufklärung des 18. Jh.s vielfach verfolgt).
Lit.: *Decker, R.,* Hexen, 2004

Hexenprozess ist der → Hexen betreffende Strafprozess.
Lit.: *Merzbacher, F.,* Die Hexenprozesse in Franken, 2. A. 1970; *Wilde, M.,* Die Zauberei- und Hexenprozesse in Kursachsen, 2003

Hierarchie (griech. [F.] heilige Herrschaft) ist die stufenmäßig aufgebaute, auf Überordnung und Unterordnung beruhende Ordnung (z. B. Beamtenhierarchie in der Verwaltung, kirchliche H.).
Lit.: *Rausch, R.,* Hierarchie, in: Geschichtliche Grundbegriffe, Bd. 3 1982, 103

Hilfe zur Erziehung (§ 27 SGB VIII) ist im Sozialrecht die staatliche Unterstützung der Personensorgeberechtigten bei der Erziehung eines Kindes oder eines Jugendlichen. Auf H. z. E. besteht Anspruch, wenn eine dem Wohl des Kindes oder des Jugendlichen entsprechende Erziehung nicht gewährleistet ist und die Hilfe für seine Entwicklung geeignet und notwendig ist. H. z. E. umfasst insbesondere die Gewährung pädagogischer und therapeutischer Leistungen.
Lit.: *Schmidt, M.,* Effekte erzieherischer Hilfen, 2003

Hilfeleisten (§ 27 StGB) ist das Erbringen eines Tatbeitrags, der die Haupttat ermöglicht oder erleichtert oder die vom Täter begangene Rechtsgutsverletzung verstärkt. Es genügt, dass die Haupttat irgendwie gefördert wird, ohne dass das H. Voraussetzung für den → Erfolg der Haupttat sein muss. Das H. führt zur Bestrafung als → Gehilfe.
Lit.: *Roxin, C.,* Täterschaft und Tatherrschaft, 9. A. 2015

Hilfeleistung ist die Erbringung von Unterstützung. *Unterlassene* H. (§ 323c StGB) ist das Unterlassen der H. bei Unglücksfällen oder gemeiner Gefahr oder Not, obwohl die H. erforderlich und zumutbar wäre. Die unterlassene H. ist ein echtes → Unterlassungsdelikt.
Lit.: *Harzer, R.,* Die tatbestandsmäßige Situation der unterlassenen Hilfeleistung, 1999; *Gieseler, K.,* Unterlassene Hilfeleistung, 1999; *Danwitz, K. v.,* Die justizielle Verarbeitung, 2002

Hilflos (z. B. § 243 I S. 1 Nr. 6 StGB) ist, wer – wenn auch nur vorübergehend – nicht ohne fremde Hilfe sein bzw. sich nicht ohne fremde Hilfe aus einer Notlage befreien kann (nicht z. B. Schlaf).

Hilfsantrag ist der → Antrag, den der Kläger neben einem → Hauptantrag für den Fall stellt, dass er mit dem Hauptantrag nicht durchdringt. Ein H. kann in allen Verfahren, in denen die → Dispositionsmaxime (→ Verfügungsgrundsatz) gilt, gestellt werden. Über ihn wird nur entschieden, wenn der Hauptantrag unzulässig oder unbegründet ist.
Lit.: *Schröer,* Haupt- und Hilfsvorbringen, JA 1990, Übungsblätter für Referendare 231; *Hipke, A.,* Die Zulässigkeit der unechten Eventualklagenhäufung, 2003

Hilfsbeamter der → Staatsanwaltschaft (§ 152 GVG) (bis 31.8.2004) s. jetzt Ermittlungsperson der Staatsanwaltschaft
Lit.: *Görgen, F.,* Die organisationsrechtliche Stellung der Staatsanwaltschaft, 1973; *Kissel, O./Mayer, H.,* Gerichtsverfassungsgesetz, 8. A. 2015

Hilfsbegründung ist die Begründung eines → Antrags, die nur neben einer hauptsächlichen Begründung angeführt wird.

Hilfsgutachten → Gutachten

hinkendes Inhaberpapier → Inhaberpapier, hinkendes

hinreichend (Adj.) genügend, ausreichend

Hinterbliebener ist der nahe → Angehörige eines Verstorbenen. Der Hinterbliebene kann zum Bezug von → Rente, → Versorgung oder sonstigen finanziellen Leistungen berechtigt sein.
Lit.: *Zimmermann, W.,* Rechtsfragen bei einem Todesfall, 7. A. 2015

Hinterlegung (§§ 372 ff. BGB) ist die im Rahmen eines → Schuldverhältnisses erfolgende Übergabe einer hinterlegungsfähigen → Sache durch den → Schuldner an die öffentliche Hinterlegungsstelle. Hinterlegungsfähig sind → Geld, → Wertpapiere, sonstige → Urkunden sowie Kostbarkeiten (§ 372 BGB). Hinterlegungsstelle ist das → Amtsgericht des → Leistungsorts. Erforderlich ist ein Hinterlegungsgrund (§ 372 BGB, z. B. → Annahmeverzug, unverschuldete Ungewissheit über den Gläubiger). Ist die Rücknahme der hinterlegten Sache ausgeschlossen, so wird der Schuldner durch H. wie durch eine → Leistung befreit (§ 378 BGB). Im Übrigen kann er den Gläubiger auf die hinterlegte Sache verweisen. Die *handelsrechtliche* H. (§ 373 I HGB) ermöglicht unter vereinfachten Voraussetzungen die H. jeder → Ware. Zwischen dem Schuldner und der Hinterlegungsstelle entsteht durch die Hinterlegungsanordnung (Verwaltungsakt) ein öffentlich-rechtliches Rechtsverhältnis.
Lit.: *Bülow, A./Mecke, F./Schmidt, J.,* Hinterlegungsordnung mit Nebenbestimmungen, 3. A. 1993, 4. A. 2005; *Gernhuber, J.,* Die Erfüllung und ihre Surrogate, 2. A. 1994; *Preuß, N.,* Die notarielle Hinterlegung, 1995

Hinterlist (§ 224 I Nr. 3 StGB Körperverletzung mittels eines hinterlistigen Überfalls) ist die planmäßige Täuschung unter Verdeckung der wahren Absicht. Sie setzt voraus, dass der Täter, wenn er das Opfer plötzlich von hinten angreift, dabei planmäßig in einer auf Verdeckung seiner wahren Absicht gerichteten Weise vorgeht, um dadurch dem Überfallenen die Abwehr des nicht erwarteten Angriffs zu erschweren und eine Vorbereitung auf die Verteidigung auszuschließen.

Hinweispflicht → Aufklärungspflicht

Lit.: *Schaefer, T.*, Was ist denn neu an der Hinweispflicht?, NJW 2002, 849; *Rensen, H.*, Die richterliche Hinweispflicht, 2002; *Leisch, F.*, Informationspflichten, 2004

Hirtenbrief ist die zur Verbreitung bestimmte Stellungnahme eines → Bischofs oder einer Bischofskonferenz zu kirchlichen, aber auch weltlichen Fragen.

Lit.: *Bertram, A.*, Hirtenbriefe und Hirtenworte, 2000

historisch (Adj.) geschichtlich

historische Rechtsschule → Rechtsschule, historische

Hochgerichtsbarkeit ist im mittelalterlichen deutschen Recht die Gerichtsbarkeit über besonders schwere Verbrechen (überwiegend Blutgerichtsbarkeit, → Todesstrafe).

Lit.: *Sagstetter, M.*, Hoch- und Niedergerichtsbarkeit im spätmittelalterlichen Herzogtum Bayern, 2000

Hochschuldozent ist ein in der Regel auf 6 Jahre beamteter, meist habilitierter Hochschullehrer, der nicht Professor ist.

Lit.: *Reich, A.*, Hochschulrahmengesetz, 10. A. 2007

Hochschule ist (in der Regel) die → Körperschaft des öffentlichen → Rechtes, deren Aufgaben in Forschung und Lehre bestehen. Sie untersteht hinsichtlich des Lehrbetriebs und des Lehrergebnisses der → Aufsicht der Länder, wobei für staatliche Angelegenheiten → Fachaufsicht, für Selbstverwaltungsangelegenheiten → Rechtsaufsicht Platz greift. Sie hat hinsichtlich der Organisation der Forschung und der Lehre das Selbstverwaltungsrecht (Zusammensetzung des Lehrkörpers, Anstellung wissenschaftlicher und nichtwissenschaftlicher Dienstkräfte, Festlegung der Lehrveranstaltungen, Abhaltung von Universitätsprüfungen). Hochschulen sind die → Universitäten und andere Hochschulen (§ 1 HRG, z. B. Fachhochschule). Ihre Organe sind für die Gesamtheit Präsident (Rektor), Konzil und Senat sowie für die Fachgebiete die Organe der → Fakultät (→ Fachbereich). Das Recht der Hochschulen wurde im Hochschulrahmengesetz (26.1.1976) geregelt. (In Deutschland gab es 2003 329 staatliche oder staatlich anerkannte Hochschulen mit mehr als 9300 Studienmöglichkeiten.)

Lit.: Hochschulrecht, hg. v. *Hartmer, M. u. a.*, 2004

Hochschulgrad → Grad

Hochschulrahmengesetz ist das → Rahmengesetz des Bundes vom 26.1.1976, welches das Recht der → Hochschulen allgemein regelt und durch Hochschulgesetze der Länder ausgefüllt bzw. seit der Föderalismusreform von 2006 ersetzt wird.

Lit.: *Reich, A.*, Hochschulrahmengesetz, 10. A. 2007

Höchstbetragshypothek ist die auf einen Höchstbetrag beschränkte → Hypothek. → Sicherungshypothek

Lit.: *Kurzbauer, P.*, Die Höchstbetragshypothek, 1999 (Österreich)

Höchstpersönlich ist die Qualifikation eines → Rechtes, die vorliegt, wenn ein Recht ausschließlich an einen individuellen Berechtigten gebunden ist. Höchstpersönliche Rechte erlöschen mit dem Tod des Berechtigten. Sie können von diesem auch nicht übertragen werden (z. B. § 1059 BGB Nießbrauch, § 727 BGB Gesellschaft).

Höchstpreis ist ein durch eine Höchstgrenze festgelegter Preis oder auch der höchste von mehreren möglichen Preisen.

Höchstzahlverfahren → d'Hondtsches H.

Hochverrat (§ 81 StGB) ist das → Unternehmen der Beeinträchtigung des Bestands der → Bundesrepublik Deutschland (oder eines Landes) oder der Änderung der auf dem → Grundgesetz der Bundesrepublik Deutschland beruhenden verfassungsmäßigen Ordnung mit → Gewalt oder durch Drohung mit Gewalt. H. ist ein → Staatsschutzdelikt. H. wird grundsätzlich mit lebenslanger Freiheitsstrafe oder mit Freiheitsstrafe nicht unter zehn Jahren bestraft.

Lit.: *Böttger, M.*, Der Hochverrat in der höchstrichterlichen Rechtsprechung der Weimarer Republik, 1998

Hof ist allgemein zunächst der zu einem Haus unmittelbar gehörige Platz, dann der landwirtschaftliche Betrieb und schließlich der engere Lebensbereich und Wirtschaftsbereich eines Adeligen, Fürsten oder Königs.

Lit.: *Köbler, G.*, Deutsche Rechtsgeschichte, 6. A. 2005; *Lange, J.*, Auswirkungen der Hofaufhebung, 1997

Hofamt ist im Anschluss an die Spätantike im mittelalterlichen und neuzeitlichen deutschen Recht → Amt der → Verwaltung eines Teilbereichs des fürstlichen oder königlichen Hofes (z. B. Truchsess, Kämmerer, Marschall, Schenk).

Lit.: *Köbler, G.*, Deutsche Rechtsgeschichte, 6. A. 2005

Höfeordnung → Höferecht

Höferecht ist das für bestimmte landwirtschaftliche → Betriebe geltende Sonderrecht (Bundesrecht), das in der ehemaligen britischen Besatzungszone in der Höfeordnung geregelt ist. Zur Erhaltung der Wirtschaftsfähigkeit eines Hofes ist eine gesetzliche Sondererbfolge eines einzelnen → Erben festgesetzt, gegen den die sonstigen (weichenden) → Miterben nur einen beschränkten Abfindungsanspruch haben. Die Bestimmung des Hoferben erfolgt durch letztwillige → Verfügung oder durch → Gesetz.

Lit.: *Lüdtke-Handjery, C./Jeinsen, v.*, Höfeordnung, 11. A. 2015; *Wehner, R.*, Hofübergabe, 7. A. 2000

Hofgericht ist seit dem Hochmittelalter das am fürstlichen oder königlichen Hof befindliche Gericht (Obergericht).

Lit.: *Köbler, G.,* Deutsche Rechtsgeschichte, 6. A. 2005; Urkundenregesten zur Geschichte des deutschen Königs- und Hofgerichts, hg. v. *Diestelkamp, B.,* Bd. 1 ff. 1988 ff.

Hofrat ist im hochmittelalterlichen und neuzeitlichen deutschen Recht das oberste Verwaltungsorgan und Rechtsprechungsorgan eines Fürsten sowie ein Titel der Mitglieder.

hoheitlich (Adj.) kraft staatlicher Hoheitsgewalt, in öffentlich-rechtlicher Handlungsform
Lit.: *Leitges, K.,* Die Entwicklung des Hoheitsbegriffes, 1998

Hoheitsakt ist der von einem Träger von → Hoheitsgewalt in deren Wahrnehmung vorgenommene Akt (z. B. Verwaltungsakt, Urteil).

Hoheitsgewalt ist die Befugnis des → Staates, einseitig rechtlich verbindliche → Anordnungen zu erlassen. Die H. ergibt sich aus dem Wesen des Staates. Die Ausübung der H. erfolgt durch die → Verwaltung, insbesondere durch → Beamte.
Lit.: *Klinke, R.,* Bestimmungsmerkmale von Hoheitsgewalt im Völkerrecht, Diss. jur. Bonn 1999

Hoheitsgewässer ist das der → Hoheitsgewalt eines → Staates unterstehende → Gewässer. Zum 1.1.1995 dehnte die Bundesrepublik Deutschland ihre H. an Nordsee und Ostsee zum Schutz des Wattenmeers auf eine Tiefe von 12 Seemeilen aus.
Lit.: *Schmidt, B.,* Die Erweiterung der seewärtigen Hoheitsrechte, 1989

Hoheitsrecht ist das dem → Staat (→ Bund und → Ländern) zur Ausübung der → Hoheitsgewalt zustehende Recht. Dabei wird unterschieden zwischen den Befugnissen zur → Rechtsprechung, Vollziehung und → Rechtssetzung. Nach Art. 24 I GG kann der Staat Hoheitsrechte durch Gesetz auf zwischenstaatliche Einrichtungen übertragen.
Lit.: *König, D.,* Die Übertragung von Hoheitsrechten, 1998

Hoheitszeichen ist das die → Hoheitsgewalt des Staats verkörpernde Zeichen (z. B. Flagge, Wappen, Amtsschild, Siegel). → Bundesflagge

höhere Gewalt → Gewalt, höhere

Holdinggesellschaft (bzw. Holding) ist die → Gesellschaft, die nicht selbst erzeugt, sondern nur als Dachgesellschaft – eines → Konzerns – die Geschäftsanteile oder Aktien anderer Gesellschaften verwaltet.
Lit.: *Schaumburg, H.,* Holdinggesellschaften im internationalen Steuerrecht, 2002; Beck'sches Holding Handbuch, hg. v. *Hasselbach/Nawroth/Rödding,* 2012

holographisch (Adj.) ganz (selbst) geschrieben

holographisches Testament → Testament, holographisches

Holschuld ist die → Schuld, bei welcher der Handlungsort des Schuldners (und → Erfolgsort) der Ort

des → Wohnsitzes des → Schuldners ist (z. B. Kauf im Geschäft). Sie ist zu trennen von der → Bringschuld und der → Schickschuld. Bedeutung hat die Unterscheidung für den Leistungsinhalt und die → Konkretisierung und damit für die Rechtsfolgen bei dem Untergang von Gegenständen.
Lit.: *Köbler, G.,* Schuldrecht, 2. A. 1995; *Bernhard, J.,* Holschuld, Bringschuld, JuS 2011, 9

homosexuell → Homosexualität

Homosexualität (Gleichgeschlechtlichkeit) ist die sexuelle Beziehung zu einem Menschen desselben Geschlechts (also eines Mannes zu einem Mann oder einer Frau zu einer Frau). 1994 wurde die Strafbarkeit homosexueller Handlungen zwischen bestimmten Männern (§ 175 StGB) aufgehoben. Durch § 182 StGB werden Jugendliche unabhängig von ihrem Geschlecht gegen sexuellen → Missbrauch geschützt. In den Niederlanden besteht seit Februar 1998, in Hamburg seit Mai 1999 und in Deutschland allgemein seit 2001 die Möglichkeit, dass homosexuelle Paare ihre → Partnerschaft bei dem zuständigen Standesamt registrieren lassen, in Massachusetts seit 2004 die Möglichkeit der Eheschließung. Geplant ist auch die Zulassung der Annahme als Kind. Weltweit dringt die Anerkennung der H. vor.
Lit.: *Frank, O.,* Die Strafbarkeit homosexueller Handlungen, 1997; *Risse, J.,* Der verfassungsrechtliche Schutz der Homosexualität, 1998; *Feustel, R.,* Die Geschichte der Homosexualität, 2003

Hondt → d'Hondtsches Höchstzahlverfahren

Honorar (Ehrengeschenk) ist im → Dienstvertragsrecht die Vergütung für höhere Dienste (z. B. Architekt, Arzt, Künstler, Rechtsanwalt). Für Rechtsanwälte setzt das Rechtsanwaltsvergütungsgesetz im Hinblick auf die Erstattungsfähigkeit durch den Gegner in streitigen Verfahren enge Grenzen. Im außergerichtlichen Bereich kann das H. aber vereinbart werden (Erfolgshonorar). Die Höhe des festen Stundensatzes betrug 2009 durchschnittlich 182 Euro, des variablen Stundensatzes vielleicht 200 Euro.
Lit.: *Madert, W.,* Die Honorarvereinbarung des Rechtsanwalts, 2. A. 2002; *Rochon, S.,* Die erfolgshonorierte Prozessfinanzierung, 2003

Honorarordnung für Architekten und Ingenieure (HOAI) ist die gesetzliche Rahmenregelung für das → Honorar von Architekten und Ingenieuren.
Lit.: VOB HOAI, hg. v. *Werner, U./Pastor, W.,* 30. A. 2014; *Korbion, H./Mantscheff, J./Vygen, K.,* Honorarordnung für Architekten und Ingenieure, 9. A. 2015; *Scholtissek, F.,* HOAI, 2. A. 2014; *Messerschmidt/Niemöller/Preussner,* Honorarordnung für Architekten und Ingenieure, 2015

Honorarprofessor (Professor ehrenhalber) → Professor

honoris causa (lat.) (h. c.) ehrenhalber (z. B. Ehrendoktor, Honorarprofessor)

Hörensagen ist das Hören der Mitteilung (bzw. des Sagens) eines anderen. Ein Zeuge vom H. ist ein

Mensch, der eine die Tat betreffende Tatsache nicht unmittelbar wahrgenommen (gesehen, gehört usw.) hat, sondern nur den (mittelbaren) Bericht eines unmittelbaren Zeugen bzw. eines anderen hiervon. Der Zeuge vom H. ist mittelbarer Zeuge. Ein → Urteil kann auf seine Aussage grundsätzlich nur dann gestützt werden, wenn diese durch andere wichtige Gesichtspunkte bestätigt wird.

Lit.: *Joachim, N.,* Der Hörensagenbeweis im Strafverfahren, 1991 (Diss.)

Höriger ist im mittelalterlichen und neuzeitlichen deutschen Recht der grundherrschaftlich abhängige, dem Grundherrn in gewisser Weise gehörige Mensch (bis zur → Bauernbefreiung im 19. Jh.).

Lit.: *Köbler, G.,* Zielwörterbuch integrativer europäischer Rechtsgeschichte, 6. A. 2014 (Internet)

horizontal (Adj.) auf gleicher Ebene liegend

horizontaler Finanzausgleich → Finanzausgleich, horizontaler

Hospitant (M.) Gast

House (N.) **of Commons** (engl.) Unterhaus

House (N.) **of Lords** (engl.) Oberhaus

Hundesteuer ist die gemeindliche → Steuer für das Halten eines Hundes. Sie darf für Kampfhunde, für die im Übrigen ein besonderes Bundesgesetz vom 12. April 2001 gilt, entsprechend der größeren Gefährlichkeit für die öffentliche Sicherheit erhöht sein.

Lit.: *Kunze, T.,* Kampfhunde, NJW 2001, 1608

Hundertschaft ist im frühmittelalterlichen deutschen Recht vielleicht die kleinste familienübergreifende Untergliederung des Volkes (str.). Im Verwaltungsrecht bezeichnet H. eine Formationseinheit der Bereitschaftspolizei und der Bundespolizei.

Hygiene (F.) Reinheit, Reinlichkeit

Lit.: Hygiene und Recht, hg. v. *Schneider, A. u. a.,* 1997; *Sinell, H.,* Einführung in die Lebensmittelhygiene, 2004

Hypothek (Unterpfand) (§ 1113 BGB) ist die → Belastung eines → Grundstücks (oder Miteigentumsanteils an einem Grundstück) in der Weise, dass an den (Hypothekengläubiger), zu dessen Gunsten die Belastung erfolgt bzw. besteht, eine bestimmte Geldsumme zur Befriedigung wegen einer ihm zustehenden → Forderung (gegen einen Schuldner, der mit dem Eigentümer des sichernden Grundstücks nicht identisch zu sein braucht,) aus dem Grundstück zu

zahlen ist. Die H. ist ein der Sicherung einer Forderung (z. B. eines Darlehens) dienendes, beschränktes dingliches → Recht (→ Grundpfandrecht), das nicht zum → Besitz berechtigt. Sie ist von dem Bestand der Forderung abhängig (akzessorisch, → Akzessorietät). Sie kann → Briefhypothek (selten) oder → Buchhypothek sein (§ 1116 BGB), → Verkehrshypothek oder (streng akzessorische) → Sicherungshypothek (§ 1185 BGB). Die H. entsteht grundsätzlich – sofern die zu sichernde Forderung besteht – durch → Einigung und → Eintragung in das → Grundbuch – sowie Ausschluss der Erteilung eines Hypothekenbriefs bzw. → Übergabe des Hypothekenbriefs oder → Übergabesurrogat –. Sie endet mit der Befriedigung des Gläubigers aus dem Grundstück (§ 1181 BGB), Ausfall in der → Zwangsversteigerung oder → Aufhebung. Vielfach geht sie auf den → Eigentümer oder den persönlichen → Schuldner über. Wird die Schuld vom Schuldner getilgt, entsteht kraft Gesetzes eine Eigentümergrundschuld (§§ 1163, 1177 BGB).

Lit.: *Büdenbender, U.,* Grundsätze des Hypothekenrechts, JuS 1996, 665 und L 57; *Rauch, W./Zimmermann, S.,* Grundschuld und Hypothek, 2. A. 1998

Hypothekenbank ist die → Bank, deren Geschäftsbetrieb darauf gerichtet ist, durch → Hypotheken gesicherte Darlehen (bis zu 60 Prozent des Grundstückswerts) zu gewähren und auf Grund der erworbenen Hypotheken Schuldverschreibungen (Hypothekenpfandbriefe) auszugeben.

Lit.: *Goedecke, W.,* Die deutschen Hypothekenbanken, 4. A. 1997; *Bellinger, D./Kerl, V.,* Hypothekenbankgesetz, 4. A. 1995; *Marzi, L.,* Das Recht der Pfandbriefe und Hypothekenbanken, 2002

Hypothekenbrief (§ 1116 BGB) ist die über eine → Hypothek (, bei der die Erteilung eines Hypothekenbriefs nicht ausgeschlossen ist,) vom → Grundbuchamt ausgestellte öffentliche → Urkunde. Der H. ist ein sachenrechtliches → Wertpapier (Namenspapier). Der Gläubiger erwirbt die Hypothek (Briefhypothek) mit → Übergabe des Hypothekenbriefs oder → Übergabesurrogat. Der H. ist wesentlich für die → Übertragung, → Belastung, → Pfändung und Geltendmachung der Hypothek. Er genießt keinen öffentlichen → Glauben, kann aber den öffentlichen Glauben des → Grundbuchs zerstören (§ 1140 BGB). Das → Eigentum am H. steht dem Gläubiger der Hypothek zu (§ 952 II BGB).

Hypothekenpfandbrief → Hypothekenbank

Hypothekenübernahme → Schuldübernahme

I

IAO (F.) Internationale Arbeitsorganisation (1919), → ILO (N.) International Labour Organization

Lit.: *Schaub, G.,* Globalisierung des Arbeitsrechts, FS A. Söllner, 2000

IAS (F. Pl.) International Accounting Standards, → Standards der → Rechnungslegung

Lit.: Beck'sches IFRS-Handbuch, hg. v. *Bohl, W. u. a.,* 4. A. 2013; *Bohl, W.,* IAS/IFRS für Juristen, 2008; *Bohl/Wiechmann,* IFRS für Juristen, 2. A. 2010

IATA (F.) Internationale Lufttransportvereinigung

Lit.: *Gran, A.,* Die IATA, 1998

ICAO (F.) International Civil Aviation Organization

ICC (F.) International Chamber of Commerce → Internationale Handelskammer

Idealkonkurrenz → Tateinheit

Idealverein (§ 21 BGB) ist der → Verein, dessen Zweck ideell bestimmt und damit nicht auf einen wirtschaftlichen Geschäftsbetrieb gerichtet ist. Er erlangt → Rechtsfähigkeit durch Eintragung in das → Vereinsregister. Er steht im Gegensatz zum wirtschaftlichen Verein (z.B. Aktiengesellschaft).

Lit.: *Nahrwold, M.,* Die wirtschaftliche Betätigung von Idealvereinen, 2003; *Schießl, H.,* Die Ausgliederung von Idealvereinen, 2003

Idee (F.) Einfall, Gedanke

Lit.: *Harke, D.,* Ideen schützen lassen, 2000

ideell (Adj.) unkörperlich, nichtvermögensmäßig

Identität (F.) Gleichheit, Übereinstimmung, → Repräsentation

Identitätsfeststellung ist die Feststellung der Identität eines Menschen. Sie ist eine polizeiliche Maßnahme, die an gesetzliche Voraussetzungen gebunden ist. Sie ist entweder Anhaltung, erkennungsdienstliche Maßnahme oder Vorladung und kann teils nur verdachtsabhängig, teils auch verdachtsunabhängig erfolgen.

Ideologie ([F.] Ideenlehre) ist die Gesamtheit der einer bestimmten Gruppe zugeordneten Denkweisen und Wertvorstellungen (Ideen) (str.).

Lit.: *Rüthers, B.,* Ideologie und Recht im Systemwechsel, 1992

illegal (Adj.) ungesetzlich

Lit.: *Besozzi, C.,* Illegal, legal – egal?, 2001

illegitim (Adj.) ungesetzlich, unehelich, nichtehelich

ILO (F.) (engl.) International Labour Organization → IAO

Im Zweifel ist in Gesetzestexten die Auslegungsregel, die immer dann die gesetzliche → Rechtsfolge eintreten lässt, wenn das Handeln beteiligter Personen eine (andere) gewünschte Rechtsfolge nicht eindeutig erkennen lässt (z.B. § 262 BGB).

immanent (Adj.) innewohnend

immanente Grundrechtsschranke → Grundrechtsschranke, immanente

Immaterialgut ist das unkörperliche (immaterielle), geistige Gut (Idee). An Immaterialgütern können ebenso wie an Sachen → Rechte bestehen (allerdings [wegen der Definition des Eigentums als absoluter Herrschaft über eine Sache] nicht z.B. Eigentum). Immaterialgüterrechte sind etwa → Urheberrecht oder → Patentrecht.

Lit.: *Forkel, H.,* Grundfälle zu den Immaterialgüterrechten, JuS 1989, 869; *Heinemann, A.,* Immaterialgüterschutz in der Wettbewerbsordnung, 2002; *Haedicke, M.,* Rechtskauf, 2003

Immaterialgüterrecht → Immaterialgut

immateriell (Adj.) unkörperlich

Lit.: Unkörperliche Güter im Zivilrecht, hg. v. *Leible, S. u. a.,* 2011

immaterieller Schaden → Schaden, immaterieller

Immatrikulation (F.) Einschreibung (in eine Universität), formeller Beginn von Studien im Gegensatz zur → Exmatrikulation (Ausschreibung)

immediat (Adj.) unmittelbar, ohne vermittelndes Zwischenstück

Immission ([F.] Hineinsendung) ist die Zuführung (nicht Abhaltung) unwägbarer Stoffe (z.B. Gase, Dämpfe, Gerüche, Rauch, Ruß, Licht, Strahlen, Wärme, Geräusch, Erschütterung). Im Sachenrecht kann der → Eigentümer eines → Grundstücks eine I. insoweit nicht verbieten, als die Einwirkung die Benutzung seines Grundstücks nicht oder nur unwesentlich → beeinträchtigt oder eine wesentliche → Beeinträchtigung ortsüblich ist und durch zumutbare Maßnahmen nicht verhindert werden kann (→ Nachbarrecht). Er hat dafür aber u.U. einen Ausgleichsanspruch (§ 906 II BGB). Im Verwaltungsrecht bedürfen gewisse → Anlagen wegen der von ihnen ausgehenden Immissionen (§ 3 II BImSchG) einer behördlichen → Genehmigung. Dies dient dem Schutz von Menschen, Tieren, Pflanzen und anderen Sachen vor schädlichen Umwelteinwirkungen (§ 1 BImSchG).

Lit.: *Abraham, E.,* Schutz vor industriellen Immissionen, 1997; *Johlen, M.,* Die Beeinflussung privater Immissionsabwehransprüche durch das öffentliche Recht, 2001; *Pütz, M.,* Anzeige- und Genehmigungsverfahren, 8. A. 2007

Immissionsschutz ist der Schutz vor schädlichen → Immissionen, der vor allem im Bundesimmissionsschutzgesetz geregelt ist.

Lit.: *Jarass, H.*, Bundesimmissionsschutzgesetz, 11. A. 2015; *Sellner/Reidt/Ohms*, Immissionsschutzrecht und Industrieanlagen, 3. A. 2006; *Jarass, H.*, Grundstrukturen des Immissionsschutzrechts, JuS 2009, 608

immobil (Adj.) unbeweglich

Immobiliarzwangsvollstreckung
→ Zwangsvollstreckung

Lit.: *Knees, K.*, Immobiliarzwangsvollstreckung, 4. A. 2003

Immobilie (F.) unbewegliches Vermögensstück, unbewegliche Sache, Grundstück

Lit.: Rechtshandbuch Immobilien (Lbl.), hg. v. *Koeble, W.*, Bd. 1 f. 20. A. 2012; *Sailer/Kippes/Rehkugler*, Handbuch für Immobilienmakler und Immobilienberater, 2. A., 2011; *Schäfer/Conzen*, Praxishandbuch Immobilien-Investitionen, 2. A. 2011; Handbuch Immobilienrecht, hg. v. *Schreiber, K.*, 3. A. 2011; *Waldner, W.*, Immobilienkaufverträge, 2. A. 2011; Beck'sches Formularbuch Immobilienrecht, hg. v. *Weise, S./Forst, S.*, 2. A. 2014

immun (Adj.) abgabenfrei, sicher

Immunität (Art. 46 II ff. GG) ist der Schutz des → Abgeordneten vor bestimmten Maßnahmen, die sich gegen sein Verhalten außerhalb des → Parlaments richten. Nach Art. 46 II GG darf ein Abgeordneter des → Bundestags wegen einer mit Strafe bedrohten Handlung nur mit (nicht offensichtlich rechtswidriger) Zustimmung des Bundestags zur Verantwortung gezogen oder verhaftet werden (Aufhebung der I.), es sei denn, dass er bei Begehung der Tat oder im Laufe des folgenden Tags festgenommen wird. Die I. ist ein Verfahrenshindernis (Prozesshindernis). Sie wird ergänzt durch die (materiell strafrechtlich wirkende) → Indemnität. Im älteren deutschen Recht ist die (aus der Spätantike übernommene) I. die Freiheit einer → Grundherrschaft von königlicher Gewalt.

Lit.: *Köbler, G.*, Zielwörterbuch integrativer europäischer Rechtsgeschichte, 6. A. 2014 (Internet); *Lüke, M.*, Die Immunität staatlicher Funktionsträger, 2000; *Sato, C.*, Immunität internationaler Organisationen, 2004; *Roeder, T.*, Grundzüge der Staatenimmunität, JuS 2005, 215; *Kleinlein, T.*, Anforderungen an den Verzicht auf diplomatische Immunität, NJW 2007, 2591

imperativ (Adj.) befehlend

imperatives Mandat → Mandat, imperatives

imperium (lat. [N.]) Befehl, Macht, Reich

Impfen (V.) ist das Zuführen einer geringen Menge von Krankheitserregern zwecks Aufbaus körpereigener Abwehrstoffe. → Impfschaden, → Impfzwang

Lit.: *Jilg, W.*, Impfen, 3. A. 2003

Impfschaden (§§ 60 ff. InfektionsschutzG) ist der durch eine Impfung verursachte, über das übliche Ausmaß einer Impfreaktion hinausgehende Gesundheitsschaden. Wer durch gesetzlich vorgeschriebene, auf Grund → Gesetzes angeordnete oder von einer zuständigen Behörde öffentlich empfohlene Impfung einen I. erleidet, erhält auf → Antrag → Versorgung.

Lit.: *Schiwy, H.*, Impfung und Aufopferungsentschädigung, 1974

Impfzwang ist der (durch Gesetz) angeordnete Zwang zur Impfung.

Import (M.) Einfuhr

Impressum ([N.] Eindruck) ist die für → Druckwerke gesetzlich vorgeschriebene Benennung des Druckers und Verlegers, bei Zeitschriften und Zeitungen auch des verantwortlichen Redakteurs.

In dubio pro reo ([lat.] im Zweifel für den Angeklagten) ist im Strafverfahrensrecht der ungeschriebene Grundsatz, nach dem dann, wenn der → Richter keine volle Überzeugung von der → Schuld des → Angeklagten gewinnt, dieser freizusprechen oder nur wegen einer milderen, nachgewiesenermaßen erfüllten Strafvorschrift zu bestrafen ist. Dieser Grundsatz beruht darauf, dass der Angeklagte nicht seine Unschuld, sondern der Ankläger die Schuld des Angeklagten nachweisen muss (→ Unschuldsvermutung). Er ist in dieser Form seit 1811 belegt, aber in Vorläufern schon unter dem römischen Kaiser Trajan und im gelehrten Strafprozessrecht des Spätmittelalters nachzuweisen.

Lit.: *Zopfs, J.*, Der Grundsatz in dubio pro reo, 1999; *Schwabenbauer, P.*, Der Zweifelssatz im Strafprozessrecht, 2012; *Huber, M.*, Grundwissen – Strafprozessrecht – In dubio pro reo, JuS 2015, 596

in fraudem legis (lat.) unter Umgehung des Gesetzes

In iure cessio (lat. [F.]) Übergang in der Entscheidungsstätte) ist im römischen Recht eine auf ein Scheinverfahren vor dem Magistrat gestützte Übertragung der Gewalt an einem Gegenstand.

Lit.: *Söllner, A.*, Römische Rechtsgeschichte, 5. A. 1996

Inbegriff (§ 260 BGB) ist die Gesamtheit unter einheitlicher Bezeichnung zusammengefasster → Gegenstände, die als solche wirtschaftliche Bedeutung hat (z. B. Nachlass, Unternehmen, Bibliothek, Herde). Wer einen I. von Gegenständen herauszugeben hat, hat dem Berechtigten ein Bestandsverzeichnis vorzulegen.

Inbesitznahme → Besitznahme

Incoterms ([N. Pl.] international commercial terms) ist die von der Internationalen Handelskammer 1936 erstmals veröffentlichte Zusammenstellung internationaler Handelsbegriffe wie z. B. von Handelsklauseln und deren Inhalt (z. B. cif, fob).

Lit.: *Bredow, J./Seiffert, B.*, Incoterms 2000, 2000

Indemnität ([F.] Straflosigkeit) (Art. 46 I GG, § 36 StGB) ist die Befreiung der → Abgeordneten von der gerichtlichen oder dienstlichen Verfolgung wegen einer Abstimmung oder Äußerung im → Parlament, ausgenommen verleumderische Beleidigungen. Die I. ist ein persönlicher materiellrechtlicher → Strafausschließungsgrund, nicht nur ein Prozesshindernis. Der Schutz durch I. wird ergänzt durch die → Immunität.

Lit.: *Wurbs, R.,* Regelungsprobleme der Immunität und der Indemnität, 1988; *Hilgendorf, E.,* Die Entwicklungsgeschichte der parlamentarischen Redefreiheit, 1991

Index ([M.] Anzeiger, Verzeichnis) ist im katholischen Kirchenrecht das Verzeichnis der Bücher, welche die Kirchenmitglieder (bis 1966) ohne Erlaubnis nicht lesen durften. Nach wie vor dürfen aber nach katholischem Kirchenrecht Bischöfe Schriften prüfen und verwerfen.

Lit.: *Sleumer, A.,* Index Romanus, 11. A. 1956; Inquisition, Index, Zensur, hg. v. *Wolf, H.,* 2001

Indien ist das von Pakistan, China, Nepal, Bhutan, Birma und Bangladesh begrenzte südasiatische Land.

Lit.: *Jain, M.,* Outlines of Indian legal history, 6. A. 2006; *Oppen, A. v.,* Eheschließung und Eheauflösung, 2004; *Sauer, S.,* Eigentumsschutz und Verfassungsstruktur in Indien, 2004; Rechtsfragen des Indiengeschäfts, hg. v. *Podehl, J. u. a.,* 2007; *Rothermund, D.,* Indien, 2008

Indigenat ([N.] Eingeborensein, Staatsangehörigkeit, Ortsangehörigkeit, Heimatrecht) ist die Zugehörigkeit zu einem Gemeinwesen. Das in Art. 33 GG enthaltene *gemeinsame* I. (aller Bundesländer) bedeutet, dass jeder → Deutsche in jedem → Land die gleichen staatsbürgerlichen Rechte hat.

Lit.: *Pfütze, U.,* Die Verfassungsmäßigkeit von Landeskinderklauseln, 1998

Indignität (F.) Unwürdigkeit

Indikation ([F.] Anzeichen, Anzeige) ist allgemein ein Hinweis. Im Strafrecht ist (z. B. medizinische oder soziale) I. (Angezeigtsein) eine Voraussetzung, die den mit Einwilligung der Schwangeren durch einen Arzt vorgenommenen → Schwangerschaftsabbruch rechtfertigt.

Lit.: *Lau, H.,* Indikationen zum Schwangerschaftsabbruch, 1976

indirekt (Adj.) mittelbar

indirekte Stellvertretung → Stellvertretung, indirekte

indirekte Steuer → Steuer, indirekte

indirekter Verbotsirrtum → Verbotsirrtum, indirekter; → Erlaubnisirrtum

indirekter Vorsatz → Vorsatz, indirekter

Individualarbeitsrecht ist das das einzelne → Arbeitsverhältnis betreffende → Arbeitsrecht. Es umfasst insbesondere die Begründung, den Inhalt (Rechte und Pflichten der beteiligten Parteien) und

die Beendigung des Arbeitsverhältnisses. Es steht im Gegensatz zum → Kollektivarbeitsrecht.

Lit.: *Waltermann, R.,* Arbeitsrecht, 16. A. 2012; *Hromadka, W./Maschmann, F.,* Arbeitsrecht, Bd. 1 5. A. 2010 f.

Individualrechtsgut ist das Rechtsgut eines Einzelnen im Gegensatz zu dem Rechtsgut einer Gemeinschaft oder der → Allgemeinheit (z. B. Leben, Ehre, Gesundheit). Der Einzelne wird vom Recht vor allem hinsichtlich seiner Individualrechtsgüter geschützt (z. B. → Strafrecht, unerlaubte → Handlung, Abwehransprüche).

Lit.: *Nowak, C.,* Individualrechtsschutz, 2002

Indiz ([N.] Anzeichen) ist die Tatsache, aus deren Vorhandensein auf eine andere Tatsache geschlossen werden kann (z. B. Rauch → Feuer, Lüge → Unredlichkeit, Schmiere → Betrug, schlechte Noten → Mängel, Rechtsbruch → Korruption).

Indizienbeweis (Anzeichenbeweis, vgl. § 267 I 2 StPO) ist der → Beweis auf Grund von Tatsachen, die nicht unmittelbar den zu beweisenden Vorgang beweisen, wohl aber mittelbar auf diesen schließen lassen (z. B. Spuren der Bekleidung oder der Haut des Täters unter den Fingernägeln des Opfers). Der I. ist zulässig. Stützt sich das Strafurteil auf Indizien, so sollen diese angegeben werden.

Lit.: *Hansen, U.,* Der Indizienbeweis, JuS 1992, 327

Indossament ([lat.] in dorso auf dem Rücken) (z. B. Art. 11 WG) ist im → Wertpapierrecht eine Erklärung (für mich an X, gez. Y), durch die eine Person (Indossant) die Rechte aus einem → Orderpapier auf eine andere Person (Indossatar) überträgt. Das allgemeine (ausführliche) I. muss schriftlich auf den → Wechsel oder auf ein mit diesem verbundenes Blatt, das in der bloßen Unterschrift des Indossanten bestehende I. (Blankoindossament) auf die Rückseite des Wechsels oder auf ein mit diesem verbundenes Blatt gesetzt werden. Das I. überträgt alle Rechte aus dem Wertpapier (Art. 14 WG, Transportfunktion). Das I. weist in ununterbrochener Kette den Inhaber als Berechtigten aus (Art. 16 WG Legitimationsfunktion). Das I. lässt den Indossanten für Annahme und Zahlung haften (Art. 15 WG Garantiefunktion). Das I. kann im Einzelnen noch verschieden gestaltet werden (Vollmachtindossament, Pfandindossament, Treuhandindossament u. a.).

Lit.: *Assig, A.,* Das Inkassoindossament, 1985; *Voit, K.,* Das gefälschte und das nicht autorisierte Indossament, 1992

Industrie- und Handelskammer (IHK) ist die → Körperschaft des öffentlichen → Rechtes, deren Zwangsmitglieder (verfassungsgemäß) grundsätzlich alle Gewerbetreibenden des betreffenden Bezirks sind. Die I. ist eine → Selbstverwaltungskörperschaft, deren wichtigste Aufgabe die Wahrung und Förderung der Interessen ihrer Mitglieder ist. Ihre Organe sind nach dem Gesetz zur vorläufigen Regelung des Rechts der Industrie- und Handelskammern (18.12.1956) Vollversammlung, Präsidium und Hauptgeschäftsführer.

Lit.: *Frentzel, G./Jäkel, E./Junge, W.,* Industrie- und Handelskammergesetz, 7. A. 2009; *Jahn, R.,* Wirtschaftskammer statt Staat, JuS 2002, 434

Industrieverbandsprinzip ist der Grundsatz der Gliederung der Organisationen der → Arbeitgeber und → Arbeitnehmer nach Wirtschaftsbereichen (z. B. Einzelgewerkschaften) statt etwa nach → Berufen.

Industrielle Revolution ist der durch wissenschaftlich-technischen Fortschritt bewirkte Übergang von der Agrargesellschaft zur Industriegesellschaft (in England seit 1760, im Deutschen Bund seit 1850).
Lit.: *Köbler, G.,* Zielwörterbuch integrativer europäischer Rechtsgeschichte, 6. A. 2014 (Internet); *Lenger, F.,* Industrielle Revolution und Nationalstaatsgründung, 10. A. 2003

Infallibilität (F.) Unfehlbarkeit

Infamie ([F.] Ehrlosigkeit) ist im römischen Recht die mit gewissen Handlungen (z. B. Schauspielerei, Wucher) verbundene Rechtsfolge des Verlusts der bürgerlichen → Ehre.
Lit.: *Söllner, A.,* Römische Rechtsgeschichte, 5. A. 1996

Infektion (F.) Ansteckung mit Krankheitserregern

Infektionsschutzgesetz (F.) ist das am 1.1.2001 in Kraft getretene, dem Schutz vor Infektionen dienende Gesetz.
Lit.: *Bales, S./Baumann, H.,* Infektionsschutzgesetz, 2. A. 2003; *Erdle, H.,* Infektionsschutzgesetz, 4. A. 2013

Informatik (F.) Informationswissenschaft
Lit.: Informatikrecht im europäischen Umfeld, hg. v. *Weber, R.,* 1997; *Schneider, U.,* Taschenbuch der Informatik, 7. A. 2012

Information (F.) Nachricht, Unterrichtung, Datum, Kenntnisbeziehung
Lit.: *Kloepfer, M.,* Informationsrecht, 2002; *Hoeren, T.,* Zur Einführung Informationsrecht, JuS 2002, 947; *Kersting, C.,* Die Dritthaftung für Informationen im bürgerlichen Recht, 2007; *Buchner, F.,* Die IT-Versicherung, 2007

informationell (Adj.) Informationen betreffend
Lit.: *Riepl, F.,* Informationelle Selbstbestimmung im Strafverfahren, 1998; *Wilms, J.,* Die Anwendbarkeit des Rechts auf informationelle Selbstbestimmung, JuS 2004, 577

Informationsfreiheit (Art. 5 I 1 GG) ist die Freiheit der Beschaffung von Informationen. Sie ist das Gegenstück zur Freiheit der Meinungsäußerung. Sie ist ein Teil der → Meinungsfreiheit. Das Recht zum Empfang von Nachrichten nach Art. 10 EMRK verbietet einer Regierung, eine Person am Empfang von Nachrichten zu hindern.
Lit.: *Ricker, R./Weberling,* Handbuch des Presserechts, 6. A. 2012; *Schoch, F.,* Informationsfreiheitsgesetz, 2. A. 2014

Informationssystem ist die systematisch mit Hilfe der Methoden der Datenverarbeitung geschaffene

Sammlung von Informationen (z. B. das Juristische Informationssystem JURIS).
Lit.: *Mielke, B.,* Bewertung juristischer Informationssysteme, 2000; *Külper, K.,* Das polizeiliche Informationssystem INPOL, Diss. jur. Konstanz 2000

Informations- und Kommunikationsdienstegesetz ist das einheitliche wirtschaftliche Rahmenbedingungen für Informations- und Kommunikationsdienste (z. B. Telebanking, Datendienst, Internetnutzung, Telespiele, nicht dagegen Rundfunk) festlegende Gesetz vom 22.7.1997.
Lit.: Beck'scher IuKDGKommentar, hg. v. *Engel-Flechsig, S. u. a.,* 2001; *Gersdorf, H./Paal, B.,* Informations- und Medienrecht, 2014

Infrastruktur (F.) Gesamtheit von Einrichtungen zur Gestaltung von Abläufen
Lit.: *Theobald, C.,* Aktuelle Entwicklungen des Infrastrukturrechts, NJW 2003, 324

Ingenieur ist der technikwissenschaftlich oder naturwissenschaftlich ausgebildete Fachmann (z. B. Elektroingenieur, Maschinenbauingenieur).
Lit.: *Heiermann, W./Knipp, B.,* Architekten- und Ingenieurverträge, 1999; Rechtshandbuch für Ingenieure und Architekten, hg. v. *Meurer, K.,* 2007

Ingerenz (F.) ist das vorausgehende gefahrbegründende Verhalten (z. B. Verursachen eines Verkehrsunfalls). Die I. begründet eine → Garantenstellung. Aus dieser folgt die Pflicht zu einer → Handlung (z. B. Sicherung der Unfallstelle), deren Unterlassung u. U. strafbar ist (→ Unterlassungsdelikt).

Inhaber ist der einen Gegenstand (z. B. Forderung) unmittelbar in seiner Verfügungsgewalt habende Mensch. Im Wertpapierrecht ist I., wer rein tatsächlich in der Lage ist, dem → Schuldner das Papier zur Einlösung vorzulegen (z. B. Gläubiger einer Forderung, Besitzer eines Wertpapiers).
Lit.: *Klapper, W.,* Die Rechtsstellung des Wechselinhabers, 1992

Inhaberaktie (§ 10 AktG) ist die auf den → Inhaber lautende → Aktie (→ Inhaberpapier).
Lit.: *Terstege, U.,* Inhaber- oder Namensaktien, 2001

Inhaberanteilsschein ist der auf den Inhaber ausgestellte Anteilsschein (z. B. Investmentzertifikat einer → Kapitalanlagegesellschaft, → Inhaberpapier).

Inhaberklausel ist die den Wertpapierschuldner zu Leistung an den – berechtigten – → Inhaber des → Wertpapiers verpflichtende Klausel (z. B. an X oder Überbringer, → Inhaberscheck.)

Inhaberpapier ist das → Wertpapier, bei dem das verbriefte → Recht grundsätzlich von jedem → Inhaber geltend gemacht werden kann (z. B. → Aktie, → Grundschuldbrief, → Inhaberschuldverschreibung, → Inhaberscheck, → Briefmarke). Der Inhaber braucht seine Berechtigung nicht nachzuweisen. Der Verpflichtete kann aber die → Leistung verweigern, wenn er nachweist, dass der Inhaber in Wahrheit nicht der Berechtigte ist. Beim I. wird das verbriefte Recht durch → Einigung und → Übergabe (§§ 929 ff. BGB) des Papiers übertragen. (Das Recht aus dem Papier folgt dem Recht am Papier.) *Hinkendes* I. (§ 808 BGB) ist das → Namenspapier (qualifiziertes → Legitimationspapier), das mit der Bestimmung ausgegeben wird, dass die in der → Urkunde versprochene Leistung an jeden Inhaber bewirkt werden kann (Inhaberklausel). Es ist (trotz der Bezeichnung als hinkendes I.) kein I., weshalb der Inhaber nicht berechtigt ist, die Leistung zu verlangen. Der Schuldner wird aber durch die → Leistung an den → Inhaber befreit (z. B. → Sparkassenbuch).

Lit.: *Duden, K.,* Der Rechtserwerb vom Nichtberechtigten, 1996; *Haertlein, L.,* Der abhandengekommene Inhaberscheck, 1999

Inhaberscheck ist der auf den → Inhaber (bzw. Überbringer) ausgefertigte (in der Gegenwart übliche) → Scheck.

Lit.: *Haertlein, L.,* Der abhanden gekommene Inhaberscheck, 1999

Inhaberschuldverschreibung (§ 793 BGB) ist die → Urkunde (Schuldverschreibung), in welcher der → Aussteller dem → Inhaber (der Urkunde) eine → Leistung verspricht (z. B. Industrieanleihe, Hypothekenpfandbrief, Lotterielos). Nach § 793 I 1 BGB kann der jeweilige Inhaber der Urkunde von dem Aussteller Leistung des urkundlich Versprochenen verlangen. Die I. ist (wie die → Anweisung) eine der bürgerlichrechtlichen Grundfiguren des → Wertpapiers. Sie ist → Inhaberpapier.

Inhaberzeichen (§ 807 BGB) ist die Karte (Inhaberkarte), die Marke (Inhabermarke) oder die ihnen ähnliche Urkunde (Zeichen), in dem ein → Gläubiger nicht bezeichnet ist und das von dem → Aussteller unter Umständen ausgegeben wird, aus denen sich ergibt, dass er dem Inhaber zu einer Leistung verpflichtet sein will (z. B. Fahrkarte). Das I. wird nach § 807 BGB teilweise wie eine → Inhaberschuldverschreibung behandelt. Insbesondere kann der Inhaber des Zeichens von dem Aussteller → Leistung des urkundlich Versprochenen verlangen.

Inhalt ist allgemein das in etwas Enthaltene im Gegensatz vor allem zur Form als einer äußeren Erscheinung.

Inhaltsfreiheit ist die Freiheit, den Inhalt eines → Rechtsgeschäfts festzulegen. Die I. ist durch Art. 2 I GG gewährleistet. Sie ist aber durch zahlreiche gesetzliche Bestimmungen wie durch allgemeine Geschäftsbedingungen u. a. in wichtigen Bereichen wesentlich eingeschränkt (z. B. → Mietrecht, → Arbeitsrecht).

Inhaltsirrtum (§ 119 BGB) ist der → Irrtum (lat. [M.] error) über den Inhalt einer → Erklärung. Er kann die Person des Erklärungsgegners, die Rechtsnatur des Geschäfts oder den Gegenstand des Geschäfts betreffen (z. B. Irrtum über die Identität des Gegenstands). Als Irrtum über den Inhalt der Erklärung gilt auch der Irrtum über solche → Eigen-

schaften der Person oder der Sache, die im Verkehr als wesentlich angesehen werden (§ 119 II BGB, z. B. Sachkunde einer Person, Echtheit eines Kunstwerks, nicht Wert einer Sache). Der I. berechtigt grundsätzlich zur → Anfechtung der Erklärung (anders z. B. im Kaufrecht bei Sachmängeln).

Inhaltskontrolle ist die (gerichtliche) Überprüfung des Inhalts einer Bestimmung oder Vereinbarung (auf ihre Übereinstimmung mit höherrangigem Recht).

Lit.: *Fastrich, L.,* Richterliche Inhaltskontrolle im Privatrecht, 1992; *Borges, G.,* Die Inhaltskontrolle von Verbraucherverträgen, 2000; *Käpplinger, M.,* Inhaltskontrolle von Aktienoptionsplänen, 2003; *Schwab, S.,* Privatautonomie und Inhaltskontrolle privatrechtlicher AGB, 2010

Initiativrecht ist das Recht zur → Gesetzesinitiative (Einbringung von Gesetzgebungsvorhaben im Parlament).

Lit.: *Buttlar, C. v.,* Das Initiativrecht der Europäischen Kommission, 2003

iniuria (lat. [F.]) Unrecht

Inkasso ist die Einziehung einer Forderung. Das I. kann für den Gläubiger von einem Dritten gegen den Schuldner durchgeführt werden. Ein Inkassobüro darf auch von einem Rechtsanwalt betrieben werden. Rechtstatsächlich bearbeiten Inkassounternehmen in Deutschland jährlich 18,8 Millionen außergerichtliche Mahnungen, während Gerichte 9 Millionen Mahnbescheide erlassen.

Lit.: Inkasso-Handbuch, hg. v. *Seitz, W.,* 4. A. 2015; *Wedel, T.,* Ratgeber Inkasso, 3. A. 2002

Inkassomandat → Einziehungsermächtigung

Inkassozession ist die lediglich zum Zweck der Einziehung der → Forderung erfolgende → Abtretung. Hier wird zwar der Erwerber der Forderung neuer Gläubiger, doch ist er aus dem zugrundeliegenden Grundverhältnis (→ Geschäftsbesorgungsvertrag) zwischen ihm und dem Abtretenden verpflichtet, das Erlangte an den Abtretenden (bisherigen Gläubiger) herauszugeben.

Lit.: *Rudloff, T.,* Ausgewählte Rechtsfragen der Inkassounternehmen, 1997

inkognito (Adv.) unbekannt, bewusst ohne Kundgabe der kennzeichnenden Merkmale

Inkompatibilität ist die Unverträglichkeit zweier Erscheinungen, insbesondere die aus dem Gedanken der Gewaltenteilung entspringende Unvereinbarkeit der gleichzeitigen Bekleidung mehrerer bestimmter öffentlicher → Ämter durch dieselbe Person (z. B. Bundespräsident und Mitglied der Bundesregierung oder Abgeordneter, Art. 55 GG).

Lit.: *Krienke, N.,* Interessenkonflikte, 2003

Inkorporation (F.) Einverleibung, Eingliederung, Eingemeindung

Lit.: *Dörr, O.,* Die Inkorporation, 1995

Inkrafttreten → Gesetzeskraft

Inland ist grundsätzlich das Gebiet innerhalb der Grenzen eines → Staates (bzw. des Geltungsgebiets seines Rechtes) im Gegensatz zum → Ausland.

Innenbereich ist der im räumlichen Geltungsbereich eines qualifizierten → Bebauungsplans liegende (beplanter I.) oder einen im Zusammenhang bebauten Ortsteil bildende (unbeplanter I.) Teil eines Gemeindegebiets. Er steht im Gegensatz zum → Außenbereich. Im I. darf entsprechend dem Bebauungsplan oder hilfsweise der bestehenden Bebauung gebaut werden.

Lit.: *Scharmer, E.,* Das Bebauungsrecht im unbeplanten Innenbereich, 1992

Innengesellschaft ist die im Innenverhältnis der Gesellschafter zueinander bestehende → Gesellschaft. Eine *reine* I. ist gegeben, wenn die Parteien lediglich ihr Innenverhältnis zueinander gesellschaftlichen Regeln unterstellen, während sie nach außen nicht gemeinschaftlich hervortreten (z. B. stille Gesellschaft). Im Übrigen ist normalerweise die Gesellschaft im Innenverhältnis auch eine Gesellschaft im Außenverhältnis.

Lit.: *Klosterkemper, B.,* Abhängigkeit von einer Innengesellschaft, 2004

Innentendenz ist die innere Zielsetzung des Täters (→ Absicht). Sie ist *überschießende* I., wenn der Täter einen → Erfolg zwar ins Auge gefasst haben muss, diesen aber nicht erreicht zu haben braucht (z. B. Bereicherungsabsicht bei Betrug, § 263 StGB, oder Zueignungsabsicht bei Diebstahl, § 242 StGB). Die überschießende I. kann dabei entweder auf einen Erfolg gerichtet sein, der nach der Tat ohne Zutun des Täters eintreten soll (z. B. § 263 StGB) oder den der Täter durch eigenes Handeln selbst herbeiführen will (z. B. § 242 StGB).

Innenverhältnis ist das allein die unmittelbar beteiligten Personen betreffende Verhältnis. → Außenverhältnis

Lit.: *Langenfeld, H.,* Das Innenverhältnis bei den Gläubigermehrheiten, 1994

Innenvollmacht → Vollmacht

Lit.: *Hofmann, K.,* Vollmachten, 8. A. 2002

innere Verwaltung → Verwaltung, innere

Innung ist der freiwillige Zusammenschluss selbständiger Gewerbetreibender desselben → Gewerbes eines bestimmten Bezirks zur Förderung der gemeinsamen gewerblichen Interessen. Der Hauptfall der I. ist die Handwerksinnung. Sie ist eine → Körperschaft des öffentlichen Rechtes (§ 53 HandwO), die mit der Genehmigung der Satzung rechtsfähig wird. Organe der Handwerksinnung sind die Innungsversammlung, der Vorstand und die Ausschüsse. Die Aufsicht über die Handwerksinnung führt die → Handwerkskammer. Andere Innungen sind wirtschaftliche, rechtsfähige → Vereine.

Lit.: *Detterbeck, S.,* Die Handwerksinnungen, 2003

Inquisition (lat. inquisitio [F.] Untersuchung, Befragung) ist seit dem Hochmittelalter im kirchlichen Recht das geistliche → Gericht zur Verfolgung der Ketzer, das sich zur Wahrheitsermittlung der Verschärfung der Befragung durch die → Folter bedient. Parallel zur kirchlichen I. setzte sich auch im weltlichen Recht die Verfolgung von Unrecht durch amtliche Untersuchung (gegenüber der bisherigen Selbsthilfe bzw. Klage des Verletzten) durch. Hieraus entstand der Inquisitionsprozess.

Lit.: *Köbler, G.,* Zielwörterbuch integrativer europäischer Rechtsgeschichte, 6. A. 2014 (Internet); *Schwerhoff, G.,* Die Inquisition, 2004

Inquisitionsmaxime (→ Untersuchungsgrundsatz) ist der Grundsatz, dass das → Gericht von sich aus die materielle Wahrheit erforscht. Die I. steht im Gegensatz zum → Verhandlungsgrundsatz, bei dem sich das Gericht mit der formellen Wahrheit begnügt. Die I. gilt u. a. im Strafprozessrecht (§ 155 II StPO), im Verwaltungsprozessrecht und in der freiwilligen Gerichtsbarkeit, nicht dagegen im Zivilprozessrecht.

Lit.: *Wißgott, V.,* Das Beweisantragsrecht, 1998

Inquisitionsprozess (Untersuchungsprozess) ist der von der amtlichen Verfolgung und Untersuchung (sowie Anklage) gekennzeichnete → Strafprozess (im Gegensatz zum → Akkusationsprozess).

Lit.: Strafrecht, Strafprozess und Rezeption, hg. v. *Landau, P./Schroeder, F.,* 1984

Insemination (F.) Einsäen, Besamung

Lit.: *Hager, J.,* Die Stellung des Kindes nach heterologer Insemination, 1997; *Hügel, B.,* Künstliche Befruchtung, 2002

Insichgeschäft (§ 181 BGB) ist das → Geschäft zwischen zwei Beteiligten, bei dem auf jeder Seite (infolge Vertretung) dieselbe Person steht (Selbstkontrahieren). Dies kann zu einer → Interessenkollision führen. Nach § 181 BGB kann ein → Vertreter, soweit nicht ein anderes ihm gestattet ist (z. B. → Vollmacht), im Namen des Vertretenen (z. B. des A) mit sich im eigenen Namen oder als Vertreter eines Dritten (z. B. des D) ein Rechtsgeschäft nicht vornehmen (Verbot des Selbstkontrahierens), es sei denn, dass das Rechtsgeschäft ausschließlich in der Erfüllung einer Verbindlichkeit (z. B. geschuldete Übereignung von Geld) besteht. Das unzulässige I. des Vertreters ist schwebend → unwirksam, das zulässige I. dagegen wirksam. Die Befreiung vom Verbot des Insichgeschäfts kann im Handelsregister eingetragen werden.

Lit.: *Claussen, S.,* Grenzen der Insichgeschäfte, 2000

Insichprozess ist der → Prozess, bei dem auf beiden Seiten dieselbe Person steht. Von der Natur des Prozesses als Streitverfahren zur Austragung von Interessengegensätzen her ist der I. unzulässig. Ausnahmsweise wird er aber für den → Staat zugelassen, wenn eine Einigung verschiedener Organe des Staates nicht im Wege der → Aufsicht erreicht werden kann (str.) oder wenn Organe (desselben Rechtsträgers) eigene Rechte geltend machen können.

Lit.: *Kisker, G.,* Insichprozess und Einheit der Verwaltung, 1968

Insider (engl. [M.] Angehöriger, Vertrauter, Wissender) ist im Wirtschaftsrecht (z. B. § 13 WpHG) ein Mensch, der auf Grund seiner Stellung (z. B. Beteiligung, Beruf, Tätigkeit, u. a. Vorstandsmitglied, Journalist, Bankangestellter) Kenntnisse über nicht öffentlich bekannte Ziele eines Unternehmens hat, die im Fall ihres Bekanntwerdens den Kurs eines Wertpapiers erheblich zu beeinflussen geeignet sind. Die Verwertung seines Wissens zu seinem persönlichen Vorteil (z. B. Spekulation mit Aktien) ist seit 1994 strafbar.
Lit.: *Nietsch, M.,* Internationales Insiderrecht, 2004

Insignie (F.) Machtkennzeichen

Insinuation (F.) Bekanntgabe, Vorlage, Zustellung

Insolvenz (F.) ist die Zahlungsunfähigkeit. Der Schuldner ist zahlungsunfähig (insolvent), wenn er nicht in der Lage ist, die fälligen Zahlungspflichten zu erfüllen (§ 17 II InsO). Die I. ist allgemeiner Eröffnungsgrund des Insolvenzverfahrens. Beantragt der Schuldner die Eröffnung, so ist schon die drohende I. Eröffnungsgrund. Bei einer juristischen Person ist bereits die Überschuldung Eröffnungsgrund. In Deutschland traten 2003 rund 100000 Insolvenzfälle ein (61 Prozent Privatschuldner, für die Wohlverhaltensperioden von 3, 5 oder 6 Jahren gelten).
Lit.: Insolvenzen in Europa, hg. v. *Jahn, U.,* 4. A. 2004; *Jauernig, O./Berger, C.,* Zwangsvollstreckungs- und Insolvenzrecht, 23. A. 2010; Insolvenz und Sanierung, hg. v. *Nerlich, J. u. a.,* 2. A. 2012; *Schmidt, A.,* Privatinsolvenz, 4. A. 2014

Insolvenzanfechtung (§ 129 InsO) ist die Anfechtung der vor der Eröffnung des Insolvenzverfahrens vorgenommenen, die Insolvenzgläubiger benachteiligenden anfechtbaren Handlungen des Schuldners durch den Insolvenzverwalter nach den §§ 130 ff. InsO.
Lit.: *Zeuner, M.,* Die Anfechtung in der Insolvenz, 2. A. 2007

Insolvenzdelikt ist die die Insolvenz betreffende Straftat.
Lit.: *Weyand, R.,* Insolvenzdelikte, 9. A. 2013

Insolvenzgericht (§ 2 InsO) ist das für das → Insolvenzverfahren zuständige Gericht. Dies ist das Amtsgericht, in dessen Bezirk ein Landgericht seinen Sitz hat, für den Bezirk dieses Landgerichts oder ein weiteres von der jeweiligen Landesregierung durch Rechtsverordnung zum I. bestimmtes Amtsgericht. Örtlich zuständig ist grundsätzlich das I., in dessen Bezirk der Schuldner seinen allgemeinen Gerichtsstand hat.

Insolvenzgesetz ist das die → Insolvenz betreffende Gesetz.

Insolvenzgläubiger (§ 38 InsO) ist im → Insolvenzverfahren der persönliche Gläubiger, der einen zur Zeit der Eröffnung des Insolvenzverfahrens be-

gründeten Vermögensanspruch gegen den Schuldner hat(, den er schriftlich bei dem → Insolvenzverwalter anzumelden hat, § 174 InsO).
Lit.: *Gogger, M.,* Insolvenzgläubiger-Handbuch, 3. A. 2011

Insolvenzmasse (§ 35 InsO) ist im → Insolvenzverfahren das gesamte, der Zwangsvollstreckung unterliegende Vermögen, das dem Schuldner zur Zeit der Eröffnung des Insolvenzverfahrens gehört und das er während des Verfahrens erlangt. Es ist Aufgabe des Insolvenzverwalters, ein Verzeichnis aufzustellen, in dem die einzelnen Vermögensgegenstände und ihr Wert aufgeführt sind. Aus der I. werden die Kosten des Insolvenzverfahrens und die sonstigen Masseverbindlichkeiten vorweg befriedigt.
Lit.: *Brinkmann, M.,* Die Bedeutung der §§ 92, 93 InsO, 2001

Insolvenzordnung ist das die Konkursordnung, Vergleichsordnung und Gesamtvollstreckungsordnung zum 1.1.1999 ablösende, die → Insolvenz eines Schuldners regelnde Gesetz.
Lit.: Insolvenzordnung, hg. v. *Uhlenbruck, W. u. a.,* 14. A. 2015; Insolvenzordnung (Lbl)., hg. v. *Nerlich, J./Römermann, V.,* 28. A. 2015; *Andres, D./Leithaus, R.,* Insolvenzordnung, 3. A. 2014; Insolvenzordnung, hg. v. *Braun, E.,* 6. A. 2014; Münchener Kommentar Insolvenz-Ordnung, hg. v. *Kirchhof/Lwowski/Stürner,* 3. A. 2013 ff.; Insolvenzordnung, hg. v. *Schmidt, K.,* 18. A. 2013

Insolvenzplan (§§ 217 ff. InsO) ist der von den Vorschriften der → Insolvenzordnung abweichende, dem Schuldner und dem → Insolvenzverwalter mögliche Plan über die Befriedigung der absonderungsberechtigten Gläubiger und der → Insolvenzgläubiger, über die Verwertung der → Insolvenzmasse und deren Verteilung an die Beteiligten sowie über die Haftung des Schuldners nach der Beendigung des Insolvenzverfahrens. Zur Annahme des Insolvenzplans (nach grundsätzlicher Prüfung durch das Insolvenzgericht) durch die Gläubiger sind grundsätzlich die Zustimmung der Mehrheit der abstimmenden Gläubiger und eine summenmäßige Mehrheit der Ansprüche der zustimmenden Gläubiger erforderlich (§ 244 InsO). Den angenommenen Plan muss das Gericht durch Beschluss bestätigen.
Lit.: *Hess, H./Obermüller, M.,* Insolvenzplan, Restschuldbefreiung und Verbraucherinsolvenz, 3. A. 2003

Insolvenzrecht ist die Gesamtheit der die → Insolvenz eines Schuldners betreffenden Rechtssätze. → Zahlungsunfähigkeit, → Insolvenz, → Konkurs, → Vergleich
Lit.: Insolvenzrechts-Handbuch, hg. v. *Gottwald, P.,* 5. A. 2015; *Breuer, W.,* Insolvenzrecht, 3. A. 2011; *Reul, A. u. a.,* Insolvenzrecht in der Gestaltungspraxis, 2012; *Hirte, H. u. a.,* Das neue Insolvenzrecht nach dem ESUG, 2012; *Haarmeyer, H./Mock, S.,* Insolvenzrechtliche Vergütung, 5. A. 2014; Handbuch zum Konzerninsolvenzrecht, hg. v. *Flöther, Lucas F.,* 2015; *Frege, M. u. a.,* Insolvenzrecht, 8. A. 2015

Insolvenzverfahren (§ 1 InsO) ist das bei → Insolvenz anzuwendende Verfahren. Es dient dazu, die → Gläubiger eines → Schuldners gemeinschaftlich zu befriedigen, indem das Vermögen des Schuldners

verwertet und der Erlös verteilt oder in einem → Insolvenzplan eine abweichende Regelung insbesondere zum Erhalt des Unternehmens getroffen wird. Dem redlichen Schuldner wird Gelegenheit gegeben, sich von seinen restlichen Verbindlichkeiten zu befreien. Das I. kann über das Vermögen jeder natürlichen und jeder juristischen Person, eines nichtrechtsfähigen Vereins, einer Gesellschaft ohne Rechtspersönlichkeit, einen Nachlass oder über ein Gesamtgut einer Gütergemeinschaft eröffnet werden (§ 11 InsO). Es wird nur auf Antrag des Schuldners oder eines Gläubigers eröffnet. Eröffnungsgrund ist die Zahlungsunfähigkeit und evtl. die drohende Zahlungsunfähigkeit des Schuldners sowie die Überschuldung einer juristischen Person (§§ 17 ff. InsO). Wird der Antrag auf Eröffnung mangels Masse abgewiesen, können die Kosten dem Antragsteller auferlegt werden. Der → Insolvenzverwalter hat die → Insolvenzmasse zu verwalten und zu verwerten (§§ 148 ff. InsO) und die → Insolvenzgläubiger, die ihre Forderung bei ihm anmelden müssen, zu befriedigen (§§ 174 ff. InsO). Dazu werden die bei ihm angemeldeten Forderungen nach Betrag und Rang geprüft. Wird gegen eine Forderung weder vom Verwalter noch von einem Gläubiger Widerspruch erhoben, gilt sie als festgestellt. Bei Bestreiten muss sie gerichtlich festgestellt werden. Verteilungen an Insolvenzgläubiger sind möglich, so oft ausreichende Barmittel vorliegen. Die Schlussverteilung findet nach Abschluss der Verwertung der Masse statt.
Lit.: *Obermüller, M.,* Das Insolvenzverfahren, 2004; *Vallender, H.,* Aktuelle Entwicklungen des Regelinsolvenzverfahrens, NJW 2015, 1341

Insolvenzverwalter ist der vom → Insolvenzgericht bestellte (geeignete, geschäftskundige und von den Gläubigern und dem Schuldner unabhängige) Mensch, der das → Insolvenzverfahren leitet (§ 56 InsO). Durch die Eröffnung des Insolvenzverfahrens geht das Recht des Schuldners, das zur → Insolvenzmasse gehörende Vermögen zu verwalten und über es zu verfügen, auf den I. über (§ 80 InsO). Rechtshandlungen, die vor der Eröffnung des Insolvenzverfahrens vorgenommen worden sind und die → Insolvenzgläubiger benachteiligen, kann der I. anfechten (§ 129 InsO).
Lit.: *Staak, K.,* Der deutsche Insolvenzverwalter, 2004; *Binz, F.,* Der Insolvenzverwalter, 2004; *Haarmeyer/ Wutzke/Förster,* Handbuch der vorläufigen Insolvenzverwaltung, 2010

Instanz (F.) zuständige Stelle

Instanzentbindung ist im neuzeitlichen Strafprozessrecht die vorläufige Beendigung eines → Verfahrens aus Mangel an Beweisen mit der jederzeitigen Möglichkeit des Neubeginns. → absolutio ab instantia
Lit.: *Köbler, G.,* Deutsche Rechtsgeschichte, 6. A. 2005

Instanzenweg (M.) ist der (vorgeschriebene) Gang durch die zuständigen Instanzen (Stellen).

Institut ([N.] Einrichtung) ist die als relative Einheit zu begreifende Anzahl von → Rechtssätzen zur

Bewältigung eines Sachproblems (z. B. I. der Stellvertretung, der Ehe, des Berufsbeamtentums oder der Strafaussetzung zur Bewährung). Im Wissenschaftsverwaltungsrecht ist I. die der Wissenschaft dienende, rechtlich meist unselbständige Einheit von persönlichen und sachlichen Mitteln (z. B. I. für Privatrecht), deren aus Verkehrung des Allgemeinwohls in Privatwohl erwachsenden Nachteile meist ihre Vorteile überwiegen.

Institution (F.) Einrichtung

institutionell (Adj.) die Institution betreffend

institutionelle Garantie → Garantie, institutionelle

Institutionen (F. [Pl.]) ist die von der römischen Antike bis ins 20. Jh. gebrauchte Bezeichnung für Einführungslehrbücher des (römischen) Rechtes (z. B. I. des Gaius um 160 n. Chr., I. (Kaiser) Justinians 533n. Chr.).
Lit.: http://www.koeblergerhard.de/Fontes/.htm; *Söllner, A.,* Römische Rechtsgeschichte, 5. A. 1996

Institutsgarantie → Garantie
Lit.: *Mager, U.,* Einrichtungsgarantien, 2003

Instruktion (F.) Belehrung, Aufklärung

Instruktionsfehler ist der in unzureichender Aufklärung über die bei Benutzung einer Ware mögliche Gefahr bestehende Fehler (z. B. Karies durch Kindertee, Lungenkrebs durch Tabakrauchen). → Aufklärungspflicht
Lit.: *Klindt, T. u. a.,* Haftung eines Herstellers für Konstruktions- und Instruktionsfehler, NJW 2010, 1105

Instrumentum (N.) **sceleris** (lat.) ist das der Einziehung (§§ 74 ff. StGB) unterliegende Werkzeug eines Straftäters.

Insubordination (F.) Nichtunterordnung, Ungehorsam

Integration (F.) Vereinheitlichung, Zusammenschluss
Lit.: Integration und Recht, hg. v. *Sahlfeld, K. u. a.,* 2003

Integrationslehre ist die auf → Integration abstellende, von Rudolf Smend (1882–1975) begründete Lehre vom Wesen des → Staates. Danach ist der Staat ein geistiger Zusammenhang, ein Einheitsgefüge im Wollen und Erleben der Einzelnen. Daraus, dass die Bürger eines Staates gemeinsam miteinander leben wollen und ihr Verhalten darauf einstellen, entsteht eine geistige Einheit.
Lit.: *Bartlsperger, R.,* Die Integrationslehre Rudolf Smends, 1964

Integritätsinteresse → Interesse (an Unversehrtheit)

Interaktion (F.) Zwischenhandlung, Zwischenbeziehung

Interesse ist im Schuldrecht meist der Umfang des zu ersetzenden → Schadens. Dabei wird vor allem zwischen *Erfüllungsinteresse* (*positivem* I.) und *Vertrauensinteresse* (*negativem* I.) unterschieden. Als *Integritätsinteresse* wird das I. des Geschädigten daran, dass sein Vermögen in seiner konkreten Zusammensetzung erhalten bleibt, bezeichnet, als *Wertinteresse* oder *Summeninteresse* das I. daran, dass es in seinem Wert Bestand hat. Daneben spricht das Bürgerliche Gesetzbuch auch von I. an einer → Leistung als dem bestehen gebliebenen Verlangen nach ihrer Bewirkung (z. B. § 286 II BGB). Im öffentlichen Recht ist das *öffentliche* I. das → Allgemeinwohl (Belange der Allgemeinheit. Es ist ein unbestimmter → Rechtsbegriff. Sein Inhalt muss jeweils an Hand von Sinn und Zweck der betreffenden gesetzlichen Regelung ermittelt werden (z. B. bei der Anordnung der sofortigen Vollziehung eines Verwaltungsakts aus Gründen des ö. Interesses).

Lit.: *Knobbe-Keuk, B.,* Vermögensschaden und Interesse, 1972; *Uerpmann, R.,* Das öffentliche Interesse, 2000; *Ackermann, T.,* Der Schutz des negativen Interesses, 2007

Interessenjurisprudenz ist die methodische Richtung in der Rechtswissenschaft, die davon ausgeht, dass wegen der Lückenhaftigkeit der Rechtsordnung der → Richter sein → Urteil nicht logisch ableiten kann, sondern als wertende Entscheidung eines Konflikts abgeben muss. Dabei hat er sich der vom Gesetzgeber in den gesetzlichen Regeln abstrakt gefassten Konfliktentscheidungen und der dabei getroffenen Wertung der beteiligten Interessen oder Begehrenspositionen zu bedienen. Fehlt eine solche Interessenbewertung, darf er selbst so entscheiden, wie vermutlich der Gesetzgeber entscheiden würde.

Lit.: *Köbler, G.,* Deutsche Rechtsgeschichte, 6. A. 2005; *Petersen, J.,* Von der Interessenjurisprudenz zur Wertungsjurisprudenz, 2001

Interessenkollision ist das Zusammentreffen zweier widerstreitender Interessen. Hierfür kennt die Rechtsordnung keine allgemeine Lösung. Im Zweifel ist das höherwertige Interesse dem geringerwertigen Interesse vorzuziehen und darf das eigene Interesse dem fremden Interesse vorangestellt werden. Verschiedentlich verbietet sich bei I. ein Tätigwerden.

Lit.: *Zippelius, R.,* Methodenlehre, 11. A. 2012

Interessentheorie ist die auf das Interesse abstellende Theorie zur Abgrenzung von öffentlichem → Recht und → Privatrecht. Nach ihr gehört eine → Norm, die überwiegend dem Interesse der Allgemeinheit dient, zum öffentlichen Recht, eine Norm, die überwiegend dem Interesse von Einzelnen dient, zum Privatrecht.

Interimsschein (M.) Zwischenschein

interlokal (Adj.) zwischenörtlich (z. B. [bis 3.10.1990] zwischen Bundesrepublik Deutschland und Deutscher Demokratischer Republik)

international (Adj.) zwischenstaatlich

Lit.: Die internationale Dimension des Rechts, 1996

Internationale Handelskammer (ICC [F.] International Chamber of Commerce) ist der 1919 erfolgte private Zusammenschluss von Unternehmen und Unternehmensverbänden mit Sitz in Paris.

Lit.: *Derains, Y./Schwartze, E.,* A Guide to the New ICC Rules, 1998; *Rosengarten, M.,* Die internationale Handelskammer, 2001

internationale Organisation → Organisation, internationale

internationale Zuständigkeit → Zuständigkeit

Internationaler Gerichtshof ist das richterliche Hauptorgan der → Vereinten Nationen. Der Internationale Gerichtshof setzt sich aus 15 auf je 9 Jahre gewählten Richtern zusammen. Vor ihm können vor allem alle Mitglieder der Vereinten Nationen klagen und verklagt werden. (Vgl. BGBl 1973 II 505)

Lit.: *Rosenne, S.,* The World Court, 6. A. 2003

internationaler Rechtsverkehr

Lit.: *Geimer, R./Schütze, R.,* Der internationale Rechtsverkehr in Zivil- und Handelssachen (Lbl.), 39. A. 2010

Internationaler Seegerichtshof ist der durch das Seerechtsübereinkommen der Vereinten Nationen (United Nations Convention on the Law of the Sea) geschaffene, als zweites ständiges internationales Gericht mit universeller Zuständigkeit tätige, am 1.10.1996 konstituierte Gerichtshof in Hamburg mit 21 unabhängigen, auf 9 Jahre gewählten Richtern (13 Entscheidungen bis 2005).

Lit.: *Talmon, S.,* Der Internationale Seegerichtshof, JuS 2001, 550; *Heitmüller, S.,* Durchsetzung von Umweltrecht, 2001; *Brevern, H. v.,* Die Wogen glätten, Anwalt 2002, 7, 21

Internationaler Strafgerichtshof ist das in Den Haag ansässige, mit 18 hauptamtlichen Richtern besetzte Gericht für innere Streitigkeiten in den Vertragsstaaten und für das Verbrechen des Angriffskriegs (Aggression, Genozid, Verbrechen gegen die Menschlichkeit, Kriegsverbrechen). Das Vertragsstatut (17.7.1998) trat kurz nach der Ratifizierung durch 60 der 148 beteiligten Staaten am 1. Juli 2002 in Kraft (2012 121 Staaten). Der Internationale Strafgerichtshof soll dann tätig werden, wenn ein Staat die genannten Straftaten nicht ernsthaft verfolgen will. In Deutschland ist in diesem Zusammenhang das grundgesetzliche Verbot, Deutsche auszuliefern, eingeschränkt worden (Art. 16 II GG).

Lit.: *Bruer-Schäfer, A.,* Der internationale Strafgerichtshof, 2001; *Meißner, J.,* Die Zusammenarbeit mit dem internationalen Strafgerichtshof, 2003; *Razesberger, F.,* The International Criminal Court, 2006

internationales Einheitskaufrecht → Kauf, einheitliches Kaufrecht

Lit.: *Jagert, U./Derichsweiler, S.,* Internationales Einheitskaufrecht, JuS 1989, 972

internationales Privatrecht → Privatrecht, internationales

internationales Recht → einzelne Rechtsgebiete

Internet ist der Name des umfassenden internationalen Datenverarbeitungsnetzwerks (der Netzwerke). Für das I. werden von Vergabestellen (z. B. DENIC) Adressen (domains) vergeben (z. B. koebler gerhard.de). Eine Internetadresse kann gepfändet werden.

Lit.: *Köhler, M./Arndt, H.,* Recht des Internet, 7. A. 2011; Das Web-Adressbuch für Deutschland 2003, hg. v. *Weber, M.,* 18. A. 2014; *Hoffmann, H.,* Die Entwicklung des Internetrechts, NJW 2015, 2470; *Paal, B.,* Internetrecht – Zivilrechtliche Grundlagen, JuS 2010, 953; *Taeger, J.,* Die Entwicklung des IT-Rechts im Jahr 2014, NJW 2014, 3759; Münchener Anwalts-Handbuch IT-Recht, hg. v. *Leupold u. a.,* 3. A. 2013; Handbuch IT- und Datenschutzrecht, hg. v. *Auer-Reinsdorff, A. u. a.,* 2. A. 2015; Beck'sches Formularbuch IT-Recht, hg. v. *Weitnauer, W.,* 3. A. 2012; *Baumgartner, U. u. a.,* Apps und Recht, 2012; Der Schutz des geistigen Eigentums im Internet, hg. v. *Leible, S.,* 2012

Internuntius (lat. [M.]) niederer päpstlicher Gesandter

Interpellation (F.) Unterbrechung, Anfrage

Interpellationsrecht (vgl. z. B. Art. 42 I GG) ist das Recht des → Parlaments, die → Regierung um Auskunft über bestimmte Angelegenheiten zu ersuchen.

Lit.: *Hatschek, J.,* Dass Interpellationsrecht, 1909

Interpolation ([F.] Einschaltung) ist in der Rechtsgeschichte die – oft verfälschende – Einschaltung von Wörtern oder Sätzen in den ursprünglichen Wortlaut eines Textes, insbesondere im Rahmen der die Schriften der klassischen Juristen in den Digesten oder Pandekten verwertenden Gesetzgebungstätigkeit Justinians (527–533 n. Chr.).

Lit.: *Söllner, A.,* Römische Rechtsgeschichte, 5. A. 1996

Interpretation (F.) Auslegung

Interregnum (lat. [N.] Zwischenherrschaft) ist die Zeit zwischen dem Ende der einen und dem Beginn einer anderen Herrschaft wie z. B. die Zeit zwischen 1254 (Tod König Konrads IV. aus der Familie der Staufer) und 1273 (Wahl Graf Rudolfs von Habsburg zum König des deutschen Reiches).

Lit.: *Kaufhold, M.,* Interregnum, 2002

intertemporal (Adj.) zwischenzeitlich

Lit.: *Dannecker, G.,* Das intertemporale Strafrecht, 1993; *Heß, B.,* Intertemporales Privatrecht, 1998

Intervention (F.) Dazwischentreten, Eingreifen, → Hauptintervention, → Nebenintervention

Lit.: *Trautner, T.,* Die Einmischung, 1999; *Ziegert, K.,* Die Interventionswirkung, 2003

Interventionsklage → Drittwiderspruchsklage

Interzession (Dazwischentreten) ist das Eintreten eines Dritten für die Schuld des Schuldners (z. B. → Schuldmitübernahme, → Bürgschaft).

Lit.: *Werner, S.,* Schuldrechtliche Interzessionen, 1998; *Aebi, D.,* Interzession, 2001 (Schweiz)

Intestaterbfolge ist die beim Fehlen eines → Testaments oder einer sonstigen → Verfügung von Todes wegen eintretende (gesetzliche) → Erbfolge.

Lit.: *Stölzel, N.,* Die Erbauseinandersetzung, 1989

Intimsphäre ist der letzte innerste Bereich menschlicher → Freiheit. Die I. wird durch Art. 2 I GG als wesentlicher Teil (Wesensgehalt) der allgemeinen → Handlungsfreiheit geschützt. Dadurch wird sie der Einwirkung der gesamten öffentlichen → Gewalt entzogen (z. B. ist die I. verletzt, wenn von einem Menschen grundlos Lichtbilder oder Fingerabdrücke in einer polizeilichen Kartei aufbewahrt werden).

Lit.: *Arzt, G.,* Der strafrechtliche Schutz der Intimsphäre, 1970

Invalide (M.) Arbeitsunfähiger

Invalidenversicherung → Rentenversicherung

Inventar ([N.] Bestand, Bestandsverzeichnis) ist zunächst die Gesamtheit von → Gegenständen, die zum Betrieb eines → Unternehmens bestimmt sind (totes und lebendes I.) und als → Zubehör behandelt werden (z. B. § 98 BGB). Daneben ist I. ein genaues Verzeichnis der Vermögensgegenstände und Schulden mit Angabe ihres Wertes. Im Handelsrecht hat der → Kaufmann (§ 240 HGB) bei dem Beginn seines → Handelsgewerbes und für den Schluss des Geschäftsjahrs ein I. zu errichten. Im Erbrecht erhält sich der → Erbe durch die Errichtung eines Inventars die Möglichkeit der Beschränkung der → Haftung auf den → Nachlass (§§ 1994 I 2, 2005 I BGB).

Inventur ist der Vorgang der Errichtung des → Inventars (insbesondere im Handelsrecht).

Lit.: *Goldstein, E.,* Inventur – leicht gemacht, 2003

Investition ist die Verwendung von Kapital zur Anschaffung von Wirtschaftsgütern.

Lit.: *Olfert, K.,* Investition, 12. A. 2012; *Griebel, J.,* Internationales Investitionsrecht, 2008; *Heß/Martin,* Investitionszulagengesetz, 2009

Investitur ([F.] Einkleidung) ist im mittelalterlichen Recht die Übertragung eines Gegenstands, insbesondere eines → Lehens, durch eine äußerlich sichtbare formale, vielfach symbolische Handlung (Einkleidungshandlung), durch der die Investierte für die Allgemeinheit erkennbar die → Gewere erlangt.

Lit.: *Beulertz, S.,* Das Verbot der Laieninvestitur Im Investiturstreit, 1991; *Köbler, G.,* Zielwörterbuch integrativer europäischer Rechtsgeschichte, 6. A. 2014 (Internet)

Investiturstreit ist in der Rechtsgeschichte der zwischen Kirche (vor allem Papst Gregor VII.) und Königen des Heiligen römischen Reiches (vor allem Heinrich IV.) geführte Streit um die Zuständigkeit zur Übertragung geistlicher Ämter bzw. Einkleidung in geistliche Ämter (1059/1075–1122).

Lit.: *Goez, W.,* Kirchenreform und Investiturstreit, 2. A. 2008

Investment (N.) → Kapitalanlage

Lit.: Investmentgesetz Investmentsteuergesetz, hg. v. *Berger, H./Steck, K./Lübbehüsen, D.,* 2010; Investmentgesetz, hg. v. *Emde/Dornseifer* u. 1., 2013; *Döser, A. u. a.,* Investmentrecht, 2. A. 2013; Investmentrecht, hg. v. *Jesch/Klebeck/Dobrauz,* 2014

Investmentgesellschaft
→ Kapitalanlagegesellschaft

Lit.: *Aehling, M.,* Investmentfonds, 2004

invitatio (F.) **ad offerendum** (lat.) Aufforderung zur Abgabe eines Antrags (Angebots), → Einladung zum Antrag (Angebot)

Inzest (M.) Unreinheit, → Blutschande

Inzidentkontrolle ist die Prüfung einer Rechtsfrage im Rahmen eines nicht unmittelbar hierauf gerichteten → Verfahrens (z. B. prüft das Gericht, das untersucht, ob für einen Vollzugsakt eine Rechtsgrundlage vorhanden ist, inzident, ob die dafür in Frage kommende Norm rechtmäßig ist).

Lit.: *Hein, D.,* Die Inzidentkontrolle sekundären Gemeinschaftsrechts, 2001

Inzucht ist die Paarung überdurchschnittlich nahe verwandter Lebewesen. Sie birgt die Gefahr des Erbreinwerdens und Inerscheinungtretens unerwünschter Anlagen. Übertragen ist sie der Wechsel, Wettbewerb und wirkliche Kontrolle zwecks Selbstbedienung des Entscheidungsträgers und seines Umfelds ausschließende I. wegen der mit ihr regelmäßig verbundenen Korruptivität auch in einer Verwaltungsorganisation (z. B. Behörde, Fakultät) für die Allgemeinheit höchst gefährlich.

ipso iure (lat.) schon durch das Recht selbst – also ohne zusätzlichen Willensäußerung einer Person – (tritt eine Rechtsfolge ein, z. B. Erbfolge bei Erbfall).

Irland ist der westlich Großbritanniens gelegene Staat Europas, der seit 1.1.1973 den → Europäischen Gemeinschaften bzw. (1992/1993) der → Europäischen Union angehört.

Lit.: *Michel, U.,* Gesellschaftsrecht in Irland, 1996

irrevisibel (Adj.) nicht durch Revision überprüfbar

Irrtum ist die unbewusste Unkenntnis vom wirklichen Sachverhalt bzw. das Auseinanderfallen der (subjektiven) Vorstellung eines Handelnden und der (objektiven) Wirklichkeit. Im Strafrecht lässt der beachtliche → Tatbestandsirrtum (§ 16 I StGB) den → Vorsatz entfallen (z. B. der beachtliche → error in obiecto, I. über den Kausalverlauf, → aberratio ictus, I. über die Voraussetzungen einer Garantenstellung). Der → Verbotsirrtum (I. über die Rechtswidrigkeit) führt je nach Vermeidbarkeit oder Unvermeidbarkeit zur möglichen Milderung der → Strafe oder zum Wegfall der → Schuld (§ 17 StGB). Der I. über einen → Rechtfertigungsgrund (indirekter Verbotsirrtum) wird je nach seiner Art entweder in den Rechtsfolgen analog dem → Tatbestandsirrtum behandelt (→ *Erlaubnistatbestands-*

irrtum) oder uneingeschränkt als (indirekter) Verbotsirrtum (→ *Erlaubnisirrtum*). Der I. über eine → Garantenpflicht (→ *Gebotsirrtum*) wird nach den Regeln des Verbotsirrtums beurteilt. Der I. über das Vorliegen eines anerkannten → Entschuldigungsgrunds entschuldigt bei Unvermeidbarkeit und mildert (str.) die Schuld bei Vermeidbarkeit (§ 35 II StGB). Der I. über persönliche → Strafausschließungsgründe oder → Strafaufhebungsgründe ist unbeachtlich (Strafbarkeitsirrtum i. e. S.). Der *umgekehrte* I. (z. B. Täter hält untaugliches Mittel für tauglich oder erlaubtes Verhalten für verboten) führt zum strafbaren untauglichen → Versuch bzw. zum straflosen → Wahndelikt. Ein I. im Sinne des § 263 StGB setzt die positive Vorstellung einer der Wirklichkeit widersprechenden Tatsache voraus, während das bloße Fehlen der Vorstellung einer wahren Tatsache nicht genügt. Im Privatrecht führt der I. bei der Abgabe einer → Willenserklärung zur → Anfechtbarkeit der Willenserklärung (§ 119 I BGB). Dies gilt sowohl für den *Erklärungsirrtum* wie auch den → *Inhaltsirrtum,* wobei der I. über verkehrswesentliche Eigenschaften einer Person oder einer Sache als Inhaltsirrtum angesehen wird. Unbeachtlich ist der bloße → Motivirrtum.

Lit.: *Schroth, U.,* Vorsatz und Irrtum, 1998; *Kramer, E.,* Der Irrtum beim Vertragsschluss, 1998; *Rönnau, T./Fehling, M.,* Durchblick Der Irrtum und seine Rechtsfolgen, JuS 2004, 667; *Cziupka, J.,* Die Irrtumsgründe des § 119 BGB, JuS 2009, 887

ISBN (F.) Internationale Standard-Buchnummer (seit 1972)

ISDN (N.) Integrated Services Digital Network, Integriertes Digitales Fernmeldenetz

Islam ist die von Mohammed (um 569–632) in Arabien gestiftete, auch das Recht beeinflussende Weltreligion.

Lit.: *Fischer, M. u. a.,* Islam und Menschenrechte, NJW 2007, 2972; *Rohe, M.,* Das islamische Recht, 2009

Istkaufmann (§ 1 HGB) ist die Person, die ein Handelsgewerbe betreibt. → Kaufmann

IT Informationstechnologie
Lit.: *Redeker, H.,* IT-Recht, 5. A. 2011

Italien ist der im 19. Jahrhundert aus zahlreichen unterschiedlichen Herrschaften (Neapel-Sizilien, Parma-Piacenza, Modena, Toskana, Österreich, Kirchenstaat, Sardinien-Piemont u. a.) erwachsene südeuropäische Einheitsstaat. Seine republikanische Verfassung stammt vom 27.12.1947. Das nach dem Vorbild Frankreichs kodifizierte Privatrecht (Codice civile) wurde 1939/1941 umgestaltet und nach 1945 teilweise geändert.

Lit.: *Köbler, G.,* Historisches Lexikon der deutschen Länder, 7. A. 2007; *Conte, G./Boss, H.,* Wörterbuch der Rechts- und Wirtschaftssprache, Teil 1 5. A. 2001, Teil 2 6. A. 2003; *Köbler, G.,* Rechtsitalienisch, 2. A. 2004; *Troike Strambaci, H./Helffrich Mariani, E.,* Wörterbuch für Recht und Wirtschaft, Deutsch-Italienisch, 2. A. 1997; Italienisches Zivilgesetzbuch, hg. v. *Patti, S.,* 2. A. 2011; *Maiwald, M.,* Einführung in das italienische Strafrecht und Strafprozessrecht, 2009; *Ec-*

cher, B./Schurr, A./Christandl, G., Handbuch italienisches Zivilrecht, 2009; *Kindler, P.,* Einführung in das italienische Recht, 3. A. i. V.; Wirtschaftsstandort Italien, 2. A. 2015

itio (F.) **in partes** (lat.) Vorgehen in Teilen, Trennung nach Parteien

iudex (lat., [M.], Gen. iudicis, Dat. iudici, Akk. iudicem, Abl. iudice, Pl. iudices) Richter

iudex (M.) **ad quem** (lat.) Richter, zu dem (die Anfechtung der Entscheidung geht)

iudex (M.) **a quo** (lat.) Richter, von dem (die anzufechtende Entscheidung kommt)

iudex (M.) **inhabilis** (lat.) ausgeschlossener Richter

iudex (M.) **suspectus** (lat.) wegen Befangenheit abgelehnter Richter

iudicium (lat. [N.], Gen. iudicii, Dat. iudicio, Pl. iudicia, Gen. Pl. iudiciorum, Dat. Pl. iudiciis) Gericht, Urteil

iudicium (N.) **parium** (lat.) Pairsgericht, Gericht der Standesgenossen (z. B. in der → Magna Charta)

iura (lat. [N. Pl.]) Rechte, → ius

Iura (N. Pl.) **novit curia** ([lat.] das Recht bzw. die Rechtsregeln kennt der Gerichtshof) ist der Rechtsgrundsatz, der besagt, dass die → Parteien nur Tatsachen beizubringen und zu beweisen haben, nicht dagegen Rechtssätze (gilt nicht für das in einem anderen Staate geltende Recht sowie die dem Gericht unbekannten → Gewohnheitsrechte und Statuten, § 293 ZPO).
Lit.: *Liebs, D.,* Lateinische Rechtsregeln, 7. A. 2007

ius (lat. [N.], Gen. iuris, Dat. iuri, Abl. iure, Pl. → iura) Recht, Gericht

Ius (N.) **ad rem** ([lat.] Recht auf die Sache) ist im spätmittelalterlichen und frühneuzeitlichen Recht das Recht einer Person, die (z. B. schon gekauft, aber) noch nicht das Eigentum erlangt hat, auf eine Sache.

Ius (N.) **civile** ([lat.] Zivilrecht) ist im römischen Recht das römische Recht der römischen Bürger im Gegensatz zu dem auch für Nichtrömer geltenden römischen Recht (ius gentium, ius honorarium, ius praetorium), im mittelalterlichen deutschen Recht meist das Stadtrecht.
Lit.: *Köbler, G.,* Das Recht im frühen Mittelalter, 1971

Ius (N.) **cogens** ([lat.] zwingendes Recht) ist das Recht, das durch Parteivereinbarung nicht abgeändert werden kann (z. B. § 276 III BGB, Haftung des Schuldners wegen eigenen Vorsatzes).

Ius (N.) **dispositivum** ([lat.] nachgiebiges Recht) ist das Recht, das durch Parteivereinbarung abgeändert werden kann und nur dann gilt, wenn die Parteien nichts anderes vereinbart haben (z. B. § 276 I 1 BGB, Haftung des Schuldners wegen Fahrlässigkeit).

Ius (N.) **divinum** ([lat.] göttliches Recht) ist im Kirchenrecht das auf Gott zurückzuführende Recht (im Einzelnen str.).

ius (N.) **evocandi** (lat.) Evokationsrecht

ius (N.) **gentium** (lat.) Fremdenrecht, Völkerrecht

Ius (N.) **honorarium** ([lat.] Amtsrecht) ist im römischen Recht das (nicht vom Gesetzgeber, sondern) von den Magistraten (→ Prätor, Ädil) geschaffene, auch für Fremde geltende Recht (im Gegensatz zum → ius civile).
Lit.: *Söllner, A.,* Römische Rechtsgeschichte, 5. A. 1996

ius (N.) **humanum** (lat.) menschliches Recht

ius (N.) **praetorium** (lat.) Prätorenrecht, → ius honorarium

ius (N.) **privatum** (lat.) Privatrecht

ius (N.) **publicum** (lat.) öffentliches Recht

Ius (N.) **sanguinis** ([lat.] Recht des Blutes) ist der Grundsatz, dass das → Kind die → Staatsangehörigkeit seiner Eltern (Vater, Mutter) erlangt.

Ius (N.) **soli** ([lat.] Recht des Bodens) ist der Grundsatz, dass das → Kind die → Staatsangehörigkeit des Geburtsorts erlangt.

Ius (N.) **utrumque** ([lat.] beide Rechte) ist seit dem 12. Jh. die Sammelbezeichnung für das geistliche (kanonische) Recht und das weltliche (römische) Recht.
Lit.: *Köbler, G.,* Wie werde ich Jurist?, 5. A. 2007

iustitia (lat. [F.], Gen. iustitiae, Akk. iustitiam) Gerechtigkeit
Lit.: *Haft, F.,* Aus der Waagschale der Justitia, 4. A. 2009

iustitium (lat. [N.]) Stillstand der Rechtspflege

Iustum pretium (N.) ([lat.] gerechter Preis) ist der im spätantiken, gelehrten spätmittelalterlichen und frühneuzeitlichen Recht bei dem → Kauf zu berücksichtigende (gerechte) Preis. Ist die Abweichung des wirklichen Preises vom gerechten Preis (Wert) zu groß ([lat.] laesio [F.] enormis), so kann seit Justinian der Verkäufer, wenn der Käufer den Unterschiedsbetrag nicht nachentrichtet, in verschiedenen Rechten (anders das deutsche Bürgerliche Gesetzbuch) den Vertrag anfechten.
Lit.: *Kaser, M.,* Römisches Privatrecht, 20. A. 2014

IWF (M.) Internationaler Währungsfonds mit Sitz in Washington
Lit.: *Lucke, P.,* Internationaler Währungsfonds, 1997; *Dreher, A.,* Die Kreditvergabe von IWF und Weltbank, 2003

J

Jagd ist das Erlegen und Fangen jagdbarer → Tiere nach den Regeln des → Jagdrechts.

Lit.: *Scholz, P.,* Jagdgenossenschaft und Jagdrecht, 1996; *Winter, T.,* Jagd, 2003

Jagdausübungsrecht → Jagdrecht, Jagdpacht

Jagdbezirk (§ 4 BJagdG) ist der zu einer Einheit zusammengeschlossene → Bezirk, in dem die Jagd ausgeübt werden darf. Er ist entweder → Eigenjagdbezirk oder *gemeinschaftlicher J.*

Lit.: *Petrak, M.,* Jagdreviergestaltung, 2000

Jagdgenossenschaft (§ 9 BJagdG) ist die von den → Eigentümern der Grundstücke, die zu einem gemeinschaftlichen → Jagdbezirk gehören, gebildete → Genossenschaft (str. ob → Körperschaft des öffentlichen Rechts). Sie nutzt die → Jagd durch Verpachtung oder durch Jagd für eigene Rechnung. Organe der J. sind Jagdvorstand und Genossenschaftsversammlung.

Lit.: *Scholz, P.,* Jagdgenossenschaft und Jagdrecht, 1996

Jagdpacht (§ 11 BJagdG) ist die die Ausübung des → Jagdrechts betreffende → Pacht. Der Jagdpachtvertrag ist schriftlich auf mindestens 9 Jahre abzuschließen. Pächter darf nur sein, wer einen Jahresjagdschein besitzt und schon vorher während dreier Jahre besessen hat.

Jagdrecht in objektivem Sinn ist die Gesamtheit der die → Jagd betreffenden Rechtssätze. J. in subjektivem Sinn (§ 1 BJagdG) ist die ausschließliche Befugnis, auf einem bestimmten Gebiet wildlebende Tiere, die dem J. unterliegen (Wild), zu hegen, auf sie die Jagd auszuüben und sie sich anzueignen. Es steht untrennbar vom → Eigentum dem → Eigentümer auf seinem Grund und Boden zu (§ 3 BJagdG), kann also nicht selbständiges dingliches Recht sein, seine Ausübung kann aber den Gegenstand eines Pachtvertrags bilden.

Lit.: *Lorz, A./Metzger, E./Stöckel, H.,* Jagdrecht, Fischereirecht, 4. A. 2011; *Kümmerle, G.,* Jagdrecht in Baden-Württemberg, 11. A. 2010, 12. A. 2015; *Kopp, R.,* Das Jagdrecht im Lande Hessen, 8. A. 2000; *Rose, H.,* Jagdrecht in Niedersachsen, 33. A. 2015; Bundesjagdgesetz hg. v. *Schuck, M.,* 2010

Jagdschein (§ 15 BJagdG) ist die von der unteren → Verwaltungsbehörde – auf höchstens 3 Jahre – ausgestellte, in dem gesamten Bundesgebiet geltende → Urkunde über die Jagdausübungsberechtigung. Die erstmalige Ausstellung des Jagdscheins setzt die erfolgreiche Ablegung einer Prüfung voraus. Wer die Jagd ausübt, muss einen auf seinen Namen lautenden J. bei sich führen (§ 15 BJagdG).

Jagdwilderei (§ 292 StGB) ist das Nachstellen, Fangen, Erlegen oder sich oder einem Dritten Zueignen von → Wild unter Verletzung fremden → Jagdrechts oder Jagdausübungsrechts sowie das Zueignen, Beschädigen oder Zerstören einer dem Jagdrecht unterliegenden → Sache.

Lit.: *Kollmer, G.,* Der Jagdfrevel, 2000

Jahr ist der durch die Dauer des Erdumlaufs um die Sonne bestimmte Zeitraum von rund 365 Tagen (Umdrehungen um die Erdachse).

Jahr und Tag ist im mittelalterlichen deutschen Recht die auf den Zeitraum eines Jahres abstellende → Frist, die meist 1 Jahr, 6 Wochen und 3 Tage umfasst (z. B. für Erlangung der rechten → Gewere auf Grund Verschweigung, Gewinnung der → Freiheit durch Aufenthalt in einer Stadt).

Lit.: *Hardenberg, L.,* Die Frist von Jahr und Tag, ZRG GA 87 (1970), 287

Jahresbilanz (§ 242 HGB, Jahresabschluss) ist die nach Ablauf eines Jahres (Geschäftsjahrs) innerhalb eines angemessenen Bearbeitungszeitraums erstellte → Bilanz.

Lit.: *Kaiser, T.,* Berichtigung und Änderung des handelsrechtlichen Jahresabschlusses, 2000; *Niemann, W.,* Jahresabschlussprüfung, 2002; *Niemann, W.,* Jahresabschlusserstellung, 2003

Japan ist das aus vier Hauptinseln und vielen kleinen Nebeninseln bestehende ostasiatische Kaiserreich. Seine als Kompromiss zwischen hergebrachten altjapanischen Vorstellungen und eingeführten amerikanisch-demokratischen Auffassungen entstandene Verfassung stammt vom 3.11.1946/ 3.5.1947. Sein Recht wurde im späten 19. Jahrhundert unter dem Vorbild des → Deutschen Reichs und → Frankreichs in Gesetzbücher gefasst.

Lit.: *Igarashi, K.,* Einführung in das japanische Recht, 1990; *Yamada, A.,* Deutsch-japanisches Rechtswörterbuch, 2. A. 1992; *Götze, J.,* Deutsch-japanisches Rechtswörterbuch, 1993; *Marutschke, H.,* Einführung in das japanische Recht, 2. A. 2010; *Heath, C./Petersen, A.,* Das japanische Zivilprozessrecht, 2002; Handbuch des japanischen Handels- und Wirtschaftsrechts, hg. v. *Baum, H. u. a.,* 2009; Japanisches Recht im Vergleich, hg. v. *Rosenau, H. u. a.,* 2014

Job sharing (engl. [N.]) → Teilzeitarbeit

Joint venture (engl. [N.] Unternehmensverbindung) ist die meist zeitlich begrenzte vertragliche Beteiligung (rechtlich oft Gesellschaft) an einem Unternehmen oder Projekt durch Kapital, Produktionsmittel und bzw. oder Beratung unter Mitübernahme des Verwirklichungsrisikos.

Lit.: *Braun, H.,* Joint ventures, 2000; *Vogel, M.,* Equity joint ventures, 2002

Jude ist der Angehörige der von (einem mythischen) Abraham abgeleiteten Nachkommenschaft bzw. der Nachfahre der Bewohner des Landes Juda bzw. der Angehörige der Religionsgemeinschaft

Judentum. Die vielleicht am Ende des 2. Jahrtausends v. Chr. im vorderen Orient sichtbaren Juden zerstreuten sich nach einem missglückten Aufstand gegen die Römer seit dem 1. Jh. n. Chr. in viele Gebiete. Seit dem 5. Jh. n. Chr. wurden sie wegen ihrer wirtschaftlichen Erfolge (im Handel und später im verzinslichen Gelddarlehensgeschäft) vielfach grausam verfolgt, zuletzt am stärksten unter Adolf Hitler (1933–1945) durch die Anhänger des → Nationalsozialismus.

Lit.: *Donner, H.,* Geschichte des Volkes Israel und seiner Nachbarn, 1983 ff.; *Benöhr, H.,* Judenverfolgung, Judensteuern und Judenrecht im Mittelalter und in der Neuzeit, JuS 1988, 8; Deutsche Juristen jüdischer Herkunft, hg. v. *Heinrichs, H. u. a.,* 1993; *Homolka, W.,* Das jüdische Eherecht, 2009; *Köbler, G.,* Jüdische deutsche Juristen, ZIER 2 (2012) Internet

Judikat (N.) Urteil

Judikation (F.) Beurteilung

Judikative ist im gewaltengeteilten → Staat gemäß Art. 92 GG den Richtern anvertraute rechtsprechende → Gewalt (→ Gewaltenteilung, → Rechtsprechung).

Judikatur (F.) Rechtsprechung

Jugendamt (§ 70 SGB VIII) ist die für die (→ Jugendwohlfahrt bzw.) Jugendhilfe zuständige, bei kreisfreien Städten und Landkreisen errichtete → Behörde. Das J. ist ein Organ der öffentlichen → Jugendhilfe. Seine wichtigsten Aufgaben sind der Schutz und die Beaufsichtigung der Pflegekinder, Beistandschaft, Pflegschaft und Vormundschaft für Kinder und Jugendliche und Schutz der straffälligen → Jugendlichen. Die Aufgaben des Jugendamts werden durch den Jugendhilfeausschuss und durch die Verwaltung des Jugendamts wahrgenommen. Über den Jugendämtern steht das jeweilige Landesjugendamt.

Lit.: *Gries, J.,* Jugendamt und Jugendhilfe, 2003

Jugendarbeit ist die Arbeit Jugendlicher, in einem weiteren Sinn auch die Beschäftigung mit Jugendlichen.

Jugendarbeitsschutz ist der besondere gesetzliche → Arbeitsschutz der → Jugendlichen. Nach dem Jugendarbeitsschutzgesetz vom 12.4.1976 besteht ein grundsätzliches Beschäftigungsverbot für Kinder unter 15 Jahren. Kinder, die nicht mehr vollzeitschulpflichtig sind, dürfen nur in Berufsausbildungsverhältnissen und sonst nur mit leichten geeigneten Arbeiten bis zu 7 Stunden täglich und 35 Stunden wöchentlich beschäftigt werden (§ 7 JArbSchG). Jugendliche (Menschen zwischen 15 und 18 Jahren), die vollzeitschulpflichtig sind, sind Kindern gleichgestellt (§ 2 III JArbSchG). Andere Jugendliche dürfen höchstens 40 Wochenstunden beschäftigt werden und haben mindestens 30 bzw. 27 bzw. 25 Arbeitstage Jahresurlaub.

Lit.: *Waltermann, R.,* Arbeitsrecht, 16. A. 2012; *Weber, H.,* Jugendarbeitsschutzgesetz, 10. A. 2000; *Lakies, T.,* Jugendarbeitsschutzgesetz, 7. A. 2014

Jugendarrest (§ 16 JGG) ist der kurzfristige Freiheitsentzug mit zugleich sühnendem und erzieherischem Charakter. Er ist ein → Zuchtmittel, keine → Jugendstrafe. Er kann → Freizeitarrest, → Kurzarrest oder → Dauerarrest sein.

Lit.: *Meyer-Höger, M.,* Der Jugendarrest, 1998

jugendgefährdende Schriften → Schrift, jugendgefährdende

Jugendgericht (§ 33 JGG) ist das über Verfehlungen → Jugendlicher entscheidende → Gericht. Das J. ist der Strafrichter als Jugendrichter, das Schöffengericht (Jugendschöffengericht) und die Strafkammer (Jugendkammer), wobei als Jugendschöffen zu jeder Hauptverhandlung ein Mann und eine Frau herangezogen werden sollen. Der Jugendrichter leitet die Vollstreckung aller nach dem Jugendgerichtsgesetz festgelegten Maßnahmen.

Lit.: *Eisenberg, U.,* Jugendgerichtsgesetz, 17. A. 2014; Jugendgerichtsgesetz, hg. v. *Meier, B. u. a.,* 2011

Jugendgerichtsgesetz ist das das → Jugendgericht betreffende Gesetz.

Lit.: *Eisenberg, U.,* Jugendgerichtsgesetz, 17. A. 2014; *Brunner, R./Dölling, D.,* Jugendgerichtsgesetz, 12. A. 2011; *Ostendorf, H.,* Jugendgerichtsgesetz, 9. A. 2013

Jugendgerichtshilfe (§ 38 JGG) ist die von den → Jugendämtern im Zusammenwirken mit den Vereinigungen für → Jugendhilfe vor den → Jugendgerichten für das Gericht und den jugendlichen Beschuldigten ausgeübte Hilfe, in deren Rahmen die Vertreter der J. im Verfahren vor den Jugendgerichten die erzieherischen, sozialen und fürsorgerischen Gesichtspunkte zur Geltung bringen.

Lit.: *Klier, J.,* Jugendhilfe im Strafverfahren, 2. A. 2002

Jugendhilfe (§§ 1 ff. SGB VIII) ist die → Erziehungshilfe für → Jugendliche, welche die in der Familie begonnene Erziehung unterstützen und ergänzen bzw. bei deren Fehlen ersetzen soll. Die J. kann *öffentlich* (staatlich) oder *frei* (privat) sein (§ 3 SGB VIII). Organe der öffentlichen J. sind grundsätzlich die Jugendämter und Landesjugendämter (§§ 69 ff. SGB VIII).

Lit.: *Mrozynski, P.,* SGB VIII Kinder- und Jugendhilfe), 5. A. 2009; *Kunkel, P.,* Jugendhilferecht, 7. A. 2012, 8. A. 2015

Jugendkriminalität ist die Kriminalität → Jugendlicher und → Heranwachsender (→ Diebstahl, → Unterschlagung, Straßenverkehrsdelikte).

Lit.: Handbuch Jugendkriminalität, hg. v. *Dollinger, B.,* 2. A. 2011; *Philipp, D.,* Jugendkriminalität und Gewalt in Deutschland, 2012

Jugendlicher im Sinne des § 1 II JGG ist, wer zur Zeit der Tat 14, aber noch nicht 18 Jahre alt ist. Für den Jugendlichen gilt das besondere → Jugendrecht. Im Privatrecht ist der J. beschränkt → geschäftsfähig.

Lit.: *Terpitz, W.,* Rechte der Jugendlichen, 3. A. 2000

Jugendrecht ist das besondere, für → Jugendliche geltende → Recht. Seine Schwerpunkte sind das

→ Jugendstrafrecht und das → Jugendhilferecht, die in besonderen Gesetzen (z. T. im SGB VIII, 26.6.1990) geregelt sind. Daneben ist J. auch in allgemeinen Gesetzen enthalten.

Lit.: JugR, 32. A. 2011; *Schleicher, H.,* Jugend- und Familienrecht, 14. A. 2014

Jugendrichter → Jugendgericht

Lit.: *Rösch, B.,* Handbuch für den Jugendrichter, 2001; *Simon, K.,* Der Jugendrichter, 2003

Jugendschutz ist der besondere öffentliche Schutz von → Kindern und → Jugendlichen. Er ist vor allem im Jugendschutzgesetz geregelt (z. B. Verbot des Aufenthalts in Gaststätten, der Abgabe von Alkohol u. a.), das sich in erster Linie an die Inhaber der Gefahrenquellen wendet (z. B. Gastwirte). Hinzu kommt besonders der Schutz vor jugendgefährdenden Schriften (Gesetz vom 12.7.1985).

Lit.: *Liesching, M./Schuster, S.,* Jugendschutzrecht, 5. A. 2011

Jugendstrafe (§ 17 JGG) ist → die freiheitsentziehende → Strafe des → Jugendstrafrechts in einer Jugendstrafanstalt. Sie ist zu verhängen, wenn wegen der schädlichen Neigungen des → Jugendlichen, die in der Tat hervorgetreten sind, → Erziehungsmaßregeln oder → Zuchtmittel zur → Erziehung nicht ausreichen oder wenn wegen der Schwere der Schuld Strafe erforderlich ist. Ihr Mindestmaß beträgt 6 Monate, ihr Höchstmaß 5 Jahre, bei schweren Verbrechen 10 Jahre.

Lit.: *Bald, S.,* Jugendstrafe wegen schädlicher Neigungen, 1995; *Schöler, T.,* Die Rechtsfolgen der Jugendstraftat, JuS 1999, 973; *Pedal, A.,* Die Voraussetzungen der Jugendstrafe, JuS 2008, 414

Jugendstrafrecht ist das bei → Straftaten → Jugendlicher – und → Heranwachsender – anzuwendende Recht. Das J. ist Täterstrafrecht und sieht als Folgen der Verfehlungen Jugendlicher → Erziehungsmaßregeln, → Zuchtmittel oder → Jugendstrafe vor. Das vor allem in den §§ 33–81 und 107–109 JGG geordnete, – nichtöffentliche – Verfahren ist vor dem besonderen → Jugendgericht durchzuführen.

Lit.: *Albrecht, P.,* Jugendstrafrecht, 3. A. 2000; *Kaiser, G./Schöch, H.,* Kriminologie, Jugendstrafrecht, Strafvollzug, 7. A. 2010, 8. A. 2015; *Zieger, M.,* Verteidigung in Jugendstrafsachen, 8. A. 2002, 6. A. 2013; *Meier, B./Rössner, D./Schöch, H.,* Jugendstrafrecht, 3. A. 2013; *Ostendorf, H.,* Jugendstrafrecht, 7. A. 2013, 8. A. 2015

Jugendvertretung (§ 57 BPersVG) ist die besondere → Personalvertretung jugendlicher Beschäftigter.

Lit.: *Waltermann, R.,* Arbeitsrecht, 16. A. 2012; *Judith, L.,* Die Praxis der Jugend- und Auszubildendenvertretung, 4. A. 2005

Jugendwohlfahrt ist die leibliche, seelische und gesellschaftliche Tüchtigkeit eines → Kindes oder → Jugendlichen. Jeder junge Mensch (bis zur Vollendung des 27. Lebensjahrs) hat nach § 1 I SGB VIII (26.6.1990) ein Recht auf Förderung seiner Entwicklung und auf Erziehung zu einer eigenverantwortlichen und gemeinschaftsfähigen Persönlichkeit. Soweit der Anspruch von der Familie nicht

erfüllt wird, tritt, unbeschadet der Mitarbeit freiwilliger Tätigkeit, → Jugendhilfe (durch → Jugendamt, Landesjugendamt und oberste Landesbehörden) ein.

Lit.: *Mrozynski, P.,* SGB VIII Kinder- und Jugendhilfe, 5. A. 2009

Jugoslawien ist der u. a. aus Gebieten Österreich-Ungarns 1918 entstandene, 1929 J. genannte, seit 1991 durch Abspaltung einzelner Teilrepubliken (Slowenien, Kroatien, Bosnien-Herzegowina, Mazedonien, Montenegro) auf Serbien verkleinerte und damit untergegangene südosteuropäische Staat.

Lit.: *Bär, S.,* Der Zerfall Jugoslawiens, 1995

jüngster Reichsabschied → Reichsabschied, jüngster

Juniorprofessor ist (seit 2002 bzw. 2004) der auf drei Jahre (mit der Möglichkeit der Verlängerung um weitere drei Jahre) als Beamter auf Zeit ernannte, zu selbständiger Lehre und Forschung berechtigte Nachwuchsprofessor (landesunterschiedlicher Bezeichnung). Einstellungsvoraussetzungen sind abgeschlossenes Hochschulstudium; pädagogische Eignung und die in der Regel durch die hervorragende Qualität (mindestens magna cum laude) einer Promotion nachgewiesene besondere Befähigung zu wissenschaftlicher Arbeit. Die Tätigkeit als J. sollte in der Regel Voraussetzung für die Berufung als Professor sein, wodurch die früher übliche Habilitation entbehrlich werden soll. Nach einer Entscheidung des Bundesverfassungsgerichts vom 27.7.2004 ist die 2002 geschaffene Regelung wegen Überschreitung der Bundeszuständigkeit im Hochschulrecht nichtig. Seitdem gilt Landesrecht.

Junktimklausel (Art. 14 III 2 GG) ist die Vorschrift, nach der eine → Enteignung nur dann rechtmäßig ist, wenn das sie regelnde Gesetz zugleich (lat. [Adv.] iunctim) Art und Ausmaß der zu gewährenden → Entschädigung regelt.

juridisch (Adj.) rechtswissenschaftlich

JURIS ist das bekannteste deutschsprachige juristische Informationssystem auf der Grundlage der automatisierten Datenverarbeitung (kostenpflichtig, 2001 gab es 19 juris CD-ROMs auf der Grundlage von mehr als 600 ausgewerteten Fachzeitschriften, juris GmbH, Gutenbergstraße 23, D-66117 Saarbrücken, Tel. 0681/58660, Fax 0681/5866/274, vertrieb@juris.de, http://www.juris.de).

Lit.: *Albrecht, P.,* Probleme bei der Privatisierung staatlicher Informationspflichten, 2002

Jurisdiktion (F.) Rechtsprechung
Lit.: *Reinhardt, M.,* Konsistente Jurisdiktion, 1997

Jurisprudenz (F.) Rechtswissenschaft

Jurist ist der planmäßig rechtswissenschaftlich ausgebildete Rechtskundige. → Volljurist
Lit.: http://www.koeblergerhard.de/werist.html; *Köbler, G.,* Wie werde ich Jurist?, 5. A. 2007; Deutsche und europäische Juristen, hg. v. *Kleinheyer, G./Schröder, J.,* 5. A. 2008; *Köbler, G.,* Zielwörterbuch integrativer eu-

ropäischer Rechtsgeschichte, 6. A. 2014 (Internet); *Köbler, G.*, Wer ist wer im deutschen Recht, 2003 (Internet)

Juristentag → Deutscher Juristentag

juristisch (Adj.) rechtlich, rechtswissenschaftlich

juristische Ausbildung → Ausbildung, Richteramtsbefähigung

juristische Person → Person, juristische

Justitiar (Justiziar) ist der angestellte oder beamtete Rechtsberater einer Behörde, eines Verbands oder eines Unternehmens.
Lit.: *Köbler, G.*, Wie werde ich Jurist?, 5. A. 2007

Justiz (F.) Rechtspflege (vielfach nur der ordentlichen Gerichtsbarkeit)
Lit.: Handbuch der Justiz, bearb. v. *Fölster, U.*, 33. A. 2016; *Harfst, G.*, An-Tel-Fax. Wegweiser zu den Justizbehörden, 16. A. 2008; *Müller, H.*, eJustice – Die Justiz wird digital, JuS 2015, 609

Justizausbildung → Ausbildung, → Richteramtsbefähigung

Justizbeitreibungsordnung ist das die Einziehung der → Ansprüche der Justizbehörden regelnde → Gesetz vom 11.3.1937. Danach ist Vollstreckungsbehörde die → Gerichtskasse. Für das Verfahren gilt vor allem die → Zivilprozessordnung.
Lit.: *Lappe, F./ Steinbild, F.*, Justizbeitreibungsordnung, 1960

Justizgewährungsanspruch ist der z. B. in Deutschland durch Art. 19 IV GG gesicherte Anspruch auf Behandlung einer Angelegenheit durch ein → Gericht.
Lit.: *Dörr, O.*, Der europäisierte Rechtsschutzauftrag, 2003; *Voßkuhle, A. u. a.*, Grundwissen – Öffentliches Recht Der allgemeine Justizgewährungsanspruch, JuS 2014, 312

justiziabel (Adj.) gerichtlich entscheidbar

Justizkosten → Kosten
Lit.: *Lappe, F.*, Modernes Justizkostenrecht, NJW 2004, 2409

Justizministerium ist das für die → Justiz zuständige → Ministerium. Ob es mit einem Innenministe-

rium zusammengelegt wird, ist eine vom zuständigen Parlament zu treffende Organisationsentscheidung. In Hessen wurden zum 1.1.2000 alle fünf Gerichtszweige unter dem J. zusammengefasst.
Lit.: *Vogel, H.*, 100 Jahre oberste deutsche Justizbehörde, 1977

Justizmitteilungsgesetz ist das Mitteilungen personenbezogener Daten in Zivilsachen und Strafsachen an öffentliche Stellen regelnde Gesetz.
Lit.: *Golembiewski, C.*, Mitteilungen durch die Justiz, 2000

Justizprüfungsamt ist die für die organisatorische Durchführung juristischer → Prüfungen zuständige Landesbehörde. Das J. erteilt in Zweifelsfragen Auskunft und trifft notfalls auch verbindliche Entscheidungen. Bei ihm ist die Zulassung zu juristischen Staatsprüfungen zu beantragen.
Lit.: *Köbler, G.*, Wie werde ich Jurist?, 5. A. 2007

Justizvergütungsgesetz ist das vereinheitlichende Entschädigungsregelungen für Zeugen, Sachverständige, Dolmetscher, Übersetzer, Dritte und ehrenamtliche Richter schaffende Gesetz Deutschlands vom 1. Juli 2004.
Lit.: *Zimmermann, P.*, Justizvergütungs- und -entschädigungsgesetz, 2005; *Schneider, H.*, Justizvergütungs- und -entschädigungsgesetz, 2. A. 2014

Justizverwaltung (Gerichtsverwaltung)
Lit.: *Piller, R./Hermann, G.*, Justizverwaltungsvorschriften (Lbl.), 4. A. 1998

Justizverwaltungsakt → Gerichtsverwaltung

Justizvollzugsanstalt (§ 1 StVollzG) ist die staatliche Einrichtung, in der die → Freiheitsstrafen einschließlich der Jugendstrafe und die freiheitsentziehenden → Maßregeln der Besserung und Sicherung sowie die → Untersuchungshaft vollzogen werden. Verschiedentlich wird derzeit aus Kostengründen geprüft, ob eine J. von einem Unternehmer betrieben werden kann. → Strafvollzug
Lit.: http://www.deutschejustiz.de/justizvollzugsanstalten.html

Justizwachtmeister ist der ausführende Beamte des einfachen Dienstes bei Gericht. Seine Aufgaben betreffen u. a. die Aufrechterhaltung der Ordnung im Gerichtssaal und die Zustellung von Schriftstücken.

K

Kabinett (franz. [M.] cabinet) Nebenzimmer, → Regierung

Kabinettsjustiz ist im neuzeitlichen deutschen Recht die unmittelbare Entscheidung eines Rechtsstreits durch Machtspruch des Kabinetts bzw. des Fürsten unter Umgehung der → Gerichtsbarkeit.
Lit.: *Regge, J.,* Kabinettsjustiz in Brandenburg-Preußen, 1977; *Köbler, G.,* Zielwörterbuch integrativer europäischer Rechtsgeschichte, 6. A. 2014 (Internet)

Kabinettsvorlage ist die der → Regierung meist von einem → Minister zur Beratung und Beschlussfassung (schriftlich) unterbreitete Angelegenheit (insbesondere der Entwurf eines Gesetzes oder einer Rechtsverordnung), aus der sich vielfach eine → Gesetzesvorlage entwickelt.

Kabotage ist das Recht der Beförderung von Menschen oder Sachen durch Ausländer innerhalb des Hoheitsgebiets eines Staates. → Güterkraftverkehr
Lit.: *Gröhe, C.,* Kabotage im Güterkraftverkehr in Italien, 1996; *Milbradt, C.,* Liberalisierung der Seekabotage, 1999; EU-Osterweiterung, 2009

Kadi (M.) islamischer Richter

Kaduzierung (§§ 21 GmbHG, 64 AktG) ist der Verlust des Gesellschaftsanteils und der geleisteten Beiträge eines → Aktionärs oder → Gesellschafters einer Gesellschaft mit beschränkter Haftung, der seine Einlage nicht rechtzeitig voll geleistet hat, durch Erklärung seitens der Gesellschaft nach fruchtlosem Ablauf einer gesetzten Nachfrist.
Lit.: *Melber, O.,* Die Kaduzierung in der GmbH, 1993

Kaiser (zu lat. Caesar) ist im mittelalterlichen und neuzeitlichen deutschen Recht die Bezeichnung für den Träger der höchsten weltlichen Würde des westlichen Abendlands (seit 800 – Karl der Große – bis 1806, Frankreich 1804, Österreich 1804–1918, Deutsches Reich 1871–1918).

Kaiserliche Botschaft ist die am 17.11.1881 von Kaiser Wilhelm I. abgegebene Ankündigung, welche die Grundlage der anschließenden Gesetzgebung im Bereich der → Sozialversicherung wurde.
Lit.: Ein Jahrhundert Sozialversicherung, hg. v. *Köhler, P. u. a.,* 1981

Kaiserrecht ist im mittelalterlichen deutschen Recht alles tatsächlich oder angeblich vom Kaiser ausgehende Recht (z. B. Schwabenspiegel).
Lit.: *Krause, H.,* Kaiserrecht und Rezeption, 1952

Kalender (M.) ist die astronomische Festsetzung zwecks Einteilung der Zeit in allgemein verständliche Einheiten. → Dies interpellat pro homine
Lit.: Beck'scher Juristenkalender 2016, 2015

Kalkül (lat. [M.] calculus) Steinchen, Rechenstein, Berechnung

Kalkulation (F.) Berechnung

Kalkulationsirrtum ist der → Irrtum über die Grundlagen der Berechnung der Höhe eines Preises (Erklärung – infolge eines Kalkulationsirrtums – 10 kg kosten 10 Euro, richtige Kalkulation 10 kg kosten den zehnfachen Preis eines Kilogrammpreises von 1,20 Euro). Der K. ist unbeachtlich (→ Motivirrtum), sofern die Kalkulation nicht so in der Erklärung zum Ausdruck gekommen ist, dass der Erklärungsempfänger sie erkennen konnte. Dann berechtigt er zur → Anfechtung (str.) oder zur Geltendmachung der Störung der → Geschäftsgrundlage. Unter den Gesichtspunkten des Verschuldens bei Vertragsschluss ([lat.] culpa in contrahendo) oder der unzulässigen Rechtsausübung kann der Erklärungsempfänger verpflichtet sein, den Erklärenden auf seinen K. hinzuweisen.

Kammer ist im spätmittelalterlichen und frühneuzeitlichen deutschen Recht vor allem die fürstliche Behörde zur Verwaltung der Einnahmen. In der Gegenwart ist K. die Volksvertretung (z. B. Zweikammersystem), die berufsständische Körperschaft (z. B. Handwerkskammer, Rechtsanwaltskammer) oder der kollegiale Spruchkörper eines Gerichts (z. B. Strafkammer, Kammer für Baulandsachen, Kammer für Handelssachen [§ 94 GVG]). *Detachierte* K. ist die K. eines Gerichts, die ihren Sitz an einem anderen Ort des Gerichtsbezirks hat als die übrigen Kammern des Gerichts.
Lit.: *Kissel, O./Mayer, H.,* Gerichtsverfassungsgesetz, 8. A. 2015; *Tettinger, P.,* Kammerrecht, 1997; *Kluth, W.,* Kammern, 2004

Kammergericht ist im mittelalterlichen deutschen Recht das Gericht der königlichen Kammer (1415–1480). Nach seinem Verschwinden entsteht 1495 auf Drängen der Reichsstände das → Reichskammergericht. Daneben bestand seit dem 14. Jh. ein K. des Reichskämmerers (Markgraf von Brandenburg) für die Mark Brandenburg, dessen Nachfolger in der Gegenwart das K. als Oberlandesgericht Berlin ist.
Lit.: *Köbler, G.,* Zielwörterbuch integrativer europäischer Rechtsgeschichte, 6. A. 2014 (Internet)

Kanada ist der aus Kolonien Englands und Frankreichs hervorgegangene, nördlich der Vereinigten Staaten von Amerika gelegene Staat (Verfassung 1892), dessen Recht hauptsächlich englisch (und in Québec französisch) geprägt ist.
Lit.: *Handschug, S.,* Einführung in das kanadische Recht, 2003

Kannkaufmann (§§ 2 f. HGB) ist der Inhaber eines gewerblichen Unternehmens, dessen Gewerbebetrieb nicht schon nach § 1 II HGB Handelsgewerbe ist (, weil es nach Art oder Umfang einen in kaufmännischer Weise eingerichteten Geschäftsbetrieb nicht erfordert,) wenn die Firma des Unternehmens in das → Handelsregister eingetragen ist, wozu der Unternehmer berechtigt, aber nicht verpflichtet ist. K. ist auch der → Inhaber eines landwirtschaftlichen oder forstwirtschaftlichen → Unternehmens, das nach Art und Umfang einen in kaufmännischer Weise eingerichteten → Geschäftsbetrieb (§ 3 II HGB) erfordert. Er ist ebenfalls zur → Eintragung in das Handelsregister berechtigt, aber nicht verpflichtet. Mit der Eintragung wird der Unternehmer → Kaufmann.

Kanon (M.) Stab, Regel, Vorschrift, → canon

kanonisch (Adj.) kirchlich, kirchenrechtlich

kanonisches Recht → Recht, kanonisches, → Kirchenrecht

kanonisches Zinsverbot → Zinsverbot, kanonisches

Kanton ist die Bezeichnung des Bundeslands des Bundesstaats → Schweiz.
Lit.: Die Kantone im Integrationsprozess, hg. v. *Cottier, T. u. a.,* 2000; *Weber-Mandrin, M.,* Öffentliche Aufgaben der Kantonsverfassungen, 2001

Kanzlei (F.) mit Schranken umgebener Schreibort, Schreibstube, Büro
Lit.: *Mauer, R./Krämer, A./Becker, R.,* Kanzleiführung, 2. A. 2000; *Hoeflmayr, D.,* Kanzleimarketing, 4. A. 2012; Kanzleien in Deutschland, 15. A. 2014

Kanzler ist im mittelalterlichen und frühneuzeitlichen deutschen Recht der Angehörige oder Leiter einer → Kanzlei, in der Gegenwart ein leitender Beamter der Universitätsverwaltung. → Reichskanzler, → Bundeskanzler
Lit.: *Köbler, G.,* Deutsche Rechtsgeschichte, 6. A. 2005

Kaperei (zu Kauf) ist im frühneuzeitlichen Recht die Aufbringung feindlicher Schiffe durch bewaffnete, staatlich dazu ermächtigte Privatschiffe.
Lit.: *Ziegler, K.,* Völkerrechtsgeschichte, 2. A. 2007

Kapital (Haupt[-teil einer Schuld im Gegensatz zu den Zinsen]) ist jede verzinsliche Geldsumme, volkswirtschaftlich jedes ertragbringende Vermögen und betriebswirtschaftlich die Gesamtheit der in ein Unternehmen eingebrachten Mittel, die nach ihrer Verwendung *Anlagekapital* oder *Umlaufkapital* und nach ihrer Herkunft *Eigenkapital* oder *Fremdkapital* sein können. Die Erhöhung des Kapitals einer → Aktiengesellschaft ist in den §§ 182 ff. AktG, die Herabsetzung des Kapitals in den §§ 222 ff. AktG geregelt. *Genehmigtes* K. (§ 202 AktG) ist der Betrag, um den auf Grund Ermächtigung (in der Satzung) der Vorstand einer → Aktiengesellschaft das → Grundkapital durch Ausgabe neuer Aktien gegen Einlage erhöhen darf.
Lit.: *Preuß, N.,* Grundsätze der Kapitalaufbringung und Kapitalerhaltung, JuS 1999, 342; Das Kapital in Aktiengesellschaften, hg. v. *Lutter, M.,* 2006

Kapitalanlage ist die Anlage von → Kapital im Geschäftsverkehr zur Erzielung von Einkünften. Seit 1.11.2005 können Ansprüche wegen fehlerhafter Unterrichtung am Kapitalmarkt leichter in Musterverfahren geltend gemacht werden. Am 22.7.2013 trat ein Kapitalanlagengesetzbuch mit rund 250 Paragraphen in Kraft.
Lit.: *Vorwerk/Wolf,* Kapitalanlegermusterverfahrensgesetz, 2007; Handbuch des Kapitalanlagerechts, hg. v. *Assmann, H. u. a.,* 4. A. 2015; *Feyerabend, H.,* Besteuerung privater Kapitalanlagen, 2009; *Zoller, M.,* Die Haftung bei Kapitalanlagen, 2. A. 2014; Kommentar zum Kapitalanlagegesetzbuch, hg. v. *Weitnauer, W./Boxberger, L./Anders, D.,* 2014; *Stackmann, N.,* Aktuelle Rechtsprechung zum Kapitalanlagerecht, NJW 2015, 988

Kapitalanlagebetrug (§ 264a StGB) ist das Erklären unrichtiger vorteilhafter Angaben oder das Verschweigen nachteiliger Tatsachen im Zusammenhang mit dem Vertrieb von Wertpapieren, Bezugsrechten oder von Anteilen, die eine Beteiligung an dem Ergebnis eines Unternehmens gewähren sollen.
Lit.: *Schönborn, W. v.,* Kapitalanlagebetrug, 2003

Kapitalanlagegesellschaft (Investmentgesellschaft) ist die → Aktiengesellschaft oder → Gesellschaft mit beschränkter Haftung, deren Geschäftsbetrieb darauf gerichtet ist, eingelegtes → Geld in eigenem Namen für Rechnung der Einleger nach dem Prinzip der Risikomischung in → Wertpapieren anzulegen und über die hieraus sich ergebenden → Rechte der Einleger → Urkunden (Zertifikate, Anteilscheine) auszustellen. Das Recht der K. ist in einem besonderen Gesetz vom 14.1.1970 geregelt (KAGG). Zum Schutz der Einleger bilden die eingelegten Gelder und die damit angeschafften Wertpapiere ein → Sondervermögen (§ 6 KAGG), das für die Schulden der K. nicht haftet.
Lit.: Handbuch des Kapitalanlagerechts, hg. v. *Assmann, H./Schütze, R.,* 4. A. 2015; *Brinkhaus, J./Scherer, P.,* Gesetz über Kapitalanlagegesellschaften, Auslandinvestment-Gesetz, 2003

Kapitalanlegermusterverfahrensgesetz ist das zum 1.11.2005 in Kraft getretene, bei mindestens zehn geschädigten Anlegern Musterverfahren mit bindender Wirkung für alle Kläger erlaubende Gesetz.
Lit.: *Vorwerk/Wolf,* Kapitalanlegermusterverfahrensgesetz, 2006

Kapitalanteil ist der auf einen bestimmten Geldbetrag lautende Anteil eines → Gesellschafters an einer offenen → Handelsgesellschaft oder einer → Kommanditgesellschaft.
Lit.: *Huber, U.,* Vermögensanteil, Kapitalanteil und Gesellschaftsanteil, 1970

Kapitalersatz ist der → Kapital ersetzende Gegenstand (z. B. Forderung).

Kapitalersatzrecht ist die Gesamtheit der Kapitalersatz betreffenden Rechtssätze.
Lit.: *Goette, W.,* Eigenkapitalersatzrecht in der Praxis, 6. A. 2010; Handbuch des Kapitalersatzrechts, hg. v. *Gerkan, H. v. u. a.,* 3. A. 2008

kapitalersetzendes Darlehen → Darlehen, kapitalersetzendes

Kapitalertragsteuer (§ 20 EStG) ist die die Einkünfte aus → Kapitalvermögen (Aktien, bestimmte verzinsliche Wertpapiere) erfassende → Einkommensteuer bzw. → Körperschaftsteuer. Sie wird vom Schuldner der Kapitalerträge (z. B. Aktiengesellschaft) abgeführt. 1992 wurde durch das Gesetz zur Neuregelung der Zinsenbesteuerung eine K. (mit Freibeträgen von [2012] 801 Euro) auf Zinsen aus Sparguthaben usw. gesetzlich durchgesetzt.
Lit.: *Harenberg, F.,* Die Besteuerung privater Kapitaleinkünfte, 4. A. 2007; *Recnik, R.,* Die Besteuerung privater Kapitaleinkünfte durch die Abgeltungsteuer, 2011

Kapitalgesellschaft ist die → Gesellschaft, bei der die (reine) Kapitalbeteiligung im Vordergrund steht und es nicht wesentlich auf die Persönlichkeit des einzelnen Gesellschafters ankommt (vor allem → Aktiengesellschaft, → Kommanditgesellschaft auf Aktien und → Gesellschaft mit beschränkter Haftung). Kennzeichen der K. sind → Rechtsfähigkeit, → Drittorganschaft, Veräußerlichkeit der Anteile und Fehlen persönlicher → Haftung der Gesellschafter. Allerdings kann die K. auch gewisse personalistische Züge annehmen.
Lit.: *Raiser, T./Veil, R.,* Recht der Kapitalgesellschaften, 6. A. 2015; *Hirte, H.,* Kapitalgesellschaftsrecht, 7. A. 2012; *Wilhelm, J.,* Kapitalgesellschaftsrecht, 3. A. 2009; *Kindler, P.,* Grundzüge des neuen Kapitalgesellschaftsrechts, NJW 2008, 3249; *Schall, A.,* Kapitalgesellschaftsrechtlicher Gläubigerschutz, 2009

Kapitalismus ist die Wirtschaftsordnung auf der Grundlage des Liberalismus und der Anerkennung des Privateigentums, in welcher der Einzelne für sich im Wettbewerb mit anderen den größtmöglichen Gewinn anstrebt. Als maßgeblicher Wirtschaftsfaktor erscheint das → Kapital (im volkswirtschaftlichen Sinn). Alle Erzeugung erfolgt für den Markt (Marktwirtschaft, Verkehrswirtschaft).
Lit.: *Kromphardt, J.,* Konzeptionen und Analysen des Kapitalismus, 4. A. 2004

Kapitalmarkt ist der (vom Geldmarkt abzugrenzende) Markt für den Handel mit langfristigen und mittelfristigen Kapitalanlagen (z. B. Wertpapieren) und Unternehmensbeteiligungen.
Lit.: *Kümpel, S.,* Bank- und Kapitalmarktrecht, 4. A. 2011; *Groß, W.,* Kapitalmarktrecht, 5. A. 2012; Kapitalmarktrechtskommentar, hg. v. *Schwark, E.,* 4. A. 2010; *Weber, M.,* Die Entwicklung des Kapitalmarktrechts, NJW 2015, 2307; *Grunewald, B. u. a.,* Einführung in das Kapitalmarktrecht, 3. A. 2014; *Buck-Heeb, P.,* Kapitalmarktrecht, 7. A. 2014; *Habersack/Mülbert/Schlitt,* Handbuch der Kapitalmarktinformation, 2. A. 2013; *Hohnel, A.,* Kapitalmarktstrafrecht, 2013

Kapitalverkehrsfreiheit ist die Freiheit des Kapitalverkehrs (Art. 63 AEUV). Sie besteht in dem Maß, in dem sie für das Funktionieren des Gemeinsamen Markts erforderlich ist. Grundsätzlich sind alle Beschränkungen des Kapitalverkehrs zwischen den Mitgliedstaaten und dritten Ländern verboten.

Lit.: *Müller, J.,* Kapitalverkehrsfreiheit, 2000; *Ohler, C.,* Europäische Kapital- und Zahlungsverkehrsfreiheit, 2002

Kapitular ist im frühmittelalterlichen deutschen Recht eine in Kapitel eingeteilte Anordnung des Königs.
Lit.: *Boretius, A./Krause, V.,* Capitularia regum Francorum, Bd. 1 f. 1883 ff.

Kapitulation ist die (in Kapitel eingeteilte) militärische Vereinbarung der Übergabe der eigenen Truppen oder sonstigen militärischen Mittel. → Wahlkapitulation

Kardinal ist im katholischen → Kirchenrecht der vom Papst ernannte höchste kirchliche Würdenträger nach dem Papst. Das Kollegium der Kardinäle bildet ein päpstliches Beratungsgremium, das den jeweils neuen Papst wählt. Ihm gehören Kardinalbischöfe, Kardinalpriester und Kardinaldiakone an.

Karenz (F.) Enthaltsamkeit, Verzicht

Karenzentschädigung ist die Entschädigung, die der → Arbeitgeber nach Beendigung des Arbeitsverhältnisses für die Dauer eines vereinbarten → Wettbewerbsverbots an den → Arbeitnehmer kraft Rechtsgeschäfts zahlen muss.
Lit.: *Löwe, H.,* Der Interessenausgleich, 1988; *Waltermann, R.,* Arbeitsrecht, 17. A. 2014

Karenzzeit (Wartezeit) (§§ 74 ff. HGB) ist die Zeit, innerhalb deren sich der → Arbeitnehmer nach Beendigung des → Arbeitsverhältnisses vereinbarungsgemäß des → Wettbewerbs enthalten muss, in anderen Fällen die Zeit einer beruflichen Nichttätigkeit (z. B. → Elternzeit).

Karte ist allgemein das der zeichnerischen Wiedergabe menschlicher Überlegungen gewidmete einzelne Stück Schreibstoff. Besondere Bedeutung gewinnt in der Gegenwart wegen ihres Speicherumfangs und ihrer maschinellen Nutzbarkeit die elektronisch beschriftete → Chipkarte. Wird bei einer Zahlung eine dafür bestimmte K. oder ein zugehöriges Merkmal von einem Dritten missbräuchlich verwendet, muss der Aussteller oder die betreffende Bank den Schaden tragen, nicht der Inhaber der K.

Kartell ist die Abrede selbständiger → Unternehmer zwecks bestimmten gemeinsamen Verhaltens am Markt. Nach § 1 I 1 GWB sind Vereinbarungen zwischen Unternehmen, Beschlüsse von Unternehmensvereinigungen und aufeinander abgestimmte Verhaltensweisen, die eine Verhinderung, Einschränkung oder Verfälschung des Wettbewerbs bezwecken oder bewirken, verboten. Ausgenommen sind z. B. Konditionenkartelle, Rabattkartelle, Rationalisierungskartelle u. a. (§§ 2 ff. GWB). → Kartellrecht
Lit.: *Bechtold, R.,* Das neue Kartellgesetz, NJW 1998, 2769; *Dreher, M.,* Gemeineuropäisches Kartellrecht, FS A. Söllner, 2000, 217; *Reymann, C.,* Immanente Schranken des europäischen Kartellverbots, 2004

Kartellbehörde ist die für die Überwachung der → Kartelle zuständige → Behörde. Dies ist grundsätzlich neben der Europäischen Kommission das → Bundeskartellamt, daneben der Bundesminister für Wirtschaft und in allen übrigen Fällen die nach Landesrecht zuständige oberste Landesbehörde. Ihre Befugnisse sind gesetzlich geregelt (Auskunftsrecht, Einsichtsrecht, Prüfungsrecht).

Lit.: *Mozet, P.*, Internationale Zusammenarbeit der Kartellbehörden, 1991

Kartellgesetz ist das zum 1.1.1999 stark veränderte Gesetz gegen Wettbewerbsbeschränkungen.

Lit.: *Bechtold, R.*, GWB. Kartellgesetz, 7. A. 2013

Kartellrecht ist die Gesamtheit der den Schutz der Entscheidungsfreiheit auf wirtschaftlichem Gebiet – insbesondere gegenüber → Kartellen – betreffenden Rechtssätze. Das K. enthält *u. a.* → Schuldrecht, → Verwaltungsrecht und → Strafrecht. Es ist vor allem im Gesetz gegen → Wettbewerbsbeschränkungen (Kartellgesetz) geregelt.

Lit.: *Emmerich, V.*, Kartellrecht, 13. A. 2014; *Dietze, v./Janssen*, Kartellrecht in der anwaltlichen Praxis, 5. A. 2015; *Bosch, W.*, Die Entwicklung des deutschen und europäischen Kartellrechts, NJW 2015, 1734; Handbuch des Kartellrechts, hg. v. *Wiedemann, H.*, 2. A. 2009, 3. A. 2015; EU-Kartellrecht, hg. v. *Bechtold/Bosch/Brinker*, 3. A. 2015

Kartengeld ist das auf einer (vorausbezahlten) → Karte in Werteinheiten elektronisch gespeicherte → Geld.

Kasko (F.) (zu span. casco [M.] Schiffsrumpf, Beförderungsmittel) → Kaskoversicherung

Kaskoversicherung ist die freiwillige → Versicherung gegen Schäden durch eigene (oder fremde) Einwirkung an Beförderungsmitteln des Versicherten. Sie kann Vollkaskoversicherung oder Teilkaskoversicherung (für bestimmte Schäden) sein. Die K. steht im Gegensatz zur → Haftpflichtversicherung für Schäden an fremden Sachen, die durch Handlung des Versicherten entstanden sind.

Lit.: *Maier, K./Biela, A.*, Die Kaskoversicherung, 1998; *Stade, T.*, Die Kaskoversicherung für Luftfahrzeuge, 1999

Kassation ([zu lat.] cassus [Adj.] leer) ist im älteren und ausländischen Recht die Vernichtung eines → Urteils auf Grund eines → Rechtsmittels (Nichtigkeitsbeschwerde).

Lit.: *Skedl, F.*, Die Nichtigkeitsbeschwerde in ihrer geschichtlichen Entwicklung, 1886

kassatorisch (Adj.) vernichtend, → Verfallsklausel

Kasse (F.) Zahlstelle, → Krankenkasse

Kasse gegen Faktura ist die Klausel, nach welcher der → Schuldner schon gegen Empfang der Rechnung (das Entgelt) zu leisten hat, ohne dass die ihm geschuldete → Ware auch nur abgesandt zu sein braucht.

Kasse gegen Verladungsdokumente (Verladedokumente) ist die Klausel, nach welcher der → Schuld-ner gegen Empfang der Verladepapiere (das Entgelt) zu leisten hat.

Kassenarzt ist der für die Behandlung der Mitglieder der gesetzlichen → Krankenkassen und ihrer Angehörigen zugelassene Arzt. Die Zulassung erfolgt nach einem Bedarfsplan, wobei seit dem 1.1.1999 eine Altersgrenze von 68 Jahren gilt. Seit 1989 hat ein Arzt über 55 wegen des überragenden Gemeinschaftsguts Stabilität der Krankenversicherung keinen Anspruch auf Zulassung mehr.

Lit.: Handbuch des Vertragsarztrechts, hg. v. *Schnapp, F. u. a.*, 2. A. 2006; *Wenner, U.*, Vertragsarztrecht nach der Gesundheitsreform, 2008

Kastration (F.) Entfernen der Keimdrüsen

Lit.: *Heim*, Die Kastration und ihre Folgen bei Sexualstraftätern, 1980

Kasuistik (F.) Rechtsprechung in Einzelfällen, Lehre von Einzelfällen, → Fallrecht

Kataster ist das Verzeichnis von Personen oder Gegenständen, insbesondere das Verzeichnis der → Grundstücke eines Bezirks mit genauen Angaben über die tatsächlichen Verhältnisse des Grundstücks (wichtig z. B. für Steuerveranlagung, Grundbuchführung). → Liegenschaftsbuch

Kauf (§§ 433 ff. BGB) ist der gegenseitige, grundsätzlich formlose (anders § 311b I 1 BGB für Grundstücke) → Vertrag, durch den sich der eine Teil (Verkäufer) zur endgültigen Übertragung eines Gegenstands (z. B. Übergabe einer Sache und Verschaffung des Eigentums an der Sache, Verschaffung der Inhaberschaft oder Berechtigung an Rechten oder sonstigen Gegenständen, Verschaffung der Berechtigung an einem zum Besitz einer Sache berechtigenden Recht und Übergabe der Sache), der andere Teil (Käufer) sich zur Zahlung (Übertragung) des vereinbarten Kaufpreises verpflichtet. Der K. kann sich auf ein Recht (*Rechtskauf* § 453 BGB) oder eine Sache (*Sachkauf* § 433 BGB) beziehen, wobei es genügt, dass eine Sache mit rechtlicher Selbständigkeit erst künftig entsteht (z. B. Ausstellungshalle mit Abbau vom Grundstück). Die Kaufsache kann nach der Gattung (→ *Gattungskauf*, Genuskauf, z. B. ein Rechner der Marke A von dem Typ B) oder nach individuellen Merkmalen (→ *Stückkauf*, Spezieskauf, z. B. dieses gebrauchte Kraftfahrzeug) bestimmt sein. Bei dem *Verbraucherkreditkauf* (Darlehensvertrag § 488 BGB) ist der Kaufpreis in Raten zu entrichten, beim Eigentumsvorbehaltskauf (§ 449 BGB) behält sich der Verkäufer das → Eigentum an der Kaufsache bis zur Bezahlung des Kaufpreises vor (bedingte → Übereignung, unbedingter K.). Bei dem *Verbrauchsgüterkauf* kauft ein Verbraucher von einem Unternehmer eine bewegliche Sache (§§ 474 ff. BGB). *Handelskauf* (§ 373 HGB) ist der K., der ein → Handelsgeschäft ist. K. *auf Probe* (§ 454 BGB) ist der – bedingte – K., bei dem die Billigung des gekauften Gegenstands (innerhalb einer vereinbarten oder angemessenen Frist) im Belieben des Käufers steht. Besonders geregelt sind bei dem K. die Fälle, dass der Kaufgegenstand einen → Sachmangel (§ 434 BGB) (→ Gewährleistung) oder einen → Rechtsmangel (§ 435 BGB) hat (Nacherfüllung, Rücktritt, Minderung, Schadensersatz, Aufwendungsersatz, § 437 BGB). Die Mängelansprüche verjähren in 30 Jahren (dingliches Recht, im Grundbuch eingetragenes Recht), fünf Jahren (Bauwerk) oder zwei Jahren ab Übergabe bzw. Ablieferung (§ 438 BGB). Neben dem Bürgerlichen Gesetzbuch kann das am 1.1.1991 in Kraft getretene, auf dem Wiener CISG-Übereinkommen beruhende (, bis 2005 von 65 Staaten ratifizierte) → Einheitliche UN-Kaufrecht Anwendung finden.

Lit.: *Reinicke, D./Tiedtke, K.*, Kaufrecht, 8. A. 2009; Kommentar zum Einheitlichen UN-Kaufrecht, hg. v. *Schlechtriem, P./Schwenzer, I.*, 6. A. 2013; *Reinking, K./ Eggert, C.*, Der Autokauf, 12. A. 2013; International Sales Law under CISG, hg. v. *Will, M.*, 8. A. 1999; *Piltz, B.*, Neue Entwicklungen im UN-Kaufrecht, NJW 2011, 2261; *Piltz, B.*, Internationales Kaufrecht, 2. A. 2008; Common European Sales Law – Commentary, hg. v. *Schulze, R.*, 2012

Käufer → Kauf

Kauffrau (§§ 1 I, 19 I Nr. 1 HGB) ist die ein → Handelsgewerbe betreibende → Frau.

Kaufmann (§ 1 I HGB) ist der ein → Handelsgewerbe betreibende Mensch bzw. die ein Handelsgewerbe betreibende Person. Der K. kann → Istkaufmann oder → Kannkaufmann sein. Nicht K. ist der nicht in das → Handelsregister eingetragene Kleingewerbetreibende, dessen Gewerbebetrieb nach Art oder Umfang einen in kaufmännischer Weise eingerichteten Geschäftsbetrieb nicht erfordert. Auf → Handelsgesellschaften finden als solche die Vorschriften über den K. Anwendung (§ 6 HGB *Formkaufmann*). Für den K. gilt neben dem allgemeinen Recht das → Handelsgesetzbuch.

Lit.: *Lieb, M.*, Probleme des neuen Kaufmannsbegriffs, NJW 1999, 35; *Winkler, P.*, Kaufmann quo vadis?, 1999; *Mönkemöller, L.*, Die Kleingewerbetreibenden nach neuem Kaufmannsrecht, JuS 2002, 30

kaufmännisches Bestätigungsschreiben → Bestätigungsschreiben, kaufmännisches

Kaufpreis → Kauf

Kaufrecht ist die Gesamtheit der den → Kauf betreffenden Rechtssätze (§§ 433 ff. BGB u. a.).

Lit.: *Reinicke, D./Tiedtke, K.*, Kaufrecht, 8. A. 2009; *Schlechtriem, P.*, Internationales UN-Kaufrecht, 4. A. 2007; *Eckert, H./Maifeld, J./Matthiessen, M.*, Handbuch des Kaufrechts, 2. A. 2014; Proposal for a Regulation on a Common European Sales Law, hg. v. *Staudenmayer, D.*, 2012

Kaufschein ist der Berechtigungsschein (Einkaufsausweis), der vom Einzelhändler an Letztverbraucher zum unmittelbaren Kauf beim Hersteller ausgegeben wird.

Lit.: *Fezer, K.*, Der Kaufscheinbegriff, 1989

Kaufvertrag (§ 433 BGB) ist der zwischen Verkäufer und Käufer über den → Kauf eines Gegenstandes (z. B. Sache, Recht bzw. Forderung) oder eines Inbegriffs von Gegenständen abgeschlossene, gegenseitige → Vertrag.

Lit.: *Reinicke, D./Tiedtke, K.*, Kaufrecht, 8. A. 2009; *Waldner, W.*, Praktische Fragen des Grundstückskaufvertrages, 2003; *Freytag, L.*, Grundstrukturen des Kaufvertrags, 2007

kausal (Adj.) die Ursache betreffend, ursächlich

kausale Handlungslehre → Handlungslehre, kausale

Kausalgeschäft ist das einem anderen Geschäft ursächlich zugrundeliegende Geschäft. K. ist im Verhältnis zu einem → Erfüllungsgeschäft (z. B. → Übereignung, → Abtretung) das → Verpflichtungsgeschäft (z. B. → Kauf der Sache oder Kauf der Forderung). Nach dem → Abstraktionsprinzip des geltenden (deutschen) Rechts sind → Verpflichtungsgeschäft und Erfüllungsgeschäft in ihrem Bestand grundsätzlich voneinander unabhängig, so dass Mängel des Kausalgeschäfts (z. B. Irrtum) die Erfüllung grundsätzlich nicht beeinträchtigen und nur einen → Herausgabeanspruch nach § 812 BGB begründen (anders z. B. bei Mängeln, die auch das Erfüllungsgeschäft betreffen).

Lit.: *Pohlmann, P.*, Die Heilung formnichtiger Verpflichtungsgeschäfte, 1992; *Mazza, F.*, Kausale Schuldverträge, 2002

Kausalität ist die (rechtlich beachtliche) Ursächlichkeit eines Ereignisses für einen → Erfolg. Die K. eines menschlichen Verhaltens für einen Erfolg ist Voraussetzung für Zurechnung des Erfolgs zum Verhalten. Die zu berücksichtigende K. wird im Privatrecht (innerhalb der Äquivalenztheorie) nach der → Adäquanztheorie, im Strafrecht nur nach der → Äquivalenztheorie bestimmt. *Alternative* K. (Sprachgebrauch aber nicht einheitlich) – und damit K. überhaupt – liegt vor, wenn ein Ergebnis von zwei Ereignissen gleichermaßen herbeigeführt wurde, von denen jedes für sich allein genügt hätte, den → Erfolg herbeizuführen (z. B. A und B geben C gleichzeitig je eine tödliche Dosis Gift und sind daher jeweils wegen vollendeter → Tötung zu bestrafen). *Kumulative* K. (Sprachgebrauch aber nicht einheitlich) – und damit keine K. – ist gegeben, wenn ein Ergebnis nur durch das Zusammenwirken zweier als solcher für den Erfolg nicht genügender Ereignisse herbeigeführt wird (z. B. A und B geben C gleichzeitig je eine noch nicht tödliche Dosis Gift, die aber in ihrem Zusammentreffen tödlich wirken. A und B können mangels K. nicht wegen vollendeter Tötung bestraft werden, beachte aber → Versuch). *Haftungsbegründende* K. ist im Schuldrecht die K. zwischen → Verhalten (Handlung) und → Verletzung (Erfolg) (z. B. Schuss – Körperverletzung), *haftungsausfüllende* K. ist die K. zwischen → Verletzung und → Schaden (z. B. Körperverletzung – Heilungskosten bzw. Verdienstausfall). *Überholende* K. oder *hypothetische* K. ist im Schuldrecht eine Frage des Umfangs des → Schadensersatzes (nicht der K.), die dann auftritt, wenn ein späteres Ereignis denselben Schaden verursacht hätte, den die zum Schadensersatz verpflichtende Handlung bereits angerichtet hat (z. B. Einschlagen einer Fensterscheibe eines Hauses, das wenig später durch Blitzschlag zerstört wird). Grundsätzlich ist hier das spätere Ereignis außer Betracht zu lassen (anders bei Schadensanlagen z. B. Krankheit oder bei mittelbaren Schäden z. B. Nutzungsausfall einer beschädigten Sache). Im Strafrecht ist die K. (Ursächlichkeit) der überholten Handlung zu verneinen (z. B. K. der von A vorgenommenen, aber im Verhältnis zu der von B durchgeführten, langsamer wirkenden Giftbeibringung), doch kann Strafbarkeit wegen → Versuchs in Betracht kommen.

Lit.: *Schulin, B.,* Der natürliche – vorrechtliche – Kausalitätsbegriff, 1976; *Frank, R./Löffler, W.,* Grundfragen der überholenden Kausalität, JuS 1985, 689; *Dencker, F.,* Kausalität und Gesamttat, 1996; *Weber, H.,* Der Kausalitätsbeweis im Zivilprozess, 1997; *Denicke, S.,* Kausalitätsfeststellung im Strafprozess, 1997; *Winter, A.,* Der Abbruch rettender Kausalität, 2000; *Röckrath, L.,* Kausalität, Wahrscheinlichkeit und Haftung, 2004; *Rönnau, T. u. a.,* Durchblick: Kausalität und objektive Zurechnung, JuS 2004, 113; *Medicus, D.,* Die psychisch vermittelte Kausalität im Zivilrecht, JuS 2005, 289; *Gebauer, M.,* Hypothetische Kausalität und Haftungsgrund, 2007; *Stackmann, N.,* Probleme mit der Fiktion, NJW 2009, 3265

Kautel (F.) Vorsicht, Sicherung, Sicherungsmittel

Kautelarjurisprudenz ist die der vorsorglichen Verhütung von Rechtsstreitigkeiten durch vorherige Sicherung dienende juristische Tätigkeit (z. B. Beratung bei Gestaltung einer Willenserklärung).

Lit.: *Köbler, G.,* Wie werde ich Jurist?, 5. A. 2007; *Singbartl, J.,* Falllösungstechnik Kautelarrecht, Jus 2015, 15

Kaution (§ 551 BGB) ist die rechtliche → Sicherheitsleistung. Hat der Mieter dem Vermieter für die Erfüllung seiner Pflichten Sicherheit zu leisten, so darf diese grundsätzlich höchstens das Dreifache der Monatsmiete betragen. Der Vermieter hat eine ihm als Sicherheit überlassene Geldsumme grundsätzlich bei einem Kreditinstitut zu dem üblichen Zinssatz anzulegen.

Lit.: *Kossen, K.,* Die Kautionsversicherung, 1996; *Schmid, M.,* Mietkaution und Vermieterpfandrecht, 1997

Keinmanngesellschaft ist die Gesellschaft, bei der alle Gesellschafter entfallen und alle Gesellschaftsanteile auf die Gesellschaft übergehen. Die K. erlischt mit dem Erwerb des letzten Anteils eines Gesellschafters durch die Gesellschaft. Es ist eine Auflösung notwendig.

Lit.: *Bretschneider, A.,* Die gesellschafterlose Gesellschaft mit beschränkter Haftung, 1994; *Rück, H.,* Die Keinmann-Gesellschaft mit beschränkter Haftung, 1994 (Diss.)

Kelloggpakt (Briand-Kellogg-Pakt) ist der am 27.8.1928 von mehreren Staaten unterzeichnete Vertrag über die Ächtung des Krieges.

Lit.: *Buchheit, E.,* Der Briand-Kellogg-Pakt von 1928, 1998

Kennenmüssen (§ 122 II BGB) ist die auf → Fahrlässigkeit beruhende Unkenntnis eines Umstands seitens eines Menschen. Das K. des Grundes der Nichtigkeit oder Anfechtbarkeit seitens des Geschädigten bewirkt etwa bei Nichtigkeit, bei Mangel der Ernstlichkeit oder bei → Anfechtung wegen → Irrtums den Ausschluss eines → Schadensersatzanspruchs.

Kenntnis ist das Wissen eines Umstands seitens eines Menschen. K. ist Voraussetzung für Vorsatz. Der Vertretene muss sich grundsätzlich die Kenntnis seines Vertreters zurechnen lassen (§ 166 I BGB).

Lit.: *Schlüter, K.,* Kenntnisbeweis und Bankenhaftung, 2004; *Faterni, A.,* Der Begriff der Kenntnis, NJW 2011, 29

Kettenarbeitsverhältnis ist das auf mehreren unmittelbar aneinander angeschlossenen, zeitlich befristeten → Arbeitsverträgen zwischen demselben Arbeitgeber und demselben Arbeitnehmer beruhende → Arbeitsverhältnis. Es ist, wenn dadurch der Kündigungsschutz vereitelt wird, unzulässig, so dass dann das Arbeitsverhältnis grundsätzlich als auf unbestimmte Zeit geschlossen gilt. Dass ein Arbeitnehmer mit einer sog. Nebentätigkeit nicht seinen vollen Lebensunterhalt verdient, rechtfertigt allein noch nicht die Befristung eines Arbeitsvertrags.

Lit.: *Waltermann, R.,* Arbeitsrecht, 16. A. 2012; *Drosdeck, T./Bitsch, C.,* Zulässigkeit von Kettenbefristungen, NJW 2012, 977

Ketzer ist im katholischen Kirchenrecht jeder bewusste Leugner eines kirchlichen Grundsatzes.

Lit.: *Holl, A.,* Die Ketzer, 1994

kidnapping (engl. [N.]) → Kindesentziehung

Kind (§§ 1591 ff. BGB) ist im Gegensatz zu anderen Verwandten eines Menschen der Abkömmling ersten Grades, sonst vielfach der Mensch zwischen der Geburt und der Vollendung des 14. Lebensjahrs, öfter auch darüber hinaus. Das K. konnte bis 1998 → ehelich oder → nichtehelich sein. Ein Mensch, der nicht (bereits) Abkömmling eines bestimmten anderen Menschen ist, kann durch → Annahme an Kindes Statt (→ Adoption) von diesem bestimmten anderen Menschen als K. angenommen werden. Im Privatrecht steht das K. zu den Eltern in einem Eltern-Kind-Verhältnis (elterliche → Sorge) und ist bis zu seiner → Volljährigkeit entweder (überhaupt) nicht oder (nur) beschränkt → geschäftsfähig. Es teilt bis zur Volljährigkeit den Wohnsitz der Eltern bzw. des Personensorgeberechtigten, wobei (im Streitfall) grundsätzlich die Mutter das Kind kriegt und der Vater zahlt. Es hat einen Anspruch auf Unterhalt (§ 1601 BGB, z. B. auch trotz Volljährigkeit im Berufsschulgrundjahr) und einen Anspruch auf Erziehung ohne Gewalt (§ 1631 II BGB). Die Geburt eines Kindes kann unter bestimmten Umständen als ein Schaden eingestuft werden (str.). Im Arbeitsrecht darf ein K. erst ab 15 Jahren leichte Arbeiten verrichten. Im Strafrecht ist das K. im Gegensatz z. B. zum → Jugendlichen (noch) nicht verantwortlich. Im Steuerrecht sind auch zugunsten in nichtehelicher Lebensgemeinschaft lebender Eltern Kinderbetreuungskosten und ein Haushaltsfreibetrag steuermindernd zu berücksichtigen. Unter dem 20.11.1989 legten die Vereinten Nationen eine Konvention für die Rechte des Kindes vor.

Lit.: *Van Els, H.,* Das Kind im einstweiligen Rechtsschutz im Familienrecht, 2000; *Löhnig, M.,* Das Recht des Kindes nicht verheirateter Eltern, 2001; *Hahn, D.,* Kindheits-, Jugend- und Erziehungsrecht, 2004; *Carl, E. u. a.,* Kindesanhörung, NJW 2005, 1681; *Hey, J.,* Der neue Abzug für Kinderbetreuungskosten, NJW 2006, 2001; *Meysen, T.,* Neuerungen im zivilrechtlichen Kinderschutz, NJW 2008, 2673; *Kerscher, W.,* Die Rolle des Kindeswohls, NJW 2012, 1910

Kindererziehung ist die Beeinflussung der körperlichen, geistigen und seelischen Form eines → Kindes, die grundsätzlich den → Eltern zusteht (§ 1631 BGB). *Religiöse* K. (§§ 1 ff. RelKErzG) ist die Formung im religiösen Bereich. Hierüber bestimmt in erster Linie die freie Einigung der Eltern, doch steht nach der Vollendung des 14. Lebensjahrs dem Kind die Entscheidung darüber zu, ob und zu welchem religiösen Bekenntnis es sich halten will.
Lit.: *Summerer, W.,* Das Verhältnis von § 5 Satz 1 des Reichsgesetzes über die religiöse Kindererziehung zu Artikel 7 II GG, 1970; *Kammerloher-Lis, S.,* Die Entstehung, 1999

Kindergarten ist die der Betreuung und Erziehung von Kindern im Vorschulalter dienende außerhäusliche Einrichtung.
Lit.: *Engel, H./Holfelder,* Kindergartenrecht in Baden-Württemberg, 8. A. 2003; *Dürr, C.,* Kindergartenrecht Baden-Württemberg, 2. A. 2011

Kindergeld (§§ 1 ff. BKGG) ist die staatliche Leistung an Menschen mit → Kindern (bis zur Vollendung des 18. evtl. 27. Lebensjahres, evtl. auch Enkeln) oder gegebenenfalls auch an Kinder selbst zur Verminderung ihrer Belastung. Das K. ist nach der Zahl der Kinder und der Höhe des Einkommens der Eltern gestaffelt (2015 188 Euro für das erste Kind und das zweite Kind, 194 Euro für das dritte Kind, 219 Euro für jedes weitere Kind). Die Durchführung des Bundeskindergeldgesetzes vollzieht die Bundesagentur für Arbeit als Familienkasse. Die Bezugsberechtigung und die Betragshöhe werden von den Agenturen für Arbeit geprüft. Die Auszahlung erfolgt monatlich durch die Agentur für Arbeit (Arbeitsamt). Ein Anspruch auf K. kann auch während eines Praktikums eines Studenten, während eines Volontariats, während eines Collegebesuchs, während eines Sprachaufenthalts oder während eines Auslandspraktikums als Fremdsprachenassistent an einer Schule im Ausland sowie während einer ernsthaften und nachhaltigen Vorbereitung auf eine Promotion bestehen. Eltern eines behinderten volljährigen Kinds haben auch dann Anspruch auf K., wenn das Kind auf Kosten eines Sozialleistungsträgers in einem Heim lebt..
Lit.: *Marburger, F.,* Kindergeld, 11. A. 2013; *Reimer, P.,* Keine Bundeskompetenz für das Kindergeldrecht, NJW 2012, 1927

Kinderhandel (§ 236 StGB) ist das Überlassen des noch nicht achtzehn Jahren alten Kindes auf Dauer unter grober Vernachlässigung der Fürsorgepflicht oder Erziehungspflicht an einen anderen gegen Entgelt oder um sich oder einen Dritten zu bereichern. K. wird mit Freiheitsstrafe bis zu fünf Jahren oder mit Geldstrafe bestraft. Der Versuch ist strafbar.

Lit.: *Albrecht, H.,* Kinderhandel, 2003; *Berker, C.,* Getäuscht, 2003

Kinderhilfe (§§ 1 ff. SGB VIII) ist die Erziehungshilfe für Kinder. → Jugendhilfe
Lit.: *Mrozynski, P.,* SGB VIII Kinder- und Jugendhilfe), 5. A. 2009; *Wiesner, R. u. a.,* SGB VIII Kinder- und Jugendhilfe, 4. A. 2011

Kindesannahme → Annahme als Kind, → Adoption

Kindesentziehung (§ 235 StGB) → Entziehung Minderjähriger
Lit.: *Vomberg, W./Nehls, K.,* Rechtsfragen der internationalen Kindesentführungen, 2002; *Rieck, J.,* Kindesentführung, NJW 2008, 182

Kindesraub → Entziehung Minderjähriger, Menschenraub

Kindschaft ist die Stellung als → Kind. → Kindschaftssache
Lit.: Internationales Ehe- und Kindschaftsrecht mit Staatsangehörigkeitsrecht, hg. v. *Bergmann, A./Ferid, M./Henrich, D.,* 6. A. 1983 ff.; *Lipp, M./Wagenitz, T.,* Das neue Kindschaftsrecht, 1999; *Motzer, S.,* Kindschaftsrecht mit Auslandsbezug, 2003

Kindschaftssache (§§ 151 ff. FamFG) ist die Rechtsstreitigkeit, die eine bestimmte familienrechtliche Frage (Feststellung des Bestehens oder Nichtbestehens eines Eltern-Kind-Verhältnisses zwischen den Parteien, Feststellung der Wirksamkeit oder Unwirksamkeit einer Anerkennung der Vaterschaft, Anfechtung der → Vaterschaft oder Feststellung des Bestehens oder Nichtbestehens der elterlichen → Sorge für einen Partei über die andere) zum Gegenstand hat. Zuständig ist grundsätzlich das Amtsgericht als Familiengericht. Das Verfahren ist weitgehend dem Verfahren in Ehesachen nachgebildet.
Lit.: *Grün, K.,* Das neue Kindschafts- und Unterhaltsrecht, 1998

Kirche (Art. 140 GG, Art. 137 WRV) ist die in eigenen Verfassungsformen geordnete, im christlichen Bekenntnis vereinigte Gemeinde und Glaubensgemeinschaft. Sie ist eine → Religionsgesellschaft. Die Zugehörigkeit zu den Kirchen beginnt mit der Taufe und endet mit dem Tod oder dem Austritt. Die *römisch-katholische* K. ist nach ihrem Selbstverständnis die alleinige, wahre K., die von Christus zum Wohle der Menschheit gestiftet worden ist und dem Papst als Stellvertreter Christi und Nachfolger Petri als sichtbare Organisation untersteht. Die *evangelische* K. (→ Landeskirche) sieht sich als Gemeinschaft der Gläubigen, in deren Mittelpunkt das Evangelium Jesu Christi steht, wie es in der Bibel bezeugt und in den Bekenntnissen der von Martin Luther 1517 ausgelösten Reformation verbindlich ausgelegt ist.
Lit.: *Heintzen, M.,* Die Kirchen im Recht der Europäischen Union, in: Dem Staate was des Staates ist, hg. v. *Isensee, J. u. a.,* 1999; *Klostermann, G.,* Der Öffentlichkeitsauftrag der Kirchen, 2000; *Schliemann, H.,* Die neue Ordnung der Kirchengerichtsbarkeit in der evangelischen Kirche in Deutschland, NJW 2005, 392

Kirchenbuch ist das – in Deutschland seit dem 16. Jh. – vom jeweiligen Pfarrer der Ortskirche geführte Register der Taufen. Konfirmationen, Firmungen, Trauungen und Todesfälle.

Lit.: *Köbler, G.,* Deutsche Rechtsgeschichte, 6. A. 2005

Kirchenbuße → Buße

Kirchengemeinde ist im → Kirchenrecht die unterste Stufe der kirchlichen Territorialgliederung. Die K. ist nach staatlichem Recht eine öffentlich-rechtliche → Körperschaft (Art. 140 GG i. V. m. Art. 137 WRV). Nach evangelischem Kirchenrecht ist sie ein örtlich bestimmter Kreis von Gliedern der Kirche, der die Verantwortung für die Verkündigung des Evangeliums, die Verwaltung der Sakramente und die Übung christlicher Liebe und Zucht trägt. Ihr leitendes Organ ist der Kirchenvorstand (Gemeindekirchenrat), der aus den Pfarrern und gewählten Gemeindevertretern (Kirchenvorsteher) besteht.

Kirchenrecht ist die Gesamtheit der das Leben innerhalb der → Kirchen (*inneres* K., katholisch kanonisches Recht) oder das Verhältnis des Staates zur Religion und zu den Religionsgemeinschaften (*äußeres* K., → Staatskirchenrecht) betreffenden Rechtssätze. Das innere K. wird von der Kirche kraft → Autonomie (Art. 140 ff. GG) gesetzt. Das äußere K. wird von → Staat durch → Gesetz oder → Vertrag geschaffen.

Lit.: *Ruf, N.,* Das Recht der katholischen Kirche nach dem Codex Iuris Canonici, 5. A. 1989; *Aymans, W.,* Kanonisches Recht, 13. A. 1997; Lexikon für Kirchen- und Staatskirchenrecht, hg. v. *Campenhausen, A. Frhr. v. u. a.,* Bd. 1 ff. 1999 ff.; Handbuch des katholischen Kirchenrechts, hg. v. *Listl, J.,* 2. A. 1999; *De Wall, H./ Muckel, S.,* Kirchenrecht, 3. A. 2012; *Lüdecke, N./ Bier, G.,* Das römisch-katholische Kirchenrecht, 2011; *Munsonius, H.,* Evangelisches Kirchenrecht, 2014

Kirchenstaat ist das auf spätantiker-frühmittelalterlicher Grundlage aufgebaute, 1871 auf den → Vatikan beschränkte Staatsgebiet unter päpstlicher Oberhoheit in Italien.

Lit.: *Köbler, G.,* Zielwörterbuch integrativer europäischer Rechtsgeschichte, 6. A. 2014 (Internet); *Büchel, D.,* Modell Rom?, 2003

Kirchensteuer ist die durch die öffentlich-rechtlichen → Religionsgesellschaften erhobene → Steuer. Sie beruht auf staatlicher → Ermächtigung (Art. 140 GG i. V. m. Art. 137 III WRV). Sie beläuft sich auf 8–10 Prozent der staatlichen → Einkommensteuer und wird durch die staatlichen → Finanzbehörden eingezogen. Als Einkommen eines Ehegatten einer konfessionsverschiedenen Ehe wird dabei die Hälfte des gemeinsamen Einkommens beider Ehegatten angesehen.

Lit.: *Suhrbier-Hahn, U.,* Das Kirchensteuerrecht, 1999; *Hammer, F.,* Rechtsfragen der Kirchensteuer, 2001; *Herrmann, H.,* Kirche, Klerus, Kapital, 2. A. 2003

Kirchenvertrag ist der Vertrag des Staats mit der (evangelischen) → Kirche.

Lit.: *Wengenroth, D.,* Die Rechtsnatur der Staatskirchenverträge, 2001

Kirchenverwaltung ist die → Verwaltung der inneren Angelegenheiten der → Kirchen durch deren Organe. Die rein weltlichen Verwaltungsaufgaben werden durch Kirchenbeamte ausgeführt, für die subsidiär die staatlichen Beamtengesetze gelten. Teilweise ist für die Kirchenbeamten der → Rechtsweg zu den → Verwaltungsgerichten eröffnet.

Lit.: *Campenhausen, A. Frhr. v.,* Kirchenleitung und Kirchenverwaltung, 1984; *Stein, A.,* Zweckmäßig arbeiten, 1993

Kirchenzehnt → Zehnt

Klage (§ 253 ZPO) ist das Begehren des → Klägers an das → Gericht auf Rechtsschutz gegenüber dem → Beklagten. Die (Erhebung der) K. ist eine → Prozesshandlung. Die K. kann → Leistungsklage, → Gestaltungsklage oder → Feststellungsklage und im Strafprozess *öffentliche* K. (→ Anklage) oder (seltener) *private* K. (→ Privatklage) sein. Sie wird (in der Regel) schriftlich eingereicht. Ihre wesentlichen Teile sind die Bezeichnung der → Parteien (z. B. Kläger [ungenügend ist grundsätzlich die Angabe eines Postfachs als Adresse], Beklagter), des → Gerichts und des → Streitgegenstands (Angabe des Gegenstands und des Grundes des erhobenen Anspruchs) sowie ein bestimmter Antrag. Über die K. wird durch → Urteil entschieden. Sie kann nur durchdringen, wenn ihre → Zulässigkeit und → Begründetheit gegeben sind. Seit 1999 kann Landesrecht vorschreiben, dass einer Klage mit einem Streitwert bis 750 Euro, bestimmten Nachbarrechtsstreitigkeiten oder einer gerichtlichen Auseinandersetzung wegen einer nicht in Presse oder Rundfunk begangenen Verletzung der persönlichen Ehre ein erfolgloser Einigungsversuch vor einer von der Landesjustizverwaltung eingerichteten oder anerkannten → Gütestelle vorausgehen muss.

Lit.: *Schneider, E.,* Die Klage im Zivilprozess, 3. A. 2007; *Zimmermann, W.,* Klage, Gutachten und Urteil, 20. A. 2011

Klageänderung (z. B. § 263 ZPO) ist die Änderung der → Klage durch Änderung des → Streitgegenstands (Stellung eines anderen Klageantrags, Stützung auf einen anderen Lebenssachverhalt). Die K. ist nur zulässig, wenn der Beklagte einwilligt oder das Gericht sie für objektiv sachdienlich erachtet. Sie führt zur Ersetzung der bisherigen Klage durch die geänderte Klage.

Lit.: *Schiller, S.,* Die Klageänderung in der Revisionsinstanz in Zivilsachen, 1997; *Bernreuther, J.,* Die Klageänderung, JuS 1999, 479; *Liebheit, U.,* Streitwert nach einer Klageänderung, JuS 2001, 687

Klageantrag (§ 253 ZPO, § 82 VwGO) ist der vom → Kläger zu stellende bestimmte → Antrag auf eine Entscheidung des → Gerichts. Der K. ist ein für die Zulässigkeit notwendiger Teil der → Klageschrift. Er bildet – in seiner endgültigen Form – im → Zivilprozess die obere Grenze dessen, was das Gericht dem Kläger zusprechen darf.

Lit.: *Hipke, A.,* Die Zulässigkeit der unechten Eventualklagenhäufung, 2003

Klageart ist die besondere Art des Begehrens des → Klägers. K. kann im Zivilprozessrecht → Leistungsklage, → Gestaltungsklage oder → Feststellungsklage und im Verwaltungsprozessrecht → Anfechtungsklage (Gestaltungsklage), → Verpflichtungsklage (Leistungsklage), (allgemeine) Leistungsklage oder Feststellungsklage sein. Die einzelne K. kann besondere Voraussetzungen erfordern und verschiedene Wirkungen äußern.

Klagebefugnis ist die (behauptete) Berechtigung des → Klägers zur → Klage. Die K. ergibt sich im Zivilprozessrecht regelmäßig aus der (behaupteten) Inhaberschaft des materiellen Rechts (→ Prozessführungsbefugnis). Im Verwaltungsprozessrecht ist sie, damit verhindert wird, dass jede beliebige Person jeden → Verwaltungsakt angreifen kann, eine besonders genannte → Prozessvoraussetzung. Sie ist gegeben, wenn der Kläger die schlüssige Behauptung aufstellen kann (str.), dass gerade er durch den Verwaltungsakt oder dessen Ablehnung oder Unterlassung in seinen Rechten verletzt werde, falls sich der Verwaltungsakt oder seine Ablehnung oder Unterlassung als objektiv rechtswidrig erweist. Lit.: *Hipp, A./Hufeld, U.,* Grundfälle zur Klagebefugnis im Verwaltungsprozess, JuS 1998, 802; *Ahrens, B.,* Die Klagebefugnis von Verbänden im Europäischen Gemeinschaftsrecht, 2002

Klagebegehren (§ 44 VwGO) ist im Verwaltungsprozessrecht der prozessuale → Anspruch des → Klägers. Mehrere K. des Klägers können in einer Klage zusammen verfolgt werden. Lit.: *Backsmeier, P.,* Das „Minus" beim unterlassungsrechtlichen Globalantrag, 2000

Klagebegründung (z. B. § 253 ZPO) ist die Angabe des Grundes des erhobenen → Anspruchs. Dies ist der konkrete Lebensvorgang (→ Sachverhalt), aus dem der Kläger die begehrte → Rechtsfolge ableitet, nicht dagegen eine rechtliche Begründung seines Antrags. Die Angabe aller klagebegründenden Tatsachen gehört zur → Schlüssigkeit. Die K. ist ein Bestandteil der → Klageschrift. Fehlt sie gänzlich, ist die → Klage → unzulässig.

Klageerhebung ist im Zivilprozessrecht (und im Arbeitsgerichtsprozessrecht) die Einreichung der → Klageschrift des → Klägers und die (unverzügliche) → Zustellung einer Abschrift an den → Beklagten von Amts wegen (§ 253 ZPO), in anderen Verfahrensarten die Einreichung der Klageschrift oder der Klagevortrag zur Niederschrift des → Urkundsbeamten der → Geschäftsstelle (z. B. § 81 VwGO). Die K. ist eine → Prozesshandlung. Sie begründet die → Rechtshängigkeit (z. B. § 261 ZPO). Im Strafverfahren erfolgt die K. (Anklageerhebung) durch die Staatsanwaltschaft entweder durch Einreichung der → Anklageschrift (§ 170 StPO) oder durch Erlass eines → Strafbefehls (§ 407 StPO). Lit.: *Merschformann, R.,* Der Umfang der Verjährungsunterbrechung durch Klageerhebung, 1992

Klageerwiderung (z. B. § 277 ZPO) ist die Antwort (Replik) des → Beklagten auf die → Klage. Zur Vorbereitung des frühen ersten Termins zur mündlichen → Verhandlung kann der → Vorsitzende des Prozessgerichts dem Beklagten eine Frist zur schriftlichen K. setzen. Geschieht dies nicht, so ist der Beklagte aufzufordern, etwa vorzubringende Verteidigungsmittel unverzüglich durch den zu bestellenden Rechtsanwalt in einem Schriftsatz dem Gericht mitzuteilen. Bleibt eine K. gänzlich aus, so dringt die → schlüssige Klage durch. Lit.: *Garbe, R.,* Antrags- und Klageerwiderungen in Ehe- und Familiensachen, 3. A. 2003

Klageerzwingungsverfahren (§ 172 StPO) ist das Verfahren, durch das der Verletzte, der die Strafverfolgung des → Beschuldigten wünscht, aber wegen des → Anklagemonopols der → Staatsanwaltschaft selbst kein Strafverfahren gegen den behaupteten Rechtsbrecher in Gang setzen darf, die Staatsanwaltschaft zur Erhebung der → Anklage zwingen kann. Zu diesem Zweck kann der Verletzte, der eine → Strafanzeige erstattet hat, gegen den Bescheid, in dem die Staatsanwaltschaft ihm die Ablehnung der Anklageerhebung mitteilt, binnen zweier Wochen → Beschwerde an den vorgesetzten Beamten der Staatsanwaltschaft erheben – ausgenommen in Privatklagesachen und Verfahren, in denen für die Staatsanwaltschaft das → Opportunitätsprinzip gilt –. Gegen dessen ablehnenden Bescheid kann der Verletzte binnen eines Monats gerichtliche Entscheidung – des Oberlandesgerichts – beantragen. Der Antrag auf gerichtliche Entscheidung muss die Tatsachen, welche die Erhebung der öffentlichen Klage begründen sollen, und die → Beweismittel angeben. Er muss von einem → Rechtsanwalt unterzeichnet sein. Er ist bei dem für die Entscheidung zuständigen → Oberlandesgericht einzureichen. Erachtet das Gericht nach Anhörung des Beschuldigten den Antrag für begründet, so beschließt es die Erhebung der öffentlichen Klage (§ 175 StPO). Lit.: *Machalke, A.,* Die Funktion des Oberlandesgerichts im Klageerzwingungsverfahren 1996; *Imberger-Bayer, N.,* Der Verletztenbegriff im Klageerzwingungsverfahren, 2000

Klagenhäufung (Klagenverbindung) ist die Verbindung mehrerer → Ansprüche (*objektive* K., Anspruchshäufung) gegen denselben → Beklagten oder desselben Anspruchs für mehrere → Kläger oder gegen mehrere Beklagte (*subjektive* K.). Die objektive K. ist zulässig, wenn für sämtliche Ansprüche das Prozessgericht zuständig und dieselbe Prozessart zulässig ist (vgl. § 260 ZPO). Die subjektive K. (→ Streitgenossenschaft) ist vor allem zulässig, wenn die Betreffenden hinsichtlich des → Streitgegenstands in → Rechtsgemeinschaft stehen oder wenn sie aus demselben tatsächlichen und rechtlichen Grund berechtigt oder verpflichtet sind (vgl. § 59 ZPO). Das Gericht kann von sich aus die K. auflösen oder herbeiführen (vgl. §§ 145 ff. ZPO). Lit.: *Hipke, A.,* Die Zulässigkeit der unechten Eventualklagenhäufung, 2003

Kläger (z. B. § 255 ZPO) ist die Person, die vom Gericht durch Erhebung der Klage Rechtsschutz begehrt (Partei im → Prozess).

Lit.: *Buchner, B.,* Kläger- und Beklagtenschutz im Recht der internationalen Zuständigkeit, 1998

Klagerücknahme (§ 269 ZPO) ist die Zurücknahme des Begehrens von Rechtsschutz in diesem Prozess durch den → Kläger. Die K. ist → Prozesshandlung und das Gegenstück zur → Klageerhebung. Sie kann im Zivilprozess ohne → Einwilligung des → Beklagten nur bis zum Beginn der mündlichen → Verhandlung des Beklagten zur Hauptsache erfolgen. Sie bewirkt dort, dass der Rechtsstreit als nicht anhängig geworden anzusehen ist. Den materiellrechtlichen Anspruch berührt sie nicht.
Lit.: *Walther, R.,* Klageänderung und Klagerücknahme, 1969; *Brammsen, J./Leible, S.,* Die Klagerücknahme, JuS 1997, 54

Klageschrift (§ 253 ZPO) ist der Schriftsatz des → Klägers, in dem er die → Klage erhebt. Die K. erfordert einen gewissen Mindestinhalt (Bezeichnung der Parteien und des Gerichts, bestimmte Angabe des Gegenstands und des Grunds des erhobenen Anspruchs sowie einen bestimmten Antrag). Sie muss eigenhändig unterschrieben sein und mit der erforderlichen Zahl von Abschriften eingereicht werden.
Lit.: *Pukall, F.,* Der Zivilprozess in der gerichtlichen Praxis, 6. A. 2006

Klassenjustiz ist eine nach Klassen unterscheidende, im Dienst einer (herrschenden) Klasse stehende Rechtspflege.
Lit.: *Rasehorn, T.,* Recht und Klassen, 1974

Klassenkampf ist die Auseinandersetzung zwischen einer herrschenden und einer beherrschten Klasse einer Gesellschaft. Nach dem historischen Materialismus besteht in der Gegenwart ein durch K. zu lösender Gegensatz zwischen der ausbeutenden Bourgeoisie und dem ausgebeuteten Proletariat. Nach Beendigung des Klassenkampfs durch die proletarische Revolution ist eine klassenlose Gesellschaft vorhanden, in der Recht entbehrlich ist.
Lit.: *Köbler, G.,* Deutsche Rechtsgeschichte, 6. A. 2005

Klausel ist die einzelne Bestimmung im Rahmen einer umfassenden Festlegung auf den verschiedensten Rechtsgebieten (z.B. Generalklausel, clausula rebus sic stantibus, cif u. a. m., → Vollstreckungsklausel).
Lit.: *Dohnau, R.,* Gesellschaftsrechtliche Abfindungsklauseln, 2003

Klausur ist die räumliche Abgeschlossenheit und die in räumlicher Abgeschlossenheit bezüglich unerlaubter Hilfsmittel zu bearbeitende Prüfungsaufgabe.
Lit.: *Köbler, G.,* Die Anfängerübung, 7. A. 1995; *Knöringer, D.,* Die Assessorklausur im Zivilprozess, 15. A. 2014; *Schmitz, G.,* Zivilrechtliche Musterklausuren für die Assessorprüfung, 7. A. 2015; *Wimmer, A.,* Klausurtipps für das Assessorexamen, 4. A. 2009; *Schmehl, M./Vollmer, W.,* Die Assessorklausur im Strafprozess, 9. A. 2008; *Schimmel, R.,* Juristische Klausuren und Hausarbeiten richtig formulieren, 11. A. 2014; *Olzen, D. u. a.,* Zivilrechtliche Klausurenlehre, 7. A. 2012

Kleingartengesetz → Bundeskleingartengesetz
Lit.: *Mainczyk, L.,* Bundeskleingartengesetz, 11. A. 2015; *Schwabe, J.,* Grundrechtspraxis im Kleingartenrecht, NJW 2008, 477

Kleriker → Klerus

Klerus (griech./lat. [M.] Los, Erbteil) ist im katholischen → Kirchenrecht der geistliche Stand im Gegensatz vor allem zu den Laien. Kleriker ist, wer wenigstens eine bestimmte Weihe (Tonsur) erlangt hat. Dadurch ist er zugleich besonderer Träger der Weihegewalt und Rechtsprechungsgewalt über die Laien.
Lit.: *Schulte-Umberg, T.,* Professionalisierung des katholischen Klerus, 2003

Kloster (Abgeschlossenes) ist im → Kirchenrecht eine geschlossene, Ordensangehörigen als gemeinsame Wohnung, Gebetsstätte und Arbeitsstätte dienende Anlage.
Lit.: *Kaiser, J.,* Klöster in Baden-Württemberg, 2004

Knappschaft ist der Zusammenschluss der Bergleute zur Sicherung gegen Unglücksfälle. Die K. wirkt sich in der Gegenwart vor allem in der besonderen Knappschaftsversicherung (→ Rentenversicherung, → Krankenversicherung) als Teil der → Sozialversicherung aus. Ihr Träger war die Bundesknappschaft als öffentlich-rechtliche → Selbstverwaltungskörperschaft, die zum 1.10.2005 zur Deutschen Rentenversicherung Knappschaft-Bahn-See fusioniert wurde.
Lit.: *Lauf, U.,* Die Knappschaft, 1994

Knebelung → Knebelungsvertrag

Knebelungsvertrag ist der → Vertrag, durch den die wirtschaftliche Bewegungsfreiheit einer Person ganz oder zu einem wesentlichen Teil beseitigt wird. Ein solcher Vertrag ist nach § 138 BGB wegen → Sittenwidrigkeit nichtig. Er kann einen → Schadensersatzanspruch wegen vorsätzlich sittenwidriger Schädigung (§ 826 BGB) begründen.
Lit.: *Hüfner, P.,* Selbständigkeit und Abhängigkeit im Bereich der mittelständischen Wirtschaft, 1993

Know-how (engl., wissen-wie) ist das vor allem auf Erfahrung gegründete unternehmerisch-technische Wissen.
Lit.: *Bartenbach, K./Gennen, K.,* Patentlizenz- und Know-how-Vertrag, 7. A. 2013; *Westermann, I.,* Handbuch Know-how-Schutz, 2007; *Wurzer, A.,* Handbuch Internationaler Know-how-Schutz, 2. A. 2011

Koadjutor (M.) Weihbischof, Hilfsbischof, Titularbischof

Koalition ist der Zusammenschluss mehrerer im → Parlament vertretener → Parteien zu einer → Regierung. Im Arbeitsrecht ist K. die freiwillige und überbetriebliche Vereinigung von → Arbeitnehmern oder → Arbeitgebern zur Wahrung oder Förderung ihrer Interessen bei der Gestaltung der Arbeitsbedingungen und Wirtschaftsbedingungen.

Lit.: *Rosteck, C.,* Koalitionsmanagement unter der Kanzlerschaft Kohl, 2003

Koalitionsfreiheit (Art. 9 III GG) ist die → Freiheit der → Koalition, insbesondere die Freiheit, zur Wahrung und Förderung der Arbeitsbedingungen und Wirtschaftsbedingungen Vereinigungen zu bilden. Die K. steht sowohl einzelnen → Arbeitgebern und → Arbeitnehmern wie auch ihren Vereinigungen zu. Geschützt wird die Gründungsfreiheit und die Betätigungsfreiheit (*positive* K.) sowie die Freiheit des Einzelnen, sich keiner Koalition anzuschließen (*negative* K.). Gegenläufige Abreden bzw. Maßnahmen sind nichtig bzw. rechtswidrig. Die K. einer Gewerkschaft ist verletzt, wenn sie nicht Mitglieder u. a. durch Ausschluss maßregeln darf, die auf einer konkurrierenden Liste kandidieren.

Lit.: *Friese, B.,* Kollektive Koalitionsfreiheit und Betriebsverfassung, 2000; *Kretzschmar, R.,* Die Rolle der Koalitionsfreiheit, 2003

Kodifikation (Gesetzbuchmachung) ist (nur) die grundsätzlich erschöpfend gedachte Zusammenfassung des gesamten Stoffes eines oder mehrerer Rechtsgebiete in einem einheitlichen Gesetzbuch (Gesetz) (z. B. Preußisches Allgemeines Landrecht 1794, Code civil 1804, Allgemeines Bürgerliches Gesetzbuch [Österreichs 1811/1812], Bürgerliches Gesetzbuch 1900, Zivilgesetzbuch [Schweiz] 1907, nicht demgegenüber jedes einfache Gesetz, die bloße Kompilation Justinians oder nach überwiegender Ansicht die drei umfassenden Gesetze Bayerns zwischen 1751 und 1756). Die K. will vielfach weitere Rechtsquellen (z. B. Gewohnheitsrecht) gänzlich ausschließen. In der Praxis hat sie sich aber stets als ergänzungsbedürftig und entwicklungsbedürftig erwiesen.

Lit.: *Dittmann, M.,* Das Bürgerliche Gesetzbuch aus Sicht des common law, 2001; *Caroni, P.,* Gesetz und Gesetzbuch, 2003

Kognat ist der – durch Abstammung von denselben Eltern oder Voreltern verbundene – Blutsverwandte. → Agnat, → Verwandter

Lit.: *Kaser, M.,* Römisches Privatrecht, 20. A. 2014

Kognition (F.) Erkenntnis

Kognitionsverfahren ist im römischen Recht das einheitlich vor einem beamteten Richter durchgeführte Verfahren, das seit der Zeitenwende das ältere → Formularverfahren ablöst (→ cognitio).

Lit.: *Söllner, A.,* Römische Rechtsgeschichte, 5. A. 1996

Kollation (F.) Vergleich (mehrerer Handschriften), Ausgleich (der Vorempfänge einzelner Miterben)

kollegial (Adj.) mitabgeordnet, gemeinschaftlich

Lit.: *Knauer, C.,* Die Kollegialentscheidung im Strafrecht, 2001

Kollegialbehörde ist die aus mehreren gleichberechtigten Mitgliedern bestehende, meist durch Stimmenmehrheit beschließende → Behörde (z. B. Kreisausschuss) im Gegensatz zur monokratisch organisierten Behörde (z. B. Ministerium).

Lit.: *Groß, T.,* Das Kollegialprinzip in der Verwaltungsorganisation, 1999

Kollegialgericht ist das aus mehreren Mitgliedern bestehende, durch Abstimmung entscheidende → Gericht (z. B. → Kammer, → Senat) im Gegensatz zum → Einzelrichter.

Lit.: *Koetz, A.,* Organisation der Kollegialgerichte, 1993

Kollegialorgan → Kollegialbehörde, → Kollegialgericht

Kollektiv (N.) Gruppe, Arbeitsgemeinschaft

Kollektivarbeitsrecht (kollektives Arbeitsrecht) ist die Gesamtheit der die einheitliche Gestaltung von Arbeitsbedingungen und deren Voraussetzungen betreffenden Rechtssätze. Das K. steht im Gegensatz zum → Individualarbeitsrecht. Es umfasst das Recht der Verbände der Arbeitgeber und Arbeitnehmer, das Arbeitskampfrecht und das Schlichtungsrecht, das Tarifvertragsrecht, das Betriebsverfassungsrecht und das Personalvertretungsrecht.

Lit.: *Waltermann, R.,* Arbeitsrecht, 16. A. 2012; *Hromadka, W./Maschmann, F.,* Arbeitsrecht, Bd. 1 6. A. 2015, Bd. 2 6. A. 2014; *Preis, U.,* Arbeitsrecht Kollektivarbeitsrecht, 3. A. 2012

Kollektivbeleidigung → Beleidigung (einer Personenmehrheit)

Kollektiveigentum (N.) Gruppeneigentum

Kollektivschuld (F.) Gruppenschuld

Kollektivvertrag (M.) Gruppenvertrag, Tarifvertrag

Lit.: *Flüchter, A.,* Kollektivverträge und Konfliktlösung im SGB V, 2000; *Tomandl, T.,* Aktuelle Probleme des Kollektivvertragsrechts, 2003

Kollision (F.) Zusammenstoß

Kollisionsnorm ([F.] Grenznorm) ist im internationalen → Privatrecht der Rechtssatz, der den Anwendungsbereich der deutschen Rechtsordnung festlegt (*einseitige* K.) oder den maßgeblichen Anknüpfungspunkt (z. B. Staatsangehörigkeit, Ort der Handlung, Ort der belegenen Sache) für die Frage, welche von mehreren Rechtsordnungen anzuwenden ist, bestimmt (*zweiseitige, vollkommene* K.).

Lit.: *Kegel, G./Schurig, K.,* Internationales Privatrecht, 9. A. 2004

Kollisionsrecht → Privatrecht, internationales

Lit.: *Reichert-Facilides, D.,* Fakultatives und zwingendes Kollisionsrecht, 1995; Systemwechsel im europäischen Kollisionsrecht, hg. v. *Dauner-Lieb, B.,* 2002

Kollusion ([F.] Zusammenspiel) ist das unerlaubte Zusammenwirken zweier oder mehrerer Menschen zum Schaden eines anderen (z. B. Bischof und Professor besorgen einem unqualifizierten gescheiterten überalterten Pressesprecher eine Stelle als Universitätsassistent, Arzt schreibt Universitätsassistenten krank, damit dieser im Krankenstand des öffentlichen Diensts privatwirtschaftlich tätig die Bücher des Arztes gewinnbringend verlegen kann, Dekan und Institutskonferenz kolludieren bei der Entziehung zugesagter Mittel eines Leistungsträgers, lügender Erklärer E. und journalistischer Höfling H. wirken bei einer Medienkampagne gegen einen erfolgreichen Forscher zusammen, Berufungskommissionsmitglieder setzen ungeeignete Kandidaten gegen Leistungen auf einen Listenplatz und weisen qualifizierte auswärtige Bewerber auf von ihnen geplantes Mobbing im Fall ihrer Rufannahme hin, Assistent organisiert Festschrift gegen Habilitationsgutachten, Rektor verschafft seiner Freundin trotz mangelnder Qualifikation eine hochdotierte Stelle, Kanzler versucht mit parteiischer Presse Rufmord eines Präsidentschaftskandidaten, Präsident befördert seine Geliebte zwecks leichteren Zugangs auf eine Spitzenposition in seinem Vorzimmer) zum Nachteil eines Dritten (u. a. des Staates). K. kann im Strafverfahrensrecht → Verdunklungsgefahr (§ 112 StPO) begründen. Im Privatrecht kann K. zur → Nichtigkeit eines Rechtsgeschäfts wegen → Sittenwidrigkeit (§ 138 BGB) und zu einem → Schadensersatzanspruch wegen vorsätzlich sittenwidriger Schädigung (§ 826 BGB) führen.

Lit.: *Menzel, C.,* Kollusion in Auktionen, 2000

Komitien → comitia

Kommanditgesellschaft (KG) (§ 161 I HGB) ist die → Gesellschaft, deren Zweck auf den Betrieb eines → Handelsgewerbes unter gemeinschaftlicher → Firma gerichtet ist und bei der bei mindestens einem Gesellschafter die Haftung gegenüber den Gesellschaftsgläubigern auf den Betrag einer bestimmten Vermögenseinlage beschränkt (→ Kommanditist), bei mindestens einem anderen Gesellschafter – der auch eine juristische → Person sein kann (z. B. GmbH bei der GmbH & Co. KG) – unbeschränkt ist (→ Komplementär). Die K. ist → Handelsgesellschaft und → Personengesellschaft. Abgesehen vom Sonderrecht der beschränkt haftenden Gesellschafter gilt für die K. das Recht der offenen → Handelsgesellschaft (§§ 161 II, 105 ff. HGB). Die K. kann im Einzelfall stärker personalistisch (geringere Bedeutung der kapitalistischen Beteiligung) oder stärker kapitalistisch (geringere Bedeutung des persönlichen Einsatzes) ausgestaltet sein. K. *auf Aktien* (KGaA) (§ 278 AktG) ist die (→ Kapital-)Gesellschaft mit eigener Rechtspersönlichkeit (also keine echte K.), bei der mindestens ein Gesellschafter den Gesellschaftsgläubigern unbeschränkt haftet (Komplementär, kann z. B. GmbH sein) und die übrigen an dem in → Aktien zerlegten → Grundkapital beteiligt sind, ohne persönlich für die Verbindlichkeiten der Gesellschaft zu haften. Für die K. auf Aktien gilt, von einigen Sonderregeln abgesehen, das Recht der → Aktiengesellschaft (§ 278 III AktG), nicht dagegen das Recht der K. (besonders ausgestaltete Art der Aktiengesellschaft).

Lit.: *Bayreuther, F.,* Die Kapitalgesellschaft & Co. KGaA, JuS 1999, 651; *Waldner, W./Wölfel, E.,* GbR, OHG, KG, 7. A. 2006; *Hahn, N./Gansel, A.,* Der Gesellschaftsvertrag der Kommanditgesellschaft, 3. A. 2015; *Nagel, S.,* Die Kommanditgesellschaft auf Aktien, 2012

Kommanditist (§ 161 I HGB) ist der → Gesellschafter einer → Kommanditgesellschaft, dessen → Haftung gegenüber den Gesellschaftsgläubigern auf den Betrag einer bestimmten Vermögenseinlage beschränkt ist. Er ist von der → Geschäftsführung ausgeschlossen (§ 164 HGB). Sein Tod hat die → Auflösung der Gesellschaft nicht zur Folge (§ 177 HGB). Nach dem Ausscheiden des einzigen Komplementärs und dem Erwerb aller Gesellschaftsanteile kann die K. die Firma und das Unternehmen fortführen. K. kann eine Gesellschaft des bürgerlichen Rechts sein.

Lit.: *Sudhoff, H.,* Rechte und Pflichten des Kommanditisten, 3. A. 1986; *Kammergruber, W.,* Divergenzen der Innen- und Außenhaftung des Kommanditisten, 2003

Kommentar (M.) Erläuterung, Erklärung, Erläuterungswerk zu einem Rechtstext

Kommentator ([M.] Erläuterer) ist der Verfasser eines Kommentars. In der Rechtsgeschichte sind Kommentatoren die spätmittelalterlichen oberitalienischen Rechtswissenschaftler, die das gelehrte Recht (nicht mehr nur durch bloße Glossen, sondern darüber hinaus) durch Kommentare und Gutachten so erläutern, dass es in der Praxis verwendbar wird (z. B. Bartolus 1313?–1357, Baldus). Wegen ihrer Tätigkeit als Gutachter heißen sie auch → Konsiliatoren.

Lit.: *Köbler, G.,* Zielwörterbuch integrativer europäischer Rechtsgeschichte, 6. A. 2014 (Internet); *Lange, H.,* Römisches Recht im Mittelalter, 1997, Bd. 2 2007

Kommilitone (M.) Mitkämpfer, Mitstudent, Student

Kommissar ([M.] Beauftragter) (z. B. Art. 84 III 2 GG) ist der Beauftragte, der notfalls zur Verwirklichung von → Aufsichtsbefugnissen eingesetzt werden kann.

kommissarisch (Adj.) beauftragt, vertretungsweise, → Richter, beauftragter, → Richter, ersuchter

Kommission (§§ 383 ff. HGB) ist das besondere – schuldrechtliche – → Handelsgeschäft, bei dem es eine Person (Kommissionär) übernimmt, – gegen Entgelt – → Waren oder → Wertpapiere für Rechnung eines anderen (des Kommittenten) in eigenem Namen zu kaufen oder zu verkaufen. Der Kommissionsvertrag ist ein → Geschäftsbesorgungsvertrag. Die K. kann → *Einkaufskommission* oder → *Verkaufskommission* sein. Der Kommissionsvertrag zieht ein Ausführungsgeschäft mit einem Dritten sowie ein Abwicklungsgeschäft des Kommissionärs mit dem Kommittenten nach sich. Als K. werden auch gewisse ähnliche Geschäfte behandelt (§ 406 HGB). Die §§ 383 ff. HGB finden ebenfalls Anwendung, wenn das Unternehmen des Kommissionärs nach Art oder Umfang einen in kaufmännischer Weise eingerichteten Geschäftsbetrieb nicht erfordert und die Firma des Unternehmens nicht nach § 2 HGB in das Handelsregister eingetragen ist. Daneben ist K. auch eine Gruppe von Menschen (Ausschuss).

Lit.: *Bülow, P.,* Handelsrecht, 7. A. 2015

Kommission der Europäischen Gemeinschaften war das geschäftsführende Hauptorgan der Europäi-

schen Gemeinschaften. → Europäische Kommission bzw. Kommission
Lit.: Im Dienste der Bürger Europas, 2002

Kommissionär (§ 383 HGB) ist, wer es gewerbsmäßig übernimmt, → Waren oder → Wertpapiere für Rechnung eines anderen im eigenen Namen zu kaufen oder zu verkaufen. Der K. ist zur Ausführung des Geschäfts, zur Rechnungslegung und zur Herausgabe des Erlangten verpflichtet (§ 384 HGB). Er ist grundsätzlich Kaufmann. → Kommission

Kommittent (§ 383 HGB) ist, wer einen → Kommissionär mit einer → Kommission betraut. Er ist regelmäßig zur Zahlung eines Entgelts (→ Provision) im Falle der Ausführung verpflichtet. Zu dem Käufer oder Verkäufer tritt er grundsätzlich in keine unmittelbare Beziehung.
Lit.: *Herbert, D.,* Die Beteiligung des Kommittenten am Ausführungsgeschäft bei der Warenkommission, 1972

Kommorient (M.) Mitsterbender

Kommorientenvermutung (§ 11 VerschG) ist die bei Unklarheit über die Reihenfolge des Versterbens mehrerer zusammen versterbender Menschen eintretende → Vermutung, dass sie gleichzeitig verstorben sind. Demnach kann keiner von ihnen den anderen beerben. Die Vermutung kann widerlegt werden.
Lit.: *Wehling, J.,* Kritische Betrachtung der Kommorientenvermutungen, 1934

kommunal (Adj.) gemeindlich

Kommunalaufsicht ist die → Aufsicht des → Staates über die → Gemeinden in ihrem eigenen → Wirkungskreis. Sie ist Rechtmäßigkeitskontrolle, nicht auch Zweckmäßigkeitskontrolle. Die Gemeinden müssen dazu Auskunft geben und u. U. Anzeige machen. Die Aufsichtsbehörde kann beanstanden und Änderungen oder Aufhebungen verlangen sowie Anordnungen treffen, denen die Gemeinde folgen muss. Daneben ist → Ersatzvornahme und schließlich auch die Bestellung eines → Kommissars (Beauftragten) möglich. → Aufsichtsbehörde ist bei kreisangehörigen Gemeinden meist die untere staatliche → Verwaltungsbehörde (Landrat), bei kreisfreien Gemeinden und Kreisen (ausgenommen z. B. Brandenburg, Saarland und Schleswig-Holstein, wo eine Mittelbehörde fehlt,) die Mittelbehörde (→ Regierungspräsident).
Lit.: *Lübking, U.,* Die Kommunalaufsicht, 1998

Kommunalrecht ist die Gesamtheit der die → Gemeinden (Kommunen) und → Gemeindeverbände (Kommunalverbände) betreffenden Rechtssätze. Das K. ist öffentliches → Recht, das teils staatlich (z. B. Art. 28 GG [Bundesrecht], daneben vor allem Landesrecht wie Gemeindeordnung und Landkreisordnung), teils → autonom (Satzung) gesetzt ist. Es betrifft in erster Linie die Rechtsstellung der Gemeinden und Gemeindeverbände, die Bildung und Auflösung, die innere Verfassung, die Bestellung von Organen, die Willensbildung, die Rechte und Pflichten der Angehörigen sowie die Beschaffung der zur Erfüllung der Aufgaben benötigten Mittel.

Lit.: *Gern, A.,* Deutsches Kommunalrecht, 3. A. 2003; *Burgi, M.,* Kommunalrecht, 5. A., 2015; *Geis, M.,* Kommunalrecht, 3. A. 2014; *Schmidt, T.,* Kommunalrecht, 2011

Kommunalverfassung ist die Gesamtheit der die Grundordnung der → Gemeinden (Kommunen) und → Gemeindeverbände (Kommunalverbände) betreffenden Rechtssätze. In Deutschland setzte sich dabei in den 90er Jahren des 20. Jh.s die duale Rat-Bürgermeister-Verfassung gegen die Magistratsverfassung durch.
Lit.: *Reiners, T.,* Kommunalverfassungsrecht in den neuen Bundesländern, 1991; *Grashoff, P.,* Die Kommunalverfassung des Landes Brandenburg, 1999; *Lingk, A.,* Die Reform der nordrhein-westfälischen Kommunalverfassung, 1999; *Lemmermann, M.,* Die Reform der niedersächsischen Kommunalverfassung, 2000

Kommunalverfassungsbeschwerde ist die Verfassungsbeschwerde einer Gemeinde wegen Verletzung der Selbstverwaltungsbefugnis vor einem Verfassungsgericht.
Lit.: *Starke, T.,* Grundfälle zur Kommunalverfassungsbeschwerde, JuS 2008, 319

Kommunalverfassungsklage ist die Klage gegen eine organisatorische Entscheidung eines kommunalen Organs im Rahmen der kommunalen Verfassung, die kein → Verwaltungsakt ist. Sie ist ein Verfahren eigener Art (str., a. M. Feststellungsklage), das entwickelt wurde, um eine Möglichkeit zu eröffnen, organisatorische Entscheidungen kommunaler Organe gerichtlich anzugreifen. Jeder, der sich durch einen Vorgang in seinen Rechten als Organ, Organwalter, Fraktion oder Fraktionsmitglied einer Vertretungskörperschaft für verletzt hält, kann die K. mit dem Ziel der Feststellung der Verfassungswidrigkeit oder Gesetzwidrigkeit des Vorgangs betreiben.
Lit.: *Martensen, J.,* Grundfälle zum Kommunalverfassungsrecht, JuS 1995, 989, 1077; *Lin, M.,* Vorläufiger Rechtsschutz im Kommunalverfassungsstreit, 2001; *Ogorek, M.,* Der Kommunalverfassungsstreit im Verwaltungsprozess, JuS 2009, 511

Kommunalverwaltung ist die → Verwaltung der → Gemeinden (Kommunen) und → Gemeindeverbände (Kommunalverbände) (teilweise → Selbstverwaltung).
Lit.: *Barthel, C.,* Der Prozess der Organisationsveränderung, 2004

Kommunalwahl ist die Wahl eines Organs einer → Kommune durch deren Mitglieder.
Lit.: *Saftig, A.,* Kommunalwahlrecht in Deutschland, 1990; *Schunda, R.,* Das Wahlrecht von Unionsbürgern, 2003

Kommune ([F.] Gemeinschaft, Gemeinde) sind die → Gemeinde und der → Gemeindeverband. Die K. ist → Gebietskörperschaft des öffentlichen Rechts. Sie hat → Selbstverwaltungsrecht.
Lit.: Handbuch Kommunale Unternehmen, hg. v. *Hoppe-Uechtritz,* 2004; *Henneke/Pünder/Waldhoff,* Recht der Kommunalfinanzen, 2006

Kommunikation (F.) Mitteilung, Gespräch
Lit.: *Schütz, R.,* Kommunikationsrecht, 2005

Kommunikationsfreiheit → Meinungsfreiheit

Lit.: *Bullinger, M.,* Kommunikationsfreiheit, 1986; *Buschle, D.,* Kommunikationsfreiheit in den Grundrechten und Grundfreiheiten des EG-Vertrages, 2004

Kommunismus ist die Wirtschaftsordnung und Gesellschaftsordnung, in der alle Gegenstände allen Menschen, entsprechend ihren Bedürfnissen, gemeinsam (kommun) zustehen und alle Menschen gesellschaftlich gleichgestellt sind. → Kommunistisches Manifest

Lit.: *Weber, H.,* Der deutsche Kommunismus, 1963; *Weber, H.,* Deutsche Kommunisten, 2004

Kommunistisches Manifest ist das von Karl Marx und Friedrich Engels erarbeitete, 1848 veröffentlichte Dokument, das die politisch-ideologische Grundlage der kommunistischen Partei bildet. → Kommunismus

Lit.: *Köbler, G.,* Deutsche Rechtsgeschichte, 6. A. 2005; *Rorty, R.,* Das kommunistische Manifest, 1998

Kompensation ist allgemein der Ausgleich eines Unterschieds. Im Strafrecht ist K. einer mit Strafe bedrohten → Handlung durch die gleiche Handlung möglich (z. B. § 199 StGB wechselseitig begangene → Beleidigungen, bei denen der Richter beide Beleidiger oder einen der Beleidiger für straffrei erklären kann). Sie trägt dem Umstand Rechnung, dass der erste Täter dadurch eine Vergeltung erfahren und der zweite häufig in Erregung gehandelt hat.

Lit.: *Vosskuhle, A.,* Das Kompensationsprinzip, 1999; *Dreier, T.,* Kompensation und Prävention, 2002; *Syring, P.,* Der Kompensationsgedanke in allgemeinen Geschäftsbedingungen, 2003

Kompetenz (F.) Zuständigkeit

Lit.: *Rosin, R.,* Kompetenzabgrenzung und Kompetenzausübung, 2003; *Ipsen, J.,* Die Kompetenzverteilung zwischen Bund und Ländern, NJW 2006, 2801

Kompetenzkompetenz ist die → Zuständigkeit, über eine (Änderung der) Zuständigkeit zu entscheiden (beachte Art. 79 GG).

Lit.: *Gerster, R.,* Die Rechtswegeröffnung und -bestimmung zwischen Kompetenzkonflikt und Kompetenzkompetenz, 1991

Kompetenzkonflikt ist der Streit (Konflikt) über die → Zuständigkeit (Kompetenz). Eine allgemeine Regelung für den Bereich der ordentlichen → Gerichtsbarkeit enthält § 17 GVG, wonach ein Gericht grundsätzlich an die Entscheidung eines anderen Gerichts hinsichtlich der Zulässigkeit oder Unzulässigkeit des Rechtswegs gebunden ist. Im Verwaltungsrecht entscheidet den K. grundsätzlich die vorgesetzte → Behörde.

Lit.: *Gerster, R.,* Die Rechtswegeröffnung und -bestimmung zwischen Kompetenzkonflikt und Kompetenzkompetenz, 1991; *Kissel, O./Mayer, H.,* Gerichtsverfassungsgesetz, 8. A. 2015

Komplementär (§ 161 I HGB) ist der unbeschränkt persönlich haftende → Gesellschafter (evtl. juristische Person) einer → Kommanditgesellschaft oder Kommanditgesellschaft auf Aktien. Für ihn gilt grundsätzlich das Recht eines Gesellschafters einer

offenen → Handelsgesellschaft (§ 161 II HGB). Demnach steht ihm regelmäßig die Geschäftsführungsbefugnis zu.

Lit.: *Gänzle, T.,* Die Rechtsstellung des Kommanditisten, 2001; *Seeger, M.,* Das Ausscheiden des einzigen Komplementärs, 2010

Komposition (F.) Zusammenstellung, Buße

Kompositionensystem ist im altrömischen, germanischen und frühmittelalterlichen Recht das System, das wohl als Folge schwacher Herrschaftsgewalt Unrecht (nur) durch Bußleistung an den Verletzten (→ Wergeld, → Buße) ausgleicht (z. B. bei den Franken bei Tötung eines Freien Ausgleich durch Sachen im Wert von 200 Schillingen) und in der römischen Republik sowie im Hochmittelalter mit dem Erstarken des Staates durch das System der staatlichen peinlichen → Strafen einerseits und des privatrechtlichen → Schadensersatzes andererseits abgelöst wird.

Lit.: *Köbler, G.,* Deutsche Rechtsgeschichte, 6. A. 2005

Kondiktion (zu lat. [F.] condictio, Ansagung) ist der → Anspruch aus ungerechtfertigter → Bereicherung (§§ 812 ff. BGB). Die K. kann → Leistungskondiktion oder → Nichtleistungskondiktion sein. Der Umfang der Herausgabepflicht bestimmt sich nach den §§ 818 ff. BGB.

Lit.: *Wilhelm, J.,* Die Kondiktion, NJW 1999, 3519; *Schall, A.,* Leistungskondiktion und sonstige Kondiktion, 2003; *Lorenz, S. u. a.,* Bereicherungsrecht. Grundtypen der Kondiktionen, JuS 2012, 777

Kondition (F.) Bedingung

Kondominat, Kondominium (Gemeinschaftsgewalt) ist die gemeinsame Ausübung der → Hoheitsgewalt durch mehrere Hoheitsträger (→ Staaten) auf einem ihnen gehörigen Gebiet (z. B. Preußen und Österreich in Schleswig-Holstein 1864–1866).

Kondominium (N.) → Kondominat

Konfession (F.) Bekenntnis

Konfiskation (F.) Beschlagnahme, Einziehung, Enteignung

Konföderation (F.) Staatenbund

Konfusion ([F.] Zusammengießung) ist die Vereinigung des → Schuldners und → Gläubigers (bzw. ihrer Rechtsstellung) (z. B. der Schuldner wird Erbe des Gläubigers). Dadurch erlischt die → Forderung und grundsätzlich auch das → Pfandrecht an beweglichen Sachen (§ 1256 BGB). Anders verhält es sich bei der → Konsolidation.

Kongregation (F.) Vereinigung

König ist im mittelalterlichen und frühneuzeitlichen deutschen Recht der Anführer des Volkes. Er erlangt seine Stellung auf Grund des Geblütsrechts und der Wahl durch die Großen, seit dem 13. Jahrhundert durch die Wahl durch die → Kurfürsten. Seine Herrschaft beruht wesentlich auf seinen Gütern und bestimmten Rechten (z. B. → Königsbann). In der Neuzeit erlangen auch die Fürsten einzelner Territorien die Stellung als König (z. B. → Preußen, → Bayern). Das Königtum verschwindet in Deutschland 1918 mit dem Übergang zur → Republik.

Lit.: *Köbler, G.*, Deutsche Rechtsgeschichte, 6. A. 2005; *Willoweit, D.*, Deutsche Verfassungsgeschichte, 7. A. 2013; Die deutschen Herrscher des Mittelalters, hg. v. *Schneidmüller, B.*, 2004

Königsbann ist im frühmittelalterlichen deutschen Recht die Berechtigung des → Königs, Gebote und Verbote unter Androhung von Nachteilen für den Fall der Nichtbeachtung auszusprechen.

konkludent (Adj.) schlüssig, nicht ausdrücklich

konkludentes Handeln → Handeln, konkludentes

Konklusion (F.) Schluss, Folgerung

Konkordat ([N.] Übereinkunft) ist im katholischen → Kirchenrecht der völkerrechtliche → Vertrag zwischen dem Heiligen Stuhl und einem Staat zur Regelung einer kirchenpolitischen Angelegenheit.

Lit.: *Wengenroth, D.*, Die Rechtsnatur der Staatskirchenverträge, 2001

konkret (Adj.) zusammengewachsen, bestimmt

konkrete Normenkontrolle → Normenkontrolle, konkrete

konkretes Gefährdungsdelikt → Gefährdungsdelikt, konkretes

Konkretisierung ([F.] Konzentration, Verdichtung) (§ 243 II BGB) ist der Vorgang der Umwandlung einer → Gattungsschuld in eine → Stückschuld. Voraussetzung ist, dass der Schuldner das seinerseits Erforderliche getan hat, d. h. einen solchen Zustand hergestellt hat, dass die weitere Durchführung der K. ohne sein Zutun geschehen kann. Dazu muss er bei der → Holschuld die einzelne zur Leistung bestimmte Sache aussondern und wörtlich anbieten, bei der → Schickschuld aussondern und an die Transportperson übergeben und bei der → Bringschuld aussondern und dem Gläubiger tatsächlich anbieten. Die K. bewirkt, dass der Schuldner von der → Verpflichtung zur → Leistung frei wird, soweit die Leistung infolge eines nach der Entstehung des Schuldverhältnisses eintretenden Umstands, den er nicht zu vertreten hat, (ihm oder jedermann) → unmöglich wird (§ 275 I BGB, z. B. Vernichtung durch Blitzschlag).

Lit.: *Köbler, G.*, Schuldrecht, 2. A. 1995

Konkubinat (M., N.) ist bis in die jüngste Vergangenheit die missbilligte, auf längere Zeit abgestellte außereheliche Geschlechtsgemeinschaft. → Lebensgemeinschaft, nichteheliche

Lit.: *Eisenhardt, U.*, Deutsche Rechtsgeschichte, 5. A. 2008

Konkurrent (M.) Mitwettbewerber, Wettbewerber

Lit.: *Nowak, C.*, Konkurrentenschutz in der EG, 1997; *Wunsch, O.*, Die Wettbewerbsklausel, 2002

Konkurrentenklage ist im Wirtschaftsrecht die → Klage gegen die Gewährung einer → Subvention an einen Konkurrenten, durch die der Kläger geltend macht, durch hoheitliches Handeln in seiner Wettbewerbsstellung und damit seinen → Rechten verletzt zu sein, im Arbeitsrecht K. die Klage eines nicht berücksichtigten Stellenbewerbers, die zwischen dem Abschluss des Bewerbungsverfahrens und der endgültigen Besetzung der Stelle erhoben werden muss.

Lit.: *Kernbach, K.*, Die Konkurrentenklage im Beamtenrecht 1995; *Körber, T.*, Die Konkurrentenklage im Fusionskontrollrecht, 1996; *Nordmann, J.*, Die negative Konkurrentenklage im EG-Beihilferecht, 2002; *Lausnicker, F./Schwirtzek, T.*, Die Konkurrentenklage im Arbeitsrecht, NJW 2003, 2481; *Köhler, H.*, Konkurrentenklage, NJW 2008, 177

Konkurrenz ([F.] Zusammenlauf) ist der Wettbewerb mehrerer um ein Ziel. Insbesondere betrifft die K. die Frage des Zusammentreffens von → Ansprüchen (→ Anspruchskonkurrenz) und von → Straftaten auf Grund einer wenigstens teilweisen Gleichheit von Tatbeständen (Straftatkonkurrenz). Dabei wird im Strafrecht unterschieden zwischen → Gesetzeseinheit (*unechter* K. bzw. Gesetzeskonkurrenz, scheinbarem Zusammentreffen [Spezialität, Subsidiarität, Konsumtion]), → Tateinheit (*Idealkonkurrenz*, § 52 StGB, eine Täterhandlung, Handlungseinheit) und → Tatmehrheit (*Realkonkurrenz*, § 53 StGB, mehrere Täterhandlungen, Handlungsmehrheit). Bei Gesetzeseinheit werden die miterfassten Straftatbestände verdrängt, bei Tateinheit wird die Strafe der Vorschrift, welche die schwerste Strafe androht (→ Absorptionsprinzip), entnommen, bei Tatmehrheit mehreren Strafvorschriften unter Bildung einer → Gesamtstrafe (→ Asperationsprinzip, → Kumulationsprinzip).

Lit.: *Wegscheider, H.*, Echte und scheinbare Konkurrenz, 1980; *Mitsch, W.*, Konkurrenzen im Strafrecht, JuS 1993, 385; *Seher, G.*, Zur strafrechtlichen Konkurrenzlehre, JuS 2004, 192

konkurrierend (Adj.) wettbewerblich, in Wettbewerb stehend

konkurrierende Bundesgesetzgebung → Bundesgesetzgebung, konkurrierende

Konkurs ([M.] Zusammenlauf [der Gläubiger]) (§§ 1 ff. KO) war bis 31.12.1998 das Verfahren zur gleichzeitigen und gleichmäßigen Befriedigung aller → Gläubiger eines → Schuldners (Gemeinschuldners) aus dessen → Vermögen, das wegen meist fehlender Vermögensmasse zuletzt nur noch in einem Viertel aller Fälle eröffnet wurde. → Insolvenz

Lit.: *Hess, H.*, Kommentar zur Konkursordnung, 6. A. 1998

Konnexität (§ 273 I BGB) ist das Beruhen eines Anspruchs und eines Gegenanspruchs auf demselben rechtlichen Verhältnis. Für K. genügt ein innerlich zusammengehöriges, einheitliches Lebensver-

hältnis, ein innerer, natürlicher, wirtschaftlicher Zusammenhang (z. B. nichtiger Vertrag). Die K. ist Voraussetzung für das bürgerlich-rechtliche → Zurückbehaltungsrecht.
Lit.: *Brandhuber, K.,* Konnexität bei Haupt- und Hilfsantrag, 1987; *Lüpfert, J.,* Konnexität in EuGVÜ, 1997

Konnivenz (§ 357 StGB) ([F.] Nachsicht) ist die Verleitung eines Untergebenen zu einer rechtswidrigen Tat im → Amt durch einen Vorgesetzten, das Unternehmen der Verleitung oder das Geschehenlassen einer rechtswidrigen Straftat im Amt durch den Vorgesetzten. Gegenüber K. sind die allgemeinen Vorschriften über → Anstiftung und → Beihilfe → subsidiär.
Lit.: *Maiwald, M.,* Die Amtsdelikte, JuS 1977, 353

Konnossement ([N.] Anerkenntnis) (§§ 642ff. HGB) ist der Seefrachtbrief, den der Verfrachter (Reeder) dem Ablader (Absender) ausstellt und in dem der Verfrachter die Annahme der Güter anerkennt und sich zur Auslieferung an den Inhaber der → Urkunde verpflichtet. Das K. ist ein → Orderpapier. Es ist entweder *Übernahmekonnossement* oder *Bordkonnossement.*
Lit.: *Zeller, S.,* Die neue Skripturhaftung bei Konnossementen, 1994; *Giermann, H.,* Die Haftung des Verfrachters für Konnossementsangaben, 2000

Konrektor (M.) Mitrektor

Konsens (M.) Zustimmung, Übereinstimmung (aus lat. consensus, M., Übereinstimmung)

Konsensprinzip ist der Grundsatz der Zustimmung. Formelles K. (§ 19 GBO) ist der Grundsatz, dass die Eintragungsbewilligung des durch eine Eintragung in das Grundbuch Belasteten die Grundlage der Eintragung bildet, ohne dass auf den materiellen Konsens (inhaltliche Übereinstimmung) im Rahmen der zugrundeliegenden Rechtsgeschäfte (z. B. Kaufvertrag, Einigung) abgestellt wird.
Lit.: *Ertl, R.,* Antrag, Bewilligung und Einigung im Grundstücks- und Grundbuchrecht, Rpfleger 1980, 41

Konsensualvertrag ist der → Vertrag, der auf der bloßen Übereinstimmung der Willenserklärungen der Vertragsparteien (→ Antrag, → Annahme) beruht, also beispielsweise keine zusätzliche Schriftform oder Hingabe einer Sache erfordert.

konservativ (Adj.) bewahrend

Konsignation ist die → Kommission im Auslandsgeschäft, bei welcher der Konsignant dem Konsignatar eine Ware gibt.
Lit.: Konsignations-Lagervertrag, 2003

Konsiliator (oder Kommentator) ist in der Rechtsgeschichte der spätmittelalterliche oberitalienische Jurist, der vor allem auf Grund des römischen Rechtes praktische Gutachten verfasste (früher als Postglossator bezeichnet) (z. B. Bartolus, Baldus).
Lit.: *Köbler, G.,* Zielwörterbuch integrativer europäischer Rechtsgeschichte, 6. A. 2014 (Internet)

Konsiliensammlung (F.) Gutachtensammlung

Konsistorium ist im katholischen Kirchenrecht die Vollversammlung der → Kardinäle unter Vorsitz des → Papstes, im älteren evangelischen Kirchenrecht die territoriale Kirchenbehörde.

Konskription (F.) Zusammenschreibung (zwecks Heranziehung zum Kriegsdienst)

Konsolidation ([F.] Festigung) ist der Zusammenfall eines beschränkten dinglichen → Rechts (an einem Grundstück) mit dem Eigentum. Das beschränkte dingliche Recht (an → Grundstücken) erlischt nicht durch K. (§ 889 BGB, → Eigentümerhypothek, → Eigentümergrundschuld). Bei beweglichen Sachen erlischt das beschränkte dingliche Recht meist (z. B. § 1256 BGB, → Konfusion).

Konsortium ([N.] Anteilsgemeinschaft) ist die Gelegenheitsgesellschaft zur Erledigung vorübergehender Einzelaufgaben (z. B. Bankenkonsortium zur Ausgabe einer Anleihe), meist eine → Gesellschaft des bürgerlichen Rechts.
Lit.: *Schaub, B.,* Der Konsortialvertrag, 1991; *Meo, F. de,* Bankenkonsortien, 1994; *Picherer, M.,* Sicherungsinstrumente bei Konsortialfinanzierungen, 2002

Konstitution (F.) Zusammensetzung, Festsetzung, Gesetz, Verfassung

Konstitutionalismus ist die Staatsform, bei der das Staatsoberhaupt durch eine (formelle) → Verfassung in seinen Rechten beschränkt ist (z. B. konstitutionelle Monarchie im Gegensatz zur absoluten Monarchie).
Lit.: *Zippelius, R.,* Allgemeine Staatslehre, 16. A. 2010; *Dobner, P.,* Konstitutionalismus als Politikform, 2002

konstitutiv (Adj.) begründend, → Wirkung

Konstruktion (F.) Zusammenbau

Konstruktionsfehler ist der auf der Konstruktion oder Zusammensetzung beruhende Fehler einer Sache (z. B. Unterwäsche aus feuergefährlichem Stoff, zum Überschlag in engen schnell gefahrenen Kurven drängende Gestaltung eines Kraftfahrzeugs), für den der Hersteller einstehen muss. → Produzentenhaftung, Produkthaftung
Lit.: *Böhmeke-Tillmann, J.,* Konstruktions- und Instruktionsfehler, 1992; *Klindt, T. u. a.,* Haftung eines Herstellers für Konstruktions- und Instruktionsfehler, NJW 2010, 1105

konstruktiv (Adj.) aufbauend

konstruktives Misstrauensvotum → Misstrauensvotum, konstruktives

Konsul ist der – nicht mit der Stellung als → Gesandter versehene – Vertreter eines → Staates in einem anderen Staat. Der K. kann *Berufskonsul* oder *Honorarkonsul* bzw. *Wahlkonsul* sowie Generalkonsul, Konsul oder Vizekonsul sein und bedarf zur Aufnahme seiner Tätigkeit des → Exequaturs. In der Rechtsgeschichte ist K. der Höchstmagistrat der römischen Republik.
Lit.: *Hecker, G.,* Handbuch der konsularischen Praxis (Lbl.), hg. v. *Müller-Chorus, G.,* 2. A. 2003

Konsument (M.) → Verbraucher

Konsumtion (Verbrauch) ist der Fall der → Gesetzeseinheit (Gesetzeskonkurrenz), der vorliegt, wenn ein Tatbestand in einem anderen Tatbestand zwar nicht notwendig enthalten ist, die eine Tat aber regelmäßig und typischerweise mit der Begehung einer anderen zusammentrifft, so dass ihr Unrechtsgehalt und ihr Schuldgehalt durch die schwerere Deliktsform miterfasst und aufgezehrt wird. Unterschieden werden dabei mitbestrafte (straflose) → Nachtat (z. B. Betrug mit anschließender Unterschlagung, Diebstahl mit nachfolgender Sachbeschädigung) und typische Begleittat (z. B. Einbruchsdiebstahl § 243 I S. 2 Nr. 1 StGB und Hausfriedensbruch § 123 StGB sowie Sachbeschädigung § 303 StGB).
Lit.: *Krauss, D.,* Zum Begriff der straflosen Nachtat, GA 1965, 173; *Seher, G.,* Zur strafrechtlichen Konkurrenzlehre, JuS 2004, 482

Kontakt ist die Berührung zweier Gegebenheiten. *Geschäftlicher* K. (§ 311 II Nr. 3 BGB) oder geschäftliche Beziehung ist die in der Ausführung mindestens begonnene Anbahnung von Verhandlungen mit dem grundsätzlichen Ziel des Abschlusses eines → Rechtsgeschäfts. Geschäftlicher K. ist eine mögliche Voraussetzung eines → Anspruchs aus → culpa in contrahendo.
Lit.: *Köbler, G.,* Schuldrecht, 2. A. 1995

Kontaktsperre (§ 31 EGGVG) ist die Unterbrechung der Verbindung eines Gefangenen mit der Außenwelt. Die Anordnung einer K. ist (seit 1977) unter engen Voraussetzungen möglich. Diese sind von der zuständigen Landesregierung oder der von ihr bestimmten obersten Landesbehörde oder dem Bundesjustizminister festzustellen und innerhalb von zwei Wochen vom zuständigen Oberlandesgericht oder vom Bundesgerichtshof zu bestätigen.
Lit.: Kontaktsperre, hg. v. Bundesminister der Justiz, 1978; *Kissel, O./Mayer, H.,* Gerichtsverfassungsgesetz, 8. A. 2015

Konterbande (F.) Kriegsgut, Schmuggelgut

Konterrevolution (F.) Gegenrevolution

Kontokorrent ([N.] laufende Rechnung) (§ 355 HGB) ist die Geschäftsverbindung mit einem → Kaufmann (z. B. Inhaber einer Bank), bei der die aus der Verbindung entspringenden beiderseitigen → Ansprüche und → Leistungen nebst → Zinsen in Rechnung gestellt und in regelmäßigen Zeitabschnitten durch Verrechnung und Feststellung des für den einen oder anderen Teil sich ergebenden Überschusses (Saldo) ausgeglichen werden. Durch die Saldierung werden die mehreren Einzelansprüche durch einen Saldoanspruch ersetzt. Im Einzelnen ist die Gestaltung des gesetzlich nur unvollkommen geregelten Kontokorrents streitig.
Lit.: *Maier, A.,* Das Kontokorrent, JuS 1988, 196; *Unland, D.,* Die Rückabwicklung unverbindlicher Börsentermingeschäfte im Kontokorrent, 2003

Kontokorrentvorbehalt ist der → Eigentumsvorbehalt, der den Erwerb des Eigentums davon abhän-

gig macht, dass der Käufer alle oder einen bestimmten Teil der gesamten aus der Geschäftsverbindung stammenden → Forderungen beglichen hat.
Lit.: *Braun, H.,* Kontokorrentvorbehalt und Globalvorbehalt, 1980

kontrahieren (V.) zusammenziehen, abschließen, vereinbaren

Kontrahierungszwang → Abschlusszwang
Lit.: *Busche, J.,* Privatautonomie und Kontrahierungszwang, 1999; *Cornils, M.,* Vertragsfreiheit und kartellrechtlicher Kontrahierungszwang, NJW 2001, 3758; *Klingenfuß, H.,* Der Kontrahierungszwang, 2004

Kontratabularersitzung (§ 927 S. 1 BGB) ist die → Ersitzung des → Eigentums an einem → Grundstück durch den nichteingetragenen Eigenbesitzer entgegen der → Eintragung ([lat.] contra tabulas, gegen die Bücher). Sie erfordert 30 Jahre → Eigenbesitz. Sie erfolgt durch Ausschluss des Eingetragenen im Wege des → Aufgebotsverfahrens und anschließende Eintragung des Eigenbesitzers als Eigentümer.

Kontrollrat (alliierter) ist das im Nachkriegsdeutschland vom 5.6.1945 bis 20.3.1948 tätige oberste, aus den vier Befehlshabern der → Besatzungszonen (der Vereinigten Staaten von Amerika, der Sowjetunion, Großbritanniens und Frankreichs) gebildete, durch Auszug der Vertreter der Sowjetunion auf Dauer beschlussunfähig gewordene Kontrollorgan der → Besatzungsmächte.
Lit.: *Mai, G.,* Der Alliierte Kontrollrat in Deutschland, 1995

Kontumazialverfahren (N.) Ungehorsamsverfahren, Abwesenheitsverfahren, Versäumnisverfahren

Konvaleszenz ([F.] Gesundung, Heilung) ist das nachträgliche Wirksamwerden eines nicht oder nicht voll wirksamen Geschäfts (z. B. → Heilung oder → Bestätigung eines nichtigen Geschäfts, Genehmigung → eines schwebend unwirksamen Geschäfts).
Lit.: *Pletscher, U.,* Genehmigung und Konvaleszenz des Rechtsgeschäfts, Diss. jur. Mannheim 2000

Konvent (M.) Zusammenkunft, Vereinigung

Konvention (F.) Übereinkunft, Sitte

Konvention über den Rechtsschutz von Kindern ist die den Kinderschutz betreffende, 1996 in Kraft getretene → Konvention der Mitgliedstaaten des → Europarats.

Konvention zum Schutz der Menschenrechte → Europäische Konvention

Konventionalscheidung (F.) Ehescheidung auf Grund vertraglicher Übereinkunft

Konventionalstrafe (F.) → Vertragsstrafe

Konversion (F.) Umwendung, → Umdeutung
Lit.: *Krampe, C.,* Die Konversion des Rechtsgeschäfts, 1980

Konvertibilität (F.) Umtauschbarkeit

Konzentration (Verdichtung, Zusammenfassung) ist im Schuldrecht der Vorgang, der die Umwandlung einer → Gattungsschuld in eine → Stückschuld bewirkt (→ Konkretisierung), im Wirtschaftsrecht die Vereinigung von mehreren kleineren → Unternehmen zu wenigeren größeren Unternehmen, im Verwaltungsrecht die Zusammenfassung von Zuständigkeiten in einer → Verwaltungsbehörde und im Verfahrensrecht die Beschränkung einer Streitsache auf möglichst einen → Verhandlungstermin.

Konzern (§ 18 AktG) ist die unter Wahrung der rechtlichen Selbständigkeit erfolgende Zusammenfassung eines herrschenden und eines abhängigen Unternehmens oder mehrerer abhängiger → Unternehmen *(Unterordnungskonzern)* oder mehrerer rechtlich selbständiger, nicht von einander abhängiger Unternehmen *(Gleichordnungskonzern)* unter einheitlicher Leitung. Der K. ist ein verbundenes Unternehmen (§ 15 AktG). Es gelten die §§ 291 ff. AktG.
Lit.: *Milde, T.,* Der Gleichordnungskonzern, 1996; Konzernsteuerrecht, hg. v. *Kessler, W. u. a.,* 2. A. 2008, 3. A. 2015

Konzernrecht ist die Gesamtheit der den → Konzern betreffenden Rechtssätze.
Lit.: *Emmerich, V./ Habersack, M.,* Konzernrecht, 10. A. 2013; *Emmerich, V./Habersack, M.,* Aktien- und GmbH-Konzernrecht, 7. A. 2013

Konzernvorbehalt (oder Konzerneigentumsvorbehalt) ist der → Eigentumsvorbehalt, der den Erwerb des Eigentums davon abhängig macht, dass der Käufer alle → Forderungen des → Konzerns des Vorbehaltseigentümers beglichen hat.
Lit.: Konzerneigentumsvorbehalt, 1987

Konzession ([F.] Zugeständnis, Erlaubnis) ist vielfach eine besondere behördliche → Erlaubnis, insbesondere zur Aufnahme bestimmter gewerblicher Tätigkeiten.
Lit.: *Templin, W.,* Recht der Konzessionsverträge, 2009

Konzessionsabgabe ist die → Abgabe für eine → Konzession.
Lit.: *Feuerborn, A./Riechmann, V.,* Verordnung über Konzessionsabgaben für Strom und Gas, 1994; *Sonnenschein, R.,* Fragen und Antworten zu Konzessionsabgabe und Konzessionsverträgen, 2000

Konzessionssystem ist das im 19. Jh. geltende System, das die Entstehung einer juristischen → Person von einer staatlichen Verleihung (→ Konzession, → Erlaubnis, → Genehmigung) abhängig macht. Es wurde durch das liberale System der → Normativbestimmungen ersetzt.

Konzil ([N.] Versammlung) ist im katholischen → Kirchenrecht ein kollegiales, nichtständiges Organ zur Behandlung kirchlicher Angelegenheiten (Bischofsversammlung).
Lit.: Kleines Konzilskompendium, hg. v. *Rahner, K.,* 35. A. 2008

Kopieren → Fotokopieren

Korea
Lit.: Einführung in das koreanische Recht, hg. v. Korea Legislation Research Institute, 2010

Körper ist allgemein ein räumlich begrenzter Gegenstand. Der K. des Menschen ist die Gesamtheit seiner Knochenteile und Weichteile, einschließlich aller festverbundenen künstlichen Körperteile als eine Einheit. Seine Verletzung kann Schadensersatzansprüche begründen und strafbar machen.
Lit.: *Taupitz, J.,* Der deliktsrechtliche Schutz des menschlichen Körpers und seiner Teile, NJW 1995, 745

körperlich (Adj.) einen Körper betreffend, räumlich abgrenzbar

körperliche Misshandlung → Misshandlung, körperliche

Körperschaft ist die mitgliedschaftlich verfasste, vom Wechsel der → Mitglieder unabhängige Personenvereinigung (z. B. Verein, Universität). Im Verwaltungsrecht ist K. der mitgliedschaftlich verfasste, vom Wechsel der Mitglieder unabhängige, mit → Hoheitsgewalt ausgestattete Verwaltungsträger. Die öffentlich-rechtliche K. ist grundsätzlich juristische → Person des öffentlichen → Rechts. Je nach der Abgrenzung der Mitgliedschaft kann sie → Gebietskörperschaft (z. B. Gemeinde), → Realkörperschaft (z. B. Jagdgenossenschaft), → Personalkörperschaft (z. B. Ärztekammer) oder → Verbandskörperschaft (z. B. → Zweckverband) sein. Nicht K. sind (zweifelhaft) z. B. (wegen mangelnder Loyalitätspflicht gegenüber dem Staat) die Zeugen Jehovas.
Lit.: *Flume, W.,* Die juristische Person, 1983; *Bohl, E.,* Der öffentlich-rechtliche Körperschaftsstatus der Religionsgemeinschaften, 2001; *Sendler, H.,* Glaubensgemeinschaften als Körperschaften des öffentlichen Rechts, DVBl. 119 (2004) 8

Körperschaftsteuer (§§ 1 ff. KStG) ist die → Einkommensteuer der → Körperschaften und ihnen gleichgestellten juristischen → Personen (Kapitalgesellschaft, Genossenschaft, Versicherungsverein auf Gegenseitigkeit, sonstige juristische Personen des privaten Rechts, nichtrechtsfähiger Verein, Anstalt, Stiftung, Zweckvermögen, gewerbliche Betriebe öffentlicher Körperschaften). Zu versteuern ist das → Einkommen, das nach dem Körperschaftsteuergesetz und dem Einkommensteuergesetz ermittelt wird. Die K. beträgt grundsätzlich 15 Prozent.
Lit.: Körperschaftsteuerrecht, hg. v. *Streck, M.,* 24. A. 2013; *Blümich, W.,* Einkommensteuergesetz (Lbl.), 117. A. 2013; Handbuch zur Körperschaftsteuerveranlagung 2009, 2010; Körperschaftsteuergesetz, hg. v. *Streck, M.,* 8. A. 2014

Körperverletzung ist im Schuldrecht (§ 823 I BGB) der äußere Eingriff in die körperliche Unversehrtheit, im Strafrecht (§ 223 StGB) die körperliche Misshandlung oder Gesundheitsschädigung eines Menschen (möglich z. B. bei unnötigem Röntgen). Die K. kann einen → Schadensersatzanspruch bzw.

eine Bestrafung (Freiheitsstrafe bis zu 5 Jahren oder Geldstrafe, Versuch strafbar) nach sich ziehen. *Gefährliche* K. (§ 224 StGB) ist die durch Beibringung von Gift oder anderen gesundheitsschädlichen Stoffen, mittels einer → Waffe, insbesondere eines Messers oder eines anderen gefährlichen Werkzeugs, mittels eines hinterlistigen Überfalls, mit einem anderen Beteiligten gemeinschaftlich oder mittels einer das Leben gefährdenden Behandlung begangene K. *Schwere* K. (§ 226 StGB) ist die K., die zur Folge hat, dass der Verletzte ein wichtiges Glied seines Körpers verliert oder dauernd nicht mehr gebrauchen kann, das Sehvermögen auf mindestens einem Auge, das Gehör, das Sprechvermögen oder die Fortpflanzungsfähigkeit verliert, in erheblicher Weise dauernd entstellt wird oder in Siechtum, Lähmung oder geistige Krankheit oder Behinderung verfällt. Strafbar sind auch K. mit Todesfolge (Freiheitsstrafe nicht unter drei Jahren, § 227 StGB) und fahrlässige Körperverletzung (Freiheitsstrafe bis zu drei Jahren oder Geldstrafe, § 229 StGB). Fahrlässige K. und einfache vorsätzliche K. werden grundsätzlich nur auf Antrag bestraft (§ 230 StGB).

Lit.: *Wolters, G.,* Die Neufassung der Körperverletzungsdelikte, JuS 1998, 582; *Niedermair, H.,* Körperverletzung mit Einwilligung, 1999; *Gröning, C.,* Körperverletzungsdelikte, 2004; *Karakaya, I.,* Doping und Unterlassen als strafbare Körperverletzung?, 2004; *Hardtung, B.,* Die Körperverletzungsdelikte, JuS 2008, 864

Korporation (F.) Körperschaft

korrespektiv (Adj.) → wechselbezüglich

korrespektives Testament → Testament, korrespektives

Korrespondenz (F.) Mitteilungsgemeinschaft, Briefwechsel

Korrespondenzgeheimnis (Art. 10 GG) ist die die Tatsache und den Inhalt von Briefen, Ferngesprächen, Fernschreiben, Telegrammen und allen Postsendungen schützende Geheimhaltungspflicht (→ Briefgeheimnis, → Postgeheimnis, → Fernmeldegeheimnis). Der Schutz besteht im → Verbot staatlicher Übergriffe und im → Gebot staatlichen Schutzes gegen Übergriffe Dritter. Das K. unterliegt nach Art. 10 II GG einem → Gesetzesvorbehalt.

Korruption (F.) (zu lat. corruptio [F.] Verderbnis, Verderben, Verdorbensein) ist im weiteren Sinn eine allgemeine Bezeichnung für oft sehr subtil gestaltete, elegant maskierte rechtswidrige Gegebenheiten (z. B. Duldung und Förderung von Lügnern, Schmierern, Fälschern, Betrügern und Hochstaplern im öffentlichen Dienst etwa einer Universität gegen entsprechende Gegenleistung, Sittenverfall, Rechtsbruch), im engeren Sinn für die in der Form der → Bestechung und der → Bestechlichkeit strafbaren Sachverhalte. K. ist bedingungslos zu bekämpfen, so sehr die korrupten Beteiligten auch durch kollusive Gegenwehr das Recht zu schädigen versuchen. Sie schadet in jedem Fall der Allgemeinheit. Einen besonderen Straftatbestand der K. gibt es nicht. Zum 15.2.1999 sind das OECD-Übereinkommen über die Bekämpfung der Bestechung ausländischer Amtsträger im internationalen Geschäftsverkehr und das Gesetz zur Bekämpfung internationaler Bestechung in Kraft getreten. Vorgeschlagen wird angesichts der Bekämpfungsschwierigkeiten eine Inpflichtnahme von Unternehmen und Inhabern durch Geldbußen und Vermögensabschöpfung.

Lit.: *Überhoven, M.,* Korruption und Bestechungsdelikte, 1999; *Bannenberg, B./Schaupensteiner, W.,* Korruption in Deutschland. Portrait einer Wachstumsbranche, 2004; *Hetzer, W.,* Korruptionsbekämpfung in Europa, NJW 2004, 3746; *Saliger, F. u.a.,* Korruption und Betrug durch Parteispende, NJW 2005, 1073; *Greeve, G.,* Korruptionsdelikte in der Praxis, 2005; *Dölling, D.,* Handbuch der Korruptionsprävention, 2007; *Freund, M./ Kallmayer, A./Kraft, O.,* Korruption und Kartelle bei Auftragsvergaben, 2008

Kosmetikverordnung
Lit.: *Reinhart, A.,* KosmetikVO, 2014

Kostbarkeit (§ 372 BGB) ist die kleine Sache von großem Wert. Sie ist hinterlegungsfähig. Durch Hinterlegung kann der Schuldner frei werden.

Kosten (Pl. von Kost F.) sind allgemein die Werte, die für die Beschaffung oder Herstellung eines Gutes aufgewendet werden. Rechtlich sind besonders bedeutsam die K. einer Leistung der Verwaltung (→ Gebühr) oder eines Gerichts (gerichtliche K., → Gerichtskosten) oder eines sonstigen Organs der Rechtspflege oder einer Partei (außergerichtliche K.). Die K. eines Rechtsstreits hat grundsätzlich die unterliegende → Partei zu tragen (§§ 91ff. ZPO), doch entscheidet im Einzelfall das → Gericht. Werden die K. zweier Parteien gegeneinander aufgehoben, so trägt jede Partei ihre eigenen außergerichtlichen K. und die Hälfte der gerichtlichen K.

Lit.: *Hartmann, P.,* Kostengesetze, 45. A. 2015; Kostenübersichtstabellen, hg. v. *Schmeckenbecher, M. u.a.,* 24. A. 2013; *Langenberg, H.,* Betriebskosten- und Heizkostenrecht, 7. A. 2014; *Schmid, M.,* Handbuch der Mietnebenkosten, 14. A. 2014

Kostendeckungsprinzip ist der Grundsatz, dass die Gesamtheit der → Gebühren für bestimmte → Leistungen der → Verwaltung die Gesamtheit der Aufwendungen in diesem Verwaltungszweig nicht übersteigen darf. Das K. gilt meist auf Grund ausdrücklicher gesetzlicher Anordnung. Es folgt aber nicht schon aus dem Wesen der Gebühr. Außerdem lässt es der Behörde einen gewissen Spielraum. Für die einzelne Gebühr gilt das → Äquivalenzprinzip.

Lit.: *Clausen, C.,* Das gebührenrechtliche Kostendeckungsprinzip, 1978; *Metzger, R.,* Verfahrenskostendeckende Masse, 2002

Kostenentscheidung ist die von Amts wegen zu treffende Entscheidung über die Tragung der gerichtlichen → Kosten. Sie ist in der Regel Bestandteil der Entscheidung in der Hauptsache. Sie kann grundsätzlich nicht selbständig angegriffen werden.

Lit.: *Viefhues/Viefhues,* Kostenentscheidungen und Sicherheitsleistungen, JuS 1992, 944; *Olivet, C.,* Die Kostenverteilung im Zivilurteil, 4. A. 2006; *Gemmer, H.,* Die Baumbach'sche Kostenformel im Zivilurteil, JuS 2012, 702

Kostenfestsetzung (z. B. §§ 103 ff. ZPO) ist die auf Antrag des Berechtigten erfolgende förmliche Festlegung der ihm tatsächlich vom Gegner zu erstattenden → Kosten. Das Gesuch um K. ist bei der → Geschäftsstelle des → Gerichts des ersten → Rechtszugs anzubringen. Für die Entscheidung ist der → Rechtspfleger zuständig.
Lit.: *Hellstab, H.,* Die Kostenfestsetzung, 22. A. 2015

Kostenfestsetzungsbeschluss (z. B. § 104 ZPO) ist der durch den → Urkundsbeamten der → Geschäftsstelle getroffene Beschluss über die Höhe der einer Partei zu erstattenden → Kosten. Gegen den K. ist eine sofortige Beschwerde zulässig.
Lit.: *Hellstab, H.,* Die Kostenfestsetzung, 22. A. 2015

Kostenordnung ist das die → Kosten der freiwilligen Gerichtsbarkeit regelnde, zum 1. Juli 2013 durch das Gerichts- und Notarkostengesetz ersetzte Gesetz.
Lit.: *Korintenberg, W./Lappe, F./Bengel, M. u. a.,* Kostenordnung, 18. A. 2010

Kostenrechnung ist allgemein der Überblick über die Herstellungskosten eines Gegenstands und besonders (§§ 49 ff. GKG) die dem zur Tragung der Kosten Verurteilten von der → Geschäftsstelle erteilte Rechnung über die von ihm zu zahlenden → Gerichtskosten. Die eventuell erforderliche Erzwingung der Begleichung erfolgt nach der → Justizbeitreibungsordnung.
Lit.: *Zimmermann, G.,* Grundzüge der Kostenrechnung, 8. A. 2001

Kostenrecht ist die Gesamtheit der die Kosten betreffenden Rechtssätze.
Lit.: Bundeskostengesetze, 29. A. 2013; *Petzold, R./ Seltmann, J. v.,* Das neue Kostenrecht GKG, JVEG, RVG, 2004; Gesamtes Kostenrecht, hg. v. *Schneider, N. u. a.,* 2013

Kraftfahrt ist die Fahrt mit einem Kraftfahrzeug.

Kraftfahrtbundesamt ist die oberste Bundesbehörde für den Straßenverkehr mit Sitz in Flensburg.
Lit.: *Haberlandt, L.,* Aus der Chronik des Kraftfahrtbundesamtes, 1987

Kraftfahrtversicherung
→ Kraftfahrzeugversicherung

Kraftfahrzeug (§ 1 II StVG) ist das ohne Bindung an Bahngleise durch Maschinenkraft bewegte Landfahrzeug. Ein K. muss zum Betrieb auf öffentlichen Wegen oder Plätzen von der zuständigen → Behörde besonders → zugelassen werden. Hierfür gelten das Straßenverkehrsgesetz und die Straßenverkehrszulassungsordnung. Für den öffentlichen Verkehr mit Kraftfahrzeugen sind besondere Regeln in der → Straßenverkehrsordnung aufgestellt. Für Schäden Dritter, die beim Betrieb eines Kraftfahrzeugs entstehen (z. B. durch Verursachen einer Ausweichbewegung eines Radfahrers, durch Verschmutzen einer Fahrbahn, durch Zerstören eines Weidegeländetors), hat der → Kraftfahrzeughalter auf Grund einer → Gefährdungshaftung einzustehen (§ 7 StVG), daneben auch der Fahrzeugführer, der

nicht nachweisen kann, dass der → Schaden nicht durch sein → Verschulden verursacht ist (§ 18 StVG).
Lit.: *Barheine, A.,* Kraftfahrzeugerwerb im guten Glauben, 1991; *Becker, H./Böhme, K.,* Kraftverkehrs-Haftpflicht-Schäden, 25. A. 2013; *Schieferdecker, B.,* Die Entfernung von Kraftfahrzeugen, 1998; *Ensthaler, J./ Funk, M./Stopper, M.,* Handbuch des Automobilvertriebsrechts, 2003

Kraftfahrzeugbrief (§ 12 FZV, Fahrzeugbrief) ist die (auf Grund einer allgemeinen Betriebserlaubnis für Typen) vom Fahrzeughersteller ausgefüllte → Urkunde, in der ein bestimmtes → Kraftfahrzeug beschrieben und weiter bescheinigt wird, dass das Fahrzeug den geltenden Bestimmungen entspricht. Der vom → Kraftfahrzeugschein zu unterscheidende K. dient der Sicherung von Rechten am Kraftfahrzeug. Er ist kein → Wertpapier.
Lit.: *Barheine, A.,* Kraftfahrzeugerwerb im guten Glauben, 1991

Kraftfahrzeughalter (§ 7 StVG) ist, wer das → Kraftfahrzeug für eigene Rechnung in Gebrauch hat und die Verfügungsgewalt, die ein solcher Gebrauch voraussetzt, über das Kraftfahrzeug hat (z. B. Dieb bei Diebstahl zwecks längerer Benutzung, Mieter bei Miete für eigene Rechnung). Der K. braucht nicht → Eigentümer des Kraftfahrzeugs zu sein. Er haftet nach § 7 StVG aus → Gefährdungshaftung für → Schäden Dritter bei dem Betrieb des Kraftfahrzeugs (ausgenommen höhere Gewalt).
Lit.: *Rediger, A.,* Rechtliche Probleme der sogenannten Halterhaftung, 1993

Kraftfahrzeugschein (§ 11 FZV, Fahrzeugschein) ist → die Urkunde über die behördliche → Zulassung des einzelnen → Kraftfahrzeugs zum Betrieb auf öffentlichen Wegen und Plätzen. Vor der Zulassung ist der Abschluss einer → Haftpflichtversicherung über mindestens 250 000 Euro nachzuweisen. Der K. ist vom → Kraftfahrzeugbrief zu unterscheiden.

Kraftfahrzeugsteuer (§ 1 KraftStG) ist die für das Halten eines → Kraftfahrzeugs zum Verkehr auf öffentlichen Straßen erhobene → Steuer.
Lit.: *Teß, W.,* Die Veranlagung, 11. A. 2007; *Kunert, U.,* Die Abgaben auf Kraftfahrzeuge in Europa, 2003

Kraftfahrzeugversicherung ist die → Kraftfahrzeuge betreffende Privatversicherung. Sie ist weitgehend → Haftpflichtversicherung. Als solche betrifft sie die mit dem Kraftfahrzeug verursachten Schäden Dritter, für die für den Halter die Versicherung haftet.
Lit.: *Stiefel/Maier, K.,* Kraftfahrtversicherung, 18. A. 2010; *Bauer, G.,* Die Kraftfahrtversicherung, 6. A. 2010; *Feyock, H. u. a.,* Kraftfahrtversicherung, 3. A. 2009

Kraftverkehrsordnung
Lit.: *Andresen, B.,* Kraftverkehrsordnung, 6. A. 1996

krank (Adj.) in der Gesundheit beeinträchtigt, mit vom Durchschnitt ungünstig abweichenden Störungen der Lebensvorgänge versehen, → Krankheit

Krankengeld ist im Sozialrecht die von den gesetzlichen → Krankenkassen aufgrund der → Krankenversicherung an den erkrankten → Arbeitnehmer gewährte Geldleistung zur Deckung des Verdienstausfalls. Da der → Arbeitgeber i. d. R. für die ersten Wochen der Erkrankung zur Fortzahlung von → Entgelt verpflichtet ist, gewinnt der → Anspruch auf K. erst Bedeutung, wenn die Dauer der Erkrankung diesen Zeitraum übersteigt. Die Höhe des Krankengelds beträgt 70 Prozent des Regellohns (§ 47 SGB V).

Lit.: *Marschner, A.,* Krankengeldanspruch bei Arbeitsunfähigkeit, 1994; *Geyer, K./Knorr, G./Krasney, O.,* Entgeltfortzahlung, Krankengeld, Mutterschaftsgeld (Lbl.), 7. A. 1996; *Gerlach, H.,* Das Krankengeld, 8. A. 2008

Krankenhaus (§ 2 Nr. 1 KHG) ist die Einrichtung, in der durch ärztliche und pflegerische Hilfeleistung Krankheiten, Leiden oder Körperschäden festgestellt, geheilt oder gelindert werden sollen und in der die zu versorgenden Personen untergebracht und verpflegt werden können. Verbleibt ein Patient trotz Unterrichtung über das Ende der Kostenübernahme durch die gesetzliche Krankenkasse im K., so kann trotz Widerspruchs gegen die Zahlungspflicht durch das konkludente Verhalten des Verbleibens im K. ein Krankenhausbehandlungsvertrag in Betracht kommen.

Lit.: *Dettling, H./Gerlach, A.,* Krankenhausrecht, 2014

Krankenkasse ist der Träger sozialer (gesetzlicher) → Krankenversicherung. Die K. ist eine öffentlichrechtliche → Selbstverwaltungskörperschaft mit einer Vertreterversammlung, einem Vorstand und einer Geschäftsführung als Organ. Sie kann vor allem allgemeine Ortskrankenkasse, Innungskrankenkasse Betriebskrankenkasse oder → Ersatzkasse sein. (In Deutschland bestanden 1999 rund 770 Krankenkassen.)

Lit.: *Brinkschulte, E.,* Krankenhaus und Krankenkassen, 1998; *Alexander, A.,* Krankenkassen im Wandel, 2001

Krankenversichertenkarte ist die von einer → Krankenversicherung einem Versicherten (seit 1.1.1995) zur Vorlage beim → Kassenarzt ausgestellte Bescheinigung über den Anspruch auf Krankenhilfe. Sie ist dem Arzt bzw. Zahnarzt vor Beginn der Behandlung eines Versicherten vorzulegen. Sie dient als Grundlage für die Abrechnung der Krankheitskosten zwischen Arzt und Krankenkasse. Seit 2011 wird sie durch die elektronische Gesundheitskarte ersetzt.

Krankenversicherung ist die → Versicherung gegen Krankheit. Im Verwaltungsrecht ist die *(soziale)* K. die Versicherung gegen Kosten aus Krankheit, Mutterschaft und Tod. Sie ist ein Zweig der → Sozialversicherung, für den SGB V gilt. Versicherungspflichtig sind alle → Arbeitnehmer mit einem Jahresverdienst bis zu 75 Prozent der für die Rentenversicherung geltenden → Beitragsbemessungsgrenze, → Arbeitslose, Rentner, Lehrlinge und gewisse Selbständige sowie Studenten, soweit sie nicht als Familienangehörige Anspruch auf Familienhilfe haben oder durch eine private Krankenversi-

cherung ausreichend geschützt sind. Die K. gewährt Krankenhilfe, Mutterschaftshilfe und Familienhilfe. Die *private* K. beruht auf einem → Versicherungsvertrag zwischen einem Versicherten und einem → Versicherer. Der Versicherte leistet bei ihr unmittelbar z. B. an den Arzt und erhält die Kosten vom Versicherer satzungsgemäß erstattet. (In Deutschland waren 1995 rund 88,5 Prozent der Bevölkerung in der gesetzlichen K., 9,0 Prozent in einer privaten K., 2,4 Prozent in sonstigen staatlichen Krankenschutzeinrichtungen versichert und nur 0,1 Prozent ohne Krankenversicherungsschutz.)

Lit.: *Aichberger, F.,* Gesetzliche Krankenversicherung, Soziale Pflegeversicherung (Lbl.), 18. A. 2008; *Bach, P./ Moser, H.,* Private Krankenversicherung, 4. A. 2009; Soziale Krankenversicherung, Pflegeversicherung (Lbl.), hg. v. *Krauskopf, D.,* 71. A. 2010; *Hiddemann, T.,* Das Gesetz zur Modernisierung der gesetzlichen Krankenversicherung, NJW 2004, 7; *Becker/Kingreen,* SGB V Gesetzliche Krankenversicherung, 4. A. 2014; *Marko, V.,* Private Krankenversicherung, 2. A. 2010; *Boetius, J.,* Private Krankenversicherung, 2010; Handbuch des Krankenversicherungsrechts, hg. v. *Sodan, H.,* 2. A. 2014

Krankheit ist der regelwidrige Körperzustand oder Geisteszustand, der ärztlicher Behandlung bedarf (oder bzw. und Arbeitsunfähigkeit zur Folge hat). Die K. löst Ansprüche aus der → Krankenversicherung aus. Im Arbeitsrecht entsteht ein Anspruch auf → Fortzahlung von → Entgelt, doch kann der Arbeitgeber mittlerer oder kleiner Unternehmen bei lang dauernder K. eines Arbeitnehmers diesem gegebenenfalls auch kündigen. Ist die K. von einem Dritten verursacht worden, kommt ein Anspruch auf → Schadensersatz gegen den Dritten in Betracht.

Lit.: *Bauer, J. u.a.,* Krankheit im Arbeitsverhältnis, 3. A. 2006; *Dodegge, G./Zimmermann, W.,* Gesetz über Hilfen und Schutzmaßnahmen bei psychischen Krankheiten, 2000

Kreation (F.) Schaffung, Erschaffung, Ausstellung

Kreationstheorie ist die auf die Kreation abstellende Theorie über die Entstehung der Verpflichtung (im Wertpapierrecht). Sie nimmt an, dass die → Verpflichtung aus einem → Wertpapier mit der bloßen Ausstellung (Kreation) des Papiers entsteht. Dabei wird der Schutz des → Ausstellers zu wenig beachtet.

Kredit ist die zeitweise Überlassung von eigenen Mitteln an einen anderen zur wirtschaftlichen Verwertung (z. B. Darlehen, s. a. § 19 KWG, § 265b III StGB). Die Gewährung von K. geschieht zumeist im Rahmen eines schuldrechtlichen → Rechtsgeschäfts. Nach der Ausgestaltung im Einzelnen können verschiedene Arten von K. unterschieden werden (z. B. Personalkredit, Realkredit, Akzeptkredit, Verbraucherkredit u. a.).

Lit.: *Bülow, P.,* Recht der Kreditsicherheiten, 8. A. 2012; *Weber, H.,* Kreditsicherungsrecht, 9. A. 2012; *Josten, R.,* Kreditvertragsrecht, 2012

Kreditauftrag (§ 778 BGB) ist der Auftrag an eine andere Person, im eigenen Namen und auf eigene

Rechnung einem Dritten Kredit (Darlehen oder Finanzierungshilfe) zu geben. Der K. ist ein Auftrag. Er führt zur Haftung des Auftraggebers als → Bürge für die entstehende Verbindlichkeit.

Lit.: *Frese, J.,* Der Kreditauftrag, 1966; *Horn, N.,* Bürgschaften und Garantien, 8. A. 2001

Kreditbetrug (§ 265b StGB) ist die falsche Angabe wirtschaftlicher Verhältnisse gegenüber einem anderen Unternehmen anlässlich der Gewährung, Belassung oder Veränderung der Bedingungen eines Kredits für ein Unternehmen.

Lit.: *Lampe, E.,* Der Kreditbetrug, 1980; *Hennings, F.,* Teleologische Reduktion des Betrugstatbestandes, 2002

Kreditbrief war die → Anweisung (§ 783 BGB), bei welcher der Aussteller (Anweisende) eine andere Person (Anweisungsempfänger) ermächtigt, bei dem Angewiesenen für Rechnung des Anweisenden unter Vorzeigung des Briefes Geldbeträge bis zu einem Höchstbetrag zu erheben (z. B. Reisekreditbrief).

Lit.: *Eisemann, F.,* Das Dokumentenakkreditiv, 1989; *Gozlan, A.,* International letters of credit, 1999

Kreditderivat ist das am Ende des 20. Jh.s entwickelte wichtigste Instrument zur Isolierung und Übertragung eines Kreditrisikos.

Lit.: *Berg, S.,* Kreditderivate im deutschen Privatrecht, 2000

Kreditgeber ist eine Person, die in Ausübung ihrer gewerblichen oder beruflichen Tätigkeit einen → Kredit gewährt (Darlehensgeber § 491 BGB).

Lit.: *Kirchner, J.,* Kreditgeberhaftung, 2003

Kreditinstitut (§ 1 KWG) ist ein Unternehmen, das Bankgeschäfte gewerbsmäßig oder in einem Umfang betreibt, der einen in kaufmännischer Weise eingerichteten Geschäftsbetrieb erfordert (ausgenommen aber z. B. Bundesbank § 2 KWG). Der Betrieb eines Kreditinstituts bedarf der → Erlaubnis des Bundesaufsichtsamts für das Kreditwesen. Der Betreiber ist Kaufmann.

Lit.: *Sauter, W.,* Grundlagen des Bankgeschäftes, 2002; *Liermann, M.,* Die deutschen Kreditinstitute, 2002

Kreditkarte ist die von einem → Aussteller ausgestellte → Urkunde, die den → Inhaber berechtigt, bei bestimmten (angeschlossenen) Personen eine Leistung ohne sofortige Gegenleistung in Anspruch zu nehmen. Über die dabei entstehenden Darlehen wird periodisch abgerechnet. Die K. beruht auf einem Rechtsgeschäft zwischen Aussteller und Empfänger.

Lit.: *Meder, S.,* Die Haftung im beleglosen Fernabsatz-Kreditkartengeschäft, NJW 2000, 2076; *Kienholz, G.,* Die Zahlung mit Kreditkarte, 2000; *Langenbucher, A.,* Effiziente Risikoallokation bei Kreditkartensystemen, 2002; *Schnauder, F.,* Risikozuordnung bei unbefugter Kreditkartenzahlung, NJW 2003, 849

Kreditkauf ist der → Kauf, bei dem der Kaufpreis nicht sofort bezahlt wird (Barkauf), sondern als Kredit des Verkäufers an den Käufer belassen wird.

Kreditsicherung ist die Sicherung eines → Kredits durch Rechtsgeschäft (z. B. Bürgschaft, Pfandrecht,

Hypothek, Grundschuld, Eigentumsvorbehalt, Sicherungsübereignung).

Lit.: *Bülow, P.,* Recht der Kreditsicherheiten, 8. A. 2012; Das Recht der Kreditsicherung, hg. v. *Lwowski, H.,* 9. A. 2011; *Weber, H./Weber, J.,* Kreditsicherungsrecht, 9. A. 2012; *Gaberdiel, H.,* Kreditsicherung durch Grundschulden, 9. A. 2011; *Krüger, U.,* Kreditsicherungsrecht, 2011

Kreditvermittlungsvertrag oder Darlehensvermittlungsvertrag (§§ 655a ff. BGB) ist der schriftformbedürftige Vertrag (Maklervertrag), nach dem ein Unternehmer es unternimmt, einem Verbraucher gegen Entgelt einen Verbraucherdarlehensvertrag zu vermitteln oder ihm die Gelegenheit zum Abschluss eines Verbraucherdarlehensvertrags nachzuweisen.

Lit.: *Mackenthun, T.,* Kreditvermittlung, 1985

Kreditvertrag ist der Vertrag, durch den ein Kreditgeber einem Verbraucher einen entgeltlichen Kredit in Form eines Darlehens, eines Zahlungsaufschubs oder einer sonstigen Finanzierungshilfe gewährt oder zu gewähren (Verbraucherdarlehensvertrag) verspricht.

Lit.: *Bauer, H.,* Der Verbraucherdarlehensvertrag, 4. A. 2003; *Staab, H.,* Der Kreditvertrag, 2002; Josten, R., Kreditvertragsrecht, 2012

Kreditwesengesetz ist das das Kreditwesen ordnende Gesetz.

Lit.: Kreditwesengesetz (Lbl.), hg. v.*Consbruch, J. u. a.,* 101. A. 2015; *Schlette, V.,* Grundlinien des Kreditwirtschaftsrechts, JuS 2001, 1151; Kreditwesengesetz, hg. v. *Boos, K. u. a.,* 4. A. 2012; *Schwennicke/Auerbach,* Kreditwesengesetz, 2. A. 2013

Kreditwucher → Leistungswucher

Kreis ist die kleinere → Gebietskörperschaft, die eine Mehrzahl von → Gemeinden zur Erledigung gemeinsamer Aufgaben (z. B. öffentlicher Sicherheit und Ordnung, Bauaufsicht) in der Form der → Selbstverwaltung zusammenfasst, (wobei das Verhältnis von Kreis und Gemeinden im Einzelnen umstritten ist). Organe des Kreises sind → Kreistag, → Kreisausschuss und → Landrat. Daneben ist der K. zugleich unterer staatlicher Verwaltungsbezirk, so dass der Landrat gleichzeitig kommunale Aufgaben und staatliche Aufgaben wahrnimmt.

Lit.: *Schmidt-Eichstaedt, G./Stade, I./Borchmann, M.,* Die Gemeindeordnungen und Kreisordnungen in der Bundesrepublik Deutschland, (Lbl.); *Seele, G.,* Die Kreise in der Bundesrepublik Deutschland, 1990; Kreisrecht, hg. v. *Henneke, H.,* 1994; *Beutling, A.,* Die Ergänzungs- und Ausgleichsaufgaben der Kreise, 2002

Kreisausschuss ist das kollegiale, vollziehende Verwaltungsorgan des → Kreises. Der K. vertritt den Kreis, bereitet die Beschlüsse des Kreistags vor und vollzieht sie. Er besteht aus dem → Landrat und mehreren vom Kreistag gewählten Kreisbeigeordneten.

Lit.: *Scholler, H.,* Grundzüge des Kommunalrechts in der Bundesrepublik Deutschland, 4. A. 1990; Kreisrecht, hg. v. *Henneke, H.,* 2007

Kreisfrei ist im Verwaltungsrecht eine Eigenschaft einer → Gemeinde, die im Fehlen der Zugehörigkeit zu einem → Kreis besteht (bestimmte große Städte wie Düsseldorf, Frankfurt am Main, München, Nürnberg, Stuttgart). Die kreisfreie Stadt nimmt in ihrem Gebiet außer ihren Selbstverwaltungsaufgaben auch die Aufgaben des Kreises und der unteren staatlichen → Verwaltungsbehörde wahr. Sie unterliegt insoweit der → Aufsicht der höheren Verwaltungsbehörde.

Lit.: *Gern, A.,* Deutsches Kommunalrecht, 3. A. 2003

Kreislaufwirtschaftsrecht ist die Gesamtheit der der Wiederverwertung von → Abfall (in einem Kreislauf) dienenden Rechtssätze.

Lit.: *Jarass, H./Ruchay, D./Weidemann, C.,* Kreislaufwirtschafts- und Abfallgesetz (Lbl.), 24. A. 2009; *Versteyl, L./Mann/Schomerus,* Kreislaufwirtschafts- und Abfallgesetz, 3. A. 2012

Kreisordnung ist das (staatliche,) → Kreise betreffende Landesgesetz.

Lit.: Kreisrecht, hg. v. *Henneke, H.,* 2007

Kreistag ist das das Kreisrecht beschließende (, willensbildende) Verwaltungsorgan des → Kreises. Gemäß Art. 28 I 2 GG muss der K. aus allgemeinen, unmittelbaren, freien, gleichen und geheimen → Wahlen hervorgegangen sein. Als Vertretungskörperschaft sind ihm die Entscheidungen grundsätzlicher Art vorbehalten (z.B. Änderung der Kreissatzung, Feststellung des Kreishaushalts, Bestellung des Hauptverwaltungsbeamten). In einigen Ländern steht statt des Hauptverwaltungsbeamten ein besonders gewählter Vorsitzender dem K. vor.

Lit.: *Trumpp, E./Pokrop, R.,* Der Kreistag in Baden-Württemberg, 3. A. 1994

Kreisverfassung ist die Gesamtheit der die innere Organisation des → Kreises betreffenden Rechtssätze. Die K. sieht regelmäßig einen → Kreistag als willensbildendes und leitendes Organ vor. Dazu kommen → Kreisausschuss und Hauptverwaltungsbeamter (→ Landrat).

Lit.: *Scholler, H.,* Grundzüge des Kommunalrechts, 4. A. 1990

Kreuzverhör (§ 239 StPO) ist die Vernehmung der von der → Staatsanwaltschaft und dem → Angeklagten benannten → Zeugen und → Sachverständigen durch den Staatsanwalt und den → Verteidiger (statt durch den Vorsitzenden des → Gerichts). Das K. ist auf übereinstimmenden Antrag der → Staatsanwaltschaft und des Verteidigers zulässig. Es ist in der Praxis ungebräuchlich, hat aber im angloamerikanischen Strafprozess grundlegende Bedeutung.

Lit.: *Stone, M.,* Cross-examination, 1989

Krieg (Anstrengung) ist die Austragung von Streitigkeiten zwischen → Staaten mit Gewalt (str.). Als *gerechter* K. galt seit der Spätantike (Augustin) der K. als Mittel zur Wiederherstellung verletzten Rechts, mit einem gerechten Ziel und unter Anwendung rechtmäßiger Methoden. Die Gegenwart bemüht sich, Kriege wegen ihrer verheerenden Folgen möglichst zu vermeiden, weswegen insbesondere der → Angriffskrieg (anders als der

Krieg gegen den Terrorismus) verboten wurde (vgl. Art. 26 GG).

Lit.: *Schroeder, J.,* Die Kriegsgefahr im deutschen Versicherungsrecht, 1996; *Münkler, H.,* Die neuen Kriege, 2004; *Sommer, G.,* Krieg und Frieden, 2004

Kriegsdienst ist die tätige Mitwirkung an einem → Krieg durch Leistung einer kriegerischen Handlung. Dies kann mit und ohne Waffen geschehen. Der → Staat kann grundsätzlich den K. zur Pflicht des → Staatsbürgers machen.

Kriegsdienstverweigerung (Art. 4 III GG) ist die aus Gewissensgründen folgende Verweigerung des → Kriegsdiensts mit der → Waffe. Sie ist nach Art. 4 III GG zulässig. Als Belastungsausgleich kann gemäß Art. 12a II GG an die Stelle des Kriegsdiensts ein → Ersatzdienst treten. Mit der Aussetzung der Wehrpflicht entfällt auch die K.

Lit.: *Steinlechner, W.,* Kriegsdienstverweigerungsgesetz, 1990; *Brecht, H.,* Kriegsdienstverweigerung und Zivildienst, 5. A. 2004

Kriegsgefangener ist der während eines → Krieges in die Herrschaftsgewalt (Gefangenschaft) des Kriegsgegners geratene → Soldat. Im Gegensatz zur früheren völligen Rechtlosigkeit gewähren ihm neuzeitliche völkerrechtliche Vereinbarungen (→ Haager Landkriegsordnung, Genfer Abkommen) bestimmte Mindestrechte (z.B. ausreichende Versorgung, Unterbringung in hygienisch einwandfreien Lagern, Unzulässigkeit der Erzwingung von Aussagen, Entlassung nach Ende der Feindseligkeiten). Die Freiheit ist ihm entzogen.

Kriegsgericht ist im neuzeitlichen Recht das besondere → Gericht für → Soldaten, später für Straftaten der Soldaten, insbesondere während eines → Kriegs.

Lit.: *Ziegler, K.,* Völkerrechtsgeschichte, 2. A. 2007

Kriegsrecht ist die Gesamtheit der in einem → Krieg zwischen den beteiligten → Staaten und gegenüber neutralen Staaten geltenden Rechtssätze sowie im innerstaatlichen Recht die Gesamtheit der während eines Krieges geltenden besonderen innerstaatlichen Rechtssätze (z.B. Zwangswirtschaft). Das völkerrechtliche K. ist teilweise in Form von völkerrechtlichen Vereinbarungen (→ Haager Landkriegsordnung) festgelegt worden (z.B. Verbot unnötige Leiden verursachender Waffen). Eine Verletzung des Kriegsrechts kann → Kriegsverbrechen sein.

Lit.: *Berber, F.,* Lehrbuch des Völkerrechts, Bd. 2 Kriegsrecht, 2. A. 1969; *Kimminich, O.,* Schutz der Menschen in bewaffneten Konflikten, 1979; *Hinz, J.,* Kriegsvölkerrecht, 1984

Kriegsverbrechen ist das in Zusammenhang mit einem → Krieg begangene → Verbrechen.

Lit.: Kriegsverbrechen, hg. v. *Gutmann, R.,* 2000; *Reemtsma, J.,* Verbrechen der Wehrmacht, 2002

Kriegswaffenkontrollgesetz ist das der Kontrolle von Kriegswaffen dienende Gesetz.

Lit.: *Pottmeyer, K.,* Kriegswaffenkontrollgesetz, 2. A. 1994; *Poser und Groß Naedlitz, H. v.,* Die Genehmi-

gungsentscheidung nach dem Kriegswaffenkontrollgesetz, 1999; *Hinder, J.,* Der Ausfuhrverantwortliche,
1999

Kriminalistik ist die Lehre von der Aufklärung und
Verhinderung des → Verbrechens. Sie umfasst Kri-
minaltaktik und Kriminaltechnik. Teilweise wird sie
als Teilgebiet der → Kriminologie angesehen.
Lit.: *Ackermann, R./Clages, H./Roll, H.,* Handbuch der
Kriminalistik, 4. A. 2011; *Weihmann, R.,* Kriminalistik,
13. A. 2014; *Meyer, H.,* Kriminalistisches Lehrbuch der
Polizei, 8. A. 2003

Kriminalität (Straffälligkeit) ist die Begehung von
→ Straftaten. Sie ist ein Teil menschlichen → Verhaltens überhaupt. Sie lässt sich nach der Art der
Tat (z. B. Vermögenskriminalität) oder der Art des
Täters (z. B. → Jugendkriminalität) gliedern. Die K.
ist der Gegenstand sowohl der → Kriminologie wie
auch des → Strafrechts.
Lit.: *Walter, M.,* Jugendkriminalität, 4. A. 2011; *Sie-
ber, U./Bögel, M.,* Logistik der organisierten Kriminalität, 1993; *Zieschang, F.,* Strafrecht und Kriminalität in
Europa, 2003

Kriminalpolizei ist die Abteilung der (→ Vollzugs-)
Polizei, die für die Bekämpfung von → Straftaten
(Aufklärung begangener Straftaten, u. U. Verhütung
drohender Straftaten) zuständig ist. Die K. hat im
Verhältnis zur → Staatsanwaltschaft im → Ermitt-
lungsverfahren ein Recht des ersten Zugriffs (§ 163
StPO), ist aber insgesamt nur Ermittlungsperson der
Staatsanwaltschaft. Die Kriminalpolizeibehörden
sind grundsätzlich → Landesbehörden, ausgenom-
men das → Bundeskriminalamt in Wiesbaden.
Lit.: *Meyer, H.,* Kriminalistisches Lehrbuch der Polizei,
8. A. 2003

Kriminalprognose ist die vermutende Vorausschau
(Prognose) über das wahrscheinliche Verhalten eines
Täters oder eines anderen Menschen.
Lit.: *Volckart, B.,* Praxis der Kriminalprognose, 1997

Kriminalstatistik ist die zahlenmäßige Übersicht
über die bekannt gewordenen → Straftaten, die
ermittelten Täter und die verurteilten Täter.
Lit.: Polizeiliche Kriminalstatistik 2002 Bundesrepublik
Deutschland, hg. v. Bundeskriminalamt, 2003

kriminell (Adj.) verbrecherisch

Kriminologie ist die geordnete Gesamtheit des
Erfahrungswissens über das → Verbrechen, über
den Rechtsbrecher, über die negativ soziale Auffäl-
ligkeit und über die Kontrolle dieses Verhaltens. Sie
gliedert sich in Kriminalanthropologie (Kriminal-
biologie, Kriminalpsychologie) und Kriminalsozio-
logie. Für das Strafrecht ist sie empirische Grundla-
genwissenschaft.
Lit.: *Schwind, H,* Kriminologie, 22. A. 2013; *Kaiser, G./
Schöch, H.,* Kriminologie, Jugendstrafrecht, Strafvollzug, 8. A. 2015; *Eisenberg, U.,* Fälle zum Schwerpunkt
Strafrecht – Strafprozess, Kriminologie, Jugendstrafrecht, Strafvollzug, 9. A. 2014

Kroatien ist der südlich Sloweniens liegende, 1991
von Jugoslawien verselbständigte südosteuropäische

Staat, der zum 1. Juli 2013 als 28. Mitglied in die
Europäische Union aufgenommen wurde.
Lit.: *Heidersbach, U.,* Kroatien, Rechtstips für Exporteure, 1998; *Brandic, D.,* Njemacko-hrvatski gospodar-
ski pravni rjecnik – Deutsch-kroatisches Wirtschafts-
und Rechtswörterbuch, 1998

Krone (Kranz) ist in der Rechtsgeschichte (und im
ausländischen Recht) das Sinnbild der Würde und
Macht des Kaisers, Königs oder sonstigen Fürsten
bzw. stellvertretend die damit verbundene Person
bzw. das damit verbundene Amt.

Kronzeuge ist im (angloamerikanischen) Strafverfahrensrecht der → Zeuge des → Staates (bzw. der
Krone im Verfahren der Krone) gegen den → Angeklagten (vielfach ein Mittäter oder Teilnehmer der
Straftat, vgl. § 129a V StGB). Bei Straftätern, die
zur Aufklärung oder Verhinderung schwerer Straftaten beitragen, können die Richter (in Deutschland ab
1.9.2009 wieder) die Strafe mildern oder von Strafe
absehen.
Lit.: *Breucker, M.,* Die Kronzeugenregelung, 1999;
Mühlhoff, U./Mehrens, S., Das Kronzeugengesetz,
1999; *König, S.,* Die große Kronzeugenregelung, NJW
2009, 2481

KSZE (F.) (regionale) Konferenz für Sicherheit und
Zusammenarbeit in Europa → OSZE

Kulpakompensation ist im gemeinen Recht des
späten Mittelalters und der frühen Neuzeit die Berücksichtigung des Mitverschuldens im Wege einer
Aufrechnung, die zum Verlust des Ersatzanspruchs
führt.
Lit.: *Coing, H.,* Europäisches Privatrecht, Bd. 1 f.
1985 ff.

Kultur ist die Gesamtheit der Lebensäußerungen
eines Volkes oder einer vergleichbaren Menschenmehrheit, insbesondere die Gesamtheit der Bestrebungen nach Verfeinerung der menschlichen Persönlichkeit unter Zurückdrängung ihrer Triebnatur. Sie
umfasst vor allem Bildung, Wissenschaft und Kunst.
Ihre Verwaltung ist in Deutschland Teil der Landesverwaltung (Kulturverwaltungsrecht), wobei die
Kultur nach Ansicht der Kultur Schaffenden Regelungen benötigt, die sie als Wirtschaftszweig ernst
nehmen und (z. B. durch die Wirtschaft treffende
Umlagesysteme) schützen bzw. subventionieren
oder finanzieren.
Lit.: *Klein, A.,* Kultur-Marketing, 2001; *Fiedler, W./
Turner, S.,* Bibliographie zum Recht des internationalen
Kulturgüterschutzes, 2003; *Sprecher, J.,* Beschränkun-
gen des Handels mit Kulturgut, 2004

Kulturhoheit ist die Zuständigkeit in kulturellen
Angelegenheiten (z. B. Schule, Rundfunk). Sie steht
nach dem Grundgesetz den → Ländern zu (vgl.
Art. 30 GG). Durch Art. 91a GG ist allerdings der
Ausbau und Neubau von → Hochschulen zur
→ Gemeinschaftsaufgabe geworden.
Lit.: *Weber, K.,* Die Bildung im europäischen Gemein-
schaftsrecht, 1993; *Pabel, K.,* Grundfragen der Kompe-
tenzordnung, 2003

Kulturkampf ist in der Rechtsgeschichte der
Kampf zwischen dem → Staat und der katholischen

→ Kirche um die Säkularisierung von Staat und Gesellschaft (1871–1890).
Lit.: *Abelshauser, W.,* Kulturkampf, 2003; *Clark, C.,* Kulturkampf in Europa, 2003

Kulturverwaltungsrecht ist die unter Anerkennung freiheitlich-autonomer Eigengesetzlichkeiten vom → Staat erlassene verbindliche Ordnung für die Bereiche → Bildung, → Wissenschaft und → Kunst. Bildung ist dabei jede staatliche Tätigkeit, durch welche die geistige Entwicklung des Einzelnen gefördert wird (Schule, Erwachsenenbildung). Im K. besteht ein höheres Maß an Autonomie, Freiheit und Distanz zur Zwangsgewalt des Staats als in anderen Verwaltungszweigen.
Lit.: *Oppermann, T.,* Kulturverwaltungsrecht, 1969; *Ehrhardt, M.,* Kulturverwaltungsrecht im Wandel, 1980

Kummer ist die seit dem 17. Jahrhundert verdrängte ältere Bezeichnung für → Arrest.
Lit.: *Köbler, G.,* Etymologisches Rechtswörterbuch, 1995

Kumulation (F.) Häufung

Kumulationsprinzip (§ 53 II StGB) ist der Grundsatz, dass mehrere → Strafen nebeneinander (kumulativ) ausgesprochen werden. Es kommt bei → Tatmehrheit zur Anwendung, soweit das → Asperationsprinzip ausnahmsweise nicht gilt oder im Einzelfall nicht angewandt wird.
Lit.: *Schweling, O.,* Die Bemessung der Gesamtstrafe, GA 1955, 289

kumulativ (Adj.) häufend

kumulative Kausalität → Kausalität, kumulative

kumulative Schuldübernahme → Schuldübernahme, kumulative

kündigen → Kündigung

Kündigung ist die auf die Beendigung eines → Schuldverhältnisses (Dauerschuldverhältnisses) gerichtete empfangsbedürftige → Willenserklärung (z.B. §§ 542, 543, 620 II, 671, 723 BGB). Sie ist ein einseitiges → Rechtsgeschäft. Im Gegensatz zum → Rücktritt ist sie nicht auf Rückabwicklung, sondern nur auf gegenwärtige oder zukünftige Abwicklung gerichtet. Sie kann ordentliche K. und außerordentliche K., befristete K. und unbefristete (fristlose) K. sein, wobei die ordentliche K. meist befristete K. und die außerordentliche K. meist fristlose K. ist. Die *außerordentliche* Kündigung bedarf eines wichtigen Grunds (§ 314 BGB), d.h. des Vorliegens von Tatsachen, auf Grund derer dem Kündigenden unter Berücksichtigung aller Umstände des Einzelfalls und unter Abwägung der beiderseitigen Interessen die Fortsetzung des Vertragsverhältnisses bis zur vereinbarten Beendigung des Vertragsverhältnisses oder bis zum Ablauf der Kündigungsfrist nicht zugemutet werden kann (z.B. Diebstahl im Betrieb, dringender Diebstahlsverdacht, beharrliche Arbeitsverweigerung, beharrliches Leugnen vorsätzlicher Gleitzeitmanipulation,

Alkoholismus, nicht Einschlafen während der Nachtarbeit, im Vereinsrecht z.B. rückwirkende Beitragserhöhung). Langjährig Beschäftigten, die wegen Krankheit nur noch eingeschränkt beschäftigt werden können, darf nur in Ausnahmefällen außerordentlich gekündigt werden. Einer Prostituierten, die in einem zur privaten Nutzung gemieteten Wohnhaus Freier empfängt, darf nicht ohne Abmahnung gekündigt werden. Im Arbeitsrecht muss (außer der außerordentlichen K. auch) die ordentliche, nach § 623 BGB der Schriftform bedürftige K. sozial gerechtfertigt sein (§ 1 I KSchG), wenn sie wirksam sein soll. Sozial gerechtfertigt ist eine K. dann, wenn sie durch Gründe, die in der Person oder in dem Verhalten des Arbeitnehmers liegen (z.B. mangelnde Eignung), oder durch dringende betriebliche Erfordernisse, die einer Weiterbeschäftigung in diesem Betrieb entgegenstehen, bedingt ist. Ein Sonderfall der K. ist die → Änderungskündigung. Für das Dienstverhältnis, das kein Arbeitsverhältnis ist, legt § 621 BGB die allgemeinen Kündigungsfristen der ordentlichen K. fest. Die einheitliche Kündigungsfrist der ordentlichen Kündigung von Arbeitsverhältnissen beträgt 4 Wochen zum 15. oder zum Ende eines Monats (§ 622 I BGB). Die Kündigungsfrist bei K. durch den Arbeitgeber (1–7 Monate) hängt von der Dauer der Betriebszugehörigkeit ab (§ 622 II BGB).
Lit.: *Waltermann, R.,* Arbeitsrecht, 16. A. 2012; *Lepke, A.,* Kündigung bei Krankheit, 15. A. 2015; *Ascheid/Preis/Schmidt,* Kündigungsrecht, 4. A. 2012; *Stahlhacke, E./Preis, U./Vossen, R.,* Kündigung und Kündigungsschutz im Arbeitsverhältnis, 11. A. 2015; *Lunk, S.,* Die Verdachtskündigung, NJW 2010, 2753

Kündigungsschutz ist der gesetzliche Schutz gegen eine Kündigung (z.B. KSchG im Arbeitsrecht, § 133 HGB im Gesellschaftsrecht). Der K. kann verschiedene Personengruppen erfassen (z.B. Betriebsratsmitglieder und Personalratsmitglieder). Er kann auf verschiedene Weise geltend zu machen sein (z.B. § 4 KSchG Kündigungsschutzklage).
Lit.: *Fiebig, S./Gallner, I./Mestwerdt, W.,* Kündigungsschutzrecht Handkommentar, 4. A. 2012; *Stahlhacke/Preis/Vossen,* Kündigung und Kündigungsschutz im Arbeitsverhältnis, 11. A. 2015; *Berkowsky, W.,* Kündigungsschutz außerhalb des KSchG, NJW 2009, 113; *Hoyningen-Huene, G.v./Linck, R.,* Kündigungsschutzgesetz, 15. A. 2013; *Lingemann, S. u.a.,* Der Kündigungsschutzprozess in der Praxis, NJW 2013, 2809, 3077, 3354, 3624

Kunst ist allgemein das bestimmte Können und besonders die an ästhetischen Werten ausgerichtete Gestaltung gleich welcher Form (z.B. Dichtung, Malerei, Musik, Plastik). → Kunstfreiheit
Lit.: *Ebling, K./Schulze, M.,* Kunstrecht, 2. A. 2012

Kunstfehler ist der Verstoß gegen die anerkannten Regeln einer Kunst oder Wissenschaft, insbesondere der medizinischen Wissenschaft, der im Schuldrecht eine → Schadensersatzverpflichtung begründen, im Strafrecht eine → Straftat darstellen kann.
Lit.: *Högermeyer, H.,* Ärztliche Kunstfehler, 1995; *Orben, S.,* Rechtliche Verantwortung für Behandlungsfehler, 2004; *Spickhoff, A.,* Grober Behandlungsfehler und Beweislastumkehr, NJW 2004, 2345

Kunstfreiheit (Art. 5 III GG) ist im Verfassungsrecht die Freiheit des künstlerischen Schaffens sowie die Möglichkeit, Geschaffenes in den Kommunikationsvorgang einzubringen. Eine Schranke der K. bildet das Persönlichkeitsrecht anderer. Die Abgrenzung von straffreier Kunst und strafbarer Rechtsverletzung ist im Einzelfall schwierig.
Lit.: *Vogel, S.*, Der Prüfungsumfang des Bundesverfassungsgerichts, 2004

Künstler ist der → Kunst schaffende Mensch (in Deutschland mehr als 130 000 selbständige Künstler und Publizisten).
Lit.: Der Künstler und sein Recht, hg. v. *Fischer, H./Reich, S.*, 3. A. 2014; *Finke, H./Brachmann, W./Nordhausen, W.*, Künstlersozialversicherungsgesetz, 4. A. 2009

künstlich (Adj.) durch Kunst erfolgend, nicht natürlich

Kunstverwaltungsrecht   → Kulturverwaltungsrecht

Kupon (franz. [M.] coupon) (§§ 803, 804 BGB) ist das → Wertpapier (Inhaberpapier), dessen Vorlage den Vorlegenden als zur Entgegennahme von → Zinsen und → Dividenden berechtigt erweist.

Kuppelei war bis 1973 der Straftatbestand der Förderung sexueller Handlungen zwischen anderen. In der Gegenwart werden die Förderung sexueller Handlungen Minderjähriger (unter 16 Jahren) und die Förderung der Prostitution mit Freiheitsstrafe bis zu drei Jahren oder mit Geldstrafe bestraft (§§ 180 I, 180a StGB).

Kuratel (F.) Pflegschaft, Vormundschaft

Kurator ([M.] Pfleger) ist vielfach der Leiter der staatlichen Verwaltung einer → Universität.

Kurfürst ist im deutschen Recht (seit dem 13. Jh.) ein Fürst, der (aus bisher nicht eindeutig gesicherten Gründen) das Recht hat, bei der → Wahl (Kur) des → Königs mitzuwirken. Kurfürsten sind anfangs die Erzbischöfe von Mainz, Trier und Köln, der Pfalzgraf bei Rhein, der Herzog von Sachsen und der Markgraf von Brandenburg (sowie der König von Böhmen), später bis zu 10 Fürsten. 1806 endet mit dem Heiligen Römischen Reich auch die Tätigkeit und Stellung der Kurfürsten.
Lit.: *Willoweit, D.*, Deutsche Verfassungsgeschichte, 7. A. 2013

Kurie (lat. coviria [F.] Männergemeinschaft) ist im römischen Recht eine Untergliederung der → Volksversammlung (comitia curiata) und im katholischen → Kirchenrecht die aus mehreren Kardinalskongregationen, Ämtern und Gerichtshöfen (darunter die → rota Romana) bestehende, zentrale Verwaltungsbehörde des → Papsts.
Lit.: *Söllner, A.*, Römische Rechtsgeschichte, 5. A. 1996

Kurs ist der Preis eines → Wertpapiers oder einer anderen börsenfähigen → Ware an der → Börse.
Lit.: *Gude, C.*, Strukturänderungen und Unternehmensbewertung zum Börsenkurs, 2004

Kurzarbeit ist die aus betrieblichen Gründen zeitmäßig verkürzte Arbeit. Sie ist auf Grund von Tarifverträgen oder auf Antrag des Arbeitgebers mit Genehmigung der Regionaldirektion für Arbeit (Landesarbeitsamt) zulässig (§ 19 KSchG). Durch sie wird der Lohnanspruch entsprechend verringert und entsteht u. U. ein Anspruch auf Kurzarbeitergeld aus der Arbeitslosenversicherung (§§ 169 ff. SGB III, bei Arbeitskämpfen § 174 SGB III).
Lit.: *Schaub, G./Schindele, F.*, Kurzarbeit, Massenentlassung, Sozialplan, 3. A. 2011

Kurzarrest (§ 16 III JGG) ist der Arrest bis zu 6 Tagen. Er ist Jugendarrest und damit Zuchtmittel (keine Strafe). Er wird statt Freizeitarrest verhängt, wenn dieser aus erzieherischen Gründen unzweckmäßig und der zusammenhängende Vollzug aus erzieherischen Gründen zweckmäßig erscheint und weder die Ausbildung noch die Arbeit des Jugendlichen beeinträchtigt werden.

Kurzvortrag ist der kurze Vortrag (als Teil einer Prüfung).
Lit.: *Kaiser, W./Schöneberg, B.*, Der Kurzvortrag im Assessorexamen, 6. A. 2009; *Budde-Hermann, C.*, Der Kurzvortrag im Assessorexamen Zivilrecht, 6. A. 2009; *Hormann, J. u. a.*, Der Kurzvortrag im Assessorexamen – Arbeitsrecht 5. A. 2015

Küste ist die Begrenzung des Meers durch das Land.
Lit.: *Woodroffe, C.*, Coasts, 2003

Küstengewässer ist das der Küste eines Staates angrenzende Gewässer des offenen Meers (bis zu einer bestimmten Entfernung von 3, 12 oder 200 Seemeilen). Über die K. beanspruchen die angrenzenden Staaten in bestimmter abgeschwächter Form eine Hoheitsgewalt. Für deutsche K. gilt das Wasserhaushaltsgesetz. → Hoheitsgewässer

Kustos ist der Wächter. Wer als (egozentrischer) K. einem anderen gehörigen Gegenstand (z. B. ein sehr teures Universitätsklavier) unter Entrechtung aller anderen Nutzer ausschließlich der eigenen Nutzung für Etüden in seinem Dienstzimmer vorzubehalten versucht, missbraucht seine Stellung. Das Instrument darf ihm zwangsweise entzogen werden.

Kux (§§ 101 ff. PrABG) war bis 1980 ein Anteil an einer bergrechtlichen Gewerkschaft.
Lit.: *Guder, A.*, Der Kux, 1960

L

Laden (M.) Brett, Verkaufsstand, Geschäft

Ladenangestellter (§ 56 HGB) ist, wer von einem → Kaufmann in einem → Laden oder einem offenen Warenlager angestellt, d. h. mit Wissen und Wollen des Inhabers mit bestimmten Verrichtungen (Verkauf, Empfangnahme) beschäftigt ist. Er gilt als ermächtigt zu Verkäufen und Empfangnahmen, die in einem derartigen Laden oder Warenlager gewöhnlich geschehen (gesetzliche → Scheinvollmacht).
Lit.: *Hoyningen-Huene, G. v.,* Die kaufmännischen Hilfspersonen, 1996

Ladendiebstahl ist der → Diebstahl (§ 242 StGB) aus einem Laden (Selbstbedienungsladen), (beachte § 248a StGB, Strafantrag).
Lit.: *Schmitz, U.,* Der Ladendiebstahl, 2000; *Lemke, H.,* Diebstahlsverhütung, 2003

Ladenschluss ist die tägliche Schließung der Verkaufsstellen für Waren. Nach dem bundeseinheitlichen Ladenschlussgesetz musste der Laden zu bestimmten Zeiten geschlossen sein (vor allem [zwecks Freihaltung der kirchlichen Gottesdienstbesuchszeiten von irdisch-weltlichen Ablenkungen] an Sonntagen, an Feiertagen, montags bis freitags bis 6 Uhr und ab 20 Uhr, samstags grundsätzlich bis 6 Uhr und ab 20 Uhr). Für einzelne Arten von Verkaufsstellen galten Sonderregeln. Seit 2006 sind für den L. die Landesgesetzgeber zuständig, weshalb der L. im Einzelnen unterschiedlich geregelt ist.
Lit.: *Neumann, D.,* Ladenschlussgesetz, 4. A. 2003

Ladeschein (§ 444 HGB) ist die → Urkunde, die der → Frachtführer über die Verpflichtung zur Ablieferung ausstellt. Der Frachtführer ist zur Ablieferung des Gutes nur gegen Rückgabe des (nur in der Binnenschifffahrt üblichen) Ladescheins, auf dem die Ablieferung bescheinigt ist, verpflichtet (§ 445 HGB). Der L. ist → Orderpapier.
Lit.: *Hasse, W.,* Der Ladeschein, 1935

Ladung (1) (z. B. § 214 ZPO) ist die Aufforderung, vor einer → Behörde oder einem → Gericht zu einem bestimmten Zeitpunkt zu erscheinen. Die L. wird meist von Amts wegen veranlasst. Zwischen ihr und dem Termin muss eine bestimmte → Frist (Ladungsfrist) liegen. Die Missachtung der L. hat meist rechtliche Nachteile zur Folge. Eine L. eines Angeklagten zu einem außerhalb der Hauptverhandlung bestimmten Fortsetzungstermin kann durch telefonische Mitteilung an den Verteidiger erfolgen.

Laesio (F.) **enormis** ([lat.] ungeheure Verletzung) ist das erhebliche Missverhältnis zwischen Leistung (Wert) und Gegenleistung (Preis). In dem römischen Recht konnte, wenn der → Kaufpreis unter dem halben Warenwert lag, der → Verkäufer den → Rücktritt erklären oder den Differenzbetrag ver-

langen. Die Grundsätze der l. e. sind in neuere → Kodifikationen aufgenommen worden, nicht aber in das → Bürgerliche Gesetzbuch.
Lit.: *Schulze, W.,* Die laesio enormis in der deutschen Privatrechtsgeschichte, Diss. jur. Münster 1973

Lager (N.) Aufbewahrungsort

Lagergeschäft (§§ 467 ff. HGB) ist der zwischen → Lagerhalter und Einlagerer geschlossene, entgeltliche → Verwahrungsvertrag über Lagerung und Aufbewahrung lagerfähiger Güter (Lagervertrag).
Lit.: *Andresen, B.,* Speditions-, Fracht- und Lagerrecht, 2000; *Sonntag, B.,* Gutgläubiger Erwerb von Lagergütern, 2003

Lagerhalter (§ 467 HGB) ist, wer gewerbsmäßig die Lagerung und Aufbewahrung von Gütern übernimmt (Kaufmann).

Lagerschein (§ 475c HGB) ist die → Urkunde des Lagerhalters über seine Herausgabepflicht (Verpflichtung zur Auslieferung des erhaltenen Gutes) (→ Orderpapier, → Inhaberpapier oder → Namenspapier).
Lit.: *Abraham, H.,* Der Lagerschein, 1933; *Weimer, W.,* Der Orderlagerschein und das Frachtbriefduplikat, MDR 1971, 550

Lagervertrag → Lagergeschäft

Laie (zu [griech.] laikos, zum Volk gehörig) ist allgemein der Nichtfachmann, im Kirchenrecht der einfache Gläubige im Gegensatz zum Kleriker (Klerus).
Lit.: *Jankowetz, K.,* Eheschließungsassistenz durch Laien, 2003

Laienrichter (§§ 1, 44 ff. DRiG) ist der nicht rechtskundige, ehrenamtliche → Richter (z. B. → Schöffe, → Handelsrichter). Er ist neben dem → Berufsrichter in verschiedenen Gerichten an der Rechtsprechung beteiligt (z. B. § 29 GVG Schöffengericht). Er übt grundsätzlich das Richteramt in vollem Umfang aus.
Lit.: *Kissel, O./Mayer, H.,* Gerichtsverfassungsgesetz, 8. A. 2015; *Spona, D.,* Laienbeteiligung im Strafverfahren, 2000; *Wolmerath, M.,* Der ehrenamtliche Richter in der Arbeitsgerichtsbarkeit, 2003; *Baderschneider, M.,* Der Bürger als Richter, 2010

Land ist im Staatsrecht der Gliedstaat des → Bundesstaats. Die → Bundesrepublik Deutschland besteht aus 16 → Bundesländern (Baden-Württemberg, Bayern, Berlin, Brandenburg, Bremen, Hamburg, Hessen, Mecklenburg-Vorpommern, Niedersachsen, Nordrhein-Westfalen, Rheinland-Pfalz, Saarland, Sachsen, Sachsen-Anhalt, Schleswig-Holstein, Thüringen). Die Zuständigkeit des Landes innerhalb des Bundesstaats ergibt sich aus dem

→ Grundgesetz (Artt. 30, 70, 83 GG). Grundlegende Rechtssätze für die Landesverfassung enthält Art. 28 GG (republikanischer, demokratischer und sozialer Rechtsstaat, Volksvertretung aus allgemeinen, unmittelbaren, freien, gleichen und geheimen Wahlen). Die Länder wirken an der → Verwaltung und → Gesetzgebung des Bundes durch den → Bundesrat mit.

Lit.: *Berthold, N.,* Die Bundesländer im Standortwettbewerb, 2003

Landesarbeitsgericht (§§ 33 ff. ArbGG) ist das in Arbeitssachen in zweiter Instanz zuständige → Gericht der → Arbeitsgerichtsbarkeit.

Lit.: LAG-Report, 2001 ff.

Landesbank ist die von einem oder mehreren Bundesländern errichtete Bank.

Lit.: *Wagener, D.,* Organisationsrecht der Landesbanken und öffentlich-rechtlichen Versicherungsanstalten, 1999; *Klein, M.,* Die Privatisierung der Sparkassen und Landesbanken, 2003

Landesgesetz ist das vom Landesparlament entsprechend dem in der Landesverfassung vorgesehenen Gesetzgebungsverfahren geschaffene → Gesetz. Ein L. kann nur auf einem Rechtsgebiet zustande kommen, auf dem die Länder die Gesetzgebungszuständigkeit haben. Im Rang steht es (wie selbst die Landesverfassung) unter der Bundesrechtsverordnung (vgl. Art. 31 GG).

Landesgesetzgebung ist die → Gesetzgebung eines → Landes (Art. 70 GG) im Gegensatz zu der Gesetzgebung des → Bundes. Die Länder haben das Recht der Gesetzgebung, soweit das Grundgesetz nicht dem Bund Gesetzgebungsbefugnisse verleiht. Die L. kann *ausschließlich* oder *konkurrierend* (z. B. auch im Strafrecht, Artt. 3 ff. EGStGB) sein. Bei der konkurrierenden Gesetzgebungszuständigkeit muss die L. der Bundesgesetzgebung weichen, soweit diese stattfindet (Art. 31 GG).

Lit.: *Wettach, U.,* Ländergesetzgebung in der Bundesrepublik Deutschland, 1994

Landeskirche ist im evangelischen Kirchenrecht die Kirche eines Landes oder Landesteils (früheren Landes, z. B. Kurhessen-Waldeck). Sie ist eine → Körperschaft des öffentlichen → Rechts und Gliedkirche der evangelischen Kirche in Deutschland. Sie kann evangelische, lutherische, reformierte oder unierte L. sein. Ihre Organe sind die Landessynode und der leitende Amtsträger (Bischof). Sie gliedert sich in Kirchenbezirke und Kirchengemeinden.

Landesplanung ist die überörtliche zusammenfassende → Raumplanung im Gebiet eines → Landes.

Lit.: *Koch, H./Hendler, R.,* Baurecht, Raumordnungs- und Landesplanungsrecht, 5. A. 2009, 6. A. 2015

Landesrecht ist das besondere Recht eines einzelnen → Landes im Gegensatz zum → Bundesrecht. Es ist entweder Landesgesetz oder Landesrechtsverordnung (Baden-Württemberg 1997 rund 300 Landesgesetze, 1100 Rechtsverordnungen und 2100 Verwaltungsvorschriften). Dem L. geht das Bundesrecht vor (Art. 31 GG).

Landessozialgericht (§§ 28 ff. SGG) ist das in Sozialrechtsstreitigkeiten in zweiter Instanz zuständige → Gericht der → Sozialgerichtsbarkeit (z. B. für Niedersachsen und Bremen gemeinsam).

Landesstrafrecht ist das nach den Art. 74 Nr. 1 GG, Art. 3 EGStGB zulässige, insgesamt aber ziemlich bedeutungslose → Strafrecht eines → Landes (Bundeslandes).

Lit.: *Schiedermair, R.,* Gesetz über das Landesstrafrecht, 1969

Landesverfassung ist die → Verfassung eines → Landes (der Bundesrepublik Deutschland). Der L. geht das gesamte Bundesrecht (also auch eine Rechtsverordnung des Bundes) vor (Art. 31 GG). Macht ein Kläger die Verletzung eines Rechtes geltend, das mit gleichem Inhalt in einer Landesverfassung und im Grundgesetz enthalten ist (z. B. Recht auf rechtliches Gehör), so kann auch das Landesverfassungsgericht eine Entscheidung aufheben, der gegenüber die fehlerhafte Anwendung von Bundesrecht geltend gemacht wird (z. B. Zurückweisung eines Beweisantrags in einem Urteil eines Amtsgerichts). Ist die Verletzung eines Grundrechts durch eine Landesbehörde (z. B. Landesgericht) unter Berufung auf gleichlautende Grundrechte der Bundesverfassung und der Landesverfassung (z. B. Hessens) vor dem Bundesverfassungsgericht und dem Landesverfassungsgericht behauptet, ist zur Vermeidung abweichender Entscheidungen das Bundesverfassungsgericht in erster Linie zur Entscheidung berufen.

Lit.: Verfassungen der deutschen Bundesländer, hg. v. *Pestalozza, C.,* 10. A. 2014; *Klein, E./Haratsch, A.,* Die Landesverfassungsbeschwerde, JuS 2000, 209; *Tjarks, E.,* Zur Bedeutung der Landesgrundrechte, 1999; *Dreier, H.,* Grundrechtsschutz durch Landesverfassungsgerichte, 2000; *Coelln, C. v.,* Anwendung von Bundesrecht nach Maßgabe der Landesgrundrechte?, 2001

Landesverrat (§ 94 StGB) ist der Verrat des Landes. L. ist ein → Staatsschutzdelikt. L. begeht, wer ein → Staatsgeheimnis einer fremden Macht oder einem ihrer Mittelsmänner mitteilt oder sonst, um die Bundesrepublik Deutschland zu benachteiligen oder eine fremde Macht zu begünstigen, an einen Unbefugten gelangen lässt oder öffentlich bekannt macht und dadurch die Gefahr eines schweren Nachteils für die äußere Sicherheit der → Bundesrepublik Deutschland herbeiführt.

Lit.: *Kersten, K.,* Die Entwicklung der allgemeinen Strafbestimmungen gegen den Landesverrat in Deutschland, 1975; *Choo, H.,* Hochverrat und Landesverrat, 2000

Landesverwaltung ist die → Verwaltung durch Landesbehörden. Die L. ist unmittelbare → Staatsverwaltung. Sie gliedert sich organisatorisch meist in Oberbehörde, Mittelbehörde und Unterbehörde. Sie kann sachlich eigene Verwaltung oder → Auftragsverwaltung sein. Die eigene L. ist zu unterscheiden von (der Auftragsverwaltung und) der → Selbstverwaltung der → Gemeinden.

Lit.: *Bitter, M.,* Strukturveränderungen, 2004

Landeszentralbank (§ 8 BBankG) ist die Hauptverwaltung(sbehörde) der Deutschen → Bundesbank in einem → Bundesland oder in mehreren Bundesländern. Sie ist eine → Bundesbehörde. Der L. ist das Geschäft mit dem Land und mit den öffentlichen Verwaltungen im Land sowie mit den Kreditinstituten des Landes vorbehalten.
Lit.: *Marsh, D.,* Die Bundesbank, 1992; 50 Jahre Landeszentralbank, 1998

Landfriede ist im mittelalterlichen deutschen Recht das in der Nachfolge der → Gottesfrieden zur Verhütung von Unrecht seit dem späten 11. Jh. erlassene Friedensgebot. Der → Landfriedensbruch ist Unrecht und wird meist mit peinlicher Strafe geahndet. 1495 kam im Heiligen Römischen → Reich (deutscher Nation) der *ewige* L. zustande.
Lit.: *Köbler, G.,* Deutsche Rechtsgeschichte, 6. A. 2005; *Buschmann, A.,* Landfrieden, 2002

Landfriedensbruch (§ 125 StGB) ist der Bruch des Friedens im Land. L. begeht, wer sich an Gewalttätigkeiten gegen Menschen oder Sachen oder Bedrohungen von Menschen mit einer Gewalttätigkeit, die aus einer Menschenmenge in einer die öffentliche Sicherheit gefährdenden Weise mit vereinten Kräften begangen werden, als → Täter oder → Teilnehmer beteiligt oder wer auf die Menschenmenge einwirkt, um ihre Bereitschaft zu solchen Handlungen zu fördern. Der L. ist eine → Straftat gegen die öffentliche → Ordnung.
Lit.: *Reinert, U.,* Landfriedensbruch, 1999

Landgericht (§§ 59 ff. GVG) ist das zwischen → Amtsgericht und → Oberlandesgericht stehende → Gericht der ordentlichen → Gerichtsbarkeit, das teils in erster, teils in zweiter Instanz zuständig ist (§§ 71 ff. GVG). Es wird in → Zivilkammern und → Strafkammern tätig. Im Zivilprozess besteht vor dem L. → Anwaltszwang (§ 78 ZPO, → Anwaltsprozess). In Strafsachen ist das L. zuständig für alle → Verbrechen, die nicht zur Zuständigkeit des Amtsgerichts oder des Oberlandesgerichts gehören (§ 74 GVG).
Lit.: *Kissel, O./Mayer, H.,* Gerichtsverfassungsgesetz, 8. A. 2015

Landkreis → Kreis
Lit.: *Linder, E./Olzog, G.,* Die deutschen Landkreise, 2. A. 1996; *Lusch, U.,* Die Selbstverwaltungsaufgaben der Landkreise, 1998

Landpacht (§ 585 BGB) ist die (durch den Landpachtvertrag erfolgende) Verpachtung eines Grundstücks mit den seiner Bewirtschaftung dienenden Wohngebäuden oder Wirtschaftsgebäuden (Betrieb) oder eines Grundstücks ohne solche Gebäude überwiegend zur Landwirtschaft. Für sie gilt zusätzlich das Landpachtverkehrsgesetz vom 8.11.1985.
Lit.: *Lange, R./Wulff, H./Lüdtke-Handjery, C.,* Landpachtrecht, 4. A. 1997, 5. A. 2016?; *Nies, V.,* Pacht in der Landwirtschaft, 2003

Landrat ist das an der Spitze einer kleineren Gebietskörperschaft (Landkreis) stehende Verwaltungsorgan mit Doppelfunktion. Einerseits ist der L. der Hauptverwaltungsbeamte der → Gebietskörper-

schaft (Selbstverwaltungskörperschaft) → Kreis, andererseits der Leiter der unteren staatlichen → Verwaltungsbehörde. Als Vorsitzender des → Kreistags und des → Kreisausschusses bereitet er (in einigen Ländern) die Beschlüsse vor und vollzieht sie. Als Leiter der unteren staatlichen → Verwaltungsbehörde führt er staatliche Aufgaben aus und unterliegt der → Dienstaufsicht des → Regierungspräsidenten. Der L. wird, außer in Baden-Württemberg und in Brandenburg, von der Bevölkerung unmittelbar gewählt.
Lit.: *Scholler, H.,* Grundzüge des Kommunalrechts, 4. A. 1990; *Schmitz, M.,* Der Landrat, 1991; *Malcher, J.,* Der Landrat im kommunalen Konfliktfeld Abfallentsorgung, 1992

Landrecht ist im hochmittelalterlichen, spätmittelalterlichen und frühneuzeitlichen deutschen Recht das für die Bewohner eines Landes geltende allgemeine Recht im Gegensatz vor allem zum → Stadtrecht oder → Lehnsrecht (z.B. Sachsenspiegel Landrecht, vgl. auch preußisches Allgemeines L.) sowie zum älteren → Volksrecht.
Lit.: *Köbler, G.,* Das Recht im frühen Mittelalter, 1971

Landschaft ist das genossenschaftlich organisierte Bodenkreditinstitut eines (früheren) Landes. Die L. ist → Körperschaft des öffentlichen Rechts. Sie will ihren Mitgliedern durch über → Pfandbriefe aufgebrachte Mittel Kredite gewähren.

Landschaftsverband ist im Verwaltungsrecht Nordrhein-Westfalens der gebietskörperschaftliche, aus benachbarten → Landkreisen und kreisfreien → Städten zusammengesetzte höhere Kommunalverband (z.B. Rheinland, Westfalen-Lippe), dem einzelne überörtliche Aufgaben zugeteilt sind (z.B. Straßenwesen).
Lit.: *Burgi, M.,* Regionale Selbstverwaltung durch die Landschaftsverbände, 2003

Landstand ist im spätmittelalterlichen und frühneuzeitlichen deutschen Recht die Gesamtheit der Vertreter einer gewissen Bevölkerungsgruppe, die vor dem Absolutismus zusammen mit dem Landesherrn die Herrschaft über das → Land ausübt. Die Landstände sind rechtsfähige → Körperschaften, deren wichtigstes Recht das → Steuerbewilligungsrecht ist. Sie gliedern sich meist in → Ritter, Prälaten und → Städte, während die → Bauern nur ausnahmsweise erfasst werden (z.B. Tirol).
Lit.: *Willoweit, D.,* Deutsche Verfassungsgeschichte, 7. A. 2013

Landtag ist in den meisten Ländern (Deutschlands) die Volksvertretung (sonst Abgeordnetenhaus, → Bürgerschaft). Der L. wird nach rechtsstaatlichen Wahlgrundsätzen vom Volk des jeweiligen Landes gewählt. Seine wichtigsten Aufgaben sind die Schaffung von Landesgesetzen und die Kontrolle der Landesregierung.
Lit.: *Greß, F./Huth, R.,* Die Landesparlamente, 1998; *Hemmer, H.,* Der Präsident des Landtags, 2000

Landwirt ist der Unternehmer in der → Landwirtschaft.

Landwirtschaft

Landwirtschaft (§ 585 I 2 BGB) ist die Nutzung des Bodens (Landes) zur Erzeugung pflanzlicher und tierischer Rohstoffe. Die L. erfährt wegen ihres relativen Produktivitätsrückstands gegenüber Gewerbe und Dienstleistungen in erheblichem Umfang staatliche Förderung. Nach § 3 HGB finden die Vorschriften des § 1 HGB (Istkaufmann) auf den Betrieb der Landwirtschaft (und Forstwirtschaft) keine Anwendung, doch gilt nach § 3 II HGB die Vorschrift des § 2 HGB, so dass ein Unternehmer berechtigt ist, die Eintragung in das → Handelsregister gemäß § 2 HGB herbeizuführen (Kannkaufmann).

Lit.: *Leingärtner, W.,* Besteuerung der Landwirte (Lbl.), 3. A. 1999; *Engel, E.,* Landwirtschaft oder Gewerbe, 1998; *Höde, K.,* Die staatliche Förderung für die Landwirtschaft, 2004

Landwirtschaftskammer ist die berufsständische Vereinigung der Inhaber landwirtschaftlicher Betriebe (Landwirte) auf landesrechtlicher Grundlage. Sie ist eine → Selbstverwaltungskörperschaft des öffentlichen Rechts. Ihre Aufgabe ist die Wahrnehmung berufsständischer Belange.

Lit.: *Köckler, D.,* Landwirtschaftliche Unternehmensberatung, 1999; Lobbyverflechtungen in der deutschen Landwirtschaft, 2002

Landwirtschaftsrecht ist die Gesamtheit der besonderen, die → Landwirtschaft betreffenden Rechtssätze (z. B. im Erbrecht, Grundstücksverkehrsrecht). → Agrarrecht

Lit.: *Kroeschell, K.,* Deutsches Agrarrecht, 1983; *Wöhrmann, O.,* Landwirtschaftserbrecht, 10. A. 2012; *Barnstedt, F.,* Gesetz über das gerichtliche Verfahren in Landwirtschaftssachen, 8. A. 2011

Lärm ist das laute, störende Geräusch. Der Verursacher eines Lärmes (z. B. Läuten der Zeit von einem Kirchturm aus, Klavierspiel, Fluglärm) kann zu Unterlassung, evtl. auch zu Schadensersatz, verpflichtet sein. Erregen unzulässigen Lärms ist eine Ordnungswidrigkeit (§ 117 OWiG).

Lit.: *Pfeifer, F.,* Lärmstörungen, 9. A. 1999; *Geulen, R./ Klinger, R.,* Rechtsschutz Dritter gegen Flughafenlärm, NJW 2001, 1038; *Schmidt, U.,* Lärmstörungen, 2013

Last ist die den Träger beschwerende Gegebenheit. Im Schuldrecht ist L. eine Leistung, die aus einer → Sache selbst zu entrichten ist und dadurch deren Nutzwert mindert. *Öffentliche* Lasten (§ 436 BGB) sind Leistungen, die kraft öffentlichen Rechtes aus einem → Grundstück zu entrichten sind oder auf diesem selbst ruhen (z. B. Straßenanliegerbeitrag). Der Verkäufer eines Grundstücks haftet nicht für die Freiheit des Grundstücks von anderen öffentlichen Abgaben und anderen öffentlichen Lasten, die zur Eintragung in das Grundbuch nicht geeignet sind. Die öffentliche L. kann eine Geldleistungspflicht oder eine Naturalleistungspflicht sein. → Baulast

Lastenausgleich (§ 1 LAG) ist der allgemeine Ausgleich der Schäden und Verluste, die sich infolge der Vertreibungen und Zerstörungen der Kriegszeit und Nachkriegszeit ergeben haben oder in der sowjetischen Besatzungszone Deutschlands oder im Sow-

jetsektor Berlins entstanden sind, sowie die Milderung von Härten, die infolge der Neuordnung des Geldwesens nach dem Kriege eingetreten sind. Der L. erfolgt durch Erhebung von Ausgleichsabgaben einerseits und Erbringung von Ausgleichsleistungen (z. B. Kriegsschadensrente, Hauptentschädigung, Eingliederungsdarlehen, Hausratentschädigung usw.) andererseits.

Lit.: *Gallenkamp, G.,* Der Lastenausgleich, NJW 1999, 2486; *Oldenhage, K.,* Lastenausgleich, 2002

Lastschrift ist die im Rahmen eines → Girovertrags erfolgende Belastung eines Kontos eines Kunden einer → Bank. Auf Antrag eines Gläubigers erteilt dessen Bank ihm eine vorläufige Gutschrift in Höhe der bekannt gegebenen → Forderung (begründet ihm also eine entsprechende Forderung auf Zahlung) und belastet damit die Bank des → Schuldners, die ihrerseits das Konto des Schuldners belastet (also einen Anspruch des Schuldners auf Zahlung in der entsprechenden Höhe durch Erfüllung tilgt). Das Lastschriftverfahren kann darauf beruhen, dass der Schuldner seine Bank dazu durch Generalanweisung (Abbuchungsauftrag) beauftragt (Abbuchungsverfahren) oder dass er seinen Gläubiger dazu ermächtigt (Einzugsermächtigungsverfahren). Grundsätzlich besteht zwischen dem Schuldner und seiner Bank ein Deckungsverhältnis (Bankvertrag, Girovertrag), zwischen den beteiligten Banken ein Interbankenverhältnis (bankenverbandsinternes Abkommen vom 1.3.2002), zwischen dem Gläubiger und seiner Bank ein Inkassoverhältnis nach § 665 BGB und zwischen Gläubiger und Schuldner ein Valutaverhältnis (Geldschuld etwa aus Kaufvertrag mit Zahlungs-neben-vereinbarung per Lastschrift). Seit dem 9.7.2012 beruht die Einzugsermächtigungslastschrift auf einer Vorabautorisierung und enthält das Lastschriftmandat einen Zahlungsauftrag.

Lit.: *Bauer, K.,* Das Lastschriftverfahren, Diss. jur. Bayreuth 1998; *Matthies, S.,* Die Lastschrift, JuS 2009, 1074; *Omlor, S.,* Die neue Einzugsermächtigungslastschrift, NJW 2012, 2150

Lastschriftverfahren → Lastschrift

latent (Adj.) im Verborgenen vorhanden, versteckt

laudatio (F.) **auctoris** (lat.) Urheberbenennung

Laufbahn ist die Zusammenfassung aller → Ämter derselben Fachrichtung, die eine gleiche Vorbildung und Ausbildung voraussetzen (z. B. auswärtiger Dienst, Lokomotivbetriebsdienst). Die Laufbahnen gehören zu den Laufbahngruppen des einfachen, mittleren, gehobenen und höheren Diensts (Regierungsrat bis Staatssekretär) mit jeweils verschiedenen Zulassungsvoraussetzungen (Besuch der Volksschule, Mittelschule bzw. Realschule, Oberschule bzw. Gymnasium oder Hochschule). Laufbahnbewerber haben einen → Vorbereitungsdienst abzuleisten.

Lit.: *Baßlsperger, M.,* Laufbahnrecht des Bundes und der Länder, 1992; *Mansfeld, M.,* Laufbahnen und Aufstiegsmöglichkeiten, 1998

Lauterkeit

Lit.: *Klute, N.,* Die aktuellen Entwicklungen im Lauterkeitsrecht, NJW 2015, 2466; Lauterkeitsrecht (Münchener Kommentar), 2. A. 2014

Leasing ist der (1962 aus den Vereinigten Staaten von Amerika in Deutschland gewohnheitsrechtlich übernommene) → Vertrag, bei dem sich der Leasinggeber zur Überlassung von → Besitz sowie → Nutzung an einer Sache und der Leasingnehmer zur Zahlung eines Entgelts verpflichtet. Im Gegensatz zur → Miete trägt der Leasinggeber weder die Gefahr des Untergangs der Mietsache noch hat er für → Mängel oder → Schäden der Mietsache einzutreten. Nach Ablauf der Leasingzeit kann der Leasingnehmer den Leasinggegenstand zu Eigentum erwerben. Bei dem *Produzentenleasing* tritt der Produzent als Leasinggeber auf, bei dem *Finanzierungsleasing* dagegen ein (das Leasinggut beim Produzenten kaufender und dem Leasingnehmer leasender) Geldgeber (Bank). Die rechtliche Ausgestaltung ähnelt meist der Miete (atypischer Mietvertrag), teilweise auch dem → Kauf. Die periodisch anfallenden Kosten des Leasings werden steuerlich als Werbungskosten behandelt. (In Deutschland wurden 2003 etwa 25 Prozent der neu verkauften Personenkraftwagen geleast.)

Lit.: *Westphalen, F. Graf v.,* Der Leasingvertrag, 6. A. 2008, 7. A. 2015?; *Weber, J.,* Die Entwicklung des Leasingrechts, NJW 2009, 2927; *Martinek/Stoffels/Wimmer-Leonhardt,* Handbuch des Leasingrechts, 2. A. 2008; *Greiner, S.,* Das Finanzierungsleasing zwischen Vertrag und Gesetz, NJW 2012, 961; *Harriehausen, S.,* Die aktuellen Entwicklungen im Leasingrecht, NJW 2015, 1422; *Beckmann, H./Scharff, U.,* Leasingrecht, 4. A. 2015; *Engel, J.,* Handbuch Kraftfahrzeugleasing, 3. A. 2015; Handbuch des gewerblichen Miet-, Pacht- und Leasingrechts, hg. v. *Wolf, E. u. a.,* 11. A. 2013

Leben ist das aus unbekannter Ursache mögliche, natürliche, zeitlich begrenzte Dasein eines Lebewesens. Die Verletzung des Lebens eines Menschen ist im Strafrecht eine → Straftat (§§ 211 ff. StGB, → Mord, → Totschlag, → Tötung) und im Schuldrecht eine unerlaubte → Handlung (§ 823 I BGB).

Lit.: *Merten, C.,* Die Bewertung des menschlichen Lebens im Haftungsrecht, 2007

Lebensalter ist das Alter eines Lebewesens. Das L. eines Menschen kann für seine Rechtsstellung von wesentlicher Bedeutung sein (z. B. Vollendung des 7. Lebensjahrs [beschränkte → Geschäftsfähigkeit und beschränkte privatrechtliche Deliktsfähigkeit, §§ 106 ff., 828 II BGB, bei nicht vorsätzlichem Verkehrsunfall 10. Lebensjahr], des 14. Lebensjahrs [beschränkte → Strafmündigkeit, §§ 1 ff. JGG], des 16. Lebensjahrs [beschränkte → Testierfähigkeit, mögliche → Ehefähigkeit und → Eidesfähigkeit, § 2229 BGB, § 1303 II BGB, § 393 ZPO], des 18. Lebensjahrs [→ Geschäftsfähigkeit, Deliktsfähigkeit, → Ehemündigkeit, → Strafmündigkeit, aktives und passives → Wahlrecht, Fähigkeit zum Erwerb der Fahrerlaubnis, → Wehrpflicht] sowie des 60.–67. Lebensjahrs [Steuerfreibeträge, → Rentenversicherung]).

Lit.: *Müller, T.,* Alter und Recht, 2011

Lebenserfahrung ist die Erfahrung, die der Mensch im Laufe seines Lebens im Umgang mit seinen Mitmenschen macht. Die *allgemeine* L. ist die durchschnittliche L. des Menschen. Sie kann als ergänzendes Hilfsmittel bei der Ermittlung und Beurteilung von Geschehensabläufen und Verhaltensweisen von Bedeutung sein (z. B. objektive Vorhersehbarkeit eines Erfolgs).

Lit.: *Böhme, G.,* Erfahrung in Wissenschaft und Alltag, 1995; *Mummenhoff, W.,* Erfahrungssätze, 1997

Lebensgemeinschaft ist das auf Dauer angelegte gemeinschaftliche Zusammenleben mehrerer Menschen. *Eheliche L.* (§ 1353 I BGB) ist der gesamte Inhalt des persönlichen Verhältnisses der → Ehegatten zueinander. Die Ehegatten sind einander grundsätzlich zur ehelichen L. verpflichtet. Dazu zählen vor allem häusliche Gemeinschaft sowie Geschlechtsgemeinschaft. *Nichteheliche* L. ist das eheähnliche Zusammenleben zweier Menschen verschiedenen (str.) Geschlechts, die nicht die → Ehe mit einander geschlossen haben (1994 4 Millionen Menschen in Deutschland). Für sie gilt das → Eherecht (bisher noch) nicht. Die Anwendung einzelner Bestimmungen des Familienrechts ist zweifelhaft. Grundsätzlich soll jedenfalls die nichteheliche L. nicht besser gestellt werden als die grundgesetzlich geschützte eheliche L. Beim Tod des Mieters tritt aber auch der überlebende Angehörige seiner nichtehelichen L. in ein Mietverhältnis über Wohnraum (§ 563 I 2, II 4 BGB) ein. Hinsichtlich einzelner Gegenstände kann eine Gesellschaft oder Gemeinschaft der Beteiligten vorliegen. Seit 2008 hat die Rechtsprechung bei Auflösung auch Ansprüche aus ungerechtfertigter Bereicherung und Wegfall bzw. Störung der Geschäftsgrundlage (§ 313 BGB) für möglich erklärt. *Gleichgeschlechtliche* L. ist die L. zwischen zwei Menschen gleichen Geschlechts. Sie ist keine Ehe und auch der ehelichen L. (bisher noch) nicht gleichgestellt. Allerdings ist die Gleichstellung durch höherrangiges Recht nicht ausgeschlossen. → eingetragene Lebenspartnerschaft

Lit.: *Grziwotz, H.,* Partnerschaftsvertrag für die nichteheliche und nicht eingetragene Lebensgemeinschaft, 4. A. 2002; *Duderstadt, J.,* Die nichteheliche Lebensgemeinschaft, 2. A. 2004; *Grziwotz, H.,* Nichteheliche Lebensgemeinschaft, 5. A. 2014

Lebensmittel (§ 2 II LFGB) ist allgemein der zur Ernährung oder zum Genuss des Menschen durch Verzehr bestimmte Stoff. Die L. unterliegen in erheblichem Umfang staatlicher Überwachung. Verletzungen des Lebensmittelrechts sind teilweise Straftaten und teilweise Ordnungswidrigkeiten. Die Fragwürdigkeit der Überwachung der L. in der Europäischen Union zeigt sich beispielhaft bei dem lange als für den Menschen gefährlich geleugneten Rinderwahnsinn, bei dem als Folge der Kaufenthaltung der verunsicherten Verbraucher Millionen von Rindern durch Verbrennung vernichtet wurden. Seit 7.9.2005 gilt das Lebensmittel-, Bedarfsgegenstände- und Futtermittelgesetzbuch (LFGB, NF vom 3.6.2013), welches das Lebensmittel- und Bedarfsgegenständegesetz weitgehend ersetzt.

Lit.: *Zipfel, W./Rathke, K.*, Lebensmittelrecht (Lbl.), 148. A. 2012; *Voit, W./Grube, M.*, Lebensmittelinformationsverordnung, 2014

Lebenspartnerschaft ist die auf unbestimmte Zeit eingegangene Partnerschaft zweier Menschen zur gemeinsamen Lebensführung. Sie ist seit 1.8.2001 für gleichgeschlechtliche Partner als eingetragene L. mit eheähnlichen Wirkungen gestaltet (Gesetz zur Beendigung der Diskriminierung gleichgeschlechtlicher Gemeinschaften). Sie wird (nach einem möglichen Verlöbnis) durch gegenseitige persönliche und bei gleichzeitiger Anwesenheit vor der zuständigen Behörde abgegebene, bedingungsfeindliche und zeitbestimmungsfeindliche Erklärung, miteinander eine Partnerschaft auf Lebenszeit führen zu wollen, begründet. Die Lebenspartner sind einander zu Fürsorge und Unterstützung sowie zur gemeinsamen Lebensgestaltung verpflichtet. Sie können einen gemeinsamen Namen bestimmen. Sie sind einander zum Unterhalt verpflichtet. Sie leben im Güterstand der Zugewinngemeinschaft, wenn sie nicht durch Lebenspartnerschaftsvertrag etwas Anderes (Gütertrennung, Gütergemeinschaft) vereinbaren. Die Vereinbarung durch Lebenspartnerschaftsvertrag ist im Güterrechtsregister einzutragen. Der überlebende Lebenspartner ist neben Verwandten der ersten Ordnung zu einem Viertel, neben Verwandten der zweiten Ordnung oder neben Großeltern zur Hälfte der Erbschaft gesetzlicher Erbe. Ein Lebenspartner gilt als Familienangehöriger des anderen Lebenspartners. Bei Getrenntleben ist Unterhalt zu leisten. Die L. wird auf Antrag mindestens eines Lebenspartners durch gerichtliches Urteil aufgehoben. Es findet ein Versorgungsausgleich statt. In Deutschland gab es 2010 rund 63 000 gleichgeschlechtliche Paare in einem Haushalt, wobei 23 000 Paare eine eingetragene Lebenspartnerschaft waren (seit 2006 etwa verdoppelt). Mit der Gleichstellung mit der Ehe wie in den Niederlanden, Belgien, Spanien, Norwegen, Schweden, Kanada und Südafrika und einigen südamerikanischen Staaten ist zu rechnen.

Lit.: *Muscheler, K.*, Das Recht der eingetragenen Lebenspartnerschaft, 2. A. 2004; *Winckler, K.*, Die unwirksame eingetragene Lebenspartnerschaft, 2007; *Michael, L.*, Lebenspartenerschaften, NJW 2010, 3537; *Tölle, W.*, Die eingetragene Lebenspartnerschaft im steuerlichen Wandel, NJW 2011, 2165; *Bömelburg, R.*, Die eingetragene Lebenspartnerschaft, NJW 2012, 2753

Lebensrisiko ist die Gefahr eines Schadens, die das menschliche Leben als solches mit sich bringt. Das *allgemeine* L. ist insoweit das übliche Risiko, dem jeder Mensch unterliegt und das der Einzelne selbst zu tragen hat. → Schäden, die auf Grund des allgemeinen Lebensrisikos eintreten, kann der Geschädigte nicht ersetzt verlangen (z.B. Erkrankung infolge der allgemeinen Umweltbelastung, Ciguateravergiftung durch ein Essen in einem von einem Reiseveranstalter vermittelten Hotel, Ausgleiten auf einem nass gewordenen Volleyballspielplatz eines Kreuzfahrtschiffs). Ein Schaden kann einem Verhalten nur dann zugerechnet werden, wenn die Verhaltenspflicht auch gerade dieses Schadensrisiko erfassen wollte. Andernfalls gehört er zum Bereich des allgemeinen Lebensrisikos.

Lit.: *Mädrich, M.*, Das allgemeine Lebensrisiko, 1980; *Köbler, G.*, Schuldrecht, 2. A. 1995

Lebensversicherung (§§ 150 ff. VVG) ist die Versicherung des Lebens eines Menschen. Sie ist eine → Personenversicherung, die sich auf das Leben des → Versicherungsnehmers oder eines Dritten beziehen kann. Sie ist entweder Erlebensfallversicherung oder Todesfallversicherung sowie entweder Summenversicherung (bzw. Kapitalversicherung) oder Rentenversicherung. Der Versicherte kann vereinbaren, dass die Versicherungsleistung an einen Dritten zu erbringen ist (Bezugsberechtigter, → Vertrag zu Gunsten Dritter).

Lit.: *Elfring, C.*, Das System der drittbezogenen Ansprüche bei der Lebensversicherung, NJW 2004, 483; *Beenken, M.*, Lebensversicherung von A–Z, 2013

leer (Adj.) keinen Inhalt habend

Leerverkauf ist der Verkauf eines Gegenstands, den der Verkäufer nicht hat. Der ungedeckte L. von Finanzderivaten ist in Deutschland seit 2010 rechtswidrig.

legal (Adj.) gesetzlich

Legaldefinition ist die vom Gesetzgeber in ein → Gesetz eingefügte Bestimmung des Inhalts eines Begriffs, mit dem der Gesetzgeber diesen Begriff verbunden wissen will (z.B. § 1 I HGB Kaufmann im Sinne dieses Gesetzbuchs ist, wer ein Handelsgewerbe betreibt). Die L. kann sich als zu eng oder zu weit herausstellen (str.), so dass → Analogie oder → Reduktion erforderlich sein können.

Lit.: *Ebel, F.*, Über Legaldefinitionen, Diss. jur. Tübingen 1973; *Bund, E.*, Heutige Anforderungen an Legaldefinitionen, in: Rationalisierung der Gesetzgebung, 1984; *Weber-Lejeune, S.*, Legaldefinitionen, 1997

Legalenteignung ist die durch ein Gesetz erfolgende → Enteignung, gegen die der Betroffene nur mit der → Verfassungsbeschwerde gegen das die Enteignung anordnende Gesetz vorgehen kann.

Legalisation (F.) Beglaubigung (bestimmter Urkunden)

Legalität ([formelle] Gesetzmäßigkeit) ist die Übereinstimmung eines Verhaltens mit den Anforderungen der Rechtsordnung.

Lit.: *Pott, C.*, Die Außerkraftsetzung der Legalität, 1996; *Erb, V.*, Legalität und Opportunität, 1999

Legalitätsprinzip (Legalitätsgrundsatz, Gesetzmäßigkeitsgrundsatz) (z.B. § 152 II StPO) ist das Prinzip, dass die → Staatsanwaltschaft, soweit nicht gesetzlich ein anderes bestimmt ist, verpflichtet ist, wegen aller verfolgbaren Straftaten einzuschreiten, sofern zureichende tatsächliche Anhaltspunkte für eine solche Straftat vorliegen. Das L. beruht in der Gegenwart auf dem → Gleichheitsgrundsatz des → Grundgesetzes. Es ist an sich nur für wenige Randbereiche vom → Opportunitätsprinzip durchbrochen. Es ist durch den Tatbestand der → Strafvereitelung im Amt strafrechtlich abgesichert

(§ 258a StGB). Es bedeutet im Verwaltungsrecht die Bindung der Verwaltung an Gesetz und Recht.

Lit.: *Döhring, S.,* Ist das Strafverfahren vom Legalitätsprinzip beherrscht?, 1999; *Schulenburg, J.,* Legalitäts- und Opportunitätsprinzip, JuS 2004, 765

legal realism ([engl.] N.) Rechtsrealismus

Legalzession ([F.] Gesetzesabtretung, Übertragung kraft Gesetzes) (§ 412 BGB) ist der Übergang einer → Forderung kraft Gesetzes. Die L. ist vom Gesetzgeber in zahlreichen Einzelfällen angeordnet (z. B. §§ 268 III, 426 II, 774 I BGB, § 86 I 1 VVG). Nach § 412 BGB finden auf die L. die Vorschriften über die → Abtretung entsprechende Anwendung.

Lit.: *Olshausen, E. v.,* Gläubigerrecht und Schuldnerschutz, 1988

Legat (M.) → Gesandter

Legat (N.) → Vermächtnis

legatus (lat. [M.]) Legat, → Gesandter

legatum (lat. [N.]) Legat, → Vermächtnis

Legis actio (lat. [F.] Vorgehen aus Recht, Legisaktion) ist im älteren römischen Recht die Art und Weise, wie in feierlichen Spruchformen ein Recht verfolgt werden kann. Insgesamt gibt es 5 Formen des Legisaktionsverfahrens, das in zwei Abschnitten (vor dem Gerichtsmagistrat [in iure], vor dem Geschworenenrichter [apud iudicem]) abläuft. Das Legisaktionenverfahren wird noch in dem altrömischen Recht von dem Formularverfahren abgelöst.

Lit.: *Söllner, A.,* Römische Rechtsgeschichte, 5. A. 1996

Legislative ([F.] Gesetzgebung) ist im gewaltengeteilten Staat die gesetzgebende → Gewalt (→ Parlament).

Legislaturperiode (Gesetzgebungsperiode) ist die Wahlperiode, für welche die gesetzgebende Körperschaft gewählt wird.

Legistik (F.) Gesetzeskunde, Gesetzeslehre, Gesetzeswissenschaft

Lit.: *Galdia, M.,* Legal Linguistics, 2009

Legitimation ([F.] Rechtfertigung, Nachweis) ist der Nachweis der Berechtigung eines Verhaltens oder Zustands. Im Familienrecht (früher §§ 1719 ff. BGB) war bis zum Gesetz vom 16.12.1997 L. (nichtehelicher Kinder) die Verschaffung der Stellung eines ehelichen → Kindes für ein nichteheliches Kind.

Lit.: *Schefczyk, M.,* Umverteilung als Legitimationsproblem, 2003 *Bruckmann, W.,* Die grundgesetzlichen Anforderungen, 2004

Legitimationspapier ist die → Urkunde, bei deren Vorlage der → Schuldner ohne Prüfung der Berechtigung (grundsätzlich) mit befreiender Wirkung an den Vorlegenden leisten kann (z. B. → Sparbuch, § 808 I 1 BGB). Das L. kann → Wertpapier sein

(z. B. Sparbuch), braucht es aber nicht (z. B. Garderobenschein, Gepäckschein, § 807 BGB [Inhaberkarte]). Ebenso ist nicht jedes Wertpapier auch L. (z. B. Wechsel).

Legitimierung (F.) Rechtfertigung

Legitimität ([F.] Gesetzmäßigkeit, Rechtmäßigkeit) ist die Rechtfertigung des → Staates durch inhaltliche Werte bzw. in einem weiteren Sinn die Übereinstimmung eines Verhaltens oder Zustands mit einer behaupteten Wertordnung.

Lit.: *Gosau, T.,* Demokratie und Regieren in der Europäischen Union, 2004

Lehen, Lehn (zu leihen) ist im mittelalterlichen und frühneuzeitlichen deutschen Recht ein Gut (z. B. Bayern), das ein (adliger) Mensch (Lehnsherr, z. B. König) gegen (höhere) Dienste und Treue einem anderen Menschen (Lehnsmann, z. B. Herzog) – ursprünglich nur auf Zeit bzw. Lebenszeit – zur Nutzung überlässt. Für L. gilt das → Lehnsrecht. Vom L. streng zu trennen ist die → Grundherrschaft mit ihrem Rechtsverhältnis zwischen adligem Grundherrn und meist unfreiem, zu einfachen Diensten und Abgaben verpflichtetem Bauern.

Lit.: *Köbler, G.,* Deutsche Rechtsgeschichte, 6. A. 2005; *Spieß, K.,* Das Lehnswesen, 2002

Lehnsrecht (Lehensrecht, Lehenrecht, Lehnrecht) ist im älteren deutschen Recht objektiv die Gesamtheit der das → Lehen betreffenden Rechtssätze sowie subjektiv die Berechtigung zu einem Lehen.

Lit.: *Köbler, G.,* Lehnrechtsbücher, in: Handwörterbuch zur deutschen Rechtsgeschichte, Bd. 2 1978, 1690; *Spieß, K.,* Lehnsrecht, Lehnspolitik und Lehnsverwaltung, 1978

Lehrbeauftragter ist der im Hauptamt außerhalb der → Universität tätige Mensch (z. B. Privatgelehrter, Rechtsanwalt), der zur Ergänzung des Lehrangebots für eine besondere Lehrveranstaltung an der Universität eine besondere Beauftragung (Dienstvertrag) erhalten hat.

Lit.: *Reich, A.,* Hochschulrahmengesetz, 10. A. 2007

Lehre ist die Gesamtheit der von der Wissenschaft zu Rechtsfragen vorgetragenen Ansichten sowie deren Vermittlung. *Herrschende* L. ist die Ansicht, die von der Mehrzahl der Autoren vertreten wird. Sie braucht nicht unbedingt auch richtige L. zu sein. Bis 1969 wurde auch die → Berufsbildung als L. bezeichnet.

Lit.: *Köbler, G.,* Wie werde ich Jurist?, 5. A. 2007

Lehrfreiheit (Art. 5 III GG) ist die Freiheit, die wissenschaftlich gewonnenen Einsichten und Überzeugungen uneingeschränkt zu verbreiten, wobei die Freiheit der Lehre nicht von der Treue zur Verfassung befreit.

Lit.: *Kaufhold, A.,* Die Lehrfreiheit, 2006

Lehrling ist die ältere Bezeichnung für den Menschen, der nach dem → Berufsbildungsgesetz eine Berufsbildung durchläuft (→ Auszubildender).

Lehrstuhl ist die planmäßige Stelle eines (ordentlichen) Professors. Sie wird auf Grund einer Berufung erlangt. Dem L. sind meist persönliche und sachliche Mittel zugeordnet, die mit der Berufungsvereinbarung dem Berufenen zugesichert werden und gegen seinen Willen an sich nur durch Rechtsbruch entzogen werden können (→ Pacta sunt servanda).
Lit.: *Köbler, G.,* Wie werde ich Jurist?, 5. A. 2007

Leibeigenschaft ist im neuzeitlichen deutschen Recht die meist durch Überlassung von Bodennutzung und damit verbundener grundherrlicher Bindung erreichte persönliche Abhängigkeit eines Menschen von einem anderen.
Lit.: Leibeigenschaft, hg. v. *Klußmann, J.,* 2003; *Blickle, P.,* Von der Leibeigenschaft zu den Menschenrechten, 2003

Leibesfrucht (lat. [M.] nasciturus) ist das → Kind im Mutterleib von der Zeugung bis zur Vollendung der Geburt. Die L. ist nicht rechtsfähig (und noch kein Mensch). Sie wird aber in einzelnen Beziehungen von der Rechtsordnung geschützt (z. B. § 844 II Sicherung des → Unterhaltsanspruchs, § 1923 II BGB → Erbrecht, § 823 I BGB → Schadensersatz wegen vorgeburtlicher Schädigung, in Deutschland z. B. rund 2750 durch das von Schwangeren eingenommene Schlafmittel Contergan Geschädigte).
Lit.: *Wille, M.,* Die Rechtsstellung des nasciturus, 2003

Leibgedinge (Art. 96 EGBGB) ist der → Vertrag, in dem eine Person sich gegenüber einem Menschen zur Leistung von → Unterhalt auf dessen Lebenszeit verpflichtet.
Lit.: *Schäfer, A.,* Übernahme und Altenteil, 1994

Leibrente (§ 759 BGB) ist das einheitlich nutzbare Recht, eingeräumt auf die Lebenszeit des Berechtigten oder eines anderen Menschen, dessen Erträge (Nutzungen) aus regelmäßig wiederkehrenden gleichmäßigen Leistungen von → Geld oder anderen → vertretbaren Sachen bestehen. Die Verpflichtung zur Bestellung einer L. kann auf unterschiedliche Weise erfolgen. Diese Verpflichtung wird erfüllt durch den Leibrentenvertrag, der hinsichtlich der Versprechenserklärung grundsätzlich formbedürftig ist (§ 761 BGB).
Lit.: *Lafrentz, K.,* Die Leibrente, 1994 (Diss.); *Streibl, F.,* Leibrentenvertrag, 1999

Leiche ist der Körper eines gestorbenen oder tot geborenen Menschen. Die L. ist privatrechtlich eine Sache, die aus Gründen der Pietät dem Rechtsverkehr entzogen ist (str.). Sie ist strafrechtlich in gewisser Weise geschützt (§ 168 StGB Störung der Totenruhe). Im Verwaltungsrecht sind für die Bestattung der L. bestimmte Fristen vorgeschrieben.
Lit.: *Strätz, H.,* Zivilrechtliche Aspekte der Rechtsstellung des Toten, 1971; *Stellpflug, M.,* Der strafrechtliche Schutz des menschlichen Leichnams, 1996

Leichenschau (§ 87 StPO) ist die Betrachtung einer → Leiche. Sie ist eine Form des → Augenscheins. Sie kann *äußere* oder *innere* L. (Leichenöffnung) sein.
Lit.: *Madea, B.,* Die ärztliche Leichenschau, 3. A. 2014

leicht (Adj.) einfach, gering an Gewicht

Leichtfertigkeit (z. B. § 251 StGB) ist im Strafrecht der erhöhte Grad von → Fahrlässigkeit, der objektiv der groben Fahrlässigkeit des Privatrechts – Außerachtlassung der Sorgfalt in ungewöhnlich hohem Maße – entspricht, subjektiv aber die persönlichen Fähigkeiten und Kenntnisse des Täters zugrunde legt. L. kann ein Qualifikationsmerkmal sein. Vgl. a. § 18 StGB.
Lit.: *Birnbaum, C.,* Die Leichtfertigkeit, 2000

Leihe (§§ 598 ff. BGB, Leihvertrag) ist der unvollkommen zweiseitig verpflichtende → Vertrag, in dem sich der eine Teil (Verleiher) verpflichtet, dem anderen Teil (Entleiher) den Gebrauch der → Sache auf Zeit unentgeltlich zu gestatten. Im Gegensatz zu dem → Darlehen (Geld, § 488 BGB) ist dieselbe Sache (z. B. Fahrrad, Buch, Stift), die geliehen wurde, – nach Ablauf der Leihezeit – zurückzuerstatten, so dass der Entleiher nur → Besitz, nicht auch → Eigentum an der geliehenen Sache erlangt. Im Gegensatz zur → Miete ist der Entleiher nicht zu einem Entgelt verpflichtet. Der Verleiher hat nur für → Vorsatz und grobe → Fahrlässigkeit zu haften.
Lit.: *Acker, G.,* Die Wertpapierleihe, 2. A. 1995; *Loschelder, M.,* Die Dauerleihgabe, NJW 2010, 705

Leistung (§§ 241, 362 I BGB) ist der Gegenstand der Verpflichtung des Schuldners gegenüber dem Gläubiger (z. B. Willenserklärung, tatsächliche Handlung, Unterlassung). Zur Entstehung eines → Schuldverhältnisses ist erforderlich, dass die L. bestimmt oder mindestens bestimmbar ist. Das Schuldverhältnis erlischt, wenn die geschuldete L. – ganz (, nicht nur teilweise, vgl. § 266 BGB – so, wie Treu und Glauben es mit Rücksicht auf die Verkehrssitte erfordern,) an den Gläubiger bewirkt wird, ohne dass ein besonderer Erfüllungsvertrag nötig ist (str.). Hat der Schuldner nicht selbst zu leisten, kann ein Dritter die L. ohne Einwilligung des Schuldners bewirken (§ 267 BGB). *Teilbare* L. ist die L., die sich ohne Wertminderung und ohne Beeinträchtigung des Leistungszwecks in gleichartige Teile zerlegen lässt. L. im Bereicherungsrecht ist jede bewusste und gegenüber dem Empfänger zweckgerichtete Vermögensmehrung. Sie ist Voraussetzung der → Leistungskondiktion. L. *an Erfüllung Statt* (§ 364 I BGB) ist die L. eines anderen als des an sich geschuldeten Gegenstands. Sie ist grundsätzlich ein erfolgloser Erfüllungsversuch. Sie bewirkt jedoch → Erfüllung, wenn der Gläubiger die andere, nichtgeschuldete Leistung annimmt. L. *erfüllungshalber* ist die L. eines anderen als des geschuldeten Gegenstands, ohne dass der Schuldner damit unmittelbar erfüllen will. Das Schuldverhältnis erlischt daher auch erst dann, wenn dem Gläubiger aus der mit der L. erfüllungshalber zusätzlich geschaffenen Befriedigungsmöglichkeit tatsächlich Werte zufließen. Der Gläubiger ist, wenn L. erfüllungshalber vereinbart ist, aus → Treu und Glauben verpflichtet, zuerst Befriedigung aus der L. erfüllungshalber zu suchen.
Lit.: *Harder, M.,* Die Leistung an Erfüllungs Statt, 1976; *Gernhuber, J.,* Die Erfüllung und ihre Surrogate,

2. A. 1994; *Lobinger, T.,* Die Grenzen rechtsgeschäftlicher Leistungspflichten, 2004

Leistungsbescheid ist der feststellende → Verwaltungsakt, in dem eine zu erbringende Leistung (z. B. Stipendium, Pension) des Staates verbindlich festgesetzt wird.
Lit.: *Löwenberg, B.,* Die Geltendmachung von Geldforderungen im Verwaltungsrecht, 1967; *Dörr, G.,* Leistungsbescheide, 1979

Leistungsgefahr ist die Gefahr, bei Untergang des Leistungsgegenstands die → Leistung (noch) erbringen zu müssen. Sie trifft grundsätzlich den → Schuldner (z. B. den Verkäufer einer Sache). Er wird bei der → Stückschuld aber durch nicht zu vertretende Unmöglichkeit von ihr befreit (§ 275 I BGB). Bei → Gattungsschulden kann diese Folge regelmäßig erst nach ihrer → Konkretisierung (in eine → Stückschuld) eintreten, so dass der Schuldner, der noch nicht konkretisiert hat, trotz Untergangs eines einzelnen Stückes bis zur Erschöpfung der Gattung leisten muss.
Lit.: *Griebl, G.,* Das Problem des Übergangs der Leistungsgefahr, 1970; *Chang, W.,* Die Abdingbarkeit der Regeln des Annahmeverzuges, 1999; *Leenen, D.,* Ist das richtig so?, JuS 2008, 579

Leistungsinhalt ist der Inhalt der vom → Schuldner zu bewirkenden → Leistung. Er kann in einem Handeln (→ Tun) oder → Unterlassen (u. a. Dulden) bestehen. Er muss bestimmt oder (durch → Gesetz, eine → Partei oder einen Dritten) bestimmbar sein.

Leistungsklage ist die auf eine → Leistung des Beklagten (Tun, Unterlassen [u. a. Dulden]) gerichtete → Klage. Die zulässige und begründete L. führt zu einem → Leistungsurteil. Dieses kann vollstreckt werden.
Lit.: *Bitter, H.,* Leistungsklagen, 1995

Leistungskondiktion (§§ 812 ff. BGB) ist der → Bereicherungsanspruch, der sich darauf gründet, dass der Bereicherungsschuldner den Vermögensvorteil (etwas) durch eine → Leistung des Bereicherungsgläubigers erlangt hat. Die L. steht in Gegensatz zur → Nichtleistungskondiktion. Sie zerfällt nach der Art des Fehlens des rechtfertigenden Grunds in mehrere Unterfälle (§§ 812 I 1, 2, 817 S. 1 BGB).
Lit.: *Schall, A.,* Leistungskondiktion und sonstige Kondiktion, 2003

Leistungskontrolle ist die Überprüfung einer Leistung. Studienbegleitende Leistungskontrollen unter Prüfungsbedingungen sind Leistungsnachweise, die in einem Studium in einer überwachten Prüfung zu erbringen sind. § 5a IV DRiG sah von etwa 1985 bis 1993 eine solche L. für das rechtswissenschaftliche Studium vor, um eine sachgerechte Ausbildung abzusichern, scheiterte aber an Kollusion der wichtigsten Beteiligten.
Lit.: *Köbler, G.,* Die Anfängerübung, 7. A. 1995

Leistungsort (§ 269 BGB) (Erfüllungsort) ist der Ort, an dem der → Schuldner die → Leistung zu bewirken hat. Dies ist die Leistungsstelle, an welcher der Schuldner die → Leistungshandlung vorzunehmen hat, wobei sich bei → Holschuld und → Bringschuld der L. (Leistungshandlungsort) mit dem → Erfolgsort (Leistungserfolgsort) deckt. Der L. bestimmt sich gemäß § 269 BGB nach zwingendem → Gesetz, dann nach der → Parteivereinbarung, dann nach den Umständen, insbesondere der Natur des → Schuldverhältnisses. Im Zweifel ist L. der → Wohnsitz des Schuldners (anders bei → Geldschulden § 270 BGB). Bedeutsam ist der L. für den → Annahmeverzug, das → Zurückbehaltungsrecht, die → Konkretisierung, den → Gefahrübergang und den → Verzug.
Lit.: *Schack, H.,* Der Erfüllungsort, 1985; *Döhmel, D.,* Der Leistungsort, 1997

Leistungsschutzrecht (§§ 70 ff. UrhG) ist das dem → Urheberrecht verwandte Immaterialgüterrecht an solchen geistigen Leistungen, die in der Entdeckung, Verwirklichung, Verwertung oder Auslegung eines → Werkes bestehen (z. B. Ausgabe eines urheberrechtlich nicht geschützten Werks [z. B. Telefonbuch], Lichtbild, Vortrag, Aufführung).
Lit.: *Peukert, A.,* Die Leistungsschutzrechte, 1999; *Valbert, D.,* Die Phil-Collins-Entscheidung des EuGH, 2001

Leistungsstörung ist der Umstand, der den auf ordnungsgemäße Erfüllung der Pflichten des Schuldners gerichteten vereinbarten Ablauf des → Schuldverhältnisses nicht unwesentlich beeinträchtigt. Von rechtlicher Bedeutung sind auf Seiten des Schuldners allgemein Ausbleiben der Leistung (Nichtleistung), → Verzug und Mangelhaftigkeit der Leistung (Schlechtleistung), auf Seiten des Gläubigers → Annahmeverzug. Sie können zu wesentlicher Umgestaltung des Schuldverhältnisses führen. Bei Unmöglichkeit ist der Anspruch auf Leistung ausgeschlossen (§ 275 BGB). Bei Pflichtverletzung haftet der Schuldner nach § 280 BGB.
Lit.: *Emmerich, V.,* Das Recht der Leistungsstörungen, 6. A. 2005; *Medicus, D.,* Die Leistungsstörungen im neuen Schuldrecht, JuS 2003, 522; *Schwarze, R.,* Das Recht der Leistungsstörungen, 2008

Leistungsurteil ist das auf eine zulässige und begründete → Leistungsklage hin ergehende → Urteil. Seine → Vollstreckung erfolgt im Zivilverfahrensrecht nach den §§ 803 ff. ZPO. Sie hängt in ihrer Art von der Art des eingeklagten → Anspruchs ab (z. B. Geldforderung, Herausgabe von Sachen u. a.).
Lit.: *Zwach, U.,* Die Leistungsurteile des Europäischen Gerichtshofs für Menschenrechte, 1996

Leistungsverwaltung ist die die Interessenverfolgung der Mitglieder des Gemeinwesens durch gewährende Tätigkeit unmittelbar fördernde öffentliche → Verwaltung (→ Daseinsvorsorge, z. B. Wasserversorgung, Elektrizitätsversorgung, Müllabfuhr, Verkehrsbetrieb, Rundfunk). Sie steht im Gegensatz zur → Eingriffsverwaltung und bedarf (nicht in gleichem Maße) wie diese einer gesetzlichen Grundlage (str.). Die Leistungsgewährung kann öffentlich-rechtlich oder privatrechtlich ausgestaltet sein. Die

L. lässt sich gliedern in Vorsorgeverwaltung, Sozialverwaltung und Förderungsverwaltung.
Lit.: *Hermes, G.,* Staatliche Infrastrukturverantwortung, 1998

Leistungsverweigerung ist die Verweigerung der Leistungshandlung durch den → Schuldner. Sie ist grundsätzlich eine Vertragspflichtverletzung. Sie kann aber durch ein → Leistungsverweigerungsrecht gerechtfertigt sein.

Leistungsverweigerungsrecht ist das Recht des → Schuldners, die Bewirkung seiner → Leistung trotz seiner Leistungsverpflichtung zu verweigern. Ein L. kann sich ergeben aus einem → Zurückbehaltungsrecht (z.B. §§ 273, 1000 BGB, § 371 HGB). Nach § 275 II BGB kann der Schuldner die Leistung verweigern, soweit diese einen Aufwand erfordert, der unter Beachtung des Inhalts des Schuldverhältnisses und der Gebote von Treu und Glauben in einem groben Missverhältnis zu dem Leistungsinteresse des Gläubigers steht, wobei zu berücksichtigen ist, ob der Schuldner das Leistungshindernis zu vertreten hat. Nach § 275 III BGB kann der Schuldner die Leistung verweigern, wenn er die Leistung persönlich zu erbringen hat und sie ihm unter Abwägung des seiner Leistung entgegenstehenden Hindernisses mit dem Leistungsinteresse des Gläubigers nicht zugemutet werden kann. Die Rechte des Gläubigers ergeben sich in allen Fällen des § 275 BGB nach den §§ 280, 283–285, 311a und 326 BGB. In einem gegenseitigen Vertrag kann der Schuldner seine Leistung bis zur Bewirkung der Leistung der anderen Seite verweigern, wenn er nicht vorleistungspflichtig ist, sein Anspruch fällig ist und die Leistung hierauf noch nicht bewirkt ist (§ 320 I BGB).
Lit.: *Vahsen, L.,* Das formelle Leistungsverweigerungsrecht des Versicherers, 1988

Leistungswettbewerb ist der positive, in der Förderung der Absatztätigkeit des eigenen Unternehmens durch die eigene tüchtige Leistung (Preis, Güte, Kundendienst) bestehende → Wettbewerb. Im Gegensatz zum unerlaubten Behinderungswettbewerb, bei dem die Angebote der Mitbewerber unterdrückt werden, bringt der L. diese frei zur Geltung und öffnet den Markt. Der L. ist grundsätzlich erlaubter Wettbewerb, auch wenn mit ihm der Erwerb zu Lasten eines Mitbewerbers bezweckt ist.
Lit.: *Wuttke, J.,* Sicherung des Leistungswettbewerbs, 1995

Leistungswucher → Wucher

Leistungszeit (§ 271 BGB) ist die Zeit, zu der die Leistung (Leistungshandlung) des → Schuldners zu erbringen ist. Dies kann sowohl der Zeitpunkt der → Erfüllbarkeit – der Schuldner darf leisten – wie auch der → Fälligkeit – der Gläubiger darf fordern – sein (im Zweifel ist die Forderung gleichzeitig erfüllbar und fällig). Die L. kann sich ergeben aus zwingendem, der → Parteivereinbarung, abänderbarem → Gesetz und den Umständen. Im Zweifel kann der Gläubiger die Leistung sofort verlangen und der Schuldner sie sofort bewirken. Ist eine Leistungszeit bestimmt, so kann der Gläubiger im Zweifel die Leistung nicht vor der Zeit verlangen, der Schuldner sie aber vorher bewirken (§ 271 II BGB).
Lit.: *Christiansen, J.,* Forderungsrecht und Leistungszeit, 1998; *Hellfeier, M.,* Die Leistungszeit im Arbeitsverhältnis, 2003

leitend (Adj.) führend

leitender Angestellter → Angestellter, leitender

Leitsatz ist der aus dem Inhalt einer Entscheidung eines Gerichts entnommene, deren wesentlichen Kern enthaltende Satz. Er ist in Veröffentlichungen von → Entscheidungen diesen vielfach vorangestellt. Er hat rechtlich jedenfalls keine größere Wirkung als die Entscheidung selbst, dient praktisch aber vielfach als Richtschnur für die andern, meist unteren → Gerichte.
Lit.: Leitsatzkartei des deutschen Rechts auf CD-ROM Sonderausgabe nur für Studenten und Rechtsreferendare, 2006

Leitung ist die planmäßige Führung eines Umstands.

Leitungsrecht ist objektiv die Gesamtheit der eine Leitung betreffenden Rechtssätze und subjektiv der Anspruch auf Anbringung und Nutzung einer Leitung.
Lit.: *Krimmel, T.,* Unentgeltliche Leitungsrechte, 1998

Lenkung ist die bewusste zielgerichtete Gestaltung eines Ablaufs.

Lenkungsabgabe ist die der Lenkung eines Ablaufs dienende Abgabe.
Lit.: *Sacksofsky, U.,* Verfolgung ökologischer und anderer öffentlicher Zwecke durch Instrumente des Abgabenrechts, NJW 2000, 2619

Lesung ist allgemein das Betrachten und Erkennen des Sinnes von Schriftzeichen und im Verfassungsrecht (§§ 78 ff. GeschOBT bzw. GO-BT) die Beratung eines Gesetzentwurfs in dem → Parlament. Diese erfolgt grundsätzlich dreifach. In der *ersten* L. werden die Grundsätze der Gesetzesvorlage besprochen. In der nach Abschluss der Ausschussberatungen stattfindenden *zweiten* L. wird über einzelne Bestimmungen beraten. In der abschließenden *dritten* L. wird nochmals über Grundzüge und Einzelheiten sowie die diesbezüglichen Abänderungsanträge beraten und dann abgestimmt.

letter (N.) **of intent** (engl.) Absichtserklärung, Fixierungsvertrag
Lit.: *Lutter, M.,* Der letter of intent, 3. A. 1998; *Heussen, B.,* Letter of intent, 2002

letztes Wort → Wort, letztes

letztwillig (Adj.) dem letzten Willen entsprechend

letztwillige Verfügung → Verfügung, letztwillige

Leumund (M.) Ruf

Leumundszeugnis → Führungszeugnis

lex (lat. [F.],Gen. legis, Dat. legi, Akk. legem, Abl: lege, Pl. N. leges, Pl. Gen. legum, Pl. Dat. legibus) Gesetz, u. U. Klausel, Recht
Lit.: *Köbler, G.,* Zielwörterbuch integrativer europäischer Rechtsgeschichte, 6. A. 2014 (Internet)

Lex (F.) **Aquilia** ([lat.] aquilisches Gesetz) (286 v. Chr.) ist das römische Volksgesetz, das die Ersatzleistungen für Sachbeschädigungen neu regelt und damit einen Grundpfeiler für die gesamte folgende Entwicklung des → Schadensersatzrechts bildet.
Lit.: *Hausmaninger, H.,* Das Schadensersatzrecht der lex Aquilia, 5. A. 1996

lex (F.) **commissoria** (lat.) Verwirkungsklausel

Lex (F.) **fori** ([lat.] Gesetz des Gerichts, Recht des Gerichtsorts) ist im internationalen Privatrecht die möglicherweise anzuwendende Rechtsordnung des Entscheidungsorts.
Lit.: *Jaeckel, F.,* Die Reichweite der lex fori, 1995; *Hsieh, C.,* Die Begrenzung der Anwendung des Deliktsstatuts, 2003

Lex (F.) **generalis** ([lat.] allgemeines Gesetz) ist die allgemeine Bestimmung, die von einer besonderen Bestimmung (→ lex specialis) eingeschränkt werden kann (lex specialis derogat legi generali) (z. B. § 119 durch §§ 434 ff. BGB).

Lex (F.) **imperfecta** ([lat.] unvollkommenes Gesetz) ist das Gesetz, das für die Erfüllung seines → Tatbestands keine → Rechtsfolge (z. B. Strafe, Unwirksamkeit) vorsieht (z. B. früher Fahren ohne Anlegen eines Sicherheitsgurts).

Lex (F.) **mercatoria** ([lat.] kaufmännisches Recht) ist im römischen Recht die Gesamtheit der zum römischen → ius gentium zählenden Handelsbräuche. In der Gegenwart ist l. m. die Gesamtheit der aus völkerrechtlichen Gesetzen, Ordnungen internationaler Organisationen, Vertragspraktiken, Urteilen und allgemeinen Rechtsgrundsätzen abgeleiteten Sätze zur Entscheidung internationaler Wirtschaftsstreitigkeiten. Beispiele für l. m. sind good faith (Treu und Glauben), pacta sunt servanda, clausula rebus sic stantibus, Rechtsmissbrauch (abus de droit) oder culpa in contrahendo.
Lit.: *Stein, U.,* Lex mercatoria, 1995; *Lieckweg, T.,* Das Recht der Weltgesellschaft, 2003

lex (F.) **posterior** (lat.) späteres Gesetz

Lex (F.) **posterior derogat legi priori** ([lat.] das spätere Gesetz geht dem früheren Gesetz vor) ist ein wichtiger Entscheidungsgrundsatz beim scheinbaren Widerspruch zweier Gesetze.
Lit.: *Liebs, D.,* Lateinische Rechtsregeln, 7. A. 2007

lex (F.) **prior** (lat.) früheres Gesetz

Lex (F.) **rei sitae** ([lat.] Gesetz der belegenen Sache) ist im internationalen Privatrecht die möglicherweise anzuwendende Rechtsordnung des Ortes, an dem sich eine Sache (z. B. Grundstück) befindet.

Lit.: *Ritterhoff, C.,* Parteiautonomie im internationalen Sachenrecht, 1999

Lex (F.) **Salica** ([lat.] salisches Recht, 507–511 n. Chr.) ist in der deutschen Rechtsgeschichte das lateinisch aufgezeichnete, in seiner Erstfassung von der Wissenschaft mit dem fränkischen bzw. merowingischen König Chlodwig verbundene Stammesrecht der salischen Franken.
Lit.: Pactus legis Salicae, hg. v. *Eckhardt, K.,* 1962

Lex (F.) **specialis** ([lat.] besonderes Gesetz) ist die spezielle Bestimmung, die eine allgemeine Bestimmung einschränken kann (z. B. § 2018 BGB gegenüber § 985 BGB).

Lex (F.) **specialis derogat legi generali** ([lat.] das besondere Gesetz geht dem allgemeinen Gesetz vor) ist ein wichtiger Entscheidungsgrundsatz beim scheinbaren Widerspruch zweier Gesetze.
Lit.: *Liebs, D.,* Lateinische Rechtsregeln, 7. A. 2007

liber (lat. [M.] [1]) Buch

liber (lat. [M.] [2]) Freier, freier (Mann)

Liberalismus ist die im 18. Jh. ausgebildete Lehre von Staat, Wirtschaft und Gesellschaft, die sich von der freien Entfaltung des Einzelnen die bestmögliche Entwicklung der Gesellschaft erhofft. Der L. strebt daher für den Einzelnen größtmögliche Freiheit an. Dem Staat belässt er nur die Funktionen des Schutzes und der Gewährleistung der individuellen Freiheit (Nachtwächterstaat). Jeder Eingriff des Staats in die Freiheit des Einzelnen bedarf einer Rechtsgrundlage, weshalb der Staat des L. auch als → Rechtsstaat verstanden werden kann.
Lit.: *Köbler, G.,* Deutsche Rechtsgeschichte, 6. A. 2005; *Leonhard, J.,* Liberalismus, 2001

Liber (M.) **extra** → Corpus iuris canonici

Liber (M.) **sextus** → Corpus iuris canonici

Libralgeschäft ist im älteren römischen Recht das mit Erz und Waage ([lat.] per aes et libram) vor 5 Zeugen und einem Waagehalter von einem Menschen (Erwerber) – in Gegenwart des Veräußerers – vorgenommene Geschäft (z. B. Ergreifung einer handgreifbaren Sache eines anderen Menschen und Zuwägung des realen Gegenwerts in Erz). → Manzipation.
Lit.: *Kaser, M.,* Römisches Privatrecht, 20. A. 2014

licentia (lat. [F.]) Erlaubnis, früher auch Lehrberechtigung

Lidlohn (Hörigen?-lohn) (z. B. §§ 59, 61 KO) war im → Konkurs der Entgeltanspruch für Dienstleistungen.

Liebhaberinteresse ist der rein persönliche Erinnerungswert oder Gefühlswert des Geschädigten gegenüber der beschädigten Sache, der vom → Schädiger grundsätzlich nicht ersetzt zu werden braucht.

Ausgaben aus L. lassen sich im Steuerrecht grundsätzlich nicht steuermindernd von Einkünften abziehen.

Liechtenstein ist das zwischen Österreich und der Schweiz gelegene, sich zunehmend an die Schweiz anlehnende, wegen seiner Steuervorteile beliebte, zeitweise wegen Geldwäsche ins Gerede gekommene Fürstentum.

Lit.: *Köbler, G.,* Historisches Lexikon der deutschen Länder, 7. A. 2007; Das neue liechtensteinische Strafgesetzbuch, hg. v. *Stotter, H.,* 1988; Die neue liechtensteinische Strafprozessordnung, hg. v. *Stotter, A.,* 1988; Die liechtensteinische Verfassung 1921, 1994; *Wille, H.,* Die Normenkontrolle, 1999; *Wagner, J./Plüss, A.,* Handels- und Wirtschaftsrecht, 3. A. 2006; *Meckler, M.,* Der Kleinstaat im Völkerrecht, 2006; Rechtsreform und Zukunft des Finanzplatzes Liechtenstein, hg. v. *Heiss, H.,* 2013; Private Universität http://www.ufl.li

Lieferschein ist das Begleitpapier einer → Ware eines Lieferanten, das nach Unterzeichnung durch den Empfänger zur Beweisurkunde über den Empfang wird.

Liegenschaft ist die (ältere) Bezeichnung für die unbewegliche → Sache (→ Grundstück).

Lit.: *Köbler, G.,* Deutsche Rechtsgeschichte, 6. A. 2005; *Leesmeister, O.,* Materielles Liegenschaftsrecht, 2. A. 1996; *Riegler, R.,* Ein europäischer Liegenschaftsvertrag, 1999; *Kranewitter, H.,* Liegenschaftsbewertung, 2002

Liegenschaftsbuch ist die Angabensammlung über → Liegenschaften (1995 für Brandenburg automatisiertes L.). → Kataster

Limited Liability Partnership (LLP) ist die in Großbritannien im April 2001 eingeführte, zwischen Personengesellschaft und Kapitalgesellschaft stehende (hybride) Gesellschaftsform.

Lit.: *Schnittker, H./Bank, S.,* Die LLP in der Praxis, 2008

limitiert (Adj.) begrenzt, beschränkt

limitierte Akzessorietät → Akzessorietät, limitierte

Linguistik ist die Wissenschaft von der Sprache und ihren allgemeinen Erscheinungen. Die L. versucht insbesondere allgemeine Erkenntnisse zu gewinnen, die unabhängig von einer historischen Sprache gelten. Die L. ist für die → Rechtsmethodologie bedeutsam.

Lit.: *Köbler, G.,* Wie werde ich Jurist?, 5. A. 2007; *Willi, U./Linke, A.,* Studienbuch Linguistik, 5. A. 2004; *Kürschner, W.,* Taschenbuch Linguistik, 3. A. 2007

Linie ist die Verbindung zweier Punkte. Im Erbrecht sind → Verwandte in *gerader* L. Menschen, deren einer von dem anderen abstammt (z. B. Urgroßvater und Urenkel). Verwandte in der *Seitenlinie* sind Verwandte, die nicht in gerader L. verwandt sind, aber von demselben Menschen abstammen (z. B. Geschwister, Neffen und Nichten).

Liquidation ([F.] Verflüssigung, Berechnung, Abwicklung) ist die Abwicklung der Rechtsverhältnisse einer aufgelösten → Gesellschaft (z. B. §§ 47 ff., 730 ff. BGB, §§ 145 ff. HGB, §§ 264 ff. AktG). Sie findet immer dann statt, wenn die Gesellschafter keine andere Form der → Auseinandersetzung vereinbaren. Grundsätzlich erfolgt die L. durch Beendigung der laufenden → Geschäfte, → Tilgung der Schulden, Einziehung der → Forderungen, Umsetzung des Vermögens in Geld sowie Verteilung des schließlich vorhandenen Geldvermögens. Die L. wird durchgeführt von Liquidatoren. Während der L. besteht die Gesellschaft als eine Abwicklungsgesellschaft, die mit der werbenden Gesellschaft bis auf den Gesellschaftszweck identisch ist, fort.

Lit.: *Hess, H./Weis, M.,* Liquidation und Sanierung, 1999; *Riek, R.,* Das Liquidationsstadium bei der AG, 2003; *Passarge, M. u. a.,* Die GmbH in der Liquidation, 2008

List (§ 234 StGB Menschenraub) ist das geflissentliche und schlaue Verbergen der verfolgten Absicht (z. B. durch Täuschung).

Lit.: *Krack, R.,* List als Straftatbestandsmerkmal, 1994

Listenwahl → Verhältniswahl

Litis contestatio (lat. [F.] Streitbefestigung) ist im römischen Prozessrecht die Einsetzung des Streites durch den Gerichtsmagistrat, womit sich die Parteien gegenüber dem Magistrat dem künftigen Spruch des Geschworenenrichters unterwerfen und ein zweiter Streit ausgeschlossen ist.

Lit.: *Kaser, M./Hackl, K.,* Das römische Zivilprozessrecht, 2. A. 1997

litis denuntiatio (lat. [F.]) Streitverkündung

Litteralvertrag ist im römischen Recht der Vertrag, bei dem die Obligation nur auf Grund eines Schriftakts entsteht.

Lit.: *Kaser, M.,* Römisches Privatrecht, 20. A. 2014

Lizenz ([F.] Erlaubnis) ist im Immaterialgüterrecht die von einem Berechtigten einem Dritten erteilte Erlaubnis, ein Recht wirtschaftlich zu nutzen (z. B. → Patent, → Urheberrecht, Verlagsrecht). Die L. wird in der Regel auf Grund eines (entgeltlichen) Lizenzvertrags erteilt. Sie kann sich aber auch auf eine Gesetzesbestimmung (*gesetzliche* L.) oder auf eine hoheitliche Anordnung (*Zwangslizenz*) gründen. Der Umfang der L. kann verschieden sein.

Lit.: *Beck, H.,* Der Lizenzvertrag im Verlagswesen, Diss. jur. München 1962; *Pagenberg, J. u. a.,* Lizenzverträge, 6. A. 2008; *Pfaff/Osterrieth,* Lizenzverträge, 3. A. 2010

lobby (engl. [N.]) Wandelhalle, Interessenvertretung

Lit.: *Buholzer, R.,* Legislatives Lobbying, 1998; *Gündisch, J./Mathijsen, P.,* Rechtsetzung und Interessenvertretung in der Europäischen Union, 1999

Locatio conductio (F.) **operarum** ([lat.] Hinstellung – Mitführung von Werken) ist im römischen Recht der → Dienstvertrag.

Lit.: *Kaser, M.,* Römisches Privatrecht, 20. A. 2014

Locatio conductio (F.) **operis** ([lat.] Hinstellung –
Mitführung eines Werks) ist im römischen Recht der
→ Werkvertrag.
Lit.: *Kaser, M.,* Römisches Privatrecht, 20. A. 2014

Locatio conductio (F.) **rei** ([lat.] Hinstellung –
Mitführung einer Sache) ist im römischen Recht der
→ Mietvertrag.
Lit.: *Kaser, M.,* Römisches Privatrecht, 20. A. 2014

Logik ist die Fähigkeit richtig bzw. überzeugend
bzw. nachvollziehbar zu denken. Genauer versteht
man hierunter die Lehre von den formalen Beziehungen zwischen Denkinhalten, deren Beachtung im
tatsächlichen Denkvorgang für dessen Richtigkeit
entscheidend ist. Hauptteile der L. sind die Lehre
vom Begriff, von der Aussage und vom Schluss
(→ Syllogismus). In der Rechtswissenschaft steht
die L. nur neben der wertenden bzw. politischen
Entscheidung.
Lit.: *Schnapp, F.,* Logik für Juristen, 7. A. 2015

Lohn ist im Arbeitsrecht das Entgelt des Arbeitgebers für die Arbeit des Arbeitnehmers bzw. der
→ Arbeitslohn des → Arbeitnehmers, wobei es seit
dem 1.1.2015 (vor allem zur Erhöhung der Staats-
einkünfte über höhere Steuereinnahmen und damit
den Markt) einen allgemeinen Mindestlohn für
grundsätzlich jeden Arbeitnehmer in der Bundesrepublik Deutschland gibt.
Lit.: *Vogelsang, H.,* Entgeltfortzahlung, 2003; *Hil-
genstock, C.,* Mindestlohngesetz, 2014; *Riechert, C./
Nimmerjahn, L.,* Mindestlohngesetz, 2015; *Boemke, B.,*
Lohnanspruch (§ 611 I BGB) und Mindestlohn (§ 1
MiLoG), JuS 2015, 385

Lohnfortzahlung → Entgeltfortzahlung

Lohnpfändung (§§ 850 ff. ZPO) ist die Pfändung
von Arbeitseinkommen. Für den Lohn besteht ein
besonderer → Pfändungsschutz. Bestimmte Bezüge
sind unpfändbar bzw. nur bedingt pfändbar. Außerdem ist jedes Arbeitseinkommen unpfändbar, das
einen gewissen Mindestbetrag nicht übersteigt
(§ 850c ZPO). Eine ausländische Pfändung hat,
solange die internationale Rechtswirkung der Pfändung nicht völkerrechtlich vereinbart ist, keine
Rechtswirkung für den im Inland auszuzahlenden
Lohn eines im Inland ansässigen und beschäftigten
Arbeitnehmers.
Lit.: *Depré, P./Bachmann, W.,* Lohnpfändungstabellen,
7. A. 2011; *Helwich, G.,* Pfändung des Arbeitseinkommens, 7. A. 2014; *Hock, K./Hock, S.,* Lohnpfändung
und Verbraucherinsolvenz, 2. A. 2014

Lohnsteuer (§§ 19, 38 ff. EStG) ist die → Steuer
von → Einkünften aus nichtselbständiger → Arbeit.
Sie ist ein Unterfall der → Einkommensteuer. Die
Steuerbeträge sind vom → Arbeitgeber zu berech-
nen, einzubehalten und an das Finanzamt abzufüh-
ren. Der Arbeitnehmer kann am Jahresende die
Durchführung eines Lohnsteuerjahresausgleichs
beantragen.
Lit.: Lohnsteuerrecht, 18. A. 2012; Lohnsteuertabellen,
20. A. 2010; *Knur/Slather,* Lohnsteuer und Sozialversicherung (Lbl.), 44. A. 2011; Handbuch zur Lohnsteuer

2011, hg. v. Deutschen wissenschaftlichen Steuerinsti-
tut der Steuerberater e. V., 2011

Lokaltermin (Ortstermin, z. B. § 219 ZPO) ist der
an einem anderen Ort als der Gerichtsstelle abgehaltene → Termin (z. B. zwecks Einnahme eines
→ Augenscheins).

Lokusprinzip (N.) Ortsgrundsatz, → Rang

Lombard (M.) langobardische (Beleihung)

Lombardkredit ist das → Darlehen (Kredit), das
durch → Pfandrechte oder → Sicherungsübereignung beweglicher Sachen, insbesondere von
→ Wertpapieren, gesichert ist.
Lit.: *Moskric, E.,* Der Lombardkredit, 2003 (Schweiz)

Londoner Deklaration ist die von keinem Beteiligten ratifizierte, aber gleichwohl gewohnheitsrechtlich geltende Zusammenfassung der allgemein anerkannten Regeln des Völkerrechts über verschiedene
Fragen des Seekriegsrechts durch die Londoner
Konferenz der Seemächte im Jahre 1909.

Londoner Schuldenabkommen ist das am
27.2.1953 vereinbarte, mit Gesetz vom 24.8.1953
von der Bundesrepublik Deutschland angenommene
und am 16.9.1953 in Kraft getretene Abkommen
über die vor dem 8.5.1945 entstandenen, festgestellten oder fälligen deutschen Auslandsschulden gegenüber ursprünglich 18 anderen Staaten in Höhe
von 14 450 Mill. DM.
Lit.: *Abs, H.,* Entscheidungen, 1991

Longa manu traditio (lat. [F.] Übergabe langer
Hand) ist die Art der Übereignung, bei welcher der
Erwerber nicht (bereits vor dem Erwerb) im Besitz
der Sache ist. → brevi manu traditio

Los (Anteil) (§ 763 BGB) ist die → Urkunde über
eine auf einen → Lotterievertrag (Spielvertrag,
Glücksspielvertrag) gegründete Gewinnchance. Der
Erwerb des Loses ist meist ein → Kauf einer Hoffnung ([lat.] emtio [F.] spei). Nach der Ziehung wird
das gewinnberechtigte L. zur → Inhaberschuldverschreibung. Daneben ist L. auch ein Entscheidungsmittel (z. B. § 6 II 5 BWG).

Löschung ist die → Beurkundung, dass ein in ein
öffentliches → Register eingetragenes → Recht
aufgehoben wird. Im Sachenrecht (§ 875 BGB) ist
zur Aufhebung eines Rechtes an einem → Grundstück grundsätzlich außer der Aufgabeerklärung des
Berechtigten die L. des Rechtes im Grundbuch erforderlich. Sie wurde (bei manueller Grundbuchführung) durch rotes Unterstreichen des betreffenden
Textes durchgeführt.
Lit.: *Buchner, G.,* Amtslöschung, 1988; *Kestler, M.,*
Löschung und Umschreibung von Vormerkungen, 2000

Löschungsanspruch (§§ 1179 ff. BGB) ist der
→ Anspruch einer Person auf → Löschung einer
Eintragung (im Grundbuch). Ein L. kann sich nach
→ § 1179 BGB aus einer rechtsgeschäftlichen Verpflichtung des → Eigentümers ergeben. Darüber

hinaus kann nach § 1179a BGB der Gläubiger einer → Hypothek von dem Eigentümer kraft Gesetzes verlangen, dass dieser eine vorrangige oder gleichrangige Hypothek löschen lässt, wenn sie im Zeitpunkt der Eintragung der Hypothek des Gläubigers in das → Grundbuch mit dem Eigentum am Grundstück in einer Person vereinigt ist oder später vereinigt wird. Nach § 1179b BGB steht unter diesen Voraussetzungen auch dem, der als Gläubiger einer Hypothek eingetragen ist, ein L. bezüglich des für ihn ausgewiesenen Rechts zu.

Lit.: *Rein, A.,* Die Verwertbarkeit der Eigentümergrundschuld trotz des Löschungsanspruchs, 1994

Löschungsbewilligung ist die → Bewilligung eines Betroffenen zur → Löschung eines → Rechtes an einem Grundstück im → Grundbuch.

Löschungsvormerkung (§ 1179 BGB) ist die → Vormerkung zur Sicherung des – durch Vertrag zwischen Eigentümer und Berechtigten geschaffenen – Anspruchs einer Person (z. B. nachrangiger Hypothekengläubiger) gegen den Eigentümer auf Löschung der → Hypothek für den Fall, dass diese sich mit dem Eigentum in einer Person vereinigt. Sie soll verhindern, dass der Eigentümer zu Lasten des nachrangigen Hypothekengläubigers eine Eigentümerhypothek behält. → Löschungsanspruch

Lit.: *Zagst, G.,* Das Recht der Löschungsvormerkung und seine Reform, 1973

Lotterie (§ 763 BGB) ist das in Form von Lotterieverträgen betriebene Spiel.

Lit.: Lotto und Lotterie, 1997; *Wilms, H.,* Grenzüberschreitende Lotterietätigkeit, 2001

Lotterievertrag (und Ausspielvertrag, § 763 BGB) ist der → Vertrag, bei dem der Unternehmer mit einer Mehrheit von Spielern Verträge schließt, in denen er verspricht, gegen Einsätze, die meist in Geld bestehen, nach Maßgabe eines im Wesentlichen auf dem Zufall basierenden Spielplans Gewinne an die spielplanmäßig ermittelten Gewinner zu leisten (z. B. Lotto, Toto). Der L. ist verbindlich, wenn die Lotterie staatlich genehmigt ist. Die öffentliche Veranstaltung eines Glücksspiels ohne behördliche Erlaubnis wird mit Freiheitsstrafe bis zu zwei Jahren oder mit Geldstrafe bestraft (§ 284 StGB).

Lit.: *Tettinger, P./Ennuschat, J.,* Grundstrukturen des deutschen Lotterierechts, 1999

Lucidum intervallum (lat. [N.] lichter Zwischenraum) ist der Zeitraum, in dem ein Geistesgestörter zurechnungsfähig ist. Die in diesem Zeitraum geschlossenen → Rechtsgeschäfte sind wirksam (vgl. § 104 BGB). Im Strafrecht kommt es darauf an, ob → Schuldunfähigkeit nach § 20 StGB vorliegt.

Lücke ist die Stelle, an der zwischen Gegebenheiten etwas fehlt. In der Rechtsmethodologie ist L. der bei nachträglicher objektiver Betrachtung vom Gesetz (str.) nicht erfasste Regelungsbereich. Aufgabe der Methodenlehre ist die Feststellung der Lücke und deren sachgerechte Schließung (z. B. durch → Analogie).

Lit.: *Canaris, C.,* Die Feststellung von Lücken im Gesetz, 2. A. 1983; *Hofer, S.,* Das schweizerische Zivilgesetzbuch und das Problem der Gesetzeslücken, ZNR 2010, 189; *Paulus, A.,* Gesetzliche Regelungslücken nach Entscheidungen von BVerfG und EuGH, NJW 2011, 3686; *Kertai, B.,* Strafbarkeitslücken als Argument, JuS 2011, 976

lucrum (N.) **cessans** (lat.) entgehender Gewinn, →Schaden

Luft ist die die Erdkruste umgebende, sauerstoffreiche Gasschicht.

Luftrecht ist die Gesamtheit der die Luft und den Luftraum –, welcher der Hoheit des → Staates untersteht, über dessen Territorium er sich erstreckt, – betreffenden Rechtssätze. Dazu gehört insbesondere das Luftfahrtrecht. Dieses ist vor allem im Luftverkehrsgesetz geregelt. Es bestimmt die grundsätzliche Freiheit der Benutzung des Luftraums durch Luftfahrzeuge. Weiter setzt es eine besondere → Zulassung der Luftfahrzeuge (vgl. § 2 LuftVG) und eine besondere → Erlaubnis der Luftfahrer zum Luftverkehr voraus (§ 4 LuftVG). Der Halter eines Luftfahrzeugs haftet für die beim Betrieb des Luftfahrzeugs entstandenen → Schäden aus → Gefährdungshaftung (§§ 33ff. LuftVG). Nach einer Konvention zum Schutz für Fluggäste im internationalen Luftverkehr (Montreal 28.5.1999) haftet das Luftfahrtunternehmen bei unverschuldeten Personenschäden (Gesundheitsschädigung, Tötung) bis zu rund 12500 Euro, bei verschuldeten Personenschäden unbegrenzt.

Lit.: Luftverkehrsrecht, hg. v. *Kämper, N.,* 2. A. 2004; *Hofmann, H./Grabherr, E.,* Luftverkehrsgesetz (Lbl.), 11. A. 2007; *Reuschle, F.,* Montrealer Übereinkommen, 2005; *Schladebach, M.,* Luftrecht, 2007; *Schladebach, M. u. a.,* Einführung in das Luftrecht, JuS 2010, 499

Luganer Gerichtsstands- und Vollstreckungsübereinkommen (LGVÜ) über die gerichtliche Zuständigkeit und die Vollstreckung gerichtlicher Entscheidungen in Zivilsachen und Handelssachen vom 16.9.1988 ist das die Grundsätze des Europäischen Gerichtsstands- und Vollstreckungsübereinkommens (EuGVÜ) der Sache nach auch auf Finnland, Island, Norwegen, Österreich, Schweden und die Schweiz erstreckende Übereinkommen. Seit 1. März 2002 gilt die EU-Verordnung 44/2001.

Lüge ist die bewusst unwahre Aussage (z. B. E. erklärt, X. missbrauche öffentliche Mittel, obwohl E. weiß, dass das nicht zutrifft, oder E. erklärt, D. habe den Antrag gestellt, obwohl er weiß, dass er selbst ihn gestellt hat, oder E. erklärt Unterschriftslisten in Vorlesungen seien gang und gäbe, obwohl er weiß, dass sie unüblich sind). Die L. ist als solche nicht strafbar. Sie ist aber in Offenbarung des Wesens des Lügners unredlich und kann Grundlage eines → Betrugs werden.

Lit.: *Beck, F.,* Fragerecht und Recht zur Lüge, 2004

Lügendetektor (bzw. Polygraph) ist das Gerät, das die Schwankungen etwa der Atmung oder des Blutdrucks bei Erregungszuständen aufzeichnet. Es soll dadurch unwahre Angaben, deren Äußerung angeblich eine Veränderung des Körperzustands bewirkt, erkennen lassen. Im deutschen Strafverfahrensrecht ist der L. wegen der wissenschaftlichen Unsicherheit des Zusammenhangs zwischen Lüge und Körperreaktion bzw. zwischen emotionalen Zuständen eines Menschen und hierfür spezifischen Reaktionsmustern im vegetativen Nervensystem (z. B. ist es nicht gesichert, dass ein zu Unrecht Verdächtigter emotional ruhiger reagiert als ein Täter) für das → Strafverfahren nicht zugelassen (vgl. § 136a StPO). Die Verwendung eines Lügendetektors auf Antrag eines Angeklagten ist nicht grundgesetzlich geboten. Verfassungsrechtliche Bedenken gegen den L. bestehen nicht.

Lit.: *Kargl, W./Kirsch, S.,* Zur Zulässigkeit eines untauglichen Beweismittels im Strafverfahren, JuS 2000, 537; *Schüssler, M.,* Polygraphie im deutschen Strafverfahren, 2002

Lügner ist der eine → Lüge äußernde Mensch (z. B. E. erklärt, er habe eine Weisung nicht erteilt, die er nachweislich erteilt hat). Es gilt das Rechtssprichwort wer einmal lügt, dem glaubt man nicht und wenn er auch die Wahrheit spricht. Der erwiesene L. hat sein Gesicht bzw. seine Glaubwürdigkeit verloren, auch wenn er sich noch so sehr als Ehrenmann zu gerieren versucht.

Lustmord (§ 211 II StGB) ist die → Tötung eines Menschen zur Befriedigung des Geschlechtstriebs. Mord.

Lit.: *Marneros, A.,* Sexualmörder, 3. A. 2007

Luxemburg ist der von Deutschland, Belgien und Frankreich eingegrenzte mitteleuropäische Staat, der zu den Gründungsmitgliedern der Europäischen Gemeinschaften bzw. Europäischen Union gehört. Sein Recht ist vor allem seit der Niederlage des Deutschen Reiches in dem ersten Weltkrieg von Frankreich beeinflusst. L. ist Sitz des Gerichtshofs (der Europäischen Union) und des Gerichts (der Europäischen Union).

Lit.: *Köbler, G.,* Historisches Lexikon der deutschen Länder, 7. A. 2007

luxuria (lat. [F.]) Verschwendung

Lynchjustiz ist die rechtswidrige Bestrafung (Hinrichtung) eines Menschen ohne rechtmäßiges Verfahren, insbesondere durch eine aufgebrachte Volksmenge. Die Bezeichnung geht vielleicht auf einen amerikanischen Friedensrichter des 17. Jh.s. namens Lynch zurück.

Lit.: *Köbler, G.,* Etymologisches Rechtswörterbuch, 1995; *Neliba, G.,* Lynchjustiz, 2000

M

Maastrichter Vertrag (Vertrag von Maastricht) (1992) ist der zweite die Römischen Verträge von 1957 abändernde, die europäischen Gemeinschaften zu einer Europäischen Gemeinschaft verknüpfende und die Europäische Union vorbereitende Vertrag der → Europäischen Gemeinschaften (→ Europäischen Wirtschaftsgemeinschaft, → Europäischen Union).
Lit.: Maastricht – Ratifizierung und Verfassungsprozess, 1993

Macht ist die umfassendere Handlungsmöglichkeit. Fremde M. (z. B. § 93 I StGB) ist die außerhalb der Bundesrepublik bestehende, mit öffentlicher Gewalt ausgestattete Einrichtung auf höchster Ebene, insbesondere jede ausländische Regierung. Tatsachen, die vor ihr geheimgehalten werden müssen, sind Staatsgeheimnisse.

Machtpyramide ist im Verfassungsrecht die Art der bildlichen Darstellung des → Staates, bei der auf einer breiten Staatsbasis (Staatsvolk) ein schmalerer Staatsunterbau (Staatsbedienstete) und auf diesem an der Spitze der Pyramide die Staatsführung (Einzelmensch, kleines Gremium) steht. → Lehnsrecht mit Lehnspyramide
Lit.: *Zippelius, R.,* Allgemeine Staatslehre, 16. A. 2010

Magister (lat. [M.] Lehrer) ist vor allem im mittelalterlichen und ausländischen, teilweise aber auch im geltenden deutschen Recht ein – später dem baccalaureus folgender – akademischer → Grad (vgl. z. B. master of arts [M. A.], master of comparative law [M. C. L.]).
Lit.: *Schwarz-Hahn, S.,* Bachelor und Master in Deutschland, 2004

Magistrat (M.) Amt, Behörde, Amtsinhaber

Magistratsverfassung ist die (dualistische) → Gemeindeverfassung mit einem Magistrat. Die M. steht im Gegensatz zur → Bürgermeisterverfassung. Die *unechte* M. kennt neben dem willensbildenden und politischen Vertretungsorgan (Rat) als ausführendes kollegiales Verwaltungsorgan den Magistrat (z. T. in Hessen). Die *echte* M., bei welcher der Magistrat mitwirkendes Beschlussorgan ist (Zweikammersystem), gibt es in Deutschland nicht mehr. Der Magistrat besteht aus ehrenamtlich und hauptamtlich tätigen Mitgliedern unter Vorsitz eines Bürgermeisters.
Lit.: *Gern, A.,* Deutsches Kommunalrecht, 3. A. 2003

Magna Charta (F.) **libertatum** ([lat.] große Urkunde der Freiheiten) ist in der englischen Rechtsgeschichte die Urkunde, in welcher der König am 15.(?)6.1215 unmittelbar dem hohen → Adel Rechte (betreffend Freiheit, Eigentum und Verfahren) zusicherte, die mittelbar auch → Bürgern und → Bauern zugute kamen.
Lit.: *Köbler, G.,* Zielwörterbuch integrativer europäischer Rechtsgeschichte, 6. A. 2014 (Internet); *Breay, C.,* Magna Carta, 2002

magna cum laude (lat.) mit großem Lob (zweitbeste Notenstufe der Dissertationen bzw. Promotionen)

Mahnantrag (§ 690 ZPO) ist der auf einen Mahnbescheid gerichtete Antrag im → Mahnverfahren.

Mahnbescheid (§ 692 ZPO) ist die im Mahnverfahren auf Antrag ergehende gerichtliche Entscheidung, die eine Aufforderung zur Erfüllung eines Anspruchs bzw. Bewirkung einer Leistung enthält. Der M. ist ein Beschluss. Nach seinem Erlass kann Widerspruch gegen den Anspruch erhoben werden.
Lit.: *Schneider, R.,* Der Mahnbescheid und seine Vollstreckung, 6. A. 2008; *Maniak, K.,* Die Verjährungsunterbrechung durch Zustellung eines Mahnbescheids, 2000

Mahngericht ist das das → Mahnverfahren durchführende Gericht. In Bayern ist M. ein einheitliches Gericht für etwa 1 500 000 Verfahren jährlich.

Mahnung (§ 286 I BGB) ist die einseitige empfangsbedürftige → Erklärung des Gläubigers, mit der er den Schuldner dringlich zur sofortigen – ausnahmsweise zur fristgebundenen – → Leistung auffordert. Als M. genügt jede eindeutige und bestimmte Aufforderung, mit der zum Ausdruck gebracht wird, dass die geschuldete Leistung verlangt wird. Die M. ist keine → Willenserklärung, sondern nur eine rechtsgeschäftsähnliche Handlung. Sie ist grundsätzlich Voraussetzung für das Eintreten des → Verzugs. Sie ist unter bestimmten Voraussetzungen entbehrlich.
Lit.: *Wedel. T.,* 66 wirkungsvolle Mahnbriefe, 1999

Mahnverfahren (§§ 688 ff. ZPO) ist die besondere Prozessart, in der für eine bestimmte Art von voraussichtlich unstreitigen → Ansprüchen (auf Zahlung einer bestimmten Geldsumme in Euro) ohne Verhandlung dem Gläubiger eines → Anspruchs ein rechtskräftiger, vollstreckbarer → Titel verschafft werden kann. Das M. beginnt mit einem Antrag des Gläubigers (Antragstellers) auf Erlass eines Mahnbescheids. Auf den dem Schuldner (Antragsgegner) zugestellten Mahnbescheid hin kann der Antragsgegner → Widerspruch erheben. Wird rechtzeitig Widerspruch erhoben, kann ein streitiges Verfahren durchgeführt werden. Wird nicht rechtzeitig Widerspruch erhoben, erlässt das Gericht auf Antrag des Gläubigers (Antragstellers) einen Vollstreckungsbescheid (§ 699 ZPO). Gegen den Vollstreckungsbescheid findet wie gegen ein Versäumnisurteil → Einspruch statt. Wird Einspruch erhoben, so wird ein streitiges Verfahren durchgeführt. Für das M. ist das → Amtsgericht (Rechtspfleger) zuständig (§ 689 ZPO). Eine maschinelle Bearbeitung ist zulässig

(z. B. AG Bremen seit 1.10.2001). Durch die Verordnung Nr. 1896/2006 (EG) ist spätestens zum 12.12.2008 ein europäisches Verfahren zur Vereinfachung und Beschleunigung der Durchsetzung unbestrittener Geldforderungen mit grenzüberschreitendem Bezug (europäisches Mahnverfahren) eingeführt.

Lit.: *Selbmann, R.,* Das Mahnverfahren, 3. A. 2004; *Salten, U.,* Gerichtliches Mahnverfahren und Zwangsvollstreckung, 5. A. 2013; *Sujecki, B.,* Das europäische Mahnverfahren, NJW 2007, 1622; *Conrad, C.,* Das zivilprozessuale Mahnverfahren, JuS 2009, 12

Makler (§ 652 BGB) ist die gegen Entgelt eine Gelegenheit zum Abschluss eines → Vertrags nachweisende oder einen Vertrag vermittelnde Person. Für den M. gelten die besonderen Vorschriften über den Maklervertrag. Der M. kann → Kaufmann sein. Bestimmte M. sind nach den §§ 93 ff. HGB *Handelsmakler.* Im Verwaltungsrecht bedarf der gewerbsmäßige M. von Grundstücken, Räumen und Darlehen (Immobilienmakler) einer → Erlaubnis zur Ausübung seines → Gewerbes (§ 34c GewO).

Lit.: *Marcks, P.,* Makler- und Bauträgerverordnung, 9. A. 2014; *Dyckerhoff, R./Brandt, J.,* Das Recht des Immobilienmaklers, 11. A. 2003; Handbuch für Immobilienmakler und Immobilienberater, hg. v. *Sailer, E. u. a.,* 2. A. 2011; *Niemann, W.,* MaBV-Prüfung, 2010

Maklerrecht ist die Gesamtheit der den Makler bzw. den Maklervertrag betreffenden Rechtssätze.

Lit.: *Ibold, H.,* Maklerrecht, 2. A. 2009; *Fischer, D.,* Die Entwicklung des Maklerrechts seit 2013, NJW 2013, 3410; *Schwerdtner, P./Hamm, C.,* Maklerrecht, 6. A. 2012

Maklervertrag (§ 652 BGB) ist der → Vertrag, bei dem sich der Auftraggeber unter der Voraussetzung des Zustandekommens eines Vertrags verpflichtet, dem → Makler für den Nachweis der Abschlussgelegenheit oder für die Vertragsvermittlung eine Vergütung (Maklerlohn) zu entrichten. Der Makler ist zu einer Tätigkeit nicht verpflichtet. Die Vergütungspflicht entsteht nur, wenn der Vertrag infolge des Nachweises oder infolge der Vermittlung des Maklers zustande kommt.

Lit.: *Klingmann, J.,* Maklerverträge im internationalen Privatrecht, 1999; *Weishaupt, A.,* Der Maklervertrag im Zivilrecht, JuS 2003, 1166

mala fides (lat. [F.]) böser Glaube

Manager ist der angestellte Leiter eines größeren Unternehmens.

Lit.: *Thümmel, R.,* Persönliche Haftung von Managern und Aufsichtsräten, 4. A. 2008

Mancipatio (lat. [F.] Manzipation, Handgreifung) ist im römischen Recht für zahlreiche Geschäfte (z. B. Übertragung einer bestimmten Art Sache [lat. res mancipi], Adoption, Mitgift u. a.) der wichtige Formalakt (Libralgeschäft), bei dem im Mensch (Erwerber) eine handgreifbare Sache ([lat.] res [F.] mancipi) eines anderen Menschen (Veräußerer) vor 5 Zeugen und einem Waagehalter unter Zuwägenlassen des realen Gegenwerts in Erz ergreift.

Lit.: *Kaser, M.,* Römisches Privatrecht, 20. A. 2014

Mandant ist der Auftraggeber eines → Rechtsanwalts. Zwischen beiden besteht ein Geschäftsbesorgungsvertrag. Der Rechtsanwalt hat umfangreiche Sorgfalts- und Aufklärungspflichten.

Lit.: *Spreng, N.,* Anwalt und Mandant, 2. A. 2005

Mandat ist die Beauftragung (z. B. eines Rechtsanwalts durch einen → Mandanten). Der Beauftragte handelt in fremdem Namen, so dass das M. im Gegensatz zur → Delegation die → Zuständigkeit nicht verändert. Im Verfassungsrecht hat – in einem davon verschiedenen Sinn – der → Abgeordnete ein M. (Art. 38 GG) als Vertreter des ganzen Volkes. Dieses M. ist kein *imperatives* M., weil es nicht an den ursprünglichen oder späteren Willen der Wähler des Abgeordneten geknüpft ist.

Lit.: *Bachmeier, W.,* Verkehrszivilsachen, 2. A. 2010; *Uppenbrink, E.,* Das europäische Mandat, 2004; *Lewinski, K. v.,* Anwaltliches Berufsrecht und Mandatsvertrag, JuS 2004, 396; *Kilian, M.,* Das anwaltliche Mandat, 2008

mandatum (lat. [N.]) Auftrag

Mangel (z. B. §§ 434 ff. BGB) ist im Schuldrecht beim → Kauf der → Fehler eines Gegenstands oder das Fehlen der Freiheit des Gegenstands von Rechten Dritter. Der M. kann *Sachmangel* oder *Rechtsmangel* sein. Dem M. begründet für den Gläubiger die Rechte des § 437 BGB (z. B. Nacherfüllung, Rücktritt, Minderung, Schadensersatz oder Ersatz vergeblicher Aufwendungen). § 378 HGB erweitert den Begriff des Mangels für den beiderseitigen Handelskauf. *Genehmigungsfähiger* M. ist dort der M., der nicht so erheblich ist, dass der Verkäufer bei objektiver Betrachtung eine Genehmigung für ausgeschlossen halten musste. Eine besondere Regelung für einen M. kennt auch das Recht der → Miete und des → Werkvertrags.

Lit.: *Meier, S.,* Die kaufrechtlichen Mängeleinreden, 2000; *Lorenz, S.,* Selbstvornahme der Mängelbeseitigung, NJW 2003, 1417; *Aschenbrenner, H.,* Baumängel, 2004; *Gsell, B.,* Deliktsrechtlicher Eigentumsschutz bei weiterfressendem Mangel, NJW 2004, 1913; *Wältermann, F.,* Die Mängelhaftung im neuen Schuldrecht, 2004; *Kniefert, S.,* Wann ist ein Pferd mangelhaft, NJW 2007, 2895

Mangelfolgeschaden (z. B. §§ 434 ff. BGB) ist der Schaden, der infolge des → Mangels einer → Leistung des Schuldners an → Rechtsgütern des → Gläubigers entsteht (z. B. wegen des mangelhaften Viehfutters des Lieferanten verenden die Schweine des Käufers). Der M. steht im Gegensatz zum Mangelschaden.

Lit.: *Choi, B.,* Mangelschaden, Mangelfolgeschaden und Folgeschaden ohne Mangel, 2003; *Mankowski, P.,* Die Anspruchsgrundlage für den Ersatz von Mangelfolgeschäden, JuS 2005, 481

Mangelrüge ist die (formfreie) Anzeige eines → Mangels nach seiner Art und seinem Umfang, die erkennen lässt, dass der Anzeigende von den aus dem Mangel für ihn hervorgehenden Rechten Gebrauch machen will. Die M. ist eine rechtsgeschäftsähnliche → Handlung. Sie ist beim beiderseitigen → Handelskauf grundsätzlich eine unverzüglich zu beachtende Voraussetzung der Erhaltung der Rechte des Käufers aus einem Mangel der Ware (§ 377 HGB).

Lit.: *Janssen, A.,* Die Untersuchungs- und Rügepflichten, 2001; *Klaedtke, U.,* Die Mängelrügefrist im UN-Kaufrecht, 2003; *Thamm, M.,* Die Mängelrüge, NJW 2004, 2710

Mangelschaden (z. B. §§ 434 ff. BGB) ist der → Schaden, der dem Betroffenen in Gestalt der mangelhaften Sache selbst entsteht (z. B. das gelieferte Viehfutter hat wegen des Mangels einen geringeren Wert). Der M. steht im Gegensatz zum Mangelfolgeschaden.

Lit.: *Choi, B.,* Mangelschaden, Mangelfolgeschaden und Folgeschaden ohne Mangel, 2003

Mantelkauf ist der Kauf eines in das Handelsregister eingetragenen, noch nicht mit einem wirklichen Unternehmen verbundenen Firmenmantels.

Lit.: *Schmidt, K.,* Vorratsgründung, Mantelkauf und Mantelverwendung, NJW 2004, 1345

Manteltarifvertrag ist der grundlegende, auf längere Zeit berechnete → Tarifvertrag, in dem die Arbeitsbedingungen geregelt werden, die nicht ständiger Änderung unterliegen (z. B. → Arbeitszeit, z. B. Tarifvertrag für den öffentlichen Dienst).

Lit.: Manteltarifvertrag für Arbeiterinnen und Arbeiter, hg. v. *Heel, F.,* 6. A. 2003

Manzipation (F.) Handgreifung, → mancipatio

Marburger Programm (1882) ist das Reformprogramm Franz von Liszts, das eine Differenzierung der Spezialprävention nach Tätertypen vorsieht (Gelegenheitstäter [Strafe als Denkzettel], verbesserliche Hangtäter [Strafe mit Resozialisierung], unverbesserliche Hangtäter [Verwahrung]).

Lit.: *Liszt, F. v.,* Von der Rache zur Zweckstrafe, hg. v. *Ostendorf, H.,* 1982

Mare (N.) **liberum** ([lat.] freies Meer) ist die Bezeichnung für den im neuzeitlichen Völkerrecht geltenden Grundsatz, dass das offene Meer (mangels nachgewiesener Beherrschung) keiner Hoheitsgewalt eines Staates unterliege, sondern frei sei.

Marke (§ 3 MarkenG) ist das (schutzfähige) Zeichen (, insbesondere Wörter einschließlich Personennamen, Abbildungen, Buchstaben, Zahlen, Hörzeichen, dreidimensionale Gestaltungen einschließlich der Form einer Ware oder ihrer Verpackung sowie sonstige Aufmachungen einschließlich Farben und Farbzusammenstellungen), das geeignet ist, Waren oder Dienstleistungen eines Unternehmens von den Waren oder Dienstleistungen anderer Unternehmen zu unterscheiden. Für die M. gilt das im → Markenrechtsreformgesetz verkündete Markengesetz. Für die Marke entsteht Markenschutz durch die Eintragung eines Zeichens als M. in das vom Patentamt geführte Register, durch Benutzung nach Erlangung von Verkehrsgeltung oder durch notorische Bekanntheit als M. (§ 4 MarkenG). Der Markenschutz gewährt dem Inhaber nach gebührenpflichtiger Eintragung durch das Patentamt ein aus-

schließliches Recht auf 10 Jahre, aus dem ein Unterlassungsanspruch und ein Schadensersatzanspruch folgen können (§ 14 MarkenG). Für Beschwerden in Widerspruchsverfahren gegen Entscheidungen des deutschen Patent- und Markenamts und für Löschungsklagen in Markensachen ist das Bundespatentgericht zuständig. Letztlich entscheidet der Bundesgerichtshof.

Lit.: *Großner, I.,* Der Rechtsschutz bekannter Marken, 1998; *Thilo, A.,* Neue Formen der Marke im Markenrecht, Diss. jur. Konstanz 1998; *Schuhmacher, K.,* Die Marken(artikel)piraterie, 2005; *Lange, P.,* Marken- und Kennzeichenrecht, 2. A. 2012; *Fezer, K.,* Handbuch der Markenpraxis, 2. A. 2012

Markenartikel → Markenware

Markengesetz ist das das Recht der → Marke regelnde Gesetz.

Lit.: *Ströbele, P./Klaka, R.,* Markengesetz, 10. A. 2012; *Ingerl, R./Rohnke, C.,* Markengesetz, 3. A. 2010; *Aufenanger u. a.,* The German Trademark Act, 3. A. 2006

Markenrecht ist das die → Marke betreffende Recht.

Lit.: Wettbewerbsrecht, Kartellrecht/Markenrecht, 31. A. 2010; *Ilzhöfer, V./Engels, R.,* Patentrecht, Markenrecht und Urheberrecht, 8. A. 2010; *Berlit, W.,* Markenrecht, 10. A. 2015; *Fezer, K.,* Markenrecht, 4. A. 2009; *Pfeiffer, G. u. a.,* Einführung in das Markenrecht, JuS 2006, 584; *Lange, P.,* Marken- und Kennzeichenrecht, 2. A. 2012; Kommentar zum Markenrecht, hg. v. *Schultz, D. v.,* 3. A. 2012; *Bingener, S.,* Markenrecht, 2. A. 2012; Internationales Handbuch des Marken- und Kennzeichenrechts, hg. v. *Lange, P.,* 2009; *Sosnitza, O.,* Deutsches und europäisches Markenrecht, 2. A. 2015

Markenware ist das Erzeugnis, dessen Lieferung in gleichbleibender oder verbesserter Güte von dem preisempfehlenden → Unternehmen gewährleistet wird und das mit einem seine Herkunft kennzeichnenden Merkmal (Firmenzeichen, Wortzeichen oder Bildzeichen) versehen ist (z. B. bestimmte Lebensmittel, Niveacreme, Maggi, Odol, Persil). Für die M. ist grundsätzlich eine unverbindliche (vertikale) → Preisempfehlung zulässig.

Lit.: *Ahlert, D.,* Exzellenz in Markenmanagement und Vertrieb, 2004

Markgenossenschaft ist seit dem Hochmittelalter die → Genossenschaft der an der → Allmende (Mark, Grenzgebiet zu anderen Gemeinden) Nutzungsberechtigten.

Markt (z. B. §§ 64 ff. GewO) ist die zu bestimmter Zeit und an bestimmten Ort abgehaltene Veranstaltung zum Zweck des Verkaufs und → Kaufes von → Waren (z. B. Wochenmarkt, Jahrmarkt, Messe). Danach wird auch die Stelle oder gar der gesamte Ort, an dem diese Veranstaltung stattfindet, als M. bezeichnet. *Gemeinsamer* M. ist das einheitliche Wirtschaftsgebiet der → Europäischen Union.

Lit.: *Schubert, T.,* Der Gemeinsame Markt als Rechtsbegriff, 1999; *Schwalba, M.,* Die wettbewerbsbezogene Abgrenzung des relevanten Marktes, 2000

Marktordnung ist die Beeinflussung des gesamtwirtschaftlichen → Marktes eines bestimmten Gebiets durch regelnde Maßnahmen des → Staates zur

Erreichung bestimmter wirtschaftspolitischer bzw. politischer Ziele. Die M. beschränkt die freie Marktwirtschaft. Sie findet sich in der Gegenwart insbesondere im Bereich der landwirtschaftlichen Erzeugnisse.

Lit.: *Mrozek, M.,* Europäisches Marktordnungsrecht, 2003; *Kolbe, A.,* Marktordnung für Lobbyisten, 2011

Marktpreis eines Ortes ist der Durchschnittspreis, der sich unabhängig von besonderen zufälligen Umständen der Preisbildung aus der Vergleichung einer größeren Anzahl an diesem Ort zur maßgeblichen Zeit geschlossenen → Kaufverträge für Waren der betreffenden Beschaffenheit ergibt.

Marktrecht ist die Gesamtheit der einen Markt betreffenden Rechtssätze und im mittelalterlichen und neuzeitlichen deutschen Recht auch das durch Privileg gewährte Recht, einen Markt abzuhalten.

Lit.: *Wolf, C.,* Grundstrukturen des Marktrechts, 1988

Marktwirtschaft ist die Wirtschaftsform, in der die wirtschaftlich relevanten Entscheidungen über Produktion, Investition, Distribution und Konsum dezentralisiert und den individuellen Wirtschaftssubjekten überlassen sind. Grundsätzliche Voraussetzungen hierfür sind → Privatautonomie (Vertragsfreiheit), Eigentum (Privateigentum) sowie Berufsfreiheit und → Gewerbefreiheit. Gegensatz zur M. ist die zentrale Planwirtschaft. Bei der *freien* M. herrscht völlig freier → Wettbewerb, bei der gelenkten M. (z.B. sozialen M.) greift der Staat (z.B. aus sozialen Überlegungen) zur Verhinderung gewisser Störungen oder Schwierigkeiten ein.

Lit.: Soll und Haben, hg. v. *Nörr, K.,* 1999; *Ptak, R.,* Vom Ordoliberalismus zur sozialen Marktwirtschaft, 2004

Maschine ist die technisch nutzbare Arbeit leistende oder Energie von einer Form in eine andere Form umleitende Vorrichtung zur Erzeugung oder Übertragung von Kräften. → Maschinenversicherung

Lit.: *Fischer, R.,* Elektrische Maschinen, 16. A. 2013

Maschinenversicherung ist die Versicherung gegen einen Schaden einer Maschine.

Lit.: *Scheuermeyer, R.,* Maschinenversicherung, 2. A. 1999

Masse ist allgemein die greifbare Menge, insbesondere die Vermögensmenge. → Insolvenzmasse

Lit.: *Oepen, K.,* Massefremde Masse, 1999

Massegläubiger (§ 53 InsO) ist der Gläubiger der Kosten des → Insolvenzverfahrens und der sonstigen Masseverbindlichkeiten.

Lit.: *Weis, M.,* Die Haftung des vorläufigen Insolvenzverwalters, 2002

Masseverbindlichkeit (§§ 53 ff. InsO) sind die Kosten des → Insolvenzverfahrens (Gerichtskosten für das Insolvenzverfahren, Vergütungen und Auslagen des → Insolvenzverwalters und der Mitglieder des Gläubigerausschusses) sowie die Verbindlichkeiten, die durch Handlungen des Insolvenzverwalters oder in anderer Weise durch die Verwaltung, Verwertung und Verteilung der Insolvenzmasse

begründet werden, ohne zu den Kosten des Insolvenzverfahrens zu gehören, die Verbindlichkeiten aus gegenseitigen Verträgen, soweit deren Erfüllung zur Insolvenzmasse verlangt wird oder für die Zeit nach der Eröffnung des Insolvenzverfahrens erfolgen muss, und die Verbindlichkeiten aus einer ungerechtfertigten Bereicherung der Masse (beachte auch § 55 II InsO). Nicht M. ist die rückständige Lohnforderung eines Arbeitnehmers, wohl aber der Sozialplananspruch. Die Kosten des Insolvenzverfahrens und die sonstigen Masseverbindlichkeiten sind aus der Insolvenzmasse vorweg zu berichten.

Lit.: *Weis, M.,* Die Haftung des vorläufigen Insolvenzverwalters, 2002

Maßnahme (§ 11 I Nr. 8 StGB) ist im Strafrecht jede → Maßregel der Besserung und Sicherung, der Verfall, die Einziehung und die Unbrauchbarmachung.

Maßnahmerecht ist allgemein das Recht, das nicht eine unbestimmte Vielzahl von Fällen betrifft, sondern – offen oder verdeckt – nur einen oder einige Fälle. Es kann rechtswidrig sein. Im Strafrecht ist M. das die strafrechtlichen → Maßnahmen betreffende Recht (§§ 61 ff. StGB). Es steht neben dem eigentlichen, → Strafe aussprechenden Strafrecht (Zweispurigkeit des Strafrechts).

Lit.: *Huber, K.,* Maßnahmegesetz und Rechtsgesetz, 1963

Maßregel *der Besserung und Sicherung* (§§ 61 ff. StGB) ist (insbesondere) im Strafrecht die staatliche Maßnahme, die dem Schutz der Allgemeinheit und des Täters gegen eine Gefahr (des Rückfalls) dient. Sie steht im zweispurigen System des Strafgesetzbuchs neben der → Strafe und unterliegt dem Grundsatz der Verhältnismäßigkeit (§ 62 StGB). Sie kommt auch gegen einen schuldunfähigen Menschen in Betracht. Einzelne Maßregeln sind die Unterbringung in einem psychiatrischen Krankenhaus, einer Entziehungsanstalt oder in der Sicherungsverwahrung, die → Führungsaufsicht, die Entziehung der → Fahrerlaubnis sowie das Berufsverbot.

Lit.: *Müller-Christmann, B.,* Die Maßregeln der Besserung und Sicherung, JuS 1990, 801; *Volckart, B.,* Maßregelvollzug, 8. A. 2014; Maßregelvollzugsrecht, hg. v. *Kammeier, H.,* 3. A. 2010; *Lindemann, M.,* Die Sanktionierung unbotmäßigen Patientenverhaltens, 2004

Material ist der gestaltbare Stoff oder Werkstoff. Die Materialien *einer Gesetzgebung* sind die ihrer Vorbereitung dienenden Schriftstücke. Sie können zur → Auslegung des → Gesetzes herangezogen werden (Auslegung, historische). Wichtige Gesetzgebungsmaterialien sind die → Motive und → Protokolle zum → Bürgerlichen Gesetzbuch.

Materialismus ist in der Philosophie die Richtung, die das gesamte Weltgeschehen vom Stofflichen (Materiellen), nicht vom Geistigen (Ideellen), her zu erklären versucht. *Dialektischer* M. ist der von Karl Marx und Friedrich Engels begründete, durch die Aufnahme des dialektischen Prinzips (der Wechselwirkung von gesellschaftlichem Sein und Bewusstsein) gekennzeichnete M. Durch Anwendung auf geschichtliche Fragen ist daraus der *historische* M. geworden, der in der gesamten menschlichen Geschichte einen (gesetzmäßig ablaufenden) Naturvorgang sieht, dessen antreibende Ursachen im Bereich der Wirtschaft liegen. Ihm ist das Recht nur ideologischer Überbau über die Produktionsverhältnisse.

Lit.: *Köbler, G.,* Deutsche Rechtsgeschichte, 6. A. 2005; *Kutschera, F. v.,* Jenseits des Materialismus, 2003

materiell (Adj.) stofflich, körperlich, inhaltlich, die Materie betreffend im Gegensatz zu ihrer Form

materielle Rechtskraft → Rechtskraft, materielle

materielle Verfassung → Verfassung, materielle

materieller Schaden → Schaden, materieller

materielles Recht → Recht, materielles

Mecklenburg-Vorpommern ist (seit 3.10.1990) das nordöstlichste Land der Bundesrepublik Deutschland. Seine Verfassung wurde 1993 geschaffen.

Lit.: *Köbler, G.,* Historisches Lexikon der deutschen Länder, 7. A. 2007; Gesetze des Landes Mecklenburg-Vorpommern (Lbl.), hg. v. *Knöll, H./Lambrecht, J.,* 57. A. 2014; Landesrecht Mecklenburg-Vorpommern, hg. v. *Erbguth, W. u. a.,* 14. A. 2011; Staatshandbuch Mecklenburg-Vorpommern 2012

mediat (Adj.) mittelbar, → Mediatisierung

Mediation ([F.] Vermittlung) ist die Behandlung einer zwischen mindestens zwei Beteiligten streitigen Frage durch Einschaltung eines vermittelnden Dritten ohne Entscheidungsbefugnis. Seit 2013 sind Gerichte in Deutschland ermächtigt, Parteien in einem vertraulichen, strukturierten Verfahren zu einer von ihnen selbst bestimmten, die Rechtslage, den Streitgegenstand und die prozessuale Lage außer Acht lassenden Streitlösung zu führen.

Lit.: *Fritz, R. u. a.,* Neue Entwicklungen in der anwaltlichen Mediationspraxis, NJW 2011, 3204; *Greger, R./ Unberath, H.,* Mediationsgesetz, 2012; *Schmidt, F./ Lapp, T./Monßen, H.,* Mediation in der Praxis des Anwalts, 2012; *Pilartz, A.,* Mediation im Arbeitsrecht, 2012; *Horstmeier, G.,* Das neue Mediationsgesetz, 2013; Mediationsgesetz, hg. v. *Klowait, J./Gläßer, U.,* 2014; *Kaspar, J.,* Mediation und konsensuale Konfliktlösungen im Strafrecht, NJW 2015, 1642

Mediatisierung (Mittelbarmachung) ist im neuzeitlichen deutschen Recht die Beseitigung der Reichsunmittelbarkeit kleinerer Herrschaften (Entzug der Landeshoheit) durch die (größeren) Landesfürsten (insbesondere 1803 und 1806).

Lit.: *Köbler, G.,* Historisches Lexikon der deutschen Länder, 7. A. 2007; *Gollwitzer, H.,* Die Standesherren. 2. A. 1964; *Schroeder, K.,* Das Alte Reich und seine Städte, 1991; *Hufeld, U.,* Der Reichsdeputationshauptschluss von 1803, 2003

Medienrecht ist die Gesamtheit der Medien betreffenden Rechtssätze. → Presse

Lit.: *Fechner, F.,* Medienrecht, 14. A. 2013; *Rehbock, K.,* Medien- und Presserecht, 2. A. 2011; *Paschke, M.,* Medienrecht, 3. A. 2009; *Spindler, G./Schuster, F.,* Recht der elektronischen Medien, 3. A. 2015; Hambur-

ger Kommentar Gesamtes Medienrecht, hg. v. *Paschke, M./Berlit, W./Meyer, C.,* 2. A. 2012; *Roßnagel. A.,* Beck'scher Kommentar zum Recht der Telemediendienste, 2013

Medium (N., Pl. Medien) Mittel, Mitteilungsmittel, Medienrecht

Medizin ist das → Krankheiten heilende Mittel und die damit befasste Tätigkeit, Kunst oder Wissenschaft. Medizin und Jurisprudenz berühren sich im Medizinrecht und → Arztrecht. Sie sind als solche aber für den vernunftbegabten Normalmenschen nicht verwechslungsfähig.

Lit.: *Dietrich, F.,* Standardisierung in der Medizin, 2004

Medizinrecht → Arztrecht

Lit.: *Deutsch, E./Spickhoff, A.,* Medizinrecht, 6. A. 2008; Handbuch des Medizinstrafrechts, hg. v. *Roxin, C. u. a.,* 3. A. 2007; *Quaas, M./Zuck, R.,* Medizinrecht, 3. A. 2014; Münchener Anwaltshandbuch Medizinrecht hg. v. *Terbille, M. u. a.,* 2. A. 2013; *Spickhoff, A.,* Medizinrecht, 2. A. 2014; Gesamtes Medizinrecht, hg. v. *Bergmann, K. u. a.,* 2012; Fachanwaltskommentar Medizinrecht, hg. v. *Prütting, D.,* 2. A. 2011; Handbuch des Medizinschadensrechts, hg. v. *Ratzel, R./Lissel, P.,* 2013

Medizinproduktegesetz ist das das Recht der medizinischen Produkte regelnde Gesetz vom 2.8.1994.

Lit.: *Deutsch, E.,* Kommentar zum Medizinproduktegesetz, 2. A. 2010; *Rehmann, W./Wagner, S.,* Medizinproduktegesetz, 2. A. 2010; *Hill, R. u. a.,* Medizinprodukterecht (Lbl.), 2007

Mehrheit ist (eine größere Zahl oder) der größere von zwei Teilen (einer Personengesamtheit). In der Rechtsgeschichte entscheidet seit dem Spätmittelalter die M. bei Fragen, in denen keine einheitliche Meinung besteht. Unterschieden werden dabei vor allem die *absolute* M. (M. der insgesamt Abstimmungsberechtigten) und die *relative* M. (M. der tatsächlich Abstimmenden) sowie die *einfache* M. (50 Prozent + 1) und die *qualifizierte* M. (z. B. Dreifünftelmehrheit, Zweidrittelmehrheit, Dreiviertelmehrheit).

Lit.: *Palzer-Rollinger, B.,* Zur Legitimität von Mehrheitsentscheidungen, 1995; *Schmid, E.,* Die Mehrheit von Sicherungsgebern, 2000

Mehrheitswahl → Mehrheitswahlrecht

Mehrheitswahlrecht ist das durch den Grundsatz der Mehrheit im Wahlkreis gekennzeichnete Wahlrecht. Dabei wird die Bevölkerung in Wahlkreise eingeteilt, deren Zahl grundsätzlich den zu vergebenden Parlamentssitzen entspricht. Der Kandidat, der im jeweiligen Wahlkreis die meisten Stimmen ([entweder absolute Mehrheit oder] relative, einfache Mehrheit) auf sich vereinigt, erhält den Parlamentssitz. Die auf die unterliegenden Kandidaten abgegebenen Stimmen haben auf die Zusammensetzung des Parlaments grundsätzlich keinen Einfluss. Gegensatz zum M. ist das Verhältniswahlrecht. In Deutschland ist ein gemischtes Wahlrechtssystem in Kraft.

Lit.: *Poier, K.,* Minderheitenfreundliches Mehrheitswahlrecht, 2001 (Österreich)

Mehrstaater ist im Staatsangehörigkeitsrecht der Mensch, der die → Staatsangehörigkeit mehrerer Staaten hat. Er hat an sich die Rechte und Pflichten der Staatsbürger jedes dieser Staaten. Verwirklicht werden sie hauptsächlich im Verhältnis zu dem Staat, in dem der Betreffende sich überwiegend aufhält.

mehrstufig (Adj.) mehrere Stufen unterscheidend

mehrstufiger Verwaltungsakt → Verwaltungsakt, mehrstufiger

Mehrtäterschaft → Nebentäterschaft

Mehrwertsteuer ist die → Steuer vom Mehrwert bzw. von der Wertschöpfung eines → Unternehmens (Nettoumsatzsteuer). Die Höhe der M. in den verschiedenen Staaten ist unterschiedlich. In Deutschland beträgt die Mehrwertsteuer seit 1.1.2007 19 Prozent, wodurch der Staat neue Mittel in erheblichem Umfang zur Ausgabe zur Verfügung hat.
Lit.: *Reiß, W.,* Umsatzsteuerrecht, 13. A. 2015; *Hahn, V.,* Lehrbuch der Umsatzsteuer, 16. A. 2014; *Heinrich, T.,* Die Erstattung der Mehrwertsteuer bei wirtschaftlichem Totalschaden, NJW 2004, 1916

Meineid (§ 154 StGB) ist das vorsätzliche falsche Schwören des Täters vor → Gericht oder einer anderen zur Abnahme von → Eiden zuständigen Stelle. Erfasst werden alle Eide (Voreid, Nacheid, Zeugeneid, Sachverständigeneid, Parteieid). Im Verhältnis zur falschen uneidlichen → Aussage (§ 153 StGB) ist M. eine qualifizierte Form. Der M. wird mit Freiheitsstrafe von drei Monaten bis zu fünf Jahren bestraft.
Lit.: *Haller, K.,* Der Eid im Strafverfahren, 1998

Meinung (Art. 5 GG) ist die einzelne Auffassung, die Ansicht oder das Urteil eines Menschen. Es genügt nicht die bloße Tatsachenmitteilung. Erforderlich ist vielmehr die Stellungnahme wertenden Inhalts, ohne dass es darauf ankommen kann, ob sie richtig oder falsch ist (zulässig z.B. die Bezeichnung einer Abtreibungsklinik als Babycaust). *Herrschende* M. ist die unter mehreren Ansichten vorherrschende M. *Öffentliche Meinung* ist die öffentlich geäußerte M., die bei einem überwiegenden Teil der Bevölkerung Zustimmung findet. Die *öffentliche* M. wird vor allem durch die Massenmedien (→ Presse, → Rundfunk, Fernsehen) geprägt. Sie wird nicht in jedem Fall einem sachlichen Verständnis der Wirklichkeit gerecht. Im → Rechtsstaat besteht Meinungsfreiheit.
Lit.: *Althaus, S.,* Die Konstruktion der herrschenden Meinung in der juristischen Kommunikation, 1994 (Diss.); *Zoll, I.,* Öffentliche Meinung und politisches Handeln, 2003; *Pilniok, A.,* h. M. ist kein Argument, JuS 2009, 394

Meinungsfreiheit (Art. 5 I GG) ist die Freiheit jedes Menschen, seine → Meinung in Wort, Schrift und Bild zu äußern und zu verbreiten und sich aus allgemein zugänglichen Quellen ungehindert zu unterrichten. Die M. ist eines der wichtigsten demokratischen → Grundrechte. Sie findet ihre Schranken in den Vorschriften der allgemeinen → Gesetze (z.B. Strafgesetzbuch), den gesetzlichen Bestim-

mungen zum Schutze der → Jugend und in dem Recht der persönlichen → Ehre. Dadurch darf der Wesensgehalt (Wesenskern) dieses Grundrechts aber nicht beeinträchtigt werden. Aus Art. 5 I 2 GG folgt auch das Gebot, vorherrschende Meinungsmacht zu verhindern. Verletzt wird z.B. die M., wenn ein Moderator wegen kritischer Äußerungen entlassen wird.
Lit.: *Fiedler, C.,* Meinungsfreiheit in einer vernetzten Welt, 2002; *Nolte, M./Tams, C.,* Grundfälle zu Art. 5 I 1 GG, JuS 2004, 294; *Wenzel, E.,* Das Recht der Wort- und Bildberichterstattung, 5. A. 2004; *Hochhuth, M.,* Die Meinungsfreiheit, 2007

Meister eines → Handwerks (§ 51 HandwO bzw. HwO) ist im Verwaltungsrecht, wer für dieses zulassungspflichtige Handwerk die Meisterprüfung bestanden hat. Er ist allein zur Führung dieses Titels berechtigt (anders M. ohne Verbindung mit einem Handwerk).
Lit.: *Musielak, H./Detterbeck, S.,* Das Recht des Handwerks, 3. A. 1995

Meisterprüfung → Meister

Meistgebot (§ 81 ZVG, § 817 ZPO) ist im Zwangsversteigerungsrecht das höchste Gebot, das im Versteigerungstermin abgegeben wird. Das M. ist ein Antrag auf Abschluss eines → Vertrags (str.). Dem Meistbietenden ist in der → Zwangsversteigerung der Zuschlag zu erteilen (§ 81 I ZVG), womit der (öffentlich-rechtliche) Vertrag zustande kommt.
Lit.: *Hoffmann, E.,* Das Meistgebot, 1926

Meldepflicht (ab 1. November 2015 Bundesmeldegesetz) ist die Pflicht (einen Umstand, insbesondere) einen Wohnungswechsel bei der zuständigen Verwaltungsbehörde anzuzeigen (zu melden). Die M. (Wohnungswechselmeldepflicht) wird für die Erfüllung staatlicher Aufgaben vor allem des Rechtes der → Sicherheit und Ordnung als erforderlich angesehen, so dass die damit verbundene Einschränkung der Freiheit hingenommen werden muss. Die Meldebehörden dürfen nur die besonders genannten Daten speichern (→ Datenschutz). Die Verletzung der M. ist Ordnungswidrigkeit.
Lit.: *Medert/Süßmuth, W.,* Melderecht des Bundes und der Länder (Lbl.)

Memorandum (N.) Zuerinnerndes, Stellungnahme

Mensch ist das mit Verstand und Sprachvermögen begabte Lebewesen von seiner Geburt bis zu seinem Tod. Der M. steht im Mittelpunkt des von ihm gestalteten Rechtes. Er hat bestimmte grundlegende Rechte gegenüber dem Staat.
Lit.: *Vieweg, K./Röthel, A.,* Der verständige Durchschnittsmensch, NJW 1999, 969; *Lipp, V.,* Freiheit und Fürsorge – Der Mensch als Rechtsperson, 2000; *Schmidinger, H.,* Der Mensch, 2004

Menschenhandel (§§ 232 f. StGB) ist das wegen eines Vermögensvorteils einen anderen in Kenntnis einer Zwangslage zur Prostitution (oder anderen sexuellen → Handlungen) Zwingen (z.B. qualitativ andere, intensivere, nicht selbst gewollte Prostitutionsausübung). Der M. ist eine Straftat gegen die persönliche Freiheit. Er wird mit Freiheitsstrafe bis zu fünf Jahren oder mit Geldstrafe bestraft. Vgl. § 232 StGB (Menschenhandel zum Zweck der sexuellen Ausbeutung), § 233 StGB (Menschenhandel zum Zweck der Ausbeutung der Arbeitskraft). Nach einem Beschluss der Innenminister und Justizminister der Mitgliedstaaten der Europäischen Union ist Menschenhändler, wer Menschen unter Anwendung oder Androhung von Gewalt, durch Nötigung, Betrug oder Machtmissbrauch anwirbt, befördert oder beherbergt, um sie kommerziell oder sexuell auszubeuten.

Lit.: *Oberloher, F.,* Das transnational organisierte Netz der Menschenhandelverbrechen, 2003; *Schroeder, F.,* Das 37. Strafrechtsänderungsgesetz, NJW 2005, 1393

Menschenraub (§ 234 StGB) ist das sich eines Menschen durch → List, → Drohung oder → Gewalt Bemächtigen, um ihn in hilfloser Lage auszusetzen oder in Sklaverei, Leibeigenschaft oder in auswärtige Kriegsdienste oder Schiffsdienste zu bringen. M. ist ein Sonderfall der → Freiheitsberaubung. M. wird mit Freiheitsstrafe nicht unter einem Jahr bestraft. Bei *erpresserischem* M. (§ 239a StGB) entführt der Täter einen anderen oder bemächtigt sich eines andern, um die Sorge eines Dritten um das Wohl des Opfers zu einer → Erpressung auszunützen oder nützt die von ihm durch eine solche Handlung geschaffene Lage eines anderen zu einer solchen Erpressung aus.

Lit.: *Nikolaus, S.,* Zu den Tatbeständen des erpresserischen Menschenraubs und der Geiselnahme, 2003

Menschenrecht ist das dem Menschen als solches (gegenüber dem → Staat) zustehende, angeborene (unveräußerliche, unantastbare) → Recht (vor allem die Rechte auf Leben, Freiheit und Eigentum). Von den Vereinten Nationen ist (1948) eine (noch nicht verbindliche) Allgemeine Deklaration der Menschenrechte, von den Mitgliedstaaten des Europarats (1950) eine → Europäische Konvention der Menschenrechte beschlossen worden. Im → Grundgesetz sind die von diesem anerkannten Menschenrechte als → Grundrechte aufgenommen. Das M. eines anderen (z.B. eines Kindes) missbraucht als (Egomane bzw.) Menschenrechtstümler, wer es für eigene ungerechtfertigte Zwecke (z.B. Rosenkrieg gegen eine verzweifelt entflohene Ehefrau) verwendet.

Lit.: Menschenrechte, 6. A. 2010; http://www.koeblergerhard.de/Fontes/AllgErklMenschenrechte1948.htm; *Hartung, F./Commichau, G.,* Die Entwicklung der Menschen- und Bürgerrechte, 6. A. 1998; *Schilling, T.,* Internationaler Menschenrechtsschutz, 2. A. 2010; *Albrecht, A.,* Zur Erosion der Menschenrechte im demokratischen Rechtsstaat, 2007

Menschenwürde (Art. 1 I GG) ist der innere und zugleich soziale Wertanspruch, der dem Menschen um seinetwillen zukommt. Die M. besteht darin, dass der Mensch als geistig-sittliches Wesen von Natur darauf angelegt ist, in Freiheit und Selbstbewusstsein sich selbst zu bestimmen und in der Umwelt auszuwirken. Die M. ist unantastbar. Daraus folgt, dass einerseits die Würde des Menschen nach der Verfassung der höchste Wert und damit der Mittelpunkt des Wertesystems ist und andererseits der → Staat ausschließlich um des Menschen willen da ist und Verletzungen der M. verhindern muss. Art. 1 I GG ist eine objektive Verfassungsnorm, die sich in der Form einer modal ausgerichteten Generalklausel als Verhaltensnorm an alle richtet, die aber dem Einzelnen kein subjektives Recht gewährt. Ihren Kern bildet der Schutz vor Tabuverletzungen. Eine nicht wichtigsten Ausprägungen ist das allgemeine Persönlichkeitsrecht. Die M. ist auch ein allgemeiner Grundsatz des Gemeinschaftsrechts der Europäischen Union.

Lit.: *Meyer-Ladewig, J.,* Menschenwürde und Europäische Menschenrechtskonvention, NJW 2004, 981; Menschenwürde, hg. v. *Sandkühler, H.,* 2007; *Ladeur, K./ Augsberg, I.,* Die Funktion der Menschenwürde im Verfassungsstaat, 2008; *Hufen, F.,* Die Menschenwürde, JuS 2010, 1

mental (Adj.) geistig

Mentalreservation (F.) geheimer → Vorbehalt

Merchandising (N.) ist der auf Gewinnerzielung gerichtete → Vertrieb einer durch Mediendarbietungen bekannt gewordenen → Ware mittels → Lizenz (z.B. Pumucklfigur, Clubtrikots usw.).

Lit.: *Meyer, M.,* Character merchandising, 2003

merkantil (Adj.) Handel betreffend, kaufmännisch

merkantiler Minderwert → Minderwert, merkantiler

Merkantilismus ist das in Frankreich (für König Ludwig XIV.) unter dem Finanzminister Jean-Baptiste Colbert (1619–1683) entwickelte wirtschaftspolitische System, in dem der Staat zur Füllung der Staatskasse durch Überschuss der Ausfuhrerlöse über die Einfuhrkosten erstmals aktive Wirtschaftspolitik treibt (Förderung der innerstaatlichen gewerblichen Tätigkeiten u.a. durch Exportsubvention und Importzoll).

Lit.: *Stapelfeldt, G.,* Der Merkantilismus, 2001

Merkmal ist das Zeichen, an dem man etwas erkennen kann. In der Rechtsmethodologie wird ein → Tatbestand (z.B. Diebstahl) in einzelne Merkmale (Tatbestandsmerkmale z.B. Wegnahme bzw. Gewahrsamsbruch) unterteilt. Im Strafrecht (§§ 14 I, 28 StGB) sind *besondere persönliche* Merkmale persönliche Eigenschaften, Verhältnisse oder Umstände. Bestimmt das Gesetz, dass besondere persönliche Merkmale die Strafe schärfen, mildern oder ausschließen, so gilt das nur für den Beteiligten (→ Täter oder → Teilnehmer), bei dem sie vorliegen (§ 28 II StGB, z.B. Bandenmitgliedschaft, Absichtsmerkmale bei Mord, im Einzelnen sehr str.).

Messe (§ 64 GewO) ist der Markt von wirtschaftlich großer Bedeutung (z.B. Frankfurter Buchmesse).

Lit.: *Rieß, P.,* Messe- und Ausstellungsrecht, 1998; *Arnold, D.,* Erfolgreiches Messemarketing, 2003

Methode ist das planmäßige Verfahren zur Erreichung eines bestimmten Zieles. In der Wissenschaft ist M. die Art und Weise zu forschen, um bestimmte Erkenntnisse zu gewinnen. Die M. kann entweder *deduktiv* (vom Allgemeinen auf das Einzelne ableitend) oder *induktiv* (vom Einzelnen zum Allgemeinen hinführend) sein.

Lit.: *Raisch, P.,* Juristische Methoden, 1995; *Schmidt-Aßmann, E.,* Methoden der Verwaltungsrechtswissenschaft, 2004

Methodenlehre (Methodologie) ist die Lehre von den planmäßigen (wissenschaftlichen) Methoden (Verfahren). In der Rechtswissenschaft bildet den Kern der M. die Methodik der Rechtsanwendung d. h. der Gleichsetzung oder Zuordnung (Subsumtion) (oder Ablehnung der Gleichsetzung oder Zuordnung) eines (einzelnen) tatsächlichen Geschehens (→ Sachverhalts) zu (dem → Tatbestand [und damit zugleich der → Rechtsfolge]) einer (allgemeinen) Rechtsnorm (Tatbestand = Rechtsfolge, Sachverhalt = Tatbestand, → Sachverhalt = Rechtsfolge bzw. Tatbestand (= Rechtsfolge) = Sachverhalt = Rechtsfolge). Wichtige Einzelfragen sind hierbei die Auslegung von Rechtsnorm und Sachverhalt, die Anwendung, → Analogie → Reduktion (Restriktion) und Nichtanwendung einer Rechtsnorm sowie die Rechtsschöpfung.

Lit.: *Zippelius, R.,* Juristische Methodenlehre, 11. A. 2012; *Müller, F.,* Juristische Methodik, 11. A. 2013; *Schwacke, P.,* Juristische Methodik, 5. A. 2011; *Schapp, J.,* Methodenlehre und System des Rechts, 2009; *Rüthers, B.,* Wozu auch noch Methodenlehre?, JuS 2011, 865; *Kramer, E.,* Juristische Methodenlehre, 4. A. 2013; *Reimer, F.,* Juristische Methodenlehre, 2015

Meuterer ist der an einer → Meuterei durchführend beteiligte Mensch.

Meuterei (§ 27 WStG) ist die Vereinigung mehrerer Menschen zum Ungehorsam oder Empörung gegenüber Vorgesetzten. → Gefangenenmeuterei, Soldatenmeuterei

Miete (§§ 535 ff. BGB) ist der gegenseitige → Vertrag, in dem sich der eine Teil (Vermieter) verpflichtet, dem anderen Teil (Mieter) den Gebrauch der vermieteten Sache (Sachteil, Sachgesamtheit) während der Mietzeit zu gewähren (, wozu u. U. auch die Aufnahme der Eltern des Mieters ohne Zustimmung des Vermieters gehören kann,) und der Mieter sich verpflichtet, den vereinbarten, während der Mietzeit nur nach besonderen Regeln erhöhbaren Mietzins zu bezahlen. Die M. ist ein → Dauerschuldverhältnis, das auf bestimmte oder unbestimmte Zeit vereinbart sein kann. Besondere Regeln gelten vor allem für die M. von → Grundstücken (§§ 578 ff. BGB), Räumen (§§ 578 ff. BGB) und Wohnräumen (§§ 549 ff. BGB). Die Folgen von → Sachmängeln und Rechtsmängeln sind besonders festgelegt (§§ 536 ff. BGB). Danach hat der Mieter u. a. einen Anspruch auf Beseitigung eines Sachmangels (§ 535 I 2 BGB) und evtl. auf Schadensersatz (§ 536a BGB). Außerdem kann er vom Mietzins ganz oder teilweise befreit sein (§ 536 BGB) und evtl. auch fristlos kündigen (§ 543 BGB). Der Vermieter hat für seine Forderungen aus dem Mietverhältnis ein Pfandrecht an den eingebrachten Sachen des Mieters (§ 562 BGB). Die M. endet meist durch Zeitablauf oder – außerordentliche (§ 543 BGB) oder ordentliche (§ 542 BGB), meist fristgebundene und u. U. zusätzlichen Regeln unterworfene –

→ Kündigung (bei Wohnraum für Mieter 3 Monate, für Vermieter bis zu neun Monate), nicht dagegen durch Veräußerung der Mietsache oder Tod des Mieters. Nach Beendigung des Mietverhältnisses ist die gemietete Sache zurückzugeben (§ 546 BGB). Gibt der Mieter die Mietsache nicht zurück, ist die zwangsweise Verwirklichung des Anspruchs (z. B. durch Räumungsklage vor dem Mietgericht) erforderlich. Außerdem entsteht ein Anspruch des Vermieters auf Zahlung einer Nutzungsentschädigung in Höhe des vereinbarten Mietzinses oder des ortsüblichen Mietzinses (§ 546a BGB) und ist die Geltendmachung eines weiteren Schadens nicht ausgeschlossen. Für Wohnräume gelten vielfach besondere, vor allem sozialere, den Mieter schützende Regeln (§§ 549 ff. BGB).

Lit.: *Emmerich/Sonnenschein,* Miete, 11. A. 2014; *Schmid, M.,* Handbuch der Mietnebenkosten, 14. A. 2014; *Blank, H./Börstinghaus, U.,* Miete, 4. A. 2014; *Lützenkirchen, K.,* Besichtigungsrechte, NJW 2007, 2152; *Timme, M. u. a.,* Schriftform bei langfristigen Mietverträgen, NJW 2007, 3313; *Börstinghaus, U.,* Mietminderungstabelle, 3. A. 2013; *Börstinghaus, U.,* Miethöhe-Handbuch, 2009, 2. A. 2015?; *Emmerich, V.,* Aufklärungspflichten des Mieters, NJW 2011, 2321; *Börstinghaus/Eisenschmid,* Modernisierungs-Handbuch, 2014

Mieter → Miete

Mietgericht (§ 23 Nr. 2a GVG) ist die für Streitigkeiten über Ansprüche aus einem Mietverhältnis über Wohnraum zuständige Abteilung des Amtsgerichts.

Lit.: *Beierlein u. a.,* Der Mietprozess, 2006

Mietkauf ist der → Mietvertrag, der dem Mieter das Recht einräumt, innerhalb einer bestimmten Frist die – meist neue – Mietsache zu einem vorher bestimmten Preis zu kaufen, wobei die bis dahin gezahlte Miete ganz oder teilweise auf den Kaufpreis angerechnet wird. Der M. ist ein gemischter Vertrag. Während der Mietzeit gilt Mietrecht, für den eventuellen Kauf Kaufrecht. → Leasing

Lit.: *Hügel, S./Salzig, O.,* Mietkauf und andere Formen des Grundstücks-Ratenkaufs, 2. A. 2010

Mietkaution → Kaution

Mietrecht ist die Gesamtheit der die → Miete betreffenden Rechtssätze.

Lit.: *Gramlich, B.,* Mietrecht, 13. A. 2015; *Schmidt-Futterer,* Mietrecht, 12. A. 2015; Mietrecht, hg. v. *Jendrek, P.,* 4. A. 2013; Beck'sches Formularbuch Mietrecht, hg. v. *Nies, G. u. a.,* 4. A. 2013; Münchener Anwaltshandbuch Mietrecht, hg. v. *Hannemann, T. u. a.,* 4. A. 2014; *Hannemann, T. u. a.,* Das neue Mietrecht, 2013; Münchener Prozessformularbuch Mietrecht, hg. v. *Börstinghaus, U.,* 4. A. 2013

Mietsache ist der Gegenstand (Sache) der → Miete und die Streitigkeit über die Miete. Bei einem behaupteten Mangel der M. muss der Vermieter beweisen, dass die Ursache nicht aus seinem Verantwortungsbereich stammt, sondern aus dem Verantwortungsbereich des Mieters.

Lit.: *Wetekamp, A.,* Mietsachen, 4. A. 2007, 5. A. 2013?; Prozesse in Mietsachen, hg. v. *Deppen, M./Heilmann, B.,* 2008

Mietspiegel (§ 558c BGB) ist die von der Gemeinde oder von Interessenvertretern der Vermieter und der Mieter gemeinsam erstellte und anerkannte Übersicht über die in einem Gemeindeteil, einer Gemeinde oder mehreren Gemeinden je nach Lage ortsübliche Vergleichsmiete (Mietzins) für Wohnraum (in Deutschland im Jahre 2000 in 453 Gemeinden Durchschnittsnettokaltmiete 5 Euro pro Quadratmeter).

Lit.: *Börstinghaus/Clar*, Mietspiegel, 2. A. 2013

Mietvertrag → Miete

Mietwucher → Wucher

Mietzins (§ 535 BGB) ist das vom Mieter bei der Miete für die Gebrauchsgewährung zu entrichtende Entgelt.

Lit.: *Dröge, F.*, Handbuch der Mietpreisbewertung, 3. A. 2005, 4. A. 2015?; *Hofacker, T.*, Preisvorschriften für sogenannten preisfreien Wohnraum, 2000; *Lützenkirchen, K.*, Mietnebenkosten von A-Z, 6. A. 2015

MIGA (F.) Multilaterale Investitions-Garantie-Agentur

Militär (N.) bewaffnete Streitkräfte

Militärverordnung ist die von einem Organ einer Streitkraft erlassene oder diese betreffende Verordnung. Besatzungsrecht

Lit.: *Köbler, G.*, Deutsche Rechtsgeschichte, 6. A. 2005

mindere (Adj.) kleinere

Minderheit ist der kleinere Teil einer Gesamtheit. In der Gegenwart gebührt einer M. ein besonderer Schutz.

Lit.: *Rautz, G.*, Die Sprachenrechte der Minderheiten, 1999; *Neumann, P.*, Minderheiten, 2003; *Cho, J.*, Minderheitenschutz der abhängigen Aktiengesellschaft, 2004

Minderjährigkeit (s. § 2 BGB) ist der rechtliche Zustand eines Menschen im Zeitraum von der Vollendung der → Geburt bis zur Vollendung des 18. Lebensjahrs. Der Minderjährige ist zwar rechtsfähig, aber grundsätzlich entweder geschäftsunfähig oder nur beschränkt geschäftsfähig. In Einzelbereichen kann er bereits vor Erreichen der Volljährigkeit voll geschäftsfähig sein (z.B. § 113 BGB). Nach § 1629a BGB beschränkt sich die Haftung eines Minderjährigen für Verbindlichkeiten, die seine Eltern im Rahmen ihrer gesetzlichen Vertretungsmacht oder sonstige vertretungsberechtigte Personen im Rahmen ihrer Vertretungsmacht durch Rechtsgeschäft oder durch eine sonstige Handlung mit Wirkung für das Kind begründet haben oder die auf Grund eines während der Minderjährigkeit erfolgten Erwerbs von Todes wegen entstanden sind, auf den Bestand des bei Eintritt der Volljährigkeit vorhandenen Vermögens des Kindes. Dasselbe gilt grundsätzlich für Verbindlichkeiten aus Rechtsgeschäften, die der Minderjährige gemäß den §§ 107, 108 oder § 111 BGB mit Zustimmung seiner Eltern vorgenommen hat oder für Verbindlichkeiten aus Rechts-

geschäften, zu denen die Eltern die Genehmigung des Vormundschaftsgerichts erhalten haben.

Lit.: *Kristoffy, R.*, Minderjährigenrecht, 4. A. 2006; *Thiel, K.*, Das Gesetz zur Beschränkung der Haftung Minderjähriger, 2002; *Scheffen, E./Pardey, F.*, Schadensersatz bei Unfällen mit Minderjährigen, 2. A. 2003; *Czeguhn, I.*, Geschäftsfähigkeit, 2003; *Schmidt, K.*, Minderjährigen-Haftungsbeschränkung, JuS 2004, 361; *Maier-Reimer, G. u.a.* Die Vertretung Minderjähriger beim Erwerb von Gesellschaftsbeteiligungen, NJW 2005, 3025; *Preuß, N.*, Das für den Minderjährigen lediglich vorteilhafte Geschäft, JuS 2006, 305; *Staudinger, A. u.a.*, Minderjährige im Zivilrecht, JuS 2012, 97

Minderung ist die Herabsetzung des an sich vereinbarten → Kaufpreises (§ 437 Nr. 2 BGB, z.B. 100000 Euro) wegen Sachmangels auf einen wirklich geschuldeten Kaufpreis, die nach § 442 III BGB in dem Verhältnis erfolgt, in dem zur Zeit des Verkaufs der Wert der Sache in mangelfreiem Zustand (z.B. 120000 Euro) zu dem wirklichen, durch den Mangel verringerten Wert (z.B. 90000 Euro) gestanden haben würde. Der Anspruch auf M. (z.B. [90000 : 120000] × 100000 = 75000 Euro bzw. Wert in mangelhaftem Zustand : Wert in mangelfreiem Zustand × vereinbarter Kaufpreis = geminderter Kaufpreis) ist ein für das Kaufrecht geltender → Sachmangelanspruch. Die M. findet sich ähnlich im Recht des → Mietvertrags (§ 536 BGB) und des → Werkvertrags (§ 638 BGB, z.B. Reisepreisminderung von 20 Prozent bei nächtlicher Barmusik neben einem als ruhiges Ferienhaus beschriebenen Hotel).

Lit.: *Hirner, M.*, Der Rechtsbehelf der Minderung, 2000; *Kinne, H.*, Mängel in Mieträumen, 4. A. 2004; *Eichel, F.*, Minderung und kleiner Schadensersatz im Kauf- und Werkrecht, JuS 2011, 1064

Minderwert ist der geringere Wert. Im Schuldrecht ist der *merkantile* M. der Betrag, um den eine beschädigte und einwandfrei ausgebesserte Sache (Kraftfahrzeug) im Verkehr (nach der allgemeinen Einschätzung) rechtstatsächlich weniger wert ist als die gleiche unbeschädigte Sache. Der merkantile M. ist auch dem Eigentümer, bei dem er sich, – weil dieser die Sache nicht veräußert, – nicht erkennbar auswirkt, zu ersetzen.

Lit.: Der merkantile Minderwert, bearb. v. *Zeisberger, H. u.a.*, 2012; *Vuia, M.*, Der merkantile Minderwert, NJW 2012, 3057

Mindestgebot ist im Zivilprozessrecht das → Gebot, das in der → Zwangsvollstreckung im ersten Versteigerungstermin mindestens erreicht werden muss. Seine Anordnung soll die Verschleuderung von Werten des Schuldners durch die Zwangsvollstreckung verhindern. Nach § 74a I ZVG soll ein Grundstück im ersten Versteigerungstermin nicht unter $7/10$ des Verkehrswerts, nach § 817a I ZPO darf eine bewegliche → Sache nicht unter der Hälfte des Verkehrswerts versteigert werden.

Mindestreserve ist das Mindestguthaben, das ein Kreditinstitut bei der Europäischen Zentralbank haben muss. Die in ihrer Höhe flexible M. ist ein wirtschaftspolitisches Steuerungsinstrument der Zentralbank.

Lit.: *Alting, J.*, Europäische Zentralbank und Mindestreservepolitik, 1998

Mineralölsteuer ist die auf den Verbrauch von Mineralöl gelegte Steuer.

Lit.: *Soyk, S.,* Mineralölsteuerrecht, 2. A. 2000; *Teichner, K./Alexander, S./Reiche, K.,* Mineralölsteuergesetz, Stromsteuergesetz, (Lbl.), 15. A. 2003

Minima non curat praetor ([lat.] sehr kleine Angelegenheiten besorgt der Gerichtsmagistrat nicht) ist ein Grundsatz des (römischen) Verfahrensrechts.

Lit.: *Liebs, D.,* Lateinische Rechtsregeln, 7. A. 2007; *Buß, T.,* De minimis non curat lex, NJW 1998, 337

Minister (Diener) (z.B. Art. 62 GG) ist das Mitglied einer → Regierung, das meist zugleich Leiter einer obersten → Behörde der → Verwaltung (Ministerium) ist. Der M. ist nicht → Beamter. Im Rahmen der Richtlinien des Regierungschefs (Bundeskanzlers, Ministerpräsidenten) leitet er in der Regel seinen Geschäftsbereich in eigener Verantwortung. Sein öffentlich-rechtliches → Amt beginnt mit der Ernennung und endet mit Rücktritt, Entlassung oder Tod. → Bundesminister

Lit.: *Kröger, K.,* Die Ministerverantwortlichkeit, 1972; *Kullik, J.,* Organisation und Kommunikation im ministeriellen und interministeriellen Leistungsbereich, 2002

Ministerialblatt ist das von einem Ministerium (oder von mehreren Ministerien) unterhaltene Publikationsorgan für amtliche Nachrichten und Veröffentlichungen des → Ministeriums.

Lit.: *Köbler, G.,* Wie werde ich Jurist?, 5. A. 2007

Ministerium ist die oberste → Behörde der Verwaltung. Das M. ist Teil der gesamten hierarchischen Verwaltungsorganisation. Ein M. ist örtlich für das gesamte → Staatsgebiet, sachlich für ein einzelnes Verwaltungsgebiet zuständig. Es gliedert sich meist in Abteilungen und danach in Referate. Die fünf klassischen M. betreffen Auswärtiges, Inneres, Justiz, Finanzen und Krieg.

Lit.: *Hoffmann, H.,* Die Bundesministerien 1949–1999, 2003

Ministerpräsident ist vielfach der Leiter der → Regierung (→ Bundeskanzler, Premierminister). Er trägt in der Regel die Gesamtverantwortung für die Politik und bestimmt deren Richtlinien. Er kann meist die Ernennung und Entlassung der → Minister vorschlagen.

Lit.: *Zippelius, R.,* Allgemeine Staatslehre, 16. A. 2010

Ministerrat der Europäischen Union (Europäischer Ministerrat) → Rat der Europäischen Union ist das politisch bestimmende Organ der Europäischen Gemeinschaft/Europäischen Union (str.) (Art. 16 EUV, Art. 237ff. AEUV). Der M.d.E.U. ist damit – teilweise in Zusammenwirken mit dem Europäischen Parlament – auch das Hauptrechtsetzungsorgan. Er hat aber keine Gesetzgebungsinitiative, sondern ist von Gesetzgebungsvorschlägen der Europäischen Kommission abhängig. Er vertritt die Europäische Gemeinschaft nach außen. Er besteht aus je einem Vertreter jedes Mitgliedstaats auf Ministerebene, der befugt ist, für die Regierung des Mitgliedstaats verbindlich zu handeln (z.B. der jeweilige Finanzminister, jeweilige Verkehrsminis-

ter, jeweilige Wirtschaftsminister usw.). Zur Verwirklichung der Ziele und nach Maßgabe des Vertrags sorgt der M. für die Abstimmung der Wirtschaftspolitik der Mitgliedstaaten, hat er eine Entscheidungsbefugnis und überträgt er der Kommission in den von ihm angenommenen Rechtsakten die Befugnisse zur Durchführung der Vorschriften, die er erlässt. Bei Abstimmungen mit der sog. qualifizierten Mehrheit waren bei 25 Mitgliedstaaten 258 von 345 Stimmen, 72,27 Prozent und 13 Mitgliedstaaten erforderlich (Einzelheiten umstritten). → Rat der Europäischen Union

Mischehe ist im Kirchenrecht die → Ehe zwischen Angehörigen verschiedener Konfessionen. Sie bildet nach katholischem Kirchenrecht ein → Ehehindernis, von dem aber unter bestimmten Voraussetzungen Befreiung erteilt werden kann. Die evangelische Kirche kann die Einsegnung einer Ehe ablehnen, wenn die Erziehung der Kinder in ihrem Glauben nicht versprochen wird.

Lit.: *Bögershausen, U.,* Die konfessionsverbindende Ehe, 2001; Ehen zwischen evangelischen und orthodoxen Christen, 2003

Missbrauch ist der vernünftigen, allgemein anerkannten Regeln widersprechende Gebrauch eines Gegenstands. Nach § 226 BGB ist die Ausübung eines Rechtes unzulässig, wenn sie nur den Zweck haben kann, einem anderen Schaden zuzufügen. In ähnlicher Weise begrenzt auch der Grundsatz von Treu und Glauben jede Rechtsstellung. Nach § 826 BGB kann ein M. sogar zur Begründung eines Schadensersatzanspruchs führen. Im öffentlichen Recht muss (oder müsste eigentlich) bei M. von Rechtsstellungen (z.B. aus rein persönlichen Rachegelüsten erteilte Weisung eines bloß formalen Vorgesetzten, Lügen eines Dekans, Diskriminierung eines Prüfers) die übergeordnete vorgesetzte Behörde eingreifen. In bestimmten Fällen kann ein M. eine Strafbarkeit begründen. Nach § 174 StGB ist der *sexuelle* M. von Schutzbefohlenen (unter 16 bzw. 18 Jahren) strafbar, nach § 176 der sexuelle M. von Kindern (unter 14 Jahren [nicht z.B. das Vorzeigen oder Übergeben von Schriften mit pornographischem Inhalt oder pornographischen Abbildungen]), nach § 179 der sexuelle M. widerstandsunfähiger Menschen und nach § 182 der sexuelle M. eines Menschen unter 16 Jahren durch einen Menschen über 18 Jahren. M. einer strafprozessualen Vorschrift liegt vor, wenn eine strafprozessuale Befugnis nicht verfahrenszielgemäß eingesetzt wird. Bei M. der Verfassungsbeschwerde kann das Bundesverfassungsgericht in von jedem Einsichtigen als völlig aussichtslos anzusehenden Fällen eine besondere, bisher nicht sehr hohe Gebühr verlangen (z.B. für den Fall, dass ein Beschwerdeführer nicht ausreichend darlegt, warum durch eine nicht gewährte Strafminderung ein Grundrecht verletzt sein soll).

Lit.: *Fahl, C.,* Rechtsmissbrauch im Strafprozess, 2004; *Beduhn, E.,* Schadensersatz wegen sexuellen Kindesmissbrauchs, 2004

Missbrauchstatbestand (§ 266 StGB) ist im Strafrecht der Missbrauch der durch Gesetz, behördlichen Auftrag oder Rechtsgeschäft eingeräumten

Befugnis, über fremdes Vermögen zu verfügen oder einen anderen zu verpflichten. Der M. ist ein Fall der → Untreue, sofern der Missbrauch für den, dessen Vermögensinteressen zu betreuen sind, einen Nachteil bewirkt. Der M. setzt eine Verletzung der im Innenverhältnis (zwischen dem Handelnden und dem Vertretenen) bestehenden Pflichten des Handelnden voraus, bei der sich der Täter zwar im Rahmen seines rechtlichen Könnens hält, aber die Grenzen seines rechtlichen Dürfens überschreitet.

Lit.: *Wegenast, M.,* Missbrauch und Treubruch, 1994

Misshandlung ist die üble, unangemessene Behandlung. Körperliche M. (§ 223 StGB) ist die üble, unangemessene Behandlung eines anderen Menschen, durch die das körperliche Wohlbefinden des anderen Menschen nicht nur unerheblich beeinträchtigt wird (z.B. Ohrfeige). Die M. ist eine Begehungsform der Körperverletzung.

Lit.: *Eigenwald, A.,* Kindesmisshandlung, 2003

missio (F.) **canonica** (lat.) kirchliche Sendung, Lehrbefugnis

Misstrauensvotum ist das Aussprechen des Misstrauens durch die Parlamentsmehrheit gegenüber dem Regierungsführer (z.B. Bundeskanzler, Ministerpräsidenten) in Form einer Abstimmungsniederlage. Damit ist das M. eine Form der Kontrolle der Regierung durch das → Parlament. Das *konstruktive* M. (Art. 67 GG) ist das, das zur Voraussetzung hat, dass das Parlament zugleich mit dem Aussprechen des Misstrauens gegenüber dem Regierungsführer mit der Mehrheit seiner Mitglieder einen Nachfolger wählt, das also scheitert, wenn die angestrebte Wahl misslingt.

Lit.: *Weis, H.,* Regierungswechsel in den Bundesländern, 1980

Missverständnis → Dissens

Mitarbeit ist die Mitwirkung bei einer Tätigkeit. Für freie M. gilt grundsätzlich das Recht des Werkvertrags, nicht des Dienstvertrags. M. des Ehegatten oder der Kinder ist Mitwirkung der Betreffenden bei der Tätigkeit des Ehegatten oder der Eltern. Im üblichen und verhältnismäßigen Umfang ist die M. bzw. Dienstleistung der Kinder familienrechtliche Pflicht (§ 1619 BGB) und grundsätzlich unentgeltlich zu leisten.

Lit.: *Olenhusen, A. v.,* Freie Mitarbeit in den Medien, 2003; *Reiserer, K./Freckmann, A.,* Freie Mitarbeit und Mini-Jobs nach der Hartz-Reform, 2003

Mitbesitz (§ 866 BGB) ist im Sachenrecht die gemeinsame tatsächliche → Gewalt (Besitz) mehrerer Personen über eine → Sache in der Weise, dass jeder die ganze Sache – beschränkt durch den gleichen Besitz der übrigen – besitzt. Der M. ist demnach eine Sonderform des → Besitzes. Unter den einzelnen Mitbesitzern findet ein Besitzschutz insoweit nicht statt, als es sich um die Grenzen des den Einzelnen zustehenden Gebrauchs handelt.

Mitbestimmung ist die Teilhabe an einer Entscheidung und die Einflussnahme auf eine Entscheidung.

Im Arbeitsrecht ist M. die Beteiligung der Arbeitnehmer an Willensbildungsvorgängen in der Wirtschaft. Sie umfasst Mitwirkung (z.B. Informationsrecht, Vorschlagsrecht) sowie Mitentscheidung (z.B. Stimmrecht in Unternehmensorganen). Sie kann *betriebliche* M. wie *überbetriebliche* M. sein. Im Betrieb hat der Betriebsrat nach § 87 BetrVG ein umfassendes Mitbestimmungsrecht in sozialen und anderen Angelegenheiten. In Organen von Kapitalgesellschaften besteht eine M. von Arbeitnehmervertretern nach dem Mitbestimmungsgesetz der Unternehmen des Bergbaus und der Eisen und Stahl erzeugenden Industrie, nach § 76 des BetrVG 1952, nach dem bei einer Aktiengesellschaft oder Kommanditgesellschaft auf Aktien der Aufsichtsrat zu einem Drittel aus Vertretern der Arbeitnehmer bestehen muss, sowie nach dem Mitbestimmungsgesetz von 1976, das für Gesellschaften mit mehr als 2000 Beschäftigten die gleichmäßige (paritätische) Besetzung des Aufsichtsrats mit Vertretern der Anteilseigner und der Arbeitnehmer – unter denen mindestens ein leitender Angestellter sein muss – vorsieht. Hier steht eventuell dem Aufsichtsratsvorsitzenden bei Stimmengleichheit eine zweite Stimme zu.

Lit.: *Niedenhoff, H.,* Mitbestimmung, 14. A. 2004; *Raiser, T./Veil, R.,* Mitbestimmungsgesetz, 6. A. 2015; *Wlotzke/Wißmann/Koberski/Kleinsorge,* Mitbestimmungsrecht, 4. A. 2011; *Ulmer, P./Habersack, M./Henssler, M.,* Mitbestimmungsrecht, 3. A. 2013; Europäisches Mitbestimmungsrecht, hg. v. *Gaul, B. u.a.,* 2015

mitbestrafte Nachtat → Nachtat, mitbestrafte

Mitbürgschaft ist die → Bürgschaft mehrerer für dieselbe Verbindlichkeit eines Hauptschuldners. Sie ist eine besondere Gestaltungsform der Bürgschaft (§§ 765 ff. BGB). Die Mitbürgen haften als Gesamtschuldner (§ 769 BGB).

Miteigentum (§ 1008 BGB) ist das → Eigentum mehrerer Personen an einer Sache. Es ist im Regelfall Eigentum zu ideellen Bruchteilen (anders bei Gesamthandsgemeinschaften). Es gilt daher das Recht der → Gemeinschaft (§§ 741 ff. BGB), das durch die §§ 1009 ff. BGB abgeändert ist. Danach kann jeder Miteigentümer über seinen Anteil frei verfügen und die Ansprüche aus dem Eigentum Dritten gegenüber in Ansehung der ganzen Sache geltend machen, den Anspruch auf Herausgabe jedoch nur zugunsten aller Miteigentümer. M. entsteht z.B. regelmäßig beim Erwerb von Hausrat für einen gemeinsamen Haushalt durch einen Ehegatten.

Lit.: *Hess, R.,* Miteigentum der Vorbehaltslieferanten und Poolbildung, 1985

Miterbe (§ 1922 BGB) ist der → Erbe, der nur zusammen mit mindestens einer weiteren Person Erbe geworden ist. Der M. ist Mitglied der Erbengemeinschaft. Veräußert der M. seinen Erbteil an einen Dritten, verliert er sein Vorkaufsrecht nach § 2034 I BGB.

Lit.: *Grashoff, F.,* Die Nachfolge von Miterben, 1997; *Endriss, D.,* Der Miterbe als Nachlassgläubiger, 2003

Miterbengemeinschaft → Erbengemeinschaft

Mitgift ist das → Vermögen, das einem Ehegatten von einem Dritten in die Ehe mitgegeben wird. Soweit die M. von dem Vater oder der Mutter zugewandt ist, kann sie → Ausstattung sein (§ 1624 BGB). Im Übrigen liegt eine → Schenkung vor.

Mitglied ist der Angehörige einer Personengesamtheit (z. B. → Gesellschaft, Verein).

Mitgliedschaft ist das Rechtsverhältnis einer Person zu einer Personengesamtheit. Die M. begründet → Rechte (Verwaltungsrechte wie z. B. ein Geschäftsführungsrecht, Vermögensrechte wie z. B. einen Anteil am Vermögen) und → Pflichten (z. B. Mitverwaltungspflicht, Beitragspflicht). Sie ist vielfach ein höchstpersönliches Recht, in anderen Fällen aber auch ohne Weiteres veräußerlich und vererblich.
Lit.: *Habersack, M.,* Die Mitgliedschaft, 1996; *Helms, A.,* Schadensersatzansprüche wegen Beeinträchtigung der Vereinsmitgliedschaft, 1999; *Giloth, M.,* Kundenbindung in Mitgliedschaftssystemen, 2003

Mittäter (§ 25 II StGB) ist im Strafrecht der Mensch, der eine → Straftat als Täter gemeinschaftlich mit mindestens einem anderen Menschen begeht. Voraussetzung ist ein bewusstes und gewolltes Zusammenwirken der Beteiligten, von denen jeder Täter des gemeinsamen Tatentschlusses (einschließlich z. B. der Zueignungsabsicht bei Raub) und der gemeinschaftlichen Tatbestandsverwirklichung ist. Erforderlich sind Tätertauglichkeit, gemeinschaftlicher Entschluss und kausaler, objektiver Tatbeitrag. Der M. ist → Täter, nicht Teilnehmer. Er ist *sukzessiver* M., wenn das Einverständnis, eine bestimmte Straftat durch gemeinsames Handeln zu begehen, nach Beginn der Tatausführung hergestellt wird ([lat.] → dolus subsequens). Im Schuldrecht ist, wenn mehrere durch eine gemeinschaftlich begangene unerlaubte → Handlung einen → Schaden verursacht haben, jeder für diesen verantwortlich (§ 830 I 1 BGB).
Lit.: *Kreutziger, S.,* Die Haftung von Mittätern und Gehilfen im Zivilrecht, 1985; *Roxin, C.,* Täterschaft und Tatherrschaft, 9. A. 2015; *Seher, G.,* Vorsatz und Mittäterschaft, JuS 2009, 1; *Seher, G.,* Grundfälle zur Mittäterschaft, JuS 2009, 2304

Mittäterschaft → Mittäter

Mitteilung ist die Weitergabe von Gedanken an einen anderen Menschen oder für einen anderen Menschen. Ihre rechtstatsächliche Bedeutung kann sehr unterschiedlich sein.
Lit.: *Adam, H.,* Die Mitteilungen der Kommission, 1999

Mittel ist der Gegenstand, mit dem eine Ursachenkette in Gang gesetzt wird. *Gemeingefährliche* M. (§ 211 StGB) sind M., deren Wirkung der Täter nach den konkreten Umständen nicht in der Hand hat (z. B. Sprengstoff, Kernenergie). Die → Tötung eines Menschen unter Verwendung gemeingefährlicher Mittel ist → Mord. Kein taugliches M. z. B. für einen schweren Raub ist ein Lippenstift.

Mittelalter ist die Zeit zwischen Antike und Neuzeit (etwa 500–etwa 1500 n. Chr.). Das M. lässt sich

gliedern in das Frühmittelalter (etwa 500–etwa 1000 n. Chr., fränkische Zeit [der Merowinger und Karolinger]), das Hochmittelalter (etwa 1000–etwa 1250 n. Chr. [Zeit der Salier und Staufer]) und das Spätmittelalter (etwa 1250–etwa 1500 n. Chr. [Zeit wechselnder Herrscherhäuser, u. a. Habsburger, Luxemburger]).
Lit.: *Köbler, G.,* Deutsche Rechtsgeschichte, 6. A. 2005

mittelbar (Adj.) unter Verwendung eines Mittels, eines Mittlers oder einer Zwischenstufe

mittelbare Falschbeurkundung Falschbeurkundung, mittelbare

mittelbare Staatsverwaltung → Staatsverwaltung, mittelbare

mittelbare Stellvertretung → Stellvertretung, mittelbare

mittelbarer Besitz → Besitz, mittelbarer

mittelbarer Schaden → Schaden, mittelbarer

mittelbarer Täter → Täter, mittelbarer

mittelbarer Zwang → Zwang, mittelbarer

Mittelbehörde ist in einer dreigliedrig aufgebauten Verwaltung die zwischen oberer Verwaltungsbehörde und unterer Verwaltungsbehörde stehende (höhere) → Verwaltungsbehörde (z. B. Bezirksregierung, Regierungspräsident). Die M. soll die Oberbehörde entlasten und die Verwaltung insgesamt dekonzentrieren sowie die Unterbehörden beaufsichtigen und koordinieren.
Lit.: *Bitter, M.,* Strukturveränderungen auf der mittleren staatlichen Verwaltungsebene, 2004

Mitvermächtnis (§ 2157 BGB) ist im Erbrecht das Vermächtnis, das mehreren Vermächtnisnehmern denselben Gegenstand vermacht. Jedem der Berechtigten steht ein entsprechender Teil des Vermächtnisses zu.

Mitverschulden (§ 254 BGB) ist das Außerachtlassen der Sorgfalt in eigenen Angelegenheiten, die ein ordentlicher und verständiger Mensch zur Vermeidung eigenen Schadens anzuwenden pflegt, durch den Beschädigten. M. ist also nicht ein → Verschulden im Sinne einer vorwerfbaren rechtswidrigen Pflichtverletzung, sondern nur der vorwerfbare Verstoß gegen ein Gebot im eigenen Interesse (z. B. im Versicherungsrecht Motorradfahren ohne Sturzhelm, Mitnahme einer 20 000 Euro teuren Uhr zum Skilaufen, Hocken oder Knien neben einem Fahrrad auf einer Fahrbahn in der Dunkelheit, nicht dagegen Übermitteln eines Scheckes in einem einfachen Brief). Hat bei der Entstehung eines Schadens ein M. des Beschädigten mitgewirkt, so hängt die Verpflichtung zum Ersatz sowie der Umfang des zu leistenden Ersatzes von den Umständen, insbesondere davon ab, inwieweit der Schaden vorwiegend von dem einen oder dem anderen Teil verursacht worden ist (§ 254 I BGB). Gleichgestellt werden dem die Fälle, dass der Beschädigte den Schuldner nicht auf die Gefahr eines ungewöhnlich hohen Schadens, die der Schuldner weder kannte noch kennen musste, aufmerksam gemacht oder dass er den Schaden weder abgewandt noch gemindert hat oder dass er sich bewusst selbst gefährdet hat (Handeln auf eigene Gefahr) oder dass er sich eine → Betriebsgefahr zurechnen lassen muss. § 254 BGB ist auch im Rahmen eines Beseitigungsanspruchs anwendbar.

Lit.: *Lange, H.,* Schadensersatz, 3. A. 2003; *Göben, J.,* Das Mitverschulden des Patienten, 1998; *Looschelders, D.,* Die Mitverantwortlichkeit des Geschädigten, 1999

mitwirkungsbedürftig (Adj.) der Mitwirkung eines Antragstellers bedürftig.

mitwirkungsbedürftiger Verwaltungsakt Verwaltungsakt, mitwirkungsbedürftiger

Mitwirkungspflicht (§ 242 BGB) ist die Verpflichtung jeder Partei eines → Schuldverhältnisses, die Voraussetzungen, die für die erfolgreiche Durchführung des → Schuldverhältnisses erforderlich sind, herzustellen (z. B. Beschaffung einer behördlichen Genehmigung). Die M. lässt sich als (aus dem Grundsatz von Treu und Glauben erfließender,) positiver Teil der → Treupflicht der Parteien sehen. Sie ist Nebenleistungspflicht oder Verhaltenspflicht.

Lit.: *Grüner, G.,* Über den Missbrauch von Mitwirkungsrechten und die Mitwirkungspflichten des Verteidigers im Strafprozess, 2000

Mobbing (engl. [N.]) ist das (arbeitsvertraglich nicht erlaubte) Schädigen eines anderen Menschen vor allem durch vorsätzliches Verbreiten unwahrer Behauptungen über Arbeitnehmer seitens anderer Arbeitnehmer, Entzug von Personalmitteln, Geldmitteln und Sachmitteln sowie der Beeinträchtigung von Wirkungsmöglichkeiten (z. B. der verschwenderische, erfolglose, rechtsbrechende E erklärt, X sei eine unfähige Fehlbesetzung, missbrauche seine Wissenschaftsfreiheit und verschwende öffentliche Mittel, obwohl X im Gegensatz zu E nachweislich ungewöhnlich sparsam, rechtstreu und erfolgreich ist).

Lit.: *Esser, A.,* Mobbing, 8. A. 2011, 9. A. 2015; *Kollmer, N.,* Mobbing im Arbeitsverhältnis, 4. A. 2007; *Bieszk, D. u. a.,* Mobbing und Stalking, NJW 2007, 3382

mobil (Adj.) beweglich

Mobiliarsicherheit ist die durch bewegliche Sachen geschaffene Sicherheit des Gläubigers einer Forderung (z. B. Pfand).

Lit.: *Rott, T.,* Vereinheitlichung des Rechts der Mobiliarsicherheiten, 2000

Mobiliarzwangsvollstreckung → Zwangsvollstreckung

Lit.: *Hintzen, U./Wolf, H.,* Handbuch der Mobiliarvollstreckung, 2. A. 1999; *Nies, I.,* Praxis der Mobiliarvollstreckung, 1998

Mobilie (F.) bewegliche Sache

Lit.: *Lüdicke, J.,* Mobilienfonds, 1996; *Kaufhold, S.,* Internationales und europäisches Mobiliarsicherungsrecht, 1999

Moderecht

Lit.: Handbuch Moderecht, hg. v. *Kirchner, A. u. a.,* 2011

Monarch (M.) Alleinherrscher

Monarchie ist die Staatsform, bei der ein einzelner Mensch als Träger der Staatsgewalt an der Spitze des Staates steht. Die M. kann absolute M., ständische M., konstitutionelle M. oder parlamentarische M. sein, wobei *konstitutionelle* M. die durch eine → Verfassung, die bestimmte Rechte anderen Staatsorganen (z. B. Parlament) zuteilt, gekennzeichnete M. ist. Den Gegensatz zur M. bildet die → Republik.

Lit.: *Zippelius, R.,* Allgemeine Staatslehre, 16. A. 2010

Monaco ist das an der Mittelmeerküste Frankreichs gelegene, unter dem Protektorat Frankreichs stehende Fürstentum (2004 Mitglied des Europarats).

Lit.: *Köbler, G.,* Historisches Lexikon der deutschen Länder, 7. A. 2007; *François, N.,* Introduction au droit monégasque, 1998; *Montebourg, A.,* Monaco, 2001

monarchisch (Adj.) einen Monarchen betreffend

Monarchisches Prinzip ist das den → Monarchen als alleinigen Träger der Staatsgewalt betrachtende Prinzip des 19. Jh.s.

Lit.: *Eisenhardt, U.,* Deutsche Rechtsgeschichte, 5. A. 2008

Monismus (Einheitslehre) ist im Völkerrecht die Einheit von → Völkerrecht und innerstaatlichem Recht. Dabei räumt ein Teil der Monisten dem innerstaatlichen Recht, der andere Teil dem Völkerrecht den Vorrang ein. Gegensatz hierzu ist der → Dualismus.

Monokratie (griech. [F.] Alleinherrschaft) ist die Staatsform der Alleinherrschaft eines Einzelmenschen (z. B. Monarchie, Diktatur). Im Verwaltungsrecht bildet die monokratische Organisationsform einer Behörde den Gegensatz zur kollegialen Organisationsform. Bei jener stehen die behördlichen Befugnisse dem Leiter der Behörde, der sie delegieren kann, bei dieser einem Kollegium zu.

Lit.: *Zippelius, R.,* Allgemeine Staatslehre, 16. A. 2010

Monopol ([N.] Alleinverkauf) ist allgemein die Marktform, bei der das Angebot oder Nachfrage in einer Person vereinigt sind. Im Schuldrecht hat ein Unternehmen dann ein M., wenn es für eine bestimmte Art von Waren oder gewerblichen Leistungen keinem oder keinem wesentlichen → Wettbewerb ausgesetzt ist. Der Inhaber eines Monopols unterliegt einem → Abschlusszwang und die missbräuchliche Ausnutzung einer Monopolstellung kann nach § 826 BGB zu → Schadensersatz verpflichten. Finanzmonopol

Lit.: *Langer, T.,* Monopole, 1998; *Hamacher, J.,* Monopolmissbrauch, 1999

Montanunion ist die (auf 50 Jahre Laufzeit vereinbarte) → Europäische Gemeinschaft für Kohle und Stahl (1951/1952). Im Bereich der Montanindustrie gilt u. a. ein besonderes Recht der → Mitbestimmung. Nach Auslaufen des Vertrags über die M. am 23. Juli 2002 ist die M. dem Vertrag über die Gründung der Europäischen Gemeinschaft unterstellt.

Lit.: 1952–2002 Europäische Gemeinschaft für Kohle und Stahl, 2002

Moot-court (N.) simulierte Gerichtsverhandlung

mora (lat. [F.]) Verzug

Moral (F.) Gesamtheit der Sitten, sittliches Verhalten

Lit.: *Geddert, H.,* Recht und Moral, 1984; *Braun, J.,* Recht und Moral im pluralistischen Staat, JuS 1994, 727; *Gehlen, A.,* Moral und Hypermoral, 6. A. 2004; *Hörnle, T.,* Grob anstößiges Verhalten, 2005

Moratorium (N.) Zahlungsaufschub, Stundung

Mord ist im Strafrecht die Tat eines → Mörders, im mittelalterlichen deutschen Recht die verheimlichte Tötung. Der M. ist ein qualifizierter → Totschlag (str.).

Lit.: *Rotsch, T.,* Die Tötung des Familientyrannen, JuS 2005, 12

Mörder (§ 211 II StGB) ist der aus Mordlust, zur Befriedigung des Geschlechtstriebs, aus Habgier oder sonst aus niedrigen Beweggründen, heimtückisch oder grausam oder mit gemeingefährlichen Mitteln oder um eine andere Straftat zu ermöglichen oder zu verdecken, einen Menschen vorsätzlich tötende Mensch. Der Mörder wird mit lebenslanger Freiheitsstrafe bestraft.

Lit.: *Gerkan, O. v.,* Niedrige Beweggründe als Mordmerkmal, 1998

Mordlust ist im Strafrecht die Lust an der → Tötung als solcher. Die M. ist ein gesetzliches Beispiel für einen niedrigen Beweggrund. Sie qualifiziert eine Tötung zum → Mord.

Morgengabe ist im mittelalterlichen deutschen Recht die Gabe des Mannes an die Frau am Morgen nach der Hochzeit.

Lit.: *Schröder, R.,* Geschichte des ehelichen Güterrechts in Deutschland, 1863 ff.; *Henrich, D.,* Die Morgengabe und das internationale Privatrecht, in: Privatrecht in Europa, 2004, 389

mos (lat. [M.]) Sitte, Brauch, Gewohnheitsrecht

Motiv ist der Beweggrund für ein Verhalten eines Menschen. Im Strafrecht kann ein M. ein Tatbestandsmerkmal sein (z. B. Tötung aus niedrigen Beweggründen, § 211 StGB) und im Übrigen das M. bei der Strafzumessung berücksichtigt werden. Im Privatrecht kann das M. zur → Geschäftsgrundlage gehören.

Motivirrtum ist der den Beweggrund betreffende Irrtum (z. B. A kauft Trauerkleidung, weil er irrtüm-

lich annimmt, B sei gestorben). Der M. ist grundsätzlich unbeachtlich und berechtigt nicht zur Anfechtung der abgegebenen → Willenserklärung (z. B. Kaufangebot).

Lit.: *Larenz, K./Neuner, J.,* Allgemeiner Teil des Bürgerlichen Rechts, 10. A. 20012

Mulier taceat in ecclesia (lat.) – die Frau schweige in der Kirche (1. Kor. 14, 34).

Lit.: *Liebs, D.,* Lateinische Rechtsregeln, 7. A. 2007

multilateral (Adj.) mehrseitig, vielseitig

Multilaterale Investitions-Garantie-Agentur (F.) (MIGA)

Lit.: *Potocnik, I.,* Die Multilaterale Investitions-Garantie-Agentur, Diss. jur. Tübingen 1998

Multimedia ist die Verschmelzung von Text, Bild, Ton und Video in digitaler Form. Gesetzliche Regelungen von M. finden sich etwa im Teledienstegesetz, Teledienstedatenschutzgesetz sowie im Signaturgesetz.

Lit.: Handbuch Multimedia-Recht (Lbl.), hg. v. *Hoeren, T. u. a.,* 41. A. 2015; Recht der Multimediadienste (Lbl.), hg. v. *Roßnagel, A.,* 7. A. 2005

multinational (Adj.) mehrere Staaten betreffend

Münchener Abkommen ist das am 29.9.1938 in München zwischen Deutschland, Großbritannien, Italien und Frankreich abgeschlossene, am 30.9.1938 unterzeichnete Abkommen über die Abtretung des überwiegend von Deutschen bewohnten Gebiets Böhmens (28 643 qkm, 3,63 Mill. Einwohner, 20 Prozent der Fläche, 25 Prozent der Bevölkerung der Tschechoslowakei) durch die an den Verhandlungen nicht beteiligte Tschechoslowakei an das Deutsche Reich.

Lit.: *Köbler, G.,* Deutsche Rechtsgeschichte, 6. A. 2005; *Klötzl, W.,* 50 Jahre Münchner Abkommen, 1988

Mündel ist im Familienrecht der unter Vormundschaft stehende Mensch (z. B. § 1793 BGB). Der M. kann geschäftsunfähig oder beschränkt geschäftsfähig sein.

Mündelgeld (§ 1806 BGB) ist das zum → Vermögen des → Mündels gehörende Geld. Das M. ist vom Vormund verzinslich anzulegen. Die Anlegung soll nur in bestimmten Forderungen erfolgen (§ 1807 BGB, mündelsichere Anlage).

Lit.: *Sichtermann, S.,* Recht der Mündelsicherheit, 3. A. 1980

mündelsicher → Mündelgeld

Mündigkeit → Volljährigkeit, Ehemündigkeit, Strafmündigkeit

Mündlich ist eine Qualifikation eines Geschehens, die durch Sprechen gekennzeichnet ist. → Schriftlichkeit.

Mündlichkeitsprinzip ist der Grundsatz, dass die Verhandlung vor dem → Gericht bei persönlicher

Anwesenheit der Beteiligten durch mündlichen Vortrag durchgeführt wird und grundsätzlich nur das mündlich Verhandelte der Entscheidung zugrunde gelegt wird (z. B. §§ 128, 136 ZPO). Dabei genügt es vielfach, dass mündlich auf Schriftsätze Bezug genommen wird. Entscheidungen des Gerichts, die keine Urteile sind, können grundsätzlich ohne mündliche Verhandlung ergehen (§ 128 IV ZPO).

Lit.: *Klein, S.,* Die Grundsätze der Öffentlichkeit und Mündlichkeit, Diss. jur. Köln 1995; *Westerwelle, P.,* Der Mündlichkeitsgrundsatz, 1998

Mundraub war früher im Strafrecht der → Diebstahl oder die → Unterschlagung von Nahrungsmitteln und Genussmitteln in geringer Menge oder unbedeutendem Wert. Nach § 248a StGB werden Diebstahl und Unterschlagung geringwertiger Sachen u. U. nur auf Antrag verfolgt.

Munt (ahd. [F.]) ist im mittelalterlichen deutschen Recht die personenrechtliche Hausgewalt des Hausvaters über Kinder, Frau und Gesinde (vgl. Vormund-schaft).

Lit.: *Köbler, G.,* Deutsche Rechtsgeschichte, 6. A. 2005

Münzdelikt ist im Strafrecht die → Münzen betreffende, mit Strafe bedrohte Handlung (vgl. §§ 146 ff. StGB). Geldfälschung, Wertzeichenfälschung

Münze ist das nach Zusammensetzung und Gewicht genau bestimmte, in Metall geprägte Geldstück.

Lit.: *Arnold, P.,* Großer deutscher Münzkatalog, 30. A. 2015

Museum → Kultur

Muster (N.) Vorlage, Beispiel, Vorbild

Lit.: PatR Patent- und Musterrecht, 11. A. 2011

Musterprozess ist der als klärender Einzelprozess für eine Vielzahl möglicher Prozesse geführte Prozess.

Lit.: *Jacoby, F.,* Der Musterprozessvertrag, 2000; *Micklitz, H./Beuchler, H.,* Musterklageverfahren, NJW 2004, 1502

Musterung (F.) Tauglichkeitsprüfung

Musterverfahren ist das Verfahren, das bei mehr als 20 die Rechtmäßigkeit einer behördlichen Maßnahme angreifenden Verwaltungsstreitverfahren vom Verwaltungsgericht ausgewählt unter Aussetzung anderer Verfahren vorab durchgeführt werden kann.

mutmaßlich (Adj.) vermutlich

mutmaßliche Einwilligung → Einwilligung, mutmaßliche

Lit.: *Ludwig, I./Lange, J.,* Mutmaßliche Einwilligung und willensbezogene Delikte, JuS 2000, 446

Mutter (§ 1591 BGB) eines Kindes ist die Frau, die es geboren hat. Sie hat verschiedene Rechte und Pflichten gegenüber dem → Kind. Sie ist entgegen einer abwegigen Einzelmeinung verschieden vom Vater.

Mutterrecht (Matriarchat) ist in der Rechtsgeschichte und Rechtsvergleichung die Familienform, bei der die mütterlichen Verwandten bevorrechtigt sind.

Lit.: *Bachofen, J.,* Das Mutterrecht, 1861, 9. A. 1997

Mutterschaftsgeld (§ 13 MuSchG) ist die in den beschäftigungsfreien Schutzzeiten des Mutterschutzes der Mutter gebührende steuerfreie, dem Progressionsvorbehalt unterliegende Geldleistung der gesetzlichen Krankenversicherung (z. B. 13 Euro täglich). → Elterngeld

Mutterschaftsurlaub → Elternzeit

Mutterschutz (§§ 1 ff. MuSchG) ist der besondere Schutz der erwerbstätigen werdenden Mutter. Der M. ist ein Sonderfall des → Arbeitsschutzes. Er ist im Mutterschutzgesetz geregelt. Werdende Mütter dürfen nicht beschäftigt werden, soweit nach ärztlichem Zeugnis Leben oder Gesundheit von Mutter oder Kind bei Fortdauer der Beschäftigung gefährdet sind. Werdende Mütter dürfen grundsätzlich in den letzten sechs Wochen vor der Entbindung und bis zum Ablauf von acht Wochen nach der Entbindung nicht beschäftigt werden. Bei Geburten vor dem berechneten Geburtstermin verlängert sich (seit 2002) die achtwöchige Frist nach der Geburt um den Teil der sechswöchigen Frist vor der Geburt, der wegen der vorzeitigen Geburt nicht beansprucht werden kann. Eine → Kündigung durch den Arbeitgeber während der Schwangerschaft und vier Monate danach ist grundsätzlich unzulässig. Besondere Bestimmungen gelten für Beamte.

Lit.: *Buchner, H./Becker, U.,* Mutterschutzgesetz, Bundeselterngeld- und Elternzeitgesetz, 8. A. 2008; *Friese, B.,* Das neue Mutterschutzrecht, NJW 2002, 3209; *Ebener, J.,* Mutterschutz, Elterngeld, Elternzeit, 2013; *Lenz, M.,* Mutterschutzgesetz, 2004; *Willikonsky, B.,* Kommentar zum Mutterschutzgesetz, 2. A. 2007

Mutung (Begehren) war im Bergrecht bis 1980 der an das Oberbergamt zu richtende Antrag auf Verleihung des → Bergwerkeigentums in einem bestimmten Feld.

mutuum (lat. [N.]) Darlehen

N

Nachbar ist der unmittelbar neben einem anderen Menschen wohnende oder Grundeigentum habende Mensch.

Lit.: *Muckel, S.*, Der Nachbarschutz im öffentlichen Baurecht, JuS 2000, 132

Nachbarklage ist im Verwaltungsrecht die Klage des → Nachbarn (evtl. vorbeugend schon) gegen einen (drohenden) → Verwaltungsakt insbesondere der Baugenehmigungsbehörde (→ Baugenehmigung). Voraussetzung für eine → Anfechtungsklage ist die Behauptung, dass die Maßnahme gegen einen Rechtssatz verstoße, der nachbarschützenden Charakter habe, also den Nachbarn nicht nur objektiv begünstigt, sondern ihm ein subjektives öffentliches Recht gewährt. Begründet ist die Klage, wenn die Baugenehmigung wegen Verletzung der nachbarschützenden Norm rechtswidrig und der Kläger tatsächlich – und zwar gerade als Nachbar – durch sie in einem Recht verletzt ist (vgl. § 113 VwGO).

Lit.: *Brecht, J.*, Die baurechtliche Nachbarklage, Diss. jur. Konstanz 1998; *Matyssek, U.*, Nachbarschutz im öffentlichen Baurecht, 2003

Nachbarrecht (z. B. §§ 906 ff. BGB) ist die Gesamtheit der die → Eigentümer benachbarter → Grundstücke im Verhältnis zueinander betreffenden Rechtssätze. Im Sachenrecht kann ein Eigentümer eines Grundstücks unwesentliche oder ortsübliche → Immissionen auf Grund des Nachbarrechts nicht verbieten (z. B. Herüberwehen von Bratenduft, Ablaufen von Regenwasser, Hinüberfliegen von Blättern, Eindringen von Wollläusen). Er kann Wurzeln und Zweige, die in sein Grundstück hineinreichen, beseitigen, Früchte, die auf sein Grundstück fallen, behalten und für einen zu entschuldbaren, zu duldenden → Überbau eine Geldentschädigung verlangen. Im Verwaltungsrecht schützen bestimmte baurechtliche Vorschriften auch die Nachbarn (z. B. Grenzabstand). Verletzt eine Baugenehmigung ein Recht eines Nachbarn, ist die → Nachbarklage möglich. In der Rechtspraxis wird die Zahl der jährlichen Nachbarrechtstreitigkeiten in Deutschland auf etwa 500 000 geschätzt.

Lit.: *Bassenge, P./Olivet, C.*, Nachbarrecht in Schleswig-Holstein, 12. A. 2009; *Keil, P.*, Nachbarrecht in Hessen, 21. A. 2011; *Keil, P./Hoof, R.*, Das Nachbarrecht in Niedersachsen, 11. A. 2006; *Alheit, H.*, Nachbarrecht von A–Z, 12. A. 2010; *Pelka, F.*, Das Nachbarrecht in Baden-Württemberg, 21. A. 2011; *Stadler, W.*, Das Nachbarrecht in Bayern, 7. A. 2004; *Schäfer, H./Fink-Jamann, D./Peter, C.*, Nachbarrechtsgesetz für das Land Nordrhein-Westfalen, 16. A. 2012; *Schäfer, H.*, Thüringer Nachbarrechtsgesetz, 2. A. 2006; *Birk, H.*, Nachbarrecht für Baden-Württemberg, 5. A. 2004; *Warnecke, F.*, Nachbarrechtsfibel für Niedersachsen, 13. A. 2010; *Bauer, H.*, Thüringer Nachbarrecht, 5. A. 2008; *Postier, R.*, Nachbarrecht in Brandenburg, 4. A. 2006; *Hinkel, K.*, Nachbarrecht in Hessen, 7. A. 2006; *Schäfer, H.*, Sächsisches Nachbarrechtsgesetz, 1998; *Schlick, W.*, Nachbarrecht für Rheinland-Pfalz, 5. A.

2010; *Kayser, A.*, Berliner Nachbarrecht, 1998; *Kayser, A.*, Brandenburgisches Nachbarrecht, 1997, 2. A. 1998; *Eidam, G.*, Nachbarrecht in Sachsen-Anhalt, 1998; *Pardey, F.*, Nachbarrecht in Sachsen-Anhalt, 1998; *Fruhner, F.*, Nachbarrecht für Sachsen-Anhalt, 1998; *Schäfer, H.*, Niedersächsisches Nachbarrechtsgesetz, 2. A. 2015?; *Neuner, J.*, Das nachbarrechtliche Haftungssystem, JuS 2005, 385; *Grziwotz, H./Saller, R.*, Bayerisches Nachbarrecht, 2. A. 2010; *Bruns, P.*, Nachbarrechtsgesetz Baden-Württemberg, 2. A. 2012; *Grziwotz/Lüke/Saller*, Praxishandbuch Nachbarrecht, 2. A. 2013

Nachbesserung (§§ 439 I, 635 I BGB) ist im Schuldrecht die kostenlose nachträgliche Beseitigung des → Mangels einer → Leistung des → Schuldners durch diesen. Sie ist ein Fall der Nacherfüllung. Sie kann im Kaufvertragsrecht und im Werkvertragsrecht vom Gläubiger verlangt werden.

Lit.: *Mankowski, P.*, Nachbesserung und Verbesserung beim Kauf, NJW 2011, 1025

Nachbürgschaft ist die → Bürgschaft, bei welcher der Bürge (Nachbürge) dem Gläubiger dafür bürgt, dass der Schuldner einer Bürgschaft (Vorbürge oder Hauptbürge) seine Bürgschaftsschuld gegenüber dem Gläubiger erfüllt. Gegenüber der einfachen Bürgschaft (§§ 765 ff. BGB) besteht nur die Besonderheit, dass die zu sichernde → Schuld bereits eine Bürgschaftsverpflichtung ist.

Nacheid ist im Verfahrensrecht der nach Abgabe einer Erklärung geleistete → Eid im Gegensatz zum → Voreid.

Nacherbe (§ 2100 BGB) ist der in der Weise eingesetzte → Erbe, dass dieser erst – zu einem bestimmten späteren Zeitpunkt (Nacherbfall, u. U. Tod des Vorerben) – Erbe wird, nachdem zunächst ein anderer Erbe (→ Vorerbe) geworden ist. Der N. ist Erbe des Erblassers. Er erlangt mit dessen Tod eine → Anwartschaft. Er hat gegen den Vorerben nach dem Eintritt der Nacherbfolge einen Anspruch auf → Herausgabe der → Erbschaft in dem Zustand, der sich bei einer bis zur Herausgabe fortgesetzten ordnungsmäßigen Verwaltung ergibt (§ 2130 I BGB). Der N. braucht im Zeitpunkt des Tods des Erblassers noch nicht erzeugt zu sein (§ 2101 BGB). Steuerrechtlich wird der N. als Erbe des Vorerben behandelt.

Lit.: *Ludwig, I.*, Vor- und Nacherbschaft im Grundstücksrecht, 1996; *Roth/Hannes/Mielke*, Vor- und Nacherbschaft, 2010

Nacherfüllung (§ 323 I BGB) ist die nachträgliche Erfüllung einer Verpflichtung des Schuldners bei vorhergehender Bewirkung einer nicht pflichtgemäßen Leistung. Nach § 439 kann der Käufer (Gläubiger) als N. nach seiner Wahl die Beseitigung des Mangels (Nachbesserung) oder die Lieferung einer mangelfreien Sache (Nachlieferung) verlangen. Der Verkäufer (Schuldner) hat die dafür erforderlichen Aufwendungen zu tragen. Der Verkäufer kann die vom Käufer gewählte Art der N. verweigern, wenn sie nur mit unverhältnismäßigen Kosten möglich ist. Verlangt im Werkvertrag der Besteller N., so kann der Unternehmer nach seiner Wahl den Mangel beseitigen (Nachbesserung) oder ein neues Werk herstellen (Nachlieferung) und muss die dafür erforderlichen Aufwendungen tragen, kann aber N. verweigern, wenn sie nur mit unverhältnismäßigen Kosten möglich ist (§ 635 BGB).

Lit.: *Skamel, F.,* Nacherfüllung beim Sachkauf, 2008; *Jaensch, M.,* Der Umfang der kaufrechtlichen Nacherfüllung, NJW 2012, 1025; *Ringe, W.,* Der Nacherfüllungsort im Kaufrecht, NJW 2012, 3393; *Lorenz, S. u. a.,* Grundwissen – Zivilrecht Der Nacherfüllungsanspruch, JuS 2014, 7

Nachfolge ist die zeitliche Folge einer Person auf eine andere Person (in Bezug auf Rechte oder Pflichten).

Lit.: Nachfolgerecht, hg. v. *Kroiß/Horn/Solomon,* 2015

Nachfrist (z. B. § 323 I BGB) ist die → Frist, die der Gläubiger bei einer → Leistungsstörung dem Schuldner zur Bewirkung der Leistung oder zur Nacherfüllung unter der Androhung der späteren Ablehnung setzen kann. Sie muss angemessen sein. Ihr fruchtloser Ablauf hat die Entstehung bestimmter neuer Rechte des Gläubigers zur Folge (Rücktrittsrecht § 323 I BGB, → Schadensersatzanspruch).

Lit.: *Huber, P.,* Der Nacherfüllungsanspruch im neuen Kaufrecht, NJW 2002, 1004

nachgiebiges Recht → Recht, nachgiebiges

Nachlass (§ 1960 BGB) ist im Erbrecht das Vermögen des → Erblassers im Zeitpunkt des → Erbfalls. Im Gegensatz zur Erbschaft (§ 1922 BGB) betrifft N. nicht die Beziehung des Vermögens zum Erben, sondern zu den Gläubigern und zum Nachlassgericht, ohne dass jedoch dieser Sprachgebrauch streng eingehalten wird. Der N. ist eine Vermögensgesamtheit.

Lit.: *Behr, J./Frohn, P.,* Nachlasswesen, 2. A. 1999; *Herzog, S.,* Der digitale Nachlass, NJW 2013, 3745

Nachlassgericht (§ 23a GVG) ist das → Amtsgericht im Bereich der für Nachlasssachen bestehenden freiwilligen → Gerichtsbarkeit. Zuständig ist grundsätzlich der → Rechtspfleger des → Amtsgerichts, in dessen Bezirk der Erblasser seinen letzten → Wohnsitz oder Aufenthalt hatte (§ 343 FamFG).

Lit.: *Pfeiffer, M.,* Rechtsfürsorge und Rechtsgestaltung durch das Nachlassgericht, 1983

Nachlassinsolvenzverfahren (§§ 315 ff. InsO) ist das → Insolvenzverfahren über einen → Nachlass. Zum Antrag auf Eröffnung des Nachlassinsolvenzverfahrens ist jeder Erbe, der Nachlassverwalter sowie ein anderer Nachlasspfleger, ein Testamentsvollstrecker, dem die Verwaltung des Nachlasses zusteht, und jeder Nachlassgläubiger berechtigt. Eröffnungsgrund sind Zahlungsunfähigkeit, Über-

schuldung und u. U. drohende Zahlungsunfähigkeit. Mit der Eröffnung des Nachlassinsolvenzverfahrens beschränkt sich die Haftung des Erben für die Nachlassverbindlichkeiten auf den Nachlass (§ 1975 BGB).

Lit.: *Hüsemann, B.,* Das Nachlassinsolvenzverfahren, Diss. jur. Münster 1998

Nachlasspfleger (§ 1960 BGB) ist der → Pfleger, der erforderlichenfalls bis zur Annahme der Erbschaft zur Sicherung des Nachlasses vom Nachlassgericht bestellt werden kann.

Nachlasspflegschaft → Pflegschaft, Nachlassverwaltung

Lit.: Nachlasspflegschaft, bearb. v. *Jochum, G. u. a.,* 5. A. 2014; *Zimmermann, W.,* Die Nachlasspflegschaft, 3. A. 2013

Nachlassrecht ist die Gesamtheit der den → Nachlass betreffenden Rechtssätze.

Lit.: *Firsching, K./Graf, H.,* Nachlassrecht, 10. A. 2014

Nachlassverbindlichkeit (§ 1967 BGB) ist die → Verbindlichkeit, für die der → Erbe beim → Erbfall zu haften hat. Nachlassverbindlichkeiten sind die vom Erblasser herrührenden Schulden (Erblasserschulden), die Verbindlichkeiten aus → Pflichtteilsrechten, → Vermächtnissen, → Auflagen, → die Erbschaftsteuer, die → Beerdigungskosten, die Kosten des → Dreißigsten und die durch Verwaltungshandlungen des Erben, eines Nachlasspflegers, Nachlassverwalters oder Testamentsvollstreckers entstehenden Schulden. Der Erbe kann seine Haftung für Nachlassverbindlichkeiten auf den (insofern von seinem vor dem Erbfall vorhandenen eigenen Vermögen getrennten) Nachlass durch → Nachlassverwaltung, → Nachlassinsolvenzverfahren und Errichtung eines Inventars beschränken (§§ 1975 ff. BGB).

Lit.: *Harder, M./Müller-Freienfels, S.,* Grundzüge der Erbenhaftung, JuS 1980, 876

Nachlassverwaltung (§ 1975 BGB) ist die vom → Nachlassgericht auf → Antrag angeordnete → Nachlasspflegschaft zum Zweck der Befriedigung der Nachlassgläubiger. Die N. bewirkt die Beschränkung der → Haftung des → Erben für → Nachlassverbindlichkeiten auf den → Nachlass. Mit der Anordnung der N. verliert der Erbe die Befugnis, den Nachlass zu verwalten und über ihn zu verfügen (§ 1984 BGB), zugunsten des Nachlassverwalters.

Lit.: *Hillebrand, S.,* Die Nachlassverwaltung, 1998; *Pütter, T.,* Der Nachlassverwalter, Diss. jur. Münster 1999

Nachlieferung (§ 439 I BGB) ist die Lieferung einer mangelfreien statt der bereits gelieferten mangelhaften → Sache. Im Kaufrecht hat der → Käufer im Rahmen der → Nacherfüllung einen Anspruch auf Beseitigung des Mangels (→ Nachbesserung) oder N. Dieser steht neben dem Rücktrittsrecht, der → Minderung, dem Schadensersatz und dem Aufwendungsersatz (§ 437 BGB). Verlangt der → Besteller eines → Werkvertrags Nacherfüllung, so

kann der → Unternehmer nach seiner Wahl den Mangel beseitigen oder ein neues → Werk herstellen (§ 635 I BGB).
Lit.: *Huber, P.,* Der Nacherfüllungsanspruch im neuen Kaufrecht, NJW 2002, 1004

Nachnahme ist die Aushändigung einer Sendung gegen Zahlung des Preises oder eines anderen vereinbarten Betrags an den Überbringer.
Lit.: *Schlicht, M.,* Die Nachnahme, 1999

Nachname (Familienname) → Name

Nachrede ist die Behauptung oder Verbreitung einer Tatsache in Bezug auf einen andern. *Üble* N. (§ 186 StGB) ist die Behauptung oder Verbreitung einer nicht erweislich wahren Tatsache in Bezug auf einen andern, die geeignet ist, denselben verächtlich zu machen oder in der öffentlichen Meinung herabzuwürdigen (z.B. Erklärender E. behauptet wahrheitswidrig, X gebe öffentliche Gelder für private Zwecke aus, E. behauptet wahrheitswidrig, X missbrauche die Wissenschaftsfreiheit, E. behauptet wahrheitswidrig, X sei ein Lügner). Keine üble N. ist die Behauptung einer erweislich wahren Tatsache (z. B. E. ist ein Lügner, P. ist ein Schmierer, I. ist ein Betrüger, W. ist ein Fälscher usw.). Im Gegensatz zur → Beleidigung wird bei der üblen N. nicht die Kundgabe eigener Missachtung, sondern die Förderung fremder Missachtung bestraft.
Lit.: *Janssen, B.,* Die Rechtsfolgenseite des § 190 Satz 2 StGB, 2003

Nachschieben ist allgemein das nachträgliche, unterstützende Verhalten. Das N. *von Gründen* ist das nachträgliche Anführen von zusätzlichen Gründen für eine Maßnahme (z.B. → Kündigung, → Klage, → Verwaltungsakt). Es ist in weitem Umfang möglich. Verspätet vorgebrachte Angriffsmittel und Verteidigungsmittel sind aber z.B. durch § 296 ZPO ausgeschlossen.
Lit.: *Guise-Rübe, R.,* Das Nachschieben von Verfahrensrügen, Diss. jur. Göttingen 1996; *Schenke, R.,* Das Nachschieben von Ermessenserwägungen, JuS 2000, 230; *Axmann, M.,* Das Nachschieben von Gründen im Verwaltungsrechtsstreit, 2001

Nachschuss (§ 26 GmbH, § 105 GenG) ist im Gesellschaftsrecht die nachträgliche, über den vereinbarten Gesellschaftsbeitrag hinaus zu bewirkende Leistung. Eine Pflicht zum N. besteht nur, wenn sie besonders vereinbart (GmbH) bzw. nicht besonders ausgeschlossen worden ist (Genossenschaft).

Nachsichtwechsel (Art. 35 WG) ist im Wertpapierrecht der eine bestimmte Zeit nach Sicht (Vorlegung) fällige → Wechsel.

Nachtat ist die in Bezug auf eine andere Tat nachfolgende – und damit an sich von dieser getrennte – → Tat. *Mitbestrafte* N. ist die Tat, die sich in der Auswertung oder Sicherung der durch die Vortat erlangten Position erschöpft, den schon angerichteten Schaden nicht wesentlich erweitert und kein neues Rechtsgut verletzt (z.B. Dieb beschädigt die gestohlene Sache, Unterschlagender eines Schecks

löst den Scheck in Bargeld ein). Sie ist ein Fall der → Konsumtion und damit der → Konkurrenz.
Lit.: *Höper, I.,* Die mitbestrafte Vor- und Nachtat, Diss. jur. Kiel 1997; *Seher, G.,* Zur strafrechtlichen Konkurrenzlehre, JuS 2004, 482

Nachtdiebstahl → Diebstahl

nachträglich (Adj.) nach einem zeitlichen Bezugspunkt eintretend

nachträgliche Unmöglichkeit → Unmöglichkeit, nachträgliche

Nachtragsanklage (§ 266 StPO) ist im Strafverfahrensrecht die → Anklage des → Staatsanwalts wegen weiterer Straftaten eines → Angeklagten nach Eröffnung des → Hauptverfahrens.
Lit.: *Bischoff, G.,* Assessorexamensklausur – Strafrecht: Die Nachtragsanklage, JuS 2004, 508

Nachtragshaushalt ist im Verfassungsrecht bzw. Verwaltungsrecht der zur Deckung unvorhergesehener Ausgaben u. U. nachträglich zu beschließende → Haushalt.

Nachtwächter ist der zur Nachtzeit (bei Bäckern Nachtzeit 22–5 Uhr) Wache für die Allgemeinheit haltende Mensch. Im Mittelalter war der N. nicht ganz unbedeutend. In der mediengesellschaftlichen Gegenwart verkörpert der N. Rückstand und Einfalt.

Nachvermächtnis (§ 2191 I BGB) ist das → Vermächtnis, bei dem der → Erblasser den vermachten Gegenstand von einem nach dem Anfall des → Vermächtnisses eintretenden bestimmten Zeitpunkt oder Ereignis an einem Dritten zugewandt hat. Das N. wird teilweise entsprechend einer → Nacherbschaft behandelt (§ 2191 II BGB).
Lit.: *Rechenberg, K.,* Das Nachvermächtnis, 1908

Nachversicherung ist die nachträgliche → Versicherung eines Risikos. Im Sozialversicherungsrecht ist die N. erforderlich, wenn ein Mensch, der mit Rücksicht auf eine Versorgungsanwartschaft nicht versicherungspflichtig war (z.B. Beamter), versicherungspflichtig wird.
Lit.: *Finke, U.,* Nachversicherung, 8. A. 2010

Nachwahl ist im Verfassungsrecht bzw. Verwaltungsrecht die nachträglich vorzunehmende → Wahl. Sie ist für den → Bundestag (§§ 43 f. BWG bzw. BWahlG) dann erforderlich, wenn in einem Wahlkreis oder Wahlbezirk die Wahl nicht zum bestimmten Zeitpunkt durchgeführt worden ist oder ein Wahlkreisbewerber zwischen Zulassung und Wahl stirbt, nicht dagegen bei dem Tode eines → Abgeordneten.

Näherrecht (Retraktrecht) ist im mittelalterlichen deutschen Recht das Anrecht bestimmter nahestehender Personen (z.B. Verwandter, Nachbarn, Grundherren) auf ein Gut für den Fall der Vererbung oder Veräußerung (vgl. § 2034 BGB).

Name ist die Bezeichnung einer einzelnen Person oder eines einzelnen Gegenstands zum Zweck der Heraushebung aus einer Gattung bzw. der Unterscheidung von anderen Personen und Gegenständen. Im Privatrecht ist der N. einer Person ein besonderes → Persönlichkeitsrecht (§ 12 BGB, Namensrecht), das bei Störungen (Bestreiten eines eigenen Gebrauchs durch Fremden, Gebrauch des eigenen Namens durch Fremden) einen → Beseitigungsanspruch und → Unterlassungsanspruch gewährt. Gegebenenfalls kommt auch ein Schadensersatzanspruch in Betracht. Der N. eines Menschen besteht aus dem (frei von den Eltern eines Kindes für dieses wählbaren) → Vornamen und dem (in Deutschland seit dem Hochmittelalter erscheinenden grundsätzlich festen, vor allem durch die Abstammung bestimmten) → Familiennamen (Nachnamen). Er wird vor allem durch → Geburt (→ Geburtsname, § 1616 BGB), → Eheschließung (→ Ehename, § 1355 BGB) oder → Annahme an Kindes Statt sowie auf Grund besonderer Erklärungen erworben. Heiratet die geschiedene sorgeberechtigte Mutter wieder, so haben die mit ihr in der neuen Familie lebenden Kinder ein Recht darauf, dass ihr (bisheriger) Familienname auch gegen den Willen ihres Vaters durch den neuen Familiennamen der Mutter ersetzt wird. Partner einer nichtehelichen Lebensgemeinschaft können bei gemeinsamem Sorgerecht einvernehmlich den Namen des Vaters oder den Namen der Mutter zum Geburtsnamen des Kindes bestimmen. Der N. kann auf Antrag bei Vorliegen bestimmter Gründe geändert werden. → Handeln in eigenem Namen, Handeln in fremdem Namen, → Pseudonym

Lit.: *Spoenla-Metternich, S. v.,* Namenserwerb, 1997; *Schorlemer, B. v.,* Die zivilrechtlichen Möglichkeiten der Namensänderung, 1998; *Westermann-Reinhardt, J.,* Das Ehe- und Familiennamensrecht, Diss. jur. Hannover 1999; *Wagner-Kern, M.,* Staat und Namensänderung, 2002; *Beier, D.,* Recht der Domainnamen, 2004

Namensaktie (§ 10 AktG) ist die auf den Namen des Berechtigten lautende → Aktie. Eine Aktie muss auf den Namen lauten, wenn sie vor der vollen Leistung des Nennbetrags oder Ausgabebetrags ausgegeben wird. Die N. ist in das Aktienbuch einzutragen (§ 67 AktG). Sie kann durch → Indossament übertragen werden (§ 68 I AktG). *Vinkulierte* N. (§ 68 II AktG) ist die N., deren Übertragung nach der → Satzung von der Zustimmung der → Gesellschaft abhängig ist.

Lit.: *Goedsche, M.,* Das Recht der Namensaktie, 2002

Namensänderung → Name

Namenserteilung oder Einbenennung (§ 1618 BGB, § 45 I Nr. 7 PStG) ist die Erteilung (bzw. Voranstellung oder Anfügung) des Ehenamens eines Elters, dem die elterliche Sorge für ein unverheiratetes Kind allein oder gemeinsam mit dem anderen Elter zusteht, und seines Ehegatten, der nicht Elter des Kindes ist, an das in ihren gemeinsamen Haushalt aufgenommene Kind durch öffentlich beglaubigte Erklärung gegenüber dem Standesbeamten. Erteilung, Voranstellung oder Anfügung des Namens bedürfen der Einwilligung des anderen Elters, wenn

ihm die elterliche Sorge gemeinsam mit dem den Namen erteilenden Elter zusteht oder das Kind seinen Namen führt, wobei das Interesse des anderen Elters am Fortbestand des namensrechtlichen Bandes zwar grundsätzlich gleichwertig ist, aber gegebenenfalls dem Wohl des Kindes weichen muss. Hat das Kind das fünfte Lebensjahr vollendet, ist auch seine Einwilligung erforderlich. Die Erklärungen haben nur namensrechtliche, nicht auch abstammungsrechtliche Wirkung.

Lit.: *Birkhahn, A.,* Das Kindesnamensänderungsrecht, 2003

Namenspapier ist das → Wertpapier, bei dem aus dem Papier grundsätzlich nur die in dem Papier selbst namentlich benannte Person berechtigt ist (z. B. → Sparkassenbuch, → Hypothekenbrief). Beim N. folgt das Recht am Papier dem Recht aus dem Papier. Entscheidend für die Berechtigung ist daher die Übertragung des Rechts, der das → Eigentum an der Urkunde nur nachfolgt (§ 952 II BGB). N. *mit Inhaberklausel* (§ 808 I BGB) ist das N., bei dem die → Urkunde, in welcher der Gläubiger benannt ist, mit der besonderen Bestimmung ausgegeben ist, dass die in der Urkunde versprochene Leistung (auch) an jeden → Inhaber bewirkt werden kann (z. B. Sparbuch) (, ohne dass der Inhaber seinerseits Leistungen verlangen kann).

Namensrecht → Name

nasciturus (lat. [M.]) Entstehender, Leibesfrucht

Lit.: *Wille, M.,* Die Rechtsstellung des nasciturus, 2003

Nasciturus (M.) **pro iam nato habetur** ([lat.] der Entstehende wird wie der schon Geborene behandelt). Nach § 1923 II BGB gilt, wer zur Zeit des Erbfalls noch nicht lebte, aber bereits erzeugt war, als vor dem → Erbfall geboren. Er kann daher mit seiner Geburt → Erbe werden (§ 1942 BGB), obwohl im Übrigen Erben nur im Zeitpunkt des Erbfalls lebende Menschen werden können (§ 1923 I BGB).

Lit.: *Hermanns-Engel, K.,* Die rechtliche Berücksichtigung des Menschen vor der Zeugung, 1997

Nation (Volk) ist kulturell die durch die Einheit von Sprache und Kultur, politisch durch die Gleichheit der politischen Entwicklung zusammengeschlossene Gesamtheit von Menschen.

Lit.: *Mühler, K.,* Region und Nation, 2004

Nationalsozialismus ist in der deutschen Rechtsgeschichte die politische Bewegung, die unter dem Reichskanzler Adolf Hitler (Braunau am Inn 20.4.1989–Berlin 30.4.1945) von dem 30.1.1933 bis zu dem 8.5.1945 in Deutschland die Macht ausübte. Der N. ist eine Art des → Faschismus. Im Deutschen Reich hat er auf Grund formaler Wahlen zwischen 1933 und 1945 in der Form einer totalitären → Diktatur gewirkt. Durch Gesetz vom 25.5.1990 ist die Möglichkeit gegeben, durch Beschluss des zuständigen Oberlandesgerichts nationalsozialistische Unrechtsurteile unter bestimmten Voraussetzungen aufheben zu lassen.

Lit.: *Köbler, G.,* Einfache Bibliographie europäisch-deutscher Rechtsgeschichte, 1990; *Schulz, G.,* Aufstieg des Nationalsozialismus, 1975; *Hüttenberger, P.,* Bibliographie zum Nationalsozialismus, 1980; *Kroeschell, K.,* Rechtsgeschichte Deutschlands im 20. Jahrhundert, 1992; *Willoweit, D.,* Deutsche Verfassungsgeschichte, 7. A. 2013

Nationalstaat ist im Verfassungsrecht der → Staat, der die Einheit der → Nation und die Abgrenzung gegenüber anderen Nationen besonders betont (z. B. Frankreich, England). Er steht im Gegensatz zum Nationalitätenstaat (z. B. Schweiz).

Lit.: *Albrow, M.,* Abschied vom Nationalstaat, 1998; Der neue Nationalstaat, hg. v. *Voigt, R.,* 1998; *Harth, T.,* Nationalstaaten in der EU, 2003

Nationalsymbol → Staatssymbol

Nationalversammlung ist im Verfassungsrecht die die → Nation vertretende → Versammlung aus besonderem Anlass. In der deutschen Rechtsgeschichte sind als N. bekannt die *Frankfurter* N. (1848) und die *Weimarer* N. (1919), die sich als verfassungsgebende Versammlungen verstanden. In Frankreich ist N. das Parlament.

Lit.: *Köbler, G.,* Deutsche Rechtsgeschichte, 6. A. 2005; *Best, H./Weege, W.,* Biographisches Handbuch der Abgeordneten der Frankfurter Nationalversammlung, 1996

Nato (F.), NATO, North Atlantic Treaty Organization, Nordatlantische Bündnisorganisation der (2008 28) Staaten Albanien (2008), Belgien, Bulgarien (2004), Dänemark, Deutschland (1955), Estland (2004), Frankreich, Griechenland (1951), Großbritannien, Island, Italien, Kanada, Kroatien (2008), Lettland (2004), Litauen (2004), Luxemburg, Niederlande, Norwegen, Polen (1999), Portugal, Rumänien (2004), Slowakei (2004), Slowenien (2004), Spanien (1982), Tschechien (1999), Türkei (1951), Ungarn (1999) und Vereinigten Staaten von Amerika vom 4.4.1949.

Lit.: *Varwick, J.,* Die NATO, 2008

Natur ist die ohne menschliches Zutun entstandene Welt und die hinter ihr stehende Kraft sowie deren Wesen. N. *der Sache* ist in der Rechtsmethodologie das ihr von selbst eigene Wesen einer Sache. Die N. der Sache dient als Begründung für einleuchtende, nicht weiter erklärungsbedürftige und erklärungsfähige → Rechtsfolgen (z. B. Gesetzgebungszuständigkeit des Bunds kraft N. der Sache für Bundesflagge).

Lit.: *Ballweg, O.,* Zu einer Lehre von der Natur der Sache, 2. A. 1963

Naturalherstellung (§ 249 BGB) ist die Herstellung des Zustands, der bestehen würde, wenn der zum → Ersatz eines → Schadens verpflichtende Umstand nicht eingetreten wäre. Da Geschehenes nicht ungeschehen gemacht werden kann, bedeutet N. nur Herstellung eines möglichst gleichartigen, wirtschaftlich gleichwertigen Zustandes (der beschädigten Sache bzw. des beschädigten Vermögens). Die N. ist der Grundsatz des geltenden → Schadensersatzrechts.

Lit.: *Picker, U.,* Die Naturalrestitution durch den Geschädigten, 2003

Naturalisation (F.) Einbürgerung

Naturallohn ist im Schuldrecht der in anderen Werten als Geld entrichtete → Lohn (z. B. Hingabe von Lebensmitteln oder Brennstoffen, Überlassen einer Nutzungsmöglichkeit z. B. Dienstkraftfahrzeug). Der N. ist zum Schutz der → Arbeitnehmer bei gewerblichen Arbeitnehmern und Auszubildenden nur eingeschränkt zulässig (§ 107 GewO) (Truckverbot). Die Gewerbetreibenden sind verpflichtet, die Löhne ihrer Arbeitnehmer bar auszuzahlen.

Lit.: *Waltermann, R.,* Arbeitsrecht, 16. A. 2012

Naturalobligation (natürliche Verbindlichkeit) ist die unvollkommene → Verbindlichkeit, auf deren → Erfüllung (mangels rechtlich bestehender Verbindlichkeit) nicht geklagt werden kann, bei der aber auch das Geleistete nicht als ungerechtfertigte → Bereicherung zurückverlangt werden kann (z. B. Ehemaklerlohn § 656 BGB, Spielschuld § 762 BGB).

Lit.: *Köbler, G.,* Schuldrecht, 2. A. 1995; *Schulze, G.,* Nicht erzwingbare Leistungsforderungen im Zivilrecht, JuS 2011, 193

Naturalrestitution → Naturalherstellung

Lit.: *Gebauer, P.,* Naturalrestitution beim Schadensersatz wegen Nichterfüllung, 2002; *Picker, U.,* Die Naturalrestitution durch den Geschädigten, 2003

Naturalwirtschaft ist die geldlose Wirtschaft, in welcher der Güterverkehr nur im Wege des Tausches stattfinden kann.

Natürlich ist die Qualifikation eines Umstands nach seinem Wesen. N. bildet insofern vielfach den Gegensatz zu rechtlich (juristisch) (z. B. natürliche Person, natürliche Verbindlichkeit, natürliches Kind).

Naturrecht ist in der Rechtsphilosophie die Gesamtheit der der Natur innewohnenden, zeitlos gültigen, dem Menschen vorgegebenen Rechtssätze, die über den vom Menschen gesetzten Rechtssätzen (positives → Recht) stehen. Das N., dessen Herleitung und Geltung umstritten sind, dient als Schranke bzw. Korrektiv des gesetzten Rechtes. Vertreter der Idee eines Naturrechts sind griechische Philosophen, christliche Kirchen und neuzeitliche Philosophen (Vernunftrecht). Auf N. lassen sich am ehesten die allgemeinen Menschenrechte oder → Grundrechte gründen. Im Einzelnen fällt der Nachweis eines Rechtssatzes als N. sehr schwer.

Lit.: *Köbler, G.,* Zielwörterbuch integrativer europäischer Rechtsgeschichte, 6. A. 2014 (Internet); *Schröder, P.,* Naturrecht und absolutistisches Staatsrecht, 2001; *Rohls, M.,* Kantisches Naturrecht und historisches Zivilrecht, 2004

Naturschutz ist die Gesamtheit der Maßnahmen zur Erhaltung, Gestaltung und Pflege der natürlichen Umwelt des Menschen. Für die Durchführung des nationalen Naturschutzes sind die Länder zuständig. Das Recht des Naturschutzes ist in einem besonderen Bundesnaturschutzgesetz und in Landesnaturschutzgesetzen geregelt. Danach soll sich jeder so verhalten, dass Natur und Landschaft möglichst wenig beeinträchtigt werden. Möglich sind Landschaftsplanung, Naturschutzgebiet, Landschaftsschutzgebiet, Naturdenkmalschutz oder Artenschutz.

Lit.: Naturschutzrecht, 12. A. 2015; *Marzik, U.,* Bundesnaturschutzgesetz, 2004; *Gassner, E./Heugel, M.,* Das neue Naturschutzrecht, 2010; *Lorz/Konrad/Mühlbauer u. a.,* Naturschutzrecht, 3. A. 2013

Nebenamt → Nebentätigkeit

Nebenbestimmung ist die zu einer Hauptbestimmung hinzutretende, zusätzliche Bestimmung. Bedeutsam sind insbesondere die Nebenbestimmungen zu einem → Verwaltungsakt, die seine Wirkungen beschränken („ja, aber"). Nebenbestimmungen sind → Auflage, → Auflagenvorbehalt, → Befristung, → Bedingung und Widerrufsvorbehalt.

Lit.: *Brenner, J.,* Der Verwaltungsakt mit Nebenbestimmungen, JuS 1996, 281; *Hanf, C.,* Rechtsschutz gegen Inhalts- und Nebenbestimmungen zu Verwaltungsakten, 2003; *Hufen, F. u. a.,* Der Rechtsschutz gegen Nebenbestimmungen, JuS 2004, 867

Nebenfolge (§§ 45 ff. StGB) ist im Strafrecht die Rechtsfolge, die selbst keinen spezifischen Strafcharakter hat. Die Nebenfolgen können nur in Verbindung mit einer → Hauptstrafe eintreten. Sie betreffen insbesondere den Verlust der Amtsfähigkeit, der Wählbarkeit und des Stimmrechts.

Lit.: *Wimmer, G.,* Nebenstrafen und Nebenfolgen in der Jugendgerichtsbarkeit, 1991; *Gronemeyer, D.,* Zur Reformbedürftigkeit der strafrechtlichen Fahrerlaubnisentziehung, 2001

Nebenintervention (Streithilfe) (§ 66 ZPO) ist die Beteiligung eines Dritten im eigenen Namen an einem zwischen zwei anderen Personen anhängigen → Rechtsstreit zum Zweck der Unterstützung einer → Partei. Die N. ist zulässig, wenn der Dritte ein rechtliches → Interesse daran hat, dass die unterstützte Partei obsiegt. Der Nebenintervenient darf alle → Prozesshandlungen vornehmen, soweit sie nicht mit Erklärungen und Handlungen der Hauptpartei in Widerspruch stehen (weitergehend bei der *streitgenössischen* N. § 69 ZPO). Die N. bewirkt, dass in einem nachfolgenden Prozess zwischen dem Unterstützenden und der unterstützten Partei der erste Rechtsstreit als richtig entschieden gilt (§ 68 ZPO).

Lit.: *Wieser, E.,* Das rechtliche Interesse des Nebenintervenienten, 1965; *Frohn, M.,* Nebenintervention und Streitverkündung in der freiwilligen Gerichtsbarkeit, 1999; *Ziegert, K.,* Die Interventionswirkung, 2003

Nebenklage (§§ 395 ff. StPO) ist die Klage eines Verletzten neben der öffentlichen → Klage der → Staatsanwaltschaft. Zur N. sind berechtigt der zur → Privatklage Berechtigte, die Eltern, Kinder, Geschwister und Ehegatten eines durch eine rechtswidrige Tat Getöteten sowie der Verletzte, der die öffentliche Klage im → Klageerzwingungsverfahren erzwungen hat. Der Nebenkläger hat nach erfolgtem Anschluss die Rechte eines Privatklägers (§ 397 StPO). Die N. ist auch im Sicherungsverfahren zulässig.

Lit.: *Amelunxen, C,* Der Nebenkläger im Strafverfahren, 1980; *Zechmann, G.,* Strafantragserfordernis bei der Nebenklage, 1993; *Wu, K.,* Die Rechtsstellung des Verbrechensopfers, 2007

Nebenkosten sind die neben einer Hauptleistung (Hauptkosten) zu entrichtenden zusätzlichen Kosten (wie z. B. bei einem Dienstverhältnis oder einem Mietverhältnis). Im Steuerrecht sind die N. des Mieters steuerpflichtige Einnahmen des Vermieters aus Vermietung und Verpachtung.

Lit.: *Schmid, M.,* Handbuch der Mietnebenkosten, 14. A. 2014

Nebenpflicht ist die neben einer → Hauptpflicht bestehende zweitrangige Pflicht. Im Schuldrecht kann die N. eine Nebenleistungspflicht oder eine Verhaltenspflicht sein. Die Nebenpflichten lassen sich nicht erschöpfend erfassen, sondern hängen stark von den Umständen des jeweiligen Einzelfalls ab (§ 241 II BGB). Sie sind meist Treuepflicht (z. B. Quittungsausstellungspflicht, Ersatzteilführungspflicht), Schutzpflicht, Obhutspflicht, Aufklärungspflicht oder Mitteilungspflicht. Die Verletzung einer N. kann Schadensersatzansprüche begründen.

Lit.: *Fichtenbauer, C.,* Bürgschaftsrecht – Auskunftspflicht als Nebenpflicht, 1995; *Ebert, S.,* Nebenpflichten des Unternehmers, Diss. jur. Bonn 1999

Nebenrecht ist das neben einem Hauptrecht bestehende zweitrangige Recht. → Nebenpflicht

Nebenstrafe (§ 44 StGB) ist die zu einer → Hauptstrafe hinzutretende zusätzliche → Strafe. Als solche kennt das Strafgesetzbuch ausdrücklich nur das → Fahrverbot. Hierher werden teilweise aber auch der → Verfall des aus einer rechtswidrigen Tat erlangten Vermögensvorteils (§ 73 StGB) sowie die → Einziehung der durch vorsätzliche Straftat hervorgebrachten oder zu ihrer Begehung oder Vorbereitung gebrauchten oder bestimmten Gegenstände (§ 74 StGB) gezählt. → Nebenfolgen

Lit.: *Wimmer, G.,* Nebenstrafen und Nebenfolgen in der Jugendgerichtsbarkeit, 1991

Nebenstrafrecht ist das außerhalb des Strafgesetzbuchs und anderen hauptsächlich auf strafrechtliche Regelung zielenden Gesetzen geregelte Strafrecht (z. B. §§ 16 ff. UWG).

Lit.: *Buddendiek, H./Rutkowski, J.,* Lexikon des Nebenstrafrechts (Lbl.), 37. A. 2014; *Erbs, G./Kohlhaas, M.,* Strafrechtliche Nebengesetze (Lbl.), 202. A. 2015; Münchener Kommentar Strafgesetzbuch Nebenstrafrecht I, 2. A. 2013; Münchener Kommentar Strafgesetzbuch Nebenstrafrecht III (Völkerstrafgesetzbuch), 2. A. 2014; Münchener Kommentar Strafgesetzbuch Nebenstrafrecht II, 2. A. 2015

Nebentäter sind mehrere Menschen, die ohne bewusstes und gewolltes Zusammenwirken Bedingungen setzen, die zusammen oder auch für sich allein geeignet sind, den Erfolg herbeizuführen. Die Täter sind nicht → Mittäter. Jeder von ihnen wird im Strafrecht selbständig für seine Tat bestraft bzw. im Schuldrecht zum Ersatz des adäquat verursachten → Schadens verpflichtet (§ 840 BGB, → Gesamtschuld).

Lit.: *Murmann, U.,* Die Nebentäterschaft im Strafrecht, 1993 (Diss.); *Otzen, K.,* Die Haftung der Nebentäter, 1997

Nebentätigkeit ist die außerhalb der Berufstätigkeit liegende Tätigkeit eines → Beamten. Die N. kann als Nebenamt erscheinen. Die *freiwillige* N. bedarf überwiegend der Genehmigung durch die oberste Dienstbehörde, auf die aber ein Rechtsanspruch besteht, wenn durch die N. keine ungünstigen Auswirkungen auf die Berufstätigkeit zu befürchten sind. Ein Beamter, der seit fast einem halben Jahr (oder gar auf der Jagd nach einer Rente seit mehreren Jahren) dienstunfähig erkrankt (oder jedenfalls krank geschrieben) ist oder sein will, darf keine N. (z. B. Verlag von Lügenbaronen) ausüben, weil dies dem (behaupteten) Ansehen der öffentlichen Verwaltung (z. B. einer Universität) schadet.

Lit.: *Wank, R.,* Nebentätigkeit, 1995; *Zwehl, H. v.,* Nebentätigkeitsrecht, 1998; *Ossenbühl, F./Cornils, M.,* Nebentätigkeit und Grundrechtsschutz, 1999

Nebenverdienst ist der neben einer regelmäßigen Vergütung zusätzlich erworbene Verdienst.

Lit.: *Bültmann, H./Niebler, M./Kohn, S.,* Der Nebenverdienst, 6. A. 2001

Ne bis in idem ([lat.] nicht zweimal wegen derselben Tat) (Art. 103 III GG) ist der Grundsatz des Strafverfahrensrechts, der es verbietet, dass jemand wegen derselben Tat auf Grund der allgemeinen Strafgesetze mehrmals bestraft wird. Am 25.5.1987 schlossen die Mitgliedstaaten der Europäischen Gemeinschaft ein Übereinkommen über das Verbot der doppelten Strafverfolgung. Abwegig ist es, jede Wiederholung eines Antrags unter Berufung auf n. b. i. i. abzulehnen.

Lit.: *Liebs, D.,* Lateinische Rechtsregeln, 7. A. 2007; *Thomas, H.,* Das Recht auf Einmaligkeit der Strafverfolgung, 2002

Ne (eat iudex) ultra petita ([lat.] nicht [gehe der Richter] über das Begehrte hinaus) (z. B. § 308 ZPO) ist der Grundsatz des Verfahrensrechts, der es in den meisten Verfahrensarten dem → Richter verbietet, dem → Kläger mehr zuzusprechen, als dieser begehrt hat. Er ist schon in der Antike (Demosthenes) vorhanden und wird im 9. Jh. von der Kirche und in der frühen Neuzeit von der deutschen gemeinrechtlichen Wissenschaft übernommen.

Lit.: *Liebs, D.,* Lateinische Rechtsregeln, 7. A. 2007

negativ (Adj.) verneinend, ungünstig, schädlich

Negativattest (N.) Unbedenklichkeitsbescheinigung

negative Koalitionsfreiheit → Koalitionsfreiheit, negative

negative Publizität → Publizität, negative

negatives Interesse → Interesse, negatives

negatives Schuldanerkenntnis → Schuldanerkenntnis, negatives

negatives Tatbestandsmerkmal → Tatbestandsmerkmal, negatives

Negativtestament ist im Erbrecht das → Testament, durch das der → Erblasser einen Verwandten oder den Ehegatten von der gesetzlichen → Erbfolge ausschließt, ohne einen → Erben einzusetzen (§ 1938 BGB). Der Ausschluss (→ Enterbung) wirkt im Zweifel nicht auch auf die → Abkömmlinge des Ausgeschlossenen. Das Erbrecht des → Staates (§ 1936 BGB) kann der Erblasser mit einem N. nicht ausschließen.

negatorisch (Adj.) verneinend

negatorischer Anspruch → Anspruch, negatorischer, Unterlassungsanspruch

Lit.: *Hohloch, G.,* Die negatorischen Ansprüche und ihre Beziehungen zum Schadensersatzrecht, 1976

neglegentia (lat. [F.]) Nachlässigkeit

negotiorum gestio (lat. [F.]) → Geschäftsführung (ohne Auftrag)

Nehmer → Remittent

Neigung ist das Streben in eine Richtung. Im Strafrecht ist, wenn wegen der *schädlichen* Neigungen des → Jugendlichen, die in der Tat hervorgetreten sind, → Erziehungsmaßregeln oder → Zuchtmittel zur → Erziehung nicht ausreichen oder wenn wegen der Schwere der Schuld Strafe erforderlich ist, → Jugendstrafe zu verhängen (§ 17 JGG).

Lit.: *Bald, S.,* Jugendstrafe wegen schädlicher Neigungen, 1995

Nemo plus iuris transferre potest quam ipse habet ([lat.] niemand kann mehr an Recht übertragen als er selbst hat) ist der Grundsatz des römischen Rechts, der (im römischen Recht) den gutgläubigen → Erwerb eines Rechtes an einer Sache durch Rechtsgeschäft mit einem Nichtberechtigten ausschließt (anders z. B. §§ 892, 932 BGB).

Lit.: *Liebs, D.,* Lateinische Rechtsregeln, 7. A. 2007

Nemo pro parte testatus pro parte intestatus decedere potest ([lat.] niemand kann teilweise mit Testament, teilweise ohne Testament sterben) ist der (nur) im römischen Recht geltende Grundsatz des Erbrechts, dass das Testament die gesamte Erbschaft erfassen muss.

Lit.: *Liebs, D.,* Lateinische Rechtsregeln, 7. A. 2007

Nennbetrag ist der Sollbetrag des Wertes eines Gegenstands (z. B. → Grundkapital, → Aktie). Er kann sich vom Istbetrag erheblich unterscheiden. Er dient z. B. im Aktienrecht zur Ermittlung der Beteiligungsquote und damit als mittelbarer Maßstab für Gewinnanteile und Stimmrechte.

Lit.: *Wulff, C.,* Kapitalmarktreaktionen auf Nennwertumstellungen, 2001

Nennkapital → Grundkapital

netto (Adv.) rein, abzugslos

Netto Kasse ist die Vertragsklausel, nach welcher der vereinbarte Preis ohne Abzug (z. B. Skonto) zu bezahlen ist.
Lit.: *Farnsteiner, W.*, Die Klausel „netto Kasse gegen Dokumente", 1920

Netz ist das durch Verknüpfen leichter Einzelteile (z. B. Garne) gebildete, der Sicherung und Verbesserung des Lebens dienende Gerät.

Netzgeld ist die elektronische Zahlungseinheit (Geld) in Rechnernetzen (z. B. Internet): Es ist in seiner Verwendung dem Bargeld ähnlich, ist aber eine besondere Form des Buchgelds. Es dient dem → Netzgeldgeschäft. Seine dogmatische Einordnung (Anweisung oder Inhaberschuldverschreibung) ist streitig. Rechtstatsächlich befindet es sich noch in einer frühen Entwicklungslage.
Lit.: *Kümpel, S.*, Elektronisches Geld, NJW 1999, 313; *Neumann, D.*, Die Rechtsnatur des Netzgeldes, 2000; *Oberndörfer, J.*, Netzgeld, 2003

Netzgeldgeschäft ist das → Netzgeld schaffende und verwaltende Geschäft. Es ist ein Bankgeschäft. Es bedarf der Erlaubnis der Bankaufsichtsbehörde.

Netzvertrag ist der bilaterale Einzelverträge unter Berücksichtigung eines einheitlichen Gesamtzwecks erfassende → Vertrag.
Lit.: *Rohe, M.*, Netzverträge, 1998

Netzwerk ist das den elektronischen Datenaustausch zwischen mehreren unabhängigen elektronischen Rechnern durch Vernetzung ermöglichende Werk.
Lit.: *Lange, K.*, Das Recht der Netzwerke, 1998; Netzwerke komplexer Langzeitverträge, hg. v. *Nicklisch, F.*, 2000; *Wiedner, T.*, Der Netzwerkvertrag, 2001

Neuhegelianismus ist die die Gedankengänge Hegels erneuernde Philosophie.
Lit.: *Zippelius, R.*, Rechtsphilosophie, 6. A. 2011

Neukantianismus ist die die Gedankengänge Kants erneuernde Philosophie.
Lit.: *Alexy, R.*, Neukantianismus und Rechtsphilosophie, 2002; *Pätzold, D.*, Der Neukantianismus, 2002; *Zippelius, R.*, Rechtsphilosophie, 6. A. 2011

neutral (Adj.) keinem von zweien angehörig, unparteilich, → Neutralität

Neutralität (Unparteilichkeit) ist im Völkerrecht die Nichtbeteiligung eines → Staates an einer kriegerischen Auseinandersetzung mindestens zweier beteiligter Staaten. Die N. kann dauernd (Neutralisierung z. B. Schweiz) oder zeitweilig sein. Sie kann mit Waffengewalt verteidigt werden (*bewaffnete* N.). Die Rechte und Pflichten auf Grund der N. sind in internationalen Abkommen (Haager Abkommen) des Jahres 1907 festgelegt. Österreich wandelte 2001 seine 1955 angenommene N. in Allianzfreiheit um.
Lit.: *Pieper, U.*, Neutralität von Staaten, 1997; *Huster, S.*, Die ethische Neutralität des Staates, 2002

Neuzeit ist die (dem Altertum und) dem → Mittelalter folgende, von etwa 1500 bis zur Gegenwart reichende (neue) Zeiteinheit einer dreiteiligen Zeiteinteilung (frühe N. von etwa 1500 bis etwa 1789/1806).
Lit.: *Köbler, G.*, Deutsche Rechtsgeschichte, 6. A. 2005

Nichtanzeige einer geplanten Straftat (§ 138 StGB) ist das Unterlassen der Anzeige bestimmter, im Gesetz besonders genannter Straftaten trotz glaubhafter Kenntnis. Die N. e. g. S. im Sinne des § 138 StGB ist grundsätzlich strafbar. Nichtanzeige anderer Straftaten ist straflos.
Lit.: *Kisker, S.*, Die Nichtanzeige geplanter Straftaten, 2002

Nichtberechtigter ist eine Person, der das → Recht (bzw. die Verfügungsmacht) zu dem von ihr geübten Verhalten fehlt. Die → Rechtsgeschäfte eines Nichtberechtigten (z. B. Übereignung eines Nichteigentümers, Rechtsgeschäfte eines nicht Bevollmächtigten für einen anderen) sind grundsätzlich (für den Berechtigten) → unwirksam. Sie können aber kraft → Rechtsscheins oder guten → Glaubens ähnliche Wirkung entfalten wie die Handlungen eines Berechtigten.

Nichtehe ist im Familienrecht die auf einen völlig wirkungslosen Eheschließungsversuch gegründete, keinerlei Ehewirkungen erzeugende „Ehe" (z. B. bei Fehlen des Eheschließungswillens, Fehlen der Mitwirkung des Standesbeamten, zumindest 2015 noch Ehe mindestens zweier Menschen desselben Geschlechts).

Nichtehelich ist die aus der Möglichkeit der Ehelichkeit erwachsende, vom Fehlen des Bezugs auf eine → Ehe ausgehende Qualifikation einer Gegebenheit. Insbesondere steht die nichteheliche Lebensgemeinschaft im Gegensatz zur ehelichen → Lebensgemeinschaft. In Deutschland wurde vor 1998 auch zwischen ehelichen Kindern und nichtehelichen Kindern unterschieden.
Lit.: *Coester, M.*, Das nichteheliche Kind, 1991; *Eschbach, S.*, Die nichteheliche Kindschaft im IPR, 1997

Nichterfüllung ist das Unterlassen oder Ausbleiben der → Erfüllung. N. liegt beispielsweise vor, wenn ein Verkäufer nicht die Pflicht erfüllt, dem Käufer einer gekauften Sache das Eigentum frei von Rechten Dritter zu übertragen, oder der Käufer den Kaufpreis nicht bezahlt. Nach § 275 I BGB ist der Anspruch auf Leistung ausgeschlossen, wenn die Leistung unmöglich ist. Soweit der Schuldner die fällige Leistung nicht oder nicht wie geschuldet erbringt, kann der Gläubiger, wenn nicht der Schuldner die Pflichtverletzung nicht zu vertreten hat, (bei nicht unerheblicher Pflichtverletzung) Schadensersatz statt der Leistung verlangen, wenn er dem Schuldner, sofern dies nicht entbehrlich ist, erfolglos eine angemessene Frist zur Leistung oder Nacherfüllung bestimmt oder ihn bei Nichtinbetrachtkommen einer Fristsetzung abgemahnt hat (§ 281 BGB). Bei einem gegenseitigen Vertrag kann der Gläubiger nach § 323 I BGB zurücktreten, wodurch nach § 325 BGB ein Schadensersatzanspruch nicht ausgeschlossen ist.

Lit.: *Gebauer, P.*, Naturalrestitution beim Schadensersatz wegen Nichterfüllung, 2002

Nichtigkeit ist die völlige → Unwirksamkeit einer – an erheblichen, nicht billigenswerten Mängeln leidenden – → Handlung. Die N. bewirkt, dass die Handlung von Anfang an die angestrebten Rechtswirkungen nicht hervorbringen kann. Sie wirkt für und gegen alle, bedarf keiner Geltendmachung und ist im Prozess von Amts wegen zu berücksichtigen. Sie kann grundsätzlich nicht durch Heilung, sondern nur durch Neuvornahme der Handlung beseitigt werden. Im Privatrecht betrifft die N. → Rechtsgeschäfte. Die Gründe für die N. können verschiedenster Art sein (z.B. § 105 BGB → Geschäftsunfähigkeit, § 117 BGB → Scheingeschäft, § 118 BGB Mangel der Ernstlichkeit, § 125 BGB → Formmangel, § 134 BGB Verstoß gegen ein gesetzliches Verbot, § 138 BGB Verstoß gegen die guten Sitten, Anfechtung § 142 BGB u.a.). In der Regel beschreibt das Gesetz die N. mit den Worten *ist nichtig, ist unwirksam* oder *kann nicht.* Leidet ein Rechtsgeschäft unter *teilweiser* N., so ist das ganze Rechtsgeschäft nichtig, wenn nicht anzunehmen ist, dass es auch ohne den nichtigen Teil vorgenommen sein würde (§ 139 BGB). Entspricht das nichtige Rechtsgeschäft den Erfordernissen eines anderen Rechtsgeschäfts, so kommt eine Umdeutung (Konversion) in Betracht (§ 140 BGB). → *Kapitalgesellschaften* können nur in bestimmten Fällen (Mängel der → Satzung in Bezug auf Höhe des → Grundkapitals und Gegenstand des → Unternehmens) durch → Urteil für nichtig erklärt werden (§§ 275 ff. AktG, §§ 61, 75 GmbHG). Im Verwaltungsrecht (§ 44 VwVfG) betrifft die N. vor allem den → *Verwaltungsakt.* Dieser hat die → Vermutung der Richtigkeit für sich und ist nur nichtig, soweit er an einem besonders schwerwiegenden Fehler leidet und dies bei verständiger Würdigung aller in Betracht kommenden Umstände offenkundig ist. Betrifft die N. nur einen Teil des Verwaltungsakts, so ist er im Ganzen nichtig, wenn der nichtige Teil so wesentlich ist, dass die Behörde den Verwaltungsakt ohne den nichtigen Teil nicht erlassen hätte. Im Verfahrensrecht können gerichtliche → Entscheidungen nichtig sein. Da sie aber ebenfalls die → Vermutung der Richtigkeit für sich haben, kommt N. nur bei besonders schwerwiegenden, offensichtlichen Fehlern in Betracht.

Lit.: *Pawlowski, H.*, Rechtsgeschäftliche Folgen nichtiger Willenserklärungen, 1966; *Beckmann, R.*, Nichtigkeit und Personenschutz, 1998; *Neuschäfer, C.*, Blankobürgschaft und Formnichtigkeit, 2004; *Köhler, H.*, Einschränkungen der Nichtigkeit von Rechtsgeschäften, JuS 2010, 665; *Will, M. u.a.*, Die Nichtigkeit von Verwaltungsakten gemäß § 44 VwVfG, JuS 2012, 1057

Nichtigkeitsklage (z.B. § 579 ZPO) ist die → Klage, mit der die Wiederaufnahme eines rechtskräftig abgeschlossenen Verfahrens angestrebt werden kann. Sie ist eine → Gestaltungsklage. Sie kann nur aus ganz bestimmten formellen Gründen stattfinden (nicht vorschriftsmäßige Besetzung des erkennenden Gerichts, Mitwirkung eines ausgeschlossenen Richters, Mitwirkung eines abgelehnten Richters,

Fehlen der vorgeschriebenen Vertretung). Daneben ist N. auch die Klage, mit deren Hilfe eine → Kapitalgesellschaft für nichtig erklärt werden kann.

Lit.: *Abel, W.*, Zur Nichtigkeitsklage wegen Mängeln der Vertretung, 1995; *Drewes, E.*, Entstehen und Entwicklung des Rechtsschutzes vor den Gerichten der Europäischen Gemeinschaften, 2000; *Börries, A.*, Die Klagebefugnis von Verbänden, 2002

Nichtleistungskondiktion (§ 812 I 1 BGB) ist der → Bereicherungsanspruch, der sich darauf gründet, dass der Bereicherungsschuldner den Vermögensvorteil (etwas) – nicht durch Leistung des Bereicherungsgläubigers, sondern – in sonstiger Weise auf Kosten des Bereicherungsgläubigers erlangt hat. Die N. steht im Gegensatz zur → Leistungskondiktion. Ihr wichtigster Fall ist die → Eingriffskondiktion.

Lit.: *Schall, A.*, Leistungskondiktion und sonstige Kondiktion, 2003

nichtrechtsfähig (Adj.) nicht Rechtsfähigkeit aufweisend

nichtsrechtsfähiger Verein → Verein, nichtrechtsfähiger

Nichturteil ist das scheinbare, keinerlei Wirkungen eines Urteils hervorrufende → „Urteil", bei dem schon der äußere Tatbestand eines Urteils fehlt (z.B. Fehlen der Verkündung).

Lit.: *Holtz, H.*, Nichturteil und nichtiges Urteil im Strafverfahren, 1968

Nichtvermögensschaden (immaterieller Schaden) (§ 253 BGB) ist der → Schaden, der an Gütern einer Person, die nicht zu ihrem → Vermögen gehören, eintritt. Wegen eines Nichtvermögensschadens kann Entschädigung in Geld nur in den durch das → Gesetz bestimmten Fällen gefordert werden (z.B. → Schmerzensgeld). Entgegen der gesetzlichen Einschränkung hat die Rechtsprechung Geldersatz auch in weiteren Fällen (z.B. Verletzung des allgemeinen → Persönlichkeitsrechts) gewährt und außerdem immer weitere Nichtvermögensschäden als Vermögensschäden angesehen, diese Schäden also kommerzialisiert.

Lit.: *Laghzaoui, R.*, § 253 BGB und der Nichtvermögensschaden, 2000

Nichtzulassungsbeschwerde (z.B. § 132 I VwGO) ist die → Beschwerde gegen die Nichtzulassung eines → Rechtsmittels, das nur auf Grund besonderer Zulassung eingelegt werden kann.

Lit.: *Wenzel, J.*, Das neue zivilprozessuale Revisionszulassungsrecht, NJW 2002, 3353; *Eggert, M.*, Die Nichtzulassungsbeschwerde der VwGO, 2002

Niederlande ist der von Deutschland, Belgien und der Nordsee begrenzte, über Maria von Burgund 1477 an Habsburg und dort 1526 an die spanische Linie Habsburgs gelangte, nach der durch Aufstand erfolgten Befreiung aus der Herrschaft der spanischen Habsburger 1648 aus dem Heiligen Römischen Reich (deutscher Nation) ausgeschiedene, 1830 um Belgien verkleinerte Staat, der zu den Gründungsmitgliedern der → Europäischen Union gehört. Sein Recht ist von Frankreich beeinflusst. Sein neues Bürgerliches Gesetzbuch besteht aus 9 Büchern (Personen- und Familienrecht, juristische Personen, allgemeines Vermögensrecht, Erbrecht, Sachenrecht, Allgemeiner Teil des Schuldrechts, Besondere Verträge, Verkehrsmittel und Transport).

Lit.: *Köbler, G.,* Historisches Lexikon der deutschen Länder, 7. A. 2007; *Nieper, F./Westerdijk, A.,* Niederländisches BGB, Buch 2 ff. 1995 ff.; *Langendorf, H.,* Wörterbuch der deutschen und niederländischen Rechtssprache, 1996, 2. A. Niederländisch-deutsch, 2010; *Gotzen, P.,* Niederländisches Handels- und Wirtschaftsrecht, 2. A. 2000; *Mincke, W.,* Einführung in das niederländische Recht, 2001; Intoduction to Dutch Law, hg. v. *Chorus, J. u. a.,* 4. A. 2006, The Civil Code of the Netherlands, 2. A. 2011; Company and Business Legislation of the Netherlands, 2011

Niederlassung ist die Begründung eines festen Sitzes (Wohnsitzes) und dieser → Sitz selbst. Im Handelsrecht bedarf jeder → Kaufmann einer N. (§ 29 HGB). Er kann neben einer Hauptniederlassung auch eine oder mehrere → Zweigniederlassungen haben (vgl. § 13 HGB).

Niederlassungsfreiheit (Art. 11 GG) ist die → Freiheit jedes → Deutschen, sich an jedem Ort innerhalb des Bundesgebiets niederzulassen (und in einem weiteren Sinn in gleicher Weise Grundeigentum zu erwerben und eine gewerbliche oder sonstige Tätigkeit zu betreiben). Innerhalb der Europäischen Union besteht N. für alle Angehörigen der Mitgliedstaaten. Diese umfasst die Aufnahme und Ausübung selbständiger Erwerbstätigkeiten sowie die Gründung und Leitung von Unternehmen nach den im Aufnahmestaat für die eigenen Angehörigen geltenden Recht, ausgenommen die mit der Ausübung öffentlicher Gewalt verbundenen Tätigkeiten.

Lit.: *Unzicker, F.,* Niederlassungsfreiheit der Kapitalgesellschaften, 2004; *Koch, J.,* Die europäische Niederlassungsfreiheit, JuS 2004, 755

Niedersachsen ist das 1946 aus Teilen Preußens (Hannover), Oldenburg, Braunschweig und Schaumburg-Lippe erwachsene → Land der → Bundesrepublik Deutschland. Seine → Verfassung stammt vom 13.4.1951. Am 13.5.1993 wurde sie neu gestaltet.

Lit.: *Köbler, G.,* Historisches Lexikon der deutschen Länder, 7. A. 2007; *März, G.,* Niedersächsische Gesetze (Lbl.), 86. A. 2010; Staats- und Verwaltungsrecht Niedersachsen, hg. v. *Ipsen, J./Kühne, J.,* 8. A. 2011; *Große-Suchsdorf u. a.,* Niedersächsische Bauordnung, 8. A. 2007; *Schäfer, H.,* Niedersächsisches Nachbarrechtsgesetz, 2. A. 2015; *Ipsen, J.,* Niedersächsische Verfassung, 2011

niedrig (Adj.) wenig wertvoll, wenig hoch

niedriger Beweggrund → Beweggrund, niedriger

Niederschrift (F.) Aufzeichnung, Beurkundung, Protokoll

Niemeyer → Hare-Niemeyer

Nießbrauch (§ 1030 BGB) ist die → Belastung einer → Sache in der Weise, dass der, zu dessen Gunsten die Belastung erfolgt, berechtigt ist, die → Nutzungen (z. B. Mietzinsen) der Sache zu ziehen. Der N. kann auch an einem → Recht (§ 1068 I BGB) oder an den einzelnen Gegenständen eines → Vermögens (§ 1085 BGB) bestellt werden (beachte § 873 I BGB). Er ist eine → Dienstbarkeit und damit ein beschränktes dingliches → Recht. Er kann weder übertragen noch vererbt werden. Zwischen Eigentümer und Nießbraucher besteht ein gesetzliches → Schuldverhältnis.

Lit.: *Ahrens, C.,* Dingliche Nutzungsrechte, 2004; *Goebel, J.,* Der Nießbrauch an Personengesellschaften, 2004

Nigeria
Lit.: *Mwalimu, C.,* The Nigerian Legal System, Bd. 1 ff. 2005 ff.

Nizzaer Vertrag (Vertrag von Nizza) ist der in Nizza am 11. Dezember 2000 von den Mitgliedstaaten der Europäischen Union vereinbarte, von den Außenministern der Mitgliedstaaten der Europäischen Union am 26. Februar unterzeichnete Vertrag über die Weiterentwicklung der Europäischen Union vor allem durch Aufnahme neuer Mitglieder.

Lit.: *Fischer, K.,* Der Vertrag von Nizza, 2. A. 2003

N. N. ([lat.] nomen nescio), den Namen weiß ich nicht (bzw. nomen nominandum) bzw. der noch zu nennende Name, (bzw. Numerius Negidius) bzw. der abstrakte Beklagte des römischen Formularprozesses ist die aus dem römischen Recht stammende, nicht eindeutig auflösbare Abkürzung für den namentlich nicht bekannten Beteiligten einer Angelegenheit.

Lit.: *Söllner, A.,* Römische Rechtsgeschichte, 5. A. 1996

nomos (griech. [M.]) Gesetz
Lit.: Nomos und Gesetz, hg. v. *Behrends, O. u. a.,* 1995

Non liquet ([lat.] es ist nicht klar) ist im Verfahrensrecht die Bezeichnung für den Zustand, dass weder für noch gegen einen Umstand → Beweis erbracht ist. Im Zivilverfahrensrecht entscheidet dann die → Beweislast zu Lasten des Beweisbelasteten. Im Strafverfahrensrecht gilt der Grundsatz → in dubio pro reo zugunsten des Angeklagten.

Norddeutscher Bund ist in der Rechtsgeschichte der unter Führung → Preußens 1867 an die Stelle des 1866 aufgelösten → Deutschen Bundes tretende Bundesstaat 22 norddeutscher Staaten (415000 qkm, 30 Mill. Einwohner), der 1871 um Bayern, Baden und Württemberg zum (zweiten) → Deutschen Reich erweitert wurde.

Lit.: *Köbler, G.,* Deutsche Rechtsgeschichte, 6. A. 2005

Nordrhein-Westfalen ist das aus Teilen Preußens 1946 erwachsene, von Rheinland-Pfalz, Hessen und Niedersachsen begrenzte → Land im Nordwesten der → Bundesrepublik Deutschland (→ Verfassung vom 28.6.1950).

Lit.: *Köbler, G.,* Historisches Lexikon der deutschen Länder, 7. A. 2007; Die Bundesrepublik Deutschland. Nordrhein-Westfalen Staatshandbuch, 2006; *Hippel, E. v./Rehborn, H.,* Gesetze des Landes Nordrhein-Westfalen

(Lbl.), 117. A. 2013; Rechtsvorschriften in Nordrhein-Westfalen (Lbl.), hg. v. *Pappermann, E.*, 67. A. 2009; Verwaltungsvorschriften des Landes Nordrhein-Westfalen (Lbl.), hg. v. *Rehborn, H.*, 31. A. 2004; *Erichsen, H.*, Staats- und Verwaltungsrecht Nordrhein-Westfalens, 25. A. 2011; Bauordnung für das Land Nordrhein-Westfalen, hg. v. *Rehborn, H.*, 15. A. 2010; *Wolffgang/Hendricks/Merz*, Polizei- und Ordnungsrecht in Nordrhein-Westfalen, 3. A. 2011; *Dietlein/Burgi/Hellermann*, Öffentliches Recht in Nordrhein-Westfalen, 2. A. 2014; *Articus, S.*, Gemeindeordnung Nordrhein-Westfalen, 3. A. 2009; Staatshandbuch Nordrhein-Westfalen, 2015?

Norm (Regel, Vorschrift) ist die Richtlinie, nach der etwas geschehen soll. In der Rechtswissenschaft ist die rechtliche N. (Rechtssatz) eine rechtliche Sollensanforderung. Sie setzt sich grundsätzlich aus einem → Tatbestand und einer → Rechtsfolge zusammen.

Lit.: *Schilling, T.*, Rang und Geltung von Normen in gestuften Rechtsordnungen, 1994; *Heidemann, C.*, Die Norm als Tatsache, 1997; *Hofmann, H.*, Normenhierarchien im europäischen Gemeinschaftsrecht, 2000

normativ (Adj.) normorientiert, wertend (z. B. gut, schlecht, richtig, unrichtig), im Gegensatz zu → deskriptiv, beschreibend (z. B. dreieckig)

Normativbestimmung ist entweder die durch eine → Norm aufgestellte oder die wie eine Norm wirkende Bestimmung. Im Gesellschaftsrecht bedeutet das System der Normativbestimmungen, dass eine → Gesellschaft dann Anspruch auf Verleihung der → Rechtsfähigkeit hat, wenn sie die gesetzlich festgelegten (normativen) Anforderungen (Bestimmungen) erfüllt. Im Arbeitsrecht wirkt eine N. eines → Tarifvertrags wie ein → Gesetz unmittelbar (ohne Aufnahme in den Einzelarbeitsvertrag) für und gegen die Beteiligten.

normatives Tatbestandsmerkmal → Tatbestandsmerkmal, normatives

Normenkontrolle ist die Überprüfung einer Norm (→ Rechtsnorm) durch ein → Gericht dahin, ob sie mit einer im Rang über ihr stehenden Rechtsnorm vereinbar ist. Die N. geschieht bei Gesetzen vor allem durch die → Verfassungsgerichte. Dabei ist die *abstrakte* N. die Überprüfung einer Rechtsnorm unabhängig von einem konkreten Einzelfall. Sie kann vor dem → Bundesverfassungsgericht nur auf Antrag der → Bundesregierung, einer Landesregierung oder eines Drittels der Mitglieder des → Bundestags (Art. 93 I Nr. 2 GG) und vor dem Landesverfassungsgericht nur nach dem jeweiligen Landesverfassungsrecht erfolgen. Bei der *konkreten* N. wird die Gültigkeit einer Rechtsnorm in einem konkreten Einzelfall überprüft. Hier muss ein Gericht, wenn es ein Gesetz, auf dessen Gültigkeit es bei der Entscheidung ankommt, für verfassungswidrig hält, das Verfahren → aussetzen und die Entscheidung des zuständigen → Verfassungsgerichts (Landesverfassungsgericht, Bundesverfassungsgericht) einholen (Art. 100 GG), wobei gegenüber einer Unzulässigkeitsentscheidung des Verfassungsgerichts eine Gegenvorstellung durch das vorlegende Gericht unzulässig ist. Bei einer bundesrechtlichen → Rechtsverordnung entscheidet das Gericht selbst ohne Vorlage. Über die Gültigkeit von Satzungen, die nach den Vorschriften des Baugesetzbuchs erlassen worden sind, sowie von Rechtsverordnungen auf Grund des § 246 II BauGB entscheidet auf Antrag das Oberverwaltungsgericht (§ 47 I Nr. 1 VwGO). Für landesrechtliche, im Rang unter dem Landesgesetz stehende Normen kann gemäß § 47 I Nr. 2 VwGO durch Landesgesetz ein subsidiäres Verfahren zur abstrakten N. vor dem → Oberverwaltungsgericht eingeführt werden, in dem die Gültigkeit solcher Rechtsnormen überprüft wird (so z. B. in Baden-Württemberg, Bayern, Bremen, Hessen, Schleswig-Holstein). Den Antrag kann jede durch die Rechtsvorschrift möglicherweise betroffene Person sowie jede Behörde innerhalb von zwei Jahren nach Bekanntmachung der Rechtsvorschrift stellen. Daneben kann im konkreten Einzelfall das jeweilige Gericht die Rechtswidrigkeit einer solchen Norm selbst feststellen.

Lit.: *Kamp, W.*, Das Verhältnis von verfassungsgerichtlichen und verwaltungsgerichtlichen Normkontrollverfahren, 1995; *Gril, P.*, Normprüfungs- und Normverwerfungskompetenz der Verwaltung, JuS 2000, 1080; *Kintz, R.*, Die Normenkontrolle nach § 47 VwGO, JuS 2000, 1099; *Graßhof, M.*, Die Vollstreckung von Normenkontrollentscheidungen, 2003; *Geis, M. u. a.*, Grundfälle zur abstrakten und konkreten Normenkontrolle, JuS 2012, 121

Normenkontrollverfahren → Normenkontrolle

Normerlassklage ist die auf → Erlass einer → Rechtsnorm gerichtete → Klage.

Lit.: *Gleixner, W.*, Die Normerlassklage, 1993 (Diss.); *Leonard, A.*, Die Rechtsfolgen der Nichtumsetzung von EG-Richtlinien, 1997

Notar (§§ 1 ff. BNotO) ist das zur Beurkundung und zur Wahrnehmung bestimmter anderer Rechtspflegeaufgaben vom Staat bestellte unabhängige Organ der Rechtspflege. Der N. ist unabhängiger Träger eines → Amtes, das er teils im Hauptamt (→ Nurnotar), teils im Nebenamt (→ Anwaltsnotar) ausübt. Voraussetzung für dieses Amt ist grundsätzlich die → Richteramtsbefähigung. Der N. ist vor allem zuständig für → Beurkundungen. Er darf außerhalb seiner Diensträume beurkunden. Für seine Tätigkeit erhält er. → Gebühren und Auslagen (§§ 140 ff. KostO). Er ist verpflichtet, eine Berufshaftpflichtversicherung abzuschließen (§ 19a BNotO). Sein Amt endet mit dem Ende des Monats, in dem er das 70. Lebensjahr vollendet (§ 48a BNotO). (In Deutschland gab es 2010 9934 Notare, 2009 8341 Notare, davon 1486 hauptberufliche Notare und 6755 Anwaltsnotare, am 31.12.2001 10428 Notare, davon 8765 Anwaltsnotare, davon rund 750 Frauen, und 1663 Nurnotare, davon rund 300 Frauen, 1981 7762 Notare, davon 959 hauptberufliche Notare und 6803 Anwaltsnotare).

Lit.: Beck'sches Notarhandbuch., hg. v. *Heckschen, H.*, 6. A. 20015; Notarrecht, hg. v. *Weingärtner, H.*, 9. A. 2009; *Arndt, H.*, Bundesnotarordnung, 8. A. 2015; *Kleine-Cosack, M.*, Vom Universalnotar zum Spezialisten, NJW 2005, 1230; Würzburger Notarhandbuch, hg. v. *Limmer, P. u. a.*, 2005; *Haug, H./Zimmermann, C.*,

Die Amtshaftung des Notars, 3. A. 2011; *Hager, J. u. a.,* Die Entwicklung des Notarrechts, NJW 2014, 1918; *Geimer, R.,* Trotz Niederlassungsfreiheit kein Wandernotariat" in Europa, NJW 2013, 2624

Notariat ist das Amt und der Amtsraum eines → Notars. Unter lateinischem N. versteht man das der Notariatsverfassung des napoleonischen Frankreich entsprechende N., dessen Kennzeichen die Vollstreckbarkeit notarieller Urkunden ohne ausdrückliche Vollstreckungsunterwerfungserklärung ist.
Lit.: Notariatskunde, hg. v. *Faßbender, H. u. a.,* 18. A. 2014; *Weingärtner, H.,* Vermeidbare Fehler im Notariat, 9. A. 2014; *Reibold, F.,* Praxis des Notariats, bearb. v. *Seebach, D.,* 11. A. 2014

notariell (Adj.) durch einen → Notar erfolgend, einen Notar betreffend

Note ist allgemein das schriftliche Zeichen. Im Völkerrecht ist N. jede förmliche schriftliche Mitteilung, die ein → Staat einem anderen auf diplomatischem Weg macht. Im Verwaltungsrecht ist N. vor allem die Bewertung einer Leistung in Schule und Universität. Hier hat der Prüfer einen Beurteilungsspielraum, der Prüfling einen Beantwortungsspielraum. In der juristischen Ausbildung sind als Noten vorgesehen sehr gut (eine sehr seltene N.), gut, vollbefriedigend, befriedigend (eine durchschnittliche Leistung), ausreichend, mangelhaft und ungenügend (Durchschnittspunktzahl [ein und derselben Kandidatenmenge Niedersachsens] ausgewählter Hausarbeiten 6,57, entsprechender Klausuren 5,23 und entsprechender mündlicher Prüfungen 8,89). Im Promotionsverfahren lauten die entsprechenden Bewertungen meist summa cum laude, magna cum laude, cum laude (, satis bene) und rite (sowie [ausnahmsweise] nicht bestanden).
Lit.: *Köbler, G.,* Wie werde ich Jurist?, 5. A. 2007

Noterbrecht → Pflichtteil

Notfrist (§ 224 I ZPO) ist im Zivilprozessrecht die gesetzliche → Frist, die durch → Parteivereinbarung nicht verkürzt werden kann (z. B. Frist zur Einlegung von → Berufung und → Revision). Notfristen sind nur die Fristen, die in der Zivilprozessordnung als solche bezeichnet werden. Gegen die Versäumung der Notfristen ist → Wiedereinsetzung in den vorigen Stand möglich. Nach Ablauf der N. kann ein bei dem Urkundsbeamten der Geschäftsstelle ein Notfristzeugnis darüber beantragt werden, dass bis zum Ablauf der N. gegen eine bestimmte Entscheidung eine Rechtsmittelschrift nicht eingereicht ist.

Nothilfe ist die Abwehr eines gegenwärtigen rechtswidrigen → Angriffs auf einen anderen Menschen (§ 32 II StGB, § 227 II BGB). Sie entspricht der → Notwehr (Abwehr eines Angriffs auf den abwehrenden Menschen). Die durch Notwehr gebotene Handlung oder Tat ist nicht rechtswidrig (§§ 32 I StGB, 227 I BGB).
Lit.: *Kühl, K.,* Notwehr und Nothilfe, JuS 1993, 177; *Koch, M.,* Die aufgedrängte Nothilfe im Strafrecht, 2003

Notifikation ist die Mitteilung eines Völkerrechtssubjekts an ein Völkerrechtssubjekt oder an mehrere Völkerrechtssubjekte über eine völkerrechtserhebliche Tatsache oder Situation, die in seine Zuständigkeit fällt oder von ihm herbeigeführt, abgeändert oder aufgehoben worden ist oder werden soll. Sie ist eine einseitige, selbständige Handlung (→ Rechtsgeschäft) des Völkerrechts.

Nötigung (§ 240 StGB) ist das rechtswidrige Zwingen eines anderen Menschen mit → Gewalt oder durch → Drohung mit einem empfindlichen Übel zu einer von ihm nicht gewollten Handlung, Duldung oder Unterlassung. Rechtswidrig ist die Tat, wenn die Anwendung der Gewalt oder die Androhung des Übels zu dem angestrebten Zweck als verwerflich anzusehen ist (§ 240 II StGB). Die N. ist eine → Straftat gegen die persönliche → Freiheit. Sie wird verdrängt von allen speziellen Nötigungsvorschriften und Tatbeständen, die eine Nötigung voraussetzen (z. B. → Freiheitsberaubung). Keine N. ist nach umstrittener Ansicht des Bundesverfassungsgerichts das friedliche Hinsetzen vor einer Einfahrt (Sitzblockade), doch kann es nach neuerer Rechtsprechung auf Einzelumstände wie z. B. die Dauer und die verwendeten Mittel ankommen. Keine N. ist es auch, wenn sich ein Mitarbeiter eines Verkäufers einem Kunden in den Weg stellt, um die Übereinstimmung von Rechnung und Inhalt eines Einkaufswagens zu prüfen. Die N. wird mit Freiheitsstrafe bis zu drei Jahren oder mit Geldstrafe bestraft. Wer einen anderen mit Gewalt, durch Drohung mit gegenwärtiger Gefahr für Leib oder Leben oder unter Ausnutzen einer Lage, in der das Opfer der Einwirkung des Täters schutzlos ausgeliefert ist, nötigt, sexuelle Handlungen des Täters oder eines Dritten an sich zu dulden oder an dem Täter oder einem Dritten vorzunehmen, wird wegen *sexueller* N. mit Freiheitsstrafe nicht unter einem Jahr (in minder schweren Fällen zwischen sechs Monaten bis zu fünf Jahren, in besonders schweren Fällen nicht unter zwei Jahren) bestraft (§ 177 StGB). Nach § 237 I StGB ist strafbar die N. *zur Eheschließung.*
Lit.: *Loderbauer, W.,* Nötigungsfälle im fließenden Straßenverkehr, Diss. jur. Regensburg 2001; *Harbeck, B.,* Probleme des Einheitstatbestands sexueller Nötigung, 2001; *Sinn, A.,* Nötigung, JuS 2009, 578

Nötigungsnotstand → Notstand

notorisch (Adj.) offenkundig, nicht beweisbedürftig

Notstand ist der Zustand gegenwärtiger → Gefahr für rechtlich geschützte Interessen, dessen Abwendung nur auf Kosten fremder Interessen möglich ist. Der N. ist – unter Aufgabe der älteren Begriffe des Nötigungsnotstands und des übergesetzlichen Notstands – entweder ein → Rechtfertigungsgrund (z. B. §§ 228, 904 BGB) oder ein → Entschuldigungsgrund. Im Strafrecht liegt *rechtfertigender* N. (§ 34 StGB) vor, wenn ein Mensch in einer gegenwärtigen, nicht anders abwendbaren (objektive Erforderlichkeit) Gefahr für Leben, Leib, Freiheit, Ehre, Eigentum oder ein anderes Rechtsgut (Notstandslage) eine Tat begeht, um die Gefahr von sich oder einem anderen abzuwenden (subjektiver Rettungswille) und bei Abwägung der widerstreitenden Interessen, namentlich der betroffenen Rechtsgüter und des Grades der ihnen drohenden Gefahren, das geschützte Interesse das beeinträchtigte Interesse wesentlich überwiegt. *Entschuldigender* N. (§ 35 StGB) ist grundsätzlich gegeben, wenn ein Mensch in einer gegenwärtigen, nicht anders abwendbaren (objektive Erforderlichkeit) Gefahr für Leben, Leib oder Freiheit (Notstandslage) eine rechtswidrige Tat begeht, um die Gefahr von sich, einem Angehörigen oder einem anderen ihm nahestehenden Menschen abzuwenden (subjektiver Rettungswille). Der N. kann entweder aggressiv (→ Angriffsnotstand) oder defensiv (→ Verteidigungsnotstand) sein. *Aggressiver* N. (§ 904 BGB) ist im Privatrecht die Einwirkung auf eine fremde, selbst nicht gefährdende → Sache, die gerechtfertigt ist, wenn sie zur Abwendung einer gegenwärtigen → Gefahr notwendig und der drohende Schaden gegenüber dem aus der Einwirkung dem Eigentümer entstehenden Schaden unverhältnismäßig groß ist (z. B. Aufbrechen einer Berghütte in Bergnot). *Defensiver* N. (§ 228 BGB) ist die Beschädigung oder Zerstörung einer fremden, eine → Gefahr bewirkenden → Sache, um die durch die Sache drohende Gefahr von sich oder einem anderen abzuwenden, wenn die Beschädigung oder Zerstörung zur Abwendung der Gefahr erforderlich ist und der Schaden nicht außer Verhältnis zu der Gefahr steht (z. B. Tötung eines angreifenden Hundes). Bei dem aggressiven N. ist der Handelnde stets, bei dem defensiven N. ausnahmsweise zu → Schadensersatz verpflichtet (§§ 904 S. 2, 228 S. 2 BGB). Überschreitet der Handelnde den durch N. gebotenen Handlungsrahmen (Notstandsexzess), treten die Wirkungen des Notstands nicht ein.

Lit.: *Pawlik, M.,* Der rechtfertigende Notstand, 2002; *Hörnle, T.,* Der entschuldigende Notstand, JuS 2009, 873; *Erb, V.,* Der rechtfertigende Notstand, JuS 2010, 17

Notstandsexzess → Notstand

Notstandslage → Notstand

Notstandsverfassung ist die Gesamtheit der für einen allgemeinen Notstand des → Staates (z. B. Verteidigungsfall, Bedrohung der freiheitlich-demokratischen → Grundordnung, Naturkatastrophen) geltenden Regeln der → Verfassung (vgl. §§ 80a, 115aff. GG, Gesetz vom 24.6.1968).

Nottestament (§§ 2249ff. BGB) ist das in besonderen Gefahrensituationen in vereinfachter Form zu errichtende öffentliche → Testament. Ein N. kann zur Niederschrift des → Bürgermeisters in Anwesenheit von → zwei Zeugen (§ 2249 BGB) oder durch mündliche Erklärung vor drei Zeugen errichtet werden (§§ 2250, 2251 BGB, u. a. Seetestament).

Lit.: *Kappeßer, V.,* Die Nottestamente des BGB, 1995

Notverordnung ist die – in der Gegenwart unzulässige – → Verordnung mit Gesetzeskraft.

Lit.: *Gather, H.,* Das Notstandsrecht nach der Weimarer Reichsverfassung und dem Bonner Grundgesetz, Diss. jur. Köln 1963

Notvorstand (§ 29 BGB) ist der bei Fehlen der erforderlichen Mitglieder des Vorstands eines Vereins in dringenden Fällen vom Registergericht (Amtsgericht) bestellte Vorstand eines → Vereins.

Lit.: *Blumenschein, W.,* Der Notvorstand der Aktiengesellschaft, 1979

Notweg (§§ 917f. BGB, genauer Notwegpflicht) ist die Verpflichtung eines → Eigentümers eines → Grundstücks, die Benutzung seines Grundstücks zum Durchgehen, Durchfahren und Durchleiten durch den Eigentümer eines anderen Grundstücks, dem – ohne Zutun seines Eigentümers – die zur ordnungsmäßigen Benutzung notwendige Verbindung mit einem öffentlichen Weg fehlt, gegen → Entschädigung zu dulden. Der N. ist eine aus dem → Nachbarrecht folgende gesetzliche Eigentumsbeschränkung. Sie gewährt dem Begünstigten ein Notwegrecht, dessen er z. B. nicht bedarf, wenn er sein Kraftfahrzeug auch auf einer öffentlichen Verkehrsfläche abstellen kann.

Lit.: *Eggensperger, A.,* Notwegrecht, Diss. jur. Würzburg 2000

Notwehr (§ 227 BGB, § 32 II StGB) ist die Verteidigung, die erforderlich ist (objektive Erforderlichkeit), um (subjektiver Verteidigungswille) einen gegenwärtigen rechtswidrigen → Angriff von sich oder einem anderen abzuwenden. Erforderlich sind ein Angriff auf ein Rechtsgut beliebiger Art, seine Gegenwärtigkeit, seine Rechtswidrigkeit, der Verteidigungswille, die Verteidigungshandlung und die Erforderlichkeit der Verteidigungshandlung. Zur sofortigen und endgültigen Abwehr darf der Angegriffene auch lebensgefährliche Mittel einsetzen und braucht sich nicht auf einen Kampf mit ungewissem Ausgang einzulassen. Die durch Notwehr gebotene Handlung ist nicht rechtswidrig (→ Rechtfertigungsgrund). Keine N. ist die Putativnotwehr, keine N. mehr ist die Notwehrüberschreitung.

Lit.: *Kühl, K.,* Notwehr und Nothilfe, JuS 1993, 177; *Wittemann, F.,* Grundlinien und Grenzen der Notwehr, 1997; *Lührmann, O.,* Tötungsrecht zur Eigentumsverteidigung?, 1999; *Stiller, T.,* Grenzen des Notwehrrechts, 1999; *Kroß, A.,* Notwehr gegen Schweigegeldpressung, 2004; *Rönnau, T.,* Grundwissen – Strafrecht Sozialethische Einschränkungen der Notwehr, JuS 2012, 404

Notwehrexzess → Notwehrüberschreitung

Notwehrprovokation ist die beabsichtigte Herbeiführung einer Notwehrlage (z. B. A hänselt B mit dem Ziel, dass B ihn tätlich angreift. A will B dann unter dem Vorwand der Notwehr niederschlagen). Die Beurteilung der N. ist streitig. Überwiegend wird die Berufung auf Notwehr als → Rechtsmissbrauch eingestuft oder bereits das Vorliegen einer Notwehrlage verneint. Nach der Lehre von der *actio illicita in causa* soll zwar eine Notwehrlage gegeben und die Notwehrhandlung selbst an sich gerechtfertigt sein, die gleichwohl anzunehmende → Rechtswidrigkeit der Notwehrhandlung sich aber aus der vorangegangenen Provokationshandlung ergeben.

Lit.: *Mitsch, W.,* Notwehr gegen fahrlässig provozierten Angriff, JuS 2001, 751; *Hwang, H.,* Die Provokation bei Notwehr, 2003

Notwehrüberschreitung ist das Überschreiten der Verteidigung, die erforderlich ist, um einen gegenwärtigen rechtswidrigen → Angriff von sich oder einem Dritten abzuwehren. Das entsprechende Handeln ist nicht mehr durch → Notwehr gerechtfertigt. Überschreitet der Täter die Grenzen der Notwehr aus Verwirrung, Furcht oder Schrecken (*intensive* N.) so wird er im Strafrecht (nur) mangels Schuld nicht bestraft (§ 33 StGB, Entschuldigungsgrund). Dagegen lässt die sonstige *(extensive)* N. die Strafbarkeit unberührt.

Lit.: *Müller-Christmann, B.,* Der Notwehrexzess, JuS 1989, 716; *Motsch, T.,* Der straflose Notwehrexzess, 2003; *Theile, H.,* Der bewusste Notwehrexzess, JuS 2006, 965

notwendig (Adj.) erforderlich

notwendige Streitgenossenschaft → Streitgenossenschaft, notwendige

notwendige Verwendung → Verwendung, notwendige

notwendiger Verteidiger → Pflichtverteidiger

Notzucht → Vergewaltigung (1973)
Lit.: *Folkers, C.,* Die Reform der Notzuchttatbestände, NJW 2000, 3317

Novation → Schuldumschaffung

Novelle (neues [Gesetz]) ist die Abänderung oder Ergänzung eines → Gesetzes in Einzelbereichen. Sie muss durch Gesetz erfolgen. In der Rechtsgeschichte sind die Novellen die Änderungsgesetze Justinians zur Ergänzung und Verbesserung seiner vorangehenden kompilatorischen Gesetzgebung (Codex, Digesten, Institutionen der Jahre 529–533) zwischen 534 und 565 (vierter Teil des → corpus iuris civilis).
Lit.: *Söllner, A.,* Römische Rechtsgeschichte, 5. A. 1996

Noxalhaftung ist im römischen Recht die Haftung eines Gewalthabers für den von einem gewaltunterworfenen Menschen (Sklaven usw.) oder einer gewaltunterworfenen Sache (Tier) verursachten Schaden, die durch Preisgabe der schädigenden Person oder Sache (lat. noxae datio [F.]) abgewandt werden kann.
Lit.: *Kaser, M.,* Römisches Privatrecht, 20. A. 2014

NSDAP (Nationalsozialistische Deutsche Arbeiterpartei) → Nationalsozialismus

Nullum crimen, nulla poena sine lege ([lat.] kein Verbrechen, keine Strafe ohne Gesetz) ist der die Grundlage des rechtsstaatlichen Strafrechts bildende Grundsatz. Im Rechtsstaat kann eine Tat – auf Grund eines bestimmten Gesetzes – nur bestraft werden, wenn die Strafbarkeit und die Strafhöhe – durch dieses bestimmte → Gesetz – gesetzlich festgesetzt waren, bevor die Tat begangen wurde (Art. 103 II GG, § 1 StGB). Hieraus folgen im Strafrecht der → Bestimmtheitsgrundsatz, das grundsätzliche → Rückwirkungsverbot und das → Analogieverbot.

Lit.: *Krey, V.,* Keine Strafe ohne Gesetz, 1983; *Brodowski, D.,* Grundfälle zu den Justizgrundrechten, JuS 2012, 892

Numerus (M.) **clausus** ([lat.] beschränkte Zahl) ist die zahlenmäßige Beschränkung z. B. einer Zulassung zu einem → Amt oder einem Studium. Der n. c. steht als solcher in Widerspruch zu Art. 12 GG (→ Berufsfreiheit). Das grundsätzlich bestehende Recht auf Zulassung zum Studium ist aber gesetzlich einschränkbar.
Lit.: *Köhlke, H.,* Numerus clausus von A–Z, 1984

Nuntius (M.) Bote, päpstlicher Botschafter

Nürnberger Gesetze sind die auf Anordnung *Adolf Hitlers* in Nürnberg am 15.9.1935 einstimmig verabschiedeten Gesetze (Reichsbürgergesetz, Gesetz zum Schutze des deutschen Blutes und der deutschen Ehre).
Lit.: *Eisenhardt, U.,* Deutsche Rechtsgeschichte, 5. A. 2008

Nürnberger Prozesse sind die zwischen 1945 und 1949 in Nürnberg von einem internationalen Militärgerichtshof bzw. amerikanischen Militärgerichten gegen Anhänger des → Nationalsozialismus wegen Kriegsverbrechen, Verbrechen gegen die Menschlichkeit und Verbrechen gegen den Frieden durchgeführten Gerichtsverfahren (22 Hauptkriegsverbrecher, 177 weitere Angeklagte, 43 Todesurteile).
Lit.: *Kemper, R.,* Das Dritte Reich im Kreuzverhör, 1980; *Kroeschell, K.,* Rechtsgeschichte Deutschlands im 20. Jahrhundert, 1992; *Kastner, K.,* Von den Siegern zur Rechenschaft gezogen, 2001

Nurnotar (§ 3 BNotO) ist im Verfahrensrecht der (in einigen Bundesländern [u. a. Bayern, Brandenburg, Mecklenburg-Vorpommern, Sachsen, Sachsen-Anhalt, Thüringen] vorgesehene) → Notar im Hauptamt. Er steht im Gegensatz zum → Anwaltsnotar. Voraussetzung der Bestellung als hauptberuflicher Notar ist – außer Bedürfnis und Eignung – die Ableistung eines Anwärterdiensts als Notarassessor.
Lit.: *Köbler, G.,* Wie werde ich Jurist?, 5. A. 2007

nützlich (Adj.) Nutzen bewirkend, vorteilhaft

nützliche Verwendung → Verwendung, nützliche

Nutzung (§ 100 BGB) ist die Frucht einer Sache oder eines → Rechtes sowie der Vorteil, den der Gebrauch der Sache oder des Rechtes gewährt. Die Vorteile brauchen keinen Vermögenswert zu haben. Das für Nutzungen geltende Recht ist an sehr verschiedenen Stellen geregelt (z. B. §§ 987 ff., 953 ff., 818 I BGB). Ersparte Darlehenszinsen sind gezogene Nutzungen im Sinn von § 818 I BGB. Der Ausfall einer N. kann → Schaden sein. → Nutzungsentschädigung
Lit.: *Tschödrich-Rotter, S.,* Die Entschädigung für Eingriffe in die ausgeübte Nutzung, 2004; Nutzungsausfallentschädigung 2007, NJW 2007, 1638

Nutzungsänderung ist die Änderung der Benutzungsart. Im → Baurecht ist eine N. anderweitiger

Gebrauch eines Bauwerks (z. B. als Gewerberaum statt als → Wohnraum). Diese N. bedarf grundsätzlich einer → Baugenehmigung.

Lit.: *Lenz, G.,* Planungshilfen zur Nutzungsänderung, 1989

Nutzungsausfall → Nutzung

Nutzungsentschädigung ist die Entschädigung für eine verwirklichte oder unterbliebene → Nutzung. Sie wird in der Regel auf etwa 30 Prozent der entsprechenden Mietkosten berechnet. → Schadensersatz

Lit.: *Schulze, R.,* Nutzungsausfallentschädigung, NJW 1997, 3337; Nutzungsausfallentschädigung 2003, NJW 2003, 803; Nutzungsausfallentschädigung 2006, NJW 2006, 19

Nutzungspfand (Antichrese) (§ 1213 BGB) ist im Sachenrecht das → Pfandrecht, das in der Weise bestellt ist, dass der Pfandgläubiger zur Ziehung der → Nutzungen des → Pfandes berechtigt sein soll. Ist eine von Natur aus fruchttragende Sache (z. B. Kuh) dem Pfandgläubiger zum Alleinbesitz übergeben, so ist im Zweifel anzunehmen, dass er zum Fruchtbezug berechtigt sein soll.

Nutzungsrecht ist das Recht, einen Gegenstand zu nutzen. → Lizenz

Lit.: *Schneider, B.,* Nutzungsrecht auf 99 Jahre, 1996; *Harder, G.,* Das verliehene Nutzungsrecht, 1998

O

Obdach (N.) Unterkunft

Obdachlosigkeit ist das Fehlen einer Unterkunft. O. ist im Verwaltungsrecht eine → Störung der → öffentlichen Ordnung und Sicherheit. Die Ordnungsbehörde muss grundsätzlich versuchen, den Obdachlosen in Räumen, die ihrer Verfügungsgewalt unterstehen, unterzubringen.
Lit.: *Peppersack, T.,* Rechtsprobleme der Unterbringung Obdachloser, 1999

Obduktion (F.) Überziehung, Verhüllung, Leichenöffnung (in der Gegenwart zunehmend durch Röntgenverfahren ersetzt), Leichenschau

Oberbundesanwalt ist der am → Bundesverwaltungsgericht bestellte, an die Weisungen der → Bundesregierung gebundene Vertreter des öffentlichen → Interesses.
Lit.: *Kopp/Schenke,* Verwaltungsgerichtsordnung, 21. A. 2015

Oberbürgermeister ist der Inhaber des oder eines leitenden → Amtes einer kreisfreien Stadt oder einer großen kreisangehörigen Stadt.

Obereigentum ist im gemeinen Recht die Rechtsstellung des Obereigentümers (z. B. Lehnsherrn) eines im geteilten → Eigentum stehenden Gegenstands (z. B. Herzogtum als Lehen) im Gegensatz zum → Untereigentum (z. B. des Lehnsmanns). (Vgl. § 357 ABGB Österreichs von 1811/1812.)
Lit.: *Köbler, G.,* Deutsche Rechtsgeschichte, 6. A. 2005

Oberfinanzdirektion (OFD) ist die zwischen Finanzministerium und Finanzamt stehende Behörde der → Finanzverwaltung. Sie ist teils Bundesbehörde, teils Landesbehörde. Die Zahl der Bundesabteilungen bei einer O. wurde 1998 beschränkt (Karlsruhe, Rheinland, Koblenz, Magdeburg, Frankfurt am Main, Münster, Niedersachsen, Bayerisches Landesamt für Steuern, Landesamt für Steuern und Finanzen in Sachsen, Thüringer Landesfinanzdirektion).

Oberhof ist in der mittelalterlichen Rechtsgeschichte ein Gericht als Auskunftsstelle für andere Gerichte und Privatpersonen (z. B. Aachen, Ingelheim, Nürnberg).
Lit.: *Müller, H.,* Oberhof und neuzeitlicher Territorialstaat, 1978

Oberjustizkasse ist die bei den Oberlandesgerichten bestehende Oberkasse der Justizverwaltung.

Oberkreisdirektor war der Inhaber des leitenden → Amtes in → Kreisen (mancher Bundesländer).

Oberlandesgericht (OLG) (§§ 115 ff. GVG) ist im Verfahrensrecht das zwischen → Bundesgerichtshof und → Landgerichten stehende Gericht der ordentlichen → Gerichtsbarkeit. Bei ihm sind → Zivilsenate und → Strafsenate gebildet. Das O. ist vorwiegend in zweiter Instanz oder dritter Instanz und nur selten in erster → Instanz zuständig. Das O. von Berlin wird als → Kammergericht bezeichnet. In Bayern stand (als mittelbare Folge des Beitritts Bayerns zum Deutschen Reich 1871) bis 2006 über den Oberlandesgerichten noch das (angeblich aus Kostengründen aufgelöste) → Bayerische Oberste Landesgericht, das für einen Teil der Aufgaben der Oberlandesgerichte bzw. des Bundesgerichtshofs zuständig war.

Oberstadtdirektor war der Inhaber des leitenden → Amtes in kreisfreien Städten (mancher Bundesländer).

oberstes Bundesgericht → Bundesgericht

Oberverwaltungsgericht (OVG) (§ 2 VwGO) ist das zwischen → Verwaltungsgericht und Bundesverwaltungsgericht stehende Gericht der Verwaltungsgerichtsbarkeit. Bei ihm werden → Senate gebildet. Das O. ist meist in zweiter Instanz, verschiedentlich auch in erster → Instanz zuständig. Gegen Urteile des Oberverwaltungsgerichts ist bei Zulassung die → Revision zum Bundesverwaltungsgericht zulässig. In Baden-Württemberg, Bayern und Hessen heißt (nach § 184 VwGO in Abweichung von § 2 VwGO) das O. → Verwaltungsgerichtshof.

Obhutspflicht ist die Verpflichtung, Rechtsgüter einer anderen Person zu überwachen und vor Schäden zu bewahren. Im Schuldrecht kann die Verletzung einer O. einen → Schadensersatzanspruch begründen. Im Strafrecht ist eine böswillige Verletzung einer O. für Schutzbefohlene, die zu einer → Gesundheitsschädigung führt, strafbar.

Obiter dictum (lat. [als N. verwendet] beiläufig [im Rahmen einer auf ein anderes Ziel gerichteten Entscheidung] bemerkt) ist in Gerichtsentscheidungen eine Ausführung zu einer nicht entscheidungserheblichen Frage.
Lit.: *Schlüter, W.,* Das Obiter dictum, 1973; *Lilie, H.,* Obiter dictum und Divergenzausgleich in Strafsachen, 1993

objektiv (Adj.) gegenständlich, sachlich, unvoreingenommen

objektive Bedingung der Strafbarkeit → Bedingung der Strafbarkeit, objektive

objektive Unmöglichkeit → Unmöglichkeit, objektive

objektives Recht → Recht, objektives

objektives Tatbestandsmerkmal → Tatbestandsmerkmal, objektives

objektives Verfahren → Verfahren, objektives

Obliegenheit ist das Rechtsgebot im eigenen Interesse (z. B. Meldung einer gefahrerhöhenden Veränderung im Versicherungsrecht, O. des Geschädigten den Schaden möglichst gering zu halten). Die O. ist keine → Verpflichtung gegenüber einem anderen. Grundsätzlich steht dem Träger der O. ihre Wahrung frei, doch hat er selbst die Folgen der Nichtbeachtung zu tragen (z. B. Verschlechterung der Rechtsstellung). Der Gegner kann ihre Erfüllung nicht verlangen. Ihre Verletzung begründet für ihn auch keinen Schadenersatzanspruch.
Lit.: *Rühl, G.,* Obliegenheiten im Versicherungsvertragsrecht, 2004; *Hähnchen, S.,* Obliegenheiten und Nebenpflichten, 2010; *Bauer, G.,* Obliegenheiten, NJW 2011, 646

obligatio (lat. [F.]) Verbindlichkeit, Schuld

Obligation (F.) → Schuld, Verbindlichkeit

obligatorisch (Adj.) verbindlich, ein Schuldverhältnis betreffend

obligo (lat., [als N. verwendet]) Verpflichtung

Observanz ([F.] Beobachtung) ist das örtlich begrenzte Gewohnheitsrecht.

occupatio (lat. [F.]) Aneignung

Ochlokratie (griech. [F.]) Herrschaft des Pöbels

Oder-Neiße-Gebiete sind die östlich der Oder und der Lausitzer Neiße liegenden, am 31.12.1937 zum Staatsgebiet des Deutschen Reiches gehörenden Gebiete (24,3 Prozent der Fläche, 13,8 Prozent der Bevölkerung). Im Potsdamer Abkommen vom 2.8.1945 wurden sie der Verwaltung der Sowjetunion (nördliches Ostpreußen um Königsberg) bzw. Polens unterstellt. Durch Verträge von 1990/1991 wurde die Polen zu Gunsten der Sowjetunion bzw. Russlands nach Westen verlagernde Grenzziehung als endgültig vereinbart.
Lit.: *Köbler, G.,* Zielwörterbuch integrativer europäischer Rechtsgeschichte, 6. A. 2014 (Internet)

OECD (Organization for Economic Cooperation and Development) ist die Organisation für wirtschaftliche Zusammenarbeit und Entwicklung (Abkommen vom 14.12.1960) mit Sitz in Paris und anfangs 25, später 34 Mitgliedstaaten (z. B. die meisten Mitgliedstaaten der Europäischen Union, Island, Japan, Kanada, Mexiko, Neuseeland, Norwegen, die Schweiz, Südkorea, Türkei, Vereinigte Staaten von Amerika).

offen (Adj.) unabgeschlossen, erkennbar

Offenbarung ist die Mitteilung eines Umstands durch einen Wissenden gegenüber mindestens einem Unwissenden.

Offenbarungseid → Versicherung an Eides Statt

Offenbarungspflicht ist die Pflicht zur Offenbarung eines Umstands wie sie z. B. für einen Rechtsanwalt gegenüber seinem Mandanten in Bezug auf einen Verhaltensfehler und einen daraus erwachsenden Rückgriffsanspruch besteht. Eine allgemeine O. gibt es nicht. Die Verletzung einer bestehenden O. kann einen Schadensersatzanspruch begründen.
Lit.: *Terbille, M./Schmitz-Herscheidt, S.,* Zur Offenbarungspflicht bei ärztlichen Behandlungsfehlern, NJW 2000, 1749

offene Handelsgesellschaft → Handelsgesellschaft, offene

Offenlegung ist die öffentliche Darlegung.

Offenlegungspflicht (§§ 264a ff. HGB) ist die Pflicht zur Offenlegung einer Gegebenheit (z. B. eines Jahresabschlusses).
Lit.: *Höfner, K.,* Die Offenlegungspflicht bei der GmbH & Co KG, NJW 2004, 475

Öffentlich ist das Verhalten, das für einen nach Zahl und Individualität unbestimmten Kreis oder für einen nicht durch persönliche Beziehungen innerlich verbundenen größeren bestimmten Kreis von Menschen bzw. Personen wahrnehmbar ist.
Lit.: *Drews/Wacke/Vogel,* Gefahrenabwehr

öffentliche Aufgabe → Aufgabe, öffentliche

öffentliche Beglaubigung → Beglaubigung, öffentliche

öffentliche Hand → Hand, öffentliche

öffentliche Klage → Klage, öffentliche

öffentliche Last → Last, öffentliche

öffentliche Meinung → Meinung, öffentliche

öffentliche Sache → Sache, öffentliche

öffentliche Sicherheit und Ordnung → Sicherheit, → Ordnung, öffentliche

öffentliche Urkunde → Urkunde, öffentliche

öffentliche Versteigerung → Versteigerung, öffentliche

öffentliche Zustellung → Zustellung, öffentliche

öffentlicher Belang → Belang, öffentlicher

öffentlicher Dienst → Dienst, öffentlicher

öffentlicher Glaube → Glaube, öffentlicher

öffentliches Interesse → Interesse, öffentliches

öffentliches Recht → Recht, öffentliches

öffentliches Testament → Testament, öffentliches

öffentliches Wohl → Allgemeinwohl

Öffentlichkeit ist der nach Zahl und Individualität unbestimmte Personenkreis (Allgemeinheit) sowie die Zugänglichkeit von Vorgängen für diesen. Im Verfahrensrecht bedeutet das Prinzip der Ö., dass die Allgemeinheit bei Gerichtsverhandlungen, insbesondere bei → Verkündung von → Urteilen und → Beschlüssen zugelassen ist (vgl. § 169 GVG, § 55 VwGO). Die Notwendigkeit dazu wird aus Art. 20 II 1 GG hergeleitet. Hierzu gehört auch, dass der Richter Fernsehaufnahmen vor oder nach den Hauptverhandlungstagen zulassen muss, wohingegen Fernsehaufnahmen während der Verhandlung (noch) ausgeschlossen sind. In bestimmten Verfahren ist der Grundsatz der Ö. ausgeschlossen (z. B. bei Gefährdung der Staatssicherheit, öffentlichen Ordnung oder Sicherheit, Jugendgerichtssachen). Im Strafrecht kann die Ö. → Tatbestandsmerkmal sein (§ 183a StGB öffentliche Vornahme sexueller Handlungen).
Lit.: *Kissel, O./Mayer, H.,* Gerichtsverfassungsgesetz, 8. A. 2015; *Klein, S.,* Die Grundsätze der Öffentlichkeit und Mündlichkeit, Diss. jur. Köln, 1995; *Scherzberg, A.,* Die Öffentlichkeit der Verwaltung, 2000; *Oldenburg, S.,* Die Öffentlichkeit von Rechtsnormen, 2009

öffentlich-rechtlich (Adj.) das öffentliche Recht betreffend

öffentlich-rechtliche Streitigkeit → Streitigkeit, öffentlich-rechtliche

öffentlich-rechtliche Verwahrung → Verwahrung, öffentlich-rechtliche

öffentlich-rechtlicher Vertrag → Vertrag, öffentlich-rechtlicher

öffentliches Recht s. Recht, öffentliches

Offerte (F.) Antrag

Office (M.) **de lutte antifraud** (franz.) (OLAF) ist die 1999 von der Europäischen Kommission eingerichtete Organisationseinheit zur Bekämpfung der Korruption bzw. des Betrugs (Büro zur Bekämpfung des Subventionsbetrugs in Brüssel), die der Kommission organisatorisch zugeordnet ist, aber operationelle Unabhängigkeit hat. OLAF (http://ec. europa.eu/dgs/olaf/index_de.html) ist mit rund 300 Mitarbeitern ausgestattet. Die Vorgängereinrichtung Uclaf bearbeitete 1998 5000 Fälle im Umfang von etwa einer Milliarde Euro. Hinweise sind möglich unter 0800 1820595, Informationen erhältlich unter http://europa.eu.int/olaf/.

officium (lat. [N.]) Pflicht, Dienst, Amt

Offizial ist im katholischen Kirchenrecht der (vereinzelt seit dem späten 12. Jh. erscheinende) Vorsitzende der bischöflichen Gerichtsbehörde.
Lit.: *Köbler, G.,* Zielwörterbuch integrativer europäischer Rechtsgeschichte, 6. A. 2014 (Internet)

Offizialat ist im katholischen Kirchenrecht die bischöfliche Gerichtsbarkeit.

Offizialmaxime (F.) Amtsprinzip, Amtsbetrieb

Offizialverfahren (N.) Amtsverfahren

Offizialverteidigung (F.) Amtsverteidigung, → Pflichtverteidigung, → Verteidiger

Ökonomische Analyse des Rechts ist die aus den Vereinigten Staaten von Amerika rezipierte Überprüfung des Rechtes auf seine wirtschaftlichen Auswirkungen.
Lit.: *Eidenmüller, H.,* Effizienz als Rechtsprinzip, 3. A. 2005; *Adams, M.,* Ökonomische Theorie des Rechts, 2. A. 2004; *Towfigh, E. u. a.,* Ökonomische Methoden im Recht, 2010; Die ökonomische Analyse des Rechts, hg. v. *Curti, C. u. a.,* 2013

Oktroi (M.) Verleihung durch hoheitliche Urkunde

Oktroisystem ist die im frühneuzeitlichen Recht herrschende Praxis der Verleihung von Hoheitsrechten und der Regelung der Verfassung einer Gesellschaft durch staatliche → Urkunde. Das O. wird im 19. Jh. durch das Konzessionssystem abgelöst.
Lit.: *Köbler, G.,* Deutsche Rechtsgeschichte, 6. A. 2005

oktroyiert (Adj.) aufgezwungen

ökumenisch (Adj.) umfassend

Ökumenischer Rat der Kirchen ist der 1948 gegründete Zusammenschluss nahezu aller christlichen → Kirchen der Welt – mit Ausnahme der katholischen Kirche – zum Zweck der Zusammenarbeit und der Annäherung in Glaubensfragen.

Oligarchie (griech. [F.]) Herrschaft weniger

Oligokratie (griech. [F.] Herrschaft weniger) ist die Staatsform, in welcher der Staatswille durch eine aus dem → Staatsvolk herausgehobene Gruppe von wenigen Personen (z. B. → Adel) gebildet wird.

Ombudsmann ist vor allem in skandinavischen Ländern der vom → Parlament beauftragte Mensch, der als Verfassungsorgan den Einzelnen gegen staatlich-behördliche Rechtsverletzungen schützen soll. In Deutschland werden diese Aufgaben vom Petitionsausschuss, der Verwaltungsgerichtsbarkeit und besonderen Beauftragten (z. B. Ausländerbeauftragter, Datenschutzbeauftragter, Wehrbeauftragter), in Österreich vom Volksanwalt übernommen.
Lit.: Ombudsman in Europa, hg. v. *Matscher, F.,* 1994; *Hippel, T. v.,* Der Ombudsmann im Bank- und Versicherungswesen, 2000; *Römer, V.,* Der Ombudsmann für private Versicherungen, NJW 2005, 1251

Omni modo facturus (lat. [M.] in jedem Fall tun Werdender) ist der zu einer Tat fest entschlossene Mensch. Er kann nicht mehr angestiftet werden. Ein Dritter kann daher hinsichtlich seiner Tat nur wegen → Beihilfe oder versuchter → Anstiftung strafbar sein.

online (Adj.) angeschlossen, verbunden

Lit.: *Loewenheim, U./Koch*, Praxis des Online-Rechts, 2001; Online-Handel, hg. v. *Bräutigam, P./Leupold, A.*, 2003

Onomasiologie (zu griech. onoma [N.] Name) ist die Wissenschaft von den Bezeichnungen eines Gegenstands (Namen einer Sache) oder Begriffs im Gegensatz zur Wissenschaft von den Bedeutungen eines Wortes (Inhalt einer Bezeichnung, Semasiologie).

Operation ([F.] Verrichtung) ist die Ausführung einer Handlung, insbesondere der mit gewaltsamer Gewebedurchtrennung verbundene blutige ärztliche Eingriff. Die ärztliche O. stellt eine → Körperverletzung dar (str.), die aber in der Regel durch einen → Rechtfertigungsgrund gerechtfertigt ist, wobei die Wirksamkeit einer → Einwilligung von der ordnungsgemäßen vorherigen → Aufklärung seitens des Arztes abhängt. Besteht dabei die Möglichkeit, eine O. durch eine konservative Methode zu vermeiden, so muss der Betroffene darüber aufgeklärt werden. Im Schuldrecht ist ein Geschädigter auf Grund von § 254 BGB zur Duldung einer O. verpflichtet, wenn diese kostenlos, gefahrlos und schmerzlos ist und sichere Aussicht auf Besserung bietet.

Opfer (N.) Darbietung einer Gabe, Erduldung eines Übels, Verletzter, → Viktimologie

Lit.: *Kaiser, G./Jehle*, Kriminologische Opferforschung, 1995; *Hassemer, W./Reemtsma, J.*, Verbrechensopfer – Gesetz und Gerechtigkeit, 2002; *Haupt, H. u. a.*, Handbuch Opferschutz und Opferhilfe, 2003

Opferentschädigung ist die Entschädigung eines Menschen, der durch einen vorsätzlichen tätlichen Angriff auf ihn oder einen Dritten oder durch dessen rechtmäßige Abwehr einen Gesundheitsschaden erleidet, durch die Allgemeinheit. Für die O. gilt das Opferentschädigungsgesetz vom 7.1.1985. Durch das Opferanspruchssicherungsgesetz vom 8.5.1998 haben Opfer von Straftaten ein gesetzliches Pfandrecht an Honoraransprüchen Tatbeteiligter aus der urheberrechtlichen Verwertung der Tat. Durch das Opferschutzgesetz vom 18.12.1986 wird dem Opfer bestimmter Gewalttaten das → Adhäsionsverfahren erleichtert.

Lit.: *Gelhausen, R/Weiner, B.*, Opferentschädigungsgesetz, 6. A. 2015

Opfergrenze ist die Grenze, jenseits derer der Betroffene ein Übel nicht mehr ohne Ausgleich zu dulden braucht. Die O. ist wichtig für die Ansprüche auf Grund rechtmäßiger Eingriffe Dritter in eigene Rechte. Beispielsweise ist das → Eigentum durch Art. 14 GG nicht gegenüber der bloßen → Sozialbindung, wohl aber gegen einen die O. überschreitenden enteignenden → Eingriff geschützt, der nur unter Leistung einer → Entschädigung erfolgen darf.

opportun (Adj.) günstig, zweckmäßig

Opportunitätsprinzip (Zweckmäßigkeitsgrundsatz) ist im öffentlichen Recht der Grundsatz des staatlichen Handelns nach der Zweckmäßigkeit. Im Strafverfahrensrecht gilt für die Verfolgung von Straftaten das O. im Verhältnis zum → Legalitätsprinzip (an sich) nur ausnahmsweise (z. B. § 153 StPO bei geringfügiger Schuld des Täters, vgl. weiter §§ 153a ff. StPO). Im Verwaltungsrecht herrscht das O. für das Handeln der → Verwaltung, soweit eine gesetzliche Regelung fehlt oder das → Gesetz das Handeln der Behörde in ihr → Ermessen stellt. Vgl. auch § 47 OWiG (pflichtgemäßes Ermessen).

Lit.: *Pott, C.*, Die Außerkraftsetzung der Legalität, 1996; *Erb, V.*, Legalität und Opportunität, 1999; *Schulenburg, J.*, Legalitäts- und Opportunitätsprinzip, JuS 2004, 765

Opposition ([F.] Gegensatz) ist die Gesamtheit der nicht an der → Regierung beteiligten, politischen Kräfte in einem Staat. Die O. hat die durch das Mehrparteiensystem, die Parteiengründungsfreiheit und die verhältnismäßige, durch eine Mindestklausel (z. B. Fünfprozentklausel) aber erheblich eingeschränkte Chancengleichheit der Parteien gewährleistete Chance, einmal zur Mehrheit zu werden. Während einer Wahlperiode hat sie in Deutschland die Möglichkeit des konstruktiven → Misstrauensvotums.

Lit.: *Haberland, S.*, Die verfassungsrechtliche Bedeutung der Opposition, 1995; *Stüwe, K.*, Die Opposition, 1997

Option ist das Recht, durch einseitige → Erklärung (Willenserklärung) eine Rechtsstellung zu erlangen (z. B. → Staatsangehörigkeit) oder einen → Vertrag zustande zu bringen. Die O. gewährt dem Berechtigten keinen Anspruch auf ein Verhalten des Gegners, sondern ein → Gestaltungsrecht. Sie ergibt sich im öffentlichen Recht aus einem → Gesetz, im Privatrecht meist aus einem aufschiebend bedingten → Vertrag, bei dem durch die Erklärung der Ausübung der O. die aufschiebende → Bedingung entfällt.

Lit.: *Henrich, D.*, Vorvertrag, Optionsvertrag, Vorrechtsvertrag, 1965; *Lüke, O.*, Stock Options, 2004; *Casper, M.*, Der Optionsvertrag, 2005

Optionsschein ist der das Recht auf den Bezug des jeweiligen Optionsgegenstands (z. B. Aktie, Anleihe, Währungseinheit, Warenmenge) verbriefende Schein (→ Urkunde).

Lit.: *Götte, R.*, Optionsscheine, 2011

Ordal (N.) → Gottesurteil

Orden (M.) Ehrenzeichen, religiöse Gemeinschaft

Lit.: *Kirchner, H.*, Deutsche Orden und Ehrenzeichen, 5. A. 1997

ordentlich (Adj.) allgemein, regelmäßig

ordentliche Gerichtsbarkeit → Gerichtsbarkeit, ordentliche

ordentliche Kündigung → Kündigung, ordentliche

ordentlicher Rechtsweg → Rechtsweg, ordentlicher

Order (F.) Befehl, Verfügung

Orderklausel ist die Bestimmung (des → Ausstellers), durch die ein → Wertpapier die Eigenschaft als Orderpapier erhält (*positive* O., z. B. oder an Order) oder verliert (*negative* O., z. B. nicht an Order).

Orderpapier ist das → Wertpapier, das zwar eine bestimmte, namentlich bezeichnete Person als berechtigt benennt, aber den → Aussteller auch verpflichtet, an eine vom Benannten durch → Indossament als → Gläubiger bezeichnete Person zu leisten. Das O. erlangt seine Eigenschaft als O. entweder durch → Gesetz (*geborenes* O., z. B. Wechsel, Namensaktie) oder durch → Rechtsgeschäft (*gekorenes* O., z. B. kaufmännische Anweisung, § 363 HGB).

Ordinarius (M.) ordentlicher (Professor)

Ordnung ist der einleuchtend geregelte Zustand mehrerer Gegebenheiten im Verhältnis zueinander. *Verfassungsmäßige* O. (Art. 2 I GG) ist die verfassungsgemäße Rechtsordnung, also die Gesamtheit aller → Gesetze, die mit den Normen des → Grundgesetzes und mit den ungeschriebenen elementaren Verfassungsgrundsätzen materiell und formell übereinstimmen. Die verfassungsmäßige O. ist eine der drei Schranken der allgemeinen → Handlungsfreiheit. *Öffentliche* O. ist (als wertausfüllungsbedürftiger Begriff) die Gesamtheit der (meist ungeschriebenen) Regeln, deren Befolgung nach den jeweils herrschenden sozialen und ethischen Anschauungen als unerlässliche Voraussetzung für ein gedeihliches Zusammenleben innerhalb der Gemeinschaft bzw. innerhalb eines bestimmten Gebiets angesehen wird. Die Regeln der öffentlichen O. sind keine Rechtsvorschriften, sondern Wertvorstellungen, die erst dadurch rechtlich bedeutsam werden, dass bei ihrer Verletzung (z. B. bei Zurschaustellung des nackten menschlichen Körpers in der Öffentlichkeit) die → Polizei oder → Ordnungsbehörde einschreitet. Die Beurteilungsmaßstäbe der öffentlichen O. werden entscheidend vom → Grundgesetz geprägt.
Lit.: *Fechner, F.,* Öffentliche Ordnung, JuS 2003, 734; *Baudewin, C.,* Der Schutz der öffentlichen Ordnung im Versammlungsrecht, 2007

Ordnungsbehörde ist die → Behörde (Landesbehörde), deren Aufgabe die Wahrung und Sicherung der öffentlichen → Ordnung und Sicherheit ist (Gefahrenabwehr durch z. B. Bauordnungsbehörde, Gewerbeordnungsbehörde, in manchen Ländern nicht die Polizei). Die O. steht damit (als Folge der sog. Entpolizeilichung der Verwaltung) an der Stelle (teilweise auch neben) der früheren Polizeibehörde (Verwaltungsbehörde) (z. B. Baupolizei, Feuerpolizei, Gesundheitspolizei). Sie wird auf Grund besonderer gesetzlicher → Ermächtigungen tätig.
Lit.: *Knemeyer, F.,* Polizei- und Ordnungsrecht, 11. A. 2007

Ordnungsgeld ist die bei Verstößen gegen verfahrensrechtliche Vorschriften vielfach angedrohte

Pflicht zu einer Geldleistung. Das O. ist ein → Ordnungsmittel. Es beträgt grundsätzlich mindestens 5 Euro und höchstens 1000 Euro (§§ 6 I EGStGB, § 178 GVG, evtl. bis 25 000 Euro). Vor Verhängung eines Ordnungsgelds muss ein Gericht ein beantragtes Gespräch mit einem → Rechtsanwalt ermöglichen.

ordnungsgemäß (Adj.) der Ordnung entsprechend

ordnungsgemäße Buchführung → Buchführung, ordnungsgemäße

Ordnungshaft ist die bei Verstößen gegen verfahrensrechtliche Vorschriften vielfach angedrohte Freiheitsentziehung. Sie ist ein → Ordnungsmittel. Ihr Ausmaß kann grundsätzlich zwischen einem Tag und 6 Wochen Haft betragen (Art. 6 II EGStGB). Die O. wird regelmäßig auch für den Fall angeordnet, dass ein → Ordnungsgeld nicht beigetrieben werden kann.

Ordnungsmittel (Art. 5 ff. EGStGB) ist das der Aufrechterhaltung der Ordnung und der Durchführung von Verfahren durch Ahndung oder durch Erzwingung eines Verhaltens dienende Mittel, das insbesondere zur Ahndung ungebührlichen Verhaltens vor → Gericht angeordnet werden kann. Ein O. wird in zahlreichen Verfahrensgesetzen angedroht (z. B. §§ 380, 890 ZPO). O. sind im Einzelnen → Entfernung aus dem Sitzungszimmer, → Ordnungsgeld und → Ordnungshaft. Die Befugnis, O. festzusetzen, endet mit dem Abschluss der Hauptverhandlung.

Ordnungsrecht ist die Gesamtheit der die öffentliche → Ordnung betreffenden Rechtssätze. → Polizeirecht
Lit.: *Knemeyer, F.,* Polizei- und Ordnungsrecht, 11. A. 2007; *Schenke, R.,* Polizei- und Ordnungsrecht, 8. A. 2013; *Pieroth, B./Schlink, B./Kniesel, M.,* Polizei- und Ordnungsrecht, 8. A. 2014

Ordnungsstrafe ist der durch die Begriffe → Ordnungsmittel und → Zwangsmittel abgelöste Begriff (vgl. § 5 EGStGB).

Ordnungswidrigkeit (§ 1 OWiG) ist die rechtswidrige und vorwerfbare → Handlung, die den Tatbestand eines Gesetzes verwirklicht, das die Ahndung dieses Verhaltens mit einer → Geldbuße zulässt. Die O. ist Verwaltungsunrecht, nicht → Straftat. Wann eine O. vorliegt, ist den Einzelgesetzen zu entnehmen (z. B. § 24 StVG Verkehrsordnungswidrigkeit). Rechtsfolge einer O. ist eine Geldbuße zwischen 5 und 1000 Euro (evtl. auch höher, z. B. 2000 Euro § 24 StVG). Nebenfolge ist die → Einziehung. Für die Verfolgung einer O. ist die → Verwaltungsbehörde (Ordnungsbehörde) oder die Staatsanwaltschaft oder an ihrer Stelle für einzelne Verwaltungshandlungen der Richter (sowie hilfsweise die → Polizei) zuständig (§§ 35 ff. OWiG. Es gilt das → Opportunitätsprinzip. Bei geringfügigen Verstößen kann die Verwaltungsbehörde → verwarnen und bei der sog. gebührenpflichtigen Verwarnung zusätzlich ein Verwarnungsgeld von 5 bis 35 Euro (§ 56

OWiG) erheben. Im Übrigen wird die O. durch ein → Bußgeld, das in einem Bußgeldbescheid festgesetzt wird, geahndet (§ 65 OWiG). Gegen den Bußgeldbescheid kann innerhalb zweier Wochen nach → Zustellung → Einspruch erhoben werden, über den das → Amtsgericht, in dessen Bezirk die Verwaltungsbehörde ihren Sitz hat, durch → Beschluss oder → Urteil entscheidet (§§ 67 ff. OWiG). Gegen die Entscheidung ist von einer Geldbuße von 250 Euro an die Rechtsbeschwerde zum → Oberlandesgericht zulässig (§§ 79 ff. OWiG). Vollstreckt wird der rechtskräftige → Bußgeldbescheid nach den → Verwaltungsvollstreckungsgesetzen.

Lit.: OWiG, 22. A. 2013; *Rebmann, K./Roth, W./ Herrmann, S.,* Gesetz über Ordnungswidrigkeiten (Lbl.), 3. A. 2010; Karlsruher Kommentar zum Gesetz über Ordnungswidrigkeiten, hg. v. *Boujong, K.,* 4. A. 2014; *Bohnert, J.,* Ordnungswidrigkeitenrecht, 4. A. 2010; *Göhler, E.,* Ordnungswidrigkeitengesetz, 16. A. 2012; Handbuch für das straßenverkehrsrechtliche OWi-Verfahren, hg. v. *Burhoff, D.,* 2. A. 2008

Ordre public (franz. [M.] öffentliche Ordnung) (Art. 6 EGBGB) ist im internationalen Privatrecht die Gesamtheit wesentlicher Grundsätze des jeweiligen nationalen Rechts (z. B. des deutschen Rechts), insbesondere der Grundrechte. Sie können eine Schranke für die Anwendung eines ausländischen Gesetzes bilden. Trotz einer Verweisung durch das deutsche Recht auf ein fremdes Gesetz kann dieses nicht angewandt werden, wenn seine Anwendung gröblich grundlegende deutsche Rechtsanschauungen verletzt (z. B. ausländisches Eheverbot der höheren Weihen, ausländische Versagung des Rechtes der Verteidigung ohne persönliches Erscheinen).

Lit.: *Kegel, G./Schurig, K.,* Internationales Privatrecht, 9. A. 2004; *Fröhlich, J.,* Der gemeineuropäische ordre public, 1997; *Brüning, S.,* Die Beachtlichkeit des fremden ordre public, 1997; *Völker, C.,* Zur Dogmatik des ordre public, 1998

Organ ([N.] Gerät, Werkzeug, Sinneswerkzeug) ist – abgeleitet von den Organen des menschlichen Körpers – die Person oder Personenmehrheit, durch die eine Personengesamtheit (z. B. → Staat, → Verein) handelt. Das O. kann vor allem Beschlussaufgaben, Ausführungsaufgaben, Beratungsaufgaben, Aufsichtsaufgaben oder Entscheidungsaufgaben haben. Die Einzelheiten ergeben sich aus dem jeweils für die einzelne Personengesamtheit geltenden Recht. Allgemein hat die Personengesamtheit für das Handeln der Organe einzustehen (Organhaftung, vgl. § 31 BGB).

Lit.: *Patzina, R. u. a.,* Haftung von Unternehmensorganen, 2010

Organhaftung → Organ
Lit.: *Ihlas, H.,* Organhaftung und Haftpflichtversicherung, 1997

Organisation ist allgemein die Gestaltung der Möglichkeit sachgemäßen Handelns sowie deren praktisches Ergebnis (z. B. Verwaltungsorganisation, Betriebsorganisation). Jedes auf Dauer angelegte zweckorientierte soziale Gebilde bedarf einer O. Eine besonders wichtige politische O. ist die Organisation für Sicherheit und Zusammenarbeit in Europa (→ OSZE).

Lit.: *Ruffert, M./Walter, C.,* Institutionalisiertes Völkerrecht, 2. A. 2015

Organisationsakt ist der Akt oder die Maßnahme zur → Organisation der Verwaltung. Ein O. kann in der Form eines Gesetzes, einer Rechtsverordnung, eines Verwaltungsakts oder auch einer bloßen innerdienstlichen Anweisung ergehen.

Organisationsklausel oder Absperrklausel ist die unzulässige Klausel eines → Tarifvertrags, die den → Arbeitgeber bei der Beschäftigung von → Arbeitnehmern binden soll.

Organisationsmangel ist der Mangel in der Gestaltung der Möglichkeit sachgemäßen Handelns. Er kann die Verletzung einer → Verkehrssicherungspflicht und damit eine → Unterlassung im Sinne von § 823 I BGB (str.) darstellen. Daraus kann ein → Schadensersatzanspruch folgen. Auch für die → Haftung des → Vereins nach § 31 BGB kann es als zum Schadensersatz verpflichtende Handlung genügen, dass ein O. vorliegt.

Lit.: *Matusche-Beckmann, A.,* Das Organisationsverschulden, 2001

organisiert (Adj.) auf eine Organisation bezogen

organisierter Streik → Streik, organisierter

Organleihe ist die Betrauung eines Organs einer anderen juristischen Person des öffentlichen Rechtes mit einer Aufgabe einer juristischen Person des öffentlichen Rechtes (z. B. zeitweise Europäische Union im Verhältnis zu den Europäischen Gemeinschaften).

Lit.: *Hirschberger, M.,* Organleihe, 1989 (Diss.)

Organschaft ist die Stellung und Tätigkeit als → Organ. Die O. ist im Gesellschaftsrecht entweder → *Drittorganschaft* (Fremdorganschaft) oder → *Selbstorganschaft* (Eigenorganschaft). Im Steuerrecht ist O. die finanzielle, wirtschaftliche und organisatorische Eingliederung eines rechtlich selbständigen Unternehmens (Organs) in ein anderes → Unternehmen (Organträger) in der Art, dass jenes keinen eigenen Willen hat. Die O. führt bei verschiedenen → Steuern zum Verlust der steuerlichen Selbständigkeit (z. B. Umsatzsteuer).

Lit.: *Schuhmann, H.,* Die Organschaft, 1994; *Schmidt, L./Müller, T./Stöcker, E.,* Die Organschaft im Körperschaftsteuer-, Gewerbesteuer- und Umsatzsteuerrecht, 7. A. 2008; *Stangl, I./Winter, M.,* Organschaft 2013/2014, 2014

Organstreit ist im öffentlichen Recht der Rechtsstreit, an dem → Organe oder Organteile desselben → Staates, derselben → Körperschaft oder derselben → Anstalt beteiligt sind und die den Umfang der jeweiligen Rechte und Pflichten betrifft. Der O. setzt voraus, dass es um die Rechtmäßigkeit einer Maßnahme geht, die mangels Außenwirkung kein → Verwaltungsakt ist, sondern nur innerorganisatorische Wirkungen hat. Ein besonderer Fall ist das in Art. 93 I Nr. 1 GG vorgesehene Streitverfahren bei Bundesorganen. Im Kommunalverfassungsrecht

fallen die Organstreite unter die → Kommunal-verfassungsstreitigkeiten.
Lit.: *Buchwald, K.,* Der verwaltungsgerichtliche Organ-streit, 1998; *Roth, W.,* Verwaltungsrechtliche Organ-streitigkeiten, 2001; *Geis, E. u.a.,* Grundfälle zum Organstreitverfahren, JuS 2011, 699

originär (Adj.) ursprünglich

originärer Eigentumserwerb → Eigentumserwerb, originärer

Ort ist der räumlich besonders herausgehobene Platz (in Deutschland rund 125 000 Siedlungsplätze als O. geführt, rund 13 000 politisch eigenständige Orte).
Lit.: Ortsverzeichnis. Gerichte, Finanz- und Kommu-nalbehörden, 31. A. 2015; *Müllers* Großes deutsches Ortsbuch, 34. A. 2014; Das Orts- und Gerichtsverzeich-nis, 2011; Ortsverzeichnis 2005, 2005

örtlich (Adj.) den Ort betreffend

örtliche Zuständigkeit → Zuständigkeit, örtliche

Ortsbeirat ist der für einen Ort zuständige Beirat eines Verwaltungsorgans.
Lit.: *Böcher, H.,* Taschenbuch für Ortsbeiräte, 9. A. 2001

Ortsgericht ist das besondere örtliche → Gericht der freiwilligen → Gerichtsbarkeit in Hessen (Ge-setz v. 2.4.1980).
Lit.: *Wacker, R.,* Hessisches Ortsgerichtsgesetz, 1999

Ortskrankenkasse, allgemeine (AOK), ist der all-gemeine Träger der öffentlich-rechtlichen → Kran-kenversicherung. Die O. ist öffentlich-rechtliche → Selbstverwaltungskörperschaft. Sie ist in einem bestimmten Gebiet für alle nicht in einer anderen Krankenkasse versicherten Versicherungspflichtigen zuständig.
Lit.: *Berg, H.,* Die regionalen Leistungsstrukturen der allgemeinen Ortskrankenkassen, 1987

Ortsüblich ist die die Üblichkeit an einem be-stimmten Ort betreffende Eigenschaft eines Um-stands. Der Eigentümer eines Grundstücks kann nach § 906 BGB die Zuführung unwägbarer Stoffe (z.B. Gerüche, Dämpfe, Wellen) insoweit nicht verbieten, als die Beeinträchtigung zwar wesentlich ist, aber durch eine ortsübliche Benutzung des ande-ren Grundstücks herbeigeführt wird und nicht durch Maßnahmen verhindert werden kann, die Benutzer dieser Art wirtschaftlich zumutbar sind. Nicht o. ist z.B. die Geruchsbelästigung aus einer ohne not-wendige Genehmigung betriebenen Schweinemäste-rei.

Ortsverzeichnis → Ort

Österreich ist der aus dem südöstlichen Teil des Herzogtums der Bayern erwachsene, seit 1806 (vom → Deutschen Reich) verselbständigte, jedoch von 1815 bis 1866 den übrigen deutschen Staaten im → Deutschen Bund verbündete Staat, dem im Laufe der Zeit vor allem erbrechtlich umfangreiche fremd-

sprachige Gebiete angefallen waren. 1918 verhin-derten die nichtdeutschen Mächte Europas und deutschfeindliche Kräfte eine von den nach der Verselbständigung der Tschechoslowakei, Ungarns und Jugoslawiens verbliebenen deutschsprachigen Teilen Österreichs angestrebte Verbindung mit Deutschland. Von 1938 bis 1945 war Ö. unter wei-testgehender Zustimmung der Bevölkerung dem von dem ehemaligen Österreicher Adolf Hitler als Reichskanzler geführten Deutschen Reich ange-schlossen (→ Anschluss), verselbständigte sich nach dem Untergang der Diktatur Adolf Hitlers aber wieder. Am 19.12.1945 wurde seine republikanische Verfassung vom 1.10.1920 wieder in Kraft gesetzt. Sein bürgerliches Recht ist in dem später mehrfach geänderten Allgemeinen Bürgerlichen Gesetzbuch von 1811 geregelt. Die Zivilprozessordnung stammt von 1895. Das Handelsgesetzbuch wurde 1938 aus dem Deutschen Reich übernommen. Strafrecht und Strafprozessrecht wurden 1975 neu geregelt. Zum 1.1.1995 trat Ö. der → Europäischen Union bei. 2001 wandelte es die 1955 erklärte → Neutralität in Allianzfreiheit um.
Lit.: *Köbler, G.,* Historisches Lexikon der deutschen Länder, 7. A. 2007; *Schauer, M.,* Österreichische Geset-ze (Lbl.), 48. A. 2009; *Schäffer, H.,* Österreichische Verfassungs- und Verwaltungsgesetze (Lbl.), 54. A. 2007; *Dittrich, R./Tades, H.,* Das Allgemeine Bürgerli-che Gesetzbuch, 23. A. 2011; *Neuhofer, H.,* BGBl-Index 2009, 2009; *König, B.,* Einstweilige Verfügungen im Zivilverfahren, 4. A. 2012

Osteuropa ist das (von 1945 bis 1990 vom Kom-munismus geprägte) östliche Europa.
Lit.: Handbuch Wirtschaft und Recht in Osteuropa (Lbl.), hg. v. *Breidenbach, S.,* 114. A. 2014; Justizre-form in Osteuropa, hg. v. *Schroeder, F.,* 2004; Reform des Zivil- und Wirtschaftsprozessrechts in den Mit-gliedstaaten der GUS, hg. v. *Boguslawskij, M. u.a.,* 2004

Ostverträge sind die zwischen 1970 und 1974 von der Bundesrepublik Deutschland und der Sowjet-union, Polen, der Deutschen Demokratischen Re-publik und der Tschechoslowakei geschlossenen Verträge (Moskauer Vertrag vom 12.8.1970 [3.6.1972] mit der Sowjetunion, Warschauer Vertrag vom 7.12.1970 [3.6.1972] mit Polen, Grundla-genvertrag vom 21.12.1972 [21.6.1973] mit der Deutschen Demokratischen Republik, Vertrag über die gegenseitigen Beziehungen vom 11.12.1973 [19.7.1974] mit der Tschechoslowakei). Ergänzend schlossen die vier Alliierten Siegermächte das Ab-kommen über Berlin vom 3.9.1971 (3.6.1972).

Ostzone → Deutsche Demokratische Republik

OSZE ([F.] Organisation für Sicherheit und Zu-sammenarbeit in Europa) ist seit 1994 die Nachfol-georganisation der KSZE mit 55 Mitgliedern (1997) zwischen Vancouver und Wladiwostok. Eingerichtet sind Gipfeltreffen, Ministerrat, Hoher Rat und Parlamentarische Versammlung sowie als ständige Einrichtungen Ständiger Rat, Forum für Sicher-heitskooperation, amtierender Vorsitzender, Ge-neralsekretär (in Wien), Büro für demokratische Institutionen und Menschenrechte (in Warschau),

Beauftragter für Medienfreiheit (in Wien) und Hoher Kommissar für nationale Minderheiten (in Den Haag).

Lit.: *Bortloff, J.,* Die Organisation für Sicherheit und Zusammenarbeit, 1996; *Tudyka, K.,* Das OSZE-Handbuch, 1997; *Leue, M.,* Die Organisation für Sicherheit und Zusammenarbeit, 1999

Outsourcing (engl. [N.]) ist das Ausgliedern (Funktionsauslagerung) eines Betriebsteils.

Lit.: *Balze, W./Rebel, W./Schuck, P,* Outsourcing und Arbeitsrecht, 2002; *Jongen, H.,* International Outsourcing Law and Practice, Bd. 1 2011; Outsourcing im Finanzsektor, hg. v. *Hanten, M.,* 2011

P

Pacht (§ 581 BGB) ist der gegenseitige → Vertrag, in dem sich der eine Teil (→ Verpächter) verpflichtet, dem anderen Teil (Pächter) den Gebrauch des gepachteten Gegenstands und den Genuss der Früchte, soweit sie nach den Regeln einer ordnungsgemäßen Wirtschaft als Ertrag anzusehen sind, während der Pachtzeit zu gestatten, und der andere Teil sich verpflichtet, den vereinbarten Pachtzins zu zahlen. Die P. unterscheidet sich von der → Miete durch ihre Erstreckung über Sachen und Gebrauchsgewährung hinaus, doch gilt für sie in weitem Umfang Mietrecht (§ 581 II BGB, abweichend §§ 582–584b BGB). Sonderfälle sind die Landpacht, die Kleingartenpacht sowie die Jagdpacht und die Fischereipacht.

Lit.: *Wolf, E./Eckert, H./Ball, W.,* Handbuch des gewerblichen Miet-, Pacht- und Leasingrechts, 11. A. 2013; *Gerber, W/Eckert, H.,* Gewerbliches Miet- und Pachtrecht, 8. A. 2013

Pächter → Pacht

Pachtkredit ist das → Darlehen (Kredit), das durch ein → Pfandrecht am landwirtschaftlichen → Inventar gesichert ist und für das das Pachtkreditgesetz gilt.

Lit.: *Sparberg, D.,* Der zivilrechtliche Rechtsschutz der Pachtkreditinstitute, 1974

Pacta (N. Pl.) **sunt servanda** ([lat.] Verträge sind zu halten) ist der wichtigste Grundsatz des öffentlichen wie privaten Vertragsrechts. Wer (z.B. juristische Fakultät) Verträge (z.B. Berufungszusagen) bricht, handelt rechtswidrig. Je gewichtiger und nachhaltiger der Vertragsbruch ist, desto bedeutender ist der damit verbundene Ansehensverlust (Ehrlosigkeit).

Lit.: *Wolter, U.,* Jus canonicum in iure civili, 1975; *Macedo Weiß, P.,* Pacta sunt servanda im Verwaltungsvertrag, 1999; *Fulda, C.,* Demokratie und pacta sunt servanda, 2002

pactum (lat. [N.]) Vertrag

pactum (N.) **de non cedendo** (lat.) Vertragsversprechen (des Gläubigers, die Forderung) nicht abzutreten, → Abtretung

Lit.: *Goergen, U.,* Das pactum de non cedendo, 2000

pactum (N.) **de non petendo** (lat.) Vertragsversprechen (des Gläubigers, die Leistung) nicht zu verlangen, → Stundung

Lit.: *Cremer, K.,* Das pactum de non petendo, 1959

Pairing ist die paarweise parlamentarische Stimmrechtsbeschränkungsvereinbarung unterschiedlicher Parteien zwecks Wahrung der Gewichtungsverhältnisse bei einer Abstimmung.

Lit.: *Röttger,* Die parlamentarische Stimmrechtsbeschränkungsvereinbarung, JuS 1977, 7

Panaschieren (bunt mischen) ist das nach Landesrecht bei Gemeindewahlen nach dem → Verhältniswahlrecht zulässige Zusammenstellen von Kandidaten verschiedener Parteien durch den Wähler auf seinem Stimmzettel.

Lit.: *Sixt, W.,* Kommunalwahlrecht in Baden-Württemberg, 7. A. 2009

Pandekten ([griech.] alles enthaltend) (oder Digesten) sind in der Rechtsgeschichte die durch Justinian (530/533) zu einem Gesetz(eswerk) zusammengestellten (kompilierten) Auszüge aus den Schriften der klassischen römischen Juristen (etwa von Christi Geburt bis 235n. Chr.). → corpus iuris civilis

Lit.: *Söllner, A.,* Römische Rechtsgeschichte, 5. A. 1996; *Köbler, G.,* Zielwörterbuch integrativer europäischer Rechtsgeschichte, 6. A. 2014 (Internet)

Pandektensystem ist die im 18. Jahrhundert (Nettelbladt, Hugo) vorbereitete, von Georg Arnold Heise (1807) aus den römischen Rechtsquellen gewonnene und von Friedrich Carl von Savigny (im Gegensatz zum einfacheren Institutionensystem [Personen, Sachen, Klagansprüche]) durchgesetzte Einteilung des privatrechtlichen Rechtsstoffs nach Allgemeinem, Sachen, Schulden, Familie und Erbe. → Bürgerliches Gesetzbuch

Lit.: *Wieacker, F.,* Privatrechtsgeschichte der Neuzeit, 2. A. 1967; *Köbler, G.,* Zielwörterbuch integrativer europäischer Rechtsgeschichte, 6. A. 2014 (Internet)

Pandektistik ist in der Rechtsgeschichte die auf den → Pandekten aufbauend systematisierende (romanistische) Rechtswissenschaft des 19. Jh.s.

Lit.: *Henkel, T.,* Begriffsjurisprudenz und Billigkeit, 2003

Papst ist im katholischen → Kirchenrecht der Träger der obersten Gesetzgebungsgewalt, Verwaltungsgewalt, Rechtsprechungsgewalt und Lehrgewalt der Kirche. Der P. ist als Bischof von Rom Nachfolger des Apostels Petrus und Stellvertreter Christi auf Erden. Seine Entscheidungen in Glaubensfragen und Sittenfragen auf Grund der Lehrgewalt gelten seit dem späten 19. Jh. (1870) als unfehlbar. Der P. wird von den → Kardinälen im Konklave (unter Ausschluss der Außenwelt) gewählt (einstimmig, durch einen Ausschuss oder durch Abstimmung). Sein Amt endet durch Tod oder Aufgabe.

Lit.: *Schlaich, K.,* Das Recht der Papstwahl, JuS 2001, 319; *Schwaiger, G.,* Kleines Lexikon der Päpste, 2. A. 2005

Paraphe (F.) mit Hilfe der Anfangsbuchstaben abgekürzter Namenszug unter Schriftstücken

Paraphierung ist die vorläufige Einigung über den Abschluss eines völkerrechtlichen → Vertrags. Sie führt noch zu keiner Verpflichtung. Deshalb setzen die Vertragsunterhändler unter den Vertragstext, auf den sie sich geeinigt haben, auch nur ihre Anfangsbuchstaben (→ Paraphe), nicht ihre vollen Namen.

Lit.: *Plettenberg, C. v.,* Die Anerkennung eines Staates durch Paraphierung eines Vertrages, 1975

Parentel ist die (seit 1740 durch Darjes) zu einer erbrechtlichen Ordnung zusammengefasste Gruppe von → Verwandten (Elternschaft, Familienschaft), die von einem gemeinschaftlichen Vorfahren abstammen (z. B. Abkömmlinge, Eltern und deren Abkömmlinge, Großeltern und deren Abkömmlinge, Urgroßeltern und deren Abkömmlinge). Nach der Zugehörigkeit zu einzelnen Parentelen erfolgt die Bestimmung der gesetzlichen → Erben. Ein Verwandter ist nicht zur → Erbfolge berufen, solange ein Verwandter einer vorhergehenden Ordnung vorhanden ist (§ 1930 BGB).

parentela (lat. [F.]) Verwandtschaft, Gesamtheit der Abkömmlinge eines Menschen

Parität (F.) Gleichheit, Gleichstellung

Parken (§ 12 II StVO) ist im Verwaltungsrecht das Verlassen eines Fahrzeugs im öffentlichen Straßenverkehr und das länger als 3 Minuten dauernde Halten. Unzulässiges P. ist eine → Ordnungswidrigkeit (§ 49 StVO). Nach § 25a StVG kann das Bußgeld dann, wenn der verantwortliche Fahrer nicht oder nur mit unangemessenem Aufwand ermittelt werden kann, dem Halter des Kraftfahrzeugs auferlegt werden.

Lit.: *Berr, W./Hauser, J./Schäpe, M.,* Das Recht des ruhenden Verkehrs, 2. A. 2005; *Huppertz, B.,* Halten, Parken, Abschleppen, 2. A. 1997

Parlament ist die Vertretung des Volkes zur Beratung allgemeiner Angelegenheiten. Das P. ist in dem gewaltenteilenden Staat das zur → Gesetzgebung berufene → Organ. Es kann aus mehreren → Kammern bestehen (z. B. Zweikammersystem), wobei dann meist die gewichtigere (zweite) Kammer durch allgemeine und gleiche Wahl beschickt wird. Die Angehörigen des Parlaments sind die → Abgeordneten. Organe des Parlaments sind meist Präsident, Ältestenrat und Ausschüsse.

Lit.: Parlamentsrecht und Parlamentspraxis, hg. v. *Schneider, H.,* 1989; *Morlok, M. u. a.,* Das Parlament, JuS 2011, 1

Parlamentarischer Rat ist in der Rechtsgeschichte die von den Landtagen der westlichen Besatzungszonen Deutschlands gewählte Versammlung von 65 Abgeordneten zur Beratung des → Grundgesetzes in dem Jahre 1948.

Lit.: *Feldkamp, M.,* Der Parlamentarische Rat, 1998

Parlamentarismus ist die Regierungsform, in der die → Regierung vom → Parlament abhängig ist. Diese Abhängigkeit kann darin bestehen, dass das Parlament entweder den Regierungschef oder alle → Minister entweder wählt oder bestätigt. Das führt politisch zu der Notwendigkeit, dass die Regie-

rungsmitglieder der Mehrheitspartei oder den Mehrheitsparteien nahe stehen. Die Abhängigkeit der Regierung vom Parlament kann durch das konstruktive → Misstrauensvotum gelockert sein.

Lit.: *Breit, G.,* Parlamentarismus in der Bundesrepublik Deutschland, 2003

Partei ist im Verfassungsrecht (Art. 21 GG) die Vereinigung von Menschen (Bürgern), die dauernd oder für längere Zeit für den Bereich des → Bundes oder eines → Landes auf die politische Willensbildung Einfluss nehmen und an der Vertretung des Volkes im → Bundestag oder einem → Landtag teilnehmen wollen, wenn sie nach dem Gesamtbild der tatsächlichen Verhältnisse eine ausreichende Gewähr für die Ernsthaftigkeit dieser Zielsetzung bieten (§ 2 ParteiG bzw. PartG). Sie ist meist nichtrechtsfähiger → Verein. Die Parteien sind ein verfassungsrechtlich notwendiger Bestandteil der freiheitlichen demokratischen → Grundordnung. Sie wirken bei der politischen Willensbildung des Volkes mit. Sie lassen sich vor allem unterscheiden in Regierungspartei und Oppositionspartei, in Weltanschauungspartei und Interessenpartei, in konservative, liberale und progressive Parteien sowie in unitarische oder föderalistische Parteien. Die P. kann im Einzelfall verfassungswidrig sein (Art. 21 GG). Sie darf vom Verfassungsschutz beobachtet werden, sofern der entsprechende Eingriff (z. B. Einsatz von Vertrauensmännern) verhältnismäßig ist. Im Zivilprozess ist P., von wem und gegen wen (im Zivilprozess) Rechtsschutz begehrt wird, wer tatsächlich klagt oder verklagt ist. Jeder Zivilprozess verlangt zwei verschiedene Parteien. Sie werden als → Kläger und → Beklagter oder in besonderen Fällen als Antragsteller und Antragsgegner (oder als Gläubiger und Schuldner) bezeichnet. Eine P. kann ihre Stellung kraft Amtes innehaben (z. B. Konkursverwalter, Insolvenzverwalter). Im Privatrecht kann ein Beteiligter eines → Schuldverhältnisses auch P. (Vertragspartei) genannt werden.

Lit.: *Maurer, H.,* Die Rechtsstellung der politischen Parteien, JuS 1991, 881; *Westerwelle, G.,* Das Parteienrecht, 1994 (Diss. jur. Hagen); *Ipsen, J.,* Parteiengesetz, 2008; Parteiengesetz (PartG) und europäisches Parteienrecht, hg. v. *Kersten, J./Rixen, S.,* 2009; *Markgraf, J. u. a.,* Gesellschaften als Parteien im Zivilprozess, JuS 2010, 312; *Decker, F.,* Parteien und Parteiensysteme in Deutschland, 2011

Parteiänderung ist die Änderung einer → Partei während eines → Prozesses. Sie ist sowohl kraft → Gesetzes wie auch durch gewillkürte → Prozesshandlung möglich. Im materiellen Recht ist eine Änderung der Partei ebenfalls zulässig (z. B. §§ 563, 613a BGB).

Lit.: *Kohler,* Die gewillkürte Parteiänderung, JuS 1993, 315

Parteiantrag (§ 308 ZPO) ist der von einer → Partei im → Rechtsstreit gestellte → Antrag. Das → Gericht ist nicht befugt, einer Partei etwas zuzusprechen, was nicht beantragt ist (Grundsatz der Parteiherrschaft, → ne [eat iudex] ultra petita).

Lit.: *Melissinos, G.,* Die Bindung des Gerichts an Parteianträge nach § 308 ZPO, 1982

Parteibetrieb (Dispositionsmaxime) ist im Prozessrecht der Verfahrensgrundsatz, nach dem die Einleitung und Fortführung eines Prozesses nur auf Grund von Prozesshandlungen der → Parteien erfolgt (gilt z. B. grundsätzlich im Zivilprozess, Gegensatz → Amtsbetrieb).
Lit.: *Jauernig, O.*, Verhandlungsmaxime, Inquisitionsmaxime und Streitgegenstand, 1967

Parteienfinanzierung ist die Beschaffung von Mitteln zur Durchführung der Aufgaben der politischen → Parteien. Parteien, die sich an der Bundestagswahl mit eigenen Wahlvorschlägen beteiligt haben und eine bestimmte Mindestzahl von Stimmen erreicht haben, erhalten (in Deutschland seit 1959) nach § 18 ParteiG die notwendigen Kosten eines angemessenen Wahlkampfs erstattet, wobei der jährliche Gesamtbetrag (2011 141,9 Millionen Euro, 2012 150,8 Millionen Euro) grundsätzlich nach dem Anteil der Zweitstimmen aufgeteilt wird. Im Übrigen hat der Vorstand einer Partei über die Herkunft der Mittel, die seiner Partei – innerhalb eines Kalenderjahrs – zugeflossen sind (z. B. Spenden), öffentlich Rechenschaft zu geben (Art. 23 GG).
Lit.: *Hexemer, H.*, Parteienfinanzierung im internationalen Vergleich, 2000; *Arnim, H.*, Die neue EU-Parteienfinanzierung, NJW 2005, 247

Parteienstaat ist der durch politische → Parteien bestimmte → Staat. Nach Art. 21 GG wirken in der → Bundesrepublik die Parteien bei der politischen Willensbildung – als notwendiger Bestandteil der freiheitlichen demokratischen → Grundordnung – mit.
Lit.: *Puhle, H.*, Parteienstaat in der Krise, 2002

Parteifähigkeit (§ 50 I ZPO) ist die Fähigkeit, in einem → Rechtsstreit → Partei zu sein. Die P. ist → Prozessvoraussetzung und → Prozesshandlungsvoraussetzung. Sie kann *aktive* P. (→ Kläger) oder *passive* P. (→ Beklagter) sein. Parteifähig ist grundsätzlich, wer → rechtsfähig ist. Der nichtrechtsfähige → Verein ist nur passiv parteifähig (§ 50 II ZPO), die → Gewerkschaft aber auch aktiv (§ 10 ArbGG). → Offene Handelsgesellschaft und → Kommanditgesellschaft können unter ihrer → Firma klagen und verklagt werden (§§ 124 I, 161 II HGB), ebenso seit 2001 die Gesellschaft des bürgerlichen Rechtes.
Lit.: *Schemmann, T.*, Parteifähigkeit im Zivilprozess, 2002; *Engelmann-Pilger, J.*, Parteifähigkeit und Amtsprüfung, NJW 2005, 716; *Beranek, A.*, Die Parteifähigkeit, 2009

Parteiherrschaft ist der Grundsatz der Verfügungsgewalt der → Parteien eines → Rechtsstreits über den → Streitgegenstand. → ne (eat iudex) ultra petita
Lit.: *Frasselt-Rommé, U.*, Parteiherrschaft im Verfahren vor dem EuGH, 1993

Parteiprozess (§ 79 ZPO) ist der → Rechtsstreit, den die → Partei selbst oder durch jede prozessfähige Person als Bevollmächtigten führen kann. Der P. steht im Gegensatz zum → Anwaltsprozess.

Parteivereinbarung → Vertrag

Parteivernehmung (z. B. §§ 445 ff. ZPO) ist die → Vernehmung einer → Partei eines → Rechtsstreits über den → Streitgegenstand. Sie ist ein → Beweismittel, falls eine Partei den ihr obliegenden Beweis mit anderen Beweismitteln nicht vollständig geführt oder andere Beweismittel nicht vorgebracht hat. Die Partei braucht sich nicht zu äußern, doch darf das Gericht aus einer Weigerung entsprechende Schlüsse ziehen. Wenn sie sich äußert, muss sie die Wahrheit aussagen. Ein Geständnis während der P. ist nicht möglich.
Lit.: *Lange, H.*, Parteianhörung und Parteivernehmung, NJW 2002, 476; *Kwaschik, A.*, Die Parteivernehmung, 2004

Parteiverrat (Prävarikation) (§ 356 StGB) ist die pflichtwidrige Tätigkeit eines → Rechtsanwalts oder anderen → Rechtsbeistands für beide → Parteien ein und derselben Rechtssache. Dieselbe Rechtssache liegt auch vor, wenn derselbe sachlich-rechtliche Inhalt der anvertrauten Interessen Gegenstand mehrerer Verfahren ist. Die Pflichtwidrigkeit entfällt, wenn beide Parteien gemeinsam den Rechtsanwalt um seine Tätigkeit bitten.
Lit.: *Prinz, G.*, Der Parteiverrat, 1999; *Henssler, M.*, Das Verbot der Vertretung widerstreitender Interessen, NJW 2001, 1521

Parteivorbringen ist das Vorbringen einer Partei in dem Prozessrecht.
Lit.: *Nordhues/Trinczek*, Zur Lehre vom gleichwertigen Parteivorbringen, JA 1990, Übungsblätter für Referendare 256

Parteiwechsel ist der Wechsel einer Partei im Prozessrecht.
Lit.: *Roth*, Gewillkürter Parteiwechsel, NJW 1988, 2977; *Brenner, M.*, Der Parteiwechsel, 1992 (Schweiz)

Partenreederei → Reederei
Lit.: *Schmidt, K.*, Die Partenreederei, 1995; Münchener Handbuch des Gesellschaftsrechts, Bd. 1 2. A. 2004 (Riegger, Bodo)

partiarisch (Adj.) Teile betreffend

partiarisches Darlehen (N.) Beteiligungsdarlehen, → Darlehen

partiarisches Verhältnis → Verhältnis, partiarisches

partiell (Adj.) teilweise

partikular (Adj.) für einen Teil besondere

Partikularrecht ist das in einzelnen Gebieten eines einheitlichen staatsrechtlichen oder völkerrechtlichen Gebildes besonders geltende Recht (z. B. im ersten Deutschen Reich oder in der Gegenwart im Bereich des Verwaltungsrechts Deutschlands oder in der Europäischen Union). Das P. steht im Gegensatz zum einheitlichen, insbesondere zum allgemeinen und zum gemeinen → Recht.
Lit.: *Bluhme, F.*, Encyklopädie der in Deutschland geltenden Rechte, 1854 ff.; *Köbler, G.*, Zielwörterbuch

integrativer europäischer Rechtsgeschichte, 6. A. 2014 (Internet)

Partner ist der Teilnehmer bzw. Gesellschafter einer → Partnerschaft.
Lit.: *Spehl, S.,* Partner werden in der Anwaltskanzlei, 2012

Partnerschaft ist das engere Zusammenwirken mehrerer Personen. Freiberufliche P. ist die registerfähige Gesellschaft für die gemeinsame Berufsausübung mehrerer freiberuflicher Tätiger (Partnerschaftsgesellschaft 1.7.1995, PartG. § 1 PartGG, [Aufzählung der freien Berufe in § 1 II 2 PartGG]). Der Gesellschaftsvertrag, der nur von Menschen abgeschlossen werden kann, bedarf der Schriftform. Die P. ist in ein Partnerschaftsregister einzutragen (1997 850 Partnerschaftsgesellschaften, 2003 900 Partnerschaften). Für die P. gilt das Recht der → Gesellschaft des bürgerlichen Rechts. Die P. übt kein Handelsgewerbe aus (§ 1 I 2 PartGG). Der Name der P. muss den richtigen und vollständigen Namen mindestens eines Partners, den Zusatz *und Partner* oder *Partnerschaft* sowie die Berufsbezeichnungen aller in der P. vertretenen Berufe enthalten. Rechtsanwälten kann untersagt werden, mehreren Partnerschaften anzugehören, doch kann ihnen nicht verwehrt werden, sich mit Wirtschaftsprüfern oder Steuerberatern zusammenzuschließen, die ihrerseits einer weiteren Sozietät angehören (Sternsozietät). Unternehmen, die keine Partnerschaftsgesellschaft sind, den Zusatz *und Partner* oder *Partnerschaft* aber in ihrer Firma führen dürfen, müssen seit 1.7.1997 in ihrer Firma durch Zusatz darauf hinweisen, dass sie eine andere Rechtsform als die Partnerschaftsgesellschaft haben. In die Firma von nach dem Inkrafttreten des Partnerschaftsgesellschaftsgesetzes gegründeten oder umbenannten sonstigen Gesellschaften dürfen die Wendungen *und Partner* oder *Partnerschaft* nicht aufgenommen werden. Seit 19.7.2013 ist eine Partnerschaftsgesellschaft mit beschränkter Berufshaftung (PartGmbB) möglich, die aber eine deutlich höhere Berufshaftpflichtversicherung abschließen muss. P. in einem weiteren Sinn ist auch die gleichgeschlechtliche → Lebenspartnerschaft.
Lit.: *Michalski, L./Römermann, V.,* Kommentar zum Partnerschaftsgesellschaftsgesetz, 4. A. 2014; *Grziwotz, H.,* Partnerschaftsvertrag für die nichteheliche und nicht eingetragene Lebensgemeinschaft, 4. A. 2002, 5. A. 2015?; *Henssler, M.,* Partnerschaftsgesellschaftsgesetz, 2. A. 2008; *Sommer, M. u. a.,* Die „Umwandlung" einer Partnerschaftsgesellschaft in eine PartG mbB und Folgen, NJW 2013, 3269; *Lieder, J. u. a.,* Die PartGmbB, NJW 2015, 897 (Ende 2014 rund 1700, z. B. CMS Hasche Sigle); *Meilicke/Graf von Westphalen/Hoffmann,* Partnerschaftsgesellschaftsgesetz, 3. A. 2015

Pass (Schritt) (§§ 1 ff. PassG) ist die für den → Ausweis eines Menschen bei der Einreise, Ausreise und dem Aufenthalt im Ausland grundsätzlich erforderliche öffentliche → Urkunde. Der P. gilt auch im Inland als Ausweispapier. Deutsche Pässe werden nur → Deutschen ausgestellt. Die Ausstellung ist bei Vorliegen bestimmter Gründe zu versagen (z. B. Gefährdung der inneren oder äußeren

Sicherheit). Die Ausreise trotz bestehender passbeschränkender Maßnahmen ist strafbar.
Lit.: *Süßmuth, W./Koch, H.-W.,* Pass- und Personalausweisrecht (Lbl.), 6. A. 2014; *Hornung, G./Möller, J.,* Passgesetz, Personalausweisgesetz, 2011

passiv (Adj.) erduldend, hinnehmend

Passiva sind die Vermögensteile eines → Unternehmens, die auf der (rechts geführten) Passivseite der → Bilanz ausgewiesen werden. Dazu gehören vor allem → Verbindlichkeiten und → Eigenkapital. Den Gegensatz bilden die → Aktiva.
Lit.: *Berndt, T.,* Grundsätze ordnungsmäßiger passiver Rechnungsabgrenzung, 1998

passives Wahlrecht → Wahlrecht, passives

Passivlegitimation ist die Beklagtenbefugnis (passive Sachbefugnis z. B. des Käufers bei der Kaufpreisklage des Verkäufers). Der Beklagte muss als → Beklagter in Bezug auf das → Recht zuständig sein. Fehlt die P. des Beklagten, so ist die Klage jedenfalls unbegründet. (Gegensatz → Aktivlegitimation des Klägers.)
Lit.: *Juhnke, A.,* Die Passivlegitimation bei Anfechtungs- und Verpflichtungsklage, 1985; *Schilken, E.,* Veränderungen der Passivlegitimation, 1987; *Glockshuber, C.,* Die Passivlegitimation, 1997

Passivvertretung ist die Vertretung auf der Seite eines Erklärungsempfängers.

Passpflicht → Pass

Patent (von lat. [littera] [F.] patens, offener [Brief]) ist vor allem in der Rechtsgeschichte die → Urkunde über eine Rechtshandlung, durch die öffentlich ein Recht verliehen wird. In der Gegenwart ist P. das einem Erfinder vom Staat ausschließlich erteilte, zeitlich – auf 20 Jahre ab dem Tage nach der Anmeldung der Erfindung (§ 16 PatG) – begrenzte, vererbliche Recht, eine → Erfindung (gewerbsmäßig) zu benutzen (§ 9 PatG). Patente werden erteilt für neue Erfindungen, die eine gewerbliche Verwertung gestatten (§ 1 PatG). Nach dem Europäischen Patentübereinkommen sind zwar Pflanzensorten und biologische Verfahren zur Pflanzenzüchtung vom Patentschutz grundsätzlich ausgeschlossen, doch können nach einer Entscheidung des Europäischen Patentamts Pflanzensorten mittelbar Patentschutz erfahren, wenn Gegenstand des Patentanspruchs ein Erzeugnis ist, das nur für die Herstellung einer Pflanzensorte Bedeutung hat (gentechnische Veränderung als sortenunabhängige Erfindung). Das Recht auf das P. hat der Erfinder oder sein Rechtsnachfolger (§ 6 PatG). Für das P. sind für das dritte und jede folgende Jahr → Gebühren zu entrichten (§ 17 PatG). Der Inhaber eines Patents kann sein Recht durch → Lizenzvertrag übertragen (§ 15 PatG).
Lit.: *Henn, G.,* Patent- und Know-how-Lizenzvertrag, 5. A. 2003; Europäisches Patentübereinkommen, hg. v. *Stauder, D.,* 6. A. 2013; *Pitz, J.,* Patentverletzungsverfahren, 2. A. 2010; *Götting, H.,* Gewerblicher Rechtsschutz, 10. A. 2014

Patentamt ist die für die Erteilung von → Patenten zuständige obere → Bundesbehörde (in München, 1.11.1998 Deutsches Patent- und Markenamt) (§ 26 PatG).

Lit.: Festheft 50 Jahre Deutsches Patent- und Markenamt in München, 1999

Patentanwalt ist der berufsmäßige Berater in Patentangelegenheiten. Voraussetzung für die Zulassung als P. sind eine technisch-naturwissenschaftliche Hochschulausbildung, eine praktische Vorbereitungszeit und eine juristische Prüfung vor einer Kommission (§§ 5 ff. Patentanwaltsordnung vom 7.9.1966). Der P. steht weitgehend einem → Rechtsanwalt gleich.

Lit.: *Bayer, A.,* Der Patentanwalt, 2002

Patentgericht → Bundespatentgericht (§ 65 PatG)

Patentgesetz ist das das → Patent betreffende → Gesetz.

Lit.: *Schulte, R.,* Patentgesetz, 9. A. 2014; *Mes, P.,* Patentgesetz, Gebrauchsmustergesetz, 4. A. 2014; *Busse, R.,* Patentgesetz, 7. A. 2013; *Benkard,* Patentgesetz, Gebrauchsmustergesetz, 11. A. 2015

Patentrecht ist objektiv die Gesamtheit der ein → Patent betreffenden Rechtssätze und subjektiv das Recht auf oder aus einem Patent.

Lit.: *Kraßer, R.,* Patentrecht, 6. A. 2009; Europäisches Patentübereinkommen, hg. v. *Singer, M. u.a.,* 5. A. 2010; *Ilzhöfer, V./Engels, R.,* Patentrecht, Markenrecht und Urheberrecht, 8. A. 2010; *Gruber, S. u.a.,* Europäisches und internationales Patentrecht, 7. A. 2012; *Osterrieth, C.,* Patentrecht, 5. A. 2015; Europäisches Patentübereinkommen, hg. v. *Benkard, G.,* 2. A. 2012; Patentrechtskommentar, hg. v. *Fitzner, U./Lutz, R./Bodewig, T.,* 4. A. 2012; Handbuch des Patentrechts, hg. v. *Haedicke, M./Timmann, H.,* 2012; *Götting, H. u.a.,* Patentrecht, 2014

pater (M.) **familias** (lat.) Hausvater

Patient (M.) Leidender, Kranker im Krankenhaus. Seit 1.9.2009 ist die schriftliche, im Zustand der Einwilligungsfähigkeit abgegebene Erklärung (Verfügung) eines volljährigen Menschen, unter bestimmten Umständen von lebenserhaltenden Maßnahmen abzusehen, wenn er selbst in einer Lage außer Stande ist, sich hierzu zu erklären, für behandelnde Ärzte und Betreuer bindend, auch wenn nach ärztlichem Urteil der nahe Tod nicht bevorsteht (§§ 1901a ff. BGB).

Lit.: *Göben, J.,* Das Mitverschulden des Patienten, 1998; *Bollweg, H./Brahms, K.,* Patientenrechte, NJW 2003, 1505; *Höfling, W.,* Das neue Patientenverfügungsgesetz, NJW 2009, 2849; *Walter, U.,* Das neue Patientenrechtegesetz, 2013

Patrimonialgerichtsbarkeit ist die aus der Grundherrschaft entwickelte Gutsherrngerichtsbarkeit (bis 27.1.1877).

Lit.: *Köbler, G.,* Deutsche Rechtsgeschichte, 6. A. 2005; *Wienfort, M.,* Patrimonialgerichte in Preußen, 2001

Patristik (F.) Literatur der Kirchenväter

Patrizier (M.) ist der Angehörige der römischen sowie der mittelalterlich-städtischen Oberschicht.

Patron (M.) Schutzherr

Patronat ist im → Kirchenrecht die Gesamtheit der Rechte und Pflichten des Schutzherrn (→ Patrons) einer meist auf dessen Grund und Boden gebauten Kirche (Eigenkirche) in Bezug auf diese (z.B. Besetzungsvorschlagsrecht, Kirchenbaulast), sonst der allgemeine Schutz.

Lit.: *Lindner, D.,* Baulasten an kirchlichen Gebäuden, 1995; *Koch, J.,* Die Patronatserklärung, 2005; *Wolf, C.,* Die Patronatserklärung, 2005

Peculium (lat. [N.] Sondergut) ist im römischen Recht das besondere Gut, mit dem Gewaltunterworfene (z.B. Haussohn) rechtstatsächlich wirtschaften können.

Lit.: *Kaser, M.,* Römisches Privatrecht, 20. A. 2014

peinlich (Adj.) Strafen betreffend (zu lat. poena [F.] Strafe)

Peinliche Gerichtsordnung Karls V. (1532) → Constitutio Criminalis Carolina

Pension (F.) Ruhegehalt (eines Beamten)

Pensionsfonds (§§ 112 f. VAG) ist eine Körperschaft des Privatrechts in der Form eines Pensionsfondsvereins auf Gegenseitigkeit oder eine Aktiengesellschaft, die im Wege der Kapitaldeckung für mindestens einen Arbeitgeber Leistungen der betrieblichen Altersversorgung an Arbeitnehmer erbringt.

Peregriner (M.) Fremder

peremptorisch (Adj.) zerstörend

peremptorische Einrede → Einrede, peremptorische

Perpetuatio (F.) **fori** ([lat.] Fortdauer [der Zuständigkeit] des → Gerichts [bei – der Rechtshängigkeit nachfolgenden – Veränderungen]) ist der allgemeine Grundsatz des Verfahrensrechts (z.B. § 261 III ZPO), dass die Rechtshängigkeit durch eine nachträgliche Veränderung der die Zuständigkeit begründenden Umstände nicht berührt wird.

Person ist, wer Träger von → Rechten und → Pflichten sein kann (→ Rechtssubjekt, → Rechtsfähigkeit). *Natürliche* P. ist der Mensch und zwar von der Vollendung seiner → Geburt bis zu seinem → Tod. *Juristische* P. (früher moralische P.) ist die rechtlich geregelte soziale Organisation (Zusammenfassung von Menschen oder Sachen), der die geltende Rechtsordnung eine eigene allgemeine → Rechtsfähigkeit zuerkennt, so dass sie unabhängig von ihrem Mitgliederbestand selbst Träger von Rechten und Pflichten ist. Sie ist im geltenden Recht streng zu trennen von der → Gesamthand, die (noch) keine juristische P. ist. Juristische P. des Privatrechts (§§ 21 ff. BGB) sind (rechtsfähiger) → Verein (z.B.

auch Aktiengesellschaft) und (privatrechtliche) → Stiftung, juristische P. des öffentlichen Rechts sind → Körperschaft (z. B. → Staat unter Einschluss seiner als → Fiskus bezeichneten privatrechtlichen Erscheinungsform, Universität, Gemeinde, Kreis, Handwerkskammer, Sozialversicherungsträger), (öffentlich-rechtliche) → Stiftung (z. B. Stiftung Preußischer Kulturbesitz) und rechtsfähige → Anstalt (z. B. Rundfunkanstalt, Bundesbank, Kreissparkasse) (vgl. § 89 BGB), wobei entscheidend ist, in welchem Rechtsgebiet die Rechtsfähigkeit der juristischen Person ihren Ursprung hat. Für die juristische P. gilt ein besonderes Organisationsrecht. Im Übrigen steht die juristische P. der natürlichen P., soweit dies sinnvoll ist, gleich. *Arbeitnehmerähnliche* P. ist der in → Heimarbeit Beschäftigte, der ihm Gleichgestellte sowie bestimmte wenig verdienende selbständige → Handelsvertreter. Sie sind keine → Arbeitnehmer, werden diesen aber wegen ihrer wirtschaftlichen Unselbständigkeit in bestimmten Beziehungen gleichgestellt.

Lit.: *Riede, J.,* Die Person der Zeitgeschichte, 2000; *Uhlenbrock, H.,* Der Staat als juristische Person, 2000; *Buck, P.,* Wissen und juristische Person, 2001; *Park, J.,* Arbeitnehmer und arbeitnehmerähnliche Personen, 2004; *Deylen, C. v.,* Die deliktische Haftung juristischer Personen, 2010

persona (lat.) [F.] Person

persona (F.) **ingrata** (lat.) unerwünschte Person

persona (F.) **non grata** (lat.) unerwünschte Person

Personal ist die Gesamtheit der Bediensteten einer Einrichtung.

Lit.: *Küttner, W.,* Personalbuch – Arbeitsrecht, Lohnsteuerrecht, Sozialversicherungsrecht, 22. A. 2015; Vahlens großes Personallexikon, hg. v. *Scholz, C.,* 2009

Personalakte (§ 50 BeamtStG, § 83 BetrVG) ist die über einen Bediensteten, insbesondere einen → Beamten, angelegte → Akte, in die der Betroffene ein Recht auf Einsicht hat.

Lit.: *Graz, G.,* Personalakte und Zeugnis, 2004

Personalausweis (§§ 1 ff. PAuswG) ist die zum → Ausweis eines Menschen bestimmte öffentliche → Urkunde. Jeder Mensch im Bundesgebiet, der das 16. Lebensjahr vollendet hat, ist grundsätzlich verpflichtet, einen P. zu haben und ihn auf Verlangen einer zur Prüfung der Personalien ermächtigten → Behörde vorzulegen, soweit er sich nicht durch Vorlage eines gültigen → Passes ausweisen kann. Wer sich keinen P. ausstellen lässt, begeht eine mit → Bußgeld bewehrte → Ordnungswidrigkeit.

Lit.: *Süßmuth, W./Koch, H.-W.,* Pass- und Personalausweisrecht (Lbl.), 6. A. 2014; *Borges, G.,* Der neue Personalausweis und der elektronische Identitätsnachweis, NJW 2010, 3334; *Hornung, G./Möller, J.,* Passgesetz, Personalausweisgesetz, 2011

Personal Computer (PC) ist das (zum persönlichen Gebrauch bestimmte) Rechengerät der elektronischen Datenverarbeitung.

Personalfirma ist im Handelsrecht die aus dem Namen des → Kaufmanns oder eines oder mehrerer → Gesellschafter gebildete → Firma im Gegensatz zur Sachfirma.

Personalfolium (Personenblatt) (§ 4 GBO) ist im Sachenrecht das über mehrere → Grundstücke desselben → Eigentümers, deren → Grundbücher von demselben → Grundbuchamt geführt werden, geführte gemeinschaftliche Grundbuchblatt, das als Ausnahme vom → Realfolienprinzip zulässig ist, solange hiervon Verwirrung nicht zu besorgen ist.

Personalhoheit ist die → Hoheitsgewalt des → Staates über seine → Staatsangehörigen und die Befugnis des → Dienstherrn (Staat, Gemeinde), sich seine Bediensteten im Rahmen der Gesetze nach freiem → Ermessen auszuwählen, sie einzustellen, zu befördern und zu entlassen.

Lit.: *Gmein, A.,* Die Personalhoheit der Gemeinden, Diss. jur. Bonn 1998

Personalinformationssystem ist das mit Hilfe der elektronischen Datenverarbeitung aufgebaute System von Daten über persönliche Verhältnisse, Eigenschaften oder Verhaltensweisen von Arbeitnehmern.

Lit.: *Schmeisser, W.,* Personalinformationssysteme & Personalcontrolling, 1999

Personalitätsprinzip ist der Grundsatz, die rechtlichen Verhältnisse nicht nach einem Ort (→ Territorialitätsprinzip), sondern nach einer → Person bzw. nach persönlichen Verhältnissen zu bestimmen. Das P. gilt an manchen Stellen des internationalen Privatrechts. Dort richten sich z. B. die Regeln über die Rechtsfähigkeit einer Person nach deren Heimatrecht (Art. 7 EGBGB).

Lit.: *Kegel, G./Schurig, K.,* Internationales Privatrecht, 9. A. 2004; *Schmitz, A.,* Das aktive Personalitätsprinzip im internationalen Strafrecht, 2002

Personalkörperschaft ist die → Körperschaft des öffentlichen Rechts, bei der die Zugehörigkeit von einem persönlichen Tatbestand abhängt (z. B. Ärztekammer, Rechtsanwaltskammer).

Personalkredit ist das → Darlehen (Kredit), das (nur) durch die Person des Darlehensnehmers, → Bürgen oder → Mitschuldners gesichert ist. Hierfür gilt je nachdem das Darlehensrecht, Bürgschaftsrecht oder Schuldnermehrheitsrecht. Den Gegensatz zum P. bildet der Realkredit.

Personalrat ist das geschäftsführende Organ im Rahmen der → Personalvertretung. Der P. wird von den Bediensteten nach dem Prinzip der Gruppenwahl (Aufteilung der Mitgliederzahl entsprechend der jeweiligen Stärke der Gruppen der → Angestellten, → Arbeiter und → Beamten, innerhalb jeder Gruppe besondere → Verhältniswahl) gewählt. Er kann Beschwerden entgegennehmen und ist teils mit Mitbestimmungsrechten (Zustimmung), teils mit Mitwirkungsrechten (Aufklärung) an Entscheidungen im Sozialbereich, Arbeitsschutz und in Personalangelegenheiten beteiligt.

Lit.: *Koberski, W. u.a.,* Personalratspraxis, 1996; *Thannheiser, A.,* Rationalisierung und Organisationsänderung, 1999

Personalstatut ist im internationalen Privatrecht die Gesamtheit der eine Person als solche betreffenden Angelegenheiten (z. B. Abstammung, Eheschließung), für die das deutsche internationale Privatrecht an die Staatsangehörigkeit (etwa im Gegensatz zum Wohnsitz) anknüpft.

Lit.: *Kegel, G./Schurig, K.,* Internationales Privatrecht, 9. A. 2004

Personalunion ([lat.] personalis unio [F.], 1776) ist die Verbindung zweier → Staaten durch die Person desselben → Staatsoberhaupts (z. B. England und Hannover 1714–1837, Preußen und Neuenburg 1707–1848).

Personalversammlung ist im öffentlichen Dienst die Versammlung aller Bediensteten der Dienststelle. Sie ist ein Organ im Rahmen der → Personalvertretung. Die *ordentliche* P., auf welcher der → Personalrat seinen Tätigkeitsbericht zu erstatten hat, findet einmal jährlich statt. Die *außerordentliche* P. kann zwischenzeitlich aus besonderem Anlass einberufen werden.

Personalvertretung ist die Vertretung der → Beamten, → Angestellten und → Arbeiter des öffentlichen → Dienstes. Ihre Errichtung bei jeder Dienststelle ist durch die Personalvertretungsgesetze vorgeschrieben. Sie soll zur Verbesserung der Arbeitsbedingungen und der menschlichen Beziehungen beitragen. Ihre Organe sind → Personalversammlung und → Personalrat.

Lit.: *Ilbertz, W./Widmaier, U.,* Bundespersonalvertretungsgesetz, 13. A. 2014; *Richardi/Dörner/Weber,* Personalvertretungsrecht, 4. A. 2012

Personenbeförderungsrecht ist die Gesamtheit der die Personenbeförderung betreffenden Rechtssätze.

Lit.: *Fromm, G./Fey, M./Sellmann K./Zuck H.,* Personenbeförderungsrecht, 4. A. 2013; *Heinze, C./Feling, M./Fiedler, L,* Personenbeförderungsgesetz, 2. A. 2014

Personengesellschaft ist die → Gesellschaft, bei der die persönliche Beteiligung im Vordergrund steht und es nicht entscheidend auf die Kapitalbeteiligung ankommt. Kennzeichen der P. sind (Fehlen der → Rechtsfähigkeit,) → Selbstorganschaft, grundsätzliche Unveräußerlichkeit der Anteile, persönliche → Haftung und Mitarbeit der Gesellschafter. Personengesellschaften sind vor allem die → Gesellschaft des bürgerlichen Rechts, die offene → Handelsgesellschaft und die → Kommanditgesellschaft. Die P. steht im Gegensatz zur → Kapitalgesellschaft. Nach § 14 II BGB ist eine *rechtsfähige* P. eine P., die mit der Fähigkeit ausgestattet ist, Rechte zu erwerben und Verbindlichkeiten einzugehen.

Lit.: Beck'sches Handbuch der Personengesellschaften, hg. v. *Hoffmann, W./Müller, W.,* 4. A. 2014; *Zimmermann, R.,* Die Personengesellschaft im Steuerrecht, 11. A. 2013; *Freund, R.,* Der Rechtsformwechsel zwischen Personengesellschaften, 2005; *Kremer, R.,* Der vermeintliche Erbe in der Personengesellschaft, 2008; *Steinbeck, A.,* Grundfälle zum Personengesellschaftsrecht, JuS 2012, 10; *Brodyagin, A.,* Weshalb die Personengesellschaft keine Gesamthand ist, 2012; Vermögensverwaltende Personengesellschaften, hg. v. *Haase, F. u.a.,* 2013; Münchener Anwaltshandbuch Personengesellschaftsrecht, hg. v. *Gummert, H.,* 2. A. 2015

Personenrecht ist die Gesamtheit der die Personen des Rechtslebens betreffenden Rechtssätze. Im Privatrecht ist das P. – unvollständig – in dem Allgemeinen Teil des → Bürgerlichen Gesetzbuchs geregelt. Es bildet den Gegensatz zum → Schuldrecht und zum → Sachenrecht. Es gliedert sich in das Recht der natürlichen Personen und der juristischen → Personen sowie die nicht rechtsfähigen Personenmehrheiten (nichtrechtsfähiger → Verein, → Gesamthand).

Lit.: *Thieme, W.,* Das deutsche Personenrecht, 2003

Personenschaden ist der an Menschen (natürlichen Personen) entstehende Schaden im Gegensatz zum Sachschaden oder auch zum Vermögensschaden.

Lit.: *Küppersbusch, G./Höher, H.,* Ersatzansprüche bei Personenschaden, 11. A. 2013; *Pardey, F.,* Berechnung von Personenschäden, 4. A. 2010

Personensorge (§§ 1631 ff. BGB) ist das → Recht und die → Pflicht der → Eltern oder anderer Berechtigter, für die Person eines → Kindes zu sorgen. Die P. ist ein Teil der elterlichen → Sorge. Sie umfasst das Recht und die Pflicht, das Kind zu pflegen, zu erziehen, zu beaufsichtigen und seinen Aufenthalt zu bestimmen sowie es zu → vertreten. Weiter gehört dazu das Recht, die Herausgabe des Kindes von jedem zu verlangen, der es dem Berechtigten widerrechtlich vorenthält. Bei einem verheirateten Minderjährigen beschränkt sich die P. auf die Vertretung in den persönlichen Angelegenheiten (§ 1633 BGB).

Lit.: *Völker, M.,* Sorge- und Umgangsrecht in der Praxis, 5. A. 2012; *Hoffmann, B.,* Personensorge, 2013

Personenstand (§§ 1 ff. PStG) ist das familienrechtliche, auf Abstammung oder Rechtsakt beruhende Verhältnis eines Menschen zu einem anderen Menschen bzw. die sich aus den Merkmalen des Familienrechts ergebende Stellung eines Menschen innerhalb der Rechtsordnung einschließlich des Namens. Die Beurkundung des Personenstands erfolgt durch den → Standesbeamten. Die Fälschung des Personenstands ist strafbar (→ Personenstandsfälschung).

Lit.: *Stuber, G.,* Personenstandswesen, 1999; Personenstandsgesetz, hg. v. *Schmitz, H.,* 15. A. 2013

Personenstandsbuch ist das (in Frankreich seit 1804 und im Deutschen Reich einheitlich seit 1.1.1876 bzw. seit 13.11.1937) vom → Standesbeamten über den → Personenstand geführte öffentliche → Register. Es kann Familienbuch, Geburtenbuch, Heiratsbuch oder Sterbebuch sein. Die Personenstandsbücher beweisen bei ordnungsgemäßer Führung → Eheschließung, → Geburt und → Tod (§ 60 PStG). An die Stelle der Personenstandsbücher sind in Deutschland vom 1.1.2009 bis 31.12.2013 elektronische Personenstandsregister getreten.

Personenstandsregister (§ 3 PStG) ist das vom Standesbeamten an Stelle der früheren Personenstandsbücher geführte elektronische Register. P. sind das Eheregister, Lebenspartnerschaftsregister, Geburtenregister und Sterberegister. Die Personenstandsregister beweisen bei ordnungsgemäßer Führung Eheschließung, Geburt und Tod und die dazu gemachten Angaben.

Personenstandsfälschung (§ 169 StGB) ist die → Fälschung des → Personenstands. Der Täter schiebt entweder ein → Kind unter oder gibt den Personenstand eines anderen gegenüber einer zur Führung von → Personenstandsbüchern oder zur Feststellung des Personenstands zuständigen → Behörde falsch an oder unterdrückt ihn.

Lit.: *Goeschen, A.,* Zur Strafbarkeit der Personenstandsfälschung, ZRP 1972, 108

Personenvereinigung ist die Verbindung mehrerer Personen zu einer Einheit. In einem engeren Sinn sind damit offene Handelsgesellschaft, Kommanditgesellschaft und nichtrechtsfähiger Verein gemeint. Nach §§ 30, 88 OWiG kann gegen diese Personenvereinigungen eine Geldbuße wegen einer Handlung eines Organs verhängt werden.

Lit.: *Jeger, T. v.,* Geldbuße gegen juristische Personen und Personenvereinigungen, 2002

Personenversicherung ist die → Versicherung, bei der nach dem Eintritt des → Versicherungsfalls der vereinbarte Betrag an Kapital oder → Rente zu zahlen oder die sonst vereinbarte → Leistung zu bewirken ist (z. B. → Lebensversicherung).

Lit.: *Bühren, H. van,* Ausgewählte Probleme der Personenversicherung, 1998

persönlich (Adj.) eine Person betreffend

persönliche Haftung → Haftung, persönliche

persönlicher Strafaufhebungsgrund → Strafaufhebungsgrund, persönlicher

persönlicher Strafausschließungsgrund → Strafausschließungsgrund, persönlicher

persönliches Erscheinen → Erscheinen, persönliches

Persönlichkeit ist die ausgeprägte Individualität eines Menschen. Zur Entwicklung der P. gehört es, sich in der Öffentlichkeit angemessen bewegen zu können. Deshalb steht z. B. jedermann ein vor medialer Beobachtung geschützter Freiraum zu.

Lit.: *van Hinden*, M., Persönlichkeitsverletzungen im Internet, 1999; *Funkel, T.,* Schutz der Persönlichkeit durch Ersatz immaterieller Schäden in Geld, 2001; Persönlichkeitsgüterschutz vor und nach dem Tode, hg. v. *Beuthien, V.,* 2002

Persönlichkeitsrecht (vgl. Art. 2 I GG) ist das → Recht jedes einzelnen Menschen auf Achtung seiner Würde und seines Eigenwerts als individuelle → Persönlichkeit. Dieses *allgemeine* P. ist im Gegensatz zu einzelnen *besonderen* und damit im

Streitfall vorrangigen Persönlichkeitsrechten (z. B. Recht am → Namen, Recht am Bild, Gesundheit, Freiheit, Leben) nicht gesetzlich festgelegt. Es wird aber in der Gegenwart aus Artt. 1, 2 GG entnommen. Es schützt insbesondere die → Intimsphäre, die → Ehre und die → Gewissensfreiheit. Seine Verletzung (z. B. durch Weitergabe ärztlicher Bescheinigungen, heimliche Tonbandaufnahme, Veröffentlichung eines Nacktfotos, Vorführung eines Strafgefangenen in einem weiteren Strafverfahren in Häftlingskleidung, frei erfundenes Interview, Bezeichnung einer bekannten Fernsehansagerin als gemolkene und in ein zweitklassiges Tingeltangel auf der Reeperbahn gehörige Ziege) begründet → Unterlassungsansprüche (analog § 1004 BGB), Beseitigungsansprüche, Bereicherungsansprüche, → Schadensersatzansprüche (§ 823 I BGB, u. a. → Schmerzensgeld) und Gegendarstellungsansprüche (z. B. durch Widerruf auf der Titelseite) sowie Beweisverwertungsverbote (z. B. Verbot der Verwertung der Vernehmung eines Zeugen über ein von ihm belauschtes Telefonat). Für die Höhe der Geldentschädigung für eine Verletzung eines Persönlichkeitsrechts sind die Genugtuung des Opfers [zw.] und die Abschreckung des Täters bedeutsam. Die Grenzen des allgemeinen Persönlichkeitsrechts bilden die Rechte anderer, die verfassungsmäßige → Ordnung und das → Sittengesetz. Danach gewährt das allgemeine P. Straftätern keinen Anspruch darauf, nicht durch einen Fernsehfilm unter verändertem Namen ihrer Tat gegenübergestellt zu werden. Es befreit nicht von der Zwangsmitgliedschaft in einer verfassten Studentenschaft. Es verhindert nicht die Verbreitung einer Gedenkmünze für einen Menschen der Zeitgeschichte. Es berechtigt zum Rauchen einer Zigarre auf dem eigenen Balkon eines Mehrfamilienhauses. Nach dem Tod eines Menschen steht die wirtschaftliche Verwertung des (postmortalen) Persönlichkeitsrechts den Erben auf die Dauer von zehn Jahren zu (Unterlassungsansprüche, Schadensersatzansprüche usw.). § 201a StGB schützt das Recht am eigenen Bild strafrechtlich besonders (Antragsdelikt).

Lit.: *Pabst, H.,* Der postmortale Persönlichkeitsschutz, NJW 2002, 999; *Gounalakis, G./Rhode, L.,* Persönlichkeitsschutz im Internet, 2002; *Lilienfeld-Toal, R. v.,* Das allgemeine Persönlichkeitsrecht juristischer Personen des Zivilrechts, 2003; *Goebel. J.,* Testierfreiheit als Persönlichkeitsrecht, 2004; *Götting/Schertz/Seitz,* Handbuch des Persönlichkeitsrechts, 2008; *Glasmacher, S.,* Geldentschädigungsanspruch bei Persönlichkeitsrechtsverletzungen, JuS 2015, 203; *Staake, M. u. a.,* Grundfälle zum deliktischen Schutz des allgemeinen Persönlichkeitsrechts, JuS 2015, 683

Petition (Art. 17 GG) ist im Verfassungsrecht das Fordern oder Erwarten einer bestimmten Handlung der zuständigen Stelle bzw. der Volksvertretung durch den Einzelnen. Dazu hat jedermann einzeln oder in Gemeinschaft das → Recht (→ Petitionsrecht).

Lit.: *Guckelberger, A.,* Der Europäische Bürgerbeauftragte, 2004; *Krings, G.,* Die Petititonsfreiheit, JuS 2004, 474

Petition (N.) **of Rights** (engl.) ist in der Rechtsgeschichte ein englisches Verfassungsgrundgesetz

(1628), das → Steuern von der Zustimmung des → Parlaments und Verhaftung von gesetzlichen Voraussetzungen abhängig macht.

Lit.: *Köbler, G.,* Zielwörterbuch integrativer europäischer Rechtsgeschichte, 6. A. 2014 (Internet)

Petitionsausschuss ist der für die Entgegennahme und Behandlung einer → Petition zuständige → Ausschuss des → Parlaments.

Lit.: *Hamers, A.,* Der Petitionsausschuss des Europäischen Parlaments, 1999

Petitionsrecht (Art. 17 GG) ist objektiv die Gesamtheit der Petitionen betreffenden Rechtssätze und subjektiv das jedermann zustehende → Recht, sich einzeln oder in Gemeinschaft mit anderen schriftlich mit Bitten oder Beschwerden an die zuständigen Stellen und an die Volksvertretung zu wenden. Dieses Recht darf durch den → Staat nicht beeinträchtigt werden. Darüber hinaus sind die staatlichen Stellen verpflichtet, die → Petitionen entgegenzunehmen, sachlich zu prüfen und zu beantworten. Unterlassen sie dies, so ist → Leistungsklage auf formelle Aufnahme, Prüfung und Verbescheidung, nicht aber auf Vornahme einer sachlichen Handlung möglich.

Lit.: *Meese, J.,* Das Petitionsrecht beim Europäischen Parlament, 2000; *Gottschalk, V.,* Das Petitionsrecht, 2009

petitio (F.) **principii** (lat.) Beanspruchen eines (unbeweisbaren) Grundsatzes (für eine Beweisführung)

petitorisch (Adj.) begehrend

petitorischer Anspruch → Anspruch, petitorischer

Pfand (§ 1204 BGB) ist im Sachenrecht die der Sicherung eines → Anspruchs dienende (bewegliche) → Sache bzw. das an ihr bestehende → Recht (Pfandrecht). Das P. kann grundsätzlich bei dem Pfandschuldner (*besitzloses* P.) bleiben oder in den Besitz des Pfandgläubigers übergehen (*Besitzpfand*, → *Faustpfand*), sich auf die Sache beschränken (→ *Substanzpfand*) oder auch die Nutzungen umfassen (→ *Nutzungspfand*) sowie durch → Verkauf (*Verkaufspfand*) oder → Verfall (*Verfallpfand*) verwertet werden.

Lit.: *Weber, J.,* Die Rechtsnatur des Flaschenpfands, NJW 2008, 948; *Schwintowski, D.,* Das besitzlose Pfandrecht, 2012

pfändbar (Adj.) der → Pfändung unterworfen (z. B. vereinbarter Dispositionskredit, nicht Duldung bloßer Überziehung)

Lit.: *Röder, H.,* ABC der pfändbaren und unpfändbaren Sachen (Lbl.), 2000

Pfandbrief (z. B. Hypothekenpfandbrief) ist die festverzinsliche unkündbare → Schuldverschreibung eines Kreditinstituts (Pfandbriefanstalt, Pfandbriefbank), durch deren Ausgabe dieses sich Mittel verschafft, die es unter → hypothekarischer Sicherung als → Darlehen ausgibt. Der P. verbrieft eine → Forderung gegen das Kreditinstitut. Er ist → Wertpapier. Seit dem 19.7.2005 gilt das Pfand-

briefgesetz, das mit Erlaubnis der Bundesanstalt für Finanzdienstleistungen allen Kreditinstituten die Einsetzung von Pfandbriefen als Refinanzierungsmittel ermöglicht.

Lit.: *Stürner, R.,* Der deutsche Pfandbrief, 2000; Die Hypothekenbanken und der Pfandbrief in Europa, hg. v. Europäischer Hypothekenverband, 3. A. 2001; *Hänsel, E.,* Der Pfandbrief, 2010

Pfandbriefanstalt → Pfandbrief

Pfandgläubiger (§ 1204 BGB) ist der Inhaber (Gläubiger) eines → Pfandrechts an einer (beweglichen) → Sache.

Pfandkehr (§ 289 StGB) ist im Strafrecht die → Wegnahme einer eigenen beweglichen → Sache (oder einer fremden beweglichen Sache zugunsten des Eigentümers derselben) vom Nutznießer, → Pfandgläubiger oder dem, welchem an der Sache ein Gebrauchsrecht oder ein Zurückbehaltungsrecht zusteht, in rechtswidriger Absicht. P. wird (auf Antrag) mit Freiheitsstrafe bis zu drei Jahren oder mit Geldstrafe bestraft. Der Versuch ist strafbar.

Lit.: *Schöne, W.,* Das Vereiteln von Gläubigerrechten, JZ 1973, 446; *Küchenhoff, B.,* Dogmatik, 1975

Pfandleiher ist der gewerbsmäßig durch → Pfandrecht an beweglichen Sachen gesicherte → Darlehen gewährende Gläubiger. Der P. bedarf einer verwaltungsrechtlichen Erlaubnis (§ 34 GewO).

Lit.: *Damrau, J.,* Pfandleihverordnung, 1990

Pfandrecht ist das zur Sicherung einer → Forderung (z. B. Rückzahlung eines Darlehens) bestimmte dingliche → Recht an einem fremden Gegenstand, kraft dessen der Gläubiger berechtigt ist, sich aus dem belasteten Gegenstand (vorzugsweise) zu befriedigen. Das P. ist ein beschränktes dingliches Recht. Es kann *gesetzliches* P. (z. B. § 562 BGB Vermieter, § 647 Werkunternehmer) sein oder *vertragliches* (rechtsgeschäftliches) P. Es kann sich auf eine bewegliche → Sache (P. im eigentlichen Sinn), auf ein → Recht (§§ 1273 ff. BGB) oder uneigentlich auf ein → Grundstück beziehen (→ Grundpfandrecht, d. h. → Hypothek, → Grundschuld). Das vertragliche P. an beweglichen Sachen ist in den §§ 1204 ff. BGB geregelt. Es entsteht durch → Einigung über das P. und → Übergabe der Sache an den Pfandgläubiger (→ Faustpfand) (§ 1205 BGB), eventuell → gutgläubig bei Einigung mit dem → Nichtberechtigten (§ 1207 BGB). Es hängt vom Bestand der betreffenden Forderung ab (→ Akzessorietät, § 1252 BGB, erlischt also mit Tilgung der Schuld). Die Befriedigung des Pfandgläubigers erfolgt, sofern der Pfandschuldner die gesicherte Forderung nicht rechtzeitig tilgt, bei → Fälligkeit (Pfandreife) durch → Verkauf (§§ 1228 ff. BGB). Rechtstatsächlich ist das gesetzlich geregelte vertragliche P. in erheblichem Umfang durch die gesetzlich nicht geregelte → Sicherungsübereignung verdrängt. Auf das kraft Gesetzes entstandene P. (also nicht auf die Entstehung des gesetzlichen Pfandrechts selbst) finden die Regeln über das rechtsgeschäftliche P. Anwendung. Für das P. an Rechten gelten die besonderen Vorschriften der §§ 1273 ff. BGB (u. a. Erforderlichkeit der Anzeige an den Drittschuldner, Befriedigung durch Einziehung der Forderung).

Lit.: *Reinicke, D.,* Kreditsicherung, 5. A. 2006, 6. A. 2015?; *Schwintowski, D.,* Das besitzlose Pfandrecht, 2012; *Alexander, C.,* Gesetzliche Pfandrechte an beweglichen Sachen, JuS 2014, 1

Pfandreife → Pfand

Pfandsiegel (§ 808 II ZPO) ist im Zwangsvollstreckungsrecht das Kennzeichen (Siegel, Marke), das der → Gerichtsvollzieher bei der Beschlagnahme (→ Pfändung) zu deren Kenntlichmachung an der betroffenen → Sache anbringt.

Pfändung (§§ 803 ff. ZPO) ist die grundsätzlich dem → Staat vorbehaltene → Beschlagnahme eines Gegenstands zwecks Sicherung oder Befriedigung eines → Gläubigers wegen einer → Geldforderung. Die P. ist → Zwangsvollstreckung in das bewegliche → Vermögen, so dass deren Voraussetzungen vorliegen müssen. Sie hat eine öffentlich-rechtliche → Verstrickung und ein → Pfändungspfandrecht zur Folge. Sie geschieht bei beweglichen Sachen durch Inbesitznahme durch den → Gerichtsvollzieher (§ 808 ZPO), bei Forderungen und anderen Rechten (z. B. Internetdomain) durch Pfändungsbeschluss (§§ 829, 857 ZPO), der dem → Drittschuldner die → Leistung an seinen → Gläubiger (Schuldner) und diesem die → Verfügung über das Recht verbietet. Zahlt der Schuldner rechtzeitig seine Schuld, wird der gepfändete Gegenstand von dem Pfändungspfandrecht frei. Die Verwertung der gepfändeten Sachen erfolgt durch öffentliche → Versteigerung (§ 814 ZPO), die der Forderungen durch → Überweisung und Einziehung (§ 835 ZPO).

Lit.: *Stöber, K.,* Forderungspfändung, 16. A. 2013; *Hintzen, U./Wolf, H.,* Musteranträge für Pfändung und Überweisung, 10. A. 2015?

Pfändungsbeschluss (§§ 829, 857 ZPO) ist der → Beschluss des → Vollstreckungsgerichts zwecks → Pfändung einer Forderung oder eines sonstigen Rechtes. Mit der Zustellung eines Pfändungsbeschlusses an einen Gesamtschuldner wird in der Regel nur die gegen ihn gerichtete Forderung gepfändet.

Lit.: *Hadatsch, G./Wagner, K.,* Die Bearbeitung von Pfändungsbeschluss und Drittschuldnererklärung, 6. A. 2000; *Fischer, R.,* Aus der Praxis – Der lästige Pfändungs- und Überweisungsbeschluss, JuS 2006, 416

Pfändungspfandrecht (§ 804 ZPO) ist das durch die → Pfändung für den → Gläubiger entstehende → Pfandrecht an dem gepfändeten Gegenstand. Es ist kein Pfandrecht i. S. der §§ 1204 ff. BGB, sondern ein öffentlich-rechtliches, nichtakzessorisches → Recht (str.). Es entsteht allein auf Grund der → Verstrickung.

Lit.: *Lipp, M.,* Das Pfändungspfandrecht, JuS 1988, 119

Pfändungsschutz (§§ 850 ff. ZPO) ist der aus sozialen Gründen geschaffene gänzliche oder teilweise Schutz eines → Schuldners vor → Pfändung. Bestimmte Gegenstände sind → unpfändbar (§§ 811 ff.

ZPO z. B. die dem persönlichen Gebrauch oder dem Haushalt dienenden Sachen, Studienbeihilfen, Fernsehgerät trotz Besitzes eines Radiogeräts), andere nur in bestimmtem Umfang pfändbar (Arbeitseinkommen § 850c ZPO z. B. [2015] 1073,88 Euro monatlich, im Zweijahresabstand angepasst, z. B. zum 1.7.2015).

Lit.: *Lippross, O.,* Grundlagen und System des Vollstreckungsschutzes, 1983; *Ludwig, M.,* Der Pfändungsschutz für Lohneinkommen, 2001; *Becker, U.,* Pfändungsschutz bei Arbeitseinkommen, JuS 2004, 780

Pflanzenschutz ist der Schutz von Pflanzen vor Schadorganismen und anderen schädlichen Einwirkungen (durch das Pflanzenschutzgesetz vom 25.9.1986).

Lit.: *Lorz, A.,* Pflanzenschutzrecht, 1989

Pflege ist allgemein die Sorge eines Menschen um einen Menschen oder einen Gegenstand. Wegen der zunehmenden Pflegebedürftigkeit der alternden Industriegesellschaft (und wohl zwecks Schaffung von Arbeitsplätzen und Steuereinnahmen zu Lasten der Freiheit des Einzelnen) ist in Deutschland seit 1994 (zwangsweise) eine besondere soziale (Pflicht-)Pflegeversicherung eingerichtet, in der ein Anspruch auf Pflegegeld bestehen kann. Ihr Träger ist die Pflegekasse.

Lit.: *Friedel, W./Petz, C.,* Pflege und Betreuung, 2. A. 2015

Pflegekasse ist der Träger der Pflegeversicherung. Sie ist eine rechtsfähige Körperschaft des öffentlichen Rechtes. Sie ist bei jeder Krankenkasse eingerichtet.

Pflegekind (§ 44 SGB VIII) ist das dauernd oder nur für einen Teil des Tages, jedoch regelmäßig, außerhalb des Elternhauses in Familienpflege (ausgenommen Internat, Arbeitgeber, Verwandte) befindliche Kind. Die Aufnahme eines Pflegekinds, der in der Regel ein Pflegevertrag zugrundeliegt, bedarf grundsätzlich einer → Erlaubnis des → Jugendamts. Das P. unterliegt der → Aufsicht des Jugendamts.

Lit.: *Wiemann, I.,* Ratgeber Pflegekinder, 7. A. 2008; *Schorn, G.,* Das Pflegekind in der Rechtsprechung, 2010

Pfleger → Pflegschaft

Pflegerecht ist die Gesamtheit der Pflegschaft und Pflegeversicherung betreffenden Rechtssätze.

Lit.: *Rossbruch, R.,* Handbuch des Pflegerechts (Lbl.), 1996 ff.

Pflegeversicherung ist die wohl auch zwecks Schaffung von Arbeitsplätzen und zusätzlichen Steuereinnahmen zu Lasten der Freiheit des Einzelnen durch Buch XI des Sozialgesetzbuchs (Pflegeversicherungsgesetz vom 22.4.1994) zum 1.1.1995 eingerichtete, den Fall der Pflegebedürftigkeit (1996 rund 2 Millionen) betreffende Art der → Sozialversicherung.

Lit.: Soziale Krankenversicherung. Pflegeversicherung (Lbl.), hg. v. *Krauskopf, D.,* 71. A. 2010; *Udsching, P.,*

SGB XI – Soziale Pflegeversicherung, 4. A. 2015; *Sengler/Zinsmeister*, Mein Recht bei Pflegebedürftigkeit, 3. A. 2006

Pflegezeit ist die Zeit, für die Arbeitnehmer sich freistellen lassen oder in Teilzeit arbeiten können, um pflegebedürftige Angehörige zu betreuen und zu versorgen, ohne dadurch ihr Arbeitsverhältnis zu gefährden. Es gilt das am 1. Juli 2008 in Kraft getretene Pflegezeitgesetz. Während der P. haben die betreffenden Arbeitnehmer einen Sonderkündigungsschutz.

Pflegschaft (§§ 1909 ff. BGB) ist das durch das → Vormundschaftsgericht bzw. das Nachlassgericht zu begründende Fürsorgeverhältnis eines Menschen (Pfleger) für einen anderen (Pflegebefohlener) zur Besorgung einer besonderen Angelegenheit. Die P. berechtigt den Pfleger zum Handeln nur innerhalb der ihm bestimmten Grenzen und lässt die → Geschäftsfähigkeit des Pflegebefohlenen an sich unberührt. Sie kann Ergänzungspflegschaft, Abwesenheitspflegschaft, Nachlasspflegschaft sowie P. für eine → Leibesfrucht, für unbekannte Beteiligte und für Sammelvermögen sein. Auf die P. finden grundsätzlich die Vorschriften über die → Vormundschaft Anwendung.

Lit.: Vormundschaft, Pflegschaft und Beistandschaft für Minderjährige, hg. v. *Oberloskamp, H.*, 3. A. 2010; *Sonnenfeld, S.*, Betreuungs- und Pflegschaftsrecht, 2. A. 2001

Pflicht ist die Anforderung eines bestimmten Verhaltens. Die P. ist das Gegenstück zum (einzelnen) → Recht. Der Berechtigung der einen Seite steht eine P. oder → Verpflichtung der Gegenseite gegenüber. Im Einzelnen kann die P. sehr verschiedene Sachverhalte betreffen (z. B. Steuerpflicht, → Wehrpflicht, Genehmigungspflicht, → Unterhaltspflicht, Unterlassungspflicht). *Öffentlich-rechtliche* P. des Bürgers ist die Kehrseite der von der Gemeinschaft an die → Verwaltung gegebenen Ermächtigung, einen → Bürger zu belasten.

Lit.: *Schreiber, H.*, Der Begriff der Rechtspflicht, 1966; *Winder, L.*, Die Pflicht, 2003

Pflichtenkollision ist das Herantreten mehrerer rechtlich begründeter Handlungspflichten an einen Menschen in der Weise, dass dieser die eine nur auf Kosten der anderen erfüllen kann, also zur Erfüllung der einen die andere notwendigerweise verletzen muss. In einer solchen P. handelt der Täter im Strafrecht nicht → rechtswidrig, wenn er bei rangverschiedenen Pflichten die höherrangige Pflicht erfüllt und die andere verletzt. Bei gleichrangigen Pflichten entfällt bei Erfüllung der einen Pflicht und gleichzeitiger Verletzung der anderen Pflicht die → Schuld.

Lit.: *Küper, W.*, Grund- und Grenzfragen der rechtfertigenden Pflichtenkollision im Strafrecht, 1979; *Scheid, G.*, Grund- und Grenzfragen der Pflichtenkollision, 2000

Pflichtenverhältnis → Gewaltverhältnis

Pflichtexemplar ist das auf Grund einer gesetzlichen oder sonstigen → Verpflichtung (unentgeltlich) abzuliefernde Exemplar einer Druckschrift (z. B. P. für die Deutsche Bibliothek in Frankfurt oder je nach Promotionsordnung bis zu 200 Pflichtexemplare bei Dissertationen). Die Ablieferung der Pflichtexemplare kann Voraussetzung für das Recht zum Führen des Doktortitels sein. Hat ein Doktorand Pflichtexemplare an seine Fakultät abgeliefert, hat er sein Verbreitungsrecht erschöpft und kann nicht mehr Herausgabe verlangen.

Lit.: *Dittrich, W.*, Bibliotheken mit Pflichtexemplar in Deutschland, 1995

Pflichtteil (§ 2303 BGB) ist die (in den meisten Rechtsordnungen grundsätzlich zugelassene) unentziehbare Mindestberechtigung naher, zumindest teilweise enterbter → Angehöriger am → Nachlass eines → Erblassers (Noterbrecht). Der P. steht den durch → Verfügung von Todes wegen von der Erbfolge ausgeschlossenen → Abkömmlingen, → Eltern und → Ehegatten des → Erblassers gegenüber dem → Erben zu. Er besteht in der Hälfte des Wertes des gesetzlichen → Erbteils. Er ist (nur) ein schuldrechtlicher Geldanspruch (, kein dingliches Recht an Nachlassgegenständen). Unter engen Voraussetzungen kann der Pflichtteil entzogen werden (§§ 2333 ff. BGB). Hinsichtlich des Ehegatten wird zwischen *großem* P. und *kleinem* P. unterschieden. Der pflichtteilsberechtigte Ehegatte, der mit dem Erblasser im gesetzlichen Güterstand der → Zugewinngemeinschaft lebte, erhält, wenn er am Nachlass als Erbe oder Vermächtnisnehmer beteiligt ist, seinen P. nach dem gemäß § 1371 I BGB zugewinnausgleichsmäßig erhöhten gesetzlichen Erbteil (großer P.), der andere Ehegatte nach dem gemäß § 1931 BGB berechneten, nicht erhöhten Erbteil (kleiner P., bei dem der Zugewinnausgleich anderweitig erfolgt) (§ 1371 II BGB).

Lit.: *Klingelhöffer, H.*, Pflichtteilsrecht, 4. A. 2015; *Otte, G.*, Das Pflichtteilsrecht, AcP 202 (2002), 317; *Herzog, S.*, Die Pflichtteilsentziehung, 2003; Pflichtteilsrecht, hg. v. *Dauner-Lieb, B. u. a.*, 2010; *Schlitt, G./Müller, G.*, Handbuch Pflichtteilsrecht, 2010; *Abele/Klinger/Maulbetsch*, Pflichtteilsansprüche reduzieren und vermeiden, 2011

Pflichtteilsberechtigter ist der einen Anspruch auf einen → Pflichtteil habende Mensch.

Lit.: *Egner, A.*, Der Auskunftsanspruch des Pflichtteilsberechtigten nach § 2314 BGB, 2. A. 1995

Pflichtteilsergänzungsanspruch (§ 2325 BGB) ist der → Anspruch des → Pflichtteilsberechtigten gegen den Erben auf Ergänzung des → Pflichtteils, der sich ergibt, wenn der → Erblasser innerhalb der letzten 10 Jahre vor dem → Erbfall einem Dritten eine → Schenkung zugewendet hat. Er beläuft sich auf den Betrag, um den sich der Pflichtteil erhöht, wenn der verschenkte Gegenstand dem → Nachlass hinzugerechnet wird. Der Beschenkte selbst haftet nur subsidiär (§ 2329 BGB).

Lit.: *Klittich, T.*, Rechtsnatur und Voraussetzungen des Pflichtteilsergänzungsanspruchs, 2000; *Siebert, A.*, Grenze und Schutzbereich des Pflichtteilsergänzungsanspruchs, NJW 2006, 2948

Pflichtteilsrestanspruch (§ 2305 BGB) ist der → Anspruch des → Pflichtteilsberechtigten, dem ein → Erbteil hinterlassen ist, der geringer als die Hälfte des gesetzlichen Erbteils ist, gegen den Erben oder gegen die Miterben auf den Wert des an der Hälfte fehlenden Teils (Zusatzpflichtteil).

Lit.: *Klingelhöffer, H.,* Pflichtteilsrecht, 4. A. 2015

Pflichtverletzung ist die Verletzung einer Pflicht (Rechtspflicht) einer Person, insbesondere einer Rechtspflicht des Schuldners (Leistungspflicht oder Nebenpflicht). Verletzt der Schuldner eine Pflicht aus dem Schuldverhältnis, so kann der Gläubiger, sofern der Schuldner nicht – was er im Streitfall grundsätzlich beweisen muss (anders § 619a BGB zu Lasten der Arbeitgeber) – die P. nicht zu vertreten hat, Ersatz des dadurch entstehenden Schadens verlangen (§ 280 I BGB). Schadensersatz wegen Verzögerung kann er nur unter den zusätzlichen Voraussetzungen des § 286 BGB begehren (§ 280 II BGB), Schadensersatz statt der Leistung nur unter den zusätzlichen Voraussetzungen des § 281, des § 282 BGB oder des § 283 BGB (§ 280 III BGB). Bei einem gegenseitigen Vertrag ist neben dem Schadensersatzanspruch aus § 280 I BGB auch ein Rücktrittsrecht gegeben.

Lit.: *Wilmowsky, P.,* Pflichtverletzungen im Schuldrecht, 2002; *Reischl, K.,* Grundfälle zum neuen Schuldrecht, Jus 2003, 453; *Lorenz., S.,* Grundwissen – Zivilrecht Was ist eine Pflichtverletzung, JuS 2007, 213

Pflichtversicherung ist die durch Rechtssatz zwangsweise zur → Pflicht erhobene → Versicherung gegen ein Risiko bzw. eine Gefahr. Eine Versicherungspflicht besteht insbesondere für → Kraftfahrzeughalter (§ 1 PflVG), wobei nach § 3 PflVG der eventuelle Geschädigte hier sogar einen unmittelbaren → Anspruch gegen den → Versicherer hat. Im Sozialversicherungsrecht sind die → Krankenversicherung, die → Rentenversicherung, die → Unfallversicherung, die → Arbeitslosenversicherung und die → Pflegeversicherung in weitem Umfang P.

Lit.: *Billinger, S.,* Das Pflichtversicherungsmonopol der gesetzlichen Krankenversicherung, 2001; *Bauer, G.,* Die Kraftfahrtversicherung, 6. A. 2010

Pflichtverteidiger (§ 141 StPO) ist der → Verteidiger, der einem → Angeschuldigten, der noch keinen Verteidiger hat, im Fall der notwendigen → Verteidigung vom → Vorsitzenden des zuständigen → Gerichts bestellt wird. Der P. wird möglichst aus der Zahl der bei einem Gericht des Gerichtsbezirks zugelassenen → Rechtsanwälte – eventuell auch aus den → Referendaren – ausgewählt. Der Rechtsanwalt muss grundsätzlich die Verteidigung übernehmen (§ 49 BRAO). Ein Rechtsanwalt, der Angeschuldigter eines Strafverfahrens ist, wird durch die Bestellung eines Pflichtverteidigers als solche nicht beschwert.

Lit.: *Mehle, B.,* Zeitpunkt und Umfang der Pflichtverteidigerbestellung, NJW 2007, 969

Pflichtwidrigkeitszusammenhang ist der zwischen Pflichtwidrigkeit der Tathandlung und Taterfolg bestehende Zusammenhang, in dem sich die vom Täter durch eine Sorgfaltspflichtverletzung geschaffene, rechtlich missbilligte Gefahr verwirklicht, so

dass mangels Pflichtwidrigkeitszusammenhangs ein Fahrlässigkeitstäter (gerechterweise) nicht für einen Erfolg einstehen muss, den er auch bei Anwendung ordnungsgemäßer Sorgfalt nicht hätte vermeiden können.

Lit.: *Magnus, D.,* Der Pflichtwidrigkeitszusammenhang im Strafrecht, JuS 2015, 402

Pharmarecht ist das Pharmaka (griech. Gifte, Drogen, Arneien) bzw. pharmazeutische Erzeugnisse betreffende Recht.

Lit.: Handbuch des Pharmarechts, hg. v. *Dieners/Reese,* 2010; *Meier, A./Czettritz, P. v./Gabriel, M.,* Pharmarecht, 2014; *Stief, M. u.a.,* Vertragshandbuch Pharma und Life Sciences, 2015

Phishing ist die rechtswidrige Ermittlung der Zugangsdaten anderer zum elektronischen Bankverkehr, das (kaum durchsetzbare) Ansprüche aus ungerechtfertigter Bereicherung oder unerlaubter Handlung begründen kann.

Plädoyer (N.) ist der zusammenfassende Vortrag eines → Rechtsanwalts oder → Staatsanwalts in der gerichtlichen → Verhandlung, insbesondere der Schlussvortrag im → Strafprozess (§ 258 StPO).

Lit.: *Kroiß, L.,* Revision und Plädoyer im Strafprozess, 2. A. 2001

Plagiat ([N.] [Menschen-]Diebstahl) ist die bewusste → Verletzung eines → Urheberrechts durch Nachbildung unter dem Anschein der erstmaligen Schöpfung eines Werkes (z.B. einer Dissertation). Das P. begründet einen → Unterlassungsanspruch und (bei Nachweisbarkeit eines Schadens) einen → Schadensersatzanspruch.

Lit.: Plagiate, hg. v. *Dreier, T. u.a.,* 2013

Plan ist das gedankliche Vorhaben oder der Entwurf eines Vorhabens.

Lit.: *Hildebrandt, B.,* Der Planergänzungsanspruch, 1999; *Busse, J./Grziwotz, H.,* Der Vorhaben- und Erschließungsplan, 1999

Planfeststellung ist die verbindliche, durch → Verwaltungsakt vollzogene, gestaltende Feststellung eines durchzuführenden Vorhabens (z.B. Straßenbau). Sie erfolgt im Planfeststellungsverfahren, das in der Regel mit der Aufstellung und Bekanntgabe eines vorläufigen → Planes beginnt (z.B. § 72 VwVfG, § 9b AtG). Dem folgt die Erörterung der hiergegen erhobenen → Einwendungen der Beteiligten (§ 73 VwVfG). Soweit eine Einigung nicht erzielt wird, entscheidet die Behörde über die Einwendungen und stellt den (berichtigten) Plan durch Planfeststellungsbeschluss endgültig fest (z.B. § 74 VwVfG). Durch die P. wird die Zulässigkeit des Vorhabens einschließlich der notwendigen Folgemaßnahmen an anderen Anlagen im Hinblick auf alle von ihm berührten öffentlichen → Belange festgestellt.

Lit.: *Stüer, B./Probstfeld, W.,* Die Planfeststellung, 2003; *Leist, A. u.a.,* Schwerpunktbereich – Einführung in das Planfeststellungsrecht, JuS 2007, 995

Planfeststellungsbeschluss → Planfeststellung

Plangewährleistungsanspruch ist der → Anspruch auf künftige Einhaltung eines ordnungsgemäß zustande kommenden → Planes (z. B. → Bebauungsplan). Ein allgemeiner P. besteht nicht, weil er die Veränderung von Plänen grundsätzlich ausschließen würde. Ein P. ist aber bei besonders schutzwürdigem Vertrauen auf den Fortbestand einer konkreten Rechtslage möglich. Er kann dann auch einen Anspruch auf Ersatz von im Vertrauen auf den Plan vorgenommenen Aufwendungen begründen.
Lit.: *Oldiges, M.,* Grundlagen eines Plangewährleistungsrechts, 1970; *Schwerdtfeger, A.,* Vertrauensschutz und Plangewährleistung im Subventionsrecht, 1993

Planstelle ist im Verwaltungsrecht die im → Haushaltsplan enthaltene Stelle eines Bediensteten des öffentlichen Rechtes.

Planung ist die Vorbereitung eines Vorhabens (→ Planes) oder Aufstellung eines Zieles (z. B. Landesplanung, Raumplanung), die Teil der Gesetzgebung (Legalplanung) oder der Ausführung sein kann.
Lit.: *Ronellenfitsch, M.,* Planungsrecht, 1986; Planung, hg. v. *Erbguth, W. u. a.,* 2000; *Steinberg, R./Berg, T./ Wickel, M.,* Fachplanung, 4. A. 2012

Planwirtschaft ist die nach einem staatlichen Gesamtwirtschaftsplan ablaufende → Wirtschaft. In ihr werden von staatlichen Planungsinstanzen die wesentlichen wirtschaftlichen Entscheidungen getroffen. Sie ersetzt den freien Austausch durch die festgelegte Zuteilung. Die P. steht im Gegensatz zur → Marktwirtschaft. Sie galt (bis etwa 1990) als *zentrale* P. insbesondere in den sozialistischen Staaten Osteuropas.
Lit.: *Hoffmann, D.,* Aufbau und Krise der Planwirtschaft, 2002

Platzgeschäft ist im Kaufrecht das an einem gemeinsamen Ort (Gemeinde) zwischen → Gläubiger und → Schuldner abgewickelte → Geschäft. Für dieses würde nach dem Wortlaut des § 447 BGB die besondere Gefahrtragungsregelung des → Versendungskaufs nicht gelten. Diese muss aber nach ihrem Sinn und Zweck auch auf das P. angewandt werden.

Plebejer (M.) Angehöriger der römischen Unterschicht

plebiszitär (Adj.) durch Volksentscheid bestimmt

plebiszitäre Demokratie → Demokratie, plebiszitäre

Plenum (lat. [N.]) Volles, Vollversammlung

Pluralismus ist die Lehre, die eine Vielheit von Elementen oder Grundsätzen annimmt. Im Verfassungsrecht ist P. die Lehre, dass in der Gesellschaft eine Vielzahl von Machtgruppen und Interessengruppen miteinander konkurrieren darf und soll.
Lit.: *Bast, J.,* Totalitärer Pluralismus, 1999; Recht im Pluralismus, hg. v. *Horn, H.,* 2003

Plutokratie (griech. [F.]) Herrschaft der Reichen

Pogrom (russ. [N.] Verwüstung [seit etwa 1880]) mit Plünderungen und Morden verbundene Verfolgung von Juden oder anderen Menschen(gruppen)

Polen ist der von Deutschland, Russland, Litauen, Weißrussland, Ukraine, Slowakei und Tschechien begrenzte, osteuropäische, 1945/1990 zu Lasten Deutschlands und zu Gunsten der Sowjetunion von Osten nach Westen verlagerte Staat (mit rund 40 Millionen Einwohnern), der 2004 der Europäischen Union beitrat.
Lit.: *Köbler, G.,* Historisches Lexikon der deutschen Länder, 7. A. 2007; Polskie Ustawy (Polnische Gesetze) (Lbl.), 6. A. 2004; *Kilian, A.,* Wörterbuch der Rechts- und Wirtschaftssprache, Teil 1 Polnisch-deutsch 2000, Teil 2 Deutsch-polnisch 1996; *Weyde, D.,* Anerkennung und Vollstreckung deutscher Entscheidungen in Polen, 1997; Das polnische Strafgesetzbuch vom 6.6.1997, übers. v. *Weigend, E.,* 1998; *Köbler, G.,* Rechtspolnisch, 2001; *Redeker, N. v.,* Die polnischen Vertreibungsdekrete, 2. A. 2004; *Liebscher, M./Zoll, F.,* Einführung in das polnische Recht, 2005; *Mindach, C.,* Polen, Grundstücksrecht, 4. A. 2005; *Frankowski, S.,* Introduction to Polish law, 2005; *Hellriegel, C.,* Schuldnerschutz in Polen, 2007

Police [F.] → Versicherungsschein

Politik (F.) Gemeinschaftsgestaltungsverhalten
Lit.: *Drechsler, H./Hilligen, W./Neumann, F.,* Gesellschaft und Staat – Lexikon der Politik, 10. A. 2003

politisch (Adj.) den Staat betreffend

politische Verdächtigung → Verdächtigung, politische

Polizei (zu griech. politeia [F.] Staat) ist im *materiellen* (klassischen) *Sinn* die Gesamtheit der auf → Abwehr von → Gefahren und → Beseitigung von → Störungen der öffentlichen Sicherheit und → Ordnung gerichteten Staatstätigkeiten (z. B. auch Baupolizei), im *institutionellen Sinn* nur die Gesamtheit der durch die im Vollzugsdienst beschäftigten Dienstkräfte ausgeführten Staatstätigkeiten bzw. die Gesamtheit der im Vollzugsdienst beschäftigten Dienstkräfte. Der Polizeibegriff wird in den einzelnen Ländern verschieden verwandt. In der Regel ist die P. staatlich (Landespolizei), nicht kommunal.
Lit.: Zusammenarbeit der Polizei- und Justizverwaltungen in Europa, hg. v. *Hailbronner, K.,* 1996; Wörterbuch der Polizei, hg. v. *Möllers, M.,* 2. A. 2010

polizeilich (Adj.) die → Polizei betreffend

polizeiliche Generalklausel → Generalklausel, polizeiliche

Polizeiordnung ist die in der frühen Neuzeit *zur guten Polizei* (d. h. zur guten Ordnung des Gemeinwesens) erlassene Anordnung des Landesherrn.
Lit.: *Köbler, G.,* Deutsche Rechtsgeschichte, 6. A. 2005; Repertorium der Policeyordnungen der frühen Neuzeit, hg. v. *Härter, K. u. a.,* Bd. 1 ff. 1996 ff.; *Simon, T.,* Gute Policey, 2004

Polizeipflichtigkeit → Störer

Polizeirecht ist die Gesamtheit der die Aufgaben, Befugnisse und Organisation der → Polizei betreffenden Rechtssätze. Je nach dem verschiedenen Polizeibegriff gehören dazu alle Regeln, die der Aufrechterhaltung der öffentlichen → Ordnung und → Sicherheit dienen, oder nur die Rechtssätze, die den Vollzugsdienst betreffen. Das P. ist meist in besonderen Landesgesetzen geregelt (Sicherheit- und Ordnungsgesetze). Dabei werden den Polizeibehörden regelmäßig Befugnisse außer durch spezielle Regelung auch durch eine polizeiliche → Generalklausel gewährt. Sie ermöglichen ein Tätigwerden durch Verordnung (→ Polizeiverordnung) (der Polizeibehörden bzw. Ordnungsbehörden) oder durch → Verwaltungsakt (Polizeiverfügung z. B. Festnahme, Sicherstellung). → Adressat der polizeilichen Tätigkeit ist regelmäßig der → Störer. Durchgesetzt werden kann die polizeiliche Maßnahme durch → Verwaltungszwang (im Vollzugsdienst meist unmittelbarer → Zwang z. B. mittels Wasserwerfer, Gummiknüppel, Diensthund).

Lit.: *Götz, V.,* Allgemeines Polizei- und Ordnungsrecht, 15. A. 2013; *Knemeyer, F.,* Polizei- und Ordnungsrecht, 11. A. 2007; *Gusy, C.,* Polizei- und Ordnungsrecht, 9. A. 2014; *Pieroth, B./Schlink, B./Kniesel, M.,* Polizei- und Ordnungsrecht, 8. A. 2014; *Schenke, W.,* Polizei- und Ordnungsrecht, 8. A. 2013; *Möller/Wilhelm,* Allgemeines Polizei- und Ordnungsrecht, 6. A. 2012; *Finger, T.,* Polizeiliche Standardmaßnahmen, JuS 2005, 116; *Lindner, F.,* Die gemeinschaftsrechtliche Dimension des Polizeirechts, JuS 2005, 302; *Lisken, H./Denninger, E.,* Handbuch des Polizeirechts, 5. A. 2012

Polizeistaat ist in der Rechtsgeschichte der → absolute → Staat des 17. und 18. Jh.s, der sich umfassend um die gute Ordnung des Gemeinwesens kümmert und sehr viele Angelegenheiten des Einzelnen durch die → Behörden überwachen und gestalten lässt. Er wird vom liberalen → Rechtsstaat (Nachtwächterstaat) des 19. Jh.s abgelöst. Daneben ist P. auch ein von den Kräften der → Polizei im institutionellen Sinn vollständig beherrschter autoritärer Staat (z. B. 1933–1945).

Lit.: *Willoweit, D.,* Deutsche Verfassungsgeschichte, 7. A. 2013

Polizeistunde (§ 18 GastG Sperrzeit) ist der Zeitpunkt, zu dem grundsätzlich → Gaststätten geschlossen werden müssen. Das Dulden eines Gastes in der Gaststätte nach Beginn der Sperrzeit ist eine → Ordnungswidrigkeit. (Nordrhein-Westfalen beschloss 2001 die Einschränkung der P. auf eine Reinigungszeit zwischen 5 und 6 Uhr.)

Lit.: *Köbler, G.,* Deutsche Rechtsgeschichte, 6. A. 2005

Polizeiverwaltungsgesetz ist das die Polizeiverwaltung betreffende Gesetz. Das preußische P. (PrPVG) (1.6.1931) ist das preußische Landesgesetz, welches das → Polizeirecht auf der Grundlage der verwaltungsgerichtlichen Rechtsprechung grundlegend regelte und in § 14 I eine polizeiliche → Generalklausel enthielt. An das preußische P. schließen sich die Landespolizeigesetze der Nachkriegszeit an.

Lit.: *Kroeschell, K.,* Rechtsgeschichte Deutschlands im 20. Jahrhundert, 1992; *Naas, S.,* Die Entstehung des preußischen Polizeiverwaltungsgesetzes, 2003

Polizeiverfügung → Polizei

Polizeiverordnung → Polizei, Verordnung

Polizeivollzugsdienst → Polizei

Polygraph (M.) Lügendetektor

Popularklage ist die → Klage durch jedermann ohne Rücksicht auf seine konkrete Sachbefugnis oder Betroffenheit. Die P. ist zur Verhinderung der Überlastung der Gerichte grundsätzlich unzulässig (im → Verwaltungsprozessrecht § 42 II VwGO, im → Strafprozessrecht § 152 StPO). Ausnahmsweise zugelassen ist die P. z. B. durch Art. 98 S. 4, 120 BayVerf., § 53 BayVfGHG, nach denen jedermann bei dem bayerischen → Verfassungsgericht die Verletzung eines → Grundrechts der bayerischen Verfassung durch ein → Gesetz, eine → Verordnung oder eine → Satzung geltend machen kann (, ohne dass es bisher zu einer Überlastung des Gerichts gekommen wäre). Unzulässig ist auch hier z. B. eine P. gegen die Regelung über Raucherräume in Gymnasien wegen bloßer Wiederholung einer bereits einmal entschiedenen P.

Lit.: *Neugärtner, I.,* Die actio popularis in der WTO, 2002

Pornographisch (§ 184 StGB Verbreitung pornographischer Schriften) ist sexuell unanständig aufreizend. Eine pornographische Darbietung liegt vor, wenn eine Darbietung nach ihrem objektiven Gehalt zum Ausdruck bringt, dass sie unter Hintansetzung sonstiger menschlicher Bezüge ausschließlich oder überwiegend auf die Erregung eines sexuellen Reizes bei dem Betrachter abzielt und dabei die im Einklang mit allgemeinen gesellschaftlichen Wertvorstellungen gezogenen Grenzen des sexuellen Anstands eindeutig überschreitet (nicht z. B. Anklageschrift, Wiedergabe des Verhaltens des Präsidenten der Vereinigten Staaten von Amerika in der Lewinsky-Affäre [Starr-Report]). Die Verbreitung von pornographischen Schriften (vgl. §§ 184 StGB) oder Darbietungen ist bestimmter Weise strafbar.

Lit.: *Schroeder, F.,* Pornographie, Jugendschutz und Kunstfreiheit, 1992; *Schreibauer, M.,* Das Pornographieverbot, 1999; *Hesselbarth, C.,* Kinderpornographie, 2004

Portugal ist der südwestlichste, seit 1.1.1986 den Europäischen Gemeinschaften bzw. (1992) der Europäischen Union angehörige Staat Europas.

Lit.: Wörterbuch der Rechts- und Wirtschaftssprache, hg. v. *Jayme, E.,* Portugiesisch-Deutsch 2. A. 2013, Deutsch-Portugiesisch 2. A. 2013; *Ramos Silveira, F.,* Dicionario juridico, 1995; Das Recht der lusophonen Länder, hg. v. *Jayme, E.,* 2000; *Roschmann, C./Ramos da Silva, E.,* Einführung in die portugiesisch/brasilianische Rechtssprache, 2001; *Köbler, G.,* Rechtsportugiesisch, 2006; *Huzel, E. u. a.,* Erben und Vererben in Portugal, 2009; Portugiesisches Zivilrecht Band 1, Teilband 2 *Müller-Bromley, S.,* Sachenrecht 2013; *Rathenau, A.,* Einführung in das portugiesische Recht,

2013; Das brasilianische Zivilgesetzbuch 2002, übers. v. Wolf, B., 2013

POS (point of sale) ist das Zahlungsverfahren, bei dem der Kunde an der Terminalkasse eines Unternehmens elektronisch gesteuert mittels einer von einem Kreditinstitut ausgegebenen Codekarte bezahlt.
Lit.: *Frey, U.,* POS-Marketing, 2003

positiv (Adj.) gesetzt, zustimmend, günstig

positive Forderungsverletzung → Forderungsverletzung, positive

positives Interesse → Interesse, positives

positives Recht → Recht, positives

Positivismus ist in der Philosophie eine Denkweise des 19. Jh.s, die nur in dem unmittelbar Wahrgenommenen eine sichere Grundlage des Erkennens sieht. In der Rechtswissenschaft bedeutet P. Beschränkung auf ein hierarchisches, angeblich vernunftmäßig zu gewinnendes System von rein juristischen, von der gesellschaftlichen Wirklichkeit gelösten Begriffen (*wissenschaftlicher* P., → Begriffsjurisprudenz). Später wird das Recht statt auf die wissenschaftliche Autorität des → Juristen auf das den Volkswillen verkörpernde → Gesetz gegründet (*Gesetzespositivismus*).
Lit.: *Székessy, L.,* Gerechtigkeit und inklusiver Rechtspositivismus, 2003

possessio (lat. [F.]) Besitz

possessorisch (Adj.) den Besitz betreffend

possessorischer Anspruch → Anspruch, possessorischer

Post (F.) Standort (für den Pferdewechsel), → Bundespost
Lit.: Postrecht (Lbl.), hg. v. *Stern, K.,* 1997 ff.; *Neu, S.,* Marktöffnung im nationalen und internationalen Postwesen, 1999; *Danwitz, T. v.,* Verfassungsfragen der gesetzlichen Exklusivlizenz der Deutschen Post AG, 2002

Postgeheimnis ist im Verfassungsrecht die Geheimhaltungspflicht, die alle von der Post in ihren verschiedenen Dienstleistungssparten (Beförderung von Sachen und Personen, Geldwesen) erlangten Kenntnisse schützt. → Korrespondenzgeheimnis

Postgesetz ist das die Rechte und Pflichten der Post bestimmende Gesetz.
Lit.: Beck'scher PostG-Kommentar, hg. v. *Badura, P. u. a.,* 2. A. 2004; Postrecht, 2000

Postglossator ist in der Rechtsgeschichte die ältere Bezeichnung für die zeitlich (13. Jh.) nach (lat. post) den → Glossatoren folgenden Gelehrten des (römischen) Rechtes. → Konsiliator, → Kommentator
Lit.: *Köbler, G.,* Zielwörterbuch integrativer europäischer Rechtsgeschichte, 6. A. 2014 (Internet)

Postulation (F.) Verlangen, Fordern

Postulationsfähigkeit ist die Fähigkeit, in eigener Person wirksam mit Gegner und Gericht im → Prozess zu verhandeln bzw. → Prozesshandlungen die rechtserhebliche Erscheinungsform zu geben. Im → Parteiprozess kommt sie grundsätzlich jedem → Prozessfähigen, → im Anwaltsprozess nur dem zugelassenen → Rechtsanwalt zu (vgl. § 78 ZPO). Seit 1.1.2000 darf jeder in einem Gerichtsbezirk an einem Amtsgericht oder Landgericht zugelassene → Rechtsanwalt vor jedem → Amtsgericht oder → Landgericht und seit 1.8.2002 (§ 78 I 2, 3 ZPO) jeder an einem höheren Gericht (z. B. Oberlandesgericht) zugelassene Rechtsanwalt an diesem höheren Gericht (an allen Oberlandesgerichten) in sämtlichen Sachen (Angelegenheiten) auftreten.
Lit.: *Jahnke, K.,* Die fehlende Postulationsfähigkeit in Familiensachen, 2001

postulieren (V.) verlangen, fordern

potentiell (Adj.) möglich, denkbar

potentielles Unrechtsbewusstsein → Unrechtsbewusstsein, potentielles

Potsdamer Abkommen ist die Sammelbezeichnung für eine Reihe von zwischen dem 17.7.1945 und dem 2.8.1945 von Großbritannien, den Vereinigten Staaten von Amerika und der Sowjetunion abgeschlossenen Vereinbarungen über die Folgerungen aus der militärischen Niederwerfung Deutschlands.
Lit.: *Köbler G.,* Zielwörterbuch integrativer europäischer Rechtsgeschichte, 6. A. 2014 (Internet)

Präambel ist bei Staatsverträgen und → Gesetzen der dem Text vorangestellte Vorspruch, der zwar grundsätzlich vor allem politische Programmsätze enthält, aber doch auch zur → Auslegung des Textes verwandt werden kann.
Lit.: *Kotzur, M.,* Theorieelemente des internationalen Menschenrechtsschutzes, 2001

praescriptio (lat. [F.]) Vorschrift, Einrede (der langen Zeit), Verjährung

praesumptio (lat. [F.]) Vermutung

praeter legem (lat.) neben dem Gesetz, ohne Übereinstimmung (, aber auch ohne Widerspruch) zu dem Gesetz

Präjudiz ([N.] Vorentscheidung, vorausgegangene Entscheidung) ist das frühere → Urteil (in derselben Rechtsfrage, das auf eine spätere Entscheidung Einfluss haben kann). Das P. ist im angloamerikanischen Recht grundsätzlich rechtlich bindend. Will ein Obergericht von einer vorliegenden Entscheidung (derselben Rechtsfrage) abweichen, muss es die Abweichung mit einer Verschiedenheit des alten Falles im Verhältnis zum neuen Fall, mit einer Änderung der gesellschaftlichen Gegebenheiten oder mit der Aufhebung eines früheren Fehlers begründen. In Deutschland wirken obergerichtliche Vorentscheidungen meist nur tatsächlich bindend. Außerdem

bestehen Regelungen zur Sicherung der Rechtseinheit innerhalb eines Obergerichts oder einer → Gerichtsbarkeit (z. B. §§ 121, 136 GVG).
Lit.: *Pilny, K.,* Präjudizienrecht, 1993; *Seifert, R.,* Argumentation und Präjudiz, 1996; *Lundmark, T.,* Umgang mit dem Präjudizienrecht, JuS 2000, 546

Präklusion ([F.] Ausschluss) ist der Verlust einer Rechtsstellung unter bestimmten Voraussetzungen, insbesondere nach Ablauf einer → Frist (Präklusivfrist, Ausschlussfrist, z. B. Rechtsmittelfrist, Gewährleistungsfrist).
Lit.: *Otto, H.,* Die Präklusion, 1970; *Lieber, B.,* Präklusion im Steuerverfahren, 1998; *Hofmann, A.,* Die Präklusion fehlerhafter Sachleitungsanordnungen, 2003

Praktikant ist der im Rahmen einer theoretischen Ausbildung in einem besonderen, unter → Arbeitsrecht oder → Berufsbildungsrecht stehenden Ausbildungsverhältnis praktische Erfahrung anstrebende Mensch.
Lit.: *Waltermann, R.,* Arbeitsrecht, 16. A. 2012

Prälat (M.) ist im (katholischen) → Kirchenrecht ein hoher kirchlicher → Amtsträger, der kraft seines → Amtes Leitungsgewalt hat oder wegen seines Amtes oder seiner Mitgliedschaft in einem Kollegium den Titel P. ehrenhalber führt.

Prälegat (N.) → Vorausvermächtnis

Prämie ist das zusätzlich zu → Lohn oder → Gehalt gewährte Entgelt für einen bestimmten, vom → Arbeitnehmer oder Dienstverpflichteten beeinflussten → Erfolg (z. B. Treueprämie wegen Betriebszugehörigkeit). Die P. gehört nicht zum gewöhnlichen Arbeitsentgelt. Im Verwaltungsrecht ist P. eine Leistung des → Staates bei Vorliegen bestimmter gewünschter Ergebnisse (z. B. Sparprämie). Im Privatversicherungsrecht (§§ 33 ff. VVG) ist die P. die vereinbarte Gegenleistung des → Versicherungsnehmers für den Versicherungsschutz, wobei der Versicherer eine gerichtliche Prüfung einer erhöhten P. nicht mit Hinweis auf eine Geheimhaltungspflicht verhindern kann.
Lit.: *Eckhardt, G.,* Lohn und Prämie, 1987

Pranger ist ursprünglich das Halseisen, mit dem im Mittelalter und in früher Neuzeit ein Übeltäter an einen Schandpfahl (P.) befestigt und öffentlich zur Schau gestellt wird.
Lit.: *Bader, K.,* Der Pranger, 1935

Prärogative (F.) Vorrecht (des absoluten Monarchen z. B. Sanktion der Gesetze)

Präses (M.) Vorsitzender

Präsident (Vorsitzender) ist vielfach das leitende Organ einer Personengesamtheit (z. B. Staat).

Präsidialdemokratie ist die Form der → Demokratie, in welcher der Staatspräsident die vollziehende → Gewalt ausübt, vom → Volk gewählt wird und dem → Parlament nicht verantwortlich ist (z. B. Vereinigte Staaten von Amerika, Frankreich).

Präsidialrat (§§ 49 ff. DRiG) ist die bei einem → Gericht bestehende Vertretung der Richter für die Beteiligung bei der Ernennung von Richtern.
Lit.: *Kissel, O.,* Die Novelle 1999 zur Präsidialverfassung, NJW 2000, 460

Präsidium (Kollegium der Vorsitzenden) ist vielfach das kollegiale Leitungsorgan einer Personengesamtheit (z. B. §§ 21a ff. GVG, P. eines Gerichts, das die Spruchkörper besetzt und die Geschäfte verteilt).

Prätendent (M.) Anwärter

Prätendentenstreit (§ 75 ZPO Gläubigerstreit) ist im Zivilprozessrecht der Streit um die → Gläubigerschaft an einer → Forderung. Nach § 75 ZPO ist, wenn von einem verklagten → Schuldner einem Dritten, der die geltend gemachte Forderung für sich in Anspruch nimmt, der Streit verkündet wird und der Dritte daraufhin in den Streit eintritt, der Beklagte nach → Hinterlegung des der Forderung entsprechenden Betrags zugunsten der streitenden Gläubiger auf seinen Antrag aus dem → Rechtsstreit zu entlassen und der Rechtsstreit über die Berechtigung an der Forderung zwischen den streitenden Gläubigern fortzusetzen.

Prätor (M.) ist im älteren römischen Recht der wichtigste Gerichtsmagistrat, vor dem im → Legisaktionenverfahren und im → Formularverfahren der Rechtsstreit beginnt.
Lit.: *Söllner, A.,* Römische Rechtsgeschichte, 5. A. 1996

Prävarikation (F.) → Parteiverrat

Prävention ist die Vorbeugung gegen künftige → Kriminalität. Sie ist einer von mehreren möglichen → Strafzwecken. Sie ist entweder → *Generalprävention* oder *Spezialprävention*.
Lit.: *Wohlers, W.,* Deliktstypen des Präventionsstrafrechts, 2000; *Gärditz, K.,* Strafprozess und Prävention, 2003

präventiv (Adj.) vorbeugend, verhütend

präventives Verbot → Verbot, präventives

Präzedenzfall (vorangehender Fall) ist das frühere Geschehen, das sich (bei Rechtmäßigkeit) wegen des allgemeinen Gleichheitssatzes durch die Art seiner Behandlung auf ein späteres Geschehen auswirken kann.
Lit.: *Cross, R.,* Precedent in English law, 4. A. 1991, Neudruck 2004

Preis ist der Gegenwert für die Erlangung einer → Leistung, insbesondere für → Verkauf bzw. Übereignung einer → Ware. Im Schuldrecht unterliegt der P. grundsätzlich der → Vertragsfreiheit (anders z. B. bei Wucher, laesio enormis). Das Verwaltungsrecht verpflichtet zu bestimmter formeller Gestaltung des Angabens des Preises für Waren und Dienstleistungen für Letztverbraucher (Verordnung über Preisangaben).
Lit.: *Ebisch, H./Gottschalk, J.,* Preise und Preisprüfungen bei öffentlichen Aufträgen, 8. A. 2010; *Völker, S.,*

Preisangabenrecht, 2. A. 2002; *Vögele/Borstell/Engler*, Handbuch der Verrechnungspreise, 4. A. 2015

Preisausschreiben (§ 661 BGB) ist die → Auslobung, die eine Preisbewerbung zum Gegenstand hat (z. B. 1000 Euro für die richtige Beantwortung der studentischen Anfrage Warum gibt es nicht mehr solche Professoren?). Sie ist nur gültig, wenn in der Bekanntmachung eine Frist für die Bewerbung bestimmt wird. Die Entscheidung, ob eine innerhalb der Frist erfolgte Bewerbung der Auslobung entspricht oder welche von mehreren Bewerbungen den Vorzug verdient, ist durch die in der Auslobung bezeichnete Person, hilfsweise durch den Auslobenden zu treffen.
Lit.: *Steffenhagen, H. u. a.*, Preisausschreiben und Wettbewerbsrecht, 1987

Preisbindung ist die vertragliche Bindung der → Verkäufer bestimmter → Waren an einheitliche Festpreise. *Horizontale* P. ist dabei die P. zwischen Angehörigen derselben Wirtschaftsstufe. *Vertikale* P. ist die P. zwischen Angehörigen verschiedener Wirtschaftsstufen (Hersteller – Großhändler – Einzelhändler, sog. vertikale P. [zweiter Hand]). Beide (Vereinbarungen) sind als Verstoß gegen den Grundsatz der → Wettbewerbsfreiheit grundsätzlich verboten.
Lit.: *Obert, A.*, Die Preisbindung im Buchhandel, 2000; *Wallenfels, D./Russ, C.*, Buchpreisbindungsgesetz, 6. A. 2012; *Waldenberger, A.*, Preisbindung bei Zeitungen, NJW 2002, 2914

Preisempfehlung → Preisbindung

Preisgefahr ist bei gegenseitigen → Verträgen die → Gefahr, bei Untergang des Leistungsgegenstands (z. B. Kaufgegenstand) den → Anspruch auf die Gegenleistung (Kaufpreis) zu verlieren. Sie trifft grundsätzlich den → Schuldner (des Anspruchs auf den Leistungsgegenstand Kaufsache, d. h. den Verkäufer, der bei Untergang des Leistungsgegenstands (evtl. von seiner Leistungspflicht frei wird, dann aber auch regelmäßig) keinen Anspruch auf die Gegenleistung (Kaufpreis) mehr hat (P. des Verkäufers). Die P. „geht" jedoch im Zeitpunkt der → Übergabe (§ 446 I BGB) oder der Auslieferung beim → Versendungskauf (§ 447 BGB) auf den Gläubiger (Käufer) „über", der von diesem Zeitpunkt des Übergangs der Leistungsgefahr an trotz Untergangs des Leistungsgegenstands den Kaufpreis entrichten muss (P. des Käufers).
Lit.: *Leenen, D.*, Ist das richtig so?, JuS 2008, 579

Preisklauselverordnung ist die am 1.1.1999 in Kraft getretene, die Zulassung wertsichernder Preisklauseln betreffende Verordnung vom 23.9.1998, die am 7.9.2007 aufgehoben und durch das Preisklauselgesetz ersetzt wurde. → Wertsicherungsklausel

Preistreiberei (§ 4 I WiStG Preisüberhöhung) ist das vorsätzliche oder leichtfertige Fordern, Versprechen, Vereinbaren, Annehmen oder Gewähren von unangemessen hohen Entgelten für Gegenstände oder Leistungen des lebenswichtigen Bedarfs (→ Ordnungswidrigkeit).

Lit.: *Lessing, V.*, Die Preistreiberei, Diss. jur. Göttingen 1973

Presse (Art. 5 I 2 GG) ist die Gesamtheit der zur Verbreitung geeigneten und bestimmten Druckerzeugnisse. Die P. ist neben Hörfunk und Fernsehen das wichtigste Instrument der Bildung der öffentlichen → Meinung. Für sie gilt das Grundrecht der Pressefreiheit.
Lit.: Medienrecht, hg. v. *Schiwy, P./Schütz, W.*, 5. A. 2010

Pressedelikt ist die mit → Strafe bedrohte → Handlung des Pressewesens (z. B. Verbreitung beschlagnahmter Druckwerke). Die Pressedelikte sind landesrechtlich geregelt. Daneben gilt auch im Bereich der Presse das allgemeine → Strafrecht (z. B. Verleumdung durch von Betrüger gesteuerte Zeitungsartikel).
Lit.: *Uebbert, P.*, Die strafrechtliche Haftung des verantwortlichen Redakteurs, 1995

Pressefreiheit (Art. 5 I GG) ist die → Freiheit der Verbreitung von → Meinungen, Nachrichten, Mitteilungen und sonstigem Gedankengut durch Druckerzeugnisse. Sie ist ein → Grundrecht. Objektiv bedeutet die P. die Garantie der freien Presse als Rechtseinrichtung. Subjektiv steht sie allen im Pressewesen auf dem Gebiet der Meinungsäußerung und der Informationsbeschaffung tätigen Personen zu. Sie wird z. B. nicht dadurch verletzt, dass über Kinder bekannter Menschen nicht uneingeschränkt berichtet werden darf. Bei der Frage der *inneren* P. geht es um den unternehmensinternen Standort der Redaktion innerhalb eines Presseunternehmens. Sie ist bisher gesetzlich nicht geregelt.
Lit.: *Ziem, C.*, Die Bedeutung der Pressefreiheit, 2003

Presserecht ist die Gesamtheit der die → Presse betreffenden Rechtssätze.
Lit.: *Löffler, M.*, Presserecht, 6. A. 2015; *Ricker, R./ Weberling*, Handbuch des Presserechts, 6. A. 2012; *Soehring, J.*, Presserecht, 5. A. 2013; Presserecht, hg. v. *Stöckel, H.*, 9. A. 2004; *Rübenach, H.*, Europäisches Presserecht, 2000; *Sajuntz, S.*, Die Entwicklung des Presse- und Äußerungsrechts, NJW 2015, 595; *Korte, B.*, Praxis des Presserechts, 2014

pretium (lat. [N.]) Preis → iustum pretium

Preußen ist in der Rechtsgeschichte der aus der Markgrafschaft Brandenburg erwachsene, erst im 16./17. Jahrhundert um früher dem Deutschen Orden gehörige Gebiete zwischen Weichsel und Memel (Preußen) erweiterte und danach allmählich statt als Brandenburg als P. benannte Teil (Gliedstaat bzw. Mitglied) des → Heiligen Römischen Reiches, des → Deutschen Bundes und des zweiten → Deutschen Reiches. Es wurde als Staat durch das Gesetz über den Neuaufbau des Reiches vom 30.1.1934 aufgelöst. Am 25.2.1947 wurde P. (wegen seiner Gefährlichkeit von den alliierten Siegermächten des zweiten Weltkriegs) als → Staat (Land des Bundesstaats Deutsches Reich endgültig) aufgelöst und nicht wieder neu begründet. Teile seines Gebiets gehören nunmehr zu → Hessen, → Niedersachsen,

Brandenburg, Bremen, (Bayern,) Mecklenburg-Vorpommern, → Nordrhein-Westfalen, Sachsen-Anhalt und → Schleswig-Holstein sowie zu Polen und Russland.

Lit.: *Köbler, G.,* Historisches Lexikon der deutschen Länder, 7. A. 2007; *Bornhak, K.,* Preußische Staats- und Rechtsgeschichte, 1903, Neudruck 1979; *Weber, M.,* Preußen in Ostmitteleuropa, 2003; Preußen-Ploetz, hg. v. *Schlenke, M.,* 2004

preußisches allgemeines Landrecht → Allgemeines Landrecht

preußisches Polizeiverwaltungsgesetz → Polizeiverwaltungsgesetz, preußisches

prima-facie-Beweis → Anscheinsbeweis

Primat (M.) Vorrang

Primogenitur (F.) Erstgeburt, Alleinerbfolge

Prinzipal (M.) ist der → Inhaber des → Handelsgeschäfts.

Prinzipat (M.) ist im römischen Recht die Bezeichnung der Staatsform für die der Republik folgende und dem Dominat vorausgehende Zeit von Augustus (27 v. Chr. bzw. 1. Jh. n. Chr.) bis Diokletian (3. Jh. n. Chr.).

Lit.: *Söllner, A.,* Römische Rechtsgeschichte, 5. A. 1996

Prior (M.) Oberer, Klostervorsteher

Priorität (F.) Vorrangstellung

Prioritätsprinzip ist der Grundsatz der zeitlichen Aufeinanderfolge mehrerer Umstände, bei dem die → Rechtsfolge nach dem chronologischen Hergang eines Geschehens bestimmt wird. Insbesondere hängt im Sachenrecht das Verhältnis mehrerer beschränkter dinglicher → Rechte von dem Zeitpunkt ihrer Entstehung, → Eintragung oder Anmeldung ab (vgl. die §§ 879, 1209 BGB, § 45 GBO). Allerdings kann die P. auch entgegen dieser Reihenfolge → gutgläubig erworben werden.

Lit.: *Becker, C.,* First in time, first in right, 2000; *Knoche, J./Biersack, C.,* Das zwangsvollstreckungsrechtliche Prioritätsprinzip, NJW 2003, 476

prior tempore potior iure (lat.) (je) früher in der Zeit, (desto) stärker im Recht, → Prioritätsprinzip

Lit.: *Liebs, D.,* Lateinische Rechtsregeln, 7. A. 2007

Prise ([F.] Genommenes) ist im Völkerrecht (Seekriegsrecht) das weggenommene Gut.

privat (Adj.) eigen, besondere, nicht hoheitlich

Privatautonomie (Eigenverantwortlichkeit) ist der Grundsatz, dass der Einzelne berechtigt ist, seine Lebensverhältnisse im Rahmen der Rechtsordnung eigenverantwortlich zu gestalten. Die P. ist ein Teil des allgemeinen Selbstbestimmungsrechts des Menschen, das durch die Artt. 1, 2 GG geschützt wird. Sie gehört zu den Grundwerten der freiheitlichen

Rechtsordnung der → Bundesrepublik Deutschland. Sie berechtigt zur eigenverantwortlichen Begründung, Änderung und Aufhebung von → Rechten und → Pflichten. Ihre wichtigsten Erscheinungsformen sind → Vereinigungsfreiheit, → Vertragsfreiheit, → Verfügungsfreiheit und → Testierfreiheit.

Lit.: *Busche, J.,* Privatautonomie und Kontrahierungszwang, 1999; *Hartenstein, O.,* Die Privatautonomie, 2000; *Tassikas, A.,* Dispositives Recht und Rechtswahlfreiheit, 2004

Privatdozent ist im Verwaltungsrecht der Universitätslehrer, der (auf Grund der → Habilitation) die Befugnis erlangt hat, eigenverantwortlich Lehrveranstaltungen abzuhalten. Davon unabhängig ist die Frage der Innehabung eines → Amtes oder einer → Planstelle. Mit der Erlangung einer Stellung (Planstelle) als Universitätsdozent oder Professor endet die Privatdozenteneigenschaft.

Lit.: *Emundts-Trill, P.,* Die Privatdozenten und Extraordinarien der Universität Heidelberg 1803–1860, 1997

Private Equity

Lit.: Rechtshandbuch Private Equity, hg. v. *Jesch/Striegel/Boxberger,* 2010; *Eilers/Koffka/Mackensen,* Private Equity – Unternehmenskauf, Finanzierung, Restrukturierung, Exitstrategien, 2. A. 2012

Privatisierung ist die Umwandlung von Gemeineigentum in → Eigentum einzelner Personen des Privatrechts. Die P. steht im Gegensatz zur → Sozialisierung. Als P. wird auch die Wahrnehmung öffentlicher Aufgaben durch private Unternehmer (z. B. Müllabfuhr) bezeichnet.

Lit.: *Beckers, T.,* Privatisierung der Bundesautobahnen, 2003; *Rügemer, W.,* Privatisierung in Deutschland, 4. A. 2008; *Stöber, R.,* Privatisierung öffentlicher Aufgaben, NJW 2008, 2301

privativ (Adj.) wegnehmend

privative Schuldübernahme → Schuldübernahme, privative

Privatklage (§§ 374 ff. StPO) ist die Verfolgung einer → Straftat durch den Verletzten oder Antragsberechtigten ohne vorgängige Anrufung der → Staatsanwaltschaft. Die P. ist nur bei bestimmten Straftatbeständen zulässig (z. B. → Hausfriedensbruch, → Beleidigung, Briefgeheimnisverletzung, → Körperverletzung, Bedrohung, Bestechlichkeit oder Bestechung im geschäftlichen Verkehr, → Sachbeschädigung). Sie setzt meist einen erfolglosen → Sühneversuch voraus (§ 380 StPO). Die Erhebung der → Anklage geschieht zu Protokoll der → Geschäftsstelle oder durch Einreichung einer → Anklageschrift. Die Staatsanwaltschaft kann die Verfolgung, wenn sie im öffentlichen → Interesse liegt, jederzeit übernehmen und dadurch den Privatkläger zum → Nebenkläger machen. Über die P. entscheidet das → Amtsgericht grundsätzlich nach den allgemeinen Regeln. Rechtsgeschichtlich ist die P. der Überrest des → Akkusationsprozesses bzw. der → Selbsthilfe des Verletzten.

Lit.: *Dürwanger/Dempewolf,* Handbuch des Privatklagerechts, 1971; *Muttelsee, A.,* Die Sicherung des

Rechtsfriedens, 1991; *Erdag, A.,* Der rechtliche Einfluss des Verletzten auf den Beginn des Strafverfahrens, 2001

Privatrecht ist die Gesamtheit aller Rechtssätze, bei denen Berechtigter oder Verpflichteter nicht ausschließlich ein Träger hoheitlicher → Gewalt in seiner Eigenschaft als solcher ist. Das P. bildet den Gegensatz zum öffentlichen → Recht, wobei die Abgrenzung im Einzelfall ziemlich schwierig recht und zies → Immaterialgüterrecht. *Internationales* P. (Art. 3 I EGBGB, Kollisionsrecht, Verweisungsrecht) ist die Gesamtheit der (deutschen, eventuellem Europarecht nachgeordneten) Rechtsätze, die durch Verweisung auf die inländische oder eine ausländische Privatrechtsordnung festlegen, welche von mehreren möglichen nationalen Privatrechtsordnungen in einem Kollisionsfall zur Anwendung kommt (z.B. Deutscher heiratet Chinesin in Peru). Das (autonome deutsche) internationale P. ist vor allem in den Artt. 3ff. EGBGB (unvollständig) geregelt (Artt. 3–6 Verweisung, Artt. 7–12 natürliche Personen und Rechtsgeschäfte, Artt. 13–24 Familienrecht, Artt. 25–26 Erbrecht, Artt. 27–42 Schuldverhältnisse, 43–46 Sachenrecht). Die wichtigsten inhaltlichen Anknüpfungspunkte eines Sachverhalts an eine Privatrechtsordnung sind dabei die Staatsangehörigkeit, der Wohnsitz und der gewöhnliche Aufenthaltsort eines Menschen oder die Lage (Belegenheit) eines Gegenstands. *Deutsches* P. ist eine veraltende Bezeichnung für das ältere, aus germanischer bzw. germanistischer Wurzel stammende, vor Schaffung des Bürgerlichen Gesetzbuchs (1900) auch ohne gesetzgeberischen Akt unmittelbar geltende, als Wissenschaftsgebiet nur aus dem Gegensatz zum römischen, rezipierten Privatrecht erwachsene P. in Deutschland. Zu Unrecht wird für das P. Deutschlands deshalb meist die Bezeichnung Zivilrecht verwendet, die nur das Fremdwort für bürgerliches Recht ist.

Lit.: *Hübner, R.,* Deutsches Privatrecht, 5. A. 1930; *Kegel, G./Schurig, K.,* Internationales Privatrecht, 9. A. 2004; *Köbler, G.,* Deutsche Rechtsgeschichte, 6. A. 2005; *Hedemann, J.,* Die Fortschritte des Zivilrechts im 19. Jahrhundert, 1910ff., Neudruck 1968; *Söllner, A.,* Privatrecht, in: Handwörterbuch der Rechtsgeschichte, Bd. 3 1984, 1971ff.; *Kropholler, J.,* Internationales Privatrecht, 6. A. 2006; *Köbler, G.,* Deutsches Privatrecht der Gegenwart, 1991; Internationales Privat- und Verfahrensrecht, hg. v. *Jayme, E./Hausmann, R.,* 17. A. 2014; *Kallwass, W.,* Privatrecht. Ein Basisbuch, 22. A. 2015; *Koch, H./Magnus, U./Winkler von Mohrenfels, P.,* IPR und Rechtsvergleichung, 4. A. 2010; *Langenbucher, K.,* Europarechtliche Bezüge des Privatrechts, 2. A. 2008; *Hoffmann, B. v./Thorn, K.,* Internationales Privatrecht, 10.. A. 2013; *Rauscher, T. u. a.,* Die Entwicklung des internationalen Privatrechts 2013–2014, NJW 2014, 3619; *Zimmermann, R.,* The Present State of European Private Law, The American Journal of Comparative Law 57 (2009), 479; Handwörterbuch des europäischen Privatrechts, hg. v. *Basedow, J. u. a.,* 2009

Privatschule (Art. 7 IV GG) ist die → Schule, deren Träger keine juristische → Person des öffentlichen Rechts ist. Die P. ist zulässig, untersteht aber der staatlichen → Aufsicht. Das Verhältnis zwischen Schulträger und Schüler ist privatrechtlich.

Lit.: *Vogel, J.,* Das Recht der Schulen und Heime in privater Trägerschaft, 3. A. 1997; *Wendeln, B.,* Freie

Alternativschulen, 2002; Das kirchliche Privatschulwesen, hg. v. *Rinnerthaler, A.,* 2007

Privatstrafe → Vertragsstrafe

Lit.: *Großfeld, B.,* Die Privatstrafe, 1961; *Ebert, I.,* Pönale Elemente im deutschen Privatrecht, 2004

Privatstraße ist die → Straße, die nicht dem öffentlichen Verkehr gewidmet ist. Sie kann einer juristischen → Person des öffentlichen Rechts gehören. Das Straßenrecht ist auf sie nicht anwendbar.

Lit.: *Kai, O.,* Die Rechtsverhältnisse, 1957

Privatversicherungsrecht (§§ 1ff. VVG) ist die Gesamtheit der ein Versicherungsverhältnis (→ Versicherungsvertrag) zwischen einem → Versicherer und → Versicherten betreffenden Rechtssätze des Privatrechts (Gegensatz Sozialversicherungsrecht). Das P. lässt sich in einem weiteren Sinn zum → Handelsrecht zählen. Es ist in erster Linie im Versicherungsvertragsgesetz geregelt, das allgemeine Vorschriften für sämtliche Versicherungszweige und besondere Vorschriften für einzelne Versicherungszweige (→ Schadensversicherung, → Lebensversicherung, → Unfallversicherung) enthält.

Lit.: VersR Privatversicherungsrecht, 21. A. 2015; *Hofmann, E.,* Privatversicherungsrecht, 4. A. 1998; *Basedow, J.,* Europäisches Privatversicherungsrecht, 2002

Privileg ([N.] Sondergesetz, Sonderrecht) ist das einem oder mehreren Einzelnen (auf Grund besonderer behaupteter Gestaltungsmacht des Erteilers) im Gegensatz zur Allgemeinheit eingeräumte Vorrecht. In der Rechtsgeschichte ist das von einem Herrn (König, Landesherr) verliehene P. als Mittel der politischen Gestaltung außerordentlich bedeutsam (z.B. Immunität, Stadtrecht). In der Gegenwart steht ihm grundsätzlich der Gleichheitsgrundsatz entgegen.

Lit.: *Lieb, T.,* Privileg und Verwaltungsakt, 2004

privilegierte Straftat → Straftat, privilegierte

Privilegium (N.) **maius** ([lat.] größeres Vorrecht) ist die Fälschung Herzog Rudolfs IV. von Österreich zwecks Annäherung an die 1356 den → Kurfürsten in der → Goldenen Bulle Kaiser Karls IV. zugestandenen bzw. bestätigten, Österreich dagegen mangels Kurfürstenwürde nicht gewährten Vorrechte (1358/1359).

Lit.: *Köbler, G.,* Zielwörterbuch integrativer europäischer Rechtsgeschichte, 6. A. 2014 (Internet)

Privilegium (N.) **minus** ([lat.] kleineres Vorrecht) ist die Urkunde über die von dem Staufer König Friedrich I. in politischem Ausgleich zwischen Staufern, Welfen und Babenbergern (gegen Rückgabe des vom staufischen König 1139 den welfischen Herzögen von Sachsen und Bayern entzogene und an die verwandten babenbergischen Markgrafen von Österreich verliehene Herzogtum Bayern durch die Babenberger) vorgenommene Erhebung Österreichs zum Herzogtum unter Verselbständigung vom Stammesherzogtum der Bayern (1156, Weiberlehen).

Lit.: *Appelt, H.,* Das Herzogtum Österreich, 1991; *Köbler, G.,* Deutsche Rechtsgeschichte, 6. A. 2005

probation (engl. [N.]) Bewährung

procurator (lat. [M.]) Geschäftsführer, Verwalter, Prozessvertreter

prodigus (lat. [M.]) Verschwender

Productum (N.) **sceleris** ([lat.] Verbrechenserzeugnis) ist der durch eine vorsätzliche → Straftat hervorgebrachte, im Strafverfahrensrecht der → Einziehung (§§ 74 ff. StGB) unterliegende Gegenstand.

Produkt (§ 2 Nr. 22 ProdSG) ist die durch einen Fertigungsprozess hergestellte Ware, der durch einen Fertigungsprozess hergestellte Stoff oder die durch einen Fertigungsprozess hergestellte Zubereitung.

Produktfehler (§ 3 ProdHaftG) ist das Abweichen eines Produkts von der Sicherheit, die berechtigterweise für die Benutzung des Produkts erwartet werden darf.
Lit.: *Muthig, A.,* Die Haftung des Herstellers für Produktfehler, 1993; *Bodewig, T.,* Der Rückruf fehlerhafter Produkte, 1999

Produkthaftung ist die ab 1.1.1990 geltende, durch eine EG-Richtlinie veranlasste Gefährdungshaftung des Herstellers eines → Produkts für → Produktfehler. Für die P. gilt das Produkthaftungsgesetz. Der Haftungshöchstbetrag beträgt bei Personenschaden 80 Millionen Euro. Bei Sachschaden hat der Geschädigte einen Selbstbehalt von 565 Euro zu tragen. Unberührt bleiben die deliktischen Schadensersatzansprüche aus → Produzentenhaftung, denen rechtstatsächlich größere Bedeutung zukommt.
Lit.: *Katzenmeier, C.,* Entwicklungen des Produkthaftungsrechts, JuS 2003, 943; *Wagener, A.,* Produkthaftung Deutschland USA von A–Z, 2005; *Kullmann, H.,* Die Rechtsprechung des BGH zum Produkthaftpflichtrecht, NJW 2005, 1907; *Kullmann, H.,* ProdHaftG, 6. A. 2010; *Molitoris, M. u. a.,* Die Entwicklung im Produkthaftungs- und Produktsicherheitsrecht, NJW 2012, 1489; *Uskenbayeva, S.,* Produkthaftung für Software im Internet, 2008; Produkthaftungshandbuch, hg. v. *Foerste, U./ Westphalen, F. Graf v.,* 3. A. 2012; *Lenz, T.,* Produkthaftung, 2014; *Littbarski, S.,* Produkthaftpflichtversicherung, 2. A. 2014; *Molitoris, M. u. a.,* Die Entwicklungen im Produktsicherheits- und Produkthaftungsrecht, NJW 2015, 1568

Produktpiraterie ist die widerrechtliche Ausnutzung der in einem fremden Produkt enthaltenen geistigen Leistung, die durch das Gesetz zur Stärkung des Schutzes der geistigen Leistung und zur Bekämpfung der P. vom 7.3.1990 verstärkt bekämpft wird.
Lit.: Rechtsschutz gegen Dienstepiraterie, hg. v. *Dressel, C. u. a.,* 2003; *Gaul, A.,* Die Durchsetzbarkeit markenrechtlicher Ansprüche, 2003; *Wölfel, T.,* Marken- und Produktpiraterie, 2003; *Schiwek, F.,* Die Strafbarkeit der Markenpiraterie, 2004

Produktsicherheitsgesetz ist das im Dezember 2011 das → Geräte- und Produktsicherheitsgesetz ablösende Gesetz vom 8.11.2011.

Lit.: Geräte- und Produktsicherheitsgesetz, hg. v. *Klindt, T.,* 2004

Produktwarnung ist die öffentliche Warnung vor möglichen Schäden infolge eines Fehlers eines Produkts.
Lit.: *Haussühl, T.,* Die Produktwarnung, 1999

Produzent ist der (gewerbliche) Hersteller einer Ware.

Produzentenhaftung ist die Haftung des Herstellers einer Ware (z. B. eines Gastwirts für ein Essen) aus unerlaubter Handlung (mit Verschuldensvermutung). Die P. betrifft Folgeschäden aus der Benutzung der Produkte, die beim bestimmungsgemäßen Verbraucher oder einer sonstigen Person infolge eines Fehlers eintreten, wobei der Fehler ein → Konstruktionsfehler, → Fabrikationsfehler oder → Instruktionsfehler sein kann. Die Schadensersatzpflicht setzt voraus, dass der Hersteller bei der Herstellung oder durch die Inverkehrbringung im Einzelfall die objektiv gebotene Sorgfalt verletzt und damit gegen eine ihn treffende Verkehrssicherungspflicht verstoßen hat. Neben die P. (vgl. § 15 II ProdHaftG) trat zum 1.1.1990 die → Produkthaftung.
Lit.: *Dietborn, C.,* Produzentenhaftung, 2000; *Meyer, F.,* Produzentenhaftung im Konzern, 2003; Produzentenhaftung, hg. v. *Kullmann, H. u. a.* (Lbl.); *Fuchs, M. u. a.,* Ansprüche aus Produzentenhaftung und Produkthaftung, JuS 2011, 1057

Produzentenleasing → Leasing

Professor (Bekenner) ist die Amtsbezeichnung der hervorgehobenen Lehrer an wissenschaftlichen → Hochschulen, wobei bei der Amtsbezeichnung zwischen Professoren an wissenschaftlichen Hochschulen und Professoren an sonstigen Hochschulen unterschieden werden muss. Die Professoren nehmen die ihrer → Hochschule jeweils obliegenden Aufgaben in Wissenschaft und Kunst, Forschung und Lehre in ihren Fächern nach näherer Ausgestaltung ihres Dienstverhältnisses selbständig wahr. Voraussetzung für die Einstellung als P. (früher § 44 HRG) sind regelmäßig ein abgeschlossenes Hochschulstudium, pädagogische Eignung, besondere Befähigung zu wissenschaftlicher Arbeit, die in der Regel durch die Qualität einer Promotion nachgewiesen wird, oder besondere Befähigung zu künstlerischer Arbeit sowie zusätzliche wissenschaftliche oder künstlerische oder berufspraktische Leistungen. Die in der Besoldung erkennbare Unterschiedlichkeit einzelner Gruppen von Professoren sollte durch das Hochschulrahmengesetz äußerlich beseitigt werden. Besoldungsgruppen sind seit 2002 bzw. 2004 W1 (Juniorprofessor 3406 Euro), W2 (3880 Euro) und W3 (4723 Euro und variable Leistungsbezüge). *Honorarprofessor* ist der vielfach auf Grund persönlicher Beziehungen bzw. Netzwerke (nur) ehrenhalber zum P. ernannte Mensch.
Lit.: *Köbler, G.,* Wie werde ich Jurist?, 5. A. 2007

Prognose (F.) Vorschau, Vorhersage
Lit.: *Herre, S.,* Die Prognoseklauseln der §§ 56 StGB und 21 JGG, 1997

Progression ([F.] Fortschreiten) ist im Steuerrecht die Art der Besteuerung, bei der die zu zahlende → Steuer mit steigender Höhe der Bemessungsgrundlage nicht nur entsprechend (linear), sondern darüber hinaus (progressiv) zunimmt (z. B. → Einkommensteuer).

Lit.: *Lieb, R.,* Direkte Steuerprogression, 1992; *Wotschofsky, S.,* Der Progressionsvorbehalt, 1998

Prokura (§ 48 HGB) ist die vom → Inhaber eines → Handelsgeschäfts oder seinem gesetzlichen → Vertreter erteilte besondere umfassende → Vertretungsmacht des Handelsrechts. Die P. muss von dem Inhaber des Handelsgeschäfts oder seinem gesetzlichen Vertreter mittels ausdrücklicher Erklärung erteilt werden und ist zur Eintragung in das → Handelsregister anzumelden (§ 53 I 1 HGB). Sie ermächtigt zu allen Arten von Geschäften und Rechtshandlungen, die der Betrieb irgendeines → Handelsgewerbes mit sich bringen kann. Sie ist → Vollmacht mit gesetzlich umschriebenem Umfang. Sie kann nur in der Form der als *Filialprokura* auf den → Betrieb einer von mehreren Niederlassungen beschränkten P. (§ 50 III HGB) oder als → *Gesamtprokura* mehrerer Prokuristen (§ 48 II HGB, nicht des Einzelkaufmanns und des Prokuristen) beschränkt werden. Die P. erlischt durch Widerruf, durch Ernennung zum alleinigen Geschäftsführer oder durch den Tod des Prokuristen. Das Erlöschen ist zur Eintragung in das Handelsregister anzumelden.

Lit.: *Hofmann, K.,* Der Prokurist, 8. A. 2007; *Müller, K.,* Prokura und Handlungsvollmacht, JuS 1998, 1000

Prokurist ist der Mensch, dem → Prokura erteilt worden ist (nicht eine juristische → Person).

Lit.: *Hofmann, K.,* Der Prokurist, 8. A. 2007; *Orlowski, P.,* Die arbeitsrechtliche Stellung des Prokuristen, 2003

Prolongation (F.) Verlängerung (der Laufzeit), Stundung

Promotion (F.) ist die Verleihung des → Doktorgrads durch eine dazu berechtigte → Hochschule auf Grund einer wissenschaftlichen Leistung des Bewerbers. Die Voraussetzungen und das Verfahren sind in besonderen Promotionsordnungen (Fachbereichssatzungen) geregelt. Die P. zum Dr. jur. setzt (danach) in der Regel das Bestehen der ersten juristischen → Staatsprüfung – mit einem gehobenen Prädikat (vollbefriedigend, gegebenenfalls auch befriedigend) –, eine (schriftliche) → Dissertation (anders früher in Österreich, wo drei mündliche Prüfungen genügten), ein (mündliches) Rigorosum (nur drei Rigorosen früher in Österreich) oder eine (mündliche) Disputation (und den Nachweis von Lateinkenntnissen) voraus. Die erfolgreiche P. berechtigt – ohne Rücksicht auf die Note – nach Einlieferung der → Pflichtexemplare und Aushändigung der Promotionsurkunde zum Führen des Doktorgrads. Die im Anschluss an das Studium ernsthaft und nachhaltig geführte Vorbereitung auf eine Promotion ist ein Teil einer Berufsausbildung, die zum Bezug von Kindergeld berechtigt.

Lit.: *Köbler, G.,* Wie werde ich Jurist?, 5. A. 2007; *Münch, I. v.,* Promotion, 3. A. 2006, Neudruck 2008

Promotionsverfahren ist das Verwaltungsverfahren mit dem Ziel der → Promotion. Es beginnt nach Erwerb der (die Zahl der Bewerber stark einschränkenden) Zulassungsvoraussetzung der mindestens durchschnittlich bestandenen ersten juristischen Staatsprüfung (Prädikatsexamen) grundsätzlich mit der Suche nach einem geeigneten, neue Erkenntnisse ermöglichenden Thema und einem betreuungsbereiten Lehrer (Professor). Dem schließt sich die Arbeitsdisziplin und Einfallskraft erfordernde eigenständige Ausarbeitung einer → Dissertation an. Den Beschluss bilden die selten ernsthaft problematische mündliche Prüfung und die formal das P. abschließende Aushändigung der Promotionsurkunde nach Ablieferung der Pflichtexemplare.

Lit.: *Grätz, F.,* 33 Möglichkeiten ein Promotionsverfahren ohne den gewünschten Erfolg zu beenden, 1998

Promulgation (F.) Verkündung (eines Gesetzes)

Properhändler (Eigenhändler) ist der im eigenen Namen und für eigene Rechnung tätige Händler. Er steht im Gegensatz zum → Handelsvertreter. Unter besonderen Umständen können Einzelregeln des Rechts der Handelsvertreter entsprechend auf den P. angewandt werden.

Proporz (M.) Verhältnis (insbesondere der Zahl der Angehörigen einer gesellschaftlichen Gruppe und der Zahl ihrer Vertreter in einem Entscheidungsgremium z. B. Parteienproporz in Bezug auf die Verteilung der gut besoldeten öffentlichen Ämter in korruptionsgefährdeten Ländern)

Lit.: *Didczuhn, A.,* Der Grundsatz der proportionalen föderalen Parität, 1990

proprietas (lat. [F.]) Eigentum

Prorektor (M.) Stellvertreter des Rektors

prorogatio (F.) **fori** (lat.) Gerichtsstandsvereinbarung

Prorogation (F.) Gerichtsstandsvereinbarung, → Gerichtsstand

Lit.: *Huber, M.,* Grundwissen – Zivilprozessrecht: Prorogation, JuS 2013, 974

Prospekthaftung ist das Einstehenmüssen eines Anbieters für die von ihm in einem Prospekt veröffentlichten Angaben.

Lit.: *Arndt, J./Voß, T.,* Verkaufsprospektgesetz, 2008; *Leuering, D.,* Die Neuordnung der gesetzlichen Prospekthaftung, NJW 2012, 1905

Prostitution (§ 180a StGB Ausbeutung Prostituierter) ist im Strafrecht das Vornehmen oder Vornehmenlassen von sexuellen Handlungen an, vor oder von wechselnden Partnern oder Zuschauern (str.) während einer gewissen, nicht unbedingt längeren Dauer gegen Entgelt, das auch einem anderen zufließen kann. Die P. selbst ist straflos, die Förderung der P. dagegen in bestimmten Arten strafbar. Sind sexuelle Handlungen gegen ein vorher vereinbartes Entgelt vorgenommen worden, so begründet diese Vereinbarung nach dem Prostitutionsgesetz eine rechtswirksame, jedoch nicht abtretbare Forderung. Nicht unter die Förderung der P. fällt das bloße Unterhalten eines Dirnenwohnheims, in dem nur die mit dem Gewähren von Wohnung, Unterkunft oder Aufenthalt üblicherweise verbundenen Nebenleistungen erbracht werden. Im Sinn des Ausländergesetzes ist P. Arbeit. Im Wohnungseigentumsrecht kann einzelnen Wohnungseigentümern ein Unterlassungsanspruch gegenüber der Nutzung eines Sondereigentums für die P. zustehen. Der jährliche Umsatz durch P. in Deutschland wird auf 12 Milliarden DM (1997) geschätzt. 2001 wurde die P. in Deutschland verrechtlicht.

Lit.: *Domentat, T.,* Lass dich verwöhnen, 2003; *Galen, M. Gräfin v.,* Rechtsfragen der Prostitution, 2004; *Malkmus, K.,* Prostitution in Recht und Gesellschaft, 2005; *Schmidbauer, W.,* Das Prostitutionsgesetz, NJW 2005, 871

Protektorat ([N.] Schutzgebiet) ist der zu Gunsten eines Protektorstaats in seiner Handlungsfähigkeit (z. B. Außenpolitik) eingeschränkte Staat bzw. das zwischen diesen beiden Staaten bestehende Verhältnis (z. B. Indien – Bhutan, Frankreich – Monaco, früher Deutschland – Böhmen und Mähren).

Protest ist der förmliche Einspruch gegen ein Verhalten oder einen Zustand. Im Wechselrecht (z. B. Art. 44 WG) ist P. die öffentliche → Beurkundung der Verweigerung der → Annahme oder der → Zahlung bei Vorlegung bestimmter → Wertpapiere. Der P. ist grundsätzlich Voraussetzung für den → Rückgriff des → Inhabers des Wertpapiers auf die für den Bezogenen haftenden Beteiligten (z. B. → Aussteller, → Indossanten).

Lit.: *Breutz, I.,* Der Protest im Völkerrecht, 1997

Protestatio [F.] **facto contraria (non valet)** ([lat.] die dem [eigenen] Verhalten zuwiderlaufende Verwahrung [hat keine Bedeutung]) ist ein heute § 242 BGB zuzurechnender allgemeiner Rechtsgrundsatz.

Lit.: *Liebs, D.,* Lateinische Rechtsregeln, 7. A. 2007

Protokoll (z. B. § 160 ZPO) ist die – durch Unterschrift oder Genehmigung als richtig anerkannte – Niederschrift über eine → Verhandlung (Tonaufnahmegerät zulässig, § 168a II StPO), insbesondere im Rahmen eines → Verfahrens. Wer als Vorsitzender allein oder kollusiv mit anderen (z. B. der Protokollführerin) den Ablauf einer Verhandlung im P. bewusst unrichtig wiedergibt, ist Fälscher. Im Völkerrecht ist P. die Gesamtheit der Regeln des förmlichen diplomatischen Verkehrs.

Lit.: *Hendrix, P.,* Die Protokollführung in der Hauptverhandlung, 8. A. 2000; *Meyer-Mews, H.,* Das Wortprotokoll in der strafrechtlichen Hauptverhandlung, NJW 2002, 103

Provision (z. B. § 354 HGB) ist die Vergütung für eine Tätigkeit, die in einem bestimmten Prozentsatz des Wertes des vermittelten Geschäfts *(Vermittlungsprovision)* oder des abgeschlossenen Geschäfts *(Abschlussprovision)* bemessen wird. Die P. kann

Entgelt oder Zulage zum Entgelt sein. Anspruch auf P. haben besonders Handelsvertreter, Handelsmakler und Kommissionäre. → Delkredereprovision

Lit.: *Ohnesorge, R.,* Provisionen im Maklerrecht, 1995; *Umhau, G.,* Vergütungssysteme für die Versicherungsvermittlung im Wandel, 2003

Prozess ist der rechtlich geordnete, von Lage zu Lage sich entwickelnde Vorgang zur Gewinnung einer richterlichen → Entscheidung über ein behauptetes materielles → Rechtsverhältnis. Der P. ist ein staatliches Verfahren, das die → Selbsthilfe ersetzt. Er zerfällt nach der Gliederung der → Gerichtsbarkeit in → Zivilprozess, → Strafprozess, → Verwaltungsprozess sowie den P. vor dem Arbeitsgericht, Finanzgericht, Sozialgericht und Verfassungsgericht. → Prozessformular

Prozessagent ist der (nicht als Rechtsanwalt qualifizierte, zahlenmäßig seltene) → Rechtsbeistand, der auf Grund besonderer Gestattung durch die Justizverwaltung (Präsident des Amtsgerichts oder Präsident des Landgerichts) die Besorgung fremder Rechtsangelegenheiten bzw. das mündliche Verhandeln vor Gericht gewerbsmäßig betreibt.

Lit.: *Rennen, G./Caliebe, G.,* Rechtsberatungsgesetz, 6. A. 2010

Prozessbetrug ist der → Betrug, bei dem ein → Richter durch falsche Behauptungen des Täters zu einer Entscheidung veranlasst wird, die das → Vermögen des Prozessgegners schädigt.

Lit.: *Piech, X.,* Der Prozessbetrug im Zivilprozess, 1998

Prozessbevollmächtigter ist die (→ prozessfähige und → postulationsfähige) Person, der → Prozessvollmacht erteilt ist.

Lit.: *Bergerfurth, B.,* Der Anwaltszwang und seine Ausnahmen, 2. A. 1988

Prozessfähigkeit ist die Fähigkeit, vor → Gericht zu stehen (§ 51 ZPO). Sie ist die Fähigkeit, → Prozesshandlungen selbst oder durch einen → Prozessbevollmächtigten wirksam vorzunehmen oder entgegenzunehmen. Nach § 52 I ZPO ist eine Person insoweit prozessfähig, als sie sich durch Verträge verpflichten kann, d. h. → geschäftsfähig ist. Entsprechend der Geschäftsfähigkeit kann sich auch die P. auf Teilbereiche beschränken (vgl. § 113 BGB). Ergibt sich im Berufungsverfahren, dass dem Kläger seit der Klageerhebung die P. fehlt, ist die Klage als unzulässig abzuweisen.

Lit.: *Oda, T.,* Die Prozessfähigkeit, 1997

Prozessformular ist das im Prozess hilfreiche → Formular.

Lit.: Das Prozessformularbuch, hg. v. *Vorwerk, V.,* 10. A. 2015; Beck'sches Prozessformularbuch, hg. v. *Locher, H./Mes, P.,* 12. A. 2013

Prozessführung ist die Führung eines Prozesses als richtige Partei im eigenen Namen.

Lit.: *Kleinheisterkamp, T.,* Prozessführung über gepfändete Geldforderungen, 2001; *Crückeberg, H.,* Zivilprozessrecht – anwaltliche Prozessführung, 2002

Prozessführungsbefugnis ist die Befugnis, einen → Prozess als die richtige → Partei im eigenen Namen zu führen. Sie steht grundsätzlich dem Träger des streitigen Rechts zu, entspricht also im materiellen Recht der Verfügungsbefugnis. Kommt sie einem anderen zu, liegt → Prozessstandschaft vor.

Lit.: *Weber, R.,* Die Prozessführungsbefugnis als Sachurteilsvoraussetzung, 1992 (Diss.); *Backmann, J./Zender, O.,* Die Prozessführungsbefugnis, JuS 1996, 1084; *Wieser, E.,* Gründe gemeinschaftlicher Prozessführungsbefugnis, JuS 2000, 997

Prozessgericht ist das → Gericht, vor dem der betreffende → Prozess durchgeführt wurde, wird oder werden soll.

Lit.: *Wagner, A.,* Zuständigkeitsverteilung zwischen Familiengericht und Prozessgericht, 2001

Prozesshandlung ist die prozessgestaltende Beteiligung der → Partei und der Streitgehilfen bzw. ihrer Vertreter (im weiteren Sinn auch des → Gerichts, str.) an einem → Verfahren. Die P. kann in einem → Tun oder Unterlassen bestehen. Sie ist meist einseitig (z.B. → Klage, → Einspruch, → Anerkenntnis, Behaupten, Gestehen, Bestreiten, Beweisantritt, Antrag an das Gericht). Die Wirksamkeit der P. erfordert bestimmte Voraussetzungen (Prozesshandlungsvoraussetzungen, nämlich vor allem → Parteifähigkeit, Prozessfähigkeit, → Prozessvollmacht, Postulationsfähigkeit). Für die P. gelten nicht die Regeln der materiellrechtlichen Rechtshandlungen (→ Rechtsgeschäfte).

Lit.: *Baumgärtel, G.,* Wesen und Begriff der Prozesshandlung, 2. unv. A. 1972; *Stadlhofer-Wissinger, A.,* Das Gebot in der Zwangsversteigerung – eine nicht anfechtbare Prozesshandlung, 1993

Prozesshandlungsvoraussetzung
→ Prozesshandlung

Prozesshindernis → Prozessvoraussetzung

Prozesskosten sind die → Kosten des → Prozesses. Sie hat grundsätzlich die jeweils unterliegende → Partei zu tragen. Unter bestimmten Voraussetzungen besteht Anspruch auf → Prozesskostenhilfe.

Lit.: *Riehl, J.,* Prozesskosten und die Inanspruchnahme der Rechtspflege, 2003; *Schade, W.,* Prozesskosten, NJW 2003, 1504

Prozesskostenhilfe (§ 114 ZPO) ist (seit 1980) die vor Beendigung des Verfahrens zu bewilligende finanzielle Unterstützung einer → Partei, die nach ihren persönlichen und wirtschaftlichen Verhältnissen die → Kosten der Führung eines → Prozesses nicht, nur zum Teil oder nur in Raten aufbringen kann. Die P. wird nur dann gewährt, wenn die beabsichtigte Rechtsverfolgung oder Rechtsverteidigung hinreichende Aussicht auf Erfolg bietet und nicht mutwillig erscheint. Die P. erfordert einen Antrag bei dem → Prozessgericht. Die Bewilligung der P. bewirkt, dass die Partei Gerichtskosten und Vergütungsansprüche der beigeordneten → Rechtsanwälte (§ 122 ZPO) nicht begleichen muss. Die Gebühren der Rechtsanwälte werden aus der Staatskasse vergütet. Bei Verlust des Prozesses sind allerdings in der Regel die Kosten des Gegners (Anwaltskosten) zu erstatten.

Lit.: *Schoreit, A./Dehn, J.,* Beratungshilfe, Prozesskostenhilfe, 12. A. 2014; *Büttner, H./Wrobel-Sachs, H.,* Prozess- und Verfahrenskostenhilfe Beratungshilfe, 7. A. 2014; *Dörndorfer, J.,* Kostenhilferecht für Anfänger, 6. A. 2014; *Stackmann, N.,* Prozesskostenhilfe im Zivilprozess, JuS 2006, 233; *Poller/Teubel,* Gesamtes Kostenhilferecht, 2. A. 2014

Prozesskostenvorschuss (§ 127a ZPO) war ein Vorschuss zur Bestreitung von Prozesskosten in Unterhaltssachen (vgl. §§ 1360a IV, 1361 IV BGB).

Lit.: *Glasmacher, S.,* Der Anspruch auf Prozesskostenvorschuss, 2003; *Caspary, E.,* Der Anspruch auf Prozesskostenvorschuss, NJW 2005, 2577

Prozessrecht ist die Gesamtheit der den → Prozess betreffenden Rechtssätze.

Lit.: *Pechstein, M.,* EU-Prozessrecht, 4. A. 2011; *Wieser, E.,* Prozessrechtskommentar zum BGB, 2. A. 2002; *Müller, B./Schöppe-Fredenburg, P.,* Luchterhand Anwaltsformulare Prozessrecht, 2004

Prozessstandschaft ist die Befugnis, im eigenen Namen einen → Prozess über ein fremdes Recht (Fehlen der → Sachbefugnis) zu führen. Die P. ist ein Fall der → Prozessführungsbefugnis. Sie kann *gesetzliche* P. sein (z.B. § 265 ZPO) oder *gewillkürte* P. (entsprechend § 185 I BGB). Diese erfordert außer der Ermächtigung durch den Rechtsinhaber ein eigenes schutzwürdiges → Interesse des Prozessstandschafters, das fremde Recht geltend zu machen (z.B. Provisionsanspruch bei der Einziehungsermächtigung).

Lit.: *Bischopink, O.,* Die gesetzliche Prozessstandschaft, 1997

Prozesstaktik ist das taktische Verhalten eines Beteiligten im → Prozess. P. ist zulässig. Sie darf aber die → Rechtsordnung nicht verletzen. → Prozessverschleppung

Lit.: *Rinsche, F.,* Prozesstaktik, 4. A. 1999

Prozesstrennung ist die Aufteilung eines Prozesses in mehrere selbständige Prozesse zum Zweck der Verfahrensvereinfachung durch den Richter (vgl. § 145 ZPO, §§ 2 II, 4 StPO).

Lit.: *Schumacher, K.,* Prozesstrennung (§ 145 ZPO) und -verbindung (§ 147 ZPO), 1999

Prozessurteil ist das auf dem Fehlen einer → Prozessvoraussetzung (Rechtswegvoraussetzung) beruhende → Urteil (z.B. Abweisung, Verwerfung, Einstellung). Das P. steht im Gegensatz zum → Sachurteil, bei dem nicht nur über die formellen Voraussetzungen (→ Zulässigkeit), sondern auch über das materielle Begehren (→ Begründetheit) entschieden wird. Das P. erwächst nur hinsichtlich der Zulässigkeitsvoraussetzungen in → Rechtskraft.

Lit.: *Grunsky, W.,* Prozess- und Sachurteil, ZZP 80, 55

Prozessvergleich (z.B. § 160 III ZPO) ist der → Vergleich vor einem → Gericht im Rahmen eines → Verfahrens durch Protokollierung oder Feststellung durch richterlichen Beschluss. Er ist sowohl → Prozesshandlung wie auch → Rechtsgeschäft. Er stellt einen → Vollstreckungstitel dar (§ 794 I Nr. 1 ZPO).

Lit.: *Eisenreich, A.,* Der Prozessvergleich, JuS 1999, 797; *Stueber, J.,* Grundfragen zum Prozessvergleich, 2001; *Budach, W./Johlen, H.,* Der Prozessvergleich im verwaltungsgerichtlichen Verfahren, JuS 2002, 371

Prozessverschleppung ist die gewollte Verzögerung eines → Rechtsstreits durch verspätetes Vorbringen von Behauptungen und → Beweismitteln. Ihr kann unter Umständen dadurch begegnet werden, dass die entsprechenden → Prozesshandlungen zurückgewiesen werden (z. B. § 296 ZPO), unberücksichtigt bleiben oder besonders kostenpflichtig gemacht werden. → Prozesstaktik

Lit.: *Kallweit, U.,* Die Prozessförderungspflicht der Parteien und die Präklusion verspäteten Vorbringens, 1983 (Diss.); *Hirsch, J.,* Der zum Zwecke der Prozessverschleppung gestellte Beweisantrag, 1996

Prozessvertrag ist der Vertrag über die Gestaltung eines Prozesses. Er ist zulässig. Er kann zwingendes Prozessrecht nicht abändern.

Lit.: *Wagner, G.,* Prozessverträge, 1998; *Jacoby, F.,* Der Musterprozessvertrag, 2000

Prozessvollmacht (z. B. § 80 ZPO) ist die zur Vertretung in allen, einen → Rechtsstreit betreffenden → Prozesshandlungen ermächtigende, durch Vorlage des Originals der Bevollmächtigungsurkunde nachzuweisende → Vollmacht. Sie ist → Prozesshandlungsvoraussetzung. Sie kann sich entweder nur auf Prozesshandlungen oder auch auf → Rechtsgeschäfte erstrecken.

Lit.: *Paulus, C. u. a.,* Rechtsschein der Prozessvollmacht, NJW 2003, 1692

Prozessvoraussetzung ist die Voraussetzung, die gegeben sein muss, damit ein → Sachurteil ergehen kann. Ihr Vorliegen ergibt die → Zulässigkeit des Begehrens. Die wichtigsten Prozessvoraussetzungen des → Zivilprozessrechts sind Ordnungsmäßigkeit der Klageerhebung, Wirksamkeit der Klageerhebung als → Prozesshandlung, örtliche und sachliche → Zuständigkeit, deutsche → Gerichtsbarkeit, Existenz der → Partei, → Parteifähigkeit und → Prozessfähigkeit oder → Vertretung, → Prozessführungsbefugnis, Fehlen der → Rechtskraft, Fehlen der → Rechtshängigkeit, Rechtswegzulässigkeit und → Rechtsschutzbedürfnis.

Lit.: *Hinrichsen, A.,* Zuständigkeitsfragen im Strafprozess, 1993; *Meyer-Goßner, L.,* Prozessvoraussetzungen und Prozesshindernisse, 2011

Prüfung (Examen) ist das → Verfahren zur Beurteilung, insbesondere zur Beurteilung einer Leistung (im Bildungswesen), das mit einer Prüfungsentscheidung abgeschlossen wird. Die Prüfungsentscheidung ist ein → Verwaltungsakt. Er ist abgesehen von einem → Beurteilungsspielraum des Prüfers, dem ein Beantwortungsspielraum (Antwortspielraum) des Prüflings gegenübersteht, gerichtlich nachprüfbar. Das Gericht kann aber keine eigene Bewertung an die Stelle der Bewertung eines Prüfers setzen. Mit der Anerkennung eines Bewertungsspielraums wird in Kauf genommen, dass verschiedene Prüfer dieselbe Prüfungsleistung unterschiedlich bewerten können (z. B. milder oder strenger als der Durchschnitt der Prüfer).

Lit.: *Lampe, M.,* Gerechtere Prüfungsentscheidungen, 1999; *Hartz, N. v./Streiter, F.,* Mündliche Prüfung und Aktenvortrag im Assessorexamen, JuS 2001, 790; *Wagner, C.,* Prüfungsrecht, 2003; *Niehues, N.,* Prüfungsrecht, 6. A. 2015; *Kaiser, T./Bannach, T.,* Prüfungswissen Jura für die mündliche Prüfung, 2. A. 2015

Prüfungsordnung ist im Verwaltungsrecht die (einer staatlichen Genehmigung bedürftige) → Satzung einer → Hochschule (für Universitätsprüfungen wie z. B. → Promotion) oder das staatliche Gesetz bzw. die staatliche Rechtsverordnung (für staatliche Prüfungen wie z. B. die erste juristische Staatsprüfung), welche die für eine bestimmte → Prüfung geltenden Rechtssätze festlegen.

Pseudonym ([N.] falscher Name) ist im Privatrecht der vielfach von Künstlern verwandte Deckname (→ Name i. S. v. § 12 BGB).

Lit.: *Weigand, J.,* Pseudonyme, 3. A. 2000; *Scherer, H.,* Das Pseudonym, 2002

Psychiatrie ist das mit der Behandlung seelischer Krankheiten befasste Teilgebiet der Medizin, forensische P. ihr rechtliche Fragen betreffendes Untergebiet (gerichtliche Medizin).

Lit.: *Rasch, W.,* Forensische Psychiatrie, 1999; *Machleidt, W.,* Psychiatrie, 7. A. 2004

Psychotherapeutengesetz ist das die Rechte und Pflichten der Psychotherapeuten betreffende Bundesgesetz.

Lit.: *Pulverich, G.,* Psychotherapeutengesetz, 3. A. 1999; *Jerouschek, G.,* Psychotherapeutengesetz, 2004

Publikum (N.) Öffentlichkeit

Publikumsgesellschaft ist rechtstatsächlich die Gesellschaft, bei der eine Vielzahl von nicht miteinander besonders verbundenen Personen (Publikum) jeweils kleine Gesellschaftsanteile hält. Das gesetzlich geregelte → Gesellschaftsrecht kennt nur vereinzelt Sonderregeln für die P. Demgegenüber hat die Rechtsprechung die P. verschiedentlich besonders behandelt.

Lit.: *Kaczynski, D.,* Der aktive Grossaktionär in der Publikumsgesellschaft, 2000; *Bertram, R.,* Die Anwendung des Einwendungsdurchgriffs, 2004; *Andreae, C.,* Familienunternehmen und Publikumsgesellschaft, 2007

Publizität ([F.] Offenkundigkeit) ist die mit einer jedermann erkennbaren → Eintragung in ein öffentliches → Register verbundene Rechtswirkung. Im Handelsrecht ist *positive* P. die Rechtswirkung einer eingetragenen und bekannt gemachten Tatsache, dass sie grundsätzlich jedermann entgegengehalten werden kann (§ 15 II HGB). *Negative* P. bedeutet, dass eine einzutragende, nicht eingetragene Tatsache grundsätzlich niemandem entgegengehalten werden kann, sofern sie dem Betreffenden nicht ausnahmsweise bekannt war (§ 15 I HGB) (vgl. auch § 68 BGB für das → Vereinsregister).

Lit.: *Merkt, H.,* Unternehmenspublizität, 2000; *Möllers, T./Rotter, K.,* Ad-hoc-Publizität, 2003; *Körber, C. u. a.,* § 15 HGB in der Fallbearbeitung, JuS 2012, 303

Publizitätsprinzip ist der Grundsatz, dass alle Veränderungen der (sachenrechtlichen) Rechtslage grundsätzlich offensichtlich werden müssen (bei beweglichen → Sachen in der Regel durch eine Übertragung des → Besitzes, z. B. §§ 929, 1205 BGB, bei → Grundstücken durch eine → Eintragung im → Grundbuch, § 873 BGB).

Lit.: *Rothoeft, D.*, Zur Bedeutung und Tragweite der Publizität im Vollstreckungsrecht, 1966; *Zhang, S.*, Das Publizitätsprinzip, 2004

Punktation ist die Festlegung der wesentlichen Inhalte (Punkte) einer Vereinbarung.

putativ (Adj.) vermeintlich

Putativnotwehr ist die Abwehr eines vermeintlichen, vom Handelnden nur angenommenen, in Wirklichkeit aber nicht bestehenden → Angriffs. Da objektiv kein Angriff vorliegt, ist keine → Notwehrlage gegeben und die Handlung nicht gerechtfertigt, sondern → rechtswidrig. Es liegt ein → Erlaubnistatbestandsirrtum vor, der im Strafrecht wie ein → Tatbestandsirrtum zu behandeln ist.

Lit.: *Graul, E.,* Notwehr oder Putativnotwehr, JuS 1995, 1049

Putativnotstand ist die Abwehr eines vermeintlichen, vom Handelnden nur angenommenen, in Wirklichkeit aber nicht bestehenden Zustands gegenwärtiger Gefahr für rechtlich geschützte Interessen. Bei einem rechtfertigenden → Notstand liegt ein → Erlaubnistatbestandsirrtum vor, bei einem entschuldigenden Notstand gelten die §§ 35 II, 49 I StGB.

Q

Quaestio (lat. [F.] Suchen, Befragung, Vernehmung) ist in der römischen → Rechtsgeschichte der aus gewählten → Geschworenen bestehende, auf Dauer eingesetzte und für bestimmte Arten von → Verbrechen zuständige Strafgerichtshof unter dem Vorsitz eines → Prätors (etwa 150 v. Chr.–200 n. Chr.). Das Recht zur → Anklage vor der q. stand jedermann zu. Im Mittelalter ist q. auch die einzelne (Untersuchung einer) Rechtsfrage.

Lit.: *Köbler, G.,* Deutsche Rechtsgeschichte, 6. A. 2005; *Grabmann, M.,* Die Geschichte der scholastischen Methode, 1909 ff., Neudruck 1955; *Kunkel, W.,* Untersuchungen zur Entwicklung des römischen Kriminalverfahrens in vorsullanischer Zeit, 1962

Qualifikation ist die Eignung oder Befähigung zu einem Verhalten, im Strafrecht der im Verhältnis zu einem Grundtatbestand gesteigerte → Straftatbestand (z. B. → Mord im Verhältnis zu → Totschlag, str.).

qualifiziert (Adj.) durch ein Sondermerkmal hervorgehoben

qualifizierte Mehrheit → Mehrheit, qualifizierte

qualifizierte Straftat → Straftat, qualifizierte

qualifizierter Versuch → Versuch, qualifizierter

Quasidelikt ist im römischen Recht das den → Delikten ähnliche schuldrechtliche Institut (z. B. Kläganspruch wegen Hinauswerfens oder Ausgießens [von Gegenständen aus einem Haus auf die Straße]).

Lit.: *Kaser, M.,* Römisches Privatrecht, 20. A. 2014

Quasikontrakt ist im römischen Recht das den → Verträgen ähnliche schuldrechtliche Institut (z. B. Geschäftsführung [ohne Auftrag], Gemeinschaft, ungeschuldete Leistung, Vermächtnis).

Lit.: *Kaser, M.,* Römisches Privatrecht, 20. A. 2014; *Degner, E.,* Kollisionsrechtliche Probleme zum Quasikontrakt, 1984

quasinegatorisch (Adj.) verneinungsähnlich, → Anspruch, quasinegatorischer

Quasisteuer ist die wie eine → Steuer wirkende, nicht als solche ausgewiesene → Abgabe oder sonstige Leistung.

Quästur ist im römischen Recht das höchste Amt der Finanzverwaltung, im Verwaltungsrecht vielfach die Universitätskasse.

Lit.: *Söllner, A.,* Römische Rechtsgeschichte, 5. A. 1996

Quellensteuer ist die durch Steuerabzug an der Quelle erhobene Steuer (z. B. Lohnsteuer, Kapitalertragsteuer) im Gegensatz zur Veranlagungsteuer.

Lit.: *Becker, R.,* Die theoretische Ambivalenz der Wirkung einer Kapitalquellensteuer, 1998

Querulanz ist das Belasten bzw. Belästigen von Behörden und Gerichten durch dauernde, meist unbegründete Anträge. Bei deren Behandlung sind die staatlichen Stellen zu rechtmäßigem Verhalten verpflichtet. Keine Q. ist die rechtmäßige Wiederholung (durch Behörden bewusst oder versehentlich) rechtswidrig nicht oder falsch erledigter Anträge.

Lit.: *Dinger, A./Koch, U.,* Querulanz in Gericht und Verwaltung, 1992

Quittung (§ 368 BGB) ist das schriftliche Empfangsbekenntnis, das der Gläubiger auf Verlangen gegen Empfang der Leistung erteilen muss. Die Q. ist nur ein vom → Gläubiger gegen sich selbst hergestelltes → Beweismittel. Sie entsteht nicht durch → Rechtsgeschäft. Ihre Beweiswirkung kann durch Gegenbeweis entkräftet werden. Der Überbringer einer (echten) Q. gilt als → ermächtigt, die betreffende Leistung zu empfangen (§ 370 BGB).

Lit.: *Ahlers, R.,* Die rechtliche Natur der Quittung, 1913

Quorum ([lat.] von denen) ist die Bezeichnung für die Zahl von Angehörigen einer Personenmehrheit, die bei einer → Abstimmung mindestens anwesend sein oder an ihr teilnehmen (und gegebenenfalls zustimmen) muss (z. B. Präsenzquorum, Konsensquorum).

Lit.: *Schneider, M.,* Die Beschlussfähigkeit und Beschlussfassung von Kollegialorganen, 2000

Quote (F.) Anteil

Quotenaktie (→ Stückaktie, § 8 I AktG) ist die nicht durch einen festen Nennbetrag bestimmte → Aktie. Bei der unechten nennwertlosen Aktie bleibt das Grundkapital der Gesellschaft erhalten, doch steht die Aktie nicht für eine feste, aufdruckbare Quote am Grundkapital, da Kapitalerhöhungen den Anteil am Unternehmen ändern.

Lit.: *Coing, H.,* Die nennwertlose Aktie als Rechtsproblem, 2. A. 1962

Quotenvorrecht ist das → Recht des → Versicherungsnehmers, dessen → Schaden durch die Versicherungsleistung nicht völlig gedeckt ist, einen sonstigen → Schadensersatzanspruch gegen Dritte vorrangig zur vollen Deckung seines Schadens zu beanspruchen (Differenztheorie). Nur der nach Befriedigung des Versicherungsnehmers noch verbleibende Teil dieser Schadensersatzforderung geht kraft Gesetzes (§ 86 I 1 VVG) auf den Versicherer über (vgl. § 116 I SGB X).

Lit.: *Mössinger, R.,* Das Quotenvorrecht der Sozialversicherungsträger, 1974

Quotierung (F.) Festlegung von → Quoten

R

Rabatt ([M.] Abschlag) ist der meist prozentuale Nachlass von einem → Preis (z. B. Mengenrabatt, Skonto). Er ist zulässig. Unzulässig ist es, eine Kundenkarte auszugeben und 3 Prozent Rückvergütung dem zu versprechen, der mit Hilfe der Karte mindestens Waren im Wert von 2500 Euro erwirbt.

Lit.: *Lange, K./Spätgens, K.*, Rabatte und Zugaben im Wettbewerb, 2001

Rädelsführer (Scharführer, z. B. § 129 IV StGB) ist im Strafrecht der geistig oder körperlich eine führende Rolle in einer Gruppe von Menschen einnehmende Mensch. Die Eigenschaft als R. kann strafbegründendes oder strafschärfendes → Tatbestandsmerkmal sein.

Rahmengesetzgebung (Art. 75 GG) war die → Gesetzgebung des → Bundes auf Grund der → Rahmenkompetenz. Sie ist zum 1.9.2006 entfallen. Die Vorschrift ist aufgehoben.

Lit.: *Mächler, A.*, Rahmengesetzgebung, 1987 (Schweiz); *Lindner, J.*, Die Rahmengesetzgebung, JuS 2005, 577

Rahmenkompetenz (Art. 75 GG) oder Rahmengesetzgebungskompetenz war die (konkurrierende) → Zuständigkeit des → Bundes in bestimmten Angelegenheiten zum Erlass von → Rahmenvorschriften.

Lit.: *Schneider, T.*, Rahmengesetzgebungskompetenz des Bundes, 1994

Rahmenrecht ist das umfassende Recht, dessen konkreter Schutzbereich im Einzelfall ermittelt werden muss (z. B. allgemeines Persönlichkeitsrecht).

Rahmenvertrag ist der einen allgemeinen Rahmen für auf längere Dauer und vielfältige Einzelvereinbarungen angelegte rechtsgeschäftliche Beziehungen bildende → Vertrag.

Lit.: *Gass, W./Lange, K.*, Rahmenverträge, 1999; *Bristot, R.*, Verträge über Kommunikationsleistungen, 2002

Rahmenvorschrift ist der Rechtssatz, der nur gewisse Grundzüge der rechtlichen Regelung enthält, im Übrigen aber die inhaltliche Gestaltung offen lässt.

Rang ist die bestimmte Stufe innerhalb einer hierarchischen Ordnung. Im Sachenrecht (§§ 879, 1209 BGB) besteht zwischen mehreren beschränkten dinglichen → Rechten an einer Sache ein Rangverhältnis, nach dem sich insbesondere die Befriedigung bei der → Verwertung richtet. Der R. bestimmt sich bei Rechten an → Grundstücken nach der örtlichen Stellung im → Grundbuch (Lokusprinzip), bei beweglichen Sachen nach der Zeit der Entstehung (→ Prioritätsprinzip, vgl. §§ 879, 1209 BGB, § 45

GBO). Abweichende → Vereinbarungen sind möglich. Ein bestimmter R. kann auch → gutgläubig erworben werden.

Lit.: *Steup, B.*, Grundbuchrang und Grundbuchvormerkung, 2004

Rangänderung ist im Sachenrecht die von der gesetzlichen Bestimmung des → Ranges eines Rechtes abweichende rechtsgeschäftliche Veränderung des Rangverhältnisses mehrerer Rechte. Erforderlich ist grundsätzlich die → Einigung der Beteiligten und die Eintragung dieses abweichenden Rangverhältnisses in das Grundbuch (§ 879 III BGB). Bei einer nachträglichen R. bedarf es der Einigung des zurücktretenden und des vortretenden Berechtigten und der Eintragung der R. in das Grundbuch (§ 880 I, II BGB).

Lit.: *Wagner, O.*, Rangänderung und Rangvorbehalt, 1931

Rangverhältnis → Rang

Rangvorbehalt (§ 881 BGB) ist der Vorbehalt der Befugnis des → Eigentümers eines Grundstücks, ein Recht entgegen dem Lokusprinzip mit dem → Rang vor einem – bereits in das → Grundbuch eingetragenen – Recht eintragen zu lassen. Der R. entsteht durch → Einigung zwischen dem Eigentümer und dem durch den R. belasteten Gläubiger des zeitlich früheren Rechtes und durch Eintragung bei diesem durch den R. beschränkten Recht. Wird später ein Recht auf Grund des Rangvorbehalts eingetragen, so geht es in der → Zwangsversteigerung dem älteren, durch R. belasteten Recht – nicht jedoch anderen Rechten – vor.

Lit.: *Wagner, O.*, Rangänderung und Rangvorbehalt, 1931

Rasse ist die durch kennzeichnende, gleiche Merkmale abgrenzbare Art einer Lebewesengattung (ausgenommen den Menschen).

Lit.: *Delbrück, J.*, Die Rassenfrage, 1971; Rassen und Minderheiten, hg. v. *Seidler, H./Soritsch, A.*, 1983; *Satzinger, H.*, Rasse, Gene und Geschlecht, 2004

Rassenschande ist der die vom Nationalsozialismus nicht erlaubte Vermischung bestimmter menschlicher Rassen bedrohende Straftatbestand der → Nürnberger Gesetze.

Lit.: *Kroeschell, K.*, Rechtsgeschichte Deutschlands im 20. Jahrhundert, 1992; *Ley, M.*, Zum Schutz des deutschen Blutes, 1997; *Przyrembel, A.*, Rassenschande, 2003

Rassismus ist die in Anfängen im 17./18. Jh. erkennbare politische Lehre von dem Vorhandensein und der Bewertung (verschiedener) menschlicher Rassen, die in der Gegenwart aus egalitären und humanitären Gründen abgelehnt wird.

Lit.: *Hering Torres, M.*, Rassismus, 2003

Raster ist die gleichmäßige bzw. gezielte, an Bedingungen geknüpfte Unterteilung einer Fläche, eines Raumes oder einer Menge (z. B. Eierkarton, Millimeterpapier, Straßen in einer Stadt).

Rasterfahndung (§§ 98a, 98b StPO) ist die mit Hilfe der elektronischen Datenverarbeitung nach bestimmten kriminalistischen Prüfkriterien (Rastern) erfolgende systematische Fahndung nach Straftätern. Im weiteren Sinn gehören hierzu auch Schleppnetzfahndung und Datenabgleich. Im engeren Sinn ist R. die Überprüfung personenbezogener, für andere Zwecke als für die Strafverfolgung erhobener und in Dateien von anderen Stellen als Strafverfolgungsbehörden gespeicherten Daten durch Strafverfolgungsbehörden an Hand von Rastern. Ihre Zulässigkeit für die → Steuerfahndung ist streitig.

Lit.: *Klever, S.,* Die Rasterfahndung, 2003; *Zschoch, D.,* Die präventiv-polizeiliche Rasterfahndung, 2007

Rat ist der auf Sachverstand beruhende hilfreiche Vorschlag und daraus folgend vielfach die Bezeichnung für ein – meist kollegiales – → Organ einer Personenmehrheit (z. B. Aufsichtsrat, Verwaltungsrat, Stadtrat, in der Rechtsgeschichte auch Hofrat, geheimer R. usw.), sowie daraus folgend auch ein Amtstitel (z. B. Landrat, Regierungsrat, in Österreich bis in die unmittelbare Vergangenheit in der Verwaltung Amtstitel Hofrat trotz eines seit 1918 beseitigten Hofes).

Lit.: *Köbler, G.,* Deutsche Rechtsgeschichte, 6. A. 2005

Rat (der Europäischen Union) (Ministerrat der Europäischen Union) (Art. 16 EUV, Artt. 237 ff. AEUV) ist das politisch bestimmende Organ der Europäischen Gemeinschaft/Europäischen Union. Der R. d. E. U. ist damit – teilweise in Zusammenwirken mit dem Europäischen Parlament – auch das Hauptrechtsetzungsorgan der Europäischen Union. Er hat aber kein Gesetzgebungsinitiativrecht, sondern ist von Gesetzgebungsvorschlägen der Europäischen Kommission abhängig. Er vertritt die Europäische Gemeinschaft nach außen. Er besteht aus je einem Vertreter jedes Mitgliedstaats auf Ministerebene, der befugt ist, für die Regierung des Mitgliedstaats verbindlich zu handeln (z. B. der jeweilige Finanzminister, jeweilige Verkehrsminister, jeweilige Wirtschaftsminister usw.). Zur Verwirklichung der Ziele und nach Maßgabe des Vertrags sorgt die M. für die Abstimmung der Wirtschaftspolitik der Mitgliedstaaten, hat er eine Entscheidungsbefugnis und überträgt er der Kommission in den von ihm angenommenen Rechtsakten die Befugnisse zur Durchführung der Vorschriften, die er erlässt. Bei Abstimmungen mit der sog. qualifizierten Mehrheit waren bei 25 Mitgliedstaaten 258 von 345 Stimmen, 72,27 Prozent und 13 Mitgliedstaaten erforderlich (Einzelheiten umstritten).

Lit.: Eine Einführung in den Rat der Europäischen Union, 2002

Rat der Volksbeauftragten → Räterepublik, Weimarer Republik

Rate (Anteil) ist der Teilbetrag einer → Leistung. Insbesondere wird der → Kaufpreis des → Ab-

zahlungskaufs bzw. Verbraucherkreditkaufs bzw. die Rückzahlung des Verbraucherdarlehensvertrags in Raten entrichtet. Bei → Rücktritt wegen → Nichterfüllung der Ratenzahlungsverpflichtungen sind die empfangenen → Leistungen zurückzugewähren.

Lit.: *Scholz, F.,* Ratenkreditverträge, 1983; *Jansen, R.,* Renten, Raten, dauernde Lasten, 14. A. 2009; *Billing, T. u. a.,* Der Ratenkauf im Internet, NJW 2015, 2369

Räterepublik ist die auf dem im ausgehenden 19. Jh. vorgeschlagenen Rätesystem aufgebaute(, rechtstatsächlich bisher gescheiterte) → Republik. Dabei sind vielfach die Räte die von den Arbeitern in den Betrieben gewählten Vertreter, die in Vollversammlungen und mit Hilfe von Ausschüssen und Kommissaren die Gewalt bis zur endgültigen Verwirklichung des Sozialismus ausüben sollen. Die Räte haben ein imperatives → Mandat und sind jederzeit abberufbar.

Lit.: *Heinze, R.,* Die Berliner Räterepublik, 2002

Raterteilung (§ 675 II BGB) ist die Äußerung einer Empfehlung, die als solche keine Verpflichtung zum → Ersatz des aus der Befolgung des erteilten Rates entstehenden → Schadens begründet.

Lit.: *Pfluger, H.,* Die Haftung der Banken bei Raterteilung, 1935

Rathauspartei ist im Kommunalrecht die Gruppe von Menschen, die sich in ihrer politischen Tätigkeit auf örtliche Ziele der kommunalen Ebene beschränkt. Sie ist keine → Partei im Sinn des Verfassungsrechts. In den Gemeinden sind aber meist auch die Parteien (im Sinn des Verfassungsrechts) tätig.

Ratifikation ist im Völkerrecht die Billigung des von den Unterhändlern ausgehandelten Vertragsentwurfs durch das staatliche Organ, das von der → Verfassung zum Abschluss eines solchen → Vertrags ermächtigt ist. Im engeren Sinn ist R. der Formalakt des → Staatsoberhaupts, das durch Unterzeichnung der Ratifikationsurkunde den Bindungswillen des Staates formal abschließend dokumentiert. Die R. ist damit der letzte Schritt im Verfahren des Vertragsschlusses im Völkerrecht.

Lit.: *Tuschhoff, G.,* Die Ratifikation völkerrechtlicher Verträge, 1976

ratifizieren → Ratifikation

ratio (F.) **legis** (lat.) Sinn des Gesetzes, Zweck der Regelung

Lit.: *Herzberg, R.,* Die ratio legis als Schlüssel zum Gesetzesverständnis, JuS 2005, 1

ratio (F.) **scripta** (lat.) geschriebener Sinn

Raub (§ 249 StGB) ist die Wegnahme einer fremden beweglichen → Sache mit → Gewalt gegen einen Menschen oder unter Anwendung von → Drohungen mit gegenwärtiger Gefahr für Leib und Leben in der Absicht, sich oder einem Dritten dieselbe rechtswidrig zuzueignen. Der R. wird mit Freiheitsstrafe nicht unter einem Jahr bestraft. Der Versuch ist strafbar (§ 23 StGB). Der R. ist *schwerer* R. (§ 250 StGB), wenn ein Beteiligter eine Waffe oder ein anderes gefährliches Werkzeug bei sich führt, sonst ein → Werkzeug oder Mittel (nicht Lippenstift, ungeladene Gaspistole) bei sich führt, um den Widerstand eines anderen durch Gewalt oder Drohung mit Gewalt zu verhindern oder zu überwinden, ein Beteiligter durch die Tat einen anderen in die Gefahr einer schweren → Gesundheitsschädigung bringt oder der Täter den R. als Mitglied einer Bande unter Mitwirkung eines anderen Bandenmitglieds begeht. Verursacht der Täter durch den R. wenigstens leichtfertig den Tod eines anderen Menschen (Raub mit Todesfolge), so wird er mit lebenslanger Freiheitsstrafe oder Freiheitsstrafe nicht unter zehn Jahren bestraft (§ 251 StGB).

Lit.: *Brandts, R.,* Der Zusammenhang von Nötigungsmittel und Wegnahme beim Raub, 1990; *Blesius, V.,* Raub-Gewalt, 2004; *Erb, V.,* Schwerer Raub, JuS 2004, 653; *Hinderer, P. u.a.,* Der tatbestandstypische Zurechnungszusammenhang beim Raub mit Todesfolge, JuS 2010, 590

räuberische Erpressung → Erpressung, räuberische

räuberischer Diebstahl → Diebstahl, räuberischer

Raubmord ist der in → Tateinheit mit einem → Raub begangene → Mord oder → Totschlag.

Lit.: *Volbert, R.,* Tötungsdelikte im Rahmen von Bereicherungstaten, 1992

Raufhandel → Schlägerei

Raum ist das überörtliche Gebiet bzw. allgemein das dreidimensionale Gebilde.

Raumordnung (§ 1 ROG) ist die zusammenfassende überörtliche Ordnung des → Raumes auf Grund vorgegebener oder erst zu entwickelnder Leitvorstellungen. Die R. ist ein überfachliches staatliches → Verfahren mit dem Ziel, das Bundesgebiet in seiner räumlichen Struktur einer Entwicklung zuzuführen, die der freien Entfaltung der Persönlichkeit in der Gemeinschaft am meisten dient. Ihr Instrument ist die → Raumplanung.

Lit.: *Koch, H./Hendler, R.,* Baurecht, Raumordnungs- und Landesplanungsrecht, 5. A. 2009, 6. A. 2015?; *Battis, U.,* Öffentliches Baurecht und Raumordnungsrecht, 6. A. 2014; *Gubelt, M.,* Fälle zum öffentlichen Baurecht, 7. A. 2013; *Spannowsky, W./Runkel, P./Goppel, K.,* Raumordnungsgesetz, 2010

Raumplanung ist die zusammenfassende und überörtliche → Planung des Raumes zum Zweck der → Raumordnung. Sie ist deren zentrales Instrument. Sie gliedert sich in die vier Planungsstufen der Bundesplanung, der Landesplanung, der Regionalplanung und der Ortsplanung (→ Bauleitplanung).

Lit.: *Koch, H./Hendler, R.,* Baurecht, Raumordnungs- und Landesplanungsrecht, 5. A. 2009, 6. A. 2015?

Räumung (§ 29a ZPO) ist die vielfach gewaltsam durchgeführte Freimachung eines Raumes.

Lit.: *Bruckmann, E.,* Mietrechtsprechung von A–Z, 3. A. 2009; *Reitzig, K.,* Die polizeiliche Beschlagnahme von Wohnraum, 2004; *Schuschke, W.,* Sechs Stolpersteine auf dem Wege zur Zwangsräumung einer Mietwohnung, JuS 2008, 977

Rausch ist der durch den Genuss von Rauschmitteln (z.B. Alkohol, Rauschgift) hervorgerufene, die psychischen Fähigkeiten durch grundsätzlich vorübergehende Vergiftung beeinträchtigende Zustand. Die im R. abgegebene → Willenserklärung kann nichtig sein (§ 105 II BGB). Im Strafrecht kann der R. → Schuldunfähigkeit begründen (→ Rauschtat). Das Führen eines Kraftfahrzeugs im Straßenverkehr unter der Wirkung eines Rauschgifts (z.B. Heroin, Morphin, Kokain, Amphetamin) ist grundsätzlich eine → Ordnungswidrigkeit. Bereits der einmalige Verbrauch von Haschisch durch einen Soldaten soll die militärische Ordnung und das Ansehen der → Bundeswehr ernstlich gefährden.

Lit.: *Barthel, C.,* Bestrafung wegen Vollrauschs trotz Rücktritt von der versuchten Rauschtat?, 2001; *Kaufmann, M.,* Recht auf Rausch, 2003

Rauschtat (§ 323a StGB) ist die im → Rausch begangene rechtswidrige → Tat, wegen welcher der Täter deswegen nicht bestraft werden kann, weil er infolge des Rausches → schuldunfähig war oder weil dies nicht auszuschließen ist. Die R. ist objektive → Bedingung der Strafbarkeit wegen → Vollrauschs.

Lit.: *Lackner, K.,* Vollrausch und Schuldprinzip, JuS 1968, 215; *Barthel, C.,* Bestrafung wegen Vollrauschs trotz Rücktritt von der versuchten Rauschtat?, 2001

Reaktion (F.) Gegenwirkung

Reaktionszeit ist die zwischen einem äußeren Reiz und der daraufhin erfolgenden → Reaktion eines Menschen (oder sonstigen Lebewesens) verstreichende Zeit. Sie beträgt meist 0,1–0,2 Sekunden. Die durchschnittliche R. ist bei der Frage, ob ein → Unterlassen im Rahmen eines raschen Geschehensablaufs (z.B. Verkehrsunfall) → schuldhaft ist, bedeutsam.

Lit.: *Draksal, M.,* Reaktionszeit-Training, 2003

real (Adj.) sachlich, wirklich

Real Estate Investment Trust (Reit) ist eine ihre Einnahmen vorrangig mittels Vermietung und Verpachtung von Grundstücken erzielende Aktiengesellschaft. Sie zahlt einen Großteil ihres Gewinns an die Anteilseigner und entrichtet in der Regel keine Steuern. Das entsprechende Gesetz Deutschlands ist rückwirkend zum 1.1.2007 in Kraft getreten.

Lit.: *Schäfer, J.,* German REITs, 2007; *Helios, M./Wewel, U./Wiesbrock, J.,* REIT-Gesetz, 2007; *Wienbrake, M.,* Der deutsche Real Estate Investment Trust (REIT), NJW 2007, 2721

Realakt ([M.] Tathandlung) ist die auf einen tatsächlichen Erfolg gerichtete Willensbetätigung, die kraft Gesetzes eine → Rechtsfolge hervorbringt (z.B. Besitzaufgabe, → Fund, → Verarbeitung). Der R. ist eine → Rechtshandlung. Auf sie finden grundsätzlich die für → Rechtsgeschäfte geltenden Vorschriften keine Anwendung.

Lit.: *Widmann, J.,* Abgrenzung zwischen Verwaltungsakt und eingreifendem Realakt, 1996; *Siedler, R.,* Zurechnung von Realakten, 1999

Realfolium (§ 3 GBO) ist im Sachenrecht die für jedes → Grundstück im → Grundbuch eingerichtete besondere Stelle (Grundbuchblatt, lat. [N.] folium). Das Grundbuch ist grundsätzlich nach dem Realfoliensystem aufgebaut. Ein → Personalfolium ist zulässig, solange hiervon Verwirrung nicht zu besorgen ist (§ 4 GBO).

Realgemeinde ist im Verwaltungsrecht die auf einem sachenrechtlichen Verhältnis ihrer Mitglieder aufbauende Gemeinde (z. B. Markgenossenschaft), bei der z. B. (nur) die jeweiligen Eigentümer bestimmter Grundstücke Gemeindeglieder sind.
Lit.: *Wagenhoff, A.,* Der Wald in der Bovender Flur, 1990

Realinjurie (F.) Beleidigung durch tatsächliches Handeln (z. B. auf Wahrnehmung durch einen anderen ausgerichtetes Tippen an die eigene Stirne, Herausstrecken der Zunge, Zeigen des nach oben gestreckten Mittelfingers)
Lit.: *Petry, A.,* Körperverletzung und Injurie, 1912

Realkonkurrenz (F.) → Tatmehrheit

Realkontrakt (M.) → Realvertrag

Realkörperschaft ist die an der Berechtigung an → Sachen anknüpfende → Körperschaft (z. B. Jagdgenossenschaft, → Realgemeinde).

Realkredit ist der durch → Sachen gesicherte Kredit (z. B. Bodenkredit, Pfand) im Gegensatz zum Personalkredit.
Lit.: *Kerl, V.,* Bankaufsichtliche Anforderungen an den Realkredit, 2. A. 2002

Reallast (§ 1105 BGB) ist die dingliche → Belastung eines → Grundstücks mit aus dem Grundstück zu entrichtenden wiederkehrenden → Leistungen (z. B. Verköstigung). Die R. ist ein beschränktes dingliches → Recht am Grundstück, auf dem außerdem dinglich jede Einzelleistung lastet (§ 1107 BGB). Daneben besteht grundsätzlich auch ein persönlicher Anspruch gegen den → Eigentümer für die während der Dauer seines Eigentums fällig werdenden Leistungen (§ 1108 BGB). Die R. kann eine bestimmte Person (*subjektiv-persönliche* R.) oder den jeweiligen Eigentümer eines Grundstücks (*subjektiv-dingliche* R.) berechtigen.
Lit.: *Preißmann, K.,* Die Reallast, Diss. jur. Bonn 1995

Realrecht ist das mit (dem Eigentum an) einer → Sache verbundene Recht (z. B. subjektiv-dingliche → Reallast).
Lit.: *Tesmer, G.,* Das niedersächsische Realverbandsgesetz, 8. A. 2010

Realunion ist die verfassungsmäßig festgelegte Vereinigung zweier selbständiger → Staaten unter einheitlichem → Staatsoberhaupt und mit gemeinschaftlichen Einrichtungen bzw. Organen (z. B. Österreich-Ungarn 1867–1918).
Lit.: *Constantopoulos, D.,* Die Realunion, FS K. Hugelmann 1959, 1, 133

Realvertrag ist (im römischen Recht) der durch Hingabe einer → Sache entstehende → Vertrag (z. B. Darlehen, Leihe, Verwahrung, Pfand). Solange die Hingabe nicht erfolgt ist, ist der Vertrag nicht zustande gekommen. Ob das → Bürgerliche Gesetzbuch (noch) einen R. kennt, ist zweifelhaft.
Lit.: *Adler, K.,* Realcontract und Vorvertrag, 1892; *Kaser, M.,* Römisches Privatrecht, 20. A. 2014

Rechenschaft (F.) Rechnung, Rechnungsdarlegung, Verantwortung

Rechenschaftslegungspflicht (§ 259 BGB Rechenschaftspflicht) ist die → Verpflichtung, über das vermögensmäßige Ergebnis einer Tätigkeit eine Abrechnung vorzulegen. Die R. ist gesetzlich an verschiedenen Stellen bestimmt. Sie erfordert die Mitteilung einer geordneten Zusammenstellung der Einnahmen oder der Auslagen sowie, soweit üblich, eine Vorlage der Belege.
Lit.: *Klein, H.,* Die Rechenschaftspflicht der Parteien, NJW 2000, 1441

Rechnungshof (z. B. für den Bund Art. 114 II GG) ist das Staatsorgan sowohl des Bundes wie der Länder (sowie z. B. auch der Europäischen Union), das die Rechnung sowie die Wirtschaftlichkeit und Ordnungsmäßigkeit der Haushaltsführung und Wirtschaftsführung überprüft. Die Rechnungsprüfung dient der Kontrolle der gesamten → Verwaltung und ist für den Bund näher geregelt in den §§ 88 ff. BHO. Danach ist u. a. festzustellen, ob wirtschaftlich und sparsam verfahren wird und ob die Aufgabe mit geringerem Personalaufwand oder Sachaufwand oder auf andere Weise wirksamer erfüllt werden kann.
Lit.: *Friedmann, B.,* Der Europäische Rechnungshof, 1994; *Mayer, P.,* Die Erfolgskontrolle von Subventionen durch die Rechnungshöfe, 2001

Rechnungslegung ist die Offenlegung des Rechenwerks eines Unternehmers oder Unternehmens. Hierfür sind im Handelsrecht und im Steuerrecht vielfach gesetzlich Regeln festgelegt. Zunehmend setzen sich nach dem Vorbild der Vereinigten Staaten von Amerika internationale Standards (International Accounting Standards, Generally Accepted Accounting Principles, vgl. § 292a HGB) durch. → Rechenschaftslegungspflicht
Lit.: *Gräfer, H.,* Rechnungslegung, 4. A. 2009; *Scheffler, E.,* Bilanzen richtig lesen, 9. A. 2013

Recht ist der zentrale Begriff der Rechtswissenschaft, der so komplex ist, dass er sich außer als das Richtige nicht mehr sinnvoll einheitlich bestimmen lässt. Umso wichtiger sind die einzelnen besonders bestimmten Bedeutungen, die sich vielfach in Gegensatzpaaren gegenübertreten. A. I. *Objektives* R. ist die Sollensordnung, welche die Verhaltensweisen von einzelnen Menschen und gesamten Gesellschaften zueinander regelt, d. h. die jeweilige Summe aller geltenden – soziologisch gesehen aller tatsächlich befolgten – → Rechtssätze. Das objektive R. unterscheidet sich von der → Sittlichkeit dadurch, dass es sich auf das äußere Verhalten, nicht (nur) auf die Gesinnung bezieht. Von der → Sitte als den in der Gesellschaft geübten Gebräuchen trennt das R. seine rechtliche Geltungsanforderung, die notfalls mit staatlichem → Zwang verwirklicht wird. II. *Subjektives* R. ist demgegenüber der von der Rechtsordnung – d. h. dem objektiven R. – einem → Rechtssubjekt verliehene rechtliche Herrschaftsbereich gegenüber anderen Rechtssubjekten oder → Rechtsobjekten, die individuelle Befugnis, das einzelne R. (z. B. → Eigentum an einer Sache, → Anspruch gegenüber einer Person). Soweit sich das subjektive R. gegen einen Träger hoheitlicher → Gewalt als solchen richtet, ist es *subjektives öffentliches* R. (z. B. subjektives öffentliches Recht auf Erteilung einer Baugenehmigung). Es erfordert eine Rechtsnorm, die das Interesse des Einzelnen nicht nur objektiv schützt, sondern diesen Schutz auch als Ziel bezweckt. B. I. Das objektive R. lässt sich u. a. nach seinem historisch-sachlichen Bezugspunkt gliedern. *Deutsches* R. ist dabei entweder nur das in Deutschland – auf germanistischer Grundlage – entwickelte R. oder das überhaupt in Deutschland jemals in Geltung befindliche R. *Römisches* R. ist demgegenüber das bei den Römern bestehende R. oder das von den Römern der Nachwelt überantwortete und von dieser fortlaufend abgeänderte R., *kanonisches* R. das für die Kirche geltende R. Unter *gemeinem* R. versteht man das in der Neuzeit fortgebildete, unter *gelehrtem* R. das wissenschaftlich behandelte römische und kanonische R. *Vorkonstitutionelles* R. ist das der jeweiligen Verfassung vorausgehende R. Das objektive R. kann weiter *positives*, von Menschen gemachtes R. oder *überpositives*, dem Menschen von außen z. B. von einem Gott, von der Natur oder von der Vernunft vorgegebenes R. (→ *Naturrecht*) sein. Es kann bewusst zur Steuerung des Zusammenlebens der Menschen gesetztes R. → (*Gesetz*) oder allmählich und ohne bewussten einzelnen Setzungsakt zustande gekommenes R. (→ *Gewohnheitsrecht*) sein. Es kann geschriebenes R. oder ungeschriebenes R. sein, wobei Gewohnheitsrecht oft (aber nicht unbedingt) ungeschrieben ist und Gesetzesrecht meist nur (aber nicht grundsätzlich ausnahmslos) in Schriftform Gültigkeit erlangt. Es kann im Einzelfall zwingendes (durch einzelne Betroffene nicht abänderbares) R. oder nachgiebiges (dispositives, der Disposition der Betroffenen unterliegendes) R. sein. Das objektive R. wird außerdem aus praktischen Gründen noch in folgenden verschiedenen Weisen gegliedert. *Formelles* R. ist das R., das die Form der Verwirklichung der Rechtsordnung regelt (→ *Verfahrensrecht*), *materielles* R. ist das R., das den Inhalt der Rechtsordnung darstellt (z. B. → Verfassungsrecht, → Verwaltungsrecht, → Strafrecht, → Privatrecht). Von grundlegender praktischer Bedeutung ist die Trennung zwischen *privatem* R. (Privatrecht) und *öffentlichem* R. Zur Abgrenzung sind verschiedene Theorien aufgestellt worden (→ Interessentheorie, → Subjektionstheorie, → Subjektstheorie). Nach der am besten handhabbaren modifizierten Subjektstheorie sind öffentliches R. alle Rechtssätze, bei denen Berechtigter oder Verpflichteter ausschließlich ein Träger öffentlicher → Gewalt (z. B. → Staat, → Gemeinde) in seiner Eigenschaft als solcher (also als hoheitlich Handelnder) ist. Dieses damit abgegrenzte öffentliche R. lässt sich dann

gliedern etwa in → Verfassungsrecht, → Verwaltungsrecht, → Verfahrensrecht und → Strafrecht (sowie → Kirchenrecht, Europarecht und → Völkerrecht). Diesem öffentlichen R. ist es beispielsweise eigen, dass Ansprüche, die sich aus dem öffentlichen Recht eines Staates ergeben, vor ausländischen Gerichten grundsätzlich nicht durchgesetzt werden können. Privates R. (→ Privatrecht) sind dagegen alle Rechtssätze, bei denen Berechtigter oder Verpflichteter nicht ein Träger öffentlicher Gewalt in seiner Eigenschaft als solcher ist. Das private R. wird verschiedentlich auch als bürgerliches R. (oder als → Zivilrecht) bezeichnet, doch ist bürgerliches R. i. e. S. nur das R. des (jeweiligen) → Bürgerlichen Gesetzbuchs (Allgemeiner Teil, → Schuldrecht, → Sachenrecht, → Familienrecht und → Erbrecht), neben dem als andere Teile des Privatrechts etwa → Handelsrecht, → Immaterialgüterrecht und teilweise → Arbeitsrecht stehen. II. Das subjektive R. kann → Herrschaftsrecht (absolutes R.), → Anspruch (relatives R.) oder → Gestaltungsrecht sein. Das Herrschaftsrecht (*absolutes* R.) ist das R. der ausschließlichen Herrschaft einer Person (z. B. → Eigentum an einer Sache, → Nießbrauch an einem R., R. an Erfindung, Name). Es wirkt gegenüber jedermann. Soweit es sich auf eine Sache bezieht, ist es ein dingliches R., wobei dieses Vollrecht (Eigentum) oder beschränktes dingliches R. (z. B. → Hypothek, Dienstbarkeit) sein kann. Das *relative* R. beschränkt sich darauf, eine Person zu einem Verhalten zu verpflichten (→ Anspruch). Es wirkt grundsätzlich nur im Verhältnis der Beteiligten untereinander. Ein Dritter kann darauf nur mittelbar einwirken. Das *Gestaltungsrecht* ist ein einseitiges R. auf unmittelbare Rechtsänderung (z. B. Aneignungsrecht, Anfechtungsrecht, Rücktrittsrecht). *Rechte anderer* (Art. 2 I GG) sind im Verfassungsrecht die nach der Gesamtentscheidung des Grundgesetzes schutzwürdigen Interessen der Mitmenschen. Sie bilden eine der drei Schranken der allgemeinen → Handlungsfreiheit. *Sonstiges* R. (§ 823 I BGB) ist im Hinblick auf seine Nennung hinter → Eigentum ein R., das denselben rechtlichen Charakter wie das Eigentum hat, also → absolut (ausschließlich) ist (z. B. → Anwartschaft, auch → Besitz [str.], Umgangsrecht, nicht Recht am Arbeitsplatz). Seine Verletzung kann unterlassungspflichtig bzw. schadensersatzpflichtig machen. *R. am eingerichteten und ausgeübten Gewerbebetrieb* ist das R. am Bestand eines → Gewerbebetriebs samt aller seiner einzelnen Erscheinungsformen, die seinen wirtschaftlichen Wert mit ausmachen (z. B. Geschäftsbeziehungen). Dieses R. wird im Rahmen der → Eigentumsgarantie des Art. 14 GG geschützt. Seine Verletzung kann nach § 823 I BGB → schadensersatzpflichtig machen (z. B. bei zweitägiger Blockade des Einsatzes von Baumaschinen durch eine Protestdemonstration).

Lit.: *Köbler, G.,* Wie werde ich Jurist?, 5. A. 2007; *Köbler, G.,* Deutsche Rechtsgeschichte, 6. A. 2005; ÖffR, hg. v. *Detterbeck, S.,* 16. A. 2013; *Sartorius, C.,* Verfassungs- und Verwaltungsgesetze (Lbl.), 107. A. 2014; *Schönfelder, H.,* Deutsche Gesetze (Lbl.), 146. A. 2011, gebundene Ausgabe II/2014; *Schlegelberger/Friedrich,* Das Recht der Gegenwart, 35. A. 2009; *Waechter, K. v.,* Gemeines Recht Deutschlands, 1844; *Liebs, D.,* Römisches Recht, 6. A. 2004; *Coing, H.,*

Europäisches Privatrecht Bd. 1 f. 1985 ff.; *Schwerdtfe-ger, G./Schwerdtfeger, A.,* Öffentliches Recht in der Fallbearbeitung, 14. A. 2012; *Arndt, H./Fetzer, T.,* Öffentliches Recht, 16. A. 2013; *Bähr, P.,* Grundzüge des Bürgerlichen Rechts, 12. A. 2013; *Klunzinger, E.,* Einführung in das Bürgerliche Recht, 15. A. 2011; *Grunewald, B.,* Bürgerliches Recht, 9. A. 2014; *Medicus, D.,* Bürgerliches Recht, 25. A. 2016; *Schulz, W./Jürgens, U.,* Das Recht am eigenen Bild, JuS 1999, 664; *Zippelius, R.,* Einführung in das Recht, 6. A. 2011; *Medicus, D.,* Grundwissen zum Bürgerlichen Recht, 10. A. 2014; *Sodan, H./Ziekow, J.,* Grundkurs öffentliches Recht, 6. A. 2014; *Reimann, M./Zekoll, J.,* Introduction to German Law, 2. A. 2006; *Robbers, G.,* Einführung in das deutsche Recht, 5. A. 2012; *Ramsauer, U.,* Die Dogmatik der subjektiven öffentlichen Rechte, JuS 2012, 769; *Simon, H. u. a.,* Einführung in das deutsche Recht und die deutsche Rechtssprache, 3. A. 2013; *Detterbeck, S.,* Öffentliches Recht, 10. A. 2015; *Frese, Y.,* Recht im zweiten Maschinenzeitalter, NHW 2015, 2090

Rechtfertigung ist die Erklärung eines Verhaltens als richtiges – insbesondere der → Rechtsordnung entsprechendes – → Verhalten.
Lit.: *Eser, A.,* Rechtfertigung und Entschuldigung, 1987

Rechtfertigungselement ist das einzelne Element eines → Rechtfertigungsgrunds. Es kann *objektiv* sein (z. B. Notwehrsituation) oder *subjektiv* (z. B. Verteidigungswille bei → Notwehr).
Lit.: *Rönnau, T.,* Subjektive Rechtfertigungselemente, JuS 2009, 594

Rechtfertigungsgrund ist der Umstand, der einem an sich rechtswidrigen Verhalten ausnahmsweise die → Rechtswidrigkeit nimmt (Unrechtsausschließungsgrund). Ein R. hat im → Strafrecht zur Folge, dass ein bestimmtes, an sich verbotenes Verhalten nicht strafbar ist, und im → Schuldrecht, dass an ein bestimmtes schädigendes Verhalten keine Schadensersatzverpflichtung (nach den §§ 823 ff. BGB) geknüpft werden kann. R. sind vor allem → Notwehr (§ 227 BGB, § 32 StGB), → Notstand (§§ 228, 904 BGB, § 34 StGB), erlaubte → Selbsthilfe (§§ 229, 679 BGB), rechtfertigende → Einwilligung, mutmaßliche → Einwilligung, privatrechtliche oder öffentlich-rechtliche Befugnis (z. B. § 193 StGB, §§ 81 ff., 127 StPO, § 758 ZPO) sowie u. U. politisches Widerstandsrecht. Eine nachträglich festgestellte Notwendigkeit eines medizinischen Eingriffs rechtfertigt grundsätzlich einen ohne erforderliche (rechtfertigende) Einwilligung des Betroffenen vorgenommenen Eingriff eines Arztes in den Körper eines Patienten nicht.
Lit.: *Weber, H.,* Der zivilrechtliche Vertrag als Rechtfertigungsgrund im Strafrecht, 1986; *Thiel, S.,* Die Konkurrenz von Rechtfertigungsgründen, 2000

rechtlich (Adj.) das Recht betreffend

rechtliches Gehör → Gehör, rechtliches

Rechtlosigkeit ist das Fehlen von Rechten (z. B. bei Fremden und Unfreien).
Lit.: *Köbler, G.,* Zielwörterbuch integrativer europäischer Rechtsgeschichte, 6. A. 2014 (Internet)

Rechtmäßigkeit ist der Maßstab zur Bewertung eines Verhaltens oder Zustands, der sich an deren formellen und materiellen Übereinstimmung mit der Rechtsordnung ausrichtet. Die R. einer Verwaltungstätigkeit wird im Rahmen der → Rechtsaufsicht geprüft. Im Übrigen sind die Gerichte für die Feststellung der R. zuständig.
Lit.: *Bockwoldt, G.,* Rechtmäßigkeit und Kostentragungspflicht polizeilichen Handelns, 2003; *Linker, J.,* Die Rechtmäßigkeit der Entgelte der Banken, 2004

Rechtsakt ist das auf Recht beruhende – rechtlich relevante – menschliche Verhalten. Es steht im Gegensatz zum → Gnadenakt (str.). Seine Kennzeichen sind rechtliche Grundlage und rechtliche Überprüfbarkeit, seine Erscheinungsformen sind sehr unterschiedlich.
Lit.: *Annacker, C.,* Der fehlerhafte Rechtsakt im Gemeinschafts- und Unionsrecht, 1998

Rechtsakt der Europäischen Gemeinschaften bzw. der Europäischen Union ist das auf Recht beruhende – rechtlich relevante Verhalten der Europäischen Gemeinschaften bzw. der Europäischen Union. Die wichtigsten Fälle sind Verordnung, Richtlinie, Entscheidung, Empfehlung und Stellungnahme sowie evtl. nicht näher bezeichnete Rechtsakte.

Rechtsakzeptanz ist die innere Annahme einer Rechtsordnung durch die von ihr Betroffenen, die umso größer ist, je stärker das Recht den Bedürfnissen aller Menschen entspricht.
Lit.: *Pichler, J./Griese, K.,* Rechtsakzeptanz, 1993

Rechtsanalogie ist die an mehrere rechtliche Bestimmungen anknüpfende → Analogie (z. B. quasinegatorischer Anspruch). Sie ist eine Art der Analogie. Sie steht im Gegensatz zur → Gesetzesanalogie, bei der nur eine einzelne Bestimmung analog angewendet wird.
Lit.: *Chanos, A.,* Begriff und Grundlagen der Rechtsanalogie, 1994

Rechtsangleichung ist die Angleichung des Inhalts unterschiedlicher Rechtsordnungen. Sie erwächst als Möglichkeit und Aufgabe bei jeder Begegnung zweier Rechtsordnungen. Besonderes Gewicht kommt ihr bei der Bildung eines Staatenbunds, Staatenverbunds (z. B. Europäische Union) oder eines Bundesstaats zu.
Lit.: *Gundel, J.,* Die Neuordnung der Rechtsangleichung durch den Vertrag von Amsterdam, JuS 1999, 1171; *Schwartze, A.,* Europäische Sachmängelgewährleistung, 2000; *Jansen, N.,* Binnenmarkt, Privatrecht und europäische Identität, 2004

Rechtsanwalt (§§ 1 ff. BRAO) ist der berufene unabhängige fachmännische Berater und Vertreter in allen Rechtsangelegenheiten. Der R. ist ein unabhängiges → Organ der → Rechtspflege. Er übt einen freien → Beruf aus. Als R. kann auf → Antrag durch eine Rechtsanwaltskammer) zugelassen werden, wer die Befähigung zum → Richteramt erlangt (oder eine besondere Eignungsprüfung bestanden) hat. Jeder R. muss bei einer bestimmten Rechtsanwaltskammer zugelassen sein (§ 12 BRAO). Bei dem Bundesgerichtshof ist eine besondere Zulassung nach § 164 BRAO zur Rechtsanwaltschaft bei dem Bundesgerichtshof nötig (2007 31 Rechtsanwälte). Die Rechte und Pflichten des Rechtsanwalts sind in der → Bundesrechtsanwaltsordnung und ergänzend in der Satzung Berufs- und Fachanwaltsordnung für Rechtsanwälte (11.3.1997) näher geregelt (z. B. Fantasiebezeichnung als Firma rechtswidrig). Mit seinem → Mandanten schließt der R. einen → Geschäftsbesorgungsvertrag, wobei sich sein Entgelt nach dem Rechtsanwaltsvergütungsgesetz oder einer Vereinbarung richtet. Der R. ist zu Verschwiegenheit verpflichtet. Er hat ein Zeugnisverweigerungsrecht. Er muss eine Haftpflichtversicherung abschließen. Er ist Pflichtmitglied der für ihn zuständigen Rechtsanwaltskammer (28 regionale Kammern, eine Bundesrechtsanwaltskammer). Mehrere Rechtsanwälte können sich zu einer → Sozietät oder zu einer → Partnerschaft zusammenschließen oder auch eine → Gesellschaft mit beschränkter Haftung oder eine Aktiengesellschaft bilden. Der R. darf einen Zweitberuf (z. B. wissenschaftlicher Mitarbeiter, nicht dagegen Geschäftsführer eines Versicherungsmaklerunternehmens) ausüben. Im → Anwaltsprozess kann nur ein R. eine → Prozesshandlung vornehmen. Bei der ersten Geltendmachung eines Schadenssatzanspruches ist in einfach gelagerten, eindeutigen Schadensfällen die Einschaltung eines Rechtsanwalts grundsätzlich nicht erforderlich. Die Tätigkeit als R. ist auch dann keine bloße Liebhaberei, wenn in 20 Jahren nur Verluste in Höhe von insgesamt 500 000 Euro erzielt werden. Ein R. aus einem anderen Mitgliedstaat der Europäischen Union kann sich entweder in Deutschland unter der Berufsbezeichnung seines Herkunftslands niederlassen oder eine besondere Eignungsprüfung ablegen oder mindestens drei Jahre im deutschen Recht tätig sein und seine Kenntnisse des deutschen Rechts durch Vorlage der bearbeiteten Fälle und gegebenenfalls ein Fachgespräch nachweisen oder sich drei Jahre in Deutschland aufhalten und einen kürzeren Zeitraum in Deutschland tätig sein und seine Kenntnisse des deutschen Rechts durch Vorlage der bearbeiteten Fälle und ein Fachgespräch nachweisen und sich nach Nachweis dieser Voraussetzungen unter der deutschen Berufsbezeichnung R. niederlassen. (1950 gab es in Deutschland 12 844, 1960 18347 Rechtsanwälte, 1970 22882, 1980 36077, 1990 56638, 2000 104607, 2003 in Deutschland 126 800 Rechtsanwälte [62 000 Einzelanwälte], davon 27 924 Frauen, 2013 161835, 2015 163540, 1997 in der Europäischen Union rund 480 000 Rechtsanwälte, 2002 in den Vereinigten Staaten von Amerika 281 Einwohner pro Rechtsanwalt, in Spanien 416, in Deutschland 683 und in Japan 8125.) (Anwalt-Suchservice Tel. 01 80–5 25 45 55, Deutsche Anwaltsauskunft Tel. 01 80–5 18 18 05, nachgefragt werden vor allem Auskünfte über Eherecht, Familienrecht, Arbeitsrecht, Mietrecht, Verfahrensrecht, Verwaltungsrecht, Erbrecht, Sozialrecht, Baurecht und Strafverfahrensrecht.) Alle Rechtsanwälte in Deutschland verfügen ab 1. Januar 2016 über ein besonderes elektronisches Rechtsanwaltspostfach (beA) mit Ende-zu-Ende-Verschlüsselung, mit dessen Hilfe sie untereinander und mit den am elektronischen Rechtsverkehr teilnehmenden Gerichten digital sicher kommunizieren können.

Lit.: Beck'sches Rechtsanwaltshandbuch, hg. v. *Büchting, H. u. a.,* 10. A. 2011; *Rinsche, F.,* Die Haftung des Rechtsanwalts und Notars, 8. A. 2010; *Borgmann, B./ Jungk, A./Schwaiger, M.,* Anwaltshaftung, 5. A. 2014; Liste von Rechtsanwälten und Patentanwälten im Ausland, hg. v. d. Bundesstelle für Außenhandelsinformation, 20. A. 2005; *Lach, B.,* Die Möglichkeiten der Niederlassung europäischer Rechtsanwälte in Deutschland, NJW 2000, 1609; *Römermann, W./Hartung, W.,* Anwaltliches Berufsrecht, 2. A. 2008; *Hoffmann, A.,* Die anwaltliche Kapitalgesellschaft, 2003; *Grunewald, B.,* Die Entwicklung des anwaltlichen Berufsrechts, NJW 2014, 3699; Kanzleien in Deutschland (Wirtschaftsanwälte), 13. A. 2012; *Hartung, W.,* Berufs- und Fachanwaltsordnung, 5. A. 2012; *Frenz, W. u. a.,* Rechtsanwaltstätigkeit in anderen EU-Staaten, NJW 2011, 1262; *Streck, M.,* Beruf Anwalt Anwältin, 2. A. 2011; *Bauerschmidt, J.,* Der materiell-rechtliche Anspruch auf Erstattung von Rechtsanwaltskosten, JuS 2011, 601; *Heussen, B.,* Anwaltsunternehmen führen, 2. A. 2011; *Ring, G.,* Anwaltliches Werberecht, 2011; *Borgmann, B.,* Die Rechtsprechung des BGH zum Anwaltshaftungsrecht, NJW 2014, 3412; *Vollkommer/ Greger/Heinemann,* Anwaltshaftungsrecht, 4. A. 2014

Rechtsanwaltsgehilfe
→ Rechtsanwaltsfachangestellter

Rechtsanwaltsfachangestellter ist (ab 1.8.1995) ein durch eine dreijährige Ausbildung qualifizierter Angestellter für einfachere, mehr technische als juristische Angelegenheiten eines → Rechtsanwalts.

Lit.: *Jakoby/Kruse/Jungbauer,* Handbuch für Rechtsanwaltsfachangestellte, 20. A. 2013

Rechtsanwaltsvergütung ist die dem Rechtsanwalt nach dem Rechtsanwaltsvergütungsgesetz seit 1.7.2004 zustehende Vergütung für seine Leistung (z. B. Grundgebühr, Verfahrensgebühr, Terminsgebühr, Einigungsgebühr, zusätzliche Gebühr). Danach gibt es Dezimalgebühren statt Bruchteilsgebühren. Bei der außergerichtlichen Vertretung ersetzt die Geschäftsgebühr die frühere Besprechungs- und Beweisgebühr, die Einigungsgebühr die Vergleichsgebühr, im Rechtsstreit ersetzt die Verfahrensgebühr die Prozessgebühr und die Terminsgebühr die Verhandlungsgebühr, Beweisgebühr und Erörterungsgebühr. Die Gebührentatbestände sind in einer Anlage angefügt. Für Beratungen sind seit 1.7.2006 Gebührenvereinbarungen erforderlich (Muster NJW 2006, 1910).

Lit.: RVG, 10. A. 2015; *Mayer, H./Kroiß, L.,* Rechtsanwaltsvergütungsgesetz, 6. A. 2013; *Enders, H.,* RVG für Anfänger, 16. A. 2014, 17. A. 2015?; *Gerold/Schmidt,* Rechtsanwaltsvergütungsgesetz, 21. A. 2013; *Zimmermann, W.,* Anwaltsvergütung außerhalb des RVG, 2007; *Hartung, W. u. a.,* Rechtsanwaltsvergütungsgesetz, 2. A. 2013; *Mayer, H.,* Entwicklungen zur Rechtsanwaltsvergütung 2013, NJW 2015, 1647; *Riedel/Sußbauer,* Rechtsanwaltsvergütungsgesetz, 10. A. 2015

Rechtsanwendung ist die Bewertung eines tatsächlichen Geschehens an Hand der rechtlichen Sollensordnung. Dies geschieht regelmäßig in dem logischen Verfahren der → Subsumtion (bzw. der Zuordnung oder Gleichsetzung) eines konkreten

Wirklichkeitsausschnitts (→ Sachverhalts) unter (den → Tatbestand) eine(r) abstrakten → Rechtsnorm in der Methodik des Syllogismus. Ist der Sachverhalt einem Tatbestand eines Rechtssatzes ausreichend gleich, gilt für ihn die Rechtsfolge des Rechtssatzes. Erforderlich wird dabei meist die → Auslegung von Tatbestand und Sachverhalt sowie des öfteren auch die Ausdehnung (→ Analogie) oder Einschränkung (→ Reduktion) der Rechtsnorm.

Lit.: *Köbler, G.,* Wie werde ich Jurist?, 5. A. 2007; *Deckert, M.,* Folgenorientierung in der Rechtsanwendung, 1995; *Treder, L.,* Methoden und Technik der Rechtsanwendung, 1998; *Hirsch, G.,* Rechtsanwendung, Rechtsfindung, Rechtsschöpfung, 2003

Rechtsarchäologie ist die Wissenschaft von den Gegenständen des älteren Rechtes (z. B. Gerichtsstätten, Folterwerkzeuge, Moorleichen).

Lit.: *Schwerin, C. v.,* Rechtsarchäologie, Bd. 1 1943; *Köbler, G.,* Bilder aus der deutschen Rechtsgeschichte, 1988

Rechtsaufsicht ist die → Aufsicht des → Staates über die Rechtmäßigkeit einer Verwaltungstätigkeit. Sie besteht, sobald eine Person des öffentlichen Rechtes in einem eigenen Wirkungskreis → Selbstverwaltungsaufgaben wahrnimmt. Sie ist auf die Prüfung der Rechtmäßigkeit des Handelns der beaufsichtigten Person beschränkt, darf also nicht auch die Zweckmäßigkeit beurteilen. Sie steht im Gegensatz zur → Fachaufsicht. Maßnahmen der R. sind unverbindlicher Hinweis, Beanstandung, Rückgängigmachungsverlangen, Auflösung eines Entscheidungsorgans sowie → Ersatzvornahme.

Lit.: *Büchner, C.,* Die Abgrenzung der Finanzaufsicht von der sonstigen Rechtsaufsicht im deutschen Versicherungsrecht, 2002

Rechtsausübung ist die Verwirklichung eines Rechtssatzes, insbesondere eines in einem Rechtssatz gewährleisteten subjektiven Rechtes. Diese hat allgemein nach → Treu und Glauben zu erfolgen. Setzt sich der Handelnde hierzu in Widerspruch, begeht er *unzulässige* R. (z. B. Aufrechnung gegen Forderung aus Treuhandverhältnis). → Rechtsmissbrauch

Lit.: *Mader, P.,* Rechtsmissbrauch und unzulässige Rechtsausübung, 1996 (Österreich)

Rechtsbankrott ist das Unvermögen einer Rechtsordnung, den Rechtsunterworfenen Recht zu verschaffen. Eine Einrichtung, insbesondere eine Rechtseinrichtung offenbart beispielsweise R., wenn sie Lügner an die Spitze gelangen lässt, Schmierer zu Schriftführern, Betrüger zu Kassieren, Fälscher zu Protokollanten, Hochstapler zu Beisitzern und Erpresser zur Rechtsaufsicht. Eine Besserung verspricht unter solchen Umständen allein die vollständige Rückkehr zu allgemein anerkannten Werten (z. B. Wahrheit, Freiheit) und Rechtsgrundsätzen (z. B. pacta sunt servanda, Willkürverbot, Wettbewerb usw.).

Rechtsbegriff ist der im Recht zur Äußerung bzw. Darstellung der Sollensanforderungen verwandte Begriff. Er ist *unbestimmt,* wenn er zu seiner An-

wendung einer näheren, an objektiven (in Gegensatz zu subjektiven Überlegungen stehenden) Regeln ausgerichteten Bestimmung bedarf, die durch → Auslegung zu ermitteln ist (z. B. → Gemeinwohl, öffentliche → Sicherheit und Ordnung, öffentliches → Interesse, berechtigtes Interesse, dienstliches Bedürfnis, gute Sitten, persönlich ungeeignet, unsittlich, Eignung, Befähigung, Zuverlässigkeit, vorübergehende Überlastung einer ordentlichen Strafkammer, Dunkelheit, niedriger Beweggrund). Er kann *deskriptiv* (beschreibend, auf Gegenstände der Wirklichkeit bezogen) oder *normativ* (eine wertende Stellungnahme erfordernd) sein. Bei der Auslegung und Anwendung kann es – nicht unbedingt zu nur einem richtigen, sondern – zu verschiedenen Ergebnissen kommen, weil manche (wertende) unbestimmte Rechtsbegriffe (z. B. Eignung eines Kindes für eine Gymnasialschule) notwendigerweise einen → Beurteilungsspielraum mit sich bringen. Dementsprechend muss auch im Verwaltungsrecht die Kontrolle der Entscheidung durch die → Verwaltungsgerichte beschränkt werden (str.). Eine Rechtsverletzung geschieht insbesondere dann, wenn die Auslegung des unbestimmten Rechtsbegriffs objektiv willkürlich erfolgt. Vom unbestimmten R. verschieden ist das (subjektive Abwägungen zulassende) → Ermessen.

Lit.: *Scholz, H.,* Der objektive Wert als Rechtsbegriff, 2003

Rechtsbehelf ist im Verfahrensrecht jedes verfahrensrechtliche Mittel zur Verwirklichung eines → Rechtes, im engeren Sinn nur ein Mittel nach Beginn eines förmlichen → Verfahrens. Die wichtigsten Rechtsbehelfe sind die → Rechtsmittel (Berufung, Revision, Beschwerde) sowie → Einspruch, → Widerspruch, → Erinnerung und → Wiederaufnahme des Verfahrens. Die Rechtsbehelfe sind nicht in jedem Fall von einer besonderen Form oder Frist abhängig (z. B. → Dienstaufsichtsbeschwerde). Über sie wird teils auf gleicher Stufe, teils auf übergeordneter Stufe entschieden.

Lit.: *Schmidt, R.,* Verwaltungsrechtliche Rechtsbehelfe, 2. A. 1998; *Wankel,* Rechtsmittel- und Rechtsbehelfsbeschränkung, JA 1998, 72 ff.; *Birkenfeld, W./Daumke, M.,* Das neue außergerichtliche Rechtsbehelfsverfahren, 2. A. 1996; *Stackmann, N.,* Rechtsbehelfe im Zivilprozess, 2004

Rechtsbehelfsbelehrung (§§ 115 IV, 115a III, 171 StPO, § 211 BauGB, §§ 58 f., 73 III VwGO) ist die Belehrung durch eine → Behörde oder ein → Gericht über die gegen ein Verhalten möglichen → Rechtsbehelfe. Die R. ist in einzelnen Fällen besonders vorgeschrieben. Ihr Fehlen kann verfahrensrechtliche Folgen haben (z. B. § 44 StPO → Wiedereinsetzung in den vorigen Stand).

Lit.: *Hingerl, J.,* Die Rechtsbehelfsbelehrung in den Verfahrensordnungen des öffentlichen Rechts, 1982

Rechtsbeistand (Rechtsberater) (früher § 1 RBerG) ist ein Mensch, der, ohne → Rechtsanwalt zu sein, geschäftsmäßig die Besorgung fremder Rechtsangelegenheiten betreibt (2005 354 Rechtsbeistände in Deutschland, 2012 298 Rechtsbeistände Mitglieder von Rechtsanwaltskammern, so genannte Kammerrechtsbeistände). Der R. bedarf grundsätzlich einer → Erlaubnis durch die zuständige → Behörde (Amtsgerichtspräsident oder Landgerichtspräsident). Die Erlaubnis wird nach der Änderung des § 1 RBerG vom 18.8.1980 (zum Schutz der Rechtsanwälte und der Öffentlichkeit) nur noch Rentenberatern, Frachtprüfern, vereidigten Versteigerern, Inkassounternehmern und Rechtskundigen in einem ausländischen Recht für einzelne Sachbereiche erteilt. Nach § 6 RDGEG darf die Berufsbezeichnung Rechtsbeistand oder eine ihr zum Verwechseln ähnliche Bezeichnung nur von Kammerrechtsbeiständen und registrierten Rechtsbeiständen geführt werden. Mit dem Inkrafttreten des Gesetzes zur Neuregelung des Rechtsberatungsrechts am 1. Juli 2008 wurde das Rechtsberatungsgesetz durch das → Rechtsdienstleistungsgesetz abgelöst, doch war eine Überleitung möglich.

Lit.: *Rennen, G./Caliebe, G.,* Rechtsberatungsgesetz, 3. A. 2001

Rechtsberater → Rechtsbeistand, → Rechtsanwalt, → Rechtsberatung

Rechtsberatung ist die Beratung von Personen in Rechtsangelegenheiten. Dies ist in erster Linie Aufgabe des → Rechtsanwalts (auch am Telefon). Andere Personen bedürfen zur geschäftsmäßigen Ausübung von R. einer Erlaubnis (z.B. Versicherungsberater). 2007 wurde das Rechtsberatungsgesetz (zum 1.7.2008) durch das → Rechtsdienstleistungsgesetz ersetzt. → Rechtsbeistand

Lit.: *Chemnitz, J./Johnigk, F.,* Rechtsberatungsgesetz, 11. A. 2003; *Grunewald, B. u.a.,* Ausländische Rechtsberatungsgesellschaften, NJW 2005, 465; *Rücker, S.,* Rechtsberatung, 2007

Rechtsbereinigung ist der auf das Rechtsstaatsprinzip zu gründende Versuch, eine geschichtlich gewachsene und durch die Vielfalt der Geschehnisse unübersichtlich gewordene Gesamtheit von Rechtsregeln durch Vereinheitlichung und evtl. auch Vereinfachung wieder übersichtlich und einsichtig zu machen.

Lit.: *Konzelmann, A.,* Methode landesrechtlicher Rechtsbereinigung, 1997; *Herten-Koch, R.,* Rechtsetzung und Rechtsbereinigung in Europa, 2003

Rechtsbeschwerde ist grundsätzlich die → Beschwerde, die sich auf die Verletzung des → Rechtes, nicht auf die falsche Ermittlung von Tatsachen gründet (z.B. § 574 ZPO, §§ 70ff. FamFG, § 79 I 1 Nr. 1 OWiG). In dem Zivilprozess ist gegen einen Beschluss die R. statthaft, wenn dies im Gesetz ausdrücklich bestimmt ist oder das Beschwerdegericht, das Berufungsgericht oder das Oberlandesgericht im ersten Rechtszug sie in dem Beschluss zugelassen hat, und zulässig, wenn die Rechtssache grundsätzliche Bedeutung hat oder die Fortbildung des Rechtes oder die Sicherung einer einheitlichen Rechtsprechung eine Entscheidung des Rechtsbeschwerdegerichts erfordert.

Lit.: *Baukelmann, P.,* Die Zulassung der Rechtsbeschwerde im Bußgeldverfahren, 1983; *Seiler, F./Wunsch, L.,* Statthaftigkeit und Zulässigkeit der Rechts-

beschwerde, NJW 2003, 1841; *Boeckh, W.,* Beschwerde und Rechtsbeschwerde im Zivilverfahren, 2007

Rechtsbesitz ist der → Besitz eines Rechtes im Gegensatz zum Besitz (einer Sache).

Lit.: *Pawlowski, H.,* Der Rechtsbesitz, 1961; *Beermann, C.,* Besitzschutz bei beschränkten dinglichen Rechten, 2000

Rechtsbeugung (§ 336 StGB) ist die mindestens bedingt vorsätzliche falsche Anwendung oder Nichtanwendung von → Recht durch einen → Richter, einen anderen → Amtsträger (nicht z.B. Gerichtsvollzieher) oder einen → Schiedsrichter bei der Leitung oder Entscheidung einer Rechtssache zum Vorteil oder zum Nachteil einer → Partei.

Lit.: *Käsewieter, V.,* Der Begriff der Rechtsbeugung, 1999; *Quasten, D.,* Die Judikatur des Bundesgerichtshofs zur Rechtsbeugung im NS-Staat und in der DDR, 2003

Rechtsbindungswille ist der für eine → Willenserklärung erforderliche Wille, an die abgegebene Äußerung rechtlich gebunden zu sein. Er fehlt beim → Gefälligkeitsverhältnis. Deswegen ist eine zwecks Gefälligkeit abgegebene Erklärung keine Willenserklärung.

Rechtsblindheit ist die zeitweise bedeutsame Bezeichnung für das Nichterkennen der Unrechtmäßigkeit eines rechtswidrigen Verhaltens. → Vorsatztheorie

Lit.: *Müller, F.,* Die Problematik der Rechtsblindheit, 1966

Rechtsbuch ist in der Rechtsgeschichte die umfassende Aufzeichnung des (geltenden) Rechtes in einem Buch durch einen nichtamtlich tätigen Verfasser (z.B. → Sachsenspiegel Eike von Repgows 1221/1224) (im Gegensatz zur Schaffung eines Gesetzbuchs durch den - kodifizierenden – Gesetzgeber).

Lit.: *Köbler, G.,* Deutsche Rechtsgeschichte, 6. A. 2005; *Oppitz, U.,* Deutsche Rechtsbücher des Mittelalters, Bd. 1 ff. 1990

Rechtsdenkmal ist das Zeugnis über eine Gegebenheit des Rechtes (z.B. Handschrift eines Rechtstexts, Galgen, Grenzstein).

Lit.: *Köbler, G.,* Bilder aus der deutschen Rechtsgeschichte, 1988

Rechtsdienstleistung ist jede Tätigkeit in konkreten fremden Angelegenheiten, sobald sie eine rechtliche Prüfung des Einzelfalls erfordert (§ 2 RDG). Dazu gehört grundsätzlich immer die Einziehung fremder oder zum Zweck der Einziehung auf fremde Rechnung abgetretener Forderung als eigenständiges Geschäft (Inkassodienstleistung). Ausgenommen sind etwa die Erstattung wissenschaftlicher Gutachten, die Mediation oder die an die Allgemeinheit gerichtete Darstellung und Erörterung von Rechtsfragen und Rechtsfällen in den Medien. Die selbständige Erbringung außergerichtlicher Rechtsdienstleistungen ist nur in dem Umfang zulässig, in dem sie durch dieses Gesetz oder durch oder aufgrund anderer Gesetze erlaubt wird (§ 3 RDG). Erlaubte Nebenleistung ist eine R. in Zusammenhang mit einer Testamentsvollstreckung, Haus- und Wohnungsverwaltung oder Fördermittelberatung (§ 5 RDG).

Rechtsdienstleistungsgesetz ist das 2007 das Rechtsberatungsgesetz Deutschlands ablösende deutsche Bundesgesetz. Es behält das Rechtsanwaltsmonopol für den gesamten Kernbereich rechtlicher Dienstleistungen bei. Allerdings gestattet es Architekten, Steuerberatern, Wirtschaftsprüfern, Insolvenzberatern, Erbenermittlern oder Banken zum jeweiligen Tätigkeitsbild gehörende rechtsberatende Nebenleistungen.

Lit.: *Deckenbrock, C./Henssler, M.,* Rechtsdienstleistungsgesetz, 4. A. 2015

Rechtsdogmatik ist die wissenschaftliche Behandlung und Darstellung des geltenden → Rechtes. Die R. steht im Gegensatz zur → Rechtssoziologie und zur → Rechtsphilosophie sowie zur → Rechtsgeschichte, → Rechtsvergleichung und → Rechtspolitik. Sie bildet den wichtigsten Gegenstand der rechtswissenschaftlichen Ausbildung.

Lit.: *Hippel, E. v.,* Rechtstheorie und Rechtsdogmatik, 1964; *Rüthers, B.,* Rechtsdogmatik und Rechtspolitik unter dem Einfluss des Richterrechts, 2003

Rechtseinheit ist die Einheit der Rechtsordnung. Zu ihr gehört auch die Einheitlichkeit der Rechtsprechung, zu deren Wahrung besondere → Senate (eines Obergerichts) eingerichtet sind. Widersprüche einer Rechtsordnung machen sie angreifbar.

Lit.: *Koch, E.,* 10 Jahre deutsche Rechtseinheit, 2001; *Schöler, C.,* Deutsche Rechtseinheit, 2004

Rechtserwerb ist der Erwerb eines einzelnen → Rechtes. Der R. kann *ursprünglich (originär)* oder *abgeleitet (derivativ)* sein. Ihm steht der Verlust eines Rechtes gegenüber.

Lit.: *Zimmermann, M.,* Der Rechtserwerb hinsichtlich eigener Sachen, 2001

Rechtsethik ist die Ethik im Bereich des Rechtes.

Lit.: *Pfordten, D. v.,* Rechtsethik, 2. A. 2011

rechtsfähig (Adj.) der Trägerschaft eines Rechts fähig

rechtsfähiger Verein → Verein, rechtsfähiger

Rechtsfähigkeit ist die Fähigkeit (einer Person), Träger von → Rechten und → Pflichten zu sein (z. B. → Eigentümer einer Sache, → Schuldner einer Verpflichtung). Nach § 1 BGB beginnt die R. des Menschen mit der Vollendung der → Geburt. Juristische → Personen erlangen R. mit der Eintragung in ein öffentliches → Register. Die R. endet bei Menschen mit dem → Tod, bei juristischen Personen mit der → Löschung der → Eintragung. Von der R. zu trennen ist die → Handlungsfähigkeit (→ Geschäftsfähigkeit, → Deliktsfähigkeit, → Prozessfähigkeit). Nach § 14 II BGB ist rechtsfähige Personengesellschaft die mit der Fähigkeit, Rechte zu erwerben und Verbindlichkeiten einzugehen (vgl. § 124 II HGB), ausgestattete Personengesellschaft.

Lit.: *Ehlers, D.,* Die Lehre von der Teilrechtsfähigkeit juristischer Personen des öffentlichen Rechts und die Ultra-vires-Doktrin des öffentlichen Rechts, 2000; *Mahr, J.,* Der Beginn der Rechtsfähigkeit, 2007; *Lorenz, S.,* Rechts- und Geschäftsfähigkeit, JuS 2010, 11

Rechtsfolge ist die durch einen → Rechtssatz (für einen [abstrakten] → Tatbestand) vorgeschriebene (abstrakte) Folge des Rechtes (z. B. § 242 StGB [Wer eine fremde bewegliche Sache einem anderen in der Absicht wegnimmt, die Sache sich oder einem Dritten rechtswidrig zuzueignen,] wird mit Freiheitsstrafe bis zu fünf Jahren oder mit Geldstrafe bestraft). Bei der → Analogie wird die R. eines Rechtssatzes auf einen (ungerechterweise) nicht erfassten Tatbestand ausgedehnt, bei der → Reduktion auf einen (vom Wortlaut der Rechtsnorm ungerechterweise) erfassten Tatbestand nicht angewandt. Bei der → Subsumtion oder Zuordnung wird, falls unter angemessener Rechtsfolgenorientierung der → Sachverhalt als ein bestimmter einzelner Fall des abstrakten Tatbestands angesehen (bzw. untergeordnet bzw. gleichgesetzt) wird, die abstrakte R. in bestimmter vereinzelter Form ausgesprochen (z. B. A wird wegen Diebstahls [dieser Sache] zu einem Jahr Freiheitsstrafe verurteilt), andernfalls die abstrakte R. nicht in bestimmter einzelner Form ausgesprochen (z. B. A wird nicht wegen Diebstahls verurteilt, sondern freigesprochen).

Lit.: *Deckert, M.,* Folgenorientierung in der Rechtsanwendung, 1995; *Krahl, M.,* Tatbestand und Rechtsfolge, 1999

Rechtsfolgenirrtum ist der regelmäßig unbeachtliche Irrtum über die Rechtsfolgen eines Verhaltens.

Rechtsfolgenverweisung ist die → Verweisung (nicht auf den Tatbestand bzw. Rechtsgrund, sondern nur) auf die → Rechtsfolgen einer anderen → Vorschrift (z. B. § 21 StGB). → Rechtsgrundverweisung

Rechtsfolgewille → Geschäftswille

Rechtsfortbildung ist die – infolge der Veränderung gesellschaftlicher und wirtschaftlicher Verhältnisse z. B. durch neue technische Möglichkeiten notwendig werdende – Weiterentwicklung des → Rechtes. Sie erfolgt in erster Linie durch gewollte Schaffung, Beseitigung oder Änderung von → Gesetzen: Bei deren gerechtigkeitswidrigem Ausbleiben ist auch → Richterrecht möglich, gegebenenfalls auch gesetzesänderndes Gewohnheitsrecht.

Lit.: *Hergenröder, C.,* Zivilprozessuale Grundlagen richterlicher Rechtsfortbildung, 1995; *Schulze, R.,* Richterrecht und Rechtsfortbildung in der europäischen Rechtsgemeinschaft, 2003; *Michael, R.,* Richtlinienkonforme Rechtsfortbildung, NJW 2015, 2392

Rechtsgang ist in der Rechtsgeschichte das sich in der germanischen und fränkischen Zeit an einen Unrechtserfolg anschließende → Verfahren. Es konnte nach allgemeiner Ansicht in → Selbsthilfe oder einer Lösung des Streites mit Hilfe der Allgemeinheit (gerichtliches → Verfahren) bestehen. Vermutlich diente die Volksversammlung als Ort der Verhandlung.

Rechtsgefühl ist (in Parallele beispielsweise zum sog. Sprachgefühl) das vor allem durch Erfahrung zu gewinnende Empfinden eines Menschen, dass ein bestimmtes Verhalten am ehesten richtig ist.

Lit.: *Lampe, E.,* Das sog. Rechtsgefühl, 1985; *Meier, C.,* Zur Diskussion über das Rechtsgefühl, 1986

Rechtsgesamtheit ist die Gesamtheit von → Rechten. Die R. steht in Parallele zur → Sachgesamtheit. Über eine R. kann ein einheitliches → Verpflichtungsgeschäft geschlossen werden, doch ist die → Übertragung jedes Rechtes einzeln vorzunehmen.

Rechtsgeschäft ist das für das Recht bedeutsame Geschäft im Sinne des auf dem Parteiwillen aufbauenden Gesamttatbestands, der einen mit einer → Willenserklärung angestrebten Rechtserfolg herbeiführt. Das R. erfordert stets mindestens eine Willenserklärung (z. B. Kündigung), vielfach auch weitere Voraussetzungen (z. B. zweite Willenserklärung, → Zustimmung des gesetzlichen Vertreters, → Schriftform). Das R. ist ein Fall der menschlichen → Handlung. Es kann einseitig sein oder zweiseitig. Das *einseitige* R. erfordert nur die Willenserklärung einer Person (z. B. → Bevollmächtigung). Das *zweiseitige* R. benötigt (aufeinander bezogene) Willenserklärungen mindestens zweier Personen (→ Vertrag, → Gesamtakt, → Beschluss). Das R. kann weiter → abstrakt oder → kausal, → Verpflichtungsgeschäft oder → Verfügungsgeschäft sein. → Fehler können das R. → nichtig oder → anfechtbar machen. Die elektronische Kommunikation verändert das R. grundsätzlich nicht.

Lit.: Rechtsgeschäfte im Netz, hg. v. *Lehmann, M.,* 1999; *Dörner, H.,* Rechtsgeschäfte im Internet, AcP 202 (2002), 363

rechtsgeschäftsähnliche Handlung → Handlung, rechtsgeschäftsähnliche

Rechtsgeschichte ist die Lehre vom vergangenen Recht im Sinne vergangener rechtlicher Sollensordnungen. Die R. ist ein Teil (der → Rechtswissenschaft wie) der Geschichtswissenschaft. Auf Grund des tatsächlichen geschichtlichen Ablaufs (in Deutschland bzw. Europa) wird die R. herkömmlicherweise in die römische R., die sich mit dem von den Römern ausgebildeten und in Deutschland seit dem Mittelalter rezipierten Recht befasst, und in die *deutsche* R. (oder englische, französische, spanische u. s. w. R.), die sich mit dem auf germanistischer Grundlage entstandenen oder in Deutschland (bzw. im deutschen Sprachraum bzw. in England, Frankreich, Spanien usw.) geltenden Recht beschäftigt, eingeteilt. Zeitlich wird die deutsche R. in (die germanische Zeit [2. Jt. v. Chr.–500 n. Chr.],) die fränkische oder frühmittelalterliche Zeit (500–900 bzw. 1100), das Hoch- und Spätmittelalter (900 bzw. 1100–1500) und die Neuzeit (1500–Gegenwart) gegliedert. Sachlich erfasst die R., weil alles Recht eine Geschichte hat, alle Rechtsgebiete (z. B. → Verfassungsrecht, → Verwaltungsrecht, → Verfahrensrecht, → Strafrecht, Privatrecht, → Kirchenrecht, → Völkerrecht usw.).

Lit.: *Köbler, G.,* Deutsche Rechtsgeschichte, 6. A. 2005; *Kroeschell, K.,* Deutsche Rechtsgeschichte, Bd. 1 ff.,

versch. Auflagen; *Söllner, A.,* Römische Rechtsgeschichte, 5. A. 1996; *Liebs, D.,* Römisches Recht, 6. A. 2004; *Eisenhardt, U.,* Deutsche Rechtsgeschichte, 5. A. 2008; *Hattenhauer, H.,* Europäische Rechtsgeschichte, 4. A. 2004; *Kroeschell, K.,* Rechtsgeschichte Deutschlands im 20. Jahrhundert, 1992; *Köbler, G.,* Zielwörterbuch integrativer europäischer Rechtsgeschichte, 6. A. 2014 (Internet); *Lange, H.,* Römisches Recht im Mittelalter, Bd. 1 ff. 1997 ff.; *Wesel, U.,* Geschichte des Rechts, 4. A. 2014; *Wesel, U.,* Geschichte des Rechts in Europa, 2010; *Gmür, R./Roth, A.,* Grundriss der deutschen Rechtsgeschichte, 14. A. 2014; *Kunkel, W./Schermaier, M.,* Römische Rechtsgeschichte, 14. A. 2012; *Schlosser, H.,* Grundzüge der neueren Privatrechtsgeschichte, 10. A. 2005; *Waldstein, W./Rainer, M.,* Römische Rechtsgeschichte, 11. A. 2014; *Schlosser, H.,* Neuere europäische Rechtsgeschichte, 2. A. 2014

Rechtsgrund ist der von der Rechtsordnung gewährte oder geforderte Grund im Sinne einer einsichtigen Grundlage für ein Recht (z. B. Kaufvertrag oder Schenkungsvertrag für eine Übereignung). Der R. enthält den sachlichen Grund für ein Recht. Eine ohne R. erlangte → Bereicherung ist herauszugeben (§ 812 BGB).

Lit.: *Scheel, J.,* Die Entwicklung des Rechtsgrundbegriffes bei den Leistungskondiktionen, 1989; *Braczyk, B.,* Rechtsgrund und Grundrecht, 1996; *Mazza, F.,* Kausale Schuldverträge, 2002

Rechtsgrundsatz ist der besonders wichtige, grundlegende → Rechtssatz (z. B. § 1 BGB). Er ist *allgemeiner* R., wenn er zwar in einer einzelnen Bestimmung für einen beschränkten Geltungsbereich zum Ausdruck gekommen ist, tatsächlich aber (gerechterweise) allgemeinere Geltung haben müsste (z. B. § 242 BGB, clausula rebus sic stantibus, in praeteritum non vivitur, ne bis in idem, Gleichmäßigkeit, Verhältnismäßigkeit, Bestimmtheit, Minderheitenschutz).

Lit.: *Jacoby, S.,* Allgemeine Rechtsgrundsätze, 1997; *Hammer-Strnad, E.,* Das Bestimmtheitsgebot als allgemeiner Rechtsgrundsatz, 1999

Rechtsgrundverweisung ist die → Verweisung sowohl auf die Voraussetzungen wie auch die → Rechtsfolgen einer anderen → Vorschrift (z. B. § 951 BGB, str.). Bei ihr ist die Rechtsfolge des Rechtssatzes, auf den verwiesen ist, nur anwendbar, wenn auch sein Tatbestand erfüllt ist. Die R. steht im Gegensatz zur → Rechtsfolgenverweisung.

Rechtsgut ist das rechtlich anerkannte Interesse des Einzelnen oder der Allgemeinheit, das wegen seiner besonderen Bedeutung Rechtsschutz genießt (z. B. Leben, → Gesundheit, → Freiheit, § 823 I BGB). Das R. wird im Privatrecht vom subjektiven → Recht (z. B. Eigentum, § 823 I BGB) geschieden. Diese Unterscheidung ist aber durch die Anerkennung des allgemeinen → Persönlichkeitsrechts eingeebnet und wird im → Strafrecht auch nicht beachtet.

Lit.: *Bünte, R.,* Die künstlerische Darbietung als persönliches und immaterielles Rechtsgut, 2000; *Rönnau, T.,* Der strafrechtliche Rechtsgutbegriff, JuS 2009, 209

Rechtshandlung ist im weiteren Sinn jedes rechtlich bedeutsame menschliche → Verhalten, an das die → Rechtsordnung eine → Rechtsfolge knüpft.

In einem engeren Sinn ist R. im Privatrecht jedes rechtlich bedeutsame menschliche Verhalten, das nicht → Rechtsgeschäft ist. Dazu gehören rechtsgeschäftsähnliche → Handlungen (z. B. Mahnung), Tathandlungen (→ Realakte z. B. Fund) und rechtswidrige Handlungen (→ Delikte z. B. Diebstahl).

Lit.: *Walser, M.,* Die Rechtshandlung im kanonischen Recht, 1994

Rechtshängigkeit (§§ 261 ZPO, 90 VwGO) ist im Prozessrecht das Schweben einer Streitsache in einem Urteilsverfahren. Die R. ist ein Fall der → Anhängigkeit. Sie wird grundsätzlich durch die Erhebung der → Klage (→ Zustellung der Klage, eventuell Klageeinreichung bei Gericht, im Strafprozess → Eröffnungsbeschluss) begründet. Sie hat verfahrensrechtliche und sachlich-rechtliche Wirkungen. Insbesondere kann verfahrensrechtlich einer erneuten Klage die → Einrede der R. entgegengehalten werden (§ 261 III Nr. 1 ZPO), ist eine → Klageänderung nur unter besonderen Voraussetzungen möglich (§ 263 ZPO), hat die → Veräußerung oder → Abtretung des → Rechtes auf den → Prozess keinen Einfluss (§ 265 II ZPO) und muss über die Streitsache durch → Endurteil entschieden werden. Sachlich-rechtlich werden vor allem → Verjährung, → Ersitzung und viele → Ausschlussfristen unterbrochen, entsteht ein Anspruch auf → Prozesszinsen (§ 291 BGB) und erweitert sich die → Haftung (§§ 987 ff. BGB). Die R. endet z. B. mit der → Klagerücknahme, dem → Prozessvergleich oder der formellen → Rechtskraft des → Urteils.

Lit.: *Stafyla, A.,* Die Rechtshängigkeit des EuGVÜ, 1998; *Bäumer, A.,* Die ausländische Rechtshängigkeit, 1999; *Schulte, N.,* Die anderweitige (ausländische) Rechtshängigkeit im U. S.-amerikanischen Zivilprozessrecht, 2001

Rechtshilfe ist die Hilfe, die von → Gerichten (§ 156 GVG) und von → Verwaltungsbehörden gegenüber Gerichten im Hinblick auf eine Tätigkeit der Rechtspflege geleistet werden kann. Sie ist ein notwendiger Bestandteil geordneter Verwaltungstätigkeit eines Staates. Sie wird durch Art. 35 GG geboten.

Lit.: *Schomburg, W./Lagodny, O./Gleß, S./Hackner, T.,* Internationale Rechtshilfe in Strafsachen, 5. A. 2012; *Schomburg, W.,* Internationale vertragliche Rechtshilfe in Strafsachen, NJW 2003, 3392; *Hackner, T./Schierholt,* Internationale Rechtshilfe in Strafsachen, 2. A. 2012; *Ambos/König/Rackow,* Rechtshilferecht in Strafsachen, 2015

Rechtsinformatik ist die Wissenschaft von der Anwendung der Informatik auf das Recht. Sie ist ein Teilfach der Informatik. Sie soll den Juristen dazu befähigen, sich der automatischen Datenverarbeitung auch bei der Rechtsanwendung als Hilfsmittel zu bedienen (rechtstatsächlich bedeutsam z. B. bei Grundbuch, Handelsregister, Steuererklärung, Mahnverfahren, Literatursuche).

Lit.: *Hilgendorf, E.,* Informationsstrafrecht und Rechtsinformatik, 2004; *Gräwe, S.,* Die Entstehung der Rechtsinformatik, 2011

Rechtsinstitut ist die zur allgemeinverbindlichen Regelung eines Sachproblems geschaffene Gesamtheit oder Summe von → Rechtssätzen (z. B. → Eigentum, → Ehe, Vorausvermächtnis, Immunität). → Institut

Lit.: *Bauerreis, J.,* Das französische Rechtsinstitut der action directe, 2001

Rechtsirrtum ist der → Irrtum über die bestehende Rechtslage, insbesondere über ein rechtliches → Verbot. Im → Privatrecht beseitigt der R. den → Vorsatz (→ Vorsatztheorie). Im → Strafrecht ist der R. → Verbotsirrtum.

Lit.: *Stiller, D.,* Der Rechtsirrtum des Steuerberaters, 2000

Rechtskraft (§§ 322, 325 ZPO) ist die Verbindlichkeit einer → Entscheidung. Dabei ist zwischen formeller R. und materieller R. zu unterscheiden. *Formelle* (äußere) R. ist die → Unanfechtbarkeit der → Entscheidung. Sie bedeutet insbesondere, dass gegen die Entscheidung keine → Rechtsmittel mehr möglich sind. Sie ist Voraussetzung der materiellen R. *Materielle* (innere) R. (§ 322 ZPO) ist die Maßgeblichkeit des Inhalts der Entscheidung. Sie bedeutet, dass die Gerichte in einem späteren Prozess der Parteien über denselben → Streitgegenstand an den Inhalt der Entscheidung gebunden sind. Die Beseitigung der R. ist nur in besonderen Ausnahmefällen möglich (z. B. → Wiedereinsetzung, → Abänderungsklage, → Wiederaufnahmeklage, gesetzliche Anordnung, vorsätzlich sittenwidrige Schädigung). Rechtskräftige Entscheidungen der Obergerichte wirken sich tatsächlich auf nachfolgende Verfahren vor Untergerichten aus.

Lit.: *Prütting, H./Weth, S.,* Rechtskraftdurchbrechung bei unrichtigen Titeln, 2. A. 1994; *Reischl, K.,* Die objektiven Grenzen der Rechtskraft im Zivilprozess, 2002; *Rimmelspacher, B.,* Materielle Rechtskraft und Gestaltungsrechte, JuS 2004, 560

Rechtslage ist die sich unter dem Blickpunkt des Rechts ergebende Lage. Ist nach der R. in einem Fall gefragt, so ist dieser an Hand der gesamten Rechtsordnung umfassend zu beurteilen. Von der R. zu unterscheiden ist die Sachlage.

Lit.: *Köbler, G.,* Die Anfängerübung, 7. A. 1995

Rechtslehre ist die Gesamtheit der das → Recht betreffenden Wissenssätze.

Lit.: *Röhl, K.,* Allgemeine Rechtslehre, 4. A. 2014; *Hau, W.,* Grundlagen der Rechtslehre, 8. A. 2010

Rechtslexikon ist die lexikalische Zusammenfassung der → rechtswissenschaftlichen Erkenntnisse.

Lit.: Deutsches Rechtslexikon, hg. v. *Tilch, H./Arloth, F.,* 3. A. 2001; *Geiger/Mürbe/Linderer/Obenaus,* Beck'sches Rechtslexikon, 3. A. 2003; *Alpmann, J.,* Brockhaus Studienlexikon Recht, 4. A. 2014

Rechtslinguistik ist der das Recht betreffende Teil der Linguistik.

Lit.: Untersuchungen zur Rechtslinguistik, hg. v. *Müller, F.,* 1989; Neue Studien zur Rechtslinguistik, hg. v. *Müller, F.,* 2001

Rechtslogik ist ist der das Recht betreffende Teil der → Logik.

Lit.: *Weinberger, O.,* Rechtslogik, 2. A. 1989; *Schneider, E.,* Logik für Juristen, 7. A. 2012

Rechtsmangel (z. B. § 435 BGB) ist der Mangel einer Sache in Bezug auf Rechte Dritter an ihr bzw. die → Nichterfüllung der → Verpflichtung, einen Gegenstand frei von Rechten Dritter zu verschaffen (§ 433 I 2 BGB). R. ist beispielsweise eine beschränkte persönliche Dienstbarkeit an einem Grundstück zu Gunsten eines Energieversorgungsunternehmens bezüglich einer Fernwärmeleitung. Die Kaufsache ist frei von einem R., wenn Dritte in Bezug auf sie keine oder nur die im Kaufvertrag übernommenen Rechte gegen den Käufer geltend machen können, wobei es einem R. gleich steht, wenn im Grundbuch ein Recht eingetragen ist, das in Wirklichkeit nicht besteht. Im → Kaufrecht bestimmen sich die Rechte des → Käufers bei einem R. nach § 437 BGB (→ Leistungsverweigerungsrecht, → Nacherfüllung, → Rücktrittsrecht, → Minderung, → Schadensersatzanspruch, Aufwendungserstattung).

Lit.: *Ernst, W.,* Rechtsmangelhaftung, 1995; *Haedicke, M.,* Rechtskauf und Rechtsmängelhaftung, 2003; *Pahlow, L.,* Der Rechtsmangel beim Sachkauf, JuS 2006, 289

Rechtsmedizin ist der das Recht betreffende Teil der Medizin (z. B. forensische Pathologie, Vaterschaftsgutachten, künstliche Insemination, Toxikologie).

Lit.: *Wirth, I./Strauch, H.,* Rechtsmedizin, 2000; *Madea, B.,* Praxis Rechtsmedizin, 2003

Rechtsmethodologie ist die Lehre von den planmäßigen Denkverfahren der Rechtswissenschaft. In ihrem Mittelpunkt steht die Anwendung (der Rechtsfolge) eines abstrakten → Rechtssatzes auf einen konkreten → Sachverhalt in konkreter Form (→ Rechtsanwendung). Sie geschieht im Wege der → Subsumtion oder Zuordnung oder Gleichsetzung. Erforderlich können dabei → Auslegung, → Analogie, → Reduktion (Restriktion) oder → Umkehrschluss werden.

Lit.: *Köbler, G.,* Wie werde ich Jurist?, 5. A. 2007; *Müller, F./Christensen, R.,* Juristische Methodik, 11. A. 2013

Rechtsmissbrauch ist die unberechtigte Ausübung eines an sich bestehenden → Rechts (z. B. Weisungsrecht). Diese ist nach § 226 BGB unzulässig, wenn sie nur den Zweck haben kann, einem anderen → Schaden zuzufügen oder ihn zu schikanieren. Darüber hinaus kann die Ausübung eines Rechts auch wegen Verstoßes gegen § 242 BGB unzulässig sein (z. B. Berufung auf eine durch eigenes Verhalten verursachte Verjährung).

Lit.: *Haferkamp, H.,* Die heutige Rechtsmissbrauchslehre, 1995; *Knödler, C.,* Rechtsmissbrauch im öffentlichen Recht, 1999; *Fahl, C.,* Rechtsmissbrauch im Strafprozess, 2004

Rechtsmittel ist das Mittel, mit dem eine Partei eine ihr ungünstige → Entscheidung vor → Rechtskraft im Wege der Nachprüfung durch ein höheres → Gericht zu beseitigen versuchen kann. Das R. ist ein besonderer Fall des allgemeineren → Rechtsbehelfs. Die R. sind grundsätzlich gekennzeichnet durch → Suspensiveffekt und → Devolutiveffekt. Im Einzelnen kann in dem → Zivilprozess gegen → Endurteile, gewisse → Zwischenurteile und → Beschlüsse durch R. vorgegangen werden, wobei als R. → Berufung, → Revision und → Beschwerde zur Verfügung stehen (§§ 511 ff. ZPO). In dem → Strafprozess richten sich → Berufung und → Revision gegen → Urteile, die → Beschwerde dagegen gegen → Verfügungen und → Beschlüsse (§§ 296 ff. StPO). In dem → Verwaltungsprozess stehen gegen → Urteile → Berufung und → Revision zur Verfügung. Gegen viele sonstige Entscheidungen ist die → Beschwerde zulässig (§§ 124 ff. VwGO). R. im Sinn von § 839 BGB sind alle Rechtsbehelfe im weitesten Sinn, die eine Beseitigung der schädigenden Anordnung und zugleich eine Abwendung des → Schadens selbst bezwecken und ermöglichen. Unzulässige R. werden grundsätzlich verworfen, unbegründete R. werden zurückgewiesen. Nach einer Entscheidung des Bundesverfassungsgerichts Deutschlands ist die Rechtsmittelklarheit verletzt, wenn die Rechtsprechung außerordentliche Behelfe schafft, um tatsächliche oder vermeintliche Lücken im bisherigen Rechtsschutzsystem zu schließen. (Rechtstatsächlich wurden in Deutschland 1998 46 Prozent der angegriffenen vorinstanzlichen Entscheidungen abgeändert.)

Lit.: *Rödel, R./Dahmen, T.,* Rechtsmittel in der anwaltlichen Praxis, 1997; Rechtsmittel im Strafrecht, hg. v. *Becker, M. u. a.,* 2000; *Stürner, M.,* Die Anfechtung von Zivilurteilen, 2002; *Schultz, M.,* Rechtsmittelbegründungsfrist und Prozesskostenhilfe, NJW 2004, 2329

Rechtsmittelbelehrung ist die Belehrung durch (eine Behörde oder) ein → Gericht über die gegen eine → Entscheidung möglichen → Rechtsmittel. Sie ist in einzelnen Fällen besonders vorgeschrieben (z. B. § 35a StPO). Ihr gänzliches oder auch nur teilweises Fehlen (z. B. R. nur schriftlich bei schwerer Verständlichkeit für einen Laien) kann verfahrensrechtliche Folgen nach sich ziehen (§ 44 StPO). → Rechtsbehelfsbelehrung

Lit.: *Kunz, C.,* Rechtsmittelbelehrung durch die Zivilgerichte, 2000; *Carl, C.,* Die Pflicht zur Rechtsmittelbelehrung, 2002

Rechtsmittelverzicht ist der nach Erlass einer → Entscheidung erklärte → Verzicht eines Betroffenen auf Überprüfung einer Entscheidung durch ein dafür zuständiges Gericht. Der von allen Beteiligten erklärte R. bewirkt die sofortige → Rechtskraft der Entscheidung. Eine Vereinbarung eines Rechtsmittelverzichts mit dem Angeklagten vor der Urteilsverkündung ist unzulässig.

Lit.: *Rimmelspacher, B.,* Die Wirkungen des Rechtsmittelverzichts im Zivilprozess, JuS 1988, 953; *Meyer, F.,* Willensmängel beim Rechtsmittelverzicht des Angeklagten, 2003; *Satzger, H.,* Zur Unwirksamkeit eines abgesprochenen Rechtsmittelverzichts, NJW 2004, 2487

Rechtsnachfolge ist die Nachfolge einer Person nach einer anderen Person in Bezug auf ein

→ Recht. Sie kann → *Sonderrechtsnachfolge* (Singularsukzession) oder → *Gesamtrechtsnachfolge* (Universalsukzession) sein. Sie kann kraft → Gesetzes oder kraft → Rechtsgeschäfts entstehen. Sie ist ausgeschlossen bei höchstpersönlichen Rechten und Pflichten.

Lit.: *Dinstühler, K.*, Rechtsnachfolge und einstweiliger Rechtsschutz, 1995; *Riedl, M.*, Die Rechts- und Pflichtennachfolge im öffentlichen Recht, 1999; *Nolte, M./ Niestedt, M.*, Grundfälle zur Rechtsnachfolge im öffentlichen Recht, JuS 2000, 107; *Burg, T.*, Zivilrecht bei Rechtsnachfolge unter juristischen Personen des öffentlichen Rechts, 2004

Rechtsnorm ist die einzelne allgemeine rechtliche Sollensanforderung bzw. der einzelne Rechtssatz (z. B. Wer vorsätzlich oder fahrlässig das Leben, den Körper, die Gesundheit, die Freiheit, das Eigentum oder ein sonstiges Recht eines anderen widerrechtlich verletzt, ist dem anderen zum Ersatze des daraus entstehenden Schadens verpflichtet, § 823 I BGB). Die Rechtsnorm besteht regelmäßig aus einem (abstrakten) → Tatbestand und einer (abstrakten) → Rechtsfolge. Ausnahmsweise kann sie auch unvollständig sein (z. B. *erläuternde* R. wie § 90 BGB, *einschränkende* R. oder *verweisende* R. wie § 823 II BGB). (2006 bei LexisNexis 666000 Rechtsnormen abrufbar.)

Lit.: Rechtsnorm und Rechtswirklichkeit, hg. v. *Aarnio, A.*, 1993; *Veddeler, K.*, Rechtsnorm und Rechtssystem in René Königs Normen- und Kulturtheorie, 1999

Rechtsobjekt ist der → Gegenstand, auf den sich ein → Recht beziehen kann (z. B. → Sache, → Forderung). In der Regel steht das R. unter der Herrschaftsmacht eines → Rechtssubjekts. Es kann als R. nicht selbst Träger von Rechten sein.

Lit.: *Fischer, D.*, Die Elektrizität als Rechtsobjekt, 1957; *Ilgner, H.*, Der Schrittmacher als Rechtsobjekt, 1990

Rechtsordnung ist die Gesamtheit der (das Zusammenleben ordnenden) Rechtssätze einer Rechtsgemeinschaft.

Lit.: Wandel der Rechtsordnung, hg. v. *Heß, B.*, 2003

Rechtsperversion ist die Perversion von Recht in Unrecht. Sie liegt vor, wenn unter dem Schein des Rechts Unrecht geschieht. Sie ist beispielsweise (in besonderem Maße) gegeben, wenn von einem Mitglied eines (rechtswissenschaftlichen) Gremiums verlangt wird, dass es seine Mitgliedsrechte nicht ausübt und gleichwohl von den übrigen Mitgliedern des Gremiums über seine sonstigen Rechte zu seinen Lasten entschieden wird, eine Stelle nur zum Schein ausgeschrieben wird oder → Inzucht, → Betrug und → Korruption sowie → Kollusion allgemein das scheinbar gewahrte Recht rechtstatsächlich verdrängen. Historisch gewichtige Fälle von R. sind endlicher Rechtstag, Verfassungen in totalitären Diktaturen oder die Nürnberger Gesetze.

Lit.: *Hippel, F. v.*, Die Perversion von Rechtsordnungen, 1955

Rechtspflege ist die Ausübung der → Gerichtsbarkeit durch die dazu berufenen → Organe. Sie kann streitige oder unstreitige R. sein. Sie ist grundsätzlich staatliche Tätigkeit.

Lit.: *Riehl, J.*, Prozesskosten und Inanspruchnahme der Rechtspflege, 2003

Rechtspfleger ist der → Beamte des gehobenen Dienstes, dem (aus Kostengründen) bestimmte (einfachere) Aufgaben (Mahnverfahren, Nachlassverfahren, Zwangsvollstreckungsverfahren, Grundbuchsachen, Registersachen, Vormundschaftssachen, Strafvollstreckung, Kostenfestsetzung) der → Rechtspflege übertragen worden sind. Seine Rechtsstellung ist in den §§ 1 ff. RPflG näher geregelt. Voraussetzung der Betrauung mit den Aufgaben eines Rechtspflegers sind (Abitur,) die Ableistung eines → Vorbereitungsdiensts von drei Jahren und das Bestehen der Rechtspflegerprüfung. Dem R. kommt sachliche → Unabhängigkeit zu. Gegen die Entscheidung des Rechtspflegers ist die → Beschwerde, die sofortige Beschwerde oder auffangweise die der Abhilfe zugängliche → Erinnerung an den → Richter zulässig. Der gesetzliche Ausschluss der richterlichen Überprüfung verletzt die Rechtsweggarantie. Nach § 36b RPflG können Landesregierungen (aus Kostengründen) durch Rechtsverordnung Geschäfte des Rechtspflegers auf den Urkundsbeamten der Geschäftsstelle übertragen (z. B. im Mahnverfahren). (In Deutschland gab es 1999 14194 Rechtspfleger, davon 7593 Frauen).

Lit.: *Arnold/Meyer-Stolte, K. u. a.*, Rechtspflegergesetz, 8. A. 2015; *Bassenge, P./Herbst, G./Roth, H.*, Gesetz über das Verfahren in Familiensachen und in den Angelegenheiten der freiwilligen Gerichtsbarkeit. Rechtspflegergesetz, 12. A. 2009; Klausurenbuch für die Rechtspflegerprüfung, hg. v. *König, V. u. a.*, 1999; *Dörndorfer, J.*, Rechtspflegergesetz, 2. A. 2014

Rechtsphilosophie ist die Lehre von den Grundfragen und Grundwerten des → Rechtes. Sie ist ein Teil (der → Rechtswissenschaft wie) der Philosophie. Ihre Hauptanliegen betreffen die Herkunft, das Wesen und die → Gerechtigkeit des Rechtes bzw. die Möglichkeiten einer rationalen Begründung nichtpositiver Richtigkeitsgarantien und die Bestimmung einer sinnvollen Begrenzung rechtlicher Regelungen.

Lit.: *Zippelius, R.*, Rechtsphilosophie, 6. A. 2011; *Seelmann, K.*, Rechtsphilosophie, 5. A. 2010; Einführung in Rechtsphilosophie und Rechtstheorie der Gegenwart, hg. v. *Kaufmann, A./Hassemer, W.*, 8. A. 2011; *Braun, J.*, Einführung in die Rechtsphilosophie, 2. A. 2011

Rechtspolitik ist das den gesellschaftlichen Teilbereich → Recht betreffende (staatliche) Handeln. Die R. ist damit ein Teil der Politik insgesamt. Sie kann wie jedes (staatliche) Handeln intensiv oder extensiv sowie aufrechterhaltend oder verändernd sein.

Lit.: *Hippel, E. v.*, Rechtspolitik, 1992; *Wichmann, K.*, Rechtspolitik für die deutsche Einheit, 2002

Rechtspositivismus ist der das Recht betreffende → Positivismus.

Lit.: *Köbler, G.*, Deutsche Rechtsgeschichte, 6. A. 2005; *Ott, W.*, Der Rechtspositivismus, 2. A. 1992; *Székessy, L.*, Gerechtigkeit und inklusiver Rechtspositivismus, 2003

Rechtspraxis ist die praktische Anwendung des Rechtes im Alltagsleben.

Lit.: *Sattelmacher, P./Sirp, W./Schuschke, W.,* Bericht, Gutachten und Urteil, 36. A. 2013

Rechtsprechung (Art. 92 GG) ist die → Entscheidung konkreter Rechtsstreitigkeiten durch die dafür zuständige Stelle. Die R. ist der Teil der staatlichen → Gewalt, der durch die → Richter ausgeübt wird. *Ständige* R. ist dabei die inhaltlich gleiche Entscheidung einer Rechtsfrage über einen längeren Zeitraum hin.

Lit.: *Schack, H./Ackmann, H.,* Höchstrichterliche Rechtsprechung zum bürgerlichen Recht, 5. A. 2004; *Roxin, C.,* Höchstrichterliche Rechtsprechung zum Allgemeinen Teil des Strafrechts, 1998; *Mager, U.,* Höchstrichterliche Rechtsprechung zum Europarecht, 2004

Rechtsquelle ist der Ursprungsort eines → Rechtssatzes oder mehrerer Rechtssätze. Die R. kann Rechtserkenntnisquelle (Quelle für das Wissen von Recht) oder Rechtsgeltungsquelle (Quelle für die Geltung von Recht) sein. Als Rechtsgeltungsquelle sind in der Gegenwart → Gesetz (im materiellen Sinn) und → Gewohnheitsrecht (sowie → Richterrecht) anerkannt. Historische Rechtserkenntnisquellen sind z. B. Volksrechte, Rechtsbücher, Stadtbücher, Weistümer, Urbare, Urkunden, Bilder, Chroniken, Romane, Reformationen, Polizeiordnungen, Kodifikationen usw.

Lit.: *Köbler, G.,* Deutsche Rechtsgeschichte, 6. A. 2005; *Engländer, A.,* Diskurs als Rechtsquelle, 2002

Rechtsreferendar ist der die erste juristische → Prüfung bestehende Mensch. Der R. muss zur weiteren Ausbildung (zum Volljuristen) einen praktischen → Vorbereitungsdienst (auf die spätere berufliche Tätigkeit) von zwei Jahren ableisten (§ 5b DRiG). → Richteramtsbefähigung, → Referendar

Lit.: *Köbler, G.,* Wie werde ich Jurist?, 5. A. 2007; *Felser, M.,* Das erfolgreiche Rechtsreferendariat, 2. A. 1999; *Eckert, F.,* Die Wahrnehmung von Aufgaben der Rechtspflege durch den Rechtsreferendar, JuS 2001, 1003; *Reinhard, J.,* Der Rechtsreferendar als Sitzungsvertreter der Staatsanwaltschaft, JuS 2002, 169

Rechtsreflex ist die lediglich tatsächliche (, keine eigene Rechtsqualität implizierende) Auswirkung einer rechtlichen Regelung. Im Gegensatz zum subjektiven → Recht ist bei dem R. die Regelung nicht dazu bestimmt, auch den Einzelinteressen dessen zu dienen, der sich auf sie beruft. Im Einzelnen ist die Abgrenzung zwischen R. und subjektivem Recht schwierig (z. B. Anspruch Dritter auf Tätigwerden der → Polizei gegenüber einem → Störer; vgl. auch § 11 StVZO hinsichtlich des Fahrlehrers).

Rechtssatz ist der Recht in Sprache ausdrückende, meist aus → Tatbestand und → Rechtsfolge bestehende Satz. → Rechtsnorm

Lit.: *Jaag, T.,* Die Abgrenzung zwischen Rechtssatz und Einzelakt, 1985; *Köbler, G.,* Die Anfängerübung, 7. A. 1995

Rechtsschein ist der äußerliche Anschein (Schein) des Bestehens eines in Wirklichkeit nicht bestehenden → Rechtes. Der R. ist kein Recht und gewährt auch kein Recht. Ausnahmsweise kann aber ein → Gutgläubiger in seinem Vertrauen auf den Schein eines Rechtes geschützt werden (z. B. gutgläubiger → Erwerb [z. B. § 932 BGB], §§ 170 ff. BGB, → Grundbuch, → Erbschein, §§ 5, 15 HGB).

Lit.: *Stöhr, A.,* Rechtsscheinhaftung nach § 172 I BGB, JuS 2009, 106; *Borges, G.,* Rechtsscheinhaftung im Internet, NJW 2011, 2400

Rechtsschöpfung ist die Schaffung (Schöpfung) eines bisher nicht vorhandenen → Rechtssatzes. Für die R. sind allgemeiner Ansicht der → Gesetzgeber (→ Gesetz) und das durch ihn repräsentierte → Volk (→ Gewohnheitsrecht) zuständig. Inwieweit die R. im Einzelfall dem → Richter überlassen ist, ist streitig und zweifelhaft, so dass die *richterliche* R. im → gewaltengeteilten Staat jedenfalls nicht die Regel sein können wird.

Lit.: *Hirsch, G.,* Rechtsanwendung, Rechtsfindung, Rechtsschöpfung, 2003

Rechtsschule ist die Lehrstätte oder Geistesrichtung innerhalb der → Rechtswissenschaft. Als Lehrstätten sind in der Rechtsgeschichte besonders bedeutsam die spätantike R. von Beirut und die hochmittelalterliche R. von Bologna. R. im geistigen Sinn sind vor allem die historische R. und die freie R. Die *historische* R. (Friedrich Carl von Savigny Frankfurt am Main 1779–Berlin 1861) sieht das Recht als einen an seine geschichtlichen Voraussetzungen gebundenen, aus dem innersten Wesen der Nation geborenen Teilbereich der Gesamtkultur, der organisch wachsen müsse. Die *freie* R. (Eugen Ehrlich Czernowitz 1862–Wien 1922) geht davon aus, dass der Richter vom Gesetz abweichen dürfe, sobald dessen Anwendung zu ungerechten Ergebnissen führe.

Lit.: *Wieacker, F.,* Privatrechtsgeschichte der Neuzeit, 2. A. 1967; *Köbler, G.,* Zielwörterbuch integrativer europäischer Rechtsgeschichte, 6. A. 2014 (Internet)

Rechtsschutz ist der durch die → Rechtsordnung gewährleistete Schutz der → Rechtsgüter. Der R. ist in den besonderen, von der Rechtsordnung bereitgestellten → Verfahren geltend zu machen, durch die der Selbstschutz des Einzelnen (→ Selbsthilfe) weitgehend verdrängt worden ist. Im Besonderen ist der *gewerbliche* R. die Gesamtheit der Rechtssätze, welche die gewerblich-geistige Leistung des Einzelnen schützen (→ Patentrecht, → Markenrecht, → Gebrauchsmusterrecht, → Geschmacksmusterrecht und → Wettbewerbsrecht). *Vorläufiger* R. ist der von der Rechtsordnung vorläufig gewährte Schutz (→ Anordnung, einstweilige, → Arrest, → Verfügung, einstweilige).

Lit.: Gewerblicher Rechtsschutz Wettbewerbsrecht Urheberrecht (Lbl.), bearb. v. *Heinemann, A.,* 53. A. 2015; *Eisenmann, H.,* Grundriss gewerblicher Rechtsschutz und Urheberrecht, 10. A. 2015; *Finkelburg, K./Dombert, M./Külpmann, C.,* Vorläufiger Rechtsschutz im Verwaltungsstreitverfahren, 6. A. 2011; *Schuschke, W./Walker, W.,* Vollstreckung und vorläufiger Rechtsschutz, 5. A. 2011; Beck'sche Formularsammlung zum gewerblichen Rechtsschutz mit Urheberrecht, bearb. v. *Buddeberg, M. u. a.,* 5. A. 2015; Gewerblicher Rechtsschutz, Urheber- und Presserecht, hg. v. *Mes, P.,* 4. A. 2014; Gewerblicher Rechtsschutz, hg. v. *Hassel-*

blatt, G., 4. A. 2012; *Götting, H.,* Gewerblicher Rechtsschutz, 10. A. 2014; Prozesskommentar zum gewerblichen Rechtsschutz, hg. v. *Cepl, M./Voß, U.,* 2014

Rechtsschutzbedürfnis ist das berechtigte → Interesse bzw. Bedürfnis einer Person an → Rechtsschutz in den dafür vorgesehenen → Verfahren. Das R. ist allgemeine → Prozessvoraussetzung, die aber bei → Leistungsklagen und → Gestaltungsklagen in der Regel ohne Weiteres gegeben ist. Nach § 256 ZPO kann eine → Feststellungsklage dagegen nur erhoben werden, wenn der Kläger ein berechtigtes Interesse an alsbaldiger Feststellung durch richterliche Entscheidung hat.

Lit.: *Thannhäuser, G.,* Die neuere Rechtsprechung zum Rechtsschutzbedürfnis, Diss. jur. Regensburg 1998; *Stein, V.,* Die Sachentscheidungsvoraussetzung, 2000

Rechtsschutzversicherung (§§ 125 ff. VVG) ist die Privatversicherung für den gerichtlichen Streitfall. Bei ihr übernimmt der Versicherer unter bestimmten Bedingungen Verfahrenskosten des Versicherungsnehmers. Dies könnte die Klagebereitschaft fördern.

Lit.: *Harbauer, W.,* Rechtsschutzversicherung, 8. A. 2010, 9. A. 2015; *Bauer, G.,* Entwicklung bei den allgemeinen Bedingungen für die Rechtsschutzversicherung, NJW 2015, 1651; *Bühren, H. van/Plote, H.,* ARB Rechtsschutzversicherung, 3. A. 2013; *Schneider, K.,* Rechtsschutzversicherung für Anfänger, 2011

Rechtssetzung ist die Schaffung von Recht durch eine bewusste und gewollte Setzungshandlung (z. B. Gesetzgebung, Verordnungserlass, Satzungsgebung).

Lit.: *Müller, G.,* Elemente einer Rechtssetzungslehre, 1999; *Bogdandy, A. v.,* Gubernative Rechtssetzung, 2000; *Axer, P.,* Normsetzung der Exekutive in der Sozialversicherung, 2000

Rechtssicherheit ist die Beständigkeit der für ein Verhalten eintretenden → Rechtsfolgen. Die R. ist ein wesentlicher Grundwert einer → Rechtsordnung. Sie ermöglicht dem Einzelnen eine geordnete Planung seiner Lebensgestaltung. Sie kann im Einzelfall in Widerstreit zur → Gerechtigkeit geraten. Einer ihrer wichtigsten Ausprägungen ist die → Rechtskraft.

Lit.: *Auer, C.,* Deutsches internationales Deliktsrecht im Spannungsfeld zwischen Rechtssicherheit und Gerechtigkeit, 2003

Rechtssoziologie ist die Lehre von der sozialen Wirklichkeit des → Rechtes. Sie ist ein Teil (der → Rechtswissenschaft wie) der Soziologie. Sie sieht insbesondere das Recht weniger als einen Inbegriff von Sollenssätzen als vielmehr als eine Gesamtheit von tatsächlich beachteten Verhaltensregeln. Darüber hinaus befasst sie sich mit den besonderen tatsächlichen gesellschaftlichen Bedingungen, unter denen Rechtsregeln entstehen und wirken. Die R. als Erfahrungswissenschaft kann weder → Rechtsdogmatik noch → Rechtspolitik ersetzen.

Lit.: *Rehbinder, M.,* Rechtssoziologie, 8. A. 2014; *Machura, S.,* Rechtssoziologie in der Juristenausbildung, JuS 1997, 953; *Raiser, T.,* Grundlagen der Rechtssoziologie, 6. A. 2013

Rechtssprache ist die besondere Fachsprache der → Juristen. Sie baut auf der Grundlage der allgemeinen Sprache auf. Daneben ist sie aber durch eine Vielzahl von (besonderen Begriffen wie) besonderen Bedeutungen allgemeiner Begriffe gekennzeichnet. Sie haben sich geschichtlich entwickelt. Ihre Kenntnis ist Voraussetzung für jede rechtswissenschaftliche Tätigkeit.

Lit.: Deutsches Rechtswörterbuch, Bd. 1 ff. 1914 ff.; *Köbler, G.,* Etymologisches Rechtswörterbuch, 1995; *Simon, H. u. a.,* Einführung in die deutsche Rechtssprache, 4. A. 2009 (für anglophone und frankophone Leser); *Köbler, U.,* Werden, Wandel und Wesen des deutschen Privatrechtswortschatzes, 2010

Rechtssprichwort ist das einen rechtlichen Tatbestand erfassende Sprichwort (z. B. Aller guten Dinge sind drei. Das Gut rinnt wie das Blut. Wer zuerst zur Mühle kommt, soll zuerst mahlen. Lügen haben kurze Beine. Wer einmal lügt, dem glaubt man nicht und wenn er auch die Wahrheit spricht). Die deutschen Rechtssprichwörter gelten vielen als urtümliche Zeugnisse guten alten Rechtes, lassen sich aber vor dem Hochmittelalter grundsätzlich nicht belegen. Die Zahl der wirklich geläufigen Rechtssprichwörter ist ziemlich gering.

Lit.: *Liebs, D.,* Lateinische Rechtsregeln, 7. A. 2007; *Foth, A.,* Gelehrtes römisch-kanonisches Recht in deutschen Rechtssprichwörtern, 1971; Deutsche Rechtsregeln und Rechtssprichwörter, hg. v. *Schmidt-Wiegand, R.,* 2002; *Köbler, G.,* Zielwörterbuch integrativer europäischer Rechtsgeschichte, 6. A. 2014 (Internet)

Rechtsstaat (Art. 20 GG) ist der bewusst auf die Verwirklichung von → Recht ausgerichtete → Staat (seit dem 19. Jh.). *Formell* bedeutet R. die Bindung der Staatsgewalt an Recht und → Gesetz sowie die Überprüfbarkeit staatlicher Maßnahmen durch unabhängige (staatliche) → Gerichte (Rechtsmittelstaat [Gewaltenteilung, Grundrechte, Gesetzesbindung, Unabhängigkeit der Gerichte, Verfassungsgerichtsbarkeit]). *Materiell* beinhaltet R. die Verpflichtung der Staatsgewalt auf die Idee der → Gerechtigkeit (Chancengleichheit, Entfaltungsfreiheit).

Lit.: *Sobota, K.,* Das Prinzip Rechtsstaat, 1997; *Calliess, C.,* Rechtsstaat und Umweltstaat, 2001; Auf dem Weg in einen neuen Rechtsstaat, hg. v. *Pitschas, R.,* 2004

Rechtsstaatsprinzip (Art. 20 GG) ist im Verfassungsrecht der Grundsatz, dass die gesamte → Staatsgewalt an das vom → Volk oder seinen → Organen gesetzte → Recht gebunden ist. Das R. ist in die (deutsche) → Verfassung nicht ausdrücklich aufgenommen (vgl. aber Art. 28 I GG), gehört jedoch gleichwohl zu den wichtigsten Verfassungsgrundsätzen. Seine Konkretisierung erfolgt je nach den sachlichen Gegebenheiten. Zu seinen bedeutsamsten Ausprägungen zählen → Vorrang des Gesetzes und → Vorbehalt des Gesetzes. Ein weiterer wesentlicher Bestandteil des Rechtsstaatsprinzips ist die → Rechtssicherheit, die etwa im → Strafrecht die → Rückwirkung von Gesetzesänderungen verbietet. Im Verfahrensrecht gründen sich auf das R. die Anforderungen, dass das Verfahren nach festen Grundregeln gestaltet sein, vor einem gesetzlich feststehenden (Art. 101 I GG) und unabhängigen (Art. 97 I GG) → Richter stattfinden und die verfas-

sungsmäßig garantierten → Grundrechte gewähr-
leisten muss. Weiter werden zum R. gezählt Verfas-
sungsstaatlichkeit, Freiheitlichkeit, Rechtsgleichheit
und Grundrechte, Gewaltenteilung, Rechtsgebun-
denheit, Gerichtsschutz, öffentlich-rechtliches Er-
satzleistungssystem und Übermaßverbot. Danach ist
etwa das R. dann verletzt, wenn in einem vormund-
schaftsgerichtlichen Verfahren nach mehr als sechs-
einhalb Jahren noch nicht einmal die Grundlagen für
eine erstinstanzliche Entscheidung des Vormundschaftsgerichts für eine Umgangsrechtregelung
geschaffen wurden. Ein Rechtsbehelf darf nicht nur
deswegen als unzulässig angesehen werden, weil
sein Vorbringen unzureichend gelungen ist. Ein
Verhalten eines Prozessvertreters darf nicht als
schuldhaft angesehen werden, wenn es nach der
Rechtsprechung eines obersten Bundesgerichts nicht
zu beanstanden ist.

Lit.: *Roxin, I.,* Die Rechtsfolgen schwerwiegender
Rechtsstaatsverstöße in der Strafrechtspflege, 3. A.
2000; *Görisch, C.,* Die Inhalte des Rechtsstaatsprinzips,
JuS 1997, 988; *Voßkuhle, A. u. a.,* Das Rechtsstaatsprinzip, JuS 2010, 116

Rechtsstreit ist der Streit mehrerer Beteiligter über
ein (Recht bzw. ein) → Rechtsverhältnis vor einer
entscheidungsbefugten Stelle. Er ist nach den besonderen verfahrensrechtlichen Vorschriften auszu-
tragen und das Ergebnis des Rechtsstreits ist ebenfalls nach besonderen Regeln zu verwirklichen. Seit
etwa 2015 zeigt sich dabei ein grundlegender Wandel der Streitkultur, in dem die Eingangszahlen bei
den Gerichten deutlich zurückgehen und der Gesetzgeber aus Kostenüberlegungen die außergerichtliche Streitbeilegung besonders fördert.

Lit.: *Windmann, M.,* Der Einfluss eines außergerichtlichen Vergleichs auf einen laufenden Rechtsstreit, 2003

Rechtsstreitigkeit ist die in ihrer rechtlichen Beurteilung umstrittene Angelegenheit.

Lit.: *Feix, K.,* Die Verankerung einvernehmlicher Streitbeilegung, 2004

Rechtssubjekt ist der Träger von → Rechten und
→ Pflichten. Dies kann ein Mensch (, eine Mehrheit
von Menschen) oder eine juristische Person oder
eine Personengesellschaft wie die Gesellschaft des
bürgerlichen Rechtes oder die offene Handelsgesellschaft sein. Dem R. kommt → Rechtsfähigkeit,
nicht unbedingt auch → Handlungsfähigkeit zu.

Lit.: *Schmidt, T.,* Das Tier – ein Rechtssubjekt?, 1996;
Hempel, M., Die Völkerrechtssubjektivität, 1999; *Weigand, J.,* Das Pflegekind als Rechtssubjekt, 2002

Rechtssymbol ist die Handlung oder der Gegenstand, die ein Rechtsgeschäft oder ein Rechtsverhältnis versinnbildlichen. Rechtssymbole könnten
im älteren Recht eine größere Rolle gespielt haben
als in der Gegenwart (z. B. Marktkreuz als Zeichen
des Marktrechts). Auch heute sind aber beispielsweise die Straßenverkehrszeichen rechtstatsächlich
sehr bedeutsam.

Lit.: *Grimm, J.,* Deutsche Rechtsaltertümer, Bd. 1 ff.
4. A. 1899, Neudruck 1965; *Köbler, G.,* Bilder aus der
deutschen Rechtsgeschichte, 1988; *Carlen, L.,* Orte,
Gegenstände, Symbole kirchlichen Rechtslebens, 1999

Rechtstag ist in der Rechtsgeschichte der Gerichtstag. *Endlicher* R. ist im neuzeitlichen Strafprozessrecht der Gerichtstag, an dem das durch → Inquisition vorbereitete öffentliche → Verfahren formal
durchgeführt wird.

Lit.: *Köbler, G.,* Deutsche Rechtsgeschichte, 6. A. 2005

Rechtstatsachenforschung ist die Erforschung der
konkreten Verhältnisse der Rechtswirklichkeit (z. B.
Erforschung der Zahl der Abtreibungen, der Orte
von Trunkenheitsfahrten oder der Dauer von Prozessen). Die R. ist ein Teil der → Rechtssoziologie. Sie
vermittelt Tatsachenmaterial, das als rechtspolitische
Entscheidungshilfe dienen kann.

Lit.: *Röhl, K.,* Das Dilemma der Rechtstatsachenforschung, 1974; *Proksch, R.,* Rechtstatsächliche Untersuchung zur Reform des Kindschaftsrechts, 2002

Rechtstheorie ist die Beschäftigung mit den allgemeinen Fragen des Rechtes, insbesondere mit seiner
logischen Struktur. Die R. steht in der Gegenwart in
gewissem Wettbewerb mit der → Rechtsphilosophie. Sie scheint sie zu verdrängen, ohne sie ersetzen zu können. Im weiteren Sinn lässt sich zur R.
auch die → Rechtsmethodologie zählen.

Lit.: *Adomeit, K.,* Rechtstheorie für Studenten, 6. A.
2012; Einführung in Rechtsphilosophie und Rechtstheorie der Gegenwart, hg. v. *Kaufmann, A./Hassemer, W.,*
8. A. 2011; *Rüthers, B./Fischer, C./Birk, A.,* Rechtstheorie, 8. A. 2015; *Vesting, T.,* Rechtstheorie, 2007; *Krüger,
E.,* Die Bedeutung der Rechtstheorie, JuS 2012, 873

Rechtsübergang → Rechtserwerb

Rechtsübertragung → Rechtserwerb

Rechtsvereinheitlichung ist die Vereinheitlichung
unterschiedlicher Rechte zu einer inhaltlichen Einheit.

Lit.: *Wagner, R.,* Die Vereinheitlichung des internationalen Privat- und Zivilverfahrensrechts, NJW 2005, 1754

Rechtsvergleichung ist die vergleichende Betrachtung verschiedener (Rechtsvorstellungen oder)
→ Rechtsordnungen, insbesondere räumlich verschiedener, gleichzeitig geltender Rechtsordnungen.
Der R. muss die Ermittlung des fremden Rechtes
vorausgehen. Die eigentliche R. kann genealogisch
(entwicklungsgeschichtlich) oder institutionell (auf
einzelne Institute bezogen) erfolgen, wobei es in der
Regel besonders sinnvoll ist, die Gründe und Voraussetzungen einer verschiedenartigen Gestaltung
zu erforschen.

Lit.: *Zweigert, K./Kötz,H.,* Einführung in die Rechtsvergleichung, 3. A. 1996; *David/Grasmann,* Die großen
Rechtssysteme der Gegenwart, 2. A. 1988; *Koch, H./
Magnus, U./Winkler von Mohrenfels, P.,* IPR und
Rechtsvergleichung, 4. A. 2010; *Rainer, J.,* Europäisches Privatrecht. Die Rechtsvergleichung, 2. A. 2007;
The Oxford handbook of comparative law, hg. v. *Reimann, M./Zimmermann, R.,* 2008; *Kischel, U.,* Rechtsvergleichung, 2015

Rechtsverhältnis ist die rechtliche Beziehung einer
→ Person zu einer anderen oder zu einer → Sache,
die als → Rechtsfolge aus einem konkreten → Tatbestand erfließt. Einzelne Rechtsverhältnisse sind

z. B. ein Verwaltungsrechtsverhältnis (→ Beamten-verhältnis, → Anstaltsnutzungsverhältnis) oder ein → Schuldverhältnis. Für das einzelne R. gelten grundsätzlich besondere Regeln. Das Bestehen oder Nichtbestehen eines Rechtsverhältnisses kann im → Verfahrensrecht allgemein Gegenstand der → Feststellungsklage sein (z. B. § 256 ZPO).

Lit.: *Rybak, F.,* Das Rechtsverhältnis zwischen dem Lizenzfußballer und seinem Verein, 1999

Rechtsverkehr ist der Verkehr zwischen Personen in Angelegenheiten des Rechts.

Lit.: *Bülow, A. u. a.,* Der internationale Rechtsverkehr, 2000

Rechtsvermutung → Vermutung

Rechtsverordnung ist im Verfassungsrecht die im Rang unter dem formellen → Gesetz stehende, von einer zuständigen → Verwaltungsbehörde auf Grund einer Rechtssetzungsermächtigung (Rechtsgrundlage, Ermächtigungsgrundlage) erlassene, abstrakte und generelle → Regelung. Durch die Verordnungs-ermächtigung in einem → Gesetz, das Inhalt, Zweck und Ausmaß der → Ermächtigung festlegen muss (vgl. Art. 80 I GG), wird rechtsetzende Gewalt durch die gesetzgebende Gewalt (von dieser) auf die vollziehende Gewalt übertragen, das Prinzip der → Gewaltenteilung also – in unechter → Delegation – durchbrochen. Die R. ist materiell → Gesetz. Sie regelt in Ausführung des ermächtigenden formellen Gesetzes Einzelheiten von geringerer Bedeutung (→ Ausführungsverordnung). Sie kann Bundes-rechtsverordnung oder Landesrechtsverordnung sein und von der → Regierung, einzelnen → Ministern oder nachgeordneten → Behörden (z. B. Ordnungs-behörden) erlassen werden. Art. 80 I 3 GG sieht eine besondere Angabe der Rechtsgrundlage ausdrück-lich vor (Zitiergebot). Das Verfahren des Erlasses einer R., insbesondere einer Polizeiverordnung oder Ordnungsverordnung, ist in Landesgesetzen näher geregelt. Erforderlich ist stets eine ordnungsgemäße → Verkündung (vgl. das Gesetz über die Verkün-dung von Rechtsverordnungen vom 30.1.1950). Ein Erlass einer R. im Umlaufverfahren führt dann zur Nichtigkeit der R., wenn Schweigen stets als Zu-stimmung gewertet wird.

Lit.: *Uhle, A.,* Parlament und Rechtsverordnung, 1999; *Kuntz, C.,* Der Rechtsschutz gegen unmittelbar wirken-de Rechtsverordnungen, 2001; *Schmidt, J.,* Die Beteili-gung des Bundestages beim Erlass von Rechtsverord-nungen, 2002; *Voßkuhle, A. u. a.,* Grundwissen – Öf-fentliches Recht – Die Rechtsverordnung, JuS 2015, 311

Rechtswahl ist die Entscheidung für eine von meh-reren zulässigerweise in Betracht kommenden Rechtsordnungen im internationalen Recht.

Lit.: *Dreher, K.,* Die Rechtswahl im internationalen Ehegüter- und Erbrecht, 1999; *Rühl, C.,* Rechtswahl-freiheit und Rechtswahlklauseln, 1999; *Tassikas, A.,* Dispositives Recht und Rechtswahlfreiheit, 2004

Rechtsweg ist das gesetzlich eröffnete → Verfahren, in dem die staatliche → Gerichtsbarkeit Rechts-schutz gewährt. Nach Art. 19 IV GG steht jedenfalls bei einer Rechtsverletzung durch die öffentliche Gewalt der R. offen. Dieser gliedert sich nach den Zweigen der → Gerichtsbarkeit (z. B. Verfassungs-gericht, Verwaltungsgericht), so dass der Betroffene den richtigen Rechtswegzweig beschreiten muss. Die Zulässigkeit des Rechtswegs (§ 13 GVG u. a.) ist eine zwingende allgemeine → Prozessvoraus-setzung, deren Fehlen die → Klage → unzulässig macht und damit staatlichen Rechtsschutz verhin-dert. Der *ordentliche* R. umfasst den R. zur → Zi-vilgerichtsbarkeit und zur allgemeinen → Straf-gerichtsbarkeit.

Lit.: *Ehle, D.,* Rechtsweg und Zuständigkeit, JuS 1999, 166; *Renck, L.,* Der Rechtsweg im gerichtlichen Verfah-rensrecht, JuS 2000, 1001; *Häfele, M.,* Die Auswirkung der Neufassung der §§ 17 bis 17b GVG, 2002

Rechtsweggarantie ist die durch Art. 19 IV 1 GG gewährleistete Möglichkeit jedes Einzelnen, zum Schutz vor → Eingriffen der öffentlichen Gewalt in seine Rechtssphäre die → Entscheidung eines → Gerichts herbeizuführen.

Lit.: *Dörr, O.,* Der europäisierte Rechtsschutzauftrag deutscher Gerichte, 2003

Rechtswegzulässigkeit → Rechtsweg

Rechtswidrigkeit ist der Widerspruch zur → Rechtsordnung. Die R. dient vor allem zur Be-wertung eines einen Erfolg verursachenden → Ver-haltens (z. B. eines Verwaltungshandelns, einer → Straftat oder einer unerlaubten → Handlung). Die R. ist entweder als Verstoß gegen ein Verhal-tensgebot besonders festzustellen (Handlungsun-recht) oder als durch den Erfolg indiziert anzuneh-men (Erfolgsunrecht) (Abgrenzung str.). Die R. wird durch das Vorliegen eines → Rechtfertigungsgrunds beseitigt.

Lit.: *Olivet, P.,* Der verantwortungsbezogene Rechts-widrigkeitsbegriff, 2. A. 1996; *Kösch, A.,* Der Status des Merkmals rechtswidrig, 1999; *Jakob, W.,* Rechtswi-drigkeit im Staatshaftungsrecht, 2004; *Bumke, C.,* Relati-ve Rechtswidrigkeit, 2004

Rechtswirt (im Rechtsanwaltsfach oder im Notar-fach) ist der nach einer mindestens dreijährigen Berufserfahrung und einer Fortbildung geprüfte Fachangestellte des Rechtsanwalts (Rechtsanwalts-fachangestellte) bzw. Notars.

Rechtswissenschaft ist die die rechtliche Sollens-ordnung betreffende → Wissenschaft. Sie ist eine Geisteswissenschaft und Sozialwissenschaft im weiteren Sinne. Sie lässt sich gliedern in → Rechts-geschichte, → Rechtsvergleichung, → Rechtspo-litik, → Rechtssoziologie, → Rechtsphilosophie, → Rechtstheorie und → Rechtsdogmatik.

Lit.: *Köbler, G.,* Wie werde ich Jurist?, 5. A. 2007; *Stintzing, R./Landsberg, E.,* Geschichte der deutschen Rechtswissenschaft, Bd. 1 ff. 1880 ff.; *Kleinheyer, G./ Schröder, J.,* Deutsche und europäische Juristen aus fünf Jahrhunderten, 5. A. 2007; *Braun, J.,* Einführung in die Rechtswissenschaft, 4. A. 2011; Rechtswissenschafts-theorie, hg. v. *Jestaedt, M. u. a.,* 2008; *Kühl, K. u. a.,* Einführung in die Rechtswissenschaft, 2011

Rechtswörterbuch ist ein das Recht betreffendes Wörterbuch (Lexikon).

Lit.: *Creifelds, C.,* Rechtswörterbuch, 21. A. 2014

Rechtszug ist der jeweils einem bestimmten → Gericht zugeordnete Verfahrensabschnitt eines → Rechtsstreits. Das Verfahren beginnt vor dem Gericht des ersten Rechtszugs (z. B. → Amtsgericht, → Landgericht, → Verwaltungsgericht, u. U. aber auch → Oberlandesgericht, § 120 GVG). Soweit das Verfahrensrecht dies vorsieht, kann das Verfahren auf Grund von → Rechtsmitteln vor das Gericht des zweiten oder dritten Rechtszugs gelangen, doch ist der Gesetzgeber im Ob und Wie der Einrichtung eines Rechtszugs grundsätzlich frei.

Rediskontierung → Diskont

Reduktion (teleologische) ist die Einschränkung einer scheinbar für einen weiteren → Tatbestand(sbereich) angeordneten → Rechtsfolge auf einen (gerechterweise) allein zu erfassenden Tatbestand(sbereich) (z. B. Einschränkung des § 181 BGB). Sie beginnt jenseits der einschränkenden → Auslegung. Sie erfordert eine – nach besserer Einsicht – zu weitgehende Regelung einer Rechtsnorm sowie eine hinreichende Verschiedenheit eines speziellen Tatbestands(bereichs) von einem allgemeinen Tatbestand. Die R. steht im Gegensatz zur → Analogie.
Lit.: *Jäger, W.,* Teleologische Reduktion des § 181 BGB, 1999

Reeder (§ 476 HGB) ist der → Eigentümer eines ihm zum Erwerb durch die Seefahrt dienenden Schiffes (Schiffseigner). Er ist → Kaufmann. Er haftet für jeden → Schaden, den ein Angehöriger der Schiffsbesatzung einem Dritten schuldhaft zufügt, doch bestehen auch Haftungsbeschränkungsmöglichkeiten.
Lit.: *Pötschke, J.,* Die Haftung des Reeders für Ansprüche aus Konnossementen, 1999

Reederei ist die Verbindung mehrerer → Reeder. Sie ist eine besondere Art der → Gesellschaft. Der Anteil des einzelnen Reeders ist der Schiffspart.
Lit.: *Schmidt, K.,* Die Partenreederei, 1996

Referendar (Berichterstatter) ist der im → Vorbereitungsdienst für die höhere Laufbahn des → Beamtenrechts und damit in der Berufsausbildung stehende Anwärter. In der Rechtsgeschichte ist R. ein hoher königlicher Amtsträger. → Rechtsreferendar
Lit.: *Köbler, G.,* Wie werde ich Jurist?, 5. A. 2007; *Felser, M.,* Das erfolgreiche Rechtsreferendariat, 3. A. 2006; *Vehslage/Bergmann/Kähler/Zabel,* Referendariat und Berufseinstieg, 2. A. 2007

Referendum (lat. [N.]) zu Berichtendes, Volksentscheid

Reflexrecht → Rechtsreflex

Reformatio (F.) **in peius** ([lat.] Zurückbildung in das Schlechtere) ist die Abänderung einer gerichtlichen → Entscheidung in einer höheren → Instanz zum Nachteil des → Angeklagten oder des → Anfechtenden. Im Zivilprozess darf das Urteil nur insoweit geändert werden, als eine Abänderung beantragt ist (§ 528 II ZPO). Im Strafprozessrecht darf das Urteil in Art und Höhe der Rechtsfolgen der Tat nicht zum Nachteil des → Angeklagten geändert werden, wenn lediglich der Angeklagte, zu seinen Gunsten die → Staatsanwaltschaft oder sein gesetzlicher → Vertreter → Berufung oder → Revision eingelegt hat (§§ 331, 358 StPO).
Lit.: *Chung, H.,* Das Problem der reformatio in peius im Zivilprozess, Diss. jur. Köln 1998; *Baumann, L.,* Das strafprozessuale Verbot der reformatio in peius, 1999

Reformation ist allgemein die Zurückbildung eines gegenwärtigen (schlechten) in einen ursprünglichen (einwandfreien) Zustand (bzw. in die ursprüngliche gute Form). In der Rechtsgeschichte finden sich besonders deutliche Reformationsbestrebungen am Ende des Mittelalters. Hier kommt es nicht nur zu einer religiösen R., sondern bereits vorher auch zu zahlreichen Reformationen der einzelnen partikularen Rechte (z. B. des Stadtrechts von Nürnberg 1479), in denen hergebrachtes Recht und aufgenommenes (rezipiertes) römisches Recht zu neuen Einheiten verbunden wird.
Lit.: Reformation der Stadt Nürnberg, hg. v. *Köbler, G.,* 1984; Reformation der Stadt Franckenfort am Meine, hg. v. *Köbler, G.,* 1984; Der Statt Wormbs Reformation, hg. v. *Köbler, G.,* 1985; Nüwe Stattrechten und Statuten der loblichen Statt Fryburg, hg. v. *Köbler, G.,* 1986

Regal ([N.] königliches [Recht]) ist im mittelalterlichen und neuzeitlichen deutschen Recht das dem → König zustehende → Recht (z. B. Bergregal, Forstregal, Befestigungsrecht, Gerichtsbarkeit). Die Regalien sind später meist auf die Landesfürsten und damit auf die einzelnen → Länder übergegangen (vgl. Art. 73 EGBGB, nach dem die landesgesetzlichen Vorschriften über Regalien unberührt bleiben). Sie spiegeln sich noch in einzelnen Hoheitsrechten wieder.
Lit.: *Volckart, O.,* Regalienerwerb und Monopolbildung, 1996

Regel (F.) Leitlinie, Vorschrift

Regelbeispiel ist der in einer Rechtsnorm als kennzeichnendes Beispiel für ein durchschnittliches besonderes Verhalten angeführte Tatbestand. Die Merkmale des Regelbeispiels sind keine Tatbestandsmerkmale, sondern Teile einer Strafzumessungsregel (str.). Regelbeispiele finden sich etwa in § 243 StGB für besonders schwere Fälle des Diebstahls.
Lit.: *Reineke, P.,* Regelbeispiele im Strafprozess, 1991; *Horn, E.,* Die besonders schweren Fälle und Regelbeispiele, 2001; *Eisele, J.,* Die Regelbeispielsmethode im Strafrecht, 2004

Regelbetrag ist der in der Regel als Unterhalt (→ Regelunterhalt) erforderliche bzw. angemessene Betrag.

Regelstrafe ist die im → Gesetz in Form eines Strafrahmens angegebene → Strafe, die verhängt werden soll, wenn keine besonderen Umstände vorliegen, die eine Anpassung der Strafe an den besonders gelagerten Einzelfall erfordern (z. B. § 249

StGB bei Raub Freiheitsstrafe nicht unter einem Jahr). Im Gegensatz hierzu werden in bestimmten Fällen (etwa besonders schweren oder minder schweren Fällen, z. B. § 249 II StGB) höhere oder geringere Strafrahmen vorgesehen.

Regelung (§ 35 VwVfG) ist die Festlegung von → Rechtsfolgen. Ihr Kennzeichen ist, dass sie auf unmittelbare Rechtswirkung (nach außen) gerichtet ist. Nach ihrem Ausspruch muss sie festlegen, was rechtens sein soll. Solange sie individuell und konkret (Bescheid gegenüber einer Person in einem bestimmten Fall), individuell und abstrakt (eine bestimmte Person in einer unbestimmten Vielzahl von Fällen) oder generell und konkret (unbestimmt viele, aber durch den konkreten Fall bestimmbare Personen, Allgemeinverfügung) ist, ist sie Tatbestandsmerkmal des → Verwaltungsakts. Sie unterscheidet diesen von der bloßen wiederholenden Verfügung, von der → Auskunft und von der → Zusage. Die generelle und abstrakte R. kennzeichnet demgegenüber das (materielle) → Gesetz.

Lit.: *Schreiber, M.,* Die gesetzliche Regelung der Lebendspende, 2004

Regelungsverfügung → Verfügung

Regelunterhalt (§ 1612a BGB) ist der für ein minderjähriges Kind im Regelfall erforderliche Unterhalt. Er wird als Regelbetrag durch → Rechtsverordnung der Bundesregierung jeweils festgelegt und kann bis zur 1,5fachen Höhe aufgestockt werden. Verlangen kann ihn das Kind von dem Elternteil, mit dem es nicht in einem Haushalt lebt (in der Regel also vom Vater).

Lit.: *Drewes, T.,* Scheidung und Unterhalt, 1995

Regiebetrieb ist der Wirtschaftsbetrieb einer → Körperschaft des öffentlichen Rechtes, der von ihr als öffentlich-rechtliches → Unternehmen durch → Beamte oder sonstige eigene Bedienstete verwaltet wird. Er steht im Gegensatz zum stärker verselbständigten → Eigenbetrieb. Er kann völlig unselbständig (z. B. Gemeindeforstverwaltung) oder relativ verselbständigt sein (nichtrechtsfähige Anstalt z. B. Bundesbuchdruckerei, Bundesschlepperei).

Lit.: *Kummer, U.,* Vom Eigen- oder Regiebetrieb zum Kommunalunternehmen, 2003

Regierung (z. B. Art. 62ff. GG) ist das den Staat nach der Verfassung politisch und in der Ausführung der Gesetze leitende kollegial gebildete Verfassungsorgan. Die R. ist einerseits Exponent der Parlamentsmehrheit und damit des → Parlaments und des Volkswillens, andererseits die Spitze der vollziehenden → Gewalt. Sie besteht aus dem → Bundeskanzler bzw. → Ministerpräsidenten und den → Fachministern. Der Bundeskanzler wird vom → Bundestag gewählt, die Bundesminister werden vom → Bundespräsidenten auf Vorschlag des Bundeskanzlers ernannt. Über die nachgeordneten Behörden hat die R. Weisungsfunktionen und Aufsichtsfunktionen (gegenüber den Länderverwaltungen hat die Bundesregierung grundsätzlich nur → Rechtsaufsicht). Im Verwaltungsrecht ist R. (Bezirksregierung) in Flächenstaaten die Mittelbehörde

(höhere → Verwaltungsbehörde) der Landesverwaltung. An ihrer Spitze steht der Regierungspräsident. Ihre Aufgaben bestehen im Wesentlichen in der → Aufsicht über die Unterbehörden und der Erledigung überörtlicher Verwaltungsaufgaben.

Lit.: *Hesse, J.,* Das Regierungssystem der Bundesrepublik Deutschland, 2004; *Böckenförde, E.,* Die Organisationsgewalt im Bereich der Regierung, 2. A. 1998; *Hennis, W.,* Regieren, 1999; Progressive Governance, hg. v. *Schröder, G.,* 2001

Regierungsbezirk ist im Verwaltungsrecht der örtliche Zuständigkeitsbereich der Mittelbehörden der meisten Bundesländer (→ Regierung).

Lit.: *Stöbe, S.,* Die Zukunft der Bezirksregierungen, 1996

Regierungspräsident ist in den meisten Bundesländern der Leiter der mittleren → Verwaltungsbehörde (Bezirksregierung).

Lit.: *Dreist, M.,* Die Düsseldorfer Bezirksregierung, 2003

Regierungsvorlage ist die Gesetzesvorlage der → Regierung.

Register ist das amtlich über bestimmte rechtlich bedeutsame Verhältnisse geführte Verzeichnis (z. B. Handelsregister) meist der freiwilligen → Gerichtsbarkeit.

Lit.: *Krafka, A./Kühn.,* Registerrecht, 9. A. 2013; *Krafka, A.,* Einführung in das Registerrecht, 2. A. 2008

Regress ([M.] Rückschritt) ist der Rückgriff eines zunächst zu einer Leistung Verpflichteten auf einen weiteren, vielfach nur im Innenverhältnis zur Erbringung der → Leistung Verpflichteten. Regressfälle sind an sehr verschiedenen Stellen gesetzlich geregelt (z. B. § 78 BBG für Dienstpflichtverletzungen von → Beamten, § 426 I BGB für Ausgleichung im Verhältnis mehrerer → Gesamtschuldner zueinander). Eine besonders ausführliche Regelung hat der R. im → Wechselrecht erfahren (Art. 43 ff. WG).

Lit.: *Rößing, J.,* Der Regress des Verbrauchers gegen den Hersteller, 2000; *Müller, C.,* Der Rückgriff gegen Angehörige von Sozialhilfeempfängern, 6. A. 2012, 7. A. 2016?

Regulation (Regulierung) ist in der Rechtsgeschichte die Ausgleichung der im Zuge der Veränderung der Agrarverfassung zu Beginn des 19. Jh.s geänderten → Eigentumsverhältnisse an → Grundstücken (z. B. durch Geldleistungen der → Bauern als Abfindung an die früheren → Grundherren).

Lit.: *Köbler, G.,* Deutsche Rechtsgeschichte, 6. A. 2005

Regulierung (F.) Gestaltung nach Regeln, → Regulation

Lit.: *Hild, T.,* Grenzen einer strafrechtlichen Regulierung des Kapitalmarktes, 2004; *Berringer, C.,* Regulierung, 2004; 10 Jahre wettbewerbsorientierte Regulierung on Netzindustrien in Deutschland, hg. v. *Picot, A.,* 2008

Reich (N.) Land, Gebiet, Staat, → Deutsches Reich

Reichsabschied ist die Zusammenfassung der Beschlüsse des → Reichstags des (ersten Deutschen bzw.) Heiligen Römischen Reichs anlässlich seines Auseinandertretens (1654 *jüngster* d. h. letzter R.).

Lit.: *Willoweit, D.,* Deutsche Verfassungsgeschichte, 7. A. 2013; *Götte, H.,* Der jüngste Reichsabschied, 1998

Reichsacht ist die für das ganze (erste) Deutsche Reich geltende → Acht.

Lit.: *Battenberg, F.,* Reichsacht und Anleite im Spätmittelalter, 1986; *Eisenhardt, U.,* Deutsche Rechtsgeschichte, 5. A. 2008

Reichsdeputationshauptschluss ist der Beschluss des letzten Ausschusses (Deputation) des (ersten Heiligen Römischen) → Deutschen Reichs von dem 25.2.1803, in dem zur Ausgleichung der linksrheinischen Gebietsverluste deutscher Fürsten an das okkupierende napoleonische Frankreich die geistlichen Fürstentümer zu Gunsten weltlicher Fürstentümer → säkularisiert und die weltlichen kleineren reichsunmittelbaren Herrschaften zu Gunsten weltlicher größerer Fürstentümer (z. B. Baden, Württemberg, Bayern) → mediatisiert (mittelbar gemacht) wurden.

Lit.: *Köbler, G.,* Deutsche Rechtsgeschichte, 6. A. 2005; *Hoemig, K.,* Der Reichsdeputationshauptschluss vom 25.2.1803, 1969; *Schroeder, K.,* Der Reichsdeputationshauptschluss vom 25.2.1803, JuS 1989, 351; *Köbler, G.,* Historisches Lexikon der deutschen Länder, 7. A. 2007

Reichsdeutscher ist (zwischen 1918 und 1945) der innerhalb der Grenzen des (zweiten) Deutschen Reiches lebende Deutsche im Gegensatz zum Auslandsdeutschen und Volksdeutschen.

Reichsgericht (RG) ist das am 1.10.1879 in Leipzig eingerichtete, grundsätzlich bis Mai 1945 tätige höchste → Gericht des (zweiten) → Deutschen Reiches. → Reichsoberhandelsgericht, → Bundesgerichtshof

Lit.: *Köbler, G.,* Deutsche Rechtsgeschichte, 6. A. 2005; *Möller, K.,* Die Rechtsprechung des Reichsgerichts in Zivilsachen, 2001

Reichsgesetzblatt (RGBl) ist das → Gesetzblatt des (zweiten) → Deutschen Reiches (1871–1945).

Lit.: *Kroeschell, K.,* Rechtsgeschichte Deutschlands im 20. Jahrhundert, 1992

Reichshaftpflichtgesetz ist das vor allem die → Gefährdungshaftung für Personenschäden beim Betrieb einer → Eisenbahn anordnende Gesetz (1871), das inzwischen mehrfach erweitert bzw. ergänzt wurde. → Haftpflichtgesetz

Lit.: *Filthaut, W.,* Haftpflichtgesetz, 9. A. 2015

Reichshofrat ist das von 1498 bis 1806 im (ersten) Deutschen Reich neben dem → Reichskammergericht stehende → Gericht (Höchstgericht des Kaisers) in Wien.

Lit.: Die Ordnungen des Reichshofrates 1550–1766, hg. v. *Sellert, W.,* Bd. 1 1981; *Sellert, W.,* Reichshofrat und Reichskammergericht, 1999

Reichsjustizgesetz ist das am 1.10.1879 in Kraft getretene Verfahrensgesetz des (zweiten) → Deutschen Reiches (GVG, StPO, ZPO, KO).

Lit.: *Biebl, G.,* Bayerns Justizminister v. Fäustle und die Reichsjustizgesetze, 2003; *Kissel, O.,* 125 Jahre Reichsjustizgesetze, NJW 2004, 2872

Reichskammergericht ist das von 1495 bis 1806 tätige, auch nach gemeinem Recht richtende oberste → Gericht (der Stände) des (ersten) → Deutschen Reichs, das zuletzt in Wetzlar amtierte.

Lit.: Repertorium der Akten des Reichskammergerichts, hg. v. *Koser, O.,* Bd. 1 f. 1933 ff.; Das Reichskammergericht, hg. v. *Diestelkamp, B.,* 2003

Reichskonkordat ist der (1933) zwischen dem (zweiten) → Deutschen Reich (bzw. gemäß Art. 123 GG den an seine Stelle tretenden Ländern) und dem → Heiligen Stuhl geschlossene völkerrechtliche → Vertrag über Angelegenheiten der katholischen → Kirche (z. B. Rechtsstellung des Klerus, Besetzung kirchlicher Ämter, Religionsunterricht).

Lit.: *Volk, L.,* Das Reichskonkordat vom 20. Juli 1933, 1972

Reichsoberhandelsgericht ist das von 1871 bis 1879 bestehende oberste → Reichsgericht in → Handelssachen, das im Reichsgericht aufgeht. → Bundesoberhandelsgericht

Lit.: *Köbler, G.,* Deutsche Rechtsgeschichte, 6. A. 2005; Sämtliche Entscheidungen des Reichsoberhandelsgerichts, hg. v. *Fuchsberger, O.,* 3. A. 1900

Reichspräsident ist (als Nachfolger des Kaisers) das → Staatsoberhaupt des (zweiten) → Deutschen Reiches von 1919 bis 1934. Der R. wurde vom → Volk gewählt und ernannte und entließ den → Reichskanzler. Er hatte nach Art. 48 II WRV das Recht, im Falle einer Störung der öffentlichen Sicherheit und Ordnung die erforderlichen Maßnahmen zu treffen (sog. → Notverordnungsrecht). Nach dem Tode des Reichspräsidenten Paul von Hindenburg (1934) übernahm Adolf Hitler sein Amt.

Lit.: *Pünder, H.,* Der Reichspräsident in der Weimarer Republik, 1961

Reichsrat ist das bei der Gesetzgebung mitwirkende Kollegialorgan der Länder des (zweiten) → Deutschen Reiches.

Lit.: *Rose, G.,* Der Reichsrat der Weimarer Republik, 1964

Reichsrecht ist das vom → Reich geschaffene bzw. im Reich geltende Recht. In der Gegenwart gilt R. nach Art. 123 GG fort, soweit es dem → Grundgesetz nicht widerspricht. Es ist teils → Bundesrecht, teils → Landesrecht geworden (Art. 124, 125 GG).

Lit.: *Nehse, H.,* Kurzgefasstes Lehrbuch für das wichtigste Reichsrecht, 1926; *Pfundtner, H.,* Das neue deutsche Reichsrecht, 1933 ff.

Reichsregierung ist die → Regierung des (zweiten) → Deutschen Reiches.

Lit.: *Rosenthal, E.,* Die Reichsregierung, 1911

Reichsstadt ist im hochmittelalterlichen, spätmittelalterlichen und frühneuzeitlichen deutschen Recht die dem → Reich (Kaiser) unmittelbar unterstehende → Stadt (zeitweise bis zu 125 Städte u. a. Nürnberg, Frankfurt am Main, Regensburg, Worms, Speyer, Wetzlar, Zell am Harmersbach u. a.). Die meisten Reichsstädte wurden 1803 → mediatisiert. Die letzten Überreste der Reichsstädte sind die Stadtstaaten Hamburg und Bremen.
Lit.: *Köbler, G.*, Historisches Lexikon der deutschen Länder, 7. A. 2007; *Schroeder, K.*, Das alte Reich und seine Städte, 1991

Reichsstand → Stand (im Heiligen Römischen Reich, Kurfürst, sonstiger Reichsfürst, Reichsstadt)

Reichsstatthalter ist der seit 7.4.1933 vom Reichspräsidenten oder von Adolf Hitler ernannte ständige Vertreter des Reichskanzlers in einem Land des (zweiten) Deutschen Reiches, der die Aufsicht über die jeweilige Landesregierung führte.
Lit.: *Lehder, W.*, Die staatsrechtliche Stellung der Reichsstatthalter, 1937

Reichstag ist das die Gesamtheit des → Volkes repräsentierende, bei der Gesetzgebung mitwirkende Kollegialorgan des → Deutschen Reiches. Der R. bestand im Heiligen Römischen Reich aus den → Reichsständen (Kurfürsten, sonstige Reichsfürsten, Reichsstädte). Im zweiten → Deutschen Reich (und damit auch in der → Weimarer Republik) setzte er sich aus → Abgeordneten zusammen, die nach demokratischen Wahlgrundsätzen gewählt worden waren. Zwischen 1933 und 1945 hatte der R. nur Scheinfunktionen.
Lit.: *Anschütz, G.*, Verfassung des Deutschen Reichs, 14. A. 1933; *Schubert, F.*, Der deutsche Reichstag in der Staatslehre der frühen Neuzeit, 1966; *Biefang, A.*, Bismarcks Reichstag, 2002

Reichsverfassung ist die Grundordnung des → Deutschen Reiches. Im → Heiligen Römischen Reich (deutscher Nation) sind → Kaiser, Reichsstände und Landesfürsten die bedeutsamsten Organe bzw. Kräfte der (materiellen) R., im monarchischen (zweiten) Deutschen Reich von 1871 Kaiser (Präsidium), Bundesrat und Reichstag, in dem republikanisch geprägter Zeit (1918–1933) → Reichstag, → Reichspräsident, → Reichsregierung und Reichsrat, zwischen 1933 und 1945 Führer und Partei.
Lit.: *Köbler, G.*, Deutsche Rechtsgeschichte, 6. A. 2005; *Willoweit, D.*, Deutsche Verfassungsgeschichte, 7. A. 2013; *Immel, J.*, Hugo Preuß und die Weimarer Reichsverfassung, 2002

Reichsversicherungsordnung (RVO) ist das die → Krankenversicherung, → Unfallversicherung und Rentenversicherung zusammenfassend regelnde → Gesetz vom 19.7.1911, das in der Bundesrepublik Deutschland später durch das → Sozialgesetzbuch abgelöst wird.
Lit.: *Rother, K.*, Die Reichsversicherungsordnung 1911, 1994

Reife ist der Zustand abgeschlossener Entwicklung. Nach § 3 JGG ist ein → Jugendlicher strafrechtlich verantwortlich, wenn er zur Zeit der Tat nach seiner sittlichen und geistigen Entwicklung reif genug ist, das → Unrecht der Tat einzusehen und nach dieser Einsicht zu handeln. Diese R. muss im Einzelfall festgestellt werden.

Reine Rechtslehre ist die von Hans Kelsen (1881–1973) begründete Rechtstheorie, die sich unter Ablehnung jeder transzendentalen Rechtsidee um eine wertfreie allgemeine Rechtsmethode hauptsächlich formal-technischer Art auf der Grundlage einer (hypothetischen) Grundnorm bemüht.
Lit.: *Klug, U.*, Prinzipien der Reinen Rechtslehre, 1974; *Jabloner, C.*, Logischer Empirismus und reine Rechtslehre, 2001

Reise (§ 651a BGB) ist die gewollte Veränderung eines Menschen von einem Ort an einen anderen entfernteren Ort. Sie kann eine Beförderung, eine Unterbringung oder eine andere Teilleistung einschließen. Sie ist vor allem Bezugspunkt des Reisevertrags.

Reisebüro ist das Unternehmen bzw. der Geschäftsraum eines → Reisen vermittelnden Unternehmers.
Lit.: *Nies, I.*, Reisebüro, 3. A. 2011

Reisegewerbe (§ 55 GewO) ist das Anbieten oder Bestellen von Waren und gewerblichen Leistungen sowie das Darbieten von Schaustellungen in eigener Person außerhalb der Räume einer eigenen gewerblichen Niederlassung oder ohne eine solche. Die Ausübung des Reisegewerbes bedarf grundsätzlich einer Reisegewerbekarte, für deren Ausstellung die untere → Verwaltungsbehörde zuständig ist. Eine Vorschrift eines Mitgliedstaats der Europäischen Union, nach der Bäcker, Fleischer und Lebensmittelhändler nur dann in einem Verwaltungsgebiet im Umherziehen Waren feilbieten dürfen, wenn sie in diesem Verwaltungsgebiet auch eine ortsfeste Betriebsstätte haben, ist europarechtswidrig.
Lit.: *Scheibe, J.*, Das Reisegewerbe, 1971

Reisekostenrecht ist die Gesamtheit der die Reisekosten (vor allem eines im Auftrag eines Dienstherrn reisenden Menschen) betreffenden Rechtssätze.
Lit.: *Kottke, K.*, Reisen, Spesen, Zechen und das Finanzamt, 24. A. 2003; *Vogel, H.*, Steuer-Update Reisekosten 2012, 2012

Reiserecht ist die Gesamtheit der Reisen (Erholungsreisen) betreffenden Rechtssätze. → Reisevertrag
Lit.: *Führich, E.*, Reiserecht, 7. A. 2015; *Führich, E.*, Basiswissen Reiserecht, 2007; *Kappus, A.*, Allgemeine Reisebedingungen, 2008; *Staudinger, A. u. a.*, Die Entwicklung des Reiserechts, NJW 2015, 1485

Reisescheck → Travellerscheck

Reiseversicherung ist die Reisekosten betreffende Privatversicherung.
Lit.: *Bühren, H. van/Nies, I.*, Reiseversicherung, 3. A. 2010

Reisevertrag (§§ 651a ff. BGB) ist der → Vertrag, durch den sich ein Reiseveranstalter verpflichtet, gegen Entgelt einem Reisenden eine Gesamtheit von Reiseleistungen (Reise) zu erbringen. Der R. ist ein gesetzlich besonders geregelter → Werkvertrag. Der Reisende hat insbesondere unabdingbare Kündigungsrechte, Minderungsrechte, Schadensersatzrechte und Rücktrittsrechte, muss aber dem Reiseveranstalter grundsätzlich die Möglichkeit der Nachbesserung einräumen. → Reiserecht

Lit.: *Tonner, K.,* Der Reisevertrag, 5. A. 2007; *Führich, E.,* Reisevertrag nach modernisiertem Schuldrecht, NJW 2002, 1082; *Tonner, K.,* Auswirkungen von Krieg, Epidemie und Naturkatastrophe auf den Reisevertrag, NJW 2003, 2783; *Schattenkirchner, S.,* Preisminderung bei Reisemängeln, 2. A. 2012

Rei vindicatio (lat. [F.] Herausgabe der Sache) ist die romanistische Bezeichnung für den → Herausgabeanspruch des → Eigentümers gegen den nichtberechtigten → Besitzer (§§ 985, 986 BGB).

Lit.: *Kaser, M.,* Römisches Privatrecht, 20. A. 2014; *Gürtler, F.,* Verurteilung zur Herausgabe, 1994

Rektapapier (N.) → Namenspapier

Rektor ist der (nebenamtliche) Leiter einer → Universität. Er ist in der Gegenwart weitgehend durch den auf Zeit hauptamtlich tätigen Präsidenten der Universität ersetzt. Seine Vertreter sind vielfach Konrektor und bzw. oder Prorektor bzw. Vizerektor.

Relation (lat. relatio [F.] Bericht) ist die schriftliche Arbeit in der Ausbildung als juristischer → Referendar (Rechtsreferendar). Dabei ist (im Privatrecht bzw. Zivilprozess) für einen konkreten Streitfall nach der Ermittlung des unstreitigen und des streitigen Geschehens, der Behauptungen des Klägers und des Beklagten sowie der Beweisanordnungen und Beweiserhebungen aus den Akten bei der rechtlichen Würdigung des Falles in der sog. Prozessstation die Zulässigkeit der → Klage, in der sog. Klägerstation die Schlüssigkeit des klägerischen Begehrens, in der sog. Beklagtenstation die Erheblichkeit der Einwände des Beklagten, in der sog. Beweisstation die Beweisbedürftigkeit der jeweiligen Behauptungen der Parteien sowie die Beweiswürdigung zu erörtern und ist in der sog. Tenorierungsstation ein Entscheidungsvorschlag abzugeben. Die Darstellung erfolgt als Gutachten mit Entscheidungsvorschlag (Urteil), wobei der Bericht – von dem die R. ihren Namen herleitet – im Wesentlichen im → Tatbestand des Entscheidungsvorschlags enthalten ist.

Lit.: *Sattelmacher, P./Sirp, W./Schuschke, W.,* Bericht, Gutachten und Urteil, 34. A. 2008; *Grüneberg, C./Manteufel, T.,* Die anwaltliche Relationsklausur, JuS 1996, 55

relativ (Adj.) verhältnismäßig

relative Fahruntüchtigkeit → Fahruntüchtigkeit, relative

relative Mehrheit → Mehrheit, relative

relative Straftheorie → Straftheorie, relative

relative Unwirksamkeit → Unwirksamkeit, relative

relatives Recht → Recht, relatives

Relegation (Verbannung) ist die verweisende Strafe, insbesondere auch der disziplinarische Ausschluss eines Studenten vom Studium, dessen heutige Entsprechung der Ausschluss vom Studium auf Zeit ist (früher § 28 HRG).

Lit.: *Reich, A.,* Hochschulrahmengesetz, 10. A. 2007

Relevanz (F.) Erheblichkeit

Relevanztheorie ist die vereinzelt vertretene, die Relevanz berücksichtigende Theorie zur → Kausalität eines Verhaltens für einen → Erfolg. Sie geht von der Bedingungstheorie (→ Äquivalenztheorie) aus und stellt zusätzlich auf die strafrechtliche Relevanz des Geschehens ab. Als zurechenbar erkennt sie nur die tatbestandsrelevanten Bedingungen eines Kausalverlaufs an (z. B. A veranlasst seinen Erbonkel O, mit einer – wie er, nicht jedoch O weiß – unsicheren Chartermaschine zu fliegen. Eine Maschine stürzt mit O ab. Hier ist das Verhalten des A kausal, aber nicht relevant, weil sich der Erfolg jeder Berechnung entzieht).

Religion ist allgemein das Ergriffenwerden vom Göttlichen. Nach Art. 4 II GG ist die ungestörte Religionsausübung grundgesetzlich gewährleistet. Die Störung der Religionsausübung (§ 167 StGB, Freiheitsstrafe bis zu drei Jahren oder Geldstrafe) ist neben einigen anderen, sich auf R. und Weltanschauung beziehenden Straftaten mit Strafe bedroht.

Lit.: *Reuter, A.,* Religion in der verrechtlichten Gesellschaft, 2014

Religionsfreiheit (Art. 4 II GG) ist die Freiheit der ungestörten Ausübung der → Religion.

Lit.: *Classen, C.,* Religionsfreiheit und Staatskirchenrecht, 2003; *Maruhn, T.,* Grundrechtlicher Schutz vor religiöser Macht?, 2003; *Ungern-Sternberg, A. v.,* Religionsfreiheit in Europa, 2008

Religionsgesellschaft (Art. 140 GG, Art. 137 WRV) ist die Vereinigung von Angehörigen derselben oder mehrerer verwandter Glaubensbekenntnisse zu gemeinsamer Ausübung der → Religion. Die Verfassung gewährleistet die Freiheit der Bildung von Religionsgesellschaften sowie deren → Selbstverwaltungsrecht. Religionsgesellschaften können → Körperschaften des öffentlichen Rechtes sein (z. B. Diözesen der katholischenh Kirche, Evangelische Kirche in Deutschland, evangelische Landeskirchen, einige evangelische Freikirchen, die neuapostolische Kirche, die Mormonen, die jüdischen Gemeinden u. a.). Als solche können sie nach Landesrecht → Steuern (→ Kirchensteuer) erheben. Voraussetzung für die Anerkennung als Körperschaft des öffentlichen Rechtes ist die Bereitschaft zur Wahrung des Rechtes. Als R. hat das Bundesverwaltungsgericht Deutschlands der Islamischen Föderation das Recht zugesprochen, in Berlin an öffentlichen Schulen Religionsunterricht zu erteilen.

Lit.: *Pieroth, B. u. a.,* Was ist eine Religionsgemeinschaft?, JuS 2002, 937; *Neureither, G.,* Recht und Freiheit im Staatskirchenrecht, 2002; *Heinig, H.,* Öffentlichrechtliche Religionsgesellschaften, 2003; *Magen, S.,* Körperschaftsstatus und Religionsfreiheit, 2004

Religionsunterricht (Art. 7 III GG) ist die schulische → Erziehung in einem religiösen Bekenntnis. Der R. ist in den öffentlichen Schulen der meisten Länder Deutschlands mit Ausnahme der bekenntnisfreien Schulen ordentliches Lehrfach. Über die Teilnahme eines Kindes am R. entscheidet bis zur Vollendung des 14. Lebensjahrs der gesetzliche → Vertreter, danach das Kind selbst.

Lit.: *Hildebrandt, U.,* Das Grundrecht auf Religionsunterricht, 2000

Remittent (Nehmer) ist die Person, an die auf Grund eines → Wechsels die Geldsumme ausgezahlt werden soll. Sie erlangt auf Grund der Ausstellung wie der Aushändigung des Wechsels noch keinen → Anspruch gegen den Bezogenen. Der Bezogene soll zwar nach dem Willen des Ausstellers an den Nehmer zahlen, wird aber erst durch die eigene → Annahme (Art. 28 WG) der im Wechsel enthaltenen Anweisung verpflichtet, den Wechsel bei → Verfall zu bezahlen.

Remonstration (F.) Gegenvorstellung

Remonstrationspflicht (§ 63 II BBG) ist die Pflicht des → Beamten, bei Bedenken gegen die Rechtmäßigkeit einer dienstlichen Anordnung unverzüglich seinen → Vorgesetzten und evtl. dessen Vorgesetzten hierauf aufmerksam zu machen. Sie ist eine Dienstpflicht (Beratungspflicht). Ihre Erfüllung befreit ihn trotz Ausführung der Anordnung, zu der er auf Grund der Gehorsampflicht grundsätzlich verpflichtet ist, von disziplinarrechtlicher und haftungsrechtlicher Verantwortung. Die R. ist für den Beamten zugleich Remonstrationsrecht.

Lit.: *Romann, D.,* Remonstrationsrecht und Remonstrationspflicht, Diss. jur. Speyer 1996

remuneratorisch (Adj.) belohnend

remuneratorische Schenkung → Schenkung, remuneratorische

Reno (Abkürzung für Rechtsanwalt und Notar)

Rente (zu lat. rendere, zurückgeben) ist das Einkommen, das auf Vermögen (Bodenrente, Kapitalrente), Versicherungsansprüchen oder Versorgungsansprüchen beruht. Die größte Bedeutung kommt in der Gegenwart (noch) den Renten aus der → Sozialversicherung (vor allem → Rentenversicherung) zu, die sich als wichtigste, infolge der Überalterung der Bevölkerung aber kaum noch bezahlbare Absicherung gegen wesentliche Risiken des Alltagslebens erwiesen haben. Die R. fällt periodisch, meist monatlich, an. *Dynamisierte* (dynamische) R. ist die in ihrer Höhe an Veränderungen des Einkommensniveaus angepasste R. Frührente ist die vor Erreichung des allgemein für Altersrenten festgesetzten Lebensalters erlangte R., die von manchen Inzucht-Betrügern rechtswidrig zu Lasten der Allgemeinheit erschlichen wird. Ab 1.1.2005 werden in Deutschland alle Renten der gesetzlichen Altersversorgung (wie die Pensionen der Beamten) schrittweise (2005 zu 50 Prozent mit Freibeträgen, tatsächlich ab monatlich rund 1575 Euro, 2040 zu 100

Prozent) besteuert und zum Ausgleich dafür die Beiträge der Beschäftigten zu ihrer Altersversorgung bis 2025 schrittweise steuerfrei gestellt.

Lit.: *Acker, S.,* Renten in Europa, 1996; Gesetzliche Rente, 2004

Rentenberater ist der (neben der kostenlosen Rentenberatung der Sozialversicherungträger tätige) geschäftsmäßige Berater in Angelegenheiten der sozialen Rente.

Lit.: *Jungblut, M.,* WISO-Rentenberater, 2002

Rentenschuld (§ 1199 BGB) ist die in der Weise bestellte → Grundschuld, dass in regelmäßig wiederkehrenden Terminen eine bestimmte Geldsumme (z.B. Leibrente, Hausgrundstücksverkauf auf Rentenbasis) aus dem → Grundstück zu zahlen ist. Für sie gilt teils → Grundschuldrecht, teils → Hypothekenrecht. In der Rechtswirklichkeit tritt die R. hinter der → Reallast zurück.

Lit.: *Blank, T.,* Bürgschaft, Hypothek, Pfandrecht, Grund- und Rentenschuld, 2002

Rentenversicherung ist die → Versicherung, die gegen eine (laufende) → Prämie von einem bestimmten Ereignis an (z.B. Vollendung des 67. Lebensjahrs) bis zum Tode regelmäßige Zahlungen leistet. Sie ist (meist) eine → Sozialversicherung. Versicherungspflichtig sind alle unselbständig Beschäftigten sowie gewisse Selbständige. Versicherungsfall ist vor allem die Erreichung der → Altersgrenze (→ Altersruhegeld) (grundsätzlich 67. Lebensjahr, evtl. erniedrigt) bzw. für Ansprüche Hinterbliebener der Tod des Versicherten. Die Leistungen der R. sind hauptsächlich → Renten und Leistungen zur Erhaltung, Besserung und Wiederherstellung der Erwerbsfähigkeit. Träger der R. sind → Landesversicherungsanstalten u.a. Möglich ist auch die private R., die wegen drohender Zahlungsunfähigkeit der sozialen R. in der Zukunft immer größere Bedeutung erlangen wird bzw. soll (z.B. sog. Riesterrente). Zum 1.1.1992 wurde das Recht der R. als Buch VI in das → Sozialgesetzbuch übernommen, mit Gesetz vom 9.12.2004 bzw. 14.12.2004 die Arbeiterrentenversicherung (und die knappschaftliche R.) Teil der Deutschen Rentenversicherung und die früheren Landesversicherungsanstalten Regionalträger der gesetzlichen Rentenversicherung.

Lit.: Sozialgesetzbuch VI – Gesetzliche Rentenversicherung, hg. v. *Kreikebohm, R.,* 4. A. 2013

renvoi (franz. [M.]) Rückverweisung

Lit.: *Sonnentag, M.,* Der Renvoi im internationalen Privatrecht, 2001; *Chen, W.,* Rück- und Weiterverweisung, 2004

Reparation (F.) Wiedergutmachung (Kriegsschädenwiedergutmachung)

Repetitor (lat. [M.] Pauker) ist in der juristischen Ausbildung der außerhalb der Universität gegen Entgelt juristisches Wissen (durch Wiederholung) vermittelnde Privatlehrer, der keine amtliche Prüfungsberechtigung hat, aber Ausbildungswilligen vielfach zu einem Erfolg verhilft.

Lit.: *Lueg, S.,* Die Entstehung und Entwicklung des juristischen Privatunterrichts in den Repetitorien, 1993 (Diss.); *Knödler, C.,* Zur Koalition von Universität und kommerziellem Repetitor, JuS 1999, 1032; *Berge, A./ Rath, C./Wapler, F.,* Examen ohne Repetitor, 2. A. 2001

Replik ([F.] Entgegnung) ist im neuzeitlichen (gelehrten) Prozessrecht die Erwiderung des → Klägers auf ein Verteidigungsvorbringen des → Beklagten, auf die der Beklagte mit einer → Duplik antworten kann.
Lit.: *Köbler, G.,* Deutsche Rechtsgeschichte, 6. A. 2005

Repräsentant (M.) Vertreter
Lit.: *Leonhardt, H.,* Die Repräsentantendoktrin im Privatversicherungsrecht, 1999

Repräsentation (Vergegenwärtigung) ist die Verkörperung einer Gesamtheit durch Vertreter, insbesondere im Verfassungsrecht die Verkörperung des Gesamtvolks durch die → Abgeordnetenversammlung (z. B. Art. 38 GG). Die r. bildet den Gegensatz zur Identität, da bei ihr der repräsentierten Personenmehrheit der Wille des repräsentierenden Organs nur zugerechnet wird, nicht ihr Wille selbst ist. Deshalb kann bei der R. der Wille der Repräsentanten auch im Widerspruch zum Willen der Repräsentierten stehen (z. B. Einführung der Todesstrafe, Überwachung von Kommunikation, Maut für Straßenbenutzung, Diäten von Abgeordneten, Aufnahme von Asylanten bzw. Wirtschaftsflüchtlingen).
Lit.: *Hofmann, H.,* Repräsentation, 4. unv. A. 2004; *Herzog, D.,* Parlament und Gesellschaft, 1993

Repräsentationsprinzip ist im Erbrecht der Grundsatz, dass der mit dem → Erblasser am nächsten verwandte → Angehörige eines jeden Stammes während seiner Lebenszeit die weiteren Angehörigen des Stammes (z. B. der Sohn seine Kinder) repräsentiert und deswegen von der Erbfolge ausschließt (vgl. § 1924 II BGB). → Eintrittsrecht

repräsentativ (Adj.) vertretend

repräsentative Demokratie → Demokratie, repräsentative

Repressalie ([F.] Vergeltungsmaßnahme) ist die Beantwortung einer Rechtsverletzung mit einer gleichartigen angemessenen, auf die Wiederherstellung eines (völkerrechtsgemäßen) Zustandes gerichteten Maßnahme.
Lit.: *Dzida, B.,* Das Recht der Repressalie, 1997

Repression (F.) Unterdrückung

repressiv (Adj.) unterdrückend

repressives Verbot → Verbot, repressives

Reprivatisierung (F.) erneute → Privatisierung

Republik (Gemeinwesen, Freistaat) ist die Staatsform, bei der ein gewähltes → Staatsoberhaupt an der Spitze des Staates steht. Die R. bildet den Gegensatz zur → Monarchie. Die R. kann aristokratische, liberale oder sozialistische R. sein.

Requisition (F.) Aufsuchung, Beitreibung

res (lat. [F.]) Sache (Gen. rei, Dat. rei, Akk. rem, Abl. re, Gen. Pl. rerum, Dat. Pl. rebus)

reservatio (F.) **mentalis** (lat.) geistiger Vorbehalt, → Vorbehalt, geheimer

Res (F.) **extra commercium** ([lat.] Sache außerhalb des [Rechts]handels) ist im römischen Recht die nicht verkehrsfähige, nicht veräußerliche und nicht im Eigentum einer Person stehende → Sache (z. B. Tempel, für die Gegenwart vgl. z. B. Rathaus, Straße, Kirche, Friedhof, Leiche).
Lit.: *Kaser, M.,* Römisches Privatrecht, 20. A. 2014

Residenzpflicht ist die → Verpflichtung, an einem Dienstort zu wohnen.
Lit.: *Grete, D.,* Die Verfassungsmäßigkeit berufsrechtlicher Residenzpflichten, 1999

resolutiv (Adj.) auflösend, → Bedingung

Resozialisierung (vgl. § 46 I 2 StGB) ist die Wiedereingliederung des verurteilten Täters in die Gesellschaft im Rahmen des → Strafvollzugs (→ Spezialprävention).
Lit.: Handbuch der Resozialisierung, hg. v. *Cornel, H. u. a.,* 3. A. 2009

res (F.) **publica** (lat.) öffentliche Sache, Gemeinwesen, Staat

Ressort (Geschäftsbereich) ist der Bereich bzw. der Amtsbereich einer → Behörde, insbesondere eines → Ministers. Nach Art. 65 GG leitet jeder Minister sein R. innerhalb der vom → Bundeskanzler bestimmten Richtlinien der Politik selbständig und unter eigener Verantwortung (Ressortprinzip). Die klassischen Ressorts sind Auswärtiges, Inneres, Justiz, Finanzen und Krieg.
Lit.: *Brauswetter, H.,* Kanzlerprinzip, Ressortprinzip und Kabinettsprinzip, 1976

Restitutio (F.) **in integrum** ([lat.] → Wiedereinsetzung in den vorigen Stand) ist die im römischen Recht entwickelte verfahrensrechtliche Möglichkeit zur Beseitigung von sachwidrigen Ergebnissen durch Wiederherstellung des zuvor bestehenden Verfahrensstands.
Lit.: *Kaser, M.,* Römisches Privatrecht, 20. A. 2014

Restitution (F.) Wiederherstellung
Lit.: *Schlechtriem, P.,* Restitution und Bereicherungsausgleich in Europa, 2000; *Wasmuth, J.,* Aufarbeitung der unter NS-Herrschaft verübten Entziehung von Kunstwerken, NJW 2014, 747

Restitutionsklage (z. B. § 580 ZPO) ist die auf → Wiederaufnahme eines rechtskräftig abgeschlossenen Verfahrens gerichtete Klage. Sie steht neben der → Nichtigkeitsklage. Sie ist nur bei Vorliegen ganz bestimmter Gründe zulässig (z.B. Nachweis einer für das → Urteil ursächlichen → Straftat, Auffinden eines früheren Urteils oder einer anderen günstigeren → Urkunde).

Lit.: *Braun, J.*, Rechtskraft und Restitution, 1985; *Braun, J.*, Restitutionsklage wegen Verletzung der europäischen Menschenrechtskonvention, NJW 2007, 1620

Restkaufpreishypothek ist die zur Sicherung des Anspruchs des Verkäufers eines → Grundstücks auf den Rest eines nicht vollständig bezahlten → Kaufpreises bestellte → Hypothek. Sie ist beim Kauf ein → Rechtsmangel des Grundstücks, dessen Beseitigung aber vereinbarungsgemäß ausgeschlossen worden ist. Der Verkäufer braucht sie daher entsprechend § 435 BGB nicht zu beseitigen, sondern erfüllt trotz dieses Rechtsmangels vereinbarungsgemäß vollständig.

restriktiv (Adj.) einschränkend

Restschuldbefreiung (§§ 286ff. InsO) ist die (seit 1.1.1999 mögliche) Befreiung des Insolvenzschuldners von den im → Insolvenzverfahren nicht erfüllten Verbindlichkeiten (bis 2009 rund 800000 Fälle, zuletzt jährlich 100000). Die R. ist nur bei natürlichen Personen möglich. Sie setzt einen Antrag des Schuldners voraus. Ihm ist die Erklärung beizufügen, dass der Schuldner seine pfändbaren Forderungen auf Dienstbezüge oder andere laufende Bezüge für die Zeit von sieben Jahren an einen vom Gericht zu bestimmenden Treuhänder abtritt. Über den Antrag entscheidet das Insolvenzgericht.

Lit.: *Hess, H./Obermüller, M.*, Insolvenzplan, Restschuldbefreiung und Verbraucherinsolvenz, 4. A. 2014; *Vallender, H.*, Restschuldbefreiung, JuS 2004, 665

Retentionsrecht (N.) → Zurückbehaltungsrecht

Retorsion (Wiedervergeltung) ist die Erwiderung einer unfreundlichen oder rechtswidrigen Handlung durch eine ähnliche Handlung. Im Völkerrecht ist R. bei unfreundlicher Handlung (z.B. Zollbelastung) möglich. Im Strafrecht kann R. bei → Beleidigungen und → Körperverletzungen eine Strafmilderung oder ein Absehen von Strafe begründen (vgl. §§ 199, 233 StGB). → Kompensation

Retraktrecht → Näherrecht

Reue ist allgemein das Bedauern über eine rechtswidrige oder unangemessene Handlung und eine Bereitschaft zur Änderung. Im Strafrecht ist *tätige* R. (§ 24 StGB, vgl. §§ 142 IV, 306e StGB) der → Rücktritt vom beendigten → Versuch. Die tätige R. setzt eigene, auf Verhinderung der Tatvollendung gerichtete Tätigkeit, die den Willen, die konkrete Tat endgültig aufzugeben, zum Ausdruck bringt, Gelingen der Erfolgsabwendung bzw. Ausbleiben des Erfolgs und freiwilliges und ernsthaftes Bemühen um die Abwendung sowie Freiwilligkeit des Rücktritts voraus. Sie führt zur Straffreiheit, bei § 142 IV StGB zur Strafmilderung oder zum Absehen von Strafe.

Lit.: *Knütel, C.*, Tätige Reue im Zivilrecht, 2000; *Fedders, C.*, Tatvorsatz und tätige Reue, 2002

Reugeld (Reuegeld) (§ 353 BGB) ist die vereinbarte Geldleistung, von deren Entrichtung die Wirksamkeit eines vertraglich vorbehaltenen → Rücktritts abhängig gemacht sein kann. Der Rücktritt ist dann unwirksam, wenn das R. nicht vor oder bei der Erklärung entrichtet wird und der andere Teil aus diesem Grund die Erklärung unverzüglich zurückweist. Die Erklärung ist wirksam, wenn das R. unverzüglich nach Zurückweisung der Erklärung entrichtet wird.

Lit.: *Fick, K.*, Das Reugeld, 1912

revisibel (Adj.) einer → Revision zugänglich

Lit.: *Hess, B. u.a.*, Die Revisibilität ausländischen Rechts, NJW 2009, 3132

Revision („Rückbetrachtung" bzw. Überprüfung) (z.B. § 542 ZPO, § 333 StPO) ist das → Rechtsmittel zur Nachprüfung eines → Urteils in rechtlicher – nicht tatsächlicher – Hinsicht. Die R. findet im → Zivilprozessrecht grundsätzlich gegen die in der Berufungsinstanz erlassenen → Endurteile statt, wenn das Berufungsgericht in dem Urteil oder das Revisionsgericht auf Beschwerde gegen die Nichtzulassung sie besonders zugelassen hat (§ 543 I ZPO). Sie ist zuzulassen, wenn die Rechtssache grundsätzliche Bedeutung hat oder die Fortbildung des Rechtes oder die Sicherung einer einheitlichen Rechtsprechung eine Entscheidung des Revisionsgerichts erfordert. Das Revisionsgericht ist an die Zulassung durch das Berufungsgericht gebunden. Sie kann nur darauf gestützt werden, dass die Entscheidung auf der Verletzung des Bundesrechts oder einer Vorschrift beruht, deren Geltungsbereich sich über den Bezirk eines Oberlandesgerichts hinaus erstreckt (§ 545 ZPO, Revisionsgründe). Sie kann nicht darauf gestützt werden, dass das Gericht des ersten Rechtszugs seine Zuständigkeit zu Unrecht angenommen oder verneint hat. Das Recht ist verletzt, wenn eine Rechtsnorm nicht oder nicht richtig angewendet worden ist (§ 546 ZPO). Bestimmte Gesetzesverletzungen sind stets Revisionsgrund (absoluter Revisionsgrund, § 547 ZPO). Die R. ist binnen eines Monats ab → Zustellung des Urteils zu erheben (§ 548 ZPO, Revisionsfrist, Notfrist). Sie ist binnen zweier Monate ab Zustellung zu begründen (§ 551 ZPO). Ab 2014 ist die Rücknahme der R. nur mit Zustimmung des Revisionsbeklagten zulässig. Im → Strafprozess ist R. gegen die Urteile der → Strafkammern und der → Schwurgerichte sowie die im ersten Rechtszug ergangenen Urteile der Oberlandesgerichte zulässig (§ 333 StPO). Ihr Verfahren ist in §§ 336ff. StPO geregelt. Eine besondere Art der R. ist die → Sprungrevision (§§ 335 StPO, 566 ZPO), durch die das Berufungsgericht übergangen werden kann.

Lit.: *Dahs, H./Dahs, H.*, Die Revision im Strafprozess, 8. A. 2012; *Mutzbauer, N.*, Strafprozessuale Revision, 7. A. 2009; *Barton, S.*, Die Abgrenzung der Sach- von der Verfahrensrüge, JuS 2007, 977; *Hamm, R.*, Die Revision in Strafsachen, 7. A. 2010; *Brößler, L.*, Strafprozessuale Revision, 9. A. 2014; *Geis, M.*, Revision und Beschwerde im Verwaltungsprozess, JuS 2013, 799

Revisionsgericht ist das für die Revision zuständige Gericht (Bundesgerichtshof, Oberlandesgerichte,

Bundesverwaltungsgericht, Bundesarbeitsgericht, Bundessozialgericht, Bundesfinanzhof.

Revisionsgrund → Revision

Revolution (Umwälzung) ist die plötzliche Erschütterung oder grundlegende Umgestaltung eines bestehenden (gesellschaftlichen oder politischen) Zustands. Kennzeichnend sind die Beseitigung der bisherigen Machtträger und der Versuch der Rechtfertigung der eigenen Macht. Muster der R. ist die Französische Revolution des Jahres 1789.

Lit.: *Griewank, K.,* Der neuzeitliche Revolutionsbegriff, 1985; *Schulin, E.,* Die Französische Revolution, 2004

Rezension (F.) Musterung, Besprechung

Lit.: *Frey, H.,* Eine Rezension über Rezensionen, NJW 2011, 731

Rezeption (Aufnahme) ist die (grundsätzlich überall und jederzeit mögliche) Übernahme eines Moments in eine neue Umgebung. In der Rechtsgeschichte ist die R. (vor allem) die Aufnahme des römischen (und kanonischen) → Rechts in Deutschland und in anderen europäischen Ländern im Laufe des Mittelalters und der Neuzeit. Über ihre Ursache besteht Streit. In Deutschland gilt das gelehrte Recht infolge der R. als gemeines Recht. Dieses ist teilweise erst durch das → Bürgerliche Gesetzbuch (1900) abgelöst worden. Neben dieser R. gibt es vielerorts auch rechtliche Rezeptionserscheinungen etwa zugunsten des französischen Rechtes im 19. Jh. oder des amerikanischen Rechtes in der zweiten Hälfte des 20. Jh.s oder unzählige Rezeptionsvorgänge auf allen Gebieten des globalisierten menschlichen Lebens (z.B. elektronische Datenverarbeitung, Medikamente, Mode).

Lit.: *Koschaker, P.,* Europa und das römische Recht, 4. A. 1966; *Köbler, G.,* Zielwörterbuch integrativer europäischer Rechtsgeschichte, 6. A. 2014 (Internet); *Janssen, H.,* Die Übertragung von Rechtsvorstellungen auf fremde Kulturen, 2000

Rezess (M.) Rückschritt, Vergleich

reziprok (Adj.) gegenseitig

reziprokes Testament → Testament, reziprokes

Rheinland-Pfalz ist das nach dem Ende des zweiten Weltkriegs 1946 unter der Besatzung Frankreichs aus Teilen Preußens, Bayerns (Pfalz) und des Volksstaats Hessen gebildete → Land (der → Bundesrepublik). Seine → Verfassung stammt vom 18.5.1947. Sie wurde am 16.2.2000 zum 18.5.2000 reformiert.

Lit.: *Köbler, G.,* Historisches Lexikon der deutschen Länder, 7. A. 2007; Landesrecht Rheinland-Pfalz, hg. v. *Hufen, F.,* 24. A. 2015; Verzeichnis rheinland-pfälzischer Rechts- und Verwaltungsvorschriften, hg. v. Ministerium der Justiz, 2002; *Hendler, R.,* Landesrecht Rheinland-Pfalz, 7. A. 2014; Staatshandbuch Rheinland-Pfalz, 2012; Verfassung für Rheinland-Pfalz, hg. v. *Grimm, C. u. a.,* 2001

Rhetorik (Redekunst) ist die Lehre von der richtigen Gestaltung der Rede, die insbesondere auch die Rede vor Gericht einschließt.

Lit.: *Gast, W.,* Juristische Rhetorik, 4. A. 2006, 5. A. 2015?; *Franck, N.,* Rhetorik für Wissenschaftler, 2001; *Hägg, G.,* Die Kunst, überzeugend zu reden, 2003

Richter ist der als zur Entscheidung von Rechtsstreitigkeiten berufenes → Organ der → Rechtspflege wirkende Mensch. Den Richtern ist nach Art. 92 GG die rechtsprechende → Gewalt anvertraut. Der R. ist entweder → *Berufsrichter* oder *ehrenamtlicher* R. Der Berufsrichter erlangt sein → Amt grundsätzlich nur auf Grund der → Richteramtsbefähigung. Nach Art. 97 GG sind die R. (sachlich und persönlich) → unabhängig, weitgehend unversetzbar, unabsetzbar und nur dem → Gesetz unterworfen. Die Rechtsverhältnisse der R. sind im Einzelnen im Deutschen Richtergesetz geregelt. *Gesetzlicher* R. (Art. 101 GG) ist der allgemein und vor Beginn eines einzelnen → Verfahrens für die Behandlung einer gewissen Art von Sachverhalten bestimmte R. Diesem darf zur Verhinderung subjektiver Willkür niemand entzogen werden. Aus diesem Grund darf ein Gericht eines Mitgliedstaats der Europäischen Union (z.B. Österreich) auch ein Vorabentscheidungsverfahren zur Entscheidung einer europarechtlichen Rechtsfrage nicht rechtswidrig unterlassen oder nach Einleitung rechtswidrig zurücknehmen. Die von einem vorsitzenden Richter für die Geschäftsverteilung nach § 21g GVG aufgestellten Grundsätze müssen schriftlich abgefasst sein. Es ist grundsätzlich geboten, für mit Berufsrichtern überbesetzte Spruchkörper eines Gerichts im Voraus nach allgemeinen Merkmalen zu bestimmen, welche Richter an welchen jeweiligen Verfahren mitzuwirken haben. *Beauftragter* R. ist im Zivilprozessrecht das mit einzelnen Maßnahmen (z.B. Beweisaufnahme) betraute Mitglied des erkennenden → Gerichts, *ersuchter* R. das um einzelne Maßnahmen (Beweisaufnahme) ersuchte Mitglied eines anderen Gerichts (§§ 361 f. ZPO). Vorsitzender Richter ist der mit der Leitung eines Kollegialgerichts betraute Richter. (Am 31.12.2000 gab es in Deutschland 20 880 Richter, davon 5780 Frauen.)

Lit.: *Schmidt-Räntsch, G.,* Deutsches Richtergesetz, 6. A. 2009; *Schneider, E./Hövel, M. van den.,* Richterliche Arbeitstechnik, 5. A. 2013; Beck'sches Richterhandbuch, hg. v. *Seitz, W./Büchel, H.,* 3. A. 2012; *Büßer/Tonner,* Das zivilrichterliche Dezernat, 2010; *Otto, M.,* Grundfälle zu den Justizgrundrechten Art. 101 I 2 GG Das Recht auf den gesetzlichen Richter, JuS 2012, 21

Richteramtsbefähigung (§ 5 DRiG) ist die Befähigung, zum → Richter (Berufsrichter) ernannt zu werden. Die R. wird grundsätzlich durch das Bestehen zweier → Prüfungen (juristischer Staatsprüfungen) erworben. Der ersten Prüfung muss ein Studium der Rechtswissenschaft von grundsätzlich vier Jahren vorangehen. Ab 1.7.2003 beträgt dabei der hochschuleigene Anteil an der ersten Staatsprüfung (in einem Schwerpunktbereich) 30 Prozent (, was sich in erkennbar optisch besseren Bewertungen niedergeschlagen hat). Zwischen der ersten und zweiten Prüfung muss ein → Vorbereitungsdienst von zwei Jahren liegen. Die Einzelheiten regeln die Justizausbildungs- und -prüfungsordnungen (JAPO) der Länder.

Lit.: *Schmidt-Räntsch, G.,* Deutsches Richtergesetz, 6. A. 2009

Richterbrief ist in der Zeit des → Nationalsozialismus der regelmäßige Rundbrief des Justizministers an die Richterschaft über nationalsozialistische Entscheidungsvorstellungen.
Lit.: *Wahl, B.,* Die Richterbriefe, 1981

Richterprivileg (§ 839 II BGB) ist die besondere Beschränkung der → Haftung aus → Amtspflichtverletzung bei → Richtern. Verletzt ein → Beamter bei dem → Urteil in einer Rechtssache die ihm einem Dritten gegenüber obliegende Amtspflicht, so ist er – und für ihn nach Art. 34 GG der Staat – nur dann verantwortlich, wenn die Pflichtverletzung in einer Straftat besteht. Dieses R. belastet den Geschädigten unangemessen.

Richterrecht ist das durch den → Richter durch → Rechtsfortbildung geschaffene → Recht. Inwieweit der Richter angesichts der → Gewaltenteilung zur Rechtsschöpfung berechtigt ist, ist zweifelhaft und streitig. Unabhängig hiervon sind aber zahlreiche Rechtssätze als R. entstanden (z. B. → Verwirkung).
Lit.: *Langenbucher, K.,* Die Entwicklung und Auslegung von Richterrecht, 1996; *Schulze, R.,* Richterrecht und Rechtsfortbildung, 2003; *Calliess, C.,* Grundlagen, Grenzen und Perspektiven europäischen Richterrechts, NJW 2005, 929; Richterrecht zwischen Gesetzesrecht und Rechtsgestaltung, hg. v. *Bumke, C.,* 2012

Richtlinie ist ein leitender Grundsatz oder eine anleitende Anweisung (Linie) für ein bestimmtes Verhalten. Im Recht der → Europäischen Union können auf Vorschlag der Europäischen Kommission Europäisches Parlament und Rat der Europäischen Union die zuständigen Organe verbindliche Richtlinien (Sekundärrecht) für den nationalen Gesetzgeber schaffen. Adressat der unmittelbaren Wirkungen von Richtlinien sind alle staatlichen Stellen, d. h. alle juristischen Personen des öffentlichen Rechts. Für den Mitgliedstaat ist die R. hinsichtlich des zu erreichenden Ziels verbindlich, doch ist den innerstaatlichen Stellen grundsätzlich die Wahl der Form und der Mittel der Umsetzung überlassen. Ein Verbraucher kann demgegenüber aus einer noch nicht umgesetzten R. gegenüber einem Hersteller keinen Anspruch erheben (, aber evtl. gegen den → Staat). Innerhalb der Umsetzungsfrist einer R. darf ein Mitgliedstaat keine Vorschrift erlassen, die geeignet ist, die Erreichung des in der R. angestrebten Ziels ernsthaft in Frage zu stellen. In dem Verfassungsrecht Deutschlands bestimmt der → Bundeskanzler die Richtlinien *der Politik* (Art. 65 GG). In dem Verwaltungsrecht erlässt eine vorgesetzte → Behörde vielfach Richtlinien für das einheitliche Verhalten der nachgeordneten Behörden (z. B. Einkommensteuerrichtlinien).
Lit.: *Albers, C.,* Die Haftung der Bundesrepublik Deutschland für die Nichtumsetzung von EG-Richtlinien, 1994; *Schmidt, C.,* Der Einfluss europäischer Richtlinien, 1997; *Schröder, C.,* Europäische Richtlinien und deutsches Strafrecht, 2002; *Herrmann, C. u. a.,* Wirkungen von EU-Richtlinien, JuS 2009, 1065

Rigorosum (lat. [N.], strenges [Examen]) ist die mündliche Prüfung im Rahmen des Promotionsverfahrens.
Lit.: *Köbler, G.,* Wie werde ich Jurist?, 5. A. 2007

Rite ([lat.] ordnungsgemäß, ausreichend) ist die ausreichende Note der → Doktorprüfung.

Robe ist die Amtskleidung des Richters, Staatsanwalts oder Rechtsanwalts. Eine Berufspflicht eines Rechtsanwalts zum Erscheinen in R. besteht vor Amtsgerichten im Zivilrecht nicht. Ein Richter, der gegenüber einem Rechtsanwalt auf Anlegen der R. besteht, kann nicht als befangen abgelehnt werden.
Lit.: *Kissel, O./Mayer, H.,* Gerichtsverfassungsgesetz, 8. A. 2015; *Pielke, W.,* Die Robenpflicht der Rechtsanwälte, NJW 2007, 3251

römisches Recht → Recht, römisches

Rota (F.) **Romana** (lat., römisches Rad) oder sacra rota Romana (heiliges römisches Rad) ist im katholischen Kirchenrecht der bedeutendste Gerichtshof der päpstlichen → Gerichtsbarkeit zur Entscheidung kirchlicher Rechtsstreitigkeiten.
Lit.: *Castell, E.,* Alkoholismus in der Rechtsprechung der Rota Romana, 1997

Rubrum (lat. [N.] Rotes) ist der – früher mit roter Tinte geschriebene – Urteilskopf, der in erster Linie die Bezeichnung der → Parteien und des → Gerichts enthält (vgl. § 313 ZPO).

Rückbürgschaft ist die → Bürgschaft, bei welcher der Bürge (Rückbürge) dem Gläubiger einer Bürgschaftsrückgriffsschuld (einer vorgelagerten Bürgschaft) dafür bürgt, dass der Schuldner (der ersten Bürgschaft) diesem gegenüber seine Rückgriffsschuld erfüllt.

Rückgewähranspruch ist der Anspruch auf Rückgewähr einer erbrachten → Leistung. → Rückgewährschuldverhältnis
Lit.: *Solmecke, K.,* Die Haftung für den Rückgewähranspruch bei der Sicherungsgrundschuld, 1996; *Büdenbender, U.,* Rückgewähransprüche, JuS 1998, 38; *Krebs, M.,* Die Rückabwicklung im UN-Kaufrecht, 2000

Rückgewährschuldverhältnis ist das auf die Rückgewähr von → Leistungen gerichtete → Schuldverhältnis (z. B. das auf Grund eines → Rücktritts entstehende Schuldverhältnis, §§ 346 ff. BGB).
Lit.: *Kaiser, D.,* Die Rückabwicklung, 2000; *Herold, K.,* Das Rückabwicklungsschuldverhältnis, 2001; *Schwab, M.,* Schuldrechtsmodernisierung 2001/2002, JuS 2002, 630

Rückgriff → Regress

Rücklage (Reserve) ist der Überschuss des tatsächlich eingesetzten → Eigenkapitals über das nominell als solches festgesetzte Eigenkapital. Die R. ist *stille* R., wenn sie dadurch entsteht, dass in der → Bilanz Vermögensgegenstände unter ihrem tatsächlichen Wert angegeben werden, so dass ein vorhandener

Überschuss nicht erscheint, *offene* R., wenn sie – unter den → Passiva – in der Bilanz ausgewiesen wird. *Gesetzliche* R. ist die kraft Gesetzes (z. B. § 150 AktG) zu bildende R., *freiwillige* R. ist die aus freien Stücken gebildete R.

Lit.: *Oed, C.,* Stille Rücklage, 1997

Rücknahme ist die nachträgliche Zurücknahme einer Handlung durch eine Gegenhandlung. Im Verwaltungsrecht ist die R. *eines → Verwaltungsakts* (§ 48 VwVfG) die Aufhebung eines rechtswidrigen Verwaltungsakts. Sie ist ein Unterfall der → Aufhebung des Verwaltungsakts. Sie ist auch bei Unanfechtbarkeit des Verwaltungsakts grundsätzlich zulässig. Dies ist unproblematisch bei belastenden Verwaltungsakten. Dagegen darf ein Verwaltungsakt, der ein Recht oder einen rechtlich erheblichen Vorteil begründet oder bestätigt hat (begünstigender Verwaltungsakt), nur unter besonderen Einschränkungen zurückgenommen werden. Der Verwaltungsakt darf regelmäßig nicht zurückgenommen werden, soweit der Begünstigte auf den Bestand des Verwaltungsakts vertraut hat und sein → Vertrauen unter Abwägung mit dem öffentlichen → Interesse an einer Rücknahme schutzwürdig ist. Dies ist in der Regel dann der Fall, wenn der Begünstigte gewährte Leistungen verbraucht oder eine Vermögensdisposition getroffen hat, die er nicht mehr oder nur unter unzumutbaren Nachteilen rückgängig machen kann. Soweit der Verwaltungsakt zurückgenommen wird, sind bereits gewährte → Leistungen entsprechend §§ 812 ff. BGB zu erstatten.

Lit.: *Arndt, M.,* Rücknahme und Widerruf von Verwaltungsakten, *1998; Breitkopf, D.,* Die Klageerhebung und -rücknahme, 2004; *Engst, K.,* Die Rücknahme rechtswidriger Verwaltungsakte, JuS 2007, 225

Rückruf ist das meist vor allem im eigenen Interesse geäußerte Verlangen eines Herstellers eines Erzeugnisses nach freiwilliger kurzfristiger Rückgabe zwecks Beseitigung eines Fehlers.

Lit.: *Bodewig, T.,* Der Rückruf fehlerhafter Produkte, 1999

Rückstellung ist die vorsorgliche Aufnahme eines Geldbetrags unter die → Passiva der → Bilanz zum Zweck der Ausgleichung drohender Verluste, notwendiger Aufwendungen oder ungewisser Verbindlichkeiten.

Lit.: *Herzig, N.,* Rückstellungen wegen öffentlich-rechtlich begründeter Verbindlichkeiten, 1994; *Herzig, N.,* Rückstellungen für ungewisse Verbindlichkeiten, 1999

Rücktritt ist die vom Handelnden ausgehende nachträgliche Zurücknahme einer Handlung durch ein entgegengesetztes → Verhalten. Im → Schuldrecht ist R. die einseitige, empfangsbedürftige → Willenserklärung (→ Rücktrittsrecht), durch die ein Schuldverhältnis in ein → Rückgewährschuldverhältnis mit dem Ziel umgewandelt wird, den vor dem Schuldverhältnis bestehenden Zustand wiederherzustellen. Der auf Grund eines vertraglichen Rücktrittsrechts erfolgende R. ist in Voraussetzung und Abwicklung in den §§ 346 ff. BGB geregelt. Danach sind noch nicht erbrachte Leistungen nicht mehr zu bewirken und erbrachte Leistungen grund-

sätzlich zurückzugewähren. Kann die erhaltene Leistung nicht mehr zurückgewährt werden, ist grundsätzlich Wertersatz zu leisten (§ 346 II BGB), doch entfällt diese Verpflichtung unter den Voraussetzungen des § 346 III BGB. Die Vorschriften gelten für gesetzliche Rücktrittsrechte entsprechend (beachte § 346 III Nr. 3 BGB), wobei nach § 325 BGB der R. das Recht, bei einem gegenseitigen Vertrag Schadensersatz zu verlangen, nicht ausschließt. Im Strafrecht ist der R. vom → Versuch möglich (§ 24 StGB), sofern der Versuch nicht fehlgeschlagen ist. Der R. wirkt strafbefreiend, wenn der Täter vor Beendigung des Versuchs die Ausführung der Tat freiwillig aufgibt oder beim beendigten Versuch tätige Reue übt. Er ist persönlicher → Strafaufhebungsgrund.

Lit.: *Wolf, E.,* Rücktritt, Vertretenmüssen und Verschulden, AcP 153, 1954; *Scheinfeld, J.,* Der strafbefreiende Rücktritt vom Versuch in der Fallbearbeitung, JuS 2002, 250; *Angerer, V.,* Rücktritt im Vorbereitungsstadium, 2004; *Muthers, C.,* Der Rücktritt vom Vertrag, 2008; *Faust, F.,* Haftung bei Störungen im Rückgewährschuldverhältnis, JuS 2009, 481; *Lorenz, S.,* Grundwissen – Zivilrecht Rechtsfolgen von Rücktritt und Widerruf, JuS 2011, 871; *Hoven, E.,* Der Rücktritt vom Versuch in der Fallbearbeitung, JuS 2013, 403

Rücktrittsrecht ist das subjektive → Recht auf → Rücktritt. Es ist ein → Gestaltungsrecht. Es kann auf → Gesetz (z. B. § 323 BGB Rücktritt wegen nicht oder nicht vertragsgemäß erbrachter Leistung im gegenseitigen Vertrag grundsätzlich nach erfolgloser Setzung einer angemessenen Frist zur Leistung oder Nacherfüllung[, Verzug nicht nötig, Ablehnungsdrohung nicht erforderlich], § 324 BGB Rücktritt wegen Verletzung einer Pflicht nach § 241 II BGB bei Unzumutbarkeit des Festhaltens am Vertrag, § 326 V BGB Rücktritt beim Ausschluss der Leistungspflicht des Schuldners wegen Unmöglichkeit der Leistung oder wegen Leistungsverweigerungsrechts) oder auf → Rechtsgeschäft beruhen.

Lit.: *Hansen, E.,* Das Rücktrittsrecht des Reisenden, 1988

Rückversicherung ist die → Versicherung eines → Versicherers gegen die Inanspruchnahme durch → Versicherungsnehmer.

Lit.: *Lüer, D./Schwepcke, A.,* Rückversicherungsrecht, 2014

Rückverweisung (Art. 4 I 2 EGBGB, [franz.] renvoi) ist im internationalen → Privatrecht die Verweisung des → Rechtes eines fremden → Staates, dessen Gesetze durch deutsches Recht für maßgebend erklärt worden sind, das aber seine Sachnorm nicht angewandt haben will, auf ein deutsches Gesetz. Die R. führt zur Anwendung deutscher → Gesetze (z. B. Beerbung eines in Deutschland wohnenden Engländers).

Lit.: *Kuhn, H.,* Der Renvoi, 1998

Rückwirkung ist die Zurückwirkung eines Ereignisses auf die vor dem Zeitpunkt seines Geschehens liegende Zeit. Nach § 142 BGB hat die → Anfechtung R., weil das angefochtene anfechtbare Rechtsgeschäft als von Anfang an → nichtig anzusehen ist. Problematisch ist aus Gründen der Rechtsstaatlichkeit die (nicht vorhersehbare) R. von → Gesetzen. Dabei ist zwischen echter und unechter R. zu unterscheiden. *Unechte* R. ist die Änderung künftiger Rechtsfolgen von Tatbeständen, die selbst in der Vergangenheit liegen (z. B. Auswirkung eines 2002 für die Besteuerung von Zinseinkünften erlassenen Gesetzes auch auf vor diesem Zeitpunkt verzinslich angelegte Gelder ab Inkrafttreten des Gesetzes), *echte* R. die Änderung der rechtlichen Beurteilung von abgewickelten, der Vergangenheit angehörigen → Tatbeständen. Die echte R. zum Nachteil des Betroffenen ist grundsätzlich unwirksam (vgl. für das materielle → Strafrecht ausdrücklich Art. 103 II GG). Bei der unechten R. schränkt der → Vertrauensschutz die Handlungsmöglichkeiten des Gesetzgebers ein. Durfte der Einzelne auf eine bestimmte Rechtslage vertrauen und brauchte er mit bestimmten entwertenden Eingriffen des Gesetzgebers nicht zu rechnen, so sind diese auf Grund des Gedankens des Vertrauensschutzes rechtswidrig.

Lit.: *Wernsmann, R.,* Grundfälle zur verfassungsrechtlichen Zulässigkeit rückwirkender Gesetze, JuS 1999, 1177; *Fischer, K.,* Die Verfassungsmäßigkeit rückwirkender Normen, JuS 2001, 861; *Mellinghoff, R.,* Rückwirkung von Steuergesetzen, 2003

Rückwirkungsverbot → Rückwirkung

Rückzahlungsklausel ist die Vereinbarung, im Falle bestimmter Gegebenheiten eine Zahlung zurückzugewähren.

Lit.: *Waltermann, R.,* Arbeitsrecht, 17. A. 2014

Ruf ist die Einschätzung des Wertes eines Menschen durch andere (und das darauf gegründete Angebot eines hochwertigen Arbeitsplatzes z. B. in einer Universität). Auch eine Einrichtung (z. B. Universität, juristische Fakultät) kann einen R. haben. Er ist besonders schlecht, wenn die kennzeichnende Personalpolitik in Inzucht, Betrug und Korruption dauerhaft allgemeinschädlich ist.

Lit.: *Redant, S.,* Bereicherungsanspruch und Schadensersatz bei Ausbeutung des guten Rufs, 2000

Rüge ist allgemein der tadelnde Hinweis, im Verwaltungsrecht eine disziplinarische → Maßnahme, im Verfahrensrecht die Behauptung einer Verletzung des Gesetzes durch einen Verfahrensbeteiligten.

Rügepflicht (§§ 377 f. HGB) ist beim → Handelskauf die zur Erhaltung der Mängelrechte erforderliche → Obliegenheit zur sofortigen Anzeige der → Fehler einer Ware.

Lit.: *Lammich, K.,* Sachmängelhaftung und Rügeobligation, 2000; *Vogel, H.,* Die Untersuchungs- und Rügepflicht im UN-Kaufrecht, 2000

Ruhegehalt (z. B. §§ 4 ff. BeamtVG) ist das dem → Beamten im Fall des Eintritts in den → Ruhestand zu zahlende → Gehalt. Es ist ein Teil der aus dem Beamtenverhältnis entspringenden → Versorgung. Es berechnet sich auf der Grundlage der ruhegehaltsfähigen → Dienstbezüge und der ruhegehaltsfähigen Dienstzeit.

Lit.: *Volmer, A.,* Ruhegehalt, 1994; *Volmer, A. u. a.,* Ruhegehalt plus, 2002

Ruhen des Verfahrens (§ 251 ZPO) ist die auf dem Verhalten aller Beteiligten beruhende Nichtfortführung des Verfahrens. Das R. d. V. ist ein besonderer Fall der → Aussetzung des → Verfahrens. Das Gericht hat das R. d. V. anzuordnen, wenn beide Parteien dies beantragen und anzunehmen ist, dass diese Anordnung z. B. wegen Schwebens von Vergleichsverhandlungen zweckmäßig ist.

Lit.: *Liermann, B.,* Ruhen des Verfahrens als Verwirkungsgrund, Diss. jur. Bonn 1997

Ruhestand ist die Stellung eines (auf Lebenszeit berufenen) → Beamten (bzw. Richters bzw. Arbeitnehmers) nach Beendigung des aktiven → Dienstes. In den R. tritt der Beamte nach Erreichung der → Altersgrenze. Außerdem kann er wegen → Dienstunfähigkeit oder auf Antrag mit Vollendung des 62. Lebensjahrs in den R. versetzt werden. Mit Eintritt in den R. erhält der Beamte → Versorgungsbezüge und hat Anspruch auf Schutz und Fürsorge, unterliegt aber auch gewissen Beamtenpflichten. *Einstweiliger* R. ist der R., in dem der betreffende Beamte einer erneuten Berufung in ein Beamtenverhältnis auf Lebenszeit Folge leisten muss. In den einstweiligen R. können insbesondere politische → Beamte – jederzeit – versetzt werden.

Lit.: *Roloff, J.,* Der Übergang vom Erwerbsleben in den Ruhestand, 2004

Ruhestandsverhältnis ist das → Dauerschuldverhältnis zwischen → Arbeitgeber und → Arbeitnehmer, das nach Beendigung des Arbeitsverhältnisses wegen → Arbeitsunfähigkeit oder Erreichen einer → Altersgrenze an die Stelle des Arbeitsverhältnisses tritt. Es ist kein Arbeitsverhältnis. Der Arbeitgeber kann eine Ruhegehaltszahlungspflicht und Fürsorgepflicht, der Arbeitnehmer eine gewisse Treuepflicht haben.

Lit.: *Wiese, U.,* Das Ruhestandsverhältnis, 1990

Ruhestörung ist die vermeidbare, zu mindestens einer erheblichen Belästigung geeignete Erregung von Lärm ohne berechtigten Anlass (→ Ordnungswidrigkeit, § 117 OWiG).

Rumänien ist der von Bulgarien, Jugoslawien, Ungarn, Ukraine, Moldawien und dem Schwarzen Meer begrenzte südosteuropäische Staat, der 2007 der Europäischen Union beigetreten ist.

Lit.: *Moecke, H.,* Rumänien, Privatisierungsrecht, 1997; *Hartwig, I.,* Die Europapolitik Rumäniens, 2001; *Hagenberg-Miliu, E.,* Rumänien, 2006, Teves, J., Rumänien, 2003; *Szász, C.,* Handbuch Rumänien-Kontakte, 2003; *Köbler, G.,* Rechtsrumänisch, 2006

Rundfunk ist die Verbreitung von Darbietungen in Ton oder Bild durch elektromagnetische Wellen. Die Veranstaltung von R. ist eine öffentliche Aufgabe überwiegend der → Länder. Es ist verfassungsrechtlich nicht zu beanstanden, auch die nur Programme privater Sender empfangen wollenden Rundfunkteilnehmer zur Zahlung der Rundfunkgebühr zu verpflichten (zw.).

Lit.: *Hesse, A.,* Rundfunkrecht, 3. A. 2003; *Gotzmann, C.,* Die Staatsaufsicht über die öffentlich-rechtlichen Rundfunkanstalten, 2003; *Hahn, W./Vesting, T.,*

Beck'scher Kommentar zum Rundfunkrecht, 3. A. 2012; *Herrmann, G./Lausen, M.,* Rundfunkrecht, 2. A. 2004

Rundfunkfreiheit (Art. 5 GG) ist die grundgesetzlich gewährleistete → Freiheit der Berichterstattung durch den → Rundfunk. → Meinungsfreiheit

Lit.: *Ladeur, K./Gostomzcyk, T.,* Rundfunkfreiheit und Rechtsdogmatik, JuS 2002, 1145; *Ji, S.,* Die Ausgestaltung der Rundfunkfreiheit, 2004

Russland (Russische Föderation) ist der bedeutendste aus dem Zerfall der → Sowjetunion (25.12.1991 Rücktritt Michael Gorbatschows als Präsident) hervorgegangene Staat an der Grenze Europas zu Asien. Zum 1.1.1995 ist der erste Teil des neuen Zivilgesetzbuchs in Kraft getreten (Rechte von Bürgern und Organisationen, Eigenheim,

Wertpapier, Vertrag), 1996 ein zweiter Teil (Kauf, Schenkung, Pfand, Glücksspiel, Schadensersatz). Seit 1.1.1997 gilt ein neues Strafgesetzbuch.

Lit.: Wörterbuch der Rechts- und Wirtschaftssprache, hg. v. *Decsi, G./Karcsay, S.,* Teil 1 Russisch-Deutsch, 1990, Teil 2 Deutsch-Russisch, 1985; Das Zivilgesetzbuch der Russischen Föderation, übers. v. *Solotych, S.,* 1996; Die neuen Kodifikationen in Russland, hg. v. *Schröder, F.,* 2. A. 1999; *Köbler, G.,* Rechtsrussisch, 2. A. 2008; *Resch, I.,* Unternehmensrecht in Russland, 2005; *Kettler, S.,* Wörterbuch der Rechts- und Wirtschaftssprache, 2006; *Moshnyagul, N.,* Zum Eigentumsschutz im Sinne der EMRK im ukrainischen und russischen Recht, 2007; Einführung in das russische Recht, hg. v. *Nußberger, A.,* 2010; *Hansson, E.,* Das Gesamtsystem der Mängelrechte des Käufers nach neuem deutschen und russischen Recht, 2013; *Plagemann, F.,* Die russische Aktiengesellschaft, 2014; *Seibel, T.,* Das russische Zwangsvollstreckungsrecht, 2015

S

Saarland ist das vor allem aus dem seit 1815 zu Preußen gehörenden Saargebiet erwachsene, von 1918 bis 1935 und von 1945 bis 1.1.1957 Deutschland tatsächlich bzw. rechtlich zugunsten Frankreichs entzogene → Land des Deutschen Reiches bzw. der → Bundesrepublik. Seine → Verfassung stammt vom 15.12.1947. Es gliedert sich in Landkreise und die Stadt Saarbrücken.

Lit.: *Köbler, G.,* Historisches Lexikon der deutschen Länder, 7. A. 2007; *Hümmerich/Kopp,* Saarländische Gesetze (Lbl.), 43. A. 2009; Staatshandbuch Saarland, 2009

Sachbefugnis (Sachlegitimation) ist die → Zuständigkeit in Bezug auf ein geltend gemachtes Recht. Besteht das geltend gemachte Recht zwischen Kläger und Beklagtem nicht, ist die Klage jedenfalls unbegründet. Erforderlich sind → Aktivlegitimation des Klägers und → Passivlegitimation des Beklagten.

Sachbeschädigung (§ 303 StGB) ist das rechtswidrige Beschädigen oder Zerstören einer → fremden → Sache. Beschädigen ist dabei das Einwirken auf die Substanz einer Sache in der Weise, dass dadurch ihre bestimmungsgemäße Brauchbarkeit nicht nur vorübergehend beeinträchtigt wird (z.B. Luftablassen aus Autoreifen, Beschmieren einer Hauswand, Besprühen von Eisenbahnwaggons mit Spraydosen [zw.]). Zerstören ist ein Einwirken, durch das die bestimmungsgemäße Brauchbarkeit einer Sache völlig aufgehoben wird. Bestraft wird die S. mit Freiheitsstrafe bis zu zwei Jahren oder mit Geldstrafe. Der Versuch ist strafbar. Nach § 303c StGB kann die einfache S. (wie die Datenveränderung [§ 303a StGB] und die Computersabotage [§ 303b StGB]) bei besonderem öffentlichem Interesse von Amts wegen verfolgt werden. *Qualifizierte* S. sind die gemeinschädliche S. (§ 304 StGB) sowie die Zerstörung von Bauwerken (§ 305 StGB). Die *fahrlässige* S. ist als solche straflos.

Lit.: *Ingelfinger, R.,* Graffiti und Sachbeschädigung, 2003

Sache (§ 90 BGB) ist der → körperliche → Gegenstand. Es muss sich um einen nach natürlicher Anschauung durch räumliche Abgrenzung für sich bestehenden aus Verkehrsleben besonders bezeichneten körperlichen (räumlich ausgedehnten) Gegenstand handeln. Er kann fest, flüssig oder gasförmig sein. Er darf nicht wesentlicher → Bestandteil einer anderen Sache sein. Keine Sache ist der Mensch oder (nach neuerer gesetzlicher Bestimmung vom 20.8.1990) das Tier (§ 90a BGB). Für die Sachen gilt das Sachenrecht. Innerhalb der Sachen finden sich im Privatrecht verschiedene Gliederungen. → Grundstück (*unbewegliche* S., immobile S.) ist der abgegrenzte Teil der Erdoberfläche, der im → Grundbuch als selbständiges Grundstück einge-

tragen ist, *bewegliche* (mobile) S. ist die S., die weder Grundstück noch Grundstücksbestandteil ist (beachte die §§ 929ff., 1204ff. BGB). *Vertretbare* (fungible) S. (§ 91 BGB) ist die bewegliche S., die im Verkehr nach Zahl, Maß oder Gewicht bestimmt zu werden pflegt (z.B. Kartoffeln, Milch). *Gattungssache* ist die S., die durch die Parteien nur nach artmäßigen Merkmalen (Gattungsmerkmalen) (z.B. 1 kg Kartoffeln), *Stücksache* die S., die durch die Parteien nach individuellen Merkmalen (z.B. diese Kartoffel) bezeichnet worden ist. *Verbrauchbare* S. (§ 92 BGB) ist die bewegliche S., deren bestimmungsgemäßer Gebrauch in dem Verbrauch oder in der Veräußerung besteht (z.B. Benzin, Zigarre). *Teilbare* S. ist die S., die sich ohne Wertminderung in gleichartige Teile zerlegen lässt. Im Verwaltungsrecht ist *öffentliche* S. das sachliche Hilfsmittel der Träger der öffentlichen → Verwaltung zur Durchführung ihrer Aufgaben, d.h. die S., die unmittelbar durch ihre Benutzung entweder der Öffentlichkeit oder den Zwecken der Verwaltung dient und die, mindestens so weit ihre Zweckbestimmung reicht, dem öffentlichen Recht unterliegt. Insoweit ist das privatrechtliche → Eigentum infolge einer durch Widmung begründeten Sachherrschaft in der Form einer öffentlich-rechtlichen Dienstbarkeit überlagert. Ihr Inhalt ist die Pflicht des Eigentümers, den → Gemeingebrauch, Sondergebrauch, Anstaltsgebrauch oder Verwaltungsgebrauch zu dulden. S. *im Gemeingebrauch* ist dabei die S., die der Öffentlichkeit ohne besondere Zulassung zur allgemeinen bestimmungsgemäßen Nutzung zur Verfügung steht (z.B. Straße, Fluss, Luft). S. im *Sondergebrauch* ist die S., deren Inanspruchnahme nach ihrer Zweckbestimmung nur dem zusteht, dem der öffentlich-rechtliche Sachherr durch begünstigenden → Verwaltungsakt ein subjektiv-öffentliches Recht auf eine bestimmte Benutzung eingeräumt hat (z.B. grundsätzlich Gewässer). S. *im Anstaltsgebrauch* ist grundsätzlich die S., die unmittelbar zum Betrieb der → Anstalt gehört und → Funktionsfähigkeit bedingt (z.B. Museumsgebäude). S. *im Verwaltungsgebrauch* (→ Verwaltungsvermögen) ist die S., die der öffentlichen Verwaltung unmittelbar durch ihre Gebrauchsmöglichkeit zur Erfüllung ihrer Aufgaben dient und von den Verwaltungsträgern selbst benutzt wird (z.B. Verwaltungsgebäude, Fahrzeuge, Büromaterial). Nicht öffentliche S. ist der Gegenstand des → Finanzvermögens und die nur tatsächlich öffentliche S., die der Berechtigte nur rein tatsächlich der Öffentlichkeit zugänglich gemacht hat (z.B. nicht abgeschlossenes Privatgrundstück). In einem ursprünglicheren Sinn ist S. die (streitige) Angelegenheit (z.B. Strafsache, Zivilsache). In Österreich ist Sache alles, was von der Person verschieden ist und dem Gebrauch der Menschen dient.

Lit.: *Papier, H.,* Recht der öffentlichen Sachen, 3. A. 1998; *Bydlinski, P.,* Der Sachbegriff im elektronischen Zeitalter, AcP 198 (1998), 287

Sachdarlehen (§ 607 BGB) ist (seit 2002) der → Vertrag, in dem sich der eine Teil (Darlehensgeber) verpflichtet, dem anderen Teil (Darlehensnehmer) eine vereinbarte vertretbare Sache (z. B. Wertpapier, Flasche, Palette, seit 2002 gelten besondere Regeln für Geld [→ Darlehen]) oder mehrere vertretbare Sachen zu überlassen, und der Darlehensnehmer sich verpflichtet, ein vereinbartes Entgelt (Darlehensentgelt) zu zahlen und bei Fälligkeit Sachen gleicher Art, Güte und Menge zurückzuerstatten. Das Entgelt kann in Gewinnanteilen (Beteiligungsdarlehen, partiarisches D.) bestehen. Der Sachdarlehensnehmer wird durch Übereignung Eigentümer der dargeliehenen Sachen (z. B. Eier) und muss deshalb bei der Rückgabe auch wieder (in der Regel andere vertretbare Sachen dieser Art wie z. B. Eier) an den Sachdarlehensgeber übereignen. Die Fälligkeit der Rückerstattung hängt von der Vereinbarung oder einer Kündigung ab, so dass der Sachdarlehensnehmer das S. gegen den Willen des Sachdarlehensgebers nur bei Vorliegen besonderer Umstände vorzeitig zurückerstatten kann.

Sacheinlage ist die durch Leistung einer → Sache (z. B. Schreibtisch, Grundstück, Geld, Wertpapier, aber auch Forderung oder Recht auf Nutzung des Wertes eines Sportvereins) erfolgende → Einlage.
Lit.: *Fischer*, Sacheinlagen, 1997; *Delmas, B.*, Die Bewertung von Sacheinlagen, 1997; *Altrichter-Herzberg, T.*, Tatbestand und Rechtsfolge der verdeckten Sacheinlage, 2004

Sachenrecht ist die Gesamtheit der → Sachen betreffenden Rechtssätze. Im → Privatrecht ist es ein Teil des bürgerlichen → Rechtes (§§ 854 ff. BGB) im engeren Sinn und gliedert sich im Wesentlichen in das Recht des → Besitzes, des → Eigentums und der beschränkten dinglichen → Rechte. Besondere Grundsätze des Sachenrechts sind → Spezialitätsprinzip, → Publizitätsprinzip und → Abstraktionsprinzip. Subjektiv ist S. die Berechtigung einer einzelnen Person an einer bestimmten Sache (z. B. Eigentum an einem Grundstück). Im → Verwaltungsrecht ist das Recht an öffentlichen Sachen ein Teil des allgemeinen Verwaltungsrechts.
Lit.: *Baur, J./Stürner, R.*, Sachenrecht, 18. A. 2009; *Prütting, H.*, Sachenrecht, 35. A. 2014; *Wolf, M./Wellenhofer, M.*, Sachenrecht, 29. A. 2014; *Schapp, J./Schur, W.*, Sachenrecht, 4. A. 2010; *Schreiber, K.*, Sachenrecht, 6. A. 2015; *Lüke, W.*, Sachenrecht, 3. A. 2014; *Bar, C. v.*, Gemeineuropäisches Sachenrecht, Bd. 1, 2015

Sachenrechtsbereinigungsgesetz ist das als Folge des Beitritts der Deutschen Demokratischen Republik zur Bundesrepublik Deutschland (1990) geschaffene Gesetz zur Angleichung der unterschiedlichen sachenrechtlichen Rechtsverhältnisse.
Lit.: *Vossius, O.*, Sachenrechtsbereinigungsgesetz, 2. A. 1996

Sachfirma (§ 17 HGB) ist der aus dem sachlichen → Gegenstand des → Unternehmens gebildete → Name des → Kaufmanns, unter dem er sein → Handelsgewerbe betreibt (z. B. Gothaer Allgemeine Versicherung AG). Wird als Kern der S. einer Gesellschaft mit beschränkter Haftung eine Gat-

tungsbezeichnung (z. B. Das Bad) verwendet, ist ein individualisierender Zusatz nötig.
Lit.: *Gofferjé, W.*, Die Sachfirma, 1933

Sachgesamtheit (Sachinbegriff) ist die Vielheit von einzelnen → Sachen, die durch einen gemeinsamen Zweck miteinander verbunden erscheinen und in der Regel im Verkehr mit einem einheitlichen Namen belegt werden (z. B. Herde, Warenlager, Inventar). Die S. kann als solche zwar Gegenstand des Schuldrechts (z. B. eines einzigen Kaufvertrags), nicht aber Gegenstand des Sachenrechts sein, vielmehr bestehen Sachenrechte nur an den einzelnen Sachen der S. Dies gilt nicht bei solchen Sachen, bei denen das natürliche Element im Rechtsverkehr so bedeutungslos ist, dass es sinnvollerweise nicht Gegenstand einzelner Sachenrechte sein kann (z. B. [Sandkörner im] Sandhaufen, [Tropfen in der] Flüssigkeit).
Lit.: *Daubermann, E.*, Die Sachgesamtheit als Gegenstand des klassischen römischen Rechts, 1993

Sachinbegriff → Sachgesamtheit

Sachkunde ist die Gesamtheit der fachmännischen Kenntnisse eines Menschen auf einem besonderen Gebiet, die im → Verwaltungsrecht Voraussetzung für die → Erlaubnis zur Ausübung eines → Gewerbes sein kann (z. B. im Handwerk).
Lit.: *Wardenbach, F.*, Interessenkonflikte und mangelnde Sachkunde, 1995

Sachlegitimation → Sachbefugnis

sachlich (Adj.) die Sache betreffend

sachliche Zuständigkeit → Zuständigkeit, sachliche

Sachmangel (§ 434 BGB) ist beim → Kauf die Abweichung einer Sache von der vereinbarten Beschaffenheit im Zeitpunkt, in dem die → Gefahr auf den → Käufer übergeht (subjektiver Fehlerbegriff). Soweit die Beschaffenheit nicht vereinbart ist, ist die Sache frei von Sachmängeln, wenn sie sich für die nach dem Vertrag vorausgesetzte Verwendung eignet, sonst wenn sie sich für die gewöhnliche Verwendung eignet und eine Beschaffenheit aufweist, die bei Sachen der gleichen Art üblich ist und die der Käufer nach der Art der Sache erwarten kann (z. B. kann ein Gebrauchtwagenkäufer erwarten, dass ein Gebrauchtfahrzeug keinen Nichtbagatellschaden erlitten hat, dagegen kann z. B. ein Käufer von Granitfliesen nicht erwarten, dass keine Eiseneinschlüsse in dem Gestein enthalten sind). Zu der Beschaffenheit gehören auch Eigenschaften, die der Käufer nach den öffentlichen Äußerungen des Verkäufers, des Herstellers oder seines Gehilfen insbesondere in der Werbung oder bei der Kennzeichnung über bestimmte Eigenschaften der Sache erwarten kann, es sei denn, dass der Verkäufer die Äußerung nicht kannte und auch nicht kennen musste, dass sie im Zeitpunkt des Vertragsschlusses in gleichwertiger Weise berichtigt war oder dass sie die Kaufentscheidung nicht beeinflussen konnte. Ein S. ist auch gegeben, wenn die vereinbarte Montage durch den

Verkäufer oder dessen Erfüllungsgehilfen unsachgemäß durchgeführt worden ist. Ein S. liegt bei einer zur Montage bestimmten Sache ferner vor, wenn die Montageanleitung mangelhaft ist, es sei denn, die Sache ist fehlerfrei montiert worden. Einem S. steht es gleich, wenn der Verkäufer eine andere Sache oder eine zu geringe Menge liefert. Ist die Sache mangelhaft (z. B. Standzeit eines neuen Kraftfahrzeugs von mehr als 12 Monaten), kann der Käufer nach § 437 BGB Nacherfüllung verlangen, von dem Vertrag zurücktreten, den Kaufpreis mindern und (bei nicht unerheblichem Mangel) Schadensersatz oder Ersatz vergeblicher Aufwendungen verlangen. Die Mängelansprüche verjähren nach § 438 BGB in 30, fünf oder regelmäßig zwei Jahren. Die Rechte des Käufers wegen eines Mangels sind ausgeschlossen, wenn er bei Vertragsschluss den Mangel kennt (§ 442 I 1 BGB). Vergleichbare Regelungen gelten bei Miete (§§ 536 ff. BGB) und Werkvertrag §§ 633 ff. BGB).

Lit.: *Schwartze, A.,* Europäische Sachmängelgewährleistung beim Warenkauf, 1999; *Derleder, P.,* Sachmängel- und Arglisthaftung nach neuem Schuldrecht, NJW 2004, 969; *Tröger, T.,* Grundfälle zum Sachmangel, JuS 2005, 503; *Cetiner, B.,* Die Sachmängelhaftung, 2006; *Weller, M.,* Die Verantwortlichkeit des Händlers für Herstellerfehler, NJW 2012, 2312

Sachschaden ist der an einer → Sache entstehende → Schaden. Er steht im Gegensatz zum → Personenschaden, → Vermögensschaden oder → Nichtvermögensschaden.

Lit.: *Sanden, G./Völtz, J.,* Sachschadenrecht des Kraftverkehrs, 9. A. 2011

Sachsen ist (seit 3.10.1990) das von Bayern, Thüringen, Sachsen-Anhalt, Brandenburg, Polen und Tschechien begrenzte Land der Bundesrepublik Deutschland. Es ist Freistaat. Seine Verfassung stammt vom 27.5.1992.

Lit.: *Köbler, G.,* Historisches Lexikon der deutschen Länder, 7. A. 2007; Gesetze des Freistaates Sachsen (Lbl.), hg. v. *Knöll, H./Antoni,* M., 48. A. 2010; *Müller, K.,* Verfassung des Freistaats Sachsen, 1993; Landesrecht Sachsen, hg. v. *Musall, P. u. a.,* 19. A. 2015; *Gern, A.,* Sächsisches Kommunalrecht, 2. A. 2000; *Belz, R.,* Polizeigesetz des Freistaates Sachsen, 4. A. 2009; Sächsische Bauordnung (Lbl.), hg. v. *Degenhart, C.,* 3. A. 2002

Sachsen-Anhalt ist (seit 3.10.1990) das von Thüringen, Niedersachsen, Mecklenburg-Vorpommern, Brandenburg und Sachsen begrenzte Land der Bundesrepublik Deutschland (Verfassung vom 16.7.1992).

Lit.: *Köbler, G.,* Historisches Lexikon der deutschen Länder, 7. A. 2007; Gesetze des Landes Sachsen-Anhalt (Lbl.), hg. v. *Knöll, H./Brachmann, R.,* 40. A. 2009; *Reich, A.,* Verfassung des Landes Sachsen-Anhalt, 1994; *Wiegand, B./Grimberg, M.,* Gemeindeordnung Sachsen-Anhalt, 3. A. 2003

Sachsenspiegel (1221–1224?) ist das → Rechtsbuch Eike von Repgows, das auf Grund verschiedener, u. a. auch gelehrter Quellen das hochmittelalterliche ostfälische Recht (→ Landrecht, → Lehnsrecht bzw. Lehnrecht) ohne amtlichen Auftrag und ohne Rechtssetzungsabsicht (zuerst nicht erhalten in La-

tein, dann erstmals und weitverbreitet in der mittelniederdeutschen Sprache) zusammenfasst. → Deutschspiegel, → Schwabenspiegel

Lit.: http://www.koeblergerhard.de/Fontes/Sachsenspiegel1221-1224.htm; *Köbler, G.,* Deutsche Rechtsgeschichte, 6. A. 2005

Sachurteil ist das in der Sache selbst entscheidende, die → Zulässigkeit voraussetzende → Urteil. Es steht im Gegensatz zum → Prozessurteil, das nur über die Zulässigkeit der Klage befindet. Es gibt der → Klage statt oder weist sie ab.

Sachverhalt ist das tatsächliche einzelne Geschehen in der Lebenswirklichkeit (z. B. ein Arbeitsverhältnis, ein Hausbau, ein Verkehrsunfall). Der rechtlich relevante S. ist Gegenstand der → Rechtsanwendung. Bei ihr wird überprüft, welche (konkrete) → Rechtsfolge der S. wegen möglicher Zuordnung zu einem Tatbestand einer → Rechtsnorm nach sich zieht. Im → Verfahrensrecht wird (verwirrenderweise) der S. vielfach als → Tatbestand bezeichnet (z. B. § 313 I Nr. 5 ZPO), obwohl die Rechtsmethodologie unter Tatbestand die Summe der abstrakten Voraussetzungen einer abstrakten Rechtsfolge versteht.

Lit.: *Köbler, G.,* Wie werde ich Jurist?, 5. A. 2007; *Butzer, H.,* Arbeitstechnik im öffentlichen Recht, 3. A. 2006

Sachversicherung ist die → Versicherung einer → Sache oder eines anderen Gegenstands.

Lit.: *Martin, H.,* Sachversicherungsrecht, 4. A. 2010; *Jula, R.,* Sachversicherungsrecht, 3. A. 2013

Sachverständiger ist der Mensch, der auf einem bestimmten Gebiet besonderes Wissen (Sachkunde) hat. Im Verfahrensrecht ist S. die (grundsätzlich ersetzbare) Hilfsperson des → Gerichts, die diesem auf Grund ihres Fachwissens fehlende Kenntnisse, insbesondere abstrakte Erfahrungssätze sowie aus diesen zu ziehende Schlüsse, vermittelt. Der Sachverständige ist → Beweismittel (z. B. §§ 402 ff. ZPO). Seine Auswahl erfolgt durch das → Prozessgericht. Der zur Erstattung von → Gutachten der geforderten Art öffentlich bestellte Sachverständige (vgl. § 36 GewO) sowie einige weitere Gruppen der Sachverständigen haben der Ernennung durch das Gericht Folge zu leisten. Der Sachverständige steht zum Gericht in einem öffentlich-rechtlichen Verhältnis. Das Gericht würdigt sein Gutachten als Beweismittel nach freier Überzeugung (§ 286 ZPO). Das Gutachten eines privat beauftragten Sachverständigen ist nur Gegenstand des Parteivorbringens. Nicht S. ist der sachverständige → Zeuge, bei dem es nur um die Wahrnehmung vergangener Tatsachen oder Zustände geht (§ 414 ZPO). Im Strafprozess können durch das Gutachten des Sachverständigen nur sog. Befundtatsachen, die der Sachverständige wegen seiner Sachkunde wahrnehmen oder feststellen kann, in die Hauptverhandlung eingeführt werden. Nach § 839a BGB ist ein gerichtlicher S. zum Ersatz verpflichtet, wenn er vorsätzlich oder grob fahrlässig ein unrichtiges Gutachten erstattet und eine darauf beruhende (wohl meist letztinstanzliche) gerichtliche Entscheidung (nicht Vergleich) einem der Verfahrensbeteiligten Schaden zufügt.

Lit.: *Jessnitzer, K.*, Der gerichtliche Sachverständige, 12. A. 2007; Praxishandbuch Sachverständigenrecht, red. v. *Bayerlein, W.*, 5. A. 2015; Sachverständigenbeweis im Verkehrsrecht, hg. v. *Buck, J. u. a.*, 2008; *Volze, H.*, Sachverständigenfragen, 3. A. 2010

Sachvortrag ist die Darlegung der Sachlage durch den Betroffenen oder einen Dritten.

Lit.: *Seutemann*, Die Anforderungen an den Sachvortrag der Parteien, MDR 1997, 615

Sachwalter ist der die Interessen eines anderen wahren sollende, am Abschluss und an der Abwicklung eines Vertrags beteiligte, nicht selbst Vertragspartei werdende Dritte (z. B. Stellvertreter).

Lit.: *Henke, A.*, Sachwalterhaftung, 1997; *Schautes, C./ Mallmann, R.*, Die Eigenhaftung des Sachwalters, JuS 1999, 537

Sachwucher → Wucher

Sachzusammenhang ist der auf der sachlichen Nähe zweier Gegebenheiten beruhende sinnvolle Zusammenhang zwischen ihnen. Er kann im Verfassungsrecht eine ungeschriebene → Gesetzgebungszuständigkeit begründen. Diese kann aber nur Lücken gesetzlicher Zuständigkeitsnormen schließen.

Lit.: *Auer, A.*, Die internationale Zuständigkeit des Sachzusammenhangs, Diss. jur. Regensburg, 1999; *Weiß, R.*, Zuständigkeit kraft Sachzusammenhangs, Diss. jur. Bayreuth 1999

Sainte-Laguë-Schepersches Sitzzuteilungsverfahren ist ein 1832 von Daniel Webster in den Vereinigten Staaten von Amerika vorgeschlagenes, später von dem französischen Mathematiker André Sainte-Laguë gerechtfertigtes, seit 1980 im Bundestag Deutschlands für die Verteilung von Ausschusssitzen auf Grund eines Vorschlags Hans Schepers' verwendetes Sitzzuteilungsverfahren, bei dem die Stimmenzahlen der Parteien durch 1, 3, 5 oder 0,5, 1,5, 2,5, 3,5 usw. geteilt und die Sitze in der Reihenfolge der größten sich ergebenden Höchstzahlen zugeteilt werden.

Sakrament (Eid) ist im katholischen → Kirchenrecht das von Christus eingesetzte äußere Zeichen, das die heiligmachende Gnade verleiht oder vermehrt. Das katholische Kirchenrecht kennt als S. Taufe, Firmung, Kommunion, Buße, letzte Ölung, Weihe und Ehe. Im evangelischen Kirchenrecht sind nur Taufe und Abendmahl Sakramente.

Lit.: *Berger, D.*, Was ist ein Sakrament, 2004

Sakrileg (N.) Tempelraub, Entweihung

Säkularisation ([F.] Verweltlichung) ist die eine Enteignung enthaltende Überführung des Vermögens geistlicher Berechtigter in weltliche Trägerschaft (z. B. durch Karl Martell (8. Jh.), durch die Französische Revolution von 1789, durch den → Reichsdeputationshauptschluss des Jahres 1803).

Lit.: *Werz, M.*, Grenzen der Säkularisierung, 2000; *Maier, H.*, Säkularisation und Säkularisierung 1803–2003, 2004

Sala (ahd. [F.] Übergabe) ist im mittelalterlichen deutschen Recht die Übertragung einer Sache, insbesondere eines Grundstücks (vgl. engl. sale).

Lit.: *Köbler, G.*, Deutsche Rechtsgeschichte, 6. A. 2005

Saldo (M.) ist der Vergleich der Aktivposten (→ Aktiva) mit den Passivposten (→ Passiva) einer (laufenden) Rechnung. Er ist besonders bedeutsam für das → Kontokorrent und die Berechnung der herauszugebenden → Bereicherung. Er kann sich fortlaufend ändern.

Lit.: *Tröll, C.*, Der Anspruch auf den Tagessaldo, 2001

Saldotheorie ist die auf den → Saldo abstellende Theorie zur Berechnung der herauszugebenden Leistung bei ungerechtfertigter → Bereicherung. Nach ihr bestehen bei beiderseits erbrachten Leistungen und gleichartigen Rückgewähransprüchen nicht zwei Bereicherungsansprüche der beiden Beteiligten, sondern lediglich ein einheitlicher Anspruch auf Herausgabe des Überschusses der umfangreicheren Leistung über die weniger umfangreiche. Die S. ist grundsätzlich anzuwenden und nur ausnahmsweise durch die → Zweikonditionentheorie zu ersetzen (z. B. bei Beteiligung von nur beschränkt → geschäftsfähigen Personen).

Lit.: *Finkenauer, T.*, Vindikation, Saldotheorie und Arglisteinwand, NJW 2004, 1704; *Lorenz, S.*, Grundwissen – Zivilrecht Die Saldotheorie, JuS 2015, 109

Sammelklage ist die Zusammenfassung der Ansprüche zahlreicher Kläger zu einem einheitlichen Verfahren. Sie ist dem deutschen Recht als solche unbekannt. Sie ist in den Vereinigten Staaten von Amerika verbreitet.

Lit.: Auf dem Weg zu einer europäischen Sammelklage, hg. v. *Casper, M. u. a.*, 2009; *Brand, P.*, US-Sammelklagen und kollektiver Rechtsschutz in der EU, NJW 2012, 1117

Sammelwerk (§ 4 UrhG) ist das aus Beiträgen verschiedener → Urheber zusammengesetzte, von einem Herausgeber geordnete Werk. Das S. wird wie ein selbständiges Werk geschützt. Die Rechte an ihm sind auf Herausgeber und Verfasser aufgeteilt.

Sammlung ist die unentgeltliche Gewinnung von Beiträgen Dritter zu einem bestimmten Zweck. Eine S. (von Geld) ist nach Landesrecht erlaubnispflichtig. Sie bedarf der Überwachung, weil Sammler vielfach in Selbstbedienung eigensüchtige Ziele unter scheinbar gemeinnützigen Vorwänden anstreben.

Samtgemeinde ist der in Niedersachsen mögliche Sonderfall einer kommunalverbandlichen → Gemeinde.

Sanierung (F.) Mängelbeseitigung, Heilung

Lit.: *Fieseler, H.*, Städtebauliche Sanierungsmaßnahmen, 2000; Restrukturierung, Sanierung, Insolvenz, hg. v. *Buth/Hermanns.*, 4. A. 2014

Sanktion (F.) Gesetzesbefehl, Zwangsmaßnahme, Rechtsfolge

Lit.: Sanktionen als Mittel zur Durchsetzung des Gemeinschaftsrechts, hg. v. *Van Gerven, W. u. a.*, 1996; *Streng, A.*, Dienstrecht in internationalen Organisationen, 2002

Satzung ist die (gemeinsame) verbindliche Festsetzung. In dem Privatrecht ist S. der als → Rechtsgeschäft zustande gekommene → Vertrag der Gründer eines → Vereins, der die Grundlage seiner Verfassung bildet (§ 25 BGB). Die S. muss mindestens den Zweck, den → Namen und den → Sitz des Vereins enthalten und ergeben, dass der Verein eingetragen werden soll (§ 57 BGB). Daneben soll sie verschiedene weitere Bestimmungen umfassen. Sie kann nachträglich durch → Beschluss abgeändert werden (§ 33 BGB). In dem → Verwaltungsrecht ist S. die – eventuell genehmigungsbedürftige – Rechtsvorschrift, die von in den Staat eingeordneten juristischen → Personen des öffentlichen Rechts (z. B. Gemeinde, Universität, Sozialversicherungsträger) im Rahmen der ihnen gesetzlich verliehenen → Autonomie (Satzungsrecht, Satzungsgewalt) erlassen wird. Die S. ist materiell → Gesetz. Sie ist im Gegensatz zur → Rechtsverordnung nicht Ausdruck einer dekonzentrierten, sondern Instrument einer dezentralisierten Rechtssetzung.

Lit.: *Vogel, A.*, Die Vereinssatzung, 9. A. 2008; *Becker, U./Sichert, M.*, Einführung in die kommunale Rechtssetzung, JuS 2000, 144; *Wahlers, H.*, Die Satzung der kleinen Aktiengesellschaft, 3. A. 2003

Satzungsrecht ist objektiv die Gesamtheit der durch → Satzung geschaffenen Rechtssätze und subjektiv das Recht zur Schaffung einer Satzung (Satzungsgewalt). Das Recht zur Schaffung einer Satzung beruht im Privatrecht auf der → Privatautonomie und im öffentlichen Recht teils unmittelbar auf der → Verfassung (z. B. Art. 28 II GG), teils auf sonstigem formellem → Gesetz. Durch die Verleihung des Satzungsrechts räumt der Staat dessen Träger die Befugnis ein, nicht nur auf einem bestimmten Sachgebiet, sondern im umfassenden Rahmen des gesamten Kompetenzbereichs, Recht zu setzen.

Lit.: *Adler, L.*, Das Satzungsrecht, 1997; *Engel-Boland, S.*, Gemeindliches Satzungsrecht, 1999; *Kim, S.*, Das kommunale Satzungsrecht; 2000

Säumnis (§§ 330 ff. ZPO) ist das Nichterscheinen oder Nichtverhandeln einer → Partei trotz ordnungsgemäßer → Ladung zu einem zur notwendigen → Verhandlung bestimmten → Termin. Folge der S. kann ein → Versäumnisurteil oder eine → Entscheidung nach Lage der Akten sein. Bei zu entschuldigender S. kann der Prozess in die ursprüngliche Lage zurückversetzt werden.

Lit.: *Heinrich, C.*, Säumnis im Zivil- und Arbeitsgerichtsprozess, 2001

Schaden ist die unfreiwillige Einbuße an rechtlich geschützten Gütern auf Grund eines bestimmten Ereignisses. Der S. steht im Gegensatz zur → Aufwendung. Der S. einer Person ist grundsätzlich von ihr selbst zu tragen und ausnahmsweise nur dann von einer anderen Person zu ersetzen, wenn eine im Recht enthaltene Schadensersatzpflicht (Schadensüberwälzungsnorm) eingreift. Innerhalb der Schäden werden dabei verschiedene Arten unterschieden. *Positiver* S. (lat. damnum [N.] emergens) ist die entstandene Einbuße an positiv vorhandenen rechtlich geschützten Gütern (z. B. Zerstörung einer Sache), *negativer* S. die Einbuße an erst zu erwerbenden Gütern, deren Gewinnung infolge der Schädigung nicht erfolgen kann (lat. lucrum [N.] cessans, entgehender Gewinn § 252 BGB). *Nichterfüllungsschaden* ist der durch das Fehlen der Erfüllung eingetretene S., *Vertrauensschaden* der im Vertrauen auf die Gültigkeit einer Handlung entstandene S. *Abstrakter* S. ist der abstrakte (z. B. § 288 I BGB), konkreter S. der konkret erwachsene (und berechnete) S. → *Vermögensschaden* (*materieller* S.) ist der an materiellen Gütern (z. B. Sache), → *Nichtvermögensschaden* (*immaterieller* S.) der an immateriellen Gütern (z. B. Freiheit, Ehre) eingetretene S. *Unmittelbarer* S. ist der am verletzten Gut selbst entstandene, *mittelbarer* S. (Folgeschaden) der an anderen, nicht selbst betroffenen Gütern, insbesondere am Vermögen des Verletzten entstandene S.

Lit.: *Heß, R./Jahnke, J.*, Das neue Schadensrecht, 2002; *Riedel, U.*, Kind als Schaden, 2003; *Grigoleit, H.*, Der mangelbedingte Betriebsausfallschaden, JuS 2004, 745; *Weick, G.*, Die rechtliche Bewältigung von Schäden durch Bäume, NJW 2011, 1702; *Spancken, S. u. a.*, Die Berechnung des zu ersetzenden Schadens, JuS 2012, 298; *Pardey, F.*, Der Haushaltsführungsschaden, 8. A. 2013

Schadensersatz ist der Ersatz oder Ausgleich eines eingetretenen → Schadens. Ein S. durch eine andere Person ist nur erforderlich, wenn diese auf Grund einer Rechtsnorm (Schadensüberwälzungsnorm z. B. Garantievertrag, Vertragspflichtverletzung [§ 280 I BGB], Verzögerung [§§ 280 II, 286 ff. BGB], Schadensersatz statt der Leistung [§§ 280 III, 281, 282, 283], Delikt, Eigentümer – nichtberechtigter Besitzer – Verhältnis) dazu verpflichtet ist. In der Regel ist hierfür eine → Handlung, deren → Rechtswidrigkeit und → Schuldhaftigkeit, ein → Schaden sowie die → Kausalität und → Adäquanz der Handlung (bzw. einer dazwischengeschalteten Rechtsgutverletzung) für den Schaden erforderlich. In anderen Fällen reicht die Verursachung des Schadens für die Entstehung der Pflicht zum Ersatz aus (→ Gefährdungshaftung). S. *statt der Leistung* (früher S. wegen Nichterfüllung) wegen nicht oder nicht wie geschuldet erbrachter Leistung (z. B. Kosten für eine Ersatzbeschaffung, Folgeschäden eingeschlossen) kann der Gläubiger grundsätzlich bei zu vertretender, nicht unerheblicher Pflichtverletzung des Schuldners verlangen, wenn er dem Schuldner nach § 281 I 1 BGB erfolglos eine angemessene Frist zur Leistung oder Nacherfüllung (Ablehnungsdrohung nicht erforderlich) bestimmt hat, muss dann aber eine bereits erhaltene oder mangelhafte Leistung zurückgeben (§ 281 V BGB). Der Gläubiger kann auch weiter Erfüllung verlangen, sofern er nicht Schadensersatz bereits gefordert hat (§ 284 IV BGB). Das Recht, bei einem gegenseitigen Vertrag S. zu verlangen, wird durch den Rücktritt nicht ausgeschlossen (§ 325 BGB). S. statt der Leistung wegen Verletzung einer Pflicht nach § 241 II BGB kann der Gläubiger bei Vertretenmüssen des Schuldners verlangen, wenn ihm die Leistung durch den Schuldner nicht mehr zuzumuten ist (§ 282

BGB). Braucht der Schuldner nach § 275 I–III nicht zu leisten, kann der Gläubiger nach § 283 BGB unter den Voraussetzungen des § 280 I BGB S. statt der Leistung verlangen. Der S. hat (nach § 249 S. 1 BGB) grundsätzlich durch → Naturalrestitution zu erfolgen. Bei Personenverletzung, Sachbeschädigung (§ 249 S. 2 BGB) oder fruchtlosem Fristablauf (§ 250 BGB) kann der Gläubiger statt dessen → Geldersatz verlangen. Ist die Herstellung nicht möglich oder zur Entschädigung des Gläubigers nicht genügend, ist Geldersatz zu leisten (§ 251 I BGB). Ist die Herstellung nur mit unverhältnismäßigem Aufwand möglich, kann der Schuldner den Gläubiger in Geld entschädigen (§ 251 II BGB). Als unverhältnismäßig werden dabei die Reparaturkosten einer beschädigten Sache angesehen, wenn sie mehr als 130 Prozent des Wertes (Wiederbeschaffungswerts) der Sache betragen. Der S. eines Körperschadens oder Gesundheitsschadens hat auch die seelischen Folgen des schädigenden Verhaltens zu umfassen. Der Strafschadensersatz der Vereinigten Staaten von Amerika (mindestens ein Prozent des Nettounternehmenswerts des Schädigers) soll demgegenüber den Täter bestrafen und von künftigen Missetaten abhalten.

Lit.: *Lange, H./Schiemann, G.,* Schadensersatz, 3. A. 2003; *Küppersbusch, G.,* Ersatzansprüche bei Personenschaden, 11. A. 2013; *Schulz-Borck, H.,* Schadensersatz bei Ausfall von Hausfrauen, 6. A. 2000; *Cahn, A.,* Einführung in das neue Schadensersatzrecht, 2003; *Gsell, B.,* Substanzverletzung und Herstellung, 2003; *Wagner, G.,* Der Unfallersatztarif, NJW 2007, 2149; *Strupp, D.,* Schadensersatz statt der Leistung bei gegenseitigen Verträgen, 2007; *Vuia, M.,* Die Ermittlung des „Normaltarifs", NJW 2008, 2369; *Oskierski, J.,* Schadensersatz im europäischen Recht, 2010; *Sterzinger, C.,* Schadensposition Umsatzsteuer bei Unfällen mit Kraftfahrzeugen, NJW 2011, 2181; *Ackermann, T.,* Schadensersatz statt der Leistung, JuS 2012, 865; *Hirsch, C.,* Schadensersatz statt oder neben der Leistung, JuS 2014, 97; *Schulz-Borck, H.,* Der Haushaltsführungsschaden, 8. A. 2013

Schadensersatzanspruch ist der auf → Schadensersatz gerichtete → Anspruch.

Lit.: *Claßen, C.,* Nichtumsetzung von Gemeinschaftsrichtlinien, 1999

Schadensversicherung (§§ 74 ff. VVG) ist die auf die Deckung eines → Schadens gerichtete private → Versicherung (z. B. Haftpflichtversicherung, Feuerversicherung).

Lit.: *Möller, H.,* Der Begriff des Versicherungsfalles in der Schadensversicherung, 1976

schädlich (Adj.) einen Schaden bewirkend

schädliche Neigung → Neigung, schädliche

Schatz (§ 984 BGB Schatzfund) ist im Sachenrecht die (bewegliche) → Sache, die so lange verborgen (d. h. nicht ohne Weiteres sinnlich wahrnehmbar) gelegen hat, dass der → Eigentümer nicht mehr zu ermitteln ist (z. B. mittelalterliche Münze, nicht z. B. Fossilienfund). Durch Inbesitznahme werden grundsätzlich Entdecker und Eigentümer der Sache, in welcher der Schatz verborgen war, je zur Hälfte → Miteigentümer. Nach Landesrecht kann bei ei-

nem Bodenaltertum ein Auswertungsrecht oder Enteignungsrecht des Landes bestehen.

Lit.: *Seger, P.,* Schatzrecht und Denkmalschutzgesetzgebung, 1925

Scheck ist die der Erleichterung des → Zahlungsverkehrs dienende bestimmte → Anweisung auf ein Bankguthaben. Der S. ist geregelt im Scheckgesetz. Er ist eine abstrakt zu ermittelnde Anweisung des Ausstellers an seine Bank (Angewiesene) und ein geborenes → Orderpapier. Er kann nicht vom Angewiesenen angenommen werden (Akzeptverbot, Art. 4 ScheckG). Fällig ist der S. bei Vorlage (Sicht) (Art. 28 ScheckG) seitens des Anweisungsempfängers oder eines anderen Berechtigten. Er kann zum (infolge der allgemeinen Geschäftsbedingungen der Banken praktisch weithin üblichen) → Inhaberpapier oder → Namenspapier gemacht werden. Sonderformen sind → *Verrechnungsscheck* und *gekreuzter* S., bei denen die Barzahlung ausgeschlossen bzw. eingeschränkt ist. Bezahlt der Angewiesene nicht, so haften Aussteller und Übertrager.

Lit.: *Engels, U.,* Der Scheck, 20. A. 2003

Scheckgesetz ist das das Recht des → Schecks regelnde Gesetz.

Lit.: *Baumbach/Hefermehl/Casper,* Wechselgesetz Scheckgesetz Recht der kartengestützten Zahlungen, 23. A. 2008; *Bülow, P.,* Wechselgesetz, Scheckgesetz, Allgemeine Geschäftsbedingungen, 5. A. 2013

Scheidemünze ist im Verwaltungsrecht die → Münze aus unedlem Metall, deren Metallwert unter ihrem Nennwert liegt, die aber kraft → Gesetzes – in mengenmäßig eingeschränktem Umfang (bis zu 50 Euro bei einer Zahlung) – als → Zahlungsmittel angenommen werden muss (z. B. 1 Cent-Münze in der Europäischen Union).

Scheidung → Ehescheidung

Lit.: *Schwab, D.,* Handbuch des Scheidungsrechts, 7. A. 2013; *Krenzler, M.,* Vereinbarungen bei Trennung und Scheidung, 5. A. 2013; *Grziwotz, H.,* Trennung und Scheidung, 8. A. 2014; *Heintschel-Heinegg, B. v.,* Materielles Scheidungsrecht, 10. A. 2012

Schein (oder oft auch Anschein) ist der äußere Eindruck des Vorhandenseins eines in Wirklichkeit nicht oder nicht in dieser Weise vorhandenen Umstands. Der bloße S. erzeugt grundsätzlich keine Rechtswirkung. Zum Schutz des Verkehrs sind aber von der Rechtsordnung verschiedene Scheintatbestände wirklichen → Tatbeständen hinsichtlich der → Rechtsfolgen angeglichen worden. → Rechtsschein

Scheinbestandteil → Bestandteil

Scheinehe → Nichtehe

Scheinerbe ist die nur scheinbar → Erbe gewordene Person. Ihre Handlungen werden nur auf Grund des öffentlichen → Glaubens des → Erbscheins wirksam (§ 2366 BGB). Soweit der S. → Erbschaftsbesitzer ist, hat der Erbe einen Anspruch auf → Herausgabe des Erlangten gegen ihn (§§ 2018 ff. BGB).

Lit.: *Schreyer, N.,* Die Aufnahme des Prozesses durch den Scheinerben, 1996

Scheingefahr ist die nur scheinbar bestehende, in Wirklichkeit nicht vorhandene → Gefahr (, bei der die Ordnungsbehörde nicht eingreifen darf).

Lit.: *Schwemer, H.,* Polizei- und allgemeines Ordnungsrecht, 11. A. 2005 (Alpmann)

Scheingeschäft (§ 117 I BGB) ist das nur zum Schein abgeschlossene Rechtsgeschäft bzw. die einverständliche Abgabe einer empfangsbedürftigen → Willenserklärung zum Schein. Das S. ist ein → Rechtsgeschäft. Es ist → nichtig, weil den Parteien der → Rechtsfolgewille fehlt. Wird durch ein S. ein anderes Rechtsgeschäft verdeckt, so finden die für das verdeckte Rechtsgeschäft geltenden Vorschriften Anwendung (§ 117 II BGB, z.B. Schenkung statt Kauf). Kein S. ist das Geschäft des → Treuhänders oder Strohmanns oder das ernstlich gewollte → Umgehungsgeschäft.

Lit.: *Baeck, U.,* Das Scheingeschäft, 1988

Scheinkaufmann (§ 5 HGB) ist eine ein Gewerbe betreibende Person, die nicht → Kaufmann ist, deren → Firma aber im → Handelsregister eingetragen ist (Kaufmann kraft Eintragung). Der S. kann gegenüber dem, der sich auf die Eintragung beruft, nicht geltend machen, dass das unter der Firma betriebene → Gewerbe kein → Handelsgewerbe sei. Daneben wird allgemein kraft → Gewohnheitsrechts jeder, der (auch ohne Gewerbebetrieb und Handelsregistereintragung) wie ein Kaufmann auftritt, zugunsten → Gutgläubiger wie ein Kaufmann behandelt.

Lit.: *Siebert, J.,* Scheinkaufmann und Schein-KG, Diss. jur. Kiel 1999

Scheinprozess ist der nur zum Schein geführte → Prozess. An ihm kann wegen der besonderen Wirkungen eines Urteils ein ernsthaftes Interesse bestehen. Grundsätzlich ist er jedoch Rechtsmissbrauch.

Lit.: *Söllner, A.,* Römische Rechtsgeschichte, 5. A. 1996; *Costede, J.,* Scheinprozesse, Diss. jur. Göttingen 1968

Scheinselbständigkeit (§ 7 I 2 SGB IV) ist die nur zwecks äußeren Anscheins geschaffene Selbständigkeit. Durch sie kann beispielsweise der für nicht → selbständig tätige Beschäftigte geschaffene Rechtsschutz umgangen werden. Im Zweifel sind die tatsächlichen Gegebenheiten zu berücksichtigen.

Scheinurteil → Nichturteil

Scheinvollmacht → Duldungsvollmacht, Anscheinsvollmacht, Rechtsschein

Lit.: *Hofmann, K.,* Vollmachten, 8. A. 2002; *Wenzel, W.,* Die Anscheinsvollmacht, 1995

Scheitern einer Ehe → Zerrüttung

Schengener Abkommen ist das am 14.6.1985 zunächst zwischen den Regierungen Deutschlands, Frankreichs, der Niederlande, Belgiens und Luxem-

burgs getroffene, seit 26.3.1995 für Deutschland, Frankreich, Niederlande, Belgien, Luxemburg, Spanien und Portugal, weiter seit 26.10.1997 für Italien, seit 1.12.1997 für Österreich, seit 1.1.2000 bzw. 26.3.2000 für Griechenland bzw. seit 25.3.2001 auch für Dänemark, Schweden und Finnland bzw. später alle Mitgliedstaaten der Europäischen Union (außer Bulgarien, Rumänien, Zypern, Irland und Großbritannien) sowie über Zusatzabkommen auf Grund der Nordischen Passunion auch für Norwegen und Island und weitere Abkommen 2005 für die Schweiz sowie 2011 für Liechtenstein (26. Mitglied) verwirklichte, im Bedarfsfall zeitweise teilweise außer Kraft setzbare Abkommen zum schrittweisen Abbau der Kontrollen an den gemeinsamen Grenzen.

Lit.: *Hummer, W./Obwexer, W.,* Die Schengener Abkommen, 1996; *Haas, N.,* Die Schengener Abkommen, 2001

Schenker → Schenkung

Schenkung (§§ 516 ff. BGB) ist der → Vertrag, durch den sich der eine Teil (Schenker) verpflichtet, den anderen Teil (Beschenkten) durch eine Zuwendung aus seinem Vermögen unentgeltlich zu bereichern (str.). Der Rückforderungsanspruch wegen Verarmung des Schenkers ist auch nach seinem Tod noch durch den Nachlasspfleger an einen Sozialhilfeträger oder an einen Krankenhausträger abtretbar. Die S. ist *Handschenkung,* wenn → Verpflichtung und → Erfüllung zusammenfallen. Die nicht sofort vollzogene S. (Schenkungsversprechen) bedarf der notariellen → Beurkundung des Versprechens (§ 518 I BGB), doch wird ein → Mangel der Form durch Vollzug der Verpflichtung mittels Erfüllung geheilt. Die *gemischte* S. ist der Austauschvertrag, bei dem der unteilbaren Leistung der einen Seite eine geringerwertige Leistung der anderen Seite gegenübersteht und die Parteien sich einig sind, dass der Mehrwert der einen Leistung eine unentgeltliche Zuwendung sein soll. Sie ist je nach dem Schwerpunkt des Geschäfts ganz oder teilweise als S. anzusehen. S. *unter Auflage* ist die S., bei der die Bestimmung hinzugefügt ist, dass der Empfänger zu einer → Leistung verpflichtet sein soll, *remuneratorische* S. die S., bei der mit der Zuwendung ein bestimmtes Verhalten belohnt wird. S. *von Todes wegen* (§ 2301 BGB) ist das (formbedürftige) Schenkungsversprechen, das unter der Bedingung erteilt wird, dass der Beschenkte den Schenker überlebt. Formfrei möglich ist der Vertrag zugunsten eines Dritten auf den Todesfall des Begünstigenden (§ 331 BGB, Lebensversicherung).

Lit.: *Haarmann, C.,* Die Rückforderung von Schenkungen, Diss. jur. Münster 1998; *Fromm, R./Vogt, H.,* Richtig schenken und vererben, 7. A. 2012; *Fritz, T.,* Gezielte Vermögensnachfolge durch Testament und Schenkung, 2003

Schenkungsteuer ist die → Steuer auf den Vermögensübergang infolge → Schenkung. Sie ist geregelt im Erbschaftsteuer- und Schenkungsteuergesetz. Sie wird wie die → Erbschaftsteuer behandelt.

Lit.: *Troll, M./Gebel, D./Jülicher, M.,* Erbschaftsteuer- und Schenkungsteuergesetz (Lbl.), 47. A. 2014;

Schulz, B., Erbschaftsteuer, Schenkungsteuer, 9. A. 2010; *Meincke, J.,* Erbschaftsteuer- und Schenkungsteuergesetz, 16. A. 2012; *Horschitz, H.,* Bewertungsrecht, Grundsteuer, Erbschaft- und Schenkungsteuer, 18. A. 2014

Scherzerklärung (§ 118 BGB) ist die nicht ernstlich gemeinte → Willenserklärung, die in der subjektiven Erwartung abgegeben wird, der Mangel der Ernstlichkeit werde nicht verkannt. Die S. ist → nichtig, weil ihr der Rechtsfolgewille fehlt. Der Dritte, der auf die Erklärung vertraute, kann einen Anspruch auf Ersatz des → Vertrauensschadens haben (§ 122 BGB).

Schickschuld ist die → Schuld, bei welcher der Ort der → Leistungshandlung der Ort des → Wohnsitzes des → Schuldners ist, der Schuldner aber zur Vornahme der Absendung an einen davon verschiedenen → Erfolgsort, an dem der Leistungserfolg eintreten soll (meist Ort des Wohnsitzes des Gläubigers), verpflichtet ist (z. B. Geldschuld, grundsätzlich auch die Warenschuld im Handelsrecht). Die S. steht der → Holschuld und der → Bringschuld gegenüber. Bei der S. muss der Schuldner zur Leistung und zur Umwandlung einer eventuellen → Gattungsschuld in eine → Stückschuld (Konkretisierung) mehr tun als bei der Holschuld.

Lit.: *Köbler, G.,* Schuldrecht, 2. A. 1995

Schiedsabrede (§ 1029 II ZPO) ist die selbständige → Schiedsvereinbarung.

Lit.: *Baldus, B.,* Der elektronisch geschlossene Vertrag mit Schiedsabrede, 2004

Schiedsgericht (z. B. §§ 1025 ff. ZPO) ist im Verfahrensrecht die aus einem Dritten oder mehreren Dritten (im Zweifel drei [§ 1034 I 2 ZPO]) zusammengesetzte Einrichtung, die außerhalb staatlicher → Gerichtsbarkeit über eine → Streitigkeit entscheidet. Schiedsgerichte finden sich sowohl im Bereich des Völkerrechts wie auch eines einzelstaatlichen Rechtes. Die Tätigkeit des Schiedsgerichts setzt grundsätzlich eine → Schiedsvereinbarung voraus. Diese ist im → Verfahrensrecht nur möglich in Sachen, in denen die Parteien einen → Vergleich schließen können. Das Verfahren des deutschen innerstaatlichen Schiedsgerichts bestimmt sich nach den §§ 1042 ff. ZPO. Es endet regelmäßig mit einem Schiedsspruch oder einem Schiedsvergleich. Gegen einen Schiedsspruch kann nur ausnahmsweise ein Antrag auf gerichtliche Aufhebung gestellt werden (§ 1059 I ZPO).

Lit.: *Schwab, K./Walter, G.,* Schiedsgerichtsbarkeit, 7. A. 2005; *Schütze, R.,* Schiedsgericht und Schiedsverfahren, 5. A. 2012; Practitioner's Handbook on International Arbitration, hg. v. *Weigand, F.,* 2002; *Aden, M.,* Internationale Handelsschiedsgerichtsbarkeit, 2. A. 2003; Institutionelle Schiedsgerichtsbarkeit, hg. v. *Schütze, R.,* 2. A. 2011; *Kröll, S.,* Die Entwicklung des Schiedsrechts, NJW 2015, 833; *Rehm, F.,* Die Schiedsgerichtsbarkeit im Rechtssystem, 2009

Schiedsgerichtsordnung ist die für das Schiedsgericht geltende Ordnung (z. B. 1.7.1998 S. der Deutschen Institution für Schiedsgerichtsbarkeit e. V.).

Lit.: *Schäfer, E.,* Die ICC-Schiedsgerichtsordnung in der Praxis, 2000; *Heiermann, W.,* Kommentar zur Schiedsgerichtsordnung für das Bauwesen, 2. A. 2002

Schiedsgutachten ist die verbindliche Klärung einer Streitfrage durch die Stellungnahme eines unabhängigen, unparteiischen und sachverständigen Dritten.

Lit.: *Greger, R./Stubbe, C.,* Schiedsgutachten, 2007

Schiedsgutachter ist ein Mensch, der auf Grund einer Vereinbarung zweier Parteien bestimmte Tatsachen verbindlich festlegen soll (z. B. Preis).

Lit.: *Rudolph, K.,* Der Sachverständige als Schiedsgutachter, 1986

Schiedshof ist eine Entscheidungsstelle in Schiedsverfahren. Der sog. ständige S. (1996 für 82 Vertragsstaaten) hat seinen Sitz in Den Haag. Er verfährt nach besonderen Schiedsordnungen.

Lit.: *Fuglsang, W.,* Der amerikanisch-holländische Streit um die Insel Palmas, 1931

Schiedsklausel (§ 1029 II ZPO) ist die als Klausel in einem Vertrag enthaltene → Schiedsvereinbarung.

Lit.: *Jäcker, W.,* Zur Beachtung bei der Gestaltung nationaler und internationaler Handelsverträge mit Schiedsklausel, 1995

Schiedsmann ist in mehreren, ehemals zu Preußen gehörenden → Ländern der Mensch, vor dem der für eine → Privatklage erforderliche → Sühneversuch stattzufinden hat (§ 380 StPO).

Lit.: *Gutknecht, T.,* Das Schlichtungsverfahren vor dem Schiedsmann, 1995

Schiedsrichter (§ 1034 ZPO) ist der Angehörige eines → Schiedsgerichts, der in der Regel durch die → Parteien, hilfsweise von dem zuständigen → Gericht bestimmt wird.

Lit.: *Scheef, H.,* Der einstweilige Rechtsschutz, 2000

Schiedsstelle ist die außergerichtliche Streitschlichtungsstelle (z. B. Hess. Schiedsamtsgesetz vom 1.10.1944).

Lit.: *Schulte, G.,* Taschenlexikon für Schiedsämter und Schiedsstellen, 7. A. 2011

Schiedsvereinbarung (§ 1029 ZPO) ist die grundsätzlich formbedürftige (§ 1031 ZPO) Vereinbarung (z. B. Schiedsabrede, Schiedsklausel) mindestens zweier Beteiligter, alle oder einzelne Streitigkeiten in Bezug auf ein bestimmtes Rechtsverhältnis der Entscheidung durch ein Schiedsgericht zu unterwerfen. Sie ist wirksam, soweit die Parteien über den → Streitgegenstand vergleichsberechtigt sind (§ 1030 I ZPO). Sie begründet eine prozesshindernde → Einrede gegenüber einer → Klage (§ 1032 ZPO).

Lit.: *Epping, M.,* Die Schiedsvereinbarung, 1999

Schiedsverfahren ist das Verfahren in Schiedsangelegenheiten.

Lit.: Nationales und internationales Schiedsverfahrensrecht, hg. v. *Labes, H. u. a.,* 1998; *Henn,* Schiedsverfahrensrecht, 3. A. 2000; *Bandel, S.,* Einstweiliger Rechtsschutz im Schiedsverfahren, 2000; *Lepschy, M.,* § 1051 ZPO, 2003; *Wolff, R.,* Grundzüge des Schiedsverfahrensrechts, JuS 2008, 108; *Rudkowski, L.,* Einführung in das Schiedsverfahrensrecht, JuS 2013, 398

Schiff ist das größere Wasserfahrzeug. Das S. kann nach Eintragung in das vom → Amtsgericht des Heimathafens geführte Schiffsregister rechtlich wie ein Grundstück behandelt werden. Zur → Übereignung gehört bei Seeschiffen (→ Seerecht) die → Einigung, bei Binnenschiffen die Einigung und die → Eintragung des Eigentumsübergangs in das Binnenschiffsregister, während für nicht eingetragene Schiffe die §§ 929, 929a ff. BGB gelten.
Lit.: *Prause, F./Weichert, A.,* Schiffssachenrecht und Schiffsregisterrecht, 1974

Schifffahrtsgericht (§ 14 GVG) ist das für Binnenschifffahrtssachen in erster Instanz zuständige → (Amts-)Gericht der Schifffahrt(Rheinschifffahrtsgerichte, Moselschifffahrtsgericht).
Lit.: *Bemm, W./Waldstein, T. v.,* Rheinschifffahrtspolizeiverordnung, 3. A. 1996; *Hofmann, J.,* Die gerichtliche Zuständigkeit in Binnenschifffahrtssachen, 1996

Schikane (F.) böswillig bereitete Schwierigkeit

Schikaneverbot (§ 226 BGB) ist das Verbot der Ausübung eines → Rechtes, die nur den Zweck haben kann, einem anderen → Schaden zuzufügen. Das S. ist ein Sonderfall des allgemeinen Gedankens der Unzulässigkeit des → Rechtsmissbrauchs. Die schikanöse Rechtsausübung ist rechtswidrig und kann → schadensersatzpflichtig machen.
Lit.: *Näbe, M.,* Das Schikaneverbot, 1915

Schlägerei (§ 231 StGB) ist der tätliche Streit zwischen mindestens drei Menschen einschließlich eines Angegriffenen. Ist durch die S. – oder einen von mehreren gemachten Angriff – der → Tod eines Menschen oder eine schwere → Körperverletzung verursacht worden, so ist jeder Beteiligte, schon wegen dieser Beteiligung mit Freiheitsstrafe bis zu drei Jahren oder mit Geldstrafe strafbar. Nicht strafbar ist, wer an der S. oder dem Angriff beteiligt ist, ohne dass ihm dies vorzuwerfen ist.
Lit.: *Eckert, M.,* Die nicht vorwerfbare Beteiligung an einer Schlägerei, 2002

schlecht (Adj.) vom Durchschnitt hinsichtlich der Güte nach unten abweichend

Schlechtleistung → Pflichtverletzung
Lit.: *Köbler, G.,* Schuldrecht, 2. A. 1995

Schleppnetzfahndung (§ 163d StPO) ist die Fahndung nach Verdächtigen unter Verarbeitung und Nutzung der bei Massenkontrollen und Grenzkontrollen anfallenden Daten für den Bereich der Strafverfolgung zur Aufklärung bestimmter Taten. → Rasterfahndung
Lit.: *Wittig, P.,* Schleppnetzfahndung, Rasterfahndung und Datenabgleich, JuS 1997, 961

Schleswig-Holstein ist das lange Zeit mit Dänemark verbundene, von 1866 bis 1947 zu Preußen gehörige, nördlichste → Land der → Bundesrepublik. Seine vom 13.12.1949 stammende Landessatzung (Fassung vom 15.3.1962) wurde mit Wirkung vom 1.8.1990 in die → Verfassung von S. umgeändert. Im Verwaltungsrecht kennt S. keine Mittelbehörden.
Lit.: *Köbler, G.,* Historisches Lexikon der deutschen Länder, 7. A. 2007; Gesetze des Landes Schleswig-Holstein (Lbl.), 6. A. 2007; *Dehn, K.,* Grundlagen des Kommunalverfassungsrechts, 12. A. 2014; Die Bundesrepublik Deutschland – Schleswig-Holstein, 2011

Schlichtung ist das → Verfahren zur Ausgleichung der Interessen zwischen Beteiligten, insbesondere zwischen → Tarifvertragsparteien. Die S. ist auf Erhaltung des Arbeitsfriedens gerichtet, indem sie zum Abschluss einer Gesamtvereinbarung Hilfe leistet. Sie kann entweder *vereinbarte* S. sein oder (subsidiäre) *staatliche* S. Der Schlichtungsvorschlag der Einigungsstelle ist grundsätzlich nur ein unverbindlicher Vorschlag. Nach erfolgloser S. ist der → Arbeitskampf zulässig. Seit 2000 ist nach Landesrecht (Landesgesetz) die zivilprozessuale Klage vielfach in einfachen Sachen von einer vorangehenden S. vor einer → Gütestelle abhängig gemacht (lange in Bremen, Hamburg, Niedersachsen, Rheinland-Pfalz, Sachsen und Thüringen nicht geplant).
Lit.: *Behning, B.,* Die Schlichtung in der kollektiven Arbeitsverfassung, 1994 (Diss.); *Wolfram-Korn, M./ Schmarsli, P.,* Außergerichtliche Streitschlichtung in Deutschland, 2001; *Zietsch, U./Roschmann, K.,* Die Regelungen des vorprozessualen Güteverfahrens, NJW 2001, Heft 51, Beilage 3*; *Bitter, G.,* Die Crux mit der obligatorischen Streitschlichtung, NJW 2005, 1235

Schlussabnahmeschein → Bauaufsicht

Schlüsselgewalt (§ 1357 BGB Geschäft zur Deckung des Lebensbedarfs) ist die – früher nur der Frau, jetzt – jedem nicht getrennt lebenden Ehegatten zustehende Berechtigung, Geschäfte zur angemessenen Deckung des Lebensbedarfs der Familie (z. B. Kauf von Lebensmitteln und Hausrat, gegebenenfalls Kraftfahrzeug) mit Wirkung auch für den anderen Ehegatten zu besorgen. Die Berechtigung stellt sich je nach dem Auftreten des Handelnden als gesetzliche → Vertretung oder (beim Auftreten im eigenen Namen) als gesetzliche → Ermächtigung zu einer Verpflichtung dar. Die Regelung der S. ist verfassungsgemäß. Eine einseitige Beschränkung oder Aufhebung der S. ist möglich, hat aber Außenwirkung nur bei Veröffentlichung.
Lit.: *Bonke, J.,* Probleme bei der Mitverpflichtung, 1998; *Brudermüller, G.,* Schlüsselgewalt und Telefonsex, NJW 2004, 2265

Schlusserbe (§ 2269 BGB) ist der Erbe des überlebenden Ehegatten bei ein gemeinschaftliches Testament als Berliner Testament errichtenden Ehegatten.
Lit.: *Degert, K.,* Die Rechtsstellung des Schlusserben, 2001

schlüssiges Handeln → Handeln, schlüssiges

Schlüssigkeit ist die logische Geschlossenheit einer → Klage – oder einer sonstigen Erklärung –. Eine Klage ist schlüssig, wenn die vom → Kläger vorgetragenen Tatsachen, deren Unstreitigkeit und damit

Richtigkeit unterstellt, seinen → Antrag rechtfertigen. Eine unschlüssige Klage ist, sofern sie nicht bis zum Schluss der letzten mündlichen Verhandlung schlüssig gemacht wird, als → unbegründet abzuweisen. Eine schlüssige Klage ist, falls (vom Gegner) keine abweichenden Tatsachen vorgetragen werden, auch → begründet. Die S. ist insbesondere im → Versäumnisverfahren bedeutsam.

Lit.: *Pulte, P./Leyendecker, F.*, Zum Umfang der Schlüssigkeitsprüfung im Rahmen einer Relation, JuS 1995, 59

Schlussurteil ist das eine Instanz abschließende Urteil eines Rechtsstreits.

Lit.: *Schröer*, Urteilsformel bei Teil-, Schluss- und Grundurteil, JA 1997, 318

Schlussverkauf im Einzelhandel ist der z. B. am Schluss eines Zeitraums durchgeführte Verkauf, der nach neuerem Recht immer möglich ist.

Lit.: *Scherer, H.*, Jeder Tag ist Schlussverkauf, 2001

Schlussvortrag (§ 258 StPO) ist der Vortrag des → Staatsanwalts und des → Angeklagten nach dem Schluss der → Beweisaufnahme.

Lit.: *Höß, R.*, Rechtsfragen im Zusammenhang mit dem Schlussvortrag, Diss. jur. München 1999

Schmerz ist die vielfach einer Einwirkung von außen folgende unangenehme körperliche oder seelische, aber inhaltlich kaum eindeutig zu quantifizierende Empfindung des Menschen oder Tieres.

Schmerzensgeld (§ 253 II BGB) ist die billige Entschädigung in → Geld, die bei Verletzung des Körpers, der Gesundheit, der Freiheit oder der sexuellen Selbstbestimmung auch wegen des Schadens verlangt werden kann, der nicht → Vermögensschaden ist. S. ist also ein Fall des Schadensersatzes von → Nichtvermögensschäden. Der Anspruch auf S. ist (seit 14.3.1990) auch vor → Rechtshängigkeit oder vertraglicher Anerkennung übertragbar und vererblich. Das S. kann je nach Wahl des Verletzten als einmaliger Kapitalbetrag oder als Rente zu leisten sein. Ein S. ist ebenfalls aus Billigkeitsgründen möglich (§ 829 BGB). Das S. hat nach herrschender Meinung auch Genugtuungsfunktion. Seine Höhe, für die der Kläger im Prozess zumindest eine Betragsvorstellung vorlegen muss, bei deren Gewährung er nicht beschwert ist, lässt sich nur durch Entscheidung des Richters festlegen (z. B. 6000 Euro bei mehrfacher brutaler Vergewaltigung, 20 000 Euro bei äußerst brutaler Vergewaltigung, 50 000 Euro bei mehrfacher Vergewaltigung, begleitet von lebensbedrohlich grausamer sadistischer Gewaltanwendung mit schweren physischen und psychischen Folgen für das Opfer, 55 000 Euro für den Verlust dreier Kinder bei einem Verkehrsunfall, 375 000 Euro und monatlich 750 Euro Rente [2001] für vollständige Deformierung der Persönlichkeit zu einem die Tragweite seines Schicksals gerade noch erkennenden Kleinkind). Es soll ganz zu verneinen sein, wenn der Körperverletzung alsbald der Tod folgt.

Lit.: *Hacks/Wellner/Hacker*, Schmerzensgeldbeträge, 33. A. 2015; *Slizyk, A.*, Beck'sche Schmerzensgeldta-

belle, 11. A. 2015 (ca. 3600 Entscheidungen); *Steffen, E.*, Schmerzensgeld bei Persönlichkeitsverletzung durch Medien, NJW 1997, 10; *Jaeger, L.*, Schmerzensgeld, 7. A. 2014; *Neuner, J.*, Das Schmerzensgeld, JuS 2013, 577

Schmierer ist der schmierende Mensch (z. B. in Schrift oder durch Schmiergeld).

Schmiergeld ist das zur Erreichung eines sonst nicht oder wahrscheinlich nicht erreichbaren Zieles (z. B. eines staatlichen Auftrags bei überhöhten Kosten, einer Krankschreibung eines gesunden Assistenten, einer Planstelle für einen inzüchtigen Berufslosen oder einer Honorarprofessur für einen Verwaltungsleiter einer Klinik) dem Entscheidungsträger unerlaubt zugewandte → Geld (oder sonstige geldwertgleiche Mittel). Steuerrechtlich ist S. eine sonstige Einkunft, deren Rückzahlung als Ausgabe steuermindernd geltend gemacht werden kann.

Lit.: *Boldt, K.*, Schmiergelder im Einkommensteuerrecht, 1999; *Günzler, N.*, Steuerrecht und Korruption, 1999

Schöffe (§ 30 GVG) ist der ehrenamtliche → Richter. S. kann in Deutschland nur ein → Deutscher sein, der nicht unfähig zu diesem Amt ist. Bestimmte Menschen sollen nicht zu Schöffen berufen werden (z. B. Polizeivollzugsbeamte). Andere dürfen die Berufung ablehnen (z. B. Ärzte). Die Schöffen werden von den → Gemeinden vorgeschlagen und von einem Ausschuss gewählt. Sie üben während der Hauptverhandlung grundsätzlich das Richteramt in vollem Umfang aus. Sie werden im → Schöffengericht, der → Strafkammer, dem → Schwurgericht, dem → Jugendgericht und der → Jugendkammer tätig.

Lit.: *Lieber, H.*, Handbuch für Schöffinnen und Schöffen, 2001

Schöffengericht (§§ 28 ff. GVG) ist das bei den → Amtsgerichten für die Verhandlung und Entscheidung der zu den amtsgerichtlichen Zuständigkeit gehörenden Strafsachen, für die nicht der Strafrichter (allein) zuständig ist, gebildete → Gericht, das regelmäßig aus dem Richter beim Amtsgericht als Vorsitzendem – u. U. einem zweiten zugezogenen Richter – und zwei → Schöffen besteht.

Lit.: *Kissel, O./Mayer, H.*, Gerichtsverfassungsgesetz, 8. A. 2015

Schönheitsreparatur ist im Mietrecht die ästhetischen Gesichtspunkten entsprechende Bearbeitung einer abgenutzten Mietsache (z. B. Tünchen). Durch Vereinbarung kann die S. dem Mieter auferlegt werden. Eine allgemeine Geschäftsbedingung darf den Mieter aber nicht unangemessen benachteiligen.

Lit.: *Langenberg, H. u. a.*, Schönheitsreparaturen, 5. A. 2015

Schornsteinfegergesetz ist das die Rechtsverhältnisse der Schornsteinfeger regelnde Gesetz.

Lit.: *Musielak, H./Manke, M./Schira, H.*, Schornsteinfegergesetz, 6. A. 2003

Schranke ist das zur Einengung der Fortbewegungsmöglichkeit oder sonstigen Entfaltungsmöglichkeit eines Menschen künstlich geschaffene, meist bewegbare Hindernis. Schranken werden insbesondere errichtet an Grenzübergängen oder Eisenbahnkreuzungen. Übertragen bestehen auch für Rechte Schranken.

Lit.: *Bamberger, C.,* Verfassungswerte als Schranken vorbehaltloser Freiheitsrechte, 1999

Schreibtischtäter ist der vom Schreibtisch aus handelnde Straftäter (Schreibtischmörder). Er kann mittelbarer Täter sein. In einem etwas anderen Sinn bedeutet S. auch den Täter, der besonders Wirtschaftsdelikte begeht (sog. white-collar-crime).

Lit.: *Aly, G.,* Biedermann und Schreibtischtäter, 2. A. 1989

Schrift ist die Gesamtheit der Zeichen, die zur sichtbaren Wiedergabe einer Sprache benutzt werden, sowie das mit ihrer Hilfe geschaffene Werk. Ist in dem Privatrecht durch Gesetz – oder Rechtsgeschäft – schriftliche → Form vorgeschrieben, so muss die → Urkunde von dem → Aussteller eigenhändig durch Namensunterschrift oder mittels notariell beglaubigten Handzeichens unterzeichnet werden (§ 126 BGB). Als Ersatz ist die elektronische Form anerkannt, wobei die Beteiligten ausdrücklich oder durch schlüssiges Handeln ihre Anwendung billigen und deshalb mit dem Zugang einer elektronischen Willenserklärung rechnen müssen. Für bestimmende Schriftsätze wird die vorgeschriebene Schriftform durch ein elektronisches Dokument (e-mail) dagegen nicht gewahrt. Um die elektronische Form zu erfüllen, muss nach § 126a BGB der Aussteller der Erklärung seinen Namen hinzufügen und das elektronische Dokument mit einer qualifizierten elektronischen Signatur nach dem Signaturgesetz versehen. Bei einem Vertrag müssen die Parteien jeweils ein gleichlautendes elektronisches Dokument mit einer qualifizierten Signatur signieren. Die gewillkürte Schriftform einer Erklärung ist trotz Fehlens einer Unterschrift dann gewahrt, wenn die mit der Formvereinbarung angestrebte Klarheit erreicht ist. In dem Verfassungsrecht (Art. 5 GG) hat jeder das Recht, seine Meinung in Wort und S. frei zu äußern und zu verbreiten (→ Meinungsfreiheit). Allerdings kann die Verbreitung einer S. in bestimmter Weise strafbar sein (z.B. § 184 StGB pornographische S., § 90a StGB staatsverunglimpfende S., jugendgefährdende S. [Gesetz über die Verbreitung jugendgefährdender Schriften, jugendgefährdende Schriften sind dabei Schriften, Aufnahmen, Abbildungen oder Darstellungen, die Kinder oder Jugendliche sittlich gefährden]).

Lit.: *Nohadani, T.,* Zugang und Schriftform beim Telefax, 1997; *Seibt, A.,* Forensische Schriftgutachten, 1999; *Heinemann, J.,* Neubestimmung der prozessualen Schriftform, 2002; *Bloching, M. u.a.,* Schriftformklauseln, NJW 2009, 3393

Schriftform → Schrift, Form

schriftlich (Adj.) eine Schrift betreffend

schriftliches Verfahren → Verfahren, schriftliches

Schriftlichkeit → Schrift

Schriftsatz (z.B. § 129 ZPO) ist die schriftliche Erklärung (in einem Verfahren). Sie kann *vorbereitender* S., d.h. der Ankündigung des Vortrags in der Verhandlung dienender S. oder *bestimmender* S., d.h. eine Parteierklärung enthaltender S. (z.B. → Klage, Rechtsmittelbegründung) sein. Der bestimmende S. muss eigenhändig unterschrieben sein. Seit 5.4.2000 kann in Deutschland ein S. auch durch Computerfax mit eingescannter Unterschrift eingereicht werden.

Lit.: *Michel, H./Seipen, C. v. d.,* Der Schriftsatz des Anwalts im Zivilprozess, 6. A. 2004; *Gross, D.,* Grundstrukturen erfolgreicher Schriftsätze, JuS 1999, 171

Schriftwerk (§ 2 UrhG) ist das in einer → Schrift niedergelegte geistige Erzeugnis.

Schuld ist im Privatrecht einerseits die → Verpflichtung (→ Schuldverhältnis z.B. → Gattungsschuld, → Geldschuld) einer Person und andererseits überhaupt die Bewertung eines Verhaltens eines Menschen als vorwerfbar (→ Verschulden). Schuldformen sind dabei → Vorsatz und → Fahrlässigkeit. Im Strafrecht ist S. die rechtliche Vorwerfbarkeit. Dem Täter wird vorgeworfen, dass er rechtswidrig gehandelt hat, obwohl er unter den konkreten Umständen fähig war, sich von der Rechtspflicht zu normgemäßem Verhalten bestimmen zu lassen. Elemente der S. sind im Strafrecht (nach der finalen Handlungslehre) → Schuldfähigkeit, → Unrechtsbewusstsein (eventuell erforderliches spezielles Schuldmerkmal) und → Schuldausschließungsgründe (Entschuldigungsgründe). Nach § 46 StGB ist die S. des Täters die Grundlage für die Zumessung der → Strafe. Die S. ist um so schwerer, je einfacher für den Täter ein rechtstreues Verhalten gewesen wäre.

Lit.: *Kaufmann, A.,* Das Schuldprinzip, 2. A. 1976; *Frister, H.,* Die Struktur des voluntativen Schuldelements, 1993; *Christmann, R.,* Strafrechtliche Schuld und gesellschaftliche Wirklichkeit, 2002; *Rau, P.,* Schweigen als Indiz der Schuld, 2004; *Frister, H.,* Der strafrechtsdogmatische Begriff der Schuld, JuS 2013, 1057

Schuldanerkenntnis (§ 781 BGB) ist der einseitig verpflichtende → Vertrag, in dem der eine Teil (→ Schuldner) anerkennt, dem anderen Teil (→ Gläubiger) eine Leistung als abstrakte Verbindlichkeit zu schulden (*konstitutives* S.). Das S. bedarf einer schriftlichen Erteilung der Anerkenntniserklärung. Durch das S. entsteht eine neue → Schuld, die bei Fehlen eines Rechtsgrunds nur nach den §§ 812 ff. BGB herausverlangt werden kann. Von dem (konstitutiven) S. zu unterscheiden ist das *deklaratorische* S., bei dem das Entstehen oder Bestehen der bereits vorhandenen Schuld lediglich bestätigt werden soll, so dass nur auf bestehende Einwendungen verzichtet wird und bei Fehlen der Schuld überhaupt keine Verpflichtung vorliegt. Als *negatives* S. wird der Vertrag zwischen dem Schuldner und dem Gläubiger bezeichnet, in dem der Gläubiger anerkennt, dass keine Schuld besteht (§ 397 II BGB).

Lit.: *Baumann, W.,* Das Schuldanerkenntnis, 1992; *Popp, F.,* Das Schuldanerkenntnis, 2001 (Österreich); *Ehmann, E.,* Schuldanerkenntnis und Vergleich, 2005

Schuldausschließungsgrund ist der besondere, das → Verschulden ausschließende Grund (z. B. → Schuldunfähigkeit, entschuldigender → Notstand, entschuldigender → Verbotsirrtum, → Notwehrüberschreitung), bei dessen Vorliegen die von einer Schuld abhängigen Rechtsfolgen (→ Strafe, → Schadensersatz) nicht eintreten können.

Lit.: *Klimsch, M.,* Die dogmatische Behandlung des Irrtums über Entschuldigungsgründe, 1993

Schuldbeitritt → Schuldübernahme, kumulative

Lit.: *Bartels, K.,* Der vertragliche Schuldbeitritt, 2003

Schuldfähigkeit ist die Fähigkeit eines Menschen, schuldhaft zu handeln. Die S. ist Voraussetzung für → Schuld. Sie kann gänzlich fehlen (§§ 19, 20 StGB) oder vermindert sein (§ 21 StGB). Im Strafrecht ist schuldunfähig, wer bei Begehung der Tat noch nicht 14 Jahre alt ist. Ohne Schuld handelt, wer bei Begehung der Tat wegen einer krankhaften seelischen Störung, wegen einer tiefgreifenden → Bewusstseinsstörung oder wegen Schwachsinns oder einer schweren anderen seelischen Abartigkeit unfähig ist, das Unrecht der Tat einzusehen (→ Einsichtsfähigkeit) oder nach dieser Einsicht zu handeln (→ Steuerungsfähigkeit). Nach § 3 JGG ist ein → Jugendlicher, der zwar 14, aber noch nicht 18 Jahre alt ist, bedingt schuldfähig. Er ist strafrechtlich verantwortlich, wenn er zur Zeit der Tat nach seiner sittlichen und geistigen Entwicklung → reif genug ist, das Unrecht der Tat einzusehen und nach dieser Einsicht zu handeln. Im Strafrecht ist die erheblich verminderte S. (z. B. bei 2–3 Promille Blutalkohol) möglicher Strafmilderungsgrund (§ 21 StGB), doch können (seit 28.4.1997) Straftäter, die unter erheblichem Alkoholeinfluss eine Straftat begehen, nicht mehr damit rechnen, ohne Weiteres wegen verminderter S. milder bestraft zu werden. Im → Privatrecht ist nicht schuldfähig, wer nicht das 7. Lebensjahr vollendet hat (§ 828 I BGB), wer zwar das 7., nicht aber das 18. Lebensjahr vollendet hat oder taubstumm ist und bei Begehung der schädigenden Handlung nicht die zur Erkenntnis der Verantwortlichkeit erforderliche Einsicht hat (§ 828 III BGB), sowie grundsätzlich, wer im Zustand der → Bewusstlosigkeit oder in einem die freie Willensbestimmung ausschließenden Zustand krankhafter Störung der Geistestätigkeit einen → Schaden verursacht (§ 827 BGB).

Lit.: *Luthe, R.,* Die zweifelhafte Schuldfähigkeit, 1996; *Forster, B./Joachim, H.,* Alkohol und Schuldfähigkeit, 1997; *Kröber, L.,* Verminderte Schuldfähigkeit, 2001

Schuldform ist die Form oder Art des → Verschuldens. Schuldformen sind im Privatrecht nach § 276 I 1 BGB → Vorsatz und → Fahrlässigkeit. Im Strafrecht gehört nach der finalen Handlungslehre der Vorsatz nicht zur Schuld, sondern zum subjektiven Tatbestand.

Schuldinterlokut ist das (dem geltenden deutschen Strafprozessrecht unbekannte, vom → Urteil über die Straffrage getrennte) Zwischenurteil über die → Schuld.

Lit.: *Dölling, D.,* Die Zweiteilung der Hauptverhandlung, 1978

Schuldmerkmal ist das die → Schuld betreffende Merkmal. *Spezielles* S. ist im Strafrecht ein Merkmal, das den in der Tat zum Ausdruck kommenden Gesinnungsunwert näher beschreibt und das Maß dafür darstellt, inwieweit die Einstellung des Täters zum Recht mehr oder weniger tadelnswert erscheint (z. B. niedrige Beweggründe § 211 StGB, Rücksichtslosigkeit § 315c StGB). Das S. wird im Rahmen der Schuld nach der → Schuldfähigkeit und dem → Unrechtsbewusstsein geprüft.

Schuldmitübernahme → Schuldübernahme, kumulative

Schuldner ist der aus einem → Schuldverhältnis zu einer → Leistung Verpflichtete (z. B. der zur Kaufpreiszahlung verpflichtete Käufer, der zur Übereignung der Kaufsache verpflichtete Verkäufer). Der S. ist → Partei des → Schuldverhältnisses. Er kann zugleich → Gläubiger einer → Gegenleistung (z. B. Gläubiger des Anspruchs auf Übereignung der Kaufsache, Gläubiger des Anspruchs auf Übereignung des Kaufpreisgelds) sein.

Lit.: *Köbler, G.,* Schuldrecht, 2. A. 1995; *Büchmann, K.,* Der Schutz des Schuldners, 1997

Schuldnerverzeichnis (§ 882b ZPO) ist das vom zentralen → Vollstreckungsgericht geführte, auf Antrag von jedermann einsehbare Verzeichnis aller Personen, deren Eintragung der Gerichtsvollzieher, die Vollstreckungsbehörde oder das Insolvenzgericht angeordnet haben. Die Eintragung in das S. wird nach drei Jahren gelöscht (§ 882e ZPO).

Lit.: *Lappe, F.,* Die neue Schuldnerverzeichnisverordnung, NJW 1995, 1657; *Straub, G.,* Das Schuldnerverzeichnis, Diss. jur. Regensburg, 1995

Schuldnerverzug → Verzug

Schuldrecht (§§ 241 ff. BGB) ist das Recht der → Schuldverhältnisse. Das S. ist ein Teil des bürgerlichen → Rechts im engeren Sinn und gliedert sich in einen allgemeinen Teil und einen besonderen Teil. Im allgemeinen Teil sind der Begriff, die Arten, die Entstehung, der Inhalt, die Störungen und die Beendigung des Schuldverhältnisses allgemein geregelt. Der besondere Teil befasst sich mit den Besonderheiten von rund 25 einzelnen Schuldverhältnissen (z. B. → Kauf, unerlaubte → Handlung). Der wichtigste Grundsatz des Schuldrechts ist die → Privatautonomie (→ Vertragsfreiheit), die auch atypische Schuldverhältnisse ermöglicht. In Veränderung ist das S. seit seiner Entstehung, modernisiert wird das S. des Bürgerlichen Gesetzbuchs seit dessen Schaffung. Zwecks Umsetzung von Richtlinien der Europäischen Union und aus anderen sachlichen Gründen wurde am 26.11.2001 ein eigenes Gesetz zur Modernisierung des Schuldrechts erlassen, das zum 1.2.2002 in Kraft trat und in der anschließenden vollständigen Neubekanntmachung des Bürgerlichen Gesetzbuchs (BGBl. 2002, 42) berücksichtigt wurde.

Lit.: *Brox, H./Walker, W.,* Allgemeines Schuldrecht, 39. A. 2015; *Brox, H./Walker, W.,* Besonderes Schuldrecht, 39. A. 2015; *Medicus, D./Lorenz, S.,* Schuldrecht I Allgemeiner Teil, 20. A. 2012; *Medicus, D./Lorenz, S.,* Schuldrecht II Besonderer Teil, 17. A. 2014; *Köbler, G.,* Schuldrecht, 2. A. 1995; *Emmerich, V.,* BGB Schuldrecht Besonderer Teil, 15. A. 2015; *Looschelders, D.,* Schuldrecht Allgemeiner Teil, 11. A. 2013; *Looschelders, D.,* Schuldrecht Besonderer Teil, 8. A. 2013; *Brönneke, T./Tonner, K.,* Das neue Schuldrecht, 2014

Schuldrechtsänderungsgesetz ist das als Folge des Beitritts der Deutschen Demokratischen Republik zur Bundesrepublik Deutschland geschaffene Gesetz zur Angleichung unterschiedlicher schuldrechtlicher Verhältnisse.

Lit.: *Thiele, B. u.a.,* Schuldrechtsänderungsgesetz (Lbl.), 2. A. 1995; *Schnabel, G.,* Schuldrechtsänderungsgesetz, 1995

Schuldrechtsmodernisierung → Schuldrecht

Schuldschein (§ 371 BGB) ist die eine → Verpflichtung entweder begründende oder nur bestätigende, vom → Schuldner zwecks Sicherung des Beweises über das Bestehen der Schuld für den Gläubiger ausgestellte → Urkunde. Der S. ist nur Beweispapier, nicht dagegen → Wertpapier oder → Legitimationspapier. Er ist für die Schuld als solche nicht erforderlich. Wird er ausgestellt, so steht das → Eigentum an ihm dem Gläubiger zu (§ 952 I 1 BGB), doch kann der Schuldner bei Leistung seine Rückgabe (sowie eine → Quittung) verlangen (§ 371 S. 1 BGB).

Lit.: *Günther, H.,* Der Anspruch des Schuldners auf Rückgabe von Schuldschein, Inhaberschuldverschreibung und Wechsel, 1970; *Weber, A.,* Der Schuldschein, 2004

Schuldtheorie ist die im → Unrechtsbewusstsein ein vom Vorsatz (Tatbestandsvorsatz) getrenntes selbständiges Element der → Schuld sehende Theorie. Nach der S. lässt das Fehlen des Unrechtsbewusstseins den Vorsatz unberührt und betrifft als → Verbotsirrtum nur die → Schuld. Dabei sieht die *strenge* S. in jedem Irrtum über die Rechtswidrigkeit einen Verbotsirrtum, die – vorzuziehende – *eingeschränkte* S. nur in den Fällen des → Erlaubnisirrtums, nicht auch in den Fällen des → Erlaubnistatbestandsirrtums, für dessen Rechtsfolgen sie § 16 I 1 StGB (→ Fahrlässigkeit) anwendet.

Lit.: *Jurinek-Stinner, A.,* Schuldtheorie in der Krise, 1981

Schuldübernahme ist die vertragsweise Übernahme einer bestehenden → Schuld durch einen neuen → Schuldner. Die S. ist ein Fall der Parteiänderung in dem Schuldrecht. Bei der *privativen* S. wird der neue Schuldner verpflichtet und der alte Schuldner befreit, weshalb sie nur unter Mitwirkung (mindestens Zustimmung) des → Gläubigers erfolgen kann (§§ 414, 415 BGB). Bei der im Gesetz nicht geregelten *kumulativen* S. (Schuldmitübernahme, Schuldbeitritt) tritt durch Vertrag mit dem Gläubiger oder dem Schuldner oder kraft Gesetzes nur neben den alten Schuldner ein neuer Schuldner, ohne dass der alte Schuldner befreit wird, so dass sie ohne Mitwirkung des Gläubigers vereinbart werden kann,

weil sich seine Rechtsstellung durch diesen Vorgang jedenfalls nicht verschlechtert. Übernimmt der Erwerber eines Grundstücks die hypothekarisch gesicherte Schuld des Veräußerers und ist er als Eigentümer in das Grundbuch eingetragen und teilt er dem Gläubiger die Übernahme schriftlich mit dem Hinweis mit, dass er an die Stelle des bisherigen Schuldners trete, wenn die Genehmigung der Übernahme nicht binnen 6 Monaten verweigert wird, so gilt trotz Schweigens des Gläubigers mit Ablauf dieser Frist die Genehmigung der Übernahme als erteilt (§ 416 BGB, sog. Hypothekenübernahme).

Lit.: *Nörr, K. u.a.,* Sukzessionen, 2. A. 1999; *Maurer, T.,* Schuldübernahme, 2009

Schuldumschaffung (Novation) ist die (gesetzlich nicht geregelte, aber zulässige und bereits dem römischen Recht bekannte) Verbindung der vertraglichen → Aufhebung eines → Schuldverhältnisses mit der Begründung eines neuen Schuldverhältnisses in der Weise, dass das neue Schuldverhältnis an die Stelle des alten Schuldverhältnisses treten soll.

Schuldunfähigkeit ist die Unfähigkeit, schuldhaft zu handeln bzw. das Fehlen der → Schuldfähigkeit. Die S. ist Zurechnungsausschließungsgrund (Strafausschließungsgrund). Schuldunfähig sind Kinder und Geisteskranke (vgl. §§ 827 ff. BGB, § 20 StGB)

Schuldverhältnis ist das → Rechtsverhältnis zwischen mindestens zwei Personen, auf Grund dessen mindestens die eine Person der anderen etwas schuldet *(S. i. w. S.).* Dieses S. ist eine Rahmenbeziehung oder ein Organismus und steht etwa einem Sachenrechtsverhältnis gegenüber. Es kann je nach seinem Zustandekommen *rechtsgeschäftliches* S. (z. B. Kauf) oder *gesetzliches* S. (z. B. → Geschäftsführung ohne Auftrag, ungerechtfertigte → Bereicherung, unerlaubte → Handlung) sein. Es endet aus einer Reihe von anerkannten Gründen (§§ 362 ff. BGB). Zugleich ist S. auch die einzelne → Schuld des Schuldners (z. B. Kaufpreisschuld, *S. i. e. S.).* *Verwaltungsrechtliches* S. ist im → Verwaltungsrecht ein privatrechtsähnliches öffentlich-rechtliches Rechtsverhältnis (z. B. wegen der Entschädigungsansprüche nach Enteignung, wegen der Rückzahlung zuviel gezahlter Beamtenbezüge, wegen der Nutzung öffentlich-rechtlicher Einrichtungen). Es kann sich auf einen öffentlich-rechtlichen → Vertrag, einen → Verwaltungsakt, eine → Benutzungsordnung u. a. gründen. Bei ihm führt eine Verletzung von Pflichten zu → Schadensersatzansprüchen, bei denen der Einzelne günstiger gestellt ist als bei → Amtspflichtverletzungsansprüchen. Die Verwaltung kann aber ihre Haftung u. U. einschränken oder ausschließen.

Lit.: *Medicus, D.,* Gesetzliche Schuldverhältnisse, 6. A. 2013; *Keller, R.,* Vorvertragliche Schuldverhältnisse im Verwaltungsrecht, 1996; *Wandt, M.,* Gesetzliche Schuldverhältnisse, 7. A. 2015; *Schmidt, R.,* Gesetzliche Schuldverhältnisse, 10. A. 2015; *Oechsler, J.,* Vertragliche Schuldverhältnisse, 2013

Schuldverschreibung → Inhaberschuldverschreibung

Lit.: *Vogel, H.,* Das Schuldverschreibungsgesetz, 1996; *Vogel, H.,* Die Vergemeinschaftung, 2000; *Veranneman, P.,* Schuldverschreibungsgesetz, 2010

Schuldversprechen (§ 780 BGB) ist der einseitig verpflichtende → Vertrag, in dem der eine Teil (→ Schuldner) dem anderen Teil (→ Gläubiger) eine → Leistung als abstrakte → Verbindlichkeit verspricht. Die Versprechenserklärung bedarf der → Schriftform (§ 780 BGB). Ist das Versprechen ohne Rechtsgrund eingegangen, kann die darauf begründete → Schuld nach § 812 BGB herausverlangt werden.

Lit.: *Liena, A.*, Abstrakte Schuldversprechen im Auslandszahlungsverkehr, 1983; *Böttcher, C.*, Das abstrakte Schuldversprechen in der Kreditsicherung, 2007

Schuldzins ist der für eine Geldschuld zu leistende → Zins (, der im Steuerrecht Werbungskosten oder Betriebsausgabe sein kann).

Lit.: *Hidding, J.*, Der Abzug von Schuldzinsen, 2001

Schule ist die durch planmäßige Unterweisung grundlegende Kenntnisse vermittelnde Einrichtung zur Förderung der geistig-sozialen Entwicklung von Menschen, insbesondere von Kindern im Schulpflichtalter. Die S. ist in der Regel als nichtrechtsfähige → Anstalt des Schulträgers (Gemeinde, Kreis, Land, Kirche, Privatperson) ausgestaltet. Für die Unterrichtung in der Schule gilt das Schulrecht. (Rechtstatsächlich bestanden in Deutschland 1999 rund 20 000 Schulen.)

Lit.: *Rux, J./Niehues, N.*, Schulrecht, 5. A. 2013; *Staupe, J.*, Schulrecht von A–Z, 6. A. 2007; *Avenarius, H./Füssel, H.*, Schulrecht im Überblick, 2008; *Kramer, U.*, Grundfälle zu Art. 7 GG, JuS 2009, 1090; *Niehues, N./Fischer, E./Jeremias, C.*, Prüfungsrecht, 6. A. 2014

Schüler ist der die → Schule zwecks Förderung seiner geistig-sozialen Entwicklung besuchende Mensch.

Lit.: *Imo, H.*, Fragen und Antworten zur Schülerunfallversicherung, 8. A. 2011; *Mühlig, O.*, Die Kontrolle von Schülergewalt, 2004

Schulgewalt ist die → Gewalt des → Staates und seiner Schulorgane über die Schüler. Diese stehen zur Schule in einem besonderen → Gewaltverhältnis (Pflichtenverhältnis, str.), dem Schulverhältnis, dessen Einzelheiten durch → Gesetz, → Verordnung und → Verwaltungsvorschrift geregelt sind. Die wichtigsten Ausprägungen der Schulgewalt sind → Schulpflicht und Schuldisziplinargewalt. → Schule

Lit.: *Heckel, H.*, Die Grenzen der Schulgewalt, 1954

Schulpflicht ist die öffentlich-rechtliche → Verpflichtung zum Besuch einer → Schule (vom 6. bis zum 17./18. Lebensjahr). Sie ist eine Ausformung der → Schulgewalt. Sie rechtfertigt sich aus der sozialstaatlichen → Daseinsvorsorge. Die S. ist in besonderen Schulgesetzen (Landesschulgesetzen) festgelegt. Sie kann durch Zwangsmaßnahmen verwirklicht werden (Schulzwang). → Schule

Lit.: Sammlung schul- und prüfungsrechtlicher Entscheidungen (Lbl.), hg. v. *Knudsen, H.*, 2000 ff.; *Ehmann, C.*, Schulversäumnisse und sozialer Ausschluss, 2003

Schulze (Schultheiß, Schuldheischer) ist im mittelalterlichen und neuzeitlichen deutschen Recht der Inhaber eines örtlichen, niederen → Amtes der Verwaltung und Gerichtsbarkeit.

Schulzwang → Schulpflicht

Schuman-Plan ist der am 9.5.1950 von Robert Schuman als Außenminister Frankreichs zum Zweck vorbeugender Rüstungskontrolle Deutschlands vorgeschlagene Plan, die Kohle- und Stahlindustrie Frankreichs, Deutschlands und anderer, überwiegend frankophiler europäischer Länder zusammenzulegen und einer gemeinsamen Hohen Behörde zu unterstellen. → Montanunion, → Europäische Union

Lit.: *Hahn*, Der Schuman-Plan, 1953; *Breuss, F.*, Vom Schuman-Plan zum Vertrag von Amsterdam, 2000

Schutzbereich ist ein Bereich, der einem besonderen Schutz unterliegt. Im Verwaltungsrecht ist S. ein Gebiet, in dem zum Schutz und zur Erhaltung der Wirksamkeit von Verteidigungsanlagen die Benutzung von → Grundstücken auf Grund besonderer Anordnung der zuständigen Behörde beschränkt ist (§§ 1 ff. SchutzbereichG von 1956). Im Privatrecht ist S. *einer Norm* der sachliche bzw. persönliche Bereich, zu dessen Schutz der betreffende → Rechtssatz geschaffen worden ist, so dass ein außerhalb des Schutzbereichs liegender → Sachverhalt von der → Rechtsfolge der betreffenden Norm nicht mehr erfasst wird. Der S. der Norm ist insbesondere bedeutsam bei § 823 II BGB (z. B. Jugendschutzgesetz soll nicht vor Verletzung bei Arbeit, sondern nur vor Schädigung durch Arbeit schützen).

Lit.: *Baston-Vogt, M.*, Der sachliche Schutzbereich des zivilrechtlichen allgemeinen Persönlichkeitsrechts, 1997; *Dolder, F.*, Der Schutzbereich von Patenten, 1999; *Schurer, R.*, Der Schutzbereich der Eingriffskondiktion, Diss. jur. Tübingen 2000

Schutzbriefversicherung ist die mit Hilfe eines sog. Schutzbriefs erfolgende Versicherung gegen Schaden in Zusammenhang mit Kraftfahrzeugen.

Lit.: *Hofmann, E.*, Schutzbriefversicherung, 1996

Schutzgesetz (§ 823 II BGB) ist der Rechtssatz, der nicht lediglich die Allgemeinheit, sondern mindestens auch einen oder mehrere Einzelne schützt (z. B. §§ 229, 303, 323c StGB, §§ 31 ff. WpHG, nicht z. B. § 32 II Nr. 1 WpHG). Die Verletzung eines Schutzgesetzes kann nach § 823 II BGB eine → Schadensersatzpflicht begründen. Voraussetzung ist dabei aber jedenfalls, dass alle Tatbestandsmerkmale des Schutzgesetzes (einschließlich Rechtswidrigkeit und Schuld) erfüllt sind.

Lit.: *Bistritzki, W.*, Voraussetzungen für die Qualifikation einer Norm als Schutzgesetz, 1981; *Konold, R.*, Gestreckte Schutzgesetze, 2000; *Maier-Reimer, G.*, Schutzgesetze, NJW 2007, 3157

Schutzpflicht (§ 241 II BGB) ist die Verhaltenspflicht zum Schutz eines bestimmten → Rechtsguts. Die S. führt wie die Verantwortlichkeit für eine bestimmte Gefahrenquelle zu einer → Garantenstellung (, wobei etwa einer psychiatrischen Klinik beispielsweise nicht die S. auferlegt wird, alle Türen und Fenster einer offenen Station verschlossen zu halten). Eine S. kann sich ergeben aus besonderen Rechtssätzen, freiwilliger tatsächlicher Übernahme oder enger Gemeinschaft.

Lit.: *Müller, L.,* Schutzpflichten im bürgerlichen Recht, JuS 1998, 894

Schutzrecht ist das dem Schutz einer Person vor Nachteilen dienende Recht (z. B. gewerbliche Schutzrechte wie Patent, Gebrauchsmuster, Geschmacksmuster, Marke oder Arbeitnehmererfindungsrecht). → Rechtsschutz

Lit.: *Rebel, D.,* Gewerbliche Schutzrechte, 7. A. 2014

Schutzrechtsverwarnung ist die Verwarnung wegen der Verletzung eines → Schutzrechts.

Lit.: *Blaurock, U.,* Die Schutzrechtsverwarnung, 1970; *Reuthal, P.,* Die unberechtigte wettbewerbsrechtliche Abmahnung, 1985

Schutzschrift ist die (im Wettbewerbsrecht entwickelte,) dem Schutz von Rechten dienende Schrift. Die S. wird unabhängig von einem Rechtsstreit vorbeugend bei Gericht hinterlegt, um zu verhindern, dass in einem zu erwartenden Verfahren des vorläufigen → Rechtsschutzes bestehende oder behauptete Rechte nur deswegen nicht berücksichtigt werden, weil das Gericht ohne aufwendiges Beweisverfahren oder ohne mündliche Verhandlung entscheidet und ein rechtzeitiges Vorbringen der eigenen Rechtsposition demzufolge nicht möglich ist. Die S. ist gesetzlich nicht geregelt, wird aber auf den Grundsatz des rechtlichen → Gehörs gestützt. Rechtstatsächlich werden jährlich etwa 20 000 Schutzschriften bei Gerichten Deutschlands hinterlegt.

Lit.: *Wehlau, A.,* Die Schutzschrift, 2015

Schutzzweck einer Norm ist das Ziel, zu dessen Schutz ein → Rechtssatz aufgestellt worden ist.

Lit.: *Degener, W.,* Die Lehre vom Schutzzweck der Norm und die strafgesetzlichen Erfolgsdelikte, 2001

Schwabenspiegel ist in der Rechtsgeschichte die neuzeitliche Bezeichnung für ein wohl in Augsburg um 1275 auf der Grundlage des → Deutschenspiegels – und damit letztlich des → Sachsenspiegels – entstandenes Rechtsbuch (Kaiserrecht), das in Oberdeutschland sehr weite Verbreitung erfahren hat.

Lit.: http://www.koeblergerhard.de/Fontes/Fontes.htm; Der Schwabenspiegel, hg. v. *Lassberg, F.,* 1840; *Köbler, G.,* Zielwörterbuch integrativer europäischer Rechtsgeschichte, 6. A. 2014 (Internet); Der Schwabenspiegel, übers. v. *Derschka, R.,* 2002

Schwager → Schwägerschaft

Schwägerin → Schwägerschaft

Schwägerschaft (§ 1590 BGB) ist das Verhältnis der → Verwandten eines Ehegatten zu dem anderen Ehegatten (z. B. Bruder der Ehefrau [Schwager des Ehemanns, S. zweiten Grades in der Seitenlinie], Schwester des Ehemanns [Schwägerin der Ehefrau], Schwiegereltern [S. ersten Grades in gerader Linie], Stiefkinder u. a.), wobei Linie und Grad der S. durch

den Grad der jeweiligen Verwandtschaft bestimmt werden. Die S. dauert fort, auch wenn die → Ehe, durch die sie begründet wurde, aufgelöst ist. Die S. begründet im Strafrecht ein Verhältnis als → Angehöriger (§ 11 I Nr. 1a StGB, Verschwägerte in gerader Linie, Geschwister der Ehegatten).

Lit.: *Peter, B.,* Ausgewählte Probleme des neuen Eheschließungsrechts, 2001

schwanger (Adj.) eine Leibesfrucht im Leib tragend

Schwangerschaft ist allgemein der von der Befruchtung eines Eies bis zur → Geburt eines → Kindes reichende Zeitabschnitt im Leben einer Frau. Im Arbeitsrecht begründet die S. den → Mutterschutz. Eine Bewerberin um eine befristete Arbeitsstelle darf nicht deswegen abgelehnt werden, weil sie wegen S. nicht von Anfang an eingesetzt werden darf. → Schwangerschaftsabbruch

Schwangerschaftsabbruch (§ 218 StGB, Abtreibung) ist der Abbruch der → Schwangerschaft nach Abschluss der Einnistung des befruchteten Eies in die Gebärmutter der Frau. Der S. wird mit Freiheitsstrafe bis zu drei Jahren oder mit Geldstrafe bestraft. Der Versuch des Schwangerschaftsabbruchs ist strafbar, ausgenommen für die Schwangere selbst. Der S. ist straflos (§ 218a StGB), wenn erstens die Schwangere den S. verlangt und dem Arzt durch eine Bescheinigung einer Beratungsstelle nachgewiesen hat, dass sie sich mindestens drei Tage vor dem Eingriff hat beraten lassen, zweitens der S. von einem Arzt vorgenommen wird und drittens seit der Empfängnis nicht mehr als zwölf Wochen vergangen sind. Der mit Einwilligung der Schwangeren von einem Arzt vorgenommene S. ist nicht rechtswidrig, wenn er angezeigt ist, um eine Gefahr für das Leben oder die Gefahr einer schwerwiegenden Beeinträchtigung des körperlichen oder seelischen Gesundheitszustands der Schwangeren abzuwenden, die zumutbar nicht anders abgewendet werden können. Von einer derartigen Lage wird auch ausgegangen, wenn die Schwangerschaft vermutlich auf einer Tat nach §§ 176 bis 179 StGB beruht und seit der Empfängnis nicht mehr als zwölf Wochen vergangen sind. Die Schwangere ist nicht nach § 218 StGB strafbar, wenn der S. nach Beratung von einem Arzt vorgenommen worden ist und seit der Empfängnis nicht mehr als 22 Wochen verstrichen sind (§ 218a IV 1 StGB). Das Gericht kann von Strafe absehen, wenn die Schwangere sich zur Zeit des Eingriffs in besonderer Bedrängnis befunden hat. Eine Minderjährige bedarf zum S. der Zustimmung des gesetzlichen Vertreters. (Seit 6.7.1999 ist im Übrigen das Medizinprodukt Mifegyne zum S. bis zum 49. Tag der Schwangerschaft freigegeben, doch hat sich der Sondervertriebsweg gemäß § 47a I ArzneimittelG bisher nicht bewährt.)

Lit.: *Roloff, J.,* Schwangerschaftsabbruch, 1997; *Link, I.,* Schwangerschaftsabbruch bei Minderjährigen, 2004

Schwarzarbeit ist die ohne die gesetzlich vorgeschriebene Anmeldung bei der zuständigen → Behörde ausgeführte, Abgabenersparnis ermöglichende → Arbeit. S. ist bei erheblichem Umfang und Gewinnsucht eine → Ordnungswidrigkeit sowohl des

→ Arbeitnehmers wie auch des → Arbeitgebers. Sie führt nicht zur → Nichtigkeit des privatrechtlichen → Dienstvertrags. Ihrer Bekämpfung dienten bzw. dienen u. a. das Gesetz zur Bekämpfung der illegalen Beschäftigung vom 5.12.1981 und das Gesetz zur Bekämpfung der S. vom 30.5.1957 in der Fassung vom 1.1.1982 bzw. 26.7.1994 bzw. 23.8.2004. Ihren sozialen Grund hat die S. in der hohen Abgabenbelastung der behördlich überwachten Arbeitseinkommen bzw. in der Geldgier der Allgemeinheit.

Lit.: *Marschall, D.,* Bekämpfung illegaler Beschäftigung, 3. A. 2003; *Laitenberger, A.,* Beitragsvorenthaltung, Minijobs und Schwarzarbeitsbekämpfung, NJW 2004, 2703

Schwarzfahren ist das Benutzen eines öffentlichen Verkehrsmittels ohne Leistung des dafür vorgesehenen Entgelts. Das S. ist ein Fall des strafbaren Erschleichens einer Beförderung (§ 265a I StGB), wenn der Täter Sicherungsmaßnahmen umgeht (str.). Die Zahl der Schwarzfahrten in Deutschland wird auf (1995) jährlich 120 Millionen geschätzt.

Lit.: *Weth, S.,* Zivilrechtliche Probleme des Schwarzfahrens, JuS 1998, 795; *Exner, T.,* Strafbares „Schwarzfahren", JuS 2009, 990; *Putzke, C. u. a.,* Schwarzfahren als Beförderungserschleichung, JuS 2012, 500

Schwarzgeld ist das unter Verstoß gegen Rechtssätze erlangte, insbesondere vor der Steuerverwaltung verheimlichte → Geld. Es ist vielfach Gegenstand der → Geldwäsche. Als Ergebnis einer Straftat kann es der Einziehung unterliegen.

Lit.: *Götzenberger, A.,* Schwarzgeld-Anlage in der Praxis, 7. A. 2002; *Wieland, J.,* Schwarze Kassen, NJW 2005, 110

Schwarzkauf ist der Kauf eines Grundstücks zu einem im Vergleich zum beurkundeten Preis höheren tatsächlichen Preis zwecks Steuereinsparung und Gebühreneinsparung. Der Kauf zum beurkundeten Preis ist als → Scheingeschäft nichtig, der Kauf zum tatsächlichen Preis ist wegen Formmangels nichtig (§§ 117 II, 313, 125 BGB). Die Auflassung und die Eintragung des Erwerbers in das Grundbuch heilen den Mangel der Form (§ 313 S. 2 BGB).

Lit.: *Köbler, G.,* Schuldrecht, 2. A. 1995; *Keim, C.,* Keine Bindungswirkung des nicht vollzogenen Schwarzkaufs, JuS 2001, 636

schwebende Unwirksamkeit → Unwirksamkeit, schwebende

Schweden ist der von Norwegen, Finnland und der Ostsee begrenzte nordeuropäische Staat, der zum 1.1.1995 der → Europäischen Union beigetreten ist.

Lit.: *Köbler, G.,* Historisches Lexikon der deutschen Länder, 7. A. 2007; Swedish law, hg. v. *Bengtsson, B. u. a.,* 1994; *Ring, G./Olsen-Ring, L.,* Einführung in das skandinavische Recht, 2. A. 2014

Schweigen ist das Unterlassen einer Willensäußerung. S. ist, soweit es nicht als schlüssiges → Handeln auszulegen ist, keine → Willenserklärung (vgl. aber BGH NJW 1995, 1733). Im Schuldrecht kann S. unter bestimmten Voraussetzungen eine → Schadensersatzpflicht begründen (§ 663 BGB), im Handelsrecht unter bestimmten Voraussetzungen als → Annahme eines → Antrags gelten (§ 362 HGB).

Lit.: *Ebert, I.,* Schweigen im Vertrags- und Deliktsrecht, JuS 1999, 754; *Rau, P.,* Schweigen als Indiz der Schuld, 2004; *Fischinger, P.,* Grundfälle zur Bedeutung des Schweigens, JuS 2015, 294ff.

Schweigepflicht ist die Pflicht, Kenntnisse oder Mitteilungen nicht weiterzugeben. Die Verletzung bestimmter Schweigepflichten ist strafbar (§ 203 StGB). Im Übrigen kann sie → Vertragspflichtverletzung sein.

Lit.: *Weber, A.,* Die Schweigepflicht des Betriebsrats, 2000; *Huffer, H.,* Schweigepflicht im Umbruch, NJW 2002, 1382; *Bast, M.,* Die Schweigepflicht der Ärzte, 2003

Schweiz ist der aus der 1231/1240 vom deutschen König bzw. Kaiser zur Sicherung der Alpenpässe gewährten Reichsunmittelbarkeit der Leute von Uri und Schwyz im Zusammenschluss mit weiteren, ehemals den Grafen von Habsburg unterstehenden Gebieten seit 1291 allmählich erwachsene, 1648 aus dem → Deutschen Reich verselbständigte Staat. Seine dauernde → Neutralität wurde 1815 anerkannt. Die Verfassung vom 12.9.1848 machte aus dem lockeren, gemischtsprachigen Staatenbund einen festeren Bundesstaat. In diesem wurde nach dem Vorbild des Dresdner Entwurfs eines Obligationenrechts (1866) 1881 zunächst das Obligationenrecht (Schuldrecht) einheitlich geregelt. Dem schloss sich 1907 ein 1912 in Kraft getretenes, 1926 durch die Türkei übernommenes, inhaltlich mit dem Obligationenrecht in der Einheit bildendes Zivilgesetzbuch mit 977 Artikeln an. 1942 wurde ein Strafgesetzbuch geschaffen. Am 21.6.1999 einigten sich die S. und die → Europäische Union auf sieben Abkommen zur Verbesserung ihrer Beziehungen (Personenverkehr, Landverkehr, Luftverkehr, öffentliches Beschaffungswesen, Forschung, Landwirtschaft, technische Handelshemmnisse). Zum 1.1.2000 wurde die Verfassung überarbeitet (z. B. Streikrecht, Sozialziele, Recht des Kindes). Staatsoberhaupt ist der jährlich unter den sieben Mitgliedern des Bundesrats (bzw. der Bundesregierung) wechselnde Bundespräsident. Gesetzgeber ist die Bundesversammlung (Nationalrat und Ständerat). Am 5.6.2005 sprachen sich die Schweizer für einen Beitritt zu den Schengenabkommen aus. Am 1.1.2007 ist ein Bundesgerichtsgesetz und ein Verwaltungsgerichtsgesetz in Kraft getreten. Am 19.12.2008 verabschiedeten Nationalrat und Ständerat eine die 26 Prozessordnungen der Kantone ersetzende Zivilprozessordnung, die am 1.1.2011 in Kraft trat, am 5.7.2007 eine schweizerische Strafprozessordnung.

Lit.: *Köbler, G.,* Historisches Lexikon der deutschen Länder, 7. A. 2007; Eidgenössischer Staatskalender, hg. v. d. Bundeskanzlei, vertrieben v. d. Eidgenössischen Drucksachen- und Materialzentrale, CH 3000 Bern; *Carlen, L.,* Rechtsgeschichte der Schweiz, 3. A. 1988; Schweizerische Gesetze (Lbl.), hg. v. *Rehbinder, M./ Zäch, R.,* 55. A. 2015; Der Einfluss des europäischen Rechts auf die Schweiz, hg. v. *Zäch, R.,* 1999; *Wittibschlager, M.,* Einführung in das schweizerische Recht, 2000; Bundesgerichtsgesetz, hg. v. *Niggli, M. u. a.,* 2. A. 2011; *Riklin, F.,* Schweizerisches Strafrecht, 3. A. 2007;

Tschannen, P., Staatsrecht der schweizerischen Eidgenossenschaft, 3. A. 2011; *Forstmoser, P. u. a.,* Einführung in das Recht, 5. A. 2012; *Benesch, S.,* Das Freizügigkeitsabkommen zwischen der Schweiz und der Europäischen Gemeinschaft, 2007; *Sutter-Somm, T.,* Schweizerisches Zivilprozessrecht, 2. A. 2012; *Seiler, H.,* Einführung in das Recht, 3. A. 2009; *Jaag, T.,* Europarecht – Die europäischen Institutionen aus schweizerischer Sicht, 2. A. 2009; Schweizerische Zivilprozessordnung, hg. v. *Spühler, K. u. a.,* 2010; *Zen-Ruffinen, P.,* Petit lexique juridique allemand-français, 7. A. 2010

schwer (Adj.) gewichtig, bedeutsam

Schwerbehinderter bzw. schwerbehinderter Mensch (§§ 68 ff. SGB IX) ist der infolge körperlicher, geistiger oder seelischer Behinderung nicht nur vorübergehend um mindestens 50 Prozent in seiner → Erwerbsfähigkeit geminderte Mensch. Der Schwerbehinderte wird im Arbeitsleben besonders geschützt (Beschäftigungspflicht, Kündigungsschutz). → Arbeitgeber sind grundsätzlich verpflichtet, einen bestimmten Anteil der Arbeitsplätze mit Schwerbehinderten zu besetzen oder eine Ausgleichsabgabe zu entrichten. Der Schwerbehinderte ist so einzusetzen, dass er seine Fähigkeiten und Kenntnisse möglichst voll verwerten und weiterentwickeln kann. (In Deutschland 1990 5,3 Millionen Schwerbehinderte, 2001 6,6 Millionen)

Lit.: *Neumann, D./Pahlen, R./Majerski-Pahlen, M.,* Sozialgesetzbuch IX, 12. A. 2010; *Majerski-Pahlen/Pahlen,* Mein Recht als Schwerbehinderter, 8. A. 2009; *Cramer/Fuchs/Hirsch/Ritz,* SGB IX, 6. A., 2011

Schwerbeschädigter (§§ 1, 31 III BVG) ist der infolge einer gesundheitlichen Schädigung (z. B. im Krieg, als Soldat, als Opfer) nicht nur vorübergehend um wenigstens 50 Prozent in seiner → Erwerbsfähigkeit geminderte Mensch. Der S. kann u. U. eine → Rente erhalten oder früher → Altersruhegeld beantragen.

schwere Brandstiftung → Brandstiftung, schwere

Schwere der Schuld → Schuld

schwere Körperverletzung → Körperverletzung, schwere

Schwurgericht (§§ 74 II, 76 II GVG) ist die mit drei → Richtern einschließlich des Vorsitzenden und zwei → Schöffen besetzte → Strafkammer bei den in § 74 II GVG bezeichneten Strafsachen (z. B. → Mord, → Totschlag und zahlreichen anderen Straftaten mit Todesfolge). Im älteren und ausländischen Recht ist S. das mit 3 Richtern und 12 → Geschworenen besetzte Gericht, bei dem die Geschworenen über die Schuldfrage entscheiden.

Lit.: *Kissel, O./Mayer, H.,* Gerichtsverfassungsgesetz, 8. A. 2015; *Jonakait, R.,* The American jury system, 2003; *Huber, M.,* Grundwissen Strafprozessrecht Schwurgericht, JuS 2009, 406

Scire leges non est verba earum tenere, sed vim ac potestatem (lat.). Die Gesetze kennen heißt nicht, ihren Wortlaut zu beherrschen, sondern ihren Sinn und ihre Tragweite (Digesten 1. 3. 17) (bzw. Verstehen ist mehr als Wissen)

Lit.: *Liebs, D.,* Lateinische Rechtsregeln, 7. A. 2007

secundum legem (lat.) entsprechend dem Gesetz

SED (Sozialistische Einheitspartei Deutschlands) ist die 1946 durch Zusammenschluss von Kommunistischer Partei und Sozialdemokratischer Partei entstandene Einheitspartei der sowjetischen Besatzungszone bzw. (1949) Deutschen Demokratischen Republik, die sich 1989 in Partei des demokratischen Sozialismus (PDS) umbenannte.

Lit.: *Köbler, G.,* Deutsche Rechtsgeschichte, 6. A. 2005

Seerecht ist die Gesamtheit der die See und die Seeschifffahrt betreffenden Rechtssätze. Das S. ist teils Völkerrecht, teils staatliches Recht (vor allem Seehandelsrecht, §§ 476 ff. HGB). Es betrifft auch das → Arbeitsrecht, das → Versicherungsrecht und das → Verwaltungsrecht.

Lit.: *Rabe, D.,* Seehandelsrecht, 4. A. 2000; Internationales Seerecht, hg. v. *Platzöder, R./Grunenberg, H.,* 1990; *Beckert/Breuer,* Öffentliches Seerecht, 1991; Das UN-Seerechtsübereinkommen, hg. v. *Erbguth, W.,* 1994; *Herber, R.,* Seehandelsrecht, 1999; Handbuch des Seerechts, hg. v. *Vitzthum, W. Graf v.,* 2006; *Schwampe, D.,* Seekaskoversicherung, 2009; *Krafft, M.,* Der Seefrachtvertrag, 2009; *Bubenzer, C. u. a.,* Seearbeitsgesetz, 2015

Seitenlinie → Linie

Sektorenverordnung ist die das Recht der Sektorenvergabe festlegende Verordnung.

Lit.: *Eschenbruch/Opitz,* Sektorenverordnung, 2012

Selbständig (§ 84 I 2 HGB) ist, wer im Wesentlichen frei seine Tätigkeit gestalten und seine → Arbeitszeit bestimmen kann (persönliche Freiheit, z. B. bei Tankstellenpächter, Wirtschaftsprüfer, Vorstandsmitglied). Der selbständige Gewerbetreibende kann Handelsvertreter sein. Im Schuldrecht ist die Leistung selbständiger → Dienste Gegenstand des bürgerlichrechtlichen → Dienstvertrags, der im relativen Gegensatz zum → Arbeitsvertrag steht. (In Deutschland wird für 2002 eine Zahl von rund 2,5 Millionen Scheinselbständigen geschätzt.)

Lit.: *Schaub, G./Reiserer, K.,* Ich mache mich selbständig, 6. A. 2008; *Schmidt, B./Schwerdtner, P.,* Scheinselbständigkeit, 2. A. 2000; *Henrici, H.,* Der rechtliche Schutz für Scheinselbständige, 2002; *Reiserer, K. u. a.,* Scheinselbständigkeit, NJW 2003, 180; *Winistörfer, N.,* Ich mache mich selbständig, 12. A. 2001 (Schweiz)

Selbstanzeige ist die (vielfach strafbefreiende) Anzeige eines (möglicherweise) rechtswidrigen Verhaltens durch den Täter (z. B. im Steuerrecht oder im Disziplinarrecht).

Lit.: *Stahl, R.,* Selbstanzeige und strafbefreiende Erklärung, 2. A. 2004; *Gehm, M.,* Die Selbstanzeige nach § 371 AO, NJW 2010, 2161; *Müller, J.,* Die Selbstanzeige im Steuerstrafverfahren, 2012; *Rolletschke, S./Roth, D.,* Die Selbstanzeige, 2015

Selbstauflösungsrecht ist das Recht eines Verbands oder einer sonstigen Personenmehrheit, sich durch eigene Entscheidung aufzulösen. Das S. ist im Privatrecht auf Grund der → Privatautonomie grundsätzlich ohne Weiteres gegeben. Nach dem → Grundgesetz hat der → Bundestag kein S.

Lit.: *Lemke, S.,* Die Auswirkungen eines Selbstauflösungsrechts des Bundestages, 1995

Selbstbedienung ist die Bedienung durch den Nutzer oder Verbraucher selbst statt durch einen Bediensteten des Unternehmers. Die S. hat sich als kostensparend in dem Einzelhandel und an den Tankstellen durchgesetzt. Problematisch und der Korruption ähnlich ist die dem Insichgeschäft vergleichbare S. durch Angehörige des öffentlichen Bereichs mit öffentlichen Mitteln, Stellen und Nutzungsrechten zum privaten Wohl (z. B. Diätenerhöhungen für Parlamentarier durch diese selbst, ausschließliche Nutzung eines öffentlichen Universitätsinstruments durch den Kustos, ausschließliche Vergabe freier Planstellen an Behördenangehörige oder Parteimitglieder und ihre Klientel).

Selbstbelieferungsklausel ist die Klausel, dass ein → Kauf, bei dem der Verkäufer sich die zu leistende Sache erst selbst beschaffen muss, unter der Bedingung abgeschlossen wird, dass ihm die Beschaffung gelingt.

Selbstbestimmungsrecht ist das Recht des Einzelnen und der Gruppen auf freigewählte und eigenverantwortliche Gestaltung der eigenen Angelegenheiten. Es ist innerhalb gewisser Schranken durch Art. 2 GG gewährleistet. Im Völkerrecht ist S. der (theoretische) Anspruch jedes → Volkes (z. B. Kurden) auf freie Entscheidung hinsichtlich eines Zusammenschlusses zu einem selbständigen → Staat, der auch dazu führt, dass eine Einverleibung eines Staates oder Staatsteils nur mit Zustimmung der betroffenen Bevölkerung zulässig ist. *Informationelles* S. ist das in auf Grund von Art. 2 I, Art. 1 GG anerkannte Recht des Einzelnen, grundsätzlich selbst über die Preisgabe und Verwendung der ihn betreffenden persönlichen → Daten zu bestimmen. Einschränkungen dieses Rechts sind nur im überwiegenden Interesse der Allgemeinheit und nur auf der Grundlage eines Gesetzes zulässig.

Lit.: *Cole, M./West, R.,* The Right of Self-Determination of Peoples and its Application to Indigenous Peoples in the USA, 2000; *Mett, F.,* Das Konzept des Selbstbestimmungsrechts der Völker, 2004; *Hilpold, P.,* Das Selbstbestimmungsrecht der Völker, 2009; *Fisch, J.,* Das Selbstbestimmungsrecht der Völker, 2010

Selbstbindung ist die → Bindung durch eigenes Handeln. Im Verwaltungsrecht ist eine S. der → Verwaltung möglich, sofern die Verwaltung einen Entscheidungsspielraum hat. Nach Art. 3 I GG hat sie diesen in grundsätzlich gleicher Weise auszufüllen, so dass sie einer Bindung an ihre ersten Entscheidungen und ihre selbstgesetzten Maßstäbe unterliegt.

Lit.: *Menzel, C.,* Zur Bedeutung staatlicher Selbstbindung in der Umweltpolitik, 2002

Selbsteintritt ist der Eintritt einer Person, die ein Geschäft nur vermitteln oder ausführen soll, als → Partei dieses Geschäfts. Der S. ist grundsätzlich zulässig (§§ 400, 458 HGB). Er begründet aber gewisse veränderte Rechtsfolgen gegenüber der bloßen Vermittlungstätigkeit oder Ausführungstätigkeit.

Lit.: *Jungfleisch, H.,* Der Selbsteintritt des Spediteurs, 1984; *Guttenberg, U.,* Weisungsbefugnisse und Selbsteintritt, 1992

Selbsthilfe ist die Durchsetzung oder Sicherung eines → Anspruchs durch eigenes → Handeln. Mit dem Vordringen staatlicher Gewalt ist die S. immer mehr zurückgedrängt worden. Nach § 229 BGB ist die Wegnahme, Zerstörung oder Beschädigung einer → Sache, die → Festnahme eines fluchtverdächtigen Verpflichteten und die gewaltsame Beseitigung des Widerstands eines Verpflichteten gegen eine Handlung, die dieser zu dulden verpflichtet ist, zum Zweck der S. nicht widerrechtlich, wenn obrigkeitliche Hilfe nicht rechtzeitig zu erlangen ist und ohne sofortiges Eingreifen die Gefahr besteht, dass die Verwirklichung des Anspruchs vereitelt oder wesentlich erschwert werde.

Lit.: *Schünemann, B.,* Selbsthilfe im Rechtssystem, 1985; *Werner, O.,* Staatliches Gewaltmonopol und Selbsthilfe im Rechtsstaat, 1999; *Duchstein, M.,* Die Selbsthilfe, JuS 2015, 105

Selbsthilferecht ist das → Recht, einen → Anspruch durch eigenes Handeln (Selbsthilfe) durchzusetzen oder zu sichern. Ein S. besteht nur ganz vereinzelt (§§ 229, 859, 562b, 704 BGB). Im Übrigen ist jedermann auf Inanspruchnahme → staatlicher Hilfe zur Verwirklichung seiner Rechte angewiesen.

Selbsthilfeverkauf (§ 383 BGB, § 373 HGB) ist der → Verkauf geschuldeter beweglicher – hinterlegungsunfähiger oder verderblicher – → Sachen für Rechnung des Gläubigers durch öffentliche → Versteigerung. Der S. ist unter bestimmten Voraussetzungen zulässig. Der Erlös tritt bei → Hinterlegung an die Stelle der veräußerten Sache.

Lit.: *Jenisch, D.,* Der Selbsthilfeverkauf in Theorie und Praxis, 1973

Selbstkontrahieren → Insichgeschäft

Selbstmord (Selbsttötung) ist die gewollte Beendigung des eigenen Lebens. Der S. ist weder grundrechtlich garantiert noch strafrechtlich verboten. Es gibt daher auch keinen → Versuch und keine → Anstiftung oder → Beihilfe zum S. als Straftatbestände. Strafbar kann aber die Tötung durch → Unterlassung sein, falls eine → Garantenstellung besteht (str.). Strafbar ist die mittelbare Selbsttötung.

Lit.: *Ringel, E.,* Der Selbstmord, 9. A. 2005; *Günzel, F.,* Das Recht auf Selbsttötung, 2000

Selbstorganschaft (Eigenorganschaft) ist die Geschäftsführung durch einen Gesellschafter, mehrere Gesellschafter oder alle Gesellschafter selbst (im Gegensatz zur → Drittorganschaft bzw. Fremdorganschaft).

Lit.: *Heidemann, G.,* Der zwingende oder dispositive Charakter des Prinzips der Selbstorganschaft, Diss. jur. Bayreuth 1999; *Köhl, D.,* Einfluss der europäischen wirtschaftlichen Interessenvereinigung, 2001

selbstschuldnerisch (Adj.) wie als Schuldner verpflichtend

selbstschuldnerische Bürgschaft → Bürgschaft, selbstschuldnerische

Selbstverteidigung ist die (rechtmäßige) → Abwehr eines (rechtswidrigen) → Angriffs (→ Notwehr) oder einer drohenden → Gefahr (→ Notstand).

Lit.: *Voigtländer, R.,* Notwehrrecht und kollektive Verantwortung, 2001

Selbstverwaltung ist die eigenverantwortliche Wahrnehmung überlassener oder zugewiesener eigener öffentlicher Aufgaben durch unterstaatliche Träger öffentlicher → Verwaltung. Eigene Aufgaben sind dabei solche Angelegenheiten, die sich unmittelbar auf den sie wahrnehmenden Verwaltungsträger beziehen. Das Recht zur S. steht den Gemeinden und Gemeindeverbänden auf Grund von Art. 28 II GG zu.

Lit.: *Vogelgesang, K. u. a.,* Kommunale Selbstverwaltung, 2. A. 1997; *Klostermann, C.,* Die akademische Selbstverwaltung in der Europäischen Union, 1997; *Schäfer, T.,* Die deutsche kommunale Selbstverwaltung in der Europäischen Union, 1998; Handbuch der europäischen Charta der kommunalen Selbstverwaltung, 2002; *Jestaedt, M.,* Demokratische Legitimation, JuS 2004, 649; *Magen, S.,* Die Garantie kommunaler Selbstverwaltung, JuS 2006, 404

Selbstverwaltungskörperschaft ist die → Körperschaft, der das Recht zur → Selbstverwaltung zugestanden worden ist. *Kommunale* Selbstverwaltungskörperschaften sind Selbstverwaltungskörperschaften im Bereich des Kommunalrechts. Dabei sind *unmittelbare* kommunale Selbstverwaltungskörperschaften solche, deren Bürger eine Vertretung haben, die aus unmittelbaren Wahlen hervorgeht oder aus den Wahlberechtigten selbst besteht (→ Gemeinden, → Kreise), *mittelbare* Selbstverwaltungskörperschaften dagegen solche Selbstverwaltungskörperschaften, die durch Zusammenschluss kommunaler Körperschaften entstanden sind (z. B. Samtgemeinden, Ämter, Landschaftsverbände).

Lit.: *Dols, H./Plate, K.,* Kommunalrecht Baden-Württemberg, 7. A. 2012

Semantik (zu griech. sema [N.] Zeichen) ist die die Bedeutung von Wörtern, Sätzen und Texten erforschende Wissenschaft. Die S. ist Teil der Sprachwissenschaft. Sie versteht die Bedeutungen als sprachunabhängig zu fassende Begriffe oder Vorstellungen, die im Bewusstsein des Einzelnen üblicherweise mit den Wörtern assoziativ verknüpft sind.

Lit.: *Busse, D.,* Juristische Semantik, 1993; Semantik, hg. v. *Stechow, A. v.,* 1995

Semasiologie (zu griech. sema [N.] Zeichen) ist die vom Wort ausgehende und dessen Bedeutung (gegebenenfalls in Kontexten) ermittelnde Wissenschaft

Semiotik (zu griech. sema [N.] Zeichen) ist die Lehre von den Zeichen.

Lit.: *Schreckenberger, W.,* Rhetorische Semiotik, 1978; *Seibert, T.,* Zeichen, Prozesse, 1996

Senat ([M.] Rat der Alten) ist im römischen Recht ein der Beratung (ursprünglich des Königs, dann in der Republik) der Magistrate dienendes Verfassungsorgan. Im gegenwärtigen Verfassungsrecht ist S. das höchste Regierungsorgan der Stadtstaaten (→ Hamburg, → Bremen, → Berlin) und im Verwaltungsrecht das neben dem Präsidenten (Rektor) stehende Leitungsorgan der → Universität (*akademischer* S.). Im Verfahrensrecht ist S. der kollegiale Spruchkörper eines oberen → Gerichts (z. B. Bundesverfassungsgericht, Bundesgerichtshof, Oberlandesgericht, Oberverwaltungsgericht, Finanzgericht, Bundespatentgericht). *Gemeinsamer* S. ist dabei der zur Wahrung der Einheitlichkeit der Rechtsprechung der obersten Gerichtshöfe des Bundes gebildete S. (Art. 95 III GG), *großer* S. (§ 132 GVG) der bei allen obersten Gerichtshöfen zur Wahrung der Einheitlichkeit der → Rechtsprechung gebildete S. für → Zivilsachen oder → Strafsachen bzw. für Zivilsachen und Strafsachen (Vereinigte Große Senate).

Lit.: *Miebach, K.,* Der gemeinsame Senat der obersten Gerichtshöfe des Bundes, 1971

Senatskonsult ist im römischen Recht der Ratschlag des → Senats, der teilweise gesetzesgleiche Kraft hat.

Lit.: *Söllner, A.,* Römische Rechtsgeschichte, 5. A. 1996

Sendgericht (zu lat. [M.] synodus, Versammlung) ist im mittelalterlichen Kirchenrecht das kirchliche → Gericht des Bischofs, später des Archidiakons oder Pfarrers über Verstöße von Laien gegen kirchliche Gesetze.

Lit.: *Koeniger, A.,* Die Sendgerichte in Deutschland, Bd. 1 1907; *Feine, H.,* Kirchliche Rechtsgeschichte, 5. A. 1972

Seneschall (M.) Altknecht (ein Hofamt)

sententia (lat. [F.]) Urteil

Sequester (M.) Verwalter → Sequestration

Sequestration ([F.] Absonderung, Verwaltung, Zwangsverwaltung) ist die abgesonderte Verwaltung eines Gegenstands. Sie betrifft im Völkerrecht die Verwaltung eines (besetzten) → Staates oder Staatsgebiets, im Verfahrensrecht die → Verwaltung einer → Sache durch einen Dritten (Sequester) (z. B. §§ 848, 855 ZPO).

Lit.: *Augustin, A.,* Der Gerichtsvollzieher als Sequester, 1996

servitus (lat. [F.]) Knechtschaft, Dienstbarkeit, Servitut

Servitut (F.) Dienstbarkeit, Grunddienstbarkeit

servus (lat. [M.]) Sklave, Knecht, Diener, Unfreier

Sexualdelikt (§§ 174 ff. StGB) ist die → Straftat gegen die sexuelle Selbstbestimmung.

Lit.: *Duttge, G. u. a.,* Das Gesetz zur Änderung der Vorschriften über die Straftaten gegen die sexuelle Selbstbestimmung, NJW 2004, 1065; *Gössel, K.,* Das neue Sexualstrafrecht, 2006

sexuell (Adj.) geschlechtlich

Lit.: *Kummer, K.,* Sexuelle Belästigung aus strafrechtlicher Sicht, 2002

sexuelle Handlung → Handlung, sexuelle

sexueller Missbrauch → Missbrauch, sexueller

Sezession ist die Abspaltung eines Teiles eines Staates vom gesamten Staat. Sie muss regelmäßig durch Zwang versucht werden (z. B. Kroatien in Jugoslawien 1991, Estland in der Sowjetunion). Vielfach wird sie gewaltsam verhindert (z. B. Tschetschenien 1994 ff.).

Lit.: *Dördelmann, G.,* Rechtsethische Rechtfertigung der Sezession, 2002

Sicherheit ist der gefahrfreie Zustand. Im Verwaltungsrecht ist die *öffentliche* S. die Unversehrtheit von Leben, Gesundheit, Ehre, Freiheit und Vermögen des Einzelnen sowie Bestand und Funktionieren des → Staates und seiner Einrichtungen bzw. die unbeeinträchtigte Wirkung der Gesamtheit der die öffentlichen und privaten → Interessen schützenden → Normen. Aufgabe der → Polizei ist es, → Gefahren, welche die öffentliche S. bedrohen, zu bekämpfen. Die öffentliche S. ist demnach eines der Schutzobjekte der polizeilichen → Generalklausel. Im Strafrecht (§ 125 StGB) liegt eine Gefährdung der öffentlichen S. vor, wenn die Gewalttätigkeiten oder Bedrohungen für unbestimmte Personen die Gefahr solcher Schäden begründen, dass dadurch in der Allgemeinheit das Gefühl ausreichender Sicherheit gegen die Verletzung von Rechtsgütern durch weitere entsprechende Ausschreitungen beeinträchtigt wird.

Lit.: *Gollan, L.,* Private Sicherheitsdienste, 1999; *Stoll, T.,* Sicherheit als Aufgabe von Staat und Gesellschaft, 2003; Handbuch des Sicherheitsgewerberechts, hg. v. *Stober, R./Olschok, H.,* 2004

Sicherheitsleistung (Kaution) ist die in bestimmten Fällen zur Sicherung eines Verhaltens zu erbringende → Leistung. Wann S. erforderlich ist, ist Einzelvorschriften (z. B. § 709 ZPO), hoheitlicher Anordnung oder rechtsgeschäftlicher Bestimmung zu entnehmen. Die Art der S. unterliegt grundsätzlich der Vereinbarung. Hilfsweise richtet sie sich nach den §§ 232 ff. BGB. Danach kann S. vor allem bewirkt werden durch die → Hinterlegung von → Geld oder → Wertpapieren, → Verpfändung bestimmter → Forderungen, Verpfändung beweglicher → Sachen, Bestellung von → Hypotheken und Stellung eines tauglichen → Bürgen.

Lit.: *Thönissen, L.,* Die Sicherheitsleistung durch Bankbürgschaft, 2000

Sicherheitsrat ist das aus Vertretern von 15 Staaten (5 ständigen Mitgliedern [Vereinigte Staaten von Amerika, Russland, England, Frankreich, China], 10 nichtständigen, jedes Jahr zur Hälfte wechselnden Mitgliedern) bestehende, die Hauptverantwortung für die Wahrung des Weltfriedens tragende Organ der → Vereinten Nationen.

Lit.: *Herdegen, M.,* Die Befugnisse des UN-Sicherheitsrates, 1998; *Birkhäuser, N.,* Sanktionen des Sicherheitsrats der Vereinten Nationen gegen Individuen, 2007

Sicherheitsüberprüfungsgesetz ist das die Überprüfung von mit geheimhaltungsbedürftigen Tatsachen vertrauten Personen regelnde Gesetz (1994).

Lit.: *Denneborg, E.,* Sicherheitsüberprüfungsrecht (Lbl.), 1995

Sicherstellung ist die Sicherung von Gegenständen für bestimmte Zwecke. Nach §§ 111 b ff. StPO können Gegenstände und Vermögensvorteile insbesondere dann sichergestellt werden, wenn Gründe für die Annahme vorhanden sind, dass die Voraussetzungen für ihren → Verfall oder ihre → Einziehung vorliegen. Diese S. erfolgt durch → Beschlagnahme oder dinglichen → Arrest.

Lit.: *Hees, V.,* Die Zurückgewinnungshilfe, 2003; *Huber, M.,* Grundwissen – Strafprozessrecht: Sicherstellung und Beschlagnahme, JuS 2014, 215

Sicherungsabrede → Sicherungsvertrag

Lit.: *Brohain, U.,* Die Reichweite formularmäßiger Sicherungsabreden, 1992

Sicherungsabtretung (fiduziarische Zession, Sicherungszession) ist die nur zur Sicherung des Erwerbers vorgenommene → Abtretung einer → Forderung an ihn. Die S. ist ein Fall eines Sicherungsgeschäfts. Sie hat rechtstatsächlich die in den §§ 1279 ff. BGB vorgesehene → Verpfändung von Forderungen weitgehend verdrängt. Sie erfordert einen kausalen Sicherungsvertrag, zu dessen Erfüllung die S. in der Form des § 398 BGB erfolgt. Bei Eintritt des zu sichernden Ereignisses fällt je nach Vereinbarung die Abtretung von selbst weg oder ist eine Rückabtretung vorzunehmen.

Lit.: *Weber, H.,* Kreditsicherungsrecht, 9. A. 2012; *Meyer, P./Varel, H. v.,* Die Sicherungszession, JuS 2004, 192

Sicherungsbetrug ist die (als mitbestrafte Nachtat straflose) Handlung, die nur die aus der Vortat gewonnenen Vorteile sichern und verwerten soll und keinen weiteren andersartigen → Schaden verursacht.

Lit.: *Ball, W.,* Der Sicherungsbetrug, 1963; *Wendt, U.,* Konstellationen des Sicherungsbetruges, Diss. jur. Tübingen 1995

Sicherungseigentum ist das bei → Sicherungsübereignung entstehende Eigentum.

Sicherungsgeschäft ist das nur zur Sicherung eines Anspruchs durchgeführte Rechtsgeschäft (→ Sicherungsabtretung, → Sicherungsübereignung, Pfandrechtsbestellung, Bürgschaft).

Lit.: *Bülow, P. v.,* Sicherungsgeschäfte als Haustürgeschäfte, NJW 1996, 2889; *Weber, H.,* Kreditsicherungsrecht, 8. A. 2006

Sicherungsgesellschaft

Lit.: *Wiegand, N.,* Die Sicherungsgesellschaft – Der Sicherungsvertrag bei der Sicherungsübereignung als BGB-Gesellschaftsvertrag, 2006

Sicherungsgrundschuld ist die – gesetzlich nicht geregelte – zur Sicherung einer → Forderung bestellte → Grundschuld. Die S. ist – anders als die → Sicherungshypothek – vom Bestand und Fortbestand der Forderung unabhängig. Beim Fehlen der Forderung besteht aber ein Anspruch auf Rückgewähr der S. aus dem zugrundeliegenden → Sicherungsvertrag oder (str.) aus § 812 I 2 BGB.

Lit.: *Clemente, H.,* Recht der Sicherungsgrundschuld, 4. A. 2008; *Weber, H.,* Kreditsicherungsrecht, 9. A. 2012; *Weller, M.,* Die Sicherungsgrundschuld, JuS 2009, 969

Sicherungshypothek (§ 1184 BGB) ist die → Hypothek, bei der – vereinbarungsgemäß – das Recht des → Gläubigers aus der Hypothek sich nur nach der → Forderung bestimmt und der Gläubiger sich zum Beweis der Forderung nicht auf die → Eintragung berufen kann. Die (streng akzessorische) S. muss im → Grundbuch als solche bezeichnet werden und kann nur → Buchhypothek sein. Ihr Sonderfall ist die Höchstbetragshypothek. § 648 BGB gewährt dem Unternehmer eines Bauwerks oder eines einzelnen Teiles eines Bauwerks das Recht, für seine Forderungen aus dem Vertrag die Einräumung einer S. an dem Baugrundstück des Bestellers zu verlangen. S. sind auch Zwangshypothek und Arresthypothek.

Lit.: *Klaft, G.,* Die Bauhandwerkersicherung, 1998; *Henkel, K.,* Bauhandwerkersicherung, 1999; *Stammkötter, A.,* Gesetz über die Sicherung der Bauforderungen, 2003; *Steingröver, U.,* Bauhandwerkersicherung nach Abnahme, NJW 2004, 2490

Sicherungsübereignung ist die nur zur Sicherung des Erwerbers vorgenommene Übertragung des → Eigentums an einer beweglichen → Sache an diesen. Die (gesetzlich nicht geregelte) S. ist ein Fall des Sicherungsgeschäfts. Sie hat in den §§ 1204 ff. BGB vorgesehene → Verpfändung von Sachen weitgehend verdrängt. Sie erfordert als Rechtsgrund einen kausalen Sicherungsvertrag, zu dessen Erfüllung die S. – nach § 930 BGB, so dass der Sicherungsgeber unmittelbarer → Besitzer bleibt, – erfolgt. Ist der Veräußerer nicht → Eigentümer, sondern nur Anwartschaftsberechtigter, so ist regelmäßig die Übertragung der → Anwartschaft als gewollt anzusehen. Bei Eintritt des zu sichernden Ereignisses fällt je nach Vereinbarung die Übereignung von selbst weg oder ist eine Rückübereignung vorzunehmen. Der Sicherungseigentümer hat bei der (→ Einzel-)Zwangsvollstreckung gegen den Sicherungsgeber die → Drittwiderspruchsklage und bei → Insolvenz des Sicherungsgebers (nur) ein → Absonderungsrecht. Bei der Einzelzwangsvollstreckung gegen den Sicherungseigentümer hat der Sicherungsgeber die → Drittwiderspruchsklage und bei Insolvenz des Sicherungseigentümers ein → Aussonderungsrecht, falls er die gesicherte Forderung tilgt.

Lit.: *Serick, R.,* Eigentumsvorbehalt und Sicherungsübereignung, Bd. 1 ff. 1963 ff.; *Serick, R.,* Eigentums-

vorbehalt und Sicherungsübertragung, Neue Rechtsentwicklungen, 2. A. 1993; *Weber, H.,* Kreditsicherungsrecht, 8. A. 2006; *Rieder, J.,* Einführung in das Recht der Sicherungsübereignung, 10. A. 2007

Sicherungsverfahren (§§ 413 ff. StPO) ist die besondere Verfahrensart, die der selbständigen Anordnung von Maßregeln → der Besserung und Sicherung dient. Das S. setzt voraus, dass ein Strafverfahren wegen → Schuldunfähigkeit oder Verhandlungsunfähigkeit eines Täters nicht durchgeführt wird. Von einigen Sondervorschriften abgesehen gilt das allgemeine Recht der → Strafverfahren (§ 414 I StPO).

Lit.: *Seyfi, N.,* Das Sicherungsverfahren, 2002; *Flaig, A.,* Die nachträgliche Sicherungsverwahrung, 2009

Sicherungsvertrag ist der zu einem → Sicherungsgeschäft (→ Sicherungsabtretung, → Sicherungsübereignung) verpflichtende → Vertrag. Der S. ist die schuldrechtliche Grundlage beispielsweise der Sicherungsübereignung oder der Sicherungsabtretung. Er ist vom Erfüllungsgeschäft grundsätzlich zu trennen.

Lit.: *Broihan, U.,* Die Reichweite formularmäßiger Sicherungsabreden, 1992

Sicherungsverwahrung (§ 66 StGB) ist der auch nachträglich (seit 2008 auch gegen Jugendliche) mögliche Entzug der → Freiheit zum Zweck der Sicherung der Allgemeinheit gegen besonders gefährliche → Täter. Die S. ist eine freiheitsentziehende Maßregel der → Besserung und Sicherung. Sie erfordert beispielsweise wegen → Verurteilung wegen vorsätzlicher Tat zu zeitiger Freiheitsstrafe von mindestens zwei Jahren, zweimalige rechtskräftige Vorverurteilung, entweder Verbüßung von 2 Jahren Freiheitsstrafe oder Vollzug einer freiheitsentziehenden Maßregel sowie Gefährlichkeit für die Allgemeinheit infolge eines Hanges zu erheblichen Straftaten. Die erste Unterbringung in S. darf zehn Jahre nicht überschreiten (§ 67d StGB). In Deutschland befanden sich 2010 536 Menschen (darunter 3 Frauen) in S.

Lit.: *Bender, S.,* Die nachträgliche Sicherungsverwahrung, 2007; *Kinzig, J.,* Die Neuordnung des Rechts der Sicherungsverwahrung, NJW 2011, 177; *Mitsch, W.,* Was ist Sicherungsverwahrung und was wird aus ihr?, JuS 2012, 785

Sichtvermerk → Visum

Sichverschaffen (§ 146 I Nr. 1 StGB) von Falschgeld ist das Annehmen mit dem Willen zu selbständiger Verfügung.

Siegel ist die (amtliche) Kennzeichnung eines Gegenstands und der dadurch gekennzeichnete amtliche Verschluss. → Siegelbruch

Siegelbruch (§ 136 II StGB) ist das Beschädigen, Ablösen oder Unkenntlichmachen dienstlicher, zur Beschlagnahme, dienstlicher Verschließung oder Bezeichnung angelegter Siegel. Der S. wird mit Freiheitsstrafe bis zu einem Jahr oder mit Geldstrafe bestraft.

Lit.: *Meißner, W.,* Der Siegelbruch, 1914

Signatur ist die Erkennbarmachung (Kennzeichnung) durch ein besonderes Zeichen. Als gesetzliche digitale S. wird das System des privaten und öffentlichen Schlüssels definiert, der durch eine Zertifizierungsstelle verwaltet wird (Kryptogramm elektronischer Dokumente). Elektronische S. sind Daten in elektronischer Form, die anderen elektronischen Daten beigefügt oder logisch mit ihnen verknüpft sind und zur Authentifizierung dienen. Fortgeschrittene elektronische Signaturen sind elektronische Signaturen, die ausschließlich dem Signaturschlüsselinhaber zugeordnet sind, die Identifizierung des Signaturschlüsselinhabers ermöglichen, mit Mitteln erzeugt sind, die der Signaturschlüsselinhaber unter seiner alleinigen Kontrolle halten kann, und mit den Daten, auf die sie sich beziehen, so verknüpft sind, dass eine nachträgliche Veränderung der Daten erkannt werden kann. Qualifizierte elektronische Signaturen sind fortgeschrittene elektronische Signaturen, die auf einem zum Zeitpunkt ihrer Erzeugung gültigen, qualifizierten Zertifikat beruhen und mit einer sicheren Signaturerstellungseinheit erzeugt werden. Der Schlüssel zum Signieren durch den Absender ist nur ihm bekannt, der Schlüssel zum Prüfen den Empfänger im allgemein zugänglichen Schlüsselverzeichnis enthalten. Seit 23.9.1998 ist der Regulierungsbehörde für Telekommunikation und Post in Mainz die Zertifizierungsstelle für digitale Signaturen zugeordnet. Die Regulierungsbehörde stellt Zertifikate für die Zertifizierungsstellen (z. B. Telesec, Signtrust, DATEV, Bundesnotarkammer, Steuerberaterkammer Nürnberg, Saarland, Bremen) aus, die privatwirtschaftlich im freien Wettbewerb eingerichtet werden können. Im Januar 2000 begann Niedersachsen mit der Einführung der digitalen S. in der Landesverwaltung.

Lit.: *Rapp, C.,* Rechtliche Rahmenbedingungen und Formqualität elektronischer Signaturen, 2002; *Heibel, H.,* Die digitale Signatur, 2004; *Roßnagel, A.,* Elektronische Signaturen mit der Bankkarte?, NJW 2005, 385; *Fischer-Dieskau, S. u. a.,* Erste höchstrichterliche Entscheidung zur elektronischen Signatur, NJW 2007, 2897

sine tempore (lat. [s.t.]) ohne (zusätzliche) Zeit (d.h. genau zur angegebenen Zeit, z.B. 12 h. s.t.) → cum tempore

Singularsukzession (F.) → Sonderrechtsnachfolge

Sippe ist im germanischen und frühmittelalterlichen deutschen Recht der um einen Stammvater gruppierte Familienverband.

Lit.: *Kroeschell, K.,* Die Sippe im germanischen Recht, ZGO 77 (1960); *Köbler, G.,* Zielwörterbuch integrativer europäischer Rechtsgeschichte, 6. A. 2014 (Internet); *Weidemann, M.,* Geschichte der Sippenhaftung, 2002

Sippenhaft ist die in Anlehnung an den Begriff der → Sippe erfolgende, im Rechtsstaat unzulässige Anwendung von Maßnahmen gegenüber Angehörigen oder sonstigen Nahepersonen eines Bekämpften oder Verfolgten.

Sistierung (F.) vorläufige → Festnahme, Festhaltung

Sitte ist der in der Gesellschaft geübte → Brauch, die gefestigte, nicht erzwingbare und keine Organisation voraussetzende Verhaltensnorm. Zwischen S. und → Recht bestehen Wechselwirkungen. Nach § 157 BGB sind Verträge so auszulegen, wie → Treu und Glauben mit Rücksicht auf die → Verkehrssitte es erfordern. Ein → Rechtsgeschäft, das gegen die *guten* Sitten, d.h. gegen das durchschnittliche Anstandsgefühl aller billig und gerecht Denkenden, verstößt, ist nichtig (§ 138 I BGB z.B. Knebelungsvertrag). Das rechtsgrundlos Erlangte ist herauszugeben (anders u. U. § 817 BGB). Wer in einer gegen die guten Sitten verstoßenden Weise einem anderen vorsätzlich Schaden zufügt, ist dem anderen zu → Ersatz des → Schadens verpflichtet (§ 826 BGB).

Lit.: *Mayer-Maly, T.,* Zur Einführung – Die guten Sitten als Maßstab des Rechts, JuS 1986, 596

Sittengesetz (Art. 2 I GG) ist die (eine der drei Schranken der allgemeinen Handlungsfreiheit bildende) Gesamtheit der sittlichen → Normen, welche die Allgemeinheit als richtig anerkennt und als für ein Zusammenleben sittlicher Wesen verbindlich betrachtet.

Lit.: *Erbel, G.,* Das Sittengesetz als Schranke der Grundrechte, 1971

Sittenwidrigkeit ist der Verstoß gegen die guten → Sitten. Er liegt vor, wenn ein Verhalten gegen das Anstandsgefühl aller billig und gerecht Denkenden verstößt. Ein → Rechtsgeschäft, das gegen die guten Sitten verstößt (z. B. Gewinnspiel nach Schneeballsystem, Schuldanerkenntnis wegen Detektivkosten, Schmiergeldabrede, entgeltliche Abrede über den Wechsel eines Sportlers von einem Verein zu einem anderen Verein, Kauf eines akademischen Titels, überhöhte Honorarvereinbarung eines Rechtsanwalts, Übernahme eines Unternehmens zwecks Unterhaltszahlungsvereitelung, Kaufvertrag über Radarwarngerät, Umgehung einer Anrufsperre für Sexnummern durch einen Provider, str. z.B. für Werbung für Telefonsex, nicht sittenwidrig Erbunfähigkeitsklausel des hohen Adels bei unebenbürtiger Ehe, nicht sittenwidrig Vornahme sexueller Handlungen gegen ein vorher vereinbartes Entgelt), ist → nichtig (§ 138 BGB). Eine Beschäftigung gilt als sittenwidrig und unzumutbar, wenn die Vergütung 30 Prozent unter der ortsüblichen Vergütung liegt. Wer in einer gegen die guten Sitten verstoßenden Weise einem anderen vorsätzlich → Schaden zufügt, ist diesem schadensersatzpflichtig (§ 826 BGB). Unabhängig von der privatrechtlichen S. eines Rechtsgeschäfts sind die daraus erzielten Einkünfte öffentlich-rechtlich einkommensteuerpflichtig.

Lit.: *Schmitt, A.,* Die Sittenwidrigkeit von Testamenten, 1999; *Anders, B.,* Subjektive Elemente des Sittenwidrigkeitsbegriffs, 2000; *Bodenbrenner, H.,* Rechtsfolgen sittenwidriger Ratenkreditverträge, JuS 2001, 1172; *Kruse, K.,* Rechtstreue und lauterer Wettbewerb, 2003

Sittlichkeit (Moral) ist die Gesamtheit der inneren, auf die Gesinnung bezogenen Verhaltensnormen. Sittliches Verhalten ist das auf das Gute um seiner selbst willen gerichtete Verhalten. Die Ausrichtung am Gewissen und am Guten unterscheidet die S.

vom → Recht. In Konfliktlagen zwischen Recht und
S. verlangt das Recht grundsätzlich Rechtsgehor-
sam, berücksichtigt aber vielfach die Anforderungen
der S. durch Milderung der → Rechtsfolge des
Rechtsbruchs. Im engeren Sinn ist S. die geschlechtliche Moral.

Lit.: *Reinert, H.*, Die Grundlagen der Sittlichkeit, 1973;
Böckenförde, E., Recht, Sittlichkeit und Toleranz, 2001;
Hörnle, T., Grob anstößiges Verhalten, 2005

Sittlichkeitsdelikt (Sexualdelikt) ist die → Straftat
gegen die sexuelle Selbstbestimmung (§§ 174 ff.
StGB).

Lit.: *Droste, W.*, Beleidigung als Sittlichkeitsdelikt?,
1972

Sitz ist der Ort der Niederlassung. → Sitztheorie

Sitztheorie ist die auf den → Sitz einer Gesellschaft
als Anknüpfungspunkt des für sie geltenden Rechts
abstellende Theorie des internationalen Gesellschaftsrechts. Nach ihr kann eine Zweigniederlassung einer z. B. nach englischem Recht gegründeten,
aber in England (nach Sitzverlegung) keinen tatsächlichen Sitz aufweisenden Gesellschaft nicht in
das deutsche Handelsregister eingetragen werden.
Der Europäische Gerichtshof lehnt die S. als europarechtswidrig ab.

Lit.: *Sedemund, J.*, Die Sitztheorie im deutschen internationalen Steuerrecht, 2004

Sitzung ist die der Besprechung oder Beratung
dienende Zusammenkunft. Im Verfassungsrecht ist
S. die Zusammenkunft eines kollegialen Verfassungsorgans, wobei die Sitzungen des → Parlaments
zu einer von diesem selbst bestimmten Sitzungsperiode zusammengefasst werden. Im Verfahrensrecht
ist S. die festgelegte Zeit der Tätigkeit des → Gerichts, in der Arbeitsgerichtsbarkeit der einzelne
Sitzungstag. Für die Aufrechterhaltung der → Ordnung in der S. hat der → Vorsitzende zu sorgen
(§ 176 GVG).

Lit.: *Bonefeld*, Merkblatt für die Sitzungsvertretung,
JURA 1994, 666

Sitzungsperiode → Sitzung

Sitzungspolizei → Ordnungsmittel, → Sitzung

Lit.: *Kaehne, T.*, Die Anfechtung sitzungspolizeilicher
Maßnahmen, 2001

Sitzverteilung (§ 6 BWG bzw. BWahlG) ist im
Wahlrecht die Aufteilung der → Mandate (Sitze) der
→ Abgeordneten eines → Parlaments oder der Mitglieder eines anderen Gremiums. Sie erfolgt meist
nach dem → d'Hondtschen Höchstzahlverfahren,
(im Bundestag Deutschlands) nach dem → Hare-
Niemeyerschen Sitzverteilungsverfahren oder nach
dem St. Lague-Schepersschen Sitzzuteilungsverfahren. Nach § 6 BWG werden für die Verteilung der
nach Landeslisten zu besetzenden Sitze die für jede
Landesliste abgegebenen Zweitstimmen zusammen-
gezählt. Nicht berücksichtigt werden dabei die
Zweitstimmen der Wähler, die ihre Erststimme für
einen im Wahlkreis infolge Mehrheit erfolgreichen
Bewerber abgegeben haben, der ohne Landesliste

kandidierte. Von der Gesamtzahl der Abgeordneten
wird die Zahl der erfolgreichen Wahlkreisbewerber
abgezogen, die ohne Landesliste kandidierten oder
von einer nicht zu berücksichtigenden Partei vorgeschlagen werden. Die verbleibenden Sitze werden
auf die Landeslisten auf der Grundlage der Zweitstimmen verteilt. Dabei wird die Gesamtzahl der
verbleibenden Sitze, vervielfacht mit der Zahl der
Zweitstimmen, die eine Landesliste im Wahlgebiet
erhalten hat, durch die Gesamtzahl der Zweitstimmen aller zu berücksichtigenden Landeslisten geteilt. Jede Landesliste erhält zunächst so viele Sitze,
wie ganze Zahlen auf sie entfallen. Danach zu ver-
gebende Sitze sind in der Reihenfolge der höchsten
Zahlenbruchteile zuzuteilen.

Skonto ([M.] Abzug) ist der Nachlass (→ Rabatt)
auf den → Kaufpreis bei sofortiger, grundsätzlich
vollständiger Zahlung. Er muss besonders vereinbart
oder eröffnet sein. Für die Wahrung einer Skonto-
frist genügt dabei die Vornahme der Zahlungshand-
lung (z. B. Absendung eines Verrechnungsschecks)
innerhalb der vereinbarten Frist.

Lit.: *Kainz, D.*, Skonto und Preisnachlass beim Bauvertrag, 4. A. 1998

Slowakei ist der 1993 aus der Aufteilung der Tsche-
choslowakei hervorgegangene, von Tschechien,
Österreich, Ungarn, Ukraine und Polen begrenzte
Staat.

Lit.: *Füsser, H.*, Slowakei – Rechtstipps für Exporteure,
1998; *Strohbach, U.*, Slowakei – Wirtschaftstrends,
2004

Slowenien ist der an Österreich angrenzende, aus
→ Jugoslawien verselbständigte südosteuropäische
Staat.

Lit.: *Füsser, E.*, Slowenien. Privatisierungsgesetzge-
bung, 1994; *Schulze, D.*, Slowenien, 2003

societas (lat. [F.]) Gesellschaft

Societas Europaea (SE) (F.) ist die seit dem Ende
des Jahres 2004 mögliche Europäische Aktiengesellschaft in der Europäischen Union und im Europäischen Wirtschaftsraum.

Lit.: *Habersack, M./Drinhausen*, F., SE-Recht, 2013

Societas Privata Europaea (SPE) (F.) Europäische
Privatgesellschaft ist die besondere supranationale
Rechtsform für kleinere Unternehmen.

Lit.: *Steiner, S.*, Societas Privata Europaea, 2009;
Flaig, K., Satzung der Societas Europaea (SPE), 2010;
Münchener Kommentar, Aktiengesetz Band 7, 3. A.
2011

Sodomie (F.) (seit 1969 straflose) Unzucht von Menschen mit Tieren

sofort (Adv.) so schnell wie nach den Umständen
möglich

sofortige Beschwerde → Beschwerde, sofortige

Soft law ([engl.] sanftes Recht) ist die aus dem
Angloamerikanischen kommende Bezeichnung für
empfehlende Beschlüsse internationaler Organisa-

tionen (z. B. OSZE) und nichtbindende Erklärungen internationaler Staatengruppen. Das s. l. kann Vorstufe von Völkergewohnheitsrecht sein. Es ist grundsätzlich nicht erzwingbar.

Lit.: *Kremser, H.,* Soft Law der UNESCO und Grundgesetz, 1996; *Marquier, J.,* Soft law, 2003

Software ist die aus dem Angloamerikanischen stammende Bezeichnung für Computerprogramme (d. h. vollständige Anweisungen zur Lösung eines bestimmten Problems durch elektronische Rechner) und sonstiges Datenverarbeitungswissen.

Lit.: *Jaeger/Metzger,* Open Source Software, 3. A. 2011; *Marly, J.,* Praxishandbuch Softwarerecht, 6. A. 2014

Solawechsel (einziger Wechsel, eigener Wechsel) ist im Wertpapierrecht der → Wechsel, von dem nur eine Ausfertigung besteht bzw. in dem sich der → Aussteller selbst zur Zahlung der Wechselsumme verpflichtet.

Lit.: *Röschmann, M.,* Der Solawechsel der Deutschen Golddiskontbank, 1942

Soldat (§ 1 SG) ist der auf Grund der → Wehrpflicht oder freiwilliger → Verpflichtung in einem Wehrdienstverhältnis stehende Mensch. Der S. ist Angehöriger eines besonderen öffentlich-rechtlichen Dienst- und Treueverhältnisses. Er kann → Wehrpflichtiger, Soldat auf Zeit (bis zu 15 Jahre, bis zum 40. Lebensjahr) und Berufssoldat sein. Seine Grundpflicht besteht darin, der → Bundesrepublik Deutschland treu zu dienen und das Recht und die Freiheit (des deutschen Volks) tapfer zu verteidigen.

Lit.: Wehrpflicht- und Soldatenrecht, 31. A. 2009; *Poretschkin, A.,* Soldatengesetz, 9. A. 2013

Soldatenmeuterei (§ 27 I WStG Meuterei) ist die Gehorsamsverweigerung, die Bedrohung, Nötigung oder der tätliche Angriff gegenüber einem → Vorgesetzten durch mehrere, sich zusammenrottende → Soldaten.

Solidarität (F.) Gemeinschaftlichkeit

Lit.: *Rosecker, M.,* Solidarität, 2004

Solidaritätsbeitrag ist die Leistung eines Beitrags auf Grund einer tatsächlichen oder erwarteten Solidarität. Im Arbeitsrecht ist S. die in einem → Tarifvertrag zu Lasten von → Arbeitnehmern, die keiner → Gewerkschaft angehören, getroffene Verpflichtung, einen Beitrag zu den Kosten gewerkschaftlicher Tätigkeit an die betreffende Gewerkschaft zu zahlen. Im Steuerrecht ist S. eine verfassungsrechtlich zulässige Sondersteuer (zur Finanzierung der Kosten des Beitritts der Deutschen Demokratischen Republik zur Bundesrepublik Deutschland).

Lit.: *Höppner, R.,* Zukunft gibt es nur gemeinsam, 2000

Sollvorschrift ist die Bestimmung, die ein Verhalten zwar gebietet, aber nicht zwingend vorschreibt.

Lit.: *Weber-Petras, D.,* Ordnungs- und Sollvorschriften im Strafprozessrecht, 1992

solvent (Adj.) lösend, zahlungsfähig, → Insolvenz

Sommerzeit ist die seit 1973 auf Vorschlag Frankreichs in Europa zwecks (nicht erreichter) Energieeinsparung für die Sommermonate eingeführte, die Tageszeit (von März bis September/Oktober) um eine Stunde (z. B. von tatsächlich 2 Uhr auf gewünschte 3 Uhr) vorstellende Zeit, nach deren Ende wieder eine Rückstellung auf die Normalzeit erfolgt.

Lit.: *Bouillon, H.,* Mikro- und Makroanalyse der Auswirkungen der Sommerzeit, 1983

Sonderausgabe (§§ 10 ff. EStG) ist die besondere Ausgabe, die – zwar keine Betriebsausgabe und auch kein Werbungskostenposten ist, aber – auf Antrag des Steuerpflichtigen bei der Ermittlung der → Einkommensteuer vom Gesamtbetrag der → Einkünfte in unbeschränkter (z. B. Kirchensteuer) oder beschränkter Höhe (z. B. Beiträge für Bausparkassen, Spenden) abgezogen wird, weil sie ihn besonders belastet.

Lit.: *Laux, H.,* Vorsorgeaufwendungen und Altersvorsorgebeiträge 2002

Sonderbehörde ist die nicht in die allgemeine Verwaltung eingegliederte Behörde (z. B. Gewerbeaufsichtsamt). Sonderbehörden bestehen insbesondere auch auf Kreisebene. Sachliche wie organisatorische Gründe sprechen regelmäßig für die Einfügung von Sonderbehörden in die allgemeinen Verwaltungsbehörden.

Lit.: *Fonk, F.,* Die Problematik der Sonderbehörden, 1969

Sonderdelikt ist die mit → Strafe bedrohte → Handlung, bei der die im gesetzlichen Tatbestand umschriebene Eigenschaft des Handlungssubjekts den Täterkreis begrenzt (z. B. Amtsträger §§ 331, 332, 340 StGB), so dass sie nicht von jedermann begangen werden können. Bei dem *echten* S. wirkt die besondere Subjektsqualität strafbegründend, bei dem *unechten* S. nur strafverschärfend (qualifizierend) (z. B. §§ 120 II, 133 III StGB). Das S. ist nicht identisch mit dem eigenhändigen → Delikt.

Lit.: *Langer, W.,* Das Sonderverbrechen, 1972

Sondererbfolge ist die Nachfolge in Einzelgegenstände der → Erbschaft. Sie ist ein Fall der → Sonderrechtsnachfolge (Singularsukzession). Sie ist durch das geltende Prinzip der → Gesamtnachfolge der Erben (Universalsukzession) ausgeschlossen. Es besteht aber eine Ausnahme im → Höferecht und im Widerspruch zum bürgerlichen Erbrecht auch im → Gesellschaftsrecht.

Lit.: *Windel, P.,* Über die Modi der Nachfolge, 1998

Sondergericht → Gericht, besonderes

Sondergut (§ 1417 BGB) ist der Gegenstand, der nicht durch → Rechtsgeschäft übertragen werden kann (z. B. nicht abtretbare → Forderungen). Das S. ist im Familienrecht selbständiger Vermögensbestandteil jedes Ehegatten bei der → Gütergemeinschaft. Es steht im Gegensatz zu → Gesamtgut und → Vorbehaltsgut.

Sondernutzung ist der – nach Festlegung der rechtsetzenden, ausführenden oder rechtsprechenden

Gewalt – den Gemeingebrauch überschreitende Gebrauch einer öffentlichen → Sache (z. B. Abstellen eines Lastkraftwagens mit einer darauf befestigten Werbetafel auf einer öffentlichen Straße, Stauanlage an einem Gewässer, nicht das stille Betteln). Die S. bedarf einer besonderen, meist gebührenpflichtigen → Zulassung (durch → Verwaltungsakt, z. B. → Erlaubnis §§ 4 ff. WHG, Bewilligung § 8 WHG, Gebrauchserlaubnis § 8 BFStrG). Die S. gewährt ein subjektives öffentliches Recht. Sie ist besonders bedeutsam im Straßenrecht und im Wasserrecht. Möglich ist auch die Begründung eines privaten Rechtes zu einer gesteigerten, den Gemeingebrauch nicht beeinträchtigenden Nutzung beispielsweise durch Vermietung oder Verpachtung. Im Privatrecht können Sondernutzungsrechte rechtsgeschäftlich begründet werden.

Lit.: *Bornemann, T.,* Der Erwerb von Sondernutzungsrechten im Wohnungseigentumsrecht, 2000; *Fehling, M.,* Gemeingebrauch und Sondernutzung, JuS 2003, 246; *Häublein, M.,* Sondernutzungsrechte, 2003; *Hogenschurz, J.,* Das Sondernutzungsrecht nach WEG, 2008

Sonderopfer ist die nur einer Person oder einer Gruppe von Personen besonders, nicht dagegen allen in gleicher Weise abverlangte Einbuße an Rechtsgütern, die im → Verwaltungsrecht einen Ausgleichsanspruch begründet (→ Einzelaktstheorie, → Aufopferung).

Lit.: *Krumbiegel, P.,* Der Sonderopferbegriff in der Rechtsprechung des Bundesgerichtshofes, 1975; *Feuerstein, N.,* Das Sonderopfer bei Eigentumsbeschränkungen, 1993 (Schweiz)

Sonderrechtsnachfolge (Einzelrechtsnachfolge) ist die besondere Nachfolge in ein einzelnes → Recht durch → Rechtsgeschäft (z. B. → Übereignung), Hoheitseinzelakt (z. B. Enteignung) oder → Gesetz (z. B. → Legalzession).

Sonderrechtstheorie → Subjektstheorie

Sonderrechtsverhältnis → Gewaltverhältnis, besonderes

Sonderverbindung ist das über das übliche Maß hinausgehende Verwaltungsrechtsverhältnis zwischen → Verwaltung und → Bürger. Die S. kann sowohl durch öffentliches Recht wie auch durch privates Recht begründet, gestaltet oder beendet werden. Sie kann durch → Rechtssatz (z. B. § 839 BGB, Art. 34 GG), → Verwaltungsakt (z. B. Sicherstellung eines Gegenstands wegen Diebstahlsverdachts durch die Polizei) oder → Vertrag entstehen.

Lit.: *Krebs, P.,* Sonderverbindung und außerdeliktische Schutzpflichten, 2000

Sondervermögen ist das von der Rechtsordnung mit einer Sonderstellung ohne Rechtsfähigkeit versehene Vermögen einer oder mehrerer Personen (z. B. Gesamthandsvermögen der → Gesellschaft, § 718 BGB). Das S. unterliegt teilweise besonderen Regeln. Vielfach treten an die Stelle von aus ihm ausscheidenden Gegenständen Ersatzgegenstände (→ Surrogation, z. B. § 2019 BGB).

Lit.: *Dauner-Lieb, D.,* Unternehmen in Sondervermögen, 1998; *Trott zu Solz, T. v.,* Erbrechtlose Sondervermögen, 1999; *Thorn, A.,* Handbuch für die Besteuerung von Fondsvermögen, 2002

Sonderverordnung ist die innerhalb besonderer → Gewaltverhältnisse (besonderer Rechtsverhältnisse) ergehende Verwaltungsvorschrift (z. B. Prüfungsordnung, Hausordnung, Dienstordnung). Sie ist, (,weil das besondere Gewaltverhältnis kein rechtsfreier Raum sein darf') → Rechtsquelle. Der Verwaltung fehlt aber in weitem Umfang (noch) die zu ihrer Rechtssetzung (an sich) erforderliche gesetzliche → Ermächtigungsgrundlage.

Lit.: *Anslinger, J.,* Die Sonderverordnung, 1996 (Diss.)

Sondervotum ist die besondere, von einer Gesamtentschließung eines Gremiums abweichende Ansicht eines einzelnen Mitglieds. Das S. ist im Verfahrensrecht grundsätzlich unzulässig (vgl. § 196 GVG). Im Verfassungsgerichtsverfahren kann jeder Richter seine in der Beratung vertretene abweichende Meinung zu der Entscheidung des → Gerichts oder ihrer Begründung in einem S. niederlegen (§ 30 II BVerfGG).

Lit.: *Lamprecht, R.,* Richter contra Richter, 1992

Sonntag ist der siebente, im Interesse der Kirchen am ungestörten Zugriff auf ihre Mitglieder weitgehend arbeitsfrei gehaltene Tag der Woche. → Feiertag

Lit.: *Richardi, R.,* Sonn- und Feiertagsarbeit, 1999; *Schiepek, H.,* Der Sonntag, 2. A. 2009

sonstig (Adj.) im Übrigen vorhanden

sonstiges Recht → Recht, sonstiges

Sorge ist das bedrückende Gefühl der Unruhe und Angst und die daraus folgende Mühe für das Wohlergehen. Im Familienrecht (§ 1626 BGB) ist *elterliche* S. das Recht und die Pflicht der Eltern (d. h. des Vaters und der Mutter), für das minderjährige → Kind zu sorgen. Die elterliche S. umfasst die S. für die Person (→ Personensorge) und das Vermögen (→ Vermögenssorge) des Kindes. Zur elterlichen S. gehört auch die → Vertretung des Kindes, die grundsätzlich durch die Eltern gemeinschaftlich erfolgt. Im Rahmen der elterlichen S. sind die Kinder in gewissem Umfang an wichtigen Entscheidungen zu beteiligen (§ 1626 II BGB). Zum Wohl des Kindes gehört in der Regel der Umgang mit beiden Elternteilen sowie mit anderen Menschen, zu denen das Kind Bindungen hat, wenn deren Aufrechterhaltung für seine Entwicklung förderlich ist (§ 1626 III BGB). Für ein gemeinsames Sorgerecht beider Eltern ist kein Raum, wenn diese nicht mehr die Fähigkeit und die Bereitschaft aufbringen können, in den Angelegenheiten des Kindes zu dessen Wohl zusammenzuarbeiten. Streiten die Eltern erbittert über die S., so ist sie der Mutter zu übertragen, wenn diese als Hausfrau die Kinder überwiegend versorgt, sich die Kinder bei ihr wohl fühlen, eine starke emotionale Bindung zwischen den Kindern und ihr besteht und der Vater als Berufstätiger (z. B. Klavierspieler) fremde Hilfe für die Ausübung der elterlichen S. in Anspruch nehmen müsste. Sind die Eltern bei der Geburt des Kindes nicht miteinander verheiratet, so steht ihnen die elterliche S. dann gemeinsam zu, wenn sie in öffentlicher Urkunde erklären, dass sie die S. gemeinsam übernehmen wollen (Sorgeerklärung) oder wenn sie einander heiraten (§ 1626a I BGB). Im Übrigen hat die Mutter die elterliche S. (§ 1626a II BGB). Leben Eltern, denen die elterliche S. gemeinsam zusteht, nicht nur vorübergehend getrennt, so kann jeder Eltern beantragen, dass ihm das Familiengericht die elterliche S. oder einen Teil der elterlichen S. allein übertrage (§ 1671 BGB). Sofern dies nicht bewirkt wird, ist bei Entscheidungen von erheblicher Bedeutung gegenseitiges Einvernehmen erforderlich, während in Angelegenheiten des täglichen Lebens der Elter allein entscheidet, bei dem sich das Kind berechtigt aufhält (§ 1687 I BGB). Im Falle der → Ehescheidung bleibt das gemeinsame Sorgerecht bestehen, wenn kein Elter etwas anderes beantragt.

Lit.: *Schulte, A.,* Eltern und Kinder, 3. A. 2011; *Zorn, D.,* Das Recht der elterlichen Sorge, 2006

Sorgerecht (§ 1626 I BGB) ist das Recht der Eltern eines minderjährigen Kindes, kraft der elterlichen → Sorge für die Person und das Vermögen des → Kindes zu sorgen. → Personensorge, → Vermögenssorge

Lit.: *Bruns, K.,* Das Sorgerechtsverfahren, 2004; *Oelkers, H.,* Sorge- und Umgangsrecht in der Praxis, 3. A. 2010

Sorgfalt ist die Genauigkeit oder Gewissenhaftigkeit des menschlichen Verhaltens. Im Schuldrecht ist die *im Verkehr erforderliche* S. der Maßstab zur Bestimmung der → Fahrlässigkeit (§ 276 II BGB). In verschiedenen Fällen bleibt von einer Schadensersatzpflicht frei, wer die S. angewendet hat, die er *in eigenen Angelegenheiten* anzuwenden pflegt (§ 277 BGB, z. B. §§ 690, 708, 1359, 1664, 2131 BGB, [lat.] diligentia quam in suis).

Lit.: *Deutsch, E.,* Fahrlässigkeit und erforderliche Sorgfalt, 2. A. 1995

Sorgfaltspflicht ist die Pflicht, die aus einem konkreten Verhalten oder Geschehen erwachsende → Gefahr für ein geschütztes Rechtsgut zu erkennen und sich darauf richtig einzustellen, also die gefährliche Handlung entweder zu unterlassen oder sie zumindest nur unter ausreichenden Sicherheitsvorkehrungen vorzunehmen (z. B. A fährt in einer geschlossenen Ortschaft mit 45 km/Std. an einer auf beiden Seiten einer Straße spielenden Kindergruppe vorbei). Dabei ergeben sich Art und Maß der anzuwendenden Sorgfalt aus den Anforderungen, die bei einer Betrachtung der Gefahrenlage in der konkreten Situation an einen besonnenen und gewissenhaften Menschen zu stellen sind. Die Verletzung einer S. kann im Schuldrecht eine → Schadensersatzverpflichtung und im Strafrecht → Strafbarkeit begründen.

Lit.: *Dommermuth, S.,* Publizistische Sorgfaltspflichten, 2003

Sortenschutz ist der dem → Patent ähnliche Schutz der Erfindung neuer Sorten von Pflanzen.

Lit.: *Nirk, R./Ullmann, E.,* Patent-, Gebrauchsmuster- und Sortenschutzrecht, 3. A. 2007; *Leßmann, H./Würtenberger, G.,* Deutsches und europäisches Sortenschutzrecht, 2. A. 2009; *Keukenschrijver, A.,* Sortenschutzgesetz, 2001

Souveränität ist (seit Jean Bodin, 1530–1596) die höchste, allumfassende und unbeschränkte → Staatsgewalt. Sie ist dann gegeben, wenn die das Staatsgebiet und das Staatsvolk beherrschende Staatsgewalt keinen höheren Gewalthaber mehr über sich hat und Völkerrechtssubjekt ist. Allerdings wird rechtstatsächlich die S. der (kleineren) Völkerrechtssubjekte durch übergeordnete Gesichtspunkte (größerer Völkerrechtssubjekte) eingeschränkt (z. B. 1999 Kosovokrieg, 2003 Irakkrieg).

Lit.: *Bentzien, J.,* Die völkerrechtlichen Schranken der nationalen Souveränität, 2007

sowjet (russ. [M.]) Rat

Sowjetische Besatzungszone ist der 1945 von der Sowjetunion als Besatzungsmacht besetzte, von der Elbe bis zur Oder reichende Teil des Deutschen Reiches. → Deutsche Demokratische Republik

Lit.: *Kroeschell, K.,* Rechtsgeschichte Deutschlands im 20. Jahrhundert, 1992

Sowjetunion war der seit der Oktoberrevolution (7.11.) 1917 der Bolschewisten aus dem früheren Russland gebildete Staatenbund von 15 Unionsrepubliken, der von der Kommunistischen Partei beherrscht wurde. 1991 benannte sich die S. um in Union der souveränen Sowjetrepubliken. Die kommunistische Partei verlor ihre führende Rolle. Estland, Lettland, Litauen, Armenien und Georgien traten aus der Union aus. Am 25.12.1991 (Rücktritt des Präsidenten Michael Gorbatschow) endete die S. An ihre Stelle trat die losere Gemeinschaft souveräner Staaten (GUS aus Aserbeidschan, Armenien, Weißrussland, Russland, Kasachstan, Kirgisistan, Moldawien, Usbekistan, Tadschikistan, Turkmenistan, Ukraine und Georgien). Rechtsnachfolger der S. wurde überwiegend → Russland.

Lit.: *Schroeder, F.,* 74 Jahre Sowjetrecht, 1992; Die Nachfolgestaaten der Sowjetunion, hg. v. *Nitsche, P.,* 1994

sozial (Adj.) gesellschaftlich, die Allgemeinheit betreffend

Lit.: *Maydell, B. Baron v.,* Soziale Rechte in der EG, 1989; *Karrass, A.,* Europa lieber sozial als neoliberal, 2004

Sozialadäquanz ist die gesellschaftliche Üblichkeit und Anerkanntheit. Ein Verhalten ist dann sozialadäquat, wenn es sich völlig im Rahmen der normalen, geschichtlich gewordenen sozialen Ordnung bewegt. Nach umstrittener Ansicht schließt die → Rechtswidrigkeit eines → Verhaltens aus.

Lit.: *Sommer, T.,* Die Bedeutung der Sozialadäquanz bei der rechtlichen Bewertung, 1986; *Rönnau, T.,* Sozialadäquanz, JuS 2011, 311

Sozialauswahl ist die beispielsweise bei der → Kündigung im → Arbeitsrecht erforderliche Auswahl aus sozialen Überlegungen.

Lit.: *Bütefisch, W.,* Die Sozialauswahl, 2000; *Grossmann, U.,* Zur Vergleichbarkeit, 2002

Sozialbindung ist die einschränkende Bindung aus sozialen Überlegungen zum Wohl der → Allgemeinheit. S. *des Eigentums* (Art. 14 II GG) ist die Beschränkung der Freiheitsrechte des → Eigentümers, bei der Eigentum in seinem Gebrauch neben seiner Privatnützigkeit zugleich dem Wohl der Allgemeinheit dienen soll. Der Gesetzgeber hat für die Bestimmung der S. des Eigentums einen weiten Raum (z.B. Besteuerungsrecht, Beschränkung des landwirtschaftlichen Grundstücksverkehrs).
Lit.: *Leisner, W.,* Sozialbindung des Eigentums, 1972; *Leinemann, F.,* Die Sozialbindung des geistigen Eigentums, 1998; *Lehmann, J.,* Sachherrschaft und Sozialbindung?, 2004

soziale Frage → Frage, soziale

soziale Handlungslehre → Handlungslehre, soziale

sozialer Wohnungsbau → Wohnungsbau, sozialer

Sozialethik ist die Lehre von den → sittlichen Verhaltensnormen, die in einzelnen menschlichen Gruppen gelten.
Lit.: *Körtner, U.,* Evangelische Sozialethik, 1999; *Spieß, C.,* Sozialethik des Eigentums, 2004

Sozialgericht (§§ 7 ff. SGG) ist das → Gericht der ersten Instanz der Sozialgerichtsbarkeit. Es ist zuständig für Sozialrechtsstreitigkeiten (z.B. Sozialversicherung). Es besteht aus → Kammern mit einem → Vorsitzenden und zwei ehrenamtlichen Richtern. Ansprüche auf Zahlung von Beträgen zur privaten Pflegeversicherung können (seit 1998) außer durch Leistungsklage vor dem S. auch im Mahnverfahren vor dem Amtsgericht geltend gemacht werden.
Lit.: *Niesel, K./Herold-Tews, H.,* Der Sozialgerichtsprozess, 6. A. 2012; *Meyer-Ladewig, J.* u. a., Sozialgerichtsgesetz, 11. A. 2014; *Krasney, O./Udsching, P.,* Handbuch des sozialgerichtlichen Verfahrens, 6. A. 2011; Sozialgerichtsgesetz, hg. v. *Lüdtke, P.,* 4. A. 2012; Prozesse in Sozialsachen, hg. v. *Berchtold, J./ Richter, R.,* 2009; *Krodel, T.,* Das sozialgerichtliche Eilverfahren, 3. A. 2011; *Hintz, M./Lowe, S.,* Sozialgerichtsgesetz, 2012; *Roos/Wahrendorf,* Sozialgerichtsgesetz, 2014

Sozialgesetzbuch ist das aus 12 Teilen (SGB I Allgemeiner Teil 1976, SGB II Grundsicherung für Arbeitsuchende 2004, SGB III Arbeitsförderung 1997, SBG IV Sozialversicherung Gemeinsame Vorschriften 1977, SBG V Gesetzliche Krankenversicherung 1989, SGB VI Gesetzliche Rentenversicherung 1992, SGB VII Gesetzliche Unfallversicherung 1996, SGB VIII Kinder- und Jugendhilfe 1991, SGB IX Rehabilitation und Teilhabe behinderter Menschen 2001, SGB X Verwaltungsverfahren 1980, SGB XI Soziale Pflegeversicherung 1995, XII Sozialhilfe 2005) bestehende Gesetzbuch des Sozialrechts. → Sozialgesetzgebung
Lit.: Sozialgesetzbuch, hg. v. *Schulin, B.,* 42. A. 2013; Sozialgesetzbuch (Lbl.), hg. v. *Aichberger, F.,* 124. A. 2015; SGB X Sozialverwaltungsverfahren und Sozialdatenschutz, hg. v. *Schütze, B.,* 8. A. 2014; *Kreike-*

bohm, R., Sozialgesetzbuch VI – Gesetzliche Rentenversicherung, 4. A. 2013; *Neumann, D./Pahlen, R./Majerski-Pahlen, M.,* Sozialgesetzbuch IX, 12. A. 2010; *Löns, M./Herold-Tews, H.,* SGB II Grundsicherung für Arbeitsuchende, 3. A. 2011; *Münder, J. u.a.,* Sozialgesetzbuch XII, 8. A. 2008; Sozialgesetzbuch XI Soziale Pflegeversicherung, hg. v. *Klie, T./Krahmer, U.,* 3. A. 2009; Sozialgesetzbuch V Gesetzliche Krankenversicherung, hg. v. *Becker/Ingreen,* 4. A. 2014; *Mrozynski, P.,* Sozialgesetzbuch I Allgemeiner Teil, 4. A. 2009; *Kossens/von der Heide/Maaß,* SGB IX Rehabilitation, 4. A. 2015; *Groth, A. u.a.,* Die Rechtsprechung des BSG zum SGB II, NJW 2013, 2482; *Eicher, W.,* SGB II Grundsicherung für Arbeitsuchende, 3. A. 2013; *Münder, J.,* Sozialgesetzbuch II, 5. A. 2013; *Kreikebohm, R.,* Sozialgesetzbuch IV Gemeinsame Vorschriften, 2. A. 2014

Sozialgesetzgebung ist die → Gesetzgebung in sozialen Angelegenheiten. Sie beginnt im Eigentlichen erst nach der Entstehung der sozialen → Frage im 19. Jh. Grundlegende Sozialgesetze sind dann die zur Abwehr sozialistischer Bestrebungen geschaffenen Sozialversicherungsgesetze (1881 bzw. 1884, 1911 Reichsversicherungsordnung), denen seit der Weimarer Republik zahlreiche Einzelgesetze folgen. In der Gegenwart ist die S. in dem → Sozialgesetzbuch zusammengefasst.
Lit.: *Pelikan, W.,* Aktuelle Probleme der Sozialgesetzgebung, 1999

Sozialhilfe (§ 1 SGB XII) ist die Hilfe des → Staates für den bedürftigen → Bürger (in Deutschland 1996 3,3 Prozent der Bevölkerung, 1997 2,7 Millionen Menschen, 1999 knapp 20 Milliarden DM). Sie ist subsidiäre Staatstätigkeit mit dem Ziel, dem Empfänger die Führung eines Lebens zu ermöglichen, das der Würde des Menschen entspricht. Sie ist nicht abhängig von Vorleistungen oder Ausgleichslagen, sondern richtet sich nach der Besonderheit des Einzelfalls. Die S. umfasst Hilfe zum Lebensunterhalt und Hilfe in besonderen Lebenslagen. Sie kann in persönlicher Hilfe (z.B. Beratung) sowie in Geldleistungen oder Sachleistungen bestehen. Die S. wird durchgeführt durch kreisfreie → Städte und → Landkreise, ausnahmsweise auch durch übergeordnete Behörden. Die S. für Erwerbsfähige ist seit 2004 mit der Arbeitslosenhilfe zur Grundsicherung für Arbeitsuchende (Arbeitslosengeld II) zusammengefasst (Eckregelsatz für Alleinstehende 2013 382 Euro).
Lit.: *Brühl, A.,* Mein Recht auf Sozialhilfe, 20. A. 2007; *Grube, C./Wahrendorf, V.,* SGB XII Sozialhilfe, 5. A. 2014; *Hüttenbrink, J.,* Sozialhilfe und Arbeitslosengeld II, 12. A. 2011, 13. A. 2016?; *Schellhorn, W./ Schellhorn, H./Hohm, K,* Kommentar zum SGB XII Sozialhilfe, 19. A. 2015; *Kruse/Reinhard/Winkler* SGB XII Sozialhilfe 3. A. 2012

Sozialisierung (Vergesellschaftung) (Art. 15 GG) ist die Eingliederung in die Gesellschaft, insbesondere die Überführung von Gütern in → Gemeineigentum oder andere Formen der Gemeinwirtschaft, welche die Interessen der Allgemeinheit stärker berücksichtigen. Nach Art. 15 GG können Grund und Boden, Naturschätze und Produktionsmittel durch ein Gesetz, das Art und Ausmaß der Entschädigung regelt, sozialisiert werden. Die S. bildet den Gegensatz zur → Privatisierung.

Lit.: *Wittkowski, D.,* Sozialisierung und Völkerrecht, 1993

Sozialismus ist die im 19. Jh. ausgebildete Staatslehre und Gesellschaftslehre, die sich statt am individuellen Wohl des Einzelmenschen am Gesamtwohl der Allgemeinheit orientiert. Die Zielsetzung des S. ist im Einzelnen sehr unterschiedlich (Sozialisierung, Vollbeschäftigung, Wirtschaftsplanung, Gleichheit, Abbau von Privilegien). Der S. steht vor allem in Gegensatz zum → Liberalismus und zum → Kapitalismus.
Lit.: *Adler, G.,* Geschichte des Sozialismus und Kommunismus von Plato bis zur Gegenwart, 3. A. 1931; *Müller, H.,* Ursprung und Geschichte des Wortes Sozialismus und seiner Verwandten, 1967

Sozialistengesetz ist das unter Otto von Bismarck 1878 erlassene, 1890 aufgehobene Ausnahmegesetz gegen die gemeingefährlichen Bestrebungen der Sozialdemokratie.
Lit.: *Bartel, H.,* Das Sozialistengesetz, 1980

Sozialleistung ist die von einem Leistungsträger auf Grund sozialrechtlicher Vorschriften einer Privatperson gewährte Leistung. Die S. ist ein Fall staatlicher Leistung. Sie lässt sich in verschiedene Arten einteilen (z. B. Naturalleistung und Geldleistung).
Lit.: *Brühl, A./Sauer, J.,* Mein Recht auf Sozialleistungen, 20. A. 2007

Sozialleistungsanspruch ist der gerichtlich durchsetzbare subjektiv-öffentliche Anspruch (Recht) des Einzelnen auf eine → Sozialleistung.

Sozialleistungsquote ist im Verwaltungsrecht das statistische (, steigende) Verhältnis der Summe aller Sozialleistungen zum Bruttosozialprodukt eines jeden Jahres.

Sozialpartner ist die → Tarifvertragspartei (→ Arbeitgeber, → Arbeitnehmer bzw. deren Verbände).
Lit.: *Fischer, U.,* Betriebliche Personalpolitik, 2004

Sozialpflichtigkeit ist die Verpflichtung des → Staates zu Hilfeleistungen in Notlagen (Art. 20 I GG).
Lit.: *Lau, L.,* Die Sozialpflichtigkeit des Eigentums, 1997

Sozialplan ist die Einigung zwischen → Unternehmer und → Betriebsrat über einen möglichen Ausgleich oder eine mögliche Milderung wirtschaftlicher Nachteile für → Arbeitnehmer bei Betriebsänderungen. Der S. ist ein Fall der → Mitbestimmung. Er hat die Wirkung einer → Betriebsvereinbarung.
Lit.: *Röder, G./Baeck, U.,* Interessenausgleich und Sozialplan, 4. A. 2009

Sozialrecht ist das Recht des Ausgleichs einzelmenschlicher Güterunterschiede durch Leistungen eines Trägers öffentlicher → Verwaltung. Das S. ist ein Teil des → Verwaltungsrechts und damit des öffentlichen → Rechtes. Zu ihm gehören vor allem das → Sozialversicherungsrecht, das Kriegsopferversorgungsrecht, die → Sozialhilfe, das Ausbil-

dungsförderungsrecht, das Arbeitsförderungsrecht, das → Kindergeldrecht und das → Wohngeldrecht.
Lit.: Arbeits- und Sozialordnung, hg. v. *Kittner, M.,* 40. A. 2014; Sozialrechtshandbuch, hg. v. *Maydell, B. v.,* 5. A. 2012; Kommentar zum europäischen Sozialrecht, hg. v. *Fuchs, M.,* 3. A. 2002; *Eichenhofer, E.,* Sozialrecht, 9. A. 2015; *Waltermann, R.,* Sozialrecht, 11. A. 2014; Münchener Anwaltshandbuch Sozialrecht, hg. v. *Plagemann, H.,* 4. A. 2013; *Muckel, S.,* Sozialrecht, 4. A. 2011; Kommentar zum Sozialrecht, hg. v. *Knickrehm/Kreikebohm/Waltermann,* 4. A. 2015

Sozialrente ist die aus der → Sozialversicherung entspringende → Rente.

Sozialschädlichkeit ist die Schädlichkeit eines Verhaltens für das gesellschaftliche Zusammenleben. Das sozialschädliche Verhalten bewirkt eine Störung des sozialen Friedens. Zu seiner Unterdrückung wird es in gewissem Umfang → kriminalisiert.

Sozialstaat (Art. 20, 28 GG) ist der → Staat, der eine Mitverantwortung für die Ausgleichung sozialer Gegensätze innerhalb des Staatsvolks übernimmt. Der S. stellt sich die Aufgabe, eine soziale Revolution durch soziale Reform unter annähernd gleichmäßiger Wohlförderung und Lastenverteilung zu verhindern. Sein Gegensatz ist der liberale → Rechtsstaat, dessen Grundlage die formal gleiche → Freiheit bildet (str.).
Lit.: *Heinig, H.,* Der Sozialstaat im Dienst der Freiheit, 2008

Sozialstaatsprinzip ist der den Staat als Sozialstaat gestaltende Grundsatz.
Lit.: *Kingreen, T.,* Das Sozialstaatsprinzip im europäischen Verfassungsverbund, 2003; *Voßkuhle, A. u. a.,* Grundwissen – öffentliches Recht – Das Sozialstaatsprinzip, JuS 2015, 693

Sozialunion ist die Union im Bereich der sozialen Angelegenheiten.
Lit.: *Waldschmitt, E.,* Die europäische Sozialunion, 2001

Sozialversicherung ist die im Grundsatz auf dem Leistungsprinzip und dem Gegenleistungsprinzip aufgebaute, durch die Kaiserliche Botschaft vom 17.11.1881 im deutschen Reich eingeleitete Versicherung sozialer Gefahren, die auf die gemeinsame Deckung eines möglichen, in seiner Gesamtheit schätzbaren Bedarfs durch Verteilung auf eine organisierte Vielheit abzielt. Die S. ist eine öffentlich-rechtliche → Zwangsversicherung mit sozialer Ausrichtung. Sie gliedert sich in Krankenversicherung, Rentenversicherung, Unfallversicherung, Arbeitslosenversicherung und Pflegeversicherung. In bestimmten Fällen ist freiwillige Versicherung bzw. Weiterversicherung möglich. Gefährdet ist die S., wenn infolge Bevölkerungsrückgang hohen Leistungen unzureichende Beitragszahlungen gegenüberstehen und aus Rücksicht auf die Wahlchancen der Abgeordneten weder Leistungen verringert noch Beiträge erhöht werden sollen.
Lit.: Kasseler Kommentar Sozialversicherungsrecht (Lbl.), red. v. *Niesel, K.,* 85. A. 2015; *Schoele, W.,* Die Sozialversicherung, 16. A. 2010; *Weber, A./Leienbach,*

V., Die Systeme der sozialen Sicherung in der Europäischen Union, 4. A. 2000; *Jäger, H.,* Einführung in die Sozialversicherung, 13. A. 2003; *Fuchs, M./Preis, U.,* Sozialversicherungsrecht, 2. A. 2009

Sozialversicherungsanspruch ist in der → Sozialversicherung das gerichtlich durchsetzbare, subjektive öffentliche Recht eines Berechtigten auf eine Versicherungsleistung.

Sozialversicherungsbeitrag ist in der → Sozialversicherung die Leistung (Vorsorgeleistung) des Verpflichteten (Versicherter, Arbeitgeber, sonstige Person) zur Deckung des Gesamtbedarfs der Versicherung.

Lit.: *Branz, A.,* Das Vorenthalten von Arbeitnehmerbeiträgen, 2002

Sozialversicherungsträger ist der Träger der → Sozialversicherung. Der S. ist grundsätzlich Selbstverwaltungskörperschaft des öffentlichen Rechts. S. sind beispielsweise Deutsche Rentenversicherung, Landesversicherungsanstalten, Krankenkassen, Berufsgenossenschaften, Pflegekassen.

Lit.: *Hein, M.,* Die Verbände der Sozialversicherungsträger in der Bundesrepublik Deutschland, 1990; *Virneburg, H.,* Die Ausschüsse bei den Sozialversicherungsträgern, 2003; *Ruland, F.,* Unternehmenseigenschaft von Sozialversicherungsträgern, JuS 2005, 212

Sozialversicherungswahl ist die → Wahl zu einem Organ der → Sozialversicherung.

Lit.: *Düker, H.,* Wahlordnung für die Sozialversicherung, 8. A. 2010

Sozialverwaltungsrecht ist das → Sozialrecht als Teil des → Verwaltungsrechts. → Leistungsverwaltung.

Lit.: *Winkler, J.,* Sozialverwaltungsverfahren und Sozialdatenschutz (SGB X), 2004; *Dörr, G./Francke, K.,* Sozialverwaltungsrecht, 3. A. 2012

Sozialwohnung ist die (bis 31.1.2001) aus sozialen Gründen öffentlich geförderte → Wohnung.

Lit.: *Förster, W.,* Sozialer Wohnungsbau, 2002

Sozietät (F.) Gesellschaft (des bürgerlichen Rechts, z.B. Anwaltssozietät, S. zwischen Anwaltsnotar und Wirtschaftsprüfer), → Partnerschaft

Lit.: *Peres, H./Senft, K.,* Sozietätsrecht, 3. A. 2015; *Schmidt, K.,* Die Sozietät als Sonderform der BGB-Gesellschaft, NJW 2005, 2801; Die Anwaltssozietät, hg. v. *Dombek, B. u.a.,* 2012

Soziologie ist die Wissenschaft von der Gesellschaft (Gesellschaftswissenschaft)

Lit.: Lexikon zur Soziologie, hg. v. *Fuchs-Heinitz u. a.,* 1995; *Korte, H.,* Soziologie, 2004

Sozius (lat. [M.] socius) Gesellschafter

Spanien ist der vom Mittelmeer, von Portugal, vom Atlantik und von Frankreich begrenzte südwesteuropäische, seit 1.1.1986 den Europäischen Gemeinschaften bzw. (1992) der → Europäischen Union angehörige Staat. Sein Recht ist von Frankreich

beeinflusst (u. a. Codigo civil, Bürgerliches Gesetzbuch 1888 bzw. 1889). 1996 erneuerte S. den von 1848 stammenden Codigo penal (Strafgesetzbuch).

Lit.: *Adomeit, K./Frühbeck, G.,* Einführung in das spanische Recht, 3. A. 2007; *Gantzer, P.,* Spanisches Immobilienrecht, 9. A. 2003; *Ibán, I.,* Einführung in das spanische Recht, 2. A. 2000; *Köbler, G.,* Rechtsspanisch, 3. A. 2012; *Daum/Sánchez/Becher,* Wörterbuch Recht Spanisch-Deutsch Deutsch-Spanisch, 2. A. 2015; *Becher, H.,* Wörterbuch Recht, Wirtschaft, Politik Spanisch-Deutsch Deutsch-Spanisch, 2007; *Becher, H.,* Wörterbuch Recht und Wirtschaft Spanisch-Deutsch, 6. A. 2013, Deutsch-Spanisch, 6. A. 2015; *Frank,* Internationales Erbrecht Spanien, 2. A. 2014

Sparbuch ist die → Urkunde über eine → Darlehensforderung eines Sparers gegenüber einem Kreditinstitut (Sparkasse). Das S. ist ein qualifiziertes → Legitimationspapier (§ 808 BGB), bei dem der Schuldner grundsätzlich durch die Leistung an jeden → Inhaber befreit wird. Das → Eigentum am S. folgt dem Recht aus dem Papier (§ 952 BGB). Das Recht des Spardarlehensvertrags gründet sich u. a. auf die allgemeinen Geschäftsbedingungen des Kreditwesens sowie das Kreditwesengesetz.

Lit.: *Herbst, G.,* Rechtsfragen beim Sparbuch, 20. A. 1994; *Bothmann, K.,* Sparbuch 2003, 19. A. 2009

Sparkasse (§ 40 KWG) ist das Kreditinstitut, das Spardarlehen annimmt und verwaltet sowie andere Bankgeschäfte betreibt. Die S. ist meist eine gemeinnützige, rechtsfähige → Anstalt des öffentlichen Rechts (z.B. Stadtsparkasse), vereinzelt auch ein privates Kreditinstitut. Ihr Recht ist teils im Kreditwesengesetz, teils durch landesrechtliches Kommunalrecht geregelt. Organe der S. sind meist Verwaltungsrat, geschäftsführender Vorstand und Kreditausschuss.

Lit.: *Steppeler, W./Künzle, J.,* Kommentar zu den Sparkassen-AGB, 3. A. 2003; *Schlierbach, H.,* Das Sparkassenrecht, 5. A. 2003; *Klüpfel, W.,* Kommentar zum Sparkassengesetz, 8. A. 2011

specialis (lat. [Adj.]) besondere, Sonder-, → lex specialis

species (lat. [F.]) → Stück

Spediteur (§ 453 HGB) ist der → Kaufmann, der es gewerbsmäßig übernimmt, Güterversendungen durch → Frachtführer oder durch Verfrachter von Seeschiffen für Rechnung eines anderen (des Versenders) in eigenem Namen gegen Vergütung zu besorgen.

Lit.: *Widmann, H.,* ADSp – Allgemeine Deutsche Spediteurbedingungen, 6. A. 1999; *Lin, I.,* Die Haftung des Spediteurs, 1999

Spedition (§§ 453 ff. HGB Speditionsvertrag) ist das besondere → Handelsgeschäft des → Spediteurs. Es führt in der Regel zu einem → Geschäftsbesorgungsvertrag (§ 675 BGB), der einen → Werkvertrag zum Gegenstand hat. Der Versender wird durch den Speditionsvertrag verpflichtet, die vereinbarte Vergütung zu bezahlen, wenn das Gut dem Frachtführer oder Verfrachter übergeben worden ist.

Lit.: *Widmann, H.,* ADSp – Allgemeine Deutsche Spediteurbedingungen, 6. A. 1999; *Krummeich, K.,* Fracht- und Speditionsrecht, 2003

Spende ist die freiwillige (unentgeltliche) Zuwendung (eines Gegenstands) an einen anderen (z. B. an eine Partei, § 27 I PartG, z. B. auch Organspende). Sie ist eine Schenkung. Eine Spende an eine Partei im Wert von mehr als 10 000 Euro muss veröffentlicht werden.
Lit.: *Morlok, M.,* Spenden – Rechenschaft, Sanktionen, NJW 2000, 761; *Bergmann, M.,* Erweiterte Sonderausgabenabzugsfähigkeit, 2004

Sperrstunde → Polizeistunde

Sperrzeit → Polizeistunde

Spezialhandlungsvollmacht (§ 54 I HGB) ist die zu einzelnen zu einem → Handelsgewerbe gehörigen Geschäften ermächtigende → Handlungsvollmacht.
Lit.: *Hofmann, K.,* Vollmachten, 8. A. 2002

Spezialität ist allgemein die Hervorhebung einer Art durch ein besonderes Merkmal innerhalb einer Gattung, im Strafrecht der Fall der Gesetzeseinheit, der vorliegt, wenn eine (spezielle) Strafvorschrift begriffsnotwendig alle Merkmale einer anderen (allgemeinen) Strafvorschrift erfüllt und darüber hinaus noch ein weiteres Merkmal enthält (z. B. → Raub im Verhältnis zu → Diebstahl und → Nötigung).
Lit.: *Zodrow, A.,* Der Grundsatz der strafrechtlichen Spezialität im Auslieferungsrecht, 1968; *Seher, G.,* Zur strafrechtlichen Konkurrenzlehre, JuS 2004, 482

Spezialitätsprinzip ist der auf die besondere Gegebenheit abstellende Grundsatz. Im Sachenrecht besagt das S., dass dingliche → Rechte nur an einzelnen → Sachen, nicht dagegen an → Sachgesamtheiten oder noch nicht individualisierten Sachen bestehen können. Demzufolge ist die Übertragung einer Sachgesamtheit durch eine einheitliche sachenrechtliche Handlung nicht möglich.

Spezialprävention ist die Vorbeugung gegen die künftige → Kriminalität eines bestimmten Menschen. Die S. ist einer von mehreren → Strafzwecken. Sie kann gegenüber dem Unverbesserlichen durch dauernde Sicherungsverwahrung und gegenüber dem Besserungsfähigen durch Resozialisierung erfolgen. → Generalprävention
Lit.: *Kiwull, H.,* Kurzfristige Freiheitsstrafen, 1979

speziell (Adj.) besondere

spezielles Schuldmerkmal → Schuldmerkmal, spezielles

Speziesschuld → Stückschuld

Spezifikation ist die nähere Bestimmung einer zunächst nur allgemein bestimmten → Leistung (§ 375 HGB, → Spezifikationskauf). Im Sachenrecht ist S. die → Verarbeitung (eines Stoffes zu einer neuen → Sache) (§ 950 BGB).

Spezifikationskauf (§ 375 HGB) ist der → Kauf einer beweglichen → Sache, bei dem der Käufer die nähere Bestimmung über Form, Maß oder ähnliche Verhältnisse vornehmen kann, bei Verzug aber mit Bestimmung durch den Verkäufer, Schadensersatzanspruch oder Rücktritt rechnen muss.
Lit.: *Heymann, O.,* Der Spezifikationskauf, 1924

Sphäre (F.) Kugel, Bereich

Sphärentheorie ist die Theorie, nach der im Fall des Fehlens von → Verschulden die Nachteile der zu tragen hat, zu dessen → Sphäre ein dafür ursächlicher Umstand zu rechnen ist. Danach wird im → Arbeitsrecht bei einer allgemeinen (einfacheren) Betriebsstörung (z. B. Energiemangel, Brand) der → Arbeitgeber nicht von seiner Vergütungspflicht frei. Anders verhält es sich etwa bei einer auf einem → Teilstreik oder einem → Krieg beruhenden Betriebsstörung.
Lit.: *Klink, J.,* Eine Sphärentheorie, 1982

Spiel ist die Tätigkeit, die allein aus Freude an ihr selbst und ohne praktische Zielsetzung geschieht. Im Schuldrecht ist Spiel (§ 762 BGB) der → Vertrag, bei dem sich die Parteien eine Leistung unter entgegengesetzten Bedingungen versprechen, um sich zu unterhalten und bzw. oder Gewinn zu erzielen. Dadurch wird eine → Verbindlichkeit nicht begründet, doch kann das auf Grund des Spieles Geleistete nicht deshalb zurückgefordert werden, weil eine Verbindlichkeit nicht bestanden hat. Im → Strafrecht ist die unerlaubte Veranstaltung eines öffentlichen → Glücksspiels mit Freiheitsstrafe bis zu zwei Jahren oder Geldstrafe strafbar (§ 284 StGB).
Lit.: *Weisemann, U./Spieker, U.,* Sport, Spiel und Recht, 2. A. 1997; *Diegmann/Hoffmann/Ohlmann,* Praxishandbuch für das gesamte Spielrecht, 2008

Splitting (Aufspaltung) (§ 32a V EStG) ist im Steuerrecht die Art der von den Ehegatten wählbaren Berechnung der → Einkommensteuer der Ehegatten, bei der die Einkommen beider Ehegatten zusammengerechnet und dann halbiert werden und die davon berechnete Steuerschuld verdoppelt wird. Im Verfassungsrecht ist S. *der Stimmen* die Aufteilung der Erststimme und Zweitstimme auf verschiedene → Parteien. Im Familienrecht erfolgt bei der Ehescheidung ein Rentensplitting im Rahmen des → Versorgungsausgleichs (§§ 1587 ff. BGB).
Lit.: *Vollmer, F.,* Das Ehegattensplitting, 1998

sponsio (lat. [F.]) Gelöbnis

Sponsion (F.) Gelöbnis z. B. bei Erhalt eines Diploms

Sponsoring ist die aus Werbeüberlegungen vorgenommene geldliche Unterstützung einer Veranstaltung oder einer sonstigen Gegebenheit.
Lit.: *Hermann, A. u. a.,* Sponsoring, 3. A. 2008; *Poser/Backes,* Sponsoringvertrag, 4. A. 2010

Sport ist die die um ihrer selbst willen, zur Stärkung der Gesundheit oder aus Interesse am körperlichen

Wettkampf ausgeübte körperliche Tätigkeit. Die im Rahmen einer sportlichen Betätigung zugefügte → Körperverletzung ist, soweit sie ohne Regelverstoß begangen wurde, nicht rechtswidrig. Eventuell kann selbst bei einem Regelverstoß ein → Schadensersatzanspruch bzw. eine Strafbarkeit ausgeschlossen sein (→ Einwilligung in Verletzung, → Mitverschulden). Sportliche Regelwerke, denen sich auch Nichtmitglieder durch Rechtsgeschäft unterstellen können, unterliegen der Inhaltskontrolle nach § 242 BGB.

Lit.: *Fritzweiler, J.,* Rechtsprechung zum Sportrecht, NJW 2006, 960; Praxishandbuch Sportrecht, hg. v. *Fritzweiler, J. u. a.,* 3. A. 2014; *Hilpert, H.,* Sportrecht und Sportrechtsprechung, 2007; *Haas, U./Martens, D.,* Sportrecht, 2012; Formularbuch für Sportverträge, hg. v. *Partikel, A.,* 3. A. 2015

Sportel (F.) dem beteiligten Amtsträger zufließende Verwaltungsgebühr

Sprecherausschuss ist die Interessenvertretung der leitenden Angestellten in allen Betrieben mit mehr als zehn leitenden Angestellten gegenüber dem Arbeitgeber (Gesetz vom 20.12.1988).

Lit.: *Löwisch, M.,* Kommentar zum Sprecherausschussgesetz, 2. A. 1994; *Romer, U.,* Das Sprecherausschussgesetz, Diss. jur. Bayreuth 1996

Spruchkörper (§ 21e GVG) ist das die Entscheidungstätigkeit ausübende → Gericht. Seine Besetzung wird durch das Präsidium des Gerichts bestimmt. Innerhalb des mit mehreren Richtern besetzten Spruchkörpers werden die Geschäfte durch Beschluss aller dem Spruchkörper angehörenden Berufsrichter auf die Mitglieder verteilt (§ 21g I GVG).

spruchreif (Adj.) reif für eine behördliche oder gerichtliche Entscheidung

Spruchrichterprivileg → Richterprivileg

Spruchverfahren

Lit.: *Simon, S.,* Spruchverfahrensgesetz, 2007; *Melber, M.,* Das gesellschaftsrechtliche Spruchverfahren, 2007

Sprungrevision (z. B. § 566 ZPO, § 335 StPO) ist die unter freiwilliger einverständlicher Übergehung der → Berufungsinstanz gegen die im ersten Rechtszug erlassenen → Endurteile unmittelbar eingelegte → Revision. Die S. kann in der Regel nur auf die Verletzung des materiellen Rechtes gegründet werden. Die S. muss nach § 566 I ZPO von dem Revisionsgericht zugelassen werden.

Staat ist die auf Dauer berechnete Zusammenfassung einer größeren Anzahl von Menschen (→ Staatsvolk) auf einem bestimmten Teil der Erdoberfläche (→ Staatsgebiet) unter Regelung aller für deren gemeinschaftliches Leben notwendigen Belange durch einen innerhalb der Gemeinschaft obersten Willensträger (→ Staatsgewalt) (Drei-Elemente-Lehre), falls sich die von diesem Willensträger aufgestellte Ordnung tatsächlich durchgesetzt hat und keinem völkerrechtswidrigen Zweck dient

(bzw. das rechtlich geordnete, mit unabhängiger Regelungsmacht ausgestattete Gefüge menschlichen Zusammenlebens). Der Begriff S. kann daneben entweder umfassend verwandt werden (Staatsorgane, Staatsangehörige) oder weniger weit (alle öffentlichen Körperschaften, Anstalten und Einrichtungen) oder ganz eng im Sinne einer juristischen Person (des öffentlichen Rechts) Staat (Bund einerseits, Länder andererseits). Je nach seiner politischen Ausrichtung kann der Staat → Polizeistaat, → Rechtsstaat, → Sozialstaat, → Wohlfahrtsstaat u. a. sein.

Lit.: *Zippelius, R.,* Allgemeine Staatslehre, 16. A. 2011; *Silagi, M.,* Staatsuntergang und Staatennachfolge, 1996; *Hillgruber, C.,* Die Aufnahme neuer Staaten in die Völkerrechtsgemeinschaft, 1998; *Di Fabio, U.,* Das Recht offener Staaten, 1998; *Uhlenbrock, H.,* Der Staat als juristische Person, 2000; *Zippelius, R.,* Geschichte der Staatsideen, 10. A. 2003; Evangelisches Staatslexikon, hg. v. *Heun, W. u. a.,* 2006

Staatenbund (Konföderation) ist der Zusammenschluss (Bund) von → Staaten, bei dem die beteiligten Staaten ihre (volle) → Souveränität behalten (z. B. → Deutscher Bund, ähnlich Staatenverbund Europäische Union, Vereinte Nationen). Der S. ist kein Staat. Er hat keine eigene Souveränität.

Lit.: *Siemann, W.,* Vom Staatenbund zum Nationalstaat, 1995

staatenlos (Adj.) ohne Staatsangehörigkeit lebend

Staatenlosigkeit ist das Fehlen einer → Staatsangehörigkeit. Staatenlose Menschen werden regelmäßig Ausländern gleichgestellt, doch ist ihre Einbürgerung erleichtert. S. soll grundsätzlich vermieden werden.

Lit.: *Weis, P.,* Staatsangehörigkeit und Staatenlosigkeit im gegenwärtigen Völkerrecht, 1962

Staatennachfolge ist der vollständige Übergang der territorialen → Souveränität und Gebietshoheit von einem ursprünglichen Inhaber auf einen Nachfolger, der nunmehr auf diesem Gebiet eigene Souveränität und Hoheit ausübt (z. B. → Deutsches Reich und → Bundesrepublik Deutschland, Sowjetunion und Russland, Jugoslawien und Slowenien).

Lit.: *Silagi, M.,* Staatsuntergang und Staatennachfolge, 1996; *Zimmermann, A.,* Staatennachfolge in völkerrechtliche Verträge, 2000; *Jäger, P.,* Staatennachfolge und Menschenrechtsverträge, 2002

Staatenstaat ist die Staatenverbindung, bei der ein → Staat als Oberstaat bestimmte Staaten als Unterstaaten derart beherrscht, dass sie ihm insbesondere zu Heerfolge und Geldleistungen verpflichtet sind (z. B. Osmanisches Reich und seine Unterstaaten).

Staatsangehörigkeit ist die Mitgliedschaft eines Menschen (bzw. einer natürlichen Person) in einem → Staat. Die S. ist ein öffentlich-rechtliches Rechtsverhältnis, aus dem Rechte (z. B. → Wahlrecht, Schutzrecht) und Pflichten (z. B. → Wehrpflicht, → Steuerpflicht) erfließen. Das Recht der (deutschen) S. ist im Staatsangehörigkeitsgesetz geregelt. Grundsätzlich gilt für den Erwerb der S. entweder das (lat.) → ius (N.) sanguinis (Recht des

Blutes, Abstammungsprinzip, so bis 1999 das deutsche Recht) oder das (lat.) → ius (N.) soli (Recht des Bodens, Gebietsprinzip). Nach § 3 StAG wird die deutsche Staatsangehörigkeit erworben durch → Geburt, durch Annahme als Kind und für einen Ausländer durch Einbürgerung. Seit 1.1.2000 erwerben in Deutschland geborene Kinder (ausländischer Eltern), deren Vater oder Mutter sich seit acht Jahren rechtmäßig in Deutschland aufhält, die deutsche S. (§ 4 III StAG). Haben sie eine weitere S., so müssen sie sich bis zur Vollendung des 23. Lebensjahrs für eine der beiden Staatsangehörigkeiten entscheiden. Wer keine Erklärung abgibt, verliert die deutsche S. (§ 29 StAG). Der Verlust erfolgt im Übrigen durch Entlassung, durch den Erwerb einer ausländischen Staatsangehörigkeit (ohne Beibehaltungserlaubnis), durch Verzicht und durch Annahme als Kind durch einen Ausländer (§ 17 StAG). Nach Art. 16 I 1 GG darf die deutsche S. nicht entzogen werden. Der Verlust der deutschen S. gegen den Willen des Betroffenen darf nur eintreten, wenn dieser dadurch nicht → staatenlos wird. Die bis 1934 primäre S. der Länder (Landeszugehörigkeit) ist in der Gegenwart bedeutungslos. Neben der S. steht die Unionsbürgerschaft in der Europäischen Union.

Lit.: Internationales Ehe- und Kindschaftsrecht mit Staatsangehörigkeitsrecht, hg. v. *Bergmann, A./Ferid, M./ Henrich, D.,* 6. A. 1983 ff.; *Hailbronner, K./Renner, G./ Maaßen,* Staatsangehörigkeitsrecht, 5. A. 2010; *Masing, J.,* Wandel im Staatsangehörigkeitsrecht, 2001; Verwaltungsvorschriften zum Staatsangehörigkeits- und Ausländerrecht mit einer Einführung v. *Renner, G.,* 2001; *Hokema, T.,* Mehrfache Staatsangehörigkeit, 2002; *Kolonovits, D.,* Staatsbürgerschaft und Vertreibung, 2004; *Leopold, A.,* Einführung in das Staatsangehörigkeitsrecht, JuS 2006, 126; *Münch, I. v.,* Die deutsche Staatsangehörigkeit, 2007

Staatsanwalt ist der einzelne Angehörige bzw. Vertreter der → Staatsanwaltschaft. (Am 31.12.2001 gab es in Deutschland 5044 Staatsanwälte, davon 1559 Frauen.)

Lit.: Handbuch für den Staatsanwalt, hg. v. *Vordermayer u. a.,* 2000; *Brunner, R./Heintschel-Heinegg, B. v.,* Staatsanwaltschaftlicher Sitzungsdienst – eine Anleitung für Klausur und Praxis, 13. A. 2011; *Heghmanns, M.,* Das Arbeitsgebiet des Staatsanwalts, 4. A. 2010; *Deventer, A.,* Staatsanwaltschaftlicher Sitzungsdienst, 2. A. 2013; *Pragst, R.,* Mein Jahr als Staatsanwalt, 2011; *Theiß, C.,* Sitzungsdienst des Staatsanwalts, 4. A. 2014

Staatsanwaltschaft (§§ 141 ff. GVG) ist die zur staatlichen Strafverfolgung berufene → Behörde. Sie ist eine hierarchisch aufgebaute Justizbehörde. Das Amt der S. wird ausgeübt durch einen → Generalbundesanwalt, → Bundesanwälte, Generalstaatsanwälte, Oberstaatsanwälte, → Staatsanwälte und → Amtsanwälte. Der S. stehen Ermittlungspersonen (§ 152 GVG) zur Seite, die von den Landesregierungen oder Landesjustizverwaltungen besonders bestimmt werden (Polizei). Die S. hat ein beschränktes → Anklagemonopol und ist grundsätzlich zum Einschreiten verpflichtet (→ Legalitätsprinzip) (§ 152 StPO).

Lit.: *Brunner, R.,* Abschlussverfügung der Staatsanwaltschaft, 12. A. 2012

Staatsaufsicht ist die → Aufsicht des → Staates über die juristischen → Personen des öffentlichen Rechtes, soweit diese öffentliche Verwaltungsaufgaben wahrnehmen. Die S. ist → Rechtsaufsicht im Bereich der → Selbstverwaltungsaufgaben (eigener → Wirkungskreis). Sie ist → Fachaufsicht im Bereich der → Auftragsaufgaben (übertragener → Wirkungskreis).

Lit.: *Kahl, W.,* Die Staatsaufsicht, 2000; *Franz, T.,* Die Staatsaufsicht über die Kommunen, JuS 2004, 937

Staatsbürger → Staatsangehörigkeit

Lit.: *Model, O./Creifelds, C.,* Staatsbürger-Taschenbuch, 33. A. 2012

Staatsbürgschaft ist die Bürgschaft durch den Staat als Bürgen.

Lit.: *Niggemann, P.,* Staatsbürgschaften, 2001; *Leiner, M.,* Staatsbürgschaften, 2002

Staatsform ist die besondere Art der formalen Organisation eines → Staates (z. B. → Monokratie, Oligokratie und → Demokratie).

Staatsgebiet ist der einem → Staat zugehörige bestimmte Teil der Erdoberfläche.

Staatsgeheimnis (§ 93 I StGB) ist die Tatsache, der Gegenstand oder die Erkenntnis, die nur einem begrenzten Personenkreis zugänglich ist und vor einer fremden Macht geheimgehalten werden muss, um die Gefahr eines schweren Nachteils für die äußere Sicherheit des Staates bzw. der → Bundesrepublik Deutschland abzuwenden. → Landesverrat

Lit.: *Breith, H.,* Patente und Gebrauchsmuster für Staatsgeheimnisse, 2002

Staatsgerichtshof ist die Bezeichnung für (obere) Verfassungsgerichte (der Länder).

Lit.: *Günther, H.,* Verfassungsgerichtsbarkeit in Hessen, 2004

Staatsgewalt ist die den → Staat kennzeichnende oberste Herrschaftsgewalt (Hoheitsgewalt, Befehlsgewalt und Zwangsgewalt). Sie ist das funktionale Element des Staates. Sie betrifft das → Staatsgebiet und das → Staatsvolk. Sie geht im demokratischen Staat vom → Volk aus: Sie ist im Rechtsstaat vielfach geteilt in gesetzgebende Gewalt, vollziehende Gewalt und rechtsprechende → Gewalt (Art. 20 II GG).

Lit.: *Reinhard, W.,* Geschichte der Staatsgewalt, 3. A. 2003; *Weber-Fas, R.,* Über die Staatsgewalt, 2000

Staatshaftung ist die Haftung des → Staates für Schäden. Die S. sollte 1981 in einem Sondergesetz geregelt werden, das § 839 BGB (→ Amtshaftung) ersetzt, so dass → Aufopferungsanspruch, enteignungsgleichen → Eingriff und → Enteignung aber unberührt lässt. Das Bundesverfassungsgericht erklärte das betreffende Gesetz wegen Verletzung der Zuständigkeitsbestimmungen für nichtig. Nach europäischem Gemeinschaftsrecht haftet der Staat für legislatives, administratives und judikatives Unrecht durch Verletzung des europäischen Rechts (z. B. rechtswidrige Entscheidung eines Höchstgerichts).

Lit.: *Ossenbühl, F.,* Staatshaftungsrecht, 6. A. 2013; *Beljin, S.,* Staatshaftung im Europarecht, 2000*; Manssen, G.,* Verkehrssicherheit und Amtshaftung, 2003; *Schlick, W.,* Die Rechtsprechung des BGH zu den öffentlich-rechtlichen Ersatzleistungen – Amtshaftung, NJW 2011, 3341; *Hoppe, C.,* Staatshaftung und Rechtsschutz bei Verletzung grundfreiheitlicher Schutzpflichten, 2006; *Schöndorf-Haubold, B.,* Die Haftung der Mitgliedstaaten für die Verletzung von EG-Recht durch nationale Gerichte, JuS 2006, 112; *Schlick, W.,* Die Rechtsprechung des BGH zu den öffentlich-rechtlichen Ersatzleistungen, NJW 2011, 3137; *Sauer, H.,* Staatshaftungsrecht, JuS 2012, 695, 800

Staatskanzlei ist die (vor allem) dem → Staatsoberhaupt für seine Geschäfte unmittelbar zugeordnete Behörde. → Bundespräsidialamt, Bundeskanzleramt

Lit.: *Häußer, O.,* Die Staatskanzleien der Länder, 1995

Staatskasse ist die vom → Staat eingerichtete Zahlstelle (z. B. Gerichtskasse).

Lit.: *Bradke, S.,* Die Staatskasse als Beute, 2000 (Schweiz)

Staatskirche ist die vom → Staat mit besonderen Vorrechten ausgestattete und ihm zugleich in ihren wichtigen Entscheidungen unterworfene Kirchengemeinschaft (durch Art. 140 GG, Art. 137 I WRV für Deutschland ausgeschlossen).

Staatskirchenrecht ist das Recht, welches das Verhältnis zwischen → Staat und → Kirche (Religionsgemeinschaft) betrifft (äußeres → Kirchenrecht). Nach Artt. 140 GG, 137 WRV ist das (deutsche) S. der Gegenwart durch den Grundsatz der Trennung von Kirche und Staat gekennzeichnet. Der Staat anerkennt das → Selbstverwaltungsrecht der Kirchen und nimmt auf die inneren Angelegenheiten der Kirchen grundsätzlich keinen Einfluss.

Lit.: *Campenhausen, A. Frhr. v.,* Staatskirchenrecht, 4. A. 2006; Handbuch des Staatskirchenrechts der Bundesrepublik Deutschland, 2. A. hg. v. *Listl, J. u. a.,* Bd. 1 f. 1994 f.; *Jeand'Heur, B./Korioth, S.,* Grundzüge des Staatskirchenrechts, 2000; *Winter, J.,* Staatskirchenrecht, 2001; *Dirksen, G.,* Das deutsche Staatskirchenrecht, 2003

Staatskommissar ist der vom Staat (Regierung) an Stelle des an sich zuständigen, aber zu ordnungsgemäßer Aufgabenwahrnehmung nicht fähigen oder nicht willigen Organs eingesetzte Beauftragte.

Lit.: *Schatzmann, J.,* Der Staatskommissar, 1972

Staatslehre ist der seit dem Ende des 18. Jh.s entstehende, sich mit dem Wesen des → Staates als solchem befassende Wissenschaftszweig.

Lit.: *Zippelius, R.,* Allgemeine Staatslehre, 16. A. 2010; *Reineck, K.,* Allgemeine Staatslehre und Deutsches Staatsrecht, 15. A. 2007; *Voßkuhle, A.,* Die Renaissance der allgemeinen Staatslehre, JuS 2004, 2; *Schöbener, B.,* Allgemeine Staatslehre, 2009

Staatsnotstand → Notstandsverfassung

Lit.: *Jahn, M.,* Das Strafrecht des Staatsnotstandes, 2004

Staatsoberhaupt ist das an der Spitze stehende → Organ eines → Staates. S. kann ein Kollegium oder ein einzelner Mensch sein. In der Regel vertritt das S. den Staat völkerrechtlich.

Lit.: *Zehnder, B.,* Immunität von Staatsoberhäuptern, 2003

Staatspartei ist die in einem Staat allein zugelassene bzw. ihn tatsächlich allein beherrschende → Partei.

Staatspräsident ist in Republiken vielfach das → Staatsoberhaupt (z. B. Frankreich). → Bundespräsident

Staatsprüfung ist die vom → Staat vorgeschriebene und durchgeführte → Prüfung (z. B. erste juristische Prüfung bzw. S., zweite juristische S.).

Staatsrecht ist die Gesamtheit der den → Staat im Allgemeinen betreffenden → Rechtssätze. Das S. ist ein Teil des öffentlichen → Rechtes. Der Ausdruck S. wird vor allem von dem Begriff des → Verfassungsrechts in den Hintergrund gedrängt. Das S. umfasst – wie das Verfassungsrecht – die grundlegenden Rechtssätze über die Organisation des Staats (Staatsorganisationsrecht) und die allgemeinen Rechtssätze über das Verhältnis von Staat und Gesellschaft, insbesondere die → Grundrechte.

Lit.: *Badura, P.,* Staatsrecht, 6. A. 2015; *Stern, K.,* Das Staatsrecht der Bundesrepublik Deutschland, Bd. 1 ff. z. T. 2. A. 1984 ff.; Handbuch des Staatsrechts, hg. v. *Isensee, J./Kirchhof, P.,* Bd. 1 ff. 1987 ff., z. T. 3. A. 2003 ff., Bd. 10 Gesamtregister, 2000; *Stein, E./Frank, G.,* Staatsrecht, 21. A. 2010; *Degenhart, C.,* Staatsrecht, Bd. 1 30. A. 2014; *Ipsen, J.,* Staatsorganisationsrecht, 26. A. 2014, Staatsrecht II 17. A. 2014; Staats- und Verwaltungsrecht Bundesrepublik Deutschland, hg. v. *Kirchhof, P.,* 53. A. 2014; *Schweitzer, M.,* Staatsrecht, Völkerrecht, Europarecht, 10. A. 2010; *Maurer, H.,* Staatsrecht, 6. A. 2010

Staatsreligion ist die in einem Staat allein zugelassene bzw. ihn tatsächlich allein beherrschende → Religion.

Lit.: *Schulz Meinen, H.,* Die Staatsreligion, 2000

Staatsschuldenrecht ist die Gesamtheit der Schulden des → Staates betreffenden Rechtssätze.

Lit.: *Höfling, W.,* Staatsschuldenrecht, 1994; *Jahndorf, C.,* Grundlagen der Staatsfinanzierung, 2003

Staatssekretär ist der hohe Amtsträger (Sekretär) des → Staates. In der Gegenwart ist S. grundsätzlich der beamtete Stellvertreter des → Ministers (politischer Beamter). Der *parlamentarische* S., der einem Mitglied der → Bundesregierung zu seiner Unterstützung beigegeben werden kann, ist grundsätzlich ein nicht beamtetes Mitglied des → Parlaments (anders zeitweise im Bundeskanzleramt).

Lit.: *Wieser, B.,* Der Staatssekretär, 1997 (Österreich)

Staatssymbol ist das einen Staat verkörpernde Zeichen (z. B. Fahne, Hymne, Wappen, Festtag, Gebäude, Orden).

Lit.: *Hattenhauer, H.,* Geschichte der deutschen Nationalsymbole, 3. A. 1998; *Laitenberger, B./Bassier, M.,*

Wappen und Flaggen der Bundesrepublik Deutschland, 5. A. 2000

Staatsvertrag ist der zwischen mindestens zwei → Staaten geschlossene völkerrechtliche → Vertrag sowie der von mehreren → Ländern eines Staates geschlossene Vertrag (z. B. Doppelbesteuerungsabkommen). Er kann bilateraler Vertrag oder multilateraler Vertrag sein. Der völkerrechtliche S. wird zunächst → paraphiert, dann vom zuständigen innerstaatlichen Organ durch Zustimmungsgesetz angenommen und danach durch das → Staatsoberhaupt → ratifiziert.

Staatsverwaltung ist die Ausführung der Aufgaben des → Staates. Geschieht sie durch eigene Behörden (Organe) ohne Rechtspersönlichkeit, liegt *unmittelbare* S. vor. Dagegen ist *mittelbare* S. die Ausführung der Aufgaben durch selbständige juristische → Personen des öffentlichen Rechts (→ Gemeinde, → Gemeindeverband, → Anstalt).

Staatsvolk ist die Gesamtheit der Menschen, die sich auf dem Gebiet eines bestimmten → Staates befinden und die allein schon infolge dieser Tatsache dessen → Staatsgewalt unterstehen. Das S. ist das personale Element des Staates. Von ihm geht im demokratischen Staat alle → Gewalt aus.

Staatszweck ist der Grund der Bildung des → Staates sowie seiner Ausgestaltung in besonderer Art und Weise. In der Rechtsgeschichte ist der Staat meist entweder auf eine übernatürliche Macht oder einen rationalen → Gesellschaftsvertrag (Staatsvertrag) zurückgeführt worden. In der Gegenwart herrscht die Ansicht vor, dass der Staat verschiedene Zwecke habe (Verwirklichung der Gerechtigkeit, Gewährleistung der Sicherheit, Unterstützung der Schwachen, Alimentation der Funktionäre).
Lit.: *Hebeisen, W.,* Staatszweck, 1996 (Schweiz)

Stadt ist (in der Rechtsgeschichte) die größere, gewerblich ausgerichtete, befestigte Siedlung mit besonderem → Stadtrecht. Im gegenwärtigen Verwaltungsrecht ist die S. als solche grundsätzlich rechtlich bedeutungslos (anders → Gemeinde, kreisfreie Stadt), doch wird kraft Tradition die historische S. weiterhin als S. bezeichnet. *Kreisfreie* S. ist im Verwaltungsrecht die → Gebietskörperschaft, die rechtlich dem → Kreis (Landkreis) gleichsteht. In einigen Ländern hat die *selbständige* S. oder die *große kreisangehörige* S. (kreisverwaltungsangehörige S.) eine ähnliche Stellung.
Lit.: *Johanek, P.,* Vielerlei Städte, 2004

Städtebauförderungsrecht ist das ursprünglich im besonderen Städtebauförderungsgesetz vom 27.7.1971 geregelte Recht der städtebaulichen Sanierungsmaßnahmen und Entwicklungsmaßnahmen. → Baugesetzbuch
Lit.: *Krautzberger, M.,* Städtebauförderungsrecht (Lbl.), 48. A. 2010; *Fieseler, H.,* Städtebauliche Sanierungsmaßnahmen, 2000; *Thurow/Hochstadt/Terfehr*, Städtebauliche Entwicklungsmaßnahmen, 2009

Stadtkreis → Stadt, kreisfreie

Stadtluft macht frei ist im mittelalterlichen deutschen Recht der Grundsatz, dass unfreie Menschen durch den unangefochtenen Aufenthalt während eines Jahres in einer Stadt Freiheit erlangen.

Stadtrat ist die Gemeindevertretung der → Stadt sowie deren einzelnes Mitglied.

Stadtrecht ist in der Rechtsgeschichte das besondere Recht einer → Stadt. Es kann durch → Privileg, → Satzung oder → Gewohnheit entstanden sein. In der Gegenwart ist die Verleihung des Stadtrechts ohne juristische Bedeutung (bloßes Recht, sich Stadt zu nennen).
Lit.: *Keutgen, F.,* Urkunden zur städtischen Verfassungsgeschichte, 1901; *Köbler, G.,* Das Recht im frühen Mittelalter, 1971; *Planitz, H.,* Die deutsche Stadt im Mittelalter, 5. A. 1980

Stadtstaat ist der im Wesentlichen aus einer → Stadt bestehende → Staat (z. B. Hamburg) im Gegensatz zum → Flächenstaat.

Stalking (Nachstellung) ist das durch § 238 StGB mit Strafe bewehrte, im unerlaubten Verfolgen bzw. Naheseinwollen eines anderen Menschen bestehende Verhalten.
Lit.: *Smischek, L.,* Stalking, 2006; *Pechstaedt, V., v.,* Zivilrechtliche Abwehrmaßnahmen gegen Stalking, NJW 2007, 1233; *Bieszk, D. u. a.,* Mobbing und Stalking, NJW 2007, 3382

Stamm (§ 1924 BGB) ist im Erbrecht die Gesamtheit der → Abkömmlinge eines Abkömmlings. Der S. bildet eine Gruppe, die zu Lebzeiten des Abkömmlings von der → Erbfolge ausgeschlossen ist. Umgekehrt tritt der S. auch an die Stelle eines zur Zeit des Erbfalls nicht mehr lebenden Abkömmlings (Erbfolge nach Stämmen).

Stammaktie ist die vorrechtslose → Aktie im Gegensatz zur Vorzugsaktie und zur Mehrstimmrechtsaktie.
Lit.: *Doerks, W.,* Der Kursunterschied zwischen Stamm- und Vorzugsaktien, 1992

Stammeinlage (§ 5 GmbHG) ist bei der → Gesellschaft mit beschränkter Haftung der Teil des → Stammkapitals der Gesellschaft, der von dem einzelnen Gesellschafter übernommen wird. Die S. muss mindestens 100 Euro betragen. Sie kann durch Sachleistung entrichtet werden. Kein Gesellschafter kann bei Errichtung der Gesellschaft mehrere Stammeinlagen übernehmen. Die S. darf dem Gesellschafter weder erlassen noch gestundet werden. Erst wenn auf jede S. ein Viertel eingezahlt ist und die Hälfte des Mindeststammkapitals erreicht ist, kann die Gesellschaft zur Eintragung in das → Handelsregister angemeldet werden (§ 7 GmbHG).

Stammesrecht ist in der Rechtsgeschichte das Recht der einzelnen germanisch-deutschen Völkerschaft (Volksrecht) des Frühmittelalters (z. B. Lex Salica, Lex Baiwariorum).
Lit.: *Buchner, R.,* Die Rechtsquellen, 1953

Stammkapital (§ 5 GmbHG) ist das auf einen bestimmten Nennbetrag festgesetzte → Eigenkapital einer → Gesellschaft mit beschränkter Haftung. Es muss mindestens 25 000 Euro betragen, kann aber für die Unternehmensgesellschaft auf bis zu einen Euro ermäßigt sein. Es gliedert sich in die → Stammeinlagen der einzelnen Gesellschafter.

Lit.: *Bordt, K.*, Das Grund- und Stammkapital der Kapitalgesellschaften, 2. A. 1999

Stand ist das unveränderliche Stehen, die Stellung oder der Zustand. Im Hochmittelalter und Spätmittelalter sowie in der Neuzeit sind die Stände ein wesentliches Verfassungsorgan (Reichsstände [Kurfürsten, sonstige Reichsfürsten, Reichsstädte], Landstände [Ritter, Prälaten, Landstädte]) mit eigenen Rechten, das neben dem → Staatsoberhaupt (→ Kaiser bzw. König, → Fürst bzw. Landesherr) steht. *Dritter* S. sind dabei vor allem die → Bürger sowie die → Bauern, *vierter* S. im 19. Jh. die Arbeiter (Proletarier). Daneben bedeutet S. im mittelalterlichen und neuzeitlichen deutschen Recht auch die Zugehörigkeit zu einer bestimmten Gesellschaftsgruppe mit besonderen Rechten (z. B. → Adel, → Freie, Unfreie).

Lit.: *Köbler, G.*, Deutsche Rechtsgeschichte, 6. A. 2005; Ständische Vertretungen in Europa im 17. und 18. Jahrhundert, hg. v. *Gerhard, D.*, 1969; Ständische Gesellschaft und soziale Mobilität, hg. v. *Schulze, W.*, 1988

Standesamt ist das vom → Standesbeamten ausgeübte → Amt und die zugehörige Räumlichkeit.

Lit.: Standesbeamte und Standesamt in Europa, 2001

Standesbeamter ist der kommunale → Beamte, der vor allem die staatlichen Aufgaben der → Eheschließung und Führung der → Personenstandsbücher wahrnimmt. S. ist in kleineren Gemeinden meist der → Bürgermeister. Lehnt der Standesbeamte die Vornahme einer Amtshandlung ab, so kann er auf Antrag der Beteiligten oder der Aufsichtsbehörde durch das → Gericht dazu angehalten werden (§ 49 PStG).

Lit.: Standesbeamte und Standesamt in Europa, 2001

Standesrecht ist das besondere Recht eines bestimmten Berufsstands (z. B. Rechtsanwälte §§ 43 ff. BRAO, Ärzte usw.). Es ist nur ansatzweise gesetzlich geregelt. Es wird durch → Ehrengerichte überwacht. Die Standesrichtlinien der Rechtsanwälte wurden zum 11.3.1997 neu geordnet. Sie gestatten grundsätzlich Werbung in sachlicher und berufsbezogener Form (auch mit einer bebilderten Broschüre) auf Messen, als Sponsor usw. Die Angabe von (bis zu drei und mehr) nachweisbaren Tätigkeitsschwerpunkten (z. B. Reiserecht, Bankrecht, Baurecht) ist zulässig.

Lit.: Anwaltliche Berufsordnung, hg. v. *Hartung, W.*, 3. A. 2006; *Heberer, J.*, Das ärztliche Berufs- und Standesrecht, 2. A. 2001

Standrecht ist das im Ausnahmezustand oder Kriegszustand geltende Recht, zur Erhaltung der Ordnung in bestimmten Fällen in einem abgekürzten Verfahren zu entscheiden und die Entscheidung zu vollstrecken. Nach Art. 101 I 1 GG sind Standgerichte als → Ausnahmegerichte unzulässig. Nach Art. 102 GG ist die mit dem S. meist verbundene → Todesstrafe abgeschafft.

Station (Stelle, Stellung) ist die Bezeichnung des Ausbildungsabschnitts des → Rechtsreferendars und des Arbeitsabschnitts bei der → Relation.

Lit.: *Köbler, G.*, Wie werde ich Jurist?, 5. A. 2007; *Happ, M. u. a.*, Die Station in der öffentlichen Verwaltung, 7. A. 2012; *Ernemann, A./Frisch, A. u. a.*, Die Station in Strafsachen, 8. A. 2011; *Schmitz, G./Ernemann, A./Frisch, A.*, Die Station in Zivilsachen, 7. A. 2006; Die Anwaltsstation nach neuem Recht, hg. v. *Römermann, V./Hartung, W.*, 2003

Statistik ist die zahlenmäßige Zusammenfassung bestimmter Sachverhalte. Sie ist ein wichtiges Hilfsmittel der Rechtspolitik. Für die S. ist ein eigenes Statistisches Bundesamt mit Sitz in Wiesbaden errichtet.

Lit.: *Dorer, P./Mainusch, H./Tubies, H.*, Bundesstatistikgesetz, 1988; *Sachs, L.*, Angewandte Statistik, 14. A. 2012

statthaft (Adj.) grundsätzlich zulässig, → Statthaftigkeit

Statthaftigkeit ist die grundsätzliche → Zulässigkeit. Ein → Rechtsbehelf ist dann statthaft, wenn er gegen eine Entscheidung dieser Art überhaupt gegeben ist (z. B. § 511 ZPO Die Berufung findet gegen die im ersten Rechtszug erlassenen Endurteile statt). Die S. ist eine → Zulässigkeitsvoraussetzung eines Rechtsbehelfs.

Lit.: *Kauffmann, H.*, Zur Statthaftigkeit der Beschwerde, 1978

Status (lat. [M.] Stand) ist nach der zum Zweck der besseren Erklärung des Verhältnisses zwischen Staat und Einzelnen verfassten Statuslehre (*G. Jellinek*) die Stellung des Einzelnen zum → Staat. Der *s. activus* (aktive Stand) verleiht das Recht zur Teilnahme an der staatlichen Willensbildung (→ Wahlrecht). Der *s. negativus* (negative Stand) gewährt die Freiheit von Eingriffen des Staates in das grundrechtlich geschützte Einzelinteresse (z. B. → Handlungsfreiheit). Der *s. positivus* (positiver Stand) verschafft dem Einzelnen Leistungsansprüche gegen den Staat (z. B. Anspruch auf Rechtsschutz).

Lit.: *Jellinek, G.*, Allgemeine Staatslehre, 3. A. 1914

Statusprozess (§§ 640 ff. ZPO) war der Prozess in → Kindschaftssachen.

status (M.) **quo** (lat.) Zustand, in dem (sich eine Angelegenheit derzeit befindet)

status (M.) **quo ante** (lat.) Zustand, in dem (sich eine Angelegenheit) vorher (befunden hat).

Statut ([N.] Satz, Gesetz) ist im internationalen → Privatrecht die anwendbare Rechtsordnung.

Statutenkollision ist der Widerspruch der Rechtssätze verschiedener Rechtsordnungen. Zu ihrer Lösung ist insbesondere das (jeweilige nationale) internationale → Privatrecht bzw. allgemeiner das (jeweilige nationale) internationale Recht ausgebildet worden. Es entscheidet, welche von mehreren miteinander kollidierenden Rechtsordnungen im Einzelfall anwendbar ist.

Lit.: *Kegel, G./Schurig, K.*, Internationales Privatrecht, 9. A. 2004

Statutentheorie ist die vom Vorrang der → Statuten ausgehende, von den spätmittelalterlichen Juristen entwickelte Theorie zum Verhältnis von gemeinem → Recht und lokalen → Statuten. Danach sollten vorrangig die partikularen Rechte und subsidiär oder ergänzend das römische → Recht zur Anwendung kommen. Rechtstatsächlich entwickelte sich jedoch eine umgekehrt für die Anwendbarkeit des römischen Rechts sprechende Vermutung.

Lit.: *Köbler, G.*, Zielwörterbuch integrativer europäischer Rechtsgeschichte, 6. A. 2014 (Internet)

Steckbrief (§§ 131, 457 II StPO) ist das schriftlich an alle → Behörden ergehende Ersuchen, einen flüchtigen oder sich verbergenden Menschen festzunehmen und ihn der ersuchenden → Behörde zu übergeben. Der S. kann grundsätzlich vom → Richter oder der → Staatsanwaltschaft auf Grund eines → Haftbefehls oder → Unterbringungsbefehls erlassen werden, evtl. auch von der → Polizei. Der S. soll den Verfolgten bezeichnen und soweit wie möglich beschreiben.

stehlen → Diebstahl, → Wegnahme

Stein-Hardenbergische Reform ist die unter den Staatsministern Freiherr vom Stein und Fürst Hardenberg 1807 begonnene und 1812 abgeschlossene liberale Reform in Preußen (Bauernbefreiung, Gewerbefreiheit, Selbstverwaltung).

Lit.: *Köbler, G.*, Deutsche Rechtsgeschichte, 6. A. 2005; *Sösemann, B.*, Gemeingeist und Bürgersinn, 1993

Stelle (F.) Standort, Platz, durch Organisationsrecht geschaffene, vom Wechsel der sie jeweils innehabenden Menschen unabhängige, in gewisser Weise verselbständigte Organisationseinheit

stellvertretendes commodum (N.) → commodum, stellvertretendes

Stellvertretung (§§ 164 ff. BGB) ist das → rechtsgeschäftliche Handeln einer Person (→ Vertreter, → Stellvertreter) im Namen einer anderen Person (→ Vertretener) (in fremdem Namen) für diese (für fremde Rechnung) (sog. *direkte, echte, offene* oder *unmittelbare* S.). Nicht S. in diesem Sinn ist das rechtsgeschäftliche Handeln im eigenen Namen für fremde Rechnung (*indirekte, unechte, mittelbare* S., z.B. des Kommissionärs). Die S. erfordert rechtsgeschäftliches → Handeln, → Vertretungswillen und → Vertretungsmacht sowie Zulässigkeit der S. (ausgeschlossen z.B. bei Testamentserrichtung). Nach § 164 I, III BGB wirkt eine → Willenserklärung durch den oder gegenüber dem Vertreter unmittelbar für und gegen den Vertretenen. Soweit die rechtlichen Folgen einer Willenserklärung durch → Wil-

lensmängel oder durch die Kenntnis oder das → Kennenmüssen gewisser Umstände beeinflusst werden, kommt nicht der Vertretene, sondern der Vertreter in Betracht (§ 166 I BGB). Die Vertretungsmacht des Vertreters kann auf Rechtsgeschäft (→ Vollmacht, *gewillkürte* S.) oder auch auf Gesetz (*gesetzliche* S. z.B. Eltern für ein Kind) beruhen. Fehlt die Vertretungsmacht, so liegt Vertretung ohne Vertretungsmacht vor, die zur schwebenden → Unwirksamkeit des geschlossenen Vertrags führt (§ 177 BGB). Dieser kann nur durch → Genehmigung des Vertretenen wirksam werden. Wird sie verweigert, ist der Vertreter grundsätzlich zur → Erfüllung oder zum → Schadensersatz verpflichtet (§ 179 BGB).

Lit.: *Niemann, K.*, Die rechtsgeschäftliche und organschaftliche Stellvertretung, 2004; *Mock, S.*, Grundfälle zum Stellvertretungsrecht, JuS 2008, 309; *Lorenz, S.*, Stellvertretung, JuS 2010, 382

Sterbebuch → Personenstandsbuch

Sterbehilfe → Euthanasie

Lit.: *Wernstedt, T.*, Sterbehilfe in Europa, 2004; *Kusch, R.*, Tabu Sterbehilfe, NJW 2006, 261

Sterilisation (F.) Unfruchtbarmachung

Lit.: *Hoffmann, B.*, Sterilisation geistig behinderter Erwachsener, 1996; *Ley, A.*, Zwangssterilisation, 2004

Sternsozietät → Partnerschaft (Angehörigkeit eines Rechtsanwalts in mehreren durch ihn sternartig verbundenen Sozietäten), durch die §§ 59a BRAO, 31 BORA für Rechtsanwaltssozietäten verboten (str.)

Lit.: *Kilian, M.*, Das Verbot der Sternsozietät, NJW 2001, 326

Steuer (§ 3 AO) ist die einmalige oder laufende Geldleistung, die nicht eine Gegenleistung für eine besondere Leistung darstellt und von einem öffentlich-rechtlichen Gemeinwesen zur Erzielung von Einkünften allen auferlegt wird, bei denen der Tatbestand zutrifft, an den das Gesetz die Leistungspflicht knüpft (in Deutschland 1995 38 Steuerarten und 21 Quasisteuern). Die S. ist eine → Abgabe (Zwangsabgabe). Sie kann *direkte* oder *indirekte* S. sein – je nachdem, ob der, der die S. zahlt, sie auch trägt (z.B. Grundsteuer, Einkommensteuer, anders Umsatzsteuer, Lohnsteuer) –, weiter → *Personalsteuer* (Subjektsteuer) oder → *Realsteuer* (Objektsteuer) sowie → *Besitzsteuer* (z.B. → Einkommensteuer), → *Verkehrsteuer* (z.B. → Umsatzsteuer), → *Verbrauchsteuer* (z.B. Tabaksteuer) oder → Zoll. Nach der Art des Berechtigten werden unterschieden *Gemeinschaftsteuer* (z.B. Umsatzsteuer, Lohnsteuer), *Bundessteuer* (z.B. Tabaksteuer), *Landessteuer* (z.B. Kraftfahrzeugsteuer) oder → *Gemeindesteuer* (z.B. Gewerbesteuer, Grundsteuer) sowie → Kirchensteuer.

Lit.: Formularbuch Recht und Steuern, 8. A. 2014; SteuerG, 13. A. 2015; SteuerG Bd. 1 f. 34. A. 2008; Steuergesetze (Lbl.), 180. A. 2015; Steuertabellen, 126. A. 2015; *Wacker, W. u.a.*, Lexikon der Steuern, 2000; *Homburg, S.*, Allgemeine Steuerlehre, 6. A. 2010; *Schießl, H.*, Der Jurist in der Steuerverwaltung, JuS 2005, 284; Steuergesetze, 8. A. 2012; Steuergesetze, 2015

Steuerberater (§§ 32 ff. StBerG) ist der steuerliche Beratungshilfe leistende Fachmann in Steuerangelegenheiten. Zur Prüfung als S. ist insbesondere zugelassen, wer ein rechtswissenschaftliches oder wirtschaftswissenschaftliches Hochschulstudium abgeschlossen hat und danach 3 Jahre auf dem Gebiet des Steuerwesens hauptberuflich praktisch tätig war (z. B. ein Rechtsanwalt, der seinen Beruf 3 Jahre ausgeübt hat). Die Tätigkeit des Steuerberaters ist freier → Beruf. Sie ist im Gesetz über die Rechtsverhältnisse der Steuerberater und Steuerbevollmächtigten näher geregelt. Seit 1994 ist die Zusammenarbeit mit einem Rechtsanwalt in einer Kanzlei erlaubt. Partnerschaftsgesellschaften, Aktiengesellschaften und Gesellschaften mit beschränkter Haftung sind zulässig. Rechtstatsächlich gab es in Deutschland 2002 rund 71 000 S.
Lit.: *Koslowski, G.,* Steuerberatungsgesetz, 7. A. 2015; Beck'sches Steuerberaterhandbuch, 15. A. 2015; *Lauterbach, A.,* Berufsziel Steuerberater/Wirtschaftsprüfer, 13. A. 2014; *Eckert,* Steuerberatervergütungsverordnung, 5. A. 2013

Steuerbescheid ist der → Verwaltungsakt, durch den die → Steuer festgesetzt wird. Er ist vielfach fehlerhaft. Gegen ihn sind der Einspruch und die Anfechtungsklage zulässig.
Lit.: *Lobenhofer, M.,* Die Korrektur von Steuerbescheiden, 1997; *Hufeld, U./Abeln, M.,* Die Korrektur von Steuerbescheiden, JuS 1999, 684

Steuerbevollmächtigter ist der dem → Steuerberater weitgehend gleichgestellte berufsmäßige, nicht wissenschaftlich ausgebildete Helfer in Steuersachen.

Steuerbilanz → Bilanz
Lit.: *Wöhe, G.,* Die Handels- und Steuerbilanz, 6. A. 2010

Steuererklärung ist die Erklärung der steuerlichen Verhältnisse eines → Steuerpflichtigen für eine bestimmte → Steuer und einen bestimmten Zeitraum oder einen bestimmten steuerauslösenden Sachverhalt gegenüber dem → Staat (bzw. gegenüber der → Finanzverwaltung).
Lit.: *Carl, D./Klos, J.,* Die Steuererklärung, JuS 1996, 402; *Schneidewind, G.,* Steuern sparen 2004, 2003

Steuererlass ist der anweisende Erlass an die nachgeordneten Behörden im → Steuerrecht bzw. der Erlass einer Steuer.
Lit.: Steuererlasse (Lbl.), 48. A. 2015; *Becker, C.,* Der Steuererlass nach § 227 Abgabenordnung, 2003

Steuerfahndung ist die auf die Aufdeckung von → Steuerhinterziehungen gerichtete Maßnahme der → Finanzverwaltung. Hierzu gehört die Ermittlung von Besteuerungsgrundlagen im Zusammenhang mit der Erforschung von Steuerstraftaten auch dann, wenn hinsichtlich dieser bereits Strafverfolgungsverjährung eingetreten ist. Ohne einen bestimmten Tatverdacht einer Steuerpflichtwidrigkeit ist eine Rasterfahndung unzulässig.
Lit.: *Streck, M.,* Die Steuerfahndung, 4. A. 2006; *Randt, K.,* Der Steuerfahndungsfall, 2004; *Frommelt, H. u. a.,* Steuerfahndung im Dreiländereck, 2009

Steuergeheimnis (§ 30 AO) ist im Verwaltungsrecht die Geheimhaltungspflicht des Steuerbeamten oder amtlich zugezogenen Sachverständigen hinsichtlich des ihm amtlich bekannt gewordenen Wissens über Verhältnisse eines Steuerpflichtigen. Die vorsätzliche Verletzung des Steuergeheimnisses ist strafbar (§ 355 StGB).
Lit.: *Ruegenberg, G.,* Das nationale und internationale Steuergeheimnis, 2001

Steuergesetz ist das eine → Steuer betreffende → Gesetz.
Lit.: Steuergesetze (Lbl.), 180. A. 2015; Steuergesetze, 2015 (gebunden)

Steuerhehlerei (§ 374 AO) ist das Ankaufen, Verschaffen oder Absetzen von Erzeugnissen oder Waren, hinsichtlich deren → Verbrauchsteuer oder → Zoll hinterzogen worden oder Bannbruch begangen worden ist, in der Absicht, sich oder einen Dritten zu bereichern.
Lit.: *Krisch, M.,* Die Steuerhehlerei, 1993 (Diss.)

Steuerhinterziehung (§ 370 AO) ist das Erschleichen ungerechtfertigter Steuervorteile oder Bewirken der Verkürzung von Steuereinnahmen zum eigenen Vorteil oder zum Vorteil eines Dritten.
Lit.: *Beckmann, C.,* Steuerhinterziehung, 2003; *Rolletschke, S.,* Die Steuerhinterziehung, 2004

Steuerhoheit ist das Recht des Staates oder anderer öffentlich-rechtlicher Körperschaften zur Festsetzung und Eintreibung von → Steuer.
Lit.: *Pach-Hanssenheimb, F.,* Die Verstrickung von Wirtschaftsgütern, 1991

Steuerpflicht ist die → Pflicht, bei Vorliegen der gesetzlich festgelegten Sachverhalte → Steuer zu zahlen. Die S. ist ein Fall der allgemeinen Pflichtigkeit des Angehörigen eines → Staates gegenüber diesem. Die S. kann unbeschränkt oder auf besondere Teilsachverhalte (z. B. die in der Bundesrepublik erzielten Einkünfte) beschränkt sein.
Lit.: *Naujok, J.,* Steuerpflicht und Gewissensfreiheit, 2003

Steuerpflichtiger → Steuerpflicht

Steuerrecht ist die Gesamtheit der → Steuern betreffenden Rechtssätze. Das S. ist ein Teil des → Verwaltungsrechts. Es gliedert sich in das allgemeine S. und das Recht der einzelnen Steuern sowie das Steuerverfahrensrecht und das Steuerstrafrecht. Es ist in der → Abgabenordnung und zahlreichen Einzelgesetzen und Verordnungen geregelt. Vielfach sind Steuererklärungen des Steuerpflichtigen nötig. Es bestehen Aufbewahrungsfristen von 10 bzw. 8, ab 2015 7 Jahren.
Lit.: *Tipke, K./Lang, J.,* Steuerrecht, 22. A. 2015; Steuergesetze (Lbl.), 180. A. 2015; Steuergesetze, 34. A. 2008; *Wilke, K./Weber, J.-A.,* Lehrbuch Internationales Steuerrecht, 12. A. 2014; *Arndt, H.,* Steuerrecht, 4. A. 2009; Aktuelle Steuertexte 2015, 2015; *Plewka, H. u. a.,* Die Entwicklung des Steuerrechts, NJW 2015, 589; *Birk, D. u. a.,* Steuerrecht, 18. A. 2015; *Grashoff, D.,* Aktuelles Steuerrecht 2015, 2015; *Frotscher, G.,* Internationales Steuerrecht, 4. A. 2015

Steuerrichtlinie ist die von der zuständigen Oberbehörde ausgegebene → Richtlinie zur Ermittlung der Steuer im Einzelfall.

Lit.: Steuerrichtlinien (Lbl.), 154. A. 2015; Steuerrichtlinien (gebundene Ausgabe) 2015

Steuersache ist die eine → Steuer betreffende Angelegenheit. Zur geschäftsmäßigen Hilfe in Steuersachen sind → Steuerberater, → Steuerbevollmächtigte, Rechtsanwälte, niedergelassene europäische Rechtsanwälte, Wirtschaftsprüfer, vereidigte Buchprüfer, von ihnen gebildete Partnerschaftsgesellschaften, Steuerberatungsgesellschaften, Rechtsanwaltsgesellschaften, Wirtschaftsprüfungsgesellschaften, Buchprüfungsgesellschaften und entsprechende Berechtigte in anderen Mitgliedstaaten der Europäischen Union berechtigt (§ 3 StBerG).

Steuerschuld ist die → Schuld des → Steuerpflichtigen gegenüber dem berechtigten Hoheitsträger.

Lit.: *Nacke, A.,* Die Haftung für Steuerschulden, 1999

Steuerstrafrecht ist das steuerliche Verhältnisse betreffende → Strafrecht. Das S. ist vor allem in der → Abgabenordnung geregelt. Seine beiden wichtigsten Tatbestände sind → Steuerhehlerei und → Steuerhinterziehung.

Lit.: *Joecks, W./Jäger/Randt,* Steuerstrafrecht, 8. A. 2015; *Bilsdorfer, P.,* Die Entwicklung des Steuerstraf- und Steuerordnungswidrigkeitenrechts, NJW 2015, 1426; *Wulf, M.,* Schwerpunktbereich – Einführung in das Steuerstrafrecht, JuS 2008, 206; *Kuhn/Weigell,* Steuerstrafrecht, 2. A. 2013; Handbuch des Wirtschafts- und Steuerstrafrechts, hg. v. *Wabnitz, H./Janovsky, T.,* 4. A. 2014

Steuertabelle ist die tabellarische Übersicht über die Höhe der zu entrichtenden → Steuer.

Lit.: Steuertabellen (Lbl.), 126. A. 2015

Steuerungsfähigkeit (§ 20 StGB) ist die Fähigkeit, nach einer Einsicht in das → Unrecht einer Tat zu handeln. Die S. ist der voluntative Faktor der psychologischen Komponente der → Schuldfähigkeit. Fehlt die S., ist der Täter schuldunfähig. Ist sie erheblich vermindert, kann die → Strafe gemildert werden. Es gibt keinen gesicherten Erfahrungssatz dahingehend, dass allein wegen einer bestimmten Blutalkoholkonzentration zur Tatzeit vom Vorliegen einer alkoholbedingt erheblich verminderten S. auszugehen ist.

Steuerveranlagung ist das Verfahren zur Ermittlung einer Steuerleistungspflicht.

Lit.: Handbuch der Steuerveranlagungen EStG, KStG, GewStG, UStG 2014, 2015

Steuerverbund ist die gemeinsame Berechtigung verschiedener → Gebietskörperschaften an einem Steueraufkommen (z. B. → Einkommensteuer, Art. 106 III, V GG).

Stiefkind ist das Kind eines Ehegatten in Bezug auf den anderen Ehegatten. Zu diesem steht es im Verhältnis der → Schwägerschaft ersten Grades in gerader Linie. Es gibt weder eine Unterhaltspflicht noch ein gesetzliches Erbrecht. Seit 1999 steht Stiefeltern im Rahmen der Betreuung und Verantwortung im täglichen Leben ein Sorgerecht zu.

Lit.: *Carre-Jersch, A.,* Das Stiefkindverhältnis, 1995; *Kremer, S.,* Das Stiefkind im Unterhaltsrecht, 2000; *Polzer, A.,* Probleme und Chancen der Stieffamilie, 2003

Stiftung ist die Widmung von → Vermögen zu einem bestimmten Zweck durch → Rechtsgeschäft bzw. die auf Dauer angelegte Zusammenfassung vermögenswerter Gegenstände zur Erfüllung eines vom Stifter bestimmten, in der Satzung festgelegten, das Gemeinwohl nicht gefährdenden Zweckes. *Unselbständige* S. ist die S., bei welcher der Rechtsträger nicht eine eigene, diesem Zweck dienende juristische → Person, sondern eine unabhängig von der S. vorhandene, das Vermögen treuhänderisch verwaltende Person ist. *Rechtsfähige* S. ist die S., die als solche selbständige juristische Person ist. Unter einer S. *des öffentlichen Rechtes* ist eine S. zu verstehen, die, vermöge ihrer Beschaffenheit dem Organismus eines öffentlich-rechtlichen Verbands (→ Staat, → Kirche) eingefügt ist. Sie wird durch Gesetz errichtet. Sie ist Träger hoheitlicher Gewalt. Die rechtsfähige S. des Privatrechts ist in den §§ 80 ff. BGB in Grundzügen (sowie in einzelnen Landesstiftungsgesetzen in Einzelheiten) geregelt. Sie entsteht durch das Stiftungsgeschäft (Rechtsgeschäft z. B. schriftliche Erklärung, Testament) und die landesrechtliche → Genehmigung, wobei ein Mindeststiftungsvermögen von 50 000 Euro erwartet wird. Die S. ermöglicht die Vermeidung von Erbschaftsteuer, wenn ein Unternehmer sein Vermögen in eine gemeinnützige Stiftung einbringt, die er mit Nießbrauchsvorteilen für die erbberechtigte Person belasten kann. Außerdem darf bis zu einem Drittel der Einkünfte an den Stifter und seine Angehörigen fließen. In Deutschland können seit 1.1.2000 Steuerpflichtige bis zu 20 450 Euro jährlich steuerfrei an gemeinnützige Stiftungen spenden und neu gegründeten Stiftungen in den ersten zehn Jahren bis zu 307 000 Euro gewähren. Denkbar ist auch eine typische stille Gesellschaft am Stiftungsvermögen. Die S. erlischt durch Zeitablauf, Bedingungseintritt oder Aufhebung. Mit dem Erlöschen fällt das Vermögen an die in der Verfassung der S. bestimmten Personen. In Deutschland gab es 2000 rund 10 000 Stiftungen, von denen mehr als 95 Prozent gemeinnützig waren (2006 13500, 2008 16406, www.stiftungen.org).

Lit.: *Hunnius, S.,* Die Vorstiftung, Diss. jur. Jena 1999; *Berndt, H.,* Stiftung und Unternehmen, 8. A. 2010; *Pues, L./Scheerbarth, W.,* Gemeinnützige Stiftungen im Zivil- und Steuerrecht, 3. A. 2008; *Schlüter, A./Stolte, S.,* Stiftungsrecht, 2. A. 2013; Stiftungsrechts-Handbuch, hg. v. *Seifart/Campenhausen, A. Frhr. v.,* 4. A. 2014; *Meyn, C./Richter, A./Koss, C. u. a.,* Die Stiftung, 3. A. 2013; *Stumpf, C./Suerbaum, J./Schulte, M./Pauli, R.,* Stiftungsrecht, 2. A. 2015; *Zimmermann, K.,* Aktueller Überblick über das deutsche Stiftungsrecht, NJW 2011, 2931; Landesstiftungsrecht, hg. v. *Hüttemann, R. u. a.,* 2011; *Zimmermann, K.,* Die Entwicklung des Stiftungsrechts 2013/2014. NJW 2015, 290; Stiftung als Nachfolgeinstrument, hg. v. *Feick, M.,* 2015; *Holt, T. v./Koch, C.,* Gemeinnützige GmbH, 3. A. 2015

still (Adj.) ruhig, geheim

Stille Gesellschaft (§ 230 HGB) ist die Gesellschaft, bei der sich jemand in Verfolgung eines gemeinsamen Zweckes an dem → Handelsgewerbe eines anderen mit einer in dessen Vermögen übergehenden Einlage – gegen einen Anteil am Gewinn – beteiligt. Die s.G. ist keine → Handelsgesellschaft, sondern reine Innengesellschaft und → Schuldverhältnis. Der Inhaber des Handelsgeschäfts wird aus den in dem Betrieb geschlossenen Geschäften allein berechtigt und verpflichtet.

Lit.: *Schulze zur Wiesche, D.,* Die GmbH & Still, 6. A. 2013; *Schoor, H.,* Die GmbH & Still im Steuerrecht, 4. A. 2005; *Weigl, G.,* Stille Gesellschaft, Treuhand und Unterbeteiligung, 3. A. 2012

Stillstand ist der Zustand ohne Bewegung oder Fortschritt. S. *der Rechtspflege* ist im Verfahrensrecht das Aufhören der Tätigkeit der → Gerichte durch Krieg oder andere einschneidende Ereignisse. Nach § 245 ZPO wird für die Dauer des Zustands des Stillstands der Rechtspflege das → Verfahren unterbrochen. S. *des Verfahrens* (§§ 239 ff. ZPO) ist das Aufhören der Tätigkeit des → Gerichts in einem bestimmten einzelnen → Verfahren. Der S. des Verfahrens tritt ein bei der → Unterbrechung, der → Aussetzung (und dem Ruhen) des Verfahrens sowie bei dem tatsächlichen S. infolge Aufhörens des Betreibens des Verfahrens durch die Parteien. Aussetzung und Unterbrechung haben zur Folge, dass der Lauf jeder → Frist aufhört und während der Unterbrechung oder Aussetzung vorgenommene → Prozesshandlungen unwirksam sind (§ 249 ZPO).

Stimme ist die Fähigkeit des Menschen zu sprechen und im → Recht vor allem die Möglichkeit, eine Entscheidung einer Personenmehrheit durch seine S. mitzugestalten. → Stimmrecht

Stimmrecht ist das Recht, an einer → Abstimmung einer Personenmehrheit teilzunehmen. Im öffentlichen Recht spielt das S. vor allem als → Wahlrecht (mit möglicherweise einer Erststimme und einer Zweitstimme) und als S. innerhalb von Vertretungskörperschaften eine Rolle. Im → Privatrecht ist das S. ein Verwaltungsrecht der → Mitglieder von → Gesellschaften und juristischen Personen.

Lit.: *Heusser, P.,* Stimm- und Wahlrecht für Ausländerinnen, 2001; *Yilmaz, A.,* Stimmrecht und Kapitalbeteiligung, 2002

Stipulatio (lat. [F.] Gelöbnis) ist im römischen Recht der aus einer formelhaften Frage des Gläubigers (spondesne? gelobst du?) und der bejahenden Antwort des Schuldners (spondeo, ich gelobe) bestehende, abstrakte → Vertrag (Verbalkontrakt, Schuldversprechen).

Lit.: *Kaser, M.,* Römisches Privatrecht, 20. A. 2014

stipulieren (V.) vereinbaren, sich zusagen lassen, → stipulatio

St.-Laguë s. Sainte-Laguë

Störer ist der Verursacher einer → Störung. Der S. ist im Sachenrecht (§ 1004 BGB) Adressat eines → Beseitigungsanspruchs oder → Unterlassungsanspruchs des von der Störung betroffenen → Eigentümers. Im Verwaltungsrecht ist S. der Adressat eines polizeilichen oder ordnungsbehördlichen Handelns der → Gefahrenabwehr. Der S. ist *Handlungsstörer,* wenn er durch seine Handlung die Störung verursacht hat, und *Zustandsstörer,* wenn er eine störende Anlage hält, deren Beseitigung von seinem Willen abhängt (z.B. Miteigentümer eines von Lastkraftwagenfahrern als Abstellplatz benutzten Grundstücks, Eigentümer eines infolge eines technischen Fehlers an elektrischen Leitungen in Brand geratenden und das Nachbargrundstück beschädigenden Grundstücks).

Lit.: *Herrmann, E.,* Der Störer nach § 1004 BGB, 1987; *Spießhofer, B.,* Der Störer im Allgemeinen und im Sonderpolizeirecht, 1989; *Hoeft, M.,* Die Entschädigungsansprüche des Störers, 1995; *Wenzel, J.,* Der Störer, NJW 2005, 241

Storno [M., N.] ist die Rückgängigmachung eines Geschäfts, insbesondere einer irrtümlichen Gutschrift durch ein → Kreditinstitut.

Lit.: *Schönmann, K.,* Das Stornorecht der deutschen Kreditinstitute, 1990 (Diss.)

Störung (§ 1004 BGB) ist im Sachenrecht die Beeinträchtigung des → Eigentums einer Person in anderer Weise als durch Entziehung oder Vorenthaltung des → Besitzes. Die S. ist daher eine besondere Form der Rechtsverletzung. Im Verwaltungsrecht ist S. die Beeinträchtigung der öffentlichen → Sicherheit und Ordnung. Die S. kann *Handlungsstörung* sein, wenn sie durch eine Handlung herbeigeführt wird (z.B. Betreten eines Grundstücks), oder *Zustandsstörung,* wenn sie auf dem – nicht allein auf Naturkräfte zurückgehenden (str.) – Zustand einer Sache beruht (z.B. Froschquaken in einem künstlich angelegten Teich). → Störer

Lit.: *Pfeifer, F.,* Lärmstörungen, 9. A. 2000; *Herrmann, E.,* Die Haftungsvoraussetzungen nach § 1004 BGB, JuS 1994, 273; *Fischer, K.,* Das polizeiliche Abschleppen von Kraftfahrzeugen, JuS 2002, 446

Strafantrag (§§ 77 ff. StGB) ist die zur Verfolgung bestimmter → Straftaten erforderliche oder mögliche Erklärung einer von der → Staatsanwaltschaft verschiedenen Person bei der zuständigen → Behörde, dass sie die → Strafverfolgung wünsche. Der S. ist vom Verletzten, u.U. seinem Ehegatten, seinen Kindern, Eltern, Geschwistern oder Enkeln, seinen gesetzlichen Vertretern oder u.U. seinen Dienstvorgesetzten binnen 3 Monaten ab Kenntnis von der Tat zu stellen, kann aber zurückgenommen werden. Der S. ist bei → Antragsdelikten → Prozessvoraussetzung.

Lit.: *Brahmer, S.,* Wesen und Funktion des Strafantrags, 1994

Strafanzeige (§ 158 StPO) ist die Mitteilung des Verdachts einer → Straftat bei der zuständigen Behörde mit der Anregung zu prüfen, ob sie zu verfolgen ist. Die S. kann von jedermann bei der → Staatsanwaltschaft, den → Behörden und → Beamten des Polizeidiensts und den → Amtsgerichten mündlich oder schriftlich (auch anonym) angebracht werden. Eine allgemeine Anzeigepflicht für begangene Straftaten besteht grundsätzlich nicht.

Lit.: *Kürzinger, J.,* Private Strafanzeige und polizeiliche Reaktion, 1978; *Hanak, G.,* Phänomen Strafanzeige, 2004; *Klesczewski, D.,* Strafakte, 2004

Strafarrest (§§ 9 ff. WStG) ist die → Freiheitsstrafe für → Soldaten zwischen 2 Wochen und 6 Monaten.

Strafaufhebungsgrund ist im Strafrecht der erst nach Begehung einer → Straftat eintretende, die bereits verwirklichte Strafbarkeit für den Täter rückwirkend wieder beseitigende Umstand (z. B. Rücktritt vom Versuch). Der S. ist nach Vorliegen des → Tatbestands i. w. S. zu prüfen. Ein → Irrtum über ihn ist unbeachtlich.

Strafaufschub (§ 455 StPO Strafausstand) ist im Strafvollstreckungsrecht der Aufschub der → Vollstreckung einer → Freiheitsstrafe. Der S. ist bei Vorliegen bestimmter Gründe (z. B. Geisteskrankheit) zulässig. Er kann dauernd oder vorübergehend sein.

Strafausschließungsgrund ist der schon zur → Tatzeit vorhandene Umstand, der trotz an sich eingetretener Verwirklichung eines Straftatbestands des Täters ausnahmsweise die Strafbarkeit ausschließt (z. B. § 36 StGB → Indemnität eines Abgeordneten). Der S. ist nach Vorliegen des → Tatbestands i. w. S. zu prüfen. Ein → Irrtum über ihn ist unbeachtlich.

Lit.: *Korte, M.,* Das Handeln auf Befehl als Strafausschließungsgrund, 2004

Strafaussetzung ist im Strafverfahrensrecht die Aussetzung der → Vollstreckung einer → Freiheitsstrafe. Die S. kann S. *zur Bewährung* (§§ 56 ff. StGB) sein. Diese ist zulässig bei einer Verurteilung zu einer Freiheitsstrafe von einem Jahr, ausnahmsweise von bis zu zwei Jahren, wenn auf Grund einer Einzelfallprüfung zu erwarten ist, dass der Verurteilte sich schon die → Verurteilung zur Warnung dienen lassen und künftig auch ohne die Einwirkung des Strafvollzugs keine Straftaten mehr begehen wird. Die Bewährungszeit beträgt 2 bis 5 Jahre. Nach ihrem Ablauf wird die Strafe erlassen, wenn sich kein Anlass zum Widerruf der S. ergeben hat. Der Widerruf einer gnadenweisen S. zur Bewährung ist ein rechtlich gebundener Akt. Neben der S. z. B. steht die Aussetzung *des Strafrests* zur Bewährung (§§ 57 bei zeitiger Freiheitsstrafe, 57a StGB bei lebenslanger → Freiheitsstrafe). Sie erfolgt, wenn zwei Drittel – in besonderen Fällen die Hälfte – der verhängten zeitigen Freiheitsstrafe bzw. 15 Jahre lebenslanger Freiheitsstrafe verbüßt sind, verantwortet werden kann zu erproben, ob der Verurteilte außerhalb des Strafvollzugs keine Straftaten mehr begehen wird und der Verurteilte einwilligt. Dabei kommt bei einem lang dauernden Vollzug dem Umständen der seinerzeitigen Tat nur noch eine eingeschränkte Bedeutung zu. Die auch mögliche bedingte S. im Gnadenweg (§ 452 StPO) ist ein → Gnadenakt.

Lit.: *Diekmann, A.,* Die Strafrestaussetzung zur Bewährung nach § 57 I StGB, 1992; *Speiermann, J.,* Zur Reststrafenaussetzung, 1995; *Bohlander, M.,* Der Widerruf der Strafaussetzung, 1999

Strafbarkeit ist die Qualifikation eines → Verhaltens durch Sanktion mit einer → Strafe.

Lit.: *Geisler, C.,* Zur Vereinbarkeit objektiver Bedingungen der Strafbarkeit mit dem Schuldprinzip, 1998; *Plate, J.,* Psyche, Unrecht und Schuld, 2002

Strafbarkeitsirrtum im weiteren Sinn ist ein → Irrtum über ein Merkmal einer → Straftat, im engeren Sinn der Irrtum über persönliche → Strafausschließungsgründe und Strafaufhebungsgründe. → Irrtum

strafbedroht (Adj.) mit einer → Strafe bedroht

strafbedrohte Handlung → Handlung, mit Strafe bedrohte

Strafbefehl (§§ 407 ff. StPO) ist die amtsrichterliche → Verfügung, die auf → Antrag der → Staatsanwaltschaft ohne → Hauptverhandlung ergeht und in der grundsätzlich höchstens → Geldstrafe oder u. U. Freiheitsstrafe bis zu einem Jahr mit Bewährung verhängt werden kann. Gegen den S. kann innerhalb zweier Wochen → Einspruch eingelegt werden, auf den hin Termin zur Hauptverhandlung anberaumt wird. Wird kein Einspruch eingelegt, erlangt der S. die Wirkung eines rechtskräftigen → Urteils. Dies gilt aber nicht bei Eintreten neuer Tatsachen. Nicht zulässig ist die öffentliche Zustellung des Strafbefehls an den Beschuldigten.

Lit.: *Fisch, A.,* Das Strafbefehlsverfahren, Diss. jur. Bochum 1999; *Ranft, O.,* Grundzüge des Strafbefehlsverfahrens, JuS 2000, 633; *Maleika, E.,* Freiheitsstrafe und Strafbefehl, 2000

Strafe (§§ 38 ff. StGB) ist die Zufügung eines der Schwere von → Unrecht und → Schuld angemessenen, öffentliche Missbilligung ausdrückenden Übels (→ Rechtsfolge) für eine mit S. bedrohte Rechtsverletzung eines Menschen (Tatbestand) durch die Allgemeinheit (→ Staat) ohne unmittelbaren Vorteil für den Verletzten. Die S. ist demnach eines von mehreren möglichen Übeln (→ Zweispurigkeit des → Strafrechts). Sie ist in der Gegenwart → Freiheitsstrafe oder → Geldstrafe, während etwa → Todesstrafe, Leibesstrafe u. Ä. ausgeschlossen sind. → Nebenstrafe ist das → Fahrverbot. Hinzutreten kann als Nebenfolge die Aberkennung von Rechten und Fähigkeiten (§ 45 StGB). Voraussetzung der Strafe sind materiell → Tatbestand, → Rechtswidrigkeit, → Schuld, Vorliegen einer eventuellen → Bedingung der Strafbarkeit, Fehlen von → Strafausschließungsgründen, Fehlen von Strafaufhebungsgründen und eventuell erforderlicher → Strafantrag sowie formell ein → Strafverfahren. Gemildert werden kann die Strafe nach § 46a StGB beispielsweise, wenn der Täter seine Tat ganz oder überwiegend wiedergutmacht (Täter-Opfer-Ausgleich). Die Zusage einer bestimmten zu verhängenden S. bei Ablegung eines Geständnisses ist im Strafverfahren bei Wahrung der unverzichtbaren Grundsätze des Strafrechts und des Strafverfahrensrechts zulässig, wenn Richter, Staatsanwaltschaft und Verteidiger mitwirken und die zugesagte Höchststrafe der Schuld des Angeklagten entspricht.

Lit.: *Dreher, E.,* Über die gerechte Strafe, 1947; *Lampe, E.,* Strafphilosophie, 1999; *Radtke, H.,* Muss Strafe sein?, 2004

Strafgedinge → Strafversprechen

Strafgefangener ist der dem Vollzug einer → Freiheitsstrafe unterworfene Straftäter (→ Gefangene). In Hessen waren 1999 40 Prozent der Strafgefangenen Ausländer. Ausländer können derzeit nur mit ihrer Zustimmung dem → Strafvollzug in ihrem Heimatstaat unterworfen werden.

Lit.: *Götte, S.,* Die Mitbetroffenheit der Kinder und Ehepartner von Strafgefangenen, 2000

Strafgericht ist das für das → Strafverfahren zuständige → Gericht der ordentlichen → Gerichtsbarkeit. S. sind am → Amtsgericht der → Strafrichter und das → Schöffengericht, am Landgericht die → Strafkammer (kleine Strafkammer, → Schwurgericht, große Strafkammer) sowie am → Oberlandesgericht und am → Bundesgerichtshof der → Strafsenat.

Lit.: *Roggemann, H.,* Die internationalen Strafgerichtshöfe, 2. A. 1998; *Katholnigg, O.,* Strafgerichtsverfassungsrecht, 3. A. 1999

Strafgesetz ist das gesetzte Strafrecht bzw. der eine → Strafe als → Rechtsfolge (eines bestimmten Tatbestands) anordnende Rechtssatz (Gesetz im materiellen Sinn, meist auch Gesetz im formellen Sinn). S. zu Verbrechen gegen Frieden und die Sicherheit der Menschheit ist ein 1996 unternommener Versuch der → Vereinten Nationen, eine Grundlage für die Verfolgung internationaler → Verbrechen zu schaffen.

Strafgesetzbuch (StGB) ist das die wesentlichen Materien des → Strafrechts regelnde → Gesetz (→ Gesetzbuch) vom 15.5.1871. Es gliedert sich in einen allgemeinen Teil, in dem die allgemeinen Voraussetzungen und Folgen der → Straftat festgelegt sind, und in einen besonderen Teil (§§ 80 ff. StGB). Dieser teilt die einzelnen besonderen Straftatbestände in 28 Abschnitte (z. B. Straftaten gegen die sexuelle Selbstbestimmung, gegen das Leben, gegen die persönliche Freiheit u. a.).

Lit.: Strafgesetzbuch, 53. A. 2015; *Schönke/Schröder,* Strafgesetzbuch, 29. A. 2014; *Fischer, T.,* Strafgesetzbuch, 62. A. 2015; Leipziger Kommentar, 12. A. 2006 ff.; *Erbs, G./Kohlhaas, M.,* Strafrechtliche Nebengesetze (Lbl.), 202. A. 2015; *Joecks, W.,* Studienkommentar StGB, 11. A. 2014; *Kindhäuser, U.,* Strafgesetzbuch, 6. A. 2015; Münchener Kommentar Strafgesetzbuch, Bd. 1 ff. 2. A. 2011 ff.; *Lackner, K./Kühl, K.,* Strafgesetzbuch, 28. A. 2014; *Heintschel-Heinegg, von,* Strafgesetzbuch, 2. A. 2015; Strafgesetzbuch, hg. v. *Matt, H./Renzikowski, J.,* 2013

Strafkammer (§§ 60 ff. GVG) ist die Abteilung des → Landgerichts, die in Strafsachen tätig wird. Die *kleine* S. ist mit dem → Vorsitzenden und zwei → Schöffen besetzt und entscheidet über die → Berufung gegen ein Urteil des → Strafrichters oder des

→ Schöffengerichts. Das → Schwurgericht ist mit drei Richtern und zwei Schöffen besetzt und ist für die in § 74 II GVG besonders bezeichneten Straftaten zuständig. Die *große,* mit grundsätzlich zwei, ausnahmsweise mit drei Richtern und zwei Schöffen besetzte S. entscheidet in allen übrigen Fällen.

Lit.: *Kissel, O./Mayer, H.,* Gerichtsverfassungsgesetz, 8. A. 2015

Strafmaß ist das Maß bzw. der Umfang der → Strafe. Das S. ist allgemein durch den → Strafrahmen festgelegt. Für den Einzelfall wird es in der → Strafzumessung bestimmt.

Lit.: *Hirsch, A. v.,* Strafmaß und Strafgerechtigkeit, 1991

Strafmaßberufung ist die auf die → Strafzumessung beschränkte → Anfechtung eines Strafurteils mit dem → Rechtsmittel der → Berufung. Umstritten ist, ob dem nicht angefochtenen → Teil des Strafurteils → Rechtskraft zukommt, insbesondere ob das Rechtsmittelgericht an den Schuldspruch gebunden ist.

Strafmaßrevision ist die auf die → Strafzumessung beschränkte → Anfechtung eines Strafurteils mit dem → Rechtsmittel der → Revision. Umstritten ist, ob dem nicht angefochtenen → Teil des Strafurteils → Rechtskraft zukommt, insbesondere ob das Rechtsmittelgericht an den Schuldspruch gebunden ist.

Lit.: *Zipf, H.,* Die Strafmaßrevision, 1969

Strafmilderungsgrund (§§ 49 f. StGB) ist der Grund, eine → Strafe zu mildern. S. ist (in Deutschland seit 28.4.1997) nicht (mehr) ohne Weiteres der erhebliche Alkoholgenuss vor der Tat. → Strafzumessung

Lit.: *Schnarr, K.,* Alkohol als Strafmilderungsgrund, 2001

Strafmündigkeit (§ 19 StGB) ist die altersbedingte und geistesbedingte Straffähigkeit. Nach § 19 StGB ist schuldunfähig, wer bei Begehung der Tat noch nicht vierzehn Jahre alt war. Nach § 3 JGG ist ein → Jugendlicher strafrechtlich verantwortlich, wenn er zur Zeit der Tat nach seiner sittlichen und geistigen Entwicklung reif genug ist, das Unrecht der Tat einzusehen und nach dieser Einsicht zu handeln (*bedingte* S.).

Lit.: *Fischer, A.,* Strafmündigkeit und Strafwürdigkeit im Jugendstrafrecht, 2000

Strafprozess ist das gerichtliche → Verfahren, in dem über das Vorliegen einer → Straftat verhandelt wird. Der S. ist geregelt durch die Strafprozessordnung. Das Strafverfahren gliedert sich grundsätzlich in → Ermittlungsverfahren (vorbereitendes Verfahren), → Eröffnungsverfahren (gerichtliches Zwischenverfahren) und → Hauptverfahren sowie → Vollstreckungsverfahren. Für besondere Verfahren gelten besondere Gesetze (z. B. Jugendgerichtsgesetz, Abgabenordnung, Ordnungswidrigkeitengesetz).

Lit.: *Graf, P.,* Mustertexte zum Strafprozess, 9. A. 2015; *Vollmer, W./Heidrich, A.,* Die Assessorklausur im Strafprozess, 11. A. 2015; *Murmann, U./Grassmann, N.,* Die strafprozessuale Zusatzfrage im ersten juristischen Staatsexamen, JuS 2001, Heft 3; *Göbel, K.,* Strafprozess, 8. A. 2013; *Joecks, W.,* Studienkommentar StPO, 4. A. 2015

Strafprozessordnung (StPO) ist das den → Strafprozess bzw. das → Strafverfahren ordnende → Gesetz. Die S. gliedert sich in die Bücher allgemeine Vorschriften, Verfahren im ersten → Rechtszug, → Rechtsmittel, → Wiederaufnahme eines durch rechtskräftiges Urteil abgeschlossenen Verfahrens, Beteiligung des Verletzten am Verfahren, besondere Arten des Verfahrens, → Strafvollstreckung und → Kosten des Verfahrens. Sie stammt in ihrer ursprünglichen Fassung vom 1.2.1877.
Lit.: StPO, 51. A. 2015; *Meyer-Goßner, L./Schmitt, B.,* Strafprozessordnung, 58. A. 2015; *Löwe/Rosenberg,* Strafprozessordnung, 26. A. 2006 ff.; Karlsruher Kommentar zur Strafprozessordnung, 7. A. 2013; *Joecks, W.,* Studienkommentar StPO, 4. A. 2015; *Saliger, F.,* Absprachen im Strafprozess, JuS 2006, 8; *Graf,* Strafprozessordnung, 2. A. 2012; Münchener Kommentar, Strafprozessordnung, hg. v. *Knauer, C. u.a.,* Bd. 1 ff. 2015

Strafprozessrecht ist die Gesamtheit der den → Strafprozess betreffenden → Rechtssätze.
Lit.: *Roxin, C./Achenbach, H.,* Strafprozessrecht, 16. A. 2006; *Schroeder, F./Verrel, T.,* Strafprozessrecht, 6. A. 2014; *Beulke, W.,* Strafprozessrecht, 12. A. 2012; *Kühne, H.,* Strafprozessrecht, 9. A. 2015

Strafrahmen ist der in dem abstrakten Strafrechtssatz (Strafgesetz) durch eine Obergrenze und eine Untergrenze abgesteckte Bereich, in dem sich im Einzelfall die Strafzumessung unter Berücksichtigung der Schwere der Schuld (§ 46 StGB) halten muss (z.B. Der Totschläger wird mit Freiheitsstrafe nicht unter 5 Jahren bestraft, § 212 StGB).
Lit.: *Götting, B.,* Gesetzliche Strafrahmen, 1997; *Schott, T.,* Gesetzliche Strafrahmen, 2004

Strafrecht ist die Gesamtheit der auf die Voraussetzung → Straftat die Rechtsfolgen → Strafe und bzw. oder → Maßregel der Besserung und Sicherung anordnenden Rechtssätze. Das S. ist ein Teil des öffentlichen → Rechtes. Es gliedert sich in einen allgemeinen Teil, der allgemein die → Straftat und ihre → Rechtsfolge ordnet, und einen besonderen Teil, in dem einzelne besondere, mit Strafe bedrohte Handlungen in ihren Voraussetzungen und Folgen geregelt sind. Außerhalb des → Strafgesetzbuchs steht das → Nebenstrafrecht. In der Rechtsgeschichte gewinnt das öffentliche S. in nachantiker Zeit erst seit dem Hochmittelalter und dem erstarkenden Staat an Bedeutung.
Lit.: Strafrecht (Lbl.), 37. A. 2015; *Wessels, J./Beulke, W.,* Strafrecht, Allgemeiner Teil, 44. A. 2014; *(Wessels, J./)Hettinger, M.,* Strafrecht, Besonderer Teil 1, 38. A. 2014; *Wessels, J./Hillenkamp, T.,* Strafrecht, Besonderer Teil 2, 37. A. 2014; *Kühl, K.,* Strafrecht Allgemeiner Teil, 7. A. 2012; *Arzt, G.,* Die Strafrechtsklausur, 7. A. 2006; *Rengier, R.,* Strafrecht Besonderer Teil I, 17. A. 2015; *Rengier, R.,* Strafrecht Besonderer Teil II, 16. A. 2015; *Ambos, K.,* Internationales Strafrecht, 4. A. 2014; *Frister, H.,* Strafrecht Allgemeiner

Teil, 7. A. 2015; *Rüping, H./Jerouschek, G.,* Grundriss der Strafrechtsgeschichte, 6. A. 2014; Gesamtes Strafrecht, hg. v. *Dölling, D. u.a.,* 3. A. 2013; *Satzger, H.,* Internationales und europäisches Strafrecht, 7. A. 2015; *Sieber/Satzger/von Heintschel-Heinegg,* Europäisches Strafrecht, 2. A. 2014; *Mühl, J.,* Strafrecht ohne Freiheitsstrafe, 2015

Strafrechtsentschädigung ist die Entschädigung für Schäden durch rechtswidrige Strafverfolgungsmaßnahmen.
Lit.: *Meyer, D.,* Strafrechtsentschädigung, 9. A. 2014

Strafregister → Bundeszentralregister

Strafrichter ist der in → Strafsachen tätige Einzelrichter.
Lit.: *Arzt, G.,* Der befangene Strafrichter, 1969; *Schulte-Nover, S.,* Strafrichter, 2003

Strafsache ist die eine Strafe als Folge eines Verhaltens zum Ziel habende Angelegenheit.
Lit.: *Appl, E.,* Die Urteile in Strafsachen, 29. A. 2014; *Ernemann, A. u.a.,* Die Station in Strafsachen, 8. A. 2011

Strafschärfungsgrund ist ein Grund, eine Strafe zu schärfen. → Strafzumessung

Strafsenat ist die in Strafsachen entscheidende, teils mit drei, teils mit fünf Richtern besetzte, vor allem für → Revisionen zuständige (§§ 120 ff., 135 GVG) Abteilung des → Oberlandesgerichts und des → Bundesgerichtshofs.

Straftat (Delikt) ist das durch → Gesetz mit → Strafe als → Rechtsfolge bedrohte menschliche → Verhalten (allgemein und im einzelnen Fall). Die S. erfordert grundsätzlich ein Verhalten (Tatbestand i.e.S.), → Rechtswidrigkeit und → Schuld. Innerhalb der Straftaten können allgemein verschiedene Arten unterschieden werden (z.B. → Begehungsdelikt und → Unterlassungsdelikt, → Erfolgsdelikt und → Tätigkeitsdelikt, → Vorsatzdelikt und → Gefährdungsdelikt, → Vorsatzdelikt und → Fahrlässigkeitsdelikt, versuchtes Delikt und vollendetes Delikt, → Sonderdelikt, eigenhändiges → Delikt sowie → Vergehen und → Verbrechen). Die besonderen Straftaten werden nach den geschützten Rechtsgütern geordnet (z.B. → Staatsschutzdelikt, → Sexualdelikt, → Vermögensdelikt u.a.). *Privilegierte* S. ist der mit einer milderen Strafe bedrohte Unterfall einer S. (z.B. § 213 StGB), *qualifizierte* S. der mit einer höheren Strafe bedrohte Unterfall einer S. (z.B. § 212 II StGB). (2003 wurden in Deutschland 6 572 135 Straftaten polizeilich erfasst, 3 486 685 aufgeklärt, 2 355 161 Tatverdächtige.)
Lit.: *Freund, G.,* Der Aufbau der Straftat in der Fallbearbeitung, JuS 1997, 235; *Werle, G.,* Die allgemeine Straftatlehre, JuS 2001, L 33; *Stratenwerth, G.,* Die Straftat, 6. A. 2011 (Schweiz); *Fuhrmann, H.,* Das Begehen der Straftat, 2004

Straftheorie ist die Theorie (des Zweckes) der → Strafe (→ Strafzweck). Die S. ist ein Versuch der Rechtfertigung der Strafe. Unterschieden werden absolute S. und relative Straftheorien. Nach der *absoluten* S. sind Wesen und Zweck der Strafe identisch. Strafe ist Zufügung von Übel zwecks Ausgleichs von Übel (Kant, Hegel). Die *relativen* Straftheorien sehen Strafe als Mittel zur Vorbeugung (→ Prävention) gegen künftige Straftaten an. Sie können auf → Generalprävention oder → Spezialprävention abgestellt sein. Besonders bedeutsam ist dabei das Bemühen um → Resozialisierung durch Strafe oder während des Vollzugs der Strafe. In der Gegenwart werden überwiegend Theorien vertreten, welche die Elemente dieser einzelnen Theorien vereinigen (Vereinigungstheorien).

Straftilgung (§§ 45 ff. BZRG) ist die Entfernung einer Eintragung über eine → Verurteilung (vor allem nach Ablauf einer bestimmten Frist [5–15 Jahre]) aus dem Bundeszentralregister.
Lit.: *Tremml, B.*, Die Rechtswirkungen der Straftilgung, 1975

Strafurteil (§ 260 StPO) ist das im → Strafprozess ergehende → Urteil. Sein Gegenstand ist die in der → Anklage bezeichnete Tat, wie sie sich nach dem Ergebnis der → Hauptverhandlung darstellt. Das S. kann → Prozessurteil oder → Sachurteil sein. Es kann auf → Einstellung des Verfahrens, → Freispruch, → Verurteilung, Anordnung einer → Maßregel der Besserung und Sicherung oder Anordnung einer sonstigen Rechtsfolge lauten. Gegen das S. sind regelmäßig → Rechtsmittel statthaft.
Lit.: *Appl, E.*, Die Urteile in Strafsachen, 29. A. 2014; *Huber, M.*, Das Strafurteil, 2. A. 2004; *Wolters, G./Gubitz, M.*, Das Strafurteil in der Assessorklausur, JuS 1998, 737; *Kessel, F.*, Die Abfassung des Strafurteils, 1997; *Völzmann, A.*, Die Bindungswirkung von Strafurteilen im Zivilprozess, 2006; *Ziegler, T.*, Das Strafurteil, 4. A. 2012

Strafvereitelung (§ 258 StGB) ist die absichtliche oder wissentliche, gänzliche oder teilweise Vereitelung der Bestrafung (oder Unterwerfung unter eine Maßnahme) eines anderen oder der Vollstreckung der gegen einen anderen verhängten Strafe (oder Maßnahme). Nicht hierzu zählt z. B. die Bezahlung einer Geldstrafe durch einen Dritten, die Nichtanzeige der Straftaten der Anstaltsbediensteten der Justizvollzugsanstalten gegenüber Strafgefangenen durch Anstaltsbedienstete oder die Nichtfestnahme eines durch → Haftbefehl Gesuchten durch einen Polizisten außerhalb der Dienstzeit. Die S. ist mit Freiheitsstrafe bis zu fünf Jahren oder mit Geldstrafe bedroht.
Lit.: *Ferber, S.*, Strafvereitelung, 1997; *Wolff, B.*, Begünstigung, Strafvereitelung und Hehlerei, 2002; *Jahn, M. u. a.*, Strafvereitelung, JuS 2009, 408

Strafverfahren ist das zur Verhängung einer → Strafe erforderliche staatliche → Verfahren (in Deutschland jährlich etwa 500 000). Es unterliegt der → Strafprozessordnung. Es kann beschleunigt durchgeführt werden, wenn eine Strafe von nicht mehr als sechs Monaten Freiheitsentzug zu erwarten ist und Sachverhalt und Beweislage einfach und klar sind (§§ 417 ff. StPO). → Strafprozess
Lit.: *Roxin, C./Schünemann, B.*, Strafverfahrensrecht, 28. A. 2014; *Schäfer, G./Sander, G.*, Die Praxis des Strafverfahrens an Hand einer Akte, 7. A. 2007; *Haller,*

K., Das Strafverfahren, 7. A. 2014; Handbuch zum Strafverfahren, hg. v. *Heghmans, M. u.a.*, 2008; *Kramer, B.*, Grundbegriffe des Strafverfahrensrechts, 7. A. 2009

Strafverfolgung ist die Verfolgung einer → Straftat. Die S. erfolgt grundsätzlich durch die → Staatsanwaltschaft, u. U. auf → Antrag eines Strafantragsberechtigten. Sie wird durch → Verjährung ausgeschlossen (§ 78 StGB, Fristen je nach angedrohter Strafe zwischen 3 und 30 Jahren, ausgenommen → Mord und Völkermord). Bei ungerechtfertigter S. kann ein Anspruch auf Entschädigung gegen den Staat entstehen (Gesetz über die Entschädigung für Strafverfolgungsmaßnahmen).
Lit.: *Ahlers, M.*, Die deutsche Strafverfolgungspraxis, 2001; *Kunz, K.*, Gesetz über die Entschädigung für Strafverfolgungsmaßnahmen, 6. A. 2015; *Michels, H.*, Straftaten und Strafverfolgung im Internet, 2003

Strafversprechen oder Vertragsstrafversprechen (§§ 339 ff. BGB) ist das Versprechen einer meist in → Geld bestehenden → Leistung für einen bestimmten Fall. Das S. ist ein → Rechtsgeschäft. Es ist *selbständiges* S., wenn der Schuldner die Strafe verspricht für den Fall, dass eine → Handlung vorgenommen oder unterlassen wird, ohne sich jedoch zu der Handlung oder → Unterlassung zu verpflichten. Das S. ist dagegen *unselbständiges* S. (Vertragsstrafe), wenn es an eine Hauptverbindlichkeit angelehnt ist.
Lit.: *Engel, O.*, Konventionalstrafen im Arbeitsvertrag, 1990

Strafverteidiger ist der → Rechtsanwalt im → Strafprozess. Die Selbstbezeichnung eines Rechtsanwalts als S. ist allerdings berufswidrige Werbung. → Verteidiger, Strafprozess
Lit.: Beck'sches Formularbuch für den Strafverteidiger, hg. v. *Hamm, R./Lohberger, I.*, 5. A. 2009; Münchener Anwaltshandbuch Strafverteidigung, hg. v. *Widmaier, G. u. a.*, 2. A. 2014; *Neuhaus, R. u. a.*, Kriminaltechnik und Beweisführung im Strafverfahren, 2014

Strafvollstreckung (§§ 449 ff. StPO) ist die Durchsetzung einer → rechtskräftigen → Entscheidung über eine → Strafe. Die S. ist also das dem → Erkenntnisverfahren folgende → Vollstreckungsverfahren des → Strafprozesses. Sie ist → Justizverwaltung. Sie erfasst alle Maßnahmen, durch welche die Ausführung des rechtskräftigen Straferkenntnisses ins Werk gesetzt werden soll, wobei sie durch die → Staatsanwaltschaft – bzw. den Jugendrichter – erfolgt (§§ 451 StPO, 82 I JGG). Die S. verjährt nach dem Ablauf bestimmter Fristen (§ 79 StGB, ausgenommen Strafen wegen Völkermords und lebenslange Freiheitsstrafen).
Lit.: *Röttle, R./Wagner, A.*, Strafvollstreckung, 8. A. 2009; *Wagner, A.*, Strafvollstreckung, 2. A. 2009

Strafvollzug ist die → Vollstreckung der → Freiheitsstrafe sowie der freiheitsentziehenden Maßregeln → der Besserung und Sicherung. Der S. ist ein Fall der → Strafvollstreckung. Er ist durch das Strafvollzugsgesetz vom 1.1.1977 geregelt. Er erfolgt in → Justizvollzugsanstalten. Ziele sollen die Verhinderung von Straftaten und die Vermittlung der

Fähigkeit sein, künftig in sozialer Verpflichtung ein Leben ohne Straftaten zu führen. Hierfür wird ein Vollzugsplan erstellt. Es besteht eine Verpflichtung zur Arbeit.

Lit.: *Laubenthal, K.*, Strafvollzugsgesetze, 12. A. 2015; *Kaiser, G./Schöch, H.*, Strafvollzug, 7. A. 2010, 8. A. 2015?; *Arloth, F.*, Strafvollzugsgesetz, 3. A. 2011; Strafvollzugsgesetz, hg. v. *Schwind, H. u. a.*, 6. A. 2013

Strafvorschrift (§ 200 StPO) ist die eine → Strafe als → Rechtsfolge anordnende Vorschrift.

Strafzumessung (§ 46 StGB) ist die Festsetzung der → Strafe durch das → Gericht im Einzelfall. Die Grundlage der S. bildet innerhalb des → Strafrahmens die → Schuld des Täters. Zu berücksichtigen sind die Wirkungen, die von der Strafe für das künftige Leben des Täters in der Gesellschaft zu erwarten sind. Bei der Abwägung des Gerichts sind insbesondere zu beachten die Beweggründe und Ziele des Täters, seine Gesinnung und sein Tatwille, das Maß der Pflichtwidrigkeit, die Art und die verschuldeten Folgen der Tat, das Vorleben des Täters, seine persönlichen und wirtschaftlichen Verhältnisse sowie sein Verhalten nach der Tat.

Lit.: *Schäfer, G./Sander, G./Gemmeren, G. van*, Praxis der Strafzumessung, 5. A. 2012; *Brögelmann, J.*, Methodik der Strafzumessung, JuS 2002, 903; *Meier, B.*, Licht ins Dunkel, JuS 2005, 769

Strafzweck ist der Zweck der Strafe bzw. das Ziel der Bestrafung. Der S. steht nicht ein für allemal fest, sondern hängt von der Einordnung der Straftat in das gesellschaftliche Leben ab. Dazu haben sich im Laufe der Entwicklung verschiedene → Straftheorien gebildet.

Lit.: *Stratenwerth, G.*, Was leistet die Lehre von den Strafzwecken?, 1995; *Neuß, F.*, Der Strafzweck der Generalprävention, 2001; *Hörnle, T.*, Straftheorien, 2011

Straße ist der planmäßig angelegte, für das Befahren mit Fahrzeugen geeignete Verkehrsweg. Die *öffentliche* S. ist eine öffentliche → Sache. Sie wird in verschiedene Klassen eingeteilt (Bundesfernstraße, Landstraße erster und zweiter Ordnung, Gemeindestraße).

Lit.: *Wichmann, M.*, Straßenreinigung und Winterdienst, 7. A. 2013; *Hoppe, W./Schlarmann, H./Buchner, R.*, Rechtsschutz bei der Planung von Straßen, 3. A. 2001; *Sauthoff, M.*, Öffentliche Straßen, 2. A. 2010

Straßenbaubehörde ist das zuständige Verwaltungsorgan des → Straßenbaulastträgers, dessen Aufgabe vor allem darin besteht, die Rechtsgeschäfte und tatsächlichen Handlungen vorzunehmen, die erforderlich sind, um der gesetzlichen Verpflichtung zum Bau und zur Unterhaltung der → Straßen zu genügen.

Straßenbaulast (§ 3 FStrG) ist die Verpflichtung des Straßenbaulastträgers zur Herstellung, Unterhaltung, Erweiterung und Verbesserung der besonders bezeichneten Straßen in einem bestimmten Gebiet im Rahmen der finanziellen und administrativen Leistungsfähigkeit. Straßenbaulastträger ist für Bundesfernstraßen (Autobahnen, Bundesstraßen) der

→ Bund (§ 5 FStrG), für Ortsdurchfahrten im Zuge von Bundesstraßen Gemeinden mit mehr als 80 000 Einwohnern, für Landstraßen erster Ordnung (Staatsstraßen) das → Land, für Landstraßen zweiter Ordnung (Kreisstraßen) der → Landkreis bzw. die kreisfreie → Stadt, für Gemeindestraßen die → Gemeinde. Der Träger der S. unterliegt der Straßenaufsicht (meist der obersten Straßenbaubehörde des Lands bzw. der Rechtsaufsichtsbehörde).

Lit.: *Möller, G.*, Das Verhältnis von Straßenbaulast und Verkehrssicherungspflicht, 1964

Straßenbaulastträger → Straßenbaulast

Straßenrecht ist die Gesamtheit der die → Straßen, Wege und Plätze betreffenden Rechtssätze. Es ist insbesondere im Bundesfernstraßengesetz und in Ländergesetzen geregelt. Im weiteren Sinn gehört zum S. auch das Recht des → Straßenverkehrs.

Lit.: *Kodal, K./Krämer, H.*, Straßenrecht, 7. A. 2010; *Wiesinger, M.*, Straßenrecht, 2003; *Zeitler, H.*, Bayerisches Straßen- und Wegegesetz (Lbl.), 25. A. 2014

Straßenverkehr ist die Benutzung der jedermann oder bestimmten Gruppen dauernd oder vorübergehend zur Benutzung offenstehenden → Straßen. Das Recht des Straßenverkehrs ist insbesondere geregelt im Straßenverkehrsgesetz, der Straßenverkehrsordnung (z. B. § I II StVO, Verbot des Benutzen eines Telefons in der Form des Aufnehmens oder Haltens eines Hörers während der Fahrt durch einen Kraftfahrzeugführer § 23 Ia StVO) und der Straßenverkehrszulassungsordnung. Sie enthalten zahlreiche Einzelvorschriften über die → Zulassung zum S. sowie die Regelung der konkreten Gestaltung des Verhaltens im S. § 7 StVG setzt dabei für den Halter eines → Kraftfahrzeugs grundsätzlich eine → Gefährdungshaftung fest. Bestimmte Verhaltensweisen im S. sind als Straftatbestände mit → Strafe bedroht (insbesondere die §§ 315b ff. StGB, § 315c StGB Straßenverkehrsgefährdung).

Lit.: *Hentschel, P./König, P./Dauer,P.*, Straßenverkehrsrecht, 43. A. 2015; *Burmann, M./Heß, R/Jahnke, J./Janker, H.*, Straßenverkehrsrecht, 23. A. 2014; Handbuch des Straßenverkehrsrechts (Lbl.) hg. v. *Berz, U./Burmann, M.*, 33. A. 2015; *Heß, R. u. a.*, Die Entwicklung des Straßenverkehrsrechts im Jahre 2012, NJW 2013, 1647; Münchener Anwaltshandbuch Straßenverkehrsrecht, hg. v. *Buschbell, H.*, 4. A. 2015; *Greger, R.*, Haftungsrecht des Straßenverkehrs, 5. A. 2014; *Zimmermann, F.*, Die Straßenverkehrsgefährdung (§ 315c StGB), JuS 2010, 22; *Buschbell, H.*, Radfahrer im Straßenverkehr, NJW 2011, 3605: *Heß, R. u. a.*, Die aktuellen Entwicklungen im Straßenverkehrsrecht, NJW 2015, 1152

Straßenverkehrsbehörde (§ 44 StVO) ist die zur Ausführung der → Straßenverkehrsordnung zuständige → Verwaltungsbehörde. Dies ist die untere → Verwaltungsbehörde (z. B. → Landrat). Sie stellt z. B. → Verkehrszeichen auf.

Straßenverkehrsordnung ist das den → Straßenverkehr ordnende Gesetz.

Lit.: *Schurig, R.*, Straßenverkehrsordnung, 14. A. 2013

Straßenverkehrsrecht → Straßenverkehr

Streik ist die gemeinsam und planmäßig durchgeführte, auf ein bestimmtes Ziel gerichtete Arbeitseinstellung einer verhältnismäßig großen Zahl von → Arbeitnehmern. Der S. ist ein Mittel des → Arbeitskampfs. Er kann → *Generalstreik* aller Arbeitnehmer, → *Vollstreik* aller Arbeitnehmer eines Betriebs oder Wirtschaftszweigs oder → *Teilstreik* (Schwerpunktstreik) sein sowie *organisierter* (von Gewerkschaften geleiteter) S. oder *wilder* – und damit rechtswidriger (str.) – S. Der Arbeitgeber ist nicht verpflichtet, einen bestreikten Betrieb oder Betriebsteil soweit wie möglich aufrechtzuerhalten. Er muss jedoch Lohn bezahlen, wenn ein befürchteter S. ausbleibt und er die Arbeitnehmer infolge vorsorglicher Vergabe der gefährdeten Arbeiten an ein fremdes Unternehmen nicht beschäftigen kann.

Lit.: *Scherer, I.,* Grenzen des Streikrechts, 2000; *Kraus, J.,* Erhaltungsarbeiten im Streik, 2000; *Auktor, C.,* Der Wellenstreik, 2002; *Hettlage, C.,* Sind Streiks ohne Urabstimmung wilde Streiks?, NJW 2004, 3299; *Leisner, W.,* Der Streik im öffentlichen Dienst, NJW 2006, 1488; *Gumnior, P.,* Die Rechtmäßigkeit des Sympathiestreiks, 2007

Streit ist das gegeneinander gerichtete gegensätzliche Verhalten zweier Menschen. Der Kostenersparnis dient die außergerichtliche Streitbeilegung, deren erfolglose Durchführung nach Landesrecht zur Voraussetzung der gerichtlichen Austragung bestimmter Streitigkeiten gemacht werden kann (§ 15a EGZPO). Zuständig können Gütestellen, Gütestellen von Verbänden oder Rechtsanwälte oder Notare sein.

Lit.: *Hartmann, P.,* Das neue Gesetz zur Förderung der außergerichtlichen Streitbeilegung, NJW 1999, 3745; Außergerichtliche Streitschlichtung, hg. v. *Prütting, H.,* 2003

Streitgegenstand ist im Prozessrecht der prozessuale → Anspruch bzw. nach umstrittener Ansicht entweder das Begehren des Klägers an das Gericht um Entscheidung oder eine an den Beklagten gerichtete Rechtsbehauptung. Der S. ist ein rein prozessualer Begriff. Er ist nicht das umstrittene Objekt selbst, der konkrete, streitauslösende → Sachverhalt oder der materiellrechtliche → Anspruch. Je nach Ansicht wird er bestimmt durch die Behauptung eines materiellen Rechtes, durch den Klageantrag und den vom Kläger zur Begründung vorgetragenen Sachverhalt oder nur durch den Antrag. Praktisch bedeutsam ist der S. wegen seiner Maßgeblichkeit für die → Bestimmtheit der → Klage, die sachliche → Zuständigkeit, die objektive → Klagehäufung, die → Klageänderung, die → Rechtshängigkeit und die → Rechtskraft.

Lit.: *Musielak, H.,* Der rechtskräftig entschiedene Lebenssachverhalt, NJW 2000, 3593; *Bub, P.,* Streitgegenstand und Rechtskraft bei Zahlungsklagen, 2001; *Wernecke, F.,* Die Einheitlichkeit des europäischen und des nationalen Begriffs vom Streitgegenstand, 2003

Streitgenosse ist der Beteiligte einer → Streitgenossenschaft.

Streitgenossenschaft (z.B. §§ 59 ff. ZPO) ist das Auftreten mehrerer → Parteien oder → Beteiligter auf einer Seite eines → Rechtsstreits. Die S. setzt

voraus, dass die Betreffenden hinsichtlich des → Streitgegenstands in Rechtsgemeinschaft stehen oder aus demselben tatsächlichen oder rechtlichen Grund berechtigt oder verpflichtet sind (*eigentliche* S. z.B. bei Miteigentum) oder (im Wesentlichen) gleichartige Ansprüche oder Verpflichtungen den Gegenstand des Rechtsstreits bilden (*uneigentliche* S. z.B. mehrere Mieter). Grundsätzlich gereichen die Handlungen des einen Streitgenossen dem anderen weder zum Vorteil noch zum Nachteil (*einfache* S.). Bei der *notwendigen* S., die vor allem dann vorliegt, wenn das streitige Rechtsverhältnis allen Streitgenossen gegenüber nur einheitlich festgestellt werden kann, werden die säumigen Streitgenossen als durch die nicht säumigen Streitgenossen vertreten angesehen (z.B. bei Gesellschaft des bürgerlichen Rechts).

Lit.: *Lindacher, W.,* Die Streitgenossenschaft, JuS 1986, 379; *Dirksen-Schwanenland, M.,* Die Auswirkungen der notwendigen Streitgenossenschaft, 1996; *Wieser, E.,* Notwendige Streitgenossenschaft, NJW 2000, 1163

streitig (Adj.) einen Streit betreffend

streitige Gerichtsbarkeit → Gerichtsbarkeit, streitige

Streitigkeit ist allgemein die zu einem Streit führende Meinungsverschiedenheit mindestens zweier Personen. 70 Prozent aller zu einem Rechtsanwalt gelangenden Streitigkeiten werden ohne gerichtliches Verfahren gelöst. Die Amtsgerichte beenden 94 Prozent, die Landgerichte 86 Prozent aller vor sie gebrachten Streitigkeiten endgültig. Im Verfahrensrecht ist S. der → Rechtsstreit. Eine *öffentlichrechtliche* S. (§ 40 I VwGO) ist die S., bei welcher der Streitgegenstand eine unmittelbare Folge des öffentlichen → Rechtes ist. Soweit der Gesetzgeber eine S. nicht ausdrücklich den Verwaltungsgerichten oder Zivilgerichten zugeordnet hat, entscheidet die innere Natur der S. Maßgebend ist dabei die wahre Natur des vom Kläger behaupteten Anspruchs, nicht dagegen die behauptete Natur des Anspruchs oder die Natur des wirklichen Anspruchs. *Verfassungsrechtliche* S. (§ 40 VwGO) ist die S. zwischen den obersten Staatsorganen oder in der → Verfassung mit eigenen Rechten ausgestatteten Teilen eines obersten Staatsorgans über die Auslegung und Anwendung von → Verfassungsrecht (vgl. Art. 93 GG, § 13 BVerfGG).

Lit.: *Mutschler, B.,* Kostenrecht in öffentlich-rechtlichen Streitigkeiten, 2003

Streitverkündung (z.B. §§ 72 ff. ZPO) ist die förmliche Benachrichtigung eines Dritten von einem anhängigen → Rechtsstreit durch eine → Partei. Die S. ist zulässig, wenn eine Partei für den Fall des ihr ungünstigen Ausgangs eines Rechtsstreits einen Anspruch auf Gewährleistung oder Schadloshaltung gegen einen Dritten erheben zu können glaubt oder den Anspruch eines Dritten besorgt. Der Dritte kann dem Streit wie ein → Nebenintervenient beitreten und wird später im Verhältnis zu der Hauptpartei nicht mehr damit gehört, dass der Rechtsstreit unrichtig entschieden sei.

Lit.: *Wittner,* Streithilfe und Streitverkündung, JuS 1985, 703; *Frohn, M.,* Nebenintervention und Streitverkündung in der Freiwilligen Gerichtsbarkeit, 1999; *Steineker, T.,* Die Verjährungsunterbrechung durch die Streitverkündung, 2000

Streitwert (z. B. §§ 2 ff. ZPO) ist der in → Geld bemessene Wert des → Streitgegenstands. Der S. wird vom → Gericht grundsätzlich nach freiem → Ermessen durch Beschluss festgesetzt. Er hat Bedeutung für die sachliche → Zuständigkeit, die → Gebühren und die → Beschwer (z. B. § 546 ZPO).

Lit.: *Anders, M. u. a.,* Streitwert-Lexikon, 4. A. 2002; *Dörndorfer, J.,* Der Streitwert für Anfänger, 5. A. 2009; *Schneider/Herget,* Streitwert-Kommentar für den Zivilprozess, 14. A. 2015

Strengbeweis ist im Verfahrensrecht der → Beweis, der zum Ziel hat, in dem → Beweisverfahren und mit den → Beweismitteln gemäß §§ 355 ff. ZPO die volle Überzeugung des Gerichts herbeizuführen. → Freibeweis, → Glaubhaftmachung

Lit.: *Dallmeyer, J.,* Beweisführung im Strengbeweisverfahren, 2002

strenge Schuldtheorie → Schuldtheorie, strenge

Strohmann (bzw. Strohfrau) ist die von einem wirklichen Geschäftsmann vorgeschobene Person, die nach außen im eigenen Namen auftritt, im Innenverhältnis aber den Weisungen des wirklichen Geschäftsherrn unterworfen ist.

Strom ist die gerichtete Bewegung elektrischer Ladungsträger.

Stromeinspeisungsgesetz ist das die Einspeisung von elektrischem Strom in Leitungsnetze betreffende Gesetz vom 7.12.1990.

Lit.: *Salje, P.,* Stromeinspeisungsgesetz, 1999

Stromentwendung → Energieentziehung

Stromsteuergesetz ist das die Besteuerung der Verwendung von Strom betreffende Gesetz.

Lit.: *Arndt, H.,* Stromsteuergesetz, 1999

Stück (N.) Teil

Stückaktie (§ 8 III, IV AktG) ist die sich aus der Teilung des → Grundkapitals einer → Aktiengesellschaft durch die Zahl der ausgegebenen Aktien ergebende Aktie. Die S. lautet auf keinen Nennbetrag. Der auf die einzelne Aktie entfallende anteilige Betrag des Grundkapitals darf einen Euro nicht unterschreiten.

Lit.: *Heidorn, T.,* Die Umstellung auf die Stückaktie, 1998; *Treeger-Huber, B.,* Rechtliche Probleme der Stückaktien, 2004

Stückschuld ist die auf einen nach besonderen, einzelnen Merkmalen bestimmten Leistungsgegenstand gerichtete → Schuld (z. B. Kauf der Mona Lisa) im Gegensatz zur → Gattungsschuld. Sie entsteht durch → Vereinbarung oder durch → Konkretisierung der → Gattungsschuld (im Zuge ihrer

Erfüllung). Ihre wichtigsten Sonderregeln betreffen den Inhalt der Leistung (§ 243 I BGB) und das Freiwerden bei → Unmöglichkeit (§ 275 I BGB).

Lit.: *Pammler, S.,* Zum Ersatzlieferungsanspruch beim Stückkauf, NJW 2003, 1992

Student ist das lernende Mitglied einer → Hochschule. Die grundsätzlich die Hochschulreife (Abitur bzw. in Österreich Matura) u. a. voraussetzende Mitgliedschaft des Studenten wird begründet durch Immatrikulation (Einschreibung in die Matrikel) und beendet durch Exmatrikulation (Löschung in der Matrikel). Die Rechtsstellung des Studenten bestimmt sich nach (dem → Hochschulrahmengesetz,) den Landeshochschulgesetzen und der → Satzung der Hochschule. → Studium

Lit.: *Reich, A.,* Hochschulrahmengesetz, 10. A. 2007

Studentenausschuss ist der Ausschuss der → Studenten. Der *allgemeine,* in der Regel aus einem oder zwei Vorsitzenden und mehreren Fachreferenten bestehende S. (AStA) ist das geschäftsführende Kollegialorgan der → Studentenschaft einer → Universität. Er wird vom → Studentenrat gewählt und vollzieht dessen → Beschlüsse.

Lit.: *Köbler, G.,* Wie werde ich Jurist?, 5. A. 2007; 30 Jahre AstA FHD, 2003

Studentenschaft ist die Gesamtheit der → Studenten einer Hochschule. Sie verwaltet nach Landesrecht ihre Angelegenheiten im Rahmen der rechtlichen Bestimmungen selbst. Ihre geschäftsführenden Organe sind auf zentraler Ebene der allgemeine → Studentenausschuss und auf der Ebene des Fachbereichs die Fachschaftssprecher. Daneben wirken studentische Mitglieder auch in den Hochschulorganen (→ Senat, Konzil [Konvent], → Fachbereichsrat) mit. Die S. untersteht der Rechtsaufsicht der Leitung der Hochschule und der zuständigen Landesbehörde.

Lit.: Das soziale Bild der Studentenschaft in der Bundesrepublik Deutschland, 1998

Studentenwerk ist die Organisation zur sozialen, wirtschaftlichen, kulturellen und gesundheitlichen Betreuung der → Studenten (meist ein rechtsfähiger → Verein, eine → Anstalt oder → Stiftung). Seine wichtigsten Aufgaben sind der Betrieb der Mensa, die Vermittlung von Wohnplätzen und die Studienförderung durch Stipendienvergabe. Finanziert werden die Studentenwerke vor allem durch Zuschüsse von Bund und Ländern.

Lit.: *Köbler, G.,* Wie werde ich Jurist?, 5. A. 2007; *Akova, S.,* Die Studentenwerke, 2011

Studienordnung ist die von der → Hochschule auf der Grundlage der → Prüfungsordnung erlassene Regelung der Ausgestaltung eines konkreten → Studiums eines Faches.

Lit.: *Reich, A.,* Hochschulrahmengesetz, 10. A. 2007

Studium ist die durch wissenschaftliche Vermittlung von Kenntnissen und Fähigkeiten erfolgende Ausbildung der → Studenten an → Hochschulen. Das S. ist praktisch eine der wichtigsten Voraussetzungen für die gehobene Berufstätigkeit, insbesondere die höhere Laufbahn des öffentlichen → Dienstes. Voraussetzung der Zulassung zum S. ist der Nachweis der erforderlichen Qualifikation, der grundsätzlich durch den erfolgreichen Abschluss einer auf das S. vorbereitenden Schulbildung erbracht wird. In der Rechtswissenschaft ist ein Studium von grundsätzlich dreieinhalb Jahren Voraussetzung für die → Zulassung zur ersten juristischen Prüfung. Eine besondere Form des Studiums ist das Fernstudium, das unabhängig von einem Aufenthalt am Ort einer → Hochschule durchgeführt wird (z. B. Fernstudium an der Fernuniversität Hagen), in der juristischen Ausbildung aber bisher von geringer Bedeutung geblieben ist. Politisch umstritten ist die Einführung von Studienbeiträgen (Studiengebühren) für das S. Von erheblicher Bedeutung für den Erfolg des Studiums ist die Qualität der Lehre, wofür die Personalpolitik (Kreativität, Leistung, Wettbewerb und Internationalität statt Selbstbedienung, Inzucht, Betrug und Korruption) der jeweiligen Fakultät die wichtigste Voraussetzung ist. 2006 waren in Deutschland 99 100 Studierende der Rechtswissenschaft eingeschrieben (51 Prozent Frauen, 15 600 Studienanfänger, 13 300 Studienabschlüsse, davon 9800 erste juristische Prüfungen, 1900 Promotionen und 1600 anderweitige Abschlüsse, Fachstudiendurchschnittsdauer 10,4 Semester, Erstabsolventendurchschnittsalter 26,7 Jahre).

Lit.: *Köbler, G.,* Wie werde ich Jurist?, 5. A. 2007; *Lange, B.,* Jurastudium erfolgreich, 8. A. 2015; *Haft, F.,* Einführung in das juristische Lernen, 7. A. 2015; *Koeder, W.,* Studienmethodik, 5. A. 2013; *Möllers, T.,* Juristische Arbeitstechnik und wissenschaftliches Arbeiten, 7. A. 2014; *Gramm/Wolff,* Jura – erfolgreich studieren, 7. A. 2015; *Schmidt, T.,* Grundlagen rechtswissenschaftlichen Arbeitens, JuS 2003, 551; *Kahrmann, J.,* Die Anforderungen an die Jurastudierenden im Laufe der Jahrzehnte, JuS 2009, 92; Die Schwerpunktbereiche in der ersten juristischen Prüfung, JuS 2012, 278

Stufenklage (§ 254 ZPO) ist der Fall der objektiven → Klagenhäufung, der die gleichzeitige Geltendmachung eines Auskunftsanspruchs und eines Zahlungsanspruchs ermöglicht.

Lit.: *Kassenbohm,* Die Kostenentscheidung bei der Stufenklage, NJW 1994, 2728; *Lüke, W.,* Die Stufenklage, JuS 1995, 143

Stufentheorie ist im Verfassungsrecht die drei Stufen unterscheidende Theorie des → Bundesverfassungsgerichts zur → Berufsfreiheit (Art. 12 GG). Auf der ersten Stufe liegen alle Regelungen, die ausschließlich die → Berufsausübung betreffen, auf der zweiten Stufe subjektive, die persönliche Qualifikation des Bewerbers erfassende Zulassungsvoraussetzungen zum Beruf (z. B. Studium und Prüfung) und auf der dritten Stufe objektive Zulassungsvoraussetzungen zum Beruf (z. B. Bedarf). Der Gesetzgeber muss jeweils auf der Stufe tätig werden, die den geringsten Eingriff in die Freiheit der Berufswahl mit sich bringt und zur Bekämpfung einer Gefahr ausreicht. Auf der ersten Stufe (Berufswahl) kann er auf Grund von Zweckmäßigkeitserwägungen vorgehen, auf der zweiten Stufe (subjektive Zulassungsvoraussetzungen) nur zum Schutz eines wichtigen Gemeinschaftsguts und auf der dritten Stufe (objektive Zulassungsvoraussetzungen) nur zum Schutz eines überragend wichtigen, absoluten → Gemeinschaftsguts.

Stundung ist die Hinausschiebung der → Fälligkeit (§ 271 I BGB) einer → Forderung. Die S. beruht meist auf → Vertrag, seltener auf Hoheitsakt. Ihr nur ähnlich ist das → einredebegründende Versprechen des → Gläubigers, die schon fällige Forderung zeitweise nicht geltend zu machen ([lat.] pactum [N.] de non petendo).

Lit.: *Gerber, C.,* Stundung und Erlass von Steuern, 5. A. 2006

Subhastation (F.) → Zwangsversteigerung

Subjektionstheorie ist die von der Subjektion (Unterordnung) ausgehende Theorie zur Abgrenzung von öffentlichem Recht und privatem → Recht. Sie stellt darauf ab, ob sich die Beteiligten in einem Überordnungsverhältnis bzw. Unterordnungsverhältnis oder einem Gleichordnungsverhältnis gegenüberstehen (Staat – Bürger). Sie leidet daran, dass es im öffentlichen Recht auch Gleichordnungsverhältnisse und im privaten Recht ebenfalls Unterordnungsverhältnisse gibt.

subjektiv (Adj.) von persönlichen Wertungen bestimmt, auf eine Einzelperson bezogen, innerlich

subjektive Unmöglichkeit → Unmöglichkeit, subjektive

subjektiver Tatbestand → Tatbestand, subjektiver

subjektives öffentliches Recht → Recht, subjektives

subjektives Recht → Recht, subjektives

Lit.: *Fezer, K.,* Teilhabe und Verantwortung, 1986

subjektives Rechtfertigungselement → Rechtfertigungselement, subjektives

subjektives Tatbestandsmerkmal → Tatbestandsmerkmal, subjektives

subjektives Unrechtselement → Unrechtselement, subjektives

subjektlos (Adj.) ohne Inhaber bestehend (z. B. Recht)

Subjektstheorie ist die vom Subjekt ausgehende Theorie zur Unterscheidung von öffentlichem Recht und privatem Recht. Nach der *älteren* S. ist öffentliches Recht jeder Rechtssatz, dessen Zuordnungsobjekt der → Staat oder ein anderes öffentliches Subjekt ist. Nach der *modifizierten* S. gehören zum öffentlichen Recht alle Rechtssätze, bei denen Berechtigter oder Verpflichteter ausschließlich ein Träger hoheitlicher Gewalt in seiner Eigenschaft als solcher sein kann (also z. B. nicht § 812 BGB, wohl aber der dessen Rechtsgedanken entsprechende Erstattungsanspruch).

Subordinationstheorie → Subjektionstheorie

Subsidiarität ist das Verhältnis der Nachrangigkeit. Die Frage der S. stellt sich insbesondere im Rahmen der Europäischen Union hinsichtlich der Zuständigkeit von Union, Mitgliedstaat und Bundesland (grundsätzliche S. der Europäischen Union). Im Strafrecht ist S. ein Fall der → Gesetzeseinheit. Danach beansprucht ein Tatbestand ausdrücklich oder sonst erkennbar nur für den Fall Geltung, dass ein anderer Tatbestand nicht zum Zuge kommt (z. B. ist Trunkenheit am Steuer subsidiär gegenüber Gefährdung anderer, §§ 316, 315c StGB).

Lit.: Subsidiarität, hg. v. *Nörr, K. u. a.,* 1997; *Böttcher, W.,* Subsidiarität für Europa, 2002; *Seher, G.,* Zur strafrechtlichen Konkurrenzlehre, JuS 2004, 482

Substantiierung ist die inhaltliche Ausfüllung (z. B. einer Behauptung mit gewissen Einzelheiten, eines Begehrens mit bestimmten Gründen).

Lit.: *Hansen,* Die Substantiierungslast, JuS 1991, 588; *Frohn, P.,* Substantiierungspflicht der Parteien und richterliche Hinweispflicht nach § 139 ZPO, JuS 1996, 243; *Meyke, R.,* Darlegen und Beweisen im Zivilprozess, 2. A. 2001

Substitut (M.) ist die als Ersatz eines anderen auftretende Person. Grundsätzlich hat jeder Schuldner in eigener Person seine Verpflichtung zu erfüllen, darf jedoch im üblichen Rahmen → Erfüllungsgehilfen beiziehen. Nach § 664 I 1 BGB darf der Beauftragte im Zweifel die Ausführung des → Auftrags nicht einem Dritten (Substituten) übertragen. Ist jedoch die Übertragung gestattet, so hat der Übertragende nur ein ihm bei der Übertragung zu Last fallendes → Verschulden zu vertreten. Im Übrigen scheidet er aus der → Verpflichtung aus.

Substitutionsrecht → Eintrittsrecht

Subsumtion ist die vergleichende Unterordnung oder Zuordnung (Gleichsetzung) eines konkreten → Sachverhalts unter eine(n oder zu einem → Tatbestand einer) abstrakte(n) → Norm. Dabei sind zwei verschiedene Ergebnisse möglich. Ist der konkrete Sachverhalt x (z. B. Erklärung des E) ein Unterfall des abstrakten Tatbestands X (z. B. Annahme eines Angebots), so ist die abstrakte Rechtsfolge Y (z. B. Abschluss eines Vertrags) der Rechtsnorm X → Y in der konkreten Form y (z. B. Abschluss dieses Vertrags) anzuwenden. Ist der konkrete Sachverhalt x (Verhalten des E) dagegen kein Unterfall des abstrakten Tatbestands X (z. B. Annahme), so ist die abstrakte Rechtsfolge Y der Rechtsnorm X → Y in der konkreten Form y nicht anzuwenden.

Lit.: *Köbler, G.,* Wie werde ich Jurist?, 5. A. 2007; *Wolter, T.,* Die juristische Subsumtion, 1994

Subsumtionsirrtum ist der → Irrtum über die rechtliche Einordnung eines → Sachverhalts (z. B. der Täter sieht eine → Urkunde fälschlich nicht als Urkunde an). Der S. ist kein Tatbestandsirrtum, sondern grundsätzlich unbeachtlich. Erforderlich für die vorsätzliche Tatbestandsverwirklichung ist allerdings, dass der Täter auf der Grundlage des Wissens um die zugrundeliegenden Tatsachen diese nach Laienart richtig wertet (Parallelwertung in der Laiensphäre). Andernfalls befindet er sich in einem → Tatbestandsirrtum. Der *umgekehrte* S. ist eine

irrtümliche Annahme des Täters über den Anwendungsbereich einer Norm (→ Wahndelikt) (z. B. der Täter glaubt, ein bloßes Stück Papier sei eine Urkunde).

Lit.: *Heidingsfelder, T.,* Der umgekehrte Subsumtionsirrtum, 1991; *Schwegler, I.,* Der Subsumtionsirrtum, 1995

Subunternehmer ist der durch Vertrag mit einem Unternehmer für diesen gegenüber dem Besteller tätige Unternehmer.

Lit.: *Köstler, B.,* Der ausländische Subunternehmer, 2000; *Weimar, R.,* Subunternehmervertrag – Outsourcingvertrag, 1999; *Elsner, T.,* Bauverträge gestalten, 2. A. 2004

Subvention ist die vermögenswerte Zuwendung durch eine juristische → Person des öffentlichen Rechts an einen privaten → Unternehmer zu einem öffentlichen Zweck ohne marktmäßige Gegenleistung. Die S. ist ein Instrument der staatlichen Wirtschaftslenkung. Sie bedarf jedenfalls dann einer besonderen → gesetzlichen Grundlage, wenn sie notwendig einen Dritten belastet oder wenn der Gewährleistungsbereich eines → Grundrechts spezifisch betroffen ist.

Lit.: *Schroth, H./Koch, C.,* Subventionsbeschwerde, 2001; *Kilb, W.,* Subventionskontrolle durch europäisches Beihilferecht, JuS 2003, 1072; *Grave, C.,* Der Begriff der Subvention, 2002; *Ebeling, C. u. a.,* Subventionsrecht als Verwaltungsrecht, JuS 2014, 217

Subventionsbetrug (§ 264 StGB) ist der verselbständigte Sondertatbestand des → Betrugs zum Zweck der Erlangung einer → Subvention.

Lit.: Die Bekämpfung des Subventionsbetruges im EG-Bereich, hg. v. *Dannecker,* 1993; *Schmid, T.,* Die Vergabe von Wirtschaftssubventionen, 1994

Suffragan (M.) Wähler, Helfer (z. B. Bischof im Verhältnis zum Erzbischof)

Südafrika ist der südlichste, lange Zeit von Holländern und Engländern beherrschte Staat Afrikas.

Lit.: Introduction to the Law of South Africa, hg. v. *Van der Merwe, C. u. a.,* 2004

Sühne ist der versöhnende Ausgleich für ein rechtswidriges Verhalten. Im Strafverfahrensrecht muss bestimmten Fällen der → Privatklage ein → Sühneversuch (vor dem Schiedsmann) als → Prozessvoraussetzung vorhergehen (§ 380 StPO). Im → Zivilprozessrecht soll das → Gericht in jeder Lage des Verfahrens auf eine gütliche Beilegung des → Rechtsstreits oder einzelner Streitpunkte bedacht sein. Es kann die Parteien zum Zweck des Sühneversuchs vor einen beauftragten oder ersuchten → Richter verweisen (§ 279 I ZPO). Durch Landesgesetz kann in bestimmten Streitigkeiten ein vermitteltes Vorverfahren vorgeschaltet werden (§ 15a EGZPO). → Güteverfahren, → Gütestelle

Lit.: *Gain, H.,* Leitfaden für das Schlichtungsverfahren vor Schiedsämtern und Schiedsstellen, 5. A. 2009

Sui heredes (lat. [M. Pl.] seine Erben) sind im römischen Recht die Angehörigen der Hausgemeinschaft als Erben.

Lit.: *Kaser, M.,* Römisches Privatrecht, 20. A. 2014

Suizid (M.) Selbsttötung, Selbstmord

sujet mixte (franz. [M.]) gemischtes Subjekt,
→ Mehrstaater

Sukzession (F.) Nachfolge
Lit.: *Nörr, K. u. a.,* Sukzessionen, 2. A. 1999

sukzessiv (Adj.) nachfolgend

Sukzessivlieferungsvertrag ist der → Vertrag, bei
dem die Lieferung einer Warenmenge in einzelnen
Teillieferungen (auf Abruf) zu erfolgen hat (z.B.
Bierlieferungsvertrag). Der S. ist ein → Dauerschuldverhältnis. Die → Unmöglichkeit oder der
→ Verzug hinsichtlich eine → Leistung kann zu einem → Schadensersatzanspruch oder einem → Rücktrittsrecht sowohl hinsichtlich dieser Leistung wie
auch hinsichtlich des ganzen Vertrags führen. Für
das Insolvenzverfahren vgl. §§ 103 ff. InsO.
Lit.: *Gollub, F.,* Verzug und Zurückbehaltungsrecht
beim Sukzessivlieferungsvertrag, 1989

Summa cum laude ([lat.] mit höchstem Lob) ist die
beste Note des → Promotionsverfahrens.

summarisch (Adj.) zusammenfassend, beschleunigt

Summeninteresse → Interesse

Superintendent ist im evangelischen → Kirchenrecht (teilweise) der → Dekan.

supranational (Adj.) überstaatlich

Surrogat (N.) Ersatz, Ersatzgegenstand
Lit.: *Gernhuber, J.,* Die Erfüllung und ihre Surrogate,
2. A. 1994

Surrogation (F.) ist die Ersetzung eines Gegenstands eines → Vermögens durch einen Ersatzgegenstand (Surrogat). Die *dingliche* S. tritt kraft
Gesetzes ein (z.B. § 718 II BGB zu dem Gesellschaftsvermögen zählt auch, was auf Grund eines zu
dem Gesellschaftsvermögen gehörenden Rechts
oder als Ersatz für die Zerstörung, Beschädigung
oder Entziehung eines zu dem Gesellschaftsvermögen gehörenden Gegenstands erworben wird, vgl.
weiter die §§ 1247 S. 2, 2041, 2019 BGB). Bei der
schuldrechtlichen S. erlangt der Berechtigte nur
einen schuldrechtlichen Anspruch auf das Surrogat
(§ 285 BGB).
Lit.: *Menken, H.,* Die dingliche Surrogation bei den
Sondervermögen des Familien- und Erbrechts, 1991;
Frommhold, I., Die Gläubigerkonkurrenz, 2004

Suspendierung (F.) vorläufige Aufhebung, vorläufige Enthebung (gelegentlich erfolglos von korrupten
Vorgesetzten gegenüber korrekten Arbeitnehmern versucht)
Lit.: *Lepsien, R.,* Die Suspendierung eines Arbeitnehmers, 1996

suspensiv (Adj.) aufschiebend, → Bedingung

Suspensiveffekt ist die Wirkung des Hinausschie-
bens der formellen → Rechtskraft einer → Ent-

scheidung. Im Verfahrensrecht haben → Rechtsmittel einen S. (z.B. §§ 316 I, 343 I StPO). Im
Verwaltungsverfahrensrecht kommt auch dem
→ Widerspruch und der → Anfechtungsklage –
ohne Rücksicht auf ihre → Zulässigkeit oder
→ Begründetheit – ein S. zu (§ 80 I 1 VwGO). Die
aufschiebende Wirkung entfällt allerdings in bestimmten Fällen, insbesondere bei der Anforderung
von öffentlichen Abgaben und Kosten, bei unauf-
schiebbaren → Anordnungen von Polizeivollzugs-
beamten und bei besonderer Anordnung (§ 80 II
VwGO). Auf Antrag kann das Gericht der Hauptsache in diesen Fällen die aufschiebende Wirkung
ganz oder teilweise anordnen oder wiederherstellen
(§ 80 V VwGO).
Lit.: *Martens, W.,* Suspensiveffekt, Sofortvollzug und
vorläufiger gerichtlicher Rechtsschutz, 1983

Suzeränität ([F.] Schutzherrschaft) ist die lose
Staatenverbindung zwischen einem Oberstaat und
einem oder mehreren Vasallenstaaten (z.B. Osmani-
sches Reich – Serbien).
Lit.: *Pischel, R.,* Der Begriff der Suzeränität, 1897;
Zippelius, R., Allgemeine Staatslehre, 16. A. 2011

Syllogismus ist der aus zwei (gleichsetzenden, als
richtig vorausgesetzten) Urteilen (Prämissen, Obersatz und Untersatz) einfach deduktiv folgende (ab-
leitende) bzw. gleichsetzende) Schluss (Schlusssatz,
Schlussurteil). (Z.B. Der Mensch ist ein Sterblicher
[M = S bzw. s, Obersatz]. Aristoteles ist ein Mensch
[A = M, Untersatz]. (Folge oder Schluss:) Aristoteles ist ein Sterblicher [A = S bzw. s], Schlusssatz,
bei Richtigkeit der beiden Prämissen [d.h. bei
Gleichheit von M und S sowie von A und M] als
notwendigerweise richtig erwiesen[e Gleichheit von
A und S bzw. s]). In der Rechtsanwendung bildet
die aus Tatbestand und Rechtsfolge zusammengesetzte → Rechtsnorm den Obersatz, der (Vergleich
des Tatbestands der Rechtsnorm mit dem) Sachverhalt den Untersatz (→ Subsumtion). Aus der logischen Verknüpfung beider Sätze folgt dann der bei
Richtigkeit der Prämissen notwendigerweise richtige Schlusssatz. (Z.B. Durch die Annahme eines
Antrags wird ein Vertrag abgeschlossen. Das Verhalten des A gegenüber B ist eine [einzelne] Annahme
eines Antrags. Folglich wird durch das Verhalten des
A gegenüber B ein [einzelner Fall des] Vertrag[s]
abgeschlossen [, auf den die allgemein für den Vertrag geltenden Regeln Anwendung finden]).

$$
\begin{array}{lll}
X & (=) & Y\ (= y) \\
x & = & X\underline{} \\
x & \longrightarrow\ (=) & y\ (= Y)
\end{array}
$$

Lit.: *Maier, H.,* Die Syllogistik des Aristoteles, 1900;
Köbler, G., Wie werde ich Jurist?, 5. A. 2007; *En-
gisch, K.,* Einführung in das juristische Denken, 11. A.
2010

Synallagma ([N.] Übereinkunft) ist die gegenseitige
Abhängigkeit der Vertragsleistungen. *Genetisches* S.
ist dabei die Abhängigkeit der Entstehung der einen
→ Verpflichtung von der Entstehung der anderen
Verpflichtung. *Funktionelles* S. ist die Abhängigkeit
der Geltendmachung der einen Verpflichtung von
der Bewirkung der anderen Verpflichtung (§ 320
BGB). *Konditionelles* S. ist die Abhängigkeit des

ganzen Rechtsverhältnisses von der Störung einer → Leistung.

Lit.: *Klinke, U.,* Causa und genetisches Synallagma, 1983; *Ernst, W.,* Die Einrede des nichterfüllten Vertrages, 2000; *Rumpf, S.,* Das Synallgama im Dauerschuldverhältnis, 2003

Syndikat (N.) ist das → Kartell mit gemeinsamer Einkaufsorganisation oder Verkaufsorganisation.

Syndikus (M.) Rechtsberater eines Unternehmens

Syndikusanwalt (§ 46 BRAO) ist der → Rechtsanwalt, der zugleich auf Grund eines → Dienstvertrags gegen festes Entgelt als ständiger Berater eines Unternehmers tätig ist (in Deutschland 1996 ca. 5000 Syndikusanwälte, 2003 rund 10 000) und deswegen seinen Dienstberechtigten nicht als → Rechtsanwalt vertreten darf.

Lit.: *Hommerich, C./Prütting, H.,* Das Berufsbild des Syndikusanwalts, 1998; *Redeker, K.,* Der Syndikusanwalt als Rechtsanwalt, NJW 2004, 889

Synode ([F.] Konzil) ist im → Kirchenrecht die kirchliche Versammlung. Im katholischen Kirchenrecht berät die S. den Bischof. Im evangelischen Kirchenrecht ist sie Selbstverwaltungsorgan mit Gesetzgebungsrecht.

System ist das planmäßige Gefüge einer Gedankenmehrheit.

Lit.: *Peine, F.,* Recht als System, 1983; *Canaris, C.,* Systemdenken und Systembegriff in der Jurisprudenz, 2. A. 1983; Systembildung und Systemlücken in Kerngebieten des europäischen Privatrechts, hg. v. *Grundmann, S.,* 2000; *Röhrich, W.,* Die politischen Systeme, 1999

systematisch (Adj.) ein System betreffend

systematische Auslegung → Auslegung, systematische

T

tabula (lat., [F.], Pl. Nom. tabulae, Pl. Gen. tabularum, Pl. Dat. tabulis, Pl. Akk. tabulas) Tafel, Tisch

Tabularersitzung (Buchersitzung) → Ersitzung

Tabularverschweigung (Buchversitzung) → Versitzung

Tagessatz (§ 40 StGB) ist im → Strafrecht grundsätzlich der Betrag, den der → Täter durchschnittlich an einem Tag als Nettoeinkommen hat oder haben könnte (mindestens 1 und höchstens 30 000 Euro). Er wird vom Gericht unter Berücksichtigung der persönlichen und wirtschaftlichen Verhältnisse des Täters bestimmt. Danach berechnet sich die Höhe der – in mindestens 5 und grundsätzlich höchstens 360 Tagessätzen verhängten – → Geldstrafe.

Lit.: *Schaeffer, R.,* Die Bemessung der Tagessatzhöhe, 1978; *Krehl, C.,* Die Ermittlung der Tatsachengrundlage zur Bemessung der Tagessatzhöhe bei der Geldstrafe, 1985

Talion (lat. [F.] Wiedervergeltung) ist die Vergeltung einer Rechtsverletzung durch ein gleichartiges Übel (Auge um Auge). Die T. ist im gegenwärtigen → Strafrecht Deutschlands unzulässig.

Lit.: *Hermesdorf, H.,* Poena talionis, 1965

Talon (M.) Erneuerungsschein

Tantieme (F.) Gewinnbeteiligung

Tara (N.) Verpackungsgewicht

Tarif ist der einheitliche Preis oder die einheitliche Bedingung für Leistungen bestimmter Art.

Lit.: *Hromadka, W. u. a.,* Der Tarifwechsel, 1996; *Schleef, H./Oetker, H.,* Tarifpolitik im Wandel, 2000

Tarifausschlussklausel ist die (fragwürdige) Klausel eines → Tarifvertrags, die es dem → Arbeitgeber verbietet, den anders oder nicht organisierten → Arbeitnehmern bestimmte tarifliche Vergünstigungen zu gewähren.

Lit.: *Hueck, A.,* Tarifausschlussklausel, 1966

Tarifautonomie ist die → Freiheit der Tarifvertragsparteien (→ Sozialpartner), die → Tarife für die Arbeitsleistungen durch vertragliche Verhandlung zu bestimmen.

Lit.: *Picker, E.,* Die Tarifautonomie, 2000; Tarifautonomie im Wandel, hg. v. *Thüsing, G.,* 2003

Tariffähigkeit (§ 2 TVG) ist die nur → Gewerkschaften, → Arbeitgebervereinigungen und einzelnen → Arbeitgebern (mit größeren Betrieben) (Tarifpartnern) zustehende Fähigkeit, einen → Tarifvertrag als Vertragspartei abzuschließen.

Lit.: *Doerlich, K.,* Die Tariffähigkeit der Gewerkschaft, 2002

Tarifgebundenheit ist die Gebundenheit an die Normen des → Tarifvertrags.

Lit.: *Bartz, A.,* Die Friedenspflicht der Gewerkschaft, 2002

Tarifpartner → Tariffähigkeit

Tarifrecht ist die Gesamtheit der Tarife bzw. Tarifverträge betreffenden Rechtssätze.

Lit.: *Schelter, W.,* Das Tarifrecht der Angestellten in Krankenhäusern, 7. A. 2002; Tarifrecht, hg. v. *Thüsing, G./Braun, A.,* 2011

Tarifvertrag ist der (schriftliche) → Vertrag zwischen einem → Arbeitgeber oder einem Arbeitgeberverband und einer → Gewerkschaft zur Regelung arbeitsrechtlicher Fragen (z. B. Arbeitsbedingungen [vor allem Arbeitslohn], Rationalisierung, Urlaubskassen). Der T. ist nach umstrittener Ansicht → Rechtsquelle und → Vertrag. Er kann → *Verbandstarifvertrag* oder → *Unternehmenstarifvertrag (Werktarifvertrag),* → *Manteltarifvertrag* oder *Lohntarifvertrag* sein. Er kann durch eine → Allgemeinverbindlichkeitserklärung über die unmittelbaren Vertragsbeteiligten hinaus erstreckt werden. Er soll nicht zwingend an den Gleichheitssatz gebunden sein, so dass z. B. Werkstudenten ausgenommen werden dürfen.

Lit.: *Pulte, P.,* Allgemeinverbindliche Tarifverträge, 1995; *Körtgen, A.,* Der Tarifvertrag im Recht der Europäischen Gemeinschaft, Diss. jur. Münster 1998; *Wiedemann, H.,* Tarifvertragsgesetz, 7. A. 2007; Tarifvertragsgesetz, hg. v. *Däubler, W.,* 3. A. 2012, 4. A. 2016?; *Witt, A.,* Der Firmentarifvertrag, 2004; *Löwisch, M./Rieble, V.,* Tarifvertragsgesetz, 3. A. 2012; *Jacobs u. a.,* Tarifvertragsrecht, 2. A. 2013

Tarifvertrag für den öffentlichen Dienst ist der zum 1.10.2005 den Bundesangestelltentarifvertrag und die Tarifverträge für die Arbeiter ablösende Tarifvertrag für nicht beamtete Beschäftigte des öffentlichen Dienstes (des Bundes und der Kommunen). Für die meisten Länder gilt seit 1.12.2006 der TV-L.

Lit.: *Cerff, G./Winter, A.,* TVöD BAT Textsammlung (Lbl.); *Bepler/Böhle/Meerkamp/Stöhr,* TVöD (Lbl.), 30. A. 2015; *Conze, P.,* Personalbuch TVöD, 4. A. 2014; *Kuner, M.,* Arbeitsrecht und TVöD/TV-L, 2007

Taschengeld ist das von einem vermögenderen Menschen (z. B. gesetzlichen Vertreter) einem weitgehend mittellosen Menschen (z. B. Kind) für kleine Ausgaben des täglichen Lebens zur freien Verfügung gegebene Geld.

Lit.: *Haumer, T.,* Der Taschengeldanspruch zwischen Ehegatten, 1995

Taschengeldparagraph ist die das Taschengeld betreffende gesetzliche Vorschrift bzw. die abkürzende Bezeichnung für § 110 BGB, der bestimmt, dass der von einem → Minderjährigen ohne Zustimmung des gesetzlichen → Vertreters geschlossene → Vertrag nicht, wie § 108 BGB grundsätzlich festlegt, schwebend unwirksam ist, sondern als von Anfang an wirksam gilt, wenn der Minderjährige die vertragsmäßige Leistung mit Mitteln bewirkt hat, die ihm zu diesem Zwecke oder zu freier Verfügung (Taschengeld) von dem Vertreter oder mit dessen Zustimmung von einem Dritten überlassen worden sind.

Lit.: *Faltermeier, H.*, Konstruktion und Problematik des § 110 BGB, 1978

Tat ist das gestaltende menschliche → Verhalten. Die T. ist insbesondere Anknüpfungspunkt für Schadensersatzpflichten und Strafen. Dabei ist *rechtswidrige* T. im Strafrecht (§ 11 I Nr. 5 StGB) die T., die den → Tatbestand eines → Strafgesetzes verwirklicht (z.B. auch mehrere Höchstgeschwindigkeitsverletzungen während einer einzelnen Fahrt). In der Rechtsgeschichte ist *handhafte* T. die T., in deren unmittelbarem zeitlichem oder sachlichem Zusammenhang der Täter ergriffen wird (vgl. § 127 StPO Wird jemand *auf frischer Tat* betroffen oder verfolgt). *Fortgesetzte* T. → Handlung, fortgesetzte

Lit.: *Goossens, M.*, Zum Begriff der frischen Tat, 1997; Zur Rechtswirklichkeit nach Abschaffung der fortgesetzten Tat, hg. v. *Geisler, C.*, 1998; *Neufeind*, Prozessualer Tatbegriff und materieller Tatbegriff, JA 2000, 791 ff., *Streng, F.*, Das Tatobjekt als Bezugspunkt der Tathandlung, JuS 2002, 454; *Ranft, O.*, Der Tatbegriff des Strafprozessrechts, JuS 2003, 417; *Huber, M.*, Grundwissen – Strafprozessrecht Die Tat im prozessualen Sinn, JuS 2012, 208

Tatbestand ist in der Rechtstheorie die Gesamtheit der Voraussetzungen (eines Rechtssatzes) für eine → Rechtsfolge. Ein T. ist regelmäßiger Teil einer → Rechtsnorm. Im Strafrecht ist T. der T. *der mit Strafe bedrohten Handlung.* Er umfasst im weiteren Sinne alle Voraussetzungen der Strafbarkeit (T. im engeren Sinn, → Rechtswidrigkeit, → Schuld, objektive → Bedingung der Strafbarkeit), im engeren Sinn nur die Merkmale, die dem jeweiligen Delikt das besondere Gepräge im Gegensatz zu den anderen Delikten geben. Dabei unterscheidet man den *objektiven* T. (Summe der objektiven → Tatbestandsmerkmale, z.B. Täter tötet das Opfer) vom *subjektiven* T. (Summe der subjektiven Merkmale, z.B. Vorsatz [Wissen und Wollen], eventuelle zusätzliche Absicht). T. *im Verfahrensrecht* (§ 313 I Nr. 5 ZPO) ist die gedrängte Darstellung des Sachstands und Streitstands eines → Verfahrens – also eines → Sachverhalts –. Dabei sollen die erhobenen Ansprüche und die dazu vorgebrachten Angriffsmittel und Verteidigungsmittel unter Hervorhebung der gestellten Anträge nur ihrem wesentlichen Inhalt nach knapp dargestellt werden. Dieser T. ist ein Teil des → Urteils. Er ist meist in einen einleitenden Satz, den unstreitigen Sachverhalt, die bestrittenen Tatsachenbehauptungen des Klägers, seinen Antrag, den Antrag des Beklagten und das Verteidigungsvorbringen des Beklagten geteilt. Er ist entbehrlich, wenn ein Rechtsmittel gegen das Urteil nicht zulässig ist oder die Parteien auf Rechtsmittel verzichten (§ 313a ZPO).

Lit.: *Krahl, M.*, Tatbestand und Rechtsfolge, 1999; *Puppe, I.*, Die Lehre von Tatbestand, Rechtswidrigkeit, Schuld, 2002; *Schmid, C.*, Das Verhältnis von Tatbestand und Rechtswidrigkeit, 2002

Tatbestandsirrtum (§ 16 I StGB) ist der → Irrtum des → Täters bei Begehung einer Tat über einen Umstand, der zum gesetzlichen → Tatbestand gehört (z.B. A glaubt irrtümlich die Sache, die er an sich nimmt, sei seine eigene, B weiß nicht, dass zum Halten eines Kampfhunds eine öffentlich-rechtliche Erlaubnis erforderlich ist, J hält einen Treiber für ein Schwein, X verwechselt versehentlich Gift und Arznei, Z erkennt nicht, dass er einen fremden Brief öffnet). Der T. ist ein Fall des Irrtums, der sowohl tatsächliche (deskriptive) wie auch normative (wertende) Begriffe erfassen kann. Er hat das Fehlen von → Vorsatz zur Folge, so dass eine Bestrafung wegen vorsätzlicher Begehung einer Tat ausgeschlossen ist, lässt aber eine Strafbarkeit wegen → fahrlässiger Begehung unberührt. *Umgekehrter* T. liegt vor, wenn der Täter irrig einen strafbegründenden oder strafhöhenden Umstand für gegeben hält (z.B. A. glaubt irrtümlich, die Sache, die er stehlen will, sei nicht seine eigene). Dann kann ein untauglicher → Versuch gegeben sein.

Lit.: *Herzberg, R./Hardtung, B.*, Grundfälle zur Abgrenzung, JuS 1999, 1073; *Schütz, S.*, Tatbestandsirrtum und Verbotsirrtum, 2000 (Österreich); *Sternberg-Lieben, D. u. a.*, Der Tatumstandsirrtum (§ 16 I 1 StGB), JuS 2012, 289

Tatbestandsmerkmal ist das einzelne zur Bildung eines → Tatbestands im Sinne der Gesamtheit der Voraussetzungen einer → Rechtsfolge verwandte begriffliche Merkmal. Das T. kann deskriptiv oder normativ, objektiv oder subjektiv sein. *Deskriptives* T. ist das rein beschreibende T. (z.B. Jahr), *normatives* T. das wertende, wertausfüllungsbedürftige T. (z.B. Fremdheit). *Objektive* Tatbestandsmerkmale bestimmen das äußere Erscheinungsbild der Tat (z.B. Wegnahme), *subjektive* Tatbestandsmerkmale gehören dem inneren, psychisch-seelischen Bereich der Vorstellungswelt des Täters an (z.B. Bereicherungsabsicht). *Negative* Tatbestandsmerkmale sind nach einer besonderen Lehre (str.) bestimmte Umstände, deren Fehlen Tatbestandsmerkmal ist (Voraussetzungen der Rechtfertigungsgründe).

Lit.: *Han, J.*, Normative Tatbestandsmerkmale und umgekehrter Irrtum, 1993 (Diss.); *Uerpmann, R.*, Das öffentliche Interesse, 1999

Tateinheit (Idealkonkurrenz, Handlungseinheit) ist das Verletzen mehrerer Strafgesetze oder das mehrfache Verletzen eines Strafgesetzes durch eine einzige → Tat. T. ist ein Fall der echten → Konkurrenz. T. ist dann gegeben (§ 52 I StGB), wenn dieselbe Handlung mehrere → Strafgesetze (*ungleichartige* T. z.B. Attentäter verletzt Menschen und beschädigt Sachen, versuchte Tötung und vollendete Körperverletzung, versuchter Raub mit Todesfolge und vollendete Körperverletzung mit Todesfolge) oder dasselbe Strafgesetz mehrmals (*gleichartige* T. z.B. Attentäter tötet mehrere Menschen) verletzt. Bei T.

wird nur auf eine → Strafe erkannt, die bei der gleichartigen T. dem einzigen verletzten Strafgesetz entnommen und bei der ungleichartigen T. nach dem Gesetz bestimmt wird, das die schwerste Strafe androht (§ 52 II StGB). T. kann auch entsprechend dem → Verklammerungsprinzip begründet werden. T. kann bei aufeinander folgender Verletzung mehrerer einzelner Menschen dann vorliegen, wenn eine Aufspaltung in Einzeltaten wegen des außergewöhnlich engen zeitlichen und örtlichen Zusammenhangs als Willkür erschiene. Die T. steht in Gegensatz zur → Tatmehrheit (Realkonkurrenz) und zur → Gesetzeseinheit (Gesetzeskonkurrenz).

Lit.: *Lee, K.*, Die Präzisierung der Tateinheit, 2002; *Frank, A.*, Die Abgrenzung von Tateinheit und Tatmehrheit bei Straßenverkehrsordnungswidrigkeiten, 2004

Tatentschluss ist die Verwirklichung des gesamten subjektiven → Tatbestands (→ Vorsatz und sonstige subjektive → Tatbestandsmerkmale). Der T. ist Voraussetzung für den → Versuch. Er muss endgültig gefasst sein.

Lit.: *Roxin, C.*, Täterschaft und Tatherrschaft, 9. A. 2015; *Danwitz, H. v.*, Ist die Mittäterschaft abhängig von einem gemeinsamen Tatentschluss der Beteiligten?, 1994

Täter (§ 25 I StGB) ist der eine → Straftat selbst oder durch einen anderen Menschen begehende Mensch. Der T. ist vom → Teilnehmer (→ Anstifter, → Gehilfe) zu unterscheiden. Der T. kann (unmittelbarer oder) mittelbarer T. sein. Der *mittelbare* T. lässt die Tathandlung von einem Tatmittler – der nicht selbst Täter ist – in Gestalt eines menschlichen → Werkzeugs ausführen. Dabei muss sich die Tat als Werk des steuernden Täters darstellen, das Werkzeug darf also (infolge → Irrtums, → Zwanges oder → Schuldunfähigkeit) nicht den Tatbestand selbst rechtswidrig und schuldhaft verwirklichen (z. B. A lässt durch B von seinem Lagerplatz Material holen, von dem er B vorspiegelt, es gehöre ihm).

Lit.: *Roxin, C.*, Täterschaft und Tatherrschaft, 9. A. 2015; *Renzikowski, J.*, Restriktiver Täterbegriff und fahrlässige Beteiligung, 1997; *Koch, A.*, Grundfälle zur mittelbaren Täterschaft, JuS 2008, 496

Täter-Opfer-Ausgleich (§ 46a StGB) ist das (erfolgreiche) Bemühen des Täters, einen Ausgleich mit dem Verletzten (Opfer) zu erreichen, das zur Strafmilderung oder zum Absehen von Strafe führen kann.

Lit.: *Bibliographie Täter-Opfer-Ausgleich* (2003); *Jesser, M.*, Täter-Opfer-Ausgleich und Wiedergutmachung im Steuerstrafrecht, 2004

Täterschaft ist das Handeln als → Täter (§ 25 I StGB, auch als mittelbarer Täter).

Lit.: *Roxin, C.*, Täterschaft und Tatherrschaft, 9. A. 2015; *Noltenius, B.*, Kriterien der Abgrenzung von Anstiftung und mittelbarer Täterschaft, 2003; *Schlösser, J.*, Soziale Tatherrschaft, 2004; *Koch, A.*, Grundfälle zur mittelbaren Täterschaft, JuS 2008, 399; *Rengier, R.*, Täterschaft und Teilnahme, JuS 2010, 281

Täterschaftsrecht ist das die Strafe an die Gefährlichkeit des → Täters, nicht an sein → Verhalten knüpfende → Strafrecht. Im T. wird der Täter, weil

er als solcher die Tat begangen hat, bestraft. Die Strafe orientiert sich an der Persönlichkeitsstruktur des Handelnden. Das T. ist im Gegensatz zum Tatstrafrecht nicht geltendes Recht. Das geltende Recht berücksichtigt aber die Persönlichkeit des Täters bei der → Strafzumessung.

Täterschaftstheorie ist die den Täter vom Werkzeug und vom → Teilnehmer abgrenzende strafrechtliche Theorie. Nach der älteren *formal-objektiven* T. ist Täter, wer die Tatbestandshandlung ganz oder teilweise selbst vornimmt, Teilnehmer, wer nur durch eine Vorbereitungshandlung oder durch eine Unterstützungshandlung zur Tatbestandsverwirklichung beiträgt. Nach der *subjektiven* T. ist Täter, wer mit Täterwillen ([lat.] animus [M.] auctoris) handelt und die Tat als eigene will, Teilnehmer, wer mit Teilnehmerwillen ([lat.] animus [M.] socii) handelt und die Tat als fremde veranlassen oder fördern will (widerspricht in extremer Handhabung § 25 I 1 StGB). Nach der Lehre von der Tatherrschaft ist Täter, wer als Zentralgestalt (Schlüsselfigur) des Geschehens die planvoll lenkende oder mitgestaltende Tatherrschaft hat und somit die Tatbestandsverwirklichung nach seinem Willen hemmen oder ablaufen lassen kann. Demgegenüber ist → Teilnehmer, wer keine Tatherrschaft hat, sondern die Tat nur veranlasst (Anstifter) oder fördert (Gehilfe).

Lit.: *Roxin, C.*, Täterschaft und Tatherrschaft, 9. A. 2015

Tatherrschaft ist im Strafrecht die vom → Vorsatz umfasste Beherrschung des tatbestandsmäßigen Geschehensablaufs. T. hat, wer nach Art und Gewicht seines objektiven Tatbeitrags sowie auf Grund seiner Willensbeteiligung das Ob und Wie der Tatbestandsverwirklichung in der Weise beherrscht, dass der → Erfolg als das Werk mindestens auch seines zielstrebig lenkenden oder die Tat mitgestaltenden → Willens erscheint. Die T. unterscheidet Täter und Teilnehmer.

Lit.: *Roxin, C.*, Täterschaft und Tatherrschaft, 9. A. 2015; *Schlösser, J.*, Soziale Tatherrschaft, 2004

tätig (Adj.) gestaltend, handelnd

tätige Reue → Reue, tätige

Tätigkeit ist das gestaltende Verhalten. Im Schuldrecht ist die T. für einen anderen Gegenstand des → Dienstvertrags. Ist sie *selbständige* T., so gilt allein das bürgerliche → Recht, ist sie *abhängige* T., so kommt in erster Linie das weitgehend außerhalb des Bürgerlichen Gesetzbuchs entwickelte → Arbeitsrecht zur Anwendung.

Tätigkeitsdelikt ist im Strafrecht der im Tätigwerden bestehende Straftatbestand (z. B. § 153 StGB falsche uneidliche → Aussage, § 316 Trunkenheit im Verkehr) (im Gegensatz zum → Erfolgsdelikt).

Tatinterlokut ist das (dem deutschen Recht unbekannte) Zwischenurteil über die Tat und deren Zurechnung.

Lit.: *Garbe, J.*, Strafzumessung und Hauptverhandlung, 1997

Tatmehrheit (Realkonkurrenz, Handlungsmehrheit) ist das Verletzen mehrerer Strafgesetze oder das mehrfache Verletzen eines Strafgesetzes durch mehrere Taten. T. ist ein Fall der echten → Konkurrenz. T. liegt vor (§ 53 I StGB), wenn jemand durch mehrere selbständige → Straftaten mehrere nebeneinander anwendbare → Gesetze verletzt, und zwar entweder mehrere verschiedene Gesetze (*ungleichartige* T. z. B. Täter stiehlt ein Gewehr, mit dem er einen anderen tötet) oder dasselbe Gesetz mehrmals (*gleichartige* T. z. B. Täter stiehlt mehrfach Autos). Dann wird, wenn die Taten gleichzeitig abgeurteilt werden, grundsätzlich auf eine → Gesamtstrafe erkannt (→ Asperationsprinzip), ausnahmsweise auch auf mehrere Einzelstrafen (→ Kumulationsprinzip). Die T. steht im Gegensatz zur Tateinheit (Idealkonkurrenz) und zur Gesetzeseinheit (Gesetzeskonkurrenz)

Lit.: *Seher, G.,* Zur strafrechtlichen Konkurrenzlehre, JuS 2004, 482; *Frank, A.,* Die Abgrenzung von Tateinheit und Tatmehrheit bei Straßenverkehrsordnungswidrigkeiten, 2004

Tatort ist der Ort, an dem der → Täter handelt oder trotz Rechtspflicht, zu handeln, nicht handelt oder an dem der Taterfolg eintritt oder nach der Vorstellung des Täters eintreten sollte. → Zuständigkeit.

Lit.: *Schulze, D.,* Sofortmaßnahmen am Tatort, 2003

Tatsache (§ 186 StGB) ist im Strafrecht – im Rahmen der üblen → Nachrede – etwas Geschehenes oder Bestehendes, das in die Wirklichkeit getreten und daher dem Beweis zugänglich ist (z. B. E lügt, F korrumpiert, H plagiiert, I betrügt, M kolludiert, P schmiert, R fälscht, S hochstapelt, W erpresst, alle zusammen sind korrupt usw.). Den Gegensatz hierzu bildet das Werturteil. Die Abgrenzung im Einzelfall ist schwierig. Im Prozessrecht ist für die Feststellung von Tatsachen grundsätzlich das Eingangsgericht und für die Überprüfung das Berufungsgericht zuständig.

Lit.: *Hilgendorf, E.,* Tatsachenaussagen und Werturteile im Strafrecht, 1998; *Thomma, S.,* Die Grenzen des Tatsachenbegriffs, 2003; *Bender, R./Nack, A./Treuer, W.,* Tatsachenfeststellung vor Gericht, 4. A. 2014

Tatstrafrecht ist das die → Strafe an die verbotene → Handlung des → Täters knüpfende → Strafrecht. Gegensatz des Tatstrafrechts ist das → Täterstrafrecht. Das geltende deutsche Strafrecht ist T., berücksichtigt aber die Täterpersönlichkeit bei der Strafzumessung.

Tatumstandsirrtum → Tatbestandsirrtum

Tatverdacht ist die Vermutung (Verdacht), dass ein bestimmter Mensch etwas Bestimmtes (Tat) getan hat. Im Strafverfahrensrecht ist *dringender* T. z. B. Voraussetzung der → Untersuchungshaft (§ 112 StPO). Er besteht, wenn nach dem gegenwärtigen Stand der Ermittlungen die Wahrscheinlichkeit groß ist, dass der Verfolgte schuldiger → Täter oder → Teilnehmer ist. Nach § 203 StPO beschließt das Gericht bei *hinreichendem* T. die Eröffnung des → Hauptverfahrens gegen den Angeschuldigten. Dies setzt die Wahrscheinlichkeit der späteren Verurteilung bei einer vorläufigen Tatbewertung voraus.

Lit.: *Lohner, E.,* Der Tatverdacht im Ermittlungsverfahren, 1994; *Ebert, A.,* Der Tatverdacht, 2000; *Schulz, L.,* Normiertes Misstrauen, 2001

Taubstummheit ist die Stummheit bei oder als Folge angeborener oder früh eingetretener Taubheit. Stellt ein hörbehinderter oder sprachbehinderter Mensch (Tauber, Stummer oder Taubstummer) einen Antrag auf einen Verteidiger, so ist dem Antrag zu entsprechen (§ 140 II 2 StPO).

Lit.: *Stichnoth, T.,* Taubstummheit, 1985

Taufe ist die Begründung der Mitgliedschaft in der christlichen Kirche.

Lit.: *Reichert, A.,* Das Verständnis der Taufe, 2003

Tausch (§ 480 BGB) ist der gegenseitige → Vertrag, in dem sich beide Seiten zur Hingabe eines bestimmten Gegenstands gegen Hingabe eines jeweils anderen bestimmten Gegenstands verpflichten (z. B. Grundstückstausch, Wohnungstausch, Briefmarkentausch), wobei keiner der Gegenstände ein → Kaufpreis (Geld) ist. Der Ausgleich eines Wertunterschieds durch zusätzliche Geldzahlung einer Seite schadet nicht. Auf den (entwicklungsgeschichtlich alten, rechtstatsächlich wegen der wirtschaftlichen Überlegenheit des Zahlungsmittels Geld in der Gegenwart eher unbedeutenden) Tausch finden die Vorschriften über den → Kauf entsprechende Anwendung.

Lit.: *Stoessel, E.,* Der Tauschvertrag, 1927

Täuschung (§ 263 StGB, § 123 BGB) ist das zur Irreführung bestimmte und damit der Einwirkung auf die Vorstellung eines anderen dienende Gesamtverhalten. Es kann durch → Tun (ausdrückliches Vorspiegeln, schlüssiges Vorspiegeln) oder → Unterlassen (Nichtaufklären bei Vorliegen einer Pflicht zur Aufklärung) geschehen. Im Strafrecht ist die T. Tatbestandsmerkmal des → Betrugs. *Arglistige* T. (§ 123 BGB) ist im Privatrecht die T., bei welcher der Täuschende den Täuschungswillen hat, den Gegner also bewusst über eine Tatsache in Unkenntnis zu halten oder zu versetzen sucht, und sich dabei bewusst ist, dass der andere ohne die Täuschung die Willenserklärung möglicherweise nicht oder nicht mit dem jetzigen Inhalt abgeben würde. Wer zur Abgabe einer → Willenserklärung durch arglistige T. (z. B. wahrheitswidrige Beantwortung einer zulässigen Frage nach Vorstrafen und laufenden Ermittlungsverfahren oder nach der Schwerbehinderteneigenschaft, anders bei der Frage nach einer Schwangerschaft) bestimmt worden ist, kann die Erklärung → anfechten.

Lit.: *Gauger, M.,* Die Dogmatik der konkludenten Täuschung, 2001; *Gutzeit, M.,* Der arglistig täuschende Verkäufer, NJW 2008, 1359; *Becker, C.,* Konkludente Täuschung beim Betrug, JuS 2014, 307

Technischer Überwachungsverein → Überwachungsverein, Technischer

Teil ist der abgegrenzte Abschnitt eines Ganzen. Gesetze (oder auch Rechtsgebiete) sind verschiedentlich in einen *allgemeinen* T. und einen *besonde-*

ren T. gegliedert (z. B. Bürgerliches Gesetzbuch, Strafgesetzbuch, Verwaltungsrecht). Der allgemeine T. enthält dann die für den ganzen oder den überwiegenden Regelungsbereich geltenden Bestimmungen, der besondere T. die (demgegenüber nur) für einzelne Unterbereiche anzuwendenden Normen.

Lit.: *Wolf, M./Neuner, J.,* Allgemeiner Teil des Bürgerlichen Rechts, 10. A. 2012; *Brox, H./Walker, W.,* Allgemeiner Teil des BGB, 38. A. 2014; *Köhler, H.,* BGB Allgemeiner Teil, 39. A. 2015; *Rüthers, B./Stadler, A.,* Allgemeiner Teil, 18. A. 2014; *Schack, H.,* BGB Allgemeiner Teil, 14. A. 2013; *Leipold, D.,* BGB I, 8. A. 2015; *Bork, R.,* Allgemeiner Teil des Bürgerlichen Gesetzbuches, 3. A. 2011

teilbar (Adj.) in Teile aufgliederbar

teilbare Leistung → Leistung, teilbare

Teilbesitz (§ 865 BGB) ist der → Besitz eines tatsächlichen, abgrenzbaren Teiles einer → Sache, insbesondere eines abgesonderten Wohnraums oder anderen Raumes. Der T. ist zu unterscheiden vom → Mitbesitz (§ 866 BGB). Er wird behandelt wie der → Besitz an einer Sache.

Lit.: *Kachold, H.,* Der Teilbesitz, 1911

Teileigentum (§ 1 WEG) ist das nur ausnahmsweise mögliche → Eigentum an einem Sachteil (z. B. an nicht zu Wohnzwecken dienenden Räumen eines Gebäudes).

Lit.: *Möller, G.,* Die Rechtsstellung des Werkunternehmers bei der Erstellung von Wohnungs- oder Teileigentum, 1980

Teilgläubigerschaft ist die Form der Gläubigermehrheit, bei der jeder von mehreren → Gläubigern nur einen → Anspruch auf einen Teil der → Leistung hat. Sie soll nach § 420 BGB im Zweifel vorliegen, wenn mehrere eine teilbare Leistung zu fordern haben. Sie belastet den Schuldner nicht besonders.

Lit.: *Riedler, A.,* Gesamt- und Teilgläubigerschaft, 1998

Teilleistung (§ 266 BGB) ist die in Bezug auf die → Schuld irgendwie unvollständige → Leistung. Zur T. ist der Schuldner grundsätzlich nicht berechtigt (Ausnahmen z. B. nach § 389 BGB, Art. 39 II WechselG, § 757 I ZPO). Hat der Schuldner eine T. bewirkt, so kann der Gläubiger Schadensersatz statt der ganzen Leistung nur verlangen, wenn er an der T. kein Interesse hat (§ 281 I 2 BGB).

Lit.: *Nacken, G.,* Teilleistung und teilbare Leistung, 1976; *Steinlehner-Stelzner, B.,* Die Teilleistung, 1984

Teilnahme ist die Beteiligung eines Menschen an einem Geschehen, insbesondere die Beteiligung an einer fremden Straftat. Die strafrechtliche T. kann → Anstiftung oder → Beihilfe sein. Sie setzt eine rechtswidrige Haupttat voraus. Von mehreren gleichzeitig verwirklichten Teilnahmeformen ist die leichtere gegenüber der schwereren subsidiär (z. B. Beihilfe gegenüber Anstiftung). *Notwendige* T. ist die T., welche die Voraussetzung für die Verwirklichung der Haupttat bildet (z. B. § 180 Förderung sexueller Handlungen Minderjähriger).

Lit.: *Herzberg,* Täterschaft und Teilnahme, 1977; *Gropp, W.,* Deliktstypen mit Sonderbeteiligung, 1992; *Stein, H.,* Die Regelungen von Täterschaft und Teilnahme im europäischen Strafrecht, 2002

Teilnehmer ist der sich an einer (fremden) Handlung beteiligende Mensch. Im Strafrecht ist T., wer einen anderen zu dessen vorsätzlich begangener rechtswidriger Tat bestimmt (→ Anstiftung) oder ihm zu einer vorsätzlich begangenen rechtswidrigen Tat vorsätzlich Hilfe leistet (→ Beihilfe). Seine → Strafe richtet sich nach der Strafdrohung für den → Täter (vgl. § 27 II StGB), doch ist das Fehlen oder Vorliegen besonderer persönlicher Merkmale zu berücksichtigen (§ 28 StGB) und jeder Beteiligte nach seiner → Schuld ohne Rücksicht auf die Schuld anderer zu bestrafen (§ 29 StGB).

Teilnichtigkeit ist die → Nichtigkeit eines Teiles einer Handlung. Im Privatrecht hat die Nichtigkeit eines Teiles eines → Rechtsgeschäfts die Nichtigkeit des ganzen Rechtsgeschäfts zur Folge, wenn nicht anzunehmen ist, dass das Rechtsgeschäft auch ohne den nichtigen Teil vorgenommen sein würde (§ 139 BGB). Im Verwaltungsrecht ist ein teilnichtiger → Verwaltungsakt im Ganzen nichtig, wenn der nichtige Teil so wesentlich ist, dass die → Behörde den Verwaltungsakt ohne den nichtigen Teil nicht erlassen hätte (§ 44 IV VwVfG).

Lit.: *Gaedertz, C.,* Die Teilnichtigkeit wettbewerbsbeschränkender Verträge, 1994; *Kintrup, L.,* Teilnichtigkeit von Rechtsnormen, 1999

Teilschuldnerschaft ist die Form der Schuldnermehrheit, bei der jeder von mehreren → Schuldnern nur zu einem Teil der → Leistung verpflichtet ist. Sie soll nach § 420 BGB im Zweifel vorliegen, wenn mehrere eine teilbare Leistung schulden. Sie ist aber wegen ihrer Unbequemlichkeit für den Gläubiger (im Verhältnis zur Gesamtschuldnerschaft) praktisch selten.

Teilrechtsfähigkeit ist die auf bestimmte Angelegenheiten beschränkte → Rechtsfähigkeit einer Person.

Lit.: *Ehlers, D.,* Die Lehre von der Teilrechtsfähigkeit juristischer Personen des öffentlichen Rechts, 2000

Teilstaatenlehre ist die von Bund und Ländern als Teilstaaten ausgehende Theorie über den Aufbau der → Bundesrepublik. Danach sind Bund und Länder gleichgeordnete Teilstaaten eines Gesamtgefüges, das selbst keine Staatsqualität besitzt. Ihm fehlen deshalb auch Organe.

Teilstreik ist der nur einen Teil der → Arbeitnehmer erfassende → Streik.

Lit.: *Krejci, H.,* Lohnzahlung bei Teilstreik?, 1988 (Österreich)

Teilung ist die Zerlegung eines Ganzen in einzelne Abschnitte. Im Verfassungsrecht ist besonders bedeutsam die → Gewaltenteilung, im Verfahrensrecht die T. des → Vermögens des Schuldners in der → Zwangsvollstreckung (§§ 874 ZPO, 106 ZVG).

Im Privatrecht sind Einheiten oder gemeinschaftliche → Vermögen durch T. auflösbar (Auseinandersetzung z. B. §§ 734, 752, 2047 BGB).

Lit.: *Schmidt-Eichstaedt, G. u. a.*, Teilungsgenehmigung und Grundbuchsperre, NJW 1999, 385; *Fiedler, M.*, Teilverpfändung von GmbH-Anteilen, 2003

Teilungsanordnung (§ 2048 BGB) ist die Anordnung des → Erblassers über die Art und Weise der → Auseinandersetzung der Erben. Die T. begründet keinen unmittelbaren Anspruch auf → Herausgabe eines bestimmten Gegenstands, sondern nur auf Auseinandersetzung gemäß der T. Die Miterben können eine abweichende Vereinbarung treffen.

Lit.: *Erdmann, M.*, Einzelzuwendungen an Miterben, 2001

Teilungsversteigerung ist die zum Zweck der → Teilung eines Vermögens erfolgende → Versteigerung.

Lit.: *Eickmann, D.*, Die Teilungsversteigerung, 6. A. 2007; *Storz, K./Kiderlen*, Praxis der Teilungsversteigerung, 5. A. 2011

Teilunmöglichkeit → Unmöglichkeit, teilweise

Teilurteil (z. B. § 301 ZPO) ist das → Endurteil, in dem über einen Teil eines oder mehrerer → Streitgegenstände entschieden wird. Das T. beendet insofern den → Rechtsstreit. Es kann selbständig angefochten werden.

Lit.: *Gottwald*, Das Teilurteil, JA 1997, 573; *Schröer*, Urteilsformel bei Teil-, Schluss- und Grundurteil, JA 1997, 318; *Scholz, B.*, Das unzulässige Teilurteil, 1998

Teilzahlung ist die in → Teilleistungen bewirkte → Erfüllung einer auf Zahlung gerichteten → Verpflichtung sowie die einzelne Teilleistung.

Lit.: *Kraemer, P.*, Factoring, Leasing und Teilzahlung, 1970; *Billing, T. u. a.*, Der Ratenkauf im Internet, NJW 2015, 2369

Teilzahlungsabrede ist die → Vereinbarung der Vertragsparteien, dass der → Kaufpreis oder die entsprechende Vergütung – entgegen der allgemeinen gesetzlichen Regelung (§ 266 BGB) – nicht auf einmal, sondern in mindestens 2 Teilen (Raten bzw. Anzahlung und Rate) zu leisten ist.

Teilzahlungsgeschäft (§ 507 BGB) ist das Zahlung der Schuld in Teilbeträgen betreffende (und dadurch zugleich Kredit gewährende) Geschäft. Auf das T. zwischen einem Unternehmer und einem Verbraucher finden die §§ 507 ff. BGB Anwendung. Demnach muss die vom Verbraucher zu unterzeichnende Vertragserklärung bestimmte Angaben über den Barzahlungspreis, den Teilzahlungspreis (Gesamtbetrag von Anzahlung und allen vom Verbraucher zu entrichtenden Teilzahlungen einschließlich Zinsen und sonstiger Kosten, Betrag, Zahl und Fälligkeit der einzelnen Teilzahlungen, den effektiven Jahreszins, die Kosten einer im Zusammenhang mit dem T. abgeschlossenen Versicherung und die Vereinbarung eines Eigentumsvorbehalts oder einer anderen zu bestellenden Sicherheit angeben. Wird die Schriftform nicht eingehalten oder fehlt eine der vorgeschriebenen Angaben, ist das T. grundsätzlich

nichtig. Der Unternehmer kann von einem Teilzahlungsgeschäft wegen Zahlungsverzugs des Verbrauchers nur unter den in § 498 Satz 1 BGB bezeichneten Voraussetzungen zurücktreten (§ 508 BGB).

Lit.: *Weipert, L.*, Teilzahlungsgeschäft und Versicherung, 1966

Teilzahlungskredit ist der durch eine → Teilzahlungsabrede gekennzeichnete Kredit.

Lit.: *Müller-Laube, H.*, Teilzahlungskredit und Umsatzgeschäft, 1973

Teilzeitarbeit ist die Arbeit, bei der die Wochenarbeitszeit der betreffenden Arbeitnehmer kürzer ist als die durchschnittliche Wochenarbeitszeit vergleichbarer Arbeitnehmer. Zwangsweise T. von Beamten ist verfassungswidrig. In Deutschland besteht seit 1.1.2001 ein gesetzlicher Anspruch des Arbeitnehmers gegen den Arbeitgeber auf T.

Lit.: *Meinel, D./Heyn, J./Herms, S.*, Teilzeit- und Befristungsgesetz, 5. A. 2015; *Schell, J.*, Der Rechtsanspruch auf Teilzeitarbeit, 2004; *Pauly, S.*, Teilzeitarbeit und geringfügige Beschäftigung, 2004; *Nebendahl, M.*, Teilzeitarbeitsvertrag, 3. A. 2005; *Laux, H./Schlachter, M.*, Teilzeit- und Befristungsgesetz, 2. A. 2011

Teilzeitwohnrecht (§ 481 BGB) (engl. [N.] timesharing) ist das auf eine Teilzeit beschränkte Wohnrecht. Bei der der Schriftform bedürftigen (§ 484 I BGB) Teilzeitwohnrechtevertrag verspricht oder verschafft ein Unternehmer einem Verbraucher gegen Zahlung eines Gesamtpreises das Recht, für die Dauer von mindestens drei Jahren ein Wohngebäude oder einen Teil eines Wohngebäudes jeweils für einen bestimmten oder zu bestimmenden Zeitraum des Jahres zu Erholungszwecken oder Wohnzwecken zu nutzen. Der Verbraucher hat ein Widerrufsrecht nach § 355 BGB (§ 485 I BGB).

Lit.: *Schwaller, C. v.*, Das Teilzeitwohnrechtegesetz, 1999; *Lenz, C.*, Das Time-Sharing, Diss. jur. Münster 2000

Telebanking ist der elektronische Geschäftsverkehr zwischen Bank und Bankkunden.

Lit.: *Dafner, C.*, Das öffentliche Wirtschaftsrecht der Teledienste, 2003

Teledienst ist die unter Verwendung von Fernkommunikationsmitteln erfolgende Dienstleistung für andere.

Lit.: *Gola, P.*, Teledienstgesetz, Teledienstdatenschutzgesetz, 2000; *Dafner, C.*, Das öffentliche Wirtschaftsrecht der Teledienste, 2003; *Spindler, G./Schmitz, P./Geis, I.*, Teledienstegesetz, 2004

Telefax (Fernschreibgerät) ist das auf der Grundlage der elektronischen Datenverarbeitung wirkende Schriftfernübertragungssystem. Die Einlegung und Begründung von Rechtsmitteln per Telefaxgerät ist zulässig, doch muss, wenn eine Verbindung per Telefax zum Prozessgericht misslingt, zur Fristwahrung das Rechtsmittel bei dem Rechtsmittelgericht eingelegt werden. Ein Schriftsatz geht dabei grundsätzlich in dem Zeitpunkt zu, in dem er beim Empfänger (wenn auch in Teilen) vollständig ausgedruckt vorliegt. Die von Mängeln des Empfangsgeräts oder der Leitung ausgehende Störungsgefahr trägt grundsätzlich das Gericht, das die Übermittlung fristwahrender Schriftsätze durch T. eröffnet. Ein Telefaxschreiben ist grundsätzlich keine Urkunde. Zur Wahrung der gewillkürten Schriftform und auch zur Wahrung der rechtsgeschäftlichen Vereinbarung, dass eine Kündigung mittels eingeschriebenen Briefs erfolgen müsse, reicht eine Fernkopie aber aus. Für T. und damit auch Vervielfältigung ermöglichende Geräte ist im Interesse der Urheber von Werken eine Vergütung nach dem Urheberrechtsgesetz zu entrichten.

Lit.: *Schmittmann, J.*, Telefaxübermittlungen, 1998; *Beckemper, K.*, Die Urkundenqualität von Telefaxen, JuS 2000, 123; *Düwell, F.*, Computerfax richterrechtlich zugelassen, NJW 2000, 3334; *Gregor, S.*, Der OK-Vermerk des Telefaxsendeprotokolls als Zugangsnachweis, NJW 2005, 2885

Telefon (Fernsprechgerät) ist das der elektrischen Übertragung akustischer Umstände dienende Gerät.

Lit.: *Westphalen, F. Graf v. u. a.*, Der Telefondienstvertrag, 2001; *Härting, N.*, Recht der Mehrwertdienste 0190/0900, 2004

Telekommunikation (Fernunterhaltung) ist die auf der Grundlage der elektronischen Möglichkeiten wirkende zwischenmenschliche Kommunikation.

Lit.: Telekommunikations- und Multimediarecht, hg. v. *Geppert, M./Roßnagel, A.*, 10. A. 2014; *Geppert, M./Ruhle, E./Schuster, F.*, Holznagel/Enaux/Nienhaus, Telekommunikationsrecht, 2. A. 2006; *Wissmann, M.*, Telekommunikationsrecht – Praxishandbuch, 2. A. 2006

Telekommunikationsgesetz ist das der Förderung des Wettbewerbs, der Gewährleistung von Dienstleistungen und der Festlegung einer Frequenzordnung dienende, → Telekommunikation betreffende Bundesgesetz.

Lit.: Telekommunikationsgesetz, hg. v. *Scheurle, K./Mayen, T.*, 2. A. 2008; Telekommunikationsgesetz, hg. v. *Geppert u. a.*, 4. A. 2013; Telekommunikationsgesetz, hg. v. *Arndt, H. u. a.*, 2008

Telekommunikationsüberwachungsverordnung ist die die Überwachung in offenen Informationsnetzen und Kommunikationsnetzen regelnde Verordnung.

Lit.: *Holznagel, B./Nelles, U./Sokol, B.*, Die neue TKÜV, 2002

Telemediengesetz ist das am 18.1.2007 verabschiedete Gesetz zur Regelung der rechtlichen Anforderungen für elektronische Informationsdienste und Kommunikationsdienste Deutschlands.

Lit.: *Hoeren, T.*, Das Telemediengesetz, NJW 2007, 801

teleologisch (Adj.) zielgerichtet

Lit.: *Drüen, K.*, Über Sinn und Zweck des Gesetzes, JuS 1997, L 81

teleologische Auslegung → Auslegung, teleologische

teleologische Reduktion → Reduktion

Teleshopping (N.) (Fernerwerb) ist der rechtsgeschäftliche Erwerb (z. B. Kauf) mittels elektronischer Datenverarbeitung.

Lit.: *Olaf, W.*, Teleshopping – e-commerce, 2001; *Dafner, C.*, Das öffentliche Wirtschaftsrecht der Teledienste, 2003

Tendenz (F.) Streben, Neigung

Tendenzbetrieb (§ 118 BetrVG) ist der → Betrieb, der unmittelbar und überwiegend politischen (auch nichtparteipolitischen), konfessionellen, wissenschaftlichen und ähnlichen Bestimmungen dient (z. B. Zeitungsverlag). Auf den T. finden die Vorschriften des Betriebsverfassungsgesetzes nur eingeschränkt Anwendung, insbesondere nur insoweit, wie ihnen nicht die Eigenart des Betriebs entgegensteht (z. B. sind die Pressefreiheit einschränkende Mitbestimmungsrechte ausgeschlossen). Die Feststellung des Tendenzschutzes eines Unternehmens kann vor den Arbeitsgerichten beantragt werden.

Lit.: *Noll, G.*, Arbeitsrecht im Tendenzbetrieb, 2001; *Brandt, B.*, Tendenzschutz in öffentlich-rechtlichen Rundfunkanstalten, 2008

Tenor (lat. tenor [M.] Haltung, Inhalt) ist die → Urteilsformel (z. B. der Beklagte wird verurteilt, 1000 Euro an den Kläger zu zahlen. Der Beklagte trägt die Kosten. Das Urteil ist gegen Sicherheitsleistung in Höhe von 1500 Euro vorläufig vollstreckbar). Der T. ist notwendiger Bestandteil eines → Urteils (vgl. § 313 ZPO). Er muss aus sich heraus verständlich und der → Zwangsvollstreckung zugänglich sein sowie die in der letzten mündlichen → Verhandlung gestellten → Anträge erschöpfend erledigen.

Lit.: *Mansdörfer, M./Timmerbeil, S.*, Grundfälle zur Tenorierung strafrechtlicher Entscheidungen, JuS 2001, 1102; *Hövel, M. van den*, Die Tenorierung im Zivilurteil, 6. A. 2014

Termin (Zeitpunkt, Frist) ist im Privatrecht (§§ 186 ff. BGB) der bestimmte Zeitpunkt, an dem etwas geschehen soll (z. B. Lieferung einer Kaufsache) oder eine Rechtswirkung von selbst eintritt (z. B. → Fälligkeit der Kaufpreisschuld). Dieser Zeitpunkt kann durch → Gesetz, Hoheitsakt oder → Rechtsgeschäft bestimmt sein. Im Verfahrensrecht (z. B. §§ 214 ff. ZPO) ist T. ein im Voraus durch das → Gericht genau bestimmter Zeitpunkt für gemeinschaftliche → Prozesshandlungen des Gerichts mit Parteien oder Dritten. Er beginnt mit dem Aufruf der Sache. Er ist von einer Partei versäumt, wenn sie bis zum Schluss nicht verhandelt.

Lit.: *Löhnig, M.*, Fristen und Termine im Zivilrecht, 2. A. 2006; *Schneider, E.*, Terminsverlegung, NJW 2006, 886; *Dimsic, M.*, Die Terminwahrnehmung in der Zivilgerichtsbarkeit, JuS 2015, 414

Terminsgebühr ist die nach den §§ 2 II, 13 RVG dem → Rechtsanwalt in jeder Instanz einmal für Wahrnehmung eines Termins entstehende → Gebühr.

Territorialitätsprinzip ist der auf ein räumliches Gebiet abstellende Grundsatz (z. B. § 3 StGB). → Personalitätsprinzip

Lit.: *Bohlmann, U.*, Kommerzielle Weltraumaktivitäten und die technischen gewerblichen Schutzrechte, 2002

Territorialstaat ist der ein bestimmtes Gebiet (Territorium) als räumliche Grundlage seiner Staatsgewalt beherrschende → Staat. In der Neuzeit ist der Staat grundsätzlich T. Dagegen besteht in älteren Zeiten eine Herrschaftsgewalt vor allem über Personenverbände.

Lit.: *Zippelius, R.*, Allgemeine Staatslehre, 16. A. 2011; *Willoweit, D.*, Rechtsgrundlagen der Territorialgewalt, 1975

Testament (Zeugenakt) (§§ 2064 ff. BGB) ist die einseitige, nicht empfangsbedürftige und jederzeit frei widerrufliche → Willenserklärung des → Erblassers, mit der dieser eine rechtsgeschäftliche Regelung für den Fall seines Todes trifft – und dadurch die gesetzliche Rechtslage abändert –. Das T. ist eine letztwillige → Verfügung und eine → Verfügung von Todes wegen. Es ist vom Erblasser persönlich zu errichten (§ 2064 BGB) und kann vor allem → Erbeinsetzung, → Vermächtnis, → Auflage und → Testamentsvollstreckung enthalten. Es kann von einem → Minderjährigen errichtet werden, wenn er das sechzehnte Lebensjahr vollendet hat. Die Errichtung ist in ordentlicher Form (*ordentliches* T. im Gegensatz zum außerordentlichen, zeitlich nur beschränkt gültigen T., Nottestament z. B. Bürgermeistertestament, Dreizeugentestament, Seetestament, Militärtestament, Konsulartestament) entweder zur Niederschrift (mündliche Erklärung oder Übergabe einer [nicht notwendigerweise vom Erblasser selbst geschriebenen und auch nicht notwendigerweise handschriftlich geschriebenen] Schrift) → eines Notars (*öffentliches* T. § 2232 BGB) oder durch – wenn auch mit Unterstützung – eigenhändig (also nicht maschinenschriftlich) geschriebene und (unterhalb des Textes, evtl. auf dem Umschlag) eigenhändig unterschriebene Erklärung (*holographisches* T., *eigenhändiges* T., § 2247 BGB) möglich. Es ist wirksam, wenn seine Voraussetzungen erfüllt sind, entfaltet seine Wirkungen aber erst mit dem Tode des Erblassers. Es kann (z. B. durch Zerreißen) widerrufen werden (, erlangt dann aber durch bloßes Zusammenkleben nicht wieder Wirksamkeit). Ein *gemeinschaftliches* T. ist möglich, kann aber nur von Ehegatten errichtet werden (§ 2265 BGB). Es kann zum einen nur rein äußerlich *gemeinschaftliches* T. sein. Es ist gegenseitiges T. (*reziprokes* T.), wenn sich die Ehegatten gegenseitig zu Erben einsetzen (§ 2269 BGB). Dieses ist, wenn bestimmt wird, dass nach dem Tod des Überlebenden der beiderseitige Nachlass an einen Dritten fallen soll, im Zweifel → *Berliner* T. Es ist *wechselbezügliches* (korrespektives) T., wenn mindestens ein Ehegatte seine Verfügung nur mit Rücksicht auf die Verfügung des anderen macht, sie also mit dieser stehen und fallen soll. Rechtstatsächlich fertigt in Deutschland in der Gegenwart nur eine Minderheit aller Erblasser ein T. an (2012 18 Prozent der Menschen über 16 Jahre).

Lit.: *Nieder, H/Kössinger*, Handbuch der Testamentsgestaltung, 5. A. 2015; Testament und Erbvertrag, hg. v. *Reimann, W.*, 6. A. 2011; *Frohnmayer, T.*, Geschiedenentestament, 2004; *Köster, E.*, Das Schicksal des gemeinschaftlichen Testaments nach Auflösung der Ehe, JuS 2005, 407; *Schulte, J.*, Testamentsgestaltung, 2006; *Leenen, D.*, Ist das richtig so?, JuS 2008, 579; *Kössinger, R.*, Das Testament Alleinstehender, 4. A. 2010;

Diehn, T., Das zentrale Testamentsregister, NJW 2011, 481; *Horn, C./Kroiß, L.*, Testamentsauslegung, 2012

Testamentseröffnung (§§ 2260 ff. BGB) ist die amtliche Öffnung eines in der Verwahrung des Nachlassgerichts befindlichen → Testaments durch das Nachlassgericht in einem festgesetzten Termin nach dem Tod des Erblassers.

Lit.: *Cremer, F.*, Die Testamentseröffnung, 1932

Testamentsvollstrecker (§§ 2197 ff. BGB) ist die vom → Erblasser zur Ausführung seiner letztwilligen Anordnungen durch letztwillige → Verfügung berufene Person. Der T. ist Träger eines Amtes, nicht gesetzlicher → Vertreter. Dieses Amt beginnt mit der Annahme, es endet mit → Kündigung durch den T., Entlassung durch das Nachlassgericht, Erledigung der Aufgabe, Tod u. a. Der T. hat die letztwilligen Verfügungen des Erblassers zur Ausführung zu bringen (§ 2203 BGB), die → Auseinandersetzung zu bewirken und den → Nachlass zu verwalten. Dadurch ist notwendigerweise eine → Verfügungsbefugnis des → Erben ausgeschlossen. Der T. hat Anspruch auf eine angemessene Vergütung.

Lit.: *Winkler, K.*, Der Testamentsvollstrecker nach bürgerlichem, Handels- und Steuerrecht, 21. A. 2013; Handbuch der Testamentsvollstreckung, hg. v. *Bengel, M./Reimann, W.*, 5. A. 2013; *Zimmermann, W.*, Die Testamentsvollstreckung, 4. A. 2014

Testierfähigkeit (§ 2229 BGB) ist die Fähigkeit, ein → Testament zu errichten, zu ändern oder aufzuheben. Die T. ist ein Sonderfall der → Handlungsfähigkeit. Sie steht grundsätzlich jedem Menschen zu, der das 16. Lebensjahr vollendet hat und nicht wegen krankhafter Störung der → Geistestätigkeit, wegen → Geistesschwäche oder wegen → Bewusstseinsstörung nicht in der Lage ist, die Bedeutung einer von ihm abgegebenen Willenserklärung einzusehen und nach dieser Einsicht zu handeln. In bestimmten Fällen besteht nur eine *beschränkte* T. (z. B. § 2247 II BGB). Schreibunfähigen und Sprechunfähigen fehlt nicht in jedem Fall die T.

Lit.: *Wagner, S.*, Die Testierfähigkeit im internationalen Privatrecht, 1996

Testierfreiheit ist die Freiheit des Menschen, nach Belieben → Verfügungen von Todes wegen zu errichten. Die T. ist ein Unterfall der → Privatautonomie. Sie wird beschränkt durch das → Pflichtteilsrecht, eine eventuelle Wechselbezüglichkeit eines gemeinschaftlichen → Testaments, einen → Erbvertrag sowie die (allgemeinen) guten → Sitten.

Lit.: Familienerbrecht und Testierfreiheit im europäischen Vergleich, hg. v. *Henrich, D./Schwab, D.*, 2001; *Goebel, J.*, Testierfreiheit als Persönlichkeitsrecht, 2004

testis (lat. [M.], Pl. Nom. testes) Zeuge

Text (M.) äußere Gestalt einer Wortfolge

Textform (§ 126b BGB) ist die Abgabe einer Erklärung in einer Urkunde oder auf andere zur dauerhaften Wiedergabe in Schriftzeichen geeignete Weise, die Nennung der Person des Erklärenden und der Abschluss der Erklärung durch Erkennbarmachung durch Nachbildung der Namensunterschrift oder in anderer Weise.

Lit.: *Nissel, R.,* Neue Formvorschriften bei Rechtsgeschäften, 2001; *Röger, H.,* Gesetzliche Schriftform und Textform, NJW 2004, 1764

Textverarbeitung ist die Sammelbezeichnung für Methoden und Verfahren zur Erarbeitung und Bearbeitung von Texten vor allem mit Hilfe der automatisierten Datenverarbeitung (und für unterschiedlicher Textverarbeitungsprogramme).

Lit.: *Henke, K.,* Textverarbeitung für Rechtsanwalts- und Notarfachangestellte, 2003

Theaterrecht ist die Gesamtheit der den Betrieb eines Theaters betreffenden Rechtssätze.

Lit.: *Kurz, H./Kehrl/Nix,* Praxishandbuch Theater- und Kulturveranstaltungsrecht, 2. A. 2015

Theokratie (griech. [F.]) Gottesherrschaft

Thing → Ding

Thüringen ist (seit 3.10.1990) das von Bayern, Hessen, Niedersachsen, Sachsen-Anhalt und Sachsen begrenzte Land der Bundesrepublik Deutschland.

Lit.: *Köbler, G.,* Historisches Lexikon der deutschen Länder, 7. A. 2007; Gesetze des Landes Thüringen (Lbl.), hg. v. *Knöll, H.,* 57. A. 2013; Landesrecht Thüringen, hg. v. *Dette, H. u. a.,* 12. A. 2007; Thüringen-Handbuch, hg. v. *Post, B. u. a.,* 1999; Thüringer Staats- und Verwaltungsrecht, hg. v. *Huber, P.,* 2000

Tier ist das Lebewesen, das sich vom Menschen durch das Fehlen von Vernunft und Sprache sowie von der Pflanze durch Bewegungsvermögen und Empfindungsvermögen unterscheidet (str. für Mikroorganismen und Viren). Das T. wurde bis zum Gesetz zur Verbesserung der Rechtsstellung des Tieres im bürgerlichen Recht vom 20.6.1990 rechtlich als → Sache behandelt. Ab 1.9.1990 bestimmt § 90a BGB, dass Tiere keine Sachen sind. Allerdings ist auf Tiere das für Sachen geltende Recht entsprechend anzuwenden, soweit nicht ein anderes bestimmt ist. Tiere, die im häuslichen Bereich und nicht zu Erwerbszwecken gehalten werden, sind grundsätzlich der Pfändung nicht unterworfen (§ 811c ZPO). Das unnötige Quälen u. a. eines Tieres ist strafbar (vgl. §§ 17, 18 TierSchG). Die Transportzeit für Schlachttiere ist auf höchstens 8 Stunden begrenzt. Die Genehmigung von Legebatterien mit zu geringem Raum für Käfighühner ist rechtswidrig. Das rechtstatsächliche Verhältnis des modernen Menschen zum Tier zeigt sich am anschaulichsten in der Rinderwahnsinnskrise und anderen Massentiervernichtungsvorfällen.

Lit.: *Bernhardt, K.,* Das Tier im Recht, 1995; *Graul, E.,* Das Tier als Sache i. S. des StGB, JuS 2000, 215; *Eichelberger, J. u. a.,* Tiere im Kaufrecht, JuS 2009, 201; *Rosbach, P.,* Pferderecht, 2011

Tierhalter (§ 833 BGB) ist die Person, die ein → Tier in ihrem Hausstand oder Wirtschaftsbetrieb im eigenen Interesse nicht nur vorübergehend verwendet. Der T. haftet grundsätzlich bei einem durch das Tier verursachten → Schaden nach den Regeln über die → Gefährdungshaftung. Bei einem Haustier, das dem → Beruf, der → Erwerbstätigkeit oder dem → Unterhalt des Tierhalters zu dienen bestimmt ist, tritt die Ersatzpflicht nicht ein, wenn entweder der Tierhalter bei der Beaufsichtigung des Tieres die im Verkehr erforderliche → Sorgfalt beobachtet hat oder der Schaden auch bei Anwendung dieser Sorgfalt entstanden sein würde.

Lit.: *Lorenz, W.,* Die Gefährdungshaftung des Tierhalters nach § 833 Satz 1 BGB, 1992 (Diss.); *Dallemand, C./Balsam, W.,* Rechtsfragen der Haustierhaltung, 1997; *Greven, G.,* Die Tierhaltung aus strafrechtlicher Sicht, Diss. jur. Köln 1998

Tierhüter (§ 834 BGB) ist der für den → Tierhalter die Führung der → Aufsicht über ein Tier durch → Vertrag übernehmende Mensch, der für den durch das Tier verursachten → Schaden verantwortlich ist, sofern er nicht bei Führung der Aufsicht die im Verkehr erforderliche → Sorgfalt beobachtet hat oder der Schaden auch bei Anwendung dieser Sorgfalt entstanden sein würde.

Tierkörperbeseitigungsrecht ist die Gesamtheit der die Beseitigung der Körper toter Tiere betreffenden Rechtssätze.

Lit.: *Grünewald, C.,* Das Tierkörperbeseitigungsrecht, 1993 (Diss.)

Tierschutz → Tier

Lit.: *Hirt, A./Maisack, C./Moritz, J.,* Tierschutzgesetz, 2. A. 2007, 3. A. 2015

Tierzuchtrecht ist die Gesamtheit der Zucht von → Tieren betreffenden Rechtssätze.

Lit.: *Pelhak, J.,* Tierzuchtrecht (Lbl.), 2. A. 1992

Tilgung ist die Beseitigung einer Gegebenheit, insbesondere einer → Schuld. Die T. tritt vor allem ein, wenn die geschuldete Leistung an den Gläubiger bewirkt wird (§ 362 I BGB, → Erfüllung), doch kann die Schuld auch aus zahlreichen weiteren Gründen erlöschen (→ Hinterlegung, → Aufrechnung, → Erlass u. a.). Im Strafverfahrensrecht erfolgt u. a. nach bestimmter Frist eine T. *der* → *Strafe* im → Bundeszentralregister.

Lit.: *Gernhuber, J.,* Die Erfüllung und ihre Surrogate, 2. A. 1994; *Kähler, A.,* Tilgung uneinbringlicher Geldstrafen, 2002

time-sharing (engl. [N.]) → Teilzeitwohnrecht

Lit.: *Lenz, C.,* Das Time-sharing, 2000

Titel (Aufschrift, Zeichen, Name) ist die Bezeichnung eines Menschen mit einem Ehrennamen (u. a. Doktortitel) sowie die Bezeichnung eines Schriftwerks (Titelschutz möglich [vgl. http://www.titel-schutzanzeiger.de] nach Titelschutzanzeige, sofern der T. sich nicht in der Beschreibung des Inhalts erschöpft) oder eines Teiles eines solchen (z. B. Untergliederung eines Gesetzes). Die unbefugte Führung von Titeln ist strafbar (§ 132a StGB). Im Zwangsvollstreckungsrecht ist grundsätzlich ein vollstreckbarer T. erforderlich. → Vollstreckungstitel

Lit.: *Zimmerling, W.,* Akademische Grade und Titel, 2. A. 1995; *Brögelmann, J.,* Titelumschreibung, Diss. jur. Bonn 1994; *Kahle, F.,* Der Missbrauch von Titeln, 1995; *Deutsch, V./Ellerbrock, T.,* Titelschutz, 2. A. 2004

Tod ist das unumkehrbare Erlöschen der Lebensäußerungen, insbesondere der Stillstand von Kreislauf und Atmung bzw. das irreversible Erlöschen der Gehirntätigkeit ([Hirntod,] Einzelheiten wegen der Möglichkeiten der Transplantation streitig) eines Lebewesens. Mit dem T. erlischt die → Rechtsfähigkeit des Menschen. Seine Rechte und Pflichten werden durch das → Erbrecht in weitem Umfang auf andere Personen überführt. Im Übrigen enden sie. Die Totenfürsorge steht bei Verheirateten in erster Linie dem überlebenden Ehegatten zu. Im Prozess unterbricht der T. der Partei das Verfahren. Im Strafprozess beendet der T. des Angeklagten das Verfahren, das förmlich durch Einstellung abgeschlossen wird. In der Rechtsgeschichte ist der *bürgerliche* T. das Enden der allgemeinen Rechtsfähigkeit infolge des Eintritts in ein Kloster oder einer schweren Bestrafung.

Lit.: *Schmidt-Jortzig, E.,* Wann ist der Mensch tot?, 1999; Hirntod und Organtransplantation, hg. v. *Höglinger, G. u. a.,* 1999; *Zimmermann, R.,* Rechtsfragen bei einem Todesfall, 2. A. 2004

Todeserklärung (§§ 2 ff. VerschG) ist die Feststellung des → Todes eines → Verschollenen auf Grund eines → Aufgebotsverfahrens. Die T. erfolgt durch → Beschluss des → Amtsgerichts (freiwillige → Gerichtsbarkeit, Hoheitsakt). Sie ist vor allem zulässig, wenn ein Mensch verschollen ist und seit dem Ende des Jahres, in dem der Verschollene nach den vorhandenen Nachrichten noch gelebt hat, 10 (evtl. 5) Jahre verstrichen sind. Die T. begründet die → Vermutung, dass der Verschollene in dem im Beschluss festgestellten Zeitpunkt gestorben ist (§ 9 VerschG, Todesvermutung). Erweist sich die T. als falsch, so ist sie mit Rückwirkung aufzuheben.

Lit.: *Nitsche, H.,* Das internationale Privatrecht der Todeserklärung, 1971; *Schumacher, R.,* Die Todeserklärung, 1980

Todesstrafe ist die Bestrafung eines Menschen durch Tötung. Sie ist in der Rechtsgeschichte in vielfältigen Formen (Hängen, Enthaupten, Vierteilen, Rädern, Pfählen, Erschlagen, Ertränken, Erdrosseln, Begraben, Einmauern, Steinigen, Verbrennen, Vergiften, Vergasen, Elektrifizieren, Aussetzen u. a. m.) sehr verbreitet. In der → Bundesrepublik ist sie abgeschafft (Art. 102 GG). Rechtstatsächlich wurden weltweit 1999 3857 Todesurteile mit 1813 Hinrichtungen in 31 Ländern bekannt, davon 1077 in China und verhältnismäßig viele in den Vereinigten Staaten von Amerika. 2002 einigten sich 36 Mitgliedstaaten des Europarats auf die Abschaffung der T. auch im Kriegsfall.

Lit.: *Köbler, G.,* Bilder aus der deutschen Rechtsgeschichte, 1988; *Martschukat, J.,* Geschichte der Todesstrafe in Nordamerika, 2002; *Seitz, A.,* Die Todesstrafe ist keine Strafe, 2003

Topik ist die Lehre von den gängigen, allgemein anerkannten Begriffen, Sätzen und Argumenten.

Lit.: *Viehweg, T.,* Topik und Jurisprudenz, 5. A. 1974; *Schramm, M.,* Die Prinzipien der aristotelischen Topik, 2004

tot (Adj.) → Tod

Totgeburt ist der Vorgang der Geburt der während der Schwangerschaft oder der Geburt gestorbenen Leibesfrucht und diese Leibesfrucht selbst (→ Fehlgeburt). Geburtsanzeige und Bestattung einer T. sind erforderlich.

Lit.: *Beutel, M.,* Der frühe Verlust eines Kindes, 2. A. 2002

Totschlag (§ 212 StGB) ist die vorsätzliche → Tötung eines Menschen, die kein → Mord ist. T. ist der Grundtatbestand der vorsätzlichen Tötung (str.). T. wird mit → Freiheitsstrafe nicht unter 5 Jahren, in besonders schweren Fällen mit lebenslanger → Freiheitsstrafe bestraft.

Lit.: *Glatzel, J.,* Mord und Totschlag, 1987

Tötung ist die Verursachung des Todes (eines Menschen). Die rechtswidrige schuldhafte T. ist strafbar und kann *fahrlässige* T. (§ 222 StGB) oder *vorsätzliche* T. (→ Totschlag [§ 212 StGB], → Mord [§ 211 StGB], T. auf Verlangen [§ 216 StGB], vgl. auch → Abtreibung bzw. → Schwangerschaftsabbruch [§ 218 StGB]) sein. Die Zahl der vorsätzlichen Tötungsdelikte in Deutschland wird auf jährlich 1000–2000 geschätzt.

Lit.: *Mitsch, W.,* Grundfälle zu den Tötungsdelikten, JuS 1995, 787; *Koslowski, B.,* Die Kriminologie der Tötungsdelikte, 1999; *Zwiehoff, G.,* Die provozierte Tötung, 2001; *Mitto, L.,* Die Stellung der Tötung auf Verlangen, 2003; *Lange, D.,* Die politisch motivierte Tötung, 2007; *Ladiges, M.,* Erlaubte Tötungen, JuS 2011, 879; *Köhne, M.,* Die Tötungsdelikte, JuS 2014, 1072

traditio (lat. [F.]) Übergabe

Transfer (M.) Übertragung

Transformation (F.) Umformung

Transformationsgesetz ist das staatliche → Gesetz, durch das Völkerrecht bzw. Völkervertragsrecht (z. B. Richtlinien der Europäischen Union) in innerstaatliches Recht überführt wird.

Lit.: *Weber, B.,* Bilanzrichtlinie, Transformationsgesetz und Steuerbilanz, 1985

Transfusion (F.) ist die Übertragung von Flüssigkeiten (z. B. von Blut).

Lit.: *Deutsch, E. u. a.,* Transfusionsrecht, 2001, 2. A. 2007; *Deutsch, E.,* Medizinrecht, 7. A. 2014

Transparenz- und Publizitätsgesetz ist das wesentliche Bereiche des Aktienrechts ändernde Gesetz vom 19.7.2002.

Lit.: *Hirte, H.,* Das Transparenz- und Publizitätsgesetz, 2003; *Bröhmer, J.,* Transparenz als Verfassungsprinzip, 2004

Transplantation ([F.] Organverpflanzung) ist die Entnahme eines Organs eines Menschen zur Verpflanzung in den Körper eines anderen Menschen. Für die T. gilt das Transplantationsgesetz vom 5.11.1997. Danach ist die Organentnahme zulässig, wenn der Organspender in die Entnahme eingewilligt oder hilfsweise sein nächster Angehöriger ihr zugestimmt hat, der → Tod (am leichtesten Hirntod) des Organspenders festgestellt ist und der Eingriff durch einen Arzt vorgenommen wird.

Lit.: *Transplantationsgesetz, hg. v. Höfling, W.,* 2. A. 2013; *Taupitz, J.,* Richtlinien in der Transplantationsmedizin, NJW 2003, 1145; *Esser, D.,* Kommentar zum Transplantationsgesetz, 2003; *Pfeiffer, A.,* Die Regelung der Lebendorganspende, 2004; *Schroth/König/Gutmann/Oduncu*, Transplantationsgesetz, 2005

Transport ist die Beförderung von Menschen oder Gegenständen. → Fracht, Güterverkehr

Lit.: *Transportgesetze, hg. v. Herber, R.,* 2. A. 2000; *Koller, I.,* Transportrecht, 8. A. 2013; *Herber, R./Piper, H.,* CMR. Internationales Straßentransportrecht, 1996; *Thume, K./Motte, H. de la/Ehlers*, Transportversicherungsrecht, 2. A. 2011; *Knorre/Demuth/Schmid*, Handbuch des Transportrechts, 2. A. 2015; *Heiss/Trümper*, Transportversicherungsrecht, 2. A. 2009; *Paschke/Furnell*, Transportrecht, 2011; *Gran, A.,* Die Rechtsprechung zum Transportrecht, NJW 2015, 995; Münchener Kommentar Handelsgesetzbuch §§ 407–619 Transportrecht, 3. A. 2015

Tratte (F., zu lat. tractus, gezogen) ist der gezogene, d.h. den Bezogenen zur Zahlung anweisende → Wechsel. (→ Solawechsel)

Trauung (§ 1312 BGB) ist die (kirchliche und standesamtliche) Form der → Eheschließung.

Lit.: *Sanders, F.,* Die rein kirchliche Trauung, 2001

Travellerscheck ist die → Anweisung an eine Bank, dem Inhaber des Travellerschecks (Reisendenschecks) eine bestimmte Geldsumme auszuzahlen.

Lit.: *Bösch, R.,* Der Reisescheck, 1987

Treibhausgasemissionshandelsgesetz ist das am 15.7.2004 in Kraft getretene, mehr als 2000 Anlagen betreffende Gesetz über den Handel mit Rechten zu Emissionen von Treibhausgasen.

Lit.: *Treibhausgasemissionshandelsgesetz, hg. v. Maslaton, M.,* 2005; *Körner, R./Vierhaus, H.,* Treibhausgasemissionshandelsgesetz, 2005

Trennung → Prozesstrennung, Gütertrennung

Lit.: *Grziwotz, H.,* Trennung und Scheidung, 8. A. 2014

Treu → Treu und Glauben

Treubruchstatbestand (§ 266 StGB) ist die Verletzung der einem Menschen kraft Gesetzes, behördlichen Auftrags, Rechtsgeschäfts oder eines Treueverhältnisses obliegenden Pflicht, fremde Vermögensinteressen wahrzunehmen. Der T. ist ein Fall der → Untreue, sofern der Treuebruch für den, dessen Vermögensinteressen zu betreuen sind, einen Nachteil bewirkt. Der T. setzt ein Treueverhältnis gehobener Art mit Pflichten von einigem Gewicht voraus, zu deren Erfüllung dem Verpflichteten ein gewisser Spielraum eingeräumt ist (z.B. Architektenvertrag).

Lit.: *Wegenast, M.,* Missbrauch und Treubruch, 1994

Treue ist die innere, feste Bindung eines Menschen an einen Menschen, einen Gegenstand oder eine Idee.

Treuepflicht → Treupflicht

treuga Dei (lat. [F.]) Waffenruhe Gottes, → Gottesfriede

Treugeber → Treuhand

Treuhand (lat. [F.] fiducia) ist das → Rechtsverhältnis, bei dem ein Teil (Treuhänder) nach außen mindestens ein Vermögensrecht als eigenes Recht hat, dieses aber auf Grund einer schuldrechtlichen Abrede (Treuhandvertrag, Sicherungsvertrag) ganz oder teilweise im Interesse des anderen Teils (Treugebers) ausüben soll. Die T. ist in Deutschland gesetzlich nicht geregelt. Dient sie vorwiegend den Interessen des Treugebers, so ist sie *fremdnützig.* Dient sie hauptsächlich den Interessen des Treuhänders, so ist sie *eigennützig.* Aus der Treuhandabrede ist der Treuhänder verpflichtet, die ihm übertragenen Vermögensrechte nur der Vereinbarung oder ihrem Zweck entsprechend zu benutzen, der Treugeber, die erforderlichen Übertragungshandlungen vorzunehmen. Durch sie wird der Treuhänder gegenüber Dritten vollberechtigt. In der → Insolvenz und in der → Zwangsvollstreckung kommt aber eine wirtschaftliche Betrachtungsweise zum Zug.

Lit.: *Treuhänderische Stiftungen, bearb. v. Berkel, U. u. a.,* 5. A. 1995, 7. A. 2002?; *Grundmann, S.,* Der Treuhandvertrag, 1997; *Peters, F.,* Treuhand und Unterbeteiligung an Gesellschaftsanteilen, 2003

Treuhänder → Treuhand

Treunehmer → Treuhand

Treupflicht (Treuepflicht) ist die in Rechtsverhältnissen bestehende → Pflicht zu einem besonderen, die Interessen der anderen Seite berücksichtigenden Verhalten. Im Verwaltungsrecht trifft den → Beamten eine aus der Natur des Dienstverhältnisses folgende T. gegenüber seinem Dienstherrn. Sie verbietet, dass der Beamte die Interessen einer bestimmten Partei oder Gruppe denen des gesamten Volkes vorzieht. Sie gebietet, dass jeder Beamte bei seiner Amtsführung für die freiheitliche demokratische → Grundordnung eintritt und seine Handlungen am Wohl der → Allgemeinheit ausrichtet und nicht zwecks persönlicher Selbstbedienung betreibt. Im Schuldrecht trifft jede Partei des Schuldverhältnisses aus § 242 BGB eine T., deren Inhalt sehr stark von der Art des jeweiligen → Schuldverhältnisses (z.B. → Dienstvertrag, → Gesellschaftsvertrag) abhängt.

Lit.: *Nodoushani, A.,* Die Treuepflicht der Aktionäre, 1997; *Schnorbus, Y.,* Treupflichten im Aktienrecht, JuS 1998, 877; *Tröger, T.,* Treupflicht im Konzernrecht, 2000

Treu und Glauben ist der das → Verhalten eines redlich und anständig denkenden und handelnden Menschen zugrundelegende Verhaltensmaßstab. Im Schuldrecht (§ 242 BGB) ist der Schuldner verpflichtet, die Leistung so zu bewirken, wie T. u. G.

mit Rücksicht auf die → Verkehrssitte es erfordern. Hieraus ist ein allgemeiner, jede Ausübung von Rechten und jede Erfüllung von Pflichten betreffender Grundsatz entwickelt worden, der für das gesamte Recht Bedeutung hat. Besonderes Gewicht kommt ihm für die Art und Weise der Leistung, die mögliche Änderung des Leistungsinhalts (Wegfall oder Fehlen der → Geschäftsgrundlage), die Begründung zusätzlicher → Pflichten (Nebenleistungpflichten, Verhaltenspflichten) und die unzulässige Rechtsausübung (Widerspruch zu eigenem Tun, Forderung eines gleich zurückgewährenden Gegenstandes, → Verwirkung) zu.

Lit.: *Wieacker, F.,* Zur rechtstheoretischen Präzisierung des § 242 BGB, 1956; *Pfister, B.,* Die neuere Rechtsprechung zu Treu und Glauben im Zivilprozess, 1998; *Berger, M.,* Treu und Glauben und vorvertragliche Aufklärungspflichten, 2003

Tribunal (N.) Amtssitz, Gericht

Trichotomie ([F.] Dreiteilung) ist die frühere Gliederung der → Straftaten in → Verbrechen, → Vergehen und die jetzt nicht mehr strafbaren → Übertretungen. → Dichotomie, → Ordnungswidrigkeit

Lit.: *Richter, H.,* Die Trichotomie des allgemeinen Verwaltungsrechts, 1996

Tridentinisches Konzil ist das zwanzigste allgemeine, von 1545 bis 1563 in Trient tagende Konzil der katholischen Kirche, das die verbindliche Wirkung der kirchlichen Dogmatik festlegte (7 Sakramente, Erbsünde, Fegefeuer usw.).

Lit.: Das Konzil von Trient und die Moderne, hg. v. *Prodi, P. u. a.,* 2001

TRIPS ([engl.] Agreement [N.] on Trade-Related Aspects of Intellectual Property Rights) ist das Übereinkommen über handelsbezogene Aspekte des Rechts des geistigen Eigentums im Rahmen der Welthandelsorganisation World Trade Organization (WTO).

Lit.: From GATT to TRIPS, hg. v. *Beier, F. u. a.,* 1996; *Kreibich, S.,* Das TRIPS-Abkommen in der Gemeinschaftsordnung, 2003

Trödelvertrag ist der gesetzlich nicht geregelte → Vertrag, durch den (gebrauchte) Sachen zum Verkauf überlassen werden mit der Abrede, zu einem gewissen Zeitpunkt entweder einen vereinbarten Preis zu zahlen oder die Sachen zurückzugeben.

Lit.: *Oftinger, K.,* Der Trödelvertrag, 1937 (Schweiz); *Kaser, M.,* Römisches Privatrecht, 20. A. 2014

Truchsess ([M.] Leutesetzer) ist ein mittelalterliches Hofamt.

Trucksystem ist die Vergütung der → Arbeit durch vom → Arbeitgeber vertriebene → Ware statt durch Geld. Das T. war durch die §§ 115 ff. GewO grundsätzlich verboten (Truckverbot). → Naturallohn ist jedoch in eingeschränktem Umfang zulässig (§ 107 II GewO).

Trunkenheit im Straßenverkehr (§ 316 StGB Trunkenheit im Verkehr) ist das Führen eines Fahrzeugs im Verkehr durch einen Menschen, der infolge des Genusses alkoholischer Getränke oder anderer berauschender Mittel nicht in der Lage ist, das Fahrzeug sicher zu führen. T. ist ein abstraktes → Gefährdungsdelikt, das mit Freiheitsstrafe bis zu einem Jahr oder mit Geldstrafe bedroht ist. Bei konkreter Gefährdung von Menschen oder bestimmten wertvollen Sachen in diesem Zustand entsteht Strafbarkeit nach § 315c StGB (Gefährdung des Straßenverkehrs).

Lit.: *Hentschel, P.,* Trunkenheit, Fahrerlaubnisentziehung, Fahrverbot, 10. A. 2006

Trunksucht (§ 6 BGB, aufgehoben) ist der Hang zum häufigen, übermäßigen Genuss geistiger Getränke, dem zu widerstehen der Betroffene nicht mehr die Kraft hat.

Trust (M.) Konzern

Lit.: *Kötz, H.,* Trust und Treuhand, 1993; *Krantz, D.,* Trusts im schottischen Recht, 1997

Tschechien bzw. Tschechische Republik ist der 1992 zum 1.1.1993 aus der Tschechoslowakei entstandene mitteleuropäische, von Deutschland, Polen, der Slowakei und Österreich begrenzte Staat.

Lit.: Tschechisches Bürgerliches Gesetzbuch, übers. v. *Weber, A.,* 1995; Tschechisches Handelsgesetzbuch, übers. v. *Weber, A.,* 2003; 1998; *Jäger, J.,* Neuordnung der tschechischen Gesellschaft mit den Mitteln des Rechts, Diss. jur. Münster 1999; Die Neugestaltung des Privatrechts in Mitteleuropa und Osteuropa, hg. v. *Horn, N.,* 2002; *Horalkova, M.,* Nemecko cesky pravnicky slovnik Deutsch tschechisch Rechtswörterbuch, 2003; *Köbler, G.,* Rechtstschechisch, 2003; *Wabnitz, B./Holländer, P.,* Einführung in das tschechische Recht, 2009

Tun ist das gestaltende → Verhalten. Es ist vielfacher Anknüpfungspunkt für Rechtsfolgen. Aus *vorangegangenem* T. kann sich eine Verpflichtung zu bestimmten Verhalten ergeben (→ Garantenpflicht, → venire contra factum proprium).

Lit.: *Welp, J.,* Vorangegangenes Tun, 1968

Türkei ist der im Südosten an Europa angrenzende, die Aufnahme in die Europäische Union anstrebende, seit 1.1.1996 durch eine Zollunion mit der Europäischen Union verbundene Staat, dessen gegenwärtiges Recht in erheblichem Umfang europäisch geprägt ist (z. B. 1926 Zivilgesetzbuch nach dem Vorbild der Schweiz).

Lit.: *Kiygi, N.,* Wirtschaftswörterbuch Deutsch-türkisch, 1995; *Varol, R./Baetge, D.,* Gesellschaftsrecht in der Türkei, 1996; *Hahlen, R.,* Türkisches Ehegatten- und Geschiedenenunterhaltsrecht, 1996; Introduction to Turkish law, hg. v. *Ansay, T. u. a.,* 6. A. 2011; *Kiygi, N.,* Wörterbuch der Rechts- und Wirtschaftssprache Türkisch-deutsch, 1997, Deutsch-türkisch, 2. A. 2013; Das türkische Strafgesetzbuch, übers. v. *Tellenbach, S.,* 2. A. 2001; Introduction to Turkish business law, hg. v. *Ansay, T./Schneider, E.,* 2001; *Köbler, G.,* Rechtstürkisch, 2. A. 2011; *Rumpf, C.,* Einführung in das türkische Recht, 2. A. 2015; *Schömmers, H./Kesen, N.,* Internationales Erbrecht Türkei, 2004; *Aksoy, M.,* Die Türkei auf dem Weg in die EU, 2007

tutela (lat. [F.]) Schutz, Vormundschaft

Tutor ([M.] Beschützer, Vormund, Betreuer) ist der im Rahmen der → Studienordnungen Studenten und studentische Arbeitsgruppen in ihrem → Studium meist unter Aufsicht eines Professors unterstützende und dadurch beeinflussende Mensch.

TÜV → Überwachungsverein, Technischer

Typ (M.) Gestalt, Vorbild, Grundfigur, Muster

Typengenehmigung ist die öffentlich-rechtliche → Genehmigung eines ganzen Typs von Vorhaben (z. B. Fertighausbau, Autoproduktion).
Lit.: *Schaible, J.,* Die Rechtsnatur der Typengenehmigung, 1971

Typenverschmelzungsvertrag ist der durch die untrennbare Verschmelzung von Elementen verschiedener Vertragstypen in einer von einer → Partei geschuldeten → Leistung gekennzeichnete → Vertrag (z. B. Sanatoriumsaufenthaltsvertrag).

Typenzwang ist die Bindung an bestimmte abstrakte Rechtsverhältnisse (Typen, Modelle, Institute) durch zwingende gesetzliche Vorschrift (z. B. im Sachenrecht, Gesellschaftsrecht, weniger bedeutsam in anderen Rechtsgebieten).
Lit.: *Radke, W.,* Bedingungsrecht und Typenzwang, 2001; *Deeg, P.,* Testierfreiheit und Typenzwang, 2003; *Kaulbach, A.,* Typenzwang im BGB?, JuS 2011, 397

U

Überbau (§ 912 BGB) ist im Sachenrecht die Errichtung eines Gebäudes über die → Grenze eines → Grundstücks. Der Ü. ist eine → Störung des → Eigentums am überbauten Grundstück (des Nachbarn) (§ 1004 BGB). Er ist, wenn dem Überbauer weder → Vorsatz noch grobe → Fahrlässigkeit zur Last fällt und der Nachbar nicht vor oder sofort nach der Grenzüberschreitung Widerspruch erhoben hat, zu dulden (*entschuldigter Ü.*). Der Nachbar ist durch eine Geldrente zu entschädigen. Er kann gegen Übertragung des Eigentums am überbauten Teil des Grundstücks den Wert dieses Teiles ersetzt verlangen. Das Gebäude gehört beim entschuldigten Ü. dem Überbauer, beim unentschuldigten Ü. entsprechend dem Eigentum an den überbauten Grundstücksteilen teils dem Nachbarn, teils dem Überbauer.

Lit.: *Ruhwinkel, S.,* Die Rechtsverhältnisse beim Grenzüberbau, 2004

Übereignung ist die Übertragung des → Eigentums an einer → Sache. Sie verschafft derivativ Eigentum. Sie erfolgt bei → Grundstücken durch → Auflassung und → Eintragung (§§ 873 ff. BGB, nach den §§ 13, 19, 20, 39 GBO sind Eintragungsantrag, Eintragungsbewilligung, vorherige Einigung und Voreintragung des Betroffenen erforderlich). Bei beweglichen → Sachen sind → Einigung und → Übergabe oder → Übergabesurrogat (→ Besitz des Erwerbers, Vereinbarung eines → Besitzmittlungsverhältnisses, → Abtretung eines → Herausgabeanspruchs) erforderlich (§§ 929 ff. BGB). Erfolgt die Einigung mit einem → Nichtberechtigten, kann der Eigentumserwerb nur → gutgläubig geschehen, setzt also Gutgläubigkeit des Erwerbers hinsichtlich der Berechtigung des Veräußerers voraus.

Lit.: *Hahn, T.,* Die Eigentumsübertragung von beweglichen Sachen beim Kauf, 1998; *Wadle, E.,* Die Übertragung des Eigentums nach § 929 S. 2 BGB, JuS 2000, L 57

Überfall ist im Sachenrecht (§ 911 BGB) die von einem Baum oder Strauch auf ein Nachbargrundstück hinüberfallende, als Frucht des aufnehmenden Grundstücks geltende → Frucht. Im Strafrecht (§ 224 StGB) ist Ü. der → Angriff, der das Opfer unversehens trifft. Der *hinterlistige* Ü. ist ein mögliches Tatbestandsmerkmal der gefährlichen → Körperverletzung.

Lit.: *Ribbert, H.,* Überfälle auf Sparkassen, 2002

Übergabe (§ 929 BGB) ist im Sachenrecht die Verschaffung des unmittelbaren → Besitzes an einer → Sache durch Übertragung der tatsächlichen Herrschaftsgewalt. Vielfach ist die Ü. Teil einer Übereignung. Nach § 433 I 1 BGB ist sie Inhalt der Verpflichtung des Verkäufers bei einem Sachkauf.

Lit.: *Mayer, J.,* Der Übergabevertrag in der anwaltlichen und notariellen Praxis, 3. A. 2013; *Abitz, E.,* Die Wohnungsabnahme, 2003

Übergang ist das Fortschreiten oder Hinüberwechseln, insbesondere von einem bisher betroffenen Rechtssubjekt auf ein anderes Rechtssubjekt, der auf einer gewollten → Übergabe oder Übernahme beruhen oder kraft → Gesetzes eintreten kann.

übergesetzlich (Adj.) auf über dem Gesetz stehendem Recht beruhend

übergesetzlicher Notstand → Notstand

Überhang (§ 910 BGB) ist die vom Nachbargrundstück eingedrungene Wurzel bzw. der herüberragende Zweig, der in der Regel (nach Fristsetzung) abgeschnitten und behalten werden kann. → Nachbarrecht

Überhangmandat ist in einem gemischten Wahlrechtssystem das Abgeordnetenmandat, das entsteht, wenn die Zahl der nach → Mehrheitswahlrecht vergebenen Direktmandate (Abgeordnetensitze) die Zahl der einer Partei nach dem → Verhältniswahlrecht zustehenden Mandate überschreitet. Ab 2013 sind Überhangmandate einer Partei durch Ausgleichsmandate für die anderen Parteien auszugleichen.

Lit.: *Jakob, H.,* Überhangmandat und Gleichheit der Wahl, 1998

überholend (Adj.) sich neben etwas Anderem von hinten nach vorn vorbei bewegend

überholende Kausalität → Kausalität, überholende

Übermaßverbot ist das Verbot, eine Maßnahme (z. B. Strafe) im Verhältnis zu einem Umstand (z. B. Schwere der Tat und Verschulden des Täters) zu hoch anzusetzen. Das Ü. ist eine Ausprägung des Grundsatzes der → Verhältnismäßigkeit und des → Rechtsstaatsprinzips. Es wendet sich an → Gesetzgeber, → Rechtsprechung und → Verwaltung.

Lit.: *Lerche, P.,* Übermaß und Verfassungsrecht, 2. A. 1999; *Bartelt, J.,* Beschränkung des Schadensersatzumfangs durch das Übermaßverbot, 2003; *Krumm, C.,* Verfassungsrechtliches Übermaßverbot, NJW 2004, 328

Übernahme ist das freiwillige Erwerben eines Rechtes oder einer Rechtslage (z. B. Ü. *einer* → *Schuld* [→ Schuldübernahme], [früher *eines* → *Vermögens* → Vermögensübernahme] oder *eines* → *Handelsgeschäfts* [§ 25 HGB] oder Unternehmens).

Lit.: *Bröcker, N./Weisner, A.,* Übernahmeangebote, 2003; *Thaeter, R./Brandi, T.,* Öffentliche Übernahmen, 2003

überschießend (Adj.) über das Ziel hinaus schießend

überschießende Innentendenz → Innentendenz, überschießende

Überschuldung ist das Überwiegen der bestehenden Verbindlichkeiten (→ Schulden) über die Werte des Vermögens eines Schuldners. Insolvenzrechtliche Ü. ist die rechnerische Ü. und die Unwahrscheinlichkeit der Änderung dieses Zustands (negative Fortbestehensprognose), wofür die buchmäßige Überschuldung in der Jahresbilanz nicht mehr als ein z.B. durch Aufdeckung stiller Reserven widerlegbares Indiz ist. Die Ü. einer juristischen → Person ist ein → Eröffnungsgrund für das → Insolvenzverfahren (§ 19 InsO).

Lit.: *Hottenrott, V.,* Die Überschuldung privater Haushalte, 2003; *Götz, J.,* Überschuldung und Handelsbilanz, 2004

Übersicherung ist die unangemessen hohe Sicherung einer Forderung. Ü. ist gegeben, wenn der Wert der Sicherung den Wert der Forderung um 50 Prozent übersteigt. Bei Ü. kann der Sicherungsgeber einen Freigabeanspruch in angemessener Höhe haben.

Lit.: *Weber, H.,* Kreditsicherungsrecht, 9. A. 2012; *Guse, J.,* Grundschuld und Übersicherung, 2002

Überstunde ist die über die betriebliche regelmäßige → Arbeitszeit hinaus geleistete Arbeitsstunde. Sie kann nach Gesetz oder nach Tarifvertrag einen Anspruch auf (25-prozentigen) Zuschlag zur Vergütung begründen. Die Ü. ist wegen der Knappheit der durch Lohnnebenkosten zu teueren Arbeit rechtspolitisch umstritten.

Lit.: *Hamm, I.,* Mehrarbeit, Überstunden, 2002

übertragen (Adj.) durch Willenshandlung übergeben, sinnbildlich

übertragener Wirkungskreis → Wirkungskreis, übertragener

Übertragung ist der gewillkürte Übergang einer Rechtsposition von einer Person auf eine andere. Die Ü. ist meist Erfüllungsgeschäft zu einem Verpflichtungsgeschäft. Die Ü. einer → Forderung oder eines sonstigen → Rechtes erfolgt durch → Abtretung (§§ 398, 413 BGB), die Ü. des → Eigentums durch → Einigung und → Eintragung bzw. Einigung und → Übergabe (§§ 873 ff., 929 ff. BGB).

Lit.: *Beisel, W.,* Der Unternehmenskauf, 6. A. 2009; *Reindl, M.,* Die Übertragung von Versorgungsverbindlichkeiten, 2003; *Kulejewski, D.,* Der Anspruch auf Domainübertragung, 2003

Übertretung war bis 1974 neben Verbrechen und Vergehen die einfachste Form einer → Straftat(, die heute entweder Vergehen oder → Ordnungswidrigkeit oder überhaupt entfallen ist).

Lit.: *Binding, K.,* Die Normen und ihre Übertretung, 1872; *Köbler, G.,* Deutsche Rechtsgeschichte, 6. A. 2005

Überwachungsverein, Technischer (TÜV) ist der mit der technischen Kontrolle überwachungspflichtiger Anlagen und Kraftfahrzeuge (§ 29 StVZO) beauftragte → Verein des bürgerlichen Rechtes. Er nimmt als → Beliehener (beliehener Unternehmer) → öffentliche Aufgaben wahr. In Hessen wird die technische Überwachung von staatlichen Behörden, den *Technischen Überwachungsämtern (TÜA),* durchgeführt.

Lit.: *Ganzhorn, K.,* Der technische Überwachungsverein, 1994

Überweisung ist im Rahmen eines Überweisungsvertrags (→ Geschäftsbesorgungsvertrags) der → Auftrag (Vertrag bzw. Vertragsantrag) zur Belastung des Kontos des Überweisenden und zur Gutschrift auf dem Konto des Empfängers. Als Folge verringert sich die – vorhandene – → Forderung des Überweisenden gegen das Kreditinstitut durch Abbuchung und erhöht sich die Forderung des Empfängers gegen ein Kreditinstitut durch Zubuchung entsprechend. Die Ü. bedeutet bargeldlose Zahlung, wobei die Gutschrift am Tage des Eingangs der Ü. zu erfolgen hat. Die Ü. ist grundsätzlich so bald wie möglich zu bewirken (grenzüberschreitende Überweisungen im Euroraum binnen fünf Bankgeschäftstagen, Inlandsüberweisungen binnen drei Bankgeschäftstagen, kreditinstitutsinterne Überweisungen binnen zwei Bankgeschäftstagen und hauptstelleninterne bzw. zweigstelleninterne Überweisungen binnen einem Bankgeschäftstag). Die Überweisungswirkung tritt ein, wenn die Empfängerbank mit äußerlich erkennbarem Rechtsbindungswillen die Daten der Gutschrift dem Empfänger zugänglich macht (z.B. vorbehaltloses Absenden der Kontoauszüge, Bereitstellung der Kontoauszüge, Einspeisen der Daten in den Bestand eines Kontoauszugsdruckers usw.). Führt eine Bank einen gefälschten Auftrag auf Ü. aus, so hat sie grundsätzlich den daraus entstehenden Schaden zu tragen. Im Zivilverfahrensrecht ist die Ü. einer Forderung die Übertragung der → Verfügungsbefugnis (Einziehungsbefugnis) (vgl. § 835 ZPO).

Lit.: *Hintzen, U.,* Musteranträge für Pfändung und Überweisung, 10. A. 2015; Das Recht der grenzüberschreitenden Überweisung, hg. v. *Blaurock, U.,* 2000; *Wölfle, A.,* Überweisungs- und Lastschriftverkehr, 2000; *Langenbucher, K. u.a.,* Zahlungsverkehr, 2004; *Kienle, F.,* Die fehlerhafte Banküberweisung, 2004; *Reymann, C.,* Überweisung und SEPA-Zahlungsdienste, JuS 2012, 781

Überweisungsbeschluss (§ 835 ZPO) ist in der Zwangsvollstreckung der gerichtliche → Beschluss, der dem Gläubiger das mit dem Pfändungsbeschluss gepfändete Recht überweist.

Überweisungsvertrag (§ 676a BGB) ist der Vertrag (Geschäftsbesorgungsvertrag), durch den das überweisende (die Überweisung ausführende) Kreditinstitut gegenüber dem (die Überweisung veranlassenden) Überweisenden verpflichtet wird, dem Begünstigten einen bestimmten Geldbetrag zur Gutschrift auf dessen Konto bei dem überweisenden (die Überweisung ausführenden) Kreditinstitut zur Verfügung zu stellen. Soll die Gutschrift durch ein anderes Kreditinstitut erfolgen, ist das überweisende Kreditinstitut verpflichtet, den Überweisungsbetrag rechtzeitig und grundsätzlich ungekürzt dem Kreditinstitut des Begünstigten unmittelbar oder unter Beteiligung zwischengeschalteter Kreditinstitute zu diesem Zweck zu übermitteln. Der Überweisende kann bei entsprechender Vereinbarung dem Kreditinstitut den zu überweisenden Geldbetrag auch in bar zur Verfügung stellen.

Lit.: *Bernt, I.*, Der Überweisungsvertrag, 2007

Überzeugung ist die durch Überlegung erlangte Gewissheit. *Freie richterliche Ü.* ist die unabhängig von gesetzlichen Regeln erlangte richterliche Gewissheit, die einen solchen Grad erreicht haben muss, dass möglichen Zweifeln Schweigen geboten ist, ohne dass sie allerdings vollständig ausgeschlossen sein müssen. Im → Zivilprozess hat das → Gericht in freier Ü. die → Beweise zu würdigen (§ 286 I ZPO), die Schadenshöhe zu ermitteln (§ 287 I ZPO) oder das Vorliegen bestimmter → Tatbestandsmerkmale festzustellen (z. B. §§ 296 I, II ZPO).

Überzeugungstäter ist der Täter, der sich auf Grund seiner sittlichen, religiösen oder politischen → Überzeugung zum Verstoß gegen eine gültige Strafbestimmung verpflichtet bzw. berechtigt glaubt und deswegen allenfalls bei der Strafzumessung besser gestellt werden kann.

Lit.: *Ebert, U.*, Der Überzeugungstäter, 1975; *Hirsch, H.*, Strafrecht und Überzeugungstäter, 1996

Überziehungskredit ist der grundsätzlich nur auf Grund einer Vereinbarung im Rahmen eines Girovertrags zulässige Kredit (Darlehensvertrag), der dadurch entsteht, dass der Kunde bei Bedarf ein → Darlehen in von ihm für nötig gehaltener Höhe tatsächlich in Anspruch nimmt und damit sein Konto negativ belastet (überzieht). Die Zinsen für Überziehungskredite sind regelmäßig höher als andere Darlehenszinsen. Das Kreditinstitut hat den Darlehensnehmer vor der Inanspruchnahme eines solchen Darlehens über die Höchstgrenze des Darlehens, den zum Zeitpunkt der Unterrichtung geltenden Jahreszins, die Bedingungen der Abänderbarkeit des Jahreszinses und die Regelung der Vertragsbeendigung zu unterrichten. Der Anspruch auf Ü. ist pfändbar.

Lit.: *Dorwarth, S.*, Der Schutz des Verbrauchers beim Überziehungskredit, 1999

übel (Adj.) böse, schlecht, unangemessen

üble Nachrede → Nachrede, üble

Übung ist das häufig durchgeführte Verhalten (→ Brauch, Gewohnheit, Sitte, Verkehrssitte). In dem juristischen → Studium ist Ü. die Lehrveranstaltung (Praktikum), in der die juristische Arbeitstechnik der Rechtsanwendung an Hand (vereinfachter tatsächlicher oder erfundener) Fälle durch Lehrer vorgezeigt und durch Studierende nachgeahmt wird. Der erfolgreiche Besuch von Übungen kann Voraussetzung der Zulassung zur Prüfung sein. Eine *betriebliche Ü.* kann dadurch geändert werden, dass der Arbeitgeber sich anders als zuvor verhält und die Arbeitnehmer der neuen Handhabung des Arbeitgebers drei Jahre lang nicht widersprechen.

Lit.: *Köbler, G.*, Die Anfängerübung, 7. A. 1995; *Klunzinger, E.*, Übungen im Privatrecht, 10. A. 2014; *Walker, W.*, Die betriebliche Übung, JuS 2007, 1

UdSSR (Union der sozialistischen Sowjetrepubliken) → Sowjetunion

Ultimatum ([N.] Zuendegegangenes) ist die (letztmalige) Erklärung einer Anforderung unter Androhung von Folgen für den Fall der Nichterfüllung.

Lit.: *Johann, H.*, Begriff und Bedeutung des Ultimatums im Völkerrecht, 1967

ultra posse nemo obligatur (lat.) zu Unmöglichem ist niemand verpflichtet

Ultra-vires-Lehre ist die im angloamerikanischen Rechtskreis geltende Lehre, wonach die Rechte einer juristischen → Person auf ihren Aufgabenkreis beschränkt sind. Sie hat in den deutschen Rechtskreis nur insofern Eingang gefunden, als unterstaatliche Körperschaften und Anstalten auf ihren Funktionsbereich beschränkt sind und nicht in jedem Fall erwerbswirtschaftlich tätig werden dürfen. Im Übrigen gilt sie nicht allgemein.

Lit.: *Eggert, M.*, Die deutsche ultra-vires-Kehre, 1977; *Ehlers, D.*, Die Lehre von der Teilrechtsfähigkeit juristischer Personen des öffentlichen Rechts und die Ultra-vires-Doktrin des öffentlichen Rechts, 2000; *Mayer, F.*, Kompetenzüberschreitung und Letztentscheidung, 2000

Umdeutung (Konversion) (§ 140 BGB) ist die Ersetzung eines gewollten, aber → nichtigen → Rechtsgeschäfts durch ein anderes nicht gewolltes, aber in seinen Voraussetzungen gegebenes Rechtsgeschäft. Dazu ist außer dem Vorliegen der Erfordernisse des anderen Geschäfts notwendig, dass die Geltung des anderen Geschäfts bei Kenntnis der Nichtigkeit gewollt sein würde (z. B. Nießbrauchbestellung bei nichtiger Grundstücksveräußerung, vgl. auch § 2084 BGB). Im → Verwaltungsrecht kann der fehlerhafte → Verwaltungsakt grundsätzlich in einen anderen Verwaltungsakt umgedeutet werden, wenn er auf das gleiche Ziel gerichtet ist, von der erlassenden Behörde in der geschehenen Verfahrensweise und Form rechtmäßig hätte erlassen werden können und wenn die Voraussetzungen für seinen Erlass erfüllt sind (§ 47 VwVfG).

Lit.: *Samalee, S.*, Die Umdeutung fehlerhafter Verwaltungsakte, Diss. jur. Göttingen 1999

Umgangsrecht (§ 1684 BGB) ist das Recht eines Menschen auf Umgang mit einem anderen Menschen. Das Kind hat das Recht auf Umgang mit jedem Elter und jeder Elter ist zum Umgang mit dem Kind berechtigt und verpflichtet. Das → Familiengericht kann über den Umfang des Umgangsrechts entscheiden und dieses einschränken oder ausschließen. Großeltern und Geschwister haben ein Recht auf Umgang mit dem Kind, wenn dieser dem Wohl des Kindes dient (§ 1685 I BGB). Der nur biologische Vater hat bei Fehlen eines sozial-familiären Bandes kein U. Von einem mitwirkungsbereiten Dritten begleiteter Umgang kann z. B. bei Gewalt oder Angst angeordnet werden.

Lit.: *Mallory, V.*, Sorge- und Umgangsrecht in der Praxis, 3. A. 2010; Deutsche Standards zum begleiteten Umgang, 2008; Begleiteter Umgang von Kindern, hg. v. *Fthenakis, W.*, 2008

Umgehungsgeschäft ist das Geschäft, durch das die Beteiligten einen Zweck erreichen wollen, den sie wegen des Verbots oder der Folgen eines anderen Geschäfts mit diesem nicht oder nicht in dieser Weise erreichen können. Das U. kann, z. B. je nach dem Zweck eines gesetzlichen Verbots, → nichtig sein (z. B. Vorschieben eines Landwirts als Strohmann bei einem nur für Landwirte zulässigen Geschäft, Vertrag über bloße Zurverfügungstellung des Meistertitels für einen Handwerksbetrieb). In anderen Fällen ist das ernstlich gewollte U. wirksam.

Lit.: *Burchard, F. v.,* Das Umgehungsgeschäft beim Waffenexport, 1987; *Sieker, S.,* Umgehungsgeschäfte, 2001

Umkehrschluss ([lat.] argumentum [N.] e contrario) ist in der Rechtsmethodologie der Schluss von der Verschiedenheit der Voraussetzungen auf die Verschiedenheit der Folgen. Der U. ist dann anwendbar, wenn nach Sinn und Zweck der Regelung in den Tatbestand des betreffenden Rechtssatzes das Wort *nur* eingefügt werden kann. Dies muss vom Rechtsanwender rechtspolitisch entschieden werden.

Umlage ist die durch Umlegen (Verteilen) eines Gesamtbetrags auf die Betroffenen ermittelte Form einer Einnahme (mit steuerähnlichem Charakter).

Lit.: *Langenberg, H.,* Betriebskosten- und Heizkostenrecht, 7. A. 2014

Umlaufverfahren ist die die Beteiligten einzeln zeitlich nacheinander erfassende Benachrichtigung oder Entscheidungsbildung (z. B. bei Erlass einer → Rechtsordnung).

Umlaufvermögen ist im Handelsrecht das zu Veräußerung, Verbrauch oder Abwicklung bestimmte Vermögen (z. B. Bargeld, Forderung, Warenvorrat). → Anlagevermögen

Lit.: *Haußer, J.,* Die Bewertung von Wertpapieren des Umlaufvermögens, 2003

Umlegung (z. B. §§ 45 ff. BauGB) ist die Umordnung von Grundstücken zur zweckmäßigen baulichen oder sonstigen Nutzung. Das von den → Gemeinden durchgeführte Umlegungsverfahren wird durch den Umlegungsbeschluss eingeleitet. Die betroffenen Grundstücke werden zunächst vereinigt und nach Absonderung bestimmter Flächen auf Grund eines durch Beschluss aufgestellten Umlegungsplans neu verteilt.

Lit.: *Dieterich, H.,* Baulandumlegung, 5. A. 2006

Umsatz ist der Wert oder die Menge der in einem bestimmten Zeitraum veräußerten Waren. Im Steuerrecht ist U. (§ 1 I UStG) die Lieferung und sonstige Leistung, die ein → Unternehmer im Inland gegen Entgelt im Rahmen seines Unternehmens ausführt, der Eigenverbrauch im Inland und die Einfuhr von Gegenständen in das inländische Zollgebiet. Dieser U. unterfällt grundsätzlich der → Umsatzsteuer.

Umsatzsteuer (§§ 1 ff. UStG) ist die → Steuer vom zu versteuernden und steuerpflichtigen → Umsatz. Die U. ist eine Verkehrsteuer und im Ergebnis eine

→ Verbrauchsteuer, die vom Steuersubjekt (Unternehmer) über den Preis auf den Verbraucher überwälzt wird (indirekte Steuer). Bemessungsgrundlage ist das jeweilige Gesamtentgelt, das der Unternehmer erhält, doch darf er von der Umsatzsteuerschuld die in der Vorphase auf ihn überwälzte U. im Wege des Vorsteuerabzugs abziehen, so dass er selbst nur den Unterschied zwischen Eingangsleistung (Einkaufspreis) und Ausgangsleistung (Verkaufspreis) versteuern muss (Allphasennettoumsatzsteuer, Mehrwertsteuer). Der Steuersatz beträgt derzeit in der Regel 19 Prozent (§ 12 UStG, 1.1.2007), für Lieferung von Grundnahrungsmitteln, Holz, Druckerzeugnissen und geistigen Leistungen 7 Prozent. Eine Vereinheitlichung der in den Mitgliedstaaten der Europäischen Union unterschiedlich hohen U. ist bislang nicht gelungen.

Lit.: Umsatzsteuerrecht, 33. A. 2015; *Bunjes, J.,* Umsatzsteuergesetz, 14. A. 2015; *Sölch/Ringleb, K.,* Umsatzsteuer (Lbl.), 74. A. 2015; *Lippross, O.,* Umsatzsteuer, 2015; *Völkel, D./Karg, H.,* Umsatzsteuer, 20. A. 2009; *Kortschak, P.,* Lehrbuch der Umsatzsteuer, 16. A. 2014; *Rose, G.,* Umsatzsteuer, 18. A. 2013; *Jakob, W.,* Umsatzsteuer, 4. A. 2009; *Koemm, M.,* Grundzüge des Umsatzsteuerrechts, JuS 2013, 690; *Weymüller,* Umsatzsteuergesetz, 2014

Umwandlung ist die Veränderung eines → Unternehmens in ein anderes Unternehmen (oder eine andere Rechtsform) unter Ausschluss der Abwicklung (→ Universalsukzession), die für besondere Fälle (→ Verschmelzung, Spaltung, Vermögensübertragung und bloßer Formwechsel) im Einzelnen im besonderen Umwandlungsgesetz geregelt ist.

Lit.: *Schmitt, J./Hörtnagl, R./Stratz, R.,* Umwandlungsgesetz, Umwandlungssteuergesetz, 6. A. 2013; Umwandlungsgesetz, hg. v. *Semler, J./Stengel, A.,* 3. A. 2012; *Engl, R.,* Formularbuch Umwandlungen, 3. A. 2012; Umwandlungssteuergesetz, hg. v. *Haritz, D. u. a.,* 4. A. 2015; *Sagasser/Bula/Brünger,* Umwandlungen, 4. A. 2011

Umwelt ist der ihn umgebende Lebensbereich des Menschen bzw. die Gesamtheit der die natürlichen Lebensbedingungen der Menschen bildenden Gegenstände.

Umweltaudit (N.) ist die Kennzeichnung eines Betriebs als geprüfter Standort nach Prüfung auf die Einhaltung von Umweltschutzbestimmungen durch unabhängige Gutachter.

Lit.: *Wassmuth, B.,* Umweltaudit, 2001

Umwelthaftungsgesetz ist das seit 1.1.1991 geltende Gesetz, das – als → Gefährdungshaftung – Inhaber von bestimmten Anlagen zum Ersatz für aus Umwelteinwirkungen entstehende Schäden verpflichtet.

Lit.: *Schimikowski, P.,* Umwelthaftungsrecht und Umwelthaftpflichtversicherung, 6. A. 2002; *Vogel, J.,* Erkennen und Tarifieren von Umweltrisiken, 4. A. 2007; *Salje, P./Peter, J.,* Umwelthaftungsgesetz, 2. A. 2005; *Vogel, J./Stockmeier, H.,* Umwelthaftpflichtversicherung Umweltschadensversicherung, 2. A. 2009

Umweltinformationsgesetz vom 16.7.1994 (Neufassung 22.12.2004) ist das Gesetz, das in § 4 I UIG jedermann grundsätzlich Anspruch auf freien Zu-

gang zu behördlichen Informationen über die
→ Umwelt gewährt.

Lit.: *Schomerus, T. u. a.,* Umweltinformationsgesetz,
2. A. 2002

Umweltkriminalität (§§ 324 ff. StGB) ist die
→ Kriminalität bzw. die Gesamtheit der → Straftaten gegen die → Umwelt. Strafbar sind insbesondere die Verunreinigung eines Gewässers, des
Bodens, bestimmte Verunreinigungen der Luft,
bestimmte Arten der Verursachung von Lärm sowie
unerlaubtes Betreiben gewisser Anlagen. Fahrlässiges Verhalten ist grundsätzlich, Versuch meist strafbar.

Lit.: *Kloepfer, M./Heger, M.,* Umweltstrafrecht, 3. A.
2014; Umweltschutzstrafrecht (Lbl.), hg. v. *Sack, H.,*
5. A. 2008; *Saliger, F.,* Umweltstrafrecht, 2012

Umweltrecht ist die Gesamtheit der die → Umwelt
betreffenden Rechtssätze. Geplant ist ein Umwelt-
gesetzbuch. Einzelne wichtige Umweltgesetze sind
das Atomgesetz, das Baugesetzbuch, das Bundesimmissionsschutzgesetz, das Chemikaliengesetz, die
Gefahrstoffverordnung, das Kreislaufwirtschaftsgesetz, das Umwelthaftungsgesetz, das Wasserhaushaltsgesetz usw.

Lit.: Umweltrecht, hg. v. *Storm, P.,* 21. A. 2010;
Kahl, W., Umweltrecht, 9. A. 2014; *Landmann, R. v./
Rohmer, G.,* Umweltrecht (Lbl.), 75. A. 2015; *Kloepfer, M.,* Umweltrecht, 3. A. 2004; *Storm, P.,* Umweltrecht, 10. A. 2015; Umweltrecht, hg. v. *Koch, H.,* 4. A.
2013; *Meßerschmidt, K.,* Europäisches Umweltrecht,
2011; *Lampert, S.,* Die Bedeutung des Umweltrechts in
den Staatsprüfungen, JuS 2013, 507; *Kotulla, M.,* Umweltrecht, 6. A. 2014

Umweltschaden ist der an der Umwelt entstehende
Schaden. Seinem Ersatz dient ein Teil des Umweltrechts (in Umsetzung der Umwelthaftungsrichtlinie
Umweltschadensgesetz vom 10. Mai 2007 zum
14.11.2007 in Kraft). Vorteilhafter wäre umwelt-
freundliches Gesamtverhalten aller Menschen.

Lit.: *Becker, B.,* Das neue Umweltschadensgesetz, 2007;
Diederichsen, L., Grundfragen zum neuen Umweltschadensgesetz, NJW 2007, 3377

Umweltschutz ist der Inbegriff der Maßnahmen zur
Erhaltung und zum Schutz der → Umwelt vor Ver-
schmutzung, Vergiftung und Zerstörung. → Umweltrecht

Lit.: Umweltschutz (Lbl.), hg. v. *Kloepfer, M.,* 70. A.
2015; *Sacksovsky, U.,* Umweltschutz durch nichtsteuerliche Abgaben, 2000; *Westphal, P.,* Art. 20a GG –
Staatsziel Umweltschutz, JuS 2000, 339; *Kloepfer, M.,*
Umweltschutzrecht, 2. A. 2011

Umweltverträglichkeitsprüfung ist die Prüfung
der Auswirkungen von Vorhaben (z. B. Bau von
Fabriken, Deponien, Verbrennungsanlagen) auf die
gesamte → Umwelt.

Lit.: *Peters, H.,* UVPG, 3. A. 2006; *Gassner, E.,* Gesetz
über die Umweltverträglichkeitsprüfung, 2006

Umweltzeichen ist das von der Bundesregierung zu
umweltpolitischen Zwecken vergebene Zeichen.

Lit.: *Kiefer, G.,* Das deutsche Umweltzeichen, 2000

Umzugskostenrecht ist die Gesamtheit der die
Kosten eines Umzugs eines öffentlich Bediensteten
betreffenden Rechtssätze.

Lit.: *Osterhoff, M.,* Reisekosten, Umzugskosten, Tren-
nungsgeld, 3. A. 2000

unabdingbar (Adj.) durch Vereinbarung nicht abänderbar

Unabdingbarkeit ist die vertragliche Unabänder-
lichkeit eines Rechtssatzes. → Recht, abdingbares

Unabhängigkeit ist das Fehlen einer Bindung. Im
Verfassungsrecht (Art. 97 GG) ist die U. *des Rich-
ters* gewährleistet. Sie ist ein Element des
→ Rechtsstaats. Dabei ist *sachliche* U. die Freiheit
des Richters – und → Rechtspflegers – von Weisun-
gen, *persönliche* U. die Unabsetzbarkeit, nach der
Richter auf Planstellen wider ihren Willen nur durch
Richterspruch und nur aus gesetzlich bestimmten
Gründen vor Ablauf ihrer Amtszeit aus dem Amt
entfernt oder versetzt werden können.

Lit.: *Baer, A.,* Die Unabhängigkeit der Richter, 1999;
Papier, H., Die richterliche Unabhängigkeit und ihre
Schranken, NJW 2001, 1089

unabwendbar (Adj.) nicht abwendbar

unbefugt (Adj.) unerlaubt, rechtswidrig

unbestimmt (Adj.) nicht eindeutig bestimmt

unbestimmter Rechtsbegriff → Rechtsbegriff,
unbestimmter

unbeweglich (Adj.) nicht beweglich

unbewegliche Sache → Sache, unbewegliche

unbewusst (Adj.) nicht bewusst

unbewusste Fahrlässigkeit → Fahrlässigkeit, unbewusste

UNCTAD (United Nations Commission for Trade
and Development) ist die Organisation der Vereinten
Nationen für Handel und Entwicklung.

UNCITRAL (United Nations Commission on International Trade Law) ist die internationale Kommission der Vereinten Nationen, die u. a. ein Übereinkommen über internationale Warenkaufverträge
vom 11.4.1980 und ein internationales Modellgesetz
über den internationalen Überweisungsverkehr vom
15.5.1992 verabschiedete.

Lit.: *Herber, R.,* Wiener UNCITRAL-Übereinkommen
über internationale Warenkaufverträge, 2. A. 1983;
Wulff, O., Das Uncitral-Modellgesetz über den grenz-
überschreitenden Warenverkehr, 1998; *Heidbüchel, V.,*
Das UNCITRAL-Übereinkommen über unabhängige
Garantien, 1999

unecht (Adj.) nicht echt, nicht wirklich

unechte Gesamtschuld → Gesamtschuld, unechte

unechte Rückwirkung → Rückwirkung, unechte

unechte Urkunde → Urkunde, unechte

unechtes Sonderdelikt → Sonderdelikt, unechtes

unechtes Unterlassungsdelikt → Unterlassungs-delikt, unechtes

Unehelich (Art. 6 V GG) ist die ältere, im allgemei-nen Sprachgebrauch (2004) noch vorherrschende Bezeichnung für die 1979 gesetzlich festgelegte Bezeichnung → nichtehelich.

uneigentlich (Adj.) nicht eigentlich

uneigentlicher Werklieferungsvertrag → Werk-lieferungsvertrag, uneigentlicher

unentgeltlich (Adj.) nicht entgeltlich
Lit.: *Grundmann, S.,* Zur Dogmatik der unentgeltlichen Rechtsgeschäfte, AcP 198 (1998), 457

Unentgeltlichkeit (z. B. § 516 BGB) ist das Fehlen einer Gegenleistung als Entgelt für eine Leistung. Die U. ist Voraussetzung einer → Schenkung, einer → Leihe und eines → Auftrags. Darüber hinaus können auch andere → Rechtsgeschäfte unentgelt-lich sein (z. B. → Sachdarlehen, → Verwahrung, → Bürgschaft).

unerlaubt (Adj.) nicht erlaubt

unerlaubte Handlung → Handlung, unerlaubte

unerlaubtes Entfernen vom Unfallort → Ver-kehrsunfall

UNESCO (F.) United Nations Educational, Scien-tific and Cultural Organization (1945, Sitz in Paris)
Lit.: Unesco, hg. v. *Hüfner, K. u. a.,* 1996

Unfall ist das plötzliche, zeitlich (auf höchstens etwa die Dauer einer Arbeitsschicht) begrenzte (äußere) Ereignis, durch das die nicht ganz unerheb-liche Verletzung eines Menschen verursacht wird (z. B. Explosion). Der U. geht meist ursächlich auf ein menschliches → Verhalten zurück. Im Schuldrecht kann anlässlich eines Unfalls eine → Schadensersatzpflicht entstehen. In der Sozial-versicherung kann der U. einen → Versicherungsfall darstellen. Besondere rechtliche Bedeutung haben → Arbeitsunfall (Unfallversicherung) und → Ver-kehrsunfall. → Unglücksfall
Lit.: *van Bühren, H.,* Unfallregulierung, 7. A. 2014

Unfallbeteiligter (§ 142 IV StGB) im → Straßen-verkehr ist jeder Mensch, dessen Verhalten nach den Umständen zur Verursachung des Unfalls beigetra-gen haben kann.
Lit.: *Engelstädter, R.,* Der Begriff des Unfallbeteiligten, 1997; *Dütz, A.,* Der Unfallbeteiligte, 2001

Unfallhaftpflichtrecht ist die Gesamtheit der die → Haftpflicht bei einem → Unfall betreffenden Rechtssätze.
Lit.: *Wussow, W.,* Unfallhaftpflichtrecht, 16. A. 2014

Unfallverhütung ist die vorbeugende Vorsorge gegen → Unfälle. Die U. ist Aufgabe der Versicherungsträ-ger der → Unfallversicherung (→ Berufsgenossen-schaften). Diese erlassen – als → Satzung – beson-dere Unfallverhütungsvorschriften. Ihre Einhaltung wird durch technische Aufsichtsbeamte der Berufs-genossenschaften überwacht. Bei Verstößen kann → Geldbuße bis zu 10 000 Euro verhängt werden.
Lit.: *Kemper, H.,* Unfallverhütung, 2002

Unfallversicherung ist die → Versicherung eines Menschen gegen die (wirtschaftlichen) Folgen von → Unfällen. Der *gesetzlichen* U. des Sozialversiche-rungsrechts unterliegen vor allem unselbständige Beschäftigte (§§ 1 ff. SGB VII). Versicherungsfälle sind der → Arbeitsunfall und die Berufskrankheit (§§ 7 ff. SGB VII). Versicherungsleistungen nach Eintritt des Versicherungsfalls sind Leistungen, Heilbehandlung, Rehabilitation, Pflege, Geldleis-tungen, Renten, Beihilfen und Abfindungen. Beim Tod des Versicherten können Renten an die → Hinterbliebenen zu leisten sein. Getragen wird die gesetzliche U. hauptsächlich von den durch die Arbeitgeber und damit über die Kosten und den Markt der Verbraucher finanzierten Berufs-genossenschaften. Von der gesetzlichen U. ist die *pri-vatrechtliche* U. durch → Versicherungsvertrag zu unterscheiden. Sie ist eine → Personenversicherung. Für sie gelten als Sonderregeln die §§ 178 ff. VVG. (Rechtstatsächlich waren in Deutschland 1995 mehr als 50 Millionen Menschen durch gesetzliche U. oder private U. geschützt.)
Lit.: *Schmitt, J.,* SGB VII Gesetzliche Unfallversiche-rung, 4. A. 2009; *Plagemann, H. u. a.,* Gesetzliche Unfallversicherung, 2. A. 2007; *Kloth, A.,* Private Un-fallversicherung, 2008; *Schubach/Jannsen,* Private Un-fallversicherung, 2010; *Plagemann, H. u. a.,* Aktuelle Entwicklungen im Recht der gesetzlichen Unfallversi-cherung, NJW 2015, 1348; *Grimm, W.,* Unfallversiche-rung AUB-Kommentar, 5. A. 2013

Unfug, grober war früher im Strafrecht eine → Übertretung (vgl. jetzt § 118 OWiG).

Ungarn ist der von einem aus dem Uralgebiet ein-strömenden Volk geschaffene, von 1526 bis 1918 zu Österreich (1867 Österreich-Ungarn) gehörende, von Österreich, der Slowakei, der Ukraine, Rumä-nien, Jugoslawien, Kroatien und Slowenien begrenz-te, bis 1989 sozialistisch ausgerichtete mitteleuropä-ische, seit 2004 der Europäischen Union angehörige Staat.
Lit.: *Harmathy, A. u. a.,* Introduction to Hungarian law, 1998; *Henne, T.,* Deutsches Recht und Juristenausbil-dung in Ungarn, JuS 2000, 1037; *Köbler, G.,* Rechtsun-garisch, 2004; *Mindach, C.,* Ungarn, 3. A. 2006; *Küp-per, H.,* Die ungarische Verfassung nach zwei Jahrzehn-ten des Übergangs, 2007; *Küpper, H.,* Einführung in das ungarische Recht, 2011

ungerechtfertigt (Adj.) ohne Rechtsgrund gesche-hen

ungerechtfertigte Bereicherung → Bereicherung, ungerechtfertigte

ungleichartig (Adj.) nicht gleichartig

ungleichartige   Idealkonkurrenz   → Tateinheit, ungleichartige

ungleichartige   Realkonkurrenz   → Tatmehrheit, ungleichartige

Unglücksfall (§§ 323c, 243 I Nr. 6 StGB) ist das plötzliche äußere Ereignis, das eine erhebliche → Gefahr für Menschen oder Sachen bringt oder zu bringen droht.
Lit.: *Harzer, R.,* Die tatbestandsmäßige Situation der unterlassenen Hilfeleistung, 1997

Unidroit (N.) Internationales Institut zur Vereinheitlichung des Privatrechts (in Rom, 1926 als Hilfsorgan des Völkerbunds gegründet, danach unabhängige internationale Organisation mit [2012] 63 Mitgliedstaaten, z. B. Principles for international commercial contracts)

Universalerbe (M.) Alleinerbe

Universalität ist die Allseitigkeit einer Gegebenheit. Im Verfassungsrecht (Art. 28 II GG) ist die U. der → Gemeinde die Allzuständigkeit ihres Wirkungskreises und damit die umfassende sachliche Zuständigkeit einer Gemeinde für alle Angelegenheiten der örtlichen Gemeinschaft. Nach diesem Grundsatz darf die Gemeinde alles in den Bereich ihrer Wirksamkeit ziehen, was die Wohlfahrt des Ganzen sowie die materiellen Interessen und die geistige Entwicklung der Einzelnen – im örtlich begrenzten Gebiet – zu fördern vermag. Zwar ist die U. nur im Rahmen der → Gesetze gewährleistet, doch darf durch diese der Wesensgehalt des → Selbstverwaltungsrechts nicht angegriffen werden. Allerdings bestehen in neuerer Zeit zunehmend Tendenzen, die Selbstverwaltungsgarantie in ein bloßes Mitwirkungsrecht umzudeuten.
Lit.: *Blumenwitz, D.,* Die Universalität der Menschenrechte, 2003

Universalrechtsgut ist das Rechtsgut der → Allgemeinheit (z. B. Bestand des Staates, Sicherheit des Geldverkehrs, Gesundheit des Volks u. a.).

Universalsukzession → Gesamtrechtsnachfolge
Lit.: *Muscheler, K.,* Universalsukzession und Vonselbsterwerb, 2002; *Müntefering, M.,* Zivilrechtliche Schranken der partiellen Universalsukzession, 2003

Universität ist zunächst nur die wissenschaftliche → Hochschule, welche die gesamte Breite der Geisteswissenschaften und Naturwissenschaften in Forschung und Lehre umfasst. U. im weiteren Sinn ist auch jede andere Hochschule. Inzwischen wird wegen der unübersehbaren Mängel mancher universitärer, erfolgsunabhängiger Juristenausbildung auch an Fachhochschulen eine Ausbildung zum Juristen (Wirtschaftsjuristen) betrieben. Außerdem wurde in Hamburg 2000 eine Privatuniversität (Bucerius Law School) für Juristen gegründet. Die U. ist juristische Person des öffentlichen Rechts (seit 2002 auch in Österreich).
Lit.: *Köbler, G.,* Wie werde ich Jurist?, 5. A. 2007; *Westerwelle, A.,* Die besten Universitäten für Juristen, 1997 (mit schlechten Noten und schlechten Plätzen für

schlechte Fakultäten und schlechte, vor allem durch Personalmisswirtschaft, Inzucht, Betrug und Korruption verursachte Verhältnisse)

UN-Kaufrecht → Kauf
Lit.: *Piltz, B.,* Neue Entwicklungen im UN-Kaufrecht, NJW 2013, 2567; Kommentar zum UN-Kaufrecht, hg. v. *Honsell, H.,* 2. A. 2010

UN-Konvention über die Rechte des Kindes ist das am 20.11.1989 von der Generalversammlung der Vereinten Nationen verabschiedete und am 5.4.1992 für Deutschland in Kraft getretene, aber innerstaatlich nicht unmittelbar anwendbare, 54 Artikel umfassende Übereinkommen der Vereinten Nationen über die Rechte des Kinds.
Lit.: *Baer, I.,* Übereinkommen der Vereinten Nationen über die Rechte des Kindes, NJW 1993, 2209

unlauter (Adj.) unredlich, unsauber

unlauterer Wettbewerb → Wettbewerb, unlauterer

unmittelbar (Adj.) ohne Verwendung eines Mittels oder eines Mittlers als Zwischenstufe

unmittelbare Stellvertretung → Stellvertretung, unmittelbare

unmittelbare Wahl → Wahl, unmittelbare

unmittelbarer Besitz → Besitz, unmittelbarer

unmittelbarer Schaden → Schaden, unmittelbarer

unmittelbarer Zwang → Zwang, unmittelbarer

Unmittelbarkeit ist die Verbindung zwischen zwei Gegebenheiten ohne ein drittes vermittelndes Glied (z. B. Handlung – Erfolg, Kaiser – Reichsfürsten). Im Verfahrensrecht bedeutet der Grundsatz der U., dass → Verhandlung und → Beweisaufnahme grundsätzlich vor dem erkennenden Gericht stattfinden müssen. Insbesondere ist im → Strafprozessrecht dann, wenn der → Beweis einer Tatsache auf der Wahrnehmung eines Menschen beruht, dieser in der → Hauptverhandlung zu vernehmen (§ 250 StPO). Nur ausnahmsweise darf die Vernehmung durch die Verlesung einer Niederschrift über eine frühere richterliche Vernehmung ersetzt werden.
Lit.: *Geppert, K.,* Der Grundsatz der Unmittelbarkeit im deutschen Strafverfahren, 1979; *Prantle, N.,* Die Beweisunmittelbarkeit im Zivilprozess, 1991

Unmöglichkeit (§ 275 BGB) ist die Unbewirkbarkeit der → Leistung. Die U. ist ein Fall der → Leistungsstörung. Sie kann zurückgehen sowohl auf tatsächliche Gründe (z. B. Untergang der Sache) wie auch auf rechtliche Gründe (z. B. Beschlagnahme der Sache). Soweit die Leistung für den Schuldner (subjektive U.) oder für jedermann (objektive U.) (infolge mit zumutbarem Aufwand nicht behebbarer Leistungshindernisse) unmöglich ist (anfängliche U. oder nachträgliche U., vom Schuldner zu vertretende U. oder vom Schuldner nicht zu vertretende U.), ist (trotz fortbestehender Gültigkeit des Rechtsgeschäfts) der Anspruch des Gläubigers auf

Leistung (nicht auch der Anspruch auf Schadensersatz) ausgeschlossen (§ 275 I BGB), während einige andere Sachlagen dem Schuldner nur ein Leistungsverweigerungsrecht gewähren (§ 275 II BGB Leistungserschwerung, § 275 III BGB). Die Rechte des Gläubigers bestimmen sich nach den §§ 280 ff. BGB (Schadensersatz wegen zu vertretender Pflichtverletzung, Schadensersatz wegen Verzögerung unter den zusätzlichen Voraussetzungen des § 286 BGB, Schadensersatz statt der Leistung unter den zusätzlichen Voraussetzungen der §§ 281, 282 oder 283 BGB), 283 bis 285, 311a und 326 BGB. Danach steht es der Wirksamkeit eines Vertrags zwar nicht entgegen, dass der Schuldner wegen (anfänglicher) U. nach § 275 I-III nicht zu leisten braucht und das Leistungshindernis schon bei Vertragsschluss vorliegt (anfängliche U.), doch kann der Gläubiger (ohne Pflichtverletzung des Schuldners) nach seiner Wahl Schadensersatz statt der Leistung (Erfüllungsinteresse) oder Ersatz seiner Aufwendungen in dem in § 284 BGB bestimmten Umfang verlangen, sofern nicht der Schuldner das Leistungshindernis bei Vertragsschluss nicht kannte und seine Unkenntnis auch nicht zu vertreten hat (§ 311a BGB I, II, beachte § 311a II 3 BGB, wegen Verletzung einer vorvertraglichen Mitteilungspflicht über anfängliche U.). Das Recht, bei einem gegenseitigen Vertrag Schadensersatz zu verlangen, wird durch den Rücktritt nicht ausgeschlossen (§ 325 BGB). Braucht der Schuldner nach § 275 I–III nicht zu leisten, entfällt der Anspruch auf die Gegenleistung (§ 326 I 1 BGB), sofern nicht der Schuldner im Fall der nicht vertragsgemäßen Leistung die Nacherfüllung nach § 275 I-III BGB nicht zu erbringen braucht. Der Gläubiger kann nach § 326 V BGB zurücktreten. Bei einer Teilleistung findet § 441 III BGB entsprechende Anwendung. Ist der Gläubiger für den Umstand, auf Grund dessen der Schuldner nach § 275 I–III BGB nicht zu leisten braucht, allein oder weit überwiegend verantwortlich, so behält der Schuldner den Anspruch auf die Gegenleistung, muss sich jedoch anrechnen lassen, was er infolge der Befreiung von der Leistung erspart oder durch anderweitige Verwendung seiner Arbeitskraft erwirbt oder zu erwerben böswillig unterlässt (§ 326 II BGB). Verlangt der Gläubiger Herausgabe des für den geschuldeten Gegenstand erlangten Ersatzes oder Abtretung des Ersatzanspruchs, so bleibt er zur (eventuell geminderten) Gegenleistung verpflichtet (§ 326 III BGB). Soweit die nach diesen Vorschriften nicht geschuldete Gegenleistung bewirkt ist, kann das Geleistete nach den §§ 346 ff. BGB zurückgefordert werden (§ 326 IV BGB).

Lit.: *Cekovic-Vuletic, S.,* Haftung wegen Unmöglichkeit, 2003; *Looschelders, D.,* Unmöglichkeit und Schadensersatz statt der Leistung, JuS 2010, 849; *Freitag, R.,* Rechtsfolgen der Unmöglichkeit und Unzumutbarkeit der Leistung, NJW 2014, 113

Unpfändbarkeit (§ 811 ZPO) ist der gesetzliche Ausschluss der → Pfändung bestimmter → Gegenstände (→ Pfändungsschutz).

UNO (United Nations Organization) → Vereinte Nationen
Lit.: *Unser, G.,* Die UNO, 7. A. 2004

Unrecht ist das der → Rechtsordnung widersprechende Verhalten einschließlich der hieraus erwachsenden Folgen. Geschieht durch ein → Verhalten U., so treten grundsätzlich bestimmte → Rechtsfolgen ein. Insbesondere hat die → Straftat eine → Strafe und die unerlaubte → Handlung eine → Schadensersatzverpflichtung zur Folge. Ausnahmsweise kann eine Verletzung der Rechtsordnung durch einen → Rechtfertigungsgrund besonders gerechtfertigt sein, so dass das betreffende Verhalten nicht U. ist.
Lit.: *Klenner, H.,* Recht und Unrecht, 2004

Unrechtsbewusstsein (Rechtswidrigkeitsbewusstsein) ist die Einsicht des Handelnden, dass sein → Verhalten rechtlich verboten ist. Das U. ist ein Teil der → Schuld. Der Irrtum über das U. ist → Verbotsirrtum (§ 17 StGB). Das U. ist *aktuelles* U., wenn dem Täter das Unrecht seines vorsätzlichen Verhaltens klar vor Augen steht und *potentielles* U., wenn er bei dem ihm zumutbaren Einsatz seiner Erkenntniskräfte und Wertvorstellungen die Einsicht in das Unrecht der Tat gewinnen konnte. Nach h. M. genügt für die Strafbarkeit das potentielle U.
Lit.: *Rudolphi, H.,* Unrechtsbewusstsein, Verbotsirrtum und Vermeidbarkeit des Verbotsirrtums, 1969; *Eckert, H.,* Schuld, Verantwortung, Unrechtsbewusstsein, 1999

Unrechtselement, subjektives → Tatbestand, subjektiver

unregelmäßig (Adj.) nicht regelmäßig, von der Regel abweichend

unregelmäßige Verwahrung → Verwahrung, unregelmäßige

Unrichtigkeit ist die fehlende Richtigkeit eines Umstands. U. *des Grundbuchs* ist das Abweichen der im → Grundbuch verzeichneten Rechtslage von der wirklichen Rechtslage (z. B. statt A ist B als Eigentümer eingetragen). U. des Grundbuchs kann einen Anspruch auf → Berichtigung des Grundbuchs für den Beeinträchtigten begründen (§ 894 BGB).
Lit.: *Dott, K.,* Täuschung und objektive Unrichtigkeit von Angaben eines Beteiligten als Widerrufsgrund, 1964; *Köbler, G.,* Der Grundbuchberichtigungsanspruch, JuS 1982, 181

Unschuldsvermutung ist die bis zum Nachweis der Schuld bestehende Vermutung der Unschuld eines einer Straftat Verdächtigen. Die U. ist eine besondere Ausprägung des Rechtsstaatsprinzips. Kraft Art. 6 II MRK (und des zugehörigen Zustimmungsgesetzes) ist sie Bestandteil des geltenden Rechtes im Range eines Bundesgesetzes.
Lit.: *Kühl, K.,* Unschuldsvermutung, Freispruch und Einstellung, 1983; *Peglau,* Unschuldsvermutung und Widerruf der Strafaussetzung, JA 2001, 244 ff.; *Eschke, C.,* Die Geltung der Unschuldsvermutung, 2003

Untätigkeitsklage (§ 42 I VwGO) ist die gegen die Untätigkeit einer → Behörde gerichtete → Klage. Die U. ist ein Unterfall der → Verpflichtungsklage und damit der → Leistungsklage. Sie kann erhoben werden, wenn die Behörde auf einen → Antrag auf Erlass eines → Verwaltungsakts hin nicht tätig geworden ist.

Lit.: *Stegelmann-Nolten, P.*, Das Widerspruchsverfahren, 1994; *Steinbeiß-Winkelmann, C.*, Die Verfassungsbeschwerde als Untätigkeitbeschwerde?, NJW 2008, 1783

untauglich (Adj.) nicht geeignet

untauglicher Versuch → Versuch, untauglicher

Unterbrechung ist das mindestens zeitweilige oder räumliche Ruhen oder Abbrechen eines Geschehensablaufs oder sonstigen Umstands. Insbesondere kann ein → Verfahren unterbrochen werden (z. B. § 265 IV StPO Aussetzung zur Vorbereitung der Anklage oder der Verteidigung, § 239 ZPO U. beim Tod einer Partei). Diese U. ist ein Fall des → Stillstands des Verfahrens. Nach der U. wird das Verfahren dort fortgeführt, wo es abgebrochen worden war. Im Strafprozess muss die unterbrochene Hauptverhandlung grundsätzlich spätestens am 11. Tag (evtl. am 31. Tag) nach der U. fortgesetzt werden (§ 229 StPO). Im materiellen Recht bewirkt die U. des *Laufes einer* → *Frist*, dass diese nach der U. neu zu laufen beginnt (z. B. → Ersitzung § 943 BGB, → Verjährung § 78c StGB). Die U. *eines Kausalverlaufs* durch ein Eingreifen eines Dritten beseitigt die → Kausalität grundsätzlich nicht.

Lit.: *Bennert, S.*, Die Unterbrechung der Verjährung, 1996; *Wölfl, B.*, Der Schiebetermin, JuS 2000, 277

Unterbringung ist die Beschaffung einer Unterkunft für einen Menschen. Im Verwaltungsrecht kommt die *zwangsweise* U. eines Menschen in einer Anstalt zur → Beseitigung einer → Störung in Betracht, wobei nach Art. 104 GG die Freiheit des Menschen nur auf Grund eines förmlichen → Gesetzes (Freiheitsentziehungsgesetz) und nur unter Beobachtung der darin beschriebenen Formen beschränkt werden kann und über die Zulässigkeit und Fortdauer der Freiheitsentziehung nur der → Richter zu entscheiden hat. Im Strafrecht ist die U. in einem psychiatrischen Krankenhaus, in einer Entziehungsanstalt sowie in der → Sicherungsverwahrung eine → Maßnahme der Besserung und Sicherung (§ 61 StGB). Eine einstweilige U. in einem psychiatrischen Krankenhaus oder einer Entziehungsanstalt kann vom Gericht nach § 126a StPO angeordnet werden, wenn dringende Gründe für die Annahme vorhanden sind, dass jemand eine rechtswidrige Tat im Zustand der → Schuldunfähigkeit oder verminderten → Schuldfähigkeit begangen hat.

Lit.: *Pardey, K.*, Betreuungs- und Unterbringungsrecht, 5. A. 2014; *Marschner, R./Volckart, B./Lesting*, Freiheitsentziehung und Unterbringung, 5. A. 2010; *Pommer, S.*, Unterbringung im Rechtsvergleich, 2003; *Huttner, G.*, Die Unterbringung Obdachloser, 5. A. 2014

Unterdrücken einer Urkunde (§ 274 StGB) ist jede Verhinderung der Benutzung der Urkunde als → Beweismittel durch den Berechtigten. Die Tat ist mit Freiheitsstrafe bis zu fünf Jahren oder mit Geldstrafe bedroht. Der Versuch ist strafbar.

Lit.: *Helle, K.*, Die nachträgliche Veränderung einer Urkunde, 2001

Untereigentum ist im gemeinen Recht die Rechtsstellung des Untereigentümers (z. B. Lehnsmanns) eines im geteilten → Eigentum stehenden Gegenstands im Gegensatz zum → Obereigentum.

Lit.: *Wilke, A.*, Das Recht an der Siedlerstelle, 1932

Unterhalt ist die Gesamtheit der für den Lebensbedarf eines Menschen erforderlichen Aufwendungen. *Angemessener* U. ist dabei der nach der jeweiligen Lebensstellung des Bedürftigen bestimmte U. (§ 1610 BGB). Der U. ist grundsätzlich durch Entrichtung einer Geldrente (im Voraus) zu gewähren (§ 1612 BGB). Haben Eltern einem unverheirateten Kind U. zu gewähren, so können sie bestimmen, in welcher Art und für welche Zeit der U. gewährt werden soll. Auf die Belange des Kindes ist die gebotene Rücksicht zu nehmen. Auf Antrag des Kindes kann das Familiengericht aus besonderen Gründen die Bestimmung der Eltern ändern. Ist das Kind minderjährig, so kann ein Elternteil, dem die → Personensorge für das Kind zusteht, eine Bestimmung über die Art des Unterhalts für die Zeit treffen, in der das Kind in seinen Haushalt aufgenommen ist. Nach einer Entscheidung des Bundesfinanzhofs Deutschlands sind (2006) jährlich bis zu 7869 Euro Unterhalt für bedürftige Angehörige steuerlich absetzbar. → Regelunterhalt

Lit.: *Niepmann, P./Schwamb, W.*, Die Rechtsprechung zur Höhe des Unterhalts, 12. A. 2013; Der Unterhaltsprozess, hg. v. *Eschenbruch, K.*, 6. A. 2013; *Heiß, B./Heiß, H.*, Die Höhe des Unterhalts, 11. A. 2012; *Soyka, J.*, Die Berechnung des Ehegattenunterhalts, 3. A. 2011; *Soyka, J.*, Die Berechnung des Volljährigenunterhalts, 4. A. 2011; *Strohal, F.*, Unterhaltsrechtlich relevantes Einkommen bei Selbständigen, 4. A. 2010*; Büte/Poppen/Menne*, Unterhaltsrecht, 3. A. 2015; *Duderstadt, J.*, Erwachsenenunterhalt, 4. A. 2008; *Morawietz, W.*, Die Aufhebung des Vorrangs des Geschiedenenunterhalts, 2009; *Andrae, M.*, Das neue Auslandsunterhaltsgesetz, NJW 2011, 2545

Unterhaltsanspruch ist der einem Menschen gegenüber einem anderen Menschen zustehende → Anspruch auf → Unterhalt. → Unterhaltspflicht, → Unterhaltsrecht

Unterhaltspflicht ist die auf → Gesetz oder → Vertrag beruhende Verpflichtung eines Menschen, einem anderen Menschen → Unterhalt zu leisten. Nach § 1601 BGB sind → Verwandte in gerader Linie verpflichtet, einander Unterhalt zu gewähren, wobei unterhaltsberechtigt nur ist, wer außerstande ist, sich selbst zu unterhalten (§ 1602 BGB) und die U. grundsätzlich entfällt, wenn der Betroffene bei Berücksichtigung seiner sonstigen Verpflichtung nicht in der Lage ist, ohne Gefährdung seines angemessenen Unterhalts den Unterhalt zu gewähren (§ 1603 BGB). Mehrere Unterhaltspflichtige sind in einer bestimmten, gesetzlich festgelegten Reihenfolge unterhaltspflichtig (z. B. Abkömmlinge vor Verwandten aufsteigender Linie, § 1606 BGB). Der Elternteil, der ein minderjähriges unverheiratetes Kind betreut, erfüllt seine Verpflichtung zum Unterhalt des Kindes beizutragen, in der Regel durch die Pflege und die Erziehung des Kindes (§ 1606 III 2

BGB). Nach § 1360 BGB sind daneben die Ehegatten einander verpflichtet, durch ihre Arbeit und mit ihrem Vermögen die Familie angemessen zu unterhalten. Ist einem Ehegatten die Haushaltsführung übertragen, so erfüllt er seine Verpflichtung, durch Arbeit zum Unterhalt der Familie beizutragen, in der Regel durch die Führung des Haushalts (§ 1360 S. 2 BGB). Nach der Ehescheidung hat der Ehegatte, der nicht selbst für seinen Unterhalt sorgen kann, unter bestimmten Voraussetzungen einen Anspruch auf Unterhalt (§ 1569 BGB, z. B. wegen Betreuung eines gemeinschaftlichen Kindes, § 1570 BGB). Die Verletzung der Unterhaltspflicht ist bei Gefährdung des Lebensbedarfs des Unterhaltsberechtigten strafbar (§ 170 StGB, Freiheitsstrafe bis zu drei Jahren oder Geldstrafe). Hat ein Arzt bei einer Sterilisation eines Manns nicht ausreichend über die Notwendigkeit eines Spermiogramms aufgeklärt und kommt es trotz des Eingriffs zur Geburt eines Kindes, so kann dessen Unterhaltsbedarf als Schaden vom Arzt verlangt werden. → Unterhalt, → Unterhaltsrecht

Lit.: *Eschenbruch/Klinkhammer*, Der Unterhaltsprozess, 5. A. 2009

Unterhaltsrecht ist die Gesamtheit der den → Unterhalt betreffenden → Rechtssätze.

Lit.: *Koch, E.,* Handbuch des Unterhaltsrechts, 12. A. 2012; *Heiß, B./Born, W.,* Unterhaltsrecht (Lbl.), 43. A. 2013; *Wendl/Dose,* Das Unterhaltsrecht in der familienrichterlichen Praxis, 9. A. 2015; *Büte, D./Poppen, E./Menne, M.,* Unterhaltsrecht, 3. A. 2015; *Hamm, M.,* Strategien im Unterhaltsrecht, 2. A. 2009; *Niepmann, B. u. a.,* Die Entwicklung des Unterhaltsrechts, NJW 2015, 668;

Unterhaltsvorschuss ist der Vorschuss, den der Staat in bestimmten Fällen an Kinder alleinerziehender Elternteile längstens für insgesamt 72 Monate für den Fall leistet, dass der zu → Unterhalt verpflichtete Elternteil seine Verpflichtung nicht oder nicht regelmäßig erfüllt.

Lit.: *Scholz, R.,* Unterhaltsvorschussgesetz, 5. A. 2004; *Grube, C.,* Unterhaltsvorschussgesetz, 2009

Unterlassen (Unterlassung) ist das Nichtvornehmen einer bestimmten → Handlung (etwas [Gebotenes] nicht tun). Das U. ist ein Fall des menschlichen → Verhaltens. Es steht im Gegensatz zum Handeln. Die Abgrenzung zum Handeln ist vielfach schwierig. Am ehesten ist im Zweifel auf den Schwerpunkt des Geschehens abzustellen. Das U. ist Anknüpfungspunkt zahlreicher Rechtsfolgen. So kann z. B. die → Leistung des Schuldners in einem U. bestehen (§ 241 I 2 BGB) oder ein Mensch durch U. strafbar werden (§ 13 StGB). Vielfach wird das U. dabei aber rechtlich nur dann relevant, wenn es gegen eine → Handlungspflicht (Gebot) verstößt. Die Zwangsvollstreckung wegen einer U. erfolgt im Zivilprozess durch Verurteilung zu einer → Geldstrafe oder → Haft im Fall des Zuwiderhandelns (§ 890 ZPO).

Lit.: *Kahlo, M.,* Die Handlungsform der Unterlassung als Kriminaldelikt, 2001; *Damm, R./Rehbock, K.,* Widerruf, Unterlassung und Schadensersatz in den Medien, 3. A. 2008; *Kick, H.,* Handeln und Unterlassen, 2003; *Reimer, E.,* Der Ort des Unterlassens, 2004

unterlassen (Adj.) nicht vorgenommen

unterlassene Hilfeleistung → Hilfeleistung, unterlassene

Unterlassung → Unterlassen

Unterlassungsanspruch ist der → Anspruch auf eine → Unterlassung. Im Sachenrecht kann nach § 1004 I 2 BGB der → Eigentümer, der weitere rechtswidrige Beeinträchtigungen seines Eigentums zu besorgen hat, Unterlassung verlangen (negatorischer Anspruch). Unter entsprechender Anwendung der §§ 1004 I 2, 12 BGB u. a. besteht ein U. gegenüber entsprechender Beeinträchtigung aller absoluten Rechte und Rechtsgüter (quasinegatorischer Anspruch, z. B. U. auf Unterlassung der Zusendung unerwünschter Wurfwerbung [auf Grund des allgemeinen Persönlichkeitsrechts]). Der U. kann *vorbeugender* U. – gegenüber künftigen → Beeinträchtigungen – oder *beseitigender* U. sein.

Lit.: *Fritzsche, J.,* Unterlassungsanspruch und Unterlassungsklage, 2000; *Fricke, V.,* Der Unterlassungsanspruch gegen Presseunternehmen, 2003

Unterlassungsdelikt ist das auf eine → Unterlassung gegründete mit → Strafe bedrohte → Verhalten. Das U. ist damit ein Unterfall des → Delikts überhaupt. Es ist *echtes* U. wenn es im bloßen Unterlassen einer vom Gesetz geforderten Tätigkeit besteht (z. B. §§ 138 StGB Unterlassung einer erforderlichen Anzeige, 323c StGB Unterlassung einer erforderlichen Hilfeleistung) und unechtes U., wenn der Täter trotz einer Erfolgsabwendungspflicht (auf Grund einer → Garantenstellung) durch seine Unterlassung einen – von dieser verschiedenen – → Erfolg verursacht (§ 13 StGB, Totschlag durch Unterlassung einer erforderlichen Abwendungshandlung). Das unechte U. ist die spiegelbildliche Erscheinung zum jeweiligen → Begehungsdelikt (z. B. Totschlag durch Handlung oder durch Unterlassung).

Lit.: *Wilhelm, E.,* Die Konkurrenz zwischen Begehungs- und Unterlassungsdelikten, 1991 (Diss.); *Scheid, G.,* Grund- und Grenzfragen der Pflichtenkollision beim strafrechtlichen Unterlassungsdelikt, 2000; *Ransiek, A.,* Das unechte Unterlassungsdelikt, JuS 2010, 490

Unterlassungsklage ist die auf eine → Unterlassung gerichtete → Klage (z. B. § 1004 I 2 BGB). Die U. ist ein Fall der → Leistungsklage. Sie ist ausnahmsweise auch als *vorbeugende* U. zulässig, wenn andernfalls ein Rechtsschutz nicht oder nur unzureichend möglich wäre.

Lit.: *Ritter, S.,* Zur Unterlassungsklage, 1994 (Diss.); *Fritzsche, J.,* Unterlassungsanspruch und Unterlassungsklage, 2000

Untermiete (§ 540 BGB) ist der → Mietvertrag zwischen dem → Mieter und einem Dritten über den selbständigen, alleinigen Gebrauch der gemieteten → Sache oder eines ihrer Teile gegen Entgelt. Der Mieter ist zur Untervermietung oder zur Gebrauchsüberlassung an einen Dritten grundsätzlich ohne Erlaubnis des → Vermieters nicht berechtigt. Bei → Wohnraum kann der Mieter u. U. einen Anspruch auf die Erlaubnis haben. Der Vermieter hat keinen Anspruch auf Herausgabe eines vom Mieter durch

Untervermietung erzielten Mietzinses. Die Räumungsvollstreckung kann gegen den Untermieter nicht auf Grund eines gegen den Hauptmieter erwirkten Titels betrieben werden. Beachte auch § 565 BGB bei gewerblicher Weitervermietung.

Lit.: *Heintzmann, W.,* Die gewerbliche Untermiete, NJW 1994, 1177; *Ahrens, S.,* Der Untermieter im sozialen Mietrecht, 1994 (Diss. jur. Kiel)

Unternehmen ist das gestaltende Tun. Im Privatrecht ist U. die organisatorische Einheit – aus Sachen, Rechten und sonstigen Werten –, innerhalb der ein Unternehmer (→ Kaufmann, → Gesellschaft) entferntere wirtschaftliche oder ideelle Ziele verfolgt. Dem U. können ein oder mehrere → Betriebe dienen. Das U. ist Anknüpfungspunkt verschiedener Rechtsfolgen. Wird ein U. (Handelsgeschäft) veräußert, so darf mit Einwilligung des bisherigen Inhabers die bisherige → Firma fortgeführt werden (§ 22 I HGB). Wer das unter Lebenden erworbene Handelsgeschäft (U.) unter der bisherigen Firma fortführt, haftet grundsätzlich für alle im Betrieb des Geschäfts begründeten → Verbindlichkeiten des früheren Inhabers (§ 25 HGB, der frühere Geschäftsinhaber haftet für diese Verbindlichkeiten nur, wenn sie vor Ablauf von fünf Jahren fällig und daraus Ansprüche gegen ihn gerichtlich geltend gemacht sind). *Nichtwirtschaftliches* U. (einer Gemeinde) ist das nicht auf Gewinn ausgerichtete U. Im Strafrecht ist das *U. einer Tat* deren → Versuch und deren → Vollendung (§ 11 I Nr. 6 StGB).

Lit.: *Holzapfel, H./Pöllath, R.,* Unternehmenskauf in Recht und Praxis, 14. A. 2010; Unternehmensbesteuerung und Rechtsform, hg. v. *Jacobs, O.,* 5. A. 2015; *Jacobs, O.,* Internationale Unternehmensbesteuerung, 8. A. 2015?; *Willemsen, H./Hohenstatt, K./Schweibert, U./Seibt, C.,* Umstrukturierung und Übertragung von Unternehmen, 4. A. 2011; *Sieg, R./Maschmann, F.,* Unternehmensumstrukturierung, 2. A. 2010; *Fock, T.,* UBGG, 2005; *Wurzel/Schram./Becker,* Rechtspraxis der kommunalen Unternehmen, 3. A. 2015; *Sudhoff, H.,* Unternehmensnachfolge, 5. A. 2005; *Hirte, H.,* Die Entwicklung des Unternehmens- und Gesellschaftsrechts, NJW 2010, 2177; *Spiegelberger, S.,* Unternehmensnachfolge, 2. A. 2009; *Crezelius, G.,* Unternehmenserbrecht, 2. A. 2009; *Lorz, R./Kirchdörfer, R.,* Unternehmensnachfolge, 2. A. 2011; *Hannes,* Formularbuch Vermögens- und Unternehmensnachfolge, 2011; Unternehmenskauf und Restrukturierung, hg. v. *Picot, G.,* 4. A. 2013; Kaufpreisregelungen beim Unternehmenskauf, hg. v. *Kiem, R.,* 2015

Unternehmensdelikt
Lit.: *Mitsch, W.,* Das unechte Unternehmensdelikt, JuS 2015, 97

Unternehmenstarifvertrag ist der für ein bestimmtes → Unternehmen (von einem einzelnen Arbeitgeber) mit einer → Gewerkschaft vereinbarte → Tarifvertrag.
Lit.: *Witt, A.,* Firmentarifvertrag, 2004

Unternehmer (§ 14 I BGB) ist eine natürliche oder juristische Person oder eine rechtsfähige Personengesellschaft (d. h. eine mit der Fähigkeit, Rechte zu erwerben und Verbindlichkeiten einzugehen, ausgestattete Personengesellschaft), die bei Abschluss eines Rechtsgeschäfts in Ausübung ihrer gewerblichen oder selbständigen beruflichen Tätigkeit handelt.
Lit.: Unternehmerhandbuch, hg. v. *Heussen/Korf/Schröder/Weber,* 2005; *Krekeler, W./Werner, E.,* Unternehmer und Strafrecht, 2006

Unternehmergesellschaft (UG) ist (zwecks Wettbewerbs mit der englischen Limited) die zum 1.11.2008 geschaffene Gesellschaft mit beschränkter Haftung, deren Gründung erleichtert und beschleunigt ist und deren Mindeskapital auf einen Euro beschränkt ist (§ 5a GmbHG, rechtstatsächlich oft 1000 Euro). Sie darf in ihrer Firma nicht den Rechtsformzusatz GmbH führen, sondern muss sich Unternehmergesellschaft bzw. UG (haftungsbeschränkt) bezeichnen. Möglich ist auch die UG & Co. KG. 2014 gab es in Deutschland 91 104 Unternehmergesellschaften.

Lit.: *Miras, A.,* Die neue Unternehmergesellschaft, 2008; *Römermann, V.,* Die Unternehmergesellschaft, NJW 2010, 905; *Hucke, A. u.a.,* Die Unternehmergesellschaft, JuS 2010, 861; *Miras, A.,* Die UG (haftungsbeschränkt) als gegnerische Partei, NJW 2015, 1430

Untersagung ist das ausdrückliche → Verbot eines → Verhaltens, das sowohl von einem Nichthoheitsträger (z. B. U. des Betretens eines Grundstücks) wie auch von einem Träger von Hoheitsgewalt (z. B. U. der Ausübung eines Gewerbes) ausgesprochen werden kann.
Lit.: *Heinke, S.,* Eingriff, Vermeidung, Ausgleich und Untersagung, 1997

Unterschieben eines Kindes (§ 169 StGB) ist der → Straftatbestand, der erfordert, dass jemand mittels → Täuschung anderer ein → Kind in eine tatsächliche, namentlich räumliche Beziehung zu einer Frau zu dem Zweck bringt, es nach der äußeren Sachlage als deren leibliches Kind erscheinen zu lassen, und dass dadurch die behördliche Feststellung des Personenstands gefährdet wird. Das U. e. K. ist ein Fall der → Personenstandsfälschung, die mit Freiheitsstrafe bis zu zwei Jahren oder mit Geldstrafe bestraft wird. Der Versuch ist strafbar.

Unterschlagung (§ 246 StGB) ist die rechtswidrige → Zueignung einer fremden beweglichen → Sache an sich oder an einen Dritten (z. B. Veräußern einer entliehenen Sache, Ableugnen des Besitzes einer gefundenen Sache). Jede Zueignung mittels Wegnahme in Zueignungsabsicht ist → Diebstahl und U. zugleich. Geschützt ist das → Eigentum. Die U. ist mit Freiheitsstrafe bis zu drei Jahren oder mit Geldstrafe bedroht. Der Versuch ist strafbar. Ein qualifizierter Fall der U. ist die → Veruntreuung.

Lit.: *Jäger, C.,* Unterschlagung, JuS 2000, 1167; *Kudlich, H.,* Zueignungsbegriff und Restriktion des Unterschlagungstatbestands, JuS 2001, 767; *Schmid-Hopmeier, S.,* Das Problem der Drittzueignung, 2000

Unterschrift ist der zum Zeichen der Anerkennung des Inhalts unter den Text einer → Urkunde gesetzte, → eigenhändig geschriebene → Name des Menschen. Es genügt, dass die die Identität des Unterschreibenden ausreichend kennzeichnender, individuell gestalteter Namenszug vorliegt, der die

Absicht erkennen lässt, eine volle U. zu leisten. Der Namenszug braucht weder die einzelnen Buchstaben klar erkennen zu lassen noch im Ganzen lesbar zu sein. Eine bewusste und gewollte Namensabkürzung (z. B. unter einer Quittung) ist jedoch keine U. Auch eine bloße → Paraphe ist keine U., doch verletzt es das Recht auf ein faires Verfahren, wenn ein Gericht eine lange Zeit unbeanstandete Paraphe plötzlich nicht mehr als U. anerkennt. Der groß geschriebene Anfangsbuchstabe des Namens ist keine U. Die Angabe des Vornamens und des Anfangsbuchstabens des Nachnamens genügen nicht in einem notariell beurkundeten Kaufvertrag. Ein Namenszug oberhalb des Texts (Oberschrift) auf einem Überweisungsformular bewirkt zwar nicht die Nichtigkeit der Überweisung, aber doch den Verlust der Echtheitsvermutung der §§ 440 II, 416 ZPO. Auch ein links neben dem Text stehender Namenszug (Nebenschrift) ist keine U. Allerdings darf bei erkennbarer Raumknappheit unterhalb des Textes eine U. auch auf freiem Raum oberhalb des Textes angebracht werden. Die digitale → Signatur steht der händischen U. gleich. → Elektronische Form, → Textform

Lit.: *Holzhauer, H.,* Die eigenhändige Unterschrift, 1973; *Bieser, W.,* Die digitale Unterschrift, 1998

Untersuchung ist die prüfende Betrachtung eines Umstands zum Zweck der Feststellung eines Ergebnisses. Die U. ist in verschiedenen Rechtsbereichen bedeutsam. Im Handelsrecht (§ 377 HGB) hat der Käufer eines beiderseitigen → Handelskaufs die → Ware – zur Erhaltung seiner Mängelrechte – zu untersuchen, wobei allerdings das bloße Unterlassen der U. keinen Rechtsnachteil nach sich zieht. → Rügepflicht

Untersuchungsausschuss ist der → Ausschuss des → Parlaments zur Untersuchung und Feststellung einzelner politischer Sachverhalte. Nach Art. 44 GG kann ein Viertel der Mitglieder des → Bundestags die Einsetzung eines Untersuchungsausschusses verlangen. Der U. erhebt die erforderlichen → Beweise. Er kann keine → Urteile fällen. Seine Beschlüsse sind der richterlichen Erörterung entzogen. Gerichte und Verwaltungsbehörden sind ihm gegenüber zur → Rechtshilfe und → Amtshilfe verpflichtet. Rechtstatsächlich ist der U. ein nur selten wirklich bedeutsames politisches Instrument der Opposition gegen die Regierung.

Lit.: *Masing, J.,* Parlamentarische Untersuchungen privater Sachverhalte, 1998; *Weisgerber, A.,* Das Beweiserhebungsverfahren, 2003; *Plöd, J.,* Die Stellung des Zeugen, 2003; *Schulz, J.,* Prüfungswissen zum Untersuchungsausschussrecht, JuS 2010, 969; Untersuchungsausschussgesetz, hg. v. *Waldhoff, C. u. a.,* 2015

Untersuchungsgrundsatz (Inquisitionsmaxime) ist das Prinzip, dass das → Gericht von Amts wegen Tatsachen erforscht, sie in die Verhandlung einführt und ihre Wahrheit feststellt. Der U. gilt insbesondere im → Strafverfahrensrecht sowie im → Verwaltungsprozessrecht. Dagegen wird das → Zivilprozessrecht stärker vom → Verhandlungsgrundsatz beherrscht.

Lit.: *Kaufmann, M.,* Untersuchungsgrundsatz und Verwaltungsgerichtsbarkeit, 2002

Untersuchungshaft (§ 112 StPO) ist im Strafverfahrensrecht die → Entziehung der → Freiheit des Beschuldigten zum Zweck der Sicherung des → Erkenntnisverfahrens oder der → Vollstreckung. Die U. ist von der einstweiligen → Unterbringung (§ 126a StPO) und der vorläufigen → Festnahme (§ 127 StPO) sowie der Vollstreckung der → Freiheitsstrafe (→ Strafhaft) zu trennen. Sie erfordert grundsätzlich einen dringenden → Tatverdacht, einen → Haftgrund (Flucht, → Fluchtgefahr, → Verdunklungsgefahr, evtl. Wiederholungsgefahr), → Verhältnismäßigkeit sowie einen schriftlichen → Haftbefehl des → Richters. Ihre Gestaltung ist in der Untersuchungshaftvollzugsordnung näher geregelt. Sie darf die Dauer von 6 Monaten nur ausnahmsweise überschreiten (§ 121 StPO). Sie geht bei → Rechtskraft des → Strafurteils nicht von selbst in Strafhaft über, ist aber auf diese insbesondere zu Gunsten jugendlicher und heranwachsender Straftäter grundsätzlich anzurechnen (§ 51 StGB). (Rechtstatsächlich waren in Deutschland 1998 etwa 45 000 Menschen gleichzeitig in Untersuchungshaft.)

Lit.: *Schlothauer, R./Weider, H.,* Untersuchungshaft, 4. A. 2010; *Münchhalffen, G./Gatzweiler, N.,* Das Recht der Untersuchungshaft, 3. A. 2009; *Huber, M.,* Die Anordnung von Untersuchungshaft, JuS 2009, 994

Untersuchungsrichter war bis 1974 der im Strafverfahrensrecht mit der Voruntersuchung betraute → Richter.

Untervermächtnis (§ 2147 BGB) ist das → Vermächtnis, bei dem der Beschwerter (nicht der Erbe, sondern) ein Vermächtnisnehmer ist.

Lit.: *Bartz, O.,* Das Untervermächtnis, 1910

Unterversicherung ist die (unzulässige) Versicherung unterhalb des wirklichen Wertes des Versicherungsgegenstands.

Lit.: *Risthaus, B.,* Die Unterversicherung, 1999

Untervollmacht ist die → Vollmacht, bei der Bevollmächtigender (nicht der ursprünglich Bevollmächtigende, sondern) ein seinerseits bereits Bevollmächtigter ist, der seine Vertretungsmacht (teilweise) weitergibt.

Lit.: *Gerlach, W.,* Die Untervollmacht, 1967; *Hofmann, K.,* Vollmachten, 8. A. 2002

Untreue (§ 266 StGB) ist das im Verletzen einer Treuepflicht bestehende Vermögensdelikt. Die U. umfasst einen → Missbrauchstatbestand und einen → Treubruchstatbestand. Der Missbrauchstatbestand ist gegeben, wenn jemand die ihm durch Gesetz, behördlichen Auftrag oder Rechtsgeschäft eingeräumte Befugnis, über fremdes Vermögen zu verfügen oder einen anderen zu verpflichten, missbraucht und dadurch dem, dessen Vermögensinteressen er zu betreuen hat, Nachteil zufügt (z. B. Verjährenlassen einer Forderung durch Prokuristen). Der Treubruchstatbestand liegt vor, wenn jemand die ihm kraft Gesetzes, behördlichen Auftrags, Rechtsgeschäfts oder eines Treueverhältnisses – gehobener Art mit Pflichten von einigem Gewicht – obliegende Pflicht, fremde Vermögensinteressen wahrzunehmen, verletzt und dadurch dem, dessen Vermögensinteressen er zu betreuen hat, Nachteil zufügt (z. B. unredliches Kassieren in Selbstbedienungsläden). U. wird mit Freiheitsstrafe bis zu fünf Jahren oder mit Geldstrafe bestraft.

Lit.: *Wolf, G.,* Die Strafbarkeit der rechtswidrigen Verwendung öffentlicher Mittel, 1998; *Strelczyk, C.,* Die Strafbarkeit der Bildung schwarzer Kassen, 2008; *Mansdörfer, M.,* Die Vermögensgefährdung, JuS 2009, 114; *Mitsch, W.,* Die Untreue, JuS 2011, 97

Unvermögen ist die subjektive, (nur) für den Schuldner (, nicht jedoch beispielsweise für mindestens einen anderen) bestehende → Unmöglichkeit (vgl. § 275 BGB, z. B. Verkauf eines entwendeten Kraftfahrzeugs). → Unmöglichkeit

Lit.: *Sutschet, H.,* Haftung für anfängliches Unvermögen, NJW 2005, 1404

Unverstand ist der unzureichende Verstand. Grober U. (§ 23 III StGB) ist die völlig abwegige Vorstellung von bekannten Ursachenzusammenhängen (z. B. E behauptet, der Vater kriegt das Kind). Hat der Täter eines untauglichen → Versuchs aus grobem U. verkannt, dass der Versuch nach der Art des betroffenen Gegenstands oder des betreffenden Mittels überhaupt nicht zur Vollendung führen konnte, so kann von Strafe abgesehen oder diese gemildert werden (z. B. Tötungsversuch durch Verbrennen einer das Opfer verkörpernden Puppe).

unvertretbar (Adj.) nicht vertretbar

unvertretbare Sache → Sache, unvertretbare

Unverzüglich (§ 121 I 1 BGB) ist die Befristung des → Verhaltens, die zum Ausdruck bringt, dass dieses ohne → schuldhaftes Zögern zu erfolgen hat (z. B. Anfechtung). U. ist, da es eine angemessene Überlegungsfrist ermöglicht, weniger knapp als sofort. Eine Verlustmeldung einer Kreditkarte eineinhalb Stunden nach dem Bemerken des Verlusts erfolgt bereits nicht mehr u.

unvollkommen (Adj.) nicht vollkommen, nicht vollständig

unvollkommene Verbindlichkeit → Verbindlichkeit, unvollkommene

unvordenklich (Adj.) nicht erinnerlich

unvordenkliche Verjährung → Verjährung, unvordenkliche

Unwirksamkeit ist das Fehlen der Wirksamkeit. Die U. *eines Verhaltens* bedeutet, dass es nicht die angestrebten → Rechtsfolgen nach sich zieht. Im Privatrecht ist die *absolute* U. → Nichtigkeit. Dagegen treten bei *relativer* U. grundsätzlich die gewollten → Rechtsfolgen ein, doch bleibt eine besonders geschützte Person von ihnen ausgenommen (z. B. §§ 136, 135 I 1 BGB, z. B. Verfügung entgegen der

→ Beschlagnahme in der → Zwangsvollstreckung, bei der ein Erwerber → Eigentum im Verhältnis zu jedem Dritten, aber – abgesehen vom Fall eines gutgläubigen → Erwerbs – nicht im Verhältnis zu dem Geschützten erlangt). *Schwebende* U. ist die vorläufige, bis zu einer weiteren Klärung durch Entschließung des Berechtigten bestehende U. (z. B. § 108 BGB, → U. des Vertragsschlusses eines Minderjährigen ohne Einwilligung des gesetzlichen Vertreters, vgl. auch die §§ 177, 185 BGB). Die schwebende U. wird mit der Entschließung je nach deren Inhalt entweder zur Wirksamkeit oder zur endgültigen Unwirksamkeit.

Lit.: *Certa, P.,* Widerruf und schwebende Unwirksamkeit nach den Verbraucherschutzgesetzen, 2000; *Glatzel, L.,* Unwirksame Bauvertragsklauseln, 12. A. 2015

Unwürdigkeit ist das Fehlen der erwarteten Angemessenheit eines Verhaltens (z. B. Erbunwürdigkeit).

Lit.: *Kullik, J.,* Der Entziehungsgrund Unwürdigkeit, 1996

Unzucht war bis 1973 die Bezeichnung für die strafbare sexuelle → Handlung, welche die geschlechtliche Sittlichkeit verletzt.

Unzulässigkeit ist die fehlende Zulässigkeit eines → Verhaltens. Insbesondere kann die Ausübung eines → Rechtes wegen Missbrauchs unzulässig sein. Daneben sind im Verfahrensrecht → Anträge oder sonstige Handlungen dann unzulässig, wenn ihnen die formell erforderlichen Voraussetzungen fehlen (→ Abweisung oder → Verwerfung ohne Entscheidung in der Sache selbst).

Lit.: *Hermanns, S.,* Grenzen zulässiger Rechtsberatung, 2000

Unzumutbarkeit ist die fehlende Zumutbarkeit eines Verlangens. Welche Anforderungen regelmäßig als zumutbar angesehen werden, ergibt sich aus den einzelnen Rechtssätzen der Rechtsordnung. Daneben kommt eine Berufung auf die allgemeine U. nur ausnahmsweise in Betracht (und zwar im Strafrecht als → Entschuldigungsgrund z. B. bei → Unterlassungsdelikten). Im Schuldrecht ist die U. der Fortsetzung eines Vertragsverhältnisses bis zum Ablauf einer ordnungsgemäßen Kündigungsfrist Voraussetzung für eine außerordentliche → Kündigung (§ 314 BGB).

Lit.: *Wortmann, L.,* Inhalt und Bedeutung der Unzumutbarkeit normgemäßen Verhaltens, 2002; *Freitag, R.,* Rechtsfolgen der Unmöglichkeit und Unzumutbarkeit der Leistung, NJW 2014, 113

Unzurechnungsfähigkeit (Schuldunfähigkeit, Deliktsunfähigkeit) ist das Fehlen der Voraussetzungen der Verantwortlichkeit. → Schuldfähigkeit

Lit.: *González-Rivero, P.,* Strafrechtliche Zurechnung bei Defektzuständen, 2001

Urabstimmung ist die Abstimmung von Gewerkschaftsmitgliedern über einen → Streik. Grundsätzlich beschließt der Gewerkschaftsvorstand einen Streik nur, wenn sich drei Viertel der abstimmungsberechtigten Mitglieder für ihn ausgesprochen haben. Das Ergebnis der U. hängt in hohem Maß von seiner psychologischen Vorbereitung (durch den Vorstand) ab.

Lit.: *Michlik, F.,* Die gewerkschaftliche Urabstimmung, 1995

Urfehde ist im mittelalterlichen deutschen Recht das Versprechen (der Beendigung der Feindschaft), mit dem die → Fehde endet.

Lit.: *Ebel, W.,* Die Rostocker Urfehden, 1938; *Boockmann, A.,* Urfehde, 1980; *Köbler, G.,* Zielwörterbuch integrativer europäischer Rechtsgeschichte, 6. A. 2014 (Internet)

Urheber (§ 7 UrhG) ist der etwas bewirkende oder veranlassende Mensch wie z. B. der Schöpfer eines Werkes.

Lit.: *Seith, S.,* Wie kommt der Urheber zu seinem Recht?, 2003; *Schulze, G.,* Meine Rechte als Urheber, 6. A. 2009

Urheberbenennung (§§ 76 f. ZPO) ist im Zivilprozessrecht die – rechtstatsächlich seltene – Benennung des nach Ansicht des → Beklagten richtigerweise zu Beklagenden (z. B. mittelbarer Besitzer), die im Ergebnis dazu führen kann, dass der Beklagte aus dem → Prozess ausscheidet und der Dritte seine Stellung einnimmt.

Lit.: *Heimann, N.,* Die Problematik der dogmatischen Qualifizierung der Interventionsfiguren, 1996

Urheberpersönlichkeitsrecht ist das eigentümliche Persönlichkeitsrecht des Urhebers. → Urheberrecht

Lit.: *Heeschen, V.,* Urheberpersönlichkeitsrecht und Multimedia, 2003; *Müller, L.,* Das Urheberpersönlichkeitsrecht, 2004

Urheberrecht ist objektiv die Gesamtheit der ein individuelles geistiges → Werk (geistiges Eigentum) schützenden Rechtssätze. Das U. ist insbesondere im Urhebergesetz und in internationalen Vereinbarungen (z. B. → Berner Übereinkunft, Welturheberrechtsabkommen 1952, Agreement on Trade-Related Aspects of Intellectual Property Rights → TRIPS) geregelt. Der → Urheber eines Werkes hat das ausschließliche *subjektive* U. der Verfügung über das Werk in Form und Inhalt. Dieses umfasst Urheberpersönlichkeitsrechte (z. B. Recht auf Anerkennung der Urheberschaft, Recht auf Unterlassung einer Entstellung) und Verwertungsrechte (z. B. Vervielfältigungsrecht, Aufführungsrecht). Das subjektive U. erlischt grundsätzlich 70 Jahre nach dem Tode des Urhebers (§ 64 UrhG). Seine Verletzung (z. B. durch Einscannen und Speichern eines Pressespiegels und Verbreiten durch e-mail) hat strafrechtliche und schadensersatzrechtliche Folgen. Zulässig ist zwecks Fortentwicklung von Kunst und Wissenschaft die freie Benutzung eines urheberrechtlich geschützten Werkes ohne Zustimmung des Urhebers, um ein neues, selbständiges Werk hervorzubringen (§ 24 UrhG), wobei die beim Fotokopieren von Werken notwendigerweise entstehenden Rechtsverletzungen summarisch bzw. pauschal durch die → Fotokopierabgabe ausgeglichen werden. Neben dem U. steht das → Leistungsschutzrecht.

Lit.: Gewerblicher Rechtsschutz Wettbewerbsrecht Urheberrecht (Lbl.), 53. A. 2015; Urheber- und Verlags-recht, 15. A. 2014; *Rehbinder, M./Peukert, A.* Urheberrecht, 17. A. 2015; *Schulze, E./Schulze, M.,* Rechtsprechung zum Urheberrecht (Lbl.), 51. A. 2006; *Engels, R.,* Patent-, Markenrecht und Urheberrecht, 9. A. 2015; Praxiskommentar zum Urheberrecht, hg. v. *Wandtke, A./Bullinger, W.,* 4. A. 2014; Handbuch des Urheberrechts, hg. v. *Loewenheim, U.,* 2. A. 2010; *Dreier, T./Schulze, G.,* Urheberrechtsgesetz, 5. A. 2015; *Hertin, P.,* Urheberrecht, 2. A. 2008; *Schack, H.,* Urheber- und Urhebervertragsrecht, 6. A. 2013; *Czychowski, C. u. a.,* Gesetzgebung und höchstrichterliche Rechtsprechung im Urheberrecht 2013, NJW 2015, 747; Urheberrecht, hg. v. *Schricker, G./Loewenheim, U. v.,* 4. A. 2010; *Lettl, T.,* Urheberrecht, 2008; *Spindler, G.,* Reform des Urheberrechts, NJW 2008, 9; *Grahl, J. de,* Die Durchsetzung von Urheberrechten im digitalen Zeitalter, 2008; Urhebervertragsrecht, hg. v. *Berger, C./Wündisch, R.,* 2008; *Fromm/Nordemann,* Urheberrecht, 11. A. 2013; *Wandtke, A.,* Urheberrecht, 4. A. 2014; *Stang, F.,* Das urheberrechtliche Werk nach Ablauf der Schutzfrist, 2011; *Michow, J./Ulbricht, J.,* Veranstaltungsrecht, 2013; Geistiges Eigentum, hg. v. *Vögele,* 2014; *Möhring/Nicoloni,* Urheberrecht, 3. A. 2014; *Hilgert, P./Greth, R.,* Urheberrechtsverletzungen im Internet, 2014

Urkunde (§ 267 StGB) ist die verkörperte (d. h. in eine körperliche Form wie z. B. in Schrift gebrachte) Gedankenerklärung, die allgemein oder für Eingeweihte verständlich ist, den → Aussteller erkennen lässt und zum → Beweis einer rechtlich erheblichen Tatsache geeignet und bestimmt ist (z. B. Geburtsurkunde, Prüfungszeugnis, Parkschein, amtliches Kraftfahrzeugkennzeichen, Prüfplakette in fester Verbindung mit Kraftfahrzeugkennzeichen). Meist ist die U. ein Schriftstück. Bei diesem ist eine feste Verbindung mehrerer Blätter eines Vertrags nicht erforderlich, wenn sich die Einheit aus sonstigen Merkmalen zweifelsfrei ergibt. *Unechte* U. ist die U., die den Anschein erweckt, von einer anderen Person als dem wirklichen Hersteller herzurühren (z. B. gibt ein Hersteller einer Urkunde durch die Gestaltung des Textes und eine nachgeahmte Unterschrift vor, sie stamme von Kaiser Nero). *Echte* U. ist die U., die von dem herrührt, von dem sie herzurühren scheint. Verfälschte Urkunde ist die inhaltlich abgeänderte (echte) U. Die Herstellung einer unechten U. zur Täuschung im Rechtsverkehr, die Verfälschung einer echten U. und der Gebrauch einer unechten U. oder einer verfälschten U. sind → Urkundenfälschung. Im Verfahrensrecht ist U. (§§ 415 ff. ZPO) nur die in Schriftzeichen verkörperte Gedankenerklärung, so dass die bloße Ablichtung einer U. als solche keine U. darstellt. Die U. kann öffentliche oder private U. sein. *Öffentliche* U. ist die von einer öffentlichen → Behörde innerhalb der Grenzen ihrer Amtsbefugnisse oder von einer mit öffentlichem Glauben versehenen Person (z. B. Gerichtsvollzieher) innerhalb des ihr zugewiesenen Geschäftskreises in der vorgeschriebenen Form aufgenommene U. Sie begründet vollen Beweis des durch die Behörde oder die Urkundsperson beurkundeten Vorgangs (§ 415 I ZPO). *Privaturkunde* ist die U., die nicht ö. U. ist. Sie begründet, sofern sie vom → Aussteller unterschrieben ist, vollen Beweis dafür, dass die in ihr enthaltene Erklärung vom Aussteller abgegeben ist. *Vollstreckbare* U. (§ 794 I Nr. 5 ZPO) ist die – notarielle d. h. von einem → Notar aufgenommene oder gerichtliche – U. über bestimmte → Ansprüche, wegen derer sich der → Schuldner der sofortigen → Zwangsvollstreckung unterworfen hat.

Lit.: *Gustafsson, B.,* Die scheinbare Urkunde, 1993 (Diss.); *Britz,* Urkundenbeweisrecht und Elektroniktechnologie, 1996; *Leutner, G.,* Die vollstreckbare Urkunde im europäischen Rechtsverkehr, 1997; *Helle, K.,* Die nachträgliche Veränderung einer Urkunde durch ihren Aussteller, 2001

Urkundenbeweis (z.B. §§ 415 ff. ZPO) ist der → Beweis durch (echte) → Urkunden. In der Regel genügt die Vorlage der Urkunde. Im → Strafprozess ist ihre Verlesung erforderlich.

Lit.: *Britz,* Urkundenbeweisrecht und Elektroniktechnologie, 1996; *Meyer, J.,* Der Urkundenbeweis in der Hauptverhandlung, 1999

Urkundendelikt ist die eine → Urkunde betreffende → Straftat. → Urkundenfälschung

Lit.: *Freund, G.,* Urkundenstraftaten, 1996; *Ryu, C.,* Die Urkundendelikte, 1997

Urkundenfälschung (§ 267 StGB) ist die Herstellung einer unechten → Urkunde (z.B. → Privilegium maius in Österreich um 1358), die → Verfälschung einer echten Urkunde oder der Gebrauch einer unechten oder verfälschten Urkunde → zur Täuschung im Rechtsverkehr oder zur fälschlichen Beeinflussung einer Datenverarbeitungsanlage im Rechtsverkehr (z.B. Abänderung des Geburtsdatums in der Geburtsurkunde, Abänderung eines Parkscheins im ausgedruckten Parkzeitende, Überkleben eines Kraftfahrzeugkennzeichens mit spiegelnden Folien, nicht dagegen Überkleben eines Verkehrszeichens mit Klebefolie oder Aufbringen reflektierender Mittel). Die U. wird mit → Freiheitsstrafe bis zu 5 Jahren oder mit Geldstrafe bestraft.

Lit.: *Jakobs, G.,* Urkundenfälschung, 2000; *Dörfler, C.,* Urkundenfälschung, 2000

Urkundenprozess (§§ 592 ff. ZPO) ist der die Zahlung einer bestimmten Geldsumme (z.B. auch aus Miete) oder die → Leistung einer bestimmten Menge anderer vertretbarer → Sachen oder → Wertpapiere betreffende, auf den Beweis durch Urkunden beschränkte Prozess. Im U. muss die Klage die Erklärung enthalten, dass in ihm geklagt werde. Der U. ist eine besondere Verfahrensart mit beschränkter → Verhandlung, bei der dem Beklagten die Ausführung seiner Rechte vorbehalten bleiben kann (→ Vorbehaltsurteil). Ein Sonderfall des Urkundenprozesses ist der Wechsel- und Scheckprozess (§§ 602 ff. ZPO).

Lit.: *Schröer,* Besonderheiten des Urkunden- und Wechselprozesses, JA 1993, Übungsblätter für Referendare 230; *Peters, G.,* Rechtsnatur und Beschleunigungsfunktion des Urkundenprozesses, 1996; *Hövelberndt, A.,* Grundzüge des Urkunden-, Wechsel- und Scheckprozesses, JuS 2003, 1105; *Lepczyk, D.,* Das Urkundenverfahren, JuS 2010, 30

Urkundenunterdrückung (§ 274 StGB) ist das Vernichten, Beschädigen oder Unterdrücken einer → Urkunde oder technischen → Aufzeichnung, die dem Täter nicht ausschließlich gehört, in der → Absicht, einem anderen einen mit der Verwendbarkeit der Urkunde zusammenhängenden Nachteil

zuzufügen. Die U. wird mit Freiheitsstrafe bis zu fünf Jahren oder mit Geldstrafe bestraft. Der Versuch ist strafbar.

Lit.: *Helle, K.,* Die nachträgliche Veränderung einer Urkunde, 2001

Urkundsbeamter (§ 153 GVG) ist der → Beamte des mittleren oder gehobenen → Dienstes, der nach gesetzlich besonders geregelter Ausbildung an der → Geschäftsstelle eines → Gerichts tätig wird (z.B. → Beurkundung, Protokollführung, Aktenführung).

Lit.: *Schemmerer, F.,* Urkundsbeamte, Rechtspfleger, 2000

Urlaub ist die (vom Arbeitgeber) bezahlte arbeitsfreie → Arbeitszeit des Arbeitnehmers. Nach den §§ 1, 3 BUrlG hat jeder → Arbeitnehmer in jedem Jahr Anspruch auf mindestens 18 Werktage Erholungsurlaub. Der tatsächliche Umfang des einzelnen Urlaubs bestimmt sich nach → Gesetz, → Verordnung, → Tarifvertrag, → Betriebsvereinbarung und → Einzelvertrag. Die zeitliche Festlegung des Urlaubs im Einzelnen bedarf der vorherigen Zustimmung des Arbeitgebers. Der U. ist grundsätzlich zusammenhängend im laufenden Kalenderjahr zu gewähren. Während des Urlaubs darf keine, dem Urlaubszweck zuwiderlaufende entgeltliche Tätigkeit ausgeübt werden. Bei Erkrankung im U. werden die nachgewiesenen Krankheitstage nicht angerechnet. Neben das Urlaubsentgelt (Arbeitsentgelt) kann ein besonderes Urlaubsgeld treten. Ein Anspruch auf unbezahlten Sonderurlaub besteht grundsätzlich nur in engerem Rahmen. Für → Beamte und → Soldaten gelten Sonderregeln.

Lit.: *Leinemann, W./Linck, R.,* Urlaubsrecht, 2. A. 2001; *Neumann, D.,* Urlaubsrecht, 12. A. 2001; *Frese, B.,* Urlaubsrecht, 2003; *Polzer, N. u.a.,* Verfallbare und unverfallbare Urlaubsansprüche, NJW 2015, 2289

Urproduktion ist die Gewinnung von Naturerzeugnissen oder Rohstoffen (z.B. Bergbau, Landwirtschaft, Jagd). Die U. stellt kraft → Gewohnheitsrechts kein → Gewerbe dar, kann aber Gegenstand eines Handelsgewerbes sein. Für → Betriebe der Landwirtschaft und Forstwirtschaft gilt die Sondervorschrift des § 3 HGB (→ Kannkaufmann).

Lit.: *Buchner, F.,* Urproduktion, 1997

Ursache ist der Grund oder Anlass für einen → Erfolg oder eine Wirkung, insbesondere für eine → Verletzung oder einen → Schaden. Im Strafrecht und im Schuldrecht kann einem Verhalten vielfach ein Erfolg nur zugerechnet werden, wenn jenes die U. für diesen ist. Die Überprüfung der Ursächlichkeit (Kausalität) erfolgt mit Hilfe der → Äquivalenztheorie (bzw. → Adäquanztheorie).

ursächlich (Adj.) die → Ursache bildend

Ursächlichkeit → Ursache, Kausalität

Urteil (z.B. § 313 ZPO) ist die gerichtliche, einer besonderen → Form bedürftige → Entscheidung. Das U. besteht aus dem → Rubrum (Urteilskopf), dem → Tenor (Urteilsformel), dem → Tatbestand, den → Entscheidungsgründen – im Strafprozess statt Tatbestand und Entscheidungsgründe nur → Urteilsgründe (§ 267 StPO) – sowie u. U. der → Rechtsmittelbelehrung. Es befindet meist über eine → Klage, entsteht auf Grund der Beratung, ist mündlich im Namen des Volkes zu verkünden und → schriftlich abzufassen. Das U. kann durch → Rechtsmittel angefochten werden. Es erwächst in → Rechtskraft. Es bildet einen → Vollstreckungstitel. Unterschieden werden vor allem → Endurteil, → Zwischenurteil und → Vorbehaltsurteil, streitiges U. und → Versäumnisurteil, → Prozessurteil und → Sachurteil, → Leistungsurteil, → Feststellungsurteil und → Gestaltungsurteil. Die Veröffentlichung von Gerichtsentscheidungen, an denen bisher auch kein besonderes Urheberrecht besteht, ist eine öffentliche Aufgabe, bei der alle Betreffenden gleich zu behandeln sind.

Lit.: *Sattelmacher, P./Sirp, W./Schuschke, W.,* Bericht, Gutachten und Urteil, 35. A. 2013; *Zimmermann, W.,* Klage, Gutachten und Urteil, 20. A. 2011; *Appl, E.,* Die Urteile in Strafsachen, 29. A. 2014; *Huber, M.,* Das Zivilurteil, 2. A. 2003; *Siegburg, P.,* Einführung in die Urteilstechnik, 6. A. 2010; *Hövel, M. van den,* Die Tenorierung im Zivilurteil, 6. A. 2014; *Stegbauer, B.,* Das Urteil in Straf- und Bußgeldsachen, 2. A. 2010

Urteilsformel → Urteil

Lit.: *Michel,* Die Urteilsformel bei Einspruch und Einstellung, MDR 1993, 110 ff.; *Schröer,* Urteilsformel bei Teil-, Schluss- und Grundurteil, JA 1997, 318

Urteilsgebühr (vgl. Anlage 1 zum GKG) ist die mit Erlass eines → Urteils grundsätzlich entstehende Gebühr (anders im Sozialgerichtsprozess sowie im Arbeitsgerichtsprozess erster Instanz).

Urteilsgrund (§ 267 StPO) ist im Strafprozessrecht der Grund für das → Urteil. Die Urteilsgründe fassen im Strafurteil → Urteilstatbestand und → Entscheidungsgründe zusammen. Sie müssen die für

erwiesen erachteten Tatsachen angeben, in denen die gesetzlichen Merkmale der → Straftat gefunden werden.

Lit.: *Sassenberg-Walter, U.,* Die Urteilsgründe im Strafverfahren, 1987; *Hillenkamp, T.,* Die Urteilsabsetzungs- und die Revisionsbegründungsfrist, 1998

Urteilsmethode ist die für ein Urteil (im Gegensatz zu einem Gutachten) erforderliche Methode, welche die Entscheidung voranstellt und danach ihre Gründe darlegt (*denn*, *weil*).

Lit.: *Köbler, G.,* Die Anfängerübung, 7. A. 1995

Urteilstenor → Tenor, Urteil

Usance (F.) Brauch, Handelsbrauch

usus (lat. [M.]) Brauch, Gebrauch

Usus (M.) **modernus pandectarum** ([lat.] moderner Gebrauch der Pandekten) ist die Bezeichnung für die ältere Zeit des gemeinen Rechtes (16.–18. Jh.), in der nach Möglichkeit das antike römische Recht z. B. auch durch Ausscheidung überholter Bestandteile an die neuzeitliche Wirklichkeit angepasst wurde.

Lit.: *Luig, K.,* Samuel Stryck 1640–1710 und der usus modernus pandectarum, 1991; *Köbler, G.,* Zielwörterbuch integrativer europäischer Rechtsgeschichte, 6. A. 2014 (Internet)

Utilitarismus ist die von Jeremy Bentham (1748–1832) und John Stuart Mill (1806–1873) systematisierte sozialphilosophische Lehre, die eine Handlung nach ihrer Nützlichkeit (Utilität) für den Menschen bewertet.

Lit.: *Gesang, B.,* Eine Verteidigung des Utilitarismus, 2003

V

Valuta (F.) Wert, Gegenwert

Valutaverhältnis → Zuwendungsverhältnis

Vater (§ 1592 BGB) eines Kindes ist der Mann, der zum Zeitpunkt der Geburt mit der Mutter des Kindes verheiratet ist, der die Vaterschaft anerkannt hat oder dessen Vaterschaft nach § 1600d BGB gerichtlich festgestellt ist. V. ist der Mann auch, wenn die Ehe durch Tod aufgelöst wurde und innerhalb von 300 Tagen nach der Auflösung das Kind geboren wurde (§ 1593 S. 1 BGB). V. ist der Mann nicht, wenn auf Grund einer Anfechtung rechtskräftig festgestellt ist, dass der Mann nicht der V. des Kindes ist (§ 1599 I BGB). Der V. ist zusammen mit der Mutter grundsätzlich Träger der elterlichen → Sorge. Ihn treffen verschiedene Pflichten, insbesondere die → Unterhaltspflicht.

Lit.: *Wernitznig, B.,* Meine Rechte und Pflichten als Vater, 2. A. 2014

Vaterschaft (§§ 1592 ff. BGB) ist die Stellung als → Vater. Sie wird für den Ehemann angenommen, wenn das Kind nach der → Eheschließung geboren wird und der Ehemann der Frau innerhalb der → Empfängniszeit beigewohnt hat und die V. nicht rechtskräftig angefochten ist. Im Übrigen wird die V. durch Anerkennung oder durch gerichtliche Entscheidung festgestellt. Sie wird gemäß den §§ 1592 ff. BGB bestimmt. Auf die Klage des Mannes gegen das Kind oder auf Klage der Mutter oder des Kindes gegen den Mann entscheidet das Familiengericht über die Feststellung einer nicht entsprechend dem § 1592 Nr. 1 bzw. Nr. 2 BGB gegebenen V. oder über die Anfechtung einer entsprechend dem § 1592 Nr. 1 bzw. Nr. 2 BGB gegebenen V. Im Verfahren auf gerichtliche Feststellung der V. wird als Vater vermutet, wer der Mutter während der → Empfängniszeit beigewohnt hat, sofern nicht schwerwiegende Zweifel an der V. bestehen (§ 1600d II BGB). Die gerichtliche Anfechtung der V. ist binnen zwei Jahren möglich. Die Frist beginnt mit dem Zeitpunkt, in dem der Berechtigte von den Umständen erfährt, die gegen die V. sprechen, jedoch nicht vor der Geburt des Kindes und nicht, bevor die Vaterschaftsanerkennung wirksam geworden ist. Eine ohne Zustimmung des Kindes vorgenommene Untersuchung zur Feststellung der Abstammung ist wegen Verletzung des Persönlichkeitsrechts des Kindes rechtswidrig und kann deshalb nicht als Beweismittel im Rahmen einer Anfechtung der Vaterschaft verwendet werden, doch besteht ein gerichtlich durchsetzbarer Anspruch auf Einwilligung in die Klärung der Vaterschaft. Die Feststellung der V. und die Feststellung der Nichtvaterschaft sind durch die DNA-Analyse sehr viel zuverlässiger geworden als dies jemals früher der Fall war. Sie wären tatsächlich fraglos, wenn in einer globalen Gendatenbank die Daten jedes Menschen enthalten wären.

Lit.: *Hildebrandt, D.,* Der positive Vaterschaftsnachweis, Diss. jur. Göttingen 1997; *Roth, W.,* Vaterschaftsanfechtung durch den biologischen Vater, NJW 2003, 3153; *Wellenhofer, M.,* Das neue Gesetz zur Klärung der Vaterschaft, NJW 2008, 1185

Vaterschaftsanerkennung (§ 1594 BGB) ist die Erklärung, dass der Anerkennende ein → Kind als von ihm erzeugt ansieht. Die V. ist eine einseitige, formbedürftige, nicht empfangsbedürftige, bedingungsfeindliche und zeitbestimmungsfeindliche, nur beschränkt widerrufliche → Willenserklärung, der die Mutter und dann, wenn der Mutter insoweit die elterliche Sorge nicht zusteht, auch das Kind zustimmen muss. Sie bewirkt, dass der Anerkennende als Vater des Kindes feststeht. Sie kann u. U. unwirksam sein oder durch Mann, Mutter und Kind (§ 1600 BGB) binnen zwei Jahren (§ 1600a BGB) gerichtlich angefochten werden. Eine V. ist nicht wirksam, solange die Vaterschaft eines anderen Manns besteht.

Lit.: *Schubert, E.,* Die Rechtsnatur der Vaterschaftsanerkennung, 1932

Vaterschaftsgutachten ist das wissenschaftliche → Gutachten über die → Vaterschaft eines Mannes an einem → Kind. Das V. ist im → Rechtsstreit über die Vaterschaft das wichtigste → Beweismittel. Es kann vor allem → DNA-Analyse, Blutgruppenuntersuchung, erbkundliches Gutachten oder Tragezeitgutachten sein.

Vaterschaftsvermutung (§ 1600c BGB) ist die → Vermutung, dass ein bestimmter Mann → Vater eines bestimmten → Kindes ist. In dem Verfahren auf Anfechtung einer → Vaterschaft wird vermutet, dass das Kind von dem Mann abstammt, dessen Vaterschaft nach den §§ 1592 Nr. 1, 1592 Nr. 2 und 1593 besteht, es sei denn, dass eine → Vaterschaftsanerkennung angefochten wird und an einem Willensmangel nach den §§ 119 I, 123 BGB leidet. Die V. kann durch einfachen Gegenbeweis entkräftet werden.

Lit.: *Rath, M.* Die Bedeutung der Vaterschaftsvermutung nach § 1600d Abs. 2 BGB, Diss. jur. Münster 1998

Vatikan ist der (nach Aufhebung des Kirchenstaats am 20.9.1870 durch den König Italiens) durch die zwischen Italien und dem Heiligen Stuhl geschlossenen Lateranverträge am 11.2.1929 (neu) entstandene, unabhängige Kirchenstaat mit dem → Papst als (weltlichem) Souverän, demgegenüber der Heilige Stuhl das Papstamt ist, das ein vom V. verschiedenes souveränes Völkerrechtssubjekt darstellt.

Lit.: *Rossi, F.,* Der Vatikan, 3. A. 2005

Vatikanisches Konzil ist das nach dem → Vatikan benannte, in Rom abgehaltene Konzil (1869/1870, 1962–1965).

Lit.: *Aubert, R.,* Vaticanum I (deutsche Übersetzung), 1965; *Seeber, D.,* Das Zweite Vaticanum, 1966; Kleines Konzilskompendium, hg. v. *Rahner, K.,* 35. A. 2008

VDE (M.) Verband deutscher Elektriker

VDI (M.) Verein deutscher Ingenieure

VELKD (F.) Vereinigte Evangelisch-Lutherische Kirche Deutschlands
Lit.: *Metz, C.,* Die Rechtsprechung der Gerichte und Schlichtungsstellen der VELKD, Diss. jur. Marburg 1980; Leitlinien kirchlichen Lebens der vereinigten evangelisch-lutherischen Kirche Deutschlands, 2003

Venia (F.) **legendi** ([lat.] Erlaubnis des Lesens) ist die Lehrbefugnis (in einem bestimmten Wissenschaftsfach) an einer → Universität. Sie wird regelmäßig durch die → Habilitation erlangt. Im Übrigen sind Professoren kraft Amtes allgemein (in Österreich auch nach Emeritierung kraft Gesetzes) und Lehrbeauftragte kraft besonderer Beauftragung im Einzelfall zum Abhalten von Lehrveranstaltungen an ihrer Universität befugt.
Lit.: *Köbler, G.,* Wie werde ich Jurist?, 5. A. 2007

Venire (N.) **contra factum proprium** ([lat.] Zuwiderhandeln gegen eigenes Tun) ist der widersprüchliches Verhalten ausschließende Rechtssatz. Das v. c. f. p. ist ein Fall der aus § 242 BGB folgenden Einschränkung oder Aufhebung eines bestehenden Rechtes. Eine Partei kann danach ein Recht dann nicht geltend machen, wenn seine Ausübung im Gegensatz zum eigenen vorangegangenen → Tun steht (z. B. Vertragsstrafeanspruch des Gläubigers und eigene verzögerliche Mitwirkung bei der Erfüllung, Verlangen der Teilung einer universitären Einrichtung und Nichtanerkennung der Selbständigkeit eines durch die Durchführung der Teilung entstehenden Teiles durch Betrüger).
Lit.: *Dette, H.,* Venire contra factum proprium nulli conceditur, 1985; *Singer, R.,* Das Verbot widersprüchlichen Verhaltens, 1993

venture capital (engl. [N.]) Wagniskapital
Lit.: *Weitnauer, W.,* Handbuch Venture Capital, 5. A. 2015

Verabredung ist die gemeinsame Absprache eines Verhaltens. Im Strafrecht ist die V. *eines* → *Verbrechens* strafbar (§ 30 II StGB). Sie liegt vor, wenn sich jemand bereit erklärt, das Erbieten eines anderen annimmt oder sich mit einem anderen verabredet, ein Verbrechen zu begehen oder zu ihm anzustiften. Die V. eines Verbrechens wird milder bestraft als die Begehung desselben Verbrechens.
Lit.: *Fieber, U.* Die Verbrechensverabredung, 2001

Verächtlichmachen (§ 90a StGB) ist das den Angriffsgegenstand als der Achtung der Bürger unwert und unwürdig hinstellende Verhalten.
Lit.: *Last, U.,* Die Staatsverunglimpfungsdelikte, 2000; *Koch, S.,* Schutz vor kommerzieller Markenverunglimpfung, 2001

Veränderung ist die Verschaffung oder Erlangung eines anderen Aussehens oder Wesens. Im Strafpro-

zessrecht (§ 265 StPO) ist die V. *des rechtlichen Gesichtspunkts* das Hervortreten neuer rechtlicher Gesichtspunkte (vor allem das Auswechseln des Anklagetatbestands). Der → Angeklagte darf in einem Rechtsstaat nicht auf Grund eines anderen als des in der gerichtlich zugelassenen → Anklage angeführten → Strafgesetzes verurteilt werden, ohne dass er zuvor auf die V. des rechtlichen Gesichtspunkts besonders hingewiesen und ihm Gelegenheit zur → Verteidigung gegeben worden ist (z. B. Anklage wegen des Missbrauchstatbestands der Untreue, drohende Verurteilung wegen des Treubruchstatbestands).

Veränderungssperre (§ 14 BauGB) ist das → Verbot, genehmigungsbedürftige oder sonstige wertsteigernde bauliche → Anlagen zu errichten oder andere wertsteigernde Veränderungen des → Grundstücks vorzunehmen. Die V. kann von der → Gemeinde als genehmigungsbedürftige → Satzung beschlossen werden. Sie dient der Sicherung der → Bebauungsplanung und ist u. U. schon vor ihrem Erlass beachtlich.
Lit.: *Schenke, W.,* Veränderungssperre und Zurückstellung des Baugesuchs, 1995; *Jäde, H.,* Gemeinde und Baugesuch, 5. A. 2014

Veranlagung (§ 37 AO) ist im → Steuerrecht die Feststellung und Festsetzung des Steueranspruchs im Einzelfall. Die V. ist ein als Einzelveranlagung oder Zusammenveranlagung von Ehegatten mögliches steuerliches Verwaltungsverfahren. Dieses endet mit dem → Steuerbescheid (→ Verwaltungsakt).
Lit.: *Waterkamp, A.,* Ehegattenveranlagung und Freizügigkeit in der Europäischen Gemeinschaft, 1993; Veranlagung, hg. v. *Schick, G.,* 2003

Veranlagungsteuer ist die durch → Veranlagung erhobene → Steuer (im Gegensatz zur → Quellensteuer).
Lit.: *Bornhofen, M.,* Steuerlehre 2, 35. A. 2015

Verantwortlichkeit ist menschliches Einstehenmüssen für einen Umstand. Im Strafrecht besteht eine V. für bestimmte Gefahrenquellen, die sich aus einem vorausgegangenen gefährlichen → Tun ergibt. Sie begründet eine → Garantenstellung. Im Schuldrecht bewirkt die V. für bestimmte Gefahrenquellen eine → Verkehrssicherungspflicht. Ihre Verletzung kann eine → Schadensersatzverpflichtung nach sich ziehen.
Lit.: *Kissner, W.,* Die zivilrechtliche Verantwortlichkeit für Ad-hoc-Mitteilungen, 2003; *Schlösser, J.,* Mittelbare individuelle Verantwortlichkeit im Völkerstrafrecht, 2004

Verarbeitung (Spezifikation) (§ 950 BGB) ist im Sachenrecht die Herstellung einer neuen – nicht nur erneuerten – beweglichen → Sache durch Verarbeitung oder Umbilden eines oder mehrerer Stoffe (z. B. Backen von Brot, Drucken einer Zeitung, Stricken eines Pullovers, Verwertung eines Motorblocks zu einem Komplettmotor, Zusammensetzen eines Motorrads aus gestohlenen Einzelteilen), wobei als V. auch das Schreiben oder eine ähnliche

Bearbeitung einer Oberfläche anzusehen ist. Der für die V. Verantwortliche (Hersteller, z. B. Betriebsinhaber) erwirbt das → Eigentum an der neuen Sache – unter Untergang des Eigentums der bisherigen Eigentümer an den Stoffen –, sofern nicht der Wert der V. oder der Umbildung erheblich geringer ist als der Wert des Stoffes. Wer infolge der V. einen Rechtsverlust erleidet, kann von dem Begünstigten Vergütung in Geld nach den Vorschriften über die Herausgabe einer ungerechtfertigten → Bereicherung fordern. Vielfach ist die V. in → allgemeinen Geschäftsbedingungen abweichend geregelt.

Lit.: *Reitz, M.*, Der Tatbestand der Verarbeitung, 1996

Veräußerung ist die Weggabe eines → Gegenstands an einen anderen. Die V. umfasst in der Regel sowohl das (schuldrechtliche) → Verpflichtungsgeschäft (z. B. Kauf) wie auch das (sachenrechtliche) → Verfügungsgeschäft (z. B. Übereignung) (str.). Beide sind aber rechtlich streng von einander zu trennen.

Lit.: *Merle, W.*, Die Veräußerung des streitbefangenen Gegenstandes, JA 1983, 626; *Tabachnykova, S.*, Der Erwerb und die Veräußerung von Mitunternehmeranteilen, 2003; *Fleischmann, O.*, Die verfassungsrechtlichen Rahmenbedingungen der Veräußerung von Verwaltungsvermögen, 2003

Veräußerungsverbot ist das → Verbot, über einen → Gegenstand durch → Veräußerung zu → verfügen. Das V. kann auf → Gesetz oder Hoheitsakt (z. B. einstweilige Verfügung) – nicht auf Rechtsgeschäft (§ 137 BGB, möglich aber Verpflichtung, nicht zu verfügen) – beruhen. Bei einem Verstoß gegen ein V. ist die betreffende Verfügung je nach dem Ziel des Verbots (allgemein) → unwirksam (vgl. § 134 BGB) oder nur relativ (d. h. lediglich gegenüber bestimmten geschützten Personen) unwirksam. Gutgläubiger → Erwerb ist möglich.

Lit.: *Mehrtens, G.*, Das gesetzliche Veräußerungsverbot, 1974; *Fahland, M.*, Das Verfügungsverbot nach §§ 135, 136 BGB, 1976

Verbalinjurie (F.) Beleidigung (z. B. eines korrekten Universitätsprofessors durch seine korrupte Umwelt) durch Worte (z. B. Lügner, Scharlatan, Kulturbanause, Nestbeschmutzer, Verrückter, Querulant, Demagoge, Giftzwerg, Esel, Idiot, Blödmann, Arschloch).

Verband ist die Vereinigung von Gegenständen oder Personen sowie das umfassende Band. Im Verfassungsrecht und im Wirtschaftsrecht ist V. insbesondere eine Vereinigung von (rechtsfähigen) Unternehmen mit dem Ziel, Gesetzgebung und Verwaltung im Interesse eines Wirtschaftszweigs zu beeinflussen (z. B. Arbeitgeberverband). Der V. wirkt bei der politischen Willensbildung auf einer Vorstufe mit. Seine Existenz ist durch Art. 9 GG gewährleistet. Seine rechtliche Gestaltung kann verschieden sein. In Deutschland gab es 2015 rund 15 000 Verbände.

Lit.: Handbuch des Vereins- und Verbandsrechts, hg. v. *Reichert, B. u. a.*, 9. A. 2003, 10. A. 2004; *Schäfer, C.*, Die Lehre vom fehlerhaften Verband, 2002

Verbandsklage ist im → Verwaltungsprozessrecht die → Klage eines → Verbands unter eigenem Namen. Sie ist wegen der erforderlichen → Klagebefugnis (§ 42 II VwGO) nur zulässig, wenn der Verband die Verletzung eines eigenen → Rechtes geltend macht. Dagegen ist sie grundsätzlich unzulässig, wenn nur die Verletzung von Rechten der Verbandsmitglieder oder der Allgemeinheit behauptet wird. Jedoch kann einem Verband die Befugnis für solche Klagen durch Gesetz zuerkannt werden (z. B. die Klagebefugnis der → Industrie- und Handelskammer gem. § 12 HandwO, § 42 II VwGO). Möglich ist eine V. bei dem Bundesverwaltungsamt oder bei der Europäischen Kommission registrierter Einrichtungen gegen Verstöße gegen Verbraucherschutzgesetze. Nach dem Unterlassungsklagengesetz (BGBl. 2001 I, 3138) besteht ein Verbandsunterlassungsklagerecht bei Verstößen gegen verbraucherrechtliche Bestimmungen, ausgenommen das Arbeitsrecht.

Lit.: Die Bündelung gleichgerichteter Interessen im Prozess, hg. v. *Basedow, J. u. a.*, 1999; *Greger, R.*, Neue Regeln für die Verbandsklage, NJW 2000, 2457; *Calliess, C.*, Die umweltrechtliche Verbandsklage, NJW 2002, 97; *Schmidt, A.*, Die naturschutzrechtliche Verbandsklage, 2003

Verbandskompetenz ist die Zuständigkeit eines Organs eines Verbands. *Fehlende* V. ist gegeben, wenn ein Organ eines fremden Rechtsträgers anstelle eines Organs des allein zuständigen Rechtsträgers einen → Verwaltungsakt erlässt (z. B. Bundesbehörde statt Landesbehörde). Eine solche fehlende V. begründet die Nichtigkeit des Verwaltungsakts.

Lit.: *Baumann, D.*, Die sachlichen und räumlichen Grenzen der Verbandskompetenz öffentlich-rechtlicher Kreditinstitute, 2000

Verbandskörperschaft ist die → Körperschaft, deren Mitglieder → juristische Personen (Verbände) sind (z. B. → Zweckverband).

Verbandsstrafe ist die von einem Verband festgelegte Maßnahme strafenden Charakters bzw. die einem Verband (juristischen Person) auferlegte Strafe.

Lit.: *Freier, F. v.*, Kritik der Verbandsstrafe, 1998; Verbandsstrafe, hg. v. *Hettinger, M.*, 2002

Verbandstarifvertrag ist der → Tarifvertrag, bei dem auf der Arbeitgeberseite ein → Verband als Vertragspartei auftritt.

Verbannung ist in der → Rechtsgeschichte die Bestrafung mit dem Ausschluss aus der → Gemeinschaft durch Vertreibung aus dem von dieser Gemeinschaft beanspruchten → Gebiet.

Lit.: *Köbler, G.*, Zielwörterbuch integrativer europäischer Rechtsgeschichte, 6. A. 2014 (Internet)

verbindlich (Adj.) verpflichtend

Verbindlichkeit (Obligation) ist im Schuldrecht die → Verpflichtung (→ Schuld) des → Schuldners. Sie kann auf → Gesetz (z. B. § 823 I BGB) oder → Rechtsgeschäft (z. B. Kaufvertrag) beruhen. Sie wird als *unvollkommene* V. bezeichnet, wenn sie nicht eingeklagt, das einmal Geleistete aber vom Schuldner auch nicht deshalb zurückgefordert werden kann, weil eine V. nicht bestanden habe (vgl. z. B. § 762 I BGB).

Lit.: *Waclawik, E.,* Die Verbindlichkeit von Devisenterminvereinbarungen, 2000

Verbindung ist die Vereinigung mehrerer Umstände zu einer Einheit. Im Sachenrecht ist V. die Vereinigung einer beweglichen → Sache mit einem → Grundstück oder anderen beweglichen Sachen dergestalt, dass sie wesentlicher → Bestandteil des Grundstücks oder einer einheitlichen Sache wird (§§ 946f. BGB). Die V. hat zur Folge, dass sich das → Eigentum am Grundstück auch auf die bewegliche Sache erstreckt oder dass die bisherigen Eigentümer mehrerer beweglicher Sachen entweder → Miteigentümer werden oder, wenn eine der mehreren beweglichen Sachen als die Hauptsache anzusehen ist, ihr Eigentümer das Alleineigentum erwirbt. Umgekehrt erlöschen die entsprechenden Rechte bisheriger Eigentümer und evtl. weiterer Berechtigter (§ 949 BGB). Wer infolge der V. einen Rechtsverlust erleidet, kann von dem Begünstigten Vergütung in Geld nach den Vorschriften über die Herausgabe einer ungerechtfertigten → Bereicherung verlangen (§ 951 BGB → Rechtsgrundverweisung, str.). Im Verfahrensrecht ist eine V. *mehrerer Verfahren* möglich (z. B. § 147 ZPO).

Verbot ist die ausdrückliche → Anordnung, ein → Verhalten zu → unterlassen. Das V. kann grundsätzlich gesetzlich, behördlich oder rechtsgeschäftlich festgelegt sein. Der Verstoß gegen ein *gesetzliches* V. hat im → Strafrecht in der Regel → Strafe zur Folge. Im → Verwaltungsrecht stellt er vielfach eine Störung der öffentlichen → Sicherheit und Ordnung dar. Im Privatrecht ist ein → Rechtsgeschäft, das gegen ein gesetzliches V. verstößt, → nichtig, wenn sich nicht aus dem Gesetz ein anderes ergibt (§ 135 BGB). Im Verwaltungsrecht wird dabei zwischen verschiedenen Arten des Verbots unterschieden. Das V. ist *präventives* V. mit → Erlaubnisvorbehalt, wenn es nicht wirklich das Verfahren allgemein oder grundsätzlich verhindern, sondern nur in Fällen tatsächlicher Gefahr oder Störung ausnahmsweise verbieten will (z. B. Bauen, Bauerlaubnis). Es ist dagegen *repressives* V. mit → Befreiungsvorbehalt, wenn das Verhalten wegen seiner schädlichen Auswirkungen grundsätzlich verhindert und nur ausnahmsweise erlaubt werden soll (z. B. Waffenbesitz, Waffenschein).

Lit.: *Schulenburg, J.,* Das Verbot der vorweggenommenen Beweiswürdigung im Strafprozess, 2002; *Battis, U.,* Verfassungsrechtliche Anforderungen an ein gesetzliches Verbot des Kopftuches von Beamtinnen, 2004

verboten (Adj.) nicht erlaubt, untersagt

verbotene Eigenmacht → Eigenmacht, verbotene

Verbotsirrtum (§ 17 StGB) ist im Strafrecht der – im Rahmen der → Schuld zu prüfende – → Irrtum über die → Rechtswidrigkeit (das Verbotensein) der Tat. Dem Täter fehlt die Einsicht, → Unrecht zu tun.

Er weiß zwar, was er tatbestandlich tut, nimmt aber irrig an, die verbotene Handlung sei erlaubt. Der *unvermeidbare* V. ist → Schuldausschließungsgrund, so dass der Täter nicht bestraft werden kann. Der *vermeidbare* V. schließt die Strafbarkeit nicht aus, kann aber zur (Schuldmilderung und damit zur) Strafmilderung (§§ 17, 49 StGB) führen. *Direkter* V. ist gegeben, wenn der Täter die seine Tat unmittelbar betreffende Verbotsnorm (z. B. § 212 StGB) nicht kennt, sie für ungültig hält oder infolge unrichtiger Auslegung zu Fehlvorstellungen über ihren Geltungsbereich gelangt und aus diesem Grund sein Verhalten als rechtlich zulässig ansieht. *Indirekter* V. (→ Erlaubnisirrtum, z. T. auch → Erlaubnistatbestandsirrtum) ist der Irrtum über das Verbotensein der Tat trotz Vorhandensein des Tatbestandsvorsatzes. (Der Täter weiß z. B., dass Töten verboten ist, glaubt aber irrtümlich an das Eingreifen eines → Rechtfertigungsgrunds.)

Lit.: *Tischler, W.,* Verbotsirrtum und Irrtum über normative Tatbestandsmerkmale, 1984; *Herzberg, R./Hardtung, B.,* Grundfälle zur Abgrenzung, JuS 1999, 1073; *Ries, G.,* Die Vermeidbarkeit des Verbotsirrtums, 2000; *Löw, C.,* Die Erkundigungspflicht beim Verbotsirrtum nach § 17 StGB, 2002

verbrauchbar (Adj.) aufbrauchbar

verbrauchbare Sache → Sache, verbrauchbare

Verbraucher ist jede natürliche Person, die ein Rechtsgeschäft zu einem Zweck abschließt, der weder ihrer gewerblichen noch ihrer selbständigen beruflichen Tätigkeit zugerechnet werden kann (§ 13 BGB, z. B. Arbeitnehmer bei Abschluss eines Arbeitsvertrags). Der Europäische Gerichtshof legt für den Verbraucherschutz als Leitbild den durchschnittlich unterrichteten, aufmerksamen und verständigen Durchschnittsverbraucher zugrunde. Der V. muss vor einer unangemessenen Benachteiligung durch allgemeine → Geschäftsbedingungen besonders geschützt werden (§§ 305ff. BGB, z. B. Schutz dagegen, dass Telefonwertkarten nur mit zeitlich beschränkter Gültigkeitsdauer verkauft werden).

Lit.: *Kilian, B.,* Der Verbraucherbegriff in der Europäischen Union, Diss. jur. Augsburg 1998; *Schmidt, K.,* Verbraucherbegriff und Verbrauchervertrag, JuS 2006, 1; *Faust, F.,* Begriff des Verbrauchers, JuS 2010, 254; *Pfeiffer, T.,* Was kann ein Verbraucher, NJW 2011, 1

Verbraucherdarlehen (§§ 491ff. BGB) ist das entgeltliche Darlehen (Gelddarlehen) zwischen einem → Unternehmer als Darlehensgeber und einem → Verbraucher als Darlehensnehmer mit Ausnahme besonders genannter Verträge (§ 491 II BGB, beachte auch § 491 III BGB). Das V. bedarf der → Schriftform und muss bestimmte Inhalte aufweisen (§ 492 BGB). Andernfalls ist es nach § 494 BGB nichtig. Der Darlehensnehmer hat grundsätzlich ein → Widerrufsrecht nach § 355 BGB (§ 495 BGB). Die Gesamtfälligstellung bei → Teilzahlungsdarlehen wegen Zahlungsverzugs des Darlehensnehmers ist nur gemäß § 498 BGB möglich.

Lit.: *Burghaus, T.,* Verbraucherdarlehen, 2003

Verbraucherinformation ist die für den Verbraucher bestimmte und vom Verbraucher benötigte Information. Das Verbraucherinformationsgesetz gibt Verbrauchern bestimmte Ansprüche auf Information und Behörden Rechte zur Information.

Lit.: *Beyerlein, T./Borchert, G.,* Verbraucherinformationsgesetz, 2010; *Grube, M. u. a.,* Verbraucherinformationsrecht, 2013

Verbraucherinsolvenz (§§ 304 ff. InsO) ist die → Insolvenz des → Verbrauchers. Im Verbraucherinsolvenzverfahren muss der → Schuldner mit dem Antrag auf Eröffnung des Insolvenzverfahrens über sein Vermögen eine Bescheinigung einer geeigneten Person oder Stelle vorlegen, aus der sich ergibt, dass eine außergerichtliche Einigung mit seinen Gläubigern über eine Schuldenbereinigung auf der Grundlage eines Insolvenzplans innerhalb der letzten sechs Monate gescheitert ist. Erforderlich sind weiter ein Vermögensverzeichnis, ein Schuldenverzeichnis und ein Schuldenbereinigungsplan. Ist ein Verfahren über den Schuldenbereinigungsplan gescheitert, kann das Verbraucherinsolvenzverfahren weitergeführt werden. Sein vorrangiges Ziel ist die → Restschuldbefreiung des redlichen Schuldners.

Lit.: *Pape, G.,* Die Entwicklung des Verbraucherinsolvenzverfahrens, NJW 2015, 2080; *Henning, K.,* Der Ablauf eines Verbraucherinsolvenzverfahrens, NJW 2009, 2943

Verbraucherkredit ist die entgeltliche Kreditgewährung eines gewerblich oder beruflich tätigen Kreditgebers an einen Verbraucher. → Verbraucherdarlehensvertrag, → Kreditvertrag, Kreditvermittlungsvertrag

Lit.: *Godefroid, C.,* Verbraucherkreditverträge, 3. A. 2008; *Bülow, P.,* Neues Verbraucherkreditrecht in Etappen, NJW 2010, 1713

Verbraucherkreditgesetz ist das am 1.1.1991 in Kraft getretene, u. a. das Abzahlungsgesetz von 1894 ablösende zum 1.1.2002 in das Bürgerliche Gesetzbuch (§§ 488 ff. BGB) eingefügte Gesetz.

Lit.: *Bülow, P./Artz, M.,* Verbraucherkreditrecht (Heidelberger Kommentar zum Verbraucherkreditgesetz), 8. A. 2014

Verbraucherrecht ist die Gesamtheit der Verbraucher betreffenden Rechtssätze.

Lit.: Martis, *R./Meinhof, A.,* Verbraucherschutzrecht, 2. A. 2005; Timm, M., Verbraucherschutzrecht, 2011

Verbraucherschutz ist der Schutz des Verbrauchers vor rechtlicher Benachteiligung durch Hersteller oder Kreditgeber (u. a. §§ 474 ff. BGB).

Lit.: Martis, *R./Meinhof, A.,* Verbraucherschutzrecht, 2. A. 2005; Timm, M., Verbraucherschutzrecht, 2011

Verbraucherschutzgesetz ist das dem Verbraucherschutz dienende Gesetz (z. B. Haustürgeschäftswiderrufsgesetz, Verbraucherkreditgesetz, Teilzeitwohnrechtsgesetz, Fernabsatzgesetz, Fernunterrichtsgesetz usw., vgl. §§ 474 ff. BGB Verbrauchsgüterkauf).

Verbrauchsgüterkauf (§ 474 BGB) ist der Kauf eines beweglichen Gutes bzw. einer beweglichen Sache von einem Unternehmer durch den Verbraucher. Ausgenommen ist der Kauf gebrauchter Sachen in einer öffentlichen Versteigerung, an welcher der Verbraucher persönlich teilnehmen kann. Der Verbraucher wird durch das Verbot verschiedener abweichender Vereinbarungen, durch Beweislastumkehr für binnen sechs Monate nach Gefahrübergang auftretende Sachmängel, Sonderbestimmungen für Garantien und einiges Andere besonders geschützt (§§ 475 ff. BGB).

Lit.: *Schreier, B.,* Vergleich der Umsetzung ausgewählter Verbraucherschutzrichtlinien, 2004; *Schroeter, U.,* Probleme des Anwendungsbereichs des Verbrauchsgüterkaufrechts, JuS 2006, 682

Verbrauchsteuer ist die → Steuer auf den → Verbrauch von Gütern (z. B. Tabaksteuer, i. w. S. auch Umsatzsteuer).

Lit.: Zölle und Verbrauchsteuern (Lbl.), hg. v. *Witte, P.,* 32. A. 2015; *Bongartz, M./Schröer-Schallenberg, S.,* Verbrauchsteuerrecht, 2. A. 2011

Verbrechen ist im weiteren Sinn das vom → Tatbestand des → Strafgesetzes in seinen Merkmalen festgelegte, mit Strafe bedrohte Unrecht, für das der Täter einen Schuldvorwurf verdient. Im engeren Sinn (§ 12 I StGB) ist V. die rechtswidrige Tat, die im Mindestmaß mit → Freiheitsstrafe von einem Jahr und darüber bedroht ist (z. B. § 146 StGB, Geldfälschung, § 154 I StGB, Meineid, § 177 I StGB, sexuelle Nötigung, Vergewaltigung, § 211 StGB, Mord, § 212 StGB, Totschlag usw.), wobei qualifizierte Tatbestände, privilegierte Tatbestände und Sondertatbestände eigenständig zu betrachten sind. Insofern steht das V. in Gegensatz zum → Vergehen. Der → Versuch eines Verbrechens ist stets strafbar (§ 23 I StGB). Die versuchte Anstiftung zu einem V. ist strafbar (§ 30 I StGB). Bei einem V. kann nicht von der Verfolgung abgesehen werden und kann kein → Strafbefehl ergehen. Bei einem V. ist stets Verteidigung durch einen Rechtsanwalt notwendig.

Lit.: *Lesch, H.,* Der Verbrechensbegriff, 1999; *Kuschnik, B.,* Der Gesamttatbestand des Verbrechens gegen die Menschlichkeit, 2009

Verdacht → Tatverdacht

Lit.: *Schulz, L.,* Normiertes Misstrauen, 2001

Verdächtiger ist im Strafverfahrensrecht, wer unter dem Verdacht steht, eine mit → Strafe bedrohte → Handlung begangen zu haben. Der Verdächtige wird zum → Beschuldigten, sobald gegen ihn ein Ermittlungsverfahren eingeleitet wird. Bis dahin kann der Verdächtige als → Zeuge vernommen werden.

Verdächtigung ist die Äußerung oder Begründung eines → Verdachts. *Falsche* V. begeht (§ 164 BGB), wer einen anderen bei einer → Behörde oder öffentlich wider besseres Wissen einer rechtswidrigen Tat oder einer Dienstpflichtverletzung in der Absicht verdächtigt, behördliche Maßnahmen gegen ihn herbeizuführen oder fortdauern zu lassen. Die falsche V. kann auch durch Verschweigung einer Tatsache bei einer sonst wahrheitsgemäßen Anzeige erfolgen. Die falsche V. wird mit Freiheitsstrafe bis zu 5 Jahren oder mit Geldstrafe bestraft. Wegen *politischer* V. (§ 241a StGB) ist strafbar, wer einen anderen durch eine Anzeige oder V. der Gefahr aussetzt, aus politischen Gründen verfolgt zu werden und hierbei im Widerspruch zu rechtsstaatlichen Grundsätzen durch Gewaltmaßnahmen oder Willkürmaßnahmen Schaden an Leib oder Leben zu erleiden, der Freiheit beraubt oder in seiner beruflichen oder wirtschaftlichen Stellung empfindlich beeinträchtigt zu werden. Die politische V. wird mit Freiheitsstrafe bis zu 5 Jahren oder mit Geldstrafe bestraft. Der Versuch ist strafbar.

Lit.: *Langer, W.,* Die falsche Verdächtigung, 1973; *Bernhard, L.,* Falsche Verdächtigung, 2003

Verdienst (M.) Lohn

Lit.: *Jahnke, J.,* Der Verdienstausfall im Schadensersatzrecht, 2000

Verdikt (N.) Wahrspruch, Urteil

Verdingung ist die Vergabe von Arbeiten oder Lieferungen durch Ausschreibung.

Verdingungsordnung ist (eine ältere Bezeichnung für) eine von nichtstaatlichen Fachgremien beschlossene Ordnung eines Verfahrens für die Vergabe öffentlicher Aufträge im Bereich der Leistungen (VOL), der Bauleistungen (VOB) und der freiberuflichen Leistungen (VOF). Ihre Anwendbarkeit auf öffentliche Aufträge folgt aus der jeweiligen Vergabeordnung. → Vergabe- und Vertragsordnung

Verdingungsordnung für Leistungen (VOL) (ausgenommen Bauleistungen) ist die Verwaltungsvorschrift über die bei der Vergabe von öffentlichen Leistungsaufträgen geltenden Grundsätze.

Lit.: *Daub, W./Meierrose, R.,* Kommentar zur VOL-B, hg. v. *Eberstein, H.,* 5. A. 2003; *Daub, W./Eberstein, H.,* Kommentar zur VOL/A, 5. A. 2000; *Schaller, H.,* Vergabe- und Vertragsordnung für Leistungen Teile A und B, 5. A. 2014; *Leinemann, R.,* Die Vergabe öffentlicher Aufträge, 5. A. 2011

Verdunkelungsgefahr (§ 112 II Nr. 3 StPO) ist der dringende → Verdacht, dass der Verdächtige im Fall der Nichtverhaftung auf die Integrität der → Beweismittel unlauter einwirken wird und dass deshalb die → Gefahr droht, dass die → Ermittlung der Wahrheit erschwert werde(, weshalb die V. ein → Haftgrund ist).

Lit.: *Hermes, T.,* Der Haftgrund der Verdunkelungsgefahr, 1992; *Langner, S.,* Untersuchungshaftanordnung, 2003

Vereidigung (z.B. §§ 478ff. ZPO) ist die Ablegung bzw. Abnahme eines Eides zur Bekräftigung einer Aussage durch einen → Eid. Die V. kann jeden Menschen betreffen, der einen Beitrag leistet, der für die Wahrheitsfindung bedeutsam ist. Die V. erfolgt durch das → Gericht. Bei ihr schwört der Vereidigte, die Wahrheit zu sagen. Die vorsätzlich falsche Aussage entgegen dem Eid ist als → Meineid strafbar (§ 154 StGB).

Lit.: *Park, T.,* Die Vereidigung von Zeugen im Strafprozess, JuS 1998, 1039

Verein ist im Verfassungsrecht (Art. 9 GG) der Zusammenschluss mehrerer → Personen. Die Freiheit, einen V. zu bilden, ist durch die Verfassung ebenso gewährleistet wie die Freiheit, einem V. nach Belieben fernzubleiben (→ Vereinigungsfreiheit). Im Verwaltungsrecht (§ 2 VereinsG) ist V. die Vereinigung, zu der sich eine Mehrheit von Personen für längere Zeit zu einem gemeinsamen Zweck freiwillig und mit dem Ziel organisierter Willensbildung zusammengeschlossen hat. Im Privatrecht ist V. eine auf eine gewisse Dauer berechnete Personenvereinigung mit körperschaftlicher Verfassung, die als einheitliches Ganzes gedacht wird, daher einen Gesamtnamen führt und im Bestand vom Wechsel der → Mitglieder unabhängig ist (in Deutschland 1980 rund 180 000 eingetragene Vereine, 2001 rund 544 700 eingetragene Vereine in rund 600 Vereinsregistern, davon 215 439 Sportvereine, 95 044 Freizeitvereine, 72 350 sozial-karitative Vereine und 61 983 kulturelle Vereine, 2005 rund 594 000 eingetragene Vereine). Der V. kann entweder → rechtsfähig (eingetragen, juristische → Person) sein oder nichtrechtsfähig (nicht eingetragen). Der *(rechtsfähige) nichtwirtschaftliche* V. (Idealverein) erlangt Rechtsfähigkeit durch → Eintragung in das → Vereinsregister des zuständigen → Amtsgerichts (§ 21 BGB), der *(rechtsfähige,) wirtschaftliche* V. entweder nach den besonderen Vorschriften (z. B. AktG, System der Normativbestimmungen) oder durch staatliche Verleihung (§ 22 BGB, Konzessionssystem). Für die Annahme eines wirtschaftlichen Geschäftsbetriebs reichen dabei von den Mitgliedern des Vereins angestrebte wirtschaftliche Vorteile allein nicht aus. Voraussetzungen der Eintragung des Vereins sind eine schriftliche → Satzung mit bestimmten unerlässlichen und weiteren angestrebten Bestimmungen (§§ 57f. BGB), Mindestmitgliederzahl von 7 Personen (§ 56 BGB) und Anmeldung durch alle Vorstandsmitglieder in öffentlich beglaubigter Form (§ 59 BGB). Vor der Eintragung erfolgt eine Überprüfung durch das Amtsgericht und die untere → Verwaltungsbehörde. → Organe des Vereins sind (dann) → Mitgliederversammlung und → Vorstand (§§ 32, 26 BGB). Nach § 31 BGB ist der V. für einen → Schaden verantwortlich, den der Vorstand, ein Mitglied des Vorstands oder ein anderer verfassungsmäßig berufener → Vertreter einem Dritten durch eine in Ausführung der zustehenden Verrichtung begangene, zum Schadensersatz verpflichtende → Handlung zugefügt hat. Der *nichtrechtsfähige* V. unterscheidet sich vom rechtsfähigen V. durch das Fehlen der → Rechtsfähigkeit. Nach § 54 S. 1 BGB sollen auf ihn die Vorschriften über die → Gesellschaft Anwendung finden, doch wird diese → Verweisung allgemein als verfehlt angesehen und weitestgehend das Recht des rechtsfähigen V. auch auf den nichtrechtsfähigen V. angewandt. Die Haftung der Mitglieder aus Rechtsgeschäften ist regelmäßig stillschweigend auf den Anteil am Vereinsvermögen beschränkt. Seit 2009 ist die Haftung ehrenamtlich tätiger Vereins- und Stiftungsvorstände gesetzlich auf Vorsatz und grobe Fahrlässigkeit eingeschränkt (§ 31a I 1 BGB). Der Vorstand ist nur zur Vertretung des Vereins ermächtigt, nicht auch zur Vertretung der Vereinsmitglieder.

Lit.: *Stöber, K.*, Handbuch zum Vereinsrecht, 10. A. 2012; Der eingetragene Verein, hg. v. *Sauter, E./ Schweyer, G./Waldner, W.*, 19. A. 2010, 20. A. 2015?; *Märkle, R.*, Der Verein im Zivil- und Steuerrecht, 13. A. 2014; *Burhoff, D.*, Vereinsrecht, 9. A. 2014; *Schleder, H.*, Steuerrecht der Vereine, 11. A. 2015; *Wörle-Himmel, C.*, Vereine gründen und erfolgreich führen, 12. A. 2010, 13. A. 2016?; *Grundmann, C.*, Das fast vergessene öffentliche Vereinsrecht, 1999; *Sauer, O./ Luger, F.*, Vereine und Steuern, 6. A. 2010; *Terner, P.*, Neues zum Vereinsrecht, NJW 2008, 16; Hand- und Formularbuch des Vereinsrechts, hg. v. *Baumann, T. u. a.*, 2015

Vereinbarung (F.) Vertrag

Vereinbarungsdarlehen ist das → Darlehen oder Sachdarlehen, das dadurch entsteht, dass der → Schuldner, der dem → Gläubiger → Geld oder andere vertretbare → Sachen schon aus einem anderen Grund schuldet, mit diesem nachträglich vereinbart, dass das Geld oder die Sachen als Darlehen oder Sachdarlehen geschuldet werden sollen.
Lit.: *Stein, J.*, Das Vereinbarungsdarlehen, 1935

Vereinigte Staaten von Amerika (United States of America, USA) sind ein aus ehemaligen Kolonien vor allem Englands und Frankreichs (sowie Spaniens) 1776/1783 erwachsener Bundesstaat. Dessen Recht ist als Folge der Herkunft aus englischen Kolonien und des bedeutenden Anteils britischer Siedler seit dem 19. Jh. weitgehend → Fallrecht, doch finden sich auch Teilkodifikationen. Die Verfassung stammt vom 17.9.1787 und wurde zum 21.6.1788 in Kraft gesetzt.
Lit.: *Blumenwitz, D./Fedtke, J.*, Einführung in das angloamerikanische Recht, 8. A. 2015; *Brugger, W.*, Einführung in das öffentliche Recht der USA, 2. A. 2001; *Linneweber, A.*, Einführung in das US-amerikanische Verwaltungsrecht, 1994; *Köbler, G.*, Rechtsenglisch, 8. A. 2011; *Hay, P.*, US-amerikanisches Recht, 6. A. 2015; *Byrd, B.*, Einführung in die anglo-amerikanische Rechtssprache, 3. A. 2011, Bd. 2 2. A. 2010; *Dietl, C./ Lorenz, E.*, CD-Wörterbuch für Recht, Wirtschaft und Politik, 2002; *Hay, P.*, Law of the United States, 3. A. 2010; *Schack, H.*, Einführung in das US-amerikanische Zivilprozessrecht, 4. A. 2011; *Reimann, M.*, Einführung in das US-amerikanische Privatrecht, 2. A. 2004; *Dubber, M.*, Einführung in das US-amerikanische Strafrecht, 2005; *Merkt, H./Göthel, S.*, US-amerikanisches Gesellschaftsrecht, 2. A. 2006

Vereinigung (Art. 9 I GG) ist im Verfassungsrecht der → Verein und die → Gesellschaft, ausgenommen die öffentlich-rechtliche → Körperschaft. Es besteht → Vereinigungsfreiheit. Vereinigungen, deren Zweck oder deren Tätigkeit den Strafgesetzen zuwiderlaufen oder die sich gegen die verfassungsmäßige Ordnung oder gegen den Gedanken der Völkerverständigung richten, sind verboten. *Kriminelle* V. (§ 129 StGB Bildung krimineller Vereinigungen) ist die auf die Begehung von Straftaten gerichtete V. Wer eine kriminelle V. gründet oder unterstützt, wird mit Freiheitsstrafe bis zu fünf Jahren oder Geldstrafe bestraft. Auch die Gründung einer terroristischen V. oder die Beteiligung an ihr als Mitglied oder die Tätigkeit in einer ausländischen kriminellen und terroristischen Organisation ist strafbar (§§ 129a, 129b StGB).

Lit.: *Scheiff, B.*, Wann beginnt der Strafrechtsschutz gegen kriminelle Vereinigungen?, 1997; *Nehring, M.*, Kriminelle und terroristische Vereinigungen im Ausland, 2007

Vereinigungsfreiheit (Art. 9 I GG) ist im Verfassungsrecht die → Freiheit aller Deutschen, → Vereinigungen zu bilden (positive V.). Über die Gründungsfreiheit hinaus ist dadurch auch die Betätigungsfreiheit geschützt. Umgekehrt enthält Art. 9 I GG negativ die Freiheit, Vereinigungen fern zu bleiben (negative V.).
Lit.: *Scholz, R.*, Koalitionsfreiheit als Verfassungsproblem, 1971; *Murswiek, D.*, Grundfälle zur Vereinigungsfreiheit – Art. 9 I, II GG, JuS 1992, 116; *Kretzschmar, R.*, Die Rolle der Koalitionsfreiheit, 2003

Vereinsfreiheit → Vereinigungsfreiheit

Vereinshaftung → Verein

Vereinsregister (z. B. §§ 21, 55 BGB) ist das öffentliche, von den → Amtsgerichten geführte → Register, in das die rechtsfähigen, nichtwirtschaftlichen → Vereine eingetragen werden. → Vereinssache
Lit.: *Krafka, A./Kühn*, Registerrecht, 9. A. 2013

Vereinssache ist die den → Verein betreffende Angelegenheit. → Vereinsregister

Vereinte Nationen (UNO) ist der Zusammenschluss der (meisten) → Staaten der Welt (1999 188 Mitglieder, 2004 191, 2007 bzw. 2015 193) zum Zweck der Wahrung des Weltfriedens und der internationalen Sicherheit durch Kollektivmaßnahmen (UN-Charta vom 26.6.1945, Inkrafttreten am 24.10.1945 für 51 Mitgliedstaaten). Grundlage der Vereinten Nationen ist ihre Satzung. Organe der Vereinten Nationen sind Vollversammlung, → Sicherheitsrat und → Generalsekretär bzw. Generalsekretariat. Für zahlreiche Teilaufgabenbereiche bestehen Sonderorganisationen (z. B. → UNESCO). Bis 2000 haben die Vereinten Nationen rund 500 internationale Vereinbarungen begründet.
Lit.: Charta der Vereinten Nationen. Kommentar, hg. v. *Simma, B. u. a.*, 1991; *Rosenwick, N.*, Die Organisation der Vereinten Nationen, JuS 1994, 1000; The Charter of the United Nations, hg. v. *Simma, B. u. a.*, 2. A. 2002; *Unser, G.*, Die UNO, 7. A. 2004; Die Vereinten Nationen, hg. v. *Münk, H.*, 2008; *Payandeh, M.*, Einführung in das Recht der Vereinten Nationen, JuS 2012, 506

Verfahren ist die Art und Weise der Bewältigung einer Aufgabe oder eines Vorhabens. Insbesondere erfolgt das Vorgehen der → Verwaltung im besonderen Verwaltungsverfahren. Im engeren Sinn ist V. das Entscheidungsverfahren der → Gerichte über eine → Rechtsstreitigkeit. Dabei werden verschiedene Arten des Verfahrens unterschieden. Eine Art der Unterscheidung gründet sich auf die verschiedenen Rechtswege, in denen Rechtsstreitigkeiten ausgetragen werden (z. B. → Zivilverfahren, → Strafverfahren, → Verwaltungsstreitverfahren u. a.). Weiter wird oft zwischen → *Vorverfahren* (z. B. Ermittlungsverfahren), → *Erkenntnisverfahren* und → *Vollstreckungsverfahren* getrennt. *Schriftliches* V.

ist das ausschließlich schriftlich, *mündliches* V. das grundsätzlich mündlich durchgeführte V. *Objektives* V. ist das nicht auf die Verurteilung eines Menschen gerichtete V. (z.B. §§ 440ff. StPO selbständiges Einziehungsverfahren). *Beschleunigtes* V. ist das besonders rasch durchgeführte, auf einzelne Förmlichkeiten verzichtende V. in einfacheren Angelegenheiten (z.B. §§ 417ff. StPO).

Lit.: *Leipold, D.,* Vereinfachung und Beschleunigung des Rechtsschutzes durch summarische Verfahren, 1998; *Schlüchter, E.,* Herausforderung Beschleunigtes Verfahren, 1999; *Marx, M. u. a.,* Rechtsschutz bei überlangen Gerichts- und Ermittlungsverfahren, 2013; *Stahnecker, T.,* Entschädigung bei überlangen Gerichtsverfahren, 2013

Verfahrensfähigkeit ist die Fähigkeit, an einem Verfahren der freiwilligen Gerichtsbarkeit beteiligt zu sein.

Verfahrensgebühr ist die dem Rechtsanwalt nach den §§ 2 II, 13 RVG für das Verfahren in jeder Instanz nur einmal entstehende Gebühr.

Verfahrensgrundsatz ist das allgemeine, für die Durchführung eines → Verfahrens geltende Prinzip (z.B.   → Öffentlichkeit,   → Mündlichkeit,   → Unmittelbarkeit,   → Verhandlungsgrundsatz,   → Verfügungsgrundsatz,   → Untersuchungsgrundsatz und rechtliches → Gehör).

Lit.: *Yildirim, K.,* Zivilprozessrecht im Lichte der Maximen, 2001

Verfahrenspflegschaft ist die (nach § 276 FamFG vorgesehene) → Pflegschaft für einzelne → Verfahren.

Lit.: *Bienwald, W.,* Verfahrenspflegschaft, 2002; *Salgo, L.,* Verfahrenspflegschaft für Kinder und Jugendliche, 2002

Verfahrensrecht ist die Gesamtheit der das → Verfahren betreffenden Rechtssätze. Das V. ist grundsätzlich öffentliches → Recht. Es ist formelles Recht. Das *gerichtliche* V. ist vor allem im Gerichtsverfassungsgesetz, der → Zivilprozessordnung, der → Strafprozessordnung, der → Verwaltungsgerichtsordnung und weiteren Prozessordnungen geregelt. Für das (außergerichtliche) Verwaltungsverfahrensrecht gelten die → Verwaltungsverfahrensgesetze des → Bundes und der → Länder.

Lit.: *Grunsky, W.,* Grundlagen des Verfahrensrechts, 2. A. 1974; Internationales Privat- und Verfahrensrecht, hg. v. *Jayme, E./Hausmann, R.,* 17. A. 2014; *Zimmerli, U.,* Grundlagen des öffentlichen Verfahrensrechts, 2004

Verfahrensverschleppung   → Prozessverschleppung

Verfall ist der Verlust eines Rechtes ohne Willen des Berechtigten. Im Strafrecht (§§ 73ff. StGB) kann der V. eines aus einer → Straftat erwachsenen Vermögensvorteils angeordnet werden, wobei ein Dritter den Vorteil dann nicht durch die Tat erlangt hat, wenn er mit dem Täter ein rechtmäßiges entgeltliches Rechtsgeschäft geschlossen hat. Dieser V. ist

keine Strafe, sondern eine Prävention bezweckende Maßnahme eigener Art. Im Privatrecht wird verschiedentlich der V. für den Fall der → Nichterfüllung einer → Verpflichtung vereinbart (vgl. → Verfallsklausel, → Verfallspfand). Im Wechselrecht ist V. des Wechsels die Fälligkeit.

Lit.: *Husberg, W.,* Verfall bei Bestechungsdelikten, 1999; *Dollmann, M.,* Die Regelung des Verfalls, 2003; *Podolsky, J.,* Vermögensabschöpfung im Straf- und Ordnungswidrigkeitenverfahren, 5. A. 2012

Verfallspfand (Verfallpfand) (§ 1229 BGB) ist das → Pfand, bei dem vereinbart ist, dass dem → Pfandgläubiger, falls er nicht oder nicht rechtzeitig befriedigt worden ist, das → Eigentum an der Sache zufallen oder übertragen werden soll. Die Vereinbarung einer derartigen Rechtsfolge vor dem Eintritt der Verkaufsberechtigung ist zum Schutz des Pfandschuldners nach geltendem Recht Deutschlands nichtig. Grundsätzlich ist das Pfand Verkaufspfand.

Verfallsklausel ist die Vereinbarung zwischen → Schuldner und → Gläubiger, dass der Schuldner bei → Nichterfüllung oder nicht gehöriger Erfüllung einer Verpflichtung seine Rechte verliert.

Verfasser ist der Urheber einer Gegebenheit, insbesondere eines Sprachwerks.

Lit.: Verfasser-Datenbank – die Autoren der deutschsprachigen Literatur von den Anfängen bis zur Gegenwart, 2012 (elektronische Ressource De Gruyter Berlin)

Verfassung ist der Zustand oder die Grundordnung einer Gegebenheit oder einer → Körperschaft, insbesondere des → Staates, wobei soziologisch jede Körperschaft eine tatsächliche (materielle) V. hat. Im Verfassungsrecht ist *formelle* V. ein in besonderer Form zustande gekommenes → Gesetz (Verfassungsurkunde), das nur auf bestimmtem, vorgeschriebenem Weg und mit bestimmten vorgegebenen Kräften (z.B. Mehrheiten) geändert werden darf und daher eine erhöhte Bestandsgewähr in sich trägt. *Materielle* V. ist dagegen die Gesamtheit der Regeln über die Leitung des Staates, die Bildung und den Aufgabenkreis der obersten → Staatsorgane, die grundlegenden Staatseinrichtungen und die Stellung des → Bürgers im Staat. Formelle V. und materielle V. entsprechen sich weitgehend, aber nicht vollständig (z.B. ungeschriebene Zuständigkeit z.B. aus der Natur der Sache). Formelle Verfassungen gibt es nach allgemeiner Ansicht (erst) seit 1776 (Virginia Bill of Rights, danach Polen und Frankreich 1791, Bayern 1808). Obwohl in den meisten Staaten der Gegenwart formelle Verfassungen geschaffen worden sind, ist die formelle V. nicht Voraussetzung eines Staates (vgl. z.B. Großbritannien). → Grundgesetz

Lit.: http://www.koeblergerhard.de/Fontes/Fontes.htm; Verfassungen der deutschen Bundesländer, 10. A. 2014; Die Verfassungen der EG-Mitgliedstaaten, hg. v. *Kimmel, A.,* 6. A. 2005; Die Entstehung einer europäischen Verfassungsordnung, hg. v. *Schwarze, J.,* 2000; *Häberle, P.,* Europäische Verfassungslehre, 7. A. 2011, 8. A. 2015?

verfassunggebend (Adj.) eine formelle Verfassung schaffend

verfassunggebende Gewalt → Gewalt, verfassunggebende

Verfassungsänderung ist im Verfassungsrecht die Abänderung der → Verfassung, insbesondere der Verfassung im formellen Sinn. Nach Art. 79 I GG kann das → Grundgesetz nur durch ein → Gesetz geändert werden, das den Wortlaut des Grundgesetzes ausdrücklich ändert oder ergänzt. Ein solches Gesetz bedarf der Zustimmung von zwei Dritteln der Mitglieder sowohl des → Bundestags wie auch des → Bundesrats (Art. 79 II GG). Unzulässig ist nach Art. 79 III GG eine Änderung, durch welche die Gliederung des → Bundes in → Länder, die grundsätzliche Mitwirkung der Länder bei der → Gesetzgebung oder die in den Artikeln 1 und 20 GG niedergelegten Grundsätze berührt werden.

Lit.: *Wittekindt, C.,* Materiellrechtliche Schranken von Verfassungsänderungen, 2000

Verfassungsauslegung ist die → Auslegung der → Verfassung.

Lit.: *Starck, C.,* Praxis der Verfassungsauslegung, 1994; *Park, Z.,* Die verfassungskonforme Auslegung als richterliche Verfassungskonkretisierung, 2000

Verfassungsbeschwerde ist die verfassungsrechtliche Möglichkeit, das → Verfassungsgericht zum Schutz eines dem Beschwerdeführer nach seiner Ansicht zustehenden → Rechtes anzurufen. Nach Art. 93 I Nr. 4a GG kann jedermann eine V. bei dem → Bundesverfassungsgericht mit der Behauptung erheben, er sei durch die öffentliche → Gewalt (→ Gesetzgebung, → Rechtsprechung, → Verwaltung) in einem seiner Grundrechte oder in einem seiner in den Artt. 20 IV, 33, 38, 101, 103 und 104 GG enthaltenen Rechte verletzt worden. Diese V. ist ein in den §§ 13 Nr. 8a, 90 ff. BVerfGG näher geregelter → Rechtsbehelf. Sie ist innerhalb eines Monats zu erheben und zu begründen (§ 93 I 1 BVerfGG). Sie kann sich vor allem gegen → Gesetze, → Urteile und → Verwaltungsakte richten, setzt aber grundsätzlich die Erschöpfung des → Rechtswegs voraus (§ 90 II BVerfGG, bis 31.12.1999 wurden 75 140 V. eingelegt, davon 1986 2935, 1992 4214, 1999 knapp 5000, davon 2,6 Prozent erfolgreich, 2007 6005, davon 2,45 erfolgreich, 2011 6036, 2014 1,) 2 Prozent erfolgreich), wobei im Zivilprozessrecht der Rechtsweg nicht erschöpft ist, wenn das Revisionsgericht den Rechtsstreit an die Vorinstanz zurückverweist. Seit 1993 ist eine V. nur noch dann zur Entscheidung anzunehmen, wenn ihr grundsätzliche verfassungsrechtliche Bedeutung zukommt oder die Annahme zur Durchsetzung der Grundrechte angezeigt ist (§ 93a II BVerfGG). Eine aus drei Richtern bestehende Kammer entscheidet die offensichtlich unbegründete und die offensichtlich begründete V. endgültig und legt die übrigen Verfassungsbeschwerden dem Senat vor. 1998 entschied das Bundesverfassungsgericht über eine V., die der Beschwerdeführer bereits zurückgenommen hatte. Außerdem schloss es eine V. wegen Verletzung der Allgemeinheit und Gleichheit der Wahl in den Ländern wegen Vorrangs der Artt. 28 I 2, 38 I 1 GG aus.

Lit.: *Clausen, H.,* Landesverfassungsbeschwerde und Bundesstaatsgewalt, 2000; *Kleine-Cosack, M.,* Verfassungsbeschwerden und Menschenrechtsbeschwerde, 2. A. 2007; *Vogel, S.,* Der Prüfungsumfang des Bundesverfassungsgerichts bei Verfassungsbeschwerden, 2004; *Zuck, R.,* Das Recht der Verfassungsbeschwerde, 4. A. 2013; *Klein, O. u. a.,* Aktuelle Zulässigkeitsprobleme, NJW 2007, 945; *Geis, M. u. a.,* Grundfälle zur Verfassungsbeschwerde, JuS 2012, 316

Verfassungsfeind ist der (aktive) Gegner der jeweils geltenden → Verfassung. Gegen verfassungsfeindliche Tätigkeiten können staatliche Abwehrmaßnahmen zulässig und erforderlich sein. Im Strafrecht sind einzelne verfassungsfeindliche Verhaltensweisen, die als verfassungswidrig angesehen werden, mit → Strafe bedroht worden (z. B. §§ 84 ff. StGB).

Lit.: *Schönbohm, W.,* Verfassungsfeinde als Beamte?, 1979

Verfassungsgericht (z. B. Art. 93 GG) ist das für Verfassungsstreitigkeiten (z. B. → Verfassungsbeschwerde, → Normenkontrolle) zuständige → Gericht des → Bundes (→ Bundesverfassungsgericht) oder eines Landes (z. T. als Staatsgerichtshof, Verfassungsgerichtshof, V. bezeichnet). Das V. ist Teil der rechtsprechenden → Gewalt. Seine Organisation und sein Verfahren sind in der Verfassung und in besonderen Gesetzen (z. B. Bundesverfassungsgerichtsgesetz) geregelt. Ist die Verletzung eines Grundrechts durch eine Landesbehörde (z. B. Landesgericht) unter Berufung auf gleichlautende Grundrechte der Bundesverfassung und der Landesverfassung (z. B. Hessen) vor dem Bundesverfassungsgericht und dem Landesverfassungsgericht behauptet, ist zur Vermeidung abweichender Entscheidungen das Bundesverfassungsgericht in erster Linie zur Entscheidung berufen.

Lit.: *Schlaich, K./Korioth, S.,* Das Bundesverfassungsgericht, 10. A. 2015; *Fleury, R.,* Verfassungsprozessrecht, 9. A. 2012; Verfassungsgerichtsbarkeit in Westeuropa, hg. v. *Starck, C. u. a.,* 2. A. 2007; Verfassungsgerichtsbarkeit in Mittel- und Osteuropa, hg. v. *Luchterhandt, O. u. a.,* 2007; Verfassungsgerichtsbarkeit, hg. v. *Masing, J. u. a.,* 2011

Verfassungsgeschichte ist die Beschäftigung mit den vergangenen → Verfassungen. Sie ist, soweit die Verfassung Teil des jeweils geltenden Rechts ist, ein Bestandteil der → Rechtsgeschichte. Sie umfasst im Grundsatz und deshalb auch in der tatsächlichen Ausführung der Darstellung meistens nicht nur die Geschichte der formellen Verfassungen, sondern auch der materiellen Verfassungen.

Lit.: *Köbler, G.,* Deutsche Verfassungsgeschichte, 6. A. 2005; *Waitz, G.,* Deutsche Verfassungsgeschichte Bd. 1 ff. Neudruck 1953 ff.; *Huber, E.,* Deutsche Verfassungsgeschichte, Bd. 1 ff. versch. A. 1967 ff.; *Willoweit, D.,* Deutsche Verfassungsgeschichte, 7. A. 2013; *Zippelius, R.,* Kleine deutsche Verfassungsgeschichte, 7. A. 2006; *Frotscher, W./Pieroth, W.,* Verfassungsgeschichte, 14. A. 2015; *Weber, A.,* Europäische Verfassungsvergleichung, 2010

Verfassungsgrundsatz ist der für die → Verfassung wesentliche Grundsatz (z. B. die → Gewaltenteilung, die Durchführung von → Wahlen, die → Bindung von [Gesetzgebung,] Verwaltung und Rechtsprechung an → Gesetz und → Recht [Art. 20 GG], die Gliederung des (Bundes-)Staates in → Länder, die Garantie von → Grundrechten u. a. m).

Lit.: *Reimer, F.,* Verfassungsprinzipien, 2001

verfassungskonform (Adj.) der Verfassung entsprechend

verfassungskonforme Auslegung → Auslegung, verfassungskonforme

verfassungsmäßig (Adj.) der Verfassung entsprechend

verfassungsmäßige Ordnung → Ordnung, verfassungsmäßige

verfassungsmäßiger Vertreter → Vertreter, verfassungsmäßiger

Verfassungsorgan ist das in der → Verfassung zum Handeln für den Staat bestimmte → Organ. In der Verfassung des → Bundes sind V. vor allem der → Bundestag, der → Bundesrat, der → Bundespräsident, die → Bundesregierung, die → Bundesgerichte und der → Bundesrechnungshof. Daneben üben die → Parteien bei der Beteiligung an den Parlamentswahlen Funktionen eines Verfassungsorgans aus (str.).

Lit.: *Bieber, R.,* Das Verfahrensrecht von Verfassungsorganen, 1992

Verfassungsprinzip → Verfassungsgrundsatz

Verfassungsprozess → Verfassungsgericht

Verfassungsrecht ist die Gesamtheit der die → Verfassung betreffenden → Rechtssätze. Das V. ist ein Teil des öffentlichen Rechtes. *Formelles* V. sind alle in die Verfassungsurkunde aufgenommenen Rechtssätze, *materielles* V. alle die Grundordnung der Gemeinschaft betreffenden Rechtssätze. → Staatsrecht

Lit.: *Sartorius, C.,* Verfassungs- und Verwaltungsgesetze, 110. A. 2015, gebundene Ausgabe 2015; *Häberle, P.,* Gemeineuropäisches Verfassungsrecht, 1997; *Ende, M.,* Entwicklungslinien des europäischen Verfassungsrechts, 1999; *Bethge, H.,* Verfassungsrecht, 4. A. 2011; *Heimann, H.,* Verfassungsrecht und Verfassungsprozessrecht, 2004; *Kloepfer, M.,* Verfassungsrecht Band 1 f. 2010 f.

Verfassungsschutz (Art. 73 Nr. 10b GG) ist der Schutz der freiheitlichen demokratischen → Grundordnung, des Bestands und der Sicherheit des → Bundes oder eines → Landes. Dazu kommt der Schutz vor ungesetzlichen Beeinträchtigungen der Amtsführung von Mitgliedern verfassungsmäßiger Organe des Bundes oder eines Landes sowie gegen sicherheitsgefährdende oder geheimdienstliche Tätigkeit für eine fremde Macht und gegen Bestrebungen, die durch Gewalt auswärtige Belange der → Bundesrepublik gefährden (§ 3 BVfSchutzG). Der V. erfolgt auf verwaltungsrechtlicher, verfahrensrechtlicher und strafrechtlicher Ebene. Verwaltungsrechtlich werden das → Bundesamt für V., die Landesämter für V. – zur Sammlung und Auswertung von Informationen über verfassungsfeindliche

Bestrebungen – sowie die → Polizei tätig. Verfassungsverfahrensrechtlich ist das Bundesverfassungsgericht für die Entscheidung über eine → Verwirkung von → Grundrechten (Art. 18 GG) und über die Verfassungswidrigkeit einer → Partei (Art. 21 GG) zuständig. Strafrechtlich wird die Verfassung vor allem durch die §§ 81 ff., 105 ff. StGB geschützt.

Lit.: *Nordbruch, C.,* Der Verfassungsschutz, 1999; Bundesamt für Verfassungsschutz, 2000

Verfassungsstreitigkeit → Streitigkeit, verfassungsrechtliche

Verfassungsvorbehalt → Grundrechtsschranke

Verfassungswidrigkeit ist der Widerspruch zur → Verfassung. Im Verfassungsrecht kann insbesondere ein → Rechtssatz wegen Verletzung einer Verfassungsvorschrift verfassungswidrig sein. Die V. kann *formeller* Art (z. B. fehlende Gesetzgebungszuständigkeit) oder *materieller* Art (z. B. Verstoß gegen Gleichheitsgrundsatz) sein. V. ist auch die Europarechtswidrigkeit. Die V. einer → Norm ist im Wege der → Normenkontrolle zu überprüfen.

Verfolgung → Ermittlung, Legalitätsprinzip

Verfrachter (§ 481 HGB) ist der durch Seefrachtvertrag Güterbeförderung Übernehmende.

Lit.: *Hoffmann, A.,* Die Haftung des Verfrachters, 1996

Verfügung ist die anordnende Bestimmung. Im Verwaltungsrecht (§ 35 VwVfG) ist V. der Verwaltungsakt, der ein → Gebot oder → Verbot ausspricht (z. B. Polizeiverfügung, → Allgemeinverfügung). Dabei ist die bloß *wiederholte* V. kein eigener Verwaltungsakt. Im Verfahrensrecht ist V. die vom → Vorsitzenden, beauftragten Richter oder ersuchten → Richter erlassene, meist prozessleitende gerichtliche → Entscheidung. Gegen sie ist regelmäßig Beschwerde möglich. *Einstweilige* V. (§§ 935 ff. ZPO) ist die zwecks Sicherung eines Rechtes zur vorläufigen Regelung eines Zustands getroffene V. Sie ist zulässig, wenn zu befürchten ist, dass durch eine Veränderung des bestehenden Zustands die Verwirklichung des Rechtes (Verfügungsanspruch) einer Partei vereitelt oder wesentlich erschwert werden könnte (§ 935 ZPO) oder wenn die einstweilige Regelung in Bezug auf ein streitiges Rechtsverhältnis zur Abwendung wesentlicher Nachteile oder zur Verhinderung drohender Gewalt oder aus anderen Gründen nötig erscheint (Regelungsverfügung, § 940 ZPO) (Verfügungsgrund). Das Gericht bestimmt nach freiem → Ermessen, welche Anordnungen zur Erreichung des Zweckes erforderlich sind. Im Übrigen sind grundsätzlich die Vorschriften über das → Arrestverfahren entsprechend anzuwenden. Im Privatrecht ist V. das – meist zweiseitige – → Rechtsgeschäft, durch das ein → Recht unmittelbar geändert, aufgehoben, übertragen oder belastet wird (z. B. → Übereignung, → Abtretung). Diese V. ist streng zu trennen von der ihr möglicherweise zugrundeliegenden → Verpflichtung (z. B. → Kauf, → Forderungskauf). Sie ist ihr gegenüber → abstrakt. Sie ist grundsätzlich nur wirksam, wenn der Verfügende → Verfügungsbefugnis hat oder einwilligt oder genehmigt (§ 185 BGB). Andernfalls kommt nur ein gutgläubiger → Erwerb in Betracht. *Letztwillige* V. ist im Erbrecht das → Testament bzw. der Erbvertrag. Im Strafrecht (§ 263 StGB) genügt zur V. über → Vermögen jedes unmittelbar vermögenswirksame Handeln, Dulden oder Unterlassen.

Lit.: *Berneke, W./Schüttpelz, E.,* Die einstweilige Verfügung in Wettbewerbssachen, 3. A. 2014; *Haedicke, M.,* Der bürgerlich-rechtliche Verfügungsbegriff, JuS 2001, 966; *Tempel, O.,* Arrest, einstweilige Verfügung, 5. A. 2003; *Mertins, W.,* Die einstweilige Verfügung, JuS 2009, 911; *Lieber, H./Zimmermann, A.,* Die einstweilige Verfügung im gewerblichen Rechtsschutz, 2010; *Rönnau, T.,* Grundwissen – Strafrecht Der Verfügungsbegriff beim Betrug, JuS 2011, 982

Verfügung von Todes wegen ist die für den Fall des → Todes getroffene → Verfügung. Sie kann → Testament (letztwillige Verfügung) oder → Erbvertrag sein. Sie ändert das gesetzliche → Erbrecht ab.

Lit.: *Smid, S.,* Probleme bei der Auslegung letztwilliger Verfügungen, JuS 1987, 283; *Reimann, W.,* Testament und Erbvertrag, 5. A. 2006

Verfügungsbefugnis ist die Befugnis (Berechtigung), über ein → Recht zu verfügen. Die V. steht grundsätzlich dem Inhaber des Rechtes zu. Dessen V. kann aber beschränkt oder beseitigt sein (z. B. Insolvenz, § 80 InsO, gesetzliches oder gerichtliches → Veräußerungsverbot, §§ 135 f. BGB). Verfügt ein → Nichtberechtigter, so bedarf seine Verfügung der Zustimmung des Berechtigten. Ein → gutgläubiger Dritter wird aber vielfach geschützt (vgl. z. B. § 135 II BGB, § 366 HGB).

Lit.: *Gohrke, T.,* Die Verfügungsbefugnis nach § 8 Vermögenszuordnungsgesetz, 2001; *Spring, M.,* Geschäftsfähigkeit und Verfügungsberechtigung, 2001

Verfügungsermächtigung ist die → Ermächtigung, im eigenen Namen über ein Recht des Ermächtigenden zu verfügen. Sie entsteht durch Einwilligung des Ermächtigenden (vgl. § 185 I BGB).

Lit.: *Dachrodt, H.,* Eigentumsvorbehalt und Verfügungsermächtigung, 1934

Verfügungsgegenstand ist der Gegenstand, über den eine → Verfügung stattfindet oder stattfinden soll.

Verfügungsgeschäft ist das → Rechtsgeschäft, durch das eine → Verfügung getroffen wird (z. B. → Übereignung, → Abtretung). Auf Grund des → Abstraktionsprinzips ist das V. streng zu trennen von dem ihm möglicherweise zugrundeliegenden → Verpflichtungsgeschäft. Von einem Mangel des Verpflichtungsgeschäfts wird das V. deshalb grundsätzlich unmittelbar nicht berührt, doch erfolgt in der Regel ein Ausgleich über die ungerechtfertigte → Bereicherung.

Lit.: *Maurer, J.,* Die Prinzipien der Abstraktion, Kausalität und Trennung, insbesondere bei Verfügungen, 2003

Verfügungsgrundsatz (Dispositionsmaxime) ist der Grundsatz, dass die → Parteien über den Gang und den Inhalt des Verfahrens (→ Streitgegenstand) frei verfügen können. Der V. gilt in zahlreichen Verfahrensarten mit mehr oder minder starken Einschränkungen (z. B. → Zivilprozess). Den Gegensatz zum V. bildet der → Amtsbetrieb.

Lit.: *Thubauville, W.,* Die Wirkungen, 1993

Verfügungsverbot ist das → Verbot, eine → Verfügung vorzunehmen. Es kann auf → Gesetz (z. B. § 81 InsO) oder hoheitlicher Einzelanordnung beruhen. Die entgegen einem V. vorgenommene Verfügung ist in der Regel (relativ) unwirksam. Nach § 135 II BGB finden aber die Vorschriften zugunsten derer, die Rechte von einem → Nichtberechtigten herleiten, entsprechende Anwendung.

Lit.: *Bülow, P.,* Grundfragen der Verfügungsverbote, JuS 1994, 1; *Berger, C.,* Rechtsgeschäftliche Verfügungsbeschränkungen, 1998

Verführung (§ 182 StGB) war früher im Strafrecht die Verleitung eines Mädchens unter 16 Jahren, mit dem Täter den → Beischlaf zu vollziehen. Jetzt wird allgemein der sexuelle Missbrauch von Jugendlichen (unter 16 Jahren) bestraft (§ 182 StGB, Freiheitsstrafe bis zu 5 Jahren oder Geldstrafe, Absehen von Strafe möglich). Der Täter muss das Alter des Opfers (bedingt) kennen.

Vergabe (F.) Ausgabe, Hingabe

Lit.: *Leinemann, R.,* Die Vergabe öffentlicher Aufträge, 5. A. 2011; *Die Vergabe, hg. v. Schwarze, J.,* 2000; *Hertwig, S.,* Praxis der öffentlichen Auftragsvergabe, 5. A. 2014; *Pape, U.,* Die Voraussetzungen vergabefreier in-house-Geschäfte, NJW 2005, 2264; *Byok, J.,* Die Entwicklung des Vergaberechts, NJW 2014, 1492

Vergabe- und Vertragsordnung (früher Verdingungsordnung) für Bauleistungen (VOB) ist die → Verwaltungsvorschrift über die bei der Vergabe öffentlicher Leistungsaufträge geltenden Grundsätze, deren innerdienstliche Verbindlichkeit eine unmittelbare Rechtswirkung nach außen nicht begründet (seit 26.11.1993 teilweise Gesetz, 2.5.2002 vom Deutschen Vergabe- und Vertragsausschuss in neuer Fassung beschlossen). Die V. enthält u. a. (Teil A allgemeine Bestimmungen für die Vergabe von Bauleistungen, Teil B) → Geschäftsbedingungen, die ähnlich wie allgemeine Geschäftsbedingungen behandelt werden, für die Abwicklung der Leistung. Obwohl sie nur für Bund und Länder unmittelbar gilt, wirkt die V. vielfach wie eine → Verkehrssitte und begründet mittelbar Rechtswirkungen (z. B. Ansprüche aus Verschulden bei Vertragsschluss).

Lit.: *Ingenstau, H./Korbion,* VOB-Kommentar, 17. A. 2010, 18. A. 2013; Handkommentar zur VOB, hg. v. *Heiermann, W./Riedl, R./Rusam, M. u. a.,* 13. A. 2013; Vergabe- und Vertragsordnung für Bauleistungen Teile A und B, hg. v. *Kapellmann, K./Messerschmidt, B.,* 5. A. 2015; *Dieckmann/Scharf/Wagner-Cardenal,* VOL/A Vergabe- und Vertragsordnung für Leistungen Teil A, 2013; VOB Teil B, hg. v. *Ganten/Jansen/Voit,* 3. A. 2013

Vergabekammer ist das bei Bund (Bundeskartellamt) und Bundesländern eingerichtete, unabhängige

Entscheidungsorgan für die Nachprüfung der Vergabe öffentlicher Aufträge. Gegen seine Entscheidungen ist die sofortige Beschwerde zu dem örtlich zuständigen Vergabesenat des Oberlandesgerichts statthaft.

Vergaberecht (§§ 97 ff. GWB) ist die Gesamtheit der die Vergabe von Bauaufträgen, Lieferungsaufträgen und Dienstleistungsaufträgen öffentlicher Auftraggeber betreffenden Rechtssätze, die dem Staat, seinen Untergliederungen und Institutionen (z. B. Gebietskörperschaften und deren Sondervermögen) eine bestimmte Vorgangsweise (z. B. offenes Verfahren, nichtoffenes Verfahren, Verhandlungsverfahren) bei der Inanspruchnahme von Leistungen oder beim Kauf von Gütern am Markt durch einen gegenseitigen entgeltlichen Vertrag vorschreiben.
Lit.: Vergaberecht, hg. v. *Jasper, U./Marx, F.,* 17. A. 2015; *Prieß, J.,* Handbuch des europäischen Vergaberechts, 3. A. 2005; Praxishandbuch Bauvergaberecht, hg. v. *Höfler, H./Bayer, W.,* 3. A. 2012; *Byok, A.,* Die Entwicklung des Vergaberechts, NJW 2012, 1124; Beck'sches Formularbuch Vergaberecht, hg. v. *Prieß, H. u. a.,* 2. A. 2011; *Lux, J.,* Einführung in das Vergaberecht, JuS 2007, 968; *Weyand, R.,* Vergaberecht, 4. A. 2012; Beck'scher VOB- und Vergaberechtskommentar VOB Teil C, hg. v. *Englert/Katzenbach/Motzke,* 3. A. 2014; *Kramer, U. u. a.,* Grundzüge des vergaberechtlichen Rechtsschutzes, JuS 2009, 906; *Ziekow/Völlink,* Vergaberecht, 2. A. 2013; *Leinemann/Kirch,* Vergabeverordnung Verteidigung und Sicherheit, 2013; Handbuch der Bauvergabe, hg. v. *Lampe-Helbig/Jagenburg, I./Baldringer. S.,* 3. A. 2014;, Handbuch des Vergaberechts, hg. v. *Gabriel/Krohn/Neun* 2014; *Probst, H. u. a.,* Einführung in das Vergaberecht, JuS 2015, 121; *Byok, J.,* Die Entwicklung des Vergaberechts, NJW 2015, 1490

Vergehen ist die mit Freiheitsstrafe im Mindestmaß von weniger als einem Jahr oder mit Geldstrafe bedrohte Straftat (z. B. fahrlässige Körperverletzung, vorsätzliche Sachbeschädigung). Sie steht innerhalb des allgemeinen Teiles des Strafrechts im Gegensatz zum Verbrechen (und zur Ordnungswidrigkeit [früher Übertretung]). Ihr Versuch ist nur bei besonderer gesetzlicher Androhung strafbar.

Vergeltung → Repressalie, Retorsion

Vergesellschaftung → Sozialisierung

Vergewaltigung (Notzucht) (§ 177 II Nr. 1 StGB) ist die durch Vollziehung des Beischlafs oder die Vornahme ähnlicher sexueller, besonders erniedrigender, insbesondere mit einem Eindringen in den Körper verbundener Handlungen erfolgende sexuelle → Nötigung. Die V. ist ein besonders schwerer Fall von sexueller Nötigung, der mit Freiheitsstrafe nicht unter zwei Jahren bestraft wird. Strafbar sind daneben auch die sexuelle Nötigung und der sexuelle Missbrauch Widerstandsunfähiger (§§ 178, 179 StGB).
Lit.: *Arntzen, F.,* Die Vergewaltigung aus kriminologischer Sicht, 2. A. 1994

Vergiftung → Körperverletzung.
Lit.: *Schiebel, B.,* Zur Problematik und Reformbedürftigkeit des Tatbestandes der Vergiftung, Diss. jur. Köln 1995

Vergleich (§ 779 BGB) ist der gegenseitige → Vertrag, durch den der Streit oder die Ungewissheit der Parteien über ein → Rechtsverhältnis im Wege gegenseitigen Nachgebens beseitigt wird. Erforderlich ist dabei ein bereits bestehendes Rechtsverhältnis im weitesten Sinn. Gegenseitiges Nachgeben sind Zugeständnisse irgendeiner Art von Seiten beider Parteien mit der Begründung, dass auch der Gegner nachgibt. Der V. kann das Schuldverhältnis modifizieren oder durch ein anderes ersetzen. Er wird vielfach im Rahmen eines streitigen Verfahrens abgeschlossen (→ Prozessvergleich, protokolliert oder festgestellt, 2004 bei Verfahren mit einem Verhandlungstermin vor dem Amtsgericht 29 Prozent Vergleiche, vor dem Landgericht 38 Prozent Vergleiche).
Lit.: *Duve, C.,* Mediation und Vergleich, 1998; *Fischer, R.,* Aus der Praxis Der unvorteilhafte Vergleich, JuS 2006, 140

Vergleichsmiete (§ 558 BGB) ist die Miete für vergleichbare Sachen. Die ortsübliche V. für Wohnraum wird gebildet aus den üblichen Entgelten, die in der Gemeinde oder einer vergleichbaren Gemeinde für Wohnraum vergleichbarer Art, Größe, Ausstattung, Beschaffenheit und Lage in den letzten vier Jahren vereinbart oder geändert worden ist. Der Vermieter von Wohnraum kann grundsätzlich die Zustimmung zu einer Erhöhung der Miete bis zur ortsüblichen V. verlangen, wenn die Miete seit 15 Monaten unverändert ist, wobei sich die Miete grundsätzlich innerhalb von drei Jahren um nicht mehr als 20 Prozent erhöhen darf.
Lit.: *Hinkelmann, B.,* Die ortsübliche Miete, 1999; *Redondo González, M.,* Erstellung von Mietspiegeln, 2002

Vergleichsverfahren → Vergleich

Vergütung ist das Entgelt für eine Leistung (z. B. eines Rechtsanwalts). Eine V. ist grundsätzlich frei vereinbar. Es können aber rechtliche Schranken bestehen (z. B. gesetzliche Festpreise, Sittenwidrigkeit).
Lit.: *Madert, W./ Schons, H.,* Die Vergütungsvereinbarung des Rechtsanwalts, 3. A. 2006

Vergütungsgefahr → Preisgefahr

Verhaftung → Festnahme, vorläufige, Untersuchungshaft

Verhalten ist die willensgesteuerte Lebensäußerung eines Menschen. Das V. kann in einem → Tun (→ Handeln) oder → Unterlassen bestehen. Es ist Anknüpfungspunkt sehr verschiedener Rechtsfolgen, insbesondere einer → Strafe oder einer → Schadensersatzpflicht. In der Rechtssoziologie ist *abweichendes* V. das den allgemeinen Erwartungen nicht entsprechende V. Eine besondere Form dieses abweichenden Verhaltens ist die → Kriminalität als das den in Strafvorschriften aufgestellten Erwartungen nicht entsprechende V.
Lit.: *Bönitz, D.,* Strafgesetze und Verhaltenssteuerung, 1991; *Wittig, P.,* Das tatbestandsmäßige Verhalten des Betrugs, 2004

Verhaltenshaftung → Handlungshaftung

Verhältnis ist die Beziehung zwischen mindestens zwei Gegebenheiten. *Partiarisches* V. ist die Beziehung zwischen zwei Personen, auf Grund deren in Verfolgung unterschiedlicher eigener Interessen die eine Person einen Teil des Erwerbs der anderen erhalten soll (z. B. partiarisches → Darlehen [Sachdarlehen] als Hingabe vertretbarer Sachen gegen einen Anteil an dem mit Hilfe des Darlehens [Sachdarlehens] erzielten Gewinn). → Schuldverhältnis

Verhältnismäßigkeit ist die Angemessenheit eines Verhältnisses. Im öffentlichen → Recht besagt der Grundsatz der V., dass die → Verwaltung unter mehreren möglichen und zur Erreichung eines rechtmäßigen Zieles geeigneten Maßnahmen nur die Maßnahme wählen darf, die den Betroffenen und die Allgemeinheit am wenigsten beeinträchtigt (Grundsatz der Erforderlichkeit, Grundsatz der Anwendung des mildesten Mittels), und dass der von einer rechtmäßigen Maßnahme zu erwartende Schaden nicht außer Verhältnis bzw. nicht in grobem Missverhältnis zu dem erstrebten, rechtmäßigen Erfolg stehen darf (vgl. z. B. §§ 112, 120 StPO). Das der V. widersprechende hoheitliche Verhalten ist fehlerhaft (z. B. Sicherstellung eines stark beschädigten gestohlenen Kraftfahrzeugs, dessen Restwert nur so gering ist wie das Doppelte der Abschleppkosten, Verbot des Erwerbs einer 50 Euro kostenden Armbanduhr durch einen Strafgefangenen). Das Prinzip der V., bei dem die Verwirklichung öffentlicher Interessen desto dringlicher sein muss, je stärker der Eingriff in eine geschützte Rechtsstellung wirkt, ist eine Ausprägung des → Rechtsstaatsprinzips. Es ist auf alle hoheitlichen Maßnahmen anzuwenden, die nicht ausschließlich begünstigende Wirkung haben und bei denen der Behörde das Handeln nicht zwingend vorgeschrieben ist.

Lit.: *Hanau, H.,* Der Grundsatz der Verhältnismäßigkeit, 2004; *Krugmann, M.,* Der Grundsatz der Verhältnismäßigkeit im Völkerrecht, 2004; *Klatt, M. u. a.,* Der Grundsatz der Verhältnismäßigkeit, JuS 2014, 193

Verhältniswahlrecht ist das auf das Verhältnis der im Wahlgebiet auf die Parteien abgegebenen Stimmen abstellende → Wahlrecht. Bei dem V. wird die Gesamtzahl der Parlamentssitze auf die einzelnen Parteien im Verhältnis der Gesamtstimmenzahl zu der auf die einzelne Partei im ganzen Wahlgebiet abgegebenen Zahl der Stimmen verteilt (z. B. erhält eine Partei, auf die insgesamt 60 Prozent aller Stimmen abgegeben wurden, 60 Prozent der Sitze). Bei dem personalisierten V. kann der Wähler innerhalb eines Wahlvorschlags einer Partei durch die Stimmabgabe für bestimmte Kandidaten auf deren Reihenfolge Einfluss nehmen. → Mehrheitswahlrecht

Lit.: *Hermens, F.,* Mehrheitswahlrecht oder Verhältniswahlrecht?, 1949; *Zippelius, R.,* Allgemeine Staatslehre, 16. A. 2011

Verhandeln ist das Erörtern einer Angelegenheit unter mehreren Beteiligten mit offenem Ausgang.

Lit.: *Däubler, W.,* Verhandeln und Gestalten, 2003; *Mielke, K.,* Mediation und interessengerechtes Verhandeln, 2003

Verhandlung ist die Erörterung einer Angelegenheit mit offenem Ausgang. Im Verfahrensrecht ist V. auch der Zeitraum, in dem eine rechtliche Angelegenheit vor dem → Gericht erörtert wird. Nach § 128 ZPO verhandeln die → Parteien über den → Rechtsstreit vor dem erkennenden Gericht grundsätzlich → mündlich. Die V. kann prozessuale Fragen oder die Hauptsache betreffen, streitig oder unstreitig sein (z. B. bei Säumnis). Im → Strafverfahrensrecht ist die → Hauptverhandlung von größter Bedeutung.

Lit.: *Fezer, G.,* Die Funktion der mündlichen Verhandlung, 1970; *Haft, F.,* Verhandlung und Mediation, 2. A. 2000; Handbuch Vertragsverhandlung und Vertragsmanagement, hg. v. *Heussen, B.,* 4. A. 2014

Verhandlungsfähigkeit → Postulationsfähigkeit

Verhandlungsgebühr war bis 2004 die für die mündliche Verhandlung vor einem Gericht oder einer Behörde anfallende Rechtsanwaltsgebühr (§ 33 Nr. 2 BRAGO). → Terminsgebühr

Verhandlungsgrundsatz ist der auf die Verhandlung abstellende Grundsatz. Der V. überlässt es den → Parteien, zu bestimmen, welche Tatsachen sie dem Gericht zur Entscheidung unterbreiten. Der V. gilt grundsätzlich im → Zivilprozessrecht. Das Gericht darf Tatsachen, die nicht von einer Partei vorgetragen sind, bei einer Entscheidung nicht berücksichtigen. Der V. steht im Gegensatz zum → Untersuchungsgrundsatz.

Lit.: *Bathe, H.,* Verhandlungsmaxime, 1977; *Rinck, K.,* Die Auswirkungen von Verhandlungs- und Untersuchungsmaxime auf die Stoffsammlung, 1987

Verharmlosen von Gewalttätigkeiten (§ 131 StGB) ist das der wirklichen Bedeutung widersprechende Verkleinern der Wertwidrigkeit, der Gefährlichkeit oder der schwerwiegenden Folgen bestimmter Gewalttätigkeiten.

Verherrlichen von Gewalttätigkeiten (§ 131 StGB) ist das Bewerten von Gewalttätigkeiten, das bewirkt, dass diese als Ausfluss einer anerkennenswerten Grundhaltung erscheinen.

Verjährung ist der durch Zeitablauf eintretende Verlust (der Durchsetzbarkeit) von → Rechten. Nach § 194 BGB unterliegt das Recht, von einem anderen ein → Tun oder ein → Unterlassen zu verlangen, der V. (ausgenommen Ansprüche aus einem familienrechtlichen Verhältnis auf Herstellung des dem Verhältnis entsprechenden Zustands für die Zukunft). Die regelmäßige Verjährungsfrist beträgt 3 Jahre (§ 195 BGB). Ansprüche auf Übertragung des Eigentums an einem Grundstück sowie auf Begründung, Übertragung oder Aufhebung eines Rechtes an einem Grundstück oder auf Änderung des Inhalts eines solchen Rechtes sowie die Ansprüche auf die Gegenleistung verjähren in zehn Jahren, ohne dass es auf Kenntnis oder Kennenmüssen ankommt (§ 196 BGB). In 30 Jahren verjähren grund-

sätzlich Herausgabeansprüche aus Eigentum und anderen dinglichen Rechten, familienrechtliche und erbrechtliche Ansprüche, rechtskräftig festgestellte Ansprüche, Ansprüche aus vollstreckbaren Vergleichen und vollstreckbaren Urkunden und Ansprüche, die durch die im Insolvenzverfahren erfolgte Feststellung vollstreckbar geworden sind (§ 197 BGB), ohne dass es auf Kenntnis oder Kennenmüssen ankommt. Die V. begründet ein dauerndes → Leistungsverweigerungsrecht (§ 214 BGB, Einrede). Das zur Befriedigung eines verjährten Anspruchs Geleistete kann nicht zurückgefordert werden. Die regelmäßige V. beginnt mit dem Schluss des Jahres, in dem der Anspruch entstanden ist und der Gläubiger von den den Anspruch begründenden Umständen und der Person des Schuldners Kenntnis erlangt oder ohne grobe Fahrlässigkeit erlangen müsste. Zehn Jahre nach Entstehung des Anspruchs verjährt der Anspruch auch bei Unkenntnis und Nichtkennenmüssen (§ 199 IV BGB). Andere Ansprüche verjähren nach weiteren Regeln des § 199 BGB. Die V. kann gehemmt werden (§§ 203 ff. BGB, z. B. bei Schweben von Verhandlungen zwischen Schuldner und Gläubiger über den Anspruch oder die den Anspruch begründenden Umstände bis zur Verweigerung der Fortsetzung der Verhandlungen, bei Rechtsverfolgung nach § 204 BGB, bei Vorliegen eines Leistungsverweigerungsrechts des Schuldners, bei höherer Gewalt oder bei Ansprüchen wegen Verletzung der sexuellen Selbstbestimmung bis zur Vollendung des 21. Lebensjahrs des Gläubigers). Ein die bereits angelaufene Verjährungszeit außer Betracht lassender Neubeginn (des Laufes) der V. tritt nach § 212 I BGB nur ein, wenn der Schuldner den Anspruch des Gläubigers anerkennt oder wenn eine gerichtliche oder behördliche Vollstreckungshandlung vorgenommen oder beantragt wird. Für die V. der Mängelansprüche im Kaufrecht gilt § 438 BGB, für die Verjährung der Mängelansprüche im Werkvertragsrecht § 634a BGB. Im Strafrecht verjährt die Befugnis zur Strafverfolgung (§§ 78 ff. StGB, ausgenommen sind seit 1979 Mord und Völkermord) (→ Prozessvoraussetzung), im Strafverfahrensrecht die Befugnis zur Strafvollstreckung (§ 79 StGB, vgl. a. § 31 OWiG). Im Steuerrecht betrifft die Festsetzungsverjährung die Frage, wie lange eine Steuer für einen Sachverhalt festgesetzt werden darf, die Zahlungsverjährung die Frage, wie lange eine festgesetzte Steuer eingetrieben werden kann. *Unvordenkliche* V. ist im älteren Recht die Bezeichnung für einen Zustand, der als solcher besteht, solange die Erinnerung der Betroffenen zurückreicht, so dass er eine widerlegbare → Vermutung für das Bestehen eines Rechtes begründet.
Lit.: *Mansel, H.,* Die Neuregelung des Verjährungsrechts, NJW 2002, 89; *Witt, C.,* Schuldrechtsmodernisierung 2001/2002 – Das neue Verjährungsrecht, JuS 2002, 105; *Birr, C.,* Verjährung und Verwirkung, 2. A. 2006; *Guckelberger, A.,* Die Verjährung im öffentlichen Recht, 2004; *Bitter, G. u. a.,* Die Rechtsprechung zum Aufschub des Verjährungsbeginns bei unklarer Rechtslage, NJW 2011, 2081; *Asholt, M.,* Verjährung im Strafrecht, 2014

Verkauf bzw. → Kauf (§ 433 BGB) ist der gegenseitige → Vertrag, durch den sich ein Teil zur Übertragung eines Gegenstands (z. B. Sache, Recht)

gegen die Verpflichtung des anderen Teiles zur Bezahlung des → Kaufpreises verpflichtet. *Freihändiger* V. (§ 385 BGB) ist der V. einer Sache, die einen Börsenpreis oder Marktpreis hat, durch eine zu einer öffentlichen → Versteigerung befugte Person zum laufenden Preis. Der freihändige V. ist bei der Versteigerung hinterlegungsfähiger Sachen zulässig.
Lit.: *Westphalen, F. Graf v.,* Allgemeine Verkaufsbedingungen, 7. A. 2012; *Alpmann-Pieper, A.,* Kaufrecht, Werkvertragsrecht, Mietrecht, 18. A. 2015; *Arndt, J./ Voß, T.,* Verkaufsprospektgesetz, 2008

Verkäufer (§ 433 BGB) ist die einen Gegenstand verkaufende Person.

Verkaufskommission ist die zum Zweck des Verkaufs eines Gegenstands vereinbarte Kommission zwischen Kommittenden und Kommissionär.

Verkehr ist die soziale Bewegung, insbesondere die Bewegung oder Beförderung von Menschen oder Gegenständen auf dafür vorgesehenen Wegen.
Lit.: *Fischer, G.,* Verkehrsschutz im internationalen Vertragsrecht, 1990; *Lackner, H.,* Gewährleistungsverwaltung und Verkehrsverwaltung, 2004; *Berr/Hauser/ Schäpe,* Das Recht des ruhenden Verkehrs, 2. A. 2005

Verkehrsgeschäft ist das übliche Geschäft des allgemeinen Handelsverkehrs (z. B. Kauf). Im engeren Sinn ist V. das Geschäft, bei dem Veräußerer und Erwerber einer Sache verschiedene Personen sind, wobei die Personenverschiedenheit nicht nur rechtlicher, sondern auch wirtschaftlicher Art sein muss. Nur bei einem V. ist gutgläubiger → Erwerb möglich (§§ 892, 932 BGB).
Lit.: *Wittkowski, L.,* Die Lehre vom Verkehrsgeschäft, 1990

Verkehrshypothek ist im Sachenrecht die zum Umlauf im rechtsgeschäftlichen Verkehr bestimmte → Hypothek. Die V. kann → Briefhypothek oder → Buchhypothek sein. Sie steht im Gegensatz zur → Sicherungshypothek (§ 1184 BGB).

Verkehrspflicht ist die im rechtlichen → Verkehr der Menschen entstehende → Pflicht (z. B. Sorgfaltspflicht, Aufklärungspflicht). → Verkehrssicherungspflicht
Lit.: *Bar, C. v.,* Verkehrspflichten, 1980; *Raab, T.,* Die Bedeutung der Verkehrspflichten, JuS 2002, 1042

Verkehrsrecht ist hauptsächlich die Gesamtheit der den → Straßenverkehr betreffenden Rechtssätze. Es ist vor allem im Straßenverkehrsgesetz, in der Straßenverkehrsordnung und in der Straßenverkehrszulassungsordnung geregelt. Daneben gehört zum V. das Recht des Eisenbahnverkehrs, Luftfahrzeugverkehrs und Schifffahrtsverkehrs. → Transportrecht
Lit.: EG-Verkehrsrecht (Lbl.), hg. v. *Frohnmeyer, A./ Mückenhausen, P.,* 4. A. 2004; *Bühren, H. van,* Anwalts-Handbuch Verkehrsrecht, 2003; *Rebler, A.,* Verkehrsrecht kompakt, 2007; Verkehrsrecht, hg. v. *Roth, H.,* 3. A. 2012, 4. A. 2015?; Gesamtes Verkehrsrecht, hg. v. *Haus, K. u. a.,* 2013

Verkehrssicherungspflicht ist die Pflicht, den Verkehr gegenüber Gefahrenquellen abzusichern. Die V.

ist eine → Handlungspflicht (§ 823 I BGB), deren Verletzung → Schadensersatzansprüche nach sich ziehen kann. Sie verpflichtet jeden, der eine Gefahrenquelle schafft, die notwendigen Vorkehrungen zum Schutz Dritter vor Schäden zu schaffen (z. B. Reinigen eines Geschäftseingangs, Beseitigen von Höhenunterschieden zwischen Terrasse und Innenraum einer Gaststätte, Verweigerung des Verkaufs erkennbar gefährlicher Feuerwerkskörper an Kinder im Grundschulalter). Bei öffentlich-rechtlichen → Körperschaften kann diese V. sich – durch ausdrücklichen Organisationsakt, str. – in eine → Amtspflicht umwandeln, für deren Verletzung nach § 839 BGB i. V. m. Art. 34 GG einzustehen ist. Als Amtspflicht sehen die Straßenverkehrssicherungspflicht die meisten Straßengesetze.

Lit.: *Patzelt, G.,* Verkehrssicherungspflicht, 4. A. 2006; *Schlund, G.,* Verkehrssicherungspflicht auf öffentlichem Grund, 4. A. 2006; *Tonner, K.,* Vertragliche und deliktische Verkehrssicherungspflichten im Reiserecht, NJW 2007, 2738; *Wesser, S.,* Verkehrssicherung, NJW 2008, 3761; *Mergner, T. u. a.,* Gefahrenquellen und Verkehrssicherungspflichten, NJW 2015, 197

Verkehrssitte (§§ 157, 242 BGB) ist die in betroffenen Kreisen gepflogene → Übung. Die V. ist nur → Gewohnheit oder → Brauch, nicht jedoch → Gewohnheitsrecht. Sie ist bei der → Auslegung von → Verträgen und der Bewirkung von Leistungen zu berücksichtigen. → Handelsbrauch

Lit.: *Lanzi, M.,* Die Verkehrssitte und ihre zivilprozessuale Behandlung, 1982

Verkehrsteuer ist die an Vorgänge des Rechtsverkehrs anknüpfende → Steuer (z. B. Grunderwerbsteuer, Mehrwertsteuer, Kraftfahrzeugsteuer).

Lit.: *Rose, G.,* Umsatzsteuer mit Grunderwerbsteuer und kleineren Verkehrsteuern, 18. A. 2013

Verkehrsstrafrecht → Verkehrsunfall

Lit.: *Janiszewski, H.,* Verkehrsstrafrecht, 5. A. 2004; *Blum, H.,* Verkehrsstrafrecht, 2009

Verkehrsunfall (§ 142 StGB) ist das plötzliche Ereignis im öffentlichen Verkehr, das zur Tötung oder Verletzung eines Menschen oder zu einer nicht völlig belanglosen Sachbeschädigung führt. § 34 StVO verpflichtet nach einem V. jeden Beteiligten, vor allem unverzüglich zu halten, den Verkehr zu sichern und anderen am Unfallort anwesenden Beteiligten und Geschädigten anzugeben, dass er am Unfall beteiligt ist, und mindestens eine nach den Umständen angemessene Zeit zu warten und am Unfallort Namen und Anschrift zu hinterlassen. Wenn ein Unfallbeteiligter sich nach dem Unfall im Straßenverkehr vom Unfallort entfernt, bevor er zugunsten der anderen Unfallbeteiligten und der Geschädigten die Feststellung seiner Person, seines Fahrzeugs und der Art seiner Beteiligung durch seine Anwesenheit und durch die Angabe, dass und wie er an dem Unfall beteiligt ist, ermöglicht oder eine nach den Umständen angemessene Zeit gewartet hat, ohne dass jemand bereit war, diese Feststellungen zu treffen, kann er nach § 142 StGB wegen unerlaubten Entfernens vom Unfallort strafbar werden. Der Straftatbestand schützt das private Interesse der Unfallbeteiligten und Geschädigten an der

Aufklärung des Sachverhalts zwecks Verfolgung oder Abwehr von Schadensersatzansprüchen. Das unerlaubte Entfernen vom Unfallort ist mit Freiheitsstrafe bis zu drei Jahren oder Geldstrafe bedroht. Rechtstatsächlich weist in Deutschland jeder zehnte Verkehrsunfall belastungsstarke Anzeichen von Manipulation bzw. Kollusion auf.

Lit.: *Grüneberg, C.,* Haftungsquoten bei Verkehrsunfällen, 14. A. 2015; *Pamer, J.,* Neues Recht der Schadensregulierung bei Verkehrsunfällen im Ausland, 2003; *Garbe, T./Hagedorn, A.,* Die zivilrechtliche Haftung beim Verkehrsunfall, JuS 2004, 287; *Mitsch, W.,* Unvorsätzliches Entfernen vom Unfallort, JuS 2010, 303; *Schulz-Merkel,* P. *u. a.,* Grundfälle zur Haftung bei Verkehrsunfällen, JuS 2015, 201

Verkehrsunfallflucht → Verkehrsunfall

Lit.: *Himmelreich, K./Büchen, M.,* Verkehrsunfallflucht, 6. A. 2013

Verkehrswert ist der im rechtsgeschäftlichen → Verkehr angenommene Wert eines Gegenstands.

Lit.: *Kleiber, W. u. a.,* Verkehrswertermittlung von Grundstücken, 7. A. 2014

Verkehrswesentlichkeit (§ 119 II BGB) ist die Bedeutsamkeit oder Wesentlichkeit für den allgemeinen Geschäftsverkehr.

Verkehrswirtschaft → Marktwirtschaft

Verkehrszeichen (§ 39 StVO) ist das Zeichen zur Regelung des → Straßenverkehrs. Die V. sind Gefahrzeichen, Vorschriftzeichen (d. h. Gebotszeichen oder Verbotszeichen) oder Richtzeichen. Die Vorschriftzeichen verkörpern → Allgemeinverfügungen. Ein Verstoß gegen sie ist → Ordnungswidrigkeit. Für die Anordnung zum Anbringen von V. ist die → Straßenverkehrsbehörde, evtl. die Straßenbaubehörde, für das Anbringen und Unterhalten der → Straßenbaulastträger zuständig.

Lit.: *Bitter, G./Konow, C.,* Bekanntgabe und Widerspruchsfrist bei Verkehrszeichen, NJW 2001, 1386; *Giesa, S.,* Hinweise für das Anbringen von Verkehrszeichen, 13. A. 2013

Verkehrszentralregister → Bundesverkehrszentralregister → Fahreignungsregister

Verklammerungsprinzip ist im Strafrecht der Grundsatz zur Begründung einer → Tateinheit, der besagt, dass zwei an sich selbständige Handlungen durch eine dritte Handlung zu einer Tateinheit verklammert werden, wenn sie jeweils zu dieser dritten Handlung in Tateinheit stehen und die verklammernde Tat mindestens ebenso schwer ist wie die beiden anderen Taten (z. B. Körperverletzung, Sachbeschädigung, Raub).

Verklarung (§§ 522 ff. HGB) ist die Einreichung eines Berichts des Kapitäns eines Schiffes über den Hergang eines Unfalls bei dem zuständigen → Amtsgericht zwecks Beweissicherung.

Lit.: *Liedtke, C.,* Die Verklarung, 2002

Verkündung ist die öffentliche Bekanntmachung. Im Verfassungsrecht sind → Gesetze und → Verordnungen durch Veröffentlichung in dem → Gesetzblatt zu verkünden (z. B. Art. 82 GG). Im Verfahrensrecht bedürfen gerichtliche – zumeist Entscheidungen vielfach der V. z. B. in Form der Vorlesung der → Urteilsformel (§ 311 ZPO), wobei die Vorlesung der Urteilsformel durch eine Bezugnahme auf die Urteilsformel ersetzt werden kann, wenn bei der V. von den Parteien niemand erschienen ist.

Lit.: *Ziegler, W.,* Die Verkündung von Satzungen und Rechtsverordnungen, 1976

Verkündungsblatt ist das Druckerzeugnis, in dem amtliche Verlautbarungen veröffentlicht werden (müssen). → Gesetzblatt

Verlag ist der gewerbsmäßige Vertrieb von Erzeugnissen. In dem → Immaterialgüterrecht (§§ 1 ff. VerlG) ist V. die Vervielfältigung und Verbreitung eines → Werkes der Literatur oder Tonkunst. Durch den Verlagsvertrag verpflichtet sich der Verfasser, dem Verleger das Werk zur Vervielfältigung und Verbreitung für eigene Rechnung zu überlassen. Der Verleger verpflichtet sich, das Werk zu vervielfältigen und zu verbreiten sowie eine vereinbarte Vergütung zu entrichten. Besondere Formen des Verlags sind Kommissionsverlag sowie Selbstverlag. In Deutschland gab es 1999 etwa 400 Verlage zu rechtlich bedeutsamen Sachgebieten. Marktführer ist der Verlag C. H. Beck mit dem Franz Vahlen Verlag.

Lit.: *Delp, L.,* Der Verlagsvertrag, 8. A. 2008; *Mundhenke, R./Teubner, M.,* Der Verlagskaufmann, 9. A. 2002; *Haupt, S.,* Electronic Publishing, 2002; *Wegner, K./Wallenfels, D./Kaboth, D.,* Recht im Verlag, 2. A. 2011

Verlagsrecht ist objektiv die Gesamtheit der den → Verlag betreffenden Rechtssätze, subjektiv das ausschließliche, vom Verfasser dem Verleger eingeräumte Recht, ein → Werk der Literatur oder Tonkunst zu vervielfältigen und zu verbreiten (§ 8 VerlG).

Lit.: Urheber- und Verlagsrecht, hg. v. *Hillig, H.,* 15. A. 2014; *Ulmer-Eifort, C. u. a.,* Verlagsrecht, 2013

verlängerter Eigentumsvorbehalt → Eigentumsvorbehalt, verlängerter

Verleger → Verlag

Verleihung ist die – gebührenpflichtige – Vergabe eines → Rechtes oder einer Rechtsstellung, insbesondere durch den → Staat. Im → Privatrecht erlangt der wirtschaftliche → Verein in Ermangelung besonderer gesetzlicher Vorschriften die → Rechtsfähigkeit durch staatliche V. (§ 22 BGB). Im → Verwaltungsrecht erfolgt z. B. die Begründung eines – subjektiv öffentlichen – Rechtes auf Sondergebrauch einer öffentlichen → Sache durch staatliche V. (→ Erlaubnis z. B. → Bewilligung §§ 8 ff. WHG).

Lit.: *Heimlich, J.,* Die Verleihungsgebühr, 1996; *Drömann, D.,* Nichtsteuerliche Abgaben, 2000

Verleiten zur Ableistung eines falschen → Eides, einer falschen → Versicherung an Eides statt oder einer falschen uneidlichen → Aussage (§ 160 StGB) ist das Bestimmen eines anderen – der wenigstens nach Meinung des Täters gutgläubig ist – zur unvorsätzlichen Tat. Das V. wird mit Freiheitsstrafe bis zu sechs Monaten oder Geldstrafe bis zu 180 Tagessätzen bestraft. Der Versuch ist strafbar.

Lit.: *Kühne, A.,* Verleitung zur Falschaussage, 2001

Verlesung ist das Vorlesen eines Schriftstücks. Es genügt das laute Ablesen des Textes vom Bildschirm (z. B. durch den Notar).

Lit.: *Mihm, K.,* Pflicht zur Verlesung notarieller Urkunden, NJW 1997, 3121; *Gubitz, M. u. a.,* Die Verlesung von Vernehmungsniederschriften, NJW 2008, 958

Verletzter ist, wer eine → Verletzung erlitten hat.

Lit.: *Schröter, T.,* Der Begriff des Verletzten, 1998

Verletzung ist die Beschädigung des Körpers eines Menschen oder eines sonstigen Rechtsguts sowie im übertragenen Sinn die Nichtbeachtung einer gesetzlichen Vorschrift.

Lit.: *Rusch, K.,* Gewinnhaftung bei Verletzung von Treuepflichten, 2003

Verletzungsdelikt ist im Strafrecht das → Delikt, das eine (mindestens versuchte) Schädigung des in Betracht kommenden Handlungsobjekts erfordert (z. B. Körperverletzung). Das V. ist → Erfolgsdelikt. Sein Gegensatz ist das → Gefährdungsdelikt.

Lit.: *Fünfsinn, H.,* Der Aufbau des fahrlässigen Verletzungsdelikts, 1985

Verleumdung (§ 187 StGB) ist die wider besseres Wissen erfolgende Behauptung oder Verbreitung einer unwahren Tatsache in Beziehung auf einen anderen, die geeignet ist, denselben verächtlich zu machen oder in der öffentlichen Meinung herabzuwürdigen oder dessen Kredit zu gefährden. Die V. wird mit Freiheitsstrafe bis zu zwei Jahren oder mit Geldstrafe bestraft. Mit wahren Tatsachen (z. B. dass E lügt und I betrügt usw.) kann nicht verleumdet werden.

Lit.: *Janssen, B.,* Die Rechtsfolgenseite des § 190 Satz 2 StGB, 2003

Verlöbnis (§ 1297 BGB) ist der → Vertrag, durch den sich zwei (geschäftsfähige) Menschen verschiedenen Geschlechts gegenseitig versprechen, die → Ehe miteinander einzugehen sowie das dadurch begründete Gemeinschaftsverhältnis. Aus einem V. kann nicht auf Eingehung der Ehe geklagt werden, doch können bei einem → Rücktritt einzelne Ersatzansprüche entstehen. Das V. kann weitere Rechte (z. B. Zeugnisverweigerungsrecht) oder Pflichten (z. B. Hilfeleistungspflichten) begründen.

Lit.: *Montanari, R.,* Verlobung und Verlöbnisbruch, 1974; *Köksal, M.,* Das Verlöbnis und seine Auflösung, 1995

Verlust ist die unfreiwillige Einbuße an Werten. Der V. kann darauf beruhen, dass aufgewandte Kosten einer Gütererzeugung deren Ertrag übersteigen. Im → Handelsrecht und im → Steuerrecht ist V. grundsätzlich die durch Vergleich der Jahresbilanz mit der vorangehenden Jahresbilanz festzustellende Verringerung des Vermögens bzw. der Überschuss der Betriebsausgaben über die Betriebseinnahmen.

Lit.: *Wiesbrock, M.,* Die Verlustrückstellung, 1999; *Simon, W.,* Der Verlust des Ehegattenerbrechts, 2004

Vermächtnis (§ 1939 BGB) ist die → Verfügung von Todes wegen, durch die der → Erblasser einem anderen einen einzelnen Vermögensvorteil zuwendet, ohne ihn als → Erben einzusetzen. Der Vermächtnisnehmer erlangt (nur) einen schuldrechtlichen → Anspruch (§ 2174 BGB) auf Übertragung des Zugewandten gegen den beschwerten Erben oder Vermächtnisnehmer (Damnationslegat im Gegensatz zum älteren Vindikationslegat). Er wird durch den Erbfall allein z. B. nicht Eigentümer der vermachten Sache. → Untervermächtnis

Lit.: *Sarres, E.,* Vermächtnis, 2009; *Muscheler, K.,* Das gemeinschaftliche Vermächtnis, NJW 1012, 1399; *Roth, W./Maulbetsch, T./Schulte, J.,* Vermächtnisrecht, 2013

Vermächtnisnehmer → Vermächtnis

vermeidbar (Adj.) verhinderbar

vermeidbarer Verbotsirrtum → Verbotsirrtum, vermeidbarer

Lit.: *Roos, C.,* Die Vermeidbarkeit des Verbotsirrtums, 2000

Vermieter → Miete

vermindert (Adj.) verkleinert, herabgesetzt

verminderte Schuldfähigkeit → Schuldfähigkeit, verminderte

Vermischung (§ 948 BGB) ist im Sachenrecht die – praktisch – untrennbare Vermengung mehrerer beweglicher → Sachen (z. B. Milch mehrerer Eigentümer in dem Tankwagen, Münzen in der Kasse, Wertpapiere in dem Sammeldepot). Bei ihr werden die bisherigen Eigentümer grundsätzlich → Miteigentümer der einheitlichen Sache, ausnahmsweise der Eigentümer einer Hauptsache Alleineigentümer. Der gegebenenfalls eintretende Rechtsverlust ist durch Vergütung in Geld zu entschädigen (§ 951 BGB).

Lit.: *Steffen, H.,* Zur Vermischung fungibler Sachen, 1989 (Schweiz); *Gehrlein, M.,* Eigentumsrechte nach einer Geldvermengung, NJW 2010, 3543

Vermittlung ist die Herstellung einer Verbindung oder Einigung.

Lit.: *Feix, K.,* Die Verankerung einvernehmlicher Streitbeilegung, 2004

Vermittlungsausschuss (Art. 77 II GG) ist der aus – je gleich vielen – Mitgliedern des → Bundestags und des → Bundesrats bestehende, im → Gesetzgebungsverfahren zwischen diesen Bundesorganen zur Vermittlung berufene Ausschuss. Seine Einberufung kann binnen drei Wochen nach Eingang eines Gesetzesbeschlusses des Bundestags vom Bundesrat,

bei → Zustimmungsgesetzen auch von Bundestag und → Bundesregierung verlangt werden. Der V. darf eine Änderung, Ergänzung oder Streichung nur vorschlagen, wenn und soweit der Vorschlag im Rahmen des Anrufungsbegehrens und des ihm zugrundeliegenden Gesetzgebungsverfahrens bleibt. Schlägt der V. eine Änderung des Gesetzesbeschlusses vor, so hat der Bundestag erneut Beschluss zu fassen. Im Übrigen kann der Bundesrat bei Einspruchsgesetzen nach Abschluss des Vermittlungsverfahrens → Einspruch erheben.

Lit.: *Dästner, C.,* Die Geschäftsordnung des Vermittlungsausschusses, 1995; *Bauer, T.,* Der Vermittlungsausschuss, 1999; Mikrofiche-Edition der Protokolle des Vermittlungsausschusses des deutschen Bundestages und des Bundesrates, 2004; *Desens, M.,* Kompetenzgrenzen des Vermittlungsausschusses, NJW 2008, 2892

Vermittlungsvertreter → Vertreter

Vermögen ist die Gesamtheit der einer Person zustehenden Güter und Rechte von wirtschaftlichem Wert einschließlich der Erwerbschancen. Das V. kann zwar als solches verkauft (§ 311b II, III BGB), aber grundsätzlich nicht als solches, sondern nur in Einzelrechtsgeschäften übertragen werden. Was im Einzelnen zum V. gehört, ist streitig und durch sachgerechte Auslegung zu bestimmen (z. B. Gebrauchsvorteil, nicht dagegen Einbuße an Freizeit). (Die Deutschen hatten 2000 rechtstatsächlich ein V. von rund 14 Billionen DM.)

Lit.: *Troll, M.,* Vermögensübertragungen, 1995; *Rönnau, T.,* Vermögensabschöpfung in der Praxis, 2003; *Schmidt, R.,* Straftaten gegen das Vermögen, 14. A. 2015; *Schnorr, R.,* Die steuerrechtliche Abgrenzung zwischen Gewerbebetrieb und Vermögensverwaltung, NJW 2004, 3214

Vermögensbildungsgesetz

Lit.: *Schmidt, G.,* Vermögensbildung, 7. A. 1999; *Gérard, W./Göbel, H.,* Staatliche Förderung der Altersvorsorge und Vermögensbildung (Lbl.), Stand 2015

Vermögensdelikt ist die gegen das → Vermögen gerichtete Straftat.

Lit.: *Rengier, R.,* Vermögensdelikte, 17. A. 2015

Vermögensgesetz

Lit.: *Fieberg, G. u. a.,* VermG (Vermögensgesetz) (Lbl.), 34. A. 2014; Rechtshandbuch Vermögen und Investitionen in der ehemaligen DDR (Lbl.), hg. v. *Clemm, H.,* 47. A. 2005

Vermögensnachfolge ist die Rechtsnachfolge in ein → Vermögen.

Lit.: *Esch, G./Baumann, W./Schulze zur Wiesche, D.,* Handbuch der Vermögensnachfolge, 7. A. 2009; *Spiegelberger, S.,* Vermögensnachfolge, 2. A. 2010

Vermögenspflegschaft → Pflegschaft

Vermögensrecht ist subjektiv das in → Geld bewertbare → Recht sowie objektiv die Gesamtheit der das Vermögen betreffenden Rechtssätze (z. B. Schuldrecht, Sachenrecht).

Lit.: *Säcker, F.,* Vermögensrecht, 1995; *Baum, A.,* Vermögensrechtliche und nichtvermögensrechtliche Streitigkeiten, Diss. jur. Bonn 2000; *Messerschmidt, B.,* Die Entwicklung des Vermögens- und Investitionsrechts 2002/2003, NJW 2003, 2945

Vermögensschaden ist der in Geld bewertbare → Schaden einer Person an ihrem → Vermögen. Der V. ist eine Art des Schadens, die im Gegensatz zum → Nichtvermögensschaden steht. Die Abgrenzung im Einzelnen ist schwierig und umstritten, aber wegen der beschränkten Ersatzpflicht bei Nichtvermögensschäden bedeutsam (z.B. Ausfall des Internetzugangs).
Lit.: *Lange, H.,* Schadensersatz, 3. A. 2003; *Gräfe, J./ Brügge, M.,* Vermögensschaden-Haftpflichtversicherung, 2. A. 2013; *Varwig, M.,* Zum Tatbestandsmerkmal des Vermögensschadens (§ 263 StGB), 2011

Vermögenssorge (§ 1626 I BGB) ist das → Recht und die → Pflicht der Eltern eines minderjährigen → Kindes, für das → Vermögen des Kindes zu sorgen. Die V. ist ein Teil der elterlichen → Sorge. Die Vermögensverwaltung ist in den §§ 1638ff. BGB näher geregelt. Danach sind Schenkungen verboten und ist Geld wirtschaftlich anzulegen. Außerdem bedürfen bestimmte Rechtsgeschäfte der → Genehmigung des → Familiengerichts (§ 1643 BGB).
Lit.: *Malik, D.,* Die Grenzen der elterlichen Vermögenssorge, 2000; *Schmidt, H.,* Aufgabenkreis Vermögenssorge, 2. A. 2002

Vermögensstrafe (§ 43a StGB) ist die durch den Wert des → Vermögens des Täters in ihrer Höhe begrenzte (, wegen Verletzung des Bestimmtheitsgebots verfassungswidrige) → Geldstrafe.
Lit.: *Ries, G.,* Die Vermögensstrafe, 1999

Vermögensteuer (§§ 1ff. VStG) ist die vom → Vermögen einer Person (in Deutschland bis 31.12.1996) erhobene → Steuer.

Vermögensübernahme (§ 419 BGB a.F.) war bis 2002 die gesetzlich besonders geregelte Übernahme des → Vermögens einer Person seitens einer anderen durch einen → Verpflichtungsvertrag.
Lit.: *Tiedemann, S.,* Die Haftung aus Vermögensübernahme im internationalen Recht, 1995

Vermögensverfügung (§ 263 StGB) ist im Strafrecht das Handeln, Dulden oder Unterlassen, das sich unmittelbar vermögensmindernd auswirkt (z.B. Unterlassen der Geltendmachung eines Anspruchs). Die V. ist ein Tatbestandsmerkmal des → Betrugs. Sie muss auf dem → Irrtum des Getäuschten beruhen. Im Privatrecht (§ 1365 BGB) ist V. eine Verfügung eines Menschen über sein Vermögen im Ganzen. Dazu kann sich ein Ehegatte nur mit Einwilligung des anderen Ehegatten verpflichten.
Lit.: *Joecks, W.,* Zur Vermögensverfügung beim Betrug, 1982; *Jänicke, H.,* Gerichtliche Entscheidungen als Vermögensverfügung, 2001

Vermögensverwaltung → Vermögenssorge
Lit.: *Schäfer/Sethe/Lang,* Handbuch der Vermögensverwaltung, 2012

Vermögensverzeichnis ist die genaue Aufstellung des → Vermögens einer → Person. Im Zwangsvoll-

streckungsverfahren hat → der Schuldner auf Antrag des → Gläubigers ein V. vorzulegen, wenn die → Pfändung nicht zur vollständigen Befriedigung des Gläubigers geführt hat. Die Richtigkeit der Angaben hat der Schuldner → eidesstattlich zu versichern (§ 807 ZPO).

Vermögensvorteil (§ 263 StGB) ist die günstigere Gestaltung der Vermögenslage. Die → Vorteilsverschaffungsabsicht bei dem → Betrug muss auf einen V. gerichtet sein. Der V. ist rechtswidrig, wenn der Täter auf ihn keinen → Anspruch hat.

Vermutung ist die Annahme eines Umstands als wahrscheinlich gegeben. Im Verfahrensrecht ist V. eine gesetzliche Bestimmung, nach der von dem Vorliegen eines bestimmten Umstands auf einen bestimmten anderen Umstand geschlossen werden soll. Die V. ist *Tatsachenvermutung,* wenn der Schluss auf eine Tatsache gerichtet ist (z.B. § 9 VerschG, Todeszeitpunkt) und *Rechtsvermutung,* wenn er auf ein Recht gerichtet ist (z.B. § 1006 BGB, Eigentum). Die V. dient im Verfahrensrecht der Beweiserleichterung. In der Regel ist der Gegenbeweis zulässig (*widerlegliche* V.). Im Gegensatz zur → Fiktion kann bei der V. der vermutete Umstand gegeben sein.
Lit.: *Ittner, D.,* Die Vermutungen des GWB, 1998; *Liu, C.,* Fiktionen und Vermutungen im Recht der allgemeinen Geschäftsbedingungen, 2002

Vernehmung ist die meist mündliche Befragung eines Menschen über verfahrensrechtlich bedeutsame Umstände. Vernommen werden können vor allem → Zeugen, → Sachverständige, → Beschuldigte, → Parteien (Parteivernehmung) und → Beteiligte (§§ 376ff. ZPO, §§ 68ff., 133ff. StPO). Die Betroffenen können ein → Aussageverweigerungsrecht haben. Bestimmte Vernehmungsmethoden sind verboten (vgl. § 136a StPO). Im Strafprozess ist, wenn der → Beweis einer Tatsache auf der Wahrnehmung eines Menschen beruht, dieser in der → Hauptverhandlung persönlich zu vernehmen (§ 250 StPO).
Lit.: *Bender, R./Nack, A.,* Tatsachenfeststellung vor Gericht, Bd. 2 Vernehmungslehre, 2. A. 1995; *Rieke, A.,* Die polizeiliche und staatsanwaltschaftliche Vernehmung Minderjähriger, 2003

Vernunftrecht ist das allein durch die Vernunft gerechtfertigte und begründete → Recht. In der Rechtsgeschichte ist das V. das säkularisierte Naturrecht der frühen Neuzeit (*Hugo Grotius, Christian Wolff*). Es findet seinen praktischen Niederschlag in den Kodifikationen der → Aufklärung (Allgemeines Landrecht Preußen 1794, Code civil Frankreich 1804, Allgemeines Bürgerliches Gesetzbuch Österreich 1811 bzw. 1812).
Lit.: *Wieacker, F.,* Privatrechtsgeschichte der Neuzeit, 2. A. 1967

Verordnung ist die behördliche Anordnung an eine unbestimmte Zahl von Personen und für eine unbestimmte Zeit von Fällen. Die V. ist im Verhältnis zum formellen → Gesetz eine abgeleitete Rechtsquelle (materielles Gesetz). Sie kann auf Grund einer gesetzlichen → Ermächtigungsgrundlage von der → Regierung, einzelnen → Ministern oder nachgeordneten → Behörden erlassen werden (→ Rechtsverordnung). Dadurch kann sie leichter und schneller entstehen als das formelle Gesetz.

Lit.: *Seidel, S.,* Die Praxis der Verordnungsgebung, 2005

Verpackungsverordnung ist die die Verpackung von Waren und ihre umweltschutzrechtliche Fragen regelnde Verordnung.

Lit.: *Flanderka, F.,* Verpackungsverordnung, 1999; *Michler, H.,* Neue Verpackungsverordnung, 2000

Verpächter → Pacht

Verpfändung (§§ 1204 ff. BGB) ist die rechtsgeschäftliche Begründung eines → Pfandrechts. Sie erfordert die → Einigung des → Eigentümers einer beweglichen → Sache und des → Gläubigers einer Schuld darüber, dass dem Gläubiger das → Pfandrecht an der beweglichen Sache des Eigentümers zustehen soll, die → Übergabe der Sache oder einen → Übergabeersatz (sowie das Bestehen der → Forderung). Die V. einer Sache kann evtl. auch durch einen → Nichtberechtigten (Nichteigentümer) erfolgen, doch muss dann der Gläubiger gutgläubig hinsichtlich der Berechtigung des Nichtberechtigten sein.

Lit.: *Herrmann, A.,* Sicherungsabtretung und Verpfändung der Ansprüche aus dem Lebensversicherungsvertrag, 2003

Verpflichteter ist grundsätzlich, wen eine → Pflicht zu einer → Handlung, → Duldung oder → Unterlassung trifft. Im → Strafrecht (§ 11 Nr. 4 StGB) ist ein *für den öffentlichen Dienst besonders* V., wer, ohne Amtsträger zu sein, bei einer → Behörde oder einer sonstigen Stelle die Aufgaben der öffentlichen → Verwaltung wahrnimmt oder bei einem Verband oder einem sonstigen Zusammenschluss, Betrieb oder Unternehmen, die für eine Behörde oder für eine sonstige Stelle Aufgaben der öffentlichen Verwaltung ausführen, beschäftigt oder für sie tätig und auf die gewissenhafte Erfüllung seiner Obliegenheiten auf Grund eines Gesetzes förmlich verpflichtet ist.

Verpflichtung ist die → Pflicht, → Schuld oder → Verbindlichkeit. Die V. entsteht durch → Gesetz oder → Rechtsgeschäft. Sie erlischt insbesondere durch → Erfüllung.

Lit.: *Lobinger, T.,* Rechtsgeschäftliche Verpflichtung und autonome Bindung, 1999; *Schmidt, D.,* Die Verpflichtung zum Ausbildungsunterhalt, 2004

Verpflichtungsgeschäft ist das auf Begründung einer → Verpflichtung gerichtete → Rechtsgeschäft (z. B. Kaufvertrag). Es ist streng zu trennen von dem aus ihm möglicherweise folgenden → Erfüllungsgeschäft (→ Verfügungsgeschäft, z. B. Übereignung der Kaufsache, Übereignung des Kaufpreises, Abtretung der gekauften Forderung), so dass eine Mangelhaftigkeit des Verpflichtungsgeschäfts grundsätzlich nicht auch Mangelhaftigkeit des Erfüllungsgeschäfts bedeutet. Das V. kann entweder für einen oder für mehrere Beteiligte Ver-

pflichtungen begründen (z. B. Kaufvertrag mit Pflichten für Verkäufer und Käufer).

Lit.: *Wittig, J.,* Das abstrakte Verpflichtungsgeschäft, 1996; *Schmidt, C.,* Die sogenannte Akzessorietät der Bürgschaft, 2001

Verpflichtungsklage (§ 42 I VwGO) ist die Klage auf Verurteilung zum Erlass eines abgelehnten oder unterlassenen → Verwaltungsakts. Die V. ist eine Unterart der → Leistungsklage. Sie kann → Vornahmeklage (bzw. Weigerungsklage) oder → Untätigkeitsklage sein. Ist die Sache vor → Gericht nicht spruchreif, kann der Ausspruch auf die Verpflichtung gehen, den Kläger unter Beachtung der Rechtsauffassung des Gerichts zu bescheiden (Bescheidungsklage, § 113 V 2 VwGO).

Lit.: *Juhnke, A.,* Die Passivlegitimation bei Anfechtungs- und Verpflichtungsklage, 1985

Verrat ist die unbefugte treuwidrige Offenbarung eines → Geheimnisses (vgl. §§ 80 ff. StGB, → Hochverrat, → Landesverrat).

Verrechnung ist die rechnerische Berücksichtigung eines Umstands. Sie dient der rechtlichen Vereinfachung. Besonders geregelte Fälle der V. sind → Aufrechnung und → Kontokorrent.

Lit.: *Eisenreich, A.,* Aufrechnung und Verrechnung der Sozialleistungsträger, 2000

Verrechnungsscheck (Art. 39 ScheckG) ist im Wertpapierrecht der → Scheck, bei dem der → Aussteller oder → Inhaber durch den quer über die Vorderseite gesetzten Vermerk *nur zur Verrechnung* dem Bezogenen die Barauszahlung verbietet. Die einlösende Bank darf die Schecksumme dem Einlieferer nur auf einem Konto gutschreiben. Den Gegensatz zum V. bildet der Barscheck.

Verrichtung ist die auf verbessernde Ausführung angelegte menschliche Handlung.

Verrichtungsgehilfe (§ 831 BGB) ist der Mensch, dem von einer anderen Person (z. B. Arbeitgeber), von deren Weisungen er mehr oder weniger abhängig ist (z. B. Arbeiter, angestellter Arzt, Werkstudent, nicht dagegen handwerklicher Unternehmer), eine Tätigkeit übertragen worden ist, wobei es genügt, dass der Übertragende die Tätigkeit des Handelnden jederzeit beschränken oder entziehen oder nach Art und Umfang bestimmen kann. Der V. ist eine Hilfsperson. Für sein rechtswidriges schädigendes Verhalten hat der Geschäftsherr einzustehen, wenn er sich nicht von dem Vorwurf entlasten kann, eine Auswahlpflicht oder Überwachungspflicht verletzt zu haben (→ Geschäftsherrnpflichtverletzung). Der V. ist streng zu trennen vom → Erfüllungsgehilfen (§ 278 BGB), obgleich der V. oft zugleich Erfüllungsgehilfe ist.

Lit.: *Kupisch, B.,* Die Haftung für Verrichtungsgehilfen (§ 831 BGB), JuS 1984, 250; *Schmitz, F.,* Die deliktische Haftung für Arbeitnehmer, 1994; *Biller, F.,* Die Eigenhaftung des Verrichtungsgehilfen, 2006

Versailler Vertrag ist der am 28.6.1919 zwischen 27 alliierten und assoziierten Mächten einerseits und dem (zweiten) Deutschen Reich andererseits nach

Zustimmung der deutschen Nationalversammlung (23.6.1919 237 Ja-Stimmen, 6 Enthaltungen, 138 Nein-Stimmen) in Versailles abgeschlossene, den ersten Weltkrieg gegenüber Deutschland formell beendende Friedensvertrag, der am 10.1.1920 in Kraft trat. Von vielen Deutschen wurde er wegen seines diktathaften Charakters innerlich nicht angenommen. Sie versuchten (erfolglos), durch den zweiten Weltkrieg seine Folgen zu Gunsten Deutschlands abzuändern.

Lit.: *Haffner, S. u. a.,* Der Vertrag von Versailles, 1978

Versammlung (Art. 8 GG) ist die örtliche Zusammenkunft einer (im Gegensatz zur bloßen Ansammlung in innerer Verbindung stehenden) Vielheit von Menschen (bzw. mehrerer Menschen) zum Zweck gemeinsamer, auf die Teilhabe an der öffentlichen Meinungsbildung gerichteter Erörterung oder Kundgebung. Unterschieden wird dabei die V. *unter freiem Himmel* von der sonstigen V. Die öffentliche V. unter freiem Himmel ist spätestens 48 Stunden vor der Bekanntgabe der zuständigen Behörde anzumelden (§ 14 VersammlG). Eine V. kann nur unter bestimmten Voraussetzungen verboten werden (§§ 5, 15 VersammlG), doch ist stets auch der Verhältnismäßigkeitsgrundsatz besonders zu beachten. Im → Strafrecht wird unter V. teilweise jedes Beisammensein einer größeren Zahl von Menschen zur Verfolgung eines bestimmten Zweckes verstanden (z. B. § 80a StGB).

Versammlungsfreiheit (Art. 8 GG) ist das für alle → Deutschen bestehende Recht, sich ohne Anmeldung oder Erlaubnis friedlich und ohne Waffen zu → versammeln. Die V. ist ein → Grundrecht, das die gemeinsame Willensbildung und Meinungsbildung schützt. Sie ist durch das Versammlungsgesetz beschränkt.

Lit.: *Dietel, A./Gintzel, K./Kniesel, M.,* Demonstrations- und Versammlungsfreiheit, 14. A. 2005

Versammlungsgesetz ist das das Recht der → Versammlung betreffende Gesetz.

Lit.: *Ott, S./Waechtler, H.,* Gesetz über Versammlungen, 7. A. 2010

Versammlungsrecht ist objektiv die Gesamtheit der → Versammlungen betreffenden Rechtssätze und subjektiv das Recht, eine Versammlung zu bilden.

Lit.: *Hettich, M.,* Versammlungsrecht in der kommunalen Praxis, 2003; *Kniesel, M. u. a.,* Die Entwicklung des Versammlungsrechts 2000 bis 2003, NJW 2004, 422

Versäumnis → Säumnis

Versäumnisurteil (§§ 330 ff. ZPO) ist das bei → Säumnis einer → Partei auf → Antrag des Gegners zu erlassende → Urteil. Das V. *gegen den* → *Kläger* setzt Säumnis, Antrag des → Beklagten, das Vorliegen der allgemeinen Prozessvoraussetzungen sowie Fehlen eines Versäumnisausschlusses voraus, das V. *gegen den Beklagten* außerdem → Schlüssigkeit der Klage. Das V. muss als solches bezeichnet sein. Gegen das V. ist der → Einspruch binnen 2 Wochen ab → Zustellung zulässig (§§ 338 f. ZPO). Er versetzt den Prozess in die Lage

zurück, in der er sich vor Eintritt der Versäumnis befand. Der Säumige trägt die durch die Versäumnis veranlassten → Kosten. Gegen ein zweites V. ist kein Einspruch mehr möglich (§ 345 ZPO). Ausnahmsweise ist gegen ein V., gegen das der Einspruch an sich nicht statthaft ist, die → Berufung oder Anschlussberufung zulässig, wenn sie darauf gestützt wird, dass der Fall der schuldhaften Versäumung (z. B. wegen Straßenverkehrsstaus) nicht vorgelegen habe (§ 514 II ZPO). Das in der Berufsordnung der → Rechtsanwälte Deutschlands enthaltene Verbot, ohne Vorankündigung ein V. gegen einen nicht (rechtzeitig) erschienenen Kollegen zu beantragen, verstößt gegen das Grundrecht der Berufsfreiheit.

Lit.: *Steinhauer, T.,* Versäumnisurteile in Europa, 1996

Versäumnisverfahren ist das bei Säumnis einer Partei im Prozess mögliche Verfahren. → Versäumnisurteil

Lit.: *Ebner,* Ausgewählte Probleme des Versäumnisverfahrens, JA 1996, 583; *Stadler, A. u. a.,* Das Versäumnisverfahren, JuS 2006, 34

Versäumung (§ 230 ZPO) ist die Nichtvornahme (oder unwirksame Vornahme) einer → Prozesshandlung innerhalb des für die Vornahme vorgeschriebenen Zeitraums. Die V. einer Prozesshandlung hat zur Folge, dass die Partei mit der vorzunehmenden Prozesshandlung ausgeschlossen wird. War die Partei ohne → Verschulden verhindert, eine bestimmte → Frist (u. a. Notfrist, Berufungsbegründungsfrist und Revisionsbegründungsfrist) einzuhalten (z. B. Erkrankung, Postverzögerung, Büroversehen), ist ihr auf Antrag → Wiedereinsetzung in den vorigen Stand zu gewähren.

Lit.: *Hornick, A.,* Der Fall der Versäumung (§ 513 II 1 ZPO), 1995; *Lüer, G.,* Die Versäumung im Berufungsverfahren, 2003

Verschaffen ist das durch Handlung Erlangen. Zum *Sichverschaffen eines* → *Staatsgeheimnisses* (§ 96 StGB) genügt jede → Handlung, durch die der Täter bei körperlichen Sachen Gewahrsam, in den übrigen Fällen Kenntnis erlangt. Bei → Hehlerei (§ 259 StGB) setzt V. einverständliches Zusammenwirken mit dem Vortäter (derivativen Erwerb) voraus, durch das der Täter eigene tatsächliche Verfügungsgewalt bzw. Mitverfügungsgewalt erlangt (Annahme mit dem Willen zu eigenständiger Verfügung) oder für einen Dritten vermittelt.

Verschaffungsvermächtnis (§§ 2169 f. BGB) ist das → Vermächtnis, bei dem sich der vermachte Gegenstand nicht im → Nachlass befindet, sondern vom Beschwerten erst beschafft werden muss.

Lit.: *Savigny, C. v.,* Die Unmöglichkeit der Leistung beim Verschaffungsvermächtnis, 1939

Verschleppung (§ 234a StGB) ist das → Gefährdungsdelikt, das voraussetzt, dass der Täter einen anderen durch → List, → Drohung oder → Gewalt in ein Gebiet außerhalb des räumlichen Geltungsbereichs des Strafgesetzbuchs verbringt oder veranlasst, sich dorthin zu begeben, oder davon abhält, von dort zurückzukehren, und dadurch der Gefahr aussetzt, aus politischen Gründen verfolgt zu werden und hierbei im Widerspruch zu rechtsstaatlichen Grundsätzen durch Gewaltmaßnahmen oder Willkürmaßnahmen Schaden an Leib oder Leben zu erleiden, der Freiheit beraubt oder in seiner beruflichen oder wirtschaftlichen Stellung empfindlich beeinträchtigt zu werden.

Verschmelzung (§ 2 UmwG) ist die Auflösung von Rechtsträgern (offene Handelsgesellschaft, Kommanditgesellschaft, Gesellschaft mit beschränkter Haftung, Aktiengesellschaft, Kommanditgesellschaft auf Aktien, eingetragener Verein, eingetragener Verein, genossenschaftlicher Prüfungsverband, Versicherungsverein auf Gegenseitigkeit sowie wirtschaftlicher Verein oder übernehmend als Alleingesellschafter einer Kapitalgesellschaft natürliche Person) ohne Abwicklung. Die V. kann erfolgen im Wege der Aufnahme durch Übertragung des Vermögens eines Rechtsträgers oder mehrerer Rechtsträger als Ganzes auf einen anderen bestehenden Rechtsträger oder durch Übertragung der Vermögen zweier oder mehrerer Rechtsträger jeweils als Ganzes auf einen neuen, von ihnen gegründeten Rechtsträger. Die V. ist ein Fall der → Umwandlung, so dass das → Umwandlungsgesetz gilt.

Lit.: *Katschinski, R.,* Die Verschmelzung von Vereinen, 1999; *Naraschewski, A.,* Stichtage und Bilanzen bei der Verschmelzung, 2001; *Ruhwinkel, C.,* Gründung einer Europäischen Aktiengesellschaft (SE) durch Verschmelzung, 2004

Verschollenheit (§§ 1 ff. VerschG) ist das Fehlen von Nachrichten über das Leben oder Versterben eines Menschen, dessen Aufenthalt während längerer Zeit unbekannt ist und an dessen Fortleben nach den Umständen ernstliche Zweifel bestehen. Ein Verschollener kann durch Aufgebotsverfahren für tot erklärt werden. Die → Todeserklärung begründet eine → Todesvermutung.

Lit.: *Nolte, I.,* Die Regelung der internationalrechtlichen Fragen im Verschollenheitsrecht, 1971

Verschulden ist das objektiv pflichtwidrige und subjektiv vorwerfbare Verhalten (str.) der schuldfähigen Person. V. ist im Schuldrecht vielfach die Voraussetzung für einen → Schadensersatzanspruch (z.B. §§ 823 I, 276 I 1 BGB) und im Strafrecht die Voraussetzung für eine → Strafe. Im Schuldrecht muss der → Schuldner teilweise auch für fremdes V. einstehen (→ Erfüllungsgehilfe, gesetzlicher → Vertreter § 278 BGB). Weiter ist im Schuldrecht *V. bei Vertragsschluss* ein eigenes, zu → Schadensersatz als Rechtsfolge verpflichtendes Institut (→ culpa in contrahendo, § 311 II BGB), bei dem ein Schuldverhältnis auch zu Personen entstehen kann, die nicht Vertragspartei werden sollen, aber in besonderem Maße Vertrauen für sich in Anspruch nehmen (z.B. Begleiter des Verhandelnden, Verkaufsvertreter, Anlageberater, Verwalter, Gutachter). → Mitverschulden

Lit.: *Scher, R.,* Das Verschulden im Wandel, 1992; *Kötz, H./Wagner, G.,* Deliktsrecht, 12. A. 2013; *Fuchs, M.,* Deliktsrecht, 7. A. 2009

Verschuldenshaftung ist die ein schuldhaftes Verhalten voraussetzende → Haftung. Sie steht im Gegensatz zur → Gefährdungshaftung. Sie wird noch als Grundsatz des → Schadensersatzrechts angesehen.

Lit.: *Hehl, S.,* Das Verhältnis von Verschuldens- und Gefährdungshaftung, 1999

Verschuldensvermutung (z.B. § 831 BGB) ist die → Vermutung, dass ein → Verhalten schuldhaft ist. Der mit der V. Belastete kann diese im Einzelfall aber durch einen → Gegenbeweis entkräften. Dann gelten die allgemeinen → Bestimmungen über die Beweislast.

Lit.: *Witte, V.,* Die Verschuldensvermutung, 1998

Verschweigen ist das Unterlassen einer Erklärung trotz Wissens oder Wissenmüssens. Besteht eine → Aufklärungspflicht, so stellt das V. eine Pflichtverletzung dar, die zugleich eine arglistige → Täuschung sein kann. Daneben kann das V. eines Rechtes unter bestimmten Voraussetzungen zu dessen Verlust führen. → Verwirkung, → Versitzung

Verschweigung ist im mittelalterlichen deutschen Recht die fehlende Geltendmachung eines Rechtes, die meist nach Jahr und Tag zum Rechtsverlust führt (z.B. Stadtluft macht frei). Im Erbrecht (§ 1974 BGB) ist V. die gesetzliche Gleichstellung eines → Gläubigers, der seine Forderung später als fünf Jahre nach dem → Erbfall geltend macht, mit einem ausgeschlossenen Gläubiger.

Lit.: *Immerwahr, W.,* Die Verschweigung im deutschen Recht, 1895

Verschwiegenheitpflicht ist die → Pflicht, ein → Geheimnis nicht zu offenbaren. Die V., die auch durch ein non disclosure agreement begründet werden kann, ist insbesondere im Arbeitsrecht und Verwaltungsrecht bedeutsam. Ihre Verletzung kann strafrechtliche, dienstrechtliche und schuldrechtliche Folgen nach sich ziehen.

Lit.: *Henssler, M.,* Das anwaltliche Berufsgeheimnis, NJW 1994, 1817; *Gödde, K.,* Die nachvertragliche Verschwiegenheitpflicht, Diss. jur. Bonn 1999; *Strobel, B.,* Verschwiegenheits- und Auskunftpflicht kommunaler Vertreter, 2002

Versendungskauf (§ 447 BGB) ist der → Kauf, bei dem der Verkäufer auf Verlangen des Käufers die verkaufte Sache nach einem anderen Ort als dem → Erfüllungsort versendet. V. kann immer nur dann in Betracht kommen, wenn der Verkäufer nicht schon überhaupt zur Beförderung der Sache verpflichtet war (wie z.B. bei → Bringschuld etwa des Versandhauses). Beim V. geht nach § 447 I BGB die → Gegenleistungsgefahr – außer vor der Erfüllung – schon vor der → Übergabe auf den Käufer über, und zwar mit Auslieferung an die zur Ausführung der Versendung bestimmte Person oder → Anstalt, so dass der Käufer den Kaufpreis auch bei Verlust der Sache während der Versendung bezahlen muss.

Lit.: *Oetker, H.,* Versendungskauf, Frachtrecht und Drittschadensliquidation, JuS 2001, 833; *Goldt, A.,* Sachenrechtliche Fragen, 2001; *Wertenbruch, J.,* Gefahrtragung beim Versendungskauf, JuS 2003, 625

Versetzung ist im Beamtenrecht die dauernde Zuweisung einer anderen Amtsstelle unter Verlust der bisherigen Amtsstelle. Die V. erfolgt auf Antrag des → Beamten oder auf Grund eines dienstlichen Bedürfnisses. Ohne Zustimmung des Beamten ist sie nur unter besonderen Voraussetzungen möglich (u. a. Besitzstandswahrung). Für die V. eines → Richters gelten Sonderregeln. Im privatrechtlichen Bereich ist die V. die Übertragung einer anderen dienstlichen Tätigkeit.

Lit.: *Hoyningen-Huene, G. v./Boemke, B.,* Die Versetzung, 1991; *Dachrodt, H.,* Personelle Einzelmaßnahmen, 2001

Versicherer ist der Unternehmer der Versicherung.

Lit.: *Goretzky, K.,* Die Leistungspflicht des Versicherers, 1998; *Wernink, C.,* Die gewohnheitsrechtliche Erfüllungshaftung der Versicherer, 2003

Versicherung ist die Schaffung von Sicherheit durch ein Verhalten. Im Besonderen ist V. die Deckung eines durch bestimmte Ereignisse (z. B. Krankheit, Diebstahl, Brand) hervorgerufenen zufälligen schätzbaren Bedarfs (z. B. voraussichtliche Kosten aller Krankheiten) unter Verteilung auf eine möglichst große Zahl gleichartig allgemein bedrohter, aber nur in Einzelfällen tatsächlich betroffener Personen. Die V. beruht auf der Wahrscheinlichkeitsrechnung. Sie kann → Sozialversicherung oder → Privatversicherung sein, Zwangsversicherung oder freiwillige Versicherung. Die Privatversicherung ist im Versicherungsvertragsgesetz geregelt. Sie ist entweder → Schadensversicherung oder → Personenversicherung.

Lit.: *Fürstenwerth, F. v.,* Versicherungsalphabet, 10. A. 2001; *Geiken, M.,* Die Versicherung der Arbeitnehmer, 10. A. 2004; *Weichmann/Block, J.,* Versicherungsgesetze (Lbl.), 33. A. 2015; *Veith, J./Gräfe, J.,* Der Versicherungsprozess, 3. A. 2015

Versicherung an Eides Statt (eidesstattliche Versicherung) ist die Möglichkeit, eine tatsächliche Behauptung durch Erklärung in besonderer Form glaubhaft zu machen (§ 294 ZPO). Wer vor einer zur Abnahme einer Versicherung an Eides Statt zuständigen Behörde eine solche Versicherung falsch abgibt oder unter Berufung auf eine solche Versicherung falsch aussagt, wird mit Freiheitsstrafe bis zu drei Jahren oder mit Geldstrafe bestraft (§ 156 StGB).

Lit.: *Keller, U.,* Die eidesstattliche Versicherung, 2. A. 1999

Versicherungsaufsicht ist die staatliche → Aufsicht über die Versicherungsunternehmen. Die V. umfasst die Zulassung und die Überwachung des laufenden Geschäftsbetriebs. Für die im Versicherungsaufsichtsgesetz geregelte V. ist (seit 1.5.2002) vor allem die Bundesanstalt für Finanzdienstleistungsaufsicht zuständig.

Lit.: Versicherungsaufsichtsgesetz, 18. A. 2011; *Fahr, U./Kaulbach, D.,* Versicherungsaufsichtsgesetz, 5. A. 2012; *Prölss,* Versicherungsaufsichtsgesetz, hg. v. *Kollhosser, H.,* 12. A. 2005; Handbuch des Versicherungsaufsichtsrechts, hg. v. *Bähr, G.,* 2011

Versicherungsbedingung ist die für jeweils für bestimmte Arten von → Versicherungen von den Versicherungsunternehmen den → Versicherungsverträgen zugrundegelegte allgemeine → Geschäftsbedingung. Die Versicherungsbedingungen werden grundsätzlich nur durch Bezugnahme Bestandteil des Einzelversicherungsvertrags. Sie bedürfen der Genehmigung durch die Bundesanstalt für Finanzdienstleistungsaufsicht. Bekannte allgemeine Versicherungsbedingungen sind z. B. die Allgemeinen Versicherungsbedingungen für die Haftpflichtversicherung (AHB) oder die Satzung der Versorgungsanstalt des Bundes und der Länder.

Lit.: Allgemeine Versicherungsbedingungen, hg. v. *Dörner, H.,* 7. A. 2015; *Littbarski, S.,* Allgemeine Versicherungsbedingungen für die Haftpflichtversicherung, 2001

Versicherungsberater → Rechtsberatung

Versicherungsbilanz (§ 341 HGB) ist die von einem Versicherer bzw. einem Versicherungsunternehmen vorzulegende Bilanz.

Lit.: Beck'scher Versicherungsbilanzkommentar, hg. v. *Budde, W. u. a.,* 1998

Versicherungsfall (z. B. § 1 VVG) ist das Ereignis, das die Leistungspflicht des → Versicherers (Versicherungsunternehmers) auslöst (z. B. Tod des durch Lebensversicherung versicherten Versicherungsnehmers).

Lit.: *Höpfner, A.,* Der Nachweis des Versicherungsfalls, 1996

Versicherungsmakler ist der → Makler von → Versicherungsverträgen.

Lit.: *Griess, H.,* Der Versicherungsmakler, 3. A. 1997

Versicherungsmissbrauch (§ 265 StGB) ist der Straftatbestand, bei dem der Täter eine gegen Untergang, Beschädigung, Beeinträchtigung der Brauchbarkeit, Verlust oder Diebstahl versicherte → Sache beschädigt, zerstört, in ihrer Brauchbarkeit beeinträchtigt, beiseite schafft oder einem anderen überlässt, um sich oder einem anderen Leistungen aus der → Versicherung zu verschaffen. Der V. wird mit Freiheitsstrafe bis zu drei Jahren oder mit Geldstrafe bestraft. Der Versuch ist strafbar.

Lit.: *Bröckers, K.,* Versicherungsmissbrauch, 1999; *Schröder, R.,* Versicherungsmissbrauch, 2000

Versicherungsnehmer (z. B. § 1 VVG) ist die Person, die auf Grund eines → Versicherungsvertrags ein Risiko bei einem Versicherungsunternehmer versichert.

Lit.: *Herrmann, A.,* Sicherungsabtretung und Verpfändung der Ansprüche, 2003

Versicherungspflicht ist die Pflicht, ein Risiko zu versichern bzw. kraft Gesetzes zwangsweise gegen ein Risiko versichert zu sein (z. B. im → Sozialversicherungsrecht, → Haftpflichtversicherung, → Feuerversicherung).

Lit.: *Benner, W.,* Versicherungspflicht und Versicherungsfreiheit, 21. A. 1998

Versicherungspolice → Versicherungsschein

Versicherungsprämie (§§ 33 ff. VVG) ist im Privatversicherungsrecht die Geldleistung, die der → Versicherungsnehmer als Gegenleistung für die Tragung des Risikos durch den Versicherer an diesen zu erbringen hat.

Lit.: *Guthoff, A.*, Die Ermittlung von Risikoprämien, 2001

Versicherungsrecht ist die Gesamtheit der die → Versicherung betreffenden Rechtssätze.

Lit.: Versicherungsgesetze (Lbl.), hg. v. *Wiechmann, J. u. a.*, 10. A. 2005; Münchener Anwaltshandbuch Versicherungsrecht, hg. v. *Terbille, M.*, 3. A. 2013; *Petersen, J.*, Versicherungsunternehmensrecht, 2003; *Beckmann, R./Matusche-Beckmann, A.*, Versicherungsrechts-Handbuch, 3. A. 2015; Münchener Anwalts-Handbuch Versicherungsrecht, hg. v. *Terbille, M./Hörn, K.*, 3. A. 2013

Versicherungsschein (Versicherungspolice) (§ 3 VVG) ist die vom → Versicherer unterzeichnete, an den → Versicherungsnehmer auszuhändigende Textform bzw. → Urkunde über den → Versicherungsvertrag.

Lit.: *Kisch, W.*, Der Versicherungsschein, 1951

Versicherungsverein (§§ 15 ff. VAG) ist im Privatversicherungsrecht der zum Zweck der Versicherung eines Risikos gegründete rechtsfähige → Verein. Rechtstatsächlich sind bei ihm grundsätzlich → Versicherer und → Versicherungsnehmer identisch (Versicherung auf Gegenseitigkeit). Die Versicherungsprämie richtet sich nach dem Bedarf. Fehlbeträge und Überschüsse werden ausgeglichen. Der V. (auf Gegenseitigkeit) ist entweder *großer* V. oder (einfacher strukturiert) *kleiner* V. Der große V. kann auch Nichtmitglieder versichern.

Lit.: *Merdausl, C.*, Der europäische Versicherungsverein auf Gegenseitigkeit, 2000; *Müller, H.*, Der Versicherungsverein auf Gegenseitigkeit, 2000; *Benkel, G.*, Der Versicherungsverein auf Gegenseitigkeit, 2002

Versicherungsvertrag (§ 1 VVG) ist im Privatversicherungsrecht der zwischen → Versicherer und → Versicherungsnehmer über die entgeltliche Tragung eines Risikos (formlos) abgeschlossene Vertrag. Der V. ist gegenseitiger → Vertrag. Seine Hauptpflichten bestehen in der Tragung des Risikos (str.) und der Entrichtung der → Prämie. Für ihn gelten insbesondere das Versicherungsvertragsgesetz und die allgemeinen → Versicherungsbedingungen.

Lit.: *Prölss, E./Martin, A.*, Versicherungsvertragsgesetz, 29. A. 2015; *Deutsch, E.*, Versicherungsvertragsrecht, 7. A. 2015; *Römer, W./Langheid, T.*, Versicherungsvertragsgesetz, 4. A. 2014; *Schimikowski, P.*, Versicherungsvertragsrecht, 5. A. 2014; Europäisches Versicherungsvertragsrecht, hg. v. *Basedow, J. u. a.*, 2002; *Langheid, T./Müller-Frank, C.*, Rechtsprechungsübersicht zum Versicherungsvertragsrecht im ersten Halbjahr 2015, NJW 2015, 2311; *Meixner, O./Steinbeck, R.*, Das neue Versicherungsvertragsrecht, 2008; *Langheid, T.*, Die Reform des Versicherungsvertragsgesetzes, NJW 2007, 3665; *Bruck/Möller*, Großkommentar zum Versicherungsvertragsgesetz, Bd. 1 ff., 2008 ff.; Versicherungsvertragsgesetz, hg. v. *Rüffer, W. u. a.*, 3. A. 2015; Münchener Kommentar Versicherungsvertragsgesetz, hg. v. *Langheid, T./Wandt, M.*, 4. A. 2014; *Meix-*

ner, O./Steinbeck, R., Allgemeines Versicherungsvertragsrecht, 2. A. 2011

Versicherungszwang ist im Versicherungsrecht der gesetzliche Zwang zur → Versicherung, der entweder ein Versicherungsverhältnis ohne Abschluss eines Versicherungsvertrags oder die Verpflichtung zum Abschluss eines solchen begründen kann.

Versitzung ist der Verlust eines → Rechtes durch dessen → Ersitzung seitens einer anderen Person. Buchversitzung ist dabei der Verlust eines zu Unrecht gelöschten oder nicht eingetragenen Rechtes an einem fremden → Grundstück, der mit der → Verjährung des Anspruchs gegen den Eigentümer eintritt (§ 901 BGB). Die V. ist (wie auch die Ersitzung) rechtstatsächlich nicht häufig.

Versorgung ist im Verwaltungsrecht die Sicherung des Lebensunterhalts außerhalb eines aktiven Dienstverhältnisses. Die V. ist für Beamte im Beamtenversorgungsgesetz geregelt. Sie umfasst vor allem → Ruhegehalt, Unterhaltsbeitrag, → Hinterbliebenenversorgung, Unfallfürsorge und Übergangsgeld. V. können auch Kriegsopfer und → Soldaten erhalten.

Lit.: *Gilbert, H./Hesse, G.*, Die Versorgung der Beschäftigten des öffentlichen Dienstes (Lbl.), 52. A. 2014; *Kilger, H./Prossliner, M.*, Das Recht der berufsständischen Versorgung seit dem Jahre 2013, NJW 2013, 3136; *Henke, K.*, Integrierte Versorgung, 2004

Versorgungsausgleich (§§ 1587 ff. BGB) ist (seit 1977) der Ausgleich der Ansprüche auf Versorgung zwischen zwei Ehegatten im Fall der → Ehescheidung. Ausgleichspflichtig ist der Ehegatte mit werthöheren Anwartschaften oder Aussichten auf eine auszugleichende Versorgung. Dabei ist seit 2009 jedes einzelne Anrecht zu teilen. Der V. könnte ein Grund für die rückläufige Zahl von Eheschließungen sein.

Lit.: Versorgungsausgleich in der Rentenversicherung bei Ehescheidung, hg. v. d. Bundesversicherungsanstalt für Angestellte, 2007; *Hauss, J.*, Versorgungsausgleich und Verfahren in der anwaltlichen Praxis, 2004; *Bergner, L.*, Der reformierte Versorgungsausgleich, NJW 2009, 1169 ff.; *Ruland, F.*, Versorgungsausgleich, 3. A. 2011, 4. A. 2015; *Ruland, F.*, Der neue Versorgungsausgleich, NJW 2009. 1697, 2781; *Glockner, R. u. a.*, Der Versorgungsausgleich, 2. A. 2013; Münchener Kommentar Bürgerliches Gesetzbuch Versorgungsausgleich, 5. A. 2009; *Glockner, R./Hoenes, U./Weil, K.*, Der neue Versorgungsausgleich, 2009; *Götsche, F. u. a.*, Versorgungsausgleichsrecht, 2012; *Bergner, L.*, Ausgleich von bereits laufenden kapitalgedeckten Versorgungen, NJW 2015, 2295

Versprechen ist die Zusage eines Verhaltens. Das V. bewirkt dort eine Verpflichtung, wo es Inhalt eines Rechtsgeschäfts ist. Darüber hinaus gibt es keinen allgemeinen Tatbestand des Versprechens. In einem anderen Sinn ist V. das fehlerhafte Sprechen eines Worts (→ Irrtum). → Schuldversprechen, → Auslobung

Verstaatlichung → Sozialisierung

Versteigerer ist die eine → Versteigerung durchführende Person.

Lit.: *Wicher, H.,* Der Versteigerer, 1986; *Marx, H./ Arnes, H.,* Der Auktionator, 1992

Versteigerung ist der öffentliche → Verkauf eines Gegenstands an einen Meistbietenden. Im Schuldrecht ist *öffentliche* V. (§ 383 III BGB) die öffentlich erfolgende V. durch einen für den Versteigerungsort bestellten → Gerichtsvollzieher oder zu Versteigerungen befugten anderen → Beamten oder öffentlich angestellten Versteigerer. Sie ist zulässig bei hinterlegungsunfähigen Sachen. Bei ihr gelten das → Gebot des Bieters als → Antrag –, der durch das nächste Gebot erlischt, – und der → Zuschlag als → Annahme (§ 156 BGB). Im Verfahrensrecht (§ 814 ZPO) sind die gepfändeten → Sachen von dem Gerichtsvollzieher öffentlich zu versteigern. Diese öffentliche V. ist ein Hoheitsakt. Sie muss zulässig sein. Sie bewirkt die Veräußerung der Sache durch den Zuschlag und die Ablieferung, die beide öffentlich-rechtliche Akte sind und nur in ihrer Wirkung dem Kaufvertrag und der Übereignung entsprechen. Die Empfangnahme des Erlöses durch den Gerichtsvollzieher gilt als Zahlung von Seiten des Schuldners (§ 819 ZPO). Die öffentlich-rechtliche V. von → Grundstücken heißt → Zwangsversteigerung.

Lit.: *Fackler, H./Konermann, P.,* Praxis des Versteigerungsrechts, 2. A. 2004

Verstoß gegen eine Regel ist das der Regel widersprechende Verhalten.

Lit.: *Stammbach, F.,* Verstoß gegen die anerkannten Regeln der Technik, 1997

Verstrickung ist die Begründung und das Bestehen einer staatlichen Verfügungsmacht an einem Gegenstand unter Ausschluss der früheren privatrechtlichen Verfügungsmacht des Berechtigten (vgl. §§ 135 f. BGB). Die V. im Rahmen der → Pfändung von Sachen beginnt mit der Pfändung und endet vor allem mit der Beendigung der Verwertung oder der Aufhebung der Pfändung (Entstrickung). Die V. wird durch § 136 StGB geschützt.

Lit.: *Schönfeld, A. v.,* Die Verstrickung, 1964; *Gerlach N.,* Die Pfändung dem Schuldner derzeit nicht zustehender Forderungen, 1998

Verstrickungsbruch (§ 136 StGB) ist das Zerstören, Beschädigen, Unbrauchbarmachen oder der Verstrickung Entziehen einer gepfändeten oder sonst dienstlich in Beschlag genommenen → Sache.

Lit.: *Kruse, O.,* Der Verstrickungsbruch, 1934; *Berghaus, H.,* Der strafrechtliche Schutz der Zwangsvollstreckung, 1967

Verstümmelung (§ 109 StGB) ist das (strafbare) Entfernen oder Unbrauchbarmachen eines Teiles des menschlichen Körpers durch eine unmittelbare mechanische Einwirkung auf den Körper (z. B. Entfernen eines Organs). → Wehrpflichtentziehung

Versuch ist im Strafrecht die Betätigung des Entschlusses zur Begehung einer → Straftat durch → Handlungen, die zur Verwirklichung des gesetz-

lichen Tatbestands unmittelbar ansetzen, aber nicht zur Vollendung führen. Bei dem V. fehlt also ein – mehr oder weniger umfangreicher – Teil des objektiven → Tatbestands, während der subjektive Tatbestand (Entschluss, → Vorsatz) vollständig vorliegt (z. B. der Täter schießt auf das Opfer, trifft es aber nicht oder der Täter will stehlen, findet aber nichts oder der Täter will rauben, wird aber vom Opfer überwältigt). Tatbestandsmerkmale des Versuchs sind folglich → Tatentschluss, Ansetzen zur Tatbestandsverwirklichung (str. z. B. für Klingeln an der Wohnungstüre eines ausgewählten Opfers) bzw. teilweise Tatbestandsverwirklichung und Fehlen der Tatvollendung. Der V. eines Verbrechens ist stets strafbar (§ 23 StGB), der Versuch eines Vergehens nur, wenn dies besonders gesetzlich bestimmt ist. Ein *unbeendeter* V. liegt vor, wenn der Täter glaubt, noch nicht alles getan zu haben, was nach seiner Vorstellung zur Vollendung der Tat erforderlich ist. Gibt der Täter dann freiwillig die weitere Ausführung der Tat auf, indem er den Entschluss fasst, auf die konkrete Tat endgültig zu verzichten und die tatbestandsverwirklichende Handlung abbricht, wird er nicht wegen Versuchs bestraft (§ 24 I 1 StGB). *Beendeter* V. ist gegeben, wenn der Täter nach seiner Vorstellung alle zur Verwirklichung des Tatbestands erforderlichen Handlungen vorgenommen hat (z. B. Verbergen eines Kleidungsstücks unter dem Mantel und Zustreben zum Ladenausgang [str.]). Verhindert hier der Täter die Tatvollendung durch eigene, hierauf gerichtete Tätigkeit, so wird er nicht wegen Versuchs bestraft. Wird die Tat ohne Zutun des Zurücktretenden nicht vollendet, so wird er straflos, wenn er sich freiwillig und ernsthaft bemüht, die Vollendung zu verhindern (§ 24 I StGB). Dabei bleibt bei einem *qualifizierten* V., bei dem im V. bereits eine andere vollendete Straftat enthalten ist (z. B. Körperverletzung bei einem Tötungsversuch), der Handelnde trotz des Rücktritts (von der nicht vollendeten Straftat z. B. Tötung) wegen der vollendeten Straftat (z. B. Körperverletzung) strafbar. *Untauglicher* V. ist der besondere Fall des Versuchs, der vorliegt, wenn die Ausführung des Tatentschlusses entgegen der Vorstellung des Täters aus tatsächlichen oder rechtlichen Gründen nicht zur vollständigen Verwirklichung des objektiven Unrechtstatbestands führen kann. Der Täter hält hier ein tatsächlich fehlendes → Tatbestandsmerkmal (Tatsubjekt, Tatobjekt, Tatmittel) irrtümlich für gegeben (umgekehrter → Tatbestandsirrtum z. B. Schwangerschaftsabbruch mit Zuckerwasser). Der untaugliche V. ist strafbar (§§ 22, 23 III StGB). Der V. kann milder bestraft werden als die vollendete Tat (§ 23 II StGB). Der V. eines erfolgsqualifizierten Delikts ist in der Form eines erfolgsqualifizierten Versuchs möglich. Außerhalb des Strafrechts hat der Versuch in anderen Rechtsgebieten keine besondere Bedeutung.

Lit.: *Rath, J.,* Grundfälle zum Unrecht des Versuchs, JuS 1998, 1006; *Seier, J. u. a.,* Untaugliche, grob unverständige und abergläubische Versuche, JuS 1999, 456; *Bacher, A.,* Versuch und Rücktritt vom Versuch beim erfolgsqualifizierten Delikt, 1999; *Meinecke, D.,* Die Gesetzgebungssystematik der Versuchsstrafbarkeit, Diss. jur. Heidelberg 2000; *Kühl, K.,* Vollendung und Beendigung bei den Eigentums- und Vermögensdelikten, JuS 2002, 729; *Putzke, H.,* Der strafbare Versuch,

JuS 2009, 894; *Rönnau*, T., Versuchsbeginn bei Mittäterschaft, mittelbarer Täterschaft und unechten Unterlassungsdelikten, JuS 2014, 109

Vertagung (z. B. § 227 I ZPO) ist die Bestimmung eines neuen → Termins zur Verhandlung in einem noch nicht beendeten Termin. Sie erfordert erhebliche Gründe. Sie ist zu unterscheiden von der Aufhebung oder Verlegung eines Termins.

Verteidiger (§ 137 StPO) ist das unabhängige Organ der Rechtspflege, dessen Aufgabe es ist, vor einem, in einem und nach einem Strafverfahren dem Betroffenen bzw. → Beschuldigten Beistand zu leisten. Dieser Beistand besteht darin, alle zugunsten des Beschuldigten sprechenden tatsächlichen und rechtlichen Gesichtspunkte geltend zu machen. Der V. hat das Recht zur Akteneinsicht, zum grundsätzlich unbeschränkten Verkehr mit dem Beschuldigten (vgl. aber Kontaktsperregesetz) sowie ein Fragerecht, Erklärungsrecht und Antragsrecht. Zu Verteidigern können die bei einem Gericht zugelassenen → Rechtsanwälte sowie die Rechtslehrer an deutschen Hochschulen gewählt werden (§ 138 StPO, → *Wahlverteidiger*). In bestimmten gewichtigen Fällen ist ein u. U. vom Gericht zu bestellender V. notwendig (§ 140 StPO, → *Pflichtverteidiger*).

Lit.: Beck'sches Formularbuch für den Strafverteidiger, hg. v. *Hamm, R./Lohberger, I.*, 4. A. 2002; *Dahs, H.*, Handbuch des Strafverteidigers, 8. A. 2015; *Mehlhorn, S.*, Der Strafverteidiger als Geldwäscher, 2004

Verteidigung (§§ 137 ff. StGB) ist die Beistandleistung, vor allem zugunsten eines Beschuldigten, im Strafprozess. → Verteidiger

Lit.: *Volckart, B.*, Verteidigung in der Strafvollstreckung und im Vollzug, 3. A. 2001; *Müller, E.*, Verteidigung in Straßenverkehrssachen, 10. A. 2013; *Weihrauch, M.*, Verteidigung im Ermittlungsverfahren, 8. A. 2015; *Zieger, M.*, Verteidigung in Jugendstrafsachen, 6. A. 2013; *Lehmann, J.*, Die notwendige Verteidigung, JuS 2004, 492

Verteidigungsfall (Art. 115a GG) ist der vom → Bundestag festzustellende Fall, dass das Bundesgebiet mit Waffen angegriffen wird oder ein solcher Angriff unmittelbar droht. Der V. bewirkt Änderungen in der → Zuständigkeit für → Gesetzgebung und → Verwaltung, die eine den Umständen entsprechende, sinnvolle Weiterführung der Staatsgeschäfte ermöglichen sollen. Rechtstatsächlich ist der V. (in Deutschland) bisher noch nicht eingetreten.

Lit.: *Kersting, K.*, Bündnisfall und Verteidigungsfall, 1979; *Daleki, W.*, Artikel 80a des Grundgesetzes, 1985

Verteidigungsnotstand → Notstand

Verteilung ist die Aufteilung eines Gegenstands auf mehrere Berechtigte (z. B. V. des Steueraufkommens, V. des Erlöses der Zwangsversteigerung §§ 105 ff. ZVG, V. bei Aufhebung einer Gemeinschaft § 752 BGB).

Lit.: *Möhring-Hesse, M.*, Die demokratische Ordnung der Verteilung, 2004

Vertiefung eines → Grundstücks (§ 909 BGB) ist im Sachenrecht die Senkung der Höhe der Oberfläche eines Grundstücks. Die V. ist unzulässig, wenn dadurch der Boden des Nachbargrundstücks die erforderliche Stütze verliert. Bei unzulässiger V. entsteht ein Anspruch auf → Beseitigung sowie evtl. → Schadensersatz.

vertikal (Adj.) verschiedene Ebenen berührend, senkrecht

vertikaler Finanzausgleich → Finanzausgleich, vertikaler

Vertrag ist das zweiseitige → Rechtsgeschäft, das grundsätzlich durch zwei sich deckende bzw. einander wechselseitig entsprechende → Willenserklärungen (→ Antrag, → Annahme) zustande kommt (vgl. § 151 S. 1 BGB). Deshalb ist der sog. *faktische* V., bei dem lediglich tatsächliches Handeln vorliegt, kein V. Der V. kann entweder einseitig verpflichtender V. (nur eine der beiden Seiten verpflichtender V. wie z. B. Schenkung), unvollkommen zweiseitig verpflichtender V. (z. B. Auftrag) oder vollkommen zweiseitig verpflichtender d. h. gegenseitiger V. (z. B. Kauf) sein. Dabei ist unvollkommen zweiseitig *verpflichtender* V. ein V., bei dem zwar beide Parteien einander zu Leistungen verpflichtet sein können, diese aber nicht gleichgewichtig (gegenseitig, synallagmatisch) sind (z. B. muss der Auftragnehmer den – unvollkommen zweiseitig verpflichtenden – Auftrag ausführen, doch muss der Auftraggeber kein Entgelt leisten, sondern nur für den Fall von Aufwendungen des Auftragnehmers diese dem Auftragnehmer gegebenenfalls erstatten). *Gegenseitiger* (vollkommen zweiseitig verpflichtender) V. ist der V., bei dem sich die beiderseits notwendigerweise erwachsenden Verpflichtungen in der Weise gegenüberstehen, dass jede Leistung gerade um der Gegenleistung willen versprochen ist (z. B. Eigentumsverschaffung und Kaufpreiszahlung). Für den gegenseitigen V., bei dem der Gläubiger der einen Leistung Schuldner der Gegenleistung und der Schuldner der einen Leistung Gläubiger der Gegenleistung ist, gelten Sonderregeln (§§ 320 ff. BGB, Einrede des nichterfüllten Vertrags, Verurteilung zur Leistung Zug um Zug, Rücktritt wegen nicht oder nicht vertragsgemäß erbrachter Leistung, Befreiung von der Gegenleistung). Der V. kann einem gesetzlich geregelten Vertragstyp entsprechen (z. B. Kauf) oder *gemischter* (oder gekoppelter oder zusammengesetzter) V. (oder theoretisch auch völlig neuartiger V.) sein, wobei sich das auf den gemischten V. anwendbare Recht nur nach der Hauptleistung (Absorptionstheorie) oder nach dem jeweils betroffenen Vertragsteil (Kombinationstheorie) oder nach dem Schwerpunkt des einzelnen Geschäfts (Schwerpunkttheorie) bestimmt. Der V. kann sich auf die beteiligten Parteien beschränken oder auch auf Dritte erstrecken. Dabei ist ein V. zu Lasten Dritter auf Grund der → Privatautonomie nicht möglich, wohl aber ein *V. zu Gunsten Dritter*. Dieser kann schützender, ermächtigender oder berechtigender V. zu Gunsten Dritter sein. *Berechtigender* V. zu Gunsten Dritter (echter V. zu Gunsten Dritter, § 328 I BGB) ist der V., durch den eine → Leistung an einen Dritten mit der Wirkung bedungen wird, dass der Dritte unmittelbar das → Recht erwirbt, die Leistung zu fordern (z. B. Bezugsberechtigter in der Lebensversicherung, § 330 BGB). *Ermächtigender* V. zugunsten Dritter (unechter V. zugunsten Dritter) ist der V., bei dem der Schuldner zwar an einen Dritten zu leisten ermächtigt ist, dieser aber keinen → Anspruch auf die Leistung hat (z. B. Erfüllungsübernahme § 329 BGB). *Schützender* V. zugunsten Dritter (V. *mit Schutzwirkung zugunsten Dritter*, § 311 III BGB) ist der Vertrag, bei dem zwar die Leistung allein an den Gläubiger zu erbringen ist, der Schuldner aber gegenüber bestimmten Dritten, die in besonderem Maße Vertrauen für sich in Anspruch nehmen und dadurch die Vertragsverhandlungen oder den Vertragsschluss erheblich beeinflussen bzw. die typischerweise mit der Leistung in Berührung kommen (Leistungsnähe) und denen der Gläubiger zu Fürsorge verpflichtet ist (Fürsorgepflicht), Verhaltenspflichten hat, bei deren Verletzung er, wenn er diese Umstände erkennen konnte, dem Verletzten zu Schadensersatz verpflichtet ist (z. B. Mietvertrag oder Werkvertrag mit Schutzwirkung zu Gunsten der Ehefrau des Mieters oder Bestellers, Vertrag über ein Gutachten zur Grundstückswertermittlung mit Schutzwirkung zu Gunsten einer namentlich nicht bekannten Vielzahl privater Kapitalanleger, Arztbehandlungsvertrag einer Schwangeren zu Gunsten des nichtehelichen Schwängerers). *Öffentlich-rechtlicher* (verwaltungsrechtlicher) V. (§ 54 VwVfG) ist der V., in dem mindestens eine zu regelnde Rechtsbeziehung dem öffentlichen → Recht zuzuordnen ist (z. B. Verpflichtung zur Vorauszahlung von Erschließungsbeiträgen). Entscheidend ist dabei der Vertragsgegenstand. Demnach ist der Vertrag öffentlich-rechtlich, wenn er notwendigerweise Rechtsbeziehungen zu einem Träger öffentlicher Gewalt begründet, ändert oder aufhebt. Er kann auch zwischen Rechtssubjekten des Privatrechts geschlossen werden (z. B. Enteignungsvertrag nach dem BauGB). Der öffentlich-rechtliche V. ist *koordinationsrechtlicher* öffentlich-rechtlicher V., wenn die Beteiligten grundsätzlich gleichgeordnet sind (z. B. zwei → Gemeinden) und *subordinationsrechtlicher* öffentlich-rechtlicher V., wenn die Beteiligten in einem Überordnungsverhältnis und Unterordnungsverhältnis zueinander stehen (z. B. → Staat, → Bürger) und die Behörde – statt einen Vertrag zu schließen – auch einen → Verwaltungsakt erlassen könnte. *Völkerrechtlicher* V. ist der zwischen Subjekten des Völkerrechts abgeschlossene V., der meist durch Verhandlung, → Paraphierung, Zustimmung, → Ratifizierung und Austausch oder Hinterlegung von Ratifizierungsurkunden zustande kommt.

Lit.: Münchener Vertragshandbuch, Bd. 1 ff. 6. A. 2007 f., 7. A. 2011 ff.; Vertrags- und Formularbuch zum Handels-, Gesellschafts-, Bank- und Transportrecht, hg. v. *Hopt, K.,* 3. A. 2007; *Grziwotz, H.,* Vertragsgestaltung im öffentlichen Recht, 2002; *Papst, R.,* Die Fortentwicklung des Vertrages mit Schutzwirkung, 1999; Vertragsrecht und AGB-Klauselwerke (Lbl.), hg. v. *Westphalen, F. Graf v.,* 36. A. 2016; *Langenfeld, G.,* Vertragsgestaltung, 3. A. 2004; *Baldus, B.,* Der elektronisch geschlossene Vertrag, 2004; *Stummel, D.,* Standardvertragsmuster zum Handels- und Gesellschaftsrecht Deutsch-Englisch, 5. A. 2015; *Juncker, A./Kamanabrou, S.,* Vertragsgestaltung, 4. A. 2014; *Bugg, S.,* Contracts in English, 2. A. 2013; *Langenfeld, G.,*

Grundlagen der Vertragsgestaltung, 2. A. 2010; *Höhne, C. u. a.,* Der Vertrag mit Schutzwirkung zu Gunsten Dritter, JuS 2012, 1063; *Voßkuhle, A. u. a.,* Grundwissen – Öffentliches Recht – Der öffentlichrechtliche Vertrag, JuS 2013, 687

vertraglich (Adj.) einen → Vertrag betreffend

Vertrag mit Schutzwirkung → Vertrag

Lit.: *Liebmann, M.,* Der Vertrag mit Schutzwirkung zugunsten Dritter, 2006; *Pinger, W. u. a.,* Der Vertrag mit Schutzwirkung, JuS 2008, 675; *Zenner, A.,* Der Vertrag mit Schutzwirkung, NJW 2009, 1030

Vertrag von Lissabon ist der nach langen Verhandlungen am 1.12.2009 in Kraft getretene Reformvertrag der Europäischen Union. Er sieht einen auf 2,5 Jahre gewählten Präsidenten des Europäischen Rates und einen hohen Vertreter für die gemeinsame Außen- und Sicherheitspolitik und vermehrte Rechte des Europäischen Parlaments vor (Deutschland 96 Sitze, Frankreich 74, Großbritannien 73, Italien 73, Spanien 54, Polen 51, Rumänien 33, Niederlande 26, Belgien 22, Griechenland 22, Portugal 22, Tschechien 22, Ungarn 22, Schweden 20, Österreich 19, Bulgarien 18, Dänemark 13, Finnland 13, Slowakei 13, Irland 12, Litauen 12, Lettland 9, Slowenien 8, Estland 6, Luxemburg 6, Malta 6, Zypern 6). Er enthält Ausnahmen von der Geltung der in ihm enthaltenen Grundrechtecharta für die Mitgliedstaaten Großbritannien, Polen und Tschechien. In dem Bereich Inneres und Justiz wird in dem Ministerrat mehrheitlich abgestimmt.

Lit.: *Mayer, F.,* Der Vertrag von Lissabon im Überblick, JuS 2010, 1189; *Streinz/Öhler/Herrmann,* Der Vertrag von Lissabon, 3. A. 2010; *Fischer, K.,* Der Vertrag von Lissabon, 2. A. 2010

Vertrag über die abschließende Regelung in Bezug auf Deutschland ist der am 12.9.1990 nach den → Zweiplusvierverhandlungen abgeschlossene Vertrag zwischen der bisherigen Bundesrepublik Deutschland, der bisherigen Deutschen Demokratischen Republik und den vier alliierten Siegermächten des zweiten Weltkrieges.

Lit.: *Blumenwitz, D.,* Der Vertrag vom 12.9.1990 über die abschließende Regelung in Bezug auf Deutschland, NJW 1990, 3041

Vertrag zu Gunsten Dritter → Vertrag

Vertrag zu Lasten Dritter → Vertrag

Vertragsfreiheit (§ 305 BGB) ist die Freiheit, → Verträge zu schließen. Die V. ist eine Auswirkung der durch Art. 2 I GG geschützten allgemeinen → Handlungsfreiheit. Sie zerfällt in → Abschlussfreiheit, → Formfreiheit und → Inhaltsfreiheit.

Lit.: *Heinrich, C.,* Formale Freiheit und materiale Gerechtigkeit, 2000; *Wasmer, W.,* Vertragsfreiheit im UN-Kaufrecht, 2004

Vertragshändler ist, wer erstens auf Grund eines auf gewisse Dauer geschlossenen Rahmenvertrags verpflichtet ist, Waren eines anderen (Hersteller) in eigenem Namen und auf eigene Rechnung zu verkaufen und zweitens dadurch in dessen Verkaufsorganisation eingegliedert ist.

Lit.: *Niebling, J.,* Vertragshändlerrecht, 1999; *Westphal, B.,* Vertriebsrecht, Bd. 2, 2000; *Wauschkuhn, U.,* Der Vertragshändlervertrag, 3. A. 2009

Vertragskarte ist das besondere Gestaltungsmittel internationaler Rechtssetzung
Lit.: *Khan, D.,* Die Vertragskarte, 1996

Vertragspflichtverletzung → Vertragsverletzung

Vertragsrecht ist die Gesamtheit der Verträge betreffenden Rechtssätze. Ihre allgemeinen Regeln gehören zum allgemeinen Teil des Rechtes. Die wichtigsten gesetzlichen Bestimmungen Deutschlands hierzu enthalten die §§ 145 ff. BGB, die ihrerseits die §§ 116 ff. BGB (→ Willenserklärung) voraussetzen. → Vertrag
Lit.: *Reithmann, C.,* Internationales Vertragsrecht, 8. A. 2015; Vertragsrecht und AGB-Klauselwerke (Lbl.), hg. v. *Westphalen, F. Graf v.,* 36. A. 2016; *Riesenhuber, K.,* Europäisches Vertragsrecht, 2. A. 2006; *Ferrari, F./ Kieninger, E./Mankowski, P. u. a.,* Internationales Vertragsrecht, 2. A. 2012; *Kötz, H.,* Vertragsrecht, 2. A. 2012; Formularbuch Vertragsrecht, hg. v. *Schulte-Nölke, H. u. a.,* 3. A. 2010; *Güllemann, D.,* Internationales Vertragsrecht, 2011

Vertragsschluss (§§ 145 ff. BGB) ist der Abschluss eines → Vertrags. Der V. erfordert einen wirksamen → Antrag und eine sich mit diesem deckende → Annahme. Beides sind empfangsbedürftige → Willenserklärungen. Die verspätete oder abändernde Annahme gilt als neuer Antrag. Die Annahme ist grundsätzlich dem Antragenden gegenüber zu erklären (zu äußern), es sei denn, dass eine solche → Erklärung nach der → Verkehrssitte nicht zu erwarten ist oder der Antragende auf sie → verzichtet hat (§ 151 S. 1 BGB). In dem Selbstbedienungsladen wird der V. dadurch sichtbar, dass der Verkäufer die Annahme des Antrags des an die Kasse kommenden Kunden dadurch konkludent erklärt, dass er die den Ausdruck einer Gesamtsumme auslösende Bontaste der Kasse drückt. Ähnliches gilt für den V. mit elektronischen Hilfsmitteln.
Lit.: *Honsell, H./Holz-Dahrenstaedt,* Grundprobleme des Vertragsschlusses, JuS 1986, 959; *Thot, N.,* Elektronischer Vertragsschluss, 1999; *Wildemann, D.,* Vertragsschluss im Netz, 2000; *Bischoff, K.,* Der Vertragsschluss beim verhandelten Vertrag, 2001; *Rinker, M.,* Vertragsschluss im börslichen elektronischen Handelssystem, 2003

Vertragsstatut ist im internationalen Privatrecht das auf Verträge anwendbare Recht (Art. 27 ff. EG-BGB), für das der Grundsatz der Vertragsfreiheit gilt.
Lit.: *Hartmann, J.,* Das Vertragsstatut, 1972

Vertragsstrafe (§ 339 BGB) ist die meist in Geld bestehende → Leistung, die ein → Schuldner für den Fall der → Nichterfüllung (§ 340 BGB) oder der nicht gehörigen → Erfüllung (§ 341 BGB) einer Verbindlichkeit verspricht. Die V. ist unselbständiges → Strafversprechen. Sie ist verwirkt mit dem → Verzug und ist entweder statt oder neben der Erfüllung zu erbringen. Ist sie unverhältnismäßig hoch, kann sie durch Urteil herabgesetzt werden (§ 343 BGB, anders die §§ 348 [, 351] HGB).

Lit.: *Bschorr, Michael/Zanner, Christian,* Die Vertragsstrafe im Bauwesen, 2003; *Gehlen, H. v.,* Angemessene Vertragsstrafe, NJW 2003, 2961; *Oberhauser, I.,* Vertragsstrafe, 2003

Vertragsübernahme ist die Übertragung (bzw. Übernahme) der Stellung als → Partei eines → Schuldverhältnisses auf (bzw. durch) eine dritte Person. Die V. ist gesetzlich nicht allgemein geregelt und wird entweder als dreiseitiger Vertrag oder als → Vertrag zweier Beteiligter mit Zustimmung des Dritten oder als Verbindung von → Forderungsabtretung und → Schuldübernahme konstruiert. Von Gesetzes wegen geht die Stellung als Vertragspartei über z.B. nach den §§ 563, 564, 566, 613a, 1251 BGB.
Lit.: *Emmerich, V.,* Die Anfechtung der Vertragsübernahme, JuS 1998, 495; *Klimke, D.,* Die Vertragsübernahme, 2010

Vertragsverletzung ist die Verletzung einer Vertragspflicht. Die V. ist Rechtsbruch, weil Verträge grundsätzlich einzuhalten sind. Die V. ist in den allgemeinen Figuren der → Leistungsstörung (→ Unmöglichkeit, → Verzug, → Pflichtverletzung und → Gläubigerverzug) geregelt. Verletzt eine Partei eine Vertragspflicht, so entstehen regelmäßig sekundäre Pflichten auf eine Leistung oder sonstige Rechte. → Forderungsverletzung, Schadensersatz, Rücktritt. Innerhalb der Europäischen Union gibt es ein besonderes Vertragsverletzungsverfahren gegen einzelne Mitgliedstaaten wegen V. der Gemeinschaftsverträge.
Lit.: *Fausten, T.,* Ansprüche des Versicherungsnehmers aus positiver Vertragsverletzung, 2003; *Hauser, S.,* Das Vertragsverletzungsverfahren, 2004

Vertrauen ist die sichere Erwartung des Eintretens eines bestimmten Umstands. → Vertrauenshaftung
Lit.: *Schweer, M.,* Vertrauen als Organisationsprinzip, 2003

Vertrauensarzt ist der bei einem Sozialversicherungsträger tätige Arzt, der auf Ersuchen der Krankenkasse die Arbeitsfähigkeit eines Versicherten und die Verordnung von Versicherungsleistungen gutachtlich überprüft.
Lit.: *Thom, V.,* Amtsärztliche Untersuchung öffentlich Bediensteter, 1999

Vertrauensfrage (Art. 68 GG) ist der → Antrag des → Bundeskanzlers an den → Bundestag, ihm das Vertrauen auszusprechen. Erhält der Antrag keine Mehrheit, so kann der → Bundespräsident auf Vorschlag des Bundeskanzlers den Bundestag binnen 21 Tagen auflösen. Wann der Bundeskanzler die V. stellt, entscheidet er selbst und trägt deswegen dabei auch selbst die Gefahr, nach einer nicht überzeugend begründeten V. die anschließende Bundestagswahl zu verlieren und mit einem vorzüglich dotierten Aufsichtsratsvorsitz im Ausland vorlieb nehmen zu müssen.
Lit.: *Brandt, E.,* Die Bedeutung parlamentarischer Vertrauensregelungen, 1981

Vertrauensgrundsatz ist der vom → Vertrauen ausgehende Grundsatz, der darin besteht, dass jeder grundsätzlich darauf vertrauen darf, dass sich jeder Rechtsgenosse rechtsfreundlich und nicht rechtsfeindlich verhält, also das → Recht hält und nicht bricht. *Vertrauensgrundsatz im Straßenverkehr* ist der von der Rechtsprechung entwickelte straßenverkehrsrechtliche Grundsatz, wonach ein Kraftfahrer regelmäßig darauf vertrauen darf, dass sich andere Verkehrsteilnehmer verkehrsgerecht verhalten. Ist allerdings nach der Verkehrslage mit Verkehrswidrigkeiten anderer Verkehrsteilnehmer (z.B. Kinder, erkennbar Kranker, erkennbarer Rechtsbrecher) zu rechnen, so muss der Kraftfahrer sein → Verhalten hierauf einstellen und beispielsweise auf sein Vorfahrtsrecht verzichten (§ 1 StVO).

Lit.: *Mauer, R.,* Die Funktion des Vertrauensgrundsatzes, 1995; *Brinkmann, B.,* Der Vertrauensgrundsatz, 1996

Vertrauenshaftung ist die Haftung für die Verletzung eines Vertrauens.

Lit.: *Canaris, C.,* Vertrauenshaftung im deutschen Privatrecht, 2. A. 1981; *Fehlmann, R.,* Vertrauenshaftung, 2002

Vertrauensinteresse (negatives Interesse) ist das → Interesse des durch einen → Vertrauensschaden Geschädigten. Er kann verlangen, so gestellt zu werden wie er stünde, wenn er von dem betreffenden Geschäft nie etwas gehört hätte. Dann hätte er beispielsweise Aufwendungen für Verpackung oder Versendung nicht getätigt. → Erfüllungsinteresse

Lit.: *Müller, M.,* Schadensersatz- und Entschädigungsansprüche des Investors, 2000

Vertrauensschaden ist der im → Vertrauen auf die Gültigkeit eines in Wirklichkeit nicht bestehenden → Rechtsgeschäfts entstandene → Schaden (z.B. Verpackungskosten im Rahmen eines nachträglich angefochtenen Rechtsgeschäfts). Der V. ist z.B. nach § 122 I BGB zu ersetzen. Er steht im Gegensatz zum → Nichterfüllungsschaden und bedeutet, dass der Geschädigte verlangen kann, so gestellt zu werden, wie er stünde, wenn er das Rechtsgeschäft nicht abgeschlossen hätte.

Lit.: *Lange, H.,* Schadensersatz, 3. A. 2003; *Willems, C.,* Ersatz von Vertrauensschaden und Begrenzung auf das Erfüllungsinteresse nach § 122 und § 179 II BGB, JuS 2015, 586

Vertrauensschutz ist die rechtliche Berücksichtigung eines entgegengebrachten → Vertrauens. Diese erfolgt in verschiedener Art und Weise. Im Privatrecht werden vielfach Tatbestände des → Rechtsscheins zugunsten → Gutgläubiger wie tatsächliche Tatbestände behandelt. Im Verwaltungsrecht können → Verwaltungsakte nur in begrenztem Umfang zu Lasten Vertrauender aufgehoben werden.

Lit.: *Blanke, H.,* Vertrauensschutz und europäisches Verwaltungsrecht, 1999; *Blanke, H.,* Vertrauensschutz im deutschen und europäischen Verwaltungsrecht, 2000; *Schwarz, K.,* Vertrauensschutz als Verfassungsprinzip, 2002; *Altmeyer, S.,* Vertrauensschutz im Recht der Europäischen Union und im deutschen Recht, 2003; *Voßkuhle, A. u.a.,* Grundwissen – Öffentliches Recht Vertrauensschutz, JuS 2011, 794

vertretbar (Adj.) ersetzbar, annehmbar

vertretbare Handlung → Handlung, vertretbare

vertretbare Sache → Sache, vertretbare

Vertretenmüssen (§ 276 I 1 BGB) ist die gesetzliche Verpflichtung, für ein bestimmtes (schuldhaftes) → Verhalten einzustehen. Grundsätzlich hat der → Schuldner, wenn eine strengere oder mildere Haftung weder bestimmt noch aus dem sonstigen Inhalt des Schuldverhältnisses, insbesondere aus der Übernahme einer Garantie oder eines Beschaffungsrisikos zu entnehmen ist, (eigenen) → Vorsatz und (eigene) → Fahrlässigkeit zu vertreten. Außerdem hat er ein Verschulden (Vorsatz und Fahrlässigkeit) seines gesetzlichen → Vertreters und der Personen, deren er sich zur Erfüllung seiner Verbindlichkeit bedient (→ Erfüllungsgehilfen), (ohne eigenes Verschulden) in gleichem Umfang zu vertreten wie eigenes Verschulden (§ 278 I 1 BGB).

Lit.: *Lorenz, S.,* Rücktritt, Minderung und Schadensersatz wegen Sachmängeln im neuen Kaufrecht: Was hat der Verkäufer zu vertreten?, NJW 2002, 2497

Vertreter (bzw. Stellvertreter) ist die für einen anderen auftretende → Person (→ Stellvertretung, Handelsvertreter). Der V. handelt in fremdem Namen für fremde Rechnung. Seine mit Vertretungswillen und Vertretungsmacht abgegebene → Willenserklärung wirkt unmittelbar für und gegen den → Vertretenen. Der V. kann *gesetzlicher V.* (z.B. § 1629 BGB Eltern für Kind) oder *gewillkürter V.* (Bevollmächtigter z.B. Prokurist), Empfangsvertreter oder Erklärungsvertreter sein. Er unterscheidet sich von → Boten durch die eigene, selbständige Willensbildung. Für den gesetzlichen V. gilt § 278 BGB, so dass der Schuldner (sich das Verhalten des gesetzlichen Vertreters zurechnen lassen muss und) das → Verschulden des gesetzlichen Vertreters (ohne eigenes Verschulden) in gleichem Umfang zu vertreten hat wie eigenes Verschulden. *Verfassungsmäßig berufener V.* nach § 31 BGB ist, wer durch die Satzung eines → Vereins oder der Verwaltungsorganisation einer öffentlich-rechtlichen → Körperschaft zur Tätigkeit innerhalb eines bestimmten Geschäftsbereichs berufen ist. Das sind alle Personen, denen durch allgemeine Betriebsregelung wesensgemäße Funktionen der juristischen → Person zur selbständigen Erfüllung zugewiesen sind (z.B. Filialleiter einer Bank). Fügen sie durch eine in Ausführung der ihnen zustehenden Verrichtungen begangene Handlung einem Dritten einen → Schaden zu, so ist die juristische Person für diesen verantwortlich. Der verfassungsmäßig berufene V. ist → Organ, nicht → Stellvertreter. Er handelt für die juristische Person, nicht als deren V. Im Verwaltungsstreitverfahren wird zur Vertretung eines Landes oder einer Landesbehörde ein V. *des öffentlichen* → *Interesses* bestellt (§§ 35ff. VwGO).

Lit.: *Schmidt, K.,* Die gesetzliche Vertretung durch die Eltern, NJW 1989, 1712; *Schmidt-Tiedemann, U.,* Geschäftsführung und Vertretung im Gesellschaftsrecht, 2004

Vertretergeschäft ist im Privatrecht das vom → Vertreter vorzunehmende → Rechtsgeschäft.

Vertretung → Stellvertretung

Vertretungsmacht ist die Rechtsmacht, in fremdem Namen für fremde Rechnung zu handeln. Die V. ist Voraussetzung für die wirksame Vertretung bzw. → Stellvertretung. Fehlt sie – ganz oder in Bezug auf die vorgenommene Handlung –, so liegt Vertretung ohne V. (§§ 177 ff. BGB) vor. Die V. kann auf → Gesetz, Hoheitsakt oder → Rechtsgeschäft (→ Bevollmächtigung) beruhen.

Lit.: *Stertkamp, U.,* Eine rechtsvergleichende Untersuchung zur Stellvertretung ohne Vertretungsmacht, 1999; *Vedder, K.,* Missbrauch der Vertretungsmacht, 2007

Vertretungswille ist der Wille, in fremdem Namen für fremde Rechnung zu handeln. Der V. ist eine Voraussetzung für die wirksame → Stellvertretung. Tritt der Wille, in fremdem Namen zu handeln, nicht erkennbar hervor, so kommt der Mangel des Willens, im eigenen Namen zu handeln, grundsätzlich nicht in Betracht (§ 164 II BGB). Vielmehr wird dann der Handelnde selbst verpflichtet und berechtigt.

Vertrieb (M.) Verteilung, Vermittlung, Verkauf

Lit.: *Roniger, R./Hemetsberger, W.,* KFZ-Vertrieb neu, 2003; *Bechtold, R.,* Zulassungsansprüche zu selektiven Vertriebssystemen, NJW 2003, 3729; *Winkelmann, P.,* Marketing und Vertrieb, 8. A. 2013

Vertriebener ist der deutsche Staatsangehörige oder Volkszugehörige, der seinen Wohnsitz in den früheren deutschen Ostgebieten oder außerhalb des Deutschen Reiches im Zusammenhang mit den Ereignissen des zweiten Weltkrieges infolge Vertreibung verloren hat (sowie der ihm gleichgestellte Mensch).

Lit.: *Schenckendorff, M. v. u. a.,* Vertriebenenrecht und Flüchtlingsrecht (Lbl.), 1998; *Nawratil, H.,* Schwarzbuch der Vertreibung, 15. A. 2013; *Urban, T.,* Der Verlust, 2004

Vertriebsrecht ist objektiv die Gesamtheit der den Vertrieb von Waren betreffenden Rechtssätze und subjektiv das Recht zum Vertrieb von Waren.

Lit.: Handbuch des Vertriebsrechts, hg. v. *Martinek, M. u. a.,* 3. A. 2010; *Ruff, A.,* Vertriebsrecht im Internet, 2003; *Emde, R.,* Vertriebsrecht, 3. A. 2014; *Martinek, M./Semler, F./Flohr, E.,* Formularsammlung Vertriebsrecht, 2013; *Flohr, E./Wauschkuhn, U.,* Vertriebsrecht, 2014

Veruntreuung (§ 246 II StGB) ist die → Unterschlagung einer dem Täter besonders anvertrauten Sache (z. B. bei Eigentumsvorbehaltskauf). Die V. ist mit Freiheitsstrafe bis zu 5 Jahren oder Geldstrafe bedroht. Der Versuch ist strafbar.

Lit.: *Amsler, J.,* Zur Abgrenzung zwischen Diebstahl und Veruntreuung, 1972

Verursacher ist der die Ursache einer Wirkung oder eines Erfolgs setzende Mensch (oder Umstand).

Lit.: *Flachsbarth, L.,* Die Verwirklichung des Verursacherprinzips, 1998

Verursachung ist die Setzung einer Ursache für einen Erfolg. → Kausalität

Lit.: *Köbler, G.,* Zehn Gebote Schadensrecht, FS A. Söllner, 2000; *Pospich, C.,* Haftung nach dem Umwelthaftungsgesetz, 2004

Verurteilung ist das Anordnen einer → Rechtsfolge in einem Einzelfall durch ein → Urteil. Die V. betrifft außer der Hauptsache grundsätzlich auch die → Kosten. Die strafverfahrensrechtliche V. ist in das → Bundeszentralregister einzutragen (§ 3 BZRG). (Rechtstatsächlich erfolgten in Deutschland 1998 rund 700 000 strafrechtliche Verurteilungen.)

Lit.: *Huber, M.,* Das Strafurteil, 2. A. 2004; *Hilger, A.,* Die Verurteilung deutscher Zivilisten, 2003

Vervielfältigung ist die Vermehrung um ein Vielfaches. Im Immaterialgüterrecht steht das Recht der V. eines Werkes dem → Urheber zu (§ 16 UrhG). Es ist ein Teil des Verwertungsrechts des Urhebers.

Lit.: *Freiwald, S.,* Die private Vervielfältigung im digitalen Kontext, 2004

Verwahrung (§ 688 BGB) ist entweder der entgeltliche und damit gegenseitige oder der unentgeltliche und damit unvollkommen zweiseitig verpflichtende → Vertrag, durch den sich der eine Teil (Verwahrer) verpflichtet, eine ihm von dem anderen Teil (Hinterleger) übergebene bewegliche Sache aufzubewahren und nach Vereinbarung bzw. Verlangen zurückzugeben. Wichtige Fälle der V. sind → Lagergeschäft und → Depotgeschäft. *Unregelmäßige* V. (§ 700 BGB) liegt vor, wenn vertretbare → Sachen in der Art hinterlegt werden, dass das → Eigentum auf den Verwahrer übergehen und dieser verpflichtet sein soll, (diese Sachen oder andere) Sachen von gleicher Art, Güte und Menge zurückzugewähren. *Öffentlich-rechtliche* V. ist im Verwaltungsrecht eine öffentlich-rechtliche Sonderverbindung, auf welche die Vorschriften über die V. (§§ 688 ff. BGB, ausgenommen die §§ 695, 690 BGB) und die Leistungsstörungen entsprechend anwendbar sind. Öffentlich-rechtliche V. besteht, wenn die Verwaltung bewegliche Sachen kraft öffentlichen → Rechts (z. B. Beschlagnahme, Sicherstellung) zur Aufbewahrung in Besitz hat. Ansprüche aus öffentlich-rechtlicher V. sind nach § 40 II VwGO von den → Zivilgerichten geltend zu machen. → Verwahrungsbruch

Lit.: *Büllesbach, R.,* Die öffentlich-rechtliche Verwahrung, 1994 (Diss.); *Weingärtner, H.,* Das notarielle Verwahrungsgeschäft, 1998

Verwahrungsbruch (§ 133 StGB) ist das Zerstören, Beschädigen, Unbrauchbarmachen oder der dienstlichen Verfügung Entziehen von Schriftstücken oder anderen beweglichen → Sachen, die in dienstlicher Verwahrung – oder amtlicher Verwahrung einer Religionsgesellschaft des öffentlichen Rechtes – sind. Der V. ist eine Straftat gegen die öffentliche Ordnung. Der V. ist mit Freiheitsstrafe bis zu zwei Jahren oder mit Geldstrafe bedroht.

Lit.: *Brüggemann, V.,* Der Verwahrungsbruch, 1981

Verwaltung ist die auf längere Dauer angelegte Besorgung einer Angelegenheit. Im öffentlichen Recht ist V. die – öffentlich-rechtliche oder privatrechtliche – Staatstätigkeit, die nicht → Gesetzgebung, → Rechtsprechung oder → Regierung ist.

Die V. betrifft jede nicht grundlegende Gestaltung der Angelegenheiten der Gemeinschaft und der einzelnen Personen durch konkrete Maßnahmen. Sie besteht vor allem in der Ausführung der → Gesetze. Sie kann die auswärtigen Angelegenheiten (auswärtige V.) oder die inneren Angelegenheiten (innere V. wie z. B. Angelegenheiten der Gemeinden, Kommunalverbände, öffentliche Sicherheit und Ordnung, Gesundheitswesen, Bauwesen, Straßen, Wege, Wasser, Personenstände, Namen, Ausländer, Waffen, Sozialwesen, Wahlen u. s. w.) betreffen sowie → *Eingriffsverwaltung* oder → *Leistungsverwaltung*, (sowie in Bezug auf das Ob und das Wie der Vornahme) entweder *freie* V. (gesetzesfreie, nicht auch rechtsfreie V., z. B. im Bereich der Leistungsverwaltung, im Bereich der Sportverwaltung im Bereich der Kulturverwaltung) oder (an die Rechtsordnung bzw. die Gesetze fest) *gebundene* V. (z. B. § 57 GewO, Versagung einer Reisegewerbekarte) sein. Nach Art. 30 GG ist die V. in Deutschland aus geschichtlichen Gründen grundsätzlich Sache der → Länder und nur ausnahmsweise des Bundes. Von daher ist zu unterscheiden zwischen → Bundesverwaltung und → Landesverwaltung. Beide sind aber unmittelbare → Staatsverwaltung und stehen als solche im Gegensatz zur (→ Auftragsverwaltung und zur) → Selbstverwaltung

Lit.: Verwaltungslexikon, hg. v. *Eichhorn, P.,* 3. A. 2003; *Happ, M. u. a.,* Die Station in der öffentlichen Verwaltung, 7. A. 2012; *Volkert,* Die Verwaltungsentscheidung – Bescheide – Schriftsätze – Schreiben – Verfügungen, 5. A. 2010

Verwaltungsakt (§ 35 VwVfG) ist die – formlos mögliche – → Verfügung (→ Allgemeinverfügung), → Entscheidung oder andere hoheitliche → Maßnahme, die eine → Behörde zur → Regelung eines Einzelfalls auf dem Gebiet des öffentlichen → Rechtes trifft und die auf unmittelbare Rechtswirkung nach außen gerichtet ist (z. B. → Baugenehmigung, Beamtenernennung, Steuerbescheid, Ausschluss eines Schülers von einer Klassenfahrt, Staatsprüfung, wasserrechtliche Bewilligung, Anordnung gegen einen Störer, Verwarnung, Widmung). Der V. ist ein Fall des → Verwaltungshandelns. Der V. kann *begünstigend* (z. B. Gewerbeerlaubnis) oder – evtl. auch – *belastend* (z. B. Steuerbescheid) sein, Personen (*personaler* V.) oder Sachen (*dinglicher* V.) betreffen sowie entweder nur den Adressaten oder auch Dritte erfassen. Ein *mitwirkungsbedürftiger* V. liegt vor, wenn der V. der Mitwirkung des Betroffenen (in der Form eines Antrags) bedarf (z. B. Beamtenernennung), ein *mehrstufiger* V., wenn die Mitwirkung weiterer Behörden erforderlich ist (z. B. Baugenehmigung für Bauvorhaben in dem Außenbereich). Weiter unterscheidet man vorschreibende, gebietende, verbietende (z. B. Verbot der Benutzung eines verkehrsunsicheren Fahrzeugs), gestaltende (z. B. Enteignung), feststellende (z. B. Eichung), streitentscheidende (z. B. §§ 112ff. BBauG) und beurkundende Verwaltungsakte (z. B. Beurkundung im Personenstandsregister). Der V. hat – sofern er nicht nichtig ist – von der Bekanntgabe an grundsätzlich Wirksamkeit und nach ungestörtem Ablauf der Widerspruchsfristen und Klagefristen Bestandskraft. Der *fehlerhafte* V.

kann im Verwaltungsverfahren (→ Widerspruch) und im Verwaltungsrechtsweg angegriffen werden (→ Anfechtungsklage, → Feststellungsklage). Wird nach Feststellungsklage die Rechtswidrigkeit eines Verwaltungsakts festgestellt, so ist nicht mehr dessen Regelungsgehalt maßgeblich, sondern die ohne Geltung des Verwaltungsakts bestehende Rechtslage. Der V. ist zu trennen von dem → Gesetz (→ Verordnung, → Satzung), von dem öffentlich-rechtlichen → Vertrag, von der internen → Verwaltungsvorschrift und von der bloßen → Auskunft.

Lit.: *Polomski, R.,* Der automatisierte Verwaltungsakt, 1993 (Diss.); *Fischer, C.,* Der Verwaltungsakt, Diss. jur. Bonn 2000; *Butterwegge, G.,* Verwaltungsvertrag und Verwaltungsakt, 2001; *Britz, G. u. a.,* Die Aufhebung eines gemeinschaftsrechtswidrigen nicht begünstigenden Verwaltungsakts, JuS 2005, 198; *Voßkuhle, A. u. a.,* Der Verwaltungsakt, JuS 2011, 343

Verwaltungsbehörde (§ 1 IV VwVfG) ist die Aufgaben der öffentlichen → Verwaltung wahrnehmende Stelle (bzw. die durch Organisationsrecht geschaffene, vom Wechsel der sie jeweils innehabenden Menschen unabhängige, in gewisser Weise verselbständigte Organisationseinheit). Die V. kann Bundesoberbehörde (z. B. Bundeskanzleramt [oberste Bundesbehörde], Bundesministerium [oberste Bundesbehörde], Bundesarchiv, Umweltbundesamt, Kraftfahrtbundesamt), Bundesmittelbehörde (z. B. Oberfinanzdirektion und Bundesoberbehörde, Landesoberbehörde (z. B. Landesministerium [oberste Landesbehörde], Landeskriminalamt, Landesamt für Verfassungsschutz), Landesmittelbehörde (Bezirksregierung) und Landesunterbehörde (z. B. Landratsamt, Kreisausschuss, Finanzamt) sein. In der Regel führt die obere V. über die untere V. die → Aufsicht. → Verwaltungslehre

Lit.: *Hufeld, U.,* Die Vertretung der Behörde, 2003

Verwaltungsgebühr ist die → Gebühr für die Vornahme einer Amtshandlung (z. B. Erteilung einer Baugenehmigung).

Verwaltungsgemeinschaft war im Privatrecht bis 1953 ein Güterstand des → Ehegüterrechts. Im öffentlichen Recht können zwischen Hoheitsträgern Verwaltungsgemeinschaften gebildet werden.

Lit.: Die Verwaltungsgemeinschaften in Bayern (Lbl.) 2002

Verwaltungsgericht (VG) (z. B. §§ 2, 5 VwGO) ist das → Gericht der ersten → Instanz der → Verwaltungsgerichtsbarkeit. Bei dem V. sind → Kammern gebildet, doch soll zwecks Verfahrensbeschleunigung die Kammer in der Regel die Entscheidung einem ihrer Mitglieder als Einzelrichter übertragen. Das V. ist grundsätzlich für alle Verwaltungsrechtsstreitigkeiten in erster Instanz zuständig.

Lit.: *Kronisch, J.,* Behördenvertreter vor dem Verwaltungsgericht, 1997; *Bosch, E./Schmidt, J.,* Praktische Einführung in das verwaltungsgerichtliche Verfahren, 9. A. 2012

Verwaltungsgerichtsbarkeit ist die für verwaltungsrechtliche Streitigkeiten (allgemeine, öffentlich-rechtliche Streitigkeiten nichtverfassungsrechtlicher Art, § 40 I VwGO) zuständige → Gerichtsbarkeit. Sie dient der gerichtlichen Kontrolle des → Verwaltungshandelns. Sie wird durch → Verwaltungsgerichte, → Oberverwaltungsgerichte bzw. Verwaltungsgerichtshöfe und das → Bundesverwaltungsgericht ausgeübt. Voraussetzung eines verwaltungsgerichtlichen Verfahrens ist regelmäßig die Durchführung eines Vorverfahrens (Widerspruchsverfahrens, §§ 68 ff. VwGO). In der V. gilt grundsätzlich der Untersuchungsgrundsatz (Offizialmaxime). Rechtsgeschichtlich hat sich die V. in der Mitte des 19. Jh.s (→ Rechtsstaat) entwickelt (Baden 1863).

Lit.: *Schoch, F.,* Die Europäisierung des verwaltungsgerichtlichen Rechtsschutzes, 2000; *Kaufmann, M.,* Untersuchungsgrundsatz und Verwaltungsgerichtsbarkeit, 2002; *Kussel, S.,* Die Digitalisierung der Verwaltungsgerichtsbarkeit, 2003

Verwaltungsgerichtsgesetz der amerikanischen Besatzungszone ist das der → Verwaltungsgerichtsordnung vom 21.1.1960 vorausgehende Gesetz über die Verwaltungsgerichtsbarkeit in der amerikanischen Besatzungszone.

Lit.: *Eyermann, E.,* Verwaltungsgerichtsgesetz für Bayern, 1950

Verwaltungsgerichtshof (VGH) (§ 184 VwGO) ist in einigen Ländern (z. B. Bayern, Baden-Württemberg, Hessen) die Bezeichnung für das → Oberverwaltungsgericht.

Verwaltungsgerichtsordnung (VwGO) ist das die Verfassung und das Verfahren der → Verwaltungsgerichtsbarkeit regelnde Bundesgesetz vom 21.1.1960. Die V. gliedert sich vor allem in die Teile → Gerichtsverfassung, → Verfahren, → Rechtsmittel und → Wiederaufnahme des Verfahrens, → Kosten und → Vollstreckung. Sie hat darüber hinaus auch das → Verwaltungsverfahren durch Einführung des Widerspruchsverfahrens (§§ 68 ff. VwGO) vereinheitlicht. Nach § 173 VwGO gelten subsidiär das Gerichtsverfassungsgesetz und die → Zivilprozessordnung.

Lit.: *Kopp, F./Schenke, W.,* Verwaltungsgerichtsordnung, 21. A. 2015; *Redeker, K./Oertzen, H. v.,* Verwaltungsgerichtsordnung, 16. A. 2014; *Schoch, F./Schmidt-Aßmann, E./Pietzner, R.,* Verwaltungsgerichtsordnung (Lbl.), 28. A. 2015; *Wolff, H./Decker, A.,* Studienkommentar VwGO VwVfGO, 3. A. 2012; *Eyermann,* Verwaltungsgerichtsordnung, 14. A. 2014; Verwaltungsgerichtsordnung, hg. v. *Posser, H./Wolff, H.,* 2. A. 2014; *Sodan/Ziekow,* Verwaltungsgerichtsordnung, 4. A. 2014

Verwaltungshandeln ist im öffentlichen Recht das → Handeln der → Verwaltungsbehörden. Das V. kann in der Rechtssetzung (→ Rechtsverordnung, → Satzung, → Verwaltungsvorschrift), im Abschluss eines öffentlich-rechtlichen → Vertrags oder im Erlass eines → Verwaltungsakts bestehen. Das V. kann mehr oder weniger eng an → Gesetze gebunden oder grundsätzlich frei sein. Die Kontrolle des Verwaltungshandelns erfolgt durch die Aufsicht des Staates und die → Verwaltungsgerichtsbarkeit. Schlichtes V. ist das rein tatsächliche Handeln der öffentlichen → Verwaltung durch Tathandlungen, die nicht → Verwaltungsakt sind (z. B. Vorbereitung eines Verwaltungsakts).

Lit.: *Schulte, M.,* Schlichtes Verwaltungshandeln, 1995; *Körner, P.,* Informelles Verwaltungshandeln, 2000; *Kellner, M.,* Haftungsprobleme bei informellem Verwaltungshandeln, 2004

Verwaltungslehre ist die Lehre über das Wesen und die Organisation der öffentlichen → Verwaltung. Die V. ist Hilfswissenschaft des → Verwaltungsrechts. Ihre Gegenstände sind vor allem Aufgaben, Kontrolle, Organisation und Handlungen der öffentlichen → Verwaltung sowie die Grundsätze der Verwaltungsführung und Verwaltungseffizienz.

Lit.: *Püttner, G.,* Verwaltungslehre, 4. A. 2007; *Thieme, W.,* Einführung in die Verwaltungslehre, 1995; *Wimmer, N.,* Dynamische Verwaltungslehre, 2004 (Österreich)

Verwaltungsprivatrecht ist das die Verwaltung betreffende Privatrecht. Es findet Anwendung, wenn ein Träger öffentlicher → Verwaltung in privatrechtlichen Rechtsformen handelt (z. B. Stromversorgung, Abwasserbeseitigung, Subvention [Darlehen]). Das V. ist grundsätzlich → Privatrecht, wird aber durch gewisse Ausstrahlungen des öffentlichen → Rechtes modifiziert. Die → Behörde ist nämlich auch bei Handeln in privatrechtlichen Formen an die → Grundrechte (z. B. Art. 3 GG) und die verwaltungsrechtlichen Grundsätze des → Verwaltungshandelns gebunden.

Lit.: *Becker, J.,* Verwaltungsprivatrecht und Verwaltungsgesellschaftsrecht, 1994; *Stelkens, U.,* Verwaltungsprivatrecht, 2005

Verwaltungsprozess (Verwaltungsstreitverfahren) ist das gerichtliche → Verfahren, in dem über eine allgemeine öffentlich-rechtliche → Streitigkeit nichtverfassungsrechtlicher Art entschieden wird. Der V. ist in der Verwaltungsgerichtsordnung geregelt. Er kennt insbesondere die → Anfechtungsklage, → Verpflichtungsklage, → Feststellungsklage und allgemeine → Leistungsklage. Nach § 87 I 2 VwGO ist eine Heilung behördlicher Verfahrensfehler und Formfehler noch im V. möglich.

Lit.: *Kuhla, W./Hüttenbrink, J.,* Der Verwaltungsprozess, 3. A. 2002; *Stern, K.,* Verwaltungsprozessrecht in der Klausur, 9. A. 2008; Prozesse in Verwaltungssachen, hg. v. *Quaas, M. u. a.,* 2008; *Jansen, U. u. a.,* Das Urteil im Verwaltungsprozess, JuS 2009, 32

Verwaltungsprozessrecht ist die Gesamtheit der den → Verwaltungsprozess betreffenden Rechtssätze.

Lit.: *Schenke, W.,* Verwaltungsprozessrecht, 14. A. 2014; *Hufen, F.,* Verwaltungsprozessrecht, 9. A. 2013; Münchener Prozessformularbuch Bd. 6 Verwaltungsrecht, hg. v. *Johlen, H.,* 3. A. 2009; *Gärditz, K.,* Europäisches Verwaltungsprozessrecht, JuS 2009, 385

Verwaltungsrecht ist die Gesamtheit der die öffentliche → Verwaltung betreffenden Rechtssätze. Das V. im weiteren Sinn ist → Verwaltungsprivatrecht und V. im engeren Sinn. Das V. (im engeren Sinn) ist ein Teil des öffentlichen → Rechtes. Es gliedert sich in einen allgemeinen Teil und einen besonderen Teil. Der *allgemeine*, von der Wissenschaft erarbeitete und in den → Verwaltungsverfahrensgesetzen teilweise gesetzlich festgelegte Teil behandelt die allgemeinen Fragen des Verwaltungsrechts wie z. B.

das Subjekt des Verwaltungsrechts, das Objekt des Verwaltungsrechts (öffentliche → Sache), das → Verwaltungshandeln (u. a. Verwaltungsakt) und die Ansprüche gegenüber der → Verwaltung (z. B. auf Handeln, Unterlassen, Folgenbeseitigung oder Ausgleich). Der besondere Teil umfasst zahlreiche einzelne Bereiche, von denen die wichtigsten das → Beamtenrecht, → Polizeirecht, → Baurecht und → Gemeinderecht sowie in einem weiteren Sinn auch das → Steuerrecht und das → Sozialrecht sind. Das V. ist überwiegend → Landesrecht (anders z. B. VwGO, BauGB).

Lit.: *Maurer, H.,* Allgemeines Verwaltungsrecht, 18. A. 2011; Allgemeines Verwaltungsrecht, hg. v. *Erichsen, H. u. a.* 14. A. 2010; Besonderes Verwaltungsrecht, hg. v. *Schmidt-Aßmann, E.,* 14. A. 2008; Besonderes Verwaltungsrecht, hg. v. *Steiner, U.,* 8. A. 2006; *Wolff, H./Bachof, O./Stober, R./Kluth, W.,* Verwaltungsrecht, Bd. 1 12. A. 2007, Bd. 2 7. A. 2010, Bd. 3 5. A. 2004; *Sartorius, C.,* Verfassungs- und Verwaltungsgesetze, 103. A. 2013 (gebundene Ausgabe 2013); Staats- und Verwaltungsrecht Bundesrepublik Deutschland, hg. v. *Kirchhof, P. u. a.,* 54. A. 2015; *Peine, F.,* Allgemeines Verwaltungsrecht, 11. A. 2014; *Papenheim, G.,* Verwaltungsrecht für die soziale Praxis, 25. A. 2015; *Detterbeck, S.,* Allgemeines Verwaltungsrecht, 13. A. 2015; *Schwarze, J.,* Europäisches Verwaltungsrecht, 2. A. 2006; Allgemeines Verwaltungsrecht – zur Tragfähigkeit eines Konzepts, hg. v. *Trute, H. u. a.,* 2008; *Steinbeiß-Winkelmann, C.,* Europäisierung des Verwaltungsrechtsschutzes, NJW 2010, 1233; *Ipsen, J.,* Allgemeines Verwaltungsrecht, 9. A. 2015; Verwaltungsrecht der Europäischen Union, hg. v. *Terhechte, J.,* 2011

Verwaltungssache ist die Verwaltungsrecht betreffende Rechtssache.

Lit.: Prozesse in Verwaltungssachen, hg. v. *Quaas, M. u. a.,* 2. A. 2011

Verwaltungsträger ist der Träger einer Zuständigkeit zur Ausübung öffentlicher → Verwaltung.

Lit.: *Schulz, A.,* Parastaatliche Verwaltungsträger, 2000

Verwaltungstreuhand → Treuhand

Verwaltungsunrecht ist das im Widerspruch zu einem Ordnungsgesetz bzw. einer Ordnungsvorschrift stehende → Verhalten (→ Ordnungswidrigkeit). Es ist Unrecht, hat aber nicht denselben Unwert wie eine → Straftat. Es wird durch → Geldbuße geahndet (§§ 1 ff. OWiG).

Verwaltungsverfahren (§ 9 VwVfG) ist die nach außen wirkende Tätigkeit der → Behörden, die auf die Prüfung der Voraussetzungen, die Vorbereitung und den Erlass eines → Verwaltungsakts oder auf den Abschluss eines öffentlich-rechtlichen → Vertrags gerichtet ist (einschließlich des Erlasses des Verwaltungsakts und Abschlusses des öffentlichrechtlichen Vertrags). Nicht hierzu gehört das Verfahren zum Erlass von → Verordnungen und → Satzungen sowie das rein verwaltungsinterne Verfahren. Das V. ist grundsätzlich nicht an bestimmte Formen gebunden und einfach; zweckmäßig und zügig durchzuführen (§ 10 VwVfG). Das V. der → Bundesbehörden und der Bundesauftragsverwaltung ist im Verwaltungsverfahrensgesetz des Bundes (1976) geregelt (§ 1 I VwVfG), das Verfah-

ren der Landesbehörden in den Landesverwaltungsverfahrensgesetzen.

Lit.: *Hufen, F.,* Fehler im Verwaltungsverfahren, 5. A. 2013; *Hoffmann-Riem, W.,* Verwaltungsverfahren und Verwaltungsverfahrensgesetz, 2002; *Roßnagel, A.,* Das elektronische Verwaltungsverfahren, NJW 2003, 469; *Pünder, H.,* Grundlagen des Verwaltungsverfahrensrechts, JuS 2011, 289

Verwaltungsverfahrensgesetz ist das das → Verwaltungsverfahren regelnde Gesetz.

Lit.: *Kopp, F./Ramsauer, U.,* Verwaltungsverfahrensgesetz, 14. A. 2013; *Stelkens, P./Bonk, H./Sachs, M.,* Verwaltungsverfahrensgesetz, 8. A. 2014; *Knack, H.,* Verwaltungsverfahrensgesetz, 10. A. 2014; *Wolff, H./Decker, A.,* Studienkommentar VwGO, VwVfGO, 3. A. 2012; *Ziekow, J.,* Verwaltungsverfahrensgesetz, 3. A. 2013; Verwaltungsverfahrensgesetz, hg. v. *Bader, J./Ronellenfitsch, M.,* 2010; *Huck, W./Müller, M.,* Verwaltungsverfahrensgesetz, 2011

Verwaltungsvermögen ist die Gesamtheit der Gegenstände, die unmittelbar hoheitlichen Zwecken dienen (z. B. Verwaltungsgebäude, Krankenhaus). öffentliche → Sache

Lit.: *Papier, H.,* Das Recht der öffentlichen Sachen, 3. A. 1998; *Fleischmann, O.,* Die verfassungsrechtlichen Rahmenbedingungen, 2003

Verwaltungsverordnung → Verwaltungsvorschrift

Verwaltungsvertrag ist der von der → Verwaltung abgeschlossene öffentlich-rechtliche → Vertrag.

Lit.: *Maurer, H.,* Die Praxis des Verwaltungsvertrags im Spiegel der Rechtsprechung, 2. A. 1997; *Gurlit, E.,* Verwaltungsvertrag und Gesetz, 2001; *Butterwegge, G.,* Verwaltungsvertrag und Verwaltungsakt, 2001; *Hamann, C.,* Der Verwaltungsvertrag im Städtebaurecht, 2003

Verwaltungsvollstreckung ist die zwangsweise Verwirklichung der Anordnungen der → Verwaltung. Es gilt der Grundsatz der Selbstvollstreckung durch die → Verwaltungsbehörde. Als → Vollstreckungstitel dient der → Verwaltungsakt. Unterschieden werden Vollstreckung wegen → Geldforderungen (§§ 1 ff. VwVG) und Erzwingung von → Handlungen, → Duldungen oder → Unterlassungen, wobei → Zwangsmittel die → Ersatzvornahme, das → Zwangsgeld und der unmittelbare → Zwang sind (§§ 9 ff. VwVG). Die V. des Bundes erfordert grundsätzlich die Unanfechtbarkeit des → Verwaltungsakts oder seine sofortige → Vollstreckbarkeit. Für die Anwendung der Zwangsmittel ist der Grundsatz der → Verhältnismäßigkeit zu beachten. Für bestimmte Sonderbereiche der Verwaltung gelten Sondergesetze (→ Abgabenordnung, → Justizbeitreibungsordnung, → Sozialgesetzbuch).

Lit.: *App, M.,* Verwaltungsvollstreckungsrecht, 5. A. 2011; *App, M.,* Einführung in das Verwaltungsvollstreckungsrecht, JuS 2004, 786

Verwaltungsvollstreckungsgesetz (des Bundes) ist das die → Verwaltungsvollstreckung betreffende → Gesetz (des → Bundes).

Lit.: *Schlatmann, A.,* Verwaltungsvollstreckungsgesetz, Verwaltungszustellungsgesetz, 10. A. 2014; *Sadler, G.,*

Verwaltungsvollstreckungsgesetz, Verwaltungszustellungsgesetz, 9. A. 2014

Verwaltungsvorschrift (früher Verwaltungsverordnung) ist die Regelung, die innerhalb der Verwaltungsorganisation von übergeordneten Verwaltungsträgern an nachgeordnete Verwaltungsträger ergeht und dazu dient, Organisation und Handeln der Verwaltung näher zu bestimmen (Erlass, → Verfügung, Dienstanweisung, → Richtlinie). Rechtstheoretisch ist die V. → Rechtsnorm (str.), hat aber nur bedingt Außenwirkung. Grundlage für ihren Erlass ist die Organisationsgewalt der → Verwaltung (str.). Der gegenständliche Inhalt ist sehr verschieden. Allgemeine Verwaltungsvorschriften für den Vollzug der Bundesgesetze durch die Länder im Auftrag des Bundes können ausschließlich von der Bundesregierung mit Zustimmung des Bundesrats erlassen werden.
Lit.: *Rogmann, A.,* Die Bindungswirkung, 1998; *Jarass, H.,* Bindungswirkung von Verwaltungsvorschriften, JuS 1999, 105; *Renner, G.,* Verwaltungsvorschriften zum Staatsangehörigkeits- und Ausländerrecht, 2001

Verwaltungswissenschaft ist die Wissenschaft vom Wesen und der Organisation der Verwaltung. → Verwaltungslehre
Lit.: *Schuppert, G.,* Verwaltungswissenschaft, 2000

Verwaltungszustellung ist die → Zustellung eines schriftlichen oder elektronischen Dokuments der → Verwaltung, die für Bundesbehörden im Verwaltungszustellungsgesetz (1962) geregelt ist. Danach besteht die Zustellung z. B. in der Übergabe eines Schriftstücks in Urschrift, Ausfertigung oder beglaubigter Abschrift oder in dem Vorlegen der Urschrift. Zugestellt wird grundsätzlich durch die Post – mit Zustellungsurkunde oder mittels eingeschriebenen Briefs – oder durch die → Behörde, wobei die Behörde die Wahl zwischen den einzelnen Zustellungsarten hat (§§ 2 ff. VwZG).
Lit.: *Engelhardt, H./App, M.,* Verwaltungsvollstreckungsgesetz, Verwaltungszustellungsgesetz, 10. A. 2014; *Sadler, G.,* Verwaltungsvollstreckungsgesetz, Verwaltungszustellungsgesetz, 9. A. 2014

Verwaltungszwang ist die Erzwingung der von der Verwaltung gegebenen Anordnung – des belastenden → Verwaltungsakts – durch die → Verwaltung selbst. Anders als eine Privatperson kann die Verwaltung kraft ihrer Stellung als Hoheitsträger ihre auf gesetzlicher Grundlage bestehenden Ansprüche ohne gerichtliche oder sonstige staatliche Hilfe selbst vollstrecken. Mittel des Verwaltungszwangs sind → Ersatzvornahme, → Zwangsgeld und unmittelbarer → Zwang (§ 9 VwVG).
Lit.: *Hormann, K.,* Die Anwendung von Verwaltungszwang, 1988

Verwandter (§ 1589 BGB) eines Menschen ist ein Mensch, der zu diesem Menschen oder zu einem gemeinsamen dritten Menschen in einem Abstammungsverhältnis steht (z. B. Sohn, Nichte, Schwester, Großmutter, Onkel).

Verwandtschaft (§ 1589 BGB) ist das personenrechtliche Verhältnis zwischen Menschen, die voneinander (V. *in gerader Linie*) oder gemeinsam von demselben dritten Menschen (V. *in Seitenlinien*) abstammen. Die V. ist bedeutsam vor allem für familienrechtliche und erbrechtliche Rechte und Pflichten. Die nächste V. (Verwandte in gerader Linie, Geschwister) begründet ein → Eheverbot (§ 1307 BGB). Der Grad der V. bestimmt sich nach der Zahl der sie vermittelnden Geburten (z. B. Geschwister sind Verwandte zweiten Grades in der Seitenlinie).
Lit.: *Schröder, I.,* Die kulturelle Konstruktion von Verwandtschaft, 2003

Verwarngeld → Verwarnung

Verwarnung (§ 14 JGG) ist die eindringliche Zurechtweisung eines jugendlichen Täters unter Vorhaltung des Unrechts der begangenen → Straftat. Die V. ist ein → Zuchtmittel. Im allgemeinen Strafrecht ist eine besondere V. mit Strafvorbehalt zulässig (§ 59 StGB), bei der im Urteil zwar die Strafe der Höhe nach festgesetzt wird, ihre Verhängung aber mit der Bestimmung aufgeschoben wird, dass sie nur wirksam werden soll, wenn der Verurteilte sich während einer Bewährungszeit nicht bewährt. Im → Verwaltungsrecht kann die dazu ermächtigte Verwaltungsbehörde bei geringfügigen → Ordnungswidrigkeiten eine – vielfach gebührenpflichtige – V. (Verwarngeld, Verwarnungsgeld, 5 bis 35 Euro) erteilen (§§ 56 ff. OWiG).
Lit.: *Scheel, J.,* Die Rechtswirklichkeit der Verwarnung, 1997; *Janiszewski, H./Buddendiek, H.,* Verwarnungs- und Bußgeldkatalog mit Punktesystem, 7. A. 2000; *Doganay, G.,* Zur Reform der Verwarnung mit Strafvorbehalt, 2003

Verweisung ist die Bezugnahme, Weiterleitung oder Abweisung. Bei der V. von einer Vorschrift auf eine andere Vorschrift bewirkt die V., dass die in Bezug genommene Bestimmung Teil der bezugnehmenden Bestimmung wird. Im Prozessrecht kann ein unzuständiges Gericht – teilweise auf Antrag, teilweise von Amts wegen – in der Regel bindend eine V. an ein zuständiges Gericht beschließen (§§ 17a ff. GVG).
Lit.: *Moritz, N.,* Verweisung im Gesetz auf Tarifverträge, 1995; *Fiedler, P.,* Stabilisierungsklauseln und materielle Verweisung im internationalen Vertragsrecht, 2001; *Kostorz, P.,* Die Verweisung im Recht der Sozialversicherung, 2002

Verweisungsrecht → Privatrecht, internationales

Verwendung (§ 994 BGB) ist die gewollte Vermögensaufwendung, die einer Sache zugute kommen soll, indem sie diese wiederherstellt, erhält oder verbessert (z. B. Reparatur eines Kraftfahrzeugs). Streitig ist, ob noch eine V. vorliegt, wenn die Sache grundlegend verändert wird (z. B. Hausbau auf bislang unbebautem Grundstück). Die V. ist ein Sonderfall der → Aufwendung. Im → Eigentümer–nichtberechtigter Besitzer-Verhältnis kann der Besitzer für die *notwendige* V. – d. h. die V., die zur Erhaltung oder ordnungsgemäßen Bewirtschaftung der Sache objektiv erforderlich ist (z. B. Hebungskosten eines Wracks, Füttern eines Tieres) – vom Eigentümer grundsätzlich Ersatz verlangen, wobei sich für die bösgläubig oder nach Eintritt der Rechtshängigkeit durchgeführte notwendige V. die Ersatzpflicht nach den Vorschriften über die → Geschäftsführung ohne Auftrag bestimmt, so dass dann, wenn sie nicht auch dem Willen des Eigentümers entspricht, nur ein Anspruch auf Herausgabe der ungerechtfertigten Bereicherung in Betracht kommt. Für die *nützliche* V. – d.h. die V., die nicht notwendige V. ist (z.B. Färben von Fellen, Ordnen von Büchern einer Bibliothek) – kann der Besitzer Ersatz nur verlangen, wenn sie gutgläubig und vor Eintritt der Rechtshängigkeit gemacht wird.

Lit.: *Knackstedt, U.,* Der Verwendungsbegriff, 1993 (Diss.); *Wolf, G.,* Die Strafbarkeit der rechtswidrigen Verwendung öffentlicher Mittel, 1998; *Verse, D.,* Verwendungen im Eigentümer-Besitzer-Verhältnis, 1999; *Hähnchen, S.,* Notwendige und nützliche Verwendungen im Eigentümer-Besitzer-Verhältnis, JuS 2014, 877

Verwertung ist die Wert schöpfende Nutzung eines Gegenstands.

Verwertungsgesellschaft ist die Gesellschaft, deren Zweck in der vermögensrechtlichen Verwertung von (nichtvermögensrechtlichen) Rechten (anderer) liegt (z.B. V. → WORT, → GEMA).

Lit.: *Lessmann, T.,* Verwertungsgesellschaften, Diss. jur. Münster 2000; *Scholz, G.,* GEMA, GVL & KSK, 2003

Verwertungsverbot (§ 33 III StPO) ist das von der Rechtsordnung an ein → Gericht oder eine → Behörde gerichtete Verbot, bestimmte Tatsachen bei der Entscheidungsbildung zu berücksichtigen (str.). Beispielsweise darf eine Aussage eines Zeugen gegenüber dem Verteidiger des Angeklagten nicht verwertet werden, wenn der Zeuge sich vor Gericht auf sein Aussageverweigerungsrecht beruft. Ist ein Beweismittel unter Verletzung eines Persönlichkeitsrechts erlangt, ist es ebenso unverwertbar wie der in ein Zivilverfahren rechtswidrig eingeführte Tatsachenvortrag.

Lit.: *Fink, A.,* Die Verwertbarkeit rechtswidrig erlangter Beweismittel im Zivilprozess, Diss. jur. Köln 1994; *Llopis Reyna, E.,* Das kartellrechtliche Verwertungsverbot, 1994; *Nagel, M.,* Verwertung und Verwertungsverbote im Strafverfahren, 1998

Verwirkung ist der aus → Treu und Glauben folgende Verlust eines Rechtes infolge verspäteter Geltendmachung. Die V. ist ein Fall unzulässiger Rechtsausübung. Sie erfordert, dass ein → Anspruch oder ein → Gestaltungsrecht längere Zeit nicht geltend gemacht wurde und die jetzige Ausübung auf Grund besonderer Umstände gegen Treu und Glauben verstößt (nicht z.B. V. eines rechtskräftig ausgeurteilten Zahlungsanspruchs durch Unterlassen von Vollstreckungsversuchen während 13 Jahren). Sie ist eine → Einwendung und deshalb von Amts wegen zu beachten. Die V. tariflicher Rechte ist ausgeschlossen (§ 4 IV TVG). In dem Verfassungsrecht kann ein → Grundrecht durch Missbrauch verwirkt werden (Art. 18 GG). Diese V. ist vom → Bundesverfassungsgericht auszusprechen (§§ 36ff. BVerfGG).

Lit.: *Wolfslast, G.,* Staatlicher Strafanspruch und Verwirkung, 1995; *Kochendörfer, M.,* Die Verwirkung des Unterlassungsanspruchs im Markenrecht, 2000;

Birr, C., Verjährung und Verwirkung, 2. A. 2006; *Kofler, R.,* Die Verwirkung von Unterhaltsansprüchen, NJW 2011, 2470

Verwirkungsklausel (F.) kassatorische Klausel, → Verfallsklausel

Verzicht ist die rechtsgeschäftliche Aufgabe eines → Rechtes oder eines rechtlichen Vorteils. Der V. ist nicht allgemein geregelt. Im Schuldrecht ist der V. auf eine → Forderung als → Erlass nur durch → Vertrag möglich (§ 397 BGB, ähnlich §§ 2346ff. BGB, Erbverzicht). Auf andere Rechtsstellungen sowie in anderen Rechtsgebieten kann dagegen meist durch einseitiges → Rechtsgeschäft verzichtet werden (z.B. §§ 875, 928, 959 BGB, §§ 515, 566 ZPO).

Lit.: *Kornexl, T.,* Der Zuwendungsverzicht, 1998; *Kleinschmidt, J.,* Der Verzicht im Schuldrecht, 2004

Verzichtsurteil (§ 306 ZPO Verzicht) ist das auf Grund eines → Verzichts des → Klägers und eines Antrags des Beklagten ergehende → Urteil.

Lit.: *Metzger, G.,* Das Verzichtsurteil und das Anerkenntnisurteil, 1996

Verzug (§§ 286ff. BGB) ist die rechtswidrige Verzögerung der → Leistung durch den → Schuldner. Der V. ist ein Fall der → Leistungsstörung im Schuldverhältnis. Er erfordert eine → Verpflichtung, die noch nicht erfüllt ist, aber noch erfüllt werden kann, die → Fälligkeit, eine → Mahnung (§ 286 I BGB bzw. Erhebung der Leistungsklage oder Zustellung eines Mahnbescheids im Mahnverfahren) oder deren Entbehrlichkeit (§ 286 II BGB) sowie → Vertretenmüssen (§ 286 IV BGB). Der Schuldner einer Geldforderung (Entgeltforderung) kommt spätestens in V., wenn er nicht innerhalb von 30 Tagen nach Fälligkeit und Zugang einer Rechnung oder gleichwertigen Zahlungsaufstellung leistet, wobei ein Verbraucher als Schuldner auf diese Folgen in der Rechnung oder Zahlungsaufstellung besonders hingewiesen worden sein muss (§ 284 III BGB). V. ist ausgeschlossen, soweit ein Leistungsverweigerungsrecht wegen Leistungsmängeln besteht. Der V. begründet vor allem einen Anspruch auf Ersatz des Verzögerungsschadens (§§ 280 II, 286 BGB) und u.U. (im gegenseitigen Vertrag immer) ein Leistungsablehnungsrecht bzw. → Rücktrittsrecht sowie einen Anspruch auf → Schadensersatz (§ 288 IV BGB). Eine Geldschuld ist während des Verzugs für das Jahr mit fünf Prozentpunkten über dem Basiszinssatz nach § 1 des Diskontüberleitungsgesetzes zu verzinsen (§ 288 I BGB, bei Nichtverbrauchern acht Prozentpunkte über dem Basiszinssatz). Der Schuldner hat während des Verzugs jede Fahrlässigkeit zu vertreten und haftet wegen der Leistung auch für (Untergang durch) Zufall, es sei denn, dass der Schaden auch bei rechtzeitiger Leistung eingetreten sein würde (§ 287 BGB). Der V. ist zu trennen vom → Gläubigerverzug oder Annahmeverzug. Er endet mit → Erfüllung, → Unmöglichkeit oder → Verjährung. Eine Klage auf Feststellung von V. ist unzulässig. Kein unmittelbarer Zusammenhang besteht mit der → Gefahr im V.

Lit.: *Wahl, F.,* Schuldnerverzug, 1998; *Huber, U.,* Leistungsstörungen, 1999; *Lammich, K.,* Gläubiger- und Schuldnerverzug, 2003; *Derleder, P.,* Vom Schuldnerverzug zum Gläubigerverzug und zurück, NJW 2004, 2787; *Derleder, P. u.a.,* Schuldnerverzug und Zurückbehaltungsrechte des allgemeinen Schuldrechts, JuS 2014, 102

Veto (lat.) ich verbiete, Einspruchsrecht

Videokonferenz (§ 128a ZPO) ist die seit 2001 in dem Zivilprozess zulässige Konferenz der Beteiligten unter Verwendung von Videogeräten.
Lit.: *Nissen, U.,* Die Online-Videokonferenz, 2004; *Mitsch, W.,* Videoaufzeichnung als Vernehmungssurrogat in der Hauptverhandlung, JuS 2005, 102

Viehkauf (§§ 481 ff. BGB a.F.) war (bis 2002) der → Kauf bestimmter → Tiere (Pferd, Esel, Maulesel, Maultier, Rind, Schaf, Schwein), bei dem der Verkäufer nur Hauptmängel und diese nur innerhalb bestimmter Gewährfristen und nur in der Form der → Wandlung, evtl. der → Nachlieferung zu vertreten hatte.
Lit.: *Lerche, F.,* Viehgewährschaftsrecht, 1955; *Sommer, M.,* Der Pferdekauf, Diss. jur. Münster 2000

Vikar (M.) Stellvertreter, Theologe zwischen erster und zweiter Prüfung

Viktimologie (Opferkunde) ist das Teilgebiet der → Kriminologie, das die Beziehungen zwischen Täter und Verletztem (Opfer) einer → Straftat betrifft.
Lit.: *Kiefl, W.,* Soziologie des Opfers, 1986; *Kropp, C.,* Viktimologie, JuS 2005, 686

vindicatio (lat. [F.]) Gewaltsagung, Herausgabeverlangen

Vindikation ist der aus dem römischen Recht stammende → Herausgabeanspruch des → Eigentümers gegen den nichtberechtigten → Besitzer (§§ 985 ff. BGB).
Lit.: *Kaser, M.,* Römisches Privatrecht, 20. A. 2014; *Köbler, G.,* Zielwörterbuch integrativer europäischer Rechtsgeschichte, 6. A. 2014 (Internet); *Finkenauer, T.,* Vindikation, Saldotheorie und Arglisteinwand, NJW 2004, 1704

Vindikationslegat (Herausgabevermächtnis) ist das dem Bürgerlichen Gesetzbuch fremde → Vermächtnis, bei dem der Vermächtnisnehmer das Recht (z.B. Eigentum) am Vermächtnisgegenstand mit dem → Erbfall erlangt. → Damnationslegat (§ 2174 BGB)

Vindikationszession (F.) Abtretung des Herausgabeanspruchs, vgl. § 931 BGB

vinkuliert (Adj.) gebunden

vinkulierte Namensaktie → Namensaktie, vinkulierte

Virginia Bill of Rights (12.6.1776) ist das Gesetz des amerikanischen Staats Virginia, das als erstes grundlegende Rechte des Einzelnen (→ Grundrechte) verkündete (nach allgemeiner Ansicht erste formelle → Verfassung). → Bill of Rights

vis (lat. [F.]) Gewalt

vis (F.) **absoluta** (lat.) absolute Gewalt, → Gewalt

vis (F.) **compulsiva** (lat.) zwingende Gewalt, → Gewalt

vis (F.) **maior** (lat.) höhere Gewalt, → Gewalt

Visum ([N.] „Gesehen", Sichtvermerk) ist im Verwaltungsrecht der in den → Pass eines → Ausländers eingetragene Vermerk der – staatlichen – → Erlaubnis der Einreise (evtl. auch der Ausreise).
Lit.: *Hildebrandt, A.,* Visumpraxis, 1999

Vivisektion (F.) Versuch am lebenden Lebewesen

V-Mann (M.) Vertrauensmann, amtsfremder Informant
Lit.: *Krauß, K.,* V-Leute im Strafprozess, 1999; *Katzer, S.,* Die Tätigkeit durch V-Leute, 2001; *Gössner, R.,* Geheime Informanten, 2003

VOB (F.) → Vergabe- und Vertragsordnung (Verdingungsordnung) für Bauleistungen

VOF (F.) Verdingungsordnung für freiberufliche Leistungen bei öffentlichen Aufträgen mit einem Mindestauftragsvolumen von 200 000 ECU
Lit.: *Voppel/Osenbrück/Bubert,* Vergabeordnung für freiberufliche Leistungen, 3. A. 2012

Vogt (zu lat. advocatus) ist im mittelalterlichen deutschen Recht der schützende (weltliche) Sachwalter einer Person oder Kirche.
Lit.: *Feine, H.,* Kirchliche Rechtsgeschichte, 5. A. 1972

VOL (F.) → Verdingungsordnung für Leistungen
Lit.: *Schaller, H.,* Verdingungsordnung für Leistungen, 4. A. 2008

Volenti non fit iniuria ([lat.] dem Einwilligenden geschieht kein Unrecht) ist ein allgemeiner Rechtsgrundsatz, dessen deutlichste Ausprägung die Einordnung der → Einwilligung als → Rechtfertigungsgrund ist.
Lit.: *Ohly, A.,* Volenti non fit iniuria, 2002

Volk ist die anfangs vor allem durch die gemeinsame Sprache (z.B. Indogermanen, Griechen, Römer, Kelten, Slawen, Germanen, Goten, Vandalen, Burgunden, Franken, Bayern, Alemannen, Thüringer, Friesen, Sachsen, Angeln, Deutsche, Engländer, Franzosen, Italiener, Spanier), in der Gegenwart durch gemeinschaftliche geistige, kulturelle oder politische Entwicklung verbundene größere Menschenmehrheit (z.B. Schweizer, Belgier, Amerikaner, Russen, Inder, Chinesen, demnächst Deutsche).
Lit.: *Elsner, B.,* Die Bedeutung des Volkes im Völkerrecht, 2000

Völkerbund ist die vertragliche Vereinigung von → Staaten zur Sicherung des Weltfriedens zwischen 1920 und 1946. → Vereinte Nationen.

Lit.: *Köbler, G.,* Zielwörterbuch integrativer europäischer Rechtsgeschichte, 6. A. 2014 (Internet); *Wintzer, J.,* Deutschland un der Völkerbund 1918–1926, 2006

Völkermord (früher § 220a StGB, Genozid) ist die vorgenommene volksschädigende Handlung in der Absicht, eine nationale, rassische, religiöse oder durch ihr Volkstum bestimmte Gruppe (z. B. Armenier, Zigeuner, Kroaten, Albaner, Hutus, Juden) als solche ganz oder teilweise zu zerstören (z. B. Tötung von Mitgliedern der Gruppe). Der V. wird mit lebenslanger Freiheitsstrafe bestraft. Für ein Verfahren wegen Völkermords im Ausland ist ein Gericht in Deutschland zuständig, wenn ein genügender Anknüpfungspunkt zu Deutschland besteht (z. B. langjähriger Aufenthalt des Täters mit fortbestehender Meldung in Deutschland).

Lit.: *Safferling, C.,* Wider die Feinde der Humanität, JuS 2001, 735; *Schabas, W.,* Genozid im Völkerrecht, 2003; *Morgenbesser, M.,* Staatenverantwortlichkeit für Völkermord, 2003; *Hübner, J.,* Das Verbrechen des Völkermordes, 2004

Völkerrecht ist die Gesamtheit der Rechtssätze, welche die Verhaltensweisen regeln, die zu einem geordneten Zusammenleben der Menschen notwendig und nicht im innerstaatlichen Recht der einzelnen souveränen → Staaten (→ Souveränität) enthalten sind. Obwohl dem V. ein Zwangscharakter fehlt, ist es Recht (str.). Es beruht auf Rechtsüberzeugungen, die über alle kulturellen und ideologischen Verschiedenheiten hinweg von allen Völker anerkannt werden. Es ist (in Ermangelung eines Subjekts mit Gesetzgebungsrecht) überwiegend → Gewohnheitsrecht, teilweise auch Vertragsrecht. Es gilt grundsätzlich (nur) für die Staaten (Völkerrechtssubjekte) und nicht für deren Staatsangehörige. Es muss daher, um gegen Staatsangehörige wirken zu können, grundsätzlich vom Einzelstaat in innerstaatliches Recht umgesetzt (transformiert) werden.

Lit.: *Ipsen, K.,* Völkerrecht, 6. A. 2014; *Stein, T.,* Völkerrecht, 13. A. 2012; Völkerrechtliche Verträge, hg. v. *Randelzhofer, A.,* 13. A. 2012; *Herdegen, M.,* Völkerrecht, 14. A. 2015; *Terhechte,* J., Einführung in das Wirtschaftsvölkerrecht, JuS 2004, 959; Völkerrecht, hg. v. *Vitzthum, W. Graf,* 6. A. 2013; *Werle, G.,* Völkerstrafrecht, 3. A. 2012; *Ruffert, M./Walter, C.,* Institutionalisiertes Völkerrecht, 2009; *Schmahl, S.,* Das Verhältnis der deutschen Rechtsordnung zu Regeln des Völkerrechts, JuS 2013. 961

Völkerrechtssubjekt ist der Träger der sich unmittelbar aus dem → Völkerrecht ergebenden Rechte und Pflichten (→ Staaten, innerstaatliche Organisationen, in bestimmten Beziehungen auch Einzelpersonen).

Lit.: *Steck, P.,* Zwischen Volk und Staat, 2003

Volksabstimmung ist die → Abstimmung der stimmberechtigten Staatsbürger über eine einzelne Sachfrage. Die V. kann Volksbegehren oder Volksentscheid sein. Sie ist im → Grundgesetz – abgesehen von Art. 29 GG – aus Misstrauen gegenüber

dem Volk nicht vorgesehen, so dass die Zielsetzungen der führenden Politiker vielfach nicht mit dem Willen der Mehrheit des Volkes übereinstimmen.

Lit.: *Huber, P.,* Volksgesetzgebung, 2003; *Herrmann, K.,* Volksgesetzgebungsverfahren, 2003

Volksbank ist das in der Rechtsform einer eingetragenen → Genossenschaft geführte und einem Prüfungsverband angehörende Kreditinstitut unter der Firma V. → Bank

Lit.: *Zörcher, J.,* Zwischen Markt und Hierarchie, 1996

Volksbegehren ist das einer → Volksabstimmung zuzuführende politische Begehren eines Teils eines Staatsvolks.

Lit.: *Huber, P.,* Volksgesetzgebung, 2003

Volksdemokratie ist im – sozialistischen – Verfassungsrecht die – der bürgerlichen Demokratie sprachlich bewusst entgegengesetzte – Regierungsform, in der die politische Macht in den Händen der kommunistischen Arbeiterpartei als Vertreterin des Volkes liegt. Aus der V. soll eine sozialistische D. entwickelt werden. Seit 1989 nehmen die bisherigen Volksdemokratien von diesen Vorstellungen Abstand.

Lit.: *Weber, H.,* Parteiensystem zwischen Demokratie und Volksdemokratie, 1982

Volksdeutscher war (zwischen 1918 und 1945) der Deutsche fremder Staatsangehörigkeit.

Lit.: *Jansen, C.,* Der volksdeutsche Selbstschutz in Polen, 1992

Volksentscheid → Volksabstimmung

Volksgeist ist in der Rechtsgeschichte des 19. Jh.s die (behauptete) Gesamtheit der einem → Volk innewohnenden, teilweise unbewusst wirkenden schöpferischen Kräfte. Nach der historischen → Rechtsschule (Savigny) ist die Fortbildung des Rechtes dem V. zu überlassen. Eine → Kodifikation ist (1814 nach Ansicht Friedrich Carl von Savignys vor einer wissenschaftlichen Durchdringung der Quellen) überflüssig oder schädlich.

Lit.: *Köbler, G.,* Zielwörterbuch integrativer europäischer Rechtsgeschichte, 6. A. 2014 (Internet); *Mährlein, C.,* Volksgeist und Recht, 2000

Volksgemeinschaft ist im → Nationalsozialismus die Gesamtheit der von ihrer → Rasse her zu einem → Volk gehörenden (deutschen) Menschen.

Lit.: *Stöver, B.,* Volksgemeinschaft im Dritten Reich, 1993

Volksgerichtshof war seit 24.4.1934 (bis 8. Mai 1945) das Sondergericht des Dritten Reiches für politische Straftaten, dessen Urteile als nationalsozialistisches Unrecht durch Gesetz vom 25.8.1998 aufgehoben wurden.

Lit.: *Marxen, K.,* Das Volk und sein Gerichtshof, 1994; *Richter, I.,* Hochverratsprozesse, 2001

Volksgesetzbuch ist das volkstümliche, das gesamte Recht eines Volkes verständlich zusammenfassende Gesetzbuch(, dessen Unternehmen im → Nationalsozialismus angesichts des zweiten Weltkriegs über einen Entwurf zu einem ersten Buch – 1941 - und verschiedene Vorarbeiten kaum hinausgelangte).

Lit.: *Köbler, G.,* Deutsche Rechtsgeschichte, 6. A. 2005

Volkshochschule ist die bekannteste Einrichtung zur Fortbildung von Erwachsenen (verschiedener Träger ohne einheitliche rechtliche Regelung).

Lit.: *Opelt, K.,* Volkshochschule in der SBZ, DDR, 2004

Volksschädling war im → Nationalsozialismus der den Interessen des deutschen Volks schadende und deshalb strafbare Mensch.

Lit.: *Kroeschell, K.,* Rechtsgeschichte Deutschlands im 20. Jahrhundert, 1992

Volksschule (Grundschule) ist die allgemeinbildende öffentliche → Schule (Pflichtschule) für Kinder ab dem 6. Lebensjahr.

Volkssouveränität (Art. 20 II GG) ist die Innehabung der → Staatsgewalt durch das → Volk.

Lit.: *Köbler, G.,* Zielwörterbuch integrativer europäischer Rechtsgeschichte, 6. A. 2014 (Internet); *Behre, J.,* Volkssouveränität und Demokratie, 2004

Volksverhetzung (§ 130 StGB) ist der Angriff gegen die Menschenwürde anderer durch Aufstacheln zum Hass gegen Teile der Bevölkerung, durch Auffordern zu Gewaltmaßnahmen und Willkürmaßnahmen gegen sie oder durch ihr Beschimpfen, böswilliges Verächtlichmachen oder Verleumden, wenn dies in einer Weise geschieht, die geeignet ist, den öffentlichen Frieden zu stören. Die V. wird mit Freiheitsstrafe von drei Monaten bis zu 5 Jahren bestraft. In Deutschland ist dabei wegen V. auch strafbar, wer in Australien die Behauptung in das Internet stellt, dass es den Völkermord an den Juden durch den Nationalsozialismus nicht gegeben habe.

Lit.: *Wehinger, M.,* Kollektivbeleidigung – Volksverhetzung, 1994; *Foerstner, G.,* Kollektivbeleidigung, Volksverhetzung, 2002

Volksversammlung ist im altgriechischen, altrömischen und germanischen Recht (sowie anderswo) die Versammlung der freien Angehörigen eines → Volkes. Sie wird periodisch sowie aus besonderem Anlass abgehalten. Sie entscheidet vor allem über Krieg und Frieden und vermutlich auch über einzelne rechtliche Angelegenheiten und Streitigkeiten.

Lit.: *Jehne, M.,* Demokratie in Rom?, 1995; *Köbler, G.,* Deutsche Rechtsgeschichte, 6. A. 2005

Volkswirtschaft ist die Gesamtheit der Wirtschaftsvorgänge in einem Volk oder Staat.

Lit.: *Siebert, H.,* Einführung in die Volkswirtschaftslehre, 15. A. 2007; *Hohlstein, M. u. a.,* Lexikon der Volkswirtschaft, 3. A. 2009

Vollendung → Versuch

volljährig → Volljährigkeit

Volljährigkeit ist das → Lebensalter, mit dem der Mensch die unbeschränkte → Geschäftsfähigkeit erlangt. Die V. tritt mit der Vollendung des 18. Lebensjahrs ein (§ 2 BGB, am Geburtstag um 0 Uhr, § 187 II 2 BGB). Die Haftung für Verbindlichkeiten, die Eltern oder sonstige vertretungsberechtigte Personen mit Wirkung für das Kind begründet haben, beschränkt sich auf den Bestand des bei Eintritt der V. vorhandenen Vermögens des Kinds (§ 1629a BGB).

Lit.: *Hahn, D.,* Kindheits-, Jugend- und Erziehungsrecht, 2004

Volljurist ist der durch erfolgreiche Ablegung der ersten juristischen Prüfung und der zweiten juristischen Staatsprüfung die → Richteramtsbefähigung erworben habende Mensch.

Lit.: *Köbler, G.,* Wie werde ich Jurist?, 5. A. 2007

Vollmacht (§ 166 II BGB) ist die durch → Rechtsgeschäft erteilte → Vertretungsmacht. Die V. ist von der gesetzlichen Vertretungsmacht durch die Art ihrer Begründung und von dem meist zugrundeliegenden Innenverhältnis (→ Auftrag) durch ihre Zielrichtung unterschieden. Sie entsteht durch das einseitige, grundsätzlich nicht formbedürftige aber durch eine Vollmachtsurkunde absicherbare Rechtsgeschäft der → Bevollmächtigung (§ 167 BGB, für die V. eines Darlehensnehmers zum Abschluss eines Verbraucherdarlehensvertrags ist Schriftform und Mindestinhalt erforderlich § 492 IV BGB, ausgenommen Prozessvollmacht, notariell beurkundete Vollmacht). Wird die Bevollmächtigung gegenüber dem zu Bevollmächtigenden vorgenommen, liegt *Innenvollmacht,* bei Vornahme gegenüber Dritten *Außenvollmacht* vor. Vom Umfang her kann die V. Generalvollmacht oder Spezialvollmacht sein. Sonderfälle im Handelsrecht sind die → Handlungsvollmacht und die → Prokura sowie im Verfahrensrecht die → Prozessvollmacht. → Scheinvollmacht sind die → Duldungsvollmacht und die → Anscheinsvollmacht (str.). Die V. ist grundsätzlich jederzeit → widerruflich (§ 168 S. 2 BGB). Je mehr (z. B. bei einer Vorsorgevollmacht) der Auftragsgegenstand auf die Person und die persönlichen Verhältnisse (und weniger auf das Vermögen) des Auftraggebers zugeschnitten ist, desto eher ist anzunehmen, dass der Auftrag mit dem Tode des Auftraggebers erlöschen soll. Die V. kann aber über ihr Erlöschen hinaus wirken (§§ 171 ff. BGB).

Lit.: *Lekaus, U.,* Vollmacht von Todes wegen, 2000; *Spitzbarth, R.,* Vollmachten im Unternehmen, 6. A. 2014; *Tschauner, H.,* Die postmortale Vollmacht, 2001; *Lorenz, S.,* Die Vollmacht, JuS 2010, 771

Vollrausch (§ 323a StGB) ist das abstrakte → Gefährdungsdelikt, bei dem sich der Täter vorsätzlich oder fahrlässig durch alkoholische Getränke oder andere berauschende Mittel in einen → Rausch versetzt und (objektive → Bedingung der Strafbarkeit, str.) in diesem Zustand eine rechtswidrige → Tat begeht, deretwegen er (nur deswegen) nicht bestraft werden kann, weil er infolge des Rausches → schuldunfähig war oder weil dies nicht auszuschließen ist. § 323a StGB, bei dem sich das → Verschulden nur darauf bezieht, dass der Täter sich in einen Rausch versetzt hat, wird verdrängt, wenn die Rauschtat unter dem Gesichtspunkt der → actio libera in causa strafbar ist, bei der sich das Verschulden auch auf die rechtswidrige Tat erstreckt.

Lit.: *Cramer, P.,* Der Vollrauschtatbestand als abstraktes Gefährdungsdelikt, 1962; *Kusch, R.,* Der Vollrausch, 1984; *Hwang, C.,* Die Rechtsnatur des Vollrauschtatbestandes (§ 323a StGB), 1988; *Fahl, C.,* Der strafbare Vollrausch, JuS 2005, 1076

vollstreckbar (Adj.) durch Vollstreckung ausführbar

vollstreckbare Urkunde → Urkunde, vollstreckbare

Vollstreckbarkeit (§ 704 ZPO) ist die Eignung eines Rechtes oder Schriftstücks zur Durchführung der → Vollstreckung. Die V. ist die Voraussetzung für die Erteilung der → Vollstreckungsklausel sowie die → Zwangsvollstreckung überhaupt. Die V. kann eine vorläufige sein (§§ 708 ff. ZPO).

Lit.: *Kopp, K.,* Die vollstreckbare Urkunde, 1994 (Diss.); *Brückner, C.,* Die Vollstreckbarkeit des Auskunftsanspruchs, 2003; *Wolfsteiner, H.,* Die vollstreckbare Urkunde, 3. A. 2011; *Brögelmann, J.,* Anordnung der vorläufigen Vollstreckbarkeit, JuS 2007, 1006

Vollstreckung ist die zwangsweise Durchsetzung eines → Anspruchs oder einer → Anordnung. Die V. erfordert eine hoheitliche Entstehung oder Anerkennung und eine hoheitliche Durchführung (z. B. → Urteil durch Gericht, → Zwangsvollstreckung durch Vollstreckungsorgane, → Strafvollstreckung, → Verwaltungsvollstreckung). Die Rechtspraxis der Vereinigten Staaten von Amerika bedient sich zur Erreichung der Ziele der V. auch der außergerichtlichen Bedrängung des → Schuldners (z. B. Telefon, Schattenmann [in Deutschland wegen Wettbewerbswidrigkeit rechtswidrig]).

Lit.: *Lipross, O.,* Vollstreckungsrecht, 10. A. 2011; Handbuch der Mobiliarvollstreckung, hg. v. *Hintzen, U.,* 2. A. 1999; *Schuschke, W./Walker, W.,* Vollstreckung und vorläufiger Rechtsschutz, 6. A. 2015; *Stackmann, N.,* Eilentscheidungen zur Vollstreckungsabwehr, JuS 2006, 980

Vollstreckungsabwehrklage → Vollstreckungsgegenklage

Vollstreckungsanordnung (§ 3 VwVG) ist die Anordnung der zwangsweisen Verwirklichung eines Anspruchs durch die Verwaltungsbehörde, die den Anspruch geltend machen kann. Sie ist ein öffentlicher → Auftrag an die Vollstreckungsbehörde, die Vollstreckung durchzuführen, und ersetzt den im Verwaltungsvollstreckungsverfahren nicht notwendigen Vollstreckungstitel. Sie erfordert einen Leistungsbescheid, Fälligkeit der Leistung und Ablauf der Frist von einer Woche seit Bekanntgabe des Leistungsbescheids bzw. Eintritt der Fälligkeit.

Vollstreckungsbefehl (seit 1977) → Vollstreckungsbescheid

Vollstreckungsbescheid (§ 699 ZPO) ist der im → Mahnverfahren auf der Grundlage des → Mahnbescheids bei Fehlen eines → Widerspruchs auf → Antrag erlassene → Vollstreckungstitel. Der V. steht einem für vorläufig vollstreckbar erklärten → Versäumnisurteil gleich. Gegen ihn ist → Einspruch möglich.

Lit.: *Braun, J.,* Die materielle Rechtskraft des Vollstreckungsbescheids, JuS 1992, 177

Vollstreckungserinnerung (§ 766 ZPO) ist der → Rechtsbehelf gegen die Art und Weise des Vorgehens eines → Vollstreckungsorgans (z. B. Pfändung unpfändbarer Gegenstände), der beim → Vollstreckungsgericht einzulegen ist.

Lit.: *Neumüller, B.,* Vollstreckungserinnerung, Vollstreckungsbeschwerde und Rechtspflegererinnerung, 1981; *Schmidt, K.,* Die Vollstreckungserinnerung im Rechtssystem, JuS 1992, 90; *Wittschier, J.,* Die Vollstreckungserinnerung, JuS 1999, 585

Vollstreckungsgegenklage oder Vollstreckungsabwehrklage (§ 767 ZPO) ist die Klage, durch die der → Schuldner – vor dem → Prozessgericht – Einwendungen gegen den im → Urteil festgestellten → Anspruch geltend machen kann. Die V. kann nur wegen solcher Einwendungen erhoben werden, die im Verfahren, auf dem der → Vollstreckungstitel beruht, nicht berücksichtigt werden konnten (z. B. spätere Zahlung). Sie ist darauf gerichtet, die → Zwangsvollstreckung für unzulässig zu erklären.

Lit.: *Thran, N.,* Die Vollstreckungsgegenklage, JuS 1995, 1111; *Rottmann, J.,* Die Vollstreckungsgegenklage, 1995

Vollstreckungsgericht (§ 764 ZPO) ist die für die → Zwangsvollstreckung (funktionell) zuständige Abteilung des → Amtsgerichts. Das V. ist ein für bestimmte Maßnahmen zuständiges → Vollstreckungsorgan. Es kann ohne mündliche → Verhandlung entscheiden.

Vollstreckungsgläubiger ist die Person, welche die → Zwangsvollstreckung aus dem im → Vollstreckungstitel enthaltenen → Anspruch zu Lasten des → Vollstreckungsschuldners betreibt.

Lit.: *Hasenjäger, B.,* Weisungsbefugnisse des Gläubigers?, 1993

Vollstreckungsklausel (§ 725 ZPO) ist der Vermerk (des → Urkundsbeamten) auf der vollstreckbaren Ausfertigung eines → Vollstreckungstitels, der die → Vollstreckbarkeit bescheinigt. Sie lautet *Vorstehende Ausfertigung wird dem (Bezeichnung der Partei) zum Zweck der Zwangsvollstreckung erteilt.* Sie ist notwendiger Bestandteil der vollstreckbaren Ausfertigung und damit Voraussetzung der → Zwangsvollstreckung.

Lit.: *Pflugmacher, K.,* Beweiserhebung und Anerkenntnis im Klauselerteilungsverfahren, 2001

Vollstreckungsorgan ist das staatliche → Organ, das die → Zwangsvollstreckung durchführt. V. sind → Gerichtsvollzieher, → Vollstreckungsgericht, → Prozessgericht und → Grundbuchamt. Ihre jeweilige Zuständigkeit ergibt sich aus den besonderen Vorschriften.

Lit.: *Söllner, J.,* Der Zwangsverwalter nach dem ZVG zwischen Unternehmen und Vollstreckungsorgan, 1992

Vollstreckungsrecht → Zwangsvollstreckungsrecht

Vollstreckungsschuldner ist die Person, gegen die der im → Vollstreckungstitel enthaltene → Anspruch zugunsten des → Vollstreckungsgläubigers vollstreckt wird.
Lit.: *Krause, G.,* Rechtsschutzgarantien für den Vollstreckungsschuldner nach dem Verwaltungsvollstreckungsgesetz, 1961

Vollstreckungsschutz ist die Gesamtheit der gesetzlichen Bestimmungen, die zum Schutz des → Vollstreckungsschuldners gegen Maßnahmen der → Zwangsvollstreckung erlassen worden sind (z. B. die §§ 765a, 811, 850a ZPO). Insbesondere kann das → Vollstreckungsgericht auf Antrag des → Vollstreckungsschuldners eine Maßnahme der Zwangsvollstreckung ganz oder teilweise aufheben, untersagen oder einstellen, wenn sie wegen ganz besonderer Umstände eine Härte bedeutet, die mit den guten Sitten nicht vereinbar ist.
Lit.: *Kraemer, J.,* Vollstreckungsschutz im Steuerrecht, 1987; *Wenzel, F.,* Die Restschuldbefreiung, 1994

Vollstreckungstitel (z. B. §§ 704, 794 ZPO) ist die → Entscheidung oder beurkundete Erklärung, aus der durch → Gesetz die → Zwangsvollstreckung zugelassen ist. Der V. ist Voraussetzung der → Zwangsvollstreckung. Die wichtigsten V. sind rechtskräftige oder für vorläufig vollstreckbar erklärte → Endurteile, → Prozessvergleiche, → Kostenfestsetzungsbeschlüsse und vollstreckbare → Urkunden.
Lit.: *Falck, A. v.,* Implementierung offener ausländischer Vollstreckungstitel, 1998; *Wagner, R.,* Der europäische Vollstreckungstitel, NJW 2005, 1157

Vollstreckungsvereitelung (§ 258 II StGB) → Strafvereitelung
Lit.: *Hofmann, D.,* Die Entwicklung und Bedeutung der Vereitelung der Zwangsvollstreckung, Diss. jur. Mainz 1997

Vollstreckungsverfahren ist das der → Vollstreckung eines → Urteils mit → Zwangsmitteln dienende → Verfahren (→ Zwangsvollstreckung).
Lit.: *Baumfalk, W.,* ZPO Erkenntnisverfahren, Vollstreckungsverfahren, Grundzüge des Insolvenzverfahrens, 18. A. 2012 (Alpmann)

Vollstreik ist der einen gesamten Wirtschaftszweig oder einen gesamten → Betrieb vollständig erfassende → Streik.

Vollurteil ist das über die Klage in ihrem vollen Umfang entscheidende → Urteil (im Gegensatz zum → Teilurteil).

Vollziehung ist die Verwirklichung (Vollzug) einer → Anordnung oder Vorstellung. Im → Verwaltungsrecht kann unter bestimmten Voraussetzungen die *sofortige* V. eines → Verwaltungsakts angeordnet werden. Dadurch entfällt der → Suspensiveffekt von → Widerspruch und → Anfechtungsklage (§ 80 II VwGO). Das → Gericht der Hauptsache kann aber die aufschiebende Wirkung auf Antrag anordnen oder wiederherstellen.
Lit.: *Gleußner, I.,* Die Vollziehung von Arrest und einstweiliger Verfügung, 1999

Vollzug ist die Verwirklichung (Vollziehung) einer Anordnung oder Vorstellung. → *Strafvollzug*
Lit.: *Rossen, H.,* Vollzug und Verhandlung, 1999

Vollzugsbehörde ist in der → Strafvollstreckung die → Behörde, die Anordnungen der → Strafvollstreckungsbehörde durch Vollzug der → Freiheitsstrafe, der → Maßnahme der Besserung und Sicherung und des → Jugendarrests auszuführen hat.

Vollzugsanstalt ist die dem Vollzug der Strafe dienende bauliche Einrichtung.
Lit.: Verzeichnis der Vollzugsanstalten, 1999

Vollzugsdienst ist die Tätigkeit der → Vollzugsbehörden, insbesondere der → Vollzugspolizei.
Lit.: *Schmid, S.,* Polizei heute, 1995

Vollzugsnorm (engl. self-executing-norm) ist die → Norm, die den → Bürger selbst unmittelbar in seinen → Rechten betrifft. Die V. bedarf keines Vollzugs durch eine → Verwaltungsbehörde. Gegen sie ist eine → Verfassungsbeschwerde unmittelbar – ohne Erschöpfung eines vorgeschalteten → Rechtswegs – möglich (vgl. § 93 II B VerfGG).
Lit.: *Brohm, W.,* Vollzugsnorm und Rechtsschutz im Baurecht, Diss. jur. Heidelberg 1958

Vollzugspolizei ist die → Polizei i. e. S. Die V. besteht aus Beamten, die für den laufenden Einsatz in Einzelakten zur Verfügung stehen. Sie hat außer besonders benannten Einzelzuständigkeiten das Recht des ersten Zugriffs, die Aufgabe der allgemeinen Überwachung und die Pflicht zur Hilfe bei einem → Vollzug von → Verwaltungshandeln. Die V. gliedert sich in Schutzpolizei, Kriminalpolizei, Wasserschutzpolizei und Bereitschaftspolizei.
Lit.: *Heckenberger, W.,* Aufgaben und Befugnisse der Vollzugspolizei, 1997

Volontär (M.) Freiwilliger, unentgeltlich auszubildender Arbeitnehmer

Von Amts wegen ist die Bezeichnung für den → Amtsbetrieb. Sie bedeutet, dass eine → Behörde oder ein → Gericht von sich aus tätig wird. Ein Antrag einer Privatperson ist nicht erforderlich.
Lit.: *Rimmelspacher, B.,* Zur Prüfung von Amts wegen im Zivilprozess, 1966

Vorabentscheidungsverfahren (Art. 267 AEUV) ist das das Auslegungsmonopol des Gerichtshofs in allen Fragen des Gemeinschaftsrechts der Europäischen Union verwirklichende Verfahren. Wird eine Frage betreffend die Auslegung des Vertrags zur Gründung der Europäischen Gemeinschaft, betreffend die Gültigkeit und die Auslegung der Handlungen der Organe der Gemeinschaft und der Europäischen Zentralbank oder betreffend die Auslegung der Satzung der durch den Rat geschaffenen Einrichtungen in einem auf eine Entscheidung mit

Rechtsprechungscharakter abzielenden Verfahren (nicht z. B. in einem Handelsregisterverfahren) einem Gericht eines Mitgliedstaats gestellt, so kann es diese Frage dem Gerichtshof zur Entscheidung vorlegen (Instanzgericht) bzw. muss es, wenn seine Entscheidung nicht mehr mit Rechtsmitteln des innerstaatlichen Rechts angefochten werden kann (Höchstgericht), diese Frage dem Gerichtshof zur Entscheidung vorlegen. Instanzgerichte verzögern unnötig die Klärung unionsrechtlicher Fragen und beeinträchtigen gegebenenfalls die Rechte der Betroffenen, wenn sie diese Möglichkeit nicht nutzen. Nicht völlig verhindern lässt sich dadurch allerdings, dass das innerstaatliche Letztgericht europarechtsfeindlich die Vorlagepflicht trotz einer ausdrücklichen gegenteiligen Stellungnahme der Europäischen Kommission nicht (mehr) für gegeben hält und unter Verletzung des Grundsatzes des gesetzlichen Richters selbst in der Sache europarechtswidrig entscheidet (vgl. VwGH der Republik Österreich Zl. 98/12/0167 bzw. EuGH C-224/2001).

Lit.: *Dauses, M.,* Das Vorabentscheidungsverfahren nach Art. 177 EG-Vertrag, 2. A. 1995; *Schima, B.,* Das Vorabentscheidungsverfahren vor dem EuGH, 2. A. 2005; *Unkrich, R.,* Das Vorabentscheidungsverfahren, 2006; *Latzel, C. u. a.,* Das richtige Vorabentscheidungsverfahren, NJW 2013, 271; *Mächtle, C.,* Das Vorabentscheidungsverfahren, JuS 2015, 314

vorangegangen (Adj.) vorher gegangen, vorher geschehen

vorangegangenes Tun → Tun, vorangegangenes

Voraus (§ 1932 BGB) ist im → Erbrecht der (neben einem gesetzlichen Erbrecht stehende) → Anspruch des überlebenden Ehegatten auf die zum ehelichen Haushalt gehörenden Gegenstände, soweit sie nicht Zubehör eines Grundstücks (§§ 97, 98 BGB) sind, und die Hochzeitsgeschenke.

Lit.: *Lichtinger, F.,* Der Voraus, Diss. jur. Regensburg 2000

Vorausabtretung ist die (zulässige) → Abtretung einer → Forderung vor dem Zeitpunkt ihre Entstehung.

Lit.: *Kötter, W.,* Die Tauglichkeit der Vorausabtretung, 1960; *Bornholdt, K.,* Leasingnehmer, 1999

Vorausklage ist die zeitlich einem anderen Verhalten vorausgehende → Klage. Im Schuldrecht (§ 771 BGB) ist die → Einrede der V. das Recht des → Bürgen, die Befriedigung des → Gläubigers zu verweigern, solange nicht der Gläubiger eine → Zwangsvollstreckung gegen den Schuldner ohne Erfolg versucht hat. Diese Einrede kann ausgeschlossen sein oder werden.

Lit.: *Hasselbach, J. v.,* Vorausklage und Schadlosbürgschaft, 1922

Vorausvermächtnis (§ 2150 BGB) ist die von der → Gesamtnachfolge als Erbe unabhängige, besondere Zuwendung einzelner Gegenstände an einen → Erben.

Lit.: *Erdmann, M.,* Einzelzuwendungen an Miterben, 2001

Vorbehalt ist die vorherige Einschränkung. V. *des Gesetzes* ist der Grundsatz, dass Eingriffe des Staates in → Freiheit und → Eigentum des Einzelnen nur auf Grund einer gesetzlichen → Ermächtigung zulässig sind. Der V. des Gesetzes ist eine Ausprägung der → Gesetzmäßigkeit der → Verwaltung. Nach überwiegender Ansicht gilt er nur für die → Eingriffsverwaltung, nicht auch für die → Leistungsverwaltung. Im Privatrecht kann insbesondere bei der → Übereignung ein → Eigentumsvorbehalt vereinbart oder gemacht werden (beachte aber § 925 II BGB), der den Eigentumsübergang – vorübergehend – verhindert. *Geheimer* V. ist im Privatrecht die innerliche, gedankliche Einschränkung, etwas tatsächlich nach außen Erklärtes in Wirklichkeit nicht zu wollen. Der geheime V. führt nicht zur → Nichtigkeit der → Willenserklärung, sondern ist wirkungslos (§ 116 BGB). *Geistlicher* V. ist in der Rechtsgeschichte der V., dass der Wechsel der Religionszugehörigkeit eines geistlichen Landesherrn nicht den Verlust der weltlichen Herrschaftsrechte zur Folge hat (1555).

Lit.: *Köbler, G.,* Deutsche Rechtsgeschichte, 6. A. 2005; *Lehner, D.,* Der Vorbehalt des Gesetzes, 1996; *Bussalb, J.,* Gilt der Vorbehalt des Gesetzes auch für die Rechtsetzungsbefugnis der Gemeinden?, 2002; *Voßkuhle, A.,* Grundwissen – Öffentliches Recht Der Grundsatz des Vorbehalts des Gesetzes, JuS 2007, 118

Vorbehaltsgut (§ 1418 BGB) ist bei der → Gütergemeinschaft der Ehegatten das besondere, aus dem → Gesamtgut ausgeschlossene, der alleinigen Zuständigkeit und selbständigen Verwaltung durch den einzelnen Ehegatten vorbehaltene Gut. Das V. entsteht durch → Rechtsgeschäft (→ Ehevertrag, Bestimmung eines Erblassers oder Schenkers). Es erfasst auch die Gegenstände, die ein Ehegatte auf Grund eines zu seinem Vorbehaltsgut gehörenden Rechtes oder als Ersatz für die Zerstörung usw. eines Gegenstands des V. erwirbt (→ Surrogation).

Lit.: *Mellwig, R.,* Das Vorbehaltsgut als Vermögen in § 1 KO, 1988

Vorbehaltsurteil (§§ 302, 599 ZPO) ist das → Urteil, das den Streit unter Vorbehalt der Entscheidung derselben Instanz über bestimmte Einwendungen des Beklagten erledigt. Es ist ein auflösend bedingtes Endurteil. Es steht im Gegensatz zum unbedingten → Endurteil und zum → Zwischenurteil.

Lit.: *Beckmann, C.,* Die Bindungswirkung, 1992; *Hall, R.,* Vorbehaltsanerkenntnis und Anerkenntnisvorbehaltsurteil im Urkundenprozess, 1992

Vorbereitungsdienst ist die praktische Ausbildung des Anwärters auf eine beamtete Tätigkeit des mittleren, gehobenen und höheren Dienstes des Staates. Der V. beginnt nach dem Bestehen einer Aufnahmeprüfung (z. B. erste juristische Prüfung) und endet mit dem Bestehen oder endgültigen Nichtbestehen einer Abschlussprüfung (z. B. zweite juristische Staatsprüfung).

Vorbereitungshandlung ist die → Handlung, die für die Durchführung der geplanten Tat geeignete Vorbedingungen schaffen soll, aber noch nicht zur Verwirklichung des → Tatbestands unmittelbar ansetzt (z. B. Kauf eines Messers zum Mord). Die V.

ist ein als solcher noch strafloser vorbereitender Zeitabschnitt einer ab dem Beginn des Versuchs mit Strafe bedrohten Handlung. Vereinzelt ist sie aber als solche zu einem selbständigen → Straftatbestand erhoben worden (z. B. § 149 StGB Vorbereitung der Fälschung von Geld und Wertzeichen). Besondere Formen der Vorbereitung schwerer staatsgefährdender Gewalttaten sind seit 2009 strafbar.

Lit.: *Neuhaus, H.,* Die strafbare Deliktsvorbereitung, 1993; *Angerer, V.,* Rücktritt im Vorbereitungsstadium, 2004

Vorbescheid ist in verschiedenen Verwaltungsverfahren und Gerichtsverfahren der meist zunächst nur vorläufig wirksame → Bescheid, dessen Nichtbeachtung ein anerkennenswerter Entscheidungsträger aber bei gleichbleibenden Tatsachen eigentlich besonders überzeugend begründen müsste (vgl. EuGH C-224/2001).

Lit.: *Reichelt, T.,* Der Vorbescheid im Verwaltungsverfahren, 1989; *Drescher, R.,* Rechtsprobleme des baurechtlichen Vorbescheids, 1993 (Diss.); *Winkler, T.,* Der Vorbescheid in der freiwilligen Gerichtsbarkeit, 2002

Vorbeugehaft ist die → Haft zur Verhinderung einer → Straftat. Sie ist grundsätzlich unzulässig. Nach § 112a StPO kann aber in bestimmten Fällen, in denen die Haft zur Abwendung der drohenden Gefahr erforderlich ist, die → Wiederholungsgefahr → Haftgrund sein.

Lit.: *Terhorst, K.,* Polizeiliche planmäßige Überwachung, 1985

Vorbringen ist das Darlegen eines Umstands vor andern.

Lit.: *Hinsen,* Das verspätete Vorbringen, JA 1989, Übungsblätter für Referendare 129; *Gaier, R.,* Urteilstatbestand und Mündlichkeitsprinzip, 1999

Vorbürge ist die Person (→ Bürge), für deren Bürgschaftsverpflichtung sich bei der → Nachbürgschaft der Nachbürge verbürgt (§§ 765 ff. BGB).

Voreid ist der vor Abgabe einer Erklärung geleistete → Eid.

Lit.: *Heineke, K.,* Einschränkung der Eide im Prozess, 1925

Vorerbe (§§ 2100 ff. BGB) ist der → Erbe, der in der Weise zunächst zur → Erbschaft berufen ist, dass nach ihm – zu einem bestimmten späteren Zeitpunkt (Nacherbfall) – ein anderer Erbe (→ Nacherbe) wird. Der V. wird mit dem Erbfall Erbe und kann grundsätzlich die zur Erbschaft gehörigen Gegenstände – mit gewissen Einschränkungen – verfügen (§§ 2112 ff. BGB). Nach dem Nacherbfall hat der V. die Erbschaft herauszugeben.

Lit.: *Ludwig, I.,* Vor- und Nacherbschaft im Grundstücksrecht, 1996; *Friedrich, W.,* Rechtsgeschäfte zwischen Vorerben und Nacherben, Diss. jur. Erlangen-Nürnberg 1998; *Wingerter, A.,* Die Erweiterung der Befugnisse des befreiten Vorerben, 2000; *Roth/Hannes/Mielke,* Vor- und Nacherbschaft, 2010

Vorermittlung ist die gesetzlich nicht geregelte Ermittlung der Staatsanwaltschaft zwecks Entschei-

dung, ob ein ihr zur Kenntnis gelangter, unterhalb der Schwelle des Anfangsverdachts liegender Sachverhalt die Einleitung eines Ermittlungsverfahrens begründet. Grundrechtsberührende Maßnahmen sind unzulässig. Eine Pflicht zur V. besteht grundsätzlich nicht.

Lit.: *Lange, N.,* Vorermittlungen, 1999; *Bieler, F.,* Vorermittlung und Untersuchungsverfahren im Disziplinarrecht, 3. A. 2000; *Wölfl, B.,* Vorermittlungen der Staatsanwaltschaft, JuS 2001, 479

Vorfahrt (§ 8 StVO) ist beim Zusammentreffen mehrerer Fahrzeuge im Straßenverkehr die Fortsetzung der Fahrt eines Fahrzeugs unter Zurückbleiben der anderen Fahrzeuge. Das Recht zur V. ergibt sich aus den Regeln des → Straßenverkehrsrechts. Danach hat das Recht zur V. an nicht besonders durch Vorfahrtshinweise gekennzeichneten Einmündungen oder Kreuzungen von Straßen grundsätzlich (der Lenker des von rechts kommenden Fahrzeugs bzw.) das von rechts kommende Fahrzeug.

Lit.: *Stephan, R.,* Einsatzbereiche von Knotenpunkten, 2003

Vorführung ist im Verfahrensrecht die Erzwingung des Erscheinens eines Menschen vor einer → Behörde oder einem Gericht. Die V. ist möglich gegenüber einem → Beschuldigten (§ 134 StPO) oder einem → Zeugen (§ 51 StPO, § 380 II ZPO). Sie erfolgt auf Grund eines → Vorführungsbefehls durch die → Polizei.

Vorführungsbefehl (z. B. § 134 StPO) ist die hoheitliche Anordnung der Erzwingung des Erscheinens eines Menschen vor einer → Behörde oder einem → Gericht. Der V. wird meist vom Gericht nach vorheriger Androhung für den Fall des Ausbleibens erlassen bzw. ausgestellt. Im Gegensatz zum → Haftbefehl bewirkt der V. eine Ingewahrsamnahme erst zum spätest notwendigen Zeitpunkt.

Vorgesellschaft ist die der zustande gekommenen → Gesellschaft im Gründungsstadium vorhergehende Gesellschaft. Die V. ist mit der späteren Gesellschaft wesensgleich. Deren Recht ist auf sie entsprechend anzuwenden (str.).

Lit.: *Kersting, C.,* Die Vorgesellschaft im europäischen Gesellschaftsrecht, 2000; *Schwarz, G.,* Der praktische Fall – Gesellschaftsrecht –, JuS 2001, 55; *Schaffner, P.,* Die Vorgesellschaft, 2003

Vorgesetzter ist der → Beamte, der einem anderen Beamten in seiner dienstlichen Tätigkeit → Weisungen erteilen kann (z. B. Referatsleiter). Demgegenüber ist → Dienstvorgesetzter, wer für die dienstrechtliche Entscheidung über die persönlichen Angelegenheiten eines Beamten (z. B. Urlaub, Dienstreise) dienstlich zuständig ist. Sonderregeln gelten für militärische Vorgesetzte.

Lit.: *Mahlmann, R.,* Dilemma Führung, 2003

vorhersehbar → Vorhersehbarkeit

Vorhersehbarkeit ist die Möglichkeit des vorherigen Erkennens eines Erfolgs. Ein Mensch, der trotz V. eines rechtlich negativ zu wertenden Erfolgs tätig wird, verwirklicht den Erfolg zumindest → fahrlässig. Er kann sich strafbar oder schadensersatzpflichtig machen.

Lit.: *Faust, F.,* Die Vorhersehbarkeit des Schadens, 1996

Vorkaufsrecht (§ 463 BGB) ist das einer Person zustehende, unübertragbare, durch Erklärung geltend zu machende → Recht, einen Gegenstand von dem Verpflichteten zu erwerben, sobald dieser den betreffenden Gegenstand an einen Käufer verkauft. Das V. ist ein → Gestaltungsrecht (str., oder der Vorkaufsvertrag ein doppelt aufschiebend bedingter Kaufvertrag). Es kann durch → Gesetz (z. B. §§ 577, 2034 BGB) oder → Rechtsgeschäft entstehen, schuldrechtlich (auf eine bestimmte Person bezogen) oder sachenrechtlich (§§ 1094 ff. BGB) (auf den jeweiligen Eigentümer bezogen) sein. Die Ausübung des Vorkaufsrechts führt zu einem zweiten → Kaufvertrag mit parallelem Inhalt.

Lit.: *Schurig, K.,* Das Vorkaufsrecht im Privatrecht, 1975; *Klinke, M.,* Das Vorkaufsrecht der Miterben, 1995; *Heintz, I.,* Das Vorkaufsrecht des Mieters, 1998

vorkonstitutionell (Adj.) (zeitlich) vor der Verfassung entstanden

vorkonstitutionelles Recht → Recht, vorkonstitutionelles

Vorlageverfahren (Art. 100 GG) ist das besondere Verfahren der Vorlage einer Streitsache durch ein → Gericht an (ein anderes Gericht, insbesondere an) das → Verfassungsgericht. Das V. an das Verfassungsgericht ist zulässig, wenn ein Gericht ein → Gesetz, auf dessen Gültigkeit es bei der Entscheidung ankommt, für verfassungswidrig hält (konkrete → Normenkontrolle), wenn in einem Rechtsstreit zweifelhaft ist, ob eine Regel des → Völkerrechts Bestandteil des → Bundesrechts ist und ob sie unmittelbar Rechte und Pflichten für den Einzelnen erzeugt, und wenn ein Landesverfassungsgericht bei der Auslegung des → Grundgesetzes von einer → Entscheidung des → Bundesverfassungsgerichts oder eines (anderen) Landesverfassungsgerichts abweichen will. Im → Europarecht hat das V. an den → Europäischen Gerichtshof (→ Vorabentscheidungsverfahren) besondere Bedeutung.

Lit.: *Dauses, M.,* Das Vorabentscheidungsverfahren nach Art. 177 EG-Vertrag, 2. A. 1995; *Schima, B.,* Das Vorabentscheidungsverfahren, 3. A. 2015; *Kellendorfer, I.,* Die Richtervorlage im Eilverfahren, 1998

vorläufig (Adj.) vorübergehend

vorläufige Einstellung → Einstellung, vorläufige

vorläufige Festnahme → Festnahme, vorläufige

vorläufiger Rechtsschutz → Anordnung, einstweilige, → Arrest, → Selbsthilfe, → Verfügung, einstweilige

Lit.: *Lück, D.,* Vorläufiger Rechtsschutz und Vergaberecht, 2003; *Hummel, L.,* Der vorläufige Rechtsschutz im Verwaltungsprozess, JuS 2011, 317

vorläufige Vollstreckbarkeit → Vollstreckbarkeit, vorläufige

Vorlegungspflicht (Vorlagepflicht) ist die Pflicht etwas (z. B. eine Urkunde, einen Prüfungsbericht) jemandem vorzulegen, insbesondere die Pflicht eines → Gerichts, in bestimmten Fällen eine Streitsache einem höheren Gericht vorzulegen (§ 121 II GVG).

Lit.: *Hacker, I.,* Die Pflicht des Unternehmers zur Vorlage des Prüfungsberichts, 2002

Vorleistungspflicht (§ 320 I 1 BGB) ist die → Pflicht, eine → Leistung zeitlich vor der → Gegenleistung zu erbringen. Besteht eine V., so kann die Bewirkung der Leistung nicht von der Erbringung der Gegenleistung abhängig gemacht werden (Ausschluss eines → Leistungsverweigerungsrechts). Vorleistungspflichtig sind z. B. Werkunternehmer, Dienstverpflichteter, Vermieter, doch kann eine gesetzliche V. vertraglich abbedungen werden.

Lit.: *Zoller, E.,* Vorleistungspflicht und ABG-Gesetz, 1986

Vormerkung (§ 883 BGB) ist die vorläufige Grundbucheintragung zur Sicherung eines → Anspruchs auf → Eintragung einer Rechtsänderung. Die V. ist ein dingliches, in das Grundbuch einzutragendes Sicherungsmittel eigener Art für die Zeit zwischen dem Abschluss des Rechtsgeschäfts und der Eintragung der damit angestrebten Rechtslage in das Grundbuch. Sie bewirkt, dass eine → Verfügung, die nach der Eintragung der V. über das → Grundstück oder das → Recht getroffen wird, insoweit unwirksam ist, als sie den Anspruch vereiteln oder beeinträchtigen würde (relative → Verfügungsbeschränkung). Soweit der Erwerb eines eingetragenen Rechtes oder eines Rechtes an einem solchen Recht gegenüber dem, zu dessen Gunsten die V. besteht, unwirksam ist, kann dieser von dem Erwerber die → Zustimmung zu der → Eintragung oder der → Löschung verlangen, die zur Verwirklichung des durch die V. gesicherten Anspruchs erforderlich ist (§ 888 BGB). Daneben besteht gegen den Vertragspartner der Anspruch auf → Erfüllung (z. B. des Kaufvertrags) fort. In Betracht kommt auch ein Anspruch auf Herausgabe von Nutzungen entsprechend § 987 BGB. Die V. verliert ihre Bedeutung und erlischt mit Erlöschen des Anspruchs und mit endgültiger Eintragung. Eine erloschene V. kann durch erneute Bewilligung ohne Grundbuchberichtigung und inhaltsgleiche Neueintragung wieder zur Sicherung eines neuen deckungsgleichen Anspruchs verwendet werden, wobei der Rang durch den Zeitpunkt der neuen Bewilligung bestimmt wird. Besonders wichtige Fälle der V. sind die → Auflassungsvormerkung und die → Löschungsvormerkung. Die rechtstatsächliche Bedeutung der V. hängt wesentlich von der Länge der Zeit zwischen Rechtsgeschäft und Eintragung ab.

Lit.: *Assmann, D.,* Die Vormerkung, 1998; *Stamm, J.,* Die Auflassungsvormerkung, 2003; *Steup, B.,* Grundbuchrang und Grundbuchvormerkung, 2004; *Servatius, W.,* Vormerkung und Erbgang, JuS 2006, 1060; *Löhnig, M. u. a.,* Grundfälle zur Vormerkung, JuS 2008, 102

Vormiete → Vormietrecht

Vormietrecht ist das dem → Vorkauf entsprechende Recht eines Vermieters gegenüber dem Verpflichteten, einen parallelen → Mietvertrag zustande zu bringen, sobald der Verpflichtete mit einem Dritten einen Mietvertrag abschließt.
Lit.: *Hassenpflug, F.,* Die Vormiete, 1928

Vormund ist die als solche durch Anordnung des → Vormundschaftsgerichts zur Führung einer → Vormundschaft bestellte Person (§ 1789 BGB). Die Tätigkeit als V. ist grundsätzlich öffentlich-rechtliche Pflicht (§ 1785 BGB). Für die Auswahl eines Vormunds gelten bestimmte gesetzliche Regeln. V. kann ein rechtsfähiger Verein (§ 1791a BGB) oder das Jugendamt (§ 1791b BGB) sein. Der Berufsvormund kann eine Vergütung erhalten.
Lit.: *Franzke, H.,* Vormund und Pfleger, 4. A. 1983

Vormundschaft (§§ 1773 ff. BGB) ist die amtlich verordnete, grundsätzlich unentgeltlich geführte, verwaltende Fürsorgetätigkeit für → Minderjährige, die nicht unter elterlicher → Sorge stehen oder deren Eltern weder in den die Person noch in den das Vermögen betreffenden Angelegenheiten zur Vertretung des Minderjährigen berechtigt sind (sowie bis 31.12.1991 → Volljährige, die → entmündigt sind). Die V. ist ein gesetzliches Dauerschuldverhältnis eigener Art mit geschäftsbesorgungsrechtlicher Ausrichtung. Sie wird vom → Vormund geführt. Dieser hat das Recht und die Pflicht, für die Person und das Vermögen des Mündels zu sorgen, insbesondere den → Mündel zu vertreten (§ 1793 BGB gesetzlicher → Vertreter). Bestimmte Geschäfte bedürfen der → Genehmigung des Vormundschaftsgerichts (z. B. Verfügung über ein Grundstück, § 1821 BGB). Die Führung der V. unterliegt der → Aufsicht des Vormundschaftsgerichts. Sie ist *befreite* V. (§§ 1852 ff. BGB), wenn der Vormund von bestimmten Beschränkungen oder Pflichten (z. B. → Gegenvormund) befreit ist. Die V. endet vor allem bei Eintritt der Volljährigkeit, der elterlichen Gewalt, Tod oder Entlassung (§§ 1882 ff. BGB). Nach der Beendigung seines Amtes hat der Vormund dem Mündel das verwaltete → Vermögen → herauszugeben und über die Verwaltung → Rechenschaft zu legen.
Lit.: Vormundschaft, Pflegschaft und Beistandschaft für Minderjährige, hg. v. *Oberloskamp, H.,* 3. A. 2010; *Hansbauer, P.,* Vormundschaft in Deutschland, 2004

Vormundschaftsgericht (früher § 35 FGG) war die vor allem für die Vormundschaftssachen (Vormundschaft, Betreuung, Pflegschaft) zuständige Abteilung des → Amtsgerichts, die zum 1.9.2009 zu Gunsten des → Betreuungsgerichts (Abteilung des Amtsgerichts) und des Familiengerichts entfallen ist.
Lit.: *Labuhn, G. u. a.,* Vormundschaftsgerichtliche Genehmigung, 1995; *Labuhn, G./Veldtrup, D./Labuhn, A.,* Familiengericht und Vormundschaftsgericht, 1999

Vormundschaftsrecht → Vormundschaft
Lit.: *Firsching, K./Dodegge, G.,* Familienrecht, Halbbd. 2, 8. A. 2014

Vornahmeklage (§ 42 I VwGO) ist die Klage auf Erlass eines abgelehnten → Verwaltungsakts. → Verpflichtungsklage.
Lit.: *Bühler, E.,* Der Streitgegenstand der verwaltungsgerichtlichen Anfechtungs- und Vornahmeklage, 1955

Vorname (§ 12 BGB) ist der individuelle oder besondere → Name eines Menschen innerhalb einer Familie im Gegensatz zum (gemeinsamen) Namen seiner Familie. Der V. ist Bestandteil des Namens des Menschen. Er wird durch Beilegung seitens des Personensorgeberechtigten oder einer Behörde erworben und kann auch aus einem Familiennamen eines Elters bestehen (z. B. Lütke, aber nicht z. B. Schmitz). Der V. muss zulässig (d. h. grundsätzlich geschichtlich anerkannt) sein und darf nicht das Wohl des Kindes gefährden (z. B. Kiran zulässig, Waldmeister unzulässig). Die zulässige Zahl der Vornamen wird teils auf vier bis fünf, teils auf höchstens sieben begrenzt. Der V. kann auf Antrag durch die untere → Verwaltungsbehörde geändert werden.
Lit.: *Walz, G.,* Der Vorname, Diss. jur. Tübingen 1998; *Hitschmann, S.,* Der zivilrechtliche Schutz des Vornamens, 2000

Vorpfändung (§ 845 ZPO) ist die (grundsätzlich wie ein Arrest wirkende) Benachrichtigung des → Gläubigers an den → Schuldner und Drittschuldner, dass die → Pfändung bevorstehe.
Lit.: *Immele, A.,* Die Vorpfändung, 1939

Vorprüfungsverfahren ist das dem eigentlichen Entscheidungsverfahren vorgeschaltete Verfahren zur Herbeiführung einer Vorentscheidung. Seit 1993 bedarf die Verfassungsbeschwerde in einem V. der Annahme zur Entscheidung. Eine aus drei Bundesverfassungsrichtern bestehende Kammer kann in dem V. die Annahme der Verfassungsbeschwerde ohne Begründung ablehnen oder die Verfassungsbeschwerde annehmen (§§ 93a ff. BVerfGG).

Vorrang des Gesetzes ist der Grundsatz, dass der in Form eines (formellen) → Gesetzes geäußerte Staatswille Vorrang vor jeder anderen staatlichen Willensäußerung hat. Der V. d. G. ist Ausprägung des Grundsatzes der → Gesetzmäßigkeit der Verwaltung. Der Verstoß einer rangniederen → Norm gegen eine ranghöhere Norm führt zur Nichtigkeit der rangniederen Norm.
Lit.: *Wehr, M.,* Grundfälle zu Vorrang und Vorbehalt des Gesetzes, JuS 1997, 231

Vorratsschuld ist die Schuld (beschränkte → Gattungsschuld), bei welcher der nach allgemeinen gattungsmäßigen Merkmalen bestimmte Gegenstand der → Leistung nur aus einer bestimmten Menge zu nehmen ist (10 Flaschen Wein aus dem Lager des A).

Vorrecht ist das im Verhältnis zu anderen → Rechten vorgehende oder besondere Recht (z. B. Privileg).

Vorruhestand ist die aus arbeitsmarktpolitischen Gründen ausgesonderte Zeit zwischen dem tatsächlichen Ausscheiden aus dem Erwerbsleben (58. Lebensjahr) und der Zeit, in welcher der Betreffende nach den allgemeinen Regeln in den → Ruhestand getreten wäre (65. bzw. 67. Lebensjahr).

Lit.: *Schüren, P.,* Vorruhestandsgesetz, 1985; *Jungjohann, K.,* Vorruhestand, 2002

Vorsatz ist die bewusste willentliche Ausrichtung. Im Schuldrecht ist V. das → Wissen und → Wollen des rechtswidrigen → Erfolgs im Bewusstsein der → Rechtswidrigkeit, im Strafrecht (§ 15 StGB) der Wille zur Verwirklichung eines Straftatbestands (Wollen [str.]) in Kenntnis aller seiner objektiven Tatumstände (Wissen). Der V. bezieht sich stets auf menschliches → Verhalten. Er ist im Schuldrecht eine → Schuldform (§ 276 I 1 BGB, str.) und gehört im Strafrecht zum subjektiven → Tatbestand (str.). Der V. muss im Zeitpunkt der Handlung vorliegen (also zwischen Versuchsbeginn und Tatvollendung) ([lat.] dolus [M.] antecedens), kann aber bei → Mittätern in Form der nachträglichen Billigung einzelner Handlungsteile ([lat.] dolus [M.] subsequens) nachfolgen. Der V. kann unbedingter oder bedingter V. sein. *Unbedingter (direkter)* V. ([lat.] dolus [M.] directus) liegt vor, wenn der Täter weiß oder als sicher voraussieht, dass sein Handeln zur Verwirklichung des gesetzlichen Tatbestands (Erfolgs) führt (z. B. A zündet eine Scheune an, obwohl er weiß, dass der betrunkene B in ihr schläft. Hier will zwar A nur, dass die Scheune abbrennt, sieht aber den Tod des B als sicher voraus und muss ihn deshalb, wenn er handelt, notwendigerweise auch wollen). *Bedingter (indirekter)* V. ([lat.] dolus [M.] indirectus, dolus [M.] eventualis, Eventualvorsatz) ist gegeben, wenn der Täter es als möglich voraussieht und billigend in Kauf nimmt bzw. ernstlich für möglich hält und sich damit abfindet, dass sein Handeln zur Verwirklichung des gesetzlichen Tatbestands (Erfolgs) führt (z. B. der Täter weiß nicht, ob das Kind, an dem er sexuelle Handlungen vornimmt, unter 14 Jahren ist, § 176 StGB, hält dies aber nach seiner äußeren Erscheinung ernstlich für möglich und findet sich damit ab). Grundsätzlich genügt als V. der bedingte V., es sei denn, das Gesetz setzt ein Handeln wider besseres Wissen oder ein wissentliches Handeln (oder Absicht) voraus. Beim *alternativen* V. weiß der Täter nicht, welchen von zwei sich gegenseitig ausschließenden Tatbeständen er verwirklicht, nimmt aber beide Möglichkeiten zumindest billigend in Kauf bzw. hält sie ernstlich für möglich (z. B. Täter findet eine fremde Brieftasche, von der er nicht weiß, ob sie der Eigentümer nur verlegt [Diebstahl, § 242 StGB] oder verloren [Unterschlagung, § 246 StGB] hat).

Lit.: *Schroth, U.,* Die Differenz von dolus eventualis und bewusster Fahrlässigkeit, JuS 1992, 1; *Schlehofer, H.,* Vorsatz und Tatabweichung, 1996; *Schroth, U.,* Vorsatz und Irrtum, 1998; *Rönnau, T.,* Vorsatz, JuS 2010, 675; *Sternberg-Lieben, D. u. a.,* Vorsatz im Strafrecht, JuS 2012, 884

vorsätzlich (Adj.) bewusst und gewollt, → Vorsatz

Vorsatzschuld ist im Strafrecht die Vorwerfbarkeit des vorsätzlichen → Handelns gegen ein rechtliches Verbot. Die V. besteht in der vorsätzlich-fehlerhaften

Einstellung des Täters zur Rechtsordnung. Sie ist durch den Vorsatz (Tatbestandsvorsatz) indiziert, entfällt aber bei Vorliegen eines → Erlaubnistatbestandsirrtums.

Vorsatztheorie ist die Theorie, die im → Vorsatz ein → Schuldmerkmal sieht, das neben dem Wissen und Wollen der Tatbestandsverwirklichung auch das → Unrechtsbewusstsein erfasst. Nach der V. kann der ohne Unrechtsbewusstsein Handelnde nicht vorsätzlich handeln (teilweise anders im Fall der Rechtsblindheit oder Rechtsfeindschaft). Die V. ist im Bereich des → Strafrechts, in dem die Unterscheidung zwischen vorsätzlichem und fahrlässigem Handeln sehr bedeutsam ist, durch § 17 StGB nunmehr ausgeschlossen, gilt aber im → Schuldrecht.

Lit.: *Müller, F.,* Die Problematik der Rechtsblindheit, 1966

Vorschrift (F.) Regel, Gebot, Verbot

Vorschussleistung ist die besondere Art der → Erfüllung, bei der auf eine noch nicht entstandene oder noch nicht fällige → Forderung (z. B. Lohnforderung) im Voraus geleistet wird, ohne dass eine Rückerstattung gewollt ist.

Lit.: *Philipps, H.,* Die Vorschussleistung, 1931

Vorsitzender ist der Leiter eines Kollegialorgans (z. B. Aufsichtsrat, Kammer) oder einer sonstigen Personenmehrheit.

Vorsorgevollmacht (§ 1896 II 2 BGB) ist die für den Fall künftiger eigener Hilflosigkeit vorsorgende, → Betreuung vermeidende → Vollmacht.

Lit.: *Walter, U.,* Die Vorsorgevollmacht, 1997; *Winkler, M.,* Vorsorgeverfügungen, 4. A. 2010; Handbuch der Vorsorgeverfügungen, hg. v. *Lipp, V.,* 2009; *Zimmermann, W.,* Die Formulierung der Vorsorgevollmacht, NJW 2014, 1573

Vorspiegeln einer Tatsache (§ 263 StGB) ist das Aufstellen einer unwahren Behauptung. Dies kann ausdrücklich geschehen (z. B. Lügen eines Präses, Krankspielen eines Gesunden, Umtauschen von Preisschildern im Warenhaus) oder schlüssig (Bestellung von Speisen als V. der Zahlungsfähigkeit). Das V. ist ein Tatbestandsmerkmal des → Betrugs.

Vorspruch → Präambel

Vorstand ist das geschäftsführende Organ einer Personenmehrheit oder einer juristischen Person (z. B. bei → Verein, → Aktiengesellschaft).

Lit.: *Roth, M.,* Unternehmerisches Ermessen und Haftung des Vorstands, 2001; *Haas, H./Ohlendorf, B.,* Anstellungsvertrag des Vorstandsmitglied der Aktiengesellschaft, 2004; Vorstand der AG, hg. v. *Lücke, O. u. a.,* 2. A. 2010; *Semler/Peltzer/Kubis,* Arbeitshandbuch für Vorstandsmitglieder, 2. A. 2015; Handbuch des Vorstandsrecht, hg. v. *Fleischer, H.,* 2. A. 2011; *Pitkowitz, M.,* Praxishandbuch Vorstands- und Aufsichtsratshaftung, 2014

Vorsteuer ist im Umsatzsteuerrecht die einem Unternehmer von seinem Lieferanten in Rechnung gestellte → Umsatzsteuer. Der Unternehmer kann sie von seiner eigenen Steuerschuld abziehen. Dadurch verringert sich seine Steuerschuld auf den Umsatz des von ihm geschaffenen Mehrwerts.

Lit.: *Stadie, H.*, Das Recht des Vorsteuerabzuges, 1989; *Riegler, B.*, Vergütung der Vorsteuer, 1991

Vorstrafe ist die zeitlich vor einer Verurteilung liegende → Strafe. Sie kann sich in verschiedener Hinsicht negativ auswirken (→ Strafzumessung, → Sicherungsverwahrung). Nach der → Straftilgung im Bundeszentralregister darf die V. grundsätzlich nicht mehr berücksichtigt werden.

Lit.: *Erhard, C.*, Strafzumessung bei Vorbestraften, 1992

Vortat ist die zeitlich vor einem Verhalten liegende mit → Strafe bedrohte → Handlung. Eine *mitbestrafte* V. ist ein Fall der → Konkurrenz, bei der die V. straflos bleibt, weil das Unrecht durch die Bestrafung der Haupttat mitabgegolten wird (z.B. → Gefährdungsdelikte bei anschließendem → Verletzungsdelikt, → Versuch bei anschließender → Vollendung). Eine andere V. kann bei der Strafzumessung berücksichtigt werden.

Lit.: *Höper, I.*, Die mitbestrafte Vor- und Nachtat, Diss. jur. Kiel 1997; *Seher, G.*, Zur strafrechtlichen Konkurrenzlehre, JuS 2004, 482

Vortäuschen einer Straftat (§ 145d StGB) ist die entgegen besserem Wissen vor einer → Behörde vorgebrachte Behauptung, dass eine rechtswidrige Tat (z.B. sexueller Missbrauch) begangen worden sei oder eine bestimmte rechtswidrige Tat bevorstehe, um dadurch ein Einschreiten auszulösen. Die Vorschrift schützt die Rechtspflege gegen ungerechtfertigte Inanspruchnahme des staatlichen Verfolgungsapparats (z.B. Polizei, Staatsanwaltschaft). Bestraft wird das V. e. S. mit Freiheitsstrafe bis zu drei Jahren oder mit Geldstrafe.

Lit.: *Saal, M.*, Das Vortäuschen einer Straftat, 1997; *Janott, G.*, Täuschungen mit Wahrheitskern im Rahmen des Vortäuschens einer Straftat, 2004

Vorteil ist der Nutzen oder die günstige Lage. Nach § 107 BGB bedarf der Minderjährige zu einer Willenserklärung, durch die er nicht lediglich einen rechtlichen Vorteil erlangt, der Einwilligung seines gesetzlichen Vertreters. Ein lediglich rechtlicher V. (§ 107 BGB) liegt z.B. vor, wenn ein → Grundstück, das mit einem → Nießbrauch belastet ist, durch → Schenkung einem Minderjährigen übertragen wird. Im Strafrecht kann der V. Tatbestandsmerkmal des objektiven Tatbestands (z.B. Vorteilsannahme) wie des subjektiven Tatbestands (z.B. Betrug) sein.

Lit.: *Schwieger, D.*, Der Vorteilsbegriff, 1996; *Schiemann, G.*, Vorteilsanrechnung beim werkvertraglichen Schadensersatz, NJW 2007, 3037; *Harte, S.*, Der Begriff des lediglich rechtlichen Vorteils i. S. d. § 107 BGB, 2008

Vorteilsannahme (§ 331 StGB) ist das Fordern, Sichversprechenlassen oder Annehmen eines Vorteils durch einen Amtsträger oder einen für den öffentlichen Dienst besonders Verpflichteten für sich oder einen Dritten für die Dienstausübung (beachte § 331 II, III StGB). Die V. ist Amtsdelikt. Sie wird

mit Freiheitsstrafe bis zu drei Jahren oder mit Geldstrafe bestraft.

Lit.: *Hardtung, B.*, Erlaubte Vorteilsannahme, 1994

Vorteilsausgleichung (Vorteilsanrechnung) ist die Anrechnung eines durch die schädigende Handlung gleichzeitig verursachten Vorteils bei der Berechnung der Höhe des → Schadensersatzes (z.B. Ersparung der Verpflegungskosten während der Heilbehandlung). Sie entlastet den Schädiger. Sie hat dann stattzufinden, wenn der Vorteil auf dem gleichen Ereignis wie der Schaden beruht und sie dem Sinn und Zweck der Schadensersatzregelung (nicht z.B. Anrechnung der Entgeltfortzahlung) entspricht. Vgl. auch § 255 BGB.

Lit.: *Büdenbender, U.*, Vorteilsausgleichung und Drittschadensliquidation, 1996; *Wendehorst, C.*, Anspruch und Ausgleich, 1999

Vorteilsgewährung (§ 333 StGB) ist ein → Straftatbestand, der voraussetzt, dass jemand einem → Amtsträger, einem für den öffentlichen Dienst besonders → Verpflichteten, einem → Soldaten der Bundeswehr für die Dienstausübung (oder einem → Richter oder → Schiedsrichter als Gegenleistung für die Vornahme oder künftige Vornahme einer richterlichen Handlung) einen Vorteil für diesen oder einen Dritten verspricht, anbietet oder gewährt. Die V. unterscheidet sich von der → Bestechung (§ 334 StGB) durch den grundsätzlich nicht notwendigen Gegenleistungscharakter des Vorteils. Die V. wird mit Freiheitsstrafe bis zu drei Jahren oder mit Geldstrafe bestraft.

Lit.: *Gribl, K.*, Der Vorteilsbegriff, 1993; *Schreier, H.*, Drittvorteil und Unrechtsvereinbarung, 2002

Vorteilsverschaffungsabsicht (§ 263 StGB) ist bei Betrug die → Absicht, sich oder einem anderen einen → Vermögensvorteil zu verschaffen.

Vortrag ist die mündliche Darlegung einer Angelegenheit vor mehreren Zuhörern in geordneter Form.

Lit.: *Solbach*, Dreizehn Regeln für den strafrechtlichen Vortrag im Assessorexamen, JA 1995, 226 ff.; *Müller-Christmann, B.*, Der Kurzvortrag in der Assessorprüfung, 3. A. 2000; *Leist, W.*, Der erfolgreiche juristische Vortrag, JuS 2003, 441; *Kaiser, W./Schöneberg, B.*, Der Kurzvortrag im Assessorexamen – Strafrecht, 6. A. 2009; *Budde-Hermann, C.*, Der Kurzvortrag im Assessorexamen, 6. A. 2009

Vorverein ist der zwischen der Gründung eines auf Erlangung der Rechtsfähigkeit ausgerichteten → Vereins und der tatsächlichen Erlangung der Rechtsfähigkeit bestehende nichtrechtsfähige Verein. Der V. ist mit dem späteren rechtsfähigen Verein – abgesehen von der Rechtsfähigkeit – identisch. Auf ihn ist grundsätzlich das Recht des Vereins anzuwenden.

Lit.: *Ehses, S.*, Die Gründerhaftung in der Vorgesellschaft, 2000

Vorverfahren ist das zeitlich vor dem Verfahren (Hauptverfahren) liegende Verfahren (z.B. → Ermittlungsverfahren im Strafverfahren, → Widerspruchsverfahren im Verhältnis zum Verwaltungsstreitverfahren).

Lit.: *Schnabl, R.,* Der O.J. Simpson-Prozess, 1999; *Vetter, S.,* Mediation und Vorverfahren, 2004

Vorverständnis ist die Gesamtheit der im Laufe seiner Entwicklung entstandenen Grundeinstellungen eines Menschen. Da ein V. sich auf rechtliche Entscheidungen auswirken kann, ist seine Ermittlung, Offenlegung und evtl. Beeinflussung erstrebenswert. Wirklich sichern lässt sich dies ebenso wenig wie das Beseitigen eines Vorverständnisses.

Lit.: *Esser, J.,* Vorverständnis und Methodenwahl, 2. A. 1975

Vorvertrag ist der → Vertrag, der die → Verpflichtung zum Abschluss eines schuldrechtlichen Vertrags begründet. Der V. ist zu unterscheiden von der → Option und dem (eine Verpflichtung zur Vornahme eines → Erfüllungsgeschäfts begründenden) Vertrag (Verpflichtungsvertrag). Er ist auf Grund der → Vertragsfreiheit zulässig und bedarf zweier entsprechender Willenserklärungen und grundsätzlich der → Form des angestrebten Vertrags (Hauptvertrags).

Lit.: *Herzog, N.,* Der Vorvertrag, 1999; *Hase, K. v.,* Vertragsbindung durch Vorvertrag, 1999

Vorzugsaktie (§§ 11 f. AktG) ist die bestimmte Vorrechte gewährende → Aktie (z. B. erhöhter Anteil am Liquidationserlös).

Lit.: *Brause, C.,* Stimmrechtslose Vorzugsaktien bei Umwandlungen, 2002

Votum (lat. [N.]) Gelöbnis, Stimme, Stellungnahme

Vulgarrecht ist in der Rechtsgeschichte das gegenüber dem klassischen römischen Juristenrecht vielleicht verfallene, durch Rhetorik und moralisierende Emotionalität gekennzeichnete Recht des → Dominats (3.–5. Jh. n. Chr.), insbesondere im westlichen Teil des römischen Reiches (z. B. vulgare Interpretationen zu klassischen Rechtstexten, Einzelheiten str.).

Lit.: *Stühff, G.,* Vulgarrecht im Kaiserrecht, 1966; *Voss, W.,* Recht und Rhetorik in den Kaisergesetzen, 1982; *Köbler, G.,* Zielwörterbuch integrativer europäischer Rechtsgeschichte, 6. A. 2014 (Internet)

W

Waffe (z. B. § 244 StGB) ist im Strafrecht der → Gegenstand, der seiner Art nach dazu geeignet ist, Widerstand durch Gewalt oder durch Drohung mit Gewalt zu verhindern oder zu überwinden. W. oder anderes gefährliches Werkzeug (§ 250 StGB) ist das objektiv gefährliche Tatmittel, das nach seiner Beschaffenheit und nach seinem Zustand zur Zeit der Tat bei bestimmungsgemäßer Verwendung geeignet ist, erhebliche Verletzungen zuzufügen. Die Benutzung einer W. oder einer Schusswaffe kann (auch bei Verwendung einer Scheinwaffe) Merkmal eines Straftatbestands bzw. einer Qualifikation sein. Verwaltungsrechtlich bedürfen nach dem Waffengesetz die Herstellung von Waffen und der Handel mit Waffen sowie der Erwerb und das Führen von Schusswaffen der Erlaubnis. Der Gebrauch von Waffen durch die → Polizei ist ein Fall des unmittelbaren → Zwanges (Verwaltungszwangs), dessen Anwendung dem Grundsatz der → Verhältnismäßigkeit – sowie gesetzlicher Regelung – unterliegt. Für den Export von Waffen (Rüstungswaffen) bestehen besondere Richtlinien, die seit 2000 auch die Einhaltung von Menschenrechten in Ausfuhrländern berücksichtigen.

Lit.: *Waffenrecht*, hg. v. *Steindorf, J.*, 15. A. 2010; *Becker, J.*, Waffe und Werkzeug als Tatmittel, 2003; *Gade, G.*, Basiswissen Waffenrecht, 3. A. 2011; *Steindorf, J.*, Waffenrecht, 10. A. 2015; *Heller/Soschinka*, Waffenrecht, 3. A. 2013; *Gerlemann, J. u. a.*, Waffenrecht, 2015

Waffenstillstand ist die (zeitweilige) Einstellung von Feindseligkeiten (Kampfhandlungen) zwischen kriegführenden Parteien

Lit.: *Kappelhoff-Wulff, E.*, Die Zulässigkeit der Ausübung des Prisenrechts während eines Waffenstillstands, 1973

Wahl ist die Entscheidung mindestens eines Menschen zwischen mindestens zwei Möglichkeiten, insbesondere die Berufung eines Menschen zu einer Aufgabe durch → Abstimmung. Die W. ist ein Grundprinzip demokratischer → Volkssouveränität. Anforderungen an eine W. sind dabei vor allem ihre Allgemeinheit, Gleichheit (, wobei im Anwendungsbereich der besonderen wahlrechtlichen Gleichheitssätze der allgemeine Gleichheitssatz ausscheidet), Unmittelbarkeit, Freiheit und Geheimheit. Die W. ist allgemein, wenn alle Glieder der betreffenden Gemeinschaft an ihr teilnehmen können. Sie ist gleich, wenn hinsichtlich des Wahlvorschlagsrechts, der Stimmabgabe und der Stimmenwertung keine Unterschiede unter den Gliedern der Gemeinschaft bestehen. Sie ist unmittelbar, wenn zwischen Wähler und Wahlbewerber keine Instanz (z. B. Wahlmänner) vorhanden ist, die nach ihrem Ermessen unter den Wahlbewerbern auswählt. Die W. ist meist entweder nach dem → *Mehrheitswahlrecht* oder nach dem → *Verhältniswahlrecht* organisiert. Darüber hinaus kann auch sonst, etwa zur Besetzung einer Stelle, eine W. stattfinden (z. B. W. des → Bundeskanzlers).

Lit.: *Koukouvinos, L.*, Die Geheimheit der Wahl, 2004

Wahlbeamter ist der → Beamte, der sein → Amt durch → Wahl erlangt. Der W. wird grundsätzlich nur auf Zeit gewählt (Beamter auf Zeit). Wahlbeamte finden sich insbesondere im Kommunalrecht (z. B. Landrat).

Lit.: *Priebe, C.*, Die vorzeitige Beendigung des aktiven Beamtenstatus, 1997

Wahlbehinderung (§ 107 StGB) ist die Verhinderung oder Störung einer → Wahl oder der Feststellung ihres Ergebnisses mit → Gewalt oder durch → Drohung mit Gewalt.

Lit.: *Balsen, W.*, Unternehmermethoden gegen Betriebsratswahlen, 1987

Wahldelikt (§§ 107 ff. StGB) ist die in Zusammenhang mit einer → Wahl begangene, mit Strafe bedrohte → Handlung (z. B. Wahlbehinderung, Wahlfälschung, Wählerbestechung, Wählernötigung, Wählertäuschung).

Lit.: *Wolf, G.*, Straftaten bei Wahlen und Abstimmungen, 1961; *Junck, R.*, Strafrechtliche Grenzen der Beeinflussung von Wählern, 1995

Wählerbestechung (§ 108b StGB) ist die im Zusammenhang mit einer → Wahl stehende Vorteilsgewährung. Dabei ist *aktive* W. das Anbieten, Versprechen oder Gewähren von Geschenken oder anderen Vorteilen dafür, dass ein anderer nicht oder in einem bestimmten Sinn wähle. *Passive* W. liegt vor, wenn der Täter dafür, dass er nicht oder in einem bestimmten Sinn wähle, Geschenke oder andere Vorteile fordert, sich versprechen lässt oder annimmt.

Lit.: *Junck, R.*, Strafrechtliche Grenzen der Beeinflussung von Wählern, 1995

Wählernötigung (§ 108 StGB) ist die → Nötigung oder Hinderung eines anderen, zu wählen oder sein → Wahlrecht in einem bestimmten Sinn auszuüben.

Lit.: *Junck, R.*, Strafrechtliche Grenzen der Beeinflussung von Wählern, 1995

Wählertäuschung (§ 108a StGB) ist der → Straftatbestand, bei dem der Täter bewirkt, dass jemand bei der Stimmabgabe über den Inhalt seiner Erklärung irrt oder gegen seinen Willen nicht oder ungültig wählt.

Lit.: *Junck, R.*, Strafrechtliche Grenzen der Beeinflussung von Wählern, 1995

Wahlfälschung (§ 107a StGB) ist das unbefugte Teilnehmen an einer → Wahl, das sonstige Herbeiführen eines unrichtigen Wahlergebnisses oder das Verfälschen des Ergebnisses.

Lit.: *Hübner, J.,* Die strafrechtliche Beurteilung von DDR-Wahlfälschungen, 1997

Wahlfeststellung ist die wahldeutige Verurteilung eines → Täters aus zwei (oder mehr) → Straftatbeständen, von denen zwar nur einer vorliegen kann, aber ungewiss ist, welcher von ihnen gegeben ist. Die W. ist zulässig, wenn nach Ausschöpfung aller Möglichkeiten eine eindeutige Verurteilung nicht möglich ist und jede der mehreren in Frage kommenden tatsächlichen Gestaltungen ein Strafgesetz verletzt hat und das verletzte Strafgesetz entweder dasselbe (z. B. eine von mehreren Aussagen ist falsch) ist oder die verletzten Strafgesetze bzw. die aus ihnen folgenden Schuldvorwürfe psychologisch und rechtsethisch gleichwertig sind (str.) (z. B. → Betrug und → Unterschlagung oder z. B. → Diebstahl und → Erpressung). Auch bei der Feststellung des zuständigen → Rechtswegs kommt eine W. (z. B. entweder Arbeitnehmer oder arbeitnehmerähnliche Person) in Betracht.

Lit.: *Dreyer, U.,* Wahlfeststellung und prozessualer Tatbegriff, 1999; *Greff, O.,* Die strafverfahrensrechtliche Bewältigung wahldeutiger Verurteilungen, 2002; *Norouzi, A.,* Grundfälle zur Wahlfeststellung, JuS 2008, 113

Wahlgeheimnis (Art. 38 GG) ist der Grundsatz, dass der Inhalt der Stimmabgabe geheim bleiben soll. Das W. gehört zu den Grundvoraussetzungen einer demokratischen → Wahl. Die Verletzung des Wahlgeheimnisses ist u. U. strafbar (§ 107c StGB).

Lit.: *Koukouvinos, L.,* Die Geheimheit der Wahl, 2004

Wahlgerichtsstand (§ 35 ZPO) ist der → Gerichtsstand, den der → Kläger unter mehreren, unter denen er die Wahl hat, auswählt. Die Wahl ist ausgeschlossen, wenn ein ausschließlicher Gerichtsstand besteht. Problematisch ist das sog. forumshopping.

Wahlkapitulation ist im frühneuzeitlichen deutschen Recht die Zusage eines Bewerbers für den Fall der → Wahl in ein → Amt.

Lit.: *Kleinheyer, G.,* Die kaiserlichen Wahlkapitulationen, 1968

Wahlkonsul ist der ehrenamtliche → Konsul (Honorarkonsul), der meist Angehöriger des Empfangsstaats ist und grundsätzlich keine Vergütung erhält.

Wahlperiode ist der Zeitraum (Periode), für den gewählt wird (z. B. Art. 39 GG 4 Jahre).

Wahlprüfung (Art. 41 GG) ist die Überprüfung einer → Wahl auf ihre Rechtmäßigkeit. Bei der Wahl zum → Bundestag ist die W. Sache des Bundestags. Gegen seine Entscheidung ist die → Beschwerde an das → Bundesverfassungsgericht zulässig.

Lit.: *Lang, H.,* Subjektiver Rechtsschutz im Wahlprüfungsverfahren, 1997; *Lackner, H.,* Grundlagen des Wahlprüfungsrechts, JuS 2010, 307

Wahlrecht ist *objektiv* die Gesamtheit der die → Wahl betreffenden Rechtssätze (vgl. Art. 38 GG, Bundeswahlgesetz, Bundeswahlordnung) sowie *subjektiv* das → Recht zu wählen und gewählt zu wer-

den. Das subjektive W. ist ein grundsätzliches Recht aller Angehörigen einer → Demokratie. Es hat eine aktive und eine passive Seite. Das *aktive* W. ist das Recht, durch Stimmabgabe an der Wahl teilzunehmen. Nach § 12 BWG (BWahlG) steht es grundsätzlich allen → volljährigen → Deutschen zu, die seit mindestens drei Monaten im Wahlgebiet eine Wohnung innehaben oder sich sonst gewöhnlich aufhalten (vgl. § 12 II BWG) und nicht vom W. ausgeschlossen sind (§ 13 BWG). In verschiedenen Bundesländern (z. B. Niedersachsen seit 1995) ist das aktive W. für Gemeindeparlamentswahlen und Kreisparlamentswahlen an die Vollendung des 16. Lebensjahrs gebunden. Das *passive* W. ist das Recht gewählt zu werden. Nach § 15 BWG steht es grundsätzlich allen volljährigen Deutschen zu.

Lit.: Handbuch des Wahlrechts zum Deutschen Bundestag, hg. v. *Schreiber, W.,* 7. A. 2002; *Nohlen, D.,* Wahlrecht und Parteiensystem, 7. A. 2014; *Morlok, M. u. a.,* Wahlrechtliche Sperrklauseln, JuS 2012. 385

Wahlschuld (§ 262 BGB) ist die (rechtstatsächlich seltene) Art der → Schuld, bei der mehrere Leistungen in der Weise geschuldet werden, dass nur die eine oder andere zu bewirken ist.

Lit.: *Erler, J.,* Wahlschuld mit Wahlrecht des Gläubigers, 1964

Wahlvermächtnis (§ 2154 BGB) ist das durch den → Erblasser als → Wahlschuld gestaltete → Vermächtnis (z. B. Wahlrecht des Vermächtnisnehmers zwischen zwei Gegenständen).

Wahlverteidiger (§§ 137 ff. StPO) ist der → Verteidiger, den der → Beschuldigte – oder sein gesetzlicher Vertreter – gewählt hat. Die Zahl der gewählten Verteidiger darf drei nicht übersteigen. Zu Wahlverteidigern können grundsätzlich die bei einem deutschen Gericht zugelassenen → Rechtsanwälte sowie die Rechtslehrer an deutschen Hochschulen gewählt werden.

Lit.: *Knell-Saller, I.,* Der Sicherungsverteidiger, 1995

Wahndelikt ist das → Verhalten, von dem der Täter irrig annimmt, es falle unter eine Verbotsnorm (z. B. einfache Homosexualität, Beischlaf mit der Nichte). Der Täter irrt also nicht über sein Verhalten als solches, sondern dessen rechtliche Bedeutung (hält für strafbar, was tatsächlich straflos ist). Das W. ist im Gegensatz zum untauglichen → Versuch straflos. umgekehrter → Verbotsirrtum, → Subsumtionsirrtum, umgekehrter oder sonstiger → Strafbarkeitsirrtum

Lit.: *Lauhöfer, D.,* Die Abgrenzung zwischen Wahndelikt und untauglichem Versuch, 1991; *Endrulat, B.,* Der „umgekehrte Rechtsirrtum" – untauglicher Versuch oder Wahndelikt?, 1994

Wahrheit ist der mit Gründen einlösbare und insofern haltbare Geltungsanspruch über einen Sachverhalt. Die W. ist die Grundlage der → Freiheit. Sie wird verletzt vor allem vom → Lügner, Fälscher, Hochstapler und Betrüger. → Beweis, → Verfahren

Lit.: *Sendler, H.,* Skeptisches zur Wahrheit im Verfassungsstaat, NJW 1998, 2260; *Stamp, F.,* Die Wahrheit im Strafverfahren, 1998; *Schmitt, F.*, Theories of truth, 2004

Wahrheitspflicht (z. B. § 138 ZPO) ist die Verpflichtung eines Beteiligten, seine Erklärung über tatsächliche Umstände vollständig und der (subjektiven) Wahrheit gemäß abzugeben. Die W. besteht in fast allen Verfahrensarten, ausgenommen für den (Angeklagten im) → Strafprozess. Die Verletzung der Wahrheitspflicht kann strafbar sein (→ Betrug) und zu → Schadensersatzpflichten führen (§ 826 BGB).
Lit.: *Roth, P.*, Die Wahrheitspflicht der Parteien im Zivilprozess, 1997

Wahrnehmung berechtigter Interessen → Beleidigung

Währung ist das gesetzlich geordnete Geldwesen eines Staates oder einer Staatenverbindung.
Lit.: *Hahn, H/Häde, U.*, Währungsrecht, 2. A. 2010

Währungsunion ist die (vertraglich geschaffene) Einheit der Währung in den Gebieten verschiedener Staaten. → Staatsvertrag
Lit.: *Dauses, M.*, Rechtliche Grundlagen der europäischen Wirtschafts- und Währungsunion, 2003; *Schwarzer, D.*, Die europäische Währungsunion, 2013; Kommentar zur Europäischen Währungsunion, hg. v. *Siekmann, H.*, 2013; *Ohler, C.*, Bankenaufsicht und Geldpolitik in der Währungsunion, 2015

Waise ist das → Kind ohne lebende Eltern (Vollwaise) oder ohne einen lebenden Elter(nteil) (Halbwaise). Ein W. kann einen → Vormund erhalten. Im → Verwaltungsrecht kann ihm ein Anspruch aus der → Sozialversicherung (Waisenrente) oder dem → Beamtenrecht (Waisengeld, §§ 23 ff. BeamtVG) zustehen.

Wald (§ 2 Bundeswaldgesetz) ist die mit Forstpflanzen bestockte Grundfläche einschließlich der Lichtungen und Waldwiesen (11,1 Millionen Hektar mit 8,7 Milliarden Bäumen in Deutschland). Für den W. gelten das Bundeswaldgesetz und die Waldgesetze der Länder. Der Eigentümer von W. ist durch Art. 14 I GG nicht vor Luftverschmutzung auf Grund der Handlungsfreiheit aller (auch der Schlotbarone und Autofahrer) geschützt (zw.).
Lit.: *Klose, F.*, Forstrecht, 2. A. 1998; *Hofmann, F.*, Globale Waldpolitik, 2004

Wandelschuldverschreibung (§ 221 AktG) ist die → Schuldverschreibung, die von einer → Aktiengesellschaft ausgegeben wird, aber außer einem verzinslichen → Forderungsrecht auch das → Recht verbrieft, einen Umtausch oder Bezug von → Aktien zu bestimmten, vorher festgelegten Bedingungen vorzunehmen.
Lit.: *Hofmeister, H.*, Der erleichterte Bezugsrechtsausschluss bei Wandelschuldverschreibungen, Gewinnschuldverschreibungen und Genussrechten, 2000

Wandlung war bis 2002 die Rückgängigmachung des → Kaufes wegen Sachmangels (Rücktritt vom Kaufvertrag).

Ware (§ 373 I HGB) ist im Handel die bewegliche → Sache. Die mit einer Zahlungsaufforderung versehene unbestellte Zusendung einer W. begründet keinen Anspruch (z. B. Herausgabeanspruch gegen den Empfänger) (§ 241a BGB). Sie ist wettbewerbsrechtswidrig.

Warenverkehrsfreiheit (Artt. 26 ff. AEUV) ist die auf den Verkehr von → Waren bezogene Freiheit der → Europäischen Union. Die W. gilt für Waren, die aus den Mitgliedstaaten stammen oder sich in den Mitgliedstaaten im freien Verkehr befinden. Grundlage der Gemeinschaft ist eine Zollunion, die sich auf den gesamten Warenaustausch erstreckt, das Verbot umfasst, zwischen den Mitgliedstaaten Einfuhrzölle, Ausfuhrzölle und Abgaben gleicher Wirkung zu erheben, und einen gemeinsamen Zolltarif gegenüber dritten Ländern einführt.
Lit.: *Kenntner, M.*, Grundfälle zur Warenverkehrsfreiheit, JuS 2004, 22; *Lenz, C.*, Warenverkehrsfreiheit, NJW 2004, 332; *Heermann, P.*, Warenverkehrsfreiheit, 2004

Warenzeichen (§§ 1 ff. WZG) war bis 1994 ein Kennzeichen (→ Marke), das dazu diente, die → Waren eines Gewerbetreibenden von den Waren anderer Gewerbetreibender zu unterscheiden.

Wasserhaushaltsgesetz → Wasserrecht
Lit.: *Czychowski, M./Reinhardt, M.*, Wasserhaushaltsgesetz, 11. A. 2014; *Sieder, F./Zeitler, H./Dahme, H./Knopp, G.*, Wasserhaushaltsgesetz und Abwasserabgabengesetz (Lbl.), 48. A. 2015; *Knopp, G.*, Das neue Wasserhaushaltsrecht, 2010

Wasserrecht ist die Gesamtheit der die Verhältnisse des Wassers betreffenden Rechtssätze. Es umfasst das Wasserwegerecht (Recht der Verkehrsfunktion und Transportfunktion des Oberflächenwassers) und das Wasserwirtschaftsrecht (Recht der Inanspruchnahme des Wassers durch Verringerung der Menge oder Güte). Das Wasserwirtschaftsrecht ist für oberirdische → Gewässer, Küstengewässer und Grundwasser vor allem im Wasserhaushaltsgesetz als Bundesgesetz aus konkurrierender Gesetzgebungszuständigkeit in Kraft seit 1.3.2010) geregelt. → Bundeswasserstraßengesetz
Lit.: *Breuer, R.*, Öffentliches und privates Wasserrecht, 3. A. 2004; *Sander, E./Rosenzweig, K.*, Wasserrecht, Abwasserrecht, 1999; *Müggenborg, H. u. a.*, Neues Wasser- und Naturschutzrecht, NJW 2010, 961

Wassersicherstellungsgesetz ist das Gesetz über die Sicherstellung von Leistungen auf dem Gebiet der Wasserwirtschaft für Zwecke der Verteidigung.
Lit.: *Such, W./Keil, R.*, Wassersicherstellungsgesetz, 1994

Wasserverband ist der verbandsmäßige Zusammenschluss zur gemeinsamen Wasserbewirtschaftung.
Lit.: *Rapsch, A.*, Wasserverbandsrecht, 1993; Wasserverbandsgesetz, hg. v. *Reinhardt, M./Hasche, F.*, 2011

Wechsel (Artt. 1 ff. WG) ist die → Urkunde, in der eine oder mehrere gegenüber einem Grundgeschäft abstrakte Zahlungsverpflichtungen verbrieft sind und die besonders strengen gesetzlichen Formvorschriften unterliegt, insbesondere ausdrücklich als W. bezeichnet sein muss. Der *(gezogene)* W. (→ Tratte) ist eine → Anweisung des → Ausstellers an den → Bezogenen, an den → Nehmer bei Vorlage der Urkunde zu zahlen. Zur Zahlung selbst verpflichtet wird der Bezogene aber nicht durch die Anweisung des Ausstellers, sondern nur durch eigene → Annahme (Art. 28 WG). Nimmt der Bezogene nicht an, so haften Aussteller und Übertrager (z. B. Indossant). Der W. ist ein → Wertpapier (geborenes → Orderpapier). Er wird meist durch das besonders geregelte → Indossament übertragen (Artt. 11 ff. WG). Der *eigene* W. (→ Solawechsel) ist ein gesteigertes → Schuldversprechen. Ein Sonderfall des Wechsels ist der bewusst unvollständig gegebene W. (→ Blankowechsel).

Lit.: *Jung, K.,* Der Wechsel, 3. A. 1998

wechselbezüglich (Adj.) von jeweils einem auf einen anderen bezogen (, reziprok)

wechselbezügliches Testament → Testament, wechselbezügliches

Wechselgesetz ist das das Recht des → Wechsels regelnde Gesetz. Es befasst sich in erster Linie mit dem gezogenen → Wechsel (Tratte) und behandelt dessen Ausstellung (durch den Aussteller) und Form, (seine Begebung an den Nehmer,) seine Übertragung (vom Indossanten an den Indossatar) durch → Indossament, seine → Annahme durch den → Bezogenen, seinen Verfall (Fälligkeit), seine Einlösung (Zahlung) sowie den → Rückgriff mangels Annahme (seitens des Bezogenen) und mangels Zahlung (des Bezogenen). Es beruht auf internationalen Vereinbarungen.

Lit.: *Bülow, P.,* Wechselgesetz, Scheckgesetz, Allgemeine Geschäftsbedingungen, 5. A. 2013; *Baumbach/Hefermehl/Casper,* Wechselgesetz, Scheckgesetz, Recht der kartengestützten Zahlungen, 23. A. 2008

Wechselprozess (§§ 602 ff. ZPO) ist der Unterfall des → Urkundenprozesses, in dem ein Anspruch aus einem → Wechsel geltend gemacht wird.

Lit.: *Vogt, H.,* Rechtslehre für Reno-Klassen, 17. A. 2007

Wechselprotest → Protest, Wechsel

Wechselrecht ist die Gesamtheit der den → Wechsel betreffenden Rechtssätze. → Wechselgesetz.

Lit.: *Bülow, P.,* Wechselgesetz, Scheckgesetz, Allgemeine Geschäftsbedingungen, 5. A. 2013; *Jahn, U.,* Wechselrecht in Europa, 3. A. 1995; *Kreysel, S.,* Die Wechselrechtsklausur, JuS 1998, 811

Wechselregress → Regress, Wechsel

Wegerecht ist objektiv die Gesamtheit der die dem allgemeinen Verkehr gewidmeten → Straßen, Wege und Plätze betreffenden Rechtssätze und subjektiv das beschränkte dingliche Nutzungsrecht an einer Grundstücksfläche als Weg. → Straßenrecht

Lit.: *Zimniok, K.,* Bayerisches Straßen- und Wegegesetz, 8. A. 1988; *Nienhaus, C.,* Wegerecht für Telekommunikationslinien, 2000; *Grziwotz, H.,* Der aktuelle Umfang von Wegerechten, NJW 2008, 1851

Wegfall der → **Bereicherung** (§ 818 III BGB) ist der Wegfall des rechtsgrundlos entstandenen Vermögenszuwachses eines Bereicherten (z. B. durch andernfalls nicht vorgenommenen Verbrauch). Er hat nach § 818 III BGB zur Folge, dass die Verpflichtung zur Herausgabe oder zum Ersatz des Wertes des Erlangten ausgeschlossen ist(, soweit der gutgläubige Empfänger nicht mehr bereichert ist). Er ist das besondere Kennzeichen und die besondere Schwäche des Bereicherungsanspruchs.

Lit.: *Frieser, A.,* Der Bereicherungswegfall, 1987

Wegfall der Geschäftsgrundlage → Geschäftsgrundlage

Wegnahme ist allgemein die Entfernung eines Gegenstands durch einen Menschen. Im → Strafrecht (§ 242 StGB) ist W. im Rahmen des → Diebstahls der Bruch fremden und die Begründung neuen → Gewahrsams. Dabei wird der Gewahrsam gebrochen, wenn er ohne Willen seines Inhabers aufgehoben wird. Die W. ist in einem Selbstbedienungsladen auch dann mit dem Versteck einer Ware unter der Kleidung oder sonst in anderen Sachen vollendet, wenn die Ware mit einem elektromagnetischen Sicherungsetikett versehen ist. Eine W. liegt auch vor, wenn jemand einen Geldspielautomaten mit Falschmünzen bedient, um echte Münzen zu erlangen. Im Rahmen der → Pfandkehr (§ 289 StGB) ist W. in einem weiteren, die Vereitelung bloßer Zugriffsmöglichkeiten umfassenden Sinn zu verstehen.

Lit.: *Nöldeke, W.,* Die Begriffe des Gewahrsams und der Wegnahme beim Diebstahl, 1964; *Brandts, R.,* Der Zusammenhang von Nötigungsmittel und Wegnahme beim Raub, 1990

Wegnahmerecht (z. B. §§ 548, 552, 997, 2125 BGB) ist die Berechtigung einer Person, eine → Einrichtung, mit der sie eine → Sache versehen hat, wegzunehmen, sobald sie die Sache herausgeben muss (z. B. Gardine in Wohnung, Radio in Kraftfahrzeug, Programm in Computer). Dem W. entspricht grundsätzlich keine Wegnahmepflicht. Wer ein W. ausübt, hat die Sache auf seine Kosten in den vorigen Stand zu setzen (§ 258 BGB).

Lit.: *Damrau-Schröter, H.,* Zivilrechtliche Aspekte der „Mieter-Modernisierung", 1994

Wehrbeauftragter (Art. 45b GG) ist das Hilfsorgan des → Bundestags, das zum Schutz der → Grundrechte der Soldaten und zur Ausübung der parlamentarischen Kontrolle im Wehrbereich berufen wird. Die Einzelheiten seiner Stellung sind im Gesetz über den Wehrbeauftragten geregelt. Danach hat der Wehrbeauftragte keine Eingriffsbefugnis, sondern nur das Recht Auskünfte zu verlangen, über Missstände zu berichten und Vorschläge zu machen.

Lit.: *Busch, E.,* Der Wehrbeauftragte, 5. A. 1999; *Gleumes, K.,* Der Wehrbeauftragte, 2001

Wehrdienst ist der Dienst als → Soldat bei den Streitkräften. Der W. kann grundsätzlich freiwillig sein (oder auf → Wehrpflicht beruhen). Er ist im Wehrpflichtgesetz und im Soldatengesetz näher geregelt. Er begründet ein besonderes Dienst- und Treueverhältnis zwischen dem Bund und dem Wehrdienstleistenden. Seit 2000 dürfen auch Frauen ohne Einschränkung W. auch in Deutschland leisten.

Lit.: *Böttcher, V./Dau, K.,* Wehrbeschwerdeordnung, 6. A. 2014; *Dau, K.,* Wehrdisziplinarordnung, 6. A. 2013

Wehrdienstentziehung → Verstümmelung

wehrlos → Heimtücke

Wehrlosigkeit → Heimtücke

Wehrmittel (§ 109e StGB) ist der Gegenstand, der seiner Natur nach oder auf Grund besonderer Zweckbestimmung für den bewaffneten Einsatz der Truppe geeignet und bestimmt ist (z. B. Panzer, Brieftaube).

Wehrpflicht (Art. 12a GG) ist die → Pflicht, dem → Staat als → Soldat zu dienen. Die W. ist ein Unterfall der allgemeinen Staatsbürgerpflicht. Ihr unterstehen grundsätzlich alle tauglichen Männer, die im Bereich der Bundesländer ihren ständigen Aufenthalt haben, zwischen 18 und 45 (evtl. 60) Jahren. Nicht herangezogen wird, wer als anerkannter → Kriegsdienstverweigerer den Kriegsdienst mit der Waffe verweigert (§ 25 WPflG) und deshalb zu einem zivilen → Ersatzdienst verpflichtet ist. Frauen dürfen auf keinen Fall zum Dienst mit der Waffe verpflichtet werden, dürfen aber seit 2000 freiwillig Wehrdienst leisten. Seit 1.7.2011 ist die Wehrpflicht ausgesetzt und ein → Bundesfreiwilligendienst eingerichtet.

Lit.: *Steinlechner, W./Walz, D.,* Wehrpflichtgesetz, 7. A. 2009; *Prüfert, A.,* Hat die allgemeine Wehrpflicht in Deutschland eine Zukunft?, 2003

Wehrpflichtentziehung ist im Strafrecht die Entziehung aus der → Wehrpflicht. Sie kann eine Straftat gegen die Landesverteidigung sein. Die W. ist strafbar, wenn sie durch Verstümmelung oder Täuschung erfolgt (§§ 109 f. StGB)

Wehrpflichtiger → Wehrpflicht

Wehrrecht ist die Gesamtheit der die zur Verteidigung aufgestellten Streitkräfte betreffenden Rechtssätze (Wehrorganisationsrecht, Wehrdienstrecht).

Lit.: Wehrrecht (Lbl.), 51. A. 2009; *Stauf, W.,* Wehrrecht, 2002; *Raap, C.,* Zur Einführung Wehrrecht, JuS 2003, 9; *Wilk, M./Stauf, W.,* Wehrrecht von A–Z, 4. A. 2003

Wehrstrafrecht ist das den → Wehrdienst betreffende, in erster Linie im Wehrstrafgesetz geregelte → Strafrecht.

Lit.: *Schölz, J./Lingens, E.,* Wehrstrafgesetz, 4. A. 2000; *Dau, K.,* Wehrdisziplinarordnung, 6. A. 2013

Wehrüberwachung ist die verwaltungsmäßige Überwachung der → Wehrpflichtigen von ihrer Musterung an (§ 24 WPflG), in deren Rahmen insbesondere alle Veränderungen von → Wohnsitz und → Aufenthalt zu melden sind.

Weichbild ist im hochmittelalterlichen deutschen Recht vermutlich die Bezeichnung für die Art und das Recht einer geschlossenen Siedlung. → Stadtrecht

Lit.: *Kroeschell, K.,* Weichbild, 1960; *Köbler, G.,* Deutsche Rechtsgeschichte, 6. A. 2005

Weigerungsklage → Vornahmeklage

Weimarer Reichsverfassung ist die (formelle) → Verfassung der Weimarer Nationalversammlung vom 11.8.1919. Sie ordnet das weiterhin als → Reich bezeichnete (zweite) Deutsche Reich als → Republik, an deren Spitze statt des Kaisers der → Reichspräsident steht und in der die Reichsregierung vom → Vertrauen des → Reichstags abhängig ist. Die W. R. wird seit 30.1.1933 nationalsozialistisch rechtstatsächlich ausgehöhlt.

Lit.: http://www.koeblergerhard.de/Fontes/VerfdtReich Weimar1919.doc; *Köbler, G.,* Deutsche Rechtsgeschichte, 6. A. 2005; 80 Jahre Weimarer Reichsverfassung, hg. v. *Eichenhofer, E.,* 1999

Weimarer Republik ist die informelle Bezeichnung für das (zweite) → Deutsche → Reich in seiner durch die Verfassung der Weimarer Nationalversammlung bestimmten republikanischen Form (1919–1933).

Lit.: *Köbler, G.,* Zielwörterbuch integrativer europäischer Rechtsgeschichte, 6. A. 2014 (Internet); *Möller, H.,* Die Weimarer Republik, 9. A. 2008

Weingesetz ist das die Rechtsverhältnisse am Wein regelnde → Gesetz.

Lit.: *Koch, H.,* Wein und Recht von A–Z, 1999; *Koch, H.,* Neues vom Weinrecht, NJW 2004, 2135; *Koch, H.,* Weinrecht-Kommentar (Lbl.), 4. A. 2008

Weisung ist die Anordnung eines Verhaltens eines anderen. In dem Verwaltungsrecht sind vorgesetzte → Behörden grundsätzlich berechtigt, nachgeordneten Behörden allgemein oder im Einzelfall Weisungen zu erteilen (→ Weisungsrecht). Dieses Recht besteht auch bei einem unbeschränkten Aufsichtsrecht (vgl. Art. 85 IV GG). Die W. muss schriftlich und begründet sein. Ein formaler Vorgesetzter handelt rechtswidrig und macht sich lächerlich, wenn er eine rechtswidrige, willkürliche oder sinnlose W. erteilt (z. B. W. eines unqualifizierten Institutsvorstands zur Vorlage von Unterschriftslisten der Vorlesungsteilnehmer eines ordentlichen Universitätsprofessors). Im → Strafrecht (§ 10 JGG) ist W. ein → Gebot oder → Verbot, das die Lebensführung des → Jugendlichen regeln und dadurch seine → Erziehung fördern und sichern soll. Die Erteilung einer W. ist eine → Erziehungsmaßregel (vgl. § 56c StGB). Im Arbeitsrecht hat der → Arbeitgeber gegenüber dem → Arbeitnehmer ein → Weisungsrecht.

Lit.: *Loschelder, F.,* Die Durchsetzbarkeit von Weisungen, 1998

Weisungsrecht ist das Recht eines Menschen, einem anderen Menschen eine → Weisung zu erteilen. Das W. unterliegt dem Grundsatz der → Verhältnismäßigkeit. Es darf nicht aus persönlichen Gründen zum persönlichen Vorteil missbraucht werden.

Lit.: *Janz, N.,* Das Weisungsrecht, 2003

Weisungsverwaltung ist die → Verwaltung von (staatlichen) Aufgaben durch einen anderen Hoheitsträger (→ Selbstverwaltungskörperschaft) als Fremdverwaltung nach → Auftrag und → Weisung (z. B. Erhaltung der öffentlichen Sicherheit und Ordnung, Aufsicht über Pflichtschule). Die W. ist → Auftragsverwaltung. Sie ist zu unterscheiden von der Auftragsverwaltung im engeren Sinn, bei der die weisungsberechtigte staatliche Behörde keiner gesetzlichen Beschränkung ihres Umfangs und ihrer Anordnungen unterliegt, so dass diese vom Träger unselbständig wahrgenommen werden.

Lit.: *Pauly, W.,* Anfechtbarkeit und Verbindlichkeit von Weisungen in der Bundesauftragsverwaltung, 1989

weitere (Adj.) zusätzlich

weitere Beschwerde → Beschwerde, weitere

Welthandelsorganisation (WTO) ist die 1994 gegründete internationale Handelsorganisation mit (2001 143 bzw.) 2007 150 Mitgliedern. Ihr Sitz ist in Genf. Die W. hat eine mit 7 Welthandelsrichtern besetzte Schlichtungsstelle, die Streitfälle mit Bezug zum internationalen Handel entscheidet.

Lit.: Welthandelsorganisation, 4. A. 2009; WTO-Handbuch, hg. v. *Prieß, H. u. a.,* 2003; *Stoiber, B.,* Das Streitschlichtungsverfahren der Welthandelsorganisation, 2004

Weltkulturerbe ist die Gesamtheit der durch die Welterbekonvention der UNESCO geschützten Stätten menschlicher Kultur. Das W. umfasst (1999) rund 2000 Denkmäler (z. B. Elbetal bei Dresden, Wartburg, Berlin-Museumsinsel, Kloster Lorsch, Wachau). Die Konvention verpflichtet zur Pflege und zum Schutz vor Veränderungen, wirkt sich aber auch touristisch und damit geldlich aus.

Lit.: *Sielmann, T.,* Die Natur- und Kulturwunder Europas, 2003

Weltpostverein ist der Zusammenschluss von Staaten zur Regelung und Vereinheitlichung der zwischenstaatlichen Postbeziehungen (Weltpostvertrag 1878, Sitz in Bern).

Lit.: *Schramm, K.,* Der Weltpostverein, 1983

Weltraum ist der die Erde umgebende Raum.

Lit.: *Reinke, N.,* Geschichte der deutschen Raumfahrtpolitik, 2004

Weltraumrecht ist die Gesamtheit der den Weltraum betreffenden Rechtssätze, die außer auf allgemeinen Regeln des → Völkerrechts auf besonderen zwischenstaatlichen Verträgen (z. B. Vertrag über die Grundsätze zur Regelung der Tätigkeiten von Staaten bei der Erforschung des Weltraums usw. vom 27.1.1967) beruht.

Lit.: Handbuch des Weltraumrechts, hg. v. *Böckstiegel, K.,* 1991; *Wins, E.,* Weltraumhaftung im Völkerrecht, 2000; *Schladebach, M.,* Schwerpunktbereich – Einführung in das Weltraumrecht, JuS 2008, 217

Weltstrafgerichtshof   → Internationaler Strafgerichtshof

Welturheberrechtsabkommen ist der mehrseitige völkerrechtliche Vertrag über die notwendigen Bestimmungen zum Schutz der Urheberrechte vom 6.9.1952.

Lit.: *Goldbaum, W.,* Welturheberrechtsabkommen, 1956

Werbung ist die bewusste Anpreisung einer → Ware bzw. das Verhalten, das darauf angelegt ist, andere dafür zu gewinnen, die Leistung dessen in Anspruch zu nehmen, für den geworben wird. Die W. muss wahrheitsgetreu sein, darf nicht irreführen und eingetragene Markenzeichen nicht schädigen. Nach einer Richtlinie der für Verbraucherfragen zuständigen Minister der Mitgliedstaaten der Europäischen Union vom Oktober 1997 ist vergleichende W. einschließlich des unmittelbaren Preisvergleichs zulässig, sofern sie nicht irreführend oder verunglimpfend ist. Möglich ist es demnach, bei der Werbung für eigene Erzeugnisse Angebote anderer Hersteller als schlechter oder teurer darzustellen. Nach § 6 II UWG verstößt vergleichende W. unter näher genannten Voraussetzungen gegen die guten Sitten. Zulässig ist W. auch mit schockierenden Bildern (Benetton, Grenzen str.).

Lit.: *Kleine-Cosack, M.,* Das Werberecht der rechts- und steuerberatenden Berufe, 2. A. 2004; *Krimphove, D.,* Europäisches Werberecht, 2002; *Rogge, H.,* Werbung, 6. A. 2004; *Schefold, A.,* Werbung im Internet, 2004

Werbungskosten (§ 9 EStG) sind Aufwendungen zur Erwerbung, Sicherung und Erhaltung der → Einnahmen bei den bestimmten → Einkünften (z. B. Aufwendungen für Fahrt zur Arbeitsstätte, Aufwendungen für den Bezug der Zeitung Handelsblatt [str.], 1.1.2004 Pauschbetrag 920 Euro, 2012 1000 Euro). Eltern, die Wohnraum an ein unterhaltsberechtigtes Kind vermieten, können einen entstehenden Verlust als W. geltend machen, weil sie ein Wahlrecht haben, ob sie → Unterhalt in bar oder durch Überlassung von Wohnraum gewähren. W. sind von den Einnahmen bei der jeweiligen Einkunftsart abzuziehen.

Lit.: *Matussek, S.,* Zum Werbungskostenbegriff, 2000; *Hierl, R.,* Kapitalvermögensverluste als Werbungskosten, 2003

Wergeld (Manngeld) ist im mittelalterlichen deutschen Recht die bei Tötung eines Menschen ([ahd.] wer [M.] [lat.] vir Mann) rechtstatsächlich in Gegenständen zu erbringende, in Geld ausgedrückte Leistung (z. B. 200 Schillinge bei Tötung eines Freien). Das W. löst die ältere Selbsthilfe ab. Es fällt teils an die Verwandten, teils an den König. Es ist keine Strafe, sondern ein Sonderfall der Buße (Besserung). Es verschwindet mit dem Aufkommen der peinlichen → Strafe im Hochmittelalter, endgültig in der frühen Neuzeit.

Lit.: *Köbler, G.,* Deutsche Rechtsgeschichte, 6. A. 2005

Werk ist das schaffende Verhalten sowie dessen Ergebnis (z. B. Bauwerk, Kunstwerk, Druckwerk). Das W. ist Tatbestandsmerkmal des → Werklieferungsvertrags und des → Werkvertrags (Herstellung oder Veränderung einer Sache oder sonstiger durch Arbeit oder Dienstleistung herbeizuführender Erfolg). Im Arbeitsrecht wird auch der → Betrieb als W. bezeichnet. Im → Urheberrecht ist W. das Ergebnis der Tätigkeit des Urhebers. Ein neues W. liegt dabei nicht vor, wenn nur ein älteres W. ohne Eigenständigkeit fortgeführt wird (z. B. Dr. Shiwago – Laras Tochter). Kein W. im Sinn des Urheberrechts ist auch das Telefonbuch.

Lit.: *Bettinger, T,* Der Werkbegriff im spanischen und deutschen Urheberrecht, 2001; *König, E.,* Der Werkbegriff in Europa, 2014

Werklieferungsvertrag (§ 651 BGB) ist der → Vertrag, in dem sich der eine Teil (Unternehmer) verpflichtet, ein Werk aus einem von ihm zu beschaffenden Stoff herzustellen. *Eigentlicher* W. liegt dabei nur vor, wenn eine unvertretbare Sache (z. B. Maßanzug) herzustellen ist (sonst *uneigentlicher* W.). Auf einen Vertrag, der die Lieferung herzustellender oder zu erzeugender beweglicher Sachen zum Gegenstand hat, finden die Vorschriften über den Kauf Anwendung. Bei nicht vertretbaren Sachen sind auch die §§ 642, 643, 645, 649 und 650 BGB anzuwenden.

Lit.: *Sarkowsky, H.,* Der Werklieferungsvertrag im Verlagsbuchhandel, 1959

Werklohn ist das → Entgelt des → Unternehmers bei dem → Werkvertrag.

Lit.: *Cuypers, M.,* Der Werklohn des Bauunternehmers, 2000

Werkstarifvertrag ist der auf das Werk (Betrieb) eines einzelnen → Arbeitgebers bezogene → Tarifvertrag.

Werkvertrag (§ 631 BGB) ist der gegenseitige → Vertrag, in dem sich der eine Teil (→ Unternehmer, Hersteller) zur Herstellung eines Werkes (aus einem von der anderen Seite zu liefernden Stoff), der andere Teil (Besteller) zur Entrichtung einer Vergütung verpflichtet (z. B. Bau eines Hauses). Wesentlich ist hierbei, dass der Unternehmer nicht nur ein Tun schuldet, sondern einen → Erfolg und damit das Risiko des Eintretens oder Ausbleibens des Erfolgs trägt (ohne Erfolg kein Lohn). Der Unternehmer hat dem Besteller das Werk frei von Sachmängeln und Rechtsmängeln zu verschaffen (§ 633 I BGB). Das Werk ist frei von Sachmängeln, wenn es die vereinbarte, hilfsweise die vorausgesetzte, hilfsweise die übliche, zu erwartende Beschaffenheit hat, und frei von Rechtsmängeln, wenn Dritte in Bezug auf das Werk keine oder nur die im Vertrag übernommenen Rechte gegen den Besteller geltend machen können (§ 633 II, III BGB). Bei Mängeln hat der Besteller ein Recht auf → Nacherfüllung (→ Nachbesserung oder Neuherstellung), eigene Beseitigung des Mangels und Aufwendungsersatz, → Rücktritt, → Minderung, → Schadensersatz oder Aufwendungsersatz (§ 634 BGB). Die Mängelansprüche verjähren in zwei Jahren (§ 634a I

Nr. 1 BGB bei Herstellung, Wartung oder Veränderung einer Sache, Erbringung von Planungs- oder Überwachungsleistungen hierfür), fünf Jahren (§ 634a I Nr. 2 BGB Bauwerke und zugehörige Planungen) oder in der regelmäßigen Verjährungsfrist (§ 634a I Nr. 3 BGB, § 195 BGB 3 Jahre). Der Besteller muss das mangelfreie Werk → abnehmen. Mit der Abnahme (§ 640 BGB) ist die Vergütung fällig (§ 641 BGB). Der Unternehmer hat ein besonderes gesetzliches → Pfandrecht (§ 647 BGB). In der Rechtswirklichkeit wird vielfach auf die → Vergabe- und Vertragsordnung (Verdingungsordnung) für Bauleistungen (VOB) abgestellt. Sonderfälle des Werkvertrags sind z. B. → Reisevertrag, Spedition, → Kommission oder → Verwahrung. Das Recht des Werkvertrags gilt auch für den eigentlichen → Werklieferungsvertrag.

Lit.: *Büdenbender, U.,* Der Werkvertrag, JuS 2001, 625; *Schudnagies, J.,* Das Werkvertragsrecht nach der Schuldrechtsreform, NJW 2002, 396; *Reinking/Schmidt/Woyte,* Die Autoreparatur, 2. A. 2006; *Weber, F. u.a.,* Die Entwicklung des Bauträgerrechts sowie des Architekten- und Ingenieurrechts, NJW 2013, 209; *Hedermann, D.,* § 640 BGB, NJW 2015, 2381

Werkzeug ist das Gerät oder Mittel für eine Tätigkeit oder die Erreichung eines Erfolgs. Im (allgemeinen) → Strafrecht ist W. auch ein anderer Mensch (§ 25 StGB), durch den ein Täter eine → Straftat (als mittelbarer → Täter) begeht. Das (menschliche) W. darf den → Tatbestand nicht selbst rechtswidrig und schuldhaft verwirklichen, sondern muss z. B. im → Irrtum, unter → Zwang oder ohne → Schuldfähigkeit handeln. In besonderen Straftatbeständen (z. B. §§ 224, 244, 250 StGB) ist W. ein → Gegenstand, mit dem ein Mensch verletzt oder der Widerstand eines Menschen ausgeschaltet werden soll oder kann (z. B. Gaspistole, Taschenmesser, Hund). Hier ist W. ein Merkmal des Straftatbestands bzw. der Qualifikation.

Lit.: *Becker, J.,* Waffe und Werkzeug als Tatmittel, 2003; *Rönnau, T.,* Grundwissen – Strafrecht Das „mitgeführte" gefährliche Werkzeug, JuS 2012, 117

Wert ist der Grad der Brauchbarkeit eines Gegenstands in Geld. Er ergibt sich aus dem Preis, der als Entgelt gezahlt wird oder werden würde. Im Zweifel muss er besonders ermittelt werden. *Gemeiner W. (objektiver)* W. ist der W., den der Gegenstand mit Rücksicht auf Zeit und Ort für jedermann hat. *Subjektiver* W. ist der W., den der Gegenstand gerade für eine bestimmte einzelne Person hat. → Einheitswert, → Streitwert

Lit.: *Tillmann, H.,* Tabellenhandbuch Immobilienwertermittlung, 2007; *Zimmermann, P.,* Immobilienwertermittlungsverordnung, 2010

Wertinteresse → Interesse

Wertpapier ist die → Urkunde, deren Innehabung Voraussetzung für die Geltendmachung des in ihr verbrieften → Rechtes ist (str.). Die Wertpapiere betreffen entweder → Mitgliedschaftsrechte (z. B. → Aktie), sachenrechtliche Rechte (z. B. → Hypothekenbrief) oder forderungsrechtliche Rechte (z. B. → Inhaberschuldverschreibung) und sind → *Inhaberpapiere* (z. B. Inhaberschuldverschreibung),

→ *Orderpapiere* (z.B. Scheck) oder → *Rektapapiere* (Namenspapiere, z.B. Sparbuch, Anweisung). Die bürgerlichrechtlichen Grundfiguren des Wertpapiers sind → Anweisung und → Inhaberschuldverschreibung, die praktisch wichtigsten Wertpapiere → Wechsel, → Scheck und → Aktie. Im Strafrecht werden Wertpapiere teilweise dem → Geld gleichgestellt (§ 151 StGB). Sachlich wird das W. zunehmend durch die in elektronischen → Registern geführte Buchung ersetzt (Wertrecht, Netzgeld). Nach § 2 I WpHG ist W. die Aktie, das → Zertifikat, die → Schuldverschreibung, der → Genussschein, der → Optionsschein oder ein vergleichbares W. (z.B. Mitgliedschaftsrecht, Forderungsrecht), soweit es auf einem öffentlichen Markt gehandelt und durch eine staatlich anerkannte Stelle geregelt und überwacht wird.

Lit.: Wertpapiererwerbs- und Übernahmegesetz, hg. v. *Geibel, S./Süßmann, R.*, 2. A. 2008; *Haarmann, W./Schüppen, M.*, Frankfurter Kommentar zum WpÜG, 3. A. 2008

Wertpapierhandelsgesetz ist das den Handel mit → Wertpapieren betreffende Gesetz (1.8.1994), das u.a. Bestimmungen über das für → Insider geltende Recht enthält.

Lit.: Wertpapierhandelsgesetz, hg. v. *Assmann, H./Schneider, U.*, 6. A. 2012; *Florian, U.*, Rechtsfragen des Wertpapierhandels im Internet, 2001; Wertpapierhandelsgesetz, hg. v. *Fuchs, A.*, 2009; Wertpapierhandelsgesetz, hg. v. *Just, C. u. a.*, 2015

Wertpapierprospektgesetz ist das den Anwendungsbereich der Prospektpflicht, die Anforderungen an den Inhalt von Wertpapierprospekten und das Billigungsverfahren bei der Bundesanstalt für Finanzdienstleistungsaufsicht regelnde Gesetz.

Lit.: *Just/Voß/Ritz/Zeising*, Wertpapierprospektgesetz, 2009

Wertpapierrecht ist das die → Wertpapiere betreffende Recht, das im → Bürgerlichen Gesetzbuch, im → Handelsgesetzbuch, im → Aktiengesetz sowie in einzelnen Sondergesetzen (Wechselgesetz, Scheckgesetz) geregelt ist.

Lit.: *Brox, H./Henssler, M.*, Handelsrecht mit Grundzügen des Wertpapierrechts, 22. A. 2015; *Gursky, K.*, Wertpapierrecht, 3. A. 2007

Wertrecht ist die in elektronischen Registern geführte Buchung eines Wertes als Recht.

Lit.: *Dechamps, C.*, Wertrechte im Effektengiroverkehr, 1989; *Lettl, T.*, Das Wertrecht der Mitgliedschaft, 1999

Wertschuld ist entweder die auf einen bestimmten feststehenden Wertbetrag oder eine Summe lautende Schuld (Geldbetragsschuld z.B. → Darlehensschuld) oder die auf einen in → Geld zu berechnenden Wert eines Gegenstands lautende Schuld (W. i.e.S., Geldwertschuld z.B. → Schadensersatzschuld). Die W. steht im Gegensatz zu der auf die Leistung einer (sonstigen) → Sache gerichteten Schuld.

Wertsicherungsklausel ist die → Vereinbarung, dass der Betrag einer Geldschuld in Euro durch den Kurs einer anderen → Währung, den Goldkurs oder den Preis für andere Güter und Leistungen bestimmt wird. Die W. verhindert inflationsbedingte Wertverluste und bedarf vielfach der → Genehmigung. Es galt die Preisklauselverordnung vom 23.9.1998, die am 7.9.2007 durch das Preisklauselgesetz ersetzt wurde.

Lit.: *Dierdorf, J.*, Wertsicherungsklauseln nach neuem Euro-Recht, 1998; *Steiner, U.*, Wertsicherungsklauseln, 2003; *Kirchhoff, G.*, Wertsicherungsklauseln für Euro-Verbindlichkeiten, 2006

Wertsystem (Wertesystem) ist die zu einer zusammenhängenden Ordnung vereinigte Mehrheit von anerkannten Werten. Jede Rechtsordnung enthält notwendigerweise ein bestimmtes W., das sich insbesondere aus der jeweiligen → Verfassung ermitteln lässt. Nach dem → Grundgesetz ist der Schutz von → Freiheit und Menschenwürde der oberste Zweck allen Rechtes (Artt. 1, 2 GG). Weitere grundlegende Prinzipien sind z.B. die Menschenrechte, die → Gewaltenteilung, die → Gesetzmäßigkeit der Verwaltung oder die → Unabhängigkeit der Gerichte.

Lit.: Europa als Wertegemeinschaft, 2002

Wertzeichen ist der Gegenstand, der unabhängig von seinem Gegenstandswert einen bestimmten Wert repräsentiert. *Amtliche* W. (§ 148 StGB) sind von einem Träger hoheitlicher Gewalt befugtermaßen ausgestellte Zeichen, die als Quittung für die Entrichtung von Gebühren, Steuern oder Abgaben dienen oder deren Leistung erleichtern oder überwachen (z.B. Postwertzeichen [mit der Privatisierung der Post fragwürdig geworden], Versicherungsmarken). Das Nachmachen amtlicher W. sowie das Verschaffen und Verwenden falscher amtlicher W. ist strafbar.

Wertzeichenfälschung → Wertzeichen

Lit.: *Landes, J.*, Die Wertzeichenfälschung, 2007

Wesen (N.) Sein, Gesamtheit der kennzeichnenden Merkmale

Wesensgehaltsgarantie (Art. 19 II GG) ist die durch die → Verfassung gewährte Garantie, dass kein → Grundrecht in seinem Wesen angetastet werden darf. Die W. bildet eine absolute Grenze für die Einschränkung eines Grundrechts. Der Wesensgehalt ist dann angetastet, wenn der Einzelne zum Objekt des staatlichen Handelns gemacht wird, insbesondere wenn ihm der Gebrauch eines Grundrechts durch Voraussetzungen erschwert wird, auf deren Erfüllung er keinen Einfluss hat.

Lit.: *Hain, K.*, Die Grundsätze des Grundgesetzes, 1999; *Schaks, N.*, Die Wesensgehaltsgarantie Art. 19 II GG, JuS 2015, 407

wesentlich (Adj.) zum Wesen gehörend

wesentlicher Bestandteil → Bestandteil, wesentlicher

Westeuropäische Union (WEU) Belgiens, Frankreichs, Luxemburgs, der Niederlande und Großbritanniens vom 17.3.1948 war der zum gegenseitigen

Beistand für den Fall der Wiederaufnahme einer deutschen Angriffspolitik durch Vertrag begründete Staatenbund, der 1954 unter Änderung des Vertragszwecks auf die Förderung der Einheit Europas um Italien und die Bundesrepublik Deutschland erweitert wurde und dessen operative Aufgaben zum 13.11.2000 auf die Europäische Union übertragen wurden. Am 31.3.2010 beschlossen 10 Vollmitglieder die Auflösung infolge Zweckerreichung.

Lit.: *Birk, E.,* Der Funktionswandel der Westeuropäischen Union, 1999; *Brandstetter, G.,* Die Westeuropäische Union, 1999

Wettbewerb ist das Streben mehrerer nach einem Ziel, das nicht alle (gleichzeitig) erreichen können. Im → Wirtschaftsrecht ist W. das Streben jedes von mehreren → Unternehmern, auf einem gemeinsamen Markt mit möglichst vielen Kunden abzuschließen. Der W. ist kennzeichnender Bestandteil der → Marktwirtschaft. Seine schädlichen Auswüchse sind durch staatliches Handeln zu beseitigen. Dies ist insbesondere durch das Gesetz gegen den unlauteren W. (1909) geschehen. Dieses erklärt allgemein alle unlauteren (unfairen) Wettbewerbshandlungen (d. h. Handlungen einer Person mit dem Ziel, zu Gunsten des eigenen oder eines fremden Unternehmens den Absatz oder den Bezug von Waren oder die Erbringung oder den Bezug von Dienstleistungen, einschließlich unbeweglicher Sachen, Rechte und Verpflichtungen zu fördern, § 2 I Nr. 1 UWG), die geeignet sind, den Wettbewerb zum Nachteil des Mitbewerbers, der Verbraucher oder der sonstigen Marktteilnehmer spürbar zu beeinträchtigen, als unzulässig (§ 3 UWG, z.B. Abwerben von Arbeitskräften, übermäßige Ausnützung von Gefühlen des Mitleids für geschäftliche Zwecke, Ansprechen Unfallbeteiligter am Unfallort zu geschäftlichen Zwecken, Scannen eines Telefonbuchs zwecks Vermarktung, gesetzliche Beispiele in den §§ 4 ff. UWG). Rechtsfolge können Beseitigungsanspruch, Unterlassungsanspruch, Schadensersatzanspruch, Gewinnabschöpfung oder Strafe sein.

Lit.: *Emmerich, V.,* Unlauterer Wettbewerb, 9. A. 2012; *Harte-Bavendamm/Henning-Bodewig,* UWG, 3. A. 2013; *Fezer, H.,* UWG, 2. A. 2010; *Ohly, A./Sosnitza,* UWG, 6. A. 2014; UWG Handkommentar, hg. v. *Götting, H. u.a.,* 2009; *Köhler, H./Bornkamm, J.,* Gesetz gegen den unlauteren Wettbewerb, 33. A. 2015; *Beater, A.,* Unlauterer Wettbewerb, 2011

Wettbewerbsbeschränkung ist die Einschränkung der grundsätzlich bestehenden Wettbewerbsfreiheit. Die W. kann z.B. zur Verhinderung von unlauterem → Wettbewerb geboten sein. Im Übrigen ist (private) W. vielfach schädlich, weshalb sie durch das Gesetz gegen W. nur eingeschränkt zugelassen ist (§§ 1 ff. GWB). → Preisbindung, → Kartell, → Kartellrecht

Lit.: *Bechtold, R.,* Kartellgesetz, 7. A. 2013

Wettbewerbsrecht ist die Gesamtheit der den → Wettbewerb betreffenden Rechtssätze. Das W. ist gesetzlich insbesondere im Gesetz gegen den unlauteren Wettbewerb und im Gesetz gegen Wettbewerbsbeschränkungen geregelt. Dazu kommt das W. der → Europäischen Union.

Lit.: WettbR, 32. A. 2012; Gewerblicher Rechtsschutz Wettbewerbsrecht Urheberrecht (Lbl.) 51. A. 2014;

Köhler, H./Bornkamm, J., Gesetz gegen den unlauteren Wettbewerb; 32. A. 2014; *Berlit, W.,* Wettbewerbsrecht, 9. A. 2014; *Haberstumpf, H./Husemann, S.,* Wettbewerbs- und Kartellrecht, gewerblicher Rechtsschutz, 6. A. 2014; *Himmelsbach, G.,* Wettbewerbsrecht, 4. A. 2014; *Immenga, U./Mestmäcker, E.,* Wettbewerbsrecht, Bd. 1 f. 5. A. 2012; Europäisches und deutsches Wettbewerbsrecht (Kartellrecht), hg. v. *Bornkamm, J. u.a.,* 2. A. 2015; *Klute, N.,* Die Entwicklung des Wettbewerbsrechts, NJW 2008, 2965; *Lettl, T.,* Wettbewerbsrecht, 2009; Europäisches Wettbewerbsrecht, hg. v. *Schröter, H. u.a.,* 2. A. 2011; *Mestmäcker, E./Schweitzer, H.,* Europäisches Wettbewerbsrecht, 3. A. 2014; *Krebs, P./Becker, M.,* Lexikon des Wettbewerbsrechts, 2015

Wettbewerbsverbot ist die Verpflichtung einer Person, keinen gewerblichen → Wettbewerb zu einem Unternehmer zu betreiben. Sie ergibt sich während des Bestehens eines → Dienstverhältnisses aus der → Treuepflicht (vgl. § 60 HGB), nach seiner Beendigung evtl. aus einem vertraglich begründeten (entgeltlichen) W. (z.B. § 74 HGB). Ein W. anlässlich des Ausscheidens aus einer freiberuflichen Sozietät kann längstens eine Dauer von zwei Jahren haben.

Lit.: *Bauer, J./Diller, M.,* Wettbewerbsverbote, 7. A. 2015

Wette (§ 762 BGB) ist das (gegenseitige,) zur Bekräftigung bestimmter widerstreitender Behauptungen mehrerer Vertragspartner dienende → Versprechen, dass dem, dessen Behauptung sich als richtig erweist, ein Gewinn zufallen soll. Im Gegensatz zum → Spiel liegt der Zweck der W. nicht in der Unterhaltung oder im Gewinn (so aber z.B. Pferdewette), sondern in der Bekräftigung eines ernsthaften Meinungsstreits. Durch W. wird eine → Verbindlichkeit nicht begründet, doch kann das Geleistete nicht wegen Fehlens einer Verbindlichkeit zurückgefordert werden. Die staatlich genehmigte Wette ist analog § 763 BGB verbindlich.

Lit.: *Voßkuhle, A.,* Rechtsfragen der Sportwette, 2002; *Horn, H.,* Zum Recht der gewerblichen Veranstaltung und Vermittlung von Sportwetten, NJW 2004, 2047

WEU (F.) → Westeuropäische Union

WHO (World Health Organization) Weltgesundheitsorganisation, 22.7.1946, Sitz in Genf

wichtiger Grund → Kündigung

Widerklage (z.B. § 33 ZPO) ist die → Klage, die vom → Beklagten im gleichen Verfahren gegen den → Kläger erhoben wird. Eine W. setzt voraus, dass ein rechtlicher Zusammenhang zur Klage besteht (z.B. Zahlung des Kaufpreises und Schadensersatz wegen Nichterfüllung). Die W. wird grundsätzlich wie eine selbständige Klage behandelt.

Lit.: *Ott, A.,* Die Parteiwiderklage, 1999; *Huber, M.,* Die Widerklage, JuS 2007, 1079

Widerrechtlichkeit → Rechtswidrigkeit

Widerruf ist im Privatrecht grundsätzlich die → Willenserklärung, die eine noch nicht endgültig wirksame Willenserklärung von Anfang an beseitigen soll (§ 130 I 2 BGB, vgl. aber z.B. § 671 BGB). Im Verwaltungsrecht (§ 49 VwVfG) ist W. die Aufhebung eines rechtmäßigen → Verwaltungsakts. Ein rechtmäßiger, nicht begünstigender Verwaltungsakt kann auch nach seiner Unanfechtbarkeit für die Zukunft widerrufen werden, außer wenn ein Verwaltungsakt gleichen Inhalts erneut erlassen werden müsste oder aus anderen Gründen ein W. unzulässig ist. Ein rechtmäßiger begünstigender Verwaltungsakt kann dagegen nur widerrufen werden, wenn der W. durch Rechtsvorschrift zugelassen oder im Verwaltungsakt vorbehalten ist, wenn mit dem Verwaltungsakt eine Auflage verbunden ist, die der Begünstigte nicht oder nicht rechtzeitig erfüllt hat, wenn die Behörde auf Grund nachträglich eingetretener Tatsachen berechtigt wäre, den Verwaltungsakt nicht zu erlassen, wenn die Behörde auf Grund einer geänderten Rechtsvorschrift berechtigt wäre, den Verwaltungsakt nicht zu erlassen oder wenn schwere Nachteile für das Gemeinwohl zu verhüten oder zu beseitigen sind. Ein rechtmäßiger Verwaltungsakt, der eine Geldleistung oder eine teilbare Sachleistung zur Erfüllung eines bestimmten Zweckes gewährt, kann auch mit Wirkung für die Vergangenheit widerrufen werden, wenn die Leistung nicht für den bestimmten Zweck verwendet wird oder eine mit dem Verwaltungsakt verbundene Auflage nicht erfüllt wird.

Lit.: *Damm, R./Rehbock, K.,* Widerruf, Unterlassung und Schadensersatz in Presse und Rundfunk, 3. A. 2008; *Masuch, A.,* Neues Muster für Widerrufsbelehrungen, NJW 2008, 1700; *Ebneth, P.,* Widerruf und Widerrufsbelehrung, NJW 2011, 1029

Widerrufsrecht ist das → Recht zum → Widerruf einer → Willenserklärung. Nach § 355 BGB ist der gesetzlich widerrufsberechtigte → Verbraucher (§ 312 BGB Haustürgeschäft, § 312d BGB Fernabsatzvertrag, § 485 BGB Teilzeit-Wohnrechtevertrag, § 495 BGB Verbraucherdarlehensvertrag) an seine auf den → Abschluss eines → Vertrags mit einem → Unternehmer gerichtete Willenserklärung nicht mehr gebunden, wenn er sie fristgerecht (durch eindeutige, nicht notwendigerweise begründete Erklärung innerhalb 14 Tagen) widerrufen hat, wobei der Unternehmer die Widerrufsrechtsbelehrung auch unmittelbar nach Vertragsschluss übermitteln darf. Bis zum Ablauf der Widerrufsfrist besteht schwebende Wirksamkeit.

Lit.: *Fischer, N.,* Das allgemeine verbraucherschützende Widerrufsrecht, 2003

Widerrufsvorbehalt ist der → Vorbehalt einer nachträglichen Beseitigung einer Erklärung oder Anordnung. Der W. ermöglicht die spätere Aufhebung ohne Weiteres. Im Verwaltungsrecht kann er Nebenbestimmung des → Verwaltungsakts sein.

Lit.: *Wellas, M.,* Der Widerrufsvorbehalt, 1973

Widerspruch ist die einem Umstand widersprechende Gegenäußerung. Im Sachenrecht (§ 899 BGB) kann bei Unrichtigkeit des → Grundbuchs zum Schutz des wahren Berechtigten ein W. in das Grundbuch eingetragen werden. Der W. sichert den → Anspruch auf → Berichtigung des Grundbuchs und zerstört den öffentlichen → Glauben des

Grundbuchs. Im Verfahrensrecht ist W. eine Bezeichnung für verschiedene → Rechtsbehelfe (z.B. §§ 694, 777 [Erinnerung], 924 ZPO). Im Verwaltungsrecht ist der W. (§§ 68ff. VwGO) der allgemeine → Rechtsbehelf gegen einen → Verwaltungsakt. Er leitet das → Verwaltungsverfahren ein, in dem vor Erhebung der → Anfechtungsklage Rechtmäßigkeit und Zweckmäßigkeit des Verwaltungsakts nachzuprüfen sind (→ Widerspruchsverfahren). Er hat im Rahmen der §§ 80, 80b VwGO aufschiebende Wirkung.

Lit.: *Eichler, M.,* Das Widerspruchsrecht des Arbeitnehmers beim Betriebsübergang, 2002; *Maiberg, K.,* Zur Widerspruchsabhängigkeit von strafprozessualen Verwertungsverboten, 2003

Widerspruchsbehörde (§ 73 VwGO) ist die → Behörde, die über den → Widerspruch gegen einen Verwaltungsakt entscheidet. Dies ist je nach gesetzlicher Regelung die nächsthöhere Behörde oder ausnahmsweise die Behörde, die den → Verwaltungsakt erlassen hat. Ihre nicht abhelfende Entscheidung ist der → Widerspruchsbescheid.

Widerspruchsbescheid (§ 73 VwGO) ist der von der → Widerspruchsbehörde auf einen → Widerspruch hin erlassene → Verwaltungsakt. Der W. ergeht, wenn die Behörde dem Widerspruch nicht abhilft. Er ist allerdings nur dann gesondert ohne gleichzeitige → Anfechtung des Erstbescheids anfechtbar, wenn er eine selbständige → Beschwer enthält (§ 79 II VwGO).

Lit.: *Wahrendorf, V.,* Urteil, Beschluss und Widerspruchsbescheid, 3. A. 1994

Widerspruchsklage → Drittwiderspruchsklage

Widerspruchsverfahren (§§ 68ff. VwGO) ist das → Verwaltungsverfahren, das gegen einen → Verwaltungsakt gerichtet ist. Im W. sollen Rechtmäßigkeit und Zweckmäßigkeit des Verwaltungsakts von der → Widerspruchsbehörde überprüft werden. Seine Durchführung ist grundsätzlich zwingende Voraussetzung für die Erhebung einer → Anfechtungsklage oder einer → Verpflichtungsklage. Es ist binnen eines Monats nach Bekanntgabe des Verwaltungsakts einzuleiten und endet mit → Abhilfe oder mit dem → Widerspruchsbescheid (§§ 70ff. VwGO). Seit 2007 ist in Bayern und Nordrhein-Westfalen ein W. nur noch in einzelnen gesetzlich festgelegten Sachgebieten erforderlich.

Lit.: *Geis, M./Hinterseh, S.,* Grundfälle zum Widerspruchsverfahren, JuS 2001, 1074; *Pietzner, R./Ronellenfitsch, M.,* Das Assessorexamen im öffentlichen Recht, 13. A. 2014

Widerstand ist die entgegenstehende Haltung oder Kraft. W. *gegen Vollstreckungsbeamte* (§§ 113f. StGB) ist insbesondere die Leistung von W. mit → Gewalt (z.B. durch Festhalten an Gegenständen und Stemmen der Füße gegen den Boden zwecks Verhinderung der Verbringung an einen anderen Ort) oder durch → Drohung mit Gewalt oder der tätliche Angriff gegenüber einem → Amtsträger (Vollstreckungsbeamten) bei der Vornahme einer rechtmäßigen Diensthandlung. Eine Strafbarkeit wegen

Widerstands gegen Vollstreckungsbeamte entfällt, wenn der Täter in entschuldbarer Weise irrig die Diensthandlung als rechtswidrig angesehen hat (§ 113 IV StGB).

Lit.: *Missling, B.,* Widerstand und Menschenrechte, 1999; *Falk, E.,* Widerstand gegen Vollstreckungsbeamte, 2000

Widerstandsrecht (Art. 20 IV GG) ist das Recht jedes → Deutschen, gegen jeden, der es unternimmt, die verfassungsmäßige Grundordnung zu beseitigen, dann, wenn andere Abhilfe nicht möglich ist, Widerstand zu üben. Es ist ein letztes Mittel zur Aufrechterhaltung des → Rechtes. Es birgt aber die Gefahr des unrechtmäßigen Widerstands gegen die Staatsgewalt.

Lit.: *Kröger, K.,* Widerstandsrecht und demokratische Verfassung, 1971; *Meyer, T.,* Widerstandsrecht in der Demokratie, 1984

Widmung ist die Erklärung einer staatlichen Stelle, dass eine → Sache einem bestimmten öffentlichen Zweck dienen soll (öffentliche Sache z. B. Straße, § 2 FStrG). Die W. ist ein Hoheitsakt. Sie kann durch → Gesetz, → Verordnung, → Satzung, → Gewohnheitsrecht oder → Verwaltungsakt erfolgen. Ihre Rechtswirkung tritt erst mit der zwecksprechenden Nutzung ein. Sie endet mit der Entwidmung.

Lit.: *Axer, P.,* Die Widmung, 1994 (Diss.)

Wiederaufgreifen (§ 51 VwVfG) ist die erneute Sachbehandlung nach Abschluss des Verfahrens. Das W. ist ein außerordentlicher → Rechtsbehelf, der darauf gerichtet ist, die bereits eingetretene Unanfechtbarkeit eines → Verwaltungsakts zu beseitigen und den (fehlerhaften) Verwaltungsakt aufzuheben oder abzuändern. Es erfordert ganz bestimmte Voraussetzungen (nachträgliche Änderung der Sachlage oder Rechtslage, neue → Beweismittel, Wiederaufnahmegründe, Einhaltung einer Frist von drei Monaten).

Lit.: *Bastian, O.,* Das verwaltungsbehördliche Ermessen zum Wiederaufgreifen, 1985

Wiederaufnahme (z. B. §§ 578 ff. ZPO) ist die erneute Durchführung eines rechtskräftig abgeschlossenen → Prozesses. Die W. ist ein außerordentlicher → Rechtsbehelf. Sie erfolgt durch → Nichtigkeitsklage (§ 579 ZPO) oder → Restitutionsklage (§ 580 ZPO). Die zulässige Klage beseitigt die → Rechtskraft der früheren Entscheidung und führt zu neuer → Verhandlung der → Hauptsache. Im Strafverfahren (§§ 359 ff. StPO) wird zwischen W. zu Gunsten und W. zu Ungunsten des Verurteilten unterschieden. Erweist sich der Antrag auf W. als begründet, so ordnet das Gericht die W. des Verfahrens und die Erneuerung der Hauptverhandlung an.

Lit.: *Marxen, K./Tiemann, F.,* Die Wiederaufnahme in Strafsachen, 1993; *Foerster, U.,* Wiederaufnahme des Zivilprozesses bei naturwissenschaftlichem Erkenntnisfortschritt, NJW 1996, 345; *Theobald, S.,* Barrieren im strafrechtlichen Wiederaufnahmeverfahren, 1998

Wiedereinsetzung in den vorigen Stand (z. B. § 233 ZPO) ist die gerichtliche → Entscheidung, durch die

eine versäumte und nachgeholte → Prozesshandlung als rechtzeitig fingiert wird. Die W. setzt einen → Antrag voraus. Dieser ist begründet, wenn der Betreffende unverschuldet verhindert war, eine besonders genannte → Frist einzuhalten (z. B. durch Erkrankung, durch fehlerhafte Adressierung eines fristgebundenen Schriftsatzes an das Ausgangsgericht und dort verzögerte Weiterleitung an das Rechtsmittelgericht, durch verzögerte Beförderung ordnungsgemäß adressierter und frankierter Post, nicht bei Belegtsein eines Telefaxempfangsgeräts eines Gerichts [zw.]). Die Anforderungen an das von dem Betroffenen Veranlasste dürfen nicht überspannt werden.

Lit.: *Kummer, P.,* Wiedereinsetzung in den vorigen Stand, 2003; *Roth, W.,* Wiedereinsetzung nach Fristversäumnis wegen Belegung des Telefaxempfangsgeräts, NJW 2008, 785; *Bernau, F.,* Die Rechtsprechung des BGH zur Wiedereinsetzung in den vorigen Stand, NJW 2015, 2004

Wiedergutmachung → Schadensersatz, Täter-Opfer-Ausgleich

Lit.: *Merckle, T.,* Ein neues Paradigma im Strafrecht, 1999; Wiedergutmachung für Kriminalitätsopfer, hg. v. Weißen Ring, 1999; *Brodesser, H./Fehn, B./Franosch, T. u. a.,* Wiedergutmachung und Kriegsfolgenliquidation, 2000

Wiederherstellung der aufschiebenden Wirkung → Suspensiveffekt

wiederholt (Adj.) nochmals ausgeführt

wiederholte Verfügung → Verfügung, wiederholte

Wiederholungsgefahr ist die Wahrscheinlichkeit, dass ein bestimmtes → Verhalten erneut geübt wird. Die W. von → Störungen begründet im Privatrecht einen → Unterlassungsanspruch (§ 1004 BGB). Im → Strafverfahrensrecht bildet die W. in engen Voraussetzungen einen → Haftgrund.

Lit.: *Schloth, S.,* Die Haftgründe der Wiederholungsgefahr, 1999

Wiedervereinigung ist die Wiederherstellung der Einheit Deutschlands. Die W. war bis 3.10.1990 ein politisches Ziel. Zu seiner Erreichung forderte die → Präambel des → Grundgesetzes das gesamte deutsche Volk auf. Am 3.10.1990 trat nach wirtschaftlichen Schwierigkeiten und politischen Unruhen infolge der Förderung dieses Vorhabens durch die Vereinigten Staaten von Amerika sowie die Duldung durch die Sowjetunion, Großbritannien und Frankreich die Deutsche Demokratische Republik auf Wunsch ihrer Bevölkerung der Bundesrepublik Deutschland bei, ohne dass alle früheren Teile des Deutschen Reiches wiedervereinigt worden wären.

Lit.: *Köbler, G.,* Deutsche Rechtsgeschichte, 6. A. 2005; *Kroeschell, K.,* Rechtsgeschichte Deutschlands im 20. Jahrhundert, 1992; Handbuch zur deutschen Einheit, hg. v. *Weidenfeld, W.* 1999; *Tofahrn, K.,* Chronologie der Wiedervereinigung, 2004

Wiederverheiratungsklausel ist die Klausel eines gemeinschaftlichen → Testaments, dass der überlebende Ehegatte bei Wiederverheiratung verpflichtet sein soll, sich mit den gemeinschaftlichen → Abkömmlingen entsprechend der gesetzlichen → Erbfolge auseinanderzusetzen.

Lit.: *Buchholz, S.,* Erbfolge und Wiederverheiratung, 1986

Wiedervorlage ist in der Verwaltungspraxis die erneute Vorlage einer → Akte nach Ablauf eines gewissen Zeitraums, innerhalb dessen vermutlich eine sachliche Veränderung eingetreten ist.

Wiener Kongress ist der vom 18.9.1814 bis 9.6.1815 in Wien tagende, die territorialen Verhältnisse Europas nach Beendigung der napoleonischen Vorherrschaft neu ordnende, im Wesentlichen auf die Wiederherstellung der früheren Zustände unter Schonung Frankreichs gerichtete Kongress. → Deutscher Bund

Lit.: *Köbler, G.,* Deutsche Rechtsgeschichte, 6. A. 2005

wild (Adj.) ungezähmt

Wild ist die Gesamtheit der wildlebenden jagdbaren Säugetiere und Vögel bzw. im Verwaltungsrecht die wildlebenden → Tiere, die dem → Jagdrecht unterliegen (§ 1 BJagdG).

wilder Streik → Streik, wilder

Wilderei (§§ 292, 293 StGB) ist die Verletzung des Jagdrechts oder Fischereirechts. → Jagdwilderei, Fischwilderei

Lit.: *Löhr, U.,* Die Wilderei, 1969

Wildschaden (§§ 26 ff. BJagdG) ist der von → Wild (an → Grundstücken) verursachte → Schaden. Zur Verhütung von W. sind Jagdausübungsberechtigter und Eigentümer oder Nutzungsberechtigter eines Grundstücks berechtigt, das Wild von den Grundstücken abzuhalten oder zu verscheuchen und ist der Jagdausübungsberechtigte evtl. zur Verringerung des Wildbestands verpflichtet. Darüber hinaus ist der an einem Grundstück, das zu einem gemeinschaftlichen Jagdbezirk gehört, durch Schalenwild, Wildkaninchen oder Fasane verursachte → Schaden von der → Jagdgenossenschaft dem Geschädigten zu ersetzen (§ 29 BJagdG).

Lit.: *Türcke, F.,* Der Wildschaden, 1971

Wille ist das das menschliche Verhalten leitende Streben bzw. die Fähigkeit des Menschen, sich für ein bestimmtes Verhalten zu entscheiden. Seine organische wie gedankliche Entstehung im Einzelfall ist bisher nicht wirklich geklärt. Die Rechtsordnung geht grundsätzlich von der Freiheit des menschlichen Willens aus.

Lit.: *Kerger, H.,* Wille als Sprechakt und Entscheidung, 2004; *Schiemann, A.,* Kann es einen freien Willen geben?, NJW 2004, 2056

Willenserklärung ist die unmittelbar auf einen rechtlichen → Erfolg gerichtete, private → Willensäußerung z.B. Kaufvertragsantrag, Mietvertragsannahme, Erbeinsetzung). Die W. ist eine aus innerem Willen und nach außen vermittelnder Erklärung

bestehende → Rechtshandlung i.w.S. Sie bildet den wichtigsten Bestandteil eines → Rechtsgeschäfts. Sie ist der in einer (äußeren) → Erklärung verwirklichte (innere) → Wille, nach anderer Ansicht die aus (subjektivem Element) Wille (→ Handlungswille [fehlt z.B. bei einer vom Verfasser nicht gewollten Absendung eines Briefes durch einen Dritten], → Erklärungswille bzw. Erklärungsbewusstsein [fehlt z.B. bei Unterschrift unter einen Vertrag in der Meinung, es gehe um eine Grußkarte], Geschäftswille [fehlt z.B. bei Verschreiben oder Fehlvorstellung über Bedeutung eines verwendeten Wortes]] oder → Rechtsfolgewille) und (objektivem Element) Erklärung (Kundgabe des Rechtsbindungswillens) zusammengesetzte Einheit. Dabei kann die Erklärung auch in digitaler Form erfolgen, sofern nicht eine andere Form kraft Vertrags oder Gesetzes erforderlich ist. Für das Verständnis der W. stellt die Willenstheorie hauptsächlich auf den inneren Willen, die Erklärungstheorie in erster Linie auf die äußere Erklärung ab. Die W. ist vollendet mit der Abgabe, wird aber unter Abwesenden vielfach erst mit → Zugang wirksam (§ 130 BGB). Die W. kann ausdrücklich oder konkludent erklärte W. sein. Sie kann weiter *empfangsbedürftige* W. (z.B. → Kündigung) oder *nicht empfangsbedürftige* (, unabhängig von einem Empfang mit der Abgabe wirksam werdende) W. (z.B. → Enterbung) sein. Sie ist zu unterscheiden von der bloßen (unverbindlichen) → Einladung zu einem Angebot oder der rechtsgeschäftsähnlichen → Handlung (Rechtshandlung). Die W. unterliegt der → Auslegung (§ 133 BGB). Bei bestimmten → Mängeln ist sie → anfechtbar (z.B. → Irrtum) oder → nichtig (z.B. → Sittenwidrigkeit).

Lit.: *Scheuerer, D.,* Die Willenserklärung im elektronischen Rechtsverkehr, Diss. jur. Greifswald 1999; *Cordes, A.,* Form und Zugang von Willenserklärungen im Internet, 2001; *Wiebe, A.,* Die elektronische Willenserklärung, 2002; *Schmitt, J.,* Der Begriff der lediglich rechtlich vorteilhaften Willenserklärung, NJW 2005, 1090; *Leenen, D.,* Ist das richtig so?, JuS 2008, 579; *Musielak, H.,* Zum Verhältnis von Wille und Erklärung, AcP 2011, 769

Willensfreiheit ist die (vermutete) Unabhängigkeit des → Willens von äußeren, die Willenshandlung zwangsweise bestimmenden Umständen (z.B. Vorherbestimmung, Schicksal, Erbgut). Die Annahme der W. ist eine wesentliche Grundlage der geltenden Rechtsordnung, auf die z.B. die Begründung des → Strafrechts beruht. Im → Schuldrecht ist die W. konkretisiert in der Form der → Vertragsfreiheit.

Lit.: *Spriegel, W.,* Willensfreiheit und Rechtsmissbrauch im Strafantragsrecht, 2003; *Bieri, P.,* Das Handwerk der Freiheit, 2003

Willensmangel ist der → Mangel einer → Willenserklärung. Zu den Willensmängeln zählen etwa (Fehlen einer Willenshandlung überhaupt, Fehlen des Handlungswillens, Fehlen des Erklärungsbewusstseins, Fehlen des Geschäftswillens,) geheimer → Vorbehalt, → Scheingeschäft, → Scherzerklärung, → Irrtum, → Drohung, → Täuschung, → Formmangel, → Gesetzesverstoß, → Sittenwidrigkeit, beschränkte Geschäftsfähigkeit oder fehlende → Geschäftsfähigkeit. Die Rechtsfolge eines Willensmangels ist → Nichtigkeit oder → Anfechtbarkeit.

Lit.: *Wiegand, D.,* Vertragliche Beschränkungen der Berufung auf Willensmängel, 2000; *Meyer, F.,* Willensmängel beim Rechtsmittelverzicht, 2003; *Lorenz, S.,* Grundwissen – Zivilrecht Willensmängel, JuS 2012, 490

Willenstheorie → Willenserklärung, → Willensmangel

Willkür (F.) willentlicher Rechtsbruch

Willkürverbot (Art. 3 I GG) ist das → Verbot, ohne angemessenen Grund Gleiches ungleich und Ungleiches gleich zu behandeln. Das W. ist verletzt, wenn das staatliche Handeln bei verständiger Würdigung der das → Grundgesetz beherrschenden Gedanken nicht mehr verständlich ist und sich daher der Schluss aufdrängt, dass es auf sachfremden Erwägungen beruht (z. B. Verneinung eines aufrechenbaren Gegenanspruchs aus positiver Forderungsverletzung gegen einen seinen arbeitslosen Mandanten nicht auf die Beratungshilfe hinweisenden Rechtsanwalt gegenüber dessen Gebührenforderung, Entzug aller Sachmittel eines der Wahrheit verpflichteten Leistungsträgers durch einen leistungslosen Tagedieb, Diskriminierung des Bestevaluierten zu Gunsten von Rechtsbrechern). Im Strafrecht folgt aus dem W. die Verpflichtung des → Gesetzgebers, bei der Bemessung des → Strafrahmens von der Typik des in ihm missbilligten Verhaltens auszugehen. → Rechtsmissbrauch

Lit.: *Kallina, H.,* Willkürverbot und Neue Formel, 2001; *Lindeiner, F. v.,* Willkür im Rechtsstaat, 2002

Winterausfallgeld ist das für die 30. bis zur 100. Ausfallstunde durch eine Umlage der Arbeitgeber (d. h. über den Markt), danach durch die Bundesagentur für Arbeit (d. h. über die Steuern) aufgebrachte Entgelt in der Bauwirtschaft bei Arbeitsausfall infolge Winterwetters.

Lit.: Kurzarbeitergeld und Winterausfallgeld, 1999

Wirkung ist die Folge eines Umstands, insbesondere eines Verhaltens. Sie kann in der Rechtsordnung sehr verschieden sein. *Konstitutive* (rechtsbegründende) W. liegt vor, wenn ein Verhalten einen Rechtserfolg begründet (z. B. Eintragung in ein Register begründet Rechtsfähigkeit oder Kaufmannseigenschaft). *Deklaratorische* (rechtsbekundende) W. ist gegeben, wenn ein Verhalten einen Rechtserfolg nur sichtbar macht (z. B. Eintragung der Erteilung der Prokura in das Handelsregister). *Konfirmatorische* W. besteht, wenn ein Verhalten gewisse sekundäre Rechtsfolgen auslöst (z. B. § 15 I HGB, negative Publizitätswirkung der Eintragung). *Aufschiebende* W. ist die Folge, dass eine Rechtsfolge erst später eintritt (z. B. Rechtskraft, → Suspensiveffekt). *Abwälzende* W. ist die Folge, dass eine Rechtsfolge an einer anderen Stelle eintritt (z. B. Devolutiveffekt).

Lit.: Wirkungsforschung zum Recht, hg. v. *Hof, H.,* Bd. 1 f. 1999 f.; *Würdinger, M.,* Doppelwirkungen im Zivilrecht, JuS 2011, 769

Wirkungskreis ist der jeweilige Aufgabenbereich. *Eigener* W. einer → Gemeinde ist der Bereich der ihr als örtlicher Gemeinschaft nach Art. 28 GG zustehenden Aufgaben der → Selbstverwaltung. Diese Aufgaben können Pflichtaufgaben (z. B. Straßenbau), bei denen die Gemeinde nur über die Art und Weise der Durchführung einer gesetzlich vorgeschriebenen Maßnahme entscheiden kann, oder freiwillige Aufgaben, bei denen die Gemeinde auch über die Verwirklichung als solche entscheidet (z. B. Sportplatz, Bücherei), sein. *Übertragener* W. ist der Aufgabenbereich, der im Auftrag eines anderen Hoheitsträgers wahrgenommen wird (z. B. Ordnungsverwaltung). Im übertragenen W. wird der Verwaltungsträger im Rahmen der → Auftragsverwaltung tätig und unterliegt dabei der → Fachaufsicht.

Wirtschaft ist die Gesamtheit der Einrichtungen und Maßnahmen zur planvollen Deckung des menschlichen Bedarfs an Gütern.

Lit.: Gabler-Wirtschafts-Lexikon, red. v. *Arentzen, U.,* 18. A. 2014; *Rittershofer, W.,* Wirtschaftslexikon, 4. A. 2009; Der Brockhaus Wirtschaft, hg. v. *Hogen, H.,* 2. A. 2008

wirtschaftlich (Adj.) die Wirtschaft betreffend

wirtschaftliche Betrachtungsweise → Betrachtungsweise, wirtschaftliche

wirtschaftliche Unmöglichkeit → Unmöglichkeit, wirtschaftliche

wirtschaftlicher Verein → Verein

Wirtschaftsanwalt ist der im Bereich der → Wirtschaft tätige → Rechtsanwalt.

Lit.: *Endrös, A./Waltl, P.,* Der Wirtschaftsanwalt, 1995

Wirtschaftsjurist ist der in der → Wirtschaft als Angestellter tätige → Jurist. Wegen Überfüllung der Richteramtsbefähigung erfordernden juristischen Berufe versuchen juristische Fakultäten seit einigen Jahren verstärkt ihre überhöhten Ausbildungskapazitäten durch Studiengänge für nur in der Wirtschaft verwendbaren (Mini-)Juristen abzusichern.

Lit.: *Kreizberg, K.,* Die Juristen in den Organisationen der Wirtschaft, 1994; *Hoffmann, M.,* Die Ausbildung zum internationalen Wirtschaftsjuristen, JuS 2004, 262

Wirtschaftskriminalität ist die Gesamtheit der im Bereich des wirtschaftlichen Handelns vorgenommenen → Straftaten (z. B. §§ 283 ff., 263 StGB, → Insolvenzstraftaten, → Betrug, → Wirtschaftsstrafrecht).

Lit.: *Maier, K.,* Wirtschaftskriminalität und interne Revision, 2001; *Thomann, D.,* Wirtschaftskriminalität, 2003

Wirtschaftslenkung ist die Gesamtheit der wirtschaftlichen Maßnahmen, durch die zum Zweck der Erreichung eines wirtschaftspolitisch oder gesellschaftspolitisch erwünschten Zustands oder Ablaufs des Wirtschaftslebens auf das wirtschaftliche Geschehen eingewirkt werden soll (z. B. Preisfestsetzung, Steuerfestsetzung, → Subvention). Die W. ist ein Teil der Politik. Die W. kann *unmittelbar* (z. B. Verbot) oder *mittelbar* sein (z. B. Kredit).

Lit.: *Pöhn, C.*, Wirtschaftslenkung, 2002

Wirtschaftsprivatrecht ist das die Wirtschaft betreffende → Privatrecht.

Lit.: *Führich, E.*, Wirtschaftsprivatrecht, 12. A. 2014; *Meyer, J.*, Wirtschaftsprivatrecht, 7. A. 2012; *Müssig, P.*, Wirtschaftsprivatrecht, 18. A. 2015; *Ahrens, C.*, Europäisches und internationales Wirtschaftsprivatrecht, 2008

Wirtschaftsprüfer ist der Mensch, dem kraft öffentlicher Bestellung die ausschließliche Befugnis zusteht, die Jahresabschlüsse der → Aktiengesellschaften zu prüfen. Der W. übt einen freien → Beruf aus, kein → Gewerbe. Seine Ausbildung ist in der Wirtschaftsprüferordnung geregelt (abgeschlossene Hochschulausbildung oder bestimmte zehnjährige oder fünfjährige praktische Berufstätigkeit, mindestens 3jährige praktische Tätigkeit, Bestehen einer Prüfung).

Lit.: *Markus, H.*, Der Wirtschaftsprüfer, 1996; *Lauterbach, A.*, Berufsziel Steuerberater/Wirtschaftsprüfer, 14. A. 2015; *Meixner, R./Schröder, U.*, Wirtschaftsprüferhaftung, 2013

Wirtschaftsrecht i. w. S. ist die Gesamtheit der die Wirtschaft betreffenden Rechtssätze. Das W. befasst sich mit der Einrichtung und Gestaltung, Ordnung, Förderung, Lenkung oder Begrenzung der selbständigen Erwerbstätigkeit. Es ist teils öffentliches, teils privates → Recht (→ Wirtschaftsprivatrecht). Das öffentlich-rechtliche W. zerfällt in Wirtschaftsverfassungsrecht und Wirtschaftsverwaltungsrecht. Das private W. (W. i. e. S., Wirtschaftsprivatrecht) umfasst u. a. → Handelsrecht, → Arbeitsrecht, Mitbestimmungsrecht, → Wettbewerbsrecht, → Urheberrecht, Haftungsrecht, → Insolvenzrecht.

Lit.: Aktuelle Wirtschaftsgesetze, 16. A. 2014; Wirtschaftsgesetze (Lbl.), 76. A. 2010; Öffentliches Wirtschaftsrecht, 80. A. 2013; Europäisches Wirtschaftsrecht (Lbl.) hg. v. *Winkel, K.*, 56. A. 2015; Handbuch des EU-Wirtschaftsrechts (Lbl.), hg. v. *Dauses, M.*, 35. A. 2014; *Herdegen, M.*, Internationales Wirtschaftsrecht, 10. A. 2014; *Hakenberg, W.*, Europarecht, 7. A. 2015; Münchener Vertragshandbuch Bd. 2 Wirtschaftsrecht 1 7. A. 2015, Bd. 3 Wirtschaftsrecht 2 7. A. 2015, Bd. 4 Wirtschaftsrecht 3, hg. v. *Schütze, R./Weipert, L.*, 7. A. 2012; *Ziekow, J.*, Öffentliches Wirtschaftsrecht, 3. A. 2013; *Kilian, W.*, Europäisches Wirtschaftsrecht, 4. A. 2010, 5. A. 2015?; Öffentliches, privates und europäisches Wirtschaftsrecht, hg. v. *Sodan, H.*, 15. A., 2015

Wirtschaftsstrafrecht → Wirtschaftsrecht

Lit.: *Tiedemann, K.*, Wirtschaftsstrafrecht, 2004; *Hellmann, U./Beckemper, K.*, Wirtschaftsstrafrecht, 2008; *Wittig, P.*, Wirtschaftsstrafrecht, 2010; Wirtschaftsstrafrecht hg. v. *Momsen, C. u. a.*, 2013; *Tiedemann, K.*, Wirtschaftsstrafrecht Besonderer Teil, 3. A. 2011; *Tiedemann, K.*, Wirtschaftsstrafrecht Allgemeiner Teil 4. A. 2014; Münchener Anwaltshandbuch Verteidigung in Wirtschafts- und Steuerstrafsachen, hg. v. *Volk, K.*, 2. A. 2014

Wirtschaftsunion → Staatsvertrag

Wirtschaftsverfassungsrecht ist die Gesamtheit der Rechtssätze, die Organisation und Ablauf der

→ Wirtschaft in ihren Grundlagen bestimmen (z. B. Stabilitätsgesetz) bzw. in einem engeren Sinn die Summe der diesbezüglichen Normen der Verfassungsurkunde (z. B. Sozialstaatsprinzip).

Lit.: *Frotscher, W.*, Wirtschaftsverfassungs- und Wirtschaftsverwaltungsrecht, 6. A. 2013

Wirtschaftsverwaltungsrecht ist die Gesamtheit der Rechtssätze, durch die der → Staat auf die Wirtschaft im Einzelnen ordnend, fördernd oder lenkend eingreift. Das W. ist Teil des (öffentlich-rechtlichen) → Wirtschaftsrechts. Es lässt sich gliedern in das Wirtschaftsorganisationsrecht (z. B. Bundesbankgesetz), das Unternehmensrecht und Berufsrecht, das Wirtschaftsvertragsrecht und das Wirtschaftslenkungsrecht.

Lit.: *Frotscher, W.*, Wirtschaftsverfassungs- und Wirtschaftsverwaltungsrecht, 6. A. 2013; *Stober, R.*, Allgemeines Wirtschaftsverwaltungsrecht, 18. A. 2014; *Stober, R.*, Besonderes Wirtschaftsverwaltungsrecht, 15. A. 2011

Wissen ist das Kennen eines Umstands. Es kann rechtlich bedeutsam sein (z. B. → Vorsatz). Das W. eines Bediensteten einer Personenvereinigung darf nur dieser, nicht ihren Organen oder Mitgliedern zugerechnet werden.

Lit.: *Rohde, A.*, Die Wissenszurechnung, Diss. jur. Bielefeld 1999; *Schüler, W.*, Die Wissenszurechnung im Konzern, 2000; *Bott, K.*, Wissenszurechnung bei Organisationen, 2000; Wissenszurechnung bei Kreditinstituten, 2003; *Henning, B.*, Wissenszurechnung im Verwaltungsrecht, 2003

Wissenmüssen → Kennenmüssen

Wissenschaft ist die methodisch geordnete Gesamtheit des Wissens bzw. der Erkenntnisse, insbesondere auf einem einzelnen Sachgebiet. Die Wissenschaften werden herkömmlicherweise in Geisteswissenschaften und Naturwissenschaften gegliedert. Zu den Geisteswissenschaften zählt die Sozialwissenschaft, zu der in einem weiteren Sinn die Rechtswissenschaft gerechnet wird.

Lit.: *Köbler, G.*, Wie werde ich Jurist?, 5. A. 2007; *Theisen, M.*, Wissenschaftliches Arbeiten, 16. A. 2013

Wissenschaftsfreiheit (Art. 5 III GG) ist die Freiheit der wissenschaftlichen Tätigkeit. Dieses Grundrecht verbietet es, die Tätigkeit des einzelnen Wissenschaftlers zu verhindern (z. B. durch willkürliches Verbot mit der Beschäftigung von Fremdsprachen oder gar der Benutzung einzelner Wörter) oder zu erschweren (z. B. durch Entzug zustehender Geldmittel und Sachmittel, durch Entzug zugesagter und vorhandener Planstellen zugunsten von Schmierern, Betrügern und Hochstaplern, Mobbing bestqualifizierter Mitarbeiter). Daneben gewährt es den wissenschaftlichen Hochschulen ein Recht auf → Selbstverwaltung und einen Anspruch auf Sicherung ihrer Funktionsfähigkeit durch den Staat.

Lit.: *Sterzel, D.*, Die Wissenschaftsfreiheit des angestellten Forschers, 2000; *Schwander, V.*, Grundrecht der Wissenschaftsfreiheit, 2002 (Schweiz); *Kaufhold, A.*, Wissenschaftsfreiheit, NJW 2010, 3277

Wissenschaftsrat ist in Deutschland das Beratungsgremium des Staates in Fragen der → Wissenschaft.

Lit.: *Röhl, H.,* Der Wissenschaftsrat, 1994; Wissenschaftsrat, 1988

Witwe ist der weibliche Ehegatte nach Beendigung der → Ehe durch → Tod des männlichen Ehegatten. Die W. ist erbberechtigt. Im → Verwaltungsrecht bestehen für W. und Witwer Versorgungsansprüche (z. B. §§ 19 f. BeamtVG [Witwengeld], in der Sozialversicherung Witwenrente).

Witwer ist der männliche Ehegatte nach Beendigung der → Ehe durch → Tod des weiblichen Ehegatten. → Witwe

Wohl ist der gute Zustand. *Öffentliches W.* (W. der Allgemeinheit) ist das aus vielen besonderen privaten und öffentlichen Einzelinteressen und Teilinteressen abgeleitete, möglicherweise aber auch im Widerstreit zu ihnen bestehende wahre Gemeininteresse. Seine Erreichung ist ein Zweck öffentlicher → Verwaltung. Ihm widersprechen z. B. Inzucht, Betrug, Korruption, Rechtsbruch und Selbstbedienung durch leistungsarme Amtsträger. → Enteignung

Lit.: *Anheier, H.,* Zwischen Eigennutz und Gemeinwohl, 2004

Wohlfahrtspflege ist die Förderung des Wohlergehens (der Allgemeinheit). *Freie W.* ist die nicht vom Staat, sondern von privaten Trägern wahrgenommene W. Die Träger der → Sozialhilfe sind verpflichtet, bei der Durchführung ihrer Aufgaben mit den Verbänden der freien W. zur gegenseitigen Ergänzung der Hilfsmaßnahmen zusammenzuarbeiten und diese Verbände angemessen zu unterstützen.

Lit.: *Kulbach, R.,* Modernisierung der öffentlichen Verwaltung?, 1996

Wohlfahrtsstaat ist der → Staat, der sich umfassend um das → Wohl seiner Angehörigen kümmert. In der Rechtsgeschichte ist W. der absolutistische → Polizeistaat (des 18. Jh.s). In der Gegenwart zeigen sich wohlfahrtsstaatliche Tendenzen besonders in dem Ziel der umfassenden sozialen Angleichung der Gesellschaft (zwecks Gewinnung von Wählerstimmen).

Lit.: *Köbler, G.,* Deutsche Rechtsgeschichte, 6. A. 2005; *Leitner, S.,* Wohlfahrtsstaat und Geschlechterverhältnis im Umbruch, 2004

Wohnen, betreutes

Lit.: Handbuch Betreutes Wohnen, hg. v. *Michel/Schlüter,* 2012

Wohngeld ist der zur wirtschaftlichen Sicherung angemessenen und familiengerechten Wohnens bestimmte öffentliche Zuschuss zu den Aufwendungen für den Wohnraum. Das W. ist im Wohngeldgesetz und in der Wohngeldverordnung geregelt. Es wird entweder als Zuschuss zur → Miete (Mietzuschuss) oder als Zuschuss zu Belastungen (Lastenzuschuss) für Wohnraum gewährt.

Lit.: *Schwerz, G.,* Wohngeldgesetz, 4. A. 2006; *Jürgensen, A.,* Der Anspruch auf Wohngeld, 2003

Wohnraum (z. B. §§ 549 ff. BGB) ist der zum Wohngebrauch bestimmte, vom sozialen Mietrecht besonders geschützte Raum.

Lit.: *Kossmann, R.,* Handbuch der Wohnraummiete, 7. A. 2014; *Wetekanp, A.* , Mietsachen – Handbuch der Wohnraummiete, 5. A. 2014; *Lammel, S.,* Wohnraummietrecht, 3. A. 2007; *Herrlein, J.,* Die Rechtsprechung zur Wohnraummiete, NJW 2015, 1279; *Börstinghaus, U.,* Flächenabweichungen in der Wohnraummiete, 2012

Wohnrecht ist das das Wohnen betreffende Recht.

Lit.: Miet-, Wohn- und Wohnungsbaurecht, 67. A. 2012

Wohnsitz (§ 7 BGB) ist der örtliche Schwerpunkt der Lebensbeziehungen eines Menschen. Der W. wird durch ständige Niederlassung an einem Ort begründet und durch Aufhebung der Niederlassung mit dem Willen, sie aufzugeben, aufgehoben. Er kann gleichzeitig an mehreren Orten bestehen. Er ist für zahlreiche rechtliche Angelegenheiten von Bedeutung (z. B. § 269 BGB, → Leistungsort). Er ist vom → Aufenthaltsort zu unterscheiden. Ein minderjähriges → Kind teilt den W. der Eltern bzw. des Personensorgeberechtigten (§ 11 BGB). Für Soldaten gelten Sonderregeln. Im Steuerrecht (§ 8 AO) hat jemand einen W. dort, wo er eine Wohnung unter Umständen innehat, die darauf schließen lassen, dass er die Wohnung behalten und benutzen wird.

Lit.: *Filippi, S.,* Der bürgerliche Wohnsitz, Diss. jur. Gießen 1997

Wohn- und Betreuungsvertragsgesetz ist das zum 1.10.2009 für das Heimwesen geltende Bundesgesetz.

Lit.: *Drasdo, M.,* Das Wohn- und Betreuungsvertragsgesetz, NJW 2010, 1175

Wohn- und Teilhabegesetz ist das am 10.12.2008 in Kraft getretene Gesetz Nordrhein-Westfalens über das Wohnen mit Assistenz und Pflege in Einrichtungen.

Lit.: *Dickmann, F.,* Wohn- und Teilhabegesetz, 2009

Wohnung (Art. 13 GG) ist das befriedete Besitztum, das dem Menschen zum auf längere Zeit angelegten Aufenthalt dient. Dazu gehören auch Geschäftszimmer, Nebenräume, Vorgärten, Wohnwagen und Zelte, nicht dagegen Kraftfahrzeuge und Bankschließfächer. Der → Inhaber der W. (z. B. Eigentümer, Mieter) hat ein → Grundrecht auf Unverletzlichkeit der W., das allerdings für bestimmte Fälle (Art. 13 II–VI GG) eingeschränkt ist. Im Strafrecht ist W. (§ 123 StGB) bei dem → Hausfriedensbruch der Inbegriff der Räume, die einer oder mehreren Menschen, namentlich einer Familie, zur Unterkunft dienen oder zur Benutzung freistehen. Im Privatrecht ist die W. ein wichtiger Gegenstand der → Miete und des → Eigentums (→ Wohnungseigentum).

Lit.: *Rhein, E.,* Die Unverletzlichkeit der Wohnung, 2001; *Kemper, R.,* Der Rechtsstreit um Wohnung, 2004; *Nasemann, A.,* Wohnungsmiete, 2. A. 2005; *Blank, H.,* Tierhaltung in Eigentums- und Mietwohnungen, NJW 2007, 729; *Selk, M.,* Schimmelbefall in vermieteten Wohnungen, NJW 2013, 2629

Wohnungsbau ist die Errichtung von Wohnraum oder Wohnungen. Der W. ist teils privater, teils öffentlicher W. Er wird durch verschiedene staatliche Maßnahmen (Förderungsmittel) beeinflusst, wobei besondere Vorschriften und Vergünstigungen für den *sozialen* W. bestehen, der den Wohnungssuchenden unterer Einkommensschichten dienen soll (vgl. Wohnungsbaugesetze).

Lit.: Miet-, Wohn- und Wohnungsbaurecht, 67. A. 2012

Wohnungsbindungsrecht ist das der Vertragsfreiheit grundsätzlich entzogene Wohnungsmietrecht.

Lit.: *Mückenberger, W./Hanke, A.,* Wohnungsbindungsrecht, 1991

Wohnungseigentum (§ 1 WEG) ist das Sondereigentum an einer → Wohnung in Verbindung mit dem → Miteigentumsanteil an dem betreffenden → Grundstück. Das (seit der zweiten Hälfte des 20. Jh.s aus gesellschaftspolitischen Zielsetzungen verbreitete) W. ist im Gegensatz zum → Spezialitätsprinzip des → Sachenrechts (vgl. §§ 93, 94, 946 BGB) besonderes → Eigentum an einem Teil (Bestandteil) einer → Sache. Es wird wie ein Grundstück behandelt. Seine Einzelheiten sind im besonderen Wohnungseigentumsgesetz geregelt. Die Vereinigung zweier Wohnungseigentumsrechte zu einem neuen W. ist möglich, auch wenn das neue W. in sich nicht abgeschlossen ist. Die Wohnungseigentümergemeinschaft ist (teil)rechtsfähig und kann z. B. in Abteilung I des Grundbuchs als Eigentümerin eingetragen werden.

Lit.: *Armbrüster, C.,* Wohnungseigentumsgesetz, 13. A. 2015; *Bärmann, J./Pick, E.,* Wohnungseigentumsgesetz, 19. A. 2010; *Seuß, H.,* Die Eigentumswohnung, 12. A. 2008; *Jennißen, G.,* Die Verwalterabrechnung, 7. A. 2013; *Müller, H.,* Praktische Fragen des Wohnungseigentums, 6. A. 2015; *Drasdo, M.,* Die Eigentümerversammlung nach WEG, 5. A. 2014; *Jennißen, G. u. a.,* Die Entwicklung des Wohnungseigentumsrechts, NJW 201, 2160; *Jennißen, G.,* Der WEG-Verwalter, 2. A. 2010; *Gottschalg, W.,* Die Haftung von Verwalter und Beirat, 3. A. 2009; *Bärmann/Seuß,* Praxis des Wohnungseigentums, 6. A. 2013; *Timme,* Wohnungseigentumsgesetz, 2. A. 2014; *Blaufuß, H.,* Rechtsfähige Wohnungseigentümergemeinschaft und nichtrechtsfähige Gemeinschaft der Wohnungseigentümer, 2010; Beck'sches Formularbuch Wohnungseigentumsrecht, hg. v. *Müller, H.,* 2. A. 2011; *Bub, W./Osten, C. v. d.,* WEG-Recht aktuell und kompakt, 2012; *Hügel, S./Elzer, O.,* Wohnungseigentumsgesetz, 2015

Wohnungsvermittlung (§ 34c GewO) ist die gewerbsmäßige Vermittlung von Wohnraum.

Lit.: *Baader, P./Gehle, P.,* Gesetz zur Regelung der Wohnungsvermittlung, 1993

Wohnungsrecht (§ 1093 BGB) ist das (beschränkte) dingliche → Recht, ein Gebäude oder einen Teil eines Gebäudes unter Ausschluss des → Eigentümers als Wohnung zu benutzen. Das W. ist eine beschränkte persönliche → Dienstbarkeit. Es muss in das → Grundbuch eingetragen werden. Es gilt teilweise das Recht des → Nießbrauchs. Das W. ist

von der schuldrechtlichen → Miete streng zu trennen.

Lit.: *Albert, R.,* Das dingliche Wohnungsrecht, 1996; *Ahrens, C.,* Dingliche Nutzungsrechte, 2004

Wollen ist das Anstreben eines Ereignisses als Ergebnis der Willensbildung. → Vorsatz, → Wille

Wort ist (jenseits bloßer Buchstaben und Silben) der einfachste selbständig bedeutsame Teil der Sprache. Seine Bedeutung muss im Zweifelsfall besonders ermittelt werden. Im → Strafprozessrecht hat im Rahmen der → Hauptverhandlung der → Angeklagte das *letzte* W. (§ 258 II StPO).

WORT ist die → Verwertungsgesellschaft für die Urheberrechte an Schriftwerken.

Lit.: http://www.vgwort.de

WTO (World Trade Organization) Welthandelsorganisation (1994) mit Sitz in Genf und (1999) 135 Mitgliedstaaten (2001 143, 2007 150)

Lit.: Welthandelsorganisation, hg. v. *Tietje, C.,* 2. A. 2002; WTO-Handbuch, hg. v. *Prieß, H./Berrisch, G.,* 2003; *Hilf, M./Oeter, S.,* WTO-Recht, 2. A. 2010

Wucher (§ 138 II BGB) ist das unter Ausbeutung der Zwangslage, der Unerfahrenheit, des Mangels an Urteilsvermögen oder der erheblichen Willensschwäche eines anderen erfolgende Versprechenlassen oder Gewährenlassen von solchen Vermögensvorteilen für eine Leistung, die in einem auffälligen Missverhältnis zu der Leistung stehen. Der W. ist ein Sonderfall der → Sittenwidrigkeit. Das wucherische → Rechtsgeschäft ist → nichtig (§ 138 II BGB). Im → Strafrecht (§ 291 StGB) ist W. das Ausbeuten der Zwangslage, der Unerfahrenheit, des Mangels an Urteilsvermögens oder der erheblichen Willensschwäche eines Menschen durch Versprechenlassen oder Gewährenlassen von auffällig missverhältnismäßigen Leistungen für die Vermietung von Wohnräumen, die Gewährung von Kredit, eine sonstige Leistung oder deren Vermittlung. Der W. wird mit Freiheitsstrafe bis zu drei Jahren oder mit Geldstrafe bestraft.

Lit.: *Heinsius, D.,* Das Rechtsgut des Wuchers, 1997; *Jung, S.,* Das wucherähnliche Rechtsgeschäft, 2001; *Franke, A.,* Lohnwucher, 2003; *Laufen, M.,* Der Wucher (§ 291 Abs. 1 Satz 1 StGB), 2004

Wunde ist die durch Verletzung entstandene Beeinträchtigung der Hautoberfläche bzw. des Körpers und in einem übertragenen Sinn vielleicht auch des Geistes oder der Seele (des Menschen).

Lit.: *Lippert, H.,* Wundatlas, 2001

Würde → Menschenwürde

Z

Zahlung ist die → Übereignung von → Geld (Barzahlung, rechtstatsächlich in Deutschland 1995 90 Prozent aller Zahlungsfälle, seit 2005 zunehmend elektronisch). Ihr Ziel kann auch durch unbare, vor allem bei z. hoher Beträge tatsächlich bedeutsame Z. erreicht werden (z. B. Hingabe eines → Wechsels, → Schecks, → Überweisung). Z. *gegen Dokumente* ist im Handelsverkehr die Klausel, nach der die Forderung des Lieferanten (erst) mit Zurverfügungstellung der Dokumente fällig wird. Dadurch wird die → Leistungszeit bestimmt.

Lit.: *Zahn, J./Ehrlich, D./Neumann, K.,* Zahlung und Zahlungssicherung im Außenhandel, 8. A. 2010; *Neumann, D./Bock, C.,* Zahlungsverkehr im Internet, 2004; *Weber, C.,* Recht des Zahlungsverkehrs, 4. A. 2004; *Langenbucher, K./Gößmann/Werner,* Zahlungsverkehr, 2004; *Baumbach/Hefermehl/Casper,* Wechselgesetz Scheckgesetz Recht der kartengestützten Zahlungen, 23. A. 2008; *Toussaint, G.,* Das Recht des Zahlungsverkehrs im Überblick, 2009

Zahlungsbefehl (seit 1977) → Mahnbescheid

Zahlungsdienst ist der Zahlungen zwischen zwei Personen ausführenden oder die Ausführung unterstützenden Dienst.

Lit.: *Casper/Terlau,* Zahlungsdiensteaufsichtsgesetz, 2014; *Hingst/Lösing,* Zahlungsdiensteaufsichtsrecht, 2015

Zahlungseinstellung ist die Beendigung von Zahlungen infolge eines Mangels an Geldmitteln trotz Bestehens von Zahlungsverpflichtungen. Die Z. deutet auf → Zahlungsunfähigkeit (§ 17 II InsO).

Lit.: *Kribs-Drees, J.,* Die Bedeutung von Zahlungseinstellung und Konkurseröffnung, 1978

Zahlungsklage ist die auf → Zahlung von → Geld gerichtete → Leistungsklage.

Lit.: *Schröer,* Urteilsformeln bei besonderen Zahlungsklagen, JA 1997, 873

Zahlungsmittel ist das → Geld und das geldgleiche → Recht, das zur Zahlung verwandt wird. *Gesetzliche* Z. sind die Z., denen der Staat durch → Gesetz (§§ 1 ff. WährungsG) unbeschränkte Zahlungskraft beigelegt hat (ab 1.1.2002 auf Euro lautende Banknoten und Münzen der Europäischen Zentralbank). Sie müssen von dem → Gläubiger einer → Geldschuld als → Erfüllung angenommen werden.

Lit.: *Ernst, R.,* Wechsel und Scheck im Wettbewerb der Zahlungsmittel, 1993

Zahlungsunfähigkeit (§ 17 InsO) (Insolvenz) ist die auf den Mangel an → Zahlungsmitteln gegründete Unfähigkeit des → Schuldners, seine fälligen → Geldverbindlichkeiten zu erfüllen. → Insolvenzverfahren

Lit.: *Drukarczyk, J.,* Die Eröffnungsgründe der InsO, 1999; *Engelsing, F.,* Zahlungsunfähigkeit von Kommunen, 1999

Zahlungsverkehr ist die Gesamtheit der (gewerbsmäßigen) → Zahlungen. Für die → Europäische Union sichern die Artt. 63 ff. AEUV den freien Z. innerhalb der Mitgliedstaaten.

Lit.: *Gößmann, W.,* Recht des Zahlungsverkehrs, 4. A. 2004; *Langenbucher, K.,* Die Risikozuordnung im bargeldlosen Zahlungsverkehr, 2001

Zahlungsvertrag ist der Geschäftsbesorgungsvertrag, durch den sich ein zwischengeschaltetes Kreditinstitut gegenüber einem anderen Kreditinstitut verpflichtet, im Rahmen des Überweisungsverkehrs einen Überweisungsbetrag an ein Kreditinstitut weiterzuleiten.

Lit.: *Klamt, A./Koch, C.,* Das neue Überweisungsgesetz, NJW 1999, 2776

Zahn → Zahnarzt

Zahnarzt ist der zur Behandlung von Zahnerkrankungen zugelassene → Arzt (rechtstatsächlich in Deutschland 2004 rund 54 000).

Lit.: *Fibelkorn, W.,* Zahnärztliches Haftungsrecht, 2000; *Ziegner, C. v.,* Der Zahnarzt in der zivilrechtlichen Haftung, 2007

Zedent (M.) Abtretender, Altgläubiger bei der Abtretung (Gegensatz Zessionar)

Zehnt ist im mittelalterlichen und neuzeitlichen deutschen Recht der von der Kirche geforderte und durchgesetzte, im 19. Jh. der Sache nach durch → Kirchensteuer ersetzte zehnte Teil eines Ertrags.

Lit.: *Harrer, R.,* Der kirchliche Zehnt, 1992; *Köbler, G.,* Zielwörterbuch integrativer europäischer Rechtsgeschichte, 6. A. 2014 (Internet)

Zeit ist die dem Menschen erkennbar die Dauer kosmischer Gegebenheiten bestimmende Dimension. In ihr verläuft das menschliche Dasein. Dies hat sehr bedeutsame Auswirkungen auf das Recht.

Lit.: *Herrmann, F. v.,* Subjekt und Dasein, 3. A. 2004

Zeitablauf ist der Ablauf eines bestimmten Zeitabschnitts. An ihn können sich sehr verschiedene Rechtsfolgen knüpfen (z. B. → Verjährung, → Beendigung eines Schuldverhältnisses u. a.).

Lit.: *Finkenauer, T.,* Eigentum und Zeitablauf, 2000

Zeitbestimmung → Befristung, → Betagung

Zeitgesetz ist das für einen bestimmten Zeitabschnitt geltende → Gesetz. Es ist im → Strafrecht grundsätzlich auf alle während seiner Geltung begangenen → Straftaten anzuwenden (§ 2 IV StGB). Verschiedentlich wird erwogen, alles Recht zeitlich zu begrenzen.

Lit.: *Laaths, W.,* Das Zeitgesetz, 1995

Zeitlohn ist der allein nach Zeitabschnitten bemessene → Lohn (z. B. Stundenlohn, früher auch Tagelohn). Dabei werden regelmäßig an der Art der ausgeübten Tätigkeit orientierte Lohngruppen gebildet. Vielfach wird die Vergütung einer mittleren Lohngruppe dann als → Ecklohn bezeichnet.

Lit.: *Löffelholz, J.*, Lohn und Arbeitsentgelt, 1993; *Emmert, A.*, Betriebsvereinbarungen über den Zeitlohn, 2001

Zeitschrift ist die meist periodisch erscheinende, oft auf bestimmte Interessentenkreise zugeschnittene Druckschrift. Die rechtswissenschaftliche Z. enthält meist Aufsätze, Besprechungen, Entscheidungen und sonstige Mitteilungen. Die am meisten verbreitete juristische Z. ist die Neue Juristische Wochenschrift, die am meisten verbreitete juristische Ausbildungszeitschrift die Juristische Schulung. Elektronische Kurznachrichten bietet möglichst klar, knapp und zeitnah täglich http://www.jusnews.com.

Lit.: Verzeichnis rechtswissenschaftlicher Zeitschriften und Serien in Bibliotheken der Bundesrepublik Deutschland, Bd. 1 ff., hg. v. d. Staatsbibliothek zu Berlin, 4. A. 2000 (64 380 Haupteintragungen)

Zensur ist die (staatliche) → Aufsicht über Veröffentlichungen. Nach Art. 5 I 3 GG findet eine Z. (Vorzensur) nicht statt. Eine Pflicht zur Vorlage vor Verbreitung kann auch durch allgemeine Gesetze nicht eingeführt werden.

Lit.: *Rohde, F.*, Die Nachzensur, Diss. jur. Kiel 1996; *Müller, B.*, Zensur im modernen deutschen Kulturraum, 2003; *Marberth-Kubicki, A.*, Der Beginn der Internet-Zensur, NJW 2009, 1792

Zentrales Staatsanwaltschaftliches Verfahrensregister ist das in Berlin geführte → Register für alle → Strafverfahren einschließlich der Verfahrenseinstellungen, laufenden → Ermittlungsverfahren, → Freisprüche und anderer Entscheidungen zur Beendigung staatsanwaltschaftlicher Verfahren. Es ergänzt das → Bundeszentralregister. Gerechnet wird mit täglich 76 000 Mitteilungen und 30 000 Anfragen.

Lit.: http://www.bundeszentralregister.de/zstv/

Zentralisation ist die Vereinigung aller Aufgaben des → Staates in der staatlichen → Verwaltung. Die Z. ist von der → Konzentration zu trennen. Sie steht im Gegensatz zur → Dezentralisation.

Lit.: *Abteyes, M.*, Zentralisation und Dezentralisation als Strategie der ländlichen Entwicklung, 1996

Zentralismus ist die Tendenz zum Mittelpunkt hin, insbesondere zur Stärkung des Gesamtstaats auf Kosten der Gliedstaaten. Der Z. bildet den Gegensatz zum → Föderalismus. Z. ist kennzeichnend für Frankreich und England.

Lit.: *Bruns, J.*, Regionale Modernisierungspolitik, 2003

Zentralregister → Bundeszentralregister

Zentrissimum ist das Zentrum des Zentrums, das immer noch bestehen kann, wenn etwa an einer Universität ein Zentrum seitens Inzucht, Betrug und Korruption unsachlich bekämpft und verboten wird.

Zerrüttung (§ 1565 BGB Scheitern der Ehe) ist das Scheitern einer → Ehe. Die Z. ist → Ehescheidungsgrund. Die Ehe ist gescheitert, wenn die Lebensgemeinschaft der Ehegatten nicht mehr besteht und nicht erwartet werden kann, dass die Ehegatten sie wiederherstellen. Die Z. wird → vermutet, wenn die Ehegatten seit einem Jahr → getrennt leben und die Scheidung anstreben oder billigen sowie wenn die Ehegatten seit drei Jahren getrennt leben.

Lit.: *Füllemann, D.*, Verschulden und Zerrüttung, 1982; *Rumler, R.*, Möglichkeiten und Grenzen, 1984

Zerstörung → Sachbeschädigung

Zertifikat (N.) Bescheinigung, Schuldschein, Anteilschein, elektronische Bescheinigung, mit der Signaturprüfschlüssel einer Person zugeordnet werden und die Identität dieser Person bestätigt wird

Lit.: *Nuissl, E.*, Zertifikate, 2003

Zertifizierung (F.) Sichermachung, Sicherung

Zertifizierungsstelle ist die für die → Zertifizierung der elektronischen → Signatur zuständige → Stelle, deren Betrieb im Rahmen der Gesetze genehmigungsfrei ist.

Lit.: *Harnier, A. v.*, Organisationsmöglichkeiten für Zertifizierungsstellen, 2000; *Buss, O.*, Zivilrechtliche Haftung beim Einsatz elektronischer Signaturen, 2004

Zession (F.) → Abtretung

Lit.: *Sitzmann, N.*, Die Verteilung der Folgerechte nach der Zession, 1998; *Kensy, S.* Die Herausgabeklage aus abgeleitetem Recht – Zession oder Ermächtigung, JuS 2015, 501

Zessionar (M.) Abtretungsempfänger, Neugläubiger bei der Abtretung oder Zession (Gegensatz Zedent)

Zeuge (z. B. §§ 373 ff. ZPO) ist der Mensch, der über Tatsachen, die er wahrgenommen (z. B. gesehen, gehört, gerochen, getastet, gespürt) hat (z. B. Verkehrsunfall, Telefongespräch, Geruch Struktur, Druckwelle), aussagen soll (und der zum Zweck der späteren Aussage vielfach zu einem Geschäft besonders hingezogen wird). Der Z. ist ein → Beweismittel. Er ist grundsätzlich zum Erscheinen, zur → Aussage und zur → Beeidigung der Aussage vor → Gericht verpflichtet. Notfalls möglich ist auch eine → Einvernahme mit Hilfe eines Videogeräts (§ 247a StPO audiovisuelle Vernehmung). Der Z. hat für seine Aussage das Recht auf Unterstützung durch einen → Rechtsanwalt. Eine falsche Aussage eines Zeugen bedrohen die §§ 153 ff. StGB mit Strafe.

Lit.: *Meyer, P./Höver, A.*, Gesetz über die Entschädigung von Zeugen und Sachverständigen, 22. A. 2002; *Rose, F.*, Der Auslandszeuge, 1999; *Eisenberg, U. u. a.*, Der Zeugenbeweis im Strafverfahren, NJW 2003, 3676; *Nevermann-Jaskolla, U.*, Das Kind als Opferzeuge, 2004; *Kassebohm, N.*, Zeugen richtig befragen, NJW 2009, 200; *Wessing, J./Ahlbrecht, H.*, Der Zeugenbeistand, 2013

Zeugnis ist die → Aussage des → Zeugen, darüber hinaus jede Aussage, insbesondere über die Bewertung einer Leistung. Im Schuldrecht und Arbeitsrecht kann der Dienstverpflichtete bei der Beendigung eines dauernden → Dienstverhältnisses ein schriftliches Z. über das Dienstverhältnis und dessen Dauer fordern (§ 630 BGB), das er im Zweifel abholen muss. Das Z. muss der Wahrheit entsprechen, darf aber den Arbeitnehmer in seinem beruflichen Fortkommen nicht unangemessen beeinträchtigen. Es darf gefaltet ausgehändigt werden. Schließt es mit dem maschinengeschriebenen Namen des Ausstellers ab, ist es handschriftlich zu unterzeichnen. Scheidet ein langjähriger Vorgesetzter aus, kann der Arbeitnehmer ein Zwischenzeugnis verlangen.

Lit.: *Schleßmann, K.,* Das Arbeitszeugnis, 21. A. 2015; *Haas, H.,* Dienstzeugnisse in öffentlichen Verwaltungen und Betrieben, 3. A. 1997; *Huber, G.,* Das Arbeitszeugnis, 15. A. 2014

Zeugnisverweigerungsrecht (z. B. § 383 ZPO, § 53 StPO) ist das → Recht eines zu einem Rechtsstreit geladenen → Zeugen, sich der grundsätzlich bestehenden Pflicht, als Zeuge eine → Aussage zu machen, zu entziehen. Das Z. kann auf persönlichen Gründen (z. B. Verwandtschaft, nicht bloße enge freundschaftliche Beziehung außerhalb einer noch bestehenden Ehe) oder auf sachlichen Gründen (z. B. berufliche Tätigkeit als Rechtsanwalt, Arzt oder Journalist, Gefahr, sich durch die Aussage einer strafrechtlichen Verfolgung auszusetzen,) beruhen.

Lit.: *Bialek, A.,* Das strafprozessuale Zeugnisverweigerungsrecht, 2000; *Ranft, O.,* Ausübung des Zeugnisverweigerungsrechts, NJW 2001, 1305; *Fürmann, J.,* Das Zeugnisverweigerungsrecht der StPO, JuS 2004, 303; *Jansen, K.,* Das Zeugnisverweigerungsrecht aus § 52 StPO, 2004

Zins ist die Vergütung für den Gebrauch eines auf Zeit überlassenen, in Geld oder anderen vertretbaren Sachen bestehenden → Kapitals, die – in einem Bruchteil des Kapitals ausgedrückt – mit dem Kapital gleichartig und fortlaufend zu entrichten ist. Z. ist eine Nebenschuld zu einer Hauptschuld, die auf → Gesetz (z. B. § 288 BGB) oder → Rechtsgeschäft beruhen kann. Im Zweifel beträgt der Zinssatz 4 Prozent (§ 246 BGB, 5 Prozent § 352 HGB).

Lit.: *Kindler, J.,* Gesetzliche Zinsansprüche, 1996; *Bruchner, H./Metz, R.,* Variable Zinsklauseln, 2001; *Stähr, H.,* Zinslexikon, 2002; *Angerbauer, T.,* Die Behandlung von Zins- und sonstigen Nebenforderungen in der Gerichtsklausur, JuS 2012, 604

Zinsabschlaggesetz ist das den Abschlag (Besteuerung) von → Zinsen betreffende → Gesetz.

Lit.: *Lindberg, K.,* Das Zinsabschlaggesetz, 1992; *Bullinger, M./Radke, J.,* Handkommentar zum Zinsabschlaggesetz, 1994; *Austrup, J.,* Zinsbesteuerung, 1994

Zinseszins ist der → Zins von Zinsen. Nach § 248 I BGB ist eine im Voraus getroffene Vereinbarung, dass fällige Zinsen wieder Zinsen tragen sollen, nichtig, doch bestehen Ausnahmen für Sparkassen, Kreditanstalten und Inhaber von Banken (§ 248 II BGB). Zinsen von Verzugszinsen können als Schadensersatz verlangt werden.

Lit.: *Kosiol, E.,* Finanzmathematik, 10. A. Neudruck 1984

Zinsschuld → Zins

Zinsverbot (kanonisches Zinsverbot) ist im mittelalterlichen Recht das von der → Kirche für Christen (im Gegensatz zu Juden) geforderte und zeitweise weitgehend durchgesetzte, durch den Liberalismus im 19. Jh. aber beseitigte Verbot, für → Darlehen → Zinsen zu nehmen.

Zitiergebot ist das Gebot, einen bestimmten Text zu zitieren. Nach Art. 80 I 3 GG muss eine Rechtsverordnung ihre gesetzliche Grundlage bzw. alle ihre Grundlagen vollständig ausdrücklich angeben. Eine Verletzung des Zitiergebots bewirkt die Nichtigkeit der Rechtsverordnung. (Unabhängig von diesem gesetzlichen Z. ist in wissenschaftlichen Arbeiten die gesamte verwendete Literatur nach bestimmten Gepflogenheiten so anzugeben, dass sie von jedem erfahrenen Leser sicher aufgefunden werden kann.)

Lit.: *Möllers, M.,* Richtiges Zitieren, JuS 2002, 828; *Busse, C.,* Zitiergebot und EG-Recht, 2003; *Wuttke, A.,* Polizeirecht und Zitiergebot, 2004; *Byrd/Lehmann,* Zitierfibel für Juristen, 2006

zivil (Adj.) bürgerlich, nichtstrafrechtlich

Zivildienst → Ersatzdienst, ziviler

Zivilehe ist die vom Staat geordnete → Ehe im Gegensatz zu der von der Kirche geordneten Ehe, die rechtstatsächlich seit dem 19. Jh. (Kulturkampf) nebeneinander bestehen (können).

Lit.: *Köbler, G.,* Zielwörterbuch integrativer europäischer Rechtsgeschichte, 6. A. 2014 (Internet); *Grüneisl, K.,* Die obligatorische Zivilehe, 2000

Zivilkammer (§ 60 GVG) ist der in der Regel mit drei Richtern besetzte Spruchkörper des → Landgerichts in bürgerlichen → Rechtsstreitigkeiten.

Lit.: *Kissel, O./Mayer, H.,* Gerichtsverfassungsgesetz, 8. A. 2015

Zivilprozess ist das staatlich angeordnete und geregelte Verfahren vor staatlichen Gerichten zur Feststellung, Durchsetzung und vorläufigen Sicherung privater → Rechte eines Rechtssubjekts. Der Z. ist eine besondere Art des streitigen → Verfahrens. Er gliedert sich vor allem in → Erkenntnisverfahren und → Vollstreckungsverfahren (→ Zwangsvollstreckung). Er ist geregelt in der Zivilprozessordnung. Er ist grundsätzlich vom Beibringungsgrundsatz und der Parteiherrschaft geprägt. Übersteigt der Streitwert 600 Euro nicht, so kann dabei nach § 495a ZPO das Gericht sein Verfahren nach billigem Ermessen bestimmen. Mit Zustimmung der Parteien kann das Gericht Schriftlichkeit der Verhandlung anordnen (§ 128 II, III ZPO). Kostenentscheidungen und Entscheidungen, die mit Urteile sind, können grundsätzlich ohne mündliche Verhandlung ergehen (§ 128 III, IV ZPO). → Zivilverfahrensrecht, → Gütestelle

Lit.: *Tempel, O./Theimer, A.,* Mustertexte zum Zivilprozess, Bd. 1 f. 6. A. 2007; *Knöringer, D.,* Die Assessorklausur im Zivilprozess, 15. A. 2014; *Schellhammer, K.,* Zivilprozess, 14. A. 2012; *Anders, M./Gehle, B.,* Antrag und Entscheidung im Zivilprozess, 3. A. 2000; *Steinert/Theede/Knop,* Zivilprozess, 9. A. 2011; *Prechtel, G.,* Erfolgreiche Taktik im Zivilprozess, 6. A. 2014; *Kammerlohr/Kroiß,* Anwaltliche Tätigkeit im Zivilprozess, 2006; *Weber/Förschler*, Der Zivilprozess, 3. A. 2013

Zivilprozessordnung ist das den → Zivilprozess ordnende Gesetz (von 1877/1879).
Lit.: *Baumbach, A./Lauterbach, W./Albers, J./Hartmann, P.*, Zivilprozessordnung, 73. A. 2015; *Thomas, H./Putzo, H*, Zivilprozessordnung, 36. A. 2015; *Stein, F./Jonas, M.*, Kommentar zur Zivilprozessordnung, 23. A. 2014 ff.; *Musielak, H.*, Grundkurs ZPO, 11. A. 2012; Münchener Kommentar zur Zivilprozessordnung, hg. v. *Lüke, G./Wax, P.*, Bd. 1 ff. 3. A. 2007ff., 4. A. Bd. 2 ff. 2012 ff.; *Zöller, R.*, Zivilprozessordnung, 31. A. 2015; *Zimmermann, W.*, Zivilprozessordnung, 10. A. 2015; *Musielak, H./Voith*, Zivilprozessordnung, 12. A. 2015; Zivilprozessordnung, hg. v. *Saenger, I.*, 6. A. 2015; Zivilprozessordnung – Kommentiertes Prozessformularbuch, hg. v. *Saenger, I. u. a.*, 2. A. 2012 *Prütting/Gehrlein*, ZPO-Kommentar, 7. A. 2015

Zivilprozessrecht ist die Gesamtheit der den → Zivilprozess betreffenden Rechtssätze. → Zivilverfahrensrecht
Lit.: *Hess, B.*, Zivilprozessrecht, 30. A. 2011; *Zeiss, Walter/Schreiber, K.*, Zivilprozessrecht, 12. A. 2014; *Rosenberg, L./Schwab, K./Gottwald, P.*, Zivilprozessrecht, 17. A. 2010; *Grunsky, W.*, Zivilprozessrecht, 14. A. 2014; *Kropholler, J.*, Europäisches Zivilprozessrecht, 10. A. 2014; *Oberheim, R.*, Zivilprozessrecht für Referendare, 11. A. 2014; *Schlosser, P.*, EU-Zivilprozessrecht, 4. A. 2015; *Schütze, R.*, Das internationale Zivilprozessrecht in der ZPO, 2008; *Pohlmann, P.*, Zivilprozessrecht, 3. A. 2014; Formularbuch zum europäischen und internationalen Zivilprozessrecht, hg. v. *Brand, P.*, 2010; Europäisches Zivilprozess- und Kollisionsrecht, hg. v. *Rauscher, T.*, 4. A. 2015 f.; *Junker, A.*, Internationales Zivilprozessrecht, 2012

Zivilrecht → Privatrecht
Lit.: *Schellhammer, K.*, Zivilrecht nach Anspruchsgrundlagen, 4. A. 2002; *Schwab, D./Löhnig, M.*, Einführung in das Zivilrecht, 19. A. 2013; Das deutsche Zivilrecht 100 Jahre nach Verkündung des BGB, 1997; Zivilrecht unter europäischem Einfluss, hg. v. *Gebauer, M./Wiedmann, V.*, 2. A. 2010; *Braun, J.*, Der Zivilrechtsfall, 5. A. 2012; *Staudinger, J. v.*, Eckpfeiler des Zivilrechts, 5. A. 2014; *Kaiser, T./Kaiser, H./Kaiser, J.*, Materielles Zivilrecht im Assessorexamen, 6. A. 2012; beck-online.Grosskommentar zum Zivilrecht, 2014 ff.

Zivilrichter ist der Richter in Zivilrechtsstreitigkeiten oder Zivilsachen.
Lit.: *Schober, K.*, Zivilrichter-Leitfaden, 2013

Zivilsache ist das Verfahren in einer privatrechtlichen Angelegenheit im Wege des → Zivilprozesses (in Deutschland 1995 mehr als 1,6 Mill. Gerichtsverfahren in Zivilsachen).
Lit.: *Schellhammer, K.*, Die Arbeitsmethode des Zivilrichters, 17. A. 2014; *Soltész, U.*, Der Begriff der Zivilsache im europäischen Zivilprozessrecht, 1998; *Dallmayer, T.*, Die Station in Zivilsachen, 8. A. 2014

Zivilschutz ist der Schutz der Bevölkerung, Wohnungen, Arbeitsstätten usw. vor Kriegseinwirkungen. Der Z. ist Auftragsverwaltung des Bundes. Er wurde durch das Zivilschutzneuordnungsgesetz vom 25.3.1997 neu geordnet.
Lit.: *Frei, H.*, Dienstversäumnis und Dienstverweigerung im Zivilschutz, 1999

Zivilsenat (§§ 116, 130 GVG) ist der Spruchkörper des → Oberlandesgerichts und des → Bundesgerichtshofs in bürgerlichen → Rechtsstreitigkeiten. Er ist mit drei bzw. fünf → Richtern besetzt.

Zivilverfahrensrecht ist das Verfahrensrecht in Zivilsachen. → Zivilprozess
Lit.: *Geimer, R./Schütze, R.*, Europäisches Zivilverfahrensrecht, 3. A. 2010; *Schack, H.*, Internationales Zivilverfahrensrecht, 6. A. 2014; *Vollkommer, G. u. a.*, Neues europäisches Zivilverfahrensrecht in Deutschland, NJW 2009, 1105; *Linke, H./Hau, W.*, Internationales Zivilverfahrensrecht, 6. A. 2015

Zivilverhandlung ist die Verhandlung in einer zivilrechtlichen Streitigkeit.
Lit.: *Emde*, Die Leitung der Zivilverhandlung, JURA 1995, 205

Zölibat (M.) ist im katholischen → Kirchenrecht die Ehelosigkeit des Geistlichen. Davon abgeleitet ist die Zölibatsklausel im → Arbeitsrecht, die das Ende des Zölibats als auflösende Bedingung eines Arbeitsvertrags ansieht, so dass das Arbeitsverhältnis mit der → Eheschließung des → Arbeitnehmers endet. Sie ist unzulässig wegen Art. 6 I GG.
Lit.: *Weitz, M.*, Der Zölibat des Weltpriesters, 1998

Zölibatsklausel → Zölibat

Zoll (§ 3 I 2 AO) ist die meist an der Staatsgrenze erhobene → Steuer auf die Einfuhr oder Ausfuhr von Waren. Der Z. dient entweder der Erzielung von Einnahmen (Finanzzoll) oder dem Schutz einheimischer Erzeugnisse (Schutzzoll). Seine Erhebung erfolgt durch die Zollbehörden (Zollamt, Hauptzollamt, Oberfinanzdirektion, Bundesfinanzministerium). Seit 1.1.1994 kommt in allen Mitgliedstaaten (des einheitlichen Zollgebiets) der → Europäischen Union der 253 Artikel umfassende Zollkodex zur Anwendung.
Lit.: Lehrbuch des europäischen Zollrechts, hg. v. *Witte, P. u. a.*, 7. A. 2012; *Witte, P.*, Zollkodex, 6. A. 2013; Zölle und Verbrauchsteuern (Lbl.), hg. v. *Witte, P.*, 32. A. 2015

Zubehör (§ 97 BGB) ist die bewegliche → Sache, die, ohne Bestandteil der → Hauptsache zu sein, nach der Verkehrsanschauung dem wirtschaftlichen Zweck einer Hauptsache zu dienen bestimmt ist und zu ihr in einem dieser Bestimmung entsprechenden räumlichen Verhältnis steht (z. B. Baumaterial auf Baugrundstück, Warndreieck im Personenkraftwagen, Einbauküche [zw.]). Das Z. ist zwar rechtlich an sich selbständig, folgt grundsätzlich aber dem Recht der Hauptsache (§§ 311c, 926 BGB). Besonders geregelt ist die Frage der Haftung des Zubehörs für die → Hypothek (§§ 1120 ff. BGB).
Lit.: *Bramertz, D.*, Die Merkmale des Zubehörbegriffs, 1993 (Diss.); *Zimmermann, S.*, Die Haftung des Grundstückszubehörs, 2001

Zuchthaus war bis 1.4.1969 eine besondere, der → Aufklärung entstammende Form der → Freiheitsstrafe (mit Erziehungszweck).
Lit.: *Köbler, G.*, Deutsche Rechtsgeschichte, 6. A. 2005

Züchtigung ist die als Erziehungsmittel geübte schmerzerregende → Strafe (z. B. Schläge). Die Z. ist, sofern sie nicht auf einem → Züchtigungsrecht beruht, → Körperverletzung. Sie wird zunehmend abgelehnt.

Lit.: *Roxin, C.,* Die strafrechtliche Beurteilung der elterlichen Züchtigung, JuS 2004, 177

Züchtigungsrecht ist das Recht eines Menschen zur → Züchtigung eines anderen Menschen. Sofern ein Z. besteht (z. B. für die Eltern kraft der Personensorge), ist es ein → Rechtfertigungsgrund für die tatbestandsmäßige → Körperverletzung, sofern diese objektiv zur Erreichung des Züchtigungszwecks geboten und subjektiv vom Erziehungswillen getragen ist. Das Z. der Lehrherrn ist in der Gegenwart ausgeschlossen, das der Lehrer (durch Ministerialerlass) weitgehend beseitigt, das der Eltern erheblich eingeschränkt bzw. durch die Neufassung des § 1631 II BGB ab 1.8.1998 abgeschafft. Danach sind körperliche Bestrafungen, seelische Verletzungen und andere entwürdigende Maßnahmen unzulässig.

Lit.: *Jung, H.,* Das Züchtigungsrecht des Lehrers, 1977; *Priester, J.,* Das Ende des Züchtigungsrechts, 2000; *Maiorino, M.,* Elterliches Züchtigungsrecht, 2003

Zuchtmittel (§§ 13 ff. JGG) ist die Maßnahme zur → Erziehung von straffälligen → Jugendlichen. Z. werden verhängt, wenn → Erziehungsmaßregeln nicht mehr ausreichen und → Jugendstrafe noch nicht geboten ist. Sie sollen dem Jugendlichen eindringlich zu Bewusstsein bringen, dass er für sein Tun einzustehen hat. Z. sind → Verwarnung, Erteilung von → Auflagen und → Jugendarrest.

Lit.: *Winter, D.,* Verfassungsrechtliche Grenzen jugendgerichtlicher Erziehungsmaßregeln und Zuchtmittel, 1966

Zueignung (§ 242 StGB) ist die Einverleibung der → Sache oder ihres Wertes in das eigene → Vermögen des Täters oder eines Dritten unter dauerndem Ausschluss der Berechtigten (z. B. Rückgabe des Sparbuchs nach Abheben des Geld, nicht bloßes Entkleiden von der tatsächlichen Verfügungsmacht über eine Sache). *Rechtswidrig* ist die Z., wenn sie der materiellen Eigentumsordnung widerspricht (nicht z. B. bei Einwilligung oder fälligem Anspruch auf Übereignung der weggenommenen Sache). Die Absicht rechtswidriger Zueignung ist Tatbestandsmerkmal des Diebstahls.

Lit.: *Behrendt, H.,* Der Begriff der Zueignung, 1996; *Schmid-Hopmeier, S.,* Das Problem der Drittzueignung, 2000; *Kudlich, H.,* Zueignungsbegriff und Restriktion des Unterschlagungstatbestands, JuS 2001, 767

Zueignungsabsicht (§ 242 StGB) ist die auf (rechtswidrige) → Zueignung gerichtete → Absicht des Täters. Die Z. ist Tatbestandsmerkmal des → Diebstahls. Der beabsichtigte Erfolg braucht nicht erreicht zu werden (überschießende Innentendenz).

Lit.: *Kösch, A.,* Der Status des Merkmals rechtswidrig in Zueignungsabsicht und Bereicherungsabsicht, 1999; *Meister, S.,* Die Zueignungsabsicht beim Diebstahl, 2003

Zufall ist das ohne erkennbare Gesetzmäßigkeit eintretende Ereignis. Im → Schuldrecht ist Z. ein weder vom Gläubiger noch vom Schuldner zu vertretendes Ereignis (z. B. Blitz, Erdbeben, Sturm). Bei Unmöglichkeit durch Z. wird der Schuldner grundsätzlich von der Leistungspflicht frei (§ 275 I BGB). Umgekehrt trägt jeder, der durch Z. einen → Schaden erleidet, diesen selbst. Der Z. steht im Gegensatz zur (schuldhaften) Verursachung.

Lit.: *Fickert, S.,* Die Behandlung von Zufallserkenntnissen im Ermittlungsverfahren, 2002

Zugabe ist die unentgeltliche Zuwendung an einen Kunden neben der → Ware oder → Leistung.

Lit.: *Lange, K./Spätgens, K.,* Rabatte und Zugaben im Wettbewerb, 2001

Zugang ist der richtige Eingang bezüglich eines Umstands. Im Privatrecht (§ 130 BGB) ist Z. einer → Willenserklärung deren objektiver Empfang (im Gegensatz zur subjektiven Kenntnis). Zugegangen ist eine Willenserklärung, wenn sie so in den Machtbereich des Empfängers gelangt ist, dass nach der → Verkehrssitte bei Annahme gewöhnlicher Verhältnisse damit zu rechnen war, dass er von ihr Kenntnis nehmen konnte (z. B. Einwurf in Briefkasten, nicht auch das Lesen der Erklärung, Abholung des mangels persönlicher Erreichbarkeit bei der Post niedergelegten Briefs, bei E-Mail grundsätzlich am Tage des Eintreffens in den elektronischen Briefkasten, bei Eintreffen nach der üblichen Arbeitszeit am nächsten Tag, bei Telefonanrufweiterleitung im Zweifel Entgegennahme durch den den weiteren Apparat bedienenden Arbeitnehmer). Der Z. bewirkt grundsätzlich das Wirksamwerden einer empfangsbedürftigen Willenserklärung unter Abwesenden. Noch kein Z. einer schriftlichen Erklärung soll bloße Übermittlung einer Telekopie (Telefax einer unterschriebenen Bürgschaftsurkunde) sein. Bei der notariellen Beurkundung bedürftigen Willenserklärungen ist der Z. einer Ausfertigung der notariellen Urkunde erforderlich. Die Voraussetzungen des wirksamen Zugangs empfangsbedürftiger, in Abwesenheit des Empfängers abgegebener Willenserklärungen sind einer Vereinbarung zugänglich. Umstritten ist der Z. einer Erklärung über die Bezugsberechtigung einer Lebensversicherung nach dem Tod des Versicherungsnehmers.

Lit.: *Brexel, R.,* Zugang verkörperter Willenserklärungen, 1998; *Reichert, W.,* Der Zugangsnachweis beim Einwurf-Einschreiben, NJW 2001, 2523; *Mankowski, P.,* Zum Nachweis des Zugangs bei elektronischen Erklärungen, NJW 2004, 1901; *Weiler, F.,* Der Zugang von Willenserklärungen, JuS 2005, 788

Zugangsvereitelung → Zugang

Zugangsverzögerung → Zugang

zugesichert → Zusicherung

Zugewinn (§ 1373 BGB) ist der rechnerische Geldbetrag, um den das → Vermögen eines Ehegatten bei Ende der → Ehe (Endvermögen) sein Vermögen am Anfang der Ehe (Anfangsvermögen) übersteigt.

Lit.: *Schäfer, K.*, Güterrecht und Zugewinn, 2004; *Brudermüller, G.*, Der reformierte Zugewinnausgleich, NJW 2010, 401

Zugewinnausgleich ist bei → Zugewinngemeinschaft (Gütertrennung mit Zugewinnausgleich) der Ehegatten der Ausgleich der → Zugewinne der Ehegatten bei Beendigung der → Ehe. Endet die Ehe durch den → Tod eines Ehegatten, so wird nach § 1371 I BGB der Zugewinn pauschal dadurch ausgeglichen, dass sich der gesetzliche → Erbteil des überlebenden Ehegatten um ein Viertel der Erbschaft erhöht (erbrechtliche Lösung), oder, falls der überlebende Ehegatte nicht → Erbe und nicht → Vermächtnisnehmer ist, dadurch, dass Ausgleich nach den allgemeinen Regeln (§§ 1373 ff. BGB) erfolgt (güterrechtliche Lösung), die für alle anderen Fälle der Auflösung der Zugewinngemeinschaft gelten. Danach hat, wenn der Zugewinn des einen Ehegatten den Zugewinn des anderen Ehegatten übersteigt, der andere Ehegatte einen → Anspruch auf die Hälfte des Überschusses des größeren Zugewinns über den kleineren Zugewinn (§ 1378 BGB).

Lit.: *Schröder, R.*, Bewertungen im Zugewinnausgleich, 5. A. 2011; *Büte, D.*, Zugewinnausgleich bei Ehescheidung, 4. A. 2012; *Kogel, W.*, Strategien beim Zugewinnausgleich, 4. A. 2013

Zugewinngemeinschaft (§ 1363 BGB) ist der gesetzliche → Güterstand, bei dem das → Vermögen der Ehegatten während der Ehe ständig getrennt bleibt (Gütertrennung) und erst nach Beendigung der Ehe der → Zugewinn, den die Ehegatten jeweils in der Ehe erzielt haben, ausgeglichen wird (Gütertrennung mit Zugewinnausgleich). Die Z. gilt für alle Eheschließungen, bei denen sie nicht durch vor der Eheschließung oder während der Ehe vereinbarten → Ehevertrag abbedungen wird. In der Z. kann sich ein Ehegatte nur mit Einwilligung des anderen Ehegatten verpflichten, über sein Vermögen im Ganzen zu verfügen (§ 1365 I 1 BGB).

Lit.: *Gernhuber, J.*, Probleme der Zugewinngemeinschaft, JuS 1991, 2328; *Kögler, H.*, Das defizitäre Anfangsvermögen, 2000; *Montgelas, N. v.*, Die Beschränkung der Verwaltungsfreiheit, 2001

Zuhälter (§ 181a StGB) ist der einen anderen der → Prostitution nachgehenden Menschen ausbeutende oder seines Vorteils wegen bei der Ausübung der Prostitution überwachende oder diese Prostitutionsausübung bestimmende und im Hinblick darauf über den Einzelfall hinausgehende Beziehungen zu dem anderen Menschen unterhaltende und dasmit Zuhälterei begehende Mensch.

Lit.: *Amelunxen, C.*, Der Zuhälter, 1967

Zuhälterei (§ 181a StGB) ist das Verhalten des → Zuhälters. Die Z. ist eine Straftat gegen die sexuelle Selbstbestimmung. Sie wird mit Freiheitsstrafe von 6 Monaten bis zu 5 Jahren bestraft.

Lit.: *Androulakis, N.*, Zur Frage der Zuhälterei, ZStW 78, 432; *Bargon, M.*, Prostitution und Zuhälterei, 1982

zulässig (Adj.) rechtlich erlaubt, → Zulässigkeit

Zulässigkeit ist die rechtliche Erlaubtheit eines Verhaltens. Im Verfahrensrecht ist die Z. *der* → *Klage* bzw. *des* → *Rechtsmittels* deren formelle Erlaubtheit. Die Z. ist die Voraussetzung für die Prüfung des sachlichen Begehrens. Z. ist gegeben, wenn z. B. sämtliche Prozessvoraussetzungen vorliegen. Ist dies nicht der Fall, so ist die Klage ohne Prüfung des sachlichen Begehrens als → unzulässig abzuweisen (→ Prozessurteil). Sind Zweifel an der Z. des Rechtswegs aufgetreten, so kann (oder unter Umständen muss) das Gericht erster Instanz durch Beschluss die Z. des Rechtswegs vor der Entscheidung zur Hauptsache aussprechen (§ 17a III GVG). Kommt es dabei zu der Überzeugung, dass der eingeschlagene Rechtsweg nicht zulässig sei, verweist es von Amts wegen den Rechtsstreit an das zuständige Gericht des zulässigen Rechtswegs.

Lit.: *Paulus, C.*, Zivilprozessrecht, 5. A. 2013

Zulassung ist die Eröffnung des Zugangs durch eine öffentlich-rechtliche → Erlaubnis. Die Z. hängt regelmäßig von bestimmten Voraussetzungen ab (Zulassungsvoraussetzungen). Bedeutsam ist die Z. zu → Gewerben → Berufen (Art. 12 GG, §§ 1 ff. GewO, → Stufentheorie), zum → Straßenverkehr (§§ 1 ff., 4, 16 ff. StVZO) und zur Benutzung öffentlicher → Einrichtungen. Im Verfahrensrecht hängen → Rechtsmittel teilweise von einer besonderen Z. ab (z. B. §§ 511 II, 543 ZPO).

Lit.: *Bahro, H.*, Das Hochschulzulassungsrecht, 4. A. 2003; *Heitmann, J.*, Die Handhabung der berufungstypischen Zulassungsgründe, 2003; *Scheuch, S. u.a.*, Trendwende in der Zulassungspraxis des BGH?, NJW 2005, 112

Zulassungsberufung ist die nur bei → Zulassung durch das entscheidende → Gericht zulässige → Berufung.

Lit.: *Bader, J.*, Zulassungsberufung und Zulassungsbeschwerde nach der 6. VwGO-Novelle, NJW 1998, 409; *Nassall, W.*, Irrwege, NJW 2003, 1345

Zulassungsvoraussetzung → Zulassung, Stufentheorie

Zulieferer ist der Teile eines aus Teilen zusammenzusetzenden Gegenstands an einen Unternehmer liefernde Unternehmer.

Lit.: *Wellenhofer-Klein, M.*, Zulieferverträge, 1999

zumutbar (Adj.) angemessen, verlangbar, aushaltbar

Zumutbarkeit (z. B. § 314 I BGB) ist die Angemessenheit einer Anforderung an ein Verhalten. Im Straßenverkehrsrecht wird jeder, der bei Unglücksfällen oder gemeiner Gefahr oder Not nicht Hilfe leistet, obwohl es erforderlich und ihm nach den Umständen auch zuzumuten ist, wegen unterlassener Hilfeleistung bestraft (§ 323c StGB). Der Inhalt des Tatbestandsmerkmals Z. hängt hierbei von den Einzelumständen des jeweiligen Falls ab.

Lit.: *Scholz, K.*, Der Begriff der Zumutbarkeit im Deliktsrecht, 1996; *Bornhagen, V.*, Die Zumutbarkeit, 1999; *Wortmann, L.*, Inhalt und Bedeutung der Unzumutbarkeit normgemäßen Verhaltens, 2002

Zumutbarkeitstheorie (Aufopferungstheorie) ist die für die Enteignung auf die Zumutbarkeit abstellende Theorie. Nach der Z. ist eine Enteignung gegeben, wenn der Eingriff von unzumutbarer Schwere und Tragweite ist. Ihr steht die → Einzelaktstheorie gegenüber.

zurechenbar (Adj.) überzeugend zuordenbar, gedanklich einleuchtend verknüpfbar

Zurechenbarkeit ist die (rechtliche) Möglichkeit, einen (rechtswidrigen) → Erfolg auf ein → Verhalten eines bestimmten Menschen zurückzuführen. Im Rahmen der *objektiven* Zurechnung wird die → Kausalität des Verhaltens für den Erfolg geprüft. Die *subjektive* (personale) Z. betrifft den → Vorsatz bzw. die → Fahrlässigkeit, die → Rechtswidrigkeit und die → Schuldhaftigkeit.

Lit.: *Baumgartner, H.,* Schuld und Verantwortung, 1983; *Chen, S.,* Freiheit und Zurechenbarkeit, 2003

Zurechnung ist die gedankliche Verknüpfung eines Erfolgs mit einem Verhalten (oder Geschehen).

Lit.: *Koriath, H.,* Grundlagen strafrechtlicher Zurechnung, 1994; Internationale Dogmatik der objektiven Zurechnung, hg. v. *Gimbernat, E. u. a.,* 1995; *Voßgätter, I.,* Die sozialen Handlungslehren, 2004; *Frisch, W.,* Objektive Zurechnung des Erfolgs, JuS 2011, 19 ff.; *Meden, P. von der,* Objektive Zurechnung und mittelbare Täterschaft, JuS 2015, 22

Zurechnungsfähigkeit → Schuldfähigkeit

Zurückbehaltungsrecht ist das → Recht des → Schuldners, seine → Leistung zu verweigern, bis die ihm gebührende Leistung (Gegenleistung) bewirkt wird. Das Z. ist ein → Leistungsverweigerungsrecht. Das Z. nach § 273 I BGB setzt → Gegenseitigkeit der beiden Leistungen, → Fälligkeit des schuldnerischen Anspruchs und → Konnexität voraus. Seine Sonderfälle sind die Rechte der §§ 320 I 3, 1000 BGB, §§ 369 ff. HGB. Das geltend gemachte Z. schließt → Verzug und Entstehung von Prozesszinsen aus. Im Prozess führt es zur Verurteilung zur Leistung nur Zug um Zug (§ 274 BGB).

Lit.: *Ahrens, C.,* Zivilrechtliche Zurückbehaltungsrechte, 2003

Zurückverweisung (z. B. §§ 538 ff. ZPO) ist die Rückübertragung eines Rechtsstreits durch das Rechtsmittelgericht an die Vorinstanz zur erneuten Entscheidung nach Aufhebung eines angefochtenen → Urteils. Die Z. ist bei der → Revision die Regel und bei der → Berufung (§ 538 II ZPO) die Ausnahme. In Strafsachen erfolgt sie an eine andere → Kammer oder an ein anderes → Gericht.

Lit.: *Dierlamm, A.,* Ausschließung und Ablehnung von Tatrichtern nach Zurückverweisung, 1994

Zusage ist im Verwaltungsrecht die Selbstverpflichtung der → Verwaltung zu einem Tun oder Unterlassen. Sie ist kein → Verwaltungsakt (str.). Besonders geregelt ist die → Zusicherung.

Lit.: *Mayer, G.,* Die Zusage nach der Abgabenordnung, 1991; *Gutterer, B.,* Zur verbindlichen Zusage des Gerichts, 1991

Zusammenarbeit in der Innenpolitik und Rechtspolitik → Europäische Union

Lit.: *Wagner, R.,* Aktuelle Entwicklungen in der europäischen justiziellen Zusammenarbeit in Zivilsachen, NJW 2010, 1707

Zusammenrotten (§ 121 StGB) ist das räumliche Zusammentreten oder Zusammenhalten mindestens zweier → Gefangener, von denen einer schuldunfähig sein kann, zu einem gemeinschaftlichen, in bestimmter Weise bedrohlichen Zweck, wobei der die Rotte beherrschende friedensstörende Wille äußerlich erkennbar in Erscheinung treten muss. Das Z. ist ein Tatbestandsmerkmal der → Gefangenenmeuterei sowie als *öffentliches* Z. mehrerer Menschen Tatbestandsmerkmal des schweren → Hausfriedensbruchs (§ 124 StGB).

Lit.: *Schomaker, J.,* Der Tatbestand der Gefangenenmeuterei, 1967

Zuschlag (z. B. § 156 BGB, § 817 ZPO, §§ 79 ff. ZVG) ist in der → Versteigerung die Annahme des → Meistgebots durch den → Versteigerer (z. B. → Gerichtsvollzieher, → Versteigerungsgericht). Der Z. begründet einen privatrechtlichen oder öffentlich-rechtlichen → Vertrag zwischen dem Erwerber und dem Versteigerer bzw. dem durch diesen Vertretenen (z. B. Staat). Auf Grund des Vertrags ist dann zu übereignen bzw. abzuliefern (anders § 90 ZVG, nach dem bereits mit dem Z. das Eigentum an dem Grundstück auf den Ersteigerer übergeht).

Zuschreibung (§ 890 BGB) ist die Zuordnung eines → Grundstücks zu einem anderen Grundstück im → Grundbuch, wodurch das zugeschriebene Grundstück wesentlicher → Bestandteil des (anderen bzw. einheitlichen) Grundstücks wird.

Zusicherung (§ 38 VwVfG) ist im Verwaltungsrecht die von der zuständigen → Behörde erteilte → Zusage, einen bestimmten → Verwaltungsakt später zu erlassen oder zu unterlassen. Die Z. bedarf zu ihrer Wirksamkeit der → Schriftform. Sie ist ein → Verwaltungsakt, für den allerdings wegen seiner Wirkung in die Zukunft z. T. Besonderheiten gelten. Sie ist im Gegensatz zu → Auskunft und Hinweis verbindlich. Ihre Erteilung steht im → Ermessen der Behörde. Im → Schuldrecht ist das Fehlen einer nach den öffentlichen Äußerungen des Verkäufers, des Herstellers oder seines Gehilfen insbesondere in der Werbung oder bei der Kennzeichnung über bestimmte Eigenschaften der Sache zu erwartenden Eigenschaft ein Sachmangel (§ 434 II BGB) (Angaben im Katalog eines Versteigerers genügen, Verkauf eines Neuwagens enthält in der Regel die Z. der Fabrikneuheit). Die erwartbare Eigenschaft muss sich dabei auf die Kaufsache beziehen, ohne dass sie ihr unmittelbar innewohnen und von ihr ausgehen muss (z. B. Ruf eines Gastbetriebs auf einem Grundstück).

Lit.: *Westermann, H.,* Das neue Kaufrecht, NJW 2002, 247; *Heine, M.,* Die Zusicherung im kaufrechtlichen Gewährleistungssystem, 2002; *Klingler, S.,* Die Zusicherung, JuS 2011, 1059

Zustand (M.) Befindlichkeit (Verfassung) eines Menschen oder Gegenstands

Zuständigkeit (Kompetenz) ist die Berechtigung und Verpflichtung der Wahrnehmung einer Aufgabe. Die allgemeine Regelung der *staatlichen* Z. ist in der → Verfassung enthalten, die (entsprechend des späten Entstehens Deutschlands aus souveränen Einzelstaaten) in Art. 30 GG die Ausübung der staatlichen Befugnisse und die Erfüllung der staatlichen Aufgaben den → Ländern zuweist, soweit das → Grundgesetz keine andere Regelung trifft oder zulässt. Dabei ist im Einzelnen die Z. *zur → Gesetzgebung* in den Artt. 70 ff. GG (ausschließliche Gesetzgebung und konkurrierende Gesetzgebung des Bundes), die Z. *zur → Verwaltung* in den Artt. 83 ff. GG (Ausführung der Bundesgesetze durch die Länder als eigene Angelegenheiten) und die Z. *zur → Rechtsprechung* in den Artt. 92 ff. GG festgelegt. Zu dieser ausdrücklichen Zuständigkeitszuweisung kommen noch (ohne große Bedeutung) die Z. *aus der → Natur der Sache* und die Z. *kraft → Sachzusammenhangs.* Z. des Bundes aus der Natur der Sache besteht bei Angelegenheiten, die ihrem Wesen nach den Bund betreffen (z. B. Bundeswappen, Bundessiegel). Z. kraft Sachzusammenhangs bedeutet Z. für Angelegenheiten, die mit einer zugewiesenen Aufgabe in notwendigem Zusammenhang stehen. Im → Verwaltungsrecht ist die Z. darüber hinaus genauer hinsichtlich der Verwaltungsträger, Verwaltungsstellen und einzelnen Amtswalter festzulegen. Dies muss in örtlicher und sachlicher – vielfach auch funktioneller (z. B. Instanzenzug) – Hinsicht geschehen. Dabei bedeutet *sachliche* Z. die Berechtigung und Verpflichtung, bestimmte Aufgaben dem Gegenstand nach wahrzunehmen (z. B. Baugenehmigung). *Örtliche* Z. ist die Bestimmung des Bezirks, in dem die sachliche Z. ausgeübt werden darf. Die → Behörde ist grundsätzlich an ihre rechtmäßig festgelegte Z. gebunden, so dass ein Zuständigkeitsmangel ihr → Handeln → fehlerhaft macht. Im Verfahrensrecht bestimmt sich die Z. der einzelnen → Gerichtsbarkeit nach der Zulässigkeit des → Rechtswegs (z. B. § 13 GVG). Innerhalb der einzelnen Gerichtsbarkeit werden funktionelle Z., sachliche Z. und örtliche Z. unterschieden. Die *funktionelle* Z. bezieht sich darauf, welches Rechtspflegeorgan in ein und derselben Sache tätig zu werden hat (z. B. im Rechtsmittelzug). Die *sachliche* Z. betrifft die Frage, welches Gericht in erster Instanz die Sache wegen deren Art zu erledigen hat (z. B. § 23 GVG, Amtsgericht vor allem bei Streitwerten bis 5000 Euro). Die *örtliche* Z. bestimmt, welches Gericht erster Instanz wegen seines örtlichen Sitzes die Sache zu behandeln hat (§§ 12 ff. ZPO, Gerichtsstand, grundsätzlich am Wohnsitz des Beklagten). Die Z. ist für die → Klage → Prozessvoraussetzung und für die → Zwangsvollstreckung Zulässigkeitsvoraussetzung.

Lit.: *Steinkamp, F.,* Die Gerichte und ihre Zuständigkeiten, 1989; *Pfeiffer, T.,* Internationale Zuständigkeit und prozessuale Gerechtigkeit, 1995; *Buchner, B.,* Kläger- und Beklagtenschutz im Recht der internationalen Zuständigkeit, 1998; *Gördes, A.,* Internationale Zuständigkeit, Anerkennung und Vollstreckung von Entscheidungen über die elterliche Verantwortung, 2004; Col-lin, *P. u. a.,* Zuständigkeit, JuS 2005, 694; *Schäuble, D. u. a.,* Die Zuständigkeit deutscher Gerichte nach den Vorschriften der EuGVVO, JuS 2012, 131; *Sendmeyer, S.,* Internationale Zuständigkeit deutscher Gerichte bei Verkehrsunfällen im europäischen Ausland, NJW 2015, 2384

Zustandsdelikt ist das → Delikt, bei dem der durch die Tat geschaffene Zustand andauert, die bloße Aufrechterhaltung des Zustands aber keine selbständige strafrechtliche Bedeutung hat (z. B. Personenstandsfälschung). → Dauerdelikt.

Zustandshaftung ist die polizeiliche Verantwortlichkeit einer Person für einen eine → Störung verursachenden Zustand (einer → Sache) (z. B. Tier, Grundstück). Die Z. richtet sich gegen den → Eigentümer der Sache oder den Inhaber der tatsächlichen → Gewalt, soweit dessen Verfügungsmacht reicht. Im Zweifel geht die Z. der → Handlungshaftung nach.

Lit.: *Binder, M.,* Die polizeiliche Zustandshaftung, 1991; *Conrady, J.,* Die Sanierungsverantwortlichkeit des Zustandsstörers, 2003

Zustandsstörung → Störung

Zustellung (z. B. §§ 166 ff. ZPO) ist die Bekanntgabe eines Schriftstücks an eine Person in der gesetzlich bestimmten Form bzw. der in bestimmter, gesetzlich vorgeschriebener Form geschehende und – in einer Zustellungsurkunde – zu beurkundende Vorgang, durch den einer Person Gelegenheit zur Kenntnisnahme eines Schriftstücks verschafft wird. Die Z. soll die Gelegenheit der Kenntnisnahme wie ihren Nachweis sichern. Sie kann → von Amts wegen *(Amtszustellung)* oder auf Betreiben einer → Partei *(Parteizustellung)* erfolgen und durch Übergabe, Aufgabe zur Post [trotz deren Privatisierung] u. a. bewirkt werden. Die Urkunde über die Z. erbringt den Beweis über die in ihr bezeugten Tatsachen, der durch den Beweis der Unrichtigkeit der bezeugten Tatsachen entkräftet werden kann. *Öffentliche* Z. ist die vor allem bei unbekanntem Aufenthalt einer Partei zulässige Z. durch öffentliche Bekanntmachung (§ 185 ZPO).

Lit.: *Jastrow, S.,* Auslandszustellung im Zivilverfahren, NJW 2002, 3382; *Wunsch, T.,* Zustellungsreformgesetz, JuS 2003, 276; *Kuntze-Kaufhold, G. u. a.,* Verjährungsrechtliche Auswirkungen durch das europäische Zustellungsrecht, NJW 2003, 1998; *Sharma, D.,* Zustellungen, 2003; *Hess, B.,* Noch einmal: Direktzustellungen nach Art. 14 EuZVO, NJW 2004, 3301

Zustimmung (§ 182 BGB) ist die grundsätzlich – formlose – Erklärung des Einverständnisses mit einem → Rechtsgeschäft eines anderen (z. B. eines beschränkt Geschäftsfähigen). Die Z. ist eine einseitige, empfangsbedürftige, abstrakte → Willenserklärung. Sie führt zur Wirksamkeit eines Rechtsgeschäfts, wenn diese von ihr abhängt. Die Z. kann dem einen oder dem anderen Teil eines zweiseitigen Rechtsgeschäfts erteilt werden. Die *vorherige* Z. ist die → Einwilligung, die *nachträgliche* Z. die → Genehmigung.

Lit.: *Hillebrenner, A.,* Die private Zustimmung zu Rechtsgeschäften, 2004

Zustimmungsgesetz (Art. 77 II GG) ist das → Bundesgesetz, das zu seiner Entstehung der Zustimmung des → Bundesrats bedarf. Es steht im Gegensatz zum → Einspruchsgesetz. Welches Gesetz Z. ist, ergibt sich grundsätzlich aus der → Verfassung (z. B. Art. 85 I GG), ist aber im Einzelnen nicht immer leicht festzustellen und deshalb streitig und im Streitfall vom Bundesverfassungsgericht zu entscheiden (z. B. → Staatshaftung).

Lit.: *Schmidt, R.,* Die Zustimmungsbedürftigkeit von Bundesgesetzen, JuS 1999, 869

zuverlässig (Adj.) verlässlich, → Zuverlässigkeit

Zuverlässigkeit ist die begründete Erwartung (Gewähr) zufriedenstellender Tätigkeit. Zuverlässig ist, von wem zu erwarten ist, dass er sich an die jeweiligen rechtlichen Vorschriften halten und Rechtsgüter nicht gefährden oder verletzen wird. Die Z. ist im Verwaltungsrecht verschiedentlich eine subjektive Zulassungsvoraussetzung für eine → gewerbliche Tätigkeit (z. B. §§ 30 I, 34 I GewO, unbestimmter → Rechtsbegriff).

Lit.: *Eifert, M.,* Zuverlässigkeit, JuS 2004, 565

Zuwendung ist die Hingabe eines Vermögensgegenstands von einer Person an eine andere. Die *unentgeltliche* Z. ist Tatbestandsmerkmal der → Schenkung (§ 516 BGB). Der Zuwendungsvertrag zwischen Stiftung und Destinatär ist Schenkung. Darüber hinaus ist die Z. in zahlreichen anderen Privatrechtsverhältnissen von Bedeutung.

Lit.: *Wolf, L.,* Zuwendungsrisiko und Restitutionsinteresse, 1998; *Hartl, M.,* Die unbenannte Zuwendung, 2001; *Muscheler, K.,* Der Zuwendungsvertrag zwischen Stiftung und Destinatär, NJW 2010, 341

Zuwendungsverhältnis (Valutaverhältnis) ist bei dem berechtigenden → Vertrag zugunsten Dritter das Verhältnis zwischen Versprechensempfänger (Gläubiger) und Begünstigtem (Dritten). Das Z. gibt den Grund an, weshalb der → Gläubiger nicht die → Leistung an sich selbst, sondern an einen Dritten erbringen lässt (z. B. Erfüllung, Schenkung). Es steht im Gegensatz zum → Deckungsverhältnis oder Grundverhältnis zwischen Versprechensempfänger und Versprechendem. Von einem Z. geht man auch bei der → Anweisung und einem Dreiecksverhältnis der ungerechtfertigten → Bereicherung aus.

Lit.: *Köbler, G.,* Schuldrecht, 2. A. 1995

Zwang ist die Einwirkung auf einen Menschen oder eine Sache mit → Gewalt. Der Z. kann *mittelbar* (→ Zwangsgeld, Einwirkung auf Sache als mittelbare Einwirkung auf eine Person) oder *unmittelbar* sein. Unmittelbarer Z. ist im → Verwaltungsrecht (als Einwirkung auf Personen oder Sachen durch körperliche Gewalt, durch Hilfsmittel der körperlichen Gewalt und durch Waffen) ein → Zwangsmittel der → Verwaltungsvollstreckung (§ 12 VwVG). Der unmittelbare Z. ist als schärfstes Zwangsmittel im Verhältnis zur → Ersatzvornahme und zum → Zwangsgeld subsidiär. Er kann in gewaltsamer Erzwingung der erforderlichen Handlung oder in kostenpflichtiger eigener (gewaltsamer) Vornahme bestehen. Im Privatrecht ist eine erzwun-

gene Handlung keine zurechenbare → Handlung und ist das unter Ausbeutung der Zwangslage vorgenommene → Rechtsgeschäft → nichtig. Allerdings kann in einzelnen Fällen ein Z. zum Abschluss (→ Abschlusszwang) eines Rechtsgeschäfts bestehen. Im Strafvollzugsrecht ist die Anwendung unmittelbaren Zwangs in den §§ 94 ff. StVollzG geregelt.

Lit.: *Benfer, J.,* Anwendung unmittelbaren Zwangs zur Durchsetzung strafprozessualer Rechtseingriffe, NJW 2002, 2688

Zwangsarbeit (Art. 12 III GG) ist die durch → Zwang herbeigeführte → Arbeit, die nur bei einer gerichtlich angeordneten Freiheitsstrafe zulässig ist.

Lit.: *Hönicke, F.,* Arbeitszwang als Kriminalrechtsreaktion, 1999

Zwangsgeld (z. B. § 11 VwVG, § 888 ZPO) ist die für den Fall der Nichterfüllung einer geschuldeten Pflicht von der → Behörde oder dem → Gericht festgesetzte Geldleistung. Das Z. ist ein → Zwangsmittel des Vollstreckungsrechts. Es ist zulässig bei unvertretbaren → Handlungen und Untunlichkeit oder Unmöglichkeit der → Ersatzvornahme. Es beträgt im Verwaltungsrecht zwischen 2 und 1000 Euro und im → Zivilverfahrensrecht bis zu 25 000 Euro.

Lit.: *Remien, O.,* Rechtsverwirklichung durch Zwangsgeld, 1991; *Rudolph, I.,* Das Zwangsgeld, 1992

Zwangshypothek (§§ 866 ff. ZPO) ist die auf → Antrag eines → Gläubigers im Wege der → Zwangsvollstreckung in das → Grundbuch eingetragene → Hypothek. Die Z. ist eine Sicherungshypothek. Sie ist eine der Möglichkeiten der Zwangsvollstreckung wegen Geldforderungen in das unbewegliche Vermögen neben der → Zwangsversteigerung und der → Zwangsverwaltung.

Lit.: *Habermeier, S.,* Die Zwangshypotheken der Zivilprozessordnung, 1989 (Diss.); *Hintzen, U.,* Pfändung und Vollstreckung im Grundbuch, 2000

Zwangslizenz → Lizenz

Lit.: *Pohl, C.,* Die Voraussetzungen der patentrechtlichen Zwangslizenz, 2000; *Fili, V.,* Versuchsprivileg und Zwangslizenz, 2002

Zwangsmittel ist das der → Verwaltung zur Durchsetzung der vollstreckbaren (anfechtbaren, sofort vollstreckbaren oder nichtsuspensiv wirkenden) → Verwaltungsakte im → Verwaltungsvollstreckungsverfahren zur Verfügung stehende Mittel. Z. sind → Ersatzvornahme, → Zwangsgeld und (unmittelbarer) → Zwang (§§ 9 ff. VwVG). Damit können Handlungen, Duldungen und Unterlassungen erzwungen werden.

Lit.: *Vossler, N.,* Strafprozessuale Zwangsmittel, 1998

Zwangsversteigerung (§§ 1 ff. ZVG) ist die Versteigerung eines → Grundstücks (Schiffes, Luftfahrzeugs) im Wege der → Zwangsvollstreckung. Die Z. ist eine Möglichkeit der Zwangsvollstreckung wegen Geldforderungen in das unbewegliche Vermögen. Sie ist in dem Gesetz über die Z. und die

Zwangsverwaltung geregelt. Zuständig für die Z. ist das → Versteigerungsgericht (→ Amtsgericht). Das Verfahren beginnt mit der Anordnung der Z. (→ Beschlagnahme) und der Bestimmung eines Zwangsversteigerungstermins. Bei der Versteigerung wird ein → Gebot in Höhe des geringsten Gebots zugelassen (§ 44 ZVG). Dem Meistbietenden ist, falls er 70 Prozent des Wertes bietet, der → Zuschlag zu erteilen. Durch den Zuschlag wird der Ersteher → Eigentümer. Die nicht in das geringste Gebot aufgenommenen Grundstücksrechte erlöschen. Das Gericht verteilt den Erlös.

Lit.: *Storz, K./Kiderlin*, Praxis des Zwangsversteigerungsverfahrens, 12. A. 2014; *Stöber, K.,* Zwangsversteigerungsgesetz, 20. A. 2012; *Böttcher, R.,* Gesetz über die Zwangsversteigerung und Zwangsverwaltung, 5. A. 2010, 6. A. 2015?; *Knees, K.,* Zwangsversteigerung und Zwangsverwaltung, 7. A. 2013

Zwangsverwaltung (Sequestration) (§§ 146 ff. ZVG) ist die Verwaltung eines → Grundstücks im Wege der → Zwangsvollstreckung. Die Z. ist im Gesetz über die Zwangsversteigerung und die Z. geregelt. Die Anordnung der Z. bewirkt eine → Beschlagnahme. Das → Grundstück wird durch einen Zwangsverwalter (z. B. den → Schuldner selbst) bewirtschaftet. Der Erlös der Z. wird verteilt.

Lit.: *Böttcher, R.,* Gesetz über die Zwangsversteigerung und Zwangsverwaltung, 5. A. 2010, 6. A. 1015?; *Haarmeyer, H./Wutzke, W., Förster, K. u. a.,* Zwangsverwaltung, 5. A. 2011; *Haarmeyer, H./Wutzke, W./Förster, K./Hintzen, U.,* Handbuch zur Zwangsverwaltung, 3. A. 2012; *Drasdo, M.,* Rechte und Pflichten des Zwangsverwalters, NJW 2015, 1791

Zwangsvollstreckung (Exekution) ist im weiteren Sinn die Durchsetzung einer hoheitlichen → Anordnung mit Hilfe staatlicher Zwangsmaßnahmen. Im engeren Sinn betrifft die Z. den → Zivilprozess. Sie ist die Durchsetzung des vollstreckbaren Anspruchs des Gläubigers mit Hilfe staatlicher Zwangsmaßnahmen in das Vermögen des Schuldners bzw. die Durchsetzung eines dem → Gläubiger gegen den → Schuldner im → Vollstreckungstitel verbrieften → Anspruchs. Sie erfordert einen Vollstreckungstitel (§§ 704 ff. ZPO), eine → Vollstreckungsklausel (§ 725 ZPO) und die → Zustellung des Vollstreckungstitels (§ 750 ZPO). Sie erfolgt grundsätzlich ohne mündliche Verhandlung – durch → Vollstreckungsorgane. Die Art der Z. ist verschieden nach der Art des verfolgten → Anspruchs und der Art des zu verwertenden Objekts. Die Z. *wegen Geldforderungen* in das bewegliche → Vermögen des Schuldners erfolgt durch → Pfändung beweglicher Sachen durch den → Gerichtsvollzieher (§§ 808 ff. ZPO) und die Pfändung von → Forderungen und anderen Vermögensrechten durch das → Vollstreckungsgericht (§§ 828 ff. ZPO). Die entsprechende Z. in das unbewegliche Vermögen geschieht durch Eintragung einer → Zwangshypothek, durch → Zwangsverwaltung und → Zwangsversteigerung (§ 866 ZPO). Daneben gelten jeweils besondere Regeln für die Z. *zur Erwirkung der Herausgabe bestimmter beweglicher* → *Sachen* (§ 883 ZPO, Wegnahme durch den Gerichtsvollzieher), *Leistung einer bestimmten Menge vertretbarer Sachen* (§ 884 ZPO), der *Herausgabe*

von → *Grundstücken* (§ 885 ZPO), der *Herausgabe von im Gewahrsam eines Dritten befindlichen Sachen* (§ 886 ZPO, Überweisung des Herausgabeanspruchs), der *Vornahme vertretbarer* → *Handlungen* (§ 887 ZPO, Ermächtigung zur → Ersatzvornahme) bzw. *unvertretbarer Handlungen* (§ 888 ZPO, → Zwangsgeld, → Zwangshaft) und schließlich der *Erzwingung von* → *Unterlassungen und* → *Duldungen* (§ 890 ZPO → Ordnungshaft, → Ordnungsgeld). Ist der Schuldner zur Abgabe einer → Willenserklärung verurteilt, so gilt die Erklärung als abgegeben, sobald das Urteil die → Rechtskraft erlangt hat (§ 894 ZPO). Die Z. endet mit der vollständigen Befriedigung des vollstreckbaren Anspruchs des Gläubigers. Die Beitreibung von Schulden durch dem Schuldner in der Öffentlichkeit folgende Menschen (schwarze Schatten, Schattenmänner) ist auf Grund der Verletzung des Persönlichkeitsrechts wettbewerbswidrig.

Lit.: *Brox, H./Walker, W.,* Zwangsvollstreckungsrecht, 10. A. 2014; *Damm, M.,* Zwangsvollstreckung für Anfänger, 11. A. 2014; *Lackmann, R.,* Zwangsvollstreckungsrecht, 10. A. 2013; *Müller, H./Hök, G.,* Deutsche Vollstreckungstitel im Ausland (Lbl.); *Möbius, W./Kroiß, L.,* Zwangsvollstreckung, 6. A. 2011; *Jauernig, O./Berger, C.,* Zwangsvollstreckungs- und Insolvenzrecht, 23. A. 2010; *Stöber, K.,* ZVG-Handbuch Zwangsvollstreckung in das unbewegliche Vermögen, 9. A. 2010; Beck'sches Formularbuch Zwangsvollstreckung, hg. v. *Hasselblatt, F./Sternal, W.,* 2. A. 2012; *Leible/Freitag,* Forderungsbeitreibung in der EU, 2008; *Kindl, J. u. a.,* Gesamtes Recht der Zwangsvollstreckung, 2. A. 2012; *Gottwald, U./Mock,* Zwangsvollstreckung, 6. A. 2013; *Gaul, H./Schilken, E./Becker-Eberhard, E.,* Zwangsvollstreckungsrecht, 12. A. 2010; *Özen, K. u. a.,* Vollstreckungsverbote in der Zwangsvollstreckung, JuS 2011, 894; *Hein, G.,* Die Zwangsvollstreckung zur Herausgabe von Sachen, JuS 2012, 902; *Steiner/Teede/Knop,* Zwangsvollstreckung in das bewegliche Vermögen, 9. A. 2013

Zweckerreichung ist das Eintreten des geschuldeten Leistungserfolgs ohne Zutun des → Schuldners (z. B. das gestrandete Schiff wird vor der Bergung von selbst wieder frei). Die Z. ist nach umstrittener Ansicht ein Fall der von keiner Partei zu vertretenden → Unmöglichkeit. Analog § 645 I BGB behält der Schuldner aber gleichwohl einen (anteiligen) Vergütungsanspruch.

Lit.: *Beuthien, V.,* Zweckerreichung und Zweckstörung, 1969

Zweckfortfall ist der Wegfall des Leistungssubstrats (z. B. das zu heilende Kind stirbt). Der Z. ist ein Fall der → Unmöglichkeit (str.). Der Schuldner behält aber einen (anteiligen) → Anspruch auf die → Gegenleistung, sofern er bereits tätig gewesen ist.

Lit.: *Kersig, P.,* Der Zweckfortfall als Beendigungsgrund juristischer Personen, 1960

Zweckmäßigkeit ist die Bewertung eines Verhaltens nach seiner Geeignetheit zur Erreichung eines Zieles oder Zweckes. Bei der → Fachaufsicht wird auch die Z. des Verwaltungshandelns überprüft. → Opportunitätsprinzip

Lit.: *Löer, L.,* Körperschafts- und anstaltsinterne Rechts- und Zweckmäßigkeitskontrolle, 1999

Zweckstörung ist der Wegfall des → Interesses des → Gläubigers an der → Leistung trotz äußerlicher Möglichkeit der Leistung (z. B. Fußballspiel, zu dem Sonderfahrt stattfinden soll, fällt aus). Hier liegt keine Unmöglichkeit vor (str.). Eventuell kommt aber ein Wegfall der → Geschäftsgrundlage in Betracht.

Lit.: *Beuthien, V.*, Zweckerreichung und Zweckstörung, 1969; *Köhler, H.*, Unmöglichkeit und Geschäftsgrundlage bei Zweckstörungen im Schuldverhältnis, 1971

Zweckverband ist der – durch öffentlich-rechtlichen – Vertrag erfolgende – Zusammenschluss mehrerer → Gemeinden, → Gemeindeverbände oder sonstiger öffentlich-rechtlicher → Körperschaften zur gemeinsamen Bewältigung einer (gewichtigeren) Aufgabe (z. B. Unterhaltung eines Krankenhauses). Der Z. ist meist eine Körperschaft des öffentlichen Rechts, jedoch keine → Gebietskörperschaft. Er hat eine Zweckverbandsversammlung, einen Zweckverbandsausschuss sowie einen geschäftsführenden Zweckverbandsvorstand als → Organe. Ein in der Gründung befindlicher, nichtrechtsfähiger kommunaler Z. kann als Gesellschaft des bürgerlichen Rechts oder als nichtrechtsfähiger Verein Partei eines Vertrags sein, so dass seine Gründungsmitglieder unbeschränkt und gesamtschuldnerisch für seine Schulden haften.

Lit.: *Luppert, J.*, Der kommunale Zweckverband, Diss. jur. Heidelberg, 2000; *Saugier, C.*, Der fehlerhafte Zweckverband, 2001

Zweigniederlassung (§ 13 HGB) ist die Niederlassung eines → Kaufmanns, an der er oder seine Leute teils abhängig (sachlich dieselben Geschäfte, abhängige Firma) von der Hauptniederlassung, teils unabhängig (räumliche Selbständigkeit, selbständiger Leiter) von ihr wirken. Die Errichtung einer Z. ist bei dem → Gericht der Hauptniederlassung bzw. des → Sitzes zur → Eintragung in das → Handelsregister des Gerichts der Z. anzumelden.

Lit.: *Köbler, G.*, Rechtsfragen der Zweigniederlassung, BB 1969, 845; *Rinne, B.*, Zweigniederlassungen ausländischer Unternehmen, 1998

Zweikammersystem ist die Aufteilung des → Parlaments in zwei → Kammern (z. B. Oberhaus–Unterhaus, Repräsentantenhaus-Senat, Bundestag–Bundesrat, Nationalrat-Bundesrat). Ein *echtes* Z. liegt nur dann vor, wenn die zweite Kammer gleichberechtigt an der → Gesetzgebung mitwirkt (also nicht bei Bundestag–Bundesrat).

Lit.: *Reyes, D.*, Die Rolle zweiter Kammern in Bundesstaaten, 2003

Zweikampf (Duell) ist der verabredete Kampf zweier Menschen mit (tödlichen) Waffen. Der Z. dient im mittelalterlichen und neuzeitlichen Recht (bis in das 20. Jh.) als Entscheidungsmittel. Im Strafrecht war der Z. bis 1969 privilegiertes Tötungsdelikt bzw. Körperverletzungsdelikt.

Lit.: *Köbler, G.*, Deutsche Rechtsgeschichte, 6. A. 2005; *Walter, W.*, Das Duell in Bayern, 2002

Zweikondiktionentheorie ist bei der ungerechtfertigten → Bereicherung die Lehre, die annimmt, dass, wenn der Empfänger einer ungerechtfertigten

Bereicherung bei einem (nichtigen) gegenseitigen Vertrag seine Gegenleistung bereits bewirkt hat, jeder Vertragsteil einen selbständigen → Anspruch auf → Herausgabe des jeweils vom Gegner Empfangenen bzw. des entsprechenden Wertersatzes unabhängig vom Schicksal des Bereicherungsanspruchs der Gegenseite hat. Der Z. steht die → Saldotheorie gegenüber. Diese wird im Bereicherungsrecht regelmäßig angewandt, so dass die Z. nur ausnahmsweise zum Zug kommt (z. B. bei Beteiligung → Minderjähriger).

Lit.: *Marx, H.*, Die Problematik des Lehrstreites, 1933

Zweiplusvierverhandlungen sind die Verhandlungen der Vereinigten Staaten von Amerika, der Sowjetunion, Frankreichs, Großbritanniens, der Bundesrepublik Deutschland und der Deutschen Demokratischen Republik über die deutsche Einheit im Jahre 1990. → Vertrag über die abschließende Regelung in Bezug auf Deutschland

Lit.: *Kroeschell, K.*, Rechtsgeschichte Deutschlands im 20. Jahrhundert, 1992; *Köbler, G.*, Zielwörterbuch integrativer europäischer Rechtsgeschichte, 6. A. 2014 (Internet)

Zweischwerterlehre ist im hochmittelalterlichen Recht die vom Symbol zweier Schwerter ausgehende Theorie zur Begründung des Verhältnisses von → Kaiser und → Papst. Nach kurialistischer Ansicht überträgt der Papst eines der beiden im neuen Testament beiläufig genannten, von Gott erlangten zwei Schwerter an den jeweiligen Kaiser. Nach imperialistischer Lehre stehen geistliches Schwert des Papstes und weltliches Schwert des Kaisers als jeweils unmittelbar von Gott erhalten gleichberechtigt nebeneinander.

Lit.: *Köbler, G.*, Deutsche Rechtsgeschichte, 6. A. 2005

Zweispurigkeit des → Strafrechts (oder Sanktionenrechts) ist die Parallelität von → Strafen (§§ 38 ff. StGB) und → Maßregeln der Besserung und Sicherung (§§ 61 ff. StGB).

Lit.: *Schmidt, W.*, Das Prinzip der Zweispurigkeit, 1964

Zweistufentheorie ist die von zwei Stufen ausgehende Theorie zur Bestimmung des Vorgehens der → Leistungsverwaltung (z. B. → Subvention). Über die Frage, ob eine Leistung erbracht werden soll, ergeht eine Entscheidung auf Grund öffentlich-rechtlicher Vorschriften (erste Stufe, z. B. → Verwaltungsakt über Subvention). Ist über das Ob der Leistung positiv entschieden, wird die Leistung selbst (das Wie der Leistung) in einem privatrechtlichen Verhältnis abgewickelt (zweite Stufe, z. B. → Darlehen). Anderer Ansicht ist die Lehre vom privatrechtsgestaltenden → Verwaltungsakt.

Zweitbescheid ist der → Bescheid, in dem die → Behörde nach unanfechtbar gewordenem → Verwaltungsakt auf → Gegenvorstellung oder → Antrag des Betroffenen ein zweites Mal über dieselbe Sache entscheidet. Der Z. eröffnet den Verwaltungsrechtsweg neu. Er steht in Gegensatz zur bloß wiederholenden → Verfügung (ohne neue Sachentscheidung, bloße Mitteilung, das Verfahren nicht wieder aufzugreifen), die diese Wirkung nicht hat.

Ob die Verwaltung einen Z. oder eine wiederholende Verfügung erlässt, liegt in ihrem → Ermessen.

zwingend (Adj.) nicht abänderbar

zwingendes Recht → Recht, zwingendes

Zwischenbescheid ist der vorläufige, nicht endgültig regelnde → Bescheid.

Zwischenprüfung ist die im Laufe einer Ausbildung abgehaltene Prüfung.

Lit.: *Diederichsen, U.,* Die Zwischenprüfung im bürgerlichen Recht, 1985; *Roßmann, F.,* 20 Klausuren für die Zwischenprüfung Zivilrecht, 2004; *Pieper, H.,* 20 Klausuren für die Zwischenprüfung Strafrecht, 2004

zwischenstaatlich (Adj.) zwischen Staaten bestehend, → international

Zwischenurteil (z.B. § 303 ZPO) ist das → Urteil über einen zur Entscheidung reifen Zwischenstreit (z.B. über eine Prozessvoraussetzung oder über den Grund eines Anspruchs). Das Z. ist Feststellungsurteil. Es kann grundsätzlich nur zusammen mit dem → Endurteil angefochten werden (anders das → Grundurteil).

Lit.: *Tiedtke, K.,* Das unzulässige Zwischenurteil, ZZP 89, 64; *Jäger, A.,* Zwischenstreitverfahren, 2002

Zwischenverfahren → Eröffnungsverfahren

Zwischenverfügung (§ 18 GBO) ist die Verfügung des → Grundbuchamts, in der – weder eine beantragte Eintragung angeordnet noch der → Antrag zurückgewiesen, sondern – dem Antragsteller eine angemessene → Frist zur Behebung eines einer → Eintragung entgegenstehenden – behebbaren – Hindernisses (z.B. fehlende behördliche Genehmigung) bestimmt wird. Die Z. hat den Vorteil der Rangsicherung, da bei Eingang eines weiteren Antrags zugunsten des früher gestellten Antrags → von Amts wegen eine Vormerkung oder ein Widerspruch einzutragen ist.

Lit.: *Baxmann, K.,* Die Zwischenverfügung des § 18 der Grundbuchordnung, 1914

Zwischenzeugnis → Zeugnis

Zwölftafelgesetz ist in der römischen Rechtsgeschichte die in 12 Tafeln gefasste Aufzeichnung des geltenden Rechts (451/450 v. Chr.), die niemals förmlich aufgehoben wurde.

Lit.: http://www.koeblergerhard.de/Fontes/Zwoelftafelgesetz-Rom-451-450vChr.htm; *Söllner, A.,* Römische Rechtsgeschichte, 5. A. 1996; *Köbler, G.,* Zielwörterbuch europäischer Rechtsgeschichte, 6. A. 2014; Das Zwölftafelgesetz. Texte, Übersetzungen und Erläuterungen v. *Düll, R.,* 7. A. 1995

Zypern ist die im Süden der Türkei liegende, zwischen Griechen und Türken (Nordzypern) tatsächlich geteilte drittgrößte Insel des Mittelmeers, deren griechischer Teil seit 1.5.2004 Mitgliedstaat der Europäischen Gemeinschaften bzw. Europäischen Union ist und deren türkischer Teil nur von der Türkei als Staat anerkannt wird.

Lit.: *Chrysotomides, K.,* The Republic of Cyprus, 2000; *Anstötz, S.,* Perspektiven zur staatlichen Neuordnung Zyperns, 2003; *Schneider, G.,* Chancen und Probleme des EU-Beitritts von Zypern, 2003